草庵疑禮問答集

초암의례문답집

• 主問答處：成均館 •

增補處：http://www.jkh38.co.kr

解答者 | 草庵 田桂賢

前集：2,667問答
當集：1,511問答
圖式：268圖
總問項：4,179問答

明文堂

서 문(序文)(初本序文)

서명(書名) 전통의례문답집(傳統儀禮問答集) 부제(副題) 초암의례문해집(草庵疑禮問解集)은 2007년 중반기부터 2015년 초반기까지 장장 8년여 기간 동안 본인이 성균관(成均館)으로 들어오는 유학(儒學)에 관한 질문(質問)에 답(答)한 문답(問答)과 본인 소유 주자가례전통예절 게시판에서 이뤄진 문답을 유형 별로 분류 일책(一冊)하여 의문(疑問)이 있다면 해소(解消)에 도움이 되고, 어렵다고 미뤄두기 일수인 유학(儒學)을 이해하고 가까이하는데 촉매(觸媒) 역할을 하지 않을까 하는 기대 속에 내놓는다.

그동안 질문(質問)되고 답(答)하여 줌이 적어도 2,500여 문항(問項)을 1,600여 쪽에 나눠 실어 펴낸다.

내용(內容)을 분별하자면 주로 관혼상제(冠婚喪祭) 예법 중 평범하지 않은 예목(禮目)이 거의를 점하고, 다음으로 유학(儒學)의 학문 중에서 일반화되지 않아 보편적(普遍的)으로 이해되어 있지 않은 난문(難文)과 더러 사회 상식이 포함되어 있다.

답변 형식은 유서(儒書)의 가르침을 벗어나지 않기 위하여 질문에 합당한 유학적(儒學的) 전거(典據)를 제시 그에 의하여 답문(答問)이 대체로 쓰여지고, 부수적으로 그 답문을 더 깊이 이해하도록 관혼상제(冠婚喪祭) 예법 중에서 소용되는 대로 도식(圖式)과 아울러 주자가례(朱子家禮) 원문(原文)에 주해문(註解文)를 더러 덧붙여 놓았다.

본인이 답변을 하면서 유학(儒學)에 관한 질문(質問)이 들어오면 반드시 그에 합당한 전거(典據)를 찾아 덧붙이는 까닭은 내 자신이 오류(誤謬)을 피하고 타인(他人)들로부터 정오(正誤)를 분별(分別)받아 오류(誤謬)의 지적(指摘)을 받으면 재 탐색(探索) 새로운 합당한 전거(典據)로서 오류(誤謬)를 수정(修訂) 일호(一毫)의 오류(誤謬) 없는 정답(正答)을 이루기 위한 수단이었다.

특히 편집(編輯) 상 사시제와 기제의 의례가 상호 동일하나 피차간에 없는 불가피한 문답은 서로 주고 받았고 대동소이(大同小異)한 답문(答問) 역시 소이(小異)함을 중히 여겨 재 탐색(探索)의 번거로움을 피하기 위하여 거듭 됨을 마다하지 않았다.

질문자의 존명(尊名)을 밝히지 않은 것은 가명(假名; 닉네임)이라 본명(本名)과 관계가 없고 본명은 성균관(成均館) 회원명부(會員名簿)에 자못 상세(詳細)하게 기록되어 있고 또 문답은 거의가 구 홈으로 신 홈은 몇 문답에 불과하여 구 문답과 동일하게 취하고 표지에 일괄 문답 처를 성균관이라 밝혀 놓았다. 특히 혹 느끼게 될 수 있는 자존심을 보호하기 위하여 질문자 명을 밝히지 않은 이유 중의 제1의 까닭이다.

그리고 유학(儒學)을 논(論)함에 있어서 문법(文法)이나 띄어쓰기가 문맥상(文脈上) 틀릴 수도 있다. 특히 현장감을 살리기 위하여 질문한 글은 거의 교정을 하지 않고 원 질문 형식 그대로 실었다.

본인이 성균관 온라인 상에서 유학에 관한 質疑應答窓의 답변자로 오랜 시간 활동한 이유는 부족하나마 아직 한국 유학이 소멸 직전의 위기에 처하여 있지 않음을 국내는 물론 주위 유교 국가들에게 확실하게 표현하고자 자존심을 걸고 활동하였다.

끝으로 세상은 많이 변하여 왔다. 변했다고 우리의 선조들이 지켜온 예법(禮法)을 잊을 수는 없을 것이다. 더욱이 살아가는 모습은 달라졌다 하더라도 사람으로서 행하여야 할 도리(道理)는 예나 지금이나 다를 바 없다.

예를 지키어 바른 자세를 유지할 때 더욱 성숙한 국민으로 세계로 나아가게 되면 예의(禮儀) 바른 일등 국민으로 대우될 것 아니겠는가.

따라서 본 전통의례문답집(傳統儀禮問答集)으로 하여금 품고 있었던 모두의 의문이 해소되어 도리(道理)를 지키는 올바른 사람이 되기를 바랄 따름이다.

歲次 乙未 正月 望 日

潭陽後人 田桂賢 謹書

(增補) 序 言

전통의례문답해설집(原名: 傳統儀禮問答集)을 출간하고 곧이어 이를 보완증보 [초암 의례문답집(草庵疑禮問答集)]으로 개명하여 새롭게 구성하면서 1판에 열성적으로 호응하여 주신 제위(諸位)께 깊이 머리 숙여 감사드린다.

의례(儀禮)란 사람으로서 가정생활을 비롯 사회생활에서 상호 지켜야 할 법도(法度)이니 그 법도를 성현군자(聖賢君子)가 아닐진대 법도대로 행하기란 알고 거역함이 아니라 알지 못하여 지나침이 부지기수(不知其數)리라.

까닭은 이에서 이뤄진 문답(問答)만도 근 2,667여 항목이니 그렇다는 것이다. 어찌 이뿐이겠는가. 이와 같이 헤아릴 수 없도록 부지기수(不知其數)인 의례(儀禮)를 전문가(專門家)라 하여도 장담하지 못하리라.

하여 증보판(增補版)에서는 초판에 결(缺)한 부분을 그간 이뤄진 문답을 보완하고 새로운 아이템을 첨기 보완하여 새롭게 단장 누구에게나 부족함이 없도록 하기에 성을 다하였다.

그러나 의례(疑禮)가 이뿐이랴. 혹 빙산의 일각일 수도 있다. 사람의 생활 자체가 의례(儀禮)에 속하지 않은 바가 없으니 몇몇으로 헤아려지겠는가.

다만 부족하나마 본서로 하여금 예에 밝은 사회가 이뤄져 지난날 동방예의지국(東方禮儀之國)의 명성을 되찾아 세계가 부러워하는 세상이 이뤄지기를 소망할 따름이다.

歲次丁酉(二千十七) 玄月 甲辰 日

潭陽後人 田桂賢 謹書

서　문(序文)(本序文)

2017년 12월 5일 초본 증보초암의례문답집(增補草庵疑禮問答集)을 펴낸 뒤로 이뤄진 각종 의례(儀禮)에 관한 문답(問答)이 또 이뤄져 사장(死藏) 시키기에는 아쉬움이 있어 이를 1,524쪽으로 취합(聚合)하여 [2집]초암의례문답집([二集]草庵疑禮問答集)이란 제호로 발행키로 하였다.

기(旣) 발행된 전통의례해설집을 비롯 증보의례문답집(增補疑禮問答集)의 예인(禮人) 제현(諸賢)님들의 깊은 사랑에 고개 숙여 사의를 표하여 드리는 바이다.

오상(五常)의 세번째인 예(禮)란 고함이 없으니 유자(儒者)가 아니라 하여도 타의 스승이 되려면 알아야 지휘봉을 잡기에 부족함을 느끼지 않을 것 아니겠는가.

예(禮)란 곧 질서(秩序)의 근본(根本)으로 예(禮)의 부족(不足)이란 곧 혼란(混亂)을 의하게 된다. 따라서 가정(家庭)이나 사회(社會)나 안정과 평화의 지속적 유지를 위하여는 예(禮)로서 다스려짐이 사회법(社會法)에 우선이다. 예(禮)가 무너졌다 함은 가정(家庭)이나 사회질서(社會秩序)가 무너져 어느 법(法)으로도 다스려지지 않는다.

우리는 예로부터 동방예의지국(東方禮儀之國)이라는 명성(名聲)을 얻은 일등(一等) 민족(民族)이다. 그 일등 민족의 지위(地位)를 지키기 위하여는 예(禮)의 보편화(普遍化)가 상책(上策)이다.

그 상책(上策)의 일환(一環)으로 본(本) [2집]초암의례문답집([二集]草庵疑禮問答集)이 작으나마 예(禮)의 진작에 일익(一翼)을 담당하여 주기를 바랄 따름이다.

壬寅(2022) 陰 六月 七日 己未 (陽 7月 5日)

潭陽後人 田桂賢 謹書

凡 例(범례)

1. 본 문답집(本問答集)의 답문(答問)은 거의 전거(典據)에 의하여 도출(導出)된 답(答)이다.

1. 따라서 답문은 질문의 요지에 적중하도록 주관(主觀)은 일체 배제하고 객관적 입장에서 전거(典據)의 핵심을 종합하여 제공하였을 뿐이다. 까닭에 속례나 변례(變禮)는 일체 배제하고 정례(正禮) 위주로 답하였다.

1. 모든 전거(典據)는 출처(出處)를 모서(某書) 모항목(某項目)으로 명확히 밝혀놓았다.

1. 본집(本集)에 실린 문답(問答)은 거의 성균관(成均館)에서 이뤄진 문답이고, 그 외로 약간이 본인이 운용하는 '주자가례전통예절 게시판' 문답 중, 성균관 문답에서 결(缺)한 중요 문답 일부를 선별 채택 보완하여 일자 별을 항목별로 재구성하였으며 거의 유사문답 역시 누락 없이 일절 옮겨 놓았다.

1. 성균관(成均館)에서 이뤄진 모든 문답은 정서를 해칠 상호 비방투언(誹謗鬪言)은 가급적 배제하고 그 외는 중요도를 헤아리지 않고 거의 밝혀 놓았다.

1. 문답 중 각 조목 별로 이해를 돕기 위하여 관련된 도식(圖式; 272圖)을 가례초해(家禮抄解) 도식 일체를 권수(卷首)에 옮겨놓았다.

1. 질문자의 성명을 익명(匿名) 처리한 까닭은 혹 당사자의 자존심이나 인격적인 해로운 요인을 없이하기 위하고 또 개인정보 보호 차원에서 일체 밝히지 않았다. 질문자 명의는 구홈(닉네임 사용. 닉네임 명의자 성명 등 신상 정보 별도 처리)과 신 홈에 명확하게 기록되어 있다.

1. 현장감을 살리기 위하여 기왕의 더러 질의문답의 오류는 수정을 역부로 피하였다.

1. 동일 지면상에 많은 정보를 나타내기 위하여 여분 칸 사이를 최대로 축소 3포인트 넓이로 조정되어 있어 약간은 공간이 비좁아 답답한 감이 들 것이나 많은 양의 처리 과정에서 불가피한 선택이었으니 독자 제현님들의 많은 이해와 양해를 바란다.

1. 초판 서문에서 밝힌바 "특히 편집(編輯)상 사시제와 기제의 의례가 상호 동일하나 피차간에 없는 불가피한 문답은 서로 주고 받았고"와 같이 이동 덧붙인 문답은 삭제 정리하였다.

1. 문답으로 이뤄질 수 없는 주요 사안을 자문자답 형식을 취하여 몇 건 수록하였다.

1. 고축식에서 한자 띄어 놓은 곳은 실행 축문식에서는 별행이란 의미이다.

1. 답문에 국한(國漢) 혼용은 습독의 기회에 자연스럽게 한자가 익혀지기를 바람에서이다.

1. 답문 중 내용이 장대한 질문은 지면의 효과적 활용을 위하여 적중한 당해 건에 찾아갈 수 있도록 직답 대신 아래와 같은 표시를 하였다.

☞묘제 예법은 네이버 · 다음 등 웹사이트에서 제공하는 홈페이지 [주자가례 전통예절] 제례편 제7철 묘제에 상세한 예법이 상술되어 있습니다. 첨조하기 바랍니다.☜

[二集]草庵疑禮問答集
대별 목록(大別目錄)

②세별 목록(細別目錄)

[二集]草庵疑禮問答集

⊙祠堂圖式(사당도식)

1 사당(祠堂) (附不遷位)

2 신주(神主)

2 대세(代世)

4 배법(拜法)

5 입후(入後)

6 보학(譜學) (附行列)

7 친속(親屬) (附寸數)

8 호칭(呼稱) (附稱號)

⊙冠禮圖式(관례도식)

9 관례(冠禮) (附笄禮)

⊙昏禮圖式(혼례도식)

10 혼례(昏禮)

⊙初終圖式초종도식)

11 초종(初終)(附喪禮)

12 삭망전(朔望奠) (附上食)

⊙成服圖式(성복도식)

13 성복(成服)

14 문상(問喪)

⊙治葬圖式(치장도식)

15 치장(治葬)

16 비석(碑石) (附上石)

17 개장(改葬)

18 납골(納骨) (附火葬及齋)

⊙虞祭圖式(우제도식)

19 우제(虞祭) (附生辰祭)

상중 행례(喪中行禮)

⊙祭禮圖式(제례도식)

사시제(四時祭) (附初祖 先祖 禰祭)

22 절사(節祀)

23 기제(忌祭)

25 묘제(墓祭) (族葬地)(省墓)

26 제후토(祭后土)

27 재사(齋舍)

28 수묘(修墓) (附石物)

29 제단(祭壇)

31 외손봉사(外孫奉祀)

⊙儒學成均館國儀圖式

32 유학(儒學) (附漢字)

33 성균관(成均館) (附鄕校 祠院)

34 국의(國儀)

35 고사(告祀)

36 제사(祭祀) 이주(移住)

38 인사(人事) (附禮法)

39 기타(其他)

40 추록(追錄)

[二集] 疑禮問答集 [2집] (의례문답집)

⊙祠堂圖式(사당도식)

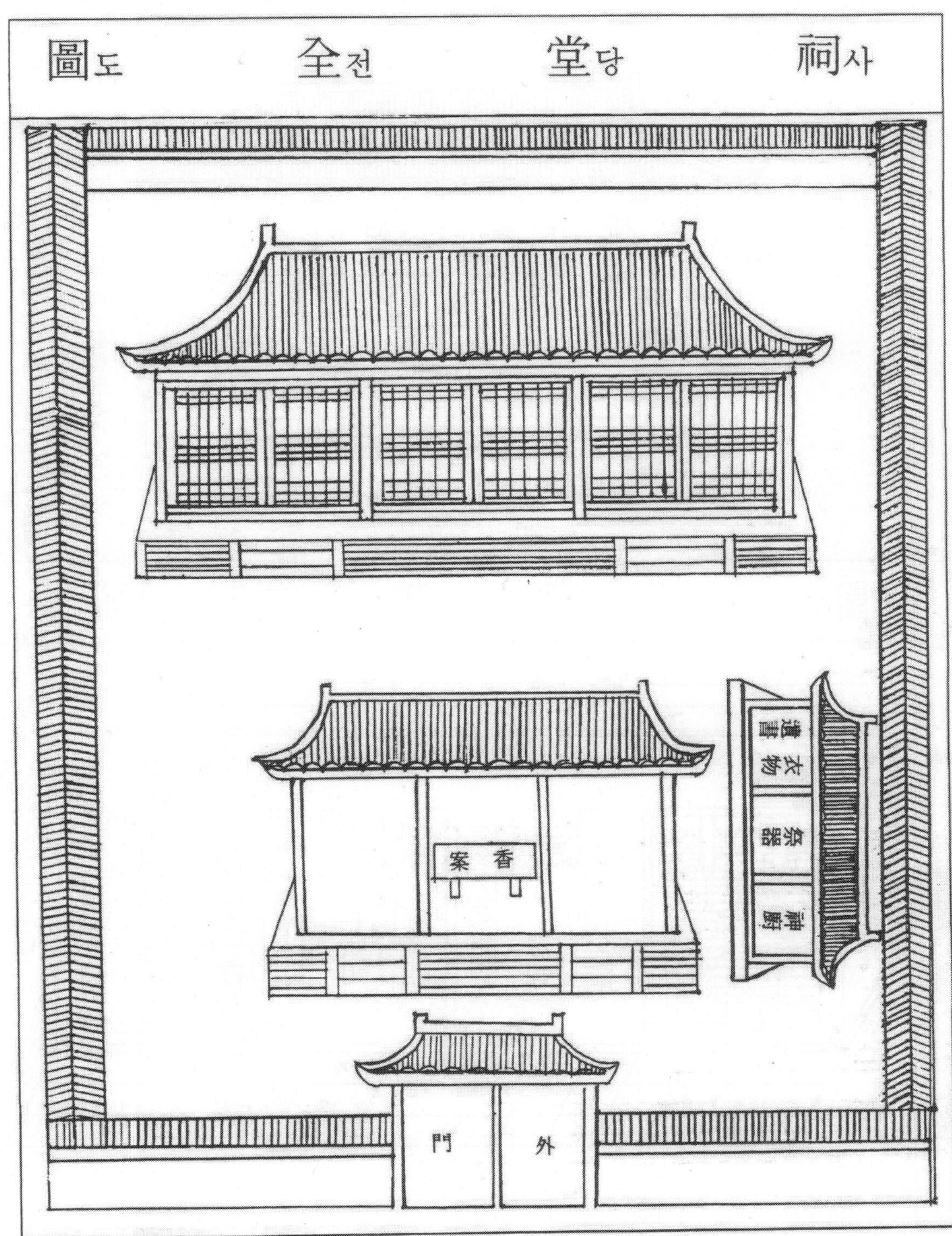

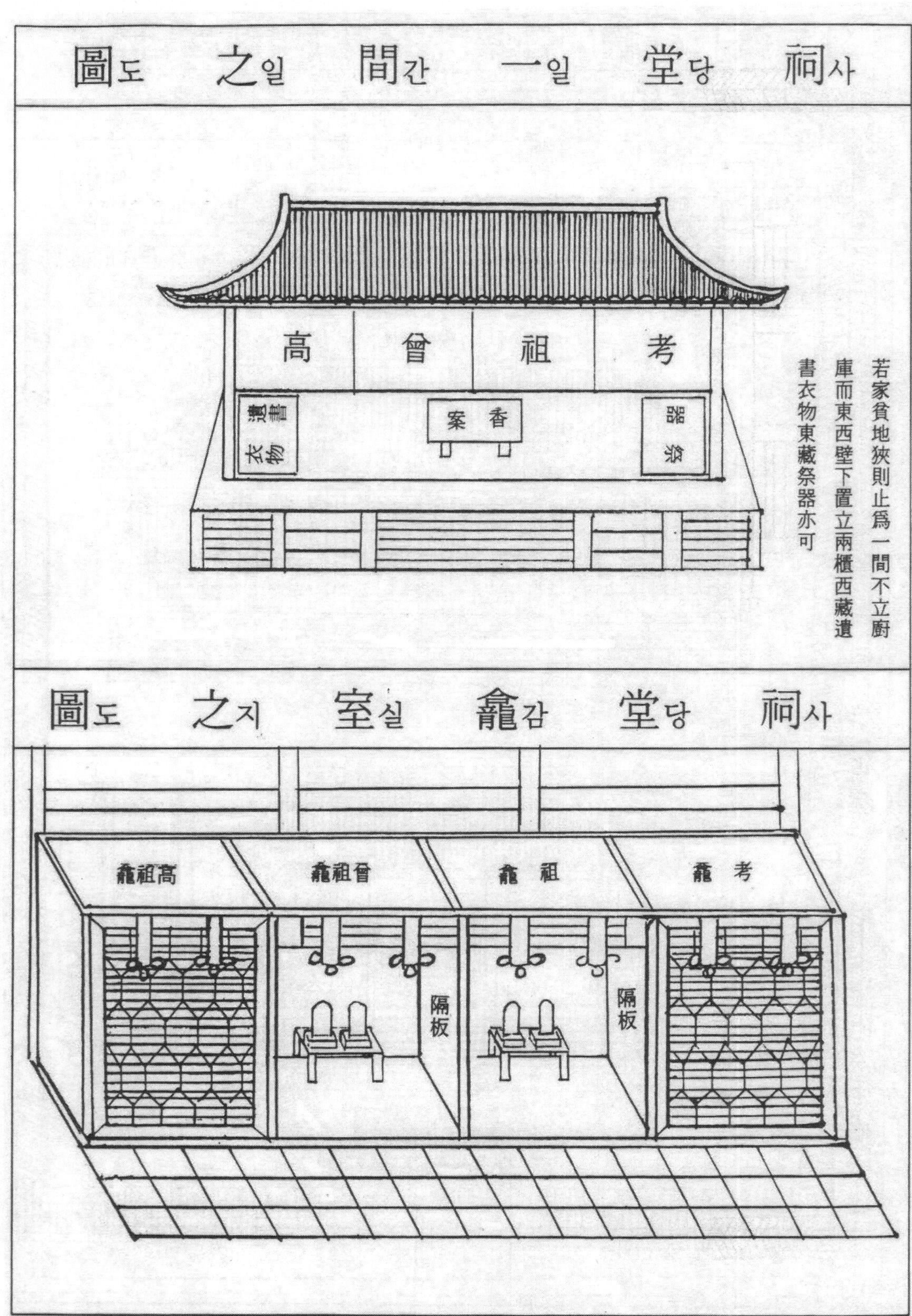
祠사 堂당 一일 間간 之일 圖도
高
曾
祖
考
遺書
衣物
香案
祭器
若家貧地狹則止爲一間不立廚
庫而東西壁下置立兩櫃西藏遺
書衣物東藏祭器亦可
祠사 堂당 龕감 室실 之지 圖도
高祖龕
曾祖龕
祖龕
考龕
隔板
隔板

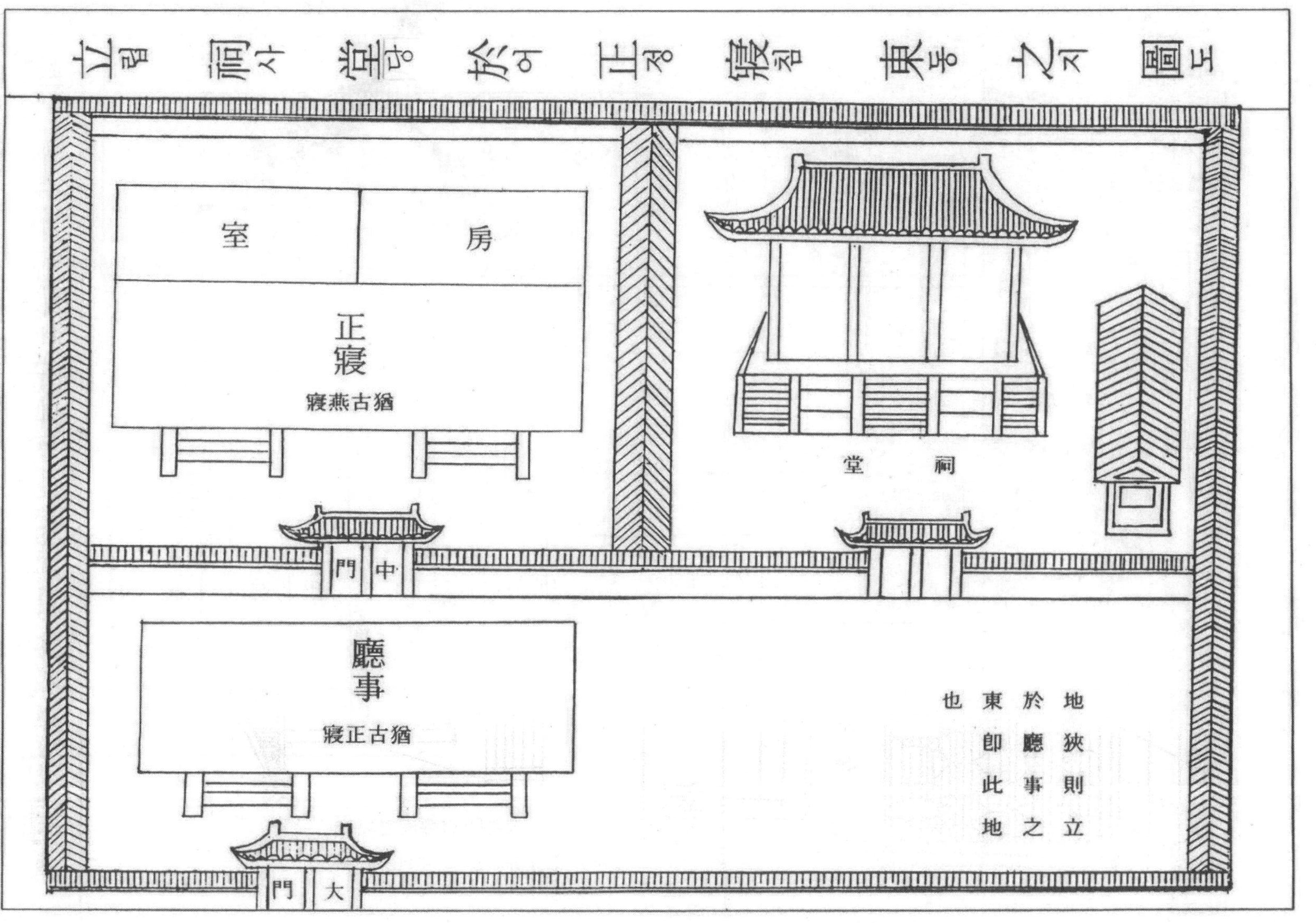
立립 祠사 堂당 於어 正정 寢침 東동 之지 圖도
室
房
正寢
猶古燕寢
中門
祠堂
廳事
猶古正寢
大門
地狹則立於廳事之東即此地也

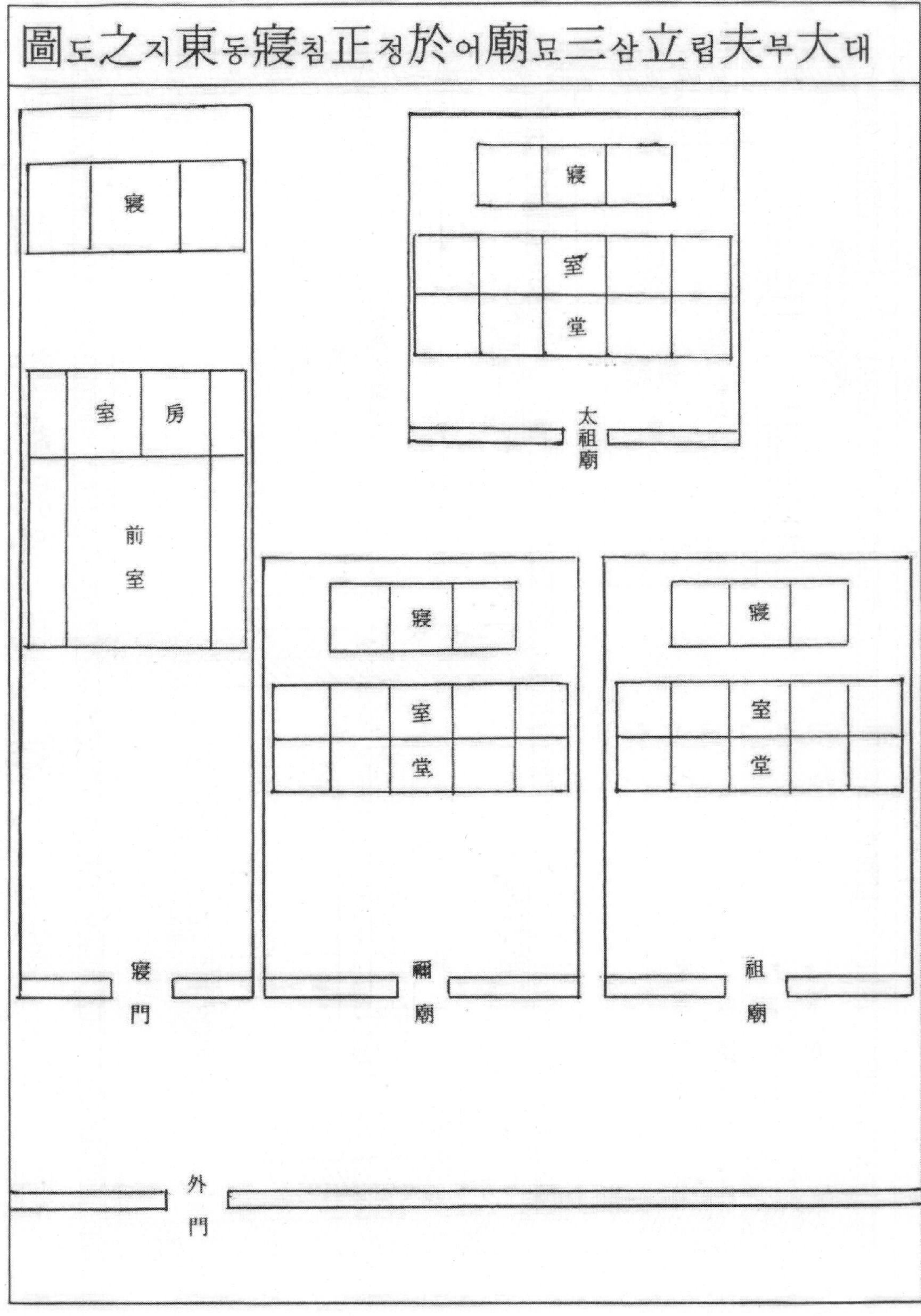
圖도之지東동寢침正정於어廟묘三삼立립夫부大대
寢
室
堂
太祖廟
寢
室
房
前室
寢
室
堂
寢
室
堂
寢門
禰廟
祖廟
外門

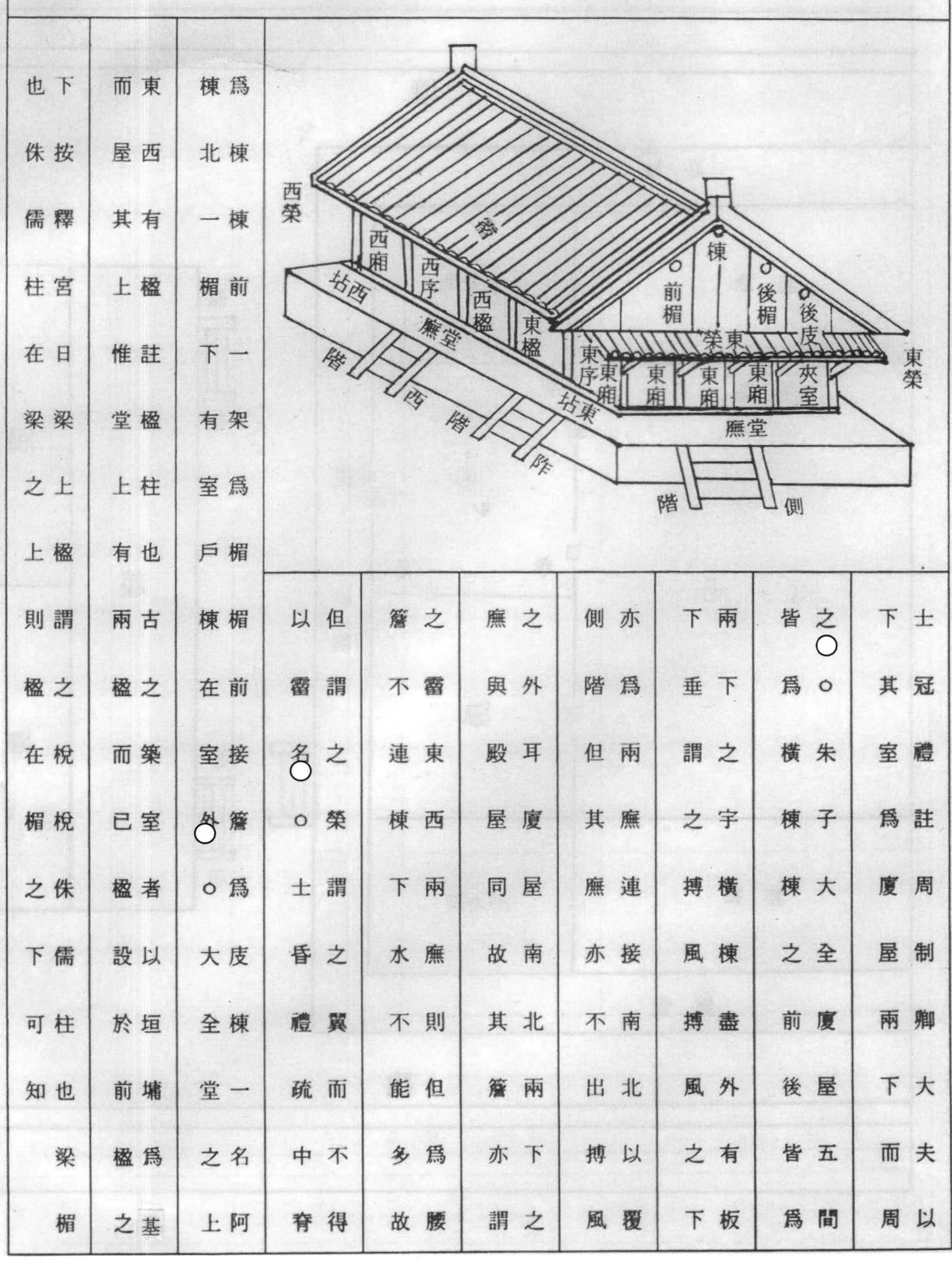

卿경大대夫부士사廈하屋옥五오架가棟동宇우圖도

士冠禮註周制卿大夫以下其室爲廈屋兩下而周

之○朱子大全廈屋五間皆爲橫棟棟之前後皆爲

兩下之宇橫棟盡外有板下垂謂之搏風搏風之下

亦爲兩廡連接南北以覆側階但其廡亦不出搏風

之外耳廈屋南北兩下之廡與殿屋同故其簷亦謂

之東西兩廡則但爲腰簷不連棟下水不能多故

但謂之榮謂之翼而不得以霤名○士昏禮疏中脊

爲棟棟前一架爲楣楣前接簷爲皮棟一名阿棟北一楣下有室戶棟在室外○大全堂之上

東西有楹註楹柱也古之築室者以垣墉爲基而屋其上惟堂上有兩楹而已楹設於前楹之

下按釋宮曰梁上楹謂之梲梲侏儒柱也梁楣也侏儒柱在梁之上則楹在楣之下可知

五오 架가 五오 屋옥 廈하

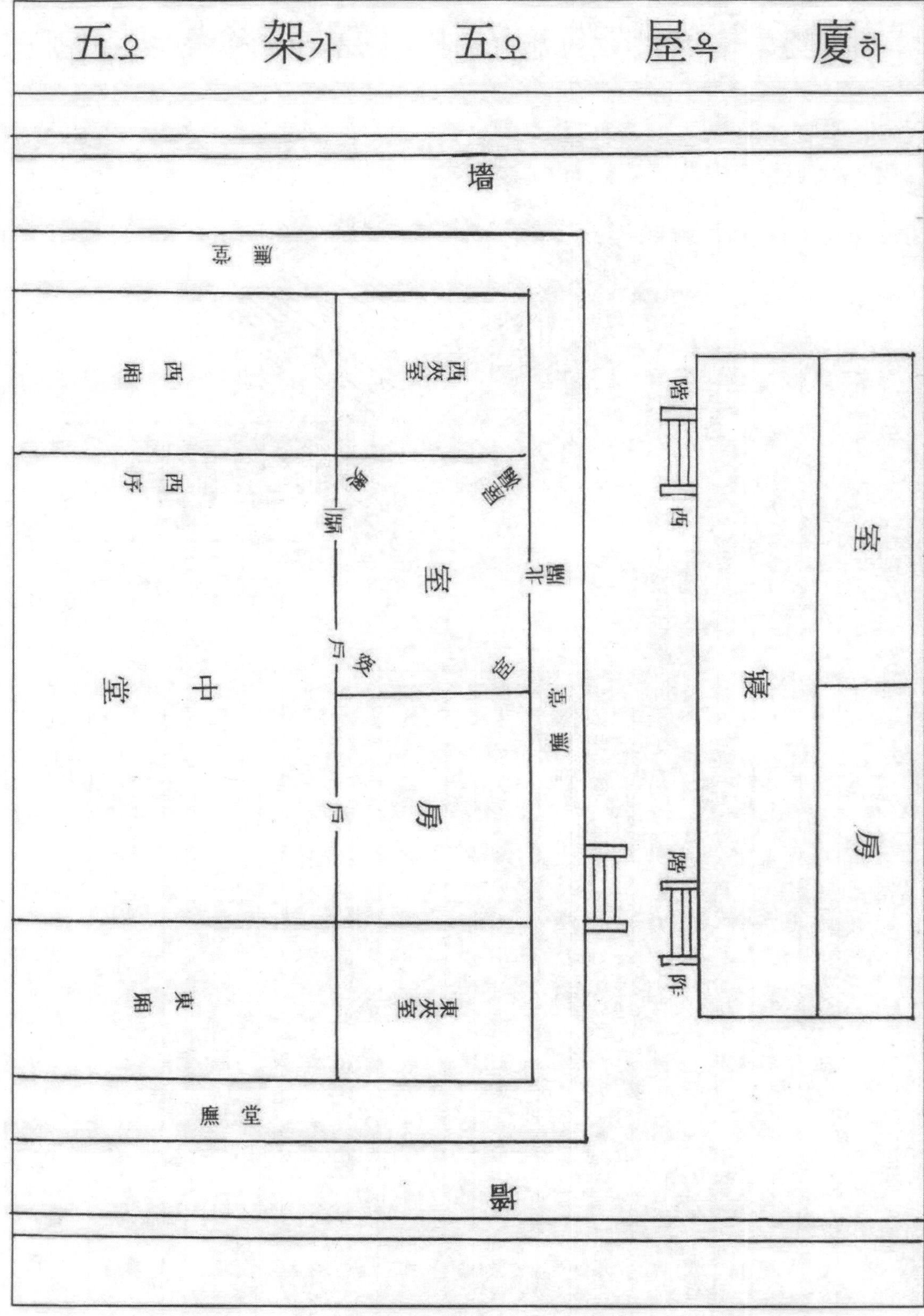

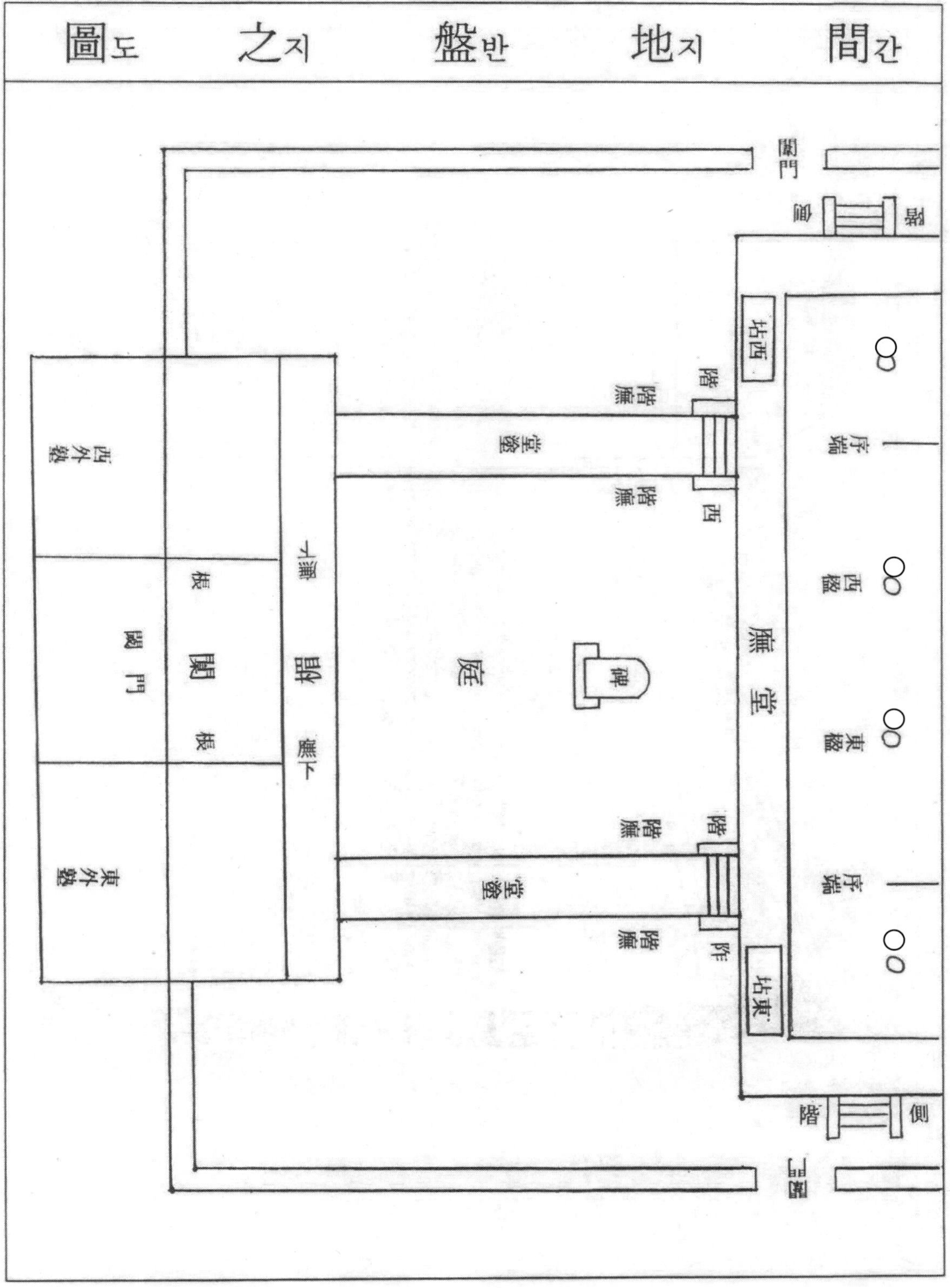
圖도 之지 盤반 地지 間간
廳堂
庭
碑
西坫
東坫
序端
西楹
東楹
堂塗
西階
阼階
東外塾
西外塾
門

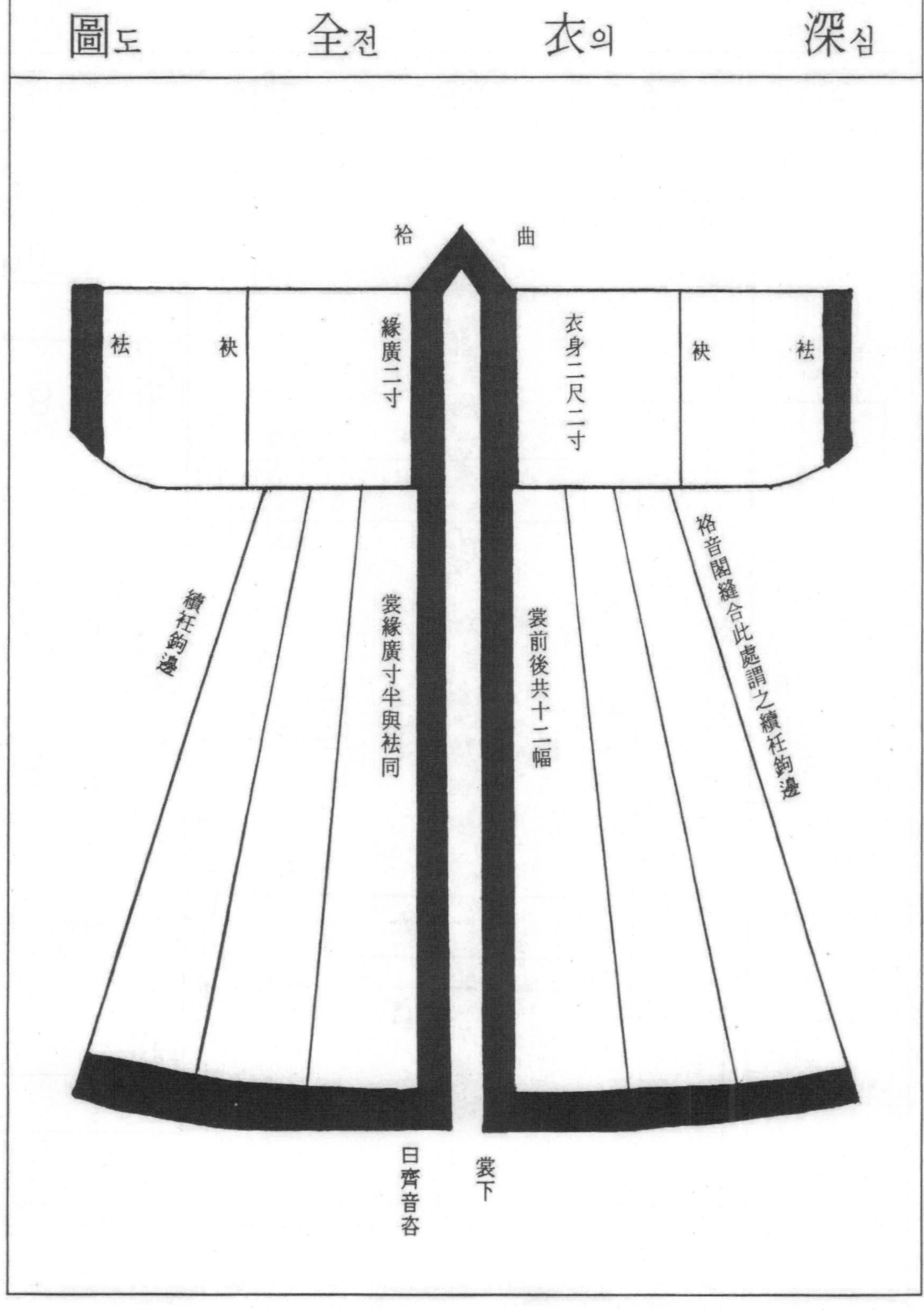

深심 衣의 全전 圖도
曲袷
袂
祛
緣廣二寸
衣身二尺二寸
袂
祛
續衽鉤邊
裳緣廣寸半與祛同
裳前後共十二幅
袼音閣縫合此處謂之續衽鉤邊
曰齊音咨
下裳

深심 衣의 後후 圖도

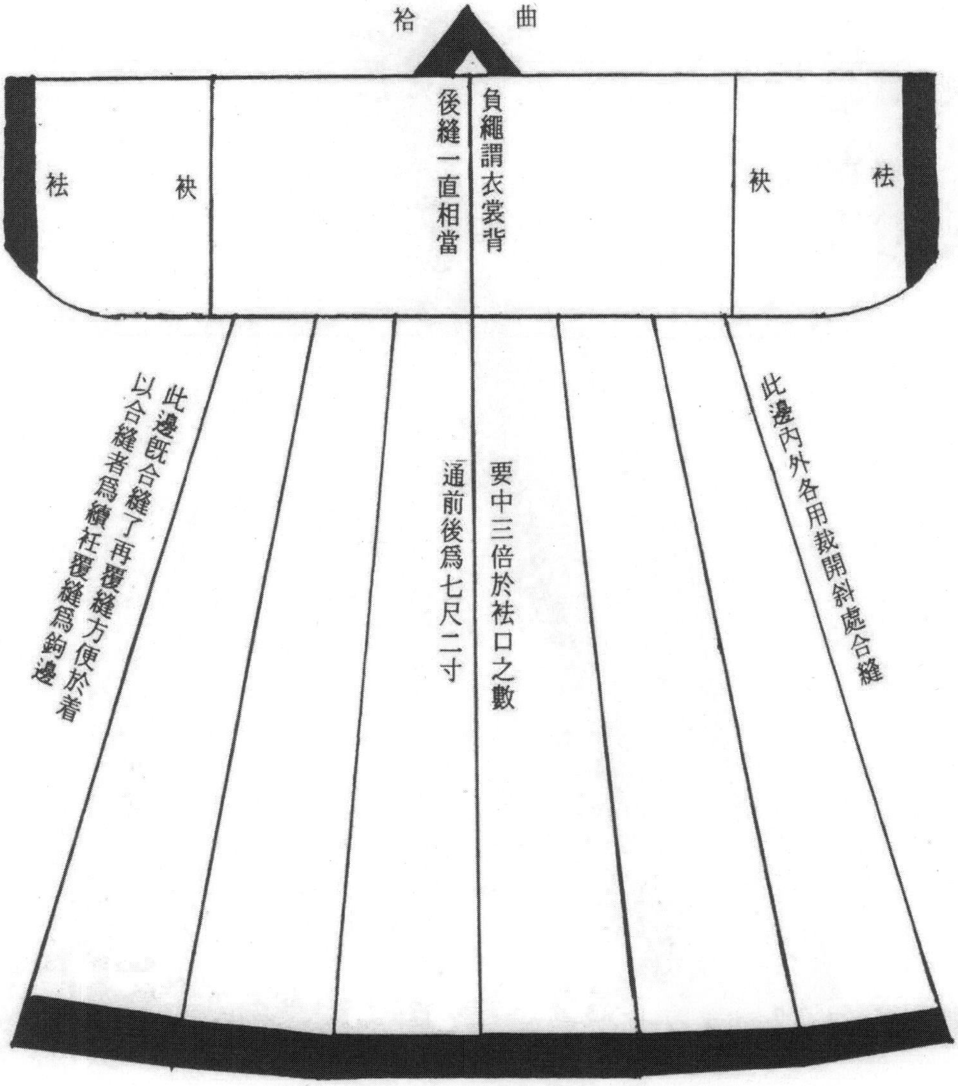

曲袷

袪 袂

袂 袪

負繩謂衣裳背後縫一直相當

此邊既合縫了再覆縫方便於着以合縫者爲績衽覆縫爲鉤邊

要中三倍於袪口之數通前後爲七尺二寸

此邊內外各用裁開斜處合縫

下齊倍要通前後爲一丈四尺四寸

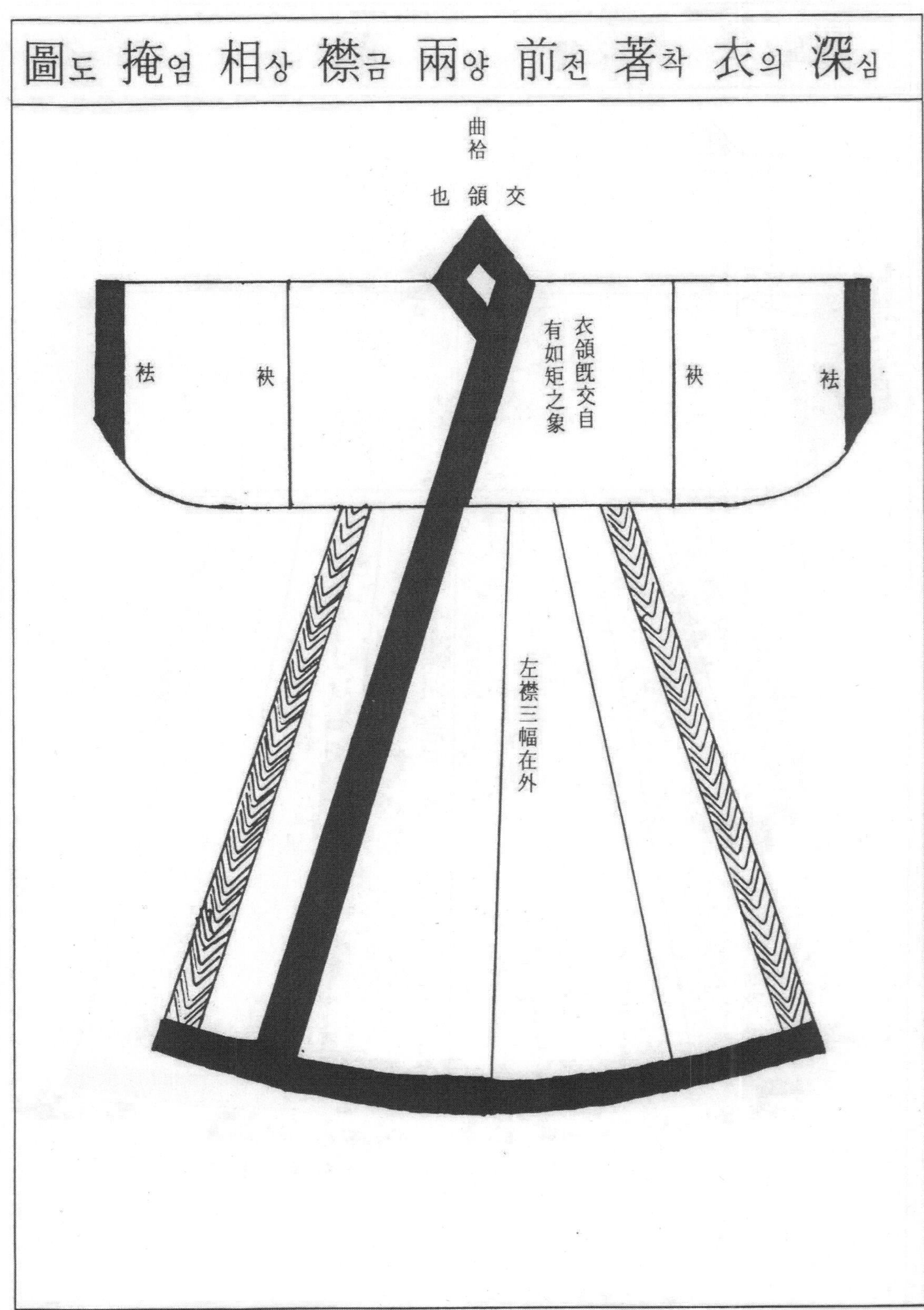
深심 衣의 著착 前전 兩양 襟금 相상 掩엄 圖도
曲袷
交領也
衣領既交自有如矩之象
袪
袂
袂
袪
左襟三幅在外

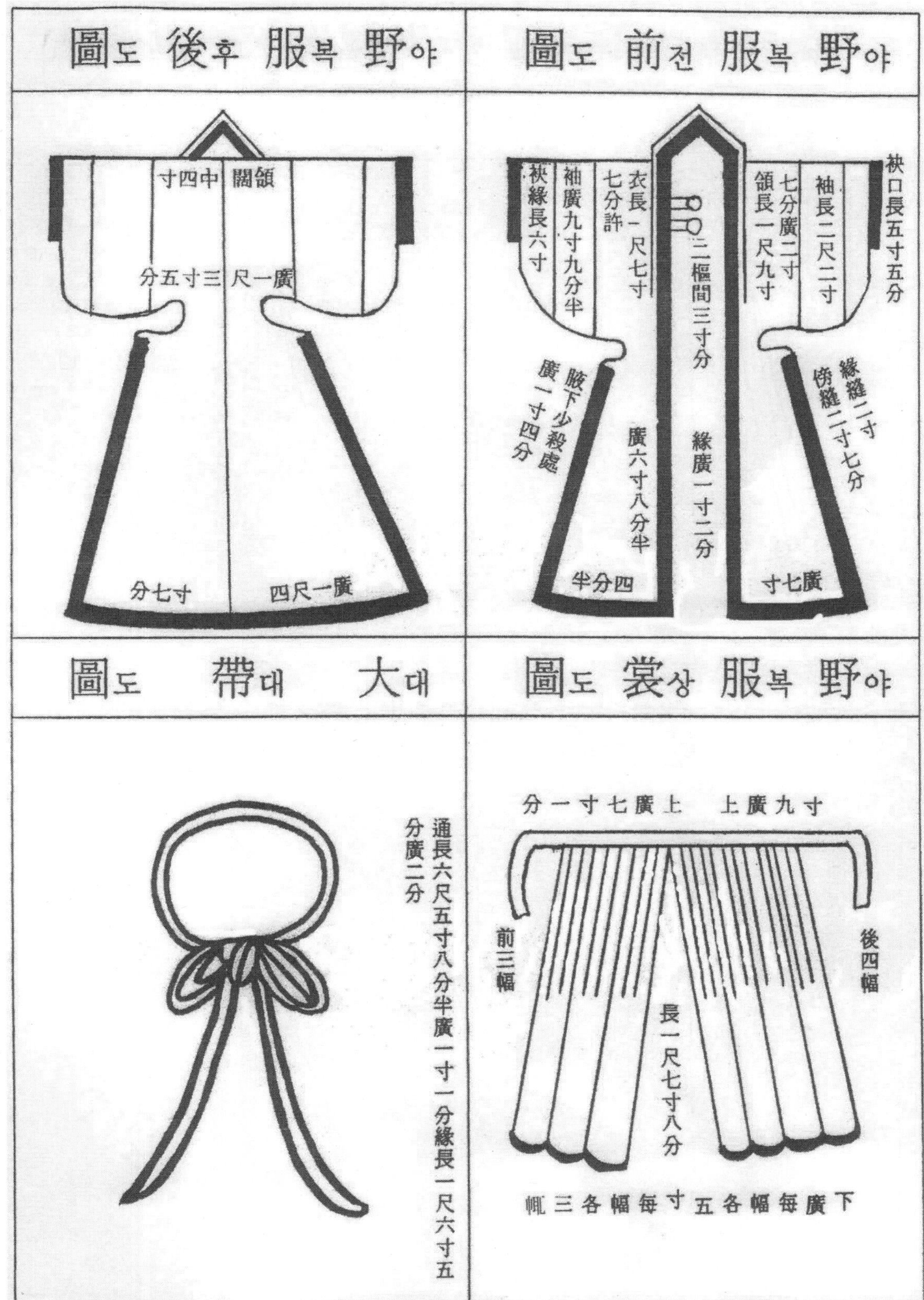
野야 服복 後후 圖도
領闊中四寸
廣一尺三寸五分
廣一尺四寸七分
野야 服복 前전 圖도
袂口長五寸五分
袖長二尺二寸
領長一尺九寸七分廣二寸
衣長一尺七寸七分許
袖廣九寸九分半
袂緣長六寸
二幅間三寸分
緣縫二寸
傍縫二寸七分
腋下少殺處廣一寸四分
廣六寸八分半
緣廣一寸二分
四分半
廣七寸
大대 帶대 圖도
通長六尺五寸八分半廣一寸一分緣長一尺六寸五分廣二分
野야 服복 裳상 圖도
上廣七寸一分
上廣九寸
前三幅
後四幅
長一尺七寸八分
下廣每幅各五寸每幅各三帆

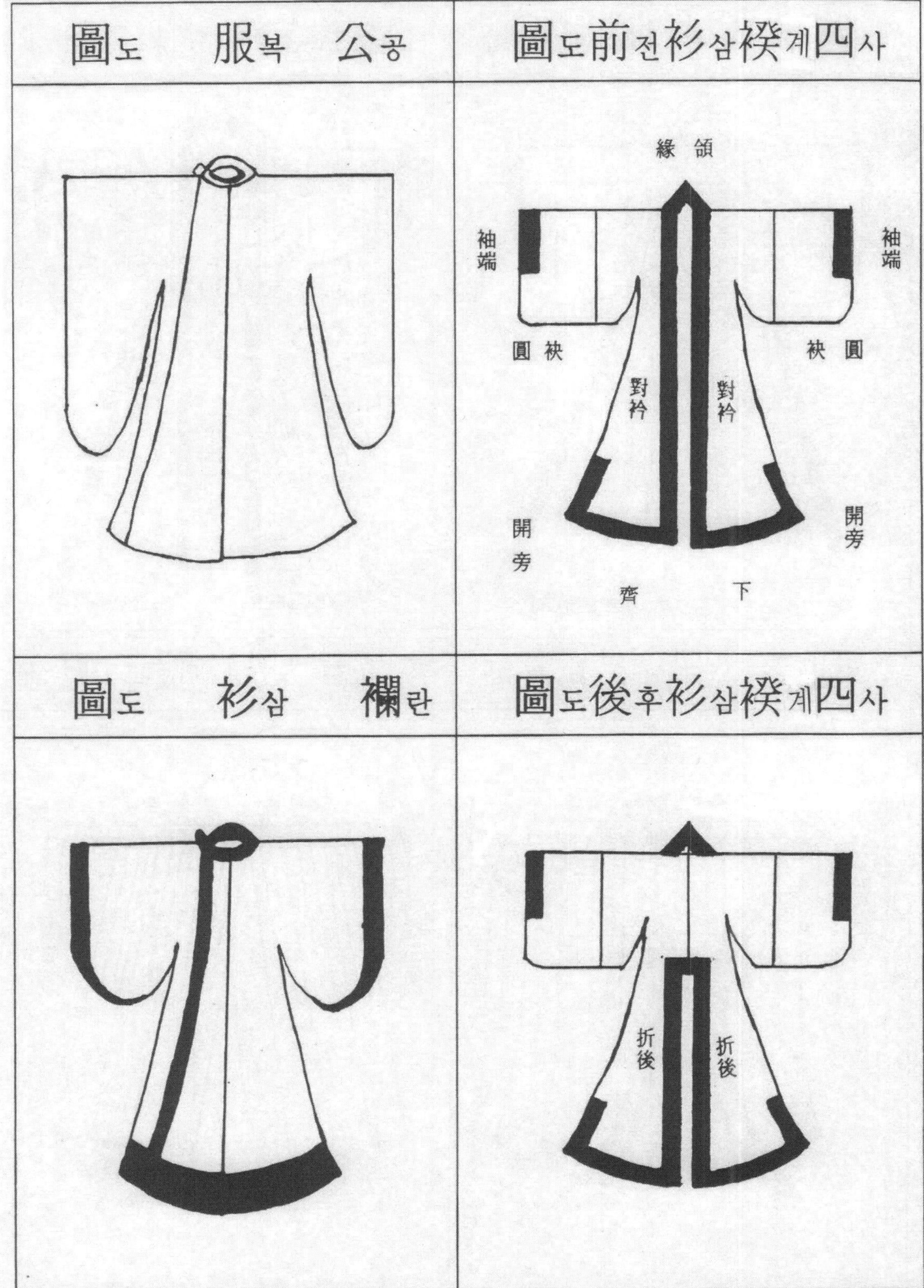
圖도 服복 公공
圖도前전衫삼䙆계四사
縁 領
袖端
袖端
圓 袂
袂 圓
對衿
對衿
開旁
開旁
齊
下
圖도 衫삼 襴란
圖도後후衫삼䙆계四사
折後
折後

背배 子자

衫삼 圖도

長장 裙군

大대 衣의 圖도

大대帶대圖도

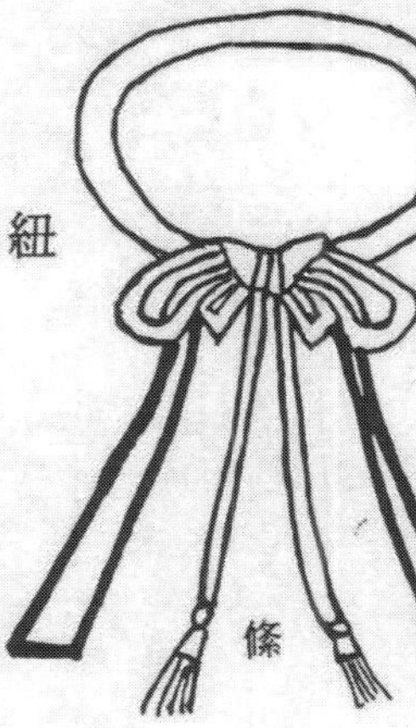

玉藻云天子素帶朱裏終辟諸侯素帶終辟大夫素帶辟垂註云大夫辟其紐及末士辟其末而已○按終充也辟緣也充辟謂盡緣之也紐兩耳也天子以素爲帶以朱爲裏從腰後至紳皆緣之也諸侯亦然但不朱裏耳大夫緣其兩耳及紳腰後則不緣也士惟緣其紳腰及兩耳皆不緣也

緇치布포冠관圖도

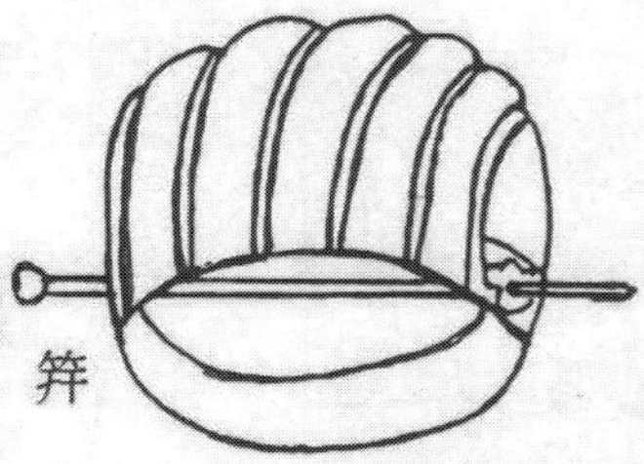

糊紙爲之武高寸許廣三寸袤四寸上爲五梁廣如武之袤而長八寸跨頂前後下著於武屈其兩端各半寸自外向內而黑漆之武之兩旁半寸之上竅以受笄笄用齒骨凡白物○王普制度云緇布冠用烏紗漆爲之不如紙尤堅硬

幅복巾건圖도

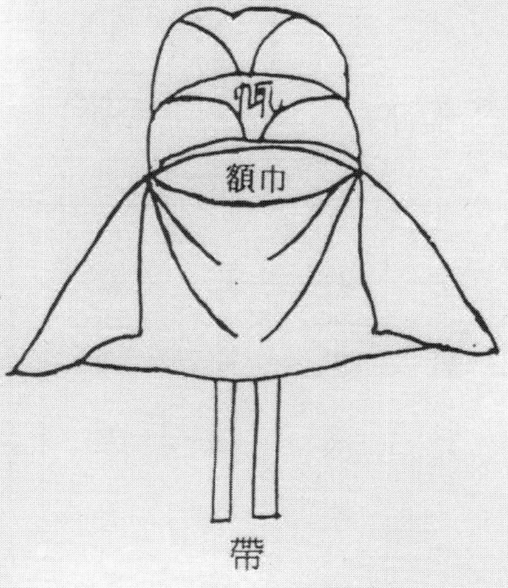

用黑繒六尺許中屈之右邊就屈處爲橫㡇左邊反屈之自㡇左四五寸間斜縫向左圓曲而下遂循左邊至于兩末復反所縫餘繒使之向裏以㡇當額前褁之至兩耳旁各綴一帶廣二寸長二尺自巾外過頂復相結而垂之

黑흑履리圖도

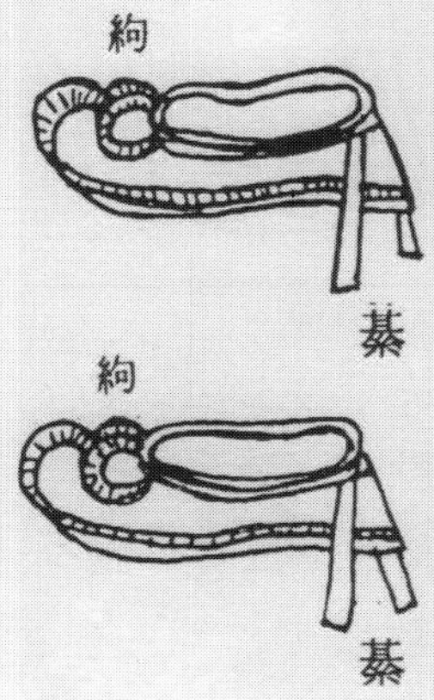

深衣用白履狀如今之履絇音劬繶音益純音準綦音忌四者以緇者絇者謂履頭修或繒爲鼻繶者縫中紃音旬也純謂履口緣也綦所以繫履也或用黑履白純禮亦宜然

玄현端단圖도

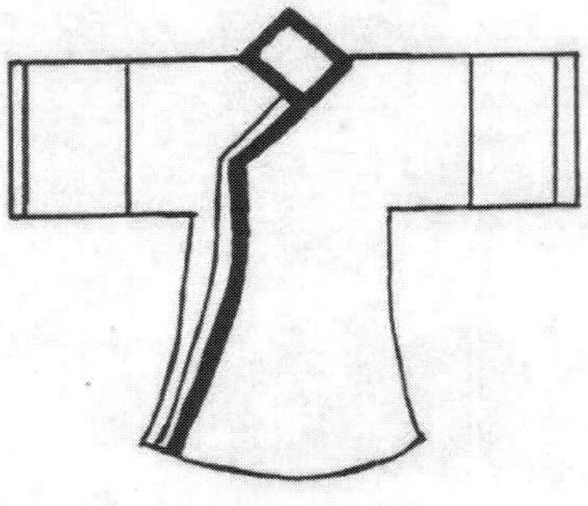

士服也端者取其正也士之衣袂皆二尺二寸而屬幅是廣袤等也其袪尺二寸

羔고裘구圖도

君純羔大夫豹飾袪袖袪袖皆袂也然袂大而袪袖小

中중單단圖도

正衣祭服其內明衣加以中單以白繒爲之青領標襈裾緣黻十一於領用朱刺綉文○以樞領丹者取其赤心奉神也

縞호衣의圖도

婦人服

細繒爲之戰國策强弩之餘不能穿魚縞是薄繒也

錦금緣연緇치衣의圖도

童子服

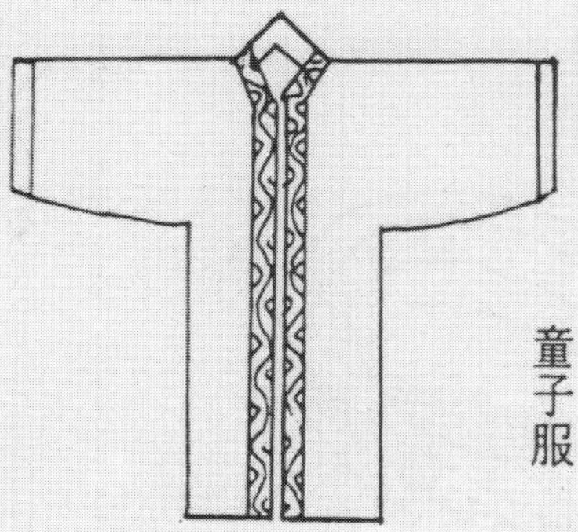

玉藻童子之節也緇布衣錦緣錦紳幷紐錦束髮皆朱錦也童子不裘不帛不屨絇註只白屨不用鼻頭帶末拘之以行戒

屨구圖도

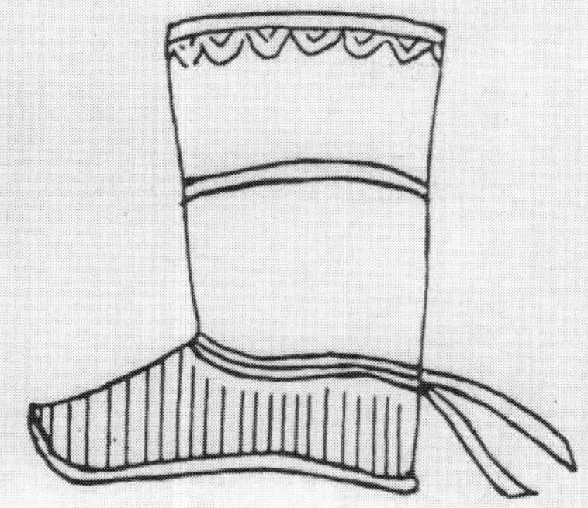

屨頭施綦以爲行戒朱子曰綦鞋口帶也古人皆施繫今人只從簡易綴之於上如假帶然

舃석圖도

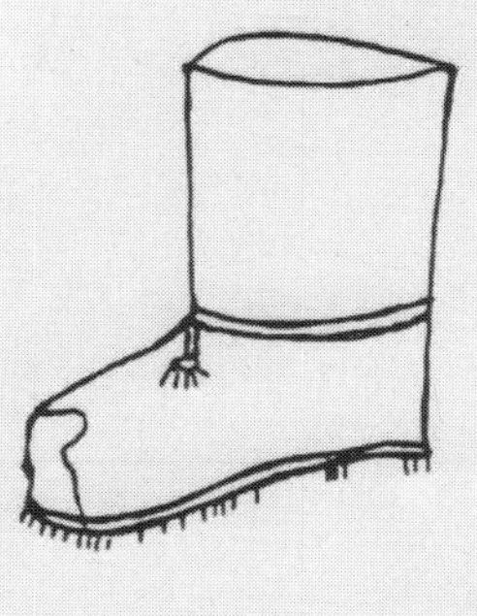

周禮屨人所掌有舃有屨鄭氏謂複下曰舃單下曰屨唯服冕有舃其餘皆屨

笏홀圖도

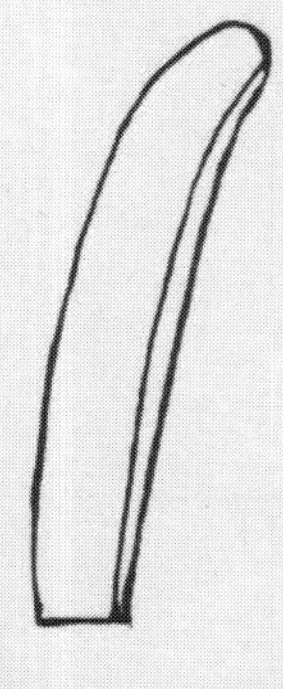

笏也君有命則書其上備忽忘也長二尺有六寸其中博三寸其殺六分而去一

幞복 頭두 圖도

帶대 圖도

帽모 子자 圖도

勒륵 帛백 圖도

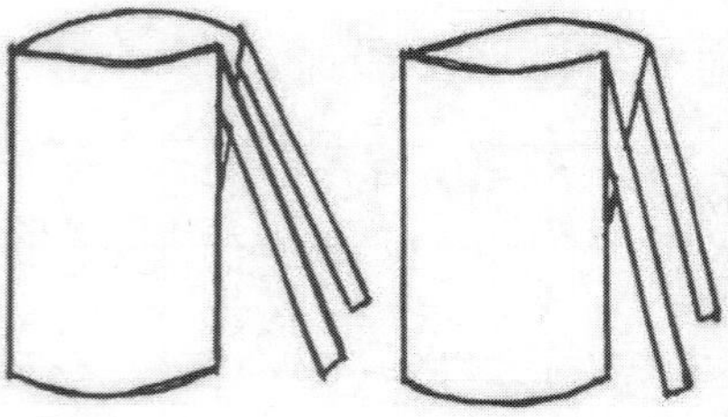

靴화 圖도

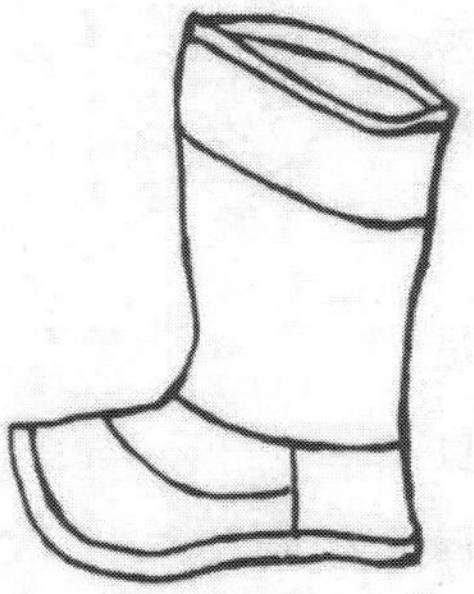

鞋혜 圖도

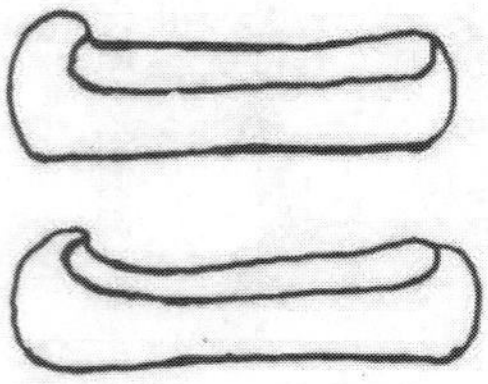

叉차 手수 圖도

凡叉手之法以左手緊把右手大拇指其左手小指則向右手腕右手四指皆直以左手大指向上如右手掩其胸手不可大着胸須令稍去胸二三寸許方爲叉手法也

祗저 揖읍 圖도

事林廣記凡作揖時用稍闊其足立則穩揖則須直其膝曲其身低其頭眼看自己鞋頭爲準威儀方美使手以只可至膝畔不得入膝內尊長前作揖手須過膝下若畢則手隨時起而叉於胸前揖時須全出手不得只出一大拇指在袖外謂之鮮禮非見尊長之禮也

展전 拜배 圖도

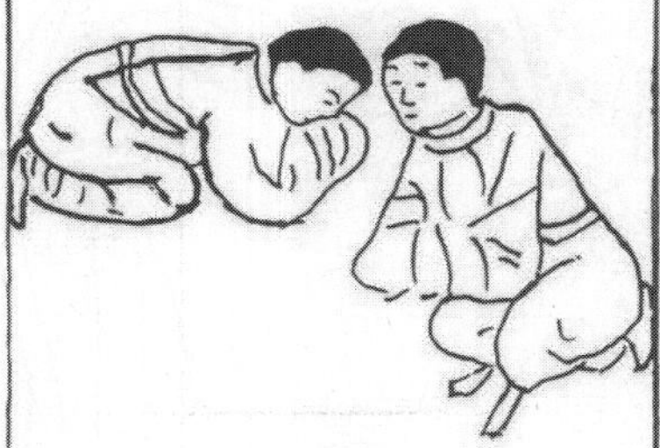

凡下拜之禮一揖小退再一揖卽俯伏以兩手齊按地先跪左足次伸右足畧蹯還左畔稽首至地卽起先起右足以雙手齊按膝上次起左足連兩拜起進前敍寒暄少退揖再兩拜進前却敍間闊敍賀語不然初連四拜却敍寒暄亦得

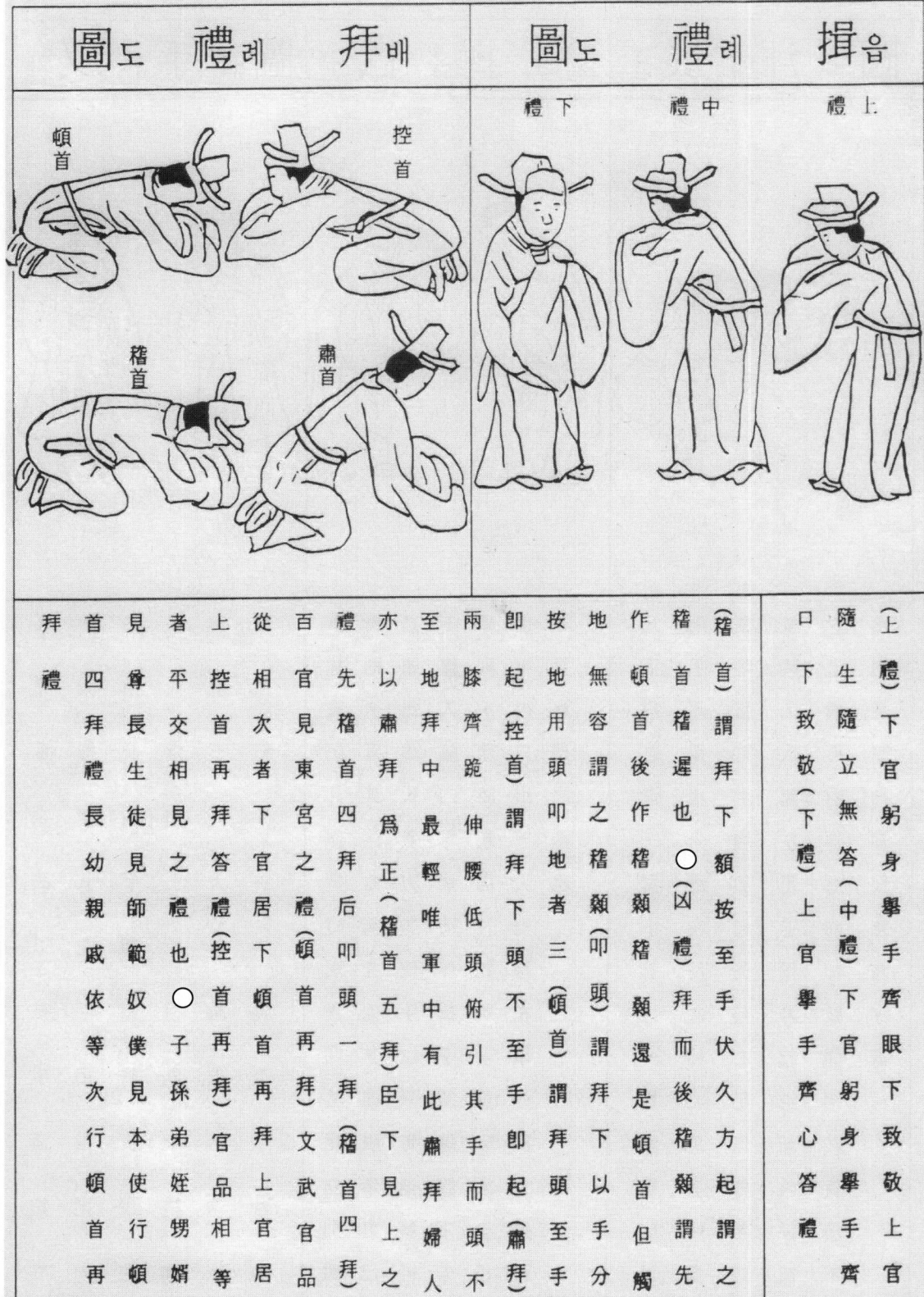

揖읍 禮례 圖도

上禮 中禮 下禮

拜배 禮례 圖도

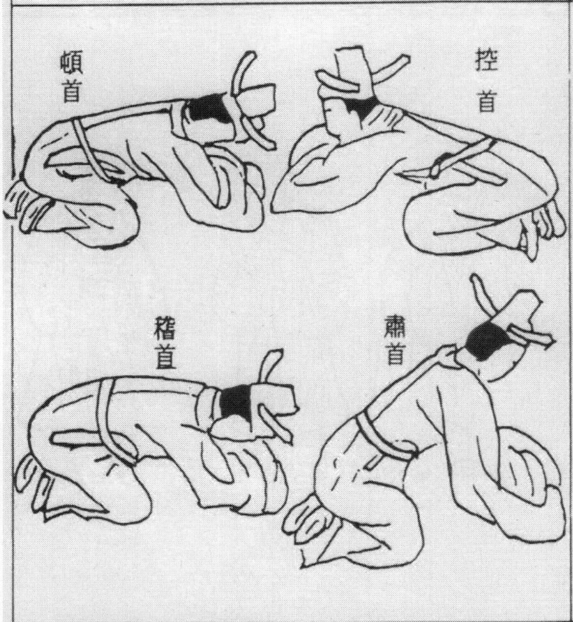

控首 頓首 肅首 稽首

(上禮)下官躬身擧手齊眼下致敬上官隨生隨立無答(中禮)下官躬身擧手齊口下致敬(下禮)上官擧手齊心答禮

(稽首)謂拜下額按至手伏久方起謂之稽首稽遲也○(凶禮)拜而後稽顙謂先作頓首後作稽顙稽顙還是頓首但觸地無容謂之稽顙(叩頭)謂拜下以手分按地用頭叩地者三(頓首)謂拜頭至手卽起(控首)謂拜下頭不至手卽起(肅拜)兩膝齊跪伸腰低頭俯引其手而頭不至地拜中最輕唯軍中有此肅拜婦人亦以肅拜爲正(稽首五拜)臣下見上之禮先稽首四拜后叩頭一拜(稽首四拜)百官見東宮之禮(頓首再拜)文武官品從相次者下官居下頓首再拜上官居上控首再拜答禮(控首再拜)官品相等者平交相見之禮也○子孫弟姪甥婿見尊長生徒見師範奴僕見本使行頓首四拜禮長幼親戚依等次行頓首再拜禮

中중 指지 中중 節절 爲위 寸촌 圖도

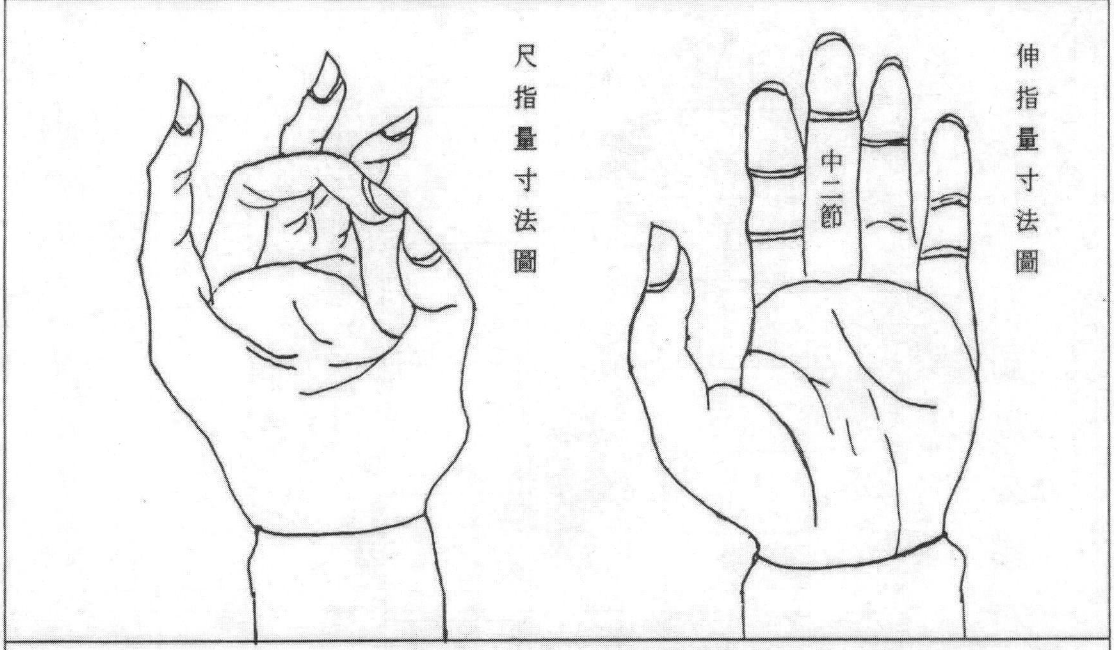

伸指量寸法圖

中二節

尺指量寸法圖

丘文莊濬曰家禮裁深衣及衰服皆用中指中節爲寸蓋以人身有長短指節人人殊與人身相爲長短鍼經以之定兪穴無有差爽者況用以裁衣豈有不稱禮也哉但世人往往昧於取法今取鍼經圖列于其上而以定法著之於下鍼經云中指第二節內度兩橫文相去爲一寸又云中指中節橫文上下相去長短爲一寸謂之同身寸註云若屈指卽旁取指側中節上下兩文角相去遠近爲一寸若伸指卽正取指中自上節下橫文至中節中從上第二條橫文長者相去遠近爲一寸與屈指之寸長短亦相合然人之身手指或有異者至于指文亦各不同更在詳度之也

家가 禮례 尺척 式식

當今省尺五寸五分弱

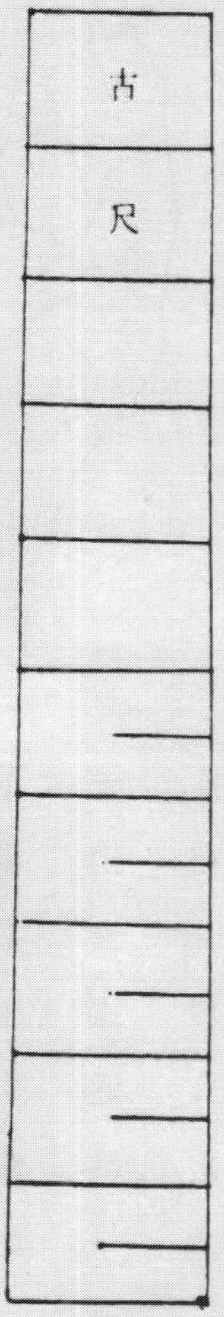

古尺

當三司布帛尺七寸五分弱當浙尺八寸四分

周尺

神主用周尺亦見南軒家所刻本

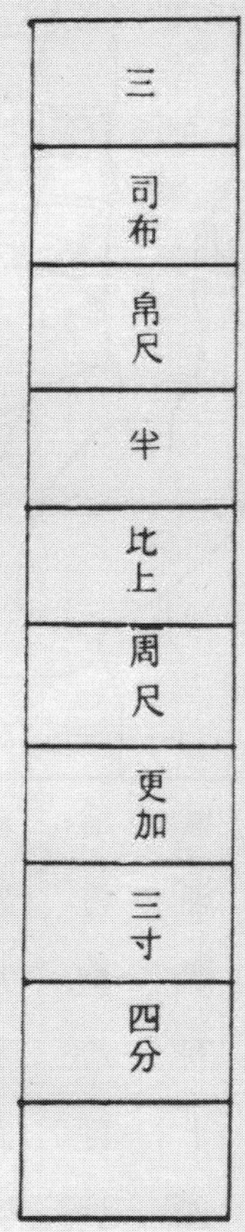

三司布帛尺半比上周尺更加三寸四分

即是省尺又名京尺當周尺一尺三寸四分當浙尺一尺一寸三分

右司馬公家石刻本

[二集]

草庵疑禮問答集

1 사당(祠堂) (附不遷位)

▷2667◁◈問; 황천(黃泉) 좀 설명해 주세요.

[1집(一集) 증보(增補) 초암의례문답집(草庵疑禮問答集). 명문당(明文堂) 출판사(出版社) 간본(刊本) 기타(其他) 문답(問答) 말(末) 최종 회수(回數)]

▶2668◀◈問; 고묘축식 좀?

후자가 죽으면 사당에 그 죽음을 고한다 하는데 어찌 고해야 하는지요?

◈答; 고묘축식.

후자(後子)가 죽으면 사당(祠堂) 선조(先祖)님들께 고(告)하는 예법(禮法)은 주자가례(朱子家禮)에는 채택(採擇)함이 없으나 상례비요(喪禮備要)에서도 필고(必告)라 하였고 우암(尤菴)께서는 진설(陳設)없이 고(告)한다 하셨고 도암(陶庵)께서는 친척(親戚) 친지(親知)들에게 부고(訃告)를 보내기 전에 고(告)한다. 라 하셨으니 이 말씀들을 정리하면 가례(家禮)에는 없으나 진설(陳設) 없이 부고(訃告) 발송전에 사당(祠堂)에 고(告)한다. 로 이해(理解)됨이 옳겠습니다.

○告廟祝(祝鏡)

某親某官(或某封某氏)今日棄世敢告

●備要家有喪亦當告也蓋禮君薨祝取群廟之主藏諸祖廟註象爲凶事而聚也以此推之可知其必告也
●尤菴曰似當告於初終矣酒果則恐不可設也
●遂菴曰使無服者告之則何待成服後
●陶庵曰但無告廟之文故世俗行之者甚少然子生旣告則其死也安得無告家禮亦無所見不敢擅爲補入然事莫大於死生如欲行之則似當在訃告之前

▶2669◀◈問; 급제축.

지방공무원인데 최근 5 급 사무관이 되었습니다. 그런데 예전에 선친께서는 "급제축문"을 써 놓으셨었는데 잊어버렸습니다. 돌아가신 부모님과 조상님께 간단하게 진찬하고 제를 올리고 싶은데 축문 없이 하기에는 무언가 서운할 것 같아 질문 드립니다. 길지 않고 간단한 것 같았는데요. 부탁 드려도 될까요. 원문으로요.

◈答; 及第祝(급제축).

◆及第告辭式(급제고사식)

維 歲次干支幾月干支朔幾日干支某親某敢昭告于 顯某考某官府君 顯某바某封某氏(諸位列書)某以某月某日蒙 恩授某科某第及第奉承先訓獲霑出身餘慶不勝感慕謹以酒果用伸虔告謹告

◆及第榮墓告辭(급제영묘고사)輯覽註生進授官諸措語已詳於祠堂章告墓亦當參互用之

維 歲次干支幾月干支朔幾日干支某親慕官某敢昭告于 顯某考某官府君(或顯某妣某封某氏合窆則列書)之墓某以某月某日蒙恩授某科某第及第奉承先訓獲參出身(生進授官陞資等事隨時改措)餘慶所及不勝感慕謹以酒果用伸虔告謹告(輯覽若榮掃先墓則土地神祭當有告邇用上墓祭土地祝而某恭修歲事六字改云玆以某或某親某官某以某事(如及第生進授官之類)爲榮掃有事于云云)

◆授官告辭式(수관고사식)(凡告祝以家禮爲主而如年月干支改皇爲顯等句語多從備要書之餘倣此○

若官者之母已沒雖在祔位亦當有告○凡告祝備要便覽爲主只今不用去年號幾年以下皆倣此○四代共一板)
維 歲次干支幾月干支朔幾日干支孝玄孫(繼曾祖以下之宗隨屬稱)某官某敢昭告于 顯高祖考某官府君 顯高祖妣某封某氏(曾祖考妣至考妣列書祔位不書○非宗子則只告官者祖先之位)某(非宗子則此下當添之某親某四字)以某月某日蒙 恩授某官(要訣告及第則曰授某科某第及第告生進則曰授生員或進士某等入格)奉承 先訓獲霑祿位(要訣及第則曰獲參出身生進則曰獲升國庠)餘慶所及不勝感慕(貶降則改蒙恩以下二十一字言貶某官荒墜先訓皇恐無地備要若諸父諸兄則荒墜以下改以他語)謹以酒果用伸虔告謹告

괄호 내는 그에 해당하는 대로 본문을 수정 후 삭제함. 참고로 증관고사의 예법을 함께 첨부합니다.

◆贈官告儀禮節次(증관고의례절차)

前一日齋宿其日夙興陳設並如正至朔日之儀
序立(如前)○盥洗[啓櫝○出主○復位]○降神○主人詣香案前○跪○焚香○酹酒(盡傾茅沙上)○俯伏興拜興拜興平身○復位○參神(衆拜)○鞠躬拜興拜興平身○主人斟酒(畢少後立)[主婦點茶(畢二人並拜)]○鞠躬拜興拜興平身[主婦復位](主人不動) ○跪(主人以下皆跪)○讀祝(祝執版立主人之左跪讀之無祝則曰告辭)○俯伏興拜興拜興平身○復位○辭神(衆拜)○鞠躬拜興拜興平身○奉主入櫝(不出主不用此)○焚祝文(揭祝文焚之留版○無祝則不)○禮畢

▶2670◀◈問; 사당은 정침 동쪽에 짓는다 하는데요?.

사당을 왜 동쪽에 짓는다 하나요. 대지(垈地) 형편에 따라 지으면 안되는지요.

◈答; 사당을 본채 동쪽에 짓는 이유.

사당(祠堂)을 본채 동쪽으로 짓는 이유(理由)는 동(東)은 양방(陽方)에 해당되고 양방(陽方)은 숭상(崇尙)하는 방위(方位)라 그렇습니다. 여기서 동방(東方)이라 함은 지도(地圖) 상(上) 동방(東方)이 아니고 실(實) 방위(方位)와는 상관 없이 안채의 뒤를 북방(北方)이라 하고 앞을 남방(南方)이라 하며 좌측(左側)을 동방(東方)이라 하고 우측(右側)을 서방(西方)이라 합니다.

좌(左)는 양(陽)이 되고 우(右)는 음(音)에 해당되어 양(陽)은 숭상(崇尙)의 대상이기에 가옥(家屋) 동쪽으로 짓게 됩니다.

●家禮君子將營宮室先立祠堂於正寢之東
●性理大全祠堂;君子將營宮室先立祠堂於正寢之東凡祠堂所在之宅宗子世守之
●近齋曰東者陽之始也帝王建都左祖右社士夫家亦用左祖之義立祠堂於正寢之東東卽左也左爲陽陽尊故也
●有司徹疏生人陽故尙左鬼神陰故尙右
●書儀所以西上者神道尙右也

▶2671◀◈問; 사당의 종류에 대하여.

종묘, 문묘, 가묘, 사당,,,,,,,,,,,, 이외도 있으면 같이 설명 부탁 드립니다.

◈答; 사당의 종류에 대하여.

◆宗廟(종묘); 帝王(제왕)의 死後(사후) 神主(신주)를 모시고 祭祀(제사) 지내는 祠堂(사당).
●國語第四魯語上; 夫宗廟之有昭穆也以次世之長幼而等胄之親疏也(韋昭解)長幼先後也等齊也胄裔也(辭源注)宗廟天子諸侯祭祀祖先的處所
●史記卷七十七信陵君列傳; 魏公子(中略)今秦攻魏魏急而公子不恤使秦破大梁而夷先王之宗廟公子當何面目立天下乎(漢辭注)宗廟古代帝王諸侯祭祀宗廟的廟宇

◆文廟(문묘); 孔夫子(공부자) 神主(신주)를 모시고 祭祀(제사) 지내는 祠堂(사당)
●明史禮志四; 天下文廟惟論傳道以列位次闕里家廟宜正父子以叙彝倫(辭源注)文廟孔子廟唐開

元二十七年對孔子爲文宣王稱孔廟爲文宣王廟見舊唐書玄宗紀下元明以後通稱文廟
●桃花扇哄丁; 今値文廟丁期禮當釋奠(漢辭注)文廟 孔子廟唐朝封孔子爲文宣王稱其廟爲文宣王廟元明以后省稱爲文廟

◆家廟(가묘); 百姓(백성)들의 先代(선대) 神主(신주)를 모시고 祭祀(제사)지내는 祠堂(사당)
●宋史禮志十二; 慶曆元年南郊赦書應中外文武官並許依舊式立家廟(辭源注)家廟古代有官爵者得建立家廟祭祀祖先後代泛指一個家族建立的家祠
●隨園隨筆風水客; 先生發憤集房族百餘人祭家廟畢持香禱於天(漢辭注)家廟祖廟宗祠古時有官爵者才能建家廟作爲祭祀祖先的場所上古叫宗廟唐朝始創私廟宋改爲家廟

◆祠堂(사당) 祠宇(사우); 先祖(선조)나 先賢(선현)이나 有功者(유공자)의 神主(신주)를 모시고 祭祀(제사) 지내는 祠堂(사당)
●漢書循吏傳文翁; 文翁終於蜀吏民爲立祠堂歲時祭祀不絶(辭源注)舊時祭祀祖宗或賢能有功德者的廟堂
●杜甫蜀相詩; 丞相祠堂何處尋錦官城外柏森森(漢辭注)祠堂舊時祭祀祖宗或先賢的廟堂

◆几筵(궤연); 死者(사자)의 靈位(영위)를 두는 靈几(영궤)와 그에 소용품을 차려 놓은 방으로 영실(靈室) 또는 상청(喪廳)이라 함.
●國語周語上; 設桑主布几筵(辭源注)几筵几席乃祭祀的席位后亦因以稱靈座

▶2672◀ ◈問; 有事則告(유사칙고).

한 집안의 장자로 며칠 지난 후면 혼인을 하게 되는데 처를 맞이하면, 일찍 작고하신 선고께 이를 아뢰고자 합니다. 그런데, 집안에는 사당이 없으니 부득이 묘소에서 축문으로 고하고자 하나 우매하여 어떻게 축으로써 고하여야 할지 난감할 따름입니다. 처를 맞이한 후 선고께 고하는 축문을 어떻게 작성하는지 예문으로써 가르쳐 주시기를 청하는 바입니다.

◈答; 有事則告(유사즉고).

●三月而廟見(삼월이묘견)

士昏禮若舅姑旣沒則婦入三月乃奠菜註奠菜者以篚祭菜也蓋用菫疏必三月者三月一時天氣變婦道可以成之故也此言舅姑俱沒者若舅沒姑存則當時見姑三月亦廟見舅若舅存姑沒婦入無廟可見或更有繼姑自然如常禮也此註云奠菜者以篚按下云婦執笲菜篚卽笲一也鄭知菜蓋用菫者舅姑存時用棗栗暇脩義取早起肅栗治暇自脩則此亦取謹敬○席于廟奧東面右几席于北方南面註廟考妣之廟疏祭統設同几卽同席此卽別席者此旣廟見若生時見舅姑舅姑別席異面是以今亦異席別面象生不與常祭同也鄭知廟考妣廟者象生時見舅姑故知考妣廟也○老醴婦于房中南面如舅姑醴婦之禮註因於廟見禮之疏舅姑生時見訖舅姑使贊醴婦於寢之戶牖間今舅姑沒者使老醴婦於廟之房中其禮則同使老及處所則別也○語類問旣爲婦便當廟見必三月之久何也曰三月而後事定三月以前恐更有可去等事至三月不可去則爲婦定矣故必待三月而后廟見○又曰昏禮廟見舅姑之亡者而不及祖蓋古者宗子法行非宗子之家不可別立廟故但有禰廟今只共廟如何只見禰而不見祖此當以義起亦見祖可也
사혼례약구고기몰즉부입삼월내전채주전채자이비제채야개용근소필삼월자삼월일시천기변부도가이성지고야차언구고구몰자약구몰고재즉당시견고삼월역묘견구약구존고몰부입무묘가견혹경유계고자연여상례야차주운전채자이비안하운부집번채비즉번일야정지채개용근자구고존시용조율가수의취조기숙율치가자수즉차역취근경○석우묘오동면우궤석우북방남면주묘고비지묘소제통설동궤즉동석차즉별석자차기묘견약생시견구고구고별석이면시이금역이석별면상생불여상제동야정지묘고비묘자상생시견구고고지고비묘야○노례부우방중남면여구고례부지례주인어묘견례지소구고생시견흘구고사찬례부어침지호유간금구고몰자사노례부어묘지방중기례즉동사노급처소측별야○어류문기위부편당묘견필삼월지구하야왈삼월이후가정삼월이전공경유가거등사지삼월불가거즉위부정의고필대삼월이후묘견○우왈혼례묘견구고지망자이불급조개고자종자법행비종자지가불가별립묘고단유녜묘금지공묘여하지견녜이불견조차당이의기역견조가야

●改三日而廟見(개삼일이묘견)

程子曰女旣嫁父母使人安之謂之致女古者三月而廟見始成婦也○朱子曰古人是從下做上其初且是行夫婦禮次日方見舅姑服事舅姑已及三月不得罪於舅姑方得奉祭祀○三月然後事定三月以前恐更有可去等事至三月不可去則爲婦定矣故廟見此後方反馬馬是婦初歸時所承車至此方送還母家○又曰古人三月方見祖廟某恩量今亦不能三月之久亦須第二日見舅姑第三日廟見乃安亦當行

정자왈녀기가부모사인안지위지치녀고자삼월이묘견시성부야○주자왈고인시종하주상기초차시행부부례차일방견구고복사구고이급삼월부득죄어구고방득사제사○삼월연후사정삼월이전공경유가거등사지삼월불가거칙위부정의고묘견차후방반마마시부초귀시소승거지차방송환모가○우왈고인삼월방견조묘모은량금역불능삼월지구역수제이일견구고제삼일묘견내안역당행

●婦先見祖舅姑(부선견조구고).

婦先見祖舅近考得鄒景楊家禮集成亦言有祖父母者祖父母幷南面坐婦獻贄拜禮舅姑立於東西受拜同居有尊長云云今承來敎亦以先見祖舅爲定恐得禮意矣從下做上只言其先見夫次舅姑次祠堂之序而已恐非幷及於先舅姑次祖次曾祖之分也○朱子曰婦旣歸姑與之爲禮喜家事之有承替也僴錄作有傳也姑坐客位而婦坐主位姑降自西階婦降自阼階此見語類郊特牲門按此姑有舅姑未七十不曾傳家之時其婦歸無可替傳之家事而遽行此禮於舅姑無恙之日則可謂之得禮乎以此推之有祖舅姑者婦當先見祖舅姑也○父母泛稱同居尊者決無是理子與婦先坐正堂見婦然後乃以見於父母之私室亦決無是理又如無舅而有姑渠先見婦乃以見於舅姑亦決無是理(家禮堂是一家之正堂室是諸人之私室也)理之所無聖賢豈敎人行之耶內則子事父母恐是包祖以上言家禮婦見舅姑此亦當包祖舅姑以上看也

부선견조구근고득추경양가례집성역언유조부모자조부모병남면좌부헌지배례구고립어동서수배동거유존장운운금승래교역이선견조구위정공득례의의종하주상지언기선견부차구고차사당지서이이공비병급어선구고차조차증조지분야○주자왈부기귀고여지위례희가사지유승체야한록작유전야고좌객위이부좌주위고강자서계부강자조계차견어류교특생문안차고유구고미칠십불증전가지시기부귀무가체전지가사이거행차례어구고무양지일즉가위지득례호이차추지유조구고자부당선견조구고야○부모범칭동거존자결무시리자여부선좌정당견부연후내이견어부모지사실역결무시리우여무구이유고거선견부내이견어구고역결무시리(가례당시일가지정당실시제인지사실야)리지소무성현기교인행지야내즉자사부모공시포조이상언가례부견구고차역당포조구고이상간야

●舅姑沒婦見廟(구고몰부견묘)

朱子曰昏禮廟見舅姑之亡者而不及祖蓋古者宗子法行非宗子之家不可別立祖廟故但有禰廟今只共廟如何只見禰而不見祖此當以義起亦見祖可也○南溪曰舅姑旣沒則婦入三月乃奠菜卽士昏禮文也家禮無此節目恐當依本文用告事之儀而已其與祖先共廟者只行通共拜謁之禮而已○儀節若宗子自昏則告辭云某今畢昏敢以新婦某氏見行四拜禮畢新婦點茶復位又四拜

주자왈혼례묘견구고지망자이줄급조개고자종자법행비종자지가불가별립조묘고단유녜묘급지공묘여하지견녜이불견조차당이의기역견조가야○남계왈구고기몰즉부입삼월내전채즉사혼례문야가례무차절목공당의본문용고사지의이이기여조선공묘자지행통공배알지례이이○의절약종자자혼즉고사운모금필혼감이신부모씨견행사배례필신부점다복위우사배

●婦見于祠堂禮儀節次(부견우사당예의절차)

陳設如常儀

序立○盥洗○啓櫝○出主○復位○降神○詣香案前○跪○上香○酹酒(執事者跪進盤盞主人受之傾茅沙上)○俯伏興拜興拜興平身(稍後立)○復位○參神(衆拜)○鞠躬拜興拜興拜興拜興平身○主人斟酒(主人執注立斟于逐位神主前)○主婦點茶(畢分立香案前)○鞠躬拜興拜興平身○主婦復位(主人不動)○跪○告辭(曰)○某之子某(若某親之子某)以某日昏畢 新婦某氏敢見○俯伏興平身○新婦見(壻婦並立兩階間並拜古無壻拜之禮今從俗補之)○鞠躬拜興拜興拜興拜興平身○復位○辭神(衆拜)○鞠躬拜興拜興拜興拜興平身

若宗子自昏則告辭云某今昏畢敢以新婦某氏見行四拜禮畢新婦點茶各位又四拜

서립○관세○계독○출주○복위○강신○예향안전○궤○상향○뇌주(집사자궤진반잔주인수지경모사상) ○부복흥배흥배흥평신(초후립)○복위○참신(중배)○국궁배흥배흥배흥베흥평신○주인

짐주(주인집주립짐우축위신주전)○주부점다(필분립향안전)○국궁배흥배흥평신○주부복위(주인부동)○궤○고사(왈)○모지자모(약모친지자모)이모일혼필신부모씨감견○부복흥평신○신부견(서부병립양계간병배고무서배지례금종속보입)○국궁배흥배흥배흥배흥평신○복위○사신(중배)○국궁배흥배흥배흥배흥평신

만약 종자자신의 혼인이면 고사에 이르기를 모 이제 혼례를 마치고 감히 신부 모씨와 알현하나이다. 라 고하고 사배를 한다. 절을 마치고 신부는 각 위마다 차를 따르고 또 사배를 한다.

◆廟見告辭式(묘견고사식)

某之子某(非宗子之子則某之上當添某親二字)以某日昏畢新婦某氏敢見

◆舅姑廟告辭式(구고묘고사식)(奉主時當別有告辭)

某氏(婦姓)來婦敢奠嘉菜于
皇舅某子(便覽當改某子爲某官府君)
某氏來婦敢告于
皇姑(便覽此下當添某封二字)某氏奠菜于(便覽舅在則當移用奠嘉菜之文)

신부가 작고한 시부모와 선대 봉사조상을 뵙는 예법은 대개 위와 같습니다. 묘소에서 뵙는 예를 행할 것이 아니라 정침에서 지방을 붙이고 위와 같은 예법으로 행하면 예에 크게 어그러지지는 않으리라 생각합니다. 단 상기한 바를 차근히 심독하면 대강은 이해되리라 믿으며 이와 같이 지루하게 선유들의 말씀을 원문으로 제시한 것은 전통예법으로 신부가 작고한 조상을 뵙는 예를 고증하기 위함입니다.

▶2673◀◈問; 사당 현판 올릴 때 축문?

조상님들을 모시는 사당의 현판을 새로 제작 하였답니다. 이번 시제 때 다시 달려고 하는데 특별한 절차는 없는지요? 현판을 올릴 때 축문이 있으면 알려 주셨으면 하는데요. 감사 합니다.

◈答; 사당 현판 올릴 때 축문.

귀댁은 대 명문가 이십니다.

특히 도회지라면 더 이를 바 없겠으며 향촌 이라면 대가를 이뤄 명성이 부근뿐만 아니라 널리 자자 하여 유학의 대가로 사표가 됨은 물론 유지 발전 교육에 크게 한 몫을 하고 계십니다.

모든 예의 집성체인 사당을 대대로 받들고 있으니 사당에 관한 예법은 누구보다도 많은 예를 행 함으로서 누적 된 사례가 있어 조상께 고할 사안 인가 아닌 가와 고할 사안 이면 어느 예에 준할 것인가는 귀 댁의 사당사에 그 예법이 모두 있을 것입니다.
예시된 축식은 없으며 본인 역시 새로운 축문을 작축은 하지 않습니다.

▶2674◀◈問; 선영과 사당참배에 대해서.

많은 가르침 늘 감사 드리고 있습니다. 또 번거롭게 해 드립니다.

우연한 기회에 제 18 대조 선영과 부조위 사당의 위치를 알게 됐습니다. 조만간 한번 찾고 싶은데 묘소와 사당에 배례를 올려도 되는지 분파가 많이 진행됐기 때문에 종손의 허락을 받아야 할까요?

사당참배는 개인적으로 할 수 없다는 의견이 있어서요 만약 종손이 출타 중이라면 그냥 돌아서야 되는 겁니까?

다행히 배례를 올리는 게 맞는다면 어떤 절차로 예를 올려야 되는지 알고 싶습니다. 또 사당의 문이 잠겨 있다면 문밖에서라도 예를 차리고 싶은데 어떻게 해야 하는지요?

추가 질문 하나 더 하겠습니다. 통례(通禮) 사당편에 첨례(瞻禮)는 어떻게 하는 것입니까? 글로 봐서는 여자(女子) 배례법(拜禮法)의 굴신례(屈身禮) 같아 보이는데 남자도 굴신례란 것을 하는지요?

◈答; 선영과 사당참배에 대해서.

묘소(墓所)는 주인과 동행하지 않았더라도 직계이든 방계이든 상묘 시(上墓時)는 인사함이 당연지사이나, 祠堂은 평상시는 외문은 잠가 놓아 주인이 아니고는 개문할 수 없으니 대문 밖에서 인사를 하여야 하고 주인과 동행된다면 대문을 열고 들어가 중문 밖에서 인사는 할 수 있으며, 첨례(瞻禮)란 읍례(揖禮)입니다.

●問解晨謁乃主人之禮同居子姪與主人同謁無妨無主人而獨行則不可
●明齋曰無主人則不許獨行固是嚴宗法之意而以情言之似不可廢行於大門之外以避主人之位如何
●栗谷曰祠堂主人外餘人拜辭時皆不開中門
●家禮祠堂君子將營宮室先立祠堂於正寢之東條外門常加扃閉
●問解問瞻禮之儀丘氏謂男子唱喏答瞻禮乃今之揖也唱喏揖時之聲也

▶2675◀◈問; 설도 속절인가요.

안녕하십니까? 설도 최대의 명절이라 합니다. 설날도 속절에 포함 되는가요. 설날 아침에 공연히 궁금하여져서 질문 드립니다. 감사합니다.

◈答; 설도 속절일까.

아래와 같이 살펴보건대 율곡께서도 속절에서 제외시킨 것으로 보아 속절에 해당 되지 않습니다. 설의 정식 명(名)은 참(參)이라 하여 찾아 뵙는 예로 곧 새해를 맞이하여 세배에 해당한다 인식됨이 옳습니다.

●戰國策始皇帝; 秦王欲見頓弱(秦人)頓弱曰臣之義不參拜王能使臣無拜則可矣不卽不見也
●康熙字典厶部九畫【參】[唐韻][集韻][韻會][正韻]竝倉含切音驂 [玉篇]相謁也
●字彙玉篇厶部九之十三[參]謁也○言部九畫【謁】 [唐韻][集韻][韻會][正韻]竝於歇切堰入聲[說文]白也[爾雅釋詁]告也請也[左傳隱十一年]唯我鄭國之有請謁焉[註]謁告也[禮曲禮]問士之子長曰能典謁矣幼曰未能典謁也[註]謁請也典謁者主賓客告請之事
●四禮便覽祭禮祠堂俗節則獻以時食; 節如清明寒食重午重陽(栗谷曰正月十五日三月三日五月五日六月十五日七月七日八月十五日九月九日及臘日)之類凡鄉俗所尚者食凡其節之所尚者(栗谷曰藥飯艾餠水團之類若無俗尚之食則當具餠果數品)薦以大盤間以蔬果禮如正至朔日之儀
●性理大全正至朔望則參; 正至(考證卽正朝冬至也)朔望前一日灑掃齋宿厥明夙興開門軸簾每龕設新果(增解程子曰月朔必薦新又曰嘗新必薦享後方可薦數則瀆必曰告朔而薦○張子曰朔望用一獻之禮取時之新物曰薦○家禮會通朱子宗法朔望薦新俗節時祭以時物○東萊宗法薦新以朔望)一大盤於卓上每位茶盞托酒盞盤各一於神主櫝前設束茅聚沙於香卓前別設一卓於阼階上置酒注盞盤一於其上酒一甁於其西盥盆帨巾各二於阼階下東南有臺架者在西爲主人親屬所盥無者在東爲執事者所盥巾皆在北(又設主婦內執事盥盆帨巾於西階下西南凡祭同)主人以下盛服入門就位主人北面於阼階下主婦北面於西階下主人有母則特位於主婦之前(栗谷曰奉祀妾子之母固不當立於主婦之前矣亦豈可立於主婦之後乎當立於主婦之西稍前)主人有諸父諸兄則特位於主人之右少前重行(增解輯覽按重行者主人前伯叔父爲一行主人兄弟爲次行主人子姪又爲次下主人之孫又爲次下是爲重行○沙溪曰諸父異行兄弟則有少前少退之異非重行也)西上有諸母姑嫂姊則特位主婦之左少前重行東上諸弟在主人之右少退子孫外執事者在主人之後重行西上主人弟之妻及諸妹在主婦之左少退子孫婦女內執事者在主婦之後重行東上立定主人盥帨(帨一作洗)升搢笏啓櫝(便覽櫝蓋置於櫝坐東近北)奉諸考神主置於櫝前主婦盥帨升奉諸妣神主置于考東次出祔主亦如之命長子長婦或長女盥帨升分出諸祔主之卑者亦如之皆畢主婦以下先降復位主人詣香卓前降神搢笏焚香再拜少退立執事者盥帨升開甁實酒于注一人奉注詣主人之右一人執盞盤詣主人之左主人跪執事者皆跪主人受注斟酒反注取盞盤奉之左執盤右執盞酹于茅上以盞盤授執事者(便覽執事者皆降復位)出笏俛伏興少退再拜降伏位與在位者皆再拜參神主人升搢笏執注斟酒先正位次祔位次命長子斟諸祔位之卑者主婦升執茶筅執事者執湯甁隨之點茶如前命長婦或長女亦如之子婦

執事者先降(便覽謂長子降)復位主人出笏與主婦分立於香卓之前東西再拜降復位少頃與在位者皆再拜辭神(便覽主人主婦升斂主櫝之如啓櫝儀降復位執事者升徹酒果降簾闔門降)而退○冬至則祭始祖畢行禮如上儀○準禮舅沒則姑老不預於祭又曰支子不祭故今專以世嫡宗子夫婦爲主人主婦其有母及諸父母兄嫂者則設特位於前如此○望日不設酒不出主(儀節啓櫝)主人點茶(要訣今國俗無用茶之禮當於望日只啓櫝不酹酒只焚香使有差等)長子佐之先降主人立於香卓之南再拜乃降餘如上儀(栗谷日不出主只啓櫝不酹酒只焚香)○凡言盛服者有官則幞頭公服帶靴笏進士則幞頭襴衫帶處士則幞頭皁衫帶無官者通用帽子衫帶又不能具則或深衣或凉衫有官者亦通服帽子以下但不爲盛服婦人則假髻大衣長裙女在室者冠子背子衆妾假髻背子

楊氏復曰先生云元旦則在官者有朝謁之禮恐不得專精於祭事某鄉里却止於除夕前三四日行事此亦更在斟酌也○劉氏璋曰司馬溫公註影堂雜儀凡月朔則執事者於影堂裝香具茶酒常食數品主人以下皆盛服男女左右敘立於常儀主人主婦親出祖考以下祠版置於位焚香主人以下俱再拜執事者斟祖考前茶酒以授主人主人搢笏跪酹茶酒執笏俛伏興帥男女俱再拜次酹祖妣以下皆徧納祠版出徹月望不設食不出祠版餘如朔儀影堂門無事常閉每旦子孫詣影堂前唱喏出外歸亦然若出外再宿以上歸則入影堂再拜將遠適及遷官凡大事則盥手焚香以其事告退各再拜有時新之物則先薦于影堂忌日則去華飾之服薦酒食如月朔不飮酒不食肉思慕如居喪禮君子有終身之喪忌日之謂也舊儀不見客受弔於禮無之今不取遇水火盜賊則先救先公遺文次祠版次影然後救家財

●朱子家禮俗節則獻以時食; 節如淸明寒食重午中元重陽之類凡鄉俗所尙者食如角黍(增解周處風土記端午烹鶩以菰葉裹糯米爲粽以象陰陽相包裹未分散謂之角黍五越五日祭汨 瀃之遺俗也)凡其節之所尙者薦以大盤間以蔬果(尤庵曰蔬果即蔬菜之蔬也山殺野蔬自是酒席之所設何必問古禮之有無)禮如正至朔日之儀(晦齋曰世俗正朝寒食端午秋夕皆詣墓拜掃今不可偏廢是日晨詣祠堂薦食仍詣墓奠拜)

問俗節之祭如何朱子曰韓魏公處得好謂之節祠殺於正祭但七月十五日用浮屠設素饌祭某不用○又答張南軒曰今日俗節古所無有故古人雖不祭而情亦自安今人旣以此爲重至於是日必具殽羞相宴樂而其節物亦各有宜故世俗之情至於是日不能不思其祖考而復以其物享之雖非禮之正然亦人情之不能已者且古人不祭則不敢以燕況今於此俗節旣已據經而廢祭而生者則飮食宴樂隨俗自如非事死如事生事亡如事存之意也又曰朔旦家廟用酒果望旦用茶重午中元九日之類皆名俗節大祭時每位用四味請出木主俗節小祭只就家廟止二味朔旦俗節酒止一上斟一盃○楊氏復曰時祭之外各因鄉俗之舊以其所尙之時所用之物奉以大盤陳於廟中而以告朔之禮奠焉則庶幾合乎隆殺之節而盡乎委曲之情可行於久遠而無疑矣

▶2676◀ ◈問; .昭穆이란?

안녕하세요. 참다운 교육 감사합니다.
소목(昭穆)이란 예법을 어느 잡지에서 봤습니다. 그런데 그 말이 무엇을 의미하는지를 확실히 이해하고 있지 못합니다.

소목(昭穆)이 무슨 말인지 이해시켜 주시기 바라옵니다.

◈答; 소목(昭穆)이란.

사당(祠堂)에서 신주(神主)를 모시는 차례로 왼쪽 줄의 소(昭), 오른쪽 줄의 목(穆)을 통틀어 이르는 말로서 풀어 설명되자면 이 소목(昭穆)의 제도(制度)는 중국(中國) 상고(上古) 시대부터 유래된 예법인데 주대(周代)에 들어와 주공(周公)이 예(禮)와 악(樂)을 정비하면서 비로소 구체화되었습니다.

주례(周禮)에 의하면 제일세(第一世)를 중앙(中央)에 모시는데 천자(天子)는 소(昭)에 이사육세(二四六世)), 목(穆)에 삼오칠세(三五七世)를 각각(各各) 봉안(奉安)하여 삼소삼목(三昭三穆)의 칠묘(七廟)가 되고, 제후(諸侯)는 소(昭)에 이사세(二四世), 목(穆)에 삼오세(三五世)를 각각 봉안(奉安)하여 이소이목(二昭二穆)의 오묘(五廟)가 되며, 대부(大夫)는 일소일목(一昭一穆)의 삼묘(三廟)가 됩니다.

문헌에 의하면 원래 소(昭)는 '존경(尊敬)한다' 또는 '밝다'는 뜻으로 북쪽에서 남쪽을 향한 위치를 일컫고, 목(穆)은 '순종(順從)한다' 또는 '어둡다'는 뜻으로 남쪽에서 북쪽을 향한 위치를 일컫는 것으로 해석됩니다.

또 묘차(廟次)는 변해도 소목(昭穆)의 차서(次序)는 바뀔 수 없다고 하였습니다. 원래 주(周)나라 소목(昭穆)의 제도는 천자국(天子國)만이 칠묘(七廟)를 두게 되어 있었으나, 그 뒤 중국의 역대(歷代) 왕조(王朝)가 거의 모두 칠묘(七廟)를 두었다.

우리나라에서 처음 이 제도(制度)가 시행될 때는 오대(五代)가 넘으면 위패(位牌)를 거두어 태조실(太祖室)에 두었다가 오년(五年)이 지난 뒤 은제(殷祭 : 성대한 제사)를 지내고 매주(埋主)하였는데 뒤에 이 제도가 흐지부지되어 종묘(宗廟)에서는 역대 왕(王)의 신주(神主)를 그대로 봉안하였었습니다.

현재 종묘(宗廟)의 정전에는 태조(太祖)로부터 순종(純宗)에 이르기까지 사십구위(四十九位)의 신주(神主)가 십구실(十九室)에 봉안(奉安)되어 있고, 별묘(別廟)인 영녕전(永寧殿)에는 추존(追尊) 사대(四代) 왕(王) 및 왕비(王妃)를 비롯, 세실(世室)로 정하지 못한 삼십삼위(三十三位)의 신주(神主)가 십육실(十六室)에 봉안(奉安)되어 있습니다.

한편 일반 사대부(士大夫)의 사가(私家)에서는 주자가례(朱子家禮)에 따라 사당(祠堂)에 사대(四代)의 신주(神主)만을 봉안(奉安)하고 그 윗대의 조상(祖上)의 신주(神主)는 친진(親盡)이 되면 묘소(墓所)에 매안(埋安)하게 됩니다.

사당제도(祠堂制度)는 왕제(王制)와 아래의 제법(祭法)과 같이 이설(二說)이 있는데 "주자왈 왕제제법묘제부동왕제위시(朱子曰王制祭法廟制不同王制爲是)"라 하셨으니 주부자(朱夫子)께서도 위에서 논(論)한 주제(周制)를 언급한 왕제(王制)의 사당제도(祠堂制度)가 옳다하신 것 같습니다.

재론(再論)하자면 소목(昭穆)이란 종묘(宗廟)나 사당(祠堂)에 선대(先代) 신주(神主) 모시는 차례로 천자(天子)의 예로 시조(始祖)를 중앙(中央)에 이세(二世), 사세(四世), 육세(六世)를 시조(始祖)의 좌측(左側)에 배치(配置)하는데 이를 소(昭)라 하고, 삼세(三世), 오세(五世), 칠세(七世)를 시조(始祖) 우측(右側)에 배치(配置)하는데 이를 목(穆)이라 합니다.

○아래는 禮記祭法篇에서 論한 祠堂制度임.

●天下有王分地建國置都立邑設廟祧壇墠而祭之乃爲親疏多少之數註方氏曰分地建國置都立邑所以尊賢也設廟祧壇墠而祭之所以親親也親親不可以無殺故爲親疏之數焉尊賢不可以無等故爲多少之數焉有昭有穆有祖有考親疏之數也以七以五以三以二多少之數也

●是故王立七廟一壇一墠曰考廟曰王考廟曰皇考廟曰顯考廟曰祖考廟皆月祭之遠廟爲祧有二祧享嘗乃止去祧爲壇去壇爲墠壇墠有禱焉祭之無禱乃止去墠曰鬼註七廟三昭三穆與太祖爲七也一壇一墠者七廟之外又立壇墠各一起土爲壇除地曰墠也考廟父廟也王考祖也皇考曾祖也顯考高祖也祖考始祖也始祖百世不遷而高曾祖禰以親故此五廟皆每月一祭也遠廟爲祧言三昭三穆之當遞遷者其主藏於二祧也古者祧主藏於太祖廟之東西夾室至周則昭之遷主皆藏文王之廟穆之遷主皆藏武王之廟也此不在月祭之例但得四時祭之耳故云享嘗乃止去祧爲壇者言世數遠不得於祧處受祭故云去祧也祭之則爲壇其又遠者亦不得於壇受祭故云去壇也祭之則爲墠然此壇墠者必須有祈禱之事則行此祭無祈禱則止終不祭之也去墠則又遠矣雖有祈禱亦不及之故泛然名之曰鬼而已○今按此章曰王立七廟而以文王不遷之廟爲二祧以足其數則其實五廟而已若商有三宗則爲四廟乎壇墠之主藏於祧而祭於壇墠猶之可也直謂有禱則祭無禱則止則大祫升毁廟之文何用乎又宗廟之制先儒講之甚詳未有擧壇墠爲言者周公三壇同墠非此義也又諸儒以周之七廟始於共王之時夫以周公制作如此其盛而宗廟之制顧乃下同列國吾知其必不然矣然則朱子然劉歆之說豈無見乎鄭註此章謂祫乃祭之蓋亦覺記者之失矣

●諸侯立五廟一壇一墠曰考廟曰王考廟曰皇考廟皆月祭之顯考廟祖考廟享嘗乃止去祖爲壇去壇爲墠壇墠有禱焉祭之無禱乃止去墠爲鬼註諸侯太祖之廟始封之君也月祭三廟下於天子也顯考祖考四時之祭而已去祖爲壇者高祖之父雖遷主寄太祖之廟而不得於此受祭若有祈禱則去太祖之廟而受祭於壇也去壇而受祭於墠則高祖之祖也

●大夫立三廟二壇曰考廟曰王考廟曰皇考廟享嘗乃止顯考祖考無廟有禱焉爲壇祭之去壇爲鬼 註大夫三廟有廟而無主其當遷者亦無可遷之廟故有禱則祭於壇而已然墠輕於壇今二壇而無墠者以太祖雖無廟猶重之也去壇爲鬼謂高祖若在遷去之數則亦不得受祭於壇祈禱亦不得及也

●適(的)士二廟一壇曰考廟曰王考廟享嘗乃止皇考無廟有禱焉爲壇祭之去壇爲鬼註適士上士也天

子上中下之士及諸侯之上士皆得立二廟
●官師一廟曰考廟王考無廟而祭之去王考爲鬼註官師者諸侯之中士下士爲一官之長者得立一廟祖禰共之曾祖以上若有所禱則就廟薦之而已以其無壇也
●庶士庶人無廟死曰鬼註庶士府史之屬死曰鬼者謂雖無廟亦得薦之於寢也王制云庶人祭於寢
●周禮小宗伯辨廟祧之昭穆註自始祖之後父曰昭子曰穆
●公羊傳大祫註太祖東鄕昭南鄕穆北鄕其餘孫從王父父曰昭子曰穆昭取其鄕明穆取其北面尙敬
●藍田呂氏曰父爲昭子爲穆父親也親者邇則不可不別也祖爲昭孫爲昭祖尊也尊者遠則不嫌於無別也
●朱子曰周禮建國之神位太祖在北二昭二穆以次而南蓋太祖之廟始封之君居之昭之北廟二世之君居之穆之北廟三世之君居之昭之南廟四世之君居之穆之南廟五世之君居之廟皆南向主皆東向
●長樂陳氏曰王制所謂昭穆昭在左左爲陽昭者陽明之義穆在右右爲陰穆者幽陰之義
●春官疏若若兄死弟及俱爲君則以兄弟爲昭穆以其弟已爲臣臣子一例則如父子故別昭穆也
●春秋躋僖公左氏曰逆祀也註僖是閔兄嘗爲臣位應在下今居閔上故曰逆祀疏僖閔不得爲父子同爲穆耳今升僖先閔位次之逆非昭穆亂也若兄弟相代卽異昭穆設令兄弟四人皆立爲君則祖父之廟卽已毁理必不然
●尤庵曰昭穆之制甲爲昭則甲之子乙爲穆乙之子丙爲昭丙之子丁爲穆故祖孫爲一班也爲父子則不可同席故自然如是也
●通典漢明帝遺詔遵儉無起寢廟藏主於世祖廟更衣(註便殿寢側之別室所謂更衣也)章帝不敢違以更衣有小別上尊號曰顯宗後帝承遵皆藏主于世祖廟積多無別是後顯宗但爲陵寢之號魏祀高祖以下神主共一廟爲四室
●朱子曰自漢明帝同堂異室無復左昭右穆之制

○昭穆의 배치도는 아래와 같습니다.

⊙儀禮諸侯五廟圖
====太祖廟=====
穆廟======昭廟
穆廟======昭廟

⊙儀禮賈跣諸侯五廟之圖
穆廟==穆廟==太祖廟==昭廟==昭廟

⊙儀禮大夫三廟圖
====太祖廟====
禰廟======祖廟

⊙儀禮賈跣大夫三廟圖
穆廟===太祖廟===昭廟

▶2677◀◈問; 제사에는 시동이 있었다는데요?

김 0 곤 선생님 초암 선생님 그간 안녕들 하셨는지요. 또 하교 받아야 할 건이 생겨 찾아 뵈러 왔습니다. 혹 주위에서 아실 만하다는 분에게 여쭤보았으나 해결이 안 되는 군요.

다름이 아니오라 저의 아버지께서 저에게 또 문제를 주셨습니다. 문제의 핵심은 옛날에는 제사를 지낼 때 尸가 참석하였다 합니다. 그런데 尸 하면 屍體가 연상되지 않습니까. 아마도 尸에는 다른 뜻도 있는 모양입니다. 그렇지 않고서는 어떻게 尸가 제사에 참여할 수가 있겠습니까.

다음과 같은 의문이 풀리면 곧 이해될 것 같습니다.

尸가 제원들과 같이 서서 제사를 지냈는지요? 이런 예법도 있었는지요? 있었다면 어느 때였고 尸는 어떻게 하고 제사를 지냈는지요?

질문이 퍽 어수선합니다. 밝은 답 주시기 바랍니다. 아버지께서 손뼉을 치시게 말입니다. 안녕히 계십시오.

◈答; 제사에는 시동이 있었다는데요.

권정우님의 의문을 요약하면 아래와 같겠습니다.

1). 시동(尸童)도 제원(祭員)과 같이 제사를 지내는가?
2). 그와 같이 제사 지내는 예법이 있는가?
3). 어느 때 그런 예법이 있었는가?
4). 시동이 어떻게 하고 제사를 지냈는가? 입니다.

問 1). 答; 시동(尸童)은 제원이 아닌 그 위(位)의 표상으로 신주(新主) 뒤에 있게 되는데, 반드시 그 위(位)의 손자(孫子)가 시동(尸童) 역할을 하게 됩니다.

만약 시동(尸童)이 어리면 다른 사람이 안고 행하며, 직손(直孫)이 없으면 동성(同姓) 소목(昭穆) 손항(孫行)에서 택하여 시동(尸童) 역할을 하게 하였습니다.

問 2). 答; 제원(祭員)과 함께 서서 제사(祭祀)를 지내지 않았습니다.

問 3). 答; 하(夏)나라 때부터 은(殷)을 거쳐 주(周)나라 때까지 시동(尸童) 제도가 있었습니다.

問 4). 答; 하(夏)나라 때는 시동(尸童)이 신주(神主) 뒤에 서 있었는데 이를 입시(立尸)라 하였고, 은(殷)나라와 주(周)나라 때는 신주(神主) 뒤에 앉아 있었는데 이를 좌시(坐尸)라 하였습니다.

●曾子問第七; 曾子問曰祭必有尸乎(鄭玄注)祭成人始設奠於奥迎尸之前謂之陰厭尸謖之後改饌於西北隅謂之陽厭殤則不備(孔穎達疏)孔子答祭以成人之喪者必須有尸以成人之喪威儀具備必須有尸以象神之威儀也尸必以孫若其孫幼則使人抱之若無孫則取同姓昭穆孫行適者可也
●郊特牲殷人先求諸陽周人先求諸陰詔祝於室坐尸於堂(鄭玄注)尸來升席自北方坐于主北焉
●春秋公羊傳宣公八年; 壬午猶繹萬入去籥(何休注)祭必有尸者節神也禮天子以卿爲尸諸侯以大夫爲尸卿大夫以下以孫爲尸夏立尸殷坐尸周旅酬六尸
●杜氏通典禮八吉七立尸儀(夏 殷 周); 夏氏立尸而卒祭殷坐尸周坐尸詔侑無方其禮亦然其道一也

▶2678◀◈問; 宗孫(初獻官)을 代行할 수 있는 資格에 대하여 문의 드립니다.

宗孫(初獻官)을 代行할 수 있는 資格에 대하여 문의 드립니다. 성균관의 무궁한 발전을 기원합니다. 저희 집안의 좀 창피함을 무릅쓰고 답답한 마음에서 기나긴 글로 문의 드리오니 좋은 가르침을 부탁 드립니다. 저희 집안은 할아버지까지 8 代째 獨子로 내려오다가 할아버지께서 5 男 1 女를 낳으셨습니다.

1. 첫째 아들(子)은 딸만 2 女를 낳으셨고,
2. 둘째 아들(丑)은 딸만 2 女를 낳으셨고,
3. 세째아들(寅)은 3 男(甲,乙,丙) 4 女를 낳으셨고,
가. 甲은 슬하에 2 男(A 는 슬하에 無後이고, B 는 2 녀를 두었음)1 女를,
나. 乙은 슬하에 1 男(C 는 미혼)1 女를, 다. 丙은 슬하에 1 男(D 는 미혼)1 女를 낳았음.
4. 넷째 아들(卯)은 2 男(丁,戊) 1 女를 낳으셨고,
라. 丁은 슬하에 2 女를, 마. 戊는 슬하에 1 男(E 는 미혼)1 女를,
5. 다섯째아들(辰)은 3 男(己,庚,辛) 2 女를 낳으셨습니다.
바. 己는 無後이고,
사. 庚은 슬하에 2 男(F 는 1 남 1 녀, G 는 미혼)을

아. 辛은 슬하에 1 男(H 는 미혼)2 女를 두었음.

위와 같은 家族史에서 첫째 아들 子와 둘째 아들 丑이 아들이 없어 셋째 아들 寅의 長男인 甲이 첫째 아들인 子에게 양자를 가서 宗孫의 禮를 행하다가 돌아가시고(故人인됨), 그 후 甲의 장남인 A 가 장손의 禮를 행하여 왔습니다. 그러던 중 A 가 중대한 病으로 인하여 자연인으로 일상적인 사회생활을 할 수 없게 되자 중병 때문에 제사 지내는 일과 그 밖의 宗孫으로서의 權利와 義務를 포기한다고 선언을 하였습니다.

질문 드리겠습니다.
1. 現在까지는 長孫인 A 가 고조부모, 증조부모, 조부모, 부 等의 기제사와 차례의 禮를 行하여왔고, 寅은 乙의 집에서, 卯는 丁의 집에서, 辰은 己가 遠地에 있고 無後인 관계로 庚의 집에서 行하여 왔습니다 이러한 경우 누가 長孫 相續을 받아야 하나요?
2. 長孫 相續을 받으려면 반드시 養子로 入籍을 하여야 하나요?
3. 庚이 아들이 2 명이 있으므로 庚의 아들 F 또는 G 가 養子를가서 長孫의 禮를 행하면 좋겠는데 본인들은 싫다고 하는데 좋은 방법이 있는지요?
4. 養子를 가지 않은 상태로 辛이 後孫으로서 서운한 마음에서 장손 집의 기제사와 차례를 攝祭祀가 아닌 祭主로서 모셔도 되는지요? (辛이 이 글을 올리는 사람이고 辛의 아버지 辰님의 기제사와 차례는 辰의 장자인 己가 遠地에 있고 無後인 관계로 庚의 집에서 함께 지내고 있습니다) 이 경우 훗날 辛이 사망한 후 辛의 아들 H 가 辛이 지내던 종가집 기제사와 차례를 상속받는지요? 5. 얼마전 할머니의 기제사 일이 다가와서 辛이 집에서 기제사를 모실 수가 없어 산소에 가서 묘제를 하였는데 예법에 어긋나는지요?
6. 長孫인 A 가 몸이 불편하여 長孫으로서의 권리와 의무를 포기한다고 하여 집안 회의에서 기제사를 없애고 고조부모, 증조부모, 조부모, 백부모 등을 시향제로 하기로 하였는데 禮에 합당한지요?
7. 고조부모, 증조부모, 조부모, 백부모 등의 기제사를 좋은 날을 잡아서 합제 묘사제나 아니면 합제 기제사를 지내도 되는지요?

내용이 많고 글이 길어서 죄송합니다. 하지만 답답한 마음에서 문의 드리오니 成均館이나 또는 儒家의 禮法에 어긋난다고 하여 꾸짖지 마시고 비슷한 전거나 현실적으로 집안의 동기간끼리 화목하고 우애 좋게 지낼 수 있도록 좋은 가르침을 부탁 드립니다. 긴 글을 읽어 주셔서 감사합니다.

◈答; 이상의 질문을 다음과 같이 요점 별로 정리 답합니다.

1. 忌祭祀(기제사).
2, 墓祭(묘제)
3. 無嗣承繼(무사승계)

1.忌祭祀(기제사)

기제사(忌祭祀)란 친미진(親未盡; 高祖考妣~考妣) 조상(祖上)에 대한 적장자손(嫡長子孫)이 지내는 제사(祭祀)로 만약 적현손(嫡玄孫)이 죽어 그의 자(子)로는 친진(親盡)이 되면 그의 후손(後孫)으로 미진(未盡) 후손(後孫)이 있다면 가장 근친(近親) 장자손(長子孫) 집으로 옮겨 祭祀하다 그도 죽어 완전 현손(玄孫) 대(代)가 끊기면 그 신주(神主)를 묘소(墓所)에 묻고 기제(忌祭)를 폐하고 세일제(歲一祭)인 1 년에 한번 매년(每年) 음력 10 월 1 일 그 후손(後孫)들이 모여 묘제(墓祭)를 지내게 됩니다.

●禮記祭義; 君子有終身之喪忌日之謂也(註)忌日親死之日也(疏)孝子終身念親不忘忌日非謂此日不善別有禁忌謂孝子志意有所至極思念親不敢盡其私情而營求他事故不擧也
●大傳註親屬絶盡則不爲之服此所謂五世則遷者也
●問長房奉遷主後身死其子若孫若親未盡則仍爲奉祀乎若有門中諸父諸兄親未盡處則當遷奉於其家乎寒岡曰身後子孫親苟未盡連世奉祀以待親盡然後遷于親未盡之家埋恐當然

●問最長者死其子雖親未盡而當遷於次長房耶沙溪曰然
●問長房死則其遷奉於次長房當在何時明齋曰長房遞遷爲祭祀也今乃三年廢祭未安喪家卒祔祭後奉遷
●退溪曰禮只云代未盡最長之房不分嫡支也
●沙溪曰庶孼不可無奉祀之義但嫡兄弟盡沒然後奉祀不妨
●問解續問親盡當遷而有庶曾孫若嫡玄孫則誰當奉祀答庶曾孫當奉祀若貧賤不可奉祀者則嫡玄孫奉祀無妨
●韓魏公祭式寒食上墓祭又十月一日如上墓儀若身不能往遣親者代祭
●陶庵曰親盡墓祭韓魏公禮十月一日祭之恐得宜

2. 墓祭(묘제)

묘제(墓祭)는 친미진(親未盡) 묘제(墓祭)와 친진(親盡) 묘제(墓祭)로 분류 모시게 되는데 친미진(親未盡) 묘제(墓祭)는 기제(忌祭)를 지내며 매년(每年) 3 월 상순(上旬)에 택일(擇日)하여 지내드리고 친진(親盡) 묘제(墓祭)는 기제(忌祭)를 폐하고 10 월 1 일에 묘(墓)에서 지내드리게 됩니다.

●性理大全家禮墓祭; 三月上旬擇日○又祠堂篇遞遷條始祖親盡則藏其主於墓所而大宗猶主其墓田以奉其墓祭歲率宗人一祭之百歲不改其第二世以下祖親盡及小宗之家高祖親趍則遷其主而埋之其墓田則諸位迭掌而歲率其子孫一祭之亦百世不改也
●鼓山曰親未盡墓祭。只一行之於三月上旬
●張子曰寒食與十月朔日展墓亦可爲草木初生初死
●陶庵曰親盡祖墓祭依韓魏公禮十月一日祭之恐得宜

3. 無嗣承繼(무사승계)

만약 적장자손(嫡長子孫)이 무사(無嗣)로 죽게 되면 가장 가까운 후자(後者)로 입적(入籍) 대(代)를 이어 봉사(封祀)케 하고 또 그의 후자(後子)로는 친진조(親盡祖)가 되면 현손(玄孫) 이내의 장자(長者)가 그 선조(先祖)의 제사(祭祀)를 이어 받아 기제(忌祭)를 지내다 그 조상(祖上)의 현손대(玄孫代)가 완전히 끊기게 되면 매년(每年) 음력 10 월 1 일 세일제(歲一祭)로묘제(墓祭)를 영원히 지내드리게 됩니다.

●儀禮疏曰適子不得後他故取支子又曰小宗適子亦當立後
●通典漢石渠議戴聖曰大宗無後族無庶子已有一適子當絶父祀以後大宗
●喪服傳何如而可爲之后同宗則可爲之后何如而可以爲人后支子可也疏支子可也者他家適子自爲小宗小宗當收斂五服之內亦不可闕則適子不得後他故取支子○又曰爲人後者孰後後大宗也曷爲後大宗大宗者尊之統也大宗者收族者也不可以絶故族人以支子後大宗也
●丘儀大明令凡無子許令同宗昭穆相當之姪承繼先取同父周親次及大功小功緦麻如無則方許擇遠房及同姓爲嗣不許養異姓爲嗣以亂宗族立同姓者易不得尊卑失序以亂宗族且凡爲人後者必承父之命不承父命是貪利而忘親也
●經國大典適妾俱無子者告官立同宗支子爲後
●退溪曰長子無子次子之子承重指適子孫而言雖有妾産未可遽承代也
●沙溪曰長子無後而死不立後次子死而有子又季子生存次子之子當奉祀
●許傳曰長子無後雖次子之庶子其爲血孫一也恐不當捨之而取族人子也其曰未可遽承代云者只爲愼重而然耶
●尤庵曰前後妻皆歿後始爲之子者當爲前母之子
●或問父母生時長子無后而死則奈何或傳長婦或傳次子何以則得宜耶退溪曰父母生存長子無后而死爲長子立后而傳之長婦此正當道理也
●或問長子無后而死不立后次子死而有子又季子生存則誰當奉祀耶沙溪曰次子之子當奉祀也
●遂菴曰過長殤之年則雖未冠笄何可以殤例論也
●近齋曰世豈有無母之子不當立後當以次子爲嗣古禮旣冠不爲殤則只謂治喪與服制一用成人之禮非謂立後家禮旣娶方不爲殤冠而未娶者不立后何疑

2 신주(神主)

▶2679◀◈問; 사당에 모시는 신주도 지방이나 비석처럼 두 명을 적은 사례가 있습니까?

사당에 모시는 신주도 지방이나 비석처럼 2명을 적은 사례가 있습니까?

◈答; 신주에는 한 명씩 씁니다.

신주(神主)란 사자(死者)를 표시한 목패로 그 신(神)의 보금자리라 고비(考妣) 각각으로 제작하게 됩니다. 따라서 그러한 사례는 있을 수가 없습니다.

●朱子曰江都集禮晉荀勗祠制云祭板皆正側長一尺二分博四寸厚五分以八分大書某人神坐
●舊唐書玄宗紀下; 時太廟爲賊所焚權移神主於大內長安殿上皇謁廟請罪后民間亦立神主祭祀死者(李玄注)神主以木爲之方尺二寸穿中央達四方天子主長尺二寸諸侯主長一尺
●康熙字典丶部四畫[主]神主宗廟立以棲神用栗木爲之

▶2680◀◈問; 신주로 모시고 싶은데요.

아버지가 작고 하신지가 한 5년 정도가 지났습니다. 지금까지는 지방으로 모셔 왔는데 다시 신주로 모시고 싶어 여기저기 알아봤으나 분명한 예법을 알지 못하였습니다.

선생님 신주식과 진행예법이 알고 싶어 문의 드립니다. 하교 바라겠습니다.

◈答; 추후 신주를 모시는 법.

신주식과 예법 축문식을 아래와 같습니다.

●便覽神主式
○陷中式
故某官某公諱某字某神主
○粉面式
顯考某官封謚府君神主
○旁題式
孝子某奉祀

●問無官而非學生者題主稱學生似未穩而且如子孫書四祖亦皆無合當稱號如何如何沙溪宋俊吉答無官而死者不稱學生則無他稱號勢不得已當書學生處士秀才各隨其宜可也
●家禮補疑題主條追後題主註問葬時或因變亂未及設主則當追造而題於何日先祖曰或練祥或朔望題主似可

◆고유예법 순서.
○진설(주과포)○강신(降神)⇒참신(參神) ⇒헌주(獻酒) 독축(讀祝) ⇒사신(辭神) ⇒철(徹)

◆추조주축문식(追造主祝文式)
維 歲次干支幾月干支朔幾日干支孝子某敢昭告于　顯考某官府君(妣則顯妣某封某氏)某當喪時穉昧不能成喪全闕題主之節今因忌日(或節日合窆)始爲顯考府君(或顯妣某氏)追造神主伏惟尊靈是憑是依

▶2681◀◈問; 신주식에 대하여.

답변에 감사합니다.

(편람식)고모관모공휘모자모신주

(비요식)현모친모관부군신주

상기 신주식에 예를 들어 주시겠습니까?
(예, 본관 경주 김 한국일 경우)

◈答; 신주식에 대하여.

대단히 감사 합니다.

●陷中式(함중식)

故通政大夫金公諱甲童字仲伊神主(고통정대부금공휘갑동자중이신주)

●粉面式(분면식)

顯考通政大夫府君神主(현고통정대부부군신주)

부친 신주로 품계는 당상관 정삼품이며 휘는 갑동이고 자는 중이(仲伊)인 신주입니다.

●程子曰周用栗土所産之木取其堅也今用栗從周制也若四方無栗亦不必用但取其木之堅者可也
●五經異義曰主者神象也孝子旣葬心無所依所以虞而立主以事之旣練易之遂藏於廟以爲祭主凡虞主用桑練主夏后氏以松殷人以栢周人以栗
●朱子曰牌子形如木主而不判前後不爲陷中及兩竅不爲櫝以從降殺之義也
●家禮考證位牌條宋以前士大夫家只用牌子
●朱子曰江都集禮晉荀勗祠制云祭板皆正側長一尺二分博四寸厚五分以八分大書某人神坐
●事物紀位版條宋朝會要曰上封者言郊立天地神位版位成貯以漆匣舁床覆以黃謙帕壇上四位
●要解牌子條形如木主不判前後不爲陷中及兩竅不爲櫝也
●曲禮措之廟立之主曰帝註措置也立之主者始死則鑿木爲重以依神旣虞而埋之乃作主以依神也○呂氏曰夏殷之王皆以帝名疑殷人祔廟稱帝
●事物紀木主條壇弓曰商主綴重盖廟所以藏主冝始爲廟卽立主也
●陶庵曰題主在實土之後文勢使然非謂必待實土而後題之形歸窀穸則神魂飄忽無所湊泊固當卽速題主俾有所憑依
●家禮程子曰作主用栗趺方四寸厚寸二分鑿之洞底以受主身身高尺二寸博三寸厚寸二分剡上五分爲圓首寸之下勒前爲頷而判之四分居前八分居後頷下陷中長六寸廣一寸深四分合之植於趺下齊竅其旁以通中圓徑四分居三寸六分之下下距趺面七寸二分以粉塗其前面
●輯覽五禮儀虞主用桑木爲之長一尺方五寸上頂徑一寸八分四廂各剡一寸一分四隅各剡一寸上下四方通孔徑九分○倚凡長二尺三寸廣七寸厚二寸足高五寸○內櫃頂虛四面高一尺一寸八分廣各一尺九分底長廣各一尺三寸厚四分○外櫃蓋平四面直下長各一尺四寸五分廣各二尺二寸厚四分○臺長廣各一尺三寸厚三寸用栢子板○匱內外皆有紫綾座子外則裹白綃主有白苧覆巾王后則青苧巾位板同唯無覆巾○位板用栗木爲之長一尺二寸厚八分廣四寸圭首趺長八寸廣四寸厚二寸○座制面頂俱虛底板長一尺四寸廣九寸厚二寸三面板高各一尺三寸一分厚各三分後面廣一尺五分左右面廣各五寸○蓋制平頂四向直下正闊旁狹蓋板長一尺一寸七分廣六寸三分有奇厚三分前後板長一尺三寸五分廣一尺一寸七分厚三分左右板長一尺三寸五分廣六寸三分有奇○臺長一尺四寸廣九寸厚三寸用栢子板

▶2682◀◈問; 신주(위패)에 관한 질문입니다.

~1~ 안동에서 여쭤 보겠습니다.
신주를 봉심해 보면 신주 뒷면에 번호가 1. 2. 3... 이렇게 적혀 있는데 ~ 이 숫자는 무엇을 뜻하는지를 알고 싶습니다

~2~ 제사 때 도적(어육류)위에 <사지>라고 창호지를 다리를 7 개로 오려서 얹어 놓는데 이 7 이라는 숫자는 무슨 의미인지를 알고 싶습니다.

◈答; 신주(위패)에 관하여.

대단히 감사합니다.

問 ~1~ 答; 儒家의 新主式에는 그와 같이 후면에 1. 2. 3이란 표시의 법도는 없습니다. 혹 어느 가문에서 특별히 初再三娶의 구별을 위하여서이거나 또는 부위의 구별을 위하여 기표하여 놓음이 아닌가는 생각되나 正禮는 아닌 상 싶습니다.

⊙便覽神主式(편람신주식)

●陷中式(함중식)

故某官某公諱某字某神主

●粉面式(분면식)

顯考某官封諡府君神主

●旁題式(방제식)

孝子某奉祀

⊙陷中式(함중식)

故某官(無官則隨常時所稱如學生處士秀士別號之類粉面同)某公諱某字某(本有第幾二字而東俗不同○退溪曰今人生時無第幾之稱神主不用恐無不可)神主

⊙粉面式(분면식)

顯(家禮圖用顯字而備要從之後倣此考承重云顯祖考旁親卑幼隨屬稱卑幼改顯爲亡)某官府君(卑幼去府君二字)神主

⊙旁題式(방제식)

孝子(承重稱孝孫)某奉祀(書于原行下旁寫者之左○朱子曰旁註施於所尊以下則不必書○備要旁親雖尊不書)

⊙婦人陷中式(부인함중식)

故某封(無封亦稱孺人此下或添某貫粉面同)某氏諱某(本有字某第幾四字而東俗不用)神主

⊙婦人粉面式(부인분면식)

顯妣(承重云顯祖妣妻云亡室旁親卑幼隨屬稱卑幼改顯爲亡○大全庶子之所生母稱亡母)某封某氏神主

⊙婦人旁題式(부인방제식)(同前式)

問 ~2~ 答; 유가의 예법에는 어육류 제물 위에 그와 같이 종이를 접어 올려놓는 법도는 없습니다.

●家禮程子曰作主用栗趺方四寸厚寸二分鑿之洞底以受主身身高尺二寸博三寸厚寸二分剡上五分爲圓首寸之下勒前爲頷而判之四分居前八分居後頷下陷中長六寸廣一寸深四分合之植於趺下齊竅其旁以通中圓徑四分居三寸六分之下下距趺面七寸二分以粉塗其前面

●輯覽五禮儀虞主用桑木爲之長一尺方五寸上頂徑一寸八分四廂各剡一寸一分四隅各剡一寸上下四方通孔徑九分○倚凡長二尺三寸廣七寸厚二寸足高五寸○內櫃頂虛四面高一尺一寸八分廣各一尺九分底長廣各一尺三寸厚四分○外櫃蓋平四面直下長各一尺四寸五分廣各二尺二寸厚四分○臺長廣各一尺三寸厚三寸用栢子板○匱內外皆有紫綾座子外則裹白綃主有白苧覆巾王后則靑苧巾位板同唯無覆巾○位板用栗木爲之長一尺二寸厚八分廣四寸圭首趺長八寸廣四寸厚二寸○座制面頂俱虛底板長一尺四寸廣九寸厚二寸三面板高各一尺三寸一分厚各三分後面廣一尺五分左右面廣各五寸○蓋制平頂四向直下正闊旁狹蓋板長一尺一寸七分廣六寸三分有奇厚三分前後板長一尺三寸五分廣一尺一寸七分厚三分左右板長一尺三寸五分廣六寸三分有奇○臺長一尺四寸廣九寸厚三寸用栢子板

▶2683◀ ◈問; 신주에 대해.

안녕하십니까? 다름이 아니고 신주(?)에 대해 물어볼게 있습니다.

저희 집은 제사는 지내지 않고(큰집에서 조부모 제사까지) 명절 때만 간단히 차례상을 지냈던 집입니다. 그런데 이번 2 월에 어머님이 돌아가시고 49 재를 간단히 집에서 지내려고 하는데 장례식 때 받았던 영정과 혼백을 담은 종이상자를 주셨는데 이게 신주라고 하던데 이걸 이번에 제사를 지내고 태우는 것입니까? 아니면 다음해 첫 기제사에 다시 사용해도 되는 겁니까? 보관을 어떻게 해야 될지 모르겠습니다. 의견이 분분 해서요. 아버지는 방에 항시 모시는 것과 신주보관을 반대하는데 저의형제는 그래도 보관해두었다가 제사 때마다 꺼내 쓰면 안되냐고 의견이 팽팽한데 처음 지내는 제사라 의견이 너무 많아서 충돌이 일어나고 있습니다. 바쁘시겠지만 답변 해주시길 바랍니다. 이 0 진

◈答; 신주에 대해.

영정과 혼백이라 하심은 아마도 상여 앞에 모시고 가던 사진인 듯싶고 혼백이라 함은 초상을 당하여 시신에 수의를 입히고 혼을 모셔 놓는 종이로 접어 상자에 넣어 놓은 혼백상인 듯 합니다. 원래 혼백은 시구를 광중에 내리고 평토가 될 즈음에 신주를 쓴 뒤 그 뒤에 모시고 집으로 돌아와 초우제를 지내고 깨끗하고 후미진 곳에 묻는 것입니다. 다만 신주를 모시지 못하였으면 혼백으로 삼년상을 마치고 땅에 묻는 것입니다. 까닭에 탈상 후까지 혼백을 모셔 두었다가 다음 제사를 지내는 것이 아니라 탈상 후 다음 제사를 지낼 때는 지방을 써 모시고 지낸 후 태웁니다.

49 재란 불가의 예법이라 그에 관하여는 아는 바가 없으나 탈상 전이니 그 제사에는 혼백을 모셔 놓고 지내야 될 것입니다. 다음 탈상 때까지 혼백을 모셔 두었다 탈상을 하면서 깨끗한 곳(혹자는 묘소에 묻는다고 함)에 묻으면 됩니다.

●性理大全初虞埋魂帛; 祝取魂帛帥執事者埋於屛處潔地
●實錄太宗十二年壬辰十月八日庚申司諫院上疏疏曰: 然爲死者供佛齋僧之事因循未革而人死則皆欲薦拔而爲七七之齋間設法席之會至於殯處掛佛邀僧稱爲道場無間晝夜男女混處妄費天物曾不顧惜或有無識之徒專尙浮華極備供辦誇示人目其於存亡有何益哉假使佛氏有靈而受人之饋救人之罪則是賣官鬻獄汚吏之事也安有此理哉且生死有命禍福在天縱有祈禱之切佛氏安能施惠於其間哉且於佛經未有齋晨七七之說此必後世僧徒誑人斂財之術也伏望殿下特命攸司喪祭之儀一依
●釋門儀式擧揚;據娑婆世界南贍部洲東洋大韓民國某處某寺淸淨水月道場今此至極至精誠四十九日齋薦魂齋者某處居住行孝者 000 伏爲所薦先嚴父 000 靈駕諸當四十九日之晨爲亦上世先亡廣劫以來父母一切親屬等各列位列名靈駕
●東文選䟽薦冲鏡王師䟽宇宙空虛而安住哀哀躃地有同失乳之兒惘惘迷途何異喪家之狗念以平生之履踐想應本地之優游玆不廢於修齋盖未免乎順俗七七齋之方屆三三寶之是供燈燈變作光明臺遍周法界粒粒化生妙香饌充滿性空區區此心了了他鑒伏願云云徑登覺路與諸達者以同遊重入祖門無一衆生而不度
●藍溪先生年譜憲宗皇帝成化二年丙戌(世祖大王十二年)春立碣于教授公墓先生撰識○是歲母夫人安氏卒(時麗俗未遠喪制壞缺七七之設浮屠之法盛行於世而先生一從古經朝夕哭於几筵哀毁終制鄕隣多感化焉)
●退溪曰七七齋聞出於竺敎而不知其何謂然古人論此等事非一

▶2684◀◈問; 신주와 위패.

안녕하십니까? 책에 보면 신주가 보이고 위패가 보입니다. 신주와 위패는 같은 말입니까? 사전에서 찾아보면 다른 것 같습니다. 다르다면 무엇이 다른가요?

◈答; 신주와 위패.

신주(神主)와 위패(位牌)는 근본이 다릅니다.

신주(新主)는 당해 신(神)을 의미하며 주인과의 관계를 표시하게 됩니다. 즉 함중식(陷中式)인 뒤 판 함중(陷中)에는 당자를 표시하고 분면(粉面)인 앞판에는 봉사자와의 관계가 기록되어 있고. 위패(位牌)는 위판(位版)이라기도 하며 불판(不判; 두 쪽이 아님)인 통목으로서 단(壇)·묘(廟)·원(院)·절 등(等)에 모시는 죽은 사람의 이름과 字를 적은 신위(神位) 패(牌)입니다.

◈神主考妣粉面式年次別考察(신주고비분면식년차별고찰)

○伊川(1037~1197)
粉面式(家禮圖) 顯高祖考某官封謚府君神主

○家禮(宋代)
父則粉面曰 考某官封謚府君神主
母則粉面曰 妣某封某氏神主

○金長生(愼獨齋 備要; 庚申. 1620); 1548(명종 3)~1631(인조 9).
父則粉面曰 考某官封謚府君神主(考上皆用顯可也)
神主前式(圖式) 顯考某官府君神主
母則粉面曰 妣某封某氏神主(妣上亦當加顯字 妻云亡室)

○權尙夏(遂菴. 寒水齋); 1641(인조 19)~1721(경종 1).
亡子某子婦某氏
姓; 安東 權氏. 名; 尙夏. 字; 致道. 號; 遂菴. 寒水齋. 謚號; 文純公. 尤庵門下生. 畿湖學派. 氣發理乘一途說 派. 作品 著書; 副司果李塾表. 箕伯李泰淵表. 刑參權克和表. 寒水齋先生文集十五冊. 三書輯疑二冊.

○李縡(陶庵. 便覽; 甲辰. 1724); 1680(숙종 6)~1746(영조 22).
父則粉面曰 顯考某官封謚府君神主(卑幼顯爲亡)
母則粉面曰 顯妣某封某氏神主(傍親卑幼隨屬稱卑幼改顯爲亡)

◈神主式(신주식)

⊙陷中式(함중식)

故某官(無官則隨常時所稱如學生處士秀士別號之類粉面同)某公諱某字某(本有第幾二字而東俗不同○退溪曰今人生時無第幾之稱神主不用恐無不可)神主

⊙粉面式(분면식)

顯(家禮圖用顯字而備要從之後倣此考承重云顯祖考旁親卑幼隨屬稱卑幼改顯爲亡)某官府君(卑幼去府君二字)神主

⊙旁題式(방제식)

孝子(承重稱孝孫)某奉祀(書于原行下旁寫者之左○朱子曰旁註施於所尊以下則不必書○備要旁親雖尊不書)

⊙婦人陷中式(부인함중식)

故某封(無封亦稱孺人此下或添某貫粉面同)某氏諱某(本有字某第幾四字而東俗不用)神主
顯妣(承重云顯祖妣妻云亡室旁親卑幼隨屬稱卑幼改顯爲亡○大全庶子之所生母稱亡母)某封某氏神主

⊙婦人旁題式(부인방제식)(同前式)

●家禮程子曰作主用栗趺方四寸厚寸二分鑿之洞底以受主身身高尺二寸博三寸厚寸二分剡上五分爲圓首寸之下勒前爲頷而判之四分居前八分居後頷下陷中長六寸廣一寸深四分合之植於趺下齊竅其旁以通中圓徑四分居三寸六分之下下距趺面七寸二分以粉塗其前面
●後漢書光武帝紀上; 光武二年春正月甲子朔(中略)是月赤眉焚西京宮室發掘園陵寇掠關中大司徒鄧禹入長安遣府掾奉十一帝神主納於高廟(李賢注)神主以木爲之方尺二寸穿中央達四方天子主長尺二寸諸侯主長一尺虞主用桑練主用栗
●舊唐書玄宗紀下; 時太廟爲賊所焚權移神主於大內長安殿上皇謁廟請罪
●輯覽五禮儀虞主用桑木爲之長一尺方五寸上頂徑一寸八分四廂各剡一寸一分四隅各剡一寸上下

四方通孔徑九分○倚凡長二尺三寸廣七寸厚二寸足高五寸○內櫃頂虛四面高一尺一寸八分廣各一尺九分底長廣各一尺三寸厚四分○外櫃蓋平四面直下長各一尺四寸五分廣各二尺二寸厚四分○臺長廣各一尺三寸厚三寸用栢子板○匱內外皆有紫綾座子外則裹白綃主有白苧覆巾王后則靑苧巾位板同唯無覆巾○位板用栗木爲之長一尺二寸厚八分廣四寸圭首趺長八寸廣四寸厚二寸○座制面頂俱虛底板長一尺四寸廣九寸厚二寸三面板高各一尺三寸一分厚各三分後面廣一尺五分左右面廣各五寸○蓋制平頂四向直下正闊旁狹蓋板長一尺一寸七分廣六寸三分有奇厚三分前後板長一尺三寸五分廣一尺一寸七分厚三分左右板長一尺三寸五分廣六寸三分有奇○臺長一尺四寸廣九寸厚三寸用栢子板

◈位牌와 神主의 차이점

○神主=陷中版(後版). 粉面版(前版). 趺. 櫝(坐 蓋).
○位牌=不判前後不爲陷中及兩竅不爲櫝

◈位牌式(위패식)

○考; 某官某公諱某字某之位
○妣; 某封(此下或添某貫)某氏諱某字某之位

⊙婦人粉面式(부인분면식)

●國語楚語下; 是使制神之處位次主(韋昭注)位祭位也
●家禮考證位牌條宋以前士大夫家只用牌子
●朱子曰江都集禮晉荀勗祠制云祭板皆正側長一尺二分博四寸厚五分以八分大書某人神坐
●事物紀位版條宋朝會要曰上封者言郊立天地神位版位成貯以漆匣舁床覆以黃謙帕壇上四位
●要解牌子條形如木主不判前後不爲陷中及兩竅不爲櫝也
●曲禮措之廟立之主曰帝註措置也立之主者始死則鑿木爲重以依神旣虞而埋之乃作主以依神也○呂氏曰夏殷之王皆以帝名疑殷人祔廟稱帝
●事物紀木主條壇弓曰啇主綴重盖廟所以藏主宜始爲廟卽立主也
●書傳康誥王若曰孟侯朕其弟小子封惟乃丕顯考文王
●穀梁傳文公丁丑作僖公主作爲也爲僖公主也註爲僖公廟作主也主蓋神之所馮依其狀
●樂記祀天祭地明則有禮樂幽則有鬼神如此則四海之內合敬同愛矣禮者殊事合敬者也慶源輔氏曰與天地同節則節而不失其和故曰節故祀天祭地祀天祭地則其和至矣禮樂形而下者鬼神形而上者上下無異形幽明無二理非沈於道者不能知也
●爾雅父爲考母爲妣註禮記曰生曰父母妻死曰考妣嬪
●東坡神女廟云雲興靈怪聚雲散鬼神還
●周禮春官宗伯禮官之職小宗伯建國之神位右社稷左宗廟註鄭司農云立讀爲位古者立位同字古文春秋經公卽位爲公卽位
●燕行日記癸巳二月十三日辛酉書先師廟內書萬歲師表位牌書至聖先師孔子之位前設卓子卓前左右配顔曾思孟位牌
●愧郯錄金版; 今郊祀天地祖宗正配位皆有金版書神位以金飾木爲之如匣之制稍高博且表以字珂按典故政和六年六月甲戌宣和殿學士禮制局詳議官蔡攸言臣昨愛睿言討論位版之制退攷太史局所掌見用位版皆無所稽據(註)位版帝王郊祀天地祖宗時用以書神位之版

▶2685◀◈問; 신주와 지방의 차이점.

수고가 많으십니다. 모르는 것이 하도 많아서 죄송 합니다. 신주(神主)와 지방(紙榜)이 다른 점이 무엇인지 알고 싶습니다. 저의 집안에서는 신주(神主)가 없어 실물은 아직 본 바가 없고 사진이나 그림으로만 보았습니다. 자세하게 알려주세요 좀 부끄럽습니다. 안녕히 계세요.

◈答; 신주와 지방의 차이점.

귀하의 질문은 신주와 지방이 다른 점이 무엇인가 인 것 같습니다.

1). 신주식은 게시판 여러 사례에서 설명이 되어 여기서는 속 신주와 겉 신주에 대하여 관찰 하여 보겠습니다.

⊙속신주식(陷中式)

故某官某公諱某字某神主 ○예문 故通政大夫金公諱甲童字仲甫神主

⊙겉신주식(粉面式)

顯某親某官府君神主 ○예문 顯考通政大夫府君神主

⊙옆면식(旁題式)

孝子某奉祀 ○예문 孝子乙重奉祀

위 세(3)식을 살펴보면 속 신주는 망자 본인이며 겉 신주는 옆면의 봉사자와의 관계를 나타내는 것을 알 수 있습니다. 그렇기 때문에 신주는 망자의 혼신으로 그 자체가 망자의 혼신입니다.

2). 지방식 역시 게시판 여러 사례에서 설명이 되였습니다. 지방은 겉 신주식에서 신주의 주(主)자 대신에 위(位) 자로 고쳐 쓰는 것이니 그 자체가 혼신을 의미 하는 것이 아니며 달리 사는 지손(支孫)이 상례에서 부제를 지낼 때 본사당 신주는 다른 집으로 옮길 수 없으니 그 집에서 지방으로 대신하여 본 신주의 혼신을 제사 동안 잠깐 옮겨 모셔 앉히는 대용 식으로 예를 마치면 그 혼신은 신주로 되 돌아 가고 지방은 불태워 없애는 것이며 특별한 사유로 신주를 갖추지 못한 혼신의 각 제사에 그 때 마다 지방으로 대신하여 혼을 불러 앉히는 자리입니다.

차이 점은 신주(神主)는 망자(亡者) 본인의 혼신(魂神)이며 지방은 신주의 겉 신주를 본뜬 식으로 주인이 제향(祭享)코자 하는 조상의 혼신을 불러 앉히는 자리라 볼 수 있습니다. 그러하기 때문에 신주 제(祭)에서는 참신을 먼저 하는 것이며 지방 제에서는 강신을 먼저 합니다.

지방(紙牓) 제(祭) 예법에 대하여 선유 들께서 다음과 같은 말씀이 계십니다

尤菴曰紙榜行祭一如神主之儀
우암께서 이르시기를 지방으로 제사를 지내어도 하나같이 신주 제사 의식과 같아야 하느니라.

芝村曰先降後參~中略~神版而府君下當書神位二字旁題不當書其他節目當無異
대략 이런 말씀 같습니다. 지촌께서 이르시기를 먼저 강신을 하고 뒤에 참신을 한다~중략~신판의부군 아래에 두 자를 신위라 써야 맞는 것이며 옆면에 봉사자를 쓰는 것은 부당하며 기타 의식의 절목은 당연히 다름이 없어야 하느니라.

鏡湖曰若以紙榜行祭則恐當於此設蔬果後出主之時書紙榜奉安於神座以倣奉主之儀似可矣
경호께서 이르시기를 만약 지방으로 제사를 지낼 때는 아마도 이렇게 하여야 맞으리라 소채와 과실을 진설하고 신주를 내 모실 때 쓴 지방을 받들어 신좌에 안치하는 것은 신주를 받드는 의식과 같이 본떠 해야 옳으니라.

신주와 지방의 차이점은 지방은 신주의 분면식에서 신주의 주자를 위로 고치고 제사를 마치면 태워 없앰이 차이점입니다.

●程子曰周用栗土所産之木取其堅也今用栗從周制也若四方無栗亦不必用但取其木之堅者可也
●五經異義曰主者神象也孝子既葬心無所依所以虞而立主以事之既練易之遂藏於廟以爲祭主凡虞主用桑練主夏后氏以松殷人以栢周人以栗
●朱子曰牌子形如木主而不判前後不爲陷中及兩竅不爲櫝以從降殺之義也
●家禮考證位牌條宋以前士大夫家只用牌子

●朱子曰江都集禮晉荀勗祠制云祭板皆正側長一尺二分博四寸厚五分以八分大書某人神坐
●事物紀位版條宋朝會要曰上封者言郊立天地神位版位成貯以漆匣舁床覆以黃謙帕壇上四位
●要解牌子條形如木主不判前後不爲陷中及兩竅不爲櫝也
●曲禮措之廟立之主曰帝註措置也立之主者始死則鑿木爲重以依神旣虞而埋之乃作主以依神也○呂氏曰夏殷之王皆以帝名疑殷人祔廟稱帝
●事物紀木主條壇弓曰商主綴重盖廟所以藏主冝始爲廟卽立主也
●陶庵曰題主在實土之後文勢使然非謂必待實土而後題之形歸窀穸則神魂飄忽無所湊泊固當卽速題主俾有所憑依
●家禮程子曰作主用栗趺方四寸厚寸二分鑿之洞底以受主身身高尺二寸博三寸厚寸二分剡上五分爲圓首寸之下勒前爲頷而判之四分居前八分居後頷下陷中長六寸廣一寸深四分合之植於趺下齊竅其旁以通中圓徑四分居三寸六分之下下距趺面七寸二分以粉塗其前面
●輯覽五禮儀虞主用桑木爲之長一尺方五寸上頂徑一寸八分四廂各剡一寸一分四隅各剡一寸上下四方通孔徑九分○倚凡長二尺三寸廣七寸厚二寸足高五寸○內櫃頂虛四面高一尺一寸八分廣各一尺九分底長廣各一尺三寸厚四分○外櫃蓋平四面直下長各一尺四寸五分廣各二尺二寸厚四分○臺長廣各一尺三寸厚三寸用栢子板○匱內外皆有紫綾座子外則裹白綃主有白苧覆巾王后則靑苧巾位板同唯無覆巾○位板用栗木爲之長一尺二寸厚八分廣四寸圭首趺長八寸廣四寸厚二寸○座制面頂俱虛底板長一尺四寸廣九寸厚二寸三面板高各一尺三寸一分厚各三分後面廣一尺五分左右面廣各五寸○蓋制平頂四向直下正闊旁狹蓋板長一尺一寸七分廣六寸三分有奇厚三分前後板長一尺三寸五分廣一尺一寸七分厚三分左右板長一尺三寸五分廣六寸三分有奇○臺長一尺四寸廣九寸厚三寸用栢子板
●性理大全(家禮同)四時祭質明奉主就位條(云云)諸考神主出就位(云云)諸妣神主亦如之○又祔祭詣祠堂奉神主出置于座條若喪主非宗子而與繼祖之宗異居則宗子爲告于祖而設虛位以祭祭訖除之
●家禮儀節(一名文公家禮儀節)先祖祭前一日設位陳器條(云云)其中用紙爲牌如神主(云云)無神主者作紙牌(云云)○又喪禮祔祭篇異居則宗子爲告于祖爲牌位而祭畢則焚之
●喪禮備要(申義慶;1621)喪禮祔祭詣祠堂奉神主出置于座條若喪主非宗子而與繼祖之宗異居則宗子爲告于祖而設虛位(用紙榜)以祭祭訖除之

▶2686◀◈問; 신주 제작에 대한 재문의 입니다.

안녕하십니까?
신주 제작에 관하여 자세한 답변을 주셔서 많은 도움이 되었습니다. 대단히 감사합니다. 다시 의문사항이 있어 다음과 같이 재문의 하오니 혜량(惠諒) 하여 주시기 바랍니다.

1. 전통예절 편 상례 치장조의 "신주를 제작한다" 의 중간 부분에 "뒤 신주 옆에 중앙으로 통하게 구멍을 직경이 4 푼 되게 뚫기를 세치 6 푼 아래이며, 아래로는 받침 면에서 7 치 2 푼이다" 의 의미는.

1). 뒤 신주 측면(두께 8 푼)에 4 푼 직경으로 반대편 측면까지 관통 하도록 즉, 4 푼으로 홈을 판 부분과 통하도록 양쪽 측면에 구멍을 뚫는다는 의미인지요?

2). "3 치 6 푼 아래" 라는 의미는 신주 머리로부터 3 치 6 푼 아래 지점을 의미 하는지요?

2. 혹시 근래에 제작하는 신주도 이렇게 구멍을 뚫는지요?

3. 구멍을 뚫는 의미는 무엇입니까? 궁금한 부분을 가르쳐 주시기 바랍니다.

◈答; 신주 제작.

問; 1. 答; 아래의 원문(原文)은 가례(家禮) 신주(神主) 작법으로 이는 정이천 선생의 신주 작법을 거의 따른 것으로 이를 겸하여 살펴보건대 위에서 3 치 6 푼에 바침 위의 7 치 2 푼을 합하면 1 자 8 푼이 됩니다. 이에서 3 치 6 푼은 1 자 8 푼의 3 분지 1 이 되고 받침 우의 7 치 2 푼은 3 분지 2 가 되지요. 이의 1 은 양의 수요 2 는 음의 수라 음양의 이치를 따름이라 합니다.

問; 1) 答; 그렇습니다.

問; 2) 答; 그렇습니다.

問; 2. 答; 옛 신주나 근래의 신주나 다를 것이 없습니다.

問; 3. 答; 혼신의 통로라는 설이 전하여 집니다.

※家禮神主作法(가례신주작법)

⊙程子曰作主用栗(정자왈작주용률)

●按此出伊川文集作主式栗下有取法於時月日辰七字○公羊傳練主用栗見上程氏遺書曰周用栗土所産之木取其堅也今從周

⊙趺方四寸(부방사촌)

●本集此下曰象歲之四時○按本集作主式下註云用古尺蓋指周尺也胡伯量問于朱子曰程先生主式尺法曾聞先生以爲以人身爲度附註寸尺以體爲法見通禮深衣

⊙厚寸二分(후촌이분)

●本集月之日下曰厚十二分象日之辰註身趺皆厚一寸二分

⊙鑿之洞底以受主身(착지동저이수주신)

●本集無

⊙身高尺二寸(신고척이촌)

●本集此在歲之時下而無身字尺下有有字寸下有象十二月四字

⊙博三寸(박삼촌)

●本集十二月下曰博三十分象月之日

⊙厚寸二分(후촌이분)

●本集月之日下曰厚十二分象日之辰註身趺皆厚一寸二分

⊙剡上五分爲圜首寸之下勒前爲頷而判之(섬상오분위원수촌지하륵전위암이판지)

●本集此在日之辰下而頷作額

⊙四分居前八分居後(사분거전팔분거후)

●本集作一居前二居後註曰前四分後八分

⊙頷下陷中長六寸廣一寸深四分(암하함중장육촌광일촌심사분)

●本集無頷下二字長六以下作以書爵姓名行六字註曰曰故某官某公諱某字某第幾神主陷中長六寸闊一寸一本云長一尺

⊙合之植於趺下齊(합지식어부하제)

●本集趺下註曰身出趺上一尺八分并趺高一尺二寸無下齊二字

⊙竅其旁以通中圓徑四分居三寸六分之下(규기방이통중원경사분거삼촌육분지하)

●本集通中下有如身後三之一六字註曰謂圓徑四分無居三以下七字

⊙下距趺面七寸二分(하거부면칠촌이분)

●本集作居二分之上註曰謂在七寸二分之上註曰謂在七寸二分之上

⊙以分塗其前面(이분도기전면)

●本集無以字前下有以書屬稱四字註曰屬謂高曾祖考稱謂官或號行如處士秀才幾郎幾翁無面字屬稱下曰旁題主祀之名註以曰孝子某奉祀六字之名下加贈易世見通禮有事告

●語類曰伊川主制其剡刻開竅皆有陰陽之數信乎其有制禮作樂之具也

▶2687◀ ◈問; 신주(神主)의 표기 방법에 대하여 문의합니다.

안녕하십니까? 지난번 신주 제작에 관하여 자세한 답변을 주셔서 많은 배움이 되었습니다. 대단히 감사합니다. 이번에는 사가 사당(私家祠堂), 향교, 서원의 신주의 표기법에 대하여 몇 가지 의문사항이 있어 문의 하오니 해량하여 주시기 바랍니다.

1. 사가(私家)의 가묘(家廟)의 사대봉사(四代奉祀) 신주(神主)의 분면식 표기는 "顯考學生府君 神主" "孝子 00 奉祀"(바라 보아서 좌측)라고 표기 하는 것으로 알고 있습니다.

일전에 모 종중의 불천위 사당에 참례할 기회가 있어서 신주를 개독하여 배알하니 분면식에 "正憲大夫 0000000000(벼슬이름) 府君 神位" 라고 만 표기되어 있었습니다. 즉 "顯 00 代祖考와 旁題式(봉사자 표시)" 표기가 없고, 또한 '신주(神主)가 아니고 신위(神位)'로 표기 되어 있었습니다.

시생의 생각으로는 "顯 00 代祖考正憲大夫 0000000000(벼슬이름) 府君 神主" 라고 표기하고 "旁題式(봉사자 표시)"도 표기하여야 한다고 생각합니다만.

문 1: 이것은 불천위 신주라서 그러한 것인지요?

문 2: "顯 00 代祖考와 旁題式(봉사자 표시)"을 표기하지 않는 특별한 이유가 있는지요? 혹시 正禮는 아니지만 봉사자 사후에 "顯 00 代祖"를 대수에 맞게 수정하는 번거로움을 없애기 위함인지요?

문 3: "神主가 아니고 神位"로 표기하는 특별한 이유가 있는지요? 아니면 분면식 표기에 "神主 또는 神位"로 혼용하기도 합니까?

2. 향교의 신주는 "大成至聖文宣王 神位"라고 표기 되어 있는 것을 보았습니다. 그러나 서원의 신주는 "00(시호가 아닌 아호)李先生"으로만 표기 되어 있었습니다. 李先生 다음에" 神主 혹은 神位"는 표기되어 있지 않았습니다.

문 4: 향교의 신주 표기에 "神主로 쓰지 않고 神位"로 쓴 이유가 무엇인지요? 혹시 "神主 또는 神位"로 혼용하기도 합니까?

문 5: 서원의 신주에는 위와 같이 "神主 혹은 神位"의 표기를 하지 않는 이유는 무엇입니까? 상세한 보충 설명을 부탁 드립니다.

◈答; 신주(神主)의 표기 방법.

문 1: 答; 본 족 祠堂과 祠의 위패 격식은 다릅니다. 다만 본 족 사당 불천위 신주는 아래 도암 선생의 말씀으로 미뤄보건대 선생 말씀이 옳을 것입니다.

신주(神主)란 혼신을 의미함이라 가묘에 이미 신주가 봉안 되어 있으니 사(祠)의 위패에서는 주(主)를 쓰지 못하고 位라 쓰는 것입니다. 까닭은 혼신은 둘일 수가 없는 것이며 또 혹 사(祠)에서는 신위(神位)를 쓰지 않기도 합니다.

아래 도암 선생의 말씀은 자손이 봉사할 때의 改題에 관한 말씀입니다.
●陶庵曰若有不遷之位改題以幾代祖旁題亦改書

問 2: 答; 祠에서는 항상 봉사하는 자가 없고 그때그때 초헌자가 변화되기 때문에 봉사자를 쓰지 않는 것입니다. 본 종손 사당 봉안 신주는 위 도암 선생 말씀과 같이 봉사자 기재함이 정례입니다.

問 3: 答; 혼용치 않습니다. 神位로 표기하는 이유는 위 "문 1"의 답변과 같습니다.

問 2. 答; "문 1"의 답을 참조하시기 바랍니다. 혼용은 하지 않습니다.

問 4. 5: 答; 성균관, 향교, 祠에서 주벽은 神位의 표시를 하지 않습니다. 까닭은 전거로서 입증된 바는 없으며 다만 주인으로 항상 자리를 지키고 후학을 지도하고 있는 고정된 자리며 배향 위는 그 자리가 달라질 수 있기 때문에 神位라 붙여 자리를 지정하여 좌정케 하여야 하기 때문입니다. 혹 배향이나 종향의 위패 역시 신위란 표시가 없기도 합니다. 문묘(성균관 · 향교)의 위패에는 神位라 표기하지 않음. (혹 위패 끝에 '神位'라고 표기한 향교도 있음).

◈位牌式(위패식)

考; 某官某公諱某字某之位
妣; 某封(此下或添某貫)某氏諱某字某之位

●書傳康誥王若曰孟侯朕其弟小子封惟乃丕顯考文王
●穀梁傳文公丁丑作僖公主作爲也爲僖公主也註爲僖公廟作主也主葢神之所馮依其狀
●樂記祀天祭地明則有禮樂幽則有鬼神如此則四海之內合敬同愛矣禮者殊事合敬者也慶源輔氏曰與天地同節則節而不失其和故曰節故祀天祭地祀天祭地則其和至矣禮樂形而下者鬼神形而上者上下無異形幽明無二理非泚於道者不能知也
●爾雅父爲考母爲妣註禮記曰生曰父母妻死曰考妣嬪
●東坡神女廟云雲興靈怪聚雲散鬼神還
●周禮春官宗伯禮官之職小宗伯建國之神位右社稷左宗廟註鄭司農云立讀爲位古者立位同字古文春秋經公卽位爲公卽位
●太宗(恭定大王實錄)九年己丑七月七日丁丑○禮曹啓文宣王四配位十哲位板規式啓曰位板之式古無其文按洪武禮制社稷壇神牌身高二尺二寸闊四寸五分厚九分座高四寸五分闊八寸五分厚四寸五分帝王陵墓其祭物器皿儀註竝與社稷同文宣王位板乞依社稷壇神位板規式製造四配位板身高二尺闊四寸三分厚八分十哲位板身高一尺八寸闊四寸一分厚七分座高闊厚皆同依此差等製造
●要解牌子條形如木主不判前後不爲陷中及兩竅不爲櫝也
●輯覽五禮儀虞主用桑木爲之長一尺方五寸上頂徑一寸八分四廂各剡一寸一分四隅各剡一寸上下四方通孔徑九分○倚凡長二尺三寸廣七寸厚二寸足高五寸○內櫃頂虛四面高一尺一寸八分廣各一尺九分底長廣各一尺三寸厚四分○外櫃蓋平四面直下長各一尺四寸五分廣各二尺二寸厚四分○臺長廣各一尺三寸厚三寸用栢子板○匱內外皆有紫綾座子外則裹白綃主有白苧覆巾王后則青苧巾位板同唯無覆巾○位板用栗木爲之長一尺二寸厚八分廣四寸圭首趺長八寸廣四寸厚二寸○座制面頂俱虛底板長一尺四寸廣九寸厚二寸三面板高各一尺三寸一分厚各三分後面廣一尺五分左右面廣各五寸○蓋制平頂四向直下正闊旁狹蓋板長一尺一寸七分廣六寸三分有奇厚三分前後板長一尺三寸五分廣一尺一寸七分厚三分左右板長一尺三寸五分廣六寸三分有奇○臺長一尺四寸廣九寸厚三寸用栢子板
●燕行日記癸巳二月十三日辛酉書先師廟內書萬歲師表位牌書至聖先師孔子之位前設卓子卓前左右配顏曾思孟位牌
●程子曰主用栗土所産之木取其堅也今用栗從周制也若四方無栗亦不必用但取其木之堅者可也
●家禮考證位牌條宋以前士大夫家只用牌子
●朱子曰江都集禮晉荀勗祠制云祭板皆正側長一尺二分博四寸厚五分以八分大書某人神坐
●事物紀位版條宋朝會要曰上封者言郊立天地神位版位成貯以漆匣舁床覆以黃縑帕壇上四位
●要解牌子條形如木主不判前後不爲陷中及兩竅不爲櫝也
●曲禮措之廟立之主曰帝註措置也立之主者始死則鑿木爲重以依神旣虞而埋之乃作主以依神也○呂氏曰夏殷之王皆以帝名疑殷人祔廟稱帝
●事物紀木主條壇弓曰商主綴重盖廟所以藏主冝始爲廟卽立主也

▶2688◀◈問; 位牌(위패)란.

위패와 신주는 다른지요?

◈答; 位牌(위패)는 일본명(日本名) 신주(神主).

位牌(위패)란 儒學(유학)적 정식 용어가 아닌 일본식 位版(위판)의 異稱(이칭)으로 확인이 된다. 다만 해방이 되었어도 일본식으로 교육받은 이들이 우리의 정식 명칭을 알지 못하여 일본식 그대로 지금까지도 사용하고 있는 것으로 짐작된다.

한국민족문화대백과사전에 位牌(위패)를 목주(木主)•영위(靈位)•위판(位版)•신주(神主)라고 부르기도 한다. 라 명시하고 있으니 위판(位版)을 신주(神主)라 하였다 하여 절대 오류(誤謬)라 할 수는 없을 것이다. 다만 정식 명칭인 위판(位版)이라 하였다면 불필(不必)한 논제(論題)의 대상이 되지는 않았을 것이라고는 생각된다.

●後漢書光武帝紀上; 大司徒鄧禹人長安遣府掾奉十一帝神主納於高廟(李賢注)神主以木爲之方尺二寸穿中央達四方天子主長尺二寸諸侯主長一尺(辭源注)神主已死國君的牌位
●愧郯錄金版; 今郊祀天地祖宗正配位皆有金版書神位以金飾木爲之如匣之制稍高博且表以字珂按典故政和六年六月甲戌宣和殿學士禮制局詳議官蔡攸言臣昨受睿言討論位版之制退攷太士局所掌見用位版皆所稽據(註)位版帝王郊祀天地祖宗時用以書神位之版
●牧丹亭秘議; [生]好一座寶殿哩怎生左邊這牌位上寫著杜小姐神王是那位女王[凈]是沒人題主哩(註)牌位爲祭神或祭祀先人而沒的一稱有底座的木牌上面書有被祭祀者的名號
●한국민족문화대백과; 位牌(위패) 죽은 사람의 혼을 대신하는 것으로 여겨서 단(檀)•묘(廟)•원(院)•절에 모시며, 목주(木主)•영위(靈位)•위판(位版)•신주(神主)라고 부르기도 한다.
●長谷川佛壇製造所; 位牌戒名彫り方法、凡字の種類等、位牌のご注文を分かりやすくご説明いたします。大切な方がお亡くなりになってから五十日目に、白木の位牌から黒塗りで戒名が書かれた位牌に移動していただく事になります。最近では、納骨や四十九日法要の際、「位牌の魂入れ」をすることが多くなってきています。また、

▶2689◀◈問; 위패에 글자 쓰는 법.

최근 고향에 부친의 명에 따라 제당(사당)을 건립했습니다만 모르는 게 너무 많습니다. 사당에서의 행사는 오늘 귀하의 사이트에 들어와 비로서 자세히 알게 되었습니다. 지면이나마 좋은 자료 감사 드립니다.

이제 위패(位牌)를 만들려고 하는데 무엇이라 써야 할지 정확하게 모르겠습니다. 전통적(傳統的) 작성 방법을 알려주셨으면 정말 감사 하겠습니다. 지방(현고비학생부군신위) 은 제주(祭主)를 중심으로 작성 하는데, 위패는 자손 대대로 사용해야 하니까 분명히 달라야 할 것 같거든요.

◈答; 위패에 글자 쓰는 법.

위패(位牌)란 더러는 신주(神主)와 혼용하기도 하나 이는 사자(死者)나 신(神)을 표기하여 단(壇)이나 원(院), 사(寺), 묘(廟) 등에 모셔두는 목패(木牌)로서 목주(木主). 위판(位版), 영판(靈版), 영위(灵位) 등으로도 불리는데 조상 신주(神主)와 형식이나 표시가 다릅니다. 분면식과 방제식이 없고 독(櫝)이 없으며 혹 끝에 신좌(神坐) 또는 지위(之位) 라 하기도 하나 보통 쓰지 않습니다.

◈位牌式(위패식)

考; 某官某公諱某字某之位
妣; 某封(此下或添某貫)某氏諱某字某之位

●書傳康誥王若曰孟侯朕其弟小子封惟乃丕顯考文王
●穀梁傳文公丁丑作僖公主作爲也爲僖公主也註爲僖公廟作主也主葢神之所凴依其狀
●樂記祀天祭地明則有禮樂幽則有鬼神如此則四海之內合敬同愛矣禮者殊事合敬者也慶源輔氏曰與天地同節則節而不失其和故曰節故祀天祭地祀天祭地則其和至矣禮樂形而下者鬼神形而上者上下無異形幽明無二理非沈於道者不能知也
●爾雅父爲考母爲妣註禮記曰生曰父母妻死曰考妣嬪
●東坡神女廟云雲興靈怪聚雲散鬼神還
●周禮春官宗伯禮官之職小宗伯建國之神位右社稷左宗廟註鄭司農云立讀爲位古者立位同字古文春秋經公卽位爲公卽位

●燕行日記癸巳二月十三日辛酉書先師廟內書萬歲師表位牌書至聖先師孔子之位前設卓子卓前左右配顏曾思孟位牌
●太宗(恭定大王實錄)九年己丑七月七日丁丑○禮曹啓文宣王四配位十哲位板規式啓曰位板之式古無其文按洪武禮制社稷壇神牌身高二尺二寸闊四寸五分厚九分座高四寸五分闊八寸五分厚四寸五分帝王陵墓其祭物器皿儀註竝與社稷同文宣王位板乞依社稷壇神位板規式製造四配位板身高二尺闊四寸三分厚八分十哲位板身高一尺八寸闊四寸一分厚七分座高闊厚皆同依此差等製造
●要解牌子條形如木主不判前後不爲陷中及兩竅不爲櫝也
●朱子曰江都集禮晉荀勗祠制云祭板皆正側長一尺二分博四寸厚五分以八分大書某人神坐

▶2690◀◈問; 位牌에 處士나 先生을 쓰는 경우에 대한 문의.

문의에 대하여 상세하고 친절하게 답해 주신 여러분과 성균관 담당자님께 감사를 드립니다

저의 집에는 4 대를 모시는 사당이 있습니다. 그런데 이번에 부친께서 작고하시어 제가 奉祀子가 되기에 위폐 改題主를 하려고 하는데 의문이 있어 문의를 드립니다.

위폐에 先生과 處士가 쓰여 있어 의문이 생겨 문의 드립니다. 현재 位牌가 이렇게 쓰여 있습니다.
○顯高祖考 (號)先生府君 神主 ○顯曾祖考 (號)處士府君 神主

위폐에 先生과 處士는 어떻게 써야할까요?
제가 알기로는 弟子들이 祭祀를 奉享할 때는 선생으로 쓰고, 子孫이 奉享하면 神主에 處士나 居士로 쓰는 것이 옳지 않나 봅니다.

◈答; 사서인(士庶人) 신주식(神主式)에는 선생(先生)이란 표시는 없습니다.

사서인(士庶人) 사당(祠堂)에는 위패(位牌)가 아닌 신주(神主)를 봉안(奉安)합니다.
그 신주(神主)에는 함중식(陷中式)과 분면식(粉面式)이 있는데,

●함중식(陷中式;속신주)은 사자(死者)를 표시하고,
●분면식(粉面式; 겉신주; 지방식)은 봉사자(奉祀者)와의 관계(關係)를 표시하게 됩니다.
따라서 사서인(士庶人) 사당(祠堂) 신주식(神主式)에는 선생(先生)이란 표시는 없습니다.

○神主=陷中版(後版). 粉面版(前版). 趺. 櫝(坐 蓋).
○位牌=不判前後不爲陷中及兩竅不爲櫝

◆신주식(神主式)

⊙함중식(陷中式; 속신주)
故某官(無官則隨常時所稱如學生處士秀士別號之類粉面同)某公諱某字某(本有第幾二字而東俗不同○退溪曰今人生時無第幾之稱神主不用恐無不可)神主

⊙분면식(粉面式; 겉신주; 지방식)
顯考(家禮圖用顯字而備要從之後倣此考承重云顯祖考旁親卑幼隨屬稱卑幼改顯爲亡)某官府君(卑幼去府君二字)神主

⊙방제식(旁題式)
孝子(承重稱孝孫)某奉祀(書于原行下旁寫者之左○朱子曰旁註施於所尊以下則不必書○備要旁親雖尊不書)

⊙부인함중식(婦人陷中式)
故某封(無封亦稱孺人此下或添某貫粉面同)某氏諱某(本有字某第幾四字而東俗不用)神主

⊙부인분면식(婦人粉面式)
顯妣(承重云顯祖妣妻云亡室旁親卑幼隨屬稱卑幼改顯爲亡○大全庶子之所生母稱亡母)某封某氏

神主

⊙부인방제식(婦人旁題式)(同前式)

◆신주 고비 분면식 연차별 고찰(神主考妣粉面式年次別考察)

●이천(伊川)(1037~1197)

○粉面式(家禮圖) 顯高祖考某官封謚府君神主

●가례(家禮)(宋代)

○父則粉面曰 考某官封謚府君神主

○母則粉面曰 妣某封某氏神主

●김장생(金長生)(愼獨齋 備要;庚申.1620); 1548(명종 3)~1631(인조 9).

○父則粉面曰 考某官封謚府君神主(考上皆用顯可也)

○神主前式(圖式) 顯考某官府君神主

○母則粉面曰 妣某封某氏神主(妣上亦當加顯字 妻云亡室)

●이재(李縡)(陶庵. 便覽; 甲辰.1724); 1680(숙종 6)~1746(영조 22).

○父則粉面曰 顯考某官封謚府君神主(卑幼顯爲亡)

○母則粉面曰 顯妣某封某氏神主(傍親卑幼隨屬稱卑幼改顯爲亡)

●後漢書光武帝紀上;大司徒鄧禹人長安遣府掾奉十一帝神主納於高廟(李賢注)神主以木爲之方尺二寸穿中央達四方天子主長尺二寸諸侯主長一尺

◈위패식(位牌式)

考; 某官某公諱某字某之位

妣; 某封(此下或添某貫)某氏諱某字某之位

위패(位牌)에는 단(壇). 문묘(文廟). 원(院). 사(寺) 등에 주로 봉안이 되는데 이를 패목(牌木). 위판(位版)이라 이르기도 합니다.

●家禮考證位牌條宋以前士大夫家只用牌子

●朱子曰江都集禮晉荀勗祠制云祭板皆正側長一尺二分博四寸厚五分以八分大書某人神坐

●要解牌子條形如木主不判前後不爲陷中及兩竅不爲櫝也

▶2691◀◈問; 위패와 신주애 대한 질문?

죽은 이에 대하여 그 대상물로 위패와 신주가 있다는데 차이점과 형태와 어디에 모시는지가 알고 싶습니다.

◈答; 위패와 신주에 대하여.

1. 위패(位牌)와 신주(神主)의 차이점

○신주(神主)=함중판(陷中版)(후판(後版)). 분면판(粉面版)(전판(前版)). 부(趺). 독(櫝) 좌(坐) 개(蓋).

○위패(位牌)=불판전후불위함중급양규불위독(不判前後不爲陷中及兩竅不爲櫝) 전후판으로 가르지 않으며 함중과 양규 및 독이 없음.

2. 모시는 곳.

○신주(神主); 사당(祠堂)

○위패(位牌);

단(壇). 문묘(文廟). 원(院). 사(寺) 등에 주로 봉안이 되는데 이를 패목(牌木). 위판(位版)이라 이르기도 합니다.

⊙위패(位牌)란 더러는 신주(神主)와 혼용(混用)하기도 하나 이는 사자(死者)나 신(神)을 표기하여 단(壇)이나 원(院), 사(寺), 묘(廟) 등에 모셔두는 목패(木牌)로서 목주(木主). 위판(位版), 령판(靈版), 령위(靈位) 등으로도 불리는데 신주와는 그 형태가 다름.

⊙신주(神主)란 죽은 사람을 표기하여 묘(廟)에 모셔두는 위패(位牌)를 이름.

아래와 같이 살펴보건대 하후씨(夏后氏) 이전부터 어떤 형태이든지 신주제도(神主制度)가 있었으며 까닭은 효자(孝子)가 이미 장사(葬事)를 지내고 나면 마음을 의지할 곳이 없어 신(神)의 형상과 같이 신주(神主)를 만들어 모시고 섬기게 됩니다.

3. 소재(素材)와 규격(規格).

신주(神主)의 소재(素材)는 아래와 같이 살펴보건대 대개 밤나무이며 이유는 견고하기 때문입니다.

규격(規格)은 이하 전거문 중 정자식(程子式)과 輯覽에서 자세히 규정되어 있으니 살려 보시기 바랍니다.

⊙陷中式

故某官(無官則隨常時所稱如學生處士秀士別號之類粉面同)某公諱某字某(本有第幾二字而東俗不同○退溪曰今人生時無第幾之稱神主不用恐無不可)神主

⊙粉面式

顯(家禮圖用顯字而備要從之後倣此考承重云顯祖考旁親卑幼隨屬稱卑幼改顯爲亡)某官府君(卑幼去府君二字)神主

⊙旁題式

孝子(承重稱孝孫)某奉祀(書于原行下旁寫者之左○朱子曰旁註施於所尊以下則不必書○備要旁親雖尊不書)

⊙婦人陷中式

故某封(無封亦稱孺人此下或添某貫粉面同)某氏諱某(本有字某第幾四字而東俗不用)神主

⊙婦人粉面式

顯妣(承重云顯祖妣妻云亡室旁親卑幼隨屬稱卑幼改顯爲亡○大全庶子之所生母稱亡母)某封某氏神主

⊙婦人旁題式(同前式)

●朱子曰牌子形如木主而不判前後不爲陷中及兩竅不爲櫝以從降殺之義也
●家禮考證位牌條宋以前士大夫家只用牌子
●朱子曰江都集禮晉荀勗祠制云祭板皆正側長一尺二分博四寸厚五分以八分大書某人神坐
●事物紀位版條宋朝會要曰上封者言郊立天地神位版位成貯以漆匣舁床覆以黃謙帕壇上四位
●要解牌子條形如木主不判前後不爲陷中及兩竅不爲櫝也
●曲禮措之廟立之主曰帝註措置也立之主者始死則鑿木爲重以依神旣虞而埋之乃作主以依神也○呂氏曰夏殷之王皆以帝名疑殷人祔廟稱帝
●事物紀木主條壇弓曰商主綴重盖廟所以藏主冝始爲廟卽立主也
●五經異義曰主者神象也孝子旣葬心無所依所以虞而立主以事之旣練易之遂藏於廟以爲祭主凡虞主用桑練主夏后氏以松殷人以栢周人以栗
●程子曰周用栗土所産之木取其堅也今用栗從周制也若四方無栗亦不必用但取其木之堅者可也
●家禮程子曰作主用栗趺方四寸厚寸二分鑿之洞底以受主身身高尺二寸博三寸厚寸二分剡上五分爲圓首寸之下勒前爲頷而判之四分居前八分居後頷下陷中長六寸廣一寸深四分合之植於趺下齊竅其旁以通中圓徑四分居三寸六分之下下距趺面七寸二分以粉塗其前面
●輯覽五禮儀虞主用桑木爲之長一尺方五寸上頂徑一寸八分四廂各剡一寸一分四隅各剡一寸上下四方通孔徑九分○倚凡長二尺三寸廣七寸厚二寸足高五寸○內櫃頂虛四面高一尺一寸八分廣各一尺九分底長廣各一尺三寸厚四分○外櫃蓋平四面直下長各一尺四寸五分廣各二尺二寸厚四分○臺長廣各一尺三寸厚三寸用栢子板○匱內外皆有紫綾座子外則裏白綃主有白苧覆巾王后則青苧巾位

板同唯無覆巾○位板用栗木爲之長一尺二寸厚八分廣四寸圭首趺長八寸廣四寸厚二寸○座制面頂俱虛底板長一尺四寸廣九寸厚二寸三面板高各一尺三寸一分厚各三分後面廣一尺五分左右面廣各五寸○蓋制平頂四向直下正闊旁狹蓋板長一尺一寸七分廣六寸三分有奇厚三分前後板長一尺三寸五分廣一尺一寸七分厚三分左右板長一尺三寸五分廣六寸三分有奇○臺長一尺四寸廣九寸厚三寸用栢子板

▶2692◀ ◈問; 함중식 신주 제작방법을 문의합니다.

안녕하세요. 많은 배움을 받고 있습니다.

신주식(神主式) 중에서 함중식(陷中式)에 대하여 궁금하여 문의 하고자 합니다. 분면식(粉面式)은 실물을 바로 앞에서 볼 수 있으므로 제작 방법 등의 이해가 가능합니다만, 함중식(속 신주)은 볼 수 없으니 제작방법 등[신주의 뒤쪽을 장방형으로 깎아 파서 성명 등록(?)]이 궁금하여 다음과 같이 문의합니다.

1. 함중식 신주는 분면식(粉面式) 신주(神主) 뒤에 별도의 목주(木主)를 제작하여 고인(故人)의 성명(姓名), 자(字), 호(號), 生卒 年 月 日 등을 기재하는지? 아니면 분면식(粉面式) 신주(神主) 뒷면의 전면을 장방형(長方形)으로 움푹 깎아 파서 기재하는지? 자세한 제작방법을 알려 주시기 바랍니다.

2. 혹시 함중식 신주의 사진 등을 볼 수 있는지요. 상세한 설명을 부탁합니다.

◈答; 함중식 신주 제작방법.

問; 1. 答; 신주의 높이 1 척 2(12 月)촌 두께 1 치 2(12 支)푼을 머리에서 1 치 아래 턱과 같이 3 분지 1 인 4 푼을 분면식 용으로 잘라 쪼개면 분면식 판이 길이 1 척 1 촌 두께 4 푼이 되고 나머지 함중식 용 길이 1 척 2 촌 두께 8 푼으로 나뉩니다. 함중식 용 두께 8 푼에서 함중서 용으로 턱에서 아래로 6 치 깊이 4 푼을 파내면 홈 턱이 4 푼이 되니 뒤의 남는 두께 역시 4 푼이 됩니다. 이는 분면식 4 푼 홈 턱 4 푼 함중서 쓰이는 뒤의 두께 4 푼이 되는 것입니다.

問; 2. 答; 앞판이라 함은 분면식 뒤 판이라 함은 함중식의 판을 의미합니다. 이를 합하면 쪼개기 전 본래의 두께인 1 치 2 푼이 됩니다.

아래가 신주식의 전부입니다.

⊙陷中式(함중식)

故某官(無官則隨常時所稱如學生處士秀士別號之類粉面同)某公諱某字某(本有第幾二字而東俗不同○退溪曰今人生時無第幾之稱神主不用恐無不可)神主

⊙속 신주식

고모관모공휘모자모신주

⊙粉面式(분면식)

顯(家禮圖用顯字而備要從之後倣此)考(承重云顯祖考旁親卑幼隨屬稱卑幼改顯爲亡)某官府君(卑幼去府君二字)神主

⊙겉 신주식

현고모관부군신주

⊙旁題式(방제식)

孝子(承重稱孝孫)某奉祀(書于原行下旁寫者之左○朱子曰旁註施於所尊以下則不必書○備要旁親雖尊不書)

⊙옆면식

효자모봉사

⊙婦人陷中式(부인함중식)
故某封(無封亦稱孺人此下或添某貫粉面同)某氏諱某(本有字某第幾四字而東俗不用)神主

⊙부인 속 신주식
고모봉모씨휘모신주

⊙婦人粉面式(부인분면식)
顯妣(承重云顯祖妣妻云亡室旁親卑幼隨屬稱卑幼改顯爲亡○大全庶子之所生母稱亡母)某封某氏神主

⊙부인 겉 신주식
현비모봉모씨신주

⊙婦人旁題式同前式(부인방제식동전식)
부인 옆면식 남자식과 동.

●題主祝文式(제주축문식)
維 歲次干支幾月干支朔幾日干支孤子(備要母喪稱哀子俱亡稱孤哀子承重稱孤孫哀孫孤哀孫○妻喪稱夫旁親卑幼隨屬稱)某(弟以下不名)敢(妻去敢字)昭告于(弟以下但云告于○備要告弟只云兄告于弟某告子只云父告于子某姪孫倣此 ○陶庵曰弟某子某之某字官號與名似當幷包於其中凡祭皆同) 顯考(母云顯妣承重云顯祖考或顯祖妣妻云亡室旁親卑幼隨屬稱卑幼改顯爲亡庶子於所生母云亡母)某官封謚府君(內喪云某封某氏卑幼去府君二字)形歸窀穸神返室堂神主旣成伏惟尊靈(妻弟以下但云惟靈)舍舊從新是憑是依

●家禮本註題主條善書者盥手西向立先題陷中父則曰故某官某公諱某字某第幾神主粉面曰考某官封謚府君神主其下左旁曰孝子某奉祀母則曰故某封某氏諱某字某第幾神主紛面曰妣某封某氏神主左旁亦如之無官封則以生時所稱爲號

3 대세(代世)

▶2693◀ ◈問; 궁금합니다.
궁금해서요. 간혹 몇 대조이니 하는 말을 하는데 이 "대"라는 의미는 나를 기준으로 아버지는 1대조 할아버지는 2대조 이런 식입니까?

시제를 모시는데 혹시나 할아버님도 산에서 조상님들과 같이 모셔도 되나요?

◈答; 대조란.
한 씨족의 대라 함은 시조로부터 내려 부르는 대가 있으며 그 예로는 귀하는 시조로부터 몇 대손입니까, 와 몇 세손 입니까, 질문을 하게 되는데 몇 대손은 시조를 제한 다음대가 제 1대이며 몇 세손은 시조가 일세가 되어 다음대가 이세가 되는 단계를 이르는 것입니다. 또 올려 계산하는 대가 있는데 고조 부모 까지는 고유 명칭이 있어 몇 대조로 부르지 않으며 그를 지나면 대수로 부릅니다. 고조를 지나면 오대조가 되니 그 위는 이와 같이 올려 부르면 됩니다.

묘제는 고조 이하(親未盡祖)의 묘제가 있으며 오대조(親盡祖)이상의 묘제가 있습니다. 고조 이하의 묘제는 춘 삼월 초하루 경에 묘제를 지내고 오대조 이상은 추 시월 초하루 경에 묘제를 지냅니다.

●朱子大全書問答答董叔重;通數卽計己身爲數曰祖曰孫則不當計己身蓋謂之祖孫則是指佗人人言矣史傳及今人文字以高祖之父爲五世祖甚多無可疑也
●詩經大雅生民序生民尊祖也(疏)祖之定名父之父耳但祖者始也己所從始也自父之父以上皆得稱號
●康熙字典示部五畫[祖](正韻音)組(玉篇)父之父也又先祖始祖通謂之祖

●康熙字典子部七畫[孫](正韻)音飧(說文)子之子也从子从系系續也言順續先祖之後也
●金史禮志;皇五代祖(註)五代的祖先
●孟子集註離婁下篇孟子曰君子之澤五世而斬小人之澤五世而斬(註)澤猶言流風餘韻也父子相繼爲一世三十年亦爲一世斬絶也大約君子小人之澤五世而絶也楊氏曰四世而緦服之窮也五世而祖免殺同姓也六世親屬竭矣○新安陳氏曰此禮記大傳全文共高祖者爲三從兄弟相爲服緦麻服制至此窮也共高祖之父者爲五世已無服但不忍遽絶之故不襲不冠爲之袒裼免冠以變其吉同姓之恩至此而減殺也共高祖之祖者爲六世則親盡矣窮而殺殺而竭不變吉可也引此以證五世而斬
●辭源[世]父子一輩叫一世
●大傳四世而緦服之窮也五世袒免殺同姓也六世親屬竭矣(註)四世高祖也同高祖者服緦麻服盡於此矣故云服之窮也五世袒免謂共承高祖之父者相爲袒免而已是減殺同姓也六稅則共承高祖之祖者幷袒免亦無矣故曰親屬竭也上指高祖以上也(細註)嚴陵方氏曰四世者三從之親也五世者三從之外也
●通典三代以前無墓祭至秦始起寢於墓側漢因秦上陵皆有(云云)
●後漢書明帝紀永平元年註漢官儀曰古不墓祭秦始皇起寢於墓側漢因而不改
●家禮祭名墓祭
●漢王充論衡四諱古禮廟祭今俗墓祀
●經國大典輯注墳墓條土高曰墳墓塚塋之也言孝子所思慕之處也

▶2694◀◈問; 대(代)와 대조(代祖)에 대하여.

대와 대조는 다른가요?

◈答; 대(代)와 대조(代祖)에 대하여.

◈代와 代祖 早見表.

	己.	父.	祖.	曾.	高.	高祖之父.	高祖之祖.
○代:	1	2	3	4	5	6	7代
○代祖:	0	1	2	3	4	5	6代祖

이상의 早見表는 아래 典據에 의함임.

○代; 及己身
○祖; 家族的上代先輩

●性理大全(家禮)祭禮先祖祭立春祭先祖: 程子曰初祖以下高祖以上之祖也
●朱子語類禮七祭: 問立春祭先祖則何祖曰自始祖下之第二世及己身以上第六世之祖
●玉篇 【祖】父之父也又先祖始祖通謂之祖
●祭統夫鼎有銘者自名也自名以稱揚其先祖之美而明著之後世者也(註)先祖祖先
●参同契巻下; 子繼父業孫踵祖先(註)祖先家族的上代先輩

▶2695◀◈問; 대와 세에 대하여 문의 드립니다.

代는 1)불급신으로 본인을 치지 않고 세는 대에 1 을 보탠다고 하는 이론도 있고, 2)세와 대는 같고 대손 세손도 같다 하는 이론도 있고 어느 이론이 정론인지 헷갈리네요.

예절학자라 하는 김득중 선생도 1)을 주장하여 여러 책자에도 언급하드니 요즘은, 2)번을 찬성하는 것 같습니다 답답하네요 좋은 말씀 들었으면 합니다

◈答; 대와 세에 대하여.

代와 世는 계대의 헤아림에서 원천적으로 동의 입니다. 다만 世人 중에 동의론 혹 이의론을 주장하는 이 있는 듯 하나 이는 독자 주장이지 한자적으로는 설득력이 없습니다.

보학적(譜學的)으로는 하세(下世)일뿐(혹 가문에서는 하대)으로 특정 논객의 上代 下世, 동의론, 이의론 등은 보학과 관련 없는 호칭에 관한 설 같으나 유학적으로는 별 의미가 없는

주장이라 생각됩니다. 계대(繼代) 호칭에서 代와 世 헤아림은 급기신(及己身)이고 조(祖)와 손(孫)의 헤아림에서는 불급기신(不及己身)이라야 호칭에 맞습니다. 까닭은 세와 대의 헤아림에서는 자기가 포함되어야 조손 수가 맞고 조와 손의 헤아림에서는 자기가 스스로 자기의 조나 손이 될 수 없으니 자연히 불급기신이라야 그 헤아림(祖와 孫의 차례)이 맞아 나갑니다. 다만 정칭이 있는 부조증고(父祖曾高)와 자손증현(子孫曾玄)은 고유명칭이 있으니 대조나 대손으로 호칭 않고 있지요.

●康熙字典一部四書[世](正韻)音勢代也○人部三書[代](正韻)音岱世也
●詩經衛風氓章及爾偕老註及與也
●又大我桑柔章載胥及溺註相與入於陷溺而已
●又大我棫樸章周王于邁六師及之註及與
●管子立政篇使能不兼官罰有罪不獨及註罪必有首從及黨與也
●論語先進編子曰從我於陳蔡者皆不及門也註弟子多從之者此時皆不在門
●安氏家訓兄弟: 先人之遺體惜己身之分氣非兄弟何念哉(註)己身爲自己自身

▶2696◀◈問; 대와 손.

代와 世 헤아림은 及己身이고 祖와 孫의 헤아림에서는 不及己身이라야 호칭에 맞습니다 무슨 뜻인지 알 수 없어요. 그리고 1(시조), 2, 3, 4, 5,.............30(나)이 저는 30 대손입니까? 30 세 손입니까?

◈答; 대와 손.

●朱子。曰。立春祭先祖則何祖。曰。自始祖下之第二世。及己身以上第六世之祖。
答; ***及己身***에서의 及의 의미는 더불어. ~와 함께. 또는 함께. 같이. 함께하다. 같이하다. 포함하다. 한패가 되다. 편들다. 등등으로 풀이됩니다.

성균관(成均館) 자유게시판에서 모인(某人)은 급기신(及己身)과 불급기신(不及己身)에 대하여 대단히 부정적으로 상대를 평하였으나 [及己身]이 자신을 포함하여라 풀 수 있다면 [不及己身]은 자신을 포합하지 않는다. 로 풀어지겠지요. 시조로부터 30 세라면 시조의 29 세(대)손이 됩니다.

●詩經正解衛風氓章及爾偕老老使我怨註及與也○又大雅棫樸章周王于邁六師及之註凡從事于往行而有所往也則六師之衆皆追而及之○又大訐桑柔章其何能淑載胥及溺註但相與以入于陷溺而已矣
●管子全書立政編使能不兼官罰有罪不獨及註罪必有首從及黨與也
●論衡齊世: 畫工好畫上代之人秦漢之士功行譎奇不肯圖今世之士者尊古卑今也(註)上代爲前代
●論衡感虛; 然紀梁之妻不能崩城明矣或時城適自崩杞梁妻適哭下世好虛不原其實故崩城之名至今不滅(註)下世亦指后世
●老石孟子有曰後世無傳焉是後世乃下世也 又曰君子之澤五世而斬是五世亦下世也 上則謂之代而下則謂之世也 是所謂上代下世也

▶2697◀◈問; 대조(代祖).

안녕하세요. 고조(高祖)의 父는 5 대조 6 대조 5 세조 6 세조 중 어느 게 맞는지요

◈答; 대조(代祖).

고조지부(高祖之父)는 오세조(五世祖) 또는 오대조(五代祖)가 됩니다.

묘제에서 친진축(親盡祝)의 속칭은 대조(代祖) 대손(代孫)일 뿐으로 통상 오대조(五代祖) 오대손(五代孫), 육대조(六代祖) 육대손(六代孫)으로 이르게 됩니다.

●丘氏曰高祖之父爲五世祖推以上之爲六世爲七世在高祖以前者爲云云

▶2698◀◈問; 代祖에 대하여.

혹 부(父)를 一代祖 조(祖)를 二代祖 등이라 하기도 하는데 잘못이 아닌지요?

◈答; 代祖에 대하여.

우리나라에서만 통용되는 五代祖 이상에 붙어, 遠近의 先祖임을 나타내는 명사로, 五代祖를 확인하기 위하여 경과적으로 正稱인 父, 祖, 曾祖, 高祖에 붙여 볼 뿐 正稱이 아님. 下代의 代孫 역시 上代 論理와 같음.

○父; (一代祖)
○祖; (二代祖)
○曾祖; (三代祖)
○高祖; (四代祖) (父로부터 高祖까지는 고유명칭이 있어 몇 代祖라 칭하지 않음)
○高祖之父; 五代祖.
○高祖之祖; 六代祖

●표준국어대사전; 대조 06(代祖) [대 : -]「명사」고조(高祖) 이상의 조상을 이르는 말.
●국어사전(이희승감수) 대조[代祖]명 숫자 뒤에 붙어서, 위로 거슬러 쳐서 몇 대째의 선조임을 나타내는 말. ¶오대조는 고조(高祖)의 아버지다.
●漢字大辭典(성안당 장삼식) 【代祖; 대조】高祖이상의 先代祖.
●敎學漢韓大辭典. 民衆書林漢漢大辭典. 中語大辭典; 朝鮮語辭典(總督府) 공히 代祖 無
●詩經大雅生民序生民尊祖也疏祖之定名父之父耳但祖者始也己所從始也自父之父以上皆得稱焉

▶2699◀◈問; 세와 대.

족보를 이야기 할 때, 세, 대, 세조, 대조, 세손, 대손 등의 차이는 무엇입니까. 성균관의 공식 입장이 있으면 알려 주시기 바랍니다.

◈答; 세와 대.

추석(秋夕) 공휴일이 내일(26)까지라 성균관(成均館) 입장은 27 일에나 있을 수 있어 기왕에 본인이 아래와 같이 살펴본 결과(結果)가 이뤄져 앞서 게시(揭示)합니다. 양해있으시기 바랍니다.

◈世; 부사자립왈세(父死子立曰世), 부사자계왈세(父死子繼曰世), 부자상계왈세(父子相繼曰世), 등은 같은 의미로 아버지의 뒤를 이은 관계를 세(世)라 하는데 하세(下世)로 칭(稱)할 때는 부(父)를 1 세(世)라 하고 상세(上世)로 칭(稱)할 때는 자(子)를 1 세(世)라 합니다. 세(世)와 대(代)는 동의(同意)입니다.

●周禮秋官大行人; 凡諸侯之邦交歲相間也殷相聘也世相朝也(鄭玄注)父死子立曰世
●漢紀武帝紀五; 二年春正月戊申丞相石慶薨慶卽奪之小子世以淳厚爲行(註)世謂世世代累
●康熙字典一部四畫【世】 [廣韻]舒制切[集韻][韻會][正韻]始制切竝音勢代也
●朱子語類卷第九十禮七祭篇問(云云)立春祭先祖則何祖曰自始祖下之第二世及己身以上第六世之祖(云云)
●大傳四世而緦服之窮也五世祖免殺同姓也六世親屬竭矣(集說註)四世高祖也同高祖者服緦麻服盡於此矣故云服之窮也五世袒免謂共承高祖之父者相爲袒免而已是減殺同姓也六世則共承高祖之祖者
●孟子曰 君子之澤五世而斬小人之澤五世而斬(註)斬絶也楊氏曰四世而緦服之窮也五世袒免殺同姓也六世親屬竭矣(細註)記疏云上自高祖下至己兄弟同承高祖之後爲族兄弟爲親兄弟期一從兄弟大功再從兄弟小功三從兄弟緦麻共四世而緦服盡也五世則袒免而無正服減殺同姓六世則不復袒免惟同姓而已故親屬竭袒身去飾也(細註)新安陳氏曰高祖之父者爲五世

◈代; 부자(父子)가 서로 이어진 관계를 1 대(代)라 하는데 1 대(代)의 대상은 상대(上代)에서 자(子)이며. 대(代)와 세(世)는 동의입니다.

●王維(李陵咏); 漢家李將軍三代將門子(註)代父子相繼爲一代

●康熙字典人部三畫【代】又世也[家語]古之王者易代改號取法五行

◈世祖; 상세(上世)로 고조지부(高祖之父) 이상의 윗대 선조(先祖)를 이릅니다.

●朱子大全書問答答董叔重;通數卽計己身爲數曰祖曰孫則不當計己身蓋謂之祖孫則是指佗人人言矣史傳及今人文字以高祖之父爲五世祖甚多無可疑也
●論衡自紀; 世祖勇任氣卒咸不揆於人(註)世祖指祖先
●丘氏曰高祖之父爲五世祖推以上之爲六世爲七世在高祖以前者爲云云

◈代祖; 상대(上代)로 고조지부(高祖之父) 이상의 윗대 선조(先祖)를 이릅니다.

●便覽喪禮虞祭吉祭親盡祖考妣位祝文式○承重則六代祖考妣位祝同; 維 年號歲次干支幾月干支朔幾日干支五代孫某敢昭告于 顯五代祖考某官府君顯五代祖妣某封某氏玆以云云
●三山先生文集墓誌條 七代祖考贈通訓大夫(云云) 六代祖考通訓大夫(云云) 五代祖考陶軒處士(云云) 高祖考折衝將軍(云云)

◈世孫; 세손(世孫)이란 원칭(原稱)은 왕통(王統)을 이어질 적손(嫡孫)을 이름인데 사서인(士庶人)들의 후손(後孫)을 이르기도 합니다.

●資治通鑑晉武帝泰康三年; 四月庚午充薨世子黎民早卒無嗣妻郭槐欲以充外孫韓謐爲世孫(胡三省注)世孫謂嫡孫承祖父之世者
●孔夫子聖蹟圖序; 嗚呼夫子一太極也(云云)孔在憲夫子七十六世孫也
●宦鄕要則本族前後稱號條高祖之父母稱某世祖考妣自稱某世孫
●弘濟全書春邸錄書與李春坊鎭衡; 閒中看史有一得之見略陳管窺未知以爲如何史記黃帝之玄孫曰帝堯八 *世孫*曰帝舜堯舜之俱出於黃帝明矣
●宋子大全序泉行幸時陪從錄序; 其民猶曰於開元幾 *世孫*也

◈代孫; 현손(玄孫) 이하의 후손(後孫) 계대(繼代)를 이름에 쓰입니다.

●便覽祝式云云五代孫某敢昭告于顯五代祖云云

※參考
◈上代下世; 상대하세(上代下世)란 씨족(氏族) 계대(繼代) 관계 칭(稱)에서 위로 이를 때는 몇 대(代)라 이르고 아래로 이를 때는 몇 세(世)라 이른다는 설(說)이나 반드시 그런 것은 아닙니다. 상세하세(上世下世)라 이르기도 합니다.

●老石曰孟子有曰後世無傳焉是後世乃下世也 又曰君子之澤五世而斬是五世亦下世也 上則謂之代而下則謂之世也 是所謂上代下世也
●孟子離婁篇孟子曰後世者不行先王之道也又曰君子之澤五世而斬小人之澤五世而斬註澤猶言流風餘韻也父子相繼爲一世三十年亦爲一世斬絶也楊氏曰四世而緦服之窮也五世袒免殺同姓也六世親屬竭矣(細註)新安陳氏曰高祖之父者爲五世

◈上代下代; 대부분의 축식(祝式)에서는 상대하대(上代下代)로 칭하고 있습니다.

●祝式云云五代孫某敢昭告于顯五代祖云云

▶2700◀◈問; 시조는 1 세가 되고 대는 0 대 입니까?

무더운 날씨에 건강 조심하십시오. 선생님 죄송합니다 대와 손이 아니고 대와 세에 대하여 문의 드립니다

시조는 1 세(世)가 되고, 대(代)는 0 대(代)입니까?

◈答; 시조는 1 세가 되고 1 대이기도 합니다.

代와 世는 동의입니다. 世가 곧 代이고 代가 곧 世입니다. 따라서 一世를 一代라 하여도

誤謬가 아닙니다.

●康熙字典一部四畫【世】[廣韻]舒制切[集韻][韻會][正韻]始制切竝音勢代也○又人部三畫【代】 [唐韻]徒耐切[集韻][韻會]待戴切(正韻)度耐切竝音岱 又世也(家語)古之王者易代改號取法五行

▶2701◀◈問; 19 代 대통령과 19 世 대통령 중에서.

족보 관직명에 대통령은 19 代 대통령 입니까? 19 世 대통령 입니까?

◈答; 19 代 또는 19 世 대통령 중에서.

아래와 같이 살펴보건대 우리나라 대통령을 족보에 기재할 때의 官階 칭호는 몇 代 大統領이라 기재되어야 옳습니다.

◈代; 更迭 交替= 타의(選擧)에 의하여 바뀌어 계승 되여 지는 관계 칭에는 代로 순서를 가리고,

◈世; 朝代= 왕조의 승계와 같이 주체자 의사로 계승 되여 지는 관계 칭에는 世로 순서를 가립니다. 例. 옛 프랑스 국왕 "루이 3 세(Louis III)"

●楚辭离騷; 日月忽其不淹兮春與秋其代序(王逸注)注代更也又更迭交替
●詩經正解大雅蕩之什三之三蕩章; 文王曰咨咨女殷商人亦有言顚沛之揭枝葉未有害本實先撥殷鑒不遠在夏后之世(註)世謂朝代

▶2702◀◈問; 1 世 30 년이란 무슨 의미인가요?

30 년을 1 세라 한다는데?

◈答; 1 世 30 년이란

1 世 30 년이라 함은 서양에세 1 世紀를 100 년으로 계산함과 같습니다.

⊙儒學	**⊙西洋**
1 世= 30 년	1 世紀=100 년
2 世= 60 년	2 世紀=200 년
3 世= 90 년 ………	3 世紀=300 년………

12 世 1 運=360 년
30 運 1 會 =10.800 년
12 會 1 元=129.600 년

●艮齋曰 五分爲一刻 八刻爲一時 十二時爲一日 三十日爲一月 十二月爲一年 三十年爲一世 十二世爲一運 三十運爲一會 十二會爲一元 一元 十二萬九千六百年 蓋以支干迭相爲用 推而極之皇極經世書 只言元會運世 而不及年月日時 故此并推言之
●敬堂曰 以元統會 以會統運 以運統世 三十年爲一世 十二世爲一運 三十運爲一會 十二會爲一元 十二萬九千六百年者 一元之數也 小而一日一時亦然 只是這圈子 都從復上推起去

▶2703◀◈問; 대(代)와 대조(代祖)에 대하여.

대와 대조는 다른가요?

◈答; 대(代)와 대조(代祖)에 대하여.

◈代와 代祖 早見表.

	己.	父.	祖.	曾.	高.	高祖之父.	高祖之祖.
○代:	1	2	3	4	5	6	7代
○代祖:	0	1	2	3	4	5	6代祖

이상의 早見表는 아래 典據에 의함임.

○**代**; 及己身
○**祖**; 家族的上代先輩

●性理大全(家禮)祭禮先祖祭立春祭先祖: 程子曰初祖以下高祖以上之祖也
●朱子語類禮七祭: 問立春祭先祖則何祖曰自始祖下之第二世及己身以上第六世之祖
●玉篇 【祖】父之父也又先祖始祖通謂之祖
●祭統夫鼎有銘者自名也自名以稱揚其先祖之美而明著之後世者也(註)先祖祖先
●参同契卷下; 子繼父業孫踵祖先(註)祖先家族的上代先輩

▶2704◀◈問; 대와 세에 대하여 문의 드립니다.

代는 1)불급신으로 본인을 치지 않고 세는 대에 1을 보탠다고 하는 이론도 있고, 2)세와 대는 같고 대손 세손도 같다 하는 이론도 있고 어느 이론이 정론인지 헷갈리네요.

예절학자라 하는 김득중 선생도 1)을 주장하여 여러 책자에도 언급하드니 요즘은, 2)번을 찬성하는 것 같습니다 답답하네요 좋은 말씀 들었으면 합니다

◈答; 대와 세에 대하여.

代와 世는 계대의 헤아림에서 원천적으로 동의 입니다. 다만 世人 중에 동의론 혹 이의론을 주장하는 이 있는 듯 하나 이는 독자 주장이지 한자적으로는 설득력이 없습니다.

보학적(譜學的)으로는 하세(下世)일뿐(혹 가문에서는 하대)으로 특정 논객의 上代 下世, 동의론, 이의론 등은 보학과 관련 없는 호칭에 관한 설 같으나 유학적으로는 별 의미가 없는 주장이라 생각됩니다.

계대(繼代) 호칭에서 代와 世 헤아림은 급기신(及己身)이고 조(祖)와 손(孫)의 헤아림에서는 불급기신(不及己身)이라야 호칭에 맞습니다. 까닭은 세와 대의 헤아림에서는 자기가 포함되어야 조손 수가 맞고 조와 손의 헤아림에서는 자기가 스스로 자기의 조나 손이 될 수 없으니 자연히 불급기신이라야 그 헤아림(祖와 孫의 차례)이 맞아 나갑니다. 다만 정칭이 있는 부조증고(父祖曾高)와 자손증현(子孫曾玄)은 고유명칭이 있으니 대조나 대손으로 호칭 않고 있지요.

●康熙字典一部四書[世](正韻)音勢代也○人部三書[代](正韻)音岱世也
●詩經衛風氓章及爾偕老註及與也
●又大我桑柔章載胥及溺註相與入於陷溺而已
●又大我棫樸章周王于邁六師及之註及與
●管子立政篇使能不兼官罰有罪不獨及註罪必有首從及黨與也
●論語先進編子曰從我於陳蔡者皆不及門也註弟子多從之者此時皆不在門
●安氏家訓兄弟: 先人之遺體惜己身之分氣非兄弟何念哉(註)己身爲自己自身

▶2705◀◈問; 대와 손.

代와 世 헤아림은 及己身이고 祖와 孫의 헤아림에서는 不及己身이라야 호칭에 맞습니다 무슨 뜻인지 알 수 없어요. 그리고 1(시조), 2, 3, 4, 5,............30(나)이 저는 30대손입니까? 30세 손입니까?

◈答; 대와 손.

●朱子。曰。立春祭先祖則何祖。曰。自始祖下之第二世。及己身以上第六世之祖。
答; ***及己身***에서의 及의 의미는 더불어. ~와 함께. 또는 함께. 같이. 함께하다. 같이하다. 포함하다. 한패가 되다. 편들다. 등등으로 풀이됩니다.

성균관(成均館) 자유게시판에서 모인(某人)은 급기신(及己身)과 불급기신(不及己身)에 대하여 대단히 부정적으로 상대를 평하였으나 [及己身]이 자신을 포함하여라 풀 수 있다면 [不及己身]은 자신을 포함하지 않는다. 로 풀어지겠지요. 시조로부터 30세라면 시조의 29세(대)손

이 됩니다.

●詩經正解衛風氓章及爾偕老老使我怨註及與也○又大雅棫樸章周王于邁六師及之註凡從事于往行而有所往也則六師之衆皆追而及之○又大訝桑柔章其何能淑載胥及溺註但相與以入于陷溺而已矣

●管子全書立政編使能不兼官罰有罪不獨及註罪必有首從及黨與也

●論衡齊世: 畫工好畫上代之人秦漢之士功行譎奇不肯圖今世之士者尊古卑今也(註)上代爲前代

●論衡感虛; 然紀梁之妻不能崩城明矣或時城適自崩杞梁妻適哭下世好虛不原其實故崩城之名至今不滅(註)下世亦指后世

●老石孟子有曰後世無傳焉是後世乃下世也 又曰君子之澤五世而斬是五世亦下世也 上則謂之代而下則謂之世也 是所謂上代下世也

▶2706◀◈問; 대조(代祖).

안녕하세요. 고조(高祖)의 父는 오대조(五代祖) 육대조(六代祖) 오세조(五世祖) 육세조(六世祖) 중 어느 게 맞는지요

◈答; 대조(代祖).

고조지부(高祖之父)는 오세조(五世祖) 또는 오대조(五代祖)가 됩니다.

묘제에서 친진축(親盡祝)의 속칭은 대조(代祖) 대손(代孫)일 뿐으로 통상 오대조(五代祖) 오대손(五代孫), 육대조(六代祖) 육대손(六代孫)으로 이르게 됩니다.

●丘氏曰高祖之父爲五世祖推以上之爲六世爲七世在高祖以前者爲云云

▶2707◀◈問; 代祖에 대하여.

혹 부(父)를 一代祖 조(祖)를 二代祖 등이라 하기도 하는데 잘못이 아닌지요?

◈答; 代祖에 대하여.

우리나라에서만 통용되는 五代祖 이상에 붙어, 遠近의 先祖임을 나타내는 명사로, 五代祖를 확인하기 위하여 경과적으로 正稱인 父, 祖, 曾祖, 高祖에 붙여 볼 뿐 正稱이 아님. 下代의 代孫 역시 上代 論理와 같음.

○父; (一代祖)
○祖; (二代祖)
○曾祖; (三代祖)
○高祖; (四代祖) (父로부터 高祖까지는 고유명칭이 있어 몇 代祖라 칭하지 않음)
○高祖之父; 五代祖.
○高祖之祖; 六代祖

●표준국어대사전; 대조 06(代祖) [대 : -] 「명사」 고조(高祖) 이상의 조상을 이르는 말.

●국어사전(이희승감수) 대조[代祖]미 숫자 뒤에 붙어서, 위로 거슬러 쳐서 몇 대째의 선조임을 나타내는 말. ¶오대조는 고조(高祖)의 아버지다.

●漢字大辭典(성안당 장삼식) 【代祖; 대조】高祖이상의 先代祖.

●敎學漢韓大辭典. 民衆書林漢漢大辭典. 中語大辭典; 朝鮮語辭典(總督府) 공히 代祖 無

●詩經大雅生民序生民尊祖也疏祖之定名父之父耳但祖者始也已所從始也自父之父以上皆得稱焉

▶2708◀◈問; 同義입니까? 同意입니까?

1.세와 대가 '동의'라 하면서 문재인대통령을 '제 19 대 대통령'이라고는 하는데, 왜 '제 19 세 대통령'이라 하지 않습니까?
2.同義입니까? 同意입니까?

◈答; 同義입니다.

고대서양의 루이 1 世나 근대 대통령의 차례인 제 1 代 대통령 등은 서양의 차례를 한자화된 언어로 국어화로 굳은 말로 1 世나 1 代는 同義가 됩니다. 따라서 아래와 같이 살펴보건대 1 世와 1 代의 世와 代는 同意가 아니라 同義가 됩니다.

◆同意; 동의(하다). 승인(하다). 찬성(하다).
◆同義; 동의, 같은 뜻.

●三國志吳志張溫傳; 豔彪皆坐自殺溫宿與豔彪同意
●孫子計; 道者令民與上同意也(漢辭注)同意同心一心
●說文段注札記; 凡同義異文可云假借此實異義非假借乃經師各家耳
●獨斷; 又五更或爲叟叟老稱與三老同義也(漢辭注)同義意義相同

▶2709◀ ◈問; 세와 대.

족보를 이야기 할 때, 세, 대, 세조, 대조, 세손, 대손 등의 차이는 무엇입니까. 성균관의 공식 입장이 있으면 알려 주시기 바랍니다.

◈答; 세와 대.

추석 공휴일이 내일(26)까지라 성균관 입장은 27 일에나 있을 수 있어 기왕에 본인이 아래와 같이 살펴본 결과가 이뤄져 앞서 게시합니다. 양해있으시기 바랍니다.

◈世; 부사자립왈세(父死子立曰世), 부사자계왈세(父死子繼曰世), 부자상계왈세(父子相繼曰世), 등은 같은 의미로 아버지의 뒤를 이은 관계를 세(世)라 하는데 하세(下世)로 칭(稱)할 때는 부(父)를 1 세(世)라 하고 상세(上世)로 칭(稱)할 때는 자(子)를 1 세(世)라 합니다. 세(世)와 대(代)는 동의(同意)입니다.

●周禮秋官大行人; 凡諸侯之邦交歲相問也殷相聘也世相朝也(鄭玄注)父死子立曰世
●漢紀武帝紀五; 二年春正月戊申丞相石慶薨慶卽奮之小子世以淳厚爲行(註)世謂世世代累
●康熙字典一部四畫【世】 [廣韻]舒制切[集韻][韻會][正韻]始制切竝音勢代也
●朱子語類卷第九十禮七祭篇問(云云)立春祭先祖則何祖曰自始祖下之第二世及己身以上第六世之祖(云云)
●大傳四世而緦服之窮也五世袒免殺同姓也六世親屬竭矣(集說註)四世高祖也同高祖者服緦麻服盡於此矣故云服之窮也五世袒免謂共承高祖之父者相爲袒免而已是減殺同姓也六世則共承高祖之祖者
●孟子曰 君子之澤五世而斬小人之澤五世而斬(註)斬絶也楊氏曰四世而緦服之窮也五世袒免殺同姓也六世親屬竭矣(細註)記疏云上自高祖下至己兄弟同承高祖之後爲族兄弟爲親兄弟期一從兄弟大功再從兄弟小功三從兄弟緦麻共四世而緦服盡也五世則袒免而無正服減殺同姓六世則不復袒免惟同姓而已故親屬竭袒身去飾也(細註)新安陳氏曰高祖之父者爲五世

◈代; 부자(父子)가 서로 이어진 관계를 1 대(代)라 하는데 1 대(代)의 대상은 상대(上代)에서 자(子)이며. 대(代)와 세(世)는 동의입니다.

●王維(李陵咏); 漢家李將軍三代將門子(註)代父子相繼爲一代
●康熙字典人部三畫【代】又世也[家語]古之王者易代改號取法五行

◈世祖; 상세(上世)로 고조지부(高祖之父) 이상의 윗대 선조(先祖)를 이릅니다.

●朱子大全書問答答董叔重;通數卽計己身爲數曰祖曰孫則不當計己身蓋謂之祖孫則是指佗人人言矣史傳及今人文字以高祖之父爲五世祖甚多無可疑也
●論衡自紀; 世祖勇任氣卒咸不揆於人(註)世祖指祖先
●丘氏曰高祖之父爲五世祖推以上之爲六世爲七世在高祖以前者爲云云

◈代祖; 상대(上代)로 고조지부(高祖之父) 이상의 윗대 선조(先祖)를 이릅니다.

●便覽喪禮虞祭吉祭親盡祖考妣位祝文式○承重則六代祖考妣位祝同; 維 年號歲次干支幾月干支

朔幾日干支五代孫某敢昭告于 顯五代祖考某官府君顯五代祖妣某封某氏玆以云云
●三山先生文集墓誌條 七代祖考贈通訓大夫(云云) 六代祖考通訓大夫(云云) 五代祖考陶軒處士(云云) 高祖考折衝將軍(云云)

◈世孫; 세손(世孫)이란 원칭(原稱)은 왕통(王統)을 이어질 적손(嫡孫)을 이름인데 사서인(士庶人)들의 후손(後孫)을 이르기도 합니다.

●資治通鑑晉武帝泰康三年; 四月庚午充薨世子黎民早卒無嗣妻郭槐欲以充外孫韓謐爲世孫(胡三省注)世孫謂嫡孫承祖父之世者
●孔夫子聖蹟圖序; 嗚呼夫子一太極也(云云)孔在憲夫子七十六世孫也
●宦鄕要則本族前後稱號條高祖之父母稱某世祖考妣自稱某世孫
●弘濟全書春邸錄書與李春坊鎭衡; 閒中看史有一得之見略陳管窺未知以爲如何史記黃帝之玄孫曰帝堯八*世孫*曰帝舜堯舜之俱出於黃帝明矣
●宋子大全序泉行幸時陪從錄序; 其民猶曰於開元幾*世孫*也

◈代孫; 현손(玄孫) 이하의 후손(後孫) 계대(繼代)를 이름에 쓰입니다.

●便覽祝式云云五代孫某敢昭告于顯五代祖云云

※参考

◈上代下世; 상대하세(上代下世)란 씨족(氏族) 계대(繼代) 관계 칭(稱)에서 위로 이를 때는 몇 대(代)라 이르고 아래로 이를 때는 몇 세(世)라 이른다는 설(說)이나 반드시 그런 것은 아닙니다. 상세하세(上世下世)라 이르기도 합니다.

●老石曰孟子有曰後世無傳焉是後世乃下世也 又曰君子之澤五世而斬是五世亦下世也 上則謂之代而下則謂之世也 是所謂上代下世也
●孟子離婁篇孟子曰後世者不行先王之道也又曰君子之澤五世而斬小人之澤五世而斬註澤猶言流風餘韻也父子相繼爲一世三十年亦爲一世斬絶也楊氏曰四世而緦服之窮也五世袒免殺同姓也六世親屬竭矣(細註)新安陳氏曰高祖之父者爲五世

◈上代下代; 대부분의 축식(祝式)에서는 상대하대(上代下代)로 칭하고 있습니다.

●祝式云云五代孫某敢昭告于顯五代祖云云

▶2710◀◈問; 世와 代에 대해 다른 점이 있는지요...?

세와 대에 대하여 이견들이 있습니다.
정의된 내용이 있는지 알고 싶습니다.

◈答; 世와 代는 同義.

아래와 같이 살펴보건대 한자(漢字)의 근본서(根本書)인 강희자전(康熙字典)을 비롯 모든 전류(典類)에서 세(世)와 대(代)는 동의(同義)라 하였습니다.

●康熙字典[世]:[集韻]始制切竝音勢代也
●康熙字典[代]:世也[家語]古之王者易代改號
●全韻玉篇; ○一書一部 [世] 세 代也 王者受命父子相代爲一ㅡ人間曰ㅡ界○二書 人部 [代] 대 替也叓也世也歷ㅡ州名
●廣韻去聲十三祭; [世]代也(後略)
●韻會去聲十卦;[代](前略)增韻又世也(後略) ○[世] (前略)一代爲一世(後略)
●全韻 [世]代也(下略) ○[代] (前略)世也(後略)
●字彙一部○四[世] (前略)父子相代爲一世(後略) ○人部○三[代] (前略)世也(後略)
●正韻去聲六泰;[代]世也(後略)
●古今韻會十一隊與代廢通;[代]; (上略)增韻又世也(下略)
●說文解字注第八篇上人部[代]凡以此易彼謂之代次第相易謂之遞代凡以異語相易謂之代語假代

字爲世字起於唐人避諱世與代義不同也唐諱言世故有代宗明旣有世宗又有代宗斯失之矣

▶2711◀◈問; 시조는 1 세가 되고 대는 0 대 입니까?

무더운 날씨에 건강 조심하십시오. 선생님 죄송합니다 대와 손이 아니고 대와 세에 대하여 문의 드립니다

시조는 1 세(世)가 되고, 대(代)는 0 대(代)입니까?

◈答; 시조는 1 세가 되고 1 대이기도 합니다.

代와 世는 동의입니다. 世가 곧 代이고 代가 곧 世입니다. 따라서 一世를 一代라 하여도 誤謬가 아닙니다.

●康熙字典一部四畫【世】[廣韻]舒制切[集韻][韻會][正韻]始制切竝音勢代也○又人部三畫【代】 [唐韻]徒耐切[集韻][韻會]待戴切(正韻)度耐切竝音岱 又世也(家語)古之王者易代改號取法五行

▶2712◀◈問; 19 代 대통령과 19 世 대통령 중에서.

족보 관직명에 대통령은 19 代 대통령 입니까? 19 世 대통령 입니까?

◈答; 19 代 또는 19 世 대통령 중에서.

아래와 같이 살펴보건대 우리나라 대통령을 족보에 기재할 때의 官階 칭호는 몇 代 大統領이라 기재되어야 옳습니다.

◈代; 更迭 交替= 타의(選擧)에 의하여 바뀌어 계승 되여 지는 관계 칭에는 代로 순서를 가리고,

◈世; 朝代= 왕조의 승계와 같이 주체자 의사로 계승 되여 지는 관계 칭에는 世로 순서를 가립니다. 例. 옛 프랑스 국왕 "루이 3 세(Louis III)"

●楚辭离騷; 日月忽其不淹兮春與秋其代序(王逸注)注代更也又更迭交替
●詩經正解大雅蕩之什三之三蕩章; 文王曰咨咨女殷商人亦有言顚沛之揭枝葉未有害本實先撥殷鑒不遠在夏后之世(註)世謂朝代

▶2713◀◈問; 22 세 21 세손 입니까? 22 세손 입니까?

22 세 21 세손 입니까? 22 세손 입니까?

◈答; 22 세는 시조(始祖)의 21 세손입니다.

자손(子孫)이라 함은 후예(後裔)를 의미함이니 시조(始祖)는 일세(一世)요 그의 아들은 자(子)요 자의 아들은 손(孫)이라 그 이하는 증손(曾孫) 현손(玄孫) 그 이하는 세손(世孫)이나 대손(代孫)을 붙여 五世(代)孫 六世(代)孫 에 이어 연칭(連稱)하게 되니 이십이세(二十二世)는 시조(始祖)의 이십일세손(二十一世孫)이 됩니다.

●廣韻去聲十三祭; [世]代也(後略)
●韻會去聲十卦;[代](前略)增韻又世也(後略) ○[世] (前略)一代爲一世(後略)
●全韻 [世]代也(下略) ○[代] (前略)世也(後略)
●字彙一部○四[世] (前略)父子相代爲一世(後略) ○人部○三[代] (前略)世也(後略)
●正韻去聲六泰;[代]世也(後略)
●古今韻會十一隊與代廢通;[代]; (上略)增韻又世也(下略)
●康熙字典一部四畫[世] (前略)代也(後略)
●康熙字典人部三畫[代]世也
●說文解字注第八篇上人部[代]凡以此易彼謂之代次第相易謂之遞代凡以異語相易謂之代語假代字爲世字起於唐人避諱世與代義不同也唐諱言世故有代宗明旣有世宗又有代宗斯失之矣
●大傳四世而緦服之窮也五世祖免殺同姓也六世親屬竭矣(集說註)四世高祖也同高祖者服緦麻服

盡於此矣故云服之窮也五世祖免謂共承高祖之父者相爲祖免而已是減殺同姓也六世則共承高祖之祖者

●參同契卷下; 子繼父業孫踵祖先(註)祖先家族的上代先輩

●康熙字典子部七畫[孫][正韻]音飧[說文]子之子也从子从系系續也言順續先祖之後也

●辭源子部七畫[孫]子之子又後裔統稱子孫

▶2714◀◈問; 1 世 30 년이란 무슨 의미인가요?

30 년을 1 세라 한다는데?

◈答; 1 世 30 년이란

1 世 30 년이라 함은 서양에세 1 世紀를 100 년으로 계산함과 같습니다.

⊙儒學	**⊙西洋**
1 世= 30 년	1 世紀=100 년
2 世= 60 년	2 世紀=200 년
3 世= 90 년 ………	3 世紀=300 년………
12 世 1 運=360 년	

30 運 1 會 =10.800 년
12 會 1 元=129.600 년

●艮齋曰 五分爲一刻 八刻爲一時 十二時爲一日 三十日爲一月 十二月爲一年 三十年爲一世 十二世爲一運 三十運爲一會 十二會爲一元 一元 十二萬九千六百年 蓋以支干迭相爲用 推而極之皇極經世書 只言元會運世 而不及年月日時 故此并推言之

●敬堂曰 以元統會 以會統運 以運統世 三十年爲一世 十二世爲一運 三十運爲一會 十二會爲一元 十二萬九千六百年者 一元之數也 小而一日一時亦然 只是這圈子 都從復上推起去

▶2715◀◈問; 한가지 문의 드리려고 합니다.

주자가례 喪禮편 원문에 아래 글이 있는데 그 중에 5 세조의 번역을 고전번역원에서는 5 세조라 한 곳도 있고. 5 대조라 한 곳도 있는데 과연 아래 원문의 5 세조는 누구인지요? (고조 혹은 고조의 부친 그 둘 중 하나인 듯한데요)

남자참쇠자(男子斬衰者) 단괄발(袒括髮) 제쇠이하지동오세조자(齊衰以下至同五世祖者) 개단면우별실(皆袒免于別室) 에서 오세조(五世祖)가 누구인지요? 제 생각에는 '고조' 인 듯 한데 그 번역사는 "고조의 父" 인 듯 하다는 약간 부정확한 답을 하더이다. 이 질문에 답을 해 주시면 그냥 개인적으로 참고로만 할 것이고 다른 곳에 인용을 하지 않는 것이 좋다고 선생님께서 생각하시면 그렇게 하겠습니다.

◈答; 고조지부는 오세조입니다.

●家禮初終袒括髮免髽于別室條男子斬衰者袒括髮齊衰以下至同五世祖者皆袒免于別室
위의 뜻은 참최복(斬衰服)자는 단(袒)과 괄발(括髮)을 하고 자최복 이하 복인과 同 오세조(고조의 부)자는 모두 별실에서 단(袒)과 문(免)을 한다. 라 풀이가 됩니다. 그에 관하여는 아래와 같이 대전에서도 자세히 논함이 있습니다.

●大傳四世而緦服之窮也五世袒免殺同姓也六世親屬竭矣註四世高祖也同高祖者服緦麻服盡於此矣故云服之窮也五世袒免謂共承高祖之父者相爲袒免而已是減殺同姓也六世則共承高祖之祖者并袒免亦無矣故曰親屬竭也上指高祖以上也

●文王世子註四世而緦服之窮也五世親盡袒免而已鄭註正義曰高祖爲四世也其五世祖是始封之君自五世以下其廟不毁故爲五廟也○又鄭註弔謂至五世正義曰同高祖有緦麻之親五世則親盡但有袒免故云免謂五世也

●喪服傳五世袒免殺同姓也六世親屬竭矣繫之以姓而不別綴之以食而弗殊

●問同五世祖者皆袒免于別室據此小殮後雖緦親與同五世祖之親皆當袒免而今不見此禮黎湖曰五

世祖免是大傳文也旣曰齊衰至同五世祖云云則其皆祖免何疑
●嚴陵方氏曰五世者三從之外也以其疏但不襲不冠以變其吉六世雖不變吉可也
●或問祖括髮註齊衰以下至五世祖者祖免于別室云同五世祖者乃十寸親也九寸而服盡安有十寸親祖免之理乎旅軒曰服雖已盡猶有祖免豈無意扰

4 배법(拜法)

▶2716◀◈問; 공수예절과 보행지도에 관한 궁금한 점이 있어서 문의합니다.

저는 초등학교에 근무하는 교사입니다. 궁금한 점이 있어서 문의합니다.
공수예절은 인사예절로 알고 있습니다. 즉, 서 있거나 앉아 있을 때의 자세인 것이죠. 공수에 대한 자료들을 살펴보아도 그렇습니다. 절을 하는 자세의 기본이 공수인 것도 역시 같은 맥락에서 이해를 하고 있습니다. 그런데 제가 근무하는 학교의 교장선생님께서는 공수자세로 보행하는 공수보행지도를 강조하고 계십니다. 지도를 하다 보니 공수자세로 계단을 오르내리는 것이 좀 위험하다는 생각이 들었습니다. 그 이유는 "공수자세가 보행자세가 아니라 정지자세이기 때문이 아닌가?"하는 생각이 들어서 문의를 합니다.

전통예절에서 공수자세로 보행을 하는 "공수보행"이 있나요? 공수로 보행하는 것에 대한 전문가분들의 고견을 듣고 싶습니다.

◈答; 공수행보(拱手行步).

공수보행은 지난날에는 중국이나 우리나라에서도 행하여졌던 예입니다.

●國朝寶鑑成宗朝丁酉八年冬十月條李則曰中朝人行于路上皆拱手我國人闕內亦不然此可禁也國光曰昔則闕內胡跪背立者皆有罪近因法禁解弛而然也上復命立放手之禁申胡跪之罪
●新唐書段秀實顏真卿傳贊: 太尉爲人姁姁常低首拱手行步言言氣卑弱未嘗以色待物人視之儒者也
●唐宋八大家大全集王寶華; 常低首拱手行步言氣卑弱未嘗以色待物人視之傴需者也

▶2717◀◈問; 관혼상제에 따른 절의 방법 좀 가르쳐 주세요.

학교 숙제로 관혼상제 따른 절의방법을 알아가야 하는데 인터넷을 이리저리 찾아봐도 없어서 좀 가르쳐 주세요.

◈答; 관혼상제에 따른 절의 방법.

절하는 방법에는 아홉 가지가 있습니다

1. **계수(稽首)**: 머리가 땅에 닿게 하는 절.
2. **돈수(頓首)**: 머리를 땅에 조아려 부딪치는 절.
3. **공수(空首)**: 손을 땅에 대고 머리를 손에 대는 절.
4. **진동(振動)**: 두 손을 마주치며 하는 절.
5. **길배(吉拜)**: 상례 시 자최부장기 이하 복인이 절을 하고 머리를 조아리는 절. 이때 땅에 닿지 않게 한다.
6. **흉배(凶拜)**: 머리를 조아려 계상배를 하고 돈수를 하되 이때도 땅에 닿지 않게 하며 상례 시 참최나 자최 삼년복자의 절이다.
7. **기배(奇拜)**
8. **보배(褒拜)**
9. **숙배(肅拜)가** 있습니다.

정배(正拜)로는 1. 계수(稽首) 2. 돈수(頓首) 3. 공수(空首)를 정배라 하고 숙배(肅拜)를 부인들의 정배라고 합니다.

●檀弓孔子與門人立拱而尙右二三子亦皆尙右孔子曰二三子之嗜學也我則有姊之喪故也二三子皆

尙左註吉事尙左陽也凶事尙右陰也此蓋拱立而右手在上也

●賈誼曰容經拜以磬折之容吉事尙左凶事尙右隨首以擧項衡以下寧速無遲項背之狀如屋之互拜容也

●鄕校禮輯凡下拜之禮一揖少退再一揖卽俯伏以兩手齊按地先跪左足次屈右足略蟠旋左邊稽首至地卽起先起右足以雙手齊按膝上次起左足仍一揖而後拜其儀度以詳緩爲敬不可急迫

◈周禮春官大祝辨九拜(주례춘관대축변구배)

一曰稽首註拜頭至地疏先以兩手拱至地又引頭至地多時也拜中最重臣拜君之拜

二曰頓首註拜頭叩地疏先以兩手拱至地又引頭至地首頓地卽擧若以首叩物然此平敵相拜

三曰空首註拜頭至地所謂拜手疏先以兩手拱至地乃頭至手以其頭不至地故名空首君答臣拜

四曰振動註戰栗變動之拜

五曰吉拜

六曰凶拜註吉拜拜而后稽顙齊衰不杖期以下者凶拜稽顙而后拜三年服者疏稽顙是頓首但觸地無容

七曰奇拜

八曰褒拜註奇讀爲奇偶之奇謂一拜答臣下拜褒讀爲報報拜再拜拜神與尸

九曰肅拜註俯下手今揖撎是也疏肅拜拜中最輕惟軍中有此拜婦人亦以肅拜爲正推手曰揖引手曰撎

九拜之中稽首頓首空首正拜也肅拜婦人之正拜也其餘五者附此四種逐事生名振動凶拜褒拜附稽首吉拜附頓首奇拜附空首

●賈誼容經拜以磬折之容吉事尙左凶事尙右隨首以擧項衡以下寧速無遲項背之狀如屋之互拜容也

●朱子曰兩手下爲拜註拜字從兩手下又曰杜子春說大祝九拜處解奇拜云拜時先屈一膝今之雅拜是也夫特以先屈一膝爲雅拜則他拜皆當齊屈兩膝如今之禮拜明矣

●鄕校禮輯凡下拜之禮一揖少退再一揖卽俯伏以兩手齊按地先跪左足次屈右足略蟠旋左邊稽首至地卽起先起右足以雙手齊按膝上次起左足仍一揖而後拜其儀度以詳緩爲敬不可急迫又曰凡作揖時用稍闊其足則立穩揖則須直其膝曲其身低其頭眼看自已鞋頭爲準兩手圓供而下使手只可至膝畔不得入膝內尊長前作揖手須過膝下擧手至眼而下與長者揖擧手至口而下畢則手隨起時叉於胷前

●儀節肅拜拜中最經九拜之中稽首頓首空首正拜也肅拜婦人之正拜也

◈婦人拜考證(부인배고증)(儀節)

●周禮大祝辨九拜九曰肅拜鄭註曰肅拜但俯下手今揖撎是也推手曰揖引手曰撎

●儀禮婦拜扱地坐奠菜于几東席上還又拜如初扱地手至地也婦人扱地猶男子稽首疏曰以手至地謂之扱地今重其禮故扱地也按婦人以肅拜爲正蓋肅拜乃婦人之常而昏禮拜扱地以其新來爲婦盡禮於舅姑也

●少儀婦人吉事雖有君賜肅拜爲尸坐則不手拜肅拜爲喪主則不手拜鄭註曰肅拜拜低頭也手拜手至地也婦人以肅拜爲正凶事乃手拜耳爲喪主不手拜者爲夫與長子當稽顙也其餘亦手拜而已

●孔氏正義曰此一節論婦人拜儀婦人吉禮不手拜但肅拜肅拜如今婦人拜也吉事及君賜悉然也

●陳氏曰肅拜如今婦人拜也左傳三肅使者亦此拜手拜則手至地而頭在手上如今男子拜也婦人以肅拜爲正故雖君賜之重亦肅拜而受若爲夫與長子之喪主則稽顙故不手拜若有喪而不爲主則手拜矣

●內則凡女拜尙右手註曰右陰也按檀弓孔子與門人立拱而尙右之註尙謂右手在上也

●通鑑周天元詔內外命婦皆執笏其拜宗廟及天臺皆俯伏如男子按謂之如則前此不如此可知矣

●語錄問古者婦人以肅拜爲正何謂肅拜朱子曰兩膝齊跪手至地頭不下爲肅拜手拜亦然爲喪主則頭亦至地不肅拜樂府說婦人云伸腰再拜跪伸腰亦是頭不下也不知婦人膝不跪地而變爲今之拜始於何時程泰之以爲始於武后非也

●古人席地而坐有問於人則略起身時其膝至地故謂之跪若婦人之拜在古亦跪古樂府云伸腰拜手跪則婦人當跪而拜但首不至地耳

●古人坐也是跪其拜亦容易婦人首飾盛多自難俯伏地上周天元令命婦爲男子拜史官書之以表其異則古者婦人之拜首不至地可知也然則婦人之拜當以深拜頗合於古按本註凡拜男子再拜婦人四拜謂之俠拜蓋主立拜言也今世俗南方婦女皆立而叉手屈膝以拜北方婦女見客輒俯伏地上謂之磕頭以爲重禮禮之輕者亦立而拜但比南方略淺耳考之古禮及儒先之說蓋婦人當以肅拜爲正所謂肅拜之儀鄭氏於周禮註以爲俯下手爲肅拜於少儀疏以爲拜低頭而朱子亦云兩膝齊跪手至地頭不下爲肅拜又云當跪而拜但首不至地耳今其儀雖不可曉但以此數說推之大略似是兩膝齊跪伸腰低頭俯引其手以爲

禮而頭不至地也今北俗磕頭則類扱地稽顙之禮惟可用之昏禮見舅姑及喪禮爲夫與子主之時尋常見人宜略如所擬肅拜儀可也南俗立拜已久不可驟變但須深屈其膝毋但如北俗之沾裙叉手以右爲尙每拜以四爲節如所謂俠拜者若夫見舅姑則當扱地爲喪主則稽顙不爲喪主則手拜庶幾得古禮之意云

◈婦人俠拜考證(부인협배고증)

●少牢饋食禮亞獻條主婦拜獻尸尸拜受主婦拜選爵註俠拜也

●特牲饋食禮主婦亞獻尸尸拜受主婦拜選註不俠拜士妻儀簡

●少儀婦人吉事雖君賜肅拜爲尸坐則不手拜肅拜爲喪主則不手拜註肅拜拜低頭也手拜手至地也婦人以肅拜爲正凶事乃手拜爲喪主不手拜者爲夫與長子當稽顙也其餘亦手拜而已疏手拜周禮空首也肅拜是婦人之常而昏禮拜扱地以新來爲婦盡禮舅姑故也

●朱子曰兩膝齊跪手至地而頭不下爲肅拜手拜亦然婦人首飾盛多自難俯伏地上

●儀節按婦人拜蓋主立拜言也今南方婦女皆立而叉手屈膝以拜若見舅姑則扱地爲喪主則稽顙不爲喪主則手拜庶得禮意

▶2718◀◈問; 남자 절 하는 방법 좀 가르쳐 주세요.

남자 절 하는 방법 좀 가르쳐 주세요. 부탁이 예요. 아시는 분들 중에 이 글을 보시면 바로! 올려주세요.

◈答; 남자 절 하는 방법.

남자 절 하는 법은 먼저 차수 법 즉 손 쥐는 법을 먼저 알아야 합니다.

○차수법(叉手法)

輯覽凡叉手之法以左手緊把右手大拇指其左手小指則向右手腕右手四指皆直以左手大指 向上如以右手掩其胸手不可大著胸須令稍去胸二三寸許方爲叉手法也

대체로 양손을 마주 잡는 법은 왼손으로 오른 손 엄지 손 가락을 꽉 쥐되 왼손의 새끼 손가락까지 오른쪽 손목으로 향하고 오른손의 네 손가락은 모두 곧게 펴고 왼손은 엄지 손가락 위를 향한 것 같이하여 오른 손등을 싸 덮는다.

손은 가슴에 꽉 붙여서는 안되며 턱 밑을 조금 피하여 가슴에서 두 세치쯤 띄우는 것이 요즘 차수 법이니라.

○배법(拜法)

春官大祝辨九拜一曰稽首二曰頓首三曰空首四曰振動五曰吉拜六曰凶拜七曰奇拜八曰褒拜九曰肅拜

춘관 즉 주대(周代)의 여섯 장관 중 제사와 예법을 관장 하는 예법 중 절하는 법 아홉 가지가 있으며 이중 대체로 요즘은 남자 절로 계수배와 돈수배와 공수배를 하고 있어 그를 다음과 같이 살펴 보겠습니다.

○稽首拜頭至地疏先以兩手拱至地又引頭至地多時也拜中最重臣拜君之拜也

○계수배는 머리가 땅에 닿도록 하는 절이다. 먼저 양손을 마주 잡고 땅을 짚고서 또 머리를 땅에 대고 앞으로 당긴 상태로 오래 있는 절이다. 절 중에서 제일 중한 절이며 신하의 절로 군주에게 하는 절이다.

○頓首拜頭叩地疏先以兩手控至地又引頭至地首頓地卽擧若以首叩物然此平敵相拜也

○돈수배는 머리를 땅에서 조아리는 절이다. 먼저 두 손으로 땅을 짚고 또 머리를 땅에 대고 앞으로 당겨 땅에서 조아리고 곧 드는 절이다. 머리를 땅에 대고 이같이 하는 절은 대등한 사이에서 서로 하는 절이다.

○空首拜頭至地所謂拜手疏先以兩手控至地乃頭地手以其頭不至地故名空首君答臣拜

○공수배는 머리를 땅에 대는 절로 이른바 수배라 한다. 먼저 두 손으로 땅을 짚고 곧 머리는 땅과 손으로 머리가 땅에 닿지 않게 하는 절이다. 그런고로 이름하여 공수라 하며 군주가 신하의 절에 답하는 절이다.

○흉례배(凶禮拜)는 계상배를 하되 먼저 돈수배후 계상배를 하고 계상배를 하였다 돈수배를 하는 것입니다.
○자, 손, 제, 질, 생, 서, 생도, (子孫弟姪甥壻生徒)가 존장과 스승에게는 돈수 재배를 합니다.

예에 따라 절의 형태는 여러 가지이나 지금은 대체로 남자들의 절은 위와 같이 예를 갖추면 어긋나지는 않습니다.

●周禮春官宗伯禮官之職大祝辨九拜條五曰吉拜(註)吉拜拜而后稽顙謂齊衰不杖以下者言吉者此殷之凶拜周以其拜與頓首相近故謂之吉拜(疏)釋曰此九拜之中四種是正拜一曰稽首二曰頓首三曰空首四曰肅拜周公曰其餘五者附此四種正拜者四曰振動附稽首五曰吉拜附頓首六曰凶拜亦附稽首七曰奇拜附空首八曰褒拜亦附稽首以享侑祭祀者享獻也
●周禮春官大祝辨九拜; 六曰凶拜註吉拜拜而后稽顙齊衰不杖期以下者凶拜稽顙而后拜三年服者疏稽顙是頓首但觸地無容七曰奇拜

▶2719◀◈問; 배례(拜禮).

길흉사 때 여자의 절은 어떻게 해야 하며 횟수는 몇 번을 해야 하는지요?

정좌를 하면서 절을 하는 분도 계시고, 아니면 남자와 같이 무릎을 꿇고 절을 하는 분도 계시는데 어떤 절 방식이 맞는지요?

◈答; 배례(拜禮).

1). 아래와 같이 살펴보건대 길사(吉事)에는 소의(少儀)의 가르침으로 볼 때 숙배(肅拜)를 하고 흉사(凶事)에는 남편과 장자(長子)에게는 계상배(稽顙拜)로 하고 그 외는 모두 수배(手拜)입니다.
2). 절하는 방법은 성균관 "무엇이 궁금하세요"의 #2420 에 절하는 예법이 자세하게 설명이 되어 있습니다. 참고하시기 바랍니다.
3). 부녀자 절의 횟수는 아래와 같이 살펴보건대 어록과 의절의 예법을 따르면 모두 四拜입니다.

●少儀婦人吉事雖君賜肅拜註婦人以肅拜爲正凶事乃手拜爲夫與長子當稽顙也其餘亦手拜而已
●溫公曰古者婦人與丈夫爲禮則俠拜鄕里舊俗男女相拜女子先一拜男子拜女一拜女子又一拜蓋由男子以再拜爲禮女子以四拜爲禮故也皆俠拜每拜以二爲禮昏禮婦先二拜夫答一拜婦又二拜夫答又一拜
●語錄本註凡拜男子再拜婦人四拜
●家禮喪禮篇虞祭章初虞祭亞獻條主婦爲之禮如初但不讀祝四拜
●儀節昏禮篇親迎遂醮其女而命之條父母及親屬或逐位或東西向各四拜
●家禮壻婦交拜條壻揖婦就席婦拜壻答拜
●儀節昏禮篇親迎就坐飮食畢壻出條婦四拜壻再拜
●朱子曰昏禮婦先二拜夫答一拜婦又二拜夫又答一拜
●家禮婦見舅姑明日夙興婦見于舅姑條婦進立於阼階下北面拜(儀節四拜下並同)舅升中略婦降又拜畢

▶2720◀◈問; 상가에서 여자가 절하는 법 좀 가르쳐 주세요.

대강 살펴보니 흔히 큰절이라고 말하는 걸 수배 평절을 숙배라고 그러는 것 같더군요. 여자라 상가에 갈 일은 잘 없긴 한데 그래도 가끔씩 생기는군요 상가에서 여자가 절하는 법 좀 상세히 가르쳐주세요. 큰절하는지 평절하는 지와 상주와는 어떻게 해야 하는지 몹시 궁금합니다. 답변 주시면 고맙겠습니다.

◈答; 상가에서 여자가 절하는 법.

다음과 같이 부인의 배법에 관한 말씀이 있습니다.

家禮通禮篇祠堂章出入必告條按婦人四拜謂之俠拜

가례(家禮) 통례편 사당장 출입필고조를 살펴 보면 부인은 네 번 절 하되 협배(俠拜) 절을 한다.

춘관대축변구배(春官大祝辨九拜); 九曰肅拜註俯下手今揖揰是也疏肅拜拜中最經九拜之中稽首頓首空首正拜也肅拜婦人之正拜也
절 하는 법의 아홉 번째가 숙배이다. 허리를 구부려 손을 아래로 늘어트리고 하는 절이다 지금은 무릎을 꿇고 두 손은 아래로 늘어트려 땅에 대고 조금 구부려 하는 절이다. 숙배는 절 중에서 가장 가벼운 절이며 구 배 중 계수배 돈수배 공수배가 정배이며 숙배는 부인들의 절이니라.

少儀婦人吉事雖君賜肅拜爲尸坐則不手拜肅拜爲喪主則不手拜註肅拜拜低頭也手拜手至 地也婦人以肅拜爲正凶事乃手拜爲喪主不手拜者爲夫與長子當稽顙也其餘亦手拜而已疏 手拜周禮空首也
부인들은 아무리 군주가 하사하는 길사라 하여도 숙배를 하고 시동이 앉은 자리에도 수배를 하지 않고 숙배를 하며 상주에게도 수배를 하지 않는다. 숙배는 고개를 숙여 하는 절이며 수배는 손으로 땅을 짚고 하는 절이다. 부인들은 숙배가 바른 절이라 하나 흉사에 상주가 되였으면 수배를 하고 수배치 않는 것은 남편과 장자로 당연히 계상배를 하여야 하며 그 외는 역시 수배뿐이다. 수배란 주례에서 공수배라 하였느니라.

朱子曰兩膝齊跪手至地而頭不下爲肅拜手拜亦然婦人首飾盛多自難俯伏地上
양 무릎을 가지런히 하여 무릎을 꿇고 앉아 손으로 바닥을 짚되 머리를 바닥에 대지 않는 절이며 숙배나 수배나 마찬 가지로 그렇게 하는 것은 부인들은 머리를 많이 꾸며 그로 인하여 땅 위로 고개를 숙여 엎드리기가 어려운 일이니라.

禮記內則凡女拜尙右手註尙左尙右陰陽之別也
대체로 여자는 절할 때 오른 손을 위로 하여 두 손을 잡는다. 왼손을 위로 하고 오른 손을 위로 하는 것은 음양이 같지 않음이니라.

위와 같이 말씀들을 대강 살펴 볼 때 부인들은 조문을 하게 되면 숙배로 함이 옳지 않을까 합니다. 다만 요즘 부인들의 상가에 조문 시 위전이나 상주에 절하는 것이 대체로 숙배가 아닌 남자의 공수배를 하고 있음을 목격하게 되며 수배 역시 드물게 하는 것을 볼 수가 있습니다.

남자들의 조문(弔問) 예법은 각 예서(禮書)에 자못 상세하게 기술되어 있으나 일반 부인들이 타인(他人)의 상(喪)에 조문예법(弔問禮法)은 찾아지지 않으며 다만 아래와 같이 상대기(喪大記)에 군부인래조(君夫人來弔)라 즉 제후부인(諸侯夫人)이 조문(弔問)을 오면 이라 언급되어 있으니 이를 확대 해석하여 부인들이 조문(弔問)을 다닐 수 있다. 라고 한다 하여도 그 조문(弔問) 예법은 찾을 수가 없습니다. 따라서 조문(弔問)할 때 절의 예법(禮法) 역시 찾아지지 않습니다. 다만 아래 소의(少儀)를 살펴보면 여자의 절 예법은 숙배(肅拜)와 수배(手拜)가 있는데 부인이숙배위정숙배(婦人以肅拜爲正肅拜)는 여자들의 正拜이고 凶事乃手拜爲喪主不手拜者爲夫與長子當稽顙也其餘亦手拜而已 흉사(凶事)에 남편(男便)과 장자(長子)에게는 수배(手拜)가 아닌 계상배(稽顙拜)로 하고 그 외는 수배(手拜)뿐이다 하였으며 수배주례공수야수배(手拜周禮空首也手拜)는 주례춘관대축변구배(周禮春官大祝辨九拜) 중 세 번째인 공수배(空首拜)라 하였으니 공수배(空首拜)란 先以兩手拱至地乃頭至手以其頭不至地먼저 두 손을 맞잡아 땅에 이르게 하는 절인데 곧 공수(拱手)한 손등에 머리가 미치게 하되 머리가 땅에 닿지 않게 한다. 라 정의 되었으니 이를 따름이 어떠할 가는 생각됩니다.

●喪大記婦人迎客送客不下堂下堂不哭男子出寢門外見人不哭註堂以內至房婦人之事堂以外至門男子之事非其所而哭非禮也此言小斂後男主女主迎送弔賓之禮婦人於敵者固不下堂若君夫人來弔則主婦下堂至庭稽顙而不哭也男子於敵者之弔亦不出門若有君命而出迎亦不哭也
●少儀婦人吉事雖君賜肅拜爲尸坐則不手拜肅拜爲喪主則不手拜註肅拜拜低頭也手拜手至地也婦人以肅拜爲正凶事乃手拜爲喪主不手拜者爲夫與長子當稽顙也其餘亦手拜而已疏手拜周禮空首也
●周禮春官大祝辨九拜; 三曰空首註拜頭至地所謂拜手疏先以兩手拱至地乃頭至手以其頭不至地

故名空首君答臣拜
●鄕校禮輯凡下拜之禮一揖少退再一揖卽俯伏以兩手齊按地先跪左足次屈右足略蟠旋左邊稽首至地卽起先起右足以雙手齊按膝上次起左足仍一揖而後拜其儀度以詳緩爲敬不可急迫
●語類何謂肅拜曰兩膝齊跪手至地而頭不下爲肅拜手拜亦然婦人首飾盛多自難俯伏地上

▶2721◀◈問; 안녕 공수 법은요.

안녕하세요. 궁금한 것이 있어서 이렇게 글을 올리게 되었습니다. 저는 학교에서 예절교육이란 과목을 배웁니다. 리포트를 하게 되었는데, 그 책에서 공수 팔찌라는 것이 나옵니다. 공수는 양손을 살며시 포개어 배꼽 위에 가지런히 올린다. 라는 걸로 알고 있습니다. 인터넷으로 찾아봐도 자료를 도무지 찾을 수가 없어서, 이렇게 사이트를 방문하게 되었습니다. 제 짐작으로는 공수 팔찌라는 말이 애초 당시에 없었던 것이 아닌가. 생각이 듭니다. 혹시 아신다면 답변 부탁 드립니다. 감사합니다.

◈答; 공수법.

禮記檀弓篇孔子與門人立拱而尙右二三子亦皆尙右孔子曰二三子之嗜學也我則有姊之喪故也二三子皆尙左註吉事尙左陽也凶事尙右陰也

대략 이런 뜻 같습니다. 예기 단궁 상편에 있기를 공부자께서 문인들과 함께 서 계시면서 손을 맞잡는데 오른손으로 왼손을 잡고 계시었다. 두 서너 제자 역시 모두 오른손으로 왼손을 잡고 있으니 공부자께서 말씀하시기를 두 서너 제자는 따라 하기를 좋아하는구나. 나는 누님의 상중에 있는 까닭이니라. 말씀하시니 그제야 두 세제자 모두 왼손으로 오른손 위로 하여 잡고 있었다. 집설 주해에 길사에는 왼편이 양이니 왼손을 위로하여 잡는 것이며 흉사에는 오른편이 음이니 오른손을 위로하여 잡는 것이니라.

沙溪曰凡叉手之法以左手緊把右手大拇指其左手小指則向右手腕右手四指皆直以左手大指向上如以右手掩其胸手不可大着胸須令稍去胸二三寸許方爲叉手法也
대략 이런 뜻 같습니다. 사계 선생께서 말씀하시기를 대체로 손을 맞잡는 법은 왼손으로 오른손 엄지손가락을 꽉 잡은 채로 왼손의 새끼손가락까지 오른 손목으로 향하고 오른손의 네 손가락 모두 곧게 펴서 왼손의 엄지손가락위로 향하게 오른손을 똑 같이 하고서 그대로 가슴을 가리되 손을 가슴에 꽉 붙여서는 안되며 모름지기 깍지 낀 손을 가슴에서 두 세치쯤 조금 띠우는 것이 요즘의 차수법이니라.

위와 같이 살펴 볼 때 옛날의 차수(공수)법은 이와 같이 하였음인데 요즘의 차수법은 자세히 알지를 못합니다. 다만 공수(拱手)--- 공경하는 뜻을 표하기 위해 두 손을 마주 잡음--의 뜻인데 공수 팔찌란 말은 금시 초문(初聞)입니다.

○**남자=** 길사에는 외손을 오른손 등 위로 쥐고, 흉사에는 오른손을 왼손 등 위로 쥐고 가슴 높이로 하되 가슴에 대지 않고 2, 3 치 정도 띄웁니다.
○**여자=** 남자의 반대로 쥡니다.

●論語微子篇子路拱而立註知其隱者敬之也
●檀弓孔子與門人立拱而尙右二三子亦皆尙右孔子曰二三子之嗜學也我則有姊之喪故也二三子皆尙左註吉事尙左陽也凶事尙右陰也此蓋拱立而右手在上也
●曲禮從於先生不越路而與人言遭先生於道趨而進正立拱手
●輯覽叉手圖說云凡叉手之法以左手緊把右手大拇指其左手小指則向右手腕右手四指皆直以左手大指向上如以右手掩其胷手不可大着胷須令稍去胷二三寸許方爲叉手法也
●家禮喪禮虞祭本註葬之日日中而虞或墓遠則但不出是日可也
●內則凡男拜尙左手(鄭注)左陽也凡女拜尙右手(鄭注)右陰也(註)尙左尙右陰陽之別(疏)女拜尙右手者右陰也漢時行之也
●輯覽叉手圖說云凡叉手之法以左手緊把右手大拇指其左手小指則向右手腕右手四指皆直以左手大指向上如以右手掩其胷手不可大着胷須令稍去胷二三寸許方爲叉手法也

▶2722◀◈問; 揖禮에 대하여 알고 싶습니다.

읍례(揖禮)에 대한 형식이 서로 다르게 여기저기 소개되어 있어 혼란스럽습니다 성균관에서는 어떤 방법으로 하고 있는지, 그리고 그 근거가 되는 문헌은 무엇인지 알고 싶습니다. 어디에선가 보니 성균관에서 동영상강의가 있었던 것 같은데 이 싸이트에서 찾을 수가 없네요.

◈答; 읍례(揖禮)에 대하여.

성균관(成均館)에서 현재 어떤 읍례(揖禮) 방법으로 하고 있는지는 체험치 않아 알지 못하나 읍례(揖禮)의 기본(基本)이 향교집례(鄕校輯禮)이니 그를 택하고 있을 것입니다. 읍례(揖禮)에서는 공수(拱手)가 중요합니다. 공수(拱手)의 예(禮)는 길흉사(吉凶事)를 막론하고 공경(恭敬)할 자리에서 취합니다.

남자= 길사(吉事)에는 외손을 오른손 등 위로 쥐고, 흉사(凶事)에는 오른손을 왼손 등 위로 쥐고 가슴 높이로 하되 가슴에 대지 않고 2, 3치 정도 띄웁니다.

여자= 남자의 반대로 쥡니다.

절(拜)의 예법(禮法)에는 가례(家禮)의 예(禮)에서 행하는 배법(拜法)인 주례(周禮) 배법(拜法)이 있고, 향교집례(鄕校輯禮)에 의한 배법(拜法)이 있습니다. 절(拜)의 예법(禮法)에서 읍(揖) 없는 배(拜)는 주례(周禮)의 배법(拜法)이고, 읍(揖)이 있는 배(拜)는 향교집례(鄕校輯禮)에 의한 배법(拜法)입니다.

읍(挹)은 공수읍(拱手挹)으로 예법(禮法)은 아래 집람(輯覽) 차수도설(叉手圖說)과 향교집례에 자세하게 기술되어 있습니다. 그에 의하면 상례(上禮) 중례(中禮) 하례(下禮)로 구분 지어 자세히 설명되어 있습니다.

◈上禮(상례); 下官躬身擧手齊眼下致敬上官隨生隨立無答(상례는 하관이 상관에게 행하는 읍으로 공수한 채로 눈 아래까지 들어 올렸다 내리는 읍이며 상관은 답하지 않습니다)

◈中禮(중례); 下官躬身擧手齊口下致敬(중례는 공수한 채로 입 아래까지 들어 올렸다 내리는 읍)

◈下禮(하례); 上官擧手齊心答禮(하례는 상관이 답례로 행하는 읍으로 공수한 채로 가슴(심장) 높이로 들어 올렸다 내리는 읍)

성균관에서의 동영상 강의 여부는 알지 못합니다. 근거되는 문헌은 대개 아래와 같습니다.

●周禮春官宗伯禮官之職辨九拜一曰稽首二曰頓首三曰空首四曰振動五曰吉拜六曰凶拜七曰奇拜八曰褒拜九曰肅拜(註)稽首拜頭至地也(疏)先以兩手拱至地又引頭至地多時也拜中最重臣拜君之拜(註)頓首拜頭叩地也(疏)先以兩手拱至地又引頭至地首頓地卽擧若以首叩物然此平敵相拜(註)空手拜頭至手所謂拜手也(疏)先以兩手拱至地乃頭至手以其頭不至地故名空首君答臣拜(註)戰栗變動之拜(註)吉拜拜而后稽顙謂齊衰不杖以下者言吉者此殷之凶拜周以其拜與頓首相近故謂之吉拜云(註)凶拜稽顙而后拜謂三年服者杜子春云振讀爲振鐸之振動讀爲哀慟之慟奇讀爲奇偶之奇謂先屈一膝今雅拜是也或云奇讀曰倚倚拜謂持節持戟拜身倚之以拜鄭大夫云動讀爲董書亦或爲董振董以兩手相擊也(疏)稽顙是頓首但觸地無容(註)奇拜謂一拜也褒讀爲報報拜再拜是也(註)鄭司農云褒拜今時持節拜是也 (註)肅拜但俯下手今揖撎是也介者不拜故曰爲事故敢肅使者玄謂振動戰栗變動之拜書曰王動色變一拜答臣下拜再拜拜神與尸享獻也謂朝獻饋獻也右讀爲侑侑勸尸食而拜(疏)肅拜拜中最輕惟軍中有此拜婦人亦以肅拜爲正推手曰揖引手曰撎九拜之中稽首頓首空首正拜也肅拜婦人之正拜也其餘五者附此四種逐事生名振動凶拜褒拜附稽首吉拜附頓首奇拜附空首
●鄕校禮輯凡下拜之禮一揖少退再一揖卽俯伏以兩手齊按地先跪左足次屈右足略蟠旋左邊稽首至地卽起先起右足以雙手齊按膝上次起左足仍一揖而後拜其儀度以詳緩爲敬不可急迫又曰凡作揖時用稍闊其足則立穩揖則須直其膝曲其身低其頭眼看自已鞋頭爲準兩手圓供而下使手只可至膝畔不得入膝內尊長前作揖手須過膝下擧手至眼而下與長者揖擧手至口而下畢則手隨起時叉於胷前
●論語微子篇子路拱而立註知其隱者敬之也
●曲禮從於先生不越路而與人言遭先生於道趨而進正立拱手

●春秋公羊傳僖公二年夏五月; 獻公挹而進之(何休注)以手通指曰挹(疏)(注)以手通指曰挹○解云蓋爲挹而招之言用拱挹幷招引近己

●檀弓孔子與門人立拱而尙右二三子亦皆尙右孔子曰二三子之嗜學也我則有姊之喪故也二三子皆尙左註吉事尙左陽也凶事尙右陰也此蓋拱立而右手在上也

●輯禮凡拜之禮一揖少退再一揖卽俯伏以兩手齊按地先跪左足次屈右足略蟠旋左邊稽首至地卽起先起右足以雙手齊按膝上次起左足仍一揖而後拜其儀度以詳緩爲敬不可急迫

●事林廣記袛揖法凡揖人時則稍闊其足其立則穩揖時須是曲其身以眼看自己鞋頭威儀方美觀揖時亦須直其膝不得曲了當低其頭使手至膝畔又不得入膝內喏畢則手隨時起而叉於胷前揖時須全出手不得只出一指謂之鮮禮揖尊位則手過膝下喏畢亦以手隨身起叉手于胷前也

●公羊傳僖公篇獻公揖而進之注以手通指曰揖疏解云蓋爲揖而招之言用拱揖

●輯覽叉手圖說云凡叉手之法以左手緊把右手大拇指其左手小指則向右手腕右手四指皆直以左手大指向上如以右手掩其胷手不可大着胷須令稍去胷二三寸許方爲叉手法也

●輯覽揖禮圖式上禮下官躬身擧手齊眼下致敬上官隨生隨立無答○中禮下官躬身擧手齊口下致敬○下禮上官擧手齊心答禮

▶2723◀◈問; 임산부가 절하는 것에 대해서.

안녕하세요 임산부가 절하는 것에 대해서 궁금해서요. 저의친정은 증조할머니께서 100 세가까이 살아계셔서 친척 어르신들이 많이 오십니다. 그래서 어릴 때부터 예절을 많이 보고 배웠다고 생각했는데요.

할아버지들께서 여자들이 임신(妊娠)하면 세배(歲拜)도 안 하는 거라고 출산(出産) 때까지 절하지 않는 거로 알고 있었거든요. 제가 만삭이라 시부모(媤父母)님께 말씀 드렸더니 시어머니께서 그 건 너의 할아버지들이 뭐도 모르면서 그러는 거라고 많이 혼났네요. 다들 80이 넘으신 분들이고 명절날에도 열심히 했는데 혼나서 속상합니다 속 시원하게 답변 부탁합니다

◈答; 임산부가 절하는 것에 대해서.

부인이 임신 만삭에 이르면 몸이 무거워 기거 동작에 많은 제약이 따르지요. 더구나 허리를 앞으로 굽힌다는 것은 더욱 그러하고요. 그러나 임신 중에는 절을 삼가라는 명문화 된 설을 없습니다. 다만 임신 초기야 별문제가 없겠으나 만삭에 이르면 어른들께서 배려함이 있어야 되겠지요.

●漢紀成帝紀二; 后姊安平侯夫人謁等爲后求媚道呪詛後宮姙娠者

●博物誌卷二; 故古者婦人姙娠必愼所感

●衛生展覽會的重要意義; 姙娠對于飮食起居的无知引起自己身体不健康而影響到胎儿未到足月而流産

▶2724◀◈問; 전통 절에 궁금증.

안녕하세요? 전통절에 궁금증이 있어 도움 말씀을 듣고자 방문했습니다. 다름 아니오라 우리의 전통 절에 서서 하는 방법이 있는지요?

요즘 청소년들에게 지도하고 있는 서서 하는 공수절이 전통절이 맞는가 하는 의문이 나서 여쭈어 봅니다. 좋은 지도 말씀 부탁 드립니다.

◈答; 전통 절.

인사에는 읍례(揖禮)와 배례(拜禮)가 있습니다. 아래와 같이 살펴보건대 길에서 존자(尊者)을 만나면 상례(上禮)는 차수(叉手; 拱手)한 손을 눈높이까지 들어 올렸다 내리며 허리를 굽혀 존경을 표하고 중례(中禮)는 입까지 올렸다 내리며 허리를 굽혀 존경을 표하는 예가 있습니다.

⊙儀節道塗之禮條遇尊長

●凡遇尊長於道皆徒行則趨進揖尊長與之言則對否則立於道側以俟長者已過乃得而行

⊙輯覽揖禮條

●上禮下官躬身擧手齊眼下致敬上官隨生隨立無答

●中禮下官躬身擧手齊口下致敬

●下禮上官擧手齊心答禮

●鄕校禮輯凡下拜之禮一揖少退再一揖卽俯伏以兩手齊按地先跪左足次屈右足略蟠旋左邊稽首至地卽起先起右足以雙手齊按膝上次起左足仍一揖而後拜其儀度以詳緩爲敬不可急迫又曰凡作揖時用稍闊其足則立穩揖則須直其膝曲其身低其頭眼看自已鞋頭爲準兩手圓供而下使手只可至膝畔不得入膝內尊長前作揖手須過膝下擧手至眼而下與長者揖擧手至口而下畢則手隨起時叉於胷前

▶2725◀◈問; 절에 대한 의문.

안녕하세요. 먼저 번 답 잘 받아 보았습니다 감사합니다. 또 의문이 있어 찾았습니다. 다름이 아니고 절에 대한 의문입니다.

여기저기 절하는 횟수를 살펴보게 되면 주로 1 배. 2 배. 3 배는없는 것 같고 4 배가 있는 것 같아요. 왜 이렇게 분류가 되어 있으며 어느 때 어떤 절을 하게 되는가요. 안녕히 계십시오.

◈答; 절에 대한 의문에 대한 답.

신랑과 신부가 처음 만나는 대례청에서의 배례에서 여선재배(女先再拜) 남답일배(男答一拜) 또 여재배(女再拜) 남답일배(男答一拜) 이를 일회(一回)로 합치면 남재배(男再拜) 여사배(女四拜)가 되는데 이와 같은 절은 협배(俠拜)라 합니다.

따라서 남자(男子)가 재배(再拜)하는 예(禮)에서는 여자(女子)는 협배(俠拜) 법도(法度)에 따라 사배(四拜)를 하게 됩니다. 재배(再拜)는 공경(恭敬)함의 표시이고, 단배(單拜)는 간편(簡便)함을 따름에서 입니다. 따라서 웃어른에 대한 절은 단배(單拜)를 하게 되고 신례(神禮)에서는 남자는 재배(再拜) 여자는 사배(四拜)를 하게 되고 군(君)에 대하여는 최상배(最上拜)인 사배(四拜)를 하게 됩니다.

●溫公曰古者婦人與丈夫爲禮則俠拜鄕里舊俗男女相拜女子先一拜男子拜女一拜女子又一拜蓋由男子以再拜爲禮女子以四拜爲禮故也皆俠拜每拜以二爲禮昏禮婦先二拜夫答一拜婦又二拜夫答又一拜

●朱子家禮祠堂出入必告;凡拜男子再拜婦人四拜謂之俠拜

●禮記集說大全曲禮; 寡婦之子非有見焉弗與爲友(細註)藍田呂氏曰人之所以異於禽獸者以有別也有別者先於男女天地之義人倫之始內則(云云)妻之母婚姻之近屬也壻見主婦闔扉立于其內壻立于門外東面主婦一拜壻答再拜主婦又拜壻出所以別於宗族婚姻者至矣

●司馬氏居家雜儀不見尊長經再宿以上則再拜五宿以上則四拜賀冬至正旦六拜朔望四拜凡拜數或尊長臨時減而止之則從尊長之命○又凡節序及非時家宴上壽於家長卑幼盛服序立如朔望之儀先再拜子弟之最長者一人進立於家長之前(省略)諸卑幼皆起序立如前俱再拜

●牧民心書卷三奉公六條禮際; 客東主西違於古意當時制禮之臣未深考也古之再拜今爲單拜古之現身今爲隱身斯則古恭而今簡也

●國朝五禮儀吉禮春秋及臘祭社稷儀執禮曰四拜禮儀使啓請四拜殿下四拜在位者皆四拜

●太學志焚香; (云云)獻官隨之仍入殿內焚香降復位皆四拜

●肅宗實錄六十三卷肅宗四十五年四月十八日庚申上出御景賢堂錫耆老諸臣宴; 上曰 樂部帶去好矣(中略)諸臣退復位王世子以下皆四拜通禮啓禮畢工鼓柷樂作

▶2726◀◈問; 절에 춘관 대축변 구배란.

죄송한데 이거 해석 좀 해주시면 안될까요? 춘관대축변구배 라는 것이 책이름인가요? 어느 시대 누가 이걸 만든 건지 알고 싶습니다.

◈答; 관대축변구배란.

춘관대축변구배(春官大祝辨九拜)란 원은 주례(周禮)는 예기(禮記) 의례(儀禮)와 함께 삼례(三

禮) 중의 하나의 예서(禮書)로 춘관종백제삼(春官宗伯第三) 종백예관지직(宗伯禮官之職) 대축(大祝) 조(條)의 변구배(辨九拜)를 일러 "춘관대축변구배(春官大祝辨九拜)"라 통상 칭(稱)합니다.

●漢書文帝紀七年六月; 禮畢罷非旦夕臨時禁無得擅哭臨以下服大紅十五日小紅十四日纖七日釋服(顔師古注)此喪制者文帝自率己意創而爲之非有取於周禮也

▶2727◀◈問; 절을 어떻게 하는지 부탁.

안녕하세요? 저는 서울양천구에 사는 하나 라고 합니다. 여자친구 집에 가서 부모님들께 인사를 드리려고 하는데 절을 어떻게 해야 하는지 잘 몰라서 그럽니다. 어떻게 절을 해야 하는지 좀 가르쳐 주시면 고맙겠습니다. 아직 절을 안해봤거든요. 부탁 드립니다. 감사합니다.

◈答; 절하는 법.

禮記檀弓篇孔子與門人立拱而尙右二三子亦皆尙右孔子曰二三子之嗜學也我則有姊之喪故也二三子皆尙左註吉事尙左陽也凶事尙右陰也
대략 이런 뜻 같습니다. 예기 단궁 상편에 있기를 공부자께서 문인들과 함께 서 계시면서 손을 맞잡는데 오른손으로 왼손을 잡고 계시었다. 두 세 제자 역시 모두 오른손으로 왼손을 잡고 있으니 공부자께서 말씀하시기를 두세 제자는 배우기를 좋아하는구나. 나는 누님의 상중에 있는 까닭이니라. 말씀하시니 그제야 두 세제자 모두 왼손으로 오른손 위로하여 잡고 있었다. 집설 주해에 길사에는 왼편이 양이니 왼손을 위로하여 잡는 것이며 흉사에는 오른편이 음이니 오른손을 위로하여 잡는 것이니라.

沙溪曰子孫弟姪甥婿見尊長生徒見師範奴僕見本使行頓首四拜
사계 김장생(金長生) 선생께서 말씀하시기를. 자손 아우 생질(甥姪) 사위가 어른을 뵈일 때나 학생(學生)이 스승을 뵈일 때 노복(奴僕)이 주인을 뵈일 때 돈수(頓首) 사배를 해야 하느니라.

春官大祝辨九拜二曰頓首註拜頭叩地
육관 중 제사를 주관하는 춘관의 절하는 법 아홉 가지 중 두 번째가 돈수배인데 주석에 돈수배는 머리를 땅에 대고 끌어당기며 조아리는 절이니라.

장부(丈夫)는 계수(稽首), 돈수(頓首), 공수(空首) 등 3 가지가 정배(正拜)가 되고, 숙배(肅拜)는 부녀자(婦女子)의 정배(正拜)가 됩니다. 장부(丈夫)의 정배(正拜)는 두 손을 벌리지 않고 모두 공수(拱手)일 뿐으로, 계수배(稽首拜)는 공수(拱手)로 땅에 대고 이마를 앞으로 당겨 땅에 대는 절로 최중배(最重拜)가 됩니다.

○**돈수배(頓首拜)**는 공수(拱手)로 땅에 대고 이마를 앞으로 당겨 땅에 대고 조아리며,
○**공수배(空首拜)**는 공수(拱手)로 땅에 대고 이마를 땅에는 대지 않고 손등에 대는 절의 이름입니다.

○**공수법(拱手法)**은 길사(吉事)는 상좌(尙左)로 외손을 오른손 등에 대고. 흉사(凶事)에는 상우(尙右)로 오른 손을 왼손 등에 댑니다.

●周禮春官宗伯禮官之職大祝辨九拜(주례춘관종백예관지직대축변구배)
○一曰稽首(註)稽首拜頭至地也(疏)先以兩手拱至地又引頭至地多時也拜中最重臣拜君之拜
○二曰頓首(註)頓首拜頭叩地也(疏)先以兩手拱至地又引頭至地首頓地卽擧若以首叩物然此平敵相拜
○三曰空首(註)空首拜頭至首所謂拜手也(疏)先以兩手拱至地乃頭至手以其頭不至地故名空首君答臣拜)
○四曰振動(註)振動戰栗變動之拜
○五曰吉拜(註)吉拜拜而后稽顙謂齊衰不杖以下者言吉者此殷之凶拜周以其拜與頓首相近故謂之吉拜云
○六曰凶拜(註)凶拜稽顙而后拜謂三年服者杜子春云振讀爲振鐸之振動讀爲哀慟之慟奇讀爲奇偶

之奇謂先屈一膝今雅拜是也或云奇讀曰倚倚拜謂持節持戟拜身倚之以拜鄭大夫云動讀爲董書亦或爲董振董以兩手相擊也(疏)稽顙是頓首但觸地無容
○七曰奇拜(註)奇拜謂一拜也褒讀爲報報拜再拜是也
○八曰褒拜(註)鄭司農云褒拜今時持節拜是也
○九曰肅拜(註)肅拜但俯下手今時撎是也介者不拜故曰爲事故敢肅使者玄謂書曰王動色變一拜答臣下拜再拜拜神與尸享獻也謂朝獻饋獻也右讀爲侑侑勸尸食而拜(疏)肅拜拜中最輕惟軍中有此拜婦人亦以肅拜爲正推手曰揖引手曰撎九拜之中稽首頓首空首正拜也肅拜婦人之正拜也其餘五者附此四種遂事生名振動凶拜褒拜附稽首吉拜附頓首奇拜附空首
●賈誼容經拜以磬折之容吉事尙左凶事尙右
●輯覽叉手圖說云凡叉手之法以左手緊把右手大拇指其左手小指則向右手腕右手四指皆直以左手大指向上如以右手掩其胷手不可大着胷須令稍去胷二三寸許方爲叉手法也

▶2728◀◈問; 절의 종류에.

우리나라 절 에는 큰절 하고 평절로 크게 나눌 수 있는데 남자와 여자의 큰절, 평절에 따라 불리는 명칭이 다른데(계수배, 숙배, 평배, 돈수배) 이렇게 불리는 이유와 의미가 있는지 알고 싶습니다 성명 알려주세요

◈答; 절의 종류.

◈春官大祝辨九拜(춘관대축변구배)

一曰稽首註拜頭至地疏先以兩手拱至地又引頭至地多時也拜中最重臣拜君之拜
二曰頓首註拜頭叩地疏先以兩手拱至地又引頭至地首頓地卽擧若以首叩物然此平敵相拜
三曰空首註拜頭至地所謂拜手疏先以兩手拱至地乃頭至手以其頭不至地故名空首君答臣拜
四曰振動註戰栗變動之拜
五曰吉拜
六曰凶拜註吉拜拜而后稽顙齊衰不杖期以下者凶拜稽顙而后拜三年服者疏稽顙是頓首但觸地無容
七曰奇拜
八曰褒拜註奇讀爲奇偶之奇謂一拜答臣下拜褒讀爲報報拜再拜拜神與尸
九曰肅拜註俯下手今揖撎是也疏肅拜拜中最輕惟軍中有此拜婦人亦以肅拜爲正推乎曰揖引手曰撎
九拜之中稽首頓首空首正拜也
肅拜婦人之正拜也其餘五者附此四種逐事生名振動凶拜褒拜附稽首吉拜附頓首奇拜附空]首

이상에서 살펴 본 바와 같이 절에는 아홉 가지가 있으며 대상에 딸아 절하는 방법이 다르며 아홉 가지라고는 하나 남자의 정배는 계수, 돈수, 공수이며 여자의 정배는 숙배뿐으로 나머지 다섯 가지는 이 네 가지에 종속된 것입니다. 더 자세히는 위를 연구하여 보기 바랍니다.

●賈誼容經拜以磬折之容吉事尙左凶事尙右隨首以擧項衡以下寧速無遲項背之狀如屋之互拜容也
●朱子曰兩手下爲拜註拜字從兩手下又曰杜子春說大祝九拜處解奇拜云拜時先屈一膝今之雅拜是也夫特以先屈一膝爲雅拜則他拜皆當齊屈兩膝如今之禮拜明矣
●鄕校禮輯凡下拜之禮一揖少退再一揖卽俯伏以兩手齊按地先跪左足次屈右足略蟠旋左邊稽首至地卽起先起右足以雙手齊按膝上次起左足仍一揖而後拜其儀度以詳緩爲敬不可急迫又曰凡作揖時用稍闊其足則立穩揖則須直其膝曲其身低其頭眼看自已鞋頭爲準兩手圓供而下使手只可至膝畔不得入膝內尊長前作揖手須過膝下擧手至眼而下與長者揖擧手至口而下畢則手隨起時叉於胷前
●儀節肅拜拜中最經九拜之中稽首頓首空首正拜也肅拜婦人之正拜也
●司馬氏居家雜儀冬至正旦六拜朔望四拜凡拜數或尊長臨時減而止之則從尊長之命
●程子曰今人事生以四拜爲再拜之禮者問安之事故也
●玉藻士親皆再拜稽首送之(鄭玄注)敬也
●論語鄕黨問人於他邦再拜而送之註拜送使者如親見之敬也辭源註一拜而又拜表示恭敬的禮節
●溫公曰古者婦人與丈夫爲禮則俠拜鄕里舊俗男女相拜女子先一拜男子拜女一拜女子又一拜蓋由男子以再拜爲禮女子以四拜爲禮故也

▶2729◀◈問; 절하는 방법에 대하여 궁금합니다.

제사 지낼 때 절하는 방법과 살아계신 분께 절하는 방법이 궁금합니다. 안녕하세요? 언제나 많은 가르침에 감사 드립니다. 세배드릴 때와 제사 지낼 때 남.여(부부)가 서는 위치에 대하여 궁금합니다. (위치는 아래의 기준입니다) 北 西 東 南

1. 제사를 지낼 때 살아있는(生)자의 위치에서 신위는 考西妣東이라고 하는데
가. 男左女右는 生자의 위치인가요? 아니면 神位의 위치인가요?
나. 부부가 함께 절을 올리는 것은 예법에 어긋나는지요?
다. 제주(자식)가 아헌이나 삼헌을 할 때 남편과 부인이 함께 헌작을 할 경우 자리는 어떻게 해야 하나요? (例) 아버지신위 어머니신위 경우
가. 남편(왼쪽) 부인(오른쪽)이 옳은가요?
나. 부인(왼쪽) 남편(오른쪽)이 옳은가요?

2. 살아계신 부모님께 세배를 드릴 때 父東母西라고 하는데 (例) 어머님 아버님 경우 가. 남편(왼쪽) 부인(오른쪽) 옳은가요? 나. 부인(왼쪽) 남편(오른쪽)이 옳은가요?

3. 결혼한 후 어른들께 폐백드릴 때 살아계신 분 들이라서 어머님 아버님 경우 부인(왼쪽) 남편(오른쪽) 옳은가요? 정확한 답변을 부탁 드립니다.

◈答; 절하는 방법에 대하여.

◆問 1 가 답(答); 【神道尙右地道尙右】 법도에 의한 남좌여우(男左女右)는 상대의 위치에서 입니다.

◆問 1 나 답(答); 부부가 함께 절하는 예는 혼인 때 폐백 드릴 때이며 제사 때는 부부가 함께 절하지 않습니다.

◆問 1 다 답(答); 제사 때는 부부가 함께 절하지 않습니다.

◆問 2 답(答); 아래 이례연집(二禮演輯)은 예기(禮記)의 왕제(王制)와 내칙(內則)과 운옥(韻玉)에 근거하여 남향의 부모 위치를 남서여동(男西女東) 배치하고 자녀석 역시 예기(禮記)의 왕제(王制)와 내칙(內則)과 운옥(韻玉)에 근거하여 배치되었는데 이 위치는 예기가 뒷 바침 된 위치이니 오류가 아님이 확인될 수 있으며, 남녀의 서는 위치는 반드시 남동여서(男東女西)가 아고 상향위(相向位)에서는 지도상우(地道尙右) 법도에 따라 우부인상유남자지좌(右婦人常由男子之左)로 여자 우측으로 남자 남자 좌측으로 여자가 있게 됩니다. 을 아래를 살펴보면 이해하기에 충분할 것입니다.

◈인도상우(人道尙右) 법도(法度)에 의한 남녀 상향 위치(地道尙右)

-------------------[父]----[母]-----------------
[西]----------------(女)-----(男)---------------[東]

◆問 3 답(答); 問 2 답(答)과 동(同).

●退溪曰兩親墓東西定位想中國俗葬皆[男左女右]故朱先生葬劉夫人時只循俗爲之其後丘文莊亦不欲異俗而云云也然朱子答陳安卿之問分明謂祭而[以西爲上]葬時亦當如此方是則此乃爲晩年定論而後世之所當法也
●南溪曰世之葬法有以男左女右傳曰[神道尙右地道尙右]
●栗谷曰其出行也先告家廟次告庶母及兄嫂夫人則立內門而揖送妾則立中門子弟則立大門而拜送婢僕則於大門外皆[男左女右]而拜其還亦如之
●錦谷曰家禮及諸禮書皆以東爲上故其爲[男東女西]者卽[左東右西]之意也其後儒先言論多端用西上之規故祠宇之奉墓中之祔皆爲[男西女東]此是古今之異也
●性理大全正至朔望則參序立位; 主人以下盛服入門就位主人北面於阼階下主婦北面於西階下主人有母則特位於主婦之前(栗谷曰奉祀妾子之母固不當立於主婦之前矣亦豈可立於主婦之後乎當立

於主婦之西稍前)主人有諸父諸兄則特位於主人之右少前重行(增解輯覽按重行者主人前伯叔父爲一行主人兄弟爲次行主人子姪又爲次下主人之孫又爲次下是爲重行

●沙溪曰諸父異行兄弟則有少前少退之異非重行也)西上有諸母姑嫂姊則特位主婦之左少前重行東上諸弟在主人之右少退子孫外執事者在主人之後重行西上主人弟之妻及諸妹在主婦之左少退子孫婦女內執事者在主婦之後重行東上立定

●王制道路男子由右婦人由左註凡男子婦人同出一塗者則男子常由婦人之右婦人常由男子之左

●內則[道路男子由右女子由左] 集說細註道路之法其右以行男子其左以行女子古之道也(鄭注) [地道尊右]

●內則[男左女右]細註嚴陵方氏曰或男耦而女奇取陰陽之相須也或男左而女右取陰陽之相類也

●性理大全祠堂篇凡屋之制不問何向背但以前爲南後爲北[左爲東右爲西]

●芝村曰初喪爲位皆以[男左女右]而上朝祖下男女道路之法謂[男左女右]

●重庵曰[男左女右]以地道言則右尊左卑道路屬地當男右女左盖右主動而左主靜右有力而左無爲故男女所由如此

●龜川曰神道尙左故小斂以後則左袵而神主奉安則以西爲上此則尙右惡在神道尙左之義耶 [人道尙右][人道尙右]則北鄕立者宜 [以東爲上]而序立者反 [以西爲上]此則尙左其義

●朱子曰禮云[席南向北向以西方爲上][東向西向以南方爲上]是[東向南向之席皆尙右][西向北向之席皆尙左]也今祭禮考妣同席南向則考西妣東自合禮意大率古者以右爲尊如周禮云享右祭祀詩云旣右烈考亦右文母漢人亦言無能出其右者是皆以右爲尊也

●密菴曰或以尊者所在爲上如冠禮迎賓及階下位則[北爲上]堂上位則[南爲上]執冠巾者賓未入則[東爲上]賓已入則[北爲上]坐於奧則[南爲上]坐於堂則[西爲上]何嘗有一定廣武東向亦只是賓

●朱子家禮昏禮婦見舅姑明日夙興婦見于舅姑條婦夙興盛服俟見舅姑(云云)婦進立於阼階下北面拜舅升奠幣于卓子上(云云)姑升奠幣)(云云)○婦見于諸尊長條諸尊長兩序如冠禮無幣

●續集儀居家禮賀正儀條○正至朔望賀家長○是日拜祠堂畢○灑掃室堂設席於北壁下家長坐定○卑幼丈夫處左西上婦女處右東上皆北向世爲一行○共拜家長(丈夫再拜婦女四拜)○諸婦先退○就其中推最長者一人長兄立於家長之左長姊立於家長之右南向○諸弟妹拜訖○又以次推其長者各就列弟立於長兄之下妹立於長姊之下○拜如前儀○兄弟一等之親先退○子弟一等之親受拜如前儀拜遍○皆退○家長乃起○乃徹席

●[增韻]左右定位左右之對[人道尙右]以右爲尊

▶2730◀◈問; 절하는 법.

존장에게 절하는 법.

◈答; 절하는 법.

禮記檀弓篇孔子與門人立拱而尙右二三子亦皆尙右孔子曰二三子之嗜學也我則有 姊之喪故也二三子皆尙左註吉事尙左陽也凶事尙右陰也

대략 이런 뜻 같습니다. 예기 단궁 상편에 있기를 공부자께서 문인들과 함께 서 계시면서 손을 맞잡는데 오른손으로 왼손을 잡고 계시었다. 두 서너 제자 역시 모두 오른손으로 왼손을 잡고 있으니 공부자께서 말씀하시기를 두 서너 제자는 따라 하기를 좋아하는구나. 나는 누님의 상중에 있는 까닭이니라. 말씀하시니 그제야 두 세제자 모두 왼손으로 오른손 위로 하여 잡고 있었다. 집설 주해에 길사에는 왼편이 양이니 왼손을 위로하여 잡는 것이며 흉사에는 오른편이 음이니 오른손을 위로하여 잡습니라.

沙溪曰子孫弟姪甥婿見尊長生徒見師範奴僕見本使行頓首四拜

사계 김장생 선생께서 말씀하시기를. 자손 아우 생질 사위가 어른을 뵈일 때나 학생이 스승을 뵈일 때 노복이 주인을 뵈일 때 돈수 사배를 해야 하느니라.

春官大祝辨九拜二曰頓首註拜頭叩地

육관(六官) 중 제사를 주관하는 춘관(春官)의 절하는 법 아홉 가지 중 두 번째가 돈수배(頓首拜)인데 주석(註釋)에 돈수배는 머리를 땅에 대고 끌러 당기며 조아리는 절이니라.

●周禮春官宗伯禮官之職大祝辨九拜○一曰稽首(註)稽首拜頭至地也(疏)先以兩手拱至地又引頭至

地多時也拜中最重臣拜君之拜

●司馬氏居家雜儀冬至朔望聚於堂上丈夫處左西上婦人妻右東上(左右謂家長之左右)皆北向共爲一列各以長幼爲序共拜家長○又尊長三人以上同處者共再拜敍寒暄問起居訖

●司馬氏居家雜儀見尊長經宿以上則再拜五宿以上則四拜賀冬至正旦六拜朔望四拜

●東事日知正朝歲拜條劉侗帝京景物略正月元朝家長少畢拜姻友投箋互拜曰拜年今俗歲拜之法想本于此

●栗谷曰凡拜揖之禮不可預定大抵父之執友則當拜洞內年長十五歲以上者當拜爵階堂上而長於我十年以上者當拜鄕人年長二十歲以上者當拜

●續輯昏禮見尊長條昏禮與冠禮不同冠禮之子天屬之親也主乎恩雖有高祖曾祖尊者爲主昏禮之婦二(異)姓之親也主乎義其見夫家親屬由夫而達於舅姑由舅姑而達於舅姑之父母還拜諸尊長理勢然也

●鄕校禮輯凡下拜之禮一揖少退再一揖卽俯伏以兩手齊按地先跪左足次屈右足略蟠旋左邊稽首至地卽起先起右足以雙手齊按膝上次起左足仍一揖而後拜其儀度以詳緩爲敬不可急迫又曰凡作揖時用稍闊其足則立穩揖則須直其膝曲其身低其頭眼看自已鞋頭爲準兩手圓供而下使手只可至膝畔不得入膝內尊長前作揖手須過膝下擧手至眼而下與長者揖擧手至口而下畢則手隨起時叉於胷前

▶2731◀◈問; 절 하는 법.

정말 너무 궁금해서 그러는데요. 제가 결혼을 하고 보니 시집에서 제사 지내는 것과 절하는 법이 너무 이상해서 그게 과연 맞는 건지 너무 알고 싶습니다. 일단 설날 때 세배 드리는 거요. 여자는 꼭 큰절을 해야 예의인 건가요?

한복을 안 입고 그냥 평상복 바지를 입었는데도 양반다리 하는 큰절을 하라고 하시네요. 너무 어색합니다. 그리고 제사 지낼 때.. 여자들은 한복을 입으라고 하는데 명절도 아닌데 한복을 입고 하려니 너무 이상합니다. 제사 지내면서도 절은 큰절을 하라고 합니다. 돌아가신 분들께도 큰절을 하는 게 맞나요? 저는 이런 것들이 너무 이상해서 반발심이 큽니다. 꼭 답변 해주세요. 앞으로 제가 시댁에 어떻게 할지 여기에 달렸습니다.

◈答; 절 하는 법.

귀하의 시댁 예의범절을 자랑스럽게 여기십시오. 그러한 법도라면 명문 세족임에 틀림없을 듯합니다. 그 법도를 익히어 어색함이 없도록 노력하십시오. 부러움의 대상이 되고도 남음 직스럽습니다.

여자의 큰절에 대한 설명입니다. 큰절은 남자는 계수배(稽首拜), 여자는 숙배(肅拜)라 합니다. 큰 절을 할 대상은 자기가 절을 해도 답배(答拜)를 하지 않아도 되는 높은 어른에게나 의식 행사[직계존속. 배우자의 직계존속. 8 촌 이내의 연장존속(年長尊屬). 의식행사]에서 합니다. 여자의 큰절 숙배(肅拜)는 원래는 무장 한 군사(軍士)가 진중에서 군례(軍禮)를 할 때 하던 절인데 이것이 여자의 큰절로 행해지고 있습니다.

1. 공수한 손을 어깨높이로 수평이 되게 올립니다.
2. 고개를 숙여 이마를 공수한 손등에 붙입니다. (엄지 안쪽으로 바닥을 볼 수 있게 함)
3. 오른쪽 무릎을 먼저 꿇고,
4. 왼쪽 무릎을 오른쪽 무릎과 가지런히 꿇어 앉아,
5. 오른발이 아래로 하여 왼발이 위가 되게 발등을 포개며 뒤꿈치를 벌리고 엉덩이를 내려 깊이 앉습니다.
6. 윗몸을 반쯤 앞으로 굽힙니다. (이때에 손등이 이마에서 떨어지면 안됩니다. 여자가 머리를 깊이 숙이지는 않습니다. 연유는 옛날에는 부녀자들의 머리 꾸밈이 다리를 대어 크게 틀어 머리에 두르고 장식이 많아 머리에 얹은 장식이 쏟아지지 않게 하기 위하여 깊이 숙이지 않는 것입니다)
7. 조금 있다가 윗몸을 일으킵니다.
8. 오른쪽 무릎을 먼저 세우고
9. 일어나면서 왼쪽 발을 오른쪽 발과 가지런히 모읍니다.

◈주례춘관대축변구배(周禮春官大祝辨九拜)

一曰稽首註拜頭至地疏先以兩手拱至地又引頭至地多時也拜中最重臣拜君之拜
二曰頓首註拜頭叩地疏先以兩手拱至地又引頭至地首頓地卽擧若以首叩物然此平敵相拜
三曰空首註拜頭至地所謂拜手疏先以兩手拱至地乃頭至手以其頭不至地故名空首君答臣拜
四曰振動註戰栗變動之拜
五曰吉拜
六曰凶拜註吉拜拜而后稽顙齊衰不杖期以下者凶拜稽顙而后拜三年服者疏稽顙是頓首但觸地無容
七曰奇拜
八曰褒拜註奇讀爲奇偶之奇謂一拜答臣下拜褒讀爲報報拜再拜拜神與尸
九曰肅拜註俯下手今揖撎是也疏肅拜拜中最輕惟軍中有此拜婦人亦以肅拜爲正推手曰揖引手曰撎
九拜之中稽首頓首空首正拜也肅拜婦人之正拜也其餘五者附此四種逐事生名振動凶拜褒拜附稽首吉拜附頓首奇拜附空首

●賈誼容經拜以磬折之容吉事尙左凶事尙右隨首以擧項衡以下寧速無遲項背之狀如屋之互拜容也

●朱子曰兩手下爲拜註拜字從兩手下又曰杜子春說大祝九拜處解奇拜云拜時先屈一膝今之雅拜是也夫特以先屈一膝爲雅拜則他拜皆當齊屈兩膝如今之禮拜明矣

●鄕校禮輯凡下拜之禮一揖少退再一揖卽俯伏以兩手齊按地先跪左足次屈右足略蟠旋左邊稽首至地卽起先起右足以雙手齊按膝上次起左足仍一揖而後拜其儀度以詳緩爲敬不可急迫又曰凡作揖時用稍闊其足則立穩揖則須直其膝曲其身低其頭眼看自已鞋頭爲準兩手圓供而下使手只可至膝畔不得入膝內尊長前作揖手須過膝下擧手至眼而下與長者揖擧手至口而下畢則手隨起時叉於胷前

●儀節肅拜拜中最經九拜之中稽首頓首空首正拜也肅拜婦人之正拜也

◈부인배고증(婦人拜考證)(儀節)

●周禮大祝辨九拜九曰肅拜鄭註曰肅拜但俯下手今揖撎是也推手曰揖引手曰撎

●儀禮婦拜扱地坐奠菜于几東席上還又拜如初扱地手至地也婦人扱地猶男子稽首疏曰以手至地謂之扱地今重其禮故扱地也按婦人以肅拜爲正蓋肅拜乃婦人之常而昏禮拜扱地以其新來爲婦盡禮於舅姑也

●少儀婦人吉事雖有君賜肅拜爲尸坐則不手拜肅拜爲喪主則不手拜鄭註曰肅拜拜低頭也手拜手至地也婦人以肅拜爲正凶事乃手拜耳爲喪主不手拜者爲夫與長子當稽顙也其餘亦手拜而已

●孔氏正義曰此一節論婦人拜儀婦人吉禮不手拜但肅拜肅拜如今婦人拜也吉事及君賜悉然也

●陳氏曰肅拜如今婦人拜也左傳三肅使者亦此拜手拜則手至地而頭在手上如今男子拜也婦人以肅拜爲正故雖君賜之重亦肅拜而受若爲夫與長子之喪主則稽顙故不手拜若有喪而不爲主則手拜矣

●內則凡女拜尙右手註曰右陰也按檀弓孔子與門人立拱而尙右之註尙謂右手在上也

●通鑑周天元詔內外命婦皆執笏其拜宗廟及天臺皆俯伏如男子按謂之如則前此不如此可知矣

●語錄問古者婦人以肅拜爲正何謂肅拜朱子曰兩膝齊跪手至地頭不下爲肅拜手拜亦然爲喪主則頭亦至地不肅拜樂府說婦人云伸腰再拜跪伸腰亦是頭不下也不知婦人膝不跪地而變爲今之拜始於何時程泰之以爲始於武后非也

●古人席地而坐有問於人則略起身時其膝至地故謂之跪若婦人之拜在古亦跪古樂府云伸腰拜手跪則婦人當跪而拜但首不至地耳

●古人坐也是跪其拜亦容易婦人首飾盛多自難俯伏地上周天元令命婦爲男子拜史官書之以表其異則古者婦人之拜首不至地可知也然則婦人之拜當以深拜頗合於古按本註凡拜男子再拜婦人四拜謂之俠拜蓋主立拜言也今世俗南方婦女皆立而叉手屈膝以拜北方婦女見客輒俯伏地上謂之磕頭以爲重禮禮之輕者亦立而拜但比南方略淺耳考之古禮及儒先之說蓋婦人當以肅拜爲正所謂肅拜之儀鄭氏於周禮註以爲俯下手爲肅拜於少儀疏以爲拜低頭而朱子亦云兩膝齊跪手至地頭不下爲肅拜又云當跪而拜但首不至地耳今其儀雖不可曉但以此數說推之大略似是兩膝齊跪伸腰低頭俯引其手以爲禮而頭不至地也今北俗磕頭則類扱地稽顙之禮惟可用之昏禮見舅姑及喪禮爲夫與子主之時尋常見人宜略如所擬肅拜儀可也南俗立拜已久不可驟變但須深屈其膝毋但如北俗之沽袺叉手以右爲尙每拜以四爲節如所謂俠拜者若夫見舅姑則當扱地爲喪主則稽顙不爲喪主則手拜庶幾得古禮之意云

◈부인협배(婦人俠拜)

●少牢饋食禮亞獻條主婦拜獻尸尸拜受主婦拜選爵註俠拜也
●特牲饋食禮主婦亞獻尸尸拜受主婦拜選註不俠拜士妻儀簡
●少儀婦人吉事雖君賜肅拜爲尸坐則不手拜肅拜爲喪主則不手拜註肅拜拜低頭也手拜手至地也婦人以肅拜爲正凶事乃手拜爲喪主不手拜者爲夫與長子當稽顙也其餘亦手拜而已疏手拜周禮空首也肅拜是婦人之常而昏禮拜扱地以新來爲婦盡禮舅姑故也
●朱子曰兩膝齊跪手至地而頭不下爲肅拜手拜亦然婦人首飾盛多自難俯伏地上
●儀節按婦人拜蓋主立拜言也今南方婦女皆立而叉手屈膝以拜若見舅姑則扱地爲喪主則稽顙不爲喪主則手拜庶得禮意

10. 수평으로 올렸던 공수한 손을 원 위치로 내리며 약간 몸을 앞으로 숙이고 고개도 약간 다소곳이 숙입니다.

▶2732◀◈問; 절하는 법?

안녕하세요. 절하는 법에 대한 의문입니다. 배법에 한쪽 무릎을 꿇고 하는 절이 있다고 합니다. 이상한 절이라 생각들어 저의 아버지께 여쭤 보아도 생전 처음들어보신다고 하십니다. 그러한 절도 있습니까? 있다면 무슨 절이라고 하나요? 그 절의 名을 알 수가 있을까요. 알려 주신다면 으시댈 일이 생길 수가 있습니다. 여기서 많은 고급 정보를 공으로 취하고 있습니다. 진실로 감사합니다.

◈答; 절하는 법.

아래와 같이 살펴보건대 혹 그와 같이 한쪽 무릎만 꿇고 하는 절이란 아배(雅拜)의 오전(誤傳)이 아닌가 합니다.

배(拜) 중에는 아배(雅拜)라는 절이 있는데 주례(周禮) 대축변구배(大祝辨九拜)에서 두자춘(杜子春) 선유가 흉배(凶拜)에서 이르기를 선굴일슬금아배(先屈一膝今雅拜)라 설하였는데 이 배(拜)에서 선굴일슬(先屈一膝)의 선(先)의 의미를 간과한 나머지 굴일슬(屈一膝)에 주안점을 두고 이해한 나머지 한 무릎만 꿇는다. 라 오해한 것으로 이해됩니다. 이 문장에서는 재굴일슬(再屈一膝)이 생략된 문장이라 이해되어야 합니다. 이와 같은 오해(誤解)를 풀기 위하여 한어사전(漢語辭典)에서는 아배(雅拜)는 궤배시선굴일슬(跪拜時先屈一膝) 재굴일슬(再屈一膝)이라 하였고 사원(辭源)에서는 아배(雅拜)는 일배(一拜)라 하였습니다.

아배(雅拜)란 양 무릎을 한번에 꿇는 게 아니라 먼저 한쪽 무릎을 꿇고 다음 무릎을 가지런히 합하여 꿇고 한번 하는 절이라 합니다. 오늘날의 모든 절은 양 무릎을 가지런히 한번에 꿇고 행하고 있지요.

●周禮春官宗伯禮官之職大祝辨九拜; 六曰凶拜(註)凶拜稽顙而后拜謂三年服者杜子春云振讀爲振鐸之振動讀爲哀慟之慟奇讀爲奇偶之奇謂先屈一膝今雅拜是也或云奇讀曰倚倚拜謂持節持戟拜身倚之以拜鄭大夫云動讀爲董書亦或爲董振董以兩手相擊也(疏)稽顙是頓首但觸地無容
●朱子曰兩手下爲拜註拜字從兩手下又曰杜子春說大祝九拜處解奇拜云拜時先屈一膝今之雅拜是也夫特以先屈一膝爲雅拜則他拜皆當齊屈兩膝如今之禮拜明矣
●朱子曰古者男子拜两膝齊屈今如道士拜杜子春註周禮奇拜以為先屈一膝如今之雅拜漢人雅拜即今之拜是也東人之俗尋常相見奇拜成俗不然衆必譁矣然禮疏云奇拜禮簡不再拜如今常朝只一拜士夫不相見或有同四拜者常時則止一拜見長則一跪而已然則一拜之禮其來亦久矣
●漢書何武王嘉師丹傳; 武坐所擧召見槃辟雅拜詭衆得罪顔師古註云槃辟猶言盤旋論語足躩如也集註槃辟貌以為敬君之至而反以得罪何也語類云古人之拜正如今道士拜二膝齊下唐人先下一膝雅拜似有罪是不恭今人不然也謂之不然則宋時之拜先下一膝可知今之拜皆如此而盤辟則謂之加敬可矣
●鶴林玉露卷四; 朱文公云古者男子拜兩膝齊屈如今之道拜杜子春注周禮奇拜以爲先屈一膝如今之雅拜是也
●鏡湖曰古人之拜正如今道士拜二膝齊下唐人先下一膝謂之雅拜是不恭也今人不然
●史記高祖本紀; 雍齒雅不欲屬沛公及魏招之卽反爲魏守豐裴駰集解服虔曰雅故也蘇林曰雅素也

●艮齋曰先跪左足次屈右足略盤旋左邊按大全云杜子春解奇拜云先屈一膝今之雅拜是也夫特以先屈一膝爲雅拜則佗拜皆當齊屈兩膝如今之禮拜明矣語類云古人之拜二膝齊下唐人先下一膝謂之雅拜似有罪是不恭也屠儀先跪左足不知何據盤旋左邊亦似不成禮儀
●漢辭隹部四畫[雅](Yǎ《廣韻》五下切，上馬，疑）【雅拜】古代九種跪拜儀式之一 跪拜時先屈一膝再屈一膝
●辭源隹部四畫[雅] 1. Yǎ 五下切，上，馬韻，疑.【雅拜】一拜

▶2733◀◈問; 절하는 법 재 질문.

답변에 감사 드립니다. 그렇다면 저희 媤宅(시댁)에서 하는 예절 법이 다 맞다는 말씀이십니까? 좀 자세히 알려주세요. 저는 큰절할 때 양반다리 하는 걸로 배웠는데 답 글 주신 거 보니까 무릎을 꿇어도 되는 모양이네요. 그리고 한복을 안 입었어도 큰절을 하는 게 예의인 건가요?

제사 지낼 때 흰 소복도 아닌데 색깔이 화려한 한복을 입는 게 너무 어색하게 여겨지는데 이것도 맞는 예절이라는 말씀이신가요? 정말 5 년 넘게 궁금한 질문입니다. 꼭 자세히 알려주세요.

◈答; 절하는 법 재 답.

질문 1. 답; 적어도 전통(傳統) 제사(祭祀) 예법에서 여자가 참여하여 절하는 예법입니다.

질문 2. 답; 양반 다리를 하려면은 직접 그 자세로는 들어 갈 수가 없고 먼저 무릎을 꿇고 그 뒤의 자세로 양반 다리를 행할 수가 있는 것입니다. 한복을 입지 아니한 것은 그 당사자의 복식 문제이고 여자가 제사에 참여하였으면 숙배를 함이 맞다 함이고 한복을 착용치 않아 전통 절을 할 수 없다면 양장(양복)을 하였으니 서양식으로 인사(절)를 할 수 밖에 없다는 결론이 도출 되는데 본인은 서양 절하는 예법을 모르니 그에 관한 답은 할 수가 없습니다.

질문 3. 답; 제례 예법에는 역복(易服=화려한 치장과 평상복을 벗고 제복으로 갈아 입는 의식) 예법이 있어 제사에 참여하는 이는 모두 평상의 치장과 울긋불긋한 옷을 벗고 검거나 흰 수수한 옷으로 바꿔 입고 제청으로 들어가야 함이 전제 되어 있습니다.

●語類何謂肅拜曰兩膝齊跪手至地而頭不下爲肅拜手拜亦然婦人首飾盛多自難俯伏地上
●周禮春官大祝辨九拜;一曰稽首註拜頭至地疏先以兩手拱至地又引頭至地多時也拜中最重臣拜君之拜○九曰肅拜以享右祭祀(註)肅拜但俯下手今時揖是也(疏)肅拜婦人之正拜也
●朱子家禮祠堂出入必告條凡拜男子再拜則婦人四拜謂之俠拜其男女相答拜亦然
●少儀婦人吉事雖君賜肅拜爲尸坐則不手拜肅拜爲喪主則不手拜(鄭註)肅拜拜低頭也手拜手至地也婦人以肅拜爲正凶事乃手拜爲喪主不手拜者爲夫與長子當稽顙也其餘亦手拜而已(疏)手拜周禮空首也肅拜是婦人之常而昏禮拜扱地以新來爲婦盡禮舅姑故也
●陳氏曰肅拜如今婦人拜也手拜手至地而頭在手上如今男子拜也
●語錄問古者婦人以肅拜爲正何謂肅拜朱子曰兩膝齊跪手至地頭不下爲肅拜手拜亦然爲喪主則頭亦至地不肅拜考之告禮及儒先之說蓋婦人當以肅拜爲正
●朱子曰兩膝齊跪手至地而頭不下爲肅拜手拜亦然婦人首飾盛多自難俯伏地上
●陽春別;青年在旁邊看見他們爲難的情形便挨近去向西洋人默禮了一下替他把話翻譯了

▶2734◀◈問; 절하는 순서.

얼마 전 산소에 다녀왔습니다. 장소가 매우 협소하여 따로 절을 올렸는데 먼저 아버지 어머님이 두 번째로 시집간 누나와 매형이 세 번째로 장남인 저와 처가 마지막으로 미혼인 차남 이러한 순서로 절을 올렸습니다. 누나와 매형은 집안의 제례나 성묘 때 본인들이 손위 사람이라고 하여 장남인 저보다 서열이 위라고 생각하며 장남인 저보다 먼저라고 합니다.

관혼상제 때는 아무리 누나라고 해도 장남인 제가 서열 상 먼저라고 알고 있는데요. 누가 맞는 것인지 명확히 알고 싶습니다. 기혼인 누나와 매형, 장남과 처, 미혼인 차남 의 우선

순위와 차남(次男)이 혼인 했을 때 서열상 순서가 어찌 되는지 알려 주십시오.

◈答; 절하는 순서.

상제례에서 주인의 지위는 적장자손이 되나 생활의 예에서는 行列이 우선이며 다음이 치순(齒順)입니다.

●童子禮齒位之序聚會凡聚會皆鄕人則坐以齒若有親則別敍

●儀節正至朔望則參序立條男列于左女列于右每一世爲一行○又居鄕雜儀齒位之序聚會條凡聚會皆鄕人則坐以齒有親則別敍

●莊子山木: 東海有島焉其名曰意怠(中略)進不敢爲前退不敢爲後(中略)是故其行列不斥而外人卒不得害(辭註)排列的次第直的叫行橫的叫列

●愚伏曰古人之坐皆從一頭排起一二三四循此而坐至於太廟袷享之坐雖太祖居中而此非一行之坐太祖居西則乃是不遷之本坐群昭群穆之袷入者左右分坐南北相向其次序行列整截不紊

▶2735◀◈問; 절하는 횟수.

안녕하세요.

저는 회사에서 관리업무를 맡고 있는 사람입니다. 얼마 전 업무용 차량을 새로 구입해서 고사를 지내는데요, 절을 하는 횟수를 두고 논란이 일었습니다. 누구는 두번하는거다, 누구는 세번하는 거다...인터넷을 찾아보니 거기서도 정답은 없는 것 같은데, 살아있는 사람에게는 1 번, 죽은 사람에게는 2 번,신에게는 3 번 위의 내용이 어느 정도는 설득력이 있는 듯한데, 두번인지 세번인지 어느 것이 맞을까요? 답변 주시면 감사하겠습니다.

◈答; 고사(告祀) 때 절하는 횟수.

아래와 같이 살펴보건대 帝王(제왕)의 神(신) 이외 神(신)에게는 再拜(재배)입니다.

●性理大全山神祭立於神位前皆再拜

●二程全書四時祭初獻條免伏興再拜

●溫公書儀祭參神條位定俱再拜

●家禮四時祭參神條立定再拜

●開元禮皇帝仲春中秋上戊祭大社奠玉帛參神條條在位者皆再拜

●大明集禮太廟時享儀參神條皇太子以下皆鞠躬拜興拜興平身

●儀節土地祭; 降神 參神鞠躬拜興拜興平身

●釋奠行禮笏記; 謁者引三獻官贊引引分獻官及諸生入就拜位皆四拜東西唱呼唱

●國朝五禮儀吉禮春秋及臘祭社稷儀執禮曰四拜禮儀使啓請四拜殿下四拜在位者皆四拜

●太學志焚香; (云云)獻官隨之仍入殿內焚香降復位皆四拜

●肅宗實錄六十三卷肅宗四十五年四月十八日庚申上出御景賢堂錫耆老諸臣宴; 上曰 樂部帶去好矣(中略)諸臣退復位王世子以下皆四拜通禮啓禮畢工鼓柷樂作

●太學志焚香; (云云)獻官隨之仍入殿內焚香降復位皆四拜

●鄕校位次謁聖儀節; 謁者引詣盥洗位搢笏謁者引詣殿內神位前跪搢笏三上香執笏俯伏興平身引降復位鞠躬四拜平身闔門禮畢引出

▶2736◀◈問; 제사 지낼 때 여자가 절하는 법을 알고 싶어요.

제사 지낼 때 절을 남자처럼 하는 겁니까? 차례나 제사 지낼 때 여자가 절하는 법 좀 알려 주세요.

◈答; 제사 지낼 때 여자가 절하는 법.

家禮通禮篇祠堂章出入必告條按婦人四拜謂之俠拜
가례 통례편 사당장 출입필고조를 살펴 보면 부인은 네 번 절 하되 가벼운 절로 한다.

춘관대축변구배(春官大祝辨九拜)

九曰肅拜註俯下手今揖撎是也疏肅拜拜中最經九拜之中稽首頓首空首正拜也肅拜婦人之正拜也
절 하는 법의 아홉 번째가 숙배이다. 허리를 구부려 손을 아래로 늘어트리고 하는 절이다 지금은 무릎을 꿇고 두 손은 아래로 늘어트려 땅에 대고 조금 구부려 하는 절이다. 숙배는 절 중에서 가장 가벼운 절이며 구배 중 계수배 돈수배 공수배가 정배이며 숙배는 부인들 만이 하는 절이니라.

少儀婦人吉事雖君賜肅拜爲尸坐則不手拜肅拜爲喪主則不手拜註肅拜拜低頭也手拜手至 地也婦人以肅拜爲正凶事乃手拜爲喪主不手拜者爲夫與長子當稽顙也其餘亦手拜而已疏 手拜周禮空首也
부인들은 아무리 군주가 하사하는 길사라 하여도 숙배를 하고 시동이 앉은 자리에도 수배를 하지 않고 숙배를 하며 상주에게도 수배를 하지 않는다. 숙배는 고개를 숙여 하는 절이며 수배는 손으로 땅을 짚고 하는 절이다. 부인들은 숙배가 바른 절이라 하나 흉사에 상주가 되였으면 수배를 하고 수배치 않는 것은 남편과 장자로 당연히 계상배를 하여야 하며 그 외는 역시 수배뿐이다. 수배란 주례에서 공수배라 하였느니라.

朱子曰兩膝齊跪手至地而頭不下爲肅拜手拜亦然婦人首飾盛多自難俯伏地上
양 무릎을 가지런히 하여 무릎을 꿇고 앉아 손으로 바닥을 짚되 머리를 바닥에 대지 않는 절이며 숙배나 수배나 마찬 가지로 그렇게 하는 것은 부인들은 머리를 많이 꾸며 그로 인하여 땅 위로 고개를 숙여 엎드리기가 어려운 일이니라.

禮記內則凡女拜尙右手註尙左尙右陰陽之別也
대체로 여자는 절할 때 오른 손을 위로 하여 두 손을 잡는다. 왼손을 위로 하고 오른 손을 위로 하는 것은 음양이 같지 않음이니라.

위와 같이 고례를 대강 살펴 볼 때 부인들은 남편과 장자를 제외 하고는 오른 손을 왼손 위로 하여 쥐고 공수배로 절 함이 옳지 않을까 합니다.

▶2737◀◈問; 질문 있습니다.

큰절을 할 때 어떤 손이 아래로 향 하나요.

◈答; 큰절을 할 때.

다음과 같이 살펴 보겠습니다.

○차수법(叉手法)(남자 손 쥐는 법)

輯覽凡叉手之法以左手緊把右手大拇指其左手小指則向右手腕右手四指皆直以左手大指向上如以右手掩其胸手不可大著胸須令稍去胸二三寸許方爲叉手法也
대체로 양손을 마주 잡는 법은 왼손으로 오른 손 엄지 손 가락을 꽉 쥐되 왼손의 새끼 손가락까지 오른쪽 손목으로 향하고 오른손의 네 손 가락은 모두 곧게 편다 왼손은 엄지 손가락 위를 향한 것 같이하여 오른 손등을 싸 덮는다. 손은 가슴에 꽉 붙여서는 안 되며 턱 밑을 조금 피하여 가슴에서 두 세치쯤 띄우는 것이 요즘 차수 법이니라. (왼손으로 오른 손등을 덮는다)

남자= 길사(吉事)에는 외손을 오른손 등 위로 쥐고, 흉사(凶事)에는 오른손을 왼손 등 위로 쥐고 가슴 높이로 하되 가슴에 대지 않고 2, 3 치 정도 띄웁니다. 여자= 남자의 반대로 쥡니다.

●檀弓孔子與門人立拱而尙右二三子亦皆尙右孔子曰二三子之嗜學也我則有姊之喪故也二三子皆尙左註吉事尙左陽也凶事尙右陰也此蓋拱立而右手在上也
●內則凡男拜尙左手(鄭注)左陽也凡女拜尙右手(鄭注)右陰也(註)尙左尙右陰陽之別(疏)女拜尙右手者右陰也漢時行之也
●賈誼容經拜以磬折之容吉事尙左凶事尙右
●老子夫佳兵章吉事尙左凶事尙右註人身左陽右陰吉事爲陽故平居貴左兵事爲陰故貴右
●輯覽叉手圖說云凡叉手之法以左手緊把右手大拇指其左手小指則向右手腕右手四指皆直以左手

大指向上如以右手掩其胷手不可大着胷須令稍去胷二三寸許方爲叉手法也

○차수법(여자 손 쥐는 법)

禮記內則凡女拜尙右手註尙左尙右陰陽之別也
대체로 여자는 절할 때 오른 손을 위로 하여 두 손을 잡는다. 왼손을 위로 하고 오른 손을 위로 하는 것은 음양이 같지 않음이니라.

위와 같이 남자는 왼손을 오른손 등 위로 하고 여자는 오른손을 왼 손등 위로 잡는다 합니다. 숙배(肅拜)에 관한 배법은 朱夫子께서 하신 말씀으로 양슬제궤(兩膝齊跪)하고 수지지(手至地)하되 두불하(頭不下)니라. 이를 숙배(肅拜)라 하는데 수배(手拜) 역시 그렇게 한다. 두불하(頭不下)치 않는 까닭은 부인수식성다자난부복지상(婦人首飾盛)多自難俯伏地上)이라는 것입니다. 부인(婦人)의 정배(正拜)인 숙배(肅拜)에 관한 배법을 어류(語類)의 전거(典據)에 의함이고 속례(동속)인 소위 큰절이라는 배법을 소개한 예가 아닙니다.

●少儀婦人吉事雖君賜肅拜爲尸坐則不手拜肅拜爲喪主則不手拜(鄭註)肅拜拜低頭也手拜手至地也婦人以肅拜爲正凶事乃手拜爲喪主不手拜者爲夫與長子當稽顙也其餘亦手拜而已(疏)手拜周禮空首也肅拜是婦人之常而昏禮拜扱地以新來爲婦盡禮舅姑故也
●陳氏曰肅拜如今婦人拜也手拜手至地而頭在手上如今男子拜也
●語錄問古者婦人以肅拜爲正何謂肅拜朱子曰兩膝齊跪手至地頭不下爲肅拜手拜亦然爲喪主則頭亦至地不肅拜考之告禮及儒先之說蓋婦人當以肅拜爲正
●朱子曰兩膝齊跪手至地而頭不下爲肅拜手拜亦然婦人首飾盛多自難俯伏地上

▶2738◀ ◈問; 춘관 구배 해석과 숙배의 고찰.

춘관 구배 해석과 숙배의 고찰을 부탁합니다.

◈答; 춘관 구배 해석과 숙배의 고찰.

춘관(春官)이란 주대(周代)의 주례(周禮)의 예법의 하나이며 육관(六官) 또는 육경(六卿)이라고도 하고 제사와 전례를 관장하던 벼슬로서 지금의 장관과 비슷한 직위이며 육경은 아래와 같습니다.

一, 天官 冢宰 政事總理 (총재는 벼슬이름)
二, 地官 司徒 敎化農商掌理
三, 春官 宗伯 祭祀典禮掌理
四, 夏官 司馬 軍旅兵馬掌理
五, 秋官 司寇 獄訟刑罰掌理
六, 冬官 司空 水土掌理

절하는 예법은 다음과 같습니다.

○春官大祝辨九拜(춘관대축변구배)

一曰稽首鄭註拜頭至地疏先以兩手拱至地又引頭至地多時也拜中最重臣拜君之拜
첫째가 계수배(稽首拜)로서 후한(後漢)사람 정현선생(鄭玄先生)이 주(註)달기를 이마가 땅에 닿게 하는 절로 주소(註疏)에 방법은 먼저 양손을 맞잡고 땅을 짚은 뒤 그 위에 이마를 당겨 땅에 대고 오래 있는 절로서 절 중에서는 제일 중한 절로 신하가 임금에게 하는 절이다.

二曰頓首鄭註拜頭叩地疏先以兩手拱至地又引頭至地首頓地卽擧若以首叩物然此平敵相拜
둘째가 돈수배(頓首拜)로서 정현선생이 주(註)달기를 이마가 땅에 슬쩍 닿게 하는 절로 주소(註疏)에 방법은 먼저 양손을 맞잡고 땅을 짚은 뒤 그 위에 이마를 당겨 땅에 대는 절로 머리를 땅에 댔다 이마로 바닥을 툭 치는 것 같이하고 곧 드는 절로서 이 절은 서로 대등한 사이에 하는 절이다.

三曰空首鄭註拜頭至地所謂拜手疏先以兩手拱至地乃頭至手以其頭不至地故名空首君答臣拜

셋째가 공수배(空首拜)로 정현선생이 주(註)달기를 이마가 땅에 이르는 절로서 소위 손 절이라 하며 주소(註疏)에 방법은 먼저 양손을 맞잡고 땅을 짚은 뒤 곧 이마를 손등에 대고는 머리를 당겨 땅에는 대지 않는 절로서 그러한 까닭에 공수라 이름 지어진 절로 임금이 신하의 절에 답배하는 절이다.

四曰振動鄭註戰栗變動之拜
넷째가 진동배(振動拜)로서 정현선생이 주(註)달기를 위엄에 눌려 벌벌 떨면서 하는 변동된 절이다

五曰吉拜
다섯째가 길배(吉拜)로서 정현선생이 주(註)달기를 절을 한 뒤에 계상배(稽顙拜)를 하는 절로서 자최 부장기(齊衰不杖期) 이하의 복인(服人)이 하는 절이다.

六曰凶拜鄭註吉拜拜而后稽顙齊衰不杖期以下者凶拜稽顙而后拜三年服者疏稽顙是頓首但觸地無容
여섯째가 흉배(凶拜)로서 정현선생이 주(註)달기를 계상배(稽顙拜)를 한 뒤에 참자최(斬齊衰) 복인(服人)이 하는 절로서 주소(註疏)에 방법은 계상배를 하고 돈수(頓首)에서는 다만 이마를 땅에 대지 않는다.

七曰奇拜
일곱째가 기배(奇拜)로서 정현선생이 주(註)달기를 기자(奇字)는 기수(奇數)니 우수(偶數)니 하는 기자(奇字)로 읽어지는 것이니 기(奇)는 신하의 절에 임금이 답일배를 의미하는 것이다.

八曰褒拜鄭註奇讀爲奇偶之奇謂一拜答臣下拜褒讀爲報報拜再拜拜神與尸
여덟째가 포배(褒拜)로서 정현선생이 주(註)달기를 포자(褒字)는 갚는다는 보(報)자로 읽어지는 것이니 갚는 절로 신(神)이나 시동(尸童)의 절에는 재배(再拜)를 하는 것이다.

九曰肅拜鄭註俯下手今揖의(扌+壹읍할의)是也疏肅拜拜中最輕惟軍中有此拜婦人亦以肅拜爲正推手曰揖引手曰의(扌+壹읍할의)九拜之中稽首頓首空首正拜也肅拜婦人之正拜也其餘五者附此四種逐事生名振動凶拜褒拜附稽首吉拜附頓首奇拜附空首
아홉째가 숙배(肅拜)로서 정현선생이 주(註)달기를 손을 아래로 내려 곧 읍(揖)을 하고 고개를 숙여 절하는 읍배(揖拜)가 바른 것이다. 주소(註疏) 숙배(肅拜)는 절 중에서 가장 경(輕)한 절로서 군대(軍隊) 안에서 이 숙배(肅拜)가 원칙이며 부인(婦人) 역시 숙배로서 손을 밀어 올렸다 내리는 것이 바른 예법인데 이르기를 공수(拱手)하고 끌어 당기는 절이라 하기도 하고 공수배(拱手拜)라 하기도 하며 아홉 가지 절 중에서 계수(稽首) 돈수(頓首) 공수(空首)가 정배(正拜)이며 숙배(肅拜)는 부인들의 정배다, 그 외 나머지 다섯 가지의 절하는 법은 이 네 가지 절에 부속(附屬)된 것인데 절하고는 뒤 딸아 생겼다 하여 이름 붙여진 것으로 진동(振動) 흉배(凶拜) 포배(褒拜)는 계수(稽首)에 부속된 것이며 길배(吉拜)는 돈수(頓首)에 부속된 것이고 기배(奇拜)는 공수(空首)에 부속된 것이다.

⊙숙배의 고찰(考察)

少儀婦人吉事雖君賜肅拜爲尸坐則不手拜肅拜爲喪主則不手拜鄭註肅拜拜低頭也手拜手至地也婦人以肅拜爲正凶事乃手拜爲喪主不手拜者爲夫與長子當稽顙也其餘亦手拜而已疏手拜周禮空首也肅拜是婦人之常而昏禮拜扱地以新來爲婦盡禮舅姑故也
예기(禮記) 소의편(少儀篇)에서 가르치기를 부인은 길사(吉事)를 당하여 아무리 임금으로부터 하사품을 받을 때라 하여도 숙배를 하고 또 흉사(凶事)를 당하여 시동(尸童)으로 앉아있을 때에도 숙배를 하며 상주(喪主)가 아니면 수배(手拜)를 하고 상주가 되였으면 수배(手拜)를 하지 않고 숙배를 한다. 정현선생이 이를 풀어 주석 달기를 숙배는 머리를 숙이는 절이며 수배는 손으로 땅을 짚고 하는 절이다. 부인들은 숙배가 정배인데 흉사에 상주에게는 수배를 하고 수배(手拜)를 하지 않아야 할 사람은 남편과 장자(長子)이니 마땅히 계상배(稽顙拜)를 하여야 하고 그 외는 수배(手拜)일 뿐이다. 이를 또 풀기를 수배(手拜)는 주례(周禮)에서 공수배(空首拜)라 하였고 숙배는 부인들에게서는 일상 하는 인사 예법이며 혼례(婚禮) 때

의 절은 손으로 땅을 짚고 수배(手拜)를 하는 것은 새 며느리로 들어와 며느리로써 시부모에게 예(禮)를 극진히 하여야 하는 그런 까닭에서이다.

朱子曰兩膝齊跪手至地而頭不下爲肅拜手拜亦然婦人首飾盛多自難俯伏地上
주부자(朱夫子)께서 말씀하시기를 두 무릎을 가지런히 하여 무릎을 꿇고 손으로 땅을 짚고 머리를 땅에 대지 않는 것을 숙배라 하며 수배(手拜)할 때 역시 모두 그렇게 하는 것은 부인들은 머리 장식을 많이 하였기 때문에 그와 같은 머리를 가지고 부복(俯伏)을 하고 땅에 머리를 닿게 하기가 어려운 것이다.

儀節按俠拜蓋主立拜言也今世俗南方婦女皆立而叉手屈膝以拜北方婦女見客輒俯伏地上輕者亦立而拜所謂肅拜之儀鄭氏於周禮註以爲俯下手爲肅拜於少儀疏以爲拜低頭而朱子亦云兩膝齊跪手至地頭不下爲肅拜又云當跪而拜但首不至地耳
의절(儀節)을 살펴보면 협배(俠拜)는 대개 주로 서서 하는 절이라 말하고 있는데 요즘 세속에는 남방의 부녀자들은 모두 서서 손을 맞잡는 예로 인사를 하고 무릎을 구부려 절하는 예는 북방 부녀자들로서 손님에게 인사할 때마다 땅 위에 부복을 하고 절을 하며 대수롭지 않은 사람에게는 서서 인사를 한다. 이른바 숙배의 예법을 정현선생이 주례(周禮)에 주석 달기를 고개를 숙이고 손을 아래로 둔다 하였고 숙배하는 예법을 예기(禮記) 소의편(少儀篇)에 풀어 놓기를 고개를 숙여 절을 한다 하였고 주자(朱子) 역시 숙배에 관하여 말씀하시기를 양 무릎을 가지런히 하여 꿇고 앉아 손으로 땅을 짚되 머리는 땅에 대지 않고 하는 절을 숙배라 하였고 또 이르기를 당연히 무릎을 꿇고 절을 하되 다만 머리를 땅에 대지 않을 뿐이다. 라 언급 되어 있다.

◈婦人拜考證(부인배고증)

●周禮大祝辨九拜九曰肅拜鄭註曰肅拜但俯下手今揖揖是也推手曰揖引手曰撎
●儀禮婦拜扱地坐奠菜于几東席上還又拜如初扱地手至地也婦人扱地猶男子稽首疏曰以手至地謂之扱地今重其禮故扱地也按婦人以肅拜爲正蓋肅拜乃婦人之常而昏禮拜扱地以其新來爲婦盡禮於舅姑也
●少儀婦人吉事雖有君賜肅拜爲尸坐則不手拜肅拜爲喪主則不手拜鄭註曰肅拜拜低頭也手拜手至地也婦人以肅拜爲正凶事乃手拜耳爲喪主不手拜者爲夫與長子當稽顙也其餘亦手拜而已
●孔氏正義曰此一節論婦人拜儀婦人吉禮不手拜但肅拜肅拜如今婦人拜也吉事及君賜悉然也
●陳氏曰肅拜如今婦人拜也左傳三肅使者亦此拜手拜則手至地而頭在手上如今男子拜也婦人以肅拜爲正故雖君賜之重亦肅拜而受若爲夫與長子之喪主則稽顙故不手拜若有喪而不爲主則手拜矣
●內則凡女拜尙右手註曰右陰也按檀弓孔子與門人立拱而尙右之註尙謂右手在上也
●通鑑周天元詔內外命婦皆執笏其拜宗廟及天臺皆俯伏如男子按謂之如則前此不如此可知矣
●語錄問古者婦人以肅拜爲正何謂肅拜朱子曰兩膝齊跪手至地頭不下爲肅拜手拜亦然爲喪主則頭亦至地不肅拜樂府說婦人云伸腰再拜跪伸腰亦是頭不下也不知婦人膝不跪地而變爲今之拜始於何時程泰之以爲始於武后非也
●古人席地而坐有問於人則略起身時其膝至地故謂之跪若婦人之拜在古亦跪古樂府云伸腰拜手跪則婦人當跪而拜但首不至地耳
●古人坐也是跪其拜亦容易婦人首飾盛多自難俯伏地上周天元令命婦爲男子拜史官書之以表其異則古者婦人之拜首不至地可知也然則婦人之拜當以深拜頗合於古按本註凡拜男子再拜婦人四拜謂之俠拜蓋主立拜言也今世俗南方婦女皆立而叉手屈膝以拜北方婦女見客輒俯伏地上謂之磕頭以爲重禮禮之輕者亦立而拜但比南方略淺耳考之古禮及儒先之說蓋婦人當以肅拜爲正所謂肅拜之儀鄭氏於周禮註以爲俯下手爲肅拜於少儀疏以爲拜低頭而朱子亦云兩膝齊跪手至地頭不下爲肅拜又云當跪而拜但首不至地耳今其儀雖不可曉但以此數說推之大略似是兩膝齊跪伸腰低頭俯引其手以爲禮而頭不至地也今北俗磕頭則類扱地稽顙之禮惟可用之昏禮見舅姑及喪禮爲夫與子主之時尋常見人宜略如所擬肅拜儀可也南俗立拜已久不可驟變但須深屈其膝毋但如北俗之沾袂叉手以右爲尙每拜以四爲節如所謂俠拜者若夫見舅姑則當扱地爲喪主則稽顙不爲喪主則手拜庶幾得古禮之意云

▶2739◀◈問; 큰절로 세배하는 건 직계 존속에만 하는 건가요?

큰절로 세배하는 건 직계 존속에만 하는 건가요?(급합니다)

◈答; 큰절로 세배하는 건 직계 존속에만 하나.

배법(拜法)에는 9 가지 절이 있는데 큰절 작은절이란 배법을 논함에는 없으나 아마도 큰절이라 함은 9 가지 절 중에 가장 중한 절인 계수배(稽首拜)를 의미할 것으로 이해 됩니다. 계수배(稽首拜)는 신하가 임금께 올리는 절로 군사부일체(君師父一體)라 하였으니 임금뿐만 아니라 승승과 부모님(父行 以上)께도 올리는 절이 됩니다.

계수배법은 두 손은 공수(拱手法; 吉事는 尙左로 왼손을 오른손 등에 대고, 凶事는 尙右로 오른손을 왼손 등에 댐)한 채로 양 무릎을 가지런하게 꿇고 바닥에 대고 이마를 앞으로 당겨 땅에 대고 오래 있다 일어나는 절로 하게 됩니다. 계수배에는 읍의 예가 없습니다. 다만 일어나면서 공수를 풀지 않고 젖가슴 아래에 붙이고 다소곳이 머리를 숙이고 앞으로 허리를 약간 굽혀 예를 표하고 허리를 펴 일배로 마치게 됩니다.

세배는 존비(尊卑) 순이며 부부와 형제는 상배(相拜)로 배법은 돈수배(頓首拜)로 계수배(稽首拜)와 동일하나 이마를 땅에 대는 즉시 떼고 일어나게 됩니다.

●周禮春官宗伯禮官之職大祝辨九拜;

○一曰稽首(註)稽首拜頭至地也(疏)先以兩手拱至地又引頭至地多時也拜中最重臣拜君之拜

○二曰頓首(註)頓首拜頭叩地也(疏)先以兩手拱至地又引頭至地首頓地卽擧若以首叩物然此平敵相拜

○三曰空首(註)空首拜頭至首所謂拜手也(疏)先以兩手拱至地乃頭至手以其頭不至地故名空首君答臣拜)

○四曰振動(註)振動戰栗變動之拜

○五曰吉拜(註)吉拜拜而后稽顙謂齊衰不杖以下者言吉者此殷之凶拜周以其拜與頓首相近故謂之吉拜云

○六曰凶拜(註)凶拜稽顙而后拜謂三年服者杜子春云振讀爲振鐸之振動讀爲哀慟之慟奇讀爲奇偶之奇謂先屈一膝今雅拜是也或云奇讀曰倚倚拜謂持節持戟拜身倚之以拜鄭大夫云動讀爲董書亦或爲董振董以兩手相擊也(疏)稽顙是頓首但觸地無容

○七曰奇拜(註)奇拜謂一拜也褒讀爲報報拜再拜是也

○八曰褒拜(註)鄭司農云褒拜今時持節拜是也

○九曰肅拜(註)肅拜但俯下手今時撎是也介者不拜故曰爲事故敢肅使者玄謂書曰王動色變一拜答臣下拜再拜拜神與尸享獻也謂朝獻饋獻也右讀爲侑侑勸尸食而拜(疏)肅拜拜中最輕惟軍中有此拜婦人亦以肅拜爲正推手曰揖引手曰撎九拜之中稽首頓首空首正拜也肅拜婦人之正拜也其餘五者附此四種遂事生名振動凶拜褒拜附稽首吉拜附頓首奇拜附空首

●朱子曰兩手下爲拜註拜字從兩手下又曰杜子春說大祝九拜處解奇拜云拜時先屈一膝今之雅拜是也夫特以先屈一膝爲雅拜則他拜皆當齊屈兩膝如今之禮拜明矣○又曰古者男子拜兩膝齊屈今如道士拜杜子春註周禮奇拜以為先屈一膝如今之雅拜漢人雅拜即今之拜是也東人之俗尋常相見奇拜成俗不然衆必譁矣然禮疏云奇拜禮簡不再拜如今常朝只一拜士夫不相見或有同四拜者常時則止一拜見長則一跪而已然則一拜之禮其來亦久矣

●漢書何武王嘉師丹傳; 武坐所擧召見槃辟雅拜詭衆得罪顏師古註云槃辟猶言盤旋論語足躩如也集註槃辟貌以為敬君之至而反以得罪何也語類云古人之拜正如今道士拜二膝齊下唐人先下一膝雅拜似有罪是不恭今人不然也謂之不然則宋時之拜先下一膝可知今之拜皆如此而盤辟則謂之加敬可矣

●鶴林玉露卷四; 朱文公云古者男子拜兩膝齊屈如今之道拜杜子春注周禮奇拜以爲先屈一膝如今之雅拜是也

●史記高祖本紀; 雍齒雅不欲屬沛公及魏招之卽反爲魏守豐裴駰集解服虔曰雅故也蘇林曰雅素也

●鏡湖曰古人之拜正如今道士拜二膝齊下唐人先下一膝謂之雅拜是不恭也今人不然

●艮齋曰先跪左足次屈右足略盤旋左邊按大全云杜子春解奇拜云先屈一膝今之雅拜是也夫特以先屈一膝爲雅拜則佗拜皆當齊屈兩膝如今之禮拜明矣語類云古人之拜二膝齊下唐人先下一膝謂之雅

拜似有罪是不恭也屠儀先跪左足不知何據盤旋左邊亦似不成禮儀
●無名子集文稿(八冊)問父生之師教之君食之此欒共子所謂民生於三事之如一者也對君師父一體之說其衰世之意乎 盖自天降生民
●東事日知正朝歲拜條劉侗帝京景物略正月元朝家長少畢拜姻友投箋互拜曰拜年今俗歲拜之法想本于此

▶2740◀◈問; 평절과 큰절.

저는 여자의 평절과 큰절에 대해 알고 싶어요. 어떨 때 하고 어떻게 하는 건지 될 수 있음 빨리요.

◈答; 평절과 큰절.

구의(丘儀) 부인배고증(婦人拜考證)에 숙배(肅拜)와 수배(手拜)에 관하여 자못 자세히 고증을 하여 놓았습니다.

1)숙배(肅拜)

丘儀考證前略朱子亦云兩膝齊跪手至地頭不下手爲肅拜又云當跪而拜但首不至地耳大略似是兩膝齊跪伸腰低頭俯引其手以爲禮而頭不至地也
주부자(朱夫子)께서 이르기를 양 무릎을 가지런히 하여 무릎을 꿇고는 두 손으로 땅을 집고 머리를 손등에 까지 대지 않고 하는 절을 숙배(肅拜)라 한다, 하였고 또 이르기를 당연히 무릎을 꿇고 절을 한다 다만 머리를 바닥에 대지 않을 뿐이다. 하였으니 대략 주부자 말씀을 옳게 그대로 옮겨 말하자면 양 무릎을 가지런히 하여 무릎을 꿇고 앉아 허리를 펴고 머리를 수그리고 구부렸다 자세를 바르게 잡는 절로 숙배는 손으로 하는 절로서 머리는 바닥에 대지 않는다.

2)수배(手拜)

陳氏曰手拜則手至地而頭在手上如今男子拜也
진씨(陳氏)가 이르기를 수배(手拜) 하는 법은 손을 바닥에 대고 머리를 손위에 대는 절로 지금의 남자의 절과 같이 하느니라.

숙배(肅拜)에 관한 배법은 주부자께서 하신 말씀으로 양슬제궤(兩膝齊跪)하고 수지지(手至地)하되 두불하(頭不下)니라. 이를 숙배(肅拜)라 하는데 수배(手拜) 역시 그렇게 한다. 두불하(頭不下)치 않는 까닭은 부인수식성다자난부복지상(婦人首飾盛多自難俯伏地上)이라는 것입니다. 본인은 부인(婦人)의 정배(正拜)인 숙배(肅拜)에 관한 배법을 어류(語類)의 전거에 의함이고 속례(동속)인 소위 큰절이라는 배법을 소개한 예가 아닙니다. 소위 세간에서 큰절이라 이르는 절은 예서에 소개되어 있지 않으니 그 동작 하나 하나를 자세하게 알지를 못하여 소개하여 줄 수가 없습니다.

●語類何謂肅拜曰兩膝齊跪手至地而頭不下爲肅拜手拜亦然婦人首飾盛多自難俯伏地上
●周禮春官大祝辨九拜; 一曰稽首註拜頭至地疏先以兩手拱至地又引頭至地多時也拜中最重臣拜君之拜○九曰肅拜以享右祭祀(註)肅拜但俯下手今時揖是也(疏)肅拜婦人之正拜也
●朱子家禮祠堂出入必告條凡拜男子再拜則婦人四拜謂之俠拜其男女相答拜亦然
●少儀婦人吉事雖君賜肅拜爲尸坐則不手拜肅拜爲喪主則不手拜(鄭註)肅拜拜低頭也手拜手至地也婦人以肅拜爲正凶事乃手拜爲喪主不手拜者爲夫與長子當稽顙也其餘亦手拜而已(疏)手拜周禮空首也肅拜是婦人之常而昏禮拜扱地以新來爲婦盡禮舅姑故也
●陳氏曰肅拜如今婦人拜也手拜手至地而頭在手上如今男子拜也
●語錄問古者婦人以肅拜爲正何謂肅拜朱子曰兩膝齊跪手至地頭不下爲肅拜手拜亦然爲喪主則頭亦至地不肅拜考之告禮及儒先之說蓋婦人當以肅拜爲正
●朱子曰兩膝齊跪手至地而頭不下爲肅拜手拜亦然婦人首飾盛多自難俯伏地上

▶2741◀◈問; 평절이 궁금해서요.

안녕하세요? 급하게 궁금한 게 있어서 이렇게 글을 올립니다. 경사 때랑 조사 때 하는 평절이 같은지 다른지 가르쳐주세요. 그리고 우라 나라 전통예절에서 평절하는 방법 좀 가르쳐주세요.

◈答; 여자의 평절이란.

평절이란 국어사전에도 없는 절이네요. 절(拜)에는 남녀가 조금 다릅니다. 절에는 아래와 같이 9가지가 있으며 부녀자의 절은 숙배뿐입니다.

●春官大祝辨九拜

○一曰稽首註拜頭至地疏先以兩手拱至地又引頭至地多時也拜中最重臣拜君之拜
○二曰頓首註拜頭叩地疏先以兩手拱至地又引頭至地首頓地卽擧若以首叩物然此平敵相拜
○三曰空首註拜頭至地所謂拜手疏先以兩手拱至地乃頭至手以其頭不至地故名空首君答臣拜
○四曰振動註戰栗變動之拜
○五曰吉拜
○六曰凶拜註吉拜拜而后稽顙齊衰不杖期以下者凶拜稽顙而后拜三年服者疏稽顙是頓首但觸地無容
○七曰奇拜
○八曰褒拜註奇讀爲奇偶之奇謂一拜答臣下拜褒讀爲報報拜再拜拜神與尸
○九曰肅拜註俯下手今揖撎是也疏肅拜拜中最輕惟軍中有此拜婦人亦以肅拜爲正推手曰揖引手曰撎九拜之中稽首頓首空首正拜也肅拜婦人之正拜也其餘五者附此四種逐事生名振動凶拜褒拜附稽首吉拜附頓首奇拜附空首
○九曰肅拜註俯下手今揖撎是也疏肅拜拜中最輕惟軍中有此拜婦人亦以肅拜爲正推手曰揖引手曰撎九拜之中稽首頓首空首正拜也肅拜婦人之正拜也其餘五者附此四種逐事生名振動凶拜褒拜附稽首吉拜附頓首奇拜附空首

여자는 보통 협배(재배)로서 숙배의 경우와 수배의 경우가 있으며 상에는 계수 또는 돈수등의 경우가 있습니다. 숙배는 임금을 뵈일 때 역시 숙배뿐으로 손과 이마가 땅에 닿지 않게 앉아 허리를 굽혀 하는 절이고 수배는 돈수와 비슷하게 흉례 때 하는 절로 손과 이마를 땅에 닿게 하는 절입니다.

○少牢饋食禮亞獻條主婦拜獻尸尸拜受主婦拜選爵註俠拜也
○特牲饋食禮主婦亞獻尸尸拜受主婦拜選註不俠拜士妻儀簡
○少儀婦人吉事雖君賜肅拜爲尸坐則不手拜肅拜爲喪主則不手拜註肅拜拜低頭也手拜手至地也婦人以肅拜爲正凶事乃手拜爲喪主不手拜者爲夫與長子當稽顙也其餘亦手拜而已疏手拜周禮空首也肅拜是婦人之常而昏禮拜扱地以新來爲婦盡禮舅姑故也
○朱子曰兩膝齊跪手至地而頭不下爲肅拜手拜亦然婦人首飾盛多自難俯伏地上
○儀節按婦人拜蓋主立拜言也今南方婦女皆立而叉手屈膝以拜若見舅姑則扱地爲喪主則稽顙不爲喪主則手拜庶得禮意

5 입후(入後)

▶2742◀ ◈問; 입후하는 방법이.

지자손이라 큰집에 양자로 입후할 때 절차가 어떻게 되나요? 구두상으로만 하는 건지 호적상 완전히 옮겨야 하는 건지요.

큰 부모님 제사를 모실 시 저의 부모님 제사는 누가 모셔야 되나요(시동생이 있음) 큰 집에 양자로 올리지 않고 큰집과 저의 부모님 제사를 함께 지내도 상관없나요? 질문을 너무 많이 드려 죄송합니다. 건강하세요.

◈答; 입후하는 방법.

입후지의(立後之儀)에 대하여 향교례집(鄕校禮輯)을 살펴보면 총 1.130 여자 정도로 설명이 되어 있어 이에서 그 예법을 모두 설명키는 어려울 듯싶으며 다만 이를 요즘의 형편에 어느 정도 접근시켜 이르자면 먼저 종회(宗會)에서 입후의 대상자가 결정되면 친생가(親生家) 조상(祖上)에게 출후고사(出后告辭)를 하고 떠나 입후가인 종가(宗家)의 조상에게 입후고사(立后告辭)를 함으로서 입후(立后)의 예가 마쳐집니다.

○出繼告辭式(갈때)

維 歲次干支幾月干支朔幾日干支孝玄孫(繼曾祖以下之宗隨屬稱某)敢昭告于 顯高祖考某官府君 顯高祖妣某封某氏(曾祖考妣至考妣列書祔位不書)某之第幾子某議定爲大宗子某之後已於某月某日告君成事不勝感愴謹以酒果用伸虔告謹告

○爲人後告辭式(가서)

維 歲次干支幾月干支朔幾日干支孝玄孫(見上告式)某敢昭告于 顯高祖考某官府君 顯高祖妣某封某氏(曾祖考妣至考妣列書祔位不書)某年過五十無望生子以某親某之第幾子某議定爲嗣告君成事以永苾忿不勝感愴謹以酒果用伸虔告謹告

위축식은 사당에 고하는 축식 입니다. 예법은 주과포에 단헌입니다. 갈 때 친생가에 봉사하는 조상이 없으면 생략하고 가서 양가의 사당에만 고하며 만약 이사치 않으면 본댁에서 고하면 될 것이며 호적은 호적법을 따르면 될 것이며 친생가의 제사는 다음 자손이 적자손의 지위를 자연 승계하게 되는 것입니다. 참고 하기 바랍니다. 감사 합니다.

●通典漢石渠議大宗無後族無庶子己有一嫡子當絶父祀以後大宗否戴聖云大宗不可絶言嫡子不爲候者不得先庶耳族無庶子則當絶父以後大宗

●退溪曰長子無子次子之子承重應指嫡子孫而言雖有妾産恐未可遽代承也○又長子死無子雖有長婦與叔父季子當攝主云未立後不得已權以季爲攝主又曰其攝主之意當告於攝行之初祭其後則年月日下只云攝祀子某

●問解問長子無後而死不立後次子死而有子又季子生存則誰當奉祀耶答次子之子當奉祀

●問長孫盲廢命次孫承重其後盲廢者娶妻生子其家宗祀當歸何處南溪曰祖父以權宜命次孫承重非其本意也今長孫生子則理當還使主宗兄弟相議以此意告祖父祠堂而行之恐當

●問解續問長子之庶子不可代承宗祀而歸於次嫡禮法當然否答古禮則不必然而國法如是耳

●大典奉祀條長子無後則衆衆子無後則妾子奉祀

●尤庵曰兄亡弟及禮之大節目也長子旣死無後則宗移次子而次子之子爲宗子

●曾子問庶子若宗子死告於墓而祭於家稱名不言孝身沒而已註孝宗子之稱不敢與之同但言子某

●鄕校禮輯孤子不可出繼

●通典大宗無後族無庶子己有一嫡子當絶父祀以後大宗

●程子曰禮長子雖不得爲人後若無兄弟又繼祖之宗絶亦當繼祖後

●問程子曰云云獨子爲人後則其私親後事何以爲之寒岡曰程子之意蓋謂長子雖不得爲人後而若無兄弟又繼祖之宗絶則不得不後於伯父以繼先祖之宗私親後事自當酌處不可以私親之故而絶先祖之祀也私親或當別廟

▶2743◀◈問; 적자가 성년에 사망하였을 때 입양에 대하여.

불행하게도 저의 큰댁 형님이 25 세에 교통사고로 사망하게 되었습니다. 백부모께서는 이미 작고하시고 형님과 여동생 2 명과 같이 살면서 조부모와 백부모 제사를 모시다 변을 당하였습니다.

저의 집은 부모님을 생존하여 계시고 저와 남동생 1 명과 여동생 2 명 등 4 남매입니다. 집안 어른들의 말씀이 혹은 제가 입후로 형님 앞으로 들어가야 된다고 하시고 계신가 하면 큰형님이 결혼을 하지 않아 입후는 안 된다고도 합니다.

이런 경우 조부모와 백부모의 제사를 누가 어찌하여 지내야 옳을지 며칠 후면 조부님 기제가 돌아오는데 어찌하여야 할지 걱정이 되여 혹 성균관 선생님들께서 이런 경우에 어떻게 대처함이 법도에 어그러지지 않는지 지도하여 주셨으면 대단히 감사하겠습니다.

저도 20 세로 결혼은 하지 않았으며 아직 학생입니다. 신뢰할만한 서적도 없고 또 부끄럽습니다마는 저의 족친 중에 그러한 법도에 능하여 조용하게 처리하여주실 분도 계시지 않아 이와 같이 가문의 민낯을 들어냄이 수치스럽기도 합니다.
대단히 죄송합니다.

◈答; 적자가 성년에 사망하였을 때 입양에 대하여.

아래와 같이 살펴보건대 미혼으로 사망하였다면 그 앞으로 입후하지 못합니다. 까닭은 자손의 생산은 부부만이 하기 때문입니다. 까닭에 귀하가 백부에게로 입후되어야 법도에 옳습니다.입후되면 현재 백부모는 친부모가 되니 큰댁 형은 백형이 되고 생부모는 숙부모의 관계로 변하게 됩니다.

20 에 학생이라니 한문에 능하면 어려움을 없겠으나 능하지 못하면 옥편이라도 앞에 놓고 아래 전거문을 음미하여보시기 바랍니다.

●近齋曰世豈有無母之子不當立後當以次子爲嗣古禮旣冠不爲殤則只謂治喪與服制一用成人之禮非謂立後家禮旣娶方不爲殤冠而未娶者不立后何疑
●屛溪曰追后立後改題遞遷告辭錄在下方立后告辭云維歲次云云當初伯兄某夫婦早歲俱沒未及立后先親遺意不得已以兄亡弟及之禮使某姑奉先祀以待日後立后於伯兄以爲繼序主祀之地季弟某有子某年今長成必欲趁今立宗以成先親遺意已於某月某日以某立爲伯兄所后子告君成斜料文到家兹具事由將行遞遷改題之禮事非常例尤不勝感愴之至謹以云云遞遷改題告辭云維歲次云云五代孫某敢昭告于顯五代祖考某官府君顯五代祖妣某封某氏(細註)至祖考妣列書一板
●鄕校禮輯先期五日會族人立贊相戒聘使厥明詣祠堂焚香再拜跪告曰維年月日某敢昭告于某府君某年齡漸喪未得胤子竊懼世業承守無託玆擇某之第幾子某昭穆相應資性可進情禮無礙謹行聘禮立以爲嗣敢告厥明(先期三日)使齎幣詣其子生父之門主人揖入再拜興使奠幣拱揖請曰某親某未有胤子先祀無託惟吾子第幾子某揆於禮法應與承繼玆不以某不能爲儀使將幣以聘惟吾子以禮成之主人辭曰某不敏教忝義方某之子某又資稟魯鈍恐負重託吾子雖有命未敢敬承使復請曰某之來聘也某子稽諸譜系告諸家廟薰沐束幣實使某致先人之禮惟吾子圖之主人對曰吾子達先人之意固已命某敢不敬順遣子某備董擇焉使再拜曰敬聞嘉命主人答拜主人詣祠堂焚香再拜跪告曰某親某未有胤子玆使某來致先人之禮聘某第幾子某往繼宗祀禮法相應不能辭避是庸虔告再拜興主使咸在寢召子至堂中北面父命之曰某親某年衰未有胤子使使聘汝爲嗣吾謹以禮允許汝其往哉子辭曰不肖負罪方與一二兄弟敬體庭訓黽勉不及懼不成人不敢聞他命父再命曰某親某之聘汝也前人苗裔本則一矣身之諸父情則親矣戒使致幣禮則修矣不可辭也汝其往哉子哭再拜且辭曰兒荷大人顧復昊天罔極圖報末由不敢受他命願終辭之父三命曰嗟余子汝聽余命某親某之聘汝盛服秉幣告諸先人玆使者之來也實致先人之禮汝其敬承先命以往子東面哭再拜曰兒負罪深重矣父命勿哭乃起父命受聘幣子再拜興主人遂禮使使復命主人乃戒賓厥明(先一日)嗣父家設父母席于寢正中(近北)設子席(一初相見席于堂正南楣北一承嗣命拜席于堂下庭中)陳服于房冠衣一襲靴條一(無房則設帷房于正寢東北)膳席三盥具一厥明使者俟于于嗣子門左主人主婦帥子詣祠堂跪告曰某第幾子某謹奉祖命今日出繼與某爲祠謹告子四拜乃辭于父母諸親屬父命之曰善事嗣父嗣母致養致敬愼厥身修毋貽憂辱又曰爾父恪守先猷隨當有胤爾其愛護教導均授常産克友克養以光昭世德子應曰諾母命之曰敬服膺爾父定命子應曰不敢忘俯伏再拜降自西階使先入報子至父母坐正寢使導子入北面鞠躬四拜父母立受相導子入房更服出鞠躬四拜父母坐受跪父母命曰吾兒吾以年齡漸衰且老宗事未得付託特聘汝爲嗣子承守世業玆命汝名曰某汝其夙夜敬念愼修言行敦敍彛倫以無墜祖宗之緒子應曰謹承命惟不堪是懼俯伏興父母入坐內寢相導子入問安侍者供酒饌子酌酒進饌于父母前揖曰請饌父母坐受飮食之乃命設嗣子席于席西使侍者授酒供菜子詣親席揖升席正立啐酒嘗菜父母曰咬菜根儉德也由是充之宗祊其昌乎子詣親席前跪曰敢不受教侍者供饌子酌酒取饌進(揖請升席如前)飮酒用饌父母曰庖人治饌刲割以方烹調以宜吾兒治身處物日乾夕惕方以立本宜以制動吾之宗祊其昌乎子又詣親席前跪曰敢不受教侍者供饌子取飯進親席前揖曰請加餐乃飮供茶畢徹席主人帥嗣子謁祠堂告畢遂謁見諸親屬乃禮使迎賓成禮而退
●史記評林孝文本紀古之有天下者莫不長焉用此道也(註索隱曰言古之有天下者無長於立子故云莫長焉用此道者用殷周立子之道故安治千有餘歲也)立嗣必子所從來遠矣
●儀禮疏曰適子不得後他故取支子又曰小宗適子亦當立後

●通典漢石渠議戴聖曰大宗無後族無庶子已有一適子當絶父祀以後大宗
●喪服傳何如而可爲之后同宗則可爲之后何如而可以爲人后支子可也疏支子可也者他家適子自爲小宗小宗當收斂五服之內亦不可闕則適子不得後他故取支子○又曰爲人後者孰後後大宗也曷爲後大宗大宗者尊之統也大宗者收族者也不可以絶故族人以支子後大宗也
●論語先進第十一子曰回也視予猶父也予不得視猶子也非我也夫二三子也
●丘儀大明令凡無子許令同宗昭穆相當之姪承繼先取同父周親次及大功小功緦麻如無則方許擇遠房及同姓爲嗣不許養異姓爲嗣以亂宗族立同姓者易不得尊卑失序以亂宗族且凡爲人後者必承父之命不承父命是貪利而忘親也
●經國大典適妾俱無子者告官立同宗支子爲後
●退溪曰長子無子次子之子承重指適子孫而言雖有妾産未可遽承代也
●沙溪曰長子無後而死不立後次子死而有子又季子生存次子之子當奉祀
●許傳曰長子無後雖次子之庶子其爲血孫一也恐不當捨之而取族人子也其曰未可遽承代云者只爲愼重而然耶
●尤庵曰前後妻皆歿後始爲之子者當爲前母之子
●或問父母生時長子無后而死則奈何或傳長婦或傳次子何以則得宜耶退溪曰父母生存長子無后而死爲長子立后而傳之長婦此正當道理也
●或問長子無后而死不立后次子死而有子又季子生存則誰當奉祀耶沙溪曰次子之子當奉祀也
●遂菴曰過長殤之年則雖未冠笄何可以殤例論也

6 보학(譜學) (附行列)

▶2744◀ ◈問; 돌아가신 후.

선조님께서 돌아가시면 후손들은 호나 벼슬을 따서 00 공이라고 족보에 올리고 소파를 결성합니다. 예를 들어 참봉 벼슬을 하셨으면 그 직계 후손들이 참봉공으로 또는 벼슬 보다는 호를 따서 00 공으로 부르기도 합니다. 이런 존칭을 총칭해서 뭐라고 해야 할까요? 많은 가르침 바랍니다.

◈答; 돌아가신 후.

파조(派祖)를 이르기를 00公이라 이르게 되는데 이에 쓰인 공의 의미는 존칭으로 존칭을 ①장자(長者)와 노인(老人)에 대한 존칭(尊稱) ②평교간(平交間)에 상대를 높여 이르는 말. ③제왕(帝王)이 신하(臣下)를 이르는 경칭(敬稱). ④일반적(一般的) 경칭(敬稱)으로 분류가 됩니다. 질의이신 파조(派祖)에 쓰인 공(公)의 의미는 존칭(尊稱) 중에서 "[일반적(一般的) 경칭(敬稱)]"으로 이해되어야 할 것입니다.

●松沙集序南原梁氏家乘序; 梁氏之仍舊貫者斤斤是衣冠古家而諱得遇實與之同祖長子命耉公卽仁東公之大人而浴川家之派祖也
●康熙字典八部二畫【公】[唐韻][正韻]古紅切竝音工 又尊稱曰公
●漢書田叔傳; 學黃老術於樂鉅公(註師古曰姓樂名鉅公者老人之稱也)爲人廉直喜任俠游諸公(註師古曰諸公皆長者也)
●史記平原君虞卿列傳; 左手持盤血而右手招十九人曰公相與歃此血於堂下公等祿祿所謂因人成事者也
●周書帝紀第二文帝下; 三年春正月此五日中吾取竇泰必矣公等勿疑
●五洲衍文長箋散稿經史篇論史類人物關壯繆辨證說; 肅廟癸亥改修別立一祠於其旁以陳都督主享忠武公李舜臣爲配

▶2745◀ ◈問; 족보.

族譜관련 문의 드립니다. 저희 아버지는 삼 남매 중 막내이시고 그 중 아버지와 고모님은 살아계십니다. 저희는 4 형제고요 저희 맏형입니다. 할아버지 제사와 할머니 제사는 원래 큰집 사촌 형이 지내고 있었는데 30 여년전에 아버지가 가져오셔서 지금껏 지내고 있습니다.

다름이 아니오라 저희 4 형제에서 저는 딸 둘 셋째는 딸 하나 막내 넷째는 딸 아들 이렇습니다. 헌데, 한 30 여년 전까지는 집안 문중에서 족보를 제작하고 배포도 하였는데 그 후 별 의미가 없다며 문중에서 족보 관련해서는 제작이나 이런걸 안하고 있습니다. 헌데, 저희 넷째가 난데없이 아들이 있어 족보를 만들고 거기에 아들을 올리고 싶어하는데요 문중 어른 분도 지금은 이젠 안 만들고 필요하면 만들고 싶은 사람이 본인 돈 들여 만들어 라고 하십니다. 그 때문에 저희 형제들과 부모님께서는 문중에서 포기한걸 왜 그리 연년 하느냐고 넷째에게 말하지만 넷째는 아들 있는데 너무 신경 안 쓴다고 난리 피우며 집안이 편하지 않습니다. 정말 요즘 족보에 의미가 있는지요? 그렇다고 저희 집안에 수십 년 동안 의사(醫師) 판검사(判檢事)는커녕 내세울만한 인물도 없습니다. 그런 판국에 족보가 요즘 다 왠 말인가 싶은데요.

◈答; 족보(族譜).

보첩의 종류로는 대동보(大同譜) 파보(派譜) 세보(世譜) 가승(家承) 계보(系譜) 가첩(家牒) 등이 있는데 우리 나라 족보의 역사는 [嘉靖年間=1522~1566]에 발행된 [文化柳譜]가 최초라 기록 되어 있으나 그 족보(族譜)는 현존(現存)하지 않는다 하며 확인되는 최초의 족보(族譜)는 성종 7 년(1476)년에 간행된 안동권씨(安東權氏)의 족보(族譜)로 성화보(成化譜)가 최초의 족보가 됩니다

족보제도(族譜制度)의 기원(起源)은 육조(六朝; 吳, 東振, 宋, 齊, 梁, 陳)로 거슬러 올라가게 되나 지금의 족보 형식은 대체적으로 북송(北宋)의 대문장가(大文章家)인 삼소(三蘇)[蘇洵(1009~1066. 北宋의 文人. 字 明允, 號 老泉)과 그의 아들 蘇軾(1036~1101. 北宋의 文官. 字 子瞻 和仲, 號 東坡) 차자(次子) 蘇轍(1039~1112. 北宋의 文官. 字 子由, 號 潁濱)]가 편찬(編纂)한 족보(族譜)의 형식을 표본(標本)으로 삼고 있습니다.

특히 종족(宗族)에 대한 통속적(通俗的) 풀이는 일족(一族). 동족(同族). 종당(宗黨). 등과 동의로 국어적(國語的)으로는 성(姓)과 본(本)이 같은 겨레붙이 정도로 이해될 것이나, 유학적(儒學的)으로 아래와 같이 여러 면으로 대강 살펴보건대 많은 설(說)이 있으나 백호통(白虎通)의 말씀이 그 중에서 가장 간단명료하게 표현한 말씀입니다.

백호통(白虎通)에 의하면 [종족(宗族)]에서 [종(宗)]이라 함은 [선조(先祖)]를 주(主;시조(始祖)로 삼고, [족(族)]이라 함은 [은애상류주(恩愛相流湊)]라 하는데 [생상친애(生相親愛)]요, [사상애통유회취(死相哀痛有會聚)]라. 살아서는 서로 친애(親愛)하고 죽음에는 애통(哀痛)함이 서로 있어 모여드는 관계를 족(族)이라 한다는 말씀입니다. 따라서 족보(族譜)는 유가(儒家)나 지체 높은 가문(家門)이라면 필수서(必須書)로 대접되어야 할 것입니다.

족보의 역할을 씨족(동족)의 시조로부터 족보 편찬 당시 자손까지의 일가의 계통을 적은 책으로. 이를 통해 동족 여부 • 소목(昭穆)의 서(序) • 촌수 등 동족 사이의 신분관계를 구별하여 동족간에 우애를 돈독히 하고 상부상조하여 씨족 발전을 도모함에 그 의미가 있음이지 족인의 사회적 유명세를 기록으로 남기려는 목적서가 아닙니다. 족보란 "한 가문의 계통과 혈통 관계를 적어 기록한 책"으로 국가(國家)의 사승(史乘)과 같이 그 가문(家門)의 역사서(歷史書)입니다.

●燃藜室記述別集文藝典故族譜條我東族譜嘉靖年間文化柳譜最先刱而纖悉詳載外裔故後来修譜家輒就考訂

●安東權氏家譜序(成化丙申譜); 權本新羅宗姓金氏也羅季有金幸者守古昌郡時甄萱入新羅弑王辱妃高麗太祖赴救與萱相持幸謨於衆曰萱義不共戴天歸王公以雪痛憤遂迎降麗祖曰幸能炳幾達權乃賜姓權授太師以郡爲食邑陞爲安東府

●成化譜安東權氏家譜序(云)權本新羅宗姓金氏也(云云)權氏子孫勖之成化紀元之十二年(成宗七年; 1476)蒼龍丙申正月上日純誠明亮佐理功臣崇政大夫行議政府左叅贊兼藝文舘大提學知成均舘事同知經筵事達城君徐居正剛中敘

●成化譜跋(云云)歲成化十二年(成宗七年; 1476)丙申三月日中訓大夫行安東大都護府敎授崔鎭謹跋

●成化譜安東權氏世譜 | 始祖權幸(三韓壁上功臣三重大匡太師) | 子仁幸(郎中) | 子冊(戶長正

朝) | 子均漢(右一品別將) | 子子彭(戶長正朝) | 子先蓋(戶長同正翼牙校尉) | 以下省略
●西廂記郞之才望亦不辱相國之家譜也
●增補文獻備考帝系考璿譜紀年條始祖諱翰新羅司空妣慶州金氏二世諱自延侍中三世諱天祥僕射四世諱光禧阿干(云云
●皇朝經世文編禮政宗法上原姓條男子稱氏女子稱姓氏一再傳而可變姓千萬年而不變最貴者(云云)最下者庶人庶人無氏不稱氏稱名然則氏之所由興其在於卿大夫乎故曰諸侯之子爲公子公子之子爲公孫公孫之子以王父字若謚若邑若官爲氏氏焉者類族也貴貴也考之於傳二百五十五年之間有男子而稱姓者乎無有也女子則稱姓古者男女異長在室也(云云)同姓百世而昏姻不通者周道也故曰姓不變也是故氏焉者所以爲男別也姓焉者所以爲女坊也自秦以後之人以氏爲姓以姓稱男而周制亡而族類亂作原姓
●又宗法論條或問宗之爲義一而已矣宗子之外又有四宗可乎曰宗者所以重其祭祀也始祖一而已矣故宗止於一高祖以下之親四故宗必有四班固曰宗其爲高祖後者爲高祖宗宗其爲曾祖後者爲曾祖宗宗其爲祖後者爲祖宗宗其爲父後者爲父宗此四宗之說也無可疑者也曰前輩之辨小宗也謂大宗以始祖爲宗小宗以高祖爲宗族人雖各有曾祖祖禰之親然視之高祖彼皆支子也不爲宗得爲宗者高祖所傳之適而已(云云)故四宗之說天理人情之至也無可疑者也(以下宗法上下論略)
●淵鑑類函人部姓氏一說文曰姓人所生也古之神母感天而生子故稱天子因以從女女生亦聲也白虎通曰人所以有姓者何所以崇恩愛厚親親遠禽獸別婚姻也故紀世別類使生相愛死相哀同姓不得相娶皆爲重人倫也姓者生也(云云)○以下姓氏二~四省略)
●淵鑑類函纂要姓字氏族(略)姓氏爲二條通志曰三代之前姓氏分而爲二男子稱氏婦人稱姓氏所以別貴賤姓所以別婚姻至三代之後姓氏合而爲一于文女生爲姓故姓之賜多從女姬姜嬴姒姚嬀姞妘娴妊嫪之類是也
●白虎通德論宗族條宗者何謂也宗尊也爲先祖主也宗人之所尊也(云云)族者何也族者湊也聚也謂恩愛相流湊也生相親愛死相哀痛有會聚之道故謂之族
●淵鑑類函人部宗族一條白虎通曰宗者何謂也(云云)生相親愛死相哀痛有會聚之道故謂之族韻會曰祖始也祖始也始受命也宗尊也有德可尊也古者大宗小宗大宗百世不遷小宗五世則遷又流派所出爲宗(云云)宗族二~五省略
●日知錄祖孫條自父而上之皆曰祖(云云)自于而下之皆曰孫(云云)○又高祖條漢儒以曾祖之父爲高祖考之於傳高祖者遠祖之名爾(云云)○又藝祖條書歸格于藝祖(云云)宋人稱太祖爲藝祖爲藝祖不知前代亦皆稱其太祖爲藝祖(云云)前漢高祖(云云)冊文曰(云云)是歷代太祖之通稱也○又考條古人曰父曰考一也(云云)曲禮定爲生曰父死曰考之稱而爲人子者當有所諱矣○又伯父叔父條古人於父之昆弟必稱伯父叔父未有但呼伯叔者若不言父而但曰伯叔則是字之而已詩所謂叔兮伯兮伯兮朅兮叔于田之類皆字也○又族兄弟條書克明俊德以親九族鄭康成謂九族者據已上至高祖下及[元]孫之親左傳襄公(云云)同宗臨於祖廟同族於禰廟注同族謂高祖以下是也故晉叔向言肸之宗十一族賈誼新書人有六親六親始曰父父有二子二子爲昆弟昆弟又有子子從父而昆弟故爲從父昆弟從父昆弟又有子子從祖而昆弟故爲從祖昆弟從祖昆弟又有子子從曾祖而昆弟故爲曾祖昆弟曾祖昆弟又有子子爲族兄弟備於六此之謂六親是同高祖之兄弟卽爲族族非疏遠之稱顔氏家訓凡宗親世數有從父有從祖有族祖江南風俗自玆以往皆云族人河北雖二三十世猶呼爲從伯從叔梁武帝嘗問一中士人曰卿北人何故不知有族答云骨肉易疏不忍言族耳○又親戚條史記宋世家箕子者紂親戚也路史謂但言親戚非諸父昆弟之稱非也(原注)曲禮兄弟親戚稱其慈也疏曰親指族內戚指族外古人稱其父子兄弟亦曰親戚○又妻子條今人謂妻爲妻子此不典之言然亦有所自(錢氏曰詩妻子好合如鼓瑟琴)韓非子鄭縣人卜子使其妻爲袴其妻問曰今袴何如夫曰象吾故袴妻子因毁新令如故袴杜子美詩結髮爲妻子席不煖君牀
●山堂肆考親屬宗族條書堯典克明俊德以親九族按九族自高祖至玄孫之親擧近以該遠也夏侯歐陽等以九族者父族四母族三妻族二周道旣東棄其九族故作葛藟以刺平王不親九族骨肉相怨故作角弓以刺幽王○明長幼(云云)○辨親疎(云云)○公族(云云)○后族(云云)○四會三會(云云)○大宗小宗(云云)○三輔冠族(云云)○四海望族(云云)○列國大族(云云)○近世新族(云云)○幸得末屬(云云)○已爲路人(云云)○爭先後(云云)○尙姻婭(云云)○四世同居(云云)○九世同居(云云)○宗稱太傳(云云)○以下省略
●淵鑑類函人部父母(云云)○父子(云云)○母子(云云)○後母(云云)○祖孫條釋名曰祖祚也祚先也

又曰王父王晧也家中所歸往也曾祖從下推上祖位轉增益也高祖高皐也最在上皐諂諸下也又曰孫遜也遜遁在後生也曾孫義如曾祖也元孫懸也上懸于高祖最在下也

▶2746◀◈問; 시조(始祖) 호칭 관련 문의.

안녕하세요 다름이 아니 오라 始祖와 관련된 여러 호칭이 있는데 어느 경우에 어떤 호칭을 사용하는지 설명부탁 드립니다.

시조(始祖), 관조(貫祖), 중시조(中始祖), 입향조(入鄕祖),

◈答; 시조(始祖) 호칭 관련.

1.始祖; 受姓之祖. 성씨를 처음 받은 선조.

●儀禮喪服; 諸侯及其大祖天子及其始祖之所自出(鄭玄注)始祖者感神靈而生若稷契也

●朱子曰 : 始祖謂受姓之祖如蔡氏則蔡仲之類

2.貫祖; 始貫祖. 관향을 받은 선조

● 松沙集墓表順陵參奉朴公墓表; 葬玉洞考墓靑龍卯坐公諱慶補字郁汝朴系務安始貫祖進昇

3.中始祖; 쇠퇴한 집안을 중흥시킨 조상을 파조로 삼은 중흥조.

●國語辭典 중시조(中始祖) 명 쇠퇴한 집안을 중흥시킨 조상. 중흥조(中興祖)

●日省錄純祖八年戊辰癸丑判下擊錚原情于秋曹; 慶州李氏始祖謁平同爲始祖而其下乃敢做出虛系官職十餘代以甲山府使李禧稱爲中始祖而有功於麗朝移封淸河因爲淸河之李厚誣故重臣閔鍾顯受得碑文將欲樹碑之際渠往見重臣明其系派之不然則重臣始覺其見欺還索碑文惟彼世選

4.入鄕祖; 공식적으로 국어 단어에도 없는 말로 전거는 유서에는 확인되지 않아 아래와 같이 DB 에서 인용하였으며 지식백과에서는 “어떤 마을에 맨 먼저 정착한 사람이나 조상” 이라 풀려 있음.

●瀛隱集德峯墓位節目序; 我家自入鄕祖以來歷三世而至公爲分派之宗

▶2747◀◈問; 족보 문제.

수고가 많습니다. 다름 아니옵고 저의 족보에 대해서 문의가 있습니다. 집에 가첩이 있었는데 이사를 하면서 분실했습니다. 그런데 여지껏 족보를 만들어보지를 못했습니다. 이번에 저의 종친회에서 족보를 만든다고 하시는데 입후를 해서 만들라고 하는데 입후를 어떤 방법으로 하는 것인지 절차를 몰라 문의합니다. 자세한 설명을 부탁 드립니다.

◈答; 족보(族譜) 문제.

강정식님으로부터 몇 대 위 조상까지 입후할 것인가가 정하여 졌으면 떠날 집의 대와 들어갈 집의 대에 맞아야 하니 대에 맞았으면 양가의 합의하에 결정 되는 것입니다. 입후에 관하여는 어느 파에 강정식님 댁의 항렬과 맞아 입후할 것인가는 총친회와 협의 결정하여야 할 것입니다. 다만 그 예법에 관하여는 사당의 예법은 상세히 있으나 지방으로 된 예법은 없습니다. 다만 사당이 없다 하여도 그 예법에 준하여 지방으로 행하면 될 것입니다. 그는 확정된 뒤에 다시 방문하시어 자초지종을 밝혀 주시면 그에 관한 예법은 그에 맞게 답하여 드리겠습니다.

●辭源言部八畫譜; [譜學]研究譜牒的學科魏晉南北朝時特重門第選擧必稽譜牒譜學遂成專門之學如東晉賈弼之南齊賈淵祖孫及梁王僧孺均長於譜學

●南齊書賈淵傳; 先是譜學未有名家淵祖弼之廣集百氏譜記專心治業

●西廂記郎之才望亦不辱相國之家譜也

●燃藜室記述別集族譜條我東族譜嘉靖年間文化柳譜最先(云云)

●增補文獻備考帝系考璿譜紀年條始祖諱翰新羅司空妣慶州金氏二世諱自延侍中三世諱天祥僕射四世諱光禧阿干(云云)

●燃藜室記述族譜條我東族譜嘉靖年間(1522~1566)文化柳譜最先㴱而纖悉祥載外裔故後来修譜家輒就考訂

●史記太史公自序; 維三代尙矣年紀不可考蓋取之譜牒舊聞本于玆於是略推作三代世表第一〇又十二諸侯年表; 太史公讀春秋曆譜諜至周厲王未嘗不廢書而歎也(辭註)譜牒記述氏族或宗族世系的書

●南齊書文學傳賈淵; 淵父及淵三世傳學凡十八州士族譜合百帙七百餘卷該究精悉當世莫比(辭註)族譜宗族或家族的譜系

●成化譜安東權氏家譜序(云)權本新羅宗姓金氏也(云云)權氏子孫勖之成化紀元之十二年(成宗七年; 1476)蒼龍丙申正月上日純誠明亮佐理功臣崇政大夫行議政府左叅贊兼藝文舘大提學知成均舘事同知經筵事達城君徐居正剛中敘

●成化譜跋(云云)歲成化十二年(成宗七年; 1476)丙申三月日中訓大夫行安東大都護府敎授崔鎭謹跋

●成化譜安東權氏世譜 | 始祖權幸(三韓壁上功臣三重大匡太師) | 子仁幸(郞中) | 子冊(戶長正朝) | 子均漢(右一品別將) | 子子彭(戶長正朝) | 子先蓋(戶長同正翼牙校尉) | 以下省略

▶2748◀◈問; 족보에 계통을 적을 째.

1. 계통을 족보에 적을 때 세로 적습니까? 대로 적습니까?
2. 족보에 선조가 23 세이고, 제가 29 세이면 축문에 어떻게 적습니까?

◈答; 족보에 계통을 적을 째.

◆問 1 答; 족보에는 世로 표시가 됩니다.

◆問 2 答; 선조(先祖)가 二十三世(이십삼세)이시고 귀하가 二十九世(이십구세)이시면 六代祖(육대조)에 六代孫(육대손)이 됩니다. 六代祖(육대조)는 親盡祖(친진조)로 忌祭(기제)를 면하고 1 년에 한번 10 월에 墓祭(묘제) 를 지내드리게 됩니다.

아래와 같이 살펴보건대 귀하의 경우 墓祭(묘제) 祝式(축식)은 아래와 같습니다..
維歲次干支幾月干支朔幾日干支六代孫봉길敢昭告于
顯六代祖考某官府君
顯六代祖妣某封某氏之墓(云云)

●陶庵曰親盡墓祭韓魏公禮十月一日祭之恐得宜
●便覽親盡墓祭祝文式
維歲次干支幾月干支朔幾日干支幾代孫某敢昭告于
始祖考(或幾代祖考或幾代祖妣)之墓(云云)
●尤庵遠代墓歲一薦祝文
維歲次干支幾月干支朔幾日干支幾代孫某敢昭告于
顯某代祖考某官府君
顯某代祖妣某封某氏之墓(云云)
●祝笏贈職者墓祭祝文
維歲次某年十月朔日干支某代孫某官某敢昭告于
顯某代祖考贈某官府君
顯某代祖妣贈某封某氏之墓(云云)
●祝鏡祧遷代盡主于長房祝
維歲次年月朔日干支五代孫某敢昭告于
顯五代祖考某官府君
顯五代祖妣某封某氏玆以(云云
●四禮笏記埋主祝
維歲次干支幾月干支朔幾日干支孝某代孫敢昭告于
顯五代祖考某官府君(妣位列書)玆以(云云)

▶2749◀◈問; 족보 용어 중 무후.

절손된 분은 无后로 족보에 표시되는데 왜 無後로 안 하는지 궁금합니다. 특별한 뜻이 있는지요? 비문 등에도 보면 后孫으로 쓰는 예가 많던데 後孫으로 안 쓰는 게 궁금해서 글을 올립니다. 감사합니다.

◈答; 족보 용어 중 무후(无后)에 대하여.

答; 아래와 같이 살펴보건대 후사가 없다는 무후(无后)는 무후(無後)와 동자(同字) 동의(同義)로 필자(筆者)의 선택(選擇)에 따라 무후(無後) 또는 무후(无后)로 기록(記錄)할 수가 있습니다.

○无는 無와 (없다)同字
○后는 後와 (뒤)同字

●康熙字典无部; [无](唐韻)武夫切音巫 (藝苑雄黃)詩書禮記春秋論語本用无字變爲無
●周易傳義大全繫辭上十二章; 自天祐之吉无不利也(按)辭源无部無的別體字今易無字皆作无
●儀禮經傳通解聘禮; 君還而后退(鄭玄注)而后猶然後也
●禮記註疏大學; 物格而后知至知知而后意誠意誠而后心正心正而后身修身修而后家齊家齊而后國治國治而后天下平(按)辭源口部后通後

7 친속(親屬) (附寸數)

▶2750◀◈問; 사자(嗣子)의 의미는?

안녕하세요. 선생님 글을 보면서 예절에 대해 많은 공부를 하고 있습니다.

신문(新聞) 부고(訃告) 난에 보면 사자(嗣子) 000 이렇게 올린 경우를 자주 보는데 사자(嗣子)의 의미가 무엇인지요. 부(父)를 이은 장자(長子)를 의미하는가요 아니면 적자를 의미하는가요. 장자(長子)라면 서자도 장자가 될 수 있을 것이고 적자도 장자가 될 수 있을 겁니다. 그렇다면 사자(嗣子)는 자식 중 가장 먼저 태어난 아들의 의미일 것이고 만약 전통적인 의미라면 적장자를 말하는 것일 텐데 어떤 경우에는 사자(嗣子)는 양자(養子)를 들여서 가문(家門)을 잇는 경우. 즉 양자를 의미한다고 듣기도 해서요, 정확한 사자(嗣子)의 의미를 알고 싶습니다. 선생님 글에서는 노이전중(老而傳重)이란 글에서 사자(嗣子)라는 단어를 언급하셨더군요.

◈答; 사자(嗣子)의 의미.

[嗣子]란 제왕이나 대부사의 뒤를 이을 적장자(嫡長子). 맏아들. 또는 무자(無子)라 입후한 아들을 이릅니다.

●曲禮大夫士之子不敢自稱曰嗣子某不敢與世子同名
●春秋左傳二十年十一月條今越圍吳嗣子不廢舊業而敵之杜註嗣子襄子自謂欲敵越救吳
●左傳哀公十二年; 趙孟曰黃池之役先主與吳王有質曰好惡同之今越圍吳嗣子不廢舊業而敵之(杜預注)嗣子襄子自謂
●史記五帝本紀; 堯曰誰可順此事放齊曰嗣子丹朱開明堯曰吁頑凶不用(註)嗣子帝王或諸侯的承嗣子(多爲嫡長子)
●柳南隨筆嗣子; 又昌黎節度使李公墓誌銘云公有四子長曰元孫次曰元質曰元立曰元本元立元本皆崔氏出葬得日嗣子元立與其昆弟四人請銘於韓氏昌黎所謂嗣子與漢書正同皆所謂嫡長子也蓋庶出之子雖年長于嫡出而不得爲嗣子
●辭源口部十畫嗣[嗣子]; 舊時無子而以他人之子爲嗣亦稱嗣子多以近支兄弟之子爲之參閱淸會典事例一五六戶口旗人撫養嗣子
●書經集傳呂刑王曰嗚呼嗣孫今往何監非德于民之中尙明聽之哉(細註)嗣孫嗣世子孫也(孔傳)嗣孫諸侯嗣世子孫

▶2751◀◈問; 삼종증조부에 관하여.

1. 삼종증조부(三從曾祖父)한테 대부라고 부르나요?

2. 삼종증조부는 법적으로 친척범위에 드는지요?
3. 6 대할아버지의 친동생이 아들을 못 낳아서 대가 끊겼는데 삼종증조부의 조부(삼종증조부의 할아버지)께서 6 대할아버지의 친동생의 자식으로 양자로 되어있어서 삼종증조부의 집안이 6 대할아버지의 친동생의 후손으로 양자로 대를 이어오고 있는데 실제로 이런 경우가 있나요? 삼종증조부와 증조부는 6 촌관계인데. 삼종증조부 집안이 6 대할아버지 친동생의 후손으로 양자로 되어있어서 삼종증조부와 증조부의 6 촌관계가 8 촌관계로 늘어나 보입니다.
4. 삼종증조부와 저는 한글이름은 같고 한자이름은 다른데 문제가 될게 없는지요?

◈答; 삼종증조부에 관하여.

○問 1, 答; 유가(儒家)나 국어적(國語的) 호칭(呼稱)으로 삼종증조부(三從曾祖父)란 호칭(呼稱)은 없습니다. 그러나 아래 도표(圖表)와 같이 호칭(呼稱)을 붙이게도 됩니다.
다만 대부(大父)란 호칭(呼稱)은 유가적(儒家的)으로는 조부(祖父)와 외조부(外祖父)의 호칭(呼稱)이나 국어적(國語的)으로는 조부(祖父)와 한 항렬(行列)되는 유복친(有服親) 외(外)의 무복친(無服親)도 대부(大父)라 칭(稱)하게 됩니다.

○問 2, 答; 친(親)이란 아래 주례(周禮) 정현주(鄭玄註)에서 시마복(緦麻服) 이내(以內)라 하였으니 삼종증조부(三從曾祖父)는 무복(無服)이 되니 친척(親戚)이라 할 수 없으나, 그러나 묵자나 좌전 주에서 내외척도 친적이라 한다 하였으니 삼종증조부(三從曾祖父)도 친척의 범주에 듭니다.

○問 3. 答; 무자(無子)일 경우(境遇) 입후(立后)는 원근(遠近) 불문(不問) 동성(同姓) 동본(同本) 동항렬(同行列)에서 입후하게 됩니다.

○問 4. 答; 선대(先代)의 함자(銜字)나 국명(國名) 작명(爵名)에 쓰인 글자는 자손(子孫) 명(名)에 쓰지 않습니다. 단(但) 귀하(貴下)와 같이 한자(漢字)는 다르고 음(音)만 같다 함에는 그 전거(典據)가 없으니 정오(正誤)를 가려 이를 수가 없습니다.

◆계촌도(計寸圖)

六代祖						從六代祖
玄祖					從玄祖	再從玄祖
高祖				從高祖	再從高祖	三從高祖
曾祖			從曾祖	再從曾祖	三從曾祖	四從曾祖
祖		從	再從祖	三從祖	四從祖	五從祖
父	伯叔父	從伯叔父	再從伯叔父	三從伯叔父	四從伯叔父	五從伯叔父
나 兄弟	從兄弟	再從兄弟	三從兄弟	四從兄弟	五從兄弟	六從兄弟
	四寸	六寸	八寸	十寸	十二寸	十四寸

복인표시

●韓非子五蠹; 今人有五子不爲多子又有五子大父未死而有(裵駰集解引應劭曰大父祖父)
●史記劉敬叔孫通列傳; 冒頓在固爲子婿死則外孫爲單于豈嘗聞外孫敢與大父抗禮者哉
●墨子非命上; 是以入則孝慈於親戚出則弟長於鄉里(辭源註)親戚內外親屬
●左傳僖公二十四年; 昔周公弔二叔之不咸故封建親戚以蕃屛周(辭註)親戚與自己有血緣或婚姻關系的人
●국어대사전(교육도서)대부(大父) 명 할아버지와 한 항렬(行列)되는 유복친(有服親) 외의 겨레붙이인 남자를 일컫는 말.
●周禮春官凡殺其親者焚之殺王之親者辜之(鄭玄注)親緦服以內也
●爾雅釋親宗族條高祖王母(註高者言最在上)玄孫(註玄者言親屬微昧也)
●史記評林孝文本紀古之有天下者莫不長焉用此道也(註索隱曰言古之有天下者無長於立子故云莫長焉用此道者用殷周立子之道故安治千有餘歲也)立嗣必子所從來遠矣
●白虎通德論宗族篇宗者何謂也宗尊也爲先祖主也族者何也族者湊也聚也謂恩愛相流湊也生相親

愛死相哀痛有會聚之道故謂之族

●通典禮篇甥姪名不可施伯叔從母議條伯叔有父名則弟兄之子不得稱姪從母有母名則姊妹之子不得稱甥

●弘齋全書經史講義書八國名爵號而不稱名

▶2752◀◈問; 외당숙은 가깝나요?

외당숙은 옛날이나 지금이나 친척범위인가요?

◈答; 외당숙은 가깝나.

친척(親戚)이란 동성지친왈친(同姓之親曰親)이라 하고 이성지친왈척(異姓之親曰戚)이라 하니 유복친(有服親) 동성동본(同姓同本)의 8 촌(寸)과 외척(外戚)으로는 외종형제(外從兄弟)와 내척(內戚)으로는 고종형제(姑從兄弟) 까지가 유복친(有服親)이 됩니다.

좁은 의미(意味)로는 8 촌이내(以內)의 유복친(有服親)은 친척(親戚)이라 하고 그외 무복친(無服親)을 원척(遠戚)이라 합니다.

외당숙(外堂叔)이란 어머니의 4 촌(寸)오빠나 남동생인데 외당숙(外堂叔)은 무복외척(無服外戚)이 됩니다. 외당숙(外堂叔)은 본가(本家) 삼당숙(三堂叔; 9 寸叔)과 인과관계(因果關係)가 동일(同一)한 거리가 됩니다.

친척(親戚)이란개념(概念)은 시대에 따라 그 범위가 변하여 왔으니 더구나 이 시대에 와서는 씨족(氏族)과 집단주의(集團主義) 보다 개인주의(個人主義) 사고가 더욱 벌어진 현실(現實)에서는 각자((各者) 개인에 따라 친밀도가 달라질 것입니다.

특히 민중서림 발행(1974) 엣센스 국어사전에서는 [외당숙(外堂叔)] 외종숙(外從叔)의 친절한 일컬음. 이라 기록 되어 있으나, 그 보나 17 년 후 간행된 대형 국어사전인 교육도서 발행(1991) 국어대사전에는 외당숙(外堂叔)이 기록되어 있지 않을 정도로 국어학계에서도 잊혀진 속칭이니 친척(親戚) 범위에 드는지의 여부는 각자가 판단할 문제가 아닐까 합니다.

●朱子家禮喪禮成服五曰緦麻三月; 爲外兄弟謂姑之子也爲內兄弟謂舅之子也

●春秋左傳僖公二十四年; 傳曰昔周公吊二叔之不咸故封建親戚以藩屛周(疏)其親戚不能同心

●前漢禮樂志註; 如淳曰父子從父昆弟從祖昆弟曾祖昆弟族昆弟爲六親

●詩經大雅; 戚戚兄弟(傳)戚戚內相親也正義曰戚戚猶親親也

▶2753◀◈問; 외종(外從)이 무엇입니까?

안녕하세요. 외종(外從)이 무엇입니까?

◈答; 외종(外從)이란.

아래와 같이 살펴보건대 외숙(外叔)의 아들 형제(兄弟)를 외종형제(外從兄弟)라 합니다.

●典錄通考(肅宗三十二年編纂朝鮮王朝法典)禮典上五服外親; 外祖父母小功加給假十五日同母異父兄弟同母異父姊妹小功內舅小功妻緦麻內姑母之姊妹小功甥姪及甥姪女小功甥姪妻外從兄弟舅之子姑之子外從姊妹緦麻

▶2754◀◈問; 장손, 종손.

선생님 장손, 종손은 몇 대까지 경과 했을 때 사용이 가능합니까?

◈答; 장손, 종손.

장손(長孫)이라 함은 조부(祖父)에 대한 상대 개념으로 손자(孫子) 중에서 장자(長子) 소생(所生) 맏이를 이름이요 종손(宗孫)이라 함은 장손과 통하나 종가(宗家)의 대를 이을 맏손자 됨을 이름이니 몇 대까지 경과했을 때 사용할 수 있는 것이 아니라 할아버지와 손자(孫子) 중 장손(長孫)이 대(代)를 내려가며 이어지는 한 끝이 없게 됩니다.

귀하의 질문을 심중이 생각컨대 위와 같은 보편적 답을 구하고자 함이 아닌 듯하니 답을 구하고자 함이 이와 같지 않다면 동문서답이 되었을 터이니 아니라면 다시 수고하여 주기 바랍니다.

○**長孫**; 장자(長子)의 장자(長子). 적장손(嫡長孫)
●史記齊悼惠王世家: 齊悼惠王高皇帝長子推本言之而大王高皇帝適長孫也當立(註)長孫長子的長子后亦指排行最大的孫子

○**宗孫**; 대소종(大小宗)의 적장손(嫡長孫)
●詩經大雅板懷德維寧宗子維城箋宗子謂王之適子(辭源註)嫡長子.

▶2755◀◈問; 장조카와 장조카며느리에게 예우 하는 것이 맞는지요?

작은 아버지와 작은 어머니에게 전 장조카가 됩니다. 헌데 집안의 대소사에 모두 모일 때가 되면 처와 자식이 있는 앞에서도 작은 아버지와 작은어머니는 제 이름을 부르고 하대를 하십니다. 이를테면 "oo 아 왔냐? oo 아 이거 들고 와라." 이런 식입니다. 또한 제 처(작은 아버지 작은어머니께 장조카며느리가 되지요)에게는 심지어" 야, 니 물 좀 가져와라." 이렇게 야. 너. 이러지요.

처가(妻家)에서는 예법을 중시하기에 그 동안 그런 예법을 보고 자란 처는 이런 상황에 매우 당황해 합니다. 처가에서는 숙부나 숙모님들이 장조카이신 장인어른께 하대(下待)를 하지 않는다고 합니다. "장조카 이러 이러하시게." 이렇게 ~하게 또는 ~하시게 체를 쓰신다고 합니다.

맏며느리이신 장모님 또한 일평생 ~ 해라 와 같은 반말은 들어본 적이 없으시다면서 집안의 장조카나 장조카 며느리에게는 다른 조카들과는 달리 예우를 해야 맞는 것이라고 하십니다. 처가의 경우가 맞는 것인지 알려주시면 감사하겠습니다. 만약 처가의 경우가 맞다면 다음 상황에서는 어떻게 되는지요?

제가 집안의 장자이지만 사촌 형이 있는데 사촌 형의 부인(처에게는 사촌 형님이 되지요) 역시 제 처에게 본인이 손위이니 반말하는 것이 맞다며 ~해 와 같이 딱 잘라 반말을 하는데 (처는 사촌형님께 존대하고 있구요) 이 또한 예우(禮遇)의 차원에서 처가(妻家)의 경우처럼 ~하시게 와 같은 형태가 맞는지요? 장조카

◈答; 장조카와 장조카며느리에게 예우.

어느 가문에서는 종회 시 종장 옆자리에 종손을 앉히는 집안도 있습니다. 물론 가문에 따라 다를 것이나 형제간에도 장형을 부모같이 대우합니다. 유가식으로는 종손은 그 집안의 대소사를 관장합니다. 까닭에 종손은 지손 들이 특별 대우를 하게 됩니다.

부모도 자식이 혼인을 하게 되면 함부로 대하는 법이 아니지요. 그러하니 듣기에 민망할 정도면 직언은 피하여 허물없는 가장 가깝게 지내는 친족을 통하여 넌지시 환기시켜 피차 그로 인하여 무안함이 없도록 개선하심이 옳을 것 같습니다.

●詩經大雅懷德維寧宗子維城無俾城懷註大宗强族也宗子同姓也惟宗子合族以聯親則分猷共念而有夾輔之功斯維城矣
●世說新語文學林道人往就語將夕乃退有人道上見者問云公何處來答云今日與謝孝劇談一出來
●家禮本註始祖親盡則大宗奉其墓祭歲率宗人一祭之第二世以下親盡則諸位迭掌而歲率其子孫一祭之
●尤庵曰神主祧遷則宗毁而族人不復相宗矣
●葛庵曰若非百世不遷大宗之家則當以會中長幼爲主辦祭者不可越尊長爲主初獻之後使之一獻亦合人情
●東巖曰除大宗墓外皆當以昭穆最尊者爲主獻
●沙溪曰有親盡之主當遷而族人有親未盡者則遷于其中最長者之房以祭之也

●愼齋曰遞遷之主應奉於最長房遞遷之主且改題之

●陶庵曰最長房死則其所奉神主遷于次長不待三年之畢近世士大夫家多行之愚意亦以爲長房事体非與宗家等不必待其喪畢吉祭之後次長之當奉者告由遷奉遷後始行改題似得之

●問喪孝子喪親哭泣無數○雜記祭稱孝子孝孫

⊙釋親考宗圖

●繼禰小宗註祖之次子○嫡子身事三宗統親兄弟有大宗則事四宗○嫡子之玄孫至此則遷

●繼祖小宗註曾祖之次子○嫡孫身事二宗統從兄弟有大宗則事三宗○嫡孫之曾孫至此則遷

●繼曾祖小宗註高祖之次子○嫡曾孫身事一宗統再從兄弟有大宗則事二宗○曾孫之孫至此則遷

●繼高祖小宗註別子之次子○嫡玄孫統三從兄弟○玄孫之子至此則遷

●大宗註統族人○六世孫主始祖廟祭○百世不遷

●士儀節要禮有大宗小宗大以率小小統於大故人紀修而骨肉親也夫立適以長適適相承禮之正也適子死而無子則立第二適子禮之變而亦得其正也無家適而但有妾子則承重繼序乃人倫之常也適庶俱無子則取族人之子立以爲嗣是先聖王後賢王之制也其有攝主者卽一時權宜之道而亦禮之所許也

▶2756◀ ◈問; 종손이 될 수 있는지요?

가계도(家系圖)가 그림과 같을 경우 6-1 이 1 의 종손 지위를 갖출 수 있는지를 알고 싶습니다.

1 - 2-1 - 3-1 - 4-1 무후
1 - 2-1 - 3-2 - 4-2 무후 입니다.

족보 상 양자로 정리 된 사실은 없습니다. —감사합니다.

◈答; 종손이 될 수 있는지.

시조(始祖) 및 불천위(不遷位)는 백세(百世)토록 그 종손(宗孫)이 대대로 이어가며 제사(祭祀)하나 고조(高祖)가 현손(玄孫) 대가 끊겨 친진조(오대조)가 되면 그 신주(神主)를 묘(墓)에 매안(埋安)하고 세일제로 묘에서 제사를 하게 되는데 친진조는 종훼(宗毁)가 되어 묘제의 초헌관은 그 날 모인 제원중 최존자가 주인이 되어 초헌을 하게 됩니다. 따라서 도표에서 4-1 과 4-2 가 후자 없이 사망 하였을 때 4-3 과 4-4 에서 그분들의 후자인 5-1 과 5-2 중에서 입후가 되었을 것이나 어떠한 연유인지는 알 수 없으나 그 대에서 입후의 예를 갖추지 못하였더라도 5-1 과 5-2 중 장자가 1 의 제사를 지내다 그가 죽으면 마지막 현손이 그 제사를 지내다 그도 죽으면 6 의 대는 친진이 되어 5 의 탈상과 함께 1 의 신주를 그의 묘소에 매안하고 6-1 과 6-2 는 후손들을 데리고 1 년에 한번 10 월 1 일에 묘제(墓祭)를 지내게 됩니다.

만약 1 이 시조다. 라 한다면 5-1 이 생존하였다면 그가 대종가로 입후하여 대종통을 이어야 하고 사망하였다면 6-1 이 대종손 지위를 승계하여 1 의 묘(廟)를 건사하여 그 신주를 모시고 세일제가 아닌 기제(忌祭) 속절 묘제 등 모든 제사를 백세(百世)토록 영원히 모셔야 합니다.

●凝泉日錄乙亥正月條始祖之廟百世不遷爲五廟雖親盡當祧而苟有功德則宗之亦百世不遷

●疑禮輯錄祔不遷之位條親盡祖封勳不遷則高祖當遷始封勳者不遷

●國朝五禮儀通編士庶人喪大祥條若有親盡之祖始爲功臣而百世不遷者則代數外別立一龕祭之

●芝村曰百世不遷位奉祀者代盡則別立一室以祭之別立一室則作爲一間祠堂亦可

●大典奉祀條始爲功臣者代雖盡不遷別立一室

●國朝五禮儀始爲功臣而百世不遷者則代數三代外別立一龕祭之

●葛庵曰若非百世不遷大宗之家則當以會中長幼爲主辦祭者不可越尊長爲主初獻之後使之一獻亦合人情

●鹿門曰始祖之祭宗子主之第二世以下尊者主之

●屛溪曰禮五世則宗毁不復相宗故遠代歲一祭行高者主祝大宗云者如別子或如今不遷之位奉祀孫

雖屢代猶爲宗○又曰宗派親盡則禮所謂宗毁也不可以宗波爲重而主親盡之祀長房若不得參於墓祭則以當日行事之人塡祝而祝云孫某有故不得將事使幾代孫某敢昭告云云亦有一統之意矣

●三齋曰遞遷之祖長房已盡者其墓歲一祭諸孫中屬尊者行主人之事而其祝辭自稱或曰後孫或曰幾代孫俱無不可

●梅山曰五世親盡祧遷于長房則宗已毁矣無宗子之可名祧位忌墓祭長房皆主之而及長房盡而埋主則子孫中行尊年高者當墓祀祝用其名宗孫無與焉斯爲通行之禮也

●家禮族人有親未盡者遷于最長之房使主其祭

●備要祔位之主本位遞遷則埋于墓所

●沙溪曰最長房之義朱子以爲古人屢世同居一門之內子孫各有私房若有親之主而族人有親未震者則遷于其中最長者之房以祭之○又曰最長房之子雖未親盡門中又有諸父諸兄則當遷奉於其房耶沙溪曰然○又曰最長房有庶曾孫嫡玄孫則庶曾孫當奉祀若貧賤不可以奉祀嫡玄孫奉祀無妨○又曰最長房不能祧主則宗子姑安於別室以最長房之名改題旁註宗子攝行○又曰最長房死不待三年遞遷以三年廢祭有所未安故也○又曰父歿母在亦祧退溪曰父喪畢藏主別處以待他日與妣同入廟始行祧遷未爲得禮之正尤菴曰親盡祧遷當以奉祀孫世代計之雖祖曾祖母生存亦不可不遷○又曰非大宗高曾二祖親雖未盡當遷於長房

●陶菴曰庶孼房題只稱玄孫而祝辭自稱爲庶恐得之矣○又曰正位遞遷後祔主當埋安同春曰祔位於最長房亦是至親則并奉以祭亦似爲安南溪曰班祔之位終兄弟之孫

●尤菴曰祧主改題自是遷奉者之事非舊主人之所當與也旣遷之後當有酒果告由之禮其時改題似宜矣○又曰宗孫死則祧位吉祭時當遞遷最長房死則葬後遷奉于次長房

▶2757◀◈問; 종중원 자격과 관련하여.

저희는 소종중입니다. 종중에서 보유하고 있는 운영자금이 여유가 있어 약간의 금액을 종중원에게 배분해주고 있습니다. 그런데 외국(미국) 시민권을 가진 사람(여자)이 있는데 종중원 자격자로 자금을 분배해야 할지 판단이 서지 않아 문의 드립니다. 종중 규약에는 만 19세 이상의 남녀를 종중원 자격자로 규정하고 있으며, 다른 조항에는 종중원의 권리와 의무도 동시에 규정하고 있습니다.

저의 생각에 시민권자라도 종중원(宗中員) 자격 기준에 합당하면 당연히 종중원이 되겠지만 권리(분배자금 수령)만 향유하고, 의무(봉제사 및 벌초행사 참가 등)는 다하지 않는다면 권리도 동시에 주지 않는 것이 합당한 것 같아 고견을 여쭙고자 합니다. 200 명 가량의 종중원(宗中員)에게 거의 지급이 완료되었는데 이 분한테는 지급을 보류(保留)하고 있습니다. 법에도 없는 것이라 의견 정도라도 주시면 감사하겠습니다. 소종중 회장(會長) 올림.

◈答; 종중원 자격과 관련하여.

본인은 법률 전문인이 아닙니다. 다만 타국(他國)에 나가 있다 하여 종친(宗親)의 관계가 절친(絶親)되지는 않습니다. 그 운영자금의 원인에 기여한 바가 없다면 그 자금과 운영에 의한 수익권도 없다 봄이 상식이 아니겠습니까. 그러나 그 자금의 출처가 그 또는 그의 선대에서 조성되었다면 수익권도 자연스럽게 승계된다 봄이 보편적 권리가 되겠지요.

이상과 같이 논함은 법률적 근거에 의함이 아닙니다. 따라서 결론의 근거로 삼지 않기를 바랍니다.

●曾子問孔子曰宗子居於他國庶子爲大夫其祭也祝曰孝子某使介子某執其常事

●遂菴曰孝子某有疾介子某代行薦禮敢昭告于○先祖之稱用宗子之屬代○有故措辭曰孝子某病不能將事○孝子某適在遠地不能將事○孝子某幼未將事○孝子某身犯惡疾使字囑某親某

▶2758◀◈問; 종중의 문장에 관하여.

宗中의 門長에 관하여 질문 드리겠습니다

1. 문장은 종원 중 行列이 가장 높은 분입니까?
2. 아니면 연세가 가장 많은 분입니까?
3. 저희 문중은 현재 항렬이 제일 높은 분이 그 바로 아래항렬인 분보다 연세가 7 세 적습

니다. 이럴 때 종중 문장은 어느 분으로 해야 하나요?

◈答; 종중의 문장에 관하여.

문장이란 2 종류가 있습니다.

1, 일본과 우리나라에서만 실행되는 문장(門長)제도는 대종(大宗)이나 파종원(派宗員) 중 항렬(行列)과 년치(年齒)가 가장 높은 종원(宗員)이 문장(門長)이 됩니다.
2. 문(門)을 지키는 관리(官吏)의 장(長)을 문장(門長)이라 합니다.

●海上錄序跋鄭澗; 不肖以年老猥添*門長*之列乙巳冬金山享祀時以先世未遑之事將欲剞劂之意詢謀於諸宗則僉曰孰無繼述之心云爾
●同春堂曰新郎新婦有服則當退行若無服只主人有服則使*門長*主之以過。似宜
●愼獨齋曰鄙意宜自門中發文於諸派之長悉錄其家長少收聚悉載俾無遺漏然後方議正書刊出
●明齋曰東村諸朴是成承旨外裔也朝家錄用成公之裔至於再蒙齋郎之除而君以朴門之長不得預焉
●後漢書光武帝紀上; 傳中人遙語門者閉之門長曰天下詎可知而閉長者乎(註)門長門吏之長
●朝鮮語辭典 문(門) 門長(문장) 名 家族中にで行列•年齡の最も高ふ者。

▶2759◀◈問; 촌수.

안녕하십니까? 직계는 무조건 1 촌이다 10 대 시조와도 라 하는데 이는 맞는지요? 그리고 촌수를 따진다 안 따진다 세간에 격론이 있습니다. 직계의 촌수 그 정의가 궁금합니다.

◈答; 촌수(寸數).

직계(直系)로의 멀고 가까움은 주로 대(代) 세(世)로 나타내며 촌수(寸數)란 친족(親族) 사이의 멀고 가까운 정도를 나타내는 수로서 우리 나라에서만 통용(通用)되고 있음.

●雅言覺非三寸以稱其叔父亦陋習之當改者東語伯父叔父曰三寸伯父叔父之子曰四寸從祖父曰四寸大夫其子曰五寸叔父過此以往皆如此例以至於八寸兄弟九寸叔父謂之寸內之親其法蓋以父子相承爲一寸(註伯叔父爲三寸者我與父一寸父與王父又一寸王父與諸子又一寸其三寸也四寸五寸皆如此例)雖族兄弟謂之八寸必自己身溯(溯而上之以至高祖計得四寸(註己與父一寸父與祖一寸曾祖一寸高祖一寸)又自高祖順而下之計得四寸是之謂八寸也

▶2760◀◈問; 촌수 따지기에 대하여 여쭈어 봅니다.

안녕하세요 올 설에 만복(萬福)이 가득하셨기를 기원하며 외람되나 한가지를 여쭙고자 합니다. 외가 촌수 중 이모 계열의 촌수가 알고 싶습니다. 외할머니의 자매 외할머니 자매의 남녀형제 외할머니 자매의 남편(어머니의 이모부) 그 자녀들과 나와의 촌수와 호칭을 알고 싶습니다.

◈答; 촌수 따지기에 대하여.

외조모의 친정 형제자매와 그의 자매 남편의 촌수나 호칭은 없습니다.

●雅言覺非伯叔父曰三寸伯父叔父之子曰四寸從祖祖父曰四寸
●釋親考伯叔諸姑篇從祖祖父從祖祖母○祖伯父祖伯母祖叔父祖叔母○伯祖父伯祖母叔祖父叔祖母○伯公伯婆叔公叔婆○從大父○(五雜組)吾祖父之兄弟卽從祖父也
●爾雅郭注釋親第四宗族篇父之從父晜弟爲從祖父
●便覽成服篇小功條爲從祖父謂父之從父兄弟
●釋名(劉熙漢人)釋親屬條父之世叔父母曰從祖父母
●儀禮喪服篇小功條從祖祖父母從祖父母報註祖父之昆弟之親○疏曰從祖祖父母是曾祖之子祖之兄弟從祖父母者是從祖祖父之子父之從父昆弟之親
●又從祖昆弟註父之從父昆弟之子○疏曰此是從祖父之子故鄭云父之從父昆弟之子己之再從兄弟
●又從父昆弟註世父叔父之子也○疏曰世叔父與祖爲一體又與己父爲一體緣親以致服故云從也

▶2761◀◈問; 친인척 관계는?

종손(宗孫) 되는 형님이 저와는 6 촌이 됩니다. 백부(伯父) 1 분이 계시고 다른 백부님께서는 돌아가셨습니다. 아버님, 작은 아버님이 안 계십니다. 저는 우리 집의 장손으로 집안 시제(時祭)를 모시는데 참석하고 있습니다. 종손(宗孫) 형님은 가장 큰 증조부(曾祖父)님을 모십니다.

그런데 조부님이 둘째 증조부님에게 양자(養子)로 가셔서 둘째 증조부님은 제가 모십니다. 여기서 종손 되는 형님이 돌아가시면 그 아들이 시제(時祭)를 모시는데 저희는 분리가 되어야 합니까? 어느 시점에서 분리가 됩니까? (올바른 표현인지) 분리가 되면 저희가 모시는 증조부님의 묘도 선산에서 다른 곳으로 옮겨야 되는 겁니까? 물론 할아버님도 아버님도 그곳에 계십니다.

◈答; 친인척 관계는.

계촌 간은 쉽게 이해 하는 법은 동조 사촌이요 동 증조 육촌이며 동 고조 팔촌이라. 이는 불변 계촌 법입니다. 귀하는 종손과는 친 육촌이나 양 팔촌이니 친 보다는 양으로 치우쳐야 합니다. 모든 종사는 양가의 위치에서 지위와 서열이 정하여 진다는 말입니다.

귀하의 질문은 대체로 다음과 같이 두 가지인 것 같습니다.

○ 1, 종손이 죽으면 집안에서 분리 되는가.

시제가 묘제의 뜻이라면 귀하의 큰 증조부는 묘제로 세 일제 하여서는 안 되는 것입니다. 그의 아들로는 고조가 되니 그가 기제사로 받들어야 합니다. 그의 아들이 선조 묘제를 받든다 하여 귀하가 그와 분리 될 것은 없다고 봅니다. 만약 사대봉사 하는 대 종가(宗家)였다면 귀하의 고조부(高祖父)는 그 아들로는 봉사 세대가 지났으니 귀하의 집에서 고조 봉사를 하여야 합니다. 이를 최장방 천묘(最長房遷廟)라 하는 것입니다. 종손이 죽었다 하여 기존의 관계가 달라 질 것이 무엇이 있겠습니까. 계촌 관계가 한대 띠어 진다는 외에 무엇이 분리가 되겠습니까.

○ 2, 선대 산소를 이장을 해야 되는지.

만약 종산(宗山)이 아니라 하여도 기존 묘지는 옮기지 않아도 되는 것이나 자신의 여건에 의하든가 양인 합의가 아니고는 거론할 여지가 없다고 생각 합니다. 묘지는 주인의 허락 없이는 타인이 임의로 훼손 할 수 없는 것입니다. 무연고묘 역시 같습니다.

8 호칭(呼稱) (附稱號)

▶2762◀◈問; 나이 어린 제 아내와, 나이 많은 제수간의 호칭.

나이 어린 제 아내와, 나이 많은 제수간의 호칭이"형님"과 "아우님"으로 써도 된다는 것인가요?

◈答; 나이 어린 제 아내와, 나이 많은 제수간의 호칭.

여자가 출가(出嫁)를 하면 시가의 차서는 남편의 항렬(行列)과 위계질서(位階秩序)를 따르게 됩니다.

●釋名釋親屬篇; 夫妻匹敵之義也
●釋名釋親屬篇云親襯也言相隱襯也屬續也恩相連續也夫妻匹敵之義也兩婿相謂曰亞言一人取姊一人取妹相亞次也又並來至女氏門姊夫在前妹夫在後亦相亞而相倚共成其禮也

▶2763◀◈問; 누구를 지칭하는 것입니까?

고서에서 <父之從父晜弟之母爲從祖王母>는 누구입니까?

◈答; 누구를 지칭인가.

『부지종부곤제지모위종조왕모(父之從父晜弟之母爲從祖王母)』란; 아버지의 종부곤제(從父晜弟)의 어머니란 (나의) 종조왕모(從祖王母)라 한다. 왕모(王母)란 조모(祖母)인데 국칭(國稱)으로는 할머니란 의미입니다. 따라서 종조왕모란 조부 형제지처로 종조할머니의 유학적 친속 지칭입니다.

●爾雅釋親;父之從父昆弟爲從祖父郝懿行義疏云父之從父昆弟者是卽父之世父叔父之子也當爲從父而言從祖父者言從祖而別也亦猶父之世父叔父爲從祖祖父之例也
●曲禮下祭王父曰皇祖考王母曰皇祖妣父曰皇考母曰皇妣夫曰皇辟(孔穎達疏)王父祖父也皇君也考成也此言祖有君德已成之也○王母曰皇祖妣者王母祖母也妣媲也言得媲匹於祖也○父曰皇考母曰皇妣者義如上祖父母也○夫曰皇辟者辟法也夫是妻所取法如君故言君法也

▶2764◀◈問; 대부와 족손은 누구?.

세간에 집안 어른쯤 되는 분께는 대부(大夫)님이라 하고 먼 수하(手下)벌 되면 족손(族孫)이라 부름을 들을 수 있는제 누구의 호칭입니까?

◈答; 대부(大夫)와 족손(族孫)이함은.

아래와 같이 살펴보건대 유복친(有服親) 밖의 조항(祖行)의 대부(大父)라 하고 수하(手下) 손항(孫行)의 족손(族孫)이라 칭(稱)하게 됩니다.

무복친(無服親)의 조항(祖行)은 대부(大父), 손항(孫行)은 족손(族孫)으로 통용(通用)되는 호칭(呼稱)으로서 대부(大父)는 조항(祖行)이니 연상연하(年上年下) 구별(區別) 없이 님 자를 공히 붙여 호칭(呼稱)하고 족손(族孫)의 호칭(呼稱)에서는 년상(年上)이면 님자를 붙임이 품위(品位)를 높이는 호칭(呼稱)이되겠습니다.

●士儀親親篇第一宗族條○五世從伯祖從叔祖(註類編五世祖之兄弟)○五世再從伯叔祖(類編五世祖之從兄弟餘皆倣此)○十世再從伯祖九世三從伯祖(註唐王方慶言十世再從伯祖羲之九世三從伯祖獻之)○遠世族祖(按柳奭與柳子厚五世祖偕爲從父兄弟於子厚爲遠世族祖而韓文公爲子厚墓誌直稱伯曾祖奭)
●爾雅釋親第四宗族篇○玄孫之子爲來孫(註言有往來之親)○來孫之子爲昆孫(註昆後也汲冢竹書曰不窋之昆孫)○昆孫之子爲仍孫(註仍亦重也)○仍孫之子爲雲孫(註言輕遠如浮雲)
●士儀親親篇第一宗族條○從父兄弟之孫(註從姪孫)○兄弟之曾孫(註曾姪孫)
●大傳同姓從宗合族屬註同姓父族也從宗從大宗小宗也合聚其族之親屬則無離散陵犯之事
●詩經周南麟之趾章麟之角振振公族于嗟麟兮傳曰公族公同祖也
●辭源族孫]同族兄弟的孫子
●茶山集祭文祭族父刑曹判書文維年月日族孫學稼謹具薄奠敢昭告于族大夫故刑曹判書(云云)
●釋名釋親屬篇高祖高皐也最在上皐韜諸下也○又曰玄孫玄懸也上懸於高祖最在下也玄孫之子曰來孫此在無服之外其意踈遠呼之乃來也來孫之子曰昆孫昆貫也恩情轉遠以禮貫連之耳昆孫之子曰仍孫以禮仍有之耳恩意實遠也仍孫之子曰雲孫言去已遠如浮雲也皆爲早娶晩死壽考者言也
●荀子全書樂論篇閨門之內父子兄弟同聽之則莫不和親鄕里族長之中長少同聽之則莫不和順故樂者審一以定和者也

▶2765◀◈問; 동서(同婿) 상호간 대화 시 호칭 문의.

요즈음 결혼 적령기(혼기)에 있는 선남선녀들이 3포 세대니, 5포 세대니, 때로는 7포 세대라 하며 결혼 적령기가 지났음에도 결혼을 하지 못하거나 적령기가 훨씬 지나 결혼을 하다보니 남자나 여자의 형제지간이나 종방 간에도 아우가 형보다 먼저 결혼을 하는 경우 동서지간 상호 대화할 때 아주 애매할 때가 많습니다.

백과사전에는 남편의 형제나 아내의 자매가 여럿인 경우에는 큰동서•작은동서, 또는 몇째 동서로 그 차례를 챙겨서 부른다 하며, 동서끼리는 자기의 나이에 관계없이 배우자 집안의 형제나 자매의 나이를 좇아 손위와 손아래를 따지게 된다 라고 되어 있습니다. 동서나이가 적은 사람에게 형님이라고 부르기도 그렇고, 나이적은 사람이 형님 소리 듣기도 그런데 이런 경우 유교적 관점에서 상호간 어떻게 불러야 하는지요?

참고로 저 같은 경우는 종동생이 먼저 결혼하고 제가 늦게 결혼하다 보니 제주씨가 제 아내보다 나이가 훨씬 많은데 백모님은 남편 쪽 형과 아우에 관계없이 나이가 위면 하대하면 안된다 고 하다 보니 제 아내와 제수씨 사이에 하대를 하지 않고 상호간 높인 말로 대하고 있으며, 제수씨는 제 아내보고 형님 말씀 낮추라고 하고 있습니다.

◈答; 동서(同婿) 상호간 대화 시 호칭.

양(兩) 동서간(同壻間)의 호칭을 아래와 같이 살펴보건대 《서(壻)=녀지부(女之夫)=딸의 남편》또《서(壻)=동문지서(同門之壻)=동서(同壻)=같은 집의 사위》라 하였으니 한집 딸들의 남편끼리의 호칭은 동문지서(同門之壻)라는 의미로 동서(同壻)라 서로 호칭함이 유가적 호칭입니다. 다만 상하를 구별하기 위하여 편의상 큰 또는 작은 이라는 전치사를 同壻에 붙여 큰同壻 작은同壻라 호칭하여 구별하고 있습니다. 혹 세속에서 편의상 큰동서를 형님이라 호칭됨은 속칭일 뿐 정칭이 아닙니다 동서의 관계는 同門之壻의 관계일 뿐이지 형제의 관계에 속하지 않습니다.

●士儀節要妻黨條云妻(註妻者齊也)○妻之昆弟(註婦兄婦弟)○妻之姊妹(註婦姊妹)
●釋名兩婿相謂曰亞言一人取姊一人取妹相亞次也又並來至女氏門姊夫在前妹夫在後亦相亞而相倚共成其禮也又曰友婿言相親友也
●釋親考兩壻相謂爲亞條郭氏曰詩云瑣瑣姻亞今江東人呼同門爲僚壻又丘氏曰前代謂之僚壻俗謂之連襟友書又漢嚴助傳爲友壻富人所辱師古曰友壻同門之壻
●書經小雅瑣瑣姻亞則無膴仕註瑣瑣姻亞而必皆膴仕則小人進矣
●唐書李傑傳內恃玄宗婭壻與所親
●康熙字典士部九畫[壻]音細女之夫曰壻妻謂夫亦曰壻○女部九畫[婿][集韻]同壻○又二部六畫【亞】 [唐韻][集韻]並衣駕切鴉去聲 又姻亞壻之父曰姻兩壻相謂曰亞[詩小雅]瑣瑣姻亞則無膴任別作婭
●辭源[婿]同壻左傳文八年且復致公壻池之封唐陸德明釋文壻音細俗作婿常壻
●星湖曰妻兄弟曰婦兄婦弟
●唐書李傑傳內恃玄宗婭壻與所親
●辭源[壻]女之夫
●漢語大詞典士部九畫[壻]女之夫也
●詩經節南山章瑣瑣姻亞則無膴仕註瑣瑣小貌壻之父曰姻兩壻相謂曰亞膴厚也

添言; 형제(兄弟)의 부인(婦人)끼리의 호칭(呼稱) 역시 여자 형제의 부군(夫君)끼리의 호칭과 동일합니다.

●康熙字典士部九畫 **【壻】** 妻謂夫亦曰壻
●康熙字典女部九畫 **【婿】** [集韻]同壻
●大廣益會玉篇女部 **【婿】** 思計切夫婿亦作壻
●樂府詩集二十八陌上桑; 東方千餘騎夫壻居上頭(辭註)夫壻妻稱夫
●浮生六記閨房記樂; 玉衡擠身而人見余將吃粥乃笑睨芸曰頃我索粥汝曰盡矣乃藏此專待汝壻耶
●唐語林企羨; 世有姑之壻與姪之壻謂之上下同門
●白兎記成婚; 我三娘今日贅劉智遠爲壻今良時已至了請劉官人出來結親

▶2766◀◈問; 문의 드릴 것이 있어요.

먼저 이런 문의를 드려도 되는 건지 조금 걱정스럽기도 합니다만 저의 집안일이고 딱히 어디 물어볼 곳이 없어 일단 글을 써 봅니다. 간단히 요약하자면 저의 숙모님과 새 언니의 대화 문제입니다.

작은아버지께서 몇 해 전 베트남 신부, 지금의 숙모님과 재혼을 하셨어요. 숙모님의 나이가 저(25 세)와 같습니다. 나이가 저와 같아도, 혹 저보다 적다 하더라도 숙모님이시니 저나 제 새 언니도 깍듯하게 이야기 합니다.

매일 보는 얼굴도 아니고 일년에 두세 번 볼까 싶은 사이라 그런지 모르겠지만 숙모(叔母)님께서 저나 새 언니에게 말씀하실 때 말을 놓기 보단 존댓말로 하시더라고요. 그런데 거기서 문제가 발생했습니다. 작은 아버지께서 새 언니에게 숙모님께 '말씀 낮추세요' 라는 말을 왜 하지 않느냐! 서로 같이 네 네 하는 것은 어디 법도냐! 그것은 정말 잘못된 것이라며 얼마 동안 가족간의 어떠한 연락도 하지 않으셨어요.

그런데 제가 생각했을 때 새 언니가 존댓말을 쓰지 않은 것도 아니고 숙모님에게 작은어머님~ 작은어머님~ 하면서 육아에 관한 이야기도 나누고 했는데 단지 말씀 낮추세요 라는 말을 하지 않았다고 해서 그것이 예의에 어긋난 것이며 큰 잘못인 건지 의아스럽습니다. 정말 잘못인 건가요? 정말 그 말을 하지 않은 것이 예의에 어긋난 것인가요? 꼭 좀 대답해 주셨으면 좋겠습니다. 답변 기다리고 있겠습니다. 꼭 좀 부탁 드립니다.

◈答; 숙질(叔姪) 간의 대화.

어떠한 경우에는 숙질 간의 항렬간에 숙항이 연하일 수도 있고 나이가 비슷하다 하더라도 중년기에 들어서면 해라 가 아닌 하시게 하오 등의 경어를 쓰게 됩니다. 동항이라 하여도 그렇습니다. 물론 호칭에서도 조카님 또는 아우님이 되어 예를 들어 조카님이 다녀 오게 또는 오시게 등의 경어로 대화하게 됩니다. 물론 예와 같이 숙질 항간 숙항이 초면의 첫 대화에서부터 지나친 경어로 질 항을 대하면 [말씀 낮추세요]라 경어를 사양하여야 되겠지요.

특히 숙모가 외국인이라 타국의 풍습과 예법을 이해하지 못할 뿐만 아니라 우리의 언어에 능통하지 못한 원인도 작용하였을 것입니다. 따라서 우리의 풍습과 예법 그리고 언어에 미숙함이 당연할 터이니 이해되도록 일러줘 숙모로 하여금 적응되도록 알려줘 정상으로 인도하여 줌이 족친 간의 협력사항이 될 것입니다. 그러나 단지 [말씀 낮추세요]라 사양하지 않았다 하여 발길을 끊는다는 것도 과민반응이 아닌가 하며 화목을 위하여 수하가 사과로 작은 아버지의 서운함이 풀어져 정상으로 돌아오시도록 겸양을 보이심이 옳지 않을까 합니다.

●皇朝經世文編禮政宗法上原姓條男子稱氏女子稱姓氏一再傳而可變姓千萬年而不變最貴者(云云)最下者庶人庶人無氏不稱氏稱名然則氏之所由興其在於卿大夫乎故曰諸侯之子爲公子公子之子爲公孫公孫之子以王父字若諡若邑若官爲氏氏焉者類族也貴貴也考之於傳二百五十五年之間有男子而稱姓者乎無有也女子則稱姓古者男女異長在室也(云云)同姓百世而昏姻不通者周道也故曰姓不變也是故氏焉者所以爲男別也姓焉者所以爲女坊也自秦以後之人以氏爲姓以姓稱男而周制亡而族類亂作原姓

●又宗法論條或問宗之爲義一而已矣宗子之外又有四宗可乎曰宗者所以重其祭祀也始祖一而已矣故宗止於一高祖以下之親四故宗必有四班固曰宗其爲高祖後者爲高祖宗宗其爲曾祖後者爲曾祖宗宗其爲祖後者爲祖宗宗其爲父後者爲父宗此四宗之說也無可疑者也曰前輩之辨小宗也謂大宗以始祖爲宗小宗以高祖爲宗族人雖各有曾祖祖禰之親然視之高祖彼皆支子也不爲宗得爲宗者高祖所傳之適而已(云云)故四宗之說天理人情之至也無可疑者也(以下宗法上下論略)

●淵鑑類函人部姓氏一說文曰姓人所生也古之神母感天而生子故稱天子因以從女女生亦聲也白虎通曰人所以有姓者何所以崇恩愛厚親親遠禽獸別婚姻也故紀世別類使生相愛死相哀同姓不得相娶皆爲重人倫也姓者生也(云云)○以下姓氏二~四省略)

●淵鑑類函纂要姓字氏族(略)姓氏爲二條通志曰三代之前姓氏分而爲二男子稱氏婦人稱姓氏所以別貴賤姓所以別婚姻至三代之後姓氏合而爲一于文女生爲姓故姓之賜多從女姬姜嬴姒姚嬀姞妘婤姺嫪之類是也

●白虎通德論宗族條宗者何謂也宗尊也爲先祖主也宗人之所尊也(云云)族者何也族者湊也聚也謂恩愛相流湊也生相親愛死相哀痛有會聚之道故謂之族

●淵鑑類函人部宗族一條白虎通曰宗者何謂也(云云)生相親愛死相哀痛有會聚之道故謂之族韻會曰祖始也祖始也始受命也宗尊也有德可尊也古者大宗小宗大宗百世不遷小宗五世則遷又流派所出爲宗(云云)宗族二~五省略

●日知錄祖孫條自父而上之皆曰祖(云云)自于而下之皆曰孫(云云)

○又高祖條漢儒以曾祖之父爲高祖考之於傳高祖者遠祖之名爾(云云)

○又藝祖條書歸格于藝祖(云云)宋人稱太祖爲藝祖爲藝祖不知前代亦皆稱其太祖爲藝祖(云云)前漢高祖(云云)冊文曰(云云)是歷代太祖之通稱也

○又考條古人曰父曰考一也(云云)曲禮定爲生曰父死曰考之稱而爲人子者當有所諱矣

○又伯父叔父條古人於父之昆弟必稱伯父叔父未有但呼伯叔者若不言父而但曰伯叔則是字之而已詩所謂叔兮伯兮伯兮朅兮叔于田之類皆字也

○又族兄弟條書克明俊德以親九族鄭康成謂九族者據已上至高祖下及[元]孫之親左傳襄公(云云)同宗臨於祖廟同族於禰廟注同族謂高祖以下是也故晉叔向言肸之宗十一族賈誼新書人有六親六親

始曰父父有二子二子爲昆弟昆弟又有子子從父而昆弟故爲從父昆弟從父昆弟又有子子從祖而昆弟故爲從祖昆弟從祖昆弟又有子子從曾祖而昆弟故爲曾祖昆弟曾祖昆弟又有子子爲族兄弟備於六此之謂六親是同高祖之兄弟卽爲族族非疏遠之稱顔氏家訓凡宗親世數有從父有從祖有族祖江南風俗自玆以往皆云族人河北雖二三十世猶呼爲從伯從叔梁武帝嘗問一中士人曰卿北人何故不知有族答云骨肉易疏不忍言族耳

○又親戚條史記宋世家箕子者紂親戚也路史謂但言親戚非諸父昆弟之稱非也(原注)曲禮兄弟親戚稱其慈也疏曰親指族內戚指族外古人稱其父子兄弟亦曰親戚

○又妻子條今人謂妻爲妻子此不典之言然亦有所自(錢氏曰詩妻子好合如鼓瑟琴)韓非子鄭縣人卜子使其妻爲袴其妻問曰今袴何如夫曰象吾故袴妻子因毁新令如故袴杜子美詩結髮爲妻子席不煖君牀

●山堂肆考親屬宗族條書堯典克明俊德以親九族按九族自高祖至玄孫之親擧近以該遠也夏侯歐陽等以九族者父族四母族三妻族二周道旣東棄其九族故作葛藟以刺平王不親九族骨肉相怨故作角弓以刺幽王○明長幼(云云)○辨親疎(云云)○公族(云云)○后族(云云)○四會三會(云云)○大宗小宗(云云)○三輔冠族(云云)○四海望族(云云)○列國大族(云云)○近世新族(云云)○幸得末屬(云云)○已爲路人(云云)○爭先後(云云)○尙姻婭(云云)○四世同居(云云)○九世同居(云云)○宗稱太傅(云云)○以下省略

●淵鑑類函人部父母(云云)○父子(云云)○母子(云云)○後母(云云)○祖孫條釋名曰祖祚也祚先也又曰王父王睢也家中所歸往也曾祖從下推上祖位轉增益也高祖高皐也最在上皐韜諸下也又曰孫遜也遜遁在後生也曾孫義如曾祖也元孫懸也上懸于高祖最在下也(云云)祖孫二~五省略○叔姪一~五省略(云云)以下同說六十九冊七十冊人部皆省略

▶2767◀◈問; 백씨, 중씨 등 형제에게 적용하는 방법?

<백씨, 중씨,,,,등>을 형제에 적용하는 방법 설명 부탁 드립니다

◈答; 백씨, 중씨 등 형제에게 적용하는 방법.

백중숙계(伯仲叔季) 자(字)에 부자(父字)를 붙이면 아버지의 형제를 이르는 지칭(指稱)이 되고, 형자(兄字)를 붙이면 자신의 형(兄)들을 이르는 지칭(指稱)이 되며, 氏字를 붙이면 남의 형제를 이르는 지칭(指稱)이 됩니다.

●白虎通姓名; 稱號所以有四何法四時用事先後長幼兄弟之象也故以時長幼號曰伯仲叔季也伯者長也伯者子最長迫近父也仲者中也叔者少也季者幼也

●隨园隨筆不可亦可;伯仲叔季者雁行之序平輩之稱非可施于伯父叔父也

●釋名釋親篇父之兄曰世父言爲嫡統繼世也又曰伯父伯把也把持家政也○父之弟曰仲父仲中也位在中也○仲父之弟曰叔父叔少也○叔之弟曰季父季癸也甲乙之次癸最在下季亦然也

●要義伯仲叔季條按兄弟止四人則依次稱之而多至七八則夏殷積仲伯季以外皆稱仲周積叔伯季以外皆稱叔如蔡叔霍叔是也

●士冠禮記疏夏殷伯季之外皆稱仲周伯仲以下皆稱叔以至最後者乃稱季

●孟子告子章句上; 鄕人長於伯兄一歲則誰敬曰敬兄(鄭玄注)伯長也

●書經呂刑; 伯父伯兄仲叔季弟幼子童孫皆聽朕言庶有格命

●釋親考下兄弟姊妹條伯兄仲兄叔弟季弟註兄曰伯氏弟曰仲氏

●辭源又部六畫叔[叔父]父親的弟弟 爾雅釋親; 父之㫖弟先生爲世父後生爲叔父

●重菴稿廣釋親; 前曰其夫屬乎父道也者妻皆可稱之以母父之伯父仲父叔父季父

●南溪曰行第稱號以論語八士之例觀之當稱伯仲叔季而禮經只以伯叔爲言何耶且父之兄弟多至七八人及從祖以下諸父同行多至數十人則當只以第一長者稱伯父第二以下幷稱叔父而不言仲季耶抑以第二者稱仲父最後者稱季父而其間則幷稱叔父耶

●東巖曰案[士冠記疏]伯仲叔季若兄弟四人則依次稱之夏殷質則積仲周文則積叔若管叔蔡叔是也此言兄弟多者夏殷伯季之外皆稱仲周伯仲以下皆稱叔以至最後者乃稱季據此則南溪所引乙說恐是

▶2768◀◈問; 부단지.

안녕하십니까. 유익한 내용 많은 도움 되었습니다. 감사합니다.

제가 며칠 전에 고전을 보다 "부단지"라는 생소한 글자를 보게 되었습니다. 아무리 해석을 하려도 이치에 맞지 않습니다.

한자로 되어 있다면 이해가 되겠습니다마는 한글이라서 무슨 의미인지 이해가 되지 않아 선생님의 도움을 청합니다. 혹 단지(장단지 등)를 보조하는 그릇이라는 의미인지요. 죄송합니다.

◈答; 부단지 란.

아래와 같이 살펴보건대 부단지란 방(榜)이라 하였으니 거리에 내붙인 급제자 등의 명단 등 널리 알리기 위하여 써 붙인 방문지(榜文紙)라 이해하시면 되겠습니다.

●物名考文武類; 【榜】 부단지
●及第後寄長安故人詩; 東都放榜未花開三十三人走馬廻(註)榜告示應試錄取的名單
●後漢書崔寔傳; 靈帝時開鴻都門榜賣官爵公卿州郡下至黃綬各有差
●涑水記聞卷九; 或有追呼不使人執帖下鄉村但以片紙榜縣門云追某人期某日詣縣庭其親識見之驚懼走告之皆如期而至
●肯綮錄俚俗字義; 京師食店賣酸餡者皆大牌榜於衢路

▶2769◀ ◈問; 부부간의 호칭에 대한 질문.

안녕하십니까? 홈페이지를 방문하여 여러 가지 전통예절에 대한 유익한 내용을 많이 배우게 되어 감사하게 생각합니다. 일상 생활에 있어서 한가지 궁금한 점이 있어서 이렇게 질문을 드리게 되었습니다.

저희 부부는 현재 30 대인데 서로간의 호칭을 여보, 당신으로 하고 있습니다. 그런데 얼마 전에 저희 형이 어른들 앞에서는 여보, 당신이라는 호칭을 부부 서로간에 사용해서는 안 된다고 하며 주의를 주어 깜짝 놀랐습니다. 너무 자연스럽게 써오던 호칭을 갑작스럽게 바꾸려니 이상한 감도 들고 잘 납득이 되질 않는 부분이 있습니다.

저희 형의 주된 논리는 옛날 어른들이 그렇게 사용하는 것을 예의에 어긋난다고 했다는 것입니다. 과연 우리 조상님들이 그렇게 호칭을 사용하지 않았는지 알고 싶습니다. 만약이 이것이 잘못된 호칭이라면 어른들 앞에서는 부부간에 어떤 호칭을 써야 하는지 알려주시면 감사하겠습니다. 감사합니다.

◈答; 부부간의 호칭.

부부간의 호칭은 어느 곳에서 부르느냐에 따라서 틀릴 수가 있으며 시대에 따라서도 다를 수가 있겠지요. 그러나 어른들 앞에서는 당사자들끼리의 존칭이나 경망스러운 호칭은 예의에도 어긋날 뿐만 아니라 부자연스럽지 않겠습니까. 그렇기 때문에 어른들 앞에서는 신중히 가려 써야 되겠지요.

어른들 앞에서 부인이 남편의 호칭은 지 아비가 이렇고 저렇고 라 한다든가, 남편이 부인의 호칭은 제 아내가 이렇고 저렇고 라 한다든가 아이가 있다면 누구의 애비가 또는 누구의 어미가 라는 등등 자기들을 낮춰 호칭 하는 것이 예에 가깝지 않을까 생각이 듭니다. 옥편적(玉篇的) 풀이에도 부(夫)는 “지아비 부”요, 처(妻)는 “아내 처”라 하니 상기하여 보시기 바랍니다. 어른들 앞에서라도 부부간(夫婦間)에 서로의 호칭(呼稱)은 경어(敬語)를 써 불러야 합니다. 그렇게 하여야만 부부간(夫婦間)의 예는 물론이요 어른에 대한 예도 갖춰지는 것입니다. 이와 같이 귀하의 물음에 답으로 대하고 보니 어눌하나 참고가 되였으면 감사하겠습니다.

●管子入國; 丈夫無妻曰鰥婦人無夫曰寡
●周易小畜; 夫妻反目陰制於陽者也今反制陽如夫妻之反目也反目謂怒目相視不順其夫而反制之也婦人爲夫寵惑旣而遂反制其夫未有夫不失道而妻能制之者也
●詩經集傳齊風東方未明; 取妻如之何必告父母旣曰告止曷又鞠止(朱注)欲娶妻者必先告其父母今魯桓公旣告父母而娶矣

▶2770◀◈問; 4촌아우(從弟) 아내의 전통호칭.

1. 종제 아내를 다른 사람에게 말 할 때 관계 말이 무엇입니까?
2. 종제 아내를 내가 부를 때 호칭이 무엇입니까?

◈答; 4촌아우(從弟) 아내의 전통호칭은.

問 1.2. 答; 아래와 같이 살펴 보건대 속칭(俗稱)으로는 당제수(堂弟嫂)라 하고 본칭은 종제수(從弟嫂)가 되니 양 칭 모두 사용할 수가 있습니다.

●陔餘叢考堂兄弟; 俗以同祖之兄弟爲堂兄弟按禮經曰從兄弟無堂兄弟之稱也其稱蓋起於晉時晉書司隷荀愷有從兄喪
●三國志蜀志許靖傳; 少與從弟崇遠崇龜知名

▶2771◀◈問; 先農과 明堂에 관하여?

안녕하십니까? 참 오래간만이네요. 이 창에 들어와 대보단 답변을 보고 중요한 것 잘 배웠습니다. 이 참에 저는 先農과 明堂에 대하여 품었던 의문을 풀려 합니다. 先農이란 인터넷을 모두 뒤져보고 국조오례의를 뒤져 보아도 더 깊이 있게 연구할 자료가 부족하여 이리 저리 자료를 구하는 중입니다. 이 외로 선농에 대하여 기술된 古書가 또 있다면 소개하여 주시면 대단히 감사하겠습니다.

또 묘 자리 明堂이 아니라 다른 명당이 있다 합니다. 그 역시 자세하게 알고 싶습니다. 그 기록 역시 古書가 있다면 소개하여 주십시오. 후배 양성에 큰 도움이 될 것입니다. 도와 주십시오. 은혜 기다리겠습니다.

◈答; 先農과 明堂에 관하여.

본인 소장본으로는 아래와 같이 각 일서인데 선농은 춘관통고 60 책 중 23 전책(282 쪽)에 기술되어 있고, 명당(明堂)은 옥해 100 책 중 39 책 내 60 여 쪽에 걸쳐 기술되어 있습니다. 본서가 소장된 도서관에서 확인이 가능하실 것입니다.

◈先農; 春官通考(柳義養 1788) 60 책 중 23 책 282 쪽
◈明堂; 玉海(王應麟 國子監 1589) 100 책 중 39 책 明堂 60 쪽

●春官通考吉禮先農(附籍田親耕勞酒省耕觀稼觀刈); 原儀先農壇在東郊制與風雲雷雨同正位(帝神農氏)神座在北南向配位(后稷氏)在東西向勞酒耕籍之明日設會於正殿如正至會之儀(以下省略)
●玉海郊祀明堂唐明堂寓圓丘明堂議圖; 禮志隋無明堂季秋大享寓雩壇唐高祖太宗時寓于圓丘貞觀中豆盧寬劉伯莊議從昆侖道上層以祭天下層以布政而孔穎達以爲非魏徵以爲五室重屋上圓下方上以祭天下以布政顔師古曰周書叙明堂有應門雉門之制以此知爲王者之常居其青陽總章玄堂太廟左右今皆路寢之名也(以下省略)
●後漢書志第四禮儀上; 正月始耕(晝月令曰天子親載耒耜措之參保介之御閒帥三公九卿躬耕帝藉盧植注曰帝天也藉耕也)晝漏上水初納執事告祠先農已享(註賀循藉田儀曰漢耕日以太牢祭先農於田所春秋傳曰耕藉之禮唯齋三日左傳曰鄅人藉稻杜預注曰藉稻履行之薛綜注二京賦曰爲天神借民力於此田故名曰帝藉田在國之辰地干寶周禮注曰古之王者貴爲天子富有四海而必私置藉田蓋其義有三焉一曰以奉宗廟親致其孝也二曰以訓于百姓在勤勤則不匱也三曰聞之子孫躬知稼穡之艱難無違逸也)耕時有司請行事就耕位天子三公九卿諸侯百官以次耕(鄭玄注周禮曰天子三推公五推卿諸侯九推庶人終於千畝庶人謂徒三百人也月令章句曰卑者殊勞故三公五推禮自上以下降殺以兩勞事反之諸侯上當有孤卿七推大夫十二士終畝可知也盧植注禮記曰天子耕藉一發九推耒周禮二耜爲耦一耜之伐廣尺深尺伐發也天子及三公坐而論道參五職事故三公以五爲數卿諸侯當究成天子之職事故以九爲數伐皆三者禮以三爲文)力田種各耰訖有司告事畢(註史記曰漢文帝詔云農天下之本其開藉田朕躬耕以給宗廟粢盛應劭曰古者天子耕藉田千畝爲天下先藉者帝王典藉之常也而應劭風俗通又曰古者使民如借故曰藉田鄭玄曰藉之言借也王一耕之使庶人耘芓終之盧植曰藉耕也春秋傳曰鄅人藉稻故知藉爲耕也韋昭曰借民力以治之以奉宗廟且以勸率天下使務農也杜預注曰鄅人藉稻其君

自出藉稻蓋履行之瓚曰藉蹈藉也本以躬親爲義不得以假借爲稱也漢舊僕曰春始東耕於藉田官祠先農先農卽神農炎帝也祠以一太牢百官皆從大賜三輔二百里孝悌力田三老帛種百穀萬斛爲立藉田倉置令丞穀皆以給祭天地宗廟羣神之祀以爲粢盛皇帝躬秉耒耜而耕古爲甸師官賀循曰所種之穀黍稷穜稑稑早也穜晚也干寶周禮注曰穜晚穀秔稻之屬稑陵早穀黍稷之屬)是月令曰郡國守相皆勸民始耕如儀諸行出入皆鳴鍾皆作樂其有災眚有他故若請雨止雨皆不鳴鍾不作樂(註春秋釋痾曰漢家郡守行大夫禮鼎俎籩豆工歌縣何休曰漢家法陳師置守相故行其樂也)

●孟子梁惠王下; 孟子對曰夫明堂者王者之堂也王欲行王政則勿毁之矣(註)明堂王者所居以出政令之所也能行王政則亦可以王矣何必毁扰(細註)朱子明堂說曰論明堂制者非一竊意當有九室如井田之制東之中爲青陽太廟東之南爲青陽右个東之北爲青陽左个南之中爲明堂太廟南之東卽東之南爲明堂左个南之西卽西之南爲明堂右个西之中爲總章太廟西之南卽南之西爲總章左个西之北卽北之西爲總章右个北之中爲玄堂太廟北之東卽東之北爲玄堂右个北之西卽西之北爲玄堂左个中爲太廟太室凡四方之太廟異方所其左个右个則青陽之左个乃玄堂之右个明堂之右个乃總章之左个也總章之右个乃玄堂之左个明堂之左个乃青陽之右个也但隨其時之方位開門耳太廟太室則每季十八日天子居焉古人制事多用井田遺意此恐然也新安倪氏曰此朱子按禮記月令爲說

▶2772◀◈問; 시호(諡號)에 대하여.

시호(諡號)는 언제부터 누가 누구에게?

◈答; 시호(諡號)는.

시호(諡號)는 주(周)나라 때 정립 한(漢)을 이어 청(淸)에 이름. 우리나라 조선조(朝鮮朝)에서는 처음에는 임금, 종친(宗親),문무관(文武官) 중 정이품(正二品) 이상의 실직(實職)에 있던 사람이 죽으면 그의 행장(行狀)을 예조(禮曹)에 품신(稟申) 예조(禮曹)에서는 봉상시(奉常寺)를 거쳐 홍문관(弘文館)으로 송부(送付) 시호(諡號)를 정하였음. 또 현신(賢臣) 절신(節臣) 명유(名儒) 들의 生前의 功績을 살펴 임금이시호(諡號)를 내렸음.

●經國大典贈諡條宗親及文武官實職正二品以上贈諡註親功臣則雖職卑亦贈○奉常寺正以下議定並行狀報本曹

●大典會通贈諡條[原]宗親及文武官實職正二品以上贈諡註親功臣則雖職卑亦贈○奉常寺正以下議定幷行狀報本曹[增]通政以上文望顯職館閣及曾經九卿之人撰行狀禮曹照訖付奉常寺奉常寺移送弘文館東壁以下三員會議三望東壁一員又與奉常寺正以下諸員更爲議定政府舍檢中一員署經幷行狀報本曹入啓受點[續]大提學秩視正二品雖從二品大提學亦許賜諡○儒賢及死節人表著者雖非正二品特許賜諡註儒賢節義外毋得格外陳請[補]爵諡請贈非廟堂覆奏者則凡贈職本曹贈諡禮曹稟處○諡狀呈禮曹時撰進人員旣是無故者則其後雖身故或被罪依例啓下

●通志諡略古無諡諡起於周人義皇之前名是氏亦是號亦是至神農氏則有炎帝之號軒轅氏則有黃帝之號二帝之號雖殊名氏則一焉堯曰陶唐舜曰有虞禹曰夏后湯曰殷商則氏以諱事神者周道也周人卒哭而諱將葬而諡有諱則有諡無諱則諡不立生有名死有諡名乃生者之辨諡乃死者之辨初不爲善惡也

○上諡法;神聖賢亥武成康獻懿元章釐景宣明昭正敬恭莊肅穆戴翼襄烈桓威勇毅克壯圉魏安定簡貞節白匡質靖眞順思考翯顯和玄高光大英睿博憲堅孝忠惠德仁智愼熙洽紹世果 等等右百三十一諡用之君親焉用之君子焉

○中諡法;懷悼愍哀隱幽沖夷懼息攜 等等右十四諡用之閔傷焉用之無後者焉

○下諡法;野夸躁伐荒千輕悖凶 等等右六十五諡用之殲夷焉用之小人焉凡上中下諡共二百十言以備典禮之用

▶2773◀◈問; 어떻게 불러야 합니까?

궁금 것이 있습니다. 결혼하기 전에 장인, 장모, 처남, 처제, 처형(여자친구의 부모 및 형제)을 어떻게 불러야 합니까? 처음 대면하는 것이라 잘 몰라서 그렇습니다. 제발 가르쳐주세요.

◈答; 결혼 전 처 부모의 호칭은 없습니다.

지난날에는 신랑이 친영(親迎)의 예(禮) 전에는 처가(妻家)에 가지 않았으니 신부(新婦)의 부모나 남녀 형제를 호칭(呼稱)할 까닭이 없었으니 그와 같은 경우의 호칭이 있을 수가 없었습니다. 다만 불가피하여 호칭할 수 밖에 없다면 결혼 이후 정식 고유 호칭이 있으니 결혼 이전 이라는 시간적 이유에서 누구 아버지 누구 어머니 등으로 호칭함도 부자연스러운 것이라 하겠습니다. 까닭에 인척 맺음이 기정 사실일 진대 장래의 호칭(呼稱)으로 대하는 것이 자연스러울 것입니다.

●爾雅釋親篇妻黨條妻之父爲外舅妻之母爲外姑註謂我舅者吾謂之甥然則亦宜呼壻爲甥
●會典妻父母卽丈人丈母
●類書纂要嶽父嶽丈丈人婦翁外父嶽公嶽翁竝稱妻父也稱妻母曰岳母又曰外母又曰泰水
●宦鄕要則妻族稱呼條對妻之父稱岳丈大人或稱岳父自稱愚壻或稱愚子壻子之壻也女亦稱子對妻之母稱岳母自稱愚子壻或稱愚壻
●士儀節要親親篇妻黨條外舅外姑註妻之父母
●萬姓大譜三黨稱號門妻黨條外舅主聘父主(註己妻父稱)聘母主岳母主(註己妻母稱)嬌客(註己壻稱)玉潤(註人壻稱或新壻)
●雅言覺非聘君條聘君者徵士也朝廷以玉帛聘之故謂之聘君南史陶季直澹於榮利徵召不起號曰陶聘君聘君者徵君也(云云)今人或問其義解之者曰壻之娶也玄纁以聘之故禮曰聘則爲妻奔則爲妾旣云妻父豈非聘父斯又曲爲之說也丈人丈母亦俗稱宜從爾雅呼之曰外舅外姑
●申瀚所志無后聘母之葬何處不得而如是犯法萬萬不可是遣妻葬隱藉先山猶或說也
●簡式類編翁壻條聘君(或外舅岳父丈人外姑岳母己之妻父母)
●星湖曰妻兄弟曰婦兄婦弟
●星湖僿說;禮有夫婦之名而亦有舅婦之稱如妻子婦妾是也婚禮只云婿婦壻者娶妻之稱婦者嫁夫之稱故夫曰夫壻女之夫曰女壻孫女之夫曰孫壻姊之夫曰姊壻妹之夫曰妹壻甥女之夫曰甥壻以是推之亦當謂妻曰妻婦子之妻曰子婦孫之妻曰孫婦兄之妻曰兄婦弟之妻曰弟婦甥之妻曰甥婦皆一例也

▶2774◀◈問; 어머니 성함 호칭하는 법이요.

남에게 자신의 아버지 성함을 소개할 때, 예를 들어 홍길동이면, 홍 길자 동자 라고 하는데, 어머니도 그렇게 하는지요?

◈答; 어머니 성함 호칭하는 법.

부친의 함자가 그러할진대 모친의 함자 역시 그러함이 당연하겠지요. 어디 홍씨(洪氏)라 하거나 특별히 명자(名字)까지 밝힐 일이 있으면 덧붙여 길자(吉字) 동자(童字) 라 하면 됩니다. 다만 성에는 字자를 붙이지 않습니다.

●孟子盡心章下; 公孫丑曰諱名不諱姓姓所同也名所獨也

▶2775◀◈問; 여기에 이런 질문해도 되는지 모르겠는데요.

친척관계에서 부르는 호칭에 관해서 질문이 있거든요. 저랑 동갑인 4 촌이 있는데요. 저는 8 월 생이고 사촌은 7 월 생입니다. 근데 형이라고 부르라는데요. 공적인 자리에서는 제가 순서를 지키는데요. 사적인 자리에서까지 형이라고 요구하는 것은 조금 지나치는 게 아닌가 싶은데요. 어떻게 부르는 게 맞나요?

◈答; 해도 됩니다.

씨족간의 항렬과 형제의 질서는 가장 근본 되는 위계질서(位階秩序)입니다. 그 위계질서가 때에 따라서 장소에 따라서 다를 수는 없을 것입니다. 나보다 먼저난자가 형이라 함이니 1 초라도 선생자(先生者)는 형(兄)벌이 됩니다.

●字彙儿部三書兄音[胷]同胞先生者爾雅男子先生曰兄○同弓部四書[弟]爾雅男子先生爲兄後生爲弟

▶2776◀◈問; 여동생의 남편 호칭에 대해.

안녕하세요^^ 여동생이 결혼을 했는데 저 보다 나이가 많은 형님입니다. 보통 호칭은 매제라고 하는데 상호간의 호칭이 궁금합니다. 매제보다 매부가 맞는 표현일까요?

◈答; 여동생의 남편 호칭에 대해.

아래와 같이 살펴보건대 부부는 필적(匹敵)관계라 처가(妻家)의 위계(位階)는 처(妻)의 년치(年齒)를 따르고 시가(媤家)에서는 부군(夫君)의 연치(年齒)를 따르게 됩니다. 따라서 누이동생의 부군(夫君)이 나이가 많다 하여도 처가(妻家)의 위계(位階)는 처의 나이를 따르게 되니 예법상 누이동생 대우로 대하게 됩니다. 다만 아무리 그렇다 하더라도 자신보다 나이가 많은 매부에게 동생 대하는 마구 하여서는 아니 되겠지요.

누이동생의 남편 호칭은 대개 매부(妹夫), 매제(妹弟), 매서(妹壻). 라 칭할 수가 있는데 어느 칭호가 상위라 할 수는 없습니다. 다만 아우 제(弟)자로 합성한 매제(妹弟) 보다는 누이동의 남편이라는 의미인 매부(妹夫)로 호칭함이 상대적으로 어울리지 않겠습니까.

●釋名釋親屬篇; 夫妻匹敵之義也
●釋名釋親屬篇云親襯也言相隱襯也屬續也恩相連續也夫妻匹敵之義也兩婿相謂曰亞言一人取姊一人取妹相亞次也又並來至女氏門姊夫在前妹夫在後亦相亞而相倚共成其禮也
●三國志魏志郭皇后傳; 諸親戚嫁娶自當與鄕里門戶匹敵者不得因勢彊與他人婚也(辭註)匹敵彼此相當
●春秋左傳成公二年; 對曰蕭同叔子非他寡君之母也若以匹敵則亦晉君之母也(林注)若以齊晉匹敵言之則齊君之母亦晉君之母其爲君母一也
●宦鄕要則姊妹表各親稱呼條對姉夫直稱姉夫對妹夫稱賢妹夫
●士儀節要宗族姊妹條男子謂女子先生爲姊後生爲妹○又姑姊妹女子子親屬條○姑夫(註父之姊妹之夫)○尊姑夫(註祖之姊妹之夫)○姊妹夫
●華語類招親屬條姐夫맛누의남편○妹夫아아누의남편
●日省錄純祖十九年己卯七月十六日丙子校理柳台佐疏其姉兄校理(云云)
●蒙喩篇稱號兄弟條妹夫妹兄
●宦鄕要則女婿姊妹姑表各親稱呼條對姊夫直稱姊夫對妹夫稱賢妹夫或稱賢妹倩
●士儀節要親親篇姑姊妹女子子親屬條姊妹夫
●屛溪曰八月奉板輿向道州與李章及妹弟同奉至牙山(云云)
●白居易長慶集詩覓得黔婁爲妹壻可能空寄蜀茶來

▶2777◀◈問; 자형과 매제 호칭에 대하여.

草庵선생에게 질문드립니다. 아래와 같은 경우 유가적인 호칭이 궁금합니다.

1.여동생 남편이 자신보다 연장자인 경우 호칭?
2.누나의 남편이 자신보다 연하자인 경우 호칭?.

◈答; 자형과 매제 호칭에 대하여.

아래와 같이 살펴보건대 부부는 필적(匹敵)관계라 처가(妻家)의 위계(位階)는 처(妻)의 년치(年齒)를 따르고 시가(媤家)에서는 夫의 연치(年齒)를 따르게 됩니다.

따라서 누이의 남편이 자신 보다 나이가 적다 하여도 누이의 년치를 따르니 누이의 남편이 자신보다 나이가 적다 하여도 손위 대접으로 자형(姉兄)이라 하고, 누이동생의 부군(夫君)이 나이가 많다 하여도 누이동생의 위계와 년치를 따르니 누이동생의 부군 나이가 높다 하여도 아우대접을 하게 되여 매제(妹弟)라 합니다.

●釋名釋親屬篇;夫妻匹敵之義也
●釋名釋親屬篇云親襯也言相隱襯也屬續也恩相連續也夫妻匹敵之義也兩婿相謂曰亞言一人取姊一人取妹相亞次也又並來至女氏門姊夫在前妹夫在後亦相亞而相倚共成其禮也
●三國志魏志郭皇后傳; 諸親戚嫁娶自當與鄕里門戶匹敵者不得因勢彊與他人婚也(辭註)匹敵彼此相當
●春秋左傳成公二年; 對曰蕭同叔子非他寡君之母也若以匹敵則亦晉君之母也(林注)若以齊晉匹

敵言之則齊君之母亦晉君之母其爲君母一也
●宦鄕要則姉妹表各親稱呼條對姉夫直稱姉夫對妹夫稱賢妹夫
●士儀節要宗族姊妹條男子謂女子先生爲姊後生爲妹○又姑姊妹女子子親屬條○姑夫(註父之姊妹之夫)○尊姑夫(註祖之姊妹之夫)○姊妹夫
●華語類招親屬條姐夫맛누의남편○妹夫아아누의남편
●日省錄純祖十九年己卯七月十六日丙子校理柳台佐疏其姉兄校理(云云)
●蒙喩篇稱號兄弟條妹夫妹兄
●宦鄕要則女婿姊妹姑表各親稱呼條對姊夫直稱姊夫對妹夫稱賢妹夫或稱賢妹倩
●士儀節要親親篇姑姊妹女子子親屬條姊妹夫

▶2778◀◈問; <장인과 사위, 장모과 사위>를 무엇이라 합니까?

안녕하세요. <장인과 사위, 장모과 사위>를 무엇이라 합니까?

◈答; 〈장인과 사위, 장모와 사위〉를 무엇이라 할까?

○舅甥; (名詞)외숙(外叔)과 생질(甥姪)
●春秋左傳文公二年; 凡君卽位好舅甥修昏姻娶元妃以奉粢盛孝也孝禮之始也

○舅與甥; (簡單文) 장인(丈人)과 사위
●禮記坊記; 昏禮壻親迎見於舅姑(鄭玄注)舅姑妻之父母也妻之父爲外舅妻之母爲外姑
●南史四十八陸杲傳; 陸杲字明霞吳郡吳人也祖徽字休猷宋補建康令清平無私爲文帝所善元嘉十五年除平越中郎將廣州刺史加督淸名亞王鎭之爲士庶所愛詠二十三年爲益州刺史亦加督恤隱有方威惠兼著寇盜靜息人物殷阜蜀土安之卒於官身亡之日家無餘財文帝甚痛惜之謚曰簡子父叡揚州中從事杲少好學工書畫舅張融有高名杲風韻擧止頗類時稱曰無對日下唯舅與甥爲尚書殿中曹郎拜日八坐丞郎並到上省交禮而杲至晩不及時刻坐免官後爲司徒從事中郎梁台建爲相國西曹掾
●三國志蜀志先主傳; 獻帝舅車騎將軍董承辭受帝衣帶中密詔(裵松之注)董承(中略)於獻帝爲丈人蓋古無丈人之名故謂之舅也
●孟子集註大全萬章章句下; 舜尙見帝帝館甥于貳室亦饗舜迭爲賓主是天子而友匹夫也(趙岐注)禮妻父曰外舅謂我舅者吾謂之甥堯以女妻舜故謂之甥

○姑甥(名詞) 고모(姑母) 자매(姊妹)의 자녀(子女)
●釋義; 姑甥是指姑姊妹的孩子老公姊妹的孩子也就是小姑子或大姑子的孩子則老婆姊妹的孩子叫姨甥稱姑甥

▶2779◀◈問; 중부.

안녕하세요. 이아에 <父弟爲仲 仲中也>되어 있는데, 저는 아버지의 6 형제 중에 네째 아들입니다. 그러면 아버지의 아우가 중부 입니까? 1, 2, 3, 4, 5, 6

◈答; 아버지의 아우는 숙부(叔父). 계부(季父).

아버지의 6 형제 중에 네째 아들이 아버지의 아우는 숙부(叔父). 계부(季父).

아래와 같이 살펴보건대 부(父)의 형제가 6 형제일 때, 본친(本親)이 4 째일 때의 호칭은, 1. 백부(伯父). 2.중부(仲父). 3.중부(仲父). 4.본친(本親). 5.숙부(叔父). 6.계부(季父).

●釋名釋親屬篇父之兄曰世父又曰伯父父之弟曰仲父仲父之弟曰叔父叔父之弟曰季父
●要義伯仲叔季條按兄弟止四人則依次稱之而多至七八則夏殷積仲伯季以外皆稱仲周積叔伯季以外皆稱叔如蔡叔霍叔是也
●儀禮士冠禮; 曰伯某甫仲叔季唯其所當(鄭玄注)伯仲叔季長幼之稱(辭源註)叔父父親的弟弟
●書經呂刑; 釋名釋親屬; 父之弟曰仲父仲中也位在中也仲父之弟曰叔父叔少也(辭源註)古稱父的次弟
●淮南子天文訓; 太陰在四仲則歲星行三宿(高透注)仲中也
●新唐書列女傳竇伯女仲女; 竇伯女仲女(中略)行臨大谷伯曰我豈受汙於賊乃自投下賊大駭俄而

仲亦躍而墜(辭源註)次舊時兄弟排行以伯仲叔季爲序仲是老二

▶2780◀◈問; 眞과 陳의 의미는?

진(眞)과 진(陳)이 어찌하여 진외가(眞外家)와 진외가(陳外家)에서 아버지로 번역이 되는지요?

◈答; 眞과 陳의 의미는.

진외가(眞外家)가 우리의 호칭이고, 진외가(陳外家)는 일본(日本)에서의 호칭이 아닌가 하는 의심이 든다. 이가 사실이라면 진(眞)과 진(陳)이 어찌하여 부(父)의 대칭(代稱)이 되었나 함을 논(論)하여 보기로 한다. 본인은 어학자(語學者)가 아니니 비중을 중(重)히 두지 않기를 바란다. 다만 진(眞)과 진(陳)이 어찌하여 부(父)의 대용어로 쓰이나를 유추(類推)하여 볼 따름이다.

1). 眞外家의 의미는 글자대로 풀자면 "내 근본의 외가" 정도로 번역되지 않을까 한다. 내 근본이란 나를 이 세상에 태어나게 한 원천을 의미할 것이니 그 원천이란 나의 선대 모두가 해당될 것이나 직접적으로는 아버지일 것이다. 이와 같은 까닭이라면 眞外家란 아버지 外家로 번역함에 거칠 것이 없습니다.

2). 진외가(陳外家)의 의미는 글자대로 풀자면 "묵은 이의 외가" 정도로 번역(飜譯)이 될 것이다. 여기서 묵은 이란 나 이전의 사람 즉 아버지를 의미하게 된다. 이와 같다면 진(眞)과 진(陳)은 아버지란 의미이니 진외가[(眞)陳外家]란 아버지 외가(外家)로 번역함에 거칠 것이 없다. 따라서 진외가[(眞)陳外家]는 부지외가(父之外家). 진외조부[(眞)陳外祖父]는 부지외조부(父之外祖父). 진외숙[(眞)陳外叔]은 부지외숙(父之外叔)이 됩니다.

●康熙字典目部五畫【眞】 天眞天乙始生之眞元也
●康熙字典儿部二畫【元】 本也[後漢班固傳]元元本本
●康熙字典阜部八畫 【陳】書盤庚失于政陳于茲(傳)今旣失政而陳久於此而不徙(疏)釋詁云塵久也孫炎曰陳居之久久則生塵矣古者陳塵同也故陳爲久之義(註)陳久崇大也
●詩經正解甫田章; 歲取十千我取其陳食我農人自古有年(註)陳舊粟也(辭註)陳久陳舊

▶2781◀◈問; 진외가 호칭 문제?

안녕하세요 초암 선생님. 다름이 아니옵고 진외가 호칭 문제가 헷갈려서 질문을 드립니다. 진외가라 하면 조모님의 친생가를 의미함은 알겠는데요 할머니의 부모를 나는 어떻게 호칭하여야 법도에 옳은지 모르겠습니다. 혹 아버지의 외조부를 진외조부 혹자는 진외증조부라 하여야 옳다 라 하여 이 호칭이 옳을 것도 같이 생각됩니다. 정의를 내려주시기 바랍니다. 대단히 죄송합니다.

◈答; 진외가 호칭 문제.

아버지의 외가(外家)란 조모(祖母)의 친가(親家)를 의미하게 되는데 나와는 직칭(直稱)은 없고 우리 말에 길다 멀다. 의 이두(吏讀) 표기법에 의하여 진(陳) 또는 진(眞)으로 표기 진외가(陳外家) 또는 진외가(眞外家)로 표기 아버지의 외가(外家)를 의미하게 되어 이에 의하여 조모(祖母) 친가(親家)는 부(父)의 외가(外家)가 되고 나의 진외가(眞外家)가 됩니다. 이와 같이 외계(外系)속칭에서 내 부친(父親)의 여형제(女兄弟)는 고모(姑母) 고모부(姑母夫)가 되고 그의 자에게는 고(姑)자를 붙여 고종형제(姑從兄弟)가 되고, 모친(母親)의 친정(親庭) 관계(關系) 호칭에서는 외(外)자를 외가(外家)라 하고 외조조부모(外祖祖父母), 외숙(外叔), 외종형제(外從兄弟), 조부(祖父)의 여형제(女兄弟)는 대고모(大姑母) 대고모부(大姑母夫), 대고모(大姑母)란 대(大)자에는 아버지란 뜻이 있어 아버지의 고모(姑母)란 뜻이 됩니다. 따라서 아버지의 외조부(外祖父)는 나의 직칭(直稱)은 없으니 내 아버지 속칭(屬稱)으로 표현 진외조부(陳外祖父)가 되고 부의 외종형제(外從兄弟)는 나의 진외종형제(陳外從兄弟)로 호칭(呼稱)하게 되겠지요.

●日省錄正祖十三年己酉一月七日甲子刑曹刑曹以擊錚人原情回啓條不幸遭父喪入葬於渠眞外祖

父墳白虎數十步之內
●莊子齊物論若有眞宰而特不得朕
●徐弘奎所志眞眞外家朴德文(云云)朴德文眞眞外孫橫徵之
●朱子曰天地非眞父母而假父母之名故曰名虛然吾體之所以爲體者莫非天地之體吾性之所以爲性者莫非天地之性
●金一每所志風俗討索(云云)漢白書奪牛曰此牛即我陳外家角者也吾方貧窮賣食陳外家宅一隻牛於汝何(云云)
●宛署杂記民風二父曰爹又曰別又曰大
●李道長問道長祖外家父外家俱無後二外祖神主道長皆奉祀矣若時祀茶禮之時同祭於正寢似甚未安未知何以則可乎寒岡曰外家神主奉祀本非禮經今者不得已奉祀則當時祀茶禮時先祭祖外祖次祭父外祖然後堂祭祖與考矣
●眉巖乃柳眉巖舊居卽公曾外家也
●茶山曰我之曾祖父爾之曾外祖骨肉有深愛
●日省錄正祖二十三年己未八月二十二日戊申刑曹以擊錚人原情啓陳外家之眞外六代祖母
●釋親考上; 郭氏曰異姓故言外○丘氏曰今稱外祖父母○會典卽外公外婆○通鑑梁簡文紀刑及外族胡三省曰男子謂舅家爲外家婦人謂父母之家爲外家外族外家之族也
●瓶窩曰二姓一廟極涉非禮況當改題尤無顯稱祝辭中亦無以爲屬其將以外玄孫稱之乎抑將以眞外玄孫稱之乎旣非外家又非*眞外家*則屬稱絶難無屬稱而奉祀尤難禮家所以極禁外家奉祀者此也。
●漢韓辭典阜部八畫**【陳】**[**陳外家**]진외가. 國아버지의 외가
●국어사전; 진외조부(陳外祖父)「**명사**」아버지의 외조부.

▶2782◀◈問; 질문 하나 더.

그리고, 제 동생이 제 형수(兄嫂)를 호칭(呼稱)할 때는 "형수"라고 합니다. 제 앞이나, 부모(父母)님 앞에서 "형수"라고 하고, 직접 제 아내를 부를 때는 "형수님"이라고 합니다. 물론, 제 동생과 제 아내는 6 살 차이가 납니다만, 그래도 형수는 형수지요. 그런데, 일반 TV 드라마를 보면 친근감의 표시이기도 하고, 형수에게 직접 호칭을 할 때도 "님"자를 안 붙이고 "형수"라고 만 하고 하더군요. 예를 들어 "형수. 나 왔어요. 저녁 좀 챙겨 주세요" 라든지요. 동생이 제 아내를 부를 때는 꼭 "형수님"이라고 해야 하고, "형수"라고 하면 안 되는 것인가요? 학교에서도 친한 선배님에게는 "선배"라고 하지 "선배님"이라고 하지는 않지 않습니까? 시원한 답변을 부탁 드립니다.

◈答; 형수님.

존장에게 아뢸 시 그보다 하위 항렬을 일컬을 때는 대략 존칭어를 붙여 부르지 않아도 큰 결례가 되지는 않습니다.

숙모(叔母)가 자기보다 연하(年下)라 하여도 숙부와 동등하게 위해야 하며 형수가 자기보다 연하라 하여도 형의 대접을 해야 하는 것이니 혹 경(輕)하면 정상에는 애교(愛嬌)이나 오해(誤解)의 소지가 있을 수 있는 것으로 더욱 소홀이 생각하여서는 안됩니다. "님"자는 우리만이 사용되는 존칭어로 씨보다는 좀더 높임말이 됩니다. 유학적 호칭으로 형수(兄嫂)라 하면 형과 형수의 겸칭도 됩니다

●中國語辭典 儿部三畫兄 [兄嫂] 哥哥和嫂子
●教育百科; 哥哥和嫂嫂稱謂對他人介紹自己嫂子的用語如走在前面的那位就是我的兄嫂
●金瓶梅詞話第一回: 他的哥哥武大生的身不滿三尺(註)哥哥稱呼同父母或只同父只同母的兄長
●紅樓夢第三十一回; 湘雲問寶玉道寶哥哥不在家麽(註)哥哥稱呼同族或親戚中的兄長
●水滸傳第十七回; 何淸問嫂嫂道哥哥忒殺欺負人我不中也是你一個親兄弟
●儒林外史第十六回; 母親走進來叫他吃飯他跟了走進廚房替嫂子作揖(註)嫂子兄之妻
●三國志平話卷中: 關公曰嫂嫂收拾行裝來日辭曹丞相往袁紹處(註)嫂嫂兄之妻
●岳飛滿江紅詞; 三十功名塵與土八千里路雲和月(註)和連詞表示并列關系

▶2783◀◈問; 처가집 사위간 호칭에 관하여 질문드립니다.

딸만 둘인 처가의 둘째 딸과 혼인하여 둘째 사위가 되었습니다. 그런데 첫째 사위가 저보다 두 살 연하입니다. 이런 경우 관계는 동서지간이 되는 것으로 알고 있는데요. 정확한 호칭 관계를 알고 싶어 질문을 드리게 되었습니다.

항간(巷間)에는 처가(妻家)의 딸 서열에 따라 첫째 사위를 당연히 형님으로 호칭(呼稱)해야 한다는 의견들도 있습니다. 제가 아는 상식(常識)으로는 나이 어린 형님이 없다는 것과 사위 간에는 혈족관계가 아니기 때문에 형과 아우 사이가 될 수 없기에 타인 간의 만남처럼 사회관계로 보아 서로 나이나 지위에 걸맞게 대우하면 된다고 알고 있습니다. 그리고 여자는 남자의 집안으로 호적이 옮겨지기에 처가에서의 서열이 존재하지 않기에 존재하지 않는 서열로 사위의 서열을 정할 수 없다 까지 알고 있는데요. 정확한 호칭관계를 부탁 드리겠습니다.

◈答; 처가 집 사위간 호칭에 관하여.

아래와 같이 살펴보건대 한 집 자매(姉妹)와 혼인한 남편들끼리의 호칭은 동문지서(同門之壻)를 약하여 동서(同壻)라 이르는데, 우서언친우야(友婿言親友也)라. 동서(同壻)를 우서(友婿)라고도 하는데 친구라는 말이라 하였으니 형제(兄弟)의 관계는 아닙니다. 다만 현세에 손위 동서(同壻)를 친밀감을 더하기 위하여 속칭(俗稱)으로 형님운운하고 있을 뿐으로, 속언에 나이적은 아재비는 있으나 나이 적은 형은 없다. 라 하니 연하(年下)의 위 동서에게 형님 운운은 어불성설로 동문지서(同門之壻)의 약칭(略稱)인 상호 동서(同壻)가 정칭이니, 수상(手上)의 표현으로 큰동서(同壻)라 호칭함이 옳지 않을까요.

●釋名兩婿相謂曰亞言一人取姊一人取妹相亞次也又並來至女氏門姊夫在前妹夫在後亦相亞而相倚共成其禮也又曰友婿言相親友也

●釋親考兩壻相謂爲亞條郭氏曰詩云瑣瑣姻亞今江東人呼同門爲僚壻又丘氏曰前代謂之僚壻俗謂之連襟友書又漢嚴助傳爲友壻富人所辱師古曰友壻同門之壻

●書經小雅瑣瑣姻亞則無膴仕註瑣瑣姻亞而必皆膴仕則小人進矣

●唐書李傑傳內恃玄宗婭壻與所親

●辭源[壻]女之夫

●康熙字典士部九畫[壻]音細女之夫曰壻妻謂夫亦曰壻○女部九畫[婿][集韻]同壻○又二部六畫【亞】 [唐韻][集韻]並衣駕切鴉去聲 又姻亞壻之父曰姻兩壻相謂曰亞[詩小雅]瑣瑣姻亞則無膴任別作婭

●辭源[婿]同壻左傳文八年且復致公壻池之封唐陸德明釋文壻音細俗作婿常壻

▶2784◀◈問; 처의 오빠 호칭.

안녕하세요^^ 지난 번 답변 감사 드립니다. 지난 번 질문의 이어 결혼을 한 후 처의 오빠되시는 분이 저보다 나이가 어릴 경우 어떻게 호명 하는 지요?

◈答; 처의 오빠 호칭.

아래와 같이 살펴보건대 부부는 필적(匹敵)관계라 처가(妻家)의 위계(位階)는 처(妻)의 년치(年齒)를 따르고 시가(媤家)에서는 부군(夫君)의 연치(年齒)를 따르게 됩니다.

처의 남형제는 유학의 본류에서는 처지곤제(妻之昆弟) 부형(婦兄) 부제(婦弟)라 하나 국어에서는 아내의 오빠나 남동생은 처남(妻男)이라 한다. 라 하였으니 처의 남형제는 오빠든 아우든 통칭 처남이라 호칭되어도 문제가 없습니다. 혹 오빠를 대우하여 큰처남이라 할 수도 있겠지요. 따라서 처의 오빠가 나보다 연하라 하여도 위계는 손위 대접을 하여야 합니다.

●釋名釋親屬篇; 夫妻匹敵之義也

●三國志魏志郭皇后傳; 諸親戚嫁娶自當與鄕里門戶匹敵者不得因勢彊與他人婚也(辭註)匹敵彼此相當

●春秋左傳成公二年; 對曰蕭同叔子非他寡君之母也若以匹敵則亦晉君之母也(林注)若以齊晉匹敵言之則齊君之母亦晉君之母其爲君母一也

●士儀節要親親篇; 妻黨條妻之昆弟婦兄婦弟

●星湖曰妻兄弟曰婦兄婦弟
●국어사전(이희승 감수) 처남【妻男・妻娚】명 아내의 오빠나 남동생.

▶2785◀◈問; 친구의 아내를 어떻게 호칭해야 하나요?

흔히 부르는 제수씨는 예가 아닌 것으로 압니다. 그저 장난에 가까운 의미라 생각되는데 선조들께선 어떻게 호칭을 하셨는지요? 꼭 좀 알려 주시실 바랍니다. 그럼 안녕히 계세요.

◈答; 친구 아내의 호칭.

부인(夫人)이란 호칭(呼稱)은 아래와 같이 살펴보건대 천자(天子)나 제후(諸侯)의 아내를 이르던 호칭(呼稱)인데 이를 남의 아내 또는 결혼한 부녀를 이를 때 존칭(尊稱)으로 쓰이고 있으니 친구의 부인(婦人) 역시 夫人이라 호칭됨이 옳을 것 같습니다.

고증(考證)은 되지 않으나 여사(女史)라는 호칭(呼稱) 역시 결혼하였거나 사회적으로 명성(名聲)이 높은 여자에 대한 경칭(敬稱)으로 쓰이고 있으니 이 역시 무난(無難)한 호칭이 아닐까 합니다.

●曲禮天子有后有夫人有世婦有嬪有妻有妾註三夫人九嬪二十七世婦八十一御妻○又天子之妃曰后諸侯曰夫人大夫曰孺人士曰婦人庶人曰妻註鄭氏曰妃配也后之言後也夫之言扶孺之言屬婦之言服妻之言齊
●周禮考工記玉人條夫人以勞諸侯註鄭司農云夫人天子夫人夫人王后也記時諸侯僭稱王而夫人之號不別是以同王后於夫人也
●丘儀筓禮戒賓請書式註非親則夫人孺人隨所稱
●随园詩話第二; 蔣苕生太史序玉亭女史之詩曰離象文明而備位乎中女子之有文章蓋自天定之(註)女史對知識婦女的美稱

▶2786◀◈問; 친족간 호칭에 대해서.

안녕하세요? 얼마 전 가족모임에서 형님의 아들의 이름을 부르면서 문중에 대한 의논을 하려고 했는데 그 조카가 자기의 이름을 부르는 것에 대해서 기분이 상해 말하는 것에 대해서 궁금한 점이 있어서 글을 올립니다. 저의 나이는 올해 칠순이고 조카는 50 세 정도 됩니다. 제가 작은아버지로서 조카의 이름을 부르는 것이 예의에 어긋난 것인지 알고 싶습니다.

◈答; 친족간 호칭에 대해서.

숙질 간을 떠나 타인이라 하여도 부모로 섬겨야 할 나이 차이 입니다. 대개 관례(冠禮)를 치를 나이에 있는 사람이 자기 나이에 배가되면 부모로 섬기는 것이니 20 여세 차이면 그러기에 충분하지요. 그러나 내 자식도 결혼시켜 자식을 가지면 직접 이름을 부르지 않고 누구애비야 또는 큰, 둘째, 막내 등등으로 호칭하기도 하는 것입니다.

김 0 식님은 조카로부터 최존칭 대우를 받아야 할 관계이니 이름을 부른다 하여 예에 크게 어그러질 일은 아닌 것입니다. 그렇기는 하다 하더라도 가족 모임이라면 며느리 손자녀들이 합석 하였을 텐데 이름 보다는 조카로 호칭하심이 더 정감이 있겠지요.

●曲禮年長以倍則父事之十年以長則兄事之五年以長則肩隨之(註)肩隨並行差退也此泛言長少之序非謂親者
●磻溪隨錄敎選之制學規接人當一以禮義年長以倍則父事之十年以長則兄事之五年以長亦稍加敬
●霞谷集經儀少者儀條年長以倍則父事之十年以長則兄事之五年以長則肩隨○尊者(註長於己三十歲以上者父之執友及無服親在父行者及異爵者皆是)長者(註長於己十歲以上在兄行者)敵者(年上下不滿十歲者長者爲稍長少者爲稍少)少幼(註少於己十歲以下者爲少者少於己二十歲以下者爲幼者)

▶2787◀◈問; 큰아버비와 작은 아버지 딸들의 호칭이 구금합니다.

백숙부님의 딸들의 호칭은요?

◈答; 백숙부님의 딸들의 호칭.

아래와 같이 살펴보건대 본종에서도 동오조지간(同五祖之間)에는 정식 호칭 없이 조부항(祖父行)이면 통칭 대부(大父)라 하듯 유복지친 밖이 되면 종씨라 하며 그 종(從)자 역시 관계칭호 첫머리에 본종에서만 붙여 호칭되며, 종자매(從姊妹)의 아들에 대한 호칭은 아래와 같이 살펴보건대 어디에도 언급된 바가 없는 것은 이는 아마도 혈통을 벗어난 이성으로 관계가 소원하기 때문인 것 같습니다. 다만 친 자매의 자녀에 대하여는 생(甥)을 부쳐 생질(甥侄) 생질녀(甥侄女)라 하나 종자매(從姊妹)의 자녀에도 생(甥)자를 붙이는지의 여부는 알 수가 없습니다.

특히 종(從)자는 직계를 달리하는 방계에 붙여지며 종(從)의 기본은 사촌(四寸)이 되는데 동고조(同高祖) 내(內)에서는 삼종(三從)(팔촌(八寸))이 마지막이 되며 혼척간에는 내외 사촌을 의미하는 내외종(內外從)을 제하고는 종(從)자를 붙이지 않습니다. 따라서 백숙부의 딸들의 유학적 호칭은 종자매(從姊妹)가 되고 우리 호칭으로는 공히 사촌 누나 사촌여동생이 되겠지요.

●爾雅父之世父叔父爲從祖祖父兄之子弟之子相謂爲從父昆弟父之從父昆弟爲從祖父父之從祖昆弟爲族父從祖父之子相謂爲從祖昆弟族父之子相謂爲族昆弟族昆弟之子相謂爲親同姓疏五世之外比諸同姓猶親○又曰母之考爲外王父母之妣爲外王母母之從父昆弟爲從舅母之姊妹爲從母從母之男子爲從母昆弟其女子子爲從母姊妹
●朱魯叔先遊人朱子嘗稱爲吾弟疑與之同姓
●朱子曰古禮甥字用處極多如壻謂之甥姊妹之子亦謂之甥
●釋名釋親屬篇父之世叔父母曰從祖父母○姪之子曰歸孫婦人謂嫁曰歸姪子列故其所生爲孫也
●近齋曰同五世者爲祖免之親只是服盡而已雖婦人與男子不同於同五世者何可不相見乎曾以此間於嘐丈嘐丈之意亦然且以爲此事不可一槩論惟在其門之厚薄其家之親踈云矣
●同行; 同父=兄弟姊妹 同祖=從兄弟姊妹 同曾祖=再從兄弟姊妹 同高祖=三從兄弟姊妹
●叔行; 父之兄弟姊妹=伯叔姑 父之從兄弟姊妹=從祖父姑(堂叔姑) 父之再從兄弟姊妹=族父姑(再堂叔姑)
●士儀節要從祖姑註父之從祖姊妹

▶2788◀◈問; 학생을 왜 제자라 합니까?

학생을 왜 제자라 합니까?

◈答; 학생을 왜 제자라 하나.

현대(現代) 교육제도(教育制度)에는 初(6~12). 中(12~15). 高(15~18) 大(18~22). 등 4 개단계(段階)로 나뉘어있어 스승이 각 단계마다 대등(對等)한 나이의 학생(學生)들을 상대하여 교육(教育)하지만 지난날 서당(書堂)의 교육(教育)은 소년(少年)으로부터 장년(壯年)에 이르기까지 구분(區分) 없이 한 당(堂)에 모아 놓고 교육(教育)하였기 때문에 스승은 장년학생(壯年學生)으로서는 형(兄)벌이 되고 소년(少年)으로서는 자식(子息) 벌의 관계가 되어, 대체로 스승은 부형(父兄)과 같은 나이 차이(差異)가 되어 학생(學生)을 제자(弟子)라 이르게 되었습니다.

A. 學生視師如父兄故稱弟子
B. 學生事師雖無服有父兄之恩故稱弟子也

●論語朱註雍也第六; 哀公問曰弟子孰爲乎學(辭源註)學生視師如父兄故稱弟子
●儀禮士相見禮; 與老者言言使弟子(賈公彦疏引雷次宗云)學生事師雖無服有父兄之恩故稱弟子也

▶2789◀◈問; 호칭.

안녕하십니까? 다름이 아니오라 친척이라도 멀리 떨어져 있어 자주 못 본 관계로 나이가 3

살~8 살 정도 많은 3,5,7 촌 조카들을 부를 때 이름을 부르는지 아니면 다른 호칭이라도 있는건지요? 그리고 말을 높여야 하는지 아니면 어떻게 말을 하여야 하나요? 답변 부탁 드립니다.

◈答; 나이 많은 조카들의 호칭.

호칭에 관하여 전문으로 연구한 바 없어 귀하의 원함에 충족 될지 모르겠으나 다만 굳이 답한다면 고증 할 수가 없어 아래와 같이 그에 갈음하니 참고하기 바랍니다.

○항렬이 낮은 조카가 3 살 위인 경우.

3 촌간; 조카.
5 촌간; 종질 또는 당질. 직접 대면하여 부를 때 조카로 부름도 가함.
7 촌간; 재종질 또는 재당질. 직접 대면하여 부를 때 조카로 부름도 가함.

나이가 근소하게 위인 조카라 하여도 이미 장성하였으면 대화체에서 해라는 삼가 함이 옳을 것임.

○항렬이 낮은 조카가 8 살 위인 경우.

3 촌간; 조카님.
5 촌간; 종질 또는 당질. 직접 대면하여 부를 때 조카님.
7 촌간; 재종질 또는 재당질. 직접 대면하여 부를 때 조카님.

존칭어로는 이미 장성하였으면 대화체에서 해라. 가 아닌 친분과 나이에 따라 하게, 하시게, 하오, 등으로 구분하여 사용함이 씨족 질서에 사회 질서를 더하여 따름이 원만한 상호관계와 자신의 인품 됨에 손상이 없겠지요. 자세함은 호칭에 관한 훌륭한 사이트가 많으니 방문하여 보기바랍니다.

●宦鄕要則本族前後輩稱呼條同姓祖宗自稱宗愚世姪孫回用子孫代○同姓高一輩者自稱宗愚姪回稱宗愚伯叔(與其父序齒)○同姓平輩自稱宗愚兄弟回稱同
●雅言覺非伯叔父曰三寸伯父叔父之子曰四寸從祖祖父曰四寸
●釋親考伯叔諸姑篇從祖祖父從祖祖母○祖伯父祖伯母祖叔父祖叔母○伯祖父伯祖母叔祖父叔祖母○伯公伯婆叔公叔婆○從大父○(五雜組)吾祖父之兄弟卽從祖父也爾雅郭注釋親第四宗族篇父之從父晜弟爲從祖父
●便覽成服篇小功條爲從祖父謂父之從父兄弟
●釋名(劉熙漢人)釋親屬條父之世叔父母曰從祖父母
●儀禮喪服篇小功條從祖祖父母從祖父母報註祖父之昆弟之親○疏曰從祖祖父母是曾祖之子祖之兄弟從祖父母者是從祖祖父之子父之從父昆弟之親
●又從祖昆弟註父之從父昆弟之子○疏曰此是從祖父之子故鄭云父之從父昆弟之子己之再從兄弟
●又從父昆弟註世父叔父之子也○疏曰世叔父與祖爲一體又與己父爲一體緣親以致服故云從也

▶2790◀◈問; 호칭.

안녕하십니까? 호칭에 대하여 질의합니다. 생모(生母)는 아주 오래 전에 이미 타계하였고 그 후 父는 실제는 六禮의 절차를 거치지는 않고 후취하여 관의 허가(혼인신고)를 얻어 生一女 하였는데. 이러한 경우 父의 별세로 喪中 각종 고축문에 호칭을 지금의 母는 육례절차를 거치지 않았으므로 庶母로 보아 '고애자'로 해야 하는지? 혹은 육례절차에는 어긋남이 있으나 관의 허가가 있었으므로 繼母로 보아 '고자'로 하여야 하는지? 父의 별세로 타지의 생모를 이장하여 합장(합폄)하고자 하는 때에는 고축문에 어떻게 호칭해야 하는지? 그 후에 지금의 모가 별세하여 합장 묘에 쌍분으로 부좌하는 경우에 그때는 어떻게 호칭하는지?

◈答; 축문의 고자 칭호.

상중 고축문은 졸곡(卒哭) 이전(凶祭)은 부상(父喪)에는 孤子 구몰(俱沒)이면 孤哀子 졸곡 이후(吉祭)는 모두 孝子. 서모는 불입묘(不入廟)라, 적자(嫡子)는 그의 제사를 지내지 않고 그의 후자가 그의 사실에서 제사하게 됩니다. 따라서 서모의 생사여부와는 관계가 없습니다.

이와 같아서 모든 행사가 졸곡 이전이면 축식에 孤子 혹 孤哀子, 졸곡 이후의 행사 축식에는 孝子로 쓰게 됩니다.

●程子曰庶母不可入廟子當祀於私室
●問庶母死其長子承重則次子當私於私室歟遂庵曰似合情禮
●備要母喪稱哀子俱亡稱孤哀子
●雜記上祭稱孝子孝孫喪稱哀子哀孫註祭吉祭也卒哭以後爲吉祭故祝辭稱孝子或孝孫自虞以前爲凶祭故稱哀端正也端衰喪服上衣也
●開元禮凶六三品以上喪中(四品以下至庶人附)虞卒小大禫祭祝文曰維歲次云云朔日子哀子(父喪稱孤子)敢昭告于(云云)
●士虞禮記死三日而殯三月而葬遂卒哭卒辭曰哀子某(云云)饗辭曰哀子某(云云)○卒哭; 卒辭曰哀子某來日某隮祔爾于爾皇祖某甫尙饗○祔祭(云云)曰孝子某註稱孝者吉祭○小祥記朞而小祥註小祥祭名祥吉也祝辭之異者言常者朞而祭禮也
●朱子家禮喪禮治葬題主; 題畢祝執版主人之右跪讀之日子同前但云孤子某敢昭告于○初虞;祝執版出於主人之右西向跪讀之前同○卒哭; 跪讀爲異詞並同虞祭但改三虞爲卒哭○祔祭前同卒哭祝版但云孝子某謹以潔牲(云云)
●四禮便覽喪禮虞祭卒哭; 祝文式(云云)孤子某敢昭告于○祔祭祝式(云云)孝子某謹以淸酌(云云)

▶2791◀◈問; 호칭과 지칭을 알고자 합니다.

호칭과 지칭을 알고 싶습니다 가르쳐 주시기 바랍니다.

1. 월촌한 같은 종씨로 항렬이 손자 뻘 되는 나이가 많거나 적은 부인의 호칭과 지칭은 어떻게 부르지요?
2. 월촌한 같은 종씨로 항렬이 조카 뻘 되는 나이가 많거나 적은 부인의 호칭과 지칭은?
3. 월촌한 같은 종씨로 항렬이 손자 뻘 되는 나이 많은 사람의 호칭과 지칭은?
4. 같은 종씨로 항렬이 손자 뻘 되는 나이가 적은 사람의 호칭과 지칭은?
5. 같은 종씨로 항렬이 조카 뻘 되는 나이 많은 사람의 호칭과 지칭은?
6. 같은 종씨로 항렬이 조카 뻘 되는 나이 적은 사람의 호칭과 지칭은?

◈答; 호칭과 지칭.

귀하와 귀하의 가내 제절이 두루 만복이 깃들기를 빕니다. 사전적인 풀이로는 다음과 같으니 지칭(指稱)으로 이해 하겠습니다.

1, 호칭(互稱) 서로 일컫는 이름 호칭(呼稱) 불러 일컬음. 이름을 지어 부름.
2, 지칭(指稱) 가리키어 부름. 가리켜 일컬음. (儒學; 指稱)

칭설진술(稱說陳述) 유복지친(有服之親)을 떠난 족친(族親)간의 호칭 대부(大父). 족조(族祖). 족장(族丈). 족숙(族叔). 족형(族兄). 족제(族弟). 족질(族姪). 족손(族孫).

●封五王詔; 繼自今衆兵將呼稱朕爲主則止不宜稱上致冒犯天父也(註)稱呼呼稱
●元典章戶部三籍冊; 手狀指稱打捕戶不納皮貨亦不當差之人無問附籍漏籍收係與民一體當差(註)指稱稱說陳述

1. 答; ○족손부(族孫婦) (님) 족손부(族孫婦)
2. 答; ○족질부(族姪婦) (님) 족질부(族姪婦)
3. 答; 족손(族孫) (님)
4. 答; 족손(族孫)
5. 答; 족질(族姪) (님)
6. 答; 족질(族姪)

이 같은 단조로운 답변을 요구한 질문은 아니라 생각 되나 참고하기 바랍니다.

●詩經國風周南麟之趾章; 麟之角振振公族于嗟麟兮傳曰公族公同高祖祖廟未毁有服之親

●書經虞書堯典; 克明俊德以親九族九族旣睦平章百姓百姓昭明協和萬邦黎民於變時雍(蔡沈集傳)九族高祖至玄孫之親擧近而該遠五服異姓之親亦在其中也
●春秋左傳隱公八年八月; 無駭卒羽父請謚與族公問族於衆仲衆仲對曰天子建德因生以賜姓胙之土而命之氏諸侯以字爲謚因以爲族官有世功則有官族邑亦如之(杜預注)族氏也
●春秋左傳成公九年二月; 晉侯觀于軍府見鍾儀問之曰南冠而縶者誰也有司對曰鄭人所獻楚囚也使稅之召而吊之再拜稽首問其族對曰泠人也(辭註)族宗族系統的稱號

▶2792◀◈問; 호칭 문의 드립니다.

안녕하세요. 호칭 문의를 드리려고 합니다.제 결혼 전 남편의 남동생이 먼저 결혼을 하여 그 부인을 처음 만난 자리에서 제가 'ㅇㅇ씨' 라고 불렀습니다. 이게 틀린 호칭인가요?

나름 호칭 등은 지금 제 나이 또래들보다 잘 알고 있다고 생각했는데 언니라 부르지 않았다 항의하여 당황스러웠습니다. 그 당시 결혼을 앞두고 있었고, 그들도 제가 결혼 상대인걸 알았습니다. 그래도 제가 언니라 지칭해야 했던게 맞는건가 싶습니다.

◈答; 호칭.

결혼전이라면 인친(姻親) 관계 성립전이라 사회적 호칭일 뿐입니다. 결혼 후의 부제처(夫弟妻)는 동문지서(同門之婿)로 동서(同婿)의 관계로 상하(上下)를 구별하기 위하여 부형처(夫兄妻)는 큰동서(同婿) 부제처(夫弟妻)는 작은동서(同婿)라 호칭되고 있습니다.

●釋名釋親屬篇; 夫妻匹敵之義也
●釋名釋親屬篇云親襯也言相隱襯也屬續也恩相連續也夫妻匹敵之義也兩婿相謂曰亞言一人取姊一人取妹相亞次也又並來至女氏門姊夫在前妹夫在後亦相亞而相倚共成其禮也
●釋親考兩壻相謂爲亞條郭氏曰詩云瑣瑣姻亞今江東人呼同門爲僚壻又丘氏曰前代謂之僚壻俗謂之連襟友書又漢嚴助傳爲友壻富人所辱師古曰友壻同門之壻

▶2793◀◈問; 호칭 문제?

안녕하세요 초암 선생님. 다름이 아니옵고 진외가 호칭 문제가 헷갈려서 질문을 드립니다. 진외가라 하면 조모님의 친생가를 의미함은 알겠는데요 할머니의 부모를 나는 어떻게 호칭하여야 법도에 옳은지 모르겠습니다.

혹 아버지의 외조부를 진외조부 혹자는 진외증조부라 하여야 옳다 라 하여 이 호칭이 옳을 것도 같이 생각됩니다. 정의를 내려주시기 바랍니다. 대단히 죄송합니다.

◈答; 진외가 호칭 문제.

아버지의 외가(外家)란 조모(祖母)의 친가(親家)를 의미하게 되는데 나와는 직칭(直稱)은 없고 우리 말에 길다 멀다의 이두(吏讀) 표기법에 의하여 진(陳) 또는 진(眞)으로 표기 진외가(陳外家) 또는 진외가(眞外家)로 표기 아버지의 외가(外家)를 의미하게 되어 이에 의하여 조모(祖母) 친가(親家)는 부(父)의 외가(外家)가 되고 나의 진외가(眞外家)가 됩니다

이와 같이 외계(外系)속칭에서 내 부친(父親)의 여형제(女兄弟)는 고모(姑母) 고모부(姑母夫)가 되고 그의 자에게는 고(姑)자를 붙여 고종형제(姑從兄弟)가 되고, 모친(母親)의 친정(親庭) 관계(關系) 호칭에서는 외(外)자를 외가(外家)라 하고 외조조부모(外祖祖父母), 외숙(外叔), 외종형제(外從兄弟), 조부(祖父)의 여형제(女兄弟)는 대고모(大姑母) 대고모부(大姑母夫) 대고모(大姑母)란 대(大)자에는 아버지란 뜻이 있어 아버지의 고모(姑母)란 뜻이 됩니다. 따라서 아버지의 외조부(外祖父)는 나의 직칭(直稱)은 없으니 내 아버지 속칭(屬稱)으로 표현 진외조부(陳外祖父)가 되고 부의 외종형제(外從兄弟)는 나의 진외종형제(陳外從兄弟)로 호칭(呼稱)하게 되겠지요.

●日省錄正祖十三年己酉一月七日甲子刑曹刑曹以擊錚人原情回啓條不幸遭父喪入葬於渠眞外祖父墳白虎數十步之內
●莊子齊物論若有眞宰而特不得朕

●徐弘奎所志眞眞外家朴德文(云云)朴德文眞眞外孫橫徵之
●朱子曰天地非眞父母而假父母之名故曰名虛然吾體之所以爲體者莫非天地之體吾性之所以爲性者莫非天地之性
●金一每所志風俗討索(云云)漢白晝奪牛曰此牛即我陳外家角者也吾方貧窮賣食陳外家宅一隻牛於汝何(云云)
●宛署杂記民風二父曰爹又曰別又曰大
●李道長問道長祖外家父外家俱無後二外祖神主道長皆奉祀矣若時祀茶禮之時同祭於正寢似甚未安未知何以則可乎寒岡曰外家神主奉祀本非禮經今者不得已奉祀則當時祀茶禮時先祭祖外祖次祭父外祖然後堂祭祖與考矣
●眉巖乃柳眉巖舊居卽公曾外家也
●茶山曰我之曾祖父爾之曾外祖骨肉有深愛
●日省錄正祖二十三年己未八月二十二日戊申刑曹以擊錚人原情啓陳外家之眞外六代祖母
●釋親考上; 郭氏曰異姓故言外○丘氏曰今稱外祖父母○會典卽外公外婆○通鑑梁簡文紀刑及外族胡三省曰男子謂舅家爲外家婦人謂父母之家爲外家外族外家之族也
●瓶窩曰二姓一廟極涉非禮況當改題尤無顯稱祝辭中亦無以爲屬其將以外玄孫稱之乎抑將以眞外玄孫稱之乎旣非外家又非眞外家則屬稱絶難無屬稱而奉祀尤難禮家所以極禁外家奉祀者此也。
●漢韓辭典阜部八畫【陳】[陳外家]진외가. 國아버지의 외가
●康熙字典目部五畫【眞】 天眞天乙始生之眞元也
●康熙字典儿部二畫【元】 本也[後漢班固傳]元元本本
●康熙字典阜部八畫 【陳】書盤庚失于政陳于玆(傳)今旣失政而陳久於此而不徙(疏)釋詁云塵久也孫炎曰陳居之久久則生塵矣古者陳塵同也故陳爲久之義(註)陳久崇大也
●詩經正解甫田章; 歲取十千我取其陳食我農人自古有年(註)陳舊粟也(辭註)陳久陳舊

▶2794◀◈問; 호칭에 관하여.

生活禮節 相談 擔當者님 안녕하세요? 문의 드립니다.
성균관 홈페이지와 성균관 의례집과 여러 향교의 향교지를 보다가 이상한 점이 있어 문의 드립니다.

회암 朱熹 先生의 號를 晦庵과 晦菴 (암을 庵과 菴)으로 표기하고 있고,
정암 趙光祖 先生의 號를 靜庵과 靜菴(암을 庵과 菴)으로 표기하고 있고,
우암 宋時烈 선생의 號를 尤庵과 尤菴(암을 庵과 菴)으로 표기하고 있습니다.
회암 선생과 정암 선생과 우암 선생 號의 바른 漢字 表記를 알려 주시면 감사하겠습니다.

◈答; 회암, 정암, 우암 號의 바른 漢字는.

아래는 한자(漢字) 근본해석본인 강희자전(康熙字典) 엄부(广部) 팔획(八畫) 암(庵)의 의미의 전문(全文)입니다. 암(庵)과 암(菴)은 동자(同字)입니다. 따라서 어느 자(字)를 택하여 표기하여도 오류(五柳)가아닙니다.

●康熙字典广部八畫[庵] [廣韻][集韻][韻會][正韻]烒烏含切音諳[玉篇]舍也廟也[廣韻]小草舍也[集韻]圜屋爲庵又[集韻]或作菴[後漢皇甫規傳]親入菴廬巡視[通典]周武帝攻高齊兵去之後齊人謂栢菴爲帳幙不疑兵退是則結草木爲廬皆曰菴又[廣韻]烏合切[集韻]遏合切烒諳入聲[廣韻]低也又[集韻]豕屋

▶2795◀◈問; 호칭(呼稱)에 관하여 문의드립니다.

고인이 되신 아버님과 어머님을 함께 호칭하는 단어가 무엇 인지 궁금하여 문의 드립니다.
다른 사람에게 이야기할 때 <고인이 되신 아버지는 선친> <고인 되신 어머니는 선비>라는 단어를 사용한다고 하는데, <선비>는 제사 지낼 때 지방에 사용하는 듯 하여 일상 생활에서 사용할 수 있는 단어가 궁금하여 문의 드립니다.

◈答; 호칭에 관하여 문의드립니다.

유학적(儒學的)으로 작고하신 어머니의 호칭은 망모(亡母) 선비(先妣) 선자(先慈) 선온(先媼)

등으로 부르게 되는데 우리 국어(國語)에서는 선비(先妣)를 "타인에게 자기 작고하신 어머니를 이르는 말"이라 하였으니 일상생활(日常生活) 언어에서 선비(先妣)라 하여도 흠 되지 않습니다.

●荀子全書大略篇; 隆率以敬先妣之嗣若則有常子曰諾惟恐不能敢忘命矣(楊註)子言惟恐不能勉率以嗣先妣不敢忘父命也(辭註)先妣亡母

●艮齋集病後漫錄戊戌; 其年六月*先妣*下世於砥衙霖雨適漲初喪凡節不得稱情痛恨終身(中略)*先親*曰吾病雖不大段前頭加減難知若只受驟直而遞則事甚不可云云

●絶交書; 先慈恐不孝激烈難堪遣人呼入家(註)先慈稱亡母

●漢書高帝紀下; 尊王后曰皇后太子曰皇太子追尊先媼曰昭靈夫人(註)先媼謂亡母

●국어대사전 선비(先妣) 「명사」 남에게 돌아가신 자기 어머니를 이르는 말

▶2796◀◈問; 호칭에 관해서.

문중 행사에서 자주 발생하는 사례입니다. 문중 행사 시 종손은 오시지 않고 아들이 옵니다. 거기서 종손아들이 자신을 칭할 때 종손이 어쩌고~~ 이렇게 이야기를 자주 합니다. 종손(자기 아버지)이 살아계시는데 아들이 종손이라고 하는 것은 호칭에 맞지 않은 것 같습니다. 종손이 살아계시는데 아들보고 종손이라고 칭하는 게 맞는지요? 아님 다른 호칭이 있는지 궁금합니다. 혹, 사손(嗣孫)이라고 칭하면 어떨지도 궁금 합니다.

◈答; 호칭에 관해서.

아래 서경(書經)의 말씀을 공전(孔傳)에서 사손(嗣孫)에 대한 풀이를 보건대 그와 같은 경우 사손(嗣孫)이라 함이 적합할 것도 같습니다,

○**宗孫;** 일문(一門) 또는 동족의 최고 조상의 직계손(直系孫). 대종(大宗)이나 소종(小宗)의 직계 적장자손(嫡長子孫).
○**嗣孫;** 가계를 계승(繼承; 承祧·奉祀)할 자손.

●書經呂刑王曰嗚呼嗣孫今往何監非德于民之中尙明聽之哉(孔傳)嗣孫諸侯嗣世子孫非一世

●詩經大雅板懷德維寧宗子維城箋宗子謂王之適子(辭源註)嫡長子.

▶2797◀◈問; 호칭에 대하여.

두 번째 질문입니다. 저는 동생보다 7 년 정도 늦게 결혼을 했고, 제 아내도 제수씨보다 두 살이 어립니다. 그러다 보니, 호칭에 대하여 민감하게 되었고 물론, "형님" "동서"란 호칭도 있지만, 나이차이도 있고 해서 나름대로 합의를 한 것이 "형님"과 "아우님"이란 호칭을 쓰는 것입니다. 제 아내는 제수씨에게 "아우님"이라고 하고, 제수씨는 제 아내에게 "형님"이라고 합니다. 그런데, 부모님은 형님, 아우님은 첩에게 쓰는 호칭이라고 아니라고 하시는데, 주변을 보면 "요즘 누가 첩이 있느냐, 호칭도 바뀌는 것이다"라고 말들 하는데, 어떤 것이 맞는 것인지 모르겠습니다. 그리고, 이런 경우 나이 많은 동서(同壻; 아우님)에게 반말을 해도 되는 것인지, 아니면 서로 존대를 하는 것이 맞는 것인지도 답변을 부탁 드립니다.

◈答; 호칭에 대하여.

형 아우 형수 제수 는 명사로서 보통 통칭이며 그 명사 뒤에 존칭어인 님과 씨 자를 붙이면 높임말로 상대를 더욱 위해 주는 말이 되는 것이며 친 형제 간에도 보통 호칭에서 장성을 하면 아우님이라 존칭어를 붙여 불러야 합니다. 경어는 해라. 하게. 하시게. 하십시오. 중 연상의 수하 동서이면 그에 합당한 경어(敬語)를 택함이 화목에 흠결이 생기지 않을 것입니다.

●釋名兩婿相謂曰亞言一人取姊一人取妹相亞次也又並來至女氏門姊夫在前妹夫在後亦相亞而相倚共成其禮也又曰友婿言相親友也

●釋親考兩壻相謂爲亞條郭氏曰詩云瑣瑣姻亞今江東人呼同門爲僚壻又丘氏曰前代謂之僚壻俗謂之連襟友書又漢嚴助傳爲友壻富人所辱師古曰友壻同門之壻

▶2798◀ ◈問; 호칭에 대해 문의 드립니다.

안녕하세요. 저는 결혼 2 년 차 주부입니다. 두 가지 질문이 있어 이렇게 글을 올립니다. 하나는, 신랑은 4 남매 중 막내로 위로 누님 두 분과 형님 한 분이 계십니다. 형님과 신랑의 나이차이는 10 살이고, 신랑과 저는 7 살 차이입니다. 저는 당연히 신랑의 형님께 아주버님이라 칭하고 말을 높입니다. 그런데, 아주버님께서는 저에게 2 년간 한번도 '제수'라는 칭호를 쓰지 않을뿐더러 더군다나 반말을 하십니다. 저와 아주버님의 나이차이는 17 살 차이지만, 엄연히 시숙과 제수 관계인데, 나이가 적고 많음보다 서로 예절에 맞는 호칭과 말을 높여야 하는 거 아닌지요?

다른 하나는, 신랑이 처가에서의 일입니다. 저의 친언니는 위로 두 명이 있고, 모두 결혼하여 형부가 두분 계십니다. 큰 형부는 신랑보다 두 살이 어리고, 작은 형부는 신랑과 동갑입니다. 세 명의 사위들 중 나이로 따지면 저의 신랑이 가장 연장자이긴 하지만, 막내 사위이고 언니들의 남편(형부)들은 서로 형님과 동서라는 호칭을 씁니다. 큰 형부는 작은 형부에게 동서, 작은 형부는 큰 형부에게 '형님'이라고 합니다. 작은형부가 큰 형부보다 두 살이 어리지만, 작은 형부는 큰 형부를 '형님'이라 부르는 것이 맞고 다른 가족들도 그렇다 생각하는데, 유난히 저의 신랑은 자신이 막내 사위이지만, 사위들 중 나이가 가장 많기 때문에 자신이 형부들에게 '형님'이라 호칭하는 것은 맞지 않다고 합니다. 그래서 '동서'라고 부릅니다. 나이가 가장 많은 막내 사위가 저의 형부들에게 '동서'라고 부르는 것이 맞는 표현인지요. 말이 좀 길어졌습니다. 바쁘시더라도 답변해주시면 정말 감사 드립니다.

◈答; 호칭에 대하여.

1. 형이 동생의 아내를 부르는 호칭; 제수씨(弟嫂氏) 경어 사용

2. 처형 처제의 남편들 간의 호칭; 동서(同壻). 큰 동서. 작은 동서 막내 동서. 동서 간에 형님이라는 호칭은 사회적 호칭의 의미가 강한 것입니다. (우스개 소리로 나이 어린 아재비는 있어도 나이 적은 형은 없다. 라 합니다)

●釋名兩婿相謂曰亞言一人取姊一人取妹相亞次也又並來至女氏門姊夫在前妹夫在後亦相亞而相倚共成其禮也又曰友婿言相親友也

●釋親考兩壻相謂爲亞條郭氏曰詩云瑣瑣姻亞今江東人呼同門爲僚壻又丘氏曰前代謂之僚壻俗謂之連襟友書又漢嚴助傳爲友壻富人所辱師古曰友壻同門之壻

●書經小雅瑣瑣姻亞則無膴仕註瑣瑣姻亞而必皆膴仕則小人進矣

●唐書李傑傳內恃玄宗婭壻與所親

▶2799◀ ◈問; 호칭이 궁금해요.

저희 엄마의 큰오빠의 큰딸 남편에게 저는 형부라고 불러도 되나요? 제가 그냥 언니라고 불러와서 결혼한 뒤에는 언니. 형부 그러는데 그리고 형부는 저를 처제라고 부르는 게 아닌 것 같다는데 그럼 형부는 저를 부르는 호칭이 무엇일지 궁금하네요.

◈答; 호칭은.

모친의 큰 오빠의 큰 딸은 따지기 복잡 한 것 같아도 외종 사촌 언니가 되는군요. 동항간에는 형제 종형제 재종형제 삼종형제 가 있으며, 종형제 간에는 본종형제 외종형제 고종형제 이종형제가 있습니다. 외종형제는 일명 외사촌이라 하며 수상이니 언니가 되고 그의 남편은 외사촌 형부이나 외사촌은 절음 하고 형부라 부르는 것이 정감이 넘치지 않습니까. 귀하는 예에 어긋나지 않았습니다. 그의 부군 역시 귀하를 처제(妻弟)라 호칭 함이 형평에 맞겠지요.

무복친(無服親) 사이에는 직칭은 없습니다. 따라서 간접적 칭호일 수 밖에 없습니다. 외사촌(外四寸) 언니의 남편은 외사촌 형부. 그는 처 고종사촌(姑從四寸) 동생 정도가 되겠지요.

●喪服姑之子註外兄弟也疏曰云外兄弟者姑是內人以出外而生故曰外兄弟也○又舅下曰舅之子註內兄弟也疏曰云內兄弟者對姑之子云舅之子本在內不出故得內名也

▶2800◀◈問; 휘호(徽號)에 대하여.

휘호(徽號)라 하면 글자대로 풀이하면 아름다운 호(號) 정도로 이해가 됩니다. 아무래도 이렇치는 않은 것 같습니다. 휘호란 어떻게 이해되어야 바르게 알고 있게 되겠습니까?

◈答; 휘호(徽號)에 대하여.

휘호(徽號)는 붕(崩)한 왕이나 왕비 등에게 올리는 존호(尊號)를 이른다. 정조대왕의 말씀에 의하면, 생존한 사람에게 올리는 존호는 8 자로 올리고, 서거한 사람에게 올리는 휘호는 4 자로 올리다가, 영조대왕 때부터 휘호도 8자로 올렸다 한다.

1. 기치적명호(旗幟的名號)

●大傳; 立權度量考文章改正朔易服色殊徽號異器械別衣服此其所得與民變革者也(鄭注)徽號旌旂之名也(孔疏)徽號旌旗也周大赤殷大白夏大麾各有別也

2. 찬미적칭호(讚美的稱號)

① 제왕급황후적칭호(帝王及皇后的稱號)

●對氏聞見記尊號; 秦漢以來天子但稱皇帝無別徽號則天垂拱四年得瑞石於洛水文曰聖母臨人永昌帝業號其石爲寶圖于是羣臣上尊號請稱聖母神皇后

② 작호(爵號)

●水經注汝水; 汝水又東爲周公渡藉承休之徽號而有周公之嘉稱也

③ 미칭(美稱)

●天工開物乃粒; 上古神農氏若存若亡然味其徽號兩言至今存矣

3. 작호(綽號) 즉 별명(別名)

●西园記聞計; 日日街頭尋人鬧滿城與我加徽號

4.(國) 왕비(王妃)가 죽은 뒤 시호(諡號)와 함께 올리던 존호(尊號).

▶2801◀◈問; 諱와 號의 차이점과 시(諡)에 쓰이는 글자가 별도로 있나요.

저는 궁금 한 것이 비문이나 족보상에 이름위에 諱는 또 號는 이라는 단어를 자주 접하게 되는데 구분이 안돼서 이해 할 수 가 없습니다 차이점 에 대해서 알고 싶고 시(諡)에 쓰이는 글자가 별도로 있나요. 성실한 답변 부탁 드립니다

◈答; 諱와 號의 차이점과 시(諡)에 쓰이는 글자.

아래와 같이 살펴보건대 휘(諱)는 죽은 이의 이름이며 호(號)는 본명이나 자(字) 이외 이름으로 두세 가지의 호(號)를 가지기도 합니다.

●疑禮問解(黃宗海)問神主陷中諱某之諱字無乃不稱於卑幼耶沙溪曰死曰諱無尊卑矣
●五柳先生傳先生不知何許人也亦不詳其姓字(一無其字)宅邊有五柳樹因以爲號焉
●曲禮詩書不諱臨文不諱廟中不諱
●漢書丙吉臨問吉曰君卽有不諱
●史記孔子世家孔子生鯉字伯魚註索隱曰家語孔子年十九聚一歲而生伯魚伯魚之生也魯昭公使人遺之鯉魚夫子榮君之賜因以名其子爲鯉也
●陶淵明集五柳先生傳先生不知何許人也亦不詳其姓字宅邊有五柳樹因以爲號焉
●白虎通號條帝王者何號也號者攻之表也所以表功名德號今臣下者也德合天地者稱帝仁義合者稱王別優劣也皇者何謂也亦號也

◆시(諡)에 쓰이는 글자는 아래와 같이 정하여져 있습니다.

●士儀請諡諡法解 ○周諡法; 神 皇 弟 王 公 侯 君 聖 文 武 德 忠 孝 敬 欽 恭 正 貞 節 烈 簡 元 成 懿 靖 獻 肅 長 明 良 直 憲 召 稷 定 襄 康 順 質 威 思 僖 釐 度 懃 慧 莊 壯 平 桓 宣 惠 翼 景 白 戴 安

剛 供 克 靈 知 原 勤 堅 莫 類 譽 商 齊 魏 頃 胡 匡 愍 隱 悼 哀 殤 傷 懷 靜 趕 紹 丁 聲 圉 夸 易 繆 使 愛 惑 祈 躁 醜 荒 糠 攜 抗 夷 刺 幽 厲 煬 戾 比 湯 隱 景 文 武 襄 桓 發 懿 莊 僖 和 勤 尊 爽 肇 怙 享 胡 秉 就 錫 典 肆 康 叡 惠 綏 堅 耆 考 周 懷 式 布 敏 平 (載事彌久以前周書謚法周代君王幷取作謚) ○蔡邕獨斷謚法; 黃 堯 舜 桀 紂 昭 神 敬 貞 靖 康 順 莊 謬 厲 景 殤 ○會篇續載謚法; 勝 勇 捍 赧 糠 ○後代謚法; 武 闇 專 墨 ○蘇洵謚法釋義; 文 武 成 康 獻 懿 元 章 宣 明 昭 恭 莊 壯 憲 敏 端 介 通 賢 孝 忠 和 惠 安 質 威 勇 義 剛 節 襄 勤 溫 良 脩 恪 敦 思 容 肅 定 簡 毅 友 禮 達 懷 理 裕 素 翼 密 榮 順 純 潔 隱 確 顯 果 悼 懋 信 虛 愿 縱 煬 ○皇明通用謚法 忠 勇 順 僖 果 毅 寧 愼 冲 淑 善 崇 ○私謚

○상시법(上謚法)

神聖賢亥武成康獻懿元章釐景宣明昭正敬恭莊肅穆戴翼襄烈桓威勇毅克壯圉魏安定簡貞節白匡質靖眞順思
考景顯和玄高光大英睿博憲堅孝忠惠德仁智愼熙治紹世果 等等
右百三十一謚用之君親焉用之君子焉

○중시법(中謚法)

懷悼愍哀隱幽冲夷懼息攜 等等
右十四謚用之閔傷焉用之無後者焉

○하시법(下謚法)

野夸躁伐荒千輕悖凶 等等
右六十五謚用之殲夷焉用之小人焉
凡上中下謚共二百十言以備典禮之用

▶2802◀◈問; 휘(諱) 호(號)를 지방이나 축문에 써도 되나.

지방(紙榜)이나 축사(祝辭)에 휘(諱)나 호(號)를 써도 되나.

◈答; 휘(諱) 호(號)를 지방이나 축문에 써도 되나.

아래와 같이 살펴보건대 자손자(子孫者)는 피휘(避諱; 불휘(不諱)이니 지방(紙榜)이나 축사(祝辭)에 선대(先代)의 휘(諱)를 쓸 수가 없으나 호(號)는 쓸 수 있습니다.

●神主式

陷中式

故某官(無官則隨常時所稱如學生處士秀士別號之類粉面同)某公諱某字某(本有第幾二字而東俗不同○退溪曰今人生時無第幾之稱神主不用恐無不可)神主

粉面式

顯(家禮圖用顯字而備要從之後倣此)考(承重云顯祖考旁親卑幼隨屬稱卑幼改顯爲亡)某官府君(卑幼去府君二字)神主

旁題式

孝子(承重稱孝孫)某奉祀(書于原行下旁寫者之左○朱子曰旁註施於所尊以下則不必書○備要旁親雖尊不書)

婦人陷中式

故某封(無封亦稱孺人此下或添某貫粉面同)某氏諱某(本有字某第幾四字而東俗不用)神主

婦人粉面式

顯妣(承重云顯祖妣妻云亡室旁親卑幼隨屬稱卑幼改顯爲亡○大全庶子之所生母稱亡母)某封某氏神主

婦人旁題式(同前式)

●曲禮廟中不諱註廟中之諱以卑避尊如有事於高祖則不諱曾祖以下也
●檀弓卒哭而諱生事畢而鬼事始已註卒哭而諱其名蓋事生之禮已畢事鬼之事始矣
●尤菴曰婦人神主家禮無書貫之文不書爲當矣第家禮第幾之規我國不能行旣不書第幾則書貫或不

至甚悖耶且念國俗金與金李與李爲夫妻者甚衆不書其貫則尤爲無別書之無乃爲宜乎

다만 호(號)는 명(名)과 자(字) 이외의 별호(別號)로 천자(天子)로부터 제왕(帝王), 성현(聖賢), 유현(儒賢), 명사(名士), 선인(先人), 등을 서(書)나 대화에서 표현(表現)할 때 쓰이는 칭호(稱號)로 누구나 호칭(呼稱)할 수 있는 칭호입니다.

●曲禮詩書不諱臨文不諱廟中不諱
●漢書丙吉臨問吉曰君即有不諱
●史記孔子世家孔子生鯉字伯魚註索隱曰家語孔子年十九娶一歲而生伯魚伯魚之生也魯昭公使人遺之鯉魚夫子榮君之賜因以名其子爲鯉也
●陶淵明集五柳先生傳先生不知何許人也亦不詳其姓字宅邊有五柳樹因以爲號焉
●白虎通號條帝王者何號也號者攻之表也所以表功名德號今臣下者也德合天地者稱帝仁義合者稱王別優劣也皇者何謂也亦號也

◆시호(諡號)

中國古代帝后貴族高官士大夫死後朝廷根據其生前事蹟給予稱號稱爲諡號而這種制度則名爲諡法如春秋五霸齊桓公晉文公秦穆公宋襄公楚莊王這些都是諡號

諡法的起源很早史記正義周書諡法解云周公旦太公望開嗣王業建功於牧野終將葬仍制諡遂敘諡法抱朴子亦有諡始於周的說法這是較早的諡法記載到了秦始皇統一六國廢除諡法制度史記秦始皇本紀云太古有號毋諡中古有號死而以行為諡如此則子議父臣議君秦始皇擔心死後不得佳評故有此舉漢朝時則恢復諡法且沿用到清代爲止

諡號的用字是有特定解釋規定嚴格即按其一生所作所爲大抵分為褒獎貶斥憐憫三類後世亦有稱之爲上諡中諡下諡者唐王彥威云古之聖王立諡法之意所以彰善惡垂勸戒使一字之褒寵通紱冕之賜片言之貶辱過市朝之刑此邦家之禮典向階下勸懲之大柄也諡號是有彰善懲惡的作用如經天緯地曰文克定禍亂曰武這是善諡殺戮無辜曰厲好樂怠政曰荒這是惡諡至於中年早夭曰悼未家短折曰殤則是表示同情的諡號

古代的諡法有王朝諡說和私論兩大類其中王朝賜諡最為重要其對象包含帝王后妃百官和其他人皇帝的諡號一般由禮官議定在繼位皇帝參與下由最尊大臣在圜丘祭天儀式上稱天給諡皇帝諡號本僅一字或二字唐朝開始爲顯其特殊地位諡號開始加長如唐宣宗諡號十八字宋神宗二十字清高宗二十三字故唐以前史書上慣稱帝王諡號唐以後, 則改稱廟號

歷朝給諡以文武百官居多得諡的官員須有一定的資格漢朝規定生為列侯唐朝則規定三品以上職事官直至清末都如此大臣的諡號一般不能與前代皇帝或自己父祖的名字相同此為避廟諱或家諱但不避本人名諱

私諡在春秋末年已經出現宋代發展到鼎盛時期一直沿襲至今私諡有的是弟子門人給先生諡號或是鄉黨給耆宿諡號或是宗族親友給德行兼備的老人諡號這種諡號往往綴以先生居士處土子等字樣視職業、地位和時代而有不同

⊙冠禮圖式(관례도식)

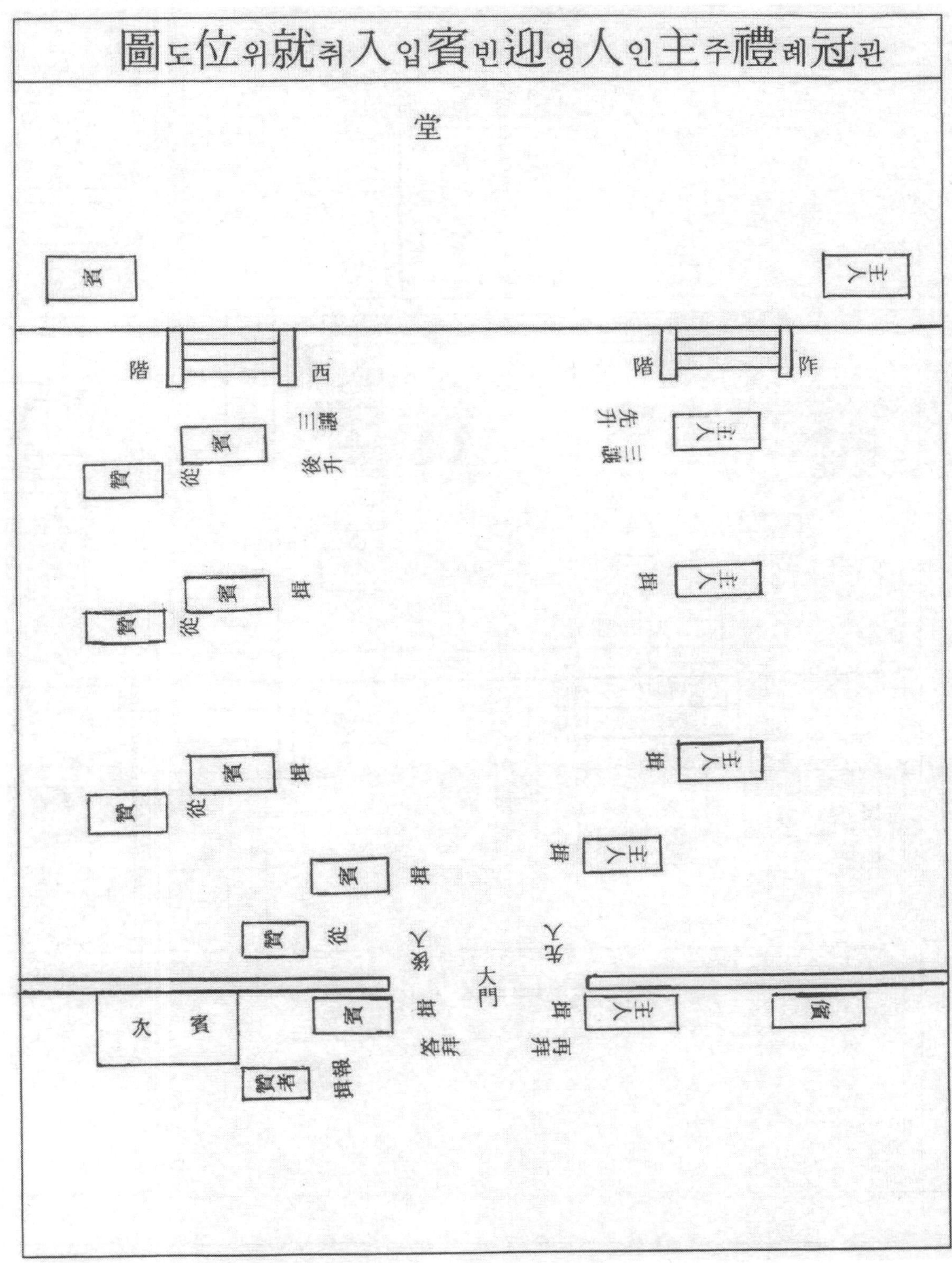
冠관禮례主주人인迎영賓빈入입就취位위圖도
堂
主人
賓
西階
阼階
先升
三讓
後升
贊
從
揖
大門
先入
從入
再拜
答拜
揖贊者
賓次
儐

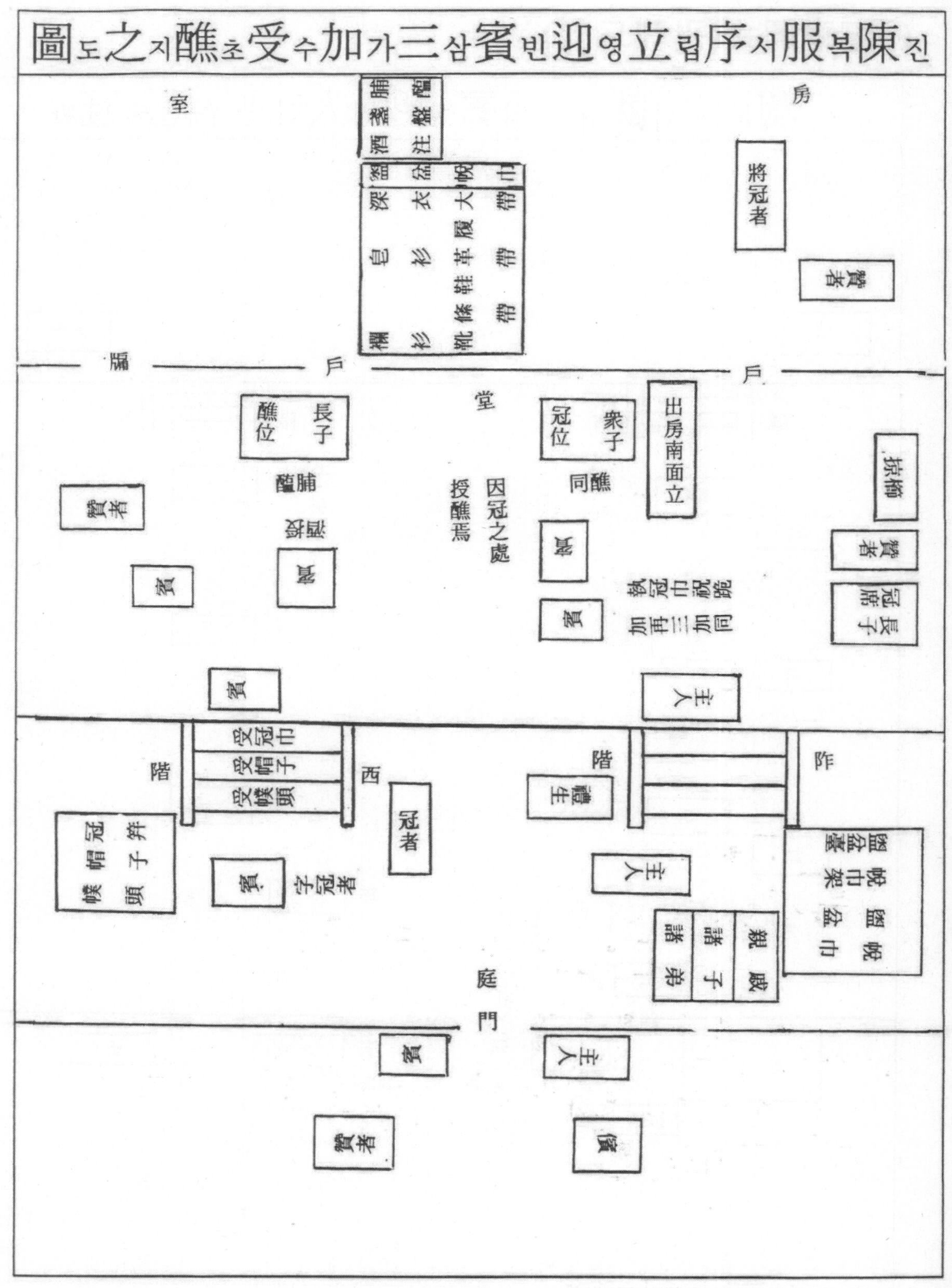
圖도之지醮초受수加가三삼賓빈迎영立립序서服복陳진
室
房
將冠者
贊者
堂
長子 醮位
衆子 冠位
出房南面立
贊者
賓
主人
階
西
受冠巾
受帽子
受幞頭
冠者
賓
字冠者
阼
禮生
主人
諸親
諸子
諸弟
庭
門
賓
主人
贊者

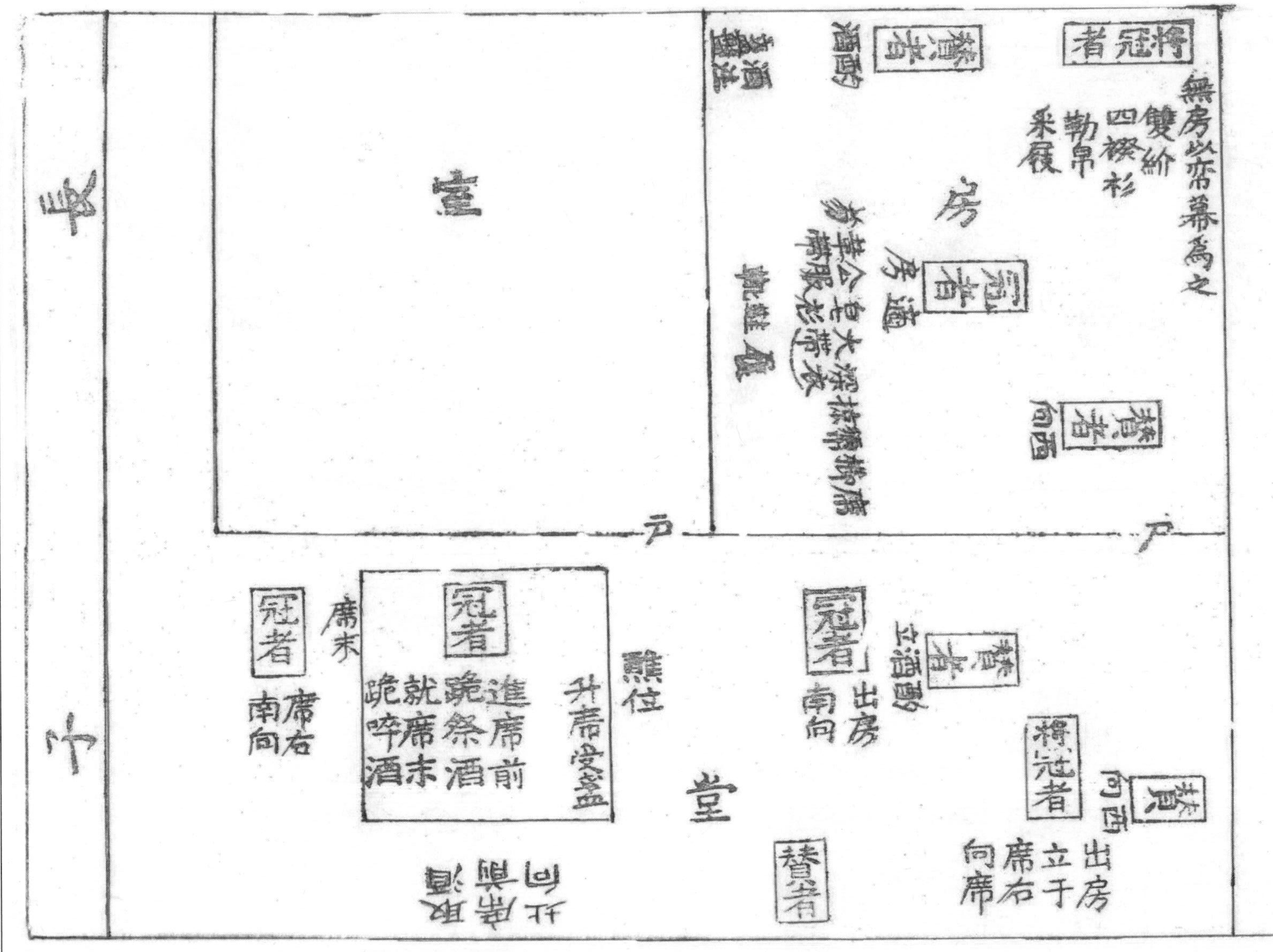

室
房
堂
戶
戶
將冠者
冠者
冠者
冠者
贊者
贊者
賓

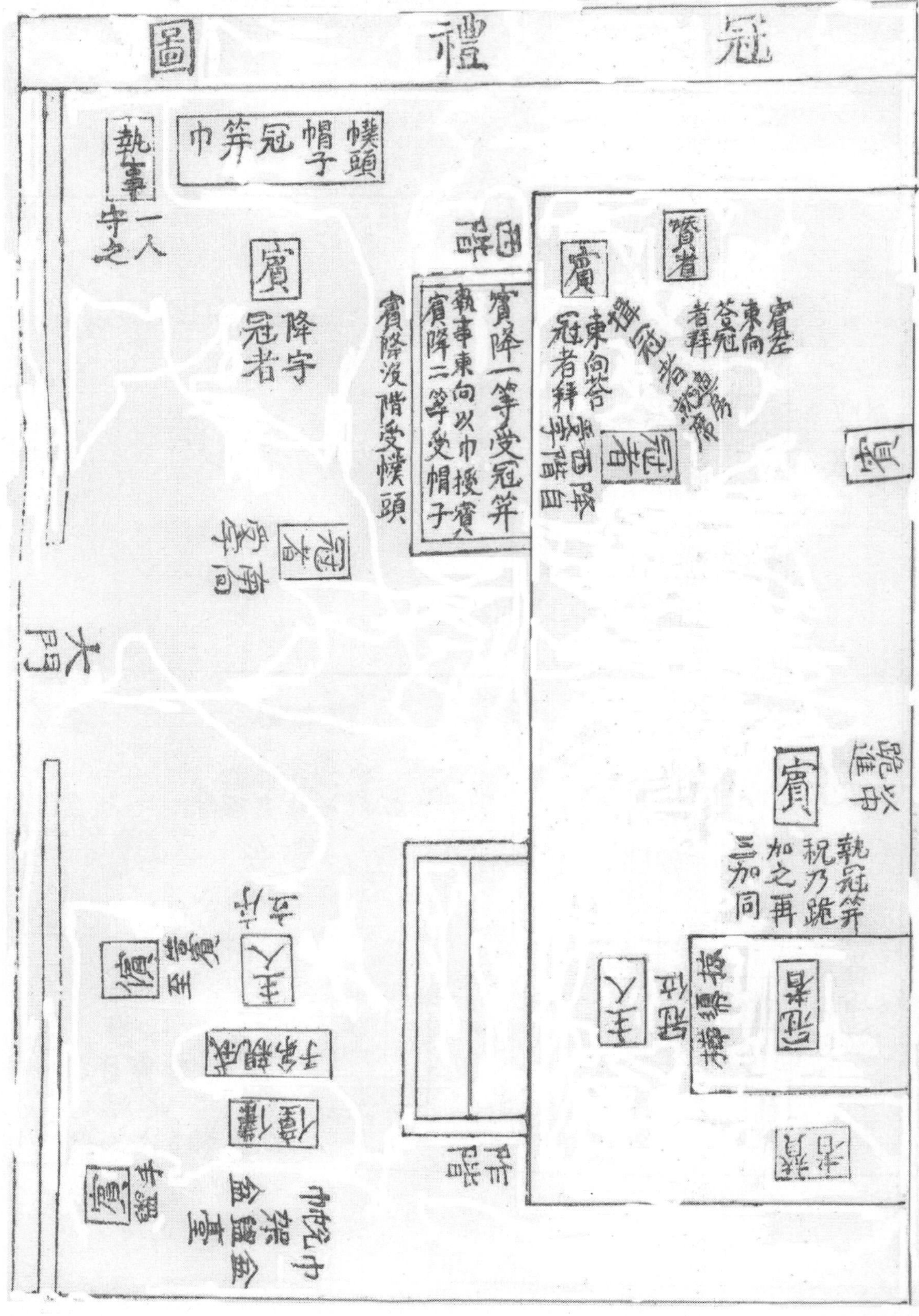
冠禮圖
幞頭
帽子
冠
笄
巾
執事一人守之
賓降字冠者
賓降一等受冠笄
執事東向以巾授賓
賓降二等受帽子
賓降沒階受幞頭
賓
贊者
賓
賓東向答冠者拜
冠者
大門
跪進以申
執冠笄
祝乃跪
加之再
三加同
主人

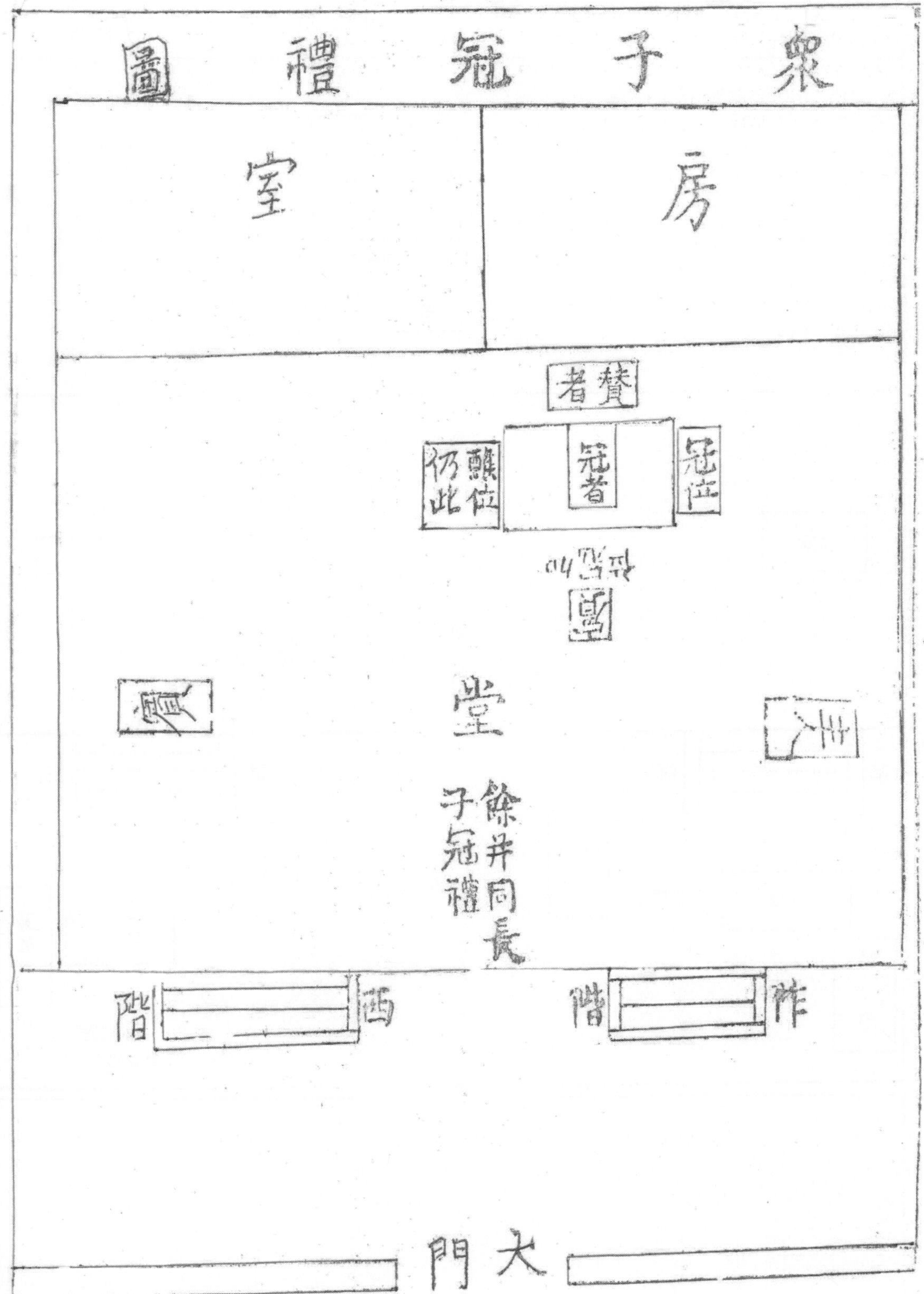
衆子冠禮圖
室
房
贊者
冠者
醮位
仍此
冠位
堂
餘并同長
子冠禮
西階
阼階
大門

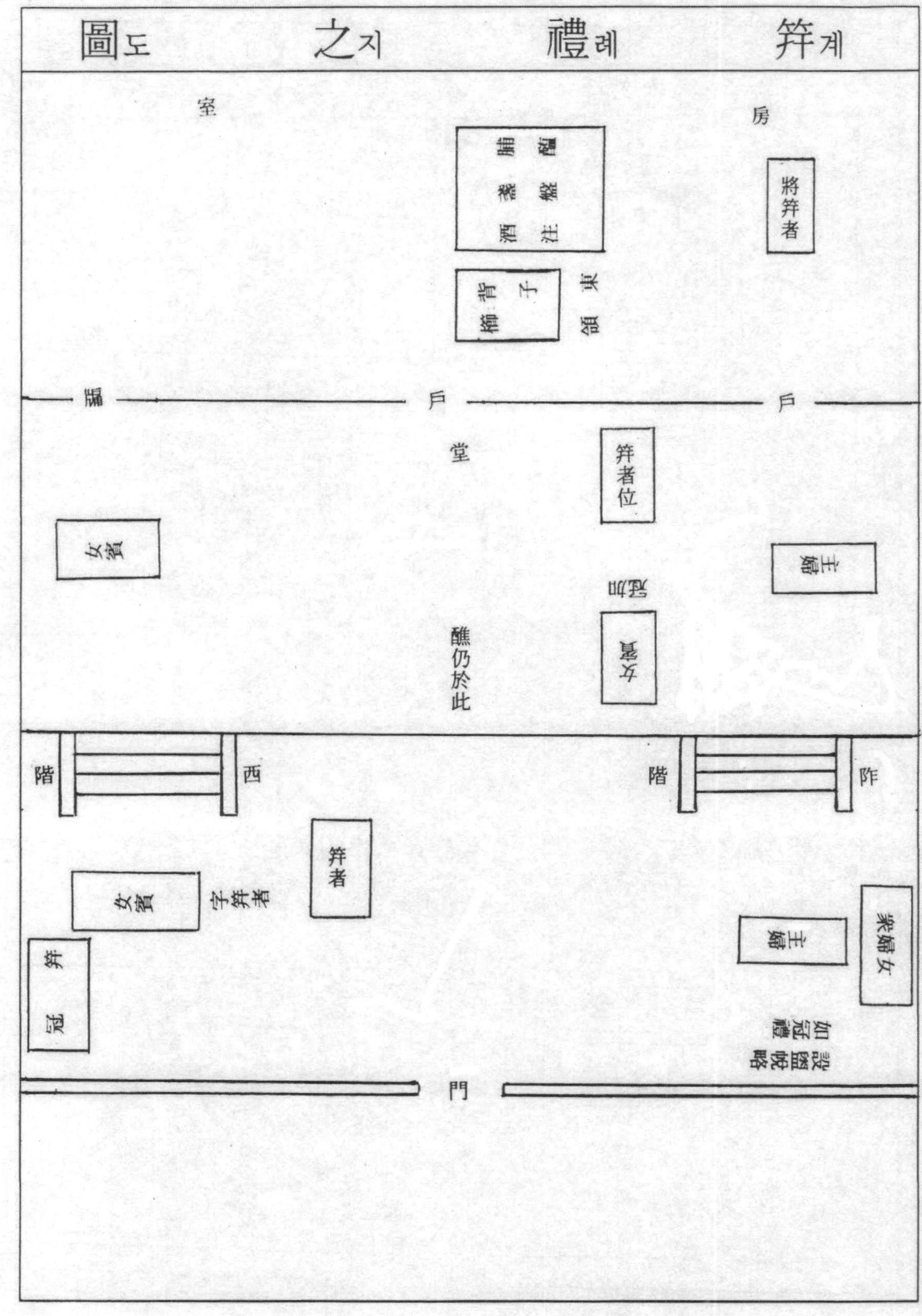
圖도 之지 禮례 笄계
室
房
將笄者
戶
戶
堂
笄者位
女賓
主婦
醮仍於此
階
西
階
阼
笄者
女賓
字笄者
主婦
衆婦女
門

9 관례(冠禮)(附笄禮)

▶2803◀◈問; 계례에 대하여.

주인장님 다름이 아니고 계례에 대해서 더 자세히 좀 가르쳐 주세요. 계례의 절차에 대해서 좀더요.

◈答; 계례(笄禮)에 대하여.

관례나 계례는 철 없는 아이들을 이 예를 행 함으로서 행실을 바로 잡고 성인으로서 행할 바를 일러주는 예입니다. 이 예법과 절차는 본편 이외에는 더 이를 것이 없습니다. 본편의 계례 철자를 능히 할 수 있다면 계례 집전에 손색이 없으리라 생각 합니다. 귀하의 폭 넓은 관심에 감사 합니다.

◎笄禮(계례)

○女子許嫁笄

年十五雖未許嫁亦笄

○여자가 혼인을 허락 하였으면 계례(笄禮)를 한다.

여자 나이가 십오 세가 되었으면 비록 혼인을 허락하지 아니하였어도 역시 계례(笄禮)를 한다.

○母爲主

宗子主婦則於中堂非宗子而與宗子同居則於私室與宗子不同居則如上儀

○계례의 주인은 모친(母親)이다.

종자의 부인이 주부이면 중당(中堂)에서 행하고 종자의 여식(女息)이 아니면서 종자와 같이 살면 사실(私室)에서 행하고 종자와 같이 살지 않으면 위 의식과 같이한다.

○前期三日戒賓一日宿賓

賓亦擇親姻(增解考證親謂已之親姻謂夫之親爾雅壻之黨謂姻兄弟)婦女之賢而有禮者爲之以牋紙書其辭使人致之辭如冠禮但子作女冠作笄吾子作某親或某封○凡婦人自稱於已之尊長則曰兒卑幼則以屬(增解韻會屬珠玉切親眷也○考證或姑或姊之類也)於夫黨尊長則曰新婦卑幼則曰老婦非親戚而往來者各以其黨爲稱後放此

○계례 삼일 전에 빈자(주례자)를 정하고 하루 전에 재차 알린다.

주례자를 또한 택하되 친척이나 혼인할 시가(媤家) 집 부녀자중에서 어질고 예(禮)가 올바른 이에게 편지에 그 사연을 써서 사람을 보내어 알리기를 관례와 같게 한다. 서한 서식에 아들자(子)자를 계집녀(女)자로 고치고 갓관(冠)자를 비녀계(笄)자로 고치며 오자(吾子) 자(字)를 모친(某親) 또는 모봉(某封) 이라 고친다. ○모든 부인이 자기를 칭(稱)할 때 자기보다 존장이면 아(兒)라 하고 항렬이 낮거나 어리면 속한대로 쓰되 남편 댁의 존장이면 신부(新婦)라 하고 항렬이 낮거나 어리면 노부(老婦)라 쓰고 친척이 아닌 오고 가는 일가이면 각각 그 일가의 칭하는 칭호로 쓴다. 이후 이와 같다.

◆賓請書式

忝親(非親則云辱交或辱識下同)某氏拜啓 某親某封(粧次)笄禮久廢兹有女年適可笄欲擧行之伏聞吾 親閑於禮度敢屈(非親則改夫人孺人隨所稱)惠臨以敎之不勝幸甚(家禮本註凡婦人稱於已之尊長則曰兒卑 幼則以屬於夫黨尊長則曰新婦卑幼則曰老婦非親戚而往來者以其黨爲稱) 月 日某氏拜啓

◆復書式

忝親某氏拜復 某親某封(粧次)蒙不棄 召爲笄賓自念粗俗不足以相盛禮然旣有 命敢不勉從謹此奉復 月 日某氏拜復

○陳設
如冠禮但於中堂布席如衆子之位(不設門外次○增解按如冠禮衆子席房外南面也○儀節依圖界畵如衆子冠禮)
○계례의 자리를 설치한다.
관례와 같게 한다. 다만 당의 중간에 자리를 펴고 차녀 이하의 여식 계례의 자리도 같다.○대문 밖에 주례자의 처소는 설치하지 않는다.

○厥明陳服
如冠禮但用背子冠笄
○그날 날이 밝으면 계례복을 진열한다.
관례와 같다. 다만 배자와 관과 비녀다.

○笄禮之具(계례지구)
(侍者)守冠卓子○시자. ○탁자를 보살피는 사람. (卓)三一陳冠笄一陳背子一陳注盞○탁 3. 즉 탁자 ○탁자 하나에는 관과 비녀 진열, 또 한 탁자에는 배자 진열, 또 한 탁자에는 주전자와 잔반 진열. (冠)卽中國鳳冠爲命婦服俗稱華冠○관. 즉 속칭 화관. (笄)卽簪○계. 즉 비녀. (纚)士冠禮○用以包髮裹髻者用黑繒長六尺(周尺)疊爲之自頂而前交於額上却繞於髻一名縱古者男女通用今男子網巾卽此遺制○사. ○부녀자의 머리를 싸 덮어 뒤로 자락이 늘어지게 만든 머리싸개. (背子)用色紬或絹爲之長與裙齊對衿開旁圓袂或半臂或無袖○五禮儀本國蒙頭衣○배자. ○비단으로 기장은 치마와 같게 한다. 깃은 옆으로 열리게 하고 소매는 둥글게 하되 혹 반팔 혹 소매가 없게도 한다. (盤)○반. 즉 대반. (酒注)○주주. 즉 주전자. (盞盤)幷用以醮笄者者○잔반.

○序立
主婦如主人之位將笄者雙紒衫子房中南面
○서열 대로 늘어선다.
주부는 주인의 자리와 같다. 장계자(將笄者)는 쌍계머리를 하고 삼자(衫子)를 입고 방에서 남쪽으로 향하여 선다.

○賓至主婦迎入升堂
如冠禮但不用贊者(便覽以侍者代之)主婦升自阼階(便覽賓升自西階○儀節各就位主婦東賓西侍者布席于東階之東少西南向)
○주례자가 도착하면 주부가 영접하여 들어와 당(堂)으로 오른다.
관례와 같다. 다만 찬조자는 두지 않으며 주부는 동쪽 층계로 오른다.

○賓爲將笄者加冠笄適房服背子
略如冠禮但祝用始加之辭不能則省
○주례자는 장계자(將笄者)에게 비녀를 꽂고 관을 씌워 주면 방으로 들어가 배자(背子)를 입는다.
대략 관례와 같다. 다만 관례 때 시가(始加)의 축사를 쓰되 능하지 못하면 적어 살펴 보며 한다.

◆笄祝辭式(用冠禮始加祝醮與字辭亦同冠禮但字辭改髦士爲女士)
吉月令日始加元服棄爾幼志順爾成德壽考維祺以介景福

○乃醮
如冠禮辭亦同
○이어 초례(醮禮)를 한다.
초례의식은 관례와 같으며 축사식 역시 같다.

◆醮禮祝辭式

旨酒旣淸嘉薦令芳拜受祭之以定爾祥承天之休壽考不忘

○乃字
如冠禮但改祝辭髦士爲女士

○곧 이어 자(字)를 지어 준다.
관례와 같다. 다만 축사에 처사(髦士)를 여사(女士)라 한다.

◆授字祝辭式
禮儀旣備令月吉日昭告爾字爰字孔嘉女士攸宜宜之于嘏永受保之

○主人以笄者見于祠堂(補入)
○주인과 계자(笄者)는 사당을 알현(謁見)한다.

◆祠堂謁見告辭式○主人自告
某之(非宗子之女則此下當添某親某之四字)第幾女今日笄畢敢見

○笄者見于尊長(補入)
以上皆如冠儀而少省

○乃禮賓皆如冠儀
程子曰冠禮廢天下無成人或欲如魯襄公十二而冠此不可冠所以責成人事十二年非可責之時旣冠矣且不責以成人事則終其身不以成人望之也徒行此節文何益雖天子諸侯亦必二十而冠○劉氏璋曰笄今簪也婦人之首飾也女子笄則當許嫁之時然嫁止於二十以其二十而不嫁則爲非禮

▶2804◀◈問; 관례가 오늘날에 끼치는 영향과 변화.
관혼상제(冠婚喪祭) 중의 하나인 관례(冠禮)에 대해서 조사 중인데요. 관례가 오늘날에 끼치는 영향과 변화에 대해 좋은 답변을 받고 싶네요. 오늘날 관례가 좋다든지, 나쁘다든지, 좋거나 나쁘면 어디에서 그러는지 그러한 문제들을 많이 많이 써주시길 바라요.

◈答; 관례가 오늘날에 끼치는 영향과 변화.
요구된 내용이 포괄적이고 광범위하여 답 문에는 극히 일부일 수 밖에 없음을 양해하여 주기 바랍니다.

관례(계례 포함)란 일정한 나이가 차면 어릴 적 천진난만하였던 언행을 버리고 기성세대의 법도를 일러줘 사회 구성원의 한 사람으로써 어그러짐 없도록 살아가게 함이니 시대가 변하여 환경이 그 시대가 아니라 하여도 부정적인 시각보다는 긍정적인 면이 우세함은 부인할 수는 없을 것입니다. 물론 유학이 지배하던 사회 문화이니 현대와 같은 다문화 사회에서는 여러 가지 여건상 거추장스럽게 비쳐질 수도 있을 것입니다.

지금도 극히 일부이기는 하나 성균관에서 00 례(이상한 글의 게재로 인한 제한단어로 0 은 "성"자이고 0 은 "인"자임)라 하여 시행되고 있습니다. 그러나 사람이 법도에 어그러짐 없이 사람답게 올바르게 살자는 것이니 이 시대에도 젊은이들에게 그와 같은 계기를 마련하여줘 심성을 착하고 어질게 다스려지는 계기로 삼게 함이 절실히 요구되는 시대이기도 합니다.

◆冠禮(관례)
補註冠義疏曰冠禮起早晩書傳無正文世本黃帝造旃冕是冕起於黃帝也黃帝以前以羽皮爲冠以後乃用布帛其冠之年天子諸侯皆十二○左註歲星爲年紀十二而周於天天道備故人君子十二可以冠自夏殷天子皆十二而冠○鄭康成曰天子之子則二十而冠○補註今按儀禮所存者惟士冠自士以上有大夫諸侯天子冠禮見於家語冠頌大戴公冠與禮記特牲玉藻遺文斷缺不全而大槩亦可考如趙文子冠則大夫禮也魯襄公邾隱公冠則諸侯禮也周成王冠則天子禮也大夫無冠禮古者五十而爵何大夫冠禮之有其冠也則服士服行士禮而已始冠緇布冠自諸侯達天子始冠加玄冠其詳見於儀禮經傳通解○郊特牲

適子冠於阼以著代也醮於客位加有成也三加彌尊喩其志也冠而字之敬其名也註著代顯其爲主人之次也酌而無酬酢曰醮客位在戶牖之間加有成加禮於有成之人也三加始加緇布冠次加皮弁次加爵弁也喩其志者使其知擴充志意以稱尊服也此適子之禮若庶子則冠於房戶外南面醮亦戶外也夏殷之禮醮用酒每一加而醮周則用醴三加畢乃摠一醴也方氏曰冠者成人之服阼者主人之階成人則將代父而爲之主故冠於阼以著代著則所以明之也醮則以酒澤之也每一加則一醮蓋酒所以饗賓客之物故醮於客位冠於阼則是以主道期之也醮於客位則是以賓禮崇之也以其有成人之道故以是禮加之故曰加有成也然緇布之粗不若皮弁之精皮弁之質不若爵弁之文故曰三加彌尊服彌尊則志宜彌大故曰喩其志也以冠禮考之非特冠彌尊而衣也屨也亦彌尊非特衣屨彌尊至於祝辭醮辭亦然所以喩其志則一而已若古人服制可以上下通服○曾子問將冠子冠者至揖讓而入聞齊衰大功之喪如之何孔子曰內喪則廢外喪則冠而不醴徹饌而掃卽位而哭如冠者未至則廢如將冠子而未及期日而有齊衰大功之喪因喪服而冠註冠者賓與贊夫子言若是大門內之喪則廢大門外之喪喪在他處可以加冠但三加而止不醴醴及饌具悉徹去掃除冠之位使更新卽位而哭未及期日在期日之前也因著喪之成服而加喪冠也齊衰以下可因喪服而冠斬衰不可按孔子曰武王崩成王年十三而嗣立明年夏六月旣葬冠而朝于廟此因變除而冠也以此觀之斬衰不可之言恐未然也○雜記以喪冠者雖三年之喪可也旣冠於次入哭踊三者三乃出註遭喪以其冠月則喪服因冠矣非其冠月待變除卒哭而冠次廬也疏三者三謂每哭一節而三踊如此者三凡爲九踊○司馬公曰因喪而冠恐於今難行丘儀今世俗有行之者○語類古禮惟冠禮最易行只一家事如昏禮須兩家皆好禮方得行喪禮臨時哀痛中少有心力及之祭禮則終獻之儀煩多皆是難行○易氏宗曰冠成人之道古人賀冠不賀昏良有以也但古禮在今多不可行且如始加用幅巾今則拘於俗而不能服三加用幞頭今則限於制而不敢服故程子云行冠禮若制古服而冠冠了又不常服卽是僞也必須用時之服此說最爲允當且今世俗以包網巾爲冠則此一節亦當重者至於生員用儒巾庶人用方巾而小帽又通乎上下卽程子所謂時服也昔孔子居魯縫掖居宋章甫而不變一邦之俗而况今天下所通行乎余故僭以裹巾爲始加小帽爲再加頭巾爲三加用今時之言易古服之說庶幾名稱其實而周旋之間不爲虛設矣至如及席之時將冠者跪賓詣冠者前祝畢亦跪此禮亦無謂蓋旣云責以成人之道正欲使之知長幼之序况賓乃主人所請以敎冠者加冠之際冠者跪而受之亦不爲過何故使賓亦跪耶又如旣醮之後冠者拜賓賓不荅賓復位拜亦不荅於人情似亦不安夫禮緣人情而設人情不安而行禮其如禮何余故於此二處亦僭削之其三加祝辭仍用前二句者以今人冠無定時而兄弟存否又不能盡同故也按易氏於家禮肆加攻斥汰哉甚矣覽者詳之○會成按戴禮云冠無樂春秋傳云君冠必以金石之樂節之許愼云人君飯擧樂而冠無樂非禮意也陳祥道云儀禮士冠無金石之樂而左氏云然此蓋國君之禮歟今世冠禮不行而於昏喪之禮必廣奏音樂况冠禮旣有左氏許愼之言爲證如有能行之者苟不察其制禮之意而於三加醮字之際見廟醴賓之時肆焉用樂以娛之則其僭禮殊甚矣志復古禮者尙知所以愼之哉○冠義曰凡人之所以爲人者禮義也禮義之始在於正容體齊顔色順辭令容體正顔色齊辭令順而理義備以正君臣親父子和長幼君臣正父子親長幼和而後禮義立故冠而後服備服備而後容體正顔色齊辭令順故曰冠者禮之始也○朱子曰古禮惟冠禮最易行又曰冠禮比他禮却易行又曰冠昏之禮如欲行之當須使冠昏之人易曉其言乃爲有益如三加之辭出門之戒若只以古語告之彼將謂何曰只以今之俗語告之使之易曉乃佳○士冠禮鄭玄目錄冠於五禮爲嘉禮○孔氏穎達曰按略說云古人冒而句領註云三皇時以冒復頭句領繞頸世本云黃帝造旒冕蓋前此以羽皮爲冠至是乃用布也○後漢輿服志聖人見鳥獸有冠角頔胡之制乃作冠冕纓蕤以爲首飾○冠義凡人之所以爲人者禮義也禮義之始在於正容體齊顔色順辭令容體正顔色齊辭令順而後禮義備以正君臣親父子和長幼君臣正父子親長幼和而後禮義立故冠而后服備服備而后容體正顔色齊辭令順故曰冠者禮之始也是故古者聖王重冠古者冠禮筮日筮賓所以敬冠事敬冠事所以重禮重禮所以爲國本也註國以禮爲本○故適子冠於阼以著代也醮於客位加有成也三加彌尊喩其志也冠而字之敬其名也註阼謂東序少北近主位也若不醴則醮用酒於客位敬而成之也戶西爲客位庶子冠於房戶外又因醮焉不代父也冠者初加緇布冠次皮弁次爵弁每加益尊則志益大也通解按此本無適子字蓋傳誦之訛也今以郊特牲文更定○見於母母拜之見於兄弟兄弟拜之成人而與爲禮也玄冠玄端奠摯於君遂以摯見於鄕大夫鄕先生以成人見也註鄕先生同鄕老而致仕者○成人之者將責成人禮焉也責成人禮焉者將責爲人子爲人弟爲人臣爲人少者之禮行焉將責四者之行於人其禮可不重歟通解按首句之字疑行○故孝悌忠順之行立而后可以爲人可以爲人而后可以治人也故聖王重禮故曰冠者禮之始也嘉事之重者也是故古者重冠重冠故行之於廟行之於廟者所以尊重事尊重事而不敢擅重事所以自卑而尊先祖也○朱子曰冠禮昏禮不知起於何時○纂要冠者禮之始也成人之道也將責以孝悌忠順之行而後可以爲人其禮顧不重歟後世此禮久廢蓋不惟四責之道鮮克擧之而夫三加之儀文

亦或有未備者乃備其文則將求其道矣

▶2805◀◈問; 관례 때 자는 어떻게 짓는가요?

선생님 감사합니다. 저는 고등학교에서 국어를 가르치고 있습니다. 학교와 인근의 교육 관련 기관에서 협조하여 고등학생들을 대상으로 관례를 올리려고 합니다. 그런데 해당 학생에게 자를 지어 줘야 하는데 무지한 탓으로 가슴만 앓다가 이렇게 선생님의 홈을 들르게 되었습니다.

글자의 선택이나 자의를 풀이하는 방법 등 자세한 가르침을 기대하겠습니다. 안녕히 계십시오. 고맙습니다.

◈答; 관례를 치를 때 자는.

방문하여 주셔서 감사합니다. 참으로 훌륭한 예를 갖추려 하심에 머리 숙여 감사함을 표합니다. 어디서 언제 행사를 하십니까?

가례초해 찬술자는 충남 공주 산골의 외딴곳에서 시묘 중이라 교통이 심히 불편하여 삭망전의 때가 아니면 왕래가 없습니다. 귀하의 물음에 답하려면 예서와 선유의 설과 그분들의 자를 인용설명이 필요할 것 같습니다. 우선 한글로 답하여 드리고 찬술자께서 올라오시는 즉시 한글을 원문으로 한자화하여 드리겠습니다. 다음 삭망전에 올라 오시면 답 글을 올리겠습니다.

귀하의 질문은 대략 두 가지로 관례 때 관자의 자를 지어줄 때 글자의 선택과 글자 풀이인 것 같습니다.

첫째, 자를 지을 때 글자의 선택은 대략 다음과 같은 예와 같이 선유들께서는 선택하신 것 같습니다.

會成 字不可全犯宜愼之
회성에 있기를 자에는 죄를 범하는 글자는 전부 불가하며 당연히 신중히 고려하여 지어야 한다. 하였습니다.

禮記檀弓篇曰 幼名冠字五十以伯仲死諡周道也
예기 단궁편에 있기를 아기 때 이름을 짓고 관례 때 자를 짓고 오십 세가 되면 백자나 중자를 쓰고 죽은 뒤에는 시호를 내리는 것이 주 나라의 도이다. 라 하였습니다.

家禮 冠禮賓字冠者條伯某父(父一作甫)仲叔季惟所當
주자가례의 관례 빈자관자조에 백모씨(父는 甫와 통하여 남자의 미칭) 仲자 叔자 季자를 해당한 바대로 붙여 쓴다. 라 하였습니다.

士冠禮 旣冠而字曰 伯某甫仲叔季惟其所當則固已稱伯仲何待於五十疑檀弓之誤此不然始冠而字者伯仲皆在上所以爲字者在下某甫也如伯牛仲弓叔肹季友之類是已至於五十爲大夫尊其爲某甫者則去之故但言伯仲而冠之以氏伯仲皆在下如召伯南仲榮叔南季之類是也註伯仲叔季長幼之稱甫是丈夫之美稱孔子爲尼甫周大夫有嘉甫是其類甫或作父音甫疏伯仲叔季若兄弟四人則依此稱之造字時未呼伯仲至五十乃加而呼之故檀弓云幼名冠字五十以伯仲若孔子始冠但字尼甫至年五十乃稱仲尼是也
의례경전 편명 사관례에 있기를 대략 이렇습니다.
이미 관을 씌우면 자를 지어주되 이르기를 백모씨라 하고 중자 숙자 계자를 그가 당한바 대로 붙여 쓰되 자에는 자에는 백자 중자를 모두 첫머리에 두거나 끝에 두워 모씨라 한다. 첫머리에 쓰는 예는 백우 중궁 숙힐 계우 등과 같이 쓰며 뒤에 붙여 쓰는 예는 소백 남중 영숙 남계 등과 같이 쓴다. 백자 중자 숙자 계자는 손위에서부터 손아래에 이르기 까지 칭하는 남자들의 미칭이다.

공부자의 자를 니씨로 한 것은 주대의 대부들은 아름다운 미칭을 가졌으며 백자 중자 숙자

계자를 쓰는 것은 만약 사형제의 자를 지을 때 이에 의하여 순서대로 붙여 쓰고 부르지 않다가 오십세에 이르러 백자나 중자 등을 더하여 일컫는 것이다. 공부자께서 관례를 하고 처음에 다만 자를 니씨로 하고 오십 세에 이르러서 중니라고 일컬어 그것을 지켰느니라 하였습니다.

그러면 이에 의거하여 자를 지은 선유들을 찾아봅니다.
老子: 伯陽, 孔子: 仲尼, 程顥: 伯淳, 程頤: 正叔, 朱子: 仲晦, 文中子: 仲奄, 賈氏: 伯一, 蔡節齋: 伯靜, 栗谷: 叔獻, 南溪: 和叔, 渼浩: 伯春, 頤菴: 明仲, 市南: 武仲, 松江: 季涵 등.

이에 따르지 않고 자를 지은 선유를 찾아보면,
孟子: 子車, 曾子: 子輿, 楊子: 子雲, 莊子: 子休, 橫渠: 子厚, 鄭玄: 康成, 司馬光: 君實, 南軒: 敬天, 晦齋: 復古, 河西: 厚之, 退溪: 景浩, 龜峯: 雲長, 牛溪: 浩原, 西厓: 而見, 寒岡: 道可, 沙溪: 希元, 旅軒: 德晦, 愚伏: 景任, 愼齊: 士剛, 朽淺: 大進, 同春: 明甫, 尤菴: 英甫, 遂菴: 致道, 芝村: 同甫, 巍巖: 公擧, 陶菴: 熙卿, 屛溪: 端應, 南塘: 德昭, 雲坪: 士能, 鏡湖: 孟宋, 艮齋: 子明 등.

위와 같이 살펴볼 때 법도가 있으며 자가 깊고 고우며 아름다움을 느낄 것입니다. 법도에 따라 자를 짓기도 하고 그에 구애 받지 않고 자를 지었음이 법도를 따르지 않아도 예에 어긋나지 않음을 알 수 있습니다. 이를 참고하시면 자를 지을 때 도움이 되지 않을까 생각됩니다. 자(字)의 글자 선택은 관례(冠禮)를 주관하는 빈자(賓者)의 소견에 따름이 옳을 것이며 자에 쓸 수 있는 글자를 별도로 지적된 바는 없는 것 같습니다. 참고하시기 바랍니다.

둘째 질문인 자의풀이 방법은 몇 마디 말이나 글자로서 명쾌한 답변이 될 수 없으며 설명이 불가능하다고 생각됩니다.

●檀弓幼名冠字五十以伯仲死謚周道也疏云凡此之事皆周道殷以上有生號仍爲死後之稱更無別謚堯舜禹湯之例是也周則死後別立謚宋氏曰古之人生子三月而名年二十而冠始字之字之所以尊其名亦周禮之彌文也葉氏曰或曰士冠禮既冠而字曰伯某甫仲叔季維其所當則固已稱伯仲何待於五十疑檀弓之誤此不然始冠而字者伯仲皆在上所以爲字者在下某甫也如伯牛仲弓叔盻季友之類是已至於五十爲大夫尊其爲某甫者而去之故但言伯仲而冠之以氏伯仲皆在下如召伯甫仲榮叔南季之類是也檀弓言伯仲者去其某甫者而言伯仲也
●士冠禮註伯仲叔季長幼之稱甫是丈夫之美稱孔子爲尼甫周大夫有嘉甫是其類甫或作父音甫疏伯仲叔季若兄弟四人則依此稱之造字時未呼伯仲至五十乃加而呼之故檀弓云幼名冠字五十以伯仲若孔子始冠但字尼甫至年五十乃稱仲尼是也通解按檀弓孔疏云人年二十冠而加字如曰伯某甫者年至五十者艾轉尊則又舍其某字而直以伯仲別之與此賈疏不同疑孔說是
●朱子曰古者冠而字便有伯某父仲某父到得五十卽除了下面兩字猶今人不敢斥尊者呼爲幾丈之類
●白虎通義伯仲叔季法四時嫡長稱伯伯禽是也庶長稱孟魯孟氏是也男女異長各自有伯仲法陰陽各自有終始也
●尤庵曰兄弟衆多者其最長者稱伯第二稱仲第三以下皆稱叔最末稱季似當
●湯氏曰凡人終身對人言語及發書簡皆不可棄父母命名而謬稱表德不然孔聖何以終身稱丘未嘗自稱仲尼也

▶2806◀◈問; 관례에 대하여.

결혼할 남자(신랑)가 결혼날 아침에 행하는 관례가 있다고 하던데 어떻게 행하는 것인지 궁금합니다.

◈答; 관례에 대하여.

속례에서는 친영 가는 날 아침에 사당에 고하고 당에서 초례를 마친 후 신부 집으로 가며 가례에서는 초저녁에 사당에 고하고 당에서 초례를 마친 후 친영을 갑니다. 속례(俗禮)로는 대대 신랑이 신부 집으로 친영을 가서 전안례 후 교배례를 마치고 신부 집에서 첫날밤을 지내고 다음날 신랑 집으로 와서 시부모에게 폐백을 올리고 삼 일만에 사당에 알현하고 사 일

만에 재행을 함이나 주자가례(朱子家禮)에서는 신랑이 친영을 가서 전안례 후 당일 신랑 집으로 와서 교배례를 마치고 첫날밤을 지낸 후 다음날 시부모에게 폐백을 드리고 삼일 후에 사당을 알현하고 사일 후에 재행을 합니다.

속례(俗禮)나 가례(家禮)나 첫날밤을 지낸 후 다음날 신부는 시부모에게 폐백을 드립니다. 이때 가례를 비롯하여 여러 선유들의 예서에는 신랑이 참여하는 예는 없습니다. 다만 의절에서 신부가 폐백을 드릴 때 시부모가 자리에 앉으면 신랑 신부는 양측 사이에 서서 사배를 한 후 신랑은 먼저 물러나고 신부만 폐백을 올린다 하였으나 집람에서는 가례를 따르는 것이 바른 예라 하였습니다.

●冠義凡人之所以爲人者禮義也禮義之始在於正容體齊顏色順辭令容體正顏色齊辭令順而後禮義備以正君臣親父子和長幼君臣正父子親長幼和而后禮義立故冠而后服備服備而后容體正顏色齊辭令順故曰冠者禮之始也是故古者聖王重冠疏曰冠禮起早晩書傳無正文世本云黃帝造旃冕是冕起於黃帝也黃帝以前以羽皮爲冠以後乃用布帛其冠之年天子諸侯皆十二○呂氏曰冠昏射鄕燕聘天下之達禮也儀禮所載謂之禮者禮之經也禮記所載謂之義者皆擧其經之節文以述其制作之義也○長樂陳氏曰二十而冠始學禮蓋男子者陽之類也而二十則爲陰之數矣二十而冠者以陰而成乎陽女陰類也而十五則陽之數矣十有五年而笄者以陽而成乎陰陰陽之相成性命之相通也○石林葉氏曰義以爲質禮以行之人之道也脩人道者亦必有制故男子二十而冠冠之始也欲其容體正顏色齊辭令順而已及夫體正而不失足於人色齊而不失色於人辭順而不失口於人則人道備故言禮義備及夫君臣正而朝廷肅父子親而閨門定長幼和而宗族有禮則人道正矣故言禮義立
●高僧傳忘身釋僧富;僧富及至冠年備盡經史美姿容善談論(辭源註)古代男子二十歲擧行冠禮因稱二十歲爲冠歲
●士冠禮;女子許嫁笄而醴之稱字(注)笄女之禮猶冠男也
●內則;女子十年不出姆敎婉娩聽從(中略)十有五年而笄二十而嫁有故二十三年而嫁(孔穎達疏)正義曰下云十有五年而笄此觀於祭祀是未嫁之前故云及女時而知經云納酒漿籩豆葅醢之等置於神坐一納之文包此六事言之也
●東國列國志第六回;衛宣公受了禮物遣右宰醜率兵同孔父嘉從間道出其不意直逼滎陽(漢典註)禮物增送的物品
●紅樓夢第二十六回; 只因明兒五月初三日是我的生日誰知老胡和老程他們不知那裏尋了來的這麽粗這麽長粉脆的鮮藕這麽大的西瓜這麽長這麽大的暹羅國進貢的靈柏香熏的暹羅猪魚稱說這四樣禮物可難得不難得
●通典五十八嘉禮三公侯大夫士婚禮; 後漢(中略)其禮物凡三十種後來泛指一般饋贈品(辭源註)婚娶時所備禮品
●詩刊第二期; 黃河長江的儿女獻給了人類多少禮品他們把美麗的絲綢陶器送歐亞的友誼之門
●三閑集流氓的變迁; 漢的大俠就已和公侯權貴相饋贈以備危急時來作護符之用了(漢典註)饋贈贈送禮品
●燕山夜話南陳和北崔; 他對于史可法的饋贈沒有當面拒絶那是因爲他尊敬史可法的爲人
●水滸傳第八十回;第三日高太尉定要下山(中略)衆節度使以下另有餽送
●歸田瑣記附代吉祥說; 嘗見人家餽送食物(註)贈送餽通饋
●與猶堂全書牧民心書赴任六條除拜;古者支裝之物鞍具衣資紙幣膳物厥數夥然此新迎之禮貌也受此禮物以散親戚古之道也此雖美風中世以來郡邑凋弊凡事務從節約故曰支裝可省
●奇小讀者十九;至于泛泛一面的老夫人們手抱着花束和我談到病情談到离家万里我還无言她已墜泪
●長慶集十二長恨歌; 雲鬢半垂新睡覺花冠不整下堂來

▶2807◀◈問; 관례에 대해서 좀.

리포트 과제로 주제가 관례는 가능한 한 존중되어야 한다고 생각한다. 이 주제를 가지고 하는데 관례의 뜻이 무엇이면 사례는 어떤 것들이 있는지 알고 싶습니다. 급해요.

◈答; 관례에 대해서.

1) 관례의 뜻

모든 행실과 지위가 아이에서 어른으로 전환 시켜주는 의식으로 옛날에는 댕기 머리에서 남자는 상투를 틀고 갓을 씌워 주며 여자는 쪽을 쪄 주어 어른의 품위로 갖추어 주는 행사이며 그 절차라 이를 수 있습니다.

다음은 예기(禮記) 관의편(冠義篇)의 가르침입니다.

凡人之所以爲人者禮義也禮義之始在於正容體齊顔色順辭令容體正顔色齊辭令順而後禮義備以正君臣親父子和長幼君臣正父子親長幼和而后禮義立故冠而后服備服備而后容體正顔色齊辭令順故曰冠者禮之始也.

대체로 사람이 사람으로서의 구실을 한다 함은 예의이니라. 예의의 시작은 몸가짐을 바르게 하고 안색은 엄숙하게 하고 말씨는 순하게 함에 있느니라. 몸 가짐을 바르게 하고 안색을 엄숙하게 하고 말씨가 순하게 된 연후라야 예의가 갖추어지는 것이니 이러하게 되면 임금과 신하 사이가 바르게 되고 부모와 자식 사이가 친하게 되고 어른과 아이의 사이가 화평하게 되는 것이니라. 군신간을 바르게 하고 부자간을 친하게 하고 장유간을 화평하게 할 수 있게 되면 예의가 확고하게 갖추어진 것이니라. 그러한 고로 관례를 치른 뒤라야 생각함에 부족함이 없게 되는 것이며 생각함에 부족함이 없게 된 뒤라야 몸가짐이 바르게 되고 안색은 엄숙하게 되고 말씨가 순하게 되는 것이니라. 그러하기 때문에 이르기를 관례를 예의 시작이라 하는 것이니라.

成人之者將責成人禮焉也責成人禮焉者將責爲人子爲人弟爲人臣爲人少者之禮行焉將責四者之行於人其禮可不重與故孝弟忠順之行立而后可以爲人可以爲人而后可以治人也故聖王重禮故曰冠者禮之始也

성인의 예를 행하는 자에게는 앞으로 성인의 예도를 권유 하게 되느니라. 성인의 예도를 권유하는 것은 자식으로서 부모를 섬기는 것과 아우로서 형을 섬기는 것과 신하로서 임금을 섬기는 것과 어린 자로서 어른을 섬기는 것을 예법대로 행하게 함에서 이니라, 장차 이 네가지를 다른 사람에게 행하도록 권유 하는 것은 그 예법대로 따라 줌으로서 인품을 모두가 존중하여 줄 것이 아닌가. 그러한 고로 부모에게 효도하고 형을 잘 섬기고 임금에게 충성하며 어른에게 공순하게 하는 행실이 갖추어진 뒤라야 다른 사람을 잘 섬기는 것이며 다른 사람을 잘 섬기게 된 뒤라야 다른 사람을 옳게 다스리게 되는 것이니라. 그러하기 때문에 옛날 훌륭한 임금들은 관례를 중히 여겼으며 그러므로 이르기를 관례를 예의 시작이라 하였느니라.

2) 사례(四禮). 笄禮

1, 관례(冠禮). 2, 혼례(昏禮). 3, 상례(喪禮). 4, 제례(祭禮).

●冠義;凡人之所以爲人者禮義也(中畧)故曰冠者禮之始也是故古者聖王重冠古者冠禮筮日筮賓所以敬冠事敬冠事所以重禮重禮所以爲國本也(鄭玄注)冠者初加緇布冠次加皮弁次加爵弁每加益尊所以益成也

●高僧傳忘身釋僧富;僧富及至冠年備盡經史美姿容善談論(辭源註)古代男子二十歲擧行冠禮因稱二十歲爲冠歲

●士冠禮;女子許嫁笄而醴之稱字(注)笄女之禮猶冠男也

●內則;女子十年不出姆敎婉娩聽從(中略)十有五年而笄二十而嫁有故二十三年而嫁(孔穎達疏)正義曰下云十有五年而笄此觀於祭祀是未嫁之前故云及女時而知經云納酒漿籩豆菹醢之等置於神坐一納之文包此六事言之也

●東國列國志第六回;衛宣公受了禮物遣右宰醜率兵同孔父嘉從間道出其不意直逼滎陽(漢典註)禮物增送的物品

●紅樓夢第二十六回;只因明兒五月初三日是我的生日誰知老胡和老程他們不知那裏尋了來的這麽粗這麽長粉脆的鮮藕這麽大的西瓜這麽長這麽大的暹羅國進貢的靈柏香熏的暹羅猪魚稱說這四樣禮物可難得不難得

●通典五十八嘉禮三公侯大夫士婚禮;後漢(中略)其禮物凡三十種後來泛指一般饋贈品(辭源註)婚娶時所備禮品

●詩刊第二期;黃河長江的儿女獻給了人類多少禮品他們把美麗的絲綢陶器送歐亞的友誼之門
●三閑集流氓的變迁;漢的大俠就已和公侯權貴相饋贈以備危急時來作護符之用了(漢典註)饋贈贈送禮品
●燕山夜話南陳和北崔;他對于史可法的饋贈沒有當面拒絶那是因爲他尊敬史可法的爲人
●水浒傳第八十回;第三日高太尉定要下山(中略)衆節度使以下另有餽送
●歸田瑣記附代吉祥說;嘗見人家餽送食物(註)贈送餽通饋
●與猶堂全書牧民心書赴任六條除拜;古者支裝之物鞍具衣資紙幣膳物厥數夥然此新迎之禮貌也受此禮物以散親戚古之道也此雖美風中世以來郡邑凋弊凡事務從節約故曰支裝可省
●奇小讀者十九;至于泛泛一面的老夫人們手抱着花束和我談到病情談到离家万里我還无言她已墜泪
●長慶集十二長恨歌;雲鬢半垂新睡覺花冠不整下堂來

▶2808◀◈問; 관례에 대해서 알고 싶어요.

관례에 대해서 알고 싶어요.

◈答; 관례에 대해서.

⊙冠禮(관례)

冠義凡人之所以爲人者禮義也禮義之始在於正容體齊顔色順辭令容體正顔色齊辭令順而後禮義備以正君臣親父子和長幼君臣正父子親長幼和而后禮義立故冠而后服備服備而后容體正顔色齊辭令順故曰冠者禮之始也是故古者聖王重冠

疏曰冠禮起早晩書傳無正文世本云黃帝造旃冕是冕起於黃帝也黃帝以前以羽皮爲冠以後乃用布帛其冠之年天子諸侯皆十二○呂氏曰冠昏射鄕燕聘天下之達禮也儀禮所載謂之禮者禮之經也禮記所載謂之義者皆擧其經之節文以述其制作之義也○長樂陳氏曰二十而冠始學禮蓋男子者陽之類也而二十則爲陰之數矣二十而冠者以陰而成乎陽女陰類也而十五則陽之數矣十有五年而笄者以陽而成乎陰陰陽之相成性命之相通也○石林葉氏曰義以爲質禮以行之人之道也脩人道者亦必有制故男子二十而冠冠之始也欲其容體正顔色齊辭令順而已及夫體正而不失足於人色齊而不失色於人辭順而不失口於人則人道備故言禮義備及夫君臣正而朝廷肅父子親而閨門定長幼和而宗族有禮則人道正矣故言禮義立

⊙관례.

예기(禮記) 관의편(冠義篇)의 가르침이다. 대체로 사람을 사람스럽다 할 수 있는 까닭은 예의이니라. 예의라 하는 것의 근본은 바른 몸 가짐에 있음으로 안색을 엄숙하게 하고 사람과의 대화를 순하게 하여야 하느니라. 몸 가짐을 바르게 하고 안색을 엄숙하게 하며 사람과의 대화를 순하게 할 수 있게 된 연후라야 예의가 갖춰진 것이니 이와 같이 됨으로써 임금과 신하가 바르게 되고 부모와 자식이 친애하고 어른과 어린 자가 화목하게 되는 것이니라.

바르게 된 임금과 신하와 친애하는 부모와 자식과 화목한 어른과 어린 자가 된 이후라야 예의가 세워졌다 할 수 있는 것이니라. 그러한 고로 관례를 치른 뒤에 복식(服式)이 갖춰지고 복식이 갖춰진 뒤라야 몸가짐이 바르게 되고 안색이 엄숙하게 되며 사람과의 대화가 순하게 되는 것이기에 예로부터 일러 관례를 예(禮)의 시작이라 하였느니라. 이러한 까닭에 옛날의 성왕(聖王)들은 관례를 중히 여겼느니라.

●冠義成人之者將責成人禮焉也責成人禮焉者將責爲人子爲人弟爲人臣爲人少者之禮行(去聲)焉將責四者之行於人其禮可不重與故孝弟忠順之行立而后可以爲人可以爲人而后可以治人也故聖王重禮故曰冠者禮之始也嘉事之重者也是故古者重冠重冠故行之於廟行之於廟者所以尊重事尊重事而不敢擅重事不敢擅重事所以自卑而尊先祖也(註)呂氏曰所謂成人者非謂四體膚革異於童稚也必知人倫之備焉親親貴貴長長不失其序之謂備此所以爲人子爲人弟爲人臣爲人少者之禮行孝弟忠順之行立也有諸已然後可以責諸人故成人然後可以治人也古者重事必行之廟中昏禮納采至親迎皆主人筵几於廟聘禮君親拜迎於大門之外而廟受爵有德祿有功君親策命于廟喪禮旣啓則朝廟皆所以示有所尊而不敢專也冠禮者人道之始所不可後也孝子之事親也有大事必告而後行沒則行諸廟猶是義也故大孝終身慕父母者非終父母之身終其身之謂也細註馬氏曰成人禮者爲人子則孝爲人弟則弟爲人臣則忠爲人少則順責之以四者之行此禮之所以重也尊重事者不忘其先也不敢擅重事者事不專於已

也不專於已所以自卑不忘其本所以尊先祖也○廬陵胡氏曰前責以三行者責成人之漸此責以四行者責成人之備孟子曰不得乎親不可以爲人故必四行立而后可以爲人也曰可以者亦猶所謂事親若曾子者可也蓋臣子之身所能爲者皆所當爲也故但曰可而已不以曾子之孝爲有餘也嘉事謂嘉會足以合禮傳曰嘉事不體何以能夂

⊙冠(관)

楊氏復曰有言書儀中冠禮簡易可行者先生曰不獨書儀古冠禮亦自簡易

양복(楊復)이 말하기를 서의(書儀)에 있는 관례(冠禮)는 간편하고 쉬워 행하기가 좋다고 여쭈니 선생(朱子)께서 말씀하시기를 서의(書儀) 뿐만 아니라 옛날의 관례 역시 간편하고 쉬움을 따랐느니라.

●補註冠義疏曰冠禮起早晚書傳無正文世本黃帝造旃冕是冕起於黃帝也黃帝以前以羽皮爲冠以後乃用布帛其冠之年天子諸侯皆十二

●左註歲星爲年紀十二而周於天天道備故人君子十二可以冠自夏殷天子皆十二而冠○鄭康成曰天子之子則二十而冠

●補註今按儀禮所存者惟士冠自士以上有大夫諸侯天子冠禮見於家語冠頌大戴公冠與禮記特牲玉藻遺文斷缺不全而大槩亦可考如趙文子冠則大夫禮也魯襄公邾隱公冠則諸侯禮也周成王冠則天子禮也大夫無冠禮古者五十而爵何大夫冠禮之有其冠也則服士服行士禮而已始冠緇布冠自諸侯達天子始冠加玄冠其詳見於儀禮經傳通解

●郊特牲適子冠於阼以著代也醮於客位加有成也三加彌尊喩其志也冠而字之敬其名也註著代顯其爲主人之次也酌而無酬酢曰醮客位在戶牖之間加有成加禮於有成之人也三加始加緇布冠次加皮弁次加爵弁也喩其志者使其知擴充志意以稱尊服也此適子之禮若庶子則冠於房戶外南面醮亦戶外也夏殷之禮醮用酒每一加而醮周則用醴三加畢乃摠一醴也方氏曰冠者成人之服阼者主人之階成人則將代父而爲之主故冠於阼以著代著則所以明之也醮則以酒澤之也每一加則一醮蓋酒所以饗賓客之物故醮於客位冠於阼則是以主道期之也醮於客位則是以賓禮崇之也以其有成人之道故以是禮加之故曰加有成也然緇布之粗不若皮弁之精皮弁之質不若爵弁之文故曰三加彌尊服彌尊則志宜彌大故曰喩其志也以冠禮考之非特冠彌尊而衣也屨也亦彌尊非特衣屨彌尊至於祝辭醮辭亦然所以喩其志則一而已

●儀禮疏君父之前稱名至於他人稱字是字敬名也

●丘儀按今冠禮三加之冠未必彌尊者拘於時服非若古人服制可以上下通服

●曾子問將冠子冠者至揖讓而入聞齊衰大功之喪如之何孔子曰內喪則廢外喪則冠而不醴徹饌而掃卽位而哭如冠者未至則廢如將冠子而未及期日而有齊衰大功之喪因喪服而冠註冠者賓與贊夫子言若是大門內之喪則廢大門外之喪喪在他處可以加冠但三加而止不醴醴及饌具悉徹去掃除冠之位使更新卽位而哭未及期日在期日之前也因著喪之成服而加喪冠也齊衰以下可因喪服而冠斬衰不可按孔子曰武王崩成王年十三而嗣立明年夏六月旣葬冠而朝于廟此因變除而冠也以此觀之斬衰不可之言恐未然也

●雜記以喪冠者雖三年之喪可也旣冠於次入哭踊三者三乃出註遭喪以其冠月則喪服因冠矣非其冠月待變除卒哭而冠次廬也疏三者三謂每哭一節而三踊如此者三凡爲九踊

●司馬公曰因喪而冠恐於今難行丘儀今世俗有行之者

●語類古禮惟冠禮最易行只一家事如昏禮須兩家皆好禮方得行喪禮臨時哀痛中少有心力及之祭禮則終獻之儀煩多皆是難行

●易氏宗曰冠成人之道古人賀冠不賀昏良有以也但古禮在今多不可行且如始加用幅巾今則拘於俗而不能服三加用幞頭今則限於制而不敢服故程子云行冠禮若制古服而冠冠了又不常服卽是僞也必須用時之服此說最爲允當且今世俗以包網巾爲冠則此一節亦當重者至於生員用儒巾庶人用方巾而小帽又通乎上下卽程子所謂時服也昔孔子居魯縫掖居宋章甫而不變一邦之俗而况今天下所通行乎余故僭以裹巾爲始加小帽爲再加頭巾爲三加用今時之言易古服之說庶幾名稱其實而周旋之間不爲虛設矣至如及席之時將冠者跪賓詣冠者前祝畢亦跪此禮亦無謂蓋旣云責以成人之道正欲使之知長幼之序况賓乃主人所請以敎冠者加冠之際冠者跪而受之亦不爲過何故使賓亦跪耶又如旣醮之後冠者拜賓賓不荅賓復位拜亦不荅於人情似亦不安夫禮緣人情而設人情不安而行禮其如禮何余故於此二處亦僭削之其三加祝辭仍用前二句者以今人冠無定時而兄弟存否又不能盡同故也按易氏於家禮

肆加攻斥汰哉甚矣覽者詳之
●會成按戴禮云冠無樂春秋傳云君冠必以金石之樂節之許愼云人君飯擧樂而冠無樂非禮意也陳祥道云儀禮士冠無金石之樂而左氏云然此蓋國君之禮歟今世冠禮不行而於昏喪之禮必廣奏音樂况冠禮旣有左氏許愼之言爲證如有能行之者苟不察其制禮之意而於三加醮字之際見廟醴賓之時肆焉用樂以娛之則其僭禮殊甚矣志復古禮者尙知所以愼之哉
●朱子曰古禮惟冠禮最易行又曰冠禮比他禮却易行又曰冠昏之禮如欲行之當須使冠昏之人易曉其言乃爲有益如三加之辭出門之戒若只以古語告之彼將謂何曰只以今之俗語告之使之易曉乃佳
●士冠禮鄭玄目錄冠於五禮爲嘉禮
●孔氏穎達曰按略說云古人冒而句領註云三皇時以冒復頭句領繞頸世本云黃帝造旒冕蓋前此以羽皮爲冠至是乃用布也
●後漢輿服志聖人見鳥獸有冠角頔胡之制乃作冠冕纓蕤以爲首飾
●冠義凡人之所以爲人者禮義也禮義之始在於正容體齊顔色順辭令容體正顔色齊辭令順而後禮義備以正君臣親父子和長幼君臣正父子親長幼和而後禮義立故冠而后服備服備而后容體正顔色齊辭令順故曰冠者禮之始也是故古者聖王重冠古者冠禮筮日筮賓所以敬冠事敬冠事所以重禮重禮所以爲國本也註國以禮爲本○故適子冠於阼以著代也醮於客位加有成也三加彌尊喩其志也冠而字之敬其名也註阼謂東序少北近主位也若不醴則醮用酒於客位敬而成之也戶西爲客位庶子冠於房戶外又因醮焉不代父也冠者初加緇布冠次皮弁次爵弁每加益尊則志益大也通解按此本無適子字蓋傳誦之訛也今以郊特牲文更定○見於母母拜之見於兄弟兄弟拜之成人而與爲禮也玄冠玄端奠摯於君遂以摯見於鄕大夫鄕先生以成人見也註鄕先生同鄕老而致仕者○成人之者將責成人禮焉也責成人禮焉者將責爲人子爲人弟爲人臣爲人少者之禮行焉將責四者之行於人其禮可不重歟通解按首句之字疑行○故孝悌忠順之行立而后可以爲人可以爲人而后可以治人也故聖王重禮故曰冠者禮之始也嘉事之重者也是故古者重冠重冠故行之於廟行之於廟者所以尊重事尊重事而不敢擅重事所以自卑而尊先祖也
●朱子曰冠禮昏禮不知起於何時
●纂要冠者禮之始也成人之道也將責以孝悌忠順之行而後可以爲人其禮顧不重歟後世此禮久廢蓋不惟四責之道鮮克擧之而夫三加之儀文亦或有未備者乃備其文則將求其道矣

▶2809◀◈問; 관례의.

전통관례의 바람직한 계승방안에는 어떤 것이 있을까요?

◈答; 관례의.

경홀히 논할 논제는 아닙니다. 다만 방안을 굳이 말해야 한다면 아래와 같은 방법도 있을 수 있으리라 생각 됩니다.

1. 적극적 방안.

무엇보다도 먼저 예절에 관한 교육이 선행되어 언행이 예에 어그러지지 않도록 다스려 진 뒤라야 관례의 계승여부를 논할 수 있을 것이며 그렇게 된 뒤라면 새삼스레 논의할 까닭 없이 자연스럽게 실행 될 것입니다.

2. 소극적 방안

고관 대작은 물론 사회 지도층 인사들이 먼저 실천하는 길입니다.

●冠義;凡人之所以爲人者禮義也(中畧)故曰冠者禮之始也是故古者聖王重冠古者冠禮筮日筮賓所以敬冠事敬冠事所以重禮重禮所以爲國本也(鄭玄注)冠者初加緇布冠次加皮弁次加爵弁每加益尊所以益成也

▶2810◀◈問; 관례의 그 예법이 가지는 긍정적인 점과 부정적인 점을 알고 싶어요.

꼭 좀 가르쳐 주세여 부탁이에요.

◈答; 관례의 그 예법이 가지는 긍정적인 점과 부정적인 점.

관례(冠禮)의 그 예법이 가지는 긍정적인 점과 부정적인 점 보다는 관례를 시행 함으로 서의 장단점을 생각 하여 보겠습니다. 예기(禮記) 관의편(冠義篇)을 몇 행 인용 하여 보겠습니다.

凡人之所以爲人者禮義也禮義之始在於正容體齊顔色順辭令容體正顔色齊辭令順而後禮義備以正君臣親父子和長幼君臣正父子親長幼和而後禮義立故冠而后服備服備而後容體正顔色齊辭令順故曰冠者禮之始也
대체로 사람이 사람답다고 하는 바는 예의 이니라. 예의의 출발은 몸 가짐을 바르게 하는데 있으니 안색을 바르게 하고 말을 할 때는 순하게 하여야 하느니라. 바르게 몸 가짐을 할 수 있고 안색을 바르게 할 수 있고 순하게 말을 할 수 있은 후 라야 예의가 갖춰진 것이니, 이렇게 되면 임금과 신하가(나라와 백성이)바르게 되고 애비와 자식이 친 하게 되고 어른과 젊은이가 화목 하게 되는 것이니라, 이렇게 된 연후라야 예의가 바로 섰다 하느니라. 그렇기 때문에 관례를 한 연후라야 생각이 갖춰 지는 것이며 생각이 갖춰진 연후라야 바르게 몸 가짐을 할 수 있는 것이며 바른 안색을 할 수 있고 순 하게 말을 할 수 있는 것이니라. 그런고로 관례를 일러 예의 근본이라고 하느니라.

又曰成人之者將責成人禮焉也責成人禮焉者將責爲人子爲人弟爲人臣爲人少者之禮行焉將責四者之行於人也故聖王重禮故曰冠者禮之始也
또 이르기를 성인(成人)이 되려는 자가 어찌 성인의 예도(禮度)를 취하지 않으랴. 성인의 예도를 취한 자는 남의 자식으로서 할 바를 취한 것이며 남의 아우로 서의 할 바와 남의 신하(백성)로서의 할 바와 남에게 젊은이로 서의 할 바를 어찌 행치 않으랴. 이 네 가지를 취하여 그 대로 행 하는 자라야 사람이니라. 그렇기 때문에 훌륭한 임금일수록 관례를 중히 여겼으며 그런고로 관례를 일러 예의 근본이라고 하느니라.

司馬溫公曰,俟其能通孝經論語粗,知禮義然後,始可行之.
사마온공이 이르기를 그가 효경과 논어를 대략 능히 통 하게 될 때까지 기다렸다 예의를 알게 된 연후에 관례를 시작 하는 것이 옳으니라. 이 이상 어찌 해명이 더 필요하겠습니까.

부정적인 것을 열거 하려면 있겠지요.

1 째. 나노 시대에 사서 오경을 깨우친다는 것은 시간 낭비라고 들 할 것이며,

2 째. 천천히 의 사상이 경제 발전에 저해 요소로 작용할 것이라고 들 할 것 등등, 그러나 인간의 행복이란 풍족에만 있는 것이 아니라는 사실입니다. 짤막한 논으로 대 하겠습니다.

▶2811◀◈問; 관례 주인은 누구.

안녕하십니까? 관례를 치를 때 주인에 관하여 의문이 생겨 성균관 의례문답을 열고 보니 무슨 일로 잠시 중단한자는 멧세지와 함께 그간 의문은 전화로 전례위원회로 질문하라 하여 전화를 하였더니 전화번호와 이름을 대뜸 물어 아마도 개인 정보를 상세히 알려야 문답이 이뤄지는 뉘앙스를 받아 포기하고 찾던 중 귀 홈을 발견하게 되었습니다.

이런 훌륭한 내용과 예절을 두고 지금까지 어눌한 곳 찾아 다녔습니다. 정말 감사합니다. 풀고 싶은 의문은 관례를 행할 때 주인에 관한 문제입니다. 여기에서도 개인 관례 주인에 대하여는 제시가 되어 있습니다. 개인이 아니고 왕세자나 왕세손도 나이가 20 세에 이르면 관례를 하는 것으로 알고 있습니다. 그 관례의 주인은 직접 임금님이 되는지 아니면 누가 주인이 되는지 입니다. 감사합니다.

◈答; 관례 주인은 누구.

왕세자나 왕세손의 관례 때 주인은 임금님이 주인이 되지 않고 정일품 관이 주인이 됩니다. 만약 결원 등으로 정일품이 없으면 종일품이나 정이품이 주인이 됩니다.

●宗親府條例冠禮; 王世子王世孫冠禮時主人正一品君銜(乏員或從一品正二品)大君王子君嫡王孫王孫君冠禮時主人從二品君銜(乏員隨時備擬)

▶2812◀◈問; 관명(冠名) 질문이요.

관명(冠名) 관례를 치르고 어른이 되고 나서 새로 지은 이름. 보통 항렬에 따라 짓는다 라고 나와 있는데요. 요즘에는 관례를 치르는 경우는 없으니까 '관례를 치르고' 문장은 빼고 어른이 되고 나서 새로 지은 이름 보통 항렬에 따라 짓는다 이 표현이 더 맞지 않을까요? 예를 들어서 어른이 되고 나서 항렬자 鎬(호)에 맞춰서 진호(珍鎬)라고 지었다면 진호(珍鎬)라는 이름이 관명(冠名)이 되는 것이 아닐까요?

◈答; 관명(冠名)은.

관례는 남자 나이 15~20 에 행하게 되는데 효경과 논어 등이 능통하여 선악을 구별할 줄 알고 성인이 행하여야 할 예를 갖춰진 뒤에 관례를 치르게 되는데 관례를 치름에는 다음과 같은 절차의 법도로 행하게 됩니다. 따라서 이와 같은 절차를 거치지 않고는 자(字; 冠名?)를 지을 수 없습니다.

성인이 된 연후에 본명 외에 항렬자에 따라 또 지은 이름을 자(字)가 아니라 별명(別名) 또는 이명(異名)이라 함이 옳겠지요.

◆관례(冠禮)

○男子年十五至二十皆可冠○合用之人○合用之物○儀禮通解士冠禮冠禮條目○必父母無期以上喪始可行之大功未葬亦不可行○前期三日主人告于祠堂○告于祠堂儀禮節次○戒賓○前一日宿賓○陳設○厥明夙興陳冠服○冠禮之具(관례지구)(省略)○主人以下序立○賓至主人迎入升堂○賓迎入儀禮節次○賓主相見○賓揖將冠者就席爲加冠巾冠者適房服深衣納履出○始加儀禮節次○再加帽子服皂衫革帶繫鞋○三加幞頭公服革帶納靴執笏若襴衫納靴○乃醮○賓字冠者○授字儀禮節次○出就次○主人請儀禮節次○主人以冠者見于祠堂○見于祠堂儀禮節次○冠者見于尊長○乃禮賓

●性理大全冠禮男子年十五至二十皆可冠;司馬溫公曰古者二十而冠皆所以責成人之禮戴氏曰二十血氣猶未定然趍向善惡判於此故責以成人之禮○若一由不知成人之道故也今雖未能遽革且自十五以上俟其能通孝經論語粗知禮儀然後冠之其亦可也

●白虎通姓名篇;士冠經曰賓北面字之曰伯某甫又曰冠而字之敬其名也所以五十乃稱伯仲者五十知天命思慮定也能順四時長幼之序故以伯仲號之禮檀弓曰幼名冠字五十乃稱伯仲論語曰五十而知天命稱號所以有四何法四時用事先後長幼兄弟之象也故以時長幼號曰伯仲叔季也伯者長也伯者子最長迫近父也仲者中也叔者少也季者幼也

●日知錄排行篇;兄弟二名而用其一字者世謂之排行如德宗德文義符義眞之類起自晉末漢人所未有也

▶2813◀◈問; 궁굼해요.

상례, 관례, 혼례, 제례가 무엇인지요? 상례는 장례식이고, 혼례는 결혼식이고, 제례는 제사 또는 돌아가신 분을 추모하는 의식인데요. 관례가 뭐예요? 알려주세요. 메일로 알려주세요.

◈答; 관혼상제란.

관례편을 대충 살펴보아도 관례가 무엇인가는 이해되리라 믿습니다. 귀하가 질문하였으니 간단히 답해 보겠습니다. 이후 더욱 세심히 이해코자 하시면 관례편을 자세히 살펴 보시고 깊이 이해하여 주시기 바랍니다. 관례란 현재의 성인식과 유사한 것입니다. 옛날에는 미혼 남자가 15 세에서 20 세 안에 논어와 효경이 능통하여지며 관을 씌워 줌으로써 성인의 지위를 인정하여 주는 사회적 제도로 길일을 택하여 일정한 의식을 갖추어 주는 예를 통칭 관례라 합니다.

◎관례 홀기(冠禮笏記)

⊙告廟

前期三日遍設果品一盤於每龕卓上(諸品隨宜)○設盞各一于每位櫝前○設茅沙于香卓前○別設一卓于阼階上置祝版酒瓶酒注盞盤於其上○設盥盆帨巾各二於阼階下東南(盆有臺帨有架者在西主人所盥

無臺無架者在東爲執事者所盥幷巾在盆北)○主人以下盛服就阼階下北面序立(世爲一行)○主婦以下北面於西階下○主人盥帨升啓櫝○退詣香卓前跪上香○執事者二人盥洗升自西階就阼階上卓前○一人開甁實酒于注奉詣主人之右跪○一人執盞盤進跪于主人之左○主人受注斟酒反注取盞盤奉之左執盤右執盞酹于茅上○反盞盤于執事者○俛伏興少退再拜○執事者奠注及盞盤于故處○主人與執事者皆降復位○主人主婦以下並再拜參神○主人升詣元位前立○執事二人升○一人取注詣主人之右○一人取元位前盞盤詣主人之左○主人受注斟酒反反注取盞盤奉奠于故處○次詣妣位前如初○以次詣諸位前如初○執事者反注于故處降復位○主人退詣香卓前跪○祝升自西階就阼階上取版詣主人之左跪○在位者皆跪○祝讀告辭云云○畢置版于香卓東端興降復位○在位者皆興○主人俛伏興再拜降復位○與在位者皆再拜辭神○主人升斂櫝降復位○執事者升徹酒果及茅沙祝版闔門○退徹酒注盞盤卓降復位○主人以下皆退

⊙戒賓

主人深衣詣賓門左東向立○賓出迎于門外西向再拜○主人答拜○賓揖主人入至于堂坐定○主人起戒賓云云○賓辭云云○主人固請云云○賓許云云○主人再拜○賓答再拜○主人告退○賓送于門外再拜○主人不答

⊙宿賓

前一日主人深衣詣賓門外東面立○賓出門外西面再拜○主人答拜○乃宿賓云云○賓許云云○主人再拜○賓答拜○主人退○賓再拜送

⊙陳設

是日夙興設盥盆水罍沃枓帨巾各二於阼階下東南(有臺架者在西爲賓所盥無臺架者在東爲贊者所盥)○設席于其南○設房中之洗于北堂直室東隅○襴衫銙帶靴道袍組帶白鞋深衣大帶黑履各卓陳于房中西墉下東領北上○櫛網巾及撮髮繩並實于箄置于卓南○蒲筵二在其南○卓設醴尊于服北○設篚實勺觶匙于尊北○陳脯籩醢豆于篚北幞頭軟巾緇冠各一匴執事者三人執以待于西階下南面東上○設賓主拜席于門外東西(若醮用酒則設尊于房戶間兩甒有禁○玄酒在其西○加勺于尊南柄○盛觶于篚設于洗西○陳籩豆于房中服北○不設房中之洗)

⊙序立

主人盛服立于阼階下少東西向○兄弟子姓俱盛服立于其後重行北上○儐者立於門內之東北面○沃洗者一人立于洗東西向○將冠者采衣紒在房中當戶南向立

⊙迎賓

賓盛服至于門外東面立○贊者在右少退○儐者出門外西面○還入告賓至○主人出門在西向立○儐隨出立于主人之右少退○主人再拜○賓答再拜○主人揖贊者○贊者報揖○主人揖賓○賓答揖○主人先入門內西面立儐從○賓入門內東面立贊者從之○主人揖○賓答揖○又分庭而行至陳相向揖○至碑相向揖○主人至阼階下西面立○賓至西階下東面立○主人揖賓請先升(請先升)○賓答揖辭云云○主人又揖請云云○賓又揖辭云云○主人又揖請云云○賓又揖辭云云○主人由阼階升先右足○賓由西階升先左足○並涉級聚足連步以上○主人立于東序端西面○賓立于西序東面○贊者就洗西跪盥沃洗者沃之○贊者盥洗帨手興由西階升入房中立于將冠者之東西面○儐由西階升立于贊者之北○執事者(執冠巾幞頭者)於位東面○儐取筵一出陳于東序少北西向退復位(房中)○將冠者出房外戶西南面立(若支子則席于戶西南面)

⊙始加

贊者取櫛巾箄出跪奠于席南端興立於其左○賓揖將冠者卽席西向跪○贊者卽其後如其向跪○爲之櫛髮合紒施網巾○興立于其左○賓降自西階○主人降立阼階下○賓立西階前東面辭云云○主人對云云○賓就洗南北面坐盥沃洗者沃之○賓盥帨畢興詣西階下○與主人揖讓○主人先升復位○賓升就冠席前跪整網巾○興由西階降一等西面立○執緇冠者升二等東面授賓遂退復位○賓受冠右執項左執前正容徐詣冠席前立祝云云○乃跪加之興復位○贊者進冠席前跪卒(結纓)興退復位○冠者興○賓揖之○贊者以冠者適房釋采衣服深衣加大帶納履○出房外正容南面立良久○贊者立于其左少北(若支子則贊者奠櫛箄于席東端○將冠者卽席南向跪○以下幷如儀)

⊙再加

賓揖冠者卽席跪○賓降○主人降○賓辭云云○主人對云云○賓就洗南北面坐盥帨手○興詣西階下與主人揖讓○主人先升復位○賓升就冠者前跪整巾興○降西階二等西面立○執軟巾者升一等東面授賓遂退復位○賓受巾右執項左執前正容徐詣冠者前立祝云云○贊者進詣冠者之後跪去緇冠奠于席南端退復位○賓乃跪加軟巾興復位○贊者進冠者前跪卒紘興退復位○冠者興○賓揖○贊者以冠者適房釋深衣大帶履服道袍加組帶著鞋○出房正容南面立良久○餐者立于其左

⊙三加

賓揖冠者卽席跪○賓降○主人降○賓辭云云○主人對云云○賓就洗南北面坐盥帨手○興詣西階下與主人揖讓○主人先升復位○賓升就冠者前跪整巾興○賓降西階沒等西面立○執幞頭者進賓前東面授賓遂退復位○賓受幞頭右執項左執前正容徐詣冠者前立祝云云○贊者進詣冠者之後跪去軟巾奠于冠東退復位○賓乃跪加幞頭興復位○贊者進冠者前跪卒紘興退復位○冠者興○賓揖○贊者以冠者適房釋道袍組帶鞋服襴衫加銙帶納靴○出房正容南面立良久○贊者立于其左○儐出徹筵櫛冠巾入藏于房(若支子則不徹筵)

⊙醮

儐取筵一出陳于室戶西南面退復位○贊者入取觶于篚盥洗于房中○帨手奉觶詣尊所酌醴加匙覆之面葉出立于房戶外西面○賓揖○冠者就席右南面立○賓就房戶外東面受觶加匙面枋(柄)就席前北向立祝云云○冠者再拜受觶○賓復位東向答拜○贊者入取脯醢于房出奠于席前(脯西醢東)退立于賓左少退東向○冠者卽席跪左執觶右取脯揳于醢祭之豆間○以匙祭醴于地三○興就席右端跪啐醴扱匙興○降席南向跪奠觶再拜興○賓東向答拜○冠者略側身西向贊者再拜○贊者答拜○冠者坐取觶興奠于薦東降席立○儐出徹觶及脯醢祭具並入藏于房(若醮用酒則贊者降西階就洗西東面坐盥○取爵于篚洗畢興○升詣尊所跪實酒○興立于冠者之左○賓揖○冠者就席右南向立○賓受觶就冠席前立祝祝辭改云云)

⊙字

賓降階直西序東向○主人降立于阼階下少東西向○冠者降立西階下少東南向○賓字之云云○冠者再拜對云云

⊙賓出

賓向主人揖請退云云○主人報揖請留云云○賓辭○主人固請○賓許○主人揖○賓報揖出○贊者降從之○主人及儐送至門外○賓贊並出就次

⊙見廟

設果品盞盤于每位前具茅沙香案酒注酒甁盞盤卓盥盆帨巾如初(並同前告廟時)○主人以下序立○主人盥帨升啓櫝○降神再拜○在位者皆再拜參神○主人獻酒跪○祝升取版讀告辭云云○主人俛伏興立於香案東南西向○冠者進立于兩階間再拜○主人降復位○在位者皆再拜辭神○主人升斂櫝○執事者徹○闔門退

⊙見尊長

父母在堂中分東西坐南面○諸叔父在東序南向立○諸兄西向立○諸叔母姑在西序南向立○諸姊嫂東向立○冠者就東楹外北面再拜○父爲之起○冠者就西楹外北面再拜○母爲之起○冠者就東序北面再拜○諸父坐而扶之○冠者又就西序北面再拜○諸叔母姑坐而扶之○冠者又就東序東面再拜○諸兄坐而扶之○冠者又就西序西面再拜○諸姊坐而扶之諸嫂答拜(若冠者祖在則先拜祖父母○次拜父母○同居有尊長則父母以冠者詣其所拜之○尊長爲之起○冠者還就東西序每列再拜○應答拜者答○受卑幼者拜)

⊙見先生

冠者乃釋襴幞易服笠子靑袍出見鄕先生及父之執友皆再拜○先生執友皆答拜○有誨言則冠者拜之(先生不答拜)

⊙禮賓

主人治具○設賓席于堂北南面○主人席于阼階上西面○贊者席于西階上東面○衆賓席于賓席之西

南面○主人親屬席于主人之後西面北上○設尊于房戶之間加勺○實爵于尊南○具殽羞陳于房中(按獻儐則設席亦當與衆賓爲列○衆賓坐不盡則東面北上)○主人至次迎賓先行○賓及贊儐衆賓以序行至階○主人揖賓請升○賓揖辭○主人先升就位○賓贊以下各以序升就位○主人向賓再拜致謝云云○賓答拜○主人謝贊者再拜○贊者答拜○主人拜儐○儐答拜○主人就尊所跪取爵實酒興詣賓席前獻賓○賓拜主人少退○賓受爵○主人復位答拜○執事者進殽羞于賓席前退○賓卽席跪祭酒啐酒興就席西坐卒爵遂拜執爵興○主人答拜○賓以爵詣尊所跪實酒就主人席前酢主人○主人拜賓少退○主人進受爵○賓復位答拜○執事者進殽羞于主人席前退○主人卽席跪祭酒啐酒興就席右坐卒爵遂拜執爵興○賓答拜○主人以爵詣尊所實酒就贊者席前獻之○贊者拜主人少退○贊者受爵○主人答拜復位○執事者進殽羞于贊者席前退○贊者卽席跪祭酒啐酒興就席右坐卒爵遂拜執爵興○主人答拜○贊者以爵進授主人○主人受爵○贊者退復位○主人就尊所實酒詣儐獻之○儐拜受爵○主人答拜復位○執事者進殽羞于儐席前退○儐卽席跪祭酒啐酒興就席右坐卒爵遂拜執爵興○主人答拜○儐以爵進授主人○主人受爵○儐退復位○主人以爵實酒以次獻衆賓畢○賓主以下並升席坐○行酒無筭○執事者奉幣于盤以進○主人起受之詣進于賓席前○賓興再拜○主人復位答拜○執事者又以幣進○主人受之進于贊者席前○贊者興再拜○主人復位答拜○執事者又以幣進○主人受之進于儐席前○儐興再拜○主人復位答拜○賓及贊儐各以幣授從者○賓主以下皆降階分庭而出○至門外相向立○主人再拜○賓不答皆逡巡而退

▶2814◀◈問; 안녕하세요 질문이 있어 글 남깁니다.

주자가례에서의 관례(중국의 전통관례)와 한국의 전통관례의 차이점이 무엇일까요? 과제로 조사 중에 있지만 명확한 차이를 찾지 못해 질문을 남겨봅니다. 한국의 전통관례는 주자가례에서 비롯되었지만 양국의 의식 중 차이는 있지 않을까요?

◈答; 관례의 법도는 동일합니다.

우리나라에서 행하는 관례 예법의 뿌리는 주자가례입니다. 근본인 주자가례 예법에서 일부라도 변질되어 행하여진다면 정례가 아닌 변례로서 속례일 뿐입니다.

서구 기독교 경전인 신구약 성서가 우리나라에 도입되었다 하여도 번역하였을 뿐 본질은 변하지 않듯, 유교의 경서 역시 우리나라에 들어 왔다 하여 본질이 변하지 않습니다. 따라서 발상지국의 예법과 도입된 나라가 그를 따라 행함에 달라지지 않습니다.

●孔子曰吾說夏禮夏禮杞不足徵也吾學殷禮有宋存焉吾學周禮今用之吾從周註周禮乃時王之制孔子旣不得位則從周而已
●程子曰行禮不可全泥古視時之風氣自不同故所處不得不異若全用古物亦不相稱雖聖人作須有損益
●朱子曰古禮繁縟後人於禮日益踈略然居今而欲行古禮亦恐情文不相稱不若只就今人所行禮中刪修令有節文制數等威足矣又曰古禮難行聖人有作必因今之禮而裁酌其中取其簡易易曉而可行又曰古人於禮直如今人相揖終日周囘於其間自然使人有感他處後世安得如此又曰古禮不可全用如古服古器今皆難用又曰必欲一如古人衣服冠屨之纖悉畢備其勢也行不得
●尤庵曰所謂各自異行者有家禮五禮儀及要訣等書之不同故也當一從家禮而猶或有疑文然後補以他書則合於大一統之義而無此弊也然一家長上堅執先世所行而不至甚乖於禮則亦難直情徑行似當勉從若其甚不可行者則亦當盡吾誠敬宛轉開悟而已此外更無善處之道也○南溪曰前日所行者乃時俗仍習之禮也今此所定乃家禮當行之事自不相同以朱子所謂子孫曉得祖先便曉得之意推之似亦不必申告但若累代承祀之家事體稍異雖告祝而行之亦可矣

▶2815◀◈問; 옛날 성인식은 어땠나요?

학교 숙제 때문에 지금 인터넷을 이용해서 한국 옛날 성인식에 대해 찾고 있는데요.. 아무리 찾아도 없는데, 이 홈페이지를 들어와서 많은 도움을 받았어요. 아무튼 제가 물어 볼거는요. 옛날에 한국에서는 성인식을 어떻게 했냐는 거예요. 그리고, 옛날 한국의 유년기(幼年期)와 청년기에는 사람들이 어땠냐는 거에요. 될 수 있으면 꼭 답변 부탁 드려요! 내일이 월요일이라서 학교가야 하니까, 오늘 안에 답변 주셨으면 하구요, 아무튼 읽어주셔서 감사

드려요.

◈答; 옛날 성인식은.

성인 식이란. 옛날의 사례(四禮)의 첫째인 관례(冠禮)를 이르는 듯 합니다. 전통관례(傳統冠禮)는 본편 관례편에서 소용되는 대로 발췌하면 크게 어그러지지는 않습니다.

누구나 옛날을 겪은바 없으니 옛날의 성인식과 유년기 청년기가 어떠하였다고 말할 수가 없으며 다만 기록된 예법으로 미루어 짐작 할 수 밖에는 없는 것입니다. 옛날의 유년기와 청년기는 어떠하였나 하는 것은 너무 포괄 적인 문제이라 말 몇 마디로 이해될 문제가 아니라 생각 듭니다. 다만 봉건시대에는 귀천의 신분제도가 명확하여서 그의 신분에 딸아 그들의 생활이 천차만별이었을 것임은 물론이며 개화 이후 근대화 이전의 그들은 빈곤으로 인하여 대다수는 호구지책에 분분 하였을 뿐으로 지금과 같은 문화 생활은 꿈도 꾸지 못하였으며 노동을 할 수 있는 나이부터 노동의 대가로 식생활이 부족한 그러한 사회에서 일생을 마쳐야 하는 불행한 삶을 살아왔을 뿐입니다.

◆현대 성년의 날.

매년 5 월 셋째 월요일로, 우리나라는 1973 년부터 1974 년에 걸쳐 각각 4 월 20 일에 성년의 날 기념행사를 하였으나 1975 년부터는 '청소년의 달' 인 5 월에 맞추어 날짜를 5 월 6 일로 바꾸었다. 그러다가 1984 년에 이르러 현재와 같은 5 월 셋째 월요일에 성년의 날을 기념하고 있다. 단, 토요일로 시작하는 윤년(예 : 2000 년, 2028 년 등)과 일요일로 시작하는 평년(예 : 1989 년, 1995 년, 2006 년, 2017 년, 2023 년, 2034 년, 2045 년 등)일 경우에는 스승의 날과 겹쳐지며, 일요일로 시작하는 윤년(예 : 2012 년, 2040 년 등)과 월요일로 시작하는 평년(예 : 2007 년, 2018 년, 2029 년, 2035 년, 2046 년 등)일 경우에는 부부의 날과 겹쳐진다.

◆성년의 날 유래

'삼한시대 마한에서 소년들의 등에다 상처를 내어 줄을 꿰고 통나무를 끌면서 그들이 훈련받을 집을 지었다'는 성년식에 관한 기록과 '신라시대 중국의 제도를 본받아 관복을 입었다'는 기록이 있으나, 문헌상 확실히 나타난 것은 고려 광종 16 년(서기 965 년)에 태자 주에게 원복(元服)을 입혔다는 데서 비롯되었다고 볼 수 있다. 원복이란 문자적으로 해석하면 원나라의 복장이라는 뜻이지만, 당시 어른들의 평상복인 배자(褙子, 덧저고리)를 말하므로 태자에게 성인복을 입혔음을 뜻한다.

◆현대 성년의 날[편집]

20 세기 중반까지는 만 20 세가 되면 지역이나 마을 단위로 어른들을 모셔 놓고 성년이 되었음을 축하하는 전통 의례를 치르는 곳이 많았다. 그러나 산업화, 도시화에 밀려 전통적인 풍습은 더 이상 지속되기 어렵게 되었다. 성년식이 거의 사라질 무렵, 국가에서는 문화관광부를 중심으로 전통 성년식을 부활시키기 위해 오늘날 청소년들에게 전통문화에 대한 긍지와 자부심을 심어주고, 전통 성년식에 담긴 사회적 의미를 깨우쳐 줄 목적으로 1999 년부터 표준 성년식 모델을 개발하였다. 이후 국가에서 행하는 공식적인 의식은 여성가족부 주관으로 그 해에 만 19 세(2013 년 민법 개정으로 성년을 만 20 세에서 만 19 세로 낮추었다.)가 되는 성년을 각 직장 및 기관 단위 별로 한자리에 모아 기관장의 훈화와 모범성년에 대한 표창, 그리고 간단한 다과회 등을 가지며, 청소년들을 위한 범국민적인 행사가 개최된다. 또한 전통 관례복장을 갖추고 의식을 주관하는 어른인 '큰손님'을 모셔놓고 상견례(相見禮), 삼가례(三加禮), 초례(醮禮)를 거쳐 성년 선언으로 이어지는 의식을 한다. 특히 최근에 와서 우리나라 전통적인 성년례는 성균관(成均館)에서 전통격식으로 행해지고 있다.

국가에서 행하는 공식적인 의식을 제외하고는 가정에서 특별한 기념식은 거의 하지 않는다. 단지 성년이 된 자녀에게 축하 인사나 선물을 하는 정도이다. 오히려 친구들끼리 성년식 행사를 갖는데, 장미, 향수, 키스를 선물하거나 평소 갖고 싶었던 물건들을 선물로 주고받는다. 장미는 무한한 열정과 사랑이 지속되길 바라는 의미이며, 보통 스무살(만 19 세)에 성년을 맞이하기 때문에 나이에 맞게 스무 송이의 장미를 선물한다. 향수는 좋은 향기만큼 다른 이들에게 좋은 기억으로 남기를 바라는 마음을 의미한다. 키스는 성년이 된 만큼 책임감 있는 사랑을 하라는 의미를 가진다.

●石林葉氏曰義以爲質禮以行之人之道也脩人道者亦必有制故男子二十而冠冠之始也欲其容體正顔色齊辭令順而已及夫體正而不失足於人色齊而不失色於人辭順而不失口於人則人道備故言禮義備及夫君臣正而朝廷肅父子親而閨門定長幼和而宗族有禮則人道正矣故言禮義立

▶2816◀◈問; 자(字)에 대해서 질문.

자는 결혼 후에 쓸 수 있는 건가요? 아니면 성인식이 지난 후에 쓸 수 있는 건가요?

◈答; 字에 대해서.

字는 관례 때 빈자가 관자에게 지어주는 것입니다.

예기 단궁편에 유아 때 이름을 짓고 관례(冠禮) 때 字를 지으며 죽은 후에 시호를 내린다 하였으며 증해의 관례편에 보면 不可自稱字(불가자칭자)라 하여 자기의 자는 스스로 쓰지 않는다 하였으며 공자께서도 종신토록 명인 丘(구)를 쓰고 자인 仲尼(중니)는 쓰지 않았다 합니다.

●士冠禮註伯仲叔季長幼之稱甫是丈夫之美稱孔子爲尼甫周大夫有嘉甫宋大夫有孔甫是其類甫或作父音甫疏伯仲叔季若兄弟四人則依此稱之
●朱子曰儀禮疏少時便稱伯某甫至五十乃去某甫而專稱伯仲此說爲是如今人於尊者不敢字之而曰幾丈之類
●葉氏曰子生三月而父名之非特父名之人亦名之也至冠則成人矣非特人不得名之父亦不名焉故加之字而不名所以尊名也五十爲大夫則益尊矣有位於朝非特人不字父與君亦不字焉故但曰伯仲而不字所以尊字也或言士冠禮旣冠而字曰伯某父仲叔季唯其所當則固已稱伯仲何待於五十疑檀弓之誤此不然始冠而字者伯仲皆在上此但以其序次之所以爲字者在下某甫也如伯牛仲弓叔肸季友之類是已至於五十爲大夫尊其爲某甫者則去之故但言伯仲而冠之以氏伯仲皆在下如召伯南仲榮叔南季之類是也檀弓言伯仲者去其爲某甫者而言伯仲爾
●曲禮男女異長註各爲伯仲示不相干雜之義也
●曲禮註冠成人之服也夫成人則人以字稱我矣則人之名非我所當名也又况有長幼之序貴賤之別其可名之哉女子之笄猶男子之冠閨門之內亦當敬其名也
●湯氏鐸曰凡人之對賓則稱名不可稱字非惟對賓終身對人言語及發書簡皆不可棄父母命名而謬稱表德不然孔聖人何以終身稱丘未嘗自稱仲尼也
●潛溪宋氏曰古之人生子三月而名年二十加布於其首始字之字之所以尊其名也亦周禮之彌文也後世於字之外又加別稱果禮意乎孫於祖禰例稱字如儀禮所載是也弟子於師例稱字如孟子稱仲尼是也非惟此降及中世有字其諸父諸祖者夫人之尊者莫逾於祖若父師又其次焉尙皆字而不避蓋字之乃尊之也自諂諛卑佞之習勝天下之人䀚䀚焉不敢字其友者亦有之嗚呼世之不古若者寧獨此哉
●會成若古之帝王先聖先賢洎兇惡不忠不孝之人名字不可全犯宜愼之
●檀弓幼名冠字五十以伯仲死謚周道也疏殷以上有生號仍爲死後之稱更無別謚堯舜禹湯之例是也周則死後別立謚宋氏曰古之人生子三月而名年二十而冠始字之字之所以尊其名亦周禮之彌文也葉氏曰或曰士冠禮旣冠而字曰伯某甫仲叔季唯其所當則固已稱伯仲何待於五十疑檀弓之誤此不然始冠而字者伯仲皆在上所以爲字者在下某甫也如伯牛仲弓叔肹季友之類是已至於五十爲大夫尊其爲某甫者而去之故但言伯仲而冠之以氏伯仲皆在下如召伯南仲榮叔南季之類是也檀弓言伯仲者去其某甫者而言伯仲也
●潛溪宋氏曰古之人生子三月而名年二十加巾於其首始字之字之所以尊其名也亦周禮之彌文也後世於字之外又加別稱果禮意乎孫於祖稱例稱字如儀禮所載是也弟子於師例稱字如孟子稱仲尼是也非惟此然也降及中世有字其諸父者矣有字其諸祖者矣夫人之尊者莫逾於祖若父師又其次焉尙皆字而不避蓋字之乃尊之也自諂諛卑佞之習勝天下之人䀚䀚焉不敢字其友者亦有之矣世之不右若也嗚呼世之不古若者寧獨此哉

▶2817◀◈問; 자(字)에 대하 궁금?.

이 시대에서는 이미 사라진 예이지만 지난날 관례를 치르게 되면 자(字)를 지어 주게 된다는데 자에 쓰이는 글자에 백(伯) 중(仲) 숙(叔) 계(季)자를 붙여 부르게 된다 하는데 무슨 의미며 누구에게 붙여 지어 주게되는지요?

◈答; 백(伯). 중(仲). 숙(叔). 계(季).

字란 본명(本名) 외 명자(名字)로 관례(冠禮)를 치르면서 형제의 차서대로 백(伯) 중(仲) 숙(叔) 계(季) 등으로 차례대로 붙여 한 형제임을 나타내게 됩니다.

자는 주례자가 아래와 같이 지어주게 됩니다.

○賓字冠者

賓降階(士冠醴直西序)東向主人降階西向冠者降自西階少東南向賓字之曰(云云)曰伯某父仲叔季唯所當冠者對曰(云云儀節冠者再拜賓不答)賓或別作辭命以字之之意亦可

○주례자는 관자의 자(字)를 지어 준다.

주례자는 서쪽 층계로 내려가 동쪽으로 향하여 서고 주인은 동쪽 층계로 내려가 처음의 자리에서 서쪽으로 향하여 선다. 관자는 서쪽 층계로 내려가 동쪽으로 조금 가서 남쪽으로 향하여 서면 주례자는 자(字)를 지어 주고 다음과 같이 축사를 한다. 축사를 마치면 관자는 다음과 같이 답한다. 혹 주례자가 축사를 별작(別作)하여 그 뜻을 알려도 역시 무방하다.

◆字冠者祝辭式(賓或別作辭命以字之之意亦可)

禮儀旣備令月吉日昭告爾字爰字孔嘉髦士攸宜宜之于嘏永受保之

◆冠者答辭式

某雖不敏敢不夙夜祗奉

●白虎通姓名篇士冠經曰賓北面字之曰伯某甫又曰冠而字之敬其名也所以五十乃稱伯仲者五十知天命思慮定也能順四時長幼之序故以伯仲號之禮檀弓曰幼名冠字五十乃稱伯仲論語曰五十而知天命稱號所以有四何法四時用事先後長幼兄弟之象也故以時長幼號曰伯仲叔季也伯者長也伯者子最長迫近父也仲者中也叔者少也季者幼也
●日知錄排行篇兄弟二名而用其一字者世謂之排行如德宗德文義符義眞之類起自晉末漢人所未有也
●伯仲叔季一般是指兄弟排行的次序伯是老大仲"是老二叔是老三季是老四（兄弟三人的也有按伯仲季"排序的）历史上最出名且名字中带有排序的两个人是孔子和劉邦孔子字仲尼說明孔子排行老二也就是后世某些人所謂的孔老二（带有貶義的色彩）劉邦又叫劉季說明劉邦行三（也有人考証劉邦有三个哥哥就是行四）

○백(伯) 중(仲) 숙(叔) 계(季)자는 아버지 형제의 호칭으로도 쓰이게 됩니다.

백부(伯父) 중부(仲父) 숙부(叔父) 계부(季父)

●白虎通姓名; 稱號所以有四何法四時用事先後長幼兄弟之象也故以時長幼號曰伯仲叔季也伯者長也伯者子最長迫近父也仲者中也叔者少也季者幼也
●隨园隨筆不可亦可;伯仲叔季者雁行之序平輩之稱非可施于伯父叔父也
●釋名釋親篇父之兄曰世父言爲嫡統繼世也又曰伯父伯把也把持家政也○父之弟曰仲父仲中也位在中也○仲父之弟曰叔父叔少也○叔之弟曰季父季癸也甲乙之次癸最在下季亦然也
●要義伯仲叔季條按兄弟止四人則依次稱之而多至七八則夏殷積仲伯季以外皆稱仲周積叔伯季以外皆稱叔如蔡叔霍叔是也
●士冠禮記疏夏殷伯季之外皆稱仲周伯仲以下皆稱叔以至最後者乃稱季
●孟子告子章句上; 鄕人長於伯兄一歲則誰敬曰敬兄(鄭玄注)伯長也

●書經呂刑; 伯父伯兄仲叔季弟幼子童孫皆聽朕言庶有格命
●釋親考下兄弟姉妹條伯兄仲兄叔弟季弟註兄曰伯氏弟曰仲氏
●辭源又部六畫叔[叔父]父親的弟弟 爾雅釋親; 父之晜弟先生爲世父後生爲叔父
●重菴稿廣釋親; 前曰其夫屬乎父道也者妻皆可稱之以母父之伯父仲父叔父季父
●南溪曰行第稱號以論語八士之例觀之當稱伯仲叔季而禮經只以伯叔爲言何耶且父之兄弟多至七八人及從祖以下諸父同行多至數十人則當只以第一長者稱伯父第二以下幷稱叔父而不言仲季耶抑以第二者稱仲父最後者稱季父而其間則幷稱叔父耶
●東巖曰案[士冠記疏]伯仲叔季若兄弟四人則依次稱之夏殷質則積仲周文則積叔若管叔蔡叔是也此言兄弟多者夏殷伯季之外皆稱仲周伯仲以下皆稱叔以至最後者乃稱季據此則南溪所引乙說恐是

▶2818◀◈問; 자를 짓는 법도.

의례에 관한 질문이 아니옵고, 한자식 호칭(指稱)이 궁금하여 질문 드립니다.

1. 4형제가 있을 때 막내는 위로 형님이 세 분 있습니다. 그렇다면 伯兄, 仲兄 정도의 표기는 많이 봤는데, 叔兄이라는 단어는 못 봤습니다. 과연 옛날에는 叔兄이라고 하였는지요? 아니라면 셋째 형을 지칭하는 다른 적당한 단어는 무엇일까요?

2. 맨 큰형의 자식들은 둘째 형을 仲父라고 하지 않고, 둘째 형도 叔父라고 한다고 들었습니다. 과연 맞는지요? 관행 이외에 혹시 그럴만한 이유라도 있는지요?

3. 仲兄 자식들은 자기 아버지를 제외한 세 사람을 응당 백부, 숙부, 계부라고 하겠지요?

4. 셋째 형 자식들도 백부, 중부라고 하고 맨 끝 사람을 숙부 칭호 보다는 계부라고 불러야 옳겠지요?
5. 넷째 자식들은 자기 아버지 위로 세 사람을 차례로 백부, 중부, 숙부 라고 하는지요? (요즘 언어 관행은 둘째, 셋째 작은아버지도 모두 아버지의 형 되는 사람이라고 하여 그냥 "큰아버지"라고 부르더군요) ("큰 작은 아버지"라는 어정쩡한 말도 있고요)

국립국어원에 질문하는 것을 고려했다가 아무래도 한문에 관한 표기는 이곳의 어르신들이 더 잘 아실 것 같다는 생각이 들었습니다. 지역, 시대에 따라 언어습관은 조금씩 다를 수 있습니다만, 아시는 분 잘 부탁 드립니다. 감사합니다.

◈答; 자(字)를 짓는 법도.

問1. 答; 숙형(叔兄)이라는 이르기도 합니다.

問 2. 答; ①(諸父同行多至數十人則第一長者稱伯父第二以下幷稱叔父而不言仲季)라 하니 同行이 10여인이 되면 伯父의 자식들은 伯父의 弟 이하 모두 叔父라 하고 仲父니 季父니 하지 않음. ②(父之弟曰仲父) 단 伯仲叔季일 때는 仲父라 함.

問3. 答; 伯父 [仲父之子] 叔父 季父라 稱하니 맞습니다.

問4. 答; 伯父 仲父 [叔父之子] 季父라 稱하니 맞습니다.

問5. 答; 伯父 仲父 仲父 [季父之子]라 稱하게 됩니다.

●白虎通姓名; 稱號所以有四何法四時用事先後長幼兄弟之象也故以時長幼號曰伯仲叔季也伯者長也伯者子最長迫近父也仲者中也叔者少也季者幼也
●隨园隨筆不可亦可;伯仲叔季者雁行之序平輩之稱非可施于伯父叔父也
●釋名釋親篇父之兄曰世父言爲嫡統繼世也又曰伯父伯把也把持家政也○父之弟曰仲父仲中也位在中也○仲父之弟曰叔父叔少也○叔之弟曰季父季癸也甲乙之次癸最在下季亦然也
●要義伯仲叔季條按兄弟止四人則依次稱之而多至七八則夏殷積仲伯季以外皆稱仲周積叔伯季以外皆稱叔如蔡叔霍叔是也
●士冠禮記疏夏殷伯季之外皆稱仲周伯仲以下皆稱叔以至最後者乃稱季
●孟子告子章句上; 鄕人長於伯兄一歲則誰敬曰敬兄(鄭玄注)伯長也

●書經呂刑; 伯父伯兄仲叔季弟幼子童孫皆聽朕言庶有格命
●釋親考下兄弟姊妹條伯兄仲兄叔弟季弟註兄曰伯氏弟曰仲氏
●辭源又部六畫叔[叔父]父親的弟弟 爾雅釋親; 父之晜弟先生爲世父後生爲叔父
●重菴稿廣釋親; 前曰其夫屬乎父道也者妻皆可稱之以母父之伯父仲父叔父季父
●南溪曰行第稱號以論語八士之例觀之當稱伯仲叔季而禮經只以伯叔爲言何耶且父之兄弟多至七八人及從祖以下諸父同行多至數十人則當只以第一長者稱伯父第二以下并稱叔父而不言仲季耶抑以第二者稱仲父最後者稱季父而其間則幷稱叔父耶
●東巖曰案[士冠記疏]伯仲叔季若兄弟四人則依次稱之夏殷質則積仲周文則積叔若管叔蔡叔是也此言兄弟多者夏殷伯季之外皆稱仲周伯仲以下皆稱叔以至最後者乃稱季據此則南溪所引乙說恐是

▶2819◀◈問; 자(字)는 스스로 부르지 못한다는데?

자신의 자(字)는 함부로 부르지 않는다는 설이 있습니다 사실인가요.

◈答; 자(字)는 스스로 부르지 않습니다.

자신의 자(字)는 타인과의 인사에서나 서간(書簡) 등에서 말하거나 적지 않습니다.

●湯氏曰凡人之對賓則稱名不可稱字非惟對賓終身對人言語及發書簡皆不可棄父母命名而謬稱表德不然孔聖何以終身則稱丘未嘗自稱仲尼也
●曲禮註冠成人之服也夫成人則人以字稱我矣則人之名非我所當名也又况有長幼之序貴賤之別其可名之哉女子之笄猶男子之冠閨門之內亦當敬其名也
●湯氏鐸曰凡人之對賓則稱名不可稱字非惟對賓終身對人言語及發書簡皆不可棄父母命名而謬稱表德不然孔聖人何以終身稱丘未嘗自稱仲尼也
●潛溪宋氏曰古之人生子三月而名年二十加布於其首始字之字之所以尊其名也亦周禮之彌文也後世於字之外又加別稱果禮意乎孫於祖禰例稱字如儀禮所載是也弟子於師例稱字如孟子稱仲尼是也非惟此降及中世有字其諸父諸祖者夫人之尊者莫逾於祖若父師又其次焉尙皆字而不避蓋字之乃尊之也自諂諛卑佞之習勝天下之人瞷瞷焉不敢字其友者亦有之嗚呼世之不古若者寧獨此哉

▶2120◀◈問; 자(字)에 대한 질문입니다.

자는 언제 지으며 스스로도 부를수가 있는지요?

◈答; 字에 대해서.

字는 관례 때 빈자가 관자에게 지어주는 것입니다.

예기 단궁편에 유아 때 이름을 짓고 관례 때 字를 지으며 죽은 후에 시호를 내린다 하였으며 증해의 관례편에 보면 不可自稱字(불가자칭자)라 하여 자기의 자는 스스로 쓰지 않는다 하였으며 공자께서도 종신토록 명인 丘(구)를 쓰고 자인 仲尼(중니)는 쓰지 않았다 합니다.

●士冠禮註伯仲叔季長幼之稱甫是丈夫之美稱孔子爲尼甫周大夫有嘉甫宋大夫有孔甫是其類甫或作父音甫疏伯仲叔季若兄弟四人則依此稱之
●朱子曰儀禮疏少時便稱伯某甫至五十乃去某甫而專稱伯仲此說爲是如今人於尊者不敢字之而曰幾丈之類
●葉氏曰子生三月而父名之非特父名之人亦名之也至冠則成人矣非特人不得名之父亦不名焉故加之字而不名所以尊名也五十爲大夫則益尊矣有位於朝非特人不字父與君亦不字焉故但曰伯仲而不字所以尊字也或言士冠禮旣冠而字曰伯某父仲叔季唯其所當則固已稱伯仲何待於五十疑檀弓之誤此不然始冠而字者伯仲皆在上此但以其序次之所以爲字者在下某甫也如伯牛仲弓叔肸季友之類是已至於五十爲大夫尊其爲某甫者則去之故但言伯仲而冠之以氏伯仲皆在下如召伯南仲榮叔南季之類是也檀弓言伯仲者去其爲某甫者而言伯仲爾
●曲禮男女異長註各爲伯仲示不相干雜之義也
●曲禮註冠成人之服也夫成人則人以字稱我矣則人之名非我所當名也又况有長幼之序貴賤之別其可名之哉女子之笄猶男子之冠閨門之內亦當敬其名也

●湯氏鐸曰凡人之對賓則稱名不可稱字非惟對賓終身對人言語及發書簡皆不可棄父母命名而謬稱表德不然孔聖人何以終身稱丘未嘗自稱仲尼也

●潛溪宋氏曰古之人生子三月而名年二十加布於其首始字之字之所以尊其名也亦周禮之彌文也後世於字之外又加別稱果禮意乎孫於祖禰例稱字如儀禮所載是也弟子於師例稱字如孟子稱仲尼是也非惟此降及中世有字其諸父諸祖者夫人之尊者莫逾於祖若父師又其次焉尚皆字而不避蓋字之乃尊之也自諂諛卑佞之習勝天下之人睊睊焉不敢字其友者亦有之鳴呼世之不古若者寧獨此哉

●會成若古之帝王先聖先賢洎兇惡不忠不孝之人名字不可全犯宜愼之

●檀弓幼名冠字五十以伯仲死謚周道也疏殷以上有生號仍爲死後之稱更無別謚堯舜禹湯之例是也周則死後別立謚宋氏曰古之人生子三月而名年二十而冠始字之字之所以尊其名亦周禮之彌文也葉氏曰或曰士冠禮旣冠而字曰伯某甫仲叔季唯其所當則固已稱伯仲何待於五十疑檀弓之誤此不然始冠而字者伯仲皆在上所以爲字者在下某甫也如伯牛仲弓叔盻季友之類是已至於五十爲大夫尊其爲某甫者而去之故但言伯仲而冠之以氏伯仲皆在下如召伯南仲榮叔南季之類是也檀弓言伯仲者去其某甫者而言伯仲也

●潛溪宋氏曰古之人生子三月而名年二十加巾於其首始字之字之所以尊其名也亦周禮之彌文也後世於字之外又加別稱果禮意乎孫於祖稱例稱字如儀禮所載是也弟子於師例稱字如孟子稱仲尼是也非惟此然也降及中世有字其諸父者矣有字其諸祖者矣夫人之尊者莫逾於祖若父師又其次焉尚皆字而不避蓋字之乃尊之也自諂諛卑佞之習勝天下之人睊睊焉不敢字其友者亦有之矣世之不右若也鳴呼世之不古若者寧獨此哉

▶2821◀◈問; 자인(字人)은?

한 친구에 의하면 자인(字人)이라는 단어가 있다고 합니다. 자인(字印)이라 하면 지난날 인쇄용 활자를 의미하게 되고 자인(字人)에는 ①여자가 결혼을 허락하다. ②허혼하다. ③정혼하다. 라 의미 해석이 되고 있습니다. 그런데요 자인(字人)에 또 다른 의미가 포함되어 있다 합니다.

아무리 사전을 뒤적여도 찾아지지 않습니다. 정말 또 다른 뜻이 있나요?

◈答; 자인(字人).

자인(字人)의 의미에는 다음과 같이 2가지가 있습니다.

1. 백성을 사랑하여 다스림.

●後漢書吳延史盧趙傳贊; 吳翁溫愛義于剛烈延史字人風和恩結(註)字人撫治百姓

●隋書刑法志; 始乎勸善終乎禁暴以此字人必兼刑罰

2. 시집가는 것을 허락함.

●巧團圓剖私; 老旦請問娘子青春多少可有尊堂曾嫁過丈夫了麽旦年方十六尙未字人(註)字人許配于人

▶2822◀◈問; 장애인의 관례.

역사책을 봤는데 조선시대에 거동이 불편한 장애인의 경우는 거의 집에서만 지냈다고 하더군요. 그럼 양반자제라도 성인이 된 장애자식은 관례식을 치르지 못하나요?

관을 쓰거나 하는 행동에 제약이 따를텐데 어떻게 관례식을 치렀는지 궁금합니다

◈答; 장애인의 관례.

장애하면 육체적 장애와 정신적 장애로 구분 지을 수 있습니다.

모든 예서 관례편 어디에서도 장애인의 관례에 관하여 논의된 바가 나타나 있지 않습니다. 다만 아래와 같이 살펴보건대 부족하면 효경과 논어가 능통하도록 기다린 연후에 관례를 한다 하였으니 이와 같이 학문을 할 수 있는 능력이 있다면 관례를 치르지 못할 사람은 없다 이해함이 옳을 것입니다.

●性理大全冠禮男子年十五至二十皆可冠; 司馬溫公曰古者二十而冠皆所以責成人之禮戴氏曰二十血氣猶未定然趍向善惡判於此故責以成人之禮○若一由不知成人之道故也今雖未能遽革且自十五以上俟其能通孝經論語粗知禮儀然後冠之其亦可也

▶2823◀◈問; 홀기가 있나요.

관례를 진행하려면 홀기가 있으면 순조롭게 행하게 될텐데요. 홀길르 알려 주셨으면 감사하겠습니다.

◈答; 관례 홀기입니다.

⊙고묘(告廟)

前期三日遍設果品一盤於每龕卓上(諸品隨宜)○設盞各一于每位櫝前○設茅沙于香卓前○別設一卓于阼階上置祝版酒甁酒注盞盤於其上○設盥盆帨巾各二於阼階下東南(盆有臺帨有架者在西主人所盥無臺無架者在東爲執事者所盥幷巾在盆北)○主人以下盛服就阼階下北面序立(世爲一行)○主婦以下北面於西階下○主人盥帨升啓櫝○退詣香卓前跪上香○執事者二人盥洗升自西階就阼階上卓前○一人開甁實酒于注奉詣主人之右跪○一人執盞盤進跪于主人之左○主人受注斟酒反注取盞盤奉之左執盤右執盞酹于茅上○反盞盤于執事者○俛伏興少退再拜○執事者奠注及盞盤于故處○主人與執事者皆降復位○主人主婦以下並再拜參神○主人升詣元位前立○執事二人升○一人取注詣主人之右○一人取元位前盞盤詣主人之左○主人受注斟酒反反注取盞盤奉奠于故處○次詣妣位前如初○以次詣諸位前如初○執事者反注于故處降復位○主人退詣香卓前跪○祝升自西階就阼階上取版詣主人之左跪○在位者皆跪○祝讀告辭云云○畢置版于香卓東端興降復位○在位者皆興○○主人俛伏興再拜降復位○與在位者皆再拜辭神○主人升斂櫝降復位○執事者升徹酒果及茅沙祝版闔門○退徹酒注盞盤卓降復位○主人以下皆退

⊙계빈(戒賓)

主人深衣詣賓門左東向立○賓出迎于門外西向再拜○主人答拜○賓揖主人入至于堂坐定○主人起戒賓云云○賓辭云云○主人固請云云○賓許云云○主人再拜○賓答再拜○主人告退○賓送于門外再拜○主人不答

⊙숙빈(宿賓)

前一日主人深衣詣賓門外東面立○賓出門外西面再拜○主人答拜○乃宿賓云云○賓許云云○主人再拜○賓答拜○主人退○賓再拜送

⊙진설(陳設)

是日夙興設盥盆水罍沃枓帨巾各二於阼階下東南(有臺架者在西爲賓所盥無臺架者在東爲贊者所盥)○設席于其南○設房中之洗于北堂直室東隅○襴衫鈴帶靴道袍組帶白鞋深衣大帶黑履各卓陳于房中西墉下東領北上○櫛網巾及撮髮繩並實于箪置于卓南○蒲筵二在其南○卓設醴尊于服北○設篚實勺觶匙于尊北○陳脯籩醢豆于篚北幞頭軟巾緇冠各一匴執事者三人執以待于西階下南面東上○設賓主拜席于門外東西(若醮用酒則設尊于房戶間兩甒有禁○玄酒在其西○加勺于尊南柄○盛觶于篚設于洗西○陳籩豆于房中服北○不設房中之洗)

⊙서립(序立)

主人盛服立于阼階下少東西向○兄弟子姓俱盛服立于其後重行北上○儐者立於門內之東北面○沃洗者一人立于洗東西向○將冠者采衣紒在房中當戶南向立

⊙영빈(迎賓)

賓盛服至于門外東面立○贊者在右少退○儐者出門外西面○還入告賓至○主人出門在西向立○儐隨出立于主人之右少退○主人再拜○賓答再拜○主人揖贊者○贊者報揖○主人揖賓○賓答揖○主人先入門內西面立儐從○賓入門內東面立贊者從之○主人揖○賓答揖○又分庭而行至陳相向揖○至碑相向揖○主人至阼階下西面立○賓至西階下東面立○主人揖賓請先升(請先升)○賓答揖辭云云○主人又揖請云云○賓又揖辭云云○主人又揖請云云○賓又揖辭云云○主人由阼階升先右足○

賓由西階升先左足○並涉級聚足連步以上○主人立于東序端西面○賓立于西序東面○贊者就洗西跪盥沃洗者沃之○贊者盥洗帨手興由西階升入房中立于將冠者之東西面○儐由西階升立于贊者之北○執事者(執冠巾幞頭者)於位東面○儐取筵一出陳于東序少北西向退復位(房中)○將冠者出房外戶西南面立(若支子則席于戶西南面)

⊙시가(始加)

贊者取櫛巾箄出跪奠于席南端興立於其左○賓揖將冠者卽席西向跪○贊者卽其後如其向跪○爲之櫛髮合紒施網巾○興立于其左○賓降自西階○主人降立阼階下○賓立西階前東面辭云云○主人對云云○賓就洗南北面坐盥沃洗者沃之○賓盥帨畢興詣西階下○與主人揖讓○主人先升復位○賓升就冠席前跪整網巾○興由西階降一等西面立○執緇冠者升二等東面授賓遂退復位○賓受冠右執項左執前正容徐詣冠席前立祝云云○乃跪加之興復位○贊者進冠席前跪卒(結纓)興退復位○冠者興○賓揖之○贊者以冠者適房釋采衣服深衣加大帶納履○出房外正容南面立良久○贊者立于其左少北(若支子則贊者奠櫛箄于席東端○將冠者卽席南向跪○以下幷如儀)

⊙재가(再加)

賓揖冠者卽席跪○賓降○主人降○賓辭云云○主人對云云○賓就洗南北面坐盥帨手○興詣西階下與主人揖讓○主人先升復位○賓升就冠者前跪整巾興○降西階二等西面立○執軟巾者升一等東面授賓遂退復位○賓受巾右執項左執前正容徐詣冠者前立祝云云○贊者進詣冠者之後跪去緇冠奠于席南端退復位○賓乃跪加軟巾興復位○贊者進冠者前跪卒紘興退復位○冠者興○賓揖○贊者以冠者適房釋深衣大帶履服道袍加組帶著鞋○出房正容南面立良久○餐者立于其左

⊙삼가(三加)

賓揖冠者卽席跪○賓降○主人降○賓辭云云○主人對云云○賓就洗南北面坐盥帨手○興詣西階下與主人揖讓○主人先升復位○賓升就冠者前跪整巾興○賓降西階沒等西面立○執幞頭者進賓前東面授賓遂退復位○賓受幞頭右執項左執前正容徐詣冠者前立祝云云○贊者進詣冠者之後跪去軟巾奠于冠東退復位○賓乃跪加幞頭興復位○贊者進冠者前跪卒紘興退復位○冠者興○賓揖○贊者以冠者適房釋道袍組帶鞋服襴衫加鉿帶納靴○出房正容南面立良久○贊者立于其左○儐出徹筵櫛冠巾入藏于房(若支子則不徹筵)

⊙초(醮)

儐取筵一出陳于室戶西南面退復位○贊者入取觶于篚盥洗于房中○帨手奉觶詣尊所酌醴加匙覆之面葉出立于房戶外西面○賓揖○冠者就席右南面立○賓就房戶外東面受觶加匙面枋(柄)就席前北向立祝云云○冠者再拜受觶○賓復位東向答拜○贊者入取脯醢于房出奠于席前(脯西醢東)退立于賓左少退東向○冠者卽席跪左執觶右取脯揳于醢祭之豆間○以匙祭醴于地三○興就席右端跪啐醴扱匙興○降席南向跪奠觶再拜興○賓東向答拜○冠者略側身西向贊者再拜○贊者答拜○冠者坐取觶興奠于薦東降席立○儐出徹觶及脯醢祭具並入藏于房(若醮用酒則贊者降西階就洗西東面坐盥○取爵于篚洗畢興○升詣尊所跪實酒○興立于冠者之左○賓揖○冠者就席右南向立○賓受觶就冠席前立祝祝辭改云云)

⊙자(字)

賓降階直西序東向○主人降立于阼階下少東西向○冠者降立西階下少東南向○賓字之云云○冠者再拜對云云

⊙빈출(賓出)

賓向主人揖請退云云○主人報揖請留云云○賓辭○主人固請○賓許○主人揖○賓報揖出○贊者降從之○主人及儐送至門外○賓贊並出就次

⊙견묘(見廟)

設果品盞盤于每位前具茅沙香案酒注酒瓶盞盤卓盥盆帨巾如初(並同前告廟時)○主人以下序立○主人盥帨升啓櫝○降神再拜○在位者皆再拜參神○主人獻酒跪○祝升取版讀告辭云云○主人俛伏

興立於香案東南西向○冠者進立于兩階間再拜○主人降復位○在位者皆再拜辭神○主人升斂櫝○執事者徹○闔門退

⊙견존장(見尊長)

父母在堂中分東西坐南面○諸叔父在東序南向立○諸兄西向立○諸叔母姑在西序南向立○諸姊嫂東向立○冠者就東楹外北面再拜○父爲之起○冠者就西楹外北面再拜○母爲之起○冠者就東序北面再拜○諸父坐而扶之○冠者又就西序北面再拜○諸叔母姑坐而扶之○冠者又就東序東面再拜○諸兄坐而扶之○冠者又就西序西面再拜○諸姊坐而扶之諸嫂答拜(若冠者祖在則先拜祖父母○次拜父母○同居有尊長則父母以冠者詣其所拜之○尊長爲之起○冠者還就東西序每列再拜○應答拜者答○受卑幼者拜)

⊙견선생(見先生)

冠者乃釋襴幞易服笠子靑袍出見鄕先生及父之執友皆再拜○先生執友皆答拜○有誨言則冠者拜之(先生不答拜)

⊙예빈(禮賓)

主人治具○設賓席于堂北南面○主人席于阼階上西面○贊者席于西階上東面○衆賓席于賓席之西南面○主人親屬席于主人之後西面北上○設尊于房戶之間加勺○實爵于尊南○具殽羞陳于房中(按獻儐則設席亦當與衆賓爲列○衆賓坐不盡則東面北上)○主人至次迎賓先行○賓及贊儐衆賓以序行至階○主人揖賓請升○賓揖辭○主人先升就位○賓贊以下各以序升就位○主人向賓再拜致謝云云○賓答拜○主人謝贊者再拜○贊者答拜○主人拜儐○儐答拜○主人就尊所跪取爵實酒興詣賓席前獻賓○賓拜主人少退○賓受爵○主人復位答拜○執事者進殽羞于賓席前退○賓卽席跪祭酒啐酒興就席西坐卒爵遂拜執爵興○主人答拜○賓以爵詣尊所跪實酒就主人席前酢主人○主人拜賓少退○主人進受爵○賓復位答拜○執事者進殽羞于主人席前退○主人卽席跪祭酒啐酒興就席右坐卒爵遂拜執爵興○賓答拜○主人以爵詣尊所實酒就贊者席前獻之○贊者拜主人少退○贊者受爵○主人答拜復位○執事者進殽羞于贊者席前退○贊者卽席跪祭酒啐酒興就席右坐卒爵遂拜執爵興○主人答拜○贊者以爵進授主人○主人受爵○贊者退復位○主人就尊所實酒詣儐獻之○儐拜受爵○主人答拜復位○執事者進殽羞于儐席前退○儐卽席跪祭酒啐酒興就席右坐卒爵遂拜執爵興○主人答拜○儐以爵進授主人○主人受爵○儐退復位○主人以爵實酒以次獻衆賓畢○賓主以下並升席坐○行酒無筭○執事者奉幣于盤以進○主人起受之詣進于賓席前○賓興再拜○主人復位答拜○執事者又以幣進○主人受之進于贊者席前○贊者興再拜○主人復位答拜○執事者又以幣進○主人受之進于儐席前○儐興再拜○主人復位答拜○賓及贊儐各以幣授從者○賓主以下皆降階分庭而出○至門外相向立○主人再拜○賓不答皆逡巡而退

◆주자가례(朱子家禮) 계례(笄禮)

女子許嫁即可行笄禮如果年已十五即使沒有許嫁也可以行笄禮笄禮由母親擔任主人笄禮前三日戒賓前一日宿賓賓選擇親姻婦女中賢而有禮者擔任笄禮冠服用冠笄褙子將笄者初服雙紒衫子

前期三日戒賓一日宿賓擇親姻婦女之賢而有禮者為正賓以箋紙書寫請辭行禮前三日，派人送達。辭如冠禮（某有子某若某之某親有子某將加冠於其首願吾子之教之也）行禮前一日再次恭請正賓遣人以書致辭（來日某將加冠於子某若某親某子某之首吾子將涖之敢宿某上某人）正賓答書（某敢不夙興某上某人）但這裡子作女冠作笄吾子作某親或某封婦人自稱於己之尊長則曰兒卑幼則以屬於夫尊長則曰新婦卑幼則曰老婦非親戚而往來者各以其黨為稱

○진설(陳設)

設盥洗帨巾於廳如祠堂的布置以帟幕（帷幄）圍成房於廳東北如果廳無兩階則畫出階形

○궐명진복(厥明陳服)

如冠禮但用背子冠笄背子履櫛掠都用桌子陳設於東房中東部以北爲上首酒注盞盤亦以桌子陳於冠服北面冠笄以一盤盛之用帕蒙上以桌子陳於西階下一位執事守在旁邊布席於阼階上之西面向南

○서립(序立)

主婦及以下著盛服就位主婦在阼階下稍偏東的地方面向西子弟親戚童僕在其後面排成行面向西以北爲上從子弟親戚習禮者中選一人為儐站在大門外面向西將笄者雙紒衫子在東房中面向南

○빈지(賓至)

主婦迎入升堂

如冠禮但不用贊者主婦升自阼階正賓盛服至大門外面向東儐者入通報主婦主婦出門面向西向正賓行再拜之禮然後主賓一揖入門揖讓到階下又揖讓一次登階主婦由阼階先登階在阼階上偏東的地方站立面向西正賓由西階後登階在西階上偏西的地方站立面向東擯者在東序布筵席稍偏北面向西將笄者出房面向南

賓爲將笄者加冠笄適房服背子

略如冠禮但祝用始加之辭不能則省正賓向將笄者行揖禮將笄者出房立於席右面向席正賓揖將笄者即席跪合紒施掠賓下階主婦也下階賓盥洗主婦揖賓登階復位執事者以冠笄盤進賓下一級台階接過冠笄執之正容到將笄者前向將笄者祝曰吉月令日始加元服棄爾幼志順爾成德壽考維祺以介畢福然後跪加之興復位揖笄者笄者到東房中脫去衫子換上褙子出房正容南向

乃醮

擯者在堂中間偏西處設醮席面向南賓揖笄者笄者就席右面向南正賓取酒到席前面向北念祝辭曰旨酒既清嘉薦令芳拜受祭之以定爾祥承天之休壽考不忘笄者向正賓再拜直身面向南接酒盞賓復位面向東答拜笄者跪祭酒直身就席末跪飲酒興面向南再拜賓向東答拜

○내자(乃字)

賓從西階下階面向東主婦從阼階下階面向西笄者從西階下階立偏東處面向南賓字笄者致辭曰禮儀既備令月吉日昭告爾字爰字孔嘉女士攸宜宜之於嘏永受保之曰伯某女（或仲叔季）笄者對曰某雖不敏敢不夙夜祗來賓也可以另外作祝辭

○내례빈(乃禮賓)

主婦以酒饌禮賓以幣（帛）酬謝拜謝幣多少隨宜

⊙昏禮圖式(혼례도식)

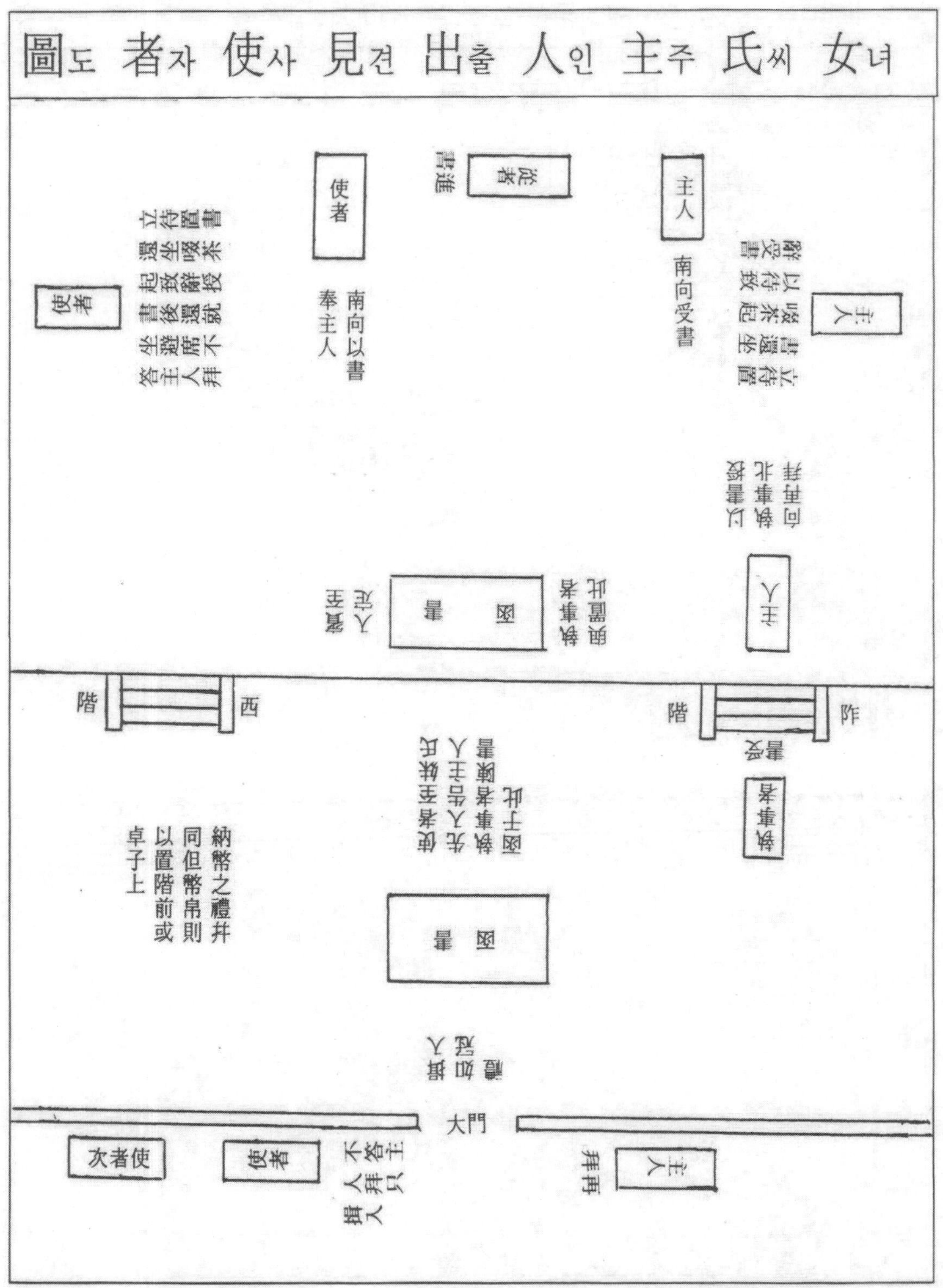

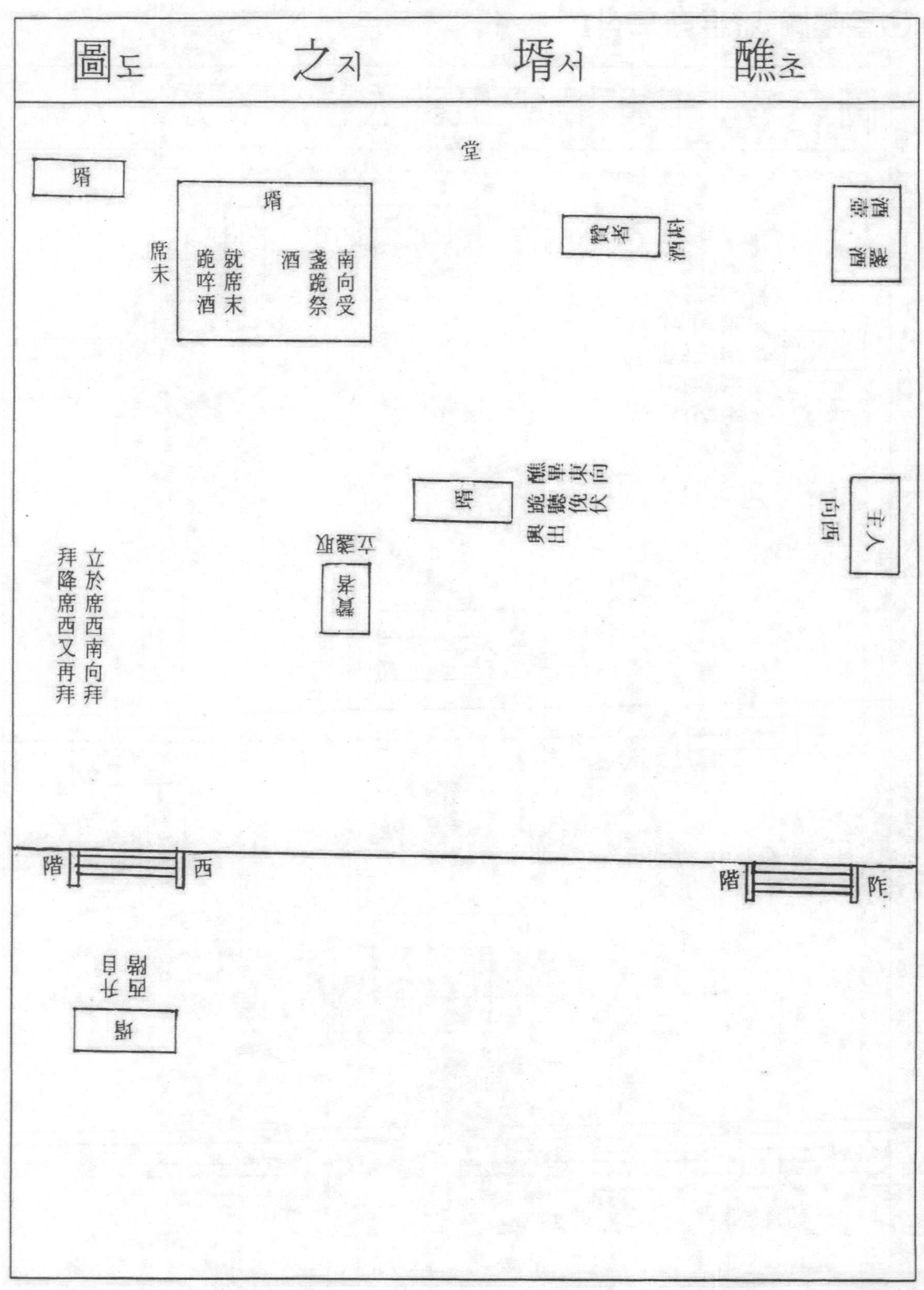
圖도 之지 壻서 醮초
堂
壻
壻
南向受盞跪祭酒
就席末跪啐酒
席末
贊者
酒卓
酒壺 盞臺
壻
醮畢 東向俛伏 跪聽 興出
主人 西向
立於席西南向拜
降席西又再拜
贊者
西 階
阼 階
自西階升
壻

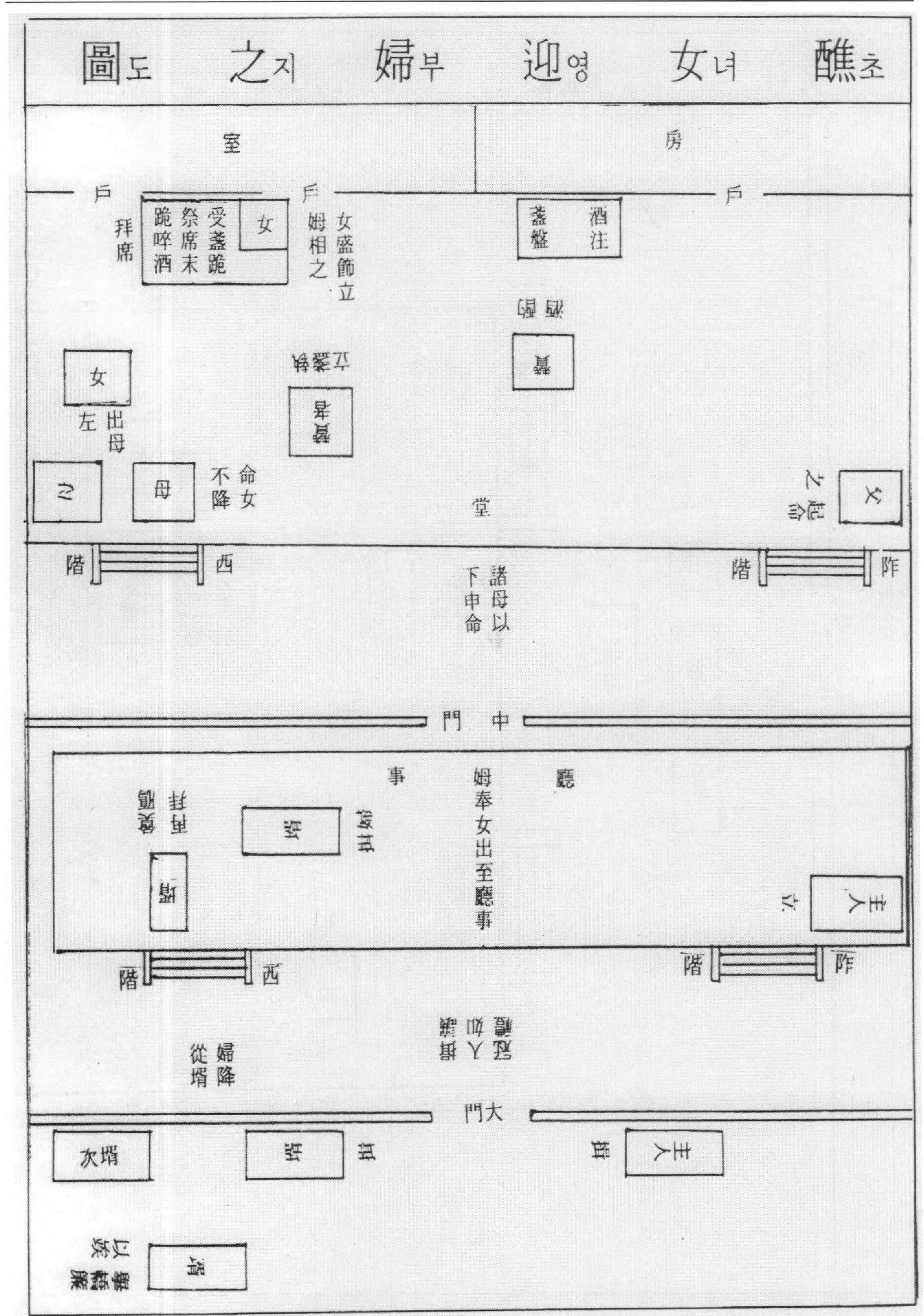
醮女迎婦之圖 초녀영부지도
室
房
戶
戶
戶
女
受盞跪
祭席末
跪啐酒
拜席
女盛飾立
姆相之
酒注
盞盤
女
出母左
命女不降
母
父
堂
之命起
女
階
西
阼
階
諸母以下申命
中門
廳事
姆奉女出至廳事
主人
立
再拜奠雁
階
西
階
阼
婦降從壻
大門
主人
次壻
以燭擧壻

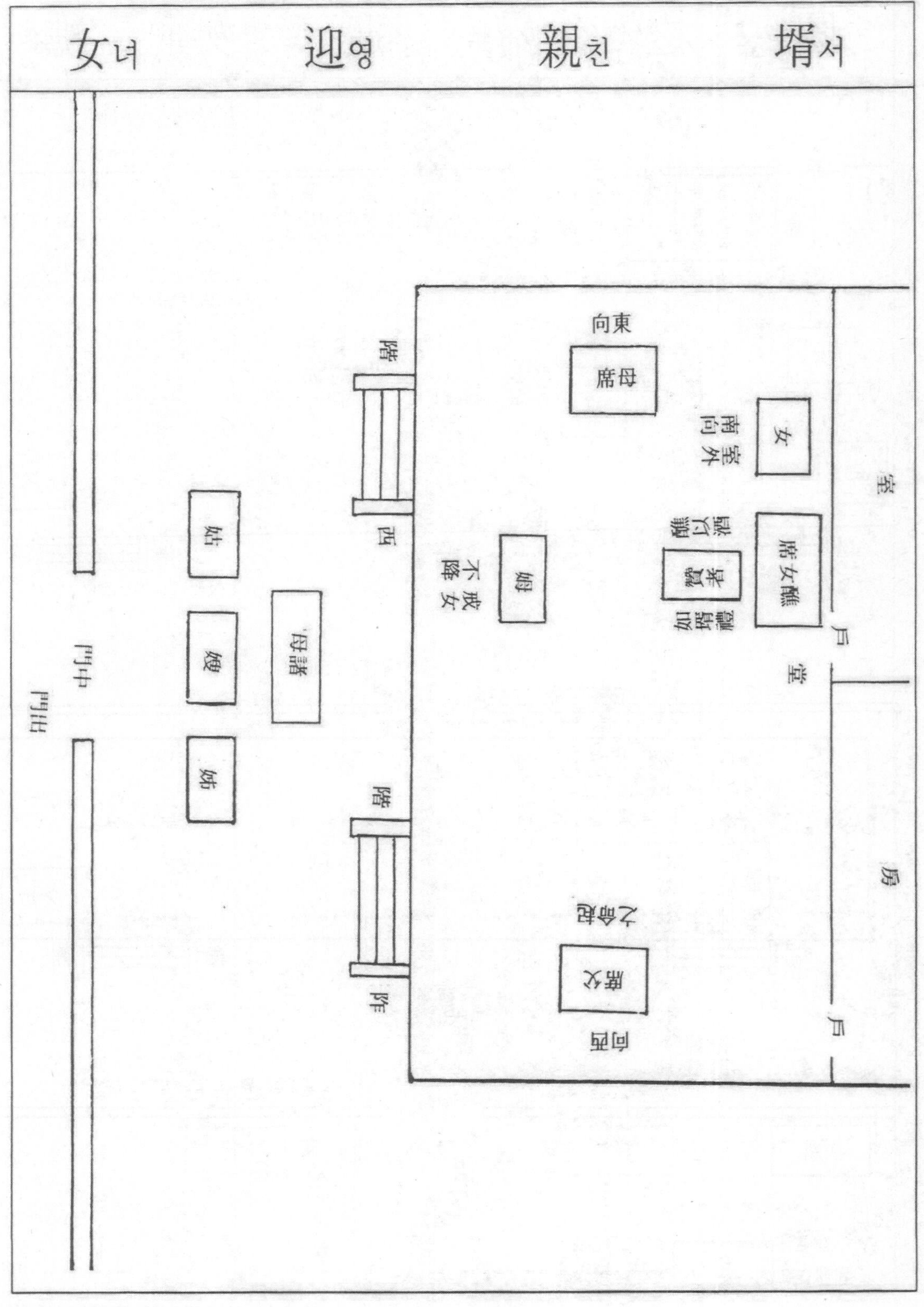
壻서 親친 迎영 女녀
向東
母席
女
室外南向
室
堂
戶
房
姆
不降女戒
西階
阼階
姑
嫂
姊
諸母
中門
出門
父席
西向

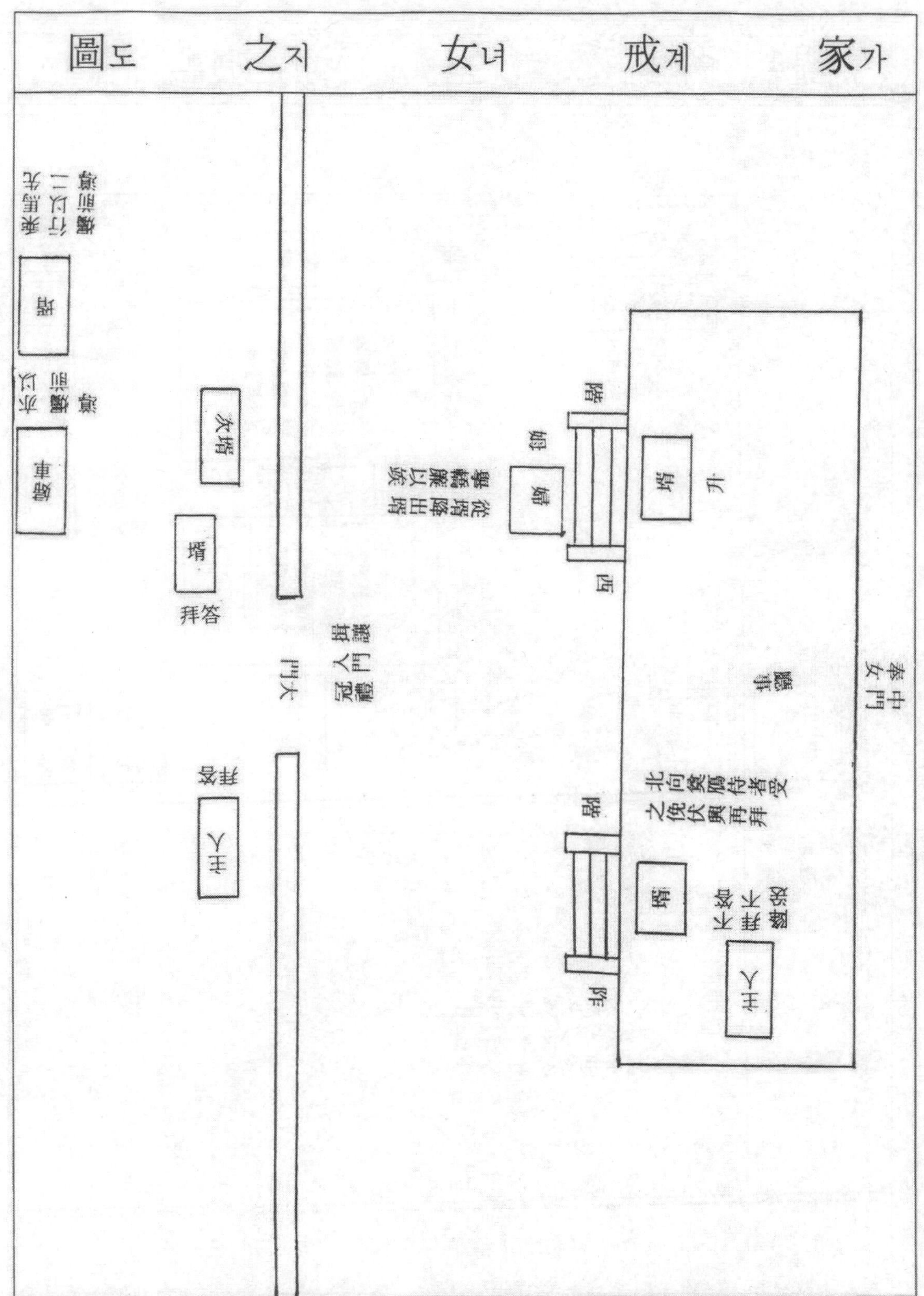
圖도 之지 女녀 戒계 家가

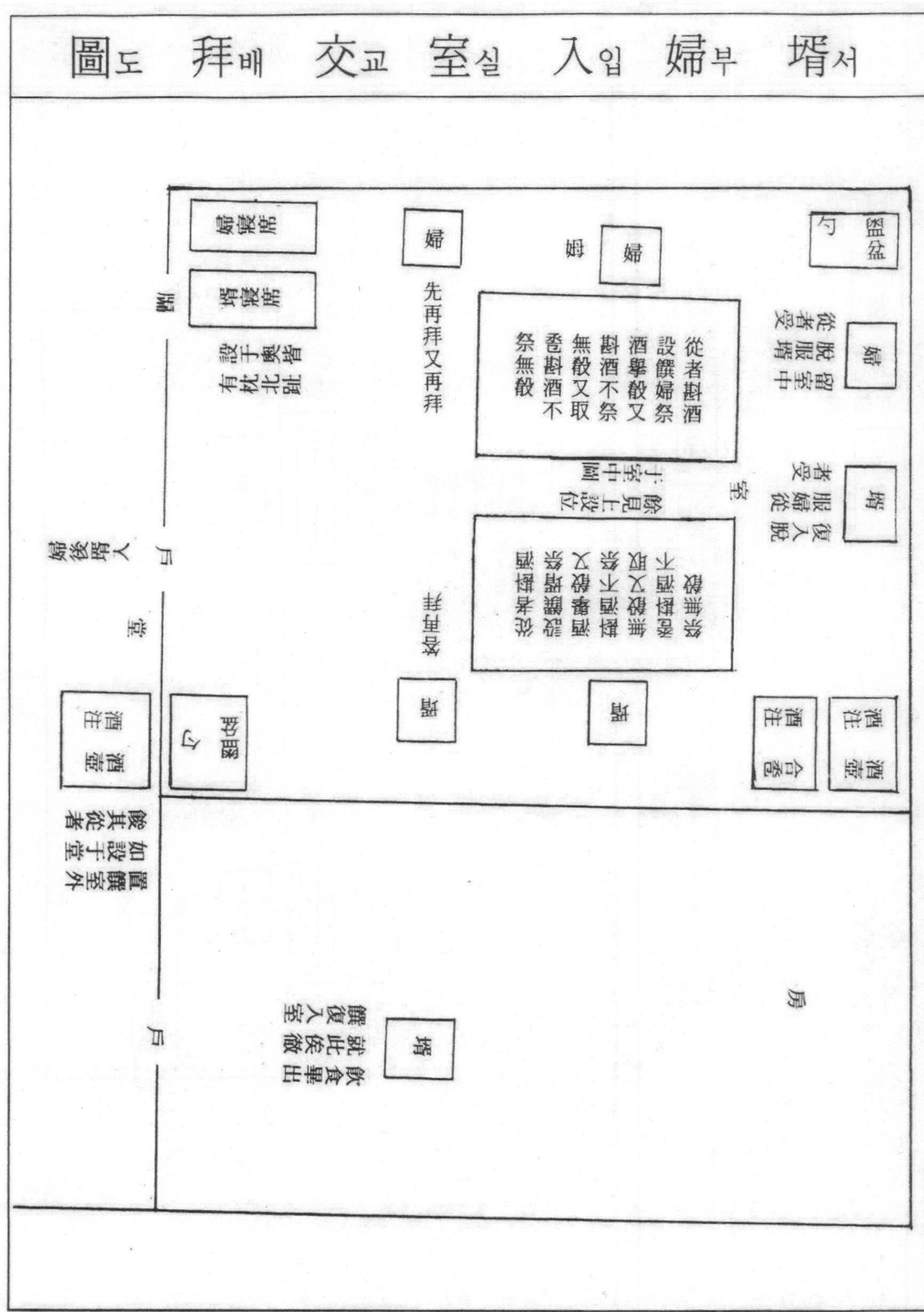

坐좌 飮음 食식 徹철 饌찬 之지 圖도

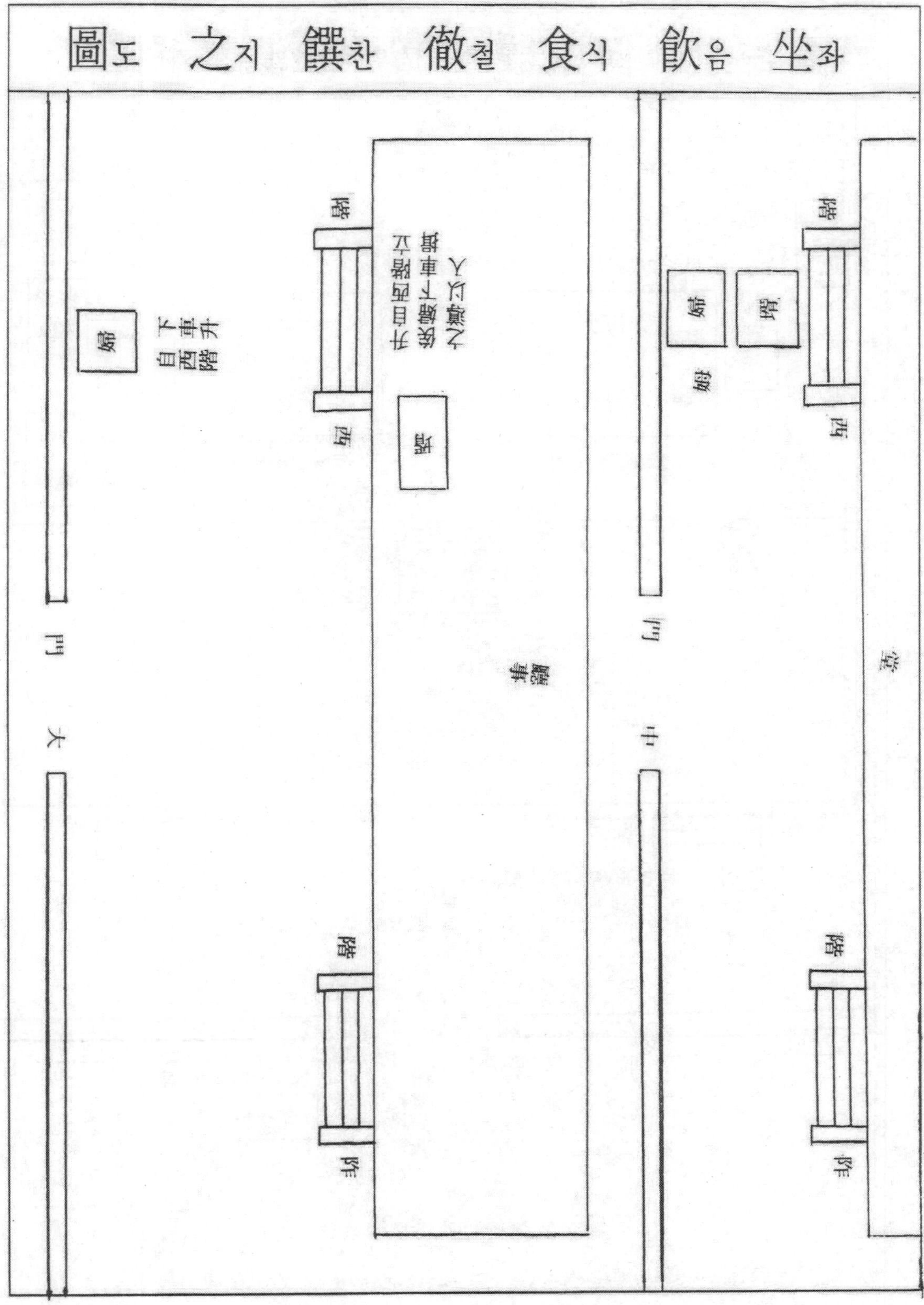

壻서 家가 設설 位위 設설 饌찬 之지 圖도

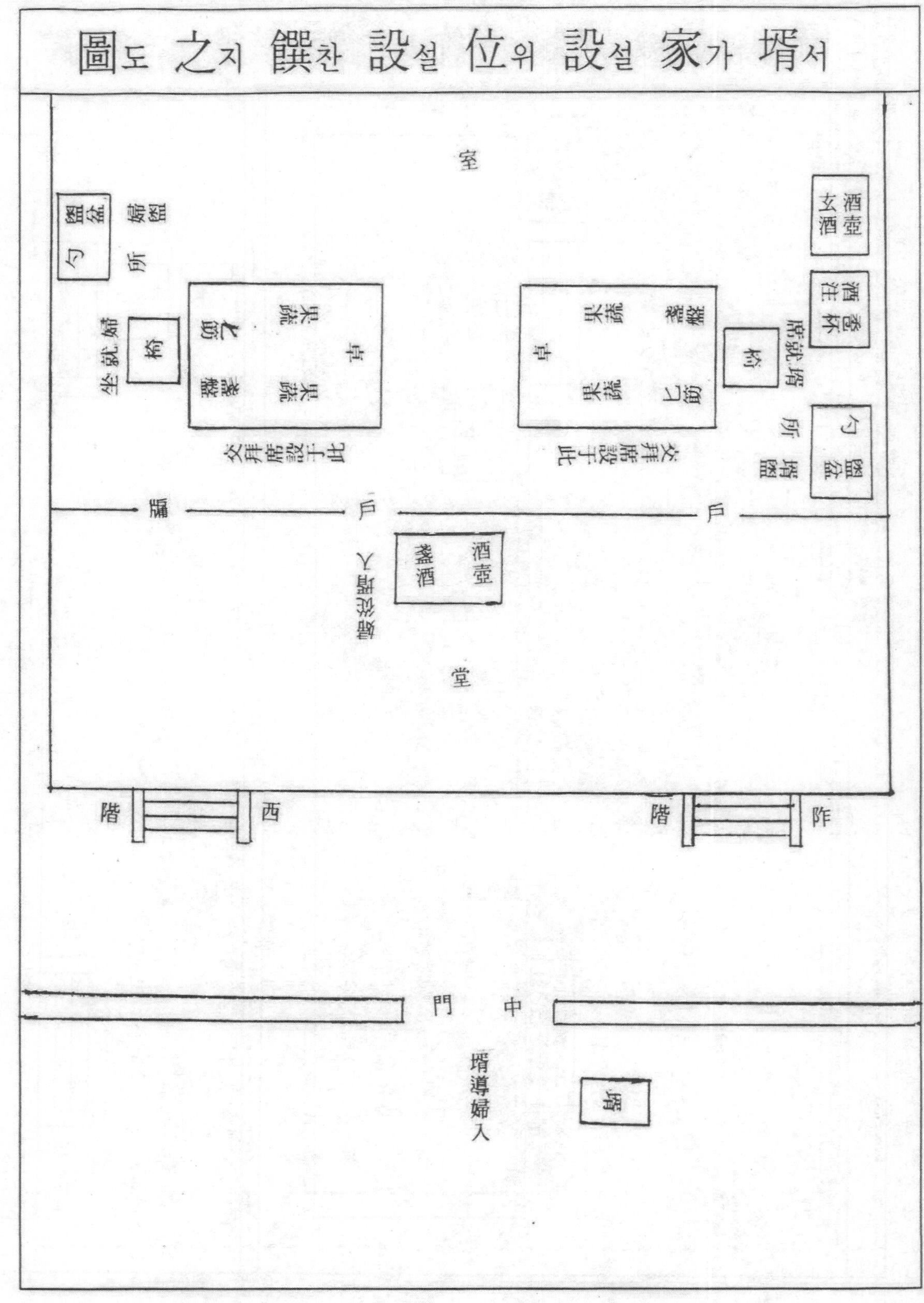

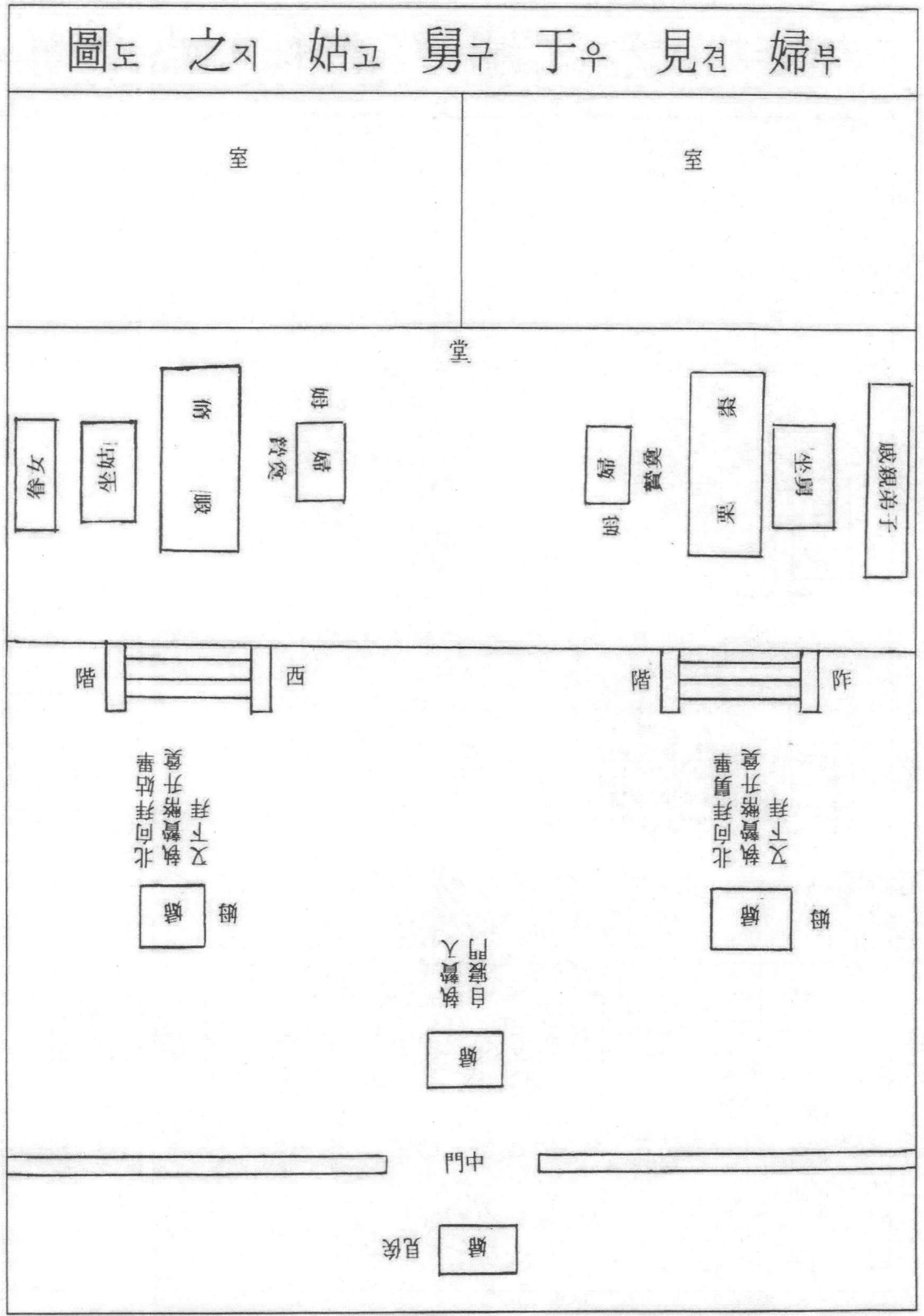
婦부 見견 于우 舅구 姑고 之지 圖도
室
室
堂
西 階
阼 階
中門

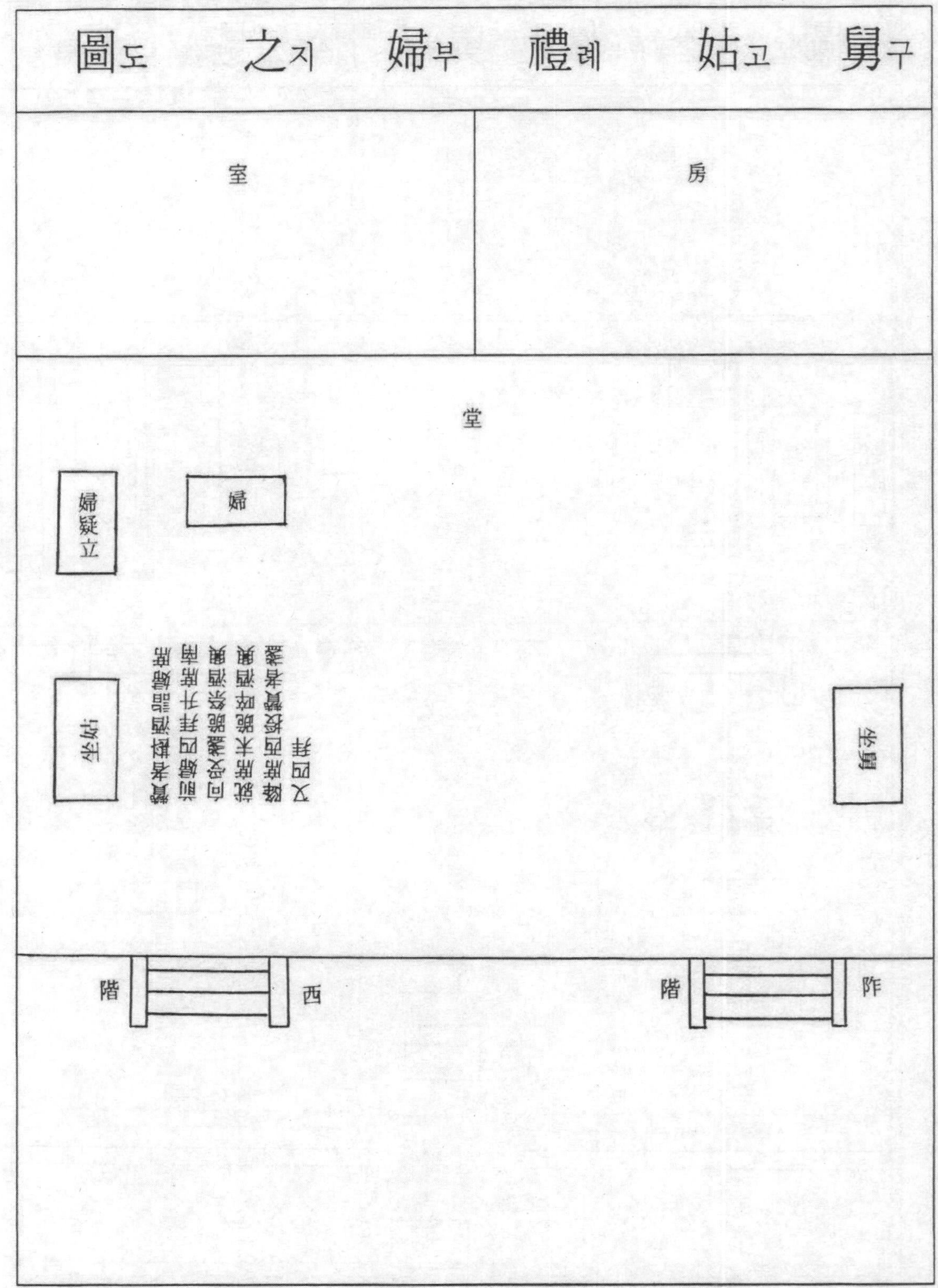
舅구 姑고 禮례 婦부 之지 圖도
室
房
堂
婦疑立
婦
贊者斟酒詣婦席前婦四拜升席南向受盞跪祭酒興就席末跪啐酒興降席西授贊者盞又四拜
階 西
階 阼

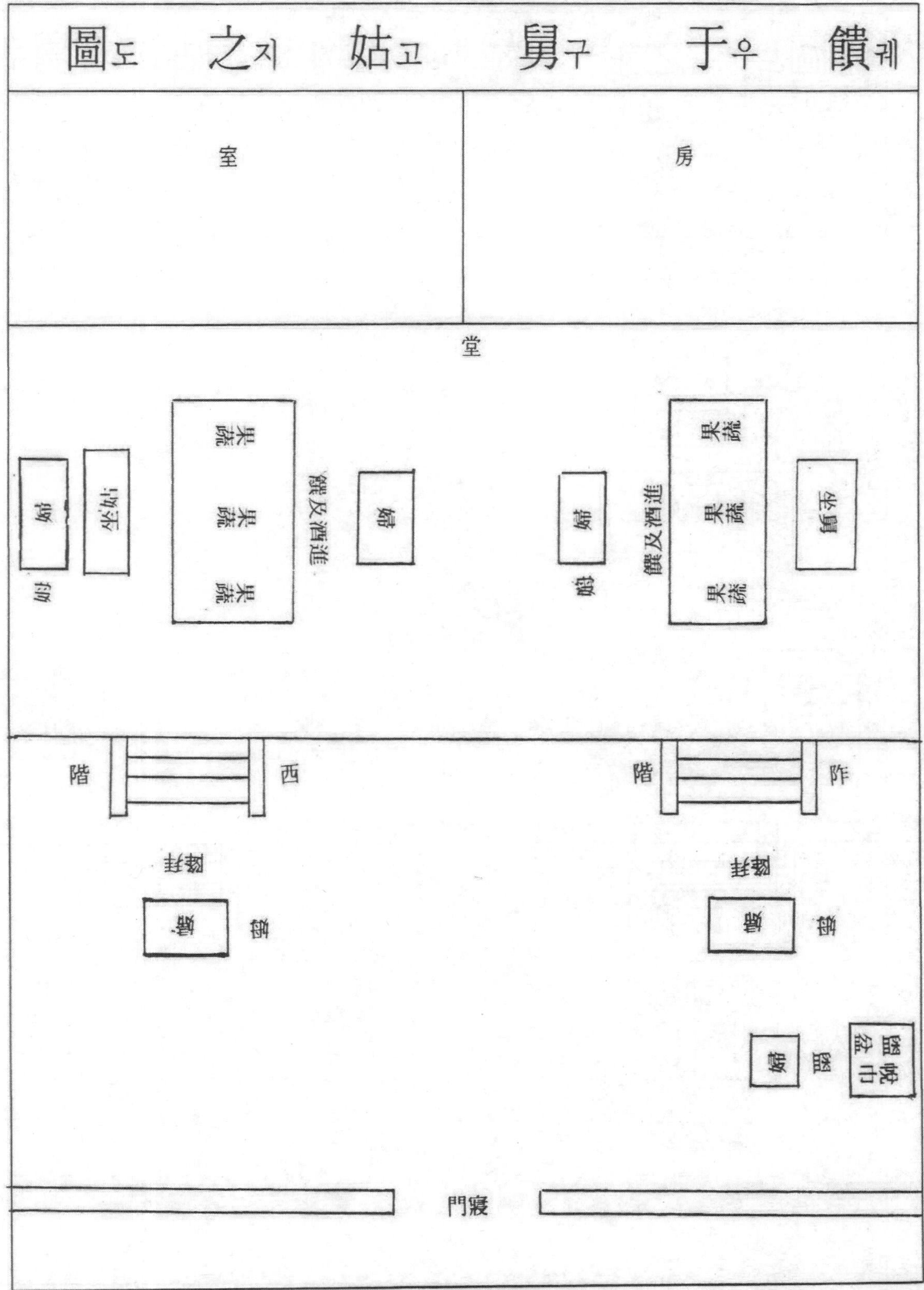

圖도 之지 姑고 舅구 于우 饋궤
室
房
堂
果蔬
饌及酒進
婦
坐舅
西
階
阼
拜禮
盥
盥盆帨巾
寢門

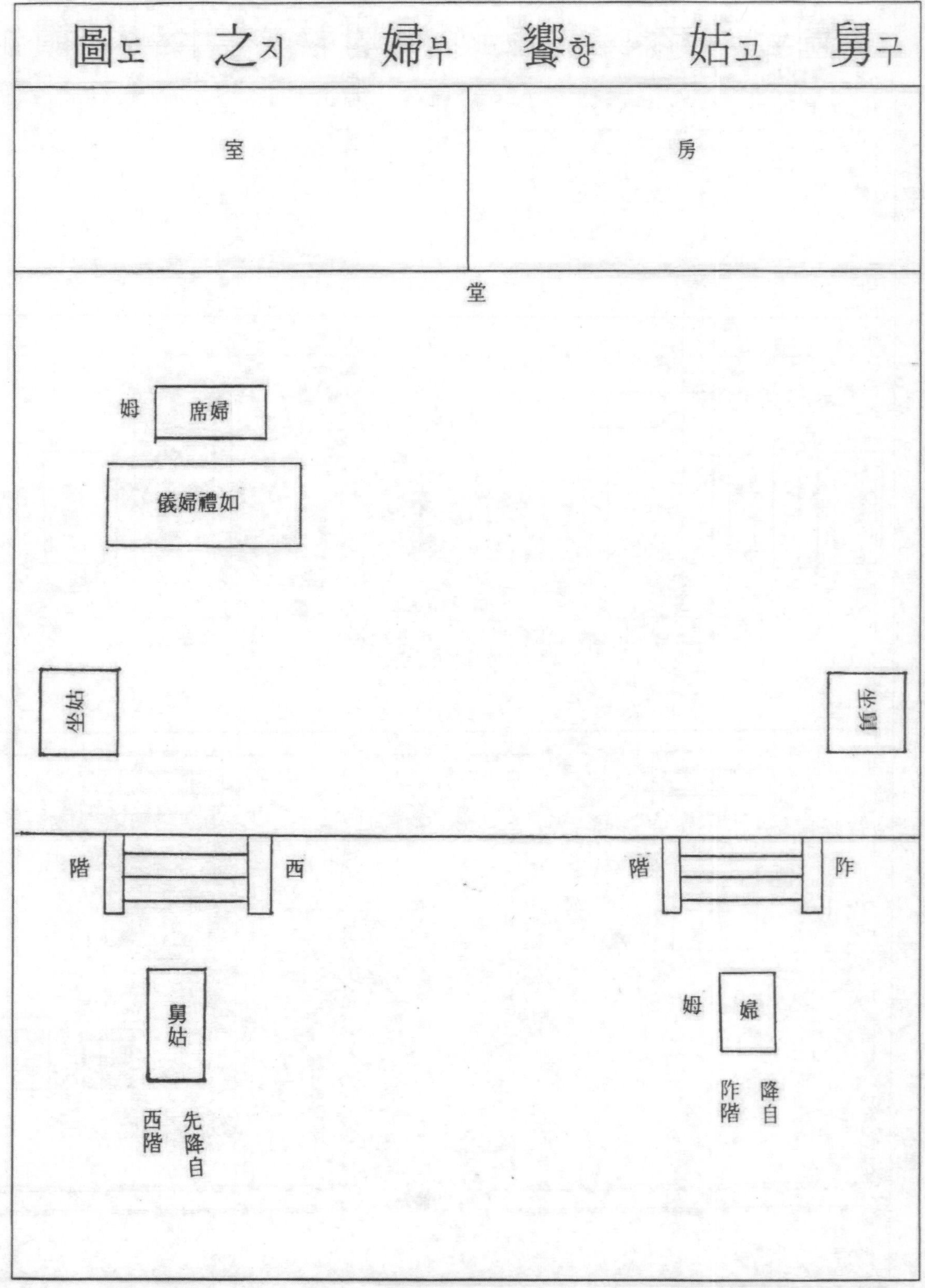

圖도 之지 婦부 饗향 姑고 舅구
室
房
堂
姆
席婦
儀婦禮如
坐姑
坐舅
階
西
階
阼
舅姑
姆
婦
西階 先降自
阼階 降自

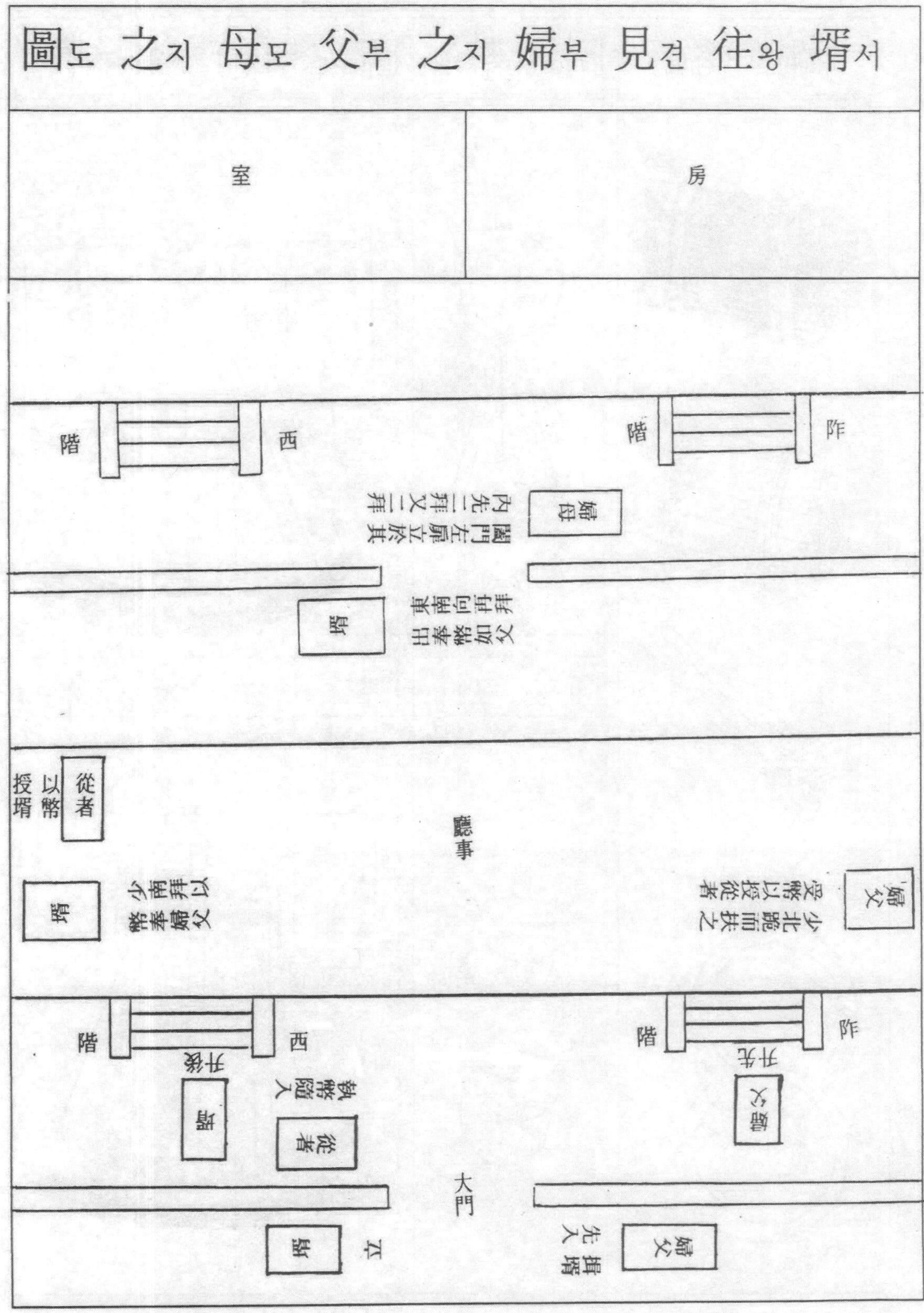

圖도 之지 母모 父부 之지 婦부 見견 往왕 壻서
室
房
階
西
階
阼
婦母
內先二拜又二拜
闔門左扉立於其
父拜於東序南向
壻
聽事
從者
以幣授壻
壻
父拜南向婦少
婦父
少北跪而扶之受幣以授從者
階
西
階
阼
從升
壻
執幣隨入
從者
先升
婦父
大門
壻
立
婦父
揖壻先入

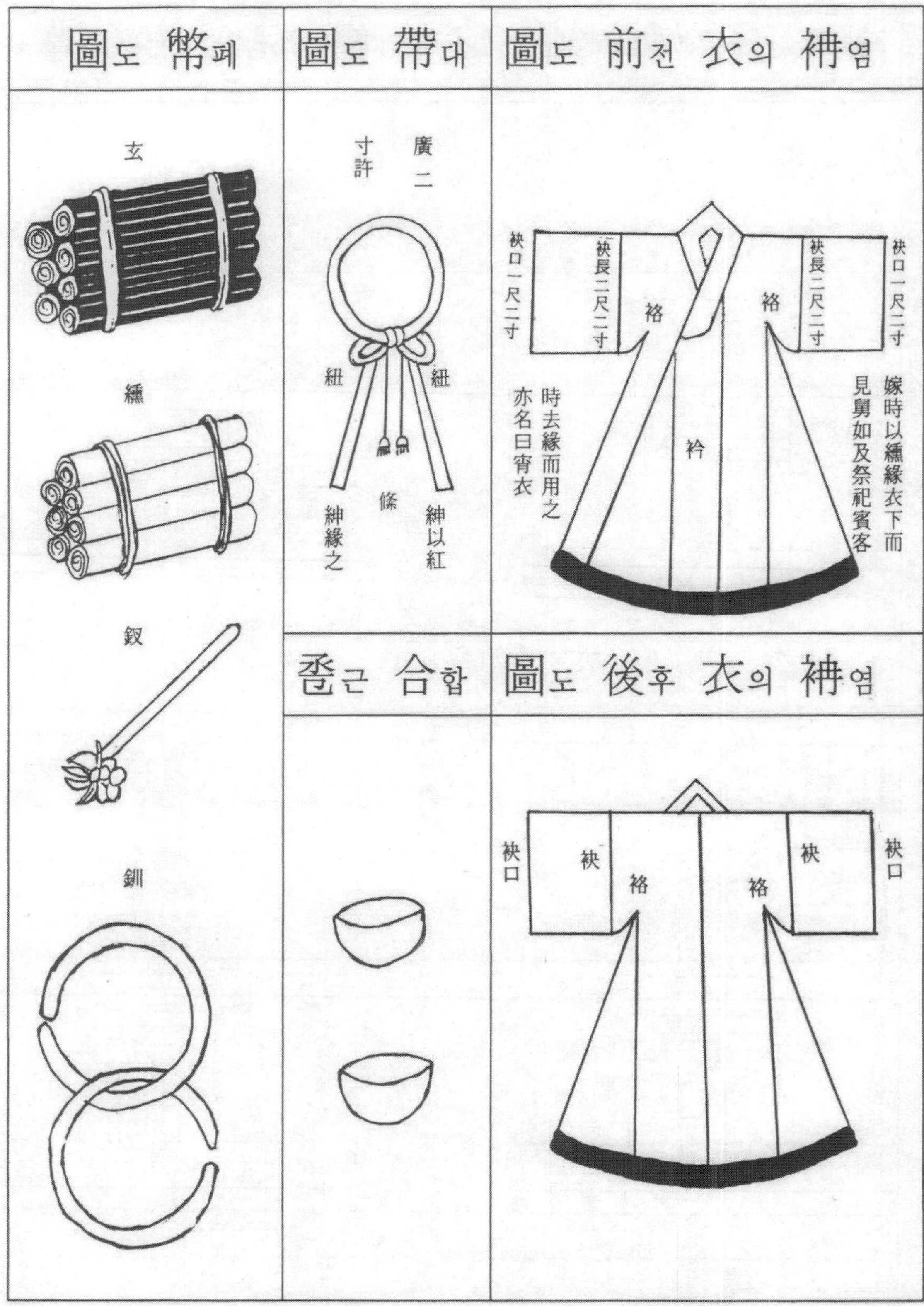
圖도 幣폐
圖도 帶대
圖도 前전 衣의 袡염
玄
纁
釵
釧
廣二寸許
紐
紐
紳以紅紬緣之
條
袂口一尺二寸
袂長二尺二寸
袼
袂長二尺二寸
袼
袂口一尺二寸
衿
嫁時以纁緣衣下而見舅如及祭祀賓客
時去緣而用之亦名曰宵衣
巹근 合합
圖도 後후 衣의 袡염
袂口
袂
袼
袼
袂
袂口

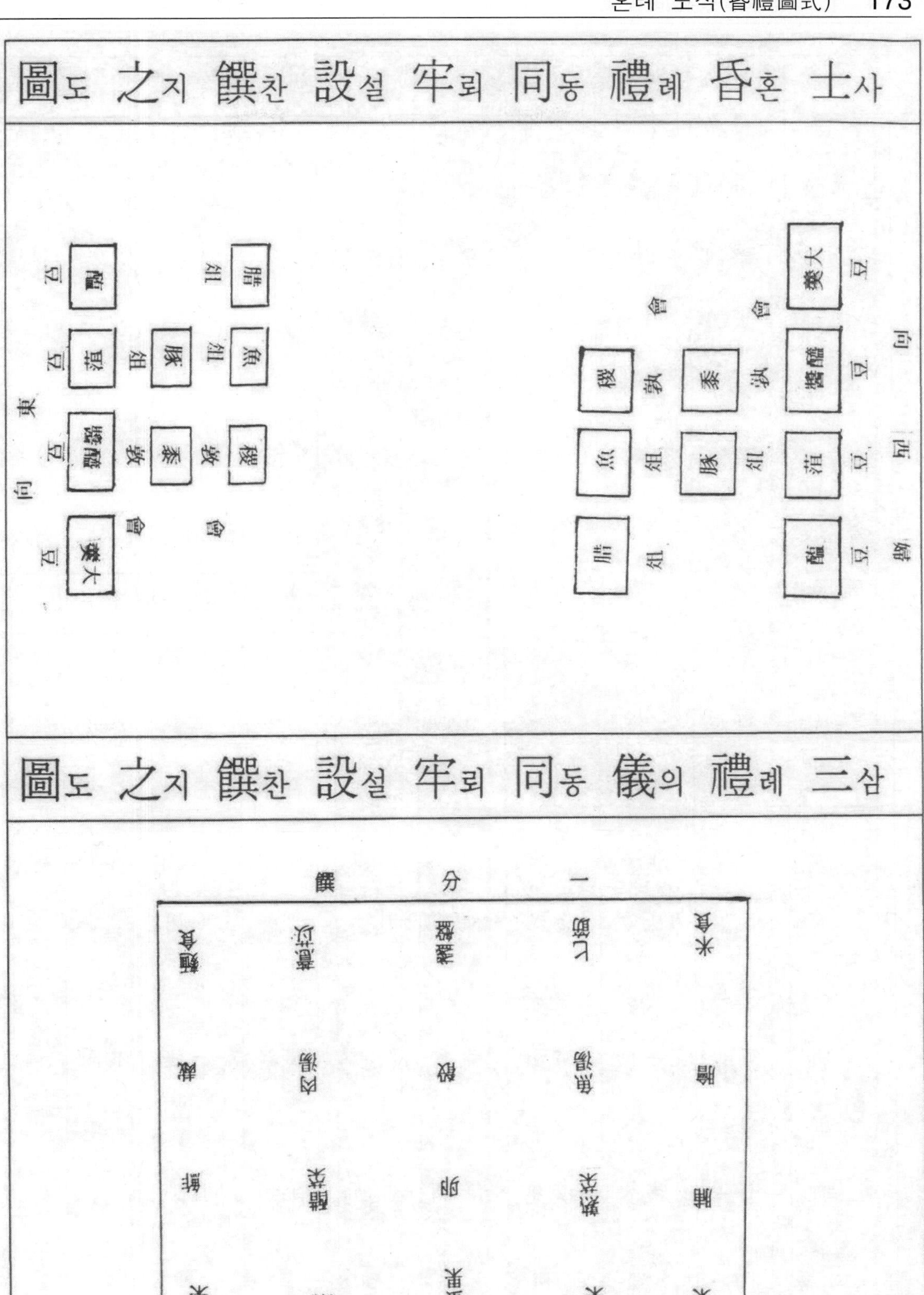
圖도 之지 饌찬 設설 牢뢰 同동 禮례 昏혼 士사
圖도 之지 饌찬 設설 牢뢰 同동 儀의 禮례 三삼

同동牢뢰設설饌찬圖도

壻서卓탁西서向향

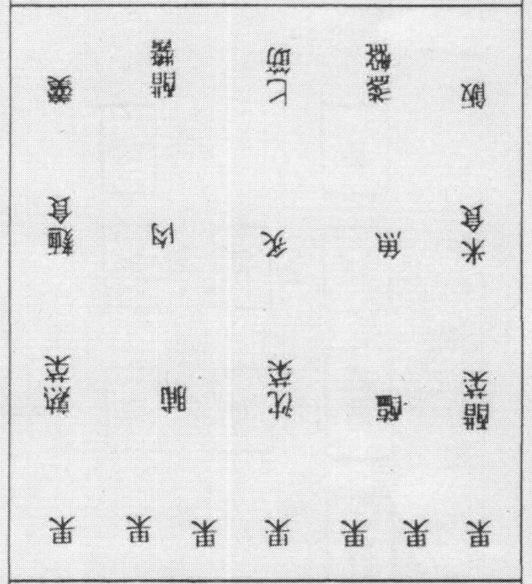

果	果	果	果	果	果	果
醋菜	醢	沈菜	脯	熟菜		
米食	魚	炙	肉	麵食		
飯	盞盤	匕筯	醋楪	羹		

婦卓東向亦如之

增解同牢設饌之式士昏禮則甚詳而家禮則不然故今世所行家不同固爲可歎然欲從古禮則不宜於今三禮儀則多用俗規而恐不合於禮意故今以士昏禮家禮五禮儀三禮儀諸書參互撰定耳蓋昏禮設饌之從祭法卽士昏禮本文而家禮之所遵述者也如醋醬卽士昏之醯醬家禮祭饌之醋楪而其在右者卽士昏在右爲便之義也羹飯亦從士昏與家禮而其飯左羹右卽古之生人進食之規而士昏設涪於醬南之意也匙筯盤盞從家禮麵食米食及脯從三禮儀魚肉炙肝從士昏六者俱是家禮之祭饌也蔬果從家禮與五禮儀而其沈菜及醢則士昏之菹醢也大抵參用古今之饌而大體一從家禮之祭饌卽是士昏疏所謂從祭法之義也且考士昏禮設饌本與特牲少牢等禮同而但昏禮有醯醬而羹在右爲少不同則尤爲疏家之明證而家禮之昏從祭法益有所據耳

○증해혼례도(家禮增解婚禮圖)(添補)

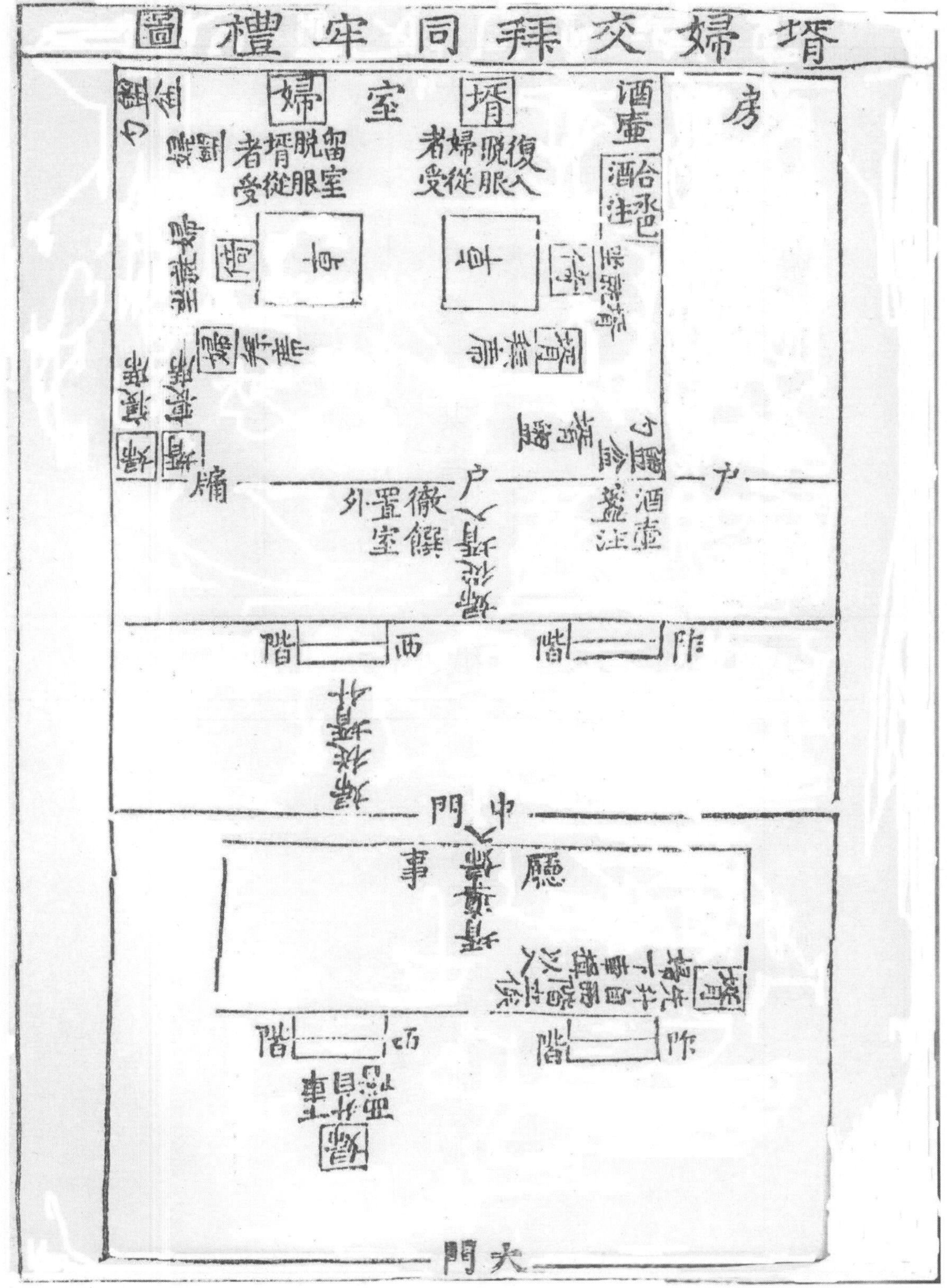

四사 星성 四사 柱주 書서 式식

時則干支

太歲幾月幾日某時生

一尺二寸

擇택 日일 紙지 書서 式식

時則干支

奠鴈太歲幾月幾日某時

某官後人某

月 日

10 혼례(昏禮)

▶2824◀◈問; 가족 결혼식과 장례식.

3 월에 친 오빠의 결혼식 날이 잡혔는데 오늘 후배아버지의 장례식에 가야 될 것 같은데 이런 경우 장례식에 참석하면 안되나요?

◈答; 가족 결혼식과 장례식.

유가(儒家)의 예법에는 가족이 혼인을 정하였으면 타인의 상에 조문치 않는다는 가르침은 없습니다. 예법이 이러하니 혹 꺼린다면 무속적이거나 속설에 불과할 것 같습니다. 그러나 대단히 꺼려진다면 스스로 결정할 문제입니다.

●喪服父卒則爲母疏內則云有考二十三年而嫁鄭註云故謂父母喪也若前遭母喪後遭父喪自然爲母期爲父三年二十三而嫁可知若前遭父喪服未闋卽得爲母三年則是有故二十四而嫁假令女年二十正月而遭父喪至大祥女年二十二又遭母喪至後年十三月大祥女是二十三而嫁此是父服將除遭母喪猶不得申三年之驗也

●問內則云女子二十而嫁有故二十三年嫁不止一喪而已故鄭並云父母喪也若前遭父服未闋卽得爲母三年則是有故二十四而嫁不止二十三也朱子曰內則之說亦大槩言之耳少遲不過一年二十四而嫁亦未爲晩也

●尤菴曰經文父卒則爲母三年自是父卒後爲母之常禮也疏說必引有故二十三年嫁之文曲爲左驗似是節上生枝支離蔓延之說也然勉齋續撰通解旣已收錄朱先生又曰喪禮詳略皆已得中然則其不敢輕議審矣竊謂其服旣除則雖曰心喪而自是無服之人故可嫁而無嫌也耶已嫁者旣許其歸于夫家則未嫁者之嫁恐無異同耶

●曾子問曰昏禮旣納幣有吉日女之父母死則如之何孔子曰壻使人弔如壻之父母死則女之家亦使人弔父喪稱父母喪稱母父母不在則稱伯父世母壻已葬壻之伯父致命女氏曰某之子有父母之喪不得嗣爲兄弟使某致命女氏許諾而不敢嫁禮也壻免喪女之父母使人請壻弗取而后嫁之禮也女之父母死壻亦如之陳註有吉日期日已定也彼是父喪則此稱父名母喪則稱母名弔之父母或在他所則稱伯父伯母名壻雖已葬其親而喪期尙遠不欲使彼女失嘉禮之時故使人致命使之別嫁他人某是伯父之名不得嗣爲兄弟言繼此不得爲夫婦夫婦同等有兄弟之義不曰夫婦未成昏嫌也致謂還致許昏之命也女氏雖許諾而不敢以女嫁於他人及壻祥禫後女之父母使人請壻成昏壻終不娶而後此女嫁於他族禮也羅欽順曰陳說謬也安有昏姻之約旣定直以喪故須之三年乃從而改嫁與別娶也蓋不娶不許者免喪之初不忍遽爾從吉故辭其請亦所謂禮辭也其後必再有往復昏禮乃成

●曾子問曰親迎女在塗而壻之父母死如之荷孔子曰女改服布深衣縞總以趍喪女在塗而女之父母死則女反陳註縞生白絹也布爲深衣縞爲總婦人始喪未成服之服也故服此以奔舅姑之喪

●問曾子問云云開元禮除喪之後束帶相見不行初昏之禮趍喪後事皆不言之何也朱子曰趍喪之後男居外次女居內次自不相見除喪而後束帶相見於是而始入御開元之制必有所據

●大典昏姻一依家禮前期納采之後雖有兩家父母喪亦待三年違者家長杖一百

●曾子問曰如壻親迎女未至而有齊衰大功之喪則如之何孔子曰男不入改服於外次女入改服於內次然後卽位而哭曾子問曰除喪而不復昏禮乎孔子曰祭過時不祭禮也又何反於初陳註特問齊衰大功之喪者以小功及緦輕不廢昏禮禮畢乃哭耳若女家有齊衰大功之喪女亦不反歸也疏若婦已揖遜入門內喪則廢外喪則行昏禮約上冠禮之文然昏禮重於冠故雜記云大功之末可以冠子小功之末可以取妻也過時不祭謂四時常祭也祭重而昏輕重者過時尙廢輕者不復可知

●開元禮旣虞卒哭壻入束帶相見而已不行初昏之禮

●愼獨齋曰外祖喪未葬而行昏不當論也

●尤菴曰緦小功不廢昏禮云者似通門內門外喪而言也然叔父之下殤及外祖父母雖曰小功而亦有難行者

●問昏娶只隔兩三日彼此遭服則奈何同春曰新郞新婦有服則當退行只主人有服則使門長主之以過似宜

▶2825◀◈問; 결혼과 장례에 관한 질문입니다.

안녕하세요~ 문의드릴께 있어서요. 친구가 이번 달 21 일에 결혼을 하기로 날짜를 잡아서 결혼을 준비하고 있었는데요. 갑자기 친구 아버지께서 어제 저녁에 돌아가셨습니다. 이런 경우 결혼식(結婚式)을 해도 되는 건가요?

◈答; 결혼과 장례.

예법상 부모상 중에는 혼인을 할 수 없게 되어 있습니다. 아래는 주자가례에 복중에 혼인의 여부에 관한 말씀입니다.

●身及主昏者無期以上喪乃可成昏

大功未葬亦不可主昏○凡主昏如冠禮主人之法(士婚禮記支子則稱其宗弟則稱其兄註支子庶昆弟也稱其宗子命使者弟宗子毋弟)但宗子自昏則以族人之長爲主(士昏禮記宗子無父母命之親皆沒已躬命之)

○혼인할 본인과 주혼자(主昏者)는 기년이상(期年以上)의 복(服)이 없어야 혼인을 할 수 있다. 주혼자(主昏者)가 대공상(大功喪)에 아직 장례(葬禮)치 아니하였으면 혼인할 수 없다. ○ 모든 주혼자는 관례 때 주인이 되는 법과 같다. 다만 종자(宗子) 자신이 혼인을 하게 되면 친족 중 존장(尊長)을 주혼자로 삼는다.

●李繼善問孝述議親十年展轉牽制尙未成畢老母欲令今冬畢親但先兄几筵未徹老母乃齊衰三年之服復有妨礙然主昏却是叔父欲姑從鄕俗就親不知可否若就畢摯歸凡百從殺衣服皆從淡素不知可否朱子答曰叔父主昏却可娶婦無嫌禮律皆可考也但母在而叔父主昏恐亦未安可更詳考也又問禮壻將親迎父醮而命之今孝述父兄俱歿上惟母在旁尊有叔父不知往迎之時當受母命耶爲復受叔父之命耶曰當受命於母然母旣有服又似難行記得春秋隱二年公羊傳有母命其諸父兄而諸父兄以命使者之說恐可檢看爲叔父稱母之命以命之否更詳之(按與家禮不同見醮子條)又問禮婦盥饋舅姑若舅已歿不知可以叔父受盥饋禮否曰叔父無盥饋之文蓋盥姑受禮禮相妨也母若有服則亦難行此禮要是本領未正百事相礙耳

●尤菴曰冠禮輕於昏禮而家禮尙云父母無期以上喪乃可行則母有親喪何可行昏禮乎朱子所答李繼善之問似與家禮有異而又終以大本已失爲說則其意可知

●昏禮只言主昏者而不言父母故世俗使宗子主昏則父母雖斬衰猶行之是不可也

●三年內子女昏姻雖宗子主之而如醮禮醴婦等事皆父母之事故守禮之家牢執不行矣

●玄石問嘗以冠禮父母無期以上喪昏禮身及主昏者無期以上喪兩文交互奉稟教以當通看區區之心常不安矣蓋一則曰父母一則曰身及主昏已非可通看之義又見大全李繼善問答亦有叔父主昏却可娶婦無嫌禮律皆可考之文參以通典何承天父有伯母慘祖爲昏主不嫌於昏之義似當一以主昏爲主然則父母之在斬衰期後者尙可無礙況於心喪者乎此義頗甚直截誠以昏嫁失時爲人倫莫大之事也今若必以通看之義行之則其或喪慘相仍至有六七年不得成昏者此亦不可不慮未知崇意復以爲如何曰昏禮視冠禮事體又別其醮子醮女見婦受饋禮婦等縟儀不但如冠禮之子拜而起立而已冠禮旣以重服不可行則昏禮可知故愚每以爲冠昏通看者以此而已今示諭商證極其詳密可破古今拘攣之弊矣又朱先生論君喪三年而一月之後許軍民云則其微意可知矣但與李繼善本領不正之文又相妨礙愚於此亦難決定其從違矣大抵家禮冠昏異同之文以道理言之則愚見似長以文勢觀之則高見似順若得朱先生論昏禮以失時爲重之訓來說方得無礙受

●遂菴曰冠禮以父母爲言而昏禮變爲主昏者似有意思朱子答李繼善問母雖在齊衰叔父主昏則可娶婦觀於此可知

●芝村曰玄石每以爲冠昏區別立文必有所以及至晚年定著要解曰豈昏姻失時爲人道之大患故書儀有此區別主昏之制以通其變而家禮仍之耶其意蓋曰小祥後則可行也尤翁於此以爲難斷而然其答玄石之書曰以文勢觀之則高見似順云且以親舊所行言之如子三台稚久相皆於草土中行子女兩昏矣

●大典身在喪中子之期服未盡而徑行昏禮者以不謹居喪律論

▶2826◀◈問; 결혼과 혼인의 뜻과 차이점이 궁금합니다.

결혼과 혼인의 뜻과 차이점이 궁금합니다.

◈答; 결혼과 혼인의 뜻과 차이점이란.

결혼과 혼인의 뜻과 차이점에 관하여는 이미 국어적으로는 각 사전 및 인터넷에서 밝힌바 있으니 그와 같은 기초적인 의문 해소 차원이 아닌 여기가 성균관이니 성균관 다운 답변을 유도코자 하신 질문이라 생각됩니다.

아래와 같이 살펴보건대 결혼(結婚)과 혼인(婚姻)이란 단어(單語)는 유학적(儒學的) 언어(言語)로서 국어적이란 유학적 의미를 각각 ①②로 번역하였을 뿐이며 각(結婚. 婚姻)①은 같은 의미가 되고 각(結婚. 婚姻)②는 상이한 의미가 됩니다.

◆결혼(結婚);

①남녀(男女)가 부부(夫婦) 관계(關係)를 맺음.

●漢書六十一張骞傳;其後烏孫竟與漢結婚也稱男女結成夫婦(漢註)婚姻締結婚姻關係

②두 가지 사물이 결합함의 비유.

●花邊文學北人與南人;這徜和北方固有的貧嘴一結婚産生出來的一定是一种不祥的新劣种(註)結婚比喩兩种事物的結合

◆혼인(婚姻);

①장가들고 시집(媤-)가는 일. 남녀가 부부관계를 맺는 행위 또는 부부관계에 있는 상태

●詩經鄭風丰序;婚姻之道缺陽倡而陰不和男行而女不隨(孔穎達疏)論其男女之身謂之嫁娶指其好合之際謂之婚姻嫁娶婚姻其事是一

②혼인 관계로 맺어진 친척

●爾雅釋親;壻之父爲姻婦之父爲婚(中略)婦之父母壻之父母相謂爲婚姻

▶2827◀◈問; 결혼날짜를 잡아놓고.

안녕하십니까. 궁금한 점이 있어서리 결혼 날짜를 잡아놓고 약혼도 한 상태에서 친척집에 간다는 것은 예의에 어긋나는 것인지 왜 그러한지. 오랜 시간 있음 안 되는지 무척 궁금합니다. 답변 부탁드릴께요.

◈答; 결혼날짜를 잡아놓고.

옛날의 예법으로는 여자는 기혼이든 미혼이든 중문 밖을 출입 치 않는 것을 당연한 부도로 여겼든 시절에야 평상시에도 나들이가 제한 되여 있었을 뿐더러 여자가 정혼한 후야 더욱 엄격 하였을 것입니다.

시대에 상반된 비유이나 여필종부(女必從夫)의 사상적 배경하에서 오로지 배우자 이외에 더 무엇이 화급하고 중한 일이 있겠습니까. 그렇기 때문에 중문(中門) 밖을 출입 치 않는 것은 당연 지사이며 특히 몸과 마음을 깨끗이 보존키 위함이며 혹 당 할 수 있는 상스러움을 피하기 위한 여자로서 당연한 덕목(德目)이며 사서오경(四書五經)과 열녀전(列女傳)의 가르침 결과였겠지요.

본인은 아직 여자가 정혼을 하였으면 어디는 가고 어디는 가지 말고 몇 일 안에는 돌아 와야 한다는 명확한 구절을 접한바 없습니다.

▶2828◀◈問; 결혼날짜를 잡으면 다른 사람 결혼식에 가면 안되나요?

내년 초에 결혼을 준비하고 있는 사람입니다만, 아쉽게도 시부모님께서 이혼을 하셔서 부모님 석에 아버지만 앉게 되셨습니다. 남자친구가 누나가 옆에 앉으면 어떠하겠느냐 라는 제안을 했는데, 아버지께서 좋은 생각이라고 받아들이기는 하셨는데 하객들에 대하여 결례가 아닐까 우려하고 계십니다.

참고로, 아버지께는 돌아가신 남동생(작은아버지)과 여동생(고모)이 있으신데, 주변 분들께서는 작은어머니나 고모가 앉아야 하는 게 아니냐고 들 의견이 분분합니다. 아니면 아버지 혼자 앉으시는 건 법도에 벗어나는지도 궁금합니다. 그리고 또 하나는 결혼날짜를 정하고 나면 다른 사람 결혼식을 가는 것이 아니라고 하는데요. 저희 결혼식전에 친구들의 결혼식이 많아서 가야 되나 말아야 되나 고민하고 있었는데요. 저희가 내년 초로 날을 잡은 사이

에 남자친구의 작은누나가 올해 가을로 결혼날짜를 잡았다고 합니다. (참고로 남자친구는 아버지랑 지내고 누나는 어머니랑 지냅니다) 아마도 따로 있어서 날을 상관없이 잡은 것 같은데요. 저희 부모님은 다른 사람 결혼식에 가는 것이 안 좋다고 계속 말씀하시는데요. 왠지 어른들께서 그렇게 말씀을 하시니깐 좀 찜찜한 거 같기도 하고요. 어떻게 해야 하는지 좀 조언 부탁 드립니다.

◈答; 결혼날짜를 잡으면 다른 사람 결혼식에 가면 안되나.

신혼식의 예식장 의례에 관하여는 쾌히 아는 바가 없습니다. 그러나 부모의 좌석에는 부모님이 앉아야 하지 대신하여 다른 분을 앉힌다 함은 하객을 속이는 형세이니 그와 같음이 더 부자연스럽고 또 이치와 법도에도 어그러짐이라 생각 됩니다.

정혼하고는 타인의 혼인식장에 가면 안 된다는 옛 성현들께서 남겨놓은 말씀은 아직 습독한 바가 없습니다. 옛날의 규수들은 문 박 출입이 자연스럽지 못하였으니 당연히 타인의 혼사에 참가하기가 어려웠을 것이니 구태여 그와 같은 법도를 명문화할 필요도 없었을 것입니다. 다만 세속에서 금기시한다면 그는 민속이거나 미신에서 기인됨이 아닌가 합니다.

▶2829◀◈問; 결혼식 날짜가 잡혔는데 조모께서 위독하십니다. 이럴 경우에는?

결혼식 날짜가 20 여일 후인데 조모께서 갑자기 위독해 지셨습니다. 만약에 조모께서 돌아가신다면, 어떻게 해야 할까요? 결혼할 분은 조모(祖母)의 둘째 아들의 자식 즉, 둘째 아들네 손자 입니다. 조모는 큰아들의 집에서 계십니다. 만약에 그런 일이 생길 경우 저희는 결혼식(結婚式)은 예정대로 진행하고, 둘째 아들네는 장례식에 참석하지 않고. 첫째 아들네는 장례식을 진행하고, 결혼식에 참석하지 않으려고 하고 있습니다. 이것이 옳은 방법 인가요? 아니면, 결혼식을 미뤄야 하는 걸까요?

◈答; 결혼식 날짜가 잡혔는데 조모께서 위독하신데.

○身及主昏者無期以上喪乃可成昏

大功未葬亦不可主昏○凡主昏如冠禮主人之法但宗子自昏則以族人之長爲主

○ 혼인할 본인과 주혼자(主昏者)는 기년이상(期年以上)의 복(服)이 없어야 혼인을 할 수 있다. 주혼자(主昏者)가 대공상(大功喪)에 아직 장례(葬禮)치 아니 하였으면 혼인 할 수 없다. ○모든 주혼자는 관례 때 주인이 되는 법과 같다. 다만 종자 자신이 혼인을 하게 되면 친족중 존장(尊長)을 주혼자로 삼는다.

아래와 같이 살펴 볼 때 귀하의 부친이 비록 지자(支子)라 하여도 어머니는 자최(齊衰) 삼년상이 되며 귀하는 기년복이 됩니다. 만약 귀하의 조모께서 결혼 전에 작고하신다면 탈상 전에는 결혼을 할 수 없습니다.

●士昏禮三族之不虞註三族謂父昆弟己昆弟子昆弟虞度也不億度謂猝有死喪此三族者己及子皆爲服期期服則踰年欲及今之吉也雜記大功之末可以冠子嫁子疏父昆弟則伯叔及伯叔母己昆弟則己之親兄弟子昆弟則己之嫡子庶子

●喪服父在爲母傳何以期也屈也父必三年然後娶達子之志也疏子於母屈而期心喪猶三年故父雖爲妻期而除然必三年乃娶者通達子之心喪故也

●輯覽按國制士大夫妻亡者三年後改娶若因父母之命或年過四十無子者許期年後改娶

▶2830◀◈問; 결혼식 날 조상을 뵈일 때 지방 쓰는 법.

결혼식 날 폐백 때 조상님께 제사를 올립니다. 그런데 지방은 어떻게 써야 할지 고조부. 증조부. 조부.

◈答; 결혼식 날 조상을 뵈일 때 지방 쓰는 법.

혼인을 하게 되면 조상께 인사 하는 예법이 혼례 편에 모두 있으며 지방은 종손 명으로 기제사 지낼 때의 式(식)과 같습니다.

◈지방식.

고조고 顯高祖考某官府君神位
고조비 顯高祖妣某封某氏神位
증조고 顯曾祖考某官府君神位
증조비 顯曾祖妣某封某氏神位
조고 顯祖考某官府君神位
조비 顯祖妣某封某氏神位

▶2831◀◈問; 결혼식 날짜와 제사날짜가 겹쳐도 돼나요?

안녕하세요? 결혼식 날짜와 제사 날짜가 겹치게 되었는데요 괜찮은가요? 결혼날을 잡고 보니 그날이 외할아버지 제사더라고요 그런데 사정상 외할아버지 제사를 저희 엄마의 큰집에서 지냅니다. 어떻게 해야 하는 건가요?

◈答; 결혼식 날짜와 제사날짜가 겹칠 때.

아래는 사시제의 재계입니다.

◎前期三日齊戒(전기삼일재계)

前期三日主人帥衆丈夫致齊于外主婦帥衆婦女致齊于內沐浴更衣飮酒不得至亂食肉不得茹葷不弔喪不聽樂凡凶穢之事皆不得預

司馬溫公曰主婦主人之妻也禮舅沒則姑老不與於祭主人主婦必使長男長婦爲之若或自欲與祭則特位於主婦之前參神畢升立於酒壺之北監視禮儀或老疾不能久立則休於他所俟受胙復來受胙辭神而已○劉氏璋曰祭儀云齊之日思其居處思其笑語思其志意思其所樂思其所嗜齊三日乃見其所以爲齊者專致思於祭祀也

◎齋戒(재계)

祭統齊之爲言齊也齊不齊以致齊者也是故君子非有大事非有恭敬也則不齊不齊則於物無防也嗜欲無止也及其將齊也防其邪物訖其嗜欲耳不聽樂故記曰齊者不樂言不敢散其志也心不苟慮必依於道手足不苟動必依於禮是故君子之齊也專致其精明之德也故散齊七日以定之致齊三日以齊之定之之謂齊齊者精明之至也然後可以交於神明也○祭義致齊於內散齊於外註齊於內所以愼其心齊於外所以防其物散齊若所謂不飮酒不茹葷之類齊三日則致齊而已必致齊然後見其所爲齊者思之至故也○程氏祭禮散齊二日致齊一日○頤菴曰五禮儀祭享誓戒之目有曰不縱酒不與穢惡事而大明會典則更深一節曰不飮酒不與妻妾同處蓋高皇帝熟諳俗習之放失曲爲之防耳又前朝之法於私家祭祀齊戒條有曰不許騎馬出入接待賓客違者科罪云云今之人士多嗤前朝之於禮法爲疏略若此等處果如何耶余見世俗於祭前一日雖不出入親朋萃至則懤變開酌終日讙譃是尙可謂之齊戒乎大凡酒之爲害最能迷亂人情齊時當禁此爲第一況復接客則多闕於所應檢理者矣非唯不可不謝絶實是不得不謝絶也凡吾子孫每當致齊一切謝客如非老病服藥切勿飮酒以專檢理以一思慮其違者以不祭論之可也ㅇ又曰凡祭祀齊戒之目不過日不縱酒不茹葷不弔喪問病不聽樂不行刑不預穢惡事而其爲前期大則三日小則一日如斯而已矣今俗昧求於本原而致曲於末務或前期七日或八日便戒或有婢僕解産於外廊有猫犬殰斃於藩墻或有奴隷乍涉喪家門巷而回便謂之犯梁謬矣苟耳目之不逮及雖隔一壁無所動情苟心神之不收斂則雖處一室未免坐馳千思萬想凶穢淫慝何所不至哉況人倫在世事故多端慶弔歌哭皆不可廢又如從仕之身則夙夜于公不敢顧私國家令式時祭忌祭給暇並止二日或一日尙可望三日外哉故司馬溫公有時至事暇不必卜日之說韓魏公之祭只齊一日者以此也若欲如俗所爲則須連旬月盡廢人事方可豈客行得ㅇ問時祭忌祭俱是祭先也而齊戒則有三日一日之異者何也曰按開元禮齋戒註凡大祀散齊四日中祀三日小祀二日致齊大祀三日中祀二日小祀一日以此觀之祭有大小而齊戒之日亦隨而有異也

아래는 녜제재계입니다.

◎前三日齊戒(전삼일재계)

如祭始祖之儀

아래는 기제의 재계입니다.

◎前一日齊戒(전일일재계)
如祭禰之儀

◎齊戒日數
退溪曰時祭極事神之道故齊三日忌日墓祭則後世隨俗之祭故齊一日祭義有不同齊安得不異○忌祭前一日齊戒而已家間每遇親忌自有不忍之意故從前二日齊戒○要訣散齊二日致齊一日

◎齊戒服色
問忌祭致齊亦可素衣帶耶著深衣未知如何尤菴曰家禮忌祭齊戒如祭禰儀祭禰如時祭時祭齊戒條云沐浴更衣然則似當變於常服而不言何衣不散質言○古人以黑色爲齊服未知於忌祭致齊時亦用此否鄙意用素恐亦無妨○增解愚按時祭前一日設位陳器而主人深衣矣此忌祭前一日齊戒及設位陳器皆云如祭禰祭禰如時祭則其服深衣明矣深衣旣是吉凶通服而非華盛則服之恐宜且下文祭日方以黲色變服則前一日無服素之義可知

◎齊戒飮食
問忌祭齊戒世俗不敢飮酒食肉此過於厚處從俗如何退溪曰禮宜從厚此類之謂也○忌日雖非已當行素之親若當行其祭則行齊素善矣○尤菴曰家禮齊戒儀飮酒不至變貌食肉不至變味至於正忌日始言不飮酒食肉據此似無前期不飮不食之義矣然世俗必前期不飮不食如此無害於義者從之恐無妨○問前期行素則高曾祖及父母忌日當有差等耶南溪曰似然

위와 같이 살펴 볼 때 제원의 위치에 있는 남녀는 재계에 참석함이 바른 예법 같습니다. (위의 번역문은 본문에서 참고하기 바랍니다) 재계에 참석 중이라면 다른 일을 할 수가 없는 것입니다.

▶2832◀◈問; 결혼식 때 어머님이 아프신 거에 대해 몇 가지 질문 드립니다

내년 2 월경 결혼식 예정입니다. 문제는 저희(신랑) 어머님께서 7 년 째 누워계십니다. 전혀 움직이지도 못하시며 사람도 못 알아 보시며 말씀도 못하십니다. 뇌병변으로 혼수상태 라고 생각하시면 됩니다. 그래서 결혼식 참석을 못합니다

○첫 번째 질문입니다.
그럼 예식장에서 아버님 옆에 는 누가 계셔야 하는지 (고모? 숙모? 누님? 이모?) 아니면 아예 안 계셔야 하는지 언뜻 듣기에 돌아가시지 않았으면 아무도 옆에 계시는 게 아니라고 들었습니다 과연 어떻게 해야 하는지요

○두 번째 질문입니다.
폐백은 과연 해야 하는 건지 안 해야 하는 건지 이것도 누가 그러셨는지 집에 우환이 있을 경우 폐백을 안 해야 한다는 소릴 들었습니다. 만약 폐백을 하게 된다면 아버님 옆에는 어느 분이 계셔야 하는 건지 (1 번 질문과 비슷하네요) 그럼 답변 기다리겠습니다 E-mail 기록 요망.

◈答; 결혼식 때 어머님이 아프시다면.

신혼 예식의 예법은 전문 소관이 아니라 그 제도에 관하여는 아는 바가 없습니다. 다만 신랑과 신부의 부모가 식장에 참석하여 앉아 있는 의미가 부모자격으로 앉아 있는 것이라면 부모 이외의 그 누구도 앉을 수가 없는 것이며 그 의미가 양가 집 남녀의 대표 자격이라면 신랑 또는 신부의 최 근친자가 앉음이 마땅할 것입니다. 아마도 그 자리는 신랑 신부의 부모 자격으로 앉으리라 생각합니다.

폐백은 부모 이외에 조부모가 계신다 하여도 폐백의 예가 없습니다. 예법이 그러하니 대리로 받게 할 수는 없을 것입니다. 먼저 부친께 폐백을 드린 후 병상의 모친을 찾아 뵙는 것이 옳습니다.

●士昏禮婦執笲棗栗自門入升自西階進拜奠于席舅坐撫之興答拜婦還又拜降階受笲腶脩升北面拜奠于席姑坐擧以興拜授人註笲竹器而衣者其形盖如今之筥籚矣腶丁亂反
●朱子家禮昏禮婦見舅姑明日夙興婦見于舅姑條婦夙興盛服俟見舅姑(云云)婦進立於阼階下北面拜舅升奠幣于卓子上(云云)姑升奠幣)(云云)○婦見于諸尊長條諸尊長兩序如冠禮無幣

▶2833◀◈問; 결혼식 옷차림.

남동생이 결혼식을 하는데 누나가 한복을 입어야 하나요. 입는다면 색상은?
지금 저는 젖먹이아기가 있어서 한복이 수유에 불편할거 같은데 안 입어도 크게 상관은 없는지 궁금합니다.

◈答; 결혼식 옷차림.

우리의 복식은 개화 이전에는 한복이 전용 복식이었으며 서양의 복식은 소위 양복이라 하는 복식으로 개화 이후 우리의 복식 역시 양복으로 차츰 바뀌었으니 이제는 우리의 복식이 명절이나 특수한 날의 예복쯤으로 변화 되었을 뿐입니다. 전통 혼례에서는 신랑과 신부의 복식(服式)은 대략 지정 하였으나 그 외 참례자는 특별히 갖추도록 지적 한바 없는 듯 합니다. 다만 한복(韓服)으로 갖춰 입으면 중후한 분위기를 풍기게 되니 아마도 혼례식장의 부녀자들은 대개 한복 차림을 하는 듯 합니다. 색상은 본인의 취향에 맞아야 하겠으나 너무 혼란하면 경망스러울 것이며 또 희거나 검은 색은 피해야 할 것이 아닌가 생각 됩니다. 반듯이 한복 차림이 아니라 하여 책(責)할 수는 없지 않을까 합니다.

○한국전통혼례복(韓國傳統婚禮服)

傳統婚禮上的韓服比日常穿著的韓服華麗得多新娘是紅裙黃短上衣圓衫戴髮髻龍簪上垂著前綴和飄帶新郎的穿戴是褲子短衣背心戴紗帽冠帶穿木屐衣服上的傳統圖案通常代表兩姓之合萬福之源朝鮮貴族女性過去以紅內襯的綠色唐衣或者粉內襯的紫色唐衣作為嫁衣再戴上花冠

▶2834◀◈問; 결혼식 하기 전 절차.

저는 곧 결혼을 앞두고 있는 신부입니다. 시아버님께서 예법을 아주 중시하시는 분이십니다. 이미 날짜는 정해져 있어서 남자 쪽에서 사성은 생략하구요, 저희 쪽에서 답장(연길이라고 하나요?) 그걸 예단 드릴 때 보내시라 더군요. 그 연길에는 어떤 내용이 들어가나요? 형님댁 두 얼마 전에 결혼하셨는데 그 연길에 함 받는 날짜를 정해서 넣어주셨다 네요. 그럼 연길에 들어갈 내용이 한자로 쓰여지면 어떻게 되는지요? 그리고 예단 갈 때 저희 오빠가 갈 것 같은데 손아래 사람이 가야 맞는 건가요? 아님 저희 오빠가 가도 되는지요? 그리고 예단 들어갈 때 겹쳐서 가지고 가면 안되나요? 일일이 하나씩 들고 들어 가야 하는지 여러가지 궁금하군요. 정말 몰라서 실수 할거 같아서 걱정이 됩니다. 예단 들어갈 날이 얼마 안 남았는데, 어디다가 여쭤 봐야 될지도 모르겠고요. 가르쳐 주세요. 감사합니다.

◈答; 결혼식 하기 전 절차.

전통 혼례의 법식으로는 다음과 같은 과정이 있습니다. 고 혼례에서는 1 납채(納采) 2 문명(問名) 3 납길(納吉) 4 납징(納徵) 5 청기(請期) 6 친영(親迎)의 예법이 있었으나 주자 가례에 와서 ○의혼 ○납채 ○납폐 ○친영의 단계로 간소화 되였습니다. 귀하의 의문은 납폐 의식인 듯합니다.

儀節按儀禮用賓而家禮本溫公書儀用子弟爲使者
구의를 살펴보건대 의례(儀禮)에 손님을 쓴다 하였으며 가례(家禮)나 사마온공(司馬溫公) 서의(書儀)에서는 주인(主人)의 자제(子弟)를 사자(使者) (즉 심부름 보내 사람)로 삼는다. 하였으나 이는 신랑 집의 예이며 납채(納采)나 납폐(納幣)의 예에는 신랑 집 사람이 오는 것이며 다만 신부 댁에서는 신랑 집에서 온 사자(使者)에게 폐백(幣帛)과 함께 답서를 보내줘도 전통 예법으로는 크게 어그러지지 않는 것입니다. 전통 혼례의 예법에 신부 집에서 폐백과 답서를 직접 신랑 댁으로 사람을 시켜 보내는 예는 없습니다.

⊙답서식

忝親某郡姓某啓
某官某郡尊親家執事
伏承
嘉命委禽寒宗顧惟弱息敎訓無素切恐不堪卜旣叶吉僕何敢辭玆又蒙順先典貺以重禮辭旣不獲敢不重拜若夫昏期惟
命是聽敬備以須伏惟
尊慈特賜
鑒念不宣
某年某月某日 忝親某再拜

▶2835◀◈問; 결혼 연기해야 하나요?

남자친구와 올해 11 월쯤 결혼을 하기로 생각하고 있었는데요. 남자친구 친할머니께서 며칠 전 돌아가셔서 장례를 치렀답니다. 집안 어른이 돌아가신 해에는 결혼을 하는 게 아니라고들 하는데 정말 그런가요? 내년으로 조금 연기해야 하나요? 너무 궁금궁금 합니다. 답변 부탁 드립니다.

◈答; 탈복 전은 결혼을 할 수 없습니다.

혼인은 주혼자나 본인이 기년(일년복)이상의 복이 없어야 혼인을 할 수 있습니다. 귀하의 부군 될 분은 조부 상(喪)이므로 기년 복인이 되고 주혼자(장래 귀하의 시아버지)는 3 년 복인이 됩니다. 까닭에 탈복하기 이전에는 혼인을 할 수 없습니다.

●家禮身及主昏者無期以上喪乃可成昏本註大功未葬亦不可主昏
●士昏禮三族之不虞(註)三族謂父昆弟己昆弟子昆弟虞度也不億度謂猝有死喪此三族者己及子皆爲服期期服則踰年欲及今之吉也雜記大功之末可以冠子嫁子(疏)父昆弟則伯叔及伯叔母己昆弟則己之親兄弟子昆弟則己之嫡子庶子
●喪服父在爲母(傳)何以期也屈也父必三年然後娶達子之志也(疏)子於母屈而期心喪猶三年故父雖爲妻期而除然必三年乃娶者通達子之心喪故也
●按國制士大夫妻亡者三年後改娶若因父母之命或年過四十無子者許期年後改娶

▶2836◀◈問; 결혼 전 성묘.

올 12 월 말에 결혼하는 신랑입니다. 작년에 저의 할머님께서 10 월말에 돌아가셨고, 제 처 될 사람과 같이 아버님께서 산소 인사 드리러 가야 되지 않나 하시는데 가도 무관한가요? 인터넷을 보니 결혼 전에 산소를 갔다 온 사람도 있고, 귀신이 붙어오니 안가는 게 좋다든지 이런 말이 많은데요. 참고로 저희 산소를 고조할아버님부터 저희 할아버님, 할머님까지 아홉 분의 묘가 있습니다.

◈答; 결혼 전 성묘.

옛날에야 생각도 할 수 없는 예입니다. 그러나 귀신이 붙어오는지는 알 수가 없고 그것이 마음에 걸린다면 아니 가는 것이 좋을 듯하며 그렇지 않고 마음에 있으면 간다 한들 지탄 받을 만한 짓은 아닐까 합니다.

●近齋曰同入一麓省拜時累代則先尊後卑
●尤庵曰省墓時初度再拜復再拜而退

▶2837◀◈問; 결혼택일 때문인데요. 빨리 알아봤으면.

안녕하세요. 전 이번 3 월 12 일에 결혼 날짜를 잡았는데요. 장모님 되실 분이 작년 음력으로 이번 년 3 월 18 일이 첫 번째 맞는 기일입니다. 기일 전에 결혼식을 해도 되는 건지 전 상관이 없지만 주변에서 그런 말들이 나와서 엄청 신경이 거기에 가네요. 좋은 답변 부탁 드립니다

◈答; 부모상 중에는 혼인을 하지 못함.

◎身有喪(신유상)

喪服父卒則爲母疏內則云有考二十三年而嫁鄭註云故謂父母喪也若前遭母喪復遭父喪自然爲母期爲父三年二十三而嫁可知若前遭父喪服未闋卽得爲母三年則是有故二十四而嫁假令女年二十正月而遭父喪至大祥女年二十二又遭母喪至後年十三月大祥女是二十三而嫁此是父服將除遭母喪猶不得申三年之驗也○問內則云女子二十而嫁有故二十三年嫁不止一喪而已故鄭並云父母喪也若前遭父服未闋卽得爲母三年則是有故二十四而嫁不止二十三也朱子曰內則之說亦大槩言之耳少遲不過一年二十四而嫁亦未爲晩也○尤菴曰經文父卒則爲母三年自是父卒後爲母之常禮也疏說必引有故二十三年嫁之文曲爲左驗似是節上生枝支離蔓延之說也然勉齋續撰通解旣已收錄朱先生又曰喪禮詳略皆已得中然則其不敢輕議審矣竊謂其服旣除則雖曰心喪而自是無服之人故可嫁而無嫌也耶已嫁者旣許其歸于夫家則未嫁者之嫁恐無異同耶○疏說非常情所及雖勉齋載之續解終不敢以爲必然而信之也○南溪曰二十三年嫁疏說大傷拘滯

◎身及主昏者無期以上喪乃可成昏(신급주혼자무기이상상내가성혼)

大功未葬亦不可主昏○凡主昏如冠禮主人之法但宗子自昏則以族人之長爲主
혼인 할 본인과 주혼자는 기년이상의 복이 없어야 혼인을 할 수 있다. 주혼자가 대공상에 아직 장례 치 않았으면 혼인할 수 없다. 따라서 신랑 신부 공히 삼년상(부모상) 중에는 혼인을 할 수 없다는 말씀입니다.

▶2838◀◈問; 결혼할 남자친구의 아버님 제사 때 어떻게 하나요.

상견례는 아직 하지 않았지만, 양가에서 결혼을 전제로 만나는 남자가 있습니다. 내년 초 결혼을 앞두고 곧 그 사람의 아버님 기일인데요, 저도 오라고 하더군요. 제사 때 제가 어떻게 해야 하는지요 친지들도 온다고 해서 걱정이 되는데요 여기저기 제례 예절에 관한 글을 찾아봤지만 실제적으로 와 닿지가 않네요. 답변 좀 부탁 드립니다.

◈答; 결혼할 남자친구의 아버님 제사는.

길사에 흉사의 예를 들어 대단히 죄송 합니다. 이해를 구합니다.

예기 증자문편의 말씀입니다.
曾子問曰昏禮旣納幣有吉日女之父母死則如之何孔子曰壻使人弔如壻之父母死則女之家亦使人弔
증자(曾子)가 스승인 공자(孔子)에게 묻기를 혼례에 이미 폐함이 오고 가고 길일(吉日)을 정하였는데 여자의 부모가 죽으면 어떻게 하여야 합니까, 라 여쭙자 공자께서 대답 하시기를 사위 집에서는 사람을 시켜 조문(弔問)을 해야 하며. 만일 사위의 부모가 죽었으면 여자의 집에서도 역시 사람을 시켜 조문을 해야 하느니라.

曾子問曰親迎女在塗而壻之父母死如之何孔子曰女改服布深衣縞總以趨喪
증자가 묻기를 친영(신랑이 여자 집에 가서 여자를 마지 하여 본가로 오는 예)으로 여자가 오는 도중에 있는데 사위의 부모가 죽으면 어찌 합니까, 라 여쭙자 공자께서 말씀 하시기를 여자는 옷을 바꿔 입되 베로 지은 심의와 흰 헝겊으로 머리를 동여 매고서 상차로 재촉하여 달려 가야 하느니라. 하셨으며.

朱子家禮祭禮時祭條終獻禮兄弟之長或長男或親賓爲之
주자가례 제례편 시제조 종헌예에 형제의 위 사람이나 혹은 장남이나 혹은 친한 손님 중에서 종헌을 한다.

過猶不及(과유불급)지나침은 도리어 미치지 못함과 같다. 는 것이나 예는 조금 지나쳐도 그리 흉하지 않은 것입니다. 그러나 인척의 연이란 사주단자와 폐함이 오고 간 때 상을 당하면 다른 사람을 시켜 조문을 하고 길일을 잡아 친영으로 직접 연이 닿았을 때 비로소 당사자가 직접 상차로 달려간다 하였으니 법도로는 당사자가 참석할 때는 아닙니다.

▶2839◀◈問; 결혼 할 여자 친구 아버님 성묘 갈 준비 해야 할 것.

결혼 전에 결혼 할 여자친구 아버님 산소에 성묘 갈 예정입니다만 어떤 것을 준비해 가야 하는지 가르쳐주세요!

◈答; 결혼 할 여자친구 아버님 성묘는.

朱夫子 성묘 묘문(墓文)에 주효전(酒肴奠)이라 하셨으니 간단하게 술과 안주를 준비하면 될 것입니다. 우암 선생 말씀은 성묘는 처음 올라가 재배하고 내려올 때 또 재배하고 물러난다는 말씀이십니다.

●朱子省新安墓文云云酒肴之奠云云
●尤庵曰初到再拜復再拜而退則禮意尤爲懇惻而周祥矣

▶2840◀◈問; 결혼 후 성묘.

이제 곧 결혼하는 신랑입니다. 현재 외국에 유학 중이며 결혼 후에 바로 출국하려고 합니다. 결혼 후에 조상님 성묘를 가려고 하는데 결혼 날짜와 출국 날이 가깝고 추석을 즈음하여서 성묘하기가 쉽지 않습니다. 혹시 결혼 전에 신부 댁의 동의 하에 성묘를 다녀오는 것이 예의에 어긋나는지에 대해서 알고 싶습니다. 이러한 예가 예법에 있는지 알 수 있을까요? 감사합니다.

◈答; 결혼 후 성묘.

전통예법에서 혼인(昏姻) 성묘(省墓) 예법은 찾지를 못하였습니다. 다만 친영(親迎)하여 친가(親家) 사당 알현(謁見) 후 신부 집으로 재행(再行) 가 처가(妻家) 사당(祠堂) 알현 예법이 있습니다. 그 예법은 본 홈 혼례 친영 사당 알현과 재행하여 신부 집 사당 알현 예법을 참고하기 바랍니다. 사당이 없으면 지방(紙牓)으로 대신할 수 있습니다.

◎신부 사당 알현(新婦祠堂謁見)

◆廟見(묘견)

⊙三日主人以婦見于祠堂(삼일주인이부견우사당)

古者三月而廟見今以其太遠改用三日如子冠而見之儀但告辭曰(云云)

⊙삼일 째 되는 날 주인이 신부를 데리고 사당을 알현한다.

옛날에는 석 달이 지난 뒤에 사당을 찾아 뵈었으나 지금은 그렇게 하면 너무 길어 삼 일로 고쳐 아들 관례 때 사당알현 의식과 같게 고쳐 행하고 있다. 축사는 다음과 같다.

⊙舅姑旣沒則奠菜(구고기몰즉전채)

士昏禮若舅姑旣沒則婦入三月乃奠菜(註奠菜者以篚祭菜也盖用菫疏此言舅姑俱沒者若舅沒姑存則當時見姑三月亦廟見舅若舅存姑沒婦人無廟可見或更有繼姑自然如常禮也此註云奠菜者以篚按下云婦執笲菜篚卽笲一也鄭知菜盖用菫者舅姑存時用棗栗腶脩義取早起肅栗治腶自修則此亦取謹敬)席于廟奥東面右几席干北方南面(註廟考妣之廟疏祭統說同几卽同席此卽別席者此旣廟見若生時見舅姑舅姑別席異面是以今亦異席別面象生不與常祭同也)祝盥婦盥于門外(疏生見舅姑在外沐浴)婦執笲菜祝帥婦以入祝告稱婦之姓曰某氏來歸敢奠嘉菜于皇舅某子(疏若張子李子○通典註皇君也某子者若今言某官府君也)婦拜扱地(註手至地也猶男子稽首)坐奠菜于几東席上還又拜如初婦降堂取笲菜入祝曰某氏來歸敢告于皇姑某氏奠菜于席如初禮婦出祝闔牖戶老醴婦于房中南面如舅姑醴婦之禮(疏舅姑生時使贊醴婦於寢之戶牖之間今舅姑沒者使老醴婦於廟之房中其禮則同使老及處所則別也)壻饗婦送者丈夫婦人如舅姑饗禮(疏舅姑存自饗從者今舅姑沒故壻無饗丈夫婦人幷有繒錦之等)○婦入三月然後祭行(註三月之後於祭乃行謂助祭也疏此據舅在無姑或舅沒姑老者若舅在無姑三月不須廟見則助祭)○曾子問三月而廟見擇日而祭於禰○語類朱子曰昏禮廟見舅姑之亡者而不及祖盖古者宗子法行非宗子之家不可別立祖廟故但有禰廟今只共廟如何只見禰而不見祖此當以義起亦見祖可也

⊙시부모가 이미 작고하였을 때 신부의 사당 알현 의식.

만약 시부모가 이미 작고 하셨으면 신부는 혼인한지 석 달 만에 소채를 올리고 알현한다. 만약 시아버지는 작고하시고 시어머니는 생존하여 계시면 당시에 시어머니께 폐백을 드리며 뵙고 석 달 뒤에 시아버지 사당을 알현한다. 또 시아버지는 생존하여 계시고 시어머니가 작고 하였으면 부인의 사당이 없거나 혹 계(繼)시어머니가 계시면 자연히 일반 세속의 예를 따른다.

축관과 신부는 문밖에서 손을 씻고 신부는 소채 폐백함을 든다. 축관은 신부를 인도하여 사당으로 들어가 다음과 같이 고하면 신부는 폐백함을 집사자에게 주고 앉아서 땅을 집고 절을 하고 다시 폐백함을 받아 시아버지 신위 전에 올리고 또 처음과 같이 절을 한다.

신부는 당에서 내려와 시어머니 폐백함을 들고 당으로 들어간다. 축관이 다음과 같이 고하면 폐백 함 드리기를 처음과 같이한다. 신부가 나오면 축관은 폐백함을 철회하고 문을 닫고 물러난다.

⊙婦見于祠堂儀禮節次(부견우사당의례절차)

陳設如常儀

序立○盥洗○啓櫝○出主○復位○降神○詣香案前○跪○上香○酹酒(執事者跪進盤盞主人受之傾茅沙上)○俯伏興拜興拜興平身(稍後立)○復位○參神(衆拜)○鞠躬拜興拜興拜興拜興平身○主人斟酒(主人執注立斟于逐位神主前)○主婦點茶(畢分立香案前)○鞠躬拜興拜興平身○主婦復位(主人不動)○跪○告辭(曰)○某之子某(若某親之子某)以某日昏畢新婦某氏敢見○俯伏興平身○新婦見(壻婦並立兩階間並拜古無壻拜之禮今從俗補之)○鞠躬拜興拜興拜興拜興平身○復位○辭神(衆拜)○鞠躬拜興拜興拜興拜興平身

若宗子自昏則告辭云某今昏畢敢以新婦某氏見行四拜禮畢新婦點茶各位又四拜

⊙신부가 사당 알현하는 의례절차.

진설은 평상시 행하는 상도대로 한다.
차서 대로 선다. ○손을 씻는다. ○신주독을 연다. ○신주를 내놓는다.

●행강신례.

주인은 향안 앞으로 간다. ○무릎을 꿇고 앉는다. ○분향한다. ○강신한다. (집사자가 나아가 무릎을 꿇고 앉아 잔반을 주인에게 주면 모사 위에 기우려 따른다) ○부복 하였다 일어나 재배한다. (조금 뒤로 물러나 선다) ○제자리로 물러나 선다.

●행참신례.

(모두 절한다) ○국궁 사배평신 한다. ○주인은 술을 따른다. (주인은 주전자를 들고 신주 앞 각 위를 따라가며 잔에 술을 따른다) ○주부는 차를 따른다. (마쳤으면 향안 앞에 나뉘어 선다) ○국궁 재배평신 한다. ○주부는 제자리로 물러나 선다. (주인은 제자리에 있는다) ○무릎을 꿇고 앉는다. ○고한다 (후첨 한 것임) ○부복 하였다 일어 난다.

●행신부알현.

(신랑과 신부는 양 층계 사이에 나란히 서서 같이 절을 한다. 고례에는 신랑이 절하는 예는 없으나 지금 세속의 예를 따라 보충한 것임) ○국궁 사배평신 한다. ○제자리로 물러나 선다.

●행사신례.

(모두 절한다) ○국궁 사배평신 한다.
만약 종자 자신의 혼인이면 고사(告辭)에 이르기를 모 이제 혼례를 마치고 감히 신부 모씨와 알현하나이다. 라 하고 사배를 한다. 절을 마치고 신부는 각 위마다 차를 따르고 또 사배를 한다.

◈廟見告辭式(묘견고사식)

某之子某(非宗子之子則某之上當添某親二字)以某日昏畢新婦某氏敢見

◈宗子自昏告辭式(종자자혼고사식)

某今昏畢敢以新婦某氏敢見

◈舅姑廟告辭式(구고묘고사식)奉主時當別有告辭

某氏(婦姓)來婦敢奠嘉菜于

皇舅某子(便覽當改某子爲某官府君)

某氏來婦敢告于

皇姑(便覽此下當添某封二字)某氏奠菜于(便覽舅在則當移用奠嘉菜之文)

모씨가 며느리로 들어와 시어머니 모씨께 감히 고하며 푸른 과실로 전을 올리나이다.

⊙婦家廟見儀禮節次(부가묘견의례절차)

婦父引壻至祠堂前婦父拜○鞠躬拜興拜興平身○跪○上香○告辭曰某之女某(若某親之女某)壻某來見○俯伏興平身○新壻見(壻立兩階間)○鞠躬拜興拜興拜興拜興平身(畢壻父)○鞠躬拜興拜興平身○禮畢(按禮止有壻見婦黨諸親而先廟見之儀今據集禮等書補之蓋生女適人生者既有謁見之禮而於死者漠然不相干況又有已孤而嫁者乎)

◈祠堂告辭式(사당고사식)

某之女某(若某親之女某)壻某來見

●士昏禮若舅姑既沒則婦入三月乃奠菜(註)奠菜者以篚祭菜也蓋用菫(疏)必三月者三月一時天氣變婦道可以成之故也此言舅姑俱沒者若舅沒姑存則當時見姑三月亦廟見舅若舅存姑沒婦入無廟可見或更有繼姑自然如常禮也此註云奠菜者以篚按下云婦執筭菜篚卽筭一也鄭知菜蓋用菫者舅姑存時用棗栗暇脩義取早起肅栗治暇自脩則此亦取謹敬○席于廟奧東面右几席于北方南面(註)廟考妣之廟(疏)祭統設同几卽同席此卽別席者此既廟見若生時見舅姑舅姑別席異面是以今亦異席別面象生不與常祭同也鄭知廟考妣廟者象生時見舅姑故知考妣廟也○老醴婦于房中南面如舅姑醴婦之禮(註)因於廟見禮之(疏)舅姑生時見訖舅姑使贊醴婦於寢之戶牖間今舅姑沒者使老醴婦於廟之房中其禮則同使老及處所則別也

●語類問既爲婦便當廟見必三月之久何也曰三月而後事定三月以前恐更有可去等事至三月不可去則爲婦定矣故必待三月而后廟見○又曰昏禮廟見舅姑之亡者而不及祖蓋古者宗子法行非宗子之家不可別立廟故但有禰廟今只共廟如何只見禰而不見祖此當以義起亦見祖可也

●程子曰女既嫁父母使人安之謂之致女古者三月而廟見始成婦也

●朱子曰古人是從下做上其初且是行夫婦禮次日方見舅姑服事舅姑已及三月不得罪於舅姑方得奉祭祀○三月然後事定三月以前恐更有可去等事至三月不可去則爲婦定矣故廟見此後方反馬馬是婦初歸時所承車至此方送還母家○又曰古人三月方見祖廟某恩量今亦不能三月之久亦須第二日見舅姑第三日廟見乃安亦當行

●艮齋曰婦先見祖舅近考得鄒景楊家禮集成亦言有祖父母者祖父母并南面坐婦獻贄拜禮舅姑立於東西受拜同居有尊長云云今承來敎亦以先見祖舅爲定恐得禮意矣從下做上只言其先見夫次舅姑次祠堂之序而已恐非幷及於先舅姑次祖次曾祖之分也

●朱子曰婦既歸姑與之爲禮喜家事之有承贊也僩錄作有傳也姑坐客位而婦坐主位姑降自西階婦降自阼階此見語類郊特牲門按此姑有舅姑未七十不曾傳家之時其婦歸無可替傳之家事而遽行此禮於舅姑無恙之日則可謂之得禮乎以此推之有祖舅姑者婦當先見祖舅姑也○父母泛稱同居尊者決無是理子與婦先坐正堂見婦然後乃以見於父母之私室亦決無是理又如無舅而有姑渠先見婦乃以見於舅姑亦決無是理理之所無聖賢豈敎人行之耶內則子事父母恐是包祖以上言家禮婦見舅姑此亦當包祖舅姑以上看也

●朱子曰昏禮廟見舅姑之亡者而不及祖蓋古者宗子法行非宗子之家不可別立祖廟故但有禰廟今只共廟如何只見禰而不見祖此當以義起亦見祖可也

●南溪曰舅姑既沒則婦入三月乃奠菜卽士昏禮文也家禮無此節目恐當依本文用告事之儀而已其與祖先共廟者只行通共拜謁之禮而已

●儀節若宗子自昏則告辭云某今畢昏敢以新婦某氏見行四拜禮畢新婦點茶復位又四拜

●問新婦三日廟見蓋謂親迎者若經年若踰時而後來則見舅姑卽拜祠堂後行見尊長饋舅姑之禮如何沙溪曰來示得之退溪說亦然

●問娶婦過三年始眷歸入門卽令廟見如何寒岡曰某以此事稟于李先生曰今之時異於古雖未歸而久修婦道又或生子而後始歸如是而尙待三日無乃執泥不通乎存羊之義亦不可不取如何先生荅曰此處存羊之義恐用不得然今以淺見思之初歸入門卽詣祠堂亦似太遽入門而拜舅姑齊宿而廟見恐爲穩當

●士昏禮記婦入三月然後祭行註於祭乃行謂助祭也疏此據舅在無姑不須見廟則助祭或舅沒姑老者廟見之後亦得助祭此謂適婦也○若舅姑旣沒則婦入三月乃奠菜註奠菜以篚祭菜也蓋用菫疏三月一時天氣變婦道可成也此言舅姑旣沒者若舅沒姑存則當時見姑三月亦廟見舅若舅存姑沒則婦人無廟或更有繼姑自然如常禮也用菫者取謹敬○席于廟奧東面右几席于北方南面疏祭統云設同几同几卽同席此別席者廟見若生時見舅姑舅姑別席異面今亦異席別面象生不與常祭同也ㅇ祝盥婦盥于門外婦執笲菜祝帥婦以入祝告稱婦之姓曰某氏來婦敢奠嘉菜于皇舅某子婦拜扱地坐奠菜于几東席上還又拜如初註某氏者齊女則曰姜氏魯女則曰姬氏來婦言來爲婦皇君也扱地手至地也猶男子稽首疏某子若張子李子也婦人肅拜爲正今重其禮故扱地也○婦降堂取笲菜入祝曰某氏來婦敢告于皇姑某氏奠菜于席如初禮註於姑言敢告舅奠於姑○婦出祝闔牖戶老醴婦于房中南面如舅姑醴婦之禮註老群吏之尊者疏廟之房中

●曾子問孔子曰三月而廟見稱來婦也擇日而祭於稱成婦之義也

●便覽按朱子義起之論是見祖廟之謂也非奠菜之謂也如蚤孤者取婦入門不可不追伸饋奠之禮欲行此禮者若同見祖廟而只奠禰位則誠爲未安並奠於高祖以下則事涉拕長先於正寢設考妣兩位出主行薦如儀禮又依家禮見于祖廟則恐兩行不悖矣

▶2841◀◈問; 결혼 후 절차에 관해.

안녕하세요 저는 10 월에 결혼하는 신부입니다. 주위의 친구나 친지를 보면 신혼여행을 다녀와서 신부 집에 가서 하루 밤 자고 신랑 집으로 가는 것을 보았습니다. 신혼여행 다녀와서 친정에 갔다가 올 때 음식을 해가지고 오는 걸로 알고 있습니다. 그리고 그 음식으로 신랑의 친척을 초대해서 대접하는 걸로 알고 있습니다. 시어머니 되실 분이 저에게 그러시던데 원래는 시집에서 좀 살다가 친정에 가는 것이라 하시면서 일주일 후에 친정에 가라고 하시더군요. 참고로 저의 친정은 지방이고 시집은 서울입니다.

저희가 신혼여행을 다녀와서 일주 후가 아버님 생신이라 신혼 여행 다녀와서 손님을 초대하고 또 일주일 후 아버님생신에 손님을 초대하기가 번거롭다 하시면서 일주일 후에 친정에 갔다가 올 때 음식을 해 가지고 오면 그때 그 음식으로 손님을 대접했으면 좋겠다고 하십니다. 언제 친정에 인사하러 가는 게 맞는 건지 신랑 집에 먼저 가는 게 맞는지 신부 집에 먼저 가는 게 맞는지 그리고 그 유래는 어디서 생겼는지 궁금하구요. 이런 경우에 제가 어떻게 하는 게 현명한 건지 조언을 부탁 드립니다.

◈答; 결혼 후 절차에 관해.

신혼 예법에 관하여서는 정립 되여 보편적으로 행하고 있는 제도는 잘 모르겠습니다. 죄송합니다.

주자가례 혼례 의식에 관하여만 답하여 보겠습니다. 혼례 의식에 이런 의식이 있습니다. 주자가례 혼례편에 시가 사당 알현(廟見) 하는 의식에 삼일주인이부견우사당(三日主人以婦見于祠堂)이 말씀은 삼 일째 되는 날 주인은 신부를 데리고 사당 조상을 알현한다. 하였으며 명일서왕견부지부모(明日壻往見婦之父母)이 말씀은 다음날 사위는 신부 집으로 가서 신부의 부모를 뵙는다. 라 하였으며 의절에 보면 보(補), 묘견(廟見)즉 신랑도 신부 집 사당 조상을 알현 하여야 한다 하였습니다. 이 말씀의 의미는 먼저 시가에서 행할 모든 의식을 마친 연후에 처가 부모와 사당을 찾아 뵙는다는 뜻입니다.

경중(輕重) 선후(先後)를 계산하기 이전에 어차피 일편은 후자가 불가피 한 것입니다. 종신(終身)토록 받들어야 하고 종신 후 함께 하여야 할 조상께 먼저 인사를 함이 이 예법의 취지가 아니겠습니까.

◎음식의식에 관한 소견입니다.

주자가례(朱子家禮)에 이런 말씀이 있습니다. 약총부칙궤우구고(若冢婦則饋于舅姑) 이 말씀의 뜻은 만약 맏이 며느리이면 시부모에게 친정에서 보내준 음식을 올려 드린다 라 하셨고 속례에 재행 갈 때 신랑 집에서 채반이라 하여 특별한 음식물의 궤함을 처가로 신랑과 신부와 같이 보내면 신부 집에서 역시 그와 같이 하여 돌아올 때 같이 보내 주고 있습니다. 그 음식은 시 처가의 안목이기에 성을 다하였으며 그 음식은 친척은 물론 동리 이웃까지 나누어 자랑 하는 것입니다.

여기에 고례와 속례를 소개 하였으니 근거와 유래를 미루어 짐작 할 수 있을 것이며 현명한 판단을 하여 예에 어긋남이 없게 하시기 바랍니다. 귀하에게 하늘이 내리는 만복을 결혼 축하와 더불어 같이 하시기 바랍니다.

⊙若冢婦則饋于舅姑(약총부즉궤우구고)

是日食時婦家具盛饌酒壺婦從者設蔬果卓子于堂上舅姑之前(增解按士昏禮設饌如取女禮云則此設蔬果薦饌之式亦當略如同牢儀)設盥盆于阼階東南帨架在東舅姑就坐(姆引婦)婦盥升自西階洗盞斟酒置舅卓子上降俟舅飮畢又拜(增解愚按書儀婦先薦饌于舅姑前食畢婦降拜舅升洗盃斟酒置舅卓子上降俟舅飮畢又拜遂獻姑如獻舅儀云則其云又拜者以前已拜姑也此無薦饌拜而曰又者行也三禮儀則刪又字)遂獻姑(儀節婦洗盞斟酒)進酒姑受飮畢婦降拜遂執饌(便覽婦執饌也)升薦于舅姑之前(儀節從者以盤盛湯至婦自捧詣舅姑前置卓子上以盤盛飯或饅頭至婦自捧詣舅姑前置卓子上)侍立姑後以俟卒食徹飯侍者徹饌分置別室婦就餕姑之餘婦從者餕舅之餘壻從者又餕婦之餘非宗子之子則於私室如儀

司馬溫公曰士昏禮婦盥饋特豚合升側載註側載者右胖載之舅俎左胖載之姑俎今恐貧者不辦殺特故但具盛饌而已

⊙만약 맏며느리이면 시부모에게 친정(親庭)에서 보내준 음식을 올려드린다.

이날 식사 때가 되면 신부 집에서 가져온 찬과 술병을 당위의 시부모 앞 상에 시종이 소채와 과실을 차려놓고 동쪽층계 아래 동남쪽으로 세수대야를 두고 수건거리에 수건을 걸어 그 동남쪽에 놓는다.

시부모가 자리에 앉으면 모부가 신부를 인도하여 손을 씻은 후 서쪽층계로 올라가 잔을 씻어 술을 따라 시아버지 상에 드리고 내려와 드시기를 기다린다. 시아버지가 술을 드시면 절을 하고 다시 층계로 올라가 잔을 씻어 술을 따라 시어머니께 드리고 내려와 기다린다. 시어머니가 술을 다 드시면 절을 한다.

시종이 국과 밥을 가져오면 신부가 음식을 가지고 올라가 시부모 앞 상에 드리고 신부는 시어머니 뒤에 서서 식사가 끝나기를 기다린다. 식사를 마치면 시종이 찬을 거둬 별실에 나눠 놓는다. 신부는 시어머니가 남긴 음식을 먹고 신부의 시종은 시아버지가 남긴 음식을 먹고 신랑 집 시종은 신부가 남긴 음식을 먹는다. 종자의 아들이 아니면 이 의식은 자기 방에서 그와 같이한다.

⊙饋于舅姑儀禮節次(궤우구고의례절차)

是日食時婦家具酒饌遣人送至壻家用卓子盛如堂儀置于廳事○又設盥盆巾架東階下東南帨架在其東請就位(舅姑並坐訖婦拜)○拜興拜興拜興拜興○擧饌案(執事者奉婦家所設饌案各置舅姑前)○盥洗(姆引婦盥手洗盞斟酒于盞奉之)○詣舅位前○拜興拜興○進酒○跪(俟飮訖)○興(受盞)○復位○拜興拜興拜興拜興(婦退洗盞斟酒于盞奉之)○詣姑位前○拜興拜興○進酒○跪(俟飮訖)○興(受盞)○復位○拜興拜興拜興拜興○進湯(從者以盤盛湯至婦自捧詣舅姑前置卓子上)○進飯(從者以盤盛飯婦自捧詣舅姑前置卓子上食訖或饅頭)○徹饌案○餕餘(婦就餕姑之餘婦之餘以餕從者)

⊙친정에서 보내온 음식을 시부모에게 드리는 의례절차.

이날 식사 때에 신부 집에서 인편에 보내온 술과 찬을 신랑 집에서 상에 차려 당에서와 같은 의식으로 청사에 차려 놓는다. ○또 세수대야와 수건거리에 수건을 걸어 동쪽층계 아래 동남쪽으로 놓되 수건거리가 세수대야 동쪽이다.

시부모는 자리로 나아가 앉는다. (시부모가 다 같이 자리에 앉으면 신부는 절을 한다) ○신부는 사배를 한다. ○찬(饌)상을 올린다. (집사들은 신부 집에서 보내온 찬(饌)상을 시부모 앞에 각각 한 상(床)씩 올린다) ○신부는 손을 씻는다. (모부(姆婦)가 신부를 인도하여 손을 씻고 잔을 닦아 잔에 술을 따라 받들어 들고 간다) ○신부는 시아버지 앞으로 간다. ○재배를 한다. ○술잔을 드린다. ○무릎을 꿇고 앉는다. (잔을 비울 때까지 기다린다) ○일어선다. (잔을 받는다) ○제자리로 물러나 선다. ○사배를 한다. (신부는 물러나 잔을 씻어 잔에 술을 따라 받들어 들고 간다) ○시어머니 앞으로 간다. ○재배를 한다. ○술잔을 드린다. ○무릎을 꿇고 앉는다. (다 드시기를 기다려 마쳤으면) ○일어선다. (잔을 받는다) ○제자리로 물러나 선다. ○사배를 한다. ○탕을 올린다. (시종이 소반에 탕을 받쳐들고 오면 신부는 손수 받들어 들고 시부모 앞 상에 올려 드린다) ○밥을 올려 드린다. (시종이 밥 주발을 소반에 담으면 신부는 손수 두 손으로 받들어 들고 시부모 앞 상위에 올려 드린다. 식사를 마쳤으면) ○상을 물린다. ○남은 음식을 나눈다. (신부는 시어머니가 남긴 것을 먹고 신부가 남긴 것은 시종이 먹는다)

◆饋于舅姑(궤우구고)

●士昏禮舅姑入于室婦盥饋特豚合升側載無魚腊無稷並南上其他如取女禮註饋者婦道旣成成以孝養在鼎曰升在俎曰載載胖故云側載○婦贊成祭卒食一酳無從疏贊成祭者謂授之○婦徹設席前如初婦餕舅辭易醬註婦餕將餕也疏辭易醬者醬乃以指咂之嫌淬汚○婦餕姑之贊食卒姑酳之婦拜受姑拜送婦徹于房中媵御餕姑酳之雖無娣媵先註古者嫁女必姪娣從謂之媵姪兄之子娣女弟也娣尊姪卑若或無娣猶先媵客之也媵餕舅餘御餕姑餘也

●韻會冢展勇切大也

●小學註冢婦長婦也

●士昏禮註饋者婦道旣成成以孝養

●記庶婦則使人醮之不饋(註)庶婦庶子之婦也使人醮之不饗也酒不酬酢曰醮亦有脯醢適婦酌之以醴尊之庶婦酌之以酒卑之其儀則同不饋者共養統於適魏氏曰據此則衆婦不饋矣今王昏禮第三日妃詣帝君前捧膳不云冢婦介婦也且子婦新昏正要使之知事親敬長之禮何冢婦介婦之別乎若介婦不饋適足以長其驕慢之氣此不可泥古但於饋時使弟奉酒於兄介婦奉酒於冢婦以此爲別可也

●大全李繼善問按禮婦盥饋舅姑若舅已沒不知可以叔父受盥饋禮否曰叔父無盥饋之文蓋與姑受禮禮相妨也

●士昏禮記庶婦則使人醮之婦不饋註不饋者共養統於適也

●魏氏堂曰據此則衆婦不饋矣子婦新昏政要使之知事親敬長之禮何冢婦介婦之別乎若介婦不饋適足以長其驕慢之氣此不可泥古但於饋時使弟奉酒於兄介婦奉酒於冢婦以此爲別可也

●書儀古者庶婦不饋然饋主供養雖庶不可闕也

●按或曰有祖父母者饋禮則當只行於舅姑盖祖父母則其姑已行之矣此說恐是且以上見舅姑言之婦見舅姑後舅姑以其婦就見於尊於舅姑者之室即祖舅姑也盖以婦道所重專主於舅姑故也且若幷行饋當先饋祖舅姑然則與先見舅姑之義豈不相戾耶當與醮饗等禮參究

◎재 행(再行)

壻見婦之父母(서견부지부모)

⊙明日壻往見婦之父母(명일서왕견부지부모)

婦父迎送揖讓如客禮(儀節從者執幣隨壻婦父升立于東少北壻立于西少南)拜(便覽壻拜也)卽跪(便覽婦父跪也)而扶之(便覽恐是推兩手而辭之之意○儀節從者授壻幣壻以奉婦父受之以授從者)入見婦母婦母闔門左扉(便覽東扉也)立于門內(便覽西面)壻(便覽東面)拜于門外(儀節以幣奉婦母從者受以入婦母答拜)皆有幣婦父非宗子卽先見宗子夫婦不用幣如上儀然後見婦之父母

⊙다음날 신랑은 신부 집으로 가서 신부의 부모에게 인사를 한다.

신부의 부친은 사위를 맞이하고 보낼 때 공손히 읍하기를 일반 빈객의 의례와 같게 한다. 종자는 폐백 함을 들고 신랑을 따르고 신부의 아버지는 동쪽층계로 올라가 조금 북으로 가 서고 사위는 서쪽층계로 올라가 조금 남쪽으로 서서 절을 하면 신부의 부친은 곧 무릎을 꿇고 부축한다. 안으로 들어가 신부 모친을 뵙는다. 신부의 모친은 문을 닫고 왼쪽문안에 서 있으면 사위는 문 밖에서 절을 한다. 모두에게 폐백이 있다. 신부의 부친이 종자가 아니면 먼저 종자(宗子) 부부를 폐백 없이 뵙기를 위의 의식과 같게 한 연후 신부의 부모를 뵙는다.

⊙見婦之父母儀禮節次(견부지부모의례절차)

其日壻盛服往婦家至大門外立侍者先入

壻至○請出迎(婦父出大門外迎之)○揖壻請行(婦父擧手揖壻入先行壻從之從者執贄幣隨壻婦父升自東階壻自西階)○各就位(婦父立于東少北壻立西少南)○鞠躬拜興拜興拜興拜興平身(婦父跪而扶之)○奉贄幣(從者授壻幣壻以奉婦父受之以授從者)○見外姑(婦母闔門左扉立于門內壻拜于門外)○鞠躬拜興拜興拜興拜興平身○奉贄幣(壻以奉婦母從者受以入)

⊙婦家廟見儀禮節次(부가묘견의례절차)

婦父引壻至祠堂前婦父拜○鞠躬拜興拜興平身○跪○上香○告辭曰某之女某(若某親之女某)壻某來見○俯伏興平身○新壻見(壻立兩階間)○鞠躬拜興拜興拜興拜興平身(畢壻父)○鞠躬拜興拜興平身○禮畢(按禮止有壻見婦黨諸親而先廟見之儀今據集禮等書補之蓋生女適人生者旣有謁見之禮而於死者漠然不相干况又有已孤而嫁者乎)

◈祠堂告辭式(사당고사식)

某之女某(若某親之女某)壻某來見

⊙次見婦黨諸親(차견부당제친)

不用幣婦女相見如上儀(儀節婦父引壻有尊長則就所居見之卑幼見或答拜或跪而扶之隨婦父所命)

⊙다음으로 신부 집안 여러 친척들을 뵙는다.

폐백이 없으며 신부 집 부녀자들과도 서로 인사를 나누기를 위의 의식과 같이한다.

⊙見尊長儀禮節次(견존장의례절차)

婦父引壻回廳事有尊長則就所居見之

鞠躬拜興拜興拜興拜興平身(無幣)○卑幼見(皆再拜或答或跪而扶之隨婦父所命)

⊙婦家禮壻如常儀(부가례서여상의)

親迎之夕不當見婦母及諸親及設酒饌以婦未見舅姑故也

⊙신부 집에서 사위에 대한 예는 평상의 의례와 같게 한다.

친영하던 날 저녁에 신부의 모친과 친척들을 뵙지 않고 또 주찬을 베풀지 않은 것은 신부가 아직 시부모를 뵙지 않았기 때문이다.

⊙禮壻儀禮節次(예서의례절차)

其日預設酒席如時俗儀婦父曰

今備薄酒敢醴從者(壻辭之不獲壻答曰)○敢不從命(壻拜)○鞠躬拜興拜興平身(答拜)○各就位(婦父立東階上壻西階俱北向)○主人酌酒(婦父特酒以奉壻壻趨席末受之而揖又遍揖在席諸親)○壻跪(壻跪而飮婦父以一手扶之)○啐酒興揖平身○壻酢酒(壻降階洗盞斟酒以奉婦父婦父亦受而遍揖在席者)○跪(壻跪婦父以一手扶之飮訖)○興(壻起婦父以盞置酒案上)○詣升席(婦父及諸陪者皆席于東席壻獨席於西序少南近階)○執事者行酒(或三行或五行隨宜)○進饌(如時俗儀酒闌壻起)○壻拜謝○鞠躬拜興拜興平身(婦父跪而扶之)○答壻幣(或巾服幣帛之類隨宜壻受之以授從者)○鞠躬拜興拜興平身(亦跪而扶之)○送壻(至大門外)○揖平身今許于禮壻儀者以鄕俗有尊壻太過者又有卑壻太甚者按集禮等書謹酌中道以爲此儀

▶2842◀◈問; 경조사 봉투에 축결혼과 축화혼의 차이를 알고 싶습니다.

안녕하세요. 경조사(慶弔事) 봉투에 축결혼(祝結婚)과 축화혼(祝華婚)의 차이를 알고 싶어 글 남깁니다.

저는 지금까지 축결혼은 결혼당사자가 남자일 경우 축화혼은 여자일 경우로 알고 있었는데요. 인터넷을 찾다 보니 그게 아니라는 글이 있더라고요. 정확히 어떤 경우에 사용하는 것이 맞는지 알고 싶습니다. 답변 부탁 드립니다.

◈答; 경조사 봉투에 축결혼과 축화혼의 차이.

祝結婚; 결혼은 축하함.
祝華婚; 결혼을 축하함.

祝結婚이나 祝華婚이라 이르는 말은 다른 사람의 결혼을 축하한다는 의미로 동일하게 쓰이나, 다만 華婚이라 함은 중국 본토에서는 통용되지 않는 용어로 우리나라에서만 특이하게 쓰이는 듯싶으며, 그 의미는 다른 사람의 結婚을 아름답게 이르는 말로 쓰일 뿐이지, 결혼당사자에 따라, 또는 결혼의 경우에 따라 분리하여 쓰여지지 않습니다..

●漢書張騫傳其後烏孫竟與漢結婚也稱男女結成夫婦
●漢語詞典[華]稱美之詞通常用于跟對方有美的事物

▶2843◀◈問; 금혼식(金婚式) 고천문(告天文).

결혼 50 주년 금혼식을 하려 하는데 고천문을 어떻게 작성해야 하는지요? 아울러 절차도 알려 주시면 고맙겠습니다.

◈答; 금혼식(金婚式) 고천문(告天文).

서양 풍속인 金婚式에 대한 예법이 유가에는 없습니다. 유가에는 결혼 60 년 되는 해에 회혼례(回婚禮) 의식이 있으며 별도로 축사식이나 고천문(告天文)을 고하는 의식이 없습니다. 따라서 금혼식이 없으니 그와 같은 고식이 있지 않습니다.

◈回婚回甲禮(二禮演輯)

◆回婚

南溪曰禮無此文想古無此禮而然也今從俗行之則似當倣婚禮設同牢床對坐傳杯儀而已若拜跪諸節不必一一遵行以損安老之大致也擧樂一段旣非初婚之比何必全然廢却○尤庵曰回婚禮近出於士大夫家而無古據然人子情理是日不能昧然經過則不過設酌以賀如晬日之儀○又有服者行宴當否曰當看家禮主婚者無朞以上喪條而處之○陶庵曰都不設婚儀只子孫上壽而已

◆回甲

禮無回甲之文而家禮有獻壽儀未知獻壽在於何時耶今從俗設宴則亦用此儀

◈笏記

家長兩位(父母)盛服就位南向坐男女子孫盛服序立如圖(男東女西)先共再拜(婦人四拜)獻者一人(子弟之最長者)以盛饌分獻于家長兩位前(各卓)獻者進立于父位前(獻壽席)奉盞○執事斟酒○獻者跪獻盞○祝曰[伏願父主備膺五福保族宜家]讀訖○家長(父)受盞飮畢○以其盞授執事○獻者次詣母位前(獻壽席)奉盞○執事斟酒○獻者跪獻盞○祝曰[伏願母主備膺五福保族宜家]讀訖○母受盞飮畢○以其盞授執事○獻者興○退復位○獻者以下皆再拜(家禮有醮于諸卑幼之禮而今俗鮮行酢禮故今刪之)家長命易服○男女諸子孫皆服便服○還復就位相向坐(男東女西)各受盃盞盡歡而徹○皆再拜而退

▶2844◀◈問; 급하게 문의 드립니다.

어제 밤에 저희 큰아버지께서 돌아가셨다고 연락을 받았습니다. 그래서 오늘 고향을 내려갈려고 생각하다가 다음주 토요일에 처제 결혼식이 있어서 어떻게 해야 할지 모르겠습니다. 답변 꼭 부탁 드립니다.

◈答; 백부상을 당하였다면.

혼인의 당사자나 주혼자가 일년 복에 해당하는 상이 없으면 혼인을 하고 만약 대공(9 월복)상에 아직 장사를 치르지 않았으면 혼인은 못하는 것입니다. 선생은 주혼자도 당사자도 아니니 꺼릴 것이 없습니다. 더욱이 처제 결혼식 참여에 꺼림이 있어 백부상에 불참한다 함은 예 운운(云云)하기 이전에 친족간의 도리에도 어긋날 것입니다.

●性理大全昏禮身及主昏者無朞以上喪乃可成昏(註)大功未葬前亦不可主昏

▶2845◀◈問; 난감한 상황에 처해졌습니다. 도움 부탁 드려 봅니다.

안녕하세요? 현재 난감한 사정에 처하게 되어 이렇게 글을 남기고 전통예절(傳統禮節)에 바르게 행동하고자 합니다. 저는 현재 34 세의 남자이고 결혼날짜를 받아놓고 있는 예비신랑입니다. 지금 매우 난감한 상황에 처해 있습니다. 못된 손자라고 말하시겠지만 상황은 이러합니다.

올 8 월 달에 상견례를 하였고, 신부가 나이가 좀 있는 관계로 신부측에서 올해 내로 결혼을 하도록 서둘렀습니다(속된 말로 사고친 건 아니었습니다.). 그래서 11 월 모일 날짜를 신부측에서 받아왔고 신부측에서는 그날이 아니면 올해 안으로 적당한 날짜가 없다고 했습니다. 9 월초 저희에게 잡은 날짜를 알려주었습니다. 그때 저희 부모님께서도 다른 말씀이 없으셨고 그날로 결혼식장도 예약했고 청첩장도 찍었습니다. 직장 및 친구들에게도 모두 연락을 완료했었습니다. 그런데 오늘 아버님께서 그날이 할아버님 기일(제삿날)인 걸 아셨습니다. 결국은 제 불찰이지만 모든 게 예약이 다 끝난 상태인데 어떻게 해야 할지 모르겠습니다. 그대로 결혼하면 전 할아버님께 불효 막심한 손자가 되나요? 생전에 절 많이 아껴주신 할아버님이신데 전 어떻게 하면 될까요?

결혼하게 되면 정말 할아버님께 불효하게 되는 걸까요? 주위 친지 분들께 예절도 모르는 호로 자식이란 말을 듣게 될까요? 불쑥 이렇게 글을 남겨 관리자님께도 죄송하지만 절박한 마음에 그럼 좋은 말씀 기다리겠습니다.

◈答; 결혼식 날이 조부 기일이라면.

아래는 주자가례 혼례 중의 예식을 할 수 없는 경우입니다.

身及主昏者無期以上喪乃可成昏○大功未葬亦不可主昏
혼인할 본인과 주혼자는 기년이상의 복이 없어야 혼인을 할 수 있다. 주혼자가 대공상에 아직 장례 치 않았으면 혼인할 수 없다.

아래는 기제사 재계 의식 입니다.

○前一日齊戒; 如祭禰之儀
하루 전에 재계한다; 녜제 의식과 같다.

아래는 예기(禮記)의 재계(齋戒) 가르침입니다.
祭統及時將祭君子乃齊齊之爲言齊也齊不齊以致齊者也是故君子非有大事非有恭敬也則不齊不齊則於物無防也嗜欲無止也及其將齊也防其邪物訖其嗜欲耳不聽樂故記曰齊者不樂言不敢散其志也心不苟慮必依於道手足不苟動必依於禮是故君子之齊也專致其精明之德也故散齊七日以定之致齊三日以齊之定之之謂齊齊者精明之至也然後可以交於神明也
예기 제통편의 가르침입니다. 정해진 때가 되어서 앞으로 제사를 지내려면 군자는 재계를 하여야 하느니라. 가지런하지 않은 몸과 마음을 정제(整齊) 함으로서 제관들의 몸과 마음이 깨끗하게 되는 것이니라. 그렇기 때문에 군자는 큰일이 있지 않고 공경할 일이 있지 않으면 재계치 않는 것이니라. 재계를 하지 않으면 몸을 얽매는 세상의 괴로운 일을 막아 낼 수가 없고 즐거워하고 좋아하고자 하는 욕심이 그침이 없게 되는 것이니라. 그에 미치어 있는 자가 장차 재계를 하면 그 몸을 얽매는 간사하고 세상의 괴로운 일을 막아내고 즐거워하고 좋아하고자 하는 욕심이 그치게 되어 세상의 즐거운 소리가 귀에 들리지 않는 것이니라. 그렇기 때문에 옛날의 예서에 기록 되어 있기를 재계하는 자는 즐거운 마음을 가져서는 아니 된다 하였으니 재계하는 자는 감히 마음을 흩으려서는 아니 된다라는 그와 같은 뜻이니라. 재계하는 자는 마음을 구차하게 눈앞의 안일만을 취하려는 생각이 없어야 하고 반드시 재계하는 법도에 의하여 수족을 조금도 헛되이 움직이지 않아야 하며 반드시 예법에 의하여 재계를 하여야 하느니라. 그런고로 군자의 재계는 오로지 순일하고 맑고 깨끗한 덕에 이르러야 하느니라. 그런고로 군자의 심경이 안정 못한 것을 산재로 칠일을 하여 안정 시키고 치재 삼 일을 하여 몸과 마음이 가지런하도록 안정 시켜가는 것을 재계한다 이르느니라. 그런고로 재계하는 자는 몸과 마음이 지극히 순일하고 맑고 깨끗함에 이른 연후라야 가히 신명을 만나 정을 주고 받을 수 있느니라.

이상과 이하와 같이 살펴보아도 법도상 기일 날은 혼례를 행할 수가 없습니다.

●孟子離婁下; 雖有惡人齋戒沐浴則可以祀上帝(辭源註)古人在祭祀前沐浴更衣不飮酒不飮葷不與妻妾同寢整潔心身以示虔誠
●儒林外史第三十七回; 先一日就請老先生到來祠中齋戒一宿以便行禮
●祭義致齊於內散齊於外
●祭統故散齊七日以定之致齊三日以齊之定之之謂齊齊者精明之至也然後可以交于神明也中祀如祭社稷太歲等壇行散齋(辭源註)擧行祭祀或典禮以前淸整身心的禮式
●性理大全祭禮忌祭前一日齋戒條; 如禰祭之儀又是日不飮酒不食肉不聽樂黲巾素服素帶以居
●疑禮流說或問時祭忌祭俱是祭先而齊戒時有三日一日之異者何也沙溪曰開元禮齊戒條註云凡大祀散齋四日中祀三日小祀二日致齊大祀三日中祀二日小祀一日以此觀之祭有大小而齋戒之日亦隨而有異也
●要結時祭則散齋四日致齋三日忌祭及墓祭則散齋二日致齋一日參禮則齋宿一日
●備要時祭則前期三日齋戒忌祭及墓祭則前一日齋戒參禮則前一日齋宿是日不飮酒不食肉不聽樂以居夕寢于外

▶2846◀◈問; 동생 결혼.

동생이 결혼을 합니다. 그런데 부모님이 돌아가셔서 안 계십니다. 신부측에서 결혼식 전날 돌아가신 부모님께 인사를 올려야 한다고 하는데 음식 장만을 신부측에서 준비를 해서 한다는데 어떻게 해야 하는지요. 꼭 해야 한다는 것입니다. 오촌당숙께 물어보니 잘 모르시더라고요. 형으로서 동생 결혼에 어떻게 해야 할지도 궁금합니다. 친척도 오촌당숙과 육촌형님 한 분이라 걱정입니다.

제사에 관한 질문인데요. 추석날 저녁에 어머니 제사입니다. 아침에 차례를 지내고 저녁에 또 제사를 모셔야 하는데 집사람이 암 수술을 한 상태라 힘들어 하더라고요. 친척분들도 아침에 지내는 걸로 끝내라고 그러고요. 동생이 멀리 살아서 저녁에 제사모시고 내려가는 것도 좀 걸리고 (하는 일이 명절 하루 쉴 수밖에 없어서) 어떻게 해야 하나요.

◈答; 동생 결혼.

혼례식 날 아침 일찍 일상 제사 지내는 모든 위의 지방을 써 붙이고 주과포 진설로 아래와 같은 예법으로 마치고 예식장으로 향하면 예에 크게 어그러지지는 않을 것입니다.

⊙壻家告于祠堂儀禮節次(서가고우사당의례절차)

主人以下盛服○序立(男左女右世爲一行詳見通禮)○盥洗○啓櫝○出主(主人出考主主婦出妣主)○復位(主婦以下先降復位)○降神(執事者洗手上階開甁實酒于注一人奉注詣主人右一人執盞盤詣主人左)○主人詣香案前跪○焚香(旣焚香畢右執事者跪進酒注左執事者亦跪以盞盤向主人主人受注斟酒于盞反注于右執事者取盤盞自捧之二執事者皆起)○酹酒(主人左手執盤右手執盞盡酹茅沙上畢置盞香案上)○俯伏興(少退)○鞠躬拜興拜興平身○復位○參神(主人以下凡在位者皆拜)○鞠躬拜興拜興拜興拜興平身○主人斟酒(主人升自執酒注斟酒于逐位神主前空盞中先正位次祔位次命長子斟諸祔位之卑者畢主人稍後立)○主婦點茶(主婦執甁斟茶于各正祔位前空盞中命長婦長女斟諸祔位之卑者畢主婦退與主人並立拜)○鞠躬拜興拜興平身○復位(主人不動)○跪(主人跪)○讀祝(畢)○俯伏興平身○復位○子將親迎見(壻立兩階間拜)○鞠躬拜興拜興拜興拜興平身○復位○辭神(衆拜)○鞠躬拜興拜興拜興拜興平身○焚祝文○禮畢
●주인 이하 성복을 한다. ○차서 대로 선다. (남자는 왼편 여자는 오른편으로 세대 마다 한 줄이 되어 서되 통례의 서립도를 자세히 살펴 그와 같이한다) ○손을 씻는다. ○신주 독을 연다. ○신주를 내놓는다. (주인은 남자 신주를 주부는 여자 신주를 내모신다) ○제자리로

간다. (주부 이하는 먼저 제자리로 물러선다) ○행강신례. (집사자는 손을 씻고 층계 위의 병을 열어 술을 주전자에 담아 한 사람은 주전자를 받들고 주인의 오른편으로 가고 한 사람은 잔반을 들고 주인의 왼편으로 나간다) ○주인은 향안 앞으로 나아가 무릎을 꿇고 앉는다. ○분향한다. (이미 분향을 마쳤으면 우집사자는 무릎을 꿇고 앉아 술 주전자를 주인에게 드리면 좌집사자는 역시 무릎을 꿇고 앉아 잔반을 주인 앞으로 향한다. 주인은 주전자로 술을 잔에 따르고 주전자는 우집사자에게 되돌려 주고 잔반을 받아 받들고 있으면 좌우 집사자는 모두 일어난다) ○강신한다. (주인은 왼손으로 반을 쥐고 오른손으로 잔을 잡아 모사 위에 다 따르고 마치면 잔반은 향안 위에 둔다) ○부복하였다 일어선다. (뒤로 조금 물러나 선다) ○국궁 재배 평신한다. ○제자리로 물러나 선다. ○행참신례. (주인 이하 자리에 있는 이 모두 절한다) ○국궁 사배 평신한다. ○주인은 술을 따라 올린다. (주인은 올라가 스스로 술 주전자를 들고 위전을 따라가며 신주 앞 빈 잔에 술을 따르되 먼저 정위 다음으로 부위이며 그 뒤 장자에게 일러 낮은 부위에 술을 따르게 하고 마쳤으면 제자리로 물러나고 주인은 조금 뒤로 물러선다) ○주부는 차를 따라 올린다. (주부는 차(茶)병을 들고 차를 각 정 부위 앞 빈 잔에 따르고 맏며느리나 큰딸에게 일러 낮은 부위에 따르게 하고 마쳤으면 제자리로 물러서고 주부는 뒤로 물러나 주인과 같이 서서 절을 한다) ○국궁 재배 평신한다. ○제자리로 물러선다. (주인은 그 자리에 서 있는다) ○무릎을 꿇고 앉는다. (주인은 무릎을 꿇고 앉는다) ○독축한다. (마쳤으면) ○부복하였다 일어선다. ○제자리로 물러나 선다. ○앞으로 친영(親迎) 갈 신랑은 알현 한다. (신랑은 양 층계 사이에서 절을 한다) ○국궁 사배 평신한다. ○제자리로 물러나 선다. ○행사신례. (모두 절한다) ○국궁 사배 평신한다. ○축문을 불사른다. ○예를 마친다.

◈告辭式

維 歲次干支幾月干支朔幾日干支孝玄孫某官某敢昭告于 顯高祖考某官府君 顯高祖妣某封某氏(諸位列書)某之弟某將以今日親迎于某官某郡某氏不勝感愴謹以酒果用伸虔告謹告

고사식에 관하여 의문이 있으면 재차 문의하시면 그 날짜로 간지 등을 고쳐 드리겠습니다. 추석날과 기제사가 겹쳐 든다 하셨는데 아마도 기일(작고 일자)은 음력 8 월 16 일인 듯합니다. 명일과 기일이 겹친다 하여도 기제를 지내지 않을 수는 없습니다.

▶2847◀◈問; 동생이 형보다 먼저 장가를 가게 되었는데 참석해야 하는지요?

저는 28 살(빠른 생일)이고 4 년을 사귄 여자친구가 있습니다. 여자친구는 회사원이고 저와 동갑입니다.

동생은 7 년여를 사귄 여자가 있는데 동생은 지금 해군 부사관으로 군복무를 3 년째하고 있습니다.

저는 고시 공부를 하느라 내년까지는 공부를 할 입장이고, 공부문제와 여러 문제로 현재는 여자친구와 연락을 안하고 서로 각자 생활을 열심히 하기로 하고 지내고 있습니다. 최근 여자친구는 저에 대한 마음이 전 같지 않다 하였고 저보고 공부 열심히 하라고 했습니다. 저는 여자친구가 많이 보고 싶고 좀 힘들지만 저 공부시키려는 여자친구 마음이라 생각하고 참고 생활하고 있습니다. 저는 여자친구 친지 분들도 다 알고 여자친구네 집에 좋은 인상으로 있지만 여자친구는 3 년 전에 저와 마음에 깊은 상처를 입어 저희 집에 오는 일을 꺼려하였었습니다. 그래도 간접적으로 명절 때 전화 드리는 등 잘 지내왔습니다.

상황은 이러한데 동생이 갑자기 결혼하겠다고 나서서 10 월 달에 결혼날을 받았습니다. 동생이 좋다 하니 그렇게 되었지만 저는 별로 그 여자가 동생 결혼상대로 그리 탐탁하지는 않습니다. 그래서 그런지 동생 결혼이면 기뻐야 하는데 그런 마음이 들지 않고 마음이 그리 좋지가 않습니다. 얘기 듣기로는 결혼 안 한 형은 동생이 먼저 결혼하면 결혼식에 참석하는게 아니라는데 그런 예절이 있는지 또 이유는 무엇인지 궁금합니다. 저는 여자친구도 초대하고 싶은 마음이지만 여자친구에게 그 말을 하면 또 만약 온다고 해도 축하는 하겠지만 눈물 흘리고 마음이 편하지가 않을 것 같습니다. 친지들 만나는 문제도 있을 거 같습니다. 저는 여자친구에게 초대의 말은 해야 하는 게 예의인가요? 아니면 그냥 초대를 하지 않아야 하나요? 저와 훗날 백년가약(百年佳約)을 맺을 사람입니다. 인생 선배(先輩)님의 고견을 여쭙습니다.

◈答; 동생이 형보다 먼저 장가를 가게 되었으면.

아래와 같이 살펴보건대 형제자매의 결혼 순은 년치(年齒)에 따라 행함이 옳다 한 것 같은데 역혼(易昏)의 경우 미혼인 형이 아우의 혼인식에서 취해야 할 바에 대하여는 선례로 들 사례를 찾지 못하여 일러 줄 수가 없습니다. 그러나 기왕에 당한 일이라면 그 상황의 도리에 어그러지지 않도록 처신하심이 옳을 것입니다. 동생이나 부모님의 마음에 상처를 남긴다거나 경축분위기에 반하는 태도는 삼가 하시고 장래 동서지간이 될 분도 적극적 참가는 좀 그러하나 축하석에 참가함이 후일을 위하여도 바람직하지 않을가요.

●問子女少而先行女昏何如竹菴曰禮男子三十而娶女子二十而嫁易次爲昏在所不言盖男女異序故古人不以爲嫁

●禮曰男女異序大賢所論雖如此後世旣不行二十嫁三十有室之禮則少女之先於長男恐行不得惟宜以年齒長少爲先後耳

▶2848◀◈問; 동성(同性) 결혼(結婚)에 대하여.

問; 국회가 동성애 관련 법을 만들려 하는데 기독교단체들만 반대하고 있던데, 유교도 동성애를 찬성하나보네요. 그래서 궁금증이 생겼습니다. 남자와 남자, 여자와 여자가 결혼하면 촌수에 따른 호칭이 어떻게 되나요? 남자인데 숙모, 여자인데 고모부, 이모부라 하기엔 이상할 것 같은데...

◈答; 동성(同性) 결혼(結婚)에 대하여.

아래에서 논(論)한 바와 같이 동물(動物)이나 식물(植物)이나 성(性)이란 동종(同種) 번식(繁殖)의 수단일 뿐입니다.

만약 동식물(動植物) 공히 천리(天理)를 벗어난 결혼(結婚)이나 수분(受粉)에서 동성(同性)을 택한다면 그 행위는 곧 멸종(滅種)을 의미하게 됩니다. 따라서 유교(儒敎)의 공식적(公式的) 합의 입장은 아니나 본인(本人)의 소회(素懷)로는 동성(同性) 결혼(結婚)은 인망(人亡)의 행위(行爲)일 뿐만 아니라 유교(儒敎)의 도덕적(道德的) 예(禮)에도 극히 반하여 찬성(贊成)이란 어불성설(語不成說)입니다.

●動物; 性指與生殖有性生殖是指生物在繁衍後代的過程中需要親代產生配子如精子和卵待胚胎發育成熟後母體再將胎兒產出體外這種生殖方式稱為胎生

●植物; 生殖生長則指繁殖後代之生長如花芽分化抽穗開花結果成熟等幼齡植株在栽培上應以促進營養生長為要件植株定植後翌年即會首次開花

▶2849◀◈問; 매씨(媒氏) 문의?

그간 좋은 글 공부에 많은 도움되었습니다. 선생님 또 매씨에 관하여 좀더 자세하게 알고 싶어 찾아 왔습니다.

매씨(妹氏)는 타인의 누나나 누이동생의 지칭(指稱)으로 알고 있습니다만 매씨(媒氏)란 확고한 정의를 내리지 못하고 있습니다.

◈答; 매씨(媒氏)란.

매씨(妹氏)는 아래와 같이 살펴보건대 두 가지 의미가 포함되어 있습니다.

1, 매씨(妹氏=중신어미)는 남녀 혼인을 중개하여 성사시켜주는 여자로 가례(家禮)나 사혼례(士昏禮)에서 반듯이 매씨를 신부집으로 왕래시켜 신부집이 허락된 연후에 납채를 한다라 명시되어 있습니다.

2, 지난날 국가에서 혼인에 관한 업무를 관장하던 국가 기관.

●家禮昏禮議昏; 必先使媒氏往來通言俟女氏許之然後納采
●韻會; 媒謀也謀合二姓也女氏猶言女家也
●士昏禮註; 昏必由媒交接所以養廉恥
●詩經幽風伐柯; 取妻如何匪媒不得 鄭玄箋; 媒者能通二姓之言定人室家之道
●儒林外史第十九回; 這一席子酒就算爾請媒的了
●淮南子雪山訓; 因媒而嫁而不因媒而成
●美女篇; 媒氏何所營玉帛不時安
●妾薄命詩; 妾專修婦德媒氏却相輕
●荊釵記受釵; 爾做媒氏疾忙與我送還他的財禮
●周禮地官媒氏; 媒氏掌萬民之判凡男女自成名以上皆書年月日名焉令男三十而娶女二十而嫁
●大同書戊部第八章; 國家當設媒氏之官選秀才年老者充之兼司教事其男女婚姻皆告媒氏自具願書領取憑照
●莊子寓言; 親父不爲其子媒
●荀子賦; 閭娵子奢莫之媒也 王先謙集解; 莫之媒言無人爲之媒也
●陀螺; 我有个朋友是讀書人現在敎書一年有千把塊錢的進賬没有娶過親給爾做个媒罷

▶2850◀◈問; 문의 드립니다.

동생이 이번 주말에 결혼을 하는데 시 할머님께서 돌아가셨습니다. 이런 경우 동생결혼식에 가도 되나요? 주변에선 좋은 일에 부정 탈까 안가는 게 좋다고 하는데 그게 맞는 건지요?

◈答; 조모 상중에 동생 결혼식에 참여해도 되나.

시조모(媤祖母) 복(服)은 대공구월복(大功九月服)이 되며, 원래(元來)는 삼월장(三月葬)이나 질장(疾葬)이라 하여 요즘은 삼일장(三日葬), 길면 칠일장(七日葬)으로 치르고 있을 뿐입니다. 따라서 혹 불가피하여 질장(疾葬)으로 삼일장(三日葬)으로 치렀다 하여도 삼월장(三月葬)의 예법을 따라야 하니, 이번 주말(週末)이라 하면 아직 예법상 장전(葬前)이라 좋은 일에 부정을 탈까가 아니라 복인(服人)이 상청(喪廳)을 떠날 수는 없는 것입니다.

●性理大全成服大功九月條爲夫之祖父母○又治葬三月而葬條王公以下皆三月而葬

▶2851◀◈問; 묻고 싶습니다.

여기는 경남 지역인데 남녀가 결혼을 하고 신혼여행을 갔다 오면 어느 쪽부터 가야 합니까? 여기에서는 처가 집 즉 여자 쪽을 먼저 간다고 하는데 경기도나 다른 지역에서는 시댁 즉 남자 쪽을 먼저 간다고 합니다. 저에게 있어서는 좀 심각한 문제라서 답변 부탁 드립니다.

◈答; 신혼 여행 갔다 오면.

전통혼례에서는 신혼 여행이라는 것이 없었으며 남자가 여자 쪽 집에 가서 신부를 데리고 남자 쪽 집으로 와서 첫날밤을 보낸 후 며칠 후에 신부 집에 인사를 가는 것이 전통예법이나 현대의 예법에서는 지역마다의 풍습을 따르는 것이 합당하지 않을까 생각합니다. 다만 출가외인이라 하였으니 먼저 친가로 와 인사 뒤 처가로 가 인사드림이 옳을 것입니다.

●漢韓大辭典 [出嫁外人] 國 시집간 딸은 친정 사람이 아니고 남이나 마찬가지라는 말.
●古今小說李秀卿義結黃貞女; 明年英臺出嫁馬家行至安樂村路口忽然狂風四起天昏地暗輿人都不能行(註)出嫁女子离開母家與丈夫成婚

▶2852◀◈問; 바람직한 혼례 전통 예절의 계승 방안은?

바람직한 혼례 전통 예절의 계승 방안은 뭘 말하는 건가요? 좀 가르쳐 주세요. 전 중 3 이고요. 숙제 때문에 이렇게 메일을 보내게 되었어요. 좀 도와 주세요.

관혼상제를 중심으로 현대예절과 전통예절의 특징을 비교하고, 바람직한 전통예절의 계승방안 조사하는 것인데 말부터 이해가 안 돼서요. 어떻게 해야 될지 모르겠어요. 원만하면 오늘 좀 도와 주시면 안될까요? 답변 기다릴게요.

◈答; 바람직한 혼례 전통 예절의 계승 방안.

관혼상제(冠昏喪祭)란 관례, 혼례, 상례, 제례를 말하는 것으로 이것의 현대에 행해지는 각 예절의 특징과 과거 우리의 선조들이 행했던 전통예절의 특징을 비교하면 될 것이라 생각합니다. 전통예절의 올바른 계승방안에 대하여 문의를 해주셨는데요. 간단하면서 어려운 질문이네요.

올바른 계승방안이라면 교육기관에서 적극적으로 교육하며 기성세대들이 솔선하여 우리의 전통예법을 따르고 후손들을 가르친다면 우리의 전통예법은 계속 이어질 것이나 현재의 교육여건이나 생활방식에서는 어려운 문제인 것이라 생각됩니다. 하지만 전통예법에 대하여 알고자 노력하는 사람들이 있는 한 전통예법은 계속 이어지리라 봅니다.

앞으로 저의 홈페이지에서도 요즘의 신 세대들을 위하여 좀더 이해하기 쉬고 따라 할 수 있도록 자료를 보강하여 나가겠습니다.

▶2853◀◈問; 부모님 환갑 되는 해에 결혼하면 안되나요?

애인과 내년가을에 결혼하기로 약속했습니다. 그런데 내년이 부모님 환갑 되는 해랍니다.(두 분다) 전혀 생각도 않았었는데 친구가 부모님 환갑 때 결혼하면 안 좋다는 얘길 들었다고 해서요. 누구는 안 좋다, 또 누구는 부모님을 한층 더 기쁘게 하는 거라 더 좋다고도 하는데요. 어떤 게 맞는 말인지 저는 크게 상관이 없다고 생각하는데요. 답변 기다릴 께요.

◈答; 부모님 환갑 되는 해에 결혼

shamanism 적인 길흉 판단 법에 의한 금기(禁忌)인지는 알지를 못합니다. 본인은 부모님 회갑년(回甲年)에 혼인을 하지 않는다는 말은 금시 초문(初聞)입니다. 귀하의 생각이 맞다고 생각합니다.

●家禮婚禮身及主昏者無期以上上乃可成昏註凡主昏如冠禮主人之法但宗子自昏則以族人之長爲主

▶2854◀◈問; 부친상 후 결혼식에 관하여 궁금합니다.

안녕하세요 저는 올 6 월 5 일에 결혼을 앞두고 있습니다. 아버지께서 건강상태가 좋지 않으셔서 병원에서도 마음에 준비는 항상 하고 있으라고 하네요. 근데 만약 아버지가 결혼식 전에 돌아가시면 그 해는 결혼을 하지 않는 걸로 들었습니다. 저희 집이 불교(佛敎)라 어떻게 해야 할지 고민입니다. 방법이 있으면 자세히 알려주세요.

◈答; 부친상 후 결혼식에 관하여

혼인을 하려면 혼인 당사자나 혼주(昏主)가 모두 기년(期年; 일년)이상의 상중이 아니어야 혼인을 할 수 있습니다. 부모의 상을 당하면 삼년복입니다. 까닭에 부모가 작고하시면 3 년(실은 2 년)상후 탈복하기 전은 당사자이니 예법상 혼인을 할 수 없습니다.

이상은 유가(儒家)의 예법입니다. 다만 불교의 예법은 알지 못합니다.

●性理大全昏禮議昏; 身及主昏者無朞以上喪乃可成昏(註)大功未葬前亦不可主昏
●家禮喪禮成服其服之制一曰斬衰三年正服條子爲父也○又二曰齊衰三年正服條子爲母也

▶2855◀◈問; 사장어른께 보내는 서신(의제장) 예문 좀 구할 수 있을까요?

3 월 7 일 결혼인데 급해서 그럽니다. 도와주세요.

◈答; 남채 납폐 서식.

신랑과 신부 댁에서 사돈댁으로 보내는 서신식입니다. 필요한대로 택하십시오.

◈納采書式(납채서식)(신랑댁 납채)

某郡姓某啓

某郡某官執事伏承

尊慈不鄙寒微曲從媒議許以

令愛(姑姊妹姪女孫女隨所稱)貺室僕之(非宗子之子則此下當添某親某之四字)男某(若宗子自昏而族人之長主之則改男爲某親玆)有先人之禮謹專人納采伏惟

尊慈俯賜

鑑念不宣

某年某月某日某郡姓某啓

◈皮封式(피봉식)

上狀

某郡某官執事

◈復書式(복서식)(신부댁 납채 답장)

某郡姓某啓

某郡某官執事稱呼隨宜伏承

尊慈不棄寒陋過聽媒氏之言擇僕之(改措語見壻家書式)第幾女某(若某親之幾女某)作配令似(或作某親弟姪隨稱)弱息春愚又不能敎(姑姊妹則去弱息以下八字)旣辱采擇敢不拜從伏惟

尊慈特賜

鑑念不宣

年 月 日 某郡姓某啓

◈皮封式(피봉식)同前式

◈壻家書式(서가서식)(신랑댁납폐)

忝親某郡姓某啓

某郡某官尊親家執事(稱呼隨時)伏承

嘉命許以

令女貺室僕之某(若某親之子某)加之卜占已叶吉兆玆有先人之禮敬遣使者行納幣禮謹涓吉日以請曰某日甲子實惟昏期可否惟命端拜以俟伏惟

尊慈特賜

鑒念不宣(若昏期尙遠去謹涓以下至以俟二十二字)

年 月 日 忝親姓某再拜

◈皮封式(피봉식)

上狀

某郡某官尊親執事 忝親姓某謹封

◈復書式(복서식)(신부댁 답장)

忝親某郡姓某啓

某官某郡尊親家執事伏承

嘉命委禽寒宗顧惟弱息敎訓無素切恐不堪(姑姊妹則去顧惟以下十二字)卜旣叶吉僕何敢辭玆又蒙順先典貺以重禮辭旣不獲敢不重拜若夫昏期惟命是聽敬備以須伏惟

尊慈特賜

鑒念不宣若昏期尙遠去若夫昏期至敬備以須十二字

某年某月某日 忝親某再拜

▶2856◀◈問; 사장 어른을 아들 결혼식에 보고.

초면에 인사를 드리면서 저의 집안에 일가 친척이 아무도 없어서 무례하게 선생님께 구차한 질문을 올리게 되어서 죄송하게 여깁니다. 모든 것을 용서 보아라 하면서 질문내용을 말씀드리면, 아들 결혼식에 식장에서 처음 사장어른을 만나 뵙고 올 1 월 처음 며느리 친정 자택에서 사장어른을 만나 뵙게 되는데 인사를 어찌 해야 할지를 몰라서 문의 드립니다. 큰절을 하면 실례가 되지는 안 되는지요? 어떤 식으로 서서 그냥 절 인사를 해야 되는지요?

◈答; 사장 어른을 아들 결혼식에

척(戚)에는 친척과 인척(姻戚)이 있습니다. 친척(親戚)이란 혈연 관계로 이루어진 친족과 외척을 주로 이르며 인척이란 혈연 관계는 없으나 혼인으로 인하여 맺어진 혼척 간을 말합니다. 사돈은 인척간에 동등한 항렬이며 사장(査丈)어른이란 사돈집의 웃어른을 이름이니 무척(無戚)인 타인이라 하여도 장자에게는 큰 절을 하여야 하는 것이니 척간인 사장어른께 큰절은 당연지사이며 노(路) 중에서 만나게 되면 큰 절이 아닌 읍배(揖拜)로 행함이 마땅할 것입니다.

사돈댁 측간은 멀 수록 좋다 하였으니 관계 예식이 발달되어 있지 않습니다.

●星湖曰査家與厠愈遠愈好
●書啓輯錄是白齊條一族之一族査頓之査頓者

▶2857◀◈問; 생자는 동위위상(生者東以爲上), 사자(제사 상)는 서이위상(死者西以爲上).

평상시에 이 점이 많이 헷갈리었습니다! 저가 들은 대로 배운 대로는 생자는 동위위상(生者東以爲上), 사자(제사상)는 서이위상(死者西以爲上)으로 알고 있습니다. 특히 예식장에서는 상석(上席)이 주례석인데, 주례(主禮)를 향해 섰던 신랑신부(생자: 남서여동)가, 하객을 향해서 돌아서면, 생자의 위치가 남서여동이 되니, 위치가 틀려지는 것이 되어 버립니다. 그래서 주석(主席)을, 주례 위주인가 신랑신부 위주인가 에 따라 달라지니, 답답했는데! 얼마 전에 다녀온 지인의 결혼식에서 그날 주례를 본 분은 이 지방의 예절원장이었는데, 신랑신부 퇴장 전(前)까지는, 주례 쪽에서 볼 때 여좌남우(남서여동)으로 세워놓고, 집전(執典)을 하다가, 신랑신부 퇴장 시에는 신랑신부의 자리를 (남동여서)로 바꾸어 세우는 것을 보았습니다, 이후 사진촬영까지도 계속 그 위치로! 이 말은 주례가 있을 때는, 주례석을 기준으로 신랑신부의 위치를 정했다가, 주례가 하단(下壇)하고 신랑신부가 주석(主席)에 서니 위치가 바뀌게 됨을 알았습니다. 내 생각에는 원칙(해결점)이 아닐까 싶습니다.

◈答; 생자는 동위위상(生者東以爲上), 사자(제사상)는 서이위상(死者西以爲上)

어느 문헌을 봐도 북향에서 서서부동(壻西婦東)은 본적이 없습니다. 주례가 하단을 하나, 하단을 하지 않거나 단상이 주석입니다. 그러니 주석은 변함이 없습니다. 예서의 근원이라고 할 수 있는 주자가례에도 교배례를 할 때 "서동부서(壻東婦西)"라고 나와있고 그리고 가례집람, 사례편람 등 고 예서들을 비롯하여 현재 예서들도 남동여서(男東女西)를 정의하고 있습니다. 이것은 곧 주례 측에서 서서 하객들을 바라 보았을 때 남좌여우(男左女右)를 의미하죠

선생께서는 금년 2 월 도산전예원 원장 주례로 한 혼례식을 보고 글을 올린 것 같군요. 도산전예원에서는 오로지 신랑신부의 위치를 壻西婦東(남우여좌)으로 고집하고 있습니다 무슨 이유인지 모르지요?

주자가례 권 3 에 "부종자(婦從者), 포서석어동방(布壻席於東方), 서종자(壻從者), 포부석어서방(布婦席於西方)."으로 '신부의 시종은 동쪽에 신랑의 자리를 펴고, 신랑의 시종은 서쪽에

신부의 자리를 편다'라고 풀이가 됩니다 또 "서읍부취좌(壻揖婦就坐) 서동부서(壻東婦西)"로 '신랑은 동쪽에 신부는 서쪽에'라고 풀이가 됩니다.

"사마온공왈(司馬溫公曰), 고자동뢰지례(古者同牢之禮), 서재서동면(壻在西東面), 부재동서면(婦在東西面), 개고인상우(蓋古人尙右). 고서재서(故壻在西), 존지야(尊之也)"로 '사마온공이 말하기를 옛날 동뢰의 예에서 신랑은 서쪽에서 동향하고 신부는 동쪽에서 서향한 것은 대개 옛 사람들이 오른쪽을 높였기 때문이다. 그러므로 신랑이 서쪽에 있는 것은 신랑을 높인 것'이라고 풀이됩니다.

옛 우리 선조들도 오른쪽을 숭상하고 왼쪽을 비천하게 여기는 우존좌비(右尊左卑)의 사상이 있어 왼쪽, 또는 왼손은 비천(卑賤), 불편(不便), 방해(妨害), 사악(邪惡)의 상징으로 여겼으며 반면 오른쪽, 또는 오른손은 존귀(尊貴), 편리(便利), 도움, 정도(正道)의 상징이 되어 옛날 명문거족(名門巨族)을 우성(右姓), 정도(正道)를 우도(右道), 학문을 숭상하고 진흥시키는 것을 우문(右文)이라고 했다고 합니다.

궐문을 드나들 때에도 가운데 문은 왕이나 중국 사신의 전용이었으며, 우측 문은 양반이나 귀족, 좌측문은 평민 이하가 출입토록 했다고 합니다.

요즈음 예학자들은 壻西婦東(남우여좌)설좌법은 남존여비설좌법이고 壻東婦西(남동여서)설좌법은 음양조화에 의한 설좌법이라고 합니다. 남=양=동, 여=음=서가 성립이 됩니다. 지금 남녀평등시대에 남존여비(男尊女卑)가 어디 있습니까? 생자는 동이위상(生者東以爲上)이라 함은 북향석에서이며 사자(제사상)는 서이위상(死者西以爲上)이라 함은 남향일 때입니다. 생자 동위상 사자 서위 상이라 함은 음양법에 의한 자리입니다.

●王制男子由右女子由左
●內則道路男子由右女子由左細(集說註)道路之法其右以行男子其左以行女子古之道也(鄭注)地道尊右(孔穎達疏)男不至由左正義曰此經論男子女子殊別之宜
●王制道路男子由右婦人由左註凡男子婦人同出一塗者則男子常由婦人之右婦人常由男子之左
●儀禮有司徹疏生人陽故尙左(東)鬼神陰故尙右(西)
●士昏禮主人說服于房媵受婦說服于室御受姆授巾御衽于奧媵衽良席在東皆有枕北止註衽臥席也疏衽于奧主于婦席使御布婦席使媵布夫席亦交接有漸之義同牢席夫在西婦在東今乃易處者前者示陰陽交會有漸今取陽往就陰也
●龜川禮說通禮參條祠堂昭穆之序及序立之儀亦皆可疑禮神道尙左故小斂以後則左衽而神主奉安則以西爲上此則尙右惡在神道尙左之義耶人道尙右則北鄕立者宜以東爲上而序立者反以西爲上此則尙左其義亦何居
●芝村曰初喪爲位皆以男左女右而上朝祖下男女道路之法謂男左女右
●重庵曰男左女右以地道言則右尊左卑道路屬地當男右女左盖右主動而左主靜右有力而左無爲故男女所由如此
●錦谷曰家禮及諸禮書皆以東爲上故其爲男東女西者卽左東右西之意也
●沙溪曰葬皆男左女右一家忽然如此行之數世之後安知子孫不誤以考爲妣乎不如且姑從朱子葬劉夫人之例也
●書儀時祭序立條主人帥衆丈夫共爲一列長幼以敍立於東階下北向西上主婦帥衆婦女立於西階下北向東上
●梅山曰禮曰席南鄕北鄕以西方爲上東鄕西鄕以南方爲上(註東鄕南鄕之席皆尙右西鄕北鄕之席皆尙左)此則以賓主相對而言也僉尊豈有見於此而變此執事序立之禮也耶右陰也神道尙右故位版序次以西爲上左陽也人道尙左故執事序立亦以西爲上此非神道尙右之故而執事序立亦以西爲上也亦非如禮賓主之席共以一方爲上也僉尊之所以序立東上者無乃不幾於徑情直行者之爲乎古人有言曰立而無序則亂於位又曰無禮則鬼神失其饗玆不敢遽變古儀而因循將事者此也
●周禮大司徒以本俗六安萬民二曰族墳墓註族猶類也同宗者生相近死相迫
●程子曰葬之穴尊者居中左昭右穆而次後則或東或西亦左右相對而啓穴也下穴之位不分昭穆易亂尊卑死者如有知居之其安乎

●族葬圖說曰凡爲葬五世之塋當以祖墓分心南北空四十五步使可容昭穆之位分心空五十四步可容男女之殤位今取墓大夫冢人之義參酌時宜爲之圖蓋祭止高曾祖考親親也葬則以造塋者爲始祖子不別適庶孫不敢卽其父皆以齒別昭穆尊尊也曾玄而下左右祔以其班也昭尙左穆尙右貴近尊也妻繼室合祔其夫崇正體也男子長殤居成人之位爲父之道也中下之殤處祖後示未成人也序不以齒不期夭也祖北不墓避其正也葬後者皆南首惡趾之向尊也妾無子猶陪葬以恩終也

●司馬溫公曰所以西上者神道尙右故也

●東漢明帝謙貶不敢自當立廟祔於光武廟其後遂以爲例至唐太廟及群臣家廟悉如今制以西爲上也

●賈氏曰生人陽故尙左鬼神陰故尙右

●退溪曰兩親葬東西定位想中國俗葬皆男左女右故朱先生葬劉夫人得只循俗爲之其後丘文莊亦不欲異俗而云云也然朱子答陳安卿之問分明謂祭而以西爲上葬時亦當如此是則此乃晩年定論而後世之所當法也

●南溪曰世之葬法有以男左女右傳曰神道尙右地道尙右

●明齋曰合墓分左右之說先儒論之詳矣面南而分左右則考西妣東

●韓非子難言雖賢聖不能逃死亡避戮辱者何也則愚者難說也且至言忤於耳而倒於心註忤逆也倒反也

▶2858◀ ◈問; 서동부서(壻東婦西)라 하는데.

삼자가 하객이라면 삼자의 좌측이라면 신랑 당사자에게는 우측이 되니까 남우여좌가 되는데 본 원에서는 반대로 계몽을 하는군요. 주자가례와 가례집람에서는 서(사위서)東婦西라고 하는데 역시 반대이군요.

◈答; 남동여서(男東女西).

예기 왕제편(王制篇)의 주를 살펴 보면 쉽게 이해가 되리라 믿습니다. 귀하가 지적한 가례(家禮) 혼례편(昏禮篇) 취좌음식서출조(就坐飮食畢壻出條)의 서동부서(壻東婦西)란 안즉상문설의탁동서상향지위(按卽上文設倚卓東西相向之位)로 신랑은 동쪽으로 향하고 신부는 서쪽으로 향함의 배치 위이며 사혼례(士昏禮) 배치 위에서는 서서동향부동서향(壻西東向婦東西向)입니다.

사당이나 제례의 남녀 배치도는 북향으로 남동북향녀서북향(男東北向女西北向)으로 이를 남향으로 전환하면 남서녀동(男西女東)으로 남좌녀우(男左女右)가 되고 전통예법에서 남녀의 위치는 남좌녀우(男左女右) 남서녀동(男西女東)으로 위의 왕제편 주를 살펴보면 남자상유부인지우부인상유남자지좌(男子常由婦人之右婦人常由男子之左)라 남자는 언제나 부인의 우측으로 따르고 부인은 언제나 남자의 좌측으로 따른다. 그 이유를 짐작할 것으로 오해가 조금은 풀릴 듯도 합니다

●王制道路男子由右婦人由左註凡男子婦人同出一塗者則男子常由婦人之右婦人常由男子之左

●內則道路男子由右女子由左(集說細註)道路之法其右以行男子其左以行女子古之道也(鄭注)地道尊右

●朱子曰禮云席南向北向以西方爲上東向西向以南方爲上是東向南向之席皆尙右西向北向之席皆尙左也今祭禮考妣同席南向則考西妣東自合禮意大率古者以右爲尊如周禮云享右祭祀詩云旣右烈考亦右文母漢人亦言無能出其右者是皆以右爲尊也

●退溪集考證別集題士敬幽居條左左(韻玉)人道尙右故非正之術曰左道謫官曰左遷不適事宜曰左計

●家禮祠堂篇凡屋之制不問何向背但以前爲南後爲北左爲東右爲西

●記言左右陰陽說條天道尙左地道尙右陰陽之義也朝庭之禮以東爲上祠廟之禮以西爲上

●錦谷曰家禮及諸禮書皆以東爲上故其爲男東女西者卽左東右西之意也

●重庵曰男左女右以地道言則右尊左卑道路屬地當男右女左盖右主動而左主靜右有力而左無爲故男女所由如此

●芝村曰初喪爲位皆以男左女右而上朝祖下男女道路之法謂男左女右

●沙溪曰左右云者地之左右地道尙右故男子由右也陳氏註以爲婦人之右男子之左

●與猶堂曰案少牢右首進腴(註鄭云右首變於生)公食禮右首進鰭此兩文皆在杝載之時不在陳設之

時則載與設無二法也左右者神位之左右也

●重庵曰男左女右以地道言則右尊左卑道路屬地當男右女左盖右主動而左主靜右有力而左無爲故男女所由如此

●二禮演輯獻壽圖; 父母男西女東子女男東女西

●二禮演輯序; 永曆五周重光單閼星鳥節淸風金平默序

▶2859◀◈問; 신랑 될 사람의 형님 제사.

안녕하십니까? 저는 내년에 결혼을 하는 20 대 중반의 여성입니다. 애인이 24 살 때 27 이시던 형님이 불의의 사고로 돌아가셨습니다. 물론 미혼이셨고요.

부모가 자식 제사를 지내는 것이 아니라 하여 현재는 제사를 지내지 않고 있답니다. 그런데 제가 결혼을 하면 제사를 저희가 지내야 한다고 합니다. 맞는 건가요? 지방마다 풍습이 다르다고는 하지만 저는 그런 말은 들어본 적이 없거든요. 알려주시면 감사하겠습니다.

◈答; 신랑 될 사람의 형님 제사.

귀하의 질문 내용으로 보와 장남이 아닌가 생각 됩니다. 장남은 미혼이든 기혼이든 예법상 그의 아버지가 상주가 되며 기제사를 지내야 합니다. 부친이 생존하여 있으면 그의 자식은 장자는 물론 이며 차자 이하 지손들 역시 자기 부인이나 자기 자손이 아니고서는 직접 주관하여 큰댁 제사를 지낼 수가 없는 것입니다. 본편 성복편(成服篇)에 복 입는 법이 자못 자세하게 있으니 참고하기 바랍니다. 감사 합니다.

●奔喪凡喪父在父爲主(註)此言父在而子有妻子之喪則父主之統於尊也

●程子曰無服之殤不祭下殤之祭終父母之身中殤之祭終兄弟之身長殤之祭終兄弟之子之身

●備要殤服條凡年十九至十六爲長殤十五至十二爲中殤十一至八歲爲下殤

●曲禮支子不祭祭必告于宗子疏支子庶子也祖禰廟在適子之家庶子賤不敢輒祭若宗子有疾不堪當祭則庶子代攝可也猶必告于宗子然後祭

▶2860◀◈問; 신랑 쪽 할머님이 곧 돌아가실 것 같은데.

관리자님 이런 경우 어떻게 해야 하나요? 결혼식이 4 일 남았습니다. 근데 신랑 쪽 할머님이 곧 돌아가실 것 같아요. 식을 연기 하라는 얘기가 나오는데요. 그게 쉽지가 않잖아요. 어떻게 하는 게 맞는 건지 빠른 회신 부탁 드립니다.

◈答; 신랑 쪽 할머님이 곧 돌아가실 것 같다면.

전통 혼례 의식 중에서 가족 중 와병 중에 혼인을 할 수 없다는 구절은 접하지 못하였으며 다만 주혼자나 자신이 1 년 이상의 상중에는 혼인을 할 수 없다. 라 하였습니다.

신랑의 조모께서 환후가 위중 하다면 병환을 다스리는데 정성을 기울이도록 하십시오. 작고할 것을 미리 예단 하는 것은 불경스러운 일입니다. 옛날에도 양가에 우환이 있는 중에도 혼인은 한 것 같습니다. 다음과 같이 예를 들어 보겠습니다.

예기(禮記) 중자문(曾子問) 편의 말씀 입니다.

曾子問曰親迎,女在塗而壻之父母死如之何孔子曰女改服布深衣縞總以趨喪而女之父母死,則女反

대개 이런 뜻입니다. 제자인 증자가 공자께 묻기를 신랑이 신부 집에서 신부를 데리고 가는 도중에 신랑의 부모가 죽었을 때 어찌 하여야 합니까. 라고 묻자 공자께서 말씀 하시기를 신부는 옷을 바꿔 입되 베로 지은 심의를 입고 흰 끈으로 머리를 매고 상가인 신랑 집으로 달려 가야 하고 신부가 가는 도중 신부의 부모가 사망 하였다는 소식을 듣게 되면 신부는 되돌아 와야 하느니라. 라고 답변 하였습니다.

●性理大全昏禮議昏; 身及主昏者無朞以上喪乃可成昏(註)大功未葬前亦不可主昏

▶2861◀◈問; 신랑 신부의 위치.

예절을 지도하는 교육기관, 단체, 사이트, 문헌 등에서는 혼인예식장에서 신랑 신부의 위치를 남동여서(남좌여우: 하객을 바라 보았을 때)로 서게 하는데 예식장에서는 남우여좌(하객을 바라 보았을 때)로 서게 하는데, 어느 것이 맞는 지 알려 주시기와 근거를 알려 주세요.

◈答; 신랑 신부의 위치.

생자나 사자나 삼자가 바라보았을 때 삼자의 좌측이 남자의 자리이며 우측이 여자의 자리가 됩니다.

●王制道路男子由右婦人由左車從中央註凡男子婦人同出一塗者則男子常由婦人之右婦人常由男子之左爲遠別也
●嚴陵方氏曰道路所以通四方四方者男子所有事也女子則深宮固門而已右有力而左無爲故其所有如此道路旣曰中又曰央何也蓋央以適當言之耳或上或下或左或右皆非適當焉唯中乃可以言央也
●司馬溫公曰古者同牢之禮壻在西東面婦在東西面蓋古人尙右故壻在西尊之也今人旣尙左且從俗
●記言左右陰陽說條天道尙左地道尙右陰陽之義也朝庭之禮以東爲上祠廟之禮以西爲上
●芝村曰初喪爲位皆以男左女右而上朝祖下男女道路之法謂男左女右
●重庵曰男左女右以地道言則右尊左卑道路屬地當男右女左盖右主動而左主靜右有力而左無爲故男女所由如此
●問冠禮時主人主婦皆南向坐而北側舅姑東西相向何義尤庵曰夫婦相對坐常禮也冠禮受子拜之時則諸父在東諸母在西若夫婦相對而坐則背東背西故不得不南面也
●大明集禮昏禮見舅姑禮舅姑並南面坐堂中今人家多如*或從俗亦可
●鏡湖曰士昏禮舅席在阼卽主位也姑在房外南面家禮則變姑席在西而舅則不變主位醮饗諸禮皆然此云並南面云者恐非禮意

▶2862◀◈問; 신혼 여행 후 첫인사 하는 곳.

신혼여행을 다녀와서 보통 처가 집을 가는데 사람마다 의견이 달라서 정확한 근거가 있는 답변 부탁 드립니다.

◈答; 신혼 여행 후 첫인사 하는 곳.

아래 말씀은 신부는 먼저 신랑과 더불어 교배례, 다음날 시부모께 인사 드린 다음에 시 조부모 등 어른께 인사 드리고 삼 일째 되는 날 사당 조상을 알현한다 하셨고,

●遂菴曰新婦先與壻交拜明日見舅姑次見尊於舅姑者三日乃見廟盖禮也

신부가 사당에 인사 드린 다음날 신랑은 처가로 가 신부의 부모께 인사한다. 하였으니 이를 종합하면 대례를 치르고 4 일째 되는 날 재행을 가게 되는 것입니다. 구혼식에는 신혼 여행이라는 예법이 없으니 그에 대하여는 아는 바가 없고 다만 예법상 여자가 출가를 하면 시가의 식구가 되었으니 먼저 시댁으로 와 시부모께 인사를 마치고 재행함이 옳을 것 같습니다.

●家禮明日壻往見婦之父母

▶2863◀◈問; 약혼식.

우리나라 약혼식은 언제부터 있었을까요?? 결혼과정 중 約婚式이 중요할까요??

◈答; 약혼식.

현대 신혼례에서 약혼식이란 서구식 혼인 예법 중 하나로 우리나라에서 행한 시기는 신식결혼식 도입시기일 터이니 여기 성균관에 관여하고 있다면 장유학교회지임(掌儒學敎誨之任)을 수행하는 자들로서 불가에서는 불교에 관함이고 기독교에서는 기독교에 관함일 터이니 유가에서는 유교에 관한 질의응답이 당연지사가 될 것입니다. 다만 유가 혼인 예법에 납채(納采)와 납폐(納幣) 의식(儀式)이 서구의 약혼식 예에 해당됩니다. 그 예의 도입 시기는 주자가례가 도입되었던 때가 되겠지요.

현재 우리의 결혼 문화는 서구식으로 변하여 실행함이 대체적 추세인데 전통혼례에서 혼인의 계약인 납채 납폐 의식과 같이 신혼식에서 역시 약혼식이란 필수 조건입니다. 단 언제부

터 시작되었는지는 본인은 알지 못합니다.

●性理大全昏禮納采; 納其采擇之禮卽今世俗所謂言定也
●閱微草堂筆記如是我聞二; 細詢始末乃知女十歲失母鞠于外氏五六年納幣後始歸
●宋王曾筆錄; 朕後宮中有諸女當約婚以示無間庶幾異日無累公等
●四世同堂五三; 他不想毁掉了婚約同時又不愿女儿嫁个无職无錢的窮光蛋
●三國史記雜誌第一祭祀樂祭祀; 按新羅宗廟之祭二代南解王三年(西紀三年)春始立始祖赫居世廟四時祭二十二代智證王於始祖創立神宮享之第三十六代惠恭王始定五廟百濟高句麗有大功德並爲世世不毁之宗兼親廟二爲五廟至第三十六代宣德王立社稷壇高句麗百濟祀禮不明但考古記及中國史書所載者以記云爾
●文王世子三而一有焉乃進其等以其序謂之郊人遠之於成均以及取爵於上尊也(鄭玄注)董仲舒曰五帝名大學曰成均(辭典註)后泛稱官設的最高學府
●周禮春官宗伯大司樂掌成均之法以治建國之學政而合國之子弟焉(鄭玄注)謂董仲舒云成均五帝之學(辭源注)古之大學後爲官設學校的泛稱
●新唐書百官志三;垂拱元年改國子監曰成均監○[國子監]掌儒學訓導之政總國子太學廣文四門律書算凡七學
●東典考官職成均館;新羅國學大學監(備考)高麗國子監改國學成均館尋改監爲館(上仝)太祖仍置成均館掌儒生敎誨之任用文官其屬正錄廳附焉
●大典會通吏典成均館; 掌儒學敎誨之任

▶2864◀◈問; 어떻게 해야 할지 도와 주셨음 합니다.

고민 고민하다 여쭈어 봅니다. 다름이 아니라 결혼을 앞두고 있습니다. 결혼할 친구(신부)가 아버지 산소에 인사하러 가자고 합니다. 하지만 집에(신랑) 어른께서는 결혼 전에는 가는 게 아니라고 하십니다. 중간에서 가고자 하는 마음은 있지만 신부가 마음이 상할까 쉽사리 말을 하지 못하겠습니다. 그렇다고 어른 몰래 가자니 어른말씀을 거스르는 것 같아 마음이 좋지 못합니다. 무엇 때문에 결혼 전에 산소 가는 것을 금하는 것인지 궁금합니다. 아무래도 신부에게 기분 나쁘지 않게 설명을 해야 할 것 같은데 도움을 받을 수 있을까 해서 여쭈어 봅니다.

◈答; 장래 장인 될 묘에 성묘.

아래와 같이 살펴보건대 신랑이나 주혼자가 일년복에 해당하는 상(喪)이 없어야 혼인을 할 수 있다 하였을 뿐 성묘를 할 수 없다는 가르침은 없는 것 같습니다. 다만 유가의 예법에는 친영(신랑이 신부 집으로 가 신부를 맞이하여 옴) 이전에는 장인 장모에게 신랑이 찾아가 인사하는 예법이 없으니 부친께서 하신 말씀 같습니다. 그러나 현대식 예법에는 약혼 전에 장래 시부모나 처부모 될 어른들께 두 사람의 혼인을 허락을 받아내기 위하여 찾아 뵙고 공손히 인사하는 예법도 있습니다.

●曲禮男女非有行媒不相知名非受幣不交不親故日月以告君齊戒以告鬼神爲酒食以召鄕黨僚友以厚其別也取妻不娶同姓故買妾不知其姓則卜之註行媒謂氏之往來也名謂男女之名也受幣然後親交之禮分定
●開元禮王公以下拜掃先期卜日如常前一日設次於塋南百步道東西向北上設主人以下位塋門外之東西面以北爲上其日主人到次改服公服無者常服主人以下俱再拜奉行墳塋(精靈感慕有泣無哭)至於封樹內外環繞哀省三周其荊棘廬與荒草連接者皆隨卽芟剪不令火由得及掃除訖主人以下復門外位皆再拜遂還若遠行辭墓哭而後行
●尤庵曰省墓時初度再拜復再拜而退
●遂庵曰曾見兩先生謁墓展墓只行一再拜據此行之未見違於禮也
●近齋曰同入一麓省拜時累代則先尊後卑
●問祖父同入麓拜祖時父墓在後心似未安栗谷曰勢然也視之以異室可也
●問此行歸省先墓當在端午後當別具酒果設薦然則當有祝文耶若值端午依禮參拜似不當自主同春曰別具酒果則告辭去孝字而爲之恐不可已墓事似亦與家廟有異如值節祀則祝文以孝子某在遠使介

子某敢昭告云云例也

●朱子省新安墓文一去鄕井二十七年喬木興懷實勞夢想玆焉奠掃悲悼增深所願宗盟共加嚴護神靈安止餘慶下流凡在雲仍畢霑玆蔭酒肴之奠維告其衷精爽如存尙祈監享

●增解韻會媒謀也謀合二姓也女氏猶言女家也

●士昏禮註昏必由媒交接所以養廉耻

●家禮昏禮篇身及主昏者無期以上喪乃可成昏

▶2865◀◈問; 연길 송서 쓰는 법.

저의 동생이 결혼을 하는데 날짜를 받아 왔는데요 절차에 맞추어 보내려고 합니다 그런데 연길 송서 쓰는 법을 잘 몰라서요 부탁 드립니다.

◈答; 연길 송서 쓰는 법.

귀하의 글을 봐서는 남 동생인지 여동생인지는 알 수가 없으나 문맥으로 보아 여자 동생 같습니다. 연길(涓吉) 즉 납채(納采) 후 신랑 집에서 납폐(納幣)와 동시에 보내 오는 택일(擇日) 혼서를 받았다 하니 신부 집인 듯 합니다. 혼례편 납폐장에 서한 주고 받는 법식이 있으니 살펴 보고 참고 하기 바랍니다. 편람(便覽)의 납채 혼서식은 연길식으로 되여 있지 않고 연길 혼서식은 구준(丘濬) 찬(纂)인 문공가례의절(文公家禮儀節)에 그 식이 있으니 의절식을 살펴 보겠습니다. 혹 착오 일 듯도 하여 송서와 답서를 다 같이 적었으니 택일 하기 바랍니다.

1, 신랑집에서 채단과 동봉 하는 서식

◆壻家書式(서가서식)

忝親某郡姓某啓

某郡某官尊親家執事(稱呼隨宜)

伏承

嘉命許以令女貺室僕之某(若某親之子某)加之卜占已叶吉兆玆有先人之禮敬遣使者行納幣禮謹涓吉日以請曰某日甲子實惟昏期可否惟命端拜以俟伏惟

尊慈特賜

鑒念不宣

年 月 日 忝親姓某再拜

皮封式

上狀

某郡某官尊親執事 忝親姓某謹封

2, 신부 집에서의 답장서식

◆復書式(복서식)

忝親某郡姓某啓

某官某郡尊親家執事

伏承

嘉命委禽寒宗顧惟弱息敎訓無素切恐不堪(姑姊妹則去顧惟以下十二字)卜旣叶吉僕何敢

辭玆又蒙順先典貺以重禮辭旣不獲敢不重拜若夫昏期惟

命是聽敬備以須伏惟

尊慈特賜

鑒念不宣

某年某月某日 忝親某再拜

皮封式

上狀

某郡某官尊親執事 忝親姓某謹封

▶2866◀◈問; 예단서식을 부탁합니다.

안녕하십니까. 여식의 결혼 날을 앞두고 있습니다. 그런데 결혼식에 앞서서 신랑 댁으로 예단을 보내야 한다고 합니다. 예단을 보내면서 함께 보내는 서식이 있다고 하는데 그 서식을 자세하게 알려 주셨으면 대단히 감사하겠습니다.

◈答; 예단서식.

◈壻家書式(서가서식)

忝親某郡姓某啓
某郡某官尊親家執事(稱呼隨時)伏承
嘉命許以
令女貺室僕之某(若某親之子某)加之卜占已叶吉兆茲有先人之禮敬遣使者行納幣禮謹涓吉日以請曰某日甲子實惟昏期可否惟命端拜以俟伏惟
尊慈特賜
鑒念不宣(若昏期尙遠去謹涓以下至以俟二十二字)
年 月 日 忝親姓某再拜

◈皮封式(피봉식)

上狀
某郡某官尊親執事 忝親姓某謹封

◈復書式(복서식)(婦家)

忝親某郡姓某啓
某官某郡尊親家執事伏承
嘉命委禽寒宗顧惟弱息敎訓無素切恐不堪(姑姊妹則去顧惟以下十二字)卜旣叶吉僕何敢辭玆又蒙順先典貺以重禮辭旣不獲敢不重拜若夫昏期惟命是聽敬備以須伏惟
尊慈特賜
鑒念不宣(若昏期尙遠去若夫昏期至敬備以須十二字)
某年某月某日 忝親某再拜

●丘儀書式忝親某郡姓某啓某郡某官尊親家執事(稱呼隨宜)伏承嘉命許以令女貺室僕之子某(若某親之子某)加之卜占已叶吉垂玆有先人之禮敬遣使者行納徵禮謹涓吉日以請曰某日甲子實惟昏期可否惟命端拜以俟伏惟尊慈特賜鑒念不宣(若昏期尙遠去謹涓以下至以俟二十三字)年月日忝親某再拜

●丘儀家禮納采納幣皆具書近世彌文往往過於騈儷今考大全集有回黃勉齋家啓雖用四六而辭意典雅因采以爲式然無聘啓謹以程伊川所作者補之

●程伊川聘定啓伏以古重大昏盖將傳萬世之嗣禮稱至敬所以合二姓之歡顧族望之非華愧聲猷之不競不量非偶妄意高門以某第幾男雖已勝冠未諧受室恭承賢閤第幾小娘子性質甚茂德容有光輒緣事契之家敢有昏姻之願豈期謙厚遽賜允從穆卜良辰恭伸言定有少儀物具如別牋

●文公先生回啓摳衣問政夙仰吏師之賢受幣結昏玆喜德門之舊遠承嘉命良慰鄙懷令兄察院位第四令姪直卿宣敎厲志爲儒久知爲已熹第二女子服勤女事殊不逮人雖貪同氣之求實重量材之愧惟異日執笲以見倘免非儀則他年覆瓿之傳庶無墜失此爲欣幸曷可云喩

●五禮儀具銜姓名時維孟春(隨時改稱)台候(二品以上稱台候三品稱重候四品至六品通稱雅候七品以下稱裁候)多福某之子某(若某親某之子某)年旣長成未有伉儷謹行納采之禮伏惟照鑒不宣年月日

▶2867◀◈問; 예단서식을 부탁합니다.

본인은 딸 아이의 결혼을 앞 두고 있는 사람입니다. 결혼에 앞서 신랑 집에 예단을 보내야 하는데 예단을 보낼 때 쓰는 서식을 몰라 문의 드립니다. 수고스럽겠지만 좀 구체적으로 알려주시면 감사 하겠습니다. 정중히 부탁 드립니다.

◈答; 예단서식.

◆納采書式(납채서식)

某郡姓某啓
某郡某官執事伏承
尊慈不鄙寒微曲從媒議許以
令愛(姑姊妹姪女孫女隨所稱)貺室僕之(非宗子之子則此下當添某親某之四字)男某(若宗子自昏而族人之長主之則改男爲某親)玆有先人之禮謹專人納采伏
惟
尊慈俯賜
鑑念不宣
某年某月某日某郡姓某啓

皮封式
上狀
某郡某官執事

이상의 구서식(具書式)의 말씀은 납채서식에 관한 말씀이며 납채서식은 주자가례의 전통 서식입니다. 괄호 내는 쓰는 방식이니 참고 후 원문에는 쓰지 않고 삭제하여야 합니다. 다만 요즘 서식은 이와 조금 다른 듯하나 자세히 알지를 못합니다. 납채를 받고 신부 댁에서 그의 답으로 답신을 보내는데 내용은 아래와 같습니다.

◆復書式(복서식)

某郡姓某啓
某郡某官伏承
尊慈不棄寒陋過聽媒氏之言擇僕之第幾女某作配
令似弱息舂愚又不能敎旣
辱采擇敢不拜從伏惟
尊慈特賜
鑑念不宣
年 月 日 某郡姓某白

●士昏禮記問名曰某旣受命將加諸卜敢請女爲誰氏註某使者名誰氏者謙也不必其主人之女疏恐非主人之女假外人之女收養之若他女主人當對云某氏名有二種一是名字之名三月之名是也一是名號之名以姓氏爲名之類也問名而云誰氏者婦人不以名行不問三月之名也
●昏義孔疏問名者問其女所生母之姓名言女之母何姓氏也
●三禮儀伊川有聘定啓文公有黃氏回啓遵用此法尤宜
●士昏禮納徵玄纁束帛儷皮(註)用玄纁者象陰陽備也束帛十端也周禮曰凢嫁子娶妻入幣純(側其反)帛無過五兩儷兩也執束帛以致命兩皮爲庭實(疏)周禮鄭註云納幣用緇婦人陰也凢娶禮必用其類五兩十端也必言兩者欲得其配合之名十者象五行十日相成士大夫乃以玄纁束帛天子加以穀圭諸侯加以大璋若彼據庶人空用緇色無纁故鄭云用緇婦人陰此玄纁俱有故云象陰陽備也○(記)皮帛必可制(疏)可制爲衣物此亦是敎婦以誠信之義也○(補註)按雜記一束束五兩兩五尋註此謂昏禮納徵也一束十卷也八尺爲尋每五尋爲匹兩端卷至中則五匹爲五箇兩卷故曰束五兩鄭氏曰四十尺謂之匹猶匹偶之匹言古人每匹作兩箇卷子
●五禮儀幣用紬或布二品以上玄三纁二三品以下至庶人玄纁各一
●士昏禮疏按春秋傳莊二十二年冬公如齊納幣不言納徵者孔子制春秋變周之文從殷之質也故指幣禮而言周文故以義言
●昏義納徵(註)納徵者納幣以聘之也古之聘士聘女皆以幣交恭敬不可以虛拘也正潔之女非禮則不行猶正潔之士非其招則不往也故以聘士之禮聘之是以有儷皮束帛以摯見之禮見之
●雜記納幣一束束五兩兩五尋陳註一束十卷也八尺爲尋每五尋爲匹從兩端卷至中則五匹爲五箇兩卷矣故曰束五兩鄭氏曰每卷二丈合之則四十尺謂之匹猶匹偶之匹古人每匹作兩箇卷子

●旣夕禮制幣疏朝貢及巡狩禮皆以丈八尺爲制幣用制者取以儉爲節昏禮幣用二丈取成數○(按)士昏禮疏五兩是爲三玄二纁則是合兩卷爲一而數之一兩爲一匹三與二合爲五匹也家禮葬時之贈幣則玄六纁四是亦五匹而但分兩卷而各數之六與四其卷雖十而匹實五也然則此昏幣之曰兩曰十亦是贈幣分兩卷各數之例而其兩則一匹也其十則五匹也一匹兩卷故曰兩十卷亦然矣或曰兩爲兩匹十爲十匹者誤矣

●問古人納幣五兩只五匹耳恐太簡難行朱子曰計繁簡則是以利言矣且吾儕無望於復古則風俗更敬誰變

▶2868◀◈問; 예식장에서 신랑 · 신부의 위치가 궁금합니다.

예식장에서 신랑 · 신부의 위치가 궁금합니다.

◈答; 예식장에서 신랑 · 신부의 위치.

●家禮二冊昏禮篇九板後壻婦交拜條婦從者布壻席於東方壻從者布婦席於西方又同冊十板前就坐飮食畢壻出條壻揖婦就坐壻東婦西

[家禮 二冊 昏禮篇 九板後 壻婦交拜條(서부교배조)에 新婦(신부)의 從者(종자)는 新郞(신랑)의 자리를 東(동)쪽으로 펴고 新郞(신랑)의 從者(종자)는 新婦(신부)의 자리를 西(서)쪽으로 편다. 또 同冊(동책) 十板前(십판전) 就坐飮食畢壻出條(취좌음식필서출조)에 新郞(신랑)은 新婦(신부)에게 揖(읍)을 하고 나아가 앉는데 新郞(신랑)은 東(동)쪽이고 新婦(신부)는 西(서)쪽이다]

●司馬氏居家雜儀吾家同居宗族衆多冬至朔望聚於堂上(此假設南面之堂若宅舍異制臨時從宜)丈夫處左西上婦人處右東上(左右謂家長之左右)皆北向共爲一列各以長幼爲序(婦以夫之長幼爲序不以身之長幼爲序)

[司馬溫公(사마온공) 居家雜儀(거가잡의)에서 하신 말씀에 나의 집은 같이 사는 家族(가족)이 대단히 많아 冬至(동지)와 朔望(삭망)에 堂(당)으로 모이는데 남자들의 자리는 左側(좌측)에서 西(서)쪽을 上席(상석)으로 삼아 있고 婦女子(부녀자)들의 자리는 右側(우측)에서 東(동)쪽을 上席(상석)으로 삼아(左右(좌우)라 함은 家長(가장)의 左右(좌우)를 이름)모두 北向(북향)하여 다 같이 長幼(장유)의 次序(차서)대로 각각 一列(일열)씩 짓는다]

●司馬溫公曰古者同牢之禮壻在西東面婦在東西面盖古人尙右故壻在西尊之也今人旣尙左且從俗

[司馬溫公(사마온공)이 일으기를 옛날 同牢(동뢰)의 禮(예)에서 新郞(신랑)은 西(서)쪽에서 東向(동향)하고 新婦(신부)는 東(동)쪽에서 西向(서향)하게 한 것은 대개 옛 사람들이 오른쪽을 숭상하였기 때문이다. 그러한 까닭에서 신랑이 서쪽에 있게 한 것은 新郞(신랑)을 높인 것인데 지금 사람들은 이미 왼쪽을 崇尙(숭상)하니 이 世俗(세속)을 따른다]

●凡屋之制不問何向背但以前爲南後爲北左爲東右爲西

[모든 집의 제도에서 향배가 어찌되었던 불문하고 단지 앞을 남쪽이라 하고 뒤를 북쪽이라 하며 왼편을 동쪽이라 하고 오른편을 서쪽이라 한다]

○右尊左卑(우존좌비)라 하니 男右女左(남우여좌) 설좌법은 上席(상석)여부의 설좌법이고 壻東婦西(서동부서) 설좌법은 陰陽(음양)조화에 의한 설좌법이라 할 수 있으며 紅東靑西(홍동청서) 역시 陰陽法(음양법)에 의함임.

※이상에서 살펴본 바와 같이 男女(남녀)의 서는 자리도 上席與否(상석여부)와 음양조화 사상에서 발로됨이니 우리의 전통혼례의 예법을 외래의 혼례예법에 그대로 적용하려 함도 무리가 있지 않을까도 생각되며 이에서 그 예법의 대강도 알지를 못하고 전통예법에 견주어 왈가왈부함이 적절할까도 의심됨.

●王制男子由右女子由左

●記言左右陰陽說條天道尙左地道尙右陰陽之義也朝庭之禮以東爲上祠廟之禮以西爲上

●芝村曰初喪爲位皆以男左女右而上朝祖下男女道路之法謂男左女右

●重庵曰男左女右以地道言則右尊左卑道路屬地當男右女左盖右主動而左主靜右有力而左無爲故

男女所由如此

▶2869◀◈問; 이래도 되나요?

선생님! 나 참 황당해서 다름이 아니고 얼마 전에 아버님 상을 당했습니다. 저에겐 백부님 한 분과 숙부님 세분이 계신데 큰 숙부님께서 숙모님과 더불어 사촌아우도 오지 않았습니다. 상중일 때 숙부님께서 전화가 와서 둘째 아들 결혼식 날을 받아 두었는데 안 보는 게 좋다 하여 못 가니 서운해 말거라! 하시는 것입니다. 즉 아버님 상은 음력 7 월 30 일이고 사촌 결혼식은 음력 10 월입니다. 통상 친, 인척간이라도 복인자리면 정혼을 했더라도 문상함이 예의 아닌가요?

저희 문중은 달(月)이 틀리면 상관 않는데 숙부님의 경우 작은아들 혼사를 두 달이나 앞 두고 中兄초상에 본인도 부인도(숙모) 작은아들도 오지 않고 물론 삼우 때도 오지 않고 저로서는 많이 섭섭했답니다. 주변에 친, 인척 분들이 문상 오셔서 자네 큰 숙부는 왜 안 보이시는가? 여쭙기에 "자식 혼사 앞두고 초상(흉사)을 안 본다고 합니다" 차마 이렇게 말할 수 없었답니다. 길사와 흉사가 겹치면 이럴 때 예법을 좀 알려 주십시오.

◈答; 혼인(昏姻)과 상(喪).

○身及主昏者無期以上喪乃可成昏(신급주혼자무기이상상내가성혼)

大功未葬亦不可主昏○凡主昏如冠禮主人之法(士婚禮記支子則稱其宗弟則稱其兄註支子庶昆弟也稱其宗子命使者弟宗子毋弟)但宗子自昏則以族人之長爲主(士昏禮記宗子無父母命之親皆沒已躬命之)

○혼인할 본인과 주혼자(主昏者)는 기년이상(期年以上)의 복(服)이 없어야 혼인을 할 수 있다. 주혼자(主昏者)가 대공상(大功喪)에 아직 장례(葬禮)치 아니하였으면 혼인할 수 없다.

○모든 주혼자는 관례 때 주인이 되는 법과 같다. 다만 종자(宗子) 자신이 혼인을 하게 되면 친족 중 존장(尊長)을 주혼자로 삼는다.

○無期以上喪可成昏(무기이상상가성혼)

士昏禮三族之不虞註三族謂父昆弟己昆弟子昆弟虞度也不億度謂猝有死喪此三族者己及子皆爲服期期服則踰年欲及今之吉也雜記大功之末可以冠子嫁子疏父昆弟則伯叔及伯叔母己昆弟則己之親兄弟子昆弟則己之嫡子庶子○喪服父在爲母傳何以期也屈也父必三年然後娶達子之志也疏子於母屈而期心喪猶三年故父雖爲妻期而除然必三年乃娶者通達子之心喪故也○按國制士大夫妻亡者三年後改娶若因父母之命或年過四十無子者許期年後改娶

○不杖期(부장기)

服制同上但不杖又用次等生布其正服則爲祖父母(備要繼祖母同)女雖適人不降也(增解喪服傳何以期也不敢降其祖也疏祖父母正期故不敢降)庶子之子爲父之母(便覽爲祖後則不服)而爲祖後則不服也(備要按猶當心喪期)爲伯叔父也爲兄弟也爲衆子男女也(便覽長子不當斬者子爲人後者同)爲兄弟之子也爲姑姊妹女在室(備要圖姑姊妹女嫁皆大功)及適人而無夫與子者也(備要已嫁被出同)婦人無夫與子者爲其兄弟姊妹及兄弟之子也(便覽已嫁被出同○喪服姑姊妹報疏女子子不言報者出適反爲父母自然猶期不須言報)妾爲其子也其加服則爲嫡孫若曾玄孫當爲後者也(備要祖母同國制降○便覽喪服傳有適子者無適孫○增解繼祖母及庶祖母恐亦同)女適人者爲兄弟之爲父後者也(便覽父在則同衆昆弟)其降服則嫁母出母爲其子子雖爲父後猶服也妾爲其父母也其義服則(備要爲所後祖父母爲繼祖母)繼母嫁母(嫁母之母一作而)爲前夫之子從已者也爲伯叔母也爲夫兄弟之子也繼父同居父子皆無大功之親者也妾爲女君也(便覽喪服註女君於妾無服)妾爲君之衆子也舅姑爲嫡婦也(便覽長子當斬者之妻國制父母在爲養父母父母雖沒長子則期而除○增解繼姑及庶母恐亦同○楊氏復曰父母在則爲妻也)

楊氏復曰按不杖期註正服當添一條姊妹旣嫁相爲服也○其義服當添一條父母在則爲妻不杖也○按爲人後者爲其父母報(報一作服)女子子適人者爲其父母此是不杖期大節目何以不書也盖此條在後凡男爲人後者與女適人者爲其私親皆降一等中故不見於此

○齊衰不杖期服(제쇠부장기복)

正服(己)爲祖父母庶子之子爲父之母而爲祖後則不服謂父是庶出者己若承祖後則不爲父所生母服爲伯叔父爲兄弟爲在室之姑姊妹反嫁無夫與子者爲衆子及女在室與嫁而無夫與子者爲兄弟之子(女)女爲祖父母雖適人不降女在室者爲兄弟姊妹及兄弟之子其適人而無夫與子者同姊妹旣嫁相爲服(庶)妾爲其子○加服(己)爲嫡孫及曾玄孫當爲後者(女)女適人爲其兄弟之當爲父後者○降服(己)父在則爲妻不杖(女)女適人者爲其父母(婦)嫁母出母爲其子子雖爲父後猶服妾爲其父母(繼)爲人後者爲其本生父母○義服(己)爲伯叔母舅爲嫡婦父母在者爲妻(婦)爲夫兄弟之子姑爲嫡婦繼母嫁母爲前夫之子從己者謂非親生者(繼)爲人後者爲所後之祖父母(庶)妾

○伯叔父服(백숙부복)

喪服世父母叔父母疏伯言世者欲見繼世傳何以期也與尊者一體也然則昆弟之子何以亦期也旁尊也不足以加尊焉故報之也父子一體也夫妻一體也昆弟一體也故父子首足也夫妻牉合也昆弟四體也故昆弟之義無分然而有分者則辟子之私也子不私其父則不成爲子故有東宮有西宮有南宮有北宮異居而同財有餘則歸之宗不足則資之宗世母叔母何以亦期也以名服也註宗者世父爲小宗典宗事者也資取也疏與尊者一體也者雖非至尊旣與尊者爲一體故服期然昆弟之子無此義何以亦期云旁尊也不足以加尊焉故報之也者凡得降者皆由己尊也故降之世叔非正尊故生報也云父子一體已下云云傳云此者上旣云一體故傳又廣明一體之義父子一體者謂子與父骨血是同爲體因其父與祖亦爲一體又見世叔與祖亦爲一體也夫妻一體者亦見世叔母與世叔父爲一體也昆弟一體者又見世叔與父亦爲一體也昆弟之義無分者以手足四體本在一身不可分別是昆弟之義不合分也然而分者則辟子之私也使昆弟之子各自私朝其父故須分也若兄弟同在一宮則尊崇諸父之長者第二已下其子不得私其父不成爲人子之法也按內則云命士以上父子異宮不命之士父子同宮縱同宮亦有隔別爲四方之宮也世母叔母是路人以來配世叔父則生母名旣有母名則當隨世叔而服之故云以名服也○楊氏復曰世叔父者父之兄弟若據祖期則世叔父母宜九月而世叔父是父一體故加至期

위와 같이 살펴 보건대 귀하의 백부와 4 촌 형제들은 모두 부장기 복인으로 상장을 짚지 않는 1 년복(기복)인이 되며 혼인을 할 수 없는 복인은 주혼자나 당사자가 상장을 짚지 않는 1 년복(기복) 이상의 상이 없어야 혼인을 할 수 있는 것 같습니다. 참고하기 바랍니다. 감사합니다.

▶2870◀ ◈問; 자부(子婦)가 선조묘(先祖墓)에 고하는 축문(祝文).

초추(初秋)의 계절에 강녕 하십니까. 바쁘신 줄 알면서도 무례(無禮)함을 뒤로하고 감히 부탁 드립니다.

금년 11월 저의 자식이 혼례(昏禮)를 치릅니다 근데 조부모님. 외조부모님 산소(山所)에 다녀오려고 합니다. 자부(子婦)가 산소에 가서 어르신께 고하는 축문을 부탁 드립니다 도저히 찾을 수도 없고 제가 작성할 수도 없습니다 죄송합니다 감히 다시 한번 부탁 드립니다 저의 뜻 깊이 헤아려 주십시오. 감사 합니다 본 전통예절 관련 자료 많은 도움 받고 있습니다. 안녕히 계십시오.

◈答; 자부(子婦)가 선조묘(先祖墓)에 고하는 축문(祝文).

1). 아래와 같이 살펴보건대 고례(古禮)로는 친영(親迎)후 2일에 시부모에게 폐백
2). 祭禮節次는 祠堂 有事則告條로 丘儀이며 告辭式은 便覽式입니다.

※의문을 이상과 같이 나누어 답하여 드립니다.

1). 아래와 같이 살펴보건대 고례(古禮)로는 친영(親迎)후 2 일에 시부모에게 폐백(幣帛)을 드리고 3 개월 만에 사당(祠堂)을 알현(謁見)하였으나 주부자(朱夫子) 말씀에 3 월을 너무 늦으니 3 일되는 날 조상께 인사드림이 마땅하다 하였음.

◎사당 알현(祠堂謁見)

廟見(묘견)

⊙三日主人以婦見于祠堂(삼일주인이부견우사당)

古者三月而廟見今以其太遠改用三日如子冠而見之儀但告辭曰(云云)

⊙삼일 째 되는 날 주인이 신부를 데리고 사당을 알현한다.

옛날에는 석 달이 지난 뒤에 사당을 찾아 뵈었으나 지금은 그렇게 하면 너무 길어 삼 일로 고쳐 아들 관례 때 사당알현 의식과 같게 고쳐 행하고 있다. 축사는 다음과 같다.

⊙舅姑旣沒則奠菜(구고기몰즉전채)

士昏禮若舅姑旣沒則婦入三月乃奠菜(註奠菜者以篚祭菜也盖用菫疏此言舅姑俱沒者若舅沒姑存則當時見姑三月亦廟見舅若舅存姑沒婦人無廟可見或更有繼姑自然如常禮也此註云奠菜者以篚按下云婦執笲菜篚卽笲一也鄭知菜盖用菫者舅姑存時用棗栗腶脩義取早起肅栗治腶自修則此亦取謹敬)席于廟奧東面右几席干北方南面(註廟考妣之廟疏祭統說同几卽同席此卽別席者此旣廟見若生時見舅姑舅姑別席異面是以今亦異席別面象生不與常祭同也)祝盥婦盥于門外(疏生見舅姑在外沐浴)婦執笲菜祝帥婦以入祝告稱婦之姓曰某氏來歸敢奠嘉菜于皇舅某子(疏若張子李子○通典註皇君也某子者若今言某官府君也)婦拜扱地(註手至地也猶男子稽首)坐奠菜于几東席上還又拜如初婦降堂取笲菜入祝曰某氏來歸敢告于皇姑某氏奠菜于席如初禮婦出祝闔牖戶老醴婦于房中南面如舅姑醴婦之禮(疏舅姑生時使贊醴婦於寢之戶牖之間今舅姑沒者使老醴婦於廟之房中其禮則同使老及處所則別也)壻饗婦送者丈夫婦人如舅姑饗禮(疏舅姑存自饗從者今舅姑沒故壻無饗丈夫婦人并有繒錦之等)○婦入三月然後祭行(註三月之後於祭乃行謂助祭也疏此據舅在無姑或舅沒姑老者若舅在無姑三月不須廟見則助祭)○曾子問三月而廟見擇日而祭於禰○語類朱子曰昏禮廟見舅姑之亡者而不及祖盖古者宗子法行非宗子之家不可別立祖廟故但有禰廟今只共廟如何只見禰而不見祖此當以義起亦見祖可也

⊙시부모가 이미 작고하였을 때 신부의 사당 알현 의식.

만약 시부모가 이미 작고 하셨으면 신부는 혼인한지 석 달 만에 소채를 올리고 알현한다. 만약 시아버지는 작고하시고 시어머니는 생존하여 계시면 당시에 시어머니께 폐백을 드리며 뵙고 석 달 뒤에 시아버지 사당을 알현한다. 또 시아버지는 생존하여 계시고 시어머니가 작고 하였으면 부인의 사당이 없거나 혹 계(繼)시어머니가 계시면 자연히 일반 세속의 예를 따른다.

축관과 신부는 문밖에서 손을 씻고 신부는 소채 폐백함을 든다. 축관은 신부를 인도하여 사당으로 들어가 다음과 같이 고하면 신부는 폐백함을 집사자에게 주고 앉아서 땅을 집고 절을 하고 다시 폐백함을 받아 시아버지 신위 전에 올리고 또 처음과 같이 절을 한다.

신부는 당에서 내려와 시어머니 폐백함을 들고 당으로 들어간다. 축관이 다음과 같이 고하면 폐백 함 드리기를 처음과 같이한다. 신부가 나오면 축관은 폐백함을 철회하고 문을 닫고 물러난다.

⊙婦見于祠堂儀禮節次(부견우사당의례절차)

陳設如常儀

序立○盥洗○啓櫝○出主○復位○降神○詣香案前○跪○上香○酹酒(執事者跪進盤盞主人受之傾茅沙上)○俯伏興拜興拜興平身(稍後立)○復位○參神(衆拜)○鞠躬拜興拜興拜興拜興平身○主人斟酒(主人執注立斟于逐位神主前)○主婦點茶(畢分立香案前)○鞠躬拜興拜興平身○主婦復位(主人不動)○跪○告辭(曰)○某之子某(若某親之子某)以某日昏畢新婦某氏敢見○俯伏興平身○新婦見(壻婦並立兩階間並拜古無壻拜之禮今從俗補之)○鞠躬拜興拜興拜興拜興平身○復位○辭神(衆拜)○鞠躬拜興拜興拜興拜興平身

若宗子自昏則告辭云某今昏畢敢以新婦某氏見行四拜禮畢新婦點茶各位又四拜

⊙신부가 사당 알현하는 의례절차.

진설은 평상시 행하는 상도대로 한다.

차서 대로 선다. ○손을 씻는다. ○신주독을 연다. ○신주를 내놓는다.

●행강신례.

주인은 향안 앞으로 간다. ○무릎을 꿇고 앉는다. ○분향한다. ○강신한다. (집사자가 나아가 무릎을 꿇고 앉아 잔반을 주인에게 주면 모사 위에 기우려 따른다) ○부복 하였다 일어나 재배한다. (조금 뒤로 물러나 선다) ○제 자리로 물러나 선다.

●행참신례.

(모두 절한다) ○국궁 사배평신 한다. ○주인은 술을 따른다. (주인은 주전자를 들고 신주 앞 각 위를 따라가며 잔에 술을 따른다) ○주부는 차를 따른다. (마쳤으면 향안 앞에 나뉘어 선다) ○국궁 재배평신 한다. ○주부는 제자리로 물러나 선다. (주인은 제자리에 있는다) ○무릎을 꿇고 앉는다. ○고한다 (후첨 한 것임) ○부복 하였다 일어 난다.

●행신부알현.

(신랑과 신부는 양 층계 사이에 나란히 서서 같이 절을 한다. 고례에는 신랑이 절하는 예는 없으나 지금 세속의 예를 따라 보충한 것임) ○국궁 사배평신 한다. ○제자리로 물러나 선다.

●행사신례.

(모두 절한다) ○국궁 사배평신 한다.

만약 종자 자신의 혼인이면 고사(告辭)에 이르기를 모 이제 혼례를 마치고 감히 신부 모씨와 알현하나이다. 라 하고 사배를 한다. 절을 마치고 신부는 각 위마다 차를 따르고 또 사배를 한다.

◈廟見告辭式(묘견고사식)

某之子某(非宗子之子則某之上當添某親二字)以某日昏畢新婦某氏敢見

◈宗子自昏告辭式(종자자혼고사식)

某今昏畢敢以新婦某氏敢見

◈舅姑廟告辭式(구고묘고사식)奉主時當別有告辭

　某氏(婦姓)來婦敢奠嘉菜于
皇舅某子(便覽當改某子爲某官府君)
　某氏來婦敢告于
皇姑(便覽此下當添某封二字)某氏奠菜于(便覽舅在則當移用奠嘉菜之文)

모씨(某氏)가 며느리로 들어와 시어머니 모씨께 감히 고하며 푸른 과실(果實)로 전(奠)을 올리나이다.

●程子曰女旣嫁父母使人安之謂之致女古者三月而廟見始成婦也
●士昏記疏必三月者三月一時天氣變婦道成
●朱子曰古人三月方見祖廟某思量今亦不能三月之久亦須第二日見舅姑第三日廟見乃安亦當行
●陶庵曰婦見于祠堂廟見祭禮有事則告條

●家禮儀節廟見儀禮節次(가례의절묘견의례절차)

(陳設如常儀)

序立○盥洗○啓櫝○出主○復位○降神○詣香案前○跪○上香(再拜)○酹酒(再拜)○復位○參神(衆拜)○主人斟酒○主婦點茶(畢分立再拜)○主婦復位○主人跪○告辭曰某之子某(若某親之子某)以某日昏畢新婦某氏敢見○俯伏興平身○新婦見(再拜)(壻婦並立兩階間並拜古無壻拜之禮今從俗補之)○復位○辭神(衆拜)

●告辭式(主人自告)

子某(子某上當添某之二字○非宗子之子則子某上當添某之某親某之六字若宗子自昏則但云某)之婦某氏

敢見

▶2871◀◈問; 장례식 참석 후 결혼식에 가도 되나요?

친구 아버님께서 돌아가셨습니다. 그런데, 다음주 일요일 사촌 오빠의 결혼인데 이럴 경우 장례식장에 가면 안되나요?

◈答; 장례식 참석 후 결혼식에 가도 되나

아래는 가례의 혼인할 때 아래와 같은 상에는 혼인 할 수 없다는 조목입니다.

身及主昏者無期以上喪乃可成昏 大功未葬亦不可主昏

혼인할 본인과 주혼자(主昏者)는 기년(朞年)이상의 복이 없어야 혼인을 할 수 있다. 주혼자가 대공상에 아직 장례 치 않았으면 혼인할 수 없다. 이는 혼인을 주관하는 어른과 본인의 혼인 일시 이와 같이 하라는 예법입니다. 참고로 대공상(大功喪)이라 하면 종형제(從兄弟)상입니다.

기제에도 1 일 재계의 예법이 있으니 다음주라 하면 아직 1 주일 이상 여유가 있습니다. 다만 부정에 관하여는 아는 바가 없고 더욱이 타인이 혼인에 상가 조문 가기에 꺼린다는 법도는 없습니다.

▶2872◀◈問; 장례식 참석 후 결혼식 참석에 대한 문의.

친한 친구의 조부님이 돌아가셔서 장례식장을 가려 하는데 친한 친구의 결혼식이 상중이신 분 발인 다음날 입니다. 장례식장 갔다 와서 바로 결혼식 참석하는 건 예의에 어긋난다 해서 고민인데 어떻게 해야 하는지요?

◈答; 장례식 참석 후 결혼식 참석에 대하여.

어느 예서에서도 상가에 들렸다 혼사 집에 가지 말라는 말씀은 아직 읽어본 기억이 없으며 찾아지지도 않습니다. 만약 혼가에 가는 도중 상여를 만나게 되면 되돌아 가야 함과 같으니 샤머니즘적인 발상이 아닌가는 생각 됩니다.

부모의 기제사도 하루 재계로 끝납니다. 귀하가 마음에 정 걸려 고민이 친구의 결혼 축하보다 크면 모르겠으되 아니면 참석한다 하여 예의에 크게 어긋나지는 않을 것 같습니다. 그러나 경사의 자리에서 상가(喪家) 운운(云云)함을 피해야 되겠지요.

▶2873◀◈問; 장례와 결혼 문의입니다.

안녕하세요? 제 남자친구 할아버지께서 오늘 돌아가셨다는데요. 그리고 저와 제 남자친구는 내년 2 월쯤에 결혼(結昏) 하려고 계획 중에 있는데요. 결혼이 가능한가요? 주위에서는 상(喪)을 당한지 1 년 지나야만 결혼 할 수 있다고들 하는데 궁금합니다. 알려주세요. 감사합니다.

◈答; 상중(喪中) 혼인.

신랑의 조부는 신랑의 아버지는 3 년 복인이고 신랑은 1 년 복인이 됩니다. 아래와 같이 살펴보건대 신랑이나 주혼자(혼주; 신랑의 부친)가 1 년 복 이상의 상중에는 혼인을 할 수 없다(신부 역시 동) 하였습니다. 따라서 예법상으로는 주혼자(신랑의 부친)가 3 년 복인이니 3 년 상을 마치기 전은 혼인을 할 수 없습니다.

●家禮喪禮成服其服之制一曰斬衰三年; 正服則子爲父也

●家禮喪禮成服不杖期; 其正服則爲祖父母

●家禮昏禮篇議昏身及主昏者無朞以上喪乃可成昏條大功未葬前亦不可主昏

▶2874◀◈問; 장례와 결혼에 관하여 질문 드립니다.

5 월 달에 친형의 결혼식이 있습니다. 그런데 오늘 여자친구의 할아버지가 돌아가셨다고 합니다. 이 경우 장례식에 갈 수 없는지요? 친형의 결혼이기 때문에 5 월 결혼에는 반드시 참

석하여야 합니다.

◈答; 상중 결혼.

그러한 禁忌는 없는 것 같습니다. 결혼 당사자라 하더라도 기복(일년 복)이상의 상중이 아니라면 혼인을 할 수 있습니다.

●家禮昏禮篇身及主昏者無期以上喪乃可成昏大功未葬亦不可主昏

▶2875◀◈問; 전통혼례에 관한 문의요.

전통혼례 중 궁중에 관한 문의를 드릴까 합니다. "궁중 혼례"를 치를 경우, 신부측에서 신랑측에게 보내는 선물이라던가 신랑측 부모가 신부에게 보내는 선물이 있나요? 있다면 어떤 의미인가요?

신랑신부를 상징하는 색이 있다면 무슨 색인가요? (주로 많이 사용하는 색상) 혹, 그리고 혼례 시 사용하지 말아야 할 색상이 있다면?

◈答; 전통혼례에 관하여.

궁중 혼례에서 신부측에서 신랑측에 보내는 선물은 업고 신랑측에서 신부측에 보내는 선물은 있습니다. 폐용(幣用)으로 왕자는 검붉은 비단이 3 필 분홍색 비단이 2 필 제군(諸君)은 명주나 베를 보냅니다. 왕녀는 명주나 베로 검붉은색 3 필 분홍색 2 필.

●國朝五禮儀嘉禮下王子昏禮○納幣; 幣用綃玄三纁二諸君用紬或布⊙又王女下嫁儀納幣; 幣用紬或布玄三纁二

전통예법 혼례에서 선물의 오고 감이라 하면 신랑 집에서 신부 집으로 납채(納采)와 납폐(納幣) 의식이 있으며 신부 집에서 신랑 집으로는 시부모에게 드리는 폐백의 예법이 있습니다.

⊙納幣(납폐)

幣用色繒(士昏禮玄纁○增解爾雅玄纁天地正色)貧富隨宜少不過兩多不踰十今人更用釵釧羊酒果實之屬亦可
폐백(幣帛)은 채색비단으로 하되 빈부에 따라 당연히 적게는 한 필(匹)을 넘지 않게 하며 많게는 다섯 필을 넘지 않게 한다. 요즘 사람들은 다시 비녀 팔찌 짐승 술과 실과 같은 것도 하는데 역시 좋은 것이다.

신부 집에서 신랑 집 시부모에게 선물로는 폐백의 예가 있습니다.

⊙古單用贄(고단용지)

尤菴曰據古禮則棗栗奠于舅腶脩奠于姑○世俗單用贄從俗無妨○古禮及家禮贄之器數無文而世俗並盛棗栗于一器從俗恐無妨○五禮儀棗栗無則用時果○增解愚按古禮南贄大者玉帛女贄不過棗脩則士昏禮婦贄但用棗栗腶脩者正也家禮之兼用幣雖從俗禮而乃用男贄之大者未知於禮意如何也世俗之單用贄實得古義從之恐宜

⊙奠贄幣(전지폐)

曲禮婦人之摯椇榛脯脩棗栗註摯贄同執物以爲相見之禮也椇形似珊瑚味甛美一名石李榛似栗而小脯卽今之脯也脩用肉煆治加薑桂乾之脯形方正脩形稍長並棗栗六物婦初見舅姑以此爲摯也左傳女摯不過榛栗棗脩以告虔也陳氏曰禮云無辭不相接也無禮不相見也欲民之無相瀆也又云君子於其所尊不敢質也故貴至於邦君賤至於庶人以至婦人童子相見不依贄不足以爲禮贄而不稱德不足以爲義此玉帛禽鳥榛栗棗脩之用所以不一也○士昏禮婦執笲(音煩)棗栗自門入升自西階進拜奠于席舅坐撫之興答拜婦還又拜降階受笲腶脩升進北面拜奠于席姑坐擧以興拜授人註笲竹器而衣者其形蓋如今之筥허(竹+去)蘆矣進拜者進東面乃拜奠之者舅尊不敢授也還又拜者還於先拜處拜婦人與丈夫爲禮則俠拜人有司姑執笲以起答婦拜授有司徹之舅則宰徹之疏按春秋註腶脩者脯也禮婦人見舅以棗栗爲贄見姑以腶脩爲贄見夫人至尊兼而用之棗栗取其早自謹敬腶脩取其斷斷自脩也知笲有衣者記

云笄緇被纁裡加于橋註被表也婦見舅姑以飾爲敬是有衣也姑奠于席不授而云舅尊不敢授者但舅直撫之而已至姑則親擧之若親授之然故於舅云尊不敢授也○五禮儀棗脩無則用時果腶脩無則用乾肉○丘儀姆引婦至舅前四拜從者以贄幣授婦婦以贄幣置卓子上舅受之婦復位獨拜詣姑前亦如之
위와 같이 살펴 볼 때 폐백에는 밤 대추 포인 듯 합니다.

신랑과 신부를 상징하는 색이라면 전통예절에서 명시한 색은 아직 찾지를 못하였으나 하늘과 땅의 색이 아닌가 생각 들며 사용치 않아야 할 색상 역시 적시하여 밝혀 놓은 곳을 찾지를 못하였습니다. 굳이 말한다면 검은색이 아닐는지요. 확인 된 바는 아닙니다. 그러나 신이나 사모, 족두리는 검은 색이니 그도 아닌 듯 합니다.

사서인 폐백의 색은 현훈(玄纁)으로 이는 음양(陰陽) 구별 색이 됩니다.

●士昏禮納徵玄纁束帛儷皮(註)用玄纁者象陰陽備也束帛十端也周禮曰凢嫁子娶妻入幣純(側其反)帛無過五兩儷兩也執束帛以致命兩皮爲庭實(疏)周禮鄭註云納幣用緇婦人陰也凢娶禮必用其類五兩十端也必言兩者欲得其配合之名十者象五行十日相成士大夫乃以玄纁束帛天子加以穀圭諸侯加以大璋若彼據庶人空用緇色無纁故鄭云用緇婦人陰此玄纁俱有故云象陰陽備也○(記)皮帛必可制(疏)可制爲衣物此亦是敎婦以誠信之義也○(補註)按雜記一束束五兩兩五尋註此謂昏禮納徵也一束十卷也八尺爲尋每五尋爲匹兩端卷至中則五匹爲五箇兩卷故曰束五兩鄭氏曰四十尺謂之匹猶匹偶之匹言古人每匹作兩箇卷子
●五禮儀幣用紬或布二品以上玄三纁二三品以下至庶人玄纁各一

▶2876◀◈問; 전통 혼례에 대해 여쭙고 싶은 것이 있습니다.

안녕하신지요. 우선 질문을 하기 전에 개개인의 물음에 성심껏 답변해 주심에 감사함을 표합니다. 제가 여쭙고자 하는 것은, 전통혼례에서 교배례를 할 때 신부는 수모의 부축을 받아 백포를 밟고 나오는 것이라고 들었습니다. 그런데 여기서 백포란 무엇인지 알고 싶습니다. 하얀 포단이라는 것인지 정확히 알지 못하여 문의를 드렸습니다. 늦었지만 새해 복 많이 받으십시오.

◈答; 전통 혼례에 대해.

전통혼례(傳統昏禮) 교배례(交拜禮)는 친영편(親迎篇)에 속하여 있으나 주자가례(朱子家禮)에 기초한 여러 선유의 예서(禮書)에서는 백포를 밟고 나오는 예는 없으며 고혼례(古昏禮)는 저녁에 처음으로 신부가 신랑 집 방으로 들어가면 그 방에서 교배례를 행하게 되여 있으니 그런 예를 행할 수가 없으며 변형된 예법에서는 낮에 신부 집 중정(中庭)에서 교배례를 행하고 있으니 혹 행 할 수도 있다 하겠으나 목격 한 바는 없습니다. 혹 행한다면 백포(白布)란 흰 베란 뜻인데 작금에는 하얀 포단도 광의에서 그에 포함 된다 할 수도 있을 것입니다.

●書儀昏禮交拜禮條壻立于東席婦立于西席婦拜壻答拜註古者婦人與丈夫爲禮則俠拜鄕里舊俗男女相拜女子先一拜男子拜女一拜女子又一拜蓋由男子以再拜爲禮女子以四拜爲禮故也
●語類昏禮篇古者婦人與男子爲禮皆俠拜每拜以二爲禮昏禮婦先二拜夫答一拜婦又二拜夫又答一拜

▶2877◀◈問; 제사 지내기.

집안에 혼사(결혼)날을 정하면 결혼일까지 기제사 및 명절 제사를 지내지 안는다는데 이것이 사실인지 알고 싶어요.

◈答; 제사 지내기.

아직 예서 어느 갈피에서도 확인 하지 못 하였습니다. 혼주나 자신이 일년 복 이상의 상중이면 혼인을 할 수 없다 일렀으나 약혼 중에 제사를 폐하라는 그런 말씀은 아직 접하지 못하였습니다.

납채를 주고 받을 때 양가에서는 이를 조상에게 고하는 제를 올리는 것입니다. 혼행 전 역시 사당에 제를 올리고 떠나는 것입니다. 약혼 기간 중에 폐제는 혹 가풍이 아닌가 생각 듭니다. 이는 가속에 따르시면 될 것입니다.

●性理大全昏禮身及主昏者無朞以上喪乃可成昏(註)大功未葬前亦不可主昏

▶2878◀◈問; 주육례란.

안녕. 주자사례는 주자가례혼례라는 것은 여러 말씀으로 알게 되었는데요 주육례는 무엇 무엇인지 또 주육례는 어떤 책 어디에 수록이 되어 있는지요. 아는 게 없어 미안스럽습니다. 자세히 좀 알켜주세요.

◈答; 周六禮(주육례)란.

아래와 같이 살펴보건대 儀禮經傳通解(의례경전통해) 士昏禮(사혼례) 家禮(가례) 昏禮(혼례) 條(조)에 1. 納采(납채). 2. 問名(문명). 3. 納吉(납길). 4. 納徵(납징). 5. 請期(청기). 6. 親迎(친영)의 순서로 자세하게 註文(주문)과 細註(세주)로 풀어져 있습니다.

◆筆者(필자)가 감히 士昏禮(사혼례)의 昏禮(혼례) 禮法(예법)에서 昏姻(혼인) 成事(성사) 初期(초기)에 朱子家禮(주자가례) 納采(납채) 前(전) 議昏(의혼)인데 즉 媒氏(매씨)의 通婚(통혼)으로 女子(여자) 집에서 許諾(허락)된 然後(연후)에 納采(납채)의 禮(예)를 행함이어야 함이 順序(순서)인데, 이 禮書(예서) 이외의 俗禮(속례)에서도 慣行的(관행적)으로 이뤄지는 禮(례)인데 周六禮(주육례)에서는 省略(생략)이 되어 있으나 士昏禮(사혼례) 昏禮(혼례) 條(조) 어디에서도 찾아지지 않습니다.

●儀禮經傳通解士昏禮家禮昏禮; 納采 問名 醴賓 納吉 納徵 請期 親迎 婦至 婦見 醴婦 婦饋 饗婦 饗送者 祭行 奠菜 壻見婦之父母

◆周禮目錄(주례목록)

卷一 天官冢宰第一 卷二 冢宰治官之職 卷三 冢宰治官之職 卷四 冢宰治官之職 卷五 冢宰治官之職 卷六 冢宰治官之職 卷七 冢宰治官之職 卷八 冢宰治官之職 卷九 地官司徒第二 卷十 司徒教官之職 卷十一 司徒教官之職 卷十二 司徒教官之職 卷十三 司徒教官之職 卷十四 司徒教官之職 卷十五 司徒教官之職 卷十六 司徒教官之職 卷十七 春官宗伯第三 卷十八 宗伯禮官之職 卷十九 宗伯禮官之職 卷二十 宗伯禮官之職 卷二十一 宗伯禮官之職 卷二十二 宗伯禮官之職 卷二十三 宗伯禮官之職 卷二十四 宗伯禮官之職 卷二十五 宗伯禮官之職 卷二十六 宗伯禮官之職 卷二十七 宗伯禮官之職 卷二十八 夏官司馬第四 卷二十九 司馬政官之職 卷三十 司馬政官之職 卷三十一 司馬政官之職 卷三十二 司馬政官之職 卷三十三 司馬政官之職 卷三十四 秋官司寇第五 卷三十五 司寇刑官之職 卷三十六 司寇刑官之職 卷三十七 司寇刑官之職 卷四十 考工記之職 卷四十一 考工記之職 卷四十二 考工記之職

◆六禮;是西周禮制所規定的婚姻成立的六道程式即納采問名納吉納徵請期親 迎納采是男家請媒人到女家提親獲準後備彩禮前去求婚問名是男家請媒人問女方的名字生辰卜於宗廟請示吉凶納吉是男家卜得吉兆後通知女家決定訂婚納徵又稱納幣是男家送聘禮到女家請期是男家擇定吉日為婚期商請女家同意親迎是新郎至女家迎娶至此六禮完畢婚姻成立這種婚姻實際上是包辦買賣婚姻西周的六禮對後世影響極大中國古代的聘娶婚源於此

▶2879◀◈問; 축문 문의.

4 월 30 일 날 장조카가 장가를 간답니다. 저희 집안에 사당(祠堂)은 아니지만 집 뒤쪽 산자락에 시제(時祭)를 지내는 조상님들의 단(壇)이 있습니다. 신랑 신부 됨을 고하는 축문(祝文)이 있는지요? 또 산신축(山神祝)을 먼저 해야 되는지요? 절차(節次)는 어떻게 해야 하는지요?

◈答; 축문 문의.

혼례편에 신랑 신부 사당 뵙는 의식과 고사식이 모두 있습니다. 살펴 보고 준용하기 바랍니다. 다만 신부가 사당 뵙는 예에는 산신제가 없습니다.

사당 알현(祠堂謁見)

廟見(묘견)

⊙三日主人以婦見于祠堂(삼일주인이부견우사당)

古者三月而廟見今以其太遠改用三日如子冠而見之儀但告辭曰(云云)

⊙삼일 째 되는 날 주인이 신부를 데리고 사당을 알현한다.

옛날에는 석 달이 지난 뒤에 사당을 찾아 뵈었으나 지금은 그렇게 하면 너무 길어 삼 일로 고쳐 아들 관례 때 사당알현 의식과 같게 고쳐 행하고 있다. 축사는 다음과 같다.

⊙舅姑旣沒則奠菜(구고기몰즉전채)

士昏禮若舅姑旣沒則婦入三月乃奠菜(註奠菜者以篚祭菜也盖用菫疏此言舅姑俱沒者若舅沒姑存則當時見姑三月亦廟見舅若舅存姑沒婦人無廟可見或更有繼姑自然如常禮也此註云奠菜者以篚按下云婦執笲菜篚卽笲一也鄭知菜盖用菫者舅姑存時用棗栗腶脩義取早起肅栗治腶自修則此亦取謹敬)席于廟奧東面右几席干北方南面(註廟考妣之廟疏祭統說同几卽同席此卽別席者此旣廟見若生時見舅姑舅姑別席異面是以今亦異席別面象生不與常祭同也)祝盥婦盥于門外(疏生見舅姑在外沐浴)婦執笲菜祝帥婦以入祝告稱婦之姓曰某氏來歸敢奠嘉菜于皇舅某子(疏若張子李子○通典註皇君也某子者若今言某官府君也)婦拜扱地(註手至地也猶男子稽首)坐奠菜于几東席上還又拜如初婦降堂取笲菜入祝曰某氏來歸敢告于皇姑某氏奠菜于席如初禮婦出祝闔牖戶老醴婦于房中南面如舅姑醴婦之禮(疏舅姑生時使贊醴婦於寢之戶牖之間今舅姑沒者使老醴婦於廟之房中其禮則同使老及處所則別也)壻饗婦送者丈夫婦人如舅姑饗禮(疏舅姑存自饗從者今舅姑沒故壻無饗丈夫婦人幷有繒錦之等)○婦入三月然後祭行(註三月之後於祭乃行謂助祭也疏此據舅在無姑或舅沒姑老者若舅在無姑三月不須廟見則助祭)○曾子問三月而廟見擇日而祭於禰○語類朱子曰昏禮廟見舅姑之亡者而不及祖盖古者宗子法行非宗子之家不可別立祖廟故但有禰廟今只共廟如何只見禰而不見祖此當以義起亦見祖可也

⊙시부모가 이미 작고하였을 때 신부의 사당 알현 의식.

만약 시부모가 이미 작고 하셨으면 신부는 혼인한지 석 달 만에 소채를 올리고 알현한다. 만약 시아버지는 작고하시고 시어머니는 생존하여 계시면 당시에 시어머니께 폐백을 드리며 뵙고 석 달 뒤에 시아버지 사당을 알현한다. 또 시아버지는 생존하여 계시고 시어머니가 작고 하였으면 부인의 사당이 없거나 혹 계(繼)시어머니가 계시면 자연히 일반 세속의 예를 따른다.

축관과 신부는 문밖에서 손을 씻고 신부는 소채 폐백함을 든다. 축관은 신부를 인도하여 사당으로 들어가 다음과 같이 고하면 신부는 폐백함을 집사자에게 주고 앉아서 땅을 집고 절을 하고 다시 폐백함을 받아 시아버지 신위 전에 올리고 또 처음과 같이 절을 한다. 신부는 당에서 내려와 시어머니 폐백함을 들고 당으로 들어간다. 축관이 다음과 같이 고하면 폐백함 드리기를 처음과 같이한다. 신부가 나오면 축관은 폐백함을 철회하고 문을 닫고 물러난다.

⊙婦見于祠堂儀禮節次(부견우사당의례절차)

陳設如常儀

序立○盥洗○啓櫝○出主○復位○降神○詣香案前○跪○上香○酹酒(執事者跪進盤盞主人受之傾茅沙上)○俯伏興拜興拜興平身(稍後立)○復位○參神(衆拜)○鞠躬拜興拜興拜興拜興平身○主人斟酒(主人執注立斟于逐位神主前)○主婦點茶(畢分立香案前)○鞠躬拜興拜興平身○主婦復位(主人不動)○跪○告辭(曰)○某之子某(若某親之子某)以某日昏畢新婦某氏敢見○俯伏興平身○新婦見(壻婦並立兩階間並拜古無壻拜之禮今從俗補之)○鞠躬拜興拜興拜興拜興平身○復位○辭神(衆拜)○鞠躬拜興拜興拜興拜興平身

若宗子自昏則告辭云某今昏畢敢以新婦某氏見行四拜禮畢新婦點茶各位又四拜

▶2880◀◈問; 축문에 관한 질문.

신랑: 안형우
신부: 정씨
고하는 분: 증조부
조부
혼인 후 사당에 고하고자 합니다.
위의 사항에 맞게 축문을 써주시기 바랍니다. 감사합니다.

◈答; 축문에 관한 질문.

사당 알현(祠堂謁見)

廟見(묘견)

⊙三日主人以婦見于祠堂(삼일주인이부견우사당)

古者三月而廟見今以其太遠改用三日如子冠而見之儀但告辭曰(云云)

⊙삼일 째 되는 날 주인이 신부를 데리고 사당을 알현한다.

옛날에는 석 달이 지난 뒤에 사당을 찾아 뵈었으나 지금은 그렇게 하면 너무 길어 삼 일로 고쳐 아들 관례 때 사당알현 의식과 같게 고쳐 행하고 있다. 축사는 다음과 같다.

⊙舅姑既沒則奠菜(구고기몰즉전채)

士昏禮若舅姑既沒則婦入三月乃奠菜(註奠菜者以篚祭菜也盖用堇疏此言舅姑俱沒者若舅沒姑存則當時見姑三月亦廟見舅若舅存姑沒婦人無廟可見或更有繼姑自然如常禮也此註云奠菜者以篚按下云婦執笲菜篚卽笲一也鄭知菜盖用堇者舅姑存時用棗栗腶脩義取早起肅栗治腶自修則此亦取謹敬)席于廟奥東面右几席干北方南面(註廟考妣之廟疏祭統說同几卽同席此卽別席者此旣廟見若生時見舅姑舅姑別席異面是以今亦異席別面象生不與常祭同也)祝盥婦盥于門外(疏生見舅姑在外沐浴)婦執笲菜祝帥婦以入祝告稱婦之姓曰某氏來歸敢奠嘉菜于皇舅某子(疏若張子李子○通典註皇君也某子者若今言某官府君也)婦拜扱地(註手至地也猶男子稽首)坐奠菜于几東席上還又拜如初婦降堂取笲菜入祝曰某氏來歸敢告于皇姑某氏奠菜于席如初禮婦出祝闔牖戶老醴婦于房中南面如舅姑醴婦之禮(疏舅姑生時使贊醴婦於寢之戶牖之間今舅姑沒者使老醴婦於廟之房中其禮則同使老及處所則別也)壻饗婦送者丈夫婦人如舅姑饗禮(疏舅姑存自饗從者今舅姑沒故壻無饗丈夫婦人幷有繒錦之等)○婦入三月然後祭行(註三月之後於祭乃行謂助祭也疏此據舅在無姑或舅沒姑老者若舅在無姑三月不須廟見則助祭)○曾子問三月而廟見擇日而祭於禰○語類朱子曰昏禮廟見舅姑之亡者而不及祖盖古者宗子法行非宗子之家不可別立祖廟故但有禰廟今只共廟如何只見禰而不見祖此當以義起亦見祖可也

⊙시부모가 이미 작고하였을 때 신부의 사당 알현 의식.

만약 시부모가 이미 작고 하셨으면 신부는 혼인한지 석 달 만에 소채를 올리고 알현한다. 만약 시아버지는 작고하시고 시어머니는 생존하여 계시면 당시에 시어머니께 폐백을 드리며 뵙고 석 달 뒤에 시아버지 사당을 알현한다. 또 시아버지는 생존하여 계시고 시어머니가 작고 하였으면 부인의 사당이 없거나 혹 계(繼)시어머니가 계시면 자연히 일반 세속의 예를 따른다.

축관과 신부는 문밖에서 손을 씻고 신부는 소채(蔬菜) 폐백함(幣帛函)을 든다. 축관은 신부를 인도하여 사당(祠堂)으로 들어가 다음과 같이 고하면 신부는 폐백함을 집사자에게 주고 앉아서 땅을 집고 절을 하고 다시 폐백함을 받아 시아버지 신위 전에 올리고 또 처음과 같이 절을 한다.

신부는 당에서 내려와 시어머니 폐백함을 들고 당으로 들어간다. 축관이 다음과 같이 고하면 폐백 함 드리기를 처음과 같이한다. 신부가 나오면 축관은 폐백함을 철회하고 문을 닫고 물러난다.

⊙婦見于祠堂儀禮節次(부견우사당의례절차)

陳設如常儀

序立○盥洗○啓櫝○出主○復位○降神○詣香案前○跪○上香○酹酒(執事者跪進盤盞主人受之傾茅沙上)○俯伏興拜興拜興平身(稍後立)○復位○參神(衆拜)○鞠躬拜興拜興拜興拜興平身○主人斟酒(主人執注立斟于逐位神主前)○主婦點茶(畢分立香案前)○鞠躬拜興拜興平身○主婦復位(主人不動)○跪○告辭(曰)○某之子某(若某親之子某)以某日昏畢新婦某氏敢見○俯伏興平身○新婦見(壻婦並立兩階間並拜古無壻拜之禮今從俗補之)○鞠躬拜興拜興拜興拜興平身○復位○辭神(衆拜)○鞠躬拜興拜興拜興拜興平身

若宗子自昏則告辭云某今昏畢敢以新婦某氏見行四拜禮畢新婦點茶各位又四拜

⊙신부가 사당 알현하는 의례절차.

진설은 평상시 행하는 상도대로 한다.
차서 대로 선다. ○손을 씻는다. ○신주독을 연다. ○신주를 내놓는다.

●행강신례.

주인은 향안 앞으로 간다. ○무릎을 꿇고 앉는다. ○분향한다. ○강신한다. (집사자가 나아가 무릎을 꿇고 앉아 잔반을 주인에게 주면 모사 위에 기우려 따른다) ○부복 하였다 일어나 재배한다. (조금 뒤로 물러나 선다) ○제자리로 물러나 선다.

●행참신례.

(모두 절한다) ○국궁 사배평신 한다. ○주인은 술을 따른다. (주인은 주전자를 들고 신주앞 각 위를 따라가며 잔에 술을 따른다) ○주부는 차를 따른다. (마쳤으면 향안 앞에 나뉘어 선다) ○국궁 재배평신 한다. ○주부는 제자리로 물러나 선다. (주인은 제자리에 있는다) ○무릎을 꿇고 앉는다. ○고한다 (후첨 한 것임) ○부복 하였다 일어 난다.

●행신부알현.

(신랑과 신부는 양 층계 사이에 나란히 서서 같이 절을 한다. 고례에는 신랑이 절하는 예는 없으나 지금 세속의 예를 따라 보충한 것임) ○국궁 사배평신 한다. ○제자리로 물러나 선다.

●행사신례.

(모두 절한다) ○국궁 사배평신 한다. 만약 종자 자신의 혼인이면 고사(告辭)에 이르기를 모이제 혼례를 마치고 감히 신부 모씨와 알현하나이다. 라 하고 사배를 한다. 절을 마치고 신부는 각 위마다 차를 따르고 또 사배를 한다

◈廟見告辭式(묘견고사식)

某之子某(非宗子之子則某之上當添某親二字)以某日昏畢新婦某氏敢見

●士昏禮若舅姑旣沒則婦入三月乃奠菜(註)奠菜者以篚祭菜也蓋用菫(疏)必三月者三月一時天氣變婦道可以成之故也此言舅姑俱沒者若舅沒姑存則當時見姑三月亦廟見舅若舅存姑沒婦入無廟可見或更有繼姑自然如常禮也此註云奠菜者以篚按下云婦執笲菜篚卽笲一也鄭知菜蓋用菫者舅姑存時用棗栗腶脩義取早起肅栗治腶自脩則此亦取謹敬○席于廟奧東面右几席于北方南面(註)廟考妣之廟(疏)祭統設同几卽同席此卽別席者此旣廟見若生時見舅姑舅姑別席異面是以今亦異席別面象生不與常祭同也鄭知廟考妣廟者象生時見舅姑故知考妣廟也○老醴婦于房中南面如舅姑醴婦之禮(註)因於廟見禮之(疏)舅姑生時見訖舅姑使贊醴婦於寢之戶牖間今舅姑沒者使老醴婦於廟之房中其禮則同使老及處所則別也

●語類問旣爲婦便當廟見必三月之久何也曰三月而後事定三月以前恐更有可去等事至三月不可去則爲婦定矣故必待三月而后廟見○又曰昏禮廟見舅姑之亡者而不及祖蓋古者宗子法行非宗子之家不可別立廟故但有禰廟今只共廟如何只見禰而不見祖此當以義起亦見祖可也

●程子曰女旣嫁父母使人安之謂之致女古者三月而廟見始成婦也

朱子曰古人是從下做上其初且是行夫婦禮次日方見舅姑服事舅姑已及三月不得罪於舅姑方得奉祭祀○三月然後事定三月以前恐更有可去等事至三月不可去則爲婦定矣故廟見此後方反馬馬是婦初歸時所承車至此方送還母家○又曰古人三月方見祖廟某恩量今亦不能三月之久亦須第二日見舅姑第三日廟見乃安亦當行

●艮齋曰婦先見祖舅近考得鄒景楊家禮集成亦言有祖父母者祖父母幷南面坐婦獻贄拜禮舅姑立於東西受拜同居有尊長云云今承來敎亦以先見祖舅爲定恐得禮意矣從下做上只言其先見夫次舅姑次

祠堂之序而已恐非幷及於先舅姑次祖次曾祖之分也

●朱子曰婦旣歸姑與之爲禮喜家事之有承贊也僩錄作有傳也姑坐客位而婦坐主位姑降自西階婦降自阼階此見語類郊特牲門按此姑有舅姑未七十不曾傳家之時其婦歸無可替傳之家事而遽行此禮於舅姑無恙之日則可謂之得禮乎以此推之有祖舅姑者婦當先見祖舅姑也○父母泛稱同居尊者決無是理子與婦先坐正堂見婦然後乃以見於父母之私室亦決無是理又如無舅而有姑渠先見婦乃以見於舅姑亦決無是理理之所無聖賢豈敎人行之耶內則子事父母恐是包祖以上言家禮婦見舅姑此亦當包祖舅姑以上看也

●朱子曰昏禮廟見舅姑之亡者而不及祖蓋古者宗子法行非宗子之家不可別立祖廟故但有禰廟今只共廟如何只見禰而不見祖此當以義起亦見祖可也

●南溪曰舅姑旣沒則婦入三月乃奠菜卽士昏禮文也家禮無此節目恐當依本文用告事之儀而已其與祖先共廟者只行通共拜謁之禮而已儀節若宗子自昏則告辭云某今畢昏敢以新婦某氏見行四拜禮畢新婦點茶復位又四拜

●問新婦三日廟見蓋謂親迎者若經年若踰時而後來則見舅姑卽拜祠堂後行見尊長饋舅姑之禮如何沙溪曰來示得之退溪說亦然

●問娶婦過三年始眷歸入門卽令廟見如何寒岡曰某以此事稟于李先生曰今之時異於古雖未歸而久修婦道又或生子而後始歸如是而尙待三日無乃執泥不通乎存羊之義亦不可不取如何先生荅曰此處存羊之義恐用不得然今以淺見思之初歸入門卽詣祠堂亦似太遽入門而拜舅姑齊宿而廟見恐爲穩當

●士昏禮記婦入三月然後祭行註於祭乃行謂助祭也疏此據舅在無姑不須見廟則助祭或舅沒姑老者廟見之後亦得助祭此謂適婦也○祝盥婦盥于門外婦執笲菜祝師婦以入祝告稱婦之姓曰某氏來婦敢奠嘉菜于皇舅某子婦拜扱地坐奠菜于几東席上還又拜如初註某氏者齊女則曰姜氏魯女則曰姬氏來婦言來爲婦皇君也扱地手至地也猶男子稽首疏某子若張子李子也婦人肅拜爲正今重其禮故扱地也○婦降堂取笲菜入祝曰某氏來婦敢告于皇姑某氏奠菜于席如初禮註於姑言敢告舅奠於姑○婦出祝闔牖戶老醴婦于房中南面如舅姑醴婦之禮註老群吏之尊者疏廟之房中

●曾子問孔子曰三月而廟見稱來婦也擇日而祭於稱成婦之義也

●語類昏禮廟見舅姑之亡者而不及祖蓋古者宗子法行非宗子之家不可別立祖廟故但有禰廟今只共廟如何只見禰而不見祖此當以義起亦見祖可也

●便覽按朱子義起之論是見祖廟之謂也非奠菜之謂也如蚤孤者取婦入門不可不追伸饋奠之禮欲行此禮者若同見祖廟而只奠禰位則誠爲未安並奠於高祖以下則事涉拕長先於正寢設考妣兩位出主行薦如儀禮又依家禮見于祖廟則恐兩行不悖矣

●儀節若宗子自昏則告辭云某今畢昏敢以新婦某氏見行四拜禮畢新婦點茶復位又四拜

▶2881◀◈問; 축문에 관해.

저번에 축문에 대한 답변으로 아래와 같은 글을 받았습니다.

(신랑 형우의 부친이름)之子형우 이모일혼필신부정씨감견(以某日昏畢新婦정氏敢見) 그런데 사당에 고하는 제사를 올리고자 합니다. 축문을 처음부터 끝까지 알려주시기 바랍니다. 감사합니다.

◈答; 축문에 관해.

사당에 고하는 제사 때의 축문 또한 같습니다.
방주之子형우以某日昏畢新婦정氏敢見 이 축문의 전부입니다.

⊙婦見于祠堂儀禮節次(부견우사당의례절차)

陳設如常儀

序立○盥洗○啓櫝○出主○復位○降神○詣香案前○跪○上香○酹酒(執事者跪進盤盞主人受之傾茅沙上)○俯伏興拜興拜興平身(稍後立)○復位○參神(衆拜)○鞠躬拜興拜興拜興拜興平身○主人斟酒(主人執注立斟于逐位神主前)○主婦點茶(畢分立香案前)○鞠躬拜興拜興平身○主婦復位(主人不動)○跪○告辭(曰)○某之子某(若某親之子某)以某日昏畢新婦某氏敢見○俯伏興平身○新婦見(壻婦並立兩階間並拜古無壻拜之禮今從俗補之)○鞠躬拜興拜興拜興拜興平身○復位○辭神(衆拜)○鞠躬拜興拜興拜興拜興平身

若宗子自昏則告辭云某今昏畢敢以新婦某氏見行四拜禮畢新婦點茶各位又四拜

⊙신부가 사당 알현하는 의례절차.

진설은 평상시 행하는 상도대로 한다.

차서 대로 선다. ○손을 씻는다. ○신주독을 연다. ○신주를 내놓는다.

●행강신례.

주인은 향안 앞으로 간다. ○무릎을 꿇고 앉는다. ○분향한다. ○강신한다. (집사자가 나아가 무릎을 꿇고 앉아 잔반을 주인에게 주면 모사 위에 기우려 따른다) ○부복 하였다 일어나 재배한다. (조금 뒤로 물러나 선다) ○제자리로 물러나 선다.

●행참신례.

(모두 절한다) ○국궁 사배평신 한다. ○주인은 술을 따른다. (주인은 주전자를 들고 신주 앞 각 위를 따라가며 잔에 술을 따른다) ○주부는 차를 따른다. (마쳤으면 향안 앞에 나뉘어 선다) ○국궁 재배평신 한다. ○주부는 제자리로 물러나 선다. (주인은 제자리에 있는다) ○무릎을 꿇고 앉는다. ○고한다 (후첨) ○부복 하였다 일어 난다.

●행신부알현.

(신랑과 신부는 양 층계 사이에 나란히 서서 같이 절을 한다. 고례에는 신랑이 절하는 예는 없으나 지금 세속의 예를 따라 보충한 것임) ○국궁 사배평신 한다. ○제자리로 물러나 선다.

●행사신례.

(모두 절한다) ○국궁 사배평신 한다.

만약 종자 자신의 혼인이면 고사(告辭)에 이르기를 모 이제 혼례를 마치고 감히 신부 모씨와 알현하나이다. 라 하고 사배를 한다. 절을 마치고 신부는 각 위마다 차를 따르고 또 사배를 한다.

◈廟見告辭式(묘견고사식)

某之子某(非宗子之子則某之上當添某親二字)以某日昏畢新婦某氏敢見

▶2882◀ ◈問; 폐백 받는 순서.

한가지 더 여쭙겠습니다. 제 남동생이 결혼하여 폐백(幣帛)을 올릴 때 절 받는 순서가 궁금합니다. 아버지와 어머니 누나와 매형, 장남인 저와 처(妻), 작은아버지 내외분, 작은아버지 자식인 사촌 형 내외, 사촌 누나 내외 이렇게 참석하였을 경우 폐백 받는 순서가 어떻게 되나요?

◈答; 폐백 받는 순서.

아래에서의 예와 마찬가지 입니다. 상제례에서 주인의 지위는 적장자손이 되나 생활의 예에서는 行列이 우선이며 다음이 치순(齒順)입니다.

◎폐 백(幣帛)

⊙婦見舅姑(부견구고)

신부는 시부모에게 폐백을 드린다.

⊙明日夙興婦見于舅姑(명일숙흥부견우구고)

婦夙興盛服(士昏禮宵衣○三禮儀大衣長裙)俟見舅姑坐於堂上東西相向(便覽舅東姑西)各置卓子於前家人男女少於舅姑者立於兩序如冠禮之叙(儀節姆引婦侍女以盤盛贄幣從之)婦進立於阼階下北面拜舅(儀節四拜)升(士昏禮自西階○儀節姆婦至舅前從者以贄幣授婦)奠贄(曲禮婦人之摯腒脩棗栗)幣于卓子上舅撫之侍者以入婦降又拜畢詣西階下北面拜姑升奠贄幣(五禮儀腶脩無則用乾肉)姑擧以授侍者婦降又拜○若非宗子之子而與宗子同居則先行此禮於舅姑之私室與宗子不同居則如上儀

司馬溫公曰古者拜于堂上今拜于下恭也可從衆

⊙신부는 다음날 일찍 일어나 시부모를 뵙는다.

신부는 일찍 일어나 성복(盛服)을 하고 시부모 뵙기를 기다린다. 시부모가 앉을 자리는 당(堂) 안에서 동쪽에는 시아버지의 자리이며 그 서쪽에는 시어머니의 자리로 서로 마주보게 하고 존장을 제외한 남녀 가족들은 시부모의 양 벽 쪽으로 서되 관례 때 서는 차례대로 늘어선다.

모부(姆婦)가 신부를 인도하고 시종이 폐백(幣帛)소반을 들고 따른다. 신부가 동쪽층계 아래에 나아가 서서 시아버지께 북향재배를 한 후 세수대야에서 손을 씻고 폐백 함을 들고 서쪽층계로 올라 대추와 밤이든 폐백 함을 시아버지 앞 탁자 위에 드리면 시아버지는 폐백 함을 어루만진다.

시종이 들어와서 거둬 들이면 신부는 내려와서 또 절을 한다. 마쳤으면 신부는 서쪽층계 아래로 가서 시어머니께 북향재배를 하고 올라가 시어머니 앞 탁자 위에 폐백 함을 드리면 시어머니는 폐백 함을 들어 시종에게 준다. 신부는 내려와 또 절을 한다. 만약 종자의 아들이 아니면서 같이 살면 시부모가 거처하는 사실(私室)에서 먼저 뵙고 종자와 같이 살지 않으면 위의 의식과 같게 한다.

⊙奠幣儀禮節次(전폐의례절차)

婦夙興盛服俟見侍女以盤盛贄幣從之舅姑並坐堂中東西相向各置卓子其前家人男女少於舅姑者以次立於兩序○按集禮舅姑並南面坐堂中今人家多如此或從俗亦可

舅姑坐定○序立(壻婦並立兩階間)○鞠躬拜興拜興拜興拜興平身(壻婦俱拜拜畢壻先退○家禮無壻拜之文今從俗補之)○詣舅位前(姆引婦至舅前)○拜興拜興拜興拜興○獻贄幣(從者以贄幣授婦婦以贄幣置卓子上舅受之)○復位○拜興拜興拜興拜興婦獨拜(婦獨拜)○詣姑位前(姆引婦至姑前)○拜興拜興拜興拜興○獻贄幣(從者以贄授婦婦置幣卓子上姑受之)○復位○拜興拜興拜興拜興(姆引婦退立)

⊙폐백 드리는 의례절차.

시부모가 자리에 앉으면. ○차서 대로 선다. (신랑과 신부는 양 층계 사이에 나란히 선다) ○국궁 사배 평신한다. (신랑과 신부는 함께 절을 하고 마치면 신랑은 먼저 물러난다. ○가례(家禮)에는 신랑이 절하는 예문은 없으나 이제 속례(俗禮)를 따라서 보충하였다) ○신부는 시아버지 앞으로 간다. 모부(姆婦)가 신부를 인도하여 시아버지 앞으로 간다) ○신부는 사배를 한다. ○폐백을 드린다. (시종이 폐백 함을 신부에게 주면 신부가 폐백 함을 시아버지 앞 탁자 위에 놓으면 시아버지는 받는다) ○신부는 제자리로 물러나 선다. ○신부는 사배를 한다. (모부가 신부를 인도하여 시어머니 앞으로 간다) ○신부는 사배를 한다. ○폐백을 드린다. (시종이 폐백 함을 신부에게 바친다. 신부가 폐백 함을 시어머니 앞 탁자 위에 놓으면 시어머니는 받는다) ○신부는 제자리로 물러나 선다. ○신부는 사배를 한다. (모부가 신부를 인도하여 물러난다)

⊙婦見于諸尊長(부견우제존장)

婦旣受(受一作行)禮降自西階同居有尊於舅姑者則舅姑以婦見於其室(增解按卽雜記所謂各就其寢)如見舅姑之禮還拜諸尊長于兩序如冠禮(儀節應受拜者少進立受之○溫公書儀長屬雖多共爲一列受拜以從簡便)無贄小郎小姑皆相拜非宗子之子而與宗子同居則旣受禮詣其堂上拜之如舅姑而還見于兩序其宗子及尊長不同居則廟見而後往

⊙신부는 여러 어른들을 뵙는다.

신부(新婦)는 시부모(媤父母)가 베푸는 예를 마치고 서쪽층계로 내려와 동거중인 시부모 보다 위 항열(行列)이 계시면 시부모는 신부와 그가 거처하는 방으로 가서 시부모 뵙던 의례와 같이 한다.

여러 어른들은 양서(兩序) 즉 동쪽과 서쪽에 돌아가며 절하기를 관례(冠禮) 때와 같게 하고 폐백은 없다. 신랑의 형제 자매에게는 서로 맞절을 한다. 종자의 아들이 아니면서 동거중인 자는 시부모 예를 받은 후 당으로 올라가 종자와 존장(尊長)과 양서(동쪽과 서쪽으로 남녀가 갈라 있음)에 두루 절하기를 시부모 의식과 같게 하고 같이 살지 않으면 사당을 알현하고 간다.

⊙相見禮儀禮節次(상견례의례절차)

舅姑旣以婦見同居尊長畢還拜兄弟姊妹親屬之在兩序者其長屬應受拜者少進立

見尊長○拜興拜興拜興拜興(長屬皆受之長屬退幼屬應相拜者少進)○卑幼見○拜興拜興(婦居左卑幼居右如小姑小郞之類俱答拜)

按書儀長屬雖多共爲一列受拜以從簡便然婦新入門未必知孰爲長幼須姑一一命之或無姑則親屬之長者代之

⊙서로 인사하는 의례절차.

시부모 폐백을 마치고 신부가 동거중인 존장 뵙기도 마쳤으면 돌아와 인사할 때 형제자매 친속들은 동쪽으로 남자들이 서고 서쪽으로 여자들이 서되 절 받을 이들은 조금 앞으로 나와 선다.

○행견존장. ○사배를 한다. (손위 어른들이 모두 절을 받고 어른들이 물러나면 수하자들은 조금 앞으로 나와 서로 맞절을 한다)

○행비유견. ○재배를 한다. (신부는 좌측에 있고 수하자는 우측에 있으며 형제 자매들도 같이 함께 답배를 한다)

●補註按今世人家娶婦親屬畢聚宜留至次日行見舅姑禮畢先見本族尊長及卑幼次見諸親屬又按雜記婦見舅姑兄弟姑姊妹皆立于堂下西向北上是見已(句)見諸父各就其寢註立于堂下則婦之入也已過其前此卽是見之矣不復各特見也諸父旁尊故明日各詣其寢而見之無還拜諸尊長于兩序小郞小姑皆相拜之禮而家禮本註亦從俗用之

●丘儀長屬應受拜者少進立婦四拜長屬皆受之退幼屬應相拜者少進婦居左卑幼居右如小姑小郞之類俱荅拜按書儀長屬雖多共爲一列受拜以從簡便然婦新入門未必知孰爲長幼須姑一一命之或無姑則親屬之長者代之

●廣記謂小叔曰郞叔又曰小郞謂小姑曰女妐(音種)又曰女叔

●昏義疏女妐謂壻之姊女叔謂壻之妹

●考證謝道蘊王凝之之妻也凝之弟獻之嘗與客談議詞理將屈道蘊遣婢白獻之曰欲爲小郞解圍小郞是夫之弟也顧况去婦詞曰回頭語小姑莫嫁如兄夫小姑是夫之妹也

●士昏禮夙興婦沐浴纚笄宵衣以俟見註待見於舅姑寢門外疏不著純衣纁袡者彼嫁時之盛服今已成昏故退從此服○質明贊見婦于舅姉席于阼舅卽席席于房外南面姑卽席婦執笲棗栗自門入升自西階進拜奠于席舅坐撫之興荅拜婦還又拜降階受笲腶脩升進北面拜奠于席姑坐擧以興拜授人註笲竹器而衣者進拜者東面拜奠之者舅奠不敢授也還又拜於先拜處婦人與丈夫爲禮俠拜疏棗栗取其早自敬謹腶脩取其斷斷自脩也舅直撫之而已姑則親擧之若親授之然故云舅尊不敢授士冠禮母於子尙俠拜

●尤菴曰據古禮則棗栗奠于舅腶脩奠于姑○世俗單用贄從俗無妨○古禮及家禮贄之器數無文而世俗並盛棗栗于一器從俗恐無妨

●愚按古禮南贄大者玉帛女贄不過棗脩則士昏禮婦贄但用棗栗腶脩者正也家禮之兼用幣雖從俗禮而乃用男贄之大者未知於禮意如何也世俗之單用贄實得古義從之恐宜

●尤菴曰女親迎翌日當見舅姑而今旣過兩月咫尺不得見則已是變禮也且旣不親迎故有此相妨節目正朱子所謂本領未正百事俱礙者夫旣不親迎而欲致詳於見舅姑一節是不能三年而緦小功是察者也要之隨便宜以行似當矣

●曲禮婦人之摯椇榛脯脩棗栗(註)摯贄同執物以爲相見之禮也椇形似珊瑚味甜美一名石李榛似栗而小脯卽今之脯也脩用肉煆治加薑桂乾之脯形方正脩形稍長並棗栗六物婦初見舅姑以此爲摯也左傳女摯不過榛栗棗脩以告虔也陳氏曰禮云無辭不相接也無禮不相見也欲民之無相瀆也又云君子於其所尊不敢質也故貴至於邦君賤至於庶人以至婦人童子相見不依贄不足以爲禮贄而不稱德不足以爲義此玉帛禽鳥榛栗棗脩之用所以不一也

●士昏禮婦執笲(音煩)棗栗自門入升自西階進拜奠于席舅坐撫之興答拜婦還又拜降階受笲腶脩升進北面拜奠于席姑坐擧以興拜授人(註)笲竹器而衣者其形蓋如今之筥𥫗蘆矣進拜者進東面乃拜奠之者舅尊不敢授也還又拜者還於先拜處拜婦人與丈夫爲禮則俠拜人有司姑執笲以起答婦拜授有司

徹之舅則宰徹之(疏)按春秋註腶脩者脯也禮婦人見舅以棗栗爲贄見姑以腶脩爲贄見夫人至尊兼而用之棗栗取其早自謹敬腶脩取其斷斷自脩也知笄有衣者記云笄縚被纁裡加于橋註被表也婦見舅姑以飾爲敬是有衣也姑奠于席不授而云舅尊不敢授者但舅直撫之而已至姑則親擧之若親授之然故於舅云尊不敢授也

●五禮儀棗脩無則用時果腶脩無則用乾肉

●丘儀姆引婦至舅前四拜從者以贄幣授婦婦以贄幣置卓子上舅受之婦復位獨拜詣姑前亦如之

●艮齋曰婦見舅姑婿見外舅姑皆有答拜是古禮而家禮不盡從禮堉如常儀恐非指拜儀而儀節所謂如納采禮賓之儀觀下文跪扶之云則亦非指拜且納采條主人交拜揖云云以常日賓客之禮推之亦是長幼懸殊處恐未必答拜也

▶2883◀◈問; 폐백 시 예절.

안녕하십니까? 폐백을 받고 나서 일반적으로 돈을 주게 되는데

첫째, 돈을 주는 의의와
둘째, 돈을 봉투에 넣어서 줄 때 봉투 앞면에 어떤 글을 쓰는 게 좋은지요?
(예: 촌지 미성 등등)

◈答; 폐백 시 예절.

전통 혼례의 예절에 폐백과 시부모가 신부에게 베푸는 예법과 친족간에 신부와 초면의 인사 예법이 다음과 같이 정 한바 있습니다.

⊙奠幣禮儀節次

婦夙興盛服俟見侍女以盤盛贄幣從之舅姑並坐堂中東西相向各置卓子其前家人男女少於舅姑者以次立於兩序○按集禮舅姑並南面坐堂中今人家多如此或從俗亦可
舅姑坐定○序立(堉婦並立兩階間)○鞠躬拜興拜興拜興拜興平身(堉婦俱拜拜畢堉先退○家禮無堉拜之文今從俗補之)○詣舅位前(姆引婦至舅前)○拜興拜興拜興拜興○獻贄幣(從者以贄幣授婦婦以贄幣置卓子上舅受之)○復位○拜興拜興拜興拜興婦獨拜(婦獨拜)○詣姑位前(姆引婦至姑前)○拜興拜興拜興拜興○獻贄幣(從者以贄授婦婦置幣卓子上姑受之)○復位○拜興拜興拜興拜興(姆引婦退立)○舅姑禮之○禮婦○設席(執事者設婦席于姑座之東南向)○婦就席(姆引婦起席右北向)○酌酒(侍者斟酒于盞捧主舅姑前)○拜興拜興拜興拜興婦拜(婦拜)○升席(婦自席右升席)○跪(侍者授盞于婦)○受酒(婦受之)○祭酒(傾少許于地)○啐酒(飮沾唇)○興(授盞于從者)○拜興拜興拜興拜興○禮畢(降自西階)非宗子之子而與宗子同居則行此禮於其私室

⊙폐백드리는예의절차

시부모가 자리에 앉으면 ○차서 대로 선다. (신랑과 신부는 양 층계 사이에 나란히 선다)국궁 사배 평신한다(신랑과 신부는 함께 절을 하고 마치면 신랑은 먼저 물러난다. ○가례에는 신랑이 절하는 예문은 없으나 이제 속례를 따라서 보충하였다) ○신부는 시아버지 앞으로 간다. (모부가 신부를 인도하여 시아버지 앞으로 간다) ○신부는 사배를 한다. ○폐백을 드린다. (시종이 폐백함을 신부에게 주면 신부가 폐백함을 시아버지 앞 탁자 위에 놓으면 시아버지는 받는다) ○신부는 제자리로 물러나 선다. ○신부는 사배를 한다. (모부가 신부를 인도하여 시어머니 앞으로 간다) ○신부는 사배를 한다. ○폐백을 드린다. (시종이 폐백 함을 신부에게 바친다 신부가 폐백 함을 시어머니 앞 탁자 위에 놓으면 시어머니는 받는다)○신부는 제자리로 물러나 선다. ○신부는 사배를 한다. (모부가 신부를 인도하여 물러난다)

⊙婦見于諸尊長

婦旣受受一作行禮降自西階同居有尊於舅姑者則舅姑以婦見於其室(增解按卽雜記所謂各就其寢)如見舅姑之禮還拜諸尊長于兩序如冠禮(儀節應受拜者少進立受之○溫公書儀長屬雖多共爲一列受拜以從簡便)無贄小郎小姑皆相拜非宗子之子而與宗子同居則旣受禮詣其堂上拜之如舅姑禮而還見于兩序其宗子及尊長不同居則廟見而後往

⊙신부는 여러 어른들을 뵙는다.

신부는 시부모가 베푸는 예를 마치고 서쪽층계로 내려와 동거중인 시부모보다 위 항렬이 계

시면 시부모는 신부와 그 거처하는 방으로 가서 시부모 뵙던 의례와 같이 한다. 여러 어른들은 양서 즉 동쪽과 서쪽에 돌아가며 절하기를 관례 때와 같게 하고 폐백은 없다. 신랑의 형제자매에게는 서로 맞절을 한다. 종자의 아들이 아니면서 동거중인 자는 시부모 예를 받은 후 당으로 올라 가 종자와 존장과 양서(동쪽과 서쪽으로 남녀가 갈라 있음)에 두루 절하기를 시부모 의식과 같게 하고 같이 살지 않으면 사당을 알현하고 간다.

⊙相見禮儀禮節次

舅姑旣以婦見同居尊長畢還拜兄弟姊妹親屬之在兩序者其長屬應受拜者少進立○見尊長○拜興拜興拜興拜興(長屬皆受之長屬退幼屬應相拜者少進)○卑幼見○拜興拜興(婦居左卑幼居右如小姑小郎之類俱答拜)按書儀長屬雖多共爲一列受拜以從簡便然婦新入門未必知執爲長幼須姑一一命之或無姑則親屬之長者代之

⊙서로 인사하는 의례절차

시부모 폐백을 마치고 신부가 동거중인 존장 뵙기도 마쳤으면 돌아와 인사할 때 형제자매 친속들은 동쪽으로 남자들이 서고 서쪽으로 여자들이 서되 절 받을 이들은 조금 앞으로 나와 선다 ○행견존장 ○사배를 한다(손위 어른들이 모두 절을 받고 어른들이 물러나면 수하자들은 조금 앞으로 나와 서로 맞절을 한다) ○행비유견○재배를 한다(신부는 좌측에 있고 수하자는 우측에 있으며 형제자매들도 같이 함께 답배를 한다)

위의 예법을 살펴 볼 때 시부모가 음식 대접을 하고 친족(親族) 간에는 상면(相面)으로 마쳤을 뿐인데 다만 요즘은 여행 등 용처(用處)가 있게 되여 현금을 주는 듯 합니다.

1) 의의

요즘 세속에서는 폐백을 받는 자리에서 위 사람의 인사로 돈 봉투를 주는 듯도 하나 정한 예법은 없는 것이며 다만 사랑과 우애의 표시일 뿐입니다.

2) 봉투의 표시 글

신부와 시부모간 형제 친척간에 사랑과 우애의 표시인데 예를 갖춰 봉투에 넣었을 뿐 덕담이나 첫 대면의 인사말로 갈음 될 것이며 굳이 쓴다면 존장은 구오복(具五福)이라 표시를 하고 형제간에는 미성(微誠)이라 쓴다 하여도 크게 어그러지지는 않을 듯 합니다.

●論語陽貨篇子曰禮云禮運玉帛云乎哉註敬而將之以玉帛則爲禮

●孟子梁惠王篇事之以皮幣不得免焉事之以犬馬不得免焉事之以珠玉註皮謂虎豹麋鹿之皮也幣帛也

●左傳衛文公大布之衣大帛之官(杜註)大布麤布大帛厚繒

●左傳魯莊公孫曰男贄大者玉帛(杜註公侯伯子男執玉諸侯世子附庸孤卿執帛)小者禽鳥(杜註卿執羔大夫執鴈士執雉)女贄不過榛栗棗脩以告虔也(杜註榛小栗脩脯虔敬也○林註栗取其戰栗也棗取其早起也脩取其自脩也)

●退溪與孫安道曰今見汝婦以余生日送獻巾襪誠意則然矣但時未來見故如此之事未安於心汝須以此意諭之至可

●禮輯家禮改用幣者近世以幣帛爲敬故擧其所貴者爲禮

●尤菴曰古禮見舅姑時只用贄家禮兼用贄幣然世俗單用之從俗恐無妨據古禮則棗栗奠於舅腶脩奠于姑

●南溪曰升奠贄幣采嘗據問解所引禮輯之說以爲贄是虛字幣卽代古棗栗腶脩者也及考家禮諺解質之尤齋皆云兩用古贄今幣然則禮輯所謂改用幣者何以看破耶

▶2884◀ ◈問; 할머니 기일에 혼사, 제사 지내도 되나요?

안녕하세요? 기제사 때문에 문의 드립니다. 할머니 기제사 때 출가한 '손녀의 자녀'가 결혼을 합니다. 이럴 때, 할머니 제사를 지내야 하는지요? 지내면 안 된다는 사람들도 있고, 지내도 된다는 사람들도 있어서 어떻게 해야 할지 몰라 문의 드립니다. 감사합니다.

◈答; 할머니 기일에 혼사, 제사 지내도 되나.

혼사가 있다 하여 제사를 지내지 않는 예법은 없습니다. 다만 친족 별로 상을 당하였을 때의 상중 제사 지내는 법입니다.

○父母(親喪) 祖父母(承重喪) 喪을 당하면 졸곡(卒哭)후(약 93,4 일)친족 중에서 服이 가벼운 복인을 시켜 무축단헌으로 제사하고,
○兄弟 伯叔父母의 喪을 당하면 葬前(3 개월)은 제사를 폐하고 장후는 평시와 같이 제사하나 음복을 하지 않고,
○堂叔父母의 喪을 당하면 성복전(사후 4 일)은 제사를 폐하고 성복 후에는 평시와 같이 제사하되 음복은 하지 않는다는 것입니다.

●要結喪服中行祭儀親喪(云云)未葬前則準禮廢祭而卒哭後則於四時節祀及忌祭(墓祭亦同)使服輕者行薦而饌品減於常時只一獻不讀祝不受胙可也期大功則葬後當祭如平時(但不受胙)未葬前時祭可廢忌祭墓祭略行如上儀緦小功則成服前廢祭(五服未成服前雖忌祭亦不可行也)成服後則當祭如平時(但不受胙)

▶2885◀◈問; 혼례의 뜻 좀 가르쳐 주세요 빨리요.

혼례의 뜻을 알려 주세요. 11.7 일

◈答; 혼례의 뜻.

昏義昏禮者將合二姓之好上以事宗廟而下以繼後世也
예기 혼의편에서 가르치기를 결혼이란 장차 두 성씨 사이에 서로 마음에 들어 사이 좋게 합하여 위로는 종묘를 잘 섬기고 아래로는 후세를 이어 나가는 것이니라.

郊特牲天地合而后萬物興焉夫昏禮萬世之始也取於異姓所以附遠厚別也
예기 교특생편에서 가르치기를 하늘과 땅의 기가 서로 만나 합한 뒤라야 만물이 일어나고 번성하느니라. 그런 이치와 마찬가지로 남녀가 만나 혼인의 예를 갖추고 나야 자손이 태어나서 만세까지 이어지는 그 시초가 되느니라. 그러므로 결혼은 이성을 마지 하여 들이는 것이니 결혼으로 인해 서로 소원하였던 사이가 친하여져 정을 두터이 하여야 하나 부부는 유별함이 있어야 하느니라.

이상에서 살핀 바와 같이 결혼이란 소원하였던 두 성씨의 남녀가 만나 위로는 조상을 섬기고 후대를 이으며 사회의 기본 단위인 부부의 인연을 맺어 가정을 이룩하는 시초인 예라 할 수 있을 것입니다.

사전적 의미; 혼인의 예식.

●墨子非儒下; 昏禮威儀如承祭祀(註)昏禮婚娶之禮古代昏禮有六納采問名納吉納徵清期親迎
●郊特牲; 夫昏禮萬世之始也取於異姓所以附遠厚列也
●昏義昏禮者將合二姓之好上以事宗廟而下以繼後世也故君子重之是以昏禮納采問名納吉納徵請期皆主人筵几於廟而拜迎於門外入揖讓而升聽命於廟所以敬愼重正昏禮也父親醮子而命之迎男先於女也子承命以迎主人筵几於廟而拜迎於門外壻執鴈入揖讓升堂再拜奠鴈蓋親受之於父母也降出御婦車而壻授綏御輪三周先俟于門外婦至壻揖婦以入共牢而食合巹而酳所以合體同尊卑以親之也敬愼重正而后親之禮之大體而所以成男女之別而立夫婦之義也男女有別而後夫婦有義夫婦有義而後父子有親父子有親而後君臣有正故曰昏禮者禮之本也夫禮始於冠本於昏重於喪祭尊於朝聘和於鄕射此禮之大體也夙興婦沐浴以俟見質明贊見婦於舅姑婦執笲棗栗段脩以見贊醴婦婦祭脯醢祭醴成婦禮也舅姑入室婦以特豚饋明婦順也厥明舅姑共饗婦以一獻之禮奠酬舅姑先降自西階婦降自阼階以著代也成婦禮明婦順又申之以著代所以重責婦順焉也婦順者順於舅姑和於室人而後當於夫以成絲麻布帛之事以審守委積蓋藏是故婦順備而後內和理內和理而後家可長久也故聖王重之是以古者婦人先嫁三月祖廟未毁教于公宮祖廟卽毁教于宗室教以婦德婦言婦容婦功教成祭之牲用魚芼之以蘋藻所以成婦順也
●郊特牲天地合而后萬物興焉夫昏禮萬世之始也取於異姓所以附遠厚別也幣必誠辭無不腆告之以直信信事人也信婦德也壹與之齊終身不改故夫死不嫁男子親迎男先於女剛柔之義也天先乎地君先

乎臣其義一也執摯以相見敬章別也男女有別然後父子親父子親然後義生義生然後禮作禮作然後萬物安無別無義禽獸之道也壻親御授綏親之也親之也者親之也敬而親之先王之所以得天下也出乎大門而先男帥女女終男夫婦之義由此始也婦人從人者也幼終父兄嫁從夫夫死從子夫也者夫也夫也者以知帥人者也玄冕齊戒鬼神陰陽也將以爲社稷主爲先祖後而可以不致敬乎共牢而食同尊卑也故婦人無爵從夫之爵坐以夫之齒器用陶匏尙禮然也三王作牢用陶匏厥明婦盥饋舅姑卒食婦餕餘私之也舅姑降自西階婦降自阼階授之室也昏禮不用樂幽陰之義也樂陽氣也昏禮不賀人之序也

●嚴陵方氏曰天地合萬物興昏禮之合二姓蓋本於此有夫婦然後有父子父子所以傳世故曰昏禮萬世之始必取異姓所以附遠不取同姓所以厚別且於遠不附則人情無以通於別不厚則人道無以辨昏姻者所以通人情而辨人道而已幣所以將昏姻之意辭所以通昏姻之情辭無不腆者則告之以直故也幣必誠者則告之以信故也故繼言告之以直信以事人者必以信而婦人以事人爲事故信爲婦德也上燕言直而下不釋直者蓋信而無僞則直在其中矣不改則不改而他適也以其不可改故雖夫死不嫁

●曾子問孔子曰宗子雖七十無無主婦非宗子雖無主婦可也(疏)凡人年六十無妻者不復娶以陽道絶故也而宗子領宗男於外宗婦領宗女於內昭穆事重不可廢闕故雖年七十亦猶娶也(陳註)此謂大宗之無子或子幼者若有子有婦可傳繼者則可不娶矣

●語類今之士大夫多是死於慾古人法度好天子一娶十二女諸侯一娶九女老則一齊老了都無許多患

●曾子問昏禮旣納幣有吉日女之父母死則如之何孔子曰壻使人吊如壻之父母死則女之家亦使人吊父喪稱父母喪稱母父母不在則稱伯父世母壻已葬壻之伯父致命女氏曰某之子有父母之喪不得嗣爲兄弟使某致命女氏許諾而不敢嫁禮也壻免喪女之父母使人請壻不取(上聲)而後嫁之禮也女之父母死壻亦如之○娶女有吉日而女死如之何曰壻齊衰而吊旣葬而除之夫死亦如之○親迎女在塗而壻之父母死如之何曰女改服布深衣縞總以趨喪女在塗女之父母死則女反○壻親迎女未至而有齊衰大功之喪則如之何曰男不入改服於外次女入改服於內次然後卽位而哭除喪則不復昏禮乎曰祭過時不祭禮也又何反於初(註)有吉日者期日已定也彼是父喪則此稱父之名彼是母喪則此稱母之名吊之某之子此某字是伯父之名不得嗣爲兄弟者言繼此不得爲夫婦也夫婦同等有兄弟之義亦親之之辭不曰夫婦者未成昏嫌也使某致命此某字是使者之名致謂致還其許昏之命○若夫死女以斬衰往吊旣葬而除之(大全)郭子從問曾子問娶有吉日而女死如之何孔子曰云云夫死亦如之服用斬衰恐今難行答曰未見難行處但人自不肯行耳○布深衣縞總婦人未成服之服也女子在室爲父三年父卒亦爲母三年已嫁則期今旣在塗非在室矣則只用奔喪之禮而服期○此特問齊衰大功之喪者以小功及緦輕不廢昏禮禮畢乃哭若女家有齊衰大功之喪女亦不反歸也曾子又問除喪之後豈不更爲昏禮乎孔子言祭重昏輕重者過時尙廢輕者豈更復行乎○白虎義不娶同姓恥與禽獸同外屬小功已上亦不得娶也

▶2886◀ ◈問; 혼례 중에 납징에 대하여?

혼례에 납징(納徵)의 예가 있다 합니다. 대개 혼례를 보면 議婚 納采 納幣 親迎의 4 조목으로 나뉘어 있습니다. 그런데 납징이란 예를 이상 4 예에서는 누락되었다고 보아야 하는지요. 왜 4가지 조목에 포함되어 있지 않는지요.

◈答; 혼례(昏禮) 중에 납징에 대하여

혼례(昏禮) 중 납징(納徵)의 례는 고혼례(古昏禮)의 육례(六禮)인 의혼(議婚) 문명(問名) 납길(納吉) 납징(納徵) 청기(請期) 친영(親迎) 중 네 번째 예로 납징(納徵)의 예는 가례(家禮) 의혼(議昏)·납채(納采)·납폐(納幣)·친영(親迎)의 사례(四禮) 중 납폐(納幣)에 해당되는 예입니다. 사혼례(士昏禮)인 고례(古禮)를 가례(家禮)가 그를 따르지 않고 "의혼(議昏)·납채(納采)·납폐(納幣)·친영(親迎)"으로 간편하게 혼례의 조목이 달리 채택된 까닭에서 입니다.

●儀禮昏禮士昏禮; 納徵玄纁束帛儷皮如納吉禮(鄭玄注)徵成也使使者納幣以成昏禮用玄纁者象陰陽備也束帛十端也周禮曰凡嫁子娶妻入幣純帛無過五兩儷兩也執束帛以致命兩皮爲庭實皮鹿皮今文纁皆作熏(賈公彦疏)納此則昏禮成古云徵也納徵不用鴈以其自有幣帛可執故也周禮注云納幣用緇婦人陰也凡娵禮必用其類五兩十端也必言兩者蓋取配合之義士大夫以玄纁束帛天子加以穀圭諸侯加以大璋庶人用緇故云陰也此兼玄纁束帛故云象陰陽備陽奇而陰偶三玄而二纁也其大夫無冠禮而有昏禮若試爲大夫及幼爲大夫者依士禮若五十而爵改娶者大夫昏禮玄纁及鹿皮則同於士餘有異者無文以言也

●晉書禮志下; 江左以來太子婚納徵禮用玉璧一獸皮二未詳何所準況或者獸取其威猛有班彩玉以

象德而有溫潤尋珪璋亦玉之美者豹皮采蔚以譬君子王肅納徵辭云玄纁束帛儷皮雁羊前漢聘后黃金二百斤馬十二匹亦無用羊之旨鄭氏婚物贊曰羊者祥也然則婚之有羊自漢末始也王者六禮尙未用焉是故太康中有司奏太子婚納徵用玄纁束帛加羊馬二駟

●辭源糸部四畫 納 【納徵】古婚禮六禮之一也稱納幣納聘之意○又【納幣】卽古婚禮六禮中的納徵納吉之後擇日具書遣人送聘禮於女家女家受物復書婚姻乃定亦稱文定俗稱過定

●儀禮經傳通解士昏禮昏禮; 納采 問名 納吉 納徵 請期 親迎

●禮記昏義; 昏禮者將合二姓之好上以事宗廟而下以繼後世也故君子重之是以昏禮納采問名納吉納徵請期皆主人筵几於廟而拜迎於門外入揖讓而升聽命於廟所以敬愼重正昏禮也

●家禮昏禮; 議昏 納采 納幣 親迎

▶2887◀◈問; 혼례 중 육례에 대하여?

남녀 처녀 총각이 인연을 맺음에는 가례식 4 례가 있고 또 6 례가 있다고 합니다. 물론 구혼례라는 또 다른 예법이 있습니다.

그 중 육례에 대하여 그 순서와 예법이 궁금합니다. 또 3 례를 대비하여 주십시오. 감사합니다.

◈答; 혼례 중 육례에 대하여.

혼례에는 주육례가 있고 가례사례와 우리 전통 육례가 있습니다. 그 삼례를 아래와 같이 대비시켜보겠습니다.

周六禮	**家禮四禮**	**傳統六禮**
①납채(納采)	①의혼(議昏) ②납채(納采)	①혼담(婚談) ②납채(納采)
②문명(問名)		③납기(納期)
③납길(納吉)		
④납징(納徵)	③납폐(納幣)	④납폐(納幣)
⑤청기(請期)		
⑥친영(親迎)	④친영(親迎)	⑤대례(大禮) ⑥우귀(于歸)

주육례(周六禮)의 의미를 풀어 보겠습니다.

①납채(納采); 혼인 때 신랑 집에서 신부 집으로 예물을 보냄.

●儀禮士昏禮; 昏禮下達納采用鴈(賈公彦疏)納采言納者以其始相采擇恐女家不許故言納

●漢書平帝紀; 元始三年春詔有司爲皇帝納采安漢公莽女

●辭源糸部四畫[納][納采] 古婚禮六禮之一男方具送求婚的禮物卽行聘

②문명(問名); 혼인을 결정할 대 여자의 이름과 생년 월과 그의 어머니 성시를 묻는 일.

●儀禮士昏禮; 賓執鴈請問名(鄭玄注)問名者將歸卜其吉凶(賈公彦疏)問名者問女之姓氏

●大唐新語諛佞; 許敬宗棄長子於荒徼嫁少女於少女夷落聞詩聞禮事絶於家庭納采問名唯同於黷貨

●辭源口部八畫[問][問名] 舊日婚禮中六禮之一男方具書波人到女方問女之名女方復書具告女的出生年月和其生母姓氏納采問名本爲一個使者執行的事所以也合稱爲納采

③납길(納吉); 신랑 집에서 결혼 날짜를 받아 신부 집에 알림.

●儀禮士昏禮; 納吉用鴈如納采禮(鄭玄注)歸卜於廟得吉兆復使使者往告婚姻之事於是定

●退庵隨筆家禮一; 古昏禮有六禮今朱子家禮略去問名納吉淸期止用納采納幣親迎

●辭源糸部四畫[納] [納吉] 古婚禮有六禮納幣之前卜得吉兆備禮通知女家婚姻乃定

④납징(納徵); 혼인 때 신랑 집에서 신부 집으로 예물을 보냄.

●儀禮士昏禮; 納徵玄纁束帛儷皮如納吉禮(鄭玄注)徵成也使使者納幣以成昏禮(賈公彦疏)納此則昏禮成故云徵也

●晉書禮志下; 江左以來太子婚納徵用玉璧一獸皮二未詳何所準況

●辭源糸部四畫[納][納徵] 古婚禮六禮之一也稱納幣納聘之意

⑤청기(請期); 전통 혼례에서, 납폐한 뒤에 신랑 집에서 혼인할 날짜를 정하여 그 가부를 묻는 글을 신부의 집으로 보내는 일.
●儀禮士昏禮; 請期用鴈(鄭玄注)夫家必先卜之得吉日乃使使者往辭卽告之
●退庵随筆家禮一; 古昏禮有六禮今朱子家禮略去問名納吉淸期止用納采納幣親迎
●辭源言部八畫[請][請期] 古代婚禮納徵後請女家同意婚期

⑥친영(親迎); 혼인의례인 6 례 중 하나로 신랑이 신부 집에서 신부를 맞아와 자신의 집에서 혼인을 진행하는 절차.
●詩經大雅大明; 大邦有子俔天之妹文定厥祥親迎于渭
●淮南子泰族訓; 待媒而結言聘納而取婦紱絻而親迎
●辭源見部九畫[親][親迎] 結婚六禮之一夫壻於親迎日公服至女家迎新娘入室行交拜合巹之禮

▶2888◀◈問; 혼례 택일 관련 조언을 구합니다.

안녕하세요? 혼례 택일 관련 문의 합니다.

올해 2 월 4 일 설전 날에 남친 할머니가 돌아가셨습니다. 어렸을 때 부모님이 돌아가시고 할머니가 남친을 키워주셨습니다.

올해 11 월 즈음에 결혼을 계획 중인데 남친 고모님이 올해 상이 있었으니 내년에나 결혼했으면 좋겠다고 하시면서 전통 예법이 그렇다고 하시는데 어디에서 찾아봐도 잘 모르겠어서 문의 드립니다.

우리 부모님한테 얘기 전했더니 부모님처럼 키워주시긴 했지만 실제 부모님도 아니고 할머니 상인데 그렇게 말하는 건 이해가 안된다고 하십니다. 조언 부탁 드립니다.

◈答; 상중 혼인.

혼사(昏事)를 앞두고 상을 당하였을 때 금하는 예법은 주혼자(혼주)나 당사자(신랑, 신부)가 1 년복 이상의 복이 없어야 하고, 대공상(9 월복)에서 장사 전에는 혼인을 할 수 없습니다.

말씀에 신랑이 조모상은 올 2 월 4 일 날 당하였다니 조모복은 1 년복이 되고, 고모 역시 올해 상을 당하였다니 고모 역시 출가를 하지 않았으면 1 년복이 되고 출가하였으면 소공 5 월복으로 감하게 되여 꺼릴 것은 없습니다.

[결론]; 아래와 같이 살펴보건대 고모는 1 년복이 아니니 꺼릴 바는 없으나, 조모(할머니)복은 키웠든 여부와 관계 없이 1 년복(朞服)으로 아직 복중이니 내년 2 월 4 일 탈복 이전에는 혼인을 할 수 없다라는 법도입니다. 참고하시기 바랍니다.

●家禮昏禮議昏身及主昏者無朞以上喪乃可成昏條大功未葬亦不可主昏
●家禮喪禮成服不杖朞; 正服則爲祖父母女雖適人不降也○又成服不杖期條正服則爲伯叔父也義服則爲伯叔母也爲姑姊妹女在室及適人而無夫與子者也

▶2889◀◈問; 혼인의 혼자에 대하여?

안녕하세요. 혼례라 할 대 혼자를 한자(漢字)로 婚 또는 昏자를 쓰기도 합니다. 어떻게 달라 두 자를 쓰는지 이해를 하지 못하였습니다. 무슨 이유에서 婚 또는 昏자를 두루 쓰는지 알려 주시기 바랍니다.

◈答; 혼인의 혼자에 대하여.

아래와 같이 살펴보건대 婚字와 昏字는 혼인한다는 의미로는 동의로 쓰이는데 혼인식은 저녁(해진 뒤)에 하는데 男陽女陰 晝陽夜陰이라는 음양왕래(陰陽往來)의 이치로 양왕음래(陽往陰來)의 법도에 따라 양(남이 낮이 저물 때 가서)이 가서 음(녀를 밤에)을 데려와 부부의 연을 맺는다 하여 저물 혼(昏)자가 결혼한다는 의미로 쓰일 때는 혼(婚)자와 동의로 쓰이게 됩니다.

●白虎通嫁娶; 婚姻者何謂也昏時行禮故謂之婚也婦人因夫而成故曰姻詩云不惟舊因謂夫也又曰燕爾新婚謂婦也所以昏時行禮何示陽下陰也婚亦陰陽交時也
●詩經邶風匏有苦葉四章章四句; 宴爾新昏如兄如弟(朱注)新昏夫所更娶之妻也
●儀禮士昏禮注; 士娶妻之禮以昏爲期因而名焉必以昏者陽往而陰來日入三商爲昏
●爾雅釋親婚姻; 婦之黨爲婚兄弟壻之黨爲姻兄弟(郭璞註)壻之父爲姻婦之父爲婚父之黨爲宗族母與妻之黨爲兄弟婦之父母壻之父母相謂爲婚姻
●辭源日部四畫【昏】結婚婚本作昏後加女旁作婚○又女部八畫【婚】男女結爲夫妻亦作婚古籍中婚姻字常作昏

▶2890◀◈問; 혼인 제사.

이곳에서 전통예절 공부를 할 수 있어서 감사 드립니다.

아들이 혼인을 하게 되어서 어머니(제 처)께 제사를 올리려고 합니다. 축을 어떻게 써야 하는지 여쭈어 봅니다. 혼인날짜 4 월 8 일(양력) 제사일 3 월 31 일.

◈答; 혼인 제사.

아래 법도는 사당 예이나 사당을 건사하지 못하였으면 명절 설위와 같이 정침에 제사 위 모두 모시고 단헌지례(單獻之禮)로 고합니다.

⊙主人告于祠堂(주인고우사당)

如納采之儀祝版(云云)○若宗子自昏則自告

朱子曰儀禮雖無娶妻告廟之文而左傳曰圍布几筵告於莊共之廟是古人亦有告廟之禮問今婦人入門卽廟見蓋擧世行之近見鄕里諸賢頗信氏先配後祖之說後世紛紛之言不足據莫若從古爲正否曰左氏固難盡信然其後說親迎處亦有布几筵告廟而來之說恐所謂後祖者譏其失此禮耳

⊙주인은 사당에 고한다.

납채(納采) 의식과 같으며 축식은 다음과 같다. ○만약 종자(宗子) 자신의 혼인이면 자신이 고한다.

⊙壻家告于祠堂儀禮節次(서가고우사당의례절차)

主人以下盛服○序立(男左女右世爲一行詳見通禮)○盥洗○啓櫝○出主(主人出考主主婦出妣主)○復位(主婦以下先降復位)○降神(執事者洗手上階開甁實酒于注一人奉注詣主人右一人執盞盤詣主人左)○主人詣香案前跪○焚香(旣焚香畢右執事者跪進酒注左執事者亦跪以盞盤向主人主人受注斟酒于盞反注于右執事者取盤盞自捧之二執事者皆起)○酹酒(主人左手執盤右手執盞盡酹茅沙上畢置盞香案上)○俯伏興(少退)○鞠躬拜興拜興平身○復位○參神(主人以下凡在位者皆拜)○鞠躬拜興拜興拜興拜興平身○主人斟酒(主人升自執酒注斟酒于逐位神主前空盞中先正位次祔位次命長子斟諸祔位之卑者畢主人稍後立)○主婦點茶(主婦執甁斟茶于各正祔位前空盞中命長婦長女斟諸祔位之卑者畢主婦退與主人並立拜)○鞠躬拜興拜興平身○復位(主人不動)○跪(主人跪)○讀祝(畢)○俯伏興平身○復位○子將親迎見(壻立兩階間拜)○鞠躬拜興拜興拜興拜興平身○復位○辭神(衆拜)○鞠躬拜興拜興拜興拜興平身○焚祝文○禮畢 (본 의절에서는 4배이나 가례는 재배임)

⊙사당 고사 의례절차.

주인 이하 성복을 한다. ○차서 대로 선다. (남자는 왼편 여자는 오른편으로 세대 마다 한 줄이 되여 서되 통례의 서립도를 자세히 살펴 그와 같이한다) ○손을 씻는다. ○신주 독을 연다. ○신주를 내놓는다. (주인은 남자 신주를 주부는 여자 신주를 내모신다) ○제자리로 간다. (주부 이하는 먼저 제자리로 물러선다)

●행강신례.

(집사자는 손을 씻고 층계 위의 병을 열어 술을 주전자에 담아 한 사람은 주전자를 받들고 주인의 오른편으로 가고 한 사람은 잔반을 들고 주인의 왼편으로 나간다) ○주인은 향안 앞으로 나아가 무릎을 꿇고 앉는다. ○분향한다. (이미 분향을 마쳤으면 우집사자는 무릎을 꿇

고 앉아 술 주전자를 주인에게 드리면 좌집사자는 역시 무릎을 꿇고 앉아 잔반을 주인 앞으로 향한다. 주인은 주전자로 술을 잔에 따르고 주전자는 우집사자에게 되돌려 주고 잔반을 받아 받들고 있으면 좌우 집사자는 모두 일어난다) ○강신한다. (주인은 왼손으로 반을 쥐고 오른손으로 잔을 잡아 모사 위에 다 따르고 마치면 잔반은 향안 위에 둔다) ○부복하였다 일어선다. (뒤로 조금 물러나 선다) ○국궁 재배 평신한다. ○제자리로 물러나 선다.

●행참신례.

(주인 이하 자리에 있는 이 모두 절한다) ○국궁 사배 평신한다.

●행헌주례.

주인은 술을 따라 올린다. (주인은 올라가 스스로 술 주전자를 들고 위전을 따라가며 신주 앞 빈 잔에 술을 따르되 먼저 정위(正位) 다음으로 부위(祔位)이며 그 뒤 장자에게 일러 낮은 부위에 술을 따르게 하고 마쳤으면 제자리로 물러나고 주인은 조금 뒤로 물러선다) ○주부는 차를 따라 올린다. (주부는 차(茶)병을 들고 차를 각 정 부위 앞 빈 잔에 따르고 맏며느리나 큰딸에게 일러 낮은 부위에 따르게 하고 마쳤으면 제자리로 물러서고 주부는 뒤로 물러나 주인과 같이 서서 절을 한다) ○국궁 재배 평신(平身)한다. ○제자리로 물러선다. (주인은 그 자리에 서 있는다) ○무릎을 꿇고 앉는다. (주인은 무릎을 꿇고 앉는다) ○독축한다. (마쳤으면) ○부복하였다 일어선다. ○제자리로 물러나 선다. ○앞으로 친영(親迎) 갈 신랑은 알현 한다. (신랑은 양 층계 사이에서 절을 한다) ○국궁 사배 평신한다. ○제자리로 물러나 선다.

●행사신례.

(모두 절한다) ○국궁 사배 평신한다. ○축문을 불사른다. ○예를 마친다.

◈祠堂告辭式(사당고사식)同上祠堂有事則告生子條

維

歲次干支幾月干支朔幾日干支孝玄孫屬稱隨改見上納采告式某官某敢昭告于

顯高祖考某官府君

顯高祖妣某封某氏列書及改措語見上納采告式某之子某改措語見上納采告式將以今日親迎于某官某郡某氏不勝感愴謹以酒果用伸虔告謹告

▶2891◀◈問; 혼인 중 초례청에 대하여?

초례청에서 신랑과 신부의 복색과 초례상에 숫닭과 암탁이 오르는가요?

◈答; 초례청의 신랑과 신부의 복색과 암숫탁이 진설에 대하여.

복식을 아래와 같이 살펴보면 신랑(新郎)은 경대부(卿大夫)복식을 따르고, 신부(新婦)는 사혼례(士昏禮)에서는 순의훈염(純衣纁袡)라 하였고 죽암(竹庵)께서는 이를 홍장삼(紅長衫)이라 하셨으며, 지난날에 벼슬아치의 고하관(高下官)의 옷색은 자색(紫色) 다음 비(緋; 紅)色 다음 록(綠; 靑黃)色이었습니다.

전통혼례(傳統昏禮) 예법에는 국례(國禮)내 사례(士禮)나 전통혼례(傳通昏禮)에는 동뢰상(同牢床)에 치(雉)나 계(鷄)가 오르지 않으나,

19 세기 중엽에 발간된 한국문화사대계(韓國文化史大系) 풍속(風俗) 예술사(藝術史) 혼례(婚禮) 초례조(醮禮條)를 살펴보면 전통혼례(傳統昏禮)가 아닌 현행례(現行禮)(속례(俗禮))를 주로 하여 기술하였다는 초례(醮禮)(서부교배(壻婦交拜))청(廳) 동뢰상(同牢床)에 웅계(雄鷄)와 자계(雌鷄)가 보이는데 웅동자서(雄東雌西)로 한다. 하였으니,

그와 같은 까닭은 아마도 웅(雄)은 양(陽)에 속하여 동방(東方)이 되고 자(雌)는 음(陰)에 속하니 서방(西方)이 되여 음양(陰陽)의 조화(調和)를 의미하게 되고 웅계(雄鷄; 숫탁)은 하루의 시작을 알리어 새 출발을 의미하고 자계(雌鷄; 암탁)는 다산(多産)의 의미가 숨겨져 있지 않은가는 생각됩니다.

⊙서성복식(壻盛服式)

●家禮昏禮編初昏壻盛服條細註黃氏瑞節曰士昏禮謂之攝盛盖以士而服大夫之服

●士昏禮主人爵弁纁裳緇袘註主人壻也爵弁爲攝盛則卿大夫助祭用玄冕親迎當玄冕也

●三禮圖玄冕條玄冕一章祭羣小祀之服賈疏云上四衣皆玄而有畵此衣不畵而無文其衣本是一玄故獨得玄名一章唯裳剌黻而已其冕三旒五采藻十二就每旒亦貫五采五十二計用玉七十二羣小祀謂林澤墳衍四方百物之屬

●三禮圖卿大夫玄冕圖條司服云卿大夫之服自玄冕而下注云朝聘天子及助祭之服諸侯非二王之後其餘皆玄冕而祭又弁師注云三命之卿繅三就繅玉赤朱綠

●便覽昏禮初昏壻盛服諸具條紗帽團領品帶黑靴(並同俗用此)

●寒岡曰冠服從俗用黑團領紗帽不妨昔者張德晦之來娶也用公服此因見古禮中有用公服之語而爲之然自今思之似不甚穩似不若從俗用黑團領反爲便宜也又曰紅團領豈是盛服古人不以爲褻服

●吉禮要覽駙馬冠禮儀厥明夙興陳冠服條註初加靑團領條帶再加黑團領品帶三加紅公服

●五禮儀有職者公服文武兩班子孫與及第生員紗帽角帶庶人笠子條兒

●宣和新修高麗圖經冠服編○王服紫羅公服○令官服紫文羅袍○國相服紫文羅袍○近侍服紫文羅袍○從官服紫文羅袍○卿監服緋文羅袍○朝官服緋文羅袍○庶官服綠衣

⊙녀성복식(女盛服式)

●便覽昏禮遂醮其女而命之條女盛服(士昏禮純衣纁袡)

●士昏禮女次純衣纁袡註次首飾也今時髮也周禮追師掌爲副編次純衣絲衣女從者畢袗玄則此衣亦玄矣袡亦緣也袡之言任也以纁緣其衣象陰氣上任也凡婦人不常施袡之衣盛昏禮爲此服

●竹庵曰所謂紅長衫卽古禮純衣纁袡之遺意而失其制靑質紅綠之說載尤庵集中今雖不能備此儀若以圓衫紅裙代純衣纁袡而用之則比諸紅長衫之不經亦以有間首飾用今所用大首或圍髢俱無不可見舅姑時則古用纚笄宵衣今之族頭里鳳釵唐衣卽其遺意

●士昏禮同牢設饌之圖

腊 魚 稷
豚 黍
醯 湆 醬醯 大羹

●國婚定例王妃嘉禮○納采○納徵○告期○冊妃○親迎同牢條○紫的吐紬褥壹件(上下排席具)○紅紬褥壹件(上下排席具)○畵龍燭貳雙(心紅燭具)○紅肆燭伍雙○紅陸燭肆拾柄○紅捌燭肆拾柄(以上燭所盛唐朱紅漆函參部所裏紅紬伍幅單)○樽花貳朶○大鳳拾陸朶○小鳳參拾朶○白鳳參拾朶○孔雀捌朶○羅花草虫貳拾肆朶○實果草虫拾貳朶(以上用紙花)[宴床貳床][左挾貳床][右挾貳床][面挾貳床][中圓盤貳床][初味貳床][二味貳床][三味貳床]○聘財○別宮禮物○定親禮物○納徵禮物○本房禮物○以下省略

●韓國文化史大系風俗藝術史婚禮醮禮條醮禮廳(云云)同牢床(云云)雄鷄와 雌鷄를 色餠으로 만들어 左右에 갈라 놓되 雄東雌西로 한다

●家禮昏禮篇厥明壻家設位于室中(俗禮醮禮廳)設倚卓子兩位東西相向蔬果盤盞匕筯如賓客之禮酒壺在東位之後又以卓子置合卺一於其南

●士昏禮設饌品特豚肺脊魚腊肫髀醯醬湆醢黍稷大羹玄酒合卺

▶2892◀ ◈問; 혼주를 누구?

부친(父親)이 일직 타계하여 안 계신데 계부(繼父)는 계십니다. 계부가 혼주석에 앉아도 되는지요.

◈答; 혼주를 계부로.

회성에서는 외숙도 없으면 아버지의 친구나 이장을 혼주로 삼아도 가하다 하였으나, 매산 선유께서는 외친도 비족속이라 불가하다 하셨으니 계부를 혼주로 삼기에는 명확한 전거가 없어 가부를 논할 수가 없습니다.

다만 가례복식에 계부라도 동거하였으면 그의 복도 입는 예법이 있으니 이 예법을 연계하고

회성의 예법을 따른다면 계부라도 혼주로 예우한다 하여 작금의 복잡한 가족제도하에서 심히 어그러졌다 지적할 수가 있을까. 입니다. 그러나 유가(儒家)의 법도(法度)를 제일의 가치로 삼는 가문(家門)이라면 논란의 대상은 되겠지요.

●家禮三父服圖同居繼父父子皆無大功以上親乃義服不杖期○不同居謂先隨母嫁繼父同居後異或雖同居而繼父有子已有大功已上親服齊衰三月○元不同居則無服
●會成主昏條註孤而無族長者母舅主之無母舅者父執里宰皆可
●梅山曰雖非宗子無父母族屬則自命之已矣外親於我非族也吉凶之禮不可使主之
●白虎通義人君及宗子無父母自定娶者卑不主尊賤不主貴也

▶2893◀◈問; 혼주의 예절.

자녀의 결혼이 채 한 달이 남지 않은 시점에 직원 동료가 상을 당하여 조문을 가야 할 형편인데 혹 혼인 예절에 적절하지는 않은지요. 항간에서는 문상은 좋지 않은 일이라고 하는데. 회신바랍니다. 감사합니다.

◈答; 혼주의 예절.

전통 예법에 각종 제사에는 재계의 예법이 있어 흉함을 피하게 하고 있으나 혼사의 예법에는 재계의 예법이 없습니다.

아래는 상을 당하였을 때의 혼사 예법입니다. 내 집안 상을 당하여도 아래 관계 이외가 되면 상중이라도 혼인을 할 수 있다 함이며 상가 집에 가지 말라 함의 언급은 없습니다.

○대공미장역불가주혼(大功未葬亦不可主昏); 가례에 대공상을 당하여 아직 장사치 아니하였으면 역시 혼주는 혼사를 행하여서는 아니 되느니라.

○무기이상상가성혼(無期以上喪可成昏); 기년(朞年) 이상의 상(喪)이 없으면 혼사를 행할 수 있다. 다만 속간(俗間)에 부정하다 하여 특정한 행사 전에 3 일 또는 7 일 등 경계해야 한다는 설이 있는 듯합니다. 이는 무속 아니면 민간 신앙에서 발현된 금기사항(禁忌事項)으로 인식 되어온 것으로 자신이 이에 구애 또는 무시 여하에 따라 결정될 문제라 생각합니다.

●士昏禮三族之不虞註三族謂父昆弟己昆弟子昆弟虞度也不億度謂猝有死喪此三族者己及子皆爲服期期服則踰年欲及今之吉也雜記大功之末可以冠子嫁子疏父昆弟則伯叔及伯叔母己昆弟則己之親兄弟子昆弟則己之嫡子庶子
●喪服父在爲母傳何以期也屈也父必三年然後娶達子之志也疏子於母屈而期心喪猶三年故父雖爲妻期而除然必三年乃娶者通達子之心喪故也
●按國制士大夫妻亡者三年後改娶若因父母之命或年過四十無子者許期年後改娶

▶2894◀◈問; 희첩(姬妾)에 관한 문의입니다.

안녕하십니까. 어르신들의 대화 중에 희첩(姬妾)이란 말씀을 듣게 되었습니다. 문맥상 첩실(妾室)인 듯합니다. 어떤 첩(妾)을 일러 희첩(姬妾)이라 하나요. 전거가 있으면 함께 올려 주십시오. 모두 감사합니다.

◈答; 희첩(姬妾)이란.

희첩(姬妾)은 잉첩(媵妾) 희시(姬侍) 혹칭(或稱) 어비(御婢) 시희(侍姬) 비첩(婢妾) 첩비(妾婢) 시첩(侍妾) 희인(姬人) 등으로 불리는데 일부일처(一夫一妻)에 다첩(多妾)을 거느리는 지난날 혼인제도의 하나였습니다.

아래와 같이 살펴보건대 고대에는 근세와 같은 첩 제도가 없이 여자가 시집을 가면 여자를 데리고 가 일을 시켰는데 이 제도가 후세에 와서는 계실(繼室)로 바뀌었고 뒷날에는 희첩(姬妾)으로 변하였습니다.

●東觀漢記下邳惠王衍傳传; 下邳王被病沉滞之疾昏亂不明家用不宁姬妾嫡庶諸子分争

●列女傳周主忠妾;周主忠妾者周大夫妻之媵妾也
●漢書平帝紀;其出媵妾皆歸家得嫁如孝文時故事顔師古注媵妾謂從皇后俱來者亦指姬妾
●尹文子大道下;君年長多媵妾少子孫疏强宗衰國也
●新唐書外戚傳王仁皎;仁皎避職不事委遠名譽厚奉養積媵妾訾貨而已
●贈書記奉詔團圓;魏輕烟既屬賈氏招安合行同侍談塵賜爲媵妾
●朱子曰古者以媵妾繼室故不容與嫡並配後世繼室乃是以禮聘娶自得爲正
●儀禮士昏禮;婦徹于房中媵御餕姑酳之鄭玄注古者嫁女必姪娣從謂之媵姪兄之子娣女弟也
●後漢記陳敬王羡傳; 夫人姬妾多爲丹陵兵烏桓所略云
●紅樓夢第二回; 林如海强有几房姬妾奈命中无子亦无可如何之事

◆잉첩(媵妾)

아래와 같이 살펴보건대 고대에는 근세와 같은 첩 제도가 없이 여자가 시집을 가면 여자를 데리고 대신가 일을 시켰는데 이 제도가 후세에 와서는 계실(繼室로 바뀌었고 뒷날에는 희첩(姬妾)으로 변하였습니다.

●列女傳周主忠妾;周主忠妾者周大夫妻之媵妾也
●漢書平帝紀;其出媵妾皆歸家得嫁如孝文時故事顔師古注媵妾謂從皇后俱來者亦指姬妾
●尹文子大道下;君年長多媵妾少子孫疏强宗衰國也
●新唐書外戚傳王仁皎;仁皎避職不事委遠名譽厚奉養積媵妾訾貨而已
●贈書記奉詔團圓;魏輕烟既屬賈氏招安合行同侍談塵賜爲媵妾
●朱子曰古者以媵妾繼室故不容與嫡並配後世繼室乃是以禮聘娶自得爲正
●儀禮士昏禮;婦徹于房中媵御餕姑酳之鄭玄注古者嫁女必姪娣從謂之媵姪兄之子娣女弟也

⊙初終圖式초종도식)

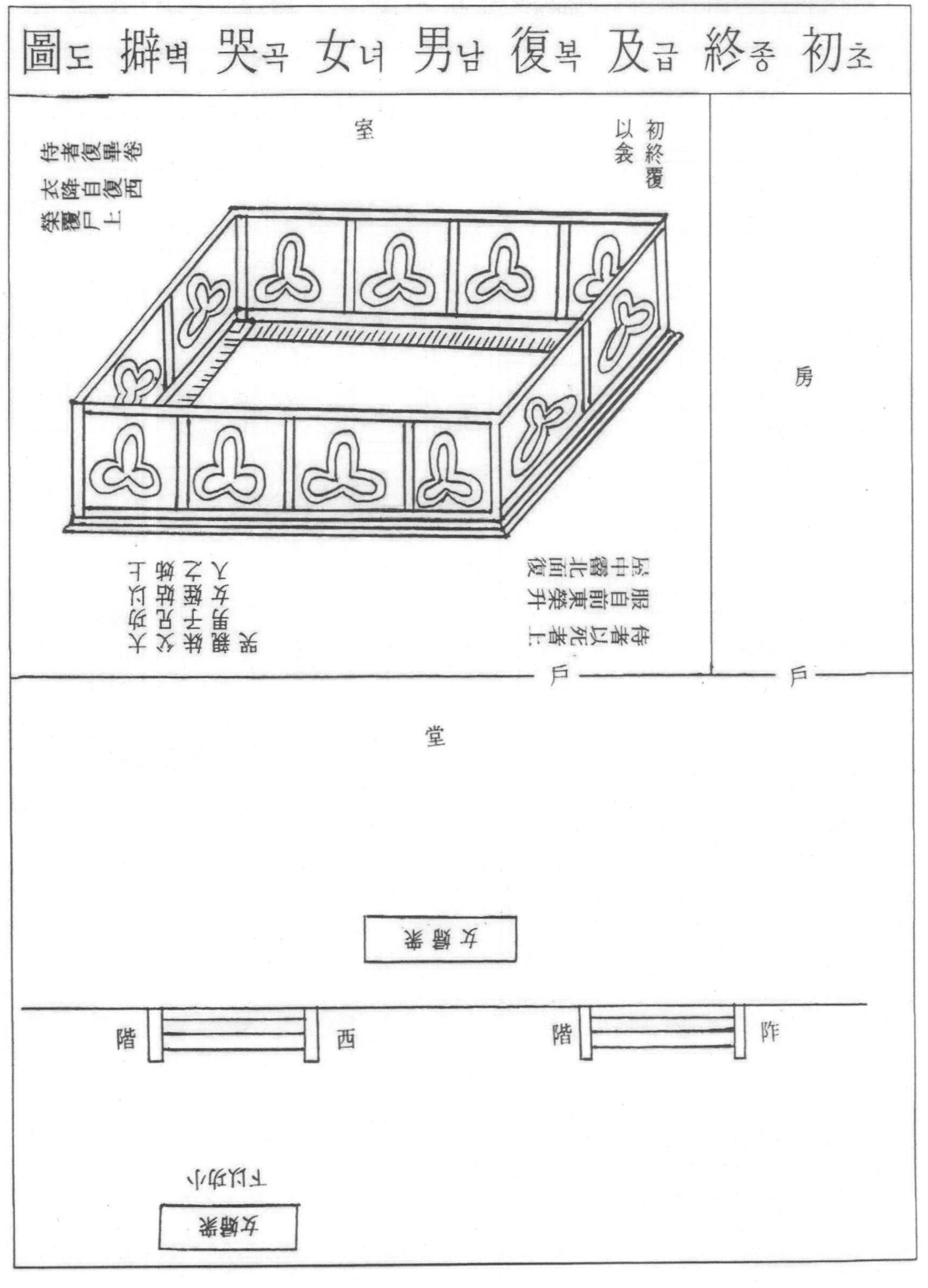

圖도 擗벽 哭곡 女녀 男남 復복 及급 終종 初초
室
房
初終覆以衾
侍者復畢卷衣降自復西榮覆尸上
侍者以死者上服自前東榮升屋中霤北面復
戶
堂
西階
阼階

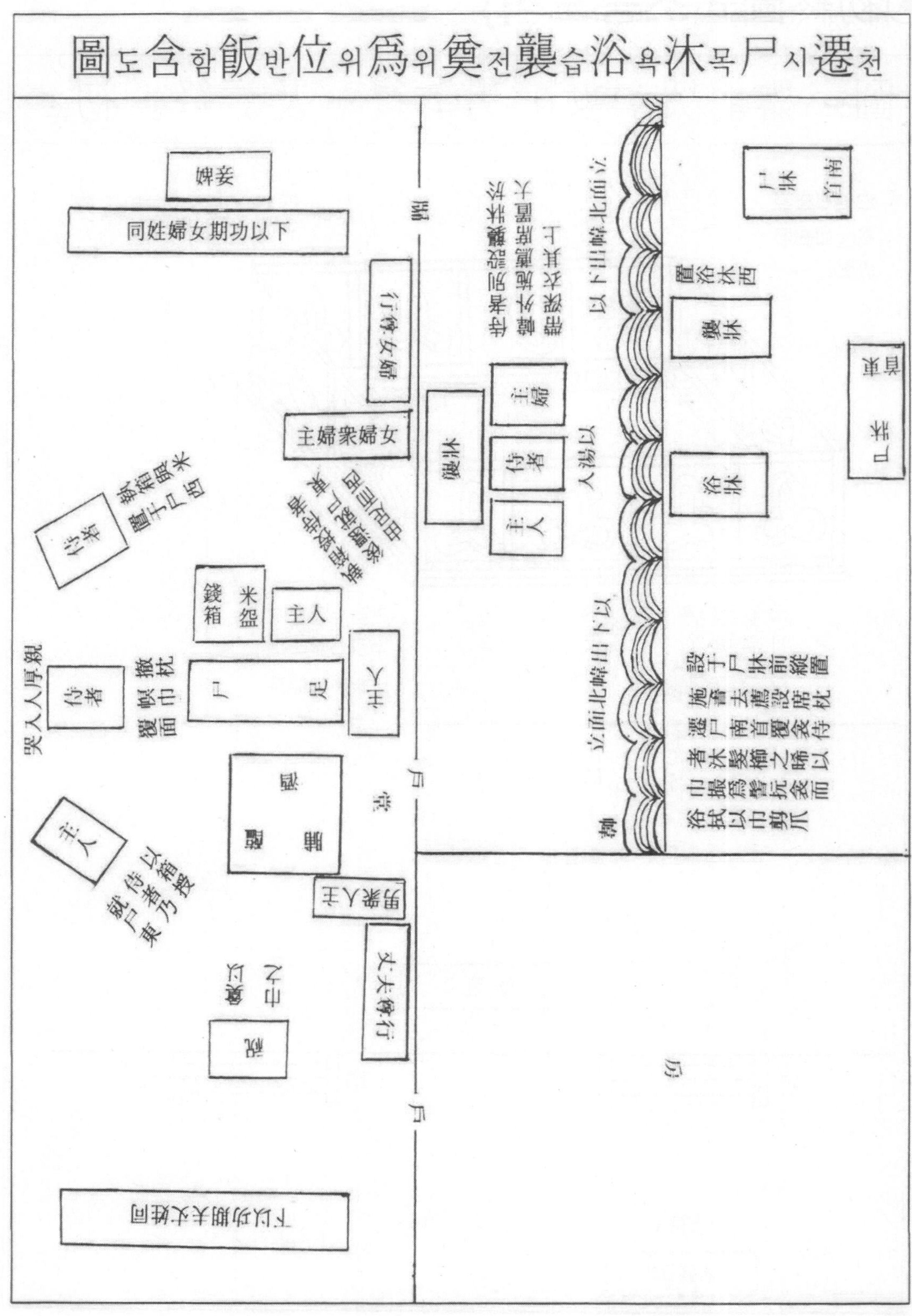
遷천尸시沐목浴욕襲습奠전爲위位위飯반含함圖도
同姓婦女期功以下
妾婢
婦女侍行
女婦衆婦主
主婦
侍者
主人
丈夫侍行
男衆人主
同姓丈夫期功以下
浴牀
沐牀
尸牀
南首
卓子
主人
米盤
錢箱
尸
足
侍者
哭人人厚親

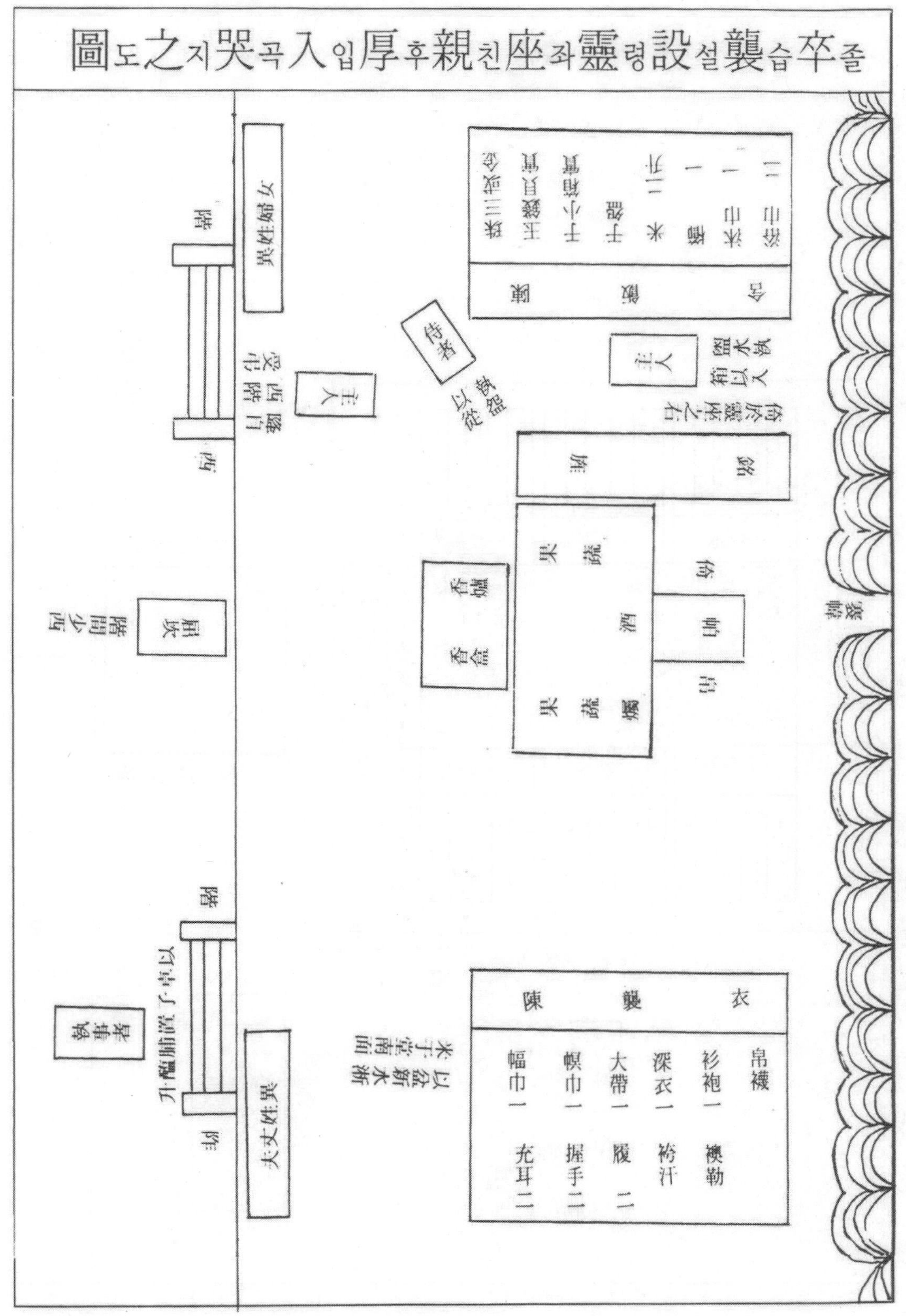
卒졸襲습設설靈령座좌親친厚후入입哭곡之지圖도

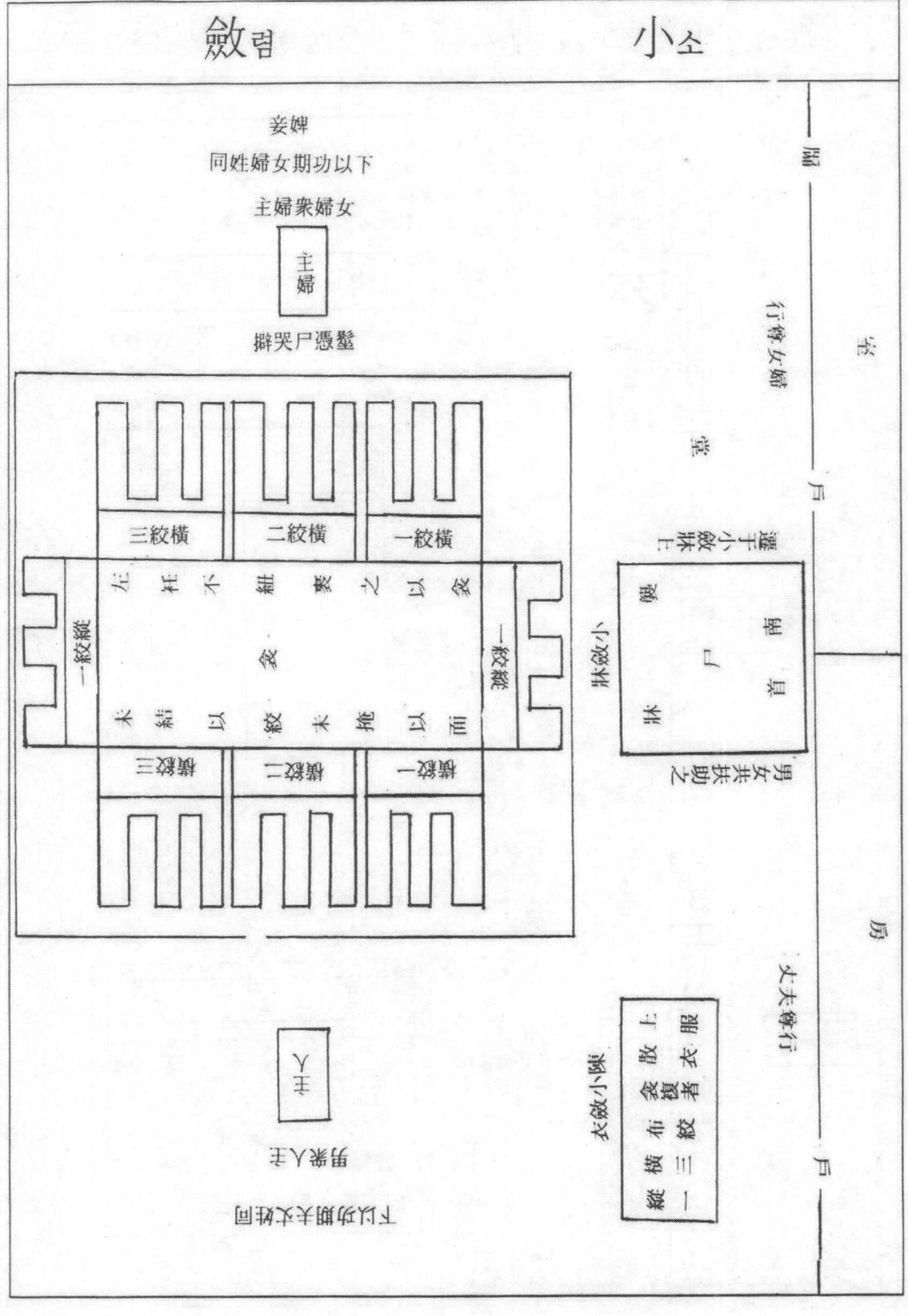
小斂
同姓婦女期功以下
主婦衆婦女
主婦
男衆主人
同姓丈夫期功以下
婦女奪行
丈夫奪行
遷于小斂牀上
男女共扶助之
小斂牀
一絞橫
二絞橫
三絞橫
一絞縱
小斂衣
堂
室
房
戶

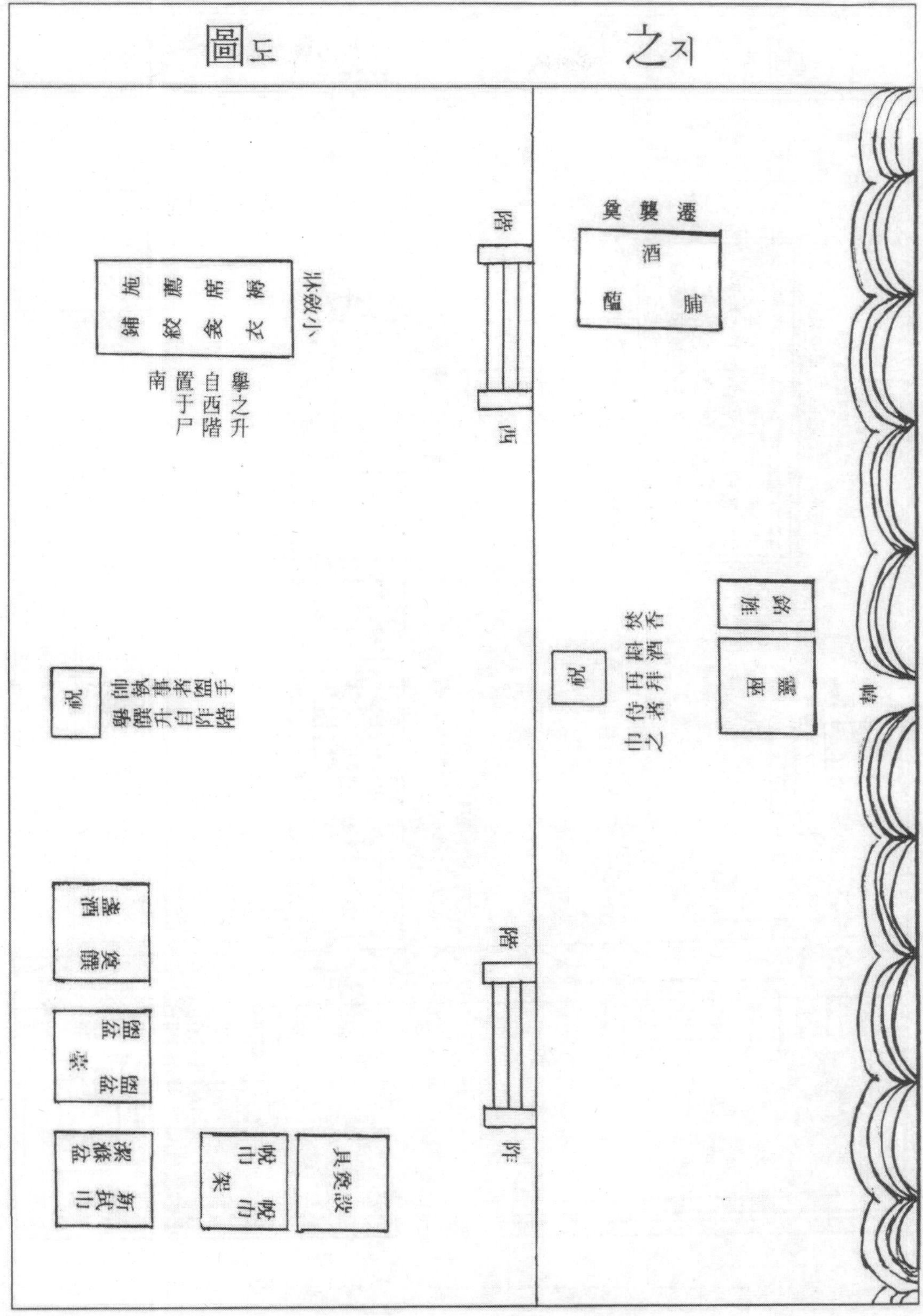

靈座
銘旌
西階
阼階
盥盆
帨巾架

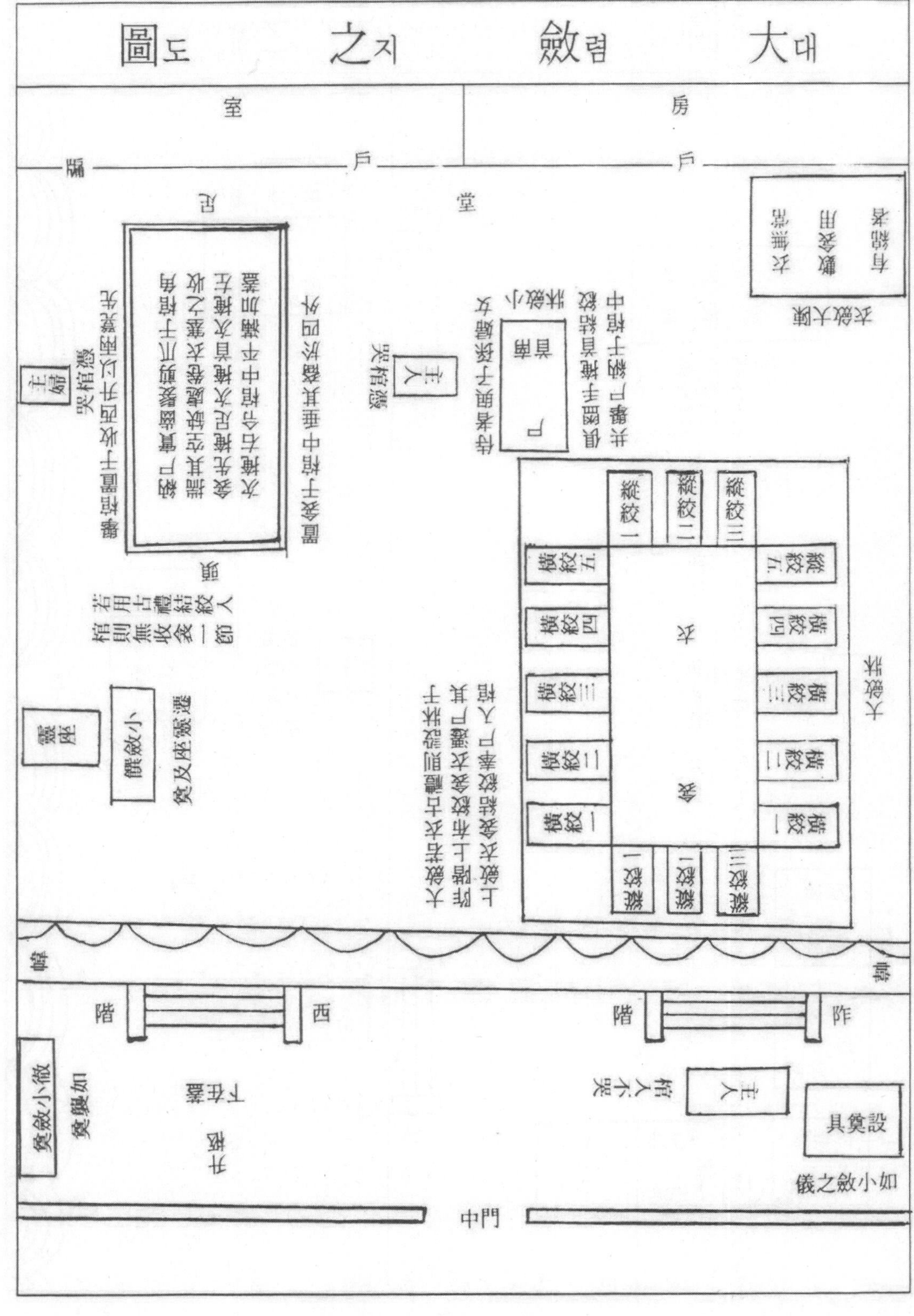
大대 斂렴 之지 圖도
房
室
戶
戶
堂
主人
若用古禮結絞人棺則無收衾一節
靈座
阼階
西階
主人
棺人不哭
設奠具
如小斂之儀
中門

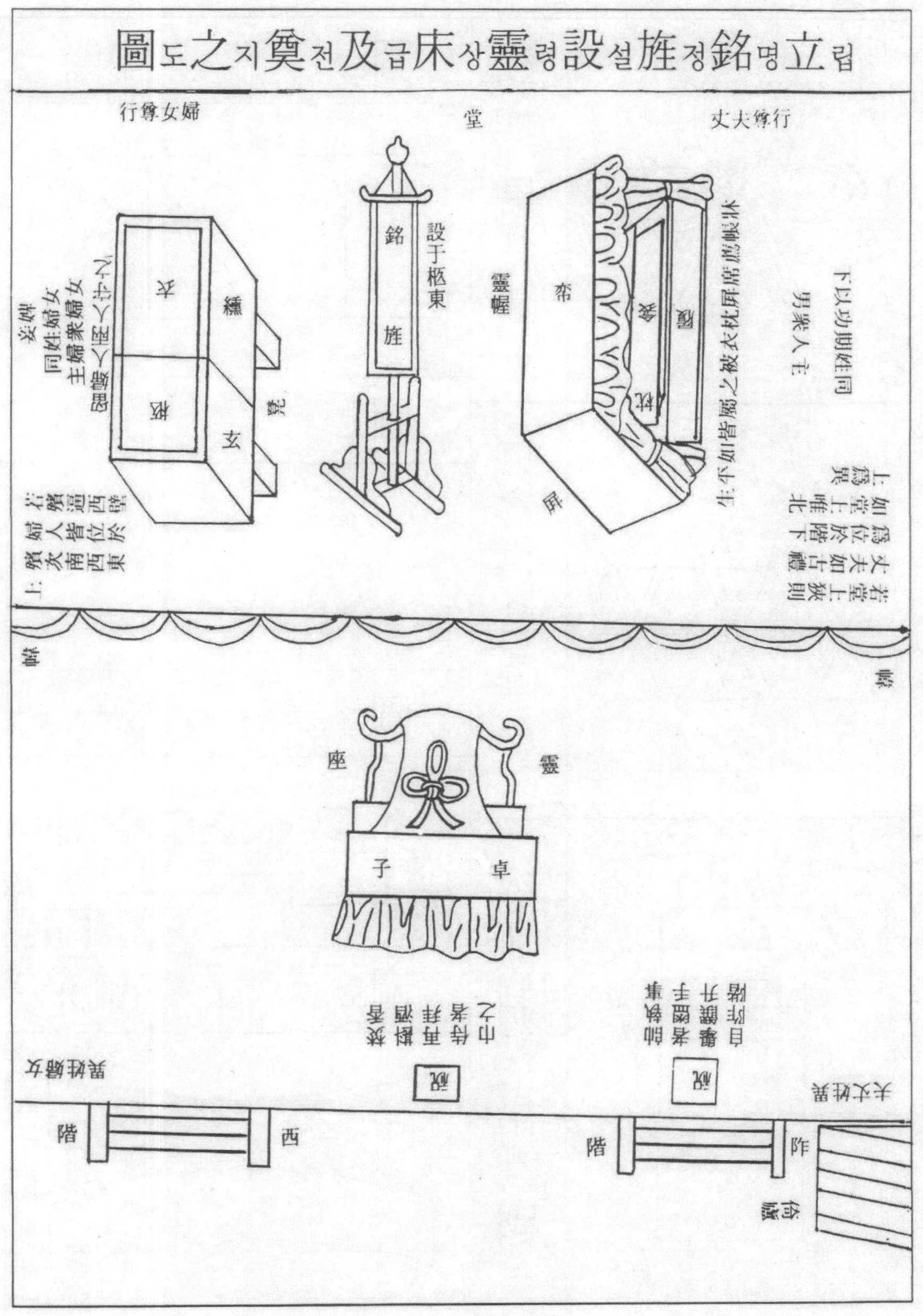

圖도之지奠전及급床상靈령設설旌정銘명立립
行尊女婦
堂
丈夫尊行
銘
旌
設于柩東
靈
座
卓
子
祝
祝
西
階
阼
階

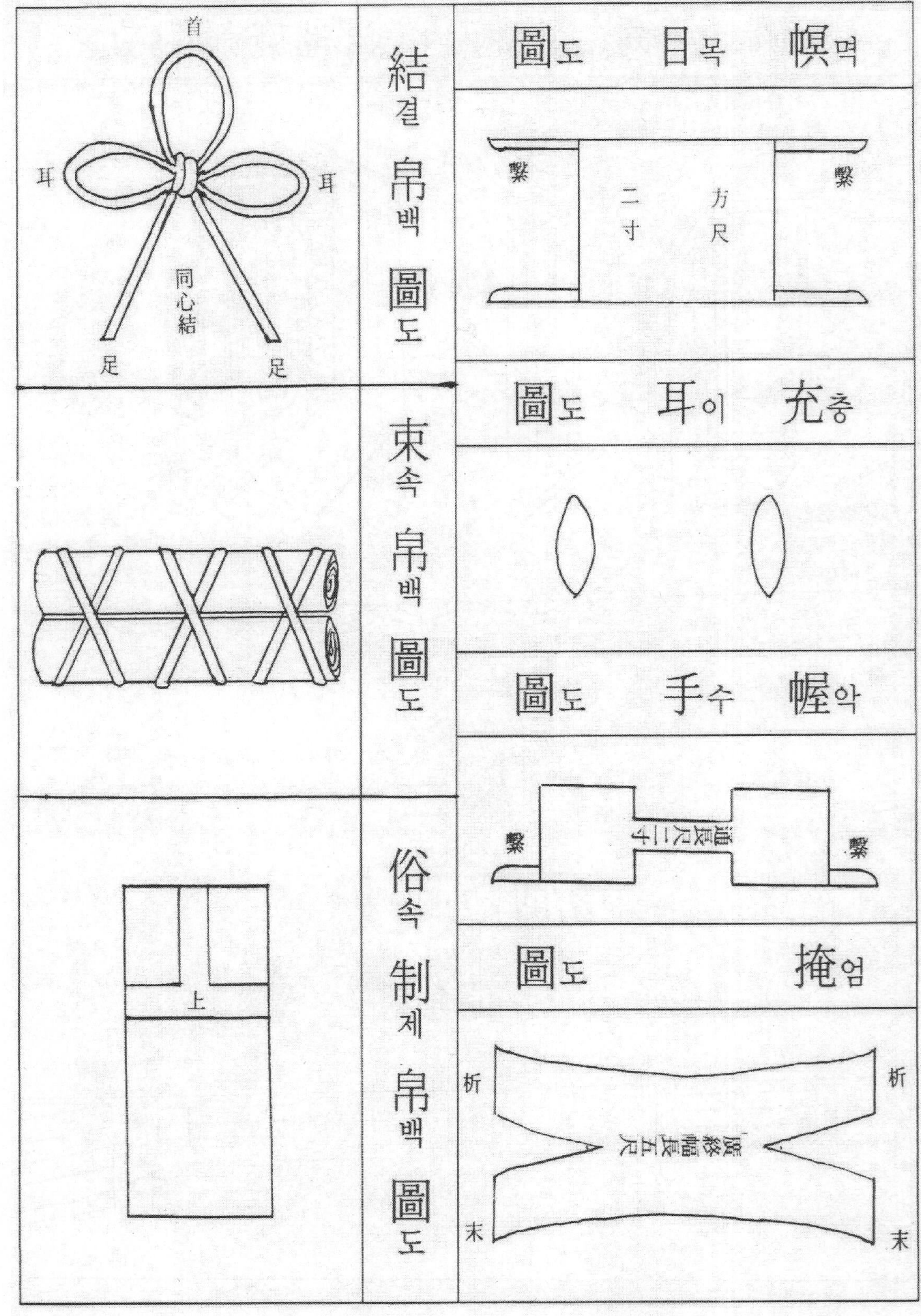
結결 帛백 圖도
首
耳
耳
同心結
足
足
束속 帛백 圖도
俗속 制제 帛백 圖도
上
幎멱 目목 圖도
繫
繫
方尺
二寸
充충 耳이 圖도
幄악 手수 圖도
繫
繫
通長尺二寸
掩엄 圖도
析
析
廣終幅長五尺
末
末

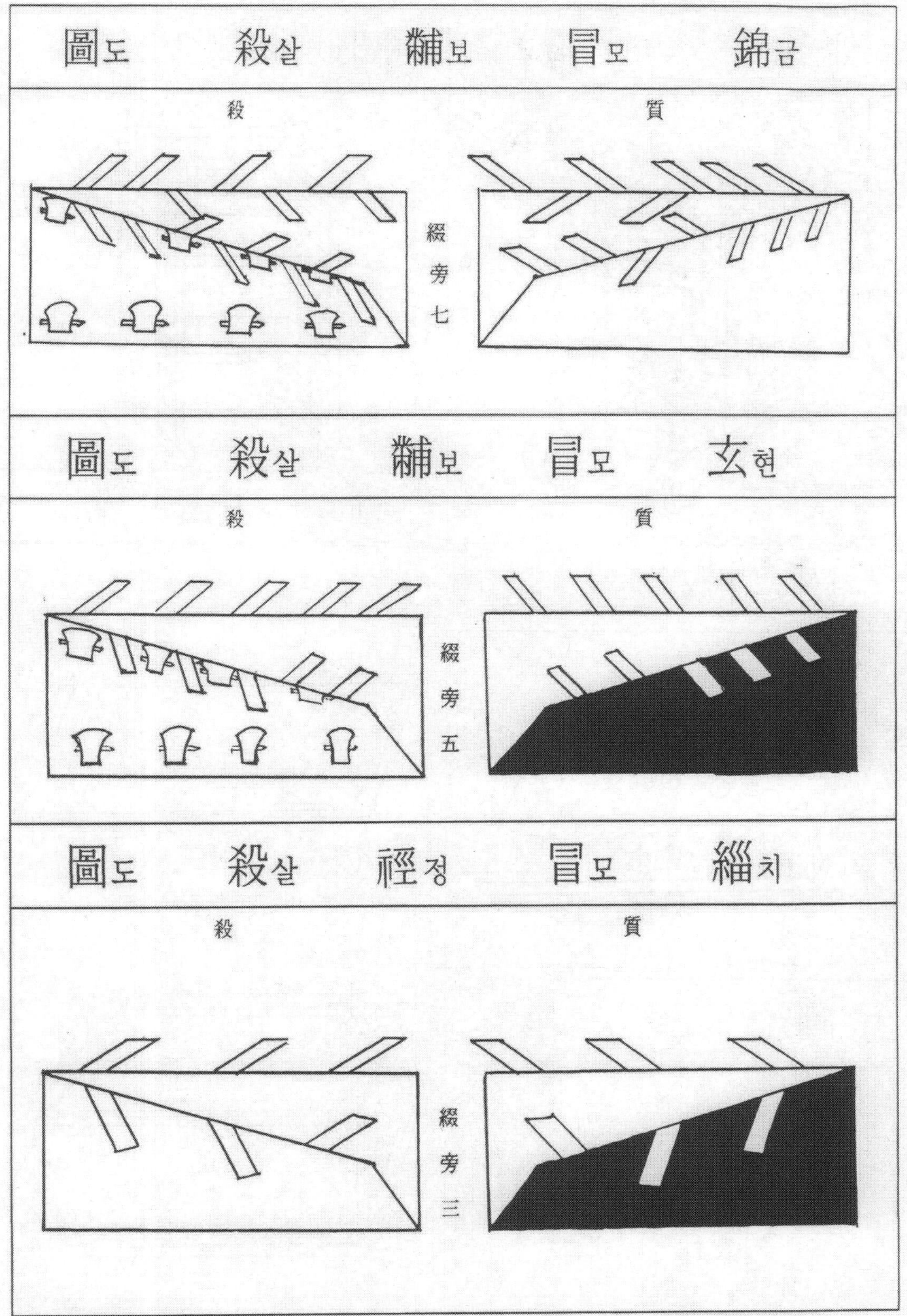
圖도 殺살 黼보 冒모 錦금
殺
質
綴
旁
七
圖도 殺살 黼보 冒모 玄현
殺
質
綴
旁
五
圖도 殺살 裎정 冒모 緇치
殺
質
綴
旁
三

圖도 趺부

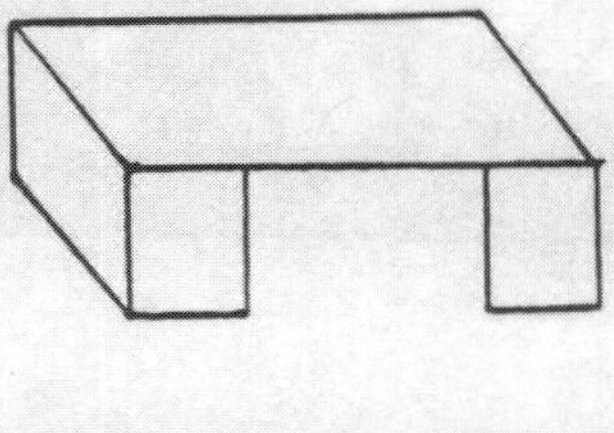

圖도 倚의

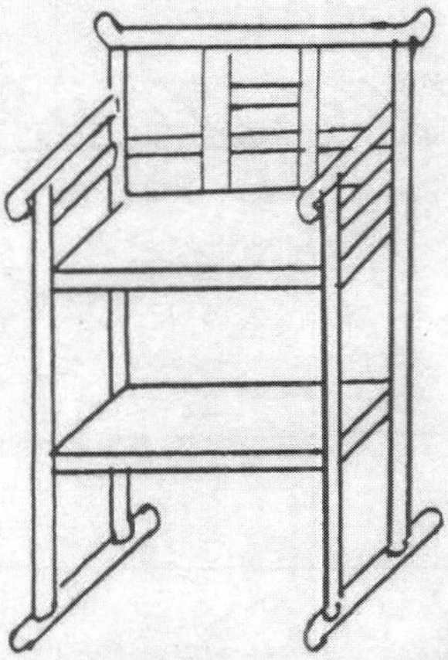

圖도 棺관 治치

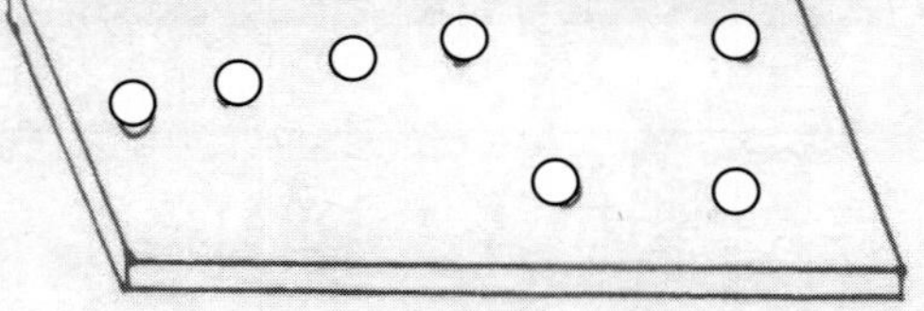

蓋

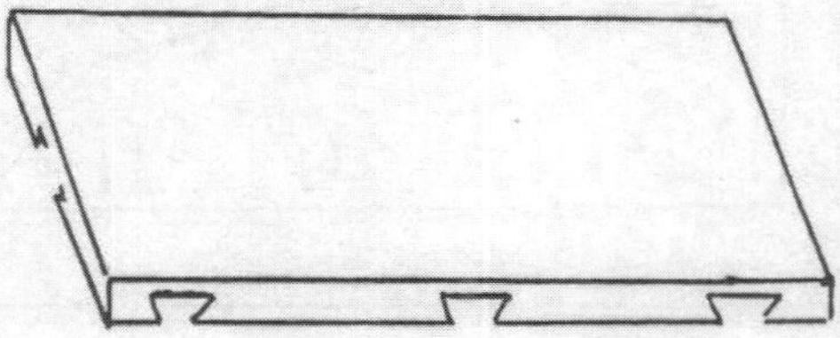

棺

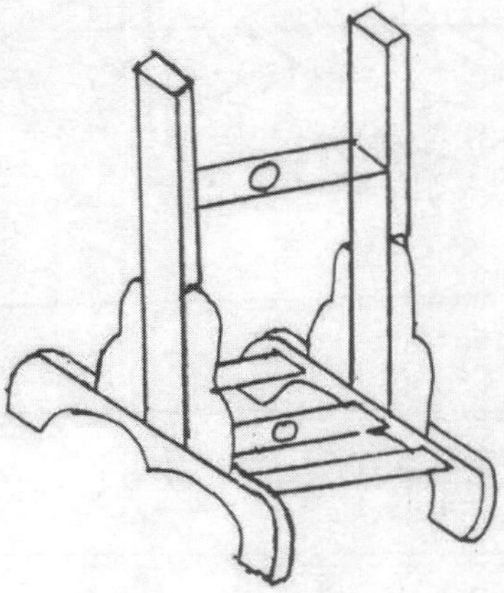

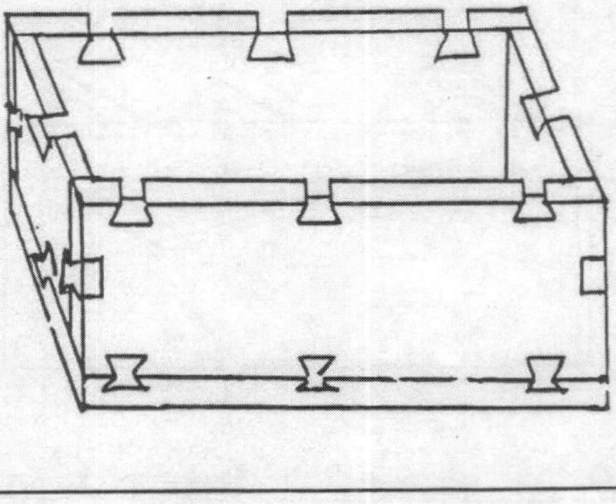

圖도 板판 星성 七칠

圖도 凳등

○집람치관도(家禮輯覽治棺圖)(添補)

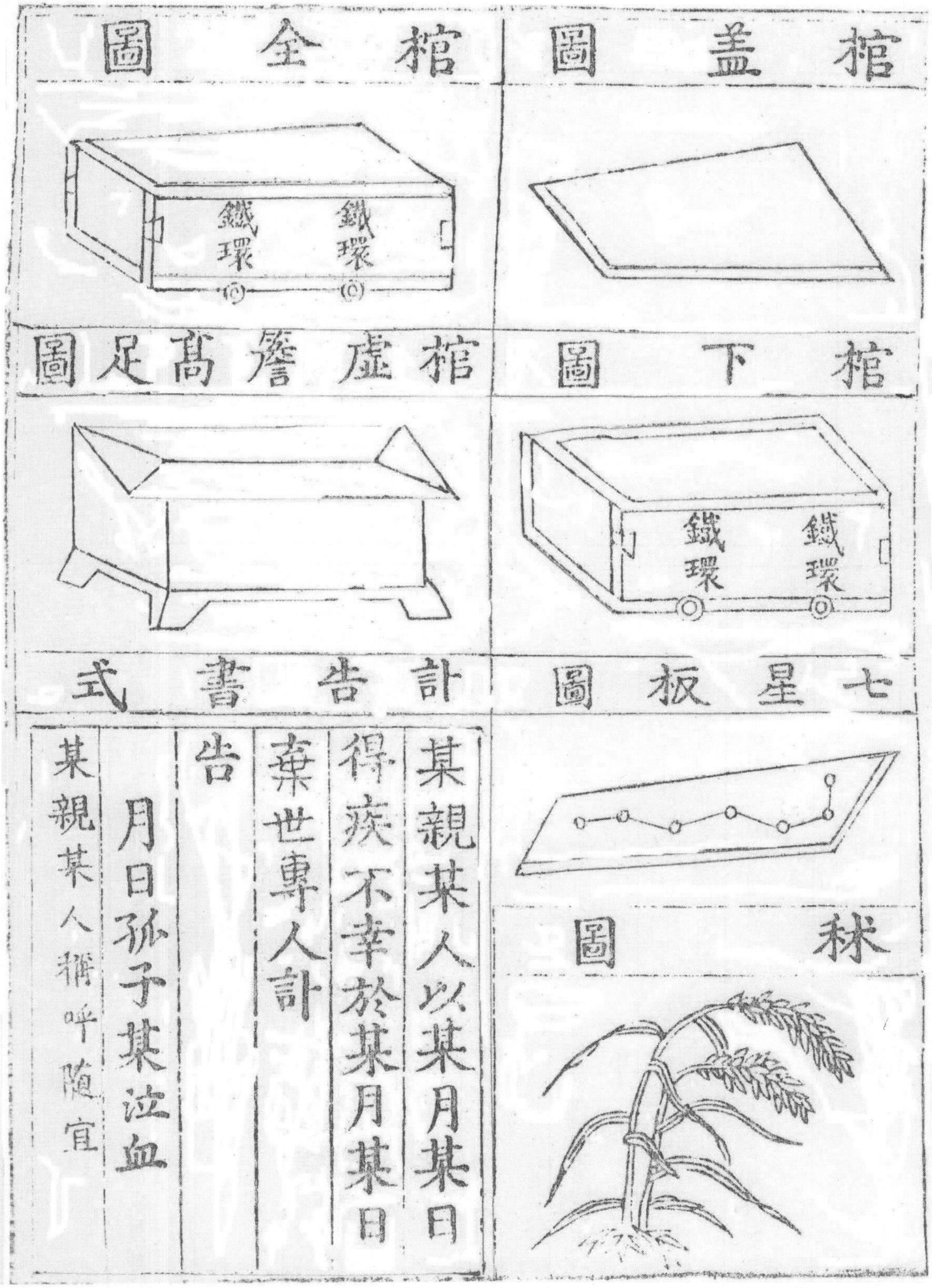

魂혼 帛백 摺접 疊첩 法법

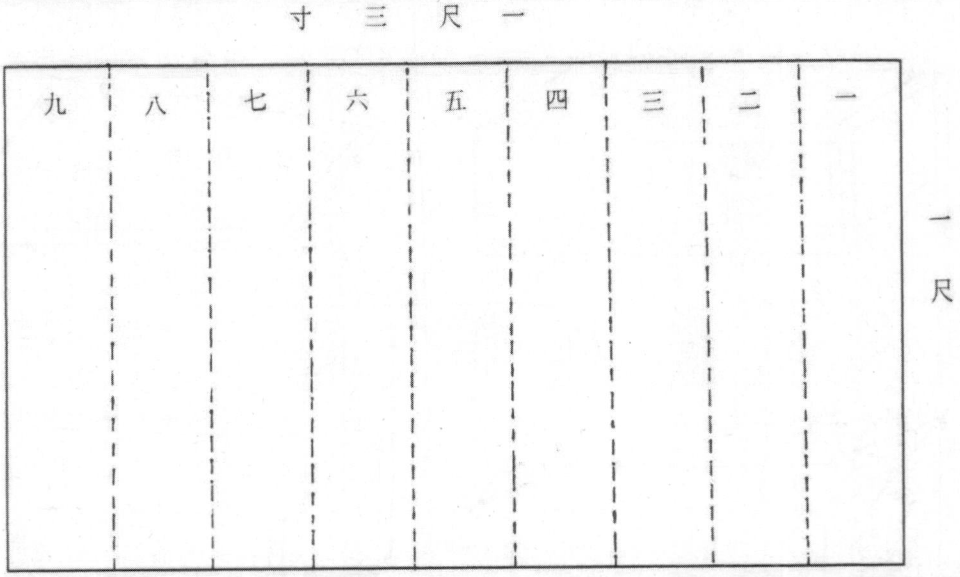

一尺三寸

一尺

一	二	三	四	五	六	七	八	九

혼백 접는 법

마포 한자 세치를 아홉 칸으로 접되 첫째칸 부터 여덟째 칸 까지는 한치 오푼으로 하고 아홉째 칸은 한치로 한다

一 一번과 二번을 맞 닿게 접는다

二 三번을 이등분 하여 一번의 뒤로 가게 접는다

三 四번은 四번이 보이게 하여 二번 뒤로 가게 접는다

四 五번 중간을 五번이 속으로 가게 접어 一번의 뒷면에 가서 三번과 맞닿게 접으면 五번은 보이지 않는다

五 六번과 四번이 맞닿게 접으면 六번은 보이지 않는다

六 七번을 접어 六번 뒷 면에 붙이면 七번이 보이지 않는다

七 八번은 七번과 맞닿게 접는다

八 四번과 七번 사이를 벌리고 윗면을 한치 되게 접어서 四번과 六번에 붙게 접는다

九 七번과 八번 사이를 벌리고 아랫 변을 한치 되게 접어서 七번과 八번이 붙게 안으로 접는다

十 九번을 접어서 四번 아랫 변과 윗 변의 접은 것을 싸서 꽂는다

十一 八번이 앞으로 오게 한다

丈장 夫부 喪상 次차

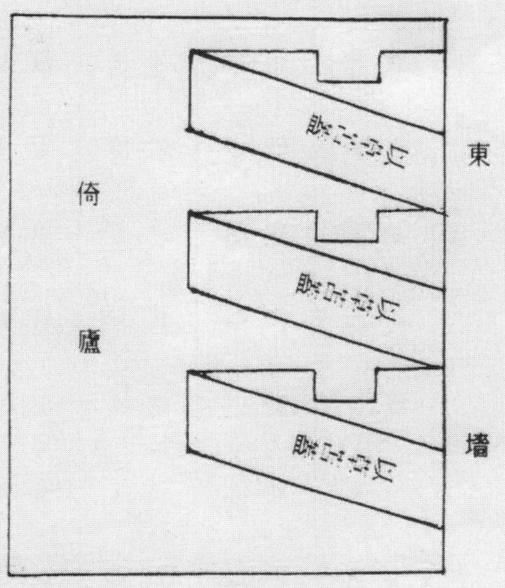

東墻

倚廬

輯覽三禮圖倚廬者倚木爲廬在中門外東方北戶喪服傳孝子居倚廬寢苫枕塊不脫経帶居門外之廬哀親之在外也寢苫枕塊者哀親之在草土也苫綸藁塊墼也既虞翦屏柱楣寢有席九虞五虞三虞之後故改舊廬西向開戶翦去戶傍兩箱屏之餘草柱楣者楣謂之梁梁下兩頭堅柱施梁乃夾戶傍之屏寢有席者間傳云既虞苄翦不納鄭云苄今之蒲萃卽此寢有席謂蒲席加於苫上也既練舍外寢此寢謂中門外於屋下壘墼爲之不塗墼之堊室也屋下對廬偏知東壁而言也初喪居廬堊室子爲父臣爲君各依親疏貴賤之序天官宮正云大喪授廬舍辨其親疏之居注云親者貴者居廬疏者居堊室雜記云朝廷卿大夫士居廬都邑之士居堊室案唐大曆年中有楊垂撰喪服圖說廬形制及堊室幕次紋列次第云設廬次於東廊下無廊於墻下北上凡起廬先以一木橫於墻下去

墻五尺臥於地爲楣卽立五椽於上斜倚東墉上以
草苫蓋之其南北面亦以草屛之向北開門一墉孝一
廬門簾以縗布形如偏屋其間容半席廬間施苫塊
其廬南爲堊室以墼壘三面上至屋如於墻下卽亦
如偏屋以瓦覆之西向戶室施薦木枕室南爲大功
幙次中施蒲席次南又爲小功緦麻次施牀並西戶
如諸侯始起廬門外便有小屛餘則否其爲母與父
同爲繼母慈母不居廬居堊室如繼母有子卽隨子
居廬爲妻准母其堊室及幙次不必每致之共處可
也婦次於西廊下見於塊庭障中以葦薄覆之旣違
古制故引唐禮以規之○增解士虞記註疏及大記
疏倚廬說俱目上喪次本註下○楊垂喪服圖說以
一木去墻五尺臥地爲楣立五椽於上斜倚東墉上
以草苫蓋之其南北面亦以草屛之向北開門廬南
爲堊室以墼壘三面以瓦覆之西向戶○按古禮父
母喪居倚廬齊衰期居堊室異門大功以下各歸其
家而楊垂圖說又有大小功緦幕次而備要取之皆
作倚廬之制可疑

11 초종(初終)(附喪禮)

▶2895◀ ◈問; 고복(초혼).

관직이 있는 남자 고인의 경우와 관직이 없는 남자 고인의 경우 고복은 어떻게 해야 하는지요? 남편의 관직이 있는 부인(망자)과 관직이 없는 부인의 경우 고복은 어떻게 합니까?

전통상례에는 사자 밥이 있는데 숟가락을 삽시(揷匙) 정저(正著) 시 어느 방향으로 꽂아야 하는지? 그리고 상중 의례에 상식 때 숟가락은 메(밥)에 꽂을 때 어느 방향으로 꽂는지?

◈答; 고복(초혼).

의문 1. 答; 아래와 같이 고찰하여 보건대 남자가 죽어 초혼 할 때 생시의 칭호로 부른다 하였는데 사마온공(司馬溫公)은 이름을 부르되 혹 관직이 있었으면 관명 또는 평상시 주로 부르던 칭호로 부른다 하였고 의절에서는 이름으로 부르되 자나 나이도 넣어 부른다 한 것 같으니 무관자(無官者)는 이름 또는 자나 나이 또는 평상시 부르던 칭호를 넣어 부르면 될 것 같으며 유관자는 위와 같이 하되 관직의 칭호를 넣어 부를 수도 있습니다.

●家禮復本註呼某人者從生時之號○士喪禮升自前東榮中屋北面招以衣曰皐某復三(註)皐長聲也某死者之名也復反也疏復聲必三者禮成於三
●士喪禮復者一人(註)復者招魂復魄也(疏)出入之氣謂之魂耳目聰明謂之魄死者魂氣去離於魄今欲招取魂來復歸于魄
●開元禮復於正寢男子皆稱字及伯仲婦人稱姓六品以下男子稱名
●問復人家皆號曰某持衣而去云與來復之義相反號之曰某甫回來云云如何南溪曰得之
●問招魂時今人皆使奴僕行之難以號名只用常時稱號否顧齋曰古人尙質故不諱今時自不同此似得之

의문 2. 答: 무봉자(無封者)는 자나 성씨, 나이. 평소에 부르던 칭호를 넣어 부를 수 있는 것 같으며 유봉자(有封者)는 이 위에 봉함이 있으면 봉명(封名)을 넣어 부를 수도 있는 것 같습니다.

●喪服謂有官則公服無官則襴衫皁衫深衣婦人大袖背子呼某人者從生時之號
●司馬溫公曰士喪禮復者一人升自前東榮中屋北面招以衣曰皐某復三註皐長聲也今升屋而號慮其驚衆但就寢庭之南男子稱名婦人稱字或稱官封或依常時所稱
●劉氏璋曰喪大記曰凡復男子稱名女人稱字復聲必三者禮成於三也
●小記復與書銘自天子達於士其辭一也註周禮天子之復曰皐天子復諸侯則曰皐某甫復此言天子達於士其辭一者殷以上質不諱名故臣可以名君歟
●通典婦人稱姓
●儀節凡三次男子稱名或字及行第婦人稱姓氏或行第隨常所稱呼

의문 3. 答; 전통 상례의 예법에는 그와 같은 제도가 없습니다.
의문 4. 答: 아래와 고찰하여 보건대 생시와 같다 하였으니 기제사에 삽시정저 예법과 같이 하면 될 것입니다

●輯覽平生所用供養
●士喪記燕養饋羞湯沐之饌(按饌士轉反旣夕記夷牀輁軸饌于西階東其二廟則饌于補廟據此則陳字設字之義)如他日註燕養平常所用供養也饋朝夕食也羞四時之珎異湯沐所以洗去汚垢內則曰三日具沐五日具浴孝子不忍一日廢其事親之禮於下室日設之如生存也進徹之時如其頃疏鄭註鄉黨云不時非朝夕日中時一日之中三時食今註云朝夕不言日中者或鄭略言亦有日中也或以死後略去日中直有朝夕食也進徹之時如其頃一如平生子進食於父母故雖死象生時若一時之頃○朔月若薦新則不饋于下室註以其殷奠有黍稷也下室如今之內堂正寢聽朝事疏大小斂奠朝夕奠等皆無黍稷故上篇朔月有黍稷鄭註云於是始有黍稷唯有下室若生有黍稷今此殷奠大奠也自有黍稷故不復饋食於下室也若然大夫以上又有月半奠有黍稷亦不饋食於下室可知

●大全李繼善問檀弓旣祔之後唯朝夕哭拜朔奠而張先生以爲三年之中不徹几筵故有日祭溫公亦謂朝夕當饋食則是朝夕之饋當終喪行之不變與禮經不合如何曰此等處今世見行之禮不害其爲厚而又無嫌於僭且當從之
●問初喪上食時徹朝夕奠否退溪曰勿徹可也又曰每上一酌爲是
●南溪曰上食用酒雖無明文世人行之已久有不得而廢矣
●簡易家禮上食不用酒
●沙溪曰三年內上食象生時左飯右羹爲是
●尤菴曰進茶後抄飯東俗也家禮無之恐當以家禮爲正
●問上食如朝奠儀云而無啓蓋扱匙正筋進茶之文亦不言徹出之時何也遂菴曰上食時啓飯等事家禮及備要無之似是偶然未備
●南溪曰上食終始立哭者是也

▶2896◀◈問; 고복 (단체 혼백을 부르는 방법).

4.3 에 관련된 각 지방 형무소 등에서 행방불명 되어 시신이 없는 혼백들을 제주 4.3 공원으로 모셔 묘를 조성하려 하나 혼백을 부르는 방법을 잘 몰라 그 절차를 알고자 하오니, 한문 서식과 한글서식이 있으면 혼백을 부르는 방법을 하사 받고 싶습니다. 부탁합니다.

◈答; 고복.

○아래는 복(復)에 관한 말씀들입니다.

●司馬溫公曰士喪禮復者一人升自前東榮中屋北面招以衣曰皐某復三註皐長聲也今升屋而號慮其驚衆但就寢庭之南男子稱名婦人稱字或稱官封或依常時所稱
●高氏曰今淮南風俗民有暴死則使數人升其居屋及於路傍遍呼之亦有蘇活者豈復之餘意歟
●劉氏璋曰喪大記曰凡復男子稱名女人稱字復聲必三者禮成於三也
●檀弓復盡愛之道也有禱祠之心焉望返諸幽求諸鬼神之道也北面求諸幽之義也註行禱五祀而不能回其生又爲之復是盡其愛親之道而禱祀之心猶未忘於復之時也望返諸幽望其自幽而返也鬼神處幽暗北乃幽陰之方故求諸鬼神之幽者必向北也
●喪大記註死者不可以復生萬物自然之理也於死而必爲復旣死而卒不能復聖人制此豈虛禮歟人情而已矣孝子之情苟可以生死而肉骨者無不爲已況於萬一有復生之道何憚而不設此禮哉
●檀弓邾婁復之以矢註疾而死行之可也兵刃之下肝腦塗地豈有再生之理復之用矢不亦誣乎
●小記復與書銘自天子達於士其辭一也註周禮天子之復曰皐天子復諸侯則曰皐某甫復此言天子達於士其辭一者殷以上質不諱名故臣可以名君歟
●通典婦人稱姓
●士喪禮復者一人以爵弁服簪裳于衣註爵弁服純衣纁裳也禮以冠名服疏按雜記云士弁而祭於公冠而祭於已是士服爵弁助祭於君玄冠自祭於家廟士復用助祭之服則諸侯以下皆用助祭之服可知簪連也若常時衣服衣裳令各別此招魂取其便故連裳於衣朝服平生所服冀精神識之而來反衣
●大記註復各以死者之祭服以其求於神故也
●士喪禮記疏必用左者招魂所以求生左陽陽主生故用左也
●禮運註所以升屋者以魂氣之在上
●月令註古者陶復陶穴皆開其上以漏光明故雨霤之後因名室中爲中霤
●大記註三號畢乃捲斂此衣自前投而下司服者以篋受之復之小臣卽自西北榮而下也
●士喪禮升自阼階以衣尸註衣尸者覆之若得魂反之
●檀弓復盡愛之道也有禱祀之心焉望返諸幽求諸鬼神之道也北面求諸幽之義也陳註行禱五祀而不能回其生禱祀之心猶未忘於復之時也望返諸幽望其自幽而返也
●喪大記惟哭先復復而後行死事疏氣絶卽哭哭訖乃復復而不生得行死事
●禮運天望而地藏疏天望謂始死望天而招魂地藏謂葬地而藏尸
●朱子曰人死雖是魂魄各自飛散要之魄又較定須是招魂來復這魄要他相合復不獨是要他活是要聚他魂魄不敎便散了聖人敎人子孫常常祭祀也是要去聚得他
●大記註復各以死者之祭服以其求於神故也
●艮齋問路中遭喪則當於路上呼復而禮當用死者之祭服然勢難猝備死者之小衫亦可耶答只得如此

軍中有用矢招魂之禮若親身小衫必脫而後則只用用帶履之屬亦可○今獻彙言古人觀會通以行典禮多以三數爲制蓋三者數之節也情文之中也達之天下可以經也故冠禮三加射禮三耦賓主相見之禮三讓三辭郊廟百神之祀致齊三日喪禮孝子三日水漿不入口喪服止於三年娶婦三月而廟見其明罰也止於三就三居其矜恤也止於三宥其黜陟幽明也止於三考其建官之極止於三公三孤敎之以賓興也止於三物數以三爲制何莫下不然不及者則失之儉而固也過之者則失之奢而濫也惟其稱也故君子愼焉

●大記註三號畢乃捲斂此衣自前投而下司服者以篋受之復之小臣卽自西北榮而下也

●士喪禮註不由前降不以虛反也疏凡復者緣孝子之心望得魂氣復反復而不蘇則是虛反今降自後是不欲虛反也

●儀禮復而後始以衾幠之丘儀却於旣絶之下卽以衿覆之恐非禮意而備要便覽增解皆取之有不敢知矣

귀하의 의문에 답하고자 위와 같이 많은 말씀들을 고찰하여 보았으나 그와 같은 예에 초혼의 예법 또는 유사한 예법을 찾지를 못하였습니다. 그 말씀 중에 위에 간재(艮齋)선생님의 말씀에 노상에서 죽은 이의 초혼은 전장에서 죽은 이의 초혼 예법을 준용함이 가하리라 하셨는데 그 초혼 역시 그가 쓰던 화살이나 그의 옷, 허리띠, 신발이라도 벗겨 그로 혼을 부른다 하셨으니 망자의 시신을 떠난 혼령은 자신의 생명을 지켜주던 물건이나 자신이 착용하였던 의복이어야 알아보고 그와 합하여 진다 함이니 다른 방법으로는 시신을 떠난 혼령을 다시 불러 시신과 합하는 방법이 없습니다.

○아래는 초혼장과 의관장(招魂葬及衣冠葬)에 관한 말씀으로 대부분의 선유 말씀에 부정적 견해를 밝히신 내용뿐입니다.

●通典晉元帝時袁瑰上表請禁招魂葬云故僕射曺馥沒於寇亂適孫胤招魂殯葬聖人制禮因情作敎椁周於棺棺周於身非身無棺非棺無椁胤無喪而葬招幽魂氣於德爲愆義於禮爲不物請下禁斷或引漢之新野公主魏之郭循皆招魂葬答曰末代所行豈禮也或引喬山有黃帝之塚是葬神也答曰時人思帝葬其衣冠非葬神也于寶駁招魂葬以爲失形於彼穿塚於此亡者不可以假存無者獨可以僞有哉未若於遭禍之地備迎神之禮宗廟以安之哀敬以盡之

●宋庾蔚之曰葬以藏形廟以享神季子所云魂氣無不之寧可得招而葬之乎

●朱子曰招魂葬非禮先儒已論之矣

●愼獨齋曰招魂虛葬先儒非之若題主則俟三月葬期擇日而題之於几筵似當○按亡失屍柩服制變除

●備要按今人有死而失其尸者或葬以衣冠殊非禮意

●問人有其父從軍而死其母藏其遺衣及落髮而遺令並入其棺中矣其子不忍同藏一棺欲別具一小棺用合葬之禮而追服斬衰未知如何尤菴曰此是無於禮之禮也不敢有所論說然其不以父之遺衣及落髮同入母棺則得矣

위와 같이 고찰컨대 예기나 의례 등 예에 유사한 예법을 찾을 수가 없고 선유의 말씀에도 비슷한 예(禮) 역시 찾아지지 않습니다. 까닭에 전통예법에서는 그와 같은 한문 투의 초혼 예법이 없는 것 같으며 더욱이 한글 투의 예법은 가지고 잊지를 않습니다. 다만 바른 예는 아니나 기리려 하는 취지에 맞고 현대 감각에 부합하게 초혼의 예를 행하면 무난하리라 생각 합니다.

행사에 복의 예를 갖춤이 프로그램에 포함되어 있다면 (정례는 아님을 전제) 두루마기나 도포 등을 크게 지어 왼손으로 동정을 잡고 오른 손으로 중간을 쥐고는 복을 부를 곳에서 제일 높은 곳으로 올라가 북쪽을 향하여 (예문) 各方獄 4.3 獄死寃魂諸位復(三聲)(주최측 뜻한 바에 부합하도록 개작)이라 세 번 외쳐 부르고는 옷을 말아 쥐고 내려와 광중에 시신의 대용품에 덮어 매장하면 복의 예로 무난하지 않을 가합니다.

▶2897◀ ◈問; 곡(哭)에 대한 질문입니다.

을유년(乙酉年)에도 존체만안(存體萬安) 하옵시고 고당(高堂)의 만복을 기원(祈願) 합니다.

喪主들의 哭에 대한 질문을 좀 드리렵니다. 경상도에서는, 부모상에서는 喪主가 애고애고(哀告哀告)로 하며, 弔客들은 허희허희(噓晞噓晞) 이 말을 어이, 어이로 바꾸어 소리를 냅니다. 그런데 妻喪 때(남편이 주상이 되므로)는 남편이 어떻게 곡을 하는지 (가례초해의 記述)

알고 싶습니다. 부탁 드립니다.

◈答; 곡(哭)에 대하여.

역은 생략 하겠습니다.

●雜記曾申問於曾子曰哭父母有常聲乎曰中路嬰兒失其母焉何常聲之有陳註謂無復音節胡氏曰孔子不取弁人孺子泣而此取嬰兒哭者此泛問哭時故擧重謂始死時也彼在襲斂當哭踊有節故異

●喪大記始卒主人啼兄弟哭婦人哭踊陳註啼者哀痛之甚嗚咽不能哭婦人之踊似雀之踊足不離地○凡哭尸于室者二手承衾而哭註哀慕若欲攀援

●孝經哭不偯註氣竭而息聲不委曲

●間傳斬衰之哭若往而不反齊衰之哭若往而反大功之哭三曲而偯小功緦麻哀容可也陳註往而不反一擧而至氣絶似不回聲也偯餘音之委曲也小功緦情輕雖哀聲之從容可也

잡기 하편의 말씀 입니다. 증신(曾申)이 아버지인 증자(曾子)에게 여쭙기를 부모의 상을 당하여 애곡을 할 때 그 곡 소리에 규범이나 규칙이 있습니까? 하고 물으니 증자 말씀이 길에서 어린 아이가 제 어미를 잃고 우는데 그 울음소리에 무슨 규범이나 규칙이 있겠느냐? 부모의 죽음에 곡하는 것도 그와 같으니라.

아래는 이덕무(李德懋) 선생의 사소절(士小節) 선비의 법도편 언행조의 가르침입니다.

●士小節哭聲勿促欲喘也勿緩欲欠也勿太文而節也勿太野而呼也勿如吼如嘶駭人聽聞以招婦妾童孺之訕笑東俗喪主哭音連呼哀告外曾祖朴孝靖公嘗曰連呼二音只出喉舌自然間歇不如哀哀一音直出心胷傷痛而無所泊也

이상의 말씀은 부모의 상을 당하여 곡할 때의 가르침 입니다.

▶2898◀◈問; 다시 질문요.

관리자님 수고하십니다. 그리고, 빨리 대응해주셔서 감사합니다.

아들은 없고 딸이 2 명 있는 경우에 대해서 상주가 누군지 질문을 드렸습니다. 죄송하지만 잘 이해가 안돼서요. 여자는 상주가 될 수가 없으니 누가 상주가 될 수 있나요? 큰 딸은 결혼을 했습니다. 이 경우 사위가 상주가 되나요? 아님 친족 중에서 상주가 되나요?

◈答; 다시 알림.

재차 살펴 보겠습니다.

喪服小記大功者主人之喪有三年者則必爲之再祭朋友虞祔而已
예기 상복소기의 가르침은 대략 이런 말씀입니다. 초상에 상주가 없으면 대공 복인을 주인으로 삼아 상만 치르고 삼 년 복인이 있으면 반듯이 소대상을 지내야 하며 벗이 상주로 상을 치를 때는 우제와 부제만을 지낼 뿐이니라.

丘儀用同居之尊且親者一人爲之如無同居者擇族屬之親賢者又無族屬則用親戚又無親戚 則用執友亦可
상을 당하여 자손이 없을 때는 동거하는 친족 중 제일 높은 어른이나 또 친족 중 한 사람으로 상주를 삼아 그와 같이 상을 치르고 그 도 없으면 달리 사는 복인 에서 가장 가까운 친척 중 현자를 택하여 친척으로 주인으로 삼아 상을 치르고 그 와 같은 친척도 또한 없으면 사자의 친한 벗으로 상주를 삼아 상을 치르는 것이 역시 옳은 것이니라.

遂菴曰無後之喪只有妻與兄弟則治喪兄弟爲之練祥禫妻主之
수암 선생께서 말씀 하시기를 후사 없는 상에 단지 망자의 처와 형제로 상을 치르게 되면 형제가 소대상까지 상주가 되고 담제부터는 처가 주인으로 제사를 지내야 하느니라.

艮齋曰喪祭男主宗子沒而其長子先亡無嗣令長子之弟爲喪主
간재 선생께서 이르시기를 상제에는 남자가 주인이 되여야 하느니라. 종자가 사망 하였을 때 그의 장자가 먼저 죽어서 후사가 없으면 장자의 아우로 하여금 상주로 삼아 상을 치르게 하여야 하느니라.

외손을 상주로 세우는 말씀입니다.
尤菴曰東西家里尹尙且主人之喪况外孫乎然若有本家之親有所不敢焉爾
우암 선생께서 말씀 하시기를 이웃 부녀자까지 헤아려 상을 주관케 하는데 그러함에도 불구하고 주인의 상으로 하물며 외손이 있다면야 그러나 만약에 본가에 친척이 있으면 외손이 있다 하여도 감히 하지 못하는 것이니 어찌 그러하게 하겠는가.

이상과 같이 살펴 볼 때 여자나 사위가 상주로 삼을 수 가 있다는 선유 들의 말씀을 찾아 볼 수가 없습니다.

위의 말씀을 정리 하면 모든 상의 상주는 남자로 하며 뒤를 이을 자식 없이 죽은 이 의 상주는 친족의 어른이 상을 주관 하며 그도 없으면 외손이 주관 할 수 있으며 그도 없으면 친한 벗이 상을 주관 하여 상을 치른다 라고 가르치는 것 같습니다.

사위가 처 부모 상의 상주로 상을 주관 한다는 예법은 가례 등 예서(禮書) 입상주(立喪主) 편에서 아직 살핀 바 없으니 정히 밝혀 지적 할 수가 없습니다. 다만 망자의 벗으로 하여금 상주가 되여 상을 치를 수 있으니 시마 복인인 사위는 그 순위가 벗의 앞 순위가 당연치 않을까 생각 되며 혹 당연 지사로 궐문 되였거나 또는 본인의 좁은 혜안의 탓일 수 있습니다. 혈통 주의 하에서는 우선 순위가 친족이니 친족이 상주가 되여 상을 주관 함이 위 말씀들의 취지가 아닌가 생각 됩니다.

▶2899◀ ◈問; 도와 주세요.

사람이 죽어서 장례식을 할 때 화려한 옷. 치장. 등은 이해가 가는데 시신의 팔과 발은 왜 묶고? 또 왜 밥과 구슬을 물리나요? 정말 궁금해요~ 답변 꼭 해 주세요. 저는 장례식에 대해 잘 모르거든요. 하하 제발 답변해 주세요.

◈答; 묶는 이유는.

1. 첫째 팔과 발을 묶는 이유: 시신을 흐트러짐이 없이 바르게 하기 위함입니다.
2. 두 번째 밥과 구슬을 물리는 이유: 이세상에서 사람의 형체로서는 마지막으로 양식과 재화(財貨)를 드리는 예입니다. 옛날에는 구슬이 지금의 화폐의 기능입니다.

●備要綴足用几註爲將履恐其辟戾也
●便覽按此一節家禮所無而依備要添入蓋楔綴已是見於經者而非徒此也頭面肢體以至眼睫鬚髮必今正直手足肘膝亦當以溫手按摩使其伸舒矣或因凡具未辦斂若不能如期而於斯時也或有泛忽則手辟足戾將有難言之憂必須以時入審可也孔子曰敬爲上哀次之子思曰附於身者必誠必信勿之有悔附於身者猶然况於身體乎孝子之盡其誠信尤當在於正尸之節也
●士喪禮實于口三實一貝左中亦如之又實米唯盈疏左右及中各三匙米九扱恐不滿是以重云唯盈
●記實貝柱右顚左顚疏右顚左顚謂牙兩畔最長者象生時齒堅也
●退溪曰不獨飯含如斂絞擧尸撫尸之類皆喪者所當自爲古人於此非不知有所不忍所以必如是者以愛親之至通迫之情當此終天之事不自爲而付之人尤所不忍故古禮如此今人不忍於小不忍而反忍於大不忍切恐不可

▶2900◀ ◈問; 딸만 있는데 상주는 누가 되나요?

만추에 수고하십니다. 모름이 많아 여기저기 뒤져봐도 찾을 수가 없네요. 아들이 없는 아버님이 상을 당했을 경우 상주는 누가되는지요? 참고로, 큰딸은 결혼을 했습니다.

◈答; 상주는.

다음과 같은 말씀이 계십니다.
喪服小記大功者主人之喪有三年者則必爲之再祭朋友虞祔而已
예기 상복소기의 가르침은 대략 이런 말씀 같습니다.

초상에 상주가 없으면 대공 복인을 주인으로 삼아 상만 치르고 삼 년 복인이 있으면 반듯이 소대상을 지내야 하며 벗이 상주로 상을 치를 때는 우제와 부제만을 지낼 뿐이니라.

丘儀用同居之尊且親者一人爲之如無同居者擇族屬之親賢者又無族屬則用親戚又無親戚則用執友亦可
의절의 가르침은 대략 이런 말씀 같습니다.

상을 당하여 자손이 없을 때는 동거하는 친족 중 제일 높은 어른이나 또 친족 중 한 사람으로 상주를 삼아 그와 같이 상을 치르고 그 도 없으면 달리 사는 복인 에서 가장 가까운 친척 중 현자를 택하여 친척으로 주인으로 삼아 상을 치르고 그 와 같은 친척도 또한 없으면 사자의 친한 벗으로 상주를 삼아 상을 치르는 것이 역시 옳은 것이니라.

遂菴曰無後之喪只有妻與兄弟則治喪兄弟爲之練祥禫妻主之
수암 선생께서 말씀 하시기를 후사 없는 상에 단지 망자의 처와 형제로 상을 치르게 되면 형제가 소대상까지 상주가 되고 담제부터는 처가 주인으로 제사를 지내야 하느니라.

艮齋曰喪祭男主宗子沒而其長子先亡無嗣令長子之弟爲喪主
간재 선생께서 이르시기를 상제에는 남자가 주인이 되여야 하느니라. 종자가 사망 하였을 때 그의 장자가 먼저 죽어서 후사가 없으면 장자의 아우로 하여금 상주로 삼아 상을 치르게 하여야 하느니라.

대략 위와 같이 살펴 볼 때 여자를 상주로 삼을 수 없습니다.

●奔喪凡喪父在父爲主陳註父在而子有妻子之喪則父主之統於尊也疏按服問云君所主夫人妻太子適婦不云主庶婦若此所言則亦主庶婦與服問違者服問所言通命士以上父子異宮則庶子各主其私喪今此言是同宮者也
●朱子曰凡妻之喪夫自爲主以子爲喪主未安
●尤菴曰無論嫡庶與同宮異宮一主於父在父爲主之說然後無有妨礙抵牾之弊矣○孫及孫婦喪據禮則其祖當爲主周時貴貴大夫不主庶子故庶子各主其子後世不然故無長庶皆其父主之
●艮齋曰宗子沒而其長子先亡無嗣令長子之弟爲喪主矣後宗子之母死而有宗子之弟在則誰當爲主以服則子重而孫輕以行則叔尊而姪卑當以宗子之弟爲主而拜賓贈幣之節皆令行之至於題主祥禫却仍長子之弟主之盖如此然後統序有歸一之義廟祠無二主之嫌矣禫後不擧祫事不入正龕待長子立後而改題合櫝是爲得禮若以立後之淹遲享先之不備攝祀者欲行吉祭遞遷則是近於干統而爲禮家之大禁先賢於此咸以別嫌明微重宗嚴統爲第一義以絶覬覦而防禍變洵萬世不易之常道也後學何敢有異議於其間哉
●大全葉味道問按雜記姑姊妹其夫死而夫黨無兄弟使夫之族人主喪妻之黨雖親不主夫若無族則前後家東西家無有則里尹主之或曰主之而祔於夫之黨今賀孫有姑其夫家出反歸父母家旣耆耄他日捨兄弟姪之外無爲主者但不知旣無所祔豈忍其神之無歸乎曰古法旣廢鄰家里尹決不肯祭他人之親則從宜而祀之別室其亦可也○疏王度記云百戶爲里里一尹其祿如庶人在官者

▶2901◀◈問; 딸뿐인 숙모초상에.

존경 하옵고, 한가지 여쭙고자 합니다. 금일 딸만 둘인(養子 無) 숙모께서 별세하셨는데 장조카인 저로써야 의당 복인으로 전체 일을 다 돌보는 것이 도리인줄로도 아옵니다 만, 문제는 꼭 일주일 후에 저의 여식 혼사가 정해져 있어서 상가를 안가야 된다는 설과, 혼사를 미뤄야 된다(사실상 어려움)는 설이 분분한데, 저의 처신을 좀 일러주시기 바라옵니다.

◈答; 딸뿐인 숙모초상에.

아래는 주자가례 혼례편 의혼조의 가르침입니다.

身及主昏者無期以上喪乃可成昏大功未葬亦不可主昏○凡主昏如冠禮主人之法但宗子自昏則以族人之長爲主
혼인 할 본인과 주혼자(主昏者)는 기년이상의 복이 없어야 혼인을 할 수 있다. 주혼자가 대공상에 아직 장례치 않았으면 혼인 할 수 없다. ○모든 주혼자는 관례 때 주인이 되는 법과 같다. 다만 종자 자신이 혼인을 하게 되면 친족 중 존장을 주혼자로 삼는다.

가례 상례편 성복조(成服條)에 백숙부모는 부장기복으로 귀하는 상장(喪杖)을 집지 않는 1년 복인이 되며 조백숙부모는 소공 5월 복으로 귀하의 따님은 소공 5월 복인이 됩니다.

有殯(註三年之喪)聞遠兄弟之喪雖緦必往非兄弟(異姓)雖鄰不往
친상 중에 먼 형제의 상 소식을 들으면 비록 시마 복일지라도 반듯이 가야하고 형제가 아닌 이성이면 아무리 가깝다 하여도 가지 않는다.

喪大記諸父兄弟之喪旣卒哭而歸
예기 상대기의 가르침입니다. 모든 부모벌이나 형제 벌의 상에는 졸곡제를 지낸 뒤에 제집으로 돌아간다.

●通典問父有伯母慘女服小功祖尊統一家未可嫁孫女否何承天曰祖爲昏主不嫌於昏徐野人曰禮許變通記所稱父大功者當非有祖之家
●遂菴曰身無期服可行親迎之禮其父只有醮子一事雖有服行之何妨至饗舅姑之日其儀稍盛此則減殺行之無妨退行之亦無妨因此而以致昏姻失時則豈非大可念者乎見舅姑果是大節目如以退行爲重難則以平服權停饗禮而行之何不可之有○主昏者有期服則或次宗子或門長主昏可也

위와 같이 살펴볼 때 귀하와 귀하의 따님은 복인이니 상 소식을 들으면 듣는 즉시 상가로 달려가야 하며 장례를 마치고 졸곡제를 지내야 집으로 돌아올 수 있으니 혼례 일이 졸곡제 이후에 닿으면 귀하는 주혼자가 될 수 없고 기복 인이 아닌 차종자나 문중의 어른이 혼례를 주관하여 치를 수는 있는 것 같으며 만약 졸곡제 내에 혼례 일이 닿으면 미루는 것이 전통 예법으로는 맞는 것 같습니다.

▶2902◀ ◈問; 문의 드립니다.

오늘 새벽 외조모께서 돌아가셨는데 어머니는 큰집으로 가셨고 저는 아직 가지 않았습니다. 이틀 후 발인을 위해 내일저녁에 가려 합니다. 어른들이 내일 오라 하셔서 그렇게 할 생각이기는 하지만 회사보다 외조모를 모시는 일이 중요한 게 아닐까 싶기도 하고 늦게 가는 일이 잘못 하는 게 아닌가 라는 생각도 듭니다.

지금껏 가까운 사람의 상을 치른 적이 없어 어떻게 해야 할지도 모르겠습니다. 기본적으로 지켜야 할 사항과 조심해야 하거나 지켜야 할 사항을 알고 싶습니다.

◈答; 외조모상에.

외할머니의 복은 소공 5 월 복이니 귀하는 복인입니다. 복인은 부음을 듣는 즉시 출행 하는 것이 예이며 만약 부득이 출행하지 못할 연유가 있으면 그 때로부터 복인(服人)의 예를 갖추고 있는 것이 바른 예법입니다. 사사로운 사정으로 출행(出行)을 미루는 것은 바른 예가 아니니 귀하가 알고 있듯 외조부모 모시는 것이 중요한 것입니다. 아직 출행하지 않았다면 출행 하십시오. 처음에 상청에 들어가 곡을 하되 만약 염을 하지 않았으면 곡만 하고 염을 하였으면 영좌 전에 여자면 절을 네 번 하며 그 외는 귀하는 복인이니 상복을 입고 다른 복인들이 하는 대로 딸아 하면 됩니다 곡할 때는 같이 곡하고 절할 때는 같이 딸아 하면 됩니다.

⊙四曰小功五月(사왈소공오월)

服制同上但用稍熟細布冠左縫(增解喪服傳疏大功以上哀重其冠三辟積鄉右從陰小功緦麻哀輕三辟積鄉左從陽)首絰四寸餘腰絰三寸餘其正服則爲從祖祖父從祖祖姑謂祖之兄弟姊妹也爲兄弟之孫爲從祖父從祖姑謂從祖祖父之子父之從父兄弟姊妹也爲從父兄弟之子也爲從祖兄弟姊妹謂從祖父之子所謂再從兄弟姊妹者也爲外祖父母謂母之父母也(便覽喪服傳出妻之子爲外祖父母無服)爲舅謂母之兄弟也爲甥也謂姊妹之子也爲從母謂母之姊妹也(備要女爲姊妹之子外親雖適人不降)爲同母異父之兄弟姊妹也其義服則爲從祖祖母也爲夫兄弟之孫也爲從祖母也爲夫從兄弟之子也爲夫之姑姊妹適人者不降

也女爲兄弟姪之妻已適人亦不降也爲娣姒婦謂兄弟之妻相名長婦謂次婦曰娣婦娣婦謂長婦曰姒婦也庶子爲嫡母之父母兄弟姊妹嫡母死則不服也(便覽小記爲母之君母母卒則不服)母出則爲繼母之父母兄弟姊妹也(便覽虞氏曰雖有十繼母當服次其母者之黨○增解服問傳曰母出則爲繼母之黨服母死則爲其母之黨服爲其母之黨服則不爲繼母之黨服)爲庶母慈已者謂庶母之乳養已者也爲嫡孫若曾玄孫之當爲後者之婦其姑在則否也爲兄弟之妻也爲夫之兄弟也(備要補服(婦)姑爲嫡婦不爲舅後者按儀禮從子婦大功衆子婦小功魏徵奏議升衆子婦爲大功今嫡婦不爲舅後者與衆子婦同則亦當同升爲大功也(繼)爲所後者妻之父母○檀弓曾子曰小功不稅追爲服也則是遠兄弟終無服可乎疏降而在緦者亦稅之其餘則否)

楊氏復曰按儀禮補服條當增爲所後者妻之父母若子也姑爲嫡婦不爲舅後者也諸侯爲嫡孫之婦也

▶2903◀◈問; 미혼상태의 사망 시 상주는?

주위 사람이 나이 38 세에 사망하였습니다. 그런데 결혼을 못한 상태의 사망입니다. 이 경우의 상주는 누가 되는지 그리고 설사 결혼했는데 딸 만 있을 경우의 상주는 어떻게 되는지 좀 알려 주십시오.

◈答; 미혼으로 사망 시.

귀하의 질문은 38 세의 후사 없는 기혼과 또 혹 미혼의 사망에 누가 주상자가 되는가 인 것 같습니다. 그와 같은 상은 첫째 장자 일 때와 둘째 차자 일 때의 두 가지 형태로 살펴야 할 것 같습니다.

고서와 선유 의 말씀을 다음과 같이 살펴 보겠습니다.
檀弓下戰于郎~中略~與其隣重汪踦往皆死焉魯人欲勿殤重往踦問於仲尼仲尼曰能執干戈以衛社稷雖欲勿殤也不亦可乎
노(魯) 나라의 랑(郎)이라는 고을에서 전투가 있었는데 ~중략~ 그 인근에 어린 동자 왕기(汪踦)가 같이 가서 싸우다 모두 죽었다. 노나라 사람들이 동자 왕기를 아이 죽음(殤喪)으로 하지 않으려 하자 공부자께 물었다 공부자께서 답 하시기를 능히 방패와 창을 잡고 사직을 지켰으니 어린 아이 죽음이 아니라 하는 것이 역시 옳지 않겠는가 라 답 하였느니라.

通典鄭玄曰殤年爲大夫乃不爲殤~後略~
통전에 정현 선생이 이르기를 상(殤)의 나이라 하여도 대부라면 상(殤)이라 하지 않느니라.

병계 선생의 이십이 넘도록 관례나 계례를 하지 않고 죽은 자의 복에 관한 말씀 입니다.
屛溪曰年過二十而死則雖未冠筓當以本服服之矣
병계 선생께서 이르시기를 나이가 이십이 넘어 죽었으면 아무리 관례나 계례를 아니 하였다 하여도 당연히 본 복을 입어야 하느니라.

家禮喪禮篇成服章斬衰條父爲適子當爲後者也又不杖期條爲衆子男女也
가례 상례편 성복장 참최조에 참최복은 아버지가 적자(嫡子)를 위한 복이며 양자(養子)를 위한 복이다. 또 부장기조를 보면 부장기는 아버지가 적자를 제외한 여러 아들과 딸들을 위한 복이다.

위의 말씀 들을 살펴 볼 때 아래와 같이 예에 임하면 크게 어긋나지 않을까 생각 됩니다.

○장자 일 때

기혼이든 미혼(장상은 19 세 이하로 상은 면 하였음) 이든 상주는 모두 그의 아버지로 절은 하지 않는다.

○차자 일 때

기혼에 후사가 없으면 그의 부인이 상주가 되며 미혼이면 상주는 그의 아버지로 상장을 집지 않고 절도 하지 않아야 합니다.

●退溪曰妻則當拜子不當拜叔父於姪亦不當拜

▶2904◀◈問; 반함(飯含)에 대하여.

반함(飯含) 때 엽전과 쌀을 쓰는 이유가 있습니까? 있다면 자세하게 알려주세요.

◈答; 飯含에 대하여.

아래와 같이 살펴보건대 엽전(葉錢)은 모양이 둥글어 하늘에 속하여 양속(陽屬)이 되며 쌀은 지산(地産)으로 음(陰)에 속하고 엽전 3은 기수(奇數)이고 쌀 2되는 우수(偶數)에 속하여 모두 음양(陰陽)의 이치에 의함이 되고, 더불어 이때 버드나무 숟가락을 사용하는 것은 속례(俗禮)일 뿐 예경(禮經)에는 없다는 것입니다. 쌀을 식량이요 엽전은 재화라 이승에 가서 식사와 재화로 쓰라는 의미가 있습니다.

●南塘曰錢象天圓陽之屬也米是地産陰之屬也錢三米二升從陰陽奇耦之數也

●厚齋曰柳匙禮經無文此是俗禮也

●士喪禮稻米一豆實於筐祝淅米于堂南面用盂管人受潘煑于垼用重鬲註祝夏祝也淅汰也疏用鬲先煑潘後煑鬻懸於重

●喪大記御者差沐于堂上君沐粱大夫沐稷士沐粱甸人爲垼于西墻下陶人出重鬲甸人取所徹廟之西北厞薪用爨之陳註差猶摩也君與士同沐粱者士卑不嫌於僭上也垼鬼竈也疏士喪禮沐稻此云士沐粱盖天子之士也差率而上之天子沐黍歟爨燃也取復魄人所徹正寢西北厞以煑沐汁取此薪者示主人已死此堂無復用也

●春官小宗伯王崩以秬鬯滌疏以秬鬯浴尸使之香

●檀弓飯用米貝不忍虛也不以食道用美焉爾疏死者旣無所知不忍虛其口必用米貝者以食道褻米貝美尊之不敢用褻方氏曰不忍虛則無致死之不仁不以食道則無致生之不知汪氏曰含者天子飯以玉諸侯以珠大夫以璧士以貝庶人以錢禮運曰飯腥穀梁氏謂貝玉曰含則二者雖皆爲口實而用則不同

●周禮含人共飯米疏飯米沐米與重鬲所盛用米皆同

●禮運飯腥註飯腥者用上古未有火化之法以生稻米爲含也

●檀弓註飯卽含也以用米故謂之飯含

●雜記註含玉之形制如璧舊註分寸大小未聞

●河西曰含去聲琀同

●集說問飯之義曰檀弓云不忍其口之虛故用此美潔之物以實之今俗以珠銀之屑置其口其餘意歟

●汪氏曰含者何口實也實者何實以玉食之美也玉食者何天子飯以玉諸侯以珠大夫以璧士以貝庶人以錢是也然則何以實之孝子事死如生不忍虛其親口之意他日塗車芻靈之制亦猶是不忍之心夫安得不敬雜記天子飯九貝諸侯七大夫五士三周禮天子飯含用玉此蓋異代之制不同如此本註謂飯含也是卽以飯爲含參之禮運曰飯腥穀梁氏謂貝玉曰含二者雖皆爲口實而用則不同謂之飯含則可謂之飯含也則不可學者

●艮齋曰問含用柳匙何意士喪記始死奠用吉器於匙何獨不然云云答含用柳匙謂俗禮不可從來諭恐得

▶2905◀ ◈問; 복의(復依)는 어떻게?

많은 것 배우고 있습니다. 초상이 나면 복을 부르는데 복을 부를 때 사용하던 옷은 어떻게 처리 하나요. 자세하게 가르쳐 주세요.

◈答; 복의(復依)는.

아래와 같이 살펴보건대 초상(初喪)이 나면 상의(上衣)로 초혼(招魂)한 복의(復衣)는 시신(尸身)을 덮었다 영좌(靈座)를 설치하면 혼백상자(魂帛箱子)에 두었다 유의(遺衣)와 같이 사당(祠堂)에 보관하게 됩니다.

갈암 선생 말씀에 초우제를 지내고 혼백을 묻을 때 복의(復衣)도 같이 묻어도 무방하다 하셨으니 혹 신주나 사당 봉사를 하지 않으면 초우 후 혼백과 같이 묻는다 하여도 예에 어그러지지는 않습니다.

●家禮初終復條(云云)招以衣三呼曰某人復畢卷衣降覆尸上

●問復衣今人納之魂帛箱中何所據耶沙溪曰禮遺衣裳必置於靈座今以復衣置於靈座恐亦無妨若幷魂帛埋之則不可

●愼獨齋曰復衣古無埋之之語而今皆埋之若從古則似當與遺衣服藏于廟中矣

●南溪曰詳禮意所謂遺衣裳設於靈床者似只頓置於靈床而仍加魂帛其上非如今人所謂納箱也
●葛庵曰復衣並魂帛埋之無妨

▶2906◀ ◈問; 부고 인사장 급합니다.

부고 인사장을 어떤 형태로 써야 하나요? 예시가 있으면 좀 보내주셨으면 좋겠네요. 막상 찾으려고 하니까 없고 해서 빠른 시일 내에 예시 좀 마니 보내주세요. 많이요. 감사합니다.

◈答; 부고 인사장.

타인의 부모상의 부고를 받고 조문을 가지 못하였을 때의 서식.

⊙慰人父母亡疏式(慰適孫承重者同)廣記路遠或有故不及赴弔者爲書慰問
某頓首再拜言(降等止云頓首平交但云頓首言)不意凶變(亡者官尊卽云邦國不幸後皆倣此)
先某位(無官卽云先府君有契卽加幾丈於某位府君之上○母云先某封無封卽云先夫人○承重則云尊祖考某位尊祖妣某封餘並同)語類問弔人妾母之死合稱云何朱子曰恐只得隨其子
平日所稱而稱之或曰五峯稱妾母爲小母奄
棄榮養(亡者官尊卽云奄捐館舍或云奄忽薨逝母封至夫人者亦云薨逝)備要按我朝大行稱
薨士夫不敢用(若生者無官卽云奄違色養)承
訃驚怛不能已已伏惟(平交云恭惟降等緬惟)
孝心純至思慕號絶何可堪居日月流邁遽踰旬朔(經時卽云已忽經時已葬卽云遽經襄奉卒哭小祥大祥禫除各隨其時)哀痛奈何罔極奈何不審自
罹荼毒(父在母亡卽云憂苦)
氣力何如(平交云何似)伏乞(平交云伏願降等云惟冀)
强加飦粥(已葬云疏食)俯從禮制某役事所縻(在官則云職業有守)未由奔
慰其於憂戀無任下誠(平交以下但云未由奉慰悲係增深)謹奉疏(平交云狀)伏惟
鑑察(平交以下去此四字)不備謹疏(平交云不宣謹狀)補註卑幼云不具不悉不一
年　月　日某位(降等用郡望)姓某疏上(平交云狀)某官大孝(苫前母亡卽云至孝平交以下云苫次)(喪儀云父母亡日月遠云哀前平交以下云哀次)

타인의 조부모상의 부고를 받고 조문을 가지 못하였을 때의 서식.

⊙慰人祖父母亡啓狀(謂非承重者伯叔父母姑兄姊弟妹妻子姪孫同)
某啓備要按本朝進御文字皆稱啓字私書恐不敢用代以白字如何不意凶變(子孫不用此句)
尊祖考某位奄忽
違世(祖母曰尊祖妣某封無官封有契已見上○伯叔父母姑卽加尊字兄姊弟妹加令字降等皆加賢字若彼一等之親有數人卽加行弟云幾某位無官云幾府君有契卽加幾丈幾兄於某位府君之上姑姊妹則稱以夫姓云某宅尊姑令姊妹○妻則云賢閤某封無封則但云賢閤○子卽云伏承令子幾某位姪孫并同降等則曰賢無官者稱秀才)承
訃驚怛不能已已(妻改怛爲愕子孫但云不勝驚怛)伏惟(恭惟緬惟見前)
孝心純至哀痛摧裂何可勝任(伯叔父母姑云親愛加隆哀慟沉痛何可堪勝○兄姊弟妹則云友愛加隆○妻則云伉儷義重悲悼沉痛○子姪孫則云慈愛隆深悲慟沉痛餘與伯叔父母姑同)孟春猶寒(寒溫隨時)不審
尊體何似(稍尊云動止何如降等云所履何似)伏乞(平交以下如前)
深自寬抑以慰
慈念(其人無父母卽但云遠誠連書不上平)某事役所縻(左官如前)未由趨
慰其於憂想無任下誠(平交以下如前)謹奉狀伏惟
鑑察(平交如前)不備(平交如前)謹狀
年　月　日具位姓名狀上
某位(服前平交云服次)

부모상을 당하여 조문 온 이에게 답하는 서식.

⦿父母亡答人慰疏式(適孫承重者同)
某稽顙再拜言(降等云叩首去言字)(劉氏曰按稽顙而後拜以頭觸地曰稽顙三年之禮也雖於平交降等者亦如此但去言字何則古禮受弔必拜之不問幼賤故也)某罪逆深重不自死滅禍延
先考(母云先妣承重則祖父云先祖考祖母云先祖妣)攀號擗踊五內分崩叩地叫天無所逮及日月不居奄踰旬朔(卒哭小祥大祥禫隨時)酷罰罪苦(父在母亡卽云偏罰罪深父先亡則母與父同)無望生全卽日蒙恩(平交以下去此四字)祗奉几筵苟存視息伏蒙尊玆(平交云仰承仁恩)俯賜(平交改賜爲垂降等去伏蒙以下六字但云特承)
慰問哀感之至無任下誠(平交云仰承仁恩俯垂慰問其爲哀感但切下懷降等云特承慰問哀感良深○司馬溫公曰凡遭父母喪知舊不以書來弔問是無相恤之心於禮不當先發書不得已須至先發卽刪此四句)未由號
訴不勝隕絶謹奉疏(降等云狀)荒迷不次謹疏(降等云狀)
年號幾年某月某日孤子(母喪稱哀子俱亡卽稱孤哀子承重者稱孤孫哀孫孤哀孫)備要按翰墨全書居心喪云申心制或曰心喪居禫服云居禫祖父母喪云縗服妻喪云期服而具書姓名於其下姓名疏上某位座前謹空(平交以下去此二字)

봉투 쓰는 식(皮封式)
疏隨改同前上
某位座前 孤子隨改同前姓名謹封

조부모상을 당하여 조문 온 이에게 답하는 서식.
⦿祖父母亡答人啓狀(謂非承重者伯叔父母姑兄姊弟妹妻子姪孫同)
某啓家門凶禍(伯叔父母姑兄姊弟妹云家門不幸○妻云私家不幸○子姪孫云私門不幸)先祖考(祖母云先祖妣○伯叔父母云幾伯叔父母○姑云幾家姑○兄姊云幾家兄幾家姊○弟妹云幾舍弟幾舍妹○妻云室人○子云小子某○姪云從子某○孫曰幼孫某)奄忽棄背(兄弟以下云喪逝ㅇ子姪孫云遽爾夭折)痛苦摧裂不自勝堪(伯叔父母姑兄姊弟妹云摧痛酸苦不自堪忍○妻改摧痛爲悲悼○子姪孫改悲悼爲悲念)伏蒙
尊慈特賜
慰問哀感之至不任下誠(平交降等如前)孟春猶寒(寒溫隨時)伏惟(恭惟緬惟如前)
某位尊體起居萬福(平交不用起居降等但云動止萬福)某卽日侍奉(無父母卽不用此句)幸免他苦未由面訴徒增哽塞謹奉狀上(平交云陳)謝不備(平交如前)謹狀
年 月 日某郡姓名狀上
某位(座前謹空平交如前)

위 인사장 내용은 전통 예문으로 혹 결례가 될 수도 있을 것이니 신중히 고려 하십시오. 괄호 내는 참고 문으로 이에 딸아 본문을 수정하고 삭제 하여야 합니다.

현대문은 인쇄소에 좋은 글이 있을 듯 합니다.

▶2907◀ ◈問; 부고장에 대한 답변.

집안의 어른이 돌아가셨습니다. 부고장을 보내 주위의 많은 분들이 문상을 다녀가셨는데 답례로 답문을 보내 드리고 싶습니다. 요즘은 많이 보낸다고 하는데 어떤 특별한 양식이 있는지 알고 싶습니다. 또한 어떻게 써야 예의를 지키는 건지 알고 싶습니다. 빠른 답변 부탁드립니다.

◈答; 부고장에 대한 답변.

전통 예법에서 전래 되는 답 식은 한서로서 더할 나위 없이 갖추어 전래 되고 있으나 현세에서 그 뜻을 헤아릴 분은 그리 많지 않으리라 생각 되나 아래 서식을 응용하시기 바랍니다.

부모상을 당하여 조문 온 이에게 답하는 서식.
(父母亡答人慰疏式適孫承重者同)

某稽顙再拜言(降等云叩首去言字)(劉氏曰按稽顙而後拜以頭觸地曰稽顙三年之禮也雖於平交降等者亦如此但去言字何則古禮受弔必拜之不問幼賤故也)某罪逆深重不自死滅禍延先考(母云先妣承重則祖父云先祖考祖母云先祖妣)攀號擗踊五內分崩叩地叫天無所逮及日月不居奄踰旬朔(卒哭小祥大祥禫隨時)酷罰罪苦(父在母亡卽云偏罰罪深父先亡則母與父同)無望生全卽日蒙恩(平交以下去此四字)祗奉几筵苟存視息伏蒙尊茲(平交云仰承仁恩)俯賜(平交改賜爲垂降等去伏蒙以下六字但云特承)
慰問哀感之至無任下誠(平交云仰承仁恩俯垂慰問其爲哀感但切下懷降等云特承慰問哀感良深○司馬溫公曰凡遭父母喪知舊不以書來弔問是無相恤之心於禮不當先發書不得已須至先發卽刪此四句)未由號訴不勝隕絶謹奉疏(降等云狀)荒迷不次謹疏(降等云狀)
年號幾年某月某日孤子(母喪稱哀子俱亡卽稱孤哀子承重者稱孤孫哀孫孤哀孫)備要按翰墨全書居心喪云申心制或曰心喪居禫服云居禫祖父母喪云縗服妻喪云期服而具書姓名於其下姓名疏上某位座前謹空(平交以下去此二字)

○봉투 쓰는 식(皮封式).

疏隨改同前上
某位座前 孤子隨改同前姓名謹封

▶2908◀◈問; 상가 집 방문 시 친지에게 절?

안녕하세요. 다름이 아니라 친척분이 상을 당했을 때 가면 오랜만에 만나는 어르신들이 많습니다. 이럴 경우 인사로 절을 하는 게 맞는지 궁금합니다?

◈答; 상가 집 방문 시 친지에게 절.

아래는 의절(儀節)의 상 소식을 듣고 달려간 상주가 행하는 예법입니다.

⊙奔喪儀禮節次.

奔喪者將至在家者男婦各具服就次哭又待奔喪者至哭入門升自西階
詣柩前○拜興拜興拜興拜興(且拜且哭)○擗踊無數(哭少間)○拜弔尊長○受卑幼拜弔(且哭且拜幷問所以病死之故乃就東方去冠及上衣)○披髮徒跣○不食(如初喪)○就位哭(各就其位次而哭第二日晨興男子)○袒括髮(婦女)○髽(至上食時)○襲衣(捲所袒衣)○加絰帶(首戴白布巾上加環絰腰具絰散垂其末幷具絞帶)○拜弔尊長○受卑幼拜弔(且哭且拜幷問所以病死之故乃就東方去冠及上衣)

위와 같은 가르침이 있으니 이 예법은 서로 상에 대한 애도를 표하는 예절입니다.

▶2909◀◈問; 상례, 기제사 문의요.

초상에 부딛쳐 어머님은 돌아가시고 저희 자매 셋이서 장례를 치르게 되었습니다. 아들은 없고 저희 자매는 출가를 하지 않았습니다. 그래서 장례식장에서 조카(남자)를 상주를 세워 상례에서 제사나 주체자가 되었습니다. 혈연관계에서 자식이 우선인가요 조카가 우선인가요? 아님 아버지 형제우선인가요 아들이 없으면 딸은 제사를 지내지 않는 법이 있나요 아님 서적에 그런 글이 있나요 출가 하였더라도 딸 뿐인 가족에 기제사를 지내지 않은 내용이 있나요? 궁금증을 해소 하고 싶습니다.

돌아가셔서 법적으로나 상식적으로나 조카나 형제보다 자식을 찾는데 딸이라서 기제사 상례 때 상주가 못 되는 게 근거가 있습니까?

◈答; 상례, 기제사 때 여식은.

초상은 당하여 상주는 예법적으로 반듯이 남자가 하게 됩니다. 만약 친가나 친족 중에 남자가 없다면 부득이하게 그 동리 이장이 상주를 하게 됩니다. 그 상주가 상을 치르고 담제까지 지낸 후에 부인이 있으면 그 부인이 제사를 지내고 부인도 없고 딸만 있으면 그 중 장녀가 제사를 주관 초헌을 하게 됩니다.

그런 후 출가하여 아들을 두게 되면 그 아들로 하여금 외손 봉사를 하고 그가 생을 마치면 그의 아들로는 그 제사를 이어 받지 않고 그 신주를 묘에 매안하고 제사를 지내지 않게 됩니다.

●家禮初終立喪主條凡主人謂長子無則長孫
●尤菴曰東西家里尹尙且主人之喪況外孫乎然有本家之親有所不敢焉爾
●雜記夫若無族矣則前後家東西家無有則里尹主之(鄭玄主)妻之黨自主之非也(孔穎達疏)
●喪服小記大功者主人之喪有三年者則必爲之再祭朋友虞祔而已(註)三年者謂死者之妻與子也妻既不可爲主之
●喪服小記男主必使同姓主婦必使異姓註喪必有男主以接男賓必有女主以接女賓無男主而使人攝主則必使喪家同姓之男無女主而使人攝主則必使喪家異姓之女謂同宗之婦也
●問妻母無後而死神主粉面以外孫之名書之乎寒岡曰此乃變禮不知當如何而爲得宜也如不得已則當書曰顯外祖妣某封某氏神主旁題則姑勿書
●問世或有以外孫主祀者神主當書顯外祖考妣旁註亦書之邪外祖神主或傳於外孫女則亦將何以書之邪沙溪曰外孫奉祀猶爲不可況外孫女邪何必書奉祀闕之可也
●遯溪(金瑄)禮無外孫主祀之義盖外祖外親也無後則自當班祔於其本宗之廟不得托祀於外孫者聖人定制之義至嚴且正東俗承祀外祖者俗然也禮則未也若不得已則粉面不書屬稱直書官啣姓氏曰某官府君神主顯字不可加
●會成禮有無後無無主同父母之兄弟死而無子孫者推兄弟中長者爲主無親兄弟則由從親兄弟推之主者與死者雖疎亦當爲之畢虞祔之祭
●金華應氏曰死生之相收恤人道之當然今其身死而又妻子惸弱適無父母兄弟之至親者則大功當任其責至于終喪使其不幸而無大功以爲之依則小功以下其可以坐視乎或又無小功以下之親也則朋友當任其責而至于逾葬又不幸而無朋友以爲之助則爲隣者又可以恝然乎是以禮朋友死無所歸于我殯之義則練祥不必大功而親黨皆不可得而辭推行有死人尙或殣近之之心則虞祔不特朋友而凡相識者皆不可得而拒特其情有孚薄則其處之有不同自其篤于義者言之則各有加爲無害也凡遇人之急難而處事之變者不可以不知
●奔喪親同長者主之(註父母歿如昆弟之喪宗子主之)不同親者主之(註從父昆弟之喪疏親近者主之)
●遂庵曰無後之喪只有妻與兄弟則治喪兄弟爲之練祥禫妻主之
●南溪曰曲禮祭夫曰皇辟之言無乃家無諸親如周元陽所謂祭無男主故不得已而爲此者耶○又曰必無男主然後用女主
●大全外祖父母及妻父母無主祭者當於正朝端午中秋及各忌日用俗儀祭之
●退溪曰外孫奉祀一廟而二姓同祭夫天之生物使之一本而此則爲二本甚不可也今人或不幸其外家祖先無後而未有所處者不忍其主之無歸則權宜奉置別所而往來奠省未爲不可
●尤庵曰外孫奉祀朱子既斥以非族之祀
●陶庵曰朱子非族之祀一句語實爲正論愚意爲外孫者設或不得已而權奉其祀己身歿後卽當埋安
●大典外祖父母及妻父母無主祭者當於各忌日用俗儀祭之
●朱子曰宋公以外祖無後而歲時祀之然非族之祀於理未安
●艮齋曰外舅無後當使妻主祭而祝以顯考顯妣書之此無二統之嫌故也
●宗法至嚴有長子妻則待其立後承宗又婦人主喪終是非禮莫如急急立後疾速啓下凡百皆順矣
●問妻母之喪無喪主粉面以外孫名書之乎寒岡曰不知當如何如不得已則當書曰顯外祖妣某封某氏神主旁題則姑勿書
●明齋曰奉外家祀事而題主只云某官某公神主又不書旁題雖易世無改題一節祀事時只以其中最長者主之外孫奉祀只止其身亦是國俗易世奉祀未知何據

▶2910◀ ◈問; 상례에 관하여 문의합니다.

안녕하세요. 다름이 아니라 외갓집에 남형제가 없고 제가 제일 큰 외손자인경우에 (모친은 작고한 후) 현재는 이모님이 모시고 있는 경우 외조부의 상이 난 경우에 저의 입장은 어떻게 해야 하는지요?

◈答; 외조부상이 난 경우.

다음과 같은 선유의 말씀이 계십니다.

●艮齋曰外祖父母母主祭妻父母妻主祭此爲正禮外孫與女婿無主祭之義又曰外舅無後當使妻主祭

而祝以顯考顯妣書之此無二統之嫌故也又曰梅禮只許出嫁者於忌日單獻無祝紙榜則亦書顯考妣是爲可從而至於四時節日則亦當畧設伸情矣
간재선생(艮齋先生)께서 이르시기를 외조부모(外祖父母)의 제사는 모친(母親)이 주인(主人)이 되며 처부모(妻父母)의 제사도 그의 처(妻)가 제사(祭祀)를 주관하여야 한다. 이와 같이 함이 바른 예법(禮法)으로 외손(外孫)과 더불어 사위는 처부모(妻父母)의 제사를 주관하지 않아야 옳으니라. 또 이르기를 처부모가 뒤를 이을 후사가 없으면 처로 하여금 제사를 주관케 하고 현고(顯考) 현비(顯妣)라 지방을 써 모시고 제사케 하여야 한다. 이는 근본은 둘이 없기 때문에 꺼리는 까닭이니라. 또 이르기를 매산 선생의 예서에 다만 출가(出嫁)한 여식(女息)은 부모의 기일에는 무축단헌 정도로 제사를 마치며 지방을 쓸 때는 모두 현고 현비(顯妣)로 바르게 써 옳도록 따라야 하며 사시제나 명절이 되면 역시 간략하게 베풀어 놓고 정성을 다하여 아뢰어야 하느니라.

위와 같이 살펴 볼 때 이모가 받드는 것이 옳은 것 같습니다. 귀하는 그 제사에 참여하면 됩니다. 다만 외척이 없으면 귀하가 장 외손이 되면 스스로 상주가 되고 기제를 봉사하여야 합니다.

●喪服小記男主必使同姓主婦必使異姓註喪必有男主以接男賓必有女主以接女賓無男主而使人攝主則必使喪家同姓之男無女主而使人攝主則必使喪家異姓之女謂同宗之婦也
●問妻母無後而死神主粉面以外孫之名書之乎寒岡曰此乃變禮不知當如何而爲得宜也如不得已則當書曰顯外祖妣某封某氏神主旁題則姑勿書
●問世或有以外孫主祀者神主當書顯外祖考妣旁註亦書之邪外祖神主或傳於外孫女則亦將何以書之邪沙溪曰外孫奉祀猶爲不可况外孫女邪何必書奉祀闕之可也
●遯溪(金瑄)禮無外孫主祀之義盖外祖外親也無後則自當班祔於其本宗之廟不得托祀於外孫者聖人定制之義至嚴且正東俗承祀外祖者俗然也禮則未也若不得已則粉面不書屬稱直書官啣姓氏曰某官府君神主顯字不可加
●朱子曰上谷郡君謂伊川曰今日爲我祀父母明年不復祀矣是亦祭其外家也然無禮經
●大典外祖父母及妻父母無主祭者當於正朝端午中秋及各忌日用俗儀祭之
●陶菴曰朱子非族之祀一句語實爲正論愚意爲外孫者設或不得已而權奉其祀已身歿後卽當埋安
●問外祖無人祭初獻則祝文當何書退溪曰當闕
●通典他國庶子無廟向墓遙爲壇以時祭卽今之上墓儀
●退溪曰外孫奉祀一廟而二姓同祭夫天之生物使之一本而此則爲二本甚不可也其主之無歸則權宜奉置別所而往來奠省未爲不可
●梅山(洪直弼)禮只許出嫁者於其父母無后者忌日則單獻無祝紙榜則亦書顯考妣是爲可從而至於四時節日則亦當略設伸情矣

▶2911◀◈問; 상식 올리는 예법에 대하여 상세히 알고 싶습니다.

입관 후 저녁상식 올리는데 상세한 순서를 알고 싶습니다. 자세하신 설명과 부첨한 자료에 감사 드리며 너무 많은 도움되고 있기에 다시 한번 감사 드립니다. 답변하여 주시면 큰 도움되겠습니다. 감사합니다.

◈答; 상식 올리는 예법.

조석(朝夕) 상식 절차는 모두 동일합니다.

○食時上食.

如朝奠儀(便覽但徹酒不徹奠設上食饌品及匕筯楪斟酒啓飯蓋扱匕正筯食頃徹羹進熟水小間徹)

○식사 때에는 음식을 올린다.

조전(朝奠) 의식과 같다. ○아침(저녁) 전제상을 물리지 않고 다만 술만은 철주(徹酒)하고 상식(上食) 찬품(饌品)과 수저접을 진설하고 술을 따라 올린 뒤 메의 덮개를 열고 삽시정저(揷匙正筯)를 한 뒤 식간(食間)을 있다 국을 물리고 숙수(熟水)을 올린 뒤 잠깐 동안 있다 상식(上食) 찬품만 내린다.

위와 같이 저녁상식을 마치고 혼백을 받들고 영상으로 들어가 눕힌 뒤 석곡을 하고 나오는 것입니다.

⊙食時上食(식시상식).

如朝奠儀(便覽但徹酒不徹奠設上食饌品及匕筯楪斟酒啓飯蓋扱匕正筯食頃徹羹進熟水小間徹)

⊙식사 때에는 음식을 올린다.

조전(朝奠) 의식과 같다. ○아침 전제상을 물리지 않고 다만 술만은 철주(徹酒)하고 상식(上食) 찬품(饌品)과 수저접을 진설하고 술을 따라 올린 뒤 메의 덮개를 열고 삽시정저(揷匙正筯)를 한 뒤 식간(食間)을 있다 국을 물리고 숙수(熟水)를 올린 뒤 잠깐 동안 있다 상식(上食) 찬품만 내립니다.

●士喪記燕養饋羞湯沐之饌(按饌士轉反既夕記衷牀輁軸饌于西階東其二廟則饌于補廟據此則陳字設字之義)如他日註燕養平常所用供養也饋朝夕食也羞四時之珍異湯沐所以洗去汚垢內則曰三日具沐五日具浴孝子不忍一日廢其事親之禮於下室日設之如生存也進徹之時如其頃疏鄭註鄕黨云不時非朝夕日中時一日之中三時食今註云朝夕不言日中者或鄭略言亦有日中也或以死後略去日中直有朝夕食也進徹之時如其頃一如平生子進食於父母故雖死象生時若一時之頃○朔月若薦新則不饋于下室註以其殷奠有黍稷也下室如今之內堂正寢聽朝事疏大小斂奠朝夕奠等皆無黍稷故上篇朔月有黍稷鄭註云於是始有黍稷唯有下室若生有黍稷今此殷奠大奠也自有黍稷故不復饋食於下室也若然大夫以上又有月半奠有黍稷亦不饋食於下室可知

●大全李繼善問檀弓既祔之後唯朝夕哭拜朔奠而張先生以爲三年之中不徹几筵故有日祭溫公亦謂朝夕當饋食則是朝夕之饋當終喪行之不變與禮經不合如何曰此等處今世見行之禮不害其爲厚而又無嫌於僭且當從之

●問初喪上食時徹朝夕奠否退溪曰勿徹可也又曰每上一酌爲是

●南溪曰上食用酒雖無明文世人行之已久有不得而廢矣

●簡易家禮上食不用酒

●沙溪曰三年內上食象生時左飯右羹爲是

●尤菴曰進茶後抄飯東俗也家禮無之恐當以家禮爲正

●問上食如朝奠儀云而無啓蓋扱匙正筯進茶之文亦不言徹出之時何也遂菴曰上食時啓飯等事家禮及備要無之似是偶然未備

●南溪曰上食終始立哭者是也

▶2912◀◈問; 상주는 남자만? 여자도??

돌아가신분의 슬하에 딸만 있고, 딸이 미혼일 경우는 오늘날뿐만 아니라 옛 전통시대에도 충분히 있었을 상황입니다. 최근에 상조회사들이 상주로 남자만 세우려고 해서 문제가 되었다는 기사가 있었는데.

◈答; 상주는 남자만.

상(喪)에는 상주(喪主)가 없을 수 없으니 상주(喪主)는 법도상(法度上) 남자(男子)가 되며 주부(主婦)는 녀자(女子)가 되는데 남자(男子) 조객(弔客)은 상주(喪主)가 조문(弔問)을 받고 주부(主婦)는 녀자(女子) 조객(弔客)의 조문(弔問)을 받음이니 상주(喪主)는 남자(男子)라야 하며 만약(萬若) 무자손(無子孫)의 상(喪)이라면 동족(同族)의 최근친(最近親) 남자(男子)가 상주(喪主)가 되고 그도 없으면 그 동리(洞里) 리장(里長)이 상주(喪主)가 괴며 만약(萬若) 그 장자손(長子孫)이 강보(襁褓)에 쌓인 영아(嬰兒)라 하여도 그가 상주(喪主)가 되며 집행(執行)을 할 수 없으니 섭행(攝行)을 하되 축(祝)은 그 영아(嬰兒) 명(名)으로 쓰게 됩니다. (이상은 아래 典據에 의함입니다)

유가(儒家)의 법도(法度)가 이상(以上)과 같으니 상주(喪主)는 남자(男子)만이 할 수 있습니다.

●喪大記喪有無後無無主(註)無主則闕於賓禮故可無後不可無主也(細註)嚴陵方氏曰有後無後存乎天有主無主存乎人存乎天者不可爲也故喪有無後者存乎人者可以爲也故無無主者

●喪服小記男主必使同姓婦主必使異姓(註)喪必有男主以接男賓必有女主以接女賓今無男主而使人攝主則必使喪家同姓之男無女主而使人攝主則必使喪家異姓之女謂同宗之婦也

●雜記下夫若無族矣則前後家東西家無有則里尹主之(鄭玄注)本族不可主其喪里尹蓋閭胥里宰之屬也或以爲妻黨主之而祔祭於其祖姑此非也(孔穎達疏)朱子曰鄰家里尹決不肯祭他人之親則從宜而祀之別室其亦可

●尤庵曰東西家里尹尚且主人之喪况外孫乎然若有本家之親有所不敢焉耳

●會成死者之子幼不能主喪妻又不可爲主則兄弟主之至於終喪其子則以衰抱之人爲之拜

●增解愚按朱子荅李繼善兄亡有襁褓之子主喪而孝述爲攝之問曰攝主但主其事名則宗子主之會成所謂兄弟主之者恐亦不過主其事而已

▶2913◀ ◈問; 상주를 어떻게 설정해야 하나요?

저희 막내 삼촌께서 병으로 돌아가셨습니다. 막내 삼촌은 4 남 1 녀로 할아버지께서 살아계시고, 장남인 첫째 형은 돌아가셨습니다. 이분이 저의 아버지이고요. 제 남동생이 장손이 되고요. 장례식장에서 상주를 누구로 해야 하나요?

고모의 아들도 있고요. 할아버지께선 자식을 먼저 보내시고, 몸도 안 좋으셔서 장례식장에는 참석 안 하셨습니다. 빠른 답변 부탁 드릴게요.

◈答; 상주는.

1. 막내 삼촌은 4남1녀란 조부가 4남 1녀를 두신 것으로 이해하겠으며
2. 제 남동생이 장남이 되고요. 란 뜻은 이해하기가 힘드나 귀하는 여자란 뜻으로 이해 하겠습니다.

아래의 고증(考證)은 귀하의 숙부(叔父)가 혼인치 않고 귀하의 댁에서 동거 중에 사망 하였을 때의 예법으로 장상(長殤)과 그 이하의 상(喪)이 아닌 상(喪)으로 이해한 예법입니다.

⊙立喪主(입상주)

凡主人謂長子無則長孫承重以奉饋奠奔喪凡喪父在父爲主父歿兄弟同居各主其喪親同長者主之不同親者主之其與賓客爲禮則同居之親且尊者主之雜記姑姊妹其夫死夫黨無兄弟使夫之族人主喪妻黨雖親不主

司馬溫公曰奔喪曰凡喪父在父爲主註與賓客爲禮宜使尊者○父沒兄弟同居各主其喪註各爲妻子之喪爲主也○親同長者主之註昆弟之喪宗子主之○不同親者主之註從父昆弟之喪也雜記曰姑姊妹其夫死而夫黨無兄弟使夫之族人主喪妻之黨雖親弗主夫若無族矣則前後家東西家無有則里尹主之喪大記曰喪有無後無無主若子孫有喪而祖父主之子孫執喪祖父拜賓

⊙喪主(상주)

小記大功者主人之喪有三年者則必爲之再祭朋友虞祔而已註大功者主人之喪謂從父兄弟來主此死者之喪也三年者謂死者之妻與子也妻旣不可爲主而子又幼小別無近親故從父兄弟主之必爲之主行練祥二祭朋友但可爲之虞祔而已應氏曰死生相恤人道之當然今其身死而妻子惸弱適無父母兄弟之至親者則大功當任其責而至於終喪或適無小功之親則朋友當任其責而至逾葬使其不幸而無大功則小功以下其可以坐視乎又不幸而無朋友則爲鄰者其可以恝然乎是以體朋友死無所歸於我殯之義則練祥不必大功而親黨皆不可得以辭推行有死人尙或墐之之心則虞練不必朋友而凡相識者皆不得而拒特其情有厚薄處之各不同凡遇人之실難而處事之變者不可不知○雜記凡主兄弟之喪雖疏亦虞之註小功緦麻疏服之兄弟也彼無親者主亣而已主其喪則當爲之畢虞祔也○小記大夫不主士之喪註謂士死無主後其親屬有爲大夫者不得主其喪尊故也○丘儀用同居之尊且親者一人爲之如無同居者擇族屬之親賢者又無族屬則用親戚又無親戚則用執友亦可專主與賓客爲禮蓋親者主饋奠尊者主賓客凡喪皆然○會成父在而子有母之喪父主饋奠而行揖禮其子隨之哭拜死者之子幼不能主喪妻又不可爲主則兄弟主之至於終喪其子則以衰抱之人爲之拜

⊙妻黨雖親不主(처당수친불주)

本註婦人於本親降服以其成於外族也故本族不可主其喪○大全葉味道問按雜記姑姊妹其夫死而夫黨無兄弟使夫之族人主喪妻之黨雖親不主夫若無族則前後家東西家無有則里尹主之或曰主之而祔

於夫之黨今賀孫有姑其夫家出反歸父母家旣耆耋他日捨兄弟姪之外無爲主者但不知旣無所祔豈忍其神之無歸乎曰古法旣廢鄰家里尹決不肯祭他人之親則從宜而祀之別室其亦可也

⊙父在父爲主(부재부위주)

奔喪凡喪父在父爲主陳註父在而子有妻子之喪則父主之統於尊也疏按服問云君所主夫人妻太子適婦不云主庶婦若此所言則亦主庶婦與服問違者服問所言通命士以上父子異宮則庶子各主其私喪今此言是同宮者也○朱子曰凡妻之喪夫自爲主以子爲喪主未安○尤菴曰無論嫡庶與同宮異宮一主於父在父爲主之說然後無有妨礙抵牾之弊矣○孫及孫婦喪據禮則其祖當爲主周時貴貴大夫不主庶子故庶子各主其子後世不然故無長庶皆其父主之

⊙在遠或老病父猶主喪.

問爲長子斬衰者爲妻期者當官在遠或老病則其子主之乎尤菴曰凡喪父在父爲主則無論父之在遠與老病亦當以父爲主而攝行之矣惟七十老而傳然後子得爲主矣○雲坪曰傳家未聞有改題遞遷之禮也蓋所傳者只是筋力行事也爲主之義則未嘗變也

⊙兄弟無子者之喪(형제무자자지상)

禮有無後無無主同父母之兄弟死而無子孫者推兄弟中長者爲主無親兄弟則由從親兄弟推之主者與死者雖疎亦當爲之畢虞祔之祭○金華應氏曰死生之相收恤人道之當然今其身死而又妻子惸弱適無父母兄弟之至親者則大功當任其責至于終喪使其不幸而無大功以爲之依則小功以下其可以坐視乎或又無小功以下之親也則朋友當任其責而至于逾葬又不幸而無朋友以爲之助則爲隣者又可以개然乎是以禮朋友死無所歸于我殯之義則練祥不必大功而親黨皆不可得而辭推行有死人尙或殣近之之心則虞祔不特朋友而凡相識者皆不可得而拒特其情有孚薄則其處之有不同自其篤于義者言之則各有加爲無害也凡遇人之急難而處事之變者不可以不知

⊙兄亡無嗣弟攝主親喪(형망무사제섭주친상)

尤菴曰禮經有兄亡弟及之文兄死無後則其弟代之一如其兄之爲不可以攝言之也但兄妻在而欲立後則其弟難於遽行主人之事也○宗法至嚴有長子妻則待其立後承宗而不敢遽從兄亡弟及之文矣然禮無婦人主喪之義疑禮問解雖兩引或說以爲婦人主喪之證而亦曰終非正禮此誠出於千萬不得已者也或云以次子主之而具由告於柩以終當待長子妻立後歸宗之意似好云○婦人主喪終是非禮莫如急急立後疾速啓下凡百皆順矣

⊙兄亡無嗣弟攝主祖父母喪(형망무사제섭주조부모상)

問無嫡孫有次孫而遭祖喪者當以期服主喪而問解似有持重三年之意未知如何陶菴曰次孫雖主喪宜不敢持重三年問解說恐難從○問兄亡有嫂無子其祖母死主喪題主何以爲之同春曰弟爲攝主以待其兄立後恐當

⊙嫡孫亡失祖母死次孫攝主(적손망실조모사차손섭주)

南溪曰人遭亡失其兄之變又其祖母沒子仁廈卿謂當立其子采竊以爲恐不然似只有攝主一路而已

⊙無子有妻兄弟主喪(무자유처형제주상)

遂菴曰無後之喪只有妻與兄弟則治喪兄弟爲之練祥禫妻主之○增解愚按小記大功者主人之喪有三年者則必爲之再祭疏妻不可爲主子猶幼少故大功者主之云則妻在而大功者尙主其二祥況兄弟乎治喪與練祥恐皆當以兄弟主之未知如何

⊙有幼子兄弟攝主其喪(유유자형제섭주기상)

會成死者之子幼不能主喪妻又不可爲主則兄弟主之至於終喪其子則以衰抱之人爲之拜○增解愚按朱子答李繼善兄亡有襁褓之子主喪而孝述爲攝之問曰攝主但主其事名則宗子主之會成所謂兄弟主之者恐亦不過主其事而已

⊙不主姑姊妹喪(불주고자매상)

雜記姑姊妹其夫死而夫黨無兄弟使夫之族人主喪妻之黨雖親不主

⊙外孫主喪(외손주상)
尤菴曰東西家里尹尙且主人之喪况外孫乎然若有本家之親有所不敢焉爾

⊙賓客爲禮立主(빈객위례립주)
儀節補立主賓用同居之尊且親者一人爲之如無同居者擇族屬之親賢者又無族屬則用親戚又無親戚則用執友亦可專主與賓客爲禮○雲坪曰父與祖何以稱同居之親且尊者此後之學者所以多不能知其意甚至於丘儀用執友主賓客其悖禮極矣○周禮肆師相其禮註相其嫡子疏庶子無事嫡子則有拜賓送賓之事○喪大記其無女主則男主拜女賓于寢門內其無男主則女主拜男賓于阼階下子幼則以衰抱之人爲之拜疏此喪無主而使人攝者禮也○喪服小記男主必使同姓婦主必使異姓疏男主以接男賓女主以接女賓或無嫡子嫡婦爲正主以他人攝主若攝男主必使喪家同姓之男若攝女主必使喪家異姓之女謂同宗之婦

⊙喪祭男主(상제남주)
喪祭以男主爲重故雖有高祖母之尊必傳重於玄孫若玄孫婦而不以爲嫌玄孫若玄孫婦受之而不以爲僭若玄孫早死無育又無繼絶之望萬不獲已而用婦人爲主則舍尊者而必令卑者爲主抑何義歟若曰旣降之重不可復升則假使玄孫婦身死或他適此後喪祭更無可主之人乎是甚可疑若又曰如此者可使玄孫母爲主則旣降之重復升於上等耳但可升之於母而不可使高祖母主之亦何義歟假使母又死則祖母主之祖母又死則曾祖母主之曾祖母又死而後高祖母始得爲主則男主自上而下女主必由卑而及於尊此又有何等精義於其閒耶節節可疑梅翁論姑婦在者統於尊之云恐難猝然立說破也

위와 같이 살펴볼 때 귀하의 숙부(叔父)가 동거 중에 손 없이 사망하였다면 귀하의 조부가 상장(喪杖)을 짚지 않고 상주(喪主)의 자리에 있어야 할 것 같습니다. 만약 노쇠하여 상주의 자리에 있지 못할 연유가 있다면 귀하의 남동생이 대행하여 조문(弔問)을 받고 상을 주관하여야 할 것입니다. 고모의 아들은 그 상을 주관할 수가 없는 관계입니다.

▶2914◀◈問; [상주에 관련된 질문]아들이 없는 경우입니다.
안녕하세요. 상주에 관련되어 질문 드립니다. 집안에 아들이 없는 경우 부모님이 돌아가셨을 때 상주는 어떻게 되는 건가요?

장손(長孫)이 되는 것으로 알고 있는데 그러면 큰 집에 큰 형이 상주(喪主)가 되는 건가요? 감사합니다.

◈答; 아들이 없는 경우 상주는.
질문의 내용으로 보아 귀 가문의 예가 아니고 가정으로 설정한 질문이십니다. 여자는 상주가 될 수 없으니 다행하게 큰 집에 큰형이 있다 하니 큰형이라 함이 장손은 의미한다면 그가 상주가 되고 제사를 봉행합니다.

●家禮初終立喪主條凡主人謂長子無則長孫
●遂庵曰無後之喪只有妻與兄弟則治喪兄弟主喪爲之
●雜記姑姊妹其夫死而夫黨無兄弟使夫之族人主喪夫若無族人則前後家東西家無有則里尹主之

▶2915◀◈問; 수시와 염에 관해 여쭤봅니다.
죄송합니다. 말씀하신 대로 글 다시 남기겠습니다. 조선 후기 전통 상례를 기준으로 <양반집 여자>가 죽은 상일 경우에 드리는 질문입니다.

1. 시신을 바로잡는 수시는 꼭 고인의 친척 중에 한 명이 해야 하나요? 아니면 수시에 경험이 있는 이웃에게 부탁해도 되는 건가요?
2. 시신을 닦는 염습은 같은 성별인 사람이 했다고 하는데 여자 상일 경우에도 여자가 염을 했나요? (조선 시대에 여자 염장이는 좀 생소해서요)
3. 수시도 죽은 이와 같은 성별의 사람이 했나요?
4. 할머니가 돌아가신 경우에 어린 손자는 상복으로 관, 건, 수질을 쓰지 않나요?
재차 문의 드려서 죄송하지만 근거 있는 답변을 해 주시는 분이 선생님뿐이라서 궁금한 점이 있을 때마다 이곳에 글을 남기게 되네요. 이번에도 답변 부탁 드리겠습니다.

◈答; 수시와 염에 관하여.

問; 1. 答; 속칭(俗稱) 수시(收屍)라는 예는 주자가례(朱子家禮)에는 없는 예로 예기(禮記) 등에 근거하여 행하고 있을 뿐으로 친척 중에 그 예를 모른다면 아는 타인이 할 수 밖에 없겠지요.

●檀弓復楔齒綴足(註)始死招魂之後用角柶拄尸之齒令開得飯含時不閉又用燕几拘綴尸之兩足令直使著屨時不辟戾也
●士喪禮楔齒用角柶綴足用燕几君大夫士一也(註)爲將含恐其口閉急也綴拘也爲將屨恐其辟戾也(疏)楔拄也柶長六寸兩頭曲屈拄張尸齒令開也燕几者燕安也當在燕寢之內常憑之以安體也

問; 2. 問; 3. 答; 내상(內喪)의 수시(收屍)는 물론 습렴(襲斂) 모두 같은 여자가 하게 됩니다.

●愚伏曰內喪則疑當令女僕爲之此雖禮家之所不言然以事死如事生之意推之男僕非有繕修及大故不入中門入則婦人必避之乃於神魂飄散之際冀其歸復而使平生所必避之男僕
●開元禮初終內喪內贊者皆受(註)凡內喪皆內贊者行事

問; 4. 答; 어린 손자란 몇 살인지는 알 수 없으나 8 세 이상이면 성인과 같이 성복하는데 다만 관(冠)은 물론 건질(巾絰)도 씌우지 않음이 옳은 예법입니다.

●備要童子八歲以上乃爲成服○按記曰童子不冠今俗或加巾絰非禮也

▶2916◀◈問; 승중 상주.

안녕하십니까? 도움이 필요할 때만 부탁 드려 죄송합니다. 한가지 궁금한 게 있어서요. 제가 얼마 전 승중 상주로써 조부모상을 모셨습니다. 헌데 한가지 궁금한 게.

1, 돌아가신 아버지가 생각이 많이 나던데, 상주이름에 돌아가신 아버지 이름을 쓰면 안 되는지요?
2, 망인이라고 표시하고 써도 안 되는지요? 궁금해서 그렇습니다. 많은 가르침 부탁 드립니다.

◈答; 승중 상주.

승중상(承重喪)이란 먼저 작고하신 아버지를 대신하여 그의 맏아들이 조부모 또는 조부(祖父)까지 작고 후 증조부모(曾祖父母) 또는 증조부까지 작고 후 고조부모(高祖父母)가 생존해 계시다 작고하였을 때 또는 오대조부모 이상 역시 그와 같이 상(喪)을 당하였을 때에 입는 복(服)입니다. 작고 하신 분의 죽은 아들이 상을 치르는 것이 아니라 맏 자손이 주관하여 상을 치르고 받드는 것이니 상이나 제사의 주인(主人)이 받든다 하여야 모든 이치에 합당할 것입니다.

죽은 사람은 행위 자체를 할 수 없으니 작고하신 부친 명으로 제문의 고자(告者)나 지방을 쓸 수 없는 것이 당연하리라 생각됩니다.

●家禮初終立喪主條凡主人謂長子無則長孫承重奉饋奠
●朱子曰祖在父亡祖母死亦承重
●牛溪曰初喪立喪主所以重宗統也家廟阼階惟主人當之雖諸父位於前而皆不敢當阼階然則長孫承重主喪雖諸父在後
●儀禮喪服篇此謂適子死其適孫承重
●問父母偕喪中喪妻無子身又歿第二弟先歿無子有婦第三弟未長成主祀以誰爲之遂菴曰兄亡弟及禮也次子婦雖存非如嫡婦之第三子當承重
●龜川曰長子雖死若有長婦則竢後立祠夫婦俱沒則次子承重
●辭源[承重]本身及父俱係嫡長而父先死於祖父母喪亡時稱承重孫如祖父及父均先死於曾祖父母喪亡時稱承重曾孫凡承重者皆服喪三年

▶2917◀◈問; 아주 급한 문의요.

안녕하세요? 큰 할아버님이 돌아가셨는데 장례식장에 가야 하는지요? 만약 장례식장에 가도 절은 하지 않고 밤샘만 하고 와도 설 차례를 지낼 수 있는지 알고 싶습니다. 오늘 돌아가셨는데 내일 장례식장에 갈까 하거든요. 가야 하는지 말아야 하는지 잘 모르겠고요. 해가 바뀌니까 갔다 와 차례를 지내도 된다는 말도 있는데 알려주세요.

◈答; 큰할아버지 상에 가야 하는지.

큰할아버지의 상을 당하면 부장기 복으로 귀하는 상장을 짚지 않는 1 년 복인이 됩니다.

檀弓有殯(註三年之喪)聞遠兄弟之喪雖緦必往非兄弟(異姓)雖鄰不往
예기 단궁편의 가르침입니다. 친상 중에 먼 형제의 상 소식을 들으면 비록 시마 복일지라도 반드시 가야하고 형제가 아닌 이성이면 아무리 가깝다 하여도 가지 않는다.

喪大記諸父兄弟之喪旣卒哭而歸
예기 상대기의 가르침입니다. 모든 부모벌이나 형제 벌의 상에는 졸곡제을 지낸 뒤에 제집으로 돌아간다.

위에서 살핀 바와 같이 친상 중이라 하여도 복이 있으면 삼월복인 8 촌 형제의 상이라 하여도 반드시 가는 법이니 더구나 1 년 복의 큰할아버지상을 당하여 상 소식을 들으면 듣는 즉시 달려가야 하는데 명절참례 때문에 가지 않는다 함은 예에 어그러지지 않나 생각이 들며 명절이 졸곡 이내에 든다면 귀하의 자녀들도 시마 3 월 복인이니 되니 면복인이 없다면 폐함이 마땅하지 않나 합니다

⊙不杖期(부장기)

服制同上但不杖又用次等生布其正服則爲祖父母(備要繼祖母同)

▶2918◀◈問; 알려 주세요.

전 3 남매 중 맏이 인데 얼마 전 막내 놈이 스스로 세상을 버렸습니다. 화장을 하고 거기 계신 스님을 통해 바로 탈상제를 올렸습니다. 26 미혼인데다 여기저기 찾아보니 상주는 아버지가 돼야 한다는데 아버지께는 아직 사실 말씀을 못 드렸습니다 너무 충격이 크실 듯 해서 어머니와 다른 식구들만 아는 상태고 앞으로 어떻게 해야 하는지 너무 막막 합니다 동생놈 기일이 찾아오거나 설 이나 추석 같은 땐 어떻게 해야 옳은 건지 알려 주시면 감사 하겠습니다

◈答; 막내 아들의 상주는.

중대사인데 당초에 고 하였어야 할 것이나 이제라도 소상이 연유를 밝혀 고 함이 옳을 것 같습니다.

본 게시판 390 에서 미혼자 사후 주상자에 관하여 답한바 있어 그를 다시 살펴 보겠습니다.

⊙고서와 선유의 말씀을 다음과 같이 살펴 보겠습니다.

檀弓下戰于郎~中略~與其隣重汪踦往皆死焉魯人欲勿殤重往踦問於仲尼仲尼曰能執干戈以衛社稷雖欲勿殤也不亦可乎

노(魯)나라의 낭(郎)이라는 고을에서 전투가 있었는데 ~중략~ 그 인근에 어린 동자 왕기(汪踦)가 같이 가서 싸우다 모두 죽었다. 노나라 사람들이 동자 왕기를 아이 죽음(殤喪)으로 하지 않으려 하자 공부자께 물었다 공부자께서 답 하시기를 능히 방패와 창을 잡고 사직을 지켰으니 어린 아이 죽음이 아니라 하는 것이 역시 옳지 않겠는가 라 답 하였느니라.

通典鄭玄曰殤年爲大夫乃不爲殤~後略~
통전에 정현 선생이 이르기를 상(殤)의 나이라 하여도 대부라면 상(殤)이라 하지 않느니라.

병계선생의 이십이 넘도록 관례나 계례를 하지 않고 죽은 자의 복에 관한 말씀입니다.

屛溪曰年過二十而死則雖未冠笄當以本服服之矣
병계 선생께서 이르시기를 나이가 이십이 넘어 죽었으면 아무리 관례나 계례를 아니 하였다 하여도 당연히 본복을 입어야 하느니라.

家禮喪禮篇成服章斬衰條父爲適子當爲後者也又不杖期條爲衆子男女也
가례 상례편 성복장 참최조에 참최복은 아버지가 적자를 위한 복이며 양자를 위한 복이다. 또 부장기조를 보면 부장기는 아버지가 적자를 제외한 여러 아들과 딸들을 위한 복이다.

沙溪曰尊長於卑幼喪不拜
사계선생께서 말씀 하시기를 존장은 수하의 상에는 절을 하지 않느니라.

問從弟及妹之祭不拜否尤菴曰似不當拜也又問祭子女弟姪立耶坐耶曰 喪禮旣曰尊長坐哭祭禮亦豈異同耶
여쭙기를 듣사오니 아우나 여동생의 제사에는 절을 하지 않는다 하셨는데 그러하지 안 찬습니까. 그러자 우암께서 말씀 하시기를 그럴 듯 한 것 같으나 의당 절을 하지 않아야 하느니라. 또 여쭙기를 자녀 제질(諸姪)의 제사에 앉아 있어야 합니까 서 있어야 합니까. 이르기를 상례에서 이미 일렀거니와 상례에서 앉아서 곡을 하니 제사에서 역시 어찌 같지 않고 달리 하겠는가.

問妻喪題主朱子曰不須題奉祀之名又問父在子死主牌書父主祀如何曰此 類且得不寫若尊長則寫
처 상에 신주 쓰는 것에 관하여 여쭙자 주자께서 말씀 하시기를 봉사자 이름을 쓸 필요가 없느니라. 또 여쭙기를 아버지 앞에서 자식이 죽었을 때 신주 옆면 봉사자 명을 아버지 명으로 써야 합니까 어찌 하여야 합니까 이르시기를 이와 같을 때는 장차 마땅하게 제사를 지내게 하려고 봉사자를 쓰지 않으며 만약 장자이면 써야 하느니라.

위의 말씀 들을 살펴 볼 때 아래와 같이 예에 임하면 크게 예에는 어긋나지 않지 않을까 생각 됩니다. 기제에는 그의 아버지가 주인이나 (제질의 친속이 있으면 대행케 하고 없으면) 절을 하지 않는 것이 바른 예 같으며 명절에는 부위로 수하자로 하여금 헌주와 삽시 등을 하여야 할 것입니다.

●曲禮支子不祭祭必告于宗子
●詩經大雅板懷德維寧宗子維城箋宗子謂王之適子(辭源註)嫡長子
●奔喪凡喪父在父爲主(註)父在而子有妻子之喪則父主之統於尊也
●溫公曰凡主人當以長子爲之無長子則長孫承重又曰父沒兄弟同居各主其喪(注)各爲妻子之喪爲主也

▶2919◀ ◈問; 이럴 때의 상주는?

안녕하세요. 저는 외동딸입니다. 저희 조부께서는 2남 1녀를 슬하에 두셨는데 장남이 저희 아버지, 그 다음 고모, 막내로 숙부님이 계십니다. 장남인 저희 아버지께는 딸인 저 뿐이고요. 고모께서는 아직 결혼을 하지 않으셨고, 숙부께서는 아들 하나 딸 하나 이렇게 있습니다. 만약 저희 아버지께서 돌아가신다면 맏상주는 누가 되나요?

여러 글들을 보았는데 물론 상주는 남자가 해야겠지만 요즈음은 여자도 한다고 들었습니다. 더욱 저처럼 딸만 있는 집안에서는요. 그런데 저희 집은 작은아버지도 계시고 아들 조카도 있는 상황에 제가 해도 되는 건가요? 물론 형이고, 큰 아버지겠지만 친아버지만 하겠습니까. 친척이긴 하지만 아버지 장례(葬禮) 때 제가 상주(喪主)가 되고 싶습니다. 이럴 때는 어떻게 해야 그럼 만약 제가 맏상주가 되었다면 절은?

여자 복인의 상복은 치마입니다. 그렇다면 조문객과의 절은 어떻게 해야 하는지요?

관을 드는 사람은 상주의 친구들이라 들었는데, 몇 명이나 필요한가요? 남자인 친구들로만 구성되어야 하는지요?

◈答; 무후의 상에 상주는.

전통예법으로는 숙부의 아들을 입후하여 상주로 세움이 마땅한 것 같습니다. 만약 시간적 여유가 없다면 상주는 남자만이 할 수 있으니 숙부가 상주가 되어야 합니다.

●喪服小記男主必使同姓主婦必使異姓註喪必有男主以接男賓必有女主以接女賓無男主而使人攝主則必使喪家同姓之男無女主而使人攝主則必使喪家異姓之女謂同宗之婦也
관을 옮길 때 드는 사람 수는 정함이 없습니다. 따라서 형편에 따라 수가 적고 많을 수 있습니다.

⊙厥明遷柩就轝(궐명천구취여)

轝夫納大轝於中庭(便覽南向○增解卽廳事前大門內之庭)脫柱上橫扃執事者徹祖奠(增解既夕禮將設葬奠先徹祖奠)祝北向跪告(云云)遂遷靈座置傍側(便覽載轝於大門外則祝奉魂帛先行侍者各執椅卓香案隨之至載轝處)婦人退避召役夫遷柩就轝乃載施扃加楔(尤庵曰楔以木牽繫物者盖先以索圍繞以木貫之而回轉使索緊急者也)以索維之令極牢實主人從柩哭降視載婦人哭於帷中載畢祝帥執事者遷靈座于柩前南向(便覽祝安魂帛箱于靈座)

司馬溫公曰啓殯之日備布三尺以盥濯灰治之布爲之祝御柩執此以指麾役者○劉氏璋曰儀禮云商祝拂柩用功布幠火吳切用侇衾註曰商祝祝習商禮者商人敎之以敬於接神功布拂去棺上塵土幠覆之爲其形露也侇之言尸也侇衾覆尸之衾也

⊙그 다음날 날이 밝으면 시구(尸柩)를 상여로 옮겨 싣는다.

상여 멜 이들이 상여를 마당 중간에 남쪽으로 향하게 차려놓는다. 집사자들이 행로신 전상을 철상하면 축관은 북쪽으로 향하여 무릎을 꿇고 앉아 다음과 같이 고하기를 마쳤으면 영좌를 옆으로 옮겨놓고 상여를 대문 밖에 차려 놓았으면 축관은 혼백을 받들고 먼저 나가고 집사자들은 교의와 탁자와 향안(香案)을 들고 따라나가 상여 있는 곳으로 간다.

부인들이 물러나 피하면 역부들을 불러 시구를 들고 나가 상여에 싣는다. 굵은 밧줄로 시구를 상여 대체에 사방을 단단히 동여매고 덮개를 덮는다. 주인은 곡하며 시구를 따라 나와 시구를 상여에 싣는 것을 살피고 부인들은 곡하며 휘장 안에 있으며 견전에는 참여치 않는다. 축관은 집사자들을 시켜 영좌를 옮겨 시구 앞에 남쪽으로 향하게 놓는다. 축관은 혼백상자를 영좌에 안치한다.

⊙遷柩就轝儀禮節次(천구취여의례절차)家禮儀節

出殯之日也○婦人退避
是日役夫○納大轝於中庭(脫柱上橫扃)○執事者徹祖奠○祝跪○告辭曰今遷柩就轝敢告○俯伏興平身○遷靈座(置旁側訖召役夫婦人退避)○遷柩就轝(役夫俱用手舉柩疾以遷之旣就乃載柩于轝施扃加楔以索維之令極牢實)○載轝畢○主人視載(主人從柩哭降視其載柩於轝婦人哭于帷中)○安靈座(祝帥執事者遷靈座于柩前南向)

▶2920◀◈問; 이럴 땐 누가 상주 입니까?

안녕 하십니까? 궁금한 게 있는데 작은 아버님 두 분이 계신데 조부모 사망 시 누가 상주가 되는지요? 참고로 제 아버지는 사망하셨고 큰아들이었습니다. 저도 큰 아들이고요. 답변 바랍니다.

◈答; 이럴 때 상주는.

⊙立喪主

凡主人謂長子無則長孫承重以奉饋奠(奔喪凡喪父在父爲主父歿兄弟同居各主其喪親同長者主之不同親者主之)其與賓客爲禮則同居之親且尊者主之(雜記姑姊妹其夫死夫黨無兄弟使夫之族人主喪妻黨雖親不主)

⊙상주를 세운다.

무릇 주인이라 함은 장자를 이름이다. 장자가 없을 때는 장손이 그의 아버지를 대신하여 주인이 되여 전례를 올리고 상례를 주관하며 제사를 받든다. 그와 더불어 빈객의 접대의 예는 동거하는 친족 중 어른이 주관한다.

이상은 가례(家禮)의 상례편(喪禮篇) 초종장(初終章) 입상주조(立喪主條) 상주에 관한 이름입니다. 이를 적자(適子)승계 원칙이라 하는 것으로 매사에는 주(主)와 종(從)이 있게 마련으로 그에는 어느 것이든 그의 질서에 맞는 법칙이 있는 것이니 상을 당하여도 그를 주관할 주인이 정하여지는 법칙이 있어야 혼란을 피 할 수 있기에 상을 당 하였을 때 그의 장자가 먼저 죽고 없으면 적자 승계 원칙에 딸아 망자의 적손(適孫)이 상을 주관하고 제사를 받들게 하는 제도입니다.

위와 같이 살펴 볼 때 전통 예법 상례에 따르면 귀하의 숙부가 있다 하여도 귀하가 조부의 적손(適孫)이기에 귀하가 상주가 되여야 합니다.

●左傳文公十二年六月歸生佐寡君之嫡夷杜註歸生子家名夷太子名
●詩經大雅懷德維寧宗子維城無俾城懷註大宗强族也宗子同姓也惟宗子合族以聯親則分猷共念而有夾輔之功斯維城矣
●世說新語文學林道人往就語將夕乃退有人道上見者問云公何處來答云今日與謝孝劇談一出來
●問喪孝子喪親哭泣無數○雜記祭稱孝子孝孫
●曲禮支子不祭祭必告于宗子(註)不敢自專宗子有故支子當攝而祭五宗皆然疏廟在適子之家庶子不敢輒祭若濫祭亦是淫祀若宗子有疾不堪當祭則庶子代攝可也猶宜告宗子然後祭
●公羊傳何休曰適子有孫而死質家親親先立弟文家尊尊先立孫
●溫公曰凡主人當以長子爲之無長子則長孫承重
●喪服小記庶子不祭禰者明其宗也(註)庶子不得立禰廟故不得祭禰所以然者明主祭在宗子廟必在宗子之家也
●家禮初終立喪主條凡主人謂長子無則長孫承重奉饋奠
●內則庶子若富則具二牲獻其賢者於宗子夫婦皆齊而宗敬焉終事而后敢私祭
●喪服小記庶子不祭禰者明其宗也(註)庶子不得立禰廟故不得祭禰所以然者明主祭在宗子廟必在宗子之家也庶子雖貴止得供具牲物而宗子主其禮也
●尤庵曰祭主人有故則所攝之中如有尊行則子弟以不敢爲攝主矣然代者是尊行則使字未安故俗禮改云孝子某有故代叔父或兄
●家禮按祠堂篇主人謂宗子主此堂之祭者晨謁深衣焚香再拜又主人主婦近出則入大門瞻禮而行歸亦如之經宿而歸則焚香再拜遠出經旬以上則再拜焚香告云云又再拜而行歸亦如之經月而歸則開中門立於階下再拜升自阼階焚香告畢再拜降復位再拜餘人亦然但不開中門

▶2921◀◈問; 장례식장에 영정과 신위.

Warning: getimagesize(영정.jpg) [function.getimagesize]: failed to open stream: 그런 파일이나 디렉터리가 없습니다 in /www/softbench_com/bbs/include/FILE_VIEW.php3 on line 108

요사이 장례식장에 가보니 첨부와 같이 영정과 신위를 동시에 모셔놓고 있는 것이 대부분입니다.

[질문 1] 초상에 사진과 같이 영정과 신위를 동시에 모셔도 되는지요?

[질문 2] 장례식장에서 神位의 위폐함을 모셔도 되는지요?(神主도 아니며, 아직 무덤을 만들지도 않았는데)

[질문 3] 장례식장에 혼백함도 없이 영정을 모시니, 묘지를 만든 후에 사진 처리는 어떻게 하는지요?

[질문 4] 사진과 같이 할때 평토 후에 사진과 지방함의 처리는 어떻게 하는지요?

[질문 5] 영정과 지방함을 동시에 모시면, 입관 후에 영정에 검은 리본을 하지 않아도 되는

지요?

시대의 세속이 변하여 가니, 장례 예법도 현실에 적응하여야 될 것 같습니다. 옛날 것을 너무 주장하면 젊은 층에서 외면하며, 너무 보수적이라고 '보수꼰대'라고 하더군요. 대단히 죄송합니다.

옛 전거(典據)가 없으면, 선생님의 생각이라도 말씀해 주시면 고맙겠으며, 참고가 되겠습니다.

◈答; 장례식장에 영정과 신위.

대단히 감사합니다. 새해 복많이 받으십시오.

[질문 1]. 答; 영정은 아래와 같이 살펴보건대 현대에 이르러 영좌에 모신다 하여 예에 어그러진다 할 수는 없으며 다만 지방은 신구(新舊) 어느 경우로 보든 예에 어그러집니다. 시신이 땅에 묻히기 전은 초혼으로 혼을 모신 혼백일 뿐입니다.

[질문 2] 答; [질문 1]. 答 참조하십시오.

[질문 3] 答; 영좌의 혼백 뒤에 모신다 하여 잘못되었다 할 수는 없습니다.

[질문 4] 答; 기왕에 영정과 지방함은 반곡과 함께 모시고 집에 와 영좌에 모심이 옳겠지요.

[질문 5] 答; 검은 리본의 의미는 사진 속의 사람은 죽었음을 의미함이라면 계속영좌에 모신 후 삼년상을 마치며 풀어내야 하겠지요.

이상의 몇 질문에 대한 답은 유학적 전거로는 입증이 불가능한 질문이라 유사전거 등을 참조한 답변임을 밝혀 놓습니다 참고하시기 바랍니다.

●性理大全初終靈座; 置靈座設魂帛○及墓下棺復實以土而堅築之題主
●溫公曰束帛依神謂之魂帛亦亦古禮之遺意也世俗皆畵影置於魂帛之後男子生時有畵像用之猶無所謂至於婦人生時沈居閨門出則乘輜軿擁蔽其面旣死豈可使畫工直入深室揭掩面之帛執筆訾相畵其容貌此殊爲非禮
●家禮祠堂細註; 伊川先生謂祭時不可用影故改影堂曰祠堂云
●司馬光涑水記聞卷十六:安國哭於影堂曰吾家滅門矣
●辭源[影堂]家廟的別稱○又僧寺中安放佛祖眞影之室
●燕京歲時記除夕:世胄之家致祭宗祠懸掛影像
●書儀影堂雜儀;(云云)男女俱再拜次酹祖妣以下皆徧納祠版出徹月望不設食不出祠版餘如朔儀影堂門無事常閉(云云)
●高麗史節要忠烈王四壬寅二十八年(元大德六年)冬十月作安平公主影堂于妙蓮寺
●春官通考吉禮眞殿永禧殿殿制永禧殿在京城南部薫陶坊(竹箭洞契酉坐卯向):正殿五室(退幷二十八間)移安廳三室(退並八間行閣三間在正殿西)神門三間(在正殿前庭之東)香門一門(夾門一間在正殿南庭之南)(以下省略)○奉安位次 第一室 太祖大王影幀 第二室 世祖大王影幀 (中略)安香廳(退幷六間在正殿外墻之內)祭器庫((退幷三間在安香廳之北)(中略)典祀廳(前後退翼廊合二十二間半砧造所二間在安香廳之東)殿司齋舍(幷廚庫七間在外香門之南)執事齋房八間(在外香門之南)外大門三門(北向)(以下省略)
●鳳山影堂誌序文祠院有誌古也鳳山影堂惟我先師弦窩高先生俎豆之所而先生歿後三年門人弟子不勝安倣之痛春秋釋菜韓文公所謂歿而祭社之義

▶2922◀◈問; 장모님 상에 조문객 인사 법.

장모님을 보내고 어제 삼우제를 보냈습니다. 조문객들에게 인사를 하고 싶은데 인사 방법에 조언을 부탁합니다. 혹 핸드폰 문자로 대신하여도 되는지요? 문자의 내용은 어떻게 하여야 결례가 되지 않는지요. 좋은 조언을 부탁합니다 안녕히 계십시오.

◈答; 장모님 상에 조문객에게 인사 법.

전통예법으로 전하는 인사장을 한자로 되어 있어 이 시대에는 해독할 분이 별로 없으니 그 예문은 생략하고 다음과 같은 예문을 적어 보겠습니다.

⊙인삿장

稽顙再拜言

今般 先聘母喪事時에 公私多忙하신 중에도 달려오시어 鄭重하신 弔問과 厚賻를 伏蒙하와 無事히 葬事를 마쳤아온데 宜當 進拜致謝함이 마땅할 것이오나 荒忙中 于先 紙上으로 人事의 말씀을 올리나이다.

年 月 日

壻 ○○○ 拜上

▶2923◀◈問; 정침이란?.

정침(正寢)에서 제사를 지낸다 라 하셨는데요. 국어사전을 살펴 보면 "제사를 지내는 몸채의 방. 사람이 거처하지 않고 주로 일을 보는 몸채의 방"이라 설명되어 있습니다.

사람이 죽으려 하면 정침(正寢)으로 옮겨 모시고, 제사도 정침(正寢)에서 지낸다 하는데 침(寢)에는 방이란 의미가 있어 방이라 하는 것은 알겠는데 正자에는 안방이란 의미가 어디에도 없습니다. 그런데 정침(正寢)하면 안방으로 인식이 되고 있거든요. 혹시 제가 모르는 옥편에 안 즉 內라는 의미가 있는 옥편이라도 있으면 소개를 하여 주시기 바랍니다. 굉장히 스트레스를 받고 있거든요. 아무리 확인을 하려 하여도 제 능력으로는 불가한 것으로 포기상태입니다. 어려운 질문 드려 죄송합니다. 가능하시면 속히 알려 주십시오,

◈答; 정침(正寢)이란.

중국과 우리나라는 가옥구조가 다릅니다. 물론 일본과도 다르지요. 중국어(中國語)인 정침(正寢)을 우리 국어사전에옮겨 놓기를 "[제사를 지내는 몸채의 방]"이라 하였습니다. 이 번역은 조선총독부가 우리 국어사전(國語辭典)으로는 최초로 발행된 조선어사전(朝鮮語辭典)입니다. 그 후 그로 교육된 우리 학자들이 그냥 그를 베껴 지금까지 사전화시킨 결과입니다.

일인(日人)들은 정침(正寢)을 "[祭祀だ行ふ屋內の室]=[제사를 지내는 옥내의 방]"이라 하였으니 대다수 우리의 옥내(屋內)의 방이란 윗방도 있고 사랑방도 있고 안방도 있고 부엌도 있는데 어디서 제사를 지내도 가하다는 지적이 됩니다. 그를 우리 학자들은 옥내(屋內)를 몸체로 바꿔 "[제사를 지내는 몸체의 방]"이라 하였으니 사전(辭典) 풀이로 몸체란 "[물체의 몸이 되는 부분]"이라 "[제사를 지내는 집의 몸이 되는 방]"이 되는데 이는 남이 써놓은 사전(辭典)을 참조(參照)한 결과가 아닌가 합니다.

그러나 아래와 같이 전거(典據)를 발췌하여 살펴보건대 "[정침(正寢)]"이란 "[노침(路寢)]"과 동의가 되고 辭源에서 "[내침(內寢)]"에서 "[노침(路寢)]"을 찾아가 살펴보라 하였으니 "[정침(正寢) 노침(路寢) 내침(內寢)]" 삼자(三者)는 동의로 간주할 수 있습니다.

"[내침(內寢)]"이란 곧 "[안방]"으로 번역 이해되어야 바를 것입니다. 따라서 중국의 [정침(正寢)]은 우리의 [내침(內寢)]과 동의로 [내침(內寢)]이란 [안방]의 한자식 명칭이라 [正寢]은 [안방]이다. 라는 등식이 성립됩니다. 까닭에 정침은 내실(內室). 안방. 내당(內堂), 와실(臥室). 규방(閨房).과 동의어이니 우리의 안방으로 정의하게 됩니다.

●春秋公羊傳莊公三十二年; 八月癸亥公薨于路寢(傳)路寢者何正寢也(辭注)古代天子諸侯常居治事之所

●儀禮經傳通解圖士喪禮; 死于適室幠用斂衾(注)適室正寢之室也(疏)卿大夫士謂之適室亦謂之適寢

●公羊傳莊公三十二年八月傳曰路寢者何正寢也(何休注)公之正居也天子諸侯皆有三寢一曰高寢二曰路寢三曰小寢

●禮記內則;子生三月之末漱澣夙齊見於內寢禮之如始入室(鄭玄注)內寢適妻寢也

●辭源入部二畫[內] [內寢] 參見路寢
●舊唐書七十一魏徵傳; 徵宅先無正寢後世稱年老病死於家中爲壽終正寢本此(辭註)正寢謂泛指居屋之正室
●性理大全祭禮四時祭前一日設位陳器; 主人帥衆丈夫深衣及執事灑掃正寢洗拭倚卓務令蠲潔設高祖考妣位
於堂西北壁下南向考西妣東各用一倚一卓而合之
●鄭堂札記卷一; 婦人迎送不出門內言不出于梱送之門謂送之于內寢之門也
●增解正寢廳事之圖云(鏡湖按)據上陳氏說卿大夫以下前有適寢(卽正寢)次則燕寢次則適妻之寢云則家禮所謂正寢猶古燕寢廳事猶古正寢且家禮正寢之後亦當有內寢卽所謂適妻之寢也(又按)居寢之制至宋時已與古不同故大斂條司馬溫公曰周人殯于西階之上今堂室異制但於堂中少西朱子亦曰今人家無東西廂云則不可以古之屋制對較求合而第房室堂階之制則大體不異矣且古之屋制正寢本無堂門而家禮則有之虞祭所謂陳於堂門外之東之文及時祭闔門條所謂無門處降簾之文可見矣盖古喪祭諸禮皆鋪筵設几於室中牖下奧處而東向故行禮時有闔牖戶之節矣家禮則喪禮之設靈座祭禮之設神位皆於堂中南向故堂有門而有闔門啓門之節無門則設簾以代之也
●朝鮮語辭典(倭政 11 庚申 1920 朝鮮總督府)져부[正寢(정침)]名 祭祀だ行ふ屋內の室.
●國語辭典 ㅈ부 [정침(正寢)]제사를 지내는 몸체의 방.

▶2924◀◈問; 조선 후기 전통 상례에 관하여.

모든 질문은 조선 후기 전통 상례에 관한 것입니다.

1. <흰옷을 입는 시기>
상을 당했을 때 죽음 소식을 듣고 나서 바로 검소한 옷(흰옷)으로 갈아 입는 것인지, 아니면 임종과 초혼을 거친 후에 흰옷으로 갈아입는 것인지 궁금합니다.

2. <망자 구별을 위한 소매 걷음>
상(喪)을 당하면 상주(喪主)가 흰 두루마기 소매를 걷어서 부친/모친상을 구분한다고 되어 있는데 정확히 상례(喪禮) 절차 중 어느 단계부터 성복(成服) 전까지 입는 것인지 궁금합니다.

3. <소매 걷는 방법>
소매를 걷는 방법도 구체적으로 알려 주셨으면 합니다. 이리저리 찾아 본 결과 "부친상이면 왼편, 모친상이면 오른편 소매를 꿰지 않는다. 소매를 빼어 길게 늘어뜨린다"라고 하는데 정확히 소매를 어떻게 하라는 건지 모르겠네요.

◈答; 조선 후기 전통 상례에 관하여.

問: 1. 答; 타지에서 상 소식을 들었으면 먼저 곡을 한 뒤이며 상가에서는 복(復: 초혼)을 마친 뒤입니다.

●家禮問喪奔喪始聞親喪哭條親謂父母也以哭答使者又哭盡哀問故○易服條裂布爲四脚白布衫繩帶麻屨
●家禮喪禮初終 ○疾病遷居正寢○旣絶乃哭○復○立喪主○主婦○護喪○司書司貨○乃易服不食

問: 2. 問; 3. 答; 역복(役服) 시(時) 소매를 벗는 것이 아니라 흰 심의이든 흰 두루마기는 앞자락을 허리 춤에 꽂는 것이 바른 예입니다. 다만 세속에서 소매를 벗는다는 설은 어떤 이가 남자급상임(男子扱上衽)에서 임(衽)에는 소매라는 의미가 있으니 이를 왜곡 소매를 벗되 음양(陰陽)의 이치에 따라 남자는 陽이니 왼쪽, 여자는 陰이니 오른쪽 소매를 벗는다. 라 함이 아닌가 하며 이는 그 근거가 어디에도 없으니 왜곡이 아닌가 합니다.

●家禮喪禮初終○疾病遷居正寢○旣絶乃哭○復○立喪主○主婦○護喪○司書司貨○乃易服不食條妻子婦妾皆去冠及上服被髮男子扱上衽徒跣餘有服者皆去華飾(云云)
●南溪曰扱上衽者謂扱易服時所着白布深衣之衽於小帶間也

●東巖曰扱上衽謂扱衣前襟之帶

⊙乃飯含(내반함)

主人哭盡哀(士喪禮出南面)左袒(備要按覲禮疏禮事左袒無問吉凶禮皆袒左)自前扱於腰之右(士喪禮主人左袒扱諸面之右疏面前也謂袒左袖扱於右腋之下帶之內取便也)

▶2925◀◈問; 직원 중 부고문을 작성시 호칭 문제.

안녕하세요? 직원 중에 상을 당한 이가 있어 이를 알리려고 부고 문을 작성하여야 하는데 호칭의 문제가 애매하여 문의를 드립니다. 직원 이모씨의 누이가 상을 당하였는데, 이를 어떻게 표현하여야 하나요?

위의 글 그대로 적기엔 어쩐지 아닌 것 같고 하여 여러분들의 도움을 부탁 드립니다.

◈答; 직원 중 부고문을 작성시 호칭은.

부고(訃告)란 상가(喪家)의 주인과 호상(護喪)의 명의로 멀리 사는 친척과 지인(知人)에게 발송 전하는 것으로 타인이 타인의 상(喪)에 타인에게 상 소식을 전하게 될 때에 상대방의 호칭(呼稱)에 관하여는 일반 상례(喪禮)를 따름이 마땅하지 않을까 합니다.

◈訃告書式(부고서식)

某親某人以某月某日得疾不幸於某月某日棄世專人(不專人則改人爲書)訃告
年　月　日護喪姓名上
某位座前

◈皮封式(피봉식)

訃告
某位座前

◈訃告書式(부고서식)俗禮

訃告
某大人某貫某公以老患不幸於某月某日某時別世玆以專人(不專人則改人爲書)告訃
嗣子　某
次子　某
孫　某
婿　姓名
發引　某月某日某時
發引地　某郡某洞某所
葬地　某郡某洞東麓先塋下
護喪　姓名

●既夕禮記註赴走告也今文作訃疏言赴取急疾之意雜記作訃者義取以言語相通亦一塗也
●士喪禮乃赴于君主人西階東南面命赴者拜送有賓則拜之入坐于牀東註臣君之股肱耳目死當有恩疏此謂因命赴者有賓拜之若不因命赴者則不出
●檀弓疏生時與人有恩識者今死則其家宜使人赴告士喪禮孝子自命赴者註云大夫以上則父兄代命之士則自命赴可也
●雜記凡訃於其君曰君之臣某死大夫訃於同國適敵者曰某不祿訃於士亦曰某不祿士訃於同國大夫士曰某死註適者謂同國大夫士卑故其辭降於大夫
●艮翁訃告必令子弟發書主喪之名書之未安而闕之則族多者亡者喪者使人難知此宜議疏族或親友爲之○訃告考妣始因大夫人與貞夫人淑夫人相疊又遭令人孺人之喪亦稱大夫人皆有礙故意其當書考妣令示網目凡例先薨卒後謚之說而謂此爲未安固當從之但父之稱大人某官語順若母喪則未得穩稱不知當如何謝氏言考妣古者通稱非死而後稱南溪亦言古者或稱生母爲先妣然則所定近式亦不至害禮否但古今異俗更須與諸友商確(妻喪只稱室人爲得)

▶2926◀◈問; 질문입니다.

지난번 답변 감사합니다. 조선 후기 상례 기준으로 수시와 초혼(招魂)을 하고 역복(易服)도 했습니다. 이후에 차리는 상이 시사전(始死奠)이 맞는지요? (습을 하기 전) 맞다면 시사전의 상차림은 일반 제사상과 같이 5 열에 진설법에 맞게 차려야 하나요?

상에 어떤 형식으로 음식이 올라가는지 궁금합니다. 제가 찾아본 바로는 고인이 살아있을 때처럼 상을 차린다고 하였는데 그럼 일반 식사 때처럼 차리면 되는 것인지 미리 감사 인사 드립니다.

◈答; 시사전.

아래와 같이 살펴보건대 습(襲) 후 올린다 하여 습전(襲奠)이라고도 하며, 습전 전에 올리는 전을 단궁(檀弓)에서 이르듯 시사전(始死奠)이라 합니다. 상차림은 포해(脯醢)로 두 가지를 넘지 않으며 단잔(單盞)일 뿐으로 용기는 길기(吉器; 생시 사용하는 그릇)를 사용합니다.

●家禮喪禮初終○旣絶乃哭○復○立喪主○主婦○護喪○司書司貨○乃易服不食○治棺○訃告于親戚僚友○沐浴襲奠爲位飯含○陳襲衣○乃沐浴○襲○徙尸牀置堂中間○乃設奠條 執事者以卓子置脯醢升自阼階祝盥手洗盞斟酒奠于尸東當肩巾之
●檀弓始死之奠其餘閣也歟(註)脯醢爲奠也
●士喪禮奠脯醢醴酒升自阼階奠于尸東(註)鬼神無象設奠以憑依之疏小斂一豆一籩大斂兩豆兩籩此始死亦無過一豆一籩而已醴酒雖俱言用其一不並用以其小斂酒醴俱有此則未具是其差
●書儀古人常畜脯醢故始死未暇別具饌但用脯醢而已今人或無脯醢但見有食物一兩種並酒可也
●士喪記卽牀而奠當腢用吉器(註)用吉器器無變也

⊙奠(전)(補)

士喪禮 執事者以卓置脯醢(檀弓註始死以生時庋閣上所餘脯醢爲奠)升自阼階祝盥手洗盞斟酒奠于尸東當肩

曾子問註凡喪奠主人以悲哀不暇執事故不親奠○便覽按古禮有始死奠而家禮則有襲奠備要仍之蓋以襲在當日故也今或襲斂過期甚或至於多日其間全無使神憑依之節豈非未安之甚者乎玆依古禮移置于此如無閣餘酒脯之屬雖別具亦可且一日一奠誠不忍廢若累日未襲者每日一易爲當○又曰果菜及他品亦可

▶2927◀◈問; 처의 조모상에 대한 궁금증.

처의 할머니가 돌아가셨습니다. 그런데, 지금 와이프가 임신 중이라. 저의 친 부모님은 와이프는 가지 말고, 저 혼자 가서 인사만 하고 오면 된다고 합니다. 제가 궁금한 건, 제가 안가 볼 수는 없는데 가서 밤을 세야 하는지 아니면, 문상객의 입장에서 조문만 하고 오면 되는 건지 알고 싶습니다.

PS. 임신 중엔 흉사에 참석하지 않는 거라 와이프는 절대 못 가게 하고 저보고만 잠시 다녀오라고 부모님이 그러시는데 대체 어떻게 해야 되는 건가요?

◈答; 처의 조모상에.

처부모의 상은 시마 3 월 복이나 처 조부모상에는 복은 없으며 귀하의 부인은 자최 부장기 1 년 복인이 됩니다. 복인은 반드시 상에 임신 여부에 관계 없이 기동을 할 수 있으면 참여함이 마땅합니다. 귀하 역시 문상객의 입장이란 조금은 무정하며 다만 면복이 되였을 뿐 처가 역시 인척이니 친가의 상과 달리하여서는 예에 합당치 않습니다.

⊙不杖期(부장기)

服制同上但不杖又用次等生布其正服則爲祖父母(備要繼祖母同)女雖適人不降也(增解喪服傳何以期也不敢降其祖也疏祖父母正期故不敢降)庶子之子爲父之母(便覽爲祖後則不服)而爲祖後則不服也(備要按猶當心喪期)爲伯叔父也爲兄弟也爲衆子男女也(便覽長子不當斬者子爲人後者同)爲兄弟之子也爲姑姊妹女在室(備要圖姑姊妹女嫁皆大功)及適人而無夫與子者也(備要已嫁被出同)婦人無夫與子者爲其兄弟姊妹及兄弟之子也(便覽已嫁被出同○喪服姑姊妹報疏女子子不言報者出適反爲父母自然猶期不須言報)

妾爲其子也其加服則爲嫡孫若曾玄孫當爲後者也(備要祖母同國制降○便覽喪服傳有適子者無適孫○增解繼祖母及庶祖母恐亦同)女適人者爲兄弟之爲父後者也(便覽父在則同衆昆弟)其降服則嫁母出母爲其子子雖爲父後猶服也妾爲其父母也其義服則(備要爲所後祖父母爲繼祖母)繼母嫁母(嫁母之母一作而)爲前夫之子從已者也爲伯叔母也爲夫兄弟之子也繼父同居父子皆無大功之親者也妾爲女君也(便覽喪服註女君於妾無服)妾爲君之衆子也舅姑爲嫡婦也(便覽長子當斬者之妻國制父母在爲養父母父母雖沒長子則期而除○增解繼姑及庶母恐亦同○楊氏復曰父母在則爲妻也)

楊氏復曰按不杖期註正服當添一條姊妹旣嫁相爲服也○其義服當添一條父母在則爲妻不杖也○按爲人後者爲其父母報(報一作服)女子子適人者爲其父母此是不杖期大節目何以不書也盖此條在後凡男爲人後者與女適人者爲其私親皆降一等中故不見於此

⊙상장을 짚지 않는 자최(齊衰) 일년 복이다.

○복 입는 법.

○정복(正服)으로 조부모를 위한 복이다. 여자가 출가를 하였어도 감하지 않는다. 서자의 아들이 부친의 어머니를 위한 복이다. 첩인 할머니의 복은 없다. 백숙부를 위한 복이며 형제를 위한 복이다. 적장자를 제외한 여러 아들딸들을 위한 복이며 형제의 자식을 위한 복이다. 고모, 자매 여식이 출가를 하지 않았거나 출가를 하였더라도 남편과 자식이 없거나 되돌아왔을 때 입는 복이다. 남편과 자식이 없는 부인이 그 형제자매와 형제의 자식을 위한 복이며 첩이 그의 자식을 위한 복이다.

◆齊衰不杖期服(자최부장기복)

正服(已)爲祖父母庶子之子爲父之母而爲祖後則不服謂父是庶出者己若承祖後則不爲父所生母服爲伯叔父爲兄弟爲在室之姑姊妹及嫁無夫與子者爲衆子及女在室與嫁而無夫與子者爲兄弟之子(女)女爲祖父母雖適人不降女在室者爲兄弟姊妹及兄弟之子其適人而無夫與子者同姊妹旣嫁相爲服(庶)妾爲其子○加服(已)爲嫡孫及曾玄孫當爲後者(女)女適人爲其兄弟之當爲父後者○降服(已)父在則爲妻不杖(女)女適人者爲其父母(婦)嫁母出母爲其子子雖爲父後猶服妾爲其父母(繼)爲人後者爲其本生父母○義服(已)爲伯叔母舅爲嫡婦父母在者爲妻(婦)爲夫兄弟之子姑爲嫡婦繼母嫁母爲前夫之子從已者謂非親生者(繼)爲人後者爲所後之祖父母(庶)妾爲女君謂夫(正室)妾爲君之衆子妾爲君之父母(異)繼父同居父子兩無大功之親者○今制(已)父爲嫡長子(婦)母爲嫡長子繼母爲長子及衆子慈母爲長子及衆子妾爲夫之長子及所生母

●四禮便覽喪禮成服圖式出嫁女爲本宗降服之圖; 凡女適人者爲其私親皆降一等惟於祖曾高祖父母及兄弟之爲父後者及兄弟姪之妻皆從本服

▶2928◀ ◈問; 초종에서 주인이 직접 전을 올리지 않는 이유.

초종(初終)에서 주인이 직접 전을 올리지 않는다고 합니다. 그 이유에 대해 궁금합니다. 또, 종복(從服), 가복(加服), 의복(義服), 강복(降服), 보복(報服)의 의미에 대해서도 알고 싶습니다.

◈答; 초종에서 주인이 직접 전을 올리지 않는 이유.

초종에 주인이 전을 올리지 않고 축관이 올리는 연유는 친상을 당하여 몹시 슬프고 황망중인 까닭입니다.

○종복: 따라 입는 복으로 남편의 복과 같이 부인이 그와 같이 좇아 입는 복.
○가복: 덧입는 복(승중복).
○의복: 혈연 관계 없이 입는 복(며느리의 복)
○강복: 출가 또는 부친이 생존 시 모친의 상 등에 정복에서 등급을 감하여 입는 복
○추복: 상(喪) 소식을 늦게 들은 복인이 그 날로부터 당한 복을 연장(延長)하여 입는 복.
○보복: 존속이 비속에 대하여 입는 복.

●通典; 主人不奠以孝子悲哀思慕不暇執事

○正服;

●經國大典抄解[正服]謂正先祖之体本族之服也

○義服

●經國大典抄解[義服]謂元非本族因義共處者如壻服妻之父母緦麻之類

○降服

●經國大典抄解[降服]謂合服重而從輕也如男出繼女適人母被出之類

○加服

●經國大典抄解[加服]謂本服輕而加之於重如嫡孫承祖之類

○追服

●北史魏彭城王勰傳; 勰生而母潘氏卒其年獻文崩及有所知啓求追服(註)追服喪期過后補行服喪

●問人有其父從軍而死其母藏其遺衣及落髮而遺令並入其棺中矣其子不忍同藏一棺欲別具一小棺用合葬之禮而追服斬衰未知如何尤菴曰此是無於禮之禮也不敢有所論說然其不以父之遺衣及落髮同入母棺則得矣

○報服

●經國大典抄解[報服]謂尊卑互相報服也

▶2929◀◈問; 친구의 죽음을 나타내고 싶은데.

오늘 친구의 죽음을 전해 들었습니다. 아직 젊은 나이에, 어릴 적부터 고생만 하다 간 친구의 죽음이 믿기질 않습니다. 눈물과 함께 억장이 무너집니다.

여쭙고 싶은 것은 제가 관리하고 있는 홈페이지에 친구의 죽음을 알리고 나타내고자 합니다. 어떻게 글을 써야 하고, 어떠한 형태가 되어야 하는지, 혹은 정식예법에 따른 형태가 있는지 해서입니다. 어떻게 하면 되는 것인지 알려주시면 감사 하겠습니다.

◈答; 친구의 죽음을 표현 방법.

그와 같은 서식의 형태는 아직 살핀바 없어 확연한 답을 할 수가 없습니다. 다만 귀하의 심중에 담겨 있는 우정과 슬픔을 형식에 구애 됨이 없이 나타내는 것이 자연스럽지 않을까 생각 됩니다. 이 정도의 답을 희망 하지는 않았을 것이나 상례편 조문 편에 서신으로 위문 하는 형식은 있으나 이를 인용한다 하여도 그 뜻이 난해하여 이해치 못할 것이며 도리어 흉이 될 수도 있지 않을 가도 염려해야 되리라 합니다.

●祭呂伯恭著作文; 嗚呼哀哉天降割于斯文何其酷耶往歲已奪吾敬夫今日伯恭胡爲又至於不淑耶道學將誰使之振君德將誰使之復後生將誰使之誨斯民將誰使之福耶經說將誰使之繼事記將誰使之續耶若我之愚則病將孰爲之箴而過將誰爲之督耶然則伯恭之亡曷爲而不使我失聲而驚呼號天而慟哭耶嗚呼伯恭有蓍龜之智而處之若愚有河漢之辯而守之若訥胷有雲夢之富而不以自多詞有黼黻之華而不易其出此固今之所難而未足以議兄之彷彿也若乃孝友絶人而勉勵如弗及恬淡寡慾而持守不少懈盡言以納忠而羞爲訐秉義以飭躬而恥爲介是則古之君子尙或難之而吾伯恭猶欿然而未肯以自大也蓋其德宇寬弘識量宏廓旣海納而川停豈澄淸而撓濁矧涵濡先訓紹文獻於厥家又隆師而親友極探討之幽遐所以稟之旣厚而養之深取之旣博而成之粹宜所立之甚高亦無求而不備故其講道于家則時雨之化進位于朝則鴻羽之儀造辟陳謨則宣公獨御之對承詔奏篇則右尹祈招之詩上方虛心而聽納衆亦注目其男施何遭時之不遂遽縈疾而言歸慨一臥以三年尙左圖而右書聞逍遙以曳杖恍沂上之風雩衆咸喜其有瘳冀卒攄其素蘊不則傳道以著書抑亦後來之程準何此望之難必奄一夕而長終增有邦之殄瘁極吾黨之哀恫嗚呼哀哉我實無似兄辱與遊講摩深切情義綢繆粤前日之枉書尙粲然其手筆始言沈痼之難除猶幸死期之未卽中語簡編之次第卒誇草樹之深幽謂昔騰牋而有約蓋今命駕以來遊欣此旨之可懷懔訃音而偕至考日月之幾何不旦暮之三四嗚呼伯恭而遽死耶吾道之衰乃至此耶旣爲位以泄哀復緘辭以寓奠冀嗣歲之有間尙前言之可踐嗚呼哀哉尙享

▶2930◀◈問; 칠성판.

1). 칠성판의 용도와 의미 하늘칠성 인간의 수명의 관장하는 칠원성군에게 인도한다 하였습니다. 깊은 의미가 또한 있을까요?

2). 위패= 본래 위패는 무엇으로 만듭니까. 예전 서적으로 보아 뽕나무로 명시되어있는데 요즘 들어 향나무 본래 오동이라는 말도 들어 있습니다. 위패 제작에서 흔히 쓰여진 나무가 있을까요?

3). 상례에서 무축단잔이란 말은 맞는 건가요?

4). 현대에 와서 우리는 장례식장에서 장례를 많이 치릅니다.

그럼 위패에 쓰인 문구를 보겠습니다. 유심히 보아 (예: 처사 OOO 공 "신위")여기에서 신위는 상례에서 볼 때 제례를 시작 단계 즉 반혼하여 신주를 모셔왔을 때에 쓰여지는 게 맞는거 같습니다. 그럼 반혼 전 상례에서 위패를 세울 때 (예: 처사 OOO 공 영위)+(처사 OOO 공 영좌) 어떤 문구가 바른 걸까요 같은 말이지만 의미는 다르게 해석됩니다.

5). 혼백과 위패 같은 의미 일까요?

◈答; 칠성판.

問; 1). 答; 퇴계선생 말씀에 북두칠성은 죽음을 맡은 별인 까닭이라 합니다.
●問穿七星之義退溪曰南斗司生北斗司死故也

問; 2)위패=答; 아래와 같이 살펴보건대 공양전에서는 처음에는 신주를 뽕나무로 만들어 우제까지 모시고 우제를 마치면 밤나무로 다시 만들어 사당에 모신다 하였으나 정자 말씀으로는 처음부터 밤나무로 만든다. 라 하였습니다.

●公羊傳虞主用桑練主用栗用栗者藏主也
●程子曰作主用栗

問; 3). 答; 유가의 예법에서 모든 예에서 무축은 전제되어 있지 않습니다. 다만 상중행제에서 使人의 예로 행할 때 무축으로 단헌의 예로 마치니 일반적으로 제사에서 무축이면 단잔이라 하는 것입니다.

●要結喪服中行祭儀條卒哭後則於四時節祀及忌祭(墓祭亦同)使服輕者行薦而饌品減於常時只一獻不讀祝不受胙可也

問 4). 答; 장례예식장의 예법은 알지를 못합니다. 다만 유가의 예법으로는 평토 후 題主이전에는 혼백뿐입니다. 까닭에 題主 以前에는 어떤 형태이든지 위패 또는 지방을 써 붙이는 것은 예에 합당하지 않습니다.

問; 5) 答; 혼백(魂帛)과 위패(位牌)는 기능면에서는 비슷하나 용도 면에서는 전연 다른 것입니다.

●士喪禮註復招魂復魄也疏出入之氣謂之魂耳目聰明謂之魄死者魂神去離於魄今欲招取魂來復歸于魄
●事物紀位版條宋朝會要曰上封者言郊立天地神位版位成貯以漆匣舁床覆以黃謙帕壇上四位
●要解牌子條形如木主不判前後不爲陷中及兩竅不爲櫝也
●燕行日記癸巳二月十三日辛酉書先師廟內書萬歲師表位牌書至聖先師孔子之位前設卓子卓前左右配顏曾思孟位牌

▶2931◀◈問; 한 가지 더 궁금합니다.

아버지가 먼저 작고하시고 조부상을 당하였을 때.

1, 이런 喪을 특별히 부르는 이름이 있습니까?

2, 또한 상주를 부르는 이름도 있는지요?

조만간 다가올 일이라서 궁금합니다. 수고 하십시오.

◈答; 상이나 상주의 이칭.

1). 答; 승중상(承重喪)이라 합니다.

2). 答; 보통은 상주(喪主)라 하나 부모상의 상주와 구분 할 때는 승중손(承重孫) 또는 승중상주(承重喪主)라 합니다.

●儀禮喪服嫡孫賈公彦疏此謂適子死其適孫承重者祖爲之期
●辭源手部四畫承重本身及父俱係嫡長而父先死於祖父母喪亡時稱承重孫如祖父及父均先死於曾祖父母喪亡時稱承重曾孫凡承重者皆服喪三年
●家禮初終立喪主條凡主人謂長子無則長孫承重奉饋奠
●朱子曰祖在父亡祖母死亦承重
●牛溪曰初喪立喪主所以重宗統也家廟阼階惟主人當之雖諸父位於前而皆不敢當阼階然則長孫承重主喪雖諸父在後

▶2932◈問; 합장 때 명정 덮는 법.

부모를 합장할 때 명정은 누구 먼저 덮어야 하나요.

◈答; 합장 때 명정 덮는 법.

아래와 같이 살펴보건대 먼저 모친 관부터 덮어야 한다 합니다.

●尤庵曰整柩衣銘旌等事皆係葬具則似當先母

▶2933◈問; 혼백 가져오는 방법.

아버지께서 익사로 돌아가시고 이제 49 제 중 5 제를 맞이하게 됩니다. 아버지는 화장을 하였고 봉안당에 모시고 있습니다. 주위 분들에 의하면 익사로 돌아가신 경우에는 사고를 당하신 바다에서 혼백을 건져와야 한다고 하시는데 어떤 방법으로 가져와야 하는지 절차를 몰라서 문의 드립니다. 감사합니다.

◈答; 혼백 가져오는 방법.

아래와 같이 살펴보건대 전사자나 익사자(溺死者)의 시신(屍身)을 수습하지 못하였을 때에도 초혼장(招魂葬)도 비례라 하였으며. 단지 사망한 날로부터 3 개월 뒤에 혼백(魂帛)을 갖추고 있다 제주(題主)(신주를 작성)한다 하였습니다. 그러나 익사(溺死)하였더라도 신신이 수습되어 일반 장례 절차에 의하여 장사(葬事)를 마치셨습니다. 그런 뒤에 유가(儒家)의 예법으로는 또 그와 같이 혼백을 건져오는 의식(儀式)은 없습니다. 아마도 무속적(巫俗的)이지 않은가 합니다.

●問招魂葬栗谷曰死於軍或沒於水不得其尸則以服招魂而葬其服然非禮矣
●牛溪問隣有溺死不得其屍其子欲招魂爲墓於義理如何龜峯曰墓只是葬體魄既不得其屍則不墓似合惟魂無所間爲主以祭爲得義理之當
●問人死不得其屍體者聖賢立言何無處此之道耶或招魂葬或遺衣葬在禮何所據耶沙溪曰虛葬之非先儒已言之何謂無處此之道乎
●尤庵問招魂戰沒者既失禮意而虛葬亦甚無據但欲題主則當於何時何處耶愼獨齋曰招魂虛葬先儒非之若題主則俟三月葬期擇日而題之於几筵似當
●朱子曰招魂葬非禮先儒已論之矣
●南溪曰招魂葬既有朱子所論斥之以非禮何敢容議至於題主節次設魂帛於正寢而行之似宜

12 삭망전(朔望奠)(附上食)

▶2934◈問; 보름삭망일 제사.

저희 집안에서는 돌아가신 뒤 첫 번째 오는 보름날 제사를 드리는 것으로 알고 있는데 어디에도 그 예법을 찾을 수가 없어서 이렇게 문의를 드립니다. 기제사 양식과 같은 것인지 아니면 다른 예법이 있는 것인지 궁금합니다. 그러니 삭망일이라고 별도의 축문도 알 수 없으니 어떻게 축문을 작성해야 옳은지 알려 주시면 고맙겠습니다.

◈答; 보름삭망일 제사.

주자가례를 보면, 사당편에 정지삭망즉참(正至朔望則參)의 조목이 있는데 이는 사당에는 정단과 동지 그리고 매월 초하루 보름에는 참배한다.

상예편 성복장에 삭일즉어조전설찬(朔日則於朝奠設饌)의 조목이 있는데 이는 성복 후부터는 초하루 아침에는 찬을 진설하고 전을 올린다.

가례증해 상례편 성복조 위조목 부주를 보면 망전(望奠)이 있는데 사상례(士喪禮)와 가례집람(家禮輯覽)과 사계선생과 우암 선생의 말씀을 인용 보름 역시 전 올림이 합당할 것이다. 라 말씀 하셨습니다.

위 예문(禮文)을 보면 사람이 죽으면 성복 후부터 탈상 전까지는 삭망전(朔望奠)을 올리며 탈상 후에는 사당을 섬기면 초하루 보름날이 되면 참배를 하는 것입니다. 전과 참배에는 정식 축문이 없으며 특히 전에는 축관이 분향 헌주 등 일체의 집전을 하고 주인 등 이하는 제집 전 종료 후 일동 재배 할 뿐입니다. 참배는 사당이면 주인이 분향 재배 강신 재배 참신 재배 주인 헌주 주부 헌다 양인 재배 후 일동 사신 재배로 마칠 뿐으로 정제와는 다른 것입니다. 모든 속절(俗節)의 예에는 이를 본 뜹니다.

⊙朔日則於朝奠設饌(삭일즉어조전설찬)

饌用肉魚麪米食羹飯各一器禮如朝奠之儀(朱子曰未葬奠而不祭)

問母喪朔祭子爲主朱子曰凡喪父在父爲主則父在子無主喪之禮也又曰父沒兄弟同居各主其喪註云各爲妻子之喪爲主也則是凡妻之喪夫自爲主也今以子爲喪主似未安○高氏曰若遇朔望節序則具盛饌其品物比朝夕奠差象禮疏曰士則月望不盛奠唯朔奠而已○楊氏復曰按初喪立喪主條凡主人謂長子無則長孫承重以奉饋奠今乃謂父在父爲主父在子無主喪之禮二說不同何也蓋長子主喪以奉饋奠以子爲母喪恩重服重故也朔奠則父爲主者朔殷奠以尊者爲主也喪服小記曰婦之喪虞卒哭其夫若子主之虞卒哭皆是殷祭故其夫主之亦謂父在父爲主也朔祭父爲主義與虞卒哭同

⊙초하루 날에는 아침 전제에 찬품을 진설 한다.

찬품(饌品)은 육류(肉類)와 생선과 면식류(麵食類) 미식류(米食類) 메 국을 각각 한 그릇씩으로 하여 조전(朝奠) 의식과 같이 한다. ○장사(葬事) 전(奠)에는 전(奠)이지 제사(祭祀)가 아니다.

◆삭전찬(朔奠饌)

士喪禮朔月奠用特豚魚腊陳三鼎如初東方之饌亦如之無籩有黍稷用瓦敦有蓋當籩位註朔月月朔日也大夫以上月半又奠如初者謂大斂時始有黍稷死者之於朔月月半猶平常之朝夕大祥之後則四時祭焉疏始死以來奠不言黍稷至此乃言之故云始有黍稷○按家禮無論士與大夫皆無月半之奠蓋朱子斟酌時宜從簡之道也東俗雖寒士家亦設於月半非家禮之意然其來已久似難猝變○士喪禮徹朔奠先取醴酒其餘取先設者敦啓會面足序出如入其設于外如于室註啓會徹時不復蓋也面足執之令足間鄉前也敦有足則敦之形如今酒敦外序西南疏以前設時卽不蓋至徹亦不蓋今經云敦啓會嫌先蓋至徹重啓之故云不復蓋也○大全李繼善問政和儀六品以下至庶人無朔奠溫公書儀有之今當以何者爲據曰旣有朝奠則朔奠且遵當代之制不設亦無害

◆삭일조전찬(朔日朝奠饌)

士喪禮朔月奠用特豚魚腊陳三鼎如初東方之饌亦如之註如初謂大斂時○無籩有黍稷用瓦敦有盖○卒徹註徹宿奠○擧鼎入升皆如初奠之儀其序醴酒菹醢黍稷俎其設于室豆錯俎錯腊特黍稷當籩位醴酒位如初(錯七故反) ○祝與執豆者巾乃出○曾子問孔子曰天子諸侯之喪斬衰者奠大夫齊衰者奠士則朋友奠不足則取於大功以下者不足則反之陳註主人以悲哀不暇執事故不親奠天子諸侯之喪諸臣皆

斬衰故云斬衰者奠大夫則兄弟之齊衰者奠士不以齊衰者奠避大夫也故朋友奠入不充數則取大功以下又不足則反取大功以上也○士喪禮小斂奠進柢註云未異於生大斂奠載魚左首進鬐註亦云未異於生也未異於生者不致死也又士虞記載猶進柢魚進鬐註猶猶士喪云云據此自斂至虞皆當用象生之禮明矣

◆용소기(用素器)

檀弓奠以素器以生者有哀素之心也唯祭祀之禮主人自盡焉爾豈知神之所饗亦以主人有齊敬之心也註鄭氏曰哀素言哀痛無飾也凡物無飾曰素哀則以素敬則以飾禮由人心而已○方氏曰士喪禮有素俎士虞禮有素几皆其哀而不文故也喪葬凶禮故若是至於祭祀之吉禮則必自盡以致其文焉故曰唯祭祀之禮主人自盡焉爾然主人之自盡亦豈知神之所享必在於此乎且以表其心而已耳○臨川吳氏曰虞以前親喪未久奠而不謂之祭其奠也非不敬其親也哀心特甚禮尙質朴無心於飾故用素器虞以後親喪漸久卒祔練祥雖猶在喪制之中然已是祭祀之禮其祭祀也非不哀其親也敬心加隆非如初喪之素器也然其盡禮而漸文豈是爲死者眞能來享而然亦自盡其禮以致敬親之心焉爾大槩喪主於哀祭主於敬故喪奠以素器之質而見其哀祭祀則盡禮之文以寓其敬

◆진식역상생전지의(進食亦象生奠之儀)

曲禮凡進食之禮食居人之左羹居人之右○按自斂至虞皆用象生禮則羹飯亦當依曲禮生人進食之禮飯左羹右明矣特牲䟽已言之詳見初虞○朱子曰未葬奠而不祭○退溪曰如朝奠儀者謂只一獻耳非謂設饌只如朝奠也○遂菴曰奠必留酒果者以依神也朔奠雖撤麵餠之屬酒果則仍存可也

◆삭전후불복설상식(朔奠後不復設上食)

士喪記朔月若薦新則不饋于下室註以其殷奠有黍稷也下室如今之內堂疏大小斂奠朝夕奠等皆無黍稷唯下室若生有黍稷今此殷奠自有黍稷故不復饋食於下室也下室爲燕寢故鄭擧漢法內堂况之天子諸侯路寢以聽政燕寢以燕息大夫士聽私朝亦在正寢也○朱子曰下室在適寢之後○備要按朔奠已設羹飯朝上食不當復設

⊙望奠(망전)

士喪禮月半不殷奠註殷盛也士月半不復如朔盛奠下尊者疏云下尊者以下大夫以上有月半奠故也○輯覽按家禮無論士與大夫皆無月半之奠蓋朱子斟酌時宜從簡之道也東俗雖寒士家亦設於月半非家禮之意然其來已久似難猝變○沙溪曰望奠差減而行之爲可○尤菴曰家禮不分貴賤而皆無望奠東俗朔望皆奠雖云禮宜從厚終無降殺之義矣

▶2935◈問; 삭망전(朔望奠) 예법(禮法).

가르침 감사합니다.

1. 朝夕上食 때 촛불을 켜는지요?
2. 朔望奠을 올리면서 參降은 어찌하는지요? 자세한 말씀 주시기 바랍니다.

◈答; 삭망전(朔望奠) 예법(禮法).

問 1. 答; 아래와 같이 살펴보건대 退溪 선현 말씀이 가세가 가난하면 유등(油燈)이라도 무방하다. 하셨으니 촛불을 켜도 예에 어그러지지 않습니다.

●問弔奠用茶燭而朝夕奠上食無之何也退溪曰奠與上食不可無茶燭而家禮丘儀皆無之恐或有儀未敢臆說儀註則有燭而無茶東人固不用茶其進湯乃所以代茶而幷無之亦恐未安○又曰三年朝夕上食無燃燭之文未知何如然廢之未安而貧家蠟燭實難常繼或曰油燈代用無妨

問 2. 答; 沙溪 선현 말씀이 孝子(상주)는 几筵을 항상 모시고 있으니 參神과 降神禮는 행하지 않는다는 것입니다.

●沙溪曰孝子常侍几筵故不爲參降也
●釋名釋喪祭篇喪祭曰奠奠停也言停久也亦言樸奠合體用之也朔望祭曰殷奠所用殷衆也旣葬還祭於殯宮曰虞謂虞樂安神使還此也

●通典主人不奠以孝子悲哀思慕不暇執事
●問行者執奠退溪曰執奠子弟之職子弟有故寧親執可也
●問葬前使祝奠禮也而當祝之人不在則喪人洗手而親奠乎或使兄弟中一人梳洗而奠之乎或使行者奴婢爲之是果合禮乎寒岡曰族屬鮮少之家例有此患喪主洗手親奠決不可也兄弟中一人亦難梳洗無族人執事則令行者可以代奠內喪則令婢子可以代之
●同春問三年內殷奠無參降何歟沙溪曰孝子常侍几筵故不爲參降也
●南溪曰朔奠上食設於食床羹當置於匙楪之內皆象生時之義也○又曰家禮既曰朝奠儀則只焚香斟酒再拜哭盡哀而已
●退溪曰朔望奠在禮亦無三獻
●密庵曰家禮束茅聚沙始見虞祭章朝夕奠上食時恐不必設
●劉氏璋曰凡奠用脯醢者盖古人家常有之如無別具饌數品亦可
●檀弓奠以素器
●既夕禮猶朝夕哭不奠疏反哭至殯宮猶朝夕哭如前不奠

▶2936◈問; 영정 앞에 향불에 관하여.

하도 궁금하여 질문 올립니다. 다름이 아니옵고 장례예식장 조문을 가보면 영전 앞에 향로가 놓여 있고 향이 피워져 있을 뿐 모사기(茅沙器)가 없습니다.

모든 제사의 설위(設位)에는 지방 앞에 설찬(設饌)을 하고 그 앞에 상을 놓고 향로(香爐)와 향합(香盒)이 있고 또 그 상 앞에 모사기(茅沙器)가 있어 분향하고 뢰주(酹酒)의 예가 강신례가 아니지요. 혹시 잘못된 것은 아닌지요. 죄송합니다.

◈答; 영정 앞에 향불에 관하여.

제사를 지내면서 강신(분향 뇌주)하는 이유는 교특생의 말씀과 같이 그 조상의 혼기는 하늘로 올라갔고 체백은 땅으로 돌아가신 까닭에 음(地)과 양(天)에서 모시는데 서의의 가르침과 같이 뇌주(酹酒)의 예로 울창의 향기를 땅에 부어 그 기가 연천에 도달케 하고, 분향하여 그 향연이 장옥지간(공중)으로 퍼지게 하여 그 기를 딸아 찾아오도록 신을 모시는 예로서 제사의 대상이 되는 조상을 찾아 뫼시는 예입니다. 다만 장사 전은 체백이 정침에 계시는 고로 뇌주(酹酒)의 예 없이 공중으로 떠난 혼신을 모시기 위하여 분향만 하게 됩니다.

●書儀古之祭者不知神之所在故灌用鬱鬯臭陰達于淵泉蕭合黍稷臭陽達于牆屋(郊特牲註牆屋之間)所以廣求其神也今此禮既難行於士民之家故但焚香酹酒以代之
●郊特牲周人尙臭灌用鬯臭鬱合鬯臭陰達於淵泉灌以圭璋用玉氣也既灌然後迎牲致陰氣也蕭合黍稷臭陽達於墻屋故既奠然後焫蕭合羶薌凡祭愼諸此魂氣歸于天形魄歸于地故祭求諸陰陽之義也殷人先求諸陽周人先求諸陰
●郊特牲魂氣歸于天形魄歸于地故祭求諸陰陽之義也

▶2937◈問; 전(奠)은 사자의 예가 아닌가.

전은 사후의 예라 사자의 예로 진설이 되여야 하지 않을까요.

◈答; 전(奠)은 사자의 예가 아닌가.

전(奠)이나 기제(忌祭) 등은 사후(死後)의 예(禮)이나 전(奠)은 상생시지의(象生時之意)라 생인(生人)과 같게 진설(陳設)이 됩니다.

●退溪曰上食所以象平時也死喪大變之初死者魂氣飄越不定生者被括哭擗無數此時只設奠以依神則可矣上食以象平時非所以處大變也
●沙溪曰三年內上食象生時左飯右羹爲是
●南溪集續集問答講學論答申列卿問(禮十月十二日)問備要襲奠圖則左醢右脯靈幄奠圖則左脯右醢彼此陳設之不同何歟 答脯醢左右果不同大抵左脯右醢乃象生時之意恐此爲是其右脯左醢者似是寫誤致
●梅山集書(答任憲晦癸卯五月)左脯右醢生人之禮也葬前饋奠當象生而備要襲圖之右脯左醢恐失

照檢遷襲圖則左右得正也虞而神之則自從虞祭當右脯左醢也盖脯屬陽醢屬陰故生死之饌左右乃爾也

▶2938◈問; 전이란 어떤 예인가요?

奠이란 언제 어떻게 지나요?

◈答; 전이란.

아래와 같이 살펴보건대 전례(奠禮)란 예기(禮記) 단궁(檀弓)에서 정의함과 같이 처음 운명(殞命)한 때로부터 장사(葬事)할 때까지의 제명(祭名; 奠謂始死至葬之時祭名)이라 하였으니 제사(祭事) 중에 가장 간소(簡素)한 단헌(單獻)의 예(禮)로 축관(祝官)이 집전(執典)하는 예의 이름(名)입니다.

⊙始死奠(시사전)(士喪禮) (襲奠同)

●陶庵曰古禮有始死奠而家禮則有襲奠備要仍之蓋以襲在當日故也今或襲斂過期甚或至於多日其閒全無使神憑依之節豈非未安之甚者乎玆依古禮移置于此如無閣餘酒脯之屬雖別具亦可且一日一奠誠不忍廢若累日未襲者每日一易爲當

●國朝喪禮補編傳曰奠當在復後五禮儀中載於襲後者進係於復條下至小斂始徹

●便覽本註執事者以卓置脯醢升自阼階祝盥手洗盞斟酒奠于尸東當肩

●曾子問註凡喪奠主人以悲哀不暇執事故不親奠

●檀弓始死之奠其餘閣也疏始死奠者鬼神依於飮食故必有祭酹但始死未容改異故以生時庋閣上所餘脯醢爲奠也又曰奠始死至葬時之祭名以其時無尸奠置於地故謂之奠

●書儀或無脯醢食物一兩種幷酒可也

⊙襲奠(습전)(行禮始死奠同)

●朱子家禮喪禮初終襲乃設奠; 執事者以卓子置脯醢升自阼階祝盥手洗盞斟酒奠于尸東當肩(南溪曰左脯右醢爲是○鄕射禮疏籩在右豆在左○士喪禮大斂奠則設于奧東面而菹在醢南菹南栗栗東脯則右脯左醢尤明矣)巾之(備要若日昏先設燭以照饌設巾後還滅之凡奠同○輯覽當奠酒一盞而至虞始具三獻之禮)○祝以親戚爲之

劉氏璋曰士喪禮復者降楔齒綴足卽奠脯醢與酒于尸東鄭註鬼神無象設奠以憑依之開元禮五品以 上如士喪禮六品以下襲而後奠今不以官品高下沐浴正尸然後設奠於事爲宜奠謂斟酒奉至卓上而不酹主人虞祭然後親奠酹巾者以辟塵蠅也

⊙이어 곧 전제(奠祭)를 올린다.

집사가 탁자에 포와 육장(肉醬)을 상에 받쳐 들고 동쪽층계로 올라와 시신의 동쪽 어깨 쪽에 놓으면 축관은 손을 씻고 잔을 씻어 술을 잔에 따라 올린 후 상보로 덮는다. ○축관은 친척 중에서 택한다.

⊙습전의례절차(襲奠儀禮節次); 기설전안(旣設奠案)

祝盥洗(祝盥手洗盞)○斟酒○奠酒(奠于卓子上而不酹)○罩巾(以巾覆酒醢之類)

●士喪禮疏始死奠反之於尸東因名襲奠

●陶庵曰家禮此奠卽古禮之始死奠旣從古禮則此奠不設爲宜故本註則移置於上文始死奠下而襲在經宿則依家禮設此奠無妨但旣是小斂之日則自有小斂奠此奠自當闕之

⊙小斂奠(소렴전)

●朱子家禮喪禮初終小殮乃奠; 祝帥執事者盥手擧饌升自阼階至靈座前(便覽徹襲奠設新奠)祝焚香(增解按或曰襲奠未成奠儀小斂則設於靈座始備奠儀故焚香也)洗盞斟酒奠之卑幼者皆再拜(儀節孝子不拜○備要按

儀節孝子不拜更詳之)侍者巾之(備要罩巾裂竹爲之蒙以紬紗或以布巾)

⊙곧 이어 전제(奠祭)를 올린다.

축관은 집사들을 데리고 손을 씻고는 전제 올릴 찬상을 들고 동쪽층계로 올라 영좌 앞에 이르러 축관이 분향을 하고 잔을 씻어 술을 따라 올리고 항렬이 낮거나 수하자들은 모두 재배를 한다. 시자(侍者)는 전상을 상보로 덮는다.

⊙전의례절차(奠儀禮節次)

祝帥執事者○盥洗(洗手)○擧奠案(先所設奠案至是擧之升自阼階置靈前)○祝詣靈座前○跪○焚香興(洗盞)○斟酒○奠酒(卑幼者皆再拜孝子不拜)○鞠躬拜興拜興平身○罩巾(用巾罩奠饌)○擧哀

⊙전(奠) 올리는 의례절차.

축관이 집사들을 데리고 ○세수대야에서 손을 씻는다. (손을 씻는다) ○전상을 든다. (먼저 전상을 차려 놓은 곳으로 가서 바르게 들고 동쪽층계로 올라와 영좌 앞에 놓는다) ○축관은 영좌 앞으로 간다. ○무릎을 꿇고 앉는다. ○분향을 하고 일어선다. (잔을 씻는다) ○잔에 술을 따른다. ○술을 올린다. (항렬이 낮거나 수하자(手下者)는 재배를 하고 상주는 절을 하지 않는다) ○국궁 재배 평신한다. ○상보로 덮는다. (조건(罩巾)으로 전찬(奠饌)을 덮는다) ○모두 곡한다.

●朱子家禮喪禮小殮乃奠; 祝帥執事者

●便覽本註祝執事者盥手擧饌升自阼階至靈座前(徹襲奠設新奠)祝焚香洗盞斟酒奠之卑幼皆再拜侍者巾之

●檀弓奠以素器以主人有哀素之心註除金銀酒器外盡用素器

⊙大斂奠(대렴전)

●朱子家禮喪禮初終大殮乃設奠; 如小斂之儀(增解問家禮殯後不言位次沙溪曰成殯後當以尸柩所在爲上主人之位以北爲上衆主人自北而南古禮然也家禮不分曉可疑)

⊙곧 이어 대렴 전(奠)을 올린다.

소렴 전 의식과 같다.

●便覽如小斂之儀

●士喪禮乃奠燭升自阼階祝執巾席從設于奥東面註自是不復奠於尸祝執巾與執席者從入爲安神位執燭南面巾委於席右疏巾委於席右以巾爲神故也○又奠席在饌北註大斂奠而有席彌神之也

⊙朝夕奠(조석전)

◈朝奠(조전)

●朱子家禮喪禮初終成服朝夕奠朝奠; 每日晨起主人以下皆服其服入就位尊長坐哭卑者立哭(便覽卽朝哭)侍者設盥櫛之具于靈牀側奉魂帛出就靈座(便覽徹盥櫛之具○儀節侍者入靈牀斂枕被)然後朝奠(便覽士喪禮註徹大斂奠此從成服日說自後作前奠看)執事者設蔬果脯醢(便覽盞盤)祝盥手焚香斟酒(增解通典主人不奠以孝子悲哀思慕不暇執事)主人以下再拜(沙溪曰再拜非爲朝夕哭也爲設奠也)哭盡哀(便覽出就次侍者巾之)

劉氏章曰凡奠用脯醢者蓋古人家常有之如無別具饌數器亦可夫朝夕奠者謂陰陽交接之時思其親也朝奠將至然後徹夕奠夕奠將至然後徹朝奠各用罩子若暑月恐臭敗則設饌如食頃去之止留茶酒果屬仍罩之

⊙아침 전제(奠祭)를 지낸다.

매일 주인 이하 복인들은 새벽 일찍 일어나 모두 당한 상복을 입고 위전으로 나아가 항렬(行列)이 높은 이는 앉아서 곡하고 낮은 이는 서서 조곡(朝哭)을 한다. 시자(侍者)는 세숫물과 수건과 머리 빗을 갖춰 영상(靈牀) 곁에 놓고 잠시 있다 혼백(魂魄)을 받들고 나와 영좌(靈座)에 모신 연후에 아침 전제를 올린다. 집사자는 채소와 과실과 포와 육장과 잔반(盞盤)을 진설한다. 축관은 손을 씻고 분향 후 술을 따라 올린다. 주인은 슬픈 중이라 집전(執奠)할 겨를이 없는 것이다. 주인 이하 재배를 한다. 조석 곡에는 재배치 않고 전을 올릴 때만 재배한다. 슬픔을 다하여 곡한 뒤 시자(侍者)는 전상(奠床)을 상보로 덮는다.

⊙조전의례절차(朝奠儀禮節次)

主人以下各服其服入○就位(尊者坐卑者立)○擧哀(皆哭盡哀)○奉魂帛出就靈座(侍者入靈牀捧出魂帛置交倚上魂帛出侍者入靈牀中斂枕被)○祝盥洗(祝洗手)○焚香○斟酒○點茶(主人以下)○拜興拜興平身(且哭且拜)○禮畢○罩巾(用罩巾罩蔬果之類夏月徹去脯醢茶酒之類)按補註凡奠用脯醢者蓋古人家常有之如無別具饌數器亦可朝夕奠者謂陰陽交接之時思其親也朝奠將至然後徹夕奠夕奠將至然後徹朝奠各用罩子若暑月恐臭敗則設饌如食頃去之止留茶酒果屬仍罩之

⊙아침 전제 의례절차.

주인 이하 각각 당한 상복을 입고 상청으로 들어간다. ○제자리로 나아간다. (항렬이 높으면 앉고 낮으면 선다) ○모두 슬프게 곡한다. (모두 슬픔을 다하여 곡한다) ○혼백을 영상에서 영좌로 받들고 나온다. (시자가 영상으로 들어가 혼백을 받들고 나와 교의 위에 안치한다. 혼백을 들고 나가면 시자가 들어가 영상에 있는 베개와 이불을 개어 놓는다) ○축관은 손을 씻는다. (축관은 손을 씻는다) ○분향을 한다. ○술을 따라 올린다. ○차를 따라 올린다. (주인 이하) ○재배를 한다. (또 곡하고 또 절을 한다) ○예를 마친다. ○전상을 상보로 덮는다. (조건 즉 댓개비를 역어 통발 같이 만들어 상을 덮는 것으로 덮되 여름에는 소채와 과실 따위는 내리고 포와 육장과 차와 술만 남겨 놓는다) 모든 전제(奠祭)에는 포(脯)와 해(醢)를 올리는데 옛날 사람들의 집에는 상시 있는 찬품이다.

●家禮本註執事者設蔬果脯醢祝盥手焚香斟酒主人以下再拜哭盡哀
●檀弓朝奠日出夕奠逮日註陰陽之交庶幾遇之
●旣夕禮疏朝奠須日出夕奠須日未沒者欲得父母之神隨陽而來也
●問行者執奠退溪曰執奠子弟之職子弟有故寧親執可也
●問葬前使祝奠禮也而當祝之人不在則喪人洗手而親奠乎或使兄弟中一人梳洗而奠之乎

◈夕奠(석전)

●朱子家禮喪禮初終成服朝夕奠夕奠; 如朝奠儀畢(儀節侍者先入靈牀內鋪被安枕然後出)主人以下奉魂帛入就靈座(備要夕哭)哭盡哀(便覽出就次)

⊙저녁 전제를 올린다.

아침 전제(奠祭) 의식과 같이 하고 마친다. 시자가 먼저 영상(靈牀) 안으로 들어가 이불과 베개를 편안하게 주무실 수 있게 펴놓고 나오면 주인 이하 혼백을 받들고 들어가 영상의 자리에 눕혀 취침하시게 하고 석곡(夕哭)으로 슬픔을 다하여 곡하고 나와 상차(喪次)로 간다.

⊙석전의례절차(夕奠儀禮節次); 執事者徹去舊奠陳設如前

主人以下各服其服入○就位○擧哀○祝盥洗○焚香○斟酒○點茶(主人以下)○拜興拜興平身(且拜且哭)○奉魂帛入靈牀(侍者先入靈牀內鋪被安枕然後出奉魂帛安牀上置靸鞋于牀下收晨所陳額櫛之具)

⊙저녁 전제 의례절차.

집사자는 아침 전제 지낸 전상을 철상하고 앞의 전상과 같이 다시 진설한다. ○주인 이하 각각 당한 대로 상복을 입고 들어간다. ○자리에 늘어선다. ○모두 곡한다. ○축관은 손을 씻는다. ○분향한다. ○술을 따라 올린다. ○차를 따라 올린다. (주인 이하) ○재배한다. (절하며 곡한다) ○혼백을 받들고 영상으로 들어간다. (시자가 먼저 영상 안으로 들어가 이불과 베개를 편안하게 주무실 수 있도록 펴놓고 나오면 혼백을 받들어 영상 위에 편안하게 안치하고 신발을 영상 밑에 놓고 새벽에 쓸 수 있도록 세수할 물과 빗 같은 것을 놓아 둔다)

●便覽如朝奠儀
●密庵曰朝奠前先朝哭乃設奠夕奠前先夕哭乃設奠

⊙吊奠(조전)

●家禮本註賓入至靈座前哭盡哀再拜焚香跪酹茶酒俛伏興護喪止哭者祝跪讀祭文奠賻狀於賓之右畢興賓主皆哭盡哀賓再拜

⊙祖奠(조전)

●祖奠儀禮節次; 設饌如朝奠儀而加禮○若柩自他所歸葬則行日但設朝奠哭而行至葬乃備此及下遣奠禮
主人以下○就位○擧哀○哀止○祝盥洗○詣靈座前○跪○焚香○斟酒○告辭曰永遷之禮靈辰不留今奉柩車式遵祖道○俯伏興平身○擧哀(主人以下且哭且拜)○拜興拜興拜興拜興平身○禮畢

⊙행로신에 대한 전례 의례절차.

찬품(饌品)은 아침 전례와 같이 진설을 하고 예를 갖춘다. ○만약 시구가 다른 곳에서 본가로 돌아와 장례를 하게 되면 그 날에는 다만 아침 전례에 곡만하고 와서 장사할 때까지 이 예와 다음 견전제를 갖춘다. ○주인 이하 제자리로 간다. ○모두 곡한다. ○곡을 그친다. ○축관은 손을 씻는다. ○영좌 앞으로 간다. ○무릎을 꿇고 앉는다. ○분향한다. ○술을 따라 올린다. ○고하기를 영원히 가시는 예이옵니다. 영구께서는 하루를 더 머물 수가 없사와 이제 상여를 받들고 행로신의 법대로 따라 가겠사옵니다. ○부복하였다 일어나 평신한다. ○모두 곡한다. (주인 이하 또 곡하고 또 절한다) ○사배하고 평신한다. ○예를 마친다.

●家禮本註饌如朝奠祝斟酒訖北向跪告曰(云云)俛伏興餘如朝夕奠儀
●丘儀主人以下就位擧哀哀止祝盥帨詣靈座前跪焚香斟酒告辭曰云云俯伏興平身主人以下且哭且拜

⊙遣奠(견전)

●遣奠儀禮節次; 饌如朝奠有脯○惟婦人不在
主人以下○就位○擧哀○哀止○祝盥洗(祝洗手)○詣靈座前○跪○焚香○斟酒○告辭曰靈輀旣駕往卽幽宅載陳遣禮永訣終天○俯伏興平身○納脯(納于苞中置舁卓子上)○擧哀(主人以下且哭且拜)○拜興拜興拜興拜興平身○禮畢

⊙견전 의례절차.

찬품(饌品)은 아침 전제(奠祭)와 같되 포(脯)는 있어야 한다. ○부인들은 자리를 피하고 그 곳에 있지 않는다. ○주인 이하. ○제자리로 간다. ○모두 곡한다. ○곡을 그친다. ○축관(祝官)은 손을 씻는다. (축관은 손을 씻는다) ○영좌(靈座) 앞으로 간다. ○무릎을 꿇고 앉는다. ○분향한다. ○술을 따라 올린다. ○견전고사를 다음과 같이 한다. ○부복하였다 일어나 평신한다. ○포를 담는다. (포를 그령포 바구니에 넣어 들 상 위에 놓는다) ○모두 곡한다. (주인 이하 또 곡하고 또 절을 한다) ○사배 평신한다. ○예를 마친다.

●家禮本註饌如朝奠有脯惟婦人不在奠畢執事者徹脯納苞中置舁牀上
●通典賀循曰大奠者加於常一等盛葬禮也是謂遣奠今雖不能備禮宜加於常奠以盛送終也
●沙溪曰遣奠無哭拜蒙上文豈有設奠而無哭拜乎

⊙題主奠(제주전)

●題主儀禮節次; 執事者設卓子於靈座前左向右置硯筆墨卓置盥盆帨巾
主人向卓子前立○盥洗(祝與題主者俱洗)○出主(祝開箱出木主臥置卓子上題主者盥手畢向右立)○題主(先題陷中次題粉面題畢)○祝奉主置靈座(置畢)○收魂帛(乃藏魂帛於箱中置主後)○祝焚香○斟酒○跪(主人以下皆跪)○讀祝(祝讀畢懷之不焚)○興○復位○鞠躬拜興拜興拜興拜興平身(主人以下哭盡哀)○(補)謝題主者(主人再拜題主者答拜)

⊙제주전 의례절차.

집사자들은 탁자를 차려놓되 영좌(靈座) 앞에서 좌측으로 향하게 차리고 탁자 위 오른편에 벼루와 붓과 먹을 올려놓고 또 탁자를 놓고 세수대야와 수건을 놓는다.

주인은 탁자를 향하여 앞에 선다. ○손을 씻는다. (축관과 신주 쓸 이는 함께 손을 씻는다) ○신주를 내놓는다. (축관은 상자를 열고 나무 신주를 꺼내어 탁자 위에 눕혀 놓는다. 신주 쓸 이가 손을 다 씻었으면 오른쪽으로 향하여 선다) ○신주를 쓴다. (먼저 속 신주를 쓴 다음 겉 신주를 쓰고, 쓰기를 마치면) ○축관은 신주를 받들어 영좌에 안치한다. (안치하기를 마쳤으면) ○혼백을 거둔다. (곧 이어 혼백을 상자 속에 넣어 신주 뒤에 둔다) ○축관은 분향을 한다. ○술을 따라 올린다. ○무릎을 꿇고 앉는다. (주인 이하 모두 무릎을 꿇고 앉는

다) ○독축을 한다. (축관은 독축을 마치면 불사르지 않고 품에 품는다) ○일어선다. ○제자리로 물러나 선다. ○국궁 사배 평신한다. (주인 이하 슬픔을 다하여 곡한다) ○주인은 신주 쓴 이에게 인사한다. (주인이 재배를 하면 신주 쓴 이도 답배를 한다)

●便覽本註祝炷香斟酒執板出於主人之右跪(主人亦跪)讀(云云)畢懷之興復位主人(以下)再拜哭盡哀止
●頤庵曰家禮題主不別設奠只於題了令炷香斟酒讀祝纔畢奉以升車其意可知也而世俗不能深究仍設別奠以爲大禮豈非昧義理哉
●沙溪曰家禮無別設饌之文而五禮儀有題主奠今俗或用之
●國朝五禮儀祝盥手詣香案前北向跪三上香斟酒奠于案(連奠三盞)俯伏興少退跪於主人之右讀祝文曰(云云)畢懷之興復位主人再拜哭盡哀止祝捧神主陞車
●澤堂曰題主設奠本無禮文但奠一爵讀祝告以神返室堂之意是憑是依之下無謹告尙饗等語則其非祭奠明矣
●檀弓下; 奠以素器以生者有哀素之心也(孔穎達疏)奠謂始死至葬之時祭名以其時無尸奠置於地故謂之奠也
●檀弓; 始死未容改異故以生時庋上所餘脯醢爲奠也
●通典; 主人不奠以孝子悲哀思慕不暇執事
●書儀或無脯醢食物一兩種幷酒可也
●問葬前使祝奠禮也而當祝之人不在則喪人洗手而親奠乎或使兄弟中一人梳洗而奠之乎或使行者奴婢爲之是果合禮乎
●寒岡曰族屬鮮少之家例有此患喪主洗手親奠決不可也兄弟中一人亦難梳洗無族人執事則令行者可以代奠內喪則令婢子可以代之
●釋名釋喪祭篇喪祭曰奠奠停也言停久也亦言樸奠合體用之也朔望祭曰殷奠所用殷衆也旣葬還祭於殯宮曰虞謂虞樂安神使還此也
●問葬前使祝奠禮也而當祝之人不在則喪人洗手而親奠乎或使兄弟中一人梳洗而奠之乎或使行者奴婢爲之是果合禮乎寒岡曰族屬鮮少之家例有此患喪主洗手親奠決不可也兄弟中一人亦難梳洗無族人執事則令行者可以代奠內喪則令婢子可以代之
●南溪曰朔奠上食設於食床羹當置於匙楪之內皆象生時之義也○又曰家禮旣曰朝奠儀則只焚香斟酒再拜哭盡哀而已
●退溪曰朔望奠在禮亦無三獻
●劉氏璋曰凡奠用脯醢者盖古人家常有之如無別具饌數品亦可
●齊竟陵文宣王行狀; 遣大鴻臚監護喪事朝夕奠祭

▶2939◈問; 전(奠)이란 무엇입니까.

奠은 祭祀가 아니라고 합니다. 맞는지요.

◈答; 奠이란.

전(奠)은 상사(喪事)에서 우제(虞祭) 전까지의 예로 반갱(飯羹)이 진설되지 않는 주인이 아닌 축관이 지내는 예이나, 제사(祭祀)는 반갱(飯羹)이 진설되는 주인의 예이니 전(奠)은 제사(祭祀)가 아닙니다.

●檀弓下; 奠以素器以生者有哀素之心也(孔穎達疏)奠謂始死至葬之時祭名以其時無尸奠置於地故謂之奠也
●齊竟陵文宣王行狀; 遣大鴻臚監護喪事朝夕奠祭
●通典; 主人不奠以孝子悲哀思慕不暇執事
●檀弓; 始死未容改異故以生時庋上所餘脯醢爲奠也
●書儀或無脯醢食物一兩種幷酒可也
●便覽小斂奠諸具饌條; 脯醢果蔬之類
●問葬前使祝奠禮也而當祝之人不在則喪人洗手而親奠乎或使兄弟中一人梳洗而奠之乎或使行者奴婢爲之是果合禮乎寒岡曰族屬鮮少之家例有此患喪主洗手親奠決不可也兄弟中一人亦難梳洗無

族人執事則令行者可以代奠內喪則令婢子可以代之
●祭統; 祭者所以追養繼孝也
●穀梁傳成公十七年; 祭者薦其時也薦其敬也薦其美也非享味也
●莊子盜跖; 罷兵休卒收養昆弟共祭先祖

▶2940問; 전(奠)이란 예법에 관하여.

전(奠)이란 예는 상중에 행하는 예라 알고 있습니다. 어떤 예를 행허고 있는지요.

◈答; 상중에 행하는 전(奠)은.

아래와 같이 살펴보건대 상중(喪中) 전례(奠禮)는 9회 정도 됩니다. 국조오례의(國朝五禮儀) 전례(奠禮)에는 임광전(臨壙奠)의 예가 더 있기는 합니다.

성복전(成服前)의 전례(奠禮)로는 시사전(始死奠), 습전(襲奠)(이일습시(異日襲時)), 소렴전(小斂奠), 대렴전(大斂奠) 등을 지내며 그에 따른 예법 등에 관하여는 이미 여러 가지 예를 들어 자세히 설명되었으니 생략합니다.

⊙시사전(始死奠)(士喪禮)

●陶庵曰古禮有始死奠而家禮則有襲奠備要仍之蓋以襲在當日故也今或襲斂過期甚或至於多日其間全無使神憑依之節豈非未安之甚者乎玆依古禮移置于此如無閣餘酒脯之屬雖別具亦可且一日一奠誠不忍廢若累日未襲者每日一易爲當
●國朝喪禮補編傳曰奠當在復後五禮儀中載於襲後者進係於復條下至小斂始徹
●便覽本註執事者以卓置脯醢升自阼階祝盥手洗盞斟酒奠于尸東當肩
●曾子問註凡喪奠主人以悲哀不暇執事故不親奠
●檀弓始死之奠其餘閣也疏始死奠者鬼神依於飮食故必有祭酹但始死未容改異故以生時庋閣上所餘脯醢爲奠也又曰奠始死至葬時之祭名以其時無尸奠置於地故謂之奠
●書儀或無脯醢食物一兩種幷酒可也

⊙습전(襲奠)(行禮始死奠同)

●士喪禮疏始死奠反之於尸東因名襲奠
●陶庵曰家禮此奠卽古禮之始死奠旣從古禮則此奠不設爲宜故本註則移置於上文始死奠下而襲在經宿則依家禮設此奠無妨但旣是小斂之日則自有小斂奠此奠自當闕之

⊙소렴전(小斂奠)

●便覽本註祝執事者盥手擧饌升自阼階至靈座前(徹襲奠設新奠)祝焚香洗盞斟酒奠之卑幼皆再拜侍者巾之
●檀弓奠以素器以主人有哀素之心註除金銀酒器外盡用素器

⊙대렴전(大斂奠)

●便覽如小斂之儀
●士喪禮乃奠燭升自阼階祝執巾席從設于奧東面註自是不復奠於尸祝執巾與執席者從入爲安神位執燭南面巾委於席右疏巾委於席右以巾爲神故也○又奠席在饌北註大斂奠而有席彌神之也

⊙조석전(朝夕奠)

◈조전(朝奠)

●家禮本註執事者設蔬果脯醢祝盥手焚香斟酒主人以下再拜哭盡哀
●檀弓朝奠日出夕奠逮日註陰陽之交庶幾遇之
●旣夕禮疏朝奠須日出夕奠須日未沒者欲得父母之神隨陽而來也
●問行者執奠退溪曰執奠子弟之職子弟有故寧親執可也
●問葬前使祝奠禮也而當祝之人不在則喪人洗手而親奠乎或使兄弟中一人梳洗而奠之乎

◈석전(夕奠)

●便覽如朝奠儀

●密庵曰朝奠前先朝哭乃設奠夕奠前先夕哭乃設奠

⊙조전(弔奠)

●家禮本註賓入至靈座前哭盡哀再拜焚香跪酹茶酒俛伏興護喪止哭者祝跪讀祭文奠賻狀於賓之右畢興賓主皆哭盡哀賓再拜

⊙조전(祖奠)

●家禮本註饌如朝奠祝斟酒訖北向跪告曰(云云)俛伏興餘如朝夕奠儀

●丘儀主人以下就位擧哀哀止祝盥帨詣靈座前跪焚香斟酒告辭曰云云俯伏興平身主人以下且哭且拜

⊙견전(遣奠)

●家禮本註饌如朝奠有脯惟婦人不在奠畢執事者徹脯納苞中置舁牀上

●通典賀循曰大奠者加於常一等盛葬禮也是謂遣奠今雖不能備禮宜加於常奠以盛送終也

●沙溪曰遣奠無哭拜蒙上文豈有設奠而無哭拜乎

⊙제주전(題主奠)

●便覽本註祝炷香斟酒執板出於主人之右跪(主人亦跪)讀(云云)畢懷之興復位主人(以下)再拜哭盡哀止

●頤庵曰家禮題主不別設奠只於題了令炷香斟酒讀祝纔畢奉以升車其意可知也而世俗不能湥究仍設別奠以爲大禮豈非昧義理哉

●沙溪曰家禮無別設饌之文而五禮儀有題主奠今俗或用之

●國朝五禮儀祝盥手詣香案前北向跪三上香斟酒奠于案(連奠三盞)俯伏興少退跪於主人之右讀祝文曰(云云)畢懷之興復位主人再拜哭盡哀止祝捧神主陞車

●澤堂曰題主設奠本無禮文但奠一爵讀祝告以神返室堂之意是憑是依之下無謹告尙饗等語則其非祭奠明矣

▶2941◈問; 전(奠)이 제사(祭祀)와 다른 점은요.

전(奠)은 구체적으로 어떻게 하는 것이며 제사와 다른점을 알려주십시요

◈答; 전(奠)이 제사(祭祀)와 다른 점.

전(奠)은 아래와 같이 살펴보건대 상중(喪中) 반곡전(反哭前)의 예(禮)로서 주인이 직접 집전(執奠)하지 않고 축(祝)의 집전(執奠)으로 참강(參降)이 없으며 소기(素器)에 포해(脯醢)와 찬수품(饌數品) 진설(陳設) 분향(焚香) 짐주(斟酒) 후 재배(再拜)일 뿐입니다.

●釋名釋喪祭篇喪祭曰奠奠停也言停久也亦言樸奠合體用之也朔望祭曰殷奠所用殷衆也旣葬還祭於殯宮曰虞謂虞樂安神使還此也

●通典主人不奠以孝子悲哀思慕不暇執事

●問行者執奠退溪曰執奠子弟之職子弟有故寧親執可也

●問葬前使祝奠禮也而當祝之人不在則喪人洗手而親奠乎或使兄弟中一人梳洗而奠之乎或使行者奴婢爲之是果合禮乎寒岡曰族屬鮮少之家例有此患喪主洗手親奠決不可也兄弟中一人亦難梳洗無族人執事則令行者可以代奠內喪則令婢子可以代之

●同春問三年內殷奠無參降何歟沙溪曰孝子常侍几筵故不爲參降也

●南溪曰朔奠上食設於食床羹當置於匙楪之內皆象生時之義也○又曰家禮旣曰朝奠儀則只焚香斟酒再拜哭盡哀而已

●退溪曰朔望奠在禮亦無三獻

●密庵曰家禮束茅聚沙始見虞祭章朝夕奠上食時恐不必設

●劉氏璋曰凡奠用脯醢者盖古人家常有之如無別具饌數品亦可

●檀弓奠以素器

●旣夕禮猶朝夕哭不奠疏反哭至殯宮猶朝夕哭如前不奠

⊙成服圖式(가례초해성복도식)

冠관 圖도

斬衰冠

三辟積向右

內畢

外畢

繩纓

繩纓

大功冠	小功冠	緦麻冠
並同齊衰	三辟積向左餘與齊衰同	澡纓辟積同小功餘與齊衰同

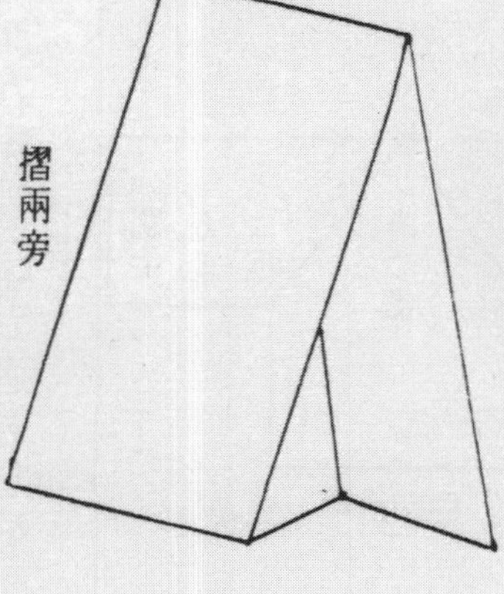

齊衰冠

三辟積向右

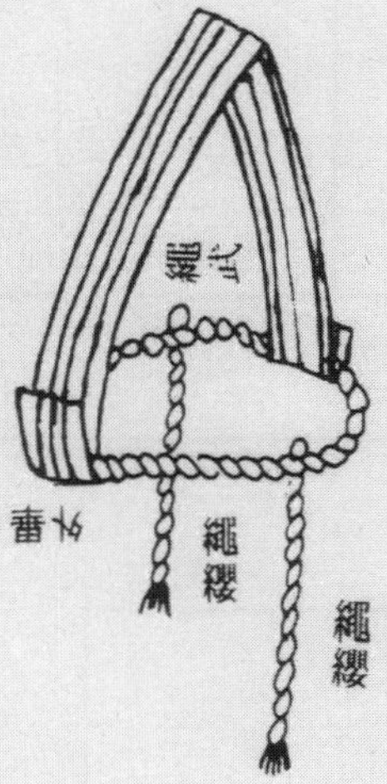

內畢

外畢

布纓

布纓

孝巾

上合縫裏在藏

摺兩旁

合縫在後之中

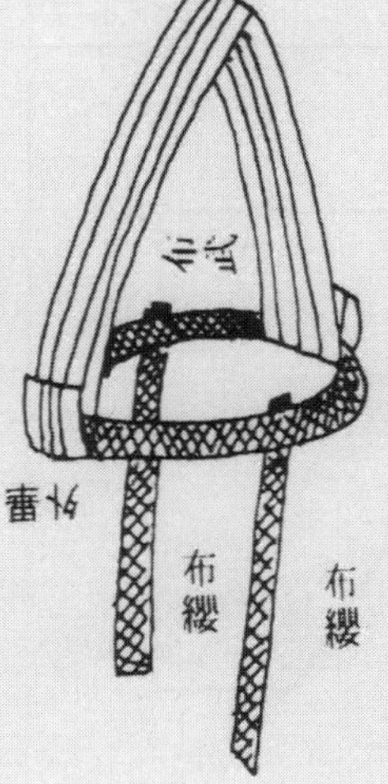

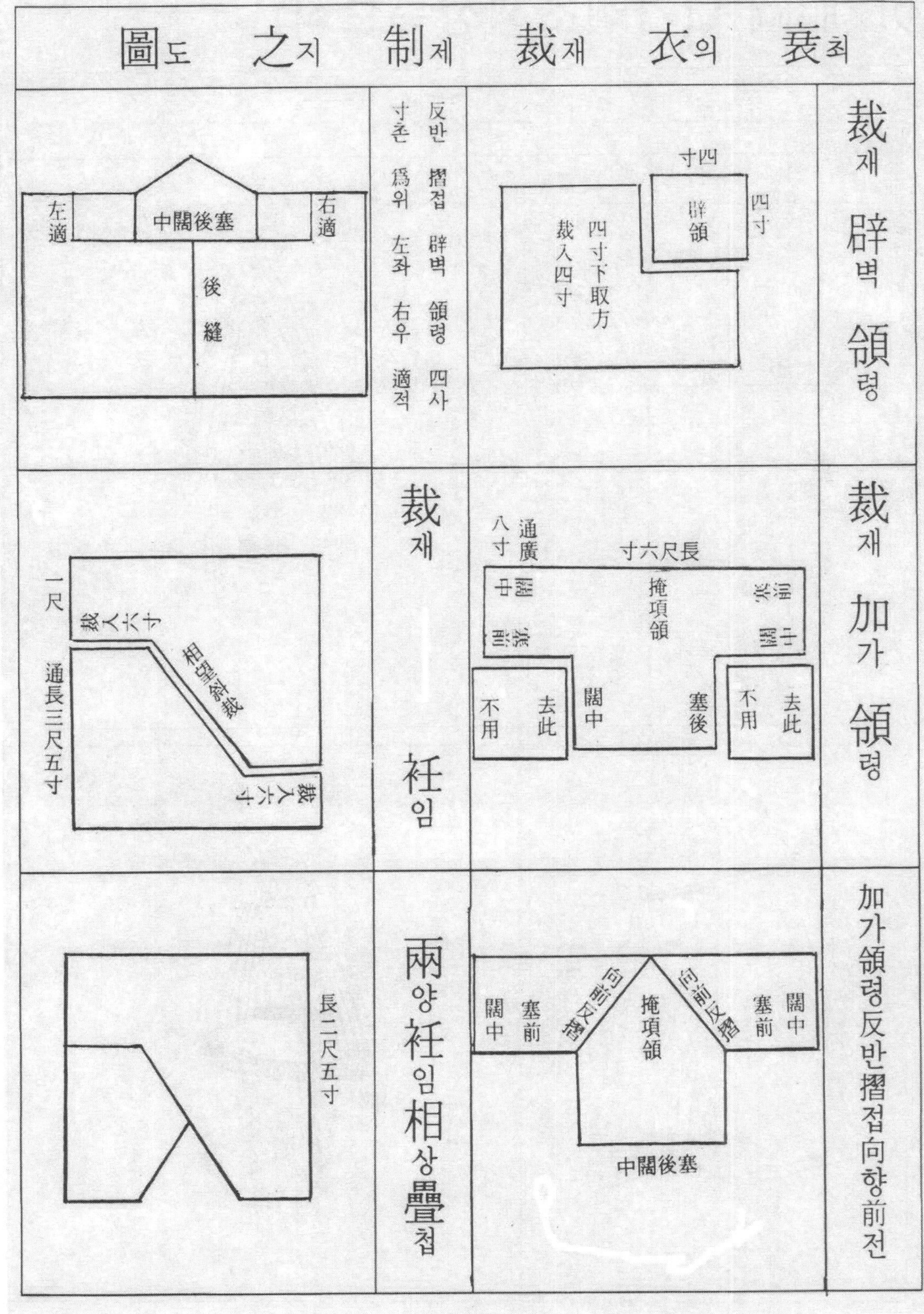
衰최 衣의 裁재 制제 之지 圖도
裁재 辟벽 領령
四寸
四寸
辟領
四寸下取方
裁入四寸
反반 摺접 辟벽 領령 四사
寸촌 爲위 左좌 右우 適적
右適
左適
中闊後塞
後縫
裁재 加가 領령
長六尺寸
通廣八寸
掩項領
去此不用
闊中
塞後
裁재 衽임
一尺
裁入六寸
裁入六寸
通長三尺五寸
加가領령反반摺접向향前전
掩項領
塞前
闊中
中闊後塞
兩양 衽임 相상 疊첩
長二尺五寸

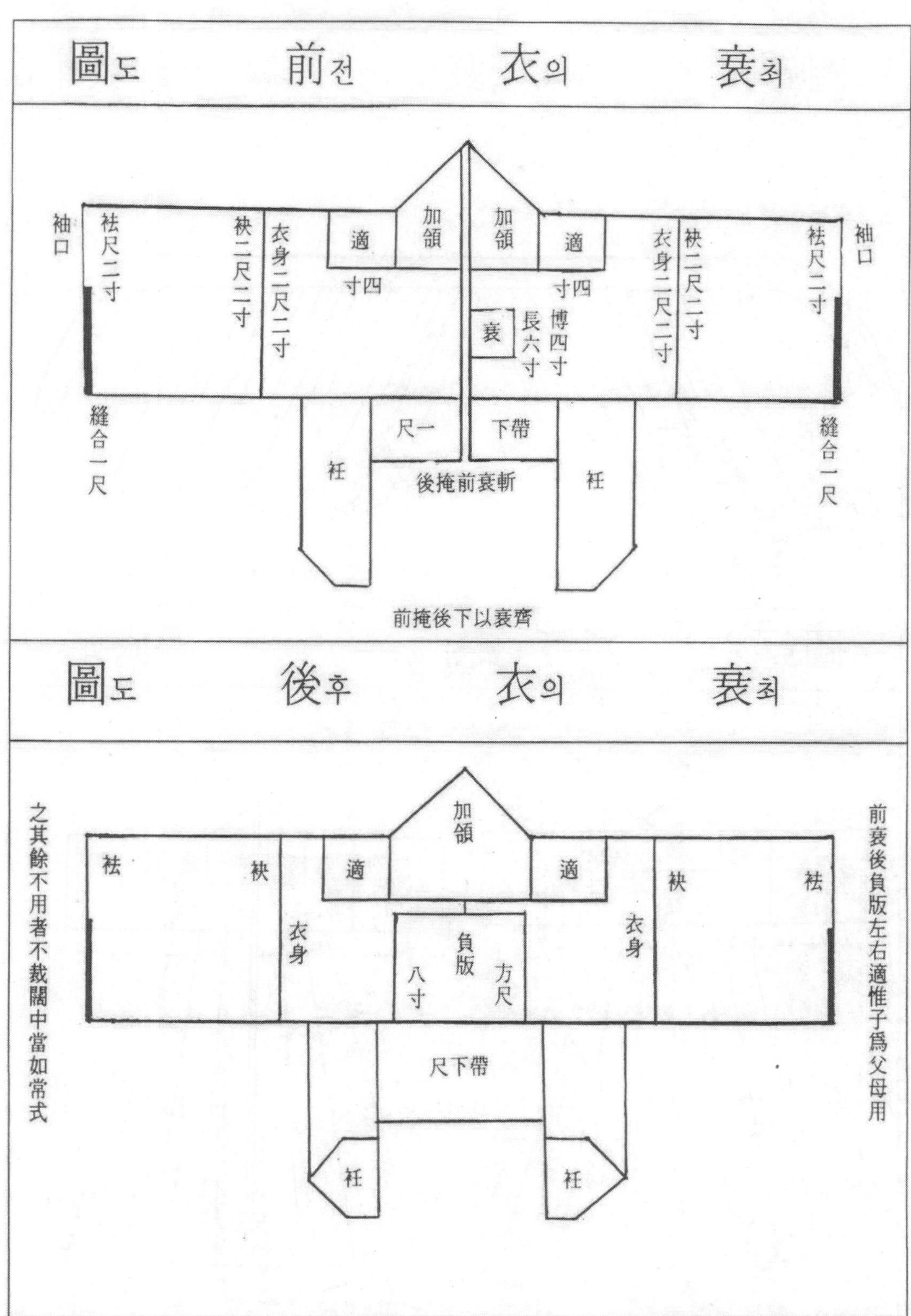
衰衣前圖 최의전도
袖口
袪尺二寸
袂二尺二寸
衣身二尺二寸
適
加領
寸四
衰
長六寸
博四寸
縫合一尺
尺一
下帶
衽
後掩前衰斬
前掩後下以衰齊
衰衣後圖 최의후도
加領
袪
袂
適
衣身
負版
八寸
方尺
尺下帶
衽
之其餘不用者不裁闊中當如常式
前衰後負版左右適惟子爲父母用

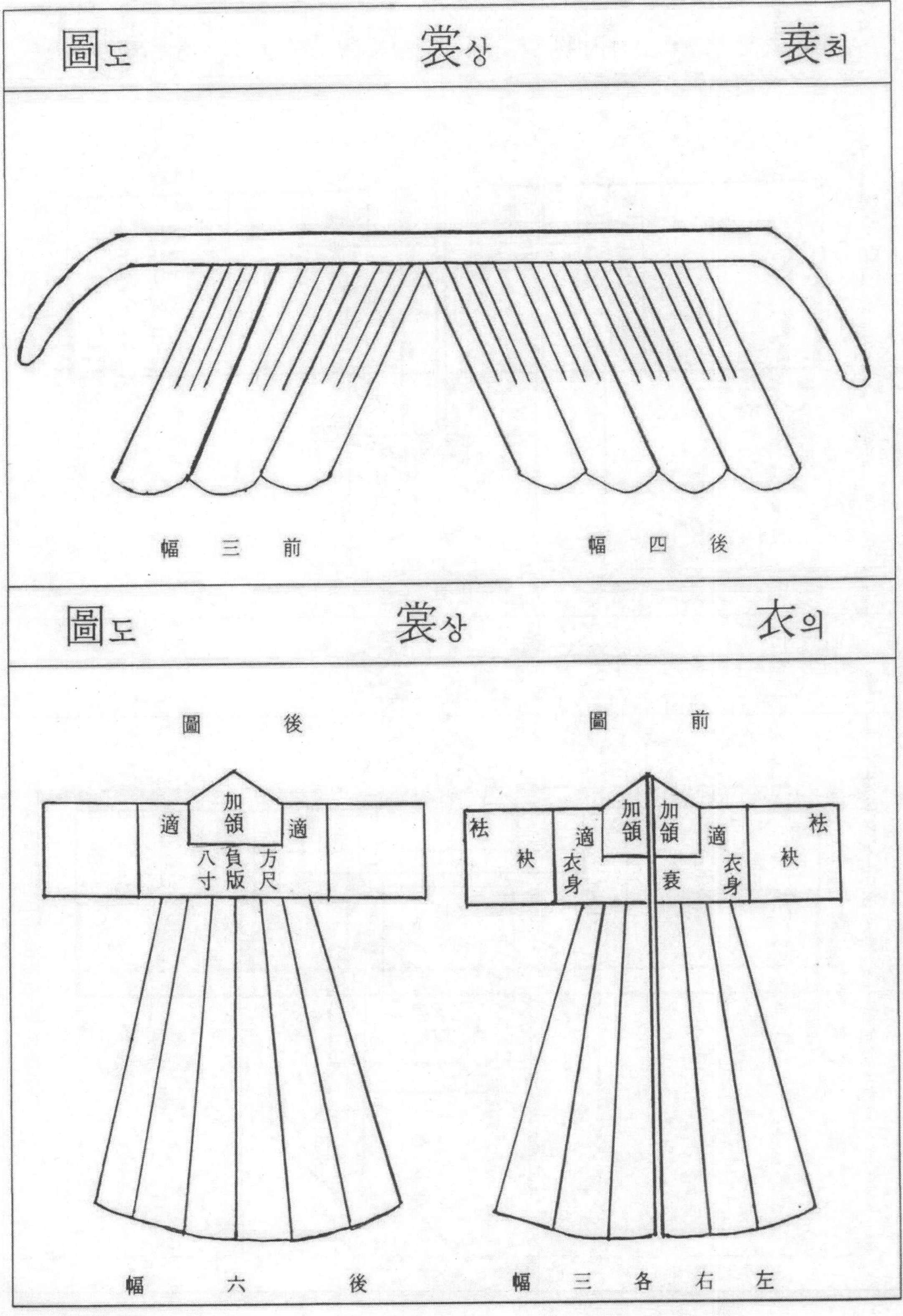

衰최 裳상 圖도
前三幅
後四幅
衣의 裳상 圖도
後圖
加領
適
適
方尺
負版
八寸
後六幅
前圖
袪
袂
適
衣身
加領
加領
衰
適
衣身
袂
袪
左右各三幅

圖도 前전 制제 新신 衣의 衰최 覽람 便편

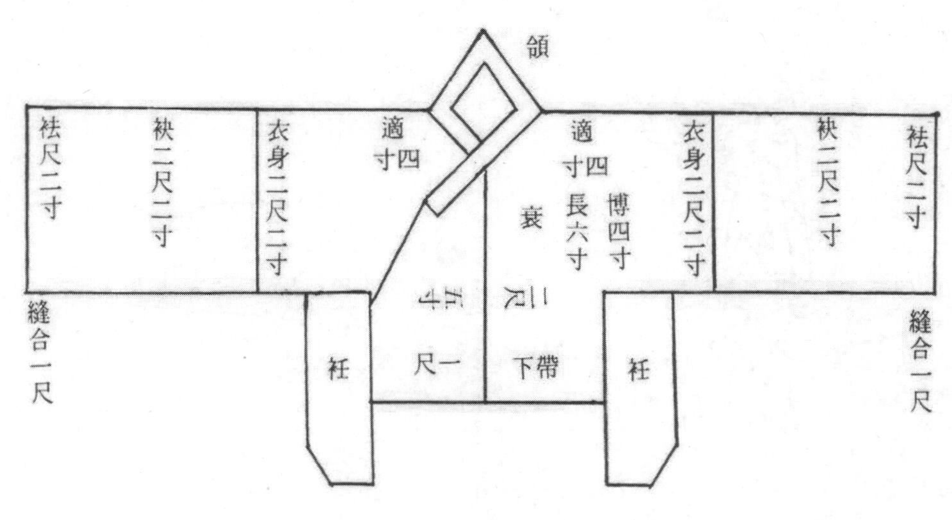

圖도 後후 制제 新신 衣의 衰최 覽람 便편

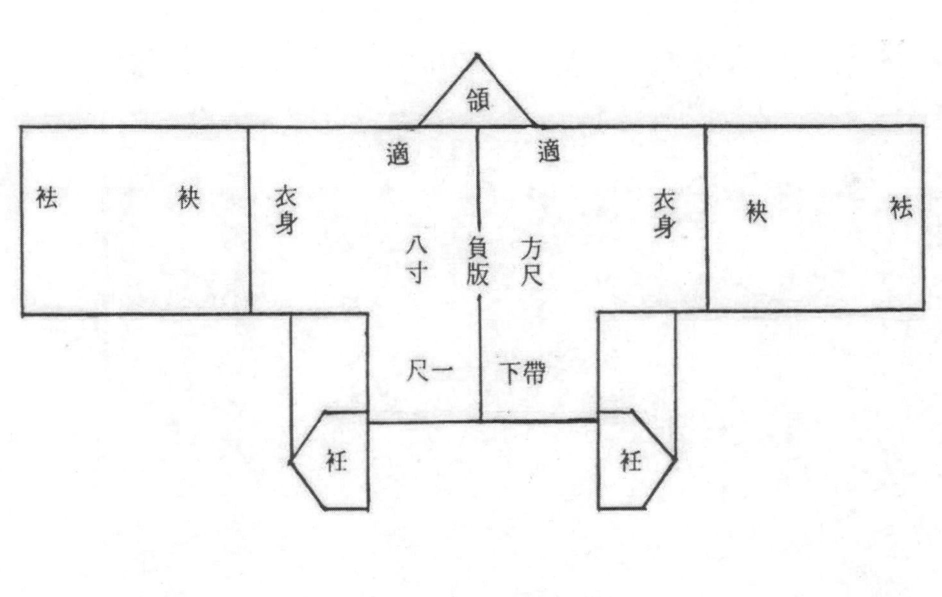

圖도 頭두 蓋개	圖도 冠관 人인 婦부
圖도經질首수衰최齊자	**圖도經질首수衰최斬참**
分 二 寸 七 圍 大功以下同小功以下及 中殤七月無纓 布纓 右本在下 下圍各以次五分去일	寸 九 圍 左本在下 繩纓

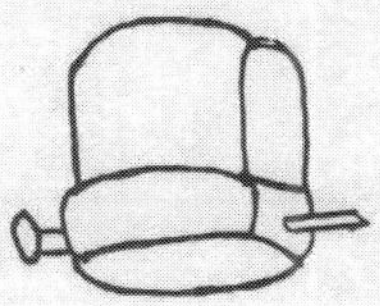

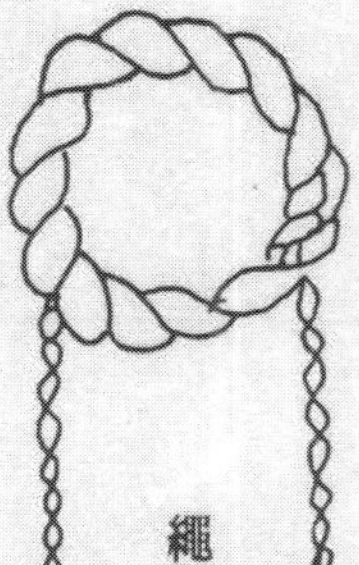

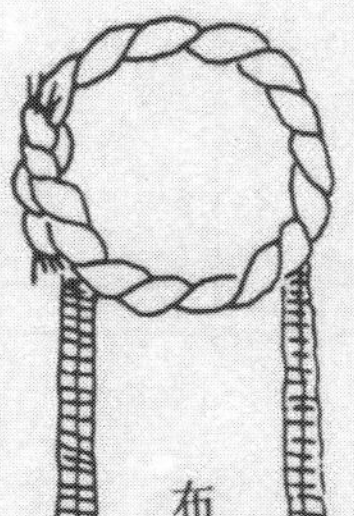

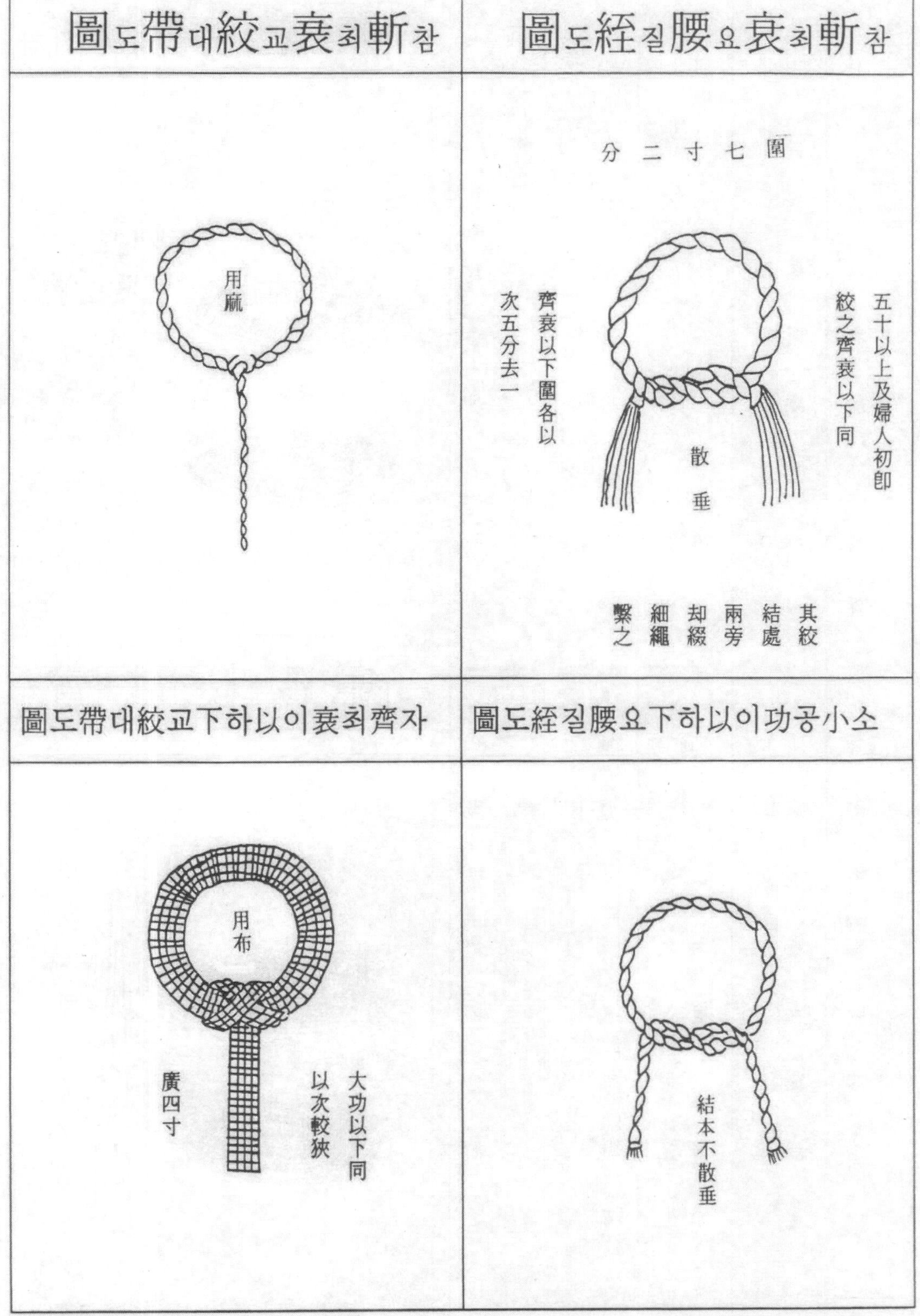

斬참衰최絞교帶대圖도
用麻
斬참衰최腰요絰질圖도
圍七寸二分
五十以上及婦人初卽
絞之齊衰以下同
齊衰以下圍各以
次五分去一
散垂
其絞結處兩旁却綴細繩繫之
齊자衰최以이下하絞교帶대圖도
用布
大功以下同
以次較狹
廣四寸
小소功공以이下하腰요絰질圖도
結本不散垂

斬참衰최杖장屨구圖도

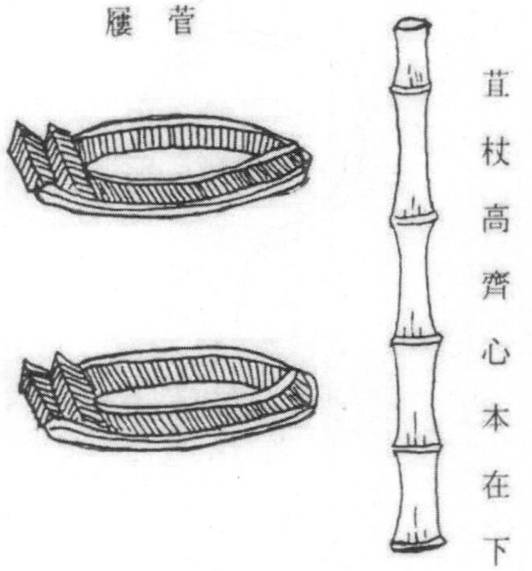

菅屨

苴杖高齊心本在下

齊자衰최杖장屨구圖도

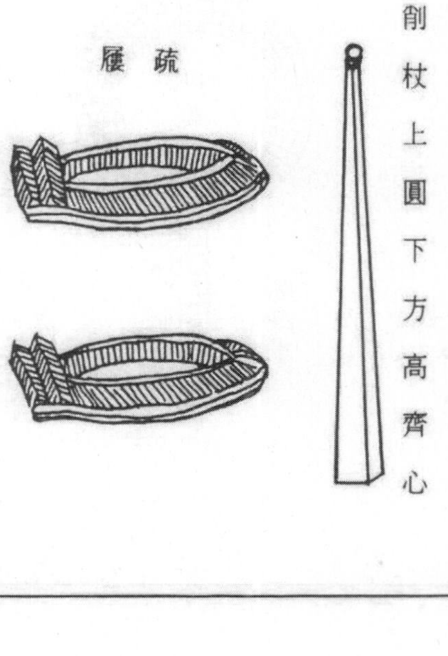

疏屨

削杖上圓下方高齊心

家禮士喪禮疏曰麻在首在腰皆曰絰分而言之首曰絰腰曰帶○問絰帶之制朱先生曰首絰大一搤只是拇指與第二指一圍腰絰較小絞帶又小於腰絰腰絰象大帶兩頭長垂下絞帶象革帶一頭有彄子以一頭串於中而束之○朱先生曰首絰右本在上者齊衰絰之制以麻根處著頭右邊而從額前向左圍向頭後却就右邊元麻根處相接以麻尾藏在麻根之下麻根搭在麻尾之上有纓者以其加於冠外頂著纓方不脫落也

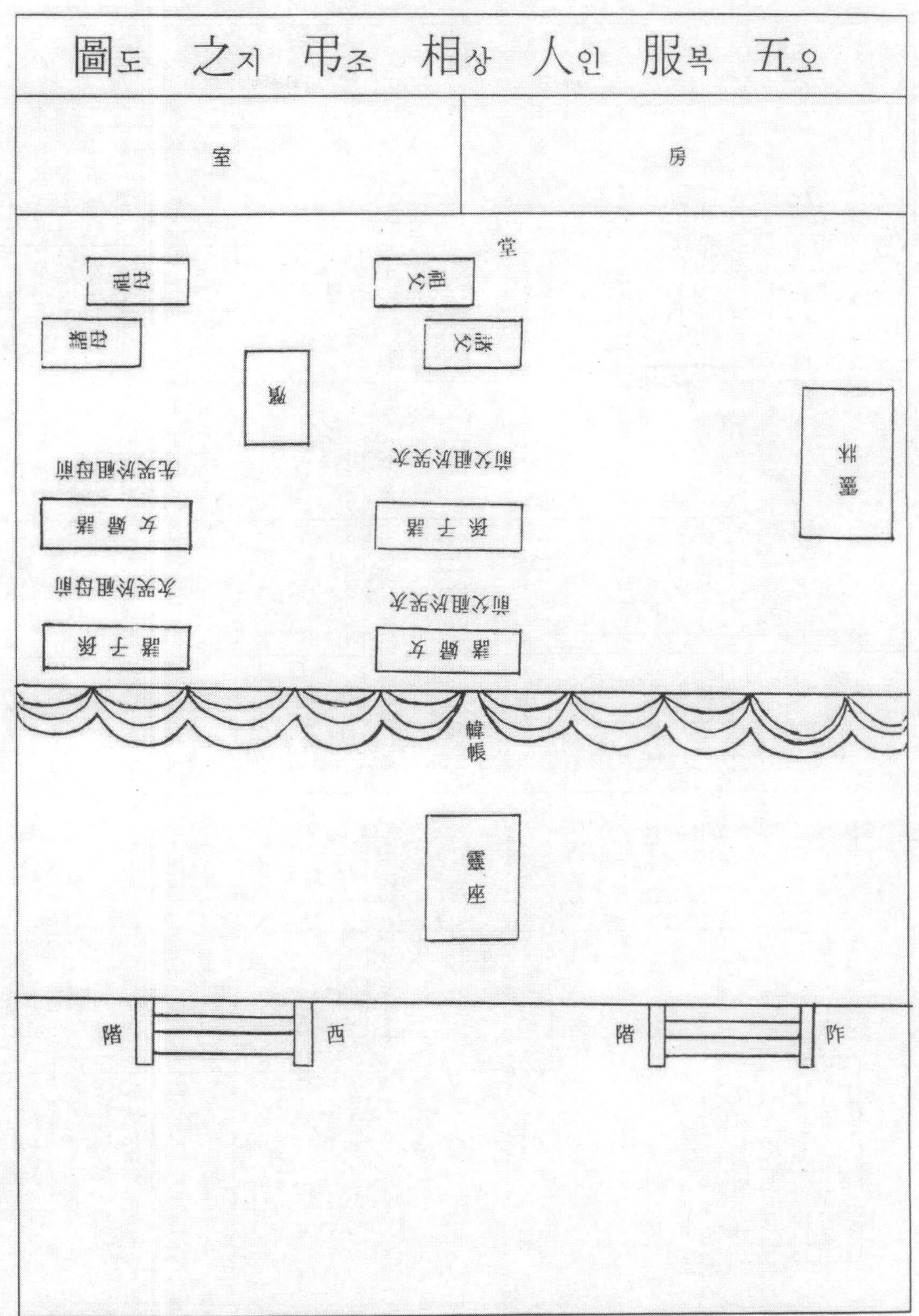
圖도 之지 弔조 相상 人인 服복 五오
室
房
堂
祖父
諸父
祖母
諸母
諸子孫
諸婦女
靈牀
帷帳
靈座
西階
阼階

服복 之지 圖도

本宗	一從	再從	三從	四從
高祖母 齊衰三月 承重齊衰三年 承重祖在則不杖期				
曾祖母 齊衰五月 承重齊衰三年 承重祖在則不杖期	曾祖之姊妹 族曾祖姑 緦 嫁無			
祖母 齊衰不杖期 承重齊衰三年 承重祖在則不杖期	祖父之姊妹 從祖祖姑 小功 嫁緦	祖父之從姊妹 族祖姑 緦 嫁無		
母 齊衰三年 父在則不杖期	姑 不杖期 嫁大功	父之從姊妹 從祖姑 小功 嫁緦	父之再從姊妹 族姑 緦 嫁無	
妻 齊衰杖期 父在則不杖期	姊妹 不杖期 嫁大功	己之從姊妹 從父姊妹 大功 嫁小功	己之再從姊妹 從祖姊妹 小功 嫁緦	己之三從姊妹 族姊妹 緦 嫁無
婦 長不杖期 衆大功	兄弟之女 不杖期 嫁大功	己之從姪女 從父兄弟之女 小功 嫁緦	己之再從姪女 從祖兄弟之女 緦 嫁無	
孫婦 適小功 姑在則不 衆無	兄弟之孫女 小功 嫁緦	己之再從孫女 從父兄弟之孫女 緦 嫁無		
曾孫婦 適小功 姑在則不 衆無	兄弟之曾孫女 緦 嫁無			
玄孫婦 適小功 姑在則不 衆無				

姑姊妹女子子在室服並與男子同嫁反者亦同適人無夫與子者爲其兄弟姊妹及兄弟之子不杖期

凡女適人者爲其私親皆降一等惟祖及曾高祖不降爲兄弟之爲父後者不降爲兄弟姪之妻不降

本본 宗종 五오

本宗	服	兄弟行	從兄弟行	再從兄弟行	三從兄弟行
高祖父 承重 斬衰三年	齊衰三月				
曾祖父 承重 斬衰三年	齊衰五月	曾祖之兄弟 族曾祖父母 緦麻			
祖父 承重 斬衰三年	齊衰不杖期	祖父之兄弟 從祖祖父母 不杖期	祖父之從兄弟 族祖父母 緦麻		
父	斬衰三年	伯叔父母 不杖期	父之從兄弟 從祖父母 小功	父之再從兄弟 族父母 緦	
己		兄弟 不杖期 妻小功	己之從兄弟 從父兄弟 大功 妻國制緦	己之再從兄弟 從祖兄弟 小功 妻無	己之三從兄弟 族兄弟 緦 妻無
子 衆不杖期 女嫁降	長斬衰三年	兄弟之子 不杖期 婦大功	己之從姪 從父兄弟之子 小功 婦緦	己之再從姪 從祖兄弟之子 緦 妻無	
孫 衆大功 女嫁降	適不杖期	兄弟之孫 小功 婦緦	己之再從孫 從父兄弟之孫 緦 婦無		
曾孫 衆緦 女嫁降	適不杖期	兄弟之曾孫 緦 婦無			
玄孫 衆緦 女嫁無	適不杖期				

嫡孫父卒爲祖若曾高祖承重者斬衰三年爲祖母曾高祖母承重者齊衰三年

凡男爲人後者爲其私親皆降一等惟本生父母降服不杖期中心喪三年其本生父母亦爲之降服不杖期

도 의 복

복기	직계	1	2	3	4
차쵀삼월	고조모 승중참삼년 선망장기				
자쵀오월	증조모 승중참삼년 선망장기	증조의자매 족증조고 시마 출가무			
자쵀부장기	조모 승중참삼년 선망장기	조부의자매 증조조고 소공 출가시마	조부의재종자매 족조고 시마 출가무		
자쵀삼년	모 선망장기	부의자매 고모 부장기 출가대공	당고모 종조고 소공 출가시마	부의재종자매 족고 시마 출가무	
자쵀장기	처 부재부장기	자매 부장기 출가대공	종자매 조부자매 대공 출가소공	재종자매 종조자매 소공 출가시마	삼종자매 족자매 시마 출가무
장부부장기	며느리 고재무 중부대공	질녀 형제의녀 부장기 출가대공	종질녀 종부형제의손녀 소공 출가시마	재종질녀 종조형제의녀 시마 출가무	
적소공	손부 고재무 중시마	형제의손녀 소공 출가시마	종부형제의손녀 시마 출가무		
적소공	승손부 고재무 중무	형제의증손녀 시마 출가무			
적소공	현손부 고재무 중무				

오	종	본		
고조부 자최삼월 승중 참최삼년				
증조부 자최오월 승중 참최삼년	증조의형제 족증조부모 시마			
조부 자최부장기 승중 참최삼년	조부의형제 종조조부모 소공	조부의종형제 족조부모 시마		
부 참최삼년	백숙부모 부장기	당숙부모 종조부모 소공	재당숙 족부모 시마	
본인	형제 부장기 처소공	종형제 종부형제 대공 처시마	재종형제 종조형제 소공 처무	삼종형제 족형제 시마 처무
장자 참최삼년 자 중자부장기 출가녀대공	조카 형제의자 부장기 부대공	종질 종부형제의자 소공 부무	재종질 종조형제의자 시마 처무	
적손 부장기 손자 중손대공출 출가녀소공	형제의손 소공 부시마	재종손 종부형제의손 시마 부무		
적증손 부장기 증손 중시마 출가녀소공	형제의증손 시마 부무			
적현손 부장기 현손 중시마 출가녀무				

服복 制제 之지 圖도

元不同居繼父

元不同居則無服 附異父同母之兄弟姊妹各服小功五月

異繼父

父有子己有大功己上親服齊衰三月

繼母

爲父再娶之母義服齊衰三年○繼母爲長子報服齊衰三年○爲衆子乃服不杖期○繼母出則無服○若父卒繼母嫁而已從之乃服杖期繼母報服不杖期○母出爲繼母之兄弟姊妹小功

母

期而爲祖後則無服○庶母爲其子爲君之衆子齊衰不杖期○爲君之長子齊衰三年○妾爲君斬衰三年○爲女君爲其父母不杖期ㅇ庶母慈己者謂自小乳養己者義服小功

養母

謂養同宗及三歲以下遺棄之子者與親母同正服齊衰三年

乳母

謂小乳哺曰乳母義服緦麻

###

謂父亡母再嫁降服杖期母爲子乃服不杖期○女子己適人者乃服大功母爲女報服○子爲父後者不服○前夫之子從己嫁者服不杖期

三삼 父부 八팔 母모

同居繼父

同居繼父父子皆無大功以上親乃義服不杖期

先同居今

不同居謂先隨母嫁繼父同居後異或雖同居異繼

嫡母

妾生子謂父正室曰嫡母正服齊衰三年母與嫡子亦報服○爲衆子則服不杖期○庶子爲嫡母之父母兄弟姊妹小功母死不服

庶

謂父妾之有子者衆子爲之義服緦麻○士之庶子爲其母齊衰三年爲父後則降○庶子爲父後子爲其母緦而爲其母之父母兄弟姊妹則無服○庶子之子爲父之母不杖

慈母

謂庶子無母而父命他妾之無子者慈己也同親母義服齊衰三年不命則小功

出母

謂被父離棄母降服杖期爲子降服不杖期○子爲父後者則不服○女嫡人爲出母乃降服大功母爲女亦報服

삼 부 팔 모 복 도

부가다른동모 형제자매 대공	처음부터부동거 계부 무복	대공이상무친족 처음은동거하다뒤부동거 계부 자최삼월	동거 계부 부장기
	계모 자최삼년 부망재가무	적모 자최삼년	
쫓겨난 출모 자최장기	개가한 가모 자최장기	자모 자최삼년	양모 자최삼년
	유모 시마	서모 시마	

三삼 殤상 服복 之지 圖도

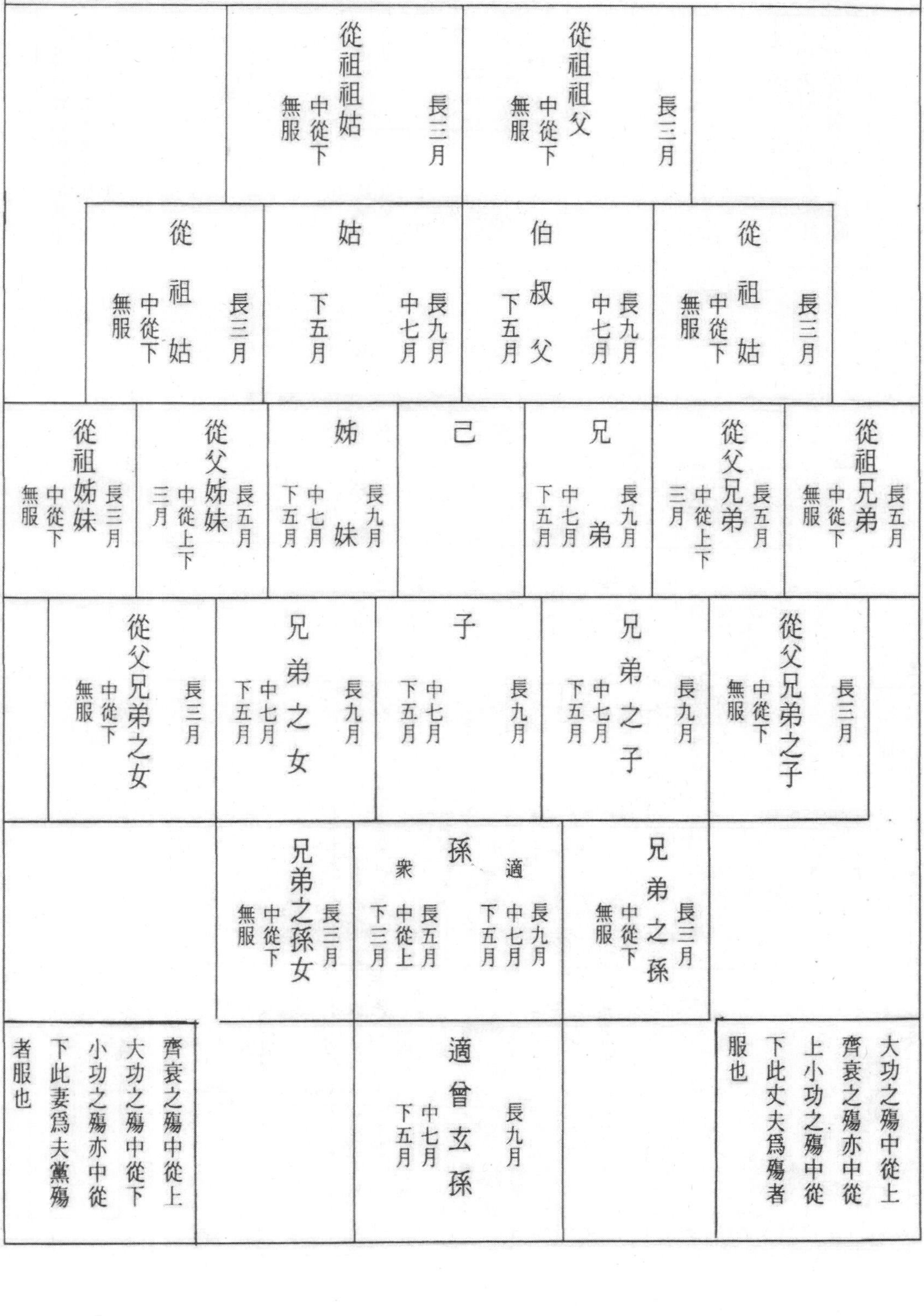

- 從祖祖姑: 長三月 中從下 無服
- 從祖祖父: 長三月 中從下 無服

- 從祖姑: 長三月 中從下 無服
- 姑: 長九月 中七月 下五月
- 伯叔父: 長九月 中七月 下五月
- 從祖姑: 長三月 中從下 無服

- 從祖姊妹: 長三月 中從下 無服
- 從父姊妹: 長五月 中從上下 三月
- 姊妹: 長九月 中七月 下五月
- 己
- 兄弟: 長九月 中七月 下五月
- 從父兄弟: 長五月 中從上下 三月
- 從祖兄弟: 長五月 中從下 無服

- 從父兄弟之女: 長三月 中從下 無服
- 兄弟之女: 長九月 中七月 下五月
- 子: 長九月 中七月 下五月
- 兄弟之子: 長九月 中七月 下五月
- 從父兄弟之子: 長三月 中從下 無服

- 兄弟之孫女: 長三月 中從下 無服
- 孫: 適 長九月 中七月 下五月 / 衆 長五月 中從上 下三月
- 兄弟之孫: 長三月 中從下 無服

- 齊衰之殤中從上大功之殤中從下小功之殤亦中從下此妻爲夫黨殤者服也
- 適曾玄孫: 長九月 中七月 下五月
- 大功之殤中從上齊衰之殤亦中從上小功之殤中從下此丈夫爲殤者服也

妻처 爲위 夫부 黨당 服복 之지 圖도

夫爲祖曾高祖父母承重者及爲人後者並從夫服爲本生舅姑服大功

從夫服降一等夫外祖父母及舅從母並緦麻

			夫高祖母 緦麻	夫高祖父 緦麻			
			夫曾祖母 緦麻	夫曾祖父 緦麻			
		夫從祖祖姑 緦麻	夫祖母 大功	夫祖父 大功	夫從祖祖夫母 緦麻		
	夫從祖祖姑 緦麻	夫姑 小功 適人不降	姑 齊衰 三年	舅 斬衰 三年	夫伯叔父母 大功	夫從祖父母 緦麻	
	夫從父姊妹 小功 適人不降	夫姊妹 小功 適人不降	己	夫 斬衰 三年	夫兄弟娣姒 小功	夫從父兄弟 緦麻 妻緦麻	
夫從祖兄弟之女 緦麻 嫁無	夫從父兄弟之女 小功 嫁緦麻	夫兄弟之女 不杖期 嫁大功	婦 適不杖期 衆大功	子 適齊衰三年 衆不杖期	夫兄弟之子 不杖期 婦大功	夫從父兄弟之子 小功 婦緦麻	夫從祖兄弟之子 緦麻 婦無
	夫從父兄弟之孫女 緦麻 嫁無	父兄弟之孫女 小功 嫁緦麻	孫婦 適小功 衆緦麻	孫 適不杖期 衆大功	夫兄弟之孫 小功 婦緦麻	夫從父兄弟之孫 緦麻 婦無	
		父兄弟之曾孫女 緦麻 家無	曾孫婦 適小功 衆無	曾孫 適不杖期 衆緦麻	夫兄弟之曾孫 緦麻 婦無		
			玄孫婦 適小功 衆無	玄孫 適不杖期 衆緦麻			

凡婦服夫黨當喪而出則除之

시가복도

			시고조모 시마	시고조부 시마			
			시증조모 시마	시증조부 시마			
		시대고모 시마	시조모 대공	시조부 대공	시종조조부모 시마		
	시당고모 시마	시고모 소공	시어머니 자최 삼년	시아버지 참최 삼년	시백숙부모 대공	시당숙부모 시마	
	시종자매 시마	시자매 소공	본인	부군 참최 삼년	시형제 소공 동서 소공	시종형제 시마 처 시마	
시재종질녀 시마 출가 무	시종질녀 소공 출가 시마	시질녀 소공 출가 대공	며느리 적부 장기 중 대공	아들 적 참최 삼년 중자부 장기	시조카 부장기 부 대공	시종질 소공 부 시마	시재종질 시마 부 무
	시종형제의 손녀 시마 출가 무	시형제의 손녀 소공 출가 시마	손부 적 소공 중 시마	손자 적 부장기 중손 대공	시형제의 손 소공 부 시마	시종형제의 손 시마 부 무	
		시형제의 증손녀 시마 출가 무	증손부 적 소공 중 시마	증손 적 부장기 중 시마	시형제의 증손 시마 부 무		
			현손부 적 소공 중 무	현손 적 부장기 중 시마			

出출嫁가女녀爲위本본宗종降강服복之지圖도

凡女適人者爲其私親皆降一等惟於祖曾高祖父母及兄弟之爲父後者及兄弟姪之妻皆從本服

姑姊妹女孫女嫁反者服與男子同適人而無夫與子者亦同適人而無夫與子者爲其兄弟姊妹及兄弟之子皆不杖期

兩女各出不再降

高祖父母 齊衰三年

曾祖父母 齊衰五月

祖父母 不杖期

從祖祖父母 緦麻

從祖祖姑 緦麻

父母 不杖期

伯叔父母 大功

姑 大功

從祖父母 緦麻

從祖姑 緦麻

兄弟 大功 妻小功 父爲父後者不降

姊妹 大功

從父兄弟 小功 妻緦麻

從父姊妹 小功

從祖兄弟 緦麻 妻無

從祖姊妹 緦麻

兄弟之子 大功 婦小功

姊妹之子 小功 夫緦麻

從父兄弟之子 緦麻 婦無

兄弟之孫 緦麻 婦無

출가녀본종강복도

			고조부모 자최오월			
			증조부모 자최오월			
		대고모 시마	조부모 부장기	종조부모 시마		
	당고모 시마	고모 대공	부모 부장기	백숙부모 대공	당숙부모 시마	
재종자매 시마	종자매 소공	자매 대공	본인	형제 대공 처 소공	종형제 소공 처 시마	재종형제 시마 처 무
		자매의자 소공 부 시마		질 대공 부 소공	종질 시마 부 무	
				형제의손 시마 부 무		

爲위人인後후者자爲위本본生생降강服복之지圖도

凡爲人後者爲其私親皆降一等私親之爲之也亦然惟其本生父母爲之不杖期

兩男各爲人後不再降男出後女出嫁者再降

			曾祖父母 緦麻			
		從祖祖姑 緦麻 嫁無	祖父母 大功	從祖祖父母 緦麻		
	從祖姑 緦麻 嫁無	姑 大功 嫁小功	父母 不杖期 心喪三年	伯叔父母 大功	從祖父母 緦麻	
從祖姊妹 緦麻 嫁無	從父姊妹 緦麻 嫁緦麻	姊妹 大功 嫁小功	己	兄弟 大功 妻緦麻	從父兄弟 小功 妻無	從祖兄弟 緦麻 妻無
	從父兄弟之女 緦麻 嫁無	兄弟之女 大功 嫁小功		兄弟之子 大功 婦小功	從父兄弟之子 緦麻 婦無	
		兄弟之孫女 緦麻 嫁無		兄弟之孫 緦麻 婦無		

양자된자본생강복도

			증조부모 시마			
		대고모 시마 출가무	조부모 대공	종조조부모 시마		
	당고모 시마 출가무	고모 대공 출가소공	부모 부장기 심상삼년	백숙부모 대공	당숙부모 시마	
재종자매 시마 출가무	종자매 소공 출가시마	자매 대공 출가소공	본인	형제 대공 처시마	종형제 소공 처무	재종형제 시마 처무
	종형제의녀 시마 출가무	질녀 대공 출가소공		질 대공 婦小功	종형제의자 시마 부무	
		형제의손녀 시마 출가무		형제의손 시마 부무		

外외 黨당 妻처 黨당 服복 圖도

母出則爲繼母之父母兄弟姉妹小功		外祖父母 小功 婦人爲夫外祖父母緦麻		君母之父母君母死則不服母之君母母死不服庶子爲後者爲其外祖無服
	從母 小功 母之姉妹婦人爲夫從母緦麻	妻父母 緦麻 妻亡別娶亦同 妻之親母雖嫁出猶服	舅 小功 母之兄弟婦人爲夫之舅緦麻	
從母之子 緦麻 兩姨兄弟姉妹謂從之子也		己身	舅姑之子 緦麻 舅之子曰內兄弟	姑之子曰外兄弟
	甥女 小功 姉妹之女曰甥女	壻 緦麻	甥 小功 姉妹之子曰甥 婦緦麻	
		外孫 緦麻 女之子也 婦服並同		外親雖適人不降

외당처당복도

		외조부모 소공 부군외조부모 시마		
	이모 소공 남편이모 시마	처부모 시마	외숙부모 소공 부군외숙 시마	
이종형제 시마		본인	외종형제 시마	고종형제 시마
	생질녀 소공	사위 시마	생질 소공 생질부 시마	
		외손 시마 외손부 시마		

妾첩服복圖도

君 斬衰三年 卿大夫爲貴妾 士妾有子緦	君之長子 齊衰三年
君之父母 儀禮妾爲君之黨 服得與女君同	君之衆子 齊衰不杖期
女君 齊衰不杖期 女君於 妾無服	其子 齊衰不杖期
妾爲其私親服與女子子適人有同	

첩복도

부군 참최삼년	부군의 장자 자최삼년
부군의 부모복 적처와 같다	부군의 중자 자최부장기
적처 자최부장기 적처첩복무	그 지자 최부장기

大대 宗종 小소 宗종 圖도

諸侯						
諸侯	別子 百世不遷					
百世爲諸侯		高祖				
			曾祖			
				祖		
					禰	
	繼別大宗	繼高祖小宗	繼曾祖小宗	繼祖小宗	繼禰小宗	身事五宗 無大宗則事四宗

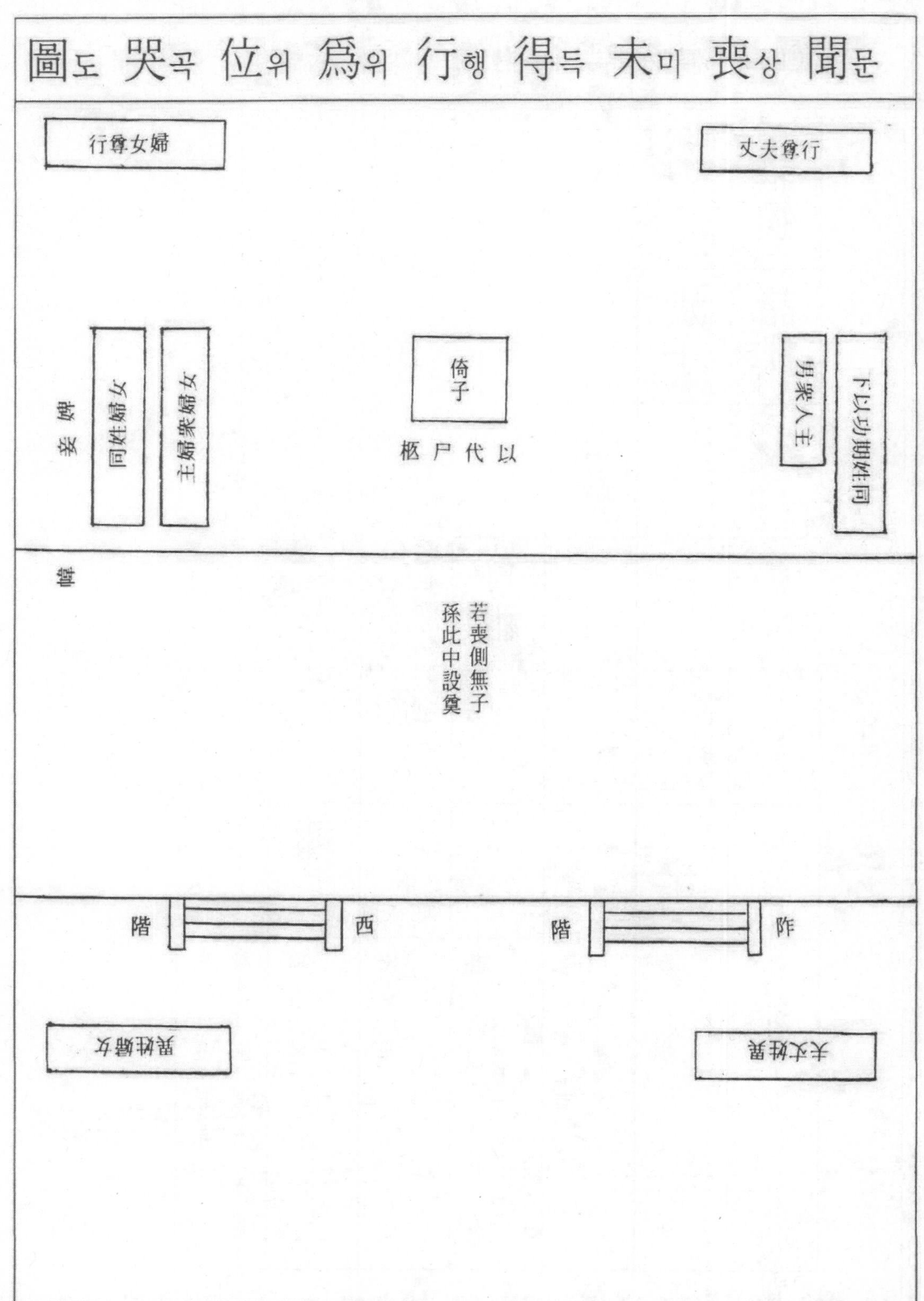

圖도 哭곡 位위 爲위 行행 得득 未미 喪상 聞문
行尊女婦
丈夫尊行
同姓婦女
主婦衆婦女
妾婢
倚子
以代尸柩
主人衆男
同姓期功以下
若喪側無子孫此中設奠
西階
阼階
異姓婦女
異姓丈夫

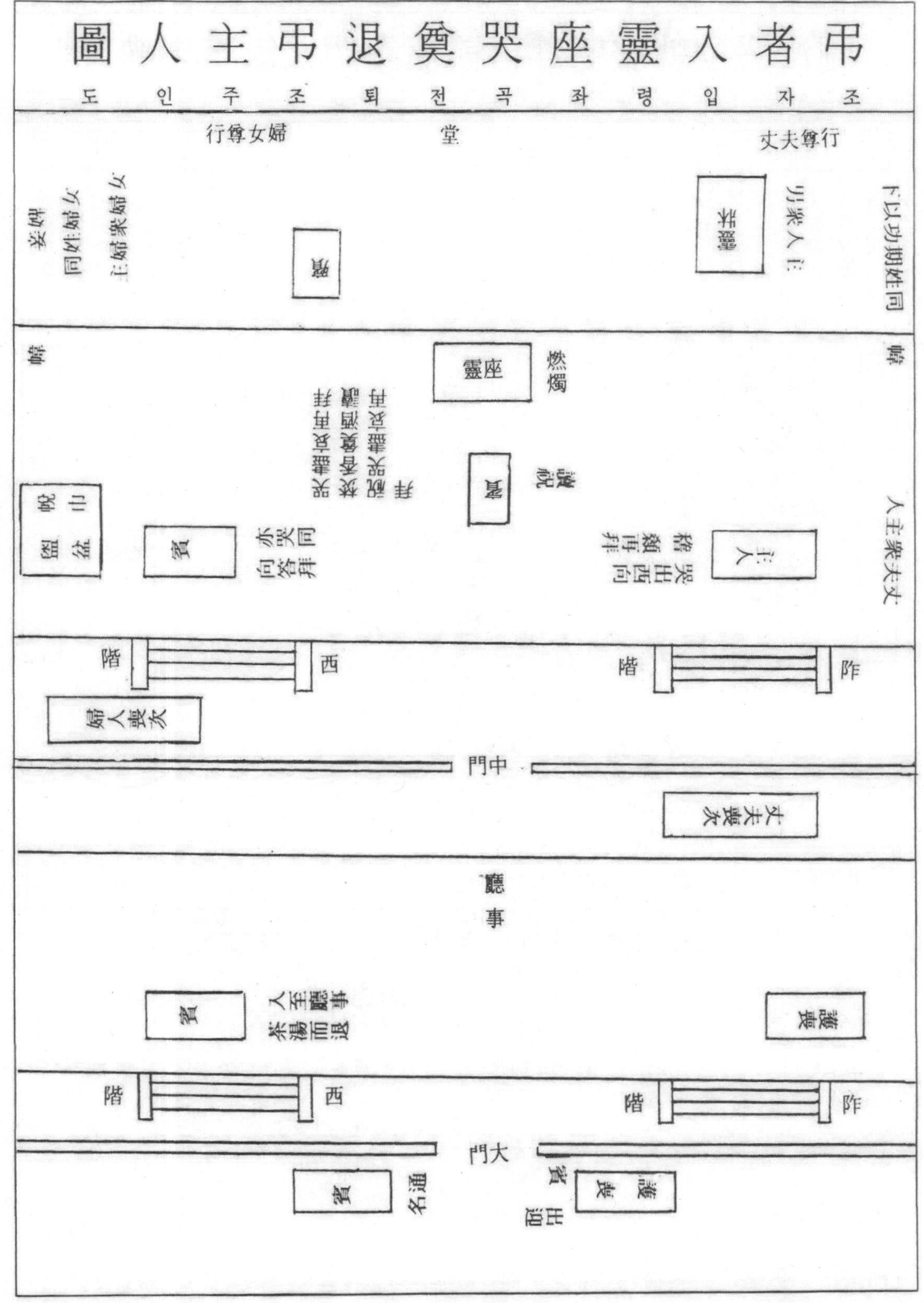
圖人主弔退奠哭座靈入者弔
도인주조퇴전곡좌령입자조
堂
婦女尊行
丈夫尊行
靈座
主人
中門
大門
廳事
西階
阼階

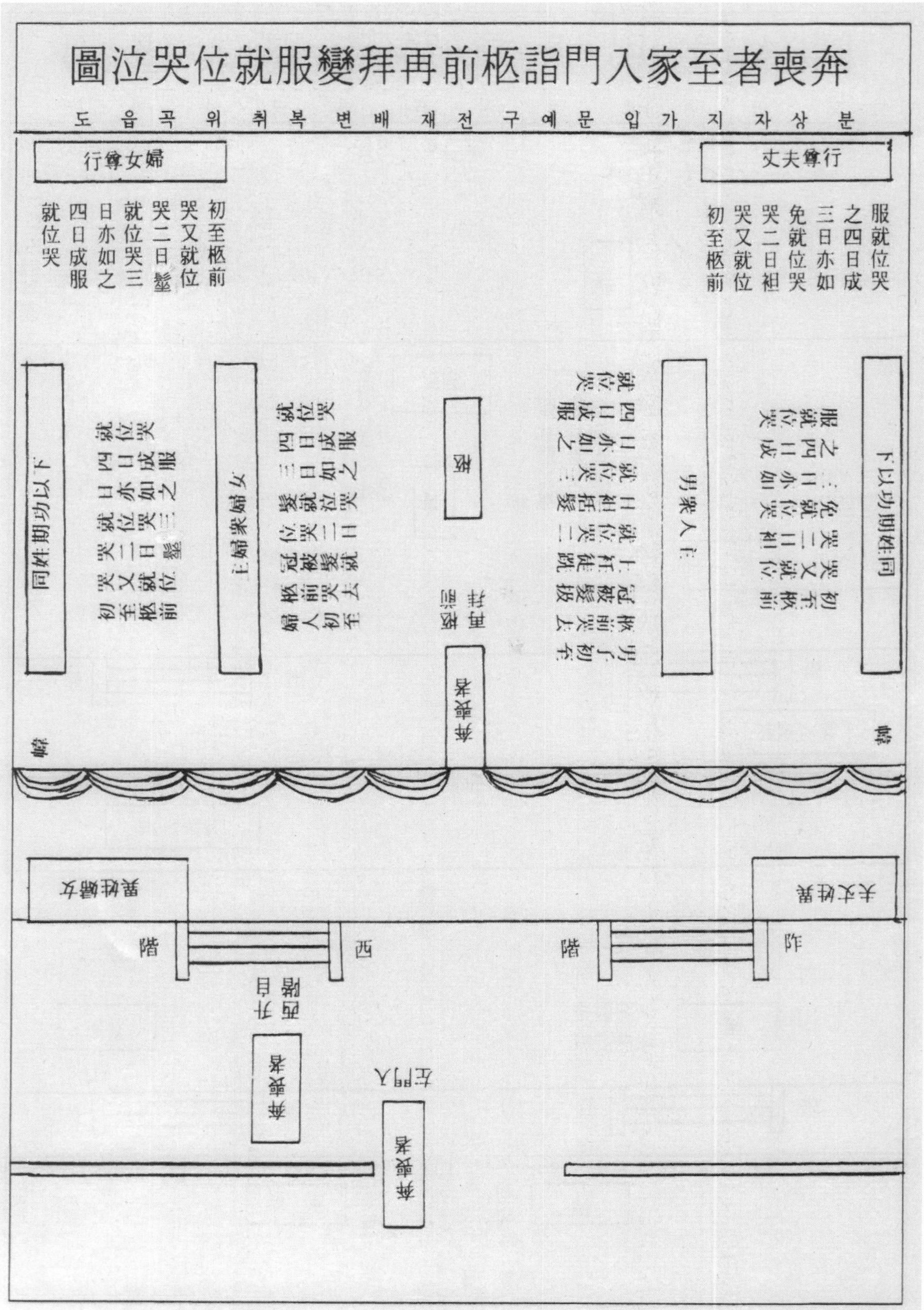

奔喪者至家入門詣柩前再拜變服就位哭泣圖

분상자지가입문예구전재배변복취위곡읍도

丈夫尊行

初至柩前哭又就位哭二日袒免就位哭三日亦如之四日成服就位哭

行尊女婦

初至柩前哭又就位哭二日髽就位哭三日亦如之四日成服就位哭

同姓期功以下

初至柩前哭又就位哭二日袒免就位哭三日亦如之四日成服就位哭

主人衆男

男子初至柩前哭去冠被髮徒跣上衽就位哭二日括髮袒就位哭三日亦如之四日成服就位哭

柩

再拜

奔喪者

主婦衆婦女

婦人初至柩前哭去冠就位哭二日髽就位哭三日亦如之四日成服就位哭

同姓期功以下

初至柩前哭又就位哭二日髽就位哭三日亦如之四日成服就位哭

帷

帷

異姓丈夫

異姓婦女

阼階

西階

自西階升

奔喪者

入門左

奔喪者

慰大官門狀式
위대관문장식

具位姓某
右某謹詣
門屛祗慰
某位伏聽
處分謹狀
年月日具位姓某狀

慰平交門狀式
위평교문장식

具位姓某
右某謹詣
某官謹狀
年月日具位姓某狀

輯覽凡門狀用大
紙一幅前空二寸
眞楷小書字疏密
相對如前式武官
不用全幅紙但闊
四五寸後不用具
年但云某月日姓
某狀公吏同武官
式僧道同官員式
尤貴細書

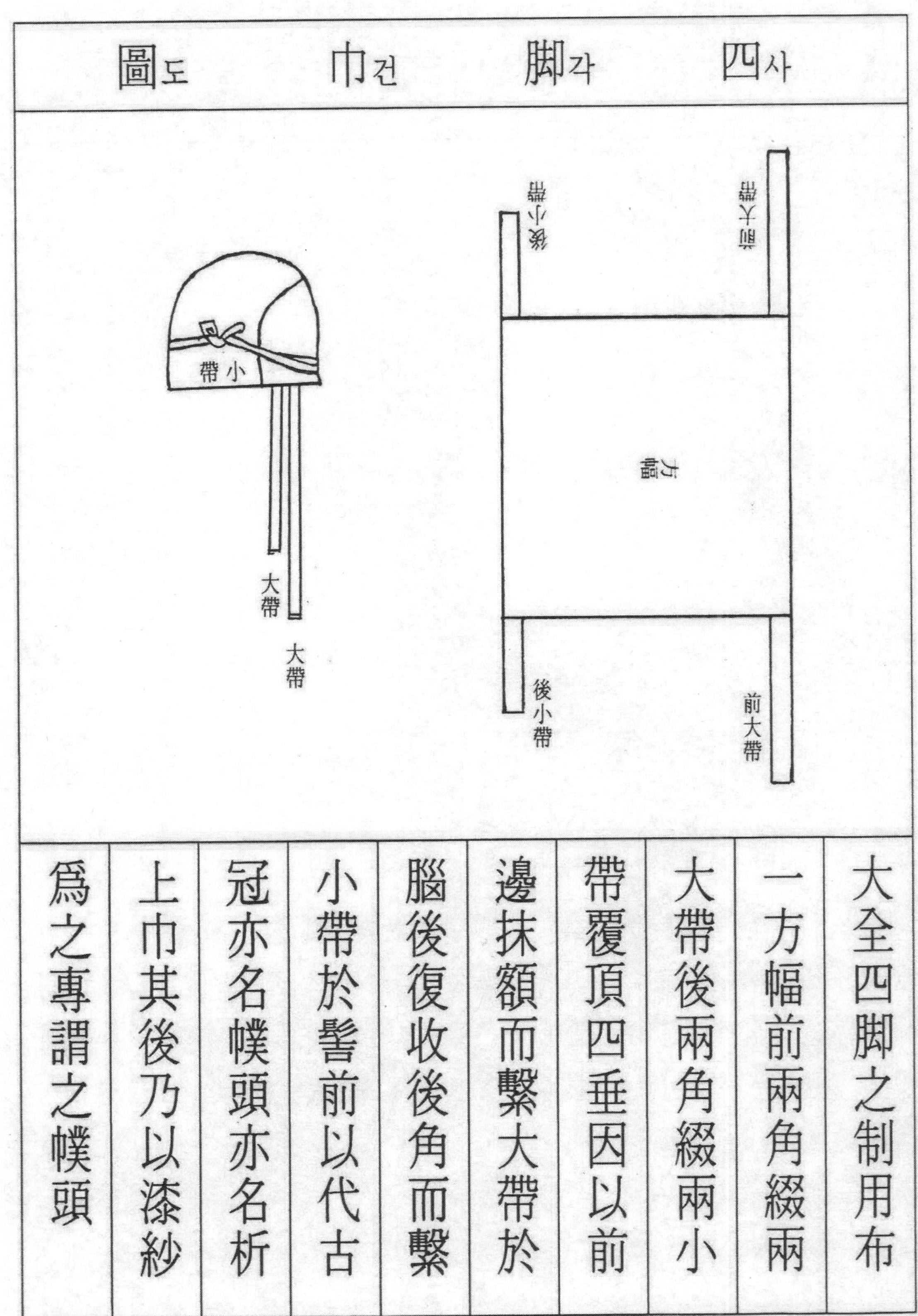

四사 脚각 巾건 圖도

大全四脚之制用布
一方幅前兩角綴兩
大帶後兩角綴兩小
帶覆頂四垂因以前
邊抹額而繫大帶於
腦後復收後角而繫
小帶於髻前以代古
冠亦名幞頭亦名折
上巾其後乃以漆紗
爲之專謂之幞頭

13 성복(成服)

▶2942◈問; 굴건제복.

상중(傷中)에 굴건제복(屈巾祭服)에 여쭙고자 합니다 모든 상주가 모두 입는지 특정 상주만 입는지 굴건제복은 탈상 시까지 상중 내내 입는지 아니면 기간이 따로 있는지 알려주세요. 감사합니다.

◈答; 굴건제복.

상(喪)을 당하면 아래와 같이 복(服) 제도가 9 개 등급으로 나뉘는데 굴건 제복의 형태는 같되 다만 복이 경할수록 베가 생포(生布) 숙포(熟布)로 나뉘고 베의 질이 거친 베에서 아주 고운 베로 차등하여 지어 지며, 대공 9 월 복부터는 부판(負版)과 쇠(衰) 벽령(辟領)을 달지 않으며 수질(首絰)과 요질(腰絰)의 굵기가 가늘어 질 뿐입니다. 초상 때 입은 복은 소상 전 까지 입고, 소상으로부터 대상 전 까지는 연복(練服)으로 갈아 입고, 대상 때부터 담제(禫祭) 까지 담복(禫服)을 입습니다.

●家禮成服服制○一曰斬衰三年條(云云)○二曰齊衰三年條其衣裳冠制並如斬衰但用次等麄生布○杖期條服制同上但又用次等生布○不杖期條服制同上但不杖又用次等生布○五月條服制同上○三月條服制同上○三曰大功九月條服制同上但用稍粗熟布無負版衰辟領首絰五寸餘腰絰四寸餘○四曰小功五月條服制同上但用稍熟細布冠左縫首絰四寸餘腰絰三寸餘○五曰緦麻三月條服制同上但用極細熟布首絰三寸腰絰二寸並用熟麻纓亦如之
●性理大全喪禮虞祭○小祥設次陳練服條(云云)男子以練服爲冠去首絰負版辟領衰○大祥設次陳禫服條丈夫垂脚黲紗幞頭黲布杉布裹角帶

▶2943◈問; 궁금한데요.

상복에서 보면 참최에서는 가복이라고 되어있는데 소공과 시마에 보면 강복이라고 되어 있더라고요. 둘의 차이점이 알고 싶어요. 빠른 시일에 답변 부탁드릴께요. 감사합니다.

◈答; 기복 강복에 대하여.

1), **가복(加服)**; 가복이라 함은 덧입는 승중 복이라 하여 조부모 증조부모 고조부모가 작고 하였을 때 아버지가 생존 하였을 때이면 정상 복을 입으나 만약 아버지가 이미 작고한 연후이면 아버지를 대신하여 입는 복의 이름입니다.

例; 조부모의 정상복은 상장을 짚지 않는 1 년 복이나 아버지가 작고한 뒤이면 적손(맏손자)으로서 3 년 상복으로 아버지를 대신 하여 입는 복을 가복이라 하며 증조부모 고조부모 역시 적 증현손은 같은 예입니다.

○加服
●經國大典抄解[加服]謂本服輕而加之於重如嫡孫承祖之類

2), **강복(降服)**; 강복이라 함은 정상 복에서 감하여 입는 복으로 서자(庶子)로서 아버지가 적자가 없으면 적자로 입적 되어 그의 어머니에게 입는 복으로 최하복인 시마 3 월 복으로 낮춰 입고 그의 외가 복을 입지 않는 제도로 여러 단계를 내려 입는 복의 이름 입니다.

○降服
●經國大典抄解[降服]謂合服重而從輕也如男出繼女適人母被出之類

▶2944◈問; 궁금합니다!

1). 상례에서 성복한 후 관의 上은 서쪽을 향하는 게 맞습니까? 그리고 상주들의 위치 남자 상주들은 서쪽에 서며 여자상주들은 동쪽에 선다. 제가 바르게 알고 있는 건가요. 또한 결혼식장에서 남자와 여자가 스는 방향이 상례와 동일한 건가요.

2). 그리고 염포=(장포) 정확한 명칭은 무엇인가요

3). 상례에서 발인제 는 상주가 지내는 겁니까 백관들이 지내는 겁니까

제가 아는 것은 내 부모를 떠나 보내기 안타깝고 슬프고 싫다 그랬습니다. 그리하여 대신에 백관이 지낸다. 이런 지식을 갖고 있습니다만 올바른 절차와 이유(깊은 뜻)을 가르쳐 주십시오.

◈答; 궁금한 것이.

問; 1). 答; 숨을 거두기 전은 동수(東首)로 뉘었다 숨을 거두면 남수(南首)로 뉘이고 장사(葬事)에는 북수(北首)로 매장(埋葬)합니다. 까닭에 빈(殯)의 시수(尸首)의 방향은 남수(南首)입니다.

●喪大記疏初廢牀在北壁當戶至復魄遷之在牀當牖南首
●檀弓葬於北首三代之達禮也之幽之故也註殯猶南首未忍以鬼神待其親也葬則終死事故北首三代通用此禮也

問; 答; 남자들은 구(柩)의 동쪽이고 여자들은 서쪽인 것 같습니다.
●儀節五服之人各服其服男位於柩東西向女位於柩西東向各位服爲序

問; 答; 본인은 신식 결혼식장의 신랑 신부의 서는 위치는 알지를 못합니다. 다만 유가(儒家)의 혼례(昏禮) 서부교배조(壻婦交拜條)를 살펴보면 신랑은 동쪽 신부는 서쪽인 것 같습니다.
●昏禮壻婦交拜條婦從者布壻席於東方壻從者布婦席於西方

問; 2). 答; 시신(屍身)을 염할 때 습(襲)과 반함(飯含)을 마치고 소렴(小斂) 때 먼저 종포(縱布) 다음으로 횡포(橫布)로 묶는데 어느 명칭인가를 분명히 이해를 못하였습니다.
●喪大記大斂布絞縮者三橫者五註此明大斂之事縮者三謂一幅直用裂其兩頭爲三片也橫者五謂以布二幅分裂作六片而用五片橫於直者之下也

問; 3). 答; 상례(喪禮)에는 사서인(士庶人)과 왕실(王室)의 예법(禮法)이 다릅니다. 사서인(士庶人)은 주자가례(朱子家禮)를 따르고 왕실(王室)에서는 국조상례보편(國朝喪禮補編)의 예법을 따르는 것 같습니다. 따라서 여기서 논의 됨은 사서인 예법에 의할 뿐입니다. 사서인의 상례에서 발인(發引)은 상여가 상가에서 떠남을 의미하고 발인(發引) 전에 견전(遣奠)의 예(禮)가 있습니다.

상주(喪主)는 친(親)의 상을 당하면 비애사모(悲哀思慕)함에서 그럴 겨를이 없어 전례(奠禮)를 집사(執事)치 못하는 것입니다.

●便覽治葬乃設遣奠條饌如朝奠惟婦人不在[(高儀)祝斟酒訖跪告云云(儀節)主人以下哭拜]遂徹奠
●旣夕禮屬引註屬猶著也引所以引柩在車曰紼行道曰引
●通典主人不奠以孝子悲哀思慕不暇執事

▶2945◈問; 남편의 복은 언제까지?

안녕하십니까? 또 몇 가지 배우고자 합니다. 아내의 초상에는 아들이 있어도 남편이 주상이 된다고 하는데, 주상이면, 초상의 제사(승복재, 발인제, 평토제, 우제, 졸곡제, 소, 대상, 담제, 길제)에서, 초헌도 하고, 절(拜)도하여, 즉 아버지 초상에서 맏아들이 주상이 된 경우와 같은 행세를 해야 되는 건지요, 만일 남편의 복제가 "시마"라면 "졸곡"도 보기 힘 드는 기간인데. 또 아내의 기제에는 축도 남편이름으로 써서 독축하며 초현관 역시 남편이 해야 하는지요? 배움을 청하옵니다.

◈答; 남편의 복.

⊙杖期

服制同上但又用次等生布其正服則適孫父卒祖在爲祖母也(備要增高祖母承重同)其降服則(備要喪服父在爲母繼母適母慈母同)爲嫁母出母(便覽爲父後則無服)也其義服則爲父卒繼母嫁而已從之者也(備要

婦舅在爲姑夫承重同○便覽開元禮不從則無服)夫爲妻也子爲父後則爲出母嫁母無服繼母出則無服也(備要父在爲母心喪三年爲嫁母出母亦心喪三年)

楊氏復曰按齊衰杖期恐當添爲所後者之妻若子也祖父在嫡孫爲祖母也据先生儀禮經傳補服條修首一條已具齊衰三年下

⊙상장(喪杖)을 집는 자최 일년 복이다.

상복 짓는 법은 위 자최(齊衰)복과 같다. 다만 베를 자죄 삼년복 보다 조금 고운 생포로 한다.

⊙복 입는 법.

⊙정복(正服)으로 적손이 부친이 작고 후 조부는 생존하였을 때 조모를 위한 복이다. 승중시 증조모 고조모 역시 같다.

⊙강복(降服)으로 부친 생존 시 모친을 위한 복이며 계모 적모 자모 역시 같다. 모친이 개가(改嫁)를 하였거나 쫓김을 당하였을 때의 복이다.

⊙의복(義服)으로 며느리가 시아버지가 생존해 계실 때 시어머니를 위한 복(服)이며 남편이 승중(承重)에 입는 복을 따라 입는다. 부친이 작고한 후 계모가 개가를 할 때 따라 간 전실(前室) 소생(所生)이 그 계모를 위한 복이며 따라 가지 않았으면 복이 없다. 남편이 아내를 위한 복이다.

⊙양자 간자가 양가의 어머니가 개가를 하였거나 쫓김을 당하였으면 복이 없다.

◎처상 예절(妻喪禮節) 생략(省略)

☞처상 예절 은 네이버 · 다음 등 엡사이트에서 제공하는 홈페이지 [주자가례 전통예절] 상례편 처상예절에 상세한 예법이 상술되여 있습니다. 참조하시기 바랍니다☜

●會成父在而子有母之喪父主饋奠而行揖禮其子隨之哭拜

●朱子曰妻之喪夫自爲主以子爲喪主未安

●輯覽杖朞條按夫爲妻喪服傳爲妻何以期也妻至親也註適子父在則爲妻不杖以父爲之主也父在子爲妻以杖卽位謂庶子疏言妻至親者妻旣移天齊體與己同奉宗廟爲萬世之主故云至親也以杖卽位者天子以下至士庶人父皆不爲庶子之妻爲喪主故夫皆爲妻杖得伸也

▶2946◈問; 누구를 지칭합니까.

爲姑姊妹女在室及適人而無夫與子者

◈答; 누구를 지칭합니까.

고모와 누이와 여동생 및 여식이 아직 출가하지 않고 집에 있거나 출가는 하였으나 남편과 자식이 없는 자들의 이름입니다.

●性理大全喪禮成服不杖朞; 正服爲姑姊妹女在室及適人而無夫與子者也

●常變通攷喪禮成服齊衰不杖朞; 本註正服爲姑姊妹女在室及適人而無夫與子者無夫與子者

▶2947◈問; 袒免은 어느 친족의 복인가요.

요즘 袒免복친에 대하여 의견이 분분하신데요 그 복은 입는 친족은 누구 누구인가요. 조금은 자세하게 알려 주십시오. 말씀하신 곳이 사계전서라든지 사례편람이라든지 이와 같은 책 어디에 실려있다고요. 감사합니다.

◈答; 단면(袒免) 복(服)은.

아래와 같이 예기(禮記) 대전(大傳)과 중국(中國) 쾌동백과(快懂百科)와 사전(詞典) 의부(衣部) 오획(五畫) [袒] (袒免)에 고조부(高祖父)의 친형제(親兄弟). 증조부(曾祖父)의 당형제(堂兄弟). 조부(祖父)의 재종형제(再從兄弟). 부친(父親)의 삼종형제(三從兄弟). 자기(自己)의 사종형제(四從兄弟)와 삼종질(三從姪)과 재종질손(再從侄孫)으로 확인이 됩니다.

●禮記大傳;五世祖免殺同姓也(陸德明釋文)免音問殺色界反(鄭玄注)五世高祖昆弟
●快懂百科(中國) 詞典 [祖免親]; 如高祖的親兄弟 曾祖的堂兄弟 祖父的再從兄弟 父親的三從兄弟 自己的四從兄弟及三從侄 再從侄孫

▶2948◈問; "복의 경중"이라는 개념에 대해 알고 싶습니다.

제 문제에 대한 답은 이미 말씀해주셨는데, 그 답 중의 용어에 대해 자세히 알고 싶어서 다시 질문 드립니다. 너무 많이 여쭈어 죄송합니다.

답변 중에 "절하는 순서는 복의 경중으로 대개 정하여 지는데 귀하의 숙부는 귀하의 부친과 형제로서 상장을 짚지 않는 1 년 복인이 되며 귀하의 매제는 장인의 복으로서 3 월 복인이 됩니다. 이와 같음이 주자가례가 가르치는 예법입니다." 이런 부분이 있었고, 이것이 제 질문에 대한 핵심부분인데요. 숙부 다음에 사위가 된다는 결론은 알겠는데, 복의 경중이라는 말을 처음 들어보는지라 그 뜻과 원리가 선뜻 와 닿지 않습니다. 기간이 길수록 무거운 복이고, 짧을수록 가벼운 복이 되는 것이라고 생각되는데요.

복이라는 개념에 대해 설명해주시고, 그리고 큰아들, 둘째 아들, 백부, 숙부, 사위, 큰고모부(아버지의 누나의 남편), 작은 고모부의 복은 어떻게 되는지 간단히 라도 설명해주시면 정말 감사하겠습니다. 염치없이 많은 것을 여쭈어 죄송할 따름입니다.

◈答; "복의 경중"이라는 개념에 대하여.

복이라는 개념에 대해 설명해주시고, 그리고 큰아들, 둘째 아들, 백부, 숙부, 사위, 큰고모부(아버지의 누나의 남편), 작은고모부의 복은 어떻게 되는지 복이란 상을 당하여 친척과 외척 지간에 서로 입어주는 상복을 의미합니다. 본 홈 상례편 성복장 오복 제도와 성복도식을 자세히 살펴 그가 의미하는 뜻과 개념을 익히도록 하기 바라며 그 제도에 나열 되지 않은 이들은 복이 없습니다.

◎복 입는 법. 생략(省略)

☞복 입는 법은 네이버・다음 등 엡사이트에서 제공하는 홈페이지 [주자가례 전통예절] 상례편 제2장 성복편에 상세한 예법이 상술되어 있습니다. 참조하시기 바랍니다☜

▶2949◈問; 복 제도에 대하여 질문 드립니다.

홈페이지에 나와 있는 내용은 너무 어렵고 이해가 잘되질 않습니다. 참최, 자최, 대공, 소공, 시마. 등등 뭔 말인지 하나도 모르겠습니다. 좀 쉬운 말로 누구는 무슨 무슨 옷을 몇 년 입고 누구누구는 이런 식으로 쉽게 풀이한 내용이 있었으면 합니다. 꼭 좀 부탁 드립니다.

◈答; 복 제도에 대하여.

참최(斬衰) 자최(齊衰) 대공(大功) 소공(小功) 시마(緦麻)의 오복은 족친의 상에 예로서 평상과 복의 경중을 구별키 위하여 특별한 기간 동안 슬픔의 표시임에 슬픔의 경중을 다섯 단계로 나뉘어 놓은 명칭이니 첫 대함이면 그에 대한 내용이 충분히 설명이 되어 있으니 한번 더 살펴 보면 이해가 충분히 되리라 생각 됩니다.

귀하가 지적 한 바는 충분히 이해는 하나 이 보다 더 세분 하여 지적 할 수는 없으며 고서의 역이니 혹 흐름이 어눌한 곳은 있겠으나 사견은 가능한 한 배제 하고 찬자의 본의를 훼손치 않고 왜곡의 우를 범치 않기 위하여 본서에 충실케 노력 하였을 뿐이며 전통예법이란 그 자체가 현대어 만으로는 풀어 놓을 수 없는 그의 독특한 언어와 고유 명사가 있다 생각합니다. 각 학문의 갈래 마다 그에 적합한 언어와 명사가 있듯 이에도 그러한 것이라 생각됩니다. 쉽다. 의 기준이란 개개인의 차이가 있어 모호한 것이니 더 쉽게 풀어 놓을 수는 없을 것 같습니다.

●周禮春官司服; 凡喪爲天王斬衰爲王后齊衰(註)斬衰五種喪服中最重的一種用粗麻布制成左右

和下邊不縫服制三年子及未嫁女爲父母媳爲公婆承重孫爲祖父母妻妾爲夫均服斬衰先秦諸侯爲天子臣爲君亦服斬衰

●史記越世家; 趙武服齊衰三年爲之祭邑春秋祠之世世勿絶(註)齊衰喪服名爲五服之一服用粗麻布制成以其緝邊縫齊故稱齊衰服期有三年的爲繼母慈母有一年的爲齊衰期如孫爲祖父母夫爲妻有五月的如爲曾祖父母有三月的如爲高祖父母

●喪服註大功布者其鍛治之功麤沽之疏斬衰皆不言布與功以其哀痛極未可言布體與人功至此輕可以見之言大功者用功麤大故沽疎其言小者對大功是用功細小(註)大功喪服五服之一服期九月其服用熟麻布做成較齊衰稍細較小功爲粗故稱大功舊時堂兄弟未婚的堂姊妹已婚的姑姊妹侄女及衆孫衆子婦侄婦等之喪都服大功已婚女爲伯父叔父兄弟侄未婚姑姊妹侄女等服喪也服大功

●儀禮喪服; 小功者兄弟之服也(註)小功喪服名五服之一用較粗的熟布製成服期五個月

●儀禮喪服; 緦麻三月者(註)緦麻喪服名五服斬衰齊衰大功小功緦麻)中最輕的一種用疏織細麻布製成孝服服喪三月凡疏遠親屬親戚如高祖父母曾伯叔祖父母族伯叔父母外祖父母岳父母中表兄弟壻外孫等都服緦麻

▶2950 問; 부인상 중에 모친상에 복을 입어야 되나요 알려주세요.

안녕하세요 우선 좋은 홈에 감사 드립니다. 현재 부인상을 당하고 탈상을 하지 않았습니다 그 와중에 어머니 상을 당했는데 복을 이중으로 입어도 되는지요 아울러 저에 아이들은 어머니와 할머니의 상이 겹친 격입니다 부족한 저에게 좋은 답을 부탁 드립니다.

◈答; 부인상 중에 모친상에 복.

처선망모후망(妻先亡母後亡)의 병상(並喪)을 당하였을 때 이선생께서 부인상(婦人喪)은 장기복(杖期服)이 되고 모친(母親)은 부선망(父先亡)이면 제쇠삼년복(齊衰三年服)이 됩니다.

아래와 같이 살펴보건대 이 때에 부인은 경상(輕喪)이 되고 모친은 중상(重喪)이 됩니다. 이 같은 경우에는 처 상(妻喪) 중이라도 모친 복인 중복(重服)으로 바꿔 입는데 처의 예를 행할 때는 처복(處服)을 입고 예를 행하고 마치면 중복으로 고쳐 입습니다. 또 선생의 아이들은 모친(母親)은 장기상(杖期喪)이 되고 조모(祖母)는 부장기상(不杖朞喪)이 됩니다. 고로 모중조모경(母重祖母輕)의 상(喪)에 해당됩니다. 따라서 선생과 같은 예법에 의하여 복을 입으면 됩니다.

●小記疏若本有服重而新死者輕則爲一成服而反前服也若新死重則仍服死者新服也

●開元禮諸先遭重喪後遭輕喪皆爲制服往哭則服之反則服其重服其除之也服其服而除

●曷菴曰斬衰未葬前遭齊衰之喪則旣成服當反重服

●艮齋曰重喪未除而遭輕喪則制其服而哭之月朔設位服其服而哭之旣畢反重服其除之也亦服輕服若除重喪而輕服未除則服輕服以終其餘日

▶2951 問; 상복에 관한 질문인데요.

수고 많으십니다. 부친이 작고하시면 3 년 상을 치르는데 부재모사(父在母死)일 때는 기년복이 된답니다. 부모가 공평하지 않고 왜 그러한가요.

◈答; 상복에 관하여.

아래와 같이 살펴보건대 부친이 생존하여 계시면 한 집안에는 존자(尊者)가 둘이 있을 수 없어 존자의 예인 3 년 복이 되지 못하고 다음 복인 1 년 복이 된다는 것입니다.

◎杖期(장기)

服制同上但又用次等生布其正服則適孫父卒祖在爲祖母也(備要增高祖母承重同)其降服則(備要喪服父在爲母繼母適母慈母同)爲嫁母(增解漢石渠議問父卒母嫁何服蕭太傳云當服周爲父後則不服)出母(便覽爲父後則無服)也其義服則爲父卒繼母嫁而已從之者也(備要婦舅在爲姑夫承重同○便覽開元禮不從則無服)夫爲妻也子爲父後則爲出母嫁母無服繼母出則無服也(備要父在爲母心喪三年爲嫁母出母亦心喪三年)

楊氏復曰按齊衰杖期恐當添爲所後者之妻若子也祖父在嫡孫爲祖母也据先生儀禮經傳補服條修首一條已具齊衰三年下

●朱子曰父在爲母期非是薄於母只爲尊在其父不可復尊在母
●儀禮喪禮喪服齊衰三年條庶子爲其母註大夫之妾子父在爲母大功

▶2952◈問; 상복을 어떻게 입나요?

장모님이 연로하시어 오늘 내일 하고 계십니다. 젊어서 장모님이 아들 하나를 데리고 재가를 하였습니다. 재가하여 6 남매를 낳았습니다. 원래 재가 하기 전 아들과 재가한 6 남매들도 친형제나 다름없이 잘 지내고 있습니다. 만약 장모님이 돌아가시면 재가하기 전 아들의 상복은 어떻게 입으며 또한 문상을 받을 때 재가하기 전 아들의 서있는 위치는 어디이며, 지팡이는 짚는지요. 돌아가시기 전에 미리 알아 두어야 할 것 같아서 이렇게 문의를 드립니다. 수고 하십시오.

◈答; 개가할 때 딸아 온 어머니 상복

아래와 같이 살펴보건대 재가한 어머니 복은 장기 1 년 복이 됩니다.

조문을 받을 때의 서는 위치는 모든 예에서 복인들의 서는 위지는 복의 순대로 서는 것이니 말석이 되어야 할 것입니다.

●家禮成服篇齊衰杖期; 其降服則爲嫁母出母也
●常變通攷喪禮成服齊衰杖朞; 降服爲嫁母出母

▶2953◈問; 상복을 입는 범위.

상례(喪禮) 중에 상복(喪服)을 입는 범위가 몇 촌까지 인가요. 친인척(親姻戚) 및 외가(外家) 쪽까지 몇 촌(寸) 어디까지 입는 건지 알고 싶습니다.기준은 고인(故人)기준으로 보고 하는 건지도 알고 싶습니다.

◈答; 상복을 입는 범위.

1. (1) 본종(本宗); 위로는 고조부모, 아래로는 현손 까지, 손부(증손부와 현손부의 복은 없음)
(2) 방계; 삼종형제자매(삼종자매출가 무)

2. 외척 (1)외당; 외조부모⇒내외종형제자매.
(2)처당; 처부모⇒외손
《이상은 아래 복 입는 법을 요약한 복 입는 범위입니다》

※이를 세부적으로 법도적으로 이해하시려면 본 홈 상례 성복편 상복제도에 도식 포함 상세하게 상술되어있으니 탐독하시기 바랍니다.

◈복입는 법.

○其服之制一曰斬衰三年

斬不緝也衣裳皆用極麄生布(增解喪服記衰三升三升半註三升半義服也)旁及下際皆不緝也衣縫向外(增解喪服記凡衰外削幅裳內削幅)裳前三幅後四幅縫內向前後不連每幅作三輒輒謂屈其兩邊相著而空其中也衣長過腰足以掩裳上際縫外向背有負版用布方尺八寸綴於領下垂之前當心有衰用布長六寸廣四寸綴於在衿之前左右有辟領各用布方八寸屈其兩頭相著爲廣四寸綴於領下在負版兩旁各攙負版一寸兩腋之下有衽各用布三尺五寸上下各留一尺正方一尺之外上於左旁裁入六寸下於右旁裁入六寸便於盡處相望斜裁却以兩旁左右相沓綴於衣兩旁垂之向下狀如燕尾以掩裳旁際也冠比衣裳用布稍細紙糊爲材廣三寸長足跨頂前後裹以布爲三輒皆向右縱縫之用麻繩一條從額上約之至項後交過前各至耳結之以爲武屈冠兩頭入武內向外反屈之縫於武武之餘繩垂下爲纓結於頤下首絰以有子麻爲之其圍九寸麻本在左從額前向右圍之從頂過後以其末加於本上又以繩爲纓以固之如冠之制腰絰大七寸有餘兩股相交兩頭結之各存麻本散垂三尺其交結處兩旁各綴細繩繫之交帶用有子麻繩一條大半腰絰中屈之爲兩股各一尺餘乃合之其大如絰圍腰從左過後至前乃以其右端穿兩股間而反插於右在絰之下○苴杖用竹高齊心本在下屨亦粗麻爲之婦人則用極粗生布爲大袖長裙蓋頭皆

不緝布頭 竹釵麻屨衆妾則以背子代大袖凡婦人皆不杖其正服則子爲父也(便覽喪服女子子在室嫁反在室小記女爲父母喪未練而出則三年旣練而出則已未練而反則期旣練而反則遂之)其加服則適孫父卒爲祖若曾高祖承重者也父爲適子當爲後者也(備要不解官雜記爲長子杖則其子不以杖卽位註祖不厭孫長子之子亦得杖但與祖同處不得杖喪服疏曰繼祖及禰通已三世卽得爲斬雖承重不得三年有四種一正體不得傳重謂適子有廢疾不甚主宗廟也二傳重非正體庶孫爲後是也三體而不正立庶子爲後是也四正而不體立嫡孫爲後是也按疏養他子爲後者亦不服三年○便覽小記註將所傳重非適服之如庶子疏養他子爲後者)其義服則婦爲舅也夫承重則從服也(備要承重孫遭祖父母喪其妻當從服曾玄孫承重曾高祖父母喪曾玄孫之妻亦從)爲人後者爲所後父也爲所後祖承重也(備要曾高祖承重同)夫爲人後則妻從服也妻爲夫也妾爲君也(備要妾爲君之父妾爲君之黨服女君同妾爲君之父母似亦當爲三年也(備要今制)爲母女在室及女反在室者同爲繼母爲慈母爲養母庶子爲所生母嫡孫父卒爲祖母及曾高祖母承重者婦爲夫之母夫承重則從服庶子之妻爲夫之所生母夫爲人後則從服爲所後母爲所後祖母承重者)

問周制有大宗之禮立嫡以爲後故父爲長子三年今大宗之禮廢無立嫡之法而子各得以爲後則長子少子不異庶子不得爲長子三年不必然也父爲長子三年亦不可以嫡庶論也朱子曰宗法雖未能立然服制自當從古是亦愛禮存羊之意不可妄有改易也如漢時宗子法已廢然其詔令猶云賜民當爲父後者爵一級是此禮猶在也豈可謂宗法廢而庶子皆得爲父後者乎○楊氏復曰喪服制度惟辟領一節沿襲差誤自通典始按喪服記云衣二尺有二寸蓋指衣身自領至腰之長而言之也用布八尺八寸中斷以分左右爲四尺四寸者二又取四尺四寸者二中摺以分前後爲二尺二寸者四此卽尋常度衣身之常法也合二尺二寸者四疊爲四重從一角當領處四寸下取方裁入四寸乃記所謂適博四寸註疏所謂辟領四寸是也按鄭註云適辟領也則兩物卽一物也今記曰適註疏又曰辟領何爲而異其名也辟猶開也從一角當領處取方裁開入四寸故曰辟領以此辟領四寸反摺向外加兩肩上以爲左右適故曰適乃疏所謂兩相向外各四寸是也辟領四寸旣反摺向外加兩肩上以爲左右適故後之左右各有四寸虛處當脊而相並謂之闊中前之左右各有四寸虛處當肩而相對亦謂之闊中乃疏所謂闊中八寸是也此則衣身所用布之處(處一作度)與裁之之法也註又云加辟領八寸而又倍之者謂別用布一尺六寸以塞前後之闊中也布一條縱長一尺六寸橫闊八寸又縱摺而中分之其下一半裁斷左右兩端各四寸除去不用只留中間八寸以加後之闊中元裁辟領各四寸處而塞其缺當脊之相並處此所謂加辟領八寸是也其上一半全一尺六寸不裁以布之中間從項上分左右對摺向前垂下以加於前之闊中與元裁斷處當肩相對處相接以爲左右領也夫下一半加於後之闊中者用布八尺而上一半從項而下以加前之闊中者又倍之而爲一尺六寸焉此所謂而又倍之者是也此則衣領所用之布與裁之之法也古者衣服吉凶異制故衰服領與吉服領不同而其制如此也註又云凡用布一丈四寸者衣身八尺八寸衣領一尺六寸合爲一丈四寸也此是用布正數又當少寬其布以爲針縫之用然此卽衣身與衣領之數若負衰帶下及兩衽又在此數之外矣但領必有袷此布何從出乎曰衣領用布闊八寸而長一尺六寸古者布幅闊二尺二寸除衣領用布闊八寸之外更餘闊一尺四寸而長一尺六寸可以分作三條施於袷而適足無餘欠也通典以辟領爲適本用註疏又自謂喪服記文難曉而用臆說以參之旣別用布以爲辟領又不言制領所用何布又不計衣身衣領用布之數失之矣但知衣身八尺八寸之外又別用布一尺六寸以爲領凡用布共一丈四寸則文義不待辨而自明矣○又按喪服記及註云袂二尺二寸緣衣身二尺二寸故左右兩袂亦二尺二寸欲使繼橫皆正方也喪服記又云袪尺二寸袪者袖口也袂二尺二寸縫合其下一尺留上一尺二寸以爲袖口也○又按喪服記云衣帶下尺緣古者上衣下裳分別上下不相侵越衣身二尺二寸僅至腰而止無以掩裳上際故於衣帶之下用縱布一尺上屬於衣橫繞於腰則以腰之闊狹爲準所以掩裳上際而後綴兩衽於其旁也○度用指尺中指中節爲寸首絰腰絰圍九寸七寸之類亦同○菅屨儀禮註菅屨菲屨也家禮云屨以粗麻爲之恐當從儀禮爲正○儀禮妻爲夫妾爲君女子子在室爲父布總箭笄髽衰三年以家禮參攷之儀禮小斂婦人髽于室以麻爲髽家禮小斂婦人用麻繩撮髻爲髽其制同儀禮婦人成服布總六寸謂出紒後所垂者六寸箭笄長尺家禮婦人成服布頭 竹釵所謂布頭 卽儀禮之布總也所謂竹釵卽儀禮之箭笄也凡喪服上曰衰下曰裳儀禮婦人但言衰不言裳者婦人不殊裳衰如男子衰下如深衣無帶下尺無衽夫衰如男子衰未知備負版辟領之制與否下如深衣未知裳用十二幅與否此雖無文可明但衣身必二尺二寸袂必屬幅裳必上屬於衣裳旁兩幅必相連屬此所以衣不用帶下尺裳旁不用衽也今攷家禮則不用此制婦人用大袖長裙蓋頭男子衰服純用古制而婦人不用古制此則未詳儀禮婦人有絰帶絰首絰也帶腰帶也圍之大小無明文大約與男子同卒哭丈夫去麻帶服葛帶而首絰不變婦人以葛爲首絰而麻帶不變旣練男子除絰婦人除帶其謹於絰帶變除之節若此

家禮婦人並無絰帶之文當以禮經爲正○喪服斬衰傳曰童子何以不杖不能病也婦人何以不杖不能病也疏曰童子不杖此庶童子也問喪云童子當室則免而杖矣謂適子也婦人不杖亦謂童子婦人若成人婦人正杖喪大記云三日子夫人杖五日大夫世婦杖諸經皆有婦人杖又如姑在爲夫杖母爲長子杖按喪服小記云女子子在室爲父母其主喪者不杖則子一人杖鄭云女子子在室亦童子也無男昆弟使同姓爲攝主不杖則子一人杖謂長女也許嫁及二十而笄笄爲成人成人正杖也是其童女爲喪主則亦杖矣愚按家禮用書儀服制婦人皆不杖與問喪喪大記喪服小記不同恨未得質正○劉氏璋曰衰服之制前言已載惟裳制則未之詳按司馬溫公曰古者五服皆用布以升數爲別共(共一作其)以八十縷爲一升又衰裳記曰凡衰外削幅裳內削幅幅三袧疏曰衰外削幅者謂縫之邊幅向外裳內削幅者謂縫之邊幅向內有幅三袧者據裳而言用布七幅幅二尺二寸兩畔各去一寸爲削幅則二七十四丈四尺若不辟積其腰中則束身不得就故一幅布凡三處屈(屈一作屬)之又禮惟斬衰不緝餘衰皆緝之緝必外向所以別其吉服也○又杖屨一節按三家禮云斬衰苴杖竹也爲父所以杖用竹者父是子之天竹圓亦象天內外有節象子爲父亦有內外之痛又貫四時而不變子之爲父亦經寒溫而不改故用之也菅屨謂以菅草爲屨毛傳云野菅也已漚爲菅又云菅菲外納則周公時謂之屨子夏時謂菲外納者外其飾向外編之也○黃氏端節曰先生長子塾卒以繼體服斬衰禮謂之加服俗謂之報服也

○상복제도의 첫째가 참최(斬衰) 삼년 복이다.

참최복(斬衰服)은 갓 변을 꿰매지 않는다. 상복(喪服) 상하 모두 제일거친 생포(生布)로 짓되 옆 변과 하단을 모두 꿰매지 않는다. 위 상복은 솔기를 밖으로 하여 꿰매고 치마는 앞 세 폭 뒤 네 폭으로 하여 솔기를 안으로 하여 꿰매서 앞 폭과 뒤 폭을 서로 연결하지 않는다. 매 폭 마다 주름을 셋씩 잡되 접기를 양 옆으로 접어 중간을 비게 한다. 상의(上衣)의 기장은 허리를 지나 옷 끝이 치마 위를 덮게 하고 등에는 부판(負版)을 베 폭 사방 한자 여덟 치로 하여 깃 밑에 달아 늘어 틀이고 앞 가슴 심장 있는 곳에는 최포(衰布)를 길이 여섯 치 광이 네 치로 하여 앞 좌측 옷깃에 꿰매 붙이고 좌우 벽령(辟領)을 각각 베 사방 여덟 치를 구부려 양끝을 서로 붙여 광이 네 치로 하여 깃 밑 부판 양 옆으로 한치를 부판 속으로 꽂아 꿰맨다. 양 겨드랑이 밑으로 임(衽)을 붙인다. 각각 베 석자 다섯 치로 하여 매 폭 좌변 상단 귀에서 아래로 한자 되는 점에서 안쪽으로 여섯 치 자른다. 또 그 폭 우변 하단에서 한자 위 되는 점에서 안쪽으로 여섯 치를 자른 후 상단 자른 종점과 하단 자른 종점을 이어 엇비슷이 자르면 두 장으로 나뉜다. 각각 밑의 장을 뒤집어 각 위 장의 상 변과 밑 장의 하 변을 서로 맞닿게 겹쳐 붙이면 양 갓 변의 길이는 석자 다섯 치가 된다. 의신(衣身)의 양쪽 겨드랑이 밑에 붙이면 그 모양이 흡사 제비꼬리 같이 치마 옆을 덮는다. 관(冠)은 의상 베보다 조금 고운 베로 두꺼운 종이와 배접하여 광(廣)을 세치로 하고 길이는 중간을 접어 양끝을 앞이마에서 정수리를 넘겨 머리 뒤에 이르게 한다. 관에는 주름을 셋을 모두 오른쪽으로 향하게 하여 꿰매 붙이고 마(麻) 끈 한 가닥으로 관의 한쪽 끝을 이마 위에서 매고 또 관의 한쪽 끝을 정수리 뒤에서 관의 끈을 서로 엇걸리게 하여 매고 양쪽 귀 위에서 양쪽 관 끈을 맺어 그 끈이 턱 밑까지 늘어지게 하여 관의 끈으로 삼는다. 수질은 유자마(有子麻)로 굵기는 아홉 치 되게 외로 꽈 수질의 뿌리 쪽을 이마 좌측에 두고 이마 앞을 따라 왼편으로 향하게 하여 오른쪽 귀 위를 지나 정수리 뒤로 돌려 그 끝을 뿌리 위에 올려놓고 마(麻) 끈으로 단단히 묶고 양쪽 귀 위쯤에는 끈을 달아 늘어트리기를 관의 끈과 같게 한다. 요질(腰絰)의 굵기는 일곱 치를 넘게 하여 양쪽을 서로 엇걸리게 하여 매게 하고 각각 끝 석자씩을 풀어 늘어트렸다 졸곡(卒哭) 후에 다시 꽈 묵는다. 엇걸리게 하여 매는 곳에는 양쪽 옆 각각 끈을 달아 놓아 매게 한다. 교대는 유자마 끈 한 가닥을 요질의 반 굵기로 하여 중간을 구부려 양 쪽 다리를 한자 넘게 합하여 삼중사고로 고를 만들고 교대의 크기를 요질과 같게 하여 허리에 두르되 좌측을 따라 뒤를 지나 앞에서 양(兩) 고 사이로 꽂아 반대로 당겨 오른쪽으로 꽂는다. 교대는 요질의 속에 매는 것이다. ○상장은 대나무로 만들고 높이는 심장높이로 하여 뿌리 쪽을 밑으로 하여 집는다. 집신 역시 거친 마로 삼는다. 부인들의 상복(喪服)은 아주 거친 생포(生布)로 한다. 대수(大袖), 장군(長裙), 개두(蓋頭) 모두 갓변을 꿰매지 않으며 머리는 베 끈으로 묶고 대나무 비녀에 신은 삼으로 만든다. 여러 첩들은 배자(背子)나 대수(大袖)이다. 대체로 부인(婦人)들은 모두 상장(喪杖)을 집지 않는다.

○복 입는법.

○정복(正服)으로 자식이 부친을 위한 복이다. 여식이 출가를 하였다 되돌아온 이도 같다.

○가복(加服)(덧입는 복 즉 승중(承重)복으로 적손(適孫)으로 부친이 먼저 작고하고 조부(祖父) 또는 증조부(曾祖父)나 고조부(高祖父)가 생존해 계시다 작고하였으면 이때 이를 승중(承重)복이라 하여 조부 증조부 고조부를 위한 복이다. 아버지가 적자(適子)를 위한 복이다. 양자 된 자 역시 같다.

○의복(義服)(혈연관계 없이 입는 복)으로 며느리가 시아버지를 위한 복이며 남편이 승중으로 입는 복을 따라 입는 복이다. 양자(養子) 된 자가 양부모를 위한 복이며 승중 시도 같다. 남편이 양자 되였으면 그의 처도 같이 따라 입는 복이다. 부인이 남편을 위한 복이며 첩들이 남편을 위한 복이다. 첩이 남편의 부친을 위한 복이며 승중 시도 따라 입는다.

○二曰齊衰三年

齊緝也其衣裳冠制並如斬衰但用次等麤生布(增解間傳陳註齊衰降服四升正服五升義服六升)緝其旁及下際冠以布爲武及纓(增解喪服疏布纓亦如繩纓以一條爲武垂下爲纓)首絰以無子麻爲之(增解喪服傳牡麻者枲麻疏枲是碓麻蕡是子麻)大七寸餘本在右末繫本下布纓腰絰大五寸餘絞帶以布爲之而屈其右端尺餘杖以桐爲之上圓下方婦人服同斬衰但布用次等爲異後皆放此其正服則子爲母也(便覽父在降嫁降出降○備要妾子爲嫡母同女子子在室及嫁反在室者同父卒三年之內母卒仍服期)士之庶子爲其母同(增解圖式庶子爲其母條云公子爲其母練冠麻衣縓緣旣葬除之君卒爲其母大功大夫之庶子爲其母大功大夫卒爲其母三年士在庶子爲其母杖期父卒爲母三年)而爲父後(增解喪服傳註謂父沒承重)則降也其加服則嫡孫父卒爲祖母(便覽通典被出無服)若曾高祖母承重者也(備要祖若曾高祖在則降)母爲嫡子當爲後者也(便覽喪服疏不問夫之在否○備要此亦繼三世長子今制國制降)其義服則婦爲姑也(備要夫之繼母同妾子之妻爲夫之嫡母同舅在則降)夫承重則從服也(備要曾高祖母同祖若曾高祖在則降夫爲人後則從服承重所後亦從服)爲繼母也(備要父在則降出則無服○便覽通典所後母被出無服)爲慈母謂庶子無母而父命他妾之無子者慈已也(便覽父在降父不命則降)繼母爲長子也妾爲君之長子也(備要妾爲君之母爲養父母謂三歲前收而養育者已之父母在者及父沒長子則降○又曰喪服疏父卒三年之內母卒仍服期要父服除而母死乃得申三年通典杜元凱曰若父已葬而母卒則服母服至虞訖服父之服旣練則服母之服父喪可除則服父之服以除之訖而服母之服按父死未殯而母死則未忍變在猶可以通典所云父未殯服祖周之說推之而服母期也若父喪將竟而又遭母喪則亦以父喪三年內而仍服期似未安不敢輕議姑在諸說)

楊氏復曰按儀禮補服條當增祖父卒而後爲祖母後者也爲所後者之妻若子也○劉氏璋曰齊衰削杖桐也爲母按三家禮云桐者言同也取內心悲痛同於父也以外無節象家無二尊外屈於父(父一作天)削之使下方者取母象於地也疏屨者粗屨也疏讀如不熟之疏草也斬衰重而言菅以見草體擧其惡貌齊衰輕而言疏擧草之總稱也不杖章言麻屨齊衰三月與大功同繩屨小功緦麻輕又沒其屨號麻屨註云不用草○凡言杖者皆下本順其性也高下各齊其心其大小如腰絰○喪服小記削杖桐也疏削者殺也桐隨時凋落調母喪外雖削殺服徒時除而終身之心與父同也

○둘째는 자최(齊衰) 삼년 복이다.

상복(喪服)의 옆 변과 하단을 접어 꿰맨다. 상복 상하와 관(冠)의 제법은 모두 참최(斬衰)복과 같다. 다만 다음 거친 생포로 짓되 옆 변과 하단을 접어 꿰맨다. 관을 매는 끈과 양쪽의 갓끈 모두 베로 한다. 수질(首絰)은 무자마(無子麻)로 하고 굵기는 일곱 치로 하여 뿌리 쪽을 오른쪽으로 하여 끝을 뿌리 밑으로 되게 하여 매고 양쪽 귀 위로 베 끈을 매여 갓끈으로 삼는다. 요질(腰絰)의 굵기는 다섯 치 남짓하고 교대는 베로 하되 고를 우측으로 한자 정도를 구부려 만들고 상장(喪杖)은 오동나무로 위는 둥글고 아래는 모가 나게 한다. 부인복도 참최복과 같다. 다만 베는 다음 거친 생포(生布)로 짓는다. 이하 자최(齊衰)복은 이를 본떠 짓는다.

○복(服) 입는 법.

○정복(正服)으로 자식이 어머니를 위한 복(服)이다. 부친이 생존(生存)하여 계시면 감한다. 개가(改嫁)를 하였거나 쫓김을 당하였으면 감한다. 여식이 출가를 하였으면 감하고 되돌아

왔으면 감하지 않는다. 서자(庶子)가 그의 어머니를 위한 복이며 부친이 생존해 계시면 감한다.

○가복(加服)으로 적손(嫡孫)으로 그의 부친이 작고한 후 조모(祖母), 증조모, 고조모의 승중(承重)복이다. 쫓김을 당하였으면 복이 없다. 조모에게는 조부, 증조모에게는 증조부, 고조모에게는 고조부가 생존해 계시면 감한다. 어머니가 적자(適子)를 위한 복이다.

○의복(義服)으로 며느리가 시어머니를 위한 복이다. 시아버지가 생존하여 계시면 감한다. 남편의 승중(承重)복을 따라 입는다. 계모(繼母)를 위한 복이며 부친이 생존하여 계시면 감하고 쫓김을 당하였으면 복이 없다. 며느리가 계모(繼母)를 위한 복이며 첩의 아들이 적모(嫡母)를 위한 복이며 첩의 자식 처가 적모를 위한 복이다. 자모(慈母)를 위한 복이며 서자가어머니를 잃어 부친의 명으로 길러준 다른 소실이 자식이 없을 때의 복이나 부친이 생존하여 계시면 감한다. 계모가 적장자(適長子)를 위한 복이며 소실이 본처의 적장자를 위한 복이다. 소실들이 남편의 부모를 위한 복이며 양부모를 위한 복이다.

○杖期

服制同上但又用次等生布其正服則適孫父卒祖在爲祖母也(備要增高祖母承重同)其降服則(備要喪服父在爲母繼母適母慈母同)爲嫁母(增解漢石渠議問父卒母嫁何服蕭太傳云當服周爲父後則不服)出母(便覽爲父後則無服)也其義服則爲父卒繼母嫁而已從之者也(備要婦舅在爲姑夫承重同○便覽開元禮不從則無服)夫爲妻也子爲父後則爲出母嫁母無服繼母出則無服也(備要父在爲母心喪三年爲嫁母出母亦心喪三年)

楊氏復曰按齊衰杖期恐當添爲所後者之妻若子也祖父在嫡孫爲祖母也据先生儀禮經傳補服條修首一條已具齊衰三年下

○상장(喪杖)을 집는 자최 일년 복이다.

상복 짓는 법은 위 자최(齊衰)복과 같다. 다만 베를 자최 삼 년 복 보다 조금 고운 생포로 한다.

○복 입는 법.

○정복(正服)으로 적손이 부친이 작고한 후 조부는 생존하였을 때 조모를 위한 복이다. 승중시 증조모, 고조모 역시 같다.

○강복(降服)으로 부친 생존 시 모친을 위한 복이며 계모, 적모(嫡母), 자모(慈母) 역시 같다 모친이 개가(改嫁)를 하였거나 쫓김을 당하였을 때의 복이다.

○의복(義服)으로 며느리가 시아버지가 생존해 계실 때 시어머니를 위한 복이며 남편이 승중에 입는 복을 따라 입는다. 부친이 작고한 후 계모가 개가를 할 때 따라 간 전실(前室) 소생이 그 계모를 위한 복이며 따라 가지 않았으면 복이 없다. 남편이 아내를 위한 복이다.

○양자간 자가 양가의 어머니가 개가를 하였거나 쫓김을 당하였으면 복이 없다.

○부장기(不杖期)

服制同上但不杖又用次等生布其正服則爲祖父母(備要繼祖母同)女雖適人不降也(增解喪服傳何以期也不敢降其祖也疏祖父母正期故不敢降)庶子之子爲父之母(便覽爲祖後則不服)而爲祖後則不服也(備要按猶當心喪期)爲伯叔父也爲兄弟也爲衆子男女也(便覽長子不當斬者子爲人後者同)爲兄弟之子也爲姑姊妹女在室(備要圖姑姊妹女嫁皆大功)及適人而無夫與子者也(備要已嫁被出同)婦人無夫與子者爲其兄弟姊妹及兄弟之子也(便覽已嫁被出同○喪服姑姊妹報疏女子子不言報者出適反爲父母自然猶期不須言報)妾爲其子也其加服則爲嫡孫若曾玄孫當爲後者也(備要祖母同國制降○便覽喪服傳有適子者無適孫○增解繼祖母及庶祖母恐亦同)女適人者爲兄弟之爲父後者也(便覽父在則同衆昆弟)其降服則嫁母出母爲其子子雖爲父後猶服也妾爲其父母也其義服則(備要爲所後祖父母爲繼祖母)繼母嫁母(嫁母之母一作而)爲前夫之子從已者也爲伯叔母也爲夫兄弟之子也繼父同居父子皆無大功之親者也妾爲女君也(便覽喪服註女君於妾無服)妾爲君之衆子也舅姑爲嫡婦也(便覽長子當斬者之妻國制父母在爲養父母父母雖沒長子則期而除○增解繼姑及庶母恐亦同○楊氏復曰

父母在則爲妻也)

楊氏復曰按不杖期註正服當添一條姊妹旣嫁相爲服也○其義服當添一條父母在則爲妻不杖也○按爲人後者爲其父母報(報一作服)女子子適人者爲其父母此是不杖期大節目何以不書也盖此條在後凡男爲人後者與女適人者爲其私親皆降一等中故不見於此

○상장을 짚지 않는 자최(齊衰) 일년 복이다.

상복 짓는 법은 위 장기(杖期) 제법과 같다. 다만 상장이 없으며 베는 장기(杖期)보다 조금 고운 생 베로 한다.

○복 입는 법.

○정복(正服)으로 조부모를 위한 복이다. 여자가 출가를 하였어도 감하지 않는다. 서자의 아들이 부친의 어머니를 위한 복이다. 첩인 할머니의 복은 없다. 백숙부를 위한 복이며 형제를 위한 복이다. 적장자를 제외한 여러 아들딸들을 위한 복이며 형제의 자식을 위한 복이다 고모, 자매 여식이 출가를 하지 않았거나 출가를 하였더라도 남편과 자식이 없거나 되돌아 왔을 때 입는 복이다. 남편과 자식이 없는 부인이 그 형제자매와 형제의 자식을 위한 복이며 첩이 그의 자식을 위한 복이다.

○가복(加服)으로 적손(嫡孫)과 뒤를 이을 적증현손을 위한 복이며 출가한 여자가 친가 부친의 뒤를 이을 형제를 위한 복이다.

○강복(降服)으로 개가한 어머니나 쫓김을 당한 어머니가 그의 아들을 위한 복으로 비록 적장자라도 복은 같다. 첩이 그의 친가 부모를 위한 복이다.

○의복(義服)으로 계모가 개가할 때 따라온 전남편의 아들을 위한 복이며 백 숙모를 위한 복이다. 남편 형제를 위한 복이며 동거중인 계부가 그의 부친이나 자식이 없고 대공복을 입을 친족이 모두 없을 때의 복이며 첩이 본처를 위한 복이다. 첩이 남편의 적장자를 제외한 뭇 자식들을 위한 복이며 시부모가 맏며느리를 위한 복이다. 부모가 생존하여 계실 때 양부모를 위한 복이며 부모가 비록 작고하였다 하여도 장자(長子)는 일년 후에 복을 벗는다. 부모가 생존 시 처(妻)를 위한 복이다.

○五月

服制同上其正服則爲曾祖父母(備要義服繼曾祖母同)女嫡人者不降也

○자최 오월 복이다.

상복 짓는 법은 위와 같다.

○복 입는 법.

○정복(正服)으로 증조부모를 위한 복이다. 여자가 출가를 하여도 감하지 않는다.
○의복(義服)으로 계(繼)증조모 역시 같다.

○三月

服制同上其正服則爲高祖父母女適人者不降也(便覽語類自四世以上凡逮事者皆當齊衰三月)其義服則(備要繼高祖母同)繼父不同居者謂先同今異或雖同居而繼父有子已有大功以上親者也其元不同居者則不服(備要喪服丈夫婦人爲宗子宗子之妻(傳)宗子之母在則不爲宗子之妻服)

楊氏復曰按儀禮補服條當增爲所後者之祖父母若子也

○자최 삼월 복이다.

상복 짓는 법은 위와 같다.

○복 입는 법.

○정복(正服)으로 고조부모를 위한 복이다. 여자가 출가를 하였더라도 감하지 않는다. 고조 이상은 자최 삼월 복이다.

○의복(義服)으로 계고조모를 위한 복이며 계부(繼父)가 같이 살지 않아도 처음에는 같이 살

다가 지금은 달리 산다거나 혹은 비록 같이 산다 하여도 계부가 자식이 있다거나 이미 대공(大功)이상 복을 입을만한 유복지친(有服之親)이 있을 때의 복이다. 계부(繼父)가 처음부터 같이 살지 않았으면 복이 없다. 집안의 남자와 부인들이 종자(宗子)와 종부(宗婦)를 위한 복이며 종자(宗子)의 어머니가 생존하였으면 종부(宗婦)의 복은 없다.

○三曰大功九月

服制同上但用稍粗熟布無負版衰辟領首絰五寸餘腰絰四寸餘其正服則爲從父兄弟姊妹謂伯叔父之子也爲衆孫男女也(備要孫女已嫁被出同爲庶孫承重者適子在爲長孫支子爲適孫同)其義服則爲衆子婦也(便覽長子不當斬者之妻出後子婦同○增解按繼母亦同又按禮妾服君之黨與女君同則庶母之爲君衆子婦亦同)爲兄弟子之婦也爲夫之祖父母(備要繼祖母同)伯叔父母兄弟子之婦也夫爲人後者其妻爲本生舅姑也(備要爲同母異父之兄弟○姊妹旣嫁相爲服)

楊氏復曰儀禮註云前有衰後有負版左右有辟領孝子哀戚之心無所不在疏云衰者孝子有哀摧之志負者負其悲哀適者指適緣於父母不念餘事○又按註疏釋衰負版辟領三者之義惟子爲父母用之旁親則不用也家禮至大功乃無衰負版辟領者蓋家禮乃初年本也後先生之家所行之禮旁親皆無衰負版辟領若此之類皆從後來議論之定者爲正○大功九月恐當添爲同母異父之昆弟也或曰爲外祖母也据先生儀禮經傳補服條修同母異父之昆弟本子游答公叔木之問以同父同母則服期今但同母而是親者血屬故降一等蓋恩繼於母不繼於父若子夏答狄儀以爲齊衰則過矣故註疏家以大功爲是外祖母只据魯莊公爲齊王姬服大功檀弓或曰外祖母也今家禮以外祖父母爲小功正服則當以家禮爲正○劉氏垓孫曰沈存中說喪服中曾祖齊衰服曾祖以上皆謂之曾祖恐是如此如此則皆合有齊衰三月服看來高祖死豈有不爲服之禮須合行齊衰三月也伊川頃言祖父母喪須是不赴擧後來不曾行今法令雖無明文看來爲士者爲祖父母期服內不當赴擧今人齊衰用布大細又大功小功皆用苧布恐皆非禮大功須用市中所賣大麻布稍細者或熟麻布亦可小功須用虔布之屬古者布帛精粗皆用升數所以說布帛精粗不中數不鬻於市今更無此制聽民之所爲所以倉卒難得中度者只得買來自以意擇製之耳

○세 번째가 대공(大功) 구월 복이다.

상복 짓는 법은 위와 같다. 다만 조금 거친 숙포(熟布)로 짓되 부판(負版)과 최(衰) 그리고 벽령(辟領)이 없으며 수질의 굵기는 다섯 치 남짓이며 요질은 네 치 남짓이다.

○복 입는 법.

○정복(正服)은 종형제자매를 위한 복이며 적손을 제외한 손자손녀에 대한 복이다. 손녀가 이미 출가를 하였다 되돌아왔으면 같다. 적존을 제외한 여러 손에 대한 복이며 승중한 적자가 살았는데 장손을 위한 복이며 지자(支子)가 적손(適孫)을 위한 복도 같다.

○의복(義服)으로 적장자부를 제외한 여러 자부를 위한 복이며 형제들의 자부를 위한 복이다. 남편의 조부모를 위한 복이며 계조모 역시 같다. 남편의 백숙부모를 위한 복이며 남편 형제의 자부를 위한 복이다. 양자 된 자의 처가 본생 시부모를 위한 복이며 어머니는 같으나 아버지가 다른 형제자매의 복이다. 자매가 이미 출가를 하였을 때 서로 입는 복이다.

○四曰小功五月

服制同上但用稍熟細布冠左縫(增解喪服傳疏大功以上哀重其冠三辟積鄕右從陰小功緦麻哀輕三辟積鄕左從陽)首絰四寸餘腰絰三寸餘其正服則爲從祖祖父從祖祖姑謂祖之兄弟姊妹也爲兄弟之孫爲從祖父從祖姑謂從祖祖父之子父之從父兄弟姊妹也爲從父兄弟之子也爲從祖兄弟姊妹謂從祖父之子所謂再從兄弟姊妹者也爲外祖父母謂母之父母也(便覽喪服傳出妻之子爲外祖父母無服)爲舅謂母之兄弟也爲甥也謂姊妹之子也爲從母謂母之姊妹也(備要女爲姊妹之子外親雖適人不降)爲同母異父之兄弟姊妹也其義服則爲從祖祖母也爲夫兄弟之孫也爲從祖母也爲夫從兄弟之子也爲夫之姑姊妹適人者不降也女爲兄弟姪之妻已適人亦不降也爲娣姒婦謂兄弟之妻相名長婦謂次婦曰娣婦娣婦謂長婦曰姒婦也庶子爲嫡母之父母兄弟姊妹嫡母死則不服也(便覽小記爲母之君母母卒則不服)母出則爲繼母之父母兄弟姊妹也(便覽虞氏曰雖有十繼母當服次其母者之黨○增解服問傳曰母出則爲繼母之黨服母死則爲其母之黨服爲其母之黨服則不爲繼母之黨服)爲庶母慈已者謂庶母之乳養已者也爲嫡孫若曾玄孫之當爲後者之婦其姑在則否也爲兄弟之妻也爲夫之兄弟也(備要補服(婦)姑爲嫡婦不爲舅後者按儀禮從子婦大功衆子婦小功魏徵奏議升衆子婦爲大功今嫡婦不爲舅後者與衆子

婦同則亦當同升爲大功也(繼)爲所後者妻之父母○檀弓曾子曰小功不稅追爲服也則是遠兄弟終無服可乎疏降而在緦者亦稅之其餘則否)

楊氏復曰按儀禮補服條當增爲所後者妻之父母若子也姑爲嫡婦不爲舅後者也諸侯爲嫡孫之婦也

○넷째가 소공(小功) 오월 복이다.

상복 짓는 법은 위와 같다. 다만 대공복 포(布) 보다 조금 고운 숙포(熟布)로 짓는다. 관의 벽적(襞積)을 좌측으로 접어 꿰매고 수질은 네치 남짓이며 요질은 세치 남짓이다.

○복 입는 법.

○정복(正服)은 조부형제를 위한 복이며 출가하지 않은 대고모(大姑母)의 복이며 출가를 하였으면 감한다. 형제의 손을 위한 복이며 당숙부, 당고모를 위한 복이며 종질과 종질녀를 위한 복이다. 재종형제자매를 위한 복이며 외조부모를 위한 복이다. 외숙(外叔), 이모(姨母)를 위한 복이며 여자가 출가를 하였으면 모두 감한다. 생질(甥姪), 생질녀를 위한 복이다.

○의복(義服)은 종조모와 당숙모를 위한 복이며 남편형제의 손과 남편종형제의 자녀를 위한 복이며 여자가 출가를 하였으면 감한다. 남편의 고모(姑母), 남편의 자매를 위한 복이며 여자가 출가를 하였어도 감하지 않는다. 여자가 형제의 처와 조카의 처를 위한 복으로 본인이 출가를 하여도 감하지 않는다. 시동서간에 서로 입는 복이며 서자가 적모(嫡母)의 친정부모 형제자매를 위한 복으로 적모가 작고한 후는 복이 없다. 친모가 쫓김을 당하였으면 계모의 친정 부모 형제자매를 위한 복이다. 젖을 먹여 길러준 서모(庶母)의 복이며 적손부를 위한 복이다. 적증현손부(適曾玄孫婦)의 복이나 시어머니가 생존하였으면 복이 없다. 형제의 처를 위한 복이며 남편의 형제를 위한 복이다.

○五曰緦麻三月

服制同上但用極細熟布首絰三寸腰絰二寸並用熟麻纓亦如之其正服則爲族曾祖父(五寸大父○喪服疏族屬也骨肉相連屬)族曾祖姑(五寸大姑)謂曾祖之兄弟姊妹也(備要族曾祖姑嫁無)爲兄弟之曾孫也(備要女嫁無)爲族祖父(六寸大父)族祖姑(六寸大姑)謂族曾祖父之子也(備要謂祖之從父兄弟姊妹族祖姑嫁無)爲從父兄弟之孫也(備要女嫁無)爲族父族姑謂族祖父之子也(備要族姑嫁無)爲從祖兄弟之子也(備要女嫁無)爲族兄弟姊妹謂族父之子所謂三從兄弟姊妹也(備要姊妹嫁無)爲曾孫玄孫也(備要曾玄孫之妻無服○增解按繼祖母及庶祖母亦同)爲外孫也(便覽通典子雖不服外祖○謂出妻之子爲子外祖父母無服者○外祖猶爲服)爲從母兄弟姊妹謂從母之子也(備要謂兩姨兄弟姊妹雖適人不降)爲外兄弟謂姑之子也(增解外姊妹亦雖適人不降)爲內兄弟謂舅之子也(便覽尤菴曰姑之子舅之子只言兄弟而不言姊妹者省文也○增解內姊妹亦適人不降)其降服則庶子爲父後者爲其母而爲其母之父母兄弟姊妹則無服也其義服則爲族曾祖母也爲夫兄弟之曾孫也(備要女嫁無)爲族祖母也爲夫從兄弟之孫也(備要女嫁無)爲族母也爲夫從祖兄弟之子也(備要女嫁無)爲庶孫之婦也(便覽適孫婦其姑在者支子爲適孫婦出後孫婦同)士爲庶母謂父妾之有子者也(便覽通典兩妾之子相爲庶母)爲乳母也爲壻也爲妻之父母妻亡而別娶亦同卽妻之親母雖嫁出猶服也(便覽尤菴曰適母繼母之不嫁出者同於親母)爲夫之曾祖高祖也爲夫之從祖祖父母也(儀節爲夫之從祖姑卽夫之從祖祖姑)爲兄弟孫之婦也爲夫兄弟孫之婦也爲夫之從祖父母也(便覽國制爲夫之從祖姑)爲從父兄弟子之婦也爲夫從兄弟子之婦也(便覽國制爲從父兄弟之妻爲夫從父兄弟)爲夫從父兄弟之妻也爲夫之從父姊妹適人者不降也(備要女適人者爲其從父兄弟之妻)爲夫之外祖父母也爲夫之從母及舅也爲外孫婦也女爲姊妹之子婦也爲甥婦也(備要爲夫之從祖姑爲從父兄弟之妻爲甥從父兄弟爲舅之妻兩妾相爲服爲養父母○便覽爲同爨)

楊氏復曰當增爲同爨也爲朋友也爲改葬也大夫爲貴妾也士爲妾有子也按通典漢戴德云以朋友有同道之恩故加麻三月晉曹述初問有仁人義士矜幼携養積年爲之制服當無疑耶徐邈答曰禮然情耳同爨緦朋友麻又按儀禮補服條同爨謂以同居生於禮可許旣同爨而食合有緦麻之親改葬謂墳墓以他故崩壞將亡失尸柩也言改葬者明棺物毁敗改設之如葬時也此臣爲君也子爲父也妻爲夫也餘無服必服緦者親見尸柩不可以無服緦三月而除之謂葬時服之又按通典戴德云制緦麻具而葬葬而除謂子爲父妻妾爲夫臣爲君孫爲祖後者也其餘親皆弔服魏王肅云非父母無服無服則弔服加麻士妾有子而爲之緦無子則已謂士卑妾無男女則不服不別貴賤也大夫貴妾雖無子猶服之故大夫爲貴妾緦是別貴賤也○劉氏垓孫曰司馬公書儀斬衰古制而功緦又不古制此却可疑蓋古者五服皆用麻但布有差等皆用冠絰但功緦之絰小耳今人吉服不古而凶服古亦無意思今俗喪服之制下用橫布作

欄惟斬衰用不得

○다섯째가 시마(緦麻) 삼월 복이다.

상복 짓는 법은 위와 같다. 다만 아주 고운 숙포(熟布)로 짓는다. 수질은 세치이며 요질은 두 치로 하고 갓끈은 고운 베 끈으로 한다.

○상복 입는 법.

○정복(正服)으로 증조의 형제자매를 위한 복으로 여자가 출가를 하였으면 감한다. 형제의 증손을 위한 복이며 조부의 종형제자매를 위한 복이며 여자가 출가를 하였으면 감한다. 재종손을 위한 복이며 아버지의 종형제자매(재당숙고)를 위한 복이며 여자가 출가를 하였으면 감한다. 재종질을 위한 복이며 삼종형제자매(팔촌)를 위한 복이며 여자가 출가를 하였으면 감한다. 적증현손을 제외한 여러 증현손을 위한 복이며 외손을 위한 복이다. 쫓김을 당한 처의 자식은 그의 외조부모에 대한 복은 없으며 그도 같다. 이종형제자매, 고종형제자매, 외종형제자매를 위한 복이며 출가를 하였어도 감하지 않는다.

○강복(降服)으로 서자로서 아버지의 적자로 입적 되였으면 그의 친모를 위한 복이며 친모 생가 부모 형제자매의 복은 없다.

○의복(義服)으로 족증조(증조의 형제)모를 위한 복이며 남편 형제의 증손을 위한 복이다. 족조(조부의 종형제)모를 위한 복이며 남편의 종형제(사촌)의 손을 위한 복이다. 재당숙모를 위한 복이며 남편의 증조부모, 고조부모를 위한 복이며 남편의 조부의 형제자매를 위한 복이다. 형제의 손부를 위한 복이며 남편의 당숙부모, 당고모를 위한 복이며 남편의 종형제자매를 위한 복이다. 종형제의 처도 같다. 남편의 종형제자부를 위한 복이며 남편의 출가한 종형제의 여식에 대한 복이다. 남편의 재종형제의 자녀에 대한 복이며 여자가 출가를 하였으면 감한다. 남편의 손부에 대한 복이며 적증현손을 제외한 여러 증현손에 대한 복이다. 적손부를 제외한 여러 손부에 대한 복이며 남편 형제의 출가한 손녀의 복이며 남편의 종형제 손녀에 대한 복이다. 여자가 출가를 하였으면 감한다. 남편 형제의 증손녀에 대한 복이며 출가를 하였으면 감한다. 서(庶)손부의 복이며 시어머니 생존시의 적손부의 복이며 지자의 적손부의 복이며 양자간 손부의 복이다. 서모의 복이며 소실 자식들이 다른 소실을 위한 복이다. 유모를 위한 복이며 사위를 위한 복이며 처부모를 위한 복이다. 부인이 사망 후 별취하였어도 같다. 개가를 하였거나 쫓김을 당하였으면 처부모 복은 없다. 적모나 계모가 개가나 쫓김을 당하지 않았으면 친모와 같다. 종형제의 자부의 복이며 종형제의 처복이다. 남편의 외조부모를 위한 복이며 남편의 이모와 외숙을 위한 복이다. 외손부의 복이며 여자가 자매의 자부에 대한 복이다. 생질부에 대한 복이며 외숙모를 위한 복이며 외숙모가 생질에 대한 복이다. 소실간의 복이며 동거 무복인 간의 복이며 벗의 복이며 개장 시 주인의 복이다.

○凡爲殤服以次降一等

凡年十九至十六爲長殤十五至十二爲中殤十一至八歲爲下殤應服期者長殤降服大功九月中殤七月下殤小功五月應服大功以下次降等不滿八歲爲無服之殤哭之以日易月(便覽馬融曰以哭之日易服之月殤之期親則旬有三日哭緦麻之親則以三日爲制)生未三月則不哭也(增解通考徐乾學曰王氏馬氏謂以哭之日易服之月其說最爲合禮)男子已娶女子許嫁皆不爲殤(備要小記丈夫冠而不爲殤婦人笄而不爲殤男子受職亦不爲殤)

○대체로 어린아이 복은 차서 대로 한 등급씩 감한다.

나이 열여섯 살에서 열아홉 살 안에 죽으면 장상(長殤)이라 하고 열두 살에서 열다섯 살 안에 죽으면 중상(中殤)이라 하고 여덟 살에서 열한 살 안에 죽으면 하상(下殤)이라 한다. 기년복(期年服)을 입어야만 할 이의 장상은 대공복으로 아홉 달로 감하여 입고 중상이면 대공복으로 일곱 달로 감하여 입고 하상이면 소공복으로 다섯 달로 감하여 입는다. 대공 이하의 복에 해당하는 이의 죽음에도 차서 대로 감하여 입는다. 여덟 살 미만에 죽으면 복이 없다. 곡을 하는 날수는 달 수를 날수로 계산하여 장상인 대공 구월 복은 아흐레를 곡하고 중상 칠월은 이레를 곡을 한다. 이하 이와 같다. 출생한지 석 달 미만에 죽으면 곡을 하지 않는다. 남자가 이미 장가를 들었거나 여자가 혼인을 허락하였으면 상(殤)이라 하지 않는다.

○心喪三年

(己)檀弓疏爲師○喪服父在爲母按適母繼母同○嫡孫祖在爲祖母曾高祖母同○爲出母嫁母○楊儀爲父後者雖不服申心喪○庶子爲父後者爲其母 (婦)○舅在爲姑夫承重及所後同○爲夫之本生父母及嫁母出母庶子爲父後者之妻爲其夫所生母同○爲其父母 (繼)○爲本生父母見楊儀按所後父在爲所後母及所後承重祖在爲祖母曾高祖母同 (養)○己之父母在則爲養父母亦解官禮記爲師○王肅曰禮師弟子無服以弔服加麻臨之哭於寢○喪服疏麻謂環絰○鄭稱曰凡弔服加麻者三月除之○庾蔚之曰旣葬除之○譙周曰雖服除心喪三年○程子曰師不立服不可立也當以情之厚薄事之大小處之○丘氏曰宋儒黃幹喪其師朱子弔服加麻制如深衣用冠絰王栢喪其師何基服深衣加帶絰冠加絲武栢卒其弟子金履祥喪之則加絰于白巾絰如緦麻而小帶用細苧黃王金三子皆朱子之嫡傳其所製師服非無稽也後世欲服師之恩義者宜準之以爲法云○栗谷李先生曰師則隨其情義淺深或心喪三年或期年或九月或五月或三月 友則雖最重不過三月

○심상삼년

본인 복으로 스승을 위한 복이며 아버지 생존 시 어머니를 위한 복이다. 적모 계모도 같다. ○적손이 조부 생존 하였을 때 조모를 위한 복이며 증조모 고조모도 같다. 쫓김을 당한 어머니나 개가한 어머니를 위한 복이며 아버지 뒤를 이은 자를 위한 복으로 비록 복은 없더라도 심상을 입어야 한다. 서자가 아버지의 뒤를 이을 자로 입적된 자가 그의 어머니를 위한 복이다. ○며느리 복으로 시아버지가 생존한 시어머니를 위한 복이며 남편의 승중시 복과 양자 된 복을 따라 입는다. 남편이 양자 되였을 때 본가 부모 및 개가를 하였거나 쫓김을 당한 어머니를 위한 복이며 서자가 아버지 뒤를 이은 적자의 처를 위한 복이며 남편이 양자 되었을 때 친생가 어머니를 위한 복도 같다. ○양자의 복으로서 본가의 복으로 본가의 부모를 위한 복이며 양가의 아버지는 생존하였을 때 어머니를 위한 복이며 승중시 조부가 생존시 할머니를 위한 복이며 증조모 고조모도 같다. ○길러준 양부모의 복으로 친 부모가 생존하였을 때 길러준 부모를 위한 복으로 역시 관직에서 물러나 복상하여야 한다.

▶2954◈問; 상주 복장에 관해서.

부모님 상 때 상주 복장에 대해서 질문 입니다. 상주의 복장을 어른과 그 외 복장으로 나누는데. 한쪽 어르신들 말씀에 따르면 결혼을 하지 않으면 나이가 많아도(30 대 후반) 어른취급을 할 수 없다고 하시는 분들이 계시고. 다른 어르신들은 나이가 많으니 괜찮다는 분들도 계시는데 어느 쪽이 예를 차린 것입니까? 관을 써도 되는 것입니까? 답변 부탁 드립니다.

◈答; 상주 복장에 관해서.

⊙年十五至二十而冠(년십오지이십이관)

家禮男子年十五至二十皆可冠○曲禮二十曰弱冠○內則二十而冠始學禮○士冠禮記無大夫冠禮而有昏禮古者五十而后爵何大夫冠禮之有註大夫或時改娶有昏禮疏五十命爲大夫故無冠禮然有德行年未二十而得爲大夫則是大夫亦不以二十而始冠也若諸侯則魯襄公年十二而冠天子則成王亦十二而冠若天子之子則祭法有天子下祭殤五之文年十九已下爲殤故知二十乃冠也○冠義註長樂陳氏曰二十而冠始學禮蓋男子者陽之類也而二十則爲陰之數矣二十而冠者以陰而成乎陽女陰類也而十五則陽之類矣十有五年而笄者以陽而成乎陰陰陽之相成性命之相通也

⊙冠者成人之道(관자성인지도)

冠義醮於客位三加彌尊加有成也已冠而字之成人之道也○玄冠玄端奠摯於君遂以摯見於鄕大夫鄕先生以成人見也成人之者將責(成)(人)禮焉也責成人禮焉者將責爲人子爲人弟爲人臣爲人少者之禮行焉將責四責四者之行於人其禮可不重與故孝慈忠順之行立而后可以爲人可以爲人而后可以治人也故聖王重禮故曰冠者禮之始也嘉事之重者也

⊙凡爲殤服以次降一等(범위상복이차강일등)

凡年十九至十六爲長殤十五至十二爲中殤十一至八歲爲下殤應服期者長殤降服大功九月中殤七月

下殤小功五月應服大功以下次降等不滿八歲爲無服之殤哭之以日易月(便覽馬融曰以哭之日易服之月殤之期親則旬有三日哭緦麻之親則以三日爲制)生未三月則不哭也(增解通考徐乾學曰王氏馬氏謂以哭之日易服之月其說最爲合禮)男子已娶女子許嫁皆不爲殤○備要小記丈夫冠而不爲殤婦人笄而不爲殤男子受職亦不爲殤

⊙童子服式(동자복식)

備要禮童子八歲以上乃爲成服○按記曰童子不冠今俗或加巾絰非禮也○喪服疏童子不杖此庶童子也問喪云童子當室則免而杖矣謂適子也當室童子雖穉少以衰抱之且有杖矣○喪服小記女子子在室爲父母其主喪者不杖則子一人杖註以無男昆弟而使同姓爲攝主也○玉藻童子無緦服唯當室緦童子哭不偯不踊不杖不菲不廬○戴德曰禮不爲未成人制服者爲用心不能一也其能服者亦不禁不以制度唯其所能勝○譙周曰童子小功以上皆服本親之衰○庾蔚之曰禮稱童子不一愚謂當室是八歲以上及禮之人以其當室故與成人同射慈以爲未八歲者服其近屬布深衣或合禮意○或曰凡服必相報長者於童子有三殤遞減之制則童子於長者亦當遞減其服更詳之○喪服斬衰傳疏童子不杖不菲則直有繐裳絰對而已

⊙童子成服當否(동자성복당부)

備要或曰凡服必相報長者於童子有三殤遞減之制則童子於長者亦當遞減其服更詳之○沙溪曰據喪服記註疏當室童子雖服本宗而不服外親緦是亦遞減之義也不當室者雖本宗亦無緦則小功以上獨不遞減乎惟祖父母曾祖父母則依女雖適人不降之義而不降○尤菴曰成人之降殤家禮有明文而殤之降成人只見於通典亦難據此以爲不易之定論耳○退溪曰禮童子不緦當室則緦然古有子幼則以衰抱而拜賓之禮況過十歲童子寧不服耶但其服或未必如成(人)而緦則不服耳○南溪曰禮有上下尊卑之體尊者雖以童子減其服而卑者恐不當以童子而減長者之服○南塘曰童子之遇親喪者不可自計其年而遞降其喪則他服不可獨異童子不可盡責以成人之事故不服輕服此與服而降其月數者其義不同矣○陶菴曰劉智云童子八歲則制服今童子八歲以上者哀慽親黨之喪如成人者有之又況年十八九者於五服之喪豈可以已爲童子而遞減其服乎備要說恐難遽從

위와 같이 살펴 보건대 나이 30 이라면 성인(成人)으로 대접함이 맞을 것 같습니다. 다만 동자의 개념을 관례(冠禮) 또는 혼인 전으로 간주하느냐에 따라 굴건(屈巾)을 쓰고 아니 쓰고가 확정될 것인데 위 관례에서 현관을 씌움을 주목할 필요가 있으며 남자가 20 세 전이라 하여도 관례를 하였거나 혼인을 하였거나 관직(官職)을 받았으면 성인으로 대우함 역시 눈여겨 봐야 할 대목입니다. 그리고 나이 19 세 안에 죽으면 어린애 죽음으로 예를 갖추고 20 이후에 죽으면 어른 예로 행함이니 30 세라 하면 위의 말씀들을 모두 충족 되었으니 성복의 예는 어른의 예를 따름에 결함이 없다 생각됩니다. 다만 혹 가문에서는 결혼 전은 동자로 간주함도 있는 듯 합니다. 귀 가문이 이에 속하는지도 존장들에게 확인하여 그를 합당하도록 조정 또는 따름이 도리라 생각됩니다.

아래와 같이 살펴보건대 8 세 이상의 동자(童子)는 건을 쓰지 않는다 하며 만약 관례(冠禮)를 하였거나 비록 동자라 하여도 아내가 있다면 성인과 복제(服制)가 같다는 것입니다. 다만 도암(陶庵) 설에 의하면 나이 十八 九歲 자에게 까지 동자(童子)라 하여 상복(喪服)을 꼭 감해야 하랴. 비요(備要) 설을 따르기는 어렵다. 란 말씀도 계시니 반드시 어느 설이 옳다. 라 할 수는 없겠으나 비요 설이 세속(世俗)으로 굳어진 것 같습니다. 비요 설을 따른다면 기혼자(旣婚者)는 굴건 제복을 하고 미혼자는 불관이 옳다 할 것입니다.

●備要成服之具童子服條禮童子八歲以上乃爲成服○(按)記曰童子不冠今俗或加巾絰非禮也○喪服疏童子不杖此庶童子也(問喪)云童子當室則免而杖矣謂適子也當室童子雖穉少以衰抱之且有杖矣

●庾蔚之曰禮稱童子不一愚謂當室是八歲以上及禮之人以其當室故與成人同

●譙周曰童子小功親以上皆服不免不麻當室者免麻十四以下不堪麻則否

●遂菴曰童子年已十二則衰裳腰絰不可省也

●陶庵曰禮之不爲未成人制服以其用心不能一也其能勝者不禁今童子八歲以上者哀戚親黨之喪如成人者有之又況年十八九者於五服之喪豈可以已爲童子而遞減其服乎備要說恐難遽從

▶2955◈問; 처상(妻喪)을 당했을 때 남편의 상복에 대해서 알려 주세요.

요 며칠 전에 제가 아는 이가 처상(妻喪)을 당해서 조문을 간 일이 있는데 상처(喪妻)한 남편이 상복을 입지 않았기에 의아해서 주위 사람들에게 물어 봤는데 대다수 사람들이 처 상에는 남편이 상복(喪服)을 입지 않는다 하고 어떤 이는 묘지(墓地)에도 같이 참석(參席)하지 아니한다 하던데 저는 할말을 잃었습니다. 제가 지금까지 보아온 것이 아닌 듯 하기에 말입니다. 어느 것이 바른 법도인지 알려 주시면 감사하겠습니다.

◈答; 처상(妻喪)을 당했을 때 남편의 상복에 대해서.

다음과 같은 말씀이 있습니다.

◎가례성복편(家禮成服篇)

⊙장기(杖期)

服制同上但又用次等生布~前略~其義服則夫爲妻也~後略~

상장을 짚는 1 년복

상복 짓는 법은 위와 같다(자최 상복) 다만 아주 거친 것보다 다음 거친 생포로 짓는다. 그 의복(義服)으로 남편이 아내를 위한 복이다.

●尤菴曰父在爲妻不杖期古有其禮矣然家禮不論父在與父亡而通爲杖期杖則禫矣
우암 선생께서 말씀 하시기를 아버지가 생존하여 게실 때 아내의 상에는 상장을 집지 않는 1 년 복을 입는 그런 예법이 옛날에도 있었는데 그러나 가례에서는 아버지가 생존 하였든 작고 하였든지를 따지지 않고 통틀러 상장을 짚는 일년 복으로 하였으니 상장을 짚으면 담제를 지내야 하느니라,

위와 같이 살펴 볼 때 남편이 아내의 상을 당하였을 때는 상장을 집는 일년 상복을 입고 상을 마쳐야 합당 하다 하겠습니다.

⊙부장기(不杖朞)

服制同上但又用次等生布其正服則適孫父卒祖在爲祖母也(備要增高祖母承重同)其降服則(備要喪服父在爲母繼母適母慈母同)爲嫁母(增解漢石渠議問父卒母嫁何服蕭太傅云當服周爲父後則不服)出母(便覽爲父後則無服)也其義服則爲父卒繼母嫁而已從之者也(備要婦舅在爲姑夫承重同○便覽開元禮不從則無服)夫爲妻也子爲父後則爲出母嫁母無服繼母出則無服也(備要父在爲母心喪三年爲嫁母出母亦心喪三年)

▶2956◈問; 형이 사망 시 아우의 예법은요.

그냥 백관만 쓰면 되는 걸로 아는데 차후 아우로써 취할 수 있는 예에 대해서 알고 싶어요. 전번 질의의 감사와 더불어 또 다시 이런 질의를 드립니다.

◈答; 형이 사망 시 아우의 예법.

가례(家禮) 복 입는 법입니다.

⊙不杖期(부장기)

服制同上但不杖又用次等生布其正服則爲祖父母(備要繼祖母同)女雖適人不降也庶子之子爲父之母(便覽爲祖後則不服)而爲祖後則不服也爲伯叔父也[爲兄弟也]爲衆子男女也(便覽長子不當斬者子爲人後者同)爲兄弟之子也爲姑姊妹女在室及適人而無夫與子者也(備要已嫁被出同)婦人無夫與子者爲其兄弟姊妹及兄弟之子也(便覽已嫁被出同)妾爲其子也其加服則爲嫡孫若曾玄孫當爲後者也(備要祖母同國制降○便覽喪服傳有適子者無適孫○增解繼祖母及庶祖母恐亦同)女適人者爲兄弟之爲父後者也(便覽父在則同衆昆弟)其降服則嫁母出母爲其子子雖爲父後猶服也妾爲其父母也其義服則(備要爲所後祖父母爲繼祖母)繼母嫁母(嫁母之母一作而)爲前夫之子從已者也爲伯叔母也爲夫兄弟之子也繼父同居父子皆無大功之親者也妾爲女君也(便覽喪服註女君於妾無服)妾爲君之衆子也舅姑爲嫡婦也(便覽長子當

斬者之妻國制父母在爲養父母父母雖沒長子則期而除○增解繼姑及庶母恐亦同○楊氏復曰父母在則爲妻也)

⊙상장을 짚지 않는 자최 일년 복이다.

상복 짓는 법은 위 장기 제법과 같다. 다만 상장이 없으며 베는 장기보다 조금 고운 생베로 한다.

◎복 입는 법.

⊙정복으로 조부모를 위한 복이다. 여자가 출가를 하였어도 감하지 않는다. 서자의 아들이 부친의 어머니를 위한 복이다. 첩인 할머니의 복은 없다. 백숙부를 위한 복이며. [형제를 위한 복이다] 적장자를 제외한 여러 아들 딸들을 위한 복이며, 형제의 자식을 위한 복이다. 고모 자매 녀식이 출가를 하지 않았거나 출가를 하였더라도 남편과 자식이 없거나 되돌아 왔을 때 입는 복이다. 남편과 자식이 없는 부인이 그 형제자매와 형제의 자식을 위한 복이며, 첩이 그의 자식을 위한 복이다.

⊙가복으로 적손과 뒤를 이을 적증현손을 위한 복이며, 출가한 여자가 친가 부친의 뒤를 이을 형제를 위한 복이다.

⊙강복으로 개가한 어머니나 쫓김을 당한 어머니가 그의 아들을 위한 복으로 비록 적장자라도 복은 같다. 첩이 그의 친가 부모를 위한 복이다.

⊙의복으로 계모가 개가할 때 딸아 온 전 남편의 아들을 위한 복이며 백숙모를 위한 복이다. 남편 형제를 위한 복이며 동거중인 계부가 그의 부친이나 자식이 없고 대공복을 입을 친족이 모두 없을 때의 복이며 첩이 본처를 위한 복이다. 첩이 남편의 적장자를 제외한 뭇 자식들을 위한 복이며 시부모가 맏며느리를 위한 복이다. 부모가 계실 때 양부모를 위한 복이며 부모가 비록 작고하였다 하여도 장자는 일년 후에 복을 벗는다. 부모가 생존 시 처를 위한 복이다.

◎구의(丘儀) 복 입는 법입니다.

⊙제최부장기복(齊衰不杖期服)

正服(己)爲祖父母庶子之子爲父之母而爲祖後則不服謂父是庶出者己若承祖後則不爲父所生母服爲伯叔父[爲兄弟]爲在室之姑姊妹反嫁無夫與子者爲衆子及女在室與嫁而無夫與子者爲兄弟之子(女)女爲祖父母雖適人不降女在室者爲兄弟姊妹及兄弟之子其適人而無夫與子者同姊妹旣嫁相爲服(庶)妾爲其子○加服(己)爲嫡孫及曾玄孫當爲後者(女)女適人爲其兄弟之當爲父後者○降服(己)父在則爲妻不杖(女)女適人者爲其父母(婦)嫁母出母爲其子子雖爲父後猶服妾爲其父母(繼)爲人後者爲其本生父母○義服(己)爲伯叔母舅爲嫡婦父母在者爲妻(婦)爲夫兄弟之子姑爲嫡婦繼母嫁母爲前夫之子從己者謂非親生者(繼)爲人後者爲所後之祖父母(庶)妾爲女君謂夫正室妾爲君之衆子妾爲君之父母(異)繼父同居父子兩無大功之親者○今制(己)父爲嫡長子(婦)母爲嫡長子繼母爲長子及衆子慈母爲長子及衆子妾爲夫之長子及所生母

위와 같이 살펴 볼 때 형제의 복은 자최 상장을 짚지 않는 1 년 복입니다.

●儀禮喪服不杖朞條祖父母傳曰何以期也至尊也○傳曰世父叔父何以期也與尊者一體也然則昆弟之子何以亦期也旁尊也○大夫之庶子爲適昆弟傳曰何以期也父之所不降子亦不敢降也註適子爲庶昆弟庶昆弟相爲亦如
●儀禮經傳通解續喪禮喪服昆弟條疏曰昆弟卑於世叔故次之昆明也以其次長故以明爲稱弟弟也以其小故以次諸位
●雜記縣子曰三年之喪如斬期之喪如剡(集說註)剡削也此言哀痛淺深之殊(鄭玄注)言其痛之惻怛有淺深也

▶2957◈問; 혼백과 영정사진 등 궁금한 점을 질문 드립니다.

안녕하세요 외람된 질문 6 가지를 드리고자 합니다.

1. 영정사진과 혼백을 같이 뫼셔야 되는지 둘 중 하나만 선택해야 한다면 어느 것을 선택하여야 하는지요.

2. 혼백이나 영정사진은 탈상 때까지 뫼시고 있어야 되는지 아니면 그 이전 이라면 태우거나 묻을 때의 시기는 언제가 옳은지요.

3. 탈상 전에 혼백을 뫼시고 있는 동안 지방을 같이 모시는지요.

4. 탈상(脫喪) 일까지 조석(朝夕)으로 상식(上食)을 올리는데 제를 지내듯 하는지 그렇게 하면 안 되는지요.

위와 같이 살펴 볼 때 신주를 모시지 않고 혼백으로 탈상을 하게 되면 탈상 후 묘소에 묻어

5. 화장하여 납골당에 뫼시면 지방이나 신주를 장지에서 써가지고 집으로 돌아 오는지요 집에 와서 쓰는지요.

6. 초우는 장지에서 돌아와 집에서 지내나요 장례를 치르고 묘소에서 제를 올리고 집으로 가던데 어떤 건지요.

감사합니다. 저는 위의 여섯 가지가 매우 궁금하였습니다 무지한 저에게 깨우침을 주시면 감사하겠습니다. 안녕히 계세요.

◈答; 혼백과 영정(影幀)사진 등.

1; 答; 가례 상례편 초종장 치영좌설혼백(置靈座設魂帛)조에 다음과 같은 말씀이 있습니다.

世俗皆畵影置於魂帛之後~中略~相畵其容貌此殊爲非禮
세속에서는 초상화를 혼백 뒤에 두는데~중략~환칠 한 얼굴 모습과 그 용모와 이는 다르니 그렇게 하는 것은 예가 아니니라.

옛날부터의 전하여 내려오는 세속의 예 같습니다. 그러나 옛날에는 붓으로 환을 쳤으니 용모가 같을 수가 없었으나 지금이야 진배 없는 사진이니 당부 역시 재고 되여야 할 것 같습니다. 만약 선택 한다면 혼백을 택함이 옳을 것입니다.

2; 答; 가례 상례편 대상(大祥)장 축매혼백(祝埋魂帛)조에.

祝取魂帛帥執事者埋於屛處潔地
축관은 혼백을 취 하여 집사자들을 데리고 변방 깨끗한 땅에 묻는다.

또 신주의 친진 후 매안처. 가례 상례편 대상장(大祥章) 고천우사당(告遷于祠堂)조에.
若親皆已盡則祝版云云告畢埋于兩階之間
만약 현손이 모두 다 하였으면 축으로 여차여차 고하고 마쳤으면 양 층계 사이에 묻는다.

비요(備要) 상례편 길제(吉祭)장 납주(納主)조에.
親盡之主埋於墓所
현손이 다한 신주는 묘소에 묻는다.
야 바른 예 같습니다.

3; 答; 혼백뿐입니다.

4; 答; 상식(上食)은 제사도 아니며 전(奠)도 아니니 생시 식사 상 차림 입니다.

5; 答; 화장 하여 납골의 예는 알지 못 합니다.

6; 答; 초우제 지내는 곳.
가례 상례편 우제(虞祭)장에 다음과 같은 말씀이 있습니다.

葬之日日中而虞或墓遠則但不出是日可也若去家經宿以上則初虞於所館行之
장사 지낸 날 그 날 중에 우제를 지내야 한다. 혹 묘가 멀어도 우제만은 장사 한 날을 넘기지 않고 지내야 하느니라. 만약 집에 하룻밤 지나 가게 되면 초우제는 여관에서라도 지내야 하느니라.

위와 같이 살펴 볼 때 초우제는 집에 와서 지내되 그날을 넘기지 말고 지내야 한다는 것입니다.

●曲禮重旣虞而埋之疏正義曰案旣夕禮初喪朝禰廟重止于門外之西不入重不入者謂將嚮祖廟
●周禮司服註奠衣服今座上魂衣也
●儀禮重木刊鑿之甸人置重于中庭疏曰士重木長三尺
●尤庵曰重鑿木爲之其形如鼎盖鼎飮食之具而鬼神憑依飮食故用之
●楊氏復曰古人遺衣裳必置於靈座旣而藏於廟中恐當以遺衣裳置靈座而加魂帛於其上可也
●儀節設魂帛條魂帛以白絹爲之如世俗所謂同心結者垂其兩足
●南溪曰古者束帛依神家禮改用結絹之制當以此爲正第未詳其制則束之何妨
●鳳山影堂誌序文祠院有誌古也鳳山影堂惟我先師弦窩高先生俎豆之所而先生歿後三年門人弟子不勝安倣之痛春秋釋菜韓文公所謂歿而祭社之義
●溫公曰束帛依神謂之魂帛亦亦古禮之遺意也世俗皆畫影置於魂帛之後男子生時有畫像用之猶無所謂至於婦人生時沈居閨門出則乘輜軿擁蔽其面旣死豈可使畫工直入深室揭掩面之帛執筆訾相畵其容貌此殊爲非禮
●司馬光涑水記聞卷十六: 安國哭於影堂曰吾家滅門矣
●辭源[影堂]家廟的別稱○又僧寺中安放佛祖眞影之室
●燕京歲時記除夕:世胄之家致祭宗祠懸掛影像
●書儀影堂雜儀;(云云)男女俱再拜次酹祖妣以下皆徧納祠版出徹月望不設食不出祠版餘如朔儀影堂門無事常閉(云云)
●高麗史節要忠烈王四壬寅二十八年(元大德六年)冬十月作安平公主影堂于妙蓮寺

●春官通考吉禮眞殿永禧殿殿制永禧殿在京城南部薰陶坊(竹箭洞契酉坐卯向):正殿五室(退幷二十八間)移安廳三室(退並八間行閣三間在正殿西)神門三間(在正殿前庭之東)香門一門(夾門一間在正殿南庭之南)(以下省略)○奉安位次 第一室 太祖大王影幀 第二室 世祖大王影幀 (中略)安香廳(退幷六間在正殿外墻之內)祭器庫((退幷三間在安香廳之北)(中略)典祀廳(前後退翼廊合二十二間半砧造所二間在安香廳之東)殿司齋舍(幷廚庫七間在外香門之南)執事齋房八間(在外香門之南)外大門三門(北向)(以下省略)
●影堂新幀告由文 遺像在堂蔚爲矜式民懷其仁士飽以德永世精禋崇報無疆歲月寢久蠹魚致傷神理未妥多士曰咨茲涓吉日新幀奉來有儼揭虔廟貌增新尙翼降監啓我後人
●影堂舊幀告由文 揭虔歲久蠹患生綃今奉新幀敢告事由

14 문상(問喪)

▶2958◈問; 남자친구 할머니 돌아가셨을 때요.

오늘 남자친구 외할머니가 돌아가셨는데요, 병이 아니라 나이가 많으셔서 돌아가신 거고요. 저더러 입관하기 전에 한번 와서 남친 부모님께 인사를 드리라고 하는데 저는 그런 곳에 한 번도 안 가봤고, 아직 결혼한 사이도 아닌데, 외할머니 상에 가야 할까요? 어떻게 하는 게 좋을지 좀 알려주세요. 급하거든요.

◈答; 남자친구 할머니 돌아가셨을 때.

남편의 외조부모에 대한 복은 시마 3 월 복입니다. 복인은 부음을 들으면 즉시 달려가야 합니다. 그러나 혼례에서 친영 도중이라면 시가의 복을 입으나 그 이전에는 사람을 시켜 위문함이 전통의 바른 예법 같습니다. 다만 현세에서 용인 될 수 있는 범위는 알지를 못합니다. 그러나 예법은 그러하다 하여도 요즘의 세태에서 결혼이 변함없는 관계라면 부군 될 남자의 청을 거절한다 함도 그리 개운치 안을 것입니다. 양자의 비중을 헤아려 처신함이 옳을 것입니다.

아래와 같이 살펴보건대 이미 납폐의 예를 마치고 성혼의 날이 정하여졌을 때 여자의 부모가 죽으면 사위 집에서는 사람을 보내어 조문하고, 사위의 부모가 죽었을 때 역시 여자의 집에서 사람을 보내어 조문한다. 는 것입니다. 이와 같이 성혼 전에 처부모나 시부모의 상을 당하면 사위나 그 부모들이 직접 조문 가는 것이 아니라 다른 사람을 시켜 조문의 예를 행하게 되는데, 양가 조부모에 대한 조문의 예가 명문화 되어 있지 않은 것 같습니다. 따라서 부모의 법도를 따른다 하여도 유가의 법도로는 사람을 시켜 조문하는 법이니 조부모 역시 이 범주를 벗어 나지는 않을 것입니다.

이상은 유가의 예법입니다.

●曾子問曰昏禮旣納幣有吉日女之父母死則如之何孔子曰壻使人吊如壻之父母死則女之家亦使人吊

▶2959◈問; 도와주세요.

잘 몰라서 질문합니다.

1). 축문에서 년 월 일에 해당하는 간지 중 "월"에 대한 간지는 어떻게 표기합니까?
예)2003 년 2 월 1 일, 2003 년 3 월 15 일

2). 돌아가신 날이 18 일이고 산신제를 지내는 날이 20 일이면 산신제 축문에서 "일"에 해당하는 간지는 18 일로 해야 합니까? 아니면 20 일로 해야 합니까?

3). 문중 산이 없었어 공동묘지에 모실 경우 3 일장으로 할 경우 어떤 제를 올려야 합니까?
제발 도와주세요.

◈答; 축문 쓰는 법.

1). **答;** 축문 중 월에 대한 간지.
⊙편람(便覽) 10 월 1 일 (十月一日) 친진조묘제 축문식(親盡祖墓祭祝文式)
維年號幾年歲次干支十月朔日干支幾代孫某官某敢昭告于~以下略~

⊙비요(備要) 3 월 상순(三月上旬) 친미진조묘제 축문식(親未盡祖墓祭祝文式)
維年號幾年歲次干支幾月干支朔幾日干支孝子某官某敢昭告于~以下略~
월 뒤의 간지는 당해 월의 초 하루 간지를 쓰는 것입니다. 위 두 축식을 살펴 볼 때 제 일이 초하루 일 때는 월만 표시 후 초 1 일(初一日或朔日)이라 쓰고 당일 간지를 써 이중의 불필요함을 피하는 것 같습니다.

1, 예; 2003 년 2 월 1 일은 癸未二月朔日(或初一日)乙亥
2, 예; 2003 년 3 월 15 일은 癸未三月乙巳朔十五日己未

2). **答;** 망일은 18 일 이고 산신제일이 20 일 때의 간지 쓰는 날은. 고 하는 일자의 간지입니다.

3). **答;** 문중(門中) 산이나 공동 묘지를 불문 제는 동일 합니다. 상례편 치장장(治葬章)과 같습니다.

⊙擇日開塋域祠后土(택일개영역사후토)

⊙祠后土於墓左(사후토어묘좌)

如前儀祝板前同但云今爲某官封諡窆玆幽宅神其後同

⊙題主(제주)

祝封置靈座而藏魂帛於箱中以置其後炷香斟酒執版出於主人之右跪(便覽主人亦跪)讀之日子同前但云孤子某敢昭告于(云云)畢(儀節不焚)懷之興復位主人(便覽以下)再拜哭盡哀止

▶2960 問; 득남 후 삼칠일 전인데 문상을 가도 될는지요.

일주일 전 득남하였습니다. 기쁘게 지내던 중, 어제 가까운 회사 동료의 조모상 소식을 접했는데 저는 당연히 가야 한다고 생각하지만 장모님이 삼칠일 전에는 다니는 게 아니라며 말리시는군요.

다른 곳에 알아보니, 예전처럼 사인을 모를 경우나 전염병으로 인한 사망이 많았을 경우에는 태아의 감염 등을 우려하여 안 다니는 게 맞았지만 오늘날에는 크게 신경 쓸 필요 없다는 의견과(참고로 이번에 돌아가신 어르신은 노환으로 인한 자연사입니다) 당연히 안 가는 것이 좋으며, 불가피하게 가게 될 경우 귀가 전 문 앞에서 소금세례를 맞고 목욕재계 후 들어가라. 는 의견이 있더군요. 저는 아무래도 가는 쪽으로 마음이 기울기는 하는데 장모님께서 찜찜해 하시니 무시할 수도 없고요. 고민입니다. 조언 부탁 드립니다. 감사합니다.

◈答; 득남 후 삼칠일 전인데 문상을 가도 될까.

전통예법에는 상중이거나 재계 중에는 타인의 상에 조문치 않으며 흉사에 참여치 않는다 하였습니다.

옛날 우암 선생께서 누가 묻기를 오는 도중에 상여를 보았는데 제사를 지내지 말아야 하지요 하고 여쭙자 암 지내지 말아야지. 또 누가 묻기를 오는 도중에 상여를 보았는데 제사를 지내도 되겠지요 하고 여쭙자 암 지내야지. 말씀들이 출산 후 6 일 후가 기일이라 3 일이 지나면 꺼릴 것은 없으나 정침(正寢)에서 출산을 하였다면 기일 2 일 전에 측실로 산모와 아기를 옮겨 몸조리 시키고, 주인은 그 기간 측실을 방문하지 않다가 기제를 마치시고 산모와 아기를 정침으로 옮기심이 좋을 듯싶습니다. 샤머니즘적 꺼림 같으나 본인이 꺼리면 가지 마십시오. 꺼림이 없다면 법도상 어그러짐은 없습니다.

●疑禮問解問將祭而家內有産婦則奈何愚伏答曰有産婦則不潔不可祭也
●問今人有産或廢祭於七日內抑無過禮否遂菴曰過三日則似無拘忌
●問將祭而有産婦則奈何愚伏曰當有産婦則不潔不可祭也
●內則妻將生子居側室至于子生夫齊則不入側室之門是當祭者不入産室而已祭則自如可知况牛馬耶
●性理大全忌祭前一日齋戒; 主人帥衆丈夫致齋于外主婦帥衆婦女致齋于內沐浴更衣飮酒不得至亂食肉不得茹葷不弔喪不聽樂凡凶穢之事皆不得預

▶2961◀◈問; 명절 앞두고 상가 집 문상 법.

친구어머님이 추석명절을 3 일 앞두고 별세하셨습니다. 차례를 지내야 하는데 문상은 어떻게 해야 되나요.

◈答; 명절 앞두고 상가 집 문상 법.

속절(俗節)의 재계(齋戒)는 하루 전날 사당을 청소를 하고 재숙(齋宿)이라 하였으니, 재계하는 동안에만 조문을 하지 않으면 됩니다.

●性理大全俗節前一日灑掃齋宿厥明宿興開門軸簾每龕設凡鄕俗所尙者食如角黍凡其節之所尙者薦以大盤間以蔬果
●要結時祭則散齋四日致齋三日忌祭及墓祭則散齋二日致齋一日參禮則齋宿一日
●曲禮齋戒不樂不吊

▶2962◀◈問; 모친상 49 제를 막 치렀습니다. 조문을 다녀와도 될까요?

금일 모친 49 제를 막 치렀습니다. 금일 오후 새 언니 할머님께서 부고 하셨다는 소식을 접했습니다. 상주인 저희 오빠나 저희 가족이 조문을 드려도 괜찮을까요?

◈答; 모친상 49 제를 지내 후 조문에 대하여.

가족이라 하심의 범위가 어디까지인지는 알 수 없으나 당사자는 조문이 아니라 그 상에 참석 하여야 할 것이며, 상주는 상 3 년은 동안(조기 탈상은 형편에 의한 것일 뿐 제반 법도는 정예를 따름)은 형제의 상이 아니면 다른 상에 참석(조문)하지 않습니다.

●曾子問曰三年之喪吊乎孔子曰三年之喪練不群立不旅行君子禮以飾情三年之喪而吊哭不亦虛乎註爲被哀則不專於親爲親哀則是妄吊疏虛者吊與哭並虛也

●檀弓子張死曾子有母之喪齊衰而往哭之或曰齊衰不以吊曾子曰我吊也歟哉註於朋友哀痛甚而往哭之非若凡吊○非兄弟雖鄉不往疏無親也○有殯聞遠兄弟之喪雖緦必往非兄弟雖隣不往

●雜記三年之喪雖功衰不吊(註功衰旣練之服疏重喪小祥後衰與大功同故曰功衰)練則吊(註父在爲母功衰可以吊人也然則凡齊衰十一月皆可以出矣)

●問禮居喪不吊鄉俗不特往吊送葬凡有吉凶皆有所遺不知處此當如何朱子曰吉禮固不可預然吊送之禮却似不可廢所謂禮從宜者此也

●問解異姓之恩雖不可不殺而其服亦有重於同姓之緦者恐不可以是斷定而不爲之往也

▶2963◀◈問; 문상 가는 예절에 대한 문의.

선생님, 안녕하세요? 오래 만에 인사 드립니다. 궁금한 것이 있어서 문의 드립니다. 출가한 딸의 시조부께서 돌아가시면 당연히 제 남편은 (친정아버지니까) 문상을 가야 할 테지만 딸의 시조부모님들께선 경남 시골에 사시거든요. 보수적인 집안이라서 제가 남편과 같이 문상을 가면 결례가 되는지요? 예전에는 여자들은 직접 문상을 하지 않은 걸로 아는데 여자들은 초상집에 가서 일을 거들어 주던가 아니면 떡 을 해다가 드리던데 장례식이 도회지 병원 영안실이면 좀 낳겠는데 집성 촌이 사시는 곳이라서 많이 조심이 돼서 그렇습니다 어찌해야 좋을는지 부탁 드립니다. 안녕히 계십시오.

◈答; 문상 가는 예절에 대하여.

척(戚)에는 친척(親戚)과 인척(姻戚)이 있는데 인척에서는 당사자만이 유복지친 간일 뿐입니다. 고문의 조문조(弔問條)를 살펴 보와도 어디에서도 인척 부인의 조문 예법을 찾지를 못하였습니다. 다만 아래와 같은 예문이 있는 것으로 보와 부인으로서 사가의 상에 참석한다 하여 결례는 되지 않을 가는 생각 됩니다.
아래는 가례 치장편의 조문객의 처소조 입니다.

⊙親賓次

친척과 손님이 머물 처소를 설치한다.

在靈幄前十數步男東女西次北與靈幄相値皆南向
영좌의 장막 십 수 보 앞에 남자는 동쪽 여자의 처소를 서쪽으로 설치하되 북쪽은 영좌의 장막과 마주 보게 하여 모두 남쪽으로 향하게 친다.

問會通云此是親朋婦女南溪曰是○鏡湖曰旣夕禮乃窆條主婦亦拜賓註拜女賓也云則古者女賓亦會葬矣
누가 묻기를 회통(會通)에서 이르기를 이조(條)의 친(親)이라 함은 여자친구가 옳습니까? 하고 묻자 남계(南溪) 선생께서 말씀하시기를 옳다. ○경호(鏡湖) 선생께서 말씀하시기를 기석례(旣夕禮) 내폄조(乃窆條) 배빈(拜賓)을 풀어 놓기를 여자 손님도 절을 한다 하였으니 옛날 사람들은 여자 손님들도 모두 모여 장사를 지냈느니라.

고례에서의 조문 법에는 남자 위주이니 부녀자의 예법이 명쾌히 적시된 예법을 참고 할 수가 없으나 위 치장편 조문객 처소에서 고찰한 바와 같이 부녀자가 타인의 장례에도 참석 한다는 기록이 있으니 여식의 시가 조부상에 참례한다 하여 결례는 아니라 생각 됩니다.

예기(禮記) 곡례편(曲禮篇)에서 이르기를 知生者弔知死者傷知生而不知死弔而不傷知死而不知生傷而不弔
상제를 알 때에는 조문도 하고 죽은 이도 알면 영전에서 슬피 곡을 하나 상제는 알고 죽은 이를 모를 때는 상제에게 조문만 하고 영전에서는 곡을 하지 않으며 죽은 이는 알고 상제를 모를 때는 영전에서 슬피 곡은 하나 상제에게 조문은 않느니라.

위 가르침은 인척(姻戚) 관계도 없는 타인의 상에 대한 가르침 같으니 사가 부인이라 하여도 기왕에 참석하였으면 물끄러미 있는 것보다 남자의 예에 준하여 조문(弔問)함이 옳을 것입니다.

●星湖曰查家與厠愈遠愈好
●辭源木部五畫[査]渣滓
●淸谿子詩曰許他眞是查郎髓
●隋書煬帝紀輒數道置頓

▶2964◀◈問; 문상 관련 질문.

안녕하십니까? 항상 새로운 가례정보 감사 드립니다. 다름이 아니고 제가 현재 喪中입니다(49 재 탈상) 그런데 친구 부친이 별세하셨다는 부고를 접하고 문상을 가야 하나요? 부의금만 전하면 되나요? 문상해도 괜찮은가요? 경상도 쪽은 문상을 안 가는 게 관례인 듯싶은데 선생님의 고견을 듣고 싶습니다.

◈答; 문상 관련.

⊙弔哭拜之節

曲禮知生而不知死弔而不傷知死而不知生傷而不弔○檀弓死而不弔者三畏壓溺行弔之日不飮酒食肉不樂○有殯(註三年之喪)聞遠兄弟之喪雖緦必往非兄弟(異姓)雖鄰不往○雜記三年之喪不弔有服而將往哭之則服其服而往○少儀尊長於已踰等喪俟事不特弔疏待朝夕哭時不非時而獨弔○司馬溫公曰婦人非親戚及與其子爲執友嘗升堂拜母者則不入酹○廣記凡死者是敵以上則拜少者則不拜○喪者二人以上只弔其識者○過期年則不哭情重者哭

⊙타인의 상에 조문하고 곡하고 절하는 예법.

산사람을 알고 죽은 이를 모를 때는 상주에는 조문을 하고 영좌에는 곡을 하지 않으며 죽은 이는 알고 산사람을 모를 때는 영좌에는 곡 재배하고 산 사람에게는 조문치 않는다. ○친상 중에 먼 형제의 상 소식을 들으면 비록 시마 복일지라도 반듯이 가야하고 형제가 아닌 이성이면 아무리 가깝다 하여도 가지 않는다. ○친상 중에는 조문하지 않는다. 복이 있으면 가서 곡할 때 그 복을 입고 곡하고 온다. 대체로 죽은 이가 대등 이상이면 절을 하고 수하이면 절을 하지 않는다. ○친상의 형제가 두 사람 이상이면 다만 그 중에서 아는 이에게만 조문을 한다. ○초상(初喪) 후 일년이 넘었을 때는 곡을 하지 않는 것이나 정이 두터웠으면 곡을 한다.

친상 중에는 타인의 상에 조문치 않는 것이 바른 예인 것 같습니다. 다만 부조의 여부는 밝혀낸 바가 없으니 단언하여 가부를 일러 줄 수는 없으나 대리인으로 하여금 보낸다 하여 예에 크게 어그러지는 짓은 아니지 않겠는가 합니다.

▶2965◀◈問; 문상 시 옷 입는 것에 대해 질문입니다. (급합니다)

운영자님 수고 많으십니다. 저는 24 살 대학생입니다. 친한 동문 선배 아버님 문상을 가려고 하는데 원래는 상복이 있어서 입고 가려 했습니다. 그런데 할머님께서 일가가 아니면 상복(검은색정장)을 입는 것이 아니라며 오히려 상제 측에서 이상하게 생각할 수도 있다며 그냥 검은색이나 흰색으로 단정하게 입고 가라고 하십니다. 어떻게 입고가야 하는지요? 일가의 상이 아니면 상복을 입지 않는 것이 도리에 맞는 것인가요?

◈答; 문상 시 옷 입는 것에 대하여.

家禮凡弔皆素服ㅇ退溪曰素冠雖不可爲白衣白帶甚可
가례 조문절 조자복조에 대체로 조문에는 흰옷을 입는다. ○퇴계 선생께서 말씀하시기를 흰관은 형편에 갖춰 쓸 수가 없다 하여도 흰옷에 흰띠는 반드시 매고 감이 심히 옳으니라.

위와 같이 살펴 때 복인들의 상 옷이 아닌 혼란하지 않고 깨끗한 흰옷을 입음이 바른 예법 같습니다. 옛 예법과 같이 갖출 수가 없으면 현란한 색이 아닌 검거나 흰 것이면 예에 크게 어그러진 조복은 아니라 생각 듭니다.

●家禮成服篇弔奠賻節凡弔皆素服條幞頭衫帶皆以白生絹爲之(便覽退溪曰素冠雖不可爲白衣白帶甚可)補註問今弔人用橫烏此禮如何朱子曰此是玄冠以弔正與孔子所謂羔裘玄冠不以弔者相反
●丘儀各隨其人所當服之衣而用縞素者按本註幞頭衫帶皆以白生絹爲之今制惟一國恤用布裹紗帽其餘則不許有官者衣可變而冠不可變若無官者用素巾可也

▶2966◀◈問; 문상에 대하여.

어머니의 칠순이 다음 주에 있습니다. 그런데 선배 어머님의 부고를 받았는데 문상을 하는 것이 괜찮은지요. 빠른 답변 부탁 올립니다.

◈答; 문상에 대하여.

부모 칠순(七旬)에 타인의 부음을 받고도 조문(弔問)치 않는다는 설(說)은 어디에서도 찾을 수가 없습니다. 이러한 경우 문상(問喪)이 옛날에 기피의 예였다면 그 설이 기록되어 전하여 올 것이나 못 찾아서인지는 모르겠으나 발견되지 않는 것으로 보아 기피할 예는 아닌 것 같습니다.

아래는 회갑연(回甲宴)에 관한 예법입니다. 재계(齋戒)나 기타 꺼려야 할 사항이 없습니다.

◆回甲(회갑)

禮無回甲之文而家禮有獻壽儀未知獻壽在於何時耶今從俗設宴則亦用此儀

◈笏記(홀기)

家長兩位(父母)盛服就位南向坐男女子孫盛服序立如圖(男東女西)先共再拜(婦人四拜)獻者一人(子弟之最長者)以盛饌分獻于家長兩位前(各卓)獻者進立于父位前(獻壽席)奉盞○執事斟酒○獻者跪獻盞○祝曰[伏願父主備膺五福保族宜家]讀訖○家長(父)受盞飮畢○以其盞授執事○獻者次詣母位前(獻壽席)奉盞○執事斟酒○獻者跪獻盞○祝曰[伏願母主備膺五福保族宜家]讀訖○母受盞飮畢○以其盞授執事○獻者興○退復位○獻者以下皆再拜(家禮有醮于諸卑幼之禮而今俗鮮行酢禮故今刪之)家長命易服○男女諸子孫皆服便服○還復就位相向坐(男東女西)各受盃盞盡歡而徹○皆再拜而退

▶2967◀◈問; 문상에 대하여 문의합니다.

친절한 답변을 주신 분들께 감사드립니다.
성균관 발행 우리의 생활예절(2018 년 9 월 27 일 개정판)의 242 쪽 弔喪과 問喪 방법에서 조문을 할 때 죽은이가 여자이면 인사하지 않는다고 했습니다. 요즈음도 죽은 이가 여자이면 절을 하지 않아야 할까요? 답변 부탁 드립니다.

◈答; 타 부인상의 조문 예절.

아래와 같이 살펴보건대 퇴계(退溪)께서는 아주머니와 동급 이상 상에 항상 안채로 들어가 절하고 지내던 관계가 아니면 상청에 들어가지 않는다. 하셨고, 사계(沙溪)께서는 부인상에 안채로 들어가던 사이가 아니면 곡(哭)을 하지 않는다. 하셨으니,

퇴계(退溪) 설(說)을 따른다면 위전(位前)으로 들어가 곡(哭) 재배(再拜)하지 않고 상주(喪主)에게 조문(弔問)만하고, 사계(沙溪) 설(說)을 따른다면 위전(位前)으로 들어가 곡(哭)은 하지 않는다. 하셨으니 어느 설(說)을 따른다 하여도 근거(根據)가 뚜렷하니 상청에는 들어가지 않고 상주에게 문상만 함이 옳습니다.

다만 지인(知人)과의 정리(情理)로 보아 사계(沙溪) 말씀과 같이 위전(位前)으로 들어가 곡(哭)은 하지 않고 재배(再拜)만 하고 문상함도 예에 어그러지지 않습니다. 물론 어머니 급 이하 상에는 아니 되겠지요.

●曲禮知生者吊知死者傷知生而不知死吊而不傷知死而不知生傷而不吊註各施於所知也吊傷皆謂致命辭也(鄭玄註)人恩各施於所知也弔傷皆謂致命辭也疏正義曰此一節論弔傷之法若存之與亡並識則遣設弔辭傷辭兼行若但識生而不識亡則喩遣設弔辭而無傷辭知死而不知生傷而不弔者若但識

亡唯施傷辭而無弔辭也然生弔死傷其文可悉但記者丁寧言之故其文詳也
●書儀婦人非親戚與其子爲執友嘗升堂拜母者則不入酹
●退溪曰禮嘗升堂拜母之外不許入今人皆入弔未安
●沙溪曰婦人之喪未及升堂者不哭可也鄉人多有哭之者非是
●明齋曰與喪人情好親密則雖未升堂不可不以哭相慰若素所疏遠則豈可矯情以自悅哉
●問解婦人之喪未升堂者不哭可也鄉人多有哭之者非是

▶2968◀◈問; 문상예절 문의?

감사합니다. 친구의 자식 상에 장례식장 조문을 하려 합니다.

보통 문상 절차대로 해야 하나요? 아니면 다른 문상 예절이 있습니까? 고인이 기혼, 미혼일 경우 다른가요?

◈答; 수하자 문상 예법.

아래와 같이 살펴보건대 적(敵; 대등) 이상자라야 곡배(哭拜)하고 子姪이하 자에 해당하면 기혼 미혼 관계없이 곡(哭)은 하나 절을 하지 않습니다.

친구의 자식이라면 질(姪)에 해당하여 곡만하고 상주 역시 질 이하 자에 해당하면 절을 하지 않고 서서 위로만 할 뿐입니다. 참고하시기 바랍니다.

●曲禮知生者弔知死者傷知生而不知死弔而不傷知死而不知生傷而不弔
●太平廣記凡死者是敵以上則拜少者則不拜
●退溪曰妻則當拜子不當拜叔父於姪亦不當拜
●問祭子女弟侄立也坐耶尤庵曰喪禮旣曰尊長坐哭祭禮亦豈異同耶
●冶谷曰則父兄不拜於子弟盖已明矣
●梅山曰凡死者是敵以上則拜少者則不拜又先儒於族弟侄之喪不拜親戚卑幼之弔者哭而已矣
●寒水齋曰喪祭禮有尊長坐哭之文以此推之則兄之祭弟也雖當奠獻而只宜立而不拜矣若弟與弟嫂合享則不可不拜未知如何若祭弟之妻則安得無拜
●竹菴曰尤菴言從弟之祭俱不當拜則况於從侄從孫乎雖年長於我而旣爲有服之親則恐不可以平時之答拜而拜其喪也
●問親戚之喪敵己以上則入哭有拜敵己以下則入哭無拜而如異姓從妹則旣非同宗且有男女之別則恐不可無拜本菴曰有服者不必然愚於異姓從妹之喪不拜矣

▶2969◀◈問; 문상 예절에 관해서.

저는 올해 30살 여자 입니다. 어머니께서 어릴 때 돌아가셔서 기본 예절을 잘 모릅니다.

애인이 있습니다. 아직 결혼은 안 했지만, 거의 가족과 같이 대해주시는 시어른들과 잘 어울립니다. 애인의 친할머니께서 위독하시다고 합니다. 돌아가시면 저도 문상을 해야 할거 같은데 (애인의 집안 종료는 일본불교입니다) 아직 결혼도 안 한 제가 문상을 어떻게 해야 할지 몰라서 문의 드립니다.

먼저 문상을 가면 상주에게 묵례를 한 뒤 영정 앞에 무릎 꿇고 향을 1개 피운 뒤 절을 2번하고 일어서서 영정 앞에 묵례를 한 뒤 상주와 다시 절을 1번하면 된다고 알고 있습니다. 여기서 절은 여자의 경우 어떻게 하는 게 맞는 것인지 왼손이 위로 가게 쥔 뒤 눈 위치까지 손을 올린 뒤 큰절을 해야 하는지 외람되나, 자세히 알려주시면 고맙겠습니다.

◈答; 문상 예절에 관해서.

유가의 법도로는 여자가 혼인을 약속하였다 하여도 장래 시가의 상에 조문한다는 예법은 없는 것 같습니다. 다만 여자의 평상 절은 숙배(머리를 땅에 대지 않는 절)이며 공수(차수)법은 아래와 같으며 흉사에는 수배(양손을 땅을 집고 하는 절)입니다.

⊙길사의 경우: 남자는 왼손이 위 여자는 오른손이 위.

⊙**흉사의 경우:** 남자는 오른손이 위, 여자는 왼손이 위.

이상은 유가의 여자의 배법이며 요즘은 여자의 배법도 남자와 비슷하게 행하는 것 같습니다. 가끔 상가에서 여자의 조문함은 목격하게 되는데 거의 남자의 예를 따르는 것도 같습니다. 본인은 요즘 세간에서 행하는 여자의 조문 예법은 알지를 못합니다.

●周禮春官大祝辨九拜;一曰稽首註拜頭至地疏先以兩手拱至地又引頭至地多時也拜中最重臣拜君之拜○九曰肅拜以享右祭祀(註)肅拜但俯下手今時揖是也(疏)肅拜婦人之正拜也

●儀禮婦拜扱地坐奠菜于几東席上還又拜如初扱地手至地也婦人扱地猶男子稽首疏曰以手至地謂之扱地今重其禮故扱地也按婦人以肅拜爲正蓋肅拜乃婦人之常而昏禮拜扱地以其新來爲婦盡禮於舅姑也

●內則凡女拜尙右手註曰右陰也按檀弓孔子與門人立拱而尙右之註尙謂右手在上也

●通鑑周天元詔內外命婦皆執笏其拜宗廟及天臺皆俯伏如男子按謂之如則前此不如此可知矣

●朱子家禮祠堂出入必告條凡拜男子再拜則婦人四拜謂之俠拜其男女相答拜亦然

●少儀婦人吉事雖君賜肅拜爲尸坐則不手拜肅拜爲喪主則不手拜(鄭註)肅拜拜低頭也手拜手至地也婦人以肅拜爲正凶事乃手拜爲喪主不手拜者爲夫與長子當稽顙也其餘亦手拜而已(疏)手拜周禮空首也肅拜是婦人之常而昏禮拜扱地以新來爲婦盡禮舅姑故也

●陳氏曰肅拜如今婦人拜也左傳三肅使者亦此拜手拜則手至地而頭在手上如今男子拜也婦人以肅拜爲正故雖君賜之重亦肅拜而受若爲夫與長子之喪主則稽顙故不手拜若有喪而不爲主則手拜矣

●語錄問古者婦人以肅拜爲正何謂肅拜朱子曰兩膝齊跪手至地頭不下爲肅拜手拜亦然爲喪主則頭亦至地不肅拜樂府說婦人云伸腰再拜跪伸腰亦是頭不下也不知婦人膝不跪地而變爲今之拜始於何時程泰之以爲始於武后非也

●朱子曰兩膝齊跪手至地而頭不下爲肅拜手拜亦然婦人首飾盛多自難俯伏地上

●陽春別;青年在旁邊看見他們爲難的情形便挨近去向西洋人默禮了一下替他把話翻譯了

●語類何謂肅拜曰兩膝齊跪手至地而頭不下爲肅拜手拜亦然婦人首飾盛多自難俯伏地上

●孔氏正義曰此一節論婦人拜儀婦人吉禮不手拜但肅拜肅拜如今婦人拜也吉事及君賜悉然也

●儀節肅拜拜中最經九拜之中稽首頓首空首正拜也肅拜婦人之正拜也

●儀節古人席地而坐有問於人則略起身時其膝至地故謂之跪若婦人之拜在古亦跪古樂府云伸腰拜手跪則婦人當跪而拜但首不至地耳

●儀節古人坐也是跪其拜亦容易婦人首飾盛多自難俯伏地上周天元令命婦爲男子拜史官書之以表其異則古者婦人之拜首不至地可知也然則婦人之拜當以深拜頗合於古按本註凡拜男子再拜婦人四拜謂之俠拜蓋主立拜言也今世俗南方婦女皆立而叉手屈膝以拜北方婦女見客輒俯伏地上謂之磕頭以爲重禮禮之輕者亦立而拜但比南方略淺耳考之古禮及儒先之說蓋婦人當以肅拜爲正所謂肅拜之儀鄭氏於周禮註以爲俯下手爲肅拜於少儀疏以爲拜低頭而朱子亦云兩膝齊跪手至地頭不下爲肅拜又云當跪而拜但首不至地耳今其儀雖不可曉但以此數說推之大略似是兩膝齊跪伸腰低頭俯引其手以爲禮而頭不至地也今北俗磕頭則類扱地稽顙之禮惟可用之昏禮見舅姑及喪禮爲夫與子主之時尋常見人宜略如所擬肅拜儀可也南俗立拜已久不可驟變但須深屈其膝毋但如北俗之沽袡叉手以右爲尙每拜以四爲節如所謂俠拜者若夫見舅姑則當扱地爲喪主則稽顙不爲喪主則手拜庶幾得古禮之意云

▶2970◀ ◈問; 문상하는 방법.

문상 시 망인을 한번도 뵌 적이 없을 경우엔 절을 하지 않고 향을 피우고 간단한 목례로 예를 표하고 상주와 한번 절을 하는 것으로 알고 있었는데 요즘은 그런 격식 없이 무조건 절부터 하는 경우가 허다한 것 같습니다. 혼란스럽습니다. 어떻게 따라야 하는지 답변 부탁드립니다.

◈答; 문상하는 방법.

아래는 의절의 문상 예법입니다.

⊙성복 후 조문하는 법(成服後弔問禮儀節)

各隨其人所當服之衣而用縞素者按本註幞頭衫帶皆以白生絹爲之今制惟一國恤用布裹紗帽其餘則不許有官者衣可變而冠不可變若無官者用素巾可也弔者至護喪先入白主人以下各服其服就位哭以待此參用書儀及厚終禮就位(弔者至向靈座前立)○擧哀○哀止○詣靈座前○上香○鞠躬拜興拜興平身(弔者拜畢主人持杖哭出西向立)○賓弔主人曰不意凶變(某親某官)如何不淑(隨意致稱亦可)○鞠躬拜興拜興平身(弔者拜主人答拜尊長來弔不拜主人)○主人致辭曰某罪逆深重過延某親(非父母及承重不用此二句)○蒙賜慰問不勝哀感○稽顙拜興拜興平身(主人拜弔者答之)○禮畢(弔者退主人哭入喪次護喪代送出或少延待一茶)

儀節按家禮未小斂前已有親厚者入哭條愚既從爲儀節矣而又爲此者蓋未成服以前來弔者用前儀成服以後來弔者用此儀有祭奠用下儀

조문자는 각각 그의 처지에 딸아 의관을 갖추고 간다. 호상이 먼저 들어가 알리면 주인 이하 각각 당한 상복을 입고 자리로 가서 곡하며 기다린다. ○자리로 간다. (조객은 도착하면 영좌 앞을 향하여 선다) ○모두 슬피 곡한다. ○곡을 멈춘다. ○영좌 앞으로 간다. ○분향을 한다. ○국궁 재배 평신한다. (조문객이 절을 마치면 주인은 상장에 의지하여 곡하며 나가서 쪽으로 향하여 선다) ○조문객이 주인에게 말하기를 모친 모관께서 불의의 흉변에 작고하시어 어찌하여야 하올지요. (문상 의미가 관계에 따르는 것도 가하다) ○국궁 재배 평신한다. (조객이 절을 하면 주인은 답배를 하며 존장이 와 조문할 때는 주인에게 절을 하지 않는다) ○주인이 답으로 말하기를 모 죄역이 심중하여 그 죄가 모친에게 미치었아옵니다. (부모나 승중이 아니면 이 두 구절은 쓰지 않는다) 위문의 말씀을 받자오니 슬픔이 감동하여 어찌할 수가 없아옵니다. ○계상재배를 한다. (주인이 절을 하면 조객이 답배를 한다) ○예를 마친다. (조객이 물러나면 주인은 곡하며 상차로 들어가고 호상이 대신 따라나가 환송한다. 혹 잠깐 지체하며 차 한잔을 대접하기도 한다)

아래는 가례의 문상 예법입니다.

⊙入哭奠訖乃弔而退(입곡전흘내조이퇴)

既通名喪家炷火燃燭布席儀節主人以下各就位○靈座東南皆哭以俟護喪出迎賓賓入至聽事進揖曰竊聞某人傾背不勝驚怛敢請入酹便覽河西曰酹當作奠○備要不奠則改酹爲哭幷伸慰禮護喪引賓入至靈座前哭盡哀儀節立擧哀再拜增解廣記凡死者是敵以上則拜是少者則不拜焚香跪儀節若衆賓則尊者獨詣酹茶酒備要執事者跪奉盞與賓賓受之還授執事者置靈座前俛伏興護喪止哭者祝便覽西向跪讀祭文奠賻狀於賓之右畢興賓主皆哭盡哀賓再拜儀節焚祭文主人哭出輯覽阼階下西向稽顙再拜賓亦哭東向答拜進曰不意凶變某親某官奄忽傾背伏惟哀慕何以堪處主人對曰某罪逆深重禍延某親伏蒙奠酹幷賜臨慰備要不奠則無奠酹幷賜四字不勝哀感又再拜賓答拜便覽胡儀孝子尊弔人卑則側身避位候孝子伏次卑者卽跪還須詳緩去就無令跪伏與孝子齊又相向哭盡哀賓先止寬譬主人曰脩短有數痛毒奈何願抑孝思俯從禮制乃揖而出主人哭而入護喪送至聽事茶湯而退主人以下止哭出就次○若亡者官尊卽云薨逝稍尊卽云捐館生者官尊則云奄棄榮養存亡俱無官卽云色養若尊長拜賓禮亦同此惟其辭各如啓狀之式見卷末

⊙들어가 곡하고 전례를 마치면 곧 상주에게 조문하고 물러난다.

이미 성명이 통하였으면 상가(喪家)에서는 등불을 켜고 초에 불을 당기며 자리를 펴고 주인 이하 각각의 자리로 가서 모두 곡하며 조객이 들어 오기를 기다린다. 호상이 나아가 조객을 맞아 들인다. 조객이 들어와 청사에 이르러 읍을 하고 가로되 모인(某人)의 부음을 듣고 놀라움을 금할 수 없어 감히 술을 딸아 올리고 아울러 위문의 예를 펴고자 하옵니다. 라고 호상에게 말하면 호상은 조객을 영좌 전으로 인도한다. 조객은 영좌 전으로 들어가 서서 슬픔을 다하여 곡을 하고 재배를 하되 맏이 이상에는 절을 하고 어린자에게는 절을 하지 않으며 분향을 하고 무릎을 꿇고 앉는다. 만약 여러 명이 함께 조문할 때는 최연장자가 나아가 무릎을 꿇고 앉아 헌주를 한다. 집가사가 무릎을 꿇고 앉아 잔을 받들어 조문객에게 주면 조문객은 잔을 받아 든다. 잔에 술을 따르면 조문객은 잔을 다시 집사자에게 주면 집사자는 술잔을 받아 영좌전에 올린다. 집사자는 물러나 제자리에 서고 조문객이 엎드렸다 일어나면 호상이 곡을 멈추게 한다. 축관은 조문객의 오른쪽에서 서쪽을 향하여 무릎을 꿇고 앉아 제문과 전부장을 고한다. 고하기를 마치고 일어나면 조문객과 주인은 슬픔을 다하여 곡을 한다. 조문객이 재배를 하면 축관은 제문을 불사른다. 주인은 곡하며 나아가 동쪽 층계 아래에서 서쪽을 향하여 이마가 땅에 닫도록 계상 재배를 하면 조문객 역시 곡을 하며 동쪽을 향하여 답배를 하고 다가서서 위안하기를 뜻하지 않은 흉변에 모친 모관께서 갑자기 작고하시어 엎드려 생각하옵건대 슬프고 사모하심을 어찌 감내하시옵니까 라고 하면 주인이 대답하기를 모(某)가 죄역(罪逆)이 심중하여 그 화가 모친께 미치었아옵니다. 술을 따라 올리고 아울러 부의를 주시며 위로의 말씀에 임하오니 슬프고 감동하여 사모함을 이길 수 없아옵니다. 라하고 또 재배를 하면 조문객 역시 답배를 한다. 그러나 상주가 존자이고 조문객이 어리면 몸을 옆으로 피하여 상주는 처소에서 엎드려 기다린다. 어린 조객은 곧 무릎을 꿇고 앉았다 들어가 천천히 마치고 돌아와 오기를 기다린다. 법령에는 없으나 무릎을 꿇고 부복하기를 상주도 같이한다. 또 서로 마주하여 슬픔을 다하여 곡한다. 조문객이 먼저 곡을 멈추고 너그러이 하라며 주인에게 예를 들어 말하기를 운명에는 길고 짧음이 있아온데 슬퍼하고 한탄하신들 어찌하오리까 원하옵건대 힘을 내시어 거상 입으신 것을 생각하시어 예의제도를 따르소서 하고 곧 조문객이 읍을 하고 나가면 주인은 곡을 하며 들어간다. 호상은 조문객을 청사로 보내고 주인 이하 곡을 멈춘다.

司馬溫公曰凡弔人者必易去華盛之服有哀戚之容若賓與亡者爲執友則入酹婦人非親戚與其子爲執友嘗升堂拜母者則不入酹凡弔及送喪者問其所乏分導營辦貧者爲之執紼負土之類毋擾及其飮食財貨可也○高氏曰旣謂之奠而乃燒香酹酒則非奠矣世俗承習久矣非禮也○又曰喪禮賓不答拜凡非弔喪無不答拜者胡先生書儀曰若弔人是平交則落一膝展手策之以表半答若孝子尊弔人卑則側身避位候孝子伏次卑者卽跪還須詳緩去就無令跪伏與孝子齊○楊氏復曰按程子張子與朱先生後來之說奠謂安置也奠酒則安置於神座前旣獻則徹去奠而有酹者初酌酒則傾少酒于茅代神祭也今人直以奠爲酹而盡傾之於地非也高氏之說亦然與此條所謂入酹跪酹似相牴牾蓋家禮乃初年本當以後來已定之說爲正詳見祭禮降神條○又曰按弔禮主人拜賓賓不答拜此何義也蓋弔賓來有哭拜或奠禮主人拜賓以謝之此賓所以不答拜也故高氏書有半答跪還之禮凡禮必有義不可苟也書儀家禮從俗有賓答拜之文亦是主人拜賓賓不敢當乃答拜今世俗弔賓來見几筵哭拜主人亦拜謂代亡者答拜非禮也旣而賓弔主人又相與交拜亦非禮也

⊙喪大記未成服來哭禮儀節次(상대기미성복래곡례의절차)

擧哀(弔者臨尸哭)○詣靈座前上香○鞠躬拜興拜興平身○哀止○弔主人(弔者向主人致辭曰某人)○如何不淑○主人稽顙拜興拜興(主人徒跣扱衽拊心立西階下向賓立且拜且哭無辭賓答拜)○相向哭(弔者與主人相向哭盡哀)○禮畢(弔者哭出主人哭入護喪送弔者出門○以上主人未成服有來弔者用此蓋本家禮本註及喪大記也)

⊙書儀厚終禮禮儀節次(서의후종례례의절차)

擧哀(弔者入門望尸哭)○哀止(護喪者見)○弔者致辭曰竊聞某如何不淑○拜興拜興平身(弔者拜護喪答拜)○護喪答辭曰孤某遭此凶禍蒙慰問以未成服不敢出見不勝哀感使某○拜興拜興平身(弔者答拜)○禮畢(弔者退護喪送出門外以上主人未成服者有來弔者用此儀蓋本書儀及厚終禮也若成服以後有來弔者其儀見本條下)

⊙不知死則不哭(불지사칙불곡)

曲禮知生者弔知死者傷知生而不知死弔而不傷知死而不知生傷而不弔註方氏曰不知生而弔則其弔也近於諂不知死而傷則其傷也近於傷○廣記凡弔謂弔生者哭謂哭死者與生者死者皆識則旣弔且哭但識死者不識生者則哭而不弔但識生者則弔而不哭○問交深者在喪則雖不知亡者弔而且哭可乎栗谷曰子夏喪明而曾子哭之若哀其在喪而欲哭之情發則雖哭無妨○問生者情厚則雖不知死似不可不哭沙溪曰死者無分則豈可强意哭之○尤菴曰弔生哭死禮經之文甚明朱受之詣東萊時朱子令致語曰某於門下自先祖父以來事契深厚云而只令展拜席下郎中公几筵亦以命焚香再拜而已未嘗令哭則其情文之間必有量度處中之道矣

⊙不知生亦弔哭(불지생역조곡)

雲坪曰弔於情親之喪而哭拜靈座之後主人哭出西向再拜則徒以其前日偶未相見而漠然不顧而出殊乖古人一見如舊之義

⊙婦人喪弔哭(부인상조곡)

問內外喪同殯入哭之節沙溪曰內外喪不可同殯入哭與否不須問也○退溪曰今人弔內喪者雖非親戚而直拜靈座此非禮也生時未有通家升堂之分則內外之禮截然不可亂也豈以之死而遽廢婦人之道乎○問婦人喪未升堂者不入哭禮也雖同姓親旣非同五世祖者而又未升堂則不可入哭歟異姓親雖七八寸曾未升堂則無入哭之義歟尤菴曰同姓則無問親疎異姓則當視情分之如何耳○內喪入哭當隨平日分義而處之尹子仁於亡室未嘗相見而亦入哭此恐參酌情禮而處之者也○遂菴曰內喪入哭者雖同姓不可太無限節袒免之外則似未安矣異姓戚誼若切近則平日雖偶未及升堂入哭有何不可

⊙生死皆未識不哭拜(생사개미식불곡배)

問未曾識者請見則當哭拜接之耶沙溪曰於死於生皆所不知之人非爲喪事亦不爲弔慰而來則不必哭也

⊙知舊母喪哭(지구모상곡)

問朋舊相好之間弔其母喪而不哭乎沙溪曰未及升堂則不哭可也○問平日分厚之人奄然在哀疚中顔色之戚哭泣之哀不待强意自然悲惻豈忍不哭乎內喪几筵雖不入哭對喪人哭之如何遂菴曰哭之亦何不可○南塘曰若是朋友情契重者雖不知死雖是婦人喪豈可不哭乎

⊙弔時婦人哭(조시부인곡)

問鄭註云非親戚來弔則帷中之哭不可云云南溪曰禮無內外皆哭之文鄭說似是也惟說奠時必用女僕則或可從哭以助主人之哀也

⊙兄弟有知不知並受弔(형제유지불지병수조)

問人之弔問也兄弟有知有不知則知者獨可受弔耶抑不知者可並出受耶南溪曰來客無請弔知者之意則主家恐難以不知之故告自引避

⊙諸子拜賓(제자배빈)

書儀秦穆公弔公子重耳重耳稽顙不拜以未爲後故也今人衆子皆拜非禮也然恐難頓改○雲坪曰禮喪無二主衆主人亦當隨出而位於主人之後北上哭而已世人多有並立而俱拜者非也○增解愚按士喪記衆主人不出註不二主又奔喪曰奔喪者非主人則主人爲之拜賓云則拜賓是主人事衆主人不得與也然但雜記云凡喪服未畢有弔者則爲位而哭拜踊疏言凡者五服悉然據此而言諸子或可隨主人共拜耶且廣記曰凡喪者二人以上止弔其識者云則識者當拜謝豈必皆適子耶又按檀弓大夫之喪庶子不受弔疏適子或有他故不在則庶子不敢受弔不可以賤者爲有爵者喪主大夫庶子不受弔則士之庶子得受弔也據此疏說主人有故則諸子亦可代受弔也

⊙弔哭拜之節(조곡배지절)

曲禮知生而不知死弔而不傷知死而不知生傷而不弔○檀弓死而不弔者三畏壓溺行弔之日不飮酒食肉不樂○有殯(註三年之喪)聞遠兄弟之喪雖緦必往非兄弟(異姓)雖鄰不往○雜記三年之喪不弔有服而將往哭之則服其服而往○少儀尊長於已踰等喪俟事不特弔疏待朝夕哭時不非時而獨弔○司馬溫公曰婦人非親戚及與其子爲執友嘗升堂拜母者則不入酹○廣記凡死者是敵以上則拜少者則不拜○喪者二人以上只弔其識者○過期年則不哭情重者哭

⊙타인의 상에 조문하고 곡하고 절하는 예법.

산사람을 알고 죽은 이를 모를 때는 상주에는 조문을 하고 영좌에는 곡을 하지 않으며 죽은 이는 알고 산사람을 모를 때는 영좌에는 곡 재배하고 산 사람에게는 조문치 않는다. ○친상 중에 먼 형제의 상 소식을 들으면 비록 시마 복일지라도 반듯이 가야하고 형제가 아닌 이성이면 아무리 가깝다 하여도 가지 않는다. ○친상 중에는 조문하지 않는다. 복이 있으면 가서 곡할 때 그 복을 입고 곡하고 온다. ○대체로 죽은 이가 대등 이상이면 절을 하고 수하이면 절을 하지 않는다. ○친상의 형제가 두 사람 이상이면 다만 그 중에서 아는 이에게만 조문을 한다. ○초상 후 일년이 넘었을 때는 곡을 하지 않는 것이나 정이 두터웠으면 곡을 한다.

⊙受弔位次(수조위차)

雜記弔者入主人升堂西面書儀賓請入酹則主人導賓哭而入賓亦哭而入至靈座前輯覽增解諸圖主人皆在靈座東南非但儀節便覽爲然然則賓入賓出主人哭於廬次而已恐非如梅翁之敎矣至於杖非可入於靈座者梅翁所論無可疑矣

⊙受弔不問尊卑貴賤主人先拜(수조불문존비귀천주인선배)

凡受弔不問尊卑老少主人皆當先拜此梅翁說余見人輒爲言其意甚好鮮有信及者比閱呂和叔所著弔說亦云主人見賓不以尊卑貴賤莫不拜之明所以謝之且自別于常主也原註云平日見客或主人先拜客或客先拜主人此已有前修篤論謹當奉行勿違但卑賤者又自有不特弔之禮此却在彼耳

⊙主人有故或幼諸子代受弔(주인유고혹유제자대수조)

檀弓大夫之喪庶子不受弔疏適子有故不在則庶子不敢受弔不可以賤者爲有爵者喪主大夫庶子不受弔則士之庶子得受弔也鏡湖據此以爲主人有故則諸子亦可代受弔也今喪主幼不解事未免離次則亦與有故不在者同也又廣記言凡喪者二人以上止弔其識者云則所識當拜辭豈必皆適子耶只於臨時避主人之位以存重宗之意如來諭之云恐不至大悖也但主人在時衆主人但哭而不拜賓可也

⊙只弔主人之弟(지조주인지제)

賓不知主人不哭几筵而只弔主人之弟則主人無拜賓之義如此者主人之弟只於廬次哭拜爲得

▶2971◀◈問; 부친상 이후 조문객에게 감사의 인사장 서식 부탁합니다.

안녕하십니까. 부친 상 중에 조문 온 이들에게 인사장을 보내려고 합니다. 전통 서식을 알고자 합니다. 감사합니다.

◈答; 부친상 이후 조문객에게 감사의 인사장 서식.

귀하가 제목 겸 의문의 취지가 한글식인지 한문식의 인사장인지는 알 수는 없으나 한글 식은 가지고 있지 않으며 전통 식은 아래와 같습니다. 다만 능히 아래 답문을 해득할 사람이 아니면 영어에 능하지 않은 이에게 영문(英文)으로 발송한 것과 같은 큰 결례가 되니 참작하여 응용하기 바랍니다. 괄호 내는 장유와 소원 관계에 따라 수정 문입니다. 수정 후 삭제하여야 합니다.

⊙타인의 부모상의 부고를 받고 조문을 가지 못하였을 때의 서식(慰人父母亡疏式(慰適孫承重者同)廣記路遠或有故不及赴弔者爲書慰問)

某頓首再拜言(降等止云頓首平交但云頓首言)不意凶變(亡者官尊卽云邦國不幸後皆倣此)

先某位(無官卽云先府君有契卽加幾丈於某位府君之上○母云先某封無封卽云先夫人○承重則云尊祖考某位尊祖妣某封餘並同)語類問弔人妾母之死合稱云何朱子曰恐只得隨其子平日所稱而稱之或曰五峯稱妾母爲小母奄棄榮養(亡者官尊卽云奄捐館舍或云奄忽薨逝母封至夫人者亦云薨逝)備要按我朝大行稱薨士夫不敢

用(若生者無官卽云奄違色養)承

訃驚怛不能已已伏惟(平交云恭惟降等緬惟)

孝心純至思慕號絶何可堪居日月流邁遽踰旬朔(經時卽云已忽經時已葬卽云遽經襄奉卒哭小祥大祥禫除各隨其時)哀痛奈何罔極奈何不審自

罹荼毒(父在母亡卽云憂苦)

氣力何如(平交云何似)伏乞(平交云伏願降等云惟冀)

强加餰粥(已葬云疏食)俯從禮制某役事所縻(在官則云職業有守)未由奔

慰其於憂戀無任下誠(平交以下但云未由奉慰悲係增深)謹奉疏(平交云狀)伏惟

鑑察(平交以下去此四字)不備謹疏(平交云不宣謹狀)補註卑幼云不具不悉不一

年 月 日某位(降等用郡望)姓某疏上(平交云狀)某官大孝(苫前母亡卽云至孝平交以下云苫次)(喪儀云父母亡日月遠云哀前平交以下云哀次)

⊙타인의 조부모상의 부고를 받고 조문을 가지 못하였을 때의 서식(慰人祖父

母亡啓狀)(謂非承重者伯叔父母姑兄姊弟妹妻子姪孫同)

某啓備要按本朝進御文字皆稱啓字私書恐不敢用代以白字如何不意凶變(子孫不用此句)
尊祖考某位奄忽
違世(祖母曰尊祖妣某封無官封有契已見上○伯叔父母姑卽加尊字兄姊弟妹加令字降等皆加賢字若彼一等之親有數人卽加行弟云幾某位無官云幾府君有契卽加幾丈幾兄於某位府君之上姑姊妹則稱以夫姓云某宅尊姑令姊妹○妻則云賢閤某封無封則但云賢閤○子卽云伏承令子幾某位姪孫幷同降等則曰賢無官者稱秀才)承
訃驚怛不能已已(妻改怛爲愕子孫但云不勝驚怛)伏惟(恭惟緬惟見前)
孝心純至哀痛摧裂何可勝任(伯叔父母姑云親愛加隆哀慟沉痛何可堪勝○兄姊弟妹則云友愛加隆○妻則云伉儷義重悲悼沉痛○子姪孫則云慈愛隆深悲慟沉痛餘與伯叔父母姑同)孟春猶寒(寒溫隨時)不審
尊體何似(稍尊云動止何如降等云所履何似)伏乞(平交以下如前)
深自寬抑以慰
慈念(其人無父母卽但云遠誠連書不上平)某事役所縻(左官如前)未由趨
慰其於憂想無任下誠(平交以下如前)謹奉狀伏惟
鑑察(平交如前)不備(平交如前)謹狀
年 月 日具位姓名狀上
某位(服前平交云服次)

⊙부모상을 당하여 조문 온 이에게 답하는 서식.(父母亡答人慰疏式適孫承重者同)

某稽顙再拜言(降等云叩首去言字)(劉氏曰按稽顙而後拜以頭觸地曰稽顙三年之禮也雖於平交降等者亦如此但去言字何則古禮受弔必拜之不問幼賤故也)某罪逆深重不自死滅禍延先考(母云先妣承重則祖父云先祖考祖母云先祖妣)攀號擗踊五內分崩叩地叫天無所逮及日月不居奄踰旬朔(卒哭小祥大祥禫隨時)酷罰罪苦(父在母亡卽云偏罰罪深父先亡則母與父同)無望生全卽日蒙
恩(平交以下去此四字)祗奉几筵苟存視息伏蒙尊玆(平交云仰承仁恩)俯賜(平交改賜爲垂降等去伏蒙以下六字但云特承)
慰問哀感之至無任下誠(平交云仰承仁恩俯垂慰問其爲哀感但切下懷降等云特承慰問哀感良深ㅇ司馬溫公曰凡遭父母喪知舊不以書來弔問是無相恤之心於禮不當先發書不得已須至先發卽刪此四句)未由號
訴不勝隕絶謹奉疏(降等云狀)荒迷不次謹疏(降等云狀)
年號幾年某月某日孤子(母喪稱哀子俱亡卽稱孤哀子承重者稱孤孫哀孫孤哀孫)備要按翰墨全書居心喪云申心制或曰心喪居禫服云居禫祖父母喪云縗服妻喪云期服而具書姓名於其下姓名疏上某位座前謹空(平交以下去此二字)

⊙봉투 쓰는 식(皮封式)

疏隨改同前上
某位座前 孤子隨改同前姓名謹封

⊙조부모상을 당하여 조문 온 이에게 답하는 서식(祖父母亡答人啓狀(謂非承重者伯叔父母姑兄姊弟妹妻子姪孫同)

某啓家門凶禍(伯叔父母姑兄姊弟妹云家門不幸○妻云私家不幸○子姪孫云私門不幸)先祖考(祖母云先祖妣○伯叔父母云幾伯叔父母○姑云幾家姑○兄姊云幾家兄幾家姊○弟妹云幾舍弟幾舍妹○妻云室人○子云小子某○姪云從子某○孫曰幼孫某)奄忽棄背(兄弟以下云喪逝○子姪孫云遽爾夭折)痛苦摧裂不自勝堪(伯叔父母姑兄姊弟妹云摧痛酸苦不自堪忍○妻改摧痛爲悲悼○子姪孫改悲悼爲悲念)伏蒙
尊慈特賜
慰問哀感之至不任下誠(平交降等如前)孟春猶寒(寒溫隨時)伏惟(恭惟緬惟如前)
某位尊體起居萬福(平交不用起居降等但云動止萬福)某卽日侍奉(無父母卽不用此句)幸免他苦未由面訴徒增哽塞謹奉狀上(平交云陳)謝不備(平交如前)謹狀
年 月 日某郡姓名狀上
某位(座前謹空平交如前)

▶2972◀◈問; 사돈의 초상 시 절을 하나요??

며느리의 친정 아버지 초상 시 본인이 문상을 갈 때 절을 하는 것인가요? 또한 상주들과의 맞절은 하는 것인가요?

◈答; 사돈의 초상 시 절을 하나.

아래와 같이 살펴보건대 며느리의 親父는 年齡에 관계없이 나와 대등한자이니 절을 하여야 하고 南溪선생 說에 의하면 主賓은 尊卑에 관계없이 서로 절함이 마땅한 것 같습니다.

●丘儀拜揖之禮見敵者條禮見則再拜燕見則揖之
●少儀尊長於已踰等喪俟事不犆(特)弔註踰等祖與父之行也俟事謂待朝夕哭時因而弔之不非時特弔也
●胡氏書儀若孝子尊弔人卑則側身避位俟孝子伏次卑者卽跪還須詳緩去就毋令跪伏與孝子齊
●問甲者云凡吊禮尊卑雖不齊孝子必先拜賓待主人再拜訖方答拜乙者云主人一拜未畢客隨主人互答二說孰是南溪曰凡賓主相拜賓立定主人先再拜訖立定賓又再拜以答之今俗不知此義賓主一時相拜非但吊禮然也
●明齋曰孝子尊則拜賓時賓少退側身避當拜之位俟孝子禮畢乃始入位答拜也今之知禮者多行之

▶2973◀◈問; 삼 살이 궁금해요?

안녕하십니까. 이러한 지면을 이용하여 궁금한 점을 여쭐 수 있게 되어 너무 감사한 점 인사 올립니다.

저희 어머님은 9 년 전에 아버님은 작년에 돌아가시어 두 분을 합장 하였습니다. 올 한식날을 전후하여 봉분은 둘레석으로 하고 비석과 상석으로 새 단장을 하려고 하니 올 한해는 삼 살이 끼어 묘지에 손을 대면 안 된다고 합니다. 부모님의 묘지는 정남향에서 동쪽으로 약간 기울어 있답니다. 또한 선대의 묘지에도 비석과 표시 석으로 새 단장을 하고 싶은데 이 또한 정남향에서 서쪽으로 약간 기울어 있어 올해는 안 좋다고 하는데 어찌해야 할지 막막 합니다. 저는 굳이 가리는 편은 아니지만 고향의 어르신들께선 안 된다고 하시는데 어찌해야 하나요? 제가 어떤 판단을 내려야 할지 조언과 이유를 알고 싶습니다.

참고로 **父**: 1927 年 10 月 14 日(陰) 丁卯生, 忌日은 1998 年 9 月 22 日
母: 1931 年 8 月 15 日(陰) 辛未生, 忌日은 2005 年 5 月 23 日 입니다.

◈答; 삼살이란.

●喪服小記; 親親以三爲五以五爲九上殺下殺旁殺而親畢矣(鄭玄注)已上親父下親子三也以父親祖以子親孫五也以祖親高祖以孫親玄孫九也殺謂親益疏者服之則輕謂上至高祖下至玄孫旁及其兄弟其服喪期限依親疏之別而遞減
●北史張普惠傳; 竊聞三殺九親別疏昵之叙五服六術等衰麻之心皆因事飾情不易之道者也
●宋書禮志四; 今旣無復四方之祭三殺之儀曠廢來久禽獲牲物面傷翦毛未成禽不獻(註)天子諸侯无事每年三次田猎射殺牲禽一以供祭祀二以享賓客三以充君之庖厨謂之三殺
●淸波別志巻上; 言事者舊有三殺之語街裏喝殺朝裏嚇殺家裏餓殺餓殺謂俸薄也(註)三殺喝殺嚇殺和餓殺
●山林經濟選擇竪造年運; 凡擇年月取主人本命生旺及三合當避旬中空亡羊刃三煞並宜參考

이상과 같이 살펴보건대 三殺은 유가적 용어이나 궁금하신 삼살이 三煞이라면 세살(歲煞). 겁살(劫煞), 재살(災煞)을 의미하는데 본 홈은 관혼상제 전통예절의 난입니다. 삼살(三煞)이니 대장군(大將軍)이니 함은 무속(巫俗) 또는 역술가(易術家)의 영역이니 본 난에서 왈가왈부할 수가 없습니다. 다만 전통예절 장법(葬法)에 아래와 같은 말씀이 있는 것으로 보아 방위나 산의 형세에 관하여 크게 개의치 않은 듯싶습니다.

⊙擇地之可葬(택지지가장)

司馬溫公曰古者天子七月諸侯五月大夫三月士踰月而葬今五服年月敕王公以下皆三月而葬然世俗

信葬師之說旣擇年月日時又擇山水形勢以爲子孫貧富貴賤賢愚壽夭盡繫於此而其爲術又多不同爭論紛紜無時可決至有終身不葬或累世不葬或子孫衰替忘失處所遂棄損不葬者正使殯葬實能致人禍福爲子孫者亦豈忍使其親臭腐暴露而自求其利邪悖禮傷義無過於此然孝子之心慮患深遠恐淺則爲人所拍音骨深則濕潤速朽故必求土厚水深之地而葬之所以不可不擇也或問家貧鄕遠不能歸葬則如之何公曰子游問喪具夫子曰稱家之有無子游曰有無惡音烏乎齊子細切夫子曰有毋過禮苟無矣斂手足形還葬懸棺而窆彼斂切人豈有非之者哉昔廉范千里負喪郭平自賣營墓豈待豊富然後葬其親哉在禮未葬不變服食粥居廬寢苫枕塊蓋憫親之未有所歸故寢食不安奈何舍之出游食稻衣錦不知其何以爲心哉世人又有遊宦沒於遠方子孫火焚其柩收燼歸葬者夫孝子愛親之肌體故斂而藏之殘毁他人之尸在律猶嚴況子孫乃悖謬如此其始蓋出於羌胡之俗浸染中華行之旣久習以爲常見者恬然曾莫之恠豈不哀哉延陵季子適齊其子死葬於嬴愽之間孔子以爲合禮必也不能歸葬葬于其地可也豈不猶愈於焚之哉○程子曰卜其宅兆卜其地之美惡也非陰陽家所謂禍福者也地之美則其神靈安其子孫盛(尤菴曰拘於時日而濁葬者自是違經悖禮之甚者此何足言○朽淺曰山運之說出於後世術家之熒惑至有緣此而經年者甚無謂)若培壅其根而枝葉茂理固然矣地之惡者則反是然則曷謂地之美者土色之光潤草木之茂盛乃其驗也父祖子孫同氣彼安則此安彼危則此危亦其理也而拘忌者或以擇地之方位決日之吉凶不亦泥乎甚者不以奉先爲計而專以利後爲慮尤非孝子安厝之用心也惟五患者不得不謹須使他日不爲道路不爲城郭不爲溝池不爲貴勢所奪不爲耕犁所及也一本云所謂五患者溝渠道路避村落遠井窯(韻會窯余招切或作窰說文燒瓦窯○增解按本文此下又曰葬之穴尊者居中左昭右穆而次後則或東或西亦左右相對而啓穴也)○按古者葬地葬日皆決於卜筮今人不曉占法且從俗擇之可也(旣夕禮啓期告于賓○儀節旣得地則擇日豫先以啓期告于親戚姻婭僚友之當會葬者○朱子曰招魂葬非禮先儒已論之備要按今人有死而失其尸者或葬以衣冠殊非禮意)○儀節朱子曰葬之爲言藏也所以藏其祖考之遺體也以子孫而藏其祖考之遺體則必致其謹重誠敬之心以爲安固久遠之計使其形體全而神靈得安則子孫盛而祭祀不絶此自然之理也是以古人之葬必擇其地而卜筮以決之不吉則更擇而卜焉近世以來卜筮之法雖廢而擇地之說猶存其或擇之不精地之不吉則必有水泉螻蟻地風之屬以賊其內使其形神不安而子孫亦有死亡絶滅之憂甚可畏也其或雖得吉地而葬之不厚藏之不深則兵戊亂離之際無不遭罹發掘暴露之變此又所當慮之大者葬經葬者乘生氣也臨川吳氏曰葬師之說盛於東南郭氏葬經者其術之祖也蓋必原其脈絡之所從來審其形勢之所止聚有水以界之無風以散之然後乘地中之生氣以養死者之留骨俾常溫煖而不速朽腐死者之體魄安則子孫之受其氣以生者不致凋瘁乃理之自然而非有心覬其效之必然也若曰某地可公可侯可將可相則術者倡是術以愚世人而要重賄也其言豈足信哉羅大經曰世之人惑於術士之說有貪求吉地未能愜意至數十年不能葬其親者有旣葬以爲不吉一掘未已至再至三者有因買地致訟棺未入土而家已蕭條者有兄弟數房惑於各房風水之說至於骨肉化爲仇讎者凡此皆璞之書所爲也且人之生貧富貴賤天稟已定謂之天命不可改也豈冢中枯骨所能轉移乎若如其說則上天之命反制於一抔之土矣愚按風水之說其希覬富貴之說雖不可信若夫乘生氣以安祖考之遺體蓋有合於伊川本根枝葉之論先儒往往取之文公先生與蔡季通預卜葬穴及歿門人裹糗行紼六日始至蓋亦愼擇也昔朱子論擇地謂必先論其主勢之强弱風氣之聚散水土之淺深穴道之偏正力量之全否然後可以較其地之美惡後之擇葬地者誠本朱子是說而參以伊川光潤茂盛之驗及五患之防庶幾得之矣○補註按禮大夫士三日而殯故三月而葬旣殯之後卽謀葬事其有祖塋則祔葬其次若窄狹及有所妨礙則別擇地可也愚謂人之死也其魂氣雖散而體魄猶存故及其未甚腐敗而葬于地則可以復其魂氣而有靈擇地之法惟在識乎丘隴之骨岡阜之支高地曰丘高山曰隴大丘曰阜大隴曰岡丘卽阜之所分隴卽岡之所出支卽來自大阜降自大岡者也○金華胡氏曰察乎陰陽之理審乎流峙之形辨順逆究分合別明暗定淺深崇不傷乎急卑不失乎緩折而歸之中若璞之所謂承生氣者宜於是得之○司馬溫公葬說曰葬者藏也孝子不忍其親之暴露故斂而藏之今之葬書乃相山川岡壟之形勢考歲月日時之支干以爲非此地非此時不可葬也至有終身累世而不葬遂有棄失屍柩者嗚呼所貴於身後有子孫者爲能藏其形骸也其所爲乃如是曷若無子孫死於道路猶有仁者見而殣之耶昔者將葬太尉公族人皆曰葬者家之大事奈何不詢陰陽吾兄伯康無如之何乃日詢於陰陽則可矣安得良葬師而詢諸族人曰近村有張生者良師也數縣皆用之吾兄乃召張生許以錢二萬張生野夫也世爲葬師爲野人葬所得不過千錢聞之大喜兄曰汝能用吾言吾俾爾葬不用吾言將求他師張生曰惟命是聽於是兄自以已意處歲月日時及壙之淺深廣狹道路所從出皆取便於事者使張生以葬書飾之曰大吉以示族人族人皆悅無違異者今吾兄年七十九以列卿致仕吾年六十六忝備侍從宗族之從仕者二十有三人視他人之謹用葬書未必勝吾家也前年吾妻死棺成而斂裝辦而行壙成而葬未嘗以一言詢陰陽家迄今亦無他故吾嘗疾陰陽家立邪說以

惑衆爲世患於喪家尤甚頃爲甚頃爲諫官嘗奏乞禁天下葬書當時執政莫以爲意今著茲論庶俾後子孫嘗必以時知葬書之不足信視吾家◯檀弓太公封於營丘比及五世皆反葬於周註太公雖封於齊而留周爲大師故死而遂葬於周子孫不敢忘其本故亦自齊而反葬於周以從先人之兆五世親盡而後止也◯王制自天子達於庶人喪從死者祭從生者註中庸曰父爲大夫子爲士葬以大夫祭以士父爲士子爲大夫葬以士祭以大夫蓋葬用死者之爵祭用生者之祿與此意同◯庶人縣封葬不爲雨止註縣棺而下之封土而瘞之不爲雨止以其有進無退也魯葬定公與敬嬴以雨不克葬而春秋譏之則不爲雨止者不特庶人而已◯大全郭子從問招魂葬曰招魂葬非禮先儒已論之矣◯丘儀按儀禮既夕請啓期告于賓而書儀於筮得吉之後主人至殯前哭遂使人告于親戚僚友應會葬者

⊙擇地之法(택지지법)

增解按此上下兩大文前則曰擇地之可葬者此以葬地言也後則曰擇日開塋域以葬日言也此註專言擇地而又並及擇日者其事相關故也◯問憑何文字擇地程子曰只昭穆是地理書也但風調地厚處足矣◯朱子山陵議狀曰葬之爲言藏也以子孫而藏其祖考之遺體則必致其謹重誠敬之心以爲安固久遠之計使其形體全而神靈得安則子孫盛而祭祀不絶此自然之理也是以古人之葬必擇其地而卜筮以決之不吉則更擇而再卜焉近世以來卜筮之法雖廢而擇地之說猶在其或擇之不精地之不吉則必有水泉螻蟻地風之屬以賊其內使其形神不安而子孫亦有死亡絶滅之憂甚可畏也凡擇地者必先論其主勢之强弱風氣之聚散水土之淺深穴道之偏正力量之全否然後可以較其地之美惡◯朱子曰陰陽家說前輩所言固爲定論然恐幽明之故有所未盡故不敢從然今亦不須深考其書但道路所徑耳目所接有數里無人烟處有欲住者亦住不得其成聚落有舍宅處便須山水環合略成氣像然則欲俺藏其父祖安處其子孫者亦豈可都不揀擇以爲久遠安寧之慮而率意爲之乎但不當極意過求必爲富貴利達之計耳此等事自有酌中恰好處便是正理世俗固爲不及而必爲高論者亦似過之◯問舊聞風水之說斷然無之比因謀葬先人周旋思慮不敢輕置既葬之後略聞或者以爲塋業坐向少有未安便覺惕然不安乃知人子之喪親盡心擇地以求亡者之安亦未爲害曰伊川先生力破俗說然亦自言須是風順地厚之處乃可然則亦須稍有形勢拱揖環抱無空闕處乃可用也但不用某山某水之說耳◯西山眞氏曰以安親爲心則地不可以不擇其擇也不可太拘夫某山强則某枝富某山弱則某枝貧非唯義理所不當問雖陰陽家書亦有深排其說者唯野師俗巫則張皇煽惑以爲取利之資擇地者必先破此謬說而後無太拘之患◯臨川吳氏曰葬師之說盛於東南郭氏葬經者其術之祖也蓋必原其脈絡之所從來審其形勢之所止聚有水以界之無風以散之然後乘地中之生氣以養死者之留骨俾常溫煖而不速朽腐死者之體魄安則子孫之受其氣以生者不致凋瘁乃理之自然而非有心覬其效之必然也若曰某地可公可侯可將可相則術者倡是說以愚世人而要重賄也其言豈足信哉世之人惑於術士之說有貪求吉地不能愜意至數十年不能葬其親者有既葬以爲不吉一掘未已至再至三者有因買地致訟棺未入土而家已蕭條者有兄弟數房惑於各房風水之說至於骨肉化爲仇讐者凡此皆璞之書所爲也且人之生貧富貴賤天稟已定謂之天命不可改也豈冢中枯骨所能轉移乎若如其說則上天之命反制於一抔之土矣◯羅大經曰古人建都邑立室家未有不擇地者如書所謂達觀于新邑營卜瀍澗之東西詩所謂升虛望楚降觀于桑度其隰原觀其流泉蓋自三代時已然矣余行天下凡通都會府山水固皆翕聚至於百家之邑十室之市亦必倚山帶溪氣像回合若風氣虧疏山水飛走則必無人烟起聚此誠不可不擇也古人所謂卜其宅兆者乃孝子慈孫之心謹重親之遺體使其他日不爲城邑道路溝渠耳借曰精擇亦不過欲其山水廻合草木茂盛使遺體得安耳豈籍此以求子孫富貴乎郭璞謂本骸乘氣遺體受蔭此說殊未通夫銅山西崩靈鍾東應木花於山栗芽於室此乃活氣相感也今枯骨朽腐不知痛痒積日累月化爲朽壤蕩蕩游塵矣豈能與生者相感以致禍福乎楊誠齋嘗言郭璞精於風水宜妙選吉地以福其身以利其子孫然璞身不免於刑戮子孫卒以褒微是其說已不能驗於其身矣而後世方且誦其遺書而尊信之不亦惑乎◯丘氏曰按風水之說其希覬富貴之說雖不可信若夫乘生氣以安祖考之遺體蓋有合於伊川本根枝葉之說先儒往往取之文公先生與蔡季通預卜葬穴及歿門人裹糗行紼六日始至蓋亦愼擇也昔朱子論擇地謂必先論其主勢之强弱風氣之聚散水土之淺深穴道之偏正力量之全否然後可以較其地之美惡後之擇葬地者誠本朱子是說而參以伊川光潤茂盛之驗及五患之防庶幾得之矣◯補註按禮既殯之後卽謀葬事其有祖塋則祔葬其次若窄狹及有所防礙則別擇地可也金華胡氏曰察乎陰陽之理審乎流峙之形辨順逆究分合別明暗定淺深崇不傷乎急卑不失乎緩折而歸之中若璞之所謂乘生氣者宜於是得之

위는 제일 중한 초장에 묘지를 택하는 방법에 관한 말씀으로 향이나 혈의 길흉의 따짐이 아니라 흙이 깊어 물이 차지 않고 흙의 색이 고우며 광택이 나고 초목이 무성하게 자라는 곳을 택하여 장사하라 하심입니다.

▶2974◀◈問; 상가. 문상 예절에 문의 드립니다.

상가 문상할 때 저의 고향 시골에선. 상제들이 아이고 아이고 슬피 곡 할 때 문상객은 으이 으이 하며 소리 내어 일곡한 후에 절 두 번하고 상제들과 인사 나누는 것을 보고 컸는데요 요즘 상가에서는 으이 으이 하며 곡하는 것을 보기 어렵습니다,

문의 1. 문상할 때 으이으이 소리 내어 일 곡하는 것이 올바른 예법인지요?

문의 2. 아이고 와 으이 소리는 어느 때 어떻게 달리 내어야 되는지요? (조부모 상일 때는 아이고 하며 곡하고 그 외는 으이하며 곡한다던데 맞는지요?

◈答; 문상 예절.

곡(哭)이란 슬픔의 근본 표현일 진대 곡성에 무슨 법도가 있겠습니까. 다만 세속에서 슬픔의 경중에 딸아 어운을 달리 하고 있을 뿐이라 생각되며 진정 슬픔이 극에 달하였다면 상대가 누구인 것이 무슨 상관이 있겠습니까. 아들의 죽음에 대성 통곡을 하고 친구의 죽음에 임하여 시신을 부등켜 안고 어미 잃은 아이 울 듯 곡한다 한들 예에 어긋났다 하여 책할 사람이 있겠습니까.

儒家의 문헌적으로는 어이 哭에 관하여 전거를 찾을 수가 없으나 사전적 의미로는 부모상과 승중인 조부모상을 제외한 상(喪)에 우는 곡성이라 하였으니 고모상에 부친의 생존여부와는 관계없이 어이곡으로 울어도 예에는 어긋나지 않을 것 같습니다.

아래 간전의 말씀은 상의 경중에 따른 곡에 관한 상세한 가르침인데 그러한 곡은 없으며 특히 "어이"란 한자어 자체가 없는 것 같습니다.

●間傳斬衰之哭若往而不反齊衰之哭若往而反大功之哭三曲而偯小功緦麻哀容可也此哀之發於聲音者也註若如也往而不反一擧而至氣絶似不回聲也三曲一擧聲而三折也偯餘聲之委曲也小功緦麻情輕雖哀聲之從容亦可也

◎조곡배지절(弔哭拜之節)

曲禮知生而不知死弔而不傷知死而不知生傷而不弔○檀弓死而不弔者三畏壓溺行弔之日不飮酒食肉不樂○有殯(註三年之喪)聞遠兄弟之喪雖緦必往非兄弟○(異姓)雖鄰不往○雜記三年之喪不弔有服而將往哭之則服其服而往○少儀尊長於已踰等喪俟事不特弔疏待朝夕哭時不非時而獨弔○司馬溫公曰婦人非親戚及與其子爲執友嘗升堂拜母者則不入酹○廣記凡死者是敵以上則拜少者則不拜○喪者二人以上只弔其識者○過期年則不哭情重者哭

◎타인의 상에 조문하고 곡하고 절하는 예의범절.

산사람을 알고 죽은 이를 모를 때는 상주에게는 조문을 하고 영좌에는 곡을 하지 않으며 죽은 이는 알고 산사람을 모를 때는 영좌에는 곡 재배하고 산사람에게는 조문치 않는다. ○조문치 않는 세가지 상이 있다. 전장에서 도망치다 놀라 죽은 외사자(外死者), 위험한 돌담 밑을 조심치 않다 깔려 죽은 압사자, 배타고가다 빠져 헤엄쳐 나오지 못하고 익사한자는 조상치 않는다. ○친상 중에 먼 형제의 상 소식을 들으면 비록 시마 복일지라도 반드시 가야하고 형제가 아닌 이성이면 아무리 가깝다 하여도 가지 않는다. ○친상 중에는 조문하지 않는다. 복이 있으면 가서 곡할 때 그 복을 입고 곡하고 온다. ○대체로 죽은 이가 대등 이상이면 절을 하고 수하이면 절을 하지 않는다. ○친상의 형제가 두 사람 이상이면 다만 그 중에서 아는 이에게만 조문을 한다. ○초상 후 일년이 넘었을 때는 곡을 하지 않는 것이나 정이 두터웠으면 곡을 한다.

●禮記曲禮知生者弔知死者傷知生而不知死弔而不傷知死而不知生傷而不弔註方氏曰不知生而弔則其弔也近於諂不知死而傷則其傷也近於僞○應氏曰弔者禮之恤乎外傷者情之痛於中

●喪大記婦人迎客送客不下堂下堂不哭男子出寢門外見人不哭註堂以內至房婦人之事堂以外至門男子之事非其所而哭非禮也此言小斂後男主女主迎送弔賓之禮婦人於敵者固不下堂若君夫人來弔

則主婦下堂至庭稽顙而不哭也男子於敵者之弔亦不出門若有君命而出迎亦不哭也

●少儀婦人吉事雖君賜肅拜爲尸坐則不手拜肅拜爲喪主則不手拜註肅拜拜低頭也手拜手至地也婦人以肅拜爲正凶事乃手拜爲喪主不手拜者爲夫與長子當稽顙也其餘亦手拜而已疏手拜周禮空首也

●周禮春官大祝辨九拜 三曰空首註拜頭至地所謂拜手疏先以兩手拱至地乃頭至手以其頭不至地故名空首君答臣拜

●鄕校禮輯凡下拜之禮一揖少退再一揖卽俯伏以兩手齊按地先跪左足次屈右足略蟠旋左邊稽首至地卽起先起右足以雙手齊按膝上次起左足仍一揖而後拜其儀度以詳緩爲敬不可急迫

▶2975◀◈問; 상가에 가서.

가르치던 어린 학생이 죽었습니다. 문상을 갔을 때 선생님은 어떤 예를 갖추어야 하는지요? 절을 해야 하는지요?

◈答; 상가에 가서.

사랑하는 제자의 죽음에 애도를 표합니다. 질문하신 말씀에 아래와 같이 답하여 드립니다. 통전에 있기를 8 세 이상의 어린이가 상을 당하면 일찍 죽은 상이라 하여 복을 입고 8 세 미만에 죽으면 복이 없다.

예기(禮記) 곡례편(曲禮篇)에 있기를 산사람을 아는 때는 조상을 하고 죽은 사람을 아는 때는 곡을 한다. 산사람을 알고 죽은 사람을 모를 때는 상주에게 조상만하고 위전에서는 곡재배하지 않으며 죽은 사람만 알고 상주를 모를 때는 위전에서 곡 재배는 하고 상주에게는 조상을 하지 않는다. 광기에 있기를 무릇 죽은 이가 나보다 나이가 많으면 절을 하고 적으면 절을 하지 않는다.

이상 기술한 바와 같이 이를 참고하여 조문을 하면 되지 않을까 합니다. 절차는 어른조문과 같습니다. 조문의 말씀은 사자와의 관계 상주와의 관계를 고려하여 상주에게 위로가 될만한 인사말이면 되겠습니다.

●曲禮知生者吊知死者傷知生而不知死吊而不傷知死而不知生傷而不吊註各施於所知也吊傷皆謂致命辭也

●太平廣記凡死者是敵以上則拜少者則不拜

●退溪曰妻當拜弟不當拜

●問從弟及妹之祭可不拜否尤庵曰似不當拜也

●梅山曰先儒於族弟侄之喪不拜不施於死者可施於生乎受親戚卑幼之吊者哭而已矣

▶2976◀◈問; 상가 집에서 일어난 일인데요.

안녕하세요. 질문이 있어서요. 얼마 전에 외할머니께서 돌아 가셔서 상가 집에 조문을 하게 되었습니다. 첫날 찾아 뵙고 인사 드리고 둘째 날 다시 찾아가서 일을 도와 드리려고 하는데 모여 계시던 어르신들께서 집안에 제일 높으신 어른 이시니 인사를 드리라고 해서 그냥 서서 인사를 드렸는데 절을 하라고 하는 겁니다. 어쩔 수 없이 하긴 했지만 옳지 않다는 생각이 들었습니다. 물론 명절이나 평일에 절을 드리라면 당연히 드렸을 테고, 절을 하지 않았다는 핀잔도 제 잘못으로 받아 드릴 수 있는데 돌아가신 외할머니가 계신 곳에서 절을 드린다는 것은 옳지 않을 거라고 생각합니다. 궁금합니다. 상가 집에 가서도 위 어른께 절을 드리는 게 맞는 예절 인가요?

◈答; 상가 집에서 일어난 일.

외조부모는 소공 5 월복이 되며 만약 귀하의 부인이 있으면 그도 시마 3 월 복인이 됩니다. 복인은 상 소식을 들으면 즉시 달려가야 되며 대공 이하 소공(小功) 시마(緦麻) 복인은 달리 살면 장례를 마치면 제집으로 돌아갈 수 있으니 장례 전에는 복인들은 상가를 떠나서는 아니 됩니다. 예법이 이러하니 귀하의 예처럼 상가를 떠났다 다시 찾은 후의 예법은 어느 예서에도 없는 것 같습니다. 또 복인은 조문의 예법이 아니라 복인으로서의 예법을 갖추어야 마땅한 예법이 됩니다. 본조 상례장 분상 예법을 살펴보기 바랍니다.

⊙奔喪儀禮節次(분상의례절차)(家禮儀節)

奔喪者將至在家者男婦各具服就次哭又待奔喪者至哭入門升自西階
詣柩前○拜興拜興拜興拜興(且拜且哭)○擗踊無數(哭少間)○拜弔尊長○受卑幼拜弔(且哭且拜并問所以病死之故乃就東方去冠及上衣)○披髮徒跣○不食(如初喪)○就位哭(各就其位次而哭第二日晨興男子)○袒括髮(婦女)○髽(至上食時)○襲衣(捲所袒衣)○加絰帶(首戴白布巾上加環絰腰具絰散垂其末并具絞帶)

⊙분상 의례절차.

분상자(奔喪者)가 오기 전에 집에 있는 남녀 복인은 각각 당한 상복을 갖춰 입고 상차로 나가 곡하며 분상자가 오기를 기다린다. 분상자는 집에 도착하면 곡하며 대문으로 들어와 서쪽층계로 올라 온다. ○시구(屍柩) 앞으로 간다. ○사배한다. (곡하며 절을 하고 곡하며 절을 한다) ○무수히 가슴을 치고 뛰며 곡을 한다. (곡을 잠깐 멈추고) ○존장에게 절을 하며 조문한다. ○항렬이 낮거나 수하자(手下者)에게서는 절과 조문을 받는다. (곡하며 절하면서 병환과 작고하신 연유를 묻고 곧 동쪽으로 가서 관(冠)과 겉옷을 벗는다) ○머리를 풀고 버선을 벗어 맨발이 된다. ○음식을 먹지 않는다. (초상과 같다) ○제자리로 가서 곡한다. (각각 상차(喪次)의 제자리로 가 곡하고 둘째 날 아침 일찍 일어나 남자들은) ○겉 옷 왼쪽 소매를 벗고 풀었던 머리를 올려 묶어 맨다. ○부인은 머리를 올려 묶어 상중 복 머리를 한다. (상식 때가 되면) ○습 시(襲時)의 옷으로 고쳐 입는다. (겉 옷 소매를 벗어 말아 꽂는다) ○수질(首絰)을 쓰고 요질(腰絰)과 교대(絞帶)를 두른다. (수질을 백포건(白布巾) 위에 덧쓰고 환질(環絰)과 요질을 두르되 요질의 끝을 풀어 늘어트리고 아울러 교대를 두른다)

●奔喪註男子有事於四方安能免離親哉然則奔喪之事不幸而時亦有焉此先王所以作爲之禮
●雜記大夫士將與祭於公旣視濯而父母死則猶是與祭也次於異宮旣祭釋服出公門外哭而歸其他如奔喪之禮如未視濯則使人告告者反而後哭註視濯監視器用之滌濯也次於異宮以吉凶不可同處也如未視濯而父母死則使人告於君俟告者反而後哭父母也○如諸父昆弟姑姊妹之喪則旣宿則與祭卒事出公門釋服而后歸其他如奔喪之禮如同宮則次于異宮註旣宿謂祭前三日將致祭之時旣受宿戒必與公家之祭以期以下之喪服輕故也如同宮則次於異宮者謂此死者是己同宮之人則出次異宮
●通典晉束皙問有父母之喪遭外緦麻喪往奔不步熊答曰不得也若外祖父母喪非適子可往若姑姊妹喪嫡庶皆宜往奔
●傳純曰禮先重後輕則輕服臨之輕服臨者新亡新哀以表新情亦明親親不可無服及其還家復着重者是輕情輕服已行故也

▶2977◀ ◈問; 상례에서 상주의 위치가 궁금합니다.

조문을 갔을 때 상주의 위치가 각각 달라 의문이 생겨 문의 드립니다.

영좌와 마주한 시선에서 오른쪽에 상주가 있는 것이 맞다고 주장하는 장례 지도사도 있었고, 반면, 상주가 왼쪽에 있는 것이 맞다고 주장하시는 장례 지도사도 있었습니다. 인터넷 자료와 답변들을 확인해 보아도 혼재해 있으며, 장례식장의 입구의 위치에 따라 다르다고 말씀하시는 분들도 있었습니다. 전통 상례에서는 어느 것이 맞는지도 부탁 드립니다. 아울러 기제사에서도 제주와 제관의 위치도 설명 부탁 드립니다. 감사합니다.

◈答; 상례에서 상주의 위치.

김철훈님의 의문을 다음 두 가지로 요약이 됩니다.

問 1). 조문 시 상주의 위치는?

問 2). 제사 시 제주와 제관의 위치는?

問 1). 答; 상주는 阼階(東階) 아래에서 서향하여 제배하면 조객은 서쪽에서 동향하여 답배를 합니다. 즉 喪主 東西向 弔客 西東向이 됩니다

問 2). 答; 제원의 서는 위치는 다음과 같습니다.
대부사서인제(大夫士庶人祭)의 제관(祭官)은 오례의(五禮儀)와 같이 제관(祭官)을 분리한 서립위(序立位)가 없습니다. 다만 주인이 초헌관이 되고 주부가 아헌관이 되며 종헌관은 자제

또는 친빈 중에서 택하게 됩니다.

아래는 제원들의 서립위입니다.
◆주인은 동쪽층계 아래에서 북쪽으로 향하여 서고,
◆주부는 서쪽 층계 아래에서 북쪽으로 향하여 선다.
◆주인의 모친이 계시면 특별한 자리로 하여 주부 앞이며,
◆주인의 백숙부(伯叔父)나 여러 형들은 특별히 주인의 오른편에서 조금 앞으로 나와 항렬대로 겹쳐 서되 북쪽이 상석이며 서쪽이 상석이다.
◆주인의 백숙모, 형수, 누이가 있으면 특별한 자리로 주부의 왼편에서 조금 앞으로 나와 항렬대로 겹쳐 서되 북쪽이 상석이며 동쪽이 상석이다.
◆주인의 여러 동생은 주인 오른편에서 조금 물러나 서되 서쪽이 상석이며,
◆주인의 장자와 장손은 주인의 뒤에 항렬대로 북쪽을 상석으로 겹으로 서고,
◆주인의 여러 아들과 여러 손자들은 주인의 동생 뒤에 항렬대로 겹으로 서되 서쪽이 상석이며
◆외집사(外執事)는 주인의 장손 뒤에 선다.
◆주인의 장자부(長子婦)와 장손부는 주부의 뒤에 항렬대로 겹으로 서며
◆주인의 동생 처들과 여러 여동생은 주부의 왼편에서 항렬대로 겹으로 서되 동쪽이 상석이며
◆주인의 여러 자부와 여러 손부들은 주부의 왼편에서 주인의 여동생들의 뒤에 항렬대로 겹으로 서되 동쪽이 상석이며 북쪽이 상석이다.
◆내집사(內執事)는 장손부(長孫婦) 뒤에 선다.

●性理大全吊奠賻入哭奠訖乃吊而退; 主人哭出西向稽顙再拜賓亦哭東向答拜
●便覽入哭奠訖乃吊而退;主人哭出(輯覽阼階下)西向稽顙再拜賓亦哭東向答拜
●性理大全正至朔望則參; 主人以下盛服入門就位主人北面於阼階下主婦北面於西階下主人有母則特位於主婦之前主人有諸父諸兄則特位於主人之右少前重行西上有諸母姑嫂姊則特位主婦之左少前重行東上諸弟在主人之右少退子孫外執事者在主人之後重行西上主人弟之妻及諸妹在主婦之左少退子孫婦女內執事者在主婦之後重行東上立定○又時祭質明奉主就位; 主人(主婦)以下各盛服盥手帨手詣祠堂前衆丈夫叙立如告日之儀主婦西階下北向立主人有母則特位於主婦之前諸伯叔母諸姑繼之嫂及弟婦姊妹在主婦之左其長於主母主婦者皆少進子孫婦女內執事者在主婦之後重行皆北向東上立定
●便覽四時祭參神; 主人以下序立如祠堂之儀
●性理大全祭禮四時祭; 初獻主人 亞獻主婦爲之 終獻兄弟之長或長男或親賓爲之○又 墓祭; 初獻如家祭之儀 亞獻終獻並以子弟親朋薦之

▶2978◀◈問; 손아래 동서와 손아래 처남의 경우 문상 시 절하는지요?

문상 법을 아무리 찾아도 없어 여기까지 와서 질문을 올리게 되었습니다. 손아래 동서와 손아래 처남의 경우 문상 시 절 하는지요? 현답을 기다립니다.

◈答; 손아래 동서와 손아래 처남의 경우 문상 시 절에 대하여.

⊙사마씨거가잡의(司馬氏居家雜儀)

凡卑幼於尊長晨亦省問夜亦安置(丈夫唱喏婦人道萬福安置)坐而尊長過之則起出遇尊長於塗則下馬不見尊長經再宿以上則再拜五宿以上則四拜賀冬至正旦六拜朔望四拜凡拜數或尊長臨時減而止之則從尊長之命吾家同居宗族衆多冬至朔望聚於堂上(此假設南面之堂若宅舍異制臨時從宜)丈夫處左西上婦人處右東上(左右謂家長之左右)皆北向共爲一列各以長幼爲序(婦以夫之長幼爲序不以身之長幼爲序)共拜家長畢長兄立於門之左長㛐立於門之右皆南向諸弟妹以次拜訖各就列丈夫西上婦人東上共受卑幼拜(以宗族多若人人致拜則不勝煩勞故同列共受之)受拜訖先退後輩立受拜於門東西如前輩之儀若卑幼自遠方至見尊長遇尊長三人以上同處者先共再拜敍寒暄問起居訖又三再拜而止(晨夜唱喏萬福安置若尊長三人以上同處亦三而止所以避煩也)

무릇 항렬이 낮거나 어린아이들은 집안 어른에게 새벽마다 침소로 찾아가 살피고 여쭙기를 안녕히 주무셨습니까 밤새 안부를 묻는다. 앉아있을 때 어른이 지나가면 일어나 서야 하고 출타 중 길에서 존장을 만나게 되면 말에서 내려와야 하고 존장을 이틀 이상 뵙지 못하고 자고 되돌아 올 곳으로 떠나게 되면 두 번 절을 하고 떠나며 오일이상 자고 와야 할 곳으로 떠나게 되면 네 번 절을 하고 떠난다. 동지와 정월 초하루 하례에는 여섯 번 절을 하고 매월 초하루 보름이면 네 번 절을 한다. 모든 절의 수는 혹 존장이 그 때마다 감하거나 그만두자 하면 존장의 명에 따른다. 내 집에서는 함께 사는 식구들이 많아서 동지나 삭망 때는 당으로 모여 남자들은 당의 좌측에서 서쪽을 상석으로 삼고 부인들은 당의 우측에서 동쪽을 상석으로 삼아 모두 북향하여 각기 어른과 아이로 차서를 정하여 한열씩 되어 다같이 가장에게 절을 한다. 마쳤으면 큰 형은 문의 왼쪽에서고 큰 누이는 문 오른쪽에 서서 모두 남쪽을 향하여 서서 모든 남동생들과 여동생들은 두 번째로 절을 한다. 마쳤으면 각 항렬대로 열을 이뤄 남자 어른들은 서쪽이 상석으로 삼고 부인들은 동쪽을 상석으로 삼아 항렬이 낮거나 어린이들의 절을 같이 받는다. 절 받기를 마쳤으면 위 항렬 즉 절을 받은 동배들은 물러나고 그 다음 동배들이 후배들의 절을 받되 문의 동서로 서서 절을 받기를 전배의 의식과 같게 한다. 만약 항렬이 낮거나 어린 사람이 먼 곳으로 찾아가 존장을 뵙거나 존장을 만났을 때 세분이상 한곳에 계시면 먼저 다 같이 재배를 하고 차서 대로 더위와 추위에 어떠하신지를 안부를 여쭙고 문안을 마쳤으면 또 세분께 각각 재배를 하고 마쳐야 하느니라.

⊙동지삭망례의절차(冬至朔望禮儀節次)

是日昧爽拜祠堂畢先設主人主婦坐席於聽事正中○序立(男左女右男西上女東上主人之弟弟婦並妹爲一行子姪及其婦幷女子爲一行孫男孫婦孫女爲一行俟主人主婦坐定)○鞠躬拜興拜興拜興拜興平身○長者就次(就主人諸弟中推其最長者一人立主人右其妻立主婦右弟姪以下依前行次序立拜之)○鞠躬拜興拜興拜興拜興平身(拜訖又以次推其長者出就次拜之如前儀拜遍)○分班(主人諸子姪輩行同者分班對立男左女右互相拜)○鞠躬拜興拜興平身(拜訖諸孫行拜其諸父如前就次儀其自相拜如分班儀)

이날 밤이 새어 날이 밝으면 사당 뵙기를 마치고 먼저 주인과 주부가 앉을 자리를 청사 중앙에 편다. ○차서 대로 선다. (남자는 왼쪽 여자는 오른쪽으로 서되 남자는 서쪽이 상석이며 여자는 동쪽이 상석으로 주인의 동생과 제부는 자매와 같이 한열로 서고 아들과 조카들은 그 며느리와 딸들과 같이 한열이 되어 서고 손자와 손부 손녀딸들도 한열이 되어 주인과 주부가 자리에 앉기를 기다린다) ○국궁 사배 평신한다. ○최장자는 자리로 나온다. (주인의 여러 동생 중 최장자 한 사람을 추대하여 주인의 오른쪽에서고 그 부인은 주부의 오른쪽에 서면 그 아우와 조카 이하 앞의 행한 바와 같이 차서 대로 서서 절을 한다) ○국궁 사배 평신한다. (절하기를 마쳤으면 또 다음 차례로 그 중 어른을 추대하여 자리에 나오면 절하기를 앞과 같은 의식으로 두루 미치게 절을 한다) ○차서 대로 따로따로 한다. (주인 여러 아들 족하는 항렬이 같은 이끼리 따로따로 나뉘어 서되 남자는 왼쪽 여자는 오른쪽으로 마주하여 서서 서로 절을 한다) ○국궁 재배 평신한다. (절하기를 마쳤으면 여러 손자 항렬은 그들의 모든 부친 항렬에 절을 하되 자리로 나아가는 의식은 앞과 같으며 그들 스스로 절을 분반의식과 같이 절을 한다)

이상에서 살핀 바와 같이 동배는 맞절을 하는 예법 같습니다. 동서나 처남은 손아래라 하여도 동항의 관계이니 조문 시 위전에 절을 함이 마땅하지 않을까 생각 듭니다.

●司馬氏居家雜儀長兄立於門之左長姊立立於門之右皆南向諸弟妹以次拜訖各就列丈夫西上婦人東上共受卑幼拜受拜訖先退後輩立受拜於門東西如前輩之儀
●太平廣記凡死者是敵以上則拜少者則不拜
●退溪曰於子不當拜又曰叔父於姪亦不當拜
●梅山曰先儒於族弟侄之喪不拜不施於死者可施於生乎受親戚卑幼之吊者哭而已矣
●寒岡曰兄之於弟生旣無可拜之理則豈有遽變於旣亡之後者乎弟之於兄雖曰同行而常談必曰父兄子弟則尊卑之序亦不可不辨矣
●竹菴曰尤庵言從弟之祭俱不當拜則况於從侄從孫乎雖年長於我而旣爲有服之親則恐不可以平時之答拜而拜其喪也
●問解問主人亦拜耶不言尊長何也答曰言卑幼則孝子似在其中歟尊長於卑幼喪不拜

●問從弟及妹之祭可不拜否尤庵曰似不當拜也○問祭子女弟侄立也坐耶尤庵曰喪禮旣曰尊長坐哭祭禮亦豈異同耶

●三淵據語類兄答弟拜之文而拜於弟之祠墓恐似泥古蓋朱先生因言儀禮子冠母先拜幷及古人無受拜禮而曰雖兄亦答拜而已未必使其拜弟也語類揚錄却云拜親時須合坐受兄止立受此是言今人所當行之儀也曾見先師過弟墓止立而一揖此似爲得中爾

▶2979◀ ◈問; 안부인사말 궁금합니다.

친지 또는 가까운 친구의 부모상이 있을 경우 불가피하게 문상하지 못할 경우가 있습니다. 조전 또는 부의금만 인편으로 전하기에 다소 섭섭합니다. 이런 경우에 부의금에 약간의 안부 글을 전하는 것이 좋을 듯합니다. 친지 또는 가까운 친구에게 전할 수 있는 글이 있으면 알려 주셨으면 합니다. 한글로 된 것이 아니라 한자로 표현된 것 말입니다. 한 두 가지 모형이면 충분하리라 봅니다. 감사합니다.

◈答; 안부인사말.

⊙慰人父母亡疏式(慰適孫承重者同)(廣記路遠或有故不及赴弔者爲書慰問)

某頓首再拜言(降等止云頓首平交但云頓首言)不意凶變(亡者官尊卽云邦國不幸後皆倣此)
先某位(無官卽云先府君有契卽加幾丈於某位府君之上○母云先某封無封卽云先夫人○承重則云尊祖考某位尊祖妣某封餘並同)(語類問弔人妾母之死合稱云何朱子曰恐只得隨其子平日所稱而稱之或曰五峯稱妾母爲小母)奄
棄榮養(亡者官尊卽云奄捐館舍或云奄忽薨逝母封至夫人者亦云薨逝)(備要按我朝大行稱薨士夫不敢用)(若生者無官卽云奄違色養)承
訃驚怛不能已已伏惟(平交云恭惟降等緬惟)
孝心純至思慕號絶何可堪居日月流邁遽踰旬朔(經時卽云已忽經時已葬卽云遽經襄奉卒哭小祥大祥禫除各隨其時)哀痛柰何罔極柰何不審自
罹荼毒(父在母亡卽云憂苦)
氣力何如(平交云何似)伏乞(平交云伏願降等云惟冀)
强加饘粥(已葬云疏食)俯從禮制某役事所縻(在官則云職業有守)未由奔
慰其於憂戀無任下誠(平交以下但云未由奉慰悲係增深)謹奉疏(平交云狀)伏惟
鑑察(平交以下去此四字)不備謹疏(平交云不宣謹狀)(補註卑幼云不具不悉不一)
年 月 日某位(降等用郡望)姓某疏上(平交云狀)某官大孝(苫前母亡卽云至孝平交以下云苫次)(喪儀云父母亡日月遠云哀前平交以下云哀次)

⊙피봉식(皮封式)

疏上
某官大孝(苫前)具位姓某謹封(降等卽用面簽云某官大孝苫次郡望姓名狀謹封)

⊙타인의 조부모상의 부고를 받고 조문을 가지 못하였을 때의 서식(慰人祖父母亡啓狀)(謂非承重者伯叔父母姑兄姊弟妹妻子姪孫同)

某啓備要按本朝進御文字皆稱啓字私書恐不敢用代以白字如何不意凶變(子孫不用此句)
尊祖考某位奄忽
違世(祖母曰尊祖妣某封無官封有契已見上○伯叔父母姑卽加尊字兄姊弟妹加令字降等皆加賢字若彼一等之親有數人卽加行弟云幾某位無官云幾府君有契卽加幾丈幾兄於某位府君之上姑姊妹則稱以夫姓云某宅尊姑令姊妹○妻則云賢閤某封無封則但云賢閤○子卽云伏承令子幾某位姪孫幷同降等則曰賢無官者稱秀才)承
訃驚怛不能已已(妻改怛爲愕子孫但云不勝驚怛)伏惟(恭惟緬惟見前)
孝心純至哀痛摧裂何可勝任(伯叔父母姑云親愛加隆哀慟沉痛何可堪勝○兄姊弟妹則云友愛加隆○妻則云伉儷義重悲悼沉痛○子姪孫則云慈愛隆深悲慟沉痛餘與伯叔父母姑同)孟春猶寒(寒溫隨時)不審
尊體何似(稍尊云動止何如降等云所履何似)伏乞(平交以下如前)
深自寬抑以慰
慈念(其人無父母卽但云遠誠連書不上平)某事役所縻(左官如前)未由趨
慰其於憂想無任下誠(平交以下如前)謹奉狀伏惟

鑑察(平交如前)不備(平交如前)謹狀
年 月 日具位姓名狀上
某位(服前平交云服次)

▶2980◀◈問; 여자들의 문상 범위에 관하여.

안녕하세요? 많은 자료를 보면서 많은 배움을 받고 있습니다. 제가 지인과 대화 중 궁금한 게 있어서 여쭙고자 합니다.

1. 옛날에 여자들은 초상이 나도 문상을 가지 않는다고 하는데 정말인지요? 아니면 몇 촌까지 가는지요?

2. 부부(夫婦) 중에 한 분이 먼저 돌아가시면 남은 배우자가 초상(初喪)나갈 때 산소까지 따라가는지요. 옛날 육영수여사 서거 시에 박대통령은 청와대 문에서 배웅을 하고 돌아 들어가시는 걸로 기억합니다. 궁금증을 풀어 주십시오.

◈答; 여자들의 문상범위에 관하여.

問; 1. 答; 수조자(受弔者)는 그 집 가장(家長)이라 하였으니 여자가 남녀칠세부동석(男女七歲不同席)의 구체제하에서는 타인의 조문을 어림도 없었을 것이며 동성(同姓)의 친족에는 유복인이면 복인으로 참석하여야 할 것이며 무복친의 상에는 어찌한다는 전거가 없으니 일러 드릴 수감 없습니다. 그러기는 하나 원척이나 이성이라 하여도 친근한 상을 당하면 참석하여 슬픔을 나눴을 것이라 예측할 수는 있을 것입니다.

시가의 복은 남편의 8 촌 복까지 입습니다. 다만 지난날의 모든 활동은 남자 위주였던 시절이라 조문예법 역시 남자 위주로 되어 타인의 부인상에 대한 예법은 상세합니다.

●書儀婦人非親戚與其子爲執友嘗升堂拜母者則不入酹
●退溪曰禮嘗升堂拜母之外不許入今人皆入吊未安
●遂庵曰內喪入哭者雖同姓不可太無限節袒免之外則似未安異姓戚誼若切近則平日雖偶未及升堂入哭有何不可
●明齋曰與喪人情好親密則雖未升堂不可不以哭相慰若素所疏遠則豈可矯情以自悅哉
●農岩曰一家婦女雖平日所不面其喪似須入哭從前於同姓親雖八九寸皆入哭異姓親此有間而五六寸則亦宜入哭
●問解婦人之喪未升堂者不哭可也鄕人多有哭之者非是
●旅軒曰凡受吊者家長也

問; 2. 答; 다음과 같이 살펴보건대 부인의 상에는 남편이 주인이 되니 당연히 장지까지 따라가고 남편의 상에는 그 부인이 주부가 되니 당연히 장지까지 따라가게 됩니다.

●奔喪凡喪父在父爲主
●問解初喪則亡者之妻爲主婦虞以後則主喪者之妻爲主婦
●家禮喪禮治葬主人男女各就位哭條主人諸丈夫立於壙東西向主婦諸婦女立於壙西幄內東向皆北上如在塗之儀

▶2981◀◈問; 장례식에 참석한 조문객들에게 감사의 인사장.

추운 날씨에 얼마나 고생이 많습니까? 금번 부친께서 별세하여 장례식을 마치고 조문객들에게 감사의 인사장을 보내려고 하니 답답합니다. 선생님 문장을 메일로 보내 주시면 대단히 감사합니다.

◈答; 장례식에 참석한 조문객들에게 감사의 인사장.

조금 바쁜 일이 있어 답신이 늦었습니다. 먼저 머리 숙여 조의를 표합니다. 전통 양식은 다음과 같습니다.

⊙父母亡答人慰疏式(適孫承重者同)

某稽顙再拜言(降等云叩首去言字)(劉氏曰按稽顙而後拜以頭觸地曰稽顙三年之禮也雖於平交降等者亦如此但去言字何則古禮受弔必拜之不問幼賤故也)某罪逆深重不自死滅禍延先考(母云先妣承重則祖父云先祖考祖母云先祖妣)攀號擗踊五內分崩叩地叫天無所逮及日月不居奄踰旬朔(卒哭小祥大祥禫隨時)酷罰罪苦(父在母亡卽云偏罰罪深父先亡則母與父同)無望生全卽日蒙

恩(平交以下去此四字)祗奉几筵苟存視息伏蒙尊玆(平交云仰承仁恩)俯賜(平交改賜爲垂降等去伏蒙以下六字但云特承)

慰問哀感之至無任下誠(平交云仰承仁恩俯垂慰問其爲哀感但切下懷降等云特承慰問哀感良深 ○ 司馬溫公曰凡遭父母喪知舊不以書來弔問是無相恤之心於禮不當先發書不得已須至先發卽刪此四句)未由號

訴不勝隕絶謹奉疏(降等云狀)荒迷不次謹疏(降等云狀)

年號幾年某月某日孤子(母喪稱哀子俱亡卽稱孤哀子承重者稱孤孫哀孫孤哀孫)(備要按翰墨全書居心喪云申心制或曰心喪居禫服云居禫祖父母喪云縗服妻喪云期服而具書姓名於其下)姓名疏上某位座前謹空(平交以下去此二字)

⊙봉투 쓰는 식(皮封式)

疏隨改同前上

某位座前 孤子隨改同前姓名謹封

⊙조부모상을 당하여 조문 온 이에게 답하는 서식(祖父母亡答人啓狀(謂非承重者伯叔父母姑兄姊弟妹妻子姪孫同)

某啓家門凶禍(伯叔父母姑兄姊弟妹云家門不幸○妻云私家不幸○子姪孫云私門不幸)先祖考(祖母云先祖妣○伯叔父母云幾伯叔父母○姑云幾家姑○兄姊云幾家兄幾家姊○弟妹云幾舍弟幾舍妹○妻云室人○子云小子某○姪云從子某○孫曰幼孫某)奄忽棄背(兄弟以下云喪逝○子姪孫云遽爾夭折)痛苦摧裂不自勝堪(伯叔父母姑兄姊弟妹云摧痛酸苦不自堪忍○妻改摧痛爲悲悼○子姪孫改悲悼爲悲念)伏蒙

尊慈特賜

慰問哀感之至不任下誠(平交降等如前)孟春猶寒(寒溫隨時)伏惟(恭惟緬惟如前)

某位尊體起居萬福(平交不用起居降等但云動止萬福)某卽日侍奉(無父母卽不用此句)幸免他苦未由面訢徒增哽塞謹奉狀上(平交云陳)謝不備(平交如前)謹狀

年 月 日某郡姓名狀上

某位(座前謹空平交如前)

▶2982◀◈問; 장례 이후에 부의금을 줘도 되나요?

안녕하세요? 지인의 아버님께서 작고 하셔서 장례식장에 가야 되는데, 시간이 여의치 않아서 갈수가 없게 되었습니다. 그렇다면 장례식이 끝나고 나서 지인을 찾아 뵙고 부의금을 줘도 되는지, 예의에 어긋나지는 않는지가 궁금합니다.

◈答; 장례 이후에 부의금을 줘도 되나.

아래와 같이 살펴보건대 부의(賻儀)나 조의(弔儀)나 동의어(同義語)입니다. 다만 조(弔)란 타인상(他人喪)에 상(喪)을 마칠 때까지의 예(禮)이니 조의(弔儀)라 표시함이 부의(賻儀)이라기 보다는 합리적(合理的)이지 않을까 합니다.

◈부의(賻儀) 조의(弔儀)

○[元史乃蠻台傳]薨于家帝聞之震悼命有司厚致賻儀

○[致鐃潛川黃德源曾允明ロ經國函]前付來致英公賻儀柒百伍拾兩收妥後已于六月二十四日函覆

◈부례(賻禮)

○[論衡量知]貧人與富人俱賚錢百並爲賻禮死哀之家

○[舊唐書郭子儀傳]雖賻禮加等輟朝增日悼之流涕曷可弭忘

◈부전(賻錢)

○[梁書王規傳]大同二年卒時年四十五詔贈散騎常侍光祿大夫賻錢二十萬

○[東觀漢記安帝紀]新野君薨贈以元玉玉赤綬賻錢三千萬

◈조부(弔賻)

○[周書武帝紀上]以齊武成薨故也遣司會河陽公李綸等會葬於齊仍弔賻焉

▶2983◀◈問; 전통예절에 따른 세세한 문상 방법은?

아래와 같이 5가지 문상 방법이 알고 싶습니다. 자세하게 알려 주세요.

문1). 기독교적인 문상방법으로 이해하면 되는지요?
문 2). 유교적인 방법에 따른 세부적으로 문상하는 법을 알고 싶습니다? (예 1. 호상소. 2. ㅇ ㅇㅇㅇ. 3. ㅇㅇㅇㅇ. 4.ㅇㅇㅇㅇ. 5.ㅇㅇㅇㅇ등 귀가 시 빈소 재 참배 등)
문3). 불교적인 문상방법?
문4). 기타 문상 방법?
문 5). 제가 어릴 때 어른들이 하시는 말씀이 문상 시는 악수를 하여서 안 된다는 얘기를 들은바 있습니다 요즘 문상 시 악수하는 것은 시속에 따른 예법으로 이해 하면 되겠습니까?

◈答; 전통예절에 따른 세부적인 문상 방법.

問 1). 答; 기독교 문상 법. 문 3) 불교 문상 법. 문 4) 기타 문상 법. 문 5) 악수. 는 본인의 전문이 아니라 감히 운운함은 당해 단체 등을 욕되게 하고 조 0 필님을 기만하는 행위가 되어 답변을 할 수 없음을 양해하여 주시기 바랍니다. 다만 유교식의 질문에 아래와 같이 답변합니다.

問2). 答; 유교적인 방법.
유교의 조문 방법은 아래와 같습니다.

問3). 答; 불교적인 문상방법은 알지 못합니다.

問4). 答; 기타 문상 방법 역시 자세히 아는 바가 없습니다.

問5). 答; 시속이 아니라 서양 문물의 영향에서 비롯됨이라 이해하면 되겠습니다.

●조(弔) 전(奠) 부(賻)

◎범조개소복(凡弔皆素服)

幞頭衫帶皆以白生絹爲之(便覽退溪曰素冠雖不可爲白衣白帶甚可)問今弔人用橫烏此禮如何朱子曰此是玄冠以弔正與孔子所謂羔裘玄冠不以弔者相反

◎대체로 조문은 모두 소복(素服)을 한다.

복두(幞頭)와 의복과 띠 모두 흰 생명주로 지어 입고 가서 조문한다. 흰 관을 아무리 갖출 수가 없다 하여도 갖춰야 하며 흰 옷에 흰 띠가 가장 옳은 것이다.

◎전용향다촉주과(奠用香茶燭酒果)國俗不用茶

有狀或用食物卽別爲文

◎제물로 올릴 것은 향(香)과 차(茶), 초, 술과 과실이다.

혹 음식이나 물품을 제물로 올릴 때는 물목(物目)을 쓴 글이 있어야 한다. 즉 달리 제문(祭文)으로 슬픔을 고하여야 한다.

◎조자치전부장식(弔者致奠賻狀式)

具位姓某
某物若干
右謹專送上
某人(儀節某官某公女喪云某封某氏)靈筵聊備賻儀(香茶酒食云奠儀)伏惟
歆納謹狀

年　月　日具位姓某狀若平交以下狀內無年他倣此

◎피봉식(皮封式)

上狀

某官某公(女喪云某封某氏)靈筵具位姓某謹封

◎사장식(謝狀式)(三年之喪未卒哭只令子姪發謝書)無子姪以族人代)

具位姓某

某物若干

右伏蒙

尊慈(平交改尊慈爲仁私降等去伏蒙尊慈四字)以某(發書者名)某親違世

特賜平交以下改賜爲貺賻儀(襚奠隨事)下誠(平交不用此二字)不任哀感之謹具狀上謝(平交云謹封狀陳謝)謹狀

年　月　日具位姓某狀

◎피봉식(皮封式)

狀上

某官座前具位姓某謹封

◎조제문식(弔祭文式)

維 歲次干支幾月干支朔幾日干支忝親(隨所稱)某官姓某謹以淸酌庶羞之奠致祭于 某親某官某公之柩云云(別爲文字以敍情意)尙 饗(廣記所知之喪未能往哭則遣使致奠賻之物就外次衣弔服再拜哭送之)

◎부용전백(賻用錢帛)

有狀惟親友分厚者有之

司馬溫公曰東漢徐穉每爲諸公所辟雖不就有死喪負笈赴弔嘗於家豫炙雞一隻以一兩綿絮漬酒中暴乾以裹雞徑到所赴冢隧外以水漬絮使有酒氣汁米飯白茅爲藉以雞置前醊酒畢留謁則去不見喪主然則奠貴哀誠酒食不必豊腆也

◎부의(賻儀)는 금전이나 비단으로 한다.

부의(賻儀) 물목(物目)을 적은 전부장(奠賻狀)이 있어야 한다. 오직 친한 벗이거나 교분이 두터운 이에게 부의를 한다.

◎具刺通名

賓主皆有官則具門狀(增解碎鎖錄手謁註國朝有官君子請謁於人親書云某手謁上某官即今之門狀也)否則名紙(備要榜子)題其陰面先使人通之與禮物俱入

◎명함을 갖춰 통명을 한다.

조문객(弔問客)과 주인 모두 유관자(有官者)이면 문장식(門狀式)으로 갖춰 통명(通名)을 하고 유관자가 아니면 성명(姓名)을 두루마리 좌측에서 우측으로 써서 좌측으로 두르르 마는 방자식(榜子式)을 먼저 심부름하는 이를 통하여 예물(禮物)과 같이 들여보낸다.

◎문장식(門狀式)

某位姓某

右某謹詣

門屏(平交去此四字)祗慰

某位(平交云某官)伏聽

處分(平交去此四字)謹狀

年　月　日某位姓某狀

◎榜子式

某官姓某慰

◎입곡전흘내조이퇴(入哭奠訖乃弔而退)

既通名喪家炷火燃燭布席(儀節主人以下各就位○靈座東南)皆哭以俟護喪出迎賓賓入至聽事進揖曰竊聞某人傾背不勝驚怛敢請入酹(便覽河西曰酹當作奠○備要不奠則改酹爲哭)幷伸慰禮護喪引賓入至靈座前哭盡哀(儀節立擧哀)再拜(增解廣記凡死者是敵以上則拜是少者則不拜)焚香跪(儀節若衆賓則尊者獨詣)酹茶酒(備要執事者跪奉盞與賓賓受之還授執事者置靈座前)俛伏興護喪止哭者祝(便覽西向)跪讀祭文奠賻狀於賓之右畢興賓主皆哭盡哀賓再拜(儀節焚祭文)主人哭出(輯覽阼階下)西向稽顙再拜賓亦哭東向答拜進曰不意凶變某親某官奄忽傾背伏惟哀慕何以堪處主人對曰某罪逆深重禍延某親伏蒙奠酹幷賜臨慰(備要不奠則無奠酹幷賜四字)不勝哀感又再拜賓答拜(便覽胡儀孝子尊弔人卑則側身避位候孝子伏次卑者卽跪還須詳緩去就無令跪伏與孝子齊)又相向哭盡哀賓先止寬譬主人曰脩短有數痛毒奈何願抑孝思俯從禮制乃揖而出主人哭而入護喪送至聽事茶湯而退主人以下止哭(出就次)○若亡者官尊卽云薨逝稍尊卽云捐館生者官尊則云奄棄榮養存亡俱無官卽云色養若尊長拜賓禮亦同此惟其辭各如啓狀之式見卷末

司馬溫公曰凡弔人者必易去華盛之服有哀戚之容若賓與亡者爲執友則入酹婦人非親戚與其子爲執友嘗升堂拜母者則不入酹凡弔及送喪者問其所乏分導營辦貧者爲之執紼負土之類毋擾及其飮食財貨可也○高氏曰既謂之奠而乃燒香酹酒則非奠矣世俗承習久矣非禮也○又曰喪禮賓不答拜凡非弔喪無不答拜者胡先生書儀曰若弔人是平交則落一膝展手策之以表半答若孝子尊弔人卑則側身避位候孝子伏次卑者卽跪還須詳緩去就無令跪伏與孝子齊○楊氏復曰按程子張子與朱先生後來之說奠謂安置也奠酒則安置於神座前既獻則徹去奠而有酹者初酌酒則傾少酒于茅代神祭也今人直以奠爲酹而盡傾之於地非也高氏之說亦然與此條所謂入酹跪酹似相牴牾蓋家禮乃初年本當以後來已定之說爲正詳見祭禮降神條○又曰按弔禮主人拜賓賓不答拜此何義也蓋弔賓來有哭拜或奠禮主人拜賓以謝之此賓所以不答拜也故高氏書有半答跪還之禮凡禮必有義不可苟也書儀家禮從俗有賓答拜之文亦是主人拜賓賓不敢當乃答拜今世俗弔賓來見几筵哭拜主人亦拜謂代亡者答拜非禮也既而賓弔主人又相與交拜亦非禮也

◎들어가 곡하고 전례를 마치면 곧 상주에게 조문하고 물러난다.

이미 성명이 통하였으면 상가(喪家)에서는 등불을 켜고 초에 불을 당기며 자리를 펴고 주인 이하 각각의 자리로 가서 모두 곡하며 조객(弔客)이 들어오기를 기다린다. 호상이 나아가 조객을 맞아 들인다. 조객이 들어와 청사에 이르러 읍을 하고 가로되 모인(某人)의 부음(訃音)을 듣고 놀라움을 금할 수 없사와 감히 술을 따라 올리고 아울러 위문의 예를 펴고자 하옵니다. 라고 호상에게 말하면 호상은 조객을 영좌 앞으로 인도한다. 조객은 영좌 앞으로 들어가 서서 슬픔을 다하여 곡을 하고 재배하되 대등 이상에는 절을 하고 어린 자에게는 절을 하지 않으며 분향을 하고 무릎을 꿇고 앉는다. 만약 여러 명이 함께 조문할 때는 최 연장자가 나아가 무릎을 꿇고 앉아 헌주(獻酒)한다. 집사가 무릎을 꿇고 앉아 잔을 받들어 조문객에게 주면 조문객은 잔을 받아 든다. 집사자가 잔에 술을 따르면 조문객은 잔을 다시 집사자에게 주면 집사자는 술잔을 받아 영좌 전에 올린다. 집사자는 물러나 제자리에 서고 조문객은 엎드렸다 일어나면 호상이 곡을 멈추게 한다. 축관은 조문객의 오른쪽에서 서쪽으로 향하여 무릎을 꿇고 앉아 제문(祭文)과 전부장(奠賻狀)을 고한다. 고하기를 마치고 일어나면 조문객과 주인은 슬픔을 다하여 곡을 한다. 조문객이 재배를 하고 축관은 제문을 불사른다. 주인은 곡하며 나아가 동쪽층계 아래에서 서쪽으로 향하여 이마가 땅에 닫도록 계상(稽顙)재배를 하면 조문객 역시 곡을 하며 동쪽으로 향하여 답배를 하고 다가서서 위안하기를 뜻하지 않은 흉변에 모친 모관께서 갑자기 작고하시어 엎드려 생각 하옵건대 슬프고 사모하심을 어찌 감내 하시옵니까. 라고 하면 주인이 대답하기를 모가 죄역(罪逆)이 심중하여 그 화가 모친께 미치었사옵니다. 술을 따라 올리고 아울러 부의를 주시며 위로의 말씀에 임하오니 슬프고 감동하여 사모함을 이길 수 없사옵니다. 라하고 또 재배를 하면 조문객 역시 답배를 한다. 그러나 상주가 존자(尊者)이고 조문객이 어리면 몸을 옆으로 피하여 상주는 처소에서 엎드려 기다린다. 어린 조객이 들어가 14고 곧 무릎을 꿇고 앉았다 천천히 마치고 돌아와 오기를 기다린다. 법령에는 없으나 무릎을 꿇고 부복하기를 상주도 같이한다. 또 서로 마주하여 슬픔을 다하여 곡한다. 조문객이 먼저 곡을 멈추고 너그러이 하라며 주인에게 예를 들어 말하기를 운명에는 길고 짧음이 있사온데 슬퍼하고 한탄하신들 어찌 하오리까. 원하옵건대 힘을 내시어 거상(居喪) 입으신 것을 생각하시어 예의제도를 따르소서 하고 곧 조문객이 읍을 하고 나가면 주인은 곡을 하며 들어간다. 호상은 조문객을 청사로 보내고 주인 이하 곡을 멈춘다.

◎조곡배지절(弔哭拜之節)

曲禮知生而不知死弔而不傷知死而不知生傷而不弔○檀弓死而不弔者三畏壓溺行弔之日不飮酒食肉不樂○有殯(註三年之喪)聞遠兄弟之喪雖緦必往非兄弟○(異姓)雖鄰不往○雜記三年之喪不弔有服而將往哭之則服其服而往○少儀尊長於已踰等喪俟事不特弔疏待朝夕哭時不非時而獨弔○司馬溫公曰婦人非親戚及與其子爲執友嘗升堂拜母者則不入酹○廣記凡死者是敵以上則拜少者則不拜○喪者二人以上只弔其識者○過期年則不哭情重者哭

◎타인의 상에 조문하고 곡하고 절하는 예의범절

산사람을 알고 죽은 이를 모를 때는 상주에게는 조문을 하고 영좌에는 곡을 하지 않으며 죽은 이는 알고 산사람을 모를 때는 영좌에는 곡 재배하고 산사람에게는 조문치 않는다. ○조문치 않는 세가지 상이 있다. 전장에서 도망치다 놀라 죽은 외사자(外死者), 위험한 돌담 밑을 조심치 않다 깔려 죽은 압사자, 배타고가다 빠져 헤엄쳐 나오지 못하고 익사한자는 조상치 않는다. ○친상 중에 먼 형제의 상 소식을 들으면 비록 시마 복일지라도 반드시 가야하고 형제가 아닌 이성이면 아무리 가깝다 하여도 가지 않는다. ○친상 중에는 조문하지 않는다. 복이 있으면 가서 곡할 때 그 복을 입고 곡하고 온다. ○대체로 죽은 이가 대등 이상이면 절을 하고 수하이면 절을 하지 않는다. ○친상의 형제가 두 사람 이상이면 다만 그 중에서 아는 이에게만 조문을 한다. ○초상 후 일년이 넘었을 때는 곡을 하지 않는 것이나 정이 두터웠으면 곡을 한다.

◎위인부모망소식(慰人父母亡疏式)(慰適孫承重者同)廣記路遠或有故不及赴弔者爲書慰問

某頓首再拜言(降等止云頓首平交但云頓首言)不意凶變(亡者官尊卽云邦國不幸後皆倣此)先某位(無官卽云先府君有契卽加幾丈於某位府君之上○母云先某封無封卽云先夫人○承重則云尊祖考某位尊祖妣某封餘並同)語類問弔人妾母之死合稱云何朱子曰恐只得隨其子平日所稱而稱之或曰五峯稱妾母爲小母)奄

棄榮養(亡者官尊卽云奄捐館舍或云奄忽薨逝母封至夫人者亦云薨逝)備要按我朝大行稱薨士夫不敢用(若生者無官卽云奄違色養)承

訃驚怛不能已已伏惟(平交云恭惟降等緬惟)

孝心純至思慕號絶何可堪居日月流邁遽踰旬朔(經時卽云已忽經時已葬卽云遽經襄奉卒哭小祥大祥禫除各隨其時)哀痛奈何罔極奈何不審自

罹荼毒(父在母亡卽云憂苦)

氣力何如(平交云何似)伏乞(平交云伏願降等云惟冀)

强加饘粥(已葬云疏食)俯從禮制某役事所縻(在官則云職業有守)未由奔慰其於憂戀無任下誠(平交以下但云未由奉慰悲係增深)謹奉疏(平交云狀)伏惟

鑑察(平交以下去此四字)不備謹疏(平交云不宣謹狀○補註卑幼云不具不悉不一)

年 月 日某位(降等用郡望)姓某疏上(平交云狀)某官大孝(苫前母亡卽云至孝平交以下云苫次)褏儀云父母亡日月遠云哀前平交以下云哀次

◎皮封式重封同

疏上

某官大孝(苫前)具位姓某謹封(降等卽用面簽云某官大孝苫次郡望姓名狀謹封)

◎위인조부모망계장(慰人祖父母亡啓狀)(謂非承重者伯叔父母姑兄姊弟妹妻子姪孫同)

某啓(備要按本朝進御文字皆稱啓字私書恐不敢用代以白字如何)不意凶變(子孫不用此句)

尊祖考某位奄忽

違世(祖母曰尊祖妣某封無官封有契已見上○伯叔父母姑卽加尊字兄姊弟妹加令字降等皆加賢字若彼一等之親有數人卽加行弟云幾某位無官云幾府君有契卽加幾丈幾兄於某位府君之上姑姊妹則稱以夫姓云某宅尊姑令姊妹○妻則云賢閤某封無封則但云賢閤○子卽云伏承令子幾某位姪孫并同降等則曰賢無官者稱秀才)承
訃驚怛不能已已(妻改怛爲愕子孫但云不勝驚怛)伏惟(恭惟緬惟見前)
孝心純至哀痛摧裂何可勝任(伯叔父母姑云親愛加隆哀慟沉痛何可堪勝○兄姊弟妹則云友愛加隆○妻則云伉儷義重悲悼沉痛○子姪孫則云慈愛隆深悲慟沉痛餘與伯叔父母姑同)孟春猶寒(寒溫隨時)不審
尊體何似(稍尊云動止何如降等云所履何似)伏乞(平交以下如前)
深自寬抑以慰
慈念(其人無父母卽但云遠誠連書不上平)某事役所縻(在官如前)未由趨
慰其於憂想無任下誠(平交以下如前)謹奉狀伏惟
鑑察(平交如前)不備(平交如前)謹狀
年 月 日具位姓名狀上
某位(服前平交云服次)

◎피봉식(皮封式)重封同前

◎祖父母亡答人啓狀(謂非承重者伯叔父母姑兄姊弟妹妻子姪孫同)

某啓家門凶禍(伯叔父母姑兄姊弟妹云家門不幸○妻云私家不幸○子姪孫云私門不幸)先祖考(祖母云先祖妣○伯叔父母云幾伯叔父母○姑云幾家姑○兄姊云幾家兄幾家姊○弟妹云幾舍弟幾舍妹○妻云室人○子云小子某○姪云從子某○孫曰幼孫某)奄忽棄背(兄弟以下云喪逝○子姪孫云遽爾夭折)痛苦摧裂不自勝堪(伯叔父母姑兄姊弟妹云摧痛酸苦不自堪忍○妻改摧痛爲悲悼○子姪孫改悲悼爲悲念)伏蒙
尊慈特賜
慰問哀感之至不任下誠(平交降等如前)孟春猶寒(寒溫隨時)伏惟(恭惟緬惟如前)
某位尊體起居萬福(平交不用起居降等但云動止萬福)某卽日侍奉(無父母卽不用此句)幸免他苦未由面訢徒增哽塞謹奉狀上(平交云陳)謝不備(平交如前)謹狀
年 月 日某郡姓名狀上
某位(座前謹空平交如前)

◈장례예식장에서의 문상예절(問喪禮節)?

아래의 예법은 유가의 전통예법 중 조문에 대한 예법입니다.

현대 장례예식장 조문이라 하여도 이 예법에서 그 환경에 적합하도록 취하여 행하면 현대 법도로도 크게 어그러지지는 않을 것입니다.

◎조(弔) 전(奠) 부(賻)

⊙凡弔皆素服(범조개소복)

幞頭衫帶皆以白生絹爲之(便覽退溪曰素冠雖不可爲白衣白帶甚可)
問今弔人用橫烏此禮如何朱子曰此是玄冠以弔正與孔子所謂羔裘玄冠不以弔者相反

○대체로 조문(弔問)은 모두 소복(素服)을 한다.

복두(幞頭)와 의복과 띠 모두 흰 생명주로 지어 입고 가서 조문한다. 흰 관(冠)을 아무리 갖출 수가 없다 하여도 갖춰야 하며 흰 옷에 흰 띠가 가장 옳은 것이다.

⊙奠用香茶燭酒果(전용향다촉주과)(國俗不用茶)

有狀或用食物卽別爲文

○제물로 올릴 것은 향(香)과 차(茶), 초, 술과 과실이다.

혹 음식이나 물품을 제물로 올릴 때는 물목(物目)을 쓴 글이 있어야 한다. 즉 달리 제문(祭文)으로 슬픔을 고하여야 한다.

○弔者致奠賻狀式(조자치전부장식)

具位姓某
某物若干
右謹專送上
某人(儀節某官某公女喪云某封某氏)靈筵聊備賻儀(香茶酒食云奠儀)伏惟歆納謹狀
年 月 日具位姓某狀(若平交以下狀內無年他倣此)

○皮封式(피봉식)

上狀
某官某公(女喪云某封某氏)靈筵具位姓某謹封

○謝狀式(사장식)(三年之喪未卒哭只令子姪發謝書)無子姪以族人代

具位姓某
某物若干
右伏蒙
尊慈(平交改尊慈爲仁私降等去伏蒙尊慈四字)以某(發書者名)某親
違世
特賜(平交以下改賜爲貺)賻儀(襚奠隨事)下誠(平交不用此二字)不任哀感之謹
具狀上謝(平交云謹封狀陳謝)謹狀
年 月 日具位姓某狀

○皮封式(피봉식)

狀上
某官座前具位姓某謹封

○弔祭文式(조제문식)

維 歲次干支幾月干支朔幾日干支忝親(隨所稱)某官姓某謹以淸酌庶羞之奠致祭于 某親某官某公之柩云云(別爲文字以敍情意)尙 饗(廣記所知之喪未能往哭則遣使致奠賻之物就外次衣弔服再拜哭送之)

⊙賻用錢帛(부용전백)

有狀惟親友分厚者有之
司馬溫公曰東漢徐穉每爲諸公所辟雖不就有死喪負笈赴弔嘗於家豫炙雞一隻以一兩綿絮漬酒中暴乾以裹雞徑到所赴冢隧外以水漬絮使有酒氣汁米飯白茅爲藉以雞置前醊酒畢留謁則去不見喪主然則奠貴哀誠酒食不必豐腆也

○부의(賻儀)는 금전이나 비단으로 한다.

부의 물목(物目)을 적은 전부장(奠賻狀)이 있어야 한다. 오직 친한 벗이거나 교분이 두터운 이에게 부의를 한다.

⊙具刺通名(구자통명)

賓主皆有官則具門狀(增解碎鎖錄手謁註國朝有官君子請謁於人親書云某手謁上某官即今之門狀也)否則名紙(備要榜子)題其陰面先使人通之與禮物俱入

○명함(名銜)을 갖춰 통명(通名)을 한다.

조문객(弔問客)과 주인 모두 유관자(有官者)이면 문장식(門狀式)으로 갖춰 통명(通名)을 하고 유과자(有官者)가 아니면 성명을 두루마리 좌측에서 우측으로 써서 좌측으로 두르르 마는 방자식(榜子式)을 먼저 심부름하는 이를 통하여 예물과 같이 들여보낸다.

○門狀式(문장식)

某位姓某

右某謹詣
門屛(平交去此四字)祗慰
某位(平交云某官)伏聽
處分(平交去此四字)謹狀
年 月 日某位姓某狀

○榜子式(방자식)

某官姓某慰

⊙入哭奠訖乃弔而退(입곡전흘내조이퇴)

旣通名喪家炷火燃燭布席(儀節主人以下各就位○靈座東南)皆哭以俟護喪出迎賓賓入至聽事進揖曰竊聞某人傾背不勝驚怛敢請入酹(便覽河西曰酹當作奠○備要不奠則改酹爲哭)幷伸慰禮護喪引賓入至靈座前哭盡哀(儀節立擧哀)再拜(增解廣記凡死者是敵以上則拜是少者則不拜)焚香跪(儀節若衆賓則尊者獨詣)酹茶酒(備要執事者跪奉盞與賓賓受之還授執事者置靈座前)俛伏興護喪止哭者祝(便覽西向)跪讀祭文奠賻狀於賓之右畢興賓主皆哭盡哀賓再拜(儀節焚祭文)主人哭出(輯覽阼階下)西向稽顙再拜賓亦哭東向答拜進曰不意凶變某親某官奄忽傾背伏惟哀慕何以堪處主人對曰某罪逆深重禍延某親伏蒙奠酹幷賜臨慰(備要不奠則無奠酹幷賜四字)不勝哀感又再拜賓答拜(便覽胡儀孝子尊弔人卑則側身避位候孝子伏次卑者卽跪還須詳緩去就無令跪伏與孝子齊)又相向哭盡哀賓先止寬譬主人曰脩短有數痛毒奈何願抑孝思俯從禮制乃揖而出主人哭而入護喪送至聽事茶湯而退主人以下止哭(出就次)○若亡者官尊卽云薨逝稍尊卽云捐館生者官尊則云奄棄榮養存亡俱無官卽云色養若尊長拜賓禮亦同此惟其辭各如啓狀之式見卷末

○들어가 곡하고 전례를 마치면 곧 상주에게 조문하고 물러난다.

이미 성명이 통하였으면 상가에서는 등불을 켜고 초에 불을 당기며 자리를 펴고 주인 이하 각각의 자리로 가서 모두 곡하며 조객이 들어오기를 기다린다. 호상(護喪)이 나아가 조객을 맞아 들인다. 조객이 들어와 청사에 이르러 읍을 하고 가로되 모인의 부음(訃音)을 듣고 놀라움을 금할 수 없사와 감히 술을 따라 올리고 아울러 위문의 예를 펴고자 하옵니다. 라고 호상에게 말하면 호상은 조객을 영좌 앞으로 인도한다. 조객은 영좌 앞으로 들어가 서서 슬픔을 다하여 곡을 하고 재배하되 대등 이상에는 절을 하고 어린 자에게는 절을 하지 않으며 분향을 하고 무릎을 꿇고 앉는다. 만약 여러 명이 함께 조문할 때는 최 연장자가 나아가 무릎을 꿇고 앉아 헌주(獻酒)한다. 집사가 무릎을 꿇고 앉아 잔을 받들어 조문객에게 주면 조문객은 잔을 받아 든다. 집사자가 잔에 술을 따르면 조문객은 잔을 다시 집사자에게 주면 집사자는 술잔을 받아 영좌 전에 올린다. 집사자는 물러나 제자리에 서고 조문객은 엎드렸다 일어나면 호상이 곡을 멈추게 한다. 축관은 조문객의 오른쪽에서 서쪽으로 향하여 무릎을 꿇고 앉아 제문과 전부장(奠賻狀)을 고한다. 고하기를 마치고 일어나면 조문객과 주인은 슬픔을 다하여 곡을 한다. 조문객이 재배를 하고 축관은 제문(祭文)을 불사른다. 주인은 곡하며 나아가 동쪽층계 아래에서 서쪽으로 향하여 이마가 땅에 닫도록 계상(稽顙)재배를 하면 조문객 역시 곡을 하며 동쪽으로 향하여 답배를 하고 다가서서 위안하기를 뜻하지 않은 흉변에 모친 모관께서 갑자기 작고하시어 엎드려 생각 하옵건대 슬프고 사모하심을 어찌 감내 하시옵니까. 라고 하면 주인이 대답하기를 모가 죄역(罪逆)이 심중(深重)하여 그 화가 모친께 미치었사옵니다. 술을 따라 올리고 아울러 부의(賻儀)를 주시며 위로의 말씀에 임하오니 슬프고 감동하여 사모함을 이길 수 없사옵니다. 라하고 또 재배를 하면 조문객 역시 답배를 한다. 그러나 상주(喪主)가 존자(尊者)이고 조문객이 어리면 몸을 옆으로 피하여 상주는 처소에서 엎드려 기다린다. 어린 조객이 들어가고 곧 무릎을 꿇고 앉았다 천천히 마치고 돌아와 오기를 기다린다. 법령에는 없으나 무릎을 꿇고 부복하기를 상주도 같이한다. 또 서로 마주하여 여 슬픔을 다하여 곡한다. 조문객이 먼저 곡을 멈추고 너그러이 하라며 주인에게 예를 들어 말하기를 운명에는 길고 짧음이 있사온데 슬퍼하고 한탄하신들 어찌 하오리까. 원하옵건대 힘을 내시어 거상(居喪) 입으신 것을 생각하시어 예의제도(禮儀制度)를 따르소서 하고 곧 조문객이 읍을 하고 나가면 주인은 곡을 하며 들어간다. 호상(護喪)은 조문객을 청사로 보내고 주인 이하 곡을 멈춘다.

○조곡배지절(弔哭拜之節)

曲禮知生而不知死弔而不傷知死而不知生傷而不弔○檀弓死而不弔者三畏壓溺行弔之日不飮酒食肉不樂○有殯(註三年之喪)聞遠兄弟之喪雖緦必往非兄弟○(異姓)雖鄰不往○雜記三年之喪不弔有服而將往哭之則服其服而往○少儀尊長於已踰等喪俟事不特弔疏待朝夕哭時不非時而獨弔○司馬溫公曰婦人非親戚及與其子爲執友嘗升堂拜母者則不入酹○廣記凡死者是敵以上則拜少者則不拜○喪者二人以上只弔其識者○過期年則不哭情重者哭

○타인의 상에 조문하고 곡하고 절하는 예의범절.

예기(禮記) 곡례편(曲禮篇)의 가르침이다. 산사람을 알고 죽은 이를 모를 때는 상주(喪主)에게는 조문을 하고 영좌(靈座)에는 곡을 하지 않으며 죽은 이는 알고 산사람을 모를 때는 영좌에는 곡 재배하고 산사람에게는 조문치 않는다. ○단궁편(檀弓篇)의 가르침이다. 조문(弔問)치 않는 세가지 상이 있다. 전장에서 도망치다 놀라 죽은 외사자(外死者), 위험한 돌담 밑을 조심치 않다 깔려 죽은 압사자, 배타고가다 빠져 헤엄쳐 나오지 못하고 익사한자는 조상치 않는다. ○친상(親喪) 중에 먼 형제의 상 소식을 들으면 비록 시마(緦麻) 복일지라도 반드시 가야하고 형제가 아닌 이성(異姓)이면 아무리 가깝다 하여도 가지 않는다. ○ 친상 중에는 조문하지 않는다. 복(服)이 있으면 가서 곡할 때 그 복을 입고 곡하고 온다. ○ 광기(廣記)의 가르침이다. 대체로 죽은 이가 대등 이상이면 절을 하고 수하(手下)이면 절을 하지 않는다. ○친상의 형제가 두 사람 이상이면 다만 그 중에서 아는 이에게만 조문을 한다. ○초상(初喪) 후 일년이 넘었을 때는 곡을 하지 않는 것이나 정이 두터웠으면 곡을 한다.

▶2984◀ ◈問; 제사 지낸 뒤에 장례식장가면.

내일 친할머니의 제삿날인데 오늘 하필이면 아는 형님 어머니께서 돌아가셔서 내일 제사 끝나고 장례식장에 가보려고 합니다. 제사 끝나고 장례식장 가는 건 상관없나요? 그리고 반대로 장례식장 간 뒤 제사 지내러 가는 데에는 문제가 없나요?

◈答; 제사 지낸 뒤에 장례식장가면.

기제는 재계 일이 1 일간입니다. 만약 2 일 날이 기제 일이면 하루 전인 1 일 날부터는 외출을 삼가 하고 궂은 일은 보거나 생각지도 않으며 남의 초상에 조문치 않습니다. 기일 다음 날은 재계 일에 해당 되지 않으니 평상으로 돌아가 생활하는 것입니다.

●性理大全忌祭前一日齋戒; 主人帥衆丈夫致齋于外主婦帥衆婦女致齋于內沐浴更衣飮酒不得至亂食肉不得茹葷不弔喪不聽樂凡凶穢之事皆不得預

●曲禮齊者不樂不吊(註)呂氏曰古之有敬事者必齊齊者致精明之德也樂則散哀則動皆有害於齊也不樂不吊者全其齊之志也

●退溪曰家禮忌日言前期一日齋戒而已

●莊子曰不飮酒不茹葷是祭祀之齋也

●唐制散齋之日理事如故惟不得吊喪問疾不判署刑殺文書不決罰罪人不作樂不親穢惡之事致齋惟祀事得行其餘悉禁

●備要是日不飮酒不食肉不聽樂以居夕寢于外

▶2985◀ ◈問; 조문록 기재 방법.

'삼가 고인의 명복을 빕니다. ''고인의명복을빕니다' '삼가 00 님의 명복을 빕니다' 등등 여러 가지로 기재하고 있으나 이에 대하여 의견들이 분분합니다,

매 단어마다 띠어 써야 하는지, 문장의 마침표를 찍지 않아야 하는지 '삼가'만 사용해도 되는지가 궁금합니다.

◈答; 조문록 기재 방법.

전통상례 예법인 가례는 물론 의례경전 전책에서 상례 중 조문조 어디에도 조문록 또는 그와 유사한 기록이 없으니 전통에서는 그와 같은 사례가 없어 단정 확인 할 수가 없습니다.

다만 그 조문록의 근거가 되는 출처가 어디인지는 알지를 못하나 서구식이거나 필요에 따른 현대적 자연 발생 문서라면 현대적 문서 체제를 따름이 가장 접합하다 하지 않을 수 없을 것입니다.

본인은 단지 유학적 견지에서 아래와 같이 살펴본 결과로 이상과 같이 논하였을 뿐이며 확실하게 정의를 내리려면 그 근거가 되는 출처를 밝혀 봄이 최선이 될 것입니다.

●儀禮經傳通解續(六十六冊中四十三冊)喪禮弔禮; ○弔臨賵賻睦友之道也○貨財曰賻輿馬曰賵衣服曰襚玩好曰贈玉貝曰含賻賵所以佐生也贈襚所以送死也送死不及柩尸弔生不及悲哀非禮也故賵贈及事禮之大也○贈者將命擯者出請納賓如初賓奠幣如初若就器則坐奠于陳凡將禮必請而後拜送

●家禮喪禮弔奠賻; ○奠用香茶燭酒果○賻用錢帛○具刺通名○入哭奠訖乃弔而退

▶2986◀◈問; 조문 문의 드립니다.

수고 많으십니다. 급한 문의 드립니다. 오늘이 아버님 기일이 됩니다. 그런데 큰 처남이 모 병원에서 사망하였다는 전화를 받았습니다. 어찌하여야 옳을지 모르겠습니다. 급히 가르쳐 주십시오.

◈答; 조문에 대하여.

다음과 같이 살펴보건대 공친(功親; 小功五月服親) 이상의 부음을 받으면 제사를 폐하고 상가로 가서 곡을 하나 무복 처남은 무복)이면 제사를 마치고 位를 차려 놓고 곡한다. 하셨으니 처남 상은 무복이니 오늘 제사를 마치고 내일(子時行祭이면)은 불음주식육에 접빈도 하지 않는다 하니 모레 상가로 가심이 예에 옳을 것 같습니다.

●問正齊日聞訃則奈何寒岡曰功親有服則廢祭而往哭無服而情切則祭畢爲位而哭
●顔氏家訓忌日不樂正以感慕罔極故不接外賓不理衆務世人或端坐奧室不妨言笑盛營甘美厚供齊食盖不知禮意
●續漢書申屠蟠傳九歲喪父孝毁過禮服除蟠思慕不飮酒食肉十餘年每忌日哀戚輒三日不食

▶2987◀◈問; 조문 받는 예법의 궁금한 점.

상을 치르는데 조문객이 영전에서 곡 재배하고 나와 상주와 인사를 할 때 어떤 경우에는 장자와 여러 중자와 아울러 심한 경우에는 사위까지 같이 조객과 마주 절하며 인사를 하고 어떤 경우에는 승중손과 같이 망인의 중자(상주의 숙부들)이 같이 상주 석에 같이 서서 조문객과 절을 하는 경우가 있습니다. 喪無二主라는 글을 본적이 있습니다. 그와 같이 절하며 조문을 받는 법이 옳은지요. 어떻게 하여야 옳은 예법이라 할 수 있는지요.

◈答; 조문 받는 예법.

아래와 같이 살펴보건대 조문(弔問)은 喪主에 대한 예로서 衆主人(庶子; 次子以下)이나 동거 존장이거나 상주와 동석하였다 하여도 弔客에게 절을 하지 않음이 옳은 것 같습니다. 만약 어린 童子가 喪主로서 衰服을 입고 무릎을 꿇고 절할 수 있다면 어린 상주가 조문을 받고 그와 같이 할 수 없도록 어리다면 다른 복인이 섭주로서 그를 대신하여 조문을 받을 수 있다는 말씀입니다.

●書儀秦穆公弔公子重耳重耳稽顙不拜以未爲後是故不成拜今人衆子皆拜非禮也
●通典凶禮天子諸侯大夫士弔哭條(註)不二主人也大夫之喪庶子不受弔○又受弔之禮惟喪主拜稽顙餘人哭踊而已
●大山曰主人有故不在而賓客之委吊不可以無謝則次主人代之以謝恐無大害故鄙家亦用此例
●問拜賓之禮主人行之衆主人似不當幷拜而若長孫承重同居有親且尊者則奈何葛庵曰主喪者一人拜賓雖有同居尊長亦無所礙
●四未軒曰喪大記人以衰抱之已拜之文觀之童子若能堪服衰拜跪則似當拜賓不能則攝主代之拜賓似可
●問仁之弔問也兄弟有知有不知則知者獨可受弔耶抑不知者可並出受耶南溪曰來客無請弔知者之

意則主家恐難以不知之故先自引避

▶2988◀◈問; 조문법과 사후 감사장 쓰는 법.

안녕하십니까. 모친상을 당하고 조문객에게 답변 말과 그 뒤 인사말씀을 전하려고 합니다. 예문을 좀 알려 주세요. 66 번에 질문에 동일한 내용이 있으나 답변에 예문은 없어서 부탁드립니다. 부탁 드립니다.

◈答; 조문과 사후 감사장 쓰는 법.

전통예법의 조문 하는 법의 위사(慰謝) 및 답변의 말입니다.

⊙家禮入哭奠訖乃弔而退(가례입곡전흘내조이퇴)

旣通名喪家炷火燃燭布席儀節主人以下各就位○靈座東南皆哭以俟護喪出迎賓賓入至聽事進揖曰竊聞某人傾背不勝驚怛敢請入酹便覽河西曰酹當作奠○備要不奠則改酹爲哭幷伸慰禮護喪引賓入至靈座前哭盡哀儀節立擧哀再拜增解廣記凡死者是敵以上則拜是少者則不拜焚香跪儀節若衆賓則尊者獨詣酹茶酒備要執事者跪奉盞與賓賓受之還授執事者置靈座前俛伏興護喪止哭者祝便覽西向跪讀祭文奠賻狀於賓之右畢興賓主皆哭盡哀賓再拜儀節焚祭文主人哭出輯覽阼階下西向稽顙再拜 賓亦哭東向答拜進曰~不意凶變某親某官奄忽傾背伏惟哀慕何以堪處主人對曰~某罪逆深重禍延 某親伏蒙奠酹幷賜臨慰備要不奠則無奠酹幷賜四字不勝哀感又再拜賓答拜便覽胡儀孝子尊弔人卑則側身避位候孝子伏次卑者卽跪還須詳緩去就無令跪伏與孝子齊又相向哭盡哀賓先止寬譬主人曰脩短有數痛毒奈何願抑孝思俯從禮制乃揖而出主人哭而入護喪送至聽事茶湯而退主人以下止哭出就次○若亡者官尊卽云薨逝稍尊卽云捐館生者官尊則云奄棄榮養存亡俱無官卽云色養若尊長拜賓禮亦同此惟其辭各如啓狀之式見卷末

⊙가례의 예법 입니다. 들어가 곡 하고 전례를 마치면 곧 상주에게 조문하고 물러 난다.

이미 성명이 통 하였으면 상가 에서는 등불을 켜고 초에 불을 당기며 자리를 펴고 주인 이하 각각의 자리로 가서 모 두 곡하며 조객이 들어 오기를 기다린다, 호상이 나아가 조객을 맞아 들인. 조객이 들어와 청사에 이르러 읍을 하고 가로되 모인의 부음을 듣고 놀라움을 금 할 수 없어 감히 술을 딸아 올리고 아울러 위문의 예를 펴고자 하옵니다. 라고 호상에게 말하면 호상은 조객을 영좌 전으로 인도 한다. 조객은 영좌 전으로 들어 가 서서 슬픔을 다하여 곡을 하고 재배를 하되 맏이 이상에는 절을 하고 어린 자에게는 절을 하지 않으며 분향을 하고 무릎을 꿇고 앉는다. 만약 여러 명이 함께 조문 할 때는 최 연장자가 나아가 무릎을 꿇고 앉아 헌주를 한다. 집사자가 무릎을 꿇고 앉아 잔을 받들어 조문객에게 주면 조문객은 잔을 받아 든다. 잔에 술을 따르면 조문객은 잔을 다시 집사자에게 주면 집사자는 술잔을 받아 영좌 전에 올린다. 집사자는 물러나 제자리에 서고 조문객은 엎드렸다 일어나면 호상이 곡을 멈추게 한다 축관은 조문객의 오른쪽에서 서쪽을 향하여 무릎을 꿇고 앉아 제문과 전부장을 고 한다. 고 하기를 마치고 일어나면 조문객과 주인은 슬픔을 다하여 곡을 한다. 조문객이 재배를 하면 축관은 제문을 불사른다. 주인은 곡 하며 나아가 동쪽 층계 아래에서 서쪽을 향하여 이마가 땅에 닫도록 계상 재배를 하면 조문객 역시 곡을 하며 동쪽을 향하여 답배를 하고 다가서서 위안하기를 뜻 하지 않은 흉변에 모친 모관께서 갑자기 작고하시어 엎드려 생각 하옵건대 슬프고 사모하심을 어찌 감내 하시옵니까. 라고 하면 주인이 대답하기를 모가 죄역이 심중하여 그 화가 모친께 미치었아옵니다. 술을 딸아 올리고 아울러 부의를 주시며 위로의 말씀에 임 하오니 슬프고 감동하여 사모함을 이길 수 없아옵니다. 라 하고 또 재배를 하면 조문객 역시 답배를 한다. 그러나 상주가 존자이고 조문객이 어리면 몸을 옆으로 피하여 상주는 처소에서 엎드려 기다린다. 어린 조객은 곧 무릎을 꿇고 앉았다. 들어가 천천히 마치고 돌아와 오기를 기다린다. 법령에는 없으나 무릎을 꿇고 부복하기를 상주도 같이 한다. 또 서로 마주하여 슬픔을 다 하여 곡한다. 조문객이 먼저 곡을 멈추고 너그러이 하라며 주인에게 예를 들어 말하기를 운명에는 길고 짧음이 있아온데 슬퍼하고 한탄 하신들 어찌 하오리까. 원하옵건대 힘을 내시어 거상 입으신 것을 생각 하시어 예의 제도를 따르소서. 하고 곧 조문객이 읍을 하고 나가면 주인은 곡을 하며 들어간다. 호상은 조문객을 청사로 보내고 주인 이하 곡을 멈춘다.

各隨其人所當服之衣而用縞素者今制惟一國恤用布裹紗帽其餘則不許有官者衣可變而冠不可變若無官者用素巾可也

弔者至護喪先入白主人以下各服其服就位哭以待此參用書儀及厚終禮○就位(弔者至向靈座前立)○擧哀○哀止○詣靈座前○上香○鞠躬拜興拜興平身(弔者拜畢主人持杖哭出西向立)○賓弔主人曰不意凶變(某親某官)如何不淑(隨意致稱亦可)○鞠躬拜興拜興平身(弔者拜主人答拜尊長來弔不拜主人)○主人致辭曰某罪逆深重過延某親(非父母及承重不用此二句)○蒙賜慰問不勝哀感○稽顙拜興拜興平身(主人拜弔者答之)○禮畢(弔者退主人哭入喪次護喪代送出或少延待一茶)

儀節按家禮未小斂前已有親厚者入哭條愚旣從爲儀節矣而又爲此者蓋未成服以前來弔者用前儀成服以後來弔者用此儀有祭奠用下儀

⊙구씨 의절의 성복 후 조문 예의 절차.

조문자는 각각 그의 처지에 따라 의관을 갖추고 오면 호상이 먼저 들어가 알리면 주인 이하 각각 당한 상복을 입고 자리로 가서 곡하며 기다린다. ○자리로 간다. (조객은 도착하면 영좌 앞을 향하여 선다) ○모두 슬피 곡한다. ○곡을 멈춘다. ○영좌 앞으로 간다. ○분향을 한다. ○국궁 재배 평신 한다.(조문객이 절을 마치면 주인은 상장에 의지하여 곡하며 나가 서쪽으로 향하여 선다) ○조문객이 주인에게 말하기를 모친 모관께서 불의의 흉변에 작고 하시어 어찌 하여야 하올지요.(문상 의미가 관계에 따르는 것도 가 하다) ○국궁 재배 평신 한다.(조객이 절을 하면 주인은 답배를 하며 존장이 와 조문 할 때는 주인에게 절을 하지 않는다) ○주인이 답으로 말 하기를 모 죄역이 심중하여 그 죄가 모친에게 미치였아옵니다. (부모나 승중이 아니면 이 두 구절은 쓰지 않는다.)위문의 말씀을 받자 오니 슬픔이 감동하여 어찌 할 수가 없아옵니다. ○계상 재배를 한다. (주인이 절을 하면 조객이 답배를 한다.) ○예를 마친다. (조객이 물러나면 주인은 곡 하며 상차로 들어 가고 호상이 대신 딸아 나가 환송 한다. 혹 잠깐 지체 하며 차 한 잔을 대접 하기도 한다)

⊙위사의례의절차의절(慰謝儀禮儀節次儀節)

行禮畢主人哭出西向○主人稽顙拜興拜興(賓亦哭答拜)○賓慰主人曰某親傾背哀慕何堪○主人謝賓曰伏蒙奠酧幷賜臨慰不勝哀感○拜興拜興(賓答拜)○擧哀(賓主相向哭盡哀)○哀止(賓哀止寬主人曰)願抑孝思俯從禮制○禮畢(賓揖而出主人哭而入護喪送出或少延茶湯而退)

⊙상주를 위문 하고 물러 나는 예의 절차.

영좌의 예를 마쳤으면 주인은 곡하며 나아가 자리에서 서쪽을 향하여 선다. ○주인은 계상 재배를 한다. (조문객 역시 곡하며 답배 한다) ○조문객이 상주에게 위문의 말을 한다. 모친께서 작고 하심에 슬프고 사모함을 어찌 감당 하시옵니까. 라 하면 ○상주는 조문객에게 말하기를 술을 부어 올리시고 아울러 부의를 내려 주심을 엎드려 받잡고 위로의 말씀에 임 하오니 슬픈 감회 이길 수가 없아옵니다. 라 하고 ○재배를 한다. (조문객이 답배를 한다) ○모두 곡을 한다. (조문객과 주인이 마주하여 슬픔을 다 하여 곡 한다) ○곡을 멈춘다. (조문객이 곡을 멈추고 주인에게 너그러이 하라며)이르기를 원 하옵건대 슬픔을 억제 하시고 거상 입으신 것을 생각 하시어 굽어 예의 제도를 따르소서. ~ 라 한다. ○예를 마친다. (조문객이 읍을 하고 물러 나면 주인은 곡을 하며 들어 간다. 호상이 문 밖까지 나가 환송 한다. 혹은 차와 탕으로 조금 지체 하다 물러 나기도 한다)

위의 예는 가례(家禮)와 구씨 의절(丘氏儀節) 조문의 예입니다.

~○○○~ 내가 조문자(弔問者)와 상주(喪主)의 위문(慰問)과 답변 예법이니 이를 응용(應用)하면 전통 예법의 위사(慰辭)와 답사(答辭)가 될 것입니다. 다만 속례(俗禮)의 위문사(慰問辭)는 여러 예문(例文)이 있는 듯 하니 달리 찾아 살펴 보기 바랍니다.

⊙타인의 부모상의 부고를 받고 조문을 가지 못하였을 때의 서식(慰人父母亡疏式)

慰適孫承重者同廣記路遠或有故不及赴弔者爲書慰問

某頓首再拜言(降等止云頓首平交但云頓首言)不意凶變(亡者官尊卽云邦國不幸後皆倣此)

先某位(無官卽云先府君有契卽加幾丈於某位府君之上○母云先某封無封卽云先夫人○承重則云尊祖考某位

尊祖妣某封餘並同)語類問弔人妾母之死合稱云何朱子曰恐只得隨其子平日所稱而稱之或曰五峯稱妾母爲小母奄
棄榮養(亡者官尊卽云奄捐館舍或云奄忽薨逝母封至夫人者亦云薨逝)備要按我朝大行稱薨士夫不敢用(若生者無官卽云奄違色養)承
訃驚怛不能已已伏惟(平交云恭惟降等緬惟)
孝心純至思慕號絶何可堪居日月流邁遽踰旬朔(經時卽云已忽經時已葬卽云遽經襄奉卒哭小祥大祥禫除各隨其時)哀痛奈何罔極奈何不審自
罹荼毒(父在母亡卽云憂苦)
氣力何如(平交云何似)伏乞(平交云伏願降等云惟冀)
强加餰粥(已葬云疏食)俯從禮制某役事所縻(在官則云職業有守)未由奔
慰其於憂戀無任下誠(平交以下但云未由奉慰悲係增深)謹奉疏(平交云狀)伏惟
鑑察(平交以下去此四字)不備謹疏(平交云不宣謹狀)補註卑幼云不具不悉不一
年 月 日某位(降等用郡望)姓某疏上(平交云狀)某官大孝(苫前母亡卽云至孝平交以下云苫次)(襃儀云父母亡日月遠云哀前平交以下云哀次)

⊙타인의 조부모상의 부고를 받고 조문을 가지 못하였을 때의 서식(慰人祖父母亡啓狀)(謂非承重者伯叔父母姑兄姊弟妹妻子姪孫同)

某啓備要按本朝進御文字皆稱啓字私書恐不敢用代以白字如何不意凶變(子孫不用此句)尊祖考某位奄忽
違世(祖母曰尊祖妣某封無官封有契已見上○伯叔父母姑卽加尊字兄姊弟妹加令字降等皆加賢字若彼一等之親有數人卽加行弟云幾某位無官云幾府君有契卽加幾丈幾兄於某位府君之上姑姊妹則稱以夫姓云某宅尊姑令姊妹○妻則云賢閤某封無封則但云賢閤○子卽云伏承令子幾某位姪孫并同降等則曰賢無官者稱秀才)承
訃驚怛不能已已(妻改怛爲愕子孫但云不勝驚怛)伏惟(恭惟緬惟見前)
孝心純至哀痛摧裂何可勝任(伯叔父母姑云親愛加隆哀慟沉痛何可堪勝○兄姊弟妹則云友愛加隆○妻則云伉儷義重悲悼沉痛○子姪孫則云慈愛隆深悲慟沉痛餘與伯叔父母姑同)孟春猶寒(寒溫隨時)不審
尊體何似(稍尊云動止何如降等云所履何似)伏乞(平交以下如前)
深自寬抑以慰
慈念(其人無父母卽但云遠誠連書不上平)某事役所縻(左官如前)未由趨
慰其於憂想無任下誠(平交以下如前)謹奉狀伏惟
鑑察(平交如前)不備(平交如前)謹狀
年 月 日具位姓名狀上
某位(服前平交云服次)

⊙부모상을 당하여 조문 온 이에게 답하는 서식.(父母亡答人慰疏式)適孫承重者同

某稽顙再拜言(降等云叩首去言字)(劉氏曰按稽顙而後拜以頭觸地曰稽顙三年之禮也雖於平交降等者亦如此但去言字何則古禮受弔必拜之不問幼賤故也)某罪逆深重不自死滅禍延先考(母云先妣承重則祖父云先祖考祖母云先祖妣)攀號擗踊五內分崩叩地叫天無所逮及日月不居奄踰旬朔(卒哭小祥大祥禫隨時)酷罰罪苦(父在母亡卽云偏罰罪深父先亡則母與父同)無望生全卽日蒙
恩(平交以下去此四字)祗奉几筵苟存視息伏蒙尊慈(平交云仰承仁恩)俯賜(平交改賜爲垂降等去伏蒙以下六字但云特承)
慰問哀感之至無任下誠(平交云仰承仁恩俯垂慰問其爲哀感但切下懷降等云特承慰問哀感良深 ○ 司馬溫公曰凡遭父母喪知舊不以書來弔問是無相恤之心於禮不當先發書不得已須至先發卽刪此四句)未由號
訴不勝隕絶謹奉疏(降等云狀)荒迷不次謹疏(降等云狀)
年號幾年某月某日孤子(母喪稱哀子俱亡卽稱孤哀子承重者稱孤孫哀孫孤哀孫)備要按翰墨全書居心喪云申心制或曰心喪居禫服云居禫祖父母喪云繐服妻喪云期服而具書姓名於其下姓名疏上某位座前謹空(平交以下去此二字)

⊙봉투 쓰는 식(皮封式)

疏隨改同前上
某位座前 孤子隨改同前姓名謹封

⊙조부모상을 당하여 조문 온 이에게 답하는 서식(祖父母亡答人啓狀)謂非承重者伯叔父母姑兄姊弟妹妻子姪孫同

某啓家門凶禍(伯叔父母姑兄姊弟妹云家門不幸○妻云私家不幸○子姪孫云私門不幸)先祖考(祖母云先祖妣○伯叔父母云幾伯叔父母○姑云幾家姑○兄姊云幾家兄幾家姊○弟妹云幾舍弟幾舍妹○妻云室人○子云小子某○姪云從子某○孫曰幼孫某)奄忽棄背(兄弟以下云喪逝○子姪孫云遽爾夭折)痛苦摧裂不自勝堪(伯叔父母姑兄姊弟妹云摧痛酸苦不自堪忍○妻改摧痛爲悲悼○子姪孫改悲悼爲悲念)伏蒙
尊慈特賜
慰問哀感之至不任下誠(平交降等如前)孟春猶寒(寒溫隨時)伏惟(恭惟緬惟如前)
某位尊體起居萬福(平交不用起居降等但云動止萬福)某卽日侍奉(無父母卽不用此句)幸免他苦未由面訢徒增哽塞謹奉狀上(平交云陳)謝不備(平交如前)謹狀
年 月 日某郡姓名狀上
某位(座前謹空平交如前)

▶2989◀ ◈問; 조문시 상주와 절하는 범위.

상례시에 상가에 신주 및 상주와 절하는 범위(아랫사람에게 절을 하기가 곤란한 경우)에 대하여 가르쳐 주십시요.

◈答; 조문(弔問) 시(時) 수하상(手下喪)이나 어린 상주(喪主)에게 절의 여부(與否).

○상주(喪主)를 알면 조문(弔問)을 하고 죽은 이도 알면 영연(靈筵)에 들어가 슬퍼한다.
○상주(喪主)는 알고 죽은 이를 모를 때는 상주(喪主)에게 조문(弔問)은 하되 영연(靈筵)에 들어가 슬퍼하지 않으며,
○죽은 이는 알고 상주(喪主)를 모를 때는 영연(靈筵)에 들어가 슬퍼는 하나 상주(喪主)에게 조문(弔問)은 하지 않는다.

○망자(亡者)가 적(敵) 이상이면 절을 하고 적(敵) 이하 소자(少者)에게는 절을 하지 않습니다.

○친상(親喪)의 형제(兄弟)가 두 사람 이상(以上)이면 다만 그 중(中)에서 아는 이에게만 조문(弔問)을 한다.
○동자(童子)가 어리거나 최복(衰服)에 쌓여 있어 조문(弔問)을 받을 수 없으면 어른이 대신 조문(弔問)을 받는다 하니 만약(萬若) 어리다 하여도 조문(弔問)을 받을 수 있다면 조객(弔客)을 조문(弔問)을 성인(成人)과 같게 하여야 한다.

●太平廣記凡死者是敵以上則拜少者則不拜
●曲禮知生者弔知死者傷知生而不知死弔而不傷知死而不知生傷而不弔註各施於所知也弔傷皆謂致命辭也
●家禮不滿八歲爲無服之喪生未三月則不哭
●梅山曰先儒於族弟侄之喪不拜親戚卑幼之弔者哭而已矣○凡死者是敵以上則拜少者則不拜
●廣記凡死者是敵以上則拜少者則不拜○喪者二人以上只弔其識者
●四未軒曰喪大記人以衰抱之已拜之文觀之童子若能堪服衰拜跪則似當拜賓不能則攝主代之拜賓似可
●事物紀原吉凶典制喪服；三王乃制喪服則衰絰之起自三代始也(辭源註)喪服居喪所穿的衣服
●周禮春官小宗伯；縣衰冠之式于路門之外(鄭玄注)制色宜齊同(孫詒讓正義；注)云制色宜齊同者[司服]云凡喪爲天王斬衰衰冠之制具[喪服經][儀禮喪服]喪服第十一唐賈公彦疏婦人爲夫之族類爲義自餘皆正衰冠如上釋也
●康熙字典口部九畫【喪】[玉篇]亡也

▶2990◀ ◈問; 조문예절.

친구들 과 조문예절에 관한 이야기를 하던중 아래의 경우 궁금하여 질문합니다.

1. 친동생 또는 친인척 동생의 빈소에 형이 절을 하는가 ?
2. 동생부인(제수) 빈소 조문 방법은 ?
3. 아들이 먼저 죽으면 아버지가 아들 빈소에 절을 한다는 말을 들었다고 하는 사람이 있는데 맞는 것인지 ?
4. 친구 부인 빈소에 절을 하는지 아니라면 조문은 어떻게 하는 것인지요 ?

예법을 잘 몰라 이런 저런 말들이 있는데 잘 알려 주시기 바랍니다

◈答; 조문예절.

問 1. 答; 아래와 같이 살펴보건대 절을 함이 옳습니다.

●疑禮問答兄弟異於子姪生有相拜之禮則死亦當有拜禮

問 2.答; 아래와 같이 살펴보건대 제수 제사에도 절을 하지 않는다 하니 조문할 때도 절을 하지 않습니다.

●寒水齋曰喪祭禮有尊長坐哭之文以此推之則兄之祭弟也雖當奠獻而只宜立而不拜矣若弟與弟嫂合享則不可不拜未知如何若祭弟之妻則安得無拜

問 3.答; 아래와 같이 살펴보건대 자식의 상에는 아버지는 절을 하지 않습니다.

●奔喪凡喪父在父爲主(註)此言父在而子有妻子之喪則父主之統於尊也

●退溪曰妻則當拜子不當拜叔父於姪亦不當拜

問 4.答; 아래와 같이 살펴보건대 퇴계(退溪)께서는 아주머니와 동급 이상 상에 항상 안채로 들어가 절하고 지내던 관계가 아니면 상청에 들어가지 않는다. 하셨고, 사계(沙溪)께서는 부인상에 안채로 들어가던 사이가 아니면 곡(哭)을 하지 않는다. 하셨으니, 퇴계(退溪) 설(說)을 따른다면 위전(位前)으로 들어가 곡(哭) 재배(再拜)하지 않고 상주(喪主)에게 조문(弔問)만하고, 사계(沙溪) 설(說)을 따른다면 위전(位前)으로 들어가 곡(哭)은 하지 않는다. 하셨으니 어느 설(說)을 따른다 하여도 근거(根據)가 뚜렷하니 상청에는 들어가지 않고 상주에게 문상만 함이 옳습니다.

다만 지인(知人)과의 정리(情理)로 보아 사계(沙溪) 말씀과 같이 위전(位前)으로 들어가 곡(哭)은 하지 않고 재배(再拜)만 하고 문상함도 예에 어그러지지 않습니다. 물론 어머니 급 이하 상에는 아니 되겠지요.

●曲禮知生者弔知死者傷知生而不知死弔而不傷知死而不知生傷而不弔註各施於所知也弔傷皆謂致命辭也(鄭玄註)人恩各施於所知也弔傷皆謂致命辭也疏正義曰此一節論弔傷之法若存之與亡並識則遣設弔辭傷辭兼行若但識生而不識亡則喩遣設弔辭而無傷辭知死而不知生傷而不弔者若但識亡唯施傷辭而無弔辭也然生弔死傷其文可悉但記者丁寧言之故其文詳也

●書儀婦人非親戚與其子爲執友嘗升堂拜母者則不入酹

●退溪曰禮嘗升堂拜母之外不許入今人皆入弔未安

●沙溪曰婦人之喪未及升堂者不哭可也鄕人多有哭之者非是

●明齋曰與喪人情好親密則雖未升堂不可不以哭相慰若素所疏遠則豈可矯情以自悅哉

●問解婦人之喪未升堂者不哭可也鄕人多有哭之者非是

▶2991◀ ◈問; 조문(弔問)의 진의미(眞意味)는?

안녕하십니까? 다름이 아니고 타인이 상을 당하면 조문을 다닙니다. 조문의 절차를 보면 대개 영전에서 분향하고 곡을 하고 재배 옆으로 돌아서 상주들과 일배를 하고 다시 무릎을 꿇고 앉아 반절을 하며 위로에 말을 전하고 일어나 물러납니다.

물론 사자와 생자에 대한 예로 인식은 됩니다마는 진짜 조문의 의미가 무엇인지요.

◈答; 조문(弔問)의 진의미(眞意味)는.

조(弔)는 죽은 이의 영혼을 위로함이면
문(問)은 죽음에 대해 슬픔을 포하고 상주를 위로함.

조문(弔問)이란 죽은 자를 찾아가 명복을 빌어주고 상인(喪人)들을 위로하는 산 자의 행위이다. 조문(弔問)은 문상(問喪) 상문(喪問) 조상(弔喪)으로 도 이르는데 중국인들은 주로 조언(吊唁)이라 하며 혹은 조상(吊丧)이란 표현을 주로 사용한다. 조(弔)와 조(吊)는 동자로 조(吊)자는 자휘(字彙)에서 속조자(俗弔字)라 하였으니 조(弔)자가 본자(本字)이다.

중국 고대 장례 예법 절차는 주공(周公)이 찬(纂)한 주례(周禮) 종백예관지직(宗伯禮官之職) 직상(職喪)에 기록되어 있다. 그 예법이 시대에 따라 내용과 법식은 변하였지만 핵심은 그대로 전하여 지고 있다. 장례법식을 중요히 여기는 까닭은 망자에 대한 존중사상이다.

상제례(喪祭禮) 예법(禮法)이 자못 상세(詳細)한 예서(禮書)는 온공(溫公) 서의(書儀)를 모체(母體)로 삼아 찬한 송학(宋學)을 집대성(集大成)한 남송(南宋)인 주자(朱子)의 가례(家禮)이다.

당(唐)의 고조(高祖)와 태종(太宗)은 국가의 안정적 발전을 위해 법치와 예제(禮制)를 치국방침으로 정하고, 법치를 위해서는 정관(貞觀) 원년(元年)에 당률(唐律)과 본 예제를 위해선 정관신례(貞觀新禮)를 편찬했다. 후일 당 현종은 대당개원례(大唐開元禮)로 이를 집대성했다. 이 률(律)과 예제(禮制) 중 제일 엄격하게 규정한 대목이 장례절차다.

당률(唐律)은 형사법을 위주로 민사법규와 소송법규를 함께 갖춘 법률규범이다. 수의 개황률을 근거로 수정·보충하여 만들어졌다. 무덕연간으로 부터 개원연간에 이르는 사이에 여러 차례 수정되었다. 현재는 당 고종 영휘 2 년(651)에 반포한 〈영휘율 永徽律〉과 장손무기 등 19 인의 법학가들이 〈영휘율〉의 법조문을 뽑아 해석해놓은 당소 唐疏가 전해지는데 이는 후에 당률소의 唐律疏議라 불리게 된다. 모두 30 권 12 편에 500 조로 되어 있으며, 후대와 동남아시아 여러 나라의 법률에 매우 큰 영향을 끼쳤다

정관신례(貞觀新禮)는 태종위교화자민(太宗爲教化子民), 친자하조반시례악(親自下詔頒示禮樂)이며 중국인들이 망자에 대한 예의를 모든 예의의 근본으로 삼았기 때문이다. 이른바 선사위대(先死为大), 즉 망자를 높이 모시는 정신이다. 망자의 윗사람을 제외한 모든 사람이 망자 앞에서 절을 올려야 하는 것도 이런 이유 때문이다.

중국 국정 교과서에도 장례에 대해 엄격하게 기술하고 있다. "친구, 선생님, 웃어른 등이 별세했을 때 문상을 가지 않는 것은 더 할 수 없는 결례다. 문상은 엄숙한 의식이다. 침통한 심정으로 엄숙한 표정을 유지해야 한다. 옷차림은 담박하고 수수해야 하며, 언행은 단정하고 침착해야 한다. 망자를 욕 보이는 요설(饒舌)은 절대 금물이다. 이 모두 망자에 대한 불경이요, 유족에 대한 결례가 된다." (진세근설)

●曲禮知生者弔知死者傷知生而不知死弔而不傷知死而不知生傷而不弔註各施於所知也弔傷皆謂致命辭也○弔喪弗能賻不問其所費註以貨財喪事曰賻正義曰生弔死傷○應氏曰弔者禮之恤乎外傷者情之痛於中
●禮運諸侯非問疾弔喪而入諸臣之家是謂君臣爲謔註諸侯於其臣有問疾弔喪之禮非此而往是戲謔也敗禮之禍恒必由之
●雜記註弔喪之禮弔者如何不淑慰問之辭言何爲而罹此凶禍也
●開元禮三殤之喪始死浴襲及大小殮與成人同靈筵祭奠進食葬送哭泣之位與成人同虞而除靈座其虞祝辭云維年月朔日子父告于子某云云
●家禮不滿八歲爲無服之喪生未三月則不哭
●曲禮知生者弔知死者傷知生而不知死弔而不傷知死而不知生傷而不弔
●竹菴曰尤菴言從弟之祭俱不當拜則况於從侄從孫乎雖年長於我而旣爲有服之親則恐不可以平時之答拜而拜其喪也
●問親戚之喪敵己以上則入哭有拜敵己以下則入哭無拜而如異姓從妹則旣非同宗且有男女之別則

恐不可無拜本菴曰有服者不必然愚於異姓從妹之喪不拜矣
●梅山曰先儒於族弟侄之喪不拜親戚卑幼之吊者哭而已矣
●家禮凡年十九至十六爲長殤十五至十二爲中殤十一至八歲爲下殤男子已娶女子許嫁皆不爲殤○不滿八歲爲無服之喪生未三月則不哭
●小記丈夫冠而不爲殤婦人笄而不爲殤

▶2992◀◈問; 조문하는 법.

안녕들하세요. 조문할 때 절하는 법좀 아르쳐 주세요.

◈答; 조문할 때 절하는 법.

아래와 같이 살펴보건대 상(喪)은 흉사(凶事; 陰)이니 흉사(凶事)는 상우(尙右)로 조문(弔問)에서의 공수(拱手)는 오른손을 왼손 위로하여 잡고 계수(稽首; 공경의 뜻으로 이마를 땅에 오래 대고 있다 뗌)재배(再拜)를 하고 상주(喪主)와는 계상재배[稽顙再拜; 1 배는 돈수(頓首; 이마를 땅에 대어다 금방 떼고 일어 났다) 다시 1 배를 하되 이마를 땅에 대지 않고 위문(慰問)을 하고 일어남]를 하고 물러납니다.

●檀弓孔子與門人立拱而尙右二三子亦皆尙右孔子曰二三子之嗜學也我則有姊之喪故也二三子皆尙左註吉事尙左陽也凶事尙右陰也此蓋拱立而右手在上也
●賈誼容經拜以磬折之容吉事尙左凶事尙右隨首以擧項衡以下寧速無遲項背之狀如屋之互拜容也

◈周禮春官大祝辨九拜
一曰稽首註拜頭至地疏先以兩手拱至地又引頭至地多時也拜中最重臣拜君之拜
二曰頓首註拜頭叩地疏先以兩手拱至地又引頭至地首頓地卽擧若以首叩物然此平敵相拜
三曰空首註拜頭至地所謂拜手疏先以兩手拱至地乃頭至手以其頭不至地故名空首君答臣拜
四曰振動註戰栗變動之拜
五曰吉拜
六曰凶拜註吉拜拜而后稽顙齊衰不杖期以下者凶拜稽顙而后拜三年服者疏稽顙是頓首但觸地無容
七曰奇拜
八曰褒拜註奇讀爲奇偶之奇謂一拜答臣下拜褒讀爲報報拜再拜拜神與尸
九曰肅拜註俯下手今揖撎是也疏肅拜拜中最輕惟軍中有此拜婦人亦以肅拜爲正推手曰揖引手曰撎
九拜之中稽首頓首空首正拜也肅拜婦人之正拜也其餘五者附此四種逐事生名振動凶拜褒拜附稽首吉拜附頓首奇拜附空首

●朱子曰兩手下爲拜註拜字從兩手下又曰杜子春說大祝九拜處解奇拜云拜時先屈一膝今之雅拜是也夫特以先屈一膝爲雅拜則他拜皆當齊屈兩膝如今之禮拜明矣
●鄉校禮輯凡下拜之禮一揖少退再一揖卽俯伏以兩手齊按地先跪左足次屈右足略蟠旋左邊稽首至地卽起先起右足以雙手齊按膝上次起左足仍一揖而後拜其儀度以詳緩爲敬不可急迫又曰凡作揖時用稍闊其足則立穩揖則須直其膝曲其身低其頭眼看自已鞋頭爲準兩手圓供而下使手只可至膝畔不得入膝內尊長前作揖手須過膝下擧手至眼而下與長者揖擧手至口而下畢則手隨起時叉於胷前
●儀節肅拜拜中最經九拜之中稽首頓首空首正拜也肅拜婦人之正拜也
●朱子家禮喪禮入哭奠訖乃吊而退; 主人哭出西向稽顙再拜賓亦哭東向答拜

▶2993◀◈問; 조문 하는 법 좀.

강녕 하세요. 친구의 부친(父親)이 작고 하였습니다. 친구의 아버님은 한번도 뵈인적이 없는데 누구의 말을 들으니 곡(哭)은 하지 않는다 하는데 바른 예법 좀 알려주세요. 꼭 좀 알려주세요.

◈答; 조문 하는 법.

유가(儒家)의 전통 예절에서의 조문 하는 예법은 다음과 같습니다.

예기(禮記) 곡례(曲禮)편의 가르침입니다.

知生而不知死弔而不傷知死而不知生傷而不弔
상주는 알고 망자를 모를 때는 조문은 하나 곡은 하지 않고 망자는 알고 상주를 모를 때는 곡은 하나 조문치 않느니라.

운평(雲坪) 선생의 상주를 모를 때도 조문 한다는 말씀입니다.
雲坪曰弔於情親之喪而哭拜靈座之後主人哭出西向再拜則徒以其前日偶 未相見而漠然不顧而出殊乖

정분이 아주 가까운 상에 조문 할 때 영좌에 곡 재배한 후 주인은 나가 서쪽을 향하여 재배를 하는데 다만 그를 전날에 만나 서로 인사가 없던 막연한 사이라 하여 뒤도 돌아다 보지 않고 나간다는 것은 크게 어그러진 짓이니라.

위에서 살펴 본 바와 같이 예법은 그러하나 운평 선생의 말씀은 인정과 정리상 사회 생활에서 박절히 하여서는 안 된다는 뜻입니다.

곡례의 예법이 바른 예법 입니다. 그러나 운평 선생의 말씀도 되삭여 보시고 결정 하기 바랍니다.

●文王世子弔臨賻贈睦友之道也○族之相爲也宜弔不弔宜免不免有司罰之至于賵賻承含皆有正焉註承讀爲贈正正禮也
●荀子貨財曰賻輿馬曰賵衣服曰襚玩好曰贈玉貝曰含賻賵所以佐生也贈襚所以送死也
●孔叢子魯人有同姓死而不弔者人曰在禮當免不免當弔不弔有司罰之如之何子之無弔也荅曰吾以其疏遠也子思聞之曰無恩之甚也昔者季孫問於夫子曰百世之宗有絶道乎子曰繼之以姓義無絶也故同姓爲宗合族爲屬雖國子之尊不廢其親所以崇愛也是以綴之以食序列昭穆萬世昏姻不通忠篤之道然也註國子諸侯卿大夫之子
●既夕禮若奠賓將命如初疏賓所致之物或可堪爲奠於祭祀者(按此疏說則儀禮所謂奠與家禮不同矣)○兄弟賵奠可也所知則賵而不奠知死者贈知生者賻註兄弟有服親者賵奠於死生兩施所知通問相知也疏小功以下爲兄弟大功以上有同財之義無致賵奠之法也奠雖兩施於死者爲多故所知爲疏不許行之
●書儀古者但致奠具而已漢氏以來必設酒食沃酹
●曲禮弔喪不能賻不問其所費註不問者以徒問爲愧
●呂氏曰詩云凡民有喪匍匐救之不謂死者可救而復生謂生者不救而或死也夫孝子之喪親杖而後起問而後言其惻怛之心痛疾之意幾不欲生故親友鄕黨聞之而往者不徒弔哭而已莫不致力焉後世不然賓止弔哭而莫肯與其事主人舍其哀而爲飮食以奉之由是先王之禮意亡矣今欲行者不必盡如禮于始喪則哭之有事則奠之量力之所及爲營喪葬之未具者以應其求輟子弟僕隷之能幹者以助其役易紙幣壺酒之奠以爲襚除供帳饋食之祭以爲賵與賻凡喪家之待已者悉以他辭無受焉則幾矣
●檀弓死而不弔者三畏壓溺註謂輕身忘孝也畏如孔子畏於匡人以非罪攻已已不能有以說(按脫同)而死之者壓行止危險之下溺不乘橋舡應氏曰情之厚者豈容不弔但其辭未易致耳
●左傳琴張聞宗魯死將往吊之仲尼曰齊豹之盜而孟縶之賊汝何弔焉註言齊豹所以爲盜孟縶所以見賊皆由宗魯
●檀弓五十無車者不越疆而弔人註始衰之年不可以筋力爲禮○大夫弔當事而至則辭焉弔於人是日不樂婦人不越疆而弔人行弔之日不飮酒食肉註大夫弔弔於士也大夫雖尊然當主人有小大斂或殯之事而至則殯者以其事告之辭猶告也若非當事之時則孝子不堂迎之婦人無外事故不越疆而弔是日不樂不飮酒食肉皆爲餘哀未忘也○大夫之喪庶子不受弔註大夫之喪適子爲主拜賓或以他故不在則庶子不敢受弔不敢以卑賤爲有爵者之喪主也○死而不弔者三畏厭(壓)溺註戰陳無男非孝也其有畏而死者乎君子不立巖墻之下其有厭而死者乎孝子舟而不游其有溺而死者乎三者皆非正命故先王制禮在所不弔應氏曰情之厚者豈容不弔但其辭未易致耳若爲國而死於丘亦無不弔之理
●少儀尊長於已踰等喪俟事不值特弔註俟事謂待朝夕哭時因而弔之不特弔也
●通解續孔叢子魯人有同姓死而不弔者人曰在禮當免不免當弔不弔有司罰之如之何子之無弔也荅曰吾以其疏遠也子思聞之曰無恩之甚也昔者季孫問於夫子曰百世之宗有絶道乎子曰繼之以姓義無絶也故同姓爲宗合族爲屬雖國子之尊不廢其親所以崇愛也是以綴之以食序列昭穆萬世婚姻不通忠

篤之道然也
●曲禮弔喪不能賻不問其所費註以財助喪曰賻不問者以徒問爲愧也
●廣記凡弔辭當云如何不淑或如之何之類再以言慰其居喪之意凡有喪者二人以上止弔其服重者一人服均則弔其主喪者或長不相識則止弔其識者喪無二主故也凡弔在同里則相約同往除禭奠外不可設道祭凡聞所知之喪可以往哭則往哭之未能往哭則遣使致奠禭之物就外次衣弔服再拜哭送之惟情重者如此過期年則不哭情重者亦哭殯或墓而已凡死者是敵以上則拜是少者則不拜皆擧哭盡哀當祭奠則助奠其酒食若主人不哭則亦不哭其情重者主人不哭亦哭之
●曾子問孔子曰三年之喪而弔哭不亦虛乎註已有父母之喪而哀弔他人則是哀在吾親而弔爲虛僞矣言不可弔
●檀弓有殯聞遠兄弟之喪雖緦必往非兄弟雖隣不往註三年之喪在殯不得出弔然於兄弟則恩義存焉故雖緦服兄弟之異居而遠者亦當往哭其喪若非兄弟則雖近不往
●雜記三年之喪雖功衰不弔自諸侯達諸士如有服而將往哭則服其服而往疏小祥後衰與大功同故曰功衰如有五服之親喪而往哭不着已之功衰而依彼親之節以服之也不弔與往哭二者貴賤皆同○期之喪未葬弔於鄕人哭而退不聽事焉功衰弔待事不執事註喪服傳姑姊妹適人無主者姪與兄弟爲之齊衰不杖期此言期之喪正謂此也雖未葬亦可出弔但哭而退不聽事也此喪既葬受以大功之衰謂之功衰此後弔於人可以待主人襲斂等事但不親自執其事耳○小功緦執事不與於禮註執事謂擯相也禮饋奠也○既葬大功弔哭而退不聽事焉註弔哭而退謂往弔他人之喪則弔畢卽退去不待與主人襲斂等事也○凡喪服未畢有弔者則爲位而哭拜踊疏言凡者五服悉然
●丘儀弔者至護喪先入白主人以下各服其服就位哭以待弔者至向靈座前立擧哀哀止詣靈座前上香再拜弔者拜畢主人持杖哭出西向立賓弔主人曰不意凶變某親某官如何不淑再拜主人答拜尊丈來弔不拜主人主人致辭曰某罪逆深重禍延某親蒙賜慰問不勝哀感稽顙再拜弔者答之弔者退主人哭入喪次護喪代送出按家禮未小斂前已有親厚者入哭條愚既從爲儀節矣而又爲此者蓋未成服前來弔者用前儀成服後來弔者用此儀有祭奠用下儀○弔有奠儀既通名主人炷香燃燭布席就位哭以俟護喪出迎賓祝至進揖訖引至靈座前序立(獨祭則曰就位)擧哀哀止再拜詣靈座前(若是衆賓則尊者一人獨詣)焚香跪執事跪奉盞與賓賓接之傾酒于地執事接盞置靈座前讀祭文(祝跪于賓之右讀)訖擧哀俯伏興復位再拜焚祭文哀止禮畢主人哭出西向稽顙再拜賓亦哭答拜賓慰主人曰云云主人謝賓曰云云再拜賓答拜賓主相向哭盡哀賓哀止寬主人曰云云賓揖而出主人哭而入護喪送出
●士喪禮君使人弔徹帷主人迎于寢門外見賓不哭先入門右北面弔者入升自西階東面主人進中庭弔者致命主人哭拜稽顙成踊賓出主人拜送于外門外註使者至使人入將命乃出迎之寢門(內門也)徹帷扂之事畢則下之主人不升賤也致命曰君聞子之喪使某如何不淑
●開元禮若刺史哭其所部主人設席於柩東西向刺史素服將到相者引主人去杖立於門內之左北面刺史入升自東階卽座西向坐哭主人升就位哭刺史哭盡哀將起主人降復階下位刺史降出主人拜送於大門外杖哭而入○若刺史遣使弔使者至掌次者引就次內外俱縗服主人以下就階下位婦人入就堂上位內外俱哭使者素服執書相者引入門而左立於階間東面使者到辭主人拜稽顙相者引主人進詣使者前西面受書退復位左右進受書主人拜送於位相者引使者出使者若自入弔如上弔儀客出少頃內外止哭
●檀弓將軍文子之喪既除喪而后越人來弔主人深衣練冠待于廟垂涕洟子游觀之曰將軍文氏之子其庶幾乎亡於禮者之禮也其動也中註禮無弔人於除喪之後者深衣吉凶可以通用小祥練服之冠不純吉亦不純凶廟者神主之所在待而不迎受弔之禮也不哭而垂涕哭之時已過而哀之情未忘也庶幾近也子游善其處禮之變故曰擧動皆中節矣
●呂氏曰詩云凡民有喪匍匐救之不謂死者可救而復生謂生者或不救而死也夫孝子之喪親不能食者三日其哭不絶聲既病矣杖而後起問而後言其惻怛之心痛疾之意幾不欲生則思慮所及雖大事有不能周者而况於他哉故親友鄕黨聞之而往者不徒弔哭而已莫不致力焉後世不然賓止弔哭而莫肯與其事主人舍其哀而爲飮食以奉之甚者至損奉終之禮以謝賓之勤廢弔哀之儀以寬主人之痛由是先王之禮意亡矣今欲行之者不必盡如禮意于始喪則哭之有事則奠之量力之所及爲營葬具之未具者以應其求輟子弟僕隷之能幹者以助其役易紙幣壺酒之奠以爲禭除供帳饋食之祭以爲賵與賻凡喪家之待已者悉以他辭無受焉則幾矣

▶2994◀◈問; 조문할 때 절(拜)의 횟수는?

상가 집에서 조문을 할 때 망자에게 분향재배하고 상주와 맞절을 하는데 그 횟수가 1 번인지 2 번인지 궁금 합니다. 어떤 분은 재배가 맞다고 하고 또 어떤 분은 1 번만 맞절을 하면 된다고 하는데 어떤 것이 정확한지 모르겠습니다. 자세히 알려 주시면 고맙겠습니다. 감사합니다.

◈答; 조문할 때 절(拜)의 횟수.

조문(弔問) 시(時) 절의 횟수(回數)는 본 홈페이지 전통예절(傳統禮節) 상례편(喪禮篇) 초종편(初終篇)에 미성복시(未成服時) 조문(弔問)하는 법(法)과 성복편(成服篇)에 성복(成服) 후(後) 조문(弔問) 하는 법(法)을 참조(參照) 하시기 바랍니다.

⊙成服後弔問儀禮節次(성복후조문의례절차)

各隨其人所當服之衣而用縞素者(按)本註幞頭衫帶皆以白生絹爲之今制惟一國恤用布裹紗帽其餘則不許有官者衣可變而冠不可變若無官者用素巾可也弔者至護喪先入白主人以下各服其服就位哭以待此參用書儀及厚終禮

就位(弔者至向靈座前立)○擧哀○哀止○詣靈座前○上香○鞠躬拜興拜興平身(弔者拜畢主人持杖哭出西向立)○賓弔主人曰不意凶變(某親某官)如何不淑(隨意致稱亦可)○鞠躬拜興拜興平身(弔者拜主人答拜尊長來弔不拜主人)○主人致辭曰某罪逆深重過延某親(非父母及承重不用此二句)○蒙賜慰問不勝哀感○稽顙拜興拜興平身(主人拜弔者答之)○禮畢(弔者退主人哭入喪次護喪代送出或少延待一茶)

按家禮未小斂前已有親厚者入哭條愚旣從爲儀節矣而又爲此者蓋未成服以前來弔者用前儀成服以後來弔者用此儀有祭奠用下儀

⊙성복 후 조문 의례절차.

조문자는 각각 그의 처지에 따라 의관을 갖추고 오면 호상이 먼저 들어가 알린다. 주인 이하 각각 당한 상복을 입고 자리로 가서 곡하며 기다린다. ○자리로 간다. (조객은 도착하면 영좌 앞으로 향하여 선다) ○모두 슬피 곡한다. ○곡을 멈춘다. ○영좌 앞으로 간다. ○분향한다. ○국궁 재배 평신한다. (조문객이 절을 마치면 주인은 상장에 의지하여 곡하며 나가 서쪽으로 향하여 선다) ○조문객이 주인에게 말하기를 모친 모관께서 불의의 흉변에 작고하시어 어찌하여야 하올지요. (문상 의미는 친분 관계에 따르는 것도 가하다) ○국궁 재배 평신한다. (조객이 절을 하면 주인은 답배를 하며 존장이 와 조문할 때는 주인에게 절을 하지 않는다) ○주인이 답으로 말하기를 모 죄역이 심중하여 그 죄가 모친에게 미치었사옵니다. (부모나 승중이 아니면 이 두 구절은 쓰지 않는다) ○위문의 말씀을 받자오니 슬픔이 감동하여 몸 둘 바를 모르겠사옵니다. ○계상 재배를 한다. (주인이 절을 하면 조객이 답배를 한다) ○예를 마친다. (조객이 물러나면 주인은 곡하며 상차로 들어가고 호상이 대신 따라나가 환송한다. 혹 잠깐 지체하며 차 한잔을 대접하기도 한다)

▶2995◀◈問;《조문할 때 헌화하는 방법에 대하여》에 대한 재론.

본 난(성균관 홈피 의례문답)에 조문 시 올바른 헌화방법에 대한 질의응답이 있었습니다. 또 행정자치부의 답변(명 0 골 선비님의 질의에 대한)도 들었습니다. 그러나 행자부의 (빈소에서 헌화를 잡는 방향은 꽃송이가 왼쪽으로 향하도록 두 손으로 잡고 제단 앞으로 걸어 간 후 꽃송이가 제단을 향하도록 공손히 놓고 뒷걸음으로 걸어 나와 목례 후 상주(喪主)에게 문상(問喪)하도록 되어 있으나, 이는 통상적인 예로 보셔야 할 것입니다)라는 답변은 검증되지 않은 국가의전으로 확정되지 않은 사항이므로 이를 수용하기에는 무리가 있습니다. 참고로 제가 행자부에 질의한 내용과 답변을 전재하여 이해를 돕고자 합니다.

최 0 화 전대통령의 국민장시 헌화방법에 대한 문의를 드립니다. 본 난에 이미 성균관에서 질의가 있었고, 답변이 완료된 사항입니다.

헌화 시 꽃의 방향에 대한 질문 중 귀부의 답변이 (빈소에서 헌화를 잡는 방향은 꽃송이가 왼쪽으로 향하도록 두 손으로 잡고 제단 앞으로 걸어 간 후 꽃송이가 제단을 향하도록 공손히 놓고 뒷걸음으로 걸어 나와 목례 후 상주에게 문상하도록 되어 있으나, 이는 통상적인 예로 보셔야 할 것입니다)에서 "꽃송이가 제단을 향하도록 공손히 놓고", "이것은 통상적인 예로 보아야 한다"고 하였습니다. 그러나 우리의 예절은 어른(상대)에게 무엇을 드릴 때 상대가 편리하도록 배려하는 것이 예의가 아닐런지요. 예를 들어 꽃다발을 드릴 때는 잡기가 편리하도록 줄기 쪽을 드리고, 칼이나 자루가 있는 물건은 자루 쪽을 드리는 것이 예의가 아닌지요. 만약 귀부의 답변대로 헌화 시 꽃 봉우리가 영좌를 향하게 한다면 어른에게 칼을 드리면서 칼날 쪽을 드리는 것과 같은 논리인데 과연 우리의 정서와 맡는 것인지 의문이 갑니다.

참고로 최근 성균관 홈피에 제기된 질문과, 제가 쓴 답변의 일부를 소개하고자 합니다. (며칠 전 최규하 전 대통령께서 작고 하신 후 많은 분들이 조문을 실시하고 있습니다. TV 화면을 통해 살펴 보면 영정 앞 제단에 헌화하는 모양이 어떤 분은 꽃 머리 부분을 영정으로,어떤 분은 뿌리부분을 영정으로 하는 등 유명하신 지식인들이 오락가락하고 있으니 정말 헷갈립니다.

고견을 알려 주십시오. (愚見; 한마디로 꽃 봉우리가 영정(影幀)을 향하는 것이 거꾸로 이고, 꽃 봉우리가 앞쪽(南)을 향하는 것이 바른 예절입니다. 국가 의전이던 종교식 장례이던 공통적(세계적)인 예법이 꽃 봉우리가 앞을 향합니다. 또한 가톨릭이나 프로테스탄트에서 고인 앞에 성경을 놓을 경우, 성경책도 고인 앞에 바로(읽을 수 있도록)놓습니다. 이 경우도 꽃 봉우리가 앞을 향하는 원리와 같습니다.

혹자들은 꽃(대개 국화)을 고인(영정)을 향하도록 해야 한다고 하나 이것은 잘못된 견해입니다. 그러면 영정 옆의 꽃 장식과 조화(弔花)도 모두 영정을 향해 거꾸로 놓아야지요. 모든 행사(의식)에서 화환이나 헌화의 경우는 앞을 향해야 합니다. 설명이 더 필요할 수도 있으나 상식이므로 생략합니다) 이상입니다.

귀부의 견해를 존중하면서, 앞으로 이 문제에 관한 새로운 정립이 필요하다는 생각을 가지고 있습니다. 과거 외무부가 펴낸 국가의전편람(?)이 있었던 것으로 기억되는데 외교통상부 등과 협조하여 글로벌 시대에 걸 맞는 세계공통의 의전(헌화)예절을 제정해야 한다는 소망을 가져 봅니다. 귀부의 발전을 비오며, 고견을 기대합니다.

(행정자치부 답변); 안녕 하십니까? 먼저, 선생님의 좋은 의견에 감사를 드립니다. 말씀 드린 바와 같이, 헌화 시 꽃봉오리의 위치가 문제가 있다는 부분에 대해서는 우리 부에서 관련 학계나 종교계 등의 의견을 수렴하여 적합한 기준을 마련토록 하겠습니다. 다만, 의전편람(99 년도 행정자치부 간행)에도 '알아 봅시다' 라는 박스처리로 표기한 것은 우리 부에서 정했다기 보다는 당시의 어떠한 예를 그대로 발췌 하여 기록한 것으로 판단됩니다. 정부기관에서 이를 확인. 검증 없이 넣었다고 말씀하시면 더욱 죄송스럽기 그지 없습니다만, 위에서 말씀 드린 대로 이번 기회를 거울 삼아 어느 것이 옳은지 대안을 찾아 내도록 하겠습니다.

좋은 의견에 다시 한 번 깊은 감사를 드리며, 앞으로도 우리 부의 업무에 많은 관심을 부탁드립니다. 귀하의 가정에 행복과 웃음이 늘 가득하시길 기원합니다. 안녕히 계십시오. (종료일: 06.11.01). 참고로 저는 조문 시 헌화는 꽃송이가 영좌가 아닌 앞(南)을 향하도록 드려야 한다는 믿음을 가지고 있습니다. 물론 이견도 있으나, 여러 곳에서 확인하고 얻은 결론입니다. 그래도 미심쩍어 네이버 및 다음 등 검색 싸이트에도 올려 놓고 여러 의견들을 수렴하고 있습니다.

◈答; 이상에 대한 재론이다.

◎靈前 獻花(영전 헌화)

1). 분향례(焚香禮)를 살펴보기로 한다.

◆기독교에서 향을 피우는 것은 시편 141편 2절과 요한 묵시록 8장 3절에서 뜻하는 것처럼 공경과 기도를 표현한다. 그리고 분향은 교회의 예물과 기도가 향이 타오르는 것과 같이 하느님 앞에 올라가는 것을 표현한다. 성찬례에서 분향할 수 있는 곳은 모두 다섯 군데인데 (1) 입당 행렬 때 (2) 미사를 시작할 때 십자가와 제대에 (3) 복음 행렬과 선포 때 (4) 제대 위에 빵과 성작을 준비한 다음 예물, 십자가, 제대, 사제, 백성에게 (5) 축성된 성체와 성혈

을 받들어 보일 때에 분향할 수 있다.

◆불교에서의 분향은 부처님께 불공을 드린다는 의미다.
◆유교에서의 분향은 있는 곳을 모르는 魂氣를 香을 피워 그 香氣를 따라 降臨케 하는 의미 외에 다른 목적은 없다.

●郊特牲註蕭香蒿也取此蒿及牲之脂膋合黍稷而燒之使其氣旁達於墻屋之間是以臭而求諸陽也
●溫公曰古之祭者不知神之所在故灌用鬱鬯臭陰達于淵泉蕭合黍稷臭陽達于墻屋所以廣求神也

2). 조례(弔禮)에서 헌화(獻花)에 대하여

유학에서는 백국(白菊)을 시제(詩題)로 삼아 읊을 정도로 흠모와 칭송의 대상으로 여기는 꽃인데 현대 장례식장(葬禮式場) 등 조문(弔問)을 하는 곳이면 으레 백국(白菊)을 들고 위전(位前)으로 들어가 망인(亡人) 영정(影幀) 앞에 놓는데 영전에 백국을 받치는 연유를 어찌 이해되어야 할 것인가와 어찌 받칠 것인가 이다.

통상 백국(白菊)의 꽃말은 "성실, 감사, 진실" 등이라 믿는다면 상(喪)의 슬픔과는 어울리지 않으니 그뿐이라면 오히려 욕(辱)이 될 수도 있다. 그러나 이미 유럽에서는 백국을 죽음과 상통한다는 설이 있고, 유가(儒家)의 백(白)은 상(喪)과 통한다. 상(喪)이란 슬픔의 장이니 조객(弔客)이 애도의 표시로 백국을 영전에 조화(弔花)로 받침이 현대 유가(儒家)의 장례문화에서 받아들일 수 있는 한 례(禮)로서 정착시킴에 주저할 까닭은 없으리라 여겨진다. 다만 그에 놓는 방법이 혹은 일본식(日本式)으로 줄기가 위전으로 혹은 꽃송이가 위전으로 등 일률적이지 않다. 일률적이지 않다 함은 헌화(獻花)의 예법이 우리의 장례문화에는 없는 예라서 아직 우리 장례예법에 정착되어 있지 않음에서 일 게다.

◎일본의 헌화 법도.

●献花のした; 右側に花ガくるよぅに右手を下 左手を上に添えて持つ 祭壇の前で一礼 獻花台の前で時計回りに90度回転させる 獻花台にささげる 默禱し遺族と神父 (牧師)に一礼
○(일본식)헌화하는 방법; 오른쪽으로 꽃송이가 오도록 오른손은 밑을 쥐고 왼손은 위를 잡고 제단 앞으로가 영전에 한번 인사를 하고, 헌화대 앞에서 꽃을 시계방향으로 90도 회전시켜(꽃송이가 밖으로 향하게) 헌화대에 받치고 묵념기도하고 유족과 신부(목사)에게 한번 인사한다.

영전(靈前)에 헌화(獻花)하는 방법이 혹시 일제(日帝) 때의 일본(日本) 장례문화(葬禮文化)의 잔재(殘在)가 아닌가 하는 의구심(疑懼心)을 지울 수 없는 까닭은 꽃 줄기를 위전(位前)으로 향하게 놓는 방법이 일식(日式)과 같다는 것이다. 일식(日式)이라 배척함이 아니라 이치에 어긋난다는 것이다. 조문객(弔問客)은 상(喪) 소식을 듣고 슬픔에 겨워 영좌(靈座) 앞으로 나아가 슬픔을 다하고 상주(喪主)에게는 위문(慰問)하여 슬픔을 나누려 함이라면 백국(白菊)을 영좌(靈座) 앞에 드리는 이유는 타 문화라 정확히는 알 수 없으나 그 꽃이 애도(哀悼; 슬픔)를 표하는 과정에서 헌화(獻花)의 예(禮)를 갖는다면 백국(白菊) 줄기에 그 의미가 있는 것이 아니라 꽃송이에 있을 진대 꽃송이를 영좌(靈座) 쪽으로 올려 놓아야 조객(弔客)의 슬픔을 표하게 되는 것이지 줄기 끝을 영좌(靈座) 쪽으로 향하게 놓는 것은 의도한 바에 어그러져 이치에 합당함이 없다.

혹 줄기를 영좌(靈座) 쪽으로 놓는 것은 망자(亡者)의 손에 그 줄기를 쥐어준다는 의미라면 착각(錯覺)에서 발생한 발상(發想)일 수밖에 없다. 만약 그렇다면 영전(靈前)에 세워 놓아야 그 주장이 합당함을 얻게 된다. 혹 그렇다손 처도 이미 망자(亡者)는 숨이 멎는 순간 모든 신체활동이 정지된 상태이고 또 신(神) 운운(云云)한다면 신(神)이 조객(弔客)이 슬픔을 위로하기 위하여 애도(哀悼)의 표시로 놓은 백국(白菊)을 감사하게 여겨 꽃을 보기 위하여는 줄기는 멀고 꽃송이가 눈에 가깝게 들어야 잘 보일 터이니 세우지 않고 뉘일 바에야 꽃송이를 위전(位前)으로 놓아 줘야 이치에도 합당하지 않겠는가.

특히 심사숙고(深思熟考)할 문제는 더러 요즘 조문(弔問) 풍습(風習)을 살펴보면 조객(弔客)은 상가(喪家)에서 나눠 주는 백국(白菊)을 받아 들고 위전(位前)으로 올라가 영좌(靈座) 앞에 올려 놓는데 이는 상가(喪家)의 권위(權威)나 부(富)를 상징하기 위한 참으로 사람도 속이고 귀신도 속이는 행위이지 않은가 한다.

위전(位前)에 백국(白菊)을 드리는 예(禮)를 갖추고 싶다면 영전(靈前)으로 통하는 가장 가까운 길목에 백국(白菊) 판매소(販賣所)를 열게 하여 조객(弔客)의 의사(意思)에 맡길 뿐으로 강제하여서는 욕(辱)이 된다. 혹자(或者)는 부의금(賻儀金)이 있지 않은가 라 반문할지도 모르겠으나 이와 같은 발상은 조문객(弔問客)을 무시한 처사일 수도 있다.

헌화(獻花)의 원조(元祖)인 기독교(基督敎)의 헌화(獻花) 역시 弔者 또는 後者가 정성을 다하여 화분(花盆)이나 꽃다발을 마련 직접 들고 와 영전(靈前)이나 분묘(墳墓)에 공손히 받치고 있을 뿐 상가(喪家)나 분묘(墳墓) 유족(遺族)이 준비하였다 영전(靈前)이나 분묘(墳墓)를 찾은 인사에게 나눠줘 대행(代行)시키지 않음이 원전(原典)일 게다.

●周禮春官宗伯保章氏; 以五雲之物辨吉凶水旱降豐荒之祲象(鄭玄注)靑爲蟲白爲喪赤爲兵
●康熙字典白部【白】[唐韻]旁陌切[集韻][韻會][正韻]薄陌切竝入音帛[說文]西方色也陰用事物色白从入合二二陰數也
●王惲遊靈巖寺; 雖警陰魔護道林
●獻花歌; 紫布岩乎 希//執音乎手母牛放敎遣//吾 兮不喩慙 兮伊賜等//花 兮折叱可獻乎理音如
●退溪詩晨自溫溪踰聲峴至陶山;曉霧侵衣濕羸鞭越峴艱短長松竝立黃白菊相斑闃寂柴門迥蕭疎竹院寒晚來風日好凝坐望秋山
●艮齋詩與朴居中會巴寺;尋芳匹馬碧松亭白菊招提雲外懸逢著故人何所問烟沉溪上事茫然
●梅月堂詩花草白菊(二首);自憐貞白歲寒芳栽培瓦盆置小床丹桂素梅兄與弟不同穠棣妬年光○蕭疎枯葉附寒英輕帶寒霜四五莖終日對君無俗態香魂終不讓瓊瓊
●佔畢齋詩十月白菊和子眞鳴琴閣外竹籬邊剗地霜風笑粲然縞素疑栽廣寒殿暄妍別占小春天依違金醫酬幽賞排比瓊英伴醉眠誰遣白衣供白墮一園液雨正鮮鮮
●秋齋詩乞白菊;白菊白如頭相看不害羞月中惟見影霜下暗生愁一色村醪泛餘香凍蜜收何嘗書乞米此句也風流
●硏經齋詩望霞城城;望望霞城里秋懷轉可傷風流已寥落閭巷自荒凉谷口丹楓葉村墟白菊香兩家諸子侄情好莫相忘
●醒齋詩;李弟振叔盆種白菊一枝忽放黃花賦長律一首記異要余和之以一絶寄示
●陶菴詩(一)漫吟;白菊天然好靑松獨也貞相看無一語耿耿歲寒情○詩(二)送李生(以漸)歸龍崗 ;白菊天寒猶自花一杯相屬曉燈斜也知爲學無他術千里行人自討家
●南塘詩感菊;草堂右種菊數十本六月以後淫雨惡風不止根腐葉枯萎絶殆盡只有白菊三本黃菊二本紅菊一本得全重陽後始開至十月盡開感而賦之:可憐堦上菊風雨幾莖損衆卉又欺凌孤芳纔數本猶自凌霜開寂寞香聞遠草木皆黃落英華獨煌焜世人不解愛衡門空自遯酌酒對爾飮期與保歲晚

▶2996◀ ◈問; 조사(弔事)에 관하여 의문점 문의.

먼저 <친구의 아들>이 사망했을 때 절은 두 번 하는가요? 아니면 그냥 묵념만 하는가요. 그리고 아들이 없고 딸만 하나 있는 집안에 아버지가 사망했을 때의 상주(喪主)와 상례 때의 예법은?

◈答; 조사(弔事)에 관하여.

수하자에게는 절을 하지 않습니다. 후사 없이 죽은 상에는 근친 남자가 상주가 됩니다. 망자의 형제가 있으면 그가 주인이 되어 우부제를 지내고 연상담제는 망자의 처가 주인이 됩니다.

●司馬氏居家雜儀長兄立於門之左長姊立立於門之右皆南向諸弟妹以次拜訖各就列丈夫西上婦人東上共受卑幼拜受拜訖先退後輩立受拜於門東西如前輩之儀
●太平廣記凡死者是敵以上則拜少者則不拜
●退溪曰於子不當拜又曰叔父於姪亦不當拜
●梅山曰先儒於族弟侄之喪不拜不施於死者可施於生乎受親戚卑幼之吊者哭而已矣
●寒岡曰兄之於弟生旣無可拜之理則豈有遽變於旣亡之後者乎弟之於兄雖曰同行而常談必曰父兄

子弟則尊卑之序亦不可不辨矣
●竹菴曰尤庵言從弟之祭俱不當拜則况於從侄從孫乎雖年長於我而旣爲有服之親則恐不可以平時之答拜而拜其喪也
●遂菴曰無後之喪只有妻與兄弟則治喪兄弟爲之練祥禫妻主之

▶2997◀◈問; 죄송하지만.

e-mail 도 에러상태이고, 패스워드도 자꾸 에러라 하면서 열리지 않는군요. 다시 한번 부탁드려도 될런지요.

◈答; 답장식.

다중이 이용 하는 양식은 가지고 있지 않으며 다만 다음과 같은 양식은 있으니 활용에 거리낌이 없으면 응용하여 보기바랍니다.

⊙父母亡答人慰疏式(適孫承重者同)
某稽顙再拜言(降等云叩首去言字)劉氏曰按稽顙而後拜以頭觸地曰稽顙三年之禮也雖於平交降等者亦如此但去言字何則古禮受弔必拜之不問幼賤故也某罪逆深重不自死滅禍延先考(母云先妣承重則祖父云先祖考祖母云先祖妣)攀號擗踊五內分崩叩地叫天無所逮及日月不居奄踰旬朔卒哭小祥大祥禫隨時酷罰罪苦(父在母亡卽云偏罰罪深父先亡則母與父同)無望生全卽日蒙恩(平交以下去此四字)祗奉几筵苟存視息伏蒙尊玆(平交云仰承仁恩)俯賜平交改賜爲垂降等去伏蒙以下六字但云特承
慰問哀感之至無任下誠(平交云仰承仁恩俯垂慰問其爲哀感但切下懷降等云特承慰問哀感良深○司馬溫公曰凡遭父母喪知舊不以書來弔問是無相恤之心於禮不當先發書不得已須至先發卽刪此四句)未由號
訴不勝隕絶謹奉疏(降等云狀)荒迷不次謹疏(降等云狀)
年號幾年某月某日孤子(母喪稱哀子俱亡卽稱孤哀子承重者稱孤孫哀孫孤哀孫)備要按翰墨全書居心喪云申心制或曰心喪居禫服云居禫祖父母喪云縗服妻喪云期服而具書姓名於其下姓名疏上某位座前謹空(平交以下去此二字)

위 한문식은 지금은 활용 하기가 어려울 듯하나 예문으로 제시합니다.

◈祖父母亡答人啓狀(조부모망답인계장)(謂非承重者伯叔父母姑兄姊弟妹妻子姪孫同)
某啓家門凶禍(伯叔父母姑兄姊弟妹云家門不幸○妻云私家不幸○子姪孫云私門不幸)先祖考(祖母云先祖妣○伯叔父母云幾伯叔父母○姑云幾家姑○兄姊云幾家兄幾家姊○弟妹云幾舍弟幾舍妹○妻云室人○子云小子某○姪云從子某○孫曰幼孫某)奄忽棄背(兄弟以下云喪逝○子姪孫云遽爾夭折)痛苦摧裂不自勝堪(伯叔父母姑兄姊弟妹云摧痛酸苦不自堪忍○妻改摧痛爲悲悼○子姪孫改悲悼爲悲念)伏蒙
尊慈特賜
慰問哀感之至不任下誠(平交降等如前)孟春猶寒(寒溫隨時)伏惟(恭惟緬惟如前)
某位尊體起居萬福(平交不用起居降等但云動止萬福)某卽日侍奉(無父母卽不用此句)
幸免他苦未由
面訴徒增哽塞謹奉狀上(平交云陳)謝不備(平交如前)謹狀
年 月 日某郡姓名狀上
某位(座前謹空平交如前)

◈皮封式(피봉식)重封如前

▶2998◀◈問; 처 상후 감사인사에 대해.

처(妻) 상(喪)을 치른 후, 방문하신 조문객들에 대한 감사인사를 하려고 합니다. 이럴 경우 감사 인사는 남편이 하는 것이 맞는지, 아니면 자녀(아들 두 명입니다)가 하는 것이 맞는지 궁금합니다. 또한, 감사인사 문구나 양식이 따로 있는지도 궁금합니다. 답변 부탁 드리며, 항상 좋은 말씀 감사 드립니다.

◈答; 처 상후 감사인사에 대해.

아들들이 장성하였으면 장자(長子) 명으로 조문객(弔問客)에게 감사 인사를 하시고 아들들이 어리면 선생이 하여야 할 것입니다. 다만 전통식으로는 아내 상(喪)에 관한 서식(書式)은 없습니다.

아래가 전통서식입니다.

●父母亡答人慰疏式(適孫承重者同)
某稽顙再拜言(降等云叩首去言字)(劉氏曰按稽顙而後拜以頭觸地曰稽顙三年之禮也雖於平交降等者亦如此但去言字何則古禮受弔必拜之不問幼賤故也)某罪逆深重不自死滅禍延先考(母云先妣承重則祖父云先祖考祖母云先祖妣)攀號擗踊五內分崩叩地叫天無所逮及日月不居奄踰旬朔(卒哭小祥大祥禫隨時)酷罰罪苦(父在母亡卽云偏罰罪深父先亡則母與父同)無望生全卽日蒙
恩(平交以下去此四字)祗奉几筵苟存視息伏蒙尊玆(平交云仰承仁恩)俯賜(平交改賜爲垂降等去伏蒙以下六字但云特承)
慰問哀感之至無任下誠(平交云仰承仁恩俯垂慰問其爲哀感但切下懷降等云特承慰問哀感良深○司馬溫公曰凡遭父母喪知舊不以書來弔問是無相恤之心於禮不當先發書不得已須至先發卽刪此四句)未由號
訴不勝隕絶謹奉疏(降等云狀)荒迷不次謹疏(降等云狀)
年號幾年某月某日孤子(母喪稱哀子俱亡卽稱孤哀子承重者稱孤孫哀孫孤哀孫)備要按翰墨全書居心喪云申心制或曰心喪居禫服云居禫祖父母喪云縗服妻喪云期服而具書姓名於其下)姓名疏上某位座前謹空(平交以下去此二字)

●皮封式
疏(隨改同前)上
某位座前 孤子(隨改同前)姓名謹封

▶2999◀ ◈問; 처 외할아버지께서 돌아가셨는데.

처 외할아버지께서 돌아가셨는데 가야 하는 걸까요? 전 결혼한지 1 개월 된 신혼이고요 처 외할아버님을 뵌적은 없습니다. 회사에서는 휴가도 주질 않고 가려면 휴가를 내고 가야 하는 사정이어서 어른들과 회사 고참(古參)들에게 물어봤는데 의견이 분분합니다. 인간적 도리를 생각한다면 가야겠고, 회사를 생각한다면 가지 못할 것 같은데 좋은 답변 좀 부탁 드리겠습니다.

◈答; 처 외할아버지께서 돌아가셨는데.

다음과 같이 예기(禮記)에서 가르치고 있는 말씀이 있습니다.

●曲禮知生者弔知死者傷知生而不知死弔而不傷知死而不知生傷而不弔
곡례편(曲禮篇)에 이르기를 산사람을 알면 조문을 하고 죽은 사람도 알면 영좌(靈座)에 곡을 하여야 하며 산 사람만 알고 죽은 사람을 모를 때는 상주에게 조문만 하고 영좌에는 곡은 하지 않으며 죽은 사람은 알고 산 사람을 모를 때는 영좌에는 곡은 하나 상주에게는 조문치 않느니라.

●檀弓有殯(註三年之喪)聞遠兄弟之喪雖緦必往非兄弟(異姓)雖鄰不往
단궁편에서 이르기를 친상 중에 먼 곳의 형제의 상 소식을 들으면 비록 그 복이 시마 3 월 복일지라도 반듯이 가야 하며 형제가 아닌 타성이면 아무리 가깝다 하여도 가서는 아니 되느니라.

이상의 가르침을 삭여 보면 친척이면 달려가야 한다 하는 것입니다. 지난 옛날에는 처가의 장인과 장모에게만 시마 3 월 복이였으니 그 외조부야 당연 무복 간이나 요즘은 처가 역시 친가 못지 않은 관심이 있는 듯 하니 관계를 고려하고 참작 하여야 하며 귀하의 부인은 당연히 외조부 복인이니 달려가야 합니다.

▶3000◀ ◈問; 친상 중에 있는데 이웃에 초상이 났는데 조문을 가야 하는지요?

안녕하신지요. 조문에 대하여 확실히 알고자 찾아왔습니다.

이웃집 할아버지께서 작고하셨는데 그 할아버지가 인자하셔서 저에게도 평상시 만나보면 자상하시고 당신의 손주처럼 대해주셔서 정이 깊었었습니다.

저의 부친께서 달포 전에 작고하시어 장례를 모시고 궤연도 모시고 있습니다. 어떻게 하여야 하나 걱정이 되어 집안 어른께 여쭤보니 가면 안 된다고 하시더군요.

안 간다면 다음날 그 댁의 식구들을 어떻게 만날까 퍽 근심스러워 궁리 끝에 질문 드려 예법적으로 분명히 확인하여 근거로 삼고자 찾아왔습니다.

자세하게 근거를 들어 지도하여 주십시오. 대단히 죄송하옵니다.

◈答; 친상 중에는 타인의 상에 조문치 않습니다.

먼저 친상중에 계신 상주께 심심한 위로의 말씀을 드립니다.

아래와 같이 살펴보건대 거상(居喪) 중에는 상복(喪服)을 벗지 않으며 곡성(哭聲)을 입에서 끊어지지 않는 법입니다.

친상(親喪) 중이라 하여도 시마(緦麻) 형제(兄弟)의 상(喪)을 당하면 아무리 멀다 하여도 가야하고 타인(他人)은 아무리 가까운 이웃이라 하여도 가지 않는 법입니다.

참고로 조부모 상중 소상을 지낸 뒤로는 타인 조문을 합니다.

●曾子問曰三年之喪吊乎孔子曰三年之喪練不群立不旅行君子禮以飾情三年之喪而吊哭不亦虛乎註爲被哀則不專於親爲親哀則是妄吊疏虛者吊與哭並虛也

●檀弓子張死曾子有母之喪齊衰而往哭之或曰齊衰不以吊曾子曰我吊也歟哉註於朋友哀痛甚而往哭之非若凡吊○非兄弟雖鄕不往疏無親也○有殯聞遠兄弟之喪雖緦必往非兄弟雖隣不往

●雜記三年之喪雖功衰不吊(註功衰旣練之服疏重喪小祥後衰與大功同故曰功衰)練則吊(註父在爲母功衰可以吊人也然則凡齊衰十一月皆可以出矣)○又期之喪練則吊註鄭氏曰凡齊衰十一月皆可以出吊又曰此爲父在爲母○又旣葬大功吊哭而退不聽事焉註旣葬大功者言有大功之喪已葬也吊哭而退謂往吊他人之喪則吊哭旣畢即退去不待○期之喪未葬吊於鄕人哭而退不聽事焉註儀禮喪服傳姑姊妹適人無主者姪與兄弟爲之齊衰不杖期此言期之喪正謂此也雖未葬亦可出吊但哭而退不聽事也

●朱子曰古人居喪衰麻之衣不釋於身哭泣之聲不絶於口

●先師曰雖隣不往固是禮意然亦視情之厚薄曾子有喪而吊子張之死朱子曰吊送之禮却似不可廢觀此數說則恐不可膠守古禮也

●問禮居喪不吊鄕俗不特往吊送葬凡有吉凶皆有所遺不知處此當如何朱子曰吉禮固不可預然吊送之禮却似不可廢所謂禮從宜者此也

●問解異姓之恩雖不可不殺而其服亦有重於同姓之緦者恐不可以是斷定而不爲之往也

●檀弓有殯聞遠兄弟之喪雖緦必往非兄弟雖鄰不往註三年之喪在殯不得出吊然於兄弟則恩義存焉故雖緦服兄祭之異居而遠者亦當往哭其喪若非兄弟則雖近不往

▶3001◀◈問; 타인의 부인상에 조문은?

선생님 안녕하십니까. 많은 가르침 수준 높은 학문 잘 익히고 있습니다 항상 감사합니다.

선생님께 여쭐 말씀은 타성의 부인이 사망 하였는데 조문을 가야 하는지 거리낌 없이 대화를 터놓거나 하는 관계는 아니고요 서먹한 사이로 지내던 학형의 부인의 상인데 조문을 어찌하여야 할지 바른 예법을 알고 가야 할 것으로 사료되어 말씀을 받고자 하옵니다.

◈答; 타인의 부인상에 조문은.

친척이 아닌 친구의 모친의 상이라 하여도 늘 당으로 올라 절하였던 관계가 아니면 영전에 술을 따르지 않는다는 말씀입니다. 친구의 모친상에도 이러할 진대 친구 부인상에 영전에 올라서 술을 따르거나 곡배(哭拜)를 할 수가 있겠습니까.

이상의 말씀은 남녀칠세부동석이었던 시절의 법도이고 요즘과 같이 친구들의 부인과도 낯가림 없이 친구와 같이 지내는 시절이니 재고하여볼 문제인 것만은 틀림없을 것입니다. 학형이라면 선배일 터인데 적(敵)이상이면 절을 하게 됩니다.

●書儀婦人非親戚與其子爲執友嘗升堂拜母者則不入酹
●退溪曰禮嘗升堂拜母之外不許入今人皆入吊未安
●沙溪曰婦人之喪未及升堂者不哭可也鄕人多有哭之者非是
●遂庵曰內喪入哭者雖同姓不可太無限節祖免之外則似未安異姓戚誼若切近則平日雖偶未及升堂入哭有何不可
●明齋曰與喪人情好親密則雖未升堂不可不以哭相慰若素所疏遠則豈可矯情以自悅哉
●農岩曰一家婦女雖平日所不面其喪似須入哭從前於同姓親雖八九寸皆入哭異姓親此有間而五六寸則亦宜入哭
●問解婦人之喪未升堂者不哭可也鄕人多有哭之者非是
●問婦人喪未升堂者同姓親非同五世祖者異姓親七八寸入哭與否尤庵曰同姓則無問親疏異姓當視情分之如何耳
●太平廣記凡死者是敵以上則拜少者則不拜
●冶谷曰則父兄不拜於子弟盖已明矣
●梅山曰凡死者是敵以上則拜少者則不拜
●寒水齋曰喪祭禮有尊長坐哭之文以此推之則兄之祭弟也雖當奠獻而只宜立而不拜矣若弟與弟嫂合享則不可不拜未知如何若祭弟之妻則安得無拜
●退溪曰於子不當拜又曰叔父於姪亦不當拜
●梅山曰先儒於族弟侄之喪不拜不施於死者可施於生乎受親戚卑幼之吊者哭而已矣
●寒岡曰兄之於弟生旣無可拜之理則豈有遽變於旣亡之後者乎弟之於兄雖曰同行而常談必曰父兄子弟則尊卑之序亦不可不辨矣

▶3002◀◈問; 타인의 경조사 참석과 관련하여.

집안에 조부모나 부모 등의 상을 당하였을 때 언제까지 타인의 경조사에 참석을 하지 못하는지?

◈答; 타인의 경조사 참석과 관련하여.

부모의 상중에는 삼년상을 마칠 때 까지(탈복)는 타인의 상에 조문치 않고 조부모 상중에는 소상을 마치면 조문을 할 수 있습니다.

●檀弓有殯聞遠兄弟之喪雖緦必往非兄弟雖鄰不往註三年之喪在殯不得出吊然於兄弟則恩義存焉故雖緦服兄祭之異居而遠者亦當往哭其喪若非兄弟則雖近不往
●雜記三年之喪雖功衰不吊自諸侯達諸士如有服而將往哭之則服其服而往註疏曰小祥後衰與大功同故曰功衰如有五服之親喪而往哭
●又期之喪練則吊註鄭氏曰凡齊衰十一月皆可以出吊又曰此爲父在爲母
●又旣葬大功吊哭而退不聽事焉註旣葬大功者言有大功之喪已葬也吊哭而退謂往吊他人之喪則吊哭旣畢即退去不待
● 期之喪未葬吊於鄕人哭而退不聽事焉註儀禮喪服傳姑姊妹適人無主者姪與兄弟爲之齊衰不杖期此言期之喪正謂此也雖未葬亦可出吊但哭而退不聽事也
●曲禮齊者不樂不吊

▶3003◀◈問; 타인의 상에 조문할 때 어떻게하나요?

조문객이 곡하는 것은 성균관 법인가요 아니면 풍습인가요 곡하는게 맡는지? 맡다면 어떤 경우에 해야할지 무척 궁금해서 질문합니다

◈答; 타인의 상에 조문 예법은.

조문(弔問)은 관혼상제(冠婚喪祭) 전통예절(傳統禮節) 상례(喪禮) 성복편(成服篇) 조(弔)전(奠)부(賻)의 한 조목(條目)인 예법(禮法)입니다.

아래와 같이 예기(禮記) 곡례편(曲禮篇)을 살펴보건대 조상(弔喪)은 산 이를 알면 조문을 하

고 죽은 이를 알면 위전에서 슬퍼(곡)하며 산 이만 알고 죽은 이를 모르면 조문만하고 위전에서 슬퍼하지 않으며 죽은 이만 알고 산 이를 모를 때는 위전에서 슬퍼만 하고 조문은하지 않는다 하였으니 위전에서의 슬퍼함은 죽은 이를 알 때에만 행하는 것이 정례(正禮)입니다.

●禮記曲禮知生者弔知死者傷知生而不知死弔而不傷知死而不知生傷而不弔註方氏曰不知生而弔則其弔也近於諂不知死而傷則其傷也近於僞○應氏曰弔者禮之恤乎外傷者情之痛於中

▶3004◀◈問; 타인의 자손상에 조상하는 예절이요?

친구의 어린 아들이나 손자의 죽음에 대한 弔喪 예절에 대하여.

◈答; 타인의 자손상에 조상하는 예절.

이미 영좌(靈座)를 설치하고 조문은 받는다면 아래와 같이 살펴보건대 친구의 아들이나 손(孫)을 이미 알았으면 곡은 할 수 있겠으나 절은 하지 않으며 만약 생시에 알지 못하였다면 다만 친구에게 조문(吊問)만 할 뿐인 것 같습니다.

다만 팔세 미만은 삼상(三殤)에 포함되지 않으니 영좌(靈座)가 없어 망자(亡者)를 위하여 곡은 할 수 없겠으나 혹 친구를 찾아가 위안은 할 수 있을 것입니다.

●開元禮三殤之喪始死浴襲及大小殮與成人同靈筵祭奠進食葬送哭泣之位與成人同虞而除靈座其虞祝辭云維年月朔日子父告于子某云云
●家禮不滿八歲爲無服之喪生未三月則不哭
●曲禮知生者吊知死者傷知生而不知死吊而不傷知死而不知生傷而不吊
●竹菴曰尤菴言從弟之祭俱不當拜則況於從侄從孫乎雖年長於我而旣爲有服之親則恐不可以平時之答拜而拜其喪也
●問親戚之喪敵己以上則入哭有拜敵己以下則入哭無拜而如異姓從妹則旣非同宗且有男女之別則恐不可無拜本菴曰有服者不必然愚於異姓從妹之喪不拜矣
●梅山曰先儒於族弟侄之喪不拜親戚卑幼之吊者哭而已矣

◆첨언(添言);

○삼상(三殤)이란
16 세~19 세에 죽으면 장상(長殤)이라 하고
12 세~15 세에 죽으면 중상(中殤)이라 하고
8 세~11 세에 죽으면 하상(下殤)이라 합니다

다만 이 나이라 하더라도 남자는 이미 관례를 행하였거나 장가를 들었고 여자는 계례를 행하였거나 혼인을 허락하였으면 상(殤)이라 하지 않고 복법(服法)이 다를뿐 대개 어른의 죽음과 같은 예법이 적용됩니다.

●家禮凡年十九至十六爲長殤十五至十二爲中殤十一至八歲爲下殤男子已娶女子許嫁皆不爲殤
●小記丈夫冠而不爲殤婦人笄而不爲殤

⊙治葬圖式(치장도식)

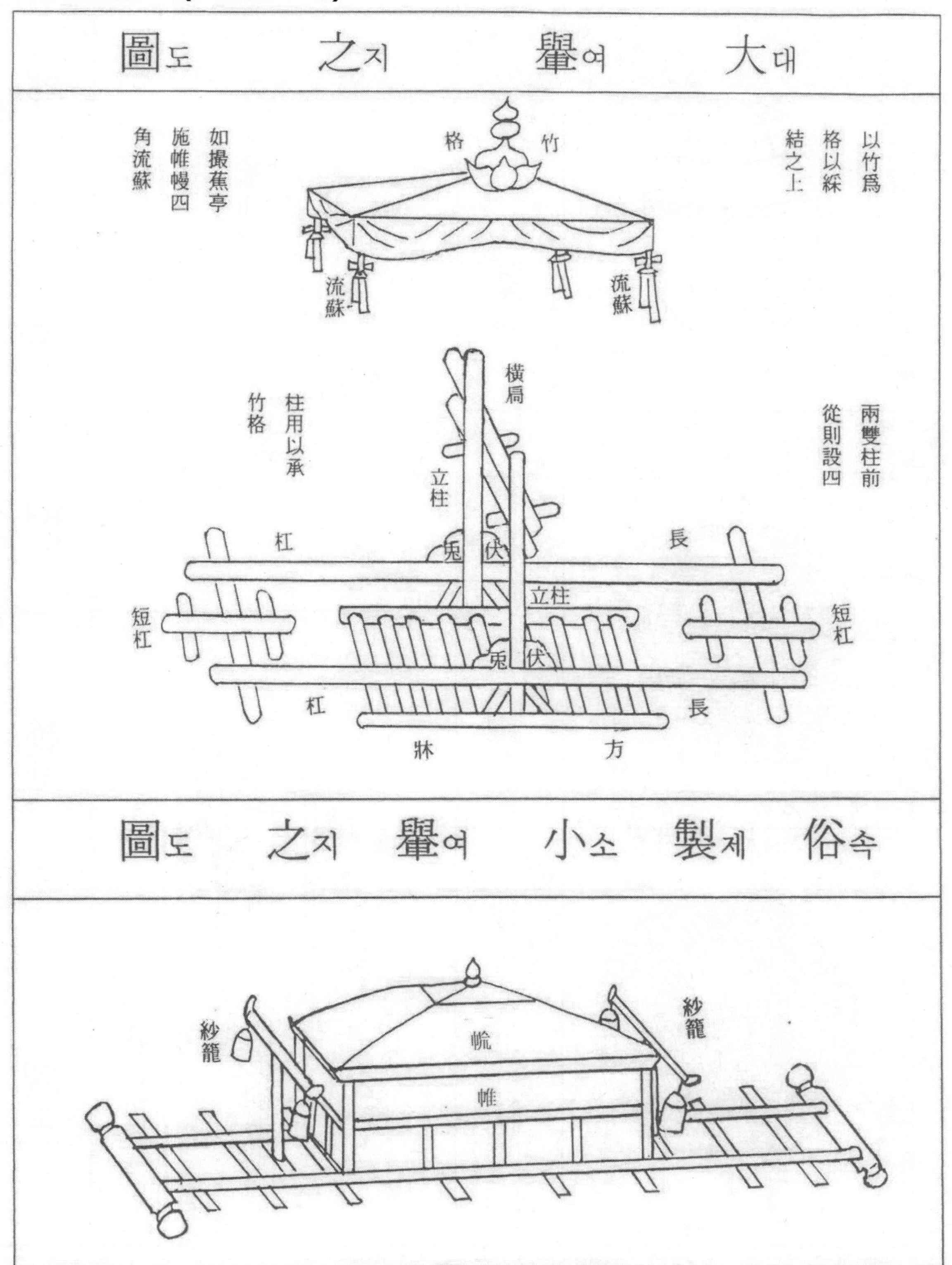

圖도 之지 轝여 大대
如撮蕉亭施帷幔四角流蘇
格
竹
以竹爲格以綵結之上
流蘇
流蘇
横扃
柱用以承竹格
竹格
兩雙柱前從則設四
立柱
杠
長
伏
兎
短杠
立柱
短杠
兎
伏
杠
長
牀
方
圖도 之지 轝여 小소 製제 俗속
紗籠
紗籠
帷

功공 布포 圖도

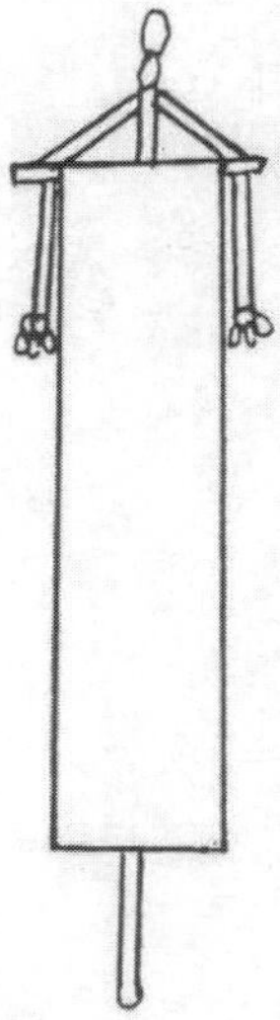

輓만 詞사 圖도

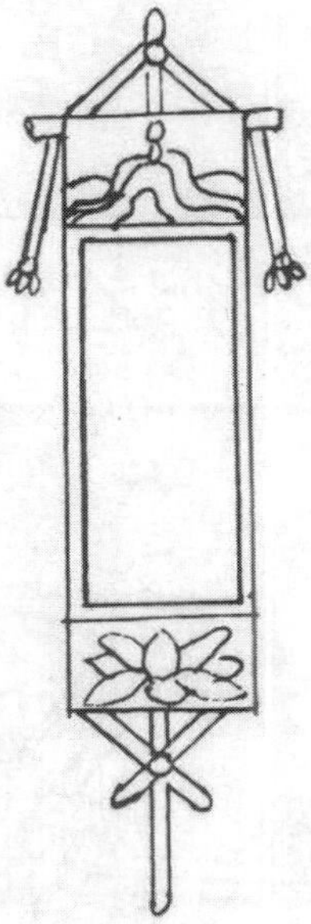

罌앵 圖도

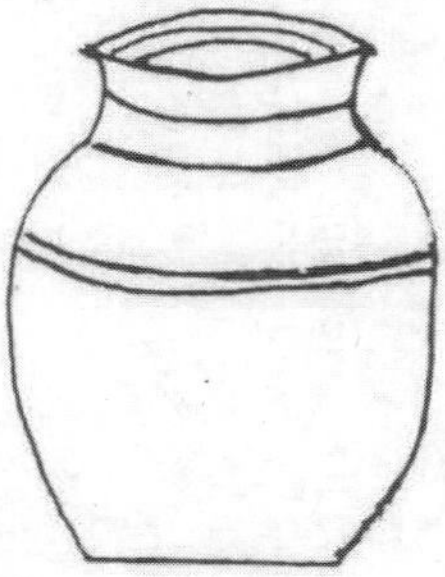

筲소 圖도

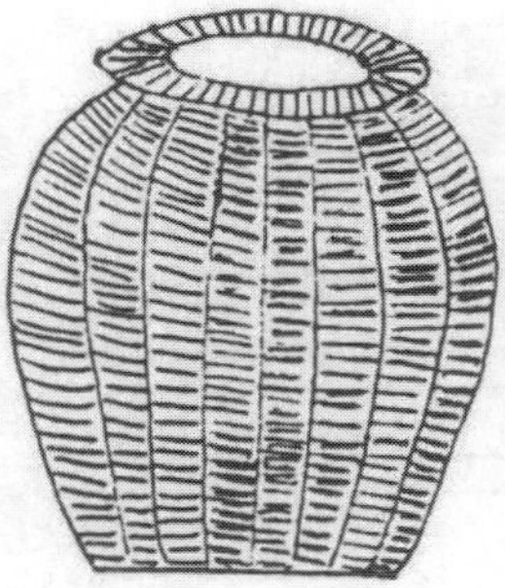

苞포 圖도

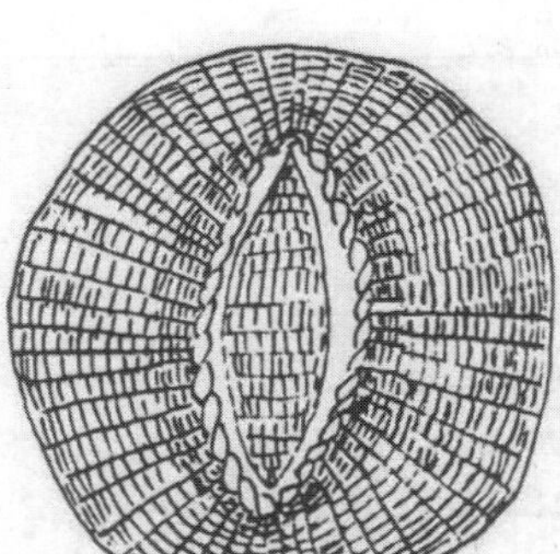

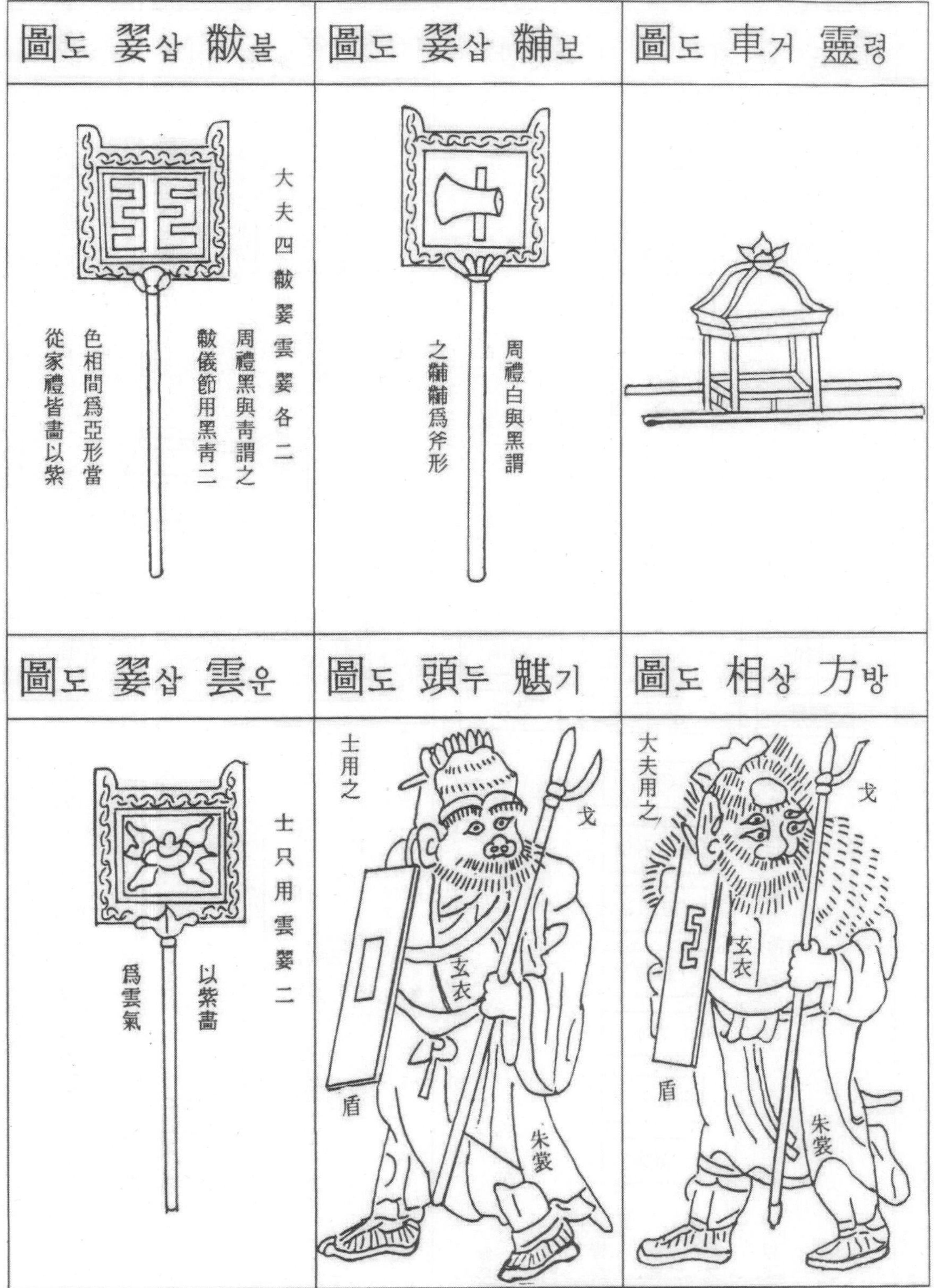
黻불翣삽圖도
大夫四黻翣雲翣各二
周禮黑與青謂之
黻儀節用黑青二
色相間爲亞形當
從家禮皆畫以紫
黼보翣삽圖도
周禮白與黑謂
之黼黼爲斧形
靈령車거圖도
雲운翣삽圖도
士只用雲翣二
以紫畫
爲雲氣
魌기頭두圖도
士用之
戈
玄衣
盾
朱裳
方방相상圖도
大夫用之
戈
玄衣
盾
朱裳

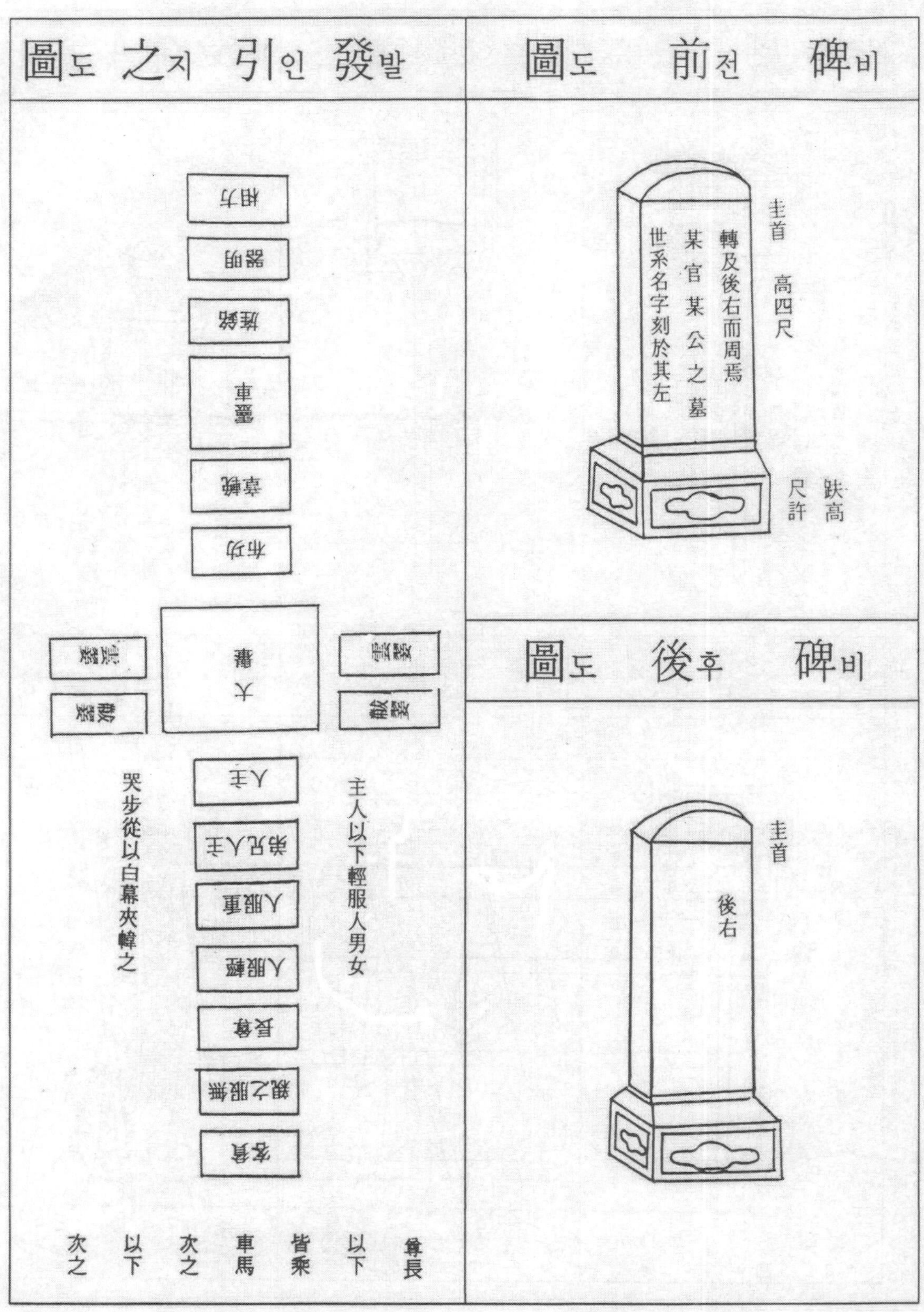

圖도 之지 引인 發발
方相
明器
銘旌
靈車
香案
功布
大轝
雲翣
黻翣
雲翣
黻翣
主人
主人兄弟
重服人
輕服人
尊長
無服之親
賓客
主人以下輕服人男女
哭步從以白幕夾幃之
尊長以下皆乘車馬次之以下次之
圖도 前전 碑비
圭首
高四尺
轉及後右而周焉
某官某公之墓
世系名字刻於其左
趺高尺許
圖도 後후 碑비
圭首
後右

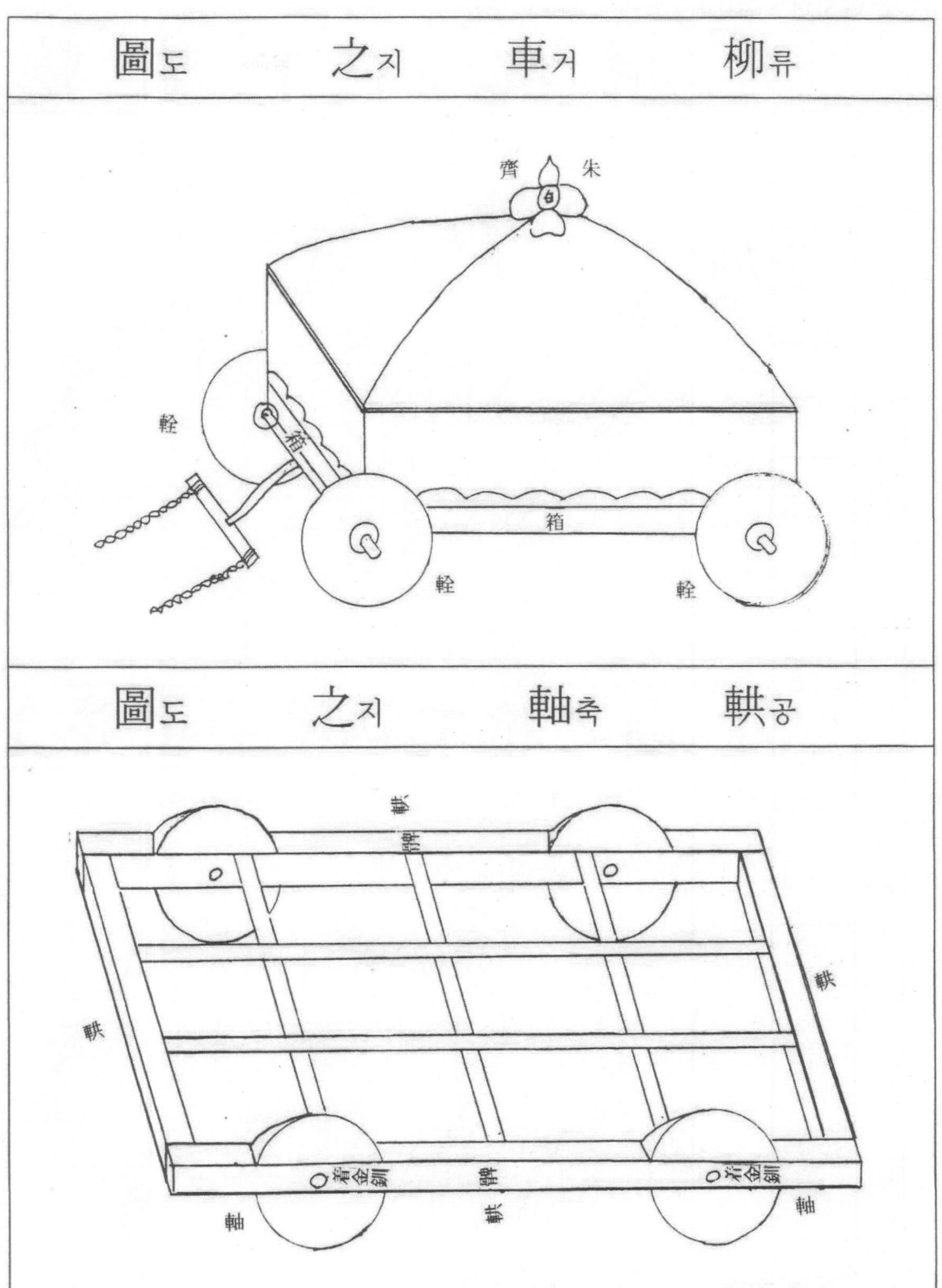
圖도 之지 車거 柳류
朱
輇
箱
箱
輇
輇
圖도 之지 軸축 輁공
輁
輁
着金釧
着金釧
軸
輁
軸

○편람치장도식(四禮便覽治葬圖式)(添補)

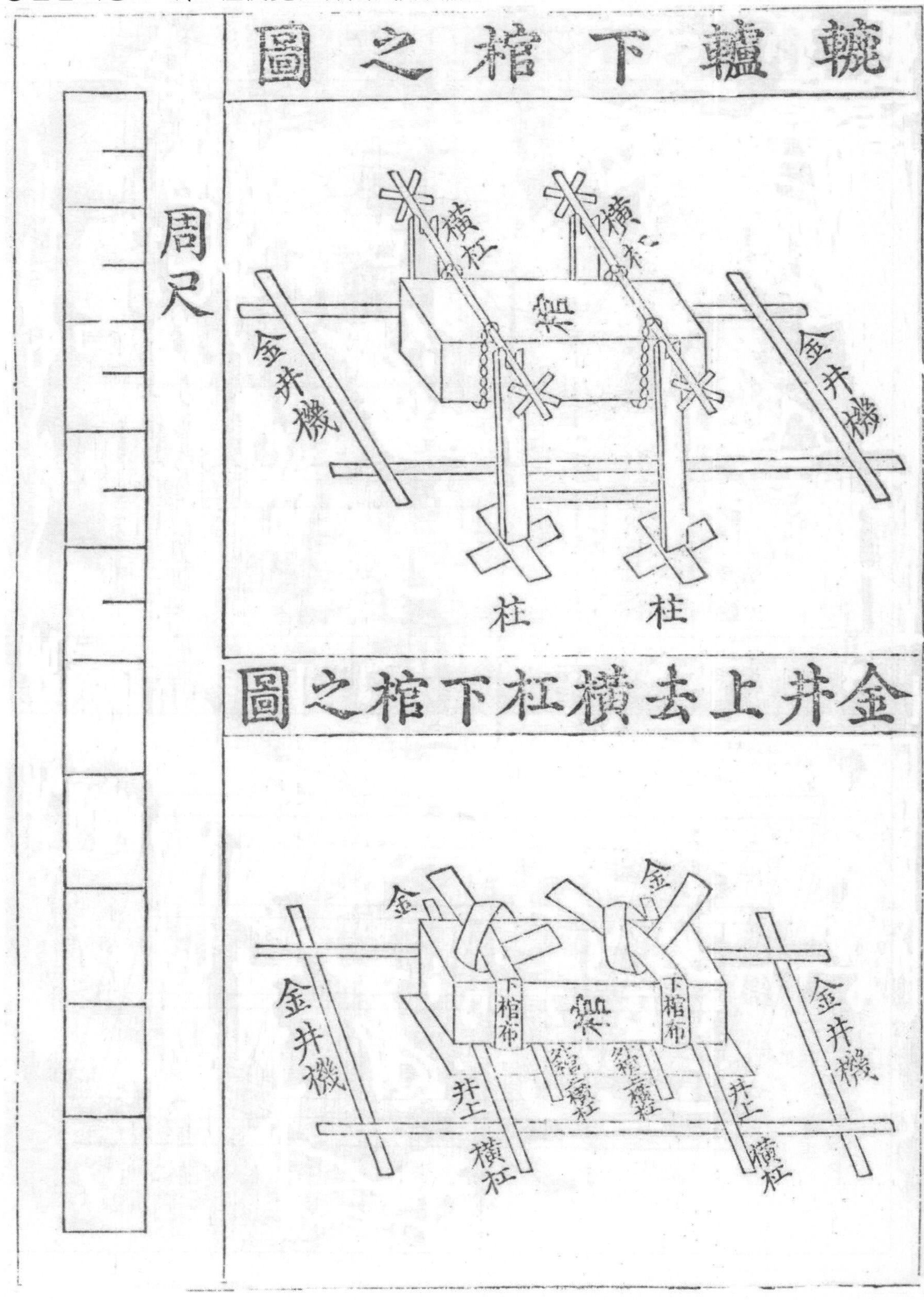

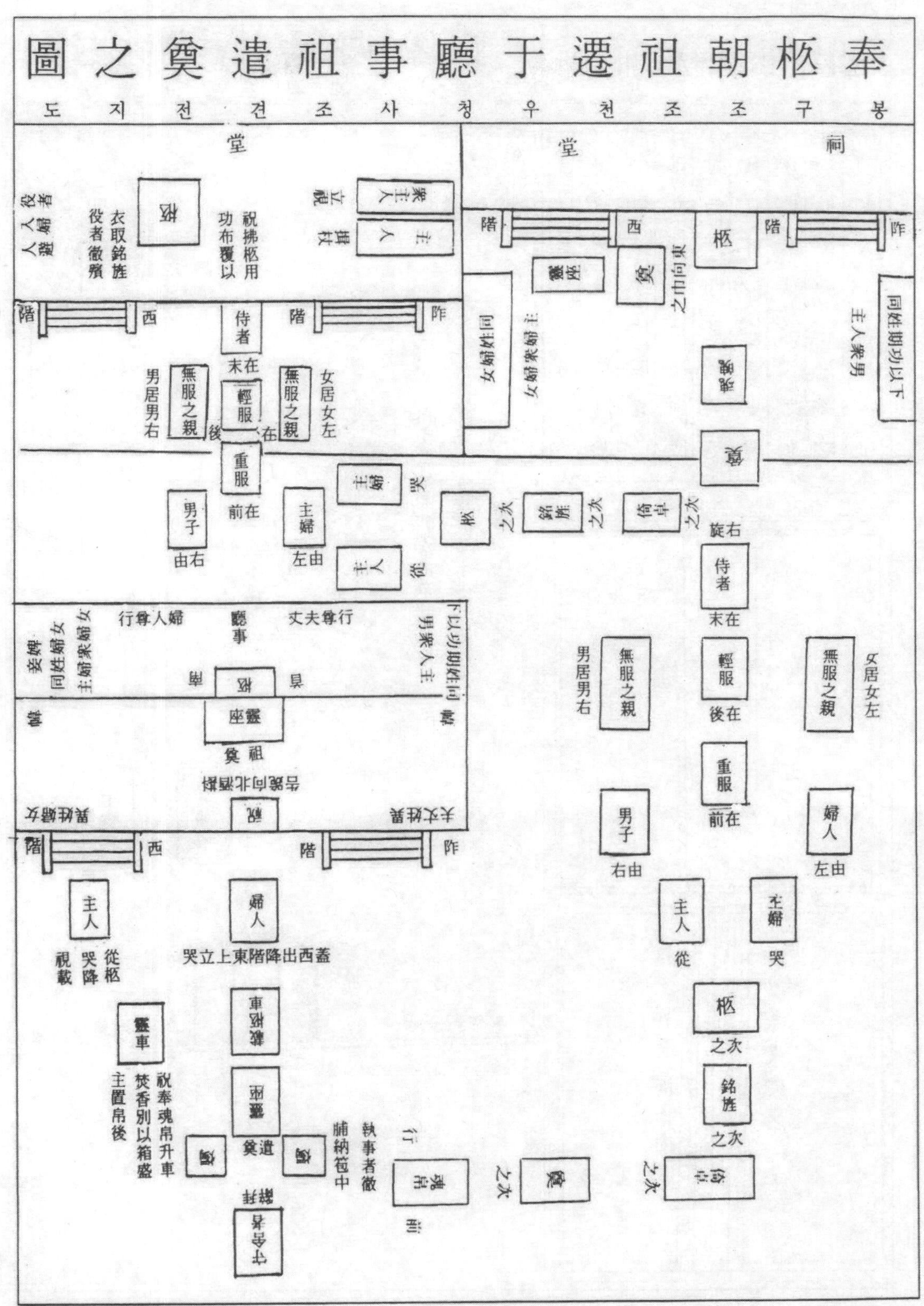
奉柩朝祖遷于廳事祖遣奠之圖
봉 구 조 조 천 우 청 사 조 견 전 지 도

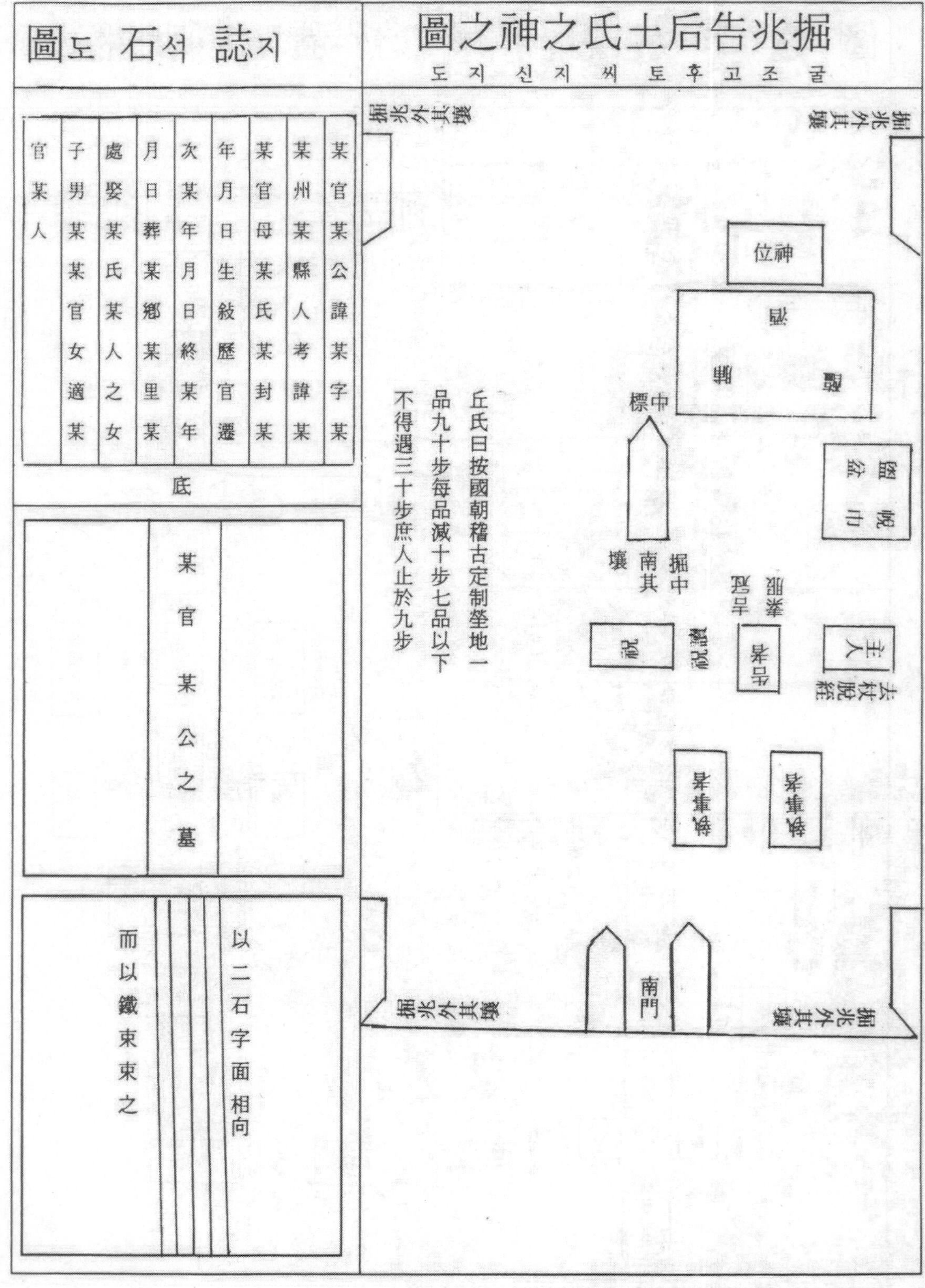

誌지 石석 圖도
某官某公諱某字某
某州某縣人考諱某
某官母某氏某封某
年月日生敍歷官遷
次某年月日終某年
月日葬某鄕某里某
處娶某氏某人之女
子男某某官女適某
官某人
底
某官某公之墓
以二石字面相向
而以鐵束束之
掘兆告后土氏之神之圖
굴조고후토씨지신지도
掘兆外其壤
神位
中標
丘氏曰按國朝稽古定制塋地一品九十步每品減十步七品以下不得遇三十步庶人止於九步
掘中南其壤
盥盆
帨巾
主人
去杖脫絰
南門

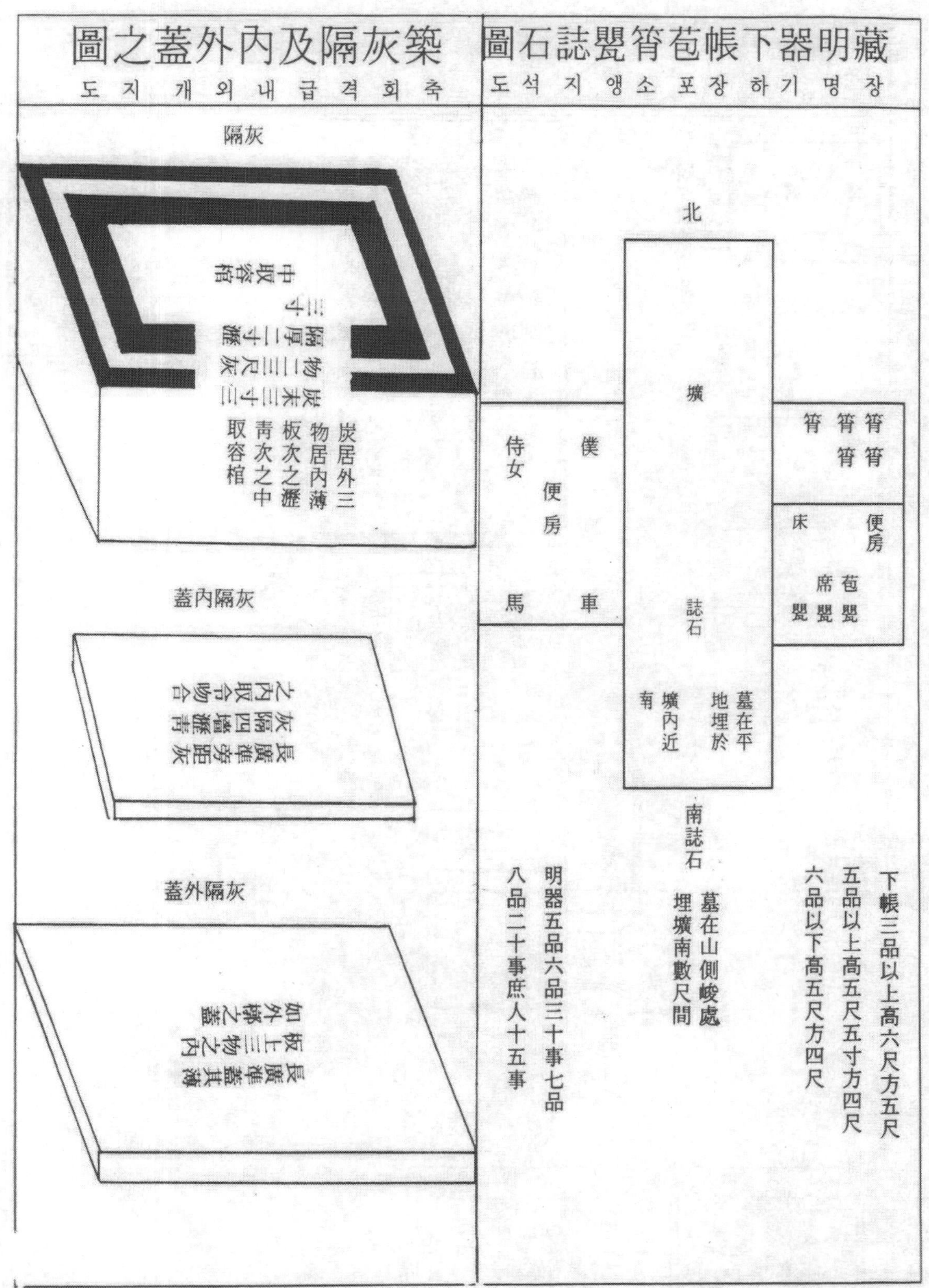

築灰隔及內外蓋之圖
축회격급내외개지도
藏明器下帳苞筲甖誌石圖
장명기하장포소앵지석도
隔灰
炭居外三物居內薄板次之瀝青次之中取容棺
蓋內隔灰
蓋外隔灰
北
壙
誌石
墓在平地埋於壙內近南
南誌石
墓在山側峻處埋壙南數尺間
僕
侍女
便房
車
馬
筲 筲 筲 筲 筲
便房
苞 甖
席 甖
床 甖
下帳三品以上高六尺方五尺
五品以上高五尺五寸方四尺
六品以下高五尺方四尺
明器五品六品三十事七品
八品二十事庶人十五事

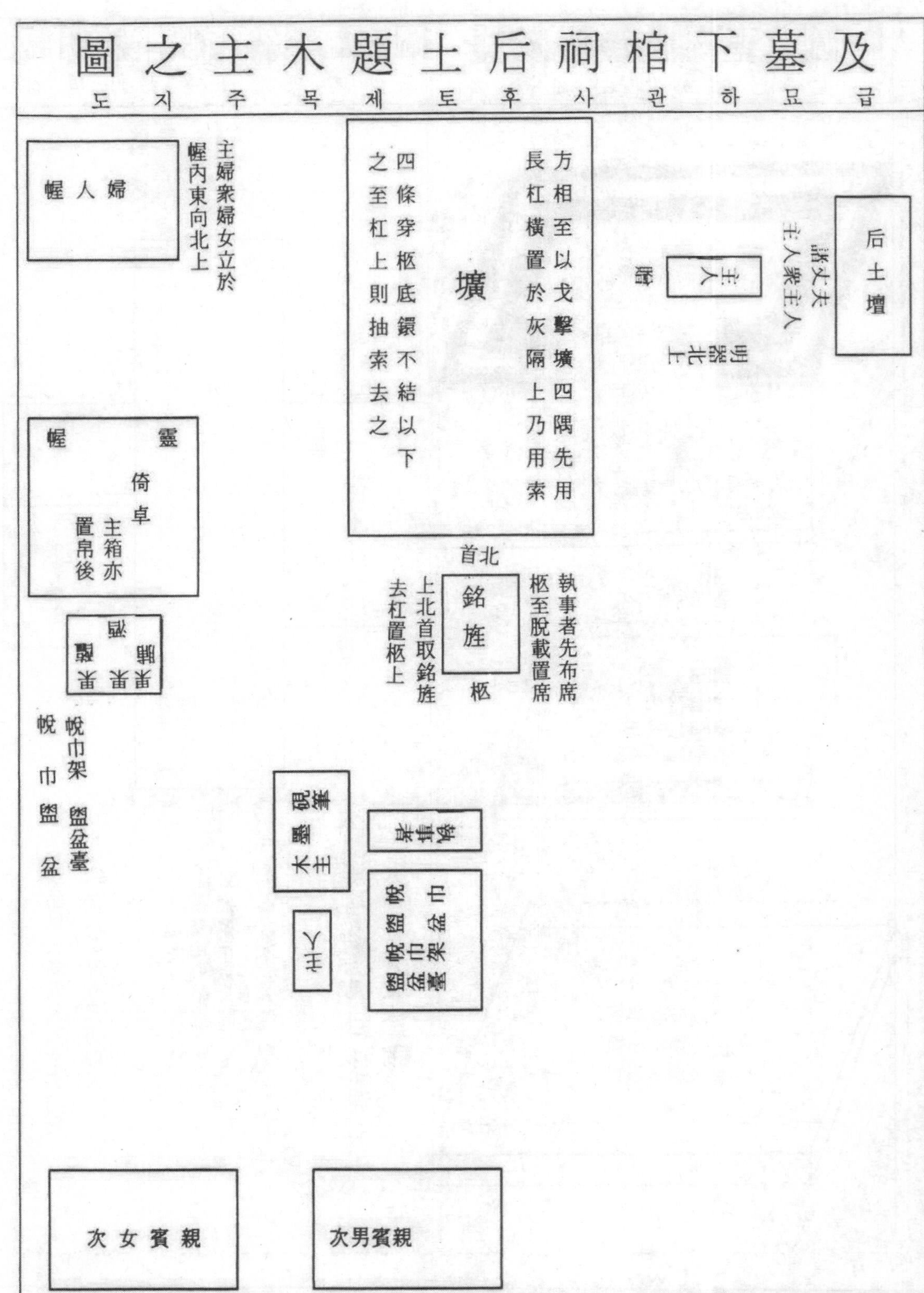

及墓下棺祠后土題木主之圖
급묘하관사후토제목주지도
后土壇
主人衆主人諸丈夫
主人
明器北上
方相至以戈擊壙四隅先用長杠橫置於灰隔上乃用索四條穿柩底鐶不結以下之至杠上則抽索去之
壙
主婦衆婦女立於幄內東向北上
婦人幄
靈幄
倚卓
主箱亦置帛後
北首
銘旌
柩
執事者先布席柩至脫載置席上北首取銘旌去杠置柩上
帨巾架
盥盆臺
帨巾
盥盆
執事者
次女賓親
次男賓親

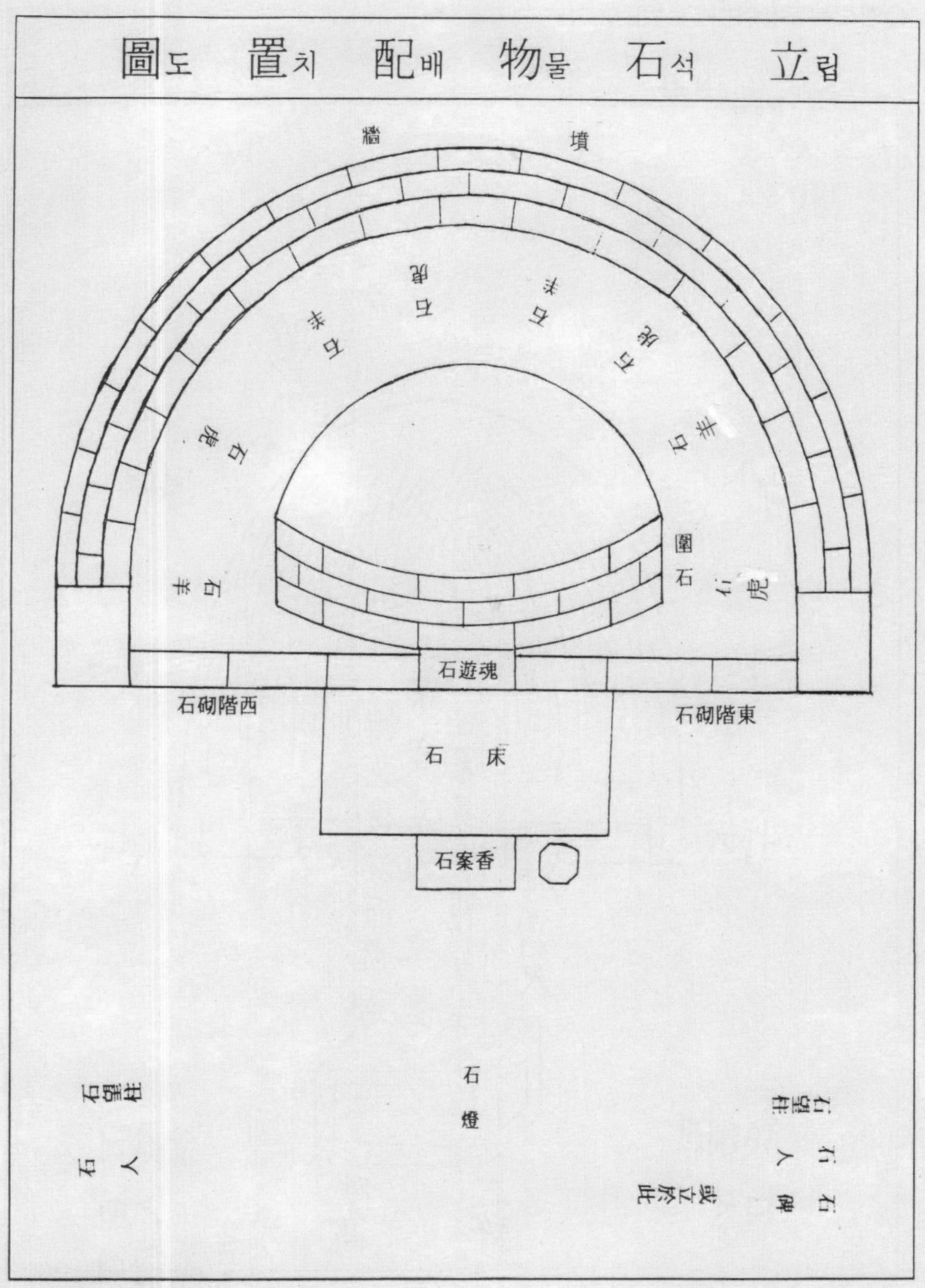
圖도 置치 配배 物물 石석 立립
墳
石虎
石羊
圍石
石遊魂
石砌階西
石砌階東
石 床
石案香
石
燈
石望柱
石 人
石望柱
石 人
石 碑
或立於此

○집람분도(家禮輯覽墳圖)(添補)

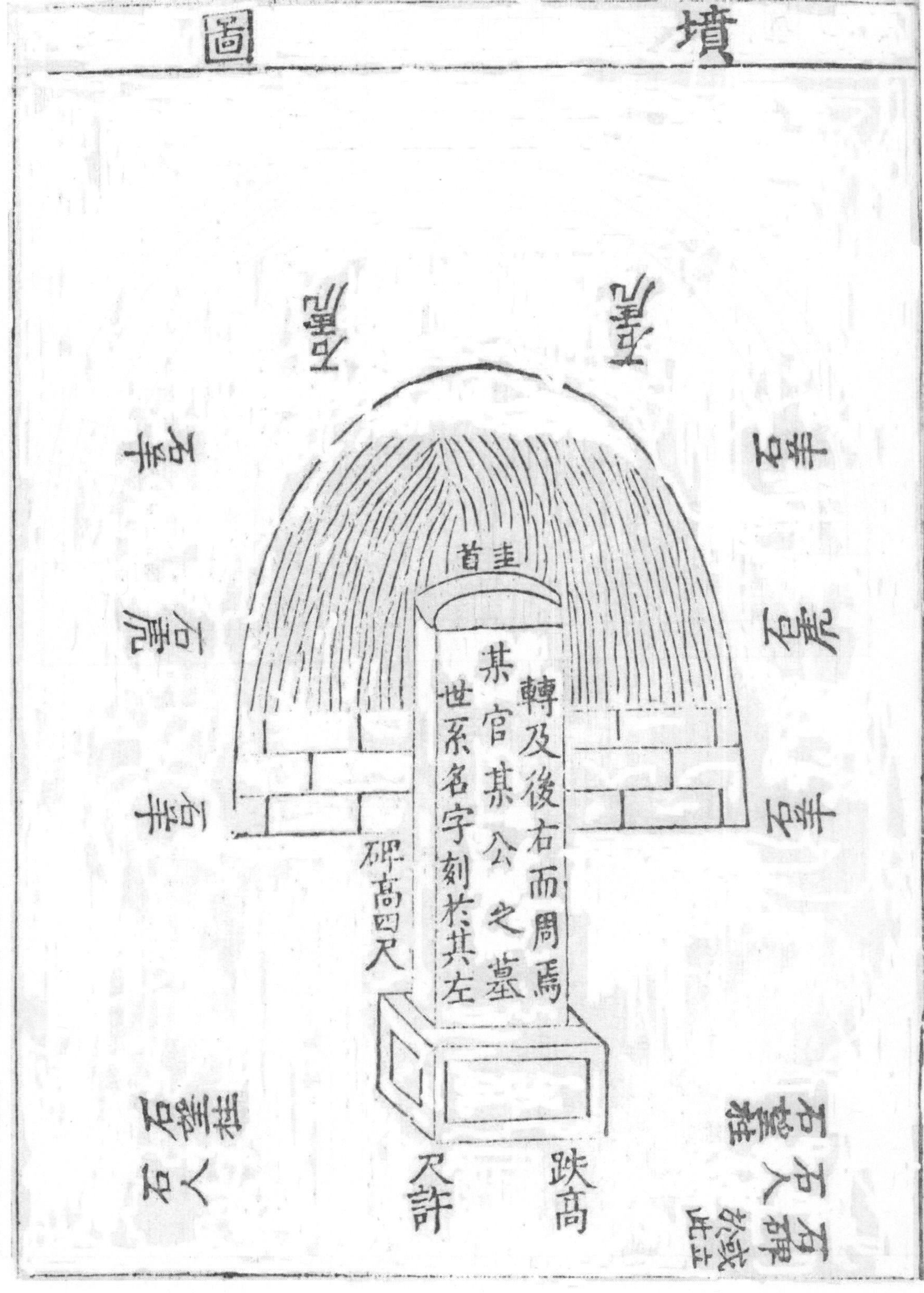

15 치장(治葬)

▶3005◀ ◈問; 노제(路祭).

안녕하세요. 오늘은 노제에 대해 여쭤봅니다. 한문서식의 한글번역본이 없어 어렵습니다. 해석을 부탁 드립니다.

◈答; 노제(路祭).

전통 상례에서 노제(路祭)란 친분이 있는 조객이 운구 행로 의 적당한 지점에 조문소를 차려 놓고 기다리다 상여가 도착 하면 영좌에 곡하며 절하고 상주에게 조문 하는 전제 의식을 일러 노제라 합니다.

○노제의 근거.
가례 상례편 치장장에 다음과 같은 의식이 있습니다.

親賓設幄於郭外道旁駐柩而奠
친척이나 조문객이 성밖 길옆에 장막을 치고 있다 영구가 도착하면 전제를 올린다.

본주를 보면,
如在家之儀
뜻은 집에 있을 때 하던 의식과 같다. 라고 하였는데 이를 오례의에서 노제라고 정의 하였습니다.

●國朝喪禮補編祖奠; 啓殯日雖遷奉梓宮于外殿外殿亦殯殿故此儀以下猶稱殯殿○路祭儀;前一日典設司設靈帳宮於城門外南向施屛帳南置帷門設靈座於靈帳宮正中如常
●紅樓夢第百十一回; 靈柩出了門便有各家的路祭一路上的風光不必世述
●文明小史第四十一回; 康太尊又問他們自從七中上祭以及出殯路奠等等總共化了多少錢一律要發還他們(漢典註)猶路祭
●國朝五禮儀治葬路祭儀; 前一日典設司設靈帳殿於城門外南向施屛帳南置帷門設靈座於帳殿正中如常又連設帷帳於靈帳殿之西以爲大轝小駐之次其日攸司設禮饌(見序例)於靈座前設香爐香合幷燭於其前奠祭文於靈座之左設尊於靈座東南北向置盞三於尊所引儀設留都文武羣官位於帳殿帷門外東西北向設贊儀引儀位如常靈駕將至贊儀引儀先入就位引儀分引羣官入就位(班首及執事者皆預盥手)魂帛車至帳殿帷門外攝左通禮進當車前俯伏跪啓請降車陞轝俯伏興內侍以腰轝進魂帛車前大祝捧魂帛函安於腰轝至帷門內攝左通禮啓請降轝陞座俯伏興大祝捧魂帛函安於帳殿中靈座虞主匱置其後大轝至攝左通禮進當大轝前啓請靈駕小駐俯伏興退贊儀唱跪俯伏哭羣官跪俯伏哭贊儀唱止哭興四拜興平身羣官止哭興四拜興平身引儀引班首詣靈座前北向立贊跪贊儀唱跪羣官皆跪引儀贊三上香執事者以盞酌酒授班首班首執盞獻盞以盞授執事者奠于靈座前(連奠三盞)引儀贊俯伏興小退北向跪大祝進靈座之左西向跪讀祭文訖引儀贊俯伏興平身(中略)大祝捧魂帛函安於車攝左通禮啓請車駕進發又攝左通禮進當大轝前啓請靈駕進發俯伏興退靈駕動儀衛導從如初
●五禮儀註卽路祭也
●書儀祖奠; 執事者具祖奠酒饌如殷奠其日晡時(禮祖用日昃謂日過中時今宜比夕奠差早用晡時可也)主人以下卑幼皆立哭祝帥執事者設酒饌於靈前祝奠訖退北面跪告曰永遷之禮靈辰不留謹奉柩車式遵祖道俛伏興餘如朝夕奠儀主人以下復位坐代哭以至於發引
●性理大全喪禮治葬日晡時設祖奠;饌如朝奠祝斟酒訖北向跪告曰永遷之禮靈辰不留今奉柩車式遵祖道俛伏興餘如朝夕奠儀
●康熙字典晡玉篇申時也
●史記五宗世家; 榮行祖於江陵北門(註)索隱曰祖者行神行而祭之故曰祖也風俗通云共工氏之子曰修好遠遊故祀爲祖神
●儀禮旣夕禮; 有司請祖期(鄭玄注)將行而飮酒曰祖(賈公彦疏)此死者將行亦曰祖爲始行故曰祖也

●左傳昭公七年;公將往夢襄公祖(注)祖祭道神
●司空圖詩品勁健;行神如空行氣如虹(辭源註)舊時詩文評論中多用以指神韻的運用
●才物譜冬集毛蟲譜; 行神(註)神爲灾害馬者曰行神
●漢書臨江哀王劉榮傳; 榮行祖於江陵北門(顔師古注)祖字送行之祭因饗飮也昔黃帝之子累祖好遠遊而死於道故後人以爲行神也
●辭源示部五畫[祖][祖道]古人於出行前祭祀路神稱祖道
●白虎通好远遊舟車所至足跡所達靡不窮覽故祀以爲祖神註祖者徂也卽行之義也
●書儀令勑喪葬之家不得於街衢致祭然親賓祭於喪家大門內及郭門外亦非街衢也
●廣記祭奠皆主人之事親朋止可助以奠物或助其執奠近世道次設祭甚無謂
●輯覽或問廣記道次設祭甚無謂之說如何愚曰按旣夕記唯君命止柩于堩其餘則否註不敢留神也又按開元禮出郭若親朋還者權停柩車以次就哭盡哀卑者再拜而退無所謂駐柩而奠之說未知此禮出於何書也疑亦當時俗禮而溫公書儀采入而家禮因之
●問道旁駐柩而奠明是親朋之奠而世俗因謂之路祭雖無親賓之奠必自主家設行如何南溪曰路祭本國恤所行其在士大夫尤不可自家別設
●家禮治葬親賓設幄於郭外路旁駐柩而奠; 如在家之儀五禮儀註卽路祭也
●家禮儀節治葬親賓設幄於郭外路旁駐柩而奠儀禮節次; 如在家之儀
(如前親賓致賻奠儀)○序立○擧哀○哀止○鞠躬拜興拜興平身(若婿甥及弟子四拜)○詣靈座前跪(尊長不用此)○焚香賓弔主人曰不意凶變(執事者一人執酒注向右跪一人執酒盞向左跪祭者取注斟酒于盞反注取酒)○酹酒(傾少許于地)○奠酒(執事者接盃置靈座上若卑幼則三獻)○讀祭文(祝跪讀祭文于祭者之右讀訖起)○擧哀○俯伏興平身(若不跪不用此句)○復位○鞠躬拜興拜興平身(若卑幼四拜)○焚祭文蒙賜慰問不勝哀感○稽顙拜興拜興平身(主人拜弔者答之)○禮畢○哀止○禮畢○祭文式 牲豕曰剛鬣羊曰柔毛俱有則並稱

▶3006◀◈問; 돌아가신 분의 옷을 태워 드리는 것에 대해.

안녕하세요~ 아버지께서 돌아 가신지 어제로 49 일이 지났는데 피치 못할 사정으로 그냥 넘겼습니다. 예전에 할머니 돌아가실 때 옷을 태워드렸기에 아버지 옷을 태워드리려고 누구에게 물어보니 49 제때 태워드리는 것이라고 하던데요. 49 제가 지나버려서 그러는데 100 일제에는 안될까 하고 궁금하여 여쭙니다. 옷을 태워드리는 것이 원래 예법인지 아니면 제가 잘못 알고 있는 것인지 해서 여쭙니다. 사정상 오늘 답변을 주셔야 하는데 가능할지요? 고언을 구합니다.

◈答; 돌아가신 분의 옷을 태워 드리는 것에 대해

주자가례(朱子家禮) 및 주요 예서에 사당 동쪽으로 세 칸을 세우고 첫째 칸에 사당에 모신 선대 조상의 생전에 읽고 저작한 책과 입던 옷을 보관 한다 라 하였고 염 등에 사용하던 기구 등은 구덩이를 파고 묻으라 하였으며 태우라는 말씀은 없는 듯합니다. 다만 사당이 없는 이들은 속습으로 출상하면 집에 남아 있는 이들이 망인이 생전에 입던 옷과 사용하던 용품 또 병중에 사용하던 기물 등은 동구 밖에서 태우는 습속도 더러 있는 듯하나 예서에 있는 예법은 아닌 듯합니다. 반드시 어느 날 태워야 한다 함은 없는 듯 합니다. 49 재 등은 불가의 예법이니 그에 관하여는 아는 바가 없습니다.

▶3007◀◈問; 挽章(만장)을 壙(광)에 묻는가?

挽章(만장)을 壙(광)에 같이 묻기도 하고 괴연 옆에 걸어 놓기도 하는데 어찌함이 옳은가요.

◈答; 挽章(만장)을 壙(광)에 넣는 것은 根據(근거)가 없다.

朱子家禮(주자가례)에서 金玉(금옥) 寶物(보물) 骨董品(골동품)도 亡者(망자)에게 累(루)를 끼쳐 壙中(광중)에 넣지 않는다 하였고, 沙溪(사계)께서도 雜物(잡물)을 壙中(광중)에 넣는 것은 不可(불가)하다 하셨고, 退溪(퇴계)께서도 挽章(만장)을 壙(광)에 넣는 것은 根據(근거)가 없다 하셨고, 同春(동춘)께서도 挽章(만장)은 묻지 않는다 하셨다.

●朱子家禮喪禮治葬主人贈; 家貧或不能具此數則玄纁各一可也其餘金玉寶玩並不得入壙以爲亡者之累

●沙溪曰壙中納雜物恐不可
●退溪曰挽章納于壙中禮雖無據從俗恐無害盖不納則置之無所宜故也
●問挽詞退溪以爲納于壙中然累數十張厚紙納之壙中似有所於墓傍淨地埋置如何或有藏之家者此則如何同春曰恐不必埋
●南溪曰挽章葬後或焚之或收之要以不褻用爲宜

▶3008◀◈問; 만장은 장례를 치르면서 광중에 묻는지요.

안녕하십니까. 저는 70 대 입니다. 한 가정을 이끌려 하니 예법을 모르는 것이 많아 우선 한 서너 가지 질문을 드리겠습니다.

1. 발인시 시신의 머리를 앞 또는 뒤 어느 쪽으로 상여가 가야하는지요.
2. 만장은 장례를 치르면서 광중에 묻는지요.
3. 제사 올리는 찬품에는 고추가루 등 양염을 한 김치는 사용하지 않는 이유가 있는지요.
늙은이가 망녕이다 탓하지 마시고 자식들을 위하여 부끄럼을 무릅쓰고 질문하였습니다. 자세하게 가름침 기다리겠습니다.

◈答; 만장은 장례를 치르면서 광중에 묻는가.

問 1 答; 發引(발인) 出行時(출행시) 屍柩(시구) 所向(소향)에 대하여 아래와 같이 살펴보건대 喪輿(상여)의 앞은 실지 方位(방위)와는 관계없이 南(남)이라 하고 뒤를 北(북)이라 합니다.

까닭에 屍首(시수; 上)가 進行(진행) 方向(방향)으로 놓여야 南首(남수)가 되는 것이니 屍首(시수; 上)를 喪輿(상여)의 앞으로 하여 行(행)하게 됩니다.

●檀弓葬於北方北首三代之達禮也之幽之故也註北方國之北也殯猶南首未忍以鬼神待其親也葬則終死事矣故葬而北首三代通用此禮也南方昭明北方幽暗之幽釋所以北首之義細註嚴陵方氏曰人之生也則自幽而出乎明故生者南鄕及其死也則自明而反乎幽故死者北首凡以順陰陽之理而已
●集說問柩在家南首至葬北首然人家墳地及居屋未必皆南向如何曰按祠堂章註不問何向背以前爲南後爲北愚以爲墳地居屋皆然
●輯覽或問柩行尸首所向答尸當南首而轅以南向首在前可知入墓始北首

○尸柩(시구) 運柩(운구) 時(시) 先足(선족)
○喪輿(상여) 運柩(운구) 時(시) 先首(선수)

●士喪記寢東首于北墉下疏東首向生氣之所墉謂之牆必在北墉下取一陽生於北生氣之始也
●喪大記註正尸遷尸於牖下南首也疏初廢牀在北壁當戶至復魄遷之在牀當牖南首
●檀弓疏殯時仍南首者孝子猶若其生不忍以神待之葬則終死事故北首三代通用此禮也
●通攷朝祖註柩北首辟其足者以其來往不可由首又飮食之事不可褻之由足故也
●旣夕禮柩朝廟北首及載卻下以足向前載於柩車及祖還柩車使轅向外爲行始柩行南首此亦可見
●沙溪曰或問柩行尸首所向入墓始北首以此觀之是時尸當南首而轅以南向首在前可知
●禮運北首疏死者此首歸陰之義也
●檀弓北首註殯猶南首未忍以鬼神待其親葬則終死事故北首也

問 2 答; 發引時行功布前⇒아래와 같이 살펴보건대 挽章(만장)의 納壙(납광) 埋地(매지) 保管(보관) 등 그 처리에 관하여 禮書的(예서적) 根據(근거)가 없는 것 같습니다. 따라서 혹 家門(가문)에서는 挽章(만장)을 장대에서 떼어 几筵(궤연) 등에 두었다 三年喪(삼년상)을 마치고 衣物遺書(의물유서) 庫(고)에 保管(보관)하게 됩니다.

●退溪曰挽章納于壙中禮雖無據從俗恐無害盖不納則置之無所宜故也
●問挽詞退溪以爲納于壙中然累數十張厚紙納之壙中似有所於墓傍淨地埋置如何或有藏之家者此則如何同春曰恐不必埋

●南溪曰挽章葬後或焚之或收之要以不褻用爲宜
●沙溪曰壙中納雜物恐不可

問 3 答; 아래와 같이 살펴 보건대 籩豆(변두)에 담는 祭需(제수)는 水産品(수산품)과 土産品(토산품)을 담는데 敢(감)히 (본래의 맛에 인공으로) 加味(가미)하여 쓰지 않는다. 라 하였으니 고추 가루나 마늘 등 調味料(조미료)를 添加(첨가)하지 않습니다.

●禮記郊特牲; 籩豆偶陰陽之義也籩豆之實水土之品也不敢用褻味而貴多品

▶3009◀◈問; 묘 만들 때 선소리?

안녕 하세요. 초상이 나서 장사 치를 때보면 묘를 만들면서 선소리를 하는데 그 가사가 특별히 있는 것인지요? 아니면 지방에 따라 구술로 전해 내려오는 것인지요? 기본적인 가사가 있다면 가사를 부탁 드립니다. 죄송 합니다.

◈答; 묘 만들 때 선소리?

질문하신 선소리(달기호)는 구전에 의해 각 지방마다 다르게 전래되는 것이며 예서에서도 전래되는 곳이 없어 바로 이 답변드릴 수 없음이 죄송스럽습니다. 차후 달기호 소리를 알고 계신 분들에게 취입하여 알려 드리겠습니다.

충청도 청원군 지방에서는 시체를 광중에 묻으며 흙 다질 때 여러 사람이 광중(壙中)으로 들어가 발로 다지며 선창자(先唱者)가 "달기호" 소리를 선창을 하면 따라 하기를 에헤 달기호 라 합니다.

▶3010◀◈問; 묘 쓰는 순서에 대해 여쭤보겠습니다.

안녕하세요. 추석이라 쉬시는 건 아닐지 모르겠지만 여쭤볼게 있어서 글을 올리게 되었습니다.

이번에 평온하고 행복했던 저희 가정에 묘 쓰는 순서 때문에 여러 가지 불화가 생기게 되었습니다. 저희 큰아버님께서 아직 살아 계신데 가묘를 쓰자고 하시더라고요. 근데 쓰는 순서를 왼쪽부터가 아닌 오른쪽부터 쓴다고 하시더라고요. 저희 선산에는 제 증조 할아버님이 젤 위로 계시고 저희 할아버님들 왼쪽부터 4 형제 분들 계시거든요. 그리고 그 밑에 저희 아버님 큰아버님들 자리를 쓸라고 하는데 저희 할아버님이 첫째 분이시고 그러다 보니 저희 큰아버님이 젤 왼쪽 어떻게 보면 젤 가장자리겠지요. 예전부터 그럼 내가 젤 가장자리네 하고 그러시더니 이번에 가묘쓰기 며칠 전에 저희 아버님을 부르시더니 오른쪽부터 쓰자고 그랬다고 하더라고요.

착하신 우리 아버님을 설득하셔서. 큰아버님 말씀은 증조할아버님 묘 자리가 가운데 있거든요 그리고 할아버님들 산소는 정삼각형 모양으로 그렇게 생겼다 보시면 되겠네요. 그것을 꼬투리 잡아 장손은 할아버지 밑 쪽으로 가는 것이라고 하더라고요. 큰아버님의 할아버님이니 제 증조 할아버님이시겠죠.

제가 알기로 왼쪽부터 순서대로 가야 하는 것 아닌가요. 이것도 역장이 아닐까 싶은데요. 아니 갑자기 생퉁 맞게 아버님 대에서는 오른쪽부터 쓴다니 이상하기도 하고 큰 벼슬까지 하신 큰아버님께서. 참 실망감이 크더라고요~~전에 한번 스님이 저희 산소에 오신 적이 있는데 지금 큰아버님이 쓰실라고 하는 그 자리가 맞은편 봉우리 하고 맞아 떨어진다고 좋은 자리라고 하시더라고요.

큰아버님은 좀 배우신 분이라고 저희 아버님께 어떤 자료를 꺼내오셨는지 제 증조할아버님 밑으로 장손이 와야 한다는 그런 것을 프린터로 뽑아 오셨더라고요. 제가 아니 왜 왼쪽부터 순서대로 가야지 왜 오른쪽부터 가는 경우가 어디 있냐고 장손이 할아버님 밑으로 와야 한다면 할아버님 자리를 왼쪽으로 옮겨야 하는 것 아니냐고 물어봤더니 저희 아버님을 설득했다고 씨익 웃으시더라고요.

이런 경우 어떻게 해야 하는지 제가 말한 그 역장이 맞는지 알려 주셨으면 좋겠고요. 어떠한 자료에 어떻게 올라와있는지 가르쳐 주셨으면 좋겠습니다. 저희 큰아버님께 조목조목 어떤 게 잘못된 거다 하고 자료는 어디에 나와 있다 하고 프린트를 해서 드리려고 합니다. 꼭 가르쳐 주시고 첨부파일 있으시면 가르쳐 주셨으면 감사하겠습니다. 추석 첫날부터 이런 글 올리게 된 점 죄송하고 너무나 속상해서 올립니다.

◈答; 묘 쓰는 순서에 대하여.

말씀으로 미루어 보건대 타인이 개입될 문제는 아닌 상 싶습니다. 답에 관하여 조심스러움이 있어 망설이다 이에 몇 자 적습니다.

아래와 같이 살펴보건대 옛날부터 묘지에 대한 분쟁이 있었던 것 같습니다. 특히 종산(씨족묘지)에서 길지(吉地)의 문제로 족친 간에 다툼이 발생하기가 쉽습니다. 까닭에 잘못하면 타인의 분쟁을 부추기거나 혹 편을 들거나 말려들기 쉽기에 다만 그에 대한 전거만 몇 사례 제시하여 드리겠습니다. 이를 해석하여 보시면 가족장에서 소목지서 즉 존자가 어느 쪽인가를 깨닫게 되시리라 믿습니다.

●曲禮席南向北向以西方爲上東向西向以南方爲上
●朱子曰東向南向之席皆尙右西向北向之席皆尙左
●陳安卿云地道以右爲尊
●溫公曰神道尙右以西爲上
●周禮大司徒以本俗六安萬民二曰族墳墓註族猶類也同宗者生相近死相迫
●尤庵考妣三位祔葬曰品字之形盖考位居上前妣居前右後妣居前左神道以右爲尊故也
●程子曰葬之穴尊者居中左昭右穆而此後則或東或西亦左右相對而啓穴也下穴之位不分昭穆易亂尊卑死者如有知居之其安乎
●按程子說如是嚴明而後世之葬尊卑失序誠惑於術說可勝歎犮
●南溪曰世之葬法有以男左女右爲次者有以考前妣後爲次者地道尙右朱子答陳安卿之問已有定論考前妣後亦似未安以神道論之廟制太祖居北二昭二穆以次而南以地道論之山勢後高而前低北上而南下今必反易其常何犮
●王制墓地不請註墓地有族葬之序人不得以請求已亦不得以擅與故爭墓地者墓大夫聽其訟焉

▶3011◀◈問; 묘지의 순서.

수고하십니다. 다름이 아니오라 저희 집안 선산(先山)에 순서가 작은아버지, 큰아버지 순(順)으로 묘지를 사용했는데 이것을 큰집은 작은아버지를 큰아버지 밑으로 이장(移葬) 해야 한다고 예절에 맞는다고 하는데 꼭 옮겨야 합니까? 자세한 답변 부탁 드립니다. 정말 감사합니다.

◈答; 묘지의 순서.

아래와 같이 살펴보건대 동종간에는 살아서와 같이 죽어서도 서로 근접하여 묘를 쓸 수 있으나 차례는 있어야 할 것 같습니다. 할아버지 위로 손자(孫子)를 장사할 수 없듯이 손아래 사람은 손 위 사람 아래로 장사하는 것입니다. 장 0 호님의 사례와 같은 장사 지냄을 역장(逆葬)이라 합니다. 죽어서도 생시의 상하 질서와 같은 것입니다.

●王制註墓地有族葬之序
●周禮註同宗者生相近死相迫○大司徒以本俗六安萬民二曰族墳墓註族猶類也同宗者生相近死相迫○小宗伯辨廟祧之昭穆註自始祖之後父曰昭子曰穆
●王制宗廟有不順者爲不孝不孝者君絀以爵註宗廟不順如紊昭穆之次失祭祀之時皆不孝也爵者祖宗所傳故絀爵焉
●程子曰葬之穴尊者居中左昭右穆而次後則或東或西亦左右相對而啓穴也下穴之位不分昭穆易亂尊卑死者如有知居之其安乎
●族葬圖說曰凡爲葬五世之塋當以祖墓分心南北空四十五步使可容昭穆之位分心空五十四步可容

男女之殤位今取墓大夫冢人之義參酌時宜爲之圖蓋祭止高曾祖考親親也葬則以造塋者爲始祖子不別適庶孫不敢卽其父皆以齒別昭穆尊尊也曾玄而下左右祔以其班也昭尙左穆尙右貴近尊也妻繼室合祔其夫崇正體也男子長殤居成人之位爲父之道也中下之殤處祖後示未成人也序不以齒不期夭也祖北不墓避其正也葬後者皆南首惡趾之向尊也妾無子猶陪葬以恩終也

●司馬溫公曰所以西上者神道尙右故也

●東漢明帝謙貶不敢自當立廟祔於光武廟其後遂以爲例至唐太廟及群臣家廟悉如今制以西爲上也

●賈氏曰生人陽故尙左鬼神陰故尙右

●退溪曰兩親葬東西定位想中國俗葬皆男左女右

●南溪曰世之葬法有以男左女右傳曰神道尙右地道尙右

●明齋曰合墓分左右之說先儒論之詳矣面南而分左右則考西妣東

●韓非子難言雖賢聖不能逃死亡避戮辱者何也則愚者難說也且至言忤於耳而倒於心註忤逆也倒反也

●公羊傳大祫註太祖東鄕昭南鄕穆北鄕其餘孫從王父父曰昭子曰穆昭取其鄕明穆取其北面尙敬

●藍田呂氏曰父爲昭子爲穆父親也親者邇則不可不別也祖爲昭孫爲昭祖尊也尊者遠則不嫌於無別也

●朱子曰周禮建國之神位太祖在北二昭二穆以次而南蓋太祖之廟始封之君居之昭之北廟二世之君居之穆之北廟三世之君居之昭之南廟四世之君居之穆之南廟五世之君居之廟皆南向主皆東向

●長樂陳氏曰王制所謂昭穆昭在左左爲陽昭者陽明之義穆在右右爲陰穆者幽陰之義

●春官疏若若兄死弟及俱爲君則以兄弟爲昭穆以其弟已爲臣臣子一例則如父子故別昭穆也

●春秋躋僖公左氏曰逆祀也註僖是閔兄嘗爲臣位應在下今居閔上故曰逆祀疏僖閔不得爲父子同爲穆耳今升僖先閔位次之逆非昭穆亂也若兄弟相代卽異昭穆設令兄弟四人皆立爲君則祖父之廟卽已毁理必不然

●尤庵曰昭穆之制甲爲昭則甲之子乙爲穆乙之子丙爲昭丙之子丁爲穆故祖孫爲一班也爲父子則不可同席故自然如是也

●通典漢明帝遺詔遵儉無起寢廟藏主於世祖廟更衣(註便殿寢側之別室所謂更衣也)章帝不敢違以更衣有小別上尊號曰顯宗後帝承遵皆藏主于世祖廟積多無別是後顯宗但爲陵寢之號魏祀高祖以下神主共一廟爲四室

●朱子曰自漢明帝同堂異室無復左昭右穆之制

⊙族葬圖(족장도)

○葬者居東後葬者次其西不以齒爲序女之三殤列葬於北棄女還家亦祔焉先凡葬祖後者皆南首祖正北東西室二步男子長殤雖未娶亦居昭穆中殤已娶者亦然其未娶者與殤皆葬於此先葬居西後葬者次其東不以齒爲序

妾之孫玄==殤之女孫玄===========玄孫之殤=
○=○=○==○=○=○=============○=○=○=
妾之孫曾==殤之女孫曾===========曾孫之殤=
○=○=○==○=○=○=============○=○=○=
=妾之孫===殤之女孫=============孫之殤==
○=○=○==○=○=○=============○=○=○===后
==妾之子==殤之女===============子之殤====土
○=○=○==○=○=○=============○=○=○===壇

⊙陪葬凡(배장범)

===================祖===================
===========穆================昭===========
=五==四==三==次=長======長==次==三==四==五=
=列==賤==及==何==諸=====諸==論==貴==序==葬=
=葬==皆==適==房==孫=====子==適==賤==齒==於=
=於==序==庶==所==不=====不==庶==皆==列==此=
=此=齒=貴=出=分=========================

=五==四==三==次==長=====長==次==三==四==五=
====葬列齒序孫玄===========曾孫序齒列葬====
===================南=====================

○凡葬昭者以西爲上其正妻繼室及有子之妻合祔其墓之東妾與君稍南仍皆與夫同封祖及昭穆皆北首神道東西闊五步南合祔其墓之南妾與君稍南仍皆與夫同封凡葬穆者以東爲上其正妻繼室凡有子之妻

▶3012◀◈問; 미성년자 고인에게 술올리는 것.

고인이 술을 전혀 하지 않는 경우에도 장례기간 성복제사나 발인제에서 술을 올리는게 맞나요? 맞다면 어떤 의미로 해석하면 될까요?

고인이 미성년자일 경우 장례기간 제사는 어떻게 하는게 좋을까요? 상주(제주)가 손윗사람일 경우 절하는 것과 술 올리는 부분이 애매하네요. 미성년자의 동생을 상주(제주)로 해서 제사를 올리는 것도 방법이 되는지 답변 부탁합니다.

問;1. 고인이 술을 전혀 하지 않는 경우에도 장례기간 성복제사나 발인제에서 술을 올리는게 맞나요? 맞다면 어떤 의미로 해석하면 될까요?

問 2. 고인이 미성년자일 경우 장례기간 제사는 어떻게 하는 게 좋을까요? 상주(제주)가 손윗사람일 경우 절하는 것과 술 올리는 부분이 애매하네요. 미성년자의 동생을 상주(제주)로 해서 제사를 올리는 것도 방법이 되는지 답변 부탁합니다.

◈答; 미성년자 고인에게 술올리는 것.

問 1.答; 고인이 술을 못할 시.

신(神)은 인간을 초월하여 생전 음주 여부와 관계없이 모든 제례의 법도가 삼헌으로 규정되어 있어 술로 제사하게 됩니다.

●素王事紀歷代追崇事始二仲丁祀; 北齊制春秋二仲釋奠于先聖先師 隋制國子寺每歲以四仲月上丁釋奠先聖先師州郡學則以春秋二仲月 唐玄宗(在位 712756)開元二十八(740)年詔祭春秋二仲上丁○祭用三獻; 唐太宗(在位 626649)貞觀二十一(647)年許敬宗等請國學釋奠令祭酒初獻司業亞獻博士終獻詞稱皇帝謹遣某官行禮以爲永制 玄宗開元中(年間)勅三獻以三公行禮
●朱子曰祭只是三獻主人初獻適子或主婦亞獻庶子弟或適孫終獻
●韓魏公祭式亞終獻皆不足則主祭者自行三獻

問 2.答; 고인이 미성년자일 경우.

아버지가 제주가 되나 절은 하지 않습니다.

●奔喪凡喪父在父爲主註各爲其妻子之喪爲主也疏正義曰凡喪父在父爲主者言子有妻子喪則其父爲主
●陳氏曰父主之統於尊也父歿之後兄弟雖同居各主妻子之喪矣
●家禮小殮奠條祝焚香洗盞斟酒奠之卑幼者皆再拜
●陶庵曰出入夫婦相拜

만약 지자(支子)가 혼인을 하고 후자 없이 죽으면 입후 동안 그의 처(妻)가 제사를 지내고 후자가 있으면 아무리 어려 강보(襁褓)에 쌓여있다 하여도 상주(喪主)가 되어 상(喪)을 치르고 그 제사(祭祀)에 주인(主人)이 되어 초헌(初獻)을 합니다.

다만 어려서 그 예를 감당하지 못하면 근친자(近親者)가 그를 대신하여 섭행(攝行)하여 그 상(喪)의 주인이 되고 제사(祭祀)를 지내게 됩니다. 고로 지자(支子)가 각각 거주(居住)는 물론이고 한집에 동거(同居)하다 상(喪)을 상하게 되면 그의 후손(後孫)이 상주(喪主)가 되고 그의 사실(私室)에서 제사(祭祀)를 지내게 됩니다.

●奔喪凡喪父在父爲主父歿兄弟同居各主其喪註各爲其妻子之喪爲主也
●性理大全祠堂;非嫡長子則不敢祭其父若與嫡長同居則死而後其子孫爲立祠堂於私室且隨所繼世數爲龕俟其其出而異居乃備其制若生而異居則預於其地立齋以居如祠堂之制死則因以爲祠堂
●退溪曰繼後子雖在襁褓亦書其名而季也爲攝主以奠獻

答(보충); 어린아이 죽음의 장례는 어찌하여야 하는가?

아래와 같이 살펴보건대 아이라 함은 禮法에서는 八歲가 차지 않은 아이로 정의되어 있습니다. 그 중에서도 家禮에서는 생후 석달 이후와 未滿 자로 나누고 開元禮에서는 四歲이상 자와 三歲이하 자로 구분하였는데 이에서는 家禮를 따름이 옳을 것입니다.
그러나 無服之殤자들의 장례기간에 관한 말씀은 어디서도 찾을 수가 없습니다. 이로 미루어 보아 成人의 葬禮期間을 따른다. 의 뜻으로도 해석할 수가 있는데 그렇다면 出産하자마자 죽은 영아도 이 같이하여야 할 것인가라는 문제가 발생할 것입니다. 다만 公羊傳에 不及時는 渴葬을 한다. 라는 말씀도 있으니 미치지 못하면 早葬한다 하여 예에 어그러졌다 할 수는 없을 것 같습니다.

●家禮成服篇凡爲殤服以次降一等條凡年十九至十六爲長殤十五至十二爲中殤十一至八歲爲下殤應服期者長殤降服大功九月中殤七月下殤小功五月應服大功以下次降等不滿八歲爲無服之殤哭之以日易月(便覽馬融曰以哭之日易服之月殤之期親則旬有三日哭緦麻之親則以三日爲制)生未三月則不哭也(增解通考徐乾學曰王氏馬氏謂以哭之日易服之月其說最爲合禮)男子已娶女子許嫁皆不爲殤(備要小記丈夫冠而不爲殤婦人笄而不爲殤男子受職亦不爲殤)
●通典徐整問射慈曰八歲以上爲殤者服未滿八歲爲無服問曰無服之殤以日易月哭之於何處有位答曰哭之無位禮葬下殤於園中則無服之殤亦於園也其哭之就園
●開元禮三殤之喪始死浴襲及大小斂葬送哭泣之位與成人同凡無服四歲以上略與下殤同又無靈筵唯大斂小斂奠而已三歲以下斂以瓦棺葬于園又不奠
●同春曰喪成人者其文縟喪不成人者其文不縟據此則殤喪之禮恐不必太備
●喪服傳子生三月父名之死則哭之名則不哭也疏始死亦當有哭而已
●程子曰八歲以上皆當立神主無服之殤不祭
●公羊傳不及時渴葬註渴猶急也

▶3013◀◈問; 발인(發引) 날 上食과 상여가 宗家를 지날 때.

1). 발인(發引) 날 아침 조전(祖奠)과 상식(上食)의 여부와,
2). 상여(喪輿)가 종가(宗家)나 선묘(先墓) 곁을 지나가게 되었을 때 어찌하여야 하는지요.

◈答; 발인(發引) 날 상식(上食)과 상여가 종가(宗家)를 지날 때.

問 1. 答; 아침 조전(祖奠)이라 함은 조전(朝奠)으로 이해하고 아래와 같이 살펴보건대 견전(遣奠)에서 묘지가 가까우면 조전과 상식을 마친 뒤에 발인을 하고 묘가 멀면 조전(朝奠)과 견전(遣奠)은 겸행(兼行)하고 상식(上食)은 그 뒤 행함이 옳습니다.

●問今人多設殷奠於就轝之前未知如何大山曰就轝之前設殷奠世俗多行之然恐無意義也
●南溪曰家禮發引時不言上食似以食時喪雖在道自當停柩設行故也今俗便於行喪當曉必上食而後遣奠甚失奠食之序也○又曰或拘於事勢則行上食於遣奠之後
●東巖曰發引在早朝者固當如此而或在晚後者勢當依例設朝奠及上食待就轝後別設遣奠
●尤庵曰遣奠之時不必與上食相値故下發引註別有食時上食之文恐當各設也
●遂菴曰途中遇哀則哭註云食時上食而今人於發引前行朝上食是從簡便非正禮也依備要食時上食宜矣
●陶庵曰今人例於遣奠前先行上食或遣奠時兼設上食蓋爲路中難於設食也然奠與食自有先後之序且於發引條明言食時上食則不可從俗行之也
●性齋曰祖奠徹而遣奠設則遣奠實兼朝奠朝奠之前固非朝饋之時也載柩以後則又非上食之所也奠與饋各有其節則亦不可兼行也所以家禮每舍上食之文在柩行之後矣若墓遠則於所館行之墓近則至山而行之必以食時可也

問 2. 答; 아래와 같이 살펴보건대 종가 곁을 지나게 되면 슬픔을 표하고 선조(先祖) 묘를 지낼 때는 상여가 잠깐 서서 슬픔을 다하여 곡함도 무방하다 합니다.

●問衆子別居者發引過宗家暫爲回柩向宗家以當朝祖之意何如同春曰所示實有哀痛惻怛之意雖無於禮亦何所妨但所經稍遠則恐不必然
●大山曰丘墓與家廟不同往辭之儀前未有聞然若孝子之情望墓處暫住柩而哭盡哀却無妨否

▶3014◀◈問; 변한 상례.

그런데 제가 현대의 장례 절차가 전통상례에 비해 간소화 되었다는 사실은 알고 있지만, 비교해보니 기본적인 절차들은 모두 그대로더라고요.

임종을 맞아 시신을 습염하여 치장하는 것까지 가장 눈에 띄는 점이 졸곡과 부제, 소상, 대상, 담제가 없고 대신에 사십구재와 3 년 탈상 대신 주로 1 년 탈상이나 백일 탈상 등으로 바뀐 점이랄까요? (맞나요?) 그리고 현대 상례엔 초혼 절차나 장지에서 사토제를 지내는 일 등은 없어졌나요?

전통상례와 현대상례 절차를 비교해봤을 때 가장 큰 차이점이 어떤 것인지 도움말 부탁 드립니다.

◈答; 변한 상례.

49 재(齋)는 불가(佛家)에서 사람이 죽은 지 49 일 되는 날 지내는 재(齋)로 칠칠재(七七齋)라고도 하는 예로 전통 관혼상제의 상례와는 아무런 관계가 없는 예로 언제부터 어떠한 연유에서 혼입 되었는지는 알 수가 없으나 혹자는 아무런 거리낌 없이 행하고 있는 듯한데 이는 불자(佛者)들의 예법이니 전통 예법이 아닙니다. 전통상례와 현대상례의 가장 큰 차이점이라면 사람이 죽으면 전통 상례를 따르는 듯하면서도 모든 예를 생략하고 매장시켜 줌으로서 끝내려 하는 듯 한 것이 다른 점이라 하겠습니다. 물론 현대의 모든 구조와 여건이 지난 옛날과는 다른 점이 있기는 하나 자신을 탄생시켜 키워준 노고를 생각한다면 자기 주의적인 사고에서 저질러지는 불효인 듯 도하니 효의 차이점이라 함이 맞을 것입니다.

●實錄太宗十二年壬辰十月八日庚申司諫院上疏疏曰: 然爲死者供佛齋僧之事因循未革而人死則皆欲薦拔而爲七七之齋間設法席之會至於殯處掛佛邀僧稱爲道場無間晝夜男女混處妄費天物曾不顧惜或有無識之徒專尙浮華極備供辦誇示人目其於存亡有何益哉假使佛氏有靈而受人之饋救人之罪則是賣官鬻獄汚吏之事也安有此理哉且生死有命禍福在天縱有祈禱之切佛氏安能施惠於其間哉且於佛經未有齋晨七七之說此必後世僧徒誑人斂財之術也伏望殿下特命攸司喪祭之儀一依
●釋門儀式擧揚;據娑婆世界南贍部洲東洋大韓民國某處某寺淸淨水月道場今此至極至精誠四十九日齋薦魂齋者某處居住行孝者伏爲所薦先嚴父靈駕諸當四十九日之晨爲亦上世先亡廣劫以來父母一切親屬等各列位列名靈駕
●東文選疏薦冲鏡王師疏字宙空虛而安住哀哀躃地有同失乳之兒憫憫迷途何異喪家之狗念以平生之履踐想應本地之優游玆不廢於修齋盖未免乎順俗七七齋之方届三三寶之是供燈燈變作光明臺遍周法界粒粒化生妙香饌充滿性空區區此心了了他鑒伏願云云徑登覺路與諸達者以同遊重入祖門無一衆生而不度
●藍溪先生年譜憲宗皇帝成化二年丙戌(世祖大王十二年)春立碣于教授公墓先生撰識○是歲母夫人安氏卒(時麗俗未遠喪制壞缺七七之設浮屠之法盛行於世而先生一從古經朝夕哭於几筵哀毁終制鄕隣多感化焉)
●退溪曰七七齋聞出於竺敎而不知其何謂然古人論此等事非一

▶3015◀◈問; 부친 장례후 시제사.

부친 장례 후 시제사를 지내야 하는지 문이 드립니다. 금년 9 월 14 일 부친께서 운명하셔서 장례를 모셨으며 11 월 1 일 49 제를 지냈습니다. 그런데 11 월 11 일 시제사가 예정 되어 있는데 시제사를 모셔도 되는지 여쭤 봅니다.

◈答; 부친 장례후 시제사.

아래와 같이 살펴보건대 삼년복자(三年服者; 父母服)는 졸곡(卒哭; 若百日) 안에는 모든 제사를 폐하고 후는 삼년상 동안 가족 중 복이 가장 가벼운 이를 시켜 무축 단헌으로 기제를 비롯 묘제를 대행시키게 됩니다.

3 개월 후에 장례를 치름이 법도이나 형편상 일찍 장사하였다 하더라도 졸곡은 법도대로 3 개월 후(약 100 여일)에 지내게 됩니다.

부친 작고한 날이 9 월 14 일이라면 장례 일은 3 개월 후인 11 월 14 일이 됩니다. 시제 일이 11 월 11 일이라면 법도적으로 장사전이 됩니다. 따라서 묘제(시제)는 졸곡 전이되어 폐함이 법도상 옳습니다.

●要訣祭儀抄喪服中行祭儀○凡三年之喪古禮則廢祠堂之祭而朱子曰古人居喪衰麻之衣不釋於身哭泣之聲不絶於口其出入居處言語飮食皆與平日絶異故宗廟之祭雖廢而幽明之間兩無憾焉今人居喪與古人異而廢此一事恐有所未安朱子之言如此故未葬前則準禮廢祭而卒哭後則於四時節祀及忌祭(墓祭亦同)使服輕者(朱子喪中以墨衰薦于廟今人以俗制喪服當墨衰著而出入若無服輕者則亦恐可以俗制喪服行祀)行薦而饌品減於常時只一獻不讀祝不受胙可也○期大功則葬後當祭如平時(但不受胙)未葬前時祭可廢忌祭墓祭略行如上儀○緦小功則成服前廢祭(五服未成服前雖忌祭亦不可行也)成服後則當祭如平時(但不受胙)服中時祀當以玄冠素服黑帶行之

▶3016◀◈問; 상례 중 하관 시에.

한 말씀 여쭙건 데! 상례의 하관 시에 "폐백"에 대하여 "검은 비단(玄)은 오른쪽 붉은 비단(훈)은 왼쪽"이라고 되여 있는데! 여기서 말하는 오른쪽 왼쪽은, 시신(屍身)의 좌우(左右)인지요 아니면 관 앞에 선 산사람(상제, 지사,)의 좌우인지요! 하답 주소서!

◈答; 상례 중 하관 시에.

역은 덫 소리 일듯하여 생략하겠습니다.

家禮玄六纁四各長丈八尺主人奉置柩旁再拜稽顙在位者皆哭盡哀家貧或不能具此數則玄纁各一可也其餘金玉寶玩並不得入壙以爲亡者之累○開元禮奉玄纁授主人執事者授之主人受以授祝祝奉以入奠於柩東○退溪曰玄纁卷束而置棺左右比世人鋪在棺上此爲得之○尤菴曰玄纁置柩旁云者家禮之文自分明若置於柩上之一邊則當曰柩邊矣當從朱子禮置柩椁之間而玄右纁左○鏡湖曰玄纁若以陰陽言之則玄屬陽當居左纁屬陰當居右以上下言之則當玄上纁下矣然則尤翁所謂玄右纁左只主於上下之義而言也蓋地道尊右故也

위에서 살펴 본 바와 같이 경호(鏡湖) 선생께서 방위(方位)가 생자(生者) 위주인가 사자(死者) 위주인가를 분명히 질정하여 놓은 것 같습니다. 현(玄)은 양(陽)에 속하니 좌(坐)로는 양(陽)이 좌측(左側)이며 동(東)쪽이 되고 훈(纁)은 음(陰)에 속하니 좌(坐)로는 음(陰)이 우측(右側)이며 서(西)쪽이 되는 것이니 생자(生者)가 보아서 동(東)쪽이 우측(右側)이 되고 서쪽이 좌측(左側)이 됩니다. 그런고로 생자(生者)로 하여 현우(玄右) 훈좌(纁左)가 옳습니다.

●家禮治葬主人贈條玄六纁四各長丈八尺家貧或不能具此數則玄纁各一可也
●尤庵曰玄纁用天地正色而世俗或用間色未知有所考否
●雜記魯人之贈也三玄二纁廣尺長終幅(註)贈以物送別死者於槨中也旣夕禮曰贈用制幣玄纁束一丈八尺爲制今魯人雖用玄與纁而短狹如此則非禮矣故記者譏之幅之度二尺二寸
●旣夕禮至于邦門公使宰夫贈用玄纁束(註)公國君也贈送也(疏)贈用玄纁束帛者卽是至壙窆訖主人贈死者用玄纁束帛也以其君物所重故用之送終也
●周禮春官大宗伯孤執皮帛(疏)束者十端每端丈八尺皆兩端合卷總爲五匹故云束帛也
●辭源[束帛]古代聘問的禮物也用作婚喪朋友相饋贈的禮品帛五匹爲束ㄱ
●墨子尙同中其祀鬼神也(云云)珪璧幣帛不敢不中度量
●唐封演封氏聞見記紙錢條按古者享祀鬼神有圭璧幣帛事畢則埋之.
●沙溪曰主人贈者重君之賜而設後世無君之賜而家禮存之疑亦是愛禮存羊之義歟
●常通今俗多用左玄右纁之制分置棺上左右當手處以應親愛之義此不爲無據又曰左右恐當以生人

分之盖生人之左卽死者之右而地道神道皆尙右故也若以尸柩分左右而左玄右纁則天色玄反居於下地色纁反居於上恐非禮意
●鏡湖曰玄纁若以陰陽言之則玄屬陽當居左纁屬陰當居右以上下言之則當玄上纁下矣然則尤翁所謂玄右勳左只主於上下之義而言也盖地道尊右故也

▶3017◀◈問; 부친 장례후 시제사.

부친 장례 후 시제사를 지내야 하는지 문이 드립니다.
금년 9 월 14 일 부친께서 운명하셔서 장례를 모셨으며 11 월 1 일 49 제를 지냈습니다.
그런데 11 월 11 일 시제사가 예정 되어 있는데 시제사를 모셔도 되는지 여쭤 봅니다.

◈答; 부친 장례후 시제사.

아래와 같이 살펴보건대 삼년복자(三年服者; 父母服)는 졸곡(卒哭; 若百日) 안에는 모든 제사를 폐하고 후는 삼년상 동안 가족 중 복이 가장 가벼운 이를 시켜 무축 단헌으로 기제를 비롯 묘제를 대행시키게 됩니다.

3 개월 후에 장례를 치름이 법도이나 형편상 일찍 장사하였다 하더라도 졸곡은 법도대로 3 개월 후(약 100 여일)에 지내게 됩니다.

부친 작고한 날이 9 월 14 일이라면 장례 일은 3 개월 후인 11 월 14 일이 됩니다. 시제 일이 11 월 11 일이라면 법도적으로 장사전이 됩니다. 따라서 묘제(시제)는 졸곡 전이되어 폐함이 법도상 옳습니다.

●要訣祭儀抄喪服中行祭儀○凡三年之喪古禮則廢祠堂之祭而朱子曰古人居喪衰麻之衣不釋於身哭泣之聲不絶於口其出入居處言語飮食皆與平日絶異故宗廟之祭雖廢而幽明之閒兩無憾焉今人居喪與古人異而廢此一事恐有所未安朱子之言如此故未葬前則準禮廢祭而卒哭後則於四時節祀及忌祭(墓祭亦同)使服輕者(朱子喪中以墨衰薦于廟今人以俗制喪服當墨衰著而出入若無服輕者則亦恐可以俗制喪服行祀)行薦而饌品減於常時只一獻不讀祝不受胙可也○期大功則葬後當祭如平時(但不受胙)未葬前時祭可廢忌祭墓祭略行如上儀○緦小功則成服前廢祭(五服未成服前雖忌祭亦不可行也)成服後則當祭如平時(但不受胙)服中時祀當以玄冠素服黑帶行之

▶3018◀◈問; 상상(殤喪)에 대하여.

안녕하신지요. 항상 좋은 가르침 감사합니다. 죽음에는 애 어른의 가림이 없는데 성인(成人)이 되기 전에 죽은 자도 명정(銘旌)을 써야 하는지 와 쓴다면 어떻게 써야 하는지요.

◈答; 상상(殤喪)에 대하여.

아래와 같이 살펴보건대 성인(成人)이나 미성인(未成人)은 예(禮)에 차등인 없다는 것입니다.

명정식(銘旌式)은 아래와 같이 쓴다 합니다.
○15 세 이상 未成人의 銘旌은 秀才某君之柩.
○15 세 이하는 某貫某童子之柩.
○처녀의 명정은 某貫某氏之柩.

●南溪曰未成之人不無差等若年十五以上能知文字有行業者恐當曰秀才某君之柩若十五以下或稱某貫某童子之柩亦可
●明齋曰未嫁者書以處子某貫某氏之柩
●家禮成服篇凡爲殤服以次降一等條凡年十九至十六爲長殤十五至十二爲中殤十一至八歲爲下殤應服期者長殤降服大功九月中殤七月下殤小功五月應服大功以下次降等不滿八歲爲無服之殤哭之以日易月(便覽馬融曰以哭之日易服之月殤之期親則旬有三日哭緦麻之親則以三日爲制)生未三月則不哭也(增解通考徐乾學曰王氏馬氏謂以哭之日易服之月其說最爲合禮)男子已娶女子許嫁皆不爲殤(備要小記丈夫冠而不爲殤婦人笄而不爲殤男子受職亦不爲殤)
●通典徐整問射慈曰八歲以上爲殤者服未滿八歲爲無服問曰無服之殤以日易月哭之於何處有位答曰哭之無位禮葬下殤於園中則無服之殤亦於園也其哭之就園

●開元禮三殤之喪始死浴襲及大小斂葬送哭泣之位與成人同凡無服四歲以上略與下殤同又無靈筵唯大斂小斂奠而已三歲以下斂以瓦棺葬于園又不奠

●同春曰喪成人者其文縟喪不成人者其文不縟據此則殤喪之禮恐不必太備

●喪服傳子生三月父名之死則哭之名則不哭也疏始死亦當有哭而已

●程子曰八歲以上皆當立神主無服之殤不祭

●公羊傳不及時渴葬註渴猶急也

▶3019◀◈問; 상이 끝나고 조의를 표한 분께 감사의 말씀을 드릴 때.

상이 끝나고 조의를 표한 분께 감사의 말씀을 드릴 때 어떻게 해야 하는 거죠? 직위가 저보다 높으신 분한테 쓸 말입니다.

◈答; 상이 끝나고 조의를 표한 분께 감사의 말씀을 드릴 때.

상을 당하여 조위에 답 하는 서식은 본 전통 예절 상례(喪禮)편 우제(虞祭)장 졸곡(卒哭)조 후미에 답인위소식(答人慰疏式)을 인용 하십시오. 본식은 부모와 적손이 승중 상에 조문객에 대한 답서 서식입니다.

⊙부모상을 당하여 조문 온 이에게 답하는 서식. (父母亡答人慰疏式適孫承重者同)

某稽顙再拜言(降等云叩首去言字)(劉氏曰按稽顙而後拜以頭觸地曰稽顙三年之禮也雖於平交降等者亦如此但去言字何則古禮受弔必拜之不問幼賤故也)某罪逆深重不自死滅禍延先考(母云先妣承重則祖父云先祖考祖母云先祖妣)攀號擗踊五內分崩叩地叫天無所逮及日月不居奄踰旬朔(卒哭小祥大祥禫隨時)酷罰罪苦(父在母亡卽云偏罰罪深父先亡則母與父同)無望生全卽日蒙

恩(平交以下去此四字)祇奉几筵苟存視息伏蒙尊玆(平交云仰承仁恩)俯賜(平交改賜爲垂降等去伏蒙以下六字但云特承)

慰問哀感之至無任下誠(平交云仰承仁恩俯垂慰問其爲哀感但切下懷降等云特承慰問哀感良深○司馬溫公曰凡遭父母喪知舊不以書來弔問是無相恤之心於禮不當先發書不得已須至先發卽刪此四句)未由號

訴不勝隕絶謹奉疏(降等云狀)荒迷不次謹疏(降等云狀)

年號幾年某月某日孤子(母喪稱哀子俱亡卽稱孤哀子承重者稱孤孫哀孫孤哀孫)備要按翰墨全書居心喪云申心制或曰心喪居禫服云居禫祖父母喪云緦服妻喪云期服而具書姓名於其下姓名疏上某位座前謹空(平交以下去此二字)

⊙봉투 쓰는 식(皮封式)

疏隨改同前上

某位座前　孤子隨改同前姓名謹封

◈祖父母亡答人啓狀(조부모망답인계장)(謂非承重者伯叔父母姑兄姊弟妹妻子姪孫同)

某啓家門凶禍(伯叔父母姑兄姊弟妹云家門不幸○妻云私家不幸○子姪孫云私門不幸)先祖考(祖母云先祖妣○伯叔父母云幾伯叔父母○姑云幾家姑○兄姊云幾家兄幾家姊○弟妹云幾舍弟幾舍妹○妻云室人○子云小子某○姪云從子某○孫曰幼孫某)奄忽棄背(兄弟以下云喪逝○子姪孫云遽爾夭折)痛苦摧裂不自勝堪(伯叔父母姑兄姊弟妹云摧痛酸苦不自堪忍○妻改摧痛爲悲悼○子姪孫改悲悼爲悲念)伏蒙

尊慈特賜

慰問哀感之至不任下誠(平交降等如前)孟春猶寒(寒溫隨時)伏惟(恭惟緬惟如前)

某位尊體起居萬福(平交不用起居降等但云動止萬福)某卽日侍奉(無父母卽不用此句)

幸免他苦未由

面訴徒增哽塞謹奉狀上(平交云陳)謝不備(平交如前)謹狀

年　月　日某郡姓名狀上

某位(座前謹空平交如前)

▶3020◀◈問; 상, 장례에 관하여.

수고가 많으십니다. 하관(下官) 시 취토(取土)를 할 적에 광중 안에 들어가서 하는지 아니면 광중 주위에서 하는지? 취토는 누가 해야 되는지(누구까지 할 수 있는지)?

강신-참신-초헌-아헌-종헌-첨작 등 삽시정저 전까지 젓가락은 어디에 있어야(두어야) 하는지? 관리자님의 고견을 기다리겠습니다.

◈答; 상, 장례에 관하여.

하관 시 취토(取土)에 관하여는 아는 바가 없습니다. 다만 민속적 관행(慣行)이거나 샤머니즘적인 발상에서인지 그 기원도 모르겠으나 하관 시 취토행위가 실현되고 있는데 엄숙한 자리에서 그 행위의 여부를 논하여 나설 자는 없는 것이니 우리 모두가 묵시적(默示的)으로 시인을 하고 있는 것 같습니다. 그러나 전통예법 상례에서 그를 펼쳐 본 바가 없으니 본인은 그에 관하여 당부 또는 행위절차를 논할 수 없습니다.

수저는 제 4 행 盞飯~匙~醋羹으로 진설이 됩니다.

●新傳煑硝方取土云路上或墻根前晝曝陽夜潮氣色黑味醎者最佳或凉或苦或甜或酸者次之唯鹹者生濕故不好註視其地而嘗其味則白者味淡而黑者味厚以曲鍤薄薄刮取其黑紋而不務深深則生土雜而味薄也刮取之後人踏陽曝又過數日則氣與味湧上紋自生矣依前取用可以無盡而若遇雨水則待過十數日陽曝而後又可取用也細註不見雨者味常厚前式之專用屋裏土者爲其辨之甚易故也

●家禮設饌圖式盞飯匙醋羹

●要訣設饌圖式匙飯盞羹醋

●五禮儀庶人兩位設饌圖式飯羹匙飯羹匙

●南溪曰正置於楪上首西尾東

●問(宋命賢)正筯云者正於何處耶答(明齋)退溪先生說可考今禮家則皆正之於楪上矣退溪先生曰匙則特言扱之之所而筯則不言正之之所禮事亡如事生從吾東俗而正之於卓上可也

▶3021◀◈問; 선후대묘(先後代墓)의 左右順序와 設壇時의 제례법.

지난번에 2730 번의 질의에 선생님의 친절하시고 전문적인 답을 주심에 깊은 감사를 드립니다.

1. 일반적으로 선후대(先後代) 조상의 묘를 쓸 때에 선북(先北) 후하(後下)의 순(順)으로 묘(墓)를 설치하고 있는듯한데. 사정상 선후대의 묘를 횡(橫)으로 쓸 때에는 그 순서가 선좌후우(先左後右)인지 선우후좌(先右後左)인지 그 순서를 알고 싶습니다.

2. 조상의 묘를 失傳(고려시대 조상의 묘는 대개 실전) 하여 설단(設壇)을 하고 이에 제례를 거행하는데 설단의 경우에도 일반제례와 같은 지요. 그렇지 않으면 그 제례 순서를 알고자 합니다.

참고. 결례의 말씀이 될지 모릅니다만 선생님의 홈페이지 좌측 가례초해(家禮抄解)의 서문 중에 적립이라 기재되어 있는데 정립(定立)의 오기인 듯 생각되고. 나. 제례의 순서 중 철상(徹床)으로 표기됐는데 철상(撤床)의 오기(誤記)가 아닌지 의심되어 감히 적었습니다. 표기된 바가 바르다면 해설을 주시면 고맙겠습니다. 선생님의 건강을 빕니다.

◈答; 선후대묘(先後代墓)의 좌우순서(左右順序)와 설단시(設壇時)의 제례 법.

問; 1. **答**; 족장법(族葬法)은 중앙(中央)에 시조(始祖)를 모시고 좌소(左昭)(2 대) 우목(右穆)(3 대)의 예법은 명시되어 있으나 1 열 예법은 찾아지지 않습니다. 다만 곡례(曲禮)에서 신도상우(神道尙右)라 하여서인지는 모르겠으나 서존동비(西尊東卑)로 묘(墓)를 쓰는 가문도 있는 것 같습니다.

●尤庵曰墓地旣曰倒用則可見其違理矣况有程子正論復何疑乎
●周禮地官司徒敎官之職大司徒條安萬民二曰族墳墓註同宗者生相近死相迫連猶合也
●周禮春官宗伯禮官之職冢人條掌公墓之地先王之葬居中以昭穆爲左右註其地形及丘壟所處而藏之先王造塋者昭居左穆居右夾處東西
●程子曰下穴之位不分昭穆易亂尊卑死者如有知居之其安乎
●曲禮生人尙左神道尙右也
●辭源宗廟輩次排列以始祖居中二世四世六世位於始祖左方稱昭三世五世七世稱穆

問 2. 答; 아래와 같이 살펴보건대 재사(齋舍)나 설단제(設壇祭)도 가하다 하셨을 뿐 달리 지낸다 하시지 않았으니 묘제(墓祭)의 예법과 같이 단제(壇祭)도 지내야 할 것입니다.
●問墓祭紙牓合祭於齋宮何如退溪曰無妨設壇於淨地而合祭何如曰尤是

積立; 모아서 쌓아 두다. 거기서의 積立이란 예법을 체계적으로 모아 일책하여 후대에게 물려 준다는 의미이며,

撤床과 徹床은 동의입니다.

◆**徹;** 거두어 치우다
●詩經小雅十月之交徹我牆屋

◆**撤;** 거두어 치우다.
●論語鄕黨不撤薑食不多食

●**望祀錄設壇祭笏記**
禮儀淸肅○衆昭衆穆○致敬盡誠○獻官祝及諸執事詣盥洗位○盥洗○入就神壇前拜位○叙立○陳設進饌○贊引引首獻入就神壇前拜位○跪○焚香○俯伏○興○再拜○跪○酹酒降神○俯伏○興○再拜○退復位○獻官以下皆參神再拜○行首獻禮○各執事奉神位前盞盤斟酒進首獻官○首獻受而祭酒○以盞授執事○執事受而奠于神位前○揷匙正著○祝跪于首獻之左讀祝(首獻官以下皆跪)○首獻以下皆興○祝官退復位○首獻俯伏○興○再拜○執事退酒○行亞獻禮○贊人引亞獻入就神壇前○跪○執事奉神位前盞盤斟酒進亞獻○亞獻受而授執事○執事受而奠于神位前○亞獻俯伏○興○再拜○退復位○執事退酒○行終獻禮○贊人引終獻入就神壇前○跪○執事奉神位前盞盤斟酒進終獻○終獻受而授執事○執事受而奠于神位前○終獻俯伏○興○再拜○退復位○獻官以下望壇揖拱侑食小頃○祝徹羹進熟水○祝詣首獻前揖告成事○首獻答揖○執事徹匙著合飯盖○退復位○獻官以下皆再拜辭神○執事撤床

▶3022◀◈問; 시고모님의 상에 관하여.

오늘 시고모님이 돌아가셨다는 말을 들었습니다. (결혼하고 한 번도 뵙지 못했던 분인데) 신랑이 퇴근 후, 문상을 간다고 하는데 동행을 할까 합니다. 그런데 궁금한 것이 있어 이렇게 문의 드립니다.

1. 시고모님 상에 조카며느리가 문상을 가는 것이 도리이겠죠?

2. 보통 3일장을 치르는데 3일 동안 조카며느리도 일손을 거들어야 할까요?

3. 복장은 어떻게 하고 가야 할까요? (검은 계통의 정장이면 될 것 같은데 검은 색이 없는데 괜찮을까요?)

나이가 서른이 다 되도록 아는 것이 이렇게 없네요.

◈答; 시고모님의 상에 관하여.

問 1. 答; 문상이 아니라 복인으로서 가야 합니다.

問 2. 答; 시고모의 복은 소공(小功) 오월복을 입어야 하니 일손을 거드는 것이 아니라 곡을

하여야 하며 모든 의식에 참여 하여야 합니다.

問 3. 答; 상복은 상가에서 준비를 하는 것이니 화장을 하지 않아야 하며 울긋불긋 한 옷은 피하고 각종 장식도 떼고 급히 가야 합니다.

○小功五月

服制同上但用稍熟細布冠左縫(增解喪服傳疏大功以上哀重其冠三辟積鄉右從陰小功緦麻哀輕三辟積鄉左從陽)首絰四寸餘腰絰三寸餘其正服則爲從祖祖父從祖祖姑謂祖之兄弟姊妹也爲兄弟之孫爲從祖父從祖姑謂從祖祖父之子父之從父兄弟姊妹也爲從父兄弟之子也爲從祖兄弟姊妹謂從祖父之子所謂再從兄弟姊妹者也爲外祖父母謂母之父母也(便覽喪服傳出妻之子爲外祖父母無服)爲舅謂母之兄弟也爲甥也謂姊妹之子也爲從母謂母之姊妹也(備要女爲姊妹之子外親雖適人不降)爲同母異父之兄弟姊妹也其義服則爲從祖祖母也爲夫兄弟之孫也爲從祖母也爲夫從兄弟之子也爲夫之姑姊妹適人者不降也女爲兄弟姪之妻已適人亦不降也爲娣姒婦謂兄弟之妻相名長婦謂次婦曰娣婦娣婦謂長婦曰姒婦也庶子爲嫡母之父母兄弟姊妹嫡母死則不服也(便覽小記爲母之君母母卒則不服)母出則爲繼母之父母兄弟姊妹也(便覽虞氏曰雖有十繼母當服次其母者之黨○增解服問傳曰母出則爲繼母之黨服母死則爲其母之黨服爲其母之黨服則不爲繼母之黨服)爲庶母慈已者謂庶母之乳養已者也爲嫡孫若曾玄孫之當爲後者之婦其姑在則否也爲兄弟之妻也爲夫之兄弟也(備要補服(婦)姑爲嫡婦不爲舅後者按儀禮從子婦大功衆子婦小功魏徵秦議升衆子婦爲大功今嫡婦不爲舅後者與衆子婦同則亦當同升爲大功也(繼)爲所後者妻之父母○檀弓曾子曰小功不稅追爲服也則是遠兄弟終無服可乎疏降而在緦者亦稅之其餘則否)
楊氏復曰按儀禮補服條當增爲所後者妻之父母若子也姑爲嫡婦不爲舅後者也諸侯爲嫡孫之婦也

○소공(小功) 오월 복이다.

상복 짓는 법은 위와 같다. 다만 대공복 포(布) 보다 조금 고운 숙포(熟布)로 짓는다. 관의 벽적(襞積)을 좌측으로 접어 꿰매고 수질은 네 치 남짓이며 요질은 세치 남짓이다.

○복 입는 법.

○정복(正服)은 조부형제를 위한 복이며 출가하지 않은 대고모(大姑母)의 복이며 출가를 하였으면 감한다. 형제의 손을 위한 복이며 당숙부, 당고모를 위한 복이며 종질과 종질녀를 위한 복이다. 재종형제자매를 위한 복이며 외조부모를 위한 복이다. 외숙(外叔), 이모(姨母)를 위한 복이며 여자가 출가를 하였으면 모두 감한다. 생질(甥姪), 생질녀를 위한 복이다.

○의복(義服)은 종조모와 당숙모를 위한 복이며 남편형제의 손과 남편종형제의 자녀를 위한 복이며 여자가 출가를 하였으면 감한다. 남편의 고모(姑母), 남편의 자매를 위한 복이며 여자가 출가를 하였어도 감하지 않는다. 여자가 형제의 처와 조카의 처를 위한 복으로 본인이 출가를 하여도 감하지 않는다. 시동서간에 서로 입는 복이며 서자가 적모(嫡母)의 친정부모 형제자매를 위한 복으로 적모가 작고한 후는 복이 없다. 친모가 쫓김을 당하였으면 계모의 친정 부모 형제자매를 위한 복이다. 젖을 먹여 길러준 서모(庶母)의 복이며 적손부를 위한 복이다. 적증현손부(適曾玄孫婦)의 복이나 시어머니가 생존하였으면 복이 없다. 형제의 처를 위한 복이며 남편의 형제를 위한 복이다.

●儀禮經傳通解喪服; 小功者兄弟之服也又小功布衰裳澡麻帶絰五月者(賈公彦疏)但言小功者對大功是用功粗大則小功是用功細小精密者也

●唐律疏議名例; 小功之親有三祖之兄弟父之從父兄弟身之再從兄弟也此數之外據禮內外諸親有服同者並準此(辭註)小功舊時喪服名五服之第四等其服以熟麻布制成視大功爲細較諰麻爲粗服期五月凡本宗爲曾祖父母伯叔祖父母堂伯叔祖父母未嫁祖姑堂姑已嫁堂姊妹兄弟之妻從堂兄弟及未嫁從堂姊妹外親爲外祖父母母舅母姨等均服之

▶3023◀◈問; 알려주세요.

아빠가 돌아가셔서 장례를 치렀는데요 그때 도움 주신 아빠 친구분들께 새해 인사로 연하장(年賀狀) 쓰려고 해요. 그런데 제가 아빠를 뭐라고 불러야 하고 제가 아빠 딸이란 걸 어떻게 말해야 하는 건지 아주 어린 나이면 그냥 써도 될 것 같은데 좀 커서 괜한 실수로 아빠를 욕되게 할까 봐 걱정이 되요. 언젠가 본거 같은데 자기 부모님을 남에게 얘기할 때 호칭이나 돌아가신 부모님을 부르는 호칭이나 이런 게 달랐던 것 같아서 질문 드립니다. 답변해 주시면 감사드릴께요. 새해 복 마니 받으세요.

◈答; 조문 온 이들에게 인사장.

귀하의 의문은 조문과 상에 협력한 분들께 감사의 인사장에 기재할 작고한 부친과 자신의 적합한 호칭인 것 같습니다. 작고한 부친의 호칭은 선고(先考)이며 자신이 만약 장자이면 고자(孤子)라 칭 하나 딸이니 딸 명의(名義)로 조위(弔慰)에 답하는 서식(書式)은 없으니 그 호칭 역시 없습니다. 다만 여식(女息)이라면 존칭어가 아니니 이 호칭이면 실 예는 면치 않을까 생각 됩니다.

○작고한부친의 호칭~~~선고(先考)
○자신의 호칭~~~~~~~~여식(女息)

⊙부모상을 당하여 조문 온 이에게 답하는 서식.(父母亡答人慰疏式適孫承重者同)

某稽顙再拜言(降等云叩首去言字)(劉氏曰按稽顙而後拜以頭觸地曰稽顙三年之禮也雖於平交降等者亦如此但去言字何則古禮受弔必拜之不問幼賤故也)某罪逆深重不自死滅禍延先考(母云先妣承重則祖父云先祖考祖母云先祖妣)攀號擗踊五內分崩叩地叫天無所逮及日月不居奄踰旬朔(卒哭小祥大祥禫隨時)酷罰罪苦(父在母亡卽云偏罰罪深父先亡則母與父同)無望生全卽日蒙
恩(平交以下去此四字)祗奉几筵苟存視息伏蒙尊慈(平交云仰承仁恩)俯賜(平交改賜爲垂降等去伏蒙以下六字但云特承)
慰問哀感之至無任下誠(平交云仰承仁恩俯垂慰問其爲哀感但切下懷降等云特承慰問哀感良深ㅇ司馬溫公曰凡遭父母喪知舊不以書來弔問是無相恤之心於禮不當先發書不得已須至先發卽刪此四句)未由號
訴不勝隕絶謹奉疏(降等云狀)荒迷不次謹疏(降等云狀)
年號幾年某月某日孤子(母喪稱哀子俱亡卽稱孤哀子承重者稱孤孫哀孫孤哀孫)備要按翰墨全書居心喪云申心制或曰心喪居禫服云居禫祖父母喪云縗服妻喪云期服而具書姓名於其下姓名疏上某位座前謹空(平交以下去此二字)

⊙봉투 쓰는 식(皮封式)

疏隨改同前上
某位座前 孤子隨改同前姓名謹封

▶3024◀◈問; 어머님이 돌아가시면 아버지묘소도.

안녕하세요. 아버님은 일찍 돌아가셔서 그 당시 화장으로 유골은 강에다 뿌렸습니다. 그런데 이제 어머님이 연세가 많으셔서 사후를 생각할 때가 된 것 같습니다. 문제는 어머님의 묘소를 생각하니 아버지가 걸리는 것입니다. 아버지의 혼백을 불러서 어머니 묘소 곁에 아버지의 묘를 만들 수 도 있다고 들었습니다. 절차와 방법을 문의하고 싶습니다.

◈答; 어머님이 돌아가시면 아버지묘소도.

⊙의관장(衣冠葬)

備要按今人有死而失其尸者或葬以衣冠殊非禮意
비요를 살펴보면 요즘 사람들 중에는 사람은 죽었으나 그 시신을 잃어버린 이들은 혹 다른 의관으로 시신을 대신하여 장사를 지내고 있으나 예의 뜻이 아니다. 라 하였느니라.

問人有其父從軍而死其母藏其遺衣及落髮而遺令並入其棺中矣其子不忍同藏一棺欲別具一小棺用合葬之禮而追服斬衰未知如何尤菴曰此是無於禮之禮也不敢有所論說然其不以父之遺衣及落髮同入母棺則得矣
누가 묻기를 어떤 사람은 그의 아버지가 전장에 출진하여 돌아오지 않고 있는데 그의 어머니가 죽자 그가 입던 옷과 낙발과 군에 나오라는 영장을 같이 어머니 관속에 같이 넣어야 한다며 같은 관에 넣으려 하자 그의 아들이 그렇게 하면 안 된다 하며 달리 작은 관을 써야 한다 하는데 그와 같은 합장의 예와 추복(追服)으로 참최(斬衰) 삼년의 복을 입어야 하는지 알지를 못하니 어찌하여야 합니까 하고 여쭙자 우암 선생께서 말씀하시기를 이는 옳다 할 수 없는 예법의 예이니라. 감히 어느 것은 할 수 있다고 설명 할 수가 없느니라. 그러나 아버지의 입던 옷과 낙발을 어머니 관에 같이 넣는 법이 적의 하다 하는 그것만은 아니 되느니라.

⊙초혼장(招魂葬)

朱子曰招魂葬非禮先儒已論之矣
주부자(朱夫子)께서 말씀 하시기를 초혼장(招魂葬)은 예가 아니라고 선유들께서 이미 논하였느니라.

愼獨齋曰招魂虛葬先儒非之若題主則俟三月葬期擇日而題之於几筵似當
신독재 선생께서 말씀하시기를 초혼으로 허장은 선유들께서는 아니한 장사인데 만약 신주를 쓴다면 석 달을 기다렸다 장사 지낼 기일을 택하고 궤연에서 처음 신주 쓸 때와 같이 쓰는 것이 마땅하니라.

●朱子曰招魂葬非禮先儒已論之矣
●問招魂葬栗谷曰死於軍或沒於水不得其尸則以服招魂而葬其服然非禮矣
●綱目范氏曰人之死也魂氣歸于天形魄歸于地葬所以藏體魄也魂氣不得而葬也而必爲之墓不亦虛乎
●問人有其父從軍而死其母藏其遺衣及落髮而遺令並入其棺中矣其子不忍同藏一棺欲別具一小棺用合葬之禮而追服斬衰未知如何尤庵曰此是無於禮之禮也不敢有所論說然其不以父之遺衣及落髮同入母棺則得矣
●牛溪問隣有溺死不得其屍其子欲招魂爲墓於義理如何龜峯曰墓只是葬體魄旣不得其屍則不墓似合惟魂無所間爲主以祭爲得義理之當
●宋庾蔚之曰葬以藏形廟以享神季子所云魂氣無不之寧可得招而葬之乎
●通典晉元帝時袁瑰上衰請禁招魂葬云故僕射曺馥沒於寇亂適孫胤招魂殯葬聖人制禮因情作教槨周於棺棺周於身非身無棺非棺無槨胤無喪而葬招幽魂氣於德爲愆義於禮爲不物監軍王崇太傅劉洽皆招魂葬請下禁斷慱士阮放傅純張亮等議如瓌表賀循啓辭宜如瓌所上荀組非招魂葬議亦如前或引漢之新野公主魏之郭循皆招魂葬答曰末代所行豈禮也或引喬山有黃帝之塚是葬神也答曰時人思帝葬其衣冠非葬神也于寶駁招魂葬以爲失形於彼穿塚於此亡者不可以假存無者獨可以僞有哉未若於遭禍之地備迎神之禮宗廟以安之哀敬以盡之孔衍禁招魂葬議云招魂而葬委巷之禮殯葬之意本以葬形旣葬之日迎神而返不忍一日離也况乃招魂而葬反於人情以亂聖典宜可禁也李瑋難曰伯姬火死而叔弓如宋葬恭姬宋王先賢光武明主伏恭范逡並通義理公主亦招魂葬豈皆委巷乎衍曰恭姬之焚以明窮而彌正不必灰燼也就復灰燼骨肉雖灰灰則其實何緣舍理灰之實而反當葬魂乎此末代失禮之擧非合聖人之奮也北海公沙歆招魂論云卽生推亡依情處禮則招魂之理通矣招魂者何必葬乎盖孝子竭心盡哀耳陳舒武陵王招魂葬議云禮無招魂葬之文宜以禮裁不應聽遂張憑招魂葬議云禮典無招靈之文若葬虛棺以奉終則非原形之實埋靈爽於九原則失事神之道慱士江淵議葬之言藏所以閉藏尸柩非爲魂也無屍而殯無殯而窆任情長虛非禮所許
●大全郭子從問招魂葬答曰招魂葬非禮先儒已論之矣
●宋庾蔚之曰葬以藏形廟以饗神季子所云魂氣無不之寧可得招而葬之乎
●范氏曰人之死也魂氣歸于天形魄歸于地葬所以藏體魄也若魂氣則無不之也苟無體魄則立廟以祀之而已魂氣不得以葬也而必爲之墓不亦虛乎
●金倡義千鎰殉節後問虛葬當否牛溪答曰先儒以招魂葬爲非禮而今則旣有毛髮在非虛葬之比葬事似當備禮
●問人死不得其屍體者聖賢立言何無處此之道耶或招魂葬或遺衣葬在禮何所據耶沙溪曰虛葬之非先儒已言之何謂無處此之道乎
●南溪曰招魂葬旣有朱子所論斥之以非禮何敢容議至於題主節次設魂帛於正寢而行之似宜
●虛葬題主祝云云顯考某官府君體魄失所葬以遺衣神主旣成奉還室堂伏惟云云

⊙권장(權葬)

권장(權葬)이란 풍수설에 따라 좋은 텍지를 구할 때까지 임시로 가매장하는 것을 일컫는 말로 권조 권폄(權窆) 중폄(中窆)이라고도 한다.

●問權葬出於亂時而今人於無事時行之不悖於禮耶沙溪曰權葬非禮至於無事時行之甚無謂也
●問亂中權葬廢却祖奠遣奠題主虞祭登禮則追後改葬時出柩後行祖奠以下諸禮若難趁遠改葬則先作木主告辭而書之設虞以安之如是則練祥等禮亦可依時行之否曰是
●問以亂離權厝者權厝時題主耶奉魂帛還家朝夕奠靈牀之禮一依柩在時俟其永窆而題主耶愼獨齋曰雖非永窆旣葬體魄且其事勢遷改未易則當其權厝題主無妨矣旣已葬矣更設靈牀殊未妥當

⊙보장(報葬)

3 개월을 기다리지 않고 그 안에 일찍 장사함. 상중 예법은 우제는 장사 지내고 즉시 지내나 졸곡제는 반드시 3 개월 후에 지내게 됩니다.

●問無主之喪欲依小記所謂家貧或有他故不得待三月之說姑行報葬南溪曰今此喪雖曰無主乃係一家之尊行有難以徑行葬禮者然理勢所在姑依小記之文處之亦似不無所據

▶3025◀◈問; 영정사진은 누가 드나요?

영정 사진은 원래 누가 들어야 하는지, 다른 어떠한 사람이 대신 들 수 있는지, 방법을 알고 싶습니다. 고맙습니다.

◈答; 영정(影幀)사진은 누가 드나.

전통예법에는 영정을 들고 상여 앞서가는 예법이 없으니 그에 관한 선유들의 말씀이 없습니다.

司馬溫公曰古者鑿木爲重以主其神今令式亦有之然士民之家未嘗識也故用束帛依神謂之魂帛亦古禮之遺意也世俗皆畵影置於魂帛之後男子生時有畵像用之猶無所謂至於婦人生時深居閨門出則乘輜軿擁蔽其面旣死豈可使畵工直入深室揭掩面之帛執筆訾相畵其容貌此殊爲非禮

⊙봉영상(奉影像)

朱子曰古禮廟無二主其意以爲祖考之精神旣散欲其萃聚於此故不可以二今有祠版又有影是有二主矣必欲適古今之宜宗子所在奉二主蓋不失萃聚祖考精神之義(註二主常相從則精神不分矣)○神主惟長子得奉祀之官則以自隨影像則諸子各傳一本自隨無害也○問圃隱先祖眞像奉於祠堂則士子展謁時便自難便別立影堂於祠堂之傍似便而有違於朱子二主不可分離之訓何如尤菴曰朱子之訓何敢違貳然旣以士子展謁爲疑則亦似難處第兩堂相去果是咫尺則不可謂分離朱子所謂則留影於家而奉神主之官之謂也祭時並設於影及奉影合祭於神主之示未有所考然恐不必如此○祠堂必如家禮始祖之制可行於久遠而無疑且事事皆便矣隨地勢造建別廟則事有據而且順矣○輯覽尹謇齋直先世遺像歲時忌日懸揭曰子孫於一覩之頃僾然若有見乎其位而或有感慕奮勵思所以修身飭行無忝所生者不可泥先儒一言而視若古紙也○問高祖畵像藏在家廟若出視則當拜之乎旅軒曰見祖先遺像安得無拜

위에서 살펴 본봐와 같이 옛날에는 영상미술이 발달하지 못하여 화공이 붓으로 환을 쳤으니 용모가 같지않았을 뿐만 아니라 조상이 작고하면 장례 전에는 혼백으로 장례 이후에는 신주를 그 신으로 섬기고 영상의 섬김은 예가 아니다. 라 가르치고 있었습니다. 다만 요즘 사진을 영정으로 꾸며 상여 앞서서 받들고 가는 것은 현대에 발생한 속례이니 누가 받드는 것이 옳은가는 확실히 지적할 수가 없습니다.

▶3026◀◈問; 예법을 잘 모르니 답답할 때가 너무 많습니다.

고인의 중형님 되시는 분 묘소 바로 옆자리로 고인의 장지가 정해졌는데 같은 산자락에 선대 묘소는 없습니다. 몇 십 미터 정도 떨어진 곳에 고인의 숙부님 묘소가 있습니다. 고인의 장례 시 선영 고유를 해야 합니까? 해야 한다면 어느 분 묘소에서 해야 되는지.

◈答; 장례 시 선영 고유.

방친과 형제의 묘에는 고하지 않는다 합니다.

●南溪曰祔葬先山之內則雖不相望恐不可不告旁親兄弟之墓則不必告

▶3027◀◈問; 운구방법.

모두 수고가 많으십니다. 장례식장에서 차량까지, 차량에서 묘지까지 운구를 할 때, 棺 속의 시신의 머리가 앞으로 가게 운구하는지, 시신의 다리가 앞으로 가게 운구하는지 알고 싶습니다. 또한 棺의 위에 보면 上이라고 적혀 있는데 上字자 있는 곳이 언제나 시신의 머리 쪽인지, 다리 쪽인지도 알고 싶습니다.

참고로 1), 머리가 위(上)이니 머리가 앞이 되게 운구하여야 한다는 사람도 있고, 2). 머리가 먼저 가면 柩가 뒷걸음으로 가게 하는 것이니 다리가 먼저 가야 바로 가는 것이다라고 하는 사람도 있습니다. 柩라고 누워서 생각하여 보니 위의 말들이 어느 것이 바른 것인지 헷갈립니다. 禮法으로 어떻게 하는 것이 맞는지요? 죄송합니다.

◈答; 운구방법(運柩方法).

일기가 영하로 내려간다 하여 화분을 따뜻한 곳으로 들여 놓느라고 많은 시간을 허비 이제야 답을 달아드립니다. 양해 바랍니다.

一). 시구(屍柩)를 조조시(朝祖時)나 발인(發靷) 때 상여(喪輿)로 운구 시(運柩時)는 생시(生時)와 같이 선족(先足)이며,

●通攷朝祖註柩北首辟其足者以其來往不可由首
●近齋曰發引時尸柩出門先首先足之分議論紛紜其欲先足者爲象生時也

二). 사당(祠堂)에서 북수(北首)인 까닭은 조상(祖上) 앞으로 발을 향(向)하여서는 아니 되는 까닭이며,

●旣夕禮註是時柩北首疏北首者朝祖不可以足鄕之

三). 하관(下棺) 전(前) 남수(南首)는 음양(陰陽)의 이치로 생자(生者)는 양(陽)인 관계로 남수(南首)이며 하관 시(下棺時) 북수(北首)인 까닭은 사자(死者)는 陰인 까닭에서 임.

●士喪記寢東首于北墉下疏東首向生氣之所墉謂之牆必在北墉下取一陽生於北生氣之始也
●檀弓葬於北方北首三代之達禮也之幽之故也註北方國之北也殯猶南首未忍以鬼神待其親也葬則終死事矣故葬而北首三代通用此禮也南方昭明北方幽暗之幽釋所以北首之義細註嚴陵方氏曰人之生也則自幽而出乎明故生者南鄕及其死也則自明而反乎幽故死者北首凡以順陰陽之理而已
●禮運北首疏死者此首歸陰之義也
●檀弓北首註殯猶南首未忍以鬼神待其親葬則終死事故北首也

아래와 같이 살펴보건대 시구(屍柩)가 내당(內堂)에 있을 때는 남수(南首)가 되고, 시구(屍柩)를 사당(祠堂)으로 운구(運柩)할 때는 족재전(足在前)이 되고, 사당(祠堂)에서는 북수(北首)가 되며, 상여(喪輿) 등 운반(運搬) 기구(機具)로 시구(屍柩)를 실어 옮길 때는 수재전(首在前)이되며, 하관시(下棺時)는 북수(北首)가 됩니다

●士喪記寢東首于北墉下疏東首向生氣之所墉謂之牆必在北墉下取一陽生於北生氣之始也
●按輯覽奉柩朝祖遂遷于廳事圖屍柩在內堂南首柩行先足至祠堂北首
●輯覽柩行條或問柩行尸首所向愚曰按開元禮宿止條靈車到帷門外迴南向柩車到入凶帷停於西廂南轅到墓亦然入墓始北首以此觀之是時尸當南首而轅以南向首在前可知
●喪大記註正尸遷尸於牖下南首也疏初廢牀在北壁當戶至復魄遷之在牀當牖南首
●通攷朝祖註柩北首辟其足者以其來往不可由首又飮食之事不可褻之由足故也
●旣夕禮柩朝廟北首及載卻下以足向前載於柩車及祖還柩車使轅向外爲行始柩行南首此亦可見
●沙溪曰或問柩行尸首所向入墓始北首以此觀之是時尸當南首而轅以南向首在前可知
●輯覽或問柩行尸首所向答尸當南首而轅以南向首在前可知入墓始北首
●禮運北首疏死者此首歸陰之義也
●國朝五禮儀遣奠儀進魂帛車及大轝於外門外當中南向註轝在北車在南○發引儀左議政帥舁梓宮

官等捧梓宮陞大轝南首

●與猶堂全書禮疑問答(附巽菴禮疑)古人生必南面尸若南首則是北面也至於輿尸而南首尤是乖舛凡人行道必向前去今尸首在前豈非倒行乎

●檀弓葬於北方北首三代之達禮也之幽之故也註北方國之北也殯猶南首未忍以鬼神待其親也葬則終死事矣故葬而北首三代通用此禮也南方昭明北方幽暗之幽釋所以北首之義細註嚴陵方氏曰人之生也則自幽而出乎明故生者南鄉及其死也則自明而反乎幽故死者北首凡以順陰陽之理而已

●集說問柩在家南首至葬北首然人家墳地及居屋未必皆南向如何曰按祠堂章註不問何向背以前爲南後爲北愚以爲墳地居屋皆然

▶3028◀◈問; 운(雲) 아(亞)는 무슨 의미인지요?

안녕하십니까? 귀 사이트에 대하여 매우 깊은 감사를 드립니다, 장례 시에 시신을 매장할 때 입관 후에 흙을 덮고 그 위에 명정을 깔고 상단에는 雲자가 쓰여진 흰 종이를, 하단에는 亞자가 쓰여진 종이를 놓고 매장하는 것을 봤는데 이것의 뜻과 의미는 무엇이며, 어디에 근거하여 이런 풍습이 전해 저 왔는지요? 전통보전을 위하여 자세히 말씀해주시면 대단히 감사하겠습니다.

◈答; 운(雲) 아(亞)의 의미.

주자가례를 비롯 전통예법의 상례편 치장장 어느 조에도 그러한 예법은 없는 것 같습니다. 그것이 의미 하는 바가 무엇이며 어디에서 근거함 인지 알지 못 합니다. 다만 아래와 같이 살펴보건대 삽은 관을 보기 좋게 꾸미는데 길에서는 상여를 화려(華麗)하게 꾸미고 광중에서는 그의 부친은 여러 무리들이 미워하더라도 탐욕을 부리지 않는다는 의미가 내포되어 있다. 라 이해될 수 있습니다.

●康熙字典羽部八畫翣 [說文]棺羽飾也[周禮天官女御后之喪持翣[註]翣棺飾也

●喪大記註; 飾棺者以華道路及壙中不欲衆惡其親也

▶3029◀◈問; 元妃(원비) 繼妃(계비) 묘(墓).

元妃(원비)와 繼妃(계비)의 장법(葬法)과 비석식(碑石式)이 궁금합니다.

◈答; 元妃(원비)와 繼妃(계비)의 장법(葬法)과 비석식(碑石式).

元妃(원비) 繼妃(계비) 喪葬(상장)에서 夫(부)와 元妃(원비)는 合葬(합장)하고 繼妃(계비)는 夫墓(부묘) 아래에 別葬(별장)을 할 때 이를 祔下(부하) 祔南(부남) 附下(부하)라 한다.

●常變通攷卷之二十一喪禮合葬前後妻合葬; 程子曰合葬用元妃○朱子曰今人夫婦未必皆合葬繼室則別營兆域亦可○問葬前後母者其法不齊或一壙中並安三喪而父居中稍後前母右後母左而各稍前或三墓一行並峙而父居右二母循序次之或同兆異穴列樹三墓考墓居後前妣右後妣左而各稍前以爲品字狀南溪曰前後妣葬法已有文公定論難容異議矣姑以所示品字之制言之恐最後者爲勝○問前後妻同葬一岡之禮其規不一有夫塚北而兩妻祔南者有夫塚南而兩妻祔北者其夫塚北而兩妻祔南者終當爲是如何明齋曰以北爲主而以南爲次者有上下之形以南爲主而以北爲次者有前後之義依來敎祔南者似當而世俗妻塚差後於夫塚者亦非無所據也如此處只當依地形安排恐無大失得

◆夫婦(부부) 葬時(장시) 表石式(표석식)

○夫君表石式(부군표석식);

◇夫婦(부부) 合葬(합장). 某官某公諱某之墓
配某封某氏祔左

◇元妃(원비) 合葬(합장) 繼妃(계비) 近處(근처) 別葬(별장). 某官某公諱某之墓
配某封某氏祔左
配某封某氏祔下

◇配墓(배묘) 近處(근처). 某官某公諱某之墓
配某封某氏祔下

◇配墓(배묘) 遠處(원처). 某官某公諱某之墓
配某封某氏祔爲某處某坐

○夫人表石式(부인표석식);
某官某公諱某配某封某氏之墓

◇兩妃品字墓. 某官某公諱某之墓
配某封某氏祔下
配某封某氏祔下

●尤庵曰夫與元妃合葬于上繼妃祔于下則表石當立于夫墓而書曰前妃某氏祔左繼妃某氏祔下
●問前後妻同葬一岡之禮夫塚北而兩妻祔南者如何明齋曰以北爲主而以南爲次者有上下之形以南爲主而以北爲次者有前後之義依來敎祔南者似當而世俗妻塚差後於夫塚者亦非無所據也如此處只當依地形安排恐無大失得
●說苑卷第二; 泰誓曰附下而罔上者死附上而罔下者
●禮記檀弓下; 是日也以吉祭易喪祭明日祔于祖父(註)虞之後故云以吉祭易喪祭也祔之爲言附也
●尤庵曰品字之形盖考位居上前妣居前右後妣居前左神道以右爲尊故也
●南溪曰前後葬法已有文公定論難容異議矣姑以所示品字之制言之恐最後者爲勝
●有命朝鮮國 0000 先生 000 公諱 00 之墓
贈貞夫人 000 氏附下
贈貞夫人 000 氏附下

▶3030◀ ◈問; 장례식 후.

제가 11 월 1 일이 결혼식입니다. 축가(祝歌)를 불려주려고 했던 친구가 지금 외할머니가 돌아가셔서 장례식장에 있다고 하는데 제 결혼식에 참석해달라고 해도 맞는 건지요?

◈答; 장례식 후.

빈객(賓客)에 관하여 재계(齋戒) 등의 예법이 없습니다. 예를 들어 신랑이나 신부가 탄 가마를 복인(服人)이 멀리서 보거나 가까이에서 보거나 그가 혼사(婚事)에 부정하다고 가릴 수는 없는 것과 마찬가지로 축가(祝歌)를 불러 줄 친구 역시 빈객인데 그가 외조모상이면 시마(緦麻) 복인으로 성복 전은 제사도 폐함은 물론 음주 가무도 하여서는 아니 되는 것이니 꺼리면 그가 꺼릴 일입니다.

샤머니즘 또는 세속의 경우는 알지를 못합니다. 다만 예법에서는 빈객의 부정 유무는 가리지 않는 것 같으니 꺼려야 할 까닭은 없을 것 같습니다.

▶3031◀ ◈問; 장묘에 관하여 여쭤봅니다.

저희 남편의 생모는 남편이 5 세 때 돌아가셨습니다. 저는 결혼 전의 일이라 얼굴도 못 뵈었지요. 시아버님께서는 몇 년 후 재혼하셨지요. 그리고 남편의 계모께서는 작년에 돌아 가셨고요. 현재는 시아버지 혼자 살아계십니다. 그런데 시아버지께서 돌아가시게 되면 어떤 부인(사별한 전처와 재혼한 후처)과 합장하게 되는 것이 도리일까요. 물론 시아버님 의사가 중요하다고 하겠지만 남편의 입장으론 생모도 시아버님과 함께 묻히셨으면 하고 바라고 있지요. 이런 일은 잘 처리 되지 않으면 후에 전처소생인 저희 남편과 후처소생인 3 자녀들과 서로 문제가 생기지 않을까 걱정도 됩니다.

◈答; 장묘에 관하여.

아래에 열거한 말씀은 계비 합장에 관한 선유들의 말씀입니다.

⊙考妣三位祔葬

程子曰合葬須以元妣○張子曰譬之人情一室中豈容二妻以義斷之須祔以首娶繼室別爲一所可也○朱子曰今人夫婦未必皆合葬繼室別營兆域宜亦可耳○問一之改葬前妣與其先丈合爲一封土而以繼妣少間數步又別爲一封土朋友議以神道尊右而欲二妣皆列於先塋之左不審是否答曰一之所處得之

○尤菴曰今世若前夫人無子而後夫人有子則不但以後夫人合葬至有不知前夫人葬在何處者極可寒心前後皆祔之制猶愈於舍前取後之僨(按與顚同)尙不如別葬其後之正也又朱子別葬其父母於百里之遠如不得已則前後夫人皆可別葬也○一墓而爲品字形者亦士大夫家所行之制也若以三主一櫝之意推之則似無不可而如張子之訓則似不以爲是當矣○品字之形蓋考位居上前妣居前右後妣居前左神道以右爲尊故也若前妣居左後妣居右則反失先後之序矣

위의 말씀은 계비와 같이 3 합장은 예에 어긋난다는 말씀이며 원비(元妃)에게 자손이 없었다 하여도 합장할 시는 원비와 합장을 하여야 한다는 말씀입니다.

●黃勉齋曰今按喪服小記云婦祔於祖姑祖姑有三人則祔於親者再娶之妻自可祔廟程子張子考之不詳朱先生所辨正合禮經也
●南溪曰前後葬法已有文公定論難容異議矣姑以所示品字之制言之恐最後者爲勝
●陶庵曰今俗品字之制非禮之正也元配祔繼配葬於別崗有先賢定論而鮮有行之者可嘆

▶3032◀◈問; 장인장례 때 사위의 일의 범위는 어디까지인가요?

안녕하십니까? 장인(丈人)어른이 임종(臨終)을 앞두고 있는데 사위인 제가 장례(葬禮) 치르는 동안 해야 할 일들이 무엇인지요? 아무리 찾아보아도 없기에 이렇게 문의 드립니다.

처가는 자제가 출가 안 한 손위처남이 있고요. 그리고 제 처입니다. 상을 당하였을 때 사위인 저도 상복을 입는지 조문객에게 인사를 해야 하는지 알고 싶습니다. 좋은 답변 부탁 드립니다.

위의 질문 이외에도 사위가 지켜야 할 예절이라든가 해서는 안 되는 일들을 가르쳐 주십시오. 그럼 수고 하십시오.

◈答; 장인장례 때 사위의 일의 범위는.

장인(丈人)에 대한 복은 시마(緦麻) 삼월 복을 입습니다. 전통 예법에는 사위가 상주(喪主)와 같이 서서 조문을 받는 예법은 없습니다. 다만 요즘 세간에서는 대개 외 상주라서 인지 혹간 상주와 같이 조문을 받는 것 같으나 예는 아닙니다. 다만 상주 차석에 서서 조문객에게 읍으로 머리 숙여 인사한다 하여 예에 크게 어그러진다 할 수는 없을 것이며 타의 상에도 경건 하여야 할진대 친부모에 버금인 처부모(妻父母) 상에 깊은 애경지심으로 임해야 할 것입니다.

○諸子拜賓(제자배빈)

書儀秦穆公弔公子重耳重耳稽顙不拜以未爲後故也今人衆子皆拜非禮也然恐難頓改○雲坪曰禮喪無二主衆主人亦當隨出而位於主人之後北上哭而已世人多有並立而俱拜者非也○愚按士喪記衆主人不出註不二主又奔喪曰奔喪者非主人則主人爲之拜賓云則拜賓是主人事衆主人不得與也然但雜記云凡喪服未畢有弔者則爲位而哭拜踊疏言凡者五服悉然據此而言諸子或可隨主人共拜耶且廣記曰凡喪者二人以上止弔其識者云則識者當拜謝豈必皆適子耶又按檀弓大夫之喪庶子不受弔疏適子或有他故不在則庶子不敢受弔不可以賤者爲有爵者喪主大夫庶子不受弔則士之庶子得受弔也據此疏說主人有故則諸子亦可代受弔也

○受弔位次(수조위차)

雜記弔者入主人升堂西面書儀賓請入酹則主人導賓哭而入賓亦哭而入至靈座前輯覽增解諸圖主人皆在靈座東南非但儀節便覽爲然然則賓入賓出主人哭於廬次而已恐非如梅翁之敎矣至於杖非可入於靈座者梅翁所論無可疑矣

○受弔不問尊卑貴賤主人先拜(수조불문존비귀천주인선배)

艮齋曰凡受弔不問尊卑老少主人皆當先拜此梅翁說余見人輒爲言其意甚好鮮有信及者比閱呂和叔所著弔說亦云主人見賓不以尊卑貴賤莫不拜之明所以謝之且自別于常主也原註云平日見客或主人先拜客或客先拜主人此已有前修篤論謹當奉行勿違但卑賤者又自有不特弔之禮此却在彼耳

○主人有故或幼諸子代受弔(주인유고혹유제자대수조)

檀弓大夫之喪庶子不受弔疏適子有故不在則庶子不敢受弔不可以賤者爲有爵者喪主大夫庶子不受弔則士之庶子得受弔也鏡湖據此以爲主人有故則諸子亦可代受弔也今喪主幼不解事未免離次則亦與有故不在者同也又廣記言凡喪者二人以上止弔其識者云則所識當拜辭豈必皆適子耶只於臨時避主人之位以存重宗之意如來諭之云恐不至大悖也但主人在時衆主人但哭而不拜賓可也

○只弔主人之弟(지조주인지제)

艮齋曰賓不知主人不哭几筵而只弔主人之弟則主人無拜賓之義如此者主人之弟只於廬次哭拜爲得

▶3033◀◈問; 전처와 후처 분묘.

전처와 후처는 합장하지 않는다고 되어있는 것은 읽었습니다. 그렇다면 전처와 후처는 완전히 멀리 떨어져 분묘를 설치하여야 하나요. 아니면 남편 부근에 함께 분묘를 설치하여도 됩니까. 이0원

◈答; 전처와 후처 분묘.

아래와 같이 살펴보건대 후처는 합장은 불가하며 남편 부근에 묘를 써도 됩니다.

●程子曰合葬須以元妃
●張子曰二妻以義斷之須祔以首娶繼室別爲一所可也
●朱子曰今人夫婦未必皆合葬繼室別爲一所可也
●尤庵曰品字之形盖考位居上前妣居前右後妣居前左神道以右爲尊故也

▶3034◀◈問; 전통상례를 치르려면.

선생님, 안녕하세요? 전통상례에 대해 여쭈어 볼 것이 있는데요, 요즘에야 누군가 돌아가시면 장례식장에서 대부분의 절차를 치르고, 그 절차도 매우 간단해졌는데요, 하지만 이렇게 간소화된 절차 말고 원칙적인 우리의 옛 전통 상례 절차대로 상례를 치르려면 어떻게 해야 하고, 그 비용은 어느 정도 드는지 알 수 있을까요? 부탁 드립니다. 좋은 자료 감사합니다.

◈答; 전통상례를 치르려면.

전통 상례와 같이 상을 치르려면 예에 밝은 이를 호상과 축관으로 택하여 이 들로 하여금 예를 주관하게 하는데 정통상례에 관한 예서를 펴 놓고 일일이 그 순서의 예가 빠짐이 없도록 체크를 해 가며 진행하면 전통 상례와 같이 상을 치를 수 있으며 그 비용은 후박에 따라 달라 질 것이니 그 비용을 산출 하기란 쉽지 않으리라 생각 됩니다.

상례(喪禮) 일체는 양의 과다(過多)로 치장편(治葬篇)만 게시(揭示)하여 드립니다.

◎치 장(治葬) 생략(省略) (참조; 증보 가례초해)

☞치장 예법은 네이버 · 다음 등 엡사이트에서 제공하는 홈페이지 [주자가례 전통예절] 제4편 상례(喪禮)에 상세한 예법이 상술되어 있습니다. 참조하시기 바랍니다☜

▶3035◀◈問; 출상.

수고가 많으십니다. 출상 때 운구 시 고인의 머리부분이 먼저 나가는지? 아니면 다리부분이 먼저 나가는지 궁금합니다.

◈答; 출상.

○柩車所向(구거소향)

增解按世或以遣奠時柩車所向爲疑然據古禮則祖奠遣奠皆行於祖廟之庭蓋因朝祖而仍行于此耳朝祖時則柩北首及其載車時則以足向前下堂載祖奠時還柩向外南首乃奠厥明又因其位設遣奠而發引也家禮亦朝祖時北首遷于廳事時南首而設祖奠厥明遷柩就轝時仍南首而設遣奠於廳事之庭而發引據此則柩車所向不須疑矣

○柩行尸首所向(구행시수소향)

輯覽愚曰按開元禮宿止條靈車到帷門外迴南向柩車到入凶帷停於西廂南轅到墓亦然入墓始北首以此觀之是時尸當南首而轅以南向首在前可知

○柩行先足之疑(구행선족지의)

艮齋禮說按問竹菴曰柩行前其足按此說不能無疑檀弓及墓始北首前此皆南首可知也朝廟雖有北首時賈疏曰不可以足向之故北首順死者之孝心黃氏通故曰尸柩自內之外南首自外之內北首賈氏不得其說而强爲說云云據此則竹菴說恐不得爲定論如何如何(朝廟北首說黃說似得正義)答來示得之

출상(出喪) 시 주부자(朱夫子)께서는 가례(家禮)에 분명하게 밝혀 놓지를 않아 선유(先儒)들께서 그를 논함이 대개 위와 같습니다. 지금 세속의 구행(柩行)은 선수(先首)입니다.

아래와 같이 살펴보건대 상여의 앞은 실지 방위와는 관계없이 남이라 하고 뒤를 북이라 합니다. 까닭에 시수(상)가 진행 방향으로 놓여야 남수가 되는 것이니 시수(上)를 상여의 앞으로 하여 가게 됩니다.

●檀弓葬於北方北首三代之達禮也之幽之故也註北方國之北也殯猶南首未忍以鬼神待其親也葬則終死事矣故葬而北首三代通用此禮也南方昭明北方幽暗之幽釋所以北首之義細註嚴陵方氏曰人之生也則自幽而出乎明故生者南鄕及其死也則自明而反乎幽故死者北首凡以順陰陽之理而已
●集說問柩在家南首至葬北首然人家墳地及居屋未必皆南向如何曰按祠堂章註不問何向背以前爲南後爲北愚以爲墳地居屋皆然
●輯覽或問柩行尸首所向答尸當南首而轅以南向首在前可知入墓始北首

尸柩 運柩 時 先足
喪輿 運柩 時 先首

●士喪記寢東首于北墉下疏東首向生氣之所墉謂之牆必在北墉下取一陽生於北生氣之始也
●喪大記註正尸遷尸於牖下南首也疏初廢牀在北壁當戶至復魄遷之在牀當牖南首
●檀弓疏殯時仍南首者孝子猶若其生不忍以神待之葬則終死事故北首三代通用此禮也
●通攷朝祖註柩北首辟其足者以其來往不可由首又飮食之事不可褻之由足故也
●旣夕禮柩朝廟北首及載卻下以足向前載於柩車及祖還柩車使轅向外爲行始柩行南首此亦可見
●沙溪曰或問柩行尸首所向入墓始北首以此觀之是時尸當南首而轅以南向首在前可知
●禮運北首疏死者此首歸陰之義也
●檀弓北首註殯猶南首未忍以鬼神待其親葬則終死事故北首也

▶3036◀ ◈問; 한문이 무슨 말씀이신지 모르겠어요.

에구 자꾸 귀찮게 해드려 죄송합니다. 제가 여쭤보고 싶은 요점은 형제 묘를 쓸 때 순서가 왼쪽부터 아닐까 싶어 조심스레 여쭤봅니다.

◈答; 신도상우이서위상(神道尙右以西爲上)이란.

아래의***神道尙右以西爲上***이란 서쪽이 상석이란 의미입니다. 묘의 실 방위와는 관계없이 묘의 뒤를 북이라 하고 앞을 남이라 하며 묘의 우측이 서쪽이 되고 좌측이 동이 됩니다. 즉 내가 산을 바라보았을 때 왼편이 서쪽으로 이 방위가 상좌란 뜻입니다.

●曲禮席南向北向以西方爲上東向西向以南方爲上
●朱子曰東向南向之席皆尙右西向北向之席皆尙左
●陳安卿云地道以右爲尊
●溫公曰神道尙右以西爲上
●周禮大司徒以本俗六安萬民二曰族墳墓註族猶類也同宗者生相近死相迫
●尤庵考妣三位祔葬曰品字之形盖考位居上前妣居前右後妣居前左神道以右爲尊故也
●程子曰葬之穴尊者居中左昭右穆而此後則或東或西亦左右相對而啓穴也下穴之位不分昭穆易亂尊卑死者如有知居之其安乎

●按程子說如是嚴明而後世之葬尊卑失序誠惑於術說可勝歎犹
●南溪曰世之葬法有以男左女右爲次者有以考前妣後爲次者地道尙右朱子答陳安卿之問已有定論考前妣後亦似未安以神道論之廟制太祖居北二昭二穆以次而南以地道論之山勢後高而前低北上而南下今必反易其常何犹
●王制墓地不請註墓地有族葬之序人不得以請求已亦不得以擅與故爭墓地者墓大夫聽其訟焉

▶3037◀◈問; 현훈(玄纁) 설명에서 음양 재 문의합니다.

초암 선비님께서 아래와 같이 현훈에 대해 적어 셨습니다. 그런데 현훈의 음양; 현-양, 훈-음 전거 네 번째에는 현-음, 훈-양으로 어느 것이 옳은지요

◈答; 현훈(玄纁) 설명에서 음양 문의.

현훈(玄纁)이란 예물로 쓰이는 검은색과 붉은색의 비단으로 현(玄)은 양속(陽屬)으로 검은 비단이며 훈(纁)은 음속(陰屬)으로 붉은 비단입니다. 현훈(玄纁)의 예(禮)를 갖추는 것은 옛날에는 군주가 융숭하게 내리신 하사품을 드리던 예인데 후세에 없어졌으나 가례에서 구례나 허례라도 버리지 않고 그대로 존치 시키는 것과 같은 의미라는 것입니다. 단궁을 살펴보면 주인이 광중에서 죽은 자를 보내며 드리는 幣帛이라는 것입니다.

●旣夕禮註贈送也疏贈用玄纁束帛者即是至壙窆訖主人贈死者用玄纁束帛也以君物所重故用之送終也
●李氏曰玄纁若以陰陽言之則玄屬陽纁屬陰
●沙溪曰主人贈者重君之賜也後世雖無君贈之禮而家禮存之疑亦是愛禮存羊之義歟
●記言天道尙左地道尙右陰陽之義也玄爲陰纁爲陽玄在右纁在左
●檀弓既封主人贈註贈以幣送死者於壙也

현훈(玄纁)이란 예물(禮物)로 쓰이는 검은색과 붉은색의 비단으로]에서 검은색은 검붉은색으로 붉은색은 엷은 홍색으로 명확하게 표현되었어야 옳았을 것입니다. 현색(玄色)이란 짙은 검붉은색이며 훈색(纁色)이란 엷은 붉은색이란 의미로 현(玄)은 같은 적색(赤色)이나 더 진하여 양(陽)으로 보고 훈(纁)은 엷어 음(陰)으로 보는 것입니다. 그러나 기언(記言)의 필자(筆者)이신 미수(眉叟) 선유께서는 [좌우음양설조(左右陰陽說條)]에서 현(玄)은 검은색으로 보아 음(陰)이라 하였고 훈(纁)은 붉은색으로 보아 陽으로 본 것이 아닌가 합니다.

●通攷今俗多用左玄右纁之制分置棺上左玄右纁則天色玄地色纁
●詩經正解豳風七月章八月載績載玄載黃我朱孔陽爲公子裳註玄黑而有赤之色朱赤色陽明也
●周禮冬官考工記鍾氏條三入爲纁五入爲緅七入爲緇註爾雅曰一染謂之縓再染謂之竀三染謂之纁詩云緇衣之宜兮玄謂此同色耳凡玄色者在緅緇之間其六入者與

▶3038◀◈問; 혼백과 영정사진.

장례 시 혼백과 영정사진 중 하나만 선택한다면 어느 쪽을 선택함이 옳을까요 알려 주세요 감사합니다.

◈答; 혼백과 영정사진.

장지로 떠날 때 영정(影幀)을 드는 것은 현대식이고 정례(正禮)는 축관((祝)官이 혼백(魂帛)을 받들고 혼백(魂帛) 수레에 올라 분향하고 출발을 하게 됩니다.

●家禮祝奉魂帛升車焚香條別以箱盛主置帛後
●儀節設魂帛條魂帛以白絹爲之如世俗所謂同心結者垂其兩足
●南溪曰古者束帛依神家禮改用結絹之制當以此爲正第未詳其制則束之何妨

16 비석(碑石)(附上石)

▶3039◀◈問; 가족묘에 장손이 기증이란 문구를 쓰는 것이 제격

인가요.

저희는 오 남매로 제 위로 두형과 아래로 두 여동생이 있습니다. 그 전부터 가족 묘를 조성하려고 의논을 해 오던 중, 조그마한 선산이 있어 그곳에 가족 묘를 조성하려고 돈이 여유가 있는 사람이 더 내고 같이 나머지는 보태기로 하고, 거년 5 월 14 일 이장 날짜를 잡았습니다. 5 월 14 일이 되어 제 가족이 이장 묘 간다는데 가자고 해서 선산 쪽으로 가는 줄 알고 준비하려니, 선산이 아니고 현재 선친들이 안장되어 있는 금촌 공원묘지라기에 다시 한번 확인을 해보고 금촌 공원묘지로 갔습니다. 그날은 같이 가서 절만하고 음식 먹고 돌아왔지만 금년 한식 날 저 혼자서 금촌 공원묘지를 찾아서 성묘하고 둘러보니, 묘 옆면에 조부모 부모 의 출과 졸이 각인되어 있고 그 바로 밑에 자 3 형제와 자부 3 명이 새겨져 있고 뒤로 보니 "김*우 김*원 기증"이라고 각인되어 있어 좀 당황스럽고 익숙하지를 못했습니다. 다른 가족 묘를 둘러보니 자 자부 딸 사위 손자 손녀 증손자녀까지 새겨져 있음을 보고, 혹시나 조상에 음덕을 더 받으려는가, 아니면 자손에게 이름을 남기려 함인가, 이해가 안되어 이렇게 글을 올립니다. 묘에 먼 친척이나 타인이 기증을 했다면 감사할 일이지만, 친자 그것도 장손 차 손이 그러함이 제격인가요,

◈答; 표석식(表石式)에 대하여.

◈합장(合葬) 표석식(表石式).

轉及後右而周焉
考某官某公之墓
妣某封某氏祔左
世系名字刻於其左

말씀을 종합하여 보건대 표석(表石) 같습니다. 표석식(表石式)은 이상과 같습니다. 본 표시외 기록하려면 뒷면 우측이라 하였을 뿐 무엇을 어떻게 쓰라는 예시는 어디에서도 발견이 되지 않습니다. 혹 표석(表石) 없이 상석(床石)을 설치할 때 더러의 예에서 좌측 측면에 자(子)와 서(壻)를 장자(長子) 서자(庶子) 서(壻) 순(順)으로 각자(刻字)한 예가 살펴지는데 어떠한 근거에서인지는 밝혀지지 않습니다. 여기서 시시비비(是是非非)를 가려 논할 수는 없습니다. 까닭은 한 가문(家門)의 예이니 그렇습니다.

아래 전거(典據)를 참고하시어 스스로 판단하시기 바랍니다.

●詩話碣者揭示操行而立之墓遂也表石題云某人之墓無文詞也
●曲禮天子之妃曰后諸侯曰夫人大夫曰孺人士曰婦人庶人曰妻註鄭氏曰妃配也后之言後也夫之言扶孺之言屬婦之言服妻之言齊
●周禮考工記諸侯以享夫人註君之夫人也
●經國大典輯注夫人夫扶也言扶持之於王者也
●孟子盡心下; 諱名不諱姓姓所同也名所獨也
●辭源[墓表]墓碑 碑豎在墓前或墓道內表彰死者故稱墓表
●性理大全題主條粉面曰考某官封謚府君神主其下左旁曰孝子某奉祀
●家禮立小石碑條立面如誌蓋之刻云又刻誌石條某官某公之墓
●家禮治葬石碑條刻其面如誌之蓋

●程子曰合葬須以元妃配享須以宗子之嫡母此不易之道
●張子曰祔葬只合祔一人須以首娶繼室別爲一所可也
●朱子跋大父承事府君行狀曰府君始葬於此不可使後孫不知敬立石表刻狀下方立于墓左先世墳廬在婺源者及祖妣孺人
●尤菴曰夫與元妃合葬于上繼妃祔于下則表石當主于夫而書曰前妃某氏祔左繼妃某氏祔下
●輯覽圖式表石式某官某公之墓世系各字刻於其左轉及後右而周焉
●明齋曰表石立於墓前固是常規而以地道尙右之義推之則立於左旁似是以下別葬所在亦具刻于碑陰使來者有攷焉
●陶庵曰合葬則別行書某封某氏祔左
●便覽婦人誌蓋式條某官姓名(夫亡則云某官某公(此下當添諱某二字)某封(某封上當添配字夫無官則但云妻)某氏之墓
●輯要云合葬墓表石書以兩行而右面則云某官某公諱某之墓或錄其名字鄕貫於碑陰左面則云某封某氏祔若或順書則某氏下云祔左
●南溪禮說答問曰表石立於墓前禮也不然則當立於左旁盖右是神道之尊位也兩位表石右書府君左書夫人當如神主之制而世人或多用順書之法未知孰是夫人位之墓二字不必書只書祔以別正位似可
●南溪曰兩位表石右書府君左書夫人○又曰表石只是大書其官職姓名以表其墓○又曰妾則主宗之家不使葬於先壟乃正論也其子亦別葬
●旅軒曰夫婦若雙封各碣則兩碣須當並書之墓又若雙封一碣則正面當中題曰某國某官某公之墓其左旁低其題曰某夫人某氏祔
●鏡湖曰今俗貧不能具設碑及石物者或有設石床而稍高其制橫刻碑額之文於其前面者矣
●常變通攷喪禮治葬石物立小石碑於其前; 明齋喪禮遺書墓表最爲切要而人家多忽之必於三年內立之不必有陰記只刻姓名可矣碑碣則不必有也○表石立於墓前固是常規而以地道尙右之義推之則立於左旁似是
●問表石左字俗皆從祔左位地夫人封號必書左行今以文理連看而書之如何明齋曰鄙家祖考表石從寫者之左右而書之如示矣退溪先生所論神主旁題之事分明可據
●問合葬之墓碣面當兩書墓字否退溪曰府君書墓而夫人只書祔字似得宜也
●或問合葬碣面何以書之旅軒曰若雙封一碣則正面當中題曰某國某官某公之墓其左旁低其題曰某夫人某氏祔

▶3040◀◈問; 공원화 묘역 조성에 따른 표지판석(標指板石)명칭 문제입니다.

선조님들 산소가 소재된 지역에 도로관통과 지역개발로 상당수(8 기) 산소의 이장이 불가피하여 다른 곳 선산에 대규모 공원화 묘역을 조성하여 선조님들은 물론 앞으로는 후손들도 모두 이곳 묘소를 이용토록 하는 기초조성공사가 완공단계에 있습니다. 이곳 입구에 전역을 칭하는"某官 諱 某公 後孫 墓園"이라는 표지석(標指石)을 세우고자 하는데 묘원(墓園)이라는 명칭이 합당한 명칭인지요? 아니면 다른 명칭을 사용해야 하는지요? 자문 드립니다.

참고로 문중 회의에서 여러 의견이 있었으나 여러 명칭 중 공원화되는 묘역임을 감안하여 묘원(墓園)으로 하자는 의견이 많았으나 다른 의견들도 있어 가르침을 받고자 합니다.

묘원(墓園)의 주장 근거. 전국에 수많은 공원 묘원의 표지석에도 공원墓園이라 표기된 점 naver 국어사전 검색 묘원 2 (墓園)[묘: 원] [명사] 공원처럼 꾸며 놓은 공동묘지.

◈答; 공원화 묘역 조성에 따른 표지판석(標指板石)명칭.

묘원(墓園)의 명칭이 귀 가문의 문중 회의에서의 중론이라 시니 대단히 조심스럽습니다. 다만 묘원(墓園)이라는 명칭은 국어사전의 풀이와 같이 족장지(族葬地)의 의미라기 보다는 공동묘지(한 지역에 여러 사람들이 공동으로 장사 지낼 수 있도록 조성된 매장지)라는 의미로써 동족묘지(同族墓地)의 용어로는 적절하다 할 수가 없을 것도 같습니다.

아래 주례(周禮)에서는 가족(家族) 장지를 일러 족분묘(族墳墓)라 하였고 도암(陶庵) 선유께서는 족장지(族葬地)라 하셨습니다. 또 세장지(世葬地)라 칭하기도 합니다.

●周禮大司徒以本俗六安萬民二曰族墳墓註族猶類也同宗者生相近死相迫
●陶庵曰全義縣西數里有牛峰李氏族葬地貞夫人晉州柳氏位焉
●歸鹿曰瘞于楊州海等村向南之原卽載順側也循此而上歷漢陽趙氏二古葬向巳爲先君白賁堂塋據直腦向巽而爲贊成公雙塋焉乃吾豊壤趙氏世葬地也

▶3041◀◈問; 묘비 뒤면 후손 이름 적는 법을 알고 싶습니다.

안녕하세요. 궁금한 것이 있어서 이렇게 글을 올립니다. 묘비 뒤 면에 형제들의 이름을 넣을 경우 먼저 세상을 떠난 형제의 이름을 넣으면 안 되는 것인지 알고 싶습니다. 또, 돌아가신 분의 사망 이후에 태어난 후손들의 이름을 써 넣어도 되는지 알고 싶습니다.

◈答; 묘비 뒤면 후손 이름 적는 법.

묘비(墓碑)라 하심이 어느 비(碑)를 이르심인지는 분명치 않으나 표석(表石)이나 묘(墓) 왼편에 세우는 소비(小碑)로 간주하고 논하여 보겠습니다.

비(碑)에 관하여 자못 상세히 기록된 금석록(金石錄)을 비롯 한석례(漢石例), 보완된 금석삼례(金石三例) 등등이 전해집니다. 이 서(書)에도 친속(親屬) 기록에 망자(亡者)의 형제(兄弟)를 표시한다거나 더욱이 망자에 앞서 사망자, 후 출생 자손의 기록 여부에 관하여 논한 예는 보이지를 않습니다. 다만 아래와 같이 살펴보건대 배(配)와 자손(子孫)을 기록하는데 성분(成墳) 즉시 건립에서는 이미 사망한 자녀(子女)나 추후 건립 시 사후(死後) 생출(生出)된 후손(後孫) 역시 한강선생 비명을 참조컨대 기록됨이 옳지 않을까 는 생각됩니다.

●溫公曰別立小碑刻其面如誌之盖乃略述其世系名字行實而刻於其左(芝村曰左乃人之左也)轉及後右而周焉
●家禮喪禮篇治葬刻誌石條用石二片其一爲盖刻云某官某公之墓無官則書其字曰某君某甫其一爲底刻云某官某公諱某字某某州某縣人考諱某某官母氏某封某年月日生敍歷官遷次某年月日終某年月日葬于某鄉某里某處娶某氏某人之女子男某某官女適某官某人
●寒岡鄭先生神道碑銘云云先生配曰李氏訓練奉事樹之女溫惠淑愼克內相先先生卒生一男三女男曰樟全羅都事女長姜繗弘文校理次盧勝奉事次洪瀿府使都事娶都事曹光益女生三男一女男長惟熙性孝服先生喪過哀致夭次惟熟惟燾女適盧壿姜有一男曰有徵生員盧有一男曰亨遇洪有一女未行
●敬齋先生碑銘云云配淑人全義李氏通德郞璡女男長遠鳴薦慈仁縣監次善鳴郞廳用鳴鼎鳴慈仁男垕文科昌彦通德郞善鳴男載采載伯用鳴男埶鼎鳴男國範曾玄不錄

▶3042◀◈問; 묘소에 비석을 세울 때.

기존 산소에 비석과 상석 등을 새로 설치하려는데 절차와 방법을 몰라서 문의 드립니다. 자세히 알려주시면 감사하겠습니다.

1. 축문예시(산신제 포함)

2. 제를 먼저 지내는지 설치작업을 먼저 하는지 아니면 제를 설치작업 전후로 두 번 지내는지요?

3. 산신제가 먼저인지 나중인지요?

◈答; 묘소에 비석을 세울 때.

○사전고사식(事前告辭式)

維 歲次甲申閏二月己亥朔幾日干支孝孫○○敢昭告于 顯祖考學生府君 顯祖妣孺人某氏之墓伏以事力不逮儀物多闕今以佶辰謹具石物伏惟 尊靈不震不驚謹以酒果用伸虔告謹告

○사후고사식(事後告辭式)

維 歲次甲申閏二月己亥朔幾日干支孝孫ㅇㅇ敢昭告于 顯祖考學生府君 顯祖妣孺人某氏之墓伏以事力不逮儀物多闕今具碑誌圍石石床望柱石用衛墓道是憑是安

○산신제축문식(祭后土祝文式)(사후) (후 산신제입니다)
維 歲次甲申閏二月己亥朔幾日干支幼學○○敢昭告于 土地之神今爲祖考學生之墓今具石物用衛墓道 神其保佑俾無後艱謹以酒果祗薦于 神尙 饗

의식은 주과포 단헌입니다. 일자와 일진은 해당일로 고치며 학생과 유인에는 생전의 관과 봉이 있었으며 고쳐 쓰고 모씨에는 할머니 성씨입니다. 석물 나열은 구비하는 석물을 추가 또는 감하면 됩니다.

▶3043◀◈問; 묘지 없이 비석만 세워도.

얼마 전에 답변을 감사히 받고 알려 주신 데로 축문과 제사를 지내 무사히 마칠 수 있어 깊이 감사 드립니다.

오늘 질문은 3 년 전 증조부(曾祖父)를 화장(火葬)하여 현재는 묘지가 없습니다. 이번 할아버지, 부모님의 석물을 설치하며 증조부의 비석이라도 조부 옆에 세워드리려고 하는데 이렇게 해도 되는지요? 또한 비석에는 무어라 써야 하는지요? 전통을 이어가는 운영자님께 경의를 표합니다.

◈答; 묘지 없이 비석만 세워도.

대개 역내의 석물은 매장인의 표시인데 같은 역내에 매장이 없는 대(代)가 다른 두 비석을 세운다 함은 살펴 본 바가 없어 규정지어 답변 할 수가 없습니다.

●通典晉元帝時袁瑰上表請禁招魂葬云故僕射曺馥沒於寇亂適孫胤招魂殯葬聖人制禮因情作敎槨周於棺棺周於身非身無棺非棺無槨胤無喪而葬招幽魂氣於德爲愆義於禮爲不物監軍王崇太傳劉洽皆招魂葬請下禁斷博士阮放傳純張亮等議如瓌表賀循啓辭宜如瓌所上荀組非招魂葬議亦如前或引漢之新野公主魏之郭循皆招魂葬答曰末代所行豈禮也或引喬山有黃帝之塚是葬神也答曰時人思帝葬其衣冠非葬神也于寶駁招魂葬以爲失形於彼穿塚於此亡者不可以假存無者獨可以僞有哉未若於遭禍之地備迎神之禮宗廟以安之哀敬以盡之孔衍禁招魂葬議云招魂而葬委巷之禮殯葬之意本以葬形旣葬之日迎神而返不忍一日離也况乃招魂而葬反於人情以亂聖典宜可禁也李瑋難曰伯姬火死而叔弓如宋葬恭姬宋王先賢光武明主伏恭范逡並通義理公主亦招魂葬豈皆委巷乎衍曰恭姬之焚以明窮而彌正不必灰燼也就復灰燼骨肉雖灰灰則其實何緣舍理灰之實而反當葬魂乎此末代失禮之擧非合聖人之奮也北海公沙歆招魂論云卽生推亡依情處禮則招魂之理通矣招魂者何必葬乎盖孝子竭心盡哀耳陳舒武陵王招魂葬議云禮無招魂葬之文宜以禮裁不應聽遂張憑招魂葬議云禮典無招靈之文若葬虛棺以奉終則非原形之實埋靈爽於九原則失事神之道博士江淵議葬之言藏所以閉藏尸柩非爲魂也無屍而殯無殯而窆任情長虛非禮所許
●大全郭子從問招魂葬答曰招魂葬非禮先儒已論之矣
●宋庾蔚之曰葬以藏形廟以饗神季子所云魂氣無不之寧可得招而葬之乎
●范氏曰人之死也魂氣歸于天形魄歸于地葬所以藏體魄也若魂氣則無不之也苟無體魄則立廟以祀之而已魂氣不得以葬也而必爲之墓不亦虛乎
●朱子曰招魂葬非禮先儒已論之矣
●金倡義千鎰殉節後問虛葬當否牛溪答曰先儒以招魂葬爲非禮而今則旣有毛髮在非虛葬之比葬事似當備禮
●問招魂葬栗谷曰死於軍或沒於水不得其尸則以服招魂而葬其服非禮矣
●問人有其父從軍而死其母藏其遺衣及落髮而遺令並入其棺中矣其子不忍同藏一棺欲別具一小棺用合葬之禮而追服斬衰未知如何尤菴曰此是無於禮之禮也不敢有所論說然其不以父之遺衣及落髮同入母棺則得矣
●牛溪問隣有溺死不得其屍其子欲招魂爲墓於義理如何龜峯曰墓只是葬躰魄旣不得其屍則不墓似合惟魂無所閒爲主以祭爲得義理之當
●問人死不得其屍體者聖賢立言何無處此之道耶或招魂葬或遺衣葬在禮何所據耶沙溪曰虛葬之非先儒已言之何謂無處此之道乎
●南溪曰招魂葬旣有朱子所論斥之以非禮何敢容議至於題主節次設魂帛於正寢而行之似宜
●虛葬題主祝云云顯考某官府君體魄失所葬以遺衣神主旣成奉還室堂伏惟云云

●南溪禮說答問曰表石立於墓前禮也不然則當立於左旁盖右是神道之尊位也兩位表石右書府君左書夫人當如神主之制而世人或多用順書之法未知孰是夫人位之墓二字不必書只書祔以別正位似可
●或問合葬碣面何以書之旅軒曰若雙封一碣則正面當中題曰某國某官某公之墓其左旁低其題曰某夫人某氏祔
●旅軒曰夫婦若同封一碣則正面當中題曰某國某官某公之墓其左旁低其題曰某夫人某氏祔
●尤庵曰夫與元妃合葬于上繼妃祔于下則表石當立于夫墓而書曰前妃某氏祔左繼妃某氏祔下
●問表石左字俗皆從祔左位地夫人封號必書左行今以文理連看而書之如何明齋曰鄙家祖考表石從寫者之左右而書之如示矣退溪先生所論神主旁題之事分明可據
●性理大全題主條粉面曰考某官封謚府君神主其下左旁曰孝子某奉祀
●家禮立小石碑條立面如誌蓋之刻云又刻誌石條某官某公之墓
●輯覽墳圖表石某官某公之墓
●陶庵曰合葬則別行書某封某氏祔左
●常變通攷喪禮治葬石物立小石碑於其前; 明齋喪禮遺書墓表最爲切要而人家多忽之必於三年內立之不必有陰記只刻姓名可矣碑碣則不必有也○表石立於墓前固是常規而以地道尙右之義推之則立於左旁似是
●辭源[墓表]墓碑 碑豎在墓前或墓道內表彰死者故稱墓表(漢韓辭典; 文體名)

▶3044◀◈問; 祔字 뜻이 궁금합니다.

안녕하십니까.
요즘 본홈을 살펴보면 안녕하지 않을 것 같습니다.
도대체 祔字가 어떤 뜻이 있기에 비석 문구에서 왈가왈부하게 되는지 알 수가 없습니다. 한한사전에서 祔字를 찾아보면 1. 합사할 부. 2. 합장할 부. 또 어떤 사전에서는 1. 부제할 부. 2. 합장할 부라 되어 있습니다. 祔字의 의미가 이러하다면 부부가 따로따로 묘가 있다면 부인묘 비석에는 祔字를 쓸 수없지 않은가요. 제가 본 사전이 잘못되었는지요.

◈答; 祔字 뜻.

禮記(예기) 檀弓(단궁) 註(주)에서 祔에 註(주)하기를 附(부)와 같다 하였으니 附(부)에는 의지하다. 기대다. 의탁하다. 몸을 맡기다. 란 의미가 있어 尤菴(우암) 先儒(선유)께서 夫婦(부부) 別葬時(별장시) 考碑石(고비석)에 繼妃某氏祔下(계비모씨부하)라 하신 말씀이 誤謬(오류)가 아닙니다.

尤菴 先儒께서 康熙字典(강희자전)에 祔祭(부제)와 合葬(합장) 뿐임을 아시지 못하고 祔(부)와 附(부)를 혼동하시고 祔下(부하)라 하셨겠습니까. 短文(단문)인 者(자)는 그와 같이 여기겠으나 尤菴(우암) 先儒(선유)께서는 極(극)에 달한 학문이신지라 檀弓(단궁) 정도야 通達(통달)하시어 祔下(부하)라 능히 敎示(교시)하실 수 있습니다.

●禮記檀弓下; 是日也以吉祭易喪祭明日祔于祖父(註)虞之後故云以吉祭易喪祭也祔之爲言附也
●康熙字典阜部五畫【附】[玉篇]依也[集韻]托也
○【依】◆의지함. 기댐. [春秋左傳定四年]依於庭牆而哭日夜不絶聲勺飮不入口 ◆의탁함. 몸을 맡김. [韓愈哀州祭神文]神之所依者惟人人之所事者惟神
○【托】◆의지함. 기탁함. 맡김. [陶潛詩] 孟夏草木長繞屋樹扶疎衆鳥欣有托吾亦愛吾廬旣耕亦已種 時還讀我書
●家禮增解喪禮六治葬合葬墓碑銘額; 尤菴曰夫與元妃合葬于上繼妃祔于下則喪石當主于夫而書曰前妃某氏祔左繼妃某氏祔下云而
◆別葬時(별장시) 表石式(표석식)
○夫君表石式(부군표석식);
(配墓)近處(근처). 某官某公諱某之墓
配某封某氏祔下
(配墓)遠處(원처). 某官某公諱某之墓
配某封某氏祔爲某處某坐

○夫人表石式; 某官某公諱某配某封某氏之墓

▶3045◀◈問; 비문 내용이 궁금합니다.

얼마 전 제 할머니가 돌아가셨습니다. 비석을 세울 계획인데 비석의 앞면과 뒷면에 새겨질 내용은 무엇인지 궁금합니다. 할머니는 경주 김씨이고 자손은 형제이고 손자 4 명 손녀 4 명이 있습니다. 구체적인 답변 부탁 드립니다.

◈答; 비문 내용.

공덕비나 유허비 등은 건립자가 작문하여 각자 건립하고 표석으로 세울 때는 아래를 참조하면 문안하리라 봅니다.

가례증해에 비석 도표를 보면 전면에 모관모공지묘라 중간에 각자하고 좌측으로 관계자의 관계를 쓰고 이름을 썼습니다. 요즘 대개는 이렇게 씁니다. 전면에 외분이면 중간에 모관모관향 모공(명을 쓰기도 합니다) 지묘합장 또는 쌍분 일 때는 우측으로 모봉 모관향 모씨를 쓰고 중간 밑에 지묘라 씁니다. 비석 좌측 옆면으로 남자의 성을 쓰고 모년 생 모월 모일과 옆으로 모년 모월 모일 졸이라 쓰고 우측 옆면으로 여자를 그와 같이 씁니다. 우면에 우측으로 자손 명을 순서대로 쓰고 좌측으로 건립자명을 쓰기도 합니다.

●讀禮通考王行曰神道碑有有碑額有碑文碑額之題簡碑文之題詳程大昌曰築神道碑神道神行之道也
●祭統銘者稱揚其先祖之美而明著之後世者也銘之義稱美而不稱惡孝子孝孫之心也論撰其先祖之有德善功烈勳勞慶賞聲名列於天下而酌之祭器以祀其先祖者也其先祖無美而稱之是誣也有善而不知不明也知而不傳不仁也此三者君子之所恥也
●朱子家禮治葬刻誌石蓋刻云某官某公之墓○小石碑刻其面如誌之蓋乃略述其世系名字行實而刻於其左轉及後右而周焉
●南溪曰表石只是大書其官職姓名以表其墓
●崇善殿誌崇善殿神道碑文; 外裔嘉善大夫行吏曹參判兼同知 經筵春秋館成均館義禁府事漢陽趙濟華謹書後裔將仕郎崇善殿參奉金顯湝謹篆
●久堂先生集箚錄; 碣文京畿監司洪貴達撰副提學南袞書護軍鄭誠謹篆額祖妣墓亦然
●晦齋先生李公神道碑銘 通政大夫前成均館大司成知製敎奇大升撰成均館進士孫曄書
●金石三例漢石例德政碑例篇○額稱循吏例○額兼二職例○稱功德敍例○稱功勳銘例○稱清德頌例○生稱諱例○生稱諡例○年月日又繫以吉語例○中序其世系學業功德作詩稱美例○碑文全錄令牒例○碑末續書官階仕蹟附載詔書例

▶3046◀◈問; 비석 문안 관련 문의.

선생님! 한곳은 족장지 입구 우측의 표지석 후면에 선조님들의 간단한 역사적 설명과 족장지를 조성하게 된 경위, 등을 기록하는 비문이옵고 또 한곳은 실전된 중시조(中始祖)님 산소(山所)를 복원하여 모셨기 때문에 중시조님 산소의 표석 후면에 간단한 설명과 이곳에 모시게 된 경위, 등을 기록한 비문(碑文)입니다. 양쪽 모두 1 基씩 있습니다.

1)案

某氏 **世 某官 諱 某公 後孫 門衆代表者會
**世孫 宗孫 某氏, 會長 **世 某氏, 副會長 **世 某氏
總務 **世 某氏

2)案

某氏 **世 某官 諱 某公 後孫 **代孫 宗孫某氏
門衆代表者會 會長 **世孫 某氏, 副會長 **世孫 某氏
總務 **世孫 某氏

결국"門衆代表者會" 와 "**代孫 宗孫某氏"용어가 어느 위치에 기록되는 것이 합당한지? 가주 핵심입니다.

문 1 위의 1,2 안 중에서 어느 안이 합당한지요?

문 2 합당한 안이라도 수정이 되어야 할 부분이 있는지요?

문 3 또는 1,2 안(案) 보다 더 합당한 다른 안이 있으면 하교(下教)하여 주시기 바랍니다

◈答; 비석 문안.

시조(始祖)와 불천지위(不遷之位) 조상(祖上)을 제외한 오대조(五代祖)(친진조(親盡祖))이상은 종훼(宗毁)라하여 종손(宗孫)이 없게 됩니다. 따라서 이미 친진(親盡)이 되었다면 종손(宗孫)이 없으니 종손을 넣을 까닭은 없을 것 같습니다.

선유(先儒)들의 신도비(神道碑) 비문(碑文)을 살펴보면 비문(碑文) 마지막에 단을 낮춰 먼저 모관모근선(某官某謹譔) 모관모근서(某官某謹書) 모관모근전(某官某謹篆) 건립년월일(建立年月日)이라 기록함이 대종입니다. 근자(近者)에 이르러 상석(床石) 등에 그 후손을 기록하기도 하니 혹 기록한다면 선중후경(先重後輕)의 법도를 따름이 옳을 것입니다.

●尤庵曰神主祧遷則宗毁而族人不復相宗矣
●東巖曰第二祖以下親盡則埋主於墓所而諸位迭掌歲率子孫一祭之據此則除大宗墓外皆當以昭穆最尊者爲主獻
●九思堂曰家禮大宗親盡則藏主於墓所而宗子主之歲率宗人一祭之第二祖以下親盡則埋主於墓所而諸位迭掌歲率子孫一祭之據此則除大宗墓外皆當以昭穆最尊者爲主獻恐或得宜

▶3047◀ ◈問; 비석의 종류?

우리 나라 안에는 무슨 비 무슨 비 그 종류도 여러 가지 일 것으로 사료 됩니다. 비석의 종류를 알 수가 있을까요?

◈答; 비석의 종류.

비석의 종류에는 참으로 여러 가지로 분류가 됩니다. 사연에 다라 세워지는 비 마다 그 사연에 알맞을 비명을 부치다 보니 비명이 늘어나는 것 아니겠습니까. 그 중 대표적인 비는 아래와 같이 적을 수가 있을 것입니다.

⊙기공비(紀功碑); 전승비(戰勝碑), 전적비(戰績碑)라고도 하며 전쟁의 경과나 결과 또는 자취 등을 기록하여 길이 후세에 전하려는 목적에서 그 곳에 세우는 비.

⊙기념비(紀念碑); 어떤 뜻 깊은 일이나 훌륭한 인물 등을 오래도록 잊지 아니하고 마음에 간직하기 위하여 세운 비. 보통 돌을 사용한 것이 많음. 기념할 만한 사건으로는 국가적인 것, 지방적인 것, 개인적인 것 등 많은 것이 있으며, 이것을 석비 등에 기록함으로써 항구적으로 바른 정보를 전하고자 하는 것이 그 목적임.

⊙기적비(紀跡碑); 사적(事蹟)을 적은 비. 사적비(事蹟碑)

⊙능묘 비(陵墓碑); 임금의 능비.

⊙묘갈(墓碣); 묘갈은 형태가 둥글고 묘주의 품계가 5품 이하이며 그 체제가 질실함. 묘갈' 과 '묘비(墓碑)'는 본래 묘소 앞에 세우는 비석으로 본래는 구분되었으나 후대에 와서 서로 통용되었다.

⊙묘비(墓碑); 무덤 앞에 죽을 사람을 기릴 목적으로 세우는 비석으로 북은 사람의 성명과 신분 행적 자손관계 생몰 시기 등을 각자함.

⊙사비(祠碑); 신사비(神祠碑). 신령을 모셔놓은 사당 앞에 세운 비.

⊙사적비(事蹟碑); 어떤 사건이나 사업에 관련된 사실이나 자취를 기록하여 관련된 곳에 세우는 비. 사찰·서원·사당·문묘·문루(門樓)·전각(殿閣)의 건립 및 중수, 성곽·교량·대단(臺壇)·제지(堤池) 등의 축조·개축 등에 관련된 사실이나 취지를 기록한 비. 사적비(事迹碑)

⊙사적비(寺跡碑); 절의 역사(歷史)를 기록(記錄)한 비석(碑石)로 그 절의 가장 중요한 곳에

세움.

⊙선정비(善政碑); 선정(善政)을 베푼 벼슬아치의 덕을 길이 표창(表彰)하고 기념(紀念·記念)하기 위(爲)하여 세운 비석(碑石)

⊙송석(頌石); 송덕비(頌德碑)

⊙송덕비(頌德碑); 선정비(善政碑) 또는 유애비(遺愛碑)라고도 하며 공직에 있으면서 은혜와 교화를 베풀었을 때 은혜를 받은 백성들이 이를 기리기 위하여 세워주게 되는데 이러한 경우에는 그 사실을 심사한 다음 왕에게 보고 왕이 허가하여 칙령을 받은 다음에야 비로소 세우게 됨.

⊙신도갈(神道碣); 青石樂府; 不願作人家墓前神道碣墳土未乾名已滅 神道碑

⊙신도비(神道碑); 무덤 앞 또는 무덤으로 가는 길목에 세워 죽은 이의 사적(事蹟)을 기리는 비석. 무덤 남동쪽에 남쪽을 향하여 세우는데, 신도(神道)란 사자(死者)의 묘로(墓路), 즉 신령의 길이라는 뜻.

⊙열녀비(烈女碑); 열녀를 기리기 위하여 그 행적을 새겨 세우는 비로 그가 살던 동네에 입구에 정문(旌門)을 세워 기리는 비.

⊙위령비(慰靈碑); 죽은 사람의 영혼을 위로하여 세운 비로 사건이 발생한 곳에 세움.

⊙유허비(遺墟碑); 선현들의 자취가 남아 있는 곳에 그들을 기리기 위하여 세운 비.

⊙정려비(旌閭碑); 충신(忠臣)·효자(孝子)·열녀(烈女)를 표창하기 위해 그가 살던 동리 어구에 정문을 세워 기리는 비.

⊙충신비(忠臣碑); 나라에 받친 충절을 기리기 위하여 주로 그가 살던 마을 입구에 정문을 짓고 세우는 비.

⊙충렬비(忠烈碑); 나라를 위해 충성(忠誠)스러운 절개(節概)를 지킨 이들을 기념하기 위해 세우는 비로 순절비(殉節碑) 또는 충절비(忠節碑)로 주로 절개를 지킨 곳이거나 기릴만한 장소에 세움.

⊙탑비(塔碑); 승려가 사망하게 되면 시신을 화장하고 남은 사리(舍利)를 돌로 묘탑(墓塔)을 세워 그 안에 안치하는데, 이를 부도(浮屠) 또는 승탑(僧塔)이라 하는데 탑비는 부도와 함께 승려의 출생에서 사망에 이르는 일생의 행적을 적은 비

⊙표석(表石); 특정한 지역이나 영역을 표시하는 돌이나 비석. 죽은 사람의 성명, 생년월일, 사망년월일, 본관, 관직 등을 적어 무덤 앞이나 그 동쪽으로 세우는 비석.

⊙효자비(孝子碑); 효자의 효성을 기리고 후세에 전하기 위하여 세우는 비로 그가 살던 동네에 입구에 정문(旌門)을 세워 기리는 비.

●新五代史梁太祖紀上; 十月天子使來賜王紀功碑(註)紀功碑記載功績的石碑
●石泉遺稿墓誌原碑; 碑文之起未知的在何時要先秦以上之所未有也獨延陵墓碑曰烏呼有吳延陵季子之墓
●再訪巴黎; 不過我的确喜歡巴黎的那些名胜古迹那些出色的塑像和紀念碑(註)爲紀念偉大功績重大事件或重要人物而建立的石碑
●與曾子固書; 祖父之沒軾年十二矣固能記憶其爲人又嘗見先君欲求人爲撰墓碣(註)方者謂之碑員者謂之碣
●曹成王碑; 先王薨於二十五年吾昆弟在而墓碑不刻無文(註)墓碑立在墳墓前面或后面的石碑
●宋子大全附錄年譜崇禎百六十年丁未; 上以篆親書大老*祠碑*四大字親製碑文幷手書以下是年夏上問先生生日於筵臣仍下敎曰大老祠庭碑治石以待之可也碑文予當親撰之至是上親製並前面大字
●史記秦始皇本紀; 二十八年始皇東行郡縣上鄒嶧山立石與魯諸儒生議刻石頌秦德議封禪望祭山川之事乃遂上泰山石封祠祀
●封氏聞見記頌德; 在官有異政考秩已終吏人立碑頌德者皆須審許事實州司以狀聞奏恩勅聽許然

後得建之故謂之頌德碑亦曰遺愛碑書稱樹之風聲者正此之謂

●事物紀原吉凶典制神道碑; 古之葬有豐碑以定秦漢以來死有功業生有德政者皆碑之稍改用石因揔謂之碑晉宋之世始又有神道碑

●郭有道碑文; 於是樹碑表墓昭銘景行(註)表墓在死者墓前刻石以彰其善謂之表墓

●古歡堂收艸賜進士超授通政大夫僉知中樞府事曺公旌孝紀恩之碑; 立*孝子碑*於所居之里以旌之

●晦齋先生李公神道碑銘 通政大夫前成均館大司成知製教奇大升撰成均館進士孫曄書

●新羅太大角干純忠壯烈興武王神道碑文 駕洛紀元一八九二年癸酉二月日鄭寅善謹撰

●有明朝鮮國顯祿大夫南延君謚忠正公神道碑銘 大匡輔國崇祿大夫議政府左議政兼領經筵監春秋館事金炳學謹撰

●有明朝鮮國大匡輔國崇祿大夫議政府領議政兼領經筵弘文館藝文館春秋館觀象監事世子師贈謚康定權公神道碑銘 嘉善大夫吏曹參判兼同知經筵義禁府春秋館成均館事弘文館提學藝文館提學世子右賓客五衛都摠府副摠管李敏求譔

●晚全先生寧原君洪公神道碑銘 正憲大夫知中樞副使趙絅謹譔

●有明朝鮮國資憲大夫吏曹判書兼知經筵義禁府春秋館事同知成均館事藝文館提學五衛都摠府都摠管世子左副賓客贈謚文敏徐公神道碑 銘輸忠竭誠揚武公臣大匡輔國崇祿大夫議政府領議政兼領徑筵弘文館藝文館春秋館觀象監世子師豐原府院君趙顯命撰

●有明朝鮮國大匡輔國崇祿大夫議政府領議政兼領經筵弘文館藝文館春秋館觀象監事世子師謚文忠梧川李公神道碑 大匡輔國崇祿大夫議政府左議政兼領經筵事監春秋館事實錄摠裁官原任奎章閣直提學李裕元撰

●有明朝鮮國贈崇政大夫議政府左贊成兼判義禁府事世子貳師五衛都摠府都摠管行通訓大夫工曹正郎沙川先生金公神道碑 大匡輔國崇祿大夫議政府左議政兼領經筵事監春秋館事世子傳朴世采撰

●有朝鮮國贈大匡輔國崇祿大夫議政府領議政兼領經筵弘文館藝文館春秋館觀象監事謚貞翼公行資憲大夫漢城府判尹德水李公神道碑銘 大匡輔國崇祿大夫議政府領議政兼領經筵弘文館藝文館春秋館觀象監事世子師崔錫鼎撰

▶3048◀◈問; 비석을 새로 새우려고 합니다.

수고하십니다. 이번에 저희 집안에서 비석을 새로이 세우려고 하는데 축문을 어떻게 써야 할지 잘 모르겠습니다. 제가 가지고 있는 책자에는 그런 내용이 없어서요. 죄송하지만. 이번 주에 일을 처리해야 되는데 빠른 시일 내에 답변 좀 부탁 드립니다.

◈答; 비석을 새로 새우려고 하는데.

⊙具石物告辭式(석물건립고사식)

維 歲次干支幾月干支朔幾日干支某親某官某敢昭告于 顯某親某官府君(或某封某氏合窆位則列書)之墓伏以事力不逮儀物多闕今具(當下添或碑誌或石床或望柱石或石人或石墻或石階等)用衛墓道是憑是安

⊙具石物祭后土祝文式(산신제축문식)

維 歲次干支幾月干支朔幾日干支某官姓名敢昭告于 土地之神今爲某親某官之墓今具石物用衛墓道 神其保佑俾無後艱謹以酒果祗薦于 神尙 饗

⊙莎草兼立石告辭式(사초겸석물건립고사식)

維 歲次干支幾月干支朔幾日干支某親某官某敢昭告于 顯某親某官府君(或某封某氏合窆位則列書)之墓日月愈久墓址崩頹玆以吉辰改封莎土仍立石物以表塋域伏惟 尊靈是憑是安

석물(石物)만 세울 때와 사초(莎草) 겸 석물 건립 시에 그에 맞도록 가려 쓰면 될 것입니다. 다만 고조(高祖) 이하일 때는 간지 모친에 간지 孝모친이라 하여야 할 것입니다.

▶3049◀◈問; 상석 각자.

돌집에서 견본을 받아 보았으나 마음에 들지 않아 선생님께 여쭤본 것이었습니다. 혹시 선생님께서 갖고 계시거나 알고 계신 글이 있는지요? 감사합니다.

◈答; 상석 각자.

재론케 하여 미안합니다. 다만 비석과 상석을 동시에 갖추게 되면 상석에는 각자치 않는 것이 정례입니다.

某官貫鄕某公之墓
　配某封貫鄕姓氏祔左

우서(右書)이나 상석(床石)에는 좌서(左書)로 각자(刻字)를 합니다. 합폄의 견본입니다. 요즘에는 좌측 면에 고비의 생과 졸을 우측 면에 자손 명(여식은 사위)을 각자 하기도 합니다. 상석에 각자하는 법식은 유가의 법도에는 없으며 다만 表石에 아래와 같이 각자 墓 앞이나 좌방에 남향으로 세우는데 표석 대신 상석 전면에 그와 같이 각자함은 속례이니 그에 대한 전거가 없으며 만약 속례라 하여도 표석식에 의하여야 할 것이며 특히 자손을 표석에 각자하는 법도는 알지를 못합니다.

●家禮本註婦人則俟夫葬乃立面如夫亡誌蓋之刻云
●輯要云合葬墓表石書以兩行而右面則云某官某公諱某之墓或錄其名字鄕貫於碑陰左面則云某封某氏祔若或順書則某氏下云祔左
●程子曰合葬須以元妣
●朱子曰今人夫婦未必皆合葬繼室別營兆域宜亦可耳
●黃勉齋曰今按喪服小記云婦祔於祖姑祖姑有三人則祔於親者再娶之妻自可祔廟程子張子考之不詳朱先生所辨正合禮經也
●旅軒曰夫婦若同封一碣則正面當中題曰某國某官某公之墓其左旁低其題曰某夫人某氏祔
●尤庵曰神主以字數之多不免於雙行者出於不得已也
●便覽治葬立小石碑條; 墓表式合葬則別行書某封某氏祔左;
●辭源[墓] 古時封土隆起的叫墳平的叫墓
●檀弓上;吾聞之古也墓而不墳方言十三凡葬而無墳謂之墓所以墓謂之墲

▶3050◀ ◈問; 위령비 제막식의 절차와 요령.

관혼상제(冠婚喪祭)! 꼭 알아야 될 부분이며 어렵고 접하기 힘든 부분인 것 같습니다. 존경합니다.

제 친척 중 한 분이 6.25 때 전사하시어 현재 국립묘지에 안치되어 있습니다. 그런데 자손도 없고 허전하고 너무 쓸쓸해 보여서 금년 시향 일을 기하여 조상 묘 옆에 "위령비"라도 세워 드리려 하는데 비문은 우리가 그런대로 쓴다 하더라도 위령비를 세우는데 따른 절차와 요령, 제사 지내는 요령 등에 대하여 너무 몰라서 글 올립니다. 너무 무식하여 죄송합니다. 상세하고 좋으신 답변 부탁 드립니다. 건강하세요.

◈答; 위령비 제막식의 절차와 요령.

칭송 받을만한 일을 하십니다. 입비석 시의 예법은 먼저 산신에 고한 뒤 또 선영 下면 최존위 묘에 그 사유를 고하고 비를 세운 후 비 앞에 진설 후 제를 올리되 이 예법은 모두 단헌의 예가 됩니다.

선산(先山)에 선대조묘(先代祖墓)가 계시면 최존위묘(最尊位墓)에 고하고 입석위묘(立石位墓)와 산신제(山神祭)를 지내고 입석필후(立石畢後) 당해묘(當該墓)에 위안제(慰安祭)를 지내는데 모두 무반갱주과포(無飯羹酒果脯) 단헌지례(單獻之禮)입니다. 다만 상향(尙饗) 축식일 경우는 삼헌지례(三獻之禮)로 기제 진설과 같습니다. 축식(祝式)은 아래에서 택하여 고하거나 입석취지(立石趣旨)에 적합한 축식(祝式)이 없으면 변개(變改)하여 고(告)하시면 될 것입니다.

⊙立石時告先塋告辭(입석시고선영고사)(行局內最尊位)
維 歲次干支幾月干支朔幾日干支某孫某敢昭告于 顯某親某官府君(或某封某氏合窆位則列書)

子某官某(或孫某官某婦某封某氏)墓前石物未具僅成某物今將排設謹以事由敢此虔告

⊙立石時告墓告辭(입석시고묘고사)

維 歲次干支幾月干支朔幾日干支孝子(隨屬稱)某敢昭告于 顯某親某官府君(或某封某氏合窆位則列書)封塋之初石物未具將以今日排置碑石(床石望柱隨改) 謹以酒果用伸虔告謹告(贈職追刻則曰今將追刻恩贈餘上同○莎改立石兼告曰歲月滋久墓址崩頹玆以吉辰改莎土仍整石物以表靈域謹以上同節祀兼告石物則祝尙饗下曰家貧力薄未俱石物僅成某物今將排設謹將事並此虔告○節祀兼告立石則尙饗下曰家貧力薄未具石物僅成某物今將排設謹具事由并此虔告)

⊙具石物祝辭(구석물축사)

(後漢書註方者謂之碑圓者謂之碣李斯所造○儀節墓表則有官無官皆可用表立墓左誌銘埋地○尤菴曰石物立時若値節祀則因其祭添入于祝辭中以告爲可尙饗下添以某來承祀事百年于玆而家貧力薄墓前石物無計卽成今始桔倨僅成石人石床今將排設而惟是表石垂成罅缺不可苟用勢須遲待來秋謹將事由並此虔告云云當據此用之而旣有喪禮抄所載定式故亦補入于左○問碣面或有直書姓名者旅軒曰我國古人之墓有直書姓名者而涉於未安故今人只書公字錄其名字於碑陰○南溪曰表石只是大書其官職姓名以表其墓○表石立於墓前禮也不然則當立於左旁蓋右是神道之尊位○竹菴曰立石物時只告當位而土地則不必有祭告告辭則維年月日孝子某敢昭告于顯考某官府君之墓家力不逮石物未具石床望柱今始營竪謹以酒果用伸虔告謹告○梅山答人問曰石儀爲修墓道之大者不可以不告立石在於節祀前後則當別具祝辭若以一日再祭爲拘則前期以告恐是維歲云云某昭告于亡室某封某氏之墓旣葬而石儀闕具墓道未成今始營立惟靈是寧玆以酒果用伸告儀玆告維歲云云某官姓名敢昭告于土地之神某葬妻是地內具石儀今始營立謹以酒果祗薦于神神其佑之尙饗)

維 歲次干支幾月干支朔幾日干支某親某官某敢昭告于 顯某親某官府君(或某封某氏合窆位則列書)之墓伏以財力不逮儀物多闕今具(當下添或碑石或石床或望柱石或石人或石墻或石階等)用衛墓道伏惟尊靈是憑是安(又尤菴云云之墓今以吉辰謹具石物排設如儀用衛墓道謹以酒果用伸虔告謹告○一云碑石旣具用表墓導伏惟尊靈百世是安)

⊙具石物祭后土祝文(구석물제후토축문)

維 歲次干支幾月干支朔幾日干支某官姓名敢昭告于 土地之神今爲某親某官(或某封某氏合窆位則列書)之墓(曲墻石儀修補則今爲某親某官府君之墓曲墻石儀修舊起弊神其云云)今具石物用衛墓道 神其保佑俾無後艱謹以酒果祗薦于神尙 饗(贈職追刻則曰追刻恩贈神其佑之餘上同○或舊短薄今將改立○或舊碣漫滅今將改刻○或舊碣刑刻而新之今將改立○石物追改曰石物傾頹今將修治或舊碣短薄今將改立或舊碣漫漶今將新刻或石床短薄今將新備)

⊙立表石告辭(입표석고사)

維 歲次干支幾月干支朔幾日干支某親某官某敢昭告于 顯某親某官府君(或某封某氏合窆位則列書)之墓久闕竪表夙夜惕念(或累世經念)今始請文于某人以某人書入鐫敬擇吉辰奉竪墓前(或墓左右)用表幽堂伏惟 尊靈維時歆鑑謹以酒果用伸虔告謹告

⊙立表石先事告辭(입표석선사고사)

維 歲次干支幾月干支朔幾日干支某親某官某敢昭告于 顯某親某官府君(或某封某氏合窆位則列書)之墓謹具表石今已刊說玆將奉竪墓前(或墓左右)用表幽堂伏惟 尊靈維時歆鑑謹以酒果用伸虔告謹告

⊙因節祀立表石告辭(인절사입표석고사)

維 歲次干支幾月干支朔幾日干支某親某官某敢昭告于 顯某親某官府君(或某封某氏合窆位則列書)某來承祀事年于玆而家貧力薄墓前石物無計卽成今始拮据僅成石人石床奉已排設而惟是表石垂成罅缺不可苟用勢須遲待來秋謹將事由并此虔告謹告

⊙墓祭兼立石儀告由祝文(묘제겸립석의고유축문)

維 歲次干支幾月干支朔幾日干支幾代孫某敢昭告于 顯幾代祖考某官府君(或顯幾代祖妣某封某氏合窆位則列書)之墓事力不逮石儀未成今具床石望柱石用衛墓道伏惟 尊靈是憑是安春享(隨時)墓事兼設行之瞻掃 封塋不勝感慕(考妣則昊天罔極)謹以淸酌庶羞祗薦奠獻尙 饗

⊙墓祭兼立石時山神祭祝文(묘제겸립석시산신제축문)

維 歲次干支幾月干支朔幾日干支某官姓名敢昭告于 土地之神某今爲幾代祖考某官府君幾代祖妣某封某氏之墓封塋當時墓儀未成今玆床石望柱用衛 墓道 神其保佑俾無後艱敢以酒饌兼設春享(隨時)敬伸奠獻尙 饗

⊙墓石床新備告由文(묘석상신비고유문)

維 歲次干支幾月干支朔幾日干支幾代孫某敢昭告于 顯某親某官府君(或某封某氏合窆位則列書)之墓伏以塋前儀物閱世未遑藐劣裔仍不勝惶憫今用石床略備墓儀謹以酒果臨事先由

⊙只立碑石告墓告辭(지입비석고묘고사)

維 歲次干支幾月干支朔幾日干支某代孫某敢昭告于 顯某親某官府君(或某封某氏合窆位則列書)之墓年代久遠墓表無徵今始營碣剞謹告成肆涓吉日樹諸隨路敢告厥由(或改今始營碣以下十六字爲今具碑石用表墓道云)不勝永慕謹以酒果用伸虔告謹告

⊙立碣石祝文(입갈석축문)

維 歲次干支幾月干支朔幾日干支某親某官某敢昭告于 顯某親某官府君(或某封某氏合窆位則列書)之墓墓道無刻潛光久欝今謹請銘于某人以某人書某人篆入石奉竪兆南昭示先德後人永式伏惟歆格益遠貽則謹以淸酌庶羞恭伸奠告尙 饗

⊙立神道碑祝文(립신도비축문)

維 歲次干支幾月干支朔幾日干支某親某官某敢昭告于 顯某親某官府君(或某封某氏合窆位則列書)之墓神道無刻未章休烈今始請銘于某人以某人書某人篆入鐫顯竪墓道光垂後則伏惟歆佑俾永無替謹以淸酌庶羞恭伸奠告尙 饗

⊙神道碑重建告由文(신도비중건고유문)

維 歲次干支幾月干支朔幾日干支某親某官某敢昭告于 顯某親某官府君(或某封某氏合窆位則列書)羨道有石酷燹被傷力絀誠菲倏忽廾霜今始改新竪于砌傍劚舊爲表有柱有床忍睹堙塹輪蹄奔忙思古悲今感涕盈眶履玆霜露歲薦告詳彷彿精靈如臨洋洋懲前慮後益盡恐惶庶毋燬髑地久天長謹以淸酌庶羞恭伸奠告尙 饗

⊙改石物後慰安祝文(개석물후위안축문)

維 歲次干支幾月干支朔幾日干支孝子某敢昭告于 顯考某官府君之墓恭惟 府君脈襲家庭不違寸尺晩踵高門多掖後覺鄕侯禮待延恩纔沐七十行義孰不感激嗚呼觀化四旬五曆罪深力淺未遑賁琢今晩掇幽君子顯刻敢曰表誠靈或鑑格玆涓吉日敬薦泂酌尙 饗

⊙立石畢慰安告辭(입석필위안고사)

維 歲次干支幾月干支朔幾日干支幾代孫某敢昭告于 顯幾代祖考某官府君(或某封某氏合窆位則列書)之墓碑石旣具用表墓道(床石旣具用衛墓道○望柱石人隨改)伏惟 尊靈百世是安謹以酒果用伸虔告謹告(立石非破封塋則慰安告辭當闕以無妨)

⊙莎草兼立石告辭(사초겸입석고사)

維 歲次干支幾月干支朔幾日干支某親某官某敢昭告于 顯某親某官府君(或某封某氏合窆位則列書)之墓日月愈久墓址崩頹玆以吉辰改封莎土仍立石物以表塋域伏惟 尊靈是憑是安

▶3051◀ ◈問; 질문이 있습니다.

안녕하십니까? 이번 봄에 저희 조상님 산소에 상석과 추모비를 세우려고 하고 있습니다. 다름이 아니라 상석에 들어가는 글을 어떤 형식으로 써야 할지 알고 계시다면 가르쳐 주십시오. 감사합니다.

◈答; 상석 각자.

비석(碑石)과 상석(床石)을 동시에 건립(建立) 하게 되면 비석에 망자(亡者)의 내력(來歷)이 세세히 각자 하게 되여 상석에는 재 각자(刻字)치 않는 것이 보통의 예(禮)입니다. 상석에 각자하는 법식은 유가의 법도에는 없으며 다만 表石에 아래와 같이 각자 墓 앞이나 좌방에 남향으로 세우는데 표석 대신 상석 전면에 그와 같이 각자함은 속례이니 그에 대한 전거가 없으며 만약 속례라 하여도 표석식에 의하여야 할 것이며 특히 자손을 표석에 각자하는 법도는 알지를 못합니다.

●家禮本註婦人則俟夫葬乃立面如夫亡誌蓋之刻云
●輯要云合葬墓表石書以兩行而右面則云某官某公諱某之墓或錄其名字鄕貫於碑陰左面則云某封某氏祔若或順書則某氏下云祔左
●旅軒曰夫婦若同封一碣則正面當中題曰某國某官某公之墓其左旁低其題曰某夫人某氏祔

▶3052◀◈問; 표석에 휘.

수고가 많으십니다. 표석에 보면 [處士漢陽洪公吉東之墓]와 [處士漢陽洪公諱吉東之墓]가 보입니다.

(問議) 諱를 넣어야 되는지, 안 넣어도 되는지요? 諱를 넣고 안 넣고의 차이가 있는지요? 죄송합니다.

◈答; 표석에 휘.

아래와 같이 살펴보건대 사마온공(司馬溫公) 서의(書儀) 시절에는 사서인(士庶人)의 표석식(表石式)에는 "某姓名某叓不書官"이라 하였으며, 이를 토대로 쓰여진 주자가례(朱子家禮)를 비롯 가례집람(家禮輯覽), 상례비요(喪禮備要) 등 서(等書)의 표석식은 지개식(誌蓋式)과 같이 "某官某公之墓"라 하였으니 이와 같은 각자식(刻字式)이 정식(正式)으로 여겨 집니다. 그 후 편람(便覽)에서 모공(某公) 아래에 휘모(諱某) 두 자를 쓴다. 라 하였으나 집람(輯覽)에서는 세계(世系)와 명자(名字)는 좌측(左側)에 각자(刻字)한다. 하였습니다.

이와 같이 살펴보건대 표석(表石) 본각에는 휘모(諱某)를 쓰지 않음이 정식이나 사례편람(四禮便覽)에서 모공(某公) 아래에 휘모(諱某)를 씀이 마땅하다 하였으니 표석식에서 편람식을 따라 각자한다면 휘모(諱某)는 각자함이 마땅합니다. 다만 이 각자식은 출처 확인이 없어 도암(陶庵) 선유 설로 이해되어야 할 것입니다. 표석(表石)이란 객관적 표시로서 그 표함은 사자(死者)의 후손(後孫)인 까닭에 "孔子之母名徵在言在不稱徵言徵不稱在"라 함이니, 선대(先代)의 함자(銜字)는 마구 부르지 않음이라 집람설(輯覽說)과 같이 좌면(左面)에 세계(世系)와 명자(名字)를 각자(刻字)하여 누구의 묘(墓)임을 표시함이 옳지 않을까 합니다.

●溫公書儀治葬; 墓前叓立小碑可高二三尺許大書曰某姓名某叓不書官
●家禮立小石碑條立面如誌蓋之刻云又刻誌石條某官某公之墓
●輯覽圖式表石式某官某公之墓世系名字刻於其左轉及後右而周焉
●四禮便覽墓表式; 同誌蓋式○刻誌石誌蓋式; 某官(無官則隨所稱)某公(此下當添諱某二字)之墓(崇禎(明毅宗)以後(1644以後)我東士大夫家多以有明朝鮮國五字首揭於某官之上)
●家禮輯覽墳圖(기술부족으로 도식을 옮기지 못하였음. 당서에서 墳圖 확인하십시오)
●曲禮上; 卒哭乃諱禮不諱嫌名二名不偏諱逮事父母則諱王父母不逮事父母則不諱王父母君所無私諱大夫之所有公諱詩書不諱臨文不諱廟中不諱夫人之諱雖質君之前臣不諱也婦諱不出門大功小功不諱入竟(境)而問禁入國而問俗入門而問諱(鄭玄注)孔子之母名徵在言在不稱徵言徵不稱在
●檀弓卒哭而諱生事畢而鬼事始已旣卒哭宰夫執木鐸以命于宮曰舍故而諱新自寢門至于庫門二名不偏諱夫子之母名徵在言在不稱徵言徵不稱在
●孟子盡心諱名不諱姓姓所同也名所獨也
●星湖僿說諱名條禮二名不偏諱嫌名不諱韓退之諱辨據此爲證然李世勣避太宗諱去世字則唐世已偏諱二名矣退之謂雉爲野鷄而不避治天下之治(中略)按庾賦陰作南潯作潭任作堪潭與談音同故易之也然則唐世已諱嫌名矣
●喪禮備要圖式碑前圖; 某官某公之墓

17 개장(改葬)

▶3053◀◈問; 개장복(改葬服).

改葬服은 緦麻服이라 합니다. 누구누구가 이복을 입어야 하는가요.

◈答; 개장복(改葬服).

아래와 같이 살펴보건대 개장복(改葬服)은 초상(初喪)을 당하여 삼년복인(三年服人) 모두 시마삼월복(緦麻三月服)을 입어야 한다는 것입니다.

●喪服記改葬緦註臣爲君也子爲父也妻爲夫也必服緦者親見屍柩不可以無服緦三月而除之疏父爲長子子爲母亦同
●通典孫爲祖後雖不曾爲祖服斬亦可制緦以葬
●沙溪曰承重者雖至曾玄孫與長子無異當服緦
●備要應服三年者皆服緦

▶3054◀ ◈問; 궁금해서요.

이곳에 물어봐도 되는지 모르겠어요. 시아버지가 작년에 돌아가셨는데 올해 시어머니가 재혼(再婚)을 하신답니다. 그럼 시어머니가 호적(戶籍)을 파가지고 가는 게 맞는 건지요? 아님 그냥 동거인으로 살아도 되는 건지 궁금하구요. 또 재혼 상대가 병들거나 돌아가셨을 때 장례식을 저희가 치러야 하는지 알고 싶어요. 저희가 자식의 도리를 해야 하는 건지요?

그리고 호적(戶籍)을 파가지 않고 재혼(再婚)하셔서 살다가 빚을 진 게 있다면 저희가 그 빚을 갚을 의무가 있는지도 궁금합니다. 호적을 파간다면 그 빚의 의무가 없어지는 건지 그리고 재혼했다가 그 상대 분의 남자가 먼저 돌아가시면 시어머니께서 생활보호 대상자가 되는 건지도요.

시아버지가 갑자기 돌아가셔서 선산을 샀는데 돌산이거든요. 그럼 언제쯤 이장(移葬)이 가능한가요? 시작은 아버지는 시할아버지가 공동묘지에 계신데 선산(先山)에 납골당(納骨堂)을 지은 후 화장(火葬)해서 모신다는데 그렇게 복잡하게 해야 하나요? 간단한 방법은 없는지요?

잘 계신 시할머니 묘도 화장을 해서 납골에 모신다는데 그냥 두 분을 합장해서 묘를 쓰는 것이 더 나은 방법인지요? 이장을 하면 자손들에게 해가 미치지 않을까 두렵습니다. 너무 궁금한 게 많아서요. 잘 부탁 드립니다.

◈答; 가모와 개장에 대하여.

출모(出母; 쫓겨난 어머니)나, 가모(嫁母; 재가한 어머니)의 제사는 지내지 않습니다. 물론 조모도 마찬가지입니다. 아래와 같이 살펴보건대 출모나 출가모 복은 장기복일 뿐이며 개가하여 얻은 자손이 상을 당하면 상주가 되고 기제의 주인이 됩니다.

상속(相續) 등에 관한 법률문제는 법조계에 문의하심이 신뢰할 수 있는 답을 얻으실 것 같습니다.

●漢石渠議父卒母嫁何服蕭太傳云當服周爲父後則不服
●喪服疏衰杖朞出妻之子爲母疏子無出母之義故係父而言出妻之子
●通典種毓爲父後以出母無主迎還輒自制服庾蔚之曰爲父後不服出母爲廢祭也母出而迎還是子之私情率情制服非禮意也
●朱子曰出妻入廟決然不可爲子孫者只合歲時就其家之廟拜之若相去遠則設位望拜可也○又曰嫁母者生不可入廟死不可以祔于廟
●朱子家禮三父八母服制之圖出母服謂被父離棄降服杖期子爲父後者則不服○又嫁母服謂父亡母再嫁降服杖期子爲父後者不服○又圖式八母服制之圖出母子爲父後者則不服

전통 예법에서 이장(移葬)의 시기를 정하여 놓은 바가 없는 것 같습니다. 다만 세속에 탈골(脫骨) 시기에 맞추어 이장을 하고 있는 것 같습니다. 그러나 이에 구속 될 필요는 없다고 생각 합니다.

전통예법에서는 화장(火葬)은 불효라 하였습니다. 인정으로나 미관으로나 합폄하여 묘를 가

꿈이 나은 방법이겠으나 그러나 이도 시절을 거역할 수는 없는 것이니 형편에 따름이 옳을 듯 합니다.

선조(先祖)의 묘로 인하여 자손(子孫)의 길흉화복(吉凶禍福)을 먼저 따짐은 후손(後孫) 된 도리가 아니라 생각 들며 조상을 정성껏 모시면 자연히 그 복(福)을 내려줄 것입니다.

●備要改葬篇按古者改葬爲墳墓以他故崩壞將亡失尸柩也世俗惑於風水之說有無故而遷葬者甚非也

▶3055◀◈問; 묘지 이장 가부.

저희 집안에서도 벌초나 성묘, 시제의 불편 때문에 선대 산소를 한곳으로 모으자는 의견이 있습니다. 저는 개인적으로 이장에는 반대하기 때문에 시묘(侍墓)를 하는데 까지 하다가 후손들이 못하면 자연으로 돌려보내드리는 것이 차라리 나을 것이라 생각합니다만 전문가의 견해를 여쭙고 싶습니다.

◈答; 묘지 이장 가부.

아래와 같이 살펴보건대 풍수설에 의한 개장이 아니고 실전의 염려로 인한 개장은 한다는 것입니다. 족장(가족묘지)설도 있습니다. 따라서 선대를 한 곳으로 개장하여 봉묘함이 예법에 어그러진다 할 수는 없습니다.

●備要改葬篇按古者改葬爲墳墓以他故崩壞將亡失尸柩也世俗惑於風水之說有無故而遷葬者甚非也

▶3056◀◈問; 묘지 이장 관련 문의

안녕하세요? 묘(산소)는 죽은 사람의 영택으로 예부터 함부로 묘지에 손을 대는 것을 금기시 하며 석축을 하거나 날짐승 특히 멧돼지가 봉분을 훼손하여 부득이 봉분을 돋우는 작업을 할 때도 한식이나 윤달을 정하여 작업을 하는 것으로 알고 있습니다.

농경사회에서 산업사회로 또 서비스산업에서 이제는 정보화 사회로 급격하게 사회가 변화함에 따라 씨족사회에서 핵가족으로 변화되어 다양(여러 지역 산재)하게 살다 보니 조상의 묘에 벌초하는 일도 이제는 어렵게 되어가는 사회로 진입하게 되었습니다.

우리 조상들은 자식들이 잘 되라고 명당을 찾아 조상을 모셨는데 그 동안의 입산금지 등으로 조상의 산소를 찾기도 힘이 들고 매년 벌초하기도 매우 어렵게 되어 자동차를 주차할 수 있는 장소에 있는 묘(산소)가 명당이라는 우스개 소리를 합니다. 상황이 이러하다 보니 이제는 조상의 묘(산소)를 한곳으로 옮기는 작업(이장, 개장)을 통하여 납골당, 수목장, 평장, 또는 봉분을 이장하여 비석(표지석)을 세워 한곳에서 모시고 일가 친척이 모여 벌초를 하고 그날을 만남의 날로 정하는 경향이 늘어나고 있는 추세입니다.

파묘한 후에 유골을 수습하여 화장을 한 후 남골당, 수목장, 평장을 하는 것으로 알고 있는데 이러한 과정을 거칠 경우 상당한 금전적 부담이 발생되어 최근에는 묘(산소)의 봉분은 그대로 두고 비석이나 상석은 묘(산소)앞에 땅을 파서 묻고 봉분을 그대로 둔 채로 봉분을 기준으로 상. 중. 하로 삽으로 흙을 한 삽씩 가져와 아주 간략한 방법으로 비석(표지석)을 세워 평장으로 하는데 이러한 행태가 우리 유교의 예법에 맞는지 알고 싶어 문의 드리오니 현명한 해법을 부탁 드립니다.

◈答; 묘지 이장 관련.

기제(忌祭)는 작고(作故)하신 친미진조상(親未盡祖上; 父~高祖)의 혼신(魂神)에 대한 제(祭)로 친진(親盡) 전(前)까지 작고(作故)한 날 지내드리며. 묘제(墓祭)는 체백(體魄)에 대한 제(祭)로 친미진(親未盡) 묘제(墓祭)는 3 월 상순(上旬)에, 친진(親盡; 五代祖부터) 묘제(墓祭)는 10 월 1 일에 영원히 지내드리는 제사(祭祀)입니다. 기제(忌祭)를 지내는 까닭은 작고(作故)하시던 날의 슬픔을 잊지 않기 위하여서이며, 묘제는 선대(先代)의 체백(體魄)을 영원(永遠)히 실전(失傳)치 않기 위하여 지내는 제사입니다.

옛말에 귀신 속이듯 한다는 속언은 있으나 그와 같은 이장은 자신을 속이고 조상도 속이는 사행행위에 속한다 할 것입니다.

그리스도 교인들은 내 조상도 아닌 유대민족의 옛 조상인 예슈아(יֵשׁוּעַ) 또는 예호슈아(יְהוֹשֻׁעַ)라는 예수를 교주로 믿는 교인들은 주일마다 교당에 모여 자기 수입에서 십일조를 바치고 찬양을 하는 수고를 하는데 자신의 조상인 선대를 위하여는 제사가 많아야 10 여 회, 절사 2 여회, 묘제 2 여회, 금초 수회 합 20 여 회 이내에 한하여 자신의 선대를 잊지 않기 위한 수고일 뿐이라는 사실입니다.

이상은 유학(儒學; 儒教)의 범주 내 예법에 의한 법도로 논하였을 뿐입니다.

●祭義君子有終身之喪忌日之謂也註忌日親死之日也疏孝子終身念親不忘忌日非謂此日不善別有禁忌謂孝子志意有所至極思念親不敢盡其私情而營求他事故不擧也
●漢書劉向傳; 孔子葬母於防稱古墓而不墳(中略)孔子流涕曰吾問之古不修墓(顔師古注)墓謂壙穴也
●周禮春官宗伯第三宗伯禮官之職冢人; 凡祭墓爲尸(鄭玄注)祭墓爲尸或禱祈焉鄭司農云爲尸冢人爲尸
●祭義宰我曰吾聞鬼神之名不知其所謂子曰氣也者神之盛也魄也者鬼之盛也合鬼與神教之至也註程子曰鬼神天地之功用而造化之迹也○張子曰鬼神者二氣之良能也○朱子曰以二氣言則鬼者陰之靈也神者陽之靈也以一氣言則至而伸者爲神反而歸者爲鬼其實一物而已○方氏曰魂氣歸于天形魄歸于地故必合鬼與神然後足以爲教之至
●郊特牲蕭合黍稷臭陽達於墻屋故既奠然後焫蕭合羶薌凡祭愼諸此魂氣歸于天形魄歸于地故祭求諸陰陽之義也殷人先求諸陽周人先求諸陰註蕭香蒿也取此蒿及牲之脂膋合黍稷而燒之使其氣旁達於墻屋之間是以臭而求諸陽也此是周人後求諸陽之禮○又周人尙臭灌用鬯臭鬱合鬯臭陰達於淵泉灌以圭璋用玉氣也既灌然後迎牲致陰氣也註周人尙氣臭而祭必先求諸陰故牲之未殺先酌鬯酒灌地以求神以鬯之有芳氣也故曰灌用鬯臭又搗鬱金香草之汁和合鬯酒使香氣滋甚故云鬱合鬯也以臭而求諸陰其臭下達於淵泉矣灌之禮以圭璋爲瓚之柄用玉之氣亦是尙臭也灌後乃迎牲是欲先致氣於陰以求神故云致陰氣也
●士喪禮註復招魂復魄也疏出入之氣謂之魂耳目聰明謂之魄死者魂神去離於魄今欲招取魂來復歸于魄
●檀弓復盡愛之道也有禱祀之心焉望返諸幽求諸鬼神之道也北面求諸幽之義也
●陳氏曰行禱五祀而不能回其生望返諸幽望其自幽而返也鬼神處幽暗北乃幽陰之方故求諸鬼神之幽者必向北也
●雜記註謂既葬也棺柩已去鬼神
●郊特牲尸神象也註尸所以象所祭者故曰神象
●春秋左傳昭公二十五年; 傳曰樂祁佐退而告人曰今玆君與叔孫其皆死乎吾聞之哀樂而樂哀皆喪心也心之精爽是謂魂魄魂魄去之何以能久(林)精血也爽明也心之精血屬陰爲魄心之神明屬陽爲魂
●三國志魏文帝紀黃初三年詔; 存於所以安君定親使魂靈萬載無危斯則聖賢之忠孝矣
●西廂記一本一折; 似這般可喜娘的龐兒罕曾見只教人眼花撩亂口難言魂靈兒飛在半天
●楚辭屈原九歌國殤; 身既死兮神以靈子魂魄兮爲鬼雄(辭註)魂魄人的精靈謂精神能離形體而存在者爲魂依形體而存在者爲魄
●朱子曰人死雖是魂魄各自飛散
●鄭氏曰骨肉歸于土魂氣則無所不之孝子爲其彷徨三祭以安之
●溫公曰古之祭者不知神之所在故灌用鬱鬯臭陰達於淵泉蕭合黍稷臭陽達於墻屋所以廣求神也

▶3057◀◈問; 묘 이장 시 신산신제 제물에 관해.

선생님께 진심으로 감사하다는 말씀을 거듭 드립니다. 빠른 시간 내에 답변을 주신데 감사하고요. 죄송스럽지만 좀더 자세하게 진설을 하는데 있어 정보를 알려주신다면 초보자라 양해바랍니다. 이처럼 선생님께서 가르쳐주시는데 있어 감사 드립니다.

◈答; 묘 이장 시 신산신제 제물에 관해.

사계(沙溪)선생과 경호(鏡湖)선생의 상례 전(奠)의 진설도가 아래와 같이 다릅니다. 다만 산신제는 제례의 진설법을 준용하는 고로 좌포우해가 됩니다. 진기(陳器)는 주자가례 예법대로 따르면 될 것입니다.

◈소렴전 진설도
사계선생. 경호선생
酒 酒
醢 脯 脯 醢

◈산신제 진설도
사계선생. 경호선생
酒 酒
脯 醢 脯 醢
果

◈영악(靈幄)전상 진설도
사계선생. 경호선생
酒 酒
醢 脯 脯 醢
果果果 果果果

⊙擇日開塋域祠后土(택일개영역사후토)

主人旣朝哭帥執事者於所得地掘穴(穴一作兆)四隅(皇朝制塋地一品九十步每品減十步七品以下不得過三十步庶人止於九步)外其壤(便覽不問何向背但以前爲南)掘中南其壤各立一標當南門立兩標擇遠親或賓客一人告后土氏(儀節改后土氏爲土地之神)祝帥執事者設位(便覽用新潔席)於中標之左南向設盞注酒果脯醢於其前(便覽席之南端)又設盥盆帨巾二於其東南其東有臺架(盆之臺巾之架)告者所盥其西無者執事者所盥也告者吉服入立於神位之前北向(便覽主人於告者之右去杖脫絰西向立不與祭)執事者在其後西上東上皆再拜告者與執事者皆盥帨(便覽告者進跪位前)執事者一人取酒注西向跪一人取盞東向跪告者(取注)斟酒反注取盞酹于神位前(儀節傾酒于地復斟酒置神位前)俛伏興少退立(便覽跪)祝執版立於告者之左東向跪讀(云云)訖復位告者再拜祝及執事者皆再拜徹出主人若歸則靈座前哭再拜後放此

司馬溫公曰莅卜或命莅者擇遠親或賓客爲之及祝執事者皆吉冠素服註云非純吉亦非純凶素服者但徹去華采珠金之飾而已

◈아래는 주자가례의 산신제 찬품과 진기(陳器) 예법입니다

축관은 집사자를 데리고 위를 설치하기를 중앙 푯말 좌측에서 남쪽으로 향하게 하여 잔과 주전자와 과실과 포와 육장(肉醬)을 그 남단에 진설하고 또 세수대야와 수건 둘씩을 그 동쪽에서 남쪽으로 놓되 세수대야에 받침과 수건거리가 있는 것은 고자(告者)의 손 씻을 곳이며 그 서쪽으로 받침이 없는 세수대야와 걸이 없이 수건을 놓아 집사자의 손 씻을 곳으로 한다.

▶3058◀◈問; 묘지 이장에 관한 것 알려 합니다 많은 도움이 되리라 기대 합니다.

묘지이장에 관한 것 알려 합니다. 개장을 하려고 합니다. 예법과 축식 부탁 드립니다. 많은 도움이 되리라 기대 합니다.

◈答; 묘 이장.

⊙개장(改葬) 예법입니다.

가례(家禮)에는 없으나 다른 예서에서 모아 보충한 예이다. ○옛날에는 묘(墓)가 붕괴되어 시구(尸柩)를 잃을 다른 연고가 있을 때에 개장(改葬)을 하였는데 세속(世俗)에서는 풍수지리설(風水地理說)에 혹하여 연고도 없는데 천장(遷葬)하고 있는 자는 크게 예를 벗어난 짓이니라.

☞개장 예법은 네이버·다음 등 엡사이트에서 제공하는 홈페이지 [주자가례 전통예절]상례편 제8장 개장에 상세한 예법이 상술되어 있습니다. 참조하시기 바랍니다.☜

●儀禮經傳通解喪服; 改葬緦(鄭玄注)言改葬者明棺物毁敗改設之如葬時也

●南史袁顗傳; 明帝忿顗(袁顗)違叛流尸於江弟子彖收瘞於石頭後岡後廢帝卽位方得改葬

●南腔北调集又論第三种人; 法國的文藝家這样的仗義執言的擧劫是常有的較远如左拉爲德來孚斯打不平法朗士當左拉改葬時候的講演

●陔餘叢考改葬; 改葬起於文王也然古人改葬蓋出於不得已(中略)後世以遷就風水輕動祖宗之體魄謬矣

▶3059◀◈問; 49재 기간 중 다른 제사가 있을 때 어떻게 합니까?

어머님께서 작고하시어 옛날처럼 집에 빈소를 만들고 49 재를 올리기로 하였습니다. 그런데 49 일 안에 먼저 돌아가신 형님 제사가 있어 어떻게 하는지 알고 싶고요 (설)명절에 차례는 어떻게 지내는지 알려주시면 감사하겠습니다.

◈答; 49 재 기간 중 다른 제사가 있을 때.

⊙喪三年不祭當否(상삼년불제당부)

曾子問相識有喪服可以與於祭乎孔子曰緦不祭又何助於人問廢喪服可以與於饋奠之事乎曰說脫衰與奠非禮也以擯相可也註所識之人有祭祀而已有喪服可以助爲之執事否夫子言已有緦麻之服尙不得自祭己之宗廟何得助他人之祭乎廢猶除也饋奠在殯之奠也夫子言方說衰卽與奠是忘哀太速故言非禮也擯相事輕亦或可○張子曰喪不貳事則祭雖至重亦有所不可行蓋祭而誠至則哀忘祭而誠不至不如不祭○語類問伊川謂三年喪古人盡廢事故倂祭祀都廢今人事都不廢祭祀可行曰然亦須百日外方可然奠獻之禮亦行不得只是鋪排酒食儀物之類後主祭者去拜若是百日之內要祭或從伯叔兄弟之類可以行問今人以孫行之如何曰亦得又曰期大小功緦服今法日字甚少便可以入家廟燒香拜又曰古人緦麻廢祭恐今人行不得

⊙喪中行祭當否(상중행제당부)

張子曰喪不貳事則祭雖至重亦有所不可行蓋祭而誠至則哀忘祭而誠不至不如不祭之爲愈○喪自齊衰以下不可廢祭○問喪三年不祭朱子曰程先生謂今人居喪都不能如古禮却於祭祀祖先獨以古禮不行恐不得橫渠曰如此則是不以禮事其親也程張二先生所論自不同論正禮則當從橫渠論人情則伊川之說亦權宜之不能已者又曰某嘗謂如今人居喪時行三二分居喪底道理則亦當行三二分祭先底禮數○喪三年不祭蓋孝子居倚廬堊室只是思慕哭泣百事皆廢故不祭耳然亦疑當令宗人攝祭但無明文不可考耳○期大小功緦麻之類服今法上日子甚少便可以入家廟燒香拜○古人緦麻已廢祭恐今人行不得

⊙喪中行祭(상중행제)

朱子答嚴時亨書曰居喪不祭伊川橫渠各有說若論今日人家所行則不合禮處自多難以一槩論時祭禮煩非居喪者所能行節祠則其禮甚簡雖以墨衰行事亦無不可也○答王子合書曰家祭一節某頃居喪時不曾行但至時節略具飯食墨衰入廟酌酒瞻拜而已然亦卒哭後方如此前此無衣服可入廟也○栗谷曰凡三年之喪古禮則廢祭而朱子曰古人居喪衰麻之衣不釋於身廢此一事恐有所未安朱子之言如此故未葬前則準禮廢祭而卒哭後則於四時節祀及忌祭墓祭使服輕者行薦而饌品減於常時只一獻不讀祝可也朱子喪中以墨衰薦于廟今人以俗制喪服當墨衰出入若無服輕者則喪人恐可以俗制喪服行祀○問葬後廟祀服色沙溪曰當用布直領孝巾行祀墨衰是晋襄公伐秦之服而朱子時因爲俗制本非古禮頃者禹公性傳問於退溪欲復之恐不穩當絞帶入廟未安別具布帶似或無妨○龜峰曰卒哭後以生布巾與衣薦于神云者大違禮制生布巾衣極凶之製也又無制度旣脫屈冠而只著是巾則是免冠而拜先祖也安有是理朱子以墨衰行禮者是不忍純凶而接神明也○尤菴曰葬前雖小祭祀當一切皆廢○喪中時制喪服當墨衰龜峰論其不是則其答有謹改之語而不著其改之之如何曰龜峰服色之說要訣不從栗老之意可知也墨衰之制諸老先生難於復古終以俗制直領當之恐或無妨○陶菴曰孝巾所以承冠者非冠也龜峰嘗論要訣中用孝巾行祭之失曰免冠而拜先祖可乎栗谷亦不能難以此觀之巾之不可爲冠明矣今以平凉子別制布帶直領入廟似宜○雲坪曰朱子之言前後不同然其所答曾光祖之書云云義理更無明辨似此者四時古禮也節薦後俗也古禮當從古禮而廢俗禮亦從俗禮而行是夫子之廢與得中也

⊙喪中行祭凡節(상중행제범절)

問伊川謂三年喪古人盡廢事故倂祭祀都廢今人事都不廢如何獨廢祭祀故祭祀可行朱子曰然亦須百日外方可然奠獻之禮亦行不得只是鋪排酒食儀物之類後主祭者去拜若是百日之內要祭或從伯叔兄弟之類可以行或問今人以孫行之如何曰亦得ㅇ問朱子答或人之問則曰百日後方行然奠獻之禮亦行不得鋪排酒食儀物之後主祭者去拜答胡伯量之問則曰旣葬使輕服或已除者入廟行禮答曾光祖之問則曰俗節薦享以墨衰行之云從第一說則似謂主祭者雖參祀而奠獻之禮不可親行也第二說則只言使

人代行而無主祭者參祀之意第三說則又似親行奠拜之禮斯三者將何所適從且百日內外與葬前後二說似不相貫何耶且不讀祝則出主告辭亦廢之耶尤菴曰朱子有前後三說之異同然各有意義皆無不可遵行者曾見太僕從兄在內喪値考諱使人代奠而以布直領頭巾於酌獻之後伏哭而退似主第二說而參以哭之之節恐於情文爲得也若依第三說而親行如俗節則其儀本自簡略無可減殺矣如忌祭則恐當只一獻如要訣之儀矣忌祭出主時恐不宜昧然則告辭恐不可已也但告辭雖不書主祭之名而考妣之號則不可不書蓋其實主人告之也百日之說蓋士大夫以三月而葬故槩爲此限以爲差進差退之地耶○喪中行祀於祖先時據朱子說則當使人鋪排酒食之物而主祭者去拜而已然則參神降神前後節目似當使人行之旣行忌祭則朔望參禮何可不行先祠後殯此無可疑○禫前自與大祥前一樣故家禮書疏猶稱孤哀疏上蓋猶是喪人也然則雖先祀何可自同平常乎只一獻不讀祝廢利成可也蓋雖禫後據古禮則猶不敢純吉吉祭以後始同平人矣○葬前祭先墓似與廟祭有間同春謂支子略設無乃不至大害耶云○栗谷卒哭後忌墓祭之說是所謂恰好處置新墓之祭尤無所疑○新舊合葬墓祭豊殺當以尊爲主○陶菴曰遞遷在吉祭後其間則以一獻行祀爲宜○屛溪曰吉祭前雖値忌祭亦不能備禮當一獻無祝獻爵則主人當爲之矣

위의 말씀을 종합하면 상중(삼년상)에는 주인은 제사를 지내지 않으며 졸곡(卒哭; 초상 후 약 95 일)이 지나면 최경복자(제일 가벼운 복인)가 약설 무축단헌으로 마치는 것이 마땅한 예입니다. 작고하신 분의 탈상 전에 닿는 명절을 그 날 아침에 상식 후 다시 차려 올리고 속절 의식으로 예를 마칩니다.

위와 같이 지루히 논함은 위의 질문 내용이 대단히 신중함을 요하는 예법으로 상중 제사 지내는 법을 고증하기 위함에서 입니다.

●沙溪曰俗節因朝奠兼上食行之似過盛朝上食後別設無妨
●同春曰上食後別設恐當
●尤庵曰俗節重於朔望審矣問解所答恐別是一義也以兼設於上食爲過盛而欲別設焉若以常情言之則別設爲重合設爲輕今反以合設爲盛恨不得稟質也
●問問解答同春俗節之問云上食後別設酒果數品俗節但言流頭七夕重九等節歟抑並言正朝秋夕寒食端陽四節歟尤菴曰當如老先生說矣然兼行於上食恐亦無妨也旣云俗節則似是普同言之耳
●南溪曰沙溪以爲過盛者恐其同設與朔奠無別也依其說別行於上食後恐當
●遂庵曰俗節因朝奠兼上食是今世通行之例上食後設未嘗聞也
●朱子曰大祭時每位用四味請出木主俗節小祭只就家廟止二味朔旦俗節酒止一上斟一盃
●家禮俗節則獻以時食條凡鄕俗所尙者食如角黍凡其節之所尙者薦以大盤間以蔬果
●南溪曰四味魚肉米麵食二味四味中取二者也俗節饌禮無見處酒果蔬菜餠湯之屬當隨所有而酌處之至如炙則乃大祭三獻所用恐不必設

▶3060◀ ◈問; 성분 축문.

선조님을 면례하게 되었습니다. 성분 후에 고축하려고 인터넷 사이트에서 검색했지만, 속 시원한 해답을 얻지 못했습니다. 축문의 예시를 바랍니다. 한자어와 한글 음과 그 해설을 말씀해주시면 감사하겠습니다.

◈答; 성분 축문.

개장의 예에서 성분이 되면 어류에서는 묘 앞에서 전례로 마치고, 의절에서는 영좌에서 우제를, 사례편란에서 묘전 전례 축식을 새로 만들어 지금까지 쓰이게 되었습니다. 그러나 우제를 지내고 마친다 하여 오류는 아니라 생각합니다.

◈墓奠祝文式(묘전축문식)(便覽廢虞祭告式)

維 年號幾年歲次干支幾月干支朔幾日干支某親某官某敢昭告于(告妻及弟以下見上當位告式)顯某親某官府君(屬稱隨改見上當位告式)之墓新改幽宅事畢封塋伏惟 尊靈(改措語見上啓墓告式)永安體魄

◈墓奠祝文式(묘전축문식)(現代式)

維(유)
歲次干支幾月干支朔幾日干支某親某官某敢昭告于(세차간지기월간지삭기인간지모친모관모감소고우)
顯某親某官府君之墓新改幽宅事畢封塋伏惟(현모친모관부군지묘신개유택사필봉영복유)
尊靈永安體魄(존령영안체백)

解說; 해의 차례는 모 간지 모월 모 간지 모일 모 간지 모친 모관인 아무개가 공경하옵는 모친모관부군 묘에 감히 밝혀 아뢰나이다.

새로이 유택을 고치는 행사를 마치고 영역을 봉하였아옵니다 엎드려 바라옵건 존령이시여 체백이 영원히 편안하옵소서

●語類禮六冠昏喪喪; 問改葬曰須告廟而後告墓方啓墓以葬葬畢奠而歸
●家禮儀節喪禮(補)改葬(家禮無改葬今采集禮補入)旣葬就幙所靈座前行虞祭(如初虞儀)(儀節及祝式省略)祭畢徹靈座主人以下出就別所釋緦麻服素服而退

▶3061◀◈問; 이장 시 산신제에 올리는 제물.

우선 선생님께 감사합니다. 이렇게 좋은 정보를 접하게 되여 진심으로 감사하다는 말씀을 접합니다. 묘 이장 시에 신산신제에 쓰이는 제물에 대해 가르쳐주시면 감사하겠습니다. 수고하십시오. 아무쪼록 오래오래 본 정보를 지탱하여주시길 기원합니다 지금까지 이처럼 옛것을 저버리는 요즘 본 정보에 대해서 계속 유지하여 천한 人 에게 알 수 있도록 교훈을 주신데 있어 거듭거듭 감사합니다.

◈答; 이장 시 산신제에 올리는 제물.

아래와 같이 고찰하여 보건대 남계(南溪) 선생께서 상례(喪禮)의 산신제(山神祭)는 전(奠)의 예라 하셨으며 예기(禮記) 잡기편(雜記篇)에 상례의 전(奠)에는 포해(脯醢)뿐이다 하였습니다. 단순하게 주포해(酒脯醢)뿐인데 요즘 해(醢: 육장)의 준비가 어려울 것이니 그 대용으로 고기를 썰어 장 조림한 것이나 새우젓 등으로 진설(陳設)하면 되지 않을까 생각 됩니다. 다만 축문(祝文) "謹以淸酌***脯醢***祗薦于" 중 ***脯醢***는 그 진설 품명(品名)과 같아야 합니다.

◈祠后土饌品

問開塋域及葬時后土祠只用告事禮設酒果脯醢而已乎世俗或豊或簡無準式何以得禮之中沙溪曰某家用盛饌未知果如何也○南溪曰葬時祠土地奠也墓祭祠土地祭也○雜記喪奠脯醢而已

●祠土地祝文式(사토지축문식)

維 歲次干支幾月干支朔幾日干支某官姓名敢昭告于 土地之神今爲(此下當添某官姓名之某親七字主人自告則當添某之某親四字)某官(添措語見上祠土地祝式)建玆宅兆(合窆則改建玆宅兆爲今已葬畢)神其保佑俾無後艱謹以淸酌脯醢祗薦于 神尙 饗

▶3062◀◈問; 5대 이상 개장 예법.

선조의 묘소를 이장하려는데 宗孫이 이장하는 것은 찬성 동의 하지만 주관은 하지 않겠다(즉 종손이름으로 축이랑 날짜랑 받는 것을 못 하겠다)고 하는데 종친회가 결성되어 있는데 회장이름으로 해도 되는지, 또 직계 후손이면 누구라도 주관이 가능한지요? 또 이장을 주관하는 사람을 제주(祭主)라고 해야 합니까, 상주(喪主)라고 합니까 좋은 말씀 부탁 드립니다.

◈答; 5대 이상 개장 예법.

친진조는 종훼(宗毁)가 되어 종손이 없어지는 것입니다. 까닭에 축에 고자는 속칭(屬稱)으로 고하게 됩니다. 이장 문제의 상의는 그 후손들의 협의 하에 결정할 문제이고 주관은 문장이 관리하여야 하겠지요

●改葬當位告辭式(개장당위고사식)

維 歲次某干支幾月干支朔幾日干支某親某官(弟以下不名)敢昭告于(妻去敢字弟以下但云告于)顯某親某官府君(或某封某氏同遷合葬則列書妻弟以下改顯爲亡卑幼去府君二字)體魄托非其地恐有意外之患驚動 先靈(旁親改先爲尊妻弟以下去驚動先靈四字)不勝憂懼將卜以是月某日改葬于某所(合窆則改體魄以下三十二字爲將以某月某日改兆合窆于某親某官府君或某封某氏之墓)謹以(妻弟以下云玆以)酒果用伸虔告謹告(妻弟以下改用伸以下六字爲用告厥由)

⊙改裝服制(개장복제)

●穀梁傳改葬之禮緦擧下緬也疏緬遠也下謂服之最輕者

●通典王肅云司徒文子改葬其叔父問服於子思子思曰禮父母改葬緦旣葬而除之不忍以無服送至親也肅又云非父母無服無服則弔服加麻

⊙承重孫改葬服(승중손개장복)

●通典許猛云諸有三年者皆當緦父卒孫爲祖後而葬祖雖不受重於祖據爲主雖不曾爲祖服斬亦可制緦以葬

●沙溪曰承重者雖至曾玄孫與長子無異當服緦

⊙五代以上改葬服(오대이상개장복)

●問五代祖以上遷葬宗孫雖爲破宗以承重之義當服三月乎陶菴曰遷葬時服緦之疑決於承重與否旣不承重則只當弔服加麻而已

●遂菴曰五代祖喪宗孫似當承重遷窆時服緦

●愚按五代以上當承重之義

⊙三月而除之(삼월이제지)

●子思曰父母改葬緦旣葬而除之

●愼獨齋曰啓墓後滿三月而除服

●三禮儀三月內上墓當哭臨

●同春曰改葬服未除之前昏娶恐未安

개장의 주인을 개장복을 벗기 전에 제주 또는 상주의 호칭을 명시한 예법은 발견하지 못하여 감히 지적할 수는 없으나 위와 같이 살펴 볼 때 상(喪)의 예법을 준용함이 마땅치 않을까는 생각됩니다.

●屛溪曰禮五世則宗毁不復相宗故遠代歲一祭行高者主祝大宗云者如別子

●葛庵曰若非百世不遷大宗之家則當以會中長幼爲主辦祭者不可越尊長爲主初獻之後使之一獻亦合人情

●鹿門曰始祖之祭宗子主之第二世以下尊者主之

●梅山曰五世親盡祧遷于長房則宗已毁矣無宗子之可名祧位忌墓祭長房皆主之而及長房盡而埋主則子孫中行尊年高者當墓祀祝用其名宗孫無與焉斯爲道行之禮也

●三山齋曰遞遷之祖長房已盡者其墓歲一祭諸孫中屬尊者行主人之事而其祝辭自稱或曰後孫或曰幾代孫

▶3063◀◈問; 이장.

이장 날자는 정하는 법 알려 주십시오.

◈答; 이장.

택일 하는 법은 말 몇 마디로서 설명을 할 수 있고 이해 할 수가 있는 학문이 아니라 생각됩니다. 택일법에는 천기대요(天機大要)등 많은 이에 관한 서책이 있으며 이는 하도낙서(河圖洛書) 음양오행(陰陽五行) 구궁팔괘(九宮八卦) 갑자을축(甲子乙丑)등으로 길흉화복(吉凶禍福)이 정하여 진 역(易)이니 한마디로 섣불리 말할 수 없는 영역입니다. 다만 이장(移葬)이라면 그 묘의 좌향을 연운(年運)으로 길흉을 따져 길하면 대개 한식(寒食) 날을 무해 무득(無得) 하다니 간단히 그날로 택하면 번잡하지 않으리라 생각 됩니다. 좌향의 길흉은 다음과 같다 합니다.

壬子癸丑丙午丁未坐向, 辰戌丑未年 大利, 子午卯酉年 小利, 寅申巳亥年 重喪
乙辰巽巳辛戌乾亥坐向, 寅申巳亥年 大利. 辰戌丑未年 小利. 子午卯酉年 重喪
艮寅甲卯坤申庚酉坐向, 子午卯酉年 大利. 寅申巳亥年 小利. 辰戌丑未年 重喪

이장 하는 해에 중상의 태세(太歲)만 닿지 않고 대리(大利) 소리(小利) 가 닿으면 흉치 않다 합니다.

▶3064◀ ◈問; 이장과 동시에 합장할 때.

안녕하십니까? 여러 기를 하루에 파묘 이장하여, 가족 묘지를 위해 같은 장소에 합장하려고 합니다.

1). 증조부모와 조부모를 파묘할 때에 누구의 묘를 먼저 파묘하여야 하는지요? (같은 산과 다른 산에 계실 경우)

2). 운구할 때는 누구의 柩가 앞에 서야 하는지요?

3). 증조부모와 조부모의 柩를 같은 산에 運柩하여 부부 합장할 때에 누구의 柩를 먼저 下棺하여 묘지를 조성하여야 하는지요? 즉 파묘는 누구부터이며 묘지 조성은 누구부터 하여야 하는지 궁금합니다.

4) 舊墓에 있는 床石 등 석물은 어디에 묻어야(처리 하여야) 하는지요? 新墓는 平葬을 하고 表石을 하려고 합니다.

5). 부모가 동시에 사망 하였을 때 상여 나가는 순서와 하관하는 순서도 알고 싶습니다. (교통사고, 세월호 사고 등 사고로 인한 동시 사망)

◈答; 이장과 동시에 합장할 때.

問 1. 答; 선후대(先後代) 출구시(出柩時)는 선중후경(先重後輕)으로 먼저 증조부모 다음 조부모를 출구하는데 합장이든 양분(兩墳)이든 부부(夫婦) 역시 선중후경(先重後輕)의 예에 따라 먼저 고(考) 후에 비(妣)를 출구합니다. 만약 다른 산이라면 그와 같은 경우의 전거는 없습니다.

問 2. 答; 한 집에서 양상(兩喪)을 당하여 함께 상여가 함께 갈 때는 선중후경(先重後輕)으로 갑니다. 따라서 운구(運柩) 역시 같습니다.

問 3. 答; 고비(考妣)를 합장(合葬)을 할 때는 선경후중(先輕後重)으로 하관(下棺)을 하는데 먼저 비(妣)를 하관한 뒤 고(考)를 하관(下棺)합니다.

問 4. 答; 구묘 상석(床石)을 그 땅 속에 묻어야 합니다.

問 5. 答; 考妣 상여(喪輿) 나가는 순서(順序)는 선중후경(先重後輕)의 예에 따라 선고(先考) 후비(後妣) 순이며, 하관(下棺)은 선경후중(先輕後重)의 예에 따라 선비후고(先妣後考) 순(順)이 됩니다.

●退溪曰偕喪偕葬先輕後重虞則先重後輕今改葬當虞於幕所新葬反哭而虞
●或問同葬父母則先輕後重奪情故也改葬啓墓改斂亦當先母否退溪曰皆當先
●曾子問孔子曰並有喪如之何何先何後孔子曰葬先輕而後重其尊也
●鏡湖曰葬是奪情之典稍爲先後輕重之節以存迫不得已之意今啓墓一節固無取於奪情之義且幽明隔遠之餘幸有攀號承拜之日則當先於父而後於母此亦人情天理不能無先後輕重之間今擬啓墓出棺當先父後母及其斂窆下棺等節又却先輕後重以遵奪情之義似或合宜
●南溪曰偕喪之禮在途則先重後輕當以祖考喪車在前
●問發引時何喪當先寒岡曰恐府君當先
●問合葬遷葬則啓墓出柩時當先父後母乎尤庵曰出柩是伸情之事似當先父
●尤菴曰遷葬非奪情事乃申情理出柩時當先重後輕
●澤堂曰床石埋置可也

▶3065◀◈問; 이장문제.

토지의 수용으로 부득이 묘소를 이장하게 되었습니다. 여러 곳을 찾다가 한 말씀 여쭙습니다. 다름이 아니라 가족이 모여서 파 묘 후 화장을 하고 유골을 납골당에 모시기로 결정했는데 아는 게 없고 처음 행하는 터라서요. 화장을 하게 되면 날짜는 별도로 잡지 않아도 된다고들 하는데 맞는 얘기인지, 이럴 때 주의해서 할 일은 어떤 게 있는지 바쁘시겠지만 소상히 알려주시면 감사하겠습니다. 참고로 묘소는 저의 큰어머니(아버지의 첫째 부인)입니다.

◈答; 이장문제.

예서(禮書)나 선유들의 말씀 어디에도 화장(火葬)에 관한 말씀은 없고 화장을 거부하는 말씀은 몇 곳에서 보입니다. 물론 지난 세월에는 토지나 사회 여건이 지금과는 다른 탓이었겠지요. 다만 화장도 장사이니 파묘(破墓)하여 화장터에 가기까지는 개장의 예법을 따름이 마땅하다 할 것입니다. 그 예법은 본 홈 전통예절 개장편(改葬篇)에 자세히 기록하여 놓았습니다. 여기서 택일(擇日)이라 함은 무속적(巫俗的)인 그런 택일이 아니라 장사하기에 여러 가지 형편을 고려하여 일자(日字)를 정하는 것입니다.

개　장(改葬) 생략(省略)

☞개장 예법은 네이버 다음 등 엡사이트에서 제공하는 홈페이지 [주자가례 전통예절] 상례편 제 8 장 개장에 상세한 예법이 상술되어 있습니다. 참조하기 바랍니다. ☜

※유가에는 화장이란 장법이 없습니다.

●釋門家禮抄葬法天竺葬法有四焉一水葬二火葬三土葬四林葬(云云)舍利(云云)立塔(云云)

●茶毘文茶毘作法註茶毘亦云闍維此云焚燒卽火葬也(云云)擧火篇(云云)下火篇(云云)碎骨法(云云)起骨篇(云云)拾骨篇(云云)碎骨篇(云云)散骨(云云)

●讀禮通考葬考五火葬條細註朱董祥曰焚尸之事世俗雖有然皆出於市井僕隷稍有知者必不爲也第此輩不能以理諭則當以法故爲人臣者而不能致君禁此使民爲掩骼之計不可以稱仁人爲士子者而不使鄕黨閭里習聞其慘毒而不化之以漸不可以稱孝子爲之者固市井僕隷而所以使之爲之而無忌憚者豈盡其罪邪

●會成火葬不孝條溫公曰世人沒於遠鄕子孫焚其柩收燼歸葬夫孝子愛親之肌體故斂而藏之殘毁他人之尸在律猶嚴況爲子孫者乃悖謬如此其始出於羌胡之俗浸染中華行之旣久習而爲常見者恬然曾莫之恠豈不哀哉延陵季子適齊其子死葬於嬴博之間孔子以爲合禮必也不能歸葬葬於其地可也豈不猶愈於焚之也

◆納骨堂慰奉告辭式(납골당위봉고사식)

維歲次某甲某月某甲朔某日某甲孤子(母云哀子倶歿則孤哀子孤孫哀孫孤哀孫)某敢昭告于 顯考某官府君(妣云顯妣某封某氏或顯祖考某官府君或顯祖妣某封某氏)葬法變易謹隨風潮今以闍維納骨入堂事畢葬儀 神反室堂禮當立主拘於事勢未能如禮神主未成魂箱猶存仍舊是依謹以酒果用伸虔告謹告

▶3066◀◈問; 이장에 관하여.

감사 드리며. 다름이 아니 오라 이번에 우리 집안에서 전체 선대 묘를 한군데 납골묘로 이장 하고자 하는데 어른들이 다 돌아 가시고 예법을 아는 이가 없어 이렇게 문의 드립니다.

어릴 적 기억으로는 장례절차에 의하여 이장(移葬)을 한 것으로 기억되는데 현재 그렇게 격식(格式)을 다 올릴 수는 없는 것 같고 하여 약식이나마 어떤 절차와 어떤 축문(祝文)은 반드시 하여야 할 것이 있을 줄 사료되는바 자문(諮問)을 구합니다. 부디 어리석다 하지 마시고 가르쳐 주시길 바랍니다. 다시금 선생님에게 감사를 드립니다.

◈答; 이장에 관하여.

⊙개장시 축문식

◆**新山祠土地祝文式(신산사토지축문식)**(若合窆或繼葬則告先葬及告先塋祝文與治葬本條祝式看)(새산산신제)

維 歲次干支幾月干支朔幾日干支某官姓名敢昭告于 土地之神今爲(此下當添某官姓名之五字主人自告則當添某之二字)某親某官(主人自告則此下當添府君二字卑幼則否ㅇ或某封某氏)宅兆不利將改葬于此(合窆則改宅兆以下九字爲改兆合窆于某官某公或某封某氏之墓) 神其保佑俾無後艱謹以淸酌脯醢祗薦于 神尙 饗

◆**家廟當位告辭式(친미진조)**

維 歲次某干支幾月干支朔幾日干支某親某官(弟以下不名)敢昭告于(妻去敢字弟以下但云告于)顯某親某官府君(或某封某氏同遷合葬則列書妻弟以下改顯爲亡卑幼去府君二字)體魄托非其地恐有意外之患驚動 先靈(旁親改先爲尊妻弟以下去驚動先靈四字)不勝憂懼將卜以是月某日改葬于某所(合窆則改體魄以下三十二字爲將以某月某日改兆合窆于某親某官府君或某封某氏之墓)謹以(妻弟以下云玆以)酒果用伸虔告謹告(妻弟以下改用伸以下六字爲用告厥由)

◆**舊山祠土地祝文式(구산 산신제)**

維 歲次干支幾月干支朔幾日干支某官姓名敢昭告于 土地之神玆有(添措語見上祠土地祝式)某親某官(添措語見上祠土地祝式)卜宅玆地恐有他患(若爲合窆而改葬則改恐有他患四字爲今爲合祔)將啓窆遷于他所謹以淸酌脯醢祗薦于 神神其佑之尙 饗

◆**舊岡告先塋告辭式(만약 구산에 선영 묘가 있을 시)**

尤菴曰啓墓之時祖先墓同處一岡則如此重事何可不告耶此雖無明文然以祔葬時告于先墓推之則遷改時當告無疑矣○又曰兩墓同岡而一遷一否則兩告之

維 歲次干支幾月干支朔幾日干支某親某官某敢昭告于 顯某親某官府君(或某封某氏合窆位則列書)之墓曾以某親某官府君(或某封某氏同遷合葬則列書卑幼去府君二字)祔葬于此恐有他患將啓窆遷于他所(若在局內則云某方○若爲合窆而改葬則改恐有以下十一字爲將以某月某日改兆合封于某親某官府君或某封某氏之墓)謹以酒果用伸虔告謹告

◆**兩墓同岡一遷一否告不遷之墓告辭式(혹 두분 중 옮기지 않는 묘)**

維 歲次干支幾月干支朔幾日干支某親某官(弟以下不名)敢昭告于告(弟以下見上當位告式) 顯某親某官府君(或某封某氏卑幼改顯爲亡去府君二字下同)之墓曾以 顯某親某封某氏(或某官府君)同葬于一岡恐有他患今將啓窆遷于他所(此下叙下能同遷之由)追感彌新(考妣此下當添昊天罔極四字弟以下改追感彌新以他語)謹以(弟以下云玆以)酒果用伸虔告謹告(弟以下改用伸以下六字爲用告厥由)

◆**啓墓告辭式(파묘 전 당해 묘 앞)**

維 歲次干支幾月干支朔幾日干支某親某官某敢昭告于(告妻及弟以下見上當位告式) 顯某親某官府君(屬稱隨改見上當位告式)葬于玆地歲月滋久 體魄不寧今將改葬(合窆則改葬于以下十六字爲將以某月某日合封于某親某官府君或某封某氏之墓今方啓墓)伏惟 尊靈(妻弟以下但云惟靈)不震不驚

◆**遷柩告辭式(시구를 상여로 옮길 때)**

今日遷柩就轝敢告

◆**設奠告辭式(떠날때고사식)**

靈輀載駕往卽新宅

◆**祠土地祝文式(신산 산역이 완료 전후)**

維 歲次干支幾月干支朔幾日干支某官姓名敢昭告于 土地之神今爲(此下當添某官姓名之某親七字主人自告則當添某之某親四字)某官(添措語見上祠土地祝式)建玆宅兆(合窆則改建玆宅兆爲今已葬畢)神其保佑俾無後艱謹以淸酌脯醢祗薦于 神尙 饗

◆**虞祭祝文式(산역을 마치고 위안제)**

維 歲次干支幾月干支朔幾日干支孝子(屬稱隨)某敢昭告于 顯某親某官府君(或某封某氏)新改幽宅禮畢終虞夙夜靡寧啼號罔極(妻子以下改以他語)謹以淸酌庶羞祗薦虞事尙 饗

◆祠堂告辭式(친미진 가묘 당위 고사식)

維 歲次干支幾月干支朔幾日干支孝子前同某今以 顯某親某官府君(或某親某封某氏)體魄托非其地已於今月某日改葬于某所事畢謹以酒果用伸虔告謹告

개장 절차는 위 문답에서 밝혀 놓았습니다 그를 살펴 보기 바랍니다. 대략 위와 같이 개장시 축문을 갖추게 되면 무난하지 않을까 생각 됩니다. 다만 이에서 취하고 말 것인가는 귀하가 택할 것이며 본인이 지목 하여 준다 함은 예 밖의 행위라 생각 되여 자문에 적합하게 응 할 수가 없으니 양해 하여 주기 바랍니다. 괄호 내는 참고 문이니 축문 작성시는 제외합니다.

▶3067◀◈問; 이장할 경우 축문에 관하여 질문 드립니다.

현재 가족묘지에 부모님을 합장하여 모시고 있습니다. 합장할 당시 사정에 의하여 어머님의 자리와 아버님의 자리가 서로 바뀌게 되었습니다. 앞에서 보았을 때 우측에 아버님을 모신 상태인데요. 이번 윤달을 맞아 자리를 바로 하여 드리고자 합니다. 어머님을 아버님의 우측으로 옮겨드리려 하는데요. 관장으로 모셨기 때문에 자리를 이동하는데 문제는 없을 거 같은데 문제는 이런 경우 축문을 어떻게 써야 할지 참 난감합니다. 일반적인 이장의 경우 축문은 알고 있는데 저의경우는 타소(他所)로 이장하는 게 아닌 단순히 자리만 바꾸는 경우이다 보니 참 여러모로 난감하네요. 고견을 듣고 싶어 이렇게 글 올립니다.

아 참 그리고 조부모님과 증조부모님의 산소의 떼가 많이 상해서 이번에 다시 떼를 올리고 산소를 가꾸려 하는데요. 이 경우에도 별도의 축문이 있는 건가요? 바쁘실 텐데 송구합니다만 고견을 기다리겠습니다. 감사합니다.

◈答; 이장할 경우 축문에 관하여.

합폄(合窆)에서 남좌여우가 뒤바뀜을 바르게 잡을 때의 예법 역시 개장 예법대로 행하여야 합니다. 개장(改葬) 예법은 위에 자세하게 열거되어 있습니다. 참조하시기 바랍니다.

생사자(生死者) 남녀 좌우 법도의식입니다.

◆死者; 男左女右(男西女東; 南向)는 地道尙右 神道尙右 법도에 의함임. 정면에서 마주한자의 관점에서.

◆生者; 男左女右(男東女西; 北向)는 地道尙右 人道尙右 법도에 의함임. 정면에서 마주한자의 관점에서.

●退溪曰兩親墓東西定位想中國俗葬皆【男左女右】故朱先生葬劉夫人時只循俗爲之其後丘文莊亦不欲異俗而云云也然朱子答陳安卿之問分明謂祭而【以西爲上】葬時亦當如此方是則此乃爲晩年定論而後世之所當法也
●南溪曰世之葬法有以男左女右傳曰【神道尙右地道尙右】
●栗谷曰其出行也先告家廟次告庶母及兄嫂夫人則立內門而揖送妾則立中門子弟則立大門而拜送婢僕則於大門外皆【男左女右】而拜其還亦如之
●錦谷曰家禮及諸禮書皆以東爲上故其爲【男東女西】者卽【左東右西】之意也其後儒先言論多端用西上之規故祠宇之奉墓中之祔皆爲【男西女東】此是古今之異也
●王制道路男子由右婦人由左註凡男子婦人同出一塗者則男子常由婦人之右婦人常由男子之左
●內則【道路男子由右女子由左】(集說細註)道路之法其右以行男子其左以行女子古之道也(鄭注)【地道尊右】
●內則【男左女右】細註嚴陵方氏曰或男耦而女奇取陰陽之相須也或男左而女右取陰陽之相類也
●性理大全祠堂篇凡屋之制不問何向背但以前爲南後爲北【左爲東右爲西】
●芝村曰初喪爲位皆以【男左女右】而上朝祖下男女道路之法謂【男左女右】
●重庵曰【男左女右】以地道言則右尊左卑道路屬地當男右女左盖右主動而左主靜右有力而左無爲故男女所由如此
●龜川曰神道尙左故小斂以後則左衽而神主奉安則以西爲上此則尙右惡在神道尙左之義耶 【人道

尙右】 【人道尙右】則北鄕立者宜 【以東爲上】而序立者反 【以西爲上】此則尙左其義
●朱子曰禮云【席南向北向以西方爲上】【東向西向以南方爲上】是【東向南向之席皆尙右】【西向北向之席皆尙左】也今祭禮考妣同席南向則考西妣東自合禮意大率古者以右爲尊如周禮云享右祭祀詩云旣右烈考亦右文母漢人亦言無能出其右者是皆以右爲尊也
●密菴曰或以尊者所在爲上如冠禮迎賓及階下位則【北爲上】堂上位則【南爲上】執冠巾者賓未入則【東爲上】賓已入則【北爲上】坐於奥則【南爲上】坐於堂則【西爲上】何嘗有一定廣武東向亦只是賓

◈수묘(修墓) 예법(禮法).

수묘 예법이 정예화 되어 전함은 없으나 아래와 같이 개별로 전함이 있어 일러드립니다. 차질 없으시기 바랍니다.

●사초를 하려면 먼저 선산이면 그 산에서 최존위 묘에 "◆改莎草時告局內最尊位告辭"로 고하고 고사 진설품은 주과포 정도로 약설이면 독축 단잔의 예법으로 행하는데 이하 모두 같습니다.

●改莎草時告局內最尊位告辭(개사초시고국내최존위고사)

維 歲次干支幾月干支朔幾日干支某親某官某敢昭告于 顯某親某官府君或某封某氏合窆位則列書今爲某孫某官某塚宅崩頹卜以某日將加修治謹以酒果用伸虔告謹告

●다음으로 개사초(改莎草)할 본 묘(墓)에 약설(略設) 단잔(單盞)의 예법으로 아래와 같이 고하고 시작하고,

●改莎草告辭(개사초고사) 梅山曰改莎雖不在墳墓旣在兆域之內則恐當告由維歲云云孝子某敢昭告于顯考云云顯妣云云伏以兆域修治不謹歲久莎頹今將改葺伏惟尊靈永世是寧謹告事由右告當位維歲云云某官姓名敢昭告于土地之神今爲某官某封某氏兆域莎頹將加修治神其保佑俾無後艱謹告右告土神

維 歲次干支幾月干支朔幾日干支某親某官某敢昭告于 顯某親某官府君(或某封某氏合窆位則列書卑幼改顯爲亡去府君)之墓歲月滋久草衰土圮今以吉辰益封改莎伏惟 尊靈(卑幼云惟靈)不震不驚謹以酒果用伸虔告謹告

●梅山曰改莎雖不在墳墓旣在兆域之內則恐當告由維歲云云孝子某敢昭告于顯考云云顯妣云云伏以兆域修治不謹歲久莎頹今將改葺伏惟尊靈永世是寧謹告事由右告當位維歲云云某官姓名敢昭告于土地之神今爲某官某封某氏兆域莎頹將加修治神其保佑俾無後艱謹告右告土神○又式云云久遠塚宅風雨維歲次云云顯某親某官府君之墓封築不謹歲久頹圮今以吉辰將加修葺伏惟尊靈不震不驚敢用酒果謹告○云云日月滋久墓貌毁傷今將擇吉改被莎草云云○梅山云歲代邈遠堂封圮傾高風曠感賢俟賜丁玆涓吉辰將以改修敬陳脯醢先告事由○樊岩云莎崩土遷得不雨滲夙夜懍惕罔弛于心爰始改爲時惟淸明縻官替告願勿震驚頹落今擇吉辰改莎復土築長五尺比前厚久伏惟尊靈永世是寧○若主人在遠地當曰孝子某在遠地某親某替行修墓之事敢昭告于用代者之屬稱或用監役者○冬葬春築祝伏以襄奉之初凍未完築今將修葺伏惟尊靈勿震勿驚謹以云云○常通云云之墓封築歲久莎土頹圮今以吉辰敢請修改伏惟尊靈不震不驚)

●마쳤으면 한강(寒岡) 선생께서 "가토필후비서수행제무방(加土畢後備庶羞行祭無妨)"하다 하셨으니 약설(略設)에 더 진설하여도 무방할 것 같으며, 역시 단잔(單盞)의 예이며.

●改莎後慰安告辭

維 歲次干支幾月干支朔幾日干支某孫某敢昭告于 顯某親某官府君(或某封某氏合窆位則列書隨屬稱)之墓旣封旣莎舊宅惟新伏惟 尊靈永世是寧

●마치고 산신제를 약설 단잔(單盞)으로 고하고 마치게 됩니다.

●祭后土祝文(제후토축문)

維 歲次干支幾月干支朔幾日干支某官姓名敢昭告于 土地之神今爲某官某公(或某親某封某氏合窆位則列書)之墓塚宅崩頹(地凍未完封則云塚宅未完墳墓遇賊則云賊發塚宅墓庭水災則云水齧塚宅

墓焚則云火燎塚宅還得失傳墓則云還尋先墓其他隨事改措)將加修治 神其保佑俾無後艱謹以酒果祗薦于神尙 饗(冬葬春莎則曰封築未完今將改莎云云)

●檀弓古不修墓註敬謹之至無事於修也
●尤菴曰有事於一墓而幷告諸位未之前聞
●寒岡曰只於加土日具酒告一酌而加土畢後備庶羞行祭無妨
●梅山曰旣告當位並及土神完役後只慰安當位而已
●問先墓加土先一日告由如何寒岡曰何必先一日告只於加土之日具酒果用祭文告一酌而畢加土畢役後亦備庶羞行祭恐無妨
●竹菴曰改莎告辭今以莎草傷損玆將修改卽事之始謹告事由
●常通云云莎土旣修塋域重新倍增瞻慕昊天罔極謹以酒果恭伸慰事云云(祖以上去昊天罔極一句役畢後慰安勢窮者闕之可也)

▶3068◀◈問; 이장 후 지내는 의식에 대해.

11 월 4,5 일에 이장(移葬)을 하는데 이장할 때 지내는 제례(祭禮)에 대해 궁금해서요. 의식(儀式)을 하면 그 내용과 축문(祝文)과 지방을 써야 하면 그 내용을 좀 상세하게 알려주셨으면 합니다.

◈答; 이장 후 지내는 의식에 대해.

개장(改葬) 예법의 전부입니다.

⊙將改葬先擇地之可葬者(장개장선택지지가장자) ⊙治棺(치관) ⊙制服(제복) ⊙具斂牀布絞衾衣(구렴상포교금의) ⊙治葬具(치장구) ⊙擇日開塋域祠土地遂穿壙作灰隔皆如始葬之儀(택일개영역사토지수천광작회격개여시장지의)

⊙新山祠土地儀禮節次(신산사토지의례절차)

行禮者以士人主之告者吉服入○就位○鞠躬拜興拜興平身(告者與執事者皆拜)○盥洗(告者與執事者俱洗)○詣神位前○跪○上香○斟酒(執事者一人取注西向跪一人取盞東向跪告者斟酒反注)○酹酒(取盞傾少許于神位前)○獻酒(復斟酒置神位前)俯伏興(少退立)○讀祝(祝執版跪于告者之左而讀之)○復位○鞠躬拜興拜興平身○焚祝文○禮畢

◈祠土地祝文式(사토지축문식)若合窆或繼葬則告先葬及告先塋祝文與治葬本條祝式參看

維 歲次干支幾月干支朔幾日干支某官姓名敢昭告于 土地之神今爲(此下當添某官姓名之五字主人自告則當添某之二字)**某親某官**(主人自則此下當添府君二字卑幼則否○或某封某氏)**宅兆不利將改**葬于此(合窆則改宅兆以下九字爲改兆合窆于某官某公或某封某氏之墓)神其保佑俾無後艱謹以淸酌脯醢祗薦于神尙 饗

⊙前期一日告于祠堂(전기일일고우사당)

⊙告于祠堂儀禮節次(고우사당의례절차)

序立(男左女右)○啓櫝出主(出所當遷葬之主)○參神(衆拜)○鞠躬拜興拜興拜興拜興平身○降神○主人盥洗○詣香案前○跪○上香○酹酒(盡傾茅沙上)○俯伏興拜興拜興平身○主人斟酒○主婦點茶(畢二人並拜)○鞠躬拜興拜興平身○主婦復位(主人不動)○跪(主人以下皆跪)○告辭曰玆以某(考妣)體魄托非其地恐有意外之患驚動先靈不勝憂懼將卜以是月某日改葬于某所敢告○俯伏興平身(主人獨拜)○鞠躬拜興拜興平身○復位○辭神(衆拜)○鞠躬拜興拜興拜興拜興平身○納主○禮畢

◈當位告辭式(당위고사식)

維 歲次某干支幾月干支朔幾日干支某親某官(弟以下不名)敢昭告于(妻去敢字弟以下但云告于)顯某親某官府君(或某封某氏同遷合葬則列書妻弟以下改顯爲亡卑幼去府君二字)體魄托非其地恐有意外之患驚動 先靈(旁親改先爲尊妻弟以下去驚動先靈四字)不勝憂懼將卜以是月某日改葬于某所(合窆則改體魄以下三十二字爲將以某月某日改兆合窆于某親某官府君或某封某氏之墓)謹以(妻弟以下云玆以)酒果用伸虔告謹告(妻弟以下改用伸以下六字爲用告厥由)

⊙執事者於舊墓所張白布幙(집사자어구묘소장백포막)

⊙爲男女位次(위남녀위차)

⊙厥明內外諸親皆至各就次主人服緦麻餘皆素服(궐명내외제친개지각취차주인복시마여개소복)

⊙爲(備要爲改就)位哭盡哀(위위곡진애)

⊙祝祠土地(축사토지)

⊙舊山祠后土儀禮節次(구산사후토의례절차)

就位(告者立北向執事者二人在其後)○鞠躬拜興拜興平身(告者與執事者皆拜)○盥洗(告者與執事者俱洗)○詣香案前○跪○上香○斟酒(執事者一人執酒注西向跪一人執盞東向跪告者取注斟酒于盞畢反注取盞)○酹酒(傾酒于地)○獻酒(復斟酒置神位前)○俯伏興(少退立)○讀祝(祝執板跪于告者之左而讀之)○復位○鞠躬拜興拜興平身○禮畢

儀節按古禮雖有合葬墓左之文而無所謂后土氏者惟唐開元禮有之溫公書儀本開元禮家禮本書儀其喪禮開塋域及窆與墓祭俱祀后土然后土之稱對皇天也士庶之家有似乎僭考之文公大全集有祀土地祭文今擬改后土氏爲土地之神

◈舊山祠土地祝文式(구산사토지축문식)

維 歲次干支幾月干支朔幾日干支某官姓名敢昭告于 土地之神玆有(添措語見上祠土地祝式)某親某官(添措語見上祠土地祝式)卜宅玆地恐有他患(若爲合窆而改葬則改恐有他患四字爲今爲合祔)將啓窆遷于他所謹以淸酌脯醢祗薦于神神其佑之尙 饗

◈舊岡告先塋告辭式(구강고선영고사식)

維 歲次干支幾月干支朔幾日干支某親某官某敢昭告于 顯某親某官府君(或某封某氏合窆位則列書)之墓(曾以某親某官府君或某封某氏同遷合葬則列書卑幼去府君二字)祔葬于此恐有他患將啓窆遷于他所(若在局內則云某方○若爲合窆而改葬則改恐有以下十一字爲將以某月某日改兆合封于某親某官府君或某封某氏之墓)謹以酒果用伸虔告謹告

◈兩墓同岡一遷一否告不遷之墓告辭式(양묘동강일천일부고불천지묘고사식)

維 歲次干支幾月干支朔幾日干支某親某官(弟以下不名)敢昭告于告(弟以下見上當位告式) 顯某親某官府君(或封某氏卑幼改顯爲亡去府君二字下同)之墓曾以 顯某親某封某氏(或某官府君)同葬于一岡恐有他患今將啓窆遷于他所(此下叙下能同遷之由)追感彌新(考妣此下當添昊天罔極四字弟以下改追感彌新以他語)謹以(弟以下云玆以)酒果用伸虔告謹告(弟以下改用伸以下六字爲用告厥由)

◎啓墓(계묘)

⊙啓墓奠儀禮節次(계묘전의례절차)

序立○擧哀○哀止○鞠躬拜興拜興平身○詣墓道前○跪○焚香○酹酒○奠酒○俯伏興拜興拜興平身○復位(祝噫歆三聲)○祝告曰(某官某人)葬于玆地歲月滋久體魄不寧今將改葬伏惟尊靈不震不驚○擧哀○鞠躬拜興拜興平身○哀止○禮畢(各就他所)

◈啓墓告辭式(계묘고사식)

維 歲次干支幾月干支朔幾日干支某親某官某敢昭告于(告妻及弟以下見上當位告式) 顯某親某官府君(屬稱隨改見上當位告式)葬于玆地歲月滋久 體魄不寧今將改葬(合窆則改葬于以下十六字爲將以某月某日合封于某親某官府君或某親某封某氏之墓今方啓墓)伏惟 尊靈(妻弟以下但云惟靈)不震不驚

⊙役者開墳(역자개분) ⊙役者擧棺出置于幙下席上(역자거관출치우막하석상) ⊙祝以功布拭棺覆以衾(축이공포식관복이금) ⊙祝設奠于柩前(축설전우구전)

⊙奠儀禮節次(전의례절차)

用卓子上置酒盞酒注香爐及設蔬果飯羹如常儀
主人以下○鞠躬拜興拜興平身○詣香案前○跪○焚香○酹酒○奠酒○俯伏興拜興拜興平身(少頃徹奠)

⊙役者舁新柩於幙門外(역자여신구어막문외)(南向)遂詣幕所(수예막소)(以綿衾置棺中垂四裔于外)執事者設斂牀於新棺之西牀上施薦褥褥上鋪布絞橫五直一絞上加單被被上加衣(집사자설렴상어신관지서상상시천욕욕상포포교횡오직일교상가단피피상가의)(如不易棺則不設牀)執事者開棺擧尸置于斂牀遂斂如大斂之儀(집사자개관거시치우렴상수렴여대렴지의)

⊙大斂儀禮節次(대렴의례절차)

侍者洗手○舁尸置于斂牀(安於布絞上用淨絲綿裹之)○結絞(先結直者後結橫者)○入棺(子孫婦女共擧尸置棺中)○收衾(收綿衾之四裔垂者)○蓋棺(召匠加釘訖仍覆以衾)○擧哀(主人主婦憑哭盡哀)○撤去舊奠

⊙遷柩就轝(천구취여)

◈遷柩告辭式(천구고사식)

今日遷 柩就轝敢告

⊙乃設奠(내설전)

⊙設奠儀禮節次(설전의례절차)

就位○擧哀○祝盥洗○焚香○斟酒○跪○告辭曰靈輀載駕往卽新宅○俯伏興平身○鞠躬拜興拜興平身

◈設奠告辭式(설전고사식)

靈輀載駕往卽新宅

◈發引還家者因朝奠告辭式(발인환가자인조전고사식)

今日將遷 柩就轝還歸室堂敢告

◈至家復葬者前一日祖奠告辭式(지가복장자전일일조전고사식)

永遷之禮靈辰不留今奉 柩車式遵祖道

⊙發引男女哭從如始葬發引之儀(발인남녀곡종여시장발인지의)

⊙未至執事者先設靈幄靈座(미지집사자선설영악영좌)

⊙爲男女位次(위남녀위차)

⊙柩至(구지)

⊙主人男女各就位哭(주인남녀각취위곡)

⊙乃窆(내폄)

⊙窆葬儀禮節次(폄장의례절차)

橫杠(執事者先用木杠橫灰隔之上)○主人輟哭○下棺○加灰隔內外蓋(實以土一如始窆之儀)

⊙祠土地於墓左(사토지어묘좌)

⊙祠后土儀禮節次(사후토의례절차)

就位(告者立北向執事者二人在其後)○鞠躬拜興拜興平身(告者與執事者皆拜)○盥洗(告者與執事者俱洗)○詣香案前○跪○上香○斟酒(執事者一人執酒注西向跪一人執盞東向跪告者取注斟酒于盞畢反注取盞)○酹酒(傾酒于地)○獻酒(復斟酒置神位前)○俯伏興(少退立)○讀祝(祝執板跪于告者之左而讀之)○復位○鞠躬拜興拜興平身○禮畢

儀節按古禮雖有合葬墓左之文而無所謂后土氏者惟唐開元禮有之溫公書儀本開元禮家禮本書儀 其喪禮開

塋域及窆與墓祭俱祀后土然后土之稱對皇天也士庶之家有似乎僭考之文公大全集有祀土地祭文今擬改后土氏爲土地之神

◈祠土地祝文式(사토지축문식)

維 歲次干支幾月干支朔幾日干支某官姓名敢昭告于 土地之神今爲(此下當添某官姓名之某親七字主人自告則當添某之某親四字)某官(添措語見上祠土地祝式)建玆宅兆(合窆則改建玆宅兆爲今已葬畢)神其保佑俾無後艱謹以淸酌脯醢祗薦于 神尙 饗

⊙旣葬就幙所靈座前行虞祭(기장취막소령좌전행우제)

⊙虞祭儀禮節次(우제의례절차)

序立○擧哀○哀止○降神○盥洗○詣香案前○跪○上香○酹酒○俯伏興拜興拜興平身○復位○進饌○初獻禮○祭酒○奠酒○讀祝○俯伏興○鞠躬拜興拜興平身○復位亞獻禮○祭酒○奠酒○俯伏興拜興拜興平身○終獻禮○祭酒○奠酒○俯伏興拜興拜興平身○侑食○點茶○辭神○鞠躬拜興拜興拜興拜興平身○焚祝文○禮畢

◈虞祭祝文式(우제축문식)

維 歲次干支幾月干支朔幾日干支孝子(屬稱隨)某敢昭告于 顯某親某官府君(或某封某氏)新改幽宅禮畢終虞夙夜靡寧啼號罔極(妻子以下改以他語)謹以淸酌庶羞祗薦虞事尙 饗

◈墓奠祝文式(묘전축문식)

維 歲次干支幾月干支朔幾日干支某親某官某敢昭告于(告妻及弟以下見上當位告式) 顯某親某官府君(屬稱隨改見上當位告式)之墓新改幽宅事畢封塋伏惟 尊靈(改措語見上啓墓告式)永安體魄

◈遭新喪遷舊葬合窆先亡位祝文式(조신상천구장합폄선망위축문식)

維 歲次干支幾月干支朔幾日干支孝子(承重稱孝孫旁親卑幼隨屬稱)某敢昭告于(告弟以下見上當位告式) 顯考(母先亡云顯妣承重云顯祖考或顯祖妣旁親卑幼隨屬稱卑幼改顯爲亡)某官府君(或某封某氏卑幼去府君二字)之墓新改幽宅合祔以 先妣(承重云先祖妣)某封某氏(母先亡改以合祔于先考某官府君承重及旁親卑幼亦推此)事畢封塋伏惟 尊靈(弟以下但云惟靈)永安體魄

⊙祭畢徹靈座主人以下出就別所釋緦麻服素服而還(제필철영좌주인이하출취별소석시마복소복이환)

⊙告于祠堂(고우사당)

⊙告于祠堂儀禮節次(고우사당의례절차)

序立(男左女右)○啓櫝出主(出所當遷葬之主)○參神(衆拜)○鞠躬拜興拜興拜興拜興平身○降神○主人盥洗○詣香案前○跪○上香○酹酒(盡傾茅沙上)○俯伏興拜興拜興平身○主人斟酒○主婦點茶(畢二人並拜)○鞠躬拜興拜興平身○主婦復位(主人不動)○跪(主人以下皆跪)○告辭曰孝孫某今以某親某官體魄托非其地已於今月某日改葬于某所事畢敢告○俯伏興平身(主人獨拜)○鞠躬拜興拜興平身○復位○辭神(衆拜)○鞠躬拜興拜興拜興拜興平身○納主○禮畢

◈祠堂告辭式(사당고사식)

維 歲次干支幾月干支朔幾日干支孝子(前同)某今以 顯某親某官府君(或某親某封某氏)體魄托非其地已於今月某日改葬于某所事畢謹以酒果用伸虔告謹告

⊙三月而除服(삼월이제복)

▶3069◀ ◈問; 질문입니다.

이번에 묘를 이장하려는데 묘를 파내기 전의 축문과 파낸 후 재 이장 시의 축문을 무어라 하며 축문 내용 좀 자세히 알 수 있나요?

◈答; 개장 시 축문.

⊙祠土地祝文式(若合窆或繼葬則告先葬及告先塋祝文與治葬本條祝式參看)
維 歲次干支幾月干支朔幾日干支某官姓名敢昭告于 土地之神今爲(此下當添某官姓名之五字主人自告則當添某之二字)某親某官(主人自告則此下當添府君二字卑幼則否○或某封某氏)宅兆不利將改葬于此(合窆則改宅兆以下九字爲改兆合窆于某官某公或某封某氏之墓) 神其保佑俾無後艱謹以清酌脯醢祇薦于 神尙 饗

⊙當位告辭式(당위고사식)
維 歲次某干支幾月干支朔幾日干支某親某官(弟以下不名)敢昭告于(妻去敢字弟以下但云告于)顯某親某官府君(或某封某氏同遷合葬則列書妻弟以下改顯爲亡卑幼去府君二字)體魄托非其地恐有意外之患驚動 先靈(旁親改先爲尊妻弟以下去驚動先靈四字)不勝憂懼將卜以是月某日改葬于某所(合窆則改體魄以下三十二字爲將以某月某日改兆合窆于某親某官府君或某封某氏之墓)謹以(妻弟以下云玆以)酒果用伸虔告謹告(妻弟以下改用伸以下六字爲用告厥由)

⊙舊山祠土地祝文式(구산사토지축문식)
維 歲次干支幾月干支朔幾日干支某官姓名敢昭告于 土地之神玆有(添措語見上祠土地祝式)某親某官(添措語見上祠土地祝式)卜宅玆地恐有他患(若爲合窆而改葬則改恐有他患四字爲今爲合祔)將啓窆遷于他所謹以淸酌脯醢祇薦于 神神其佑之尙 饗

⊙舊岡告先塋告辭式(구강고선영고사식)(尤菴曰啓墓之時祖先墓同處一岡則如此重事何可不告耶此雖無明文然以祔葬時告于先墓推之則遷改時當告無疑矣○又曰兩墓同岡而一遷一否則兩告之)
維 歲次干支幾月干支朔幾日干支某親某官某敢昭告于 顯某親某官府君(或某封某氏合窆位則列書)之墓曾以某親某官府君(或某封某氏同遷合葬則列書卑幼去府君二字)祔葬于此恐有他患將啓窆遷于他所(若在局內則云某方○若爲合窆而改葬則改恐有以下十一字爲將以某月某日改兆合封于某親某官府君或某封某氏之墓)謹以酒果用伸虔告謹告

⊙兩墓同岡一遷一否告不遷之墓告辭式(양묘동강일천일부고불천지묘고사식)
維 歲次干支幾月干支朔幾日干支某親某官(弟以下不名)敢昭告于(告弟以下見上當位告式) 顯某親某官府君(或某封某氏卑幼改顯爲亡去府君二字下同)之墓曾以 顯某親某封某氏(或某官府君)同葬于一岡恐有他患今將啓窆遷于他所(此下敍下能同遷之由)追感彌新(考妣此下當添昊天罔極四字弟以下改追感彌新以他語)謹以(弟以下云玆以)酒果用伸虔告謹告(弟以下改用伸以下六字爲用告厥由)

⊙啓墓告辭式(계묘고사식)
維 歲次干支幾月干支朔幾日干支某親某官某敢昭告于(告妻及弟以下見上當位告式) 顯某親某官府君(屬稱隨改見上當位告式)葬于玆地歲月滋久體魄不寧今將改葬(合窆則改葬于以下十六字爲將以某月某日合封于某親某官府君或某親某封某氏) 尊靈(妻弟以下但云惟靈)不震不驚

⊙遷柩告辭式(천구고사식)
今日遷柩就轝敢告

⊙設奠告辭式(설전고사식)
靈輀載駕往卽新宅

⊙至家復葬者前一日祖奠告辭式(지가복장자전일일조전고사식)
永遷之禮靈辰不留今奉
柩車式遵祖道

⊙祠土地祝文式(사토지축문식)
維 歲次干支幾月干支朔幾日干支某官姓名敢昭告于 土地之神今爲(此下當添某官姓名之某親

七字主人自告則當添某之某親四字)某官(添措語見上祠土地祝式)建玆宅兆(合窆則改建玆宅兆爲今已葬畢)神其保佑俾無後艱謹以淸酌脯醢祗薦于 神尙 饗

⊙虞祭祝文式(우제축문식)

維 歲次干支幾月干支朔幾日干支孝子(屬稱隨)某敢昭告于 顯某親某官府君(或某封某氏)新改幽宅禮畢終虞夙夜靡寧啼號罔極(妻子以下改以他語)謹以淸酌庶羞祗薦虞事尙 饗

⊙墓奠告辭式(묘전고사식)(便覽廢虞祭告式)

維 歲次干支幾月干支朔幾日干支某親某官某敢昭告于(告妻及弟以下見上當位告式) 顯某親某官府君(屬稱隨改見上當位告式)之墓新改幽宅事畢封塋伏惟 尊靈(改措語見上啓墓告式)永安體魄

⊙遭新喪遷舊葬合窆先亡位祝文式(조신상천구장합폄선망위축문식)

維 歲次干支幾月干支朔幾日干支孝子(承重稱孝孫旁親卑幼隨屬稱)某敢昭告于(告弟以下見上當位告式) 顯考(母先亡云顯妣承重云顯祖考或顯祖妣旁親卑幼隨屬稱卑幼改顯爲亡)某官府君(或某封某氏卑幼去府君二字)之墓新改幽宅合祔以 先妣(承重云先祖妣)某封某氏(母先亡改以合祔于先考某官府君承重及旁親卑幼亦推此)事畢封塋伏惟 尊靈(弟以下但云惟靈)永安體魄

⊙祠堂告辭式(사당고사식)

維 歲次干支幾月干支朔幾日干支孝子(前同)某今以 顯某親某官府君(或某親某封某氏)體魄托非其地已於今月某日改葬于某所事畢謹以酒果用伸虔告謹告

▶3070◀ ◈問; 축문에 대하여(197번과 관련)

1. 전통예절 홈페이지의 일익번창을 기원합니다.

2. 197 번과 관련하여 먼저 돌아가신 부친의 묘를 파묘(파묘 시의 축문)하여 현재 돌아가신 모친과 합장 할 때의 축문에 대하여 먼저 현재 돌아가신 모친을 먼저 모신 다음 부친을 모셔 합장을 하는 것인지?

합장(부모)의 묘를 만든 다음 묘소 앞에서 제사(위령제)를 지낼 때의 축문이 알고 싶은데요 예법이 무척 어렵군요. 축문에 대한 답변 주시면 고맙겠습니다.

◈答; 축문에 대하여(197번과 관련)

◆첫째 질문인 하관의 선후에 관한 답변입니다.

먼저 모친을 하관을 하고 뒤에 부친을 하관을 하는 것입니다. 이를 부모 양위 분을 같은 광중 또는 한날 한시에 하관을 할 때는 선경후중이라 하여 먼저 경한 분부터 하관을 한다는 것입니다. 축문은 바로 위의 내용 중 1 째 구묘 파묘 시 축문식에 해의 간지와 월의 초하루 간지와 그날의 간지를 기입하고 상주의 이름과 부친이 벼슬이 없었으면 學生을 모관에 기입하고 그 날을 모월 모일에 써넣으면 될 것입니다. 축관의 자리는 상주의 왼편입니다.

◆둘째 질문인 평토 후 위안제에 관한 답변입니다.

먼저 부친의 위안제를 지냅니다. 축문식은 바로 위의 내용 중 2 째 부친 위안제 축문식을 인용 하면 무난할 것입니다.

다음으로 모친 제주제를 지내는데 그 축문 역시 그 내용 중에서; 3 째 모친 제주제 축문식(신주를 만들지 않을 시)을 인용 하면 될 것입니다. 제사는 선중 후경이라 하여 중한이를 먼저 지낸다는 것입니다. 축관의 자리는 상주의 오른 편입니다.

⊙啓墓告辭式(계묘고사식)

維 歲次干支幾月干支朔幾日干支某親某官某敢昭告于(告妻及弟以下見上當位告式) 顯某親某官府君(屬稱隨改見上當位告式)葬于玆地歲月滋久體魄不寧今將改葬(合窆則改葬于以下十六字爲將以某月某日合封于某親某官府君或某親某封某氏) 尊靈(妻弟以下但云惟靈)不震不驚

이하 축문 역시 이를 응용 하면 됩니다.

▶3071◀◈問; 하나 더 여쭤봅니다. 도움 글 부탁 드립니다.

아버지 납골당이 현재 고향인 전북전주 사립납골당에 위치하고 있는데요. 사정상 경북영천 국립묘지에 모시려고 합니다. 아버지께서 월남전을 다녀오셔서 모실 수 있다고 해서요. 하지만 고향을 떠나온다는 점에서 언니들이 많이 힘들어하네요. 주위 어른 분들이 고향, 고향하는 모습을 보며 아버지 고향을 떠나 경북영천으로 모셔도 되는가 해서요.

10 월 달이 기일이라 기일 전에 옮기려고 하거든요. 예법에선 이럴 경우 어떻게 하는지 꼭 좀 도움 글 부탁 드립니다.

◈答; 개장에 대하여.

국립 묘지에 안장할 수만 있다면 무엇을 더 바라겠습니까. 매장지와 고향과는 아무런 상관관계가 없습니다. 이장 방법은 위 (000)번에 자세히 설명이 되어 있으니 유용한 예법을 골라내 이용하면 예에 크게 어그러지지는 않을 것입니다.

▶3072◀◈問; 합장할 때 제사의식이 있나요?

합골을 합장에 준하여 본다면, 합골함에 있어서 제사를 지낸다거나 아니면 다른 의식을 해야 하는 건가요? 수고 하세요.

◈答; 합장할 때 제사의식.

개장(改葬) 및 합장의 예는 간단하지가 않습니다. 개장복을 초상 때의 시마복(緦麻服)을 지어 입어야 합니다.

아래는 그 때마다의 축식으로 주과포로 단헌의 예입니다.

●파묘시

○啓墓奠儀節(계묘전의절)

序立○擧哀○哀止○鞠躬拜興拜興平身○詣墓道前○跪○焚香○酹酒○奠酒○俯伏興拜興拜興平身○復位(祝噫歆三聲)○祝告曰(云云)○擧哀○鞠躬拜興拜興平身○哀止○禮畢(各就他所)

◆啓墓告辭式(계묘고사식)(尤庵曰破墓告辭當用於始役之時而仍服緦矣又曰兩墓同岡一遷一否則當兩位皆告之○役者開壙擧棺出置於幕下席上祝以功布拭棺覆以衾祝設奠於柩前○備要設酒果脯醢於墓前主人以下序立擧哀再拜主人跪焚香酹酒奠酒再拜復位祝噫歆三聲北向跪告興復位主人以下哭再拜乃徹)

維 歲次干支幾月干支朔幾日干支某親某敢昭告于(告妻及弟以下見上當位告式) 顯某親某官府君(屬稱隨改見上當位告式)葬于玆地歲月滋久 體魄不寧今將改葬(合窆則改葬于以下十六字爲將以某月某日合封于某親某官府君或某封某氏之墓今方啓墓)伏惟 尊靈(妻弟以下但云惟靈)不震不驚(問改葬祖母與祖父合窆啓墓告辭遂菴曰今將改葬四字改以今將遷祔於祖妣新塋云云似宜○尤庵曰若成殯則啓時不可無告祝矣)

●시골(尸骨) 옮길 때 예법.

◆遷柩告辭式(천구고사식)(役者舁新柩於幕門外南向執事者設斂床於新柩之西開棺擧尸置於斂床遂斂如大斂之儀盖棺擧哀撤舊奠○問離先塋而向他山朝於祖墓而後設遣奠乃行如何愼齋曰朝墓不見於禮而以情理言之不可無矣)

今日遷 柩就轝敢告

○設奠儀節(설전의절)

就位○擧哀○祝盥洗○焚香○斟酒○跪○告辭曰靈輀載駕往卽新宅○俯伏興平身○鞠躬拜興拜興平身

◆設奠告辭式(설전고사식)(備要設奠就位擧哀祝盥洗焚香斟酒跪告俯伏興再拜○便覽皆墓遠至家復葬則用自他所歸葬例告以還家之意南塘曰喪事有進無退直自舊山奉就新山愚意南塘說恐爲正當)

靈輀載駕往卽新宅

◆發引告辭式(발인고사식)(設奠就位擧哀)

今遷 柩就轝敢告

◆發引還家者因朝奠告辭式(발인환가자인조전고사식)

今日將遷 柩就轝還歸室堂敢告

◆改葬遣奠祝辭(개장견전축사)

靈輀載駕往卽新宅(靈輀旣駕往卽新宅(按此依遣奠禮行之備要云載駕)○陶菴曰若柩還家則用他所旼葬禮行日告曰今日將遷柩就轝還歸室堂敢告○至葬時有祖遣二奠用始葬本式而遣奠則改幽宅爲新宅○問改葬成殯則發引時有告耶尤菴曰若成殯則啓殯時不可無告禮矣)

●합폄할 묘고사.

◆合窆告先葬告辭式(합폄고선장고사식)(備要合葬則又告先葬之位○便覽親喪合祔使人于舊墓似或有未恔於心者告辭用孤哀名而奠酌則使人爲之可也○始至及告畢主人兄弟當有哭拜之節○陶菴曰告前葬當在祠土地前告祖先墓亦然)

維 歲次干支幾月干支朔幾日干支孤哀子(承重稱孤哀孫旁親卑幼隨屬稱)某(弟以下不名)敢昭告于(弟以下但云告于) 顯妣(父先葬云顯考承重云顯祖考或顯祖妣旁親卑幼隨屬稱卑幼改顯爲亡)某封某氏(或某官府君卑幼去府君二字)之墓某罪逆凶釁(旁親卑幼喪去某罪以下五字) 先考(考先葬云先妣承重云先祖考或先祖妣旁親卑幼隨屬稱)見背(卑幼改見背爲喪逝)日月不居葬期已屆將以某月某日祔(母先葬改祔爲合封旁親卑幼喪皆推此)于 墓右(考先葬改右爲左旁親卑幼喪皆推此)昊天罔極(旁親卑幼喪改昊天罔極四字以他語)謹以(弟以下云玆以)酒果用伸虔告謹告(弟以下改用伸以下六字爲用伸厥由)

◆合葬開墓時告辭(합장개묘시고사)

維 歲次干支幾月干支朔幾日干支孤哀子某敢昭告于 顯考某官府君(或顯妣某封某氏)將於某月某日合窆 先妣某封某氏今日開墓伏惟 尊靈不震不驚(問遷奉合葬於先塋而日者曰先塋及破舊墓皆於吉日略爲開土臨時爲破開云告先塋祠后土已行於初矣臨時破開又不可無節而若又設酒果則反似重疊未知只焚香更告耶○南溪曰此誠無於禮者如必用之則恐如此(臨時告辭不必盡用備要祝只云將以某月日改葬今開封謍伏惟尊靈云云如何)○破墓出柩各擇兩日似當各有祝南溪云卜葬非地體魄靡寧將欲遷窆他所敢先破墳伏惟尊靈無震驚(別以酒果行之出柩日乃可盡用備要啓墓例)

●합장을 마치고.

◆變附合葬畢告辭(변부합장필고사)

維 歲次干支幾月干支朔幾日干支孫某(從告者屬稱)敢昭告于 顯某親某官府君(考妣列書)之墓今以某親某官(或某封某氏)祔葬先塋謹以酒果用伸虔告謹告

●집에 돌아와 우제시.

◆虞祭祝文(우제축문)(丘儀有此祝備要因之○丘儀曰設紙榜未見明文只設許位○旣葬就幕所靈座前行虞祭如初虞儀祭畢徹靈座而還○開元禮新改幽宅禮畢終虞夙夜靡寧啼號罔極謹以淸酌庶羞祗薦虞事)

維 歲次干支幾月干支朔幾日干支孝子某敢昭告于 顯考某官府君新改幽宅禮畢終虞夙夜靡寧啼號罔極(旅軒曰告妻云悲悼之懷不自堪任卑幼云不勝悲念)謹以(妻弟以下玆以)淸酌庶羞祗薦(妻弟陳此)虞事尙 饗(朱子之訓葬畢奠於墓而歸告廟從備要行一虞則當用虞祭祝若從朱子訓則當用告墓祝兩存之以備參考)

●3 월 후에 복을 벗습니다.

18 납골(納骨)(附火葬及齋)

▶3073◀◈問; 기일과 49재의 날짜를 여쭈고자 합니다.

선생님 죄송합니다. 지난 5 월 15 일 오후 7 시경(음 4 월 15 일)에 부친이 사망 하시었습니다. 3 일장으로 부친을 선산에 모시었는데 49 재는 언제 드려야 되는지 궁금하여 글을 올립니다. 또한 내년 첫해 기일은 언제 올려야 하는지 알려주시면 감사하겠습니다.

◈答; 기일과 49 재의 날짜.

전통 예법에는 사십구재(四十九齋)라는 의식은 없으며 불가의 예법 같습니다. 예기(禮記) 곡례曲禮)편에 아래와 같은 가르침이 있습니다.

生與來日死與往日註與猶數也成服杖生者之事也數死之明日爲三日
산 사람의 날수는 다음날부터 따지고 죽은 사람의 날수는 지난 날부터 따진다. 집설의 풀이에 與는 수와 같은 것이니 성복을 하고 상장을 집는 것은 산 사람의 일로 날수를 따질 때 죽은 날로부터는 내일이나 사흘이라 하느니라.

家禮期而小喪自喪至此不計閏凡十三月
가례에 있기를 한 돌이 소상이다, 상을 당한 날로부터 이 날 까지 윤달이 있다 하여도 계산하지 않고 대체로 열 석 달째 이다.

대체적으로 전통 예법에서는 이상과 같이 날수를 계산 합니다. 제사란 생자의 일이니 작고한 다음날부터 49 일째 되는 날입니다 확실 한 날자는 불교식인 듯 하니 불교계에 문의 하여 보시기 바랍니다.

○정리

1). 49 齋 일~~~~~~~~~~~양력 7 월 3 일 음력 6 월 초 4 일

2). 첫 기일~~~~~~~~~~~甲申 4 월 14 일 저녁 12 시경(子時以後) 축문의 날짜는 4 월 15 일로 쓰는 것입니다. 소상제이면 4 월 15 일 아침 날이 밝으면 지내는 것이며 축문의 날짜는 당일로 씁니다.

◈忌祭祝文式(기제축문식)

維 歲次干支幾月干支朔幾日干支孝子(조고비에게는 孝孫 증조고비에게는 孝曾孫 고조고비에게는 孝玄孫 ○방친과 형제와 처와 자식에게는 그가 부르던 칭호대로 쓴다) 某官某 (동생 이하 자에게는 이름을 쓰지 않는다) 敢昭告于 (처에게는 敢자를 쓰지 않고 동생 이하에게는 告于만 쓴다) 顯考某官 (관직이 없었으면 學生이라 쓴다) 府君 (어머니 기제에는 顯妣某封某氏라 쓰고 고조고는 顯高祖考某官府君 고조비는 顯高祖妣某封某氏 증조고는 顯曾祖考某官府君 증조비는 顯曾祖妣某封某氏 조고는 顯祖考某官府君 조비는 顯祖妣某封某氏라 쓰고 처는 亡室某封某氏 장자는 亡子某官이라 쓰고 항렬이 낮거나 수하자에게는 顯자를 고쳐 亡자로 하고 府君 두 자를 빼며 방친은 속한대로 쓴다. ○고비 병제를 할 때는 顯妣某封某氏를 열서(列書)한다) 歲序遷易 諱日復臨 (병제(並祭)에는 諱日復臨 앞에 아버지 기일에는 顯考 어머니 기일(忌日)에는 顯妣라 쓰고 조고비(祖考妣) 이상 기일 역시 이와 같다. ○처나 동생의 기일이면 諱日復臨을 亡日復至로 고친다) 追遠感時昊天罔極 (고조 증조 조고비 기일이면 昊天罔極을 不勝永慕라 고쳐 쓰고 방친(傍親)의 기일이면 追遠 이하 여덟 자를 고쳐 不勝感愴이라 쓰고 처나 동생 이하의 기일이면 感愴을 다른 말로 고친다) 謹以 (처나 동생 이하의 기일이면 謹以를 玆以로 고쳐 쓴다) 淸酌庶羞恭伸奠獻 (처나 동생 이하에게는 恭伸奠獻을 伸此奠儀라 고쳐 쓴다) 尙 饗

●祭義註忌日親死之日也疏孝子終身念親不忘忌日非謂此日不善別有禁忌謂孝子志意有所至極思念親不敢盡其私情而營求他事故不擧也
●禮器質明而始行事疏質正也謂正明之時少牢禮朝明行事註朝明質明也此乃周禮也
●性理大全忌祭編○厥明夙興設蔬果酒饌○質明主人以下變服詣祠堂封神主出就正寢
●南溪曰質明卽大昕指日未出時也
●尤庵曰行祭早晩太早不可太晩亦不可惟當以質明爲正
●咸興本宮儀式奏啓條本宮淸齋爲白遣初六日子時行祭是白如乎○本宮十一日子時行告由祭後陪香祝進詣定陵淸齋十三日子時攝行酌獻禮是白如乎

●佛敎專門儀式薦度齋編; 對靈[擧佛][請魂][振鈴偈] 灌浴[入室偈][沐浴偈][庭中偈][開門偈] 觀音施食[擧佛][請魂][着語][振鈴偈][着語] 神妙章句大陀羅尼 破地獄眞言 解寃結眞言 普召請眞言 [證明請][歌詠][獻座眞言][茶偈][孤魂請][歌詠] 受位安座眞言 [茶偈] 變食眞言 施甘露水眞言 一字水輪觀眞言 乳海眞言 稱揚聖號 施鬼食眞言 施無遮法食眞言 普供養眞言 [供養讚][般若四句偈] 如來十號 [莊嚴念佛] 奉安偈 普廻向眞言 [奉送偈][行步揭][法性偈][餞送][諷誦加持] 燒錢眞言 奉送眞言 上品上生眞言 普回向眞言

※(形式)参考

薦 度 齋

對 靈

[擧佛]

南無極樂導師阿彌陀佛

南無左右補處兩大菩薩

南無接引亡靈引路王菩薩摩訶薩

[請魂]

據 娑婆世界 東洋 大韓民國 ○○道 ○○市 ○○洞 ○○寺 淸淨水月道場

今此至意誠心 四十九齋 爇香壇前 奉請齋者

○○道 ○○市 ○○居住 行孝子 ○○○伏位 所薦亡父母 ○○○靈駕

生本無生 滅本無滅 生滅本虛 實相常住 ○○○靈駕 還會得 頓證法身 永滅飢虛 基或未然 承佛神力 仗法加持 赴此香壇 受我妙供 證悟無生

●初刻拍案惊奇卷二十三; 次日崔生感興娘之情不已思量薦度他

●語類士大夫家忌日用浮屠誦經追薦鄙俚可怪旣無此理是使其先不血食也

●西樓記捐姬; 代殷勤薦度願稱早歸法旨蓮花生長無塵滓

●京本通俗小說拗相公; 一日愛子王雱病疽而死荊公痛思之甚招天下高僧設七七四十九日齋醮薦度亡靈

▶3074◀◈問; 납골당 제례 때 드리는 축문.

납골당설립이 완공되어 본인의 8 대조부터 이장하여 납골당으로 모시려고 합니다. 이때에 적당한 축문과 산신축문 역시 알고 싶습니다. 답변 부탁 드립니다.

◈答; 납골당 제례 때 드리는 축문.

그에 관한 축문식은 본편 위 (000) 개장 예를 살펴 보기 바랍니다.

●釋門家禮抄葬法天竺葬法有四焉一水葬二火葬三土葬四林葬(云云)舍利(云云)立塔(云云)

●茶毘文茶毘作法註茶毘亦云闍維此云焚燒卽火葬也(云云)擧火篇(云云)下火篇(云云)碎骨法(云云)起骨篇(云云)拾骨篇(云云)碎骨篇(云云)散骨(云云)

●飜譯明義集名句文法闍維或耶旬正名荼毗此云焚燒(漢典)註荼毗佛敎語梵語Jhāpita的音譯意爲焚燒指僧人死后將尸體火化

●佛國記火然之時人人敬心各脫上服及羽儀傘蓋遙擲火中以助闍維(辭源註)闍維梵語指人死后火化

●會成火葬不孝條溫公曰世人沒於遠鄕子孫焚其柩收燼歸葬夫孝子愛親之肌體故斂而藏之殘毁他人之尸在律猶嚴况爲子孫者乃悖謬如此其始出於羌胡之俗浸染中華行之旣久習而爲常見者恬然曾莫之恠豈不哀哉延陵季子適齊其子死葬於嬴博之間孔子以爲合禮必也不能歸葬葬於其地可也豈不猶愈於焚之也

●讀禮通考葬考五火葬條細註朱董祥曰焚尸之事世俗雖有然皆出於市井僕隸稍有知者必不爲也第此輩不能以理諭則當以法故爲人臣者而不能致君禁此使民爲掩骼之計不可以稱仁人爲士子者而不使鄕黨閭里習聞其慘毒而不化之以漸不可以稱孝子爲之者固市井僕隸而所以使之爲之而無忌憚者豈盡其罪邪

◆納骨堂慰奉告辭式(납골당위봉고사식)

維歲次某甲某月某甲朔某日某甲孤子(母云哀子俱歿則孤哀子孤孫哀孫孤哀孫)某敢昭告于 顯考某官府君(妣云顯妣某封某氏或顯祖考某官府君或顯祖妣某封某氏)葬法變易謹隨風潮今以闍維納骨入堂事畢葬儀 神反室堂禮當立主拘於事勢未能如禮神主未成魂箱猶存仍舊是依謹以酒果用伸虔告謹告

◆樹木葬奉安告辭式(수목장봉안고사식)

維歲次某甲某月某甲朔某日某甲孤子(母云哀子俱歿則孤哀子孤孫哀孫孤哀孫)某敢昭告于 顯考某官府君(妣云顯妣某封某氏或顯祖考某官府君或顯祖妣某封某氏)葬法變易謹隨風潮今以闍維納骨樹宮事畢葬儀 神反室堂禮當立主拘於事勢未能如禮神主未成魂箱猶存仍舊是依謹以酒果用伸虔告謹告

◆散骨葬奉安告辭式(산골장봉안고사식)

維歲次某甲某月某甲朔某日某甲孤子(母云哀子俱歿則孤哀子孤孫哀孫孤哀孫)某敢昭告于 顯考某官府君(妣云顯妣某封某氏或顯祖考某官府君或顯祖妣某封某氏)葬法變易謹隨風潮今以闍維散骨水宮(或草宮)事畢葬儀 神反室堂禮當立主拘於事勢未能如禮神主未成魂箱猶存仍舊是依謹以酒果用伸虔告謹告

▶3075◀◈問; 납골묘를 설치하는데 있어.

납골묘(納骨墓)를 설치하는 데있어 위패(位牌)의 문구작성은 어떻게 하는지요. 납골묘를 설치하는 데있어 위패의 문구작성은 어떻게 하는지요. 지방과는 다르게 하는 것 같은데 답변 부탁 드립니다.

◈答; 납골묘를 설치하는데 있어.

본인은 아직 납골묘를 접하여 보았거나 그 설치와 예법 역시 아는 바가 없습니다. 다만 납골 하였다 하여 위패(신주 혹 지방)를 개서 한다 함은 의심스러우며 신주는 봉사 세대가 옮겨질 때 이외에는 개서치 않는 법이니 지방 역시 신주 의식을 따름에 그에 따른 문구나 작성 방법도 적시 하여 줄 수가 없습니다.

●釋門家禮抄葬法天竺葬法有四焉一水葬二火葬三土葬四林葬(云云)舍利(云云)立塔(云云)

●茶毘文茶毘作法註茶毘亦云闍維此云焚燒卽火葬也(云云)擧火篇(云云)下火篇(云云)碎骨法(云云)起骨篇(云云)拾骨篇(云云)碎骨篇(云云)散骨(云云)

●讀禮通考葬考五火葬條細註朱董祥曰焚尸之事世俗雖有然皆出於市井僕隷稍有知者必不爲也第此輩不能以理諭則當以法故爲人臣者而不能致君禁此使民爲掩骼之計不可以稱仁人爲士子者而不使鄕黨閭里習聞其慘毒而不化之以漸不可以稱孝子爲之者固市井僕隷而所以使之爲之而無忌憚者豈盡其罪邪

●會成火葬不孝條溫公曰世人沒於遠鄕子孫焚其柩收燼歸葬夫孝子愛親之肌體故斂而藏之殘毁他人之尸在律猶嚴況爲子孫者乃悖謬如此其始出於羌胡之俗浸染中華行之旣久習而爲常見者恬然曾莫之恠豈不哀哉延陵季子適齊其子死葬於嬴博之間孔子以爲合禮必也不能歸葬葬於其地可也豈不猶愈於焚之也

▶3076◀◈問; 납골묘 묘제 시 축문은 어떻게 써야 하는 지요.

안녕 하십니까? 여러 곳에 선영을 한 곳으로 모와 납골 묘를 만들었을 때 묘제 시 축문은 어떻게 써야 하는지요. 납골 묘에는 기제를 올리는 선영과 묘제를 올리는 선영(5, 6. 7. 8. 대조)이 함께 있습니다. 답변 꼭 부탁 드립니다. 나날이 좋은 날 되소서.

◈答; 납골묘 묘제 시 축문은.

지난 11 월 11 일 귀하의 질문에 답한 이후 우인 친지의 공론이 납골 묘는 현재 사회적 필요에 의한 거부 할 수 없는 추세라 하며 또 적어도 사회적 합의에 의한 국가적 시책으로 수호의 편리함에 장려 됨이니 기 답변을 취소 이에 다음과 같이 고찰하여 경솔한 행위 같으나 조심스럽게 답으로 대하겠습니다. 양해 있으시기 바랍니다.

귀하의 질문 요지는 기제사(忌祭祀) 선영(先塋)과 5, 6, 7, 8 대조 선영을 함께 납골묘에 봉안 하였을 때 묘제 시 축문 쓰는 법이었습니다. 납골당 묘제를 지내는지의 여부는 알지 못하나 지낸다면 역시 유가의 묘제 예법이 응용함이 무난 하리라 생각됩니다.묘제(墓祭)에는 친진(親盡) 묘제와 친미진(親未盡) 묘제로 구분 할 수가 있습니다. 그에 따른 묘제 지내는 법을 아래와 같이 선유 들의 말씀을 고찰 하여 보겠습니다. 혹 그 외 분을 위하여 토와 해석을 달겠으니 양해를 구합니다.

●친진 조 묘제(親盡祖墓祭)

家禮祠堂章大宗之家始祖親盡則大宗奉其墓~中略~其第二世以下祖親盡及小宗之家高祖 親盡則諸位迭掌其墓田歲率子孫一祭之亦百世不改也
가례 사당장에 있기를 대종가에서 시조가 봉제사 세대가 지나면 대 종가에서 그 묘제를 지내고 (중략) 그 이세 이하 조상이 봉 제사 세대가 지나거나 소종가의 고조가 봉제사 세대가 지나면 여러 위의 그에 따른 위토를 번갈아 맡아 해 마다 한번씩 자손을 데리고 묘에서 제사 지내기를 또한 영원히 고쳐서는 아니 되느니라.

便覽親盡墓祭依韓魏公禮十月一日祭之恐得宜
편람에 있기를 친진 묘제는 송나라 한위공의 예에 따라 시월 일일 날 묘제를 지내는 것이 아마도 옳을 것이니라.

●친 미진 묘제(親未盡墓祭)

尤菴曰家禮則毋論親盡未盡只於三月一祭之而已
우암께서 이르기를 가례에서는 친진이나 친미진을 따지지 않고 삼월에 한번 묘제를 지낸다 하였을 뿐이니라.

●동산 친진 친미진 묘제(同山親盡親未盡墓祭)

問親盡之墓與未祧之位同岡則節祀時有所難處尤菴曰先以酒果略薦于親盡之墓
어떤 사람이 묻기를 봉 제사 세대가 지난 묘소가 아직 사당에 계신 조상과 더불어 같은 산에 있을 때 절사를 지낼 때 친진 묘소에는 어떻게 하여야 할지 난처 하온데 어찌하여야 합니까 하고 여쭈니 우암(尤庵)께서 말씀 하시기를 먼저 주과로 간략하게 친진 묘에 올려야 하느니라.

●재사행묘제(齋舍行墓祭)

問墓祭或墓非一二多至八九東西埋葬邱壟峻險或厥日有終朝之雨則亦將何以爲之欲預搆 一屋於墓側而若愚如此之時依時祭之儀合祭一所如何退溪曰豈不善哉○同原許多墓各行 祭之弊世多有此患意不如掃視墓域後以紙榜合祭於齋舍無舍則設壇以行之可免瀆弊而神 庶享也
어떤 사람이 묻기를 묘제를 지낼 때 혹 묘소가 한두 곳이 아니고 여덟 아홉 곳에 이르기 까지 않으며 동서로 묻힌 장지가 산세가 험준하고 혹 그 날 아침부터 하루 종일 비가 오게 된다던가 또는 앞으로 어느 때나 묘제를 지내려 하려면 미리 묘 옆으로 제각한 채를 세운다던가 만약 어리석은 짓 같다면 이런 때 사시제 지내는 의식에 딸아 한곳에 합설하여 제향함이 어떠합니까 하고 여쭙자 퇴계 선생께서 답 하시기를 어찌 좋지 않다 하겠는가. ○같은 넓은 지역에 드문 드문한 많은 묘에 제사를 지내는 것은 세세에 피로함이 많이 있을 것이며 이는 어리석은 생각 만은 아닌 것 같으니 묘역을 살펴 청소를 한 뒤 지방으로 제각에서 합제를 하거나 제각이 없으면 제단을 만들고 묘제를 지내는 것이 옳을 것이니 여러 조상의 제향으로 가벼이 여길 수 없는 폐해도 면하리라.

그러나 우암 선생이나 도암께서는 지방 묘제는 잘 못 된 것이다. 라 라고 하셨습니다. 그러나 대략 위와 같이 고찰 하여 볼 때 납골묘와 유사한 점이 발견 되게 될 것입니다. 납골묘 역시 묘소이나 봉분 묘소와 달리 다중 묘소이니 묘제를 봉행 할 때는 공간적으로 불가피 하게 합제 할 수 밖에 없으며 설치한 신위의 자리가 각각 납골이 봉안된 봉소와 일치 하게 진설 할 수 없다면 각각 당한 대로 지방으로 구분 함이 아무리 묘 앞이라 하여도 합당 하리라 생각 됩니다.

신위의 설치는 가속에 따라 고비 합설로 세대 마다가 원칙 이며 향안은 각설하고 축판 역시 각판 이여야 할 것입니다. 예법은 시제 의식과 모두 같으나 다만 출주 진찬 진적 합문 계문 수조 납주 준의 예가 생략 된 의식과 같으며 전체적인 식순은 일분 묘제 와 동일 하게 함이 옳을 것 입니다. 다만 친진(親盡)과 친미진 주인이 다르면 주인 별로 별제를 하여야 할 것 입니다.

●묘제축문식(墓祭祝文式)

維 歲次干支幾月干支朔幾日干支某親(考妣云孝子祖考妣云孝孫曾祖考妣云孝曾孫高祖考妣云孝玄孫親盡祖云幾代孫妻云夫旁親及卑幼云隨屬稱)某(弟以下不名)敢昭告于(妻去敢字弟以下但云告于) 顯某親某官府君(或顯某親某封某氏合窆位則列書妻云亡室卑幼改顯爲亡去府君二字)之墓氣序流易雨露旣濡(寒食云云歲時改此句爲歲律旣更端午云時物暢茂秋夕云白露旣降十月朔云霜露旣降)瞻掃 封塋不勝感慕(考妣改不勝感慕爲昊天罔極旁親爲不勝感愴妻弟以下云不勝哀感)謹以(妻弟以下玆以)淸酌庶羞祗薦(旁親云薦此妻弟以下云陳此)歲事尙 饗

●산신제축문식(祭后土祝文式)

維 歲次干支幾月干支朔幾日干支某官姓名敢昭告于 土地之神某恭(妻弟以下去恭字)修歲事于某親某官府君(或某親某封某氏卑幼去府君二字最尊者云)之墓維時保佑實賴 神休敢以酒饌敬伸奠獻尙 饗

산신제 의식은 선강후참(先降後參)으로 봉분 예와 같이 하여야 됩니다

합동 납골묘의 묘제(墓祭)를 지낼 때 아무리 장소가 협소하다 하여도 체백(體魄)을 모두 한 곳에 계신데 어떤 조상은 제찬(祭饌)을 드려 제사하고 어떤 조상은 궐사(闕祀)할 수가 있겠습니까.

아래와 같이 살펴보건대 한 장소에서 합제(合祭)를 하되, 서쪽을 상석(上席)으로 하여 매 위(每位) 설위(設位)하고 예법(禮法) 역시 사시제(四時祭) 예법에 따라 매 위(每位) 삼헌독축(三獻讀祝)의 예를 따름이 옳습니다.

●開元禮孔子許向墓遙爲壇以時祭塋域宜設於塋南山門之外設淨席爲位遙祭以時饌若一塋數墓每墓各設位昭穆異列以西爲上(云云)
●問墓祭或墓非一二多至八九東西埋葬丘壟峻險南往北來神倦身疲恐有怠慢之氣或厥日有終朝之雨則亦將何以爲之欲預搆一屋於墓側而若遇如此之時則依時祭儀合祭一所如之何退溪曰豈不善丈
●問先祖與祖考墓同在一山則只祭祖考未安欲略設酒果於先祖墓以伸情禮如何愚伏曰饌品不可有豐略之別歲一祭可也

▶3077◀◈問; 100일 제사에 관하여.

좋은 답변 정말 감사합니다. 돌아 가신지 100 일이 되어가는데 100 일 제사를 지내야 하는지요? 절에서는 100 일제를 하라는 식으로 말씀하시던데요. 어떻게 해야 하는지요. 예법 좀 알려주세요.

◈答; 100일 제사에 관하여.

본인이 참고할 불서(佛書)는 불공제식, 석문의식(釋門儀式), 석문의범(釋門儀範), 다비문(茶毘文), 원본다비문(原本茶毘文), 석문가례초(釋門家禮抄), 불교전문의식(佛敎專門儀式), 옥추경(玉樞經), 법원주림(法苑珠林), 불경요집(佛經要集), 금강반야파라밀경(金剛盤若婆羅密經), 입니다. 내용 중 100 제에 관한 의식이 발견되지 않습니다. 전통 관혼상제 예법에는 100 일제란 예는 없습니다. 다만 졸곡의 예를 주부자께서 100 일제라 하셨으니 졸곡 예를 아래와 같이 게시합니다.

◎졸 곡(卒哭)

檀弓曰卒哭成事是日也以吉祭易喪祭故此祭漸用吉禮
예기(禮記) 단궁편(檀弓篇)에서 이르기를 졸곡(卒哭)을 일러 이날을 성사(成事)라 한다. 상제

(喪祭)에서 길제(吉祭)로 바뀌어지는 고로 이 제사부터 차차로 길례(吉禮)의 예법이 쓰인다. 라 하였다.

●雜記士三月而葬是月也卒哭大夫三月而葬五月而卒哭諸侯五月而葬七月而卒哭
●喪服傳疏卒哭云者卒去廬中無詩之哭唯有朝夕於阼階下有時之哭張子曰卒去非常之時哭非不哭
●士虞禮疏卒哭對虞爲吉祭比祔爲喪祭
●朱子曰百日卒哭乃開元禮以今人葬或不能如期故爲此權制王公以下皆以百日爲斷殊失禮意今從周制葬候三虞而後卒哭得之矣

☞졸곡 예법은 네이버 다음 등 엡사이트에서 제공하는 홈페이지 [주자가례 전통예절] 상례편 제 4 장 제 4 절 졸곡제에 상세한 예법이 상술되어 있습니다. 참조하기 바랍니다. ☜

●檀弓疏卒哭卒無時哭之哭惟有朝夕二哭漸就於吉
●周禮春官疏卒去無時哭哀殺故爲吉祭
●曲禮疏孝子親始死哭晝夜無時葬後卒其無時之哭惟朝夕各一哭故謂其祭爲卒哭
●喪服傳疏卒哭云者卒去廬中無時之哭惟有朝夕於阼階下有時之哭
●張子曰卒去非常之時哭非不哭
●小記報葬者報虞三月而後卒哭註報急疾也疏虞是安神故宜急卒哭是奪於哀痛故待哀殺
●雜記士三月而葬是月也卒哭大夫三月而葬五月而卒哭諸侯五月而葬七月而卒哭
●喪服傳疏卒哭云者卒去廬中無詩之哭唯有朝夕於阼階下有時之哭張子曰卒去非常之時哭非不哭
●士虞禮疏卒哭對虞爲吉祭比祔爲喪祭
●朱子曰百日卒哭乃開元禮以今人葬或不能如期故爲此權制王公以下皆以百日爲斷殊失禮意今從周制葬候三虞而後卒哭得之矣

▶3078◀◈問; 빠른 시간 내 정확한 답변 부탁해요!

저는 51 세의 남자(장남)입니다. 작년(2006 년 8 월 23 일/음력 7 월 30 일)아버님께서 별세를 하시고 올해(2007 년 8 월 8 일/음력 6 월 26 일)어머님께서 별세를 하셨답니다.

오늘 현재 어머님은 사찰(寺刹)에 49 재를 올리고 있는데 내일(음력 8 월 초하루)이 5 재(齋)째입니다.

<궁금사항>

① 49 재(四十九齋)의 경우 49 재 막재 날 탈상을 하기로 하였으니 지금은 상중인 게 맞는지요?

② 어머님의 상중에 아버님의 기제사는 지낼 수 없는지요?

③ 아버님의 기제사를 지낸다면 작년은 음력 7 월 그믐이 30 일이고 올해는 그믐이 29 일입니다.

별세(別世)하신 날이 제사 파제일임을 감안 한다면 날자 기준이 맞나요? 아님 그믐위주가 맞나요? 이를테면 올해는 30 일 그믐이 없는데 어디에다 기준을 두어야 하나요?

④ 집안에서도 어르신들이 이게 맞다, 틀리다, 의견이 분분하답니다.

⑤ 올해는 어머님 5 재날 저녁 7 시에 사찰법당에서 어머니 5 재드리면서 아버님기제를 함께 봉행하려고 합니다(큰스님께서 권함) 그러나 내일 화요일 5 재 날이 음력으로는 초하루이기에 헷갈린답니다.

⑥ 물론 내년에는 혼돈의 우려가 없습니다만.

어느 달이든 그믐이 29, 30 일이 있기 마련인데 30 일 그믐에 별세하셨다면 29 일이 그믐인 해에는 기제사를 어떻게 공수 드려야 하는지 자문을 부탁합니다.

남자나이 51 세면 이 정도는 알아야 하는데 부끄럽습니다. ***답답해씨*** 성씨가 답씨?

◈答; 질문에 합입니다.

問①. 答; 불가의 예법 제도를 알지를 못합니다.

問 ②. 答; 상중에 기제를 당하면 졸곡 내(內)는 폐제하고 이후에 닿는 기제는 경복인으로 하여금 무축단헌으로 지낼 수 있습니다.

●擊蒙要訣喪服中行祭儀篇凡三年之喪古禮則廢祠堂之祭而朱子曰古人居喪衰麻之衣不釋於身哭泣之聲不絶於口其出入居處言語飮食皆與平日絶異故宗廟之祭雖廢而幽明之間兩無憾焉今人居喪與古人異而廢此一事恐有所未安朱子之言如此故未葬前則準禮廢祭而卒哭後則於四時節祀及忌祭(註墓祭亦同)使服輕者(註朱子喪中以墨衰薦于廟今人以俗制喪服當墨衰著而出入若無服輕者則亦恐可以俗制喪服行祀)行薦而饌品減於常時只一獻不讀祝不受胙可也期大功則葬後當祭如平時(註但不受胙)未葬前時祭可廢忌祭墓祭略行如上儀緦小功則成服前廢祭(註五服未成服前雖忌祭亦不可行也)成服後則當祭如平時(註但不受胙)服中時祀當以玄冠素服墨帶行之

問 ③. 答; 작고한 날이 큰 달의 그믐에 다음 년에 작은 달을 만나면 작은 달 그믐이 기일이 됩니다.

아래와 같이 살펴보건대 음력(陰曆) 대월(大月)인 삼십일(三十日; 그믐) 사자(死者)가 다음해의 그 달이 小月이면 이십구일(二十九日; 그믐)이 기일(忌日)이 되고 다음 대월(大月)의 해에는 삼십일(三十日; 그믐)이 당연히 기일(忌日)이 된다는 것입니다.

●問解大月三十日死者後値小月固當以二十九日爲忌値大月則自當以三十日爲忌小月晦日死者後値大月當仍以二十九日爲忌不可延待三十日也

問 ④. 答; 그믐의 기일은 크든 작든 그믐날이 기일이 됩니다.

●祭義註忌日親死之日也疏孝子終身念親不忘忌日非謂此日不善別有禁忌謂孝子志意有所至極思念親不敢盡其私情而營求他事故不擧也

問 ⑤. 答; 불가의 재(齋)에 관하여는 알지를 못하며 작고한 날이 아닌 날 기제를 지내는 것은 기제로서의 의미가 없습니다.

●魏書外戚傳胡國珍; 又詔自始薨至七七皆爲說千僧齋

問 ⑥. 답; 다음해 작은달 29 일 그믐을 만나면 그날이 기제 일이 됩니다.

●問解大月三十日死者後値小月固當以二十九日爲忌値大月則自當以三十日爲忌小月晦日死者後値大月當仍以二十九日爲忌不可延待三十日也

▶3079◀ ◈問; 49재에 관하여.

안녕하세요? 아버님이 4 월 8 일 새벽에 돌아가셨습니다. 49 재(齋) 날짜가 사람마다 다르게 나와서 혼란이 있습니다. 돌아가신 날부터 49 일째인지, 전날부터 해서 49 일째인지 그래서 5 월 25 일 인지 5 월 26 일인지 어느 날 49 재를 모셔야 하나요?

덧붙여 내년도 제사는 음력으로 돌아가신 전날에 모셔야 하는 것 맞지요? 올해 4 월 8 일이 음력 2 월 30 일이니까 내년 음력 2 월 29 일에 제사 지내는 것이지요?

모르는 것이 너무 많다는 생각이 들어 부끄럽습니다. 답변 부탁 드립니다.

◈答; 49재에 관하여.

질문 1; 죽은 이의 날자 계산은 사여왕일(死與往日)이라 하여 어제부터(지난 날)부터 1 일로 치는 것입니다.

●曲禮生與來日死與往日(集說註)與猶數也成服杖生者之事也數死之明日爲三日斂殯死者之事也從死日數之爲三日是三日成服者乃死之第四日也(細註)永嘉戴氏曰死者日遠生者日忘聖人念之故

三日而殯死者事也以往日數三日而食生者事也以來日數其情哀矣聖人察於人情之故而致意於一日二日之間以此敎民而猶有朝祥暮歌者悲夫(鄭注)與猶數也生數來日謂成服杖以死明日數也死數往日謂殯斂以死日數也此士禮貶於大夫者大夫以上皆以來日數士喪禮曰死日而襲厥明而小斂又厥明大斂而殯則死三日而更言三日成服杖似異日矣喪大記曰士之喪二日而殯三日之朝主人杖二者相推其然明矣與或爲予(孔疏)生與至往日○正義曰生與來日者此謂士禮與數也謂生人成服杖數來日爲三日死與往日者謂死者殯斂數死日爲三日○(注)與數至爲予○正義曰貶猶屈也士卑屈故降不如大夫所以厭其殯日然士惟屈殯日不屈成服杖日者成服必在殯後故也云大夫以上皆以來日數者大夫尊則成服及殯皆不數死日也大夫云三日殯不數死日則天子諸侯亦悉不數死日也故鄭云大夫以上云士喪禮曰死日而襲者注引士喪禮者證殯與成服不同日以其未審故云似異日又引喪大記者更證明士殯與成服不同日故云二者相推其然明矣謂以士喪禮喪大記二者相推校然猶是也殯與成服是異日明矣無所復疑言與或爲予者謂諸本禮記有作予字者故云與或爲予

질문 2; 기제사는 작고한 날 지내면 됩니다 작고 한 날이 음력 2 월 30 일이라면 매년 30 일 자시에서부터 당일에 지내면 됩니다. 자시란 전날 저녁 11 시부터 자정을 지나 다음날 1 시까지 입니다. 만약 작은 달을 만나면 그 달 그믐인 29 일이 기일이 되니 28 일 저녁 위와 같은 시간에 지내면 됩니다.

●祭義註忌日親死之日也疏孝子終身念親不忘忌日非謂此日不善別有禁忌謂孝子志意有所至極思念親不敢盡其私情而營求他事故不擧也
●禮器質明而始行事疏質正也謂正明之時少牢禮朝明行事註朝明質明也此乃周禮也
●性理大全忌祭編○厥明夙興設蔬果酒饌○質明主人以下變服詣祠堂封神主出就正寢
●南溪曰質明卽大昕指日未出時也
●尤庵曰行祭早晩太早不可太晩亦不可惟當以質明爲正
●咸興本宮儀式奏啓條本宮淸齋爲白遣初六日子時行祭是白如乎○本宮十一日子時行告由祭後陪香祝進詣定陵淸齋十三日子時攝行酌獻禮是白如乎

▶3080◀◈問; 49 재에 대해서 질문입니다.

안녕하세요 인터넷을 검색하다 의견이 중구난방이라 이렇게 질문하게 되었습니다. 49 재는 꼭 절에서 지내야 하는 건가요? 아님 그냥 집에서 제사 때처럼 격식을 갖춰 지내도 상관없는 것인지 알고 싶습니다.

현재 납골당에 모신 상탠데 집에서 지내는 게 아니라면 거기서 예를 갖춰 지내도 괜찮은지 궁금합니다. 답변 주시면 감사하겠습니다.

◈答; 49 재에 대해서.

49 재는 불가의 예법입니다. 그 예법은 유학의 예법이 아니니 그 예법에 관하여는 아는 바가 없습니다. 다만 유학의 예법으로는 상을 당하여 장사를 치르면 삼우제를 지내고 석 달만에 졸곡제를 지내지요. 그 후 소대상을 지내고 담제를 지낸 뒤 기제사를 지내는데 형편상 불가피하면 삼년상 안이라도 탈상을 하기도 합니다.

내 조상은 내 집에서 정성을 다하여 모심이 옳지 않겠습니까. 납골당이라 하여도 그 곳은 묘소가 되어 묘제 일뿐입니다. 어느 제사든 댁에서 지내십시오. 그래야 조상께서도 정성에 감동하시어 즐겁게 흠향하시겠지요. 다만 49 재는 불교(佛敎)에서 사람이 죽으면 7 일마다 재(齋)를 7 회를 올려 그 영혼(靈魂)이 극락세계(極樂世界)로 들어가게 한다는 재(齋)로서 유가(儒家)의 예법이 아니라 여기서 그 예법이라든지 축식을 일러 드릴 수가 없습니다

●實錄太宗十二年壬辰十月八日庚申司諫院上疏疏曰: 然爲死者供佛齋僧之事因循未革而人死則皆欲薦拔而爲七七之齋間設法席之會至於殯處掛佛邀僧稱爲道場無間晝夜男女混處妄費天物曾不顧惜或有無識之徒專尙浮華極備供辦誇示人目其於存亡有何益哉假使佛氏有靈而受人之饋救人之罪則是賣官鬻獄汚吏之事也安有此理哉且生死有命禍福在天縱有祈禱之切佛氏安能施惠於其間哉且於佛經未有齋晨七七之說此必後世僧徒誑人斂財之術也伏望殿下特命攸司喪祭之儀一依
●釋門儀式擧揚;據娑婆世界南贍部洲東洋大韓民國某處某寺淸淨水月道場今此至極至精誠四十九

日齋薦魂齋者某處居住行孝者 000 伏爲所薦先嚴父 000 靈駕諸當四十九日之晨爲亦上世先亡廣劫以來父母一切親屬等各列位列名靈駕

●東文選䟽薦冲鏡王師䟽字宙空虛而安住哀哀躃地有同失乳之兒憫憫迷途何異喪家之狗念以平生之履踐想應本地之優游玆不廢於修齋盖未免乎順俗七七齋之方届三三寶之是供燈燈變作光明臺遍周法界粒粒化生妙香饌充滿性空區區此心了了他鑒伏願云云徑登覺路與諸達者以同遊重入祖門無一衆生而不度

●佛敎專門儀式薦度齋編; 對靈[擧佛][請魂][振鈴偈] 灌浴[入室偈][沐浴偈][庭中偈][開門偈] 觀音施食[擧佛][請魂][着語][振鈴偈][着語] 神妙章句大陀羅尼 破地獄眞言 解寃結眞言 普召請眞言 [證明請][歌詠][獻座眞言][茶偈][孤魂請][歌詠] 受位安座眞言 [茶偈] 變食眞言 施甘露水眞言 一字水輪觀眞言 乳海眞言 稱揚聖號 施鬼食眞言 施無遮法食眞言 普供養眞言 [供養讚][般若四句偈] 如來十號 [莊嚴念佛] 奉安偈 普廻向眞言 [奉送偈][行步揭][法性偈][餞送][諷誦加持] 燒錢眞言 奉送眞言 上品上生眞言 普回向眞言

●藍溪先生年譜憲宗皇帝成化二年丙戌(世祖大王十二年)春立碣于敎授公墓先生撰識○是歲母夫人安氏卒(時麗俗未遠喪制壞缺七七之設浮屠之法盛行於世而先生一從古經朝夕哭於几筵哀毁終制鄕隣多感化焉)

●初刻拍案惊奇卷二十三; 次日崔生感興娘之情不已思量薦度他

●語類士大夫家忌日用浮屠誦經追薦鄙俚可怪既無此理是使其先不血食也

●西樓記捐姬; 代殷勤薦度願稱早歸法旨蓮花生長無塵滓

●京本通俗小說拗相公; 一日愛子王雱病疽而死荊公痛思之甚招天下高僧設七七四十九日齋醮薦度亡靈

●退溪曰七七齋聞出於竺敎而不知其何謂然古人論此等事非一

◈천도재(薦度齋)

對 靈

[擧佛]

南無極樂導師阿彌陀佛

南無左右補處兩大菩薩

南無接引亡靈引路王菩薩摩訶薩

[請魂]

據 娑婆世界 東洋 大韓民國 ○○道 ○○市 ○○洞 ○○寺 淸淨水月道場 今此至意誠心 四十九齋 爇香壇前 奉請齋者 ○○道 ○○市 ○○居住 行孝子 ○○○伏位 所薦亡父母 ○○○靈駕 生本無生 滅本無滅 生滅本虛 實相常住 ○○○靈駕 還會得 頓證法身 永滅飢虛 基或未然 承佛神力 仗法加持 赴此香壇 受我妙供 證悟無生

●初刻拍案惊奇卷二十三; 次日崔生感興娘之情不已思量薦度他

●語類士大夫家忌日用浮屠誦經追薦鄙俚可怪既無此理是使其先不血食也

●西樓記捐姬; 代殷勤薦度願稱早歸法旨蓮花生長無塵滓

●京本通俗小說拗相公; 一日愛子王雱病疽而死荊公痛思之甚招天下高僧設七七四十九日齋醮薦度亡靈

▶3081◀ ◈問; 상례에 대하여.

1. 부친이 임종을 하시고 장례를 치른 뒤 화장을 한 후 시골 문중 납골당으로 모시게 되었습니다. 들어가시는 자리에 현판(입구를 막는 돌)이라고 하나요? 부친의 생신과 임종일을 새겼는데 몇 자가 잘못 새겨졌습니다 그리고 부부가 함께 들어가는 자리라고 해서 (원래는 실리콘으로 봉합을 합니다만) 나뭇가지로 틈에 끼워 떨어지지 않게만 해놨습니다. 그래서 어른들께 현판의 글자를 제대로 고치고 실리콘으로 봉합을 해 매듭을 짓고 싶다 했더니 안 될 말이라고 하더군요. 그것 또한 무덤에 손을 대는 것과 마찬가지인데 함부로 손대는 것이 아니다라는 겁니다. 모친 말씀도 저희 아들들이 모두 삼재에 들어가기 때문에 더욱 안 된다 하시고.

2. 그리고 지나고 보니, 혼백에 대한 의문이 생겼습니다, 삼우 날 납골묘(納骨墓)에 가서 제를 모시고 혼백(魂帛)을 납골당 옆(마주보고 있는 저희의 왼편)에 얕게 묻었는데 아무래도 그것이 썩는데 시간이 상당 걸릴 것이고 비가오면 드러날 정도이니 걱정이 됩니다. 그걸 돌아오는 한식(寒食) 때 가서 태워 흩어 버릴까 하는데 그래도 될지 좋은 말씀 부탁 드립니다.

3. 또 한가지만 더 여쭙습니다. 자시 이후의 제사를 모시지 않고 밤 열 시 경 제사를 모시려면 날짜를 어떻게 해야 하는지 원 기제사일 밤에 그대로 모시는 것이 맞는지 다음날 모시는 것인지 와 돌아오는 19 일이면 49 제인데 (새벽)제사를 모시려면 그날 밤 11 시에 모셔도 될지 아니면 18 일 날 새벽에 모셔야 될지 좋은 답변 부탁 드립니다. 너무도 복잡한 마음에 물음도 두서없이 내려 갔습니다 죄송스럽고 또 죄송스럽습니다.

◈答; 상례에 대하여.

먼저 친상을 당하여 애통하심에 위로의 말씀을 드립니다.

1 번의 질문에 관하여는 화장의 예법이나 납골당에 관하여는 고증할 바가 없어 귀하의 의문에 시원히 답할 수가 없으며 또 그에 관하여 유심히 공부한 바가 없음으로 일러줄 수가 없음을 안타깝게 생각합니다.

2 번 혼백에 관하여

○가례의 혼백 처리 예법입니다.

祝取魂帛帥執事者埋於屛處潔地
축관은 혼백을 거둬 집사자들을 데리고 변방(邊方)의 깨끗한 곳에 묻는다.

○埋魂帛

丘儀若路遠於所館行禮必須三虞後至家埋之○會成按今世有侯實土將平壙鋪魂帛於內而埋之其實人家屛處難得況此時神已移於主魂帛同柩而埋之可也○輯覽愚按二說不同然奉魂帛升車條別以箱盛主置帛後奉神主升車條魂帛箱在其後又祝曰伏惟尊靈舍舊從新是憑是依以此觀之主與帛不使遽離者恐有意思丘說似長

위의 말씀들은 혼백을 태우지 않고 묻는다는 말씀입니다. 만약 처음 묻을 때 잘못 되었다면 다시 완벽히 묻는다 하여 예에 크게 어그러지지는 않을 것 같습니다.

3 번 제사에 관하여

제사 일자와 시간. 본인이 펼쳐 본 옛날 성현들의 예서에서 아직 시간을 확실히 지적하여 놓은 곳은 찾아보지 못하였습니다.

아래는 주자가례(朱子家禮) 기제사(忌祭祀) 시작하는 시점입니다

闕明夙興設蔬果酒饌
이에서 궐명(厥明)이라 함은 그 이튿날, 또는 다음날 날이 샐 무렵, 또는 내일 새벽 등등으로 해석할 수 있으니 다음날이란 뜻이며.

質明主人以下變服
이에서 질명(質明)이라 함은 날이 샐 무렵, 새벽녘. 밤이 밝으려고 할 때, 여명 등등으로 해석할 수 있으니 먼동 틀 무렵으로 해석함이 어떨까 합니다. 다만 지금 작고한 날 자시에 기제를 지냄은 조상(祖上)을 만나 뵘을 그날 먼동 트기까지 기다릴 수가 없는 효심으로 그날이 시작되는 첫 시간에 지내고 있다고 정의함이 옳을 것입니다. 그러한 까닭에 자시에 지내지 못할 연유가 생겼다면 되도록 그 이후 아침 일찍 지냄이 예에서 크게 벗어나지 안을 것입니다. 더욱이 자시 전은 전날이니 지내서는 아니 됩니다. 49 재에 관하여도 예에 없으니 그에 대하여도 아는바 없습니다. 다만 그 날 새벽에 지낸다면 19 일 자시 즉 18 일 밤 11 시부터 19 일 1 시 까지가 자시가 되니 12 시 정자시(正子時)에 지냄이 가하지 않을까 합니다.

다만 예기(禮記) 제의편(祭義編)에서 기일(忌日)이란 친사지일야(親死之日也)라 하였으니 어느 시(時)에 작고하였던지 작고한 날이 기일(忌日)이 됩니다. 그러나 지금 거의 가문(家門)에서 행하고 있는 자시행제(子時行祭)는 우암(尤庵) 선유(先儒) 말씀으로 태조(太早)에 해당되는 시간대인데 자시행제(子時行祭) 관습은 아마도 함흥본궁(咸興本宮)과 일성록(日省錄) 등등의 제사 시간대를 받아들인 결과가 아닌가 합니다.

대부사서인(大夫士庶人)들의 기제(忌祭) 지내는 시간 대는 당일(當日) 질명(質明)임을 성리대전(性理大全)에서 이미 정하여 놓은 때입니다. 그에 비추어 당일 초저녁 역시 우암(尤庵) 선유(先儒) 말씀으로 태만(太晩)에 해당 되는 시간대입니다. 그러나 농경집성(農耕集姓) 시대가 와해된 산업다직종사회화(産業多職種社會化)로 이행(移行)된 이 시대에 자시(子時)나 질명제(質明祭)로는 후손(後孫) 모두 거리나 직장 생활상 참제(參祭)가 거의 불가능하거나 지장을 줄 수 있다면 후손들이 모두 원활하게 모일 수 있는 시간대가 당일 저녁 시간대라면 이 시간대가 공경의 최적 시간대로 보아야 할 것입니다.

●祭義註忌日親死之日也疏孝子終身念親不忘忌日非謂此日不善別有禁忌謂孝子志意有所至極思念親不敢盡其私情而營求他事故不擧也
●明齋曰凡喪復後始發喪其前則雖已氣絶猶有復生之望不可便以爲已死也以此意推之則似當以招魂日爲忌日矣
●咸興本宮儀式奏啓條本宮淸齋爲白遣初六日子時行祭是白如乎○本宮十一日子時行告由祭後陪香祝進詣定陵淸齋十三日子時攝行酌獻禮是白如乎
●日省錄十八日子時行祭天氣淸和享事利成獻官以下(云云)
●無名子集策皇極經世書; 天開於子地闢於丑
●高麗史節要 卷之三 顯宗元文大王; 聞雞聲砧響問於術士以方言解之曰鷄鳴高貴位砧響御近當是卽位之兆也
●性理大全忌祭編○厥明夙興設蔬果酒饌○質明主人以下變服詣祠堂封神主出就正寢
●南溪曰質明卽大昕指日未出時也
●尤庵曰行祭早晩太早不可太晩亦不可惟當以質明爲正
●文獻通考宗廟考六祭祀時享(薦新); 其祭貴肺用朝及闇陳氏禮書曰祭義曰夏后氏祭其闇商人祭其陽周人祭日以朝及闇
●檀弓夏后氏大事用昏商人大事用日中周人大事用日出
●禮器質明而始行事疏質正也謂正明之時少牢禮朝明行事註朝明質明也此乃周禮也
●陳氏曰子路祭於季氏質明而始行事寧早則雖未明之時祭之可也

▶3082◀ ◈問; 화장 납골에 대하여?

사람이 죽으면 화장하여 재 속에서 뼈를 골라내어 뼈를 곱게 가루로 부수어 납골당이나 땅을 파고 납골함을 묻고 그 위에 비석을 세워 놓는데 생전에는 뼈가 부러진 고통은 말할 것도 없이 피부에 작으마한 상처만 나도 통증을 느끼고 약을 바르고 더하면 병원을 찾아 치료를 하고 야단 법석인데 죽었다고 불에 태우고 남은 뼈까지 부수어 가루로 만든다는 것 아무리 생각하여도 생사자간에서 매정하게 죽었다고 그 시체를 막 다룬다는 것은 기본적으로 사람으로서 행할 도리가 아닌상 싶습니다. 선생님의 소견을 듣고 싶습니다.

◈答; 화장(火葬) 납골(納骨)에 대하여.

000 님의 말씀에 전적 동의합니다. 생전 낙발(落髮) 낙치(落齒)도 소중히 간직하였다 그가 죽게 되면 산 자 대하듯 시체를 입관하면서 낙발 낙치도 함께 넣어 성을 다하여 매장하는 법도이니 유가의 법도로는 상상을 할 수 없는 무례가 극에 달한 불경이다 아니할 수가 없을 것입니다.

화장 납골의 예는 유가의 법도가 아니라 불가의 예로서 중이 죽으면 화장하여 극존이면 탑을 세우며 그 안에 납골함을 넣게 되는데 그에 달하니 못한 불도는 화장하여 강물에 뿌리는데 인도의 장법이 그러한 전통을 이어가고 있지 않습니까.

본서말 부록 다비(원본다비문)참조

●家禮治葬三月而葬條世人又有遊宦沒於遠方子孫火焚其柩收燼歸葬者夫孝子愛親之肌體故斂而藏之殘毁他人之尸在律猶嚴況子孫乃悖謬如此其始蓋出於羌胡之俗浸染中華行之旣久習以爲常見者恬然曾莫之恠豈不哀哉延陵季子適齊其子死葬於嬴博之間孔子以爲合禮必也不能歸葬葬于其地可也豈不猶愈於焚之哉

●祭統; 祭者所以追養繼孝也是故孝子之事親也有三道焉生則養沒則喪喪畢則祭養則觀其順也喪則觀其哀也祭則觀其敬而時也盡此三道者孝子之行也(細註)嚴陵方氏曰追養繼孝養爲事親之事孝爲事親之道追言追其往繼言繼其絶孝子之事其親也上則順於天道下則不逆於人倫是之謂畜孔子曰父子之道天性也則孝之順於天道可知孟子曰內則父子人之大倫也則孝之不逆於人倫可知

●祭義註忌日親死之日也疏孝子終身念親不忘忌日非謂此日不善別有禁忌謂孝子志意有所至極思念親不敢盡其私情而營求他事故不擧也

●讀禮通考葬考五火葬條細註朱董祥曰焚尸之事世俗雖有然皆出於市井僕隷稍有知者必不爲也第此輩不能以理諭則當以法故爲人臣者而不能致君禁此使民爲掩骼之計不可以稱仁人爲士子者而不使鄕黨閭里習聞其慘毒而不化之以漸不可以稱孝子爲之者固市井僕隷而所以使之爲之而無忌憚者豈盡其罪邪

●飜譯明義集名句文法闍維或耶旬正名荼毗此云焚燒(漢典)註荼毗佛教語梵語 Jhāpita 的音譯意爲焚燒指僧人死后將尸體火化

●佛國記火然之時人人敬心各脫上服及羽儀傘蓋遙擲火中以助闍維(辭註)闍維梵語指人死后火化

●考證修建塔廟條金剛經註塔廟者廟之爲言貌也塔中安佛形貌

●原本茶毘文葬法; 天竺葬法有四焉一水葬謂投之江河飼諸魚衆二火葬謂薪積焚燒卽今茶毘也三土葬謂埋傍速朽之四林葬謂露寒林以飼鳥獸也寒林卽西域葬尸处律謂多死尸凡人之入其林者毛寒故寒林○立塔; 梵語塔婆此云高現又云墳或云浮屠此云聚相傳云作俱羅皆疊塼石爲之形如小塔上無輪盖且立塔有三義一表人勝二令他生信三爲報恩而有等給若初果一級二果二級三果三級四果四級表超三界辟支佛十一級表未超無明一級故佛塔十三級表超十二因緣故若比丘有德望者亦須立塔則無級又指律比丘法事營事有德望者皆應立塔

●宋史紹興二十七年監登聞鼓院范同言; 今民俗有所謂火化者生則奉養之具惟恐不至死則燔燒而捐棄之

●會成火葬不孝條溫公曰世人沒於遠鄕子孫焚其柩收燼歸葬夫孝子愛親之肌體故斂而藏之殘毁他人之尸在律猶嚴況爲子孫者乃悖謬如此其始出於羌胡之俗浸染中華行之旣久習而爲常見者恬然曾莫之恠豈不哀哉延陵季子適齊其子死葬於嬴博之間孔子以爲合禮必也不能歸葬葬於其地可也豈不猶愈於焚之也

●辭源火部 [火葬]葬法之一卽死後用火化火葬本爲古印度喪制隋佛敎入華而行於我國明淸時官府禁火葬

●釋門家禮抄葬法天竺葬法有四焉一水葬二火葬三土葬四林葬(云云)舍利(云云)立塔(云云)

●茶毘文茶毘作法註茶毘亦云闍維此云焚燒卽火葬也(云云)擧火篇(云云)下火篇(云云)碎骨法(云云)起骨篇(云云)拾骨篇(云云)碎骨篇(云云)散骨(云云)

▶3083◀◈問; 화장 납골 안치전, 후 고유축문은?

요즈음 장례문화가 매장에서 화장후 납골당에 안치하는데 안치전 고유축문 서식이 있나요. 또 납골안치후 축문은? 알고계신분 알려주세요.

◈答; 화장(火葬) 납골(納骨) 안치전, 후 고유축문.

유가(儒家)의 법도(法度)에 화장법(火葬法)이 없으니 유학(儒學)을 논하는 학자(學者)라면 화장(火葬)을 드러내 장려(奬勵)하는 선두(先頭)에서 장려하는 발언(發言)은 할 수는 없을 것입니다.

다만 현세를 거역할 수 없다면 기왕의 처사에 더 부족함이 없도록 채워 줌 역시 학자가 해야 할 일이 아닌가 합니다.

●釋門家禮抄葬法天竺葬法有四焉一水葬二火葬三土葬四林葬(云云)舍利(云云)立塔(云云)

●茶毘文茶毘作法註茶毘亦云闍維此云焚燒卽火葬也(云云)擧火篇(云云)下火篇(云云)碎骨法(云云)起骨篇(云云)拾骨篇(云云)碎骨篇(云云)散骨(云云)

●讀禮通考葬考五火葬條細註朱董祥曰焚尸之事世俗雖有然皆出於市井僕隷稍有知者必不爲也第此輩不能以理諭則當以法故爲人臣者而不能致君禁此使民爲掩骼之計不可以稱仁人爲士子者而不使鄕黨閭里習聞其慘毒而不化之以漸不可以稱孝子爲之者固市井僕隷而所以使之爲之而無忌憚者豈盡其罪邪

●會成火葬不孝條溫公曰世人沒於遠鄕子孫焚其柩收燼歸葬夫孝子愛親之肌體故斂而藏之殘毁他人之尸在律猶嚴况爲子孫者乃悖謬如此其始出於羌胡之俗浸染中華行之旣久習而爲常見者恬然曾莫之恠豈不哀哉延陵季子適齊其子死葬於嬴博之間孔子以爲合禮必也不能歸葬葬於其地可也豈不猶愈於焚之也

★아래는 본인이 화장 후 분골 봉안 고사식입니다.

◆납골당위봉고사식(納骨堂慰奉告辭式)

維歲次某甲某月某甲朔某日某甲孤子(母云哀子俱歿則孤哀子孤孫哀孫孤哀孫)某敢昭告于 顯考某官府君(妣云顯妣某封某氏或顯祖考某官府君或顯祖妣某封某氏)葬法變易謹隨風潮今以闍維納骨入堂事畢葬儀 神反室堂禮當立主拘於事勢未能如禮神主未成魂箱猶存仍舊是依謹以酒果用伸虔告謹告

◆수목장봉안고사식(樹木葬奉安告辭式)

維歲次某甲某月某甲朔某日某甲孤子(母云哀子俱歿則孤哀子孤孫哀孫孤哀孫)某敢昭告于 顯考某官府君(妣云顯妣某封某氏或顯祖考某官府君或顯祖妣某封某氏)葬法變易謹隨風潮今以闍維納骨樹宮事畢葬儀 神反室堂禮當立主拘於事勢未能如禮神主未成魂箱猶存仍舊是依謹以酒果用伸虔告謹告

◆산골장봉안고사식(散骨葬奉安告辭式)

維歲次某甲某月某甲朔某日某甲孤子(母云哀子俱歿則孤哀子孤孫哀孫孤哀孫)某敢昭告于 顯考某官府君(妣云顯妣某封某氏或顯祖考某官府君或顯祖妣某封某氏)葬法變易謹隨風潮今以闍維散骨水宮(或草宮)事畢葬儀 神反室堂禮當立主拘於事勢未能如禮神主未成魂箱猶存仍舊是依謹以酒果用伸虔告謹告

⊙虞祭圖式(우제도식)

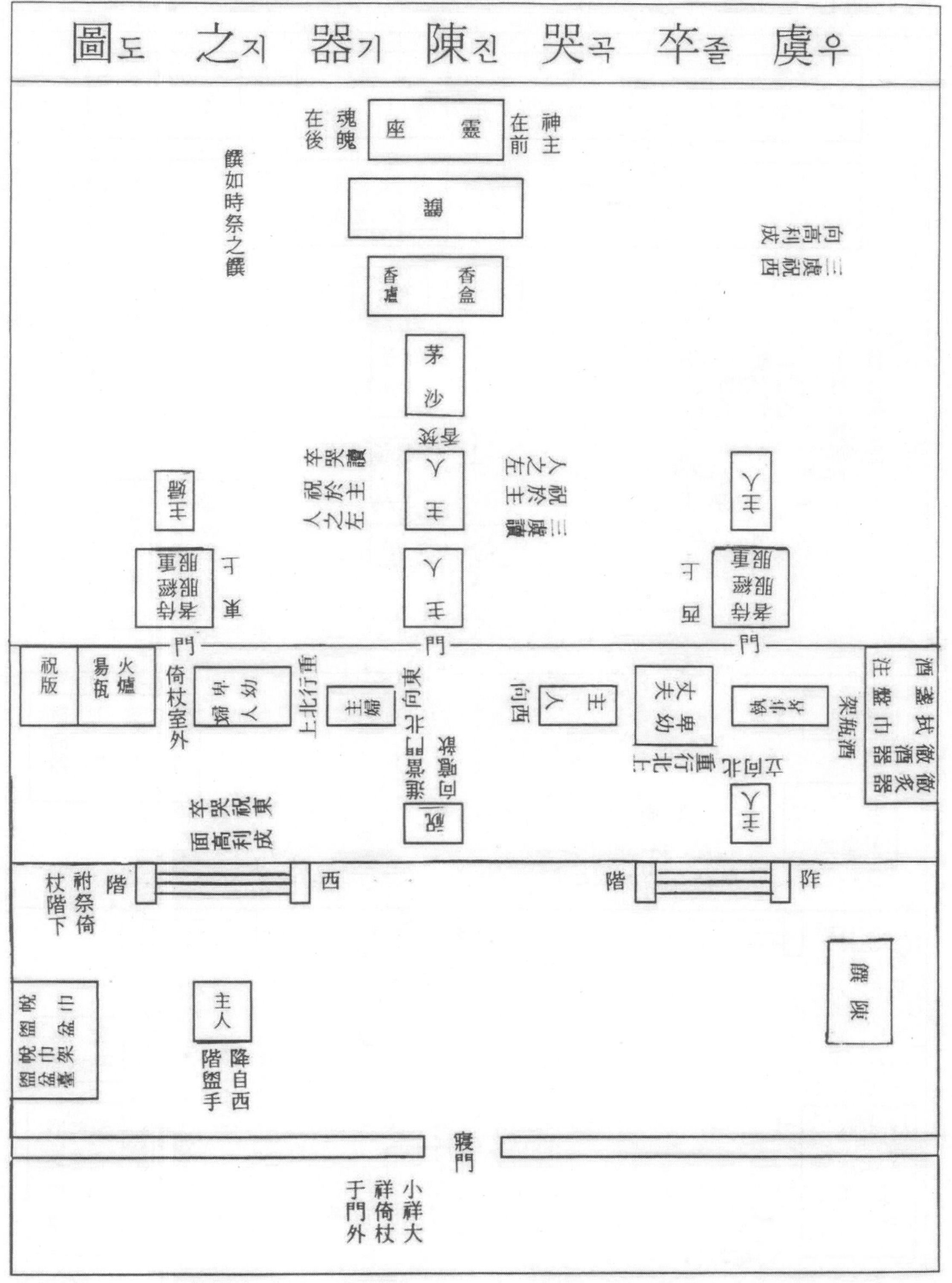
虞우 卒졸 哭곡 陳진 器기 之지 圖도
神主在前
靈座
魂魄在後
饌如時祭之饌
三虞祝西向高利成
香盒 香爐
茅沙
三虞讀祝於主人之左
主人
主人
西階
東階
祝版
火爐湯瓶
主人
主人
向西
酒盞
大夫
卑幼
小祥大祥倚杖于門外
寢門
主人
降自西階盥手
陳饌

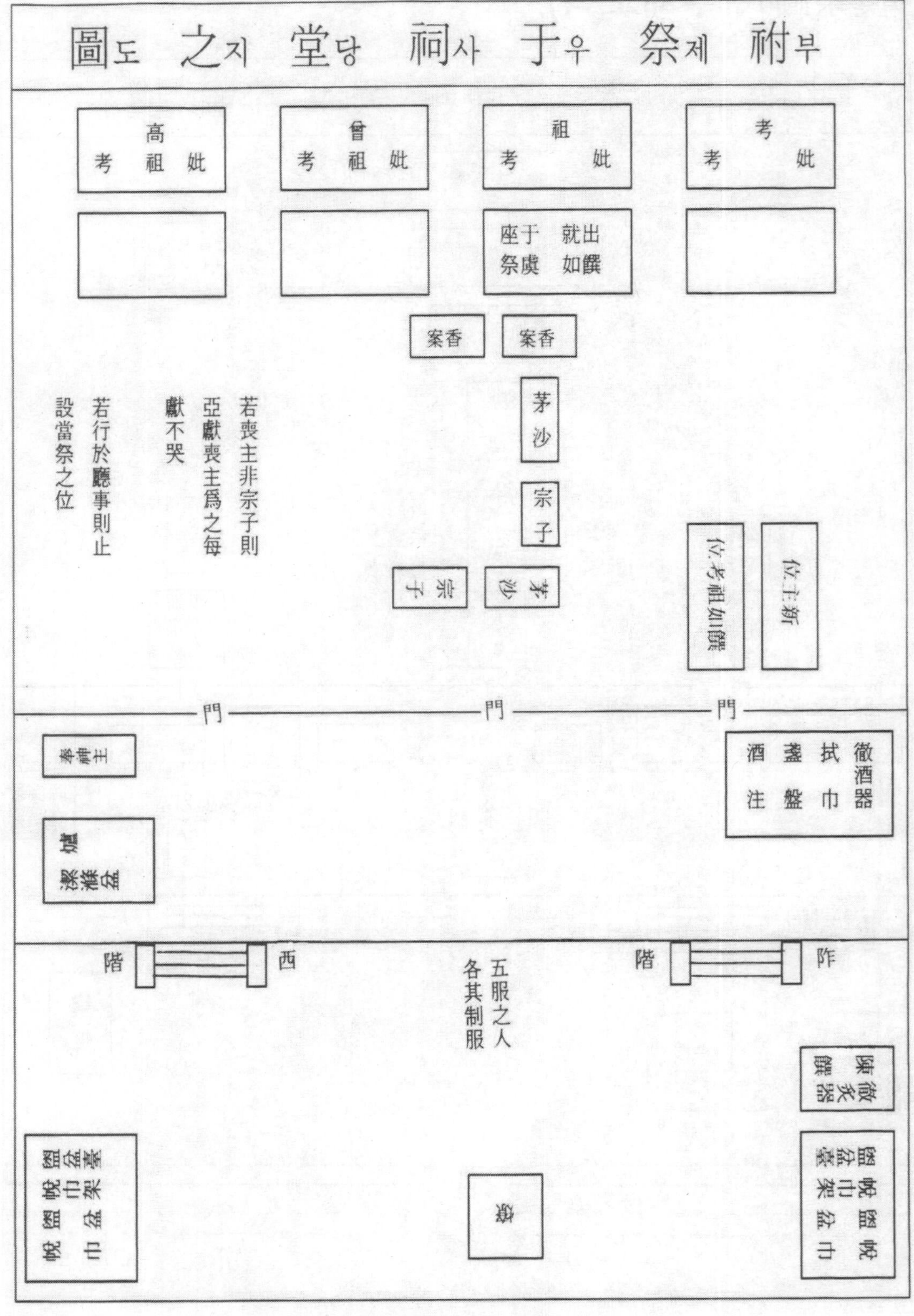
祔부 祭제 于우 祠사 堂당 之지 圖도
高 考 祖 妣
曾 考 祖 妣
祖 考 妣
考 考 妣
出就 于座 如饌 虞祭
香案
香案
茅沙
宗子
茅沙
宗子
新主位
如饌祖考位
若喪主非宗子則 亞獻喪主爲之每 獻不哭
若行於廳事則止 設當祭之位
門
門
門
主神奉
盥洗盆
徹酒器 拭巾 盞盤 酒注
阼
階
西
階
五服之人 各其制服
徹炙器 陳饌
盥帨 盥盆 巾架 帨巾
盥盆臺 巾架 帨巾
盥帨

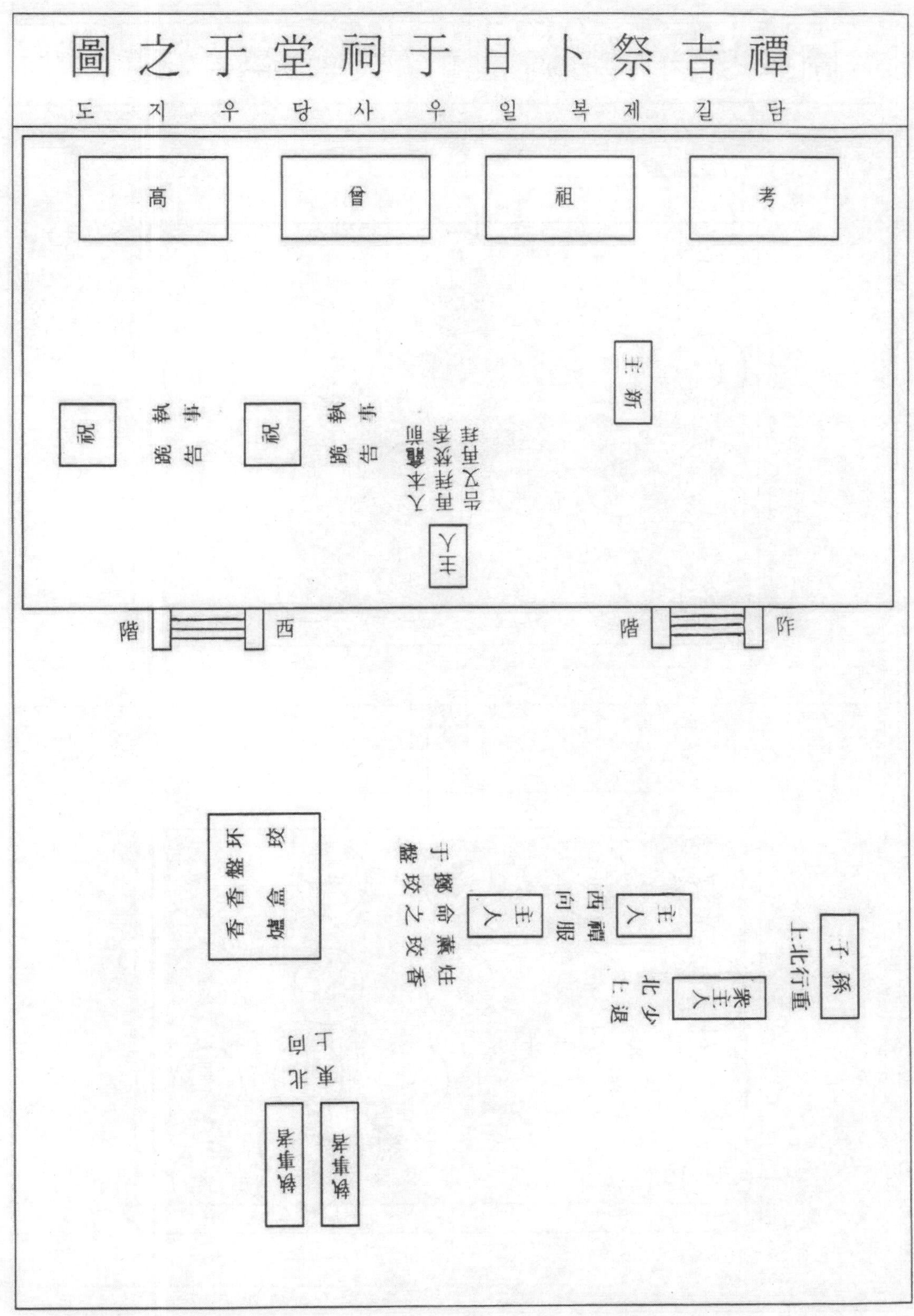
禮吉祭卜日于祠堂于之圖
담 길 제 복 일 우 사 당 우 지 도
高
曾
祖
考
新主
祝
祝
西階
阼階
子孫
衆主人
主人
主人
執事

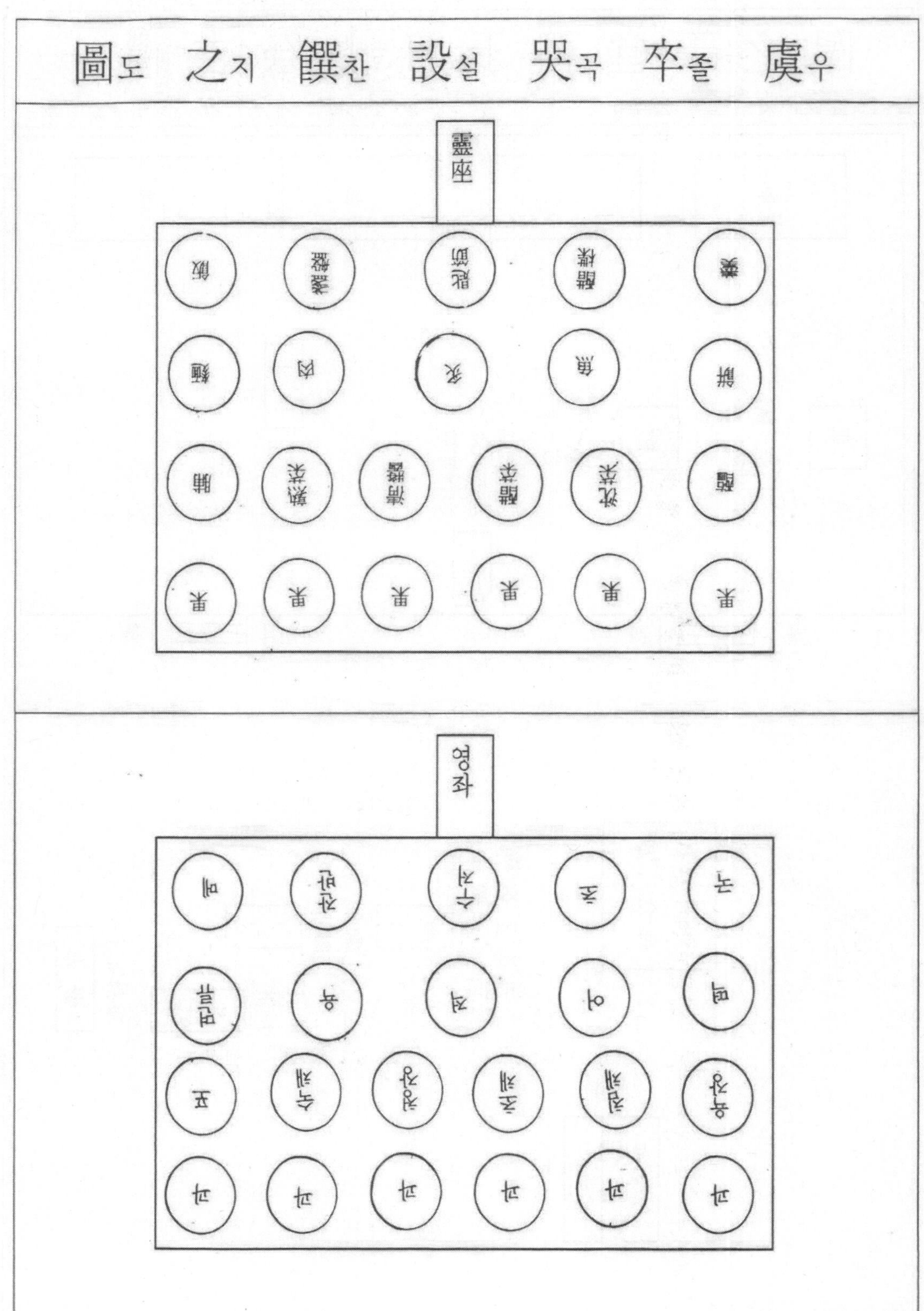
虞우 卒졸 哭곡 設설 饌찬 之지 圖도
靈座
果 果 果 果 果 果
영좌
과 과 과 과 과 과

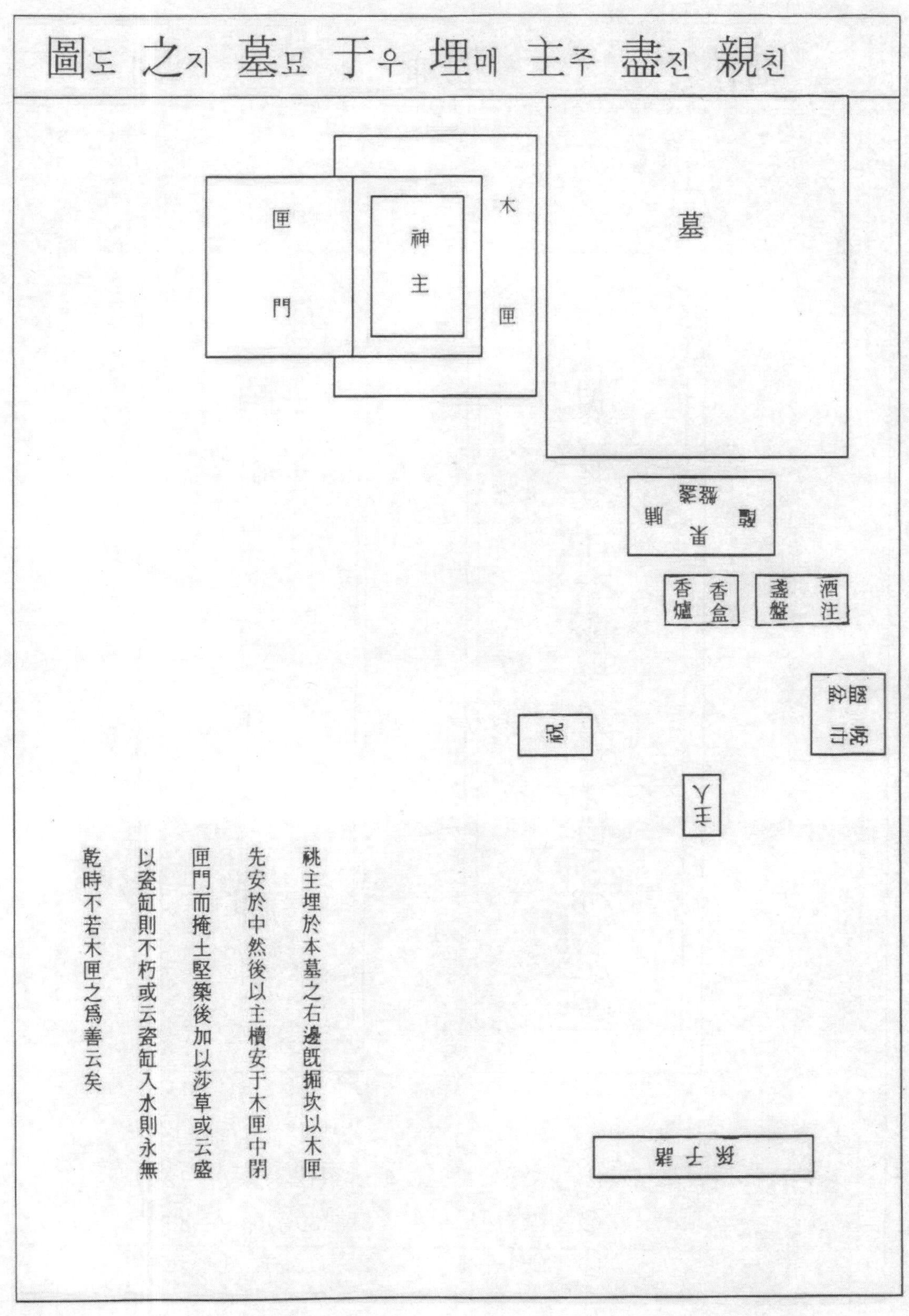
圖도 之지 墓묘 于우 埋매 主주 盡진 親친
匣門
神主
木匣
墓
香爐 香盒
盞盤 酒注
主人
祧主埋於本墓之右邊旣掘坎以木匣
先安於中然後以主櫝安于木匣中閉
匣門而掩土堅築後加以莎草或云盛
以瓷缸則不朽或云瓷缸入水則永無
乾時不若木匣之爲善云矣

圖도 牓방 紙지

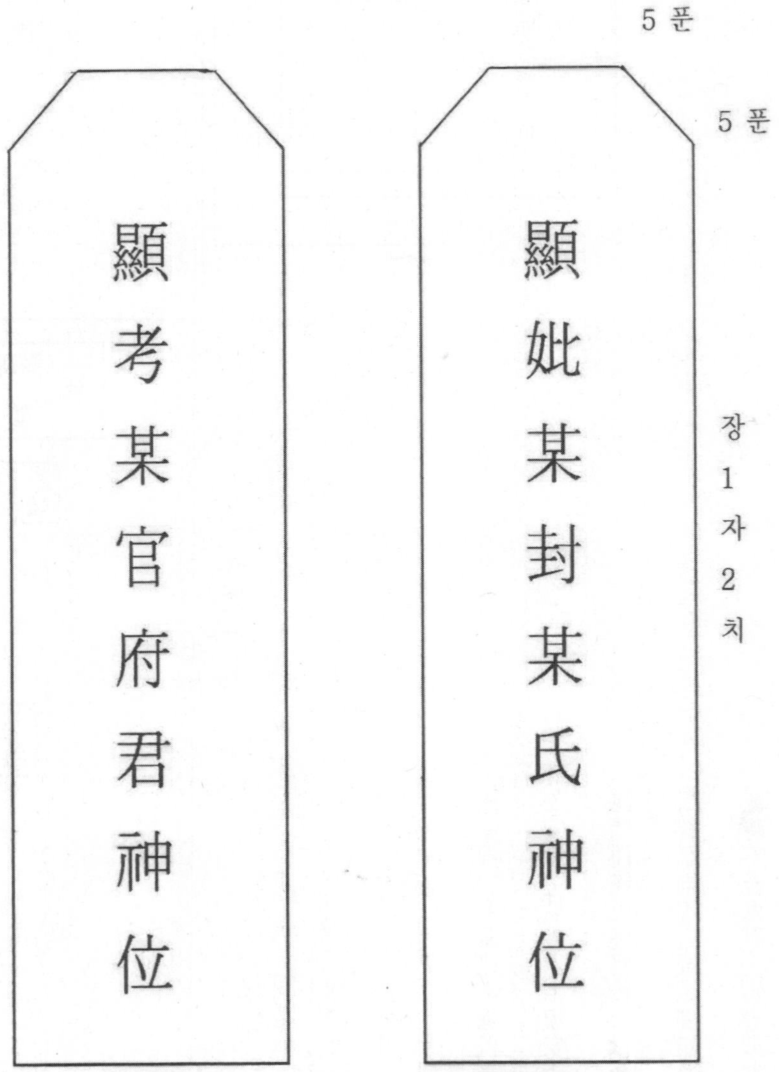

5 푼

5 푼

顯考某官府君神位

顯妣某封某氏神位

장 1 자 2 치

광 3 치

(주척 1 척 약 20cm)

신주규격 치수의 의미

○ 장(長) 세로 1 척 2 촌(12치) 1년 12월

○ 광(廣) 가로 3 촌(30푼) 1월 30일

○ 후(厚) 두께 1 촌 2 푼(12푼) 1일 12시

19 우제(虞祭)(附生辰祭)

▶3084◀ ◈問; 고유제에 관하여?

안녕하신지요? 다름 아니오라 저의 중시조 묘소가 신도시에 편입되어 부득이 이장하면서 종 중 묘역을 새로 조성하고 주위에 산재해 있던 선조님들의 묘도 한곳으로 이장하고 입구에 세장지비도 건립 하였습니다. 하온데 다음 일요일에 고유제를 지내려고 하는데 축문을 어떻게 써야 할지 몰라 문의 하오니 고유제 지내는 절차와 축문 예시를 알려 주시면 그 은혜 잊지 않겠습니다.

◈答; 고유제에 관하여.

개장(이장)의 예법은 가례(家禮)에는 없으나 구준(丘濬)의 가례의절(家禮儀節)에는 그 예법이 자못 자세히 밝혀져 있으며 비요(備要) 편람(便覽)등 예서에 상례장 개장편으로 적혀져 있으며 본 가례초해에서는 개장법을 구의를 전재하여 풀어 놓았습니다. 본 예법과 같이 모든 예를 갖췄으면 별달리 추가 예를 갖출 예법은 정한 예법으로는 없는 듯 하며 특히 개장 이후 고유제란 전통 예법으로는 전래 됨이 없는 듯 합니다. 다만 개장 후 우제가 없었거나 또 친미진(親未盡) 조상의 가묘 고제(家廟告祭)가 없었다면 다음과 같이 위안제와 고제를 지낼 수가 있지 않을까 합니다.

1), 신 묘소에서 위안제 예법

⊙虞祭禮儀節次○우제에는 참신이 없습니다. (사신사배는 구의 예로 지금은 재배임)

序立○擧哀○哀止○降神○盥洗○詣香案前○跪○上香○酹酒○俯伏興拜興拜興平身○復位○進饌○初獻禮○祭酒○奠酒○讀祝○俯伏興○鞠躬拜興拜興平身○復位亞獻禮○祭酒○奠酒○俯伏興拜興拜興平身○終獻禮○祭酒○奠酒○俯伏興拜興拜興平身○侑食○點茶○辭神○鞠躬拜興拜興拜興拜興平身○焚祝文○禮畢

⊙虞祭祝文式(우제축문식)

維 歲次干支幾月干支朔幾日干支孝子屬稱隨某敢昭告于 顯某親某官府君(或某封某氏合窆位則列書)新改幽宅禮畢終虞夙夜靡寧啼號罔極(妻子以下改以他語)謹以淸酌庶羞祗薦虞事尙饗

2), 가묘에서의 예법

⊙告于祠堂禮儀節次(고우사당예의절차)

序立(男左女右)○啓櫝出主(出所當遷葬之主)○參神(衆拜)○鞠躬拜興拜興拜興拜興平身○降神○主人盥洗○詣香案前○跪○上香○酹酒(盡傾茅沙上)○俯伏興拜興拜興平身○主人斟酒○主婦點茶(畢二人並拜)○鞠躬拜興拜興平身○主婦復位(主人不動)○跪(主人以下皆跪)○告辭曰孝孫某今以某親某官體魄托非其地已於今月某日改葬于某所事畢敢告○俯伏興平身(主人獨拜)○鞠躬拜興拜興平身○復位○辭神(衆拜)○鞠躬拜興拜興拜興拜興平身○納主○禮畢

⊙祠堂告辭式(사당고사식)

維 歲次干支幾月干支朔幾日干支孝子(前同)某今以 顯某親某官府君(或某親某封某氏)體魄托非其地已於今月某日改葬于某所事畢謹以酒果用伸虔告謹告

▶3085◀ ◈問; 길제를 지낼 때 축문에 관하여.

아버님이 돌아가셔서 제가 제사를 이어받았습니다. 5 대조 할아버지 제사를 시제로 모시고 고조할아버지와 할머니, 증조할아버지와 할머니제사를 합사하려고 합니다. 절차와 축문 쓰는 법을 알려주시면 대단히 감사하겠습니다.

◈答; 길제를 지낼 때 축문에 관하여.

귀하의 질문은 고조부모 이하 제사를 합사하고자 하는데 그 절차와 축문 쓰는 법 같습니다.

생각컨대 합사의 의미가 기제사인 듯 하나 확실치 않습니다.

사시제와 명절의 절사에는 봉제사 조상을 정침 또는 제청에서 합향하는 예가 있으며 기제사에는 당 기일 고비(考妣)만을 병제 하는 예법이 있습니다. 기제사(忌祭祀)를 봉사(奉祀) 세대 전부를 특정일을 잡아 년 일회로 봉제(奉祭) 할 수는 없으며 전통예절(傳統禮節) 제례법에 그와 같은 예법의 절차와 축문식은 없습니다. 만약 사시제라 하면 제례법에 그 예와 축문식이 있으며 절사의 예법은 통예에 그 예법이 있으니 살펴 보기 바랍니다.

●祭義註忌日親死之日也疏孝子終身念親不忘忌日非謂此日不善別有禁忌謂孝子志意有所至極思念親不敢盡其私情而營求他事故不擧也
●明齋曰凡喪復後始發喪其前則雖已氣絶猶有復生之望不可便以爲已死也以此意推之則似當以招魂日爲忌日矣
●咸興本宮儀式奏啓條本宮淸齋爲白遣初六日子時行祭是白如乎○本宮十一日子時行告由祭後陪香祝進詣定陵淸齋十三日子時攝行酌獻禮是白如乎
●日省錄十八日子時行祭天氣淸和享事利成獻官以下(云云)
●無名子集策皇極經世書; 天開於子地闢於丑
●性理大全忌祭編○厥明夙興設蔬果酒饌○質明主人以下變服詣祠堂封神主出就正寢
●南溪曰質明卽大昕指日未出時也
●尤庵曰行祭早晩太早不可太晩亦不可惟當以質明爲正
●文獻通考宗廟考六祭祀時享(薦新); 其祭貴肺用朝及闇陳氏禮書曰祭義曰夏后氏祭其闇商人祭其陽周人祭日以朝及闇
●檀弓夏后氏大事用昏商人大事用日中周人大事用日出
●禮器質明而始行事疏質正也謂正明之時少牢禮朝明行事註朝明質明也此乃周禮也
●陳氏曰子路祭於季氏質明而始行事寧早則雖未明之時祭之可也
●鬼神集說序; 鬼神(註)日出爲神入
●陶庵曰只設一位禮之正也盖忌日乃喪之餘値其親死之日當思是日不諱之親而祭於其位不宜援及他位只祭所祭之位而不爲配祭非博於所配祭以哀在於所爲祭者故耳然則當以只祭一位爲正考妣幷祭雖有先儒之說恐不可從
●杇淺曰凡忌祭當忌之位
●旅軒曰忌祭人多幷祭考妣甚非禮也
●愚伏曰不敢援尊固有所本於理亦精然幷祭亦何不可
●奉先雜儀文公家禮忌日止設一位程氏祭禮忌日配考妣二家之禮不同蓋止設一位禮之正也配祭考妣禮之本於人情者也
●栗谷曰忌祭則設所祭一位具饌但具一分若幷祭考妣則具二分
●牛溪曰程子俱祭考妣鄙人則用程禮
●愼獨齋曰幷祭爲當
●尤庵曰吾家設考妣兩位雖知其不當而行之已久不能改也
●沙溪曰忌日幷祭考妣雖非朱子意我朝先賢嘗行之栗谷亦曰祭兩位於心爲安云援尊之嫌恐不必避也

▶3086◀◈問; 꼭 답변을 해주세요.

돌아가신 아버님의 첫 번째 생신을 어떻게 챙겨드려야 하는지 몰라 이렇게 질문을 드립니다. 산소를 차자 가야 하는지 아니면 부모님 댁에서 제사를 드려야 하는지 가르쳐 주십시오. 좋은 방법을 가르쳐 주시면 감사하겠습니다. (본인은 차남으로 따로 살고 있습니다)

◈答; 생신제 지내는 법.

생신제에 관하여는 정식 예법으로 가례를 비롯 하여 대부분의 예서에 적시하여 지정 된 예는 없으나 다음과 같은 선유의 말씀이 있습니다

問三年內生辰上食後別設饌行之如何尤菴曰恐禮如此鄙家喪中象平日饌品稍備而行之耳
어떤 사람이 묻기를 삼 년 내 생신을 맞았을 때 상식을 올린 뒤 다시 찬품을 진설하고 어떻

게 지내야 합니까? 하고 여쭙자 우암(尤庵) 선생께서 말씀 하시기를 확실치는 않으나 내 집에서도 상중에는 생전의 평상시와 같이 찬품을 조금 준비하여 지내고 있을 뿐이니라. 라 하였느니라.

問生辰禮時俗或於三年內設行可從否遂菴曰三年內象生時設行無妨
어떤 사람이 묻기를 생신제를 시속에서는 혹 작고 한지 삼 년 안에는 제수룰 차려놓고 지내고들 있는데 따라 지내는 것이 옳습니까. 딸아 지내지 않아야 합니까? 하고 여쭙자 수암 선생께서 말씀 하시기를 삼 년 안에는 살았을 때 평상시와 같이 차려놓고 지내도 무방 하니라. 라고 답 하였느니라.

이상과 같이 살펴 볼 때 삼년상 중에는 생전과 같이 속절(俗節) 의식과 같이 지내면 될 것 같습니다.

○生辰祭儀節次(생신제의절차)(會成)

儀節並同祭禰

序立(主人主婦及弟婦子姪凡禰所出者皆在)○參神○鞠躬拜興拜興平身○降神○盥洗○詣香案前○跪○上香○酹酒(以下旁注皆與時祭同)○俯伏興拜興拜興平身○進饌○初獻禮○詣考妣神位前○跪○祭酒○奠酒○祭酒○奠酒○俯伏興平身○詣讀祝位○跪○主人以下皆跪○讀祝○俯伏興○鞠躬拜興拜興平身○復位○奉饌○亞獻禮○盥洗○詣考妣神位前○跪○祭酒○奠酒○祭酒○奠酒○俯伏興拜興拜興平身○復位○奉饌○終獻禮○盥洗○詣考妣神位前○跪○祭酒○奠酒○祭酒○奠酒○俯伏興拜興拜興平身○復位○奉饌○侑食○鞠躬拜興拜興平身○復位○闔門○祝噫歆○啓門○主人以下復位○獻茶○飲福受胙○詣飲福位○跪○嘏辭曰(云云四時祭同但去祖字)○飲福酒○受胙○鞠躬拜興拜興平身(主人起立于東階上西向)○告利成(祝立于西階上東向曰)○利成○復位○鞠躬拜興拜興平身○辭神○鞠躬拜興拜興平身○焚祝文○送主○徹饌○禮畢

○축문식(祝文式);

(家禮集說) 祝文云云歲序遷易生辰復遇存旣有慶歿寧敢忘追遠感時昊天罔極謹以淸酌庶羞恭伸追慕尙饗

●寒岡問先考生日設飲食以祭象平生也其祭文曰存旣有慶歿寧敢忘云云此意如何退溪曰恐孟子所謂非禮之禮此類之謂也

●沙溪曰生忌之祭馮善創開退溪非之是矣

●龜峯曰家禮祭有其數無先親生辰祭祭不可

●陶庵曰生日之祭非禮也當從古不當從俗.

●問家禮集說有所謂生忌於先考妣生日設酒食以祭象平生也其祭文曰生旣有慶歿寧敢忘云退溪曰恐孟子所謂非禮之禮此類之謂也

●尤菴曰生辰之祭退溪非禮之答似不可易矣若知其非禮而以先世所行爲難停廢則是非禮之禮無時可改也世人喜說喪祭從先祖之文此殊未安然先世所行之禮昧然遽廢亦似未安須告以廢之之意恐爲婉轉

●士喪記上食條燕養饋羞湯沐之饌註燕養平生所供養也饋朝夕食也羞四時之珍異

●同春問先考生日三年內設享亦難免非禮之議否沙溪曰凡筵異於祠堂以酒果餠麵如朔奠禮設之如何此非祭禮恐無不可

●問三年內遇亡人生辰上食後別設數饌行之何如尤庵曰恐當如此象平日饌品稍備而行之耳

●南溪曰生辰祭雖曰非禮之禮三年內又不可不行其儀倣俗節別設

●陶庵曰生辰祭實非禮之禮三年之內則有象生之義於朝上食後別設數品饌而儀如朝夕奠恐亦不妨否

●星湖曰吾平日禁生日宴飲况生忌非禮古有定說然不肖居喪之內則設饌如殷奠無祝而行事先賢有委曲處之未曾顯言其非故惟喪內行之

●湯氏鐸曰按家禮親生辰牙祭鄭氏曰祭死不祭生伏覩國朝頒降胡秉中祀先圖凡例有生日之祭當以此爲據竊惟親在生辰旣有慶禮歿遇此日能不感慕如死忌之祭可也

●愚伏答宋敬甫曰先大人生日適在季秋則雖三年之後以其日行禰祭甚得情理與所謂非禮之禮自不

同

●鄭氏曰國朝頒降胡秉中祀先圖凡例有生日之祭當以此爲據竊惟親在生辰旣有慶禮歿遇此日能不感慕如死忌之祭可也

●家禮會成儀節並同祭禰但告辭云今以某親某官府君降生之辰敢請神主出就正寢恭伸追慕餘並同

●家禮集說親在生辰旣有慶禮歿遇此日能不感慕如死忌之祭可也祝文云云歲序遷易生辰復遇存旣有慶歿寧敢忘追遠感時昊天罔極謹以淸酌庶羞恭伸追慕尙饗

▶3087◀◈問; 꼭 좀 알려주세요.

아버님이 돌아가시고 절에서 49 제를 치러야 하지만 그 동안 할아버지 할머니 모두 집에서 49 제를 치렀다고 아버지도 집에서 49 제를 하신다고 하십니다. 근데 49 제 축문이 적혀있던 책자를 잃어버려서 그러는데 좀 알려주세요. 인터넷으로는 찾을 수가 없네요. 제가 못 찾는지 꼭 좀 부탁 드립니다. 감사합니다.

◈答; 49 재 축문.

49 재(齋)는 불교 의식으로 사람이 죽으면 49 일째 되는 날 그의 명복을 비는 불공 의식이라 생각 됩니다. 49 재는 전통예법 상례편에는 그에 관한 예법이 없습니다. 다만 49 일 만에 조기 탈상 할 때는 그 연유를 궤연에 고하고 탈상을 하여야 되지 않을까 생각 됩니다.

아래와 같은 선유의 말씀이 계십니다.

問練祥若有故退行則祝式如何尤菴曰祝文當用常時所用而末段略告退行之由似宜
어떤 사람이 묻기를 만약 소상 때 피치 못할 연유가 있어 궤연을 내여 탈상을 하려면 축식은 어찌 써야 합니까 하고 여쭙자 우암께서 말씀 하시기를 마땅히 상시 사용하는 축문을 쓰되 축문 끝에 탈상하는 연유를 고함이 옳을 것 같다 하셨습니다.

부모 상은 삼 년에 탈상 하여야 하나 불가피하게 피할 수 없는 연유라면 위 말씀과 같이 그 연유를 다음과 같이 고하고 탈상 하여야 할 것 같습니다.

⊙축문식(祝文式)

維 歲次癸未三月乙巳朔十五日己未孝子庚錫敢昭告于 顯考學生府君日月不居奄及四十九喪夙興夜處哀慕不寧三年奉祥於禮至當事勢不逮魂歸墳墓謹以淸酌庶羞哀薦祥事尙 饗

탈상 일자를 3 월 15 일 자로 하여 작성 된 축식이니 월일은 당한 대로 월력을 보고 일자와 그 달의 초하루 간지를 바꿔 써 넣고 부친이 관직이 있었으면 그 직명을 학생을 빼고 그 자리에 써 넣으면 됩니다.

●實錄太宗十二年壬辰十月八日庚申司諫院上疏疏曰: 然爲死者供佛齋僧之事因循未革而人死則皆欲薦拔而爲七七之齋間設法席之會至於殯處掛佛邀僧稱爲道場無間晝夜男女混處妄費天物曾不顧惜或有無識之徒專尙浮華極備供辦誇示人目其於存亡有何益哉假使佛氏有靈而受人之饋救人之罪則是賣官鬻獄汚吏之事也安有此理哉且生死有命禍福在天縱有祈禱之切佛氏安能施惠於其間哉且於佛經未有齋晨七七之說此必後世僧徒誑人斂財之術也伏望殿下特命攸司喪祭之儀一依

●釋門儀式擧揚;據娑婆世界南贍部洲東洋大韓民國某處某寺淸淨水月道場今此至極至精誠四十九日齋薦魂齋者某處居住行孝者 000 伏爲所薦先嚴父 000 靈駕諸當四十九日之晨爲亦上世先亡廣劫以來父母一切親屬等各列位列名靈駕

●東文選疏薦冲鏡王師疏字宙空虛而安住哀哀躃地有同失乳之兒憫憫迷途何異喪家之狗念以平生之履踐想應本地之優游玆不廢於修齋盖未免乎順俗七七齋之方届三三寶之是供燈燈變作光明臺遍周法界粒粒化生妙香饌充滿性空區區此心了了他鑒伏願云云徑登覺路與諸達者以同遊重入祖門無一衆生而不度

●藍溪先生年譜憲宗皇帝成化二年丙戌(世祖大王十二年)春立碣于敎授公墓先生撰識○是歲母夫人安氏卒(時麗俗未遠喪制壞缺七七之設浮屠之法盛行於世而先生一從古經朝夕哭於几筵哀毁終制鄕隣多感化焉)

●退溪曰七七齋聞出於竺敎而不知其何謂然古人論此等事非一

▶3088◀◈問; 담제 축문과 제사 옮기는 축문.

안녕하십니까. 항시 고맙게 답변해주셔서 감사 드립니다. 부탁드릴 내용은 지난 3 월에 소상을 마치고 6 월 2 일(음 4.17) 담제를 치르려고 합니다. 담제 축문을 부탁 드립니다. 그리고 또 한가지는 소상(小祥)과 담제(禫祭)까지는 장남인 저가 저의 집에서 치르고 다음 제사(음 1.18)부터는 어머님 댁에서 치르기로 하였는데 장소를 옮기면 축문을 올려야 한다고 하는데 어떻게 써야 될지 몰라서 부탁 드립니다. 그럼 수고 하십시오.

◈答; 담제 축문과 제사 옮기는 축문.

귀하의 담제를 지낸다 함은 친상인 듯한데 지난 3 월에 소상을 지냈다면 내년 3 월이 대상이 되고 대상을 지내고 한 달을 사이에 두고 그 다음달에 날을 받아 담제를 지내야 합니다. 이와 같음이 예법상 맞는 것입니다. 혹 귀하가 착각을 하였거나 아니면 속제로 기일을 단축할 뜻인 듯 합니다. 그렇다 하여도 대상제를 먼저 지내고 그 뒤에 담제를 지내야 하니 대상 축문으로 보내 드리겠습니다. (예는 아니나 청에 의하여 답합니다.) 참고로 담제(禫祭) 축식도 첨부합니다.

⊙大祥(稅喪)祝文式(대상(탈상)축문식)

維 歲次丁亥四月辛亥朔十七日丁卯孝子ㅇㅇ某敢昭告于 顯考某官俯君(或顯妣某封某氏承重則顯祖考或顯祖妣妻云亡室弟以下去顯爲亡去府君二字)日月不居奄及期喪(或百日稅喪則去期喪爲百喪)夙興夜處哀慕不寧三年奉喪於禮至當事勢不逮魂歸墳墓謹以淸酌庶羞哀薦祥事尙 饗

⊙禫祭祝文式(담제축문식)

維 歲次干支幾月干支朔幾日干支孝子(屬稱隨改見上卜日告式某告子見上卜日告式)敢昭告于(妻去敢字告子但云告于) 顯考(母云顯妣承重云顯祖考或顯祖妣妻云亡室子云亡子)某官府君(屬稱隨改見上命辭式)日月不居奄及禫祭夙興夜處哀慕不寧(妻改夙興以下八字爲悲悼酸苦不自勝堪子云悲念相續心焉如燬)謹以(妻子云玆以)淸酌庶羞哀薦(妻子云陳此)禫事尙 饗

제사는 이리저리 옮기는 것이 아닙니다. 만약 아우가 섬기고 싶으면 제수를 장만하여 제주의 집으로 가지고 와 지내야 합니다. 그러한 고로 신주를 옮기는 축식이 없습니다.

▶3089◀◈問; 담제와 길제에 대하여.

안녕하세요? 선친의 대상을 지난 달에 지냈습니다. 1 월에 담제와 길제를 지내야 하는데 아직 그것에 대한 정확한 개념이 서질 않아서.

문의 드립니다.

날짜를 정하는 방법과 지내는 시간과 절차 등에 대해서도 자세히 알려주시면 더없이 감사하겠습니다. 안녕히 계십시오.

◈答; 담제와 길제에 대하여.

아래와 같이 일괄 답으로 대 하겠습니다. 본주(本註)와 보주(補註)를 함께 적었으니 참고 하기 바랍니다. 다만 아래 예법은 사당의 예법입니다.

◎禫 생략(省略)

☞개장 예법은 네이버 · 다음 등 엡사이트에서 제공하는 홈페이지 [주자가례 전통예절] 상례편 제4장 우제 제8절 담제에 상세한 예법이 상술되어 있습니다. 참조하시기 바랍니다.☜

◎吉祭(길제)

●檀弓下是月也以虞易奠卒哭曰成事是日也以吉祭易喪祭

●淸史稿禮志五其因時祫祭者古禮天子三年喪畢合先祖神饗之謂之吉祭

●辭源[吉祭]古代喪禮在安葬以前叫做奠在這個時期內哭泣無時旣葬而祭叫虞行卒哭禮叫吉祭

⊙禫之明日卜日

備要士虞疏吉事先近日上旬行禫祭於寢當祭月卽從四時祭於廟亦用上旬爲之踰月亦用上旬或丁或亥餘與下時祭卜日儀同○便覽擇來月三旬各一日或丁或亥禫在中月則就是月內卜日主人禫服帥衆兄弟及子孫執事立於祠堂中門外西向焚香薰珓並如禫祭卜日儀旣得日告如時祭卜日而告之儀

⊙담제 후 다음날 길제 날을 점을 친다.

다음달 상순에서 丁자나 亥자 드는 날 중 하루를 택한다. 담제를 중간 달에 지냈으면 그 달에 점을 친다. 주인은 담제 복을 입고 형제들과 자손과 집사자들을 데리고 사당 중문 밖에서 서쪽으로 향하여 서서 향을 피우고 배교를 쬐어 점을 치기를 모두 담제 날 점치는 의식과 같게 한다. 이미 날을 받았으면 시제 날을 받고 고하는 의식과 같게 사당에 고 한다.

●便覽士虞記是月也吉祭猶未配註是月禫月也當四時之祭月則祭猶未以妃配

●備要踰月而祭是爲常制而禫祭若當四時正祭之月則卽於是月而行之蓋三年廢祭之餘正祭爲急故也祭時考妣異位祝用異板祭後合櫝若踰月則祭時合位

●尤菴曰吉祭實喪餘之祭則雖行於孟月亦無嫌也

●愼齋曰七月行吉祭則秋祭已行不當再行於八月

●備要父先亡已入廟則母喪畢後固無吉祭遞遷之節矣然其正祭似當倣此而行之

⊙卜日命辭式(복일명사식)

同下祭禮時祭本條但不盛服

某將以來月某日(卽上旬或丁或亥不吉則復命以中旬又不吉則直用下旬日)諏此歲事適其祖考(始爲禰宗但云考下同)尙饗

⊙卜日告辭式(복일고사식)

孝孫(始爲禰宗云孝子下同)某將以來月某日祗薦歲事于 祖考卜旣得吉(用下旬日則去卜旣得吉四字)敢告

⊙祝命執事辭式(축명집사사식)

孝孫某將以來月某日祗薦歲事于 祖考有司具脩

⊙前期三日齋戒

備要如時祭儀○便覽主人帥衆丈夫致齋於外主婦帥衆婦女致齋於內皆沐浴

⊙그날 삼일 전부터 재계한다.

주인은 여러 남자들을 데리고 밖의 일에 치재를 하고 주부는 여러 여자들을 데리고 안의 일에 치재를 한다

⊙前一日告遷于祠堂

便覽前一日夙興詣祠堂以酒果告如朔參之儀但別設一卓於香案之東置淨水粉盞刷子竹刀木賊帨巾硯筆墨於其上主人斟酒再拜訖立於香卓之前祝執版立於主人之左主人以下皆跪祝東向跪讀云云若承重祖喪畢後改題考位神主則主人又就考位所祔龕前跪祝就主人之左跪讀云云告畢祝降復位主人再拜進奉所當改題最尊之主臥置卓上執事者先以帨巾漬水沾潤粉面次以竹刀刮去舊字次以刷子梳去舊粉又以帨巾拭之又以木賊磨之使滑乃別塗以粉竢乾命善書者盥手西向坐改題之陷中不改洗水以灑祠堂之四壁主人奉主置故處改題諸位如前曾祖考妣改題爲高祖考妣祖考妣爲曾祖考妣考妣爲祖考妣旁題皆以其屬書之祔位皆倣此例不書旁題親盡當埋之主則不復改題當遷長房之主亦同若有不遷之位改題以幾代祖旁題亦改書乃降復位與在位者皆再拜辭神納主徹降簾闔門而退

⊙하루 전에 감실을 옮길 것을 사당에 고한다.

하루 전날 아침 일찍 일어나 사당으로 가서 주과를 진설하고 고하기를 사당 초하루 참배 의식과 같게 한다. 다만 탁자 하나를 향안 동쪽에 놓고 그 위에 깨끗한 물과 흰 분가루 잔 대칼 목적 먼지 터는 솔 수건 벼루 붓 먹을 놓는다. 주인은 술을 딸아 올리고 재배를 하고 향탁 앞에 서면 축관은 축판을 들고 주인의 왼편에 선다. 주인 이하 모두 무릎을 꿇고 앉으면

축관은 동쪽으로 향하여 무릎을 꿇고 앉아 다음과 같이 독축 한다. 만약 승중인 조부의 상을 마친 후 개제를 하게 되면 고위 신주에 주인은 또 고위 신주 부위 감전 앞으로 가서 무릎을 꿇고 앉는다. 축관은 주인의 왼편으로 가서 무릎을 꿇고 앉아 다음과 같이 고하고 축관은 제자리로 내려온다. 주인은 재배를 하고 개제할 최 존위 신주를 받들어 탁자 위에 뉘어 놓는다. 집사자는 먼저 수건을 물에 적셔 신주 전면 분칠한 면을 적셔 불군 다음 죽도로 옛 글자를 긁어 낸 후 솔로 옛 분가루를 털어 낸다. 또 수건으로 닦아 내고 또 목적으로 문질러 반드럽게 한 다음 곧 분가루를 덧바르고 마르기를 기다렸다 글씨 잘 쓰는 善書者를 시킨다. 선서자는 손을 씻고 서쪽으로 향하여 앉아 고쳐 쓴다. 속 신주는 고쳐 쓰지 않는 것이다. 사당 네 벽을 물로 닦아 깨끗이 청소를 하고 주인은 신주를 받들어 옛 신주의 자리에 안치 한다. 모든 신주를 앞과 같이 고쳐 쓰기를 증조고비라 쓰인 신주는 고조고비로 고쳐 쓰고 조고비라 쓰인 신주는 증조고비라 고쳐 쓰고 고비라 쓰인 신주는 조고비 신주라 고쳐 쓴다. 옆 밑 봉사자명은 모두 속한대로 쓰고 부위도 모두 이와 같은 예로 고치고 봉사자는 쓰지 않는다. 봉사 세대가 지나 매안할 신주는 고쳐 쓰지 않으며 친족 중 봉사 세대가 있어 그 집으로 옮길 신주 역시 고치지 않는다. 만약 불천지위가 있으면 기대조고로 고치고 봉사자 역시 고쳐 쓴다. 모두 마쳤으면 곧 제자리로 내려와 서서 재위자와 같이 모두 재배 사신 한다. 신주를 독에 넣고 감실 발을 내리고 문을 닫은 후 물러 난다.

⊙改題告辭式(개제고사식)

同前大祥章告遷于祠堂條改題告辭式

⊙母先亡父喪畢改題妣位告辭式(모선망부상필개제비위고사식)

同前大喪章告遷于祠堂條母先亡父喪畢改題妣位告辭式

⊙承重祖父喪畢改題考位告辭式(승중조부상필개제고위고사식)

同前大喪章告遷于祠堂條承重祖父喪畢改題考位告辭式

⊙設位(설위)

便覽主人帥衆丈夫及執事者灑掃正寢洗拭椅卓務令蠲潔設五代祖考妣位於堂西北壁下南向考西妣東各用一椅一卓而合之高祖考妣曾祖考妣祖考妣以次而東皆如五代祖考妣之位設考妣位於東壁下西向考北妣南禫月行祭則新主考妣異位世各爲位不屬祔位皆於東序西向北上或兩序相向尊者居西妻以下則於階下○若繼曾祖以下之宗則計世數設位幷新主皆南向如儀若始爲繼禰之宗則只設新主位於堂中北壁下南向

⊙신위의 자리를 설치 한다.

주인은 남자들과 집사자들을 데리고 정침을 깨끗이 청소를 하고 교의와 탁자를 씻고 닦아 깨끗하게 한다. 오대조고비의 자리는 서쪽으로 북쪽 벽 아래에다 남서여동으로 남향케 하여 각각 교의 하나 탁자 하나씩을 붙여 놓는다. 고조고비 증조고비 조고비의 자리를 차례대로 동쪽으로 설위 하되 모두 오대조고비의 자리와 같게 한다. 고비의 자리는 동쪽 벽 아래에서 서쪽으로 향 케 하여 남북여남으로 설위 한다. 담제달에 길제를 지내게 되면 고비의 새 신주는 서로 붙여 놓지 않으며 각 세대도 서로 붙여 설위치 않으며 부위 신주는 모두 동쪽 벽 아래에서 북쪽을 상석으로 하여 서쪽으로 향케 한다. 혹 동쪽과 서쪽 벽 아래에 나뉘어 설위할 때는 높은 항렬이 서쪽이다. 처 이하는 층계 아래에 설위 한다. ○만약 증조를 이어가는 종가이면 세대 수를 헤아려 설위 하고 새 신주 모두 의례와 같게 남향케 한다. 만약 처음으로 아버지를 이어가는 집이면 새 신주의 자리는 당의 북쪽 벽 아래 중간에서 남쪽으로 향하게 설위 한다.

⊙陳器省牲滌器具饌(진기성생척기구찬)

如時祭儀

⊙제사 기구를 진열하고 제사에 올릴 짐승을 살피며 그릇을 닦고 제수품을 갖춘다.

시제 의식과 같다.

⊙設次陳吉服(설차진길복)

陳氏曰至吉祭平常所服之物無所不佩

⊙처소를 차려 놓고 길복을 진열한다.

길제에는 평상시 입는 의복으로 입되 패물은 무엇이든지 아니 된다.

⊙厥明夙興設蔬果酒饌(궐명숙흥설소과주찬)

如時祭儀

⊙그 다음날 일찍 일어나 소채와 과실과 안주를 진설 한다.

시제 의식과 같다.

⊙質明奉主就位(질명봉주취위)

便覽主人以下各就次易盛服盥帨詣祠堂前餘並同時祭儀

⊙날이 밝으면 신주를 받들고 신위의 자리로 나온다.

주인 이하 남녀는 각각 길복을 진열한 처소로 가서 길복으로 바꿔 입고 손을 씻고 사당 앞으로 간다. 이하는 모두 시제 의식과 같다.

⊙出主告辭式(출주고사식)

五代孫(承重則稱六代孫)某今以遞遷(父先亡母喪畢云孝玄孫某今旣免喪若始爲禰宗云孝子某今以妥享母喪畢改妥享爲合享)有事于 顯五代祖考某官府君 顯五代祖妣某封某氏(高祖考妣至考妣列書承重則自六代祖考妣至考妣列書父先亡母喪畢自高祖考妣至考妣列書若始爲禰宗則止云顯考某官府君俱亡則顯妣某封某氏列書)以某親某官府君(卑幼去府君二字)某親某封某氏祔食敢請 神主出就正寢恭伸奠獻

⊙參神降神進饌初獻(참신강신진찬초헌)

便覽如時祭之儀但先詣五代祖位前獻祝以次詣考位前如初○若禫月行祭則考位獻祝畢復就妣位前獻祝○若承重喪畢則祖位獻祝畢復就考位前獻祝

⊙참신 강신 진찬 초헌.

모두 시제 의식과 같다. 다만 먼저 오대조고위 전에서 잔을 올리고 독축을 하고 차례대로 고위 전에 이르러 처음과 같이한다. ○만약 담월에 길제를 지내게 되면 고위에 헌축을 마치고 다시 비위 전에 가서 헌축을 한다. ○만약 승중 상을 마쳤으면 조위 전에 헌축을 하고 다시 고위 전으로 가서 헌축을 한다.

⊙親盡祖考妣位祝文式(친진조고비위축문식)

承重則六代祖考妣位祝同但改屬稱祝亦異板

維 歲次干支幾月干支朔幾日干支五代孫某敢昭告于 顯五代祖考某官府君 顯五代祖妣某封某氏茲以先考(屬稱隨改見上改題告式)某官府君喪期已盡禮當遷主入廟(承重則改措語見上改題告式)先王制禮祀止四代心雖無窮分則有限 神主當祧埋于墓所(不遷之位則改埋爲遷族人有親未盡者將徙于其房則改埋于墓所爲遷于某親某之房)不勝感愴謹以淸酌庶羞百拜告辭(本龕有祔位則此下云某親某官府君某親某封某氏神主亦當並埋若正位祧遷于長房而不埋則去亦當並埋四字某氏神主下云埋于本墓)尙 饗

⊙高祖考妣至考妣位祝文式(고조고비지고비위축문식) 代異各板

維 歲次干支幾月干支朔幾日干支孝玄孫(繼曾祖以下之宗隨屬稱)某敢昭告于 顯高祖考某官府君 顯高祖妣某封某氏(曾祖考妣祖考妣隨屬稱)某罪逆不滅歲及免喪世次迭遷昭穆繼序先王制禮不敢不至(父先亡母喪畢及祖先亡承重祖母喪畢此下去世次以下十六字改云時維仲春隨時追感歲時不勝永慕)謹以淸酌庶羞祗薦歲事以某親某官府君(卑幼云云見上出主告式)某親某封某氏祔食尙

饗

⊙新主位祝文式(신주위축문식)

承重祖考妣位祝同但改屬稱

維 歲次干支幾月干支朔幾日干支孝子某敢昭告于 顯考某官府君(母先亡顯妣某封某氏列書)喪制有期(母先亡改喪制有期爲顯考喪期已盡)追遠無及今以吉辰式遵典禮隮入(始爲禰宗改隮入爲妥享)于 廟(母先亡此下當添配以先妣四字)謹以淸酌庶羞祗薦歲事尙 饗

⊙父先亡母喪畢考妣位祝文式(부선망모상필고비위축문식)

祖先亡承重祖母喪畢祖考妣位祝同但改屬稱

維 歲次干支幾月干支朔幾日干支孝子某敢昭告于顯考某官府君 顯妣某封某氏 顯妣喪期已盡禮當配享時維仲春(隨時)追感歲時昊天罔極(承重改昊天罔極爲不勝永慕)謹以淸酌庶羞祗薦歲事尙 饗

⊙父先亡母喪畢禫月行祭考位祝文式

祖先亡承重祖母喪畢祖考位祝同但改屬稱

維 歲次干支幾月干支朔幾日干支孝子某敢昭告于顯考某官府君某罪逆不滅歲及免喪(母先亡改某罪以下九字爲喪制有期追遠無及)今以吉辰式遵典禮(母先亡此下當添隮入于廟四字而若始爲禰宗則改隮入爲妥享)將配以 先妣某封某氏時維仲春(隨時)追感歲時昊天罔極(改措語見上考妣位祝文○母先亡去時維以下十二字)謹以淸酌庶羞祗薦歲事尙 饗

◎妣位祝文式(비위축문식)

⊙承重則祖妣位祝同但改屬稱(승중칙조비위축동단개속칭)

維 歲次干支幾月干支朔幾日干支孝子某敢昭告于顯妣某封某氏喪制有期追遠無及(母先亡改喪制以下八字爲某罪逆不滅歲及免喪)今以吉辰式遵典禮將配于 先考某官府君謹以淸酌庶羞祗薦歲事尙 饗

⊙承重祖父喪畢考位祝文式(승중조부상필고위축문식)

維 歲次干支幾月干支朔幾日干支孝子某敢昭告于顯考某官府君(俱亡則顯妣某封某氏列書下同)某罪逆不滅歲及免喪今以吉辰式遵典禮 先祖考某官府君(祖母先亡則顯祖妣某封某氏列書)隮入于廟 先考亦以次入正位世次迭遷昭穆繼序追感彌新昊天罔極謹以淸酌庶羞祗薦歲事尙 饗

⊙亞獻終獻侑食闔門啓門受胙辭神

並如時祭儀

⊙아헌 종헌 유식 합문 계문 수조 사신

모두 시제 의식과 같다.

⊙嘏辭式(하사식)

祖考命工祝承致多福于汝孝孫來音釐汝孝孫使汝受祿于天宜稼于田眉壽永年勿替引之

⊙納主(납주)

●便覽主人主婦皆升各奉主納于櫝考妣有先亡者至是合安于櫝先奉親盡神主安於夾室以笥斂高祖以下之櫝奉歸祠堂如來儀以次遞升新主亦入正位降簾闔門而 退

⊙신주를 사당으로 드린다.

주인 주부는 모두 올라가 각각 신주를 받들어 독에 넣되 고비 중 먼저 죽은 이가 있으면 이때 독에 합하여 봉안하고 먼저 세대가 지난 신주를 협실에 봉안하고 나서 고조 이하의 독을 상자에 거둬 받들고 사당으로 가기를 올 때와 같은 의식으로 가서 차서 대로 옮기고 새 신주 역시 정위로 올려 들여 놓고 발을 내리고 문을 닫고 물러난다.

●備要按考妣有先亡者至是合櫝奉親盡之主埋於墓所若族人有親未盡者遷于最長之房使主其祭神主當以主祭者所稱皆題而旁題不稱孝若有親盡之祖始爲功臣 者則當依家 禮別子親盡遷于墓所不埋而但國家待功臣甚厚使子孫不遷其主則祭四代之家並不遷之主乃五代也據禮人臣不可祭五代不得已高祖當出而祭于別室耶更詳之○凡祔位之主本位出廟則亦當埋于墓所

◎徹餕(철준)

並如時祭儀

◎철상을 하고 제사 음식을 나눈다.

모두 시제 의식과 같다.

◎復寢(복침)

●喪大記吉祭而復寢

◎다시 내침에 든다.

길제 이후 내침에 든다.

●便覽按吉祭家禮所無而備要旣採古禮補入故今亦從之而備要所載則猶欠詳備故就其中更加添修俾便於考閱

▶3090◀◈問; 돌아가신 분의 생신.

안녕하세요? 검색하다 보니 이곳까지 오게 되었습니다. 올해 8 월이면 남편이 돌아 가신지 두 해째 입니다. 음력 4 월 12 일(내일입니다)이 돌아가시고 두 번째 생신인데요 사람들 마다 각기 돌아가신 분의 생신에 대한 의견이 많아서 여쭤봅니다. 환갑 전 젊은 나이에 돌아가셨는데요 생신제사를 계속 지내야 하나요. 물론 지내던 안 지내던 마음이 중요하다지만 제가 직장 다니며 생신 날 아침 일찍 생신제사를 지내고 출근하니 주위 분들이 만류하십니다. 제가 힘들까 봐 그러시겠지요. 지금도 간단하게나마 생신제사음식을 준비하던 중입니다. 생신제사를 지내던 안 지내던 정확하게 알고 싶습니다. 바쁘시겠지만 답변 부탁 드립니다.

◈答; 돌아가신 분의 생신.

생신제는 아래와 같이 살펴보건대 당부에 관한 의견이 분분한 예입니다. 가례집설이나 가례회성 등 서에는 그 실행 예법이 있으나 퇴계선생께서는 비례라 하셨으니 그 행제 여부는 지정하여 이를 수는 없을 것 같습니다. 다만 생신 날을 당하여 예를 행한다 하여 비례라 할 수도 없을 것입니다. 까닭은 이미 마땅함의 말씀도 있기 때문입니다. 생신제는 탈상 전까지 상 삼 년 내에 궤연에서 지내드립니다.

⊙生辰祭儀節次(생신제의절차)(會成)

儀節並同祭禰

序立(主人主婦及弟婦子姪凡禰所出者皆在)○參神○鞠躬拜興拜興平身○降神○盥洗○詣香案前○跪○上香○酹酒(以下旁注皆與時祭同)○俯伏興拜興拜興平身○進饌○初獻禮○詣考妣神位前○跪○祭酒○奠酒○祭酒○奠酒○俯伏興平身○詣讀祝位○跪○主人以下皆跪○讀祝○俯伏興○鞠躬拜興拜興平身○復位○奉饌○亞獻禮○盥洗○詣考妣神位前○跪○祭酒○奠酒○祭酒○奠酒○俯伏興拜興拜興平身○復位○奉饌○終獻禮○盥洗○詣考妣神位前○跪○祭酒○奠酒○祭酒○奠酒○俯伏興拜興拜興平身○復位○奉饌○侑食○鞠躬拜興拜興平身○復位○闔門○祝噫歆○啓門○主人以下復位○獻茶○飮福受胙○詣飮福位○跪○嘏辭曰(云云四時祭同但去祖字)○飮福酒○受胙○鞠躬拜興拜興平身(主人起立于東階上西向)○告利成(祝立于西階上東向曰)○利成○復位○鞠躬拜興拜興平身○辭神○鞠躬拜興拜興平身○焚祝文○送主○徹饌○禮畢

○축문식(祝文式);

(家禮集說)祝文云云歲序遷易生辰復遇存旣有慶歿寧敢忘追遠感時昊天罔極謹以淸酌庶羞恭伸追慕尙饗

●寒岡問先考生日設飮食以祭象平生也其祭文曰存旣有慶歿寧敢忘云云此意如何退溪曰恐孟子所

謂非禮之禮此類之謂也
●沙溪曰生忌之祭馮善創開退溪非之是矣
●龜峯曰家禮祭有其數無先親生辰祭祭不可
●陶庵曰生日之祭非禮也當從古不當從俗.
●問家禮集說有所謂生忌於先考妣生日設酒食以祭象平生也其祭文曰生旣有慶歿寧敢忘云退溪曰恐孟子所謂非禮之禮此類之謂也
●尤菴曰生辰之祭退溪非禮之答似不可易矣若知其非禮而以先世所行爲難停廢則是非禮之禮無時可改也世人喜說喪祭從先祖之文此殊未安然先世所行之禮昧然遽廢亦似未安須告以廢之之意恐爲婉轉
●士喪記上食條燕養饋羞湯沐之饌註燕養平生所供養也饋朝夕食也羞四時之珍異
●同春問先考生日三年內設享亦難免非禮之議否沙溪曰凡筵異於祠堂以酒果餠麵如朔奠禮設之如何此非祭禮恐無不可
●問三年內遇亡人生辰上食後別設數饌行之何如尤庵曰恐當如此象平日饌品稍備而行之耳
●南溪曰生辰祭雖曰非禮之禮三年內又不可不行其儀倣俗節別設
●陶庵曰生辰祭實非禮之禮三年之內則有象生之義於朝上食後別設數品饌而儀如朝夕奠恐亦不妨否
●星湖曰吾平日禁生日宴飮况生忌非禮古有定說然不肖居喪之內則設饌如殷奠無祝而行事先賢有委曲處之未曾顯言其非故惟喪內行之
●湯氏鐸曰按家禮親生辰牙祭鄭氏曰祭死不祭生伏覩國朝頒降胡秉中祀先圖凡例有生日之祭當以此爲據竊惟親在生辰旣有慶禮歿遇此日能不感慕如死忌之祭可也
●愚伏答宋敬甫曰先大人生日適在季秋則雖三年之後以其日行禰祭甚得情理與所謂非禮之禮自不同
●鄭氏曰國朝頒降胡秉中祀先圖凡例有生日之祭當以此爲據竊惟親在生辰旣有慶禮歿遇此日能不感慕如死忌之祭可也
●家禮會成儀節並同祭禰但告辭云今以某親某官府君降生之辰敢請神主出就正寢恭伸追慕餘並同
●家禮集說親在生辰旣有慶禮歿遇此日能不感慕如死忌之祭可也祝文云云歲序遷易生辰復遇存旣有慶歿寧敢忘追遠感時昊天罔極謹以淸酌庶羞恭伸追慕尙饗
●集說[生辰祭]親在生辰旣有慶禮歿遇此日能不感慕如死忌之祭可也祝文云云歲序遷易生辰復遇存旣有慶歿寧敢忘追遠感時昊天罔極謹以淸酌庶羞恭伸追慕尙饗
●退溪曰恐孟子所謂非禮之禮此類之謂
●會成儀節同祭禰但告辭云今以某親某官府君降生之辰敢請神主出就正寢恭伸追慕餘並同
●愚伏曰禮輯乃明儒屠義英所著生日祭出主於正寢而行之如忌日之儀然忌日之祭亦古者所無宋賢始以義起而朱子於家禮亦著之然比四時正祭頗殺其禮其微意可知也至於生日之祭宋賢之所未起而近於人情之尤者故李先生斷以爲非禮之禮後學似不當有他議也

▶3091◀◈問; 돌아가신 분 회갑.

돌아가신 분의 회갑이 되시는데 어떤 절차로 지내야 하는지 몰라 문의(問議)들입니다. 몇 군데 조회해보니 돌아가신 분 회갑(回甲)은 지내지 않는다고 하는데 실생활에서는 지내고 있는 것 같더라고요. 가정의례상에는 없더라도 실제 지내고 있는 절차를 아신다면 좀 알려주세요. 어머니가 돌아가신 아버지의 환갑(還甲)을 해드리고 싶어하십니다.

◈答; 돌아가신 분 회갑.

늦어서 미안합니다 사정이 있었습니다. 전래되는 법식은 없습니다. 정제는 아니나 독축 삼헌으로 당일 아침 일찍 모두 기제 의식 과 같이 지내고 있는 것이 대체적인 통상의 예입니다 과유불급이나 이는 자식으로서 부모에 대한 효의 표현이니 흠 될 바는 아닙니다. 축식은 본 난 후미 각종 축식에 회갑 축문식을 참고하시면 되시겠습니다 종종 방문하여 주시기 바랍니다 감사합니다

⊙上壽儀禮節次(상수의례절차)(丘儀)

(是日行拜賀禮訖子弟修具畢請家長夫婦並坐於中堂諸卑幼皆盛服)

序立(世爲一行男左女右)○鞠躬拜興拜興平身○長者詣尊座前(長者進立於家長之前如弟則云長弟幼者一人執盞立於其左一人執注立於其右)○跪(長者及二幼者俱跪)○斟酒(長者受盞幼者執注斟酒訖二幼起)○祝壽(長者擧手奉盞祝曰)伏願尊親履玆長至(正旦則改長至爲歲端生旦則改云對玆爲慶)備膺五福保族宜家(祝畢家長受盞飮訖以盞授幼者反其故處長者)○俯伏興平身○復位(與卑幼俱拜)○鞠躬拜興拜興拜興拜興平身○酢酒(拜訖侍者注酒於盞授家長家長命長者至前親以酒授之)○受酒(長者受酒置於席端)○鞠躬拜興拜興平身(取酒)○跪(飮之畢)○興(長者命侍者以次酢諸卑幼皆出位跪飮畢執事者擧食卓入擺列男列於外女列於內婦女辭拜入內席)○命坐(家長命諸卑幼坐惟未冠及冠而未昏者不得坐)○鞠躬拜興拜興平身(諸卑幼俱拜而後坐)○各就席(乃以次行酒或三行或五行子弟迭起勸侑隨宜畢)○各出席○鞠躬拜興拜興平身○禮畢

⊙上壽笏記(상수홀기)(笏記刊寫者未詳)

設父席於堂北壁下少東設小卓一於其前○父升席自西方南向坐○設母席於北壁下少西設小卓一於其前○母升席自西方南向坐○設卓於堂東壁下近北置酒注於盞盤其上(注東盞西)又設卓於堂南端多置酒盞於其上○丈夫盛服立於父席前西上北向○婦人盛服立於母席前東上北向○丈夫婦人皆再拜(婦人夾拜)○最長者一人進立於父席前幼者一人執酒盞立於其左東向○一人執酒注於立其右西向○最長者受盞○執注者斟酒反奠于故處復位○最長者跪置卓上祝曰伏願大人履玆歲端(南至晬辰隨時稱之)備應五福保族宜家○父飮畢授幼子盞○幼子反奠于酒注卓上復初立位○最長者進母席前幼子一人執酒盞立於其左東面○一人執酒注立於其右西面○最長者受盞執注斟酒者反奠于故處復位○最長者跪置卓上祝曰伏願母親履玆歲端備應五福保族宜家○母飮畢授幼子盞○幼子反奠于酒注卓上復初立位○最長者俛伏興退與在位者皆再拜○父命諸長幼坐長幼皆再拜而坐○父命諸侍者偏酬諸長幼○諸長皆起立○侍者實酒授長者○長者受酒坐奠于席北端興再拜取酒坐卒飮授侍者盞興再拜○侍者以盞實酒詣諸長幼前諸長幼皆再拜受○卒飮酒皆再拜而退○侍者徹席及卓子

●史記封禪書篇白雲起封中天子從禪還坐明堂群臣更上壽於是制云云
상중하수(上中下壽)에 관함은 아래와 같이 차이(差異)가 있음. 다만 예기(禮記) 악기편(樂記篇)의 삼노오경(三老五更)의 삼노(三老)는 상중하수(上中下壽)와는 관련이 없습니다.

●莊子盜跖篇人上壽百歲中壽八十歲下壽六十歲除病瘦死喪憂患其中
●春秋左傳僖公爾何知中壽爾墓之木拱矣註人生上壽百二十年中壽百年下壽八十年
●禮記樂記篇食三老五更注三老五更互言之耳皆老人更知三德五事者也疏五者天下之大敎也者郊射一裨冕二祀乎明堂三朝覲四耕藉五此五者大益於天下竝使諸侯還其本國而爲敎故云大敎也
●禮記文王世子篇適東序釋奠於先老遂設三老五更群老之席位焉註若非始立學則無釋奠先老之禮先老先世之爲三老五更者也三老五更各一人群老無定數蔡邕云更當爲叟三老三人五更五人未知是否然皆年老更事致仕者舊說取象三辰五星

▶3092◀◈問; 돌아가신 후 첫 번째 생신인데.

돌아가신 후 첫 번째 생신인데 하루 중 언제 제사를 지내야 할지 궁금해서요. 그리고 기제사를 저녁에 지낸다면 돌아가신 날 저녁인지, 전날 저녁에 지내야 하는지 모르겠습니다. 답변 좀 부탁 드립니다.

◈答; 돌아가신 후 첫 번째 생신.

생신제는 喪三年 내는 지내드립니다. 그 이후에는 지내지 않습니다. 지내는 법은 위 [000]번 참조하시기 바랍니다.

●同春問先考生日三年內設享亦難免非禮之議否沙溪曰凡筵異於祠堂以酒果餠麵如朔奠禮設之如何此非祭禮恐無不可
●問三年內遇亡人生辰上食後別設數饌行之何如尤庵曰恐當如此象平日饌品稍備而行之耳
●南溪曰生辰祭雖曰非禮之禮三年內又不可不行其儀倣俗節別設
●陶庵曰生辰祭實非禮之禮三年之內則有象生之義於朝上食後別設數品饌而儀如朝夕奠恐亦不妨否

기제는 현재까지도 상복입고 혼백을 모시고 계시면 작고하신 날 아침에 날이 밝으면 소상 때 의식과 같이 제사를 지내시면 됩니다. 기제사는 자시(작고하신 전날 밤 11 시에서 작고하신 날 새벽 01 시 사이)에 제사를 지내시면 됩니다.

●祭義君子有終身之喪忌日之謂也註忌日親死之日也
●周禮春官宗伯禮官之職小史條掌邦國之志奠繫世辨昭穆若有事則詔王之忌諱註鄭司農云先王死日爲忌名謂諱
●家禮忌祭編○厥明夙興設蔬果酒饌○質明主人以下變服詣祠堂封神主出就正寢
●禮器質明而始行事疏質正也謂正明之時少牢禮朝明行事註朝明質明也此乃周禮也
●尤庵曰行祭早晩太早不可太晩亦不可惟當以質明爲正
●南溪曰質明卽大昕指日未出時也
●日省錄正祖十九年乙卯四月二十二日壬寅條(云云)獻官之命十七日進詣本宮十八日子時行祭天氣淸和享事利成獻官以下(云云)
●咸興本宮儀式禮曹判書徐浩修狀啓臣於前月二十五日伏奉咸興本宮永興本宮濬源殿攝行酌獻禮南關各陵寢奉審之命當日陪香祝辭陛本月初一日到永興府進詣本宮奉安香祝初三日到咸興府進詣本宮淸齋爲白遣初六日子時)行祭是白如乎
●弘齋全書訓語氣猝發大臣閣臣求對承候敎曰逢是年是日予懷無以自抑子時行祭非不知無於禮而不得已爲此天明以後將行祝慶之禮予氣予亦自知故欲稍早時刻庶少鎭安而專意於慶今之節也仍嗚咽良久

▶3093◀◈問; 몇 가지 문의 드립니다.

안녕하세요. 인터넷을 통해 많은 가르침을 받고 있습니다. 감사하게 생각합니다. 몇 가지 문의드릴 사항이 있어서 멜 보내드립니다.

1. 선친의 49 제가 1 월 25 일입니다. 집에서 아침에 제를 올리고 성묘를 가는 걸로 모든 가족과 얘기가 되었습니다. 집에서 제를 올려도 되는지요. 삼우제 하면서 탈상을 했는데 그럴 경우 집에서 제를 올리면 안 된다고 하는데 그럴 경우 성묘를 가서 거기서 음식을 준비해서 제를 올리면 되는지요.

2. 설 명절에 차례를 지내야 하는지요.
1). 게시판 여러 내용을 종합해 보면 3 개월 동안은 제사 및 차례를 지내지 않는 것으로 나와 있습니다.
2). 또 다른 의견은 상주가 아닌 경우에는 가능하다는 의견이 있어서요 다시 한번 의견 부탁 드립니다.

3. 선친을 비롯한 조상님의 제사를 모셔 오려고 합니다.
1). 제가 장손입니다. 그럴 경우 제사를 모셔올 필요가 없고 바로 지내면 된다고 하는데 맞는지요.
2). 지역을 이동하는 거라 조상님께 고하고 모셔와야 하는지요.
3). 2 번 내용처럼 상 중에는 제사를 모셔올 수 없는지요.

◈答; 49 재와 제사에 관하여.

49 재는 불가의 예법으로 사람이 죽으면 그로부터 매 7 일 마다 재를 7 번 올려 그가 다음 세상에 다시 태어날 때 좋을 곳에 탄생하기를 빌어주는 마지막 제라 합니다. 까닭에 49 재는 집에서인지 사찰에서인지는 불가의 예법이라 알지를 못합니다. 이와 같은 질문은 불가(佛家)로 하였으면 가장 적합한 답을 취할 것인데 기왕에 질문 되었으니 이해하고 있는 범위 내에서 최선의 답을 구성하여 보겠습니다.

본인이 소장한 불서(佛書) 중에 불교전문의식이라는 책에 천도재(薦度齋)의 예법이 적나라하게 기술되어 있어 그를 아래와 같이 주문(呪文)의 제목만 열거하여 드립니다. 천도재(薦度齋)란 망자(亡者)의 영혼(靈魂)을 극락(極樂)의 세상으로 보내기 위하여 산 자가 7 일마다 7 번을 치르는 불교 의식인 7 재(齋)와 100 일재(日齋) 1 년. 2 년 또 업장이 무거운 영혼에게는 수의 지정 없이 여러 번 지내 주는데 이 중에서도 49 일째 지내는 49 재가 가장 중요하다 합니다. 까닭은 49 재에는 지하 왕 중의 왕인 염라대왕(閻羅大王)의 심판 일이라 그렇다 합니다. 이와 같이 지내는 재(齋)를 일러 천도재(薦度齋)라 합니다.

●佛敎專門儀式薦度齋編; 對靈[擧佛][請魂][振鈴偈] 灌浴[入室偈][沐浴偈][庭中偈][開門偈] 觀音施食[擧佛][請魂][着語][振鈴偈][着語] 神妙章句大陀羅尼 破地獄眞言 解寃結眞言 普召請眞言 [證明請][歌詠][獻座眞言][茶偈][孤魂請][歌詠] 受位安座眞言 [茶偈] 變食眞言 施甘露水眞言 一字水輪觀眞言 乳海眞言 稱揚聖號 施鬼食眞言 施無遮法食眞言 普供養眞言 [供養讚][般若四句偈] 如來十號 [莊嚴念佛] 奉安偈 普廻向眞言 [奉送偈][行步揭][法性偈][餞送][諷誦加持] 燒錢眞言 奉送眞言 上品上生眞言 普回向眞言

※(形式)参考

薦 度 齋

對 靈

[擧佛]

南無極樂導師阿彌陀佛

南無左右補處兩大菩薩

南無接引亡靈引路王菩薩摩訶薩

[請魂]

據 娑婆世界 東洋 大韓民國 ○○道 ○○市 ○○洞 ○○寺 淸淨水月道場

今此至意誠心 四十九齋 爇香壇前 奉請齋者

○○道 ○○市 ○○居住 行孝子 ○○○伏位 所薦亡父母 ○○○靈駕

生本無生 滅本無滅 生滅本虛 實相常住 ○○○靈駕 還會得 頓證法身 永滅飢虛 基或未然 承佛神力 仗法加持 赴此香壇 受我妙供 證悟無生

●初刻拍案惊奇卷二十三; 次日崔生感興娘之情不已思量薦度他

●語類士大夫家忌日用浮屠誦經追薦鄙俚可怪旣無此理是使其先不血食也

●西樓記捐姬; 代殷勤薦度願稱早歸法旨蓮花生長無塵滓

●京本通俗小說抝相公; 一日愛子王雱病疽而死荊公痛思之甚招天下高僧設七七四十九日齋醮薦度亡靈

●實錄太宗十二年壬辰十月八日庚申司諫院上疏疏曰: 然爲死者供佛齋僧之事因循未革而人死則皆欲薦拔而爲七七之齋間設法席之會至於殯處掛佛邀僧稱爲道場無間晝夜男女混處妄費天物曾不顧惜或有無識之徒專尙浮華極備供辦誇示人目其於存亡有何益哉假使佛氏有靈而受人之饋救人之罪則是賣官鬻獄汚吏之事也安有此理哉且生死有命禍福在天縱有祈禱之切佛氏安能施惠於其間哉且於佛經未有齋晨七七之說此必後世僧徒誑人斂財之術也伏望殿下特命攸司喪祭之儀一依

●釋門儀式擧揚;據娑婆世界南贍部洲東洋大韓民國某處某寺淸淨水月道場今此至極至精誠四十九日齋薦魂齋者某處居住行孝者伏爲所薦先嚴父靈駕諸當四十九日之晨爲亦上世先亡廣劫以來父母一切親屬等各列位列名靈駕

●東文選疏薦冲鏡王師疏字宙空虛而安住哀哀躃地有同失乳之兒憫憫迷途何異喪家之狗念以平生之履踐想應本地之優游玆不廢於修齋盖未免乎順俗七七齋之方届三三寶之是供燈燈變作光明臺遍周法界粒粒化生妙香饌充滿性空區區此心了了他鑒伏願云云徑登覺路與諸達者以同遊重入祖門無一衆生而不度

●藍溪先生年譜憲宗皇帝成化二年丙戌(世祖大王十二年)春立碣于敎授公墓先生撰識○是歲母夫人安氏卒(時麗俗未遠喪制壞缺七七之設浮屠之法盛行於世而先生一從古經朝夕哭於几筵哀毁終制鄕隣多感化焉)

●退溪曰七七齋聞出於竺敎而不知其何謂然古人論此等事非一

49 재일이 1 월 25 일이라면 음력 설은 2 월 14 일이 되니 작고 하신지 석 달이 되지 않습니다. 상중 제사 예법을 보면 졸곡 전(약 3 개월)은 모든 제사를 폐하고 졸곡 후는 경복자로 하여금 약설에 무축단헌으로 마치고 삼년상을 마쳐 탈상을 한 연후에 주인이 제주가 되어 유축삼헌으로 제사할 수 있는 것입니다. 이는 상주의 예법이고 만약 본손 이외의 방친(3 촌

이상)일 경우는 약간 다릅니다. 다만 현실에 맞게 변통하여 예를 갖춘다 하여도 이번 설은 일수 계산상 졸곡 전에 해당하니 설을 셀 수가 없습니다.

제사의 옮김 예법은 신주일 때의 예법은 자못 자세하나 지방일 때의 예법은 없는 것 같습니다. 그러나 그 예 역시 신주의 예법을 따른다 하여도 예법에 어그러지지는 않을 것입니다. 그러나 제사의 옮김 역시 이미 탈상을 하였다 하여도 졸곡(卒哭) 전에는 예법상 옮길 수가 없는습니다.

아래는 상중 제사 지내는 법입니다. 참고하시기 바랍니다.

1. 장사 전(약 3 개월)은 모든 제사를 폐하고,

2. 졸곡이 지나면 사시제, 절사, 기제, 묘제 등은 복이 경한 자로 하여금 감찬(減饌)하여 무축에 음복례 없이 무독일헌지례(無讀一獻之禮)로 마치고,

3, 기 대공복인은 장사를 마치면 평시와 같이 지내되 음복치 않으며 장사 전은 사시제는 폐하고 기제와 묘제는 위 2 번과 같이 지내고(오복인 모두 성복 전에는 기제라 하여도 폐함),

4, 시 소공복인은 성복 전은 모든 제사를 폐하고 성복 후에는 평시와 같이 지내되 음복의 예는 행하지 않음.

●通典晉賀循云禮在喪者不祭祭吉事故也其義不但施於生人亦祖禰之情同其哀戚故云於死者無服則祭也今人有服祭祀如故吉凶相干非禮意也
●張子曰喪不貳事則祭雖至重亦有所不可行蓋祭而誠至則哀忘祭而誠不至則不如不祭
●小記喪者不祭
●王制喪三年不祭疏禮卒哭而祔練而禘於廟此等爲新死者而爲之則非常祭也其常祭法必待三年喪畢也其春秋之時未至三年而爲吉祭者皆非禮也
●寒岡曰據禮則大功重服尙未成適值先祖諱辰雖至廢祭似不甚妨然而在常情旣未安則令主祭一人執事一兩人權宜齊祭於別所其餘則仝聚護喪恐不得不爾
●問忌祀在成服前則雖緦服之輕廢祭臨喪否顧齋曰喪餘之祭異於吉祭容有可祭之理然一家鮮少則亦不可執一論
●明齋曰三年喪中家廟正祭朱子說有二款而鄙家則從不行之說矣
●老洲曰五服未成服前廢祭旣有栗谷明訓不可易也旣廢之則大中小祀俱在當廢之科不可區別
●愚伏曰未葬廢祭禮有明文但忌日旣非吉祭且是喪餘之日似難處過令侄子攝行似得
●要訣凡三年之喪古禮則廢祠堂之祭而朱子曰古人居喪衰麻之衣不釋於身哭泣之聲不絶於口其出入居處言語飮食皆與平日絶異故宗廟之祭雖廢而幽明之間兩無憾焉今人居喪與古人異而廢此一事恐有所未安朱子之言如此故未葬前則準禮廢祭而卒哭後則於四時節祀及忌祭(墓祭亦同)使服輕者行薦而饌品減於常時只一獻不讀祝不受胙可也期大功則葬後當祭如平時(但不受胙)未葬前時祭可廢忌祭墓祭略行如上儀緦小功則成服前廢祭(五服未成服前雖忌祭亦不可行也)成服後則當祭如平時(但不受胙)

혹 제사를 옮기실 때 이환안 예법과 축식이 필요하시면 다시 찾아주시기 바랍니다.

祭祀(祠堂) 옮기는 시기는 옮겨야 할 사유가 발생된 그 날이며 아래와 같이 살펴보건대 사당(祠堂) 옮기는 예법(禮法)은 율곡(栗谷)께서 삭참지의(朔參之儀)라 하셨고 축식(祝式)은 아래와 같습니다. 이는 사당(祠堂)을 옮길 때의 예법과 축식(祝式)으로 지방(紙榜)의 예법도 이를 따라야 하는지는 의심스러우나 만약 따른다면 이 예(禮)에 준함이 옳습니다.

●栗谷曰凡神主移安還安或奉遷他處等事則告祭用朔參之儀

⊙買家移居告辭式(매가이거고사식)(本菴曰要訣曰凡神主移安還安或遷奉他所則其告之祭用朔參之儀)

家宅不利買某處今以吉辰奉陪移寓敢告(或今以吉辰移安新家敢告)

⊙買家移安後慰安祝辭式(매가이안후위안축사식)

維歲次干支幾月干支朔幾日干支孝子(隨屬稱)某敢昭告于 顯考某官府君 顯妣某封某氏(諸位列書)屋宇維新廟儀(若紙榜則奉儀)如舊伏惟 神主(若紙榜則尊靈)是居是靈

⊙移舍奉主告辭式(이사봉주고사식)
維歲次干支幾月干支朔幾日干支孝子(隨屬稱)某敢昭告于 顯考某官府君 顯妣某封某氏(諸位列書)今因移舍將奉祠版(或紙榜則改祠版爲諸位)移安于某洞(或某道某郡某洞)新第敢告

⊙奉安新宅祝辭式(봉안신택축사식)
維歲次干支幾月干支朔幾日干支孝子(隨屬稱)某敢昭告于(今按若新舊第相距不遠同日奉安不書年月無妨) 顯考某官府君 顯妣某封某氏(諸位列書)屋宇維新廟儀(或紙榜則改廟儀爲奉儀)如舊伏惟神主(或紙榜則改神主爲尊靈)是安是依

●愚堂祝式(우당축식)
○買家移安告辭式(매가이안고사식)
家宅不利移買(六字改移安事由)于某里今以吉辰奉倍移寓

○移家後慰安告辭式(이가후위안고사식)
云云屋宇維新廟儀如舊伏惟神位是居是寧謹以酒果用伸虔告謹告

▶3094◀◈問; 본생친상(本生親喪) 칭호(稱號).

저는 형제가 있었는데 큰아버지께서 아들을 두지 못하여 양자로 들어 갔습니다. 그런데 동생이 사고로 세상을 떠났습니다. 본생 아버지께서는 연로하시어 후사를 둘 수가 없습니다. 그런데 가까운 친척이 없어 양자로 들어올 친척도 없습니다. 이런 경우 만약 친생부모의 상을 당하게 되면 속칭을 어찌 고하여야 할지요. 어떤 분은 고애자(孤哀子)라 칭하지 않는다고 합니다.

◈答; 본생친상(本生親喪) 칭호(稱號).

아래와 같이 살펴보건대 위인후자(爲人後者)가 본생부모상(本生父母喪)을 당하게 되면 고애자(孤哀子)라 칭하지 않고 상인(喪人)이라 칭할 뿐이라 합니다.

●沙溪曰爲人後者爲本生父母喪稱喪人而已不可稱孤哀也

▶3095◀◈問; "49재"날짜계산에 대하여 알려주셔요.

49 제는 장례일로부터 49 일째 되는 날 올리는 제사라고 하는데 정확히 날짜 계산 하는 법을 알려주셔요. 시골 어르신들은 빠진 날도 있다는데 궁금 합니다.

참고로 아버님 장례일: 2002.10 월 18 일 12:00 인데 사십구재 일은 정확이 며칠이 되는지요? 답변 부탁 드립니다.

◈答; "49 재"날짜계산.

가례를 비롯 전통 예법에는 49 재라는 의식은 없습니다.

예기(禮記) 곡례曲禮)편에 이런 가르침이 있습니다.
生與來日死與往日註與猶數也成服杖生者之事也數死之明日爲三日
산 사람의 날수는 다음날부터 따지고 죽은 사람의 날수는 지난 날부터 따진다. 집설의 풀이에 與는 수와 같은 것이니 성복을 하고 상장을 집는 것은 산 사람의 일로 날수를 따질 때 죽은 날로부터는 내일이나 사흘이라 하느니라.

家禮期而小喪自喪至此不計閏凡十三月
가례에 있기를 한 돌이 소상이다, 상을 당한 날로부터 이 날 까지 윤달이 있다 하여도 계산하지 않고 대체로 13 달째 이다.

대체적으로 전통 예법에서는 이상과 같이 날수를 계산 합니다. 제사란 생자의 일이니 작고

한 다음날부터 49 일째 되는 날입니다. 확실 한 날자는 불교식인 듯 하니 불교계에 문의 하여 보시기 바랍니다.

유가(儒家)의 사자(死者)의 날짜계산은 만약 1월 1일 사망(死亡)하였다면 전년(前年) 12월 31일부터 계산하여 1월 31일이 32일째가 되어 49일 되는 날은 2월 17일이 됩니다.

●實錄太宗十二年壬辰十月八日庚申司諫院上疏疏曰: 然爲死者供佛齋僧之事因循未革而人死則皆欲薦拔而爲七七之齋間設法席之會至於殯處掛佛邀僧稱爲道場無間晝夜男女混處妄費天物曾不顧惜或有無識之徒專尚浮華極備供辦誇示人目其於存亡有何益哉假使佛氏有靈而受人之饋救人之罪則是賣官鬻獄汚吏之事也安有此理哉且生死有命禍福在天縱有祈禱之切佛氏安能施惠於其間哉且於佛經未有齋晨七七之說此必後世僧徒誑人斂財之術也伏望殿下特命攸司喪祭之儀一依
●釋門儀式擧揚;據娑婆世界南贍部洲東洋大韓民國某處某寺清淨水月道場今此至極至精誠四十九日齋薦魂齋者某處居住行孝者 000 伏爲所薦先嚴父 000 靈駕諸當四十九日之晨爲亦上世先亡廣劫以來父母一切親屬等各列位列名靈駕
●東文選疏薦冲鏡王師疏字宙空虛而安住哀哀躃地有同失乳之兒憫憫迷途何異喪家之狗念以平生之履踐想應本地之優游玆不廢於修齋盖未免乎順俗七七齋之方届三三寶之是供燈燈變作光明臺遍周法界粒粒化生妙香饌充滿性空區區此心了了他鑒伏願云云徑登覺路與諸達者以同遊重入祖門無一衆生而不度
●藍溪先生年譜憲宗皇帝成化二年丙戌(世祖大王十二年)春立碣于敎授公墓先生撰識○是歲母夫人安氏卒(時麗俗未遠喪制壞缺七七之設浮屠之法盛行於世而先生一從古經朝夕哭於几筵哀毁終制鄕隣多感化焉)
●退溪曰七七齋聞出於竺教而不知其何謂然古人論此等事非一

▶3096◀◈問; 49재 축문.

저희 아버님이 양력(陽曆)으로 3 월 20 일이 49 재(齋) 되는 날입니다. 축문(祝文)을 어떻게 써야 하는지 묘제(墓祭)로 지내려고 합니다. 그리고 축문에 돌아가신 년도와 날짜는 안 들어가는지요.

◈答; 49재 축문.

⊙탈상축문식(稅喪祝文式)

維 歲次乙酉二月癸巳朔十一日癸卯孝子某敢昭告于 顯考學生府君日月不居奄及四十九喪夙興夜處哀慕不寧三年奉喪於禮至當事勢不逮魂歸墳墓謹以淸酌庶羞哀薦祥事尙 饗

불가의 49 재 예법입니다.

천도재(薦度齋)란 망자(亡者)의 영혼(靈魂)을 극락(極樂)의 세상으로 보내기 위하여 산 자가 7 일마다 7 번을 치르는 불교(佛敎) 의식인 7 재(齋)와 100 일재(日齋) 1 년. 2 년 또 업장이 무거운 영혼에게는 수의 지정 없이 여러 번 지내 주는데 이 중에서도 49 일째 지내는 49 재가 가장 중요하다 합니다. 까닭은 사십구재(四十九齋)에는 지하 왕 중의 왕인 염라대왕(閻羅大王)의 심판 일이라 그렇다 합니다. 이와 같이 지내는 재(齋)를 일러 천도재(薦度齋)라 합니다.

●佛教專門儀式薦度齋編; 對靈[擧佛][請魂][振鈴偈] 灌浴[入室偈][沐浴偈][庭中偈][開門偈] 觀音施食[擧佛][請魂][着語][振鈴偈][着語] 神妙章句大陀羅尼 破地獄眞言 解冤結眞言 普召請眞言 [證明請][歌詠][獻座眞言][茶偈][孤魂請][歌詠] 受位安座眞言 [茶偈] 變食眞言 施甘露水眞言 一字水輪觀眞言 乳海眞言 稱揚聖號 施鬼食眞言 施無遮法食眞言 普供養眞言 [供養讚][般若四句偈] 如來十號 [莊嚴念佛] 奉安偈 普廻向眞言 [奉送偈][行步揭][法性偈][餞送][諷誦加持] 燒錢眞言 奉送眞言 上品上生眞言 普回向眞言

※(形式)參考

薦 度 齋
對 靈

[擧佛]

南無極樂導師阿彌陀佛
南無左右補處兩大菩薩
南無接引亡靈引路王菩薩摩訶薩

[請魂]

據 娑婆世界 東洋 大韓民國 ○○道 ○○市 ○○洞 ○○寺 淸淨水月道場
今此至意誠心 四十九齋 爇香壇前 奉請齋者
○○道 ○○市 ○○居住 行孝子 ○○○伏位 所薦亡父母 ○○○靈駕
生本無生 滅本無滅 生滅本虛 實相常住 ○○○靈駕 還會得 頓證法身 永滅飢虛 基或未然 承佛神力 仗法加持 赴此香壇 受我妙供 證悟無生

●初刻拍案惊奇卷二十三; 次日崔生感興娘之情不已思量薦度他
●語類士大夫家忌日用浮屠誦經追薦鄙俚可怪旣無此理是使其先不血食也
●西樓記捐姬; 代殷勤薦度願稱早歸法旨蓮花生長無塵滓
●京本通俗小說拗相公; 一日愛子王雱病疽而死荊公痛思之甚招天下高僧設七七四十九日齋醮薦度亡靈

▶3097◀◈問; 49 재 축문을 부탁 드립니다.

아버지 49 재 탈상입니다. 아버지 성씨는 밀성 박씨이고 49 재 날은 양력 4 월 11 일 입니다.

◈答; 49 재 축문.

집에서 지내는 四十九齋脫喪祝文(양력일자를 음력으로 고침)

維 歲次癸巳三月丙午朔二日丁未孝子範來敢昭告于 顯考學生府君日月不居奄及四十九日夙興夜處哀慕不寧三年奉喪於禮至當事勢不逮魂歸天宇謹以淸酌庶羞哀薦祥事尙 饗

※혹 화장(火葬)이었으면 혼귀분묘(魂歸墳墓)의 분묘(墳墓)를 빼고 천우(天宇)라 고칩니다.

▶3098◀◈問; 49 재가 다가오는데 산소에 가서 지내는 건가요?

저희 조부께서 9 월 13 일 새벽 3 시 작고하셨습니다. 49 일 탈상을 하기로 하였고, 10 월 31 일이 49 일입니다. 또한, 49 제를 집에서 한다는 생각으로 그 동안 집에서 7 일에 한번씩 제를 올렸습니다. 49 일째인 10 월 31 일 탈상 겸 49 재로 제사를 지내려 하는데요. 돌아오는 49 일 날 제사를 집에서 지내고, 산소에 성묘만 하면 되는 건지 아니면, 음식 챙겨서 산소에 가서 제사를 지내야 하는 건지 궁금합니다. 축문도 좀 부탁 드리겠습니다.

◈答; 49 일만에 탈상을 한다면.

사십구재(四十九齋)는 불가의 예법입니다. 까닭에 그에 관한 예법은 알지를 못합니다. 다만 조기 탈상이라. 전제하고 말씀 드리자면 탈상 일에 집에서 탈상제(대상)을 지내고 탈상을 하는데 그날 예법에 산소(山所)에 가라. 함은 없으나 산소에 가신다면 간단하게 주과포면 될 것입니다.

성묘(省墓) 예법(禮法)은 아래와 같이 살펴보건대 일산(一山) 내(內) 선영(先塋)이 다수(多數)일 때 선존후비(先尊後卑)로 첫 재배(再拜) 후 묘(墓)를 서너 바퀴 돌며 둘러보고 청소(淸掃) 후 또 재배(再拜)하고 물러나는데 눈물은 흘려도 곡성을 내지 않는다 합니다.

●尤庵曰省墓時初度再拜復再拜而退
●遂庵曰曾見兩先生謁墓展墓只行一再拜據此行之未見違於禮也
●近齋曰同入一麓省拜時累代則先尊後卑
●問祖父同入麓拜祖時父墓在後心似未安栗谷曰勢然也視之以異室可也
●問此行歸省先墓當在端午後當別具酒果設薦然則當有祝文耶若値端午依禮參拜似不當自主同春

曰別具酒果則告辭去孝字而爲之恐不可已墓事似亦與家廟有異如値節祀則祝文以孝子某在遠使介子某敢昭告云云例也

●朱子省新安墓文一去鄕井二十七年喬木興懷實勞夢想玆焉奠掃悲悼增深所願宗盟共加嚴護神靈安止餘慶下流凡在雲仍畢霑玆薩酒肴之奠維告其衷精爽如存尙祈監享

▶3099◀◈問; 49 재 기간 중인데.

귀한 자료 공부 많이 되었습니다. 저는 부친상을 당하여 어제 11 월 14 일 초제를 지냈고 49 제는 내달 12 월 26 일입니다. 그런데 이달 마지막 주가 집안 시제(묘제)가 있습니다.

참고로 저는 경주 손가 이고, 시제가 경주 선산에서 행해지는데, 저는 물론 그날도 아버님 제를 계속 모시기 때문에 참석 치 않지만 저이 외의 다른 사람은 특히 숙부께서는 시제에 참석해도 되는지 궁금하여 여쭤봅니다. 정해진 예법이 있으면 알려 주시면 도움이 되겠습니다, 감사합니다.

◈答; 49 재 기간 중인데.

게시판이 질의 응답난이라 방명록의 글을 이리로 옮겼습니다. 양해하여 주시기 바랍니다.

아래와 같이 살펴보건대 형제의 복은 부장기로 기복인은 장사를 지낸 뒤에 당하는 제사는 평시와 같이 지낸다. 라 하였습니다. 그러나 여기서 장사를 지낸 뒤라 함은 3 달 뒤를 의미합니다. 까닭에 장 후 3 개월 전이 되면 예법상 제사를 지낼 수가 없습니다.

●便覽成服篇不杖期條爲兄弟也

●要訣喪服中行祭儀期大功則葬後當祭如平時(但不受胙)未葬前時祭可廢忌祭墓祭略行如上儀(五服未成服前雖忌祭亦不可行也)

▶3100◀◈問; 49 일 탈상을 하는데 탈상 전 추석차례 지내야 하나요?

저희 조부께서 9 월 13 일 새벽 3 시 작고하셨습니다. 저희는 삼우제(三虞祭) 탈상은 너무 이른 듯 하여 49 일에 탈상을 하기로 하였습니다. 헌데, 탈상 전에 추석이 있는데 추석 차례는 어찌 해야 하나요? 탈상 전인데 추석 차례를 지내야 하나요? 아니면, 그냥 넘어가야 하는지요? 탈상 전, 추석 차례 여부 답변 주시면 감사하겠습니다.

또한, 9 월 13 일 새벽 3 시 작고이신데 기제사는 이 날 하루 전이 맞나요? 9 월 13 일이 음력으로 7 월 25 일이니 하루 전인 음력 7 월 24 일 저희 조부모 기제사가 맞는지요?

◈答; 49 일 탈상을 하는데 탈상 전 추석차례.

아래와 같이 살펴보건대 양력 9 월 13 일 새벽 3 시(실은 9 월 14 일)에 작고 하셨다면 요번 추석은 폐하여야 바른 예법 같습니다. 왜냐하면 율곡 선생께서 하신 말씀이 친상을 당하면 졸곡(작고한 날로부터 3 개월)전에는 모든 제사는 폐한다. 라고 하심이 계십니다.

기일은 예기 제의편에서 가르치기를 작고한 날이다. 라 하였으니 작고하신 날이 음력으로 7 월 26 일이니 그날 간지 시로 자(子)시에 지낸다면 전날인 25 일 밤중 12 시경에 지내게 됩니다.

●栗谷曰凡三年之喪未葬前則準禮廢祭而卒哭後則於四時節祀及忌祭(墓祭亦同)使服輕者行薦而饌品減於常時只一獻不讀祝不受胙可也

●祭義君子有終身之喪忌日之謂也註忌日親死之日也

▶3101◀◈問; 49 재에 대해서.

안녕하세요. 지난달에 할머니가 돌아가셔서 8 월 달에 사십재(四十齋)가 됩니다. 49 재는 어떻게 진행이 되며 손자(孫子)인 제가 할 수 있는 일은 무엇이며 지방을 써야 되는데 어떤 식으로 써야 되나요? 49 재 때 쓰게 되는 지방(紙膀)을 모두 알고 싶습니다.

◈答; 49 재에 대해서.

49 재는 불가(절)의 예법으로, 유가의 예법에는 없어 알지를 못합니다.

지방식은 아래와 같습니다.
부친생존 시: 顯妣某封(某貫)某氏神位
부친작고 시; 顯祖妣某封(某貫)某氏神位

모봉(某封)에는 조부(祖父)께서 생전 관직이 없었으면 유인(孺人), 모씨(某氏)의 모는 성씨를 씁니다.

아래는 불가의 예법 원문입니다.
천도재(薦度齋)란 망자(亡者)의 영혼(靈魂)을 극락(極樂)의 세상으로 보내기 위하여 산 자가 7 일마다 7 번을 치르는 불교 의식인 7 재(齋)와 100 일재(日齋) 1 년. 2 년 또 업장이 무거운 영혼에게는 수의 지정 없이 여러 번 지내 주는데 이 중에서도 49 일째 지내는 49 재가 가장 중요하다 합니다. 까닭은 49 재(齋)에는 지하 왕 중의 왕인 염라대왕(閻羅大王)의 심판일(審判日)이라 그렇다 합니다. 이와 같이 지내는 재(齋)를 일러 천도재(薦度齋)라 합니다.

●佛敎專門儀式薦度齋編; 對靈[擧佛][請魂][振鈴偈] 灌浴[入室偈][沐浴偈][庭中偈][開門偈] 觀音施食[擧佛][請魂][着語][振鈴偈][着語] 神妙章句大陀羅尼 破地獄眞言 解寃結眞言 普召請眞言 [證明請][歌詠][獻座眞言][茶偈][孤魂請][歌詠] 受位安座眞言 [茶偈] 變食眞言 施甘露水眞言 一字水輪觀眞言 乳海眞言 稱揚聖號 施鬼食眞言 施無遮法食眞言 普供養眞言 [供養讚][般若四句偈] 如來十號 [莊嚴念佛] 奉安偈 普廻向眞言 [奉送偈][行步揭][法性偈][餞送][諷誦加持] 燒錢眞言 奉送眞言 上品上生眞言 普回向眞言

※(形式)參考
薦 度 齋
對 靈

[擧佛]
南無極樂導師阿彌陀佛
南無左右補處兩大菩薩
南無接引亡靈引路王菩薩摩訶薩

[請魂]
據 娑婆世界 東洋 大韓民國 ○○道 ○○市 ○○洞 ○○寺 淸淨水月道場
今此至意誠心 四十九齋 爇香壇前 奉請齋者
○○道 ○○市 ○○居住 行孝子 ○○○伏位 所薦亡父母 ○○○靈駕
生本無生 滅本無滅 生滅本虛 實相常住 ○○○靈駕 還會得 頓證法身 永滅飢虛 基或未然 承佛神力 仗法加持 赴此香壇 受我妙供 證悟無生

●初刻拍案惊奇卷二十三; 次日崔生感興娘之情不已思量薦度他
●語類士大夫家忌日用浮屠誦經追薦鄙俚可怪旣無此理是使其先不血食也
●西樓記捐姬; 代殷勤薦度願稱早歸法旨蓮花生長無塵滓
●京本通俗小說拗相公; 一日愛子王雱病疽而死荊公痛思之甚招天下高僧設七七四十九日齋醮薦度亡靈

▶3102◀◈問; 49 재 때 옷 태우는 것 때문에요.

제 친구 어머니가 돌아가셔서 그러는데 주위에 어른들이 없어서 지내는 예절을 잘 몰라서요. 엄마랑 둘이 살았었는데 49 제때 옷이랑 속옷이랑 머리를 태워야 하는지랑 집에 있던 엄마 옷들을 정리하고 있는데 49 제때 전에 태우면 안 되는 지 좀 알려주세요.

◈答; 49 재 때 옷 태우는데.

유가의 상례법 어디에도 망자의 옷 태우는 예법은 없습니다. 유가의 예법으로는 염한 뒤에 발생된 폐기물이나 혼백 등등은 태우는 예법이 아니라, 한적하고 정갈한 곳에 구덩이를 파고 묻는 예법뿐입니다.

특히 망자가 입던 옷은 염할 때와 입관할 때 시체를 싸 덮고 빈 곳에 채워 넣습니다. 물론 신분에 따라 쓰이는 수량이 지정되어 있습니다마는 이와 같이 처리하고 그리고 사당 동편에 의물(衣物) 창고가 따로 마련되어 있어 그 곳에 생전의 의관을 보관하게 되지요. 따라서 만약 망자의 의물이나 사용 품을 폐기코자 할 때는 묻는 것이 옳지 않을까 하며 그 시기는 정함이 없으니 어느 때다. 지적하여 드릴 수가 없습니다.

속례로 망자의 옷 등은 상여가 출상하여 동구 밖으로 나가게 되면 그 때 나가던 길목 가에서 태우고 있는 것 같습니다.

▶3103◀◈問; 49재 축문 부탁 드립니다.

어머니 49재 탈상 입니다. 어머니 성씨 덕수 이씨 음력 1월 6일 아들 박0성.

◈答; 49재 축문.

본인은 조숙 조기(早宿早起)의 습관이 있어 답변이 지연되어 대단히 죄송합니다. 49제(祭)가 아니라 불가(佛家)의 용어로 49재(齋)라 하며 사람이 죽은 뒤 49일째 되는 날까지 7일마다 행하는 재(齋)로 불가에서 말하는 이른바 사람이 죽은 뒤 다른 세계에 환생(還生)하기까지는 49일이 걸리는데 이기간 동안 7일마다 열심히 죽은 이의 명복(冥福)을 빌어주면 좋은 곳에 다시 태어난다는 데서 행하는 불가의 예법인 재회(齋會)입니다. 전통예법의 예는 아닙니다.

⊙稅喪祝文式

維 歲次戊子正月丁丑朔初六日壬午孝子 0 성敢昭告于 顯妣孺人李氏日月不居奄及四十九喪夙興夜處哀慕不寧三年奉喪於禮至當事勢不逮魂歸墳墓謹以淸酌庶羞哀薦祥事尙 饗

위 축문식은 불가의 축식이 아니고 유가의 축식입니다. 혹 귀하의 부친도 작고하였을 때의 축문식입니다. 부친이 생존하여 계시면 축문이 다릅니다.

●實錄太宗十二年壬辰十月八日庚申司諫院上疏疏曰: 然爲死者供佛齋僧之事因循未革而人死則皆欲薦拔而爲七七之齋間設法席之會至於殯處掛佛邀僧稱爲道場無間晝夜男女混處妄費天物曾不顧惜或有無識之徒專尙浮華極備供辦誇示人目其於存亡有何益哉假使佛氏有靈而受人之饋救人之罪則是賣官鬻獄汚吏之事也安有此理哉且生死有命禍福在天縱有祈禱之切佛氏安能施惠於其間哉且於佛經未有齋晨七七之說此必後世僧徒誑人斂財之術也伏望殿下特命攸司喪祭之儀一依

●釋門儀式擧揚;據娑婆世界南贍部洲東洋大韓民國某處某寺淸淨水月道場今此至極至精誠四十九日齋薦魂齋者某處居住行孝者伏爲所薦先嚴父靈駕諸當四十九日之晨爲亦上世先亡廣劫以來父母一切親屬等各列位列名靈駕

●東文選疏薦冲鏡王師疏字宙空虛而安住哀哀躃地有同失乳之兒憫憫迷途何異喪家之狗念以平生之履踐想應本地之優游玆不廢於修齋盖未免乎順俗七七齋之方届三三寶之是供燈燈變作光明臺遍周法界粒粒化生妙香饌充滿性空區區此心了了他鑒伏願云云徑登覺路與諸達者以同遊重入祖門無一衆生而不度

●藍溪先生年譜憲宗皇帝成化二年丙戌(世祖大王十二年)春立碣于敎授公墓先生撰識○是歲母夫人安氏卒(時麗俗未遠喪制壞缺七七之設浮屠之法盛行於世而先生一從古經朝夕哭於几筵哀毁終制鄕隣多感化焉)

●退溪曰七七齋聞出於竺敎而不知其何謂然古人論此等事非一

▶3104◀◈問; 49재 탈상 축문 부탁 드립니다.

본 홈을 통하여 전통제례에 관해 많은걸 배울 수 있게 된 점 깊은 감사와 존경에 마지 않습니다. 예법에 관하여 일천한지라 부친의 탈상을 앞두고 걱정이 앞서 도움을 청할까 하여 문의합니다.

작고일: 2007 년 1 월 12 일 새벽 1 시 30 분경)
탈상일: 2007 년 3 월 2 일 금요일 오전 11 시

1. 영정을 절에 모시었으며 49 제 막제 축문을 부탁 드립니다.
2. 막제 시 절차에 관해서도 알려주셨으면 합니다.

◈答; 49 재 탈상 축문.

아래의 날자는 양력을 음력으로 환산한 일자임.

⊙稅喪祝文式(세상축문식)

維 歲次丁亥一月癸未朔十三日乙未孝子某敢昭告于 顯考學生俯君日月不居奄及四十九喪夙興夜處哀慕不寧三年奉喪於禮至當事勢不逮 魂歸墳墓謹以淸酌庶羞哀薦祥事尙 饗

49 제의 의식에 관하여는 아는바 없어 일러 줄 수가 없으며 다만 탈상의 의식이라면 본 홈의 상례 대상장을 참고 하시되 대체적으로 일반 기제사 예법을 따르되 참신재배의 예가 생략 됩니다. 모감소고의 모에는 상주의 이름을 씁니다.

⊙大祥儀禮節次(대상의례절차)(儀節은 四拜이나 家禮 再拜를 따름)

祝出神主○主人以下擧哀(主人以下各服其服倚杖哭於門外少頃)○哀止○就次易服(各出就次易服畢各具新服)○序立○擧哀○哀止○降神(引)○盥洗(主人降階洗手)○詣香案前○跪○上香○酹酒(傾於茅沙上)○俯伏興拜興拜興平身○復位(通)○參神○鞠躬拜興拜興拜興拜興平身○進饌(主人奉魚肉主婦奉麪米食主人奉羹主婦奉飯)○初獻禮(引)○詣靈座前○跪○祭酒(傾少許于茅沙上)○奠酒(執事者接盞置神主前)○俯伏興拜興拜興平身(退稍後立)(引)○跪○(通)主人以下皆跪○讀祝(祝執版立於主人之左東向讀之畢)○俯伏興平身(少退通)○擧哀(主人以下皆哭少頃)○哀止(引)○鞠躬拜興拜興平身(主人獨拜)○復位○亞獻禮○詣香案前○跪○祭酒○奠酒○俯伏興拜興拜興平身(若主婦行禮則拜四拜不用俯伏平身)○復位(通)○終獻禮(引)○詣靈座前○跪○祭酒○奠酒○俯伏興拜興拜興平身○復位(通)○侑食(子弟一人執注就添盞中酒)○主人以下皆出○闔門(執事者閉門無門下簾少頃)○祝噫歆(祝當門北向作聲三)○啓門(乃開門)○復位(主人以下皆復位)○點茶(執事者以茶進)○告利成(祝立西階上東面曰)○利成○辭神○擧哀○焚祝文○祝奉新主入祠堂○主人以下哭從(至祠堂)○安神主(安神主于櫝)○哀止○鞠躬拜興拜興平身○禮畢 (譯者補; 初獻條啓飯蓋. 侑食條挿匙正筯. 辭神前下匕筯于楪中合飯蓋)

⊙대상 의례절차.

축관이 신주를 내놓으면 ○주인 이하 곡하시오. (주인 이하 각각 당한 상복을 입고 문밖에서 상장을 집고 잠깐 동안 곡을 한다) ○곡을 그치시오. ○처소로 가서 옷을 바꿔 입으시오. (남녀 각각 상복(祥服)을 진열한 처소로 가서 새 상복으로 바꿔 입는다. 바꿔 입기를 마쳤으면) ○차서 대로 서시오. ○곡하시오. ○곡을 멈추시오.

●행강신례.

(인찬이 인도한다) ○손을 씻으시오. (주인은 층계를 내려가 손을 씻는다) ○향안(香案) 전으로 가시오. ○무릎을 꿇고 앉으시오. ○분향하시오. ○강신하시오. (모사 위에 기우려 따른다) ○부복하였다 일어나 재배 평신(平身)하시오. ○제자리로 물러나 서시오. (통찬이 창을 한다)

●행참신례.

국궁 사배 평신 하시오. ○행진찬. (주인은 생선과 고기를 받들어 올리면 주부는 면식 류와 미식 류를 받들어 올리고 주인이 국을 받들어 올리면 주부는 메를 받들어 올린다)

●행초헌례.

(인찬이 인도한다) ○영좌 전으로 가시오. ○무릎을 꿇고 앉으시오. ○제주를 하시오. (모사 위에 조금 기울인다) ○술잔을 올리시오. (집사자들이 잔을 받아 신주 앞에 놓는다) ○부복하였다 일어나 재배 평신 하시오. (조금 뒤로 물러나 선다) (인찬이 인도한다) ○무릎을 꿇

고 앉으시오. (통찬이 창을 한다) ○주인 이하 모두 무릎을 꿇고 앉으시오. ○독축 하시오. (축관은 축판을 들고 주인의 왼쪽에서 동쪽으로 향하여 무릎을 꿇고 앉아 독축 하고 마쳤으면) ○부복 하였다 일어나 평신 하시오. (조금 뒤로 물러난다) (통찬이 창을 한다) ○모두 곡을 하시오. (주인 이하 모두 잠깐 동안 곡을 한다) ○곡을 멈추시오. (인찬이 인도한다) ○국궁 재배 평신 하시오. (주인만 절한다) ○제자리로 물러나 서시오.

●행아헌례.

향안 앞으로 가시오. ○무릎을 꿇고 앉으시오. ○제주를 하시오. ○술을 올리시오. ○부복 하였다 일어나 재배 평신 하시오. (만약 주부가 아헌을 할 때는 절은 사배로 하고 부복과 평신은 하지 않는다) ○제자리로 물러나 서시오. (통찬이 창을 한다)

●행종헌례.

(인찬이 인도한다) ○영좌 전으로 가시오. ○무릎을 꿇고 앉으시오. ○제주를 하시오. ○술을 올리시오. ○부복 하였다 일어나 재배 평신 하시오. ○제자리로 물러나 서시오. (통찬이 창을 한다)

●행유식.

(자제 중 한 사람이 주전자를 들고 위전으로 가서 잔에 술을 첨작한다) ○주인 이하 모두 문밖으로 나가시오. ○문을 닫으시오. (집사자가 문을 닫는다. 문이 없으며 발을 치고 잠깐 있는다) ○축관은 희흠을 하시오. (축관은 문 앞으로 가 북쪽으로 향하여 희흠을 세 번 한다) ○문을 여시오. (이어 곧 문을 연다) ○제자리로 가 서시오. (주인 이하 모두 제자리로 가 선다) ○차를 따라 올리시오. (집사자가 차를 따라 올린다) ○행고리성. (축관은 서쪽층계 위에서 동쪽으로 향하여 서서 고하기를) ○이성. (봉양의 예가 모두 잘 이루어졌습니다)

●행사신례.

국궁 사배 평신하시오. ○모두 곡을 하시오. ○축문을 불 사르시오. ○축관은 새 신주를 받들어 사당에 모시시오. ○주인 이하 곡하며 따르시오. (사당에 이르면) ○신주를 독에 넣으시오. (신주를 독에 넣는다) ○곡을 멈추시오 ○국궁 재배 평신하시오. ○예를 마칩니다.

◈大祥祝文式(대상축문식)

維 歲次干支幾月干支朔幾日干支孝子(屬稱隨改見上虞祭祝式)某敢昭告于(告妻及弟以下見上虞祭祝式) 顯考某官府君(屬稱隨改見上虞祭祝式)日月不居奄及大祥夙興夜處哀慕不寧(妻子兄弟改措語見上虞祭祝式)謹以淸酌庶羞哀薦(旁親及妻弟以下改措語見上虞祭祝式)祥事尙 饗

▶3105◀◈問; 49 재 제사 방법?

49 제를 집에서 할 예정인데 어떻게 해야 하나요? 음식 및 예법 좀 가르쳐 주세요.

◈答; 49 재 제사 방법.

49 재(齋)는 불가(절)의 예법으로 유가의 예법이 아니니 그에 대한 예의범절은 물론 축식도 없습니다. 다만 부득이하게 조기 탈상할 연유가 있다면 예법과 제물은 기제사와 같은데 다만 참신재배가 없으며 축식은 변축으로 아래와 같이 고하면 어그러지지는 않을 것 같습니다. 만약 축문작성이 어려우시면 누구 인지와 부모 모두 작고의 여부 날짜와 상주를 다시 전하여 주시면 작성하여 하여 드리겠습니다.

⊙稅喪祝文式(세상축문식)

維 歲次干支幾月干支朔幾日干支孝子(承重則孝孫)某敢昭告于 顯考某官俯君(或顯妣某封某氏承重則顯祖考或顯祖妣妻云亡室弟以下去顯爲亡去府君二字)日月不居奄及四十九喪夙興夜處哀慕不寧三年奉喪於禮至當事勢不逮魂歸墳墓(或火葬則改墳墓爲天宇)謹以淸酌庶羞哀薦祥事尙 饗

대 상(大喪)생략(省略)
(길제를 행할 때는 본 대상조를 폐한다)
☞대상 예법은 네이버·다음 등 엡사이트에서 제공하는 홈페이지 [주자가례 전통예절] 상례편 제4장 우제 제7절 대상에 상세한 예법이 상술되어 있습니다. 참조하시기 바랍니다.☜

◆三年之喪(삼년지상)

●三年問三年之喪何也曰稱情而立文因以飾群別親疏貴賤之節而弗可損益也故曰無易之道也創鉅者其日久痛甚者其愈遲三年者稱情而立文所以爲至痛極也斬衰苴杖居倚廬食粥寢苫枕塊所以爲至痛飾也三年之喪二十五月而畢哀痛未盡思慕未忘然而服以是斷之者豈不送死有已復生有節也哉註人不能無羣羣不可無別立文以飾之則親疏貴賤之等明矣弗可損益者中制不可不及亦不可過是所謂無易之道也治親疏貴賤之節者惟喪服足以盡其詳服莫重於斬衰時莫久於三年故此篇列言五服之輕重而自重者始
●張子曰三年之喪二十五月而畢又兩月爲禫共二十七月禮鑽燧改火天道一變其期已矣情不可以已於是再期再期又不可以已於是加之三月是二十七月也
●喪服四制父母之喪衰冠繩纓管屨三日而食粥三月而沐期十三月而練冠三年而祥比終玆三節者仁者可以觀其愛焉知者可以觀其理焉疆者可以觀其志焉禮以治之義以正之孝子弟弟貞婦皆可得而察焉註比及也三月一節也練一節也祥一節也非仁者不足以盡愛親之道故於仁者觀其愛非知者不足以究居喪之理故於知者觀其理非强者不足以守行禮之志故於强者觀其志一說理治也
●藍田呂氏曰父母之喪其大變有三始死至子三月一也十三月而練二也三年而祥三也莫不執喪也

▶3106◀◈問; 사후 첫 생일상.

안녕하십니까. 음력 5 월에 어머님이 돌아가셨는데 7 월 생신은 어떻게 해야 하나요. 바쁘시겠지만 답변 부탁 드립니다.

◈答; 사후 첫 생일상.

복중이라면 생신 일에 아침 상식에 별찬 증설하여 드리고 탈상을 하였다 하여도 삼월 이후가 졸곡이니 졸곡 전은 모든 제사는 폐함이라, 마찬가지로 아침 상식에 지방을 써 세우고 아침 상식으로 차려 드리면 예에 어그러지지는 않을 것입니다

생신제는 논란이 분분한 예입니다. 그 중에서 탈상(3 년 상)전(前)은 생시의 예로서 살아 계시면 생신 날에 특별한 예가 있으니 그날에는 은전(殷奠; 큰 제사; 기제와 같이)의 예로 아침에 지내 드린다는 것입니다. 다만 조기 탈상을 하였더라도 삼 년 내는 지내 드림이 자손된 도리가 아닐까 합니다. 선고(先考) 생신제(生辰祭) 행(行) 가부(可否)에 대하여 아래와 같이 살펴보건대 상삼년(喪三年) 내(內)는 전(奠) 예법으로 행하고 3 년 후에는 가부의 논리가 모두 합당합니다. 따라서 어느 논(論)을 따른다 하여도 욕될 까닭은 없습니다.

○生辰祭儀節次(생신제의절차)(會成)

儀節並同祭禰
序立(主人主婦及弟婦子姪凡禰所出者皆在)○參神○鞠躬拜興拜興平身○降神○盥洗○詣香案前○跪○上香○酹酒(以下旁注皆與時祭同)○俯伏興拜興拜興平身○進饌○初獻禮○詣考妣神位前○跪○祭酒○奠酒○祭酒○奠酒○俯伏興平身○詣讀祝位○跪○主人以下皆跪○讀祝○俯伏興○鞠躬拜興拜興平身○復位○奉饌○亞獻禮○盥洗○詣考妣神位前○跪○祭酒○奠酒○祭酒○奠酒○俯伏興拜興拜興平身○復位○奉饌○終獻禮○盥洗○詣考妣神位前○跪○祭酒○奠酒○祭酒○奠酒○俯伏興拜興拜興平身○復位○奉饌○侑食○鞠躬拜興拜興平身○復位○闔門○祝噫歆○啓門○主人以下復位○獻茶○飮福受胙○詣飮福位○跪○嘏辭曰(云云四時祭同但去祖字)○飮福酒○受胙○鞠躬拜興拜興平身(主人起立于東階上西向)○告利成(祝立于西階上東向曰)○利成○復位○鞠躬拜興拜興平身○辭神○鞠躬拜興拜興平身○焚祝文○送主○徹饌○禮畢

○축문식(祝文式)

(家禮集說)祝文云云歲序遷易生辰復遇存旣有慶歿寧敢忘追遠感時昊天罔極謹以淸酌庶羞恭伸追慕尙饗

●寒岡問先考生日設飮食以祭象平生也其祭文曰存旣有慶歿寧敢忘云云此意如何退溪曰恐孟子所謂非禮之禮此類之謂也

●沙溪曰生忌之祭馮善創開退溪非之是矣

●龜峯曰家禮祭有其數無先親生辰祭祭不可

●陶庵曰生日之祭非禮也當從古不當從俗

●問家禮集說有所謂生忌於先考妣生日設酒食以祭象平生也其祭文曰生旣有慶歿寧敢忘云退溪曰恐孟子所謂非禮之禮此類之謂也

●尤菴曰生辰之祭退溪非禮之答似不可易矣若知其非禮而以先世所行爲難停廢則是非禮之禮無時可改也世人喜說喪祭從先祖之文此殊未安然先世所行之禮昧然遽廢亦似未安須告以廢之之意恐爲婉轉

●士喪記上食條燕養饋羞湯沐之饌註燕養平生所供養也饋朝夕食也羞四時之珍異

●同春問先考生日三年內設享亦難免非禮之議否沙溪曰凡筵異於祠堂以酒果餠麵如朔奠禮設之如何此非祭禮恐無不可

●問三年內遇亡人生辰上食後別設數饌行之何如尤庵曰恐當如此象平日饌品稍備而行之耳

●南溪曰生辰祭雖曰非禮之禮三年內又不可不行其儀倣俗節別設

●陶庵曰生辰祭實非禮之禮三年之內則有象生之義於朝上食後別設數品饌而儀如朝夕奠恐亦不妨否

●星湖曰吾平日禁生日宴飮况生忌非禮古有定說然不肯居喪之內則設饌如殷奠無祝而行事先賢有委曲處之未曾顯言其非故惟喪內行之

●湯氏鐸曰按家禮親生辰牙祭鄭氏曰祭死不祭生伏覩國朝頒降胡秉中祀先圖凡例有生日之祭當以此爲據竊惟親在生辰旣有慶禮歿遇此日能不感慕如死忌之祭可也

●愚伏答宋敬甫曰先大人生日適在季秋則雖三年之後以其日行禰祭甚得情理與所謂非禮之禮自不同

●鄭氏曰國朝頒降胡秉中祀先圖凡例有生日之祭當以此爲據竊惟親在生辰旣有慶禮歿遇此日能不感慕如死忌之祭可也

●家禮會成儀節並同祭禰但告辭云今以某親某官府君降生之辰敢請神主出就正寢恭伸追慕餘並同

●家禮集說親在生辰旣有慶禮歿遇此日能不感慕如死忌之祭可也祝文云云歲序遷易生辰復遇存旣有慶歿寧敢忘追遠感時昊天罔極謹以淸酌庶羞恭伸追慕尙饗

▶3107◀◈問; 사후 회갑.

안녕하십니까? 올 4 월 28 일(음 3 월 20 일)이 돌아 가신 장인어른의 회갑이나 사정상 월 24 일(음 3 월 16 일) 회갑을 하려고 합니다. 절차와 상 차리기 축문쓰기를 몰라서 이렇게 도움을 청합니다. 감사 합니다.

◈答; 사후 회갑.

전통 예법으로 전래 되는 의식은 없습니다. 다만 가례회성애 생신제에 관한 예법은 있으니 회갑제 역시 그 예에 준하면 되리라 생각 되며 절차와 상차림은 기제와 같이하면 예에 크게 어그러지는 않을 것입니다. 단 아침에 지내야 합니다.

⊙回甲祝文式(회갑축문식) (다만 음력 3 월 16 일이 회갑일로 작성 합니다)
維 歲次乙酉三月癸亥朔十六日戊寅孝子ㅇㅇ敢昭告于 顯考學生府君 顯妣孺人某氏歲時遷易 顯考奄及回甲生旣有慶歿寧敢忘昊天罔極謹以淸酌庶羞式此奠獻尙 饗

고칠 곳. 효자 ㅇㅇ에는 그분의 장자 이름. 현비유인모씨는 만약 장모도 작고 하였을 시니 생존하였으면 제하고 현고 언급회갑 중 현고 역시 제함. 작고 하였으면 모씨에는 장모의 성으로 고치면 되며 학생과 유인에는 생전 벼슬한 바가 있으면 벼슬의 등급 명으로 고치면 됩니다.

수연(壽宴)의 뜻이 장수(長壽)를 축하하는 잔치라면, 상수(上壽)란 사기(史記)의 말씀을 살펴보건대 장수(長壽)를 비는 뜻으로 술잔은 올려드린다. 라는 의미이니 아래 상수(上壽) 홀기(笏記)를 준용하여도 무리는 없을 것도 같습니다. 다만 유가(儒家)의 예법에 회갑연(回甲宴)이란 항목으로 기록된 예법은 찾아지지 않습니다.

⊙上壽儀禮節次(상수의례절차)(丘儀)

(是日行拜賀禮訖子弟修具畢請家長夫婦並坐於中堂諸卑幼皆盛服)

序立(世爲一行男左女右)○鞠躬拜興拜興平身○長者詣尊座前(長者進立於家長之前如弟則云長弟幼者一人執盞立於其左一人執注立於其右)○跪(長者及二幼者俱跪)○斟酒(長者受盞幼者執注斟酒訖二幼起)○祝壽(長者擧手奉盞祝曰)伏願尊親履玆長至(正旦則改長至爲歲端生旦則改云對玆爲慶)備膺五福保族宜家(祝畢家長受盞飮訖以盞授幼者反其故處長者)○俯伏興平身○復位(與卑幼俱拜)○鞠躬拜興拜興拜興拜興平身○酢酒(拜訖侍者注酒於盞授家長家長命長者至前親以酒授之)○受酒(長者受酒置於席端)○鞠躬拜興拜興平身(取酒)○跪(飮之畢)○興(長者命侍者以次酢諸卑幼皆出位跪飮畢執事者擧食卓入擺列男列於外女列於內婦女辭拜入內席)○命坐(家長命諸卑幼坐惟未冠及冠而未昏者不得坐)○鞠躬拜興拜興平身(諸卑幼俱拜而後坐)○各就席(乃以次行酒或三行或五行子弟迭起勸侑隨宜畢)○各出席○鞠躬拜興拜興平身○禮畢

⊙上壽笏記(상수홀기)(笏記刊寫者未詳)

設父席於堂北壁下少東設小卓一於其前○父升席自西方南向坐○設母席於北壁下少西設小卓一於其前○母升席自西方南向坐○設卓於堂東壁下近北置酒注於盞盤其上(注東盞西)又設卓於堂南端多置酒盞於其上○丈夫盛服立於父席前西上北向○婦人盛服立於母席前東上北向○丈夫婦人皆再拜(婦人夾拜)○最長者一人進立於父席前幼者一人執酒盞立於其左東向○一人執酒注於立其右西向○最長者受盞○執注者斟酒反奠于故處復位○最長者跪置卓上祝曰伏願大人履玆歲端(南至晬辰隨時稱之)備應五福保族宜家○父飮畢授幼子盞○幼子反奠于酒注卓上復初立位○最長者進母席前幼子一人執酒盞立於其左東面○一人執酒注立於其右西面○最長者受盞執注斟酒者反奠于故處復位○最長者跪置卓上祝曰伏願母親履玆歲端備應五福保族宜家○母飮畢授幼子盞○幼子反奠于酒注卓上復初立位○最長者俛伏興退與在位者皆再拜○父命諸長幼坐長幼皆再拜而坐○父命諸侍者徧酬諸長幼○諸長皆起立○侍者實酒授長者○長者受酒坐奠于席北端興再拜取酒坐卒飮授侍者盞興再拜○侍者以盞實酒詣諸長幼前諸長幼皆再拜受○卒飮酒皆再拜而退○侍者徹席及卓子

●史記封禪書篇白雲起封中天子從禪還坐明堂群臣更上壽於是制云云

상중하수(上中下壽)에 관함은 아래와 같이 차이(差異)가 있음. 다만 예기(禮記) 악기편(樂記篇)의 삼노오경(三老五更)의 삼노(三老)는 상중하수(上中下壽)와는 관련이 없습니다.

●莊子盜跖篇人上壽百歲中壽八十歲下壽六十歲除病瘦死喪憂患其中
●春秋左傳僖公爾何知中壽爾墓之木拱矣註人生上壽百二十年中壽百年下壽八十年
●禮記樂記篇食三老五更注三老五更互言之耳皆老人更知三德五事者也疏五者天下之大教也者郊射一裨冕二祀乎明堂三朝覲四耕藉五此五者大益於天下竝使諸侯還其本國而爲教故云大教也
●禮記文王世子篇適東序釋奠於先老遂設三老五更群老之席位焉註若非始立學則無釋奠先老之禮先老先世之爲三老五更者也三老五更各一人群老無定數蔡邕云更當爲叟三老三人五更五人未知是否然皆年老更事致仕者舊說取象三辰五星

▶3108◀◈問; 사후 회갑 치르는 요령과 축문풀이.

축문을 처음 접하다 보니 여러 사이트에서 모르는 부분을 찾아서 배우는 중에 사후 회갑에 대한 내용은 축문밖에 나와 있지 않아서 부탁 드립니다. 사후회갑(아버지) 축문을 풀어서 설명 부탁 드립니다

◈答; 사후 회갑 치르는 요령과 축문풀이.

⊙死後回甲祝文式(사후회갑축문식))

維 歲次某甲幾月某甲朔幾日某갑孝子某敢昭告于 顯考某官府君(或妣某封某氏)歲時遷易奄及回甲生旣有慶歿寧敢忘昊天罔極謹以淸酌庶羞式此奠獻尙 饗

◆回甲(회갑)(二禮演輯)
禮無回甲之文而家禮有獻壽儀未知獻壽在於何時耶今從俗設宴則亦用此儀

◈笏記(홀기)
家長兩位(父母)盛服就位南向坐男女子孫盛服序立如圖(男東女西)先共再拜(婦人四拜)獻者一人(子弟之最長者)以盛饌分獻于家長兩位前(各卓)獻者進立于父位前(獻壽席)奉盞○執事斟酒○獻者跪獻盞○祝曰[伏願父主備膺五福保族宜家]讀訖○家長(父)受盞飮畢○以其盞授執事○獻者次詣母位前(獻壽席)奉盞○執事斟酒○獻者跪獻盞○祝曰[伏願母主備膺五福保族宜家]讀訖○母受盞飮畢○以其盞授執事○獻者興○退復位○獻者以下皆再拜(家禮有醮于諸卑幼之禮而今俗鮮行酢禮故今刪之)家長命易服○男女諸子孫皆服便服○還復就位相向坐(男東女西)各受盃盞盡歡而徹○皆再拜而退

◈獻壽圖(헌수도)
間 中 堂
====父====母====
====席====席====
====獻====獻====
====壽====壽====
====席====席====
==諸衆長==長衆===
==女婦婦==男男===
===諸諸===諸====
===孫孫===孫====
===女婦===男====

▶3109◀◈問; 사후회갑축문 질문입니다.
돌아가신 어머니 회갑 축문을 쓰려고 합니다. 기일은 음력 1983 년 3 월 16 일이고 회갑 일은 양력 2003 년 11 월 17 일입니다. 이럴 때(간지 기월 삭 간지 기일 간지)은 어떻게 되나요. 서식에 있는 축문식의 [ ]안에 있는 것은 뭘 의미하나요. 생략해도 된다는 의미인가요. 어머니의 회갑이니 단지 (현고모관부군)을 (현비경주김씨)라고만 수정하면 되나요. 부탁 드립니다. 너무 어려워요.

◈答; 사후회갑축문.
⊙2004 년 기제축문(忌祭祝文)
維 歲次甲申三月戊辰朔十六日癸未孝子○○敢昭告于 顯考學生府君 顯妣孺人金氏歲序遷易 顯妣諱日復臨追遠感時昊天罔極謹以淸酌庶羞恭伸奠獻尙 饗

⊙회갑축문(回甲祝文)
維 歲次癸未十月辛未朔二十四日甲午孝子○○敢昭告于 顯妣孺人金氏歲時遷易奄及回甲生旣有慶歿寧敢忘昊天罔極謹以淸酌庶羞式此奠獻尙 饗

양친이 모두 작고 하였을 때의 기일 축식이니 부친이 생존해 계시거나 가문의 예법이 단설이면 현고학생부군과 현비휘일부임 중 현비를 삭제하고 써야 하며 부친의 학생에는 생전에 관직이 있었으면 그 등급 명을 쓰고 모친의 유인 역시 나라에서 내린 봉함이 있으면 그 봉등급 명으로 고쳐 쓰면 됩니다. 부친기일 축식은 그 해의 태세와 그 달 초하루 일진과 그날 일진으로 고쳐 쓰고 현비 휘일부임에 현고 휘일 부임으로 고치면 부친 축식이 되는 것입니다. 괄호 내는 응용 문입니다,

▶3110◀◈問; 삼년상에 대해.
왜 하필 삼년상을 지내야 하는지 혹시 유교적 이유가 있나요?

◈答; 삼년상에 대해.

부모가 작고하여 삼 년 복을 입는 것은 본인이 부모로부터 탄생하여 삼 년 즉 3 살까지 절대적으로 부모가 양육 보호를 하여 키운 것으로 자식 된 자로써 그 은공을 갚기 위하여 그 기간만이라도 복을 입고 조석으로 봉양을 하는 것입니다. 유교적 이유라기보다 부모에 대한 효도라는 개념에서 파악하여야 할 것입니다.

▶3111◀◈問; 삼우제를 절에서 급한 상황입니다. 빠른 답변 부탁드리겠습니다.

안녕하세요. 다짜고짜 빠른 답변을 부탁 드려 죄송합니다만, 저희 할머니가 돌아가셨는데 삼우제를 고인이 가끔 방문했던 절에서 시작하여 49 재까지 하기로 하였습니다 일단 영정도 그곳에 모신 상태입니다. 그런데 문제는 그 절이 지금 공사 중이라 비닐로 바람막이를 하고 거의 폐가 같은 모습입니다.

자녀들의 마음으로서는 이렇게 추운 시기에 그런 춥고 좋지 않은 상태의 절에서 모신다는 것이 가슴이 아파 절을 다른 곳으로 옮길까 했는데 영정을 모시고 갔다는 이유로 그냥 삼우제를 시작하게 되어 결국 내일 삼우제를 합니다. (자녀들을 사실 지금 상당히 마음이 불편한 상황입니다. 스님도 절이 이런 상황에서 49 재를 받았다는 것도 그렇고 저번 할아버지 때와 비교하여 조금 못미더운 부분도 있고요) 서론이 길었습니다. 저의 질문은 혹시 삼우제와 49 재를 다른 곳에서 해도 되는 겁니까? 내일아침 결정해야 해서 정말 급합니다.

영정(影幀)을 가지고 왔다갔다하는 것이 가장 걸립니다. 고인(故人)은 17 일 저녁에 돌아가셔서 3 일 장을 하고 19 일에 묘지에 모시고 제사를 드린 후 절에 영정을 모시고 기도를 한번 드리고 내일 (21 일)에 삼우제(삼오제?)를 드리게 된 것이거든요. 그러니까 일단은 삼우제까지는 그 절에서 모시고 절을 옮겨도 되는 것인가 아니면 일단 시작했으니 어쩔 수 없이 끝까지 해야 하는 것인가 가 저의 궁금증입니다. 정말 급한데 전문가의 도움이 절실한 상황입니다. 빠른 답변 부탁 드려요. 감사합니다.

◈答; 삼우제(三虞祭)를 절에서.

여러 여건이 집에서 모실 수 없는 사항이었나 보죠. 사찰에서 조상 모시는 예법은 알지를 못합니다. 다만 불경스러운 생각이 드시면 지금이라도 집으로 묘시는 것이 마지막 효를 하시는 길일 것입니다. 조석 상식이 어려우면 영정을 벽에 단 며칠을 걸어놓았다 탈상(脫喪)을 한다 하여도 자손 곁에 있었다는 것만으로도 흐뭇해 하실 것입니다.

●淸史稿禮志十一; 旣卜葬(中略)題主虞祭如常儀歸奉升祔太廟

▶3112◀◈問; 삼우제와 탈상에 대해.

저희 아버지께서 2014 년 1 월 1 일 고인이 되었는데 1 월 3 일 발인을 마쳤는데 삼우제는 언제쯤 하면 되고 저희 집은 여자뿐이라 탈상할 때는 어찌해야 할지 몰라서 알려주시면 감사할게요.

◈答; 삼우제와 탈상에 대해.

1 월 3 일이 甲戌日로 이날이 초우제가 되고 1 월 4 일이 재우제가 되고 1 월 5 일이 삼우제를 지내는 날이 됩니다.

부모는 3 년 상이 됩니다. 따라서 재기일(再期日)이 대상(大祥)이 되니 2016 년 1 월 1 일 대상제(大祥祭)를 지낸 후 석 달 뒤(27 월)인 2016 년 4 월 상순의 날 중 택일하여 담제(禫祭)를 마치고 상복을 완전히 벗게 됩니다.

삼우제의 예법은 참신의 예를 제한 기제의와 같습니다. 장일초우제(葬日初虞祭)(家)⇒ 우유일재우제(遇柔日再虞祭)⇒ 우강일삼우제(遇剛日三虞祭)⇒ 삼우후우강일졸곡제(三虞後遇剛日卒哭祭)⇒ 졸곡명일이부제(卒哭明日而祔祭)⇒ 기이소상제(朞而小祥祭)⇒ 재기이대상제(再朞而大祥祭)⇒ 대상후중월이담제(大祥後中月而禫祭)⇒ 담후래월중택일길제(禫後來月中擇日吉

祭)(士虞記)

●性理大全虞祭; 葬之日日中而虞或墓遠則但不出是日可也若去家經宿以上則初虞於所館行之鄭氏曰骨肉歸于土魂氣則無所不之孝子爲其彷徨三祭以安之○遇柔日再虞; 乙丁巳辛癸爲柔日其禮如初虞若墓遠途中遇柔日則亦於所館行之○遇剛日三虞; 甲丙戊庚壬爲剛日其禮如再虞若墓遠亦途中遇剛日且闕之須至家乃可行此祭○卒哭; 三虞後遇剛日卒哭

●家禮喪禮遇剛日三虞甲丙戊庚壬爲剛日○禫祭大祥之後中月而禫本註間一月也自喪至此不計閏凡二十七月

▶3113◀◈問; 삼우제 축문 부탁 드립니다.

삼우제 때 산소에 가서 축문을 써서 읽으려 합니다. 읽는 방법까지 도움을 주시면 감사하겠습니다. 축문은 어떤 순서에서 읽는지도 가르쳐 주시면 주십시오

사망 일시: 12 월 20 일
삼우제 일시: 12 월 25 일
상주: 이 0 주
망인: 이 0 상

◈答; 삼우제 축문.

◎初虞祭祝文式(초우제축문식)(初獻後讀祝)

維 歲次庚寅十一月庚寅朔.二十日己酉孤子(母喪稱哀子倶亡稱孤哀子承重稱孤孫哀孫孤哀孫妻喪稱夫旁親卑幼隨屬稱)0 주敢昭告于(妻去敢字弟以下但云告于) 顯考(母云顯妣承重云顯祖考或顯祖妣妻亡室旁親卑幼隨屬稱卑幼皆顯爲亡)學生(此下當有封謚二字下同) 府君(內喪云某封某氏卑幼去府君二字)日月不居奄及初虞(備要再虞云再虞三虞云三虞)夙興夜處哀慕不寧(備要告子云悲念相屬心焉如燬告弟云悲痛猥至情何可處告兄云悲痛無已至情如何告處云悲悼酸苦不自勝堪)謹以(妻弟以下云玆以)淸酌庶羞哀薦(旁親云薦此妻弟以下云陳此)祫事(備要再虞云虞事三虞云成事)尙 饗.

○학생(學生)에는 부친(父親)께서 생전에 관직(官職)에 계셨으면 최종 관직명(官職名)으로 고쳐 씁니다.

▶3114◀◈問; 상례에서 백관이란?

상례에서 백관 백관분들 하는데 정확한 누굴 가르키는 건가요? 범위가 어디까지 인가요

◈答; 백관(百官)이란.

문의 하신 백관이라 한자로 百官을 의미한다면, 백관(百官)이란 백리(百吏)와 동의어(同義語)로 지난날 관(官)에 등극한 모든 관리(官吏)를 칭하던 말입니다.

●[禮郊特牲] 獻命庫門之內戒百官也[鄭玄注]百官公卿以下也
●[詩邶風雄雉]百爾君子不知德行
●[國語周語上]王乃使司徒咸戒公卿百吏庶民

▶3115◀◈問; 상례 중 부사제 축문을 부탁 드립니다.

유익한 사이트를 운영하시는 운영자님께 감사 드립니다. 상례 중 조상님께 고하는 부사제 축문을 부탁 드립니다.

◈答; 상례 중 부사제 축문.

부제는 축문으로만 행하기란 너무 복잡하여 행례를 모두 게시합니다. 특히 종손의 부제와 지손의 부제가 달라 그 예법을 모두 적었으니 필요한 부분만 취하기 바랍니다. (다만 아래의 예법은 신주의 예법입니다. 지방의 예법으로 행치 않는 예는 제하면 됩니다.)

◎出主告辭式(출주고사식)(便覽○儀節有告欠詳今參酌時祭出主告辭)

孝曾孫(承重稱孝玄孫妻旁親卑幼喪則屬稱隨亡者當祔位○若喪主非宗子則隨宗子屬稱)某今以隮祔先考

(母喪云先妣承重云先祖考或先祖妣妻旁親卑幼喪則隨屬稱)有事于
顯曾祖考(母喪云顯曾祖妣承重云顯高祖考或顯高祖妣妻喪云顯祖妣旁親卑幼喪則屬稱隨亡者當祔位)某官府君(內喪云某封某氏)敢請
顯曾祖考
顯曾祖妣(有前後配則列書內喪只請祖妣若祖妣二人以上則親者位)神主出就于座(若在他所則改于座爲正寢或廳事)

◎宗子異居告辭式(종자이거고사식)(便覽○祠堂有事則告條)
維 歲次干支幾月干支朔幾日干支某親(屬稱隨亡者當祔位)某敢昭告于 顯某考某官府君(內喪云顯某妣某封某氏○屬稱隨亡者當祔位)今以孫某官(內喪云孫婦某封某氏或第幾孫女)禮當隮祔而所居異宮不得行祭於 祖廟將以某日謹用紙牓薦于其家謹以酒果用伸虔告謹告

◎紙牓式(지방식)便覽
顯某考(屬稱隨亡者當祔位下同)某官府君神位
顯某妣某封某氏神位(祖妣二人以上別具紙各書內喪則不設祖考位)

◎便覽紙牓式(편람지방식)
陶菴曰用厚白紙長廣隨宜以眞楷細書於紙中央臨祭貼於椅上隨位各書又曰祖妣二人以上別具紙各書.

◎편람 지방(紙牓) 쓰는 법.
도암(陶庵) 선생께서 이르시기를 두꺼운 흰 종이로 길이와 폭은 쓰기 알맞게 하여 해서체로 종이의 중앙에 가늘게 써서 제사에 임하여 교의 위에 붙이되 위마다 각각 써야 한다. 또 이르시기를 할머니가 두 분 이상이면 지방지를 별도로 갖춰 각각 써야 한다.

◎祠堂神主出就座禮儀節次儀節(사당신주출취좌례의절차의절)
主人兄弟旣於靈座前哭止○詣祠堂(主人以下俱往)○啓櫝(祝就啓祠堂所祔之祖考妣櫝)○請主就座(出其主置所設祖考妣位上若行禮於他所則跪告曰請主詣某所乃捧其櫝以行至置西階卓子上然後啓櫝請主就座)

◎新主入祠堂禮儀節次儀節(신주입사당예의절차의절)
主人以下自祠堂還至靈座前○擧哀○祝奉新主詣祠堂(若在廳事則曰詣廳事祝捧櫝以行)○主人以下哭從(男子由右女子由左重服在前輕服在後至門)○哀止(祝乃以櫝置西階卓子上)○啓櫝○請新主就座(祝啓櫝出主置于所設亡者位上)○若非宗子則惟喪主主婦還迎

◎告辭式(고사식)便覽
請 主詣 祠堂(正寢廳事隨所設)

◎祖考位祝文式
維 歲次干支幾月干支朔幾日干支孝曾孫(屬稱隨改見上出主告式)某謹以淸酌庶羞適于 祖考某官府君(屬稱隨改見上出主告式)隮祔孫某官(內喪云孫婦某封某氏姑姊妹以下云第幾孫女)尙 饗

◎新主祝文式
維 歲次干支幾月干支朔幾日干支孝子(承重稱孝孫妻稱夫旁親卑幼隨屬稱ㅇ若喪主非宗子則隨宗子屬稱)某(弟以下不名)謹以(妻弟以下云玆以)淸酌庶羞哀薦(旁親云薦此妻弟以下云陳此)祔事于 顯考(母云顯妣承重云顯祖考或顯祖妣妻云亡室旁親卑幼隨屬稱卑幼改顯爲亡)某官府君(內喪云某封某氏卑幼去府君二字)適于 顯曾祖考某官府君(內喪云顯曾祖妣某封某氏)尙 饗

⊙祔祭禮儀節次(부제예의절차)
(通)敍立(服重者在前輕者在後男東女西主人非宗子則宗子主祭主人立宗子右宗子若於亡者爲尊長則不拜)○(通)參神○鞠躬拜興拜興拜興拜興平身○降神○(引)盥洗○詣香案前○跪○上香○酹酒○俯伏興拜興拜興平身○進饌(祝以進饌執事者佐之)○初獻禮○(引)詣祖考神位前○跪○祭酒○奠酒○俯伏興拜興拜興平身(祔母則不用祖考)○詣祖妣神位前○跪○祭酒○奠酒○俯伏興拜興拜興平身○(通)跪(主人以下皆跪)○讀祝(祝執版立主人之左東向跪讀畢)○俯伏興(主人獨拜)○(引)鞠躬拜興拜興平身○詣顯考神位前(母則云妣後放此)○跪○祭酒○奠酒○俯伏興拜興拜興平身○(通)跪(主人以下皆跪)○讀祝

(祝立主人之左南向跪讀之畢)○俯伏興(主人獨拜)○(引)鞠躬拜興拜興平身○復位○(通)亞獻禮(若宗子自爲喪主則主婦爲亞獻親賓爲終獻若喪主非宗子則喪主爲亞獻主婦爲終獻)○(引)詣祖考神位前○跪○祭酒○奠酒○俯伏興拜興拜興平身○詣祖妣神位前○跪○祭酒○奠酒○俯伏興拜興拜興平身○詣顯考神位前○跪○祭酒○奠酒○俯伏興拜興拜興平身○(通)終獻禮(其儀一如亞獻)○侑食(執事者以注徧斟滿盞中酒)○主人以下皆出○闔門(有門則閉無則下簾)○祝噫歆(祝當門北面作聲者三)○啓門○主人以下復位○主婦點茶○告利成(祝立西階上東面曰)○利成○辭神○鞠躬拜興拜興拜興拜興平身○焚祝文○納主(祝先納祖考妣於龕中次納亡者神主西階卓子上俱匣之)○奉新主返靈座(主人以下哭從)○擧哀(至靈座中納主訖又如之)○禮畢

若禮行于廳事則改納主云奉神主返祠堂主人送至祠堂納主訖後回西階卓子上奉新主

●左傳僖公三十三年;凡君薨卒哭而祔(杜預註)旣葬反虞則免喪故曰卒哭哭止也以新死之神祔之於祖

●北史列傳裵駿傳;其家有死于戎役者皆使招魂復魄祔祭先靈

●儀禮旣夕禮卒哭明日以其班祔(鄭玄注)班次也祔卒哭之明日祭名祔猶屬也;

●續通典禮三十五;品官祔祭之禮卒哭明日而祔

●檀弓下; 殷練而祔周卒哭而祔孔子善殷

●國朝喪禮補編卒哭祭儀;註見原書[魂宮]五虞後遇剛日而行餘倣魂殿例

●朱子家禮祔; 檀弓曰殷旣練而祔周卒哭而祔孔子善殷註曰期而神之人情然殷禮旣亡其本末不可考今三虞卒哭皆用周禮次第則此不得獨從殷禮○又卒哭明日而祔

▶3116◀◈問; 상 장례 시 축관에 대해.

학교에서 배우지 못한 분야라 공부에 어려움이 많은데 많은 가르침 늘 감사하게 생각하고 있습니다.

상례는 식장에서 집전을 해 주기 때문에 별 문제가 없습니다만 장례와 우제(虞祭)의 각 奠祭에 상주가 독축을 해도 되나요? 후토제는 무복자가 해야 한다는 글을 읽은 것 같습니다. 핵가족화(核家族化) 된 시대고 복인들도 각자 생업이 있어 귀가를 서두르는지라.

◈答; 상 장례 시 축관에 대해.

만약 虞祭를 포함 각종 제사에서 제관이 태부족이면 주인 스스로 독축하며 삼헌을 합니다. 따라서 축관의 지위를 정한 예가 없습니다.

●韓魏公祭式讀祝文亞終獻皆不足則自讀自行三獻

▶3117◀◈問; 상장례에 대하여.

1. 상장례에서 향을 피우는 의미가 무엇인가요.

2. 상장례에서 초를 밝히는 의미가 무엇인가요.

3. 상장례(喪葬禮)에서 바깥상주(남), 안상주(여) 서는 위치가 사방으로 보았을 때 북쪽(고인)이 내려보는(봐라 보는) 방향으로 어느 위치에 서는 것이 맞는지요? 제가 알기론 남좌여우, 음양오행을 기준으로 선다 라고 만 알고 있습니다. 만약 그 위치에 선다면 의미가 무엇일까요?

4. 상장례에서 오랜 관습으로 상주 이하 복인은 씻지 않는다...면도도 하지 않는다.. 그런 얘기들이 있습니다. 그 의미가 무엇인가요?

5. 상장례에서 성복례? 성복제를 지낸다. 이게 지역에 풍습인가요?

6. 상장례에서 빈소를 마련합니다. 제수를 진열하고 입관를 하기 전 입니다. 상주는 술잔을 올리고 절을 두 번 하는 것이 맞는 건지요?

7. 상장례에서 향 위로 술잔을 세 번 돌려 올렸습니다. 돌리는 방향 과 그 의미가 무엇일까요?

8. 상장례에서 성복제를 지내는 순서(절차)가 어떻게 되나요?

9. 상장례에서 보편적으로 장례식장에서 입관 후 고인 분께 상식을 아침 저녁으로 올렸습니다. 맞는 건가요? 올렸다면 메와 갱의 위치가 제사 때처럼 생시와 다르게 반대 방향으로 놓고 메 위에 숟가락을 꽂는 게 맞는 건가요? 아님 생시 때처럼 메와 갱을 올리고 메 위에 숟가락을 언저 놓는 게 맞는 건가요?

상식의 올리는 의미를 알고 싶습니다.

10. 상장례에서 부모가 계시고 외동딸이 고인이 되었습니다.. 위패(지방)를 어떤 문구로 적으면 될까요?

◈答; 상장례에 대하여.

問 1. 答; 강신례 때 향을 피우는 이유는 계신 곳을 모르는 조상의 혼기(魂氣)를 향(香)을 피워 그 향기(香氣)가 장옥지간(墻屋之間)애 퍼져 그 향기(香氣)를 따라 신위(神位)가 계신 곳으로 딸아 오시게 하고, 술을 땅에 붓는 뇌주(酹酒)의 예는 땅으로 스며든 체백(體魄)의 기(氣)를 그 냄새를 따라 신위(神位)로 찾아 오시도록 하여 혼(魂)과 체(體)를 일체화 시키는예로서 분향의 예는 분향재배 뇌주재배로서 그 역할은 모두 끝난 것입니다.

●郊特牲註周人尙氣臭而祭必先求諸陰故牲之未殺先酌鬯酒灌地以求神以鬯之有芳氣也故曰灌用鬯臭又擣鬱金香草之汁和合鬯酒使香氣滋甚故云鬱合鬯也以臭而求諸陰其臭下達於淵泉矣蕭香蒿也取此蒿及牲之脂膋合黍稷而燒之使其氣旁達於墻屋之間是以臭而求諸陽也此是天子諸侯之禮非大夫士禮也王氏曰鬯灌之地此臭之陰者也蕭焫上遶此臭之陽者也
●溫公曰古之祭者不知神之所在故灌用鬱鬯臭陰達於淵泉蕭合黍稷臭陽達於墻屋所以廣求神也今此禮旣難行于士民之家故但焚香酹酒以代之
●郊特牲註蕭香蒿也取此蒿及牲之脂膋合黍稷而燒之使其氣旁達於墻屋之間是以臭而求諸陽也

問 2. 答; 백성제는 모두 질명제(質明祭)라 촛대 세우는 예법은 없습니다. 다만 대부분 축시행제(丑時行祭)인 왕실 예법에서는 촛대 둘을 제상 동서 변에 세웁니다. 따라서 백성들도 자시(子時) 행제(行祭)가 거의 일반화 되어 궁실 예를 본받아 촛불을 켜고 있습니다.

조상제사 예법은 왕실은 오례의, 백성은 주자가례에 근거하였으니 전기 불이 있다 하여도 예법에 따라 촛불을 켜게 되는 것입니다.

●輯覽圖式祭器圖條右祭器圖昔年侍先君赴京時得於中國諸畵中者燭及檠幷見上三代器用圖中
●五禮儀吉禮饌實尊罍圖說條按燭及檠處南端爵行上香爐東西兩邊置

問 3. 答; 남녀상주의 서는 위치는 우제(虞祭)의 서립 위치 입니다.
맞상주와 형제들은 문밖이고 다른 제자(祭者)들은 영좌 앞 장자(長者)가 앞이며 비자(卑者)는 뒤로 존자(尊者)는 앉고 비자는 서되 동편에서 서쪽을 상석으로 삼으며 부인(婦人)들은 서편에서 동쪽을 상석으로 장유(長幼) 차서 대로이며 시자(侍者)는 맨 뒤임.

●性理大全喪禮虞祭主人以下入哭; 主人及兄弟倚杖於室外及與祭者皆入哭於靈座前其位皆北面以服爲列重者居前輕者居後尊長坐卑幼立丈夫處東西上婦人處西東上逐行各以長幼爲序侍者在後

問 4. 答; 초종에서 장례까지는 씻지 못하는 것은 슬픔이 극에 달하여 씻을 겨를이 없어 씻지 못하는 것이며 우제부터는 목욕을 하게 됩니다.

●性理大全喪禮虞祭主人以下皆沐浴; 或已晩不暇卽畧自澡潔可也

問 5. 答; 대부사서인예법에는 성복제란 제도는 없습니다.

●性理大全喪禮成服; 厥明(大殮之明日死之第四日也)五服之人各服其服入就位然後朝哭相弔如儀

問 6. 答; 입관성복 후 우제(虞祭) 전까지는 집사자(執事者)가 진설(陳設)을 하고 축관(祝官)이 분향(焚香) 짐주를 하고 주인(主人)이하 상인(喪人)들은 재배(再拜)하고 슬픔을 다하여 곡만할 뿐입니다.

●性理大全喪禮初終朝夕哭奠上食朝奠; 每日晨起主人以下皆服其服入就位尊長坐哭卑者立哭侍者設盥櫛之具于靈牀側奉魂帛出就靈座然後朝奠執事者設蔬果脯醢祝盥手焚香斟酒主人以下再拜哭盡哀

問 7. 答; 질문과 같이 그러한 禮法의 전거도 찾을 수가 없을뿐더러 더욱이 국조오례의(國朝五禮儀)의 강신조(降神條) 분향(焚香)은 향로(香爐)에 삼상향(三上香)하여 위전(位前)으로 올려 놓고 편람의 제구조(諸具條)에 향비(香匕)라 함은 향합(香盒)에서 향(香)을 떠 향로(香爐)에 넣는 숟가락이니 분향(焚香) 때 한번 향(香)을 향로(香爐)에 넣고 강신례(降神禮)를 마치고 나면 그 이후에 또다시 분향(焚香)의 예(禮)가 없으니 향로(香爐)의 역할(役割)은 그로 끝난 것입니다.

까닭에 유가(儒家)의 예법(禮法)으로는 초아종헌시(初亞終獻時)에 향기도 나지 않는 맨 향로(香爐) 위에서 술잔을 돌릴 아무런 까닭이 없으며 요즘 혹(或) 가문(家門)에서 불가(佛家)에서 사용하는 길쭉한 향(香)을 그대로 불을 붙여 향로(香爐)에 꽂아 놓아 오래도록 타고 있을 뿐으로 이는 유가(儒家)의 예법(禮法)이 아닙니다.

●國朝五禮儀焚香條執事者一人捧香合一人捧香爐跪進謁者贊三上香執事者奠爐于神位前
●丘氏曰灌鬯爇蕭雖是諸侯之禮後世焚香祭神實取此義又曰古無香漢以前只是焚蘭芷蕭艾之類後百越入中國始有之雖非古禮然通用已久鬼神亦安之矣
●語類禮七祭溫公書儀以香代熱蕭楊子直不用以爲香只是佛家用之
●四禮便覽祠堂篇爲四龕以奉先世神主諸具條香安二香爐二香合二香匕二

問 8. 答; 위 6번 답 참조하십시오.

問 9. 答; 제례 예법에 준한 의례는 우제부터 이며 상식의 예법은 조전의 예법과 같이 집사와 축관이 행함에 주인이하 상인은 곡재배만 할 뿐으로 삽시정저의 예가 규정되어 있지 않습니다.

●性理大全喪禮初終食時上食; 如朝奠儀

問 10. 答; 일문지가의 상주는 부친이 생존하였으면 부친이 그 상의 주인이 되어 그의 속칭으로 신주를 쓰게 됩니다.

子; 亡子某官神位
在室女息; 亡女(某封)某氏神位

●奔喪凡喪父在父爲主註各爲其妻子之喪爲主也此言父在而子有妻子之喪則父主之統於尊也疏正義曰凡喪父在父爲主者言子有妻子喪則其父爲主
●尤庵曰凡喪父在父爲主故子姪與子姪婦皆以尊者爲主○又曰孫及孫婦喪據禮則其祖當爲主○又曰昔年伯兄亡先親問於沙溪先生書以亡子某神主矣其後同春喪子書以亡子某官神主問之則鄭愚伏如此云矣○又曰殤主父爲主則當書曰亡子某神主云矣又曰在室女子銘旌世俗皆書某氏神主亦然然亡子書名則女子亦當書名矣第東俗甚諱女子名恐難猝變矣
●遂菴曰子與子婦喪題主亡子某子婦某氏云則似無相混之嫌
●便覽神主粉面式顯考(旁親卑幼隨屬稱卑幼改顯爲亡)某官封諡府君(卑幼去府君)神主 又婦人紛面式顯妣(妻云亡室旁親卑幼隨屬稱卑幼改顯爲亡)某封某氏神主

▶3118◀ ◈問; 상제의 참신에 대해.

안녕하십니까. 많은 가르침 늘 감사 드리고 있습니다.

관혼상제 상례의 우제편을 보면 상제에는 참신이 없다고 돼 있는데 상제라 함은 졸곡까지를 말함입니까? 졸곡편에 보면 졸곡부터 길제로 바뀐다고 나와 있네요. 그렇다면 졸곡제에서의 참신은 어떻게 되는지요.

◈答; 상제의 참신에 대해.

상제(虞卒哭祔小大祥禫)에는 참신이 모두 없습니다. 까닭은 상주는 항시 궤연을 모시고 조석간으로 생시와 같이 곡하고 달리 사는 이들은 喪祭를 지내기 위하여 왔을 때 이미 궤연에 인사를 마친 후로서, 다만 제원 모두 제사를 지내기 위하여 출주 시 입곡진애(入哭盡哀)일 뿐입니다.

●退溪曰虞祭無參神非闕漏也當是時如事生如事存之兩際故去參神以見生前常侍之意行降神以見求神於怳惚之間此甚精微曲盡處瓊山率意添入當從朱子

●沙溪曰家禮虞卒哭大小祥及禫祭並無參神之文而只於祔祭有之又其下註特言參祖考妣則其於新主無參神之禮明矣新主則三年之內奉置靈座而孝子常居其側未練之前又有朝夕哭以象平日昏定晨省未嘗一日離也雖遇行祭之日無可參謁之義故不設此禮而只入哭盡哀而已歟

●同春曰無參神而有辭神雖似可疑然兩先生所教自甚明白恐不可他求

●尤庵曰祝出主後主人以下入哭者恐是參神之義也

●問虞祥無參神者以有常侍之義而然也至若主妻喪旁親喪之類似有差別南溪曰恐當只遵常例行之入哭視參拜尤切故也

●問期功異居者虞祥來參則非常侍之比全無參拜似未安南溪曰期功異居者容其初到時別申哭拜未爲欠禮也

▶3119◀◈問; 상중 의례에 대해서.

매번 자세한 가르침을 주심에 감사 드립니다. 상중에 있는 집입니다. 아침에 우제를 지냈는데 저녁에 상식을 올려야 합니까? 그리고 장례일 까지만 전을 올리고 우제부터는 제의 예로 올린다는 말씀이 있던데 그렇다면 상식과 삭망전의 절차가 상례 성복조에 나와 있는 절차와 달라진다는 말씀이신지요?

분향 강신 헌작 사신 등 순서가 어떻게 되는지 궁금합니다. 신주미성이고 영정사진을 모셨습니다.

◈答; 상중 의례에 대해서.

問. 答; 아래와 같이 살펴보건대 아침에 우제(虞祭)를 지냈으면 저녁 상식(上食)을 올립니다.

●尤庵曰虞祭與上食自是二事而今人例於夕時行虞故不復上食矣若於日中行虞則夕時自當上食

問. 答; 1). 아래와 같이 살펴보건대 장전(葬前)과 장 후(葬後)의 상식(上食)은 달라지는 것은 장전(葬前)은 축(祝)이 집전(執奠)을 하였으나 장 후(葬後)는 주인 스스로 행합니다.

2). 장 후(葬後) 삭망전(朔望奠) 역시 집전(執奠)은 상식(上食)과 같으며 참강(參降) 없이 초상(初喪)의 예와 같이 짐주재배(斟酒再拜)의 예로 마치게 됩니다.

●龜峯曰葬後上食宜用初喪儀今不可創制別儀

●問葬前上食例用奠儀則葬後上食當如參禮儀否南溪曰家禮上食之儀只見於初喪無葬後改從參禮儀之說難容異議矣

●寒岡曰初喪之奠則祝斟酒蓋以主人自不能爲禮也卒哭後則主人恐自爲之

●問虞卒哭祭飯羹左設而朝夕上食還爲右設問解旣有明文朔日殷奠亦依上食右設否南溪曰當右設

●問虞祔練祥降神後止哭蓋主於敬則朔奠亦是殷奠自初至徹哭泣不止未知如何曰朔奠雖曰殷奠節日不多與上食無甚異恐無止哭之義

●問朔望葬前祭禮未備固當疎略以吉祭易喪祭之後月朔殷禮似不可疎略當如參廟之禮有酹酒辭神之節曰所謂以吉祭易喪祭云者指虞卒後大祭而言非有與於朔望殷奠也朔望之饌雖曰用肉魚麵米食而實則奠也非祭也其節目又不如祠堂之備者蓋遵初喪禮如朝奠之儀仍而不改耳沙溪曰孝子常侍几筵故不爲參降其義然也

●南溪曰朔望之饌雖用肉魚麵米食實則奠也非祭也適初喪禮朝奠儀不爲參降

▶3120◀◈問; 생신제와 사갑제.

사갑제와 생신제에 관해 여쭈어보고자 합니다. 기제사처럼 자시에 해야 하는 건지 아니면 일반 생신상을 차리는 것처럼 아침에 제를 올리는 건지 알고 싶습니다. 그리고 집에서 하는 건지 산소에 가서 제를 지내야 하는 건지 알려주시면 감사하겠습니다.

◈答; 생신제와 사갑제.

생신제에 관하여는 가례회성에 그 예법이 있어 가례초해에 채용하여 놓았습니다. 모든 검색 엔진에서 www.jkh38.com 을 클릭하여 제례편 생신제를 확인하여 보기 바랍니다 사갑제는 만약 사갑제(四甲祭)라 쓴다면 240 세에 해당하는 해에 제사한다 함인데 그와 같은 제사를 논함이 없습니다.

◎生辰祭儀節次(會成)

儀節並同祭禰

序立(主人主婦及弟婦子姪凡禰所出者皆在)○參神○鞠躬拜興拜興平身○降神○盥洗○詣香案前○跪○上香○酹酒(以下旁注皆與時祭同)○俯伏興拜興拜興平身○進饌○初獻禮○詣考妣神位前○跪○祭酒○奠酒○祭酒○奠酒○俯伏興平身○詣讀祝位○跪○主人以下皆跪○讀祝○俯伏興○鞠躬拜興拜興平身○復位○奉饌○亞獻禮○盥洗○詣考妣神位前○跪○祭酒○奠酒○祭酒○奠酒○俯伏興拜興拜興平身○復位○奉饌○終獻禮○盥洗○詣考妣神位前○跪○祭酒○奠酒○祭酒○奠酒○俯伏興拜興拜興平身○復位○奉饌○侑食○鞠躬拜興拜興平身○復位○闔門○祝噫歆○啓門○主人以下復位○獻茶○飮福受胙○詣飮福位○跪○嘏辭曰(云云四時祭同但去祖字)○飮福酒○受胙○鞠躬拜興拜興平身(主人起立于東階上西向)○告利成(祝立于西階上東向曰)○利成○復位○鞠躬拜興拜興平身○辭神○鞠躬拜興拜興平身○焚祝文○送主○徹饌○禮畢

○축문식(祝文式)

(家禮集說)祝文云云歲序遷易生辰復遇存旣有慶歿寧敢忘追遠感時昊天罔極謹以淸酌庶羞恭伸追慕尙饗

●寒岡問先考生日設飮食以祭象平生也其祭文曰存旣有慶歿寧敢忘云云此意如何退溪曰恐孟子所謂非禮之禮此類之謂也

●沙溪曰生忌之祭馮善創開退溪非之是矣

●龜峯曰家禮祭有其數無先親生辰祭祭不可

●陶庵曰生日之祭非禮也當從古不當從俗

●問家禮集說有所謂生忌於先考妣生日設酒食以祭象平生也其祭文曰生旣有慶歿寧敢忘云退溪曰恐孟子所謂非禮之禮此類之謂也

●尤菴曰生辰之祭退溪非禮之答似不可易矣若知其非禮而以先世所行爲難停廢則是非禮之禮無時可改也世人喜說喪祭從先祖之文此殊未安然先世所行之禮昧然遽廢亦似未安須告以廢之之意恐爲婉轉

●士喪記上食條燕養饋羞湯沐之饌註燕養平生所供養也饋朝夕食也羞四時之珍異

●同春問先考生日三年內設享亦難免非禮之議否沙溪曰凡筵異於祠堂以酒果餠麵如朔奠禮設之如何此非祭禮恐無不可

●問三年內遇亡人生辰上食後別設數饌行之何如尤庵曰恐當如此象平日饌品稍備而行之耳

●南溪曰生辰祭雖曰非禮之禮三年內又不可不行其儀倣俗節別設

●陶庵曰生辰祭實非禮之禮三年之內則有象生之義於朝上食後別設數品饌而儀如朝夕奠恐亦不妨否

●星湖曰吾平日禁生日宴飮况生忌非禮古有定說然不肖居喪之內則設饌如殷奠無祝而行事先賢有委曲處之未曾顯言其非故惟喪內行之

●湯氏鐸曰按家禮親生辰牙祭鄭氏曰祭死不祭生伏覩國朝頒降胡秉中祀先圖凡例有生日之祭當以此爲據竊惟親在生辰旣有慶禮歿遇此日能不感慕如死忌之祭可也

●愚伏答宋敬甫曰先大人生日適在季秋則雖三年之後以其日行禰祭甚得情理與所謂非禮之禮自不

同

●鄭氏曰國朝頒降胡秉中祀先圖凡例有生日之祭當以此爲據竊惟親在生辰旣有慶禮歿遇此日能不感慕如死忌之祭可也

●家禮會成儀節並同祭禰但告辭云今以某親某官府君降生之辰敢請神主出就正寢恭伸追慕餘並同

●家禮集說親在生辰旣有慶禮歿遇此日能不感慕如死忌之祭可也祝文云云歲序遷易生辰復遇存旣有慶歿寧敢忘追遠感時昊天罔極謹以淸酌庶羞恭伸追慕尙饗

▶3121◀◈問; 소상, 대상 제사에 대하여.

전 선생님 무자년 새해 복 많이 받으십시오 그리고 더욱더 건강하시길 기원합니다. 부친께서 돌아가신 후 1 년 소상을 지내고 싶습니다 동네 어른 분들에게 음식도 대접하고 싶습니다. 기제사와 마찬가지로 자시에 제사 축문으로 제사를 지내면 됩니까? 아니면 어떻게 합니까? 새벽에 제사를 지내야 하는지? 궁금합니다. (WONDER TI)

◈答; 소상, 대상 제사에 대하여.

소상은 작고한 날 아침 일찍 소상의 축문과 예법으로 지내면 됩니다.

◎소 상(小祥)생략(省略)

☞개장 예법은 네이버 · 다음 등 엡사이트에서 제공하는 홈페이지 [주자가례 전통예절] 상례편 제4장 우제 제6절 담소상에 상세한 예법이 상술되여 있습니다. 참조하시기 바랍니다.☜

◈小祥祝文式(소상축문식)

維 歲次干支幾月干支朔幾日干支孝子(屬稱隨改見上虞祭祝式某)敢昭告于(告妻及弟以下見上虞祭祝式) 顯考某官府君(屬稱隨改見上虞祭祝式)日月不居奄及小祥夙興夜處哀慕不寧(妻子兄弟改措語見上虞祭祝式)謹以(妻弟以下云玆以)淸酌庶羞哀薦(旁親及妻弟以下改措語見上虞祭祝式)常事尙 饗(便覽按祝式中雖載小心畏忌不惰其身八字而士大夫家不用者居多鄙人曾亦不敢用矣)

⊙小祥儀禮節次(소상의례절차)

祝出神主○主人以下入擧哀(主人以下期親各服其服倚杖哭於門外少頃)○哀止○就次易服(各出就次易服畢各具新服)○序立○擧哀○哀止○降神○(引)盥洗(主人降階洗手)○詣香案前○跪○上香○酹酒(傾於茅沙上)○俯伏興拜興拜興平身○復位○(通)參神○鞠躬拜興拜興拜興拜興平身○進饌(主人奉魚肉主婦奉麪米食主人奉羹主婦奉飯)○初獻禮○(引)詣靈座前○跪○祭酒(傾少許于茅沙上)○奠酒(執事者接盞置神主前)○俯伏興拜興拜興平身(退稍後立)○(引)跪○(通)主人以下皆跪○讀祝(祝執版立於主人之左東向讀之畢)○俯伏興平身(少退)○(通)擧哀(主人以下皆哭少頃)○哀止○(引)鞠躬拜興拜興平身(主人獨拜)○復位○亞獻禮○詣靈座前○跪○祭酒○奠酒○俯伏興拜興拜興平身(若主婦行禮則拜四拜不用俯伏平身)○復位○(通)終獻禮○(引)詣靈座前○跪○祭酒○奠酒○俯伏興拜興拜興平身○復位○(通)侑食(子弟一人執注就添盞中酒)○主人以下皆出○闔門(執事者閉門無門下簾少頃)○祝噫歆(祝當門北向作聲三)○启門(乃開門)○復位(主人以下皆復位)○點茶(執事者以茶進)○告利成(祝立西階上東面曰)○利成○辭神○擧哀(主人以下皆哭)○鞠躬拜興拜興拜興拜興平身○哀止○焚祝文○納主○徹饌○禮畢(譯者補; 初獻條启飯蓋. 侑食條揷匙正筯. 辭神前下匕筯于楪中合飯蓋)

▶3122◀◈問; 소상 지내는 방법.

아버지가 돌아 가신지 일년이 됐습니다. 1 년 탈상을 하려고 합니다. (담제도 같이 하려고 함) 제사지네는 방법 및 복 벗는 방법을 알려 주시면 고맙겠습니다. 참고로 소상은 하되 손님은 안받고 야제로 하려고 합니다. 상복은 언제 벗고 어떤 옷을 입어야 되는지 궁금합니다.

◈答; 소상 지내는 방법.

선생께서는 요즈음 세간의 예로 보아 효의 지극함이라 할 수 있겠으나 여기는 전통예법을 논하는 장으로 유가의 예법에는 1 년 조기 탈상에 조기 담제에 관한 예법이 없으니 일러 드릴 수가 없어 안타깝습니다. 다만 담제 때는 담복이 있으며 비로소 길제에 가서야 평상복이라 하였으니 길제란 담제 다음달이 됩니다.

●小記期而祭禮也期而除喪道也祭不爲除喪也疏祭自爲存念見親不爲除喪而設除自爲天道減殺不爲存親

●士虞記註禫祭名也與大祥間一月自喪至此凡二十七月禫之言澹澹然平安意也

●陳氏曰至吉祭平常所服之物無所不佩

▶3123◀◈問; 소상축문.

안녕하세요. 부친 소상일이 다가 옵니다. 여기 저기 소상축문을 찾다 문의 드립니다. 요새는 소상일에 탈상을 하고 야제라 하여 제사를 모시는 것 같습니다. 제가 궁금한 것은 소상축문에 담제문을 같이 넣으려면 어떻게 해야 하는지요? 도움을 주시면 고맙겠습니다. 감사합니다.

◈答; 소상축문.

소상 축문에 담제축을 같이 쓸 수는 없고 아마도 소상에 탈상을 하려 하는 것 같은데 정상은 아니나 다음과 같이 축으로 고하면 되지 않을까 생각 됩니다.

◈1 년 탈상 축문식(稅喪祝文式)

維 歲次乙酉某月干支朔某日干支孝子○○敢昭告于 顯考學生府君日月不居奄及期喪夙興夜處哀慕不寧三年奉喪於禮至當事勢不逮魂歸墳墓謹以淸酌庶羞哀薦祥事尙 饗

▶3124◀◈問; 시어머님 49 재 축문 좀 부탁 드려요.

시아버님 제사(祭祀)는 음력(陰曆)9 월 1 일이고요. 시어머님은 금년 7 월 9 일(양력)돌아가셔서 이달 26 일이 49 제 입니다. 근데요 제가 잘은 못하지만 그래도 49 재만큼은 제가 직접 해드리고 싶은데 막상 하려고 하니 아는 것도 없고 막막 합니다. 도와주세요. 제 지내는 순서부터 절은 몇 배 하는지 축문은 어떻게 써야 되는지 읽을 때는 한자풀이로 읽어도 되는지 아무튼 제라 곤 처음 지내 보는 거라 몰라요. 도와주세요. 이메일로 답 주시면 고맙겠습니다.

◈答; 시어머님 49 재 축문.

⊙예법(日常祭禮).

○강신례(降神禮)(상제에는 참신이 없다)

축관이 곡을 멈추게 하면 주인은 서쪽층계로 내려가 세수대야에서 손을 씻고 수건으로 물기를 닦은 후 영좌 앞으로 가서 분향 재배한다. 집사자들은 모두 손을 씻고 한 사람은 병을 열어 주전자에 술을 채워 들고 주인의 오른쪽에서 서쪽으로 향하여 무릎을 꿇고 앉아 주인에게 주전자를 주면 주인은 무릎을 꿇고 앉아 주전자를 받는다. 한 사람은 탁자 위의 강신잔반을 들고 주인의 왼쪽에서 동쪽으로 향하여 무릎을 꿇고 앉으면 주인은 술을 잔에 따르고 주전자는 집사자에게 되돌려 주면 집사자는 주전자를 받아 들고 일어나 탁자 위에 두고 물러나 제자리에 선다. 주인은 왼손으로 반을 쥐고 오른손으로 잔을 잡아 모사(茅沙) 위에 술을 부어 강신을 하고 잔반을 집사자에게 주면 집사자는 잔반을 받아 들고 일어나 탁자 위에 놓고 물러나 제자리에 선다. 주인은 부복하였다 일어나 조금 뒤로 물러나 서서 재배하고 제자리로 물러나 선다.

○축관은 찬품을 올린다.

집사자들이 찬품(饌品)의 진설(陳設)을 돕되 순서는 아침 전제 때와 같다. 집사자들이 생선과 고기와 적간(炙肝), 면식(麵食) 류, 미식(米食) 류와 메, 국을 담은 소반을 받들고 따라 올라가 영좌(靈座) 앞에 이르면 축관(祝官)은 고기를 잔반 남쪽으로 올리고 면식 류를 고기 서쪽으로 올리고 생선을 식초접 남쪽으로 올리고 미식 류를 생선 동쪽으로 올린다. 즉 둘째 줄이다. 메를 잔반 서쪽으로 올리고 국은 식초접 동쪽으로 올린다. 적간은 수저접 남쪽으로 올리고 마쳤으면 축관과 집사자들은 모두 제자리로 물러나 선다.

○초헌례(初獻禮).
주인은 주전자가 있는 탁자 앞으로 가서 주전자를 들고 북쪽으로 향하여 서면 집사자는 영좌(靈座) 앞의 잔반을 들고 주인의 왼편에서 동쪽으로 향하여 선다. 주인은 집사자의 잔에 술을 따른 후 주전자는 탁자 위에 놓고 영좌(靈座) 앞으로 가서 북쪽으로 향하여 선다. 집사자는 잔반을 받들고 따라가 주인의 왼편에서 동쪽으로 향하여 선다. 주인이 무릎을 꿇고 앉으면 집사자 역시 무릎을 꿇고 앉아 잔반을 주인에게 준다. 주인은 잔반을 받아 모속(茅束) 위에 세 번 기우려 삼제(三祭)를 하고 잔반을 집사자에게 되돌려주고 부복(俯伏)하였다 일어선다. 집사자는 잔반을 받아 받들어 들고 영좌 앞으로 가서 먼저 있던 제자리에 잔반을 놓고 이어 메의 덮개를 열어 그 남쪽에 놓고 제자리로 물러나 선다. 주인은 뒤로 조금 물러나 무릎을 꿇고 앉으면 이하 참례자 모두 무릎을 꿇고 앉는다. 축관은 축판을 들고 주인의 오른쪽에서 서쪽으로 향하여 무릎을 꿇고 앉아 다음과 같이 고하고 나면 모두 일어난다. 축관은 축판을 향안(香案) 위에 두고 물러나 제자리에 선다. 주인이 곡을 하면 모두 잠깐 동안 곡을 한다. 주인은 재배하고 물러나 제자리에 서면 곡을 멈춘다. 집사자는 다른 그릇으로 퇴주를 하고 잔은 제자리에 놓고 철주(撤酒)한 퇴주그릇은 탁자 위에 둔다.

◈祝文式(축문식)
維 歲次辛卯七月丁亥朔二十七日癸丑孤哀子ㅇㅇ敢昭告于 顯妣孺人某氏日月不居奄及四十九喪夙興夜處哀慕不寧三年奉喪於禮至當事勢不逮魂歸墳墓謹以淸酌庶羞哀薦祥事尙 饗 (모씨에는 성씨로 고쳐 씁니다)

○아헌례(亞獻禮)
주부가 아헌을 한다. 주부와 내 집사자들은 모두 손을 씻는다. 예법은 초헌례와 같다. 다만 축이 없으며 사배(四拜)를 하고 집사자는 철주한다.

○종헌례(終獻禮)
친빈(親賓) 중 한 사람이 종헌을 하거나 혹은 남자 혹은 여자 복인이 종헌을 하되 아헌 의식과 같게 한다. 다만 철주를 하지 않는다.

○술을 권하고 음식을 흠향케 한다.
집사자는 주전자를 들고 위전(位前)으로 가서 잔(盞)에 첨작(添酌)을 하고 주전자는 탁자(卓子) 위에 두고 숟가락을 메의 가운데 바닥이 동쪽으로 향하게 꽂고 젓가락을 바르게 골라 쥐는 곳이 서쪽으로 가게 하여 시저접(匙筯楪) 위에 가지런히 하여 바르게 놓고 물러나 제자리에 선다.

○주인 이하 모두 밖으로 나가면 축관은 문을 닫는다. 문이 없으면 발을 친다.
주인은 문의 동쪽에서 서쪽으로 향하여 서고 항렬이 낮거나 수하(手下)의 남자들은 주인의 뒤에서 북쪽을 상석으로 삼아 겹쳐 서고 주부는 문의 서쪽에서 동쪽으로 향하여 서고 항렬이 낮거나 수하(手下)의 부녀자들은 주부의 뒤에서 남자들과 같게 선다. 존장들은 다른 곳에서 쉬게 하고 식간(食間) 즉 밥 한 그릇 비울 시간을 이와 같이 하고 서 있는다.

○축관이 문을 열면 주인 이하 들어가 곡하고 사신(辭神)한다.
축관이 문으로 다가가 북쪽으로 향하여 서서 문을 열 것을 알리는 헛기침으로 희흠(噫歆)을 세 번하고 곧 문을 열면 주인 이하 제자리로 들어가 선다. 집사자는 국을 옆으로 물려놓고 숙수를 국의 자리에 올린다. 축관은 주인의 오른쪽에서 서쪽으로 향하여 봉양(奉養)의 예가 모두 잘 이루어졌습니다. 라는 리성(利成)이라 고(告)한다. 집사자는 수저를 내려 수저그릇에 놓고 메에 개를 덮고 물러나 제자리에 선다. 축관은 지방과 축문을 향안(香案) 앞에서 무릎을 꿇고 앉아 태우고 제자리로 물러나 서면 주인 이하 곡하며 재배 사신(辭神)하고 슬픔을 다하여 곡하고 그친다. 축관은 축판의 축문과 제주축문(題主祝文)을 같이 불사르고 제자리로 물러나 나오면 집사자들이 철상한다.

▶3125◀◈問; 어머님 49 제 축문 좀 부탁 드립니다. 급해요.

안녕하세요.
어머니 49제 축문을 써보려 하는데 도저히 잘 모르겠습니다.
어머님 돌아가신 날은 2019년 (기해년) 1월 13일 19시 15분 (음력(12/8) 입니다.
아들 이름은 박 석 길 이며 어머님 존함은 김 금 례 (광산 김) 입니다.
49제는 2019년 3월 2일 토요일 입니다. 축문 부탁 드려봅니다.

◈答; 모사십구재축문식(母四十九齋祝文式) (前提; 父親 先作故時)

먼저 애도를 표합니다.

●49日(四十九齋)稅喪祝文式

維
유
歲次己亥正月癸酉朔二十六日戊戌孝子석길敢昭告于
세차기해정월계유삭이십육일무술효자석기감소고우
顯妣孺人金氏日月不居奄及四十九喪夙興夜處哀慕不寧
현비유신김씨일월불거엄급사십구상숙흥야처애모불녕
三年奉喪於禮至當事勢不逮魂歸墳墓謹以淸酌庶羞哀
삼년봉상어례지당사세불체혼귀분묘근이청작서수애
薦祥事尙
천상사상
饗
향

▶3126◀ ◈問; 여자는 축에 본관이 없어도 되는지요?

선생님!
아래 49재 축문에서 "顯妣孺人金氏"에서 "顯妣孺人광산金氏"로 쓰는 것이 아닌지요?
저는 여자 분은 본관을 넣어 쓰고 있습니다. 본관을 넣어도 되고 안 넣어도 되는지요?
어머니가 두 분이면 구별하기 위해서 입니다. 알고 싶어서 여쭈어 봅니다. 죄송합니다.

維
유
歲次己亥正月癸酉朔二十六日戊戌孝子석길敢昭告于
세차기해정월계유삭이십육일무술효자석기감소고우
顯妣孺人金氏日月不居奄及四十九喪夙興夜處哀慕不寧
현비유신김씨일월불거엄급사십구상숙흥야처애모불녕
三年奉喪於禮至當事勢不逮魂歸墳墓謹以淸酌庶羞哀
삼년봉상어례지당사세불체혼귀분묘근이청작서수애
薦祥事尙
천상사상
饗
향

◈答; 부녀자의 지방이나 축문에는 관향을 쓰지 않습니다.

윤선생 대단히 반갑습니다. 오늘 12시 경에 오신 것 같은데 낮에는 긴급한 일이 있어 출타하였다 늦게 돌아와 오후 7시 경에 확인을 하고 답을 드리려 작업을 시작하였으나 컴퓨터가 작동이 원활이 되지 않아 바이러스 확인을 하다 완전하지 못하여 다른 컴퓨터로 옮겨 이제 작업을 시작하게 되었습니다. 양해하여 주시기 바랍니다.

부녀자들의 지방이나 축문에는 관향을 쓰지 않습니다. 까닭은 일부(一夫) 이처(二妻)라 하여도 동성 취처는 배제가 되였으니 본인들의 선조비의 구분에 관향을 붙일 까닭이 없고 다만 우암 선유 말씀에 양비(兩妣) 성씨가 같은 이씨(李氏)거나 김씨(金氏)라면 부득이 향관(鄕貫)

을 써 구별한다는 말씀이십니다.

●國朝五禮儀大夫士庶人喪篇題主條母則粉面曰顯妣某封某氏神主又大夫士庶人四仲月時享儀讀祝條云云曾祖妣某封某氏伏以云云
●擊蒙要訣時祭儀篇讀祝條云云顯曾祖妣某封某氏氣序流易云云
●家禮輯覽虞卒哭及小祥大祥禫祭祝文式條云云顯妣某封某氏日月不居云云
●問婦人只書姓氏不書姓鄕而擧世皆書抑有據歟南溪曰家禮本無書姓鄕之文不可從俗
●尤庵曰妣位只書某氏而不書鄕貫自銘旌神主誌石石碑而皆然本朝則李姓娶李氏金姓娶金姓故不得已書鄕貫別之矣
●渼湖曰婦人題主不書貫尤翁有定論遵而行之有何不可
●明齋曰書婦人姓貫恐以國俗雖姓同而貫異則不嫌於通昏故書姓貫以別其非同姓也從俗書之無妨
●梅山曰古者不娶同姓故婦人不書姓貫東俗娶異貫之同姓故書貫以別之旣是異姓則當不書貫用遵古禮且置妾不知其姓則卜之豈有知其爲同姓而爲妾者推此義也妾喪尤不宜書貫雖無封爵只書姓氏恐是
●厚齋曰婦人題主不書姓貫當從家禮
●渼湖曰婦人題主不書貫尤翁有定論遵而行之有何不可
감사합니다.

▶3127◀◈問; 올해 칠순이신데.

올해 칠순이시라 생신제가 없더라도 제사를 지내고 싶은데 언제 지내야 하는지 궁금합니다. 수고하세요.

◈答; 올해 칠순이신데.

삼년상 중에는 돌아가셨음을 인정하지 않고 생존하여 계신 것으로 인정하여 생신일이 되면 생전의 생신상 차림을 하여 드리는 것과 같이 생신일 아침 궤연에서 아침상식 때 소상의 의식과 같이 생신제를 지내고 만약 삼년복을 입지 않고 일찍 탈상을 하고 궤연을 철거하였으면 생신제는 지내지 않습니다. 왜냐하면 다른 사정이 있어 조기에 탈상을 하여 궤연을 폐하였다면 귀신으로 돌아가신 것이기 때문에 생신제를 지내지 않는 것입니다.

마지막으로 효심(孝心)에서 행하려 하는 것을 잘못이라 할 수도 없고 전통예법(傳統禮法)에 없는 것을 행하라 할 수도 없음을 이해바랍니다. 생신제(生辰祭) 법식을 위[000]번에 있습니다.

●曲禮生與來日死與往日(鄭注)與猶數也生數來日謂成服杖以死明日數也死數往日謂殯斂以死日數也此士禮貶於大夫者大夫以上皆以來日數士喪禮曰死日而襲厥明而小斂又厥明大斂而殯則死三日而更言三日成服杖似異日矣喪大記曰士之喪二日而殯三日之朝主人杖二者相推其然明矣與或爲予(孔疏)生與至往日
●燕行紀六月二十二日辛未今恭査上次四十五年皇上七旬萬壽該國遣來使臣於八月初間始到熱河筵宴本年熱河筵宴
●杜甫曲江詩; 稀年, 稀壽, 七旬, 七耋

▶3128◀◈問; 우제에 관한 질문을 드립니다.

삼우제 중 재우는 유일 삼우는 강일에 지낸다 하는데 장례를 치른 다음날이 강일이면 재우를 언제 지내야 되나요.

◈答; 우제에 관하여.

만약 초우제(初虞祭)일에 강일(剛日)이 닿으면 다음 강일은 다음 다음날에 닿습니다. 이럴 경우에는 초우제를 지내고 하루를 건너 닿는 강일(剛日)에 재우제(再虞祭)를 지냅니다.

●士虞禮註柔日陰陰取其靜剛日陽也陽取其動也

●性理大全虞祭; 葬之日日中而虞或墓遠則但不出是日可也若去家經宿以上則初虞於所館行之鄭氏曰骨肉歸于土魂氣則無所不之孝子爲其彷徨三祭以安之〇遇柔日再虞; 乙丁巳辛癸爲柔日其禮如初虞若墓遠途中遇柔日則亦於所館行之〇遇剛日三虞; 甲丙戊庚壬爲剛日其禮如再虞若墓遠亦途中遇剛日且闕之須至家乃可行此祭〇卒哭; 三虞後遇剛日卒哭

▶3129◀◈問; 1년 상을 지내는데.

1 년 상을 지내게 되었는데, 음식을 올리는 법을 좀 가르쳐 주십시오. 그리고 1 년 상을 지내는 중 돌아가신 분이 생신이라면 제사를 지내야 하는 건지 아님 오전에 지내야 하는지도 궁금합니다. 1 년 상 지낼 시에 매일 오전 오후로 상식을 올려야 하는지도 궁금합니다.

◈答; 1년 상을 지내는데.

소상(小祥) 때의 진설법은 본서의 우제(虞祭) 진설도와 같으니 본서(本書)를 참조 하세요. 그리고 3 년 상중(喪中) 작고 한 이의 생신을 맞으면 생신 날 아침 상식(上食) 때 우제의식과 같이 제사를 올려 드려야 합니다. 또 상식은 매일 조석(朝夕)으로 올려야 합니다. 다만 초하루 보름 삭망전(朔望奠)을 올릴 때와 각 제사를 올릴 때는 그것으로 상식(上食)을 대신합니다.

●禮記檀弓魯人有朝祥而莫歌者子路笑之父母死後十三個月而後祭曰小祥二十五個月而後祭曰大祥

●士虞禮碁而小祥曰薦此常事又碁而大祥曰薦此祥事鄭玄注祝亂之異者言常者碁而祭禮也古文常爲祥賈公彦疏此謂二十五月大祥祭故云復碁也變言祥事亦是常事也

아래와 같이 살펴보건대 喪三年內에는 生辰祭를 지내도 예에 크게 어그러지지는 않는 것 같습니다. 다만 早期 脫喪한 경우는 전거를 찾을 길이 없으니 그 與否는 단정 지워 말할 수는 없겠으나 불가피하면 小祥에 脫喪의 禮가 있으니 만약 탈상을 하였다면 廢하는 것이 옳지 않을까 는 생각됩니다.

더욱이 위와 같이 여러 선생들께서 그 當否에 관하여 세세한 지적이 있어 더 논할 까닭은 없겠으나 會成을 살펴보면 考妣의 生辰日을 맞으면 忌祭와 같이 지냄이 옳다 하였으니 그 역시도 결론을 얻기는 쉽지 않을 것 같기도 합니다.

●問三年內遇亡人生辰不忍虛過上食後別設饌行之如何尤菴曰恐當如此象平日饌品稍備而行之耳

●直齋曰上食後別設恐近瀆於上食兼設殷奠似爲允當

●南溪曰生辰祭雖曰非禮三年內則人不可不行其儀倣俗節別設

●問生辰祭三年內設行可從否遂菴曰三年內象生時設行無妨

●問練祥若有故退行則祝式如何尤菴曰祝文當用常時所用而末段略告退行之由似宜

●會成惟親在生辰既有慶禮歿遇此日能不感慕如死忌之祭可也

▶3130◀◈問; 1 년 상 중에 이사 가능한지.

이번에 아버지가 돌아가시고 1 년 상을 치르게 되었습니다. 그런데 이사를 해야 할 사정이 생겨서 1 년 상 중에 이사가 가능한 지 문의 드립니다. 김 0 범

◈答; 1 년 상 중에 이사 가능한지.

아래와 같이 살펴보건대 삼년상 중에는 상사(喪事)가 아니고는 다른 말은 하지 않고 관직에 있었다 하여도 나가지 않으며 오로지 자리(궤연 또는 여막)에 앉아 있는다. 하였으니 농경사회의 예법이기는 하나 예법상 3 년 상 중에는 이사는 할 수가 없을 것 같습니다. 다만 난리가 나면 아래와 같은 축식이 있는 것으로 보아 피난은 하여야 할 것입니다. 그러나 상중 피난에 관한 언급이나 축식은 아직 그 전거를 찾지 못하였습니다.

●喪大記父母之喪非喪事不言旣葬與人立大夫士言公事不言家事

●士喪記居倚廬寢苫枕塊不脫絰帶歠粥不食菜果非喪事不言

●曲禮有喪者專席而坐

●王制父母之喪三年不從政

◆臨亂埋主告辭(艮齋○尤庵曰壬亂議所以處神主者余叔父曰與其遷奉而行身死於盜賊而棄於道路寧埋安於祠堂之後幸而生還則可以依舊奉安矣議定後族人當夜諱人而埋安鄕人以爲寶貨而發掘諸父則當夜掘坎納主於大甕而安於坎中兄弟內外皆拜哭里人皆驚而來會良久掩土人皆知爲神主故得免發掘之患此伊川埋范淳夫之餘策也)

維 歲次干支幾月干支朔幾日干支孝玄孫某敢昭告于 顯某考某官府君 顯某妣某封某氏(諸位列書)時値艱危祠板難保謹就廟側(或墓右或潔地)權且立埋庸俟後辰不勝愴慕敢以酒果祗陳厥由(若危急不暇具酒果則只用告維歲次止某親削去不用愴下只用敢告二字○如不能埋于本墓只就先祖或子孫墓則須云某親墓側)

◆埋主還安告辭(艮齋)

維 歲次干支幾月干支朔幾日干支孝玄孫某敢昭告于 顯某考某官府君(或顯某妣某封某氏或合埋則列書)國運復回兵火旣熄祖考擁佑子孫保全今卜吉日奉出祠板敢以酒果謹告厥由(妻弟云實賴神佑幸得保全玆以酒果用陳厥由)

◆遭亂逃避埋廟主告辭(常通)

維 歲次干支幾月干支朔幾日干支孝玄孫某敢昭告于 顯某考某官府君 顯某妣某封某氏(諸位列書)時運不幸寇亂孔棘人不聊生蕩析奔竄若陪負神主圖趍淨地窃恐冐危竄逃之際不克敬保遂貽不虞之患玆敢仰請權宜埋安屛處以待亂平更成神主伏惟 尊靈鑑此 臨我無遠憂惶號痛百拜告辭

◆變亂定復造神主告辭(常通○就屛處掘坎奉櫝臥置以板塞坎覆土聚石表記及亂定復造神主就埋坎南邊除地設位題主如儀)

維 歲次干支幾月干支朔幾日干支孝玄孫某敢昭告于 顯某考某官府君顯某妣某封某氏(諸位列書)亂離旣平幸復鄕里追慕罔極神主復成今將奉題謹以酒果用伸虔告謹告

◆避亂後先主慰安文(梨山)

不肖奉神主(告妻云老夫負告子云老父負)率眷口避難顚倒于南百餘里之外歷三朓朒而還屋宇煨燼無所於安龕(告妻子云祔)置眷乃築土覆蒿廛構數間幕子而未遑慰安(告妻子去慰安二字)一祭罪懼痛迫(告妻子云心焉愴怛)去益彌增(告考妣改以昊天罔極)今以是日畧設魚果庶品追伸奠獻(告妻子云情禮)伏惟尊靈垂恕降臨(告妻子去伏尊垂恕降臨六字)

◆避亂後先主奉安告由文(梨山)

伏以不肖奉諸位神主避亂還後燼墟構幕未克立廟仍藏于竹箱許久罪懼益滚今構草屋四間東上房北壁造龕室具櫝奉安以故室恭人主櫝如舊祔于顯祖考妣(隨位列書)龕西向故長子某官主櫝祔于顯考妣龕西向伏惟尊靈是憑是依

◆亂中祠版權奉告由文(林居)

南北分爭(或戰亂)彊隣侵逼軍聲漸近禍將不測夙夜憂懼整頓無術堀地作龕姑此權安伏惟尊靈勿驚勿震

▶3131◀ ◈問; 일년 탈상 축문식.

죄송한 질문이 옵니다. 저의 가정에 피치 못할 사유가 있어 아버님 상(喪)을 일년에 궤연을 내려고 하는데 저에게는 가까운 친척(親戚)이 없습니다. 축문 좀 가르쳐 주세요 그리고 혼백은 태워야 하는지 그것도 알려주세요 축문에 토도 달아주세요. 면목없는 질문입니다. 건강하세요.

◈答; 일년 탈상 축문식.

아래와 같은 선유의 말씀이 계십니다.

問練祥若有故退行則祝式如何尤菴曰祝文當用常時所用而末段略告退行之由似宜
어떤 사람이 묻기를 만약 소상 때 피치 못할 연유가 있어 궤연을 내여 탈상을 하려면 축식은 어찌 써야 합니까 하고 여쭙자 우암께서 말씀 하시기를 마땅히 상시 사용하는 축문을 쓰되 축문 끝에 탈상하는 연유를 고함이 옳을 것 같다 하셨습니다

부모 상은 3 년에 탈상 하여야 하나 불가피하게 피할 수 없는 연유라면 위 말씀을 살펴 보와도 고집 할 수는 없을 것입니다.

⊙축문식(祝文式)

維 歲次癸未三月乙巳朔十五日己未孝子庚錫敢昭告于 顯考學生府君日月不居奄及期喪夙興夜處哀慕不寧三年奉祥於禮至當事勢不逮魂歸墳墓謹以淸酌庶羞哀薦祥事尙 饗

탈상(脫喪) 일자를 3 월 15 일 자로 하여 작성 된 축식(祝式)이니 월일은 당한 대로 월력(月曆)을 보고 일자와 그 달의 초하루 간지를 바꿔 써 넣고 부친이 관직이 있었으면 그 직명(職名)을 학생(學生)을 빼고 그 자리에 써 넣으면 됩니다. 성명의 한자(漢字)가 다르면 고치십시오.

▶3132◀◈問; 일년탈상축문.

안녕하십니까. 부탁을 드리고자 합니다. 일년탈상을 지내게 되어서 축문을 부탁 드립니다. 날짜는 음력 1 월 18 일이오니 간지 일도 부탁 드립니다.

◈答; 일년탈상축문.

◎稅喪祝文式(탈상축문식)

維 歲次丁亥一月癸未朔十八日庚子孝子(承重則孝孫)某敢昭告于 顯考學生俯君(或顯妣某封某氏承重則顯祖考或顯祖妣)日月不居奄及期喪夙興夜處哀慕不寧三年奉喪於禮至當事勢不逮魂歸墳墓謹以淸酌庶羞哀薦祥事尙 饗

위 축문은 부친상의 축문으로 괄호 내는 만약 승중 시나 또는 모상일 때의 수정 문이니 그와 같이 수정하고 지워야 합니다.

▶3133◀◈問; 임종 후의 환갑 및 제사에 관한 질문입니다.

양력 2004 년 4 월 4 일 오전 9 시 30 분에 돌아가셨는데 제사 일은 어떻게 되는지 궁금하구요. 아버지가 44 년생 이셨는데 올해가 환갑입니다. 돌아가신 후 첫 생신이 곧 돌아오는데 첫 번째 생신인 경우 특별히 하는 것이 있는지요.

제사를 지낸다는 사람도 있고 그냥 생일상을 차리면 된다는 분들도 계시고, 특히 임종 후 생신이 환갑이므로 수의를 사셔 태워야 한다는 등 너무 여러 가지 말들이 많아 이렇게 글을 올립니다. 제가 너무 몰라 이렇게 창피함을 무렵 쓰고 글을 쓰니, 상세한 설명을 부탁 드립니다.

◈答; 임종 후의 환갑 및 제사에 관하여.

부친 제삿날이 4 월 4 일이 양력이라면 대개 제사는 음력으로 지내고 있으니 그날을 음력으로 환산하면 윤 2 월 15 일이 됩니다. 매년 음력 2 월 보름날이 부친의 기제사(忌祭祀) 날이 됩니다. 제사는 자시행제(子時行祭) 가문(家門)이시면 음력 2 월 14 일 밤 12 시경에 지내면 됩니다.

⊙부친의 지방식

顯考學生府君神位

⊙금년도 축식

維 歲次乙酉二月甲子朔十五日丁未孝子某敢昭告于 顯考某官府君歲序遷易 諱日復臨追遠感時昊天罔極謹以淸酌庶羞恭伸奠獻尙 饗

생신은 삼 년 간을 차려드린다 합니다. 왜냐하면 3 년 상(喪) 안에는 산분 같이 봉양(奉養)을 하는 것이니 매년 생신 날 아침에 기제사 지내는 것과 같게 하면 됩니다. 축식은 아래와 같습니다. 날짜를 모르니 기제사 쓰는 식으로 하면 됩니다. 다만 다른 의식은 없습니다. 회갑(回甲) 전에 작고하였으면 회갑 일을 당하면 회갑제도 생신제와 같은 의식으로 지내면 됩니다. (간지 계산이 복잡하면 음력으로 환갑과 생신 날짜를 다시 추송하면 축식을 고쳐 주겠습니다)

⊙회갑축문식(回甲祝文式)

維 歲次干支幾月干支朔幾日干支孝子某敢昭告于 顯考某官府君歲時遷易奄及回甲生旣有慶歿寧敢忘昊天罔極謹以淸酌庶羞式此奠獻尙 饗

⊙생신제축문식(生辰祭祝文式)

維 歲次干支幾月干支朔幾日干支孝子某敢昭告于 顯考某官府君生辰復遇生旣有慶歿寧敢忘追感歲時昊天罔極謹以淸酌庶羞祗薦歲事尙 饗

⊙上壽儀禮節次(상수의례절차)(丘儀)

(是日行拜賀禮訖子弟修具畢請家長夫婦並坐於中堂諸卑幼皆盛服)

序立(世爲一行男左女右)○鞠躬拜興拜興平身○長者詣尊座前(長者進立於家長之前如弟則云長弟幼者一人執盞立於其左一人執注立於其右)○跪(長者及二幼者俱跪)○斟酒(長者受盞幼者執注斟酒訖二幼起)○祝壽(長者擧手奉盞祝曰)伏願尊親履玆長至(正旦則改長至爲歲端生旦則改云對玆爲慶)備膺五福保族宜家(祝畢家長受盞飮訖以盞授幼者反其故處長者)○俯伏興平身○復位(與卑幼俱拜)○鞠躬拜興拜興拜興拜興平身○酢酒(拜訖侍者注酒於盞授家長家長命長者至前親以酒授之)○受酒(長者受酒置於席端)○鞠躬拜興拜興平身(取酒)○跪(飮之畢)○興(長者命侍者以次酢諸卑幼皆出位跪飮畢執事者擧食卓入擺列男列於外女列於內婦女辭拜入內席)○命坐(家長命諸卑幼坐惟未冠及冠而未昏者不得坐)○鞠躬拜興拜興平身(諸卑幼俱拜而後坐)○各就席(乃以次行酒或三行或五行子弟迭起勸侑隨宜畢)○各出席○鞠躬拜興拜興平身○禮畢

⊙上壽笏記(상수홀기)(笏記刊寫者未詳)

設父席於堂北壁下少東設小卓一於其前○父升席自西方南向坐○設母席於北壁下少西設小卓一於其前○母升席自西方南向坐○設卓於堂東壁下近北置酒注於盞盤其上(注東盞西)又設卓於堂南端多置酒盞於其上○丈夫盛服立於父席前西上北向○婦人盛服立於母席前東上北向○丈夫婦人皆再拜(婦人夾拜)○最長者一人進立於父席前幼者一人執酒盞立於其左東向○一人執酒注於立其右西向○最長者受盞○執注者斟酒反奠于故處復位○最長者跪置卓上祝曰伏願大人履玆歲端(南至日+卒(音수)辰隨時稱之)備應五福保族宜家○父飮畢授幼子盞○幼子反奠于酒注卓上復初立位○最長者進母席前幼子一人執酒盞立於其左東面○一人執酒注立於其右西面○最長者受盞執注斟酒者反奠于故處復位○最長者跪置卓上祝曰伏願母親履玆歲端備應五福保族宜家○母飮畢授幼子盞○幼子反奠于酒注卓上復初立位○最長者俛伏興退與在位者皆再拜○父命諸長幼坐長幼皆再拜而坐○父命諸侍者偏酬諸長幼○諸長皆起立○侍者實酒授長者○長者受酒坐奠于席北端興再拜取酒坐卒飮授侍者盞興再拜○侍者以盞實酒詣諸長幼前諸長幼皆再拜受○卒飮酒皆再拜而退○侍者徹席及卓子

●史記封禪書篇白雲起封中天子從禪還坐明堂群臣更上壽於是制云云
●莊子盜跖篇人上壽百歲中壽八十歲下壽六十歲除病瘦死喪憂患其中
●春秋左傳僖公爾何知中壽爾墓之木拱矣註人生上壽百二十年中壽百年下壽八十年
●禮記樂記篇食三老五更注三老五更互言之耳皆老人更知三德五事者也疏五者天下之大敎也者郊射一裨冕二祀乎明堂三朝覲四耕藉五此五者大益於天下竝使諸侯還其本國而爲敎故云大敎也
●禮記文王世子篇適東序釋奠於先老遂設三老五更群老之席位焉註若非始立學則無釋奠先老之禮先老先世之爲三老五更者也三老五更各一人群老無定數蔡邕云更當爲叟三老三人五更五人未知是否然皆年老更事致仕者舊說取象三辰五星

▶3134◀ ◈問; 장례식 후의 명절과 상복에 대해서.

2012 년 1 월 8 일 발인을 하고 영정을 모셨습니다. 고인께서는 종교가 없으셨지만, 자식의

종교를 따라 간단히 기독교식으로 하였습니다. 삼우제도 지났는데, 배우자와 자식들이 입었던 상복(상조에서는 대여가 아니고 돈 주고 산 것이라고 그냥 휴지통에 버리라고 합니다.)은 어떻게 해야 하는지요? 요즘은 태울 때도 따로 없다고 하고, 버리기도 뭐하고 해서 먼 훗날에 쓰려고 집에 보관하려 하는데, 괜찮은지요? 또, 조금 있으면 구정인데, 차례는 어떻게 해야 하는지? 세배는 어떻게 해야 하는지요?

◈答; 장례식 후의 명절과 상복에 대해서.

말씀으로 미루어 보아 기독교 집안 같습니다. 장례절차를 기독교식으로 하셨으니 그 역시 기독교 예법을 따름이 옳지 않을까 합니다. 다만 유교식이라면 상복은 아래와 같이 살펴보건대 제복(除服)하는 때에 태워 묻어야 하며 구정의 예는 1 월 8 일 발인을 하셨다니 구정이 동월 23 일이라 사후 20 여 일이 됩니다.

초상을 당하면 상주는 장사 전(3 개월)은 폐제하고 졸곡(장사 후 약 4.5 일 후)이 지나면 친족 중에 가장 복이 경하자가 약설 무축단헌으로 제사케 합니다. 따라서 설날은 졸곡 전이되어 참사는 지낼 수가 없으시고 세배 역시 조상 참사도 폐하는데 생자의 예 역시 폐하여야 옳지 않겠습니까?

●張子曰祭器祭服以其嘗用於鬼神不敢褻用故有焚埋之禮
●問禮云斷杖無焚衰之文曲禮云祭服敝則焚之衰亦祭服也焚之似得或有據禮不當焚云者如何退溪曰某所疑亦如來諭但當焚之
●要訣凡三年之喪古禮則廢祠堂之祭未葬前則準禮廢祭而卒哭後則於四時節祀及忌祭(墓祭亦同)使服輕者行薦而饌品減於常時只一獻不讀祝不受胙可也

▶3135◀ ◈問; 장방봉사 와 방상.

장방봉사라는 의미에 대해 알고 싶습니다. 그리고 방상의 역할에 대해서도 알고 싶습니다. 또 우제의 절차에 대해서도 알고 싶습니다

◈答; 장방봉사 와 방상(方相).

1. 장방(長房)에 대하여

◆最長之房(최장지방)

問最長之房愚答曰按語類賀州有一人家共一大門門裡有兩廊皆是子房如學舍僧房每私房有人客來則自辦飮食引上大廳請尊長伴五盞後却回私房別置酒云云以此觀之古人累世同居者於一門之內子孫各有私房以居亦若儀禮所謂南宮北宮然祠堂若有親盡之主當遷而族人有親未盡者則遷于其中最長之房以祭之也

◆長房奉祧主當告辭於本家祠堂(장방봉조주당고사어본가사당)

長房奉祧主宜有告辭於本家祠堂而備要便覽皆不著誠可疑也曾見先師所定祧主遞奉儀新補云云某以長房某日當奉來顯某親某官府君云云祧主安于右龕敢告

위와 같이 고증컨대 최장방이라 함은 상을 당한 상주가 대상에서 천묘할 때 친진 세대(5 대조고)가 지난 신주가 아직 다른 자손 중에서 친 미진 세대가 있으면 그 중 가장 가까운 자손이 그 신주를 옮겨 봉사하여야 하는데 최장방이란 봉사 세대가 지나지 않은 자손 중 가장 가까운 자손 또는 그의 사당이란 뜻임.

2. 방상의 역활에 대하여

◆方相(방상)

集說軒轅本記云帝周游時元妃嫘祖死于道因置方相亦曰防喪蓋始于此○周禮方相氏掌蒙熊皮黃金四目玄衣朱裳執戈揚盾大喪先匶(柩同)註鄭註曰冒熊皮者以驚敺疫癘之鬼如今魌頭也鄭鍔曰熊之爲物猛而有威百獸畏之蒙熊皮所以爲威金陽剛而有制用爲四目以見剛明能視四方疫癘所在無不見也玄者北方之色也天事之武也朱者南方之色地事之文也以玄爲衣所上者武以朱爲裳輔之以文李嘉會曰鬼神陰物狂夫四目玄衣朱裳皆象陽氣以抑陰氣執戈擊刺揚盾自衛劉執中曰凶事多邪慝乘之○

及墓入壙以戈擊四隅歐方良註鄭註曰方良罔兩也天子之椁栢黃腸爲裡而表以石焉國語曰木石之怪夔罔兩鄭鍔曰葬用木石久而變怪生故始葬則歐之亦厭勝之術

◆狂夫(광부)

月令命國難(那)註難之事方相氏掌之方氏曰難以狂夫爲之狂疾以陽有餘足以勝陰慝故也吳氏曰難者聚衆戲劇以盛其喜樂之氣使人之和氣充盈則足以勝天地之乖氣此亦先王燮理之一事而微其機使百姓由之而不知也

위와 같이 살펴보건대. 방상(方相)의 역할은 이상한 탈을 쓰고 창과 방패(防牌)를 들고 음기(陰氣)를 제하고 양기를 승케하며 광중(壙中)의 나쁜 기(氣)를 쫓아내는 역할을 한다 함.

3. 初虞祭儀禮節次(초우제의례절차)

通贊唱○序立○出主(祝啓櫝出主服重者在前輕者在後男東女西以長幼爲序○今擬用禮生二人一通贊一引贊其說具祭禮)○擧哀(少頃)○哀止○(引贊唱)盥洗○詣靈座前○焚香○鞠躬拜興拜興平身○降神(執事者二人皆洗手一人開酒實于注西面立一人取卓子盤盞捧之東面立)○跪(主人跪執事二人者向主人跪執注者以注授主人主人受注執之斟酒于執事所捧之盞斟訖以注授執事者)○酹酒(主人左手取盤盞右手執盞盡傾于茅沙上訖以盤盞授執事者)○俯伏興平身(少退)○鞠躬拜興拜興平身○復位○(通)參神○鞠躬拜興拜興平身○進饌(祝以魚肉炙肝米麪食進列于靈前卓子上次二行空處)○初獻禮(主人進詣注子卓前執注北向立執事者一人取靈座前盤盞立主人之左主人斟酒于盞中訖反注于卓子上)○(引)詣靈座前(主人詣靈座前執事者捧盞隨之)○跪(主人跪)○祭酒(執事者跪進酒盞主人受之三傾于茅沙上)○奠酒(執事者受盞置靈座前)○俯伏興平身(退稍後立)○跪○(通)主人以下皆跪○(引)讀祝(祝執版立主人之右西向跪讀之畢)○俯伏興平身(少退)○(通)擧哀(主人以下皆哭少頃)○哀止○(引)鞠躬拜興拜興平身(主人獨拜)○復位○(通)亞獻禮○(引)詣靈座前○跪○祭酒○奠酒○俯伏興拜興拜興平身(若主婦行禮不跪不俯伏立傾酒于地四拜)○復位○(通)終獻禮○(引)詣靈座前○跪○祭酒○奠酒○俯伏興拜興拜興平身○復位○(通)侑食(子弟一人執注就添盞中酒)○主人以下皆出(主人立於門東西向卑幼丈夫在其後重行北上主婦立於門西東向卑幼婦女在後重行北上尊長休於他所俱肅靜以俟)○闔門(執事者閉門無門下簾食頃)○祝噫歆(祝當門北向作欬聲者三)○啓門(乃開門捲簾)○復位(主人以下復舊位)○點茶(執事者進茶置匙筯旁)○告利成(祝立于主人之右西向)○利成○辭神(主人以下皆拜)○擧哀(且拜且哭)○鞠躬拜興拜興平身○哀止○焚祝文○納主○徹饌○禮畢(儀節按虞祭於辭神下有云主人以下哭再拜而前此只是主人行禮而主人以下惟序立而已別無參拜之文今補入又若路遠於所館行禮恐不能備可略去闔門啓門噫歆告利成四節)(譯者補;初獻條啓飯蓋. 侑食條挿匙正筯. 辭神前下匕筯于楪中合飯蓋)

⊙초우제 의례절차.

통찬이 창을 한다. ○차서 대로 서시오. ○신주를 내 모시시오. (축관은 신주독을 열고 신주를 내 모신다. 중복인은 앞에 있고 경복인은 뒤이다. 남자들은 동쪽이며 여자들은 서쪽으로 수상과 수하의 차서 대로이며 예생(禮生) 두 사람을 쓰되 한 사람을 통찬(通贊) 즉 예순을 불러줘 예를 진행하는 홀창자로 하고 한 사람은 헌관을 인도하는 인찬(引贊)으로 갖춰 예를 알려주고 예를 진행한다) ○모두 곡하시오. (잠깐 동안 곡을 한다) ○곡을 멈추시오. (통찬이 홀창한다) ○손을 씻으시오. ○영좌 앞으로 가시오. ○분향 하시오. ○국궁 재배 평신 하시오.

●행강신례.

(집사자 두 사람 모두 손을 씻고 한 사람은 병을 열어 주전자에 술을 채워 들고 주인의 동쪽에서 서쪽으로 향하여 서고 한 사람은 탁자 위의 강신 잔반을 받들어 들고 주인의 서쪽에서 동쪽으로 향하여 선다) ○무릎을 꿇고 앉으시오. (주인이 무릎을 꿇고 앉으면 집사자 두 사람은 주인을 향하여 무릎을 꿇고 앉아 주전자를 들고 있는 집사자가 주전자를 주인에게 주면 주인은 주전자를 받아 들고 집사자가 받들고 있는 잔에 술을 따르고 마쳤으면 주전자는 집사자에게 되돌려 준다) ○술을 부어 강신하시오. (주인은 왼손으로 반을 잡고 오른손으로 잔을 잡아 모두 모사에 기우려 따르고 마쳤으면 잔반을 집사자에게 되돌려준다) ○부복하였다 일어나 평신 하시오. (조금 뒤로 물러나 선다) ○국궁 재배 평신 하시오. (통찬이 창을 한다)

●행참신례.

○국궁 재배 평신 하시오. ○행진찬. (축관이 생선과 고기와 적간과 미식 류, 면식 류를 영좌 앞의 탁자 위 둘째 줄 빈 곳에 면, 육, 적, 어, 병으로 올린다)

●행초헌례.

(주인은 탁자 앞으로 가서 주전자를 들고 북쪽으로 향하여 서면 집사자 한 사람이 영좌 앞의 잔반을 내려 들고 주인의 왼쪽에 선다. 주인은 잔에 술을 따르고 마쳤으면 주전자는 탁자 위에 되놓는다) (찬인이 인도한다) ○영좌 앞으로 가시오. (주인이 영좌 앞으로 가면 집사자도 잔을 받들어 들고 따라간다) ○무릎을 꿇고 앉으시오. (주인은 무릎을 꿇고 앉는다) ○제주하시오. (집사자가 무릎을 꿇고 앉아 술잔을 주인에게 드린다. 주인은 술잔을 받아 모사 위에 세 번 기우려 삼제를 한다) ○술잔을 올리시오. (집사자는 잔을 받아 영좌 앞에 놓는다) ○부복하였다 일어나 평신 하시오. (뒤로 조금 물러나 선다) ○무릎을 꿇고 앉으시오. (통찬이 창을 한다. ○주인 이하 모두 무릎을 꿇고 앉는다. ○찬인이 인도한다) ○독축하시오. (축관은 축판을 들고 주인의 오른쪽에 서서 서쪽으로 향하여 무릎을 꿇고 앉아 독축을 하고 마쳤으면) ○부복하였다 일어나 평신하시오. (조금 물러나 선다) (통찬이 창을 한다) ○모두 슬피 곡 하시오. (주인 이하 모두 잠깐 동안 곡을 한다) ○곡을 멈추시오. (찬인이 인도한다) ○국궁 재배 평신 하시오. (주인만 절을 한다) ○제자리로 물러나 서시오. (통찬이 창을 한다)

●행아헌례.

(찬인이 인도한다) ○영좌 앞으로 가시오. ○무릎을 꿇고 앉으시오. ○제주하시오. ○술을 올리시오. ○부복하였다 일어나 재배하고 평신하시오. (만약 주부가 아헌을 할 때는 무릎을 꿇지 않고 부복도 하지 않고 서서 땅에 술잔을 기우려 제주하고 사배를 한다) ○제자리로 물러나 서시오 (통찬이 창을 한다)

●행종헌례.

(찬인이 인도한다) ○영좌 앞으로 가시오. ○무릎을 꿇고 앉으시오. ○제주를 하시오. ○술을 올려 드리시오. ○부복하였다 일어나 재배 평신하시오. ○제자리로 물러나 서시오. (통찬이 창을 한다)

●행유식.

(자제 한 사람이 주전자를 들고 영좌 전의 잔에 첨작을 한다) ○주인 이하 모두 밖으로 나가시오. (주인은 문의 동쪽에서 서쪽으로 향하여 서고 수하자와 남자들은 그 뒤에 북쪽을 상석으로 삼아 겹으로 선다. 주부는 문의 서쪽에서 동쪽으로 향하여 서고 수하자와 부녀자들은 북쪽을 상석으로 삼아 겹으로 서고 존장들은 다른 곳에서 쉬게 하고 다같이 조용히 있는다) ○문을 닫으시오. (집사자는 문을 닫는다. 문이 없으면 발을 내리고 한식경을 조용히 있는다) ○축관은 희흠을 하시오. (축관은 문 앞에서 북쪽으로 향하여 헛기침 소리를 세 번을 한다) ○문을 여시오. (곧 문을 열거나 발을 걷어 올린다) ○제자리에 서시오. (주인 이하 다시 먼저의 자리에 선다) ○차를 올리시오. (집사자는 차를 수저 옆으로 올린다) ○이성을 고하시오. (축관은 주인의 오른쪽에서 서쪽으로 향하여 선다) ○이성(봉양이 모두 잘 이뤄졌습니다)

●행사신례.

(주인 이하 모두 절을 한다) ○모두 슬피 곡을 한다. (곡하고 절하고 또 곡하고 절한다) ○국궁 재배 평신하시오. ○곡을 그치시오. ○축문을 불 사르시오. ○신주를 독(櫝) 안으로 모시시오. ○철상 하시오. ○예를 마칩니다.

◈初虞祝文式(초우축문식)凡告祝以家禮爲主而如年月干支改皇爲顯等句語多從備要書之○備要便

覽年號幾年今不用去此四字

維 歲次干支幾月干支朔幾日干支孤子(母喪稱哀子俱亡稱孤哀子承重稱孤孫哀孫孤哀孫妻喪稱夫旁親卑幼隨屬稱)某(弟以下不名)敢昭告于(妻去敢字弟以下但云告于) 顯考(母云顯妣承重云顯祖考或顯祖妣妻云亡室旁親卑幼隨屬稱卑幼改顯爲亡)某官(此下當有封謚二字下同)府君(內喪云某封某氏卑幼去府君二字)日月不居奄及初虞(備要再虞云再虞三虞云三虞)夙興夜處哀慕不寧(備要告子云悲念相屬心焉如燬告弟云悲痛猥至情何可處告兄云悲痛無已至情如何告妻云悲悼酸苦不自勝堪)謹以(妻弟以下云玆以)淸酌庶羞(家禮潔牲柔毛粢盛醴齊牲用豕則曰剛鬣不用牲則曰淸酌庶羞祫合也欲其合於先祖也○儀節潔牲柔毛粢盛庶品哀薦旁親云薦此妻弟以下云陳此)祫事(備要再虞云虞事三虞云成事)尙 饗

●士虞禮註虞安也士旣葬其父母迎精而反日中而祭之於殯宮以安之

●檀弓葬日虞不忍一日離也註弗忍其無所歸

●集說按傳註天子九虞以九日爲節諸侯七虞以七日爲節大夫五虞士三虞春秋末世大夫僭用諸侯七虞之禮後世遂以人死之後每七日供佛飯僧言當見地府某王吁古人七虞之說乃如此哉後世妄誕不足信也

●小記報葬者報虞三月而後卒哭註報讀爲赴疾之赴旣葬卽虞虞安神也卒哭之祭待哀殺也疏急葬謂貧者或因事故死而卽葬未得待三月也急虞虞是安神故宜急也卒哭是奪於哀痛故不忍急而待哀殺也

●檀弓其變而之吉祭也比至於祔必於是日也接不忍一日未有所歸也註此言變者以其變易常禮也所以有變者以其有他故未及葬期而卽葬也據士禮速葬速虞之後卒哭之前其日尙賒不可無祭之往也虞往至吉祭其禮如何曰虞後比至於祔遇剛日連接其祭若丁日葬則己日再虞後虞改用剛日則庚日三虞也此後遇剛日則祭至祔而後止此孝子不忍使其親一日無所依歸也按註說可疑愚意所謂變而至吉祭者葬之謂也未葬前乃是凶禮旣葬則以虞變奠又變而至於卒哭與祔則爲吉祭矣此言其常非速葬變禮也古崔氏說亦然姑記鄙見以備參考

▶3136◀◈問; 재차 여쭤봅니다.

1. 탈상의 뜻은 무엇입니까.
2. 자식 없는 형의 사망 시 49 일만에 탈상을 할 수는 없는지요. (참고로 화장을 하였음)

◈答; 탈상의 의미.

1), **答;** 당한 상을 벗는 다는 뜻입니다. 만약 본 답변으로 이해가 되지 않는다면 상례장을 모두 살펴 보십시오. 자연히 깨닫게 될 것입니다. 상기를 마침.

2), **답;** 타인의 가문 법도에 타인으로서 가부를 판 가름 함은 심히 합당치 않은 행위로서 귀하의 가문의 법도나 또는 형편에 의할 따름입니다.

▶3137◀◈問; 제사와 관련하여 질문올립니다.

어머님께서 이번 달 첫날 하늘로 가셨습니다. 저는 제사에 관해 아는 바가 하나도 없기에 그저 하라는 대로 하였습니다. 참 어찌 보면 바보도 이런 바보가.

어머니를 묘지에 모신 몇 일 후 어머니께서 좋아하신 음식 몇 가지로 간단히 차려드렸습니다. 물론 제가 한 것은 없기에 죄송할 따름이구요 제가 궁금한 것은 처음 장례식 이후에 이렇게 여러 번 하는 전통 같은 것이 있는지 궁금합니다.

또 있다면 기간을 언제까지 정하여 하는지도 궁금합니다. 옛날부터 이렇게 제사를 하던 지역이 있는지도 답변 부탁 드립니다.

◈答; 제사와 관련하여 질문올립니다.

장사 후(葬事後) 그날 집에 와 곧 초우제(初虞祭)를 지내고 초우제(初虞祭) 일(日) 일진(日辰)이 갑자(甲子)일이었으면 다음날 재우제(再虞祭)를 지내고 그 다음날에 삼우제(三虞祭)를 지내고 삼우제(三虞祭)를 제낸 다음 다음날 졸곡제(卒哭祭)를 지내게 됩니다.

이상의 법도(法度)는 어느 지역(地域)이나 어느 가문(家門)의 법도(法度)가 아니라 유가(儒家)의 예법(禮法)으로 대부사서인(大夫士庶人)들의 예(禮)가 됩니다. 이와 같은 예법을 전통예법(傳統禮法)이라 합니다.

●性理大全家禮四喪禮虞祭; 葬之日日中而虞(初虞祭)○遇柔日再虞(再虞祭)乙丁巳辛癸爲柔日其禮如初虞若墓遠途中遇柔日則亦於所館行之○遇剛日三虞(三虞祭)甲丙戊庚壬爲剛日其禮如再虞若墓遠亦途中遇剛日且闕之須至家乃可行此祭○三虞後遇剛日卒哭(卒哭祭)

▶3138◀◈問; 조기 탈상 축.

이 홈페이지를 통해 전통예절(傳統禮節) 예법(禮法)을 익힐 수 있어 참으로 기쁩니다. 저에게 한가지 고민이 있습니다. 금년 음 3 월 14 일에 상처(喪妻)를 하고 삼우제(三虞祭) 때 탈상(脫喪)을 했습니다. 하지만 독축(讀祝)도 없이 행하여 여운이 남아 이번 추석(秋夕) 때 올바른 조기탈상제사를 하려 합니다, 이에 맞는 조기탈상 축을 여쭙니다. 건강하시기 바랍니다.

◈答; 조기 탈상 축.

이미 조기 탈상을 무축으로 하셨다면 또 다시 탈상제를 지냄이 옳고 그른지의 여부는 논하지 않겠습니다. 다만 제사란 정한 때가 있어 그 때를 지나면 그 제사를 다른 날 지낼 수가 없습니다.

●祭義君子有終身之喪忌日之謂也註忌日親死之日也疏孝子終身念親不忘忌日非謂此日不善別有禁忌謂孝子志意有所至極思念親不敢盡其私情而營求他事故不擧也

○妻早期脫喪祝文例(처조기탈상축문례)

維 歲次壬辰八月庚辰朔十五日甲午夫某(재욱)昭告于 亡室某封某氏日月不居奄及五月喪夙興悲悼不自勝堪期年奉喪於禮至當事勢不逮魂歸墳墓玆以淸酌庶羞陳此祥事尙 饗

▶3139◀◈問; 졸곡.

저의 할머니별세 을유 정월 초여드레, 오일장으로 안장하였어요. 졸곡일을 잡아주세요. 부탁 드립니다.

◈答; 졸곡.

小記報葬者報虞三月而後卒哭
예기(禮記) 상복소기(喪服小記)에서 가르치기를 장사를 빨리 지낸 우제(虞祭)는 빨리 지내고 석달 후에 졸곡제(卒哭祭)를 지내야 하느니라.

問死四十日葬恐爲報葬卒哭可待三月否陶菴曰古禮士踰月而葬豈可以報葬論也假令人死於晦間葬於來旬前則若此者三月後當行卒哭
누가 묻기를 죽은 지 40 일장(葬)에 모르긴 하여도 빨리 장사(葬事)를 지낸 장사지만 졸곡제(卒哭祭)는 석달을 기다렸다 지내는 것이 옳은 것인데 그렇게 하지를 않는다 합니다. 도암(陶庵) 선생께서 말씀 하시기를 옛날의 예법에 선비는 한 달을 넘겨 장사한다 하였으니 빨리 장사할 수 있기를 바라는 데서 이러쿵 저러쿵 하는 것이니라, 가령 사람이 그믐께 죽어 다음달 열흘 경에 장사를 지냈다면 이와 같은 상(喪)에서는 마땅히 석 달 뒤에 졸곡제를 지내야 하느라.

정월 8 일 작고 5 일장이라면 정월 12 일이 장례 날이며 초우가 되고 13 일이 강일로 다음날 14 일이 유일이니 재우를 지내고 강일인 15 일 날이 삼우 1 월 15 일부터 4 월 15 일이 만 석 달이며 그날이 병오로 강일이니 다음 강일은 17 일 무신으로 석달 이후의 강일은 음력 4 월 17 일이 졸곡제 입니다.

●性理大全虞祭; 葬之日日中而虞或墓遠則但不出是日可也若去家經宿以上則初虞於所館行之鄭氏曰骨肉歸于土魂氣則無所不之孝子爲其彷徨三祭以安之○遇柔日再虞; 乙丁巳辛癸爲柔日其禮如初虞若墓遠途中遇柔日則亦於所館行之○遇剛日三虞; 甲丙戊庚壬爲剛日其禮如再虞若墓遠亦途中遇剛日且闕之須至家乃可行此祭○卒哭; 三虞後遇剛日卒哭

▶3140◀◈問; 졸곡제 일자 관련 문의.

선생님 안녕하십니까 아래 명절 차례와 관련하여 질문을 드렸고, 귀하신 답변 감사히 잘 받았습니다. 졸곡제와 관련하여 언급을 주셔서 추가 문의 드립니다.

저희 어머님은 금년 8/2 일 작고하시어 8/4 일 삼우제(三虞祭)를 치렀고, 9/19 일 49 제를 지냈습니다.

문의 1) 금번 추석(秋夕) 명절에 차례(茶禮)를 지내지 않는다면, 성묘(省墓)도 생략해야 하는 것인가요?

문의 2) 졸곡제는 작고일(作故日) 기준 3 개월 후에 지낸다고 하는데 저희 어머니의 경우 10/31 일 입니까?

졸곡제(卒哭祭)를 지내는 날짜와 시간 그리고 형식을 알려주시면 감사 하겠습니다. (집에서 음식을 준비하고 예를 갖춰 지내면 되는 것인지 아니면 다른 장소와 형식이 필요한지 알고 싶습니다)

문의 3) 졸곡제 이후에는 어머님 기일에 기제사를 올리면 되는 것인지요? 아니면 추가적인 제가 필요한지요?

◈答; 졸곡제 일자.

문의 1). 答; 여묘(廬墓; 상주가 상 삼 년 동안 묘 밑에 움막을 짓고 거처하며 무덤을 지킴. 시묘 살이)동안 조석으로 상묘하여 곡 재배하는데 여묘는 형편상 못한다 하여도 묘소가 가까우면 수시로 성묘함이 예법에 벗어날 일은 아닙니다.

●問廬墓者朝夕哭省有拜禮否尤庵曰以小學王裒事見之則可知其有拜矣

문의 2). 答; 양력 8 월 2 일은 음력으로는 6 월 15 일이 됩니다. 이와 같다면 장례는 9 월 15 일이 됩니다. 초우(初虞)는 장 일이 되니 9 월 15 일(癸亥; 유일)이 초우가 되고 초우 후 유일(柔日)이 재우(再虞)가 되는데 유일은 9 월 17 일(乙日)이라 이날이 재우제를 지내게 되고 또 삼우(三虞)는 재우 후 강일(剛日)이니 강일은 9 월 18 일(丙日)되어 이날 삼우를 지내고 삼우 후 강일(戊日; 9 월 20 일)이 되면 졸곡제를 지내게 됩니다. 정확하게 계산하자면 이와 같이 음력 9 월 20 일 양력으로는 11 월 3 일이 졸곡제를 지내는 날이 됩니다.

졸곡제는 우제와 예법은 같은데 우제는 상제(喪祭)하 축관이 주인의 오른편에서 독축하였지만 졸곡제를 점차 길제의 예법을 따르는 관계로 주인의 좌측에서 독축하게 되고 우제에는 없었던 고리성(告利成)을 하게 됩니다.

●朱子家禮喪禮治葬三月而葬條王公以下皆三月而葬
●家禮*虞祭葬之日日中虞*遇柔日再虞*遇剛日三虞卒哭三虞後遇剛日卒哭
●小記報葬者報虞三月而後卒哭註報讀爲赴急疾之義謂家貧或以他故不得待三月死而卽葬者旣疾葬亦疾虞虞以安神不可後也惟卒哭則必俟三月耳
●家禮本註乙丁己辛癸爲柔日甲丙戊寅壬爲剛日

문의 3). 答; 물론 소상(小祥) 전에 부제(祔祭)가 있기는 합니다. 그러나 이미 탈상을 하였으면 소상일을 맞으면 기제 형식을 취하여 제사를 지내야 되겠지요. 소대상(小大祥)에 쓰인 상(祥)자는 한돌 또는 두 돌 만에 지내는 상제(喪祭)라는 의미입니다.

●禮記檀弓魯人有朝祥而莫歌者子路笑之父母死後十三個月而後祭曰小祥二十五個月而後祭曰大祥
●國語楚語屈到曰祭我必以芰及祥宗老將薦芰屈健命去之書昭注祥祭也

○常事; 喪祭名으로 상을 당하여 한 돌 만에 지내는 제사.

●士虞禮注言常者期而祭禮也疏虞祔之祭非常一期天氣變易孝子思之而祭是其常事

○祥事; 喪祭名으로 상을 당하여 두 돌 만에 지내는 제사.
●士虞禮朞而小祥曰薦此常事又朞而大祥曰薦此祥事鄭玄注祝亂之異者言常者朞而祭禮也古文常爲祥賈公彦疏此謂二十五月大祥祭故云復朞也變言祥事亦是常事也

○禫事; 喪祭名으로 상(喪)을 당하여 대상(大祥)을 지내고 한달 뒤 곧 초상(初喪) 후 27 월에 지내는 제사.
●士虞禮中月而禫鄭玄注中猶間也禫祭名也與大祥間一月自喪至此凡二十七月

▶3141◀◈問; 질문 있습니다.

몇 가지 질문 있습니다.

1). 하관을 하고 집에 와서 제사(제)를 올릴 때 몇 대까지 지냅니까? 혹시 4 대까지 지내면 따로따로 1 분씩 지냅니까 아니면 지방을 1 열로 써서 한꺼번에 지냅니까?
(집에 사당이 없을 때)

예; 아버지만 돌아가셨을 때, 어머니만 돌아가셨을 때, 양친 다 돌아가셨을 때.
2). 산신제, 평토제, 후토제 지내는 순서 (방법)을 가르쳐 주십시오.

3). 조문예절을 알고 싶습니다.

예; 돌아가신 분만 알고 상주는 모를 때. 돌아가신 분은 모르고 상주는 알 때. 돌아가신 분도 모르고 상주도 모를 때(사장님 장인이 돌아가셨어 조문을 하려고 할 때). 친척집에 조문갈 때 상주가 자기보다 항렬이 낮을 때(가령 상주가 조카뻘 될 때)

◈答; 질문에 답함.

1), **答;** 망자의 초우제 뿐입니다.

2), **答;** 하관을 하고 광중에 흙을 채우기 시작하면 묘 좌측에서 사후토제를 지내고 신주를 쓰는데 쓰기를 마치면 신주를 영좌 앞에 모셔 놓고 분향 짐주 고사문을 고하고 주인이 재배반곡할 뿐입니다.

3), **答;** 적(敵) 이상이면 절을 하고 적(敵) 이하 소자(少者)에게는 절을 하지 않습니다. 죽은 이를 알고 수하자(手下者)인 경우에는 곡은 하고 절을 하지 않습니다.

●太平廣記凡死者是敵以上則拜少者則不拜
●退溪曰妻當拜弟不當拜
●問從弟及妹之祭可不拜否尤庵曰似不當拜也
●梅山曰先儒於族弟侄之喪不拜不施於死者可施於生乎受親戚卑幼之吊者哭而已矣
●曲禮知生者吊知死者傷知生而不知死吊而不傷知死而不知生傷而不吊註各施於所知也吊傷皆謂致命辭也

전통 조문 예법으로는 늘 당으로 올라 절하던 어머니 뻘 되는 여자가 아니고는 위전에 들어가지 않는다.

●書儀婦人非親戚與其子爲執友嘗升堂拜母者則不入酹
●退溪曰禮嘗升堂拜母之外不許入今人皆入吊未安
●沙溪曰婦人之喪未及升堂者不哭可也鄕人多有哭之者非是
●遂庵曰內喪入哭者雖同姓不可太無限節袒免之外則似未安異姓戚誼若切近則平日雖偶未及升堂入哭有何不可
●問解婦人之喪未升堂者不哭可也鄕人多有哭之者非是

상주(喪主)를 알면 조문(弔問)을 하고 죽은 이도 알면 영연(靈筵)에 들어가 슬퍼한다. 상주(喪主)는 알고 죽은 이를 모를 때는 상주(喪主)에게 조문(弔問)은 하되 영연(靈筵)에 들어가 슬퍼하지 않으며, 죽은 이는 알고 상주(喪主)를 모를 때는 영연(靈筵)에 들어가 슬퍼는 하나 상주(喪主)에게 조문(弔問)은 하지 않는다.

●曲禮知生者吊知死者傷知生而不知死吊而不傷知死而不知生傷而不吊註各施於所知也吊傷皆謂致命辭也

생사자(生死者) 불지상면(不知相面)이면 조문하지 않습니다.

干齋曰凡受弔不問尊卑老少主人皆當先拜
간재 선생께서 말씀 하시기를 대체로 조문을 받을 때는 항렬이 높거나 낮거나 수상이나 수하나 막론 하고 모두 먼저 절을 하여야 예에 바로 맞는 것이니라.

답은 이 말씀 중에 있으리라 생각 됩니다.

▶3142◀ ◈問; 첫 생신이요.

다음 주에 아버지 돌아가신 후 첫 생신이 돌아옵니다. 얼마 전에 49 제를 마치고 탈상을 했습니다. 그래서 그런데 첫 생신은 어떻게 지내야 하는지 궁금합니다. 아무것도 모릅니다. 죄송하지만 상세하게 알려주세요. 예를 들면 음식은 어떻게 준비해야 하며, 언제, 어떤 방식으로 지내야 하는지.

◈答; 첫 생신.

생신제에 관하여 다음과 같은 선유의 말씀이 있습니다. 다만 선유들께서 의론이 분분한 예입니다. 그러나 세속에서 특히 상중에 지내고 있는 예입니다.

●愚伏曰禮輯乃明儒屠義英所著生日祭出主於正寢而行之如忌日之儀然忌日之祭亦古者所無宋賢始以義起而朱子於家禮亦著之然比四時正祭頗殺其禮其微意可知也至於生日之祭宋賢之所未起而近於人情之尤者故李先生斷以爲非禮之禮後學似不當有他議也
우복 선생께서 말씀 하시기를 명나라 유학자 도의영이 지은 예집(禮輯)에 생일 제사는 신주를 정침으로 내모시고 지내되 기일 제사 의식과 같이 지내야 한다. 라 하였는데 그러나 기일 제사 역시 옛날에는 지내지를 않았으며 송나라 현인들에 이르러서도 지내지를 않았는데 근래에 인정이 뛰어난 사람들이 지내기 시작 하였다, 고 이퇴계 선생께서 생신제는 예가 아니다 하여 단절이 된 예인데 후학들이 부당하다 달리 의논됨이 있어 이어진 것이니라.

●會成親在生辰旣有慶禮歿遇此日能不感慕如死忌之祭可也
가례회성에 부모 생전 생신은 정성을 다하여 경사스런 예가 있었으니 작고 하였어도 이날을 당하여 감모하지 않을 수 없는 것이니 힘에 가당하게 예법을 기일과 같이 제사를 지내야 옳다. 하였습니다.

위와 같이 살펴 볼 때 기제와 같이 지내면 크게 어그러지지는 않을 듯 합니다. 기제 지내는 법은 가례초해 본편 제례장 지방 기제사 지내는 법을 참고 하기 바라며 시기는 생신 날 날이 밝으면 지내고 축식은 다음과 같습니다.

⊙생신제 축문식(生辰祭祝文式)

維 歲次癸未八月癸酉朔十五日丁亥孝子某敢昭告于 顯考某官府君生辰復遇生旣有慶歿寧敢忘追感歲時昊天罔極謹以淸酌庶羞祗薦歲事尙 饗

일자는 금년 음력 8 월 15 일로 가정한 날짜이니 실 생신일로 고치면 되며 효자 모에는 장자 이름을 쓰고 현고학생의 학생에는 생전 벼슬을 하였으면 벼슬 등급 명을 쓰면 됩니다.

⊙生日辰儀禮節次(생일신의례절차) 家禮儀節

儀節並同祭禰
序立(主人主婦及弟婦子姪凡禰所出者皆在)○參神○鞠躬拜興拜興拜興拜興平身○降神○盥洗○詣香案前○跪○上香○酹酒(以下旁注皆與時祭同)○俯伏興拜興拜興平身○進饌○初獻禮○詣考妣神位前○跪○祭酒○奠酒○祭酒○奠酒○俯伏興平身○詣讀祝位○跪○主人以下皆跪○讀祝○俯伏興

○鞠躬拜興拜興平身○復位○奉饌○亞獻禮○盥洗○詣考妣神位前○跪○祭酒○奠酒○祭酒○奠酒○俯伏興拜興拜興平身○復位○奉饌○終獻禮○盥洗○詣考妣神位前○跪○祭酒○奠酒○祭酒○奠酒○俯伏興拜興拜興平身○復位○奉饌○侑食○鞠躬拜興拜興平身○復位○闔門○祝噫歆○啓門○主人以下復位○獻茶○飮福受胙○詣飮福位○跪○嘏辭曰(云云四時祭同但去祖字)○飮福酒○受胙○鞠躬拜興拜興平身(主人起立于東階上西向)○告利成(祝立于西階上東向曰)○利成○復位○鞠躬拜興拜興平身○辭神○鞠躬拜興拜興拜興拜興平身○焚祝文○送主○徹饌○禮畢

●湯氏鐸曰按家禮親生辰牙祭鄭氏曰祭死不祭生伏覩國朝頒降胡秉中祀先圖凡例有生日之祭當以此爲據竊惟親在生辰旣有慶禮歿遇此日能不感慕如死忌之祭可也
●問三年內遇亡人生辰不忍虛過上食後別設饌行之如何尤菴曰恐當如此象平日饌品稍備而行之耳
●直齋曰上食後別設恐近瀆於上食兼設殷奠似爲允當
●南溪曰生辰祭雖曰非禮三年內則人不可不行其儀倣俗節別設
●問生辰祭三年內設行可從否遂菴曰三年內象生時設行無妨
●問練祥若有故退行則祝式如何尤菴曰祝文當用常時所用而末段略告退行之由似宜
●問家禮集說有所謂生忌於先考妣生日設酒食以祭象平生也其祭文曰生旣有慶歿寧敢忘云退溪曰恐孟子所謂非禮之禮此類之謂也
●尤菴曰生辰之祭退溪非禮之答似不可易矣若知其非禮而以先世所行爲難停廢則是非禮之禮無時可改也世人喜說喪祭從先祖之文此殊未安然先世所行之禮昧然遽廢亦似未安須告以廢之之意恐爲婉轉
●會成惟親在生辰旣有慶禮歿遇此日能不感慕如死忌之祭可也

▶3143◀◈問; 첫 생신 제사상은요?

안녕하세요 추석 잘 보내셨죠? 다름아니라 히히히 낼 모래가 저희 돌아가신 아버지 처음 맞는 생신이시거든요 첫 생신 제사는 지낸다고 들었는데 상 차리는 법과 제사 지내는 방법들이 궁금해요 답장 부탁 드려요.

◈答; 첫 생신 제사상은.

작고하신 선친(先親)의 생신제(生辰祭) 의식은 제례편 지방(紙膀) 기제사와 같이 하고 진설 역시 모두 그와 같이 하면 됩니다. 첫 생신제만 지내는 것이 아니라 삼년상 내에는 차려 드린다고 합니다.

아래와 같이 살펴보건대 퇴계(退溪)말씀과 같이 사후 생신제는 비례(非禮)라 하셨으니 상삼년(喪三年) 이후는 폐하고 상삼년내(喪三年內)에는 상생(常生)의 예로 대함이니 생신일(生辰日)을 맞으면 우암(尤庵) 말씀과 같이 궤연에 생전의 예와 같이 차려 드림이 옳을 것 같습니다. 혹 더한다면 집설이나 탕씨 말씀이 계시니 기제(忌祭)와 같이 차려 드린다 하여도 예에 크게 어그러진다 할 수는 없을 듯도 싶습니다. 효(孝)란 지나침이 없으니 말입니다.

○生辰祭儀節次(생신제의절차)(會成)

儀節並同祭禰
序立(主人主婦及弟婦子姪凡禰所出者皆在)○參神○鞠躬拜興拜興平身○降神○盥洗○詣香案前○跪○上香○酹酒(以下旁注皆與時祭同)○俯伏興拜興拜興平身○進饌○初獻禮○詣考妣神位前○跪○祭酒○奠酒○祭酒○奠酒○俯伏興平身○詣讀祝位○跪○主人以下皆跪○讀祝○俯伏興○鞠躬拜興拜興平身○復位○奉饌○亞獻禮○盥洗○詣考妣神位前○跪○祭酒○奠酒○祭酒○奠酒○俯伏興拜興拜興平身○復位○奉饌○終獻禮○盥洗○詣考妣神位前○跪○祭酒○奠酒○祭酒○奠酒○俯伏興拜興拜興平身○復位○奉饌○侑食○鞠躬拜興拜興平身○復位○闔門○祝噫歆○啓門○主人以下復位○獻茶○飮福受胙○詣飮福位○跪○嘏辭曰(云云四時祭同但去祖字)○飮福酒○受胙○鞠躬拜興拜興平身(主人起立于東階上西向)○告利成(祝立于西階上東向曰)○利成○復位○鞠躬拜興拜興平身○辭神○鞠躬拜興拜興平身○焚祝文○送主○徹饌○禮畢

○축문식(祝文式)

(家禮集說)祝文云云歲序遷易生辰復遇存旣有慶歿寧敢忘追遠感時昊天罔極謹以淸酌庶羞

恭伸追慕尚饗

●集說[生辰祭]親在生辰旣有慶禮歿遇此日能不感慕如死忌之祭可也祝文云云歲序遷易生辰復遇存旣有慶歿寧敢忘追遠感時昊天罔極謹以淸酌庶羞恭伸追慕尚饗

●湯氏鐸曰按家禮親生辰牙祭鄭氏曰祭死不祭生伏覩國朝頒降胡秉中祀先圖凡例有生日之祭當以此爲據竊惟親在生辰旣有慶禮歿遇此日能不感慕如死忌之祭可也

●寒岡問先考生日設飮食以祭象平生也其祭文曰存旣有慶歿寧敢忘云云此意如何退溪曰恐孟子所謂非禮之禮此類之謂也

●沙溪曰生忌之祭凴善創開退溪非之是矣

●龜峯曰家禮祭有其數無先親生辰祭祭不可

●問家禮集說有所謂生忌於先考妣生日設酒食以祭象平生也其祭文曰生旣有慶歿寧敢忘云退溪曰恐孟子所謂非禮之禮此類之謂也

●尤菴曰生辰之祭退溪非禮之答似不可易矣若知其非禮而以先世所行爲難停廢則是非禮之禮無時可改也世人喜說喪祭從先祖之文此殊未安然先世所行之禮昧然遽廢亦似未安須告以廢之之意恐爲婉轉○又曰三年內遇亡人生辰不忍虛過上食後別設數器饌行之未知何如恐當如此鄙家喪中象平日饌品稍備而行之耳

●士喪記上食條燕養饋羞湯沐之饌註燕養平生所供養也饋朝夕食也羞四時之珍異

●同春問先考生日三年內設享亦難免非禮之議否沙溪曰凡筵異於祠堂以酒果餠麵如朔奠禮設之如何此非祭禮恐無不可

●問三年內遇亡人生辰上食後別設數饌行之何如尤庵曰恐當如此象平日饌品稍備而行之耳

●南溪曰生辰祭雖曰非禮之禮三年內又不可不行其儀倣俗節別設

●陶庵曰生辰祭實非禮之禮三年之內則有象生之義於朝上食後別設數品饌而儀如朝夕奠恐亦不妨否

●星湖曰吾平日禁生日宴飮况生忌非禮古有定說然不肖居喪之內則設饌如殷奠無祝而行事先賢有委曲處之未曾顯言其非故惟喪內行之

●湯氏鐸曰按家禮親生辰牙祭鄭氏曰祭死不祭生伏覩國朝頒降胡秉中祀先圖凡例有生日之祭當以此爲據竊惟親在生辰旣有慶禮歿遇此日能不感慕如死忌之祭可也

●愚伏答宋敬甫曰先大人生日適在季秋則雖三年之後以其日行禰祭甚得情理與所謂非禮之禮自不同

●鄭氏曰國朝頒降胡秉中祀先圖凡例有生日之祭當以此爲據竊惟親在生辰旣有慶禮歿遇此日能不感慕如死忌之祭可也

●家禮會成儀節並同祭禰但告辭云今以某親某官府君降生之辰敢請神主出就正寢恭伸追慕餘並同

●家禮集說親在生辰旣有慶禮歿遇此日能不感慕如死忌之祭可也祝文云云歲序遷易生辰復遇存旣有慶歿寧敢忘追遠感時昊天罔極謹以淸酌庶羞恭伸追慕尚饗

▶3144◀◈問; 추석과 49재가 같은 날 입니다.

안녕하십니까? 추석이 아버지 49 재일 입니다. 몇 가지 질문이 있어 문의 드립니다. 절에서 별도의 49 재를 올리지 않을 경우 차례와 49 재를 각각 어떻게 지내면 되는지. 차례에 아버지를 같이 모시는지. 아버지 생전에는 가정의례준칙에 따라 아버지의 할아버지(증조부)까지 모셨는데 제가 지낼 경우 어떻게 해야 하는지. 차례 및 49 재는 아버지가 계시던 곳에서 지내야 하는지 제가 사는 곳에서 지내도 되는지. (제가 아버지와 따로 살고 있었습니다.)

탈상과 관련하여 성묘는 언제 하는 것이 바람직한지 궁금합니다. 도움 주시면 감사하겠습니다.

◈答; 추석과 49재가 같은 날이면.

⊙卒哭後行祭

要訣凡三年之喪古禮則廢祠堂之祭而朱子曰古人居喪衰麻之衣不釋於身哭泣之聲不絶於口其出入居處言語飮食皆與平日絶異故宗廟之祭雖廢而幽明之間兩無憾焉今人居喪與古人異而廢此一事恐有所未安朱子之言如此故未葬前則準禮廢祭而卒哭後則於四時節祀及忌祭(墓祭亦同)使服輕者(朱

子喪中以墨衰薦于廟今人以俗制喪服當墨衰著而出入若無服輕者則亦恐可以俗制喪服行祀)行薦而饌品減於常時只一獻不讀祝不受胙可也期大功則葬後當祭如平時但不受胙未葬前時祭可廢忌祭墓祭略行如上儀緦小功則成服前廢祭(五服未成服前雖忌祭亦不可行也)成服後則當祭如平時(但不受胙)

⊙졸곡 후 제사 지내는 법

율곡(栗谷) 선생께서 격몽요결(擊蒙要訣)에서 이르시기를 최상(衰喪) 복인(服人)은 사시제(四時祭) 절사(節祀) 기제(忌祭) 묘제(墓祭)는 장사(葬事) 전에는 폐제(廢祭)하고 이후는 경복자(輕服者)를 시켜 평시보다 제수 품은 감하고 무축(無祝) 단헌(單獻)으로 음복(受胙)의 예가 없이 마치고 일년 복인이나 대공(大功) 구월 복인은 장사 전에는 폐제하고 지나면 평시와 같이 지내되 다만 음복치 않으며 장사 지내기 전에는 사시제는 폐하고 기제와 묘제는 위의 의식과 같이 생략하여 지내며 소공(小功) 오월 복인과 시마(緦麻) 삼월 복인은 성복 전에는 폐제를 하고 성복 후에는 평시와 같이 제사를 지내되 다만 음복의 예를 행치 않는다.

⊙俗節參禮先後(속절참례선후)

問三年內朔望俗節皆先几筵而後家廟耶沙溪曰然ㅇ尤菴曰朔望參禮先祠後殯此無疑祠中雖有卑於新亡者然旣統於尊者則似無所嫌矣ㅇ南溪曰家禮冬至祭始祖後行祠堂祭今雖喪禮當先行祠堂參

⊙속절 참례 선후

위의 말씀들을 살펴 볼 때 먼저 궤연에 지낸 뒤 사당 참례를 하여야 바른 예법 같습니다. 49 재는 그에 관한 예법은 아는 바 없으며 가정 의례준칙에 관하여서도 논할 수 없으며 다만 전통 예절 관혼상제에 관한 것뿐입니다.

귀하의 의문은 다음과 같이 요약 할 수 있을 듯 합니다.

1. **問;** 차례와 49 재는 어떻게 지내는가?
答; 차례의 예법과 49 재는 위 와 같습니다.

2. **問;** 차례에 아버지를 같이 모시는지?
答; 탈상 전에는 같이 모실 수가 없는 것입니다.

3. **問;** 고조 부모도 같이 모셔야 하는지?
答; 가속에 따라 모시면 됩니다. 다만 전통 예법에서는 고조부모까지 사당에 모십니다.

4. **問;** 차례와 49 재는 어디에서 모셔야 하는지?
答; 차례와 기제는 장자가 지내며 49 재는 불교 의식인 듯 하여 알지를 못 합니다.

5. **問;** 성묘는 언제 하여야 하는지?
答; 성묘는 장례를 마쳤으면 때가 없는 것입니다.

問; 추가로 한가지만 더 여쭤보겠습니다. 친절하신 답변 감사 드립니다. 많은 도움이 되었습니다.

죄송합니다만 추가로 한가지만 더 여쭤보겠습니다. 궤연을 먼저 모시고 사당(祠堂) 참례(參禮)를 해야 한다는 말씀은 탈상제(脫喪祭)를 먼저 올리고 차례(茶禮)를 지내면 된다는 말씀이신지요. 이 경우 탈상을 한 것으로 보아 차례에는 아버님도 같이 모셔야 하는 건지요. 그리고 이번에는 아버지가 계속 제사 지내시던 제 집에서 이번 차례를 모시고 앞으로는 저희 집에서 모시게 됐다고 별도로 고하는 절차 필요 없이 바로 제 집에서 지내고 예에 어긋나지 않는지요. 탈상(脫喪)과 관련하여 별도로 산소(山所)를 찾을 필요는 없고 추석 전 벌초(伐草) 때 묘소에 찾아 뵈면 예에 어긋나지 않는 다는 말씀이신지요. 바쁘실 텐데 다시 한 번 부탁드립니다 감사합니다.

答; 1. 혹 궤연을 모시지 아니 하였다손 처도 탈상제를 지내 드리지 아니하였으면 궤연을 모시고 있는 것이니 탈상 후라야 합제할 수 있다는 뜻입니다.

2. 사당을 옮기려면 이안(移安) 고사를 올리고 옮겨가 새 사당에 안좌(安坐) 시키는 고사를

올려야 예에 합당한 예법이니 지방으로 모신다 하여도 이에 준함이 합당치 않을 가 생각 됩니다.

3. 가례 등 예서에 탈상을 하고 곧 묘소를 찾아 뵙는 예는 없으나 세속으로 탈상제를 마치고 곧 산소를 찾습니다.

고사식은 대략 다음과 같습니다.

⊙移居告辭式(이거고사식)

家宅不利移買某處今以吉辰奉陪移寓

⊙奉安告辭式(봉안고사식)

屋宇維新廟儀如舊伏惟神主是居是安

●佛敎專門儀式薦度齋編(불교전문의식천도재편)(佛家의 齋禮)

對靈[擧佛][請魂][振鈴偈] 灌浴[入室偈][沐浴偈][庭中偈][開門偈] 觀音施食[擧佛][請魂][着語][振鈴偈][着語] 神妙章句大陀羅尼 破地獄眞言 解寃結眞言 普召請眞言 [證明請][歌詠][獻座眞言][茶偈][孤魂請][歌詠] 受位安座眞言 [茶偈] 變食眞言 施甘露水眞言 一字水輪觀眞言 乳海眞言 稱揚聖號 施鬼食眞言 施無遮法食眞言 普供養眞言 [供養讚][般若四句偈] 如來十號 [莊嚴念佛] 奉安偈 普廻向眞言 [奉送偈][行步揭][法性偈][餞送][諷誦加持] 燒錢眞言 奉送眞言 上品上生眞言 普回向眞言

※(形式)參考

薦 度 齋
對 靈

[擧佛]

南無極樂導師阿彌陀佛
南無左右補處兩大菩薩
南無接引亡靈引路王菩薩摩訶薩

[請魂]

據 娑婆世界 東洋 大韓民國 ○○道 ○○市 ○○洞 ○○寺 淸淨水月道場
今此至意誠心 四十九齋 爇香壇前 奉請齋者
○○道 ○○市 ○○居住 行孝子 ○○○伏位 所薦亡父母 ○○○靈駕
生本無生 滅本無滅 生滅本虛 實相常住 ○○○靈駕 還會得 頓證法身 永滅飢虛 基或未然 承佛神力 仗法加持 赴此香壇 受我妙供 證悟無生

●初刻拍案惊奇卷二十三; 次日崔生感興娘之情不已思量薦度他
●語類士大夫家忌日用浮屠誦經追薦鄙俚可怪旣無此理是使其先不血食也
●西樓記捐姬; 代殷勤薦度願稱早歸法旨蓮花生長無塵滓
●京本通俗小說拗相公; 一日愛子王雱病疽而死荊公痛思之甚招天下高僧設七七四十九日齋醮薦度亡靈

▶3145◀◈問; 축문에 관해서.

제 어린 여동생(기혼)이 세상을 떠난 지 약 4개월 정도 되었습니다. 곧 첫 생일이 다가오는데요. 제가 동생 친구들과 함께 생일제를 해주려고 합니다. 축문을 쓰고 싶은데 어떻게 해야 할지 조언 좀 부탁 드립니다. 여동생 생일은 1980년 05월 17일(음) 이고요 생일제 하는 날은 2010년 05월 16일 날 해주려고 합니다. 강0호

◈答; 축문에 관해서.

여자가 출가(出嫁) 후에 죽은 이의 모든 제사(祭祀)는 그 댁 주인이 주인이 되어 초헌을 하고 축문의 고자가(告者)가 됩니다. 따라서 출가한 여동생의 생일제에 대한 친정 오빠의 축

문식은 없습니다. 다만 그 제에 참석하여 애도의 표시로 정분에 따라 제문을 지어 고할 수는 있습니다.

⊙祭文式(제문식)

維 歲次干支幾月干支朔幾日干支忝親(隨所稱)姓某謹以清酌庶羞之奠致祭于 某親某官某公之柩云云(別爲文字以敍情意)尙 饗(廣記所知之喪未能往哭則遣使致奠賻之物就外次衣弔服再拜哭送之○溫公曰奠貴哀誠酒食不必豊腆○頤菴曰今俗致奠爭相侈靡以爲不若是不足以行禮或未易辦則遂不行之惑矣)

⊙姊妹祭文(자매제문)

云云嗚呼惟靈閨裡懿範女中令名處家孝友有行(詩傳云女子有行遠父母兄弟)靜貞何遽仙逝零落棣荊孔懷(詩傳云死喪之威兄弟孔懷)莫及永隔幽冥肝腸痛割涕淚縱橫登堂奠酌聊以告 靈哀哉尙 饗

▶3146◀ ◈問; 축문에 대한 질문입니다.

하시는 사업 번창하시길 빕니다. 다름이 아니옵고 마지막으로 모시는 제사(5 대조)에 쓸 축문은 홈페이지의 내용에서 찾아봐도 찾을 수가 없어서 이렇게 문의 드립니다. 매일매일 행복한 날 되십시오.

◈答; 축문에 대하여.

귀하의 질문은 자세한 까닭이 없어 내용으로 봐서 다음과 같이 예를 들겠으니 합당한 조목이 있으면 택하시기 바랍니다.

대종가의 종손의 상을 당 하여 대상 시 천묘(조상 신주를 한대씩 옮김)로 인하여 그 의 아들 항렬로 오대조가 되여 기제 봉사 세대가 지났을 때 다음의 두 형태의 천묘 방법이 있습니다. 직손 중 현손 이하 항렬이 생존하여 있을 시 그의 집으로 제사를 옮기는 축식(遷主最長房)

현손(玄孫)이 죽어 그의 적자(嫡子)에게 친진조(親盡祖; 五代祖)가 되면 그의 현손 이내(玄孫以內) 후손(後孫)이 생존하여 있으면 그 중 최장방(最長房)으로 옮겨 그 대에 맞게 개제하여 그가 봉사하다 그도 죽으면 차장방(次長房) 또 그도 죽으면 다음 이렇게 봉사하다 그의 현손대가 대진(代盡)되면 그때 그 신주를 묘소로 옮겨 매안하게 됩니다. 만약 현손까지 사대독자라면 현손의 형제도 없으니 그가 죽으면 그의 후손으로서는 친진이 되었으니 묘소에 매안하게 됩니다.

아래는 체천의 법도로서 혹 본 난을 방문하신 분들 중에는 여러 경우가 있을 것이라 그 사례마다의 축식을 게시하여 놓습니다. 각각의 경우에 따라 택하시거나 본 게시 축이 부족하시면 응용하시게 되면 거의 고축에는 부족함이 없을 것 같으며 또 예학을 공부하시는 분께는 혹 도움이 되지 않을까 하여 소용되어지는 遞遷에 관계된 축문식을 아래와 같이 덧붙여 드리니 필요 한대로 택하시기 바랍니다.

◈遞遷(체천)

●家禮族人有親未盡者遷于最長之房使主其祭

●備要祔位之主本位遞遷則埋于墓所

●沙溪曰最長房之義朱子以爲古人屢世同居一門之內子孫各有私房若有親之主而族人有親未震者則遷于其中最長者之房以祭之○又曰最長房之子雖未親盡門中又有諸父諸兄則當遷奉於其房耶沙溪曰然○又曰最長房有庶曾孫嫡玄孫則庶曾孫當奉祀若貧賤不可以奉祀嫡玄孫奉祀無妨○又曰最長房不能祧主則宗子姑安於別室以最長房之名改題旁註宗子攝行○又曰最長房死不待三年遞遷以三年廢祭有所未安故也○又曰父歿母在亦祧退溪曰父喪畢藏主別處以待他日與妣同入廟始行祧遷未爲得禮之正尤菴曰親盡祧遷當以奉祀孫世代計之雖祖曾祖母生存亦不可不遷○又曰非大宗高曾二祖親雖未盡當遷於長房

●陶菴曰庶孼房題只稱玄孫而祝辭自稱爲庶恐得之矣○又曰正位遞遷後祔主當埋安同春曰祔位於最長房亦是至親則幷奉以祭亦似爲安南溪曰班祔之位終兄弟之孫
●尤菴曰祧主改題自是遷奉者之事非舊主人之所當與也旣遷之後當有酒果告由之禮其時改題似宜矣○又曰宗孫死則祧位吉祭時當遞遷最長房死則葬後遷奉于次長房
●東岩曰大戴禮遷廟事畢擇日而祭註所以安神當依此擇日盛祭

◈埋主(매주)

●家禮高祖親盡則遷其主而埋之其墓田諸位迭掌而歲率其子孫一祭之百世不改
●儀節按楊氏附註引朱子他日與學者書旣祥而徹几筵其主且當附于祖父之廟俟三年喪畢合祭而後遷蓋有取於橫渠祫祭後奉祧主於夾室之說也而楊氏亦云俟吉祭前一夕以薦告遷主畢乃題神主厥明今祭畢奉神主埋於墓所奉遷主新主各歸于廟夫所謂合祭者卽橫渠所謂祫祭也家禮時祭之外未嘗合祭若卽是時祭又不知設新主位于何所今不敢從且依家禮爲此儀節庶幾不失云
●遂菴曰祧主卧埋安之之義人死卧葬藏魂帛亦卧埋可推而知也
●尤菴曰祧主埋於本墓之右邊旣掘坎以木匣先安於坎中然後以主櫝安于木匣中子孫皆再拜而辭畢閉匣門而掩土堅築後加以莎草○又曰正位遷于長房則祔位埋安事恐當盖無后人祔食旣是義起之禮寧有更享於最長房之理乎若有兄弟及姪或於其忌日以紙榜畧伸其情似不妨矣
●南溪曰今已永祧卧而置之
●陶庵曰祧主埋安時子孫之擧哀情理俱得○又曰去櫝埋安毋論豫之如何而心有不忍矣
●備要本位出埋則祔位當埋於墓所
●南溪曰班祔之位終兄弟之孫○又曰立埋生道卧埋死道也權埋則當立埋
●全齋曰雖考妣各窆已合櫝者不忍分離各埋於兩處後配各窆者亦然統於尊而幷埋於考位墓有何不可

◆送主祝文式(송주축문식)

維 歲次干支幾月干支朔幾日干支五代孫某敢昭告于 顯五代祖考某官府君 顯五代祖妣某封某氏古人制禮祀止四代心雖無窮分則有限神主當祧不勝感愴謹以酒果百拜告辭(本龕有祔位則此下云某親某官府君某親某封某氏神主亦當並埋)尙 饗

◆埋主將遷告辭(매주장천고사)(同春曰凡埋主旣納主櫃中將加盖諸子孫皆拜拜以辭可也○屛溪曰埋主兩階間宋時已不行矣吾東先儒皆埋壠尾右臨埋設殷奠於墓前告以感愴之意得矣)

維 歲次干支幾月干支朔幾日干支五代孫某敢昭告于 顯五代祖考某官府君 顯五代祖妣某封某氏先王制禮追遠有限今將永遷不勝感愴謹 以酒果用伸虔告謹告(若從南溪說則將遷時不設酒果只告曰今奉主就轝敢告若不用轝則曰今奉主往于墓所敢告)

◆將埋時告墓祝辭(장매시고묘축사)(存齋曰奉祧主至墓所不開櫝置墓右設奠墓前告)

維 歲次干支幾月干支朔幾日干支五代孫(承重稱六代孫)某敢昭告于顯五代祖考某官府君 顯五代祖妣某封某氏之墓神主永祧恭奉埋安于兆右不勝感愴謹以淸酌脯醢百拜告由(告畢奉櫝卧置櫃中別用木片松或栗高一寸四分周尺爲枕支之使主面平仰加盖覆土)

◆親盡主埋主時告山神祝文(친진주매주시고산신축문)

維 歲次干支幾月干支朔幾日干支某官姓名敢昭告于 土地之神今以五代祖考親盡神主埋安依仰神休永言無斁謹以淸酌脯果祇薦于神尙 饗

◆墓遠者埋于潔地告辭(묘원자매우결지고사)(祧主將埋而墓所絶遠者奉就所居近處高山潔地設榻于坎南奉櫝置榻上設酒果不焚香只奠酒告)

維 歲次干支幾月干支朔幾日干支五代孫某敢昭告于 顯五代祖考某官府君顯五代祖妣某封某氏埋主墓所禮取便宜非關玄道墓所越遠不可奉就理終歸土無間彼此望通楸山神氣是游百拜酹酒敬餞幽坎(栗谷曰今就潔地奉安先主永訣終天不勝悲感以淸酌用伸虔告謹告)

◆奉行墓所時告辭(봉행묘소시고사)(梅山曰將埋臨發說酒果告由)

今將埋安奉 主就轝敢告

◆至墓所告永訣神主告辭(지묘소고영결신주고사)(奉安幄次○近齋曰奉祠板於墓側以酒果告由)

維 歲次干支幾月干支朔幾日干支五代孫某敢昭告于 顯五代祖考某官府君 顯五代祖妣某封某氏今就墓右(或潔地)奉安 神主永訣終天不勝感愴謹以淸酌庶羞用伸虔告謹告(尤菴曰栗谷所製臨埋告辭永訣終天似不櫬改以開破封域爲辭○近齋云年月日五代孫某敢昭告于顯五代祖考妣今以祧遷親盡埋安神主于墓側破開塋域不勝云云若從尤菴說則當用此辭○南溪曰以告墓次而合祭祧主祝已告埋安當無再告之文○便覽掘坎時當位墓告辭云云世次迭遷神主已祧情雖無窮分則有限式遵典禮埋安于墓側不勝感愴謹以酒果云云)

◆埋主告辭式(매주고사식)(承重則六代祖考妣位告辭式(同治葬先塋條)

維 歲次干支幾月干支朔幾日干支五代孫(承重稱六代孫)某敢昭告于顯五代祖考某官府君 顯五代祖妣某封某氏之墓世次迭遷 神主已祧情雖無窮分則有限式遵典禮埋于 墓側不勝感愴謹以酒果用伸虔告謹告

◆埋於潔地臨埋時告辭(매어결지임매시고사)

維 歲次干支幾月干支朔幾日干支五代孫某敢昭告于 顯五代祖考某官府君 顯五代祖妣某封某氏今就潔地奉安 神主(增解若墓右而告墓則恐當改潔地曰墓右又奉安之安恐當作埋)永訣終天不勝悲感敢以淸酌用伸虔告謹告

◆臨埋神主掘坎時告辭(임매신주굴감시고사)

維 歲次干支幾月干支朔幾日干支五代孫某敢昭告于 顯五代祖考某官府君 顯五代祖妣某封某氏今以祧遷親盡將埋安 神主于墓右扞開塋域不勝感愴謹以酒果用伸虔告謹告

◆長房祫祭後祧主埋安告辭(장방협제후조주매안고사)

維 歲次干支幾月干支朔幾日干支五代孫某敢昭告于 顯五代祖考某官府君 顯五代祖妣某封某氏 先考某官府君曾奉祧祀今已喪訖禮當遞遷長房親盡 神主將埋 墓側不勝感愴謹以淸酌庶羞百拜告由敢告

◆代盡祖主久未埋遷追後埋安告辭(대진조주구미매천추후매안고사)

維 歲次干支幾月干支朔幾日干支幾代孫某敢昭告于 顯幾代祖考某官府君 顯幾代祖妣某封某氏先王制禮祀止四代不肖後生素昧于禮代盡 神主久闕祧埋今依禮經當遷埋于 墓所不勝感愴謹以酒果用伸虔告謹告

◆久後埋主告辭梅山(구후매주고사매산)

維 歲次干支幾月干支朔幾日干支五代孫某敢昭告于 顯五代祖考某官府君 顯五代祖妣某封某氏祧埋神主當在祫祀之後而形格勢禁罔卽行禮今將奉往墓所不勝感愴謹以酒果用伸虔告謹告

◆將遷祧主時告辭(장천조주시고사)(淵齋曰遞遷神主長房旣無所住之舍則就其墓下或於宗家作別廟而奉之似爲宜又曰祧主長房貧不遷奉則宗家權安于別廟而行祀之節長房當主之如或不參則祝文玄孫某使某親某云云爲可)

維 歲次干支幾月干支朔幾日干支五代孫某敢昭告于 顯五代祖考某官府君 顯五代祖妣某封某氏先王制禮追遠有限今將永遷不勝感愴謹以酒果用伸虔告謹告

◆無後合歿獨有祠堂其宗人爲之埋主告辭(무후합몰독유사당기종인위지매주고사)(告畢四拜傾酒于地又四拜遂奉主埋之如儀土平以石鎭之瞻仰噫歆而歸)

維 歲次干支幾月干支朔幾日干支姓名謹告于宗人某先某親列書各位某貧窮合歿無 嗣嗟其祖考無所依歆祠堂毁圮風雨蕩擊誼存同宗不堪惻愴玆爲埋安潔地義同祧毁神理何憾酌酒告由敬慰永歸

◆宗子無後次宗奉祖祀而埋其伯父神主者告辭(종자무후차종봉조사이매기백부신

주자고사)存齋

維 歲次干支幾月干支朔幾日干支從子某敢昭告于 顯伯父某官府君 顯伯母某封某氏從兄某無子身死從嫂某氏無家丐乞㖟無立後之望 顯祖考 顯祖妣神主某不得已以次長房承重之例改題奉祀顯伯父神主旣無班祔之廟某亦無粢盛之田玆依永祧之禮將埋于墓所感念家運五情如焚謹以淸酌庶羞百拜告辭

◆家貧無後埋安者告辭(가빈무후매안자고사)

云云某不肖無佚嗣續旣乏身且有病若使孤子一朝不幸家廟無主飢餒暴露恐辱 先靈及身尙存埋安墓所神理人事實爲俱便玆擇吉辰敢圖永祧隕迫號絶罔知攸告謹以酒果百拜告辭

◆鄕祠毁板埋安告辭(향사훼판매안고사)

維 歲次干支幾月干支朔幾日干支某孫某敢昭告于 顯某親某官府君神主金浦章甫始因 府君儒化道愛建祀俎豆已積歲年近者廟宇告頹無力改建移奉位板于中渚書院事體苟艱不容淹遲將奉埋于 府君墓所情禮久虧不勝感愴謹以酒果用伸虔告謹告

◆鄕祠毁板臨埋時告墓告辭(향사훼판임매시고묘고사)

維 歲次干支幾月干支朔幾日干支某孫某敢昭告于 顯某親某官府君之墓金浦章甫創祠以祭 府君者已積年所今因廟宇頹圮無所於俎豆形格勢禁罔極改建將埋位板于 府君墓所謹以酒果用伸虔告謹告

◆祧主連世共廟一位先埋則合祭諸祧主祝文(조주연세공묘일위선매칙합제제조주축문)

維 歲次干支幾月干支朔幾日干支某親某敢昭告于 顯某親某官府君 顯某親某封某氏某幾世祧主同安一室長房主祀歲薦苾芬禮制有限 顯幾代祖考親盡當祧東堂享嘗只有今日玆擧合祀感懷靡窮謹以淸酌庶羞祇薦歲事尙 饗(東巖曰累世祧主共安一廟代各異主禮意苟簡而今人家往往拘於事勢遂成一例旣共享多年則埋主之際又不可無合祭告由之節但不可如常祭之各以最長爲主則只以埋主長房之子通告○宗子親盡有不得已之事遽已埋主其後爲長房者欲奉祀以酒果搆由告墓辭○寒洲云宗子親盡禮宜遷奉長房而當初迫於事勢遽有埋主之擧到今長房某覺其違禮將以紙牓行祀定爲年例卽事之始敢告厥由(造成紙牓于墓所引靈到家如初虞)○按洲上此說可疑長房奉祀雖是禮也而朱子末年定論有不許長房遷主則不行遷奉亦非非禮也遽埋其主固違從先之禮而旣埋之後復以紙牓引靈于墓所無或近煩瀆耶)

◆埋主時祠版告辭(매주시사판고사)(奉祠版於墓側以酒果告由)

維 歲次干支幾月干支朔幾日干支五代孫(或六代孫)某敢昭告于顯五代祖考某官府君 顯五代祖妣某封某氏(或六代祖考妣)今就墓右奉安神主永訣終天不勝感愴謹以酒果用伸虔告謹告

◆埋主時母几筵告辭(매주시모궤연고사)

先考不幸以某月某日棄不肖禮律至嚴不敢不仍用父在母喪之制而至於題主 先考旣背不可主題孤哀子某將以 顯妣題之深增罔極敢告

◆追後埋主告辭(추후매주고사)(梅山曰吉祭旣有百拜告辭之文若卽埋安則奉往墓所時恐不必告而旣安別廟廣延時月則恐不宜昧然當更告)

維 歲次干支幾月干支朔幾日干支五代孫(承重稱六代孫)某敢昭告于顯五代祖考某官府君 顯五代祖妣某封某氏(或六代祖考妣)祧埋 神主當在祫祀之後而形格勢拘罔卽行禮今將奉往墓所不勝感愴謹以酒果用伸虔告謹告

◆神主埋安時祠土地祝文(신주매안시사토지축문)

維 歲次干支幾月干支朔幾日干支某官姓名敢昭告于 土地之神今爲某代祖考某官府君某代祖妣某封某氏神主親盡將埋于墓所神其保佑俾無後艱謹以淸酌脯果祇薦于神尙 饗

◆未造主者埋魂箱祝辭式(미조주자매혼상축사식)

維 歲次干支幾月干支朔幾日干支孝子某敢昭告于 顯考某官府君(或妣某封某氏)之墓年來禍

疊家事沒緖曩於襄奉未造神主今當掇几妥靈無所謹奉魂箱埋于體魄之宅留待日後追造木主私情痛毒不勝罔極伏惟 尊靈姑此憑依

◆吉祭後埋祔主告辭(길제후매부주고사)

維 歲次干支幾月干支朔幾日干支某親某官某敢昭告于 某親某官府君列書考妣之墓祔食之典止于先考之身玆因吉祭神主埋安不勝感愴謹以酒果敬伸奠告

◎奉遷主埋于墓側儀節(봉천주매우묘측의절)

(補祥祭後陳器具饌如朔日之儀用卓子陳廳事上質明主人奉安親盡之主于卓子上)

序立(如常儀)○參神○鞠躬拜興拜興平身○降神○盥洗○詣香案前○跪○上香○酹酒○俯伏興拜興拜興平身○主人斟酒○主婦點茶(畢並立)○鞠躬拜興拜興平身○主婦復位○跪○讀祝○俯伏興拜興拜興平身○復位○辭神○鞠躬拜興拜興平身○焚祝文○送主(執事者用盤盛主捧之主人自送至墓側)○埋主(祝埋畢始回)

◈最長房奉主(최장방봉주)

◆最長房遷奉先廟告辭(최장방천봉선묘고사)

今以宗孫家親盡于遠廟而不肖爲最長支孫將奉高曾祖兩代神主移安于私廟列位之右敢告

◆最長房遷奉舊廟告辭(최장방천봉구묘고사)

今以宗少孫親盡屬遠將奉高曾祖兩代神位移安于支長孫私廟敢告

◆最長房遷廟奉安告辭(최장방천묘봉안고사)

先王制禮遠廟爲祧傳支續祀義起情文吾宗一孤親過四世不肖餘孫序屬支長奉我高曾右于祖禰精神感會貫澈宗支同堂配食昭穆載序洋洋列祖永安追享

◆遷主最長之房祝文式(천주최장지방축문식)

維 歲次干支幾月干支朔幾日干支五代孫某敢昭告于 顯五代祖考某官府君 顯五代祖妣某封某氏玆以 先考某官府君喪期已盡禮當遷主入廟先王制禮祀止四代心雖無窮分則有限神主當祧遷于某親某之房(不遷之位則去某親某之房爲別室)尙 饗

◆最長房告家廟告辭(최장방고가묘고사)

維 歲次干支幾月干支朔幾日干支孝子隨屬稱某敢昭告于 顯考某官府君 顯妣某封某氏(曾祖或祖隨所奉位列書)某以長房今將祗奉 顯高祖考某官府君 顯高祖妣某封某氏(曾祖或祖隨屬稱)神主 顯考 顯妣(曾祖或祖隨所奉位列書)神主禮當以次遞降謹以酒果用伸虔告謹告

◆遷主最長房改題告辭式(천주최장방개제고사식)(上同儀節告遷于祠堂儀○黎湖曰世次相承之祭必先改題方行祧遷不改題而徑移於長房非禮家所知○陶菴曰改題時一二字拭去甚爲苟難莫若盡洗而改書)

維 歲次干支幾月干支朔幾日干支玄孫(曾孫或孫隨屬稱)某敢昭告于 顯高祖考某官府君 顯高祖妣某封某氏(曾祖考妣或祖考妣隨屬稱下同)今以孝玄孫某喪制已畢其子親盡 顯高祖考 顯高祖妣神主已祧某當以次長奉祀 神主今將改題謹以酒果用伸虔告謹告

◆最長房遷奉祧主者在父喪中則俟喪畢改題告辭(최장방천봉조주자재부상중칙사상필개제고사)

維 歲次干支幾月干支朔幾日干支玄孫某敢昭告于 顯高祖考某官府君 顯高祖妣某封某氏神主祧遷于不肖之房 先考某官府君喪期未盡當俟喪畢行禮謹以酒果用伸虔告謹告(三年喪祧位忌墓祭當單獻無祝○長房在父喪中而遞奉祧主者亦告于其父几筵恐宜)

◆最長房追後移奉告辭(補解追後奉祧主則來時當以酒果告由○輯覽註移奉後改題則當設酒果依神)

維 歲次干支幾月干支朔幾日干支玄孫某敢昭告于 顯高祖考某官府君 顯高祖妣某封某氏宗子親盡某以長房禮卽奉遷而家在某地道路遙遠隨事改措今始移奉當添將行改題神主謹以酒果用伸虔告謹告

◆最長房葬後祧主遞遷于次長房祝文(최장방장후조주체천우차장방축문)(最長房死祧主遷奉於次長房之節同春則以爲當待三年後吉祭時尤菴則以爲最長房之奉祧主其事體與宗家有異只欲權奉祭祀而復三年廢祭有所未安當以次長房於最長房葬後遷奉其祧主故好禮之家多從尤翁已例)

維 歲次干支幾月干支朔幾日干支五代孫某敢昭告于 顯五代祖考某官府君 顯五代祖妣某封某氏玆以 先考某官府君卒哭已過式遵近例 神主將遷于某親某之房不勝感愴謹以酒果百拜告辭尙 饗

◆最長房葬後卽遷主于次長房者告高祖以下告辭(최장방장후즉천주우차장방자고고조이하고사)

維 歲次干支幾月干支朔幾日干支孝玄孫某使某親某敢昭告于 顯高祖考某官府君 顯高祖妣某封某氏(諸位列書) 先考某官府君以今年某月某日棄世已經葬期 顯五代祖考某官府君 顯五代祖妣某封某氏神主玆依情禮遷于次長玄孫某之房不勝悲憾謹以酒果用伸虔告謹告

◆最長房葬後卽遷主于次長房時五代祖考出主告辭(최장방장후즉천주우차장방시오대조고출주고사)

維 歲次干支幾月干支朔幾日干支五代孫某使某親某敢請 顯五代祖考某官府君 顯五代祖妣某封某氏神主出就正寢恭伸告遷以顯某親某官府君顯某親某封某氏神主祔食謹告

◆最長房葬後次長房奉主就寢設饌祝辭(최장방장후차장방봉주취침설찬축사)

維 歲次干支幾月干支朔幾日干支五代孫某使某親某敢昭告于 顯五代祖考某官府君 顯五代祖妣某封某氏 先考某官府君以今年某月某日棄世已經葬期恭奉 顯五代祖考 顯五代祖妣神主遷于次長玄孫某之房情雖無窮禮有節制世次以遷不勝悲愴謹以淸酌庶羞百拜告由

◆告祔位祝辭(고부위축사)

維 歲次干支幾月干支朔幾日干支族曾孫某使某親某敢昭告于 顯某親某官府君 顯某親某封某氏 先考某官府君以今年某月某日棄世已經葬期恭奉 顯五代祖考 顯五代祖妣神主將遷于次長玄孫某之房 顯某親某官府君 顯某親某封某氏神主不得遷從依舊祔食于 顯高祖考某官府君之廟以待某喪畢後吉祭依禮永祧禮因情宜義隨勢安謹以淸酌庶羞恭伸奠獻伏惟 尊靈臨我無斁(吉祭後埋之墓所)

◆告靈座告辭(고령좌고사)

維 歲次干支幾月干支朔幾日干支孝子某敢昭告于 顯考某官府君顯考葬期已過 顯五代祖考某官府君 顯五代祖妣某封某氏神主今將遷于次長玄孫某之房典禮有常追遠靡及攀號几筵昊天罔極謹以酒果用伸虔告謹告

◆次長玄孫奉主至所居祠堂前置主于西階上告辭(차장현손봉주지소거사당전치주우서계상고사)

維 歲次干支幾月干支朔幾日干支玄孫某敢昭告于 顯高祖考某官府君 顯高祖妣某封某氏以次長祗奉祀事神主傍題將爲改題敢告

◆次長玄孫奉主至所居祠堂前旣題奉置卓上告辭式(차장현손봉주지소거사당전기제봉치탁상고사식)

請入于 祠堂

◆次長玄孫奉主至所居祠堂奉安于西龕設奠告辭(차장현손봉주지소거사당봉안우서감설전고사)

維 歲次干支幾月干支朔幾日干支玄孫某敢昭告于 顯高祖考某官府君 顯高祖妣某封某氏今依情禮遞奉祀事灑掃龕卓倍增瞻慕謹以酒果用伸虔告謹告

◆次長玄孫奉主西龕設奠畢本龕曾祖以下告辭(차장현손봉주서감설전필본감증조이하고사)

維 歲次干支幾月干支朔幾日干支孝曾孫某敢昭告于 顯曾祖考某官府君 顯曾祖妣某封某氏(諸位列書祔位不書)某以 顯高祖考最長房祗奉祀事今奉 顯高祖 顯考顯高祖妣神主安于

西一室典禮有常神道是宜謹以酒果用伸虔告謹告

◆旣奉高祖祀又奉曾祖祀者告辭(기봉고조사우봉증조사자고사)

維 歲次干支幾月干支朔幾日干支曾孫某敢昭告于 顯曾祖考某官府君 顯曾祖妣某封某氏禮有遞遷世代復會伏惟神理亦應感懷不勝追慕敬畏之至謹以酒果用伸虔告謹告(凡最長房之迁主幸其玄孫之猶在而不忍廢其祭最長旣死則次長亦老矣奉遷主之祭能幾何哉不可待吉祭而卽於葬後遷之與初在宗家時事本自別云爾)

◆宗家無後次孫奉祀者告辭(종가무후차손봉사자고사)

維 歲次干支幾月干支朔幾日干支曾孫某敢昭告于 顯曾祖考某官府君 顯曾祖妣某封某氏家運不幸孝曾孫某身歿寡婦當室莫重先祀難可獨屬玆制權宜恭奉神主移安于某所居某鄕某里以待宗婦立後依禮奉還宗支雖分情義無異伏惟 尊靈依我無遠不勝號慕隕絶之至謹以酒果先陳事由謹告

◆最長房之子告先考几筵告辭(최장방지자고선고궤연고사)

維 歲次干支幾月干支朔幾日干支孝子某敢昭告于 顯考某官府君 顯五代祖考某官府君 顯五代祖妣某封某氏神主式遵近例將遷于某親某之房謹告

◆最長房有故次長房遷奉祝文(최장방유고차장방천봉축문)

維 歲次干支幾月干支朔幾日干支五代孫某敢昭告于 顯五代祖考某官府君 顯五代祖妣某封某氏玆以 先考某官府君喪期已盡禮當遷主入廟先王制禮祀止四代心雖無窮分則有限神主當祧將遷于某之房而形勢貧窮不能奉往諸孫同議次長房某之房不勝感愴謹以淸酌庶羞百拜告辭尙 饗

◆長房告家廟告辭(장방고가묘고사)

維 歲次干支幾月干支朔幾日干支孝子某敢昭告于 顯考某官府君 顯妣某封某氏(若繼曾祖則當列書于上)某以長房某日當奉來 顯某親某官府君 顯某親某封某氏祧主安于右龕敢告

◆次長房遷奉祧主改題告辭(차장방천봉조주개제고사)(陶菴曰長房事體非與宗家等次長之當奉者告遷奉似宜)

維 歲次干支幾月干支朔幾日干支玄孫某敢昭告于 顯高祖考某官府君 顯高祖妣某封某氏今以玄孫某喪葬已訖某當以次長房奉祀 神主今將改題謹以酒果用伸虔告謹告

◆長房祫祭時祧主遷于次長房告辭(장방협제시조주천우차장방고사)

維 歲次干支幾月干支朔幾日干支玄孫某敢昭告于 顯高祖考某官府君 顯高祖妣某封某氏玆以 先考某官府君喪期已盡禮當遷主入廟 神主當祧于某親某之房不勝感愴謹以酒果用伸虔告謹告

◆長房卒哭後祧主遞遷告辭(장방졸곡후조주체천고사)(梅山曰長房亦當待祫祀遞遷而若從近例卒哭而遷則用此式)

維 歲次干支幾月干支朔幾日干支五代孫某敢昭告于 顯五代祖考某官府君 顯五代祖妣某封某氏玆以 先考某官府君卒哭已過式遵近例 顯五代祖考 顯五代祖妣神主將遷于某親某之房不勝感愴謹以酒果用伸虔告謹告

◆若卒哭而遷則長房之子告新位告辭(약졸곡이천칙장방지자고신위고사)(因上食告)

維 歲次干支幾月干支朔幾日干支孝子某敢昭告于 顯考某官府君 顯五代祖考 顯五代祖妣神主式遵近例將遷于某親某之房謹告

◆祧主以先嫡後庶之義追正改題告辭(조주이선적후서지의추정개제고사)

維 歲次干支幾月干支朔幾日干支玄孫某敢昭告于 顯高祖考某官府君 顯高祖妣某封某氏玆以 顯曾祖考某官府君 顯曾祖妣某封某氏兩世祧主當遷于長房先嫡而後庶已有往哲定論而誤以庶從叔屬稱題主事異常經禮宜改正移奉于不肖之房謹以酒果用伸虔告謹告

◆祧主權奉于宗家之日宗孫別廟告辭(조주권봉우종가지일종손별묘고사)
維 歲次干支幾月干支朔幾日干支孝玄孫某敢昭告于 顯高祖考某官府君 顯高祖妣某封某氏(諸位列書) 顯五代祖考某官府君 顯五代祖妣某封某氏祧主當遷于長房而居遠家貧罔克承祭今已權奉祧主于家中別廟謹以酒果用伸虔告謹告

◆別廟已成新主改題告辭(별묘이성신주개제고사)
祭止四代禮雖有制別奉寓慕亦粤先例省祖靜翁明著告辭昨歲權安匪敢擅私仰稽典故傍質老成求之今昔敢不殫誠永世之典明將擧行今將改題敢告端由

◆祧遷新主將奉別廟前期告由文(조천신주장봉별묘전기고유문)
適嗣親盡禮當遷房眇玆殘孫奠居靡方權奉空亭深增悚惶別祠行事先儒有說肇於今春合謀營築宗祠之傍三架告訖明將移奉不勝感慕謹以酒果用伸虔告

◆別廟奉安告由文(별묘봉안고유문)
今以吉辰奉移新祠大廟密邇神理允怡庶幾卽安永享苾芬不肖將事愴慕深新洋洋如在酒果薦虔

◆長房喪中不行祧主改題告辭(장방상중불행조주개제고사)(長房之遞奉祧主因不以喪中爲拘改題則當待吉祭行之非可行於喪中)
維 歲次干支幾月干支朔幾日干支玄孫某敢昭告于 顯高祖考某官府君 顯高祖妣某封某氏神主祧遷于不肖之房宜遵典禮以屬稱改題而 先考某官府君喪期未盡當竢喪畢行禮謹以酒果用伸虔告謹告

◆庶長房奉祧主嫡長房還奉改題告辭(서장방봉조주적장방환봉개제고사)(陶菴曰庶長房奉祧主旁題祝辭自稱爲庶恐得之)
維 歲次干支幾月干支朔幾日干支玄孫某敢昭告于 顯高祖考某官府君 顯高祖妣某封某氏祧主當遷于長房先嫡而後庶已有往哲定論而誤以庶從叔屬稱題主事異常經禮宜改正移奉于不肖之房謹以酒果用伸虔告謹告

◆長房奉安祧主于右龕告辭(장방봉안조주우우감고사)(長房廟龕虛右奉祧主不可不先告)
維 歲次干支幾月干支朔幾日干支孝子某敢昭告于 顯考某官府君 顯妣某封某氏 顯高祖考某官府君 顯高祖妣某封某氏祧位今遞遷于不肖之房改題 神主奉安右龕 府君(妣位恐當並書)神主差退左龕謹以酒果用伸虔告謹告

◆長房死後合祭親盡祖位祝文式(장방사후합제친진조위축문식)
維 歲次干支幾月干支朔幾日干支五代孫(承重云六代孫)某敢昭告于顯五代祖考某官府君 顯五代祖妣某封某氏(承重云六代祖妣)某先考(承重云先祖考)某官府君曾奉祧主今已喪訖親盡 神主將埋于墓側不勝感愴謹以淸酌庶羞百拜告辭尙 饗

◆長房有故權奉宗家別廟告辭(장방유고권봉종가별묘고사)(近齋曰祧位當以長房名改題而諸位改題時不可並爲之當於吉祭後其日或他日設酒果告改題之由以長房名使族人攝告)
維 歲次干支幾月干支朔幾日干支玄孫(曾孫或孫隨屬稱)某(若長房不來則當添身在遠地使五代孫某官某)敢昭告于 顯高祖考某官府君 顯高祖妣某封某氏(曾祖或祖隨屬稱)今以孝玄孫某官喪期已盡遷主入廟世次當祧某是最長房禮當奉祀而形勢貧窮流落鄕曲(隨事改措)不能如禮遷奉諸孫同議將遷奉于 宗家別廟禮當以某名書于 神主旁註使五代孫某攝行祭祀今將改題謹以酒果用伸虔告謹告(次長仍奉別廟措語○今以下當云最長房玄孫某喪葬已訖某是次長房而形勢貧窮不能遷奉將如前權奉于宗家別廟禮當云云)

◆長房有故仍奉宗家別廟祝文(장방유고잉봉종가별묘축문)近齋
維 歲次干支幾月干支朔幾日干支五代孫某敢昭告于 顯五代祖考某官府君(配位列書)玆以先考某官府君喪期已盡禮當遷主入廟先王制禮祀至四代心雖無窮分則有限 神主當祧將遷于玄孫某之房而形勢貧窮不能奉往諸孫同議仍奉宗家別廟玄孫某旣是長房當次之人禮當

書名旁註祭祀使五代孫某攝行今將改題謹以淸酌庶羞祗薦歲事尙 饗

◆長房合祭祧主祝文(장방합제조주축문)(埋祧主當在長房喪畢而祝辭用備要所載耳)

維 歲次干支幾月干支朔幾日干支五代孫某敢昭告于 顯五代祖考某官府君 顯五代祖妣某封某氏某 先考某官府君曾奉祧祀今已喪訖禮當遞奉長房親盡 神主將埋墓側不勝感愴謹以淸酌庶羞百拜告辭尙 饗(按有人嘗攝行其父母祀者以最長房當遷奉其曾祖父母之神主寒岡曰曾祖神位前不可稱攝祀二字當曰曾孫某官某初祭時祝文略敘宗孫代盡以長房奉來之意其後則自依常例)

◆長房死後次長移奉告辭(장방사후차장이봉고사)(屛溪曰卒哭後移奉)

維 歲次干支幾月干支朔幾日干支玄孫某敢昭告于 顯高祖考某官府君 顯高祖妣某封某氏(曾祖或祖隨屬稱)玄孫某喪葬已訖某當以次長奉祀 神主今將改題謹以酒果用伸虔告謹告

◆宗子無后而死次孫代奉宗祀先世神主祧遷告辭(종자무후이사차손대봉종사선세신주조천고사)

維 歲次干支幾月干支朔幾日干支某親某敢昭告于 顯某親某官府君 顯某親某封某氏伏以宗孫某歿而無子大祥已屆某以次孫代奉宗祀 顯某親某官府君 顯某親某封某氏當祧 顯某親某官府君 顯某親某封某氏當奉遷有服之孫 顯某親某官府君 顯某親某封某氏神主改題爲某親府君某親某氏世旣迭遷宗又易移不勝感愴謹以酒果用伸虔告謹告

◆親未盡而埋主者就墓所奉出改題告辭(친미진이매주자취묘소봉출개제고사)(全齋曰早孤無依親未盡而已埋主者及有室家當奉出其已埋之主而改題先以酒果告墓)

維 歲次干支幾月干支朔幾日干支早孤無依又甚穉昧未及親盡遽埋神主特埋俱虧痛隕罔極爰卜吉辰今將開破塋域奉出改題謹以酒果用伸虔告謹告(告墓後設墓次改題奉安仍薦殷奠初喪則以有虞祭也故題主奠只焚香斟酒追後奉出以奠兼虞是爲飮食依神恐不可略設也)

◆親未盡而埋主者奉出改題後祝文(친미진이매주자봉출개제후축문)

維 歲次干支幾月干支朔幾日干支某不肖無狀莫保神主今旣奉出改題行將祗奉家廟謹以淸酌庶羞恭伸奠獻尙 饗(就轝返第奉安家廟後又設酒果以案神告辭則不必疊告)

◆埋主後不祧有命舊主奉出改題告辭(매주후불조유명구주봉출개제고사)

維 歲次干支幾月干支朔幾日干支幾代孫某敢昭告于 顯幾代祖考某官府君 顯幾代祖妣某封某氏之墓神主祧遷已埋于墓所不祧之恩爰自先朝成命之下又在是日因太歲之重回擧致侑之盛祭當立新主用承 寵命而舊主神魂之憑依也體魄之鄰近也今將開破塋域奉出改題不勝感愴謹以酒果用伸虔告謹告(宗孫雖在憂服中罔克躬將立主以後告祝用宗孫名曰孝幾代孫某憂服在躬罔克將事屬某親某云云恐宜)

◆埋主後不祧有命舊主奉出改題還奉告辭(매주후불조유명구주봉출개제환봉고사)

維 歲次干支幾月干支朔幾日干支幾代孫某敢昭告于 顯幾代祖考某官府君 顯幾代祖妣某封某氏今以不祧有命還奉埋主伏惟 尊靈是憑是依(若舊主已朽造成新主則還奉埋主四字改以神主重成如何)

◆同神主毁傷還埋告辭(동신주훼상환매고사)

維 歲次干支幾月干支朔幾日干支謹啓塋域奉審埋主已化于土幾泯其形仍舊還安將立新主不勝感愴謹以酒果用伸虔告謹告(若舊主毁傷墓可改題則當仍舊還埋不容不以酒果更告于墓○立新主亦當於墓前幕次爲之設殷奠祝辭見下)

◆改題新主祝文式(개제신주축문식)

維 歲次干支幾月干支朔幾日干支神主重成伏惟 尊靈是憑是依將祗奉家廟謹以淸酌庶羞恭伸奠獻尙 饗(奉還家廟後又當設酒果以安神)

◆同改題還奉祝辭(동개제환봉축사)

維 歲次干支幾月干支朔幾日干支今以不祧有 命還奉埋主伏惟尊靈是憑是依(若舊主已朽造

成新主則還奉埋主四字改以神主重成如何)

◆追後移奉告辭(추후이봉고사)(補解追後奉祧主則奉來時當以酒果告由○今按移奉後改題則當設酒果依神)

維 歲次干支幾月干支朔幾日干支玄孫(曾孫或孫隨屬稱)某敢昭告于 顯高祖考某官府君 顯高祖妣某封某氏(曾祖或祖隨屬稱)宗子親盡某以長房禮卽遷奉而家在某地道路遙遠(隨事改措)今始移奉(今按當添將行改題神主)謹以酒果用伸虔告謹告

◆葬後吉祭前次長房遷奉告辭(장후길제전차장방천봉고사)

維 歲次干支幾月干支朔幾日干支今以孝玄孫某長逝長房玄孫某形勢貧窮不能奉往諸孫同議今將遷奉于次長房某之家敢告

◆葬後吉祭前次長房遷奉後改題告辭(장후길제전차장방천봉후개제고사)

維 歲次干支幾月干支朔幾日干支今以玄孫某敢昭告于 顯高祖考某官府君 顯高祖妣某封某氏今旣遷奉禮當改題 神主不勝感愴謹以酒果用伸虔告謹告

◆葬後吉祭前次長房遷奉題主後祝辭(장후길제전차장방천봉제주후축사)(題主奉安仍舊殷奠○只炷香斟酒歸家後行時祭似當)

維 歲次干支幾月干支朔幾日干支孝(立主後當孫孝)幾代孫某敢昭告于 顯幾代祖考某官府君 顯幾代祖妣某封某氏神主親盡祧埋已近三紀(隨時改措)因大僚仰請不祧成命已下 恩禮曠絶幽明俱榮今已造成神主伏惟 尊靈是憑是依(按本辭此下有行將祗奉家廟謹以淸酌庶羞祗薦歲事常饗而奉安家廟後不可無諸位合享之禮則此只用題主告辭歸家後依綱目說行時祭而參用時祭原祝恐好)

◆祖喪中遭父喪退行祖祥孫幼攝行告辭(조상중조부상퇴행조상손유섭행고사)(本祥日雖是輕喪殯在同宮則略設亦不可只行朔上食告由)

維 歲次干支幾月干支朔幾日干支孝孫某幼未將事屬從叔父敢昭告于 顯祖妣某封某氏(或顯祖考某官府君)明日當行大祥(小祥則曰小祥)而某罪逆凶釁 先考以某月某日喪逝殯在同宮準禮廢祭將退行於卒哭後彌增罔極謹因上食用伸虔告謹告

◆祧主長房遷奉後合祭本位告辭(조주장방천봉후합제본위고사)

維 歲次干支幾月干支朔幾日干支曾孫某敢昭告于 顯曾祖考某官府君 顯曾祖妣某封某氏(諸位列書)今以 顯高祖考某官府君 顯高祖妣某封某氏宗子親盡神主祧遷奉安同堂不勝感慕謹以酒果用伸虔告謹告(黃龍岡云前一日詣祠堂焚香告辭曰孝孫(只繼禰則稱孝子)某今以顯高祖考某官府君顯高祖妣某封某氏親盡宗家神主當祧某以年長次當奉祀將以來日奉遷于祠堂敢告○東巖曰累世祧主共安一廟代各異主禮意苟簡而今人家往往拘於事勢遂成一例旣共享多年則埋主之際又不可無合祭告由之節但不可如當祭之各以最長爲主則只以埋主長房之子通告)

◆宗子親盡埋主長房遷奉紙榜告辭(종자친진매주장방천봉지방고사)

維 歲次干支幾月干支朔幾日干支曾孫某敢昭告于 顯曾祖考某官府君 顯曾祖妣某封某氏宗子親盡禮宜遷奉長房而當初迫於事勢遽有埋主之擧到今長房某覺其違禮將以紙牓行祀定爲年例卽事之始敢告厥由(造成紙牓于墓所引靈到家如初虞○此說可疑長房奉祀雖是禮也而朱子末年定論有不許長房遷主則不行遷奉亦非禮也遽埋其主固違從先之禮而旣埋之後復以紙榜引靈于墓所無或近煩瀆耶)

이상과 같이 예에 딸아 고하는 축식을 이와 같이 하여 고하면 되겠습니다. 예법은 모두 주과포를 진설하고 단헌입니다. 신주를 모시지 않은 천묘 예법은 없으나 본 예법과 축식을 준용함이 예에 크게 어긋나지는 않을 것이라 생각됩니다. 다만 내용 중 신주(神主)를 지방(紙榜)으로 고쳐야 사리에 맞을 것입니다.

▶3147◀◈問; 탈상.

1. 앞선 질문에 대한 답변 감사히 받았습니다.

2. 지난 2002년 12월25일 아버님이 작고 하셔서 궁금한 점들이 참 많습니다. 저희는 화장

(火葬)을 하여 시립공원(市立公園)에 유골(遺骨)을 모셨습니다(당해 시설안치) 탈상은 기간이 있는지요 그리고 곧 조부(祖父)의 기제사(忌祭祀)가 있습니다 별다른 절차는 없는지요. 아버님 생신(生辰)이 첫 기제사 나흘 전인데 그것은 어떻게 해야 하는지요.
3. 모쪼록 답변에 재삼 감사 드리며 젊은 세대들에 많은 도움이 되는 일을 하고 계신다 사료 됩니다.

◈答; 탈상.

매장 예법 이전에는 풍장 등 다양한 장법이 있었음이 전하여지고 있으며 불교에서는 화장법이 기본 장법입니다.

전통 상례에서는 화장 후 예법을 예서로서 밝혀 전하여 지지는 않습니다. 매장이든 화장이든 같은 장법으로 인식 함이 중요 할 것입니다.

옛날에도 시신을 잃어 버리었거나 시신이 없으면 초혼장(招魂葬)과 의관장(衣冠葬)등의 풍습이 있은 듯 통전(通典)이나 비요에서 당부를 논한 바가 있음이 시신은 없으나 예법은 갖추었으리라 추측이 됩니다.

부모가 사망 하면 복을 입고 봉상 함은 장법과는 무관하게 당한 상복과 당한 기일로 탈상 함이 바른 예법입니다.

1. 答; 부모의 상을 당하면 참최 삼년상(三年喪)입니다.

●喪服四制凡禮之大體體天地法四時則陰陽順人情故謂之禮訾之者是不知禮之所由生也夫禮吉凶異道不得相干取之陰陽也喪有四制變而從宜取之四時也有恩有理有節有權取之人情也恩者仁也理者義也節者禮也權者知也仁義禮知仁道具矣註體天地以定尊卑法四時以爲往來則陰陽以殊吉凶順人情以爲隆殺先王制禮皆本於此不獨 喪禮爲然也故曰凡禮之大體吉凶異道以下始專以喪禮言之喪有四制謂以恩制以義制以節制以權制也細註馬氏曰天地者禮之本也陰陽者禮之端也四時者禮之柄也人情者禮之道也恩義所以厚其死節權所以存其生厚其死者故爲父斬衰三年爲君亦斬衰三年存其生者故曰毁不滅性不以死傷生也
●家禮喪禮成服其服之制一曰斬衰三年正服條子爲父也○又二曰齊衰三年正服條子爲母也

2. 答; 부모의 상중에 당한 다른 제사는 졸곡(卒哭; 약 100 여일)전은 폐하되 지난 뒤에는 경복인(輕服人)이 있으면 찬(饌)을 진설 하고 축 없이 그가 단잔(單盞)으로 지내면 됩니다.

●喪服中行祭儀凡三年喪古禮則廢祠堂之祭而朱子曰古人居喪衰麻之衣不釋於身哭泣之聲不絶於口其出入居處言語飮食皆與平日絶異故宗廟之祭雖廢而幽明之間兩無憾焉今人居喪與古人異而廢此一事恐有所未安朱子之言如此故未葬前則準禮廢祭而卒哭後則於四時節祀及忌祭(墓祭亦同)使服輕者(朱子喪中以墨衰薦于廟今人以俗制喪服當墨衰著而出入若無服輕者則亦恐可以俗制喪服行祀)行薦而饌品感於常時只一獻不讀祝不受胙可也

3. 答; 부모의 생신제는 가례에는 밝힌 예법은 없으나 기제사를 본떠 상중에는 궤연에서 아침 상식에 지냅니다.

⊙生辰祭儀節次(생신제의절차)(會成)

儀節並同祭禰

序立(主人主婦及弟婦子姪凡禰所出者皆在)○參神○鞠躬拜興拜興平身○降神○盥洗○詣香案前○跪○上香○酹酒(以下旁注皆與時祭同)○俯伏興拜興拜興平身○進饌○初獻禮○詣考妣神位前○跪○祭酒○奠酒○祭酒○奠酒○俯伏興平身○詣讀祝位○跪○主人以下皆跪○讀祝○俯伏興○鞠躬拜興拜興平身○復位○奉饌○亞獻禮○盥洗○詣考妣神位前○跪○祭酒○奠酒○祭酒○奠酒○俯伏興拜興拜興平身○復位○奉饌○終獻禮○盥洗○詣考妣神位前○跪○祭酒○奠酒○祭酒○奠酒○俯伏興拜興拜興平身○復位○奉饌○侑食○鞠躬拜興拜興平身○復位○闔門○祝噫歆○啓門○主人以下復位○獻茶○飮福受胙○詣飮福位○跪○嘏辭曰(云云四時祭同但去祖字)○飮福酒○受胙○鞠躬拜興拜興平身(主人起立于東階上西向)○告利成(祝立于西階上東向曰)○利成○復位○鞠躬拜興拜

興平身○辭神○鞠躬拜興拜興平身○焚祝文○送主○徹饌○禮畢

⊙축문식(祝文式)

(家禮集說)祝文云云歲序遷易生辰復遇存旣有慶歿寧敢忘追遠感時昊天罔極謹以淸酌庶羞恭伸追慕尙饗

●寒岡問先考生日設飮食以祭象平生也其祭文曰存旣有慶歿寧敢忘云云此意如何退溪曰恐孟子所謂非禮之禮此類之謂也
●沙溪曰生忌之祭馮善創開退溪非之是矣
●龜峯曰家禮祭有其數無先親生辰祭祭不可
●問家禮集說有所謂生忌於先考妣生日設酒食以祭象平生也其祭文曰生旣有慶歿寧敢忘云退溪曰恐孟子所謂非禮之禮此類之謂也
●尤菴曰生辰之祭退溪非禮之答似不可易矣若知其非禮而以先世所行爲難停廢則是非禮之禮無時可改也世人喜說喪祭從先祖之文此殊未安然先世所行之禮昧然遽廢亦似未安須告以廢之之意恐爲婉轉
●士喪記上食條燕養饋羞湯沐之饌註燕養平生所供養也饋朝夕食也羞四時之珍異
●同春問先考生日三年內設享亦難免非禮之議否沙溪曰凡筵異於祠堂以酒果餠麵如朔奠禮設之如何此非祭禮恐無不可
●問三年內遇亡人生辰上食後別設數饌行之何如尤庵曰恐當如此象平日饌品稍備而行之耳
●南溪曰生辰祭雖曰非禮之禮三年內又不可不行其儀倣俗節別設
●陶庵曰生辰祭實非禮之禮三年之內則有象生之義於朝上食後別設數品饌而儀如朝夕奠恐亦不妨否
●星湖曰吾平日禁生日宴飮况生忌非禮古有定說然不肯居喪之內則設饌如殷奠無祝而行事先賢有委曲處之未曾顯言其非故惟喪內行之
●湯氏鐸曰按家禮親生辰牙祭鄭氏曰祭死不祭生伏覩國朝頒降胡秉中祀先圖凡例有生日之祭當以此爲據竊惟親在生辰旣有慶禮歿遇此日能不感慕如死忌之祭可也
●愚伏答宋敬甫曰先大人生日適在季秋則雖三年之後以其日行禰祭甚得情理與所謂非禮之禮自不同
●鄭氏曰國朝頒降胡秉中祀先圖凡例有生日之祭當以此爲據竊惟親在生辰旣有慶禮歿遇
此日能不感慕如死忌之祭可也
●家禮會成儀節並同祭禰但告辭云今以某親某官府君降生之辰敢請神主出就正寢恭伸追慕餘並同
●家禮集說親在生辰旣有慶禮歿遇此日能不感慕如死忌之祭可也祝文云云歲序遷易生辰復遇存旣有慶歿寧敢忘追遠感時昊天罔極謹以淸酌庶羞恭伸追慕尙饗

▶3148◀◈問; 탈상에 대하여.

우선 선생님의 이 홈페이지(주자가례 전통예절)가 너무 많은 도움이 되어서 너무너무 감사드립니다. 예법이 너무 많이 바뀌다 보니 기억이 안 나는 데 제가 어렸을 적 탈상을 자정에 드린 거로 생각되는데 요즘은 아침에 드린다고 하는 말들이 있어서 문의 드립니다. 아침이면 탈상일 당일일 테고 자정이면 탈상일 전날 준비해서 첫 자정에 드려야 할 텐데 어떤 시간 때가 맞는지 알려 주시면 감사 하겠습니다.

◈答; 탈상에 대하여.

가례(家禮) 대상(大祥)장에 대상제(大祥祭)를 지내는 때가 다음과 같이 명시(明示) 되여 있습니다.

厥明行事皆如小祥之儀.
그날 날이 밝으면 대상제를 지내되 모두 소상 의식과 같게 한다.

소상제나 대상제는 그날 날이 밝으면 지내야 합니다. 세속에서 당일 자시에 행사를 하는 것은 기제를 본떠 행 하는 듯 합니다. 기제 역시 그날 날이 밝으면 지내야 하나 단 몇 시간을 참지 못하는 지극한 효심에서 자시에 지내는 것뿐입니다. 그 날 날이 밝았을 때 대상제를 지내는 것이 바른 예법입니다.

●士虞禮朞而小祥曰薦此常事又朞而大祥曰薦此祥事鄭玄注祝亂之異者言常者朞而祭禮也古文常爲祥賈公彦疏此謂二十五月大祥祭故云復朞也變言祥事亦是常事也

▶3149◀◈問; 탈상을 하는데?

선생님께 고언을 구합니다. 제대로 알고나 있어야 될 것 같아서 질문 올립니다.

1. 탈상은 3년 탈상으로 되어있는데. 반드시 3년으로 해야 되는지?
(어떤 집은 49탈상, 어떤 집은 100일 탈상 등 어떤 것이 맞는 건지)

2. 상을 당했을 때 쓰는 49제라는 것은 무엇이며, 왜 49일인지?

3. 기타 예절에서 쓰는 일수는 어떤 것이 있으며(예, 49제, 삼칠일)각각의 뜻과 의미는 무엇인지요?

◈答; 탈상에 대하여.

탈상에 대하여 아래와 같이 답하여 드립니다.

1), 答; 다만 본 답변은 친상(親喪)에 대한 답변으로 친상은 3년 탈상(脫喪)이라야 예에 합당한 것이라 하겠습니다. 부모상은 모두 3년 복(服; 다만 어머니는 아버지가 먼저 작고) 입니다.

●問練祥若有故退行則祝式如何尤菴曰祝文當用常時所用而末段略告退行之由似宜
어떤 사람이 묻기를 만약 소상(小祥) 때 피치 못할 연유가 있어 괴연을 내여 탈상(脫喪)을 하려면 축식은 어찌 써야 합니까 하고 여쭙자 우암(尤庵)께서 말씀 하시기를 마땅히 상시 사용하는 축문(祝文)을 쓰되 축문 끝에 탈상(脫喪)하는 연유를 고함이 옳을 것이니라 하셨느니라.

2), 答; 재(齋)라 함은 불가에서 명복을 비는 불공으로 49재(齋)는 사람이 죽은 지 49일 되는 날 지내는 불공으로 칠칠재(七七齋) 라고도 한다 하며 불가의 제도이라 뜻과 의미는 답할 수가 없습니다.

천도재(薦度齋)란 망자(亡者)의 영혼(靈魂)을 극락(極樂)의 세상으로 보내기 위하여 산 자가 7일마다 7번을 치르는 불교 의식인 7재(齋)와 100일재(日齋) 1년. 2년 또 업장이 무거운 영혼에게는 수의 지정 없이 여러 번 지내 주는데 이 중에서도 49일째 지내는 49재가 가장 중요하다 합니다. 까닭은 49재에는 지하 왕 중의 왕인 염라대왕(閻羅大王)의 심판 일이라 그렇다 합니다. 이와 같이 지내는 재(齋)를 일러 천도재(薦度齋)라 합니다.

●佛敎專門儀式薦度齋編; 對靈[擧佛][請魂][振鈴偈] 灌浴[入室偈][沐浴偈][庭中偈][開門偈] 觀音施食[擧佛][請魂][着語][振鈴偈][着語] 神妙章句大陀羅尼 破地獄眞言 解寃結眞言 普召請眞言 [證明請][歌詠][獻座眞言][茶偈][孤魂請][歌詠] 受位安座眞言 [茶偈] 變食眞言 施甘露水眞言 一字水輪觀眞言 乳海眞言 稱揚聖號 施鬼食眞言 施無遮法食眞言 普供養眞言 [供養讚][般若四句偈] 如來十號 [莊嚴念佛] 奉安偈 普廻向眞言 [奉送偈][行步揭][法性偈][餞送][諷誦加持] 燒錢眞言 奉送眞言 上品上生眞言 普回向眞言

※(形式)參考

薦 度 齋
對 靈

[擧佛]

南無極樂導師阿彌陀佛
南無左右補處兩大菩薩
南無接引亡靈引路王菩薩摩訶薩

[請魂]
據 娑婆世界 東洋 大韓民國 ○○道 ○○市 ○○洞 ○○寺 淸淨水月道場今此至意誠心 四十九齋 爇香壇前 奉請齋者
○○道 ○○市 ○○居住 行孝子 ○○○伏位 所薦亡父母 ○○○靈駕
生本無生 滅本無滅 生滅本虛 實相常住 ○○○靈駕 還會得 頓證法身 永滅飢虛 基或未然 承佛神力 仗法加持 赴此香壇 受我妙供 證悟無生

●初刻拍案惊奇卷二十三; 次日崔生感興娘之情不已思量薦度他
●語類士大夫家忌日用浮屠誦經追薦鄙俚可怪旣無此理是使其先不血食也
●西樓記捐姬; 代殷勤薦度願稱早歸法旨蓮花生長無塵滓
●京本通俗小說抝相公; 一日愛子王雱病疽而死荊公痛思之甚招天下高僧設七七四十九日齋醮薦度亡靈
●實錄太宗十二年壬辰十月八日庚申司諫院上疏疏曰: 然爲死者供佛齋僧之事因循未革而人死則皆欲薦拔而爲七七之齋間設法席之會至於殯處掛佛邀僧稱爲道場無間晝夜男女混處妄費天物曾不顧惜或有無識之徒專尙浮華極備供辦誇示人目其於存亡有何益哉假使佛氏有靈而受人之饋救人之罪則是賣官鬻獄汚吏之事也安有此理哉且生死有命禍福在天縱有祈禱之切佛氏安能施惠於其間哉且於佛經未有齋晨七七之說此必後世僧徒誑人歛財之術也伏望殿下特命攸司喪祭之儀一依
●釋門儀式擧揚;據娑婆世界南贍部洲東洋大韓民國某處某寺淸淨水月道場今此至極至精誠四十九日齋薦魂齋者某處居住行孝者伏爲所薦先嚴父靈駕諸當四十九日之晨爲亦上世先亡廣劫以來父母一切親屬等各列位列名靈駕
●東文選䟽薦冲鏡王師䟽字宙空虛而安住哀哀躃地有同失乳之兒惘惘迷途何異喪家之狗念以平生之履踐想應本地之優游玆不廢於修齋盖未免乎順俗七七齋之方屆三三寶之是供燈燈變作光明臺遍周法界粒粒化生妙香饌充滿性空區區此心了了他鑒伏願云云徑登覺路與諸達者以同遊重入祖門無一衆生而不度
●藍溪先生年譜憲宗皇帝成化二年丙戌(世祖大王十二年)春立碣于敎授公墓先生撰識○是歲母夫人安氏卒(時麗俗未遠喪制壞缺七七之設浮屠之法盛行於世而先生一從古經朝夕哭於几筵哀毁終制鄕隣多感化焉)
●退溪曰七七齋聞出於竺敎而不知其何謂然古人論此等事非一

3), 答; 49 齋는 위 2번에서 충분히 설명이 되어 있고 37재 역시 1재, 2재, 3재의 의미라면 2번에서 그 의미를 찾으십시오.

▶3150◀◈問; 탈상전인데.

효자(孝子)를 고자(孤子)로 쓰는 것이?

◈答; 탈상전인데.

고자(孤子)는 졸곡(卒哭)축까지만 붙이고 부제부터는 효자(孝子)로 쓰는 것이 맞습니다.

●雜記祭稱孝子孝孫喪稱哀子哀孫疏祭吉祭謂自卒哭以後之祭也吉則申孝子心故祝辭云
孝喪謂自虞以前祭也喪則痛慕未申故稱哀也故士虞禮稱哀子卒哭乃稱孝子
●續通解按卒哭以吉祭易喪祭則合稱孝子孝孫今尙稱哀者豈孝子不忍忘哀至祔而神之乃稱孝歟
●備要按儀禮家禮則祔祭始稱孝當從儀禮

▶3151◀◈問; 탈상제에 대하여 문의합니다.

안녕하세요? 시아버지 탈상제사를 모시려고 하는데요, 탈상제 시간은 몇 시에 모셔야 하는지요? (시아버지께서는 12월 10일 저녁 8시에 운명하셨거든요.) 집에서 상식을 매일 올리고 있고요, 상망제사도 드리고 있습니다. 새해 1월 27일 날 49재 겸해서 탈상제사를 모시려고요. 가정의례준칙대로 탈상제 제수도 기제사에 준해서 준비하려고 합니다. 유교 식으로는 100일 탈상이 가장 간소하게 모시는 것인 줄 압니다만 저희 자식들은 불교를 믿고 돌아가신 시아버지께서는 유교 식을 좋아하셔서 저희는 집에서 49일간 정성껏 돌아가신 분을 모시고 싶습니다.

탈상제사를 몇 시경에 올리는 것인지가 가장 궁금하구요, 또 한가지는 축문에 대해서요. 한글 축문과 한문축문 좀 상세히 알려주시면 대단히 고맙겠습니다. 이런 사이트가 정말 생활에 얼마나 편리한지 너무 고맙습니다. 안녕히 계십시오. 아울러 무궁한 발전을 축원합니다.

◈答; 탈상제(脫喪祭)에 대하여.

질문하신 탈상제는 당일 아침에 날이 밝으면 제사를 지내시면 되고 제수품은 기제사에 준하여 준비하시면 됩니다.

⊙49 일 탈상축식입니다.

유 세차신사(辛巳)십이월신사삭(辛巳朔)십오일을미(乙未)효자○○(이름)감소고우 현고학생부군일월불거엄급사십구상국흥야처애모불녕삼년봉상어례지당사세불체혼귀분묘근이청작서수애천상사 상 향

●喪服四制父母之喪三年而祥
●三年問三年之喪二十五月而畢
●語類親喪兄弟先滿者先除後滿者後除以在外聞喪有先後
●雜記期之喪十三月而祥
●間傳又期而大祥有醯醬居復寢素縞麻衣
●喪大記既祥黝堊祥而外無哭者註堊室在中門外練後服漸輕可以謀國政謀家事也祥大祥也黝治堊室之地令黑堊塗堊室之壁令白皆稍致其飾也祥後中門外不哭故曰祥而外無哭者禫則門內亦不復哭故曰禫而內無哭者所以然者以樂作故也
●子夏既除喪而見予之琴和之而不和彈之而不成聲作而曰哀未忘也先王制禮而不敢過也子張既除喪而見予之琴和之而和彈之而成聲作而曰先王制禮不敢不至焉疏按家語及詩傳皆言子夏喪畢夫子與琴授琴而絃衎衎而樂閔子騫喪畢夫子與琴授琴而絃切切而哀與此不同當以家語及詩傳爲正
●顔淵之喪饋祥肉孔子出受之入彈琴而后食之

▶3152◀◈問; 탈상축문.

탈상축문을 찾아봐도 없네요. 1년 상인데, 소상축문을 그대로 쓸 수는 없을 것 같고요. 한문으로 된 축문을 부탁 드립니다. 메일 주시면 더욱 고맙고요.

◈答; 탈상축문.

3년 봉상은 자식으로서의 도리이나 여건이 여의치 않은 듯 합니다. 그러나 요즘 세대에 불교식인 49일로 탈상 하는 이 있다는데 대단히 감사 합니다.

축문은 다음과 같이 써 봉독 하면 뜻이 전 하여 질것 같으니 참고 하시기 바랍니다. 지방과 축문은 세워 써야 합니다.

⊙탈상 축문식

維 歲次干支某月干支朔某日干支孝子某敢昭告于 顯考學生府君(母爲顯妣孺人某氏)日月不居奄及期喪夙興夜處哀慕不寧三年奉祥於禮至當事勢不逮魂歸墳墓謹以淸酌庶羞哀薦祥事尙 饗

축문 중 간지, 모월, 삭, 모일, 모, 학생, 유인, 모씨, 등의 쓰는 법은 본 페이지 제례편 지방 기제사 축문 쓰는 법을 참고 하시기 바랍니다

▶3153◀◈問; 할아버지의 49 재 탈상 축문 부탁 드려요.

저는 할아버님의 49 제 탈상 축문을 문의 드립니다. 할아버지가 돌아가신 후 49 재가 곧 돌아옵니다. 제가 손자로서 이번 축문을 맡았는데 도무지 어떻게 작성을 해야 하는지 인터넷으로는 아무리 봐도 앞이 깜깜합니다. 오는 9 월 8 일 (음력: 7 월 20 일) 일이 할아버님의 49 재 탈상 일입니다. 그래서 본의 아니게 축문을 부탁 드리려 합니다. [정 0 환]

◈答; 할아버지의 49 재 탈상 축문.

四十九齋란 불가의 상례 법으로 유가의 예법은 아닙니다. 특히 49 재 탈상이란 없습니다.

그러나 여러 가지 여건상 불가피하게 탈상의 사유가 발생하였다면 계속 유지 자체도 불가능할 것입니다.

아래는 변례의 탈상 축문식입니다.

●탈상축문

維 歲次己丑七月丁酉朔二十日丙辰孝子(承重則孝孫)某敢昭告于 顯考某官俯君(承重則顯祖考某官府君)日月不居奄及四十九喪夙興夜處哀慕不寧三年奉喪於禮至當事勢不逮魂歸墳墓謹以淸酌庶羞哀薦祥事尙 饗

불가의 서적 중 불교전문의식(佛敎專門儀式)이라는 책에 천도재(薦度齋)의 예법이 적나라하게 기술되어 있어 그를 아래와 같이 주문(呪文)의 제목만 열거하여 드립니다. 천도재(薦度齋)란 망자(亡者)의 영혼(靈魂)을 극락(極樂)의 세상으로 보내기 위하여 산 자가 7 일마다 7 번을 치르는 불교 의식인 7 재(齋)와 100 일재(日齋) 1 년. 2 년 또 업장이 무거운 영혼에게는 수의 지정 없이 여러 번 지내 주는데 이 중에서도 49 일째 지내는 49 재가 가장 중요하다 합니다. 까닭은 49 재에는 지하 왕중의 왕인 염라대왕(閻羅大王)의 심판일이라 그렇다 합니다. 이와 같이 지내는 재(齋)를 일러 천도재(薦度齋)라 합니다.

●佛敎專門儀式薦度齋編; 對靈[擧佛][請魂][振鈴偈] 灌浴[入室偈][沐浴偈][庭中偈][開門偈] 觀音施食[擧佛][請魂][着語][振鈴偈][着語] 神妙章句大陀羅尼 破地獄眞言 解寃結眞言 普召請眞言 [證明請][歌詠][獻座眞言][茶偈][孤魂請][歌詠] 受位安座眞言 [茶偈] 變食眞言 施甘露水眞言 一字水輪觀眞言 乳海眞言 稱揚聖號 施鬼食眞言 施無遮法食眞言 普供養眞言 [供養讚][般若四句偈] 如來十號 [莊嚴念佛] 奉安偈 普廻向眞言 [奉送偈][行步揭][法性偈][餞送][諷誦加持] 燒錢眞言 奉送眞言 上品上生眞言 普回向眞言

※(形式)参考

薦 度 齋
對 靈

[擧佛]

南無極樂導師阿彌陀佛
南無左右補處兩大菩薩
南無接引亡靈引路王菩薩摩訶薩

[請魂]

據 娑婆世界 東洋 大韓民國 ○○道 ○○市 ○○洞 ○○寺 淸淨水月道場
今此至意誠心 四十九齋 爇香壇前 奉請齋者
○○道 ○○市 ○○居住 行孝子 ○○○伏位 所薦亡父母 ○○○靈駕
生本無生 滅本無滅 生滅本虛 實相常住 ○○○靈駕 還會得 頓證法身 永滅飢虛 基或未然 承佛神力 仗法加持 赴此香壇 受我妙供 證悟無生

●初刻拍案惊奇卷二十三; 次日崔生感興娘之情不已思量薦度他
●語類士大夫家忌日用浮屠誦經追薦鄙俚可怪旣無此理是使其先不血食也
●西樓記捐姬; 代殷勤薦度願稱早歸法旨蓮花生長無塵滓
●京本通俗小說拗相公; 一日愛子王雱病疽而死荊公痛思之甚招天下高僧設七七四十九日齋醮薦度亡靈

▶3154◀◈問; 헌 喪服을 새것으로.

좋은 가르침 감사합니다. 다름이 아니옵고 친상을 당하여 3 년 상을 치르다 보니 헐고 추하여 새 것으로 지어 입으려 합니다. 주위에서 공론이 초상에 지어 입은 상옷은 고쳐 입지 않는다고들 합니다. 맞는 말인지요. 가르침 주시기 바랍니다. 안녕히 계십시오.

◈答; 헌 상복(喪服)을 새것으로.

아래와 같이 살펴보건대 초상(初喪) 때 지어 입은 상복(喪服)은 탈상(脫喪) 전에는 아무리 낡았다 하여도 다시 지어 입지 않는다 합니다.

●喪服四制喪不過三年苴衰不補(註)虞祭始沐不補雖破不補完也(疏)苴衰不補者言苴麻之衰雖破不補

▶3155◀◈問; 현시기에1년 탈상에 대한 축문.

만나 뵙게 대해 대단히 감사합니다. 여쭙고 싶은 것은 현 요즘 1 년에 탈상하는 소. 대상 축문서식에 대해 답변 부탁 드리겠습니다,

◈答; 현시기에1년 탈상에 대한 축문.

⊙稅喪祝文式(탈상축문식)

維 歲次干支幾月干支朔幾日干支孝子某敢昭告于 顯考某官府君日月不居奄及期喪夙興夜處哀慕不寧三年奉喪於禮至當事勢不逮魂歸墳墓謹以淸酌庶羞哀薦祥事尙 饗

1 년 내에 탈상을 하면 소 대상 축문은 없습니다.

20 상중 행례(喪中行禮)

▶3156◀◈問; 개장복 중 당한 제사.

고조부를 이장을 하였습니다. 들음에 의하면 이장을 하면 그 복이 3 월이라 합니다. 그런데 그 복을 벗기 전에 부친 기제가 드는데 복중에는 제사를 지내지 않는다고들 합니다. 어찌함이 옳은지요.

◈答; 개장복 중 당한 제사.

아래와 같이 살펴보건대 시마복인은 성복 후에는 평시와 같이 제사한다 하였고 근재 선유 말씀도 개장 복 중에 드는 제사는 평시와 같이 지낸다 라 하셨으니 복중이라도 제사를 지내심이 옳은 것입니다.

●要訣喪服中行祭儀緦小功則成服前廢祭成服後則當祭如平時
●近齋曰古禮改葬緦葬而卽除雖從厚仍服三月服內祭祀不必依三年內例只如常時爲宜

▶3157◀◈問; 궁금한 게 있어요.

안녕하세요. 작은아버지께서 작고 하신 날이 1 월 12 일입니다 차례(茶禮)를 지내야 되나요. 그리고 시아버님 제사가 1 월 31 일인데 제사는 지내도 되는 건가요. 답변 부탁 드려요. 감사합니다.

◈答; 상중에 차례나 제사는.

백숙부의 상을 당하면 성복 전(4 일)은 모든 제사를 폐하고 성복한 뒤에는 설 제사를 지내도 된다 하였으니 1 월 12 일 날 작고하였다면 설 명절이 동월 23 일로 성복 후가 됩니다. 따라서 절사나 기제 역시 약설하고 무축단헌(독축치 않고 일헌)으로 평상시와 같이 제사를 지냅니다.

●性理大全家禮喪禮成服不杖朞; 其正服則爲伯叔父母也
●擊蒙要訣喪服中行祭儀篇凡三年之喪古禮則廢祠堂之祭而朱子曰古人居喪衰麻之衣不釋於身哭泣之聲不絶於口其出入居處言語飮食皆與平日絶異故宗廟之祭雖廢而幽明之間兩無憾焉今人居喪與古人異而廢此一事恐有所未安朱子之言如此故未葬前則準禮廢祭而卒哭後則於四時節祀及忌祭(註墓祭亦同)使服輕者(註朱子喪中以墨衰薦于廟今人以俗制喪服當墨衰著而出入若無服輕者則亦恐可以俗制喪服行祀)行薦而饌品減於常時只一獻不讀祝不受胙可也期大功則葬後當祭如平時(註但不受胙)未葬前時祭可廢忌祭墓祭略行如上儀緦小功則成服前廢祭(註五服未成服前雖忌祭亦不可行也)成服後則當祭如平時(註但不受胙)服中時祀當以玄冠素服墨帶行之

▶3158◀◈問; 급합니다.

저 친정 작은어머니께서 돌아가셨습니다. 그런데 시댁에 할아버지기제가 요번 금요일입니다. 남편이 제주입니다. 이럴 때 문상은 어떻게 해야 되는지? 참석하지 않아야 되는지, 가도 무방하지 궁금합니다.

◈答; 상중 행제.

상례(喪禮)와 제례(祭禮)에서 상례(喪禮)가 우선입니다. 다만 복인(服人)이었을 때의 예이니 귀하는 복인이나 귀하의 부군은 아무리 처숙부(妻叔父)라 하여도 복인은 아니니 제사를 폐할 수는 없는 것입니다. 그러나 기제사는 재계(齋戒)가 1 일이니 그전에 다녀와 제사를 받들게 됩니다.

세속에서 부정은 삼일 또는 이레가 넘어야 가신다는 속설이 있으나 이는 예법에 없으니 중히 여길 수는 없으나 귀하의 가속에 따르십시오.

●性理大全忌祭前一日齋戒；主人帥衆丈夫致齋于外主婦帥衆婦女致齋于內沐浴更衣飮酒不得至亂食肉不得茹葷不弔喪不聽樂凡凶穢之事皆不得預
●曲禮齊者不樂不吊(註)呂氏曰古之有敬事者必齊齊者致精明之德也樂則散哀則動皆有害於齊也不樂不吊者全其齊之志也
●退溪曰家禮忌日言前期一日齋戒而已
●莊子曰不飮酒不茹葷是祭祀之齋也
●唐制散齋之日理事如故惟不得吊喪問疾不判署刑殺文書不決罰罪人不作樂不親穢惡之事致齋惟祀事得行其餘悉禁
●備要是日不飮酒不食肉不聽樂以居夕寢于外

▶3159◀◈問; 남편이 49 재 중이면 설 명절제사 지내야 하는지.

남편이 돌아 가신지 한 달째가 1. 21 일입니다. 49 재(齋) 중이고 설 명절제사를 지내야 하는지요. 시조부모님, 어머님, 남편의 제사가 있습니다. 아버님은 살아 계십니다.

◈答; 남편의 49 재 중에 설 명절제사.

적장자는 그의 아버지가 주인으로 삼 년 복인으로 여사의 남편 제사를 주인으로서 주관하고 초헌을 하게 됩니다. 3 년 복인은 장사(3 개월)전은 모든 제사를 폐합니다. 형편상 3 일 장을 하였다 하여도 법도가 3 개월 이후에 장사하게 되어 있으니 이번 설이 사후 3 개월 이내가 되어 명절 제사는 예법상 폐하여야 합니다.

●家禮成服其服之制一曰斬衰三年條父爲嫡子當爲後者也
●要訣凡三年之喪古禮則廢祠堂之祭未葬前則準禮廢祭而卒哭後則於四時節祀及忌祭(墓祭亦同)使服輕者行薦而饌品減於常時只一獻不讀祝不受胙可也

▶3160◀◈問; 동서 상 치른 후 음력 같은 달 시어머니 기제사모셔도 되나요?

안녕하세요? 형제만 둘인 집에 제가 맏며느리입니다. 시아버님은 안 계시고요. 작년에 음력 7 월 27 일에 시어머니께서 돌아가셨어요. 작년 추석과 올 설에 차례는 모셨고요. 그리고 올해 음력 7 월 5 일에 동서가 갑작스럽게 운명을 달리 했고요. 공교롭게도 음력으로 같은 달이네요. 지금 동서 49 제 중이거든요 10 월 둘째 주에 끝나고요. 시어머니 기제사가 음력 7 월 27 일이라서 다음주 9 월 13 일이거든요. 두 가지가 궁금합니다.

1). 상(喪)을 치른 후 음력으로 같은 달에 있는 제사(祭祀)는 모시면 안 좋다고 하는 말이 있네요. 아이들도 있고 해서 신경이 쓰입니다. 기제사(忌祭祀)를 모셔야 하는지 궁금합니다 조금 있으면 추석(秋夕)이니 그땐 음력으로 달이 바뀐 후라 그때 차례는 모셔야 하는지 궁금합니다.

2). 명절 차례를 모셔도 된다 하면 동서 49 재 중 저희 가족이 5 재와 막재를 참석해도 되는지요? 5 제가 9 월 마지막 주이고 10 월 첫 주가 추석차례 둘째 주가 막 제거든요. 동서 49 제 참석하면서 추석 명절 차례 지내도 되는지 궁금합니다.

1 년 동안 두 번 장례 치르면서 아이들이 있기에 여간 신경 쓰이는 게 아니네요 바쁘신 줄 알지만 빠른 답변 부탁 드립니다. 항상 건강하시고 행복하세요.

◈答; 동서 상 치른 후 음력 같은 달 시어머니 기제사는.

아래와 같이 살펴보건대 제수(弟嫂; 동생의 부인)의 복(服)은 소공(小功; 오월복) 복(服)으로 (小功條謂兄弟之妻) 소공(小功) 복인(服人)은 성복(成服) 후(後)에는 모든 제사(祭祀)를 평시와 같이 지내게 됩니다. (成服後則當祭如平時) 성복(成服)은 죽은 지 4 일째 되는 날 (死之第四日)하게 됩니다. 따라서 여사의 동서가 금년 음력 7 워 5 일에 사망하였다면 성복은 4 일 후인 동월 8 일에 행하게 됩니다. 제수의 복은 소공복에 해당되어 성복한 다음날 즉 제수가 사망한지 5 일째 되는 날인 7 월 8 일 이후에 당하는 제사는 평시와 같이 지내심이 바른 예법이 됩니다. 다만 시아버지가 생존하여 계시다면 약간 달라 집니다

지자부(장자를 제외한 아들들의 아내)의 복은 대공(9 월복)복이라 성복 전은 마찬가지로 폐제하고 성복 후 장사 전 까지는 약행(무축단헌; 축 없이 한잔만 올림)하다 장사를 마치면(초상으로부터 3 개월 후) 평시와 같이 지내게 됩니다. 따라서 시아버님이 생존하여 계시면 시어머님 기제는 약행 하시고 추석 또한 지내시고 시아버님이 아니 계시면 부군(夫君; 여사의 남편)이 초헌관이 되어 모든 제사를 평시대로 지내야 합니다.

●家禮成服厥明條大斂之明日死之第四日也○小功條謂兄弟之妻
●要訣喪服中行祭儀緦小功則成服前廢祭成服後則當祭如平時(但不受胙)

▶3161◀◈問; 문의 드립니다.

안녕하세요? 궁금한 것이 있어 문의 드립니다. 친정엄마의 49 재가 끝나지 않은 상태에서 시댁의 제사에 참석해도 될까요? 지금 친정에선 남동생이 아침 저녁으로 상식을 올리고 있는 상태이고요 어떻게 해야 될까요?

◈答; 친정엄마 49 재 중 시댁 제사는.

問: 答; 여자가 출가를 하면 친정 모친의 상복이 삼 년에서 1 년 복으로 감이 됩니다. 1 년 복인은 그 장사를 지내게 되면 평시와 같이 자기 집 제사를 지내게 되는데 전통예법에서 장사라 함은 초상으로부터 3 개월 후에 지내게 되니 아직 49 일도 되지 않았으나, 시가 제사의 주인은 시아버지 시아버지가 이미 작고 하였으면 그 장자가 주인이 되는데 부군이 제주가 된다 하여도 남편의 장인복은 시마 3 월 복으로 시마 복인은 성복(죽은 지 4 일)을 하게 되면 제집 제사를 평시와 같이 지낼 수가 있으니 시가 제사 지내는 데는 문제가 없습니다. 다만 부인께서는 그 제사에 제원으로 참여하여 절은 하여서는 아니 될 것입니다,

●家禮喪禮成服篇不杖朞條其正服則女雖適人不降也又治葬篇三月而葬又緦小功則成服前廢祭成服後則當祭如平時
●要訣喪服中行祭儀期大功則葬後當祭如平時

▶3162◀◈問; 문의 드립니다.

안녕하세요, 양력 12 월 16 일 아버지께서 갑작스럽게 임종(臨終)하셨습니다. 대주(大主)이자 집안의 큰 어른이셨던 아버지의 임종에 아직 미혼인 자식들과 어머니 모두 황망한 마음뿐입니다.

음력 12 월 19 일 증조할아버지의 제사를 처음으로 남은 자손들이 모시게 되었습니다. 생전에 집안에 우환이 있으면 제사를 지내지 않는 것이라고 말씀하셨지만, 간단하게라도 모시고 싶은 마음입니다. 혹시 제사를 모실 때 자손이 주의하거나 피해야 할 사항이 있다면 말씀해 주시면 감사하겠습니다. 평소에 지내던 대로 제사를 모셔도 괜찮을지요. 바쁘시겠지만 답변

부탁 드립니다. 감사합니다.

◈答; 상중 제사.

상을 당하면 상주는 제사를 폐하게 되는데 졸곡(초상 후 약 100 일)이 지나면 친족 중에 복이 가장 낮은 이를 시켜 무축(無祝) 단잔(單盞)으로 제사를 지내도록 합니다. 물론 탈상(3년) 전까지이며 상주는 그 제사에 참석하지 않습니다. 이와 같음이 바른 예법입니다.

●要訣喪服中行祭儀凡三年之喪古禮則廢祭未葬前則準禮廢祭而卒哭後則於忌祭使服輕者行薦而饌品減於常時只一獻不讀祝不受胙可也

▶3163◀◈問; 문의사항.

장자의 처가 상을 당하고 49 제가 아직 지나지 아니할 때 시조부모. 시부모의 제사는 지내야 하는지 그리고 추석 명절제사는 지내야 하는지, 아니면 차남의 집에서 지내야 하는지 대단히 감사합니다.

◈答; 상중 제사 지내는 법.

●擊蒙要訣喪服中行祭儀篇凡三年之喪古禮則廢祠堂之祭而朱子曰古人居喪衰麻之衣不釋於身哭泣之聲不絶於口其出入居處言語飮食皆與平日絶異故宗廟之祭雖廢而幽明之間兩無憾焉今人居喪與古人異而廢此一事恐有所未安朱子之言如此故未葬前則準禮廢祭而卒哭後則於四時節祀及忌祭(註墓祭亦同)使服輕者(註朱子喪中以墨衰薦于廟今人以俗制喪服當墨衰著而出入若無服輕者則亦恐可以俗制喪服行祀)行薦而饌品減於常時只一獻不讀祝不受胙可也期大功則葬後當祭如平時(註但不受胙)未葬前時祭可廢忌祭墓祭略行如上儀緦小功則成服前廢祭(註五服未成服前雖忌祭亦不可行也)成服後則當祭如平時(註但不受胙)服中時祀當以玄冠素服墨帶行之

◎妻喪中忌祭(처상중기제)

問妻喪未葬不當祭時或遇先忌不知當祭否朱子曰忌者喪之餘祭似無嫌然正寢已設几筵卽無祭處恐亦可暫停也ㅇ備要按今妻喪几筵在正寢則依栗谷說忌祭隨便行于廳事亦或不妨更詳之ㅇ雲坪曰宗子妻喪與外喪齊衰絶異卒祔之前凡祭祀皆當廢之○鏡湖曰竇文卿以妻喪未葬不當祭時遇先忌爲問故朱子以暫停爲答也其所謂正寢設几筵云云亦只以是爲廢祭之一證也然則未葬前暫停則已葬後祭之可知也備要則不論未葬已葬泛以行于廳事爲說恐欠詳悉也

위와 같이 살펴 볼 때에 운평 선유의 말씀인 卒祔祭 이전에만 모든 기제를 폐하는 것이 마땅하지 않을까 합니다.

▶3164◀◈問; 복중 부친기일.

얼마 후 부친 기일이 다가옵니다. 그러나 10 일 후 아내 첫 기일이 있습니다, 이럴 때는 어떻게 해야 되는지요?

3 년 복인 제 아들도 있습니다. 부친제사는 서울 장자 집에서 저는 부산입니다. 참석 자체유무와 참석은 하되 절의유무도 알고 싶습니다.

◈答; 복중 부친기일.

처상(妻喪)은 장기복(杖朞服)의 상주(喪主)로 상복(喪服)은 몸에서 풀지 않고 1 년 동안을 궤연 곁에 머물러 있게 됩니다. 따라서 본인이 주인 된 모든 제사는 졸곡 전(3 월)은 폐제하고 후는 경복자로 하여금 무축단헌(無祝單獻)으로 대행하여 지내게 됩니다. 따라서 주공님께서는 부친(父親) 기제에 참례하지 않고 문밖에서 망곡(望哭)할 뿐이고, 아드님은 부장기(不杖朞) 복인이 되니 조부님 기제에 참석하여야 예법상 옳습니다.

●擊蒙要訣喪服中行祭儀篇凡三年之喪古禮則廢祠堂之祭而朱子曰古人居喪衰麻之衣不釋於身哭泣之聲不絶於口其出入居處言語飮食皆與平日絶異故宗廟之祭雖廢而幽明之間兩無憾焉今人居喪與古人異而廢此一事恐有所未安朱子之言如此故未葬前則準禮廢祭而卒哭後則於四時節祀及忌祭(註墓祭亦同)使服輕者(註朱子喪中以墨衰薦于廟今人以俗制喪服當墨衰著而出入若無服輕者則亦

恐可以俗制喪服行祀)行薦而饌品減於常時只一獻不讀祝不受胙可也期大功則葬後當祭如平時(註但不受胙)未葬前時祭可廢忌祭墓祭略行如上儀緦小功則成服前廢祭(註五服未成服前雖忌祭亦不可行也)成服後則當祭如平時(註但不受胙)服中時祀當以玄冠素服墨帶行之

●陶庵曰凶服入廟終恐非禮朔望参與忌祭令服輕者代行而忌日則喪入望哭於門外又或臨罷入而展拜爲當

●性理大全成服杖朞; 夫爲妻也○又父在爲母不杖朞○又喪禮治葬; 三月而葬

●要訣喪服中行祭儀; 朞大功則葬後當祭如平時

▶3165◀◈問; 49 재 기간 중 제사문의.

삼복더위도 지나고 처서도 다가오는데 한여름 무더위에 잘 지내셨는지요. 조카 일 때문에 궁금해서 문의 드립니다. 어머니 49 재 기간 중에 아버지 기일이 다음주에 있는데 제사 지내는 방법(또는 지내지 않는지)과 지방, 축문 서식이 궁금합니다.

평소 어머니 집에서 아버지 제사를 모셔오다가 아들이 캐나다에 살기로 하여 작년 제사 시(아들이 없는 상태에서) 다음부터는 캐나다 아들 집에서 제사를 받으시라고 했는데 어찌된 운명인지 금년 제사는 어머니까지 합설할 처지가 되었네요. 궁금한 점은 아들의 거처가 일시적이라 작년에 지내던 집에서 지내도 되는지요. 그리고 제사를 옮기는 절차가 있다면 이번 기회에 어떻게 해야 하는지 절차를 알려 주시면 고맙겠습니다.

◈答; 49 재 기간 중 제사.

상주(喪主)는 예법상 상 삼 년 간은 모든 제사를 폐하게 되는데 다만 장사는 3 월 이후 지내고 졸곡(卒哭)을 지낸 뒤는 집안에서 복이 경한이를 시켜 무축 단헌으로 간단히 지내게 됩니다. 따라서 49 재 중이면 형편상 일찍 장사는 지냈으나 예법상으로는 장사전이니 모든 제사는 폐합니다.

제사는 장자를 따라 다니는데 임시 거소가 아닌 완전 이주시가 됩니다. 까닭은 선대 봉사는 사당을 지어 신주를 봉안하고 받듦이 바른 예법인데 형편상 예법과 같이 행할 수가 없어 지방으로 대신하고 있을 뿐이나 예법은 사당 예법을 따릅니다. 까닭에 완전 이사가 아니고는 사당을 옮기지 않기 때문에 구가에서 지내게 합니다. 사당 옮기는 예법은 단헌의 예로 떠나기 전 사당에(지방이면 정침에 설위) 아래 이사봉주고사식(移舍奉主告辭式)으로 고하고 떠나 새집에서 또 그와 같이 설위하고 봉안신택축사식(奉安新宅祝辭式)으로 고하고 마칩니다.

◆移舍奉主告辭式(이사봉주고사식)

維 歲次干支幾月干支朔幾日干支孝玄孫(最尊位屬稱)某敢昭告于 顯高祖考某官府君 顯高祖妣某封某氏(諸位列書)今因移舍將奉祠版(或紙榜則改祠版爲諸位)移安于某洞(或某道某郡某洞)新第敢告(官次移奉措語○今按守令官次奉往廟主則改云今奉祠版將向某郡官次云云)

◆奉安新宅祝辭式(봉안신택축사식)

維 歲次干支幾月干支朔幾日干支孝玄孫(最尊位屬稱)某敢昭告于(今按若新舊第相距不遠同日奉安不書年月無妨) 顯高祖考某官府君 顯高祖妣某封某氏(諸位列書)屋宇惟新廟儀(或紙榜則改廟儀爲奉儀)如舊伏惟 神主(或紙榜則改神主爲尊靈)是安是依(官次奉安措語今按奉主官所則當云今赴官所權立祠堂伏惟云云)

●要訣喪服中行祭儀凡三年之喪古禮則廢祠堂之祭未葬前則準禮廢祭而卒哭後則於四時節祀及忌祭(墓祭亦同)使服輕者行薦而饌品減於常時只一獻不讀祝不受胙可也

●小記報葬者報虞三月而後卒哭註報讀爲赴急疾之義謂家貧或以他故不得待三月死而卽葬者旣疾葬亦疾虞虞以安神不可後也惟卒哭則必俟三月耳

▶3166◀◈問; 49 제 후 명절차례 관련.

안녕하십니까. 얼마 전 문의를 드렸었는데 또 이렇게 찾아왔습니다. 지난번 귀한 답변에 다시 한번 감사의 말씀을 전합니다.

[문의사항]
금번 추석에 처음으로 모친 차례를 올리게 될 예정입니다. (모친상은 8/2 일 치렀으며, 모친의 49 제를 9/19 일에 치렀습니다.)

두 가지 궁금한 내용이 있습니다.

첫째, 저희 집안은 아버지가 둘째인 관계로 명절에 차례를 지낸 적이 없습니다만 금번 추석에 저희 어머님 차례를 지내는 것이 맞는 것인지요? (49 제를 막 치렀으므로 생략하는 것이 맞나요?)

둘째, 차례를 지내는 것이 맞는다면 저희 가족은 1 남 3 녀로, 현재 저희 새 언니가 엊그제 조모상을 치렀습니다. 이 경우 새 언니는 명절을 앞두고 상(조모상)을 치른 지라 저희 어머니 차례를 모시는 것이 아니라는 말이 있다고 해서 문제가 되는 것인지 알고 싶습니다.

답변을 요청하는 내용은 저희 오빠의 아내인 새 언니가 금번 추석에 차례를 모셔도 되는지의 여부입니다. 문제가 된다면 어떻게 하는 것이 적법한 예법인지 알고 싶습니다. 귀한 의견 부탁 드립니다. 감사합니다.

◈答; 49 재 후 명절차례 관련.

모친상을 8 월 2 일에 치르셨다면 3 일장으로 계산하면 7 월 31 일경에 작고 하셨을 것으로 추측됩니다. 추석이 9 월 30 일이니 작고하신 후 두 달 정도가 됩니다. 그와 같이 계산된다면 아래와 같이 살펴보건대, 형편에 의하여 보장(報葬; 3 개월을 기다리지 않고 그 안에 일찍 장사함.)을 하였다 하여도 상중 예법은 우제는 장사 지내고 즉시 지내나 졸곡제는 반드시 3 개월 후에 지내게 됩니다. 상중에 제사 지내는 예법에 상주는 졸곡제 전은 모든 제사를 폐하게 됩니다. 따라서 이번 추석은 작고하신 모친뿐만 아니라 다른 제사가 있다면 그 제사도 지내지 않아야 바른 예법이 됩니다.

●朱子家禮喪禮治葬三月而葬條王公以下皆三月而葬
●小記報葬者報虞三月而後卒哭註報讀爲赴急疾之義謂家貧或以他故不得待三月死而卽葬者旣疾葬亦疾虞虞以安神不可後也惟卒哭則必俟三月耳
●要訣喪服中行祭儀凡三年之喪古禮則廢祠堂之祭(云云)未葬前則準禮廢祭而卒哭後則於四時節祀及忌祭(墓祭亦同)使服輕者行薦而饌品減於常時只一獻不讀祝不受胙可也期大功則葬後當祭如平時(但不受胙)未葬前時祭可廢忌祭墓祭略行如上儀

▶3167◀◈問; 상가 집 방문 후 설날 제사 및 준비.

안녕하세요. 한 집안 2 째 며느리입니다. 큰아버지가 상(喪)을 당하였고 어제 발인(發靷)이었습니다. 내일 모레 설인데요 궁금한 사항이 있습니다. 일반적을 상가 집에 다녀온 사람은 제사를 지낸다고 하지 않는데요. 궁금한 사항은 이번 설날에.

1. 제사 음식도 준비하면 안 될까요.
2. 남편도 당연히 제사를 지내지 말아야 하는지요.
3. 아예 시댁에 찾아 가지 말아야 하는지요.

설날인데 이것 저것 걱정이 되어 문의 드립니다. 그리고 제사 후 세배도 드리어야 하는데 좋은 게 좋다고 어떻게 하여야 할까

◈答; 상가 집 방문 후 설날 제사 및 준비.

◎喪中忌墓祭(상중기묘제)

朱子曰今人居喪時行三二分居喪底道理則亦當行三二分祭先底禮數○要訣未葬前則準禮廢祭而卒哭後則於忌祭墓祭使服輕者行薦而饌品減於常時只一獻不讀祝可也若無服輕者喪人恐可以俗制喪服行祀○問宗子喪未葬祖先忌墓祭喪家當廢而如有介子異居而欲行則亦不悖禮否愚伏曰禮士緦不

祭所祭於死者無服則祭以此推之則宗子之喪乃祖考之正統服未葬廢之似當沙溪曰遇伏說是○南溪曰朱子曰忌者喪之餘祭似無嫌云云今忌祭在葬後卒哭前者又似與未葬少間殺禮行之恐是人情之所不能已也○栗谷雖云使服輕者行薦註中已有墨衰之文而况朱子已自行之若無服輕者恐不可曰朔望忌祭喪人一切不得參也○尤菴曰葬前雖小祭祀當一切皆廢也栗谷卒谷後墓祭忌祭之說是所謂恰好處置然若據古經葬而後祭之說則三虞之後亦可言葬後從殺行之恐不爲無說○喪中行祀於祖先時據朱子說則當使人鋪排酒食之物而主祭者去拜而已然則參神降神前後節目似當使人行之若親行則恐當如要訣之儀矣出主時恐不宜昧然則告辭恐不可已也但告辭雖不書主祭之名而考妣之號則不可不書蓋其實主人告之也○禫前自與大祥前一樣然則先祀只一獻不讀祝廢利成可也雖禫後據古禮猶不敢純吉吉祭以後始同平人矣○問吉祭前未合櫝值忌日則不當考妣並祭否南溪曰似不可並祭○屛溪曰吉祭前雖值忌祭亦不能備禮但一獻無祝獻爵則主人當爲之矣

◎妻喪中忌祭(처상중기제)

問妻喪未葬不當祭時或遇先忌不知當祭否朱子曰忌者喪之餘祭似無嫌然正寢已設几筵卽無祭處恐亦可暫停也○備要按今妻喪几筵在正寢則依栗谷說忌祭隨便行于廳事亦或不妨更詳之○雲坪曰宗子妻喪與外喪齊衰絶異卒祔之前凡祭祀皆當廢之○增解愚按竇文卿以妻喪未葬不當祭時遇先忌爲問故朱子以暫停爲答也其所謂正寢設几筵云云亦只以是爲廢祭之一證也然則未葬前暫停則已葬後祭之可知也備要則不論未葬已葬泛以行于廳事爲說恐欠詳悉也

◎期功以下服中忌墓祭(기공이하복중기묘제)

要訣期大功則葬後當祭如平時未葬前忌墓祭略行如上儀緦小功則成服前廢祭成服後則當祭如平時五服未成服前雖忌祭亦不可行ㅇ南溪曰宗家祭祀何可以支子異居之家喪不行耶若於宗子非期服則量而行之恐當又曰惟主人期服則略行如要訣○南塘曰遠外緦麻之親晩後聞訃者因此廢其一年一行喪餘之祭情有所不忍成服若在致齊前則固無可議若在致齊後則祭畢行成服似可○問功緦之戚成服日若有大小祭祀則皆當行之耶陶菴曰若在喪次則雖成服後其日則當使人代之蓋未及齊宿而然也至於在他所則成服後躬行無妨成服之行於朝哭禮也晨早成服而後行忌祭亦可○功緦之戚無論本宗外黨妻黨未成服之前忌祭墓祭茶禮皆當廢而如外黨妻黨之服則使家中無服者代行亦可雖喪出他所只當論已之成服與未成服也代行則似當單獻無祝又曰母與妻之祖父母喪雖於未成服只當論已之有服與無服婦人不當論

위의 기공 이하 복 중 기묘제 고찰문을 살펴 볼 때 율곡 선생께서 기대공복이면 장 후에는 평시와 같이 지내고 장전의 기묘 제는 조금 생략하여 지내며 시마 소공상에는 성복 전에는 폐제하고 성복 후에는 평상의 제사와 같이 지낸다. 오복인들의 제사는 아무리 기제사라 하여도 지내서는 아니 된다. 이를 살펴 볼 때 백숙부모의 복은 부장기 복으로 기복에 해당 합니다. 또 도암 선생께서는 대공 이하 시마 복인은 본종, 외당, 처당 의 상중 성복 전에는 기묘제 다례를 모두 폐하되 외당, 처당의 상에는 성복 전이라도 가인 중 무복인을 시켜 무축단헌으로 지낸다 하셨습니다.

설 명절 조상 참례에 참석하여 제수도 장만하고 제를 지내도 괜찮습니다.

▶3168◀◈問; 상주가 고사를 지내도 되는지.

열흘 전 장인어른 상을 당하였는데, 회사에서 일부 중역이 새로 장비가 구축되어 장비에 대한 고사를 지내라 하는데 문제가 없는지요?

◈答; 상주가 고사를 지내도 되는지.

회사의 장비 설치 후 장인(丈人) 상중에 고사의 주인이 되여도 부정한데 문제가 없을까 하는 질문 인 듯 합니다. 전통 예절인 관 혼 상 제(冠婚喪祭) 예법에는 조상과 그에 관련 된 예법 이외에는 다른 예법은 적시 하여 밝힌 곳이 없습니다. 다만 아래와 같이 고 예서를 살펴 보겠습니다.

家禮圖式外族母黨妻黨服圖妻父母緦麻
가례 도식에 외가(外家)와 처가의 복도에 외 조부모와 처 부모의 복(服)은 시마 삼월 복이니라.

●要訣喪服中行祭儀曰緦小功則成服前廢祭(五服未成服前雖忌祭亦不可行也)成服後則當 祭如平時(但不受胙)

격몽요결의 상복 중 제사 지내는 법에 시마 3 월 복인과 소공 5 월 복인은 성복하기 전에는 제사를 폐하고(오복인은 성복 하기 전에는 비록 기제라 하여도 지내서는 안된다) 성복한 후에는 마땅히 평상시와 같이 제사를 지내야 하느니라. (다만 음복치 않는다)

위의 말씀 들을 살펴 볼 때 처부모는 시마 3 월 복으로 시마 3 월 복인은 성복(成服)을 한 후에는 모든 제사를 봉행 한다 하였으나 귀하의 장비에 대한 고사(告祀)는 신제(神祭)인 외사로 사람의 선조제(先祖祭)와 동등히 가려야 할지는 의심스러우나 세속에서 부정은 7 일 이후면 가셔 진다는 속설이니 열흘 전이라면 그도 지난 듯 합니다. 마음에 꺼려 진다면 마십시오 그러나 위를 참작 하여 쾌하다면 실행 하여도 문제는 없습니다.

▶3169◀◈問; 상중에 명절 차례를 지내나요?

이틀 전 아버지께서 돌아가셨습니다. 큰집인 저희 집에서 명절 제사를 모두 모시다가 10 여년 전부터 작은집에서 추석을 지내기 시작했어요 명절이 애매하게 걸쳐져 있는 통에 명절이 지나고 장례를 치르기로 한 상태인데 작은집에서는 제주 예절이 그렇다며 저희가 오지 않더라도 명절 차례를 지내겠다고 하는데요. 이게 맞는 건가요? 지역마다 다른 차이는 어찌 봐야 하나요?

◈答; 삼 년 상자 상중에 명절 차례는.

아래와 같이 살펴보건대 부친은 삼 년 복자로서 삼 년 복자는 졸곡(상후 100 여일)전은 모든 제사는 폐하고 후(탈상 전)는 경복자로 하여금 무축단헌의 례로 대행케 합니다.

고로 이번 명절 절사는 상을 당한지 2 3 일 정도이니 당연히 폐하여야 합니다. 물론 차자 이하는 부모나 선대 제사를 스스로 주인이 되어 제사치 못합니다.

사서인들의 각종 상이나 제사 예법은 어느 지역 어느 가문이라 하여도 주자가례에 의하여 행사케 됩니다. 따라서 예법의 변질은 있을 수가 없습니다.

●家禮喪禮成服其服之制一曰斬衰三年; 其正服則子爲父也

●要訣祭儀抄喪服中行祭儀凡三年之喪古禮則廢祠堂之祭而朱子曰古人居喪衰麻之衣不釋於身哭泣之聲不絶於口其出入居處言語飮食皆與平日絶異故宗廟之祭雖廢而幽明之閒兩無憾焉今人居喪與古人異而廢此一事恐有所未安朱子之言如此故未葬前則準禮廢祭而卒哭後則於四時節祀及忌祭(墓祭亦同)使服輕者(朱子喪中以墨衰薦于廟今人以俗制喪服當墨衰著而出入若無服輕者則亦恐可以俗制喪服行祀)行薦而饌品減於常時只一獻不讀祝不受胙可也期大功則葬後當祭如平時(但不受胙)未葬前時祭可廢忌祭墓祭略行如上儀緦小功則成服前廢祭(五服未成服前雖忌祭亦不可行也)成服後則當祭如平時(但不受胙)服中時祀當以玄冠素服黑帶行之

●家禮喪禮治葬三月而葬先期擇地之可葬者條司馬溫公曰古者天子七月諸侯五月大夫三月士踰月而葬今五服年月勅王公以下皆三月而葬

●曲禮支子不祭祭必告于宗子(註)不敢自專宗子有故支子當攝而祭五宗皆然疏廟在適子之家庶子不敢輒祭若濫祭亦是淫祀若宗子有疾不堪當祭則庶子代攝可也猶宜告宗子然後祭

●公羊傳何休曰適子有孫而死質家親親先立弟文家尊尊先立孫

●溫公曰凡主人當以長子爲之無長子則長孫承重

●喪服小記庶子不祭禰者明其宗也(註)庶子不得立禰廟故不得祭禰所以然者明主祭在宗子廟必在宗子之家也

●家禮初終立喪主條凡主人謂長子無則長孫承重奉饋奠

▶3170◀◈問; 상중인 며느리가 친정엄마의 제사를 지내도 되는지요?

안녕하세요? 저는 친정(親庭) 부모님의 제사(祭祀)를 모시고 있는 데 일주일 전에 시어머님이 돌아가셔서 상중(喪中)에 있습니다. 이틀 뒤가 친정엄마 제사인데 지내도 될런지요? (이0 천)

◈答; 상중인 며느리가 친정엄마의 제사를 지내도 되나.

◎外孫奉祀及妻父母奉祀說(외손봉사급처부모봉사설)

大典外祖父母及妻父母無主祭者當於正朝端午中秋及各忌日用俗儀祭之○程叔子曰先妣侯夫人未終前一日命頤曰今日百五爲我祀父母明年不復祀矣○朱子曰上谷郡君謂伊川曰今日爲我祀父母明年不復祀矣是亦祭其外家也然無禮經○宋公以外祖無後而歲時祭之此其意可謂厚矣然非族之祀於理旣未安而勢不及其子孫則爲慮亦未遠曷若訪其族親爲之置後使之以時奉祀之爲安便而久長哉○堯卿問莉婦有所生母在家間養百歲後神主歸於婦家則婦家陵替欲祀於別室如何日不便北人風俗如此○陳北溪淳曰今世多有以女子之子爲後以姓雖異而氣類相近似勝於姓同而屬疎者然賈充以外孫韓謐爲後當時博士秦秀已議其昏亂紀度是則氣類雖近而姓氏實異此說斷不可行○退溪曰今人無子而有女牽掣私情鮮能斷以大義而立後至以外孫奉祀一廟而二姓同祭夫天之生物使之一本而此則爲二本甚不可也今人或不幸其外家祖先無後而未有所處者不忍其主之無歸則權宜奉置別所而往來奠省未爲不可○尤菴曰外孫奉祀朱子旣斥以非族之祀又賈充以外孫爲後秦秀已議其昏亂紀庶何敢犯此爲之乎程子母夫人將終命伊川曰爲我祀父母若有女子則猶可援此奉祀況侯夫人語以爲明年不復祀云則其祀當止於侯夫人而伊川則將不得祀矣此亦爲外孫不得奉祀之明證也○南溪曰本宗祭四代之制雖出於程朱之論主正禮者猶或以爲不可而況外孫侍養非所並論於本宗者乎○陶菴曰朱子非族之祀一句語實爲正論愚意爲外孫者設或不得已而權奉其祀已身歿後卽當埋安

위와 같이 살펴보건대 외조부모나 처부모 봉사에 관하여 주부자를 비롯하여 여러 선유들의 말씀이 불가하다 하였으나 도암 선유께서 주부자의 말씀이 정론이나 조심스럽게 하신 말씀이 외손이 설혹 어찌할 수가 없어 임시 변통으로 받든 그 제사는 외손이 죽게 되면 곧 위패를 묘에 묻는다 하신 말씀이 계신 것 같으나 이는 신주의 예법이고 지방의 예법은 알 수가 없습니다. 다만 신주(神主)의 예법에 이와 같은 말씀이 게시니 지방(紙牓) 예법이 다를 수는 없다 생각 됩니다. 그리고 귀하의 친정부모 제사는 귀하의 장남이 지내야 됩니다.

◎喪中忌墓祭(상중기묘제)

朱子曰今人居喪時行三二分居喪底道理則亦當行三二分祭先底禮數○要訣未葬前則準禮廢祭而卒哭後則於忌祭墓祭使服輕者行薦而饌品減於常時只一獻不讀祝可也若無服輕者喪人恐可以俗制喪服行祀○問宗子喪未葬祖先忌墓祭喪家當廢而如有介子異居而欲行則亦不悖禮否愚伏曰禮士緦不祭所祭於死者無服則祭以此推之則宗子之喪乃祖考之正統服未葬廢之似當沙溪曰遇伏說是○南溪曰朱子曰忌者喪之餘祭似無嫌云云今忌祭在葬後卒哭前者又似與未葬少間殺禮行之恐是人情之所不能已也○栗谷雖云使服輕者行薦註中已有墨衰之文而况朱子已自行之若無服輕者恐不可曰朔望忌祭喪人一切不得參也○尤菴曰葬前雖小祭祀當一切皆廢也栗谷卒谷後墓祭忌祭之說是所謂恰好處置然若據古經葬而後祭之說則三虞之後亦可言葬後從殺行之恐不爲無說○喪中行祀於祖先時據朱子說則當使人鋪排酒食之物而主祭者去拜而已然則參神降神前後節目似當使人行之若親行則恐當如要訣之儀矣出主時恐不宜昧然則告辭恐不可已也但告辭雖不書主祭之名而考妣之號則不可不書蓋其實主人告之也○禫前自與大祥前一樣然則先祀只一獻不讀祝廢利成可也雖禫後據古禮猶不敢純吉吉祭以後始同平人矣○問吉祭前未合櫝値忌日則不當考妣並祭否南溪曰似不可並祭○屛溪曰吉祭前雖値忌祭亦不能備禮但一獻無祝獻爵則主人當爲之矣

◎忌墓祭當行於卒哭後(기묘제당행어졸곡후)

三虞之後亦可言葬後忌墓祭從殺行之不爲無說此尤翁答靜觀齋書也同春亦云卒哭前新墓節祀旣從俗設行則先墓都無事恐甚缺然據此則卒哭前忌墓祭無不可行而梅山答鄭文老書却謂栗谷之斷以卒哭後者常爲不易之論未審長者於此看得如何比有人疾葬疾虞者先世忌墓祭當行於三月卒哭之後而或謂不當如此愚意恐當以栗梅兩賢說爲正未知如何○葬後行祭朱子答王子合書以爲喪中節薦亦待卒哭後行之故要訣立文如此而陶庵老洲梅山諸說皆以卒哭爲斷若乃尤庵三虞後殺禮行之南溪卒哭前與未葬有間之說竊所未信也

위의 말씀을 종합하면 모든 기묘제(忌墓祭)는 졸곡이 지나야 경복자가 무축단헌(無祝單獻)으로 마치는 것 같습니다. 졸곡(卒哭)은 죽은 지 석 달 만에 장사를 치르고 삼우제(三虞祭)를 지내고 다음 강일이 졸곡제가 되니 죽은 지 석 달을 넘기고 4 일에서 5 일째 되는 날이 졸곡제가 됩니다. 대개 요즘 삼일장(三日葬)으로 장사를 마쳤다 하여도 전통예법으로는 위 졸곡이 지나기까지는 기묘제를 지낼 수가 없습니다.

졸곡(卒哭)이란 무시곡(無時哭)에서 유시(有時) 조석(朝夕) 이곡(二哭)으로 바뀜을 의미합니다.

●檀弓疏卒哭卒無時哭之哭惟有朝夕二哭漸就於吉
●周禮春官疏卒去無時哭哀殺故爲吉祭
●曲禮疏孝子親始死哭晝夜無時葬後卒其無時之哭惟朝夕各一哭故謂其祭爲卒哭
●喪服傳疏卒哭云者卒去廬中無時之哭惟有朝夕於阼階下有時之哭
●張子曰卒去非常之時哭非不哭
●小記報葬者報虞三月而後卒哭註報急疾也疏虞是安神故宜急卒哭是奪於哀痛故待哀殺

▶3171◀◈問; 상중일 때 제사나 명절을 어떻게 지내는지요?

안녕하세요? 저희 집안은 현재 8 촌까지(조카 포함 시 9 촌) 서로 왕래를 하고 집안 일이 있을 때 서로 돌봐 주고 있습니다. 이번에 7 촌 당숙모께서 돌아가시어 상을 치렀습니다. 이때 나온 얘기로 집안 상중에는 명절 차례 난 제사는 지내지 않는다는 얘기가 있었습니다. 여기서 집안의 범위는 어디까지이며? 상중(喪中)이란 통상 언제까지 포함하는 의미인지? 알려 주시면 좋겠습니다. 감사합니다.

◈答; 상중일 때 제사나 명절을 어떻게 지내나.

問. 答; 동 고조 8 촌 이내를 친척지간으로 상을 당하면 서로 복인이 됩니다. 넓은 의미로 동성동본을 통 털어 집안간이라고도 합니다.

問. 答; 상을 당하여 복을 입고 있는 동안으로 탈복 전을 의미합니다.
아래는 상중에 제사 지내는 법입니다.

◎喪中忌墓祭(상중기묘제)

朱子曰今人居喪時行三二分居喪底道理則亦當行三二分祭先底禮數○要訣未葬前則準禮廢祭而卒哭後則於忌祭墓祭使服輕者行薦而饌品減於常時只一獻不讀祝可也若無服輕者喪人恐可以俗制喪服行祀○問宗子喪未葬祖先忌墓祭喪家當廢而如有介子異居而欲行則亦不悖禮否愚伏曰禮士緦不祭所祭於死者無服則祭以此推之則宗子之喪乃祖考之正統服未葬廢之似當沙溪曰遇伏說是○南溪曰朱子曰忌者喪之餘祭似無嫌云云今忌祭在葬後卒哭前者又似與未葬少間殺禮行之恐是人情之所不能已也○栗谷雖云使服輕者行薦註中已有墨衰之文而况朱子已自行之若無服輕者恐不可曰朔望忌祭喪人一切不得參也○尤菴曰葬前雖小祭祀當一切皆廢也栗谷卒谷後墓祭忌祭之說是所謂恰好處置然若據古經葬而後祭之說則三虞之後亦可言葬後從殺行之恐不爲無說○喪中行祀於祖先時據朱子說則當使人鋪排酒食之物而主祭者去拜而已然則參神降神前後節目似當使人行之若親行則恐當如要訣之儀矣出主時恐不宜昧然則告辭恐不可已也但告辭雖不書主祭之名而考妣之號則不可不書蓋其實主人告之也○禫前自與大祥前一樣然則先祀只一獻不讀祝廢利成可也雖禫後據古禮猶不敢純吉吉祭以後始同平人矣○問吉祭前未合櫝値忌日則不當考妣並祭否南溪曰似不可並祭○屛溪曰吉祭前雖値忌祭亦不能備禮但一獻無祝獻爵則主人當爲之矣

◎忌墓祭當行於卒哭後(기묘제당행어졸곡후)

三虞之後亦可言葬後忌墓祭從殺行之不爲無說此尤翁答靜觀齋書也同春亦云卒哭前新墓節祀旣從俗設行則先墓都無事恐甚缺然據此則卒哭前忌墓祭無不可行而梅山答鄭文老書却謂栗谷之斷以卒哭後者常爲不易之論未審長者於此看得如何比有人疾葬疾虞者先世忌墓祭當行於三月卒哭之後而或謂不當如此愚意恐當以栗梅兩賢說爲正未知如何○葬後行祭朱子答王子合書以爲喪中節薦亦待卒哭後行之故要訣立文如此而陶庵老洲梅山諸說皆以卒哭爲斷若乃尤庵三虞後殺禮行之南溪卒哭

前與未葬有間之說竊所未信也

◎妻喪中忌祭(처상중기제)

問妻喪未葬不當祭時或遇先忌不知當祭否朱子曰忌者喪之餘祭似無嫌然正寢已設几筵卽無祭處恐亦可暫停也○備要按今妻喪几筵在正寢則依栗谷說忌祭隨便行于廳事亦或不妨更詳之○雲坪曰宗子妻喪與外喪齊衰絶異卒祔之前凡祭祀皆當廢之○愚按竇文卿以妻喪未葬不當祭時遇先忌爲問故朱子以暫停爲答也其所謂正寢設几筵云云亦只以是爲廢祭之一證也然則未葬前暫停則已葬後祭之可知也備要則不論未葬已葬泛以行于廳事爲說恐欠詳悉也

◎妻喪忌祭殺行(처상기제살행)

朱子答竇文卿書明言妻喪廢正祭則忌祀之殺禮不言而自晣矣要訣朞大功葬後祭如平時之敎非包妻朞言也而淵齋不辨輕重而混施之無乃失於勘歟

◎期功以下服中忌墓祭(기공이하복중기묘제)

要訣期大功則葬後當祭如平時未葬前忌墓祭略行如上儀緦小功則成服前廢祭成服後則當祭如平時五服未成服前雖忌祭亦不可行○南溪曰宗家祭祀何可以支子異居之家喪不行耶若於宗子非期服則量而行之恐當又曰惟主人期服則略行如要訣○南塘曰遠外緦麻之親晩後聞訃者因此廢其一年一行喪餘之祭情有所不忍成服若在致齊前則固無可議若在致齊後則祭畢行成服似可○問功緦之戚成服日若有大小祭祀則皆當行之耶陶菴曰若在喪次則雖成服後其日則當使人代之蓋未及齊宿而然也至於在他所則成服後躬行無妨成服之行於朝哭禮也晨早成服而後行忌祭亦可○功緦之戚無論本宗外黨妻黨未成服之前忌祭墓祭茶禮皆當廢而如外黨妻黨之服則使家中無服者代行亦可雖喪出他所只當論已之成服與未成服也代行則似當單獻無祝又曰母與妻之祖父母喪雖於未成服只當論已之有服與無服婦人不當論

▶3172◀◈問; 상중일 때 제사나 명절을 지내는 법.

안녕하세요? 답변 잘 보았습니다. 감사합니다. 그런데 답변을 읽어보니 상중에도 제사를 지내는 법이 따로 있는 것 같은데, 한자실력이 짧다 보니 알 수가 없습니다. 가능하시다면 저희 같은 경우에 어떻게 지내야 하는 건지 가르쳐 주시면 감사합니다. (배0식)

◈答; 상중일 때 제사나 명절을 지내는 법.

要訣期大功則葬後當祭如平時未葬前忌墓祭略行如上儀緦小功則成服前廢祭成服後則當祭如平時五服未成服前雖忌祭亦不可行

위는 율곡(栗谷)선생의 말씀입니다. 기대공복(期大功服)이면 장사 지낸 뒤에 당한 제사는 평시와 같이 지내고 장사 지내기 전에는 기제나 묘제는 상의(上儀; 이 곳으로 편집되어 순이 다름. 무축단헌)와 같이 지내며 시마 소공복이면 성복 전에는 제사를 폐하고 성복 후에 당한 제사는 평시와 같이 지낸다. 오복인은 성복 전에는 아무리 기제라 하여도 지내서는 아니 되느니라.

귀하는 재당숙모(7 촌숙모)복은 시마 3 월복이니 위 시마복인이 기묘제 지내는 예법과 같이 따르면 예에 어그러지지는 않을까 합니다.

▶3173◀◈問; 설을 앞두고.

설을 앞두고 작은 아버지가 돌아가셨어요. 저희 집에서 차례를 지내는데 저희 모두가 장례식장에 참석을 했는데 어머님께서 차례를 지내야 하는지 말아야 하는지 고민을 하시네요. 차례를 지내도 되나요.

◈答; 설을 앞두고.

작고하신 날이 언제인지를 밝히시지 않아 명확한 말씀은 드릴 수 없습니다. 아래를 참고하시기 바랍니다. 다만 아래와 같이 살펴보건대 숙부 복은 1 년복이 되며 1 년복인은 장사전(3 개월)은 시제는 폐제(廢祭)라 하였고 기제(忌祭) 묘제(墓祭)는 略行(무축단헌)이라 하였으며, 成服(사후 4 일)前은 폐제(廢祭)라 하고 未葬(3 개월)이면 略行이라 하였으니 작고하신 날로부터 4 일이 지났고 3 개월 전이라면 설 차례를 지내되 평시보다 약설(略設)하고 지내셔야 합니다.

●家禮喪禮成服篇厥明條大歛之明日死之第四日也不杖朞條其正服朸爲伯叔父也
●要訣凡三年之喪古禮則廢祠堂之祭未葬前則準禮廢祭而卒哭後則於四時節祀及忌祭(墓祭亦同)使服輕者行薦而饌品減於常時只一獻不讀祝不受胙可也朞大功則葬後當祭如平時(但不受胙)未葬前時祭可廢忌祭墓祭略行如上儀五服未成服前雖忌祭亦不可行也

▶3174◀◈問; 숙모님의 상중일 때 명절(제사)을 지내도 되는지.

안녕하세요. 선생님 전통예절에 대한 문의를 드립니다. 저희 집안은 아버지 형제가 2 남으로 이번 1 월 16 일 날 아버지의 동생인 삼촌의 부인(숙모)님께서 돌아가시어 상을 치렀습니다. 상을 치를 당시 저와 형님은 큰집으로서 상주(삼촌의 아들 딸: 상주 역할을 했음)는 아니지만 상주의 표식인 띠를 두르고 상을 치렀는데 이번 설날 할아버지와 할머니 제사를 모셔도 되는지 문의를 드립니다. 또한 부모님께 세배를 드려도 되는지 알려주시면 좋겠습니다. 감사합니다.

◈答; 숙모님의 상중일 때 명절(제사)을 지내도 되는지.

선생의 부친은 형제 복이니 부장기복인(不杖朞服人)이 됩니다. 아래 요결의 말씀을 살펴보건대 부장기(상장을 짚지 않는 1 년 복)복인은 성복 후 장사 전(원래 장사란 3 개월 후에 지냄)이면 복이 경한 자를 시켜 제사를 지내게 한다. 하였으니 이번 명절 참례는 전인호 선생이 지방은 부친 명으로 쓰고 대신 예를 갖추면 될 것입니다. 세배 여부에 관하여 언급된 예서는 없습니다. 명절에 조상에게 절을 하니 부모님께 세배한다 하여 예에 어그러진다 말할 수는 없습니다.

●要訣喪服中行祭儀條期大功則葬後當祭如平時未葬前時祭可廢忌祭墓祭略行如上儀(使服輕者行薦)

▶3175◀◈問; 숙모님의 아들이 설 명절에 제사를 지내야 하는지?

안녕하세요. 선생님 질의 드린 내용과 관련하여 삼촌께서는 10 여 년 전에 일찍 돌아가셨고 이번에 숙모님이 돌아가신 후 며칠이 지나지 않은 상태라 삼촌의 아들, 딸(1 남 3 녀)이 설 명절에 삼촌, 숙모(아버지, 어머니)님의 제사를 재내도 되는지 궁금합니다. 숙모님에 대해서는 아침 상식 겸 전(奠) 예법으로 하신다는 말씀을 본적이 있는데 삼촌, 숙모님(아버지, 어머니)제사를 지내도 되는지 와 만일 지내지 않는다면 산소에서 간단히 예를 해도 되는지 궁금합니다. 선생님의 조언을 듣고 싶습니다. 감사합니다.

◈答; 숙모님의 아들이 설 명절에 제사를 지내야 하는지.

아래는 삼년상(三年喪)을 당하여 복중(服中)에 제사 지내는 예법(禮法)입니다. 상주는 졸곡(卒哭)(약 운명한 날로부터 95,6 일)이전은 모든 제사(祭祀)를 폐하고 그 이후에 비로소 복(服)이 약한 자를 시켜 무축단헌(無祝單獻)으로 제사를 지낼 수가 있습니다. 고로 숙모(叔母)가 운명한지 얼마 되지 않은 상태라 하심은 석 달 미만인 듯하니 예법 상 모든 제사는 폐하여야 합니다.

●要訣凡三年之喪古禮則廢祠堂之祭而朱子曰古人居喪衰麻之衣不釋於身哭泣之聲不絶於口其出入居處言語飮食皆與平日絶異故宗廟之祭雖廢而幽明之閒兩無憾焉今人居喪與古人異而廢此一事恐有所未安朱子之言如此故未葬前則準禮廢祭而卒哭後則於四時節祀及忌祭(墓祭亦同)使服輕者行薦而饌品減於常時只一獻不讀祝不受胙可也

▶3176◀◈問; 아버님상을 당했는데 친한 친구의 할머니가 돌아가셨습니다.

12 월 7 일 날 아버님 상을 당했습니다. 근데 그때 문상 온 제 친한 친구의 할머니가 오늘 돌아가셨습니다. 제가 지금 상중인데 제 친구의 할머니를 문상가도 되는지 궁금합니다. 답부탁 드립니다.

◈答; 친상 중에는 문상 가지 않습니다.

예기(禮記) 증자문(曾子問)편의 말씀입니다.

●曾子問曰三年之喪弔乎孔子曰三年之喪練不群立不旅行君子禮以飾情三年之喪而弔哭不 亦虛乎
증자가 묻기를 삼년상(부모상) 중에 조상을 하여도 됩니까 하고 묻자 공부자께서 답 하시기를 삼년상 중에는 소상이 지났어도 다른 사람들과 같이 서 있지 않는 것이며 외출하여 나다니지 않는 것이니라. 군자는 예를 마음으로 표 할 수 있는 것이니라 삼년상 중에는 조문 하고 곡하는 것이 아니니 모두 헛됨이 아니겠느냐 라 하셨느니라. 이와 같이 살펴 볼 때 삼년상 중에는 남의 조문은 하지 않아도 예에 어긋나지 않습니다.

●檀弓子張死曾子有母之喪齊衰而往哭之或曰齊衰不以吊曾子曰我吊也歟哉註於朋友哀痛甚而往哭之非若凡吊○非兄弟雖鄉不往疏無親也○有殯聞遠兄弟之喪雖緦必往非兄弟雖隣不往
●曾子問曰三年之喪吊乎孔子曰三年之喪練不群立不旅行君子禮以飾情三年之喪而吊哭不亦虛乎註爲被哀則不專於親爲親哀則是妄吊疏虛者吊與哭並虛也
●朱子曰古人居喪衰麻之衣不釋於身哭泣之聲不絶於口

▶3177◀◈問; 아버지 대상을 치르는 중에.

10 년정도 병환으로 고생하시던 아버지께서 얼마 전 고통스러운 육체에서 자유로워 지셨습니다 전 3 년상이니 대상이니 이러한 용어와 절차를 모르지만 현재 집에 영단을 마련하고 매일 상식을 차려드리며 유골을 모셔둔 곳에 아버지 간식을 마련해서 찾아 뵙고 있습니다 이제 100 일이 지나갔는데 얼마 뒤에는 할머니 기일이 됩니다 제가 궁금한 것은 할머니 기제사와 차례 등을 지내는 것인지 지내지 않는다면 언제부터 지내는 것인지 여쭙습니다 제사와 차례를 구분하여 가르침을 주십시오. 저는 개인의 생각이 아닌 올바른 예법의 가르침을 받고자 합니다 머리 숙여 경청하며 새겨 실천하겠습니다

◈答; 상중 조상의 기제 명절 차례 지내는 법.

三年喪(삼년상) 중인 服人(복인)의 喪中(상중) 祭祀(제사) 지내는 法度(법도)는 사정상 석달 안에 葬事(장사; 疾葬)하였다면 虞祭(우제)는 葬事(장사)를 마치면 곧 따라 지내고 卒哭(졸곡; 사후 약 100 여일)은 法度(법도)대로 지내게 되는데, 卒哭(졸곡) 前(전)에 닫는 모든 祭祀(제사)는 廢(폐)하고 이후(3 년 탈상 내)에 닫는 忌祭(기제) 墓祭(묘제) 節祀(절사)는 後孫(후손) 中(중) 가장 服(복)이 經(경)한 이를 시켜 祭祀(제사)하되 祭需(제수)는 平常(평상)보다 減(감)하여 陳設(진설)하고 무축단헌지례(無祝單獻之禮)로 祭祀(제사)를 마칠 뿐 飮福(음복)도 하지 않습니다.

●喪服中行祭儀凡三年喪古禮則廢祠堂之祭而朱子曰古人居喪衰麻之衣不釋於身哭泣之聲不絶於口其出入居處言語飮食皆與平日絶異故宗廟之祭雖廢而幽明之間兩無憾焉今人居喪與古人異而廢此一事恐有所未安朱子之言如此故未葬前則準禮廢祭而卒哭後則於四時節祀及忌祭(墓祭亦同)使服輕者(朱子喪中以墨衰薦于廟今人以俗制喪服當墨衰著而出入若無服輕者則亦恐可以俗制喪服行祀)行薦而饌品感於常時只一獻不讀祝不受胙可也
●小記報葬者報虞三月而後卒哭註報讀爲赴急疾之義謂家貧或以他故不得待三月死而卽葬者旣疾葬亦疾虞虞以安神不可後也惟卒哭則必俟三月耳

▶3178◀◈問; 아버지 첫 제사를 안 지냈는데.

올해 6 월에 돌아가셨습니다. 탈상은 했고요. 첫 제사를 지내기 전인데 곧 다가오는 추석과 설에 차례를 지내야 하나요? 어떻게 해야 하는지 몰라 여쭤봅니다. 큰아버지께서는 지내지 않고 할아버지, 할머니 차례를 올리면 된다고 하는데 상관없을까요?

◈答; 아버지 첫 제사를 안 지냈는데.

백부는 형제의 복은 기복인에 해당 됩니다. 까닭에 조부모는 백부가 주인이니 평시와 같이 지내고, 선생 부친은 금년 추석날까지 작고 후 약 100 일(졸곡 일에 해당) 이상이 지났으면

이미 탈상을 하셨다니 평시와 같이 명절을 쇠어야 옳습니다.

●要訣喪服中行祭儀未葬前則準禮廢祭而卒哭後則於四時節祀及忌祭(墓祭同)使服輕者行薦而饌品減於常時只一獻不讀祝不受胙可也期大功則葬後當祭如平時(但不受胙)未葬前時祭可廢忌祭墓祭略行如上儀

▶3179◀◈問; 음력 9월 9일 제사 전 삼촌의 장례식 참석.

오는 13 일, 음력 9 월 9 일에 작은 할아버지의 제사가 있으며, 저의 집이 큰집이라 제사는 저희가 모시고 있습니다. 삼촌은 오늘 오전에 별세 하셨고요. 발인이 12 일 오전인데 13 일 제사는 그대로 지내는 것이 합당한 것인지요? 삼촌의 사망 날짜는 10 월 10 일입니다. 발인은 10 월 12 일 오전이고, 13 일이 음력 9 월 9 일입니다. 현명한 답변 부탁 드립니다.

◈答; 음력 9월 9일 제사 전 삼촌의 장례식 참석.

그 3 촌이 한집에 사는지 또는 분가되었는지의 여부도 밝히지 않아 가정으로 답하기란 대단히 무모하나 한집에 살았다면 폐하여야하고 같이 살지 안는다 하여도 성복 전은 모든 제사를 폐하게 되는데 10 월 10 일 사망하고 10 월 13 일 제사가 있다면 성복은 죽은 지 4 일만에 입게 되니 성복전이라 그 역시 제사를 폐함이 예법상 옳습니다.

●要訣喪服中行祭儀期大功則葬後當祭如平時(但不受胙)未葬前時祭可廢忌祭墓祭略行如上儀(五服未成服前雖忌祭亦不可行也)
●性理大全成服條死之第四日也

▶3180◀◈問; 장례식 후 구정차례 지내는 것인지요.

안녕하세요.17 일 밤에 할머니께서 돌아가셔서 18 일 19 일 분향소(焚香所)에 모시고 20 일 아침에 발인(發靷)하였습니다. 가족납골당에 모셨고요. 천주교 식으로 진행하였습니다. 궁금한 것은 할머니를 모시고 살았던 저희 집은 명절(名節)에 마다 모이는 큰집인데요. 이번 26 일 구정에 예년처럼 가족들 모두 모여서 차례(茶禮)를 지내는 것이 맞는지 궁금하네요. 주변에서 이번 구정에는 차례를 안 지낼 것 같다는 말을 들어서요. 답변 부탁 드립니다. [궁금합니다]

◈答; 장례식 후 구정차례 지내는가.

천주교에서는 유학의 예법을 어느 정도 인정하고 있지요. 17 일이라 하심을 1 월 17 일로 이해 아래와 같이 살펴 보건대 유학의 예법으로 졸곡(약 사후 3 개월 5,6 일)이전에는 모든 제사를 폐하다 하였으니 이번 명절은 지낼 수가 없는 것 같습니다.

아래 말씀의 대강의 뜻은 장사 전은 모든 제사를 폐하고 졸곡이 지나면 복이 약한 자를 시켜 약설하고 무축단헌으로 지낸다 하였고 또 상복소기 가르침은 만약 형편이 여의치 않아 3 개월 이전에 장사를 지냈으면 우제는 그에 따라 일찍 지내되 졸곡제는 죽은 지 석 달이 지난 뒤에 지낸다 함입니다.

●要訣未葬前則準禮廢祭而卒哭後則於四時節祀及忌祭使服輕者行薦而饌品減於常時只一獻不讀祝不受胙可也
●喪服小記報葬者報虞三月而後卒哭註報讀爲赴急疾之義謂家貧或以他故不得待三月死而卽葬者旣疾葬亦疾虞虞以安神不可後也惟卒哭則必俟三月耳

▶3181◀◈問; 장례 이후 명절 제사.

수고가 많으십니다. 저는 양력 2008 년 1 월 14 일 어머님이 세상을 떠나셨습니다. 나름대로 예법에 따라 제사를 지내고 있습니다만 금번 설날 조상 차례를 지내야 할 지가 궁금합니다. 주위에서 탈상 전에는 명절 조상 차례는 지내지 않는다고 하기도 하고 혹은 탈상 전이라도 명절 조상 차례는 별도로 지내야 한다고 합니다. 전의 게시판을 보고 이해하여 보려고 하였지만 정확한 한문 해석이 어렵고 문외한인지라 이렇게 문의를 드립니다. 도움 바라겠습니다. 감사합니다.

◈答; 장례 이후 명절 제사.

율곡 선유께서 졸곡 전에는 모든 제사를 폐하고 졸곡 후에는 경복자로 하여금 기묘제는 무축단헌으로 행한다. 라 하셨으니 복중 상주는 모든 제사를 주관하여 지내서는 아니 되며 복이 경한 자가 간단하게 지내면 되지 않을까 합니다.

●喪服小記報葬者報虞三月而後卒哭註報急疾之義謂家貧或以他故不得待三月死而卽葬者旣疾葬亦疾虞祭以安神不可後也惟卒哭則必俟三月

●要訣祭儀抄喪服中行祭儀凡三年之喪古禮則廢祠堂之祭而朱子曰古人居喪衰麻之衣不釋於身哭泣之聲不絶於口其出入居處言語飮食皆與平日絶異故宗廟之祭雖廢而幽明之間兩無憾焉今人居喪與古人異而廢此一事恐有所未安朱子之言如此故未葬前則準禮廢祭而卒哭後則於四時節祀及忌祭(墓祭亦同)使服輕者(朱子喪中以墨衰薦于廟今人以俗制喪服當墨衰著而出入若無服輕者則亦恐可以俗制喪服行祀)行薦而饌品減於常時只一獻不讀祝不受胙可也期大功則葬後當祭如平時(但不受胙)未葬前時祭可廢忌祭墓祭略行如上儀緦小功則成服前廢祭(五服未成服前雖忌祭亦不可行也)成服後則當祭如平時(但不受胙)服中時祀當以玄冠素服黑帶行之

▶3182◀◈問; 장례 후 기제사.

월 18 일 사촌의 3 일장을 화장으로 끝냈습니다. 그러니깐 사촌이 죽은 날은 16 일이 되고요. 그리고 8 월 20 일이 저의 아버님 기제사일 입니다. 기제사를 지내도 되는지 궁금합니다.

◈答; 장례 후 기제사.

아래 율곡 선생께서 제의초에서의 말씀이 기대공복인(1 년 복인과 9 월 복인)의 자기 집 제사는 그 장례를 마쳤으면 평시와 같이 지내되 음복의 예를 행하지 않는다 하셨습니다. 이때의 장례라 함은 3 월장을 의미합니다. 다만 김영호 선생의 종형제의 장사는 조장으로서 3 월 미만인데 그러할 때의 상중 제의법은 이른 데가 없습니다. 까닭에 3 월장으로 날 수를 계산함이 옳습니다.

●祭儀抄喪服中行祭儀云期大功喪則葬後當祭如平時但不受胙

▶3183◀◈問; 장례 후 다른 분 제사에 대해 문의 드리겠습니다.

안녕하세요. 문의 드릴께 있습니다. 다름이 아니라 저희 외할아버지께서 월요일 날 돌아가셔서 장례를 치렀어요. 그런데 그 주 일요일이 저희 친할아버지 제사가 있는 날이거든요. 저희 아버지께서 큰아들이랑 저희 집에서 제사를 지내는데 제사를 지내야 하는 건지 안 지내는 건지 궁금해서요. 답변부탁드릴께요. 만약 안 지내는 거면 왜 안 지내는지 이유도 같이 부탁드릴께요. 강 0 희

◈答; 장례 후 다른 분 제사에 대하여.

외할아버지는 아버지의 장인인 됩니다. 장인 복은 시마 3 월복에 해당되고, 외조부 복은 소공 5 월 복에 해당됩니다.

아래는 율곡 선생께서 일러주시는 복중에 제사 지내는 법 중 소공 5 월 복인과 시마 3 월 복인이 제사 지내는 법입니다. [시마 3 월 복인과 소공 5 월 복인은 성복 전에는 모든 제사를 폐하고 성복후면 마땅히 평시와 같이 제사를 지낸다]라 는 말씀이십니다. 이미 장사를 마쳤다 하셨으니 조부의 제사를 평시와 같이 지내도 예에 어그러지지 않는 것 같습니다.

●要結喪服中行祭儀緦小功則成服前廢祭(五服未成服前雖忌祭亦不加行也)成服後則當祭如平時

▶3184◀◈問; 장모님 상중인데 선고 제사를 어떻게?

안녕하세요. 당황 중에 이 글을 올립니다. 장모님께서 어제 일자로는 3 월 29 일 작고하셨습니다. 그런데 저의 조부님 기제가 4 월 2 일 그러니까 내일 듭니다. 제가 장손으로 아버님도 작고하시어 제가 주장이 됩니다. 동생은 있으니 동생에게 지내라면 되겠는지요. 급히 가부

간 알려 주세요. 이만 줄입니다.

◈答; 장모님 상중인데 선고 제사는.

사위가 처부모 상을 당하면 삼월복인이 됩니다. 삼월 복인은 성복 전은 폐제하고 지나면 평시와 같이 지냅니다. 성복은 4일째이나 4월 1일 날 성복을 하게 됩니다. 따라서 기일이 4월 2일라면 성복일 다음날이 됩니다. 성복례를 마치고 댁으로 가 제사를 지내는데 아무 문제가 없습니다.

●曲禮生與來日死與往日(集說註)與猶數也成服杖生者之事也數死之明日爲三日歛殯死者之事也從死日數之爲三日是三日成服者乃死之第四日也(細註)永嘉戴氏曰死者日遠生者日忘聖人念之故三日而殯死者事也以往日數三日而食生者事也以來日數其情哀矣聖人察於人情之故而致意於一日二日之間以此敎民而猶有朝祥暮歌者悲夫(鄭注)與猶數也生數來日謂成服杖以死明日數也死數往日謂殯斂以死日數也此士禮貶於大夫者大夫以上皆以來日數士喪禮曰死日而襲厥明而小斂又厥明大斂而殯則死三日而更言三日成服杖似異日矣喪大記曰士之喪二日而殯三日之朝主人杖二者相推其然明矣與或爲予(孔疏)生與至往日○正義曰生與來日者此謂士禮與數也謂生人成服杖數來日爲三日死與往日者謂死者殯斂數死日爲三日

●要訣祭儀抄喪服中行祭儀緦小功則成服前廢祭(五服未成服前雖忌祭亦不可行也)成服後則當祭如平時(但不受胙)服中時祀當以玄冠素服黑帶行之

▶3185◀◈問; 장인어른의 상중에 아버지제사를 지낼 수 있는지.

14일에 장인어른이 돌아가셨고 30일이 아버지제사인데 제사를 지내도 되는지요?

◈答; 장인어른의 상중에 아버지제사를 지낼 수 있는지.

장인 복은 시마 3월복이 됩니다. 아래 율곡 선생 말씀에 시마 상에는 성복 전에는 폐祭하나 성복 후에는 평시와 같이 제사를 지낸다. 하셨으니 작고 하신지 16일이나 지났으니 제사를 지내도 되겠습니다.

●性理大全家禮喪禮成服五曰緦麻三月; 其義服則爲妻之父母妻亡而別娶亦同卽妻之親母雖嫁出猶服也

●要訣喪服中行祭儀緦小功則成服前廢祭(五服未成服前雖忌祭亦不可行也)成服後則當祭如平時(但不受胙)

▶3186◀◈問; 제사에 대해서

어제 고모부가 돌아가셨는데 오늘은 아빠의 할머니제사예요. 제사를 지내야 하는 건가요? 자내야 한다면 왜 지내야 하는지 답변 부탁 드려요. 그리고 안 지내야 하는 거면 왜 안 지내야 하는지도 자세히 알려주세요. 그래서 저희 아빤 장례식장에 아직 안가고 계신답니다. 빠른 답변 부탁 드려요. 이0민.

◈答; 장례 후 다른 분 제사에 대하여.

⊙喪中忌墓祭(상중기묘제)

朱子曰今人居喪時行三二分居喪底道理則亦當行三二分祭先底禮數○要訣未葬前則準禮廢祭而卒哭後則於忌祭墓祭使服輕者行薦而饌品減於常時只一獻不讀祝可也若無服輕者喪人恐可以俗制喪服行祀○問宗子喪未葬祖先忌墓祭喪家當廢而如有介子異居而欲行則亦不悖禮否愚伏曰禮士緦不祭所祭於死者無服則祭以此推之則宗子之喪乃祖考之正統服未葬廢之似當沙溪曰遇伏說是○南溪曰朱子曰忌者喪之餘祭似無嫌云云今忌祭在葬後卒哭前者又似與未葬少間殺禮行之恐是人情之所不能已也○栗谷雖云使服輕者行薦註中已有墨衰之文而況朱子已自行之若無服輕者恐不可曰朔望忌祭喪人一切不得參也○尤菴曰葬前雖小祭祀當一切皆廢也栗谷卒谷後墓祭忌祭之說是所謂恰好處置然若據古經葬而後祭之說則三虞之後亦可言葬後從殺行之恐不爲無說○喪中行祀於祖先時據朱子說則當使人鋪排酒食之物而主祭者去拜而已然則參神降神前後節目似當使人行之若親行則恐當如要訣之儀矣出主時恐不宜昧然則告辭恐不可已也但告辭雖不書主祭之名而考妣之號則不可不

書蓋其實主人告之也○禫前自與大祥前一樣然則先祀只一獻不讀祝廢利成可也雖禫後據古禮猶不敢純吉吉祭以後始同平人矣○問吉祭前未合櫝值忌日則不當考妣並祭否南溪曰似不可並祭○屛溪曰吉祭前雖値忌祭亦不能備禮但一獻無祝獻爵則主人當爲之矣

⊙期功以下服中忌墓祭(기공이하복중기묘제)

要訣期大功則葬後當祭如平時未葬前忌墓祭略行如上儀緦小功則成服前廢祭成服後則當祭如平時五服未成服前雖忌祭亦不可行○南溪曰宗家祭祀何可以支子異居之家喪不行耶若於宗子非期服則量而行之恐當又曰惟主人期服則略行如要訣○南塘曰遠外緦麻之親晩後聞訃者因此廢其一年一行喪餘之祭情有所不忍成服若在致齊前則固無可議若在致齊後則祭畢行成服似可○問功緦之戚成服日若有大小祭祀則皆當行之耶陶菴曰若在喪次則雖成服後其日則當使人代之蓋未及齊宿而然也至於在他所則成服後躬行無妨成服之行於朝哭禮也晨早成服而後行忌祭亦可○功緦之戚無論本宗外黨妻黨未成服之前忌祭墓祭茶禮皆當廢而如外黨妻黨之服則使家中無服者代行亦可雖喪出他所只當論己之成服與未成服也代行則似當單獻無祝又曰母與妻之祖父母喪雖於未成服只當論己之有服與無服婦人不當論

다만 위의 말씀은 유복지친 간(間)의 상중에 기제나 묘제 지내는 법식입니다. (위에 원문의 말씀을 인용 게시한 연유는 고증의 목적과 우리의 생활의 여러 모를 이해함에는 한자의 기여함이 절대적이므로 그를 강조하기 위하여 나열한 것입니다)

귀하의 부친과 귀하의 고모부와는 무복지친 간이 됩니다. 만약 귀하의 댁에서 상을 당하였다면 장전에는 마땅히 제사를 폐해야 하지만 타처라면 제사를 지내야 합니다.

●性理大全忌祭前一日齋戒; 主人帥衆丈夫致齋于外主婦帥衆婦女致齋于內沐浴更衣飮酒不得至亂食肉不得茹葷不弔喪不聽樂凡凶穢之事皆不得預
●曲禮齊者不樂不吊(註)呂氏曰古之有敬事者必齊齊者致精明之德也樂則散哀則動皆有害於齊也不樂不吊者全其齊之志也
●退溪曰家禮忌日言前期一日齋戒而已
●莊子曰不飮酒不茹葷是祭祀之齋也
●唐制散齋之日理事如故惟不得吊喪問疾不判署刑殺文書不決罰罪人不作樂不親穢惡之事致齋惟祀事得行其餘悉禁
●備要是日不飮酒不食肉不聽樂以居夕寢于外

▶3187◀ ◈問; 제사와 명절.

아버님께서 지난해 돌아가셔서 매월 초하룻날에 삭망제를 지내고 있습니다. 조금 있으면, 구정 명절이 다가오는데 아버님 기제를 지내야 하는지 지낸다면, 명절차례와 어떻게 구분해서 지내야 하는지가 궁금합니다. 아울러, 소상은 돌아가신 날로부터 1 년 후에 치른다고 들었습니다. 돌아가신 날에 치르는 건지, 아니면 돌아가신 날로부터 1 년이 되는 달의 초하룻날 지내는 건지 그리고, 1 년이 지나고 나면 제사를 지낸다고 하는데, 돌아가신 날에 지낸다는 얘기도 있고, 전날에 지낸다는 얘기도 있는 데 어떻게 맞는 건지 궁금합니다. 참고로 저희는 조상 기제사를 11 시~12 시 사이에 시작합니다.

◈答; 상중 제사와 명절.

초하루 보름으로 삭망제(朔望祭)를 올린다 함은 아직 복중에 있는 것 같습니다. 기제사는 상을 벗은 다음해 기일을 맞으면 지내는 것입니다. 상중에는 다른 조상의 제사도(기제. 명일 참사 포함) 제일 복이 경한 자로 하여금 약설하고 무축단헌으로 마치는 것이 바른 예법 같습니다. 소대상이나 기제 모두 작고한 날 지내면 되는데 11~12 시 사이에 지내기 시작하면 어그러짐이 없는 것이며 다만 작고한날 전날 저녁입니다.

●喪服中行祭儀凡三年喪古禮則廢祠堂之祭而朱子曰古人居喪衰麻之衣不釋於身哭泣之聲不絶於口其出入居處言語飮食皆與平日絶異故宗廟之祭雖廢而幽明之間兩無憾焉今人居喪與古人異而廢此一事恐有所未安朱子之言如此故未葬前則準禮廢祭而卒哭後則於四時節祀及忌祭(墓祭亦同)使

服輕者(朱子喪中以墨衰薦于廟今人以俗制喪服當墨衰著而出入若無服輕者則亦恐可以俗制喪服行祀)行薦而饌品感於常時只一獻不讀祝不受胙可也

●小記報葬者報虞三月而後卒哭註報讀爲赴急疾之義謂家貧或以他故不得待三月死而卽葬者旣疾葬亦疾虞虞以安神不可後也惟卒哭則必俟三月耳

▶3188◀◈問; 조모 상중일 때 모친 기제사는 어떻게.

조모께서 5월 21일 날 돌아가셨습니다. 그리고 모친 기제사는 5월 27일입니다. 이때 모친 기제사를 지내는 것이 맞나요? (부친께서 둘째 아들입니다) 알려주시기 바랍니다.

◈答; 조모 상중일 때 모친 기제사는.

아래와 같이 살펴보건대 부모의 상을 당하면 졸곡 전(약 3개월)은 모든 제사를 폐하고 이후 3년 상 내는 복이 경한 자를 시켜 不讀祝 일헌지례로 지내게 합니다. 따라서 상을 당한지 6일정도가 되니 이 예법에 의하면 모친의 기제는 폐함이 옳습니다,

●性理大全家禮喪禮成服其服之制二曰齊衰三年；其正服則子爲母也士之庶子爲其母同而爲父後則降也其加服則嫡孫父卒爲祖母若曾高祖母承重者也

●要訣未葬前則準禮廢祭而卒哭後則使服輕者行薦而饌品減於常時只一獻不讀祝可也

▶3189◀◈問; 추석 전 집안어른이 돌아 가셨는데 외할아버지 제사를 지내도.

안녕하십니까? 인터넷을 찾다 보니 사이트를 보게 되어 이렇게 질문을 드리게 되었습니다. 바쁘시더라도 답변을 좀 보내 주셨음 고맙겠습니다. 부탁 드립니다.

다름이 아니라 9월 20일 목요일 저녁에 집안에 5촌 아저씨 되시는 분이 돌아 가셨습니다. 그래서 오늘 9월 22일 장지로 떠나셨습니다. 집안어른들이 말씀하시기를 집안에 어른이 돌아 가시거나 상을 당했을 시에는 명절 제사를 지내지 않고 음력 9월 9일에 제사를 지낸다고 말씀을 하셨습니다. 그래서 이번 추석에는 제를 올리지 않습니다. 그런데 다름이 아니라 저희 어머님께서는 형제 분이 안 계십니다. 그래서 예전부터 외할아버지제사를 어머님께서 모셨습니다. 그런데 상을 당하신 곳에 가시면 그 해 제사를 못 지내신다는 말씀을 들으시고는 저와 어머님께서는 병원이나 장지를 비롯 그 어디에도 참석을 하지 않았습니다.

돌아가신 분께는 예의가 아니지만 참석을 하지 않으면 제를 올려도 되지 않을까 하는 생각에서 말입니다. 물론 사돈제사여서 외삼촌이 계시다면 간단한 일이지만 어머님께서 혼자이시다 보니 좀 걱정이 됩니다.

말이 많이 길었네요. 죄송합니다. 간단하게 다시 질문을 드리겠습니다. 명절제사를 두고 집안에 흉사가 있었습니다. 그래서 흉사에 참석을 하면 제를 올리지 못하니 참석을 하지 않으면 제를 올릴 수 있지 않을까 해서 참석을 하지 않았습니다. 흉사에 참석을 하지 않은 저와 어머님은 외할아버지 제사를 이번 추석에 지내도 되겠습니까?

제사를 지내도 되는지 그렇지 않은지 좀 알려주세요. 안 된다면 9월 9일에 지내야 하는지도 좀 알려주세요. 꼭 답변 부탁 드리겠습니다. (장0덕)

◈答; 추석 전 집안어른이 돌아 가셨는데 외할아버지 제사를 지내도.

아래는 바로 밑의 답변 내용입니다. 외조고비 복은 소공 5월 복인으로 상에 참석하였다 하여도 이번 추석 명절 지내기에 아무 거리낌이 없었을 것입니다. 제사 보다는 상이 상위 개념입니다. 상에 참석하였어야 옳았을 것입니다.

要訣期大功則葬後當祭如平時未葬前忌墓祭略行如上儀緦小功則成服前廢祭成服後則當祭如平時五服未成服前雖忌祭亦不可行

위는 율곡선생의 말씀입니다. 기대공복이면 장사 지낸 뒤에 당한 제사는 평시와 같이 지내고 장사 지내기 전에는 기제나 묘제는 상의(무축단헌)와 같이 지내며 시마 소공 복이면 성복 전에는 제사를 폐하고 성복 후에 당한 제사는 평시와 같이 지낸다. 오복인은 성복 전에는 아무리 기제라 하여도 지내서는 아니 되느니라.

有殯(註三年之喪)聞遠兄弟之喪雖緦必往非兄弟(異姓)雖鄰不往
친상 중에 먼 형제의 상 소식을 들으면 비록 시마 복일지라도 반드시 가야하고 형제가 아닌 이성이면 아무리 가깝다 하여도 가지 않는다.

▶3190◀◈問; 친구어머니장례식 후에 추석제사와 성묘?

어제오늘 친구어머니 장례식 때문에 제가 가서 일도 돕고 했거든요. 그런데 어머니께서 추석 때 아버지 성묘도 가야하고 제사도 지내야 하는데 장례식장에 가면 어떻게 하냐고 하시더라고요. 외삼촌도 그래서 제사 때 절도 안 하더라고 도 하시고요. 이것 또한 전통예법에 어긋나는 건가요? 아니면 단순히 종교적 샤머니즘인가요? 조 0 우

◈答; 친구어머니장례식 후에 추석제사와 성묘.

명절은 일일 재숙이니 명절 하루 전에는 상가나 궂은일에 참여하여서는 아니 되는 고로 집에서 조용히 마음과 몸을 깨끗이 하고 부정한 일을 멀리해야 합니다. 이와 같음은 종교적 샤머니즘이 아니고 예서에 있는 예법입니다. 추석은 9 월 14 일이니 아직 추석까지는 1 주일 이상 뒤라 상가에 다녀와도 추석 지내는 데는 괜찮습니다.

●家禮本註俗節前一日灑掃齋宿忌日前一日齋戒
●曲禮齊者不樂不吊(註)呂氏曰古之有敬事者必齊齊者致精明之德也樂則散哀則動皆有害於齊也不樂不吊者全其齊之志也
●便覽俗節條(正至朔日之儀)前一日灑掃齋宿厥明夙興開門軸簾每龕設(云云)卓上每位茶盞托酒盞盤各一於神主櫝前

▶3191◀◈問; 친정아버지께서 2 월에 돌아가셨는데.

친정아버지께서 올해 2 월에 돌아가셨답니다. 돌아가시고 곧 있다가 설날 이라서 그날은 제사를 지내지 않았지요. 상중이라서 기제사는 할아버지, 할머니를 모시는 줄 알고 있습니다. 허나 이번 추석 명절은 제를 올려야 하는지 말아야 하는지 그게 궁금합니다. 아버지 제사는 일년이 안 지나서 안 올리는 건 맞지요? 할아버지 할머니 제사는 지내야 하나요? 명절을 어떻게 보내야 할지 궁금해서 연락 드립니다. 답변 기다리겠습니다.

◈答; 친정아버지께서 2 월에 돌아가셨는데.

친정(親庭) 남자 형제가 부친의 궤연(几筵)을 모시고 계시다면 궤연에서 명절(名節)을 차리고 조부모는 그 후손으로 복(服)이 경(輕)한 이가 명절 차례(茶禮)를 올리면 될 것이며 만약 조기(早期) 탈상을 하였다면 이번 추석에 부친과 조부모께 참례(參禮)를 정상으로 행하여야 옳습니다.

●要訣喪服中行祭儀未葬前則準禮廢祭而卒哭後則於四時節祀及忌祭(墓祭同)使服輕者行薦而饌品減於常時只一獻不讀祝不受胙可也

▶3192◀◈問; 탈상 전에 명절(추석,설)제사에 대하여.

부모님이나 조상님이 돌아가셨을 경우 아직 탈상을 하기 전에 명절(추석이나 설)이 돌아올 경우 탈상전인 망자의 명절 제사는 어떻게 지내야 되는지요?

◈答; 탈상 전에 명절(추석,설)제사에 대하여.

아래와 같이 살펴보건대 사망 후 3 월안에는 모든 제사를 폐하고 졸곡(卒哭; 3 월 후 葬事. 葬日(初虞). 再虞(柔日). 三虞(剛日). 卒哭(剛日). 葬事 後 若 4. 5 日後) 지났으면 3 년 내는 궤연을 모셨으면 아침 상식 후 소과(蔬果)등 약설(略設) 무축단헌(無祝單獻)의 예로 마치고

그 외 조상이 계시면 자손(子孫) 중 복(服)이 가장 약한 이를 시켜 그 역시 무축단헌(無祝單獻)의 예로 마치게 됩니다.

아래 전거(典據)를 참조하시기 바랍니다.

●問三年內俗節上食後別設酒果數饌否沙溪曰俗節因朝奠兼上食行之似過盛朝上食後別設無妨
●明齋曰因上食並設似宜
●要訣喪服中行祭儀凡三年之喪古禮則廢祠堂之祭未葬前則準禮廢祭而卒哭後則於四時節祀及忌祭(墓祭亦同)使服輕者行薦而饌品減於常時只一獻不讀祝不受胙可也
●小記報葬者報虞三月而後卒哭註報讀爲赴急疾之義謂家貧或以他故不得待三月死而卽葬者旣疾葬亦疾虞虞以安神不可後也惟卒哭則必俟三月耳
●家禮祠堂俗節則獻以時食;節如淸明寒食重午中元重陽之類凡鄕俗所尙者食如角黍(增解周處風土記端午烹鶩以菰葉裹糯米爲粽以象陰陽相包裹未分散謂之角黍五越五日祭汨氵羅之遺俗也)凡其節之所尙者薦以大盤間以蔬果(尤庵曰蔬果卽蔬菜之蔬也山殽野蔬自是酒席之所設何必問古禮之有無)禮如正至朔日之儀(晦齋曰世俗正朝寒食端午秋夕皆詣墓拜掃今不可偏廢是日晨詣祠堂薦食仍詣墓奠拜)

▶3193◀◈問; 탈상 하기 전 국의 위치에 대하여?

메와 갱의 위치가 탈상 전은 어떻게 진설 되어야 하는지요?

◈答; 탈상(脫喪) 전의 반갱(飯羹) 위치.

탈상(脫喪) 전의 반갱(飯羹)의 동서(東西;左右) 위치는 제례(祭禮;虞祭~脫喪前)에서는 제례(祭禮) 진찬(進饌)의 예를 따라 우반좌갱(右飯左羹;西飯東羹)이 되고, 조석(朝夕) 상식(上食)은 생인(生人)의 예로 우갱좌반(右羹左飯;西羹東飯)으로 진설됩니다.

생인(生人)의 예(禮)는 탈상(脫喪)전(前)까지 입니다.

●曲禮凡進食之禮右飯左羹右分燥濕也
●退溪答人曰祭饌尙左之說恐未然盖食以飯爲主故飯之所在卽謂所尙如平時左飯右羹是謂尙左而祭則右飯左羹是乃尙右所謂神道尙右者然也
●沙溪曰虞祭有飯羹無疑故姑依家禮時祭進饌之序其設之如此更詳之
●沙溪曰自虞以後之祭則左設三年朝夕上食則象生時右設
●牛溪曰祭禮設飯於西非獨丘儀如此家禮時祭進饌之儀已如此然初喪象生故凡設奠皆如平時至於虞以後用祭禮然則自虞而西飯恐不無悖乎禮也
●鹿門曰虞以後生事畢鬼事始故其設饌用祭禮飯右羹左上食則當常生從曲禮飯左羹右之設

▶3194◀◈問; 탈상 하기 전에 기제사나 명일제사는 어떻게 하나요?

안녕하세요. 여쭤볼 것이 있어 글을 남기게 되었습니다.

모친상을 탈상하기 전에 아버님 기제사와 설이 있는데, 제사를 지내도 될런지요? 지낸다면 제사를 간략히 지내거나, 동생 또는 아들에게 대신 지내게 해야 된다는 분들도 계시던데요. 간략히 지낸다면 진설을 어찌 해야 할런지요?

질문이 많아 죄송합니다. 답변 부탁드립니다.

◈答; 탈상 하기 전에 기제사나 명일제사는.

삼년상 중인 복인의 상중 제사 지내는 법도는 사정상 석달 안에 장사(疾葬)하였다면 우제는 장사를 마치면 곧 따라 지내고 졸곡(사후 약 100 여일)은 법도대로 지내게 되는데, 졸곡전에 닫는 모든 제사는 폐하고 이후(3 년 탈상 내)에 닫는 기제 묘제 절사는 후손 중 가장 복이 경한 이를 시켜 제사하되 제수는 평상보다 감하여 진설하고 무축단헌지례(無祝單獻之禮)

로 제사를 마칠 뿐 음복도 하지 않습니다.

●喪服中行祭儀凡三年喪古禮則廢祠堂之祭而朱子曰古人居喪衰麻之衣不釋於身哭泣之聲不絶於口其出入居處言語飮食皆與平日絶異故宗廟之祭雖廢而幽明之間兩無憾焉今人居喪與古人異而廢此一事恐有所未安朱子之言如此故未葬前則準禮廢祭而卒哭後則於四時節祀及忌祭(墓祭亦同)使服輕者(朱子喪中以墨衰薦于廟今人以俗制喪服當墨衰著而出入若無服輕者則亦恐可以俗制喪服行祀)行薦而饌品感於常時只一獻不讀祝不受胙可也

●小記報葬者報虞三月而後卒哭註報讀爲赴急疾之義謂家貧或以他故不得待三月死而卽葬者旣疾葬亦疾虞虞以安神不可後也惟卒哭則必俟三月耳

탈상(脫喪) 전의 반갱(飯羹)의 동서(東西; 左右) 위치는 제례(祭禮;虞祭~脫喪前)에서는 제례(祭禮) 진찬(進饌)의 예를 따라 우반좌갱(右飯左羹;西飯東羹)이 되고, 조석(朝夕) 상식(上食)은 생인(生人)의 예로 우갱좌반(右羹左飯;西羹東飯)으로 진설 됩니다.

생인(生人)의 예(禮)는 탈상(脫喪)전(前)까지 입니다.

●曲禮凡進食之禮右飯左羹右分燥濕也

●退溪答人曰祭饌尙左之說恐未然盖食以飯爲主故飯之所在卽謂所尙如平時左飯右羹是謂尙左而祭則右飯左羹是乃尙右所謂神道尙右者然也

●沙溪曰虞祭有飯羹無疑故姑依家禮時祭進饌之序其設之如此更詳之

●沙溪曰自虞以後之祭則左設三年朝夕上食則象生時右設

●牛溪曰祭禮設飯於西非獨丘儀如此家禮時祭進饌之儀已如此然初喪象生故凡設奠皆如平時至於虞以後用祭禮然則自虞而西飯恐不無悖乎禮也

●鹿門曰虞以後生事畢鬼事始故其設饌用祭禮飯右羹左上食則當常生從曲禮飯左羹右之設

또 다시 아래와 같을 때는 어떻게 하는 지요.

問; 1. 어머님이 연말(12/24)에 돌아가셨습니다. 조상님에 대한 제사는 언제부터 드려야 하나요? 그리고 그 기준은 햇수 3년상(만 2년)을 기준으로 합니까? 아니면 49제를 기준으로 해야 하나요? 참고로 2월 10일이 49제입니다.

問; 2. 혹, 증조부(모), 조부(모), 부모(아버님을 살아계십니다만) 중에서, 제사를 올려야 하는 범위가 정해져 있나 모르겠습니다. 이를테면 증조부(모)는 언제부터 되고, 조부(모)는 언제부터 되고 하는 규정이 있는지 모르겠습니다.

문 1 答; 49 재는 불가에서 죽은 자가 다시 좋은 곳에 환생토록 7 일마다 불공을 드린다는 7 번째 마지막 齊로 儒家에서 말하는 脫喪의 祭가 아닙니다. 다만 이를 탈상의 제로 인식하고 계시다 하여도 불가의 법도는 알 수가 없으나 유가의 예법은 불가의 예법과 관계 없이 상중행제 예법은 대개 율곡선생께서 요결에 밝혀놓으신 바와 같이 행하고 있는 것 같습니다. 그 말씀을 아래와 같이 살펴보건대 나 0 기 선생의 모친께서 작고하신 날로부터 석달 이후가 졸곡이라 하였으니 졸곡이 지나면 복인 중 경복자로 하여금 不讀祝 一獻之禮로 예를 갖추고 삼년상을 마치고 선생이 제주가 되어 비로소 초헌을 할 수 있는 것 같습니다.

문 2 答; 아래와 같이 살펴보건대 유가의 봉사범위는 4 대(고조부모)까지이며, 오례의에서는 3 대봉사(증조부모)까지이며, 가정의례준칙에서는 2 대(조부모)까지이니 이는 각 가문이 선택할 사안이고 다만 이곳은 예를 중히 여기는 성균관이니 4 대봉사를 권하고 싶을 따름입니다.

●擊蒙要訣喪服中行祭儀篇凡三年之喪古禮則廢祠堂之祭而朱子曰古人居喪衰麻之衣不釋於身哭泣之聲不絶於口其出入居處言語飮食皆與平日絶異故宗廟之祭雖廢而幽明之間兩無憾焉今人居喪與古人異而廢此一事恐有所未安朱子之言如此故未葬前則準禮廢祭而卒哭後則於四時節祀及忌祭(註墓祭亦同)使服輕者(註朱子喪中以墨衰薦于廟今人以俗制喪服當墨衰著而出入若無服輕者則亦恐可以俗制喪服行祀)行薦而饌品減於常時只一獻不讀祝不受胙可也期大功則葬後當祭如平時(註

但不受胙)未葬前時祭可廢忌祭墓祭略行如上儀緦小功則成服前廢祭(註五服未成服前雖忌祭亦不可行也)成服後則當祭如平時(註但不受胙)服中時祀當以玄冠素服墨帶行之

●雜記士三月而葬○士虞記三月而葬○書儀喪儀三卜宅兆葬日條王公已下皆三月而葬

●小記報葬者報虞三月而後卒哭註報讀爲赴急疾之義謂家貧或以他故不得待三月死而卽葬者旣疾葬亦疾虞虞以安神不可後也惟卒哭則必俟三月耳

●朱子曰百日卒哭

●家禮四代奉祀○國朝五禮儀大夫士庶人三代奉祀○健全家庭儀禮準則二代奉祀

▶3195◀◈問; 탈상하였는데 생신제는 어떻게 하나요?

이미 탈상을 하였습니다. 그런데 생신제를 지내야 하는지요?

◈答; 탈상 후 생신제는.

사후(死後) 생신제(生辰祭)에 대하여 아래와 같이 살펴보건대 논의가 분분한 예입니다. 다만 결론되는 것은 상삼년내(喪三年內)는 생시(生時)의 예(禮)로서 봉양(奉養)함이라 아침 상식(上食) 후 별설(別設)하여 예(禮)를 갖추고 삼년후는 퇴계설(退溪說)을 따라 폐함이 옳지 않을까 합니다. 다만 00자 선생의 예(例)는 조기(早期) 탈상(脫喪)이 되었으니 이 경우에도 삼년(三年) 간(間)은 생(生)의 예(禮)로 봉양(奉養)할 수 있는가 일 것입니다.

탈상(脫喪)이란 모든 상(喪)의 례(禮)를 마친다는 뜻으로 해석 될 수 있을 것입니다. 그렇다면 조기(早期) 탈상(脫喪) 역시 삼년(三年) 탈상(脫喪)과 같이 모든 상(喪)의 예(禮)를 마쳤다고 보아야 옳을 것입니다. 이 경우 이미 상(喪)의 예(禮)가 끝났으니 퇴계설(退溪說)을 따름이 옳지 않을까 합니다.

●士喪記上食條燕養饋羞湯沐之饌註燕養平生所供養也饋朝夕食也羞四時之珍異

●鏡湖曰喪朔奠尙用象生之禮其飯左羹右明矣

●同春問先考生日三年內設享亦難免非禮之議否沙溪曰凡筵異於祠堂以酒果餠麵如朔奠禮設之如何此非祭禮恐無不可

●問三年內遇亡人生辰上食後別設數饌行之何如尤庵曰恐當如此象平日饌品稍備而行之耳

●南溪曰生辰祭雖曰非禮之禮三年內又不可不行其儀倣俗節別設

●陶庵曰生辰祭實非禮之禮三年之內則有象生之義於朝上食後別設數品饌而儀如朝夕奠恐亦不妨否

●星湖曰吾平日禁生日宴飮况生忌非禮古有定說然不肖居喪之內則設饌如殷奠無祝而行事先賢有委曲處之未曾顯言其非故惟喪內行之

●寒岡問先考生日設飮食以祭象平生也其祭文曰存旣有慶歿寧敢忘云云此意如何退溪曰恐孟子所謂非禮之禮此類之謂也

●沙溪曰生忌之祭馮善創開退溪非之是矣

●南溪曰人之生世也爲子孫者喜慶其生日而養以酒食固禮也及其下世也爲子孫者悲哀其亡日而奠以饋食亦禮也若於死後猶以酒食追養其生辰恐於理有悖

●愚伏答宋敬甫曰先大人生日適在季秋則雖三年之後以其日行禰祭甚得情理與所謂非禮之禮自不同

●家禮集說親在生辰旣有慶禮歿遇此日能不感慕如死忌之祭可也祝文云云歲序遷易生辰復遇存旣有慶歿寧敢忘追遠感時昊天罔極謹以淸酌庶羞恭伸追慕尙饗

⊙祭禮圖式(제례도식)

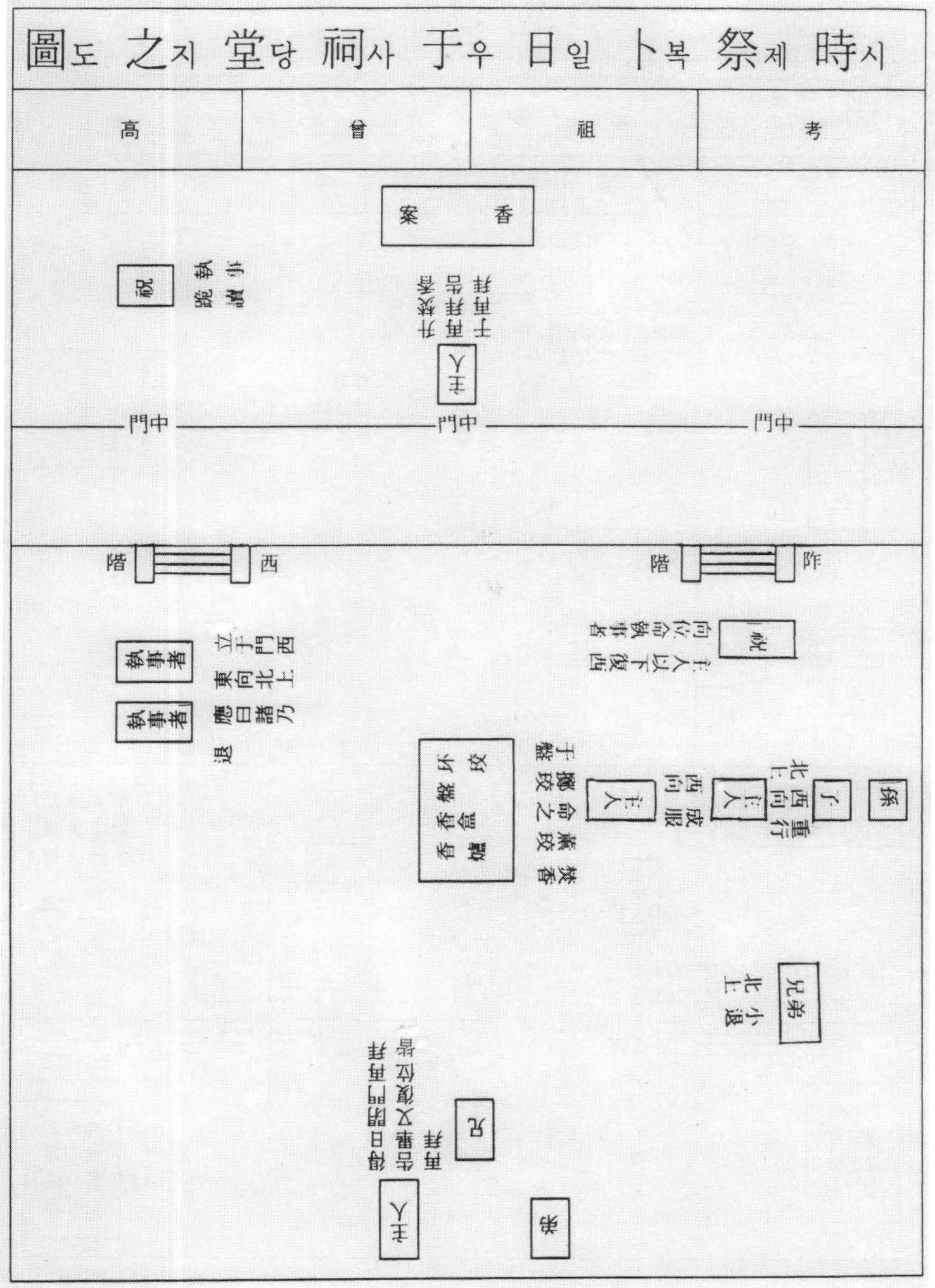

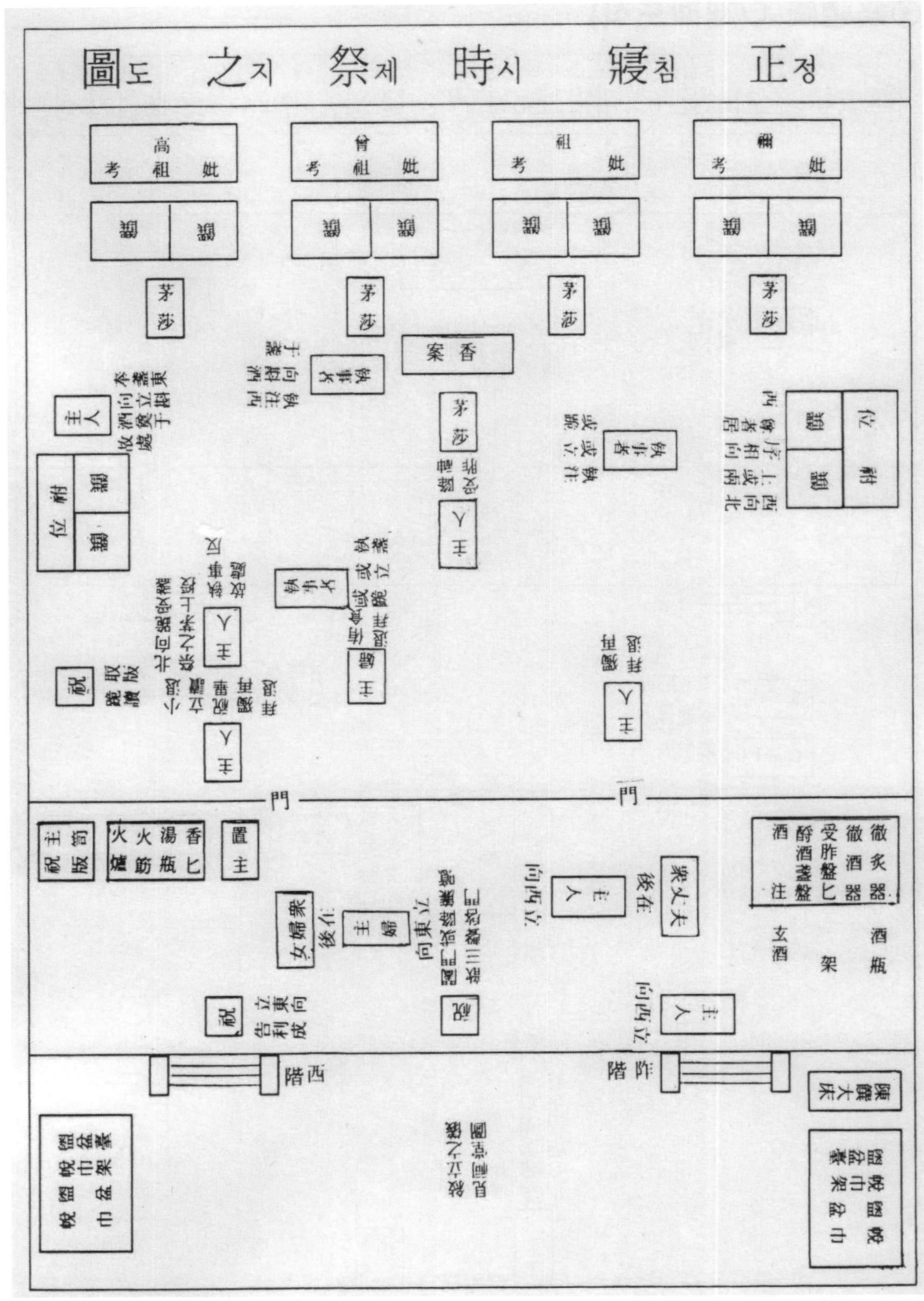
正정 寢침 時시 祭제 之지 圖도
香案
門
門
西階
阼階

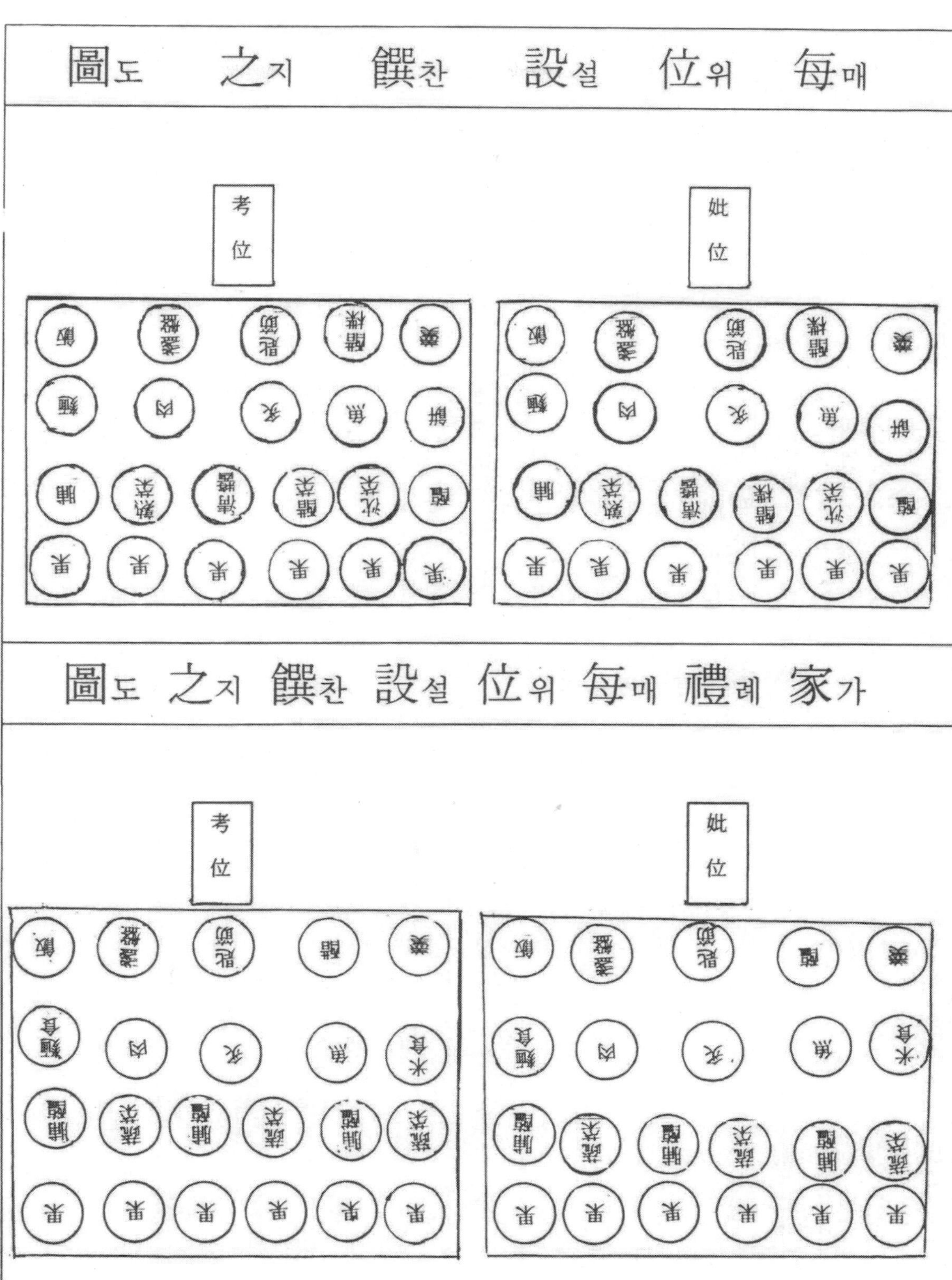
圖도 之지 饌찬 設설 位위 每매
考位
妣位
圖도 之지 饌찬 設설 位위 每매 禮례 家가
考位
妣位

儀의節절兩양位위並병設설饌찬之지圖도

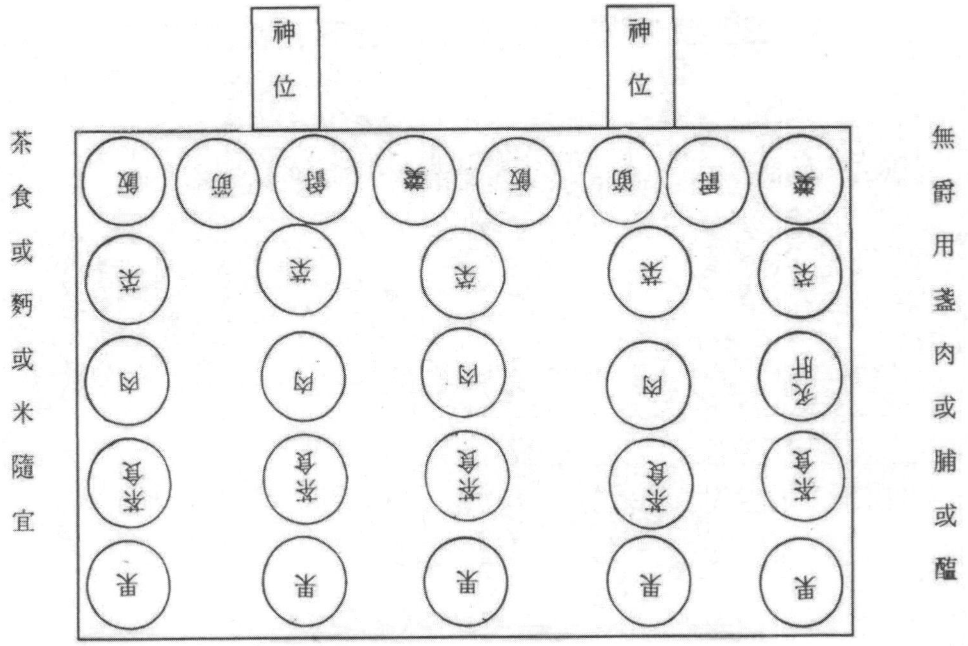

神位　神位

無爵用盞肉或脯或醢

茶食或麪或米隨宜

按舊圖考妣每位各設饌則四代該八卓矣今人家廳事多狹隘恐不能容今擬考妣兩位共一卓設饌如世俗所謂卓面者庶幾可行若夫地寬可容者自當如禮

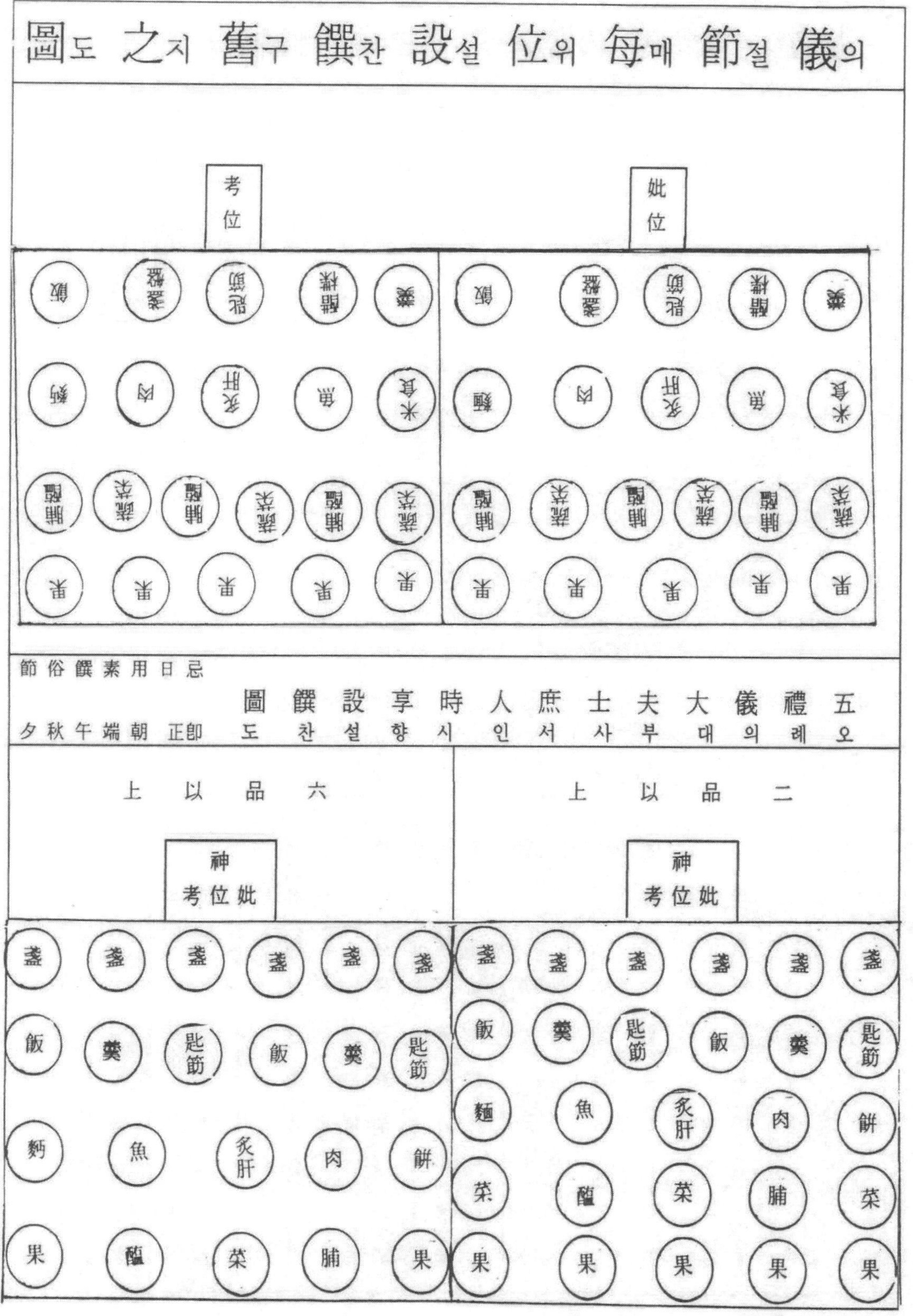

五오禮례儀의設설饌찬圖도

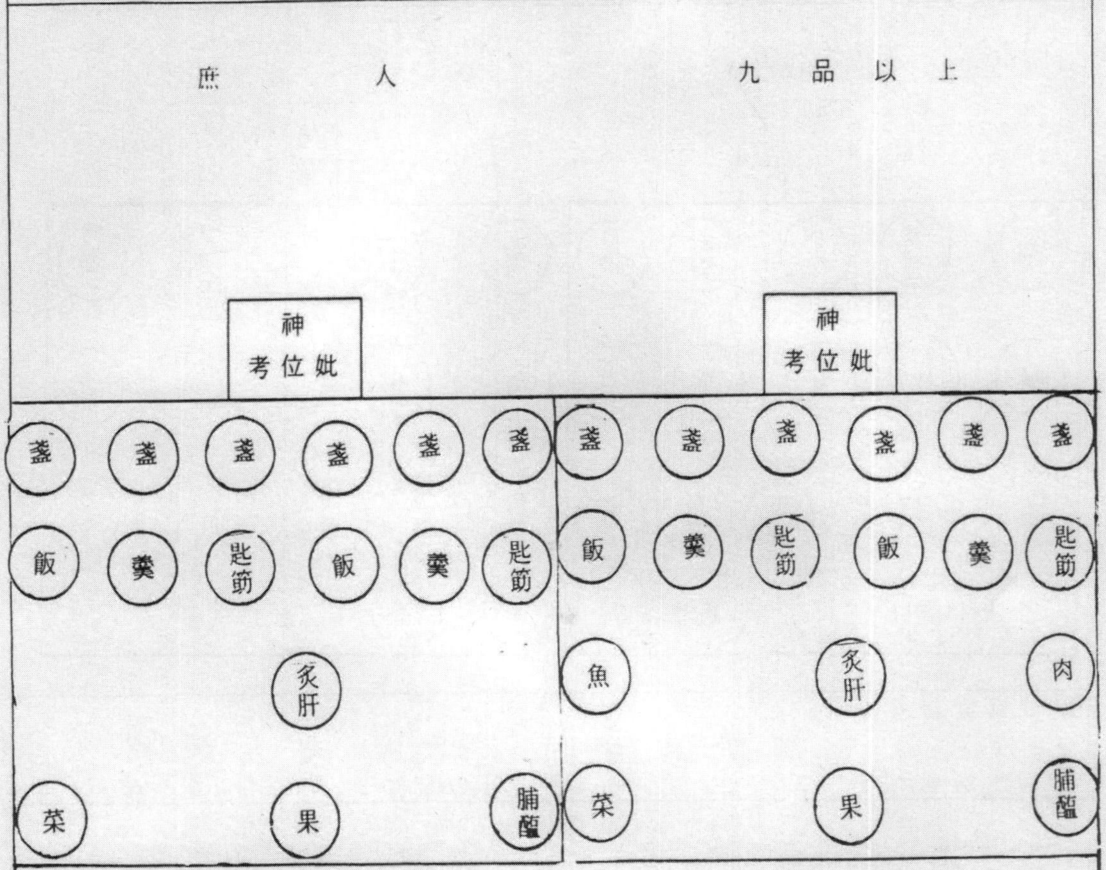

九品以上					
		神 考位妣			
盞	盞	盞	盞	盞	盞
飯	羹	匙筯	飯	羹	匙筯
魚		炙肝			肉
菜		果			脯醢

庶人					
		神 考位妣			
盞	盞	盞	盞	盞	盞
飯	羹	匙筯	飯	羹	匙筯
		炙肝			
菜		果			脯醢

二品以上則第一行果五器第二行菜蔬三器脯醢各一器第三行麪餅魚肉炙肝各一器第四行飯羹匙筯各二器第五行盞六六品以上則第一行果二器脯醢菜蔬各一器第二行麪餅魚肉炙肝各一器第三行飯羹匙筯各二器第四行盞六九品以上則第一行果蔬菜各一器脯醢中一器第二行魚肉炙肝各一器餘如六品庶人則第一行果菜蔬各一器脯醢中一器第二行炙肝一器餘如九品飯羹麪餅魚肉炙肝進饌時設之○設酒尊於戶外之左井置盞盤

圖도 之지 饌찬 設설 位위 每매 訣결 要요

考位					妣位				
匙楪	飯	盞盤	羹	醋菜	匙楪	飯	盞盤	羹	醋菜
麪	肉	炙	魚	餠	麪	肉	炙	魚	餠
湯	湯	湯	湯	湯	湯	湯	湯	湯	湯
佐飯	熟菜	淸醬	醢	沈菜	脯	熟菜	淸醬	醢	沈菜
果	果	果	果	果	果	果	果	果	果

色三湯色三果具則祭墓祭忌

圖도 之지 饌찬 設설 位위 每매 要요 備비

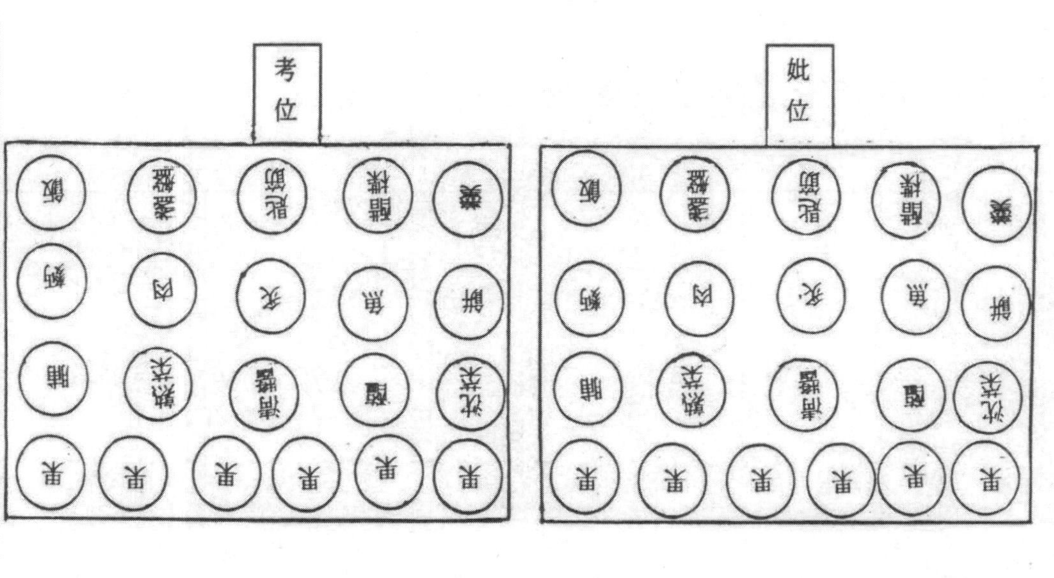

三삼 禮례 儀의 祭제 饌찬 酌작 定정 之지 圖도

神位

羹 醬楪 匙筯 盞盤 飯

餅 魚 炙 肉 麪

沈菜 鮓 醋菜 醢 熟菜 脯

果 果 果 果 果 果

按俗饌之與禮父同者亦自有根據蓋共一卓出於儀○○只設一分饌以見他例若其祭儀自當一遵家禮故玆不別論

圖도 之지 饌찬 陳진 祭제 時시 覽람 便편

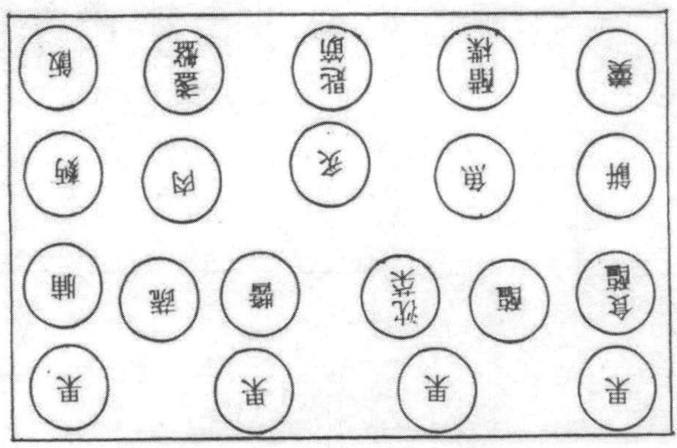

圖도之지饌찬設설位위每매祭제時시解해增증

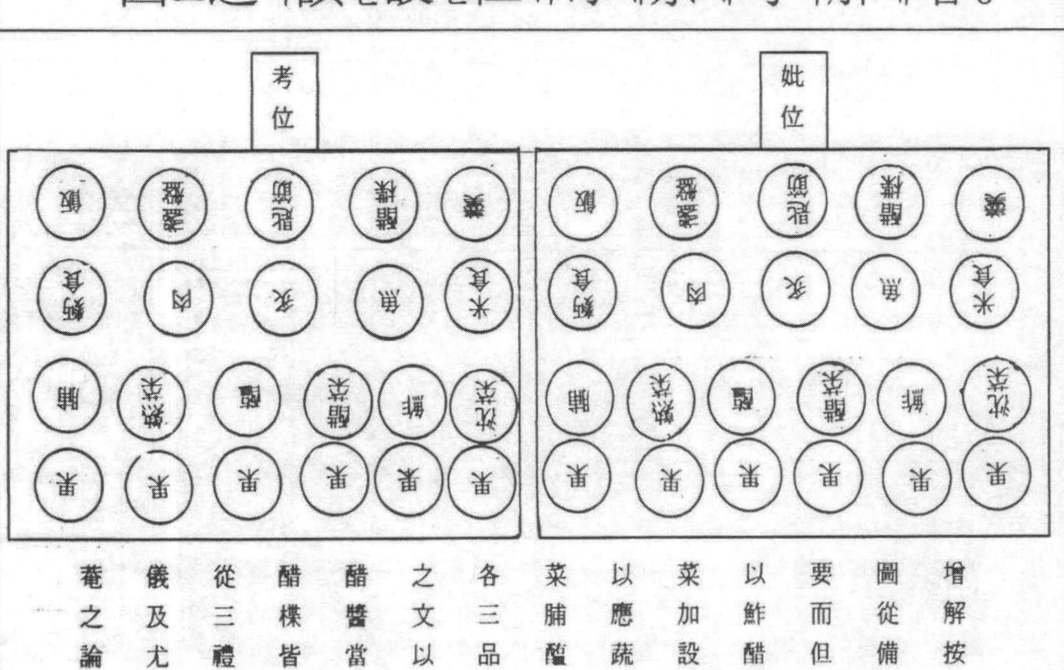

增解按 圖從備要而但以鮓醋菜加設以應蔬菜脯醢各三品之文以醋醬當醋楪皆從三禮儀及尤菴之論

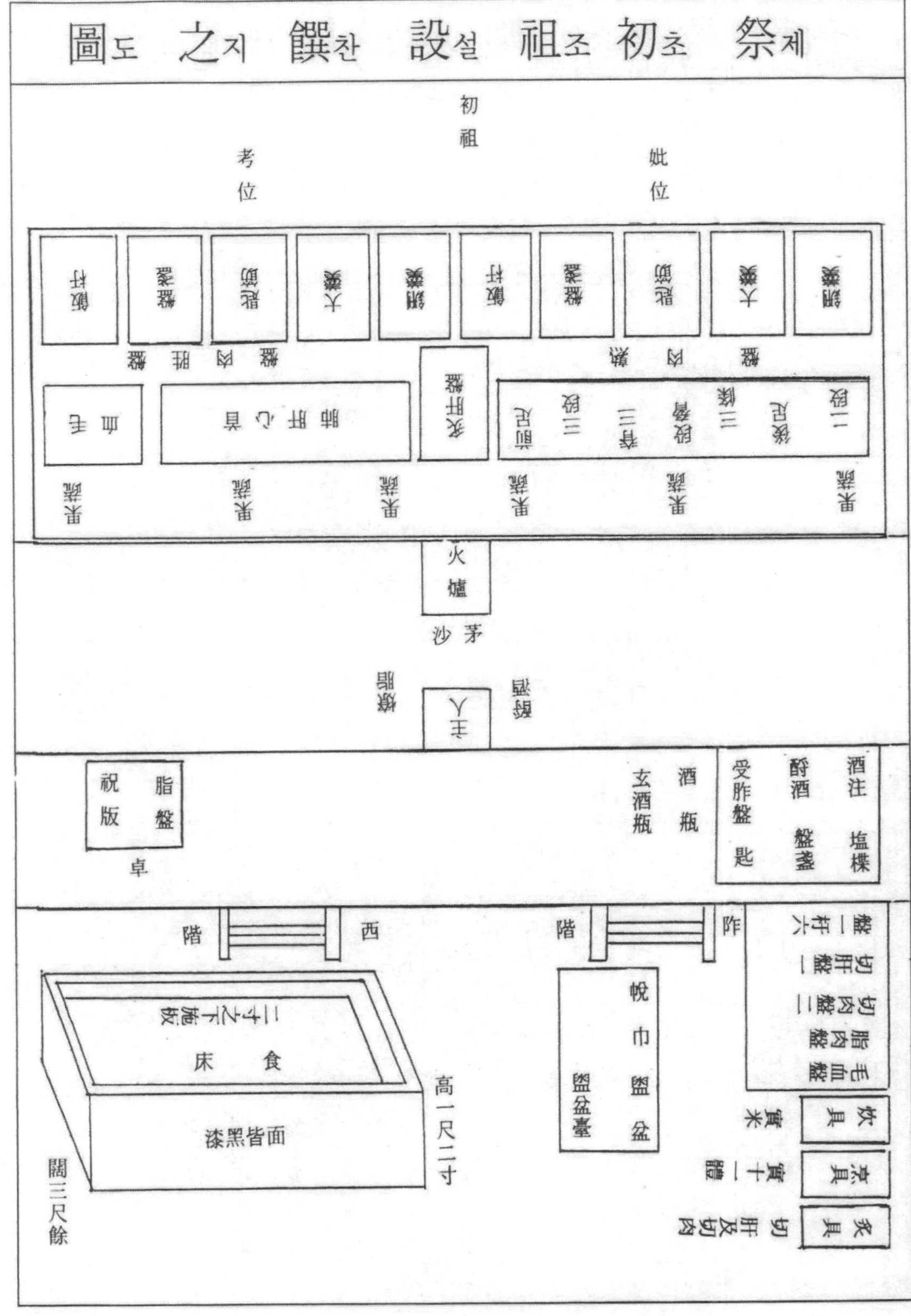

圖도 之지 饌찬 設설 祖조 初초 祭제
初祖
考位
妣位

豕시牲성體체解해之지圖도

橫脊 脡脊 正脊
骼
不用 近竅
竅
肩 首
短脅 正脅 代脅
節 膊 節
節 臂 節
臑

少牢饋食禮升豕右胖髀
不升肩臂臑膊骼正脊一
脡脊一横脊一短脅一正
脅一代脅一皆二骨註升
猶上也上右胖周所貴也
髀不升近竅賤也脊脅骨
多六體各取二骨併之以
多爲貴○旣夕禮其實羊
左胖注反吉祭也言左胖
者體不殊骨也○士昏禮
注脊者體之正也食時則
祭之飯必擧之貴之也

祭제 先선 祖조 設설 饌찬 之지 圖도

先祖考位

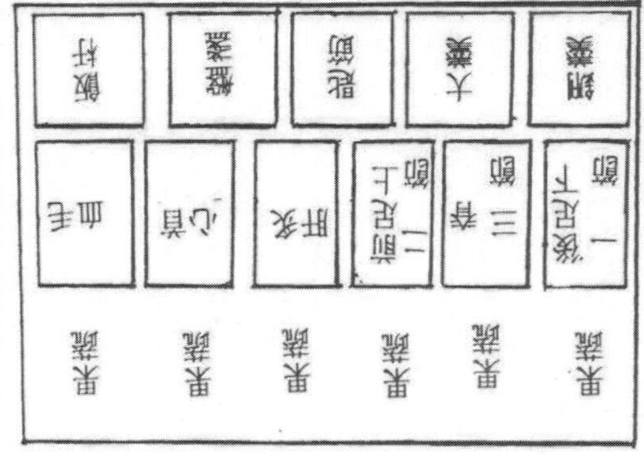

先祖妣位

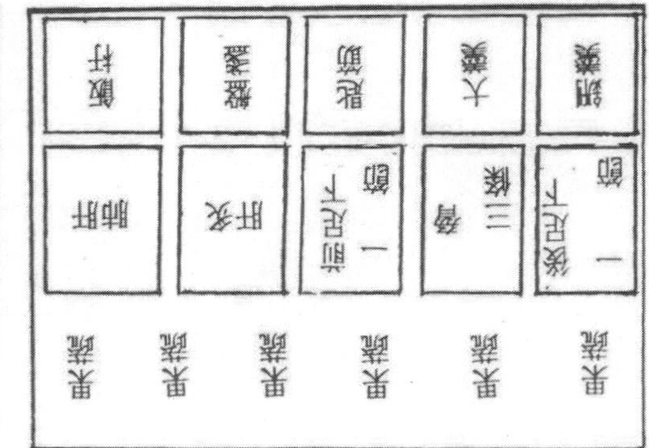

餘並同上初祖祭之儀

補註按家衆敍立之儀在小宗之家祭四親廟則男在主人之右女在主婦之左世爲一列前爲昭而後爲穆也在大宗之家祭始祖先祖則一世居左二世居右三世居左四世居右左爲昭而右爲穆也而女不在內者蓋祭四親廟則四親之子孫皆在世近屬親男女會於一堂自不爲嫌若祭始祖先祖則自始祖先祖以下子孫皆在世遠屬疎又人數衆多故女不得在內祭者莫非自然之理也

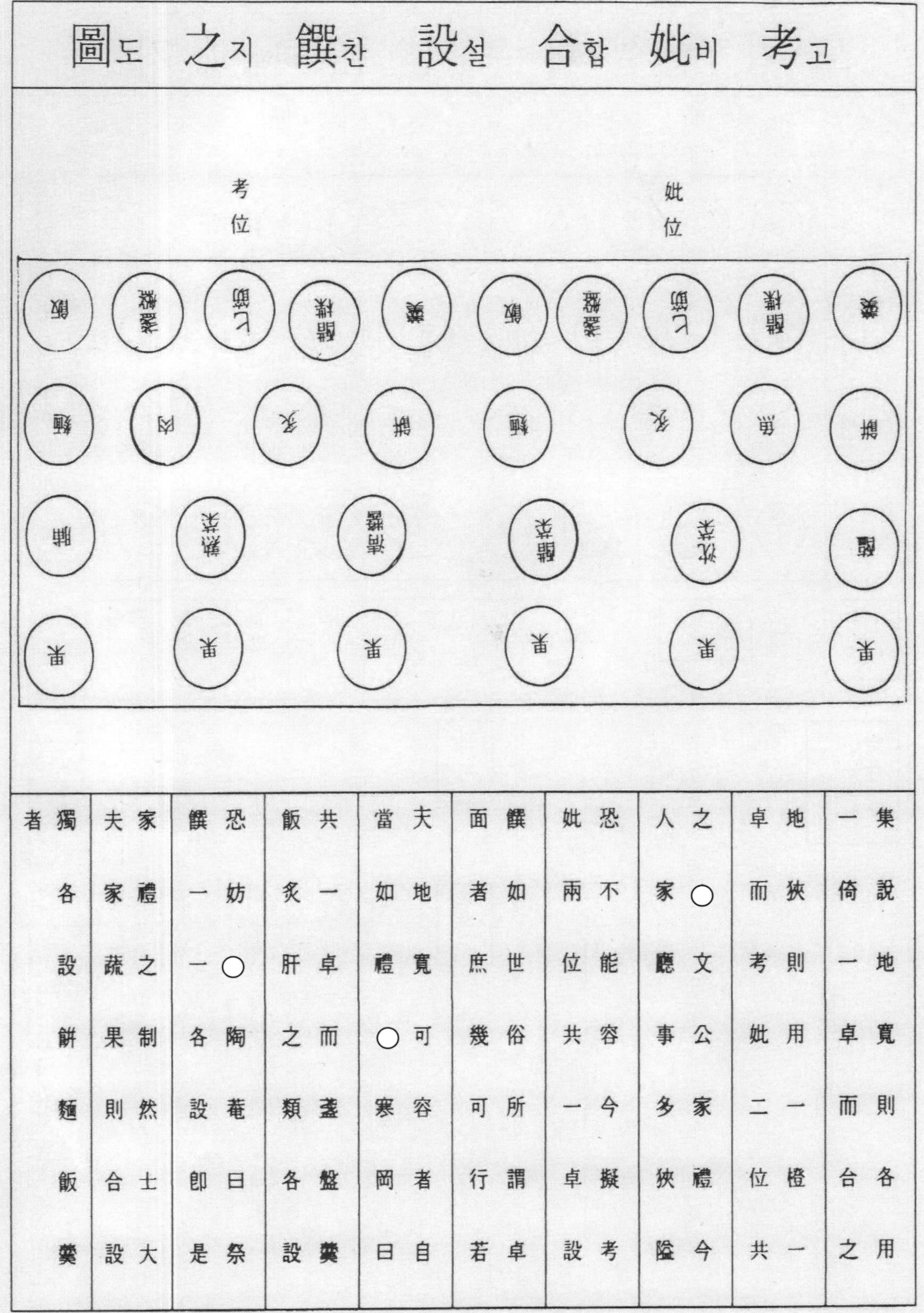

考고 妣비 合합 設설 饌찬 之지 圖도

集說一地寬則各用一倚一卓而合之地狹則用一橙一卓而考妣二位共之○文公家禮今人家廳事多狹隘恐不能容今擬考妣兩位共一卓設饌如世俗所謂卓面者庶幾可行若夫地寬可容者自當如禮○寒岡曰共一卓而盞盤羹飯炙肝之類各設恐妨○陶菴曰祭饌一一各設卽是家禮之制然士大夫家蔬果則合設獨各設餠麪飯羹者

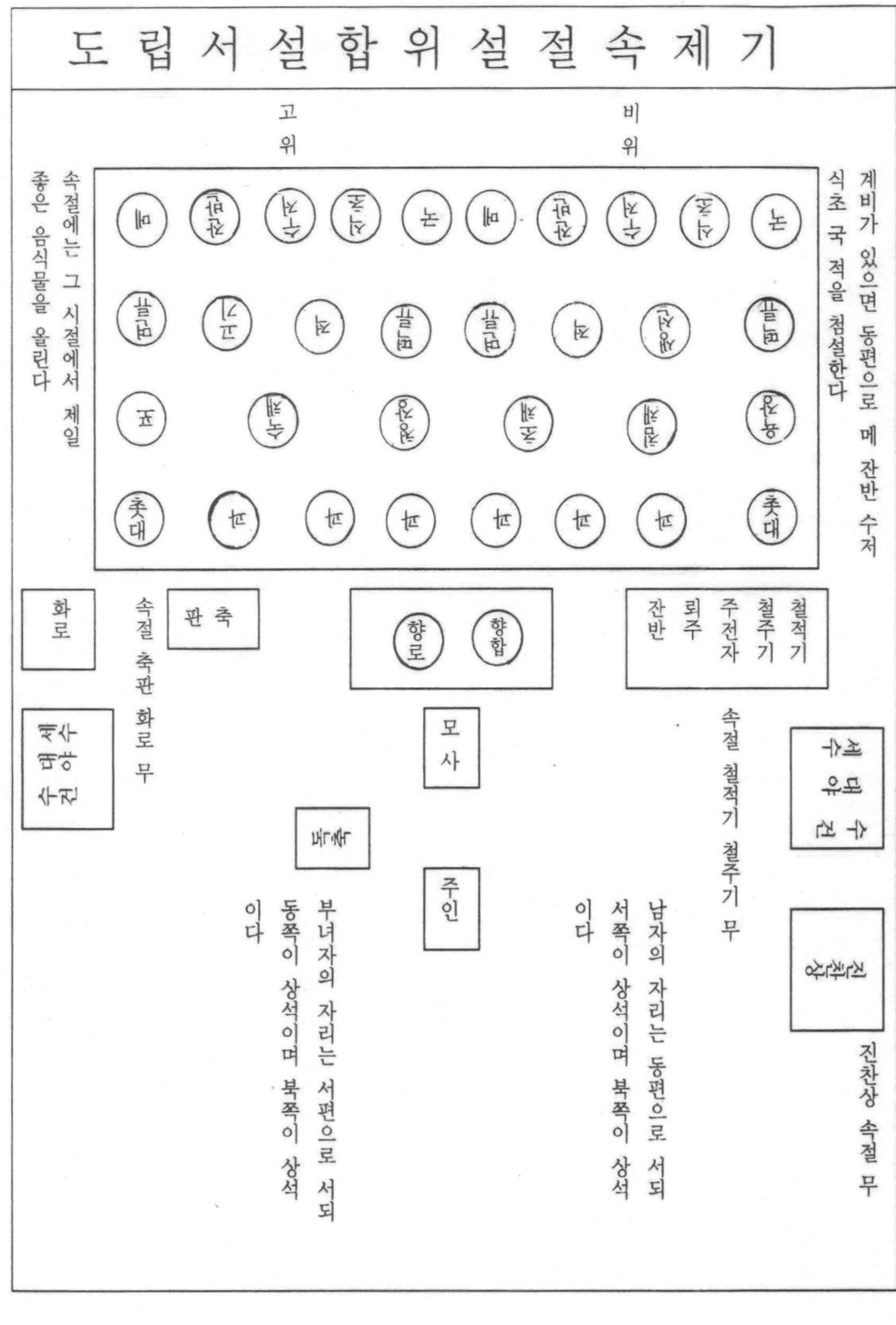
도립서설합위설절속제기
고위
비위
계비가 있으면 동편으로 메 잔반 수저
식초 국 적을 첨설한다
속절에는 그 시절에서 제일
좋은 음식물을 올린다
화로
판축
속절 축판 화로 무
향로
향합
철적기
철주기
주전자
뢰주
잔반
모사
주인
속절 철적기 철주기 무
세수대야
수건
진찬상
진찬상 속절 무
남자의 자리는 동편으로 서되
서쪽이 상석이며 북쪽이 상석
이다
부녀자의 자리는 서편으로 서되
동쪽이 상석이며 북쪽이 상석
이다

21 사시제(四時祭) (附初祖 先祖 禰祭)

▶3196◀◈問; 공동제사 때 지방 쓰는 법.

가르쳐 주시면 감사하겠습니다. 그럼 답변 기다리겠습니다.

◈答; 공동제사 때 지방 쓰는 법.

귀하의 공동 제사가 어느 제사를 의미 하는 질문인지 향배치 못하겠으나 혹시 사시제(四時祭)나 명절의 절사(節祀)가 아닌가 싶습니다. 기제나 사시제나 명절 절사나 지방은 다를 수가 없습니다.

◈지방식

고조고==顯高祖考某官府君神位
고조비==顯高祖妣某封某氏神位
증조고==顯曾祖考某官府君神位
증조비==顯曾祖妣封封某氏神位
조고====顯祖考某官府君神位
조비====顯祖妣某封某氏神位
부======顯考某官府君神位
모======顯妣某封某氏神位
처======亡室某封某氏神位
장자====亡子某官神位

◈보기

○**學生**; 배우는 중인 자.
○**秀才**; 농자(農者)로 학교에서 배우지는 않았으나 학문을 이룬 자.
○**處士**; 배웠으나 과거시험에 응시하지 않은 자.
○**居士**; 집에서 수도한 거가도사.
○**孺人**; 무관자(無官者)의 처(妻).

●便覽紙牓(편람지방)

○紙

用厚白紙長廣隨宜以眞楷細書於紙中央臨祭貼於椅上隨位各書

○紙牓式(지방식)

顯某考某官府君神位
顯某妣某封某氏神位(祖妣二人以上別具紙各書)

●溫公曰古者除於室中故神坐東向自後漢以來公私廟皆同堂異室南向西上所以西上者神道尙右故也
●家禮本註凡屋之制不問何向背但以前爲南後爲北左爲東右爲西
●問解無官而死者無他稱號勢不得已當書學生處士秀才各隨宜可也
●沙溪曰無官而死者不稱學生則無他稱號勢不得已當書學生處士秀才各隨其意可也婦人孺人之號書亦可不書亦可丘氏謂無官婦人宜如俗稱孺人盖禮窮則從下之義也
●尤庵曰孺人是九品官之妻稱而士妻同稱之者是禮窮則同之義也
●士儀治葬題主陷中條無官則隨常時所稱如學生處士秀才或別號之類
●問無官而非學生者題主稱學生似未穩而且如子孫書四祖亦皆無合當稱號如何如何沙溪宋俊吉答無官而死者不稱學生則無他稱號勢不得已當書學生處士秀才各隨其宜可也
●宋敬甫問無官而非學生者題主稱學生似未隱沙溪曰無官而死者不稱學生則無他稱號勢不得已當書學生處士秀才各隨其宜可也又曰丘氏謂無官婦人宜如俗稱孺人葢禮窮則從上之義也

●同春堂曰無官而死者不稱學生則無他稱號勢不得已當書學生處士秀才各隨其宜可也
●葛庵曰無官而死者無他稱號不得已當書學生處士秀才各隨其宜可也
●寒岡曰雖有先人之名若不得禮曹立案則不可經書左旁恐姑書曰顯兄秀才府君神主而呈禮曹出立案
●俛宇曰無官者之稱學生處士秀才皆無不可然秀才則弱冠時可用學生亦非今日合稱惟處士似勝然自非有行望可尊者則亦難人人一例秀士亦古者薦升之稱奈何

▶3197◀◈問; 모속 띠에 대하여.

안녕 하세요. 모속 띠가 어떤 풀인지요. 알지 못하여 여쭙니다. 알려 주세요.

◈答; 모속 띠에 대하여.

모속이란 띠 묶음입니다. 띠풀은 포아풀과에 속하는 다년생 초로 군락을 이뤄 무덕이로 나며 다년생 벼과 식물로 줄기에서 잎이 나는 것이 아니라 뿌리에서 직접 나는 풀로 초 여름에 잎으로 둘러싸여 외 줄기의 꽃대 끝에 붓과 같이 길게 대개 희게 솜털과 같은 꽃이 핍니다. 새 순은 삘기 또는 삘리기 라고도 하며 뽑아 먹기도 합니다. 띠의 특성은 건조된 상태에서는 보존 기간이 길며 부서지거나 충의 해가 거의 없으며 질깁니다.

●家禮祠堂正至朔望則參條束茅聚沙於香卓前○又始祖降神參神條細註劉氏璋曰茅盤用瓷匾盂廣一尺餘或黑漆小盤截茅八寸餘作束束以紅立于盤內
●韓魏公祭式茅盤用甆扁子廣一尺餘或黑漆小盤截茅八寸作束束以紅立于盤內
●沙溪全書祭禮時祭茅沙紅絲條問家禮束茅聚沙何義至祭始祖條小註始云截茅八寸束以紅絲亦有所據耶他祭則不束以紅耶(宋浚吉)答曰諸家所論可考○集說(云云)劉氏補註祭初祖條始有茅般截茅八寸束以紅立于盤內(云云)
●皇壇儀祭器圖說茅苴條承茅苴設沙古無其制後世所造重二十七斤通身高四寸面徑一尺三寸口徑九寸底闊一尺九寸茅苴長一尺(周尺)束以紅絲
●會通註曰截茅一搤許紅帛絞束立沙中束之有竅沃酒添下故謂之縮茅
●明齋曰八寸似酌長短之中束以紅絲似取色絲之文也
●問茅沙用紅絲云尤庵曰紅欲其文沙取其淨八寸之義未詳
●問解家禮冬至祭始祖參神下小註劉氏(璋)曰截茅八寸餘作束束以紅云云截以八寸束以紅果有所倣耶束茅聚沙已見於祠堂章而未有截束之文到此方始言之者何意耶答儀禮苴刌茅長五寸束之此云截茅八寸蓋出於此而束以紅絲未詳其意到此始言亦未詳
●集考祠堂正至朔望則參條設束茅聚沙於香卓前註士虞禮苴刌茅長五寸束之者是也

▶3198◀◈問; 선조제(先祖祭) 설위(設位)에 관하여.

모든 선조의 제사 설위는 고비 신주가 각각이며 만약 지방이라 하여도 고비가 각각이고 만약 2 비라 하여도 도암께서 각각 써야 한다 하셨는데 선조제에서는 선대의 대수에 관계 없이 선조고 선조비로 설위하게 되는데 혹 오류가 아닌지요?

◈答; 선조제(先祖祭) 설위(設位)에 관하여.

아래와 같이 살펴보건대 본디 조손부자(祖孫父子)는 일기(一氣)인 까닭에 선조고(先祖考) 선조비(先祖妣) 이위(二位)로 설위(設位)하게 되는데 만약 패자(牌子)를 각각 모시고 있다면 각각 설위(設位)하여야 한다는 말씀입니다.

●朱子語類禮七祭；用之問先生祭禮立春祭高祖而上只設二位若古人祫祭須是逐位祭曰某只是依伊川說伊川禮更略伊川所定不是成書溫公儀却是做成了(賀孫)○伊川時祭止於高祖高祖而上則於立春設二位統祭之而不用主此說是也却又云祖又豈可厭多苟其可知者無遠近多小須當盡祭之疑是初時未曾討論故有此說(道夫)○問祭先祖用一分如何曰只是一氣若影堂中各有牌子則不可(可學)
●常變通攷家禮考疑下祭禮先祖；前一日條本註設祖考止之東(細註)伊川祭禮先祖亦無主自始祖而下高祖以上非一人也故設二位註祖妣異位異所者舅婦不同享也○附註本是一氣(細註)案此謂先祖雖多本是一氣故可於考妣各只設一位若祠堂止不可(細註)講錄言不可只設二位以祭

●淸陰先生集卷之疏箚宗廟階砌崩塌請遇變警動事箚；若謂之神明不爽則祧毁未可越禮輕議臣意如欲求安於人情必先求安於神道祖孫父子本是一氣但當推吾敬親之心以體吾親尊祖之意方寸之內自然感悟而不待人言之煩複矣
●疑禮問解問先祖之祭分設考妣兩位者何意耶答先祖之祭不止一位故分設考妣兩位以兼享之
●語類問立春祭先祖則何祖曰自始祖下第二世及己身以上第六世之祖○又問祭先祖何以只設二位(考妣二位)曰只是以意享之而已○又問用一分(考妣各一分)曰只是一氣若影堂中各有牌則不可
●家禮先祖祭設位條祖考神位于堂中之西祖妣神位于堂中之東
●家禮先祖祭祝文曰維年歲月朔日子孝孫姓名敢昭告于先祖考先祖妣今以立春生物之始追惟報本禮不敢忘謹以潔牲柔毛粢盛醴齊祗薦歲事尙饗

▶3199◀ ◈問; 탕국 손님에 대하여.

명절이나 차례가 아닌 아버님 기일이나 할머님할아버님 제사 때 가족이 제사 음식을 먹기 전 제사를 주관하시는 아주버님 친구들을 일부러 전화까지 해서 탕국을 먹으라고 연락하시는 것이 맞는 예절인지 궁금합니다. 저희 집은 큰 아주버님 작은 아주버님 저희 남편 이렇게 삼형제인데 항상 큰 아주버님이 가족이 식사를 시작하지도 않았는데 친구들이 많이 부르시는 바람에 급하게 제사음식을 먹고 바로 올라오는 일이 생깁니다. 그래서 인데 그것이 바른 제사 예절인가요?

◈答; 탕국 손님에 대하여.

아래는 사시제의 음식 나눔의 예입니다.

◎四時祭(사시제)

⊙餕(준)

是日主人監分祭胙品取少許置于合并酒皆封之遣僕執書云云歸胙於親友遂設席男女異處尊行自爲一列南面自堂中東西分首若止一人則當中而坐其餘以次相對分東西向尊者一人先就坐衆男서立(便覽尊者前北向)世爲一行以東爲上皆再拜子弟之長者一人少進立執事者一人執注立于其右一人執盤盞立于其左獻者搢笏跪弟獻則尊者起立子姪則坐受注斟酒反注受盞祝曰云云授執盞者置于尊者之前長者出笏尊者擧酒畢長者俛伏興退復位與衆男皆再拜尊者命取注及長者之盞置于前自斟之祝曰云云命執事者以次就位斟酒皆徧長者進跪受飮畢俛伏興退立衆男進揖退立飮長者與衆男皆再拜諸婦女獻女尊長於內如衆男之儀但不跪旣畢乃就坐(便覽東西相向下同)薦肉食諸婦女詣堂前獻男尊長壽男尊長酢之如儀衆男詣中堂獻女尊長壽女尊長酢之如儀(便覽坊記男女同姓則親獻異姓則使人攝之)乃就坐薦麪食內外執事者各獻內外尊長壽如儀而不酢遂就斟在坐者徧俟皆擧乃再拜退遂薦米食然後泛行酒間以祭饌酒饌不足則以他酒他饌益之將罷主人頒胙于外僕主婦頒胙于內執事者徧及微賤其日皆盡受者皆再拜乃徹席

⊙제사 음식을 나누어 식음한다.

이날 주인의 감독하에 제사에 쓰인 제육과 제물 마다 조금씩 나누어 합에 담고 술도 함께 담아 봉하여 노복에게 다음과 같이 서한을 써서 친한 벗에게 보낸다 나누어 보내기를 마쳤으면 자리를 펴되 남녀를 달리하여 높은 항렬을 한열로 당의 중앙에서 남쪽으로 향하여 어른을 중앙으로 하여 동서로 나누고 만약에 존장이 한 분 뿐이면 당연히 중간에 앉히고 그 외 다음 항렬은 서로 마주하게 나뉘어 동쪽과 서쪽으로 향하게 한다. 어른 한 분이 먼저 나와 앉으면 여러 남자들은 어른 앞에 북쪽으로 향하여 차서 대로 세대마다 한열이 되여 동쪽을 상석으로 삼아 서서 모두 재배를 한다. 자제 중 맏이 한 사람이 조금 앞으로 나와 서면 집사자 한 사람이 주전자를 들고 그의 오른쪽에 서고 한 사람은 잔반을 들고 그의 왼쪽에 선다. 헌자는 홀을 띠에 꽂고 무릎을 꿇고 앉는다. 아우가 헌자이면 존자는 일어나 서고 아들이나 조카가 헌자이면 존자는 앉는다 헌자는 주전자를 받아 잔에 술을 따르고 주전자는 되돌려주고 잔을 받아 들고 다음과 같이 축사를 하고 잔을 들었던 집사에게 주면 존장 앞에 잔을 놓는다. 헌자는 홀을 빼 들고 존장은 술잔을 들고 마신다. 마치면 헌자는 부복하였다 일어나 제자리로 물러나 서서 여러 남자들과 같이 모두 재배한다. 존장은 명하여 맏이 앞에 주전자와 잔을 놓게 하여 스스로 술을 따르게 하고 다음과 같이 축사를 한다. 집사자에게 일러 차순자 자리로 가서 모두 두루 미치게 술을 따르게 한다. 맏이가 나아가 무릎을 꿇고 앉아 술을 받아 마시기를 마치면 부복하였다. 일어나 조금 물러나 서면 여러 남자들이 나아가 읍을 하고 물러나 서서 술을 마신다. 맏이와 같이 여러 남자들은 모두 재배를 한다. 여러 부녀자들도 여 존장에게 안에서 잔들이기를 여러 남자들의 의식과 같이한다. 다만 무릎을 꿇지 않는다. 마쳤으면 곧 좌석으로 가서 동쪽과 서쪽으로 서로 마주하여 앉으면 고기와 음식을 올린다. 모든 부녀자들은 당 앞으로 가서 남자 존장에게 장수를 비는 술을 드리면 남자 존장이 술을 돌리되 의례와 같이한다. 여러 남자들이 中堂(중당)으로 가서 여 존장에게 장수를 비는 술을 드린다. 여 존장이 술을 돌리되 의식과 같이 한다. 곧 자리로가 앉으면 면 음식을 올린다. 내외 집사자들이 각각 안팎 존장에게 장수를 비는 술 드리기를 의례대로 하면 존장들은 술을 돌리지 않는다. 마쳤으면 앉아있는 이들에게로 가서 술을 두루 따르고 모두 들기를 기다렸다 곧 재배를 하고 물러난다. 마쳤으면 떡 류를 올린 후에 술잔이 오고 가는 동안 제사음식으로 하되 술과 찬이 부족하면 다른 술과 찬으로 파할 때까지 더한다. 주인은 남자노복에게 남은 제육을 나눠주고 주부는 여 집사자들에게 남은 제육을 나눠주어 미천한 이들에게도 두루 미치게 나누어준다. 받은 자들은 모두 재배를 하고 곧 자리를 거둔다.

楊氏復曰司馬溫公書儀曰禮祭事既畢兄弟及賓迭相獻酬有無筭爵所以因其接會使之交恩定好優勸之今亦取此儀

餕(준)

祭統夫祭有餕餕者祭之末也不可不知也是故古之人有言曰善終者如始餕其是已是故古之君子曰尸亦餕鬼神之餘也惠術也可以觀政矣註劉氏曰祭畢而餕餘是祭之終事也必謹夫餕之禮者愼終如始也故引古人曰善終者如其始之善今餕餘之禮其是此意矣所以古之君子有言尸之飮食亦是餕鬼神之餘也此卽施惠之法也觀乎餕之禮則可以觀爲政之道矣○要訣分祭物送于親友家會親賓子弟서坐以酒饌酬酢而罷

⊙餕禮儀節次(준예의절차)

祭畢主人主婦正坐堂中南向有尊長則依序坐○序立(諸子諸婦世爲一列男左女右立階下)○鞠躬拜興拜興拜興拜興平身(長者一人捧酒盞)○詣尊坐前(當兩席間)○跪(若子姪則坐受之弟則起立)○祝辭曰祀事既成祖考嘉饗伏惟尊親備膺五福保族宜家(祝畢以盞授執盞者置于尊者之前)○俯伏興平身○復位(與衆男皆拜)○鞠躬拜興拜興拜興拜興平身○告諭(主人告諭曰)祀事旣成五福之慶與汝曺共之(畢)○鞠躬拜興拜興拜興拜興平身○禮畢(然後衆丈夫餕于外女子餕于內如世俗儀)○(補)謝禮生(祭畢主人帥衆男子再拜謝禮生禮生答拜仍以祭餘設席待之如常儀若子弟自爲則不用此禮)

⊙철상 후 음식 나눔의 홀기.

제사를 마쳤으면 주인과 주부는 당의 중간에서 남쪽으로 향하여 앉는다. 존장이 있으면 차서 대로 앉는다. ○차서 대로 서시오(여러 자손들은 한 세대를 한 줄로 하여 남자는 왼쪽 여자는 오른쪽으로 하여 층계 아래에 선다) ○국궁 사배 평신하시오(맏이 한 사람이 술잔을 받든다) ○존장이 앉아있는 앞으로 가시오(당연히 두 좌석 사이이다) ○무릎을 꿇고 앉으시오(만약에 아들이나 조카이면 앉아서 받고 동생이면 서서 받는다) ○다음과 같이 축사를 하시오(축을 마치고 잔을 주면 잔을 받아 가지고 가 어른 앞에 놓는다) ○부복하였다 일어나 평신하시오. ○자리로 물러나 서시오(여러 남자들과 같이 모두 절을 한다) ○국궁 사배 평신 하시오. ○훈계를 하시오(주인이 다음과 같이 훈계를 하고 마치면) ○국궁 사배 평신 하시오. ○예를 마칩니다

이상은 전통예법에서 가장 중히 지내는 사시제를 지내고 철상 후 제사 음식 나눔의 예법입니다. 기제나 명절의 제에는 이와 같은 예법도 없습니다.

22 절사(節祀)

▶3200◀◈問; 가정문제로 인한 차례 지내는 법.

설날차례가 다가옵니다. 가정의문제로 차례를 못 올릴 경우가 발생하여 무척 안타깝습니다. 일전에도 기제사도 같은 문제로 못 올리어 조상님께 큰 죄를 지었습니다. 전통예절에 어긋나지 않을 방법을 찾고 싶습니다.

3 형제 중 다른 형제가 임시로 차례를 지낼 수 있는지요. 자녀들 교육문제에도 부모로의 자세를 잃는 것 같아 무척 곤혼스럽습니다. 빠른 답변 부탁 드립니다.

◈答; 가정문제로 인한 차례 지내는 법.

문맥으로 보와 귀하가 적자 인 듯 합니다. 전통 예법에 어긋나지 않는 다른 예법은 없는 듯 합니다. 삼형제라 하니 방법을 찾으십시오. 궐사 보다야 낮지 않겠습니까. 사연은 알 수 없으나 타인은 감히 탓 할 수 없으리라 생각 됩니다. 그러나 귀하가 적자손 이면 모든 예는 주관 하여야 되지 않을까 합니다.

●曲禮支子不祭祭必告于宗子(註)不敢自專宗子有故支子當攝而祭五宗皆然疏廟在適子之家庶子不敢輒祭若濫祭亦是淫祀若宗子有疾不堪當祭則庶子代攝可也猶宜告宗子然後祭
●公羊傳何休曰適子有孫而死質家親親先立弟文家尊尊先立孫
●溫公曰凡主人當以長子爲之無長子則長孫承重
●喪服小記庶子不祭禰者明其宗也(註)庶子不得立禰廟故不得祭禰所以然者明主祭在宗子廟必在宗子之家也
●家禮初終立喪主條凡主人謂長子無則長孫承重奉饋奠
●內則庶子若富則具二牲獻其賢者於宗子夫婦皆齊而宗敬焉終事而后敢私祭
●喪服小記庶子不祭禰者明其宗也(註)庶子不得立禰廟故不得祭禰所以然者明主祭在宗子廟必在宗子之家也庶子雖貴止得供具牲物而宗子主其禮也

▶3201◀◈問; 궁금한 것이 있는데요.

안녕하세요. 궁금한 것이 있어서요. 명절 때 차례는 진해에 큰 형님이 있어서 진해로 내려가는데요. 아버님 제사는 추석이 지난 2 주 후라서 또 진해로 내려가기가 힘들거든요. 명절에는 내려간다고 하지만 아버님 제사라도 서울에서 지내면 안될까요? 어머님도 서울에 계시거든요. 한 달에 두 번씩이나 진해로 간다는 것은 너무 부담스러워서요. 법도에 어긋나나요? 가르쳐주세요 감사합니다.

◈答; 지자 불제.

고향이 진해라면 정말 멀군요. 지금까지 잘 하여 오셨습니다. 조상 제사에는 사시제 초조제(初祖祭) 선조제(先祖祭) 녜제(禰祭) 기제 묘제 뿐으로 이중 묘제를 제외하고 모두 사당에서 신주를 정침으로 내모시어 지내는 제사 입니다. 이렇게 정침으로 내모시어 지내는 제사를 정제라 합니다.

각 명절에는 신주를 정침으로 내모시지 않고 사당에서 올리는 예로 제사라 하지 않고 참(參) 즉 찾아 뵙는 예라 하며 일명 차례 또는 다례라고 합니다. 사당(祠堂)을 받들지 않고 지방으로 예를 갖춘다 하여도 법도는 같은 것입니다. 그렇기 때문에 명절에는 무축단잔(無祝單盞)으로 간단하게 예를 마치는 것입니다. 신주(神主)를 모실 수 있는 자손은 장자뿐입니다. 결정하시는데 참고 되였으면 하는 바람입니다.

아래와 같이 살펴보건대 지자는 그 부모를 비롯 선대 제사는 자기가 지내지 못합니다.

●曲禮支子不祭祭必告于宗子(註)不敢自專宗子有故支子當攝而祭五宗皆然疏廟在適子之家庶子不敢輒祭若濫祭亦是淫祀若宗子有疾不堪當祭則庶子代攝可也猶宜告宗子然後祭
●公羊傳何休曰適子有孫而死質家親親先立弟文家尊尊先立孫
●溫公曰凡主人當以長子爲之無長子則長孫承重
●家禮初終立喪主條凡主人謂長子無則長孫承重奉饋奠
●內則庶子若富則具二牲獻其賢者於宗子夫婦皆齊而宗敬焉終事而后敢私祭
●喪服小記庶子不祭禰者明其宗也(註)庶子不得立禰廟故不得祭禰所以然者明主祭在宗子廟必在

宗子之家也庶子雖貴止得供具牲物而宗子主其禮也
●尤庵曰祭主人有故則所攝之中如有尊行則子弟以不敢爲攝主矣然代者是尊行則使字未安故俗禮改云孝子某有故代叔父或兄
●家禮按祠堂篇主人謂宗子主此堂之祭者晨謁深衣焚香再拜又主人主婦近出則入大門瞻禮而行歸亦如之經宿而歸則焚香再拜遠出經旬以上則再拜焚香告云云又再拜而行歸亦如之經月而歸則開中門立於階下再拜升自阼階焚香告畢再拜降復位再拜餘人亦然但不開中門

▶3202◀◈問; 궁금한 게 있어서 그러는데요.

명 절 때 큰어머니, 큰아버지를 다른 위 조상님들(증조할아버지 등등.)과 같이 모셔도 되는지 궁금합니다. 답변 부탁 드려요.

◈答; 합제에 관하여.

문의(問議) 내용으로 보와 귀댁이 지손 인 듯 한데 지자는 큰집 제사를 제집에서 지내지 못합니다.

●曲禮支子不祭祭必告于宗子(註)不敢自專宗子有故支子當攝而祭五宗皆然疏廟在適子之家庶子不敢輒祭若濫祭亦是淫祀若宗子有疾不堪當祭則庶子代攝可也猶宜告宗子然後祭
●公羊傳何休曰適子有孫而死質家親親先立弟文家尊尊先立孫
●溫公曰凡主人當以長子爲之無長子則長孫承重
●喪服小記庶子不祭禰者明其宗也(註)庶子不得立禰廟故不得祭禰所以然者明主祭在宗子廟必在宗子之家也
●喪服小記庶子不祭祖者明其宗也(註)此據適士立二廟祭禰及祖今兄弟二人一適一庶而俱爲適士其適子之爲適士者固祭祖及禰矣其庶子雖適士止得立禰廟不得立祖廟而祭祖者明其宗有所在也
●內則庶子若富則具二牲獻其賢者於宗子(註賢猶善也)夫婦皆齊而宗敬焉(註當助祭於宗子之家)終事而后敢私祭(註祭其祖禰)
●退溪言行錄先生每得新物必送宗家俾薦于廟如不可送則必藏于家待其可祭之日具紙牓不讀祝文不設飯羹只以餠麵祭之
●頤庵曰國俗忌祭不輪男女輪遞設行國典云祭享之費與祭宗族輪番偕辨又言主祭子孫別居遠處衆子孫就其家行祭謂送助其費于宗家耳
●南溪曰雖支子家具饌祝辭必用宗子名

▶3203◀◈問; 궁금합니다. 도와주세요.

어머님이 실향민입니다. 6.25 때 워낙 어린 나이로 할아버지, 할머니와 헤어지셔서 기억은 거의 없다고 봐야겠죠. 내년이면 어머님 환갑인데, 그전에 기억에는 없지만 임진각에라도 가셔서 간단한 차례상이라도 차려놓고 북쪽을 향해서 성묘를 지내고 싶어하시는데요. 올 추석에 가려고 하는데 전혀 모르는 상태라도 집에서 차례를 지낼 수 있는 건지요. 만약, 된다면 어떻게 지내는 것이 좋은 것인지 방법도 같이 알려주시면 감사하겠습니다. 꼭 부탁 드리겠습니다. 이메일로 답변 주셔도 됩니다.

◈答; 북쪽에 계신 조부모 묘. 차례와 성묘.

망배(望拜)라 하여 멀리서도 임금이 거하는 궁전을 향하여 사배를 하였으며 선친의 묘 쪽을 향하여 재배를 하는 것입니다. 망배단(望拜壇)이 제일 가까이 다가가는 것이니 그곳에 가서 성묘 함이야 가당한 것이라 하겠습니다.

부모가 없이는 내가 탄생 할 수 없는 것, 윗대 조상(祖上)을 몰라도 제사는 지내는 것 아닙니까. 그러나 적자(嫡子)가 아니면 함부로 신주(神主)나 지방(紙牓)을 써 붙여서는 안 되겠지요. 만약 조부모(祖父母)가 천수를 다한 연세이며 그 곳에 마땅히 봉제사(奉祭祀)할 적장자손이 없고 귀하가 적장손이 되면 귀하의 명으로 당대는 물론 대대로 기제사(忌祭祀)와 속절(俗節)의 예를 갖출 수 있습니다.

●史記孝武本紀; 於是天子遂東始立后土祠汾陰脽上如寬舒等議上親望拜如上帝禮
●漢書禮樂志; 以正月上辛用事甘泉圜丘……天子自竹宮而望拜

●日損齋筆記辯史; 請以十月神州地祇之祭易夏至方丘之祭者三人請上不親祠而通爟火於禁中望拜者一人

▶3204◀◈問; 도움 부탁 드립니다.

수고하십니다. 어머니께서 지난 3 월에 돌아가셨습니다. 곧 있을 추석(秋夕)과 설 명절(名節)에 어머니 제사(祭祀)만 지내는지, 아니면 어머니 기제(忌祭)가 지난 후에 명절 차례(茶禮)를 모시는지, 할머니 할아버지 제사와 차례(茶禮)는 어떻게 해야 하는지요. 답변 부탁 드립니다.

◈答; 상중 제사 지내는 법.

귀하의 질문으로 봐서는 상중(喪中)인지 상필인지 알 수가 없습니다. 두 예로 가름 하여 보겠습니다.

⊙상중일 때.

상중에 닥치는 모든 제사는 폐합니다. 다만 경복자가 무축단헌으로 간단하게 예를 마칩니다. 이 예에도 중복자(重服者)는 참예치 않습니다.

●擊蒙要訣喪服中行祭儀篇凡三年之喪古禮則廢祠堂之祭而朱子曰古人居喪衰麻之衣不釋於身哭泣之聲不絶於口其出入居處言語飮食皆與平日絶異故宗廟之祭雖廢而幽明之間兩無憾焉今人居喪與古人異而廢此一事恐有所未安朱子之言如此故未葬前則準禮廢祭而卒哭後則於四時節祀及忌祭(註墓祭亦同)使服輕者(註朱子喪中以墨衰薦于廟今人以俗制喪服當墨衰著而出入若無服輕者則亦恐可以俗制喪服行祀)行薦而饌品減於常時只一獻不讀祝不受胙可也期大功則葬後當祭如平時(註但不受胙)未葬前時祭可廢忌祭墓祭略行如上儀緦小功則成服前廢祭(註五服未成服前雖忌祭亦不可行也)成服後則當祭如平時(註但不受胙)服中時祀當以玄冠素服墨帶行之
●雜記士三月而葬○士虞記三月而葬○書儀喪儀三卜宅兆葬日條王公已下皆三月而葬
●小記報葬者報虞三月而後卒哭註報讀爲赴急疾之義謂家貧或以他故不得待三月死而卽葬者旣疾葬亦疾虞虞以安神不可後也惟卒哭則必俟三月耳
●朱子曰百日卒哭

⊙상필(喪畢) 이후일 때.

추석(秋夕)이나 명절 등 속절(俗節) 의식에는 봉사(奉祀) 조상 모두와 모친 역시 합설(合設)을 합니다.

⊙기제사전 속절이 닥쳤을 때의 의식.

탈상 이후면 합설을 하며 만약 부친이 작고 하였을 때 합제 가속이면 그 제사에도 합제를 합니다.

●退溪曰忌日幷祭考妣甚非禮也
●晦齋曰按文公家禮忌日止設一位程氏家禮忌日配祭考妣二家之禮不同盖止設一位禮之正也配祭考妣禮之本於人情者也若以事死如事生鋪筵設同几之意推之禮之本於情者亦有所不能已也
●尤庵曰祖曾忌祭同日則當先後行之蓋偕喪三年中有異殯各祭之文忌日喪之餘也
●明齋曰祖孫同忌則一時同行恐無妨主人一也一時行之而各祝以告
●顧齋曰忌日異於練祥妻子之祭與親忌共設無妨
●沙溪曰程子之幷祭人情所近恐未害於禮也栗谷少時從先世幷祭考妣而年長後只設一位後來又改之幷設兩位吾嘗稟之答曰只設一位未安故幷設云

▶3205◀◈問; 말일의 제사축문.

수고가 많으십니다. 게시판의 문답에 '삭일간지(朔日干支)로 이르면 기월간지삭(幾月干支朔)과 일일간지(一日干支)로 분리 이름과 동일한 효과를 얻게 됩니다.'라고 답하신 내용이 보입니다. 그러면 돌아가신 날이 음력 30일 말일이면, 년(年)에 따라 그 달의 말일이 29일이든지 30일이든지 "모월간지삭일(某月干支朔日)감소고우"이라고 축문에 쓰면 되는지요? 대단히 죄송합니다.

◈答; 말일 기제축문.

1). 큰달인 30일자에 사망한 이의 다음 기일이 소월인 29일의 해의 축식입니다.

○대월인 경우; 維歲次 干支 幾月干支朔三十日干支孝子某敢昭告于
○소월인 경우; 維歲次 干支 幾月干支朔二十九日干支孝子某敢昭告于

●通典庾蔚之曰今年末三十日亡明年末月小若以去年二十九日親尙存用後年正朝爲忌此必不然
●問解大月三十日死者後値小月固當以二十九日爲忌値大月則自當以三十日爲忌小月晦日死者候値大月當仍以二十九日爲忌不可延待三十日也

2). 축문에서【朔日干支】라 쓰는 경우는 1일이 기일인 경우 維歲次干支幾月干支朔一日干支某敢昭告于라 길게 삭과 1일 간지를 두 번 쓰지 않고 維歲次干支幾月朔日干支云云이라 고 합니다. 이와 같이 쓰는 이유는 삭일(朔日)과 1일의 간지(干支)가 같기 때문입니다.

●便覽墓祭親盡祖墓祭祝文式維年號幾年歲次干支十月朔日干支幾代孫某官某敢昭告于

▶3206◀◈問; 명절, 기제사를 마감하려면.

명절제사 및 기제사를 더 이상 지내지 않으려고 합니다. 옛 어른들의 발음에 의하면 이제 제사를 "매안"한다고 하시는데 정확한 표시명칭과 매안을 할 때 제사를 올리는 방법 등에 관하여 궁금합니다. 특별한 방법이나 절차가 있는지요? 강0구

◈答; 명절, 기제사를 마감하려면.

현손의 죽음으로 오대손이 되면 친진이라 하여 사당을 건사하였으면 그에 모셔져 있던 오대조 신주를 묘에 묻는 예를 매안(埋安)이라 합니다. 기왕에 지내던 부모나 조부모 등의 제사를 지내지 않는다는 질문이라면 그와 같은 예법은 없습니다. 아래가 친진(親盡; 고조를 지난 오대조 이상)된 신주(神主)를 묘소에 묻는 매안(埋安) 의식입니다.

현손(玄孫)이 죽어 그의 적자(嫡子)에게 친진조(親盡祖; 五代祖)가 되면 그의 현손 이내(玄孫以內) 후손(後孫)이 생존(生存)하여 있으면 그 중 최장방(最長房)으로 옮겨 그 대에 맞게 개제하여 그가 봉사하다 그도 죽으면 차장방(次長房) 또 그도 죽으면 다음 이렇게 봉사(奉祀)하다 그의 현손 대가 대진(代盡)되면 그때 그 신주를 묘소로 옮겨 매안(埋安)하게 됩니다. 만약 현손까지 사대독자라면 현손의 형제도 없으니 그가 죽으면 그의 후손으로서는 친진이 되었으니 묘소에 매안하게 됩니다.

아래는 체천의 법도로서 혹 본 난을 방문하신 분들 중에는 여러 경우가 있을 것이라 그 사례마다의 축식을 게시하여 놓습니다. 각각의 경우에 따라 택하시거나 본 게시 축이 부족하시면 응용하시게 되면 거의 고축에는 부족함이 없을 것 같으며 또 예학을 공부하시는 분께는 혹 도움이 되지 않을까 하여 소용되어지는 遞遷에 관계된 축문식을 아래와 같이 덧붙여 드리니 필요한대로 택하시기 바랍니다.

◈遞遷(체천)

현손(玄孫)이 죽어 그의 적자(嫡子)에게 친진조(親盡祖)(오대조(五代祖))가 되면 그의 현손 이내(玄孫以內) 후손(後孫)이 생존하여 있으면 그 중 최장방(最長房)으로 옮겨 그 대에 맞게 개제하여 그가 봉사하다 그도 죽으면 차장방(次長房) 또 그도 죽으면 다음 이렇게 봉사하다 그의 현손대가 대진(代盡)되면 그때 그 신주를 묘소로 옮겨 매안하게 됩니다. 최장방(最長房)이라 함은 오대조(五代祖)와 제일 가까운 후손을 의미합니다.

●家禮族人有親未盡者遷于最長之房使主其祭
●備要祔位之主本位遞遷則埋于墓所
●沙溪曰最長房之義朱子以爲古人屢世同居一門之內子孫各有私房若有親之主而族人有親未震者則遷于其中最長者之房以祭之○又曰最長房之子雖未親盡門中又有諸父諸兄則當遷奉於其房耶沙

溪曰然○又曰最長房有庶曾孫嫡玄孫則庶曾孫當奉祀若貧賤不可以奉祀嫡玄孫奉祀無妨○又曰最長房不能祧主則宗子姑安於別室以最長房之名改題旁註宗子攝行○又曰最長房死不待三年遞遷以三年廢祭有所未安故也○又曰父歿母在亦祧退溪曰父喪畢藏主別處以待他日與妣同入廟始行祧遷未爲得禮之正尤菴曰親盡祧遷當以奉祀孫世代計之雖祖曾祖母生存亦不可不遷○又曰非大宗高曾二祖親雖未盡當遷於長房

●陶菴曰庶孼房題只稱玄孫而祝辭自稱爲庶恐得之矣○又曰正位遞遷後祔主當埋安同春曰祔位於最長房亦是至親則并奉以祭亦似爲安南溪曰班祔之位終兄弟之孫

●尤菴曰祧主改題自是遷奉者之事非舊主人之所當與也旣遷之後當有酒果告由之禮其時改題似宜矣○又曰宗孫死則祧位吉祭時當遞遷最長房死則葬後遷奉于次長房

●東岩曰大戴禮遷廟事畢擇日而祭註所以安神當依此擇日盛祭

◈埋主(매주)

●家禮高祖親盡則遷其主而埋之其墓田諸位迭掌而歲率其子孫一祭之百世不改

●儀節按楊氏附註引朱子他日與學者書旣祥而徹几筵其主且當附于祖父之廟俟三年喪畢合祭而後遷蓋有取於橫渠祫祭後奉祧主於夾室之說也而楊氏亦云俟吉祭前一夕以薦告遷主畢乃題神主厥明今祭畢奉神主埋於墓所奉遷主新主各歸于廟夫所謂合祭者卽橫渠所謂祫祭也家禮時祭之外未嘗合祭若卽是時祭又不知設新主位于何所今不敢從且依家禮爲此儀節庶幾不失云

●遂菴曰祧主臥埋安之之義人死臥葬藏魂帛亦臥埋可推而知也

●尤菴曰祧主埋於本墓之右邊旣掘坎以木匣先安於坎中然後以主櫝安于木匣中子孫皆再拜而辭畢閉匣門而掩土堅築後加以莎草○又曰正位遷于長房則祔位埋安事恐當盖無后人祔食旣是義起之禮寧有更享於最長房之理乎若有兄弟及姪或於其忌日以紙榜畧伸其情似不妨矣

●南溪曰今已永祧臥而置之

●陶庵曰祧主埋安時子孫之擧哀情理俱得○又曰去櫝埋安毋論豫之如何而心有不忍矣

●備要本位出埋則祔位當埋於墓所

●南溪曰班祔之位終兄弟之孫○又曰立埋生道臥埋死道也權埋則當立埋

●全齋曰雖考妣各窆已合櫝者不忍分離各埋於兩處後配各窆者亦然統於尊而并埋於考位墓有何不可

◈最長房奉主(최장방봉주)

◎埋安(매안)

☞[우제]▶3019◀◈問; 축문에 대한 질문입니다. 에 ◈最長房奉主(최장방봉주)와 ◎埋安(매안)의 축식고 고사식이 자세히 나열 되어 있습니다. 참고하십시오.☜

▶3207◀◈問; 명절에 기제사가 겹칠 때.

안녕하십니까? 다름이 아니라 기제사가 구정(음력 1 월 1 일)일 경우 어떻게 지내면 좋을지 문의 하고자 합니다. 가장 올바른 방법은 구정 전일 기제사를 올리고 구정 당일 낮에 차례를 지내는 것이겠지만 제주가 아직 어리고 양부모님이 안 계신 관계로 가능한 예법에 어긋나지 않고 집안 식구들도 힘들지 않는 방법을 찾고자 하는데 서로 의견이 분분해서 쉽지가 않습니다.

처음 기제사는 구정 저녁 8 시에 지냈는데 향후는 가능하면 바꿀 수 있는 방안을 찾고자 합니다. 저의 소견은 낮에 차례를 지내면서 기제사를 같이 올리는 것이 가장 부담을 줄이는 방법인 것 같은데 기제사는 낮에 모시면 안 된다는 의견도 있어서 해마다 차례 따로 기제사 따로 지내려니 보통 일이 아닙니다. 현명하신 의견을 주시면 많은 도움이 되겠습니다.

◈答; 명절에 기제사가 겹칠 때.

부친의 작고하신 날이 음력 정월 1 일이라면 아침 일찍(속례로는 전년 12 월 말일 저녁 子時)기제를 지내고 일일 불재제(不再祭) 법도에 따라 명절 참례는 생략하고, 조부모를 봉사하고 계시다면 먼저 조부모 명절 참례를 마치고 부친 기제를 지내게 됩니다.

●家禮忌祭○厥明夙興設蔬果酒饌○質明主人以下變服○詣祠堂奉神主出就正寢○參神降神進饌初獻
●尤庵曰忌祭重而參禮輕無論尊卑似當先忌後參.
●沙溪曰若値高祖忌則忌祭畢仍行參禮曾祖以下忌則參禮畢行忌祭
●明齋曰一日之內旣行祭又行參實是煩瀆旣祭之位則不復設諸位皆設而獨不設雖似未安纔祭矣似無嫌

▶3208◀◈問; 명절이나 기제 때 선강후참 여부.

다름이 아니옵고 아래 말씀에 신주는 참신후 강신 지방은 강신후 참신이라하셨습니다. 모든 제사 즉 명절 기제사 포함 전부가 그렇게 지내는지요. 우문 같습니다마는 잘 가르쳐 주십시오. 고맙습니다.

◈答; 명절이나 기제 때의 선강후참.

명절참례(名節參禮)나 절사(節祀)는 사당(祠堂) 예(禮)로서 사당(祠堂) 예(禮)는 선강후참(先降後參)이 되고. 사당을 건사하지 못하고 지방으로 정침(定針)에서 차례를 행할 때 역시 선강후참(先降後參)이 됩니다.

기제(忌祭)는 신주(神主) 제(祭)일 때 출주시(出主時) 이미 분향(焚香) 후(後) 정침(正寢)으로 이동하였기 때문에 선참후강(先參後降)이 되며 지방 기제(忌祭)일 때는 신주의 예와 같이 이미 분향의 예가 없었기 대문에 선강후참(先降後參)이 됩니다.

●朱子家禮正至朔望則參; 主人詣香卓前降神(中略)在位者皆再拜參神(俗節同)

▶3209◀◈問; 명절제사.

얼마 전 제사에 관해 질문 드렸었습니다. 답변 너무나도 감사 드립니다. 또 한가지 질문이 있어서요.

작년 시아버님 돌아가신 후 탈상하였습니다. 그래서 이번 명절제사를 지낼 것인데 어르신들 말씀이 시할머니 계신 곳에선 시할아버님 명절제사를 드리고 저희 집에선 시아버님 명절제사를 드리라고 말씀 하시더라고요. 명절제사는 겸상이라고 알고 있는데 어떻게 해야 올바른 것일까요. 시할아버님 기일 제사는 시할머님이 시골에 계신 관계로 시골에서 지내기로 했고요. 시아버님 제사는 장손인 저희 집에서 지내기로 했습니다. 그래서 명절제사도 그렇게 하면 된다고 하시는데 답변 부탁 드리겠습니다. 수고하세요.

◈答; 명절제사.

지손(支孫)이 아닌 직계(直系)로 이어진 조상 즉 고조부모, 증조부모, 조부모, 부모 는 한 거소(居所)에서 지내야 하지 여기 저기서 나누어 모시지 않습니다. 이 같음은 예에 어그러진 일입니다. 먼저 문답과 같이 명절이나 기제사나 모두 주된 장 자손 거소에서 같이 지내야 합니다.

●曲禮支子不祭祭必告于宗子(註)不敢自專宗子有故支子當攝而祭五宗皆然疏廟在適子之家庶子不敢輒祭若濫祭亦是淫祀若宗子有疾不堪當祭則庶子代攝可也猶宜告宗子然後祭
●公羊傳何休曰適子有孫而死質家親親先立弟文家尊尊先立孫
●溫公曰凡主人當以長子爲之無長子則長孫承重
●喪服小記庶子不祭禰者明其宗也(註)庶子不得立禰廟故不得祭禰所以然者明主祭在宗子廟必在宗子之家也庶子雖貴止得供具牲物而宗子主其禮也
●尤庵曰祭主人有故則所攝之中如有尊行則子弟以不敢爲攝主矣然代者是尊行則使字未安故俗禮改云孝子某有故代叔父或兄
●朱子曰祭只是三獻主人初獻適子或主婦亞獻庶子弟或適孫終獻

●奔喪凡喪父在父爲主註此言父在而子有妻子之喪則父主之統於尊也
●家禮時祭初獻主人亞獻主婦爲之終獻兄弟之長或長男或親賓爲之
●成渾曰鄭逑論祭禮云三獻俱是主人主婦長男爲之雖伯叔父不可爲也其義在於主人爲初獻諸父尊行不可爲其次以亂尊卑之序也
●性理大全喪禮立喪主條;凡主人謂長子無則長孫承重以奉饋奠

▶3210◀◈問; 명절 제사는 빈 시골집에서.

답변에 정말 감사 드립니다. 답변내용에 대한 궁금 사항이 있어서요?

명절 제사는 빈 시골집에서 가능하고, 기제사는 빈 시골집에서 안 된다는 말씀인지요? 아니면, 명절이나 제사나, 기제사 모두 빈 시골집에서 가능하다는 말씀인지요? 아니면 도든 제사는 빈 시골집에서 안 된다는 말씀인지요. 바쁘신데 죄송합니다. 이0섭

◈答; 명절 제사는 빈 시골집에서.

명절이든 기제사든 모든 제사는 장자의 집에서 모셔야 되는 연유를 아래에서 대강 설명이 되었습니다. 이강섭님께서 사당을 건사한다고 가정하면 사당은 실 거주하는 집 동편에 세우고 신주를 모시는 것인데 그 신주를 모시고 시골 집으로 내려가 명절이나 기제사 등을 지낼 수가 없다는 것입니다. 신주는 그 봉사자의 이주가 아니고는 울을 넘어갈 수가 없습니다.

●曲禮支子不祭祭必告于宗子(註)不敢自專宗子有故支子當攝而祭五宗皆然疏廟在適子之家庶子不敢輒祭若濫祭亦是淫祀若宗子有疾不堪當祭則庶子代攝可也猶宜告宗子然後祭
●公羊傳何休曰適子有孫而死質家親親先立弟文家尊尊先立孫
●溫公曰凡主人當以長子爲之無長子則長孫承重
●家禮初終立喪主條凡主人謂長子無則長孫承重奉饋奠
●內則庶子若富則具二牲獻其賢者於宗子夫婦皆齊而宗敬焉終事而后敢私祭
●喪服小記庶子不祭禰者明其宗也(註)庶子不得立禰廟故不得祭禰所以然者明主祭在宗子廟必在宗子之家也庶子雖貴止得供具牲物而宗子主其禮也
●尤庵曰祭主人有故則所攝之中如有尊行則子弟以不敢爲攝主矣然代者是尊行則使字未安故俗禮改云孝子某有故代叔父或兄
●家禮按祠堂篇主人謂宗子主此堂之祭者晨謁深衣焚香再拜又主人主婦近出則入大門瞻禮而行歸亦如之經宿而歸則焚香再拜遠出經旬以上則再拜焚香告云云又再拜而行歸亦如之經月而歸則開中門立於階下再拜升自阼階焚香告畢再拜降復位再拜餘人亦然但不開中門

▶3211◀◈問; 명절 제사 예절의 근거 예법은.

설 제사는 어디에서 비롯된 예절인가 알려 주시면 감사 하겠습니다.

◈答; 명절 제사 예절의 근거 예법은.

설 추석 등 명절의 절사(節祀)는 사당(祠堂)을 갖추고 신주(神主)를 모셨으면 다음과 같이 그 예법이 가례(朱子家禮)의 통례편(通禮篇) 사당장(祠堂章) 정지삭망칙참(正至朔望則參) 조(條)와 같이 참배(參拜) 합니다. 지방(紙牓) 참배(參拜) 역시 그 예법을 본떠 명절(名節) 참배를 드리고 있는 것입니다. 본 예를 대중화시킨 예서는 주자가례(朱子家禮)에서 비롯됨입니다.

●史記天官書; 凡候歲美惡謹候歲始歲始或冬至日産氣始萌臘明日人衆卒歲一會飮食發陽氣故曰初歲正月旦王者歲首立春日四時之卒始也(索隱曰謂立春日是去年四時之終卒今年之始也)四始者候之日(王義曰謂正月旦歲之始時之始日之始月之始故云四始言以四時之日候歲吉凶也)

◎본문을 옮겨 보겠습니다.

⊙正至朔望則參(정지삭망칙참)

正至考證卽正朝冬至也朔望前一日灑掃齋宿厥明夙興開門軸簾每龕設新果一大盤於卓上每位茶盞托酒盞盤各一於神主櫝前設束茅聚沙於香卓前別設一卓於阼階上置酒注盞盤一於其上酒一瓶於其

西盥盆帨巾各二於阼階下東南有臺架者在西爲主人親屬所盥無者在東爲執事者所盥巾皆在北又設主婦內執事盥盆帨巾於西階下西南凡祭同主人以下盛服入門就位主人北面於阼階下主婦北面於西階下主人有母則特位於主婦之前主人有諸父諸兄則特位於主人之右少前重行西上有諸母姑嫂姊則特位主婦之左少前重行東上諸弟在主人之右少退子孫外執事者在主人之後重行西上主人弟之妻及諸妹在主婦之左少退子孫婦女內執事者在主婦之後重行東上立定主人盥帨帨一作洗升搢笏啓櫝便覽櫝蓋置於櫝坐東近北奉諸考神主置於櫝前主婦盥帨升奉諸妣神主置于考東次出祔主亦如之命長子長婦或長女盥帨升分出諸祔主之卑者亦如之皆畢主婦以下先降復位主人詣香卓前降神搢笏焚香再拜少退立執事者盥帨升開瓶實酒于注一人奉注詣主人之右一人執盞盤詣主人之左主人跪執事者皆跪主人受注斟酒反注取盞盤奉之左執盤右執盞酹于茅上以盞盤授執事者便覽執事者皆降復位出笏俛伏興少退再拜降伏位與在位者皆再拜參神主人升搢笏執注斟酒先正位次祔位次命長子斟諸祔位之卑者主婦升執茶筅執事者執湯瓶隨之點茶如前命長婦或長女亦如之子婦執事者先降便覽謂長子降復位主人出笏與主婦分立於香卓之前東西再拜降復位少頃與在位者皆再拜辭神便覽主人主婦升斂主櫝之如啓櫝儀降復位執事者升徹酒果降簾闔門降而退○冬至則祭始祖畢行禮如上儀○準禮舅沒則姑老不預於祭又曰支子不祭故今專以世嫡宗子夫婦爲主人主婦其有母及諸父母兄嫂者則設特位於前如此○望日不設酒不出主儀節啓櫝主人點茶要訣今國俗無用茶之禮當於望日只啓櫝不酹酒只焚香使有差等長子佐之先降主人立於香卓之南再拜乃降餘如上儀栗谷日不出主只啓櫝不酹酒只焚香○凡言盛服者有官則幞頭公服帶靴笏進士則幞頭襴衫帶處士則幞頭皁衫帶無官者通用帽子衫帶又不能具則或深衣或凉衫有官者亦通服帽子以下但不爲盛服婦人則假髻大衣長裙女在室者冠子背子衆妾假髻背子

⊙정월 초하루 동지 그리고 초하루 보름이면 참배 한다.

정월 초하루 동짓날 그리고 초하루 보름 하루 전날 사당에 물을 뿌리고 깨끗이 청소를 하고 재숙하고 다음날 일찍 일어나 사당 문을 열고 발을 걷은 후 매 감실 마다 새로운 과실 한 대반을 진설하고 신주 독 앞에는 차잔과 술잔을 각각 놓고 향탁 앞에는 모반에 모래를 담아 놓고 그 위에 모속을 꽂아 놓는다. 동쪽 층계 위에 별도로 탁자를 놓고 그 위에 주전자와 강신 잔반 하나를 둔다. 그 서쪽에는 술병을 놓아 둔다. 대야를 받치고 수건 거리에 수건을 걸어서 서쪽으로 놓아 주인과 친속의 손 씻는 곳으로 하고 받침과 걸이 없이 그 동쪽으로 놓아 집사자가 이용케 한다. 주부와 내집사 손 씻는 곳은 서쪽 층계 아래 서 남쪽에 그와 같게 하여 주부용은 동쪽이며 집사용은 서쪽으로 놓아 둔다. 주인 이하 모두 성복을 하되 유관자는 복두에 관복을 입고 띠를 두르고 가죽신을 신으며 진사는 복두를 쓰고 난삼에 띠를 두르고 처사는 복두에 조삼을 입고 띠를 두르며 무관자는 통용 모자를 쓰고 통용 옷에 띠이며 또 이렇게도 갖출 수 없으면 심의나 양삼을 입고 유관자 역시 통상 복식으로 하고 부인은 관을 쓰고 치마를 입되 대의에 긴 치마다. 소실은 자식이 있으면 관을 쓰고 배자를 입는다. 여러 첩들은 머리를 틀어 올리고 배자를 입는다. 모두 성복 후 사당 문을 열고 들어가 자리에 서되 주인은 동쪽 층계 아래에서 북쪽을 향하여 서고 주부는 서쪽 층계 아래에서 북쪽을 향하여 선다. 주인의 모친이 계시면 특별한 자리로 하여 주부 앞이며 주인의 백숙부나 여러 형들은 특별히 주인의 오른편에서 조금 앞으로 나와 항렬대로 겹쳐 서되 북쪽이 상석이며 서쪽이 상석이다. 주인의 백숙모 형수 누이가 계시면 특별한 자리로 주부의 왼편에서 조금 앞으로 나와 항렬대로 겹쳐 서되 북쪽이 상석이며 동쪽이 상석이다. 주인의 여러 동생은 주인 오른편에서 조금 물러나 서되 서쪽이 상석이며 주인의 장자와 장손은 주인의 뒤에 항렬대로 북쪽이 상석으로 겹으로 서고 주인의 여러 아들과 여러 손자들은 주인의 동생 뒤에 항렬대로 겹으로 서되 서쪽이 상석이며 외집사는 주인의 장손 뒤에 선다. 주인의 장자부와 장손부는 주부의 뒤에 항렬대로 겹으로 서며 주인의 동생 처들과 여러 여동생은 주부의 왼편에서 항렬대로 겹으로 서되 동쪽이 상석이며 주인의 여러 자부와 여러 손부들은 주부의 왼편에서 주인의 여동생들의 뒤에 항렬대로 겹으로 서되 동쪽이 상석이며 북쪽이 상석이다. 내집사는 장손부 뒤에 선다. 정하여진 자리에 모두 제 자리에 서면 주인은 손을 씻고 사당으로 올라가 홀을 관복 띠에 꽂고 고조고위부터 여러 남자들의 신주 주독을 열고 신주를 모셔 내어 주독 앞에 모시고 주부는 손을 씻고 사당으로 올라가 고조비부터 여러 여자 신주들을 주독을 열고 모셔 내어 남자 신주 동편으로 모신다. 다음으로 부위 신주 내 모시기를 그와 같게 한다. 또 장자와 장자부 또는 장녀로 하여금 손을 씻고 사당으로 올라와 나뉘어 낮은 신주 내 모시기를 그와 같게 한다. 모두 마쳤으면 주부 이하는 먼저 내려와 제자리에 서고 주인은 향탁 전으로 나아가 강신 한다. 홀을 관복 띠에 꽂고 분향 재배 한 후 조금 물러나 서면 집사자가 손을 씻고 올라와 한 사람은 병을 열어 식건으로 병 입을 닦고 술을 주전자에 딸아 주전자를 들고 주인의 오른쪽으로 나아가 서고 또 한 사람은 손을 씻고 강신 잔반을 들고 주인의 왼쪽으로 나아가 서면 주인은 무릎을 꿇고 앉고 집사자들도 모두 무릎을 꿇고 앉는다 주인은 우집사자로부터 주전자를 받아 좌집사자의 빈 잔에 술을 따르고 주전자는 되돌려 주고 잔반을 받아 들고 왼손으로 반을 잡고 오른손으로 잔을 잡아 모사 위에 술을 따르고 빈 잔반을 좌집사자에게 준다. 집사자들은 잔반과 주전자를 제 자리에 두고 먼저 내려와 제 자리에 서고 주인은 홀을 빼어 들고 부복 하였다 일어나 조금 뒤로 물러나 재배를 하고 제 자리로 내려 오면 모두 참신 재배 한다. 주인이 사당으로 올라가 홀을 관복 띠에 꽂고 주전자로 술을 따르되 먼저 고조고비부터 정위에 따르고 다음으로 부위에 따른다. 장자에게 명하여 낮은 여러 부위 잔에 따르게 한다. 주부가 사당으로 올라가 찻잔을 들면 여자 집사자는 손을 씻고 차 병을 들고 딸아 올라가 찻잔에 차를 따르면 주부는 찻잔을 제자리에 놓는다. 정위부터 부위 전에 차 올리기를 마쳤으면 낮은 부위는 큰 며느리나 장녀에게 명하여 차 따르기를 그와 같게 하고 장부와 집사자들은 먼저 내려와 제자리에 선다. 주인은 홀을 빼어 들고 향탁 앞에서 주인은 동쪽으로 서고 주부는 주인의 서쪽으로 나뉘어 서서 재배하고 내려와 제 자리에 서면 주인 이하 참례자 모두 사신 재배 한다. 주인과 주부는 올라가 신주를 주독에 다시 모시기를 내 모실 때의 의식과 같게 하고 내려와 제 자리에 서면 집사자가 올라가 술과 과실을 물리고 발을 내린 후 중문을 닫고 내려 오면 모두 물러난다. ○동지에는 시조 제사를 마치고 위와 같은 의식으로 예를 행한다. ○보름 날 참배 때는 술을 올리지 않고 신주도 내 모시지 않으며 주인이 차만 올리되 장자가 돕고 먼저 내려 가면 주인은 향탁 남쪽에서 재배하고 내려온다. 이후는 모두 위의 의식과 같다.

⊙俗節儀禮節次(속절의례절차)(家禮儀節)

(主人以下各具盛服)○序立(男列於左女列於右每一世列爲一行)○盥洗(立定主人主婦及子婦將出主者皆洗拭訖)○啓櫝○出主(主人出考主主婦出妣主其餘子婦出祔主各置正位之左皆畢)○復位(主婦以下先降復位)○降神(執事者洗手上階開瓶實酒於注一人奉注詣主人右一人執盞盤詣主人左)○主人詣香案前○跪○焚香(主人焚香畢右執事者跪進酒注左執事者跪以盞盤向主人主人受酒斟酒於盞反注於右執事者取盤盞自捧之二執事者皆起)○酹酒(主人左手執盞盡酹茅沙上畢置盞香案上)○俯伏興(少退)○鞠躬拜興拜興平身○復位○參神(主人以下凡在位者皆拜)○鞠躬拜興拜興拜興拜興平身○主人斟酒(主人升自執酒注斟酒於逐位神主前空盞中先正位次祔位次命長子斟諸祔位之卑者畢主人稍後立)○主婦點茶(主婦執瓶斟茶於各正祔或命子弟捧茶托主婦位前空盞中命長婦長女斟諸祔捧盞逐位以獻亦可位之卑者畢主婦退與主人並立拜或命子弟奉茶托主婦奉盞逐位以獻亦可)○鞠躬拜興拜興平身○復位(主人主婦各復其位)○辭神(衆拜)○鞠躬拜興拜興拜興拜興平身○奉主入櫝○禮畢

▶3212◀◈問; 명절지방모시기.

명절날 할아버지, 아버지 두분 지방을 별도로 작성하여 한 지방 틀에 모실 수 있는지요? 별도로 한 분씩 지방 틀에 모셔야 하는지요? 선생님 바쁘시더라도 꼭 좀 알려주세요. 수고 하십시오. 박0영

◈答; 명절지방모시기.

각각 한 분씩 모셔야 합니다.

●朱子家禮祠堂正至朔望則参; 正至朔望前一日灑掃齋宿厥明夙興開門軸簾每龕設新果一大盤於卓上每位茶盞托酒盞盤各一於神主櫝前

▶3213◀◈問; 명절차례.

처가(妻家)에 아들이 없어 대가 끊어졌습니다.(장남 /장녀가 결혼한 경우)그런데 명절(名節)때 저의 조상님 차례 지낸 후 바로 돌아가신 처부모님의 차례(茶禮)를 치러도 문제가 없는지요.

◈答; 명절차례.

장남/장녀가 결혼한 경우라 함이 결혼한 외손이 있다 함이라면 처부모 봉사 예법은 없고 외손 봉사 예법은 있으니 그 외손이 외조부모 제사를 지내면 됩니다. 예법은 선친후외조(先親後外祖)이며 무축단헌(無祝單獻)으로 외손(外孫) 대(代)에 한하여 제사합니다.

●喪服小記男主必使同姓主婦必使異姓註喪必有男主以接男賓必有女主以接女賓無男主而使人攝主則必使喪家同姓之男無女主而使人攝主則必使喪家異姓之女謂同宗之婦也
●問妻母無後而死神主粉面以外孫之名書之乎寒岡曰此乃變禮不知當如何而爲得宜也如不得已則當書曰顯外祖妣某封某氏神主旁題則姑勿書
●問世俗或有以外孫主祀者神主當以顯外祖考妣書之旁註亦書之耶外祖神主或傳於外孫女則亦將何以書之也沙溪曰外孫奉祀猶爲不可况外孫女耶何必書奉祀闕之可也
●遯溪(金瑄)禮無外孫主祀之義盖外祖外親也無後則自當班祔於其本宗之廟不得托祀於外孫者聖人定制之義至嚴且正東俗承祀外祖者俗然也禮則未也若不得已則粉面不書屬稱直書官啣姓氏曰某官府君神主顯字不可加
●退溪曰外孫奉祀一廟而二姓同祭夫天之生物使之一本而此則爲二本焉甚不可也今人或不幸其外家祖先無後而未有所處者不忍其主之無歸則權宜奉置別所而往來奠省未爲不可若公然與其本親同享一廟則悖理莫甚所謂神不歆非禮者此類之謂也故今於外孫奉祀之問不敢苟徇而以爲可行也
●寒岡曰外家神主奉祀本非禮經今者不得已奉祀則當時祀茶禮時先祭祖外祖次祭
●朱子曰上谷郡君謂伊川曰今日爲我祀父母明年不復祀矣是亦祭其外家也然無禮經
●陶庵曰朱子非族之祀一句語實爲正論愚意爲外孫者設或不得已而權奉其祀已身歿後卽當埋安
●大典外祖父母及妻父母無主祭者當於正朝端午中秋及各忌日用俗儀祭之
●問外祖無人祭初獻則祝文當何書退溪曰當闕
●梅山(洪直弼)禮只許出嫁者於其父母無后者忌日則單獻無祝紙榜則亦書顯考妣是爲可從而至於四時節日則亦當略設伸情矣
●南溪曰不得已爲外家奉祀而當止外孫之身
●明齋曰外孫奉祀只止其身

▶3214◀ ◈問; 명절 차례.

안녕하세요. 몇 가지에 대해 선생님의 귀한 말씀을 구합니다.

1. 저희 아버지는 차남으로 설, 추석 명절에 큰 댁(백부는 작고하심)에서 차례를 지내 왔습니다. 올해 모친이 돌아가셔서 아버지를 모시고 큰 댁에서 함께 차례를 모셨는데, 이는 예법에 어긋나 돌아오는 설부터는 집에서 따로 차례를 지내기로 하였습니다. 돌아가신 어머니도 집안 어른(며느리)인데 조상님들과 함께 큰 댁에서 모실 수는 없는지요?

2. 만일 함께 모실 수 없다면, 저희가 삼형제이므로 한 사람이 대표로 큰 댁에 참석함으로써 예를 갖출 수 있다 하는데 맞는 의견인지요?

3. 차례상에 증조부모, 조부모, 부모님의 지방을 함께 써서 차례를 지낼 수 있는지요? 두 분씩 쓰는 게 맞는다면, 차례상의 제물은 그대로 둔 채, 지방만 바꿔 세 번 똑 같은 절차를 통해 차례를 지내야 하는지요? 고맙습니다.

◈答; 명절 차례.

절사(節祀)는 정침(방안) 제(祭)가 아니라 원은 사당(祠堂) 제(祭)입니다. 다만 요즘에 와서 사당이 없으니 대개 신주도 모시지 않고 쉬운 대로 그때 그 때 지방을 써 안방에서 모시고 행사를 하게 되니 혼동을 일으키게 됩니다.

사당이란 대종에서는 고조부모까지 사감(四龕)에 모시게 되고 소종(지파)에서는 대종에 계신 고조는 모실 수가 없고(喪服小記支子不祭祖禰) 제 증조 이하만 사당에 모시게 되는데, 소종은 절사를 당하여 대종과 이웃이면 먼저 대종의 절사에 참석하고 돌아와 제 절사를 지내게 됩니다. 이와 같이 이해하시게 되면 누구의 명철 참사를 어디서 어떻게 올려야 하나에 대하여 쉽게 헤아려 질 것입니다.

●家禮本註正至朔望前一日灑掃齋宿厥明夙興開門軸簾每龕設新果一大盤於卓上每位茶盞托酒盞盤各一於神主櫝前
●楊氏復曰時祭之外各因鄉俗之舊以其所尙之時所用之物奉以大盤陳於廟中而以告朔之禮奠焉則庶幾合乎隆殺之節而盡乎委曲之情可行於久遠而無疑矣

▶3215◀◈問; 명절 차례는 보통 몇시에 지내야 하나요?

수고가 많으십니다. 추석명절이 다가오고 있습니다. 명절 차례는 보통 몇 시에 지내야 하나요? 이번 추석부터 제가 지내게 되어서 여쭈어 봅니다. 감사합니다.

◈答; 속절 예 행하는 때는.

아래 典據(전거)와 같이 살펴보건대 유학적(儒學的)인 때는 厥明夙興(궐명숙흥)이라 하였으니 그 이튿날 일찍 일어나 사당(祠堂) 문을 열고 참례(參禮) 준비를 한다. 라 하였고. 국어적(國語的)으로는 厥明(궐명)이란 다음날 날이 밝을 무렵이라 하였으니 먼동이 트기 시작하면 節祀(절사) 준비를 시작, 마치면 주인은 강신을 한다. 라 이해하게 되니 명절 예는 그날 먼동이 트기 시작하면 준비를 하여 지내기 시작한다. 라 하겠습니다.

●朱子家禮俗節則獻以時食; 禮如正至朔日之儀○又正至朔望則叅; 正至朔望前一日灑掃齋宿厥明夙興開門軸簾每龕設新果一大盤於卓上(云云)皆畢主人詣香卓前降神
●周禮地官司徒第二司徒敎官之職鄉大夫; 厥明鄉老及鄉大夫羣吏獻賢能之書于王王再拜受之(鄭玄注)厥其也明日也
●漢韓大辭典厂部十畫[厥] [厥明] (궐명) ①다음날 날이 밝을 무렵. 내일 새벽. ②그 이튿날. [周禮地官鄉大夫] 厥明鄉老及鄉大夫羣吏
●국어사전 **궐명**(厥明) 「명사」 「1」 다음 날 날이 밝을 무렵. 「2」 어떤 일이 있은 그 이튿날.

▶3216◀◈問; 명절 차례상 진설 방법.

1, 게시물 번호 2634 번의 질문과 관련입니다.

2. 위 내용과 관련하여, 좀 더 구체적으로 여쭤보고자 합니다. 명절차례 때, 제 경우는 3 대(증조부모, 조부모, 부)를 모시는데, 차례상을 차리는데 1 위 1 탁이 바른 예법이라 하시니, 그럼 증조부 1 탁, 증조모 1 탁, 조부 1 탁, 조모 두분 2 탁, 부 1 탁 이런 식으로 각 6 상을 차려야 하는지요? 아니면, 증조부모 1 탁, 조부모 1 탁, 부 1 탁 이렇게 각 대마다 3 탁으로 차리는 게 맞는지요?

3. 또 한가지, 초헌, 아헌, 종헌 등을 행하는데 있어서 증조부에게 초한부터 종헌까지 모두 3 차례 술을 올리고 숭늉까지 올리고 나서, 다음 차례로 조부모에게 술을 올리고 숭늉까지 올리고, 맨 마지막으로 아버님께 술 올리고 숭늉을 올리고, 이런 식으로 각 대마다 구분하여 차례를 지내야 하는지요? 아니면 전제적인 진행순서는 모두 똑 같이 적용하되 각 술잔마다 초헌, 아헌, 종헌을 올리면 되는지요?

4. 마지막으로 조부모 제사 때, 지방은 기제사에 해당되시는 조부나 조모 한 분만 쓰는지? 아니면 같은 종이에 3 분을 한꺼번에 쓰는지? 또한, 반과 갱 등은 3 분 것을 전부 다 같이 놓는지? 아니면 기제사 해당되시는 분의 반과 갱 한 분 것만 놓는 것인지? 어느 게 바른 예법인지 꼭 알려주시기 바랍니다.

◈答; 명절 차례상 진설 방법.

2). 答; 명절은 지방 행례일 때 사시제 설위와 같이 고비 2 의 1 탁으로 세대마다 서로 붙이지 않고 각위 설위 하여야 합니다.

●朱子家禮祭禮四時祭前一日設位陳器; 高祖考妣位於堂西北壁下南向考西妣東各用一倚一卓而

合之曾祖考妣祖考妣考妣以次而東皆如高祖之位世各爲位不屬

3). 答; 명절 참배 예법은 기제사와 다릅니다. 무축 1 헌지례로 세대마다 강참 헌주 사신배가 아니라 몇 위와는 상관 없이 일회로 마칩니다.

●朱子家禮祠堂正至朔望則參; 參神降神主人升搢笏執注斟酒先正位次祔位次命長子斟諸祔位之卑者主婦升執茶筅執事者執湯甁隨之點茶如前命長婦或長女亦如之子婦執事者先降復位主人出笏與主婦分立於香卓之前東西再拜降復位與在位者皆再拜辭神而退

4). 答; 지방 쓰는 법은 각위 각 장에 한 분씩 3 장에 따로따로 씁니다. 기제를 병설하거나 명절의 병설에는 반갱을 매위 고비 각각 진설 합니다.

●便覽紙牓

○紙(지)

用厚白紙長廣隨宜以眞楷細書於紙中央臨祭貼於椅上隨位各書

○紙牓式(지방식)

顯某考某官府君神位
顯某妣某封某氏神位(祖妣二人以上別具紙各書)

●溫公曰古者除於室中故神坐東向自後漢以來公私廟皆同堂異室南向西上所以西上者神道尙右故也

●家禮本註凡屋之制不問何向背但以前爲南後爲北左爲東右爲西

●問解無官而死者無他稱號勢不得已當書學生處士秀才各隨宜可也

●沙溪曰無官而死者不稱學生則無他稱號勢不得已當書學生處士秀才各隨其意可也婦人孺人之號書亦可不書亦可丘氏謂無官婦人宜如俗稱孺人盖禮窮則從下之義也

●尤庵曰孺人是九品官之妻稱而士妻同稱之者是禮窮則同之義也

●士儀治葬題主陷中條無官則隨常時所稱如學生處士秀才或別號之類

●問無官而非學生者題主稱學生似未穩而且如子孫書四祖亦皆無合當稱號如何如何沙溪宋俊吉答無官而死者不稱學生則無他稱號勢不得已當書學生處士秀才各隨其宜可也

●宋敬甫問無官而非學生者題主稱學生似未隱沙溪曰無官而死者不稱學生則無他稱號勢不得已當書學生處士秀才各隨其宜可也又曰丘氏謂無官婦人宜如俗稱孺人葢禮窮則從上之義也

●同春堂曰無官而死者不稱學生則無他稱號勢不得已當書學生處士秀才各隨其宜可也

●葛庵曰無官而死者無他稱號不得已當書學生處士秀才各隨其宜可也

●寒岡曰雖有先人之名若不得禮曹立案則不可經書左旁恐姑書曰顯兄秀才府君神主而呈禮曹出立案

●俛宇曰無官者之稱學生處士秀才皆無不可然秀才則弱冠時可用學生亦非今日合稱惟處士似勝然自非有行望可尊者則亦難人人一例秀士亦古者薦升之稱奈何

●朱子家禮家禮圖每位設饌之圖; 考位飯盞盤匙筯醋羹 妣位飯盞盤匙筯醋羹

●酌通俗節饌品禮無見處盖是祀也只出於緣情而因俗則品數之多寡只宜從便行之

●南溪曰大盤卽是楪子之類以其夫婦同是一楪故用其大者稱以大盤

●三禮儀俗節饌品每位匙筯一楪果一盤酒一盞蔬一器肉湯一器

●或問祭物若不能俱備則只設魚肉各一湯耶如節薦時雖無果脯若得新物則以新物獨薦何如寒岡曰魚肉各一則各一固無妨不必皆用湯膾肴獻之類古人皆用之節薦新物亦無妨但酒醴則不可闕

●金仲謙曰祭則正位考妣及祔位皆各設參則茶酒各設而果合設

●要訣正朝冬至別設饌數品愚按今俗正朝湯餠冬至赤小豆粥爲時食其蔬果與陳設之儀自宜依俗節也

●按五禮儀定著穀如稻麥黍稷之類並作飯以薦菽則熟之與果同薦果如櫻桃杏李林檎甜果西瓜梨棗栗柹之類菜如蕨瓜茄子之類魚如石魚葦魚銀魚白魚青魚之類有飯羹則用匙筯魚菜熟者用筯楪

▶3217◀◈問; 명절참레 앞두고 상가 집 문상에 대해 여쭙니다.

내일 모레가 설인데요. 어제 저녁에 친구 모친이 돌아가셨네요. 친한 친구라 조문을 가야되는데 어머님과 집사람이 극구 만류합니다. 갈 수 있도록 방법을 좀 여쭤봅니다.

◈答; 명절참례 앞두고 상가 집 문상에 대하여.

참사(명절)의 재계는 하루 전 설위 재숙이니 오늘 다녀오셔도 설날과는 이틀 전이니 관계가 없습니다. 오늘 다녀오십시오. 내일은 재계 날이라 삼가 하여야 됩니다.

●家禮本註俗節前一日灑掃齋宿忌日前一日齋戒
●曲禮齊者不樂不吊(註)呂氏曰古之有敬事者必齊齊者致精明之德也樂則散哀則動皆有害於齊也不樂不吊者全其齊之志也

▶3218◀◈問; 명절 차례 여부.

問; 집안에 우환이 들어 돌아오는 명절 차례를 어떻게 해야 할지 몰라 여쭙니다. 5 형제 중 장남인 아버지는 연로하셔서 제가 대신 차례상을 모시는데 둘째 숙부님이 갑작스런 뇌출혈로 일주일을 못 넘길 것 같다는 의사 말씀에 온 식구가 대기 중이고 그 와중 맨 막내 숙모님이 수술을 하고 한 달 이상 병원에 입원해야 하는 상황입니다

장남이신 아버지가 아직 그나마 기력이 있으시니 차례 지내는데 큰 문제가 없다는 생각도 들지만 한편으로는 집안에 우환이 있을 시 기제사나 차례도 건너 뛸 수도 있다는 애기를 들은바 있어 여쭈오니 하교하여 주시기 바랍니다.

◈答; 가족 병환 시 차례 여부.

1. 제주가 병환이 나 제사를 지낼 수 없다면 자제를 시켜 섭제(攝祭) 예법에 따라 대행하게 되며 그 외의 누구의 우환으로도 제사(명절 예 포함)를 폐하지 않습니다..

2. 만약 주부가 병이나 있는데 제수를 장만할 부녀자가 집안에 없다면 그러한 경우에는 제사를 폐하게 됩니다.

3. 어떠한 경우에도 지자는 제 집에서 선대 제사를 지낼 수 없습니다. 모든 제사는 사당(祠堂)을 근본으로 삼기 때문입니다. 사당은 반드시 적장자가 세우고 모시기 때문입니다. 다만 지금 대다수 가문에서 여러 형편상 사당을 건사하지 않고 간단히 지방으로 선대를 모시고 있을 뿐으로 지자는 사당을 세울 수 없기 때문에 선대 제사를 직접 자기 집에서 지낼 수 없게 됩니다.

●奔喪凡喪父在父爲主(註)父在而子有妻子之喪則父主之統於尊也
●溫公曰凡主人當以長子爲之無長子則長孫承重又曰父沒兄弟同居各主其喪(注)各爲妻子之喪爲主也
●家禮喪禮大祥告遷于祠堂本註族人有親未盡者則祝版云云告畢遷于最長之房使主其祭
●曾子問若宗子有罪居於他國庶子爲大夫其祭也祝曰孝子某使介子某執其常事攝主註介子非當主祭者
●朱子曰主祭合以甲之長孫爲之若其不能則以目今尊長攝行可也如又疾病則以次攝異時甲之長孫長成却改正
●退溪曰廟祭若主人暫出或病而命子弟行於其家廟則爲子弟者亦或以物助辦而行於廟可矣
●頣菴曰父母憂患則必聚族而謀之此愚智之所同知也然則兄有病患當先告祠堂以求先祖之陰佑而徒事乎非鬼何耶嗚乎報本追遠人道之大者也災厄之來未必非廢祭之因而顧不知悔罪致誠修祀惟憑巫覡回天命災愈集而惑愈甚終至於身殞而家敗尤可哀也
●陶庵曰俗忌廢祭固爲無識而家內痘疫或解娩恐不精潔治祭具於他舍而行之爲得否
●明齋曰攝主之說發源於曾子問復詳於朱子答陳安卿書此皆有主之攝元非無主而次子奉祀之比也
●南溪曰只一婦有産他無代行者則其勢只得姑廢而已
●問解續長子雖病廢似不可傳重於次子況長子有子則豈可以次子奉祀耶
●尤庵曰禮嫡子廢疾不得承重凶悖之人得罪倫常則其重於廢疾也側出男不得已承重矣
●曲禮支子不祭祭必告于宗子(註)不敢自專宗子有故支子當攝而祭五宗皆然疏廟在適子之家庶子不敢輒祭若濫祭亦是淫祀若宗子有疾不堪當祭則庶子代攝可也猶宜告宗子然後祭

●性理大全祠堂;非嫡長子則不敢祭其父若與嫡長同居則死而後其子孫爲立祠堂於私室且隨所繼世數爲龕俟其其出而異居乃備其制若生而異居則預於其地立齋以居如祠堂之制死則因以爲祠堂
●退溪曰繼後子雖在襁褓亦書其名而季也爲攝主以奠獻

▶3219◀◈問; 모친 차례를 당신 시댁 어르신들과 함께 모시는게 합당한 일이온지요?

안녕하십니까? 다른 글들을 보고 선생님께서 예법에 탁월하신 듯 하여 고민상담 하나 드립니다.

금년 11 월에 모친께서 작고하셨습니다. 이제 곧 첫 번째 설이 다가오는 관계로 처음으로 차례를 올려야 하온데, 아버지와 큰집 식구들께서 차례는 기제사와 달리 어디서 모셔도 무관하니 앞으로 명절 차례상에 제 모친을 함께 올리자고 합니다. 이렇게 되면 모친의 시부모님, 큰 아주버니와 함께 모친 차례상을 올리게 되는데 이것이 예법에 합당하온지요? 제가 알기로는 장손의 집에서 지내야 하고, 당연히 배우자가 참석해야하는 것이 도리로 알고 있습니다.

명절에 가족/친지들과 함께 하고프신 아버지 마음을 모르는 바는 아니나, 모친 형제 분들과 아직 살아계신 외할머니께 이게 어찌 비칠지 고민입니다. 저희 외가도 어르신들이 예법을 매우 중히 여기시는 분들입니다.

아버지가 소망하시는 바가 예법에 합당한지, 합당치 아니하면 달리 원하시는 바를 들어드릴 방법이 없는지 고견을 구합니다. 감사합니다.

◈答; 차례 지내는 법.

지자(支子)가 각각 거주(居住)는 물론이고 한집에 동거(同居)하다 상(喪)을 당하게 되면 그의 후손(後孫)이 상주(喪主)가 되고 그의 사실(私室)에서 제사(祭祀)를 지내게 됩니다.

이와 같은 예법(禮法)에 따라 부친이 계시다 하니 부친과 같이 먼저 종가(宗家)로 가 선조(先祖) 차례(茶禮)를 마치고, 내집으로 돌아와 차사(茶祀)를 지내되 제주(祭主)가 부친이 되니부친이 주도하여 강신과 헌주를 하여야 합니다. 만약 부친께서 노쇠하시다거나 병환 또는 출타 중일 때는 큰 아들이 대행합니다. 물론 부친께서도 부부상배(부부는 맞절)이니 절을 하여야 합니다.

이상이 바른 법도입니다.

●奔喪凡喪父在父爲主父歿兄弟同居各主其喪註各爲其妻子之喪爲主也
●性理大全祠堂;非嫡長子則不敢祭其父若與嫡長同居則死而後其子孫爲立祠堂於私室且隨所繼世數爲龕俟其其出而異居乃備其制若生而異居則預於其地立齋以居如祠堂之制死則因以爲祠堂
●退溪曰繼後子雖在襁褓亦書其名而季也爲攝主以奠獻
●太平廣記凡死者是敵以上則拜少者則不拜
●退溪曰妻則當拜子不當拜叔父於姪亦不當拜
●問祭子女弟侄立也坐耶尤庵曰喪禮旣曰尊長坐哭祭禮亦豈異同耶
●書儀古無婿婦交拜之儀今世俗始相見交拜拜致恭亦事理之宜不可廢也註鄕里舊俗男女相拜

▶3220◀◈問; 문상과 차례.

반갑습니다. 우선 명절 즐겁게 보내시길 바라고요. 오늘 사돈어른(둘째 형수님의 아버지)께서 돌아가셨거든요. 그런데 내일모레(추석날)가 장사 날인데 문상도 다녀오고 차례도 지낼 수 있는 뾰족한 방법을 모르겠습니다. 그 어느 것 하나 소홀히 할 수 없는 도리와 예법이기에 고민이 큽니다. 도리도 지키고 예법에도 어긋나지 않는 올바른 방법을 알려주시길 바래요. 그럼 기다리고 있겠습니다.

◈答; 문상과 차례.

명절 재계는 전일일 재숙입니다. 고로 22 일이 추석이니까 오늘(20 일) 안으로 문상 다녀오시면 재숙에는 문제는 없을 것 같습니다. 그렇게 하신다면 문상의 예도 갖추고 차례도 지내는 방법이 되겠습니다.

●家禮本註俗節前一日灑掃齋宿忌日前一日齋戒
●要結時祭則散齋四日致齋三日忌祭及墓祭則散齋二日致齋一日參禮則齋宿一日
●備要時祭則前期三日齋戒忌祭及墓祭則前一日齋戒參禮則前一日齋宿

▶3221◀◈問; 빠른 답변에 감사 드리며.

그 동안 무지몽매함에 가슴이 답답했던 저에게 답변 글 주셔서 정말 감사합니다 모친의 기제 일을 확실하게 알게 되어 정말 고맙습니다. 바쁘신 와중에 글 주신걸 알면서도 이 시간을 빌어 몇 가지만 더 가르침을 얻을까 합니다 일찍이 모친께서는 부친과 이혼하신 뒤로 저를 홀로 키우셨습니다. 명절 때가 되면 모친께서는 항상 새벽 일찍 일어나셔서 음식을 정성껏 만드시어 차례를 지내셨습니다.

모친 별세 후 지금은 제가 차례를 지내고 있습니다 외가 쪽으로나 친가 쪽으로나 할아버님 할머님 얼굴도 모르고 컸기 때문에 어떠한 조상님께 어떠한 마음으로 지내는지도 모르고 형식적으로 차례를 지내고 있습니다 조상님의 영정 사진도 없고 조상님에 대한 근본을 모르기 때문에 지방도 어떻게 써야 하는지 사실 모르고 있습니다 조상님에 대한 근본을 모르는 저 같은 사람들은 어떻게 차례상을 모셔야 하는지 하교 하여주시면 고맙겠습니다. 그리고 차례나 제사에 여자도 함께 참석하여 절을 올려도 되는지요.

◈答; 조상님을 모르고 있는데.

어느 조상이 있는지도 모르고는 제사를 지낼 수 없는 것이니 모친 생전에 어느 조상을 모셨는지 곰곰 회상하여 보십시오. 생별 하였던 부친이 이미 작고 하였고 귀하가 그의 장자이면 귀하가 모친과 함께 봉제사를 하여야 할 것입니다. 또 그 윗대 조상 역시 염탐하여 찾아 직계 종손이면 귀하가 그 조상 역시 받들어야 마땅할 것입니다.

귀하의 실인(室人)이 있으면 주부로서 아헌을 하고 귀하와 같이 제사를 마쳐야 하며 그 외 며느리나 후손은 남녀를 구분치 않고 모두 모든 제사에 참여함이 마땅한 것입니다. 지방 쓰는 법과 진설 법과 예법은 아래와 같습니다.

○紙牓式(지방식)

陶菴曰用厚白紙長廣隨宜以眞楷細書於紙中央臨祭貼於椅上隨位各書又曰祖妣二人以上別具紙各書(喪禮祔祭條互見)

○지방(紙牓) 쓰는 법.

도암 선생께서 이르시기를 두꺼운 흰 종이로 길이와 폭은 쓰기 알맞게 하여 해서체로 종이의 중앙에 가늘게 써서 제사에 임하여 교의 위에 붙이되 위마다 각각 써야 한다. 또 이르시기를 할머니가 두분 이상이면 지방지를 별도로 갖춰 각각 써야 하느니라.

○지방의 규격.

지방의 규격은 명문화 되어 있지 않다. 다만 신주식을 본뜨면 세로 길이는 주척(周尺)으로 열두 치 가로가 세치이며 위를 오푼(五分) 아래서 위로 둥글게 되여 있으며 주척은 cm 로는 약 20cm 로 높이가 약 24cm(신주 장 1 자 2 치) 넓이가 약 6cm(신주 폭 3 치)로 한다. (위 양 가 모서리를 위아래 약 1 치를 사선(斜線)으로 자르기도 하며 이를 소두(掃頭)라 한다) ○ 지방의 규격과 양식은 상례편 우제장(虞祭章) 말 지방(紙榜) 도식 참조 하라.

○지방식

고조고; 顯高祖考某官府君神位　**고조비;** 顯高祖妣某封某氏神位
증조고; 顯曾祖考某官府君神位　**증조비;** 顯曾祖妣封封某氏神位

조고; 顯祖考某官府君神位 **조비;** 顯祖妣某封某氏神位
부; 顯考某官府君神位 **모;** 顯妣某封某氏神位
처; 亡室某封某氏神位 **장자;** 亡子某官 神位

관봉(官封) 칭호(稱號)는 상례장 초종편 입명정조의 관계칭호 표 참조. ○만약 남자에게 관직(官職)이 없었으면 남자는 모관(某官)에 학생(學生) 그의 처(妻)에게는 유인(孺人)이라 쓴다.

○부녀자의 지방에 관향을 쓰지 않는다.

만약 원비와 계비가 일성이라 하여도 자손들은 그 사실을 알고 있기 때문에 관향을 쓰지 않아도 된다. 이를 불서관(不書貫)이라 한다.

●性理大全(家禮同)四時祭質明奉主就位條(云云)諸考神主出就位(云云)諸妣神主亦如之○又祔祭詣祠堂奉神主出置于座條若喪主非宗子而與繼祖之宗異居則宗子爲告于祖而設虛位以祭祭訖除之

●家禮儀節(一名文公家禮儀節)先祖祭前一日設位陳器條(云云)其中用紙爲牌如神主(云云)無神主者作紙牌(云云)○又喪禮祔祭篇異居則宗子爲告于祖爲牌位而祭畢則焚之

●喪禮備要(申義慶;1621)喪禮祔祭詣祠堂奉神主出置于座條若喪主非宗子而與繼祖之宗異居則宗子爲告于祖而設虛位(用紙榜)以祭祭訖除之

⊙陳設圖(진설도)

각 례서(禮書) 진설도(陳設圖)에서 과종(果種)을 정한 바는 없고, 사우례(士虞禮)에서 단지 조율(棗栗)이라 하였고, 성재(性齋)께서 조율이시이행지류(棗栗梨柹李杏之類)라 육품(六品)을 명시하셨을 따름으로 그 이상을 없는 것 같습니다.

제사상에서 빠져서는 안 된다는 것 보다도 예기(禮記) 왕제(王制)의 말씀과 같이 풍년(豊年)이라 하여 풍성(豊盛)히 차리고, 흉년(凶年)이라 하여 검소(儉素)하게 차려서는 안 된다는 것입니다. 진설(陳設)하지 않은 음식으로는 복숭아, 잉어, 돼지의 내장, 언행록(言行錄)의 말씀으로 유밀과(油蜜果), 문해(問解)에 의하면 고전지물(膏煎之物)과 유병(油餠)은 올리지 않는다는 것입니다.

●家禮陳設圖(單設)
一行 飯 盞 匙 醋 羹
二行 麵 肉 炙 魚 餠
三行 脯 蔬 脯 蔬 脯 蔬
=== 醢 菜 醢 菜 醢 菜
四行 果 果 果 果 果 果

●輯覽陳設圖(單設)
一行 飯 盞 匙 醋 羹
二行 麵 肉 炙 魚 餠
三行 脯 熟菜 淸醬 醢 沈菜
四行 果 果 果 果 果 果

●要訣陳設圖(單設)
一行 匙 飯 盞 羹 醋
二行 麵 肉 炙 魚 餠
三行 湯 湯 湯 湯 湯
四行 脯 熟菜 淸醬 醢 沈菜
五行 果 果 果 果 果
忌祭墓祭則具果三色湯三色

●陶庵曰凡木實之可食者無不用
●孔子曰果屬桃爲下祭祀不用
●士虞禮棗栗棗在西註尙棗棗美據此棗當設果行之首而栗次之
●性齋曰我東則百果無不産焉如棗栗梨柹李杏之類
●黃氏紹曰鯉魚不用於祭祀
●沙溪曰桃及鯉魚不用於祭見家禮及黃氏說
●旣夕禮豚解無腸胃註無腸胃者君子不食溷腴疏君子不食溷腴者少儀文彼註謂犬豕之屬食米穀腴有似於人穢
●郊特牲鼎俎奇而籩豆偶陰陽之義也籩豆之實水土之品也不敢用褻味而貴多品所以交於旦明之義也
●問祭進葷菜不用何也梅山曰葷蔡豈不用於薦也齋戒者不食
●王制祭豊年不奢凶年不儉注常用數之仂
●言行錄先生遺戒勿用油蜜果
●問解膏煎之物不用出於儀禮今用蜜果油餠恐不合禮

▶3222◀◈問; 상가 집 방문해도 되는지요?

오늘 친한 친구가 부친상(父親喪)이라고 다른 친구가 연락을 해왔습니다. 문상(問喪)을 가도 되는지요. 제가 모친(母親) 돌아가시고 첫 명절(名節) 제사를 모셔야 하는 관계로 문의(問議) 드립니다.

◈答; 상가 집 방문해도 될까.

속절(俗節)의 재계(齋戒)는 재숙(齋宿)으로 하루 전날 제청을 깨끗이 청소하고 마음과 몸을 깨끗이 하고 자는데 설날 일찍 일어나 제사 준비를 합니다. 10 일이 설 명절이니 오늘(7 일) 내일(8 일) 중에 조문을 다녀와 9 일(설 하루 전날) 집안 청소와 아울러 몸과 마음이 흉하지 않도록 조심하고 재숙(齋宿)하면 예법에 어그러지지 않을 것입니다.

●家禮通禮正至朔望則參齋戒條正至朔望前一日灑掃齋宿厥明夙興(云云)

▶3223◀◈問; 상가 집 방문 후 명절.

고모님 아들, 저에게는 시아주버님 되시는 분이 돌아가셨는데, 지방이라 시아버님과 남편만 다녀올 예정인데 명절 때 제사를 지내도 되는지 궁금합니다. 시아버님 남편 모두 독자라 이 외엔 남자가 4 살 아이밖에 없거든요~ 그리고 제사를 안 지낸다면 상도 아예 안 차리는 건지 아님 차리고 절만 안 하는 건지 자세히 좀 알려주시면 감사하겠습니다. 김 0 정

◈答; 상가 집 방문 후 명절.

명절 참례(혹 속칭 차례)는 사당의 정지삭망즉참조의 예법에 근거하여 예를 행합니다. 그 예법에 따르면 전일일 쇄소재숙(灑掃齋宿)이라 하였습니다. 까닭에 설날은 아직 1 주일이나 남아 있으니 설참례(차례)를 행하는 데는 꺼릴 것이 없을 것 같습니다.

●家禮本註俗節前一日灑掃齋宿忌日前一日齋戒
●要結時祭則散齋四日致齋三日忌祭及墓祭則散齋二日致齋一日參禮則齋宿一日

▶3224◀◈問; 설날 때 쓰는 지방과 제사 때 쓰는 지방은 어떻게 되나요.

아버지 49 제가 2 월 2 일 이었는데 설날 때 지방을 쓰려고 하는데 약간의 혼동이 있는 것 같아서 물어봅니다. 어머니는 생존해 계셔서 그냥 현고학생부군 신위 이렇게 쓰는 건지 물어봅니다. 그리고 차례는 모든 조상님들께 지내는 거니까 영정사진은 설날차례는 영정사진을 모시는 건 아니죠? 답변 부탁합니다. (이 0 철)

◈答; 설날 때 쓰는 지방과 제사 때 쓰는 지방.

기제사 지방이나 명절 지방이나 다 같습니다. 명절 제사에도 조상님마다 지방을 각각 써서 모십니다.

○紙牓式(지방식)

陶菴曰用厚白紙長廣隨宜以眞楷細書於紙中央臨祭貼於椅上隨位各書又曰祖妣二人以上別具紙各書(喪禮祔祭條互見)

○지방(紙牓) 쓰는 법.

도암 선생께서 이르시기를 두꺼운 흰 종이로 길이와 폭은 쓰기 알맞게 하여 해서체로 종이의 중앙에 가늘게 써서 제사에 임하여 교의 위에 붙이되 위마다 각각 써야 한다. 또 이르시기를 할머니가 두분 이상이면 지방지를 별도로 갖춰 각각 써야 하느니라.

○지방의 규격.

지방의 규격은 명문화 되어 있지 않다. 다만 신주식을 본뜨면 세로 길이는 주척(周尺)으로 열두 치 가로가 세치이며 위를 오푼(五分) 아래서 위로 둥글게 되여 있으며 주척은 cm 로는 약 20cm 로 높이가 약 24cm(신주 장 1 자 2 치) 넓이가 약 6cm(신주 폭 3 치)로 한다. (위

양 가 모서리를 위아래 약 1 치를 사선(斜線)으로 자르기도 하며 이를 소두(掃頭)라 한다)

○지방식,

고조고==顯高祖考某官府君神位 **고조비**==顯高祖妣某封某氏神位
증조고==顯曾祖考某官府君神位 **증조비**==顯曾祖妣封封某氏神位
조고====顯祖考某官府君神位 **조비**====顯祖妣某封某氏神位
부======顯考某官府君神位 **모**======顯妣某封某氏神位
처======亡室某封某氏神位 **장자**====亡子某官神位

관봉(官封) 칭호는 상례장 초종편(初終篇) 입명정조(立銘旌條)의 관계칭호 표 참조. ○만약 남자에게 관직이 없었으면 남자는 모관에 학생(學生) 그의 처에게는 유인(孺人)이라 쓴다.

○부녀자의 지방에 관향을 쓰지 않는다.

만약 원비와 계비가 일성이라 하여도 자손들은 그 사실을 알고 있기 때문에 관향을 쓰지 않아도 된다. 이를 불서관(不書貫)이라 한다.

●梅山曰古者不娶同姓故婦人不書姓貫東俗娶異貫之同姓故書貫以別之旣是異姓則當不書貫

▶3225◀◈問; 설날 제사에 관해서.

작년에 제사를 다른 곳으로 옮기기 위해 제사를 지내면서 조상님께 고했는데요, 설에 차례를 옮긴 곳에서 지내려고 하는데요. 다른 사람들의 말이 설엔 제사를 옮기는 것이 아니라면서, 추석 때부터 지내야 한다고 하는데 이게 맞는 말인가요? 이게 맞는다면 조상님께 이미 고한 건 어떻게 하나요? 너무 몰라서 죄송하지만 좀 알려주세요?

◈答; 설날 제사에 관해서.

작년에 제사 옮김을 고하였으면 이미 명절 제사를 비롯하여 기제사를 옮겨간 댁에서 지냈을 것이니 그 댁에서 명절 참례함이 마땅한 것이며 사당 옮김에는 옮겨야 할 연유가 있으면 그때가 옮기는 때이며 어느 날 안에는 안 되고 되고가 정하여 있지 않습니다. 요사이 많은 가문에서 사당을 건사치 못하고 신주 대용으로 지방을 써 세우고 제사를 지내고 마치면 불살라 버리니 그 흔적이 남지 않아 선대를 섬기는 예법이 명확히 이해되지 못한 점이 사실입니다.

사당(祠堂)을 옮겨지는 경우는 이주 이외는 없게 됩니다. 그 사당은 주인이 있게 되어 있으니 주인의 어떤 이유에서이든지 이사(移徙)를 하게 되면 사당의 신주(神主)를 모시고 새 집으로 가게 되는데, 모시고 갈 때와 모셔 놓고 그 사유를 고하는 예법이 있습니다. 연관될 수 있는 가능성을 참작 여러 사례의 축식을 병기합니다. 예법은 일이 있게 되면 고하는 예법으로 단헌(單獻)입니다.

◆買家移居告辭(매가이거고사)(本菴曰要訣曰凡神主移安還安或遷奉他所則其告之祭用朔參之儀若廟中改排器物鋪陳或暫修雨漏處而不動神主之事則告祭用望參之儀告祠則臨時製述三禮儀曰如一日內移奉者似當一告一薦)

家宅不利移買某處今以吉辰奉陪移寓敢告(或今以吉辰移安新家敢告)

◆買家移安後慰安祝辭(매가이안후위안축사)

維 歲次干支幾月干支朔幾日干支某孫某敢昭告于 顯某代祖考某官府君 顯某代祖妣某封某氏(諸位列書)屋宇維新廟儀如舊伏惟 神主是居是靈(告几筵曰改廟儀爲几筵改神位爲尊靈)

◆買家奉安于宗家告辭(매가봉안우종가고사)

維 歲次干支幾月干支朔幾日干支某孫某敢昭告于 顯某代祖考某官府君 顯某代祖妣某封某氏(諸位列書)家舍有變異之事今月某日永賣于他人而祠堂無姑安之所將姑祔於某祖之傍謹以酒果用伸虔告謹告

◆移舍奉主告辭(이사봉주고사)

維 歲次干支幾月干支朔幾日干支孝玄孫(最尊位屬稱)某敢昭告于 顯高祖考某官府君 顯高祖妣某封某氏(諸位列書)今因移舍將奉祠版(或紙榜則改祠版爲諸位)移安于某洞(或某道某郡某洞)新第敢告(官次移奉措語○今按守令官次奉往廟主則改云今奉祠版將向某郡官次云云)

◆奉安新宅祝辭(봉안신택축사)

維 歲次干支幾月干支朔幾日干支孝玄孫(最尊位屬稱)某敢昭告于(今按若新舊第相距不遠同日奉安不書年月無妨) 顯高祖考某官府君 顯高祖妣某封某氏(諸位列書)屋宇惟新廟儀(或紙榜則改廟儀爲奉儀)如舊伏惟 神主(或紙榜則改神主爲尊靈)是安是依(官次奉安措語今按奉主官所則當云今赴官所權立祠堂伏惟云云)

◆移徙者奉行神主告辭(이사자봉행신주고사)

維 歲次干支幾月干支朔幾日干支孝玄孫(最尊位屬稱)某敢昭告于 顯高祖考某官府君 顯高祖妣某封某氏(諸位列書)運有消長宅基將替玆圖移徙以永先祿今已卜定家宅于某鄕某里敢請神主恭奉以行伏惟歆領謹告

◆移徙者奉行神主旣奉安告辭(이사자봉행신주기봉안고사)

維 歲次干支幾月干支朔幾日干支孝玄孫(最尊位屬稱)某敢昭告于 顯高祖考某官府君 顯高祖妣某封某氏(諸位列書)買定家居舊有祠堂或新建祠堂因是灑掃旣潔旣完新建無此兩句伏惟先靈是寧永垂蔭庥謹以淸酌庶羞恭伸奠告

◆移居時遷廟祝文(이거시천묘축문)

云云伏以世業漸剋祀事將絶自耕自鑿安分得計在野旣苦入山宜老蓼阿聖洞爰巢爰歸今遷龕卓不勝感慕敬奉之至事由敢告(自高祖考妣以下列書)

◆移居時告先考墓文(이거시고선고묘문)

恭惟府君其德如天生我敎我期以荷薪小子不肖獲罪神明遽失所怙已數十齡玄堂之卜迺在家後有時拜省如奉弭詔生丁不辰薙禍孔酷將驅斯人禽獸之易小子狷滯恐禍迫膚萬不獲已挈家遵海古有徐公避地全髮竊附斯義他不遑恤違離先壠惟有痛隕誓死守義不辱遺訓以是報親厥罪庶宥伏惟慈靈庶幾冥佑

◆新建宅舍移奉神主告辭(신건택사이봉신주고사)

云云所居狹隘新建宅舍于他基今以吉辰始入奠居敢請神主恭奉以行伏惟歆領謹告

◆新建宅舍移奉神主奉安告辭(신건택사이봉신주봉안고사)

云云定居于玆祠堂維新伏惟先靈是宜是寧永垂蔭庥謹以酒果用伸虔告謹告

◆新居移安告由文(신거이안고유문)

小孫於前年買宅二區於本村下保西爲有幹有年之所東爲奉先肄業之堂未及營造頻遭險艱上失慈庇中懷胖戚先靈棲屑夙夜恐惕今始搆小龕於東室北壁奉宔以遷神人相依永保無斁

▶3226◀◈問; 설날 지방과 제사 지내는 법.

설날 지방과 제사 지내는 법 좀 알려 주세요.

◈答; 설날 지방과 제사 지내는 법.

⊙지방식

고조부 顯高祖考學生府君神位　고조모 顯高祖妣孺人某氏神位
증조고 顯曾祖學生官府君神位　증조비 顯曾祖妣孺人某氏神位
조고 顯祖考學生府君神位　조비 顯祖妣孺人某氏神位

부 顯考學生府君神位 **모 顯妣孺人某氏神位**

학생(學生)과 유인(儒人)에는 생전의 관직 등급과 봉명(封名)을 쓰고 모씨의 모에는 성씨를 써 넣으면 됩니다.

◎명절 제사 지내는 법.

⊙正至朔望則參(정지삭망즉참)

正至(考證卽正朝冬至也)朔望前一日灑掃齋宿厥明夙興開門軸簾每龕設新果(增解程子曰月朔必薦新又曰嘗新必薦享後方可薦數則瀆必告朔而薦○張子曰朔望用一獻之禮取時之新物因薦○家禮會通朱子宗法朔望薦新俗節時祭以時物○東萊宗法薦新以朔望)一大盤於卓上每位茶盞托酒盞盤各一於神主櫝前設束茅聚沙於香卓前別設一卓於阼階上置酒注盞盤一於其上酒一瓶於其西盥盆帨巾各二於阼階下東南有臺架者在西爲主人親屬所盥無者在東爲執事者所盥巾皆在北(又設主婦內執事盥盆帨巾於西階下西南凡祭同)主人以下盛服入門就位主人北面於阼階下主婦北面於西階下主人有母則特位於主婦之前(栗谷曰奉祀妾子之母固不當立於主婦之前矣亦豈可立於主婦之後乎當立於主婦之西稍前)主人有諸父諸兄則特位於主人之右少前重行(增解輯覽按重行者主人前伯叔父爲一行主人兄弟爲次行主人子姪又爲次下主人之孫又爲次下是爲重行○沙溪曰諸父異行兄弟則有少前少退之異非重行也)西上有諸母姑嫂姊則特位主婦之左少前重行東上諸弟在主人之右少退子孫外執事者在主人之後重行西上主人弟之妻及諸妹在主婦之左少退子孫婦女內執事者在主婦之後重行東上立定主人盥帨(帨一作洗)升搢笏啓櫝(便覽櫝蓋置於櫝坐東近北)奉諸考神主置於櫝前主婦盥帨升奉諸妣神主置于考東次出祔主亦如之命長子長婦或長女盥帨升分出諸祔主之卑者亦如之皆畢主婦以下先降復位主人詣香卓前降神搢笏焚香再拜少退立執事者盥帨升開瓶實酒于注一人奉注詣主人之右一人執盞盤詣主人之左主人跪執事者皆跪主人受注斟酒反注取盞盤奉之左執盤右執盞酹于茅上以盞盤授執事者(便覽執事者皆降復位)出笏俛伏興少退再拜降伏位與在位者皆再拜參神主人升搢笏執注斟酒先正位次祔位次命長子斟諸祔位之卑者主婦升執茶筅執事者執湯瓶隨之點茶如前命長婦或長女亦如之子婦執事者先降(便覽謂長子降)復位主人出笏與主婦分立於香卓之前東西再拜降復位少頃與在位者皆再拜辭神(便覽主人主婦升斂主櫝之如啓櫝儀降復位執事者升徹酒果降簾闔門降)而退○冬至則祭始祖畢行禮如上儀○準禮舅沒則姑老不預於祭又曰支子不祭故今專以世嫡宗子夫婦爲主人主婦其有母及諸父母兄嫂者則設特位於前如此○望日不設酒不出主(儀節啓櫝)主人點茶(要訣今國俗無用茶之禮當於望日只啓櫝不酹酒只焚香使有差等)長子佐之先降主人立於香卓之南再拜乃降餘如上儀(栗谷日不出主只啓櫝不酹酒只焚香)○凡言盛服者有官則幞頭公服帶靴笏進士則幞頭襴衫帶處士則幞頭皁衫帶無官者通用帽子衫帶又不能具則或深衣或凉衫有官者亦通服帽子以下但不爲盛服婦人則假髻大衣長裙女在室者冠子背子衆妾假髻背子

楊氏復曰先生云元旦則在官者有朝謁之禮恐不得專精於祭事某鄕里却止於除夕前三四日行事此亦更在斟酌也○劉氏璋曰司馬溫公註影堂雜儀凡月朔則執事者於影堂裝香具茶酒常食數品主人以下皆盛服男女左右敘立於常儀主人主婦親出祖考以下祠版置於位焚香主人以下俱再拜執事者斟祖考前茶酒以授主人主人搢笏跪酹茶酒執笏俛伏興帥男女俱再拜次酹祖妣以下皆徧納祠版出徹月望不設食不出祠版餘如朔儀影堂門無事常閉每旦子孫詣影堂前唱喏出外歸亦然若出外再宿以上歸則入影堂再拜將遠適及遷官凡大事則盥手焚香以其事告退各再拜有時新之物則先薦于影堂忌日則去華飾之服薦酒食如月朔不飮酒不食肉思慕如居喪禮君子有終身之喪忌日之謂也舊儀不見客受弔於禮無之今不取遇水火盜賊則先救先公遺文次祠版次影然後救家財

☞명절제사 지내는법은 네이버 다음 등 엡사이트에서 제공하는 홈페이지 [주자가례 전통예절] 통례 제 1 장 사당 正至朔望則參條에 상세한 예법이 상술되어 있습니다. 참조하기 바랍니다. ☜

⊙正至朔參儀禮節次(정지삭참의례절차)

(主人以下各具盛服)○序立(男列於左女列於右每一世列爲一行)○盥洗(立定主人主婦及子婦將出主者皆洗拭訖)○啓櫝○出主(主人出考主主婦出妣主其餘子婦出祔主各置正位之左皆畢)○復位(主婦以下先降復位)○降神(執事者洗手上階開瓶實酒於注一人奉注詣主人右一人執盞盤詣主人左)○主人詣香案前○跪○焚香(主人焚香畢右執事者跪進酒注左執事者跪以盞盤向主人主人受酒斟酒於盞反注於右執事者取盤盞自捧之二執事者皆起)○酹酒(主人左手執盞盡酹茅沙上畢置盞香案上)○俯伏興(少退)○鞠躬拜興拜興平身○復位○參神(主人以下凡在位者皆拜)○鞠躬拜興拜興拜興拜興平身○主人斟酒(主人升自執酒注斟酒於逐

位神主前空盞中先正位次祔位次命長子斟諸祔位之卑者畢主人稍後立)○主婦點茶(主婦執甁斟茶於各正祔或命子弟捧茶托主婦位前空盞中命長婦長女斟諸祔捧盞逐位以獻亦可位之卑者畢主婦退與主人並立拜)○鞠躬拜興拜興平身○復位(主人主婦各復其位)○辭神(衆拜)○鞠躬拜興拜興拜興拜興平身○奉主入櫝○禮畢

⊙俗節則獻以時食(속절즉헌이시식)

節如淸明寒食重午中元重陽之類凡鄕俗所尙者食如角黍(增解周處風土記端午烹鶩以菰葉裹糯米爲粽以象陰陽相包裹未分散謂之角黍五越五日祭汨灑之遺俗也)凡其節之所尙者薦以大盤間以蔬果(尤庵曰蔬果即蔬菜之蔬也山殽野蔬自是酒席之所設何必問古禮之有無)禮如正至朔日之儀(晦齋曰世俗正朝寒食端午秋夕皆詣墓拜掃今不可偏廢是日晨詣祠堂薦食仍詣墓奠拜)

問俗節之祭如何朱子曰韓魏公處得好謂之節祠殺於正祭但七月十五日用浮屠設素饌祭某不用○又答張南軒曰今日俗節古所無有故古人雖不祭而情亦自安今人旣以此爲重至於是日必具殽羞相宴樂而其節物亦各有宜故世俗之情至於是日不能不思其祖考而復以其物享之雖非禮之正然亦人情之不能已者且古人不祭則不敢以燕况今於此俗節旣已據經而廢祭而生者則飮食宴樂隨俗自如非事死如事生事亡如事存之意也又曰朔旦家廟用酒果望旦用茶重午中元九日之類皆名俗節大祭時每位用四味請出木主俗節小祭只就家廟止二味朔旦俗節酒止一上斟一盃○楊氏復曰時祭之外各因鄕俗之舊以其所尙之時所用之物奉以大盤陳於廟中而以告朔之禮奠焉則庶幾合乎隆殺之節而盡乎委曲之情可行於久遠而無疑矣

⊙세속(世俗)의 명절에는 그 시절에 나는 음식물을 드린다.

명절(名節)은 청명(淸明), 한식(寒食), 중오(重午), 중원(中元), 중양(重陽) 등이며 대체로 향촌(鄕村)마다의 풍속에는 숭상하는 것이 각서(角黍) 즉 떡과 같은 음식이며 그 계절에서 제일 좋은 음식으로 드리되 큰 소반에 담아 제사상의 중간에 놓고 소채와 과실을 드리되 그 진설 예법은 정지삭참(正至朔參) 때 의식과 모두 같게 한다.

⊙俗節儀禮節次(속절의례절차)

(主人以下各具盛服)○序立(男列於左女列於右每一世列爲一行)○盥洗(立定主人主婦及子婦將出主者皆洗拭訖)○啓櫝○出主(主人出考主主婦出妣主其餘子婦出祔主各置正位之左皆畢)○復位(主婦以下先降復位)○降神(執事者洗手上階開甁實酒於注一人奉注詣主人右一人執盞盤詣主人左)○主人詣香案前○跪○焚香(主人焚香畢右執事者跪進酒注左執事者跪以盞盤向主人主人受酒斟酒於盞反注於右執事者取盤盞自捧之二執事者皆起)○酹酒(主人左手執盞盡酹茅沙上畢置盞香案上)○俯伏興(少退)○鞠躬拜興拜興平身○復位○參神(主人以下凡在位者皆拜)○鞠躬拜興拜興拜興拜興平身○主人斟酒(主人升自執酒注斟酒於逐位神主前空盞中先正位次祔位次命長子斟諸祔位之卑者畢主人稍後立)○主婦點茶(主婦執甁斟茶於各正祔或命子弟捧茶托主婦位前空盞中命長婦長女斟諸祔捧盞逐位以獻亦可位之卑者畢主婦退與主人並立拜或命子弟奉茶托主婦奉盞逐位以獻亦可)○鞠躬拜興拜興平身○復位(主人主婦各復其位)○辭神(衆拜)○鞠躬拜興拜興拜興拜興平身○奉主入櫝○禮畢

▶3227◀◈問; 설날 차례(?)

아버님 기제사를 제가 모시고 있습니다. 다름이 아니라, 제 처가 27 일~30 일이 출산예정일입니다. 처 외에는 설 차례 준비를 할 사람이 없어서 걱정입니다. 남에게 손을 빌릴 사항도 아니니 그렇다고, 음식주문을 하자니 도리가 아닌 것 같고 어떻게 하는 것이 우리의 전통예절에 벗어나는 것이 아닌지요? 참고로 저는 외아들입니다.

◈答; 설날 차례.

귀하의 의문(疑問)은 만약 집안에 산고(産故)가 있으면 제사(祭祀)를 어찌 하는가 인 것 같습니다.

다음과 같은 선유의 말씀이 계십니다.
問愚伏曰或有産婦則不潔不可祭也沙溪曰愚伏說是
여쭙기를 우복 선생께서 말씀 하시기를 부인의 산고가 있으면 불결하여 제사를 지내서는 아니 된다 하셨는데 하고 묻자 사계(沙溪) 선생께서 답 하시기를 우복(愚伏) 선생의 말씀이 옳으니라.

問今人有産或廢祭於七日內抑無過禮否遂菴曰過三日則似無拘忌
여쭙기를 요즘 사람들은 집안에 산고가 있을 때에는 이레 안에는 제사를 지내지 않는데 칠일이 지나지 않았다 하여 제사를 폐한다 하는 것은 예법에는 그런 가르침이 없는데 하고 묻자 수암 선생께서 말씀 하시기를 사흘이 지나면 거리낌 없이 전과 같이 지내야 하느니라.

위와 같이 선유의 말씀이 있으니 만약 삼일 내이면 폐하고 지났으면 전과 같이 지내야 되지 않을까 생각 됩니다. 또 아래와 같이 살펴보건대 출산을 정침이 아닌 측실에서 해산을 하던가 병원에서 해산을 하면 절사(節祀)나 기제(忌祭)지내시는데 꺼릴 것이 없습니다. 다만 제원들을 재계(齋戒)가 기일(忌日)은 하루 전날부터이며 절사(節祀)는 재숙(齋宿)이니 그 기간에 산실에는 들어가지 않아야 합니다. 주부가 출산하여 산실에 있을 대 대행할 여자가 없을 때는 기 회복전은 폐제하게 됩니다.

●疑禮問解問將祭而家內有産婦則奈何愚伏答曰有産婦則不潔不可祭也
●問今人有産或廢祭於七日內抑無過禮否遂菴曰過三日則似無拘忌
●問將祭而有産婦則奈何愚伏曰當有産婦則不潔不可祭也
●內則妻將生子居側室至于子生夫齊則不入側室之門是當祭者不入産室而已祭則自如可知況牛馬耶
●南溪曰解産廢祭禮無其文惟通解內則妻將生子居側室至于子生夫齊則不入側室之門是當祭者不入産室而已只一婦有産他無代行者則其勢只得姑廢而已
●性理大全忌祭前一日齋戒; 主人帥衆丈夫致齋于外主婦帥衆婦女致齋于內沐浴更衣飮酒不得至亂食肉不得茹葷不弔喪不聽樂凡凶穢之事皆不得預

▶3228◀◈問; 설날 차례에 대해 질문이 있어요.

안녕하십니까. 탈상(脫喪)을 안 했는데 차례(茶禮)를 지내는지 궁금합니다. 차례상에 아버지를 올려야 하는지 지금 돌아 가신지 보름 정도 되는데 차례상에 아버지를 올려야 하나요?

◈答; 설날 차례에 대하여.

작고하신 지 보름 정도 되었다 하시니 유가의 예법으로는 장사는 작고한지 3 달 후에 지내게 되었으며 졸곡(약 100 일 정도)이 지나면 경복자로 하여금 약식으로 제사를 대행케 할 수가 있는 것입니다. 까닭에 그 안에는 명절은 물론 다른 제사 역시 폐함이 옳습니다.

※아래는 요결(要訣)의 상복중행제의(喪服中行祭儀)입니다. 살펴보시면 그 까닭이 이해되시리라 믿으며 상중에 복인들의 제사 행례 여부를 명시한 말씀입니다. 참고하시기 바랍니다.

●要訣喪服中行祭儀凡三年之喪古禮則廢祠堂之祭而朱子曰古人居喪衰麻之衣不釋於身哭泣之聲不絶於口其出入居處言語飮食皆與平日絶異故宗廟之祭雖廢而幽明之閒兩無憾焉今人居喪與古人異而廢此一事恐有所未安朱子之言如此故未葬前則準禮廢祭而卒哭後則於四時節祀及忌祭(墓祭亦同)使服輕者(朱子喪中以墨衰薦于廟今人以俗制喪服當墨衰著而出入若無服輕者則亦恐可以俗祭喪服行祀行薦而饌品減於常時只一獻不讀祝不受胙可也期大功則葬後當祭如平時(但不受胙)未葬前時祭可廢忌祭墓祭略行如上儀緦小功則成服前廢祭(五服未成服前雖忌祭亦不可行也)成服後則當祭如平時(但不受胙)服中時祀當以玄冠素服黑帶行之
●小記報葬者報虞三月而後卒哭註報讀爲赴急疾之義謂家貧或以他故不得待三月死而卽葬者旣疾葬亦疾虞虞以安神不可後也惟卒哭則必俟三月耳

▶3229◀◈問; 설날 차례에 관해 질문 드립니다.

양력 2011 년 1 월 13 일(음력 2010 년 12 월 10 일) 숙부님이 작고하셨습니다. 제가 큰집이라 차례 및 제사를 지내고 있습니다. 금번 설날 조상차례를 지내야 할지가 궁금하여 이렇게 문의를 드립니다 도움바라겠습니다. 감사합니다.

◈答; 설날 차례에 관해.

백숙부 복은 부장기복(상장을 짚지 않는 1 년 복)에 해당 됩니다. 따라서 숙부상을 당하면 장사 후에는 평시와 같이 제사를 지내고 장사 전에 기제와 묘제를 당하게 되면 복이 가벼운 자를 시켜 제물을 간단히 차리고 축을 읽지 않고 단잔으로 제사를 마칩니다. 다만 여기서 장사라 함은 3 개월을 의미합니다. 그러나 요즘은 3 일장이니 5 일장이니 하여 속장을 하고 있지요. 그러나 유가적 예로 본다면 이는 형편 상 불가피하게 일찍 장사하였을 뿐입니다. 따라서 숙부(叔父)께서 12 월 10 일 날 작고하셨다면 장사 일은 새해 3 월 10 일 이후가 장일이 됩니다. 고로 유가적 예법으로는 아직 장전으로 간주함이 옳을 것입니다. 그렇다면 예법상 주인이 주관하여 명절 제사를 지낼 수 없고 가족 중 복이 가벼운 아들이나 조카를 시켜 제사케 함이 옳은 것입니다. 물론 주인(제주)는 그 제사에 참석하여 절을 하지 않아야 되겠지요.

●要訣喪服中行祭儀期大功則葬後當祭如平時未葬前時祭可廢忌祭墓祭略行如上儀(使時祭節祀及忌祭墓祭使服輕者行薦而饌品減於常時只一獻不讀祝不受胙可也

●小記報葬者報虞三月而後卒哭註報讀爲赴急疾之義謂家貧或以他故不得待三月死而卽葬者旣疾葬亦疾虞虞以安神不可後也惟卒哭則必俟三月耳

▶3230◀◈問; 설날 차례 지내는 법은?

설날 지방으로 명절 제사 지내는 법에 대하는 그것으로 활용해도 괜찮은지요.

◈答; 설날 차례 지내는 법.

지방으로 명절제사 지내는 법으로 지내면 됩니다. 신주명절제사나 지방명절제사나 모두 먼저 강신을 합니다. 신주명절제사는 정침제가 아니라 사당에서 제사함이라 그렇습니다.

⊙지방(紙榜) 설 참사예법. (節祀同)

楊氏復曰先生云元旦則在官者有朝謁之禮恐不得專精於祭事某鄉里却止於除夕前三四日行事此亦更在斟酌也

☞ 지방(紙榜) 설 참사예법 은 네이버·다음 등 엡사이트에서 제공하는 홈페이지 [주자가례 전통예절] 통례편 사당 뒤에 상세한 예법이 상술되여 있습니다. 참조하시기 바랍니다☜

⊙俗節儀禮節次(속절의례절차)

(主人以下各具盛服)○序立(男列於左女列於右每一世列爲一行)○盥洗(立定主人主婦及子婦將出主者皆洗拭訖)○啓櫝○出主(主人出考主主婦出妣主其餘子婦出祔主各置正位之左皆畢)○復位(主婦以下先降復位)○降神(執事者洗手上階開瓶實酒於注一人奉注詣主人右一人執盞盤詣主人左)○主人詣香案前○跪○焚香(主人焚香畢右執事者跪進酒注左執事者跪以盞盤向主人主人受酒斟酒於盞反注於右執事者取盤盞自捧之二執事者皆起)○酹酒(主人左手執盞盡酹茅沙上畢置盞香案上)○俯伏興(少退)○鞠躬拜興拜興平身○復位○參神(主人以下凡在位者皆拜)○鞠躬拜興拜興拜興拜興平身○主人斟酒(主人升自執酒注斟酒於逐位神主前空盞中先正位次祔位次命長子斟諸祔位之卑者畢主人稍後立)○主婦點茶(主婦執瓶斟茶於各正祔或命子弟捧茶托主婦位前空盞中命長婦長女斟諸祔捧盞逐位以獻亦可位之卑者畢主婦退與主人並立拜或命子弟奉茶托主婦奉盞逐位以獻亦可)○鞠躬拜興拜興平身○復位(主人主婦各復其位)○辭神(衆拜)○鞠躬拜興拜興拜興拜興平身○奉主入櫝○禮畢

▶3231◀◈問; 설날, 추석제사.

설날과 추석제사 때도 축문을 읽는다고도 하는데 맞는지요. 그렇다면 축문은 어떻게 작성을 해야 하는지요?

◈答; 설날, 추석제사.

⊙正至朔望則參(정지삭망칙참)

正至考證卽正朝冬至也朔望前一日灑掃齋宿厥明夙興開門軸簾每龕設新果一大盤於卓上每位茶盞托酒盞盤各一於神主櫝前設束茅聚沙於香卓前別設一卓於阼 階上置酒注盞盤一於其上酒一瓶於其西盥盆帨巾各二於阼階下東南有臺架者在西爲主人親屬所盥無者在東爲執事者所盥巾皆在北又設

主婦內執事盥盆帨巾於西階下西南凡祭同主人以下盛服入門就位主人北面於阼階下主婦北面於西階下主人有母則特位於主婦之前主人有諸父諸兄則特位於主人之右少前重行西上有諸母姑嫂姊則特位主婦之左少前重行東上諸弟在主人之右少退子孫外執事者在主人之後重行西上主人弟之妻及諸妹在主婦之左少退子孫婦女內執事者在主婦之後重行東上立定主人盥帨帨一作洗升搢笏啓櫝便覽櫝蓋置於櫝坐東近北奉諸考神主置於櫝前主婦盥帨升奉諸妣神主置于考東次出祔主亦如之命長子長婦或長女盥帨升分出諸祔主之卑者亦如之皆畢主婦以下先降復位主人詣香卓前降神搢笏焚香再拜少退立執事者盥帨升開甁實酒于注一人奉注詣主人之右一人執盞盤詣主人之左主人跪執事者皆跪主人受注斟酒反注取盞盤奉之左執盤右執盞酹于茅上以盞盤授執事者便覽執事者皆降復位出笏俛伏興少退再拜降伏位與在位者皆再拜參神主人升搢笏執注斟酒先正位次祔位次命長子斟諸祔位之卑者主婦升執茶筅執事者執湯甁隨之點茶如前命長婦或長女亦如之子婦執事者先降便覽謂長子降復位主人出笏與主婦分立於香卓之前東西再拜降復位少頃與在位者皆再拜辭神便覽主人主婦升斂主櫝之如啓櫝儀降復位執事者升徹酒果降簾闔門降而退○冬至則祭始祖畢行禮如上儀○準禮舅沒則姑老不預於祭又曰支子不祭故今專以世嫡宗子夫婦爲主人主婦其有母及諸父母兄嫂者則設特位於前如此○望日不設酒不出主儀節啓櫝主人點茶要訣今國俗無用茶之禮當於望日只啓櫝不酹酒只焚香使有差等長子佐之先降主人立於香卓之南再拜乃降餘如上儀栗谷日不出主只啓櫝不酹酒只焚香○凡言盛服者有官則幞頭公服帶靴笏進士則幞頭襴衫帶處士則幞頭皁衫帶無官者通用帽子衫帶又不能具則或深衣或凉衫有官者亦通服帽子以下但不爲盛服婦人則假髻大衣長裙女在室者冠子背子衆妾假髻背子

⊙정월 초하루 동지 그리고 초하루 보름이면 참배한다.

정월 초하루 동짓날 그리고 초하루 보름 하루 전날 사당을 깨끗이 청소를 하고 재숙하고 다음날 일찍 일어나 사당 문을 열고 발을 걷은 후 매 감실 마다 새로운 과실 한 대반을 진설하고 신주 독 앞에는 차잔과 술잔을 각각 놓고 향탁 앞에는 모반에 모래를 담아 놓고 그 위에 모속을 꽂아 놓는다. 동쪽 층계 위에 별도로 탁자를 놓고 그 위에 주전자와 강신 잔반 하나를 둔다. 그 서쪽에는 술병을 놓아둔다. 세수대야와 수건을 각각 둘씩을 동쪽 층계 아래 동남쪽으로 놓되 대야 받침에 대야를 받치고 수건 거리에 수건을 걸어서 서쪽으로 놓아 주인과 친속의 손 씻는 곳으로 하고 받침과 걸이 없이 그 동쪽으로 놓아 집사자가 이용케 한다. 주부와 내집사 손 씻는 곳은 서쪽 층계 아래서 남쪽에 그와 같게 하여 주부용은 동쪽이며 집사용은 서쪽으로 놓아둔다. 주인 이하 모두 성복을 하되 유관자는 복두에 관복을 입고 띠를 두르고 가죽신을 신으며 진사는 복두를 쓰고 난삼에 띠를 두르고 처사는 복두에 조삼을 입고 띠를 두르며 무관자는 통용모자를 쓰고 통용 옷에 띠이며 또 이렇게도 갖출 수 없으면 심의나 양삼을 입고 유관자 역시 통상 복식으로 하고 부인은 관을 쓰고 치마를 입되 대의에 긴 치마다. 소실은 자식이 있으면 관을 쓰고 배자를 입는다. 여러 첩들은 머리를 틀어 올리고 배자를 입는다. 모두 성복 후 사당 문을 열고 들어가 자리에 서되 주인은 동쪽 층계 아래에서 북쪽으로 향하여 서고 주부는 서쪽 층계 아래에서 북쪽으로 향하여 선다. 주인의 모친이 계시면 특별한 자리로 하여 주부 앞이며 주인의 백숙부나 여러 형들은 특별히 주인의 오른편에서 조금 앞으로 나와 항렬대로 겹쳐 서되 북쪽이 상석이며 서쪽이 상석이다. 주인의 백숙모 형수 누이가 계시면 특별한 자리로 주부의 왼편에서 조금 앞으로 나와 항렬대로 겹쳐 서되 북쪽이 상석이며 동쪽이 상석이다. 주인의 여러 동생은 주인 오른 편에서 조금 물러나 서되 서쪽이 상석이며 주인의 장자와 장손은 주인의 뒤에 항렬대로 북쪽이 상석으로 겹으로 서고 주인의 여러 아들과 여러 손자들은 주인의 동생 뒤에 항렬대로 겹으로 서되 서쪽이 상석이며 외집사는 주인의 장손 뒤에 선다. 주인의 장자부와 장손부는 주부의 뒤에 항렬대로 겹으로 서며 주인의 동생 처들과 여러 여동생은 주부의 왼편에서 항렬대로 겹으로 서되 동쪽이 상석이며 주인의 여러 자부와 여러 손부들은 주부의 왼편에서 주인의 여동생들의 뒤에 항렬대로 겹으로 서되 동쪽이 상석이며 북쪽이 상석이다. 내집사는 장손부 뒤에 선다. 정하여진 자리에 모두 제자리에 서면 주인은 손을 씻고 사당으로 올라가 홀을 관복 띠에 꽂고 고조고위부터 여러 남자들의 신주 주독을 열고 신주를 모셔내어 주독 앞에 모시고 주부는 손을 씻고 사당으로 올라가 고조비부터 여러 여자 신주들을 주독을 열고 모셔내어 남자신주 동편으로 모신다. 다음으로 부위 신주 내모시기를 그와 같게 한다. 또 장자와 장자부 또는 장녀로 하여금 손을 씻고 사당으로 올라와 나뉘어 낮은 신주 내모시기를 그와 같게 한다. 모두 마쳤으면 주부 이하는 먼저 내려와 제자리에 서고 주인은 향탁 전으로 나아가 강신한다. 홀을 관복 띠에 꽂고 분향 재배한 후 조금 물러나 서면 집사자가 손을 씻고 올라와 한 사람은 병을 열어 식건으로 병 입을 닦고 술을 주전자에 딸아 주전자를 들고 주인의 오른쪽으로 나아가 서고 또 한 사람은 손을 씻고 강신 잔반을 들고 주인의 왼쪽으로 나아가 서면 주인은 무릎을 꿇고 앉고 집사자들도 모두 무릎을 꿇고 앉는다. 주인은 우집사자로부터 주전자를 받아 좌집사자의 빈 잔에 술을 따르고 주전자는 되돌려 주고 잔반을 받아 들고 왼손으로 반을 잡고 오른손으로 잔을 잡아 모사 위에 술을 따르고 빈 잔반을 좌집사자에게 준다. 집사자들은 잔반과 주전자를 제자리에 두고 먼저 내려와 제자리에 서고 주인은 홀을 빼어 들고 부복하였다 일어나 조금 뒤로 물러나 재배를 하고 제자리로 내려 오면 모두 참신 재배한다. 주인이 사당으로 올라가 홀을 관복 띠에 꽂고 주전자로 술을 따르되 먼저 고조고비부터 정위에 따르고 다음으로 부위에 따른다. 장자에게 명하여 낮은 여러 부위 잔에 따르게 한다. 주부가 사당으로 올라가 찻잔을 들면 여자 집사자는 손을 씻고 차병을 들고 딸아 올라가 찻잔에 차를 따르면 주부는 찻잔을 제자리에 놓는다. 정위부터 부위 전에 차올리기를 마쳤으면 낮은 부위는 큰 며느리나 장녀에게 명하여 차 따르기를 그와 같게 하고 장부와 집사자들은 먼저 내려와 제자리에 선다. 주인은 홀을 빼어 들고 향탁 앞에서 주인은 동쪽으로서고 주부는 주인의 서쪽으로 나뉘어 서서 재배하고 내려와 제자리에서면 주인 이하 참례자 모두 사신 재배한다. 주인과 주부는 올라가 신주를 주독에 되 모시기를 내모실 때의 의식과 같게 하고 내려와 제자리에서면 집사자가 올라가 술과 과실을 물리고 발을 내린 후 중문을 닫고 내려오면 모두 물러난다.

○동지에는 시조 제사를 마치고 위와 같은 의식으로 예를 행한다.
○보름 날 참배 때는 술을 올리지 않고 신주도 내모시지 않으며 주인이 차만 올리되 장자가 돕고 먼저 내려가면 주인은 향탁 남쪽에서 재배하고 내려온다 이후는 모두 위의 의식과 같다.

楊氏復曰先生云元旦則在官者有朝謁之禮恐不得專精於祭事某鄉里却止於除夕前三四日行事此亦更在斟酌也○劉氏璋曰司馬溫公註影堂雜儀凡月朔則執事者於影堂裝香具茶酒常食數品主人以下皆盛服男女左右叙立於常儀主人主婦親出祖考以下祠版置於位焚香主人以下俱再拜執事者斟祖考前茶酒以授主人主人搢笏跪酹茶酒執笏俛伏興帥男女俱再拜次酹祖妣以下皆徧納祠版出徹月望不設食不出祠版餘如朔儀影堂門無事常閉每旦子孫詣影堂前唱喏出外歸亦然若出外再宿以上歸則入影堂再拜將遠適及遷官凡大事則盥手焚香以其事告退各再拜有時新之物則先薦于影堂忌日則去華飾之服薦酒食如月朔不飲酒不食肉思慕如居喪禮君子有終身之喪忌日之謂也舊儀不見客受弔於禮無之今不取遇水火盜賊則先救先公遺文次祠版次影然後救家財

⊙俗節則獻以時食(속절칙헌이시식)

節如淸明寒食重午中元重陽之類凡鄕俗所尙者食如角黍凡其節之所尙者薦以大盤間以蔬果禮如正至朔日之儀

⊙세속의 명절에는 그 시절에 나는 음식물을 드린다.

명절은 청명 한식 중오 중원 중양 등이며 대체로 향촌마다의 풍속에는 숭상하는 것이 각서즉 떡과 같은 음식이니 그 계절에서 제일 좋은 음식으로 드리되 큰 소반에 담아 제상의 중간에 놓고 소채와 과실을 드리되 그 진설 예법은 정지 삭참 때 의식과 모두 같게 한다.

問俗節之祭如何朱子曰韓魏公處得好謂之節祠殺於正祭但七月十五日用浮屠設素饌祭某不用○又答張南軒曰今日俗節古所無有故古人雖不祭而情亦自安今人旣以此爲重至於是日必具殽羞相宴樂而其節物亦各有宜故世俗之情至於是日不能不思其祖考而復以其物享之雖非禮之正然亦人情之不能已者且古人不祭則不敢以燕況今於此俗節旣已據經而廢祭而生者則飮食宴樂隨俗自如非事死如事生事亡如事存之意也又曰朔旦家廟用酒果望旦用茶重午中元九日之類皆名俗節大祭時每位用四味請出木主俗節小祭只就家廟止二味朔旦俗節酒止一上斟一盃○楊氏復曰時祭之外各因鄕俗之舊以其所尙之時所用之物奉以大盤陳於廟中而以告朔之禮奠焉則庶幾合乎隆殺之節而盡乎委曲之情可行於久遠而無疑矣

⊙薦新(천신)
退溪居家若得節物或異味則或乾或醢遇節祀時祭則薦之蓋先生支子未得行薦新禮於家廟故也○栗谷曰有新物則薦須於朔望俗節並設若五穀可作飯者則當具饌數品同設禮禮如朔參之儀雖望日亦出主酹酒若魚果之類及菽小麥等不可作飯者則於晨謁之時啓櫝而單獻焚香再拜單獻之物隨得卽薦不必待朔望俗節凡新物未薦前不可先食若在他鄕則不必然

⊙寒食(한식)
韻府群玉冬至後百四日五日六日有疾風暴雨爲寒食○丹陽集龍星木之位春屬東方心爲大火懼火盛故禁火而寒食有龍忌之禁荊楚歲時記去冬至一百五日卽有疾風甚雨故禁火爲之熟食故云寒食節○史介之推三月初一日爲火所焚人哀之爲之寒食○張子曰周禮四時變火惟季春最嚴以其大火心星其時太高故先禁火以防其太盛旣禁火須爲數日糧旣有食復思其祖先祭祀○南溪曰考曆書淸明必前寒食或復各一日其不可滾同明矣

⊙重午(중오)
輯覽按重午端午日風土記仲夏端午註端始也又王月五日午時爲天中節

⊙中元(중원)
翰墨全書七月十五日中元節道經以是日爲天眞朝元又地官下降定人間善惡正月十五日爲上元十月十五日爲下元

⊙重陽(중양)
翰墨全書魏文帝書云九爲陽數其日與月幷應故曰重陽
위에서 살펴 본 바와 같이 지금 시대에 설이나 추석의 참배 의식은 위의 정월 초하루 보름 의식을 본 떠 지내고 있는 것입니다. 축문이란 삼헌을 할 수 있는 상례의 우제부터 기제 묘제 등에서 고하는 것이며 그 외 고사(식)이라는 것이 있는데 이는 고사문을 읽는다 하여도 그 외 원단 추석 참배와 같이 단헌 입니다. 옛날에는 속절에도 참배를 하였으나 지금은 폐하고 단지 원단과 추석만 세고 있는 것입니다. 너무 복잡하였나요 자세히 살펴보면 이해가 되리라 믿습니다.

▶3232◀◈問; 설 차례 시 어느 분까지 모셔야 하나요.
2009 년도까지는 아버님과 어머님이 살아 계셔서 아버지기준으로 증조부(제 입장에서는 고조부)까지 명절 때 차례를 지냈는데 작년 말 어머님이 돌아가셨습니다. (아버지 생존-제사와 차례는 부모님이 연로하셔서 제가 지냈습니다) 그런데 올해(2010 년도)부터 차례 지낼 때 어떻게 해야 하나요. 1. 아버지가 생존하셔서 작년과 같이 제 입장에서 고조부까지 지내야 하나요. 아니면 2. 제 입장에서 어머니가 돌아가셨기 때문에 제 기준으로 증조부(아버지 기준으로 할아버지)까지 차례상에 모셔야 하나요 가르쳐 주세요. 윤 0 섭

◈答; 설 차례 시 어느 분까지 모셔야 하나.
유가의 예법으로는 4 대 봉사입니다. 까닭에 고비 합설 4 위로 설위 하시되 서쪽으로 선생의 기준으로 고조고비 증조고비 조고비 마지막 동편으로 고비를 모시고 지내면 됩니다. 다만 가문의 법도가 3 대 봉사이면 증조고비까지 3 위가 되겠지요.

⊙설위(設位).
設高祖考妣位於堂西北壁下南向考西妣東各用一倚一卓而合之曾祖考妣祖考妣考妣以次而東皆如高祖之位世各爲位不屬祔位皆於東序西向北上或兩序相向其尊者居西妻以下則於階下
고조고비(高祖考妣)의 자리는 당 서쪽의 북쪽 벽 밑에서 남쪽으로 향하게 하여 설위하기를 고서(考西) 비동(妣東)으로 각각 교의 하나, 탁자 하나씩을 붙여 놓고 증조고비(曾祖考妣), 조고비(祖考妣)와 고비(考妣)를 동편으로 차서 대로 모두 고조(高祖)의 자리와 같게 세대마다 설위하되 서로 붙이지 않는다. 부위(祔位)는 모두 동쪽 벽에서 서쪽으로 향하여 북쪽을 상석으로 하여 설위한다. 혹 동쪽과 서쪽 벽 밑으로 서로 마주하여 설위할 때는 서쪽이 존자석이며 처 이하는 층계 아래이다.

▶3233◀◈問; 어머니.

어머니 제사 차례 지방 쓰는 법과 그 뜻 좀 부탁 드립니다. 저에게는 어머니 아버님은 계십니다.

◈答; 어머니.

어머니 제사나 차례나 지방 쓰는 법.

⊙妻紙牓式(처지방식).
亡室某封某氏神位

⊙父母俱沒妣紙牓式(부모구몰비지방식).
顯妣某封某氏神位

▶3234◀◈問; 외할머니 차례를 함께 올려도 되는지요?

외삼촌댁에서 외할머니 제사와 차례를 제대로 올리지 않는 걸로 보여서, 장녀이신 어머니께서 외할머니 제사와 차례를 집에서 하자고 하십니다.

기제사는 친가 쪽 어른들과 날이 다르니까 문제가 없을 것 같은데요, 차례상을 어떻게 봐야 하는지 도저히 모르겠습니다. 할아버지, 할머니, 아버지 차례상과 외할머니 차례상을 함께 올리는 경우가 있는지 몰라서요, 주위의 어른들께 여쭤봐도 흔한 경우가 아니라서 그런지 잘 모르시네요. 이렇게 친가와 외가의 차례상을 함께 올려도 되는 건지 알고 싶습니다. 그리고 해도 된다면 구체적인 방법을 알려주시면 큰 도움이 되겠습니다. 감사합니다. 이 0 혁

◈答; 외할머니 차례를 함께 올려도 되는지.

이 0 혁님의 위 글 내용으로 보아 외조부(外祖父) 말씀이 없는 것으로 보아 생존하여 계신 것으로 보입니다. 외조부께서 생존하여 계시면 외조부가 주인이 되어 초헌을 하여야 하니 이장혁님 댁에서는 지내서는 안될 것 같습니다. 만약 외가가 무하여 제사를 받들 후손이 없을 때는 본가 조상과 합설하는 것이 아니라 본가 차례를 마친 뒤 별설하여 모실 수는 있는 것입니다.

●退溪曰外孫奉祀一廟而二姓同祭夫天之生物使之一本而此則爲二本焉甚不可也今人或不幸其外家祖先無後而未有所處者不忍其主之無歸則權宜奉置別所而往來奠省未爲不可若公然與其本親同享一廟則悖理莫甚所謂神不歆非禮者此類之謂也故今於外孫奉祀之問不敢苟徇而以爲可行也
●寒岡曰外家神主奉祀本非禮經今者不得已奉祀則當時祀茶禮時先祭祖外祖次祭
●陶庵曰朱子非族之祀一句語實爲正論愚意爲外孫者設或不得已而權奉其祀已身歿後卽當埋安
●南溪曰不得已爲外家奉祀而當止外孫之身

▶3235◀◈問; 이럴 땐 어떻게 하는 거죠?

안녕하세요. 저희 집에서 차례를 지내는데 제가 약혼한 사람이 오늘 외할머니가 돌아가셨거든요. 원래는 오늘 저녁에 와서 내일 차례상 준비를 저희 식구랑 같이 하기로 했는데 오늘 문상 다녀와서 저희 집에 와도 되나요? 음식만 만들고 차례는 같이 지내지는 않는데 문상 다녀와서 같이 음식 만드는 건 안 되는지 되는지 얼핏 안 되는 걸로 알고 있는데 어떤 게 맞는 건지 궁금합니다.

◈答; 그런 때에는 이렇게.

속절(俗節)의 재계는 재숙(齋宿)인 고로 약혼녀는 정식 부인이 아니라 재계와는 무관합니다. 따라서 와도 상관없습니다.

●便覽俗節條(正至朔日之儀)前一日灑掃齋宿厥明夙興開門軸簾每龕設(云云)卓上每位茶盞托酒盞盤各一於神主櫝前

▶3236◀◈問; 이럴 땐 어디서 차례를?

식구는 별로 없지만 저와 형제들은 다 서울에 있고, 고향에 어머니 혼자 계시는데요. 제가 장남이지만 아직 결혼을 안 해서 제사는 어머니가 지내시고요. 여태껏 고향 가서 지내왔는데요. 이번에 상황이 이상하게 되어서 어머니도 지금 서울에 와계시고 동생들도 하는 일의 특성상 고향 가기가 힘든 상황이 되었는데요. 차례 서울에서 그냥 지내도 되나요? 누군 안 된다고 하고, 또 누군 된다고 하고 혼란스러워서 답변 부탁 드립니다.

이 사이트 정말 힘들게 써치해서 찾았는데, 좋군요.

◈答; 이럴 땐 차례는.

형편상 사당이 없다 하여도 예법은 사당 제도에 의하여 예를 갖춰야 합당한 것입니다. 사당을 갖추고 조상 신주를 받든다면 명절 참례는 정침이 아니라 사당에서 예를 올리는 법이니 사당을 갖추지 않은 것만도 자손의 도리를 다하지 못하는 것이 죄송할 뿐인데 사당이 없다 하여 조상을 옮겨 가는 예도 갖추지 않고 후손이 편할 대로 오늘은 여기서 내일은 저기서 조상을 받들어서야 조상을 경건히 모시는 도리가 아니라 생각 됩니다. 다만 요즘은 각 명절 때 마다 교통 여건상 이동이 극히 불편하여 역 귀성이라는 말을 거리낌없이 쓰는 듯 하나 만사의 으뜸인 충효(孝)를 불편의 하위로 둘 수는 없을 것이니 조상이 머물고 계신 곳에서 제사를 지내야 조상이 흠향할 것입니다.

2. 지방 옮기는 예법은 주과포 진설 후, 식구 취위, 지방을 세우고, 강신, 참신, 헌주 고사, 재배, 물러나 사신, 철상. (양가동일)

◆移舍奉主告辭(구옥에서)

維 歲次干支幾月干支朔幾日干支孝子某敢昭告于 顯考某官府君今因移舍將奉紙位移安于某洞(或某道某郡某洞)新第敢告

◆奉安新宅祝辭(신옥에서)

維 歲次干支幾月干支朔幾日干支孝子某敢昭告于(相距不遠同日奉安不書年月無妨) 顯考某官府君屋宇惟新奉儀如舊伏惟尊靈是安是依

▶3237◀◈問; 이모님 상 치른 후 추석차례.

9 월 13 일 이모님이 상을 당하셨는데 문상 갔다 온 후 22 일 차례 지내도 되는지요. 저가 제주라서 어른들은 가지 말라고 하시던데.

◈答; 이모님 상 치른 후 추석차례.

참례(參禮; 명절)의 재계(齋戒)는 일일전쇄소재숙(一日前灑掃齋宿)입니다. 까닭에 명일 하루 이전에 문상을 다녀와도 추석을 쇠는 데는 예법적으로 꺼릴 까닭이 없을 것 같습니다.

●家禮本註俗節前一日灑掃齋宿忌日前一日齋戒

●曲禮齊者不樂不吊(註)呂氏曰古之有敬事者必齊齊者致精明之德也樂則散哀則動皆有害於齊也不樂不吊者全其齊之志也

▶3238◀◈問; 이번 추석부터 차례를 지내게 되었는데.

맏아들이신 아버지께서 얼마 전에 돌아가셨습니다. 생전에 제사는 부모님만 모셨습니다. 저한테는 조부모님이지요

아버지가 돌아가셨기 때문에 맏아들인 제가 이번 추석부터 차례를 지내게 되었는데 산소 벌초하러 가서 조부모님한테 알려서 저희 집으로 오시라고 고해야 하나요? 아니면 아버지가 돌아 가셨기 때문에 당연 안 알려도 되나요?

할아버지 할머니 산소가 따로 떨어져 있습니다. 참고로 할아버지 산소는 제가 벌초하고 할머니 산소는 사촌이 벌초를 합니다. 어떻게 해야 하나요? 미리 감사 드립니다.

◈答; 제사 옮기는 방법.

제사를 옮기는 예법은 신주봉사 할 때 이환안(移還安) 예법은 있으나 지방일 때에 관하여는 분명히 밝혀 놓은 바가 없습니다. 그러나 신주봉사를 하지 않는다 하여도 이 예법을 따른다면 과하거나 모자람이 없으리라 생각됩니다.

신주를 옮김에는 특별한 날이 없고 사유가 발생한 날이 됩니다. 다만 매가로 이사할 때와 주인의 이거로 옮길 때의 축식이 다릅니다. 예법은 약설(略設) 단헌지례(單獻之禮)입니다.

◆移居者奉行神主告辭(이거자봉행신주고사)

維 歲次干支幾月干支朔幾日干支孝孫某敢昭告于 顯祖考某官府君 顯祖妣某封某氏 顯考某官府君 顯妣某封某氏移居以永先祿今已卜定家宅于某鄉某里敢請尊靈恭奉以行伏惟歆領謹告

◆奉安新宅告辭式(봉안신택고사식)

維 歲次干支幾月干支朔幾日干支孝孫某敢昭告于 顯祖考某官府君 顯祖妣某封某氏 顯考某官府君 顯妣某封某氏屋宇維新奉儀如舊伏惟 尊靈是安是依

●栗谷曰凡神主移安還安或奉遷他處等事則告祭用朔参之儀告詞則臨時製述

▶3239◀◈問; 이번 추석에 있었던 일.

이번 추석에 부모님 성묘 중에 있었던 일입니다. 작은 아버님은 산소 부근에 살고 계십니다. 근데 몇 년간 항상 그랬듯 비록 고인이 되셨지만 내 친 부모님이기에 산소를 먼저 들리고 살아계신 작은 집에 들려서 인사 드리고 올려 했는데 산소에서 작은 아버지랑 친척 형들을 만나서 그곳에서 언쟁이 좀 있었죠 살아계신 작은 아버지께 먼저 인사를 드리고 부모 성묘를 해야 된다고 하지만 나도 무슨 소리냐 당신들은 내 부모님 살아 계실 때 인사나 한번 제대로 와봤냐 그리고 돌아 가셨든 안 돌아 가셨든 부모가 먼저지 왜 작은 아버지가 먼저냐. 참고로 말씀 드리면 할아버지 할머니도 저희 부모님 산소 위에 모시고 있습니다. 물론 순서가 어디 있겠냐 만 당연히 부모가 우선 아닌가요? 답글 부탁 드려요. 메일로 답해주심 더 감사 하구요.

◈答; 인사 선후.

⊙薦新

退溪居家若得節物或異味則或乾或醢遇節祀時祭則薦之蓋先生支子未得行薦新禮於家廟故也○栗谷曰有新物則薦須於朔望俗節並設若五穀可作飯者則當具饌數品同設禮禮如朔参之儀雖望日亦出主酹酒若魚果之類及菽小麥等不可作飯者則於晨謁之時啓櫝而單獻焚香再拜單獻之物隨得卽薦不必待朔望俗節凡新物未薦前不可先食若在他鄉則不必然

⊙先之墓

奔喪不及殯先之墓北面坐哭盡哀主人之待之也卽位於墓左婦人墓右成踊盡哀括髮東卽主人位絰絞帶哭成踊拜賓反位成踊相者告辭畢遂冠歸入門左北面哭盡哀括髮袒成踊東卽位拜賓成踊賓出主人拜送有賓後至者則拜之成踊送賓如初衆主人兄弟皆出門哭止相者告就次於又哭括髮成踊於三哭猶括髮成踊三日成服於五哭相者告辭畢註不及殯葬後乃至也尸柩既不在家則當先哭墓此奔喪者是適子故其衆主人之待之者與婦人皆往墓所遂冠而歸者不可以括髮行於道路也冠謂素委貌入門出門皆謂殯宮門也○若除喪而後歸則之墓器成踊東括髮袒絰拜賓成踊送賓反位又哭盡哀遂除於家不哭主人之持之也無變於服與之哭不踊註袒絰者袒而襲襲而加絰也遂除卽於墓除之也無變於服謂在家者但著平常吉服○河西曰亦然者歸家詣靈座前哭拜也○丘儀按今制仕宦者於杖期以下喪不得奔喪及其官滿而歸往往在服滿之後今擬戴白布巾具要絰詣墓再拜哭踊隨俗具酒饌以奠獻亦可○小記奔兄弟之喪先之墓而後至家爲位而哭所知之喪則哭於宮而後至墓註兄弟天倫也所知人情也係於天者情急於禮由於人者禮勝於情宮故殯宮○雜記適兄弟之送葬者弗及遇主人於道則遂之墓註適往也往送兄弟之葬而不及當送之時乃遇主人葬畢而反則此送者不可隨主人反哭必自至墓所而後反也○河西曰亦然者歸家詣靈座前哭拜也○丘儀按今制仕宦者於杖期以下喪不得奔喪及其官滿而歸往往在服

滿之後今擬戴白布巾具要絰詣墓再拜哭踊隨俗具酒饌以奠獻亦可○小記奔兄弟之喪先之墓而後至家爲位而哭所知之喪則哭於宮而後至墓註兄弟天倫也所知人情也係於天者情急於禮由於人者禮勝於情宮故殯宮○雜記適兄弟之送葬者弗及遇主人於道則遂之墓註適往也往送兄弟之葬而不及當送之時乃遇主人葬畢而反則此送者不可隨主人反哭必自至墓所而後反也

새로이 난 곡물이나 과실 등 식품은 먼저 조상께 천신 후 생자가 먹어야 하며 상 소식을 듣고 달려 온 자가 이미 장사를 치렀으면 먼저 묘소로가 곡한다 하였으니 예를 갖춤에는 先死後生인 듯 합니다. 다만 고인 보다 소자라 하여도 본인 보다 장자를 길 거리에서 만난다면 성묘 전이라 하여도 이세상을 사는 예로서 먼저 인사한다 하여 예에 크게 어그러지지는 않으리라 생각됩니다

성묘(省墓) 예법(禮法)은 아래와 같이 살펴보건대 일산(一山) 내(內) 선영(先塋)이 다수(多數)일 때 선존후비(先尊後卑)로 첫 재배(再拜) 후 묘(墓)를 서너 바퀴 돌며 둘러보고 청소(淸掃) 후 또 재배(再拜)하고 물러나는데 눈물은 흘려도 곡성을 내지 않으며 주과(酒果)가 있으면 축(祝)이 있어야 합니다. 개원례(開元禮) 예법을 따르면 산 아래에 배위(拜位)를 설(設)하고 주인 이하 재배(再拜)하고 올라가 위와 같이 묘(墓)를 살피고 내려와 또 재배(再拜)하고 물러난다는 것입니다.

●開元禮王公以下拜掃先期卜日如常前一日設次於塋南百步道東西向北上設主人以下位塋門外之東西面以北爲上其日主人到次改服公服無者常服主人以下俱再拜奉行墳塋(精靈感慕有泣無哭)至於封樹內外環繞哀省三周其荊棘慮與荒草連接者皆隨卽芟剪不令火由得及掃除訖主人以下復門外位皆再拜遂還若遠行辭墓哭而後行

●尤庵曰省墓時初度再拜復再拜而退

●遂庵曰曾見兩先生謁墓展墓只行一再拜據此

●近齋曰同入一麓省拜時累代則先尊後卑

▶3240◀◈問; 제사.

수고 하십니다. 잘 모르는 것이 있어 글을 올립니다.

장인(丈人)어른이 올해 3 월에 돌아 가셨습니다. 처음 맞는 명절(名節)인 추석(秋夕)에 제사(祭祀)를 밖에서 지낸다는 이야기를 들었는데 어떻게 하는 게 맞나요. 자세한 말씀 부탁 드립니다.

◈答; 제사.

문맥으로 보와 두 가지 예로 설명이 되여야 하겠습니다. 탈상(脫喪) 전이면 궤연(几筵)에서 보름 망전(望奠)에 천신 겸 새로운 음식물을 진설하고 일상의 삭망(朔望) 전과 같이 지내면 되겠습니다.

탈상 후이면 常禮와 같이 정침에서 다른 조상이 계시면 합사하면 됩니다. 첫 차사라 하여 정원에서 지내야 한다면 가풍인 듯 합니다. 가풍이면 존중 하십시오.

●二程全書祭禮四時祭設位條凡祭灑掃廳事設几案(云云)

●書儀祭章設位條前期一日主人帥衆丈夫及執事者灑掃祭所(註)影堂迫隘則擇廳堂寬潔之處以爲祭所

●家禮喪禮初終疾病遷居正寢條凡疾病遷居正寢內外安靜以俟氣絶○又祭禮四時祭前一日設位陳器條主人帥衆丈夫深衣及執事洒掃正寢洗拭倚卓務令蠲潔設高祖考妣位於堂西北壁下南向考西妣東

▶3241◀◈問; 제사와 차례 모시는 방법.

안녕하세요~ 해결하지 못한 저희 집의 경우를 문의 드립니다. 시댁이 기독교이며, 시어머님께서 시아버님 제사를 양력으로 절차에 메이지 않고 지내오셨습니다. 그런데 큰아들인 애아빠가 저희 집에서 음력날짜를 찾아서 직접 지내려고 합니다. 따로 절차가 필요한가요? 어차피 날짜도 잘못 지낸 거고 식구들이 다 함께 지낸 것도 아니었거든요. 그리고 차례는, 작

은집에서 지내고 있어서 저희가 작은집에 가서 차례를 지냈었는데요, 저희 아버님 차례만 저희가 저희 집에서 지낼 수 있나요? 서열로 따지면 저희 집이 큰집인데 어머니가 기독교라서 작은집에서 제사를 지내는 거 거든요. 이럴 땐 또 어떤 절차가 필요한가요?

참고로, 저희도 교회에 가고 있긴 하지만 어른들 제사나 차례 때 절을 하는 것은 하고 있습니다. 예의라고 생각하고 있기 때문입니다. 답을 주시면 감사하겠습니다. 꾸벅. 이 0 미

◈答; 제사와 차례 모시는 방법.

이 0 미님 댁이 장자이시면 시어머니가 타가에 사신다 하여도 모든 제사를 이 0 미님 댁에서 부군이 주인으로서 주관하여 초헌관이 되는 것입니다.

제삿날을 양력에서 음력으로 찾아 제날에 지내시는 데에는 그 예법이 예서에서 전함이 없으니 고증하여 확언할 수는 없으나 음력으로 작고한 날을 정확히 가려 기제를 지내신다 하여 그가 예에 어그러진다 할 수는 없을 것입니다. 만약 음력으로 환산이 번거로우시면 작고한 양력의 년 월 일을 다시 알려 주시면 음력으로 환산하여 드리겠습니다.

●玉臺新詠詩條視曆復開書便利此月內
●漢書律歷上篇皇帝調律歷〇又外戚孝成許皇后傳其孝東宮毋闕朔望
●開元禮閏月亡者祥及忌日皆以閏所附之月爲正
●書經堯典帝曰三百有六旬有六日以閏月定四時成歲註天體至圓周圍三百六十五度四分度之一繞地左旋常一日一周(云云)歲有十二月月有三十日三百六十者一歲之常數也(云云)朔虛而閏生焉故一歲閏率則十日九百四十分日之八百二十七三歲一閏則三十二日九百四十分日之六百單十五歲再閏則五十四日(云云)
●退溪曰閏非正月人之行祭常以正月而獨於是歲依亡歲之月而祭似未穩祭則依常月行之於閏月亡日則齊素而不祭似當也
●問解大月三十日死者後値小月固當以二十九日爲忌値大月則自當以三十日爲忌小月晦日死者後値大月當仍以二十九日爲忌不可延待三十日也

▶3242◀◈問; 조부모와 부친의 차례순서.

안녕하세요 아버지가 차손이고 별세하신 경우 명절 차례선후를 알려주세요

1. 큰 댁에 가서 조부모 차례 후에 부친 차례를 지내는지 부친차례 지낼 장소는 큰댁인지 본가에서 지내는지.

2. 집에서 부친 차례를 먼저 지내고 큰 댁에 가서 조부모 차례를 지내야 할지 위에 경우는 근접거리에서 생활을 하는 경우이고 만약 먼 거리에서 생활 할 경우 어떻게 해야 하는지 알려 주세요. 감사합니다

◈答; 조부모와 부친의 차례순서.

아래와 같이 살펴보건대 지손(支孫)은 먼저 종가의 제사를 지내고 난 연후에 자기 집으로 돌아와 제사를 지냄이 옳은 것 같으며 만약 길이 멀어 왕래가 어려우면 종가 제사를 지내고 내 제사는 폐할 수 없으니 내 제사만 지내야 되겠지요.

●內則庶子若富則具二牲獻其賢者於宗子(註賢猶善也)夫婦皆齊而宗敬焉(註當助祭於宗子之家)終事而后敢私祭(註祭其祖禰)

▶3243◀◈問; 중양절제사.

제사 밥을 잡수지 못하는 조상님을 위해 중양절에 제사를 올릴까 합니다. 맞벌이라 아침에 올리지 못하고 저녁에 보통기제사 시간에 올려도 되는지 메밥은 얼만큼 올려야 되는지.

◈答; 중양절제사.

중양절이란 음력 9 월 9 일로 옛 명절의 하나인데 지금은 명절로서 기리는 가문이 별로 없는 듯하며 만약 중양절에 조상을 위한다면 추석이나 정단의 예와 같이 무축단헌의 예로 마

쳐야 할 것입니다. 중양절은 중국뿐만 아니라 지난 날에는 우리나라에서도 正旦이나 추석과 같이 속절례로서 사당에서 소제(小祭)의 예법에 따라 일헌지례(一獻之禮)의 예를 행하였으나 지금은 거의 행하고 있지 않을 뿐입니다. 그 예를 행한다면 물론 정단(正旦)이나 추석과 같은 예법으로 위마다 지방을 써 모셔야 합니다. 요결에서 이미 俗節에 중양절을 포함 朔參之儀 예법과 같이 行祀한다 합니다.

●魏文帝以菊賜鍾繇與書曰九爲陽數而日月幷應故曰重九亦名重陽
●風土記九月九日律中無射而數九故俗尙此日故以之宴享高會此最爲近理我國元月元日之後有三三五五七七九九名節而無二二四四六六十十則乃尊陽卑陰之義也民間依禮文奠先祠而登高飮菊酒則如故事
●翰墨全書魏文帝重九以菊賜種繇與書曰九爲陽數而日月並應俗宜其名宜於長久故以燕享高會
●朱子曰大祭時每位用四味請出木主俗節小祭只就家廟止二味朔旦俗節酒止一上斟一杯
●東萊呂氏曰節物重陽薦萸菊餻
●家禮祠堂篇俗節則獻以時食條節如淸明寒食重午中元重陽之類凡鄕俗所尙者食如角黍凡其節之所尙者薦以大盤間以蔬果禮如正至朔日之儀
●歲時雜記重陽尙食糕以棗爲之或加以栗
●擊蒙要訣祭儀抄篇薦獻儀條俗節(謂正月十五日三月三日五月五日六月十五日七月七日八月十五日九月九日及臘日)獻以時食(時食如藥飯艾餠水團之類若無俗尙之食則當具餠果數品)如朔參之儀

▶3244◀ ◈問; 집에 우환이 있을 시 명절 제사에 관해서.

저는 모친이 노환(중풍)으로 병원에 입원해 계시고 우리 형제들은 전부 객지에 나와 있습니다. 그러니까 지금 고향집은 비워져 있습니다. 아버님은 안 계신지 오래 됩니다. 이럴 때에 어떤 이는 명절제사를 안 지낸다고 하는데 조언을 부탁 드립니다.

◈答; 집에 우환이 있을 시 명절 제사에 관해서.

朱子曰主人有母及諸父母兄嫂或疾不能久立參神後休於他所俟受胙復來受胙辭神
주부자께서 말씀 하시기를 주인의 모친이 있거나 다른 여러 부모와 형이나 형수가 혹 질병으로 오래 서 있기가 불가능 하면 참신 후 다른 곳으로 가서 쉬며 수조(受胙) 때까지 기다리다 다시 들어와 수조(음복) 사신(辭神) 하여야 하느니라.

집안에 중환자(重患者)가 있어도 절사(節祀)나 기제(忌祭) 등의 제사는 지냅니다. 만약 제주(祭主)가 질병으로 누워 있으면 그의 아우나 장자를 시켜 제사를 지내는데 이를 섭사(攝祀)라 하고 축에 섭사하는 연유를 고하게 됩니다. 다만 주부(主婦)가 병으로 누워있을 때 집안에 대신 제수(祭需)를 장만한 부녀자(婦女子)가 없다면 그 기간에 닫는 제사는 폐(廢)하게 됩니다.

●曲禮支子不祭祭必告于宗子(註)不敢自專宗子有故支子當攝而祭五宗皆然疏廟在適子之家庶子不敢輒祭若濫祭亦是淫祀若宗子有疾不堪當祭則庶子代攝可也猶宜告宗子然後祭
●禮運矜寡孤獨廢疾者皆有所養疏矜寡孤獨廢疾者皆有所養者壯不愛力故四者無告及有疾者皆獲恤養也
●周禮司徒敎官之職族師條其族之夫家衆寡辨其貴賤老幼廢疾可任者
●問長子病廢次子專主喪事題主何以爲之寒岡曰雖病廢不得不書長子名
●愼獨齋曰長子雖病廢似不可傳重於次子況長子有子則豈可以次子奉祀耶
●頤菴曰父母憂患則必聚族而謀之此愚智之所同知也然則兄有病患當先告祠堂以求先祖之陰佑而徒事乎非鬼何耶嗚乎報本追遠人道之大者也災厄之來未必非廢祭之因而顧不知悔罪致誠修祀惟憑巫覡回天命災愈集而惑愈甚終至於身殞而家敗尤可哀也
●陶庵曰俗忌廢祭固爲無識而家內痘疫或解娩恐不精潔治祭具於他舍而行之爲得否
●朱子曰疾病則以次攝異時甲之長孫
●問解續長子雖病廢似不可傳重於次子況長子有子則豈可以次子奉祀耶
●遂庵曰宗子有疾病不得參祭則祝辭改曰孝孫某有疾病介子某代行薦禮敢昭告于云云
●尤庵曰祭主人有故則所攝之中如有尊行則子弟以不敢爲攝主矣然代者是尊行則使字未安故俗禮

改云孝子某有故代叔父或兄云云

●禮輯長子病廢次子傳重條厚齋曰凡廢疾與先死而無子者同次子之子當主之

●梅山曰孝子某身犯惡疾使子某代行薦禮敢昭告于

●南溪曰將生子居側室至于子生夫齊則不入側室之門是當祭者不入産室而已只一婦有産他無代行者則其勢只得姑廢而已

●遂菴曰孝子某有疾介子某代行薦禮敢昭告于○先祖之稱用宗子之屬代○有故措辭曰孝子某病不能將事○孝子某適在遠地不能將事○孝子某幼未將事○孝子某身犯惡疾使字嘱某親某

▶3245◀◈問; 차남의 처와 아들이 죽으면 누가 제사하나?

정성 어린 답변 정말 감사합니다.

부친이 살아계시면 아들들의 며느리도 부친의 집에서 지내야 한다고 하셨는데 그러면 차남인 저의 부친의 부모(조부모)의 차례를 못 지내게 되는데 그래도 제례 법 상 문제가 되지 않는지 모르겠네요. 그리고 그렇게 되면 차남이 저의 부친은 큰집과 별개로 가족끼리 차례를 지내게 되는 게 되는 거죠?

또 한가지 저의 모친이 뇌출혈(腦出血)로 장애인이 되었습니다. 그래서 저의 가족끼리 저의 아내의 기제(忌祭)와 차례(茶禮)를 지내야 한다면 장남인 제가 처음부터 기제와 차례를 준비하고 제 형제들이 저의 집으로 와서 지내도 되나요? 큰집 가족들과의 왕래도 많이 줄게 되겠네요.

◈答; 차남의 처와 아들이 죽으면 제사는.

차자(次子) 이하의 처(妻)나 자식(子息)은 그의 남편이나 그의 부모(父母)가 제사(祭祀)합니다. 장자(長子)만 그의 부(父)가 제사합니다. 미리 전날 종가로 가서 재계 다음날 제사를 지내고 돌아와 제집 제사를 지내는데 종가(宗家)가 원거리라 그 날로 돌아올 수가 없다면 참여할 수가 없게 되겠지요.

●奔喪凡喪父在父爲主父歿兄弟同居各主其喪註各爲其妻子之喪爲主也

●溫公曰凡主人當以長子爲之無長子則長孫承重又曰父沒兄弟同居各主其喪(注)各爲妻子之喪爲主也

●陳氏曰父主之統於尊也父歿之後兄弟雖同居各主妻子之喪矣

●性理大全祠堂;非嫡長子則不敢祭其父若與嫡長同居則死而後其子孫爲立祠堂於私室且隨所繼世數爲龕俟其其出而異居乃備其制若生而異居則預於其地立齋以居如祠堂之制死則因以爲祠堂

●曲禮支子不祭祭必告于宗子(註)不敢自專宗子有故支子當攝而祭五宗皆然疏廟在適子之家庶子不敢輒祭若濫祭亦是淫祀若宗子有疾不堪當祭則庶子代攝可也猶宜告宗子然後祭

▶3246◀◈問; 차남인 아버지 차례방법.

아버지가 돌아가시고 첫 추석(秋夕) 차례(茶禮)가 돌아옵니다. 아버지는 둘째 아들 이십니다. 아버지 살아계실 때는 큰 아버지가 계신 큰댁으로 가서 차례를 모셨습니다. 어머니는 올해부터 아버지 차례(茶禮)를 집에서 모시고 큰댁으로 가서 조상님 차례를 지내야 한다고 합니다. 주변에서는 위 조상(祖上) 차례를 큰댁에서 먼저 지내고 우리 집으로 와서 아버지 차례를 지내야 한다고 하는데 어떤 것이 옳은 방법인가요?

◈答; 차남인 아버지 차례방법.

아래와 같이 살펴보건대 지자손은 먼저 종가(큰댁)로 가 큰댁 제사를 마치고 제집으로 돌아와 자기 제사를 지낸다는 것입니다.

●內則若富則具二牲獻其賢者於宗子夫婦皆齊而宗敬焉終事而后敢私祭註賢猶善也齊而宗敬謂齊戒而往助祭事以致宗廟之敬也私祭祖禰則用二牲之下者

▶3247◀◈問; 차례.

명쾌한 답변 감사 드리며 무궁한 발전 빕니다.

아버님 제사가 돌아 오기 전 차례가 다가 옵니다. 차례상에 지방을 같이 세우고 모셔야 하는지요.

◈答; 차례.

과거 귀하의 조부모 봉제사 하듯 귀하의 부친 역시 그 동쪽에 설위하고 각각 지방을 세우고 절사를 지내면 되겠지요,

⊙지방(紙榜) 설 참사예법.(節祀同)

楊氏復曰先生云元旦則在官者有朝謁之禮恐不得專精於祭事某鄕里却止於除夕前三四日行事此亦更在斟酌也

◆元旦(원단)

杜臺卿(玉燭寶典)正月爲端月履於始也其一日爲元旦○元日書正月一日歲之元月之元日之元故謂之三元節廟祠履端之祭上下慶賀之禮此最爲重

●하루 전날부터 재계(齋戒)를 하고 잔다.

●이날 아침 일찍 일어나 제청(祭廳)을 청소한 뒤 신위의 자리를 설위(設位)하고 제사 기구를 진열한다.

주인은 남자들과 같이 정침을 청소하고 교의(交倚)와 탁자를 닦아 청결하게 한다. 신위의 자리는 정침 북쪽 벽 아래 서쪽에 고조고비(高祖考妣) 자리를 차리되 북쪽으로 병풍을 처두르고 교의 둘을 놓고 그 앞에 탁자 하나를 놓는다. 그와 같이 동쪽으로 증조고비(曾祖考妣) 조고비(祖考妣)와 고비(考妣)의 자리를 세대마다 그와 같이 차리되 붙이지 않으며 부위(祔位)의 자리는 모두 동쪽 벽 밑으로 북쪽이 상석으로 하여 서쪽으로 향하게 차린다. 만약 부위가 많으면 동쪽과 서쪽 벽 밑으로 하되 서쪽이 상좌(上座)이며 모두 북쪽을 상석으로 하여 서로 마주하게 한다. 처 이하의 부위(祔位)는 동쪽 벽 밑에 조금 사이를 두고 그와 같이 한다. 향안(香案)은 당의 중앙에 놓은 뒤 향로를 그 위에 놓고 그 동쪽으로 향합을 둔다. 모사(茅莎)는 향안 앞에 놓고 촛대를 매 위 마다 탁자 위에 놓는다.

다른 탁자 하나를 그 동쪽으로 놓고 주전자와 강신(降神) 잔반을 그 위에 둔다. 그 동쪽으로 세수대야와 수건을 다른 탁자를 놓고 그 위에 올려 놓는다.

⊙正至朔參儀禮節次(정지삭참의례절차)

(主人以下各具盛服)○序立(男列於左女列於右每一世列爲一行)○盥洗(立定主人主婦及子婦將出主者皆洗拭訖)○啓櫝○出主(主人出考主主婦出妣主其餘子婦出祔主各置正位之左皆畢)○復位(主婦以下先降復位)○降神(執事者洗手上階開瓶實酒於注一人奉注詣主人右一人執盞盤詣主人左)○主人詣香案前○跪○焚香(主人焚香畢右執事者跪進酒注左執事者跪以盞盤向主人主人受酒斟酒於盞反注於右執事者取盤盞自捧之二執事者皆起)○酹酒(主人左手執盞盡酹茅沙上畢置盞香案上)○俯伏興(少退)○鞠躬拜興拜興平身○復位○參神(主人以下凡在位者皆拜)○鞠躬拜興拜興拜興拜興平身○主人斟酒(主人升自執酒注斟酒於逐位神主前空盞中先正位次祔位次命長子斟諸祔位之卑者畢主人稍後立)○主婦點茶(主婦執瓶斟茶於各正祔或命子弟捧茶托主婦位前空盞中命長婦長女斟諸祔捧盞逐位以獻亦可位之卑者畢主婦退與主人並立拜)○鞠躬拜興拜興平身○復位(主人主婦各復其位)○辭神(衆拜)○鞠躬拜興拜興拜興拜興平身○奉主入櫝○禮畢

◆正至朔參薦品(정지삭참천품)

儀節殽菜之類隨宜○東萊宗法朔望設茶酒時果遇新麥出則設湯餠新米出則設飯侑以時味○要訣脯果隨宜或設餠亦可若正朝冬至則別設饌數品冬至則加以豆粥若冬至行時祭則不行參禮有新物則須於朔望俗節並設若五穀可作飯者則當具饌數品同設○沙溪曰五穀何可一一皆薦如大小麥及新米作飯或作餠上之爲可○三禮儀薦新略倣五禮儀定著穀如麥稻黍稷之類並作飯以薦菽則熟之與果同薦果如櫻桃杏李林禽甜瓜西瓜梨棗栗柿之類菜如蕨瓜茄子之類魚如石魚葦魚銀魚白魚靑魚之類有飯

羹則用匙筯楪魚菜熟者用筯楪○問要訣朔望設脯餠恐不如家禮之爲簡南溪曰似亦從俗禮而恐未安○尤菴曰朔望之儀極其簡省所謂大盤實今俗名之大貼也若是則雖祭及高祖之家並朔望不過新果八大貼而已所薦之酒亦用一宿而成者則亦不甚難矣○家禮大祭祀外雖無設飯之文然薦新專爲五穀而設則不可生用勢須作飯○陶菴曰麥飯之薦似不悖於禮而鄙人則設羹進茶之節自前行之○龜峯曰小小不關新物不須爾

◆正朝別設饌數品(정조별설찬수품)

儀節殽菜之類隨宜○東萊宗法朔望設茶酒時果遇新麥出則設湯餠新米出則設飯侑以時味○要訣脯果隨宜或設餠亦可若正朝冬至則別設饌數品冬至則加以豆粥若冬至行時祭則不行參禮有新物則須於朔望俗節並設若五穀可作飯者則當具饌數品同設○沙溪曰五穀何可一一皆薦如大小麥及新米作飯或作餠上之爲可○三禮儀薦新略倣五禮儀定著穀如麥稻黍稷之類並作飯以薦蔬則熟之與果同薦果如櫻桃杏李林禽甛瓜西瓜梨棗栗柹之類菜如蕨瓜茄子之類魚如石魚葦魚銀魚白魚靑魚之類有飯羹則用匙筯楪魚菜熟者用筯楪○問要訣朔望設脯餠恐不如家禮之爲簡南溪曰似亦從俗禮而恐未安○尤菴曰朔望之儀極其簡省所謂大盤實今俗名之大貼也若是則雖祭及高祖之家並朔望不過新果八大貼而已所薦之酒亦用一宿而成者則亦不甚難矣○家禮大祭祀外雖無設飯之文然薦新專爲五穀而設則不可生用勢須作飯○陶菴曰麥飯之薦似不悖於禮而鄙人則設羹進茶之節自前行之○龜峯曰小小不關新物不須爾

⊙俗節儀禮節次(속절의례절차)

(主人以下各具盛服)○序立(男列於左女列於右每一世列爲一行)○盥洗(立定主人主婦及子婦將出主者皆洗拭訖)○啓櫝○出主(主人出考主主婦出妣主其餘子婦出祔主各置正位之左皆畢)○復位(主婦以下先降復位)○降神(執事者洗手上階開甁實酒於注一人奉注詣主人右一人執盞盤詣主人左)○主人詣香案前○跪○焚香(主人焚香畢右執事者跪進酒注左執事者跪以盞盤向主人主人受酒斟酒於盞反注於右執事者取盤盞自捧之二執事者皆起)○酹酒(主人左手執盞盡酹茅沙上畢置盞香案上)○俯伏興(少退)○鞠躬拜興拜興平身○復位○參神(主人以下凡在位者皆拜)○鞠躬拜興拜興拜興拜興平身○主人斟酒(主人升自執酒注斟酒於逐位神主前空盞中先正位次祔位次命長子斟諸祔位之卑者畢主人稍後立)○主婦點茶(主婦執甁斟茶於各正祔或命子弟捧茶托主婦位前空盞中命長婦長女斟諸祔捧盞逐位以獻亦可位之卑者畢主婦退與主人並立拜或命子弟奉茶托主婦奉盞逐位以獻亦可)○鞠躬拜興拜興平身○復位(主人主婦各復其位)○辭神(衆拜)○鞠躬拜興拜興拜興拜興平身○奉主入櫝○禮畢

◆俗節(속절)

朱子答張南軒書曰今日俗節古所無有故古人雖不祭而情亦自安今人旣以此爲重至於是日必具殽羞相宴樂而其節物亦各有宜故世俗之情至於是日不能不思其祖考而必以其物饗之雖非禮之正然亦人情之不能已者且古人不祭則不敢以宴今人於此俗禮旣已據經廢祭而生者則飮食宴樂隨俗自如非事死如生事亡如存之意也○又曰韓魏公家於七月十五日用浮屠設饌以祭某家却不用○又曰元旦則在官者有朝謁之禮恐不得專精於祭事某鄕里却止於除夕前三四日行事此亦更在斟酌也丘文莊云除夕自有除夕之禮履端之祭隔年行之恐亦未安今朝廷於元旦行大朝賀禮而孟春時享亦於別日行之今擬有官者以次日行事

▶3248◀ ◈問; 차례관련문의.

작년 가을에 아버지께서 돌아가셨는데 이번 돌아오는 구정에 차례를 지내야 하는지요. 주변에서 첫 기일 전에는 명절에 차례를 지내지 않는 것이라고 해서요. (작년 추석에는 차례를 지내지 않았습니다) 정확한 시점을 알려주시면 감사하겠습니다. 이0영

◈答; 차례관련문의.

부모상은 삼년상(실은 2 년)입니다. 아직 탈상을 하지 않았으면 궤연에서 간단히 올리나 만약 조기 탈상을 하였다면 복중이 아니니 기제를 지내고의 여부에 관계없이 설 참례를 지내야 할 것입니다.

●擊蒙要訣喪服中行祭儀篇凡三年之喪古禮則廢祠堂之祭而朱子曰古人居喪衰麻之衣不釋於身哭

泣之聲不絶於口其出入居處言語飮食皆與平日絶異故宗廟之祭雖廢而幽明之間兩無憾焉今人居喪與古人異而廢此一事恐有所未安朱子之言如此故未葬前則準禮廢祭而卒哭後則於四時節祀及忌祭(註墓祭亦同)使服輕者(註朱子喪中以墨衰薦于廟今人以俗制喪服當墨衰著而出入若無服輕者則亦恐可以俗制喪服行祀)行薦而饌品減於常時只一獻不讀祝不受胙可也期大功則葬後當祭如平時(註但不受胙)未葬前時祭可廢忌祭墓祭略行如上儀緦小功則成服前廢祭(註五服未成服前雖忌祭亦不可行也)成服後則當祭如平時(註但不受胙)服中時祀當以玄冠素服墨帶行之

●雜記士三月而葬○士虞記三月而葬○書儀喪儀三卜宅兆葬日條王公已下皆三月而葬

●小記報葬者報虞三月而後卒哭註報讀爲赴急疾之義謂家貧或以他故不得待三月死而卽葬者旣疾葬亦疾虞虞以安神不可後也惟卒哭則必俟三月耳

▶3249◀◈問; 차례나 기제사는 장소 불문인가?

기제사(忌祭祀) 및 차례(茶禮)는 전통예법상 장자(長子)의 집에서만 지낼 수 있고 장자의 제(동생들)들은 모실 수 없다는 말씀인가요. 장자의 집안에 우환(憂患)(집안내부사정)으로 인하여 모실 수 없을 경우 장자의 제(弟)들의 주관하여 장자의 집에서 아닌 동생 집에서 모시는 방법은 예법(禮法)에 어긋나지 않는지 어긋난다면 어떠한 방법을 취해야 할지 매우 궁금합니다.

◈答; 차례나 기제사 지내는 곳.

다음과 같은 선유 들의 말씀이 계십니다.

栗谷曰忌祭世俗輪行非禮也忌祭則不祭于神主而乃祭于紙榜此甚未安雖不免輪行須具祭 饌行于家廟庶乎可矣

율곡 선생께서 말씀 하시기를 기제를 세속에서 번갈아 돌아가며 지내는 것은 예가 아니니라. 기제는 신주로 제사치 않고 곧 지방으로 제사를 지내는 것 이는 심히 미안 한 것이니라. 아무리 번갈아 돌아가며 제사 지내는 것이 피할 수 없다 하여도 모름지기 제찬을 갖추어 가묘에서 지내는 것이 여러모로 옳지 않겠는가.

南溪曰父母忌日是終天之痛與宗家異居者有難每年只行望哭而已若非往參宗家之時則雖以紙榜設行不至大悖

남계 선생께서 말씀 하시기를 부모 기일인 이날은 친상을 당한 마음 아픈 날이니라. 종가와 달리 사는 자가 매년 참여 하기가 어려움이 있으면 다만 종가를 바라보고 곡만 할 뿐이니라. 만약 종가에서 제사 지낼 때에 가서 참제치 않고 아무리 지방을 써 붙이고 제사를 지내도 이르지 않는 것이니 크게 어그러진 짓이니라.

위와 같이 살펴 볼 때 큰 댁에서 어려움이 있으면 어려움을 나눠 협력 하여 큰 댁에서 계속 봉제 함이 예에 맞는 것입니다.

●曲禮支子不祭祭必告于宗子(註)不敢自專宗子有故支子當攝而祭五宗皆然疏廟在適子之家庶子不敢輒祭若濫祭亦是淫祀若宗子有疾不堪當祭則庶子代攝可也猶宜告宗子然後祭

●公羊傳何休曰適子有孫而死質家親親先立弟文家尊尊先立孫

●溫公曰凡主人當以長子爲之無長子則長孫承重

●家禮初終立喪主條凡主人謂長子無則長孫承重奉饋奠

●喪服小記庶子不祭禰者明其宗也(註)庶子不得立禰廟故不得祭禰所以然者明主祭在宗子廟必在宗子之家也庶子雖貴止得供具牲物而宗子主其禮也

●尤庵曰祭主人有故則所攝之中如有尊行則子弟以不敢爲攝主矣然代者是尊行則使字未安故俗禮改云孝子某有故代叔父或兄

●家禮按祠堂篇主人謂宗子主此堂之祭者晨謁深衣焚香再拜又主人主婦近出則入大門瞻禮而行歸亦如之經宿而歸則焚香再拜遠出經旬以上則再拜焚香告云云又再拜而行歸亦如之經月而歸則開中門立於階下再拜升自阼階焚香告畢再拜降復位再拜餘人亦然但不開中門

●性理大全家禮二通禮祠堂篇君子將營宮室先立祠堂於正寢之東

●內則若富則具二牲獻其賢者於宗子夫婦皆齊而宗敬焉終事而后敢私祭註賢猶善也齊而宗敬謂齊戒而往助祭事以致宗廟之敬也私祭祖禰則用二牲之下者

▶3250◀◈問; 차례를 지내는 곳 부탁 드립니다.

장인어른이 지난주에 타계(他界)하셨습니다. 저는 장남이고 아내는 막내 딸입니다. 아버님 차례를 제가 모시고 있는데 이번 차례는 전날 산소(山所)만 다녀오고 장인 차례(茶禮)에 참석 하려 하는데 어떤지 질문 드립니다. 첫 차례는 그러는 것이라 들은 것도 같은데 답변 부탁 드립니다. 김 0 성

◈答; 차례를 지내는 곳

장인어른께서 지난주에 작고하셨다면 탈상전이 되겠습니다. 탈상 전은 별도로 기제나 명절 참례를 올리지 않는 것입니다. 아침상식에 조금 더 제수를 차려 올리면 됩니다. 탈상 후라야 기제나 명절 참례를 올리는 것입니다.

문맥(文脈)으로 보아 희 0 님의 부친 차례를 폐한다는 의미로 보이는데 장인 복은 시마 3 월 복이라 성복(成服) 후에 닥치는 모든 제사는 평상시와 같이 지내는 것입니다. 그런데 이미 장례를 마쳤으니 꺼릴 것이 없습니다. 다만 복중(服中)이니 소복입니다.

●擊蒙要訣喪服中行祭儀篇凡三年之喪古禮則廢祠堂之祭而朱子曰古人居喪衰麻之衣不釋於身哭泣之聲不絶於口其出入居處言語飮食皆與平日絶異故宗廟之祭雖廢而幽明之間兩無憾焉今人居喪與古人異而廢此一事恐有所未安朱子之言如此故未葬前則準禮廢祭而卒哭後則於四時節祀及忌祭(註墓祭亦同)使服輕者(註朱子喪中以墨衰薦于廟今人以俗制喪服當墨衰著而出入若無服輕者則亦恐可以俗制喪服行祀)行薦而饌品減於常時只一獻不讀祝不受胙可也期大功則葬後當祭如平時(註但不受胙)未葬前時祭可廢忌祭墓祭略行如上儀緦小功則成服前廢祭(註五服未成服前雖忌祭亦不可行也)成服後則當祭如平時(註但不受胙)服中時祀當以玄冠素服墨帶行之

▶3251◀◈問; 차례상 궁금합니다. (급합니다)

안녕하세요. 도무지 도움을 받을 곳이 없이 이렇게 헤매다 여기를 찾았습니다. 부디 자세히 알려주시면 감사하겠습니다.

내용은 아버지께서는 현재 생존해 계십니다. 하지만 친어머니는 돌아가셨습니다. 이후 새 어머니를 맞이 하셨지만 또한 병고로 돌아가셨습니다.

1, 이럴 경우 명절 차례상은 어떻게 지내야 되는지요?

2. 현재까지는 신위를 두 개를 먼저 쓰고, 차례상을 차린 뒤 먼저 돌아가신 어머니 신위를 올려놓고 한번 지내고 다음 음식 몇 가지를 바꿔놓고 다시 새 어머니의 신위를 올려놓고 지내고 했습니다. 이 방법이 올바른지 아니면 어떻게 지내야 되는지 알려주세요. 꼭 알려주세요. 새해 복 많이 받으세요.

◈答; 두 어머니 명절 차례상을 어떻게.

새 어머니라 하심이 정식 결혼으로 재취하심인지 아니면 非處女로 정식 결혼에 의하지 않고 살았던 새 어머니인지를 밝히지 않아 알 수는 없으나, 정식 혼인에 의하여 재취일 때는 부친이 생존하여 계시다 하니 부친 명으로 지방을 써 세우고 두 분을 함께 지내고, 그렇지 못하였으면 그 소생이 있으면 적모를 먼저 지내고 그가 거처하는 별소에서 따로 지내는데 그 역시 그의 대에 한하고 孫代까지 이어지지 않습니다.

소생이 없으면 제사할 근거가 없는 것 같습니다. 혹 某家에서는 소생이 없어도 그의 남편이 지방을 붙이고 기제를 지내주는 사례도 보았으나 情일 뿐이지 정례는 아닌 것 같습니다.

●小記慈母與妾母不世祭也註陳氏曰不世祭者謂子祭之而孫不祭也
●問庶子之所生母題主當何稱朱子曰若避適母則只稱亡母而不稱妣以別之可也又曰妾母世祭與否未可知若祭則稱爲祖母自稱孫無疑
●梅山曰前後妣之死在同日喪餘之薦當先元妣後繼妣而並祭則當如之何一日再祭非禮也不答不一擧合設兩忌莫無害否歲序遷易下當云顯妣顯妣諱日復臨云云如何復字改並字則何如

●宣丈諱始啓嘗問曰忌祭祝考妣並祭則某親諱日云云只兩合櫝則固當如此至於先後妣則只稱顯妣諱日其於丁寧告神之辭無乃有混雜之嫌乎且夫繼母之稱出於前母之子前母之稱出於繼母之子主祭者若前母之子則於所生母只稱顯妣於後妣稱顯繼妣固何如而(主祭者繼母之子則亦如此例)有異於神主粉面果無識者之誚乎若或三四室則又如之何愚答曰只祭當位禮之正也並祭考妣禮之本乎情者也正者固無諸弊然禮之本乎情者亦不可廢焉則不論主祀者之出於前後妣與否皆當書其姓而別之若前後妣姓同則不得已當書以顯前妣某氏顯系妣某氏若至三四室而姓皆不同則亦當書其姓而別之若有姓同者則亦當書以第一妣某氏第二妣某氏至於所生妣稱以前系第幾雖似泛忽只稱顯妣亦甚不的且旣別其先後次序而言之則義無所害亦未知崇意如何若其祝辭之有異於粉面事出罔已雖有或者之誚不當復論矣

▶3252◀◈問; 차례시 지방 모시는 방법.

안녕하십니까. 예와 관련하여 의문이 생겨 자문을 구하고자 글을 올립니다. 저희들은 지금까지 제사와 차례를 형제들이 모두 모여서 지내오다 올해부터 제사는 모여서 차례는 각자 집에서 지내기로 하였습니다. 그런데 궁금한 것은,

1. 차례를 각자 지낼 때 각자 지방을 쓰고 차례를 지내야 되는지 아니면 형제 중 한집에서만 지방을 쓰고 나머지는 지방 없이 차례를 지내는 게 맞는지,
2. 아님 차례는 한곳에서만 지내야 하는지 선생님의 고견을 듣고자 문의 드립니다. 고맙습니다.

◈答; 차례를 형제 각자가 제집에서 지낼 수 있다.

정단(正旦)이나 속절(俗節)은 사당제(祠堂祭)로서 신주(神主)를 모신 가문(家門)에서는 사당(祠堂)에서 지내야 하나 불가피(不可避)하게 사당(祠堂)을 세워 신주(神主)를 모시지 못하였다면 정침제(正寢祭)로 지내게 됩니다.

제원(祭員)인 친속(親屬)들은 모두 사당(祠堂)을 모시고 있는 종가댁(宗家宅)으로 모여 모심이 당연하나 심히 멀리 산다면 제 집에서 지방(紙牓) 무축단헌지례(無祝單獻之禮)로 행할 수 있음을 주부자(朱夫子) 말씀이 계시니 각행(各行) 한다 하여 결례(缺禮)가 되지 않습니다

다만 원심(遠甚)의 거리를 어찌 보느냐에 따라 이해가 다를 수 있겠으나 지난날 중원(中原)의 길로는 이삼일(二三日) 거리 이상의 원처(遠處)일 터이나, 오늘날은 교통이 심히 발달되어 절해고도(絶海孤島)가 아닌 이상 성의만 있다면 길이 멀다는 까닭은 핑계가 될 수도 있겠지요.

●性理大全祠堂正至朔望則參; 正至朔望前一日灑掃齋宿厥明夙興開門軸簾每龕設新果一大盤於卓上每位茶盞托酒盞盤各一於神主櫝前設束茅聚沙於香卓前別設一卓於阼階上置酒酒盞盤一於其上○俗節則獻以時食條凡鄕俗所尙者食如角黍凡其節之所尙者薦以大盤間以蔬果禮如正至朔日之儀

●朱子答李晦叔曰向見說前輩兄弟異居相去遠甚則弟於祭時旋設位紙榜標記祭畢焚之如此似亦得禮之變矣○又曰支子之祭先儒雖有是言然竟未安向見范丈兄弟所定支子當祭旋設紙榜於位祭訖而焚之不得已此或可采用然禮文品物亦當小損於長子或但一獻無祝可也

●南溪曰朱子雖言兄家設主弟不立主祭時旋設位以紙榜標記逐位然於其末以更詳之爲結後來更無通行者恐不得行也惟父母忌日是終天之痛有難每年只行望哭而已若非往參宗家之時則雖以紙榜行不至大悖曾見士大夫家多行之又曰雖支子家具饌祝辭必以宗子名

●曲禮支子不祭祭必告于宗子(註)不敢自專宗子有故支子當攝而祭五宗皆然疏廟在適子之家庶子不敢輒祭若濫祭亦是淫祀若宗子有疾不堪當祭則庶子代攝可也猶宜告宗子然後祭

●喪服小記庶子不祭禰者明其宗也(註)庶子不得立禰廟故不得祭禰所以然者明主祭在宗子廟必在宗子之家也庶子雖貴止得供具牲物而宗子主其禮也○(又)喪服小記庶子不祭祖者明其宗也(註)此據適士立二廟祭禰及祖今兄弟二人一適一庶而俱爲適士其適子之爲適士者固祭祖及禰矣其庶子雖適士止得立禰廟不得立祖廟而祭祖者明其宗有所在也

●溫公曰凡主人當以長子爲之無長子則長孫承重又曰父沒兄弟同居各主其喪(注)各爲妻子之喪爲主也

●問解續長子雖病廢似不可傳重於次子况長子有子則豈可以次子奉祀也
●尤庵曰禮嫡子廢疾不得承重凶悖之人得罪倫常則其重於廢疾也側出男不得已承重矣
●禮輯長子病廢次子傳重條厚齋曰凡廢疾與先死而無子者同次子之子當主之
●鏡湖曰薦新俗節朔望時祭大宗雖有故不行從而並廢似未安依禮力行而使大宗效之尤善其說恐是

▶3253◀◈問; 차례와 기제의 차이.

차례와 기제의 순서가 왜 차이가 나는지요? 차례(茶禮)-단헌(單獻) 기제(忌祭) 삼헌(三獻). 차례에는 헌다(獻茶) 순서가 없는데 왜 그런지요?

◈答; 차례와 기제의 차이.

제례에는 대사(大祀) 중사(中祀) 소사(小祀) 참례(參禮)가 있습니다. 大, 中, 小, 參禮에 따라 예법이 달라지게 됩니다.

●疑禮流說或問時祭忌祭俱是祭先而齊戒時有三日一日之異者何也沙溪曰開元禮齊戒條註云凡大祀散齋四日中祀三日小祀二日致齊大祀三日中祀二日小祀一日以此觀之祭有大小而齋戒之日亦隨而有異也
●要結時祭則散齋四日致齋三日忌祭及墓祭則散齋二日致齋一日參禮則齋宿一日
●備要時祭則前期三日齋戒忌祭及墓祭則前一日齋戒參禮則前一日齋宿
●備要是日不飮酒不食肉不聽樂以居夕寢于外

▶3254◀◈問; 처가의 차례.

금년에 장모(丈母)님이 돌아가셨습니다. 처가(妻家)에는 아직 결혼 안한 처남이 있습니다. 장인(丈人) 어른께서는 앞으로 3 년 동안은 결혼한 딸을 포함하여 자녀들이 와서 차례상(茶禮床)을 준비하는 것이 예법이라고 하십니다. 이런 경우 제 아내나 저는 명절 때 어디로 가야 하는지요?

◈答; 처가의 차례.

전통 예법은 본가 위주 입니다. 여자는 출가 전에는 부모상을 당하면 삼년복이나 출가를 하면 일년복으로 감하여 지고 시부모 복이 삼년복이 되는 것으로 여자가 출가를 하면 시가에 속하는 것이니 친정보다 매사는 시가 위주 입니다. 다만 친정에 제물을 갖출 주부가 없다면 인정으로 시가의 양해하에 도울 수는 있겠으나 3 년 동안은 결혼한 딸이 차례상을 준비하는 것이 정하여진 예법은 아닌 듯 합니다. 물론 귀하는 친가 차례에 참석함이 당연 합니다. 귀하의 부모상은 참최삼년복이나 처부모 복은 시마삼월복입니다. 이렇다 하여 처가를 소홀히 해도 된다는 뜻은 아닙니다. 다만 경중을 가름 하였을 뿐입니다.

●退溪曰外孫奉祀一廟而二姓同祭夫天之生物使之一本而此則爲二本焉甚不可也今人或不幸其外家祖先無後而未有所處者不忍其主之無歸則權宜奉置別所而往來奠省未爲不可若公然與其本親同享一廟則悖理莫甚所謂神不歆非禮者此類之謂也故今於外孫奉祀之問不敢苟徇而以爲可行也
●寒岡曰外家神主奉祀本非禮經今者不得已奉祀則當時祀茶禮時先祭祖外祖次祭

▶3255◀◈問; 처의 차례와 기제의 장소.

3 개월 전 저의 처가 안타깝게도 고인이 되었습니다. 명절이 다가오는데 처의 차례를 어떻게 해야 할 지 몰라 문의 드립니다.

부친이 차남이라 차례와 기제는 백부님의 장남인 사촌 형의 집에서 지내고 있었으며 아침에 차례를 지낸 후 저의 부친이 계신 시골집 근처에 묘지가 있어 부모님 집에서 성묘를 하고 점심을 큰집 가족들과 같이 했습니다.

참고로 3 남 1 녀 중 장남이며 저는 인천에 거주하며 동생들이 일산, 광명 등 근처에 살고 있고 부모님은 공주, 사촌 형은 대전에 거주하고 있습니다.

저의 부모님이 돌아가시면 당연히 제가 기제와 차례를 지내고 사촌 형의 제례는 참석하지 않는 것이 맞겠는데 저의 부모(父母)님이 살아계시기 때문에 사촌(四寸) 형(兄) 댁으로 차례(茶禮)를 지내러 가야 할 것 같은데 그러면 저의 처(妻)의 차례(茶禮)를 지내지 못하거나 기제(忌祭)와 차례(茶禮)의 장소(場所)를 달리해야 하는 경우가 생기게 되는데 어떻게 해야 할까요?

처는 인천에서 화장을 하고 근교에 봉안당에 안치하였는데 명절엔 제가 따로 처만 차례를 지내도 될지 모르겠고 적당한 방안이 없네요. 전통예절엔 어떻게 해야 하는지 답변 부탁 드립니다.

◈答; 처의 차례와 기제의 장소.

아래와 같이 살펴보건대 선생의 부인 제사는 부친이 생존하여 계시니 부친이 주인이 되어 그 제사를 주관하고 초헌을 하여야 합니다. 물론 큰댁이 인근에 거주하면 큰댁의 예를 갖춘 뒤 돌아와 며느리 명절 참례를 행하여야 하고 원거리이면 갈 수가 없겠지요.

지방식은 아래와 같습니다.

亡婦某貫某氏神位

●奔喪凡喪父在父爲主父歿兄弟同居各主其喪註各爲其妻子之喪爲主也

▶3256◀◈問; 첫 차례를 어디서 지내야 하나요.

안녕하세요. 아버님께서 인천 자택에서 돌아가신 후 삼우제를 인천에서 올린 후 선산(청주)에와서 성묘를 하였습니다. 제 집은 청주이며 장남 입니다. 그래서 이번 추석에 청주 저의 집에서 차례를 지내도 되는지 아니면 인천에서 지내고 다음부터(설) 청주에서 지내야 할지 궁금합니다. 집안 어른들의 의견도 분분하여 어찌할 바를 모르겠습니다. 조언 부탁 드립니다. 주 0 휘

◈答; 첫 차례를 어디서 지내야 하나요

問. 答; 제사는 주인의 거소에서 지냅니다. (다만 일시 임시거소가 아니라면) 언제 작고하시고 탈상을 하였는지의 여부를 밝히지 아니하여 잘못 일러 주면 예에 크게 어그러지는 것이라 대단히 조심스럽습니다. 탈상을 하였다면 평상의 예와 같이 차사를 지내나 아직 상중이면 전(奠)의 예법으로 상식과 같이 행하되 상식 상차림 보다 조금 더 풍성하게 진설을 하여도 예에 어그러지지는 않는 것입니다.

아래의 말씀은 상사나 제사의 주인은 장자가 행한다는 가르침입니다.

●家禮凡主人謂長子
●會成凡主人謂死者長子無則長孫承重者專奉饋奠衆子雖多不主

▶3257◀◈問; 첫 차례를 어디서 지내야 하나요.

지난 6 월 28 일 작고하시고 삼오제에 탈상하였습니다. 주 0 휘

◈答; 첫 차례 지내는 곳.

아래와 같이 살펴보건대 왕제에는 사람이 죽으면 서인은 3 월 이후 장사를 지낸다. 라 되어 있고 사마온공은 사서인은 한 달을 넘겨 장사한다. 라 하셨으며 상복소기(喪服小記)의 가르침에 가난하거나 다른 연고가 있어 일찍 장사를 지내게 되면 우제는 바로 예법과 같이 지내되 졸곡제는 반드시 석 달을 기다렸다 지내라 하였으며 우암 선생께서는 소상에 탈상을 하게 되면 축식은 소상 축으로 고하고 끝에 조기 탈상하는 연유를 고하라, 라고 말씀한 기록이 있습니다. 이와 같은 말씀으로 미루어 볼 때 지난 6 월 28 일 날 작고 하셨다면 아직 졸곡제 일인 석 달도 넘기지 않았으니 슬픔이 일 때마다 곡을 하는 것입니다. 다만 본인이 말씀드릴 수 있는 예법은 탈상 후는 명절 참사(차례)를 올릴 수 있으나 탈상 전에는 다른 조상(祖上)과 같이 지내는 것이 아니라 궤연에서 아침 상식 겸 전(奠) 예법으로 지내드리는 것입니다

●王制天子七日而殯七月而葬諸侯五日而殯五月而葬大夫士庶人三日而殯三月而葬
●司馬溫公曰古者天子七月諸侯五月大夫三月士踰月而葬
●喪服小記報(赴)葬者報虞三月而後卒哭註報讀爲赴急疾之義謂家貧或以他故不得待三月死而卽葬者旣疾葬亦疾虞虞以安神不可後也惟卒哭則必俟三月耳
●問練祥若有故退行則祝式如何尤菴曰祝文當用常時所用而末段略告退行之由似宜
●擊蒙要訣喪服中行祭儀篇凡三年之喪古禮則廢祠堂之祭而朱子曰古人居喪衰麻之衣不釋於身哭泣之聲不絶於口其出入居處言語飮食皆與平日絶異故宗廟之祭雖廢而幽明之間兩無憾焉今人居喪與古人異而廢此一事恐有所未安朱子之言如此故未葬前則準禮廢祭而卒哭後則於四時節祀及忌祭(註墓祭亦同)使服輕者(註朱子喪中以墨衰薦于廟今人以俗制喪服當墨衰著而出入若無服輕者則亦恐可以俗制喪服行祀)行薦而饌品減於常時只一獻不讀祝不受胙可也期大功則葬後當祭如平時(註但不受胙)未葬前時祭可廢忌祭墓祭略行如上儀緦小功則成服前廢祭(註五服未成服前雖忌祭亦不可行也)成服後則當祭如平時(註但不受胙)服中時祀當以玄冠素服墨帶行之
●雜記士三月而葬○士虞記三月而葬○書儀喪儀三卜宅兆葬日條王公已下皆三月而葬
●小記報葬者報虞三月而後卒哭註報讀爲赴急疾之義謂家貧或以他故不得待三月死而卽葬者旣疾葬亦疾虞虞以安神不可後也惟卒哭則必俟三月耳
●朱子曰百日卒哭

▶3258◀◈問; 첫 추석차례를 지내려 합니다.

게시판의 내용을 모두 보고 그 동안 소홀히 하였던 모든 점을 알게 되었으며 잘못 알고 행하였던 점들을 이번 기회에 바로 잡아보려 합니다. 예절에 관하여 많은 도움이 되었습니다. 감사 드립니다.

여쭙고자 하는 것은 부친께서 작고하신 후 첫 명절차례입니다. 그 동안 모든 제사는 큰댁에서 지내오고 있습니다만 2 년 전부터 큰아버님께서 중병으로 계셔서 조상님들의 모든 제사를 집에서 지내질 못하고 자식들이 산소에 가서 지내오고 있습니다. 기제사와 명절차례를 큰댁의 사촌들이 산소를 둘러보는 것으로 대신하고 있으니 바르게 행하고 있는 것인지도 궁금했고요.

1. 아버님의 차례를 지내고 싶은데 조부모님도 제가 모셔도 되는지요?

2. 차례 후 산소를 찾을 때에 아버님보다 조부님께 먼저 예를 올려야 하는지요? (첫 기제사에도 그렇게 해야 하는지요?)

기타 질문도 많았는데 게시판의 내용을 읽어보고 많은 도움이 되었습니다. 다시 한번 감사 드립니다.

◈答; 첫 추석차례를 지내려는데.

아래와 같은 말씀이 계십니다.

大傳庶子不祭明其宗也○朱子曰謂非大宗則不得祭別子之爲祖者非小宗則各不得祭其四小宗所主之祖禰也○小記則云庶子不祭禰明其宗也又云庶子不祭祖明其宗也○家禮非嫡長子則不敢祭其父
위와 같이 대전(大傳) 주자(朱子) 예기(禮記) 가례(家禮)의 가르침을 살펴 볼 때 지자손은 아버지를 비롯 조상제사를 직접 받들 수 없다 하였으니

1. **答;** 귀하는 지손으로서 조부모 제사를 댁에서 지낼 수 없습니다.

2. **答;** 성묘는 동소(同所) 선산(先山)이면 먼저 최존위를 먼저 찾아 뵈임이 바른 예법일 것입니다. 첫 기제사라 하여도 성묘에는 별다른 예법이 없으며 다만 부친 상중이면 제를 폐하는 것이니 다른 분의 묘에는 성묘도 하지 않는 것입니다.

●擊蒙要訣喪服中行祭儀篇凡三年之喪古禮則廢祠堂之祭而朱子曰古人居喪衰麻之衣不釋於身哭泣之聲不絶於口其出入居處言語飮食皆與平日絶異故宗廟之祭雖廢而幽明之間兩無憾焉今人居喪與古人異而廢此一事恐有所未安朱子之言如此故未葬前則準禮廢祭而卒哭後則於四時節祀及忌祭

(註墓祭亦同)使服輕者(註朱子喪中以墨衰薦于廟今人以俗制喪服當墨衰著而出入若無服輕者則亦恐可以俗制喪服行祀)行薦而饌品減於常時只一獻不讀祝不受胙可也期大功則葬後當祭如平時(註但不受胙)未葬前時祭可廢忌祭墓祭略行如上儀緦小功則成服前廢祭(註五服未成服前雖忌祭亦不可行也)成服後則當祭如平時(註但不受胙)服中時祀當以玄冠素服墨帶行之

●雜記士三月而葬○士虞記三月而葬○書儀喪儀三卜宅兆葬日條王公已下皆三月而葬

●小記報葬者報虞三月而後卒哭註報讀爲赴急疾之義謂家貧或以他故不得待三月死而卽葬者旣疾葬亦疾虞虞以安神不可後也惟卒哭則必俟三月耳

▶3259◀◈問; 추석과 백일이 겹쳐서.

둘째 백일이 추석날이네요. 부모님들은 백일 챙겨주고 차례는 참석하지 말라고 하는데 둘다 해도 괜찮은 건지요? 그리고 백일 떡은 백설기만 해도 되는지 팥 단주(?) 또 추가로 해야 하는지요. 우 0 제

◈答; 추석과 백일.

먼저 추석 차례를 모시고 백일(百日)을 챙긴다 하여 예에 어그러질 것을 없을 것이며 백일 차림 음식에 관하여는 깊이 연구한 바는 없으나 우리나라 풍습에서 백설기와 수수경단을 주로 준비하는데 백설기는 백자가 백일의 음과 같고 또 백이 의미하는 바가 백(白)은 순백(純白). 색의 기본. 무구함. 공명정대(公明正大)함. 밝음. 깨끗함. 등등을 의미하는 글자로 아무 탈 없이 무병(無病)하게 자람을 기원하는 뜻이 담겨 있고 수수경단은 아기의 액운(厄運)을 막는다는 전래되는 풍습에서 유래된 음식이라 합니다.

●省齋曰若是父與祖父或父與曾祖父則何以分輕重耶鏡湖謂只論天倫之尊卑而先尊後卑

●陶庵曰兩忌日不可並設只當先尊後卑而各行之

▶3260◀◈問; 추석 차례상 차릴 때 여러가지 질문드립니다.

지역마다 다르고 집안마다 다른 것이 관혼상례이라고 생각합니다. 그 이유는 강제성이 아니고 자율성이기 때문이라고 생각됩니다. 법을 어기면 처벌 받지만 의례문답 전화 몇 번해도 통화가 안되어서 여기에서 질문 남깁니다.

1. 추석이든 설이든 명절차례상 차릴 때 따로 모시는 것이 원칙이 아닌지? 예를 들어 같이 모신다고 하면 며느리하고 시아버지하고 같이 겸상을 한다는 건데...요즘 워낙 간소화 바람이 불어서 제사도 옆으로 합치고 아래위로도 합치는 시대이지만 도리는 아니라고 생각되고 예를 들어 고조까지 모신다고 하면 고조 모시고 다른 제수는 그대로 두고 밥, 국, 술잔, 수저 정도만 바꿔서 증조 모시고 이렇게 하는 것이 그나마 순리가 아닌지 질문 드립니다. 어릴 적 옆집에 차례 지내는 것 봐 온 기억이 있는데 그 집은 고조 모시면 그 제수 전부 내리고 다시 진설 해서 증조 모시고 하는 것을 본 기억이 있습니다.

2. 오늘 아침뉴스에 추석차례상 관련 보도가 나오면서 자료화면에 향을 피울 때 뚜껑을 닫고 뚜껑에 난 구멍에 향을 꼽아 놓았던데 처음 본 것이라서 이렇게 해도 되는지? 아니면 그것이 안되면 향로 속에 무엇을 채워서 향을 고정하는지 궁금합니다.

3. 지방을 불태울 때 어느 쪽부터 태우며 태울 때 글자가 바로 서게 해서 태우는지 거꾸로 서게 해서 태우는지 궁금합니다. 감사합니다.

◈答; 추석 차례상 차릴 때 여러 가지 문제.

問 1. 答; 추석 차례

⊙正至朔望則參(정지삭망즉참) (朱子家禮)

正至(考證卽正朝冬至也)朔望前一日灑掃齋宿厥明夙興開門軸簾每龕設新果(增解程子曰月朔必薦新又曰嘗新必薦享後方可薦數則瀆必𥁕告朔而薦○張子曰朔望用一獻之禮取時之新物𥁕薦○家禮會通朱子宗法朔望薦新俗節時祭以時物○東萊宗法薦新以朔望)一大盤於卓上每位茶盞托酒盞盤各一於神主櫝前設束茅聚沙於香卓前別設一卓於阼階上置酒注盞盤一於其上酒一瓶於其西盥盆帨巾

各二於阼階下東南有臺架者在西爲主人親屬所盥無者在東爲執事者所盥巾皆在北(又設主婦內執事盥盆帨巾於西階下西南凡祭同)主人以下盛服入門就位主人北面於阼階下主婦北面於西階下主人有母則特位於主婦之前(栗谷曰奉祀妾子之母固不當立於主婦之前矣亦豈可立於主婦之後乎當立於主婦之西稍前)主人有諸父諸兄則特位於主人之右少前重行(增解輯覽按重行者主人前伯叔父爲一行主人兄弟爲次行主人子姪又爲次下主人之孫又爲次下是爲重行○沙溪曰諸父異行兄弟則有少前少退之異非重行也)西上有諸母姑嫂姊則特位主婦之左少前重行東上諸弟在主人之右少退子孫外執事者在主人之後重行西上主人弟之妻及諸妹在主婦之左少退子孫婦女內執事者在主婦之後重行東上立定主人盥帨(帨一作洗)升搢笏啓櫝(便覽櫝蓋置於櫝坐東近北)奉諸考神主置於櫝前主婦盥帨升奉諸妣神主置于考東次出祔主亦如之命長子長婦或長女盥帨升分出諸祔主之卑者亦如之皆畢主婦以下先降復位主人詣香卓前降神搢笏焚香再拜少退立執事者盥帨升開甁實酒于注一人奉注詣主人之右一人執盞盤詣主人之左主人跪執事者皆跪主人受注斟酒反注取盞盤奉之左執盤右執盞酹于茅上以盞盤授執事者(便覽執事者皆降復位)出笏俛伏興少退再拜降伏位與在位者皆再拜參神主人升搢笏執注斟酒先正位次祔位次命長子斟諸祔位之卑者主婦升執茶筅執事者執湯甁隨之點茶如前命長婦或長女亦如之子婦執事者先降(便覽謂長子降)復位主人出笏與主婦分立於香卓之前東西再拜降復位少頃與在位者皆再拜辭神(便覽主人主婦升斂主櫝之如啓櫝儀降復位執事者升徹酒果降簾闔門降)而退○冬至則祭始祖畢行禮如上儀○準禮舅沒則姑老不預於祭又曰支子不祭故今專以世嫡宗子夫婦爲主人主婦其有母及諸父母兄嫂者則設特位於前如此○望日不設酒不出主(儀節啓櫝)主人點茶(要訣今國俗無用茶之禮當於望日只啓櫝不酹酒只焚香使有差等)長子佐之先降主人立於香卓之南再拜乃降餘如上儀(栗谷日不出主只啓櫝不酹酒只焚香)○凡言盛服者有官則幞頭公服帶靴笏進士則幞頭襴衫帶處士則幞頭皁衫帶無官者通用帽子衫帶又不能具則或深衣或凉衫有官者亦通服帽子以下但不爲盛服婦人則假髻大衣長裙女在室者冠子背子衆妾假髻背子

楊氏復曰先生云元旦則在官者有朝謁之禮恐不得專精於祭事某鄕里却止於除夕前三四日行事此亦更在斟酌也○劉氏璋曰司馬溫公註影堂雜儀凡月朔則執事者於影堂裝香具茶酒常食數品主人以下皆盛服男女左右叙立於常儀主人主婦親出祖考以下祠版置於位焚香主人以下俱再拜執事者斟祖考前茶酒以授主人主人搢笏跪酹茶酒執笏俛伏興帥男女俱再拜次酹祖妣以下皆徧納祠版出徹月望不設食不出祠版餘如朔儀影堂門無事常閉每旦子孫詣影堂前唱喏出外歸亦然若出外再宿以上歸則入影堂再拜將遠適及遷官凡大事則盥手焚香以其事告退各再拜有時新之物則先薦于影堂忌日則去華飾之服薦酒食如月朔不飮酒不食肉思慕如居喪禮君子有終身之喪忌日之謂也舊儀不見客受弔於禮無之今不取遇水火盜賊則先救先公遺文次祠版次影然後救家財

⊙정월초하루 동지(冬至) 그리고 매월 초하루 보름이면 참배(參拜)한다.

동짓날과 그리고 초하루 보름에는 하루 전날 사당(祠堂)을 깨끗이 청소를 하고 재숙(齋宿) 다음날 일찍 일어나 사당 문을 열고 발을 걷어 올린 후 매 감실(龕室) 마다 새로운 과실(果實) 한 대반(大盤)씩을 진설(陳設)하고 신주독(神主櫝) 앞에는 찻잔과 술잔을 각각 놓고는 향탁(香卓) 앞에 모반(茅盤)에 모래를 담아 놓고 그 위에 모속(茅束)을 꽂아 놓는다. 동쪽 층계 위에 별도로 탁자를 놓고 그 위에 주전자와 강신(降神) 잔반 하나를 둔다.

그 서쪽에는 술병을 놓아둔다. 세수대야와 수건을 각각 둘씩을 동쪽층계아래 동남쪽으로 놓되 대야받침에 대야를 받치고 수건거리에 수건을 걸어서 서쪽으로 놓아 주인과 친속(親屬)의 손 씻는 곳으로 하고 세수대야 받침과 수건거리 없이 그 동쪽으로 놓아 집사자(執事者)가 이용케 한다. 주부와 내집사(內執事) 손 씻는 곳은 서쪽층계 아래서 남쪽에 그와 같게 하여 주부용은 동쪽이며 집사용은 서쪽으로 놓아둔다.

⊙俗節則獻以時食(속절즉헌이시식) (朱子家禮)

節如淸明寒食重午中元重陽之類凡鄕俗所尙者食如角黍(增解周處風土記端午烹鶩以菰葉裹糯米爲粽以象陰陽相包裹未分散謂之角黍五越五日祭汨 濯之遺俗也)凡其節之所尙者薦以大盤間以蔬果(尤庵曰蔬果卽蔬菜之蔬也山殽野蔬自是酒席之所設何必問古禮之有無)禮如正至朔日之儀(晦齋曰世俗正朝寒食端午秋夕皆詣墓拜掃今不可偏廢是日晨詣祠堂薦食仍詣墓奠拜)

問俗節之祭如何朱子曰韓魏公處得好謂之節祠殺於正祭但七月十五日用浮屠設素饌祭某不用○又答張南軒曰今日俗節古所無有故古人雖不祭而情亦自安今人旣以此爲重至於是日必具殽羞相宴樂而其節物亦各有宜故世俗之情至於是日不能不思其祖考而復以其物享之雖非禮之正然亦人

情之不能已者且古人不祭則不敢以燕況今於此俗節旣已據經而廢祭而生者則飮食宴樂隨俗自如非事死如事生事亡如事存之意也又曰朔旦家廟用酒果望旦用茶重午中元九日之類皆名俗節大祭時每位用四味請出木主俗節小祭只就家廟止二味朔旦俗節酒止一上斟一盃○楊氏復曰時祭之外各因鄕俗之舊以其所尙之時所用之物奉以大盤陳於廟中而以告朔之禮奠焉則庶幾合乎隆殺之節而盡乎委曲之情可行於久遠而無疑矣

⊙세속(世俗)의 명절에는 그 시절에 나는 음식물을 드린다.

명절(名節)은 청명(淸明), 한식(寒食), 중오(重午), 중원(中元), 중양(重陽) 등이며 대체로 향촌(鄕村)마다의 풍속에는 숭상하는 것이 각서(角黍) 즉 떡과 같은 음식이며 그 계절에서 제일 좋은 음식으로 드리되 큰 소반에 담아 제사상의 중간에 놓고 소채와 과실을 드리되 그 진설 예법은 정지삭참(正至朔參) 때 의식과 모두 같게 한다.

⊙지방(紙榜) 설 참사예법. (節祀同)

●하루 전날부터 재계(齋戒)를 하고 잔다.

●이날 아침 일찍 일어나 제청(祭廳)을 청소한 뒤 신위의 자리를 설위(設位)하고 제사 기구를 진열한다.

주인은 남자들과 같이 정침을 청소하고 교의(交倚)와 탁자를 닦아 청결하게 한다. 신위의 자리는 정침 북쪽 벽 아래 서쪽에 고조고비(高祖考妣) 자리를 차리되 북쪽으로 병풍을 처두르고 교의 둘을 놓고 그 앞에 탁자 하나를 놓는다. 그와 같이 동쪽으로 증조고비(曾祖考妣) 조고비(祖考妣)와 고비(考妣)의 자리를 세대마다 그와 같이 차리되 붙이지 않으며 부위(祔位)의 자리는 모두 동쪽 벽 밑으로 북쪽이 상석으로 하여 서쪽으로 향하게 차린다.

만약 부위가 많으면 동쪽과 서쪽 벽 밑으로 하되 서쪽이 상좌(上座)이며 모두 북쪽을 상석으로 하여 서로 마주하게 한다. 처 이하의 부위(祔位)는 동쪽 벽 밑에 조금 사이를 두고 그와 같이 한다. 향안(香案)은 당의 중앙에 놓은 뒤 향로를 그 위에 놓고 그 동쪽으로 향합을 둔다. 모사(茅莎)는 향안 앞에 놓고 촛대를 매 위 마다 탁자 위에 놓는다.

다른 탁자 하나를 그 동쪽으로 놓고 주전자와 강신(降神) 잔반을 그 위에 둔다. 그 동쪽으로 세수대야와 수건을 다른 탁자를 놓고 그 위에 올려 놓는다.

●진설(陳設)

기제(忌祭)와 같다. 다만 설이면 떡국 추석이면 송편을 올리며 그 외는 기제와 같다. 진찬(進饌)과 진적(進炙)의 예가 없다. 설위 및 진설품목은 이상에서 유추하시기 바랍니다.

問 2. 答; 香爐에 대하여.

香爐란 향을 피우는 화로란 의미로 화로에는 불을 담아 놓는 그릇으로 향로에는 숯불을 피워 놓는 것이나 지금은 거대 가문에서 線香을 사용하고 있어 선향을 꽂아 놓기 위하여 혹 쌀을 담아 놓기도 하고 모래를 담아 놓기도 합니다. 물론 뚜껑을 열어 놓습니다.

●南史梁紀下元帝;初武帝夢眇目僧執香爐稱託生王宮(辭註)香爐焚香器

●司馬氏書儀焚香當爇蕭

●丘氏曰焚蘭芷蕭芠之類

●郊特牲註蕭香蒿也取此蒿及牲之脂膋合黍稷而燒之使其氣旁達於墻屋之間是以臭而求諸陽也

●溫公曰古之祭者不知神之所在故灌用鬱鬯臭陰達于淵泉蕭合黍稷臭陽達于墻屋所以廣求神也

●隋書禮志禮儀一; 梁天監四年何佟之議云南郊明堂用沉香北郊用上和香

●文獻通考宋詔聖元年; 曾旼言周人以氣臭事神近世易之以香宋時朝享景靈宮儀始稱三上香而

●元史祭祀志; 宗廟祭享儀有傳香祝及三上香文盖用香之禮始見於梁而自宋用於別廟自元用於宗廟也

●敬甫問家禮后土祠無焚香一節其意必非偶然盖焚香求神於陽也灌地求神於陰也后土地神故只求之於陰而不求之於陽義似如此而備要祠后土具有香爐香盒何歟沙溪答曰考家禮不言上香只酹酒無乃有意邪儀節及家禮正衡皆有上香之禮故備要因之未知是否

●國朝五禮儀三上香

問 3 答; 紙榜焚紙 방법
紙榜行祭에서祭畢 後 紙榜은 除之(없앤다)다 하였는데 없애기를 焚之(태운다)라 하였을 뿐 焚之 方法에 관하여는 어찌 태운다. 라 방법을 예시한 예서는 없습니다.

다만 지방이 아무리 虛位라 하여도 祖上께서 머물러 계시든 位이니 交椅에 세워 있던 대로 공손히 옮겨 世俗에서 燒紙하는 방법으로 밑을 받들어 잡고 위에 불을 붙여 태움이 정도가 아닐까 합니다.

●家禮喪禮祔詣祠堂奉神主出置于座;　若喪主非宗子而與繼祖之宗異居則宗子爲告于祖而設虛位以祭祭訖除之
●朱子曰兄弟異居廟初不異只合兄祭而弟與執事或以物助之爲宜相去遠者則兄家設主弟不立主至於祭時旋設位以紙牓標記逐位祭畢焚之如此似亦得禮之變也更祥之
●家禮儀節(一名文公家禮儀節)先祖祭前一日設位陳器條(云云)其中用紙爲牌如神主(云云)無神主者作紙牌(云云)○又喪禮祔祭篇異居則宗子爲告于祖爲牌位而祭畢則焚之
●會成祔祭喪主與宗子異居;若喪主與宗子異居則宗子爲告于祖就其家以紙爲位而祭祭畢焚之
●備要祔祭篇若喪主非宗子而與繼祖之宗異居則宗子爲告于祖而設虛位(用紙榜)以祭祭訖除之

▶3261◀◈問; 추석 차례에 대하여?
추석이 다가오는데요 제사 예법에 대하여 바르게 모시는 예법이 알고 싶습니다

◈答; 추석 차례에 대하여.
전통예법(傳統禮法)에서의 속절(俗節)예는 정침(正寢祭)에서 지내는 예(禮)가 아니고 사당(祠堂)에서 올리는 예(禮)이니 추석(秋夕) 차례(茶禮)는 주인(主人) 집 사당(祠堂)에서 올리는 예(禮)인지라 사당(祠堂) 봉사(奉祀)치 않을 시는 정침(正寢)에서 사당(祠堂)과 같이 서상(西上)의 차례(次例)로 위(位) 차리고 모시게 됩니다.

명절례(名節禮)에서 남계선유(南溪先儒) 말씀과 같이 어느 례서(禮書)에도 속절(俗節) 진설도(陳設圖)를 찾을 수 없으니 분명히 어느 진설법(陳設法)이 옳다 그르다 할 수는 없습니다. 다만 속절(俗節)은 소제(小祭)라 사미(四味) 중에서 이미(二味) 진설(陳設)이 되니 이미(二味) 두 대반(大盤) 사이에 소과진설(蔬果陳設)이 주부자(朱夫子)의 본의(本意)입니다.

특히 세대(世代) 불문 합설(合設)은 결례(缺禮)가 되어 세대(世代)별 부부(夫婦) 별설(別設)하게 됩니다. 따라서 속절(俗節) 진설법(陳設法)은 이상 이외로 더 설명될 수는 없을 것이며, 또 적(炙)은삼헌례(三獻禮)에서 쓰이고 단헌(單獻)에서는 올리지 않는다는 것이며, 시저(匙箸) 역시 어디서도 언급이 없을 뿐만 아니라 제례병설(祭禮竝設)에서도 도암선유(陶庵先儒)께서 율곡선유설(栗谷先儒設)인 시반잔갱초시반잔갱초(匙飯盞羹醋匙飯盞羹醋)가 아니라 가례(家禮)의 반잔시초갱반잔시초갱(飯盞匙醋羹飯盞匙醋羹)으로 놓아져야 법도에 옳다는 것입니다. 혹 후발예서(禮書) 양위(兩位) 합설(合設)에서 시저(匙箸)를 모아 중간에 놓는 진설도가 보이나 이는 근거(根據) 없는 법도(法度)로 생사자(生死者) 모두의 법도(法度)에 옳지 못합니다.

또 왕제(王制)에서의 가르침은 풍년이라 하여 호사스럽게 차리지 말고 흉년이라 하여 부족하게 차리지 말고 법도대로 항상 진설하는 대로 갖추기를 힘쓰라 하였으나 기왕에 기제찬(忌祭饌)으로갖춰졌다면 무분별하게 올리는 것 보다는 법도에 맡게 진설 되는 것이 옳다 할 것입니다.

율곡 선유 말씀에 밥을 지을 수 있는 오곡이 생산되었으면 메를 지어 찬 수품과 함께 진설한다 하셨으니 송편과 함께 메와 갱을 동설한다 하여 예법에 어그러지지 않습니다.

속절(俗節)은 소제(小祭)로서 명절의 즐거움을 조상과 더불어 즐기는 의미의 의식으로 간략하게 무축단헌지례(無祝單獻之禮)로 마치는 예라 유축삼헌지례(有祝三獻之禮) 의식과 달라 첨작의 예(禮)가 없습니다.

○차례예법
강신⇒참신⇒헌주⇒사신

●便覽俗節條(正至朔日之儀)前一日灑掃齋宿厥明夙興開門軸簾每龕設(云云)卓上每位茶盞托酒盞盤各一於神主櫝前
●或問有人於節日祭於墳墓又設茶禮於神主無乃黷耶寒岡曰何黷是家禮所謂俗節之參也墓祭據禮只有三月上旬十月朔日之儀
●或問今之俗節是何日栗谷曰俗節謂正月十五日三月三日五月五日六月十五日七月七日八月十五日九月九日及臘日
●疑禮問答俗節問(沈天祺)韓魏公獨於中元用浮屠者何歟答(明齋)中元禪家節日也註先生祭禮遺書節日正朝上元正月朔望也不必論寒食國俗四名日不必論三月三日端午與寒食同流頭七月七日中元秋夕與端午同九月九日冬至臘
●家禮補疑俗節則獻以時食細註節如淸明寒食重午中元重陽之類
●朱子曰大祭時每位用四味請出木主俗節小祭只就家廟止二味朔旦俗節酒止一上斟一盃
●南溪曰四味魚肉米麵食二味四味中取二者也俗節饌禮無見處酒果蔬菜餠湯之屬當隨所有而酌處之至如炙則乃大祭三獻所用恐不必設
●家禮俗節則獻以時食條凡鄕俗所尙者食如角黍凡其節之所尙者薦以大盤間以蔬果
●王制祭用數之仂祭豐年不奢凶年不儉註常用數之仂
●問家禮及備要設饌圖匙楪當中要訣則居西可耶陶菴曰不同處從家禮
●便覽時祭陳器條盥盆帨巾於阼階下之東其西者有臺架
●家禮本注正至朔望前一日灑掃齋宿厥明夙興開門軸簾每龕設新果云云
●家禮俗節則獻以時食條云云凡鄕俗所尙者食如角黍凡其節之所尙者薦以大盤間以蔬果
●栗谷曰朔望俗節竝設五穀可作飯者則當具饌數品同設
●朱子曰俗節古所無有今人旣以此爲重必具殽羞相宴樂而其節物亦各有宜故不能不思其祖考以其物享之又曰俗節小祭只就家廟止二味朔旦俗節酒止一上斟一杯
●備要陳設條每龕設新果一大盤於卓上每位茶盞托酒盞盤各一於神主櫝前
●家禮凡祭主於盡愛敬之誠而已貧則稱家之有無疾則量筋力而行之財力可及者自當如儀
●儀節俗節獻酒條主人升自執酒注斟酒於逐位神主前空盞中先正位次祔位次命長子斟諸祔位之卑者畢主人稍後立

▶3262◀◈問; 추석 차례에 대해 문의 드립니다.

안녕하십니까? 궁금한 것이 있어서 이렇게 글을 올립니다. 금년 초에 저희 작은아버님께서 돌아가시고 첫 차례입니다. 돌아가신 작은 아버님께서는 아버님 형제 분들 중 막내셨는데 큰집인 저희 집에서 차례를 지내는 것이 옳은 것인지 아니면 작은아버님의 자식이 지내는 것이 옳은 것인지 궁금합니다. 저희 아버지께서는 큰집인 저희 집에서 차례를 지내고 작은 아버님의 자식들이 큰집에서 지내고 난 다음 집으로 가서 또 차례를 하는 것이라고 하시는데 어떻게 해야 할지. 정0기

◈答; 추석 차례에 대하여.

명절 참례는 인근의 자손들은 먼저 종가 댁에 모여 예를 마치고 다음 지손 댁으로 차례대로 돌아가며 지냅니다.

●內則庶子若富則具二牲獻其賢者於宗子(註賢猶善也)夫婦皆齊而宗敬焉(註當助祭於宗子之家)終事而后敢私祭

▶3263◀◈問; 추석 차례에 대해 문의 드립니다.

남편 직업상 명절에 집에 없을 경우가 많습니다. 남편은 외아들이고 여동생 둘은 시집 가서 차례 때 시댁 제사를 지내야 합니다. 시어머니 제사 인데. 시아버지는 생존해 계시고 혼자 지내시고 어머니 제사에는 참석 안 하십니다.

저희는 아직 아이가 없이 부부만 따로 살고 있습니다. 결혼 후 시어머니 제사를 저희 집에

서 모시고 있는데 이렇게 차례 제사를 모실 사람이 아무도 없을 경우 추석 같은 명절도 아들 있을 때로, 하루 정도 먼저 지내는 것이 나을는지 아님, 저 혼자 라도 제 날짜에 추석 차례 제사를 지내는 것이 나은 건지요? 지금까지는 저희 집에서 제사 후 음식을 싸가지고. 아버님께 가서 지내다 오곤 했습니다. 또 배우자 제사 때는 참석을 안 하는 건지요? 부탁드립니다 감사합니다. 최 0 아

◈答; 추석 차례에 대하여.

부재부위주(父在父爲主)입니다. 이 말의 뜻은 부친이 생존하여 계시면 그의 처는 물론이고 장자나 장부, 장손, 장손 부 등의 죽음에도 그가 상주가 되고 기제에 초헌을 하는 것입니다. 까닭에 여사님의 경우에는 시아버지가 생존하여 계시니 그의 명으로 지방도 쓰고 축문도 써야 합니다. 다만 연로하여 참석이 어려우면 지방은 그대로이고 여사님의 부군께서 섭향하여 초헌을 할 수가 있습니다.

지금까지 댁에서 시어머니 제사를 모시고 계시다면 추석 참례는 축 없이 단헌으로 유가의 예법에 남녀 모두 제사에 참석 하는 것이니 만약 부근께서 출장 중이면 여사가 제수를 차려 놓고 아래와 같이 지방을 써 붙이고 부군이 제사 때에 하듯 헌주 후 예를 갖추고 마치면 예에 어그러지지 않을 것 같습니다.

⊙지방식

亡室孺人某氏神位

●家禮本註凡主人謂長子無則長孫承重以奉饋奠

●問爲長子斬衰爲妻期者當官在遠或老病則其子主之乎尤庵曰凡喪父在父爲主則無論父之在遠與老病亦當以父爲主而攝行之

●問長子先亡有次子而長孫承重姪位反在叔父之上不其未安歟牛溪曰初喪立喪主所以重宗統也家廟阼階惟主人當之雖諸父位於前而皆不敢當阼階然則長孫承重主喪雖諸父在後何未安之有

●奔喪凡喪父在父爲主父沒兄弟同居各主其喪親同長者主之不同親者主之註父在而子有妻子之喪則父主之統於尊也父沒之後兄弟雖同居各主妻子之喪矣同宮猶然則異宮從可知也親同長者主之謂父母之喪長子爲主其同父母之兄弟死亦推長者爲主也不同親者主之謂從父兄弟之喪則彼親者爲之主也

●服問君所主夫人妻大子適婦註夫人者君之適妻故云夫人妻大子適子也其妻爲適婦三者皆正故君主其喪

●陳氏集說父在而子有妻子之喪則父主之統於尊也父歿之後兄弟雖同居各主妻子之喪

●栗谷曰母喪父在則父爲喪主凡祝辭皆當用夫告妻之例也

●寒岡曰父在父爲主者取統於尊之義也所謂子主饋奠云者非謂祭奠諸事皆屬於子也

●陶庵曰主喪之節家國體異異宮之義古今制殊只當以父在父爲主爲經也

●遂庵曰祖在祖爲主

●朱子曰妻之喪夫自爲主以子爲喪主未安又曰未有主婦則弟得爲亞獻

▶3264◀◈問; 추가 궁금한 점 질의.

답변 감사 드립니다. 추가로 궁금한 점이 있습니다.

1. 차남인 저의 집에서 차례 및 제사를 지낼 때 혹시라도 형이 참석하게 되면 제주는 형이 하면 되는지요?

2. 앞의 2 번 답 중 지방을 적자 명으로 쓴다 하셨는데 현고학생부군 신위 와 다른지요? 부탁 드립니다.

◈答; 지자는 부모 제사를 제 집에서 지내지 못함.

1. 答; 지자의 집에서는 부모나 선대 제사를 지내지 못합니다.

●曲禮支子不祭祭必告于宗子(註不敢自專宗子有故支子當攝而祭五宗皆然疏廟在適子之家庶子不

敢輒祭若濫祭亦是淫祀若宗子有疾不堪當祭則庶子代攝可也猶宜告宗子然後祭)

●小記庶子不祭祖(註下正猶爲庶也疏宗子庶子俱爲適士宗子得立祖廟祭之已是祖庶得自立禰廟而不得立祖廟祭之故云庶子不祭祖禰適於祖猶爲庶五宗悉然○庶子不祭禰疏宗子庶子俱爲下士禰適得立禰廟故祭禰禰庶不得立禰廟故不得祭其禰是宗子自祭之庶子不得祭也

2. 答; 다른 사람이 대신 제사(祭祀)를 주관 하여도 지방은 적자(嫡子) 명(名)으로 써야 한다는 뜻입니다.

●公羊傳昭公篇大夫聞君之喪攝主而往註主謂已主祭者臣聞君之喪義不可以不卽行故使兄弟若宗人攝行主事而往不廢祭者古禮也古有分土無分民大夫不世己父未必爲今君臣也孝經曰資于事父以事君而敬同

●曾子問孔子曰(云云)攝主註若尊卑不等或是祖父之列或是子孫之列則但謂之宗子矣

▶3265◀◈問; 추석 때 지방은 어떻게 쓰나요?

추석 때 지방을 어떻게 쓰는지 모르겠네요. 제를 올리기는 하는데 여러 조상님들께 올리는데, 한 분께 제를 올리는 게 아니라?

◈答; 추석 때 지방은.

귀하는 주인으로서 주관자가 아니라 제원으로서 지금까지 제례에 참여 한 것 같습니다. 조상 숭배에 특정한 이가 따로 있겠습니까.

○지방식

고조고==顯高祖考某官府君神位 고조비==顯高祖妣某封某氏神位
증조고==顯曾祖考某官府君神位 증조비==顯曾祖妣封封某氏神位
조고====顯祖考某官府君神位 조비====顯祖妣某封某氏神位
부======顯考某官府君神位 모======顯妣某封某氏神位
처======亡室某封某氏神位 장자====亡子某官神位

●便覽紙牓

○紙
用厚白紙長廣隨宜以眞楷細書於紙中央臨祭貼於椅上隨位各書

○紙牓式

顯某考某官府君神位
顯某妣某封某氏神位(祖妣二人以上別具紙各書)

●溫公曰古者除於室中故神坐東向自後漢以來公私廟皆同堂異室南向西上所以西上者神道尙右故也

●家禮本註凡屋之制不問何向背但以前爲南後爲北左爲東右爲西

●問解無官而死者無他稱號勢不得已當書學生處士秀才各隨宜可也

●沙溪曰無官而死者不稱學生則無他稱號勢不得已當書學生處士秀才各隨其意可也婦人孺人之號書亦可不書亦可丘氏謂無官婦人宜如俗稱孺人盖禮窮則從下之義也

●尤庵曰孺人是九品官之妻稱而士妻同稱之者是禮窮則同之義也

●士儀治葬題主陷中條無官則隨常時所稱如學生處士秀才或別號之類

●問無官而非學生者題主稱學生似未穩而且如子孫書四祖亦皆無合當稱號如何如何沙溪宋俊吉答無官而死者不稱學生則無他稱號勢不得已當書學生處士秀才各隨其宜可也

●宋敬甫問無官而非學生者題主稱學生似未隱沙溪曰無官而死者不稱學生則無他稱號勢不得已當書學生處士秀才各隨其宜可也又曰丘氏謂無官婦人宜如俗稱孺人葢禮窮則從上之義也

●同春堂曰無官而死者不稱學生則無他稱號勢不得已當書學生處士秀才各隨其宜可也

●葛庵曰無官而死者無他稱號不得已當書學生處士秀才各隨其宜可也

●士儀治葬題主陷中條無官則隨常時所稱如學生處士秀才或別號之類

●寒岡曰雖有先人之名若不得禮曹立案則不可經書左旁恐姑書曰顯兄秀才府君神主而呈禮曹出立

案
●俛宇曰無官者之稱學生處士秀才皆無不可然秀才則弱冠時可用學生亦非今日合稱惟處士似勝然自非有行望可尊者則亦難人人一例秀士亦古者薦升之稱奈何

▶3266◀◈問; 추석에 모실 제사 때문에.

안녕하세요, 이번 추석 때 처음으로 저희 집에서 제사를 모시게 되었는데 사실 제가 모시는 게 아니라 집안 사정으로 막내이신 아버지께서 모시게 됐습니다. 그런데 제사 모실 분들이 많으십니다. 그리고 제대로 지방 쓸 줄 아시는 분들도 없고 해서 인터넷으로 검색하다 알게 된 사이트라 질문 드립니다. 그러니깐 저희 아버지께서 모시는 거라 편하게 아버지 쪽에서 말씀 드리면 고조할아버지, 할머니, 증조할아버지, 할머니, 할아버지, 할머니, 아버지, 어머니, 그리고 돌아가신 누님이 계십니다. 그리고 한 가지 더 아버지(저한테는 할아버지가 되시지만)께서 어머니랑 결혼 전에 혼인신고가 안되신 큰어머니가 계셨는데 그 분이 자식이 없으셔서 같이 제사를 지냅니다. 그런데 이럴 땐 지방을 어떻게 쓰는지 궁금해서 질문 드립니다.

참고로 관직이 있을 때와 없을 때가 차이가 난다고 들었는데 제사 모실 분들 모두 관직이나 특별한 이력이 없으십니다. 그리고 할머님들의 본적 그러니깐 ₩'김해 김씨₩' 같은 거 말이에요, 그런 것도 모두 알아야 합니까? 지방에다 써야 되는 지도 궁금합니다.

질문이 너무 많고 말이 길죠? 괜히 아버지 쪽에서 쓴 글이라 더 복잡해 진 건 아닌지 모르겠네요. 얼마 후면 추석이라 맘이 급해 제대로 쓴 건 지도 모르겠네요. 혹시 제가 질문 하지 않은 것 중에 꼭 필요한 건 없는지 모르겠습니다. 여기저기 바쁘실 텐데 두서 없는 글이라 죄송합니다. 수고하시고 답 글 기다릴게요. 감사합니다.

◈答; 추석에 모실 제사는.

제사는 적자의 명으로만 지낼 수 있는 것입니다. 만약 적손이 무 하였으면 입후하여 그의 고조 이하를 받들게 하고 그로부터 봉사 세대가 지난(오대조) 신주는 최장방 즉 봉사세대가 지나지 않은 손이 있으면 그 집으로 옮겨 그의 명으로 개제 하여 봉사케 하는 것입니다. 그렇지 않고서는 신주는 함부로 옮기는 것이 아닙니다. 그러나 귀하의 부친께서 막내임에도 불구 하고 고(高)이하 조상을 모시게 된 것은 귀하의 친족회의 결과 이겠으나 그 수고로움을 감내하려 함은 효가 바탕 하지 않고서는 썩이나 어려운 결정이니 참으로 존경합니다.

사연은 밝히지 않았으니 알 수 없어 다음의 두 가지로 임의 해석하여 예를 적어 보겠습니다.

1; 적손(귀하의 부친 맏형)이 사망하고 그 후사가 유아 일 때 유아가 주인으로서 초헌관이 되며(지방 역시 유아가 속한 대로 씀) 행례 만은 귀하의 부친이 대행 하는 연유를 고하고 초헌을 합니다.

축문에 연유를 고하는 서식.
某日孝玄孫某兒幼不堪事使介曾孫某代行薦禮敢昭告于 라고 하면 무난할 것 같으며 이하는 같습니다.

귀하의 부친 고조부만은 그 명으로 따로 봉사를 하면 됩니다. 까닭은 귀하의 부친이 봉사의 세대(高玄)가 지나지 않아서 입니다.

2; 귀하의 부친 맏형이 후사 없이 무 하였을 때 서열은 위배 되나 귀하 댁 장자가 그 후사로 입후하여 그 명으로 사대 봉사를 하는 것입니다. 이렇게 봉사 할 시는 귀하의 부친 고조부모는 속절의 각 명절 예에 귀하의 부친 명으로 그분들만 먼저 별설 예를 마치고 그 이하 조상을 받들면 될 것입니다. 물론 기제 역시 각각 그 명으로 받듭니다.

지방 쓰는 법은 바로 위 [000]번 참조하십시오.

⊙귀하의 부친 누님 지방 쓰는 법
顯姉孺人神位 (종서입니다.)

귀하 부친의 부친 큰댁이 적실인지는 알 수 없으나 만약 적실(敵室)이었다면 호적과는 관계없이 후실(後室)과 함께 봉사하여야 합니다. 후사(後嗣)가 없다 하여도 후실의 아들들은 그 분이 적모 입니다. 부인들의 성씨 앞에 관향은 보통 지방에는 쓰지 않습니다. 그 이유는 지방은 신주의 겉신주를 본뜬 것입니다. 신주는 속 신주와 겉 신주를 결합한 것인데 속신주는 망자를 나타내는 것이며 겉 신주는 봉사자와의 관계를 나타내는 것이기 때문입니다. 장황하여 이해하기에 어려울 것 같으나 조금이라도 도움이 되였으면 감사 하겠습니다.

●問解續問父若前後室則前後母神主同出耶只出考與所祭之主耶答並祭爲當前母忌日同祭後母後母忌日同祭前母

▶3267◀◈問; 추석차례.

안녕하십니까? 수고 많으십니다. 다름이 아니옵고 지난달 26 일 부친께서 돌아가셨습니다. 추석에 조상에 대한 차례를 모시는 것이 맞는지요? 혹 모신다면 돌아가신 부친은 1 년간 모시지 않는 것인지요?

또한 1 년간 작은집 제사나 명절에 참여해서는 안 된다고 하는데 맞는지 궁금합니다. 바쁘시겠지만 답변 부탁 드립니다.

◈答; 추석차례.

지난달 26 일란 9 월 26 일인 듯 합니다. 추석이 9 월 19 일이니 한 달도 못됩니다. 대단히 감사합니다. 먼저 가친의 상에 조의를 표합니다.

사서인(士庶人)의 장례는 예법상 상을 당한 날로부터 석 달 뒤에 치러야 하나, 사정상 일찍 장사를 하였다 하여도 예법은 3 개월 지나 장하하는 예법을 따릅니다. 따라서 이번 추석은 예법상 장사 전이라 다른 차례는 모두 폐하고 선고(先考) 차례만 지냅니다. 다른 제사는 졸곡(초상으로부터 약 90 여일 이후)이 지나면 복인 중 복이 얕은 이로 하여금 모든 제사를 무축단헌으로 대신 지내게 합니다. 물론 상주(삼년복자)는 내 제사는 물론 다른 집 제사도 탈상 전에는 참례하지 않습니다.

●要訣喪服中行祭儀凡三年之喪未葬前則準禮廢祭而卒哭後則於節祀忌祭(墓祭亦同)使服輕者行薦而饌品減於常時只一獻不讀祝可也
●家禮喪禮治葬三月而葬條司馬溫公曰勅王公以下皆三月而葬
●小記報葬者三月而卒哭

▶3268◀◈問; 추석 차례상엔 지방을 안 쓰는 건가요?

작년에 아버지께서 돌아가셨는데 올해 추석에 차례를 지내잖아요 지방은 쓰는 게 아니라는데 진짜인가요? 나보고 바보라고 그러는데.

◈答; 추석 차례상엔 紙牓을 씁니다.

묘소에서 지내는 묘제 이외는 모두 신주나 지방이 있어야 합니다. 이유는 공경할 대상이 있어야 되지 않겠습니까. 신주나 지방은 대상의 혼신이라 하는 것입니다. 사람이 죽으면 형체는 흙으로 돌아 가고 혼신만 신주나 지방에 계신다는 것입니다. 그렇기 때문에 반듯이 모든 제사에는 신주나 지방을 모셔야 되는 것입니다.

●家禮喪禮治葬題主條先題陷中父則曰故某官某公諱某字某第幾神主粉面曰考某官封謚府君神主其下左旁曰孝子某奉祀
●周禮春官小宗伯掌建國之神位右社稷左宗廟註鄭司農云立讀爲位古者立位同字古文春秋經公卽位爲公卽立
●皇壇增修儀大報壇紙位圖說條云云高皇帝神位
●便覽虞祭祔祭紙牓式條顯某考(屬稱隨亡者當祔位下同)某官府君神位

▶3269◀◈問; 추석 차례상 음식에 대한 문의.

저희 집에서는 추석 차례상에 쑥 송편을 빚어(쌀가루에 쑥 가루를 넣음) 차례를 올립니다.

* 부모님이 생전에 쑥 송편을 좋아하셔서 쑥 송편을 올리고 있습니다. 그런데 주변에서 차례상에 쑥이 들어간 음식을 올리면 안 된다는 이야기가 있어 문의 드립니다. 차례상에 쑥이 들어가는 음식을 올리면 안 되는지요? 답변 부탁 드립니다.

◈答; 추석 차례상 음식에 대하여.

제물로 불용(不用)인 품목은 복숭아(桃), 잉어(鯉), 돼지 위장 및 창자(豚腸胃), 훈채(葷菜), 유밀과(油蜜菓) 등은 전거적(典據的)으로 확인이 되나, 불용소(不用蕭; 쑥)란 전거(典據)는 확인이 되지 않습니다.

쑥이 쓴맛은 나나 훈채(葷菜)에 속한 양념류가 아닐 뿐만 아니라 여러 가지 떡에 섞어 식용하고 있어 제물(祭物)로 피해야만 할 특별한 까닭은 없다 하겠습니다.

만약 불용설(不用說)이 있다면 전거(典據)로 확인이 불가능하다면 무속적(巫俗的)이거나 속설(俗說; 낭설)에 불과하다. 라 이해되어야 할 것입니다.

●陶庵曰凡木實之可食者無不用
●孔子曰果屬桃爲下祭祀不用
●黃氏紹曰鯉魚不用於祭祀
●沙溪曰桃及鯉魚不用於祭見家禮及黃氏說
●旣夕禮豚解無腸胃註無腸胃者君子不食溷腴疏君子不食溷腴者少儀文彼註謂犬豕之屬食米穀腴有似於人穢
●問祭進葷菜不用何也梅山曰葷菜豈不用於薦也齋戒者不食
●郊特牲鼎俎奇而籩豆偶陰陽之義也籩豆之實水土之品也不敢用褻味而貴多品所以交於旦明之義也
●王制祭豊年不奢凶年不儉注常用數之仂
●言行錄先生遺戒勿用油蜜果
●問解膏煎之物不用出於儀禮今用蜜果油餠恐不合禮

▶3270◀◈問; 추석 차례 지내는 법.

추석차례 지내는 예법 좀.

◈答; 추석 차례 지내는 법.

◎지방으로 명절 제사 지내는 법(보입) 생략(省略)

☞차례 지내는 법은 네이버·다음 등 엡사이트에서 제공하는 홈페이지 [주자가례 전통예절] 통례편 지방 설 참사예법에 상세한 예법이 상술되어 있습니다. 참조하시기 바랍니다.☜

◎正至朔參儀禮節次(원단 홀기)

(主人以下各具盛服)○序立(男列於左女列於右每一世列爲一行)○盥洗(立定主人主婦及子婦將出主者皆洗拭訖)○啓櫝○出主(主人出考主主婦出妣主其餘子婦出祔主各置正位之左皆畢)○復位(主婦以下先降復位)○降神(執事者洗手上階開甁實酒於注一人奉注詣主人右一人執盞盤詣主人左)○主人詣香案前○跪○焚香(主人焚香畢右執事者跪進酒注左執事者跪以盞盤向主人主人受酒斟酒於盞反注於右執事者取盤盞自捧之二執事者皆起)○酹酒(主人左手執盞盡酹茅沙上畢置盞香案上)○俯伏興(少退)○鞠躬拜興拜興平身○復位○參神(主人以下凡在位者皆拜)○鞠躬拜興拜興拜興拜興平身○主人斟酒(主人升自執酒注斟酒於逐位神主前空盞中先正位次祔位次命長子斟諸祔位之卑者畢主人稍後立)○主婦點茶(主婦執甁斟茶於各正祔或命子弟捧茶托主婦位前空盞中命長婦長女斟諸祔捧盞逐位以獻亦可位之卑者畢主婦退與主人並立拜)○鞠躬拜興拜興平身○復位(主人主婦各復其位)○辭神(衆拜)○鞠躬拜興拜興拜興拜興平身○奉主入櫝○禮畢

◎望日儀禮節次(보름 차사 홀기)

序立○盥洗○啓櫝○主人詣香案前○跪○焚香○俯伏興拜興拜興平身○主人點茶(長子助之)○復位

○參神(衆拜)○鞠躬拜興拜興拜興拜興平身○禮畢

儀節按本註條主婦執茶筅執事者執湯甁隨之點茶蓋以神主櫝前先設盞托至是乃注湯于盞用茶筅點之耳古人飮茶用末所謂點茶者先置末茶於器中然後投以滾湯點以冷水而用茶筅調之茶筅之制不見於書傳惟元謝宗可有詠茶筅詩味其所謂此君一節瑩無瑕夜聽松風漱玉華萬縷引風歸蟹眼半甁飛雪起龍牙之句則其形狀亦可彷彿見矣今人燒湯煎葉茶而此猶云點茶者存舊也或謂茶筅卽蔡氏茶錄所謂茶匙非是

▶3271◀◈問; 친가와 외가 차례.

추석차례 지내는 예법 좀. 저희 아버지가 장남(長男)이시고 어머니는 외동딸이십니다. 재작년에 외할머니께서 돌아가셨고, 작년에 친할아버지께서 돌아가셨어요, 그래서 친할아버지의 제사도 저희 집에서 지내고 외할머니의 제사(祭祀)도 저희 집에서 지내거든요. 당연히 설이나 추석(秋夕)에 차례(茶禮)도 저희 집에서 지냅니다. 그런데 두 분 차례상을 함께 지내면 안 되나요?

엄마는 할아버지(시아버지) 차례상을 차리고, 이후에 또 다시 할머니(어머니)의 차례상을 다시 차리는데 제가 보기에는 너무 비효율적으로 보이거든요. 물론 조상에 예를 올리는 것이 효율, 비효율의 문제는 아니지만요. 엄마가 너무 힘들어 보여서요. 두 분 차례상을 한 번에 올려도 되나요? 궁금합니다.

◈答; 친가과 외가 차례.

친가와 외가는 씨족의 근본이 다릅니다. 친가는 부친이 모든 제사의 주인으로서 초헌을 하게 되고 외조부모가 후손 없이 모두 몰하였으면 그 장 외손이 그 제사를 주관하여 초헌관이 됩니다. 따라서 명절 참사 설위를 친가와 외가를 합설할 수가 없는 것입니다. 따라서 먼저 친제(親祭)를 모신 후 외조부 제사를 지내야 합니다.

●退溪曰外孫奉祀一廟而二姓同祭夫天之生物使之一本而此則爲二本焉甚不可也今人或不幸其外家祖先無後而未有所處者不忍其主之無歸則權宜奉置別所而往來奠省未爲不可若公然與其本親同享一廟則悖理莫甚所謂神不歆非禮者此類之謂也故今於外孫奉祀之問不敢苟徇而以爲可行也
●寒岡曰外家神主奉祀本非禮經今者不得已奉祀則當時祀茶禮時先祭祖外祖次祭

▶3272◀◈問; 한식 날 축문이 알고 싶습니다.

한식제 축식을 어떻게 쓰나요.

◈答; 한식축.

⊙한식묘제축문식(寒食墓祭祝文式)

維 歲次干支幾月干支朔幾日干支某親(考妣云孝子祖考妣云孝孫曾祖考妣云孝曾孫高祖考妣云孝玄孫親盡祖考妣云幾代孫妻云夫旁親卑幼則隨屬稱)某官某(弟以下不名)敢昭告于(妻去敢字弟以下但云告于)顯某親某官府君(或顯某親某封某氏合窆位則列書妻云亡室卑幼改顯爲亡去府君二字)之墓氣序流易雨露旣濡(寒食云云歲時改此句爲歲律旣更端午云時物暢茂秋夕云白露旣降十月朔云霜露旣降)瞻掃 封塋不勝感慕(考妣改不勝感慕爲昊天罔極旁親爲不勝感愴妻弟以下云不勝哀感)謹以(妻弟以下玆以)淸酌庶羞祗薦(旁親云薦此妻弟以下云陳此)歲事尙 饗

위 축문을 묘제축으로 대체로 모든 묘제에 응용할 수 있습니다.

▶3273◀◈問; 한식차례.

안녕하세요 꾸벅! 인터넷 보다 이곳까지 오게 되어 질문 하나 하고자 합니다. 조상님을 산소(山所)일 때는 한식(寒食) 날 묘소(墓所)에 가서 차례를 지내어 왔습니다. 그러나 작년에 조상님을 납골(제주 시 운영)에 모셨습니다. 이에 납골당(納骨堂)으로 모셔도 한식(寒食)에 음식 및 제주(祭酒) 등을 준비하여 직접 납골당(納骨堂)에 가서 차례(茶禮)를 오려야 하는지요. 어떤 분은 납골당으로 모시면 후세(後世)를 생각하여 안 해도 된다고 하는 분도 있고 해서요. 김 0 환

◈答; 한식(寒食)차례.

납골당이 어떠한 형태인지는 모르겠으나 조상의 유골이 계신 곳에서 제사하는 것을 묘제라 한다면 납골당 역시 일반적인 묘의 모양과는 다르다 하여도 선대의 유골이 계신 곳이니 묘라 할 수 있지 않을까 합니다. 다만 제사할 수 있는 형세라면 다행이겠으나 아니라면 재사나 단제로 행할 수도 있으니 재사가 없다면 납골당 입구 등 그 인근에서 지방으로 묘제(한식 등)를 지내면 되지 않은가 합니다.

●俗節則獻以時食(속절칙헌이시식)

節如淸明寒食重午中元重陽之類凡鄕俗所尙者食如角黍(增解周處風土記端午烹鶩以菰葉裹糯米爲粽以象陰陽相包裹未分散謂之角黍五越五日祭汨氵羅之遺俗也)凡其節之所尙者薦以大盤間以蔬果(尤庵曰蔬果即蔬菜之蔬也山殽野蔬自是酒席之所設何必問古禮之有無)禮如正至朔日之儀(晦齋曰世俗正朝寒食端午秋夕皆詣墓拜掃今不可偏廢是日晨詣祠堂薦食仍詣墓奠拜)

●後漢書周擧傳; 等始附會爲介之推事寒食日有在春在冬在夏諸說惟在春之說爲后世所沿襲
●荊楚歲時記; 去冬節一百五日即有疾風甚雨謂之寒食禁火三日造餳大麥粥(辭註)寒食節令名在農曆淸明前一日或二日
●寒食(唐韓翃)詩; 春城無處不飛花寒食東風御柳斜
●春日田园雜興詩; 村村寒食近插柳遍檐牙
●黃竹子傳; 臨行竹子執生手曰此歸又罹虎口若得了儂業債則寒食梨花求麥飯一盂紙錢一束上眞孃墓一弔薄命人死無恨耳
●燕京歲時記淸明; 淸明即寒食又曰禁烟節古人最重之今人不爲節但兒童戴柳祭掃坟塋而已
●張子曰周禮季春禁火旣禁火須爲數日糧旣有食復思其祖先祭祀寒食與十月朔日展墓亦可

▶3274◀◈問; 혼례가 정해졌을 때 명절차례나 부모제사를 지내는지.

초암 선생님 안녕하십니까? 집안일로 궁금한 점이 생겨 문의 드리오니 좋은 지도편달 바랍니다.

저희 집은 3 대의 장손(長孫) 큰집입니다. 이번 추석(秋夕) 명절(名節)을 앞두고 작은 집 조카딸의 "결혼(結婚) 날짜가 잡혀 명절 차례(茶禮)제사는 안 지내는 것이 맞다"는 주장이 제기되었습니다. 가례상 혼례가 정해지면 제사를 안 지내는 것이 맞는 것인지요? 아니면 어떻게 해야 하는지요?

◈答; 혼례가 정해졌을 때 명절차례나 부모제사를 지내는지.

본인이 이제까지 유학적(儒學的)으로 어느 경서(經書)나 선현(先賢)의 설(說)에서도 그와 같은 주장을 살핀 바가 없습니다. 다만 기제(忌祭)는 상(喪)을 당한 날이라 아래와 같이 살펴보건대 기일(忌日)의 날에는 길사(吉事)를 행하지 않는다 하였으니 그 날을 피하여 행할 뿐으로 혼인으로 인하여 제사나 차사(茶祀)를 행함에 꺼려야 할 전거나 근거가 없는 것 같습니다.

●檀弓忌日不樂(註)忌日不用擧吉事

▶3275◀◈問; 회사 동료 아버지가 돌아가셨습니다. 추석 전에 상가 집을 다녀와도 되나요.

회사 동료 아버지가 어제 저녁 돌아가셨습니다. 혹시 추석 전에도 상가 집에 문상을 가도 되는지 궁금합니다. 내일이 출상이라는데 어떻게 해야 할지 답변 부탁 드립니다.

◈答; 추석 전 문상에 대하여.

요결에서 친족 5 월 복이나 3 월 복의 상을 당하여도 성복 전은 폐제하고 성복 후는 평시와 같이 제사를 지낸다. 라 하였습니다. 더욱이 명절의 재계는 전일일 재숙(齋宿)입니다. 추석은 아직 4, 5일 후라 꺼릴 것은 없을 상 싶습니다.

●家禮本註正至朔望前一日灑掃齋宿厥明夙興云云
●要訣喪服中行祭儀期大功則葬後當祭如平時(但不受胙)未葬前時祭可廢忌祭墓祭略行如上儀緦小功則成服前廢祭成服後則當祭如平時(但不受胙)

23 기제(忌祭)

▶3276◀ ◈問; 가례초해를 구입할 수 있는 방법은 없는지요.

안녕 하십니까? 유익한 공부. 많은 지식을 허락도 받지 않고 얻어가고 있습니다, 가례초해 서책을 구입할 방도는 없겠습니까? 후대로까지 필요하겠습니다.

한가지 여쭈어보고 싶은 것은. 제사 때 강신: 향을 피우고 술잔을 세 번 돌리는 것은 흩어진 조상신 "혼"을 모시고자 하는 의식이고 모사그릇에 술을 [삼제] 세 번 기울이는 것은 땅속으로 스며든 조상신" 백"을 위로하고 모시고자 하는 의식이라면 제사를 받으시는 분의 위 조상님들께 먼저 고 하는 의미가 아닐런지오?

초헌 은 제주가 제사를 받으시는 위전에 첫 잔을 올리는 의식이라면 강신 때처럼 또 모사에 삼제 한다는 것이 조금은 이치가 아닌 것 같기도 하고 강신과 초헌 때 이중으로 하는 건 아닌지? 제사 신위께도 죄송한 마음도 있고 해서 선생님의 명쾌한 고견을 듣고 싶습니다.

1: 강신 때처럼 초헌 때도 모사에 삼제한 다음 잔 7 부 정도의 술만 신위 전에 올리고 독축으로 이어간다?

2: 삼제한 다음 첨잔하여 가득 채워서 올리고 독축한다? [뒤에 첨작과 중복]

3: 모사에 삼제로 다 기울이고 다시 잔 가득 채워서 신위 전에 올리고 독축한다?
[강신과 중복]

4: 초헌 때는 강신처럼 모사에 삼제 않고 신위 전에 잔 올리고 독축한다
[축문내용은 대체로 당. 고. 비. 신위께: 흠향"하시라는 내용으로 지어지는 것이므로 3 번이 맞지 않을까 싶은데 우매한 탓으로 걱정 끼쳐 송구합니다]

◈答 가례초해를 구입할 수 있는 방법은.

질문? 1. 答; 현재 횡서본의 교정이 어느 정도 완료 되어 출력 복사본을 몇 책 출력하여 지인 몇 분에게 부탁 재 탈 오자를 찾고 있으나 아직 출판 여부는 미정입니다. (2017 년 현재 증보 가례초해 출판사 명문당에서 보급 중)

질문? 2. 答; 그러한 뜻이 아닌 듯싶습니다. 기존 답변 중에서 재론 합니다. 참고 하여 보기 바랍니다.

郊特牲周人尙臭灌用鬯臭鬱合鬯臭陰達於淵泉灌以圭璋用玉氣也旣灌然後迎牲致陰氣也蕭合黍稷臭陽達於墻屋故旣奠然後焫蕭合羶薌凡祭愼諸此魂氣歸于天形魄歸于地故祭求諸陰陽之義也殷人先求諸陽周人先求諸陰
예기 교특생편에서 이르기를 주 나라 사람은 혼기가 냄새를 좇는 것으로 여겨 울창주(鬱蒼酒)에 울금초를 섞어 그 향내가 음기인 땅속 깊숙이 이르게 하려 하였고 규옥을 자루로 만든 술 국자로 울금주에 옥의 기를 더하여 더욱 술의 향내를 강하게 하였느니라. 이와 같이 술을 땅에 붓는 의식이 끝나고 나서 희생을 바치게 되는데 이와 같이 땅속에서 체백(體魄)을 맞는 의식을 하고는 다음으로 쑥과 서직(黍稷)을 섞어 볶아 태워 그 냄새가 지붕을 뚫고 높이 올라가 하늘에서 그 신령을 불러 내려 모시고 제사를 지내느니라 그런고로 이미 제물을 받치고 쑥을 태우고 생을 바치고 울창주(鬱蒼酒)를 땅에 붓는 의식으로 모든 절차를 신중하게 제사를 지내고 나면 이에 흡족한 혼기는 하늘로 돌아가고 형백은 땅으로 돌아 가느

니라. 그런고로 제사를 지낸다 하는 것은 혼기와 체백을 하늘과 땅에서 찾는 것이 되느니라. 은나라 사람들은 먼저 하늘에서 신령을 찾았으며 주나라 사람들은 먼저 땅에서 체백을 찾았느니라.

司馬溫公曰古之祭者不知神之所在故灌用鬱鬯臭陰達于淵泉蕭合黍稷臭陽達于墻屋所以廣求神也今此禮旣難行於士民之家故但焚香酹酒以代之
사마온공의 말씀에 옛날에는 제사 지내는 사람들이 신령이 있는 곳을 알지를 못하였든 까닭에 울창주의 강한 향기를 땅에 부어 깊은 속 까지 이르게 하여 체백을 찾으려 하였고 쑥에 서직을 섞어 태워 그 연기가 지붕을 뚫고 나가 하늘 높은 광활한 곳에서 신령을 모시려 하였는데 요즘은 이 예법을 학예가 훌륭한 선비의 가문에서도 행하기가 심히 어려워 다만 향을 태우고 술을 땅에 붓는 것으로 대신 하고 있느니라.

⊙삼제의 의미.

삼제(三祭)란 술을 들기 이전에 땅에 조금 지우고 마시듯 신 역시 삼신인 천지인(天地人)의 삼신에 먼저 제사하고 마시는 의미 같습니다.

⊙술잔을 향의 연기에 세 번 돌림의 당부

향이란 향나무를 잘게 깎아 그 것을 강신예 때 향불 위에 넣어 태우는 것으로 그 뒤에는 제사를 마치도록 향을 또다시 향불 위에 넣는 예가 없는 것입니다. 그러므로 향의 연기는 강신예 때 이외는 피어 오르지 않으니 초아종헌 시는 이미 향의 연기는 없는 것입니다. 다만 현세에 개량 향이라 하는 것이 길쭉하여 그 지속시간이 긴 까닭에 제사를 마칠 때까지 연기가 나고 있을 뿐인데 혹 가문에서는 그 위에 술잔을 빙빙 돌린 후에 위전으로 올리는듯하나 이는 아마도 정함을 뜻하는듯하나 전통 예법이 아니니 그 진실의 뜻은 알지를 못합니다.

질문; 초헌: 答; 강신(降神)의 뇌주 의식과 초(初) 아(亞) 종헌(終獻) 시 삼제와는 그 의미가 다릅니다 강신의 뇌주 의식은 위의 예와 같이 삼제 의식이 아니라 당해 혼백을 찾는 의식이고 초 아 종헌 시 삼제 의식은 비유하자면 생자들의 고수레 의식과 비슷한 의식이 아닌가 생각합니다.

1: 答; 그렇습니다.
2: 答; 아닙니다.
3: 答; 아닙니다.
4: 答; 아닙니다. 강신예와 초 아 종헌 의식은 별개의 의식입니다.

강신례 때 향을 피우는 이유는 계신 곳을 모르는 조상의 혼기(魂氣)를 향(香)을 피워 그 향기(香氣)가 장옥지간(墻屋之間)애 퍼져 그 향기(香氣)를 따라 신위(神位)가 계신 곳으로 딸아 오시게 하고, 술을 땅에 붓는 뇌주(酹酒)의 예는 땅으로 스며든 체백(體魄)의 기(氣)를 그 냄새를 따라 신위(神位)로 찾아 오시도록 하여 혼(魂)과 체(體)를 일체화 시키는 예로서 분향의 예는 분향재배 뇌주 재배로서 그 역할은 모두 끝난 것입니다.

질문과 같이 그러한 예법(禮法)의 전거도 찾을 수가 없을뿐더러 더욱이 국조오례의(國朝五禮儀)의 강신조(降神條) 분향(焚香)은 향로(香爐)에 삼상향(三上香)하여 위전(位前)으로 올려놓고 편람의 제구조(諸具條)에 향비(香匕)라 함은 향합(香盒)에서 향(香)을 떠 향로(香爐)에 넣는 숟가락이니 분향(焚香) 때 한번 향(香)을 향로(香爐)에 넣고 강신례(降神禮)를 마치고 나면 그 이후에 또다시 분향(焚香)의 예(禮)가 없으니 향로(香爐)의 역할(役割)은 그로 끝난 것입니다. 까닭에 유가(儒家)의 예법(禮法)으로는 초아종헌 시(初亞終獻時)에 향기도 나지 않는 맨 향로(香爐) 위에서 술잔을 돌릴 아무런 까닭이 없으며 요즘 혹(或) 가문(家門)에서 불가(佛家)에서 사용하는 길쭉한 향(香)을 그대로 불을 붙여 향로(香爐)에 꽂아 놓아 오래도록 타고 있을뿐으로 이는 유가(儒家)의 예법(禮法)이 아닙니다.

●祭義宰我曰吾聞鬼神之名不知其所謂子曰氣也者神之盛也魄也者鬼之盛也合鬼與神敎之至也註程子曰鬼神天地之功用而造化之迹也

●朱子曰以二氣言則鬼者陰之靈也神者陽之靈也以一氣言則至而伸者爲神反而歸者爲鬼其實一物而已

●方氏曰魂氣歸于天形魄歸于地故必合鬼與神然後足以爲敎之至中庸曰使天下之人齊明盛服以承祭祀此皆敎之至也

●又衆生必死死必歸土此之謂鬼骨肉斃于下陰爲野土其氣發揚于上爲昭明焄蒿悽愴此百物之精也神之著也細註慶源輔氏曰神以伸爲義則氣也者神之盛也鬼以歸爲義則魄也者鬼之盛也合而言之則鬼與神一也故聖人合之以制祭祀之禮而事之其爲敎也至矣魂生於氣魄生於體氣無不之故曰遊魂體則斃於下而已故曰體魄則降人亦一物也昭明焄蒿悽愴言氣之發楊如此

●延平周氏曰氣者所以歸乎天魄者所以降于地爲神者蓋有魄也然魄非神之盛也爲鬼者蓋有氣也然氣非鬼之盛也神譬則天道而鬼譬則人道而已合鬼與神敎之至也鬼神之爲德能使人齊明盛服而洋洋乎如在其上與其左右則人之所以有愧於屋漏而焉之愼獨者也故曰明則有禮樂幽則有鬼神是鬼神之爲敎同於禮樂而禮樂之敎有所不至則鬼神又有以助之也精魄爲物故骨肉斃于下陰爲野土者此百物之精也神魂爲變故其氣發揚于上爲昭明焄蒿悽愴者此神之著也昭明言其 燭於物者焄蒿言其遠於上者悽愴言其感於情者言百物之精也神之著也而獨言因物之精制爲之極者莫非物也雖神之著亦可謂之物鬼者盡人道者也神者盡天道者也

●郊特牲註周人尙氣臭而祭必先求諸陰故牲之未殺先酌鬯酒灌地以求神以鬯之有芳氣也故曰灌用鬯臭又擣鬱金香草之汁和合鬯酒使香氣滋甚故云鬱合鬯也以臭而求諸陰其臭下達於淵泉矣蕭香蒿也取此蒿及牲之脂膋合黍稷而燒之使其氣旁達於墻屋之間是以臭而求諸陽也此是天子諸侯之禮非大夫士禮也王氏曰鬯灌之地此臭之陰者也蕭焫上遶此臭之陽者也

●溫公曰古之祭者不知神之所在故灌用鬱鬯臭陰達於淵泉蕭合黍稷臭陽達於墻屋所以廣求神也今此禮旣難行于士民之家故但焚香酹酒以代之

●郊特牲註蕭香蒿也取此蒿及牲之脂膋合黍稷而燒之使其氣旁達於墻屋之間是以臭而求諸陽也

●溫公曰古之祭者不知神之所在故灌用鬱鬯臭陰達于淵泉蕭合黍稷臭陽達于墻屋所以廣求神也

●國朝五禮儀焚香條執事者一人捧香合一人捧香爐跪進謁者贊三上香執事者奠爐于神位前

●丘氏曰灌鬯爇蕭雖是諸侯之禮後世焚香祭神實取此義又曰古無香漢以前只是焚蘭芷蕭艾之類後百越入中國始有之雖非古禮然通用已久鬼神亦安之矣

●語類禮七祭溫公書儀以香代熱蕭楊子直不用以爲香只是佛家用之

●四禮便覽祠堂篇爲四龕以奉先世神主諸具條香安二香爐二香合二香匕二

▶3277◀◈問; 간지 관련.

수고가 많으십니다. 축문 작성시 간지를 그 해 그 달 그날 기준하여 작성 할 경우 음력을 기준 하는지요.

예: 올해가 계미년 이고 음력으로는 아직 무오년일 경우 음력 12 월 22 일 경우 축문 작성시 간지는 어떻게 되는지요? 모사 그릇의 경우 세우는 재료는 정확히 무엇을 써야 하는지요?

◈答; 간지 관련.

귀하의 의문은 아래와 같이 세 가지인 것 같습니다.

1, 의문; 축문의 일자는 음력인가?
축문의 년 월 일은 음력을 기준으로 합니다.

2, 의문; 양력 년 말에 양력으로는 1 월 인데 음력은 전년 12 월 일 때의 축문 작성 간지는 어찌 하는가?

간지(干支)는 음력(陰曆)을 기준(基準)으로 하여 년 일의 간지가 계속 이어 짐으로 음력으로 무오년(戊午年) 12 월 22 일은 戊午十二月丙子朔二十二日丁酉(무오십이월병자삭이십이일정유)로 음력일 뿐입니다.

●辭源干部[干支]古人用以紀年月日的十干十二支的合稱

3, 의문; 모반(茅盤)에 세우는 재료는 무엇인가?

모(茅)란 띠풀이며 세우는 재료는 띠 묶음입니다. 띠풀은 군락을 이뤄 무덕이로 나며 다년생 벼과 식물로 줄기에서 잎이 나는 것이 아니라 뿌리에서 직접 나는 풀로 초 여름에 잎으로 둘러싸여 외 줄기의 꽃대 끝에 붓과 같이 길게 대개 희게 솜털과 같은 꽃이 핍니다. 새순은 삘기 또는 삘리기 라고도 하며 뽑아 먹기도 합니다. 띠의 특성은 건조된 상태에서는 보존 기간이 길며 부서지거나 충의 해가 거의 없으며 질깁니다.

●玉臺新詠詩條視曆復開書便利此月內
●漢書律歷上篇皇帝調律歷○又外戚孝成許皇后傳其孝東宮毋闕朔望
●開元禮閏月亡者祥及忌日皆以閏所附之月爲正
●書經堯典帝曰三百有六旬有六日以閏月定四時成歲註天體至圓周圍三百六十五度四分度之一繞地左旋常一日一周(云云)歲有十二月月有三十日三百六十者一歲之常數也(云云)朔虛而閏生焉故一歲閏率則十日九百四十分日之八百二十七三歲一閏則三十二日九百四十分日之六百單十五歲再閏則五十四日(云云)
●退溪曰閏非正月人之行祭常以正月而獨於是歲依亡歲之月而祭似未穩祭則依常月行之於閏月亡日則齊素而不祭似當也
●問解大月三十日死者後値小月固當以二十九日爲忌値大月則自當以三十日爲忌小月晦日死者後値大月當仍以二十九日爲忌不可延待三十日也
●天文類抄日月條日爲大陽之精主生養恩德人君之象也(云云)月爲大陰之精以之配日女主之象以朝廷諸侯大臣之類註凡月之行歷二十有九日五十三分而與日相會是謂合朔當朔日之交月行黃道而日爲月所掩則日食是爲陰勝陽其變重自古聖人畏之若日月同度于朔月行不入黃道則雖會而不食月之行在望與日(云云)

▶3278◀◈問; 감사합니다.

대단히 감사합니다, 죄송합니다만 연유를 고하면 삼헌이고 무축이면 단헌이란 것이 정확히 무슨 뜻인지요?

◈答; 무축단헌(無祝單獻)이란.

주인이 제사를 주관(主管)하지 못할 연유가 있어 다른 사람이 그 제사를 주관 할 시(섭주) 다른 사람이 제사를 주관하게 된 사유를 고하면 아헌과 종헌을 예법대로 행할 수 있으나 고함이 없으면 아헌 종헌 없이 일헌으로 마친다는 뜻입니다.

아래와 같이 대강의 말씀은 추론컨대 기제(忌祭)에서 독축(讀祝)이란 갖춰야 할 하나의 조목(條目)인데 이가 결하면 소사(小祀)의 법도이니 소사는 독축(讀祝) 없이 단헌(單獻)의 예로 마침이라 기제에 무축(無祝)이면 단헌이라 이르게 된 것입니다.

●性潭曰宗家不得行祀而支孫私自設祭有涉未安若紙牓設位而行之於他所則亦當以宗子爲主矣紙牓行祀單獻無祝是近世人家通行之例而實無所據矣寒水所論的確如此恐當遵而行之也
●近齋曰旣已單獻則無祝爲宜單獻與無祝自是一串底事若單獻而有祝則恐涉於半上落下此時決不敢備禮祝文當闕而至於出主告辭用之何妨
●老洲曰喪中行祭古無是禮無祝單獻乃後世義起之禮也然義起之禮必有準依始成禮貌忌祭之單獻是殺以小祀則儀節一倣參禮祭品則不必一一與同始可謂有依據

▶3279◀◈問; 강신과 참신.

지방과 신주의 차이점에 대해서는 406 번 글을 통해서 잘 알게 되었습니다. 묘제 시에나, 신주로 제사를 지낼 때는 지방으로 지낼 때와는 달리 참신 후에 강신을 한다고 하는데 영혼이 깃든 신주에 인사(참신)올렸으면 새삼스레 신의 강림을 청하는 강신이란 절차를 왜 하는지 궁금합니다. 감사합니다.

◈答; 강신과 참신.

郊特牲周人尙臭灌用鬯臭鬱合鬯臭陰達於淵泉灌以圭璋用玉氣也旣灌然後迎牲致陰氣也蕭合黍稷臭陽達於墻屋故旣奠然後焫蕭合羶薌凡祭愼諸此魂氣歸于天形魄歸于地故祭求諸陰陽之義也殷人

先求諸陽周人先求諸陰
예기 교특생편에서 이르기를 주 나라 사람은 혼기가 냄새를 좇는 것으로 여겨 울창주(鬱蒼酒)에 울금초를 섞어 그 향내가 음기(陰氣)인 땅속 깊숙이 이르게 하려 하였고 규옥을 자루로 만든 술 국자로 울금주에 옥의 기를 더하여 더욱 술의 향내를 강하게 하였느니라. 이와 같이 술을 땅에 붓는 의식이 끝나고 나서 희생을 바치게 되는데 이와 같이 땅속에서 체백을 맞는 의식을 하고는 다음으로 쑥과 서직(黍稷)을 섞어 볶아 태워 그 냄새가 지붕을 뚫고 높이 올라가 하늘에서 그 신령을 불러 내려 모시고 제사를 지내느니라 그런고로 이미 제물을 받치고 쑥을 태우고 생을 바치고 울창주를 땅에 붓는 의식으로 모든 절차를 신중하게 제사를 지내고 나면 이에 흡족한 혼기는 하늘로 돌아가고 형백은 땅으로 돌아 가느니라. 그런고로 제사를 지낸다 하는 것은 혼기와 체백(體魄)을 하늘과 땅에서 찾는 것이 되느니라. 은나라 사람들은 먼저 하늘에서 신령을 찾았으며 주(周)나라 사람들은 먼저 땅에서 체백을 찾았느니라.

司馬溫公曰古之祭者不知神之所在故灌用鬱鬯臭陰達于淵泉蕭合黍稷臭陽達于墻屋所以廣求神也今此禮既難行於士民之家故但焚香酹酒以代之
사마온공의 말씀에 옛날에는 제사 지내는 사람들이 신령이 있는 곳을 알지를 못하였든 까닭에 울창주의 강한 향기를 땅에 부어 깊은 속까지 이르게 하여 체백을 찾으려 하였고 쑥에 서직을 섞어 태워 그 연기가 지붕을 뚫고 나가 하늘 높은 광활한 곳에서 신령을 모시려 하였는데 요즘은 이 예법을 학예가 훌륭한 선비의 가문에서도 행하기가 심히 어려워 다만 향을 태우고 술을 땅에 붓는 것으로 대신 하고 있느니라.

尤菴曰凡神主遷于他處則先參後降神主不遷及紙榜則先降後參
우암(尤庵) 선생께서 말씀하시기를 대체로 신주(神主)를 다른 곳으로 옮겼으면 선참후강(先參後降)으로 제사를 지내고 신주를 옮기지 않았거나 지방으로 옮긴 제사에서는 선강후참(先降後參)이니라.

사람이 죽으면 혼은 공중으로 체는 땅으로 분리 되여 있어 묘제에는 체의 앞이니 먼저 참신을 하고 공중의 혼과 지하의 체를 일치 시키는 방법으로 강신의 예를 하게 되며 또 신주를 사당에서 다른 곳으로 옮기지 않으면 강신을 먼저 하는 것은 아무리 신주가 그 조상의 혼령을 대신 한다 하나 완전케 하려 먼저 강신례를 행하는 것이며 지방은 그 자체가 혼령이 아니고 다만 지목한 조상이 강림하여 앉아 계실 자라라는 뜻이니 강신을 먼저 하여 그 조상의 체백과 혼령을 모시고 참신을 하는 것이며 다른 곳으로 신주를 옮기면 옮겨 나올 때 일깨워 고하였으니 그 신주는 혼령이 존재하여 참신을 먼저 하고 체와 혼을 일치시키는 방법으로 강신의 예가 뒤에 있는 것 같습니다.

●退溪曰祭則降神後薦獻等禮所以先祭而後降
●陶庵曰朔參則無遷動之節故先降後參時祭之先參後降其義可推而知也
●尤庵曰若時祭行于祠堂則無奉主就位節次只就祠堂各位前陳器設饌先降神而後參神
●書儀古之祭者不知神之所在故灌用鬱鬯臭陰達于淵泉蕭合黍稷臭陽達于牆屋所以廣求其神也今此禮既難行於士民之家故但焚香酹酒以代之
●備要紙牓則先降神後參神

▶3280◀ ◈問; 강신례법(降神禮法)에 대한 의문입니다.

감사합니다. 관혼상제의 대표적 예서인 주자가례나 가례의절의 강신례에서 다같이 우제에서는 분향재배 뇌주 재배와 같이 양 재배를 하는데 길제의 근본인 사시제에서는 분향 뇌주 일재배로 마칩니다. 상제와 길제의 예법이 달라 다른 것인지요. 가르침 부탁 드립니다.

◈答; 강신례법(降神禮法)에 대하여.

아래와 같이 살펴보건대 가례(家禮)의 시제(時祭) 때 분향(焚香) 뇌주(酹酒) 일 재배(一再拜)는 일 재배(一再拜)를 빠트린 잘못이라는 것이며 따라서 상제(喪祭)나 길제(吉祭)의 제사에서 강신(降神) 때 분향(焚香)과 뇌주(酹酒) 각 재배(各再拜)가 옳다는 것입니다.

●問降神之禮虞祭則焚香酹酒各再拜時祭則一再拜何以不同退溪曰非獨虞祭其於祔及祥禫皆各再拜夫虞朔之類禮宜簡節而反備時祭禮宜繁縟而反略皆不可曉俟更詳之
●問家禮朔望焚香灌酒各再拜時祭則只於灌酒後一再拜其義何耶沙溪曰焚香再拜求神於陽也灌酒再拜求神於陰也時祭一再拜恐闕誤故備要依朔望禮以兩再拜添補未知得否

▶3281◀◈問; 결혼택일 집안의 어르신이 아프면 제사를 안 지내는 이유.

어제는 저의 아버님이 돌아 가신지 1 년이 되어 어제 밤 12 시에 제사를 지내고 왔습니다. 다름이 아니라 꼭 12 시에 제사를 지내는 이유와 집안에 누가 결혼날짜를 잡는다거나 집안 어르신이 아프시면 제사를 안 지내는 이유를 알고 싶습니다.

◈答; 결혼택일 집안의 어르신이 아파도 제사는 지냄.

가내에 우환이 있거나 정혼함이 있다 하여 선대 제사를 폐하는 예법은 없습니다. 만약 제주(주인)가 병이 심하여 제사를 집전치 못할 정도로 중하면 그의 자제 등이 대신 제사를 지냅니다. 그러한 예를 섭주라 합니다. 축식에 그 연유를 고하는 식은 아래와 같습니다.

維歲次干支某月干支朔某日干支孝子某有疾病介子某代行薦禮敢昭告于云云

●朱子曰疾病則以次攝異時甲之長孫
●問解續長子雖病廢似不可傳重於次子况長子有子則豈可以次子奉祀耶
●遂庵曰宗子有疾病不得參祭則祝辭改曰孝孫某有疾病介子某代行薦禮敢昭告于云云
●問長子病廢次子專主喪事題主何以爲之寒岡曰雖病廢不得不書長子名
●愼獨齋曰長子雖病廢似不可傳重於次子况長子有子則豈可以次子奉祀耶
●頤菴曰父母憂患則必聚族而謀之此愚智之所同知也然則兄有病患當先告祠堂以求先祖之陰佑而徒事乎非鬼何耶嗚乎報本追遠人道之大者也災厄之來未必非廢祭之因而顧不知悔罪致誠修祀惟憑巫覡回天命災愈集而惑愈甚終至於身殞而家敗尤可哀也

▶3282◀◈問; 계모가 계실 때 기제사와 명절상 차리기.

1. 계모의 기제사와 명절상은 계모의 친자 중 장자가 모시는 것은 합례인지요.
2. 원모의 장자가 모신다면 지방 쓰는 법은 어떠한지요.
3, 장자가 아닌 아들이 많은 기제사 중 일부를 나누어 모실 수 있는지요.

◈答; 계모가 계실 때 기제사와 명절상 차리기.

1. 答; 병제전후비(並祭前後妣)

問父若前後室則前母忌日同祭後母後母忌日同祭前母耶愼獨齋曰並祭爲當
위와 같이 살펴 볼 때 신재 선생께서도 전후비의 제사를 같이 지내는 것이 합당하다 하셨으니 원비의 장자가 봉사(奉祀)함이 마땅합니다.

2. 答; 계실제원비(繼室祭元妃).

問人有前後妻者死而三年後與前妻合櫝其子未及成人而死後妻奉祀則忌祭時可只祭厥辟歟欲依前並祭則祝文稱謂無據且以後妻而祭前妻非非族之祀耶南溪曰繼室之於元妃與夫一體奉祀恐崖禮所謂非族之祀豈指此類而言耶祝文稱謂禮無明文不敢爲說○增解愚按據禮婦人無主祭之義如有亡者之兄弟叔姪則當爲攝主而祝文稱謂自在矣如何
남계 선생께서도 계실과 원비의 합제 시 축문 쓰는 법이 명문화 되어 있지 않으니 감히 말할 수 없다 하셨으니 본인 역시 고증하여 법식에 따라 정확히 일러 줄 수는 없으나 선현들께서 유독이 가르침이 없는 것으로 미루어 보아 보편적인 예이기에 특별히 지적하지 않았나 생각이 들며 그러하지 않으면 본인의 부주의로 아직 거기까지 도달치 못한 것이 아닌가 하나 다만 너무 상식적인 법도이기에 널리 가르침이 미치지 않았나 생각되어 원비의 지방식과 같이 씀이 예에 어그러지지 않을 것이라 생각 됩니다

●寒岡曰雖前室之子繼母若在則當只稱孤子而不可稱孤哀云蓋繼母在則是母在也若遽稱孤哀則是不母繼母也於禮爲未安故也
●南溪曰繼室之於元妃與夫一體奉祀恐甚得禮所謂非族之祀豈指此類而言耶祝文稱謂禮無明文不敢爲說
●問解續問父若有前後室則前後母神主同出耶只出考與所祭之主耶答並祭爲當前母忌日同祭後母後母忌日同祭前母
●梅山曰前後妣死在同日當先元妣後繼妣若並祭則一擧合設兩祭出主告當曰今以顯妣某封某氏顯妣某封某氏遠諱之辰敢請顯考某官府君顯妣某氏顯妣某氏神主云云忌祭祝遷易下云顯妣某封某氏顯妣某封某氏諱日幷臨云云
●砥山曰考妣合祭而有前繼妣祝文則列書下曰歲序遷易下又當云前後妣共顯某親某封某氏諱日復臨云云
●問庶子之所生母題主當何稱朱子曰若避適母則只稱亡母而不稱妣以別之可也
●尤庵曰妣位只書某氏而不書鄕貫自銘旌神主誌石石碑而皆然
●南溪曰題主家禮本文無書姓鄕之文俗論雖非之恐不可從

3, 答; 기제윤행당부(忌祭輪行當否).

問忌祭定行於主人之家支子女子則只以物助之如何退溪曰此意甚好然亦有一說朱子書有支子所得自主之祭之說恐是忌祭節祀之類也今若一切皆歸宗子而支子不祭則因循偸惰之間助物不如式以致衆子孫全忘享先之禮甚爲未安又或宗子貧窶不能獨當而並廢不祭則反不如循俗行之之爲愈○頤菴曰國俗忌祭不論男女輪遞設行國典云祭享之費與祭宗族輪番偕辦又言主祭子孫別居遠處衆子孫就其家行祭謂送助其費于宗家耳非使之設行於各家也○栗谷曰墓祭忌祭世俗輪行非禮也墓祭則雖輪行皆祭于墓上猶之可也忌祭則不祭于神主而乃祭于紙榜此甚未安雖不免輪行須具祭饌行于家廟庶乎可矣○龜峯曰祭聖必於學祭先必於宗而今世族不免題紙榜行祭於諸子之家甚不可也○南溪曰雖支子家具饌祝辭必用宗子名朱子雖言兄家設主弟不立主只於祭時旋設位以紙榜標記祭畢焚之然於其末以更詳之爲結後來亦無以此通行者惟父母忌日是終天之通與宗家異居者有難每年只行望哭而已若非往參宗家之時則雖以紙榜設行不至大悖

위의 말씀을 살펴 볼 때 자손이 여럿이라도 제사를 돌려가며 지내서도 안되다 하였으니 나누어 지내서도 아니 될 것입니다.

●內則庶子若富則具二牲獻其賢者於宗子(註賢猶善也)夫婦皆齊而宗敬焉(註當助祭於宗子之家)終事而后敢私祭(註祭其祖禰)
●陶庵曰時祭宗家雖不行旣是異宮則支孫似無不可行之義
●栗谷曰忌祭世俗輪行非禮也忌祭不祭於神主而仍祭于紙牓此甚未安雖不免輪行行于家廟庶乎可矣
●問忌祭定行於主人之家支子女子則只以物助之何如退溪曰朱子書有支子所得自主之祭之說恐是忌祭節祀之類也今若一切皆歸宗子而支子不祭則因循偸惰之間助祭不如式以致衆子孫全忌享先之禮甚爲未安又或宗子貧窶不能獨當而並廢不祭則反不如循俗行之之爲愈也
●要訣墓祭忌祭世俗輪行非禮也墓祭則雖輪行皆祭於墓上猶之可也忌祭不祭於神主而仍祭于紙牓此甚未安雖不免輪行行于家廟庶乎可矣
●尤庵曰諸子輪祭雖在國典非禮也若以祭物備送於宗家而行祭則此古禮所謂獻賢無所妨○又曰祖先忌祭宗家貧不能獨當則雖不免隨俗輪行當辦備而祭於宗家若有萬不得已之事故則亦不免以紙榜行於支孫之家而祝文則以宗子爲主可也宗子有疾病不得參祭則祝辭改曰孝孫某有疾病介子某代行薦禮敢昭告云云則似得變禮中權宜

▶3283◀◈問; 계모 서모 제사 지내는 법.

계모 서모 제사 지내는 법 좀 알려 주세요.

1. 세 번째 할머니 제사를 제가 모셔야 하는지? 아니면 숙부님이 모시는 것이 맞는지?

2. 조부님 기제사시 합제를 할 때 조모님 세분 모두 올리는 게 맞는지?

3. 세 번째 할머니 기제사를 모시지 않을 시 차례를 지낼 때는 어떻게 하는 것이 좋은지 알

려 주시면 고맙겠습니다

◈答; 계모 서모 제사 지내는 법.

아래와 같은 선유의 말씀이 있습니다.

程子曰庶母不可立廟子當祀於私室○問父若前後室則前母忌日同祭後母後母忌日同祭前母耶愼獨齋曰並祭爲當 ○尤菴曰父之所娶雖至於四何害於合櫝配食也
정자(程子)께서 이르기를 서모(庶母)는 사망 후 사당(祠堂)에 신주(神主)를 들여서는 아니 되며 그의 아들이 그의 사실(私室)에서 제사(祭祀)를 지내야 마땅하니라. ○묻기를 부친이 만약 적처(嫡妻)와 계실(繼室)이 있다면 전모(前母) 기일 날 후모(後母)를 함께 제사를 지내고 후모 기일 날 전모를 함께 제사를 지내야 합니까? 하고 묻자 신독재(愼獨齋) 김집(金集) 선생께서 답변 하기를 함께 제사를 지내야 마땅하니라. ○우암(尤菴) 선생께서 말씀 하시기를 부친이 취처(取妻)하기를 아무리 사취(四娶)를 하였다 하여도 합독(合독)하여 배향(配享)하는데 어느 누구를 꺼릴 것인가?

위와 같이 살펴 볼 때.
問 1. 答; 서조모(庶祖母)는 그의 후손(後孫)이 사실(私室)에서 제사(祭祀)를 지내야 마땅할 것이며

問 2. 答; 계실(繼室)은 여러분이라 하여도 합제함이 옳으며 서모 합제는 가(可)치 않으며

問 3. 答; 명절 차례 역시 기제에 준함이 마땅할 것입니다. 이상은 전통예절의 예법입니다.

●晦齋曰按文公家禮忌日止設一位程氏家禮忌日配祭考妣二家之禮不同盖止設一位禮之正也配祭考妣禮之本於人情者也
●問解續問父若有前後室則前後母神主同出耶只出考與所祭之主耶答並祭爲當前母忌日同祭後母後母忌日同祭前母
●問人有前後妻者死而三年後與前妻合櫝(云云)忌祭時(云云)並祭則祝文稱謂無據且以後妻而祭前妻非非族之祀耶南溪曰繼室之於元妃與夫一體奉祀恐甚得禮所謂非族之祀豈指此類而言耶祝文稱謂禮無明文不敢爲說
●家禮補疑問解續問父若有前後室則前後母神主同出耶只出考與所祭之主耶答並祭爲當前母忌日同祭後母後母忌日同祭前母
●寒岡答崔季昇曰考與先室爲一櫝共一卓則或可矣二三室合一櫝而共一卓則似甚未安不得四位各卓則寧四位一卓而盞盤飯羹炙肝之類各設恐無妨於不得已之權宜也
●疑禮問答或云先儒曰前妣之祭不可及後妣後妣之祭不可及前妣

▶3284◀◈問; 계반과 정저.

많은 가르침에 감사합니다. 궁금한 것이 생겨 또 글을 올렸습니다.

1. 제례의 절차중 메의 뚜껑을 여는 시점은 언제인지요?
다른 곳을 보니 초헌 시, 유식 시, 진찬 시 등으로 설명이 분분한데 정확히 알고 싶습니다.

2. 정저는 어떻게 하고, 제례절차 중 몇 번을 행하는지요?
정저: 저를 고르다."고르다"는 사전 낱말 풀이에 의하면 평평하게 하거나, 가지런하게 하는 것으로 설명되어 있는데, 저의 경우 시저접 위의 저를 손잡이가 위로 가게 들어 탕탕탕 삼회 구른 후 제물 위에 가지런하게 손잡이가 서쪽으로 가도록 걸쳐 놓고 있습니다만 잘 하고 있는 것인지요. 또 정저는 유식의 절차에서만 행하는 것인지요. 저의 경우 초헌. 아헌, 종헌 시 적을 따로 올리지 않고 진찬 시 한꺼번에 올리기에 헌작 시 적을 올리는 절차를 정저로 대신하고 있습니다.

◈答; 계반과 정저.

問 1. 答; ⊙초헌(初獻)

主人升詣高祖位前執事者一人執酒注立于其右(冬月卽先煖之)主人搢笏奉高祖考盤盞位前東向立執

事者西向斟酒于盞主人奉之奠于故處次奉高祖妣盤盞亦如之(便覽執事者反注故處)出笏位前北向立執事者二人奉高祖考妣盤盞立于主人之左右主人搢笏跪執事者亦跪主人受高祖考盤盞(便覽左手執盤)右手取盞祭(便覽三祭之○要訣少傾之)茅上以盤盞授執事者反之故處受高祖妣盤盞亦如之出笏俛伏興少退立執事者炙肝于爐以楪盛之兄弟之長一人奉之奠于高祖考妣前匙筯之南(備要啓飯蓋置其南降復位)祝取版立於主人之左(便覽東向)跪(儀節主人以下皆跪)讀曰(云云)畢興(便覽置板於卓上降復位)主人再拜退詣諸位獻祝如初每逐位讀祝畢卽兄弟衆男之不爲亞終獻者以次分詣本位所祔之位酌獻(便覽不祭酒)如儀但不讀(開元禮不拜)祝獻畢皆降復位執事者以他器徹酒及肝置盞故處(便覽降復位)○凡祔者伯叔祖父祔于高祖伯叔父祔于曾祖兄弟祔于祖子孫祔于考餘皆放此如本位無卽不言以某親祔食
이상은 가례초해 사시제의 초헌 예법입니다. 가례에는 개반의 예가 없으나 비요에서 개반의 예가 보입니다. 가례초해에 그 예를 첨입 한 것입니다.

~~~~~(備要啓飯蓋置其南降復位)~~~~~ 개반은 초헌예 때 하는 것이 맞습니다.

問 2. 答; (정저: 저를 고르다)"고르다"는 사전 낱말풀이에 의하면 평평하게 하거나, 가지런하게 하는 것으로 설명되어 있는데, 저의 경우 시저접 위의 저를 손잡이가 위로 가게 들어 탕탕탕 3 회 구른 후 제물 위에 가지런하게 손잡이가 서쪽으로 가도록 걸쳐 놓고 있습니다만 잘 하고 있는 것인지요 또 정저는 유식의 절차에서만 행하는 것인지요. 저의 경우 초헌. 아헌, 종헌 시 적을 따로 올리지 않고 진찬 시 한꺼번에 올리기에 헌작 시 적을 올리는 절차를 정저로 대신하고 있습니다.

⊙유식(侑食)

主人升搢笏執注就斟諸位之酒(便覽祔位不斟)皆滿(便覽反注故處)立於香案之東南主婦升扱匙飯中西柄正筯(沙溪曰正之於楪中)立于香案之西南皆(便覽謂主人主婦)北向再拜(便覽主婦四拜○祔位扱匕正筯諸子弟婦女行之而不拜)降復位 問正筯之所退溪曰正之於羹器ㅇ南溪曰正置於楪上首西尾東
이상은 가례초해 유식조의 예법입니다. 가례에서는 숟가락을 메에 꽂고 젓가락은 가지런히 바르게 하여 놓는다. 로 되였으며 놓는 방법으로는 사계선생께서 수저 그릇에 놓는다 하였고 퇴계 서생께서는 국그릇에 바르게 놓는다 하셨으며 남계 선생께서 수저 그릇 위에 쥐는 곳이 서쪽으로 끝이 동쪽으로 향하게 올려 놓는다 하셨습니다.

▶3285◀ ◈問; 고견을 듣고 싶습니다.

유익한 정보 알기 어려운 공부 많이 합니다 감사합니다, 여쭤 보고 싶은 것은. 결혼 후에 슬하에 아들을 낳고 부인과 사별 후 재혼을 해서 또 아들을 낳았을 때 양부모가 모두 별세한 후. 부득이 부모님의 허락과 형제들 합의하에 부친과 본부인의 제사는 큰 아들이 모시고, 재혼한 부인의 제사는 작은아들이 모시고 있을 때. 두 번째 부인 제사 때 작은 아들이 고하는 축문에 孝子(효자) 홍길동이라 해야 옳은지 (子)자 홍길동이 옳은지요 (두 번째 부인의 맏이지만 부친께는 맏이가 아니니까요) 옛 법에 이에 관한 기록이나 선생님의 고견을 알려 주시면 감사하겠습니다,

◈答; 계모와 서모가 다름.

가례 성복편 자최 삼년복조에
爲繼母也
계모를 위한 복이다.

喪服傳繼母之配父與因母同故孝子不敢殊也註因猶親也
상복전에서 가르치기를 계모는 아버지의 배우자로서 친 어머니와 다를 바 없기 때문에 효자는 감히 친 어머니와 달리하여서는 아니 되느니라.

위와 같이 살펴 볼 때 계모의 제사에 초헌관의 자격은 정실의 장자 즉 효자일 뿐이며 설혹 계모의 친생자가 있다 하여도 초헌관이 될 수가 없는 것입니다. 다만 효자가 초헌을 할 수 없는 연유가 있어 부득이 차자가 초헌할 시 그 연유를 축으로 고하고 초헌을 할 수가 있습니다. 섭주 의식에서도 적자손 이외의 자손은 효(孝)자를 붙일 수가 없는 것입니다.
~~~~~

●寒岡曰雖前室之子繼母若在則當只稱孤子而不可稱孤哀云蓋繼母在則是母在也若遽稱孤哀則是不母繼母也於禮爲未安故也
●南溪曰繼室之於元妃與夫一體奉祀恐甚得禮所謂非族之祀豈指此類而言耶祝文稱謂禮無明文不敢爲說
●問解續問父若有前後室則前後母神主同出耶只出考與所祭之主耶答並祭爲當前母忌日同祭後母後母忌日同祭前母
●梅山曰前後妣死在同日當先元妣後繼妣若並祭則一擧合設兩祭出主告當曰今以顯妣某封某氏顯妣某封某氏遠諱之辰敢請顯考某官府君顯妣某氏顯妣某氏神主云云忌祭祝遷易下云顯妣某封某氏顯妣某封某氏諱日幷臨云云
●砥山曰考妣合祭而有前繼妣祝文則列書下曰歲序遷易下又當云前後妣共顯某親某封某氏諱日復臨云云
●問庶子之所生母題主當何稱朱子曰若避適母則只稱亡母而不稱妣以別之可也
●程子曰庶母不可入廟子當祀於私室
●大典妾子承重者祭其母於私室止其身
●小記士妾有子而爲之緦無子則已註喪服云大夫爲貴妾緦士卑故妾之有子者爲之緦無子則不服也
○又慈母與妾母不世祭也註不世祭者謂子祭之而孫不祭也
●雜記主妾之喪則自祔至於練祥皆使其子主之其殯祭不於正室
●省齋曰妾無封銘旌闕某封只書某氏爲可誌盖則云於某官某公小室某氏之墓妾母題主書亡母是元例而近世嫌其同於卑幼之稱變稱故母而先賢已許之從之無害旁題只稱子不稱孝祭限則妾母不世祭禮有明文朱子雖致疑而未嘗有定論今只得終其子而埋主孫曾以下情有所不忍則每歲因亡日用紙榜一祭以伸情至服絶而止可也
●典錄通考凡妾子承重者祭其母於私室止其身
●退溪曰班祔註妾祔于祖妣所喩者是而有子之妾則旣祔而主還几筵及喪畢別置他室或子室可也

▶3286◀◈問; 고모 제사 지방을 어떻게.

고모(姑母) 제사 지방(紙榜)을 쓰려고 하는데요 어떻게 써야 할지 몰라 올립니다. 꼭 좀 알려주세요.

◈答; 고모 제사 지방을 어떻게.

친정 조카가 출가한 고모 제사는 지내지 않습니다. 까닭은 선조에 대한 제사는 자기 조상을 위하여 지내는 제사이며 기타 신제는 주인이 가려지지 않습니다.

●史記白起王翦列傳; 死而非其罪秦人憐之鄕邑皆祭祀焉
●論衡解除; 祭祀無鬼神故通人不務焉
●監祭使壁記; 聖人之於祭祀非必神之也蓋亦附之敎也
●紅樓夢第九十四回; 除了祭祀喜慶無事叫他不用到這裏來
●書說命中; 黷于祭祀時謂弗欽(사주)祭祀祭神祭祖通稱祭祀

▶3287◀◈問; 고모할머니 지방.

문의 하나만 할게요. 고모할머니의 제사인데 지방을 어떻게 써야 할지 몰라서요.
~부탁 드릴게요~

◈答; 고모할머니 지방.

여자가 출가를 하였으면 친정에서는 제사 지내는 예법이 없습니다.

참고로 아래는 출가하지 안고 죽은 이의 예법입니다 그가 죽은 나이에 따라 제사 지내는 대수가 다릅니다. 죽은 때가 어느 때인지 다시 보내주면 지방과 축문식은 다시 그에 맞도록 적어 놓겠습니다.

凡年十九至十六爲長殤十五至十二爲中殤十一至八歲爲下殤應服期者長殤降服大功九月中殤七月下殤小功五月應服大功以下次降等不滿八歲爲無服之殤哭之以日易月(便覽馬融曰以哭之日易服之月殤之期親則旬有三日哭緦麻之親則以三日爲制)生未三月則不哭也(增解通考徐乾學曰王氏馬氏謂以哭之日

易服之月其說最爲合禮)男子已娶女子許嫁皆不爲殤(備要小記丈夫冠而不爲殤婦人笄而不爲殤男子受職亦不爲殤)
나이 열여섯 살에서 열아홉 살 안에 죽으면 장상(長殤)이라 하고 열두 살에서 열다섯 살 안에 죽으면 중상(中殤)이라 하고 여덟 살에서 열한 살 안에 죽으면 하상(下殤)이라 한다. 기년복(期年服)을 입어야만 할 이의 장상은 대공복으로 아홉 달로 감하여 입고 중상이면 대공복으로 일곱 달로 감하여 입고 하상이면 소공복으로 다섯 달로 감하여 입는다. 대공 이하의 복에 해당하는 이의 죽음에도 차서 대로 감하여 입는다. 여덟 살 미만에 죽으면 복이 없다.

곡을 하는 날수는 달 수를 날수로 계산하여 장상인 대공 구월 복은 아흐레를 곡하고 중상 칠월은 이레를 곡을 한다. 이하 이와 같다. 출생한지 석 달 미만에 죽으면 곡을 하지 않는다. 남자가 이미 장가를 들었거나 여자가 혼인을 허락하였으면 상(殤)이라 하지 않는다.

程子曰無服之殤(韻會殤痛也或作傷○備要七歲以下)不祭下殤(備要十一歲至八歲)之祭終父母之身中殤(備要十五歲至十二歲)之祭終兄弟之身長殤(備要十九歲至十六歲)之祭終兄弟之子之身成人(備要丈夫冠婦人許嫁)而無後者其祭終兄弟之孫之身此皆以義起者也(禮運禮也者義之實也協諸義而協則禮雖先王未之有可以義起也註實者定制也禮者義之定制義者禮之權度禮一定不易義隨時制宜故協合於義而合當爲者則雖先王未有此禮可酌之於義而創爲之禮焉此所以三代損益不相襲也○小記庶子不祭殤與無後者殤與無後者從祖祔食)
정자(程子)가 이르기를 복(服)이 없는 어린아이 죽음은 제사치 않으며 하상(下殤)의 제사는 부모의 죽음으로 마치고 중상(中傷)의 제사는 형제의 죽음으로 마치고 장상(長殤)의 제사는 형제의 아들 죽음으로 마친다. 관례(冠禮)나 혼인한 이가 후사(後嗣)가 없을 때의 제사는 형제의 손(孫) 죽음으로 끝난다. 이 모두 오상(五常)의 하나인 의(義)에서 비롯된 것이다. 라 하셨다.

⊙忌祭祝文式(기제축문식)

維 歲次干支幾月干支朔幾日干支孝子(조고비에게는 孝孫 증조고비에게는 孝曾孫 고조고비에게는 孝玄孫 ○방친과 형제와 처와 자식에게는 그가 부르던 칭호대로 쓴다)某官某(동생 이하 자에게는 이름을 쓰지 않는다)敢昭告于(처에게는 敢자를 쓰지 않고 동생 이하에게는 告于만 쓴다) 顯考某官(관직이 없었으면 學生이라 쓴다)府君(어머니 기제에는 顯妣某封某氏라 쓰고 고조고는 顯高祖考某官府君 고조비는 顯高祖妣某封某氏 증조고는 顯曾祖考某官府君 증조비는 顯曾祖妣某封某氏 조고는 顯祖考某官府君 조비는 顯祖妣某封某氏라 쓰고 처는 亡室某封某氏 장자는 亡子某官이라 쓰고 항렬이 낮거나 수하자에게는 顯자를 고쳐 亡자로 하고 府君 두 자를 빼며 방친은 속한대로 쓴다. ○고비 병제를 할 때는 顯妣某封某氏를 열서한다)歲序遷易諱日復臨(병제(並祭)에는 諱日復臨 앞에 아버지 기일에는 顯考 어머니 기일(忌日)에는 顯妣라 쓰고 조고비(祖考妣) 이상 기일 역시 이와 같다. ○처나 동생의 기일이면 諱日復臨을 亡日復至로 고친다)追遠感時昊天罔極(고조 증조 조고비 기일이면 昊天罔極을 不勝永慕라 고쳐 쓰고 방친(傍親)의 기일이면 追遠 이하 여덟 자를 고쳐 不勝感愴이라 쓰고 처나 동생 이하의 기일이면 感愴을 다른 말로 고친다)謹以(처나 동생 이하의 기일이면 謹以를 玆以로 고쳐 쓴다)淸酌庶羞恭伸奠獻(처나 동생 이하에게는 恭伸奠獻을 伸此奠儀라 고쳐 쓴다)尙 饗

위의 축문식은 모든 축문식에 적용되도록 주문을 달아 놓은 것입니다 주문 중에 관계가 닿는 대로 취하여 쓰면 됩니다. 만약 귀하의 대에까지 제사를 제사를 받들 수 있는 나이에 죽었으면 평상시 귀하가 부르는 칭호는 從祖祖姑(종조조고)가 됩니다.

▶3288◀◈問; 고비 지방은 각서로 써야 합니까?

고비 지방은 각서로 써야 합니까?

◈答; 고비 지방은 각서로 써야.

지방식은 가례(家禮) 상례(喪禮)편 부제(祔祭)장 예사당봉신주출치우좌(詣祠堂奉神主出置于座)조에 설허위이제(設虛位以祭)라 하였는데, 의절(儀節) 동조(同條)에 허위작패위제지작분지(虛位作牌位除之作焚之)라 하였으며, 비요(備要) 동조(同條)에서 용지방(用紙榜)이라 하였고, 편람(便覽) 동조에는 그 지방식이 있습니다.

종자와 달리 사는 지손의 죽음에 부제를 당하면 신주는 다른 집으로 옮길 수 없기 때문에 신주 대신 지방으로 그 집에서 써 세우고 부제를 지내는 것입니다. 그 지방식이 요즘 모든 제사에 신주의 역할을 대신할 뿐이니 신주가 각각이듯 지방 역시 각위라야 법도에 맞다 하겠습니다.

특히 모든 제사에서의 진설은 각위 마다 진설이 원칙 이니 진설은 각설을 하고 지방은 합서를 하면 어느 상에 세워도 이치에 맞지 않을 것입니다. 이와 같이 신주를 대신 하기 때문에 각서를 함이 옳습니다.

●便覽紙牓

○紙

用厚白紙長廣隨宜以眞楷細書於紙中央臨祭貼於椅上隨位各書

○紙牓式

顯某考某官府君神位

顯某妣某封某氏神位(祖妣二人以上別具紙各書)

●朱子家禮凡屋之制不問何向背但以前爲南後爲北左爲東右爲西
●司馬溫公曰所以西上者神道尙右故也
●賈氏曰生人陽故尙左鬼神陰故尙右
●有司徹疏生人陽故尙左鬼神陰故尙右
●退溪曰兩親葬東西定位想中國俗葬皆男左女右故朱先生葬劉夫人得只循俗爲之其後丘文莊亦不欲異俗而云云也然朱子答陳安卿之問分明謂祭而以西爲上葬時亦當如此是則此乃晩年定論而後世之所當法也
●沙溪曰葬皆男左女右一家忽然如此行之數世之後安知子孫不誤以考爲妣乎不如且姑從朱子葬劉夫人之例也
●南溪曰世之葬法有以男左女右傳曰神道尙右地道尙右
●東漢明帝謙貶不敢自當立廟祔於光武廟其後遂以爲例至唐太廟及群臣家廟悉如今制以西爲上也
●明齋曰合墓分左右之說先儒論之詳矣面南而分左右則考西妣東

▶3289◀◈問; 궁금한 게 있어요. 알려주세요.

우리 할아버지 할머니가 다른 년도에 돌아가셨는데 할아버지 제사 모실 때 할머니 뫼도 같이 놓는지요? 궁금합니다. 답변 부탁합니다. 꼬옥.

◈答; 합제 당부.

병제 가문이면 두 분 중 어느 한 분의 제사를 모실 때는 항상 두 분을 다 모시고 제사를 모셔야 합니다. 다만 조부 조모 기일이 다른데 어는 하루에 합제하고 만다는 질문이라면 그와 같은 법도는 없습니다.

●祭義註忌日親死之日也疏孝子終身念親不忘忌日非謂此日不善別有禁忌謂孝子志意有所至極思念親不敢盡其私情而營求他事故不擧也
●朱子曰忌日只祭一位
●程氏祀先凡例祖考忌日則只祭祖考及祖妣祖妣忌日則只祭祖妣及祖考
●晦齋曰按文公家禮忌日止設一位程氏家禮忌日配祭考妣二家之禮不同盖止設一位禮之正也配祭考妣禮之本於人情者也
●退溪曰忌日幷祭考妣甚非禮也
●沙溪曰忌日幷祭考妣雖非朱子意我朝先賢嘗行之栗谷亦曰祭兩位於心爲安云
●愼獨齋曰幷祭爲當
●備要考妣並祭則列書考妣而遷易下又云某親諱日復臨云云

▶3290◀◈問; 궁금한 점 부탁 드립니다.

안녕하세요. 궁금한 사항이 있어서 여쭤봅니다. 저희 큰아버님께서 9 월 19 일 날 돌아가셨는데요. 추석날 저희 아버님 차례를 지내었습니다. 저희 아버님은 2 년 전에 돌아 가셨고요. 여기저기 물어봐도 다들 말씀들이 틀리셔서. 그냥 차례를 지내게 되었습니다.

돌아오는 11 월 8 일이 저희 아버님 제사 날인데요. 그날 제사를 지내는 건 맞는 건지. 아니면 저희 큰아버님 49 제가 지난 다음에 차례나 제사를 지내는 게 맞는 것인지. 궁금한 사항 여쭤보게 되었습니다. 감사합니다.

◈答; 상중에 제사 지내는 법.

아래와 같이 살펴보건대 백숙부의 복은 1 년 복이라 1 년 복인은 성복(死後四日)후 장전(三月) 기제와 묘제는 약행(單獻不讀祝)하고 장 후에는 평시와 같이 지낸다는 것입니다.

백부께서 양력 9 월 19 일에 작고하셨다면 9 월 22 일이 성복 일이 되고 불가피하여 일찍 장사하였다 하여도 예법상 장 일은 음력으로 3 달 후인 양력 12 월 17 일경이 됩니다. 따라서 부친 기일이 11 월 8 일(양력)이시면 성복 후 장전이 되어 제사를 지내되 무축단헌의 예로 지내셔야 예법상 옳습니다.

●朱子家禮喪禮治葬三月而葬條王公以下皆三月而葬○喪禮成服不杖朞條爲伯叔父也
●小記報葬者報虞三月而後卒哭註報讀爲赴急疾之義謂家貧或以他故不得待三月死而卽葬者旣疾葬亦疾虞虞以安神不可後也惟卒哭則必俟三月耳
●要訣喪服中行祭儀期大功則葬後當祭如平時(但不受胙)未葬前時祭可廢忌祭墓祭略行如上儀(一獻不讀祝)五服未成成服前雖忌祭亦不可行也

▶3291◀◈問; 궁금합니다.

저희 아버님과 어머님 제사가 일주일 사이인데 같이 제사를 모시려면은 어느 쪽으로 제사를 모셔야 하는지 궁금합니다.

◈答; 합제는.

부모가 일주일 사이로 작고 또는 같은 날 작고하였다 하여도 한번 제사로 마치는 법은 없습니다. 한번 제사로 마치는 법은 없습니다. 같은 날 작고하셨다 하여도 먼저 부친제사를 지내고 다음 모친제사를 차례대로 지내는 것이니 어찌 부모 중 어느 분이 더 중하고 어느 분이 경하다 하겠습니까.

●祭義君子有終身之喪忌日之謂也註忌日親之死日也
●朱子曰忌日只祭一位
●退溪曰忌日幷祭考妣甚非禮也

▶3292◀◈問; 궁금합니다.

큰아버지 두 분의 제사를 모시고 있습니다. 지방은 어떻게 써야 하는지요. 두 분다 현백부(顯伯父)로 써야 되는지 궁금합니다.

◈答; 큰아버지 두 분의 지방식.

귀하의 생각이 옳습니다. 다음과 같은 까닭에서 지방은 그와 같이 쓰는 것입니다. 지방은 겉 신주를 본뜬 것입니다. 신주는 속 신주와 겉 신주를 합한 것으로 속 신주에는 망자를 표시하고(故某官某公諱某字某第幾神主) 겉 신주는 제주와의 관계를 표시(顯考某官府君神主)한 것이며 그 좌 하단에 봉사자 명을 쓰는 것입니다(孝子某奉祀). 그렇기 때문에 지방에는 특별히 구별 함이 없이 누구의 부모든 모두 형식이 같은 것입니다. 다만 지방에는 주(主)자를 위(位)자로 고쳐 쓰고 봉사자를 쓰지 않을 뿐입니다. 이러하기 때문에 지방에는 두 분이든 세분이든 같은 형식으로 쓰게 되는 것입니다

큰 아버지가 두 분이시라면 아래와 같이 살펴보건대.

맏이 큰아버지; 顯世父某官府君神位

다음 큰아버지; 顯伯父某官府君神位
라 호칭함이 근거가 있고 상하 구별함에 가장 적합할 것입니다.

●隨园隨筆不可亦可;伯仲叔季者雁行之序平輩之稱非可施于伯父叔父也
●釋名釋親屬篇父之兄曰世父又曰伯父父之弟曰仲父仲父之弟曰叔父叔父之弟曰季父
●要義伯仲叔季條按兄弟止四人則依次稱之而多至七八則夏殷積仲伯季以外皆稱仲周積叔伯季以外皆稱叔如蔡叔霍叔是也
●士冠禮記疏夏殷伯季之外皆稱仲周伯仲以下皆稱叔以至最後者乃稱季
●南溪曰行第稱號以論語八士之例觀之當稱伯仲叔季而禮經只以伯叔爲言何耶且父之兄弟多至七八人及從祖以下諸父同行多至數十人則當只以第一長者稱伯父第二以下并稱叔父而不言仲季耶抑以第二者稱仲父最後者稱季父而其間則并稱叔父耶
●儀禮士冠禮; 曰伯某甫仲叔季唯其所當(鄭玄注)伯仲叔季長幼之稱(辭源註)叔父父親的弟弟
●書經呂刑; 釋名釋親屬; 父之弟曰仲父仲中也位在中也仲父之弟曰叔父叔少也(辭源註)古稱父的次弟
●淮南子天文訓; 太陰在四仲則歲星行三宿(高透注)仲中也
●南唐曰母者生我之稱雖非生我者苟有父母之道者皆可稱之妣者配父之稱苟非配父者不可以混稱也伯叔母旣不可稱妣則伯叔父又不可獨稱考矣此則考妣之稱不可以復加於旁尊矣
●問仲父無后而伯父主宗故題以亡弟矣今有仲母喪而伯父且卒從兄移在遠地家親今則主喪題主何以爲之陶菴曰在重宗之義恐當以令從兄爲主題主以顯仲母矣今從兄方在遠哀姑攝祭畢竟班祔爲得
●問伯叔父母當以伯考妣叔考妣書之註其旁曰姪子某奉祀耶寒岡曰恐當曰顯伯考旁註則恐當曰從子某
●大全問庶子之所生母死題主當何稱朱子曰若避嫡母則止稱亡母而不稱妣
●便覽題主粉面式條顯考(註)承重云顯祖考傍親卑幼隨屬稱○又婦人粉面式條顯妣(註)承重云顯祖妣旁親卑幼隨屬稱
●備要題主祝文式條顯考某官封謚府君(云云)敢昭告于顯伯父某官府君顯伯母某封某氏叔父母同

▶3293◀ ◈問; 귀하들은 사후(死後) 선대(先代) 봉제사(奉祭祀)를 누구에게 맡기시렵니까?

●민법

제 5 편 상속 〈개정 1990.1.13〉
제 1 장 상속 〈신설 1990.1.13〉
제 3 절 상속의 효력 〈개정 1990.1.13〉
제 2 관 상속분
제 1009 조(법정상속분) ①동 순위의 상속인이 수인인 때에는 그 상속분은 균분으로 한다. 〈개정 1977.12.31. 1990.1.13〉

◈答; 생시 유언을 활용하시오.

제 2 장 유언
제 2 절 유언의 방식
제 3 절 유언의 효력
제 4 절 유언의 집행

사회적(社會的)으로 장자승계원칙(長子承繼原則)이 무너진 이 때에 누가 여러분들의 사후(死後) 처리(處理)를 하리라 믿습니까? 유교(儒敎)의 근본(根本)인 선대(先代) 봉사(奉祀)를 누구에게 부탁할 것입니까?

진정한 유자(儒者)라면 지난 과오(過誤)를 각성하고 이제라도 타교(他敎)의 이념(理念)에 매몰(埋沒)되어 짓밟힌 유교(儒敎)의 교리(敎理)를 존속시켜 나아가야 되지 않겠습니까?

유자(儒者) 여러분들은 이 시점에서 유자(儒者)의 교리(敎理)를 지속(持續) 시키려면 민법 제

2 장 유언장을 살펴 활용하는 지혜가 필요한 때입니다. 모교(某敎)는 그 교리(敎理)에 어긋난다고 국민 된 자의 신성한 의무(義務)인 국방의무(國防義務)도 성실히 이행치 않도록 국법(國法)이 허용하는 이 추세에 유자(儒者)들의 세(勢)가 그에 못 미치도록 하찮아 졌단 말입니까?

전국(全國) 유자(儒者)들이여 분발(奮發)하시라! 근본이 무너지려는 절박한 시점입니다. 선대(先代) 봉제사(奉祭祀)를 감당하려면 그에 따를 제수 비는 물론 노력이 따르게 되는데 소종(小宗)에서 대종가(大宗家)에 이르기까지 기일 절사 합하여 적어도 년 4 회에서 10 회의 봉사를 행하고 더불어 수묘까지 행하게 되는데 책임이란 성으로만 맡겨질 문제가 아니다. 따라서 유산상속(遺産相續)을 균분히 노나 갖고 선대 봉사라는 그 무거운 짐을 장자(長子)라는 명분 때문에 넘겨주거나 받아 행하기에는 가당찮다. 까닭에 조나 부 된 자는 사전에 자신의 사후 유산 분배에 장자와 서자간에 차등을 두지 않을 수 없게 된다. 그 방법은 현 법제하에서 어찌하여야 할 것인가를 심사숙고 하지 않으면 자신은 물론이고 선대에게 크나큰 불경(不敬)을 저지르고 말게 된다.

●曲禮支子不祭祭必告于宗子(註)不敢自專宗子有故支子當攝而祭五宗皆然疏廟在適子之家庶子不敢輒祭若濫祭亦是淫祀若宗子有疾不堪當祭則庶子代攝可也猶宜告宗子然後祭
●公羊傳何休曰適子有孫而死質家親親先立弟文家尊尊先立孫
●溫公曰凡主人當以長子爲之無長子則長孫承重
●喪服小記庶子不祭禰者明其宗也(註)庶子不得立禰廟故不得祭禰所以然者明主祭在宗子廟必在宗子之家也
●喪服小記庶子不祭禰者明其宗也(註)庶子不得立禰廟故不得祭禰所以然者明主祭在宗子廟必在宗子之家也庶子雖貴止得供具牲物而宗子主其禮也
●尤庵曰祭主人有故則所攝之中如有尊行則子弟以不敢爲攝主矣然代者是尊行則使字未安故俗禮改云孝子某有故代叔父或兄
●朱子曰祭只是三獻主人初獻適子或主婦亞獻庶子弟或適孫終獻
●奔喪凡喪父在父爲主註此言父在而子有妻子之喪則父主之統於尊也
●家禮時祭初獻主人亞獻主婦爲之終獻兄弟之長或長男或親賓爲之
●成渾曰鄭逑論祭禮云三獻俱是主人主婦長男爲之雖伯叔父不可爲也其義在於主人爲初獻諸父尊行不可爲其次以亂尊卑之序也
●性理大全喪禮立喪主條; 凡主人謂長子無則長孫承重以奉饋奠

▶3294◀◈問; 그러면 꼭 그 기일에.

그러면 꼭 그 기일에 제사를 안 지내도 된다는 말씀인지요. 만약 수요일이 제사라 면 그 전주, 일요일에 납골당에 가서 제사를 모셔도 된다는 말씀인가요?

음력 3 월에 모시라는 말씀이 무슨 말인지 이해가 안 가는데요. 아버지는 2004 년 10 월 14 일(음력 9.1)에 돌아가셨거든요. 추가답변 꼭 좀 부탁 드립니다. 감사합니다.

◈答; 그러면 꼭 그 기일에.

3 월이란 고조고비 이하 묘제를 지내는 시기로 음력 3 월 상순에 길일을 택하여 묘에서 지내니 귀하의 부친은 납골당이 묘가 되겠지요. 기제란 반드시 작고한날 집 정침에서 지내야 합니다. 기(忌)란 작고한 날을 의미하는 글자로 기제란 작고한 날 지내는 제사를 의미합니다. 다른 날에 지낸다 하여도 기제가 될 수 없으니 의미가 없는 것입니다. 귀하의 부친 기제 일은 매년 음력 8 월 그믐날 저녁 밤중 자시 즉 12 시경에 지내면 됩니다 그 시간은 다음 날인 음력 9 월 초하루가 됩니다.

●祭義註忌日親死之日也疏孝子終身念親不忘忌日非謂此日不善別有禁忌謂孝子志意有所至極思念親不敢盡其私情而營求他事故不擧也

▶3295◀◈問; 글자가 좀?

유익한 것을 많이 배웠습니다. 묘제축문 서식(예문)에 불승영모(不勝永慕)라고 되어 있는데 실수는 아닌지요? 다른 글에서는 제사에는 불승영모, 묘제에는 不勝感慕로 되어 있든 데 만에 하나 실수라면, 배우는 자에게는 엄청난 과오가 되기에.

◈答; 불승영모(不勝永慕) 불승감모(不勝感慕)는.

⊙기제축문식(忌祭祝文式)

維 歲次干支幾月干支朔幾日干支孝子(祖考妣云孝孫曾祖考妣云孝曾孫高祖考妣云孝玄孫旁親兄弟妻子當云隨屬稱)某官某弟以下不名敢昭告于(妻去敢字弟以下但云告于) 顯考某官府君(或母云顯妣某封某氏或高曾祖考妣倣此妻云亡室某封某氏卑幼改顯爲亡去府君二字○備要若考妣並祭則列書)歲序遷易 諱日復臨(備要若考妣並祭則曰某親諱日復臨○妻弟以下云亡日復至)追遠感時昊天罔極(高曾祖考妣改昊天罔極爲不勝永慕旁親去追遠以下八字云不勝感愴妻弟以下當改感愴以他語)謹以(妻弟以下云玆以) 淸酌庶羞恭伸奠獻(備要妻弟以下云伸此奠儀)尙 饗

⊙묘제축문식(墓祭祝文式)

維 歲次干支幾月干支朔幾日干支某親(考妣云孝子祖考妣云孝孫曾祖考妣云孝曾孫高祖考妣云孝玄孫親盡祖考妣云幾代孫妻云夫旁親卑幼則隨屬稱)某官某弟以下不名敢昭告于(妻去敢字弟以下但云告于) 顯某親某官府君(或顯某親某封某氏合窆位則列書妻云亡室卑幼改顯爲亡去府君二字)之墓氣序流易雨露旣濡(寒食云云歲時改此句爲歲律旣更端午云時物暢茂秋夕云白露旣降十月朔云霜露旣降)瞻掃 封塋不勝感慕(考妣改不勝感慕爲昊天罔極旁親爲不勝感愴妻弟以下云不勝哀感)謹以(妻弟以下玆以)淸酌庶羞祗薦(旁親云薦此妻弟以下云陳此)歲事尙 饗

위에서 살펴 본 바와 같이 불승영모(不勝永慕)는 고증조고(高曾祖考)의 기제에서 쓰며 불승감모(不勝感慕)는 조고(祖考)이상의 조상 묘제 축문에서 씁니다. 고(考)의 축문은 묘제나 기제나 다 같이 호천망극(昊天罔極)입니다.

▶3296◀◈問; 기독교인데 제사를 지낼 수 있을까요?

안녕 하세요. 저의 아내가 꿈에 아버지가 나타나셔서 배가 고프다는 말을 하더군요. 제 아내는 기독교식으로 지내지 말고 제사(祭祀)를 올리자고 하는데 친할머니가 안 된다고 하셔 아내가 억지로 옮기려고 하고 있는데 절차(節次)를 몰라 아직 옮기지 않고 있습니다. 조금 있으면 장인(丈人) 어른 제사(祭祀)인데 절차(節次)를 어떡해 해야 하는지 좀 알려 주세요. 맹 0 재

◈答; 기독교인데 제사를 지낼 수 있음.

기독교인이라 하여 유가 식으로 예를 갖춘다 하여 안될 것은 없습니다. 다만 글의 전체 내용으로 보아 장인인 듯한데 처가에 장모나 그 후손이 있다면 유가의 예법으로는 출가한 여식이 그 제사를 옮겨 봉사하는 예법은 없습니다. 그러나 자식이 부모에게 효도한다는데 예법이 우선인지는 생각해볼 문제가 되겠지요. 본인은 유자로서 예법에 없으니 지어 알려 드릴 수는 없습니다.

●退溪曰外孫奉祀一廟而二姓同祭夫天之生物使之一本而此則爲二本焉甚不可也今人或不幸其外家祖先無後而未有所處者不忍其主之無歸則權宜奉置別所而往來奠省未爲不可若公然與其本親同享一廟則悖理莫甚所謂神不歆非禮者此類之謂也故今於外孫奉祀之問不敢苟徇而以爲可行也

●寒岡曰外家神主奉祀本非禮經今者不得已奉祀則當時祀茶禮時先祭祖外祖次祭

●陶庵曰朱子非族之祀一句語實爲正論愚意爲外孫者設或不得已而權奉其祀己身歿後卽當埋安

▶3297◀◈問; 기일 날 성묘?

이렇게 이른 시간에 답을 주시어 대단히 감사합니다. 추가질문을 드려도 될지요 기일에 성묘를 가는데 성묘 시에도 기제와 같이 강신과 초헌 아헌 종헌 첨작을 또 축문도 행하는 게 맞는지요 그리고 산신제도 행하는 것이 맞는지 맞는다면 어떻게 해야 하나요 저는 부친이 시립 납골당에 유골을 모셔 놓았습니다. (산신축도 있는지요) 번거로운 질문을 다시 드려 죄송합니다 답을 주시면 감사하겠습니다.

◈答; 기일 날 성묘.

성묘 시에는 주과포가 준비되었으면 진설 후 헌주 재배한 후 묘역을 살피고 다시 재배하고 내려옵니다. 성묘 시는 산신제를 지내지 않습니다.

●開元禮王公以下拜掃先期卜日如常前一日設次於塋南百步道東西向北上設主人以下位塋門外之東西面以北爲上其日主人到次改服公服無者常服主人以下俱再拜奉行墳塋(精靈感慕有泣無哭)至於封樹內外環繞哀省三周其荊棘慮與荒草連接者皆隨卽芟剪不令火由得及掃除訖主人以下復門外位皆再拜遂還若遠行辭墓哭而後行
●南齊書沈文季傳休祐被殺雖用薨禮僚佐多不敢至文季獨往省墓展哀
●池北偶談談藝五孝經庶人章公一日省墓至寺中有父老五六輩上謁進脫粟飯
●嬾眞子卷一溫公先隴在鳴條山墳所有餘慶寺公一日省墳止寺中
●宋子大全行狀沙溪金先生行狀上嘉賞仍曰予心缺然勿思永歸拜掃墳塋趁卽上來
●遂庵曰曾見兩先生謁墓展墓只行一再拜據此行之未見違於禮也
●近齋曰同入一麓省拜時累代則先尊後卑
●問祖父同入麓拜祖時父墓在後心似未安栗谷曰勢然也視之以異室可也
●問此行歸省先墓當在端午後當別具酒果設薦然則當有祝文耶若値端午依禮參拜似不當自主同春曰別具酒果則告辭去孝字而爲之恐不可已墓事似亦與家廟有異如値節祀則祝文以孝子某在遠使介子某敢昭告云云例也
●朱子省新安墓文一去鄕井二十七年喬木興懷實勞夢想玆焉奠掃悲悼增深所願宗盟共加嚴護神靈安止餘慶下流凡在雲仍畢霑玆蔭酒肴之奠維告其衷精爽如存尙祈監享
●荷齋日記丁未年二月二十四日乙酉晴往廣陵三處山所省楸而抵暮歸來
●老稼齋曰看山歸路過山谷哭姪女李氏婦墓
●尤庵曰初到再拜復再拜而退則禮意尤爲懇惻而周詳矣

▶3298◀◈問; 기일에 관하여.

안녕하세요? 궁금한 사항에 대하여 문의 드리면 확실하고 깔끔하게 정리해 주시어 감사하기 그지없습니다. 기일에 대하여 이견이 있어 문의 드립니다.

1. 5 월 5 일 오전 8 시경에 돌아가신 분의 제사는 언제 모셔야 바르게 모시는 것인지요? 기일이란 돌아가신 날을 칭한다고 하시는 분과 돌아가시기 전날 모셔야 한다고 해서 문의 드립니다.

2. 돌아가신 분이 장손(長孫)일 경우 시골 어른들이 사시던 집에 살림은 하지 않고 가끔 관리하며 보살폈던 집이 있어 장손이 생전(生前)에 거기에서 명절(名節)과 제사(祭祀)를 모셨었습니다. 장손이 세상을 달리하여 제사를 모실 경우 장손(長孫)이 가족(家族)과 함께 생활(生活)하였던 집과 조상(祖上)님들의 시골집 중 어느 곳에서 모셔야 하는지요?

시골집은 평소에 비어있고 가족들이 가끔 가고 있습니다. 잘 모르는 것에 대하여 부끄럽습니다. 확실하게 하고 싶어 문의 드립니다. 감사합니다.

◈答; 기일에 관하여.

問 1. 答; 기일(忌日)은 사일(死日)이 됩니다. 5 일 오전 8 시에 사망하였다면 매년 5 일이 기일이 되는데, 혹 자시(子時) 행제(行祭) 가문이시면 전날인 4 일 밤 23 시에서 5 일 날의 01 시 사이가 자시(子時)이니 이때 제사를 지내면 됩니다. 이 자시(子時)는 전날 23 시부터이나 이 23 시는 구 시(舊時)로 자 초시(子初時)라 하며 이 시간부터 5 일이 됩니다.

●祭義君子有終身之喪忌日之謂也註忌日親死之日也
●周禮春官宗伯禮官之職小史條掌邦國之志奠繫世辨昭穆若有事則詔王之忌諱註鄭司農云先王死日爲忌名謂諱
●家禮忌祭編○厥明夙興設蔬果酒饌○質明主人以下變服詣祠堂封神主出就正寢○參神降神進饌

初獻
●禮器質明而始行事疏質正也謂正明之時少牢禮朝明行事註朝明質明也此乃周禮也
●士冠禮擯者請期宰告曰質明行事註擯者有司佐禮者在主人曰擯在客曰介質正也宰告曰旦日正明行冠事
●國朝五禮儀大夫士庶人忌日俗節告祭儀厥明夙興設饌具如式見序例主人以下盛服盥手帨手訖俱就位主人升自東階啓櫝捧出神主各設於座降復位主人以下再拜
●陳氏曰子路祭於季氏質明而始行事寧早則雖未明之時祭之可也
●張子曰五更而祭非禮也
●尤庵曰行祭早晩太早不可太晩亦不可惟當以質明爲正
●南溪曰質明卽大昕指日未出時也
●日省錄正祖十九年乙卯四月二十二日壬寅;(云云)獻官之命十七日進詣本宮十八日子時行祭
●永興本宮儀式奏啓; 命當日陪香祝辭陛十七日進詣本宮十八日子時行祭天氣淸和享事利成臣不勝欣忭之忱緣由馳啓
●愚伏曰丁丑十七日亥時終于墨谷寓舍子時卒襲是日大風雨戊寅小斂己卯大斂
●日省錄哲宗十年己未七月十六日甲申; 自前夜亥時至子時食十八分七秒初虧正東復圓正西

問 2. 答; 지난날에는 집을 짓게 되면 먼저 안채가 들어설 자리 동쪽으로 사당을 지은 뒤 집을 지었으니 사람이 사는 집에는 사당이 있어 그 사당 감실에 신주를 모셔 놓고 봉사를 하게 됩니다. 따라서 봉사손(奉祀孫)이 선대(先代)가 사시던 집에서 이사를 하게 되면 사당(祠堂)의 신주(神主)도 함께 모시고 이사(移徙)하는 집으로 가 옛 제도와 같이 모시게 됩니다. 본 사례는 시골 구가가 공가가 아니고 친족이 거주하고의 여부는 알 수 없으나 지금 살고 있는 집이 임시 거처가 아니고 적어도 영구 거처라면 지금까지 시골의 구가에서 제사를 지낸 것이 잘못 되었었습니다.

●曲禮君子將營宮室宗廟爲先
●朱子曰復宗子法於廢後而宗子無力不能立祠堂則庶子立之然亦宗子主其祭而用宗子所得命數之禮
●公羊傳桓公納于大廟[傳]何以書譏何譏爾遂亂受賂納于大廟非禮也註納者入辭也周公稱大廟所以必有廟者錄生時有宮室也孝子三年喪畢思念其親故爲之立宗廟以鬼享之廟之爲言貌也
●荀子强國篇負三王之廟而辟於陳蔡之間註此楚項襄王之時也父謂懷王爲秦所虜而死也至二十一年秦將白起遂拔我鄢郢燒先王墓於夷陵襄王兵散遂不復戰東北保陳成廟主也
●漢書宣帝記立皇考廟益奉明園戶爲奉明縣註師古曰奉明園卽皇考史皇孫之所葬也
●又修興泰一五帝后土之祠祈爲百姓蒙祉福
●周禮春官小宗伯禱祠于上下神示註執事大祝及男巫女巫也求福曰禱得求曰祠讄曰禱爾于上下神祇鄭司農云小宗伯與執事共禱祠
●公羊傳桓公戊申納于大廟(傳)何以書譏何譏爾遂亂受賂納于大廟非禮也(註)納者入辭也周公稱大廟所以必有廟者緣生時有宮室也孝子三年喪畢思念其親故爲之立宗廟以鬼享之廟之爲言貌也質家右宗廟上親親文家右社稷尙尊尊(疏)註解云春秋說文祭義篇末云建國之神位文家右社稷而左宗廟所謂一隅也
●史記天瑞下宜立祠上帝以合符應於是作渭陽五帝廟同宇註韋昭曰宇謂上司下異禮所謂復廟重屋也贊曰一營宇中立五廟○正義曰括地志云渭陽五帝廟在雍州咸陽縣東三十里宮殿疏云五帝廟一宇五殿也按一宇內而設五帝各依其方帝別爲一殿而門各如帝色也

▶3299◀◈問; 기일에 대한 의문점이 있어 문의 드립니다.

가톨릭 집안이었든 지라 제사를 모신 적이 없어 황망하던 차에 이렇게 사이트를 찾아 문의 드립니다. 그러나 주교회의에서 가톨릭 나름의 제사 방식을 이미 발표한지 오래입니다. 매우 당황스럽습니다.

어머님께서는 2008 년 2 월 윤달이던 해 양력 12 월 27 일 아침 12 시 35 분에 사망선고를 받으셨습니다. 거기에 2009 년에는 윤 5 월이 끼어 있다는 걸 알게 된 후로, 기일을 정확히 언제로 잡아야 하는지에 대해 매우 고심하고 있었습니다. 양력 윤달 하루가 늘어난 날짜만큼, 또한 음력 윤달 한 달 기간만큼을 당겨서 제를 올려야 하는 건지요. 그저 음력 날짜만 고려하여 내년 1 월 15 일로 기제사를 생각하고만 있다가 윤달이 두 차례나 있었음에 당황하고 있습니다. 거기다 제주인 동생은 양력으로 모시겠다고 하고, 저는 음력으로 모시고자 하니 이 또한 문제입니다. 두 차례 지내도 상관이 없을까요?

부디 답변 부탁 드립니다. 종교에 상관없이 기왕이면 전통에 따라 제대로 모시고픈 마음 간절합니다. [이 0 주]

◈答; 기일에 대하여.

전통 방식에 따라 제대로 모친의 제사를 모시겠다 하시니 대단히 반갑습니다. 모친의 작고일이 2008 년 양력 12 월 27 일이라 하셨으니 이날을 음력으로 따져보니 12 월 초하루가 됩니다. 다만 그 해에 윤달이 있고 없고는 기일과는 관계가 없습니다. 만약 음력으로 윤달에 작고하였다 하여도 다음해의 기일은 본달 그 날이 되는 것입니다. 또 만약 음력으로 달이 큰 30 일 날 작고하였다 하여도 다음 해에 작은 29 일이 되면 기일은 29 일 그믐날이 되는 것입니다. 까닭에 이 0 주님의 어머님 기제사 날은 음력으로 매년 12 월 초하루가 됩니다. 그리고 제사는 작고하신 날 에 지내는 예로서 한 해에 두 번 지낼 수는 없는 것입니다. 이외에라도 혹시 축식 등 의심 나는 데가 있으면 서슴치 마시고 글을 남겨주시기 바랍니다.

●祭義君子有終身之喪忌日之謂也註忌日親之死日也
●周禮春官宗伯禮官之職小史條掌邦國之志奠繫世辨昭穆若有事則詔王之忌諱註鄭司農云先王死日爲忌名謂諱
●禮器質明而始行事疏質正也謂正明之時少牢禮朝明行事註朝明質明也此乃周禮也
●士冠禮擯者請期宰告曰質明行事
●南溪曰質明卽大昕指日未出時也
●尤菴曰行祭太早不可太晩亦不可惟當以質明
●日省錄正祖十九年乙卯四月二十二日壬寅條(云云)獻官之命十七日進詣本宮十八日子時行祭天氣淸和享事利成獻官以下(云云)
●咸興本宮儀式禮曹判書徐浩修狀啓臣於前月二十五日伏奉咸興本宮永興本宮濬源殿攝行酌獻禮南關各陵寢奉審之命當日陪香祝辭陛本月初一日到永興府進詣本宮奉安香祝初三日到咸興府進詣本宮淸齋爲白遣初六日子時)行祭是白如乎
●弘齋全書訓語氣猝發大臣閣臣求對承候敎曰逢是年是日予懷無以自抑子時行祭非不知無於禮而不得已爲此天明以後將行祝慶之禮予氣予亦自知故欲稍早時刻庶少鎭安而專意於慶今之節也仍嗚咽良久

▶3300◀◈問; 기일입니다.

안녕하세요! 정말 감사합니다. 어떻게 해야 할지 막막했는데 선생님의 말씀 듣고 한결 마음이 가벼워집니다. 저희 어머님 기일이 음력 7 월 11 일 입니다. 그럼 축문 적고 지방 적어서 상을 치르면 되는지요?

부탁 드립니다. 항상 건강 하시길 기원 드립니다. 박 0 수

◈答; 기일.

앞 글에서는 아래와 같이 제사라 말씀하셨는데 "제가 외국에서 살고 있는데 갑자기 어머님 제사를 모시게 되었습니다. 원래는 절에서 지냈는데 제가 여기서 지방 적고 제사상을 차리면 되는지" 뒤 글에서는 "축문 적고 지방 적어서 상을 치르면 되는지요?" 상을 치르면 라 하셨는데 전체 문맥으로 보아 상(喪)이 아닌 제상(床)을 차리면, 으로 이해하고 기제 축문을 작성하겠습니다.

◈지방식

부모님이 모두 작고 하였을 때
아버지; 顯考學生府君神位

어머니; 顯妣孺人某氏神位
아버지가 생존하여 게실 때
亡室孺人某氏神位

◈축문식

維 歲次戊子七月癸酉朔十一日癸未孝子정수敢昭告于 顯考學生府君 顯妣孺人某氏歲序遷易 顯妣諱日復臨昊天罔極謹以淸酌庶羞恭伸奠獻 尙 饗

위 축문은 부모가 모두 작고 하였을 때의 축문입니다 그 진설법은 본 홈 설찬도식을 참조하시기 바랍니다. (부친이 생존하여 계시면 축문이 다릅니다) 축문에서 현비유인모씨의 모(某)자에는 성씨를 써넣으면 현비유인 김씨 등과 같이 되겠습니다.

●아래의 축식은 예문으로 괄호내의 해설 문을 참조하여 그대로 고쳐 쓰면 누구의 기제사 축식으로도 활용이 가능합니다.

維 歲次干支幾月干支朔幾日干支孝子(조고비에게는 孝孫 증조고비에게는 孝曾孫고조고비에게는 孝玄孫 ○방친과 형제와 처와 자식에게는 그가 부르던 칭호대로 쓴다) 某官某 (동생 이하 자에게는 이름을 쓰지 않는다) 敢昭告于 (처에게는 敢자를 쓰지 않고 동생 이하에게는 告于만 쓴다) 顯考某官 (관직이 없었으면 學生이라 쓴다) 府君 (어머니 기제에는 顯妣某封某氏라 쓰고 고조고는 顯高祖考某官府君 고조비는 顯高祖妣某封某氏 증조고는 顯曾祖考某官府君 증조비는 顯曾祖妣某封某氏 조고는 顯祖考某官府君 조비는 顯祖妣某封某氏라 쓰고 처는 亡室某封某氏 장자는 亡子某官이라 쓰고 항렬이 낮거나 수하자 에게는 顯자를 고쳐 亡자로 하고 府君 두 자를 빼며 방친은 속한대로 쓴다) 歲序遷易諱日復臨 [병병(並祭)에는 諱日復臨 앞에 아버지 기일에는 顯考 어머니 기일(忌日)에는 顯妣라 쓰고 조고비(祖考妣) 이상 기일 역시 이와 같다. ○처나 동생의 기일이면 諱日復臨을 亡日復至로 고친다] 追遠感時昊天罔極 (고조, 증조, 조고비 기일이면 昊天罔極을 不勝永慕라 고쳐 쓰고 방친(傍親)의 기일이면 追遠이하 여덟 자를 고쳐 不勝感愴이라 쓰고 처나 동생 이하의 기일이면 感愴을 다른 말로 고친다) 謹以 (처나 동생 이하의 기일이면 謹以를 玆以로 고쳐 쓴다) 淸酌庶羞恭伸奠獻 (처나 동생 이하에게는 恭伸奠獻을 伸此奠儀라 고쳐 쓴다) 尙 饗

▶3301◀◈問; 기일날 다른 집 문상가도 되나요.

기일 날 제사 모시기 전에 다른 집 문상을 다녀와도 되나요? 안 되는 것 같은데 혹시나 해서 문의 드립니다. 답변 주시면 감사하겠습니다.

◈答; 기일 날 다른 집 문상가도 되나.

기일(忌日) 재계(齋戒)는 1 일전부터입니다. 따라서 기일 전 전일까지는 조문을 다녀와도 기제 지내는데 꺼려할 까닭이 없습니다.

●性理大全忌祭前一日齋戒; 主人帥衆丈夫致齋于外主婦帥衆婦女致齋于內沐浴更衣飮酒不得至亂食肉不得茹葷不弔喪不聽樂凡凶穢之事皆不得預
●曲禮齊者不樂不吊(註)呂氏曰古之有敬事者必齊齊者致精明之德也樂則散哀則動皆有害於齊也不樂不吊者全其齊之志也
●退溪曰家禮忌日言前期一日齋戒而已
●莊子曰不飮酒不茹葷是祭祀之齋也
●唐制散齋之日理事如故惟不得吊喪問疾不判署刑殺文書不決罰罪人不作樂不親穢惡之事致齋惟祀事得行其餘悉禁
●備要是日不飮酒不食肉不聽樂以居夕寢于外

▶2302◀◈問; 기일(제사)날짜 문의?

안녕하세요. 저의 아버지 기일 날짜를 문의 드립니다.

아버지는 음력 2010 년 5 월 1 일 돌아가셨는데 지금까지는 5 월 1 일 의 전날인 음력 4 월 29 일 또는 30 일 제사를 지냈는데 올해는 5 월 1 일 전날이 윤 4 월 이라서 날짜를 언제로 지내야 하는지 문의 드립니다.

◈答; 기일(제사)날짜는.

아래와 같이 살펴보건대 사일(死日)이 윤월(閏月)이었다 하여도 다음에 윤월(閏月)의 해를 만난다 하여도 윤월(閏月)이 아니라 본달(本月) 사일(死日)이 기제일(忌祭日)이 되고 윤월(閏月) 그날에는 설위(設位) 평상시의 밥상을 올리고 부모이면 곡을 합니다.

윤달에 작고하였더라도 이러할 진대 본월에 작고하셨다면 본월 본일이 기일이 됩니다 기일은 작고한 날이 기일이 되는 까닭에. 5 월 1 일 작고하셨다면 매년 그날 질명이 제사 시간대가 됩니다.

다만 궁실(宮室)의 예인 자시(子時) 행제(行祭) 가문이시면 전달이 윤본달 가림 없이 5 월 1 일 전날 저녁 밤중 11 시 부터 새로 1 시 까지가 자시(子時)가 되니 그 자시(子時)란 다음날 첫시(時)인고로 그 때 제사 드리면 예법상 어그러짐이 없습니다. 참고하십시오.

●通典范甯曰閏月者以餘分之日閏益月耳非正月也吉凶大事皆不可用故天子不以告朔而喪者不數
●開元禮閏月亡者祥及忌日皆以閏所附之月爲正
●庾蔚之曰今年末三十日亡明年末月小若以去年二十九日親尙存用後年正朝爲忌此必不然若其不然則閏亡者亦可知也
●退溪答金惇敍曰忌日旣行之於當朔當日矣其於閏朔遇是一何有再行之義乎此意厚而不達於禮不可爲訓典也
●問祖考之終在閏月者復遇亡歲之閏月則行祭於閏乎退溪曰閏非正月人之行祭常以正月而獨於是歲依亡歲之月而祭似未穩祭則依常月行之於閏月亡日則齋素而不祭似當也
●問先考卒逝之日閏四月三十日也今又値四月之閏欲於閏月晦日行祭如何寒岡曰知禮之人皆以爲不可用閏月當於本月其日行祭閏月其日則行素而已可也
●沙溪曰或謂當用本月爲忌而閏月死日亦當行素云
●同春問人或死於閏正月則忌祭當用本正月否若値閏正月則當用何月云云沙溪曰通典諸說可考也或謂閏月死者後値閏月當用本月爲忌而閏月死日亦當行素云
●問閏月死者之子復値閏月則如之何明齋曰其日似當變服設位哭食素
●問祖考之終在閏月者復遇亡歲之閏月則行祭於閏乎退溪曰閏非正月人之行祭常以正月而獨於是歲依亡歲之月而祭似未穩祭則依常月行之於閏月亡日則齊素而不祭似當
●竹庵曰閏月死者後値閏月則不用本月而以閏月爲忌恐無可疑
●尤庵曰行祭早晩太早不可太晩亦不可惟當以質明爲正
●南溪曰質明卽大昕指日未出時也
●祭義註忌日親死之日也疏孝子終身念親不忘忌日非謂此日不善別有禁忌謂孝子志意有所至極思念親不敢盡其私情而營求他事故不擧也
●明齋曰凡喪復後始發喪其前則雖已氣絶猶有復生之望不可便以爲已死也以此意推之則似當以招魂日爲忌日矣
●性理大全忌祭編○厥明夙興設蔬果酒饌○質明主人以下變服詣祠堂封神主出就正寢
●南溪曰質明卽大昕指日未出時也
●尤庵曰行祭早晩太早不可太晩亦不可惟當以質明爲正
●文獻通考宗廟考六祭祀時享(薦新); 其祭貴肺用朝及闇陳氏禮書曰祭義曰夏后氏祭其闇商人祭其陽周人祭日以朝及闇
●檀弓夏后氏大事用昏商人大事用日中周人大事用日出
●禮器質明而始行事疏質正也謂正明之時少牢禮朝明行事註朝明質明也此乃周禮也
●陳氏曰子路祭於季氏質明而始行事寧早則雖未明之時祭之可也
●南溪曰質明卽大昕指日未出時也
●日省錄十八日子時行祭天氣淸和享事利成獻官以下(云云)
●無名子集策皇極經世書; 天開於子地闢於丑
●咸興本宮儀式奏啓條本宮淸齋爲白遣初六日子時行祭是白如乎○本宮十一日子時行告由祭後陪香祝進詣定陵淸齋十三日子時攝行酌獻禮是白如乎

▶3303◀◈問; 기일 제사 방법문의.

먼저 소프트벤치의 전통예절을 통하여 많은 것을 새롭게 알게 되었음에 감사 드립니다.

저희는 현재 조부모, 부모님 기일 제사를 일년에 각각의 기일에 한번씩 총 4회를 지내고 있습니다.

질문 사항은 부모님의 경우 기일이 부친은 10월 12일, 모친은 10월 15일로 3일 간격으로 기일 제사를 지내고 있습니다만 주변의 친척분들이 하시는 말씀이 10월 12일에 합하여 부친, 모친을 위한 기일 제사를 지내도 무방하다고 하기에 이에 대한 의견을 듣고 싶습니다. 혹시 이것이 가능하다면 조부님과 조모님의 기일도 1달 차이가 나고 있으므로 이 기일 제사도 합하여 지내는 것도 가능한지 의견을 듣고 싶습니다. 답변을 저에 e-mail로 부탁 드립니다. 감사합니다.

◈答; 기일 제사 방법.

가례(家禮) 기제 지내는 법입니다.

○設位(설위)

如祭禰之儀但止設一位
신위의 자리를 설치한다.
녜제 의식과 같다. 다만 한 위만 설위한다.

●沙溪曰若竝祭考妣則設兩位吾家亦設考妣兩位雖知其不當而行之已久不能改也.
사계 선생이 이르기를 만약 고비 병제를 지낼 때는 두 위로 차린다. 나의 집에서 역시 고비 양위를 합설 하는데 아무리 합설로 행제 함이 온당치 않다 하여도 이미 오래 되여 고칠 수가 없느니라.

●程氏祠先凡例祖考忌日則只祭祖考及祖妣祖妣忌日則只祭祖妣及祖考餘位忌日祭同
정씨(程氏) 사당 제도 첫 부분의 범례에 조고 기일 날이면 다만 조고와 조비를 합제 하며 조비 기일 날이면 단지 조비와 조고를 합제를 하며 나머지 위의 기일 날 제사도 같게 한다. 또 어떤 사람이 전후비 제삿날 병제에 대하여 신독재(愼獨齋) 선생과의 다음과 같은 문답이 있습니다.

●問父若前後室則前母忌日同祭後母忌日同祭前母耶愼獨齋曰幷祭爲當.
묻기를 만약 전처와 후처가 있을 때 전모 기일 날 후모를 같이 합제를 하고 후모 기일 날 전모를 합제 할 수가 있습니까 하고 묻자 신독재 선생 말씀이 당연히 같이 제사를 지내야 한다 라 하셨습니다.

●艮齋禮說考妣忌日同則各設兩位而行事如正祭諸位之儀爲得(兩世忌日同者亦然但祖與考則或哭或不哭未安不如先後各行也)
간재 선생 예설에 이르기를 고비(考妣) 기일이 같은 날에 들면 양위를 달리 차려 놓고 정제(正祭)와 같이 지내기를 의식대로 틀림없이 지내야 하느니라. (두 세대의 기일이 같다 하여도 역시 그와 같이 지내되 다만 조고비와 고비는 혹 곡을 하고 혹 곡을 함이 같지 않아 미안 하니 먼저 진설하고 지낸 뒤 다시 진설하고 지낸다)

위와 같이 대강 살펴 볼 때 부모의 기일이 같은 날이라 하여도 달리 차려 놓고 지내드려야 하는 것이니 날짜가 다른 기일을 한날로 지내 드릴 수는 없는 것이며 기일 제란 자손으로서 그날을 잊지 못하고 그날 하루 한끼만이라도 봉양의 효를 표함이니 달리 지내 드릴 수는 없다 하겠습니다.

●祭義註忌日親死之日也疏孝子終身念親不忘忌日非謂此日不善別有禁忌謂孝子志意有所至極思念親不敢盡其私情而營求他事故不擧也

▶3304◀◈問; 기제사.

게시판의 글들을 읽다가 문의가 생겨서요. 얼마 전에 다른 사이트에서 기제 일에 대해서 상담한적이 있습니다. 그때 답변이 돌아가신 날 지내는 거라고 하던데요. 지기님의 말씀대로라면 돌아 가시 전 날 저녁 11 시에 지내도 된다는 말씀인데 그러면 기일 전일이 되지 않습니까

이번에 아버지의 세 번째 기일이 돌아옵니다. 집안에서는 돌아가신 전날 즉 생존하신 마지막 날을 기일이라 하고 그날 11 시 30 분쯤 제사를 지냈습니다. 많이 헷갈립니다. 지기님의 말씀대로 라면 지금까지 지내온 방법이 맞는 건가요. 상차림도 집집마다 틀리고.

두 해가 지났지만 그때마다 상차림이 틀렸던 것 같습니다. 아버지는 너무 일찍 돌아가셨고 아직 어머니와 저희들은 많이 미흡합니다. 제사를 제 날짜에 잘 지내 드려 혼령이 나마 배불리 드셨으면 합니다

◈答; 기제사.

문의하신 기제사는 작고하신 날 자시에 지내시면 됩니다. 자시(子時)는 작고하신 전날 23 시부터 작고하신 날 01 시 사이를 말합니다. 생존하신 마지막 날 밤 11 시 30 분에 제사를 지내셨다면 맞게 지내고 계신 것입니다.

제사절차나 상차림은 제례편 -> 지방기제사와 제례편 -> 설찬도를 -> 각위 제상차림표를 참고하세요.

●祭義註忌日親死之日也疏孝子終身念親不忘忌日非謂此日不善別有禁忌謂孝子志意有所至極思念親不敢盡其私情而營求他事故不擧也
●明齋曰凡喪復後始發喪其前則雖已氣絶猶有復生之望不可便以爲已死也以此意推之則似當以招魂日爲忌日矣
●咸興本宮儀式奏啓條本宮淸齋爲白遣初六日子時行祭是白如乎○本宮十一日子時行告由祭後陪香祝進詣定陵淸齋十三日子時攝行酌獻禮是白如乎
●日省錄十八日子時行祭天氣淸和享事利成獻官以下(云云)
●無名子集策皇極經世書; 天開於子地闢於丑
●性理大全忌祭編○厥明夙興設蔬果酒饌○質明主人以下變服詣祠堂封神主出就正寢
●南溪曰質明卽大昕指日未出時也
●尤庵曰行祭早晩太早不可太晩亦不可惟當以質明爲正
●文獻通考宗廟考六祭祀時享(薦新); 其祭貴肺用朝及闇陳氏禮書曰祭義曰夏后氏祭其闇商人祭其陽周人祭日以朝及闇
●檀弓夏后氏大事用昏商人大事用日中周人大事用日出
●禮器質明而始行事疏質正也謂正明之時少牢禮朝明行事註朝明質明也此乃周禮也
●陳氏曰子路祭於季氏質明而始行事寧早則雖未明之時祭之可也

▶3305◀◈問; 기제사 날짜 관련 문의 합니다.

안녕하세요? 시할머니 제사(祭祀) 날 관련 문의 합니다. 음력(陰曆) 8 월 30 일이 제사 날인데 올해는 작은달(?) 이어서 8 월 30 일에 지낼 수가 없어서요. 집안 어른 들의 의견이 8 월 29 일이냐 9 월 초하루이냐 이렇게 둘로 갈라져 있어요. 언제 지내는 것이 맞는지요? 알려주세요.

◈答; 기제사 날짜.

아래 사계선생의 말씀과 같이 큰 달 30 일 날 사망한 이의 다음해 작은 달이 닿으면 29 일 날이 기제 일이 된다 라 말씀하셨습니다. 이와 같아서 차은애님의 시조모님의 기일 날은 올해 그 달이 작은 달이라 29 일이 되었다면 29 일 그믐날이 기제 일이 되는 것이지 다음달 1 일로 미뤄지는 것이 아닙니다.

●沙溪曰大月三十日死者後値小月固當二十九日爲忌値大月則自當以三十日爲忌小月晦日死者後値大月當仍以二十九日爲忌不可延待三十日也

▶3306◀◈問; 기제사날짜 문의.

큰아버님 작년 7 월 30 일(음력 6 월 30 일)오전 07 시에 돌아가셨는데 기제사 날짜가 음력 6 월 29 일인데 큰 어머님께서 29 일은 큰 달에는 있고 작은 달에는 없고 해서 6 월 28 일 날 제사를 지낸다는데 맞는지요 소중한 답변 부탁 드립니다.

◈答; 기제사날짜.

아래와 같이 사계선생 논을 살펴보건대 큰달인 30 일 그믐에 죽은 이의 기제가 다음해에는 소월(29)일 때는 그믐인 29 일이 제삿날이 되고 대월(30)이 닿으면 마땅히 30 일 날에 기제를 지내야 하고, 소월인 29 일 그믐날 죽는 이의 기제가 다음해에 대월(30)일 때는 그믐인 30 일이 아니라 29 일에 제사를 지내야 한다는 말씀입니다. 따라서 음(陰) 6 월(大月) 30 일 날 작고하셨다면 다음해 6 월이 소월이면 29 일이 제삿날이 되고 대월인 해에는 제날인 30 일 날이 제삿날이 됩니다.

대월의 해에는; 30 일. 소월의 해에는; 29 일.

●問解(沙溪)大月三十日死者後値小月固當以二十九日爲忌値大月則自當以三十日爲忌小月晦日死者後値大月當仍以二十九日爲忌不可延待三十日也

▶2307◀◈問; 기제사 날짜 문의드립니다.

안녕하세요. 제사 날짜 때문에 문의 드리고자 글을 남깁니다.

저희 할아버지께서 2016 년 2 월 19 일(음력 1 월 12 일) 오전 10~11 시경에 돌아가셨습니다. 아버지께서 형제들 편의 때문에 항상 초저녁에 제사를 지내려고 하시는데요. 음력 1 월 12 일 전날 초저녁에 제사를 해오셨고 이번에도 그렇게 하려고 하십니다. 그런데 제가 궁금해서 인터넷으로 검색해보니 초저녁에 제사를 지내려면 음력 1 월 12 일 당일 초저녁에 지내서 저녁 10 시 11 시 전에 끝내야 한다고 나와서 그렇게 말씀을 드렸더니 아니라고 하시네요.

올해 같은 경우에 2 월 5 일이 음력 1 월 12 일인데 초저녁에 하려면 2 월 5 일 당일 준비해서 초저녁에 지내야 하는 게 아닌가요? 아버지 말씀대로 전날인 2 월 4 일 초저녁에 시작하면 음력 1 월 12 일이 되기 전에 제사를 끝내게 되는 거 아닌가 싶어서 신경이 쓰입니다. 바쁘시겠지만 조언 남겨주시면 감사하겠습니다. (그런데 사실 저희는 일부 친척분들이 개신교라 지방도 쓰지 않고 절도 하지 않습니다. 그래서 의미가 있나 싶긴 하지만 그래도 날짜라도 정확히 알고 싶어 글을 남깁니다.)

◈答; 선대 제사 지내는 때.

아래와 같이 살펴보건대 제사 지내는 때는 예법적으로 작고한 당일 질명(質明; 먼동 트기 시작 할 때)이 됩니다

자시행제(子時行祭)는 궁중의 예이지 백성의 예가 아니나 지난날 고관 대작들께서 그를 본따 사가 제사를 지냄을 보고 일반 백성들이 따라 행함이 관례가 되어 자시행제(子時行祭) 예법이 정착되어 오늘날에 이르게 되었다 이해돼야 합니다.

귀(鬼)는 음(陰)에 속하여 음인 밤에 활동을 하다 해가 뜨기 전에 음계(陰界)로 돌아 가기 때문에 백성은 질명(質明)과 왕가는 작고한날 첫 시인 자시(子時; 전날 밤 11 시부터 다음날 첫 시인 1 시까지)에 지내게 되었다. 라 이해되어야 할 것입니다.

제사(祭祀)란 그 후손(後孫)들이 전부 모여 작고하시던 그 때를 회상하고 슬퍼하며 애절하였던 그 날 마지막 그 모습을 다시 생각하며 축으로 슬픔과 사모함을 고하며 일년에 한번 정성을 다하여 한끼에 삼헌(三獻)을 하고 사신(辭神)으로 송신(送神)하는 예라면 우리를 있게 하신 선대께 1 년에 한번쯤은 생활에서의 불편쯤은 효(孝)로서 상세 되어야 하지 않을까 합니다.

다만 현대 산업사회 구조하에서 작고하신 날 새벽이나 첫 시인 자시에 후손들이 모이기에 여러 가지 제약 요건이 있어 불참 요인이 있다면 조반(朝飯)을 드림이 정례이나 당일 만찬(晩餐; 해진 뒤)으로라도 예를 갖춤이 불참이나 궐사(闕祀)보다야 효를 행함이 되지 않겠습니까.

당일 만찬이라 함은 작고 하신 날 해진 뒤 초저녁의 시간대를 의미합니다. 다만 어느 예법서에서도 논함이 없는 시간대 입니다. 참고하시기 바랍니다.

●祭義註忌日親死之日也疏孝子終身念親不忘忌日非謂此日不善別有禁忌謂孝子志意有所至極思念親不敢盡其私情而營求他事故不擧也
●性理大全忌祭編○厥明夙興設蔬果酒饌○質明主人以下變服詣祠堂封神主出就正寢
●南溪曰質明卽大昕指日未出時也
●尤庵曰行祭早晩太早不可太晩亦不可惟當以質明爲正
●尤庵曰行祭早晩太早不可太晩亦不可惟當以質明爲正
●南溪曰質明卽大昕指日未出時也
●鬼神集說序; 鬼神(註)日出爲神入
●咸興本宮儀式奏啓條本宮淸齋爲白遣初六日子時行祭是白如乎○本宮十一日子時行告由祭後陪香祝進詣定陵淸齋十三日子時攝行酌獻禮是白如乎
●日省錄十八日子時行祭天氣淸和享事利成獻官以下(云云)
●無名子集策皇極經世書; 天開於子地闢於丑
●高麗史節要 卷之三 顯宗元文大王; 聞雞聲砧響問於術士以方言解之曰鷄鳴高貴位砧響御近當是卽位之兆也
●辭源子部[子]地支的第一位又爲十二時辰之一夜十一時至次晨一時爲子時○又一部三畫[丑]十二時辰之一午夜一點鐘至三點鐘古稱鷄鳴時

▶3308◀ ◈問; 기제 날이 언제되나요?

선생님 안녕하십니까? 여기 글을 올려도 되는지 모르겠지만 아버님 제사날짜 관련하여 조언을 구하고자 문의 드립니다. 저희 아버지는 2004 년 7 월 17 일(음력 6 월 1 일) 오후 4 시경 작고하셨습니다. 올해는 음력 6 월 1 일이 양력으로 7 월 22 일입니다.

저는 기제사는 돌아가신 날에 모시는 걸로 알고 있기에, 기일인 7 월 22 일 하루 전날에 음식을 준비하여 밤 12 시(음력 6 월 1 일 0 시)가 지나면 제사를 모시려고 합니다. 하지만 주위에서, 제사는 돌아가신 날 전날에 지내는 것이고 그 이유는 고인의 혼이 살아계신 마지막 날에 오시기 때문이라고 합니다. 그래서 저희 아버지의 제사는 음력 6 월 1 일 하루 전날인 음력 5 월 그믐날이며 올해는 음력 6 월 1 일 전날이 음력으로 윤 5 월 29 일(양력으로 7 월 21 일)이니깐 윤달에는 제사를 모시지 않는다 하여 윤달이 아닌 평 달 음력으로 5 월 그믐인 양력 6 월 22 일 밤 12 시경에 지내는 게 맞다고 합니다. 즉, 음력 6 월 1 일 돌아가신 아버지의 올해 제사를 1. 양력 6 월 22 일 음식을 준비하여 밤 12 시(6 월 23 일 0 시)에 지내는 게 맞다, 2. 양력 7 월 21 일 날 음식을 준비하여 밤 12 시(7 월 22 일 0 시)에 지내는 게 맞다. 라는 의견으로 분분합니다.

극히 개인적인 질문이지만 전통적으로 어떤 게 맞는 제사 일인지 알고 싶습니다. 바쁘시겠지만 고견바랍니다. 박 0 석

◈答; 기제 날짜.

본 성균관 "무엇이 궁금하세요" 코너에서 박만석 선생께서 위와 동일한 질문에서 이미 답변을 붙여 놓은 草庵의 개인 홈피 게시판입니다. 그 답문 이상으로 더 드릴 말씀은 없습니다. 그에 덧붙여 말씀을 드린다면 기제(忌祭)의 행사(行事)는 당일(當日) 궐명숙흥설소과주찬(厥明夙興設蔬果酒饌)하고 질명주인이하변복(質明主人以下變服) 후(後) 예사당봉신주출취정침(詣祠堂奉神主出就正寢)하고 참신재배(參神再拜)함이 예서적(禮書的) 예법(禮法)입니다. 그러나 대부분의 가문(家門)에서 언제부터인가는 확인할 수 없으나 당일(當日) 자시(子時)에 행

함이 속례(俗禮)로서 고착화되어 있습니다. 그러나 당일(當日) 첫 시인 자시(子時)에 행한다 하여 예법(禮法)에 크게 어그러졌다고 할 수는 없을 것 같습니다. 다만 질명(質明)에 제향(祭享)을 올리는 까닭은 조식(朝食)의 때에 맞추어 올려 드림인데 자시(子時)란 한 밤중의 시간으로 야식(夜食=밤참)의 때이라 조금은 이론의 여지는 충분하나 자손(子孫)의 효심(孝心)이 질명(質明)까지 기다리지 못하는 조바심에서라 이해한다면 충분히 공감할 수 있는 변례(變禮)입니다.

예기(禮記) 제의편(祭義編)에서 기일(忌日)이란 친사지일야(親死之日也)라 하였으니 어느 시(時)에 작고하였던지 작고한 날이 기일(忌日)이 됩니다. 지금 거의 가문(家門)에서 행하고 있는 자시행제(子時行祭)는 우암(尤庵) 선유(先儒) 말씀으로 태조(太早)에 해당 되는 시간대인데 자시행제(子時行祭) 관습은 아마도 함흥본궁(咸興本宮)과 일성록(日省錄) 등등의 제사 시간대를 받아들인 결과가 아닌가 합니다.

대부사서인(大夫士庶人)들의 기제(忌祭) 지내는 시간 대는 당일(當日) 질명(質明)임을 성리대전(性理大全)에서 이미 정하여 놓은 때입니다. 그에 비추어 당일 초저녁 역시 우암(尤庵) 선유(先儒) 말씀으로 태만(太晩)에 해당 되는 시간대입니다. 그러나 농경집성(農耕集姓) 시대가 와해된 산업다직종사회화(産業多職種社會化)로 이행(移行)된 이 시대에 자시(子時)나 질명제(質明祭)로는 후손(後孫) 모두 거리나 직장(職場) 생활상 참제(參祭)가 거의 불가능하거나 지장을 줄 수 있다면 후손(後孫)들이 모두 원활하게 모일 수 있는 시간대가 당일 저녁 시간대라면 이 시간대가 공경(恭敬)의 최적(最適) 시간대로 보아야 할 것입니다.

●祭義註忌日親死之日也疏孝子終身念親不忘忌日非謂此日不善別有禁忌謂孝子志意有所至極思念親不敢盡其私情而營求他事故不擧也
●明齋曰凡喪復後始發喪其前則雖已氣絶猶有復生之望不可便以爲已死也以此意推之則似當以招魂日爲忌日矣
●咸興本宮儀式奏啓條本宮淸齋爲白遣初六日子時行祭是白如乎○本宮十一日子時行告由祭後陪香祝進詣定陵淸齋十三日子時攝行酌獻禮是白如乎
●日省錄十八日子時行祭天氣淸和享事利成獻官以下(云云)
●無名子集策皇極經世書; 天開於子地闢於丑
●性理大全忌祭編○厥明夙興設蔬果酒饌○質明主人以下變服詣祠堂封神主出就正寢
●南溪曰質明卽大昕指日未出時也
●尤庵曰行祭早晩太早不可太晩亦不可惟當以質明爲正
●文獻通考宗廟考六祭祀時享(薦新); 其祭貴肺用朝及闇陳氏禮書曰祭義曰夏后氏祭其闇商人祭其陽周人祭日以朝及闇
●檀弓夏后氏大事用昏商人大事用日中周人大事用日出
●禮器質明而始行事疏質正也謂正明之時少牢禮朝明行事註朝明質明也此乃周禮也
●陳氏曰子路祭於季氏質明而始行事寧早則雖未明之時祭之可也

▶3309◀◈問; 기제사 날짜에 대하여 묻고자 합니다.

안녕하십니까? 가족끼리 이견이 있어 여쭙고자 합니다. 저의 부친께서 작년 음력 4 월 15 일에 작고하셨습니다. 올해 기제사를 모셔야 하는데 제사는 작고하신 날 전날(음력 4 월 14 일)에 모셔야 한다는 의견이 있습니다. 제사는 저녁 9 시 ~ 10 시 사이에 모실 계획입니다. 작고하신 날 전날 모셔야 하는지? 아니면 작고하신 날 모셔야 하는지요? 부탁 드립니다.

◈答; 기제사 날짜에 대하여.

기일이란 매년 작고한 그 날이니 전날 저녁 9 시 ~ 10 시는 기일이 아니며 다만 전날 저녁 23 시부터 다음 날인 01 시까지가 4 월 15 일 첫 시(子시)가 되어 대개의 가문에서 이 시를 택하여 제사를 지내고 있으나 이는 정례는 아닙니다. 기제의 바른 시는 당일 먼동이 틀 무렵입니다. 당일 저녁 9시 ~10 시사이라면 그 시는 당일이 되겠지요.

●祭義註忌日親死之日也疏孝子終身念親不忘忌日非謂此日不善別有禁忌謂孝子志意有所至極思

念親不敢盡其私情而營求他事故不擧也
●咸興本宮儀式奏啓條本宮淸齋爲白遣初六日子時行祭是白如乎○本宮十一日子時行告由祭後陪香祝進詣定陵淸齋十三日子時攝行酌獻禮是白如乎
●日省錄十八日子時行祭天氣淸和享事利成獻官以下(云云)
●無名子集策皇極經世書; 天開於子地闢於丑
●高麗史節要 卷之三 顯宗元文大王; 聞雞聲砧響問於術士以方言解之曰鷄鳴高貴位砧響御近當是卽位之兆也
●辭源子部[子]地支的第一位又爲十二時辰之一夜十一時至次晨一時爲子時○又一部三畫[丑]十二時辰之一午夜一點鐘至三點鐘古稱鷄鳴時
●鬼神集說序; 鬼神(註)日出爲神入
●靑莊館全書淸脾錄凝齋; 水舍鷄鳴夜向晨(出한국고전)
●通典禮八十一開元禮纂十六吉十三三品以上時享其廟(四品五品六品以下祔); 享日未明烹牲於廚夙興掌饌者實祭器主人以下各服其服
●文獻通考宗廟考六祭祀時享(薦新); 其祭貴肺用朝及闇陳氏禮書曰祭義曰夏后氏祭其闇商人祭其陽周人祭日以朝及闇
●檀弓夏后氏大事用昏商人大事用日中周人大事用日出
●禮器質明而始行事疏質正也謂正明之時少牢禮朝明行事註朝明質明也此乃周禮也
●性理大全忌祭編○厥明夙興設蔬果酒饌○質明主人以下變服詣祠堂封神主出就正寢
●南溪曰質明卽大昕指日未出時也
●尤庵曰行祭早晩太早不可太晩亦不可惟當以質明爲正

▶3310◀◈問; 기제사를 명절 차례와 겸해 지낼 수 있는지에 관한 질의.

어머니의 의견으로서 조부모님과 종조부모님 기제사를 명절 차례 때 합쳐서 지내면 어떤가라는 질문 드립니다. 조상을 섬기는 예가 아닌 것으로 여겨지는 저의 생각인데 가 능 여부를 알려 주시면 고맙겠습니다. 가능 하다면 축문을 어떻게 써야하며 따로 읽어 야 하는 경문이 있는지 알려 주시면 감사 하겠습니다.

◈答; 기제사를 명절 차례와 겸해 지낼 수 있는가?

기제(忌祭)란 작고하신 날 질명(質明)에 효자가 술잔을 올리고 축으로 아뢰기를 [歲序遷易諱日復臨] 해가 바뀌어 작고하신 날을 다시 맞고(운운)이라 고하며 그날의 슬픔에 겨워 눈물을 줄줄 흘리며 고하게 되니 다른 날에 기제라고 이름 붙여 지낼 수는 없는 것 아니겠습니까. 이러하니 다른 날에 기제라고 지낸들 무슨 소용이 있겠습니까. 물론 추석 차례는 차례대로 지내야 되겠지요.

●祭義君子有終身之喪忌日之謂也註忌日親死之日也
●周禮春官宗伯禮官之職小史條掌邦國之志奠繫世辨昭穆若有事則詔王之忌諱註鄭司農云先王死日爲忌名謂諱
●家禮忌祭編○厥明夙興設蔬果酒饌○質明主人以下變服詣祠堂封神主出就正寢○參神降神進饌初獻
●禮器質明而始行事疏質正也謂正明之時少牢禮朝明行事註朝明質明也此乃周禮也
●士冠禮擯者請期宰告曰質明行事註擯者有司佐禮者在主人曰擯在客曰介質正也宰告曰旦日正明行冠事
●尤庵曰行祭早晩太早不可太晩亦不可惟當以質明爲正
●南溪曰質明卽大昕指日未出時也
●性理大全通禮俗節條禮如正至朔日之儀○正至朔望則參條正至朔望前一日灑掃齋宿厥明宿興開門軸簾每龕設新果一大盤於卓上
●國朝五禮儀大夫士庶人忌日俗節告祭儀厥明夙興設饌具如式見序例主人以下盛服盥手帨手訖俱就位主人升自東階啓櫝捧出神主各設於座降復位主人以下再拜
●漢書文帝紀朕旣不德上帝神明未歆饗也天下人民未有慊志

▶3311◀◈問; 기제사에 궁금하여.

음력 5 월에 시아주버님 상을 치르고 음력 7 월에 아들 기제사 지내도 되나요. 한집에 지내지는 않습니다. 그리고 아들(미혼으로 사망) 기제사를 엄마인 제가 지내고 있는데 맞는가요. 이런 궁금함이 있어 문의 드립니다. 부탁 드립니다.

◈答; 기제사에 대하여.

여기서 장사라 함은 사망한 날로부터 3 개월이 됩니다. 따라서 장사는 이미 지냈다 하여도 법도로는 아직 석 달이 되지 않아 장사 전이 됩니다. 따라서 평시는 미혼인 자식 제사는 아버지가 지내는데 절을 하지 않습니다. 그러나 이번 제사는 장사 전이 되어 부군(남편)께서는 지낼 수가 없으니 다른 사람이 지내되 술을 한번만 올리고 축도 읽지 않고 간단하게 지내면 됩니다. 물론 어머니도 자식 제사에는 절을 하지 않습니다.

●性理大全喪禮成服不杖朞; 爲兄弟也○又小功五月; 爲夫兄弟
●要訣喪服中行祭儀; 期大功則葬後當祭如平時未葬前忌祭略行如上儀(上儀;使服輕者只一獻不讀祝可也)

▶3312◀◈問; 기제사에 대하여 선생님께 질의고자 합니다.

선생님께서 운영하시는 예절프로그램 에 있어 진심으로 감사 드립니다. 아뢰고자 하는 내용은 다음과 같습니다.

아버님 형제 중 큰아버님께서 자식이 없어 동생께서 다행히도 2 남을 보게 되어 큰 형님을 어릴 적 큰아버님 밑으로 養으로 맞이하여 키우셨고 작은아들 역시 각기 두분 형제인 아버님께서 키우시다가 몇 년 전 두 분다 작고하셨고 또한 큰어머님께서도 작고하였는데 다행히도 어머님께서는 혼자 지방에서 지내시며 그전에 아버님께서 맡아 지내시던 제사 또한 현재 큰형님께서 養家 및 生家모두다 도맡아 지내는 데 있어 죄송하여 제(동생)가 서울에서 생활이 정착이 되여 형님께서 지내시던 제사를 나누어 지내고자 하오니 아버님께서 지내시던 기제사 및 추석을 모시는데 있어 어떤 절차를 거쳐서 지내야 하는지에 대해 궁금증을 부탁 드리겠습니다.

기제사는 저를 기준하여 5 위를 모십니다. (조부님, 조모님 계부님, 계모님은 묘소는 없지만 돌아가신 날짜도 모르기에 계부님 기제사에 합설 하여 지내며, 추석 합쳐서 5 번 치릅니다.

◈答; 기제사에 대하여.

아래는 본인이 이해한 내용입니다.

선고의 대는 형제 분으로서 나그네 선생의 부친이 아우다. 백부는 후사가 없고 나그네 선생의 부친인 아우는 아들 형제를 두었다. 그 아들 중 맏이가 백부에게 입후되었다. 라 이해하고 말씀을 드립니다. 다만 아래 계부(繼父)와 계모(繼母)의 관계가 잘 설명이 되지 않습니다. 계부란 부 선망의 어머니가 개가를 하였을 때 그 남편을 계부라 하고 또 모 선망이었을 때 아버지가 새 장가를 들어 맞이한 새 어머니를 계모라 합니다. 이는 뒤에서 이해가 될 듯하여 제하고 가려보기로 하겠습니다. 다만 여기서 예서적으로만 말씀을 드리자면 나그네 선생의 친형이 백부의 후사로 입후되었으니 생가로는 친 형제이나 종법적으로는 종형제(4 촌)지간이 되며 종손이 됩니다. 따라서 종손이 된 나그네 선생의 형은 그 양(養)부모와 그 윗대 조상의 제사 일체를 감당하여야 하고 나그네 선생은 나그네 선생 부모의 모든 제사를 감당하여야 합니다.

나그네 선생의 형은 친가로는 형제였으나 백부의 후사가 되었으니 4 촌형제지간이 되어 생가의 부모는 숙부모가 되어 나그네 선생이 있으니 친 생가 부모의 제사는 지내서는 아니 됩니다.

이상에서 드린 말씀이 이해가 되시면 계부님와 계모님의 제사에 관하여도 누가 지내야 하는

가가 쉽게 이해 되리라 믿습니다.

●大傳人道親親也親親故尊祖尊祖故敬宗敬宗故收族收族故宗廟嚴
●白虎通宗子何謂也宗尊也爲先祖主也宗人之所尊也古者所以必有宗何也所以長和睦也大宗能率小宗小宗能率群弟通其有無所以統理族人者也
●喪服傳何如而可爲之后同宗則可爲之后何如而可以爲人后支子可也疏支子可也者他家適子自爲小宗小宗當收歛五服之內亦不可闕則適子不得後他故取支子○又爲人後者孰後後大宗也曷爲後大宗大宗者尊之統也大宗者收族者也不可以絶故族人以支子後大宗也
●通典長子後大宗則成宗子禮諸父無后祭於宗家後以其庶子還承基父然間代繼后便同無后擇同姓昭穆相當者爲後恐當
●儀禮喪服斬縗章傳曰大宗者尊之統也大宗者收族者也不可絶故族人以支子後大宗也適子不得後大宗疏適子不得後他故取支子又曰小宗適子亦當立後
●退溪曰長子無子次子之子承重應指嫡子孫而言雖有妾産恐未可遽代承也
●問解問長子無後而死不立後次子死而有子又季子生存則誰當奉祀耶答次子之子當奉祀
●經國大典適妾俱無子者告官立同宗支子爲後
●沙溪曰長子無後則儀禮及國典皆以同宗支子爲後故自前必以支子爲後曾有一宰臣引通典說陳訴以其弟獨子爲後因成規例焉
●家禮三父服圖同居繼父父子皆無大功以上親乃義服不杖期○不同居謂先隨母嫁繼父同居後異或雖同居而繼父有子已有大功已上親服齊衰三月○元不同居則無服

●가례팔모(家禮八母)

1). 嫡母=妾生子謂父正室曰嫡母
2). 繼母=謂父再娶之母
3). 庶母=謂父妾
4). 慈母=謂庶子無母而父命他妾之無子者慈已也
5). 乳母=謂小乳哺曰乳母
6). 養母=謂養同宗及三歲以下遺棄之子者
7). 出母=謂被父離棄
8). 嫁母=謂父亡母再嫁

●집람팔모(輯覽八母)

1). 嫡母=謂妾生子稱父之正妻也
2). 繼母=謂父從妻
3). 養母=謂養同宗及三歲以下遺棄子者
4). 慈母=謂庶子無母而命他妾之無子者者已者
5). 嫁母=謂親母因父死再嫁他人者也
6). 出母=謂親母被父離棄者
7). 庶母=謂父妾
8). 乳母=謂小乳哺曰乳母

▶3313◀◈問; 기제사에 대한질의에 대해서 감사 드리면서.

선생님께서 답변 주신 데 우선 진심으로 감사 드립니다.

앞서 질의하신 내용 중에 제가 서울에서 지낸다면 제일 윗대 분인 조부님 기제사시에 모든 제위 분 축문을 써서 읽으시면 되는지에 대해 질의하오며, 축문을 어떻게 쓰는지에 대해 가르쳐 주시면 감사하겠습니다. 무더운 날씨 속에 답변을 주신 재차 감사 드립니다. 나그네

◈答; 기제사에 대한질의에 대해서.

지자불제(支子不祭)라 하였으니 나그네 선생의 조부모 이상의 제사는 지낼 수가 없습니다. 그 제사는 나그네 선생의 백부에게 입후한 형께서 지내야 합니다. 나그네 선생은 선생의 부모 제사만 지내야 합니다.

●曲禮支子不祭祭必告于宗子(註)不敢自專宗子有故支子當攝而祭五宗皆然疏廟在適子之家庶子不敢輒祭若濫祭亦是淫祀若宗子有疾不堪當祭則庶子代攝可也猶宜告宗子然後祭
●喪服小記庶子不祭禰者明其宗也(註)庶子不得立禰廟故不得祭禰所以然者明主祭在宗子廟必在宗子之家也庶子雖貴止得供具牲物而宗子主其禮也○(又)喪服小記庶子不祭祖者明其宗也(註)此據適士立二廟祭禰及祖今兄弟二人一適一庶而俱爲適士其適子之爲適士者固祭祖及禰矣其庶子雖適士止得立禰廟不得立祖廟而祭祖者明其宗有所在也
●曾子問庶子若宗子死告於墓而祭於家稱名不言孝身沒而已註孝宗子之稱不敢與之同但言子某至

子可以稱孝

●奔喪凡喪父在父爲主(註)父在而子有妻子之喪則父主之統於尊也

●溫公曰凡主人當以長子爲之無長子則長孫承重又曰父沒兄弟同居各主其喪(注)各爲妻子之喪爲主也

●問解續長子雖病廢似不可傳重於次子况長子有子則豈可以次子奉祀也

●問忌祭定行於主人之家支子女子則只以物助之何如退溪曰朱子書有支子所得自主之祭之說恐是忌祭節祀之類也今若一切皆歸宗子而支子不祭則因循偸惰之間助祭不如式以致衆子孫全忌享先之禮甚爲未安又或宗子貧窶不能獨當而並廢不祭則反不如循俗行之之爲愈

●問人家忌祀若家間不净以紙牓設行於支子家其儀如何芝村曰嘗見先人說以爲禮家別無紙牓無祝之語只云先後參當告事由於家廟後以宗孫名書塡於祝文云若紙牓所題則一依神版而府君下當書神位二字旁題不當書其他節目無異於家廟矣

●尤庵曰禮嫡子廢疾不得承重凶悖之人得罪倫常則其重於廢疾也側出男不得已承重矣

●禮輯長子病廢次子傳重條厚齋曰凡廢疾與先死而無子者同次子之子當主之

●鏡湖曰薦新俗節朔望時祭大宗雖有故不行從而並廢似未安依禮力行而使大宗效之尤善其說恐是

●朱子答李晦叔曰向見說前輩兄弟異居相去遠甚則弟於祭時旋設位紙榜標記祭畢焚之如此似亦得禮之變矣○又曰支子之祭先儒雖有是言然竟未安向見范丈兄弟所定支子當祭旋設紙榜於位祭訖而焚之不得已此或可采用然禮文品物亦當小損於長子或但一獻無祝可也

●南溪曰朱子雖言兄家設主弟不立主祭時旋設位以紙榜標記逐位然於其末以更詳之爲結後來更無通行者恐不得行也惟父母忌日是終天之痛有難每年只行望哭而已若非往參宗家之時則雖以紙榜行不至大悖曾見士大夫家多行之又曰雖支子家具饌祝辭必以宗子名

▶4314◀◈問; 기제사 날짜에 관하여 문의 드립니다.

전 선생님 안녕하신지요? 궁금한 것이 있어서 문의 드립니다

작년에 돌아가신 시아버지의 1 주기 제사를 모시려 하는데, 예를 들면 12 월 1 일이 돌아가신 날이면 11 월 30 날 밤 12 시 갓 넘어서 제사를 모셔야겠지만, 요즘은 형편상 저녁 8 시쯤 제사를 모시게 되어 전야제(?)처럼 되는 것 같았고. 남편은 그럴 바에는 차라리 돌아가신 날 저녁에 제사를 모시는 게 낫다고 생각합니다. 12 월 1 일 날 제사를 모시려고 하니까, 시누이가 어디서 들었다며 마지막 살아계신 날 제사를 모셔야 한다고 11 월 30 날 해야 한다고 해서요. 제사를 모셔도 자세히 알고 싶어서 문의 드리오니, 답변 좀 해 주시면 고맙겠습니다. 안녕히 계십시오.

◈答; 기제사 날짜에 관하여.

귀하가 바른 대로 알고 있는 것입니다. 기제(忌祭)란 기일 날 제사 한다는 뜻인데 기일(忌日)이란 부모가 작고한 날이란 뜻이며 아울러 제삿날이란 뜻입니다. 전날 저녁 자정의 자시는 그 날이 아니라 다음 날이 되며 작고(作故)한 날 첫 시간에 봉양(奉養)코자 함에서 일 뿐입니다. 전날 초 저녁에 제향(祭享)을 올리면 그 제사는 기제사가 아닙니다. 예법에는 당일 아침 날이 밝으면 지내라 하였습니다. 그도 여의치 못하면 작고한 날 저녁에 지내야 기제가 되는 것입니다.

[忌]기일 기(부모나 조상이 죽은 날)자로 풀이 하는 글자 이니 작고한 날 지내는 것이 맞습니다.

●祭義君子有終身之喪忌日之謂也註忌日親死之日也

●周禮春官宗伯禮官之職小史條掌邦國之志奠繫世辨昭穆若有事則詔王之忌諱註鄭司農云先王死日爲忌名謂諱

●家禮忌祭編○厥明夙興設蔬果酒饌○質明主人以下變服詣祠堂封神主出就正寢○參神降神進饌初獻

●禮器質明而始行事疏質正也謂正明之時少牢禮朝明行事註朝明質明也此乃周禮也

●士冠禮擯者請期宰告曰質明行事註擯者有司佐禮者在主人曰擯在客曰介質正也宰告曰旦日正明行冠事

●國朝五禮儀大夫士庶人忌日俗節告祭儀厥明夙興設饌具如式見序例主人以下盛服盥手帨手訖俱就位主人升自東階啓櫝捧出神主各設於座降復位主人以下再拜
●陳氏曰子路祭於季氏質明而始行事寧早則雖未明之時祭之可也
●張子曰五更而祭非禮也
●尤庵曰行祭早晚太早不可太晚亦不可惟當以質明爲正
●南溪曰質明卽大昕指日未出時也

▶3315◀◈問; 기제사를 언제 지내야 하는지 가르쳐 주십시오.

삼가 조언을 구합니다

편모께서 구정 당일 날 밤 11 시경 뇌졸중으로 쓰러지셔서 의식불명의 상태로 계시다가 다음날 병원에서 별세하셨습니다. 기제사를 구정 전날 지내야 하는지 의식 불명의 상태로 쓰러지신 구정 당일 밤에 지내야 하는지 아니면 의식 불명의 상태로 계시다 운명하신 구정 다음날 지내야 하는지 혼란스럽습니다 제가 외아들인 관계로 혼자서 무지한 마음에 삼가 글 올려 여쭤 봅니다

설날 차례음식 따로 제사음식 따로 준비해서 모셔야 하는지요 사실제가 혼자인 관계로 말미암아 정성을 다한다는 것이 여의치가 않습니다. 차례 올릴 때나 제사드릴 때 여러 가지 격식이 있는 걸로 알고 있습니다. 혼자 올리다 보니 격식에 따라 여러 가지 예를 갖추지 못하고 지낸다는 것이 조상님이나 망모에 대한 불경인 것 같아서 죄스러운 마음이 듭니다. 혼자서 제사 올릴 때 갖추는 예를 배우고 싶습니다.두서없이 올린 글 읽어 주신데 대하여 감사드리며 좋은 말씀 기다립니다.

◈答; 기제사 지내는 때.

⊙기제 날자.

사망은 병중이 아니라 맥과 호흡이 멈춘 때를 말합니다. 정월 초하루 다음날 작고 하였으면 정월 초하루 날 밤 12시경에 기제를 지내면 됩니다.

⊙제수품.

한번 흠향한 제수품은 다시 올려서는 안됩니다.

⊙제주 혼자 제사 지내는 법.

제원이 아무도 없이 혼자라도 자신이 초헌 독축 아헌 종헌 등 예법대로 모든 격식을 갖춰야 합니다.

●祭義註忌日親死之日也疏孝子終身念親不忘忌日非謂此日不善別有禁忌謂孝子志意有所至極思念親不敢盡其私情而營求他事故不擧也
●禮器質明而始行事疏質正也謂正明之時少牢禮朝明行事註朝明質明也此乃周禮也
●性理大全忌祭編○厥明夙興設蔬果酒饌○質明主人以下變服詣祠堂封神主出就正寢
●南溪曰質明卽大昕指日未出時也
●尤庵曰行祭早晚太早不可太晚亦不可惟當以質明爲正
●咸興本宮儀式奏啓條本宮淸齋爲白遣初六日子時行祭是白如乎○本宮十一日子時行告由祭後陪香祝進詣定陵淸齋十三日子時攝行酌獻禮是白如乎
●韓魏公祭式亞終獻皆不足則主祭者自行三獻○又無祝則主人自讀

◎지방 기제(紙牓忌祭)생략(省略)

☞지방 기제 지내는법 은 네이버·다음 등 엡사이트에서 제공하는 홈페이지 [주자가례 전통예절] 제례편 제6절 지방기제 에 상세한 예법이 상술되어 있습니다. 참조하시기 바랍니다.☜(가례초해 지방기제)

▶3316◀◈問; 기제사 및 추석, 설 명절 지내는 데 있어 궁금증.

선생님께서 운영중인 전통예절(傳統禮節)에 대한 정보에 감사 드립니다. 우선 질의하고자 하는 내용은, 아버님 형제 중 큰아버님께서 후손이 없어 동생분께서 다행히도 2 남을 보게 되여 큰아들이 큰아버님 앞으로 養 입양으로 맞이하여 키우시다가 몇 년 전 두 분다 작고하셨고 또한 큰어머님께서도 작고하였는데 다행히도 생모님께서 혼자 지방에서 지내시며 혼자서 그전에 지내시던 제사 또한 현재큰형님께서 양가(養家)및 생가(生家)모두다 도맡아 지내고 있어 죄송하기도하고 어머님께서 연로하기에 동생(작은집)께서 마침 서울에서 정착이 되다 보니 생모(生母) (어머님)께서 지내시는 기제사 및 추석을 모셔다가 서울서 지내려고 하는데 단지, 기제사는 서울서 지내지만, ○기존에서부터 설 명절(名節)은, 큰집에서 지내시고 작은집에서는 추석을 지내오시기에 마침, 어머님께서 지방에서 큰형님과 지내시기에 추석차례까지 서울로 모셔오는 것은 어머님께서 서운한 마음이 들기에 추석만큼은 지방에서 지내는 것이 설 명절은 큰집 (49 버님)에서 지내고 있고, 이런 제례방법이 옳은 것인지 선생님께 질의하오니 기제사(忌祭祀)를 모셔 오고자 하는 분은 조모님, 조부님, 계부님, 계모님 4 위임.

◈答; 기제사 및 추석, 설 명절 지내는 데 있어.

생(生)으로는 형제간이나 이제는 종형제(從兄弟)간이 됩니다. 생으로 형님은 종손이 되고 선생은 지손으로 제사로 받들 조상이 다릅니다.

입후한 형님은 조부모와 양부모의 기제를 비롯하여 명절 제사를 받들고 선생은 모친께서 생존하여 계시나 선생이 장자로서 서울에 정착이 되셨으니 선생 댁에서 부친 한 분만 기제사를 비롯하여 명절 제사를 지내야 합니다.

장자(長子)가 무사(無嗣)이고 차자(次子)가 외아들이라 하여도 장자 앞으로 입후(入后) 하여 후계(後繼)를 이어 감이 종법에 옳은 것입니다. 그렇게 되면 백부가 부(父)가 되고 친부(親父)는 숙부(叔父)가 됩니다. 친부모의 제사는 그 아들이 숙질의 관계로서 지내게 됩니다. 물론 입후는 생전에 이뤄져야 합니다.

이상과 같은 예법이 유가(儒家)의 바른 예법입니다.

●儀禮疏曰適子不得後他故取支子又曰小宗適子亦當立後
●通典漢石渠議戴聖曰大宗無後族無庶子已有一適子當絶父祀以後大宗
●喪服傳何如而可爲之后同宗則可爲之后何如而可以爲人后支子可也疏支子可也者他家適子自爲小宗小宗當收斂五服之內亦不可闕則適子不得後他故取支子○又曰爲人後者孰後後大宗也曷爲後大宗大宗者尊之統也大宗者收族者也不可以絶故族人以支子後大宗也
●丘儀大明令凡無子許令同宗昭穆相當之姪承繼先取同父周親次及大功小功緦麻如無則方許擇遠房及同姓爲嗣不許養異姓爲嗣以亂宗族立同姓者易不得尊卑失序以亂宗族且凡爲人後者必承父之命不承父命是貪利而忘親也
●經國大典適妾俱無子者告官立同宗支子爲後
●退溪曰長子無子次子之子承重指適子孫而言雖有妾産未可遽承代也
●沙溪曰長子無後而死不立後次子死而有子又季子生存次子之子當奉祀
●許傳曰長子無後雖次子之庶子其爲血孫一也恐不當捨之而取族人子也其曰未可遽承代云者只爲愼重而然耶
●尤庵曰前後妻皆歿後始爲之子者當爲前母之子
●或問父母生時長子無后而死則奈何或傳長婦或傳次子何以則得宜耶退溪曰父母生存長子無后而死爲長子立后而傳之長婦此正當道理也
●或問長子無后而死不立后次子死而有子又季子生存則誰當奉祀耶沙溪曰次子之子當奉祀也
●遂菴曰過長殤之年則雖未冠笄何可以殤例論也
●近齋曰世豈有無母之子不當立後當以次子爲嗣古禮既冠不爲殤則只謂治喪與服制一用成人之禮非謂立後家禮既娶方不爲殤冠而未娶者不立后何疑

▶3317◀◈問; 기제사 순서 중 궁금한 점이 있어서 여쭤봅니다.

1. 강신 순서 중, 술잔을 1/3 가량 채우고 향 위에서 3 번 돌린 후 모사그릇에 퇴주합니다. 그 이후 빈 잔을 제사상에 올리는 게 맞는지, 아님 올리지 않고 아래에 그대로 두는 게 맞는지요?

2. 초헌으로 채워진 잔을 내릴 때 아헌 순서자가 퇴주를 받고, 아헌으로 채워진 잔을 내릴 때 종헌 순서자가 퇴주를 받는 것이 맞는지요?

3. 철시복반할 때 술잔이 그대로 채워진 상태인데, 이 때 퇴주를 안하고 그대로 철시복반하면 되는지요? 마지막 퇴주 순서가 정확히 언제인지 궁금합니다.

◈答; 問 1 答; 기제사(忌祭祀) 순서.

問 1 答; ▶주자가례(朱子家禮)◀
⊙降神(강신)강신할때 향 위에서 잔을 세 번 돌리지 않음.
一人取東階卓子上盤盞立于主人之左

집사자 한 사람은동쪽층계 탁자 위의 강신 잔반을 들고 주인의 왼쪽에 선다.
便覽執事者反注及盞反於故處先降復位
집사자는 주전자와 잔반을 다시 제자리에 두고 먼저제자리로 내려와 선다.

問 2 答; ⊙初獻(초헌) 아헌 종헌 동.
執事者以他器徹酒及肝置盞故處
집사자들은 다른 그릇으로 철주를 하고 잔은 제자리에 놓고 간적(肝炙)을 거두고 제자리로 내려와 선다.

問 3 答; 사신(辭神) 전(前); 철시복반(撤匙覆飯)
⊙辭神(사신)後⊙納主後⊙徹(철)
主婦酒之在盞注他器中者皆入于瓶緘封之
주부는 잔과 주전자와 철주기에 있는 술을 모두 병에 담아 봉한다.

▶3318◀◈問; 기제사시에 해당하는 간지에 대하여.

그간 안녕하십니까? 봄기운이 완연한 날씨 속에 또 한차례 추위가 있는가 봅니다.

선생님께 질의 하고자 하는 내용은 다름이 아니라 기제사시에 해당하는 날짜 중에 寅일에 해당이 되다 보니 제사를 치르는데 있어 당초시간보다 앞당겨서 지내야 한다는 속설이 맞는 답 인지에 대하여 질의하오니 바쁘신 줄 알면서도 글을 올렸습니다 너그러이 용서바랍니다.

◈答; 기제사시에 해당하는 간지에 대하여.

아래와 같이 寅이 나타내는 뜻을 살펴보아도 凶字나 惡字나 嫌字나 忌字가 아니니 제사를 앞당겨 지내야 할 까닭이 없을 것 같습니다. 그 근거됨이 무엇인지는 알 수 없으나 무속적이거나 나도는 속설에 불과하지 않을까요. 기제란 작고한 날 지내드리는 제사란 말입니다.

[寅] 敬也. 虎也. 同官也. 進也. 大也. 第三地支也. 姓也

●祭義君子有終身之喪忌日之謂也註忌日親死之日也
●周禮春官宗伯禮官之職小史條掌邦國之志奠繫世辨昭穆若有事則詔王之忌諱註鄭司農云先王死日爲忌名謂諱
●家禮忌祭編○厥明夙興設蔬果酒饌○質明主人以下變服詣祠堂封神主出就正寢○參神降神進饌初獻
●禮器質明而始行事疏質正也謂正明之時少牢禮朝明行事註朝明質明也此乃周禮也
●士冠禮擯者請期宰告曰質明行事註擯者有司佐禮者在主人曰擯在客曰介質正也宰告曰旦日正明

行冠事

●國朝五禮儀大夫士庶人忌日俗節告祭儀厥明夙興設饌具如式見序例主人以下盛服盥手帨手訖俱就位主人升自東階啓櫝捧出神主各設於座降復位主人以下再拜

●陳氏曰子路祭於季氏質明而始行事寧早則雖未明之時祭之可也

●張子曰五更而祭非禮也

●尤庵曰行祭早晩太早不可太晩亦不可惟當以質明爲正然孔子曰與其晏也寧早聖人之微意可知也

●南溪曰質明卽大昕指日未出時也

●咸與本宮儀式奏啓條本宮淸齋爲白遣初六日子時行祭是白如乎○本宮十一日子時行告由祭後陪香祝進詣定陵淸齋十三日子時攝行酌獻禮是白如乎

●日省錄十八日子時行祭天氣淸和享事利成獻官以下(云云)

●無名子集策皇極經世書; 天開於子地闢於丑

●高麗史節要 卷之三 顯宗元文大王; 聞雞聲砧響問於術士以方言解之曰鷄鳴高貴位砧響御近當是卽位之兆也

●辭源子部[子]地支的第一位又爲十二時辰之一夜十一時至次晨一時爲子時○又一部三畫[丑]十二時辰之一午夜一點鐘至三點鐘古稱鷄鳴時

▶3319◀◈問; 기제사에 대하여 질의 하옵니다.

만나 뵙게 되여 감사의 말씀을 드립니다. 추석은 지났지만 보름달처럼 항상 즐겁게 지내시기 바랍니다. 선생님께 의문점이 있어 질의하오니 선처바랍니다.

제 부친께서 정식으로 장가는 가지 않고 시어머니랑 같이 지내다가 부친께서 학문을 하러 일본으로 건너가 공부를 마치고 돌아와보니 부인이 (친정으로) 가버려서 온데간데 없이 정이 끊긴 후 다시 새롭게 장가를 들고서 여생을 두 분다 사후를 하셨는데 자식이 기제사를 지내고 있는데 항시 꿈에 선몽을 하여 첫째 부인이 돌아가신 날짜를 알게 되여 기제사를 지내고 있는데 있어 궁금증이 있어 아버님기제사시에 같이 두 부인이 제사를 지내는 것이 맞는 일인지 따로 정해 돌아가신 날짜에 기제사를 지내는 것이 옳은지에 답변 드리고자 선생님께 질의하옵니다.

◈答; 기제사에 대하여.

적자(적처의 맏아들)의 어머니라 하여도 쫓김을 당하였거나 도망친 어머니 또 아버지가 사망 후 개가한 어머니가 친어머니라 하여도 그의 사후 제사를 본집 적자가 지내주지 않습니다. 또 아버지가 정식 혼인으로 취(娶)한 계모는 그의 사후에 본실의 적자가 제사를 지내나 정식 혼인 절차 없이 곁 붙이어 사는 서모는 그가 죽어도 본실의 적자가 제사를 지내 주지 않습니다. 만약 개가를 하였다면 그 손이 제사할 터인데 친 어머니였다면 그 댁으로 가서 참석은 할 수 있으나 친모가 아니니 그럴 까닭도 없습니다. 특히 계비(계모)는 병설하여 삼위를 함께 제사 할 수 있으나 비록 서모가 함께 살다 죽었다 하여도 부친 기제사에 합설할 수가 없는 것입니다. 이와 같이 예법에 분명하게 가려져 있으니 성희님 댁에서 그 분의 제사를 지내주는 것은 예법에 합당하다 할 수가 없습니다. 슬기롭게 고민을 푸시기 바랍니다.

●朱子曰出妻入廟決然不可爲子孫者只合歲時就其家之廟拜之若相去遠則設位望拜可也○又曰嫁母者生不可入廟死不可以祔于廟

●朱子家禮三父八母服制之圖出母服謂被父離棄降服杖期子爲父後者則不服○又嫁母服謂父亡母再嫁降服杖期子爲父後者不服

●通典種毓爲父後以出母無主迎還輒自制服庾蔚之曰爲父後不服出母爲廢祭也母出而迎還是子之私情率情制服非禮意也

▶3320◀◈問; 기제사에 대해 질의 하옵니다.

선생님께 질의 하옵고자 하오니 답변 부탁 드리겠습니다. 우선 새해 복 많이 받으시고요 앞으로도 계속 건강하시길 기원합니다. 질의하고자 하는 내용은 다음과 같습니다.

저는 장남으로서 동생과 단 둘이서 기제사를 지내는 과정에 있어 저는 어릴 적부터 養을 가서 지내시다가 부친을 잃으시고 生父 마저 돌아가셔서 두 집 살림에 있어 기제사를 지방에서 도맡아서 지내는 과정이옵니다, 그런데 마침 동생이 계속 서울서 지내다 이제는 어는 정도 서울서 자리를 잡히다 보니 生父님께서 살아생전에 지내시던 기제사를 서울에서 모시려고 하온데 있어, 마침 生母님께서는 지방에(제주) 살아계시지만 年歲가 많고 해서 동생이 설 명절과 추석, 생부님 제사에 꼭 참석하다 보니 온 식구가 대동하고 나들이 하자면 여간 고생도 있고 해서 기제사에 한해서 만이라도 동생이 서울서 지내고 싶다고 해서 의문점이 있어 선생님께서 좋은 선견을 가르쳐 주시옵기 아뢰옵니다. (설명절에는 지방에서 형이 지내고 추석 및 기제사에는 서울(동생)지내는 것에 대해서)

또한 기제사는 4 대 봉사(奉祀)를 해야 함이 옳은 줄 아오나 현 상황에는 증조부(曾祖父)님에 지제를 하는 것은 크나큰 잘못이온 줄 알지만 선생님께서 옳은 답변 부탁 드리겠습니다, 그리고 할아버님기제사에 합제(合祭)를 지내는 것에 대해서도 너무나 지나친 답변에 대해서 우선 사죄의 말씀을 드리면서 그래도 선생님께서 속 시원한 답변부탁 드리오니 답변바라겠습니다.

◈答; 기제사에 대하여.

선생은 이미 타 족으로 입후되었으니 친가와의 족친 관계는 입후된 친족관계로 변합니다. 생모가 생존하여 계신다 하여도 선생의 아우가 주인이 되어 초헌을 하게 되는 것입니다. 물론 선생을 생가 제사를 주관하여 지낼 수가 없고 모든 제사는 서울 사는 생가 동생이 완전히 터전을 잡았으면 그 댁에서 지내야 합니다. 그리고 유학에서 4 대 봉사는 예법으로 명시되어 있으니 4 대 봉사를 하여야 한다는 답 외는 더 드릴 수가 없습니다. 양해하여주기 바랍니다.

또 합제란 어떤 의미인지는 알 수 없으나 조고비(祖考妣) 합제(할아버지 기일에 할머니 합향, 할머니 기일에 할아버지 합향)는 어그러진 예라 할 수 없으나, 다만 모든 기제사를 하루에 아울러 지낼 수는 없는 것입니다. 까닭은 기제사란 작고한날 그 날을 잊지 모하여 지내는 제사이기 때문입니다.

●祭義註忌日親死之日也疏孝子終身念親不忘忌日非謂此日不善別有禁忌謂孝子志意有所至極思念親不敢盡其私情而營求他事故不擧也
●陶庵曰只設一位禮之正也盖忌日乃喪之餘値其親死之日當思是日不諱之親而祭於其位不宜援及他位只祭所祭之位而不爲配祭非博於所配祭以哀在於所爲祭者故耳然則當以只祭一位爲正考妣幷祭雖有先儒之說恐不可從
●朽淺曰凡忌祭當忌之位
●旅軒曰忌祭人多幷祭考妣甚非禮也
●愚伏曰不敢援尊固有所本於理亦精然幷祭亦何不可
●奉先雜儀文公家禮忌日止設一位程氏祭禮忌日配考妣二家之禮不同蓋止設一位禮之正也配祭考妣禮之本於人情者也
●栗谷曰忌祭則設所祭一位具饌但具一分若幷祭考妣則具二分
●牛溪曰程子俱祭考妣鄙人則用程禮
●愼獨齋曰幷祭爲當
●尤庵曰吾家設考妣兩位雖知其不當而行之已久不能改也
●沙溪曰忌日幷祭考妣雖非朱子意我朝先賢嘗行之栗谷亦曰祭兩位於心爲安云援尊之嫌恐不必避也

▶3321◀◈問; 기제사에서 제주의 우선순위?

주인이 외국에 있어 제사를 주관치 못할 시 次子(주인의 弟)가 대행(攝行)을 하여야 하는가, 또는 숙부(叔父)가 대행 하여야 하나.

◈答; 기제사에서 제주는.

아래와 같이 살펴보건대 종자손(宗子孫)이 자기의 책임을 존항(尊行)에게 시키기가 미안하다 하였으니 주인의 명(命)을 받아 모든 제사(祭祀)의 준비를 제(弟)인 박희경님 댁에서 주관하신다면 아래 동춘(同春) 선유(先儒) 말씀과 같이 주인이 귀국 주관할 때까지 섭행(攝行)하시되 반드시 축(祝)에 그 사유를 고하여야 합니다. 다만 존항(尊行)의 섭행(攝行)은 불가하다는 말씀은 없으니 숙질(叔姪) 간에 다툼이 있어서는 아니 되겠지요. 협의하시기 바랍니다.

●曾子問孔子曰宗子居於他國庶子爲大夫其祭也祝曰孝子某使介子某執其常事
●退溪曰主人不在則爲衆子者以主人之命行祭固當矣
●問宗子老傳其子代祭祝辭同春曰當曰孝子某衰耗不堪事使子某云云可也
●尤菴曰凡祭主人有故則使子弟代之者詳於家禮附註矣然代者是尊行則使字未安故俗禮改云孝子某有故代叔父或兄云云而祖先之稱當從代者之屬云未知必合於禮否也○又曰叔父代行而以宗子之屬稱稱其父爲祖旣有所未安若或以己之屬稱稱之則又與尊祖敬宗不敢入廟之義相悖尋常於此不敢有杜撰之意故前書以未知如何仰報矣○又曰所攝之中如有尊行則子弟以不敢爲攝主矣
●問宗子有故支子代行則其祝文何以爲之南溪曰當從使某之例蓋雖曰父兄之尊旣壓於祖先則恐無所妨如君前臣名父前子名可見也
●遂菴曰家廟大小薦宗子有故則使子弟代行可也何必主婦爲也○又曰宗子有疾病不得參祭則祝辭改曰孝孫某有疾病介子某代行薦禮敢昭告云云
●鏡湖曰尊行代攝祖先屬稱尤翁雖有此兩下說然據曾子問宗子使庶子攝祭祝曰使介子某云而不曰使介弟則是用祖禰之屬稱而不用宗子之屬稱明矣今若曰代叔父或兄云則是用宗子之屬稱而非曾子問不稱介弟之義矣今於高祖之祭叔父攝告曰代叔父敢昭告于曾祖云則其曰叔父者主於宗子也其曰曾祖者主於代者也一祝之間稱號班駁半上落下恐或未安似當曰介曾孫某敢攝告于曾祖云云而都不用代字使字可也據曾子問庶子有爵者旣稱介子而許入廟攝事則如此稱之恐無不可尤翁所謂不敢入廟云者恐不必然且家禮則通稱介子不論爵之有無矣此與使子弟攝告事體自別若使子弟則恐不得不曰使介子某或使子某告于高祖云矣未知如何
●問無嫡孫有次孫而遭祖喪者當以期服主喪而問解似有持重三年之意未知如何陶菴曰次孫雖主喪宜不敢持重三年問解說恐難從
●問兄亡有嫂無子其祖母死主喪題主何以爲之同春曰弟爲攝主以待其兄立後恐當

▶3322◀ ◈問; 기제사와 명절을 저의 거처에서 모시려는데.

수고가 많습니다. 지금까지는 본가에 가서 기제사와 명절을 지냈었는데 아버지가 돌아가신 후 탈상도 지나고 어머니도 연로 하셔서 이번 설만 본가에서 지내고 앞으로는 어머니도 저희 집으로 모시고 기제사와 명절도 저가 사는 곳에서 지내려고 하는데 별도의 절차가 있는지, 아래와 같이 문의 하오니 좋은 말씀 부탁 드립니다.

1. 별도의 의식(儀式)이 필요하다면 본가(本家)에서 설날 차례(茶禮) 시 행하여도 되는지?

2. 저의 거처에서는 명절이나 기제사 일이 당도하기 전에 모든 조상에 대한 의식을 한번에 행하여야 하는지, 아니면 제사나 명절 등 처음 당도하는 날에 각각 행하면 되는지?

3. 아버지는 설이 지난 후에 첫 제사를 모시게 되는데 앞의 1·2 항의 의식에 따르면 되는지 또 다른 의식이 있는지요?

◈答; 기제사와 명절을 저의 거처에서 모시려는데.

아래의 예시는 사당을 옮길 때의 의식이며 사당 없이 지방으로 선대봉사 할 때의 예법은 전통 예법에 명문화 되어 있는 예서를 습독 한바 없으나 다만 지방 역시 신주 봉사의 예법을 준용 함이니 본 예법을 따름이 예에 어그러지지는 않으리라 생각 됩니다.

1. **答;** 설 참사 후 돌아 오기 전에 설위(設位) 후 단헌(單獻)으로 고하고 모시고 오면 될 것입니다.

2. **答;** 원처에서 예를 마치고 돌아와 즉시 설위 하고 고해야 할 것입니다.

3. **答;** 궤연이 있으면 궤연에서 탈상을 하였으면 윗 조상과 같이 설위 하고 고 하면 될 것입니다.

⊙예법과 고사식
정침(正寢)에서 지방을 써 세우고 주과포 단헌(單獻)으로 양가에서 고함이 마땅하지 않을까 합니다.

◆移居告辭式(옮길 때 고사식)
家宅不利移孫某之某處今以吉辰奉陪移寓

◆奉安告辭式(집에 와서 고사식)
屋宇維新廟儀如舊伏惟先世是居是安

◆買家移居告辭(매가이거고사)
(本菴曰要訣曰凡神主移安還安或遷奉他所則其告之祭用朔參之儀若廟中改排器物鋪陳或暫修雨漏處而不動神主之事則告祭用望參之儀告祠則臨時製述三禮儀曰如一日內移奉者似當一告一薦)
家宅不利移買某處今以吉辰奉陪移寓敢告(或今以吉辰移安新家敢告)

◆買家移安後慰安祝辭(매가이안후위안축사)
維 歲次干支幾月干支朔幾日干支某孫某敢昭告于 顯某代祖考某官府君 顯某代祖妣某封某氏(諸位列書)屋宇維新廟儀如舊伏惟 神主是居是靈(告几筵曰改廟儀爲几筵改神位爲尊靈)

◆買家奉安于宗家告辭(매가봉안우종가고사)
維 歲次干支幾月干支朔幾日干支某孫某敢昭告于 顯某代祖考某官府君 顯某代祖妣某封某氏(諸位列書)家舍有變異之事今月某日永賣于他人而祠堂無姑安之所將姑祔於某祖之傍謹以酒果用伸虔告謹告

◆移舍奉主告辭(이사봉주고사)
維 歲次干支幾月干支朔幾日干支孝玄孫(最尊位屬稱)某敢昭告于 顯高祖考某官府君 顯高祖妣某封某氏(諸位列書)今因移舍將奉祠版(或紙榜則改祠版爲諸位)移安于某洞(或某道某郡某洞)新第敢告(官次移奉措語○今按守令官次奉往廟主則改云今奉祠版將向某郡官次云云)

◆奉安新宅祝辭(봉안신택축사)
維 歲次干支幾月干支朔幾日干支孝玄孫(最尊位屬稱)某敢昭告于(今按若新舊第相距不遠同日奉安不書年月無妨) 顯高祖考某官府君 顯高祖妣某封某氏(諸位列書)屋宇惟新廟儀(或紙榜則改廟儀爲奉儀)如舊伏惟 神主(或紙榜則改神主爲尊靈)是安是依(官次奉安措語今按奉主官所則當云今赴官所權立祠堂伏惟云云)

◆移徙者奉行神主告辭(이사자봉행신주고사)
維 歲次干支幾月干支朔幾日干支孝玄孫(最尊位屬稱)某敢昭告于 顯高祖考某官府君 顯高祖妣某封某氏(諸位列書)運有消長宅基將替玆圖移徙以永先祿今已卜定家宅于某鄕某里敢請神主恭奉以行伏惟歆領謹告

◆移徙者奉行神主旣奉安告辭(이사자봉행신주기봉안고사)
維 歲次干支幾月干支朔幾日干支孝玄孫(最尊位屬稱)某敢昭告于 顯高祖考某官府君 顯高祖妣某封某氏(諸位列書)買定家居舊有祠堂或新建祠堂因是灑掃旣潔旣完新建無此兩句伏惟先靈是寧永垂蔭庥謹以淸酌庶羞恭伸奠告

◆移居時遷廟祝文(이거시천묘축문)
云云伏以世業漸剋祀事將絶自耕自鑿安分得計在野旣苦入山宜老蓼阿聖洞爰巢爰歸今遷龕卓不勝感慕敬奉之至事由敢告(自高祖考妣以下列書)

◆移居時告先考墓文(이거시고선고묘문)
恭惟府君其德如天生我敎我期以荷薪小子不肖獲罪神明遽失所怙已數十齡玄堂之卜廼在

家後有時拜省如奉咡詔生丁不辰薙禍孔酷將驅斯人禽獸之易小子猖滯恐禍迫膚萬不獲已挈家適海古有徐公避地全髮竊附斯義他不遑恤違離先壠惟有痛隕誓死守義不辱遺訓以是報親厥罪庶宥伏惟慈靈庶幾冥佑

◆新建宅舍移奉神主告辭(신건택사이봉신주고사)

云云所居狹隘新建宅舍于他基今以吉辰始入奠居敢請神主恭奉以行伏惟歆領謹告

◆新建宅舍移奉神主奉安告辭(신건택사이봉신주봉안고사)

云云定居于玆祠堂維新伏惟先靈是宜是寧永垂蔭庥謹以酒果用伸虔告謹告

◆新居移安告由文(신거이안고유문)

小孫於前年買宅二區於本村下保西爲有幹有年之所東爲奉先肄業之堂未及營造頻遭險艱上失慈庇中懷胖戚先靈棲屑夙夜恐惕今始搆小龕於東室北壁奉宔以遷神人相依永保無斁

▶3323◀◈問; 기제사 축문작성 시 日干支와 초저녁 제사 지낼 경우에 대한문의.

항상 우리나라 전통예절에 대하여 자세하게 고견을 주심에 감사 드립니다.

아버님 기제사 축문 작성시 어느 것이 합당한지에 대하여 문의하오니 선생님의 고견을 부탁드립니다.

1. 아버님 돌아가신 날이 음력 2 월 23 일 05:00 라 음력 2 월 22 일 제수음식을 준비하여 당일 밤 11:55 분 경 (2 월 23 일 자시) 子時에 제사를 지내는데 금년 기제사 축문을 작성할 때 아래 1 과 2 중 어느 것이 맞는지요?

1). 維歲次 辛丑 庚申朔 壬午 孝子 00 .....
2). 維歲次 辛丑 庚申朔 辛巳 孝子 00 .....
2. 요즈음 대부분의 가정에서는 기제사를 초저녁에 지내는데 저 같은 경우 초저녁에 제사를 지낸다면 음력 2/22 일 과 2/23 일 어느 날이 맞는지요?

◈答;

기제사 축문작성 시 日干支와 초저녁 제사 지낼 경우에 대하여.

◈問 1 答; 축식(祝式)

작고일; 음 2 월 23 일. 금년도 축문식
維歲次 辛丑 二月 庚申朔 二十三日 癸丑 孝子 00 敢昭告于

● 忌祭 祝文式

維
歲次干支幾月干支朔幾日干支孝子(祖考妣云孝孫曾祖考妣云孝曾孫高祖考妣云孝玄孫旁親兄弟妻子當云隨屬稱)某官某(弟以下不名)敢昭告于(妻去敢字弟以下但云告于)
顯考某官府君(或母云顯妣某封某氏或高曾祖考妣倣此妻云亡室某封某氏卑幼改顯爲亡去府君二字○備要若考妣並祭則列書)歲序遷易
諱日復臨(備要若考妣並祭則曰某親諱日復臨○妻弟以下云亡日復至)追遠感時昊天罔極(高曾祖考妣改昊天罔極爲不勝永慕旁親去追遠以下八字云不勝感愴妻弟以下當改感愴以他語○愼獨齋曰妻忌無古據只不勝感愴○近齋曰不勝感愴旣爲旁親以下通用子弟忌祭亦可用之○全齋曰妻子云不勝感念弟以下不勝感愴念)謹以(妻弟以下云玆以)淸酌庶羞恭伸奠獻(備要妻弟以下云伸此奠儀)尙饗

◈問 2 答; 기제일은 작고하신 날 질명(質明) 즉 그날 날이 밝아지기 시작할 때에 지냄이 법도상 옳습니다.

당일 첫 시인 자시(子時) 행제는 백성의 예가 아닌 궁중의 예를 따라 행하고 있을 뿐입니다. 다만 질명이나 자시 행제가 형편상 불가능하다면 귀신은 해가 뜨면 음계로 들어가기 때문에 낮에는 제사를 지내지 않으니 당일(23 일) 해진 뒤에 지내야 신이 오시어 흠향하시지 않겠습니까. 다만 유가의 법도에 없으니 권장할 명분이 없습니다.

●禮記祭義; 君子有終身之喪忌日之謂也(註)忌日親死之日也(疏)孝子終身念親不忘忌日非謂此日不善別有禁忌謂孝子志意有所至極思念親不敢盡其私情而營求他事故不擧也

●性理大全忌祭編○厥明夙興設蔬果酒饌○質明主人以下變服詣祠堂封神主出就正寢

●咸興本宮儀式奏啓條本宮淸齋爲白遣初六日子時行祭是白如乎○本宮十一日子時行告由祭後陪香祝進詣定陵淸齋十三日子時攝行酌獻禮是白如乎

●鬼神集說序; 鬼神(註)日出爲神入

▶3324◀◈問; 기제사 헌작에 대해.

제사에 참여하는 사람이 2 명뿐입니다. 초헌 아헌 종헌은 어떻게 해야 하나요?

◈答; 기제사 헌작에 대해.

제사(祭祀)를 지냄에는 삼헌관(三獻官)과 축관(祝官)이 필수인데 만약 주제자(主祭者) 혼자이면 아래와 같이 살펴보건대 스스로 삼헌(三獻)을 하고 독축(讀祝)을 하게 됩니다. 따라서 제원(祭員)이 후손(後孫) 중 1 사람이 있다면 주인(主人)이 초헌(初獻)을 하고, 후손이 독축(讀祝)을 하고, 후손(後孫)이 아헌(亞獻)을 하고, 또 주인(主人)이 종헌(終獻)을 하게 됩니다.

●韓魏公祭式亞終獻皆不足則主祭者自行三獻○又無祝則主人自讀

▶3325◀◈問; 기제에는 수조(음복)의 예가 없다 하는데요.

왜 기제에서는 음복의 예가 없는지요?

◈答; 기제에는 수조(음복)의 예가 없습니다.

기제(忌祭)에서 철상후 음복(飮福)의 조목은 없는 것입니다. 기제에는 기일(忌日)은 종신의 상(喪)인 까닭에 수조(受胙=음복)의 예가 없는 것입니다. 특히 철상후로는 어느 예에도 수조(음복)의 예가 없으며 수조의 예는 사시제, 시조제. 선조제. 녜제에서 계문(啓門)과 사신(辭神)의 예 사이에 있는 예법으로 기제에는 그 예가 없을 뿐만 아니라 철상후 위의 사시제,시조제. 선조제, 녜제의 예(禮)들에서 준(餕)=(제사 음식 나눔의 예)의 예법이 있어 제사 음식을 나누어 먹는 예가 있으나 기제에는 그 예마저도 없는 것입니다.

그 이유는 아래와 같은 까닭에서 입니다.

아 래

祭義君子有終身之喪忌日之謂也忌日不用非不詳也言夫日志有所至而不敢盡其私也
제의군자유종신지상기일지위야기일불용비불상야언부일지유소지이불감진기사야

註忌日親之死日也不用不以此日爲他事也非不詳言非以死爲不詳而避之也夫日猶此日也志有所至者此
주기일친지사일야불용불이차일위타사야비불상언비이사위불상이피지야부일유차일야지유소지자차

心極於念親也不敢盡其私此私字如不有私財之私言不敢盡心於已之私事也
심극어념친야불감진기사차사자여불유사재지사언불감진심어이지사사야

예기 제의편에서 가르치기를 군자는 종신의 상이 있다는 것은 기일을 두고 하는 말이다. 기일 날에는 다른 일을 하지 않으며 상서롭지 않은 일은 하지 않는다. 말하자면 그날에는 뜻있는 일을 하여야 하지 감히 그 사사로운 일로 하루를 보내면 아니 된다는 것이다.

家禮是日不飮酒不食肉不聽樂黲巾素服素帶以居夕寢于外

가례시일불음주불식육불청악참건소복소대이거석침우외

가례에서 가르치기를 이 날은 술을 마시지 않으며 고기도 먹지 않고 풍악을 듣지 않으며 검푸른 건을 쓰고 소복에 흰띠를 두르고 있다 저녁에는 바깥채에서 잔다.

或問禮君子有終身之喪忌日之謂也爲子孫者固皆不飮酒食肉矣一家之人亦皆素食乎愚答曰語類先生家凡値
혹문예군자유종신지상기일지위야위자손자고개불음주식육의일가지인역개소식호우답왈어류선생가범치

遠諱一家固自蔬食其祭祀食物則以待賓客○補註此所以不餕也
원휘일가고자소식기제사식물칙이대빈객 ㅇ보주차소이불준야

예법이 이러하니 혹 음식 나눔이 있다하여도 음복의 예가 아니며 기제에 예법의 한 조목으로 음복의 예를 두는 것은 크게 잘못된 것입니다.

참고하기 바랍니다. 감사합니다.

▶3326◀◈問; 기제와 추석이 겹쳐 드는데.

얼마 전 모친상을 당한 여식입니다. 밑으로 남동생이 하나 있는데 둘 다 미혼인데 집에서 제사를 모셔도 될까요?

절에서는 절에서 기제사를 모시라 하고 친척들은 집에서 둘이서 정성 들여 밥 떠놓고 모시라 하고 또 추석날 돌아가셔서 내년 기제사가 추석 앞날인데요. 추석날 차례모실 때 지내도 될까요? 아님 추석 전날 밤에 기제사 지내고 다음날 차례를 모셔야 하나요?

집에서 제사 지낼 경우에 제가 시집가고 나면 남동생이 혼자 제사상 차리기가 힘들어서요. 부모님이 이혼하셨기 때문에 친가 쪽에서는 제사를 모시기가 힘 들고요. 그리고 예비시댁에서 음력 올해 안에 결혼하자고 서두르시는데 전 적어도 1 년은 있다가 해야 한다고 생각하거든요. 근데 요즘은 간단히 3 일만에 탈상을 하니까 상복을 벗은 걸로 간주한다면서 자꾸 서두르시네요.

喪 후에 얼마나 있다가 혼례를 하는 것이 좋은가요? 아니면 일반적인 상식은 막막하고 답답해서 서두 없이 글 올립니다.

◈答; 기제와 추석이 겹쳐 드는데.

⊙제사 지낼 곳.

귀하의 남동생이 거처 하는 댁에서 제사를 지내야 합니다.

●曲禮支子不祭祭必告于宗子(註)不敢自專宗子有故支子當攝而祭五宗皆然疏廟在適子之家庶子不敢輒祭若濫祭亦是淫祀若宗子有疾不堪當祭則庶子代攝可也猶宜告宗子然後祭
●公羊傳何休曰適子有孫而死質家親親先立弟文家尊尊先立孫
●溫公曰凡主人當以長子爲之無長子則長孫承重
●喪服小記庶子不祭禰者明其宗也(註)庶子不得立禰廟故不得祭禰所以然者明主祭在宗子廟必在宗子之家也
●家禮初終立喪主條凡主人謂長子無則長孫承重奉饋奠
●內則庶子若富則具二牲獻其賢者於宗子夫婦皆齊而宗敬焉終事而后敢私祭
●喪服小記庶子不祭禰者明其宗也(註)庶子不得立禰廟故不得祭禰所以然者明主祭在宗子廟必在宗子之家也庶子雖貴止得供具牲物而宗子主其禮也

⊙제사 지내는 날자.

보름날 작고 하셨으니 보름날 아침에 기제사를 지내는 것이나 지금은 거대가 전날 저녁 자시 즉 밤 12 시 전후에 제사를 지내고 있으며 추석 차사와 기제는 예가 다른 것이라 각각

지내야 합니다.

●祭義君子有終身之喪忌日之謂也註忌日親之死日也
●周禮春官宗伯禮官之職小史條掌邦國之志奠繫世辨昭穆若有事則詔王之忌諱註鄭司農云先王死日爲忌名謂諱
●南溪曰質明卽大昕指日未出時也
●尤庵曰行祭早晚太早不可太晚亦不可惟當以質明爲正
●日省錄正祖十九年乙卯四月二十二日壬寅條(云云)獻官之命十七日進詣本宮十八日子時行祭天氣淸和享事利成獻官以下(云云)

⊙상중 혼인 여부.

부모 상은 3 년이나 실지는 만 2 년이며 부친이 생존 하여 계시면 모친 복은 1 년입니다. 상중에는 혼인을 할 수 없는 것입니다.

●性理大全昏禮身及主昏者無朞以上喪乃可成昏(註)大功未葬前亦不可主昏

▶3327◀◈問; 기제사(제사)와 향사, 묘사와 차이점에 대하여.

제사와 묘사, 향사에 대하여 대략적인 것만 알고 있었는데 어느 문중 행사에 갔더니 제사, 묘사, 향사 등은 제 각기 신을 모시는 절차나 음식을 올리는 방법, 수저를 올리는지 안 올리는 지 등의 차이가 있다는데 이점에 대하여 고견을 듣고자 하오니 잘 부탁 드립니다.

◈答; 기제사(제사)와 향사, 묘사와 차이점에 대하여.

기제(忌祭), 묘사(廟祀), 향사(享祀)에 대하여, 라면 기제야 설명될 까닭이 없을 것이나 묘사(廟祀)는 사서인(士庶人) 묘사(廟祀)가 있고 궁실(宮室)의 묘사(廟祀)로 구분될 것입니다. 사서인(士庶人) 묘(廟)에서의 제(祭)는 그 시절에 나는 신과(新果) 일대반(一大盤)과 차(茶)와 주(酒)뿐이니 수저를 올리지 않으나 요즘 지방으로 정침에서 반갱(飯羹)이 진설 되면 수저를 올려 놓아야 할 것입니다. 다만 향사(享祀)의 의미에는 제사(祭祀)라는 의미 외에 신제(神祭)의 의미도 포함되고 있으니 이를 궁실(宮室) 예(禮)라 한다면 종묘(宗廟) 등 궁실례(宮室禮)는 좌변우두(左籩右豆)의 예(禮)로 생제(生祭)인 까닭에 수저가 오르지 않습니다.

●五禮儀辨祀註凡祭祀之禮天神曰祀地祇曰祭人鬼曰享文宣王曰釋奠

▶3328◀◈問; 기제사의 제주.

안녕하십니까. 어디부터 말씀 드려야 할지..지금 상황에 어떻게 해야 할지 고민 고민하다가 글 올립니다.

우선 저희는 종가 집은 아니고, 아버지께서 살아계실 때까지.. 조부, 조모, 삼촌의 제사를 각각 지내고 있었습니다. 그러다가 아버지께서 2004 년 돌아가시면서 합제를 하게 되었고, 그 다음 해에 저의 오빠가 돌연 사하는 갑작스럽고 황망한 상황에 직면하였습니다.

제가 여쭐 것은 저의 형제라고는 오빠와 저 뿐이었는데, 오빠가 그렇게 허망하게 가고, 저는 결혼하였습니다. 이럴 경우 오빠 제사까지 합하면 5 분의 제사를 합제를 하게 되는데 출가한 딸인 제가 제주가 되어 계속 모셔야 하는지 입니다.

제삿날이면 너무도 기가 막힌 심정에 솔직히 가고 싶지 않고 어머니와도 제사로 인한 잦은 다툼으로 스트레스도 엄청납니다. 제가 죽을 때까지 계속 모셔야 하는 지와 여긴 서울인데요, 선산은 또 광주에 있습니다. 선산까지 자가용으로 꼬박 7 시간이 걸려야 가는 곳이며 여기엔 큰 조부, 조부, 조모, 부 이렇게 모셔져 있는데요. 이 선산의 관리까지도 이제는 제가 신경 써야 할 지경이 되었습니다. 고견 주시면 감사하겠습니다. 양 0 연

◈答; 기제사의 제주.

글을 읽고 보니 대단히 딱한 사연입니다. 그와 같은 상황에서는 근친족으로 입후하여 대를

이음이 가장 예법적으로 맞는 방법입니다. 만약 입후가 여의치 않다면 말씀 중에 어머니가 계신다 하였으니 어머니 생존 시는 어머니가 제주가 되어 제사를 지내야 합니다. 어머니가 생존하여 있는 동안은 여식은 제주가 될 수 없습니다. 그 후 모친(母親)까지 작고하여 친가(親家)(친정)가 무(無)하였을 때는 출가(出嫁)한 여식(女息)이 생가(친정)의 제사를 지낼 수가 있는 것입니다.

●或問無子而夫亡則神主當何以題乎旁題則不書乎寒岡曰婦人不得主喪旁題不可書若門中議勸立後則善

●問夫亡而無子則其神主當何書耶沙溪曰妻祭夫稱辟出於禮記周元陽祭錄亦曰無男主而妻祭夫曰顯辟某官封諡稱顯辟似有據旁題禮無明文

●大全外祖父母及妻父母無主祭者當於正朝端午中秋及各忌日用俗儀祭之

●退溪曰今人以外孫奉祀一廟而異姓同祭夫天之生物使之一本而此則爲二本彦甚不可也今或不幸外家祖先無後不忍其主之無歸則權宜奉置別所往來展省未爲不可

●南溪曰不得已爲外家奉祀而當止外孫之身

●明齋曰本宗祭四代外孫奉祀只止其身

▶3329◀ ◈問; 기제사일 문의.

안녕하십니까. 여기서 여러 가지로 많은 지식을 얻을 수 있어서 고맙습니다. 다름이 아니오라, 저의 아버님께서 음력 5월 7일 오후 6시경 작고하셨습니다. 정확한 제사일자를 알고 싶습니다 (자세한 설명도 필요로 하구요) 참고로, 제사시간은 저녁 10시에 지내려고 합니다. 정확한 안내 부탁합니다 (박0창)

◈答; 기제사일.

아래는 기일의 정의입니다.

⊙기일(忌日)

心極於念親也○張子曰古人於忌日不爲薦奠之禮特致哀示變而已○語類古無忌祭近日諸先生方考及此○先生爲無後叔祖忌祭未祭之前不見客○問人在旅中遇有私忌於所舍設卓炷香可否曰這般微細處古人也不曾說若是無大礙於義理行之亦無害○頤菴曰國俗忌祭不論男女輪遆設行國典云祭享之費與祭宗族輪番措辦又言主祭子孫別居遠處衆子孫就其家行祭謂送助其費于宗家耳非使之設行於各家也○忌日必哀○通典王方慶曰按禮經但有忌日而無忌月若有忌月即有忌時忌歲益無理據○張子曰古人於忌日不爲薦奠之禮特致哀示變而已○朱子曰古無忌祭近日諸先生方考及此○沙溪曰忌者含恤而不及他事之謂非祭名也宋儒始以義起

~忌日親之死日也~
기일이란 부모가 작고한 날이다.

아래는 가례에 기일 날 제사를 시작하는 시점입니다.

厥明夙興設蔬果酒饌
그 이튿날 (기일) 일찍 일어나 소채와 주찬을 진설한다.

質明主人以下變服
먼동이 트기 시작하면 주인 이하 모두 제복으로 갈아 입는다.

위에서 살펴 본 바와 같이 기일이란 작고하신 날을 의미하며 하루란 자(子)시로부터 해(亥)시까지입니다. 지금 거대 분의 가문에서는 그날 자(子)시에 지내고 있는 듯 합니다. 이는 그날 질명(質明)까지 즉 여름에는 인(寅)시 경 겨울에는 묘(卯)시 경까지 기다리기에 부모의 사모함이 지극하여 그 때까지 만남을 기다릴 수 없어 첫 시에 지내는 것입니다.

질명(質明)에 옷을 갈아 입고 사당으로 가서 신주를 모셔내어 신위 의자에 신주를 내모시게 되면 그 시점이 아침 식사 때가 되는 것입니다. 기제를 지낸다 함은 그날 아침 식사를 올리는 것인데 지금 우리의 관행화한 자시 행사는 밤참 격이 되는 것입니다. 다만 제사의 시점

보다 자손이 조바심하여 한시라도 빨리 조상을 상봉하려는 간절한 효성이 우위임으로 무언합의함으로써 결례로 보지 않는 듯합니다.

요즘 직장 생활 등등으로 인하여 자시(子時) 행사가 어려우면 예법에서 정한 그 날 아침에 지내면 될 것입니다. 전날 밤 10시란 작고한 전날이 됨으로 기제(忌祭)가 아닙니다.

●祭義註忌日親死之日也疏孝子終身念親不忘忌日非謂此日不善別有禁忌謂孝子志意有所至極思念親不敢盡其私情而營求他事故不擧也
●明齋曰凡喪復後始發喪其前則雖已氣絶猶有復生之望不可便以爲已死也以此意推之則似當以招魂日爲忌日矣
●咸興本宮儀式奏啓條本宮淸齋爲白遣初六日子時行祭是白如乎〇本宮十一日子時行告由祭後陪香祝進詣定陵淸齋十三日子時攝行酌獻禮是白如乎
●日省錄十八日子時行祭天氣淸和享事利成獻官以下(云云)
●無名子集策皇極經世書; 天開於子地闢於丑
●性理大全忌祭編〇厥明夙興設蔬果酒饌〇質明主人以下變服詣祠堂封神主出就正寢
●南溪曰質明卽大昕指日未出時也
●尤庵曰行祭早晩太早不可太晩亦不可惟當以質明爲正
●文獻通考宗廟考六祭祀時享(薦新); 其祭貴肺用朝及闇陳氏禮書曰祭義曰夏后氏祭其闇 商人祭其陽周人祭日以朝及闇
●檀弓夏后氏大事用昏商人大事用日中周人大事用日出
●禮器質明而始行事疏質正也謂正明之時少牢禮朝明行事註朝明質明也此乃周禮也
●陳氏曰子路祭於季氏質明而始行事寧早則雖未明之時祭之可也
●南溪曰質明卽大昕指日未出時也

▶3330◀ ◈問; 기일 제사 날짜 문의 드립니다.

아버님께서 양력 2020년 11월 15일에 임종하셨고, 임종일은 음력으로는 10월 1일 이었습니다. 올해 첫 기일 제사를 지내고자 하는데, 기일 제사 날짜에 대해 여러 의견이 있어 정확하게 알고자 문의 드립니다.

제사가 원래 유교에서 유래되었는바, 성균관에서의 답변이 가장 적절할 것 같아서 입니다. 우선, 자시에 제사를 지낼 수는 없는 사항입니다. 따라서 요즘 시간으로 오후 7시경에 제사를 지내고자 하는데 제삿날은 언제가 맞는지요?

혹자는 음력 10월 1일이 기일이기 때문에 올해 음력 10월 1일(양력 11월 5일)에 지내야 한다고 하며 혹자는 임종일 전일이 제삿날이기 때문에 임종일 전일인 음력 9월 29일(양력 11월 3일)에 지내야 한다고 합니다.

2020년에는 음력으로 9월이 29일까지였으므로 음력 9월 29일(양력 11월 3일)과 음력 10월 1일은 2일이나 차이가 나기 때문에 가급적 바른 날짜를 구해서 제사를 지내고자 합니다. 성균관의 의견은 어느 날짜가 맞는다고 생각하시는지요? (단, 저녁 7시경 제사 지내는 것을 가정해 주십시오) 문의 드리오니 혜견을 부탁 드립니다.

◈答; 제사 지내는 때.

예기(禮記) 제의편(祭義編)에서 기일(忌日)이란 친사지일야(親死之日也)라 하였으니 어느 시(時)에 作故(작고)하였던지 作故(작고)한 날이 기일(忌日)이 됩니다. 기일이란 사망한 날이란 의미로서 부친의 사망 일이 음력 10월 1일이시라면 그날 자시(子時)로부터 해시(亥時)까지 입니다

어느 시에 작고하시었든지 제사 시간대는 그날 해뜨기 전에 마쳐야 합니다. 까닭은 신은 해가 뜨면 신계로 돌아가기 때문입니다. 고로 당일 해가 뜬 후로는 제사를 지낼 수가 없게 됩니다.

대부사서인(大夫士庶人)들의 기제(忌祭) 지내는 시간 대는 당일(當日) 질명(質明)임을 성리대

전(性理大全)에서 이미 정하여 놓은 때가 正禮(정례)입니다.

百姓(백성) 거의 가문(家門)에서 행하고 있는 자시행제(子時行祭)는 우암(尤庵) 선유(先儒) 말씀으로 태조(太早)에 해당 되는 시간대인데 자시행제(子時行祭) 慣習(관습)은 宮中(궁중) 王(왕)의 禮(예)가 아닌 王族(왕족)의 禮(예)인 함흥본궁(咸興本宮)과 일성록(日省錄) 등의 祭祀(제사) 時間帶(시간대)를 百姓(백성)들이 받아들인 結果(결과)로 正禮(정례)인 質明行祭(질명행제)가 子時行祭(자시행제)로 俗禮化(속례화) 되었다로 理解(이해)됨이 옳습니다.

●禮記祭義; 君子有終身之喪忌日之謂也(註)忌日親死之日也(疏)孝子終身念親不忘忌日非謂此日不善別有禁忌謂孝子志意有所至極思念親不敢盡其私情而營求他事故不擧也
●周禮春官宗伯禮官之職小史條掌邦國之志奠繫世辨昭穆若有事則詔王之忌諱註鄭司農云先王死日爲忌名謂諱
●儀禮經傳通解續祭義祭禮十三; 君子有終身之喪忌日之謂也忌日不用非不祥也言夫日志有所至而不敢盡其私也(註)忌日親亡之日忌日者不用擧他事如有時日之禁也祥善也志有所至至於親以此日亡其哀心如喪時○疏曰此一節明孝子終身念親不忘之事忌日不用非不祥也者謂忌日不用擧作他事者非謂此日不善別有禁忌不擧事也言夫日志有所至而不敢盡其私也者所以不擧者言夫忌日謂孝子志意有所至極思念親不敢盡其私情而營他事故不擧也
●康熙字典心部三畫【忌】[唐韻][集韻][韻會]渠記切[正韻]奇寄切竝音惎 又忌日親喪日也[禮祭義]君子有終身之喪忌日之謂也
●忌祭祝式歲序遷易諱日復臨追遠感時
●陳氏曰少牢大夫之祭宗人請期曰早明行事子路祭於季氏質明而始行事晏朝而退孔子取之此周禮也然禮與其失於晏也寧早則雖未明之時祭之可也
●家禮忌祭編○厥明夙興設蔬果酒饌○質明主人以下變服詣祠堂封神主出就正寢
●禮器質明而始行事疏質正也謂正明之時少牢禮朝明行事註朝明質明也此乃周禮也
●尤庵曰行祭早晚太早不可太晚亦不可惟當以質明爲正
●南溪曰質明卽大昕指日未出時也
●鬼神集說序; 鬼神(註)日出爲神入
●性理大全忌祭編○前一日齊戒○設位○陳器○具饌○厥明夙興設蔬果酒饌○質明主人以下變服○詣祠堂封神主出就正寢○參神降神進饌初獻○亞獻終獻侑食闔門啓門○辭神納主徹
●承政院日記肅宗一年四月十一日: 領議政所啓兩朔望質明後設行事曾因所陳定奪於榻前矣後聞光城府院君所言則以爲朔望祭則行於四更而獨於兩以質明設行似涉未安云質明行祭雖據古禮所言亦似有理此是莫重祭禮他大臣處更爲稟定何如上曰依爲之兵曹判書所啓國家財用蕩竭而營繕連疊事甚可悶卽今公主祠堂當爲畢役
●咸興本宮儀式奏啓條本宮淸齋爲白遣初六日子時行祭是白如乎○本宮十一日子時行告由祭後陪香祝進詣定陵淸齋十三日子時攝行酌獻禮是白如乎
●日省錄十八日子時行祭天氣淸和享事利成獻官以下(云云)

▶3331◀◈問; 기제사 축문에 조모님 2분 올라갑니까?

선생님 안녕하십니까? 주자가례 전통예절 사이트 자주 이용하고 많은 도움을 받았습니다. 대단히 감사하게 생각합니다.

4 대 고조모(高祖母)님이 2 분입니다 기제사 축문(祝文)에 2 분같이 올려야 합니까? [원더]

◈答; 기제사 축문에 조모님 2 분이면.

병제(竝祭)에서 서(庶)가 아닌 계실(繼室)이시면 지방도 써 붙이고 축문에 같이 나란히 씁니다. 계실 기일 날도 마찬가지가 됩니다. 계실은 그 후손이 제사하지 못합니다. 계실의 기제에서 적자가 주인이 되어 초헌을 합니다. 까닭에 병제축문에서 정실(正室) 다음으로 나란히 씁니다.

●寒岡曰雖前室之子繼母若在則當只稱孤子而不可稱孤哀云蓋繼母在則是母在也若遽稱孤哀則是不母繼母也於禮爲未安故也

●南溪曰繼室之於元妃與夫一體奉祀恐甚得禮所謂非族之祀豈指此類而言耶祝文稱謂禮無明文不敢爲說
●問解續問父若有前後室則前後母神主同出耶只出考與所祭之主耶答並祭爲當前母忌日同祭後母後母忌日同祭前母
●梅山曰前後妣死在同日當先元妣後繼妣若並祭則一擧合設兩祭出主告當曰今以顯妣某封某氏顯妣某封某氏遠諱之辰敢請顯考某官府君顯妣某氏顯妣某氏神主云云忌祭祝遷易下云顯妣某封某氏顯妣某封某氏諱日幷臨云云
●砥山曰考妣合祭而有前繼妣祝文則列書下曰歲序遷易下又當云前後妣共顯某親某封某氏諱日復臨云云

▶3332◀◈問; 기제 축문을 알려주시길 간청합니다.

안녕하십니까? 저는 대전에서 전해드린 장 0 복입니다. 예가 아님에도 불구하고 전화상으로 질문 드려도 넘치는 친절과 깊은 가르침에 감사 드립니다.

조카이름 손자(孫子) 장형수(張亨洙) 할아버지 인동장씨(仁同張氏) 할머니 교하노씨(交河盧氏) 입니다. 기제(忌祭) 일은 음력(陰曆) 8 월 26 일 입니다. 아버님의 관직(官職)은 없었습니다. 아무쪼록 늦게나마 존경하는 선생님께 가르침을 얻어 조상님께 예를 갖춰 祭禮(제례)를 행하게 됨을 무한한 기쁨이라 몸 둘 바를 모르겠습니다. 거듭 감사 올립니다. 대전에서 장 0 복 올림.

◈答; 기제 축문.

⊙忌祭祝文式(기제축문식)

維 歲次 戊子八月癸卯朔 二十六日戊辰 孝孫亨洙敢昭告于 顯祖考學生府君 顯祖妣孺人交河盧氏 歲序遷易 顯祖妣諱日復臨 追遠感時 不勝永慕 謹以淸酌庶羞 恭伸奠獻尙饗

엄숙하고 공경된 기일 되시기 바랍니다.

▶3333◀◈問; 면 육 적 어 병.

선생님 안녕하십니까? 환절기에 건강 조심 하십시요?

제상 1열에 반. 잔. 시. 초, 갱으로 밥이 올라갑니다. 2열에 면, 육, 적, 어, 병으로 또 면(국수)이 올라갑니까? 전은 적 다음에 놓습니까?

저희 집에서는 병설로 기제사를 모십니다 제상에 병, 육. 전. 어. 병 순서로 하고 있습니다. 예의에 벗어납니까?

◈答; 면 육 적 어 병.

아래 진설도가 기본입니다.

●朱子家禮一分饌設饌圖

飯盞匙醋羹=====四(偶)○(五)奇(天; 陽)
麵肉炙魚餠=====五(地偶天奇)○奇(天; 陽)
脯蔬脯蔬脯蔬===六(偶)○偶(地; 陰)
果果果果果果===六(偶)○偶(地; 陰)

●家禮時祭設位條設高祖考妣位於堂西北壁下南向考西妣東各用一椅一卓而合之曾祖考妣祖考妣考妣以次而東皆如高祖之位世各爲位不屬
●退溪曰並祭考妣甚非禮也考祭祭妣猶之可也妣祭祭考豈有敢援尊之義吾門亦嘗如此而非宗子故不敢擅改只令吾身後勿用俗耳
●問考妣各卓禮也而有再娶或三娶則正寢雖廣亦難容十餘卓如何尤菴曰考妣各卓禮有明文何可違也不若小其牀卓使可容排也

●五禮儀考妣合設一卓
●祭統鋪筵設同几爲依神也註筵席也几所憑以爲安者人生則形體異故夫婦之倫在於有別死則精氣無間共設一几故祝辭云以某妣配也依神使神憑依乎此也
●家禮補疑時祭設蔬果酒饌條考妣合祭饌品寒岡曰有三室而不得四位各卓則寧四位共一卓而盞盤飯羹炙肝之類各設恐無妨
●陶庵曰祭饌一一各設卽是家禮之制然士大夫家蔬果則合設獨各設餠麵飯羹者
●家禮酌通忌祭設位陳器條但止於正寢合設兩位於堂中西上
●楊通老問生時男女異席祭祀亦合異席今夫婦同席如何朱子曰夫婦同牢而食
●家禮四時祭設位條考西妣東各用一倚一卓而合之○又忌祭設位條如祭禰之儀但止設一位
●寒岡曰共一卓而盞盤羹飯炙肝之類各設恐妨
●陶庵曰祭饌一一各設卽是家禮之制然士大夫家蔬果則合設獨各設餠麵飯羹者
●家禮儀節兩位竝設饌圖(丘按)舊圖考妣每位各設饌則四代該八卓矣今人家廳事多狭隘恐不能容今擬考妣兩位共一卓設饌如世俗所謂卓面者庶幾可行若夫地寬可容者自當如禮

▶3334◀◈問; 꼭 가르쳐 주세요.

몇 가지 질문이 있습니다.

1). 한지에 지방 쓸 때에 어느 면에다가 써야 합니까? 부드러운 면입니까. 아니면 거친 면입니까?

2). 축문(산신제, 개토제, 평토제, 반혼제)등등에서 기준(성명에는 누구를 씁니까?)은 누구입니까? 읽는 사람입니까 아니면 제를 올리는 사람(절하는 사람)입니까? 예)세차 모간지 기월 기일 모관 성명. 가령 조부가작고하셨는데 읽는 사람은 당숙(또는 고모부)이고 절하는 사람은 손자(또는 아들, 사촌)

◈答; 지방을 쓸 때.

1), 答; 반질반질한 부드러운 면
●便覽紙牓紙; 用厚白紙長廣隨宜以眞楷細書於紙中央臨祭貼於椅上隨位各書

2), 答; 초헌관(주인; 嫡長子孫). 산신제 고자(초헌관)

●溫公曰凡主人當以長子爲之無長子則長孫承重
●喪服小記庶子不祭禰者明其宗也(註)庶子不得立禰廟故不得祭禰所以然者明主祭在宗 子廟必在宗子之家也
●家禮初終立喪主條凡主人謂長子無則長孫承重奉饋奠

▶3335◀◈問; 꼭 좀 도와주세요.

저희 아버지 제사 때문에 그러는데요. 돌아 가신지 벌써 3 년이 가까워지네요. 딸만 셋이 있어 제사를 제대로 지내보지도 못한 것 같네요. 원래는 작은아버지께 아들이 있어 그 아들이 제사를 모셔야 한다지만 작은어머니가 모시기를 싫어해서 돌아가신 다음 해인 첫 기일은 큰언니네 집에서 모셨는데 시댁에서 절로 모시라고 해서 작년에는 절로 옮겨 모셨답니다. 정말 답답하고 원통하고 눈물만 납니다. 차라리 막내인 제가 모셨으면 하는데 큰언니가 맘이 불편하다며 안 된다고 하고 제삿밥 제대로 드시지 못할 아버지를 생각하면 다음달 기일에 앞서 눈물만 납니다.

아버지를 모신 절은 경북구미에 있고 납골은 전북전주에 있는데요. 세 딸이 평일에 기일을 모시기가 힘들어 혹 주에 기일이 있을 시 그 전 주, 일요일에 먼저 납골당에 가서 제사를 지내도 될까요? 아버지도 안 계신 절에 가서 절만 하고 나오기가 너무 죄송스럽고 차라리 아버지 뼈라도 자리하고 있는 납골당에 가서 제대로 음식 대접하면서 절이라도 제대로 하고 싶은데요. 꼭 기일에만 제사를 지내야 하는지요.

생전에 절 밥도 안 드신 아버지인데 괜히 몸은 전주에 있는데 허 곳을 향해 절하고 위로하는 것 같아 정말 말도 안 되는 행동을 하는 것 같아 답답하고 답답하네요. 도움 주십시오.

도움이 꼭 필요합니다. 도와주세요. 외롭고 쓸쓸하게 돌아가신 아버지 돌아가셔도 평탄하게 해드리지 못하는 불효를 어찌 해야 할지 가슴이 찢어지게 아픕니다. 도와주세요. 꼭 좀 도와주세요. 김 0 진

◈答; 외손 봉사.

◎外孫奉祀妻父母奉祀說(외손봉사처부모봉사설)

大典外祖父母及妻父母無主祭者當於正朝端午中秋及各忌日用俗儀祭之○程叔子曰先妣侯夫人未終前一日命頤曰今日百五爲我祀父母明年不復祀矣○朱子曰上谷郡君謂伊川曰今日爲我祀父母明年不復祀矣是亦祭其外家也然無禮經○宋公以外祖無後而歲時祭之此其意可謂厚矣然非族之祀於理旣未安而勢不及其子孫則爲慮亦未遠曷若訪其族親爲之置後使之以時奉祀之爲安便而久長哉○堯卿問荊婦有所生母在家間養百歲後神主歸於婦家則婦家陵替欲祀於別室如何日不便北人風俗如此○陳北溪淳曰今世多有以女子之子爲後以姓雖異而氣類相近似勝於姓同而屬疎者然賈充以外孫韓謐爲後當時博士秦秀已議其昏亂紀度是則氣類雖近而姓氏實異此說斷不可行○退溪曰今人無子而有女牽掣私情鮮能斷以大義而立後至以外孫奉祀一廟而二姓同祭夫天之生物使之一本而此則爲二本甚不可也今人或不幸其外家祖先無後而未有所處者不忍其主之無歸則權宜奉置別所而往來奠省未爲不可○尤菴曰外孫奉祀朱子旣斥以非族之祀又賈充以外孫爲後秦秀已議其昏亂紀庶何敢犯此爲之乎程子母夫人將終命伊川曰爲我祀父母若有女子則猶可援此奉祀況侯夫人語以爲明年不復祀云則其祀當止於侯夫人而伊川則將不得祀矣此亦爲外孫不得奉祀之明證也○南溪曰本宗祭四代之制雖出於程朱之論主正禮者猶或以爲不可而況外孫侍養非所並論於本宗者乎○陶菴曰朱子非族之祀一句語實爲正論愚意爲外孫者設或不得已而權奉其祀已身歿後卽當埋安

위와 같이 외손 또는 처부모 봉사에 관하여 살펴 보건대 그에 관하여 논함이 분분합니다. 다만 작은 댁의 장자를 입후하여 대를 이음이 정도입니다. 위의 말씀들은 무후자로서 입후 역시 여의치 않은 경우의 말씀들로 마지막의 도암 선생의 말씀을 살펴보면 외손이 부득이하게 정도에는 맞지 않으나 어찌할 수 없어 외조부모의 제사를 받들었다면 그의 죽음으로 곧 그의 신주를 묻는다 하신 말씀이 계시나 이도 무후자가 입후 역시 여의치 않은 경우의 말씀인 것입니다.

모친 생사 여부를 밝히지 않아 여부는 알 수 없으나 살아 계신다면 어머니가 부친 제사를 지낼 수가 있습니다.

●曲禮夫曰皇辟註辟法也妻所法式也
●周元陽祭錄妻祭夫曰婦某氏祭顯辟某官封謚
●退溪答李平叔曰妻存無子而夫亡未詳當何書都下有一家書曰顯辟盖依禮記夫曰皇辟之語也未知是否
●問妻主夫喪旁題何以書之寒岡曰婦人不得主喪旁題不可書
●問夫亡無子神主稱顯辟耶旁題何以爲之沙溪曰祭夫稱辟出於禮記周元陽祭錄亦云似有據旁題禮無明文
●或問無子而夫亡則神主當何以題乎旁題則不書乎寒岡曰婦人不得主喪旁題不可書若門中議勸立後則善
●問夫亡而無子則其神主當何書耶沙溪曰妻祭夫稱辟出於禮記周元陽祭錄亦曰無男主而妻祭夫曰顯辟某官封謚稱顯辟似有據旁題禮無明文

⊙夫紙牓式(부지방식)

顯辟某官府君神位

⊙夫忌祝文式(부기축문식)

維 歲次干支幾月干支朔幾日干支主婦某氏敢昭告于 顯辟某官府君歲序遷易 諱日復臨不勝感愴謹以淸酌庶羞恭伸奠獻尙 饗

◎外祖與父母同岡墓祭當先外祖(외조여부모동강묘제당선외조)

外祖與父母同岡行祭而先外祖者以親心爲心之義也從祖與父母同岡而當先祭父母者親疎之分重而以親心爲心之意輕故也此等處自有精義之不可不審察而處之者非可槪以父母之於外祖情重服重而謂先祭親墓又非可泛謂以親心爲心而先祭從祖也○外祖與父母情之親疎服之輕重誠有不同至於墓在同岡而行祭則但當以親心爲心先祭外祖不當復計其情與服之懸此退翁所以有先外祖之敎而沙翁之以爲得之者也

위와 같이 외조부모 묘제(墓祭)에 관하여 살펴 론하건대 묘제를 외손(外孫)이 지낼 수 있는 것 같으니 묘제는 음력 3 월에 지낼 수 있을 것 같습니다. 과유불급(過猶不及)이나 예란 과함이 없는 것입니다.

●大典外祖父母及妻父母無主祭者當於正朝端午中秋及各忌日用俗儀祭之
●問外祖無人祭初獻則祝文當何書退溪曰當闕
●通典他國庶子無廟向墓遙爲壇以時祭卽今之上墓儀
●梅山(洪直弼)禮只許出嫁者於其父母無后者忌日則單獻無祝紙榜則亦書顯考妣是爲可從而至於四時節日則亦當略設伸情矣
●退溪曰外孫奉祀一廟而二姓同祭夫天之生物使之一本而此則爲二本焉甚不可也今人或不幸其外家祖先無後而未有所處者不忍其主之無歸則權宜奉置別所而往來奠省未爲不可若公然與其本親同享一廟則悖理莫甚所謂神不歆非禮者此類之謂也故今於外孫奉祀之問不敢苟徇而以爲可行也
●寒岡曰外家神主奉祀本非禮經今者不得已奉祀則當時祀茶禮時先祭祖外祖次祭
●陶庵曰朱子非族之祀一句語實爲正論愚意爲外孫者設或不得已而權奉其祀己身歿後卽當埋安

▶3336◀◈問; 남편 제사에 부인도 잔을 올리나요.

안녕하세요. 항상 좋은 글로 안내해주시어 감사 합니다. 제가 2 가지를 여쭈어 보겠습니다 훌륭하신 가르침을 받겠습니다.

1, 남편 제사에 아내는 잔을 올리는지요 잔을 올리면 언제 올리는지 제례 순서 중 시기를 알려주세요.

2, 제사를 지내는 순서 중에서 참사자 모두가 절을 하는 때는 언제 언제이며 마지막 절은 언제가 되는지요.

◈答; 남편 제사에 부인도 잔을 올림.

問 1, 答; 아래와 같이 살펴보건대 아종헌관이 법도대로 갖춰져 있으면 헌작할 기회가 없습니다. 다만 헌관의 결원이라면 종헌은 하여도 예에 벗어나지는 않을 것입니다. 특히 무자라 남편 제사를 주관하면 초헌을 하게 됩니다.

●家禮初獻主人亞獻主婦終獻兄弟之長或長男或親賓爲之
●朱子曰未有主婦則弟得爲亞獻
●退溪曰若有諸父則諸父當爲終獻
●韓魏公祭式亞終獻皆不足則主祭者行三獻

問 2, 答; 参神과 辭神의 예에 참사자 전원 절을 하는데 지방 제에서는 강신 후 참신이 되고 사신을 제사를 마칠 때에 사신지배를 하게 됩니다.

●家禮參神條主人以下再拜又辭神條主人以下皆再拜

▶3337◀◈問; 내일이 기제인데?

내일이 기일인데, 많은 참고가 되었습니다. 아버지의 제사에서 제가 초헌관(제주)가 되고, 삼촌이 아헌관이 되고, 매제가 종헌관이 된다는 결론이시군요. 감사합니다. 이제까지 제가 알던 것과 다른 점에 대해 좀 여쭈어 볼까 합니다.

첫째, 제주의 부인이 있으면 아헌관이 된다고 하셨는데, 저희 집안의 제사 때에는 여자분이 절을 하는 것을 저는 본적이 없거든요. 주자가례와 저희 집안의 예가 틀린 건가요? 다른 집들에서는 여자분들도 헌관이 되어서 절을 하시는 가보지요?

둘째로요, 위의 결론은 삼촌의 주장과 같은데요. 즉 삼촌이 먼저 절하고 사위가 그 다음에 하게 되지요. 근데, 삼촌과 다투셨던 우리집안의 어른들이 주자가례를 많이 보시는 분들이시거든요. 그분들이 삼촌보다는 사위가 먼저 절하는 거라고 강력히 주장하시더라고요. 이런 우리집안의 어른들은 주자가례에 대해 잘못 알고 있는 것인지요? 아마 그렇겠죠? 다시 한번 빠른 답변 감사 드립니다.

◈答; 제사에 부녀자들도 참석합니다.

첫째, 答; 전통 예법에서는 부녀자들도 제사에 참석합니다.

●性理大全○正至朔望則參; 主人以下盛服入門就位主人北面於阼階下主婦北面於西階下主人有母則特位於主婦之前主人有諸父諸兄則特位於主人之右少前重行西上有諸母姑嫂姊則特位主婦之左少前重行東上諸弟在主人之右少退子孫外執事者在主人之後重行西上主人弟之妻及諸妹在主婦之左少退子孫婦女內執事者在主婦之後重行東上立定○又時祭質明奉主就位; 主人(主婦)以下各盛服盥手帨手詣祠堂前衆丈夫叙立如告日之儀主婦西階下北向立主人有母則特位於主婦之前諸伯叔母諸姑繼之嫂及弟婦姊妹在主婦之左其長於主母主婦者皆少進子孫婦女內執事者在主婦之後重行皆北向東上立定○又參神;主人以下序立祠堂之儀

둘째. 答; 귀가문의 법도와 어른들의 주장을 따르면 별 문제가 생기지 않을 것입니다. 본난은 전통예법(傳統禮法)에 관하여 논하는 장입니다. 그러하기에 사사로이 변형되어 한 가문(家門)에서 사용되는 예법을 불특정다수에게 게시함의 우(愚)를 범하여서는 안될 뿐만 아니라 자기 가문이나 자신이 알고 있는 왜곡된 예법을 함부로 내세워 배우고자 하는 이들에게 얼토당토 아니하게 학습시켜 예법을 그르치게 하여서는 안 되는 것이기에 소소한 예라 하여도 관혼상제(冠婚喪祭) 예법이라면 주자가례(朱子家禮)에 입각해서 설명이 되어야 할 것입니다.

처가에서 사위 대접하기를 빈객의 예로 다게 됩니다. 따라서 사위가 주인의 아우보다 상위가 되지 못합니다.

●性理大全祭禮四時祭; 初獻主人 亞獻主婦爲之 終獻兄弟之長或長男或親賓爲之○又 墓祭; 初獻如家祭之儀 亞獻終獻並以子弟親朋薦之
●朱子家禮昏禮明日壻往見婦之父母; 婦父迎送揖讓如客禮

▶3338◀◈問; 내일 아버지 제사 축문 좀 봐주십시오.

유 세차 계미년 사월 계미삭 12 일 호자 상민 감소고우 현고 학생부군 현고 휘일복임추언감시호천 망극 근아 청작서차 공신존헌 상향. 잘못된 것이나 부족한 것이 있으면 조언 부탁합니다.

◈答; 기제 축문.

⊙부친 기제 축식(忌祭祝文式)

維 歲次癸未十二月庚午朔十二日辛巳孝子상호敢昭告于 顯考學生府君 顯妣孺人(某氏) 歲序遷易 顯考諱日復臨追遠感時昊天罔極謹以淸酌庶羞恭伸奠獻尙 饗

이 축식은 부모 모두 작고 하였을 때의 아버지 기제 축식이며 어머니 기일에는 그 기일의 년 월 일자와 현고 휘일 부임에 현비(顯妣)휘일 부임이라 고쳐 쓰면 어머니 기제 축식이 되며 현비유인 모씨에 어머니 성씨만 써 넣으면 됩니다. 축식에서는 복(復)이라 하지 않고 부로 발음 합니다.

▶3339◀◈問; 뇌주에 대해서 여쭙니다.

선생님 말씀 감사합니다. 제가 워낙 궁금한 것이 많아서 자꾸 질문하는 것이 실례인줄 알지만 혹 귀찮다 여기지는 말아 주십시오.

세 번, 삼(三, 參)의 개념에 대해 여쭙습니다.

1. 삼상향(三上香) 때 세번 향을 피우는 것,

2. 술을 잔에 따를 때 조금씩 세 번에 나누어 짐주(斟酒)하는 것,

3. 강신 때 뇌주(땅에 술을 붓는 의례)할 때 세 번에 나누어 땅에 붓는 것,

4. 초헌, 아헌, 종헌의 삼헌례를 하는 것,

5. 역시 삼헌례 때 삼제우모사상(三祭于茅沙上)에 세 번에 걸쳐서 조금만 나누어 붓고 헌작하는 것,

6. 유식 때 밥을 갱에 말 때 세 번(삼초반)을 떠 내는 것과 세 번을 떠 먹어 음복 하는 것, 등등 여러 과정에서 모두 세 번의 예를 행하는 경우가 많습니다. 이것이 무슨 연유에서 비롯된 것인지? 왜 그렇게 하는 것인지? 대부분의 사람들은 의미도 모른 채 맹목적으로 따라 하고 있는 것 같습니다.

또, 혹자들은 조상신에게 제사를 드리기 전에 처음으로 술은 만든 사람과 음식을 만든 사람에게 먼저 제사하고 그 이후에 조상에게 제사한다 라고 하였고, 혹자들은 숫자 1 은 최초의 양수이며, 숫자 2 는 최초의 음수이니, 이 숫자 1 과 2 가 만나 최초의 순수한 숫자 3 이 만들어졌으니, 숫자 3 이 이세상의 최고의 숫자가 아니냐라는 개념으로 주역이 생긴 이후부터 숫자 3 을 선호하여 오늘날까지 전하였다는 말을 들었고, 실제로 우리민족이 가장 좋아하는 숫자가 3 이라는 것입니다. 그래서 모든 생활과 의례에 3 의 숫자를 쓴다고 하였습니다. 그러나 저는 이렇게 생각합니다.

모든 것이 우주만물의 원리로 구성되었으니, 하늘과 땅과 사람으로 이 세상은 존재하는 것입니다. 즉, 이 세상은 天, 地, 人으로 조화되어 있으니, 처음은 하늘에 제사하고, 둘은 땅에 제사하고, 셋은 사람에게 제사하는 것이므로, 이는 조상신을 대신하여 헌관(주인)이 다른 신(天神, 地祇, 人鬼)에게 제사하는 것이라는 개념으로 이해하고 싶습니다. 이에 선생님의 밝은 말씀을 듣고 싶습니다. 감사합니다.

◈答; 뇌주에 대해서.

三의 개념에 관하여는 샤머니즘적인 관념을 떠난 순수한 三은 수를 헤아리는 셋의 의미 이외에 (終)만족하여 끝을 맺음을 의미하고 예성어삼(禮成於三)이라 예는 3 번으로 이루어 진다. 삼재로 천(天), 지(地), 인(人), 중국(中國) 고대(古代) 전설(傳說)상의 삼황(三皇)으로 천황(天皇), 지황(地皇), 인황(人皇). 또는 복희씨(伏羲氏), 신농씨(神農氏) 황제(黃帝), 또는 수인씨(燧人氏). 포희씨(包犧氏), 여왜씨(女媧氏), 신농씨(神農氏). 군사부(君師父) 등등인데 관혼상제(冠婚喪祭) 전통예절(傳統)禮節) 예법(禮法)에서 두드러지게 쓰이는 삼(三)은 삼상향(三上香), 삼제(三祭), 삼헌(三獻), 희흠(噫歆) 삼성(三聲) 등이 대표적으로 삼상향의 예법은 민간 예법에는 없는 예법으로 군황의 예법에서 쓰이는데 현재 우리나라에서는 문묘의 예법으로 쓰이고, 삼짐, 뢰주에서 삼뢰, 철갱 진숙수 시 삼초반 등의 예는 없는 예법이며 삼제(三祭)는 삼재(삼황)에 제사함이요 삼헌(三獻)은 예법이 발생된 당시 중국의 가족 제도가 대가족이 한 집에서 기거하였던 관계로 제한의 의도와 삼이 갖는 심리적 호감. 또 만족 맺음의 의미가 결합하여 제도화 되었고 희흠(噫歆) 삼성(三聲)은 인기척을 완전하게 전달하려는 의도에서 세 번까지 내게 제도로서 정하여진 것이라 생각됩니다.

특히 三은 중국을 비롯하여 우리나라에서 제일 선호하는 수임으로 모든 행사의 횟수에 대체적으로 三회로 정하여 행하고 있습니다.

●舊唐書禮儀志三; 禮成於三初獻亞從合於一處

●太玄經; 三歲不還(范望注)三終也

●書經顧命; 王三宿三祭三咤(孔傳)王三進爵三祭酒三奠爵(蔡沈集傳)禮成於三故三宿三祭三咤

●儀禮鄕射禮; 俎與薦皆三祭(鄭玄注)皆三祭爲其將祭侯也祭侯三處也(賈公彦疏)三處者下文右與左中是也

▶3340◀◈問; 누가 장손이고 종손인지.

안녕하세요 저희 집에 누가 장손인지 궁금합니다 첫째 큰아버지께서는 자식이 없으시고 둘째 큰아버지는 어린 아들(사촌동생)이 있고 셋째 아들(아버지)아들인 제가 있고 넷째 아들은 딸만 하나 있습니다 이때 누가 장손이고 누가 종손인가요? 그리고 큰아버지나 작은 아버지가 돌아가시면 누가 상주가 되나요?

◈答; 적장손이고 종손.

장손이라 함은 적자의 적자를 말함입니다. 백부가 생존하여 계시면 백부께서 적자손(주인)으로써 모든 제사를 주관 초헌을 하게 되고 그 후사가 없으면 지손에서 제일 가까운 질을 입후하여 그의 뒤를 이를 적손으로 들여 세웁니다. 아무리 지자가 아들을 두고 있다 하여도 입후라는 절차의 예를 갖추어 정식으로 적손의 지위를 득하기 전은 그 들은 지손일 따름입니다. 자손 없는 백부나 숙부가 작고하면 동친자는 종자가 상주가 되고 이거자(移居者)는 근친이 상주가 됩니다.

●奔喪親同長者主之不(註父母歿如昆弟之喪宗子主之)同親者主之(註從父昆弟喪疏親近自主之)
●詩經大雅板懷德維寧宗子維城箋宗子謂王之適子(辭源註)嫡長子.
●內則嫡子庶子祗事宗子宗婦雖貴富不敢以貴富入宗子之家雖衆車徒舍於外以寡約入(註)疏曰適子謂父及祖之適子是小宗也庶子謂適子之弟宗子謂大宗子宗婦謂大宗子之婦

▶3341◀◈問; 다름이 아니고요.

8월 3일 할머님 제사가 있습니다. 큰집이 아니라서 준비를 해본 적이 없어서요. 앞으로 저희 집에서 제사를 지내야 할 것 같습니다. 할머님제사를 올리는데 축문은 어떻게 써야 하는 건지요. 한자 축문 말고도 한글축문도 있다고 하는데 제가 잘 모르거든요. 죄송하지만 염치불구하고 메일로 상세하게 부탁 좀 드리겠습니다.

◈答; 기제와 축식.

귀하의 질문은 할머님의 기제(忌祭)를 올릴 때의 축문(祝文)인 것 같습니다. 그 속내는 밝히지 않아서 사연은 알 수가 없어 가정(假定) 하여 답(答)을 하여 드리겠습니다. 다만 양위(兩位) 분 모두 작고(作故) 한 축문(祝文)이니 한 분은 생존 하여 계시면 현고(顯考)를 제하면 됩니다.

1, 만약 장자나 장손이 그 동안 봉제사 하다 죽어 그 손도 없으면 원칙적으로 조모님의 손주 항렬 또는 증손주 항렬로 입후하여 받들게 하여야 합니다. 그런 때의 축문은 아래와 같습니다.

⊙적 자손 기제 축문식.

維 歲次壬午六月己卯朔二十五日癸卯孝子(손주면 孫)某敢昭告于 顯考(손주면 祖)學生府君 顯妣孺人某(성씨)氏歲序遷易顯妣(또는顯祖妣양위분 모두 작고하였을 시)諱日復臨追遠感時昊天罔極(손주면 不勝永慕)謹以淸酌庶羞恭伸奠獻尙 饗

2, 만약 적자손(嫡子孫)은 생존 하여 있으나 봉제사치 못할 특별한 연유가 있어 지손(支孫)이 대신 봉제사(奉祭祀)를 올리며 초헌을 할 시는 다음과 같이 고쳐 쓰면 됩니다. 삼헌(三獻)시 초헌관은 적자손 이외는 할 수가 없으며 만약 여의치 못할 시는 무축단헌(無祝單獻)으로 마쳐야 합니다

⊙대신 제향 축문식.

모두 적자손 축문식과 같으나 대신 제사를 지내는 사유를 고하면 되는 것이나 그 사유는 몇 예에 불과 합니다. 국경을 넘어 외국에 가 있거나 노쇠하여 집에도 못할 때 중병이 들어 출입을 못할 때 등 이외는 대신 할 수 없는 것입니다. 덧붙이는 식은 일진 아래에 대개 다

음과 같이 쓰면 될 것입니다.
○**출경 중일 때;** 孝某出境使介次子(또는次孫)某執其常事敢昭告于
○**노병중일 때;** 앞은 같으며 衰耗 또는 병중시 病衰不堪事使介某代行薦禮敢昭告于

3, 우리말 축문은 일정한 서식이나 양식이 전래되어 오는 법식이 없으니 알려 드릴 수가 없습니다.

위와 같이 답으로 대하겠으니 시원치는 않으나 참고가 되였으면 감사 하겠습니다.

▶3342◀ ◈問; 다시 부탁합니다

893 번 질문한 사람인데 답변 보려고 하니깐 계속 비밀번호가 틀린다고 나와서요. 죄송하지만 다시 한번 부탁 드립니다.

◈答; 주인은 누구.

주자가례(朱子家禮)의 가르침입니다.

凡主人謂長子無則長孫承重以奉饋奠奔喪凡喪父在父爲主父歿兄弟同居各主其喪親同長者主之不同親者主之其與賓客爲禮則同居之親且尊者主之雜記姑姊妹其夫死夫黨無兄弟使夫之族人主喪妻黨雖親不主
무릇 주인이라 함은 장자를 이름이다. 장자가 없을 때는 장손이 그의 아버지를 대신하여 주인이 되여 전례를 올리고 상례를 주관하며 제사를 받든다. 그와 더불어 빈객의 접대의 예는 동거하는 친족 중 어른이 주관한다.

위와 같이 살펴 볼 때 전통예법(傳統禮法)에서는 상사(喪事)나 제사(祭祀)는 적장자(嫡長子)나 적장손(嫡長孫)이 주관케 되여 있습니다.

●儀禮喪服;爲人後者孰後後大宗也曷爲後大宗大宗者尊之統也
●大傳;有百世不遷之宗有五世則遷之宗孔穎達疏百世不遷之宗者謂大宗也云有五世則遷之宗者謂小宗也
●曲禮支子不祭祭必告于宗子疏曰若宗子有疾不堪當祭則庶子代攝可也猶必告宗子然後祭
●左傳文公十二年六月歸生佐寡君之嫡夷杜註歸生子家名夷太子名
●詩經大雅懷德維寧宗子維城無俾城懷註大宗强族也宗子同姓也惟宗子合族以聯親則分猷共念而有夾輔之功斯維城矣
●程子曰凡言宗者以祭祀爲主言人宗於此而祭祀也
●通典漢石渠議大宗無後族無庶子已有一嫡子當絶父祀以後大宗否戴聖云大宗不可絶言嫡子不爲後者不得先庶耳族無庶子則當絶父以後大宗魏田瓊曰長子後大宗則成宗子禮諸父無後祭於宗家後以其庶子還承其父
●白虎通義宗子何謂也宗尊也爲先祖主也宗人之所尊也古者所以必有宗何也所以長和睦也
●士儀節要禮有大宗小宗大以率小小統於大故人紀修而骨肉親也夫立適以長適適相承禮之正也適子死而無子則立第二適子禮之變而亦得其正也無家適而但有妾子則承重繼序乃人倫之常也適庶俱無子則取族人之子立以爲嗣是先聖王後賢王之制也其有攝主者卽一時權宜之道而亦禮之所許也
●辭源[大宗]周代宗法以始祖的嫡長子爲大宗其他爲小宗
●會成凡主人謂死者長子無則長孫承重者尊奉饋奠衆子雖多不主
●曲禮支子不祭祭必告于宗子(註)不敢自專宗子有故支子當攝而祭五宗皆然疏廟在適子之家庶子不敢輒祭若濫祭亦是淫祀若宗子有疾不堪當祭則庶子代攝可也猶宜告宗子然後祭
●公羊傳何休曰適子有孫而死質家親親先立弟文家尊尊先立孫
●溫公曰凡主人當以長子爲之無長子則長孫承重
●喪服小記庶子不祭禰者明其宗也(註)庶子不得立禰廟故不得祭禰所以然者明主祭在宗子廟必在宗子之家也
●家禮初終立喪主條凡主人謂長子無則長孫承重奉饋奠
●內則庶子若富則具二牲獻其賢者於宗子夫婦皆齊而宗敬焉終事而后敢私祭
●喪服小記庶子不祭禰者明其宗也(註)庶子不得立禰廟故不得祭禰所以然者明主祭在宗子廟必在

宗子之家也庶子雖貴止得供具牲物而宗子主其禮也
●尤庵曰祭主人有故則所攝之中如有尊行則子弟以不敢爲攝主矣然代者是尊行則使字未安故俗禮改云孝子某有故代叔父或兄
●家禮按祠堂篇主人謂宗子主此堂之祭者晨謁深衣焚香再拜又主人主婦近出則入大門瞻禮而行歸亦如之經宿而歸則焚香再拜遠出經旬以上則再拜焚香告云云又再拜而行歸亦如之經月而歸則開中門立於階下再拜升自阼階焚香告畢再拜降復位再拜餘人亦然但不開中門
●雜記祭稱孝子孝孫註祭吉祭也卒哭以後爲吉祭故祝辭稱孝子或孝孫疏正義曰吉則申孝子心故祝辭云孝也或子或孫隨其人也細註嚴陵方氏曰祭所以追養而盡於一身之終喪所以哭亡而止於三年孝則爲人子孫終身之行也故子孫之於祭必稱孝
●郊特牲祭稱孝孫孝子以其義稱也註祭主於孝是以祭之義爲稱也
●要解孝子祭主於孝稱孝孫子以其義稱也
●小記尊祖故敬宗敬宗所以尊祖禰也疏宗是先祖正體尊崇其祖故敬宗子所以敬宗子者尊崇祖稱之義也
●家禮喪禮立喪主條凡主人謂長子無則長孫承重以奉饋奠
●曲禮支子不祭祭必告于宗子註曰支子庶子也

▶3343◀◈問; 다시 지냄은 아니함 보다 못하단 뜻인지요.

다시 지냄은 아니함 보다 못하단 뜻인지요, 선생님의 고견을 듣고 싶습니다.

◈答; 다시 지냄은 아니함 보다 못함.

예법으로는 기제 등의 제사는 그날 못 지냈다고 다음날 지낼 수 없고 기왕에 지낸 제사가 마음에 들지 않는 다고 다시 차려 놓고 지내지 않습니다. 이해되지 않았을 때야 문제가 되겠습니까. 그러나 이해가 되었다면 다시 지내지 않는 것이 바른 예법입니다.

●曾子問曰父母之喪弗除可乎孔子曰先王制禮過時弗擧禮也非弗能勿除也患其過於制也故君子過時不祭禮也註孔子言先王制禮各有時節過時不復追擧禮也
●退溪曰過時不祭禮經之文也

▶3344◀◈問; 다시 질문 올립니다.

먼저 감사합니다. 먼저 올린 질문에 대해 답변해 주신 것에 감사 드립니다. 그런데 제가 실수로 빠트린 게 있어서요. 저희 큰 형이 사망하셔서 큰 형의 장남(長男)인 장조카가 상주가 된다고 말씀하셨는데 장조카가 아직 결혼을 하지 않은 상태입니다. 그래도 조부모의 제사를 지내는데 장조카가 상주가 되는지요. 제가 알기로는 조부모의 차례(茶禮)를 지낼 때는 물론 장조카가 결혼을 했으면 상주(喪主)가 되지만 아직 미혼이고 하니 조부모님의 제사를 지낼 때는 장조카가 아닌 작은 아버지인 제가 상주가 되는 것이 아닌지요. 꼭 답변 부탁 드립니다.

◈答; 적장자가 미혼이라 하여도 제사의 주인이 됨.

退溪曰宗子死繼後子雖在襁褓亦當書其名而季爲攝主可也
퇴계선생께서 말씀 하시기를 종자가 죽어 그 뒤를 이은 적자가 아무리 강보(襁褓)에 싸여 있다 하여도 역시 마땅히 그의 명으로 신주를 쓰고 그 아우가 대리로 제사를 섭행 함이 옳으니라.

위 말씀을 살펴 볼 때 종손(宗孫)이 젖 먹이라면 그가 제사를 주관 할 수 없으니 신주(神主)나 지방(紙牓)은 그 종손 명으로 쓰고 숙부나 근친이 대신 섭행(攝行) 함이 옳다 하였으니 조카가 비록 어리다 하여도 그가 결혼의 여부를 불문 하고 제사를 주관 함이 옳습니다. 적장자손(嫡長子孫)은 효자손(孝; 孤哀. 子孫)으로서 제사(祭祀)나 상사(喪事)에서 주인(主人)이 되어 초헌(初獻)을 하게 되지요.

●左傳文公十二年六月歸生佐寡君之嫡夷杜註歸生子家名夷太子名
●詩經大雅懷德維寧宗子維城無俾城懷註大宗强族也宗子同姓也惟宗子合族以聯親則分猷共念而

有夾輔之功斯維城矣
●世說新語文學林道人往就語將夕乃退有人道上見者問云公何處來答云今日與謝孝劇談一出來
●問喪孝子喪親哭泣無數○雜記祭稱孝子孝孫

▶3345◀◈問; 단술(식혜)의 진설은 어디에?

단술(식혜)의 진설은 어디에?

◈答; 단술(식혜)의 진설은.

단술은 예주(醴酒)라 하여 지금의 술이 들어 오기 이전에 현주(玄酒)와 같이 제물로 올리다 술로 대체 된 것 같습니다. 그러나 지금은 현주만이 병에 담아 술병이 있는 자리 옆에 둘뿐 그 도 사실은 상에 올리지는 않는 것입니다. 현주란 그날 일찍 제일 먼저 샘물을 병에 담아 놓은 것입니다.

진설도 소채 열 오른 쪽에 있는 해(醢)는 육장(肉醬)으로 쇠 고기를 잘게 썰어 간장에 졸인 찬이며 삼례의(三禮儀)나 증해(增解)의 자(鮓)는 새우젓 같은 젓갈 류 입니다. 가끔 좌포우해(左脯右醢)라 하여 소채 열 오른 쪽에 단술을 진설 함을 혹 접 할 수 있는데 해(醢)는 단술과는 관계가 없는 안주 및 반찬 류 입니다. 특히 소채 열은 안주 및 반찬 열이니 당열에는 단술이 오를 자리가 더욱 아닙니다.

단술(醴酒)은 어디에도 언급된 곳은 없으나 다만 사례편람(四禮便覽) 우졸곡(虞卒哭) 진설도(陳設圖)와 시제(時祭) 진설도 채소열 오른쪽에 식해(食醢)를 배열 하였는데 음이 비슷한 식혜로 오인한 결과가 아닌가 생각 됩니다. 식해(食醢)란 젓갈 류로 새우젓 등 생선 젓을 이름 입니다.

의절(儀節) 합비지물조(合備之物條)를 보면 예주(醴酒)의 쓰임을 다음과 같이 지적 하여 놓았습니다.

醴酒滓無則用酒代之
단술을 찌꺼기가 없이 하여 술의 대용으로 한다. 라 되여 있습니다. 이와 같이 살펴 볼 때 단술은 진설 하는 자리가 없는 것 같으며 혹 의절을 인용 한다면 술의 대용으로 쓸 수 있지 않을까 하나 지금 거의가 단술을 술 대용으로 쓰지 않는 것 같습니다. 따라서 만약 왕실예(王室禮)를 본떠 단술을 진설 한다면 제 3 행이 아니라 제 1 행인 반갱행(飯羹行)에 진설 함이 옳을 것입니다. 까닭은 술이 없던 古代에는 예주(醴酒)로 헌작(獻酌)을 하였으니 그렇습니다.

●遂菴曰生前不飮酒則以醴代酒無妨
●南溪曰祭以平生所嗜人情之所必然若在三年之內則固無妨矣入廟以後則神道異於生人也
●栢田山所守護節目(英祖三十八年)山所祭祀以歲一祭每於十月上旬精備祭物以爲過行之地爲乎矣祭需段以位畓所出禾穀隨所入除出貿易而祭物都色及餠飯菜果次知熟手各人等各別擇定後公兄中一人陪行祭物領率各差備徃于齋庵凡干等事另加察飭務從精潔熟正過行爲齊○祭物器數果六品油蜜果一器在此中脯醢各一品湯三色肉一器魚一器雉鷄間一器看南二色肉一器魚一器佐飯一器菜二器沈菜一器醢一器淸醬一器飯一器羹一器糆一器餠一器淸一器醴酒一鐥炙三器肉炙一器魚炙一器雉鷄間一器香一封爲式爲齊○山神祭果二器脯醢各一器醴酒一鐥爲式爲齊
●詩經周頌豐年; 爲酒爲醴烝畀祖妣(高亨注)醴甜酒
●喪大記; 始食肉者先食乾肉始飮酒者先飮醴酒
●祭淮瀆文; 維元和九年歲次甲午十二月朔甲辰某日辰使謹遣某用少牢醴酒之奠昭禱于淮瀆長源公之靈
●東周列國志第三十八回; 晉文公聞太叔和隗氏俱已伏誅乃命駕親至王城朝見襄王奏捷襄王設醴酒以饗之

▶3346◀◈問; 답변 다시 부탁 드립니다.

오류로 열람이 안되고 있습니다. 30 일 그믐이 기일인데 작은 달에는 어느 날 지내야 하며 아버지 기제 축문식 좀 다시 답변 주시면 감사하겠습니다.

◈答; 2월 29일 큰달 기제를 작은 달의 제사는.

沙溪曰大月三十日死者後値小月固當二十九日爲忌値大月則自當以三十日爲忌小月晦日死者後値大月當仍以二十九日爲忌不可延待三十日也

사계(沙溪) 김장생(金長生)선생께서 말씀 하시기를 큰달인 30일에 사망한 이가 후일의 기일이 작은달을 당하면 말할 것도 없이 당연히 29일에 기제사를 지내고 큰달을 당하면 본인이 사망한 날이니 30일 날 기제를 지내야 하며 작은달 그믐날 사망한 이가 뒷날 큰달을 만나면 당연히 그대로 29일 날 기제를 지내야 하지 지연하여 30일에 기제를 지내서는 아니 되느니라.

◎부친 기제 축문식(忌祭祝文式)

維 歲次甲申正月庚子朔二十九日戊辰孝子ㅇㅇ敢昭告于 顯考學生府君 顯妣孺人某氏歲序遷易 顯考諱日復臨追遠感時昊天罔極謹以淸酌庶羞恭伸奠獻尙 饗

양친 작고 축식이니 모친이 생존 하였으면 현비유인 모씨와 현고휘일임 중 현고를 빼고 양친이 작고 하였으면 모친 기일 날에는 현고휘일부임 중 현고를 현비로 고치고 일자만 수정하면 됩니다. 그 외는 이해 하리라 믿고 부언치 않습니다.

●通典庾蔚之曰今年末三十日亡明年末月小若以去年二十九日親尙存用後年正朝爲忌此必不然
●問解大月三十日死者後値小月固當以二十九日爲忌値大月則自當以三十日爲忌小月晦日死者候値大月當仍以二十九日爲忌不可延待三十日也
●開元禮閏月亡者祥及忌日皆以閏所附之月爲正
●問祖考之終在閏月者復遇亡歲之閏月則行祭於閏乎退溪曰閏非正月人之行祭常以正月而獨於是歲依亡歲之月而祭似未穩祭則依常月行之於閏月亡日則齊素而不祭似當也
●梅山曰閏月亡者更値閏月則當行忌祭於閏朔所祔之原月以不可行祭於餘分之月故也退翁有云忌日旣行之於當朔當日矣其於閏朔遇是日何有再行之義又曰於閏月齊素而不祭斯言得禮之正遵用無疑而忌日若在閏月朔日則因朔參稍加饌品如殷奠不害爲伸情而亦當並設群位不可異同也然終涉情勝恐未若仍舊設酒果之爲正耳
●同春問人或死於閏正月則忌祭當用本正月否若値閏正月則當用何月云云沙溪曰通典諸說可考也或謂閏月死者後値閏月當用本月爲忌而閏月死日亦當行素云云
●竹菴曰沙溪說大月晦死者後値小月當以二十九日爲忌後又値大月則當以三十日爲忌據此則閏月死者後値閏月則不用本月而以閏月爲忌恐無可疑

▶3347◀◈問; 도와주세요.

관리자님 지방은 어떻게 씁니까? 할아버지 할머니 같이 지내는데 빨리 도와주세요. 그럼 수고하세요.

◈答; 합제에 대하여.

◎紙牓式(지방식)

陶菴曰用厚白紙長廣隨宜以眞楷細書於紙中央臨祭貼於椅上隨位各書又曰祖妣二人以上別具紙各書(喪禮祔祭條互見)

⊙지방(紙牓) 쓰는 법.

도암 선생께서 이르시기를 두꺼운 흰 종이로 길이와 폭은 쓰기 알맞게 하여 해서체로 종이의 중앙에 가늘게 써서 제사에 임하여 교의 위에 붙이되 위마다 각각 써야 한다. 또 이르시기를 할머니가 두분 이상이면 지방지를 별도로 갖춰 각각 써야 하느니라.

⊙지방의 규격.

지방의 규격은 명문화 되어 있지 않다. 다만 신주식을 본뜨면 세로 길이는 주척(周尺)으로 열두 치 가로가 세치이며 위를 오푼(五分) 아래서 위로 둥글게 되여 있으며 주척은 cm로는 약 20cm로 높이가 약24cm(신주 장 1자2치) 넓이가 약6cm(신주 폭3치)로 한다. (위 양 가 모서리를 위아래 약1치를 사선(斜線)으로 자르기도 하며 이를 소두(掃頭) 친다. 라 한다) ○지방의 규격과 양식은 상례편 우제장(虞祭章) 말 지방(紙榜) 도식 참조 하라.

⊙지방식.

고조고	顯高祖考某官府君神位	고조비	顯高祖妣某封某氏神位
증조고	顯曾祖考某官府君神位	증조비	顯曾祖妣某封某氏神位
조고	顯祖考某官府君神位	조비	顯祖妣某封某氏神位
부	顯考某官府君神位	모	顯妣某封某氏神位
처	亡室某封某氏神位	장자	亡子某官神位

관봉(官封) 칭호(稱號)는 상례장(喪禮章) 초종편(初終篇) 입명정조의 관계칭호 표 참조. ○만약 남자에게 관직이 없었으면 남자는 모관(某官)에 학생(學生) 그의 처(妻)에게는 유인(孺人)이라 쓴다.

◈부녀자의 지방에 관향을 쓰지 않는다.

만약 원비와 계비가 일성이라 하여도 자손들은 그 사실을 알고 있기 때문에 관향을 쓰지 않아도 된다. 이를 불서관(不書貫)이라 한다.

●便覽紙牓紙; 用厚白紙長廣隨宜以眞楷細書於紙中央臨祭貼於椅上隨位各書○紙牓式; 顯某考某官府君神位 顯某妣某封某氏神位(祖妣二人以上別具紙各書)
●溫公曰古者除於室中故神坐東向自後漢以來公私廟皆同堂異室南向西上所以西上者神道尙右故也
●家禮本註凡屋之制不問何向背但以前爲南後爲北左爲東右爲西
●問解無官而死者無他稱號勢不得已當書學生處士秀才各隨宜可也
●沙溪曰無官而死者不稱學生則無他稱號勢不得已當書學生處士秀才各隨其意可也婦人孺人之號書亦可不書亦可丘氏謂無官婦人宜如俗稱孺人盖禮窮則從下之義也
●尤庵曰孺人是九品官之妻稱而士妻同稱之者是禮窮則同之義也
●士儀治葬題主陷中條無官則隨常時所稱如學生處士秀才或別號之類
●問解無官而死者無他稱號勢不得已當書學生處士秀才各隨宜可也
●沙溪曰無官而死者不稱學生則無他稱號勢不得已當書學生處士秀才各隨其意可也婦人孺人之號書亦可不書亦可丘氏謂無官婦人宜如俗稱孺人盖禮窮則從下之義也
●問無官而非學生者題主稱學生似未穩而且如子孫書四祖亦皆無合當稱號如何如何沙溪宋俊吉答無官而死者不稱學生則無他稱號勢不得已當書學生處士秀才各隨其宜可也
●宋敬甫問無官而非學生者題主稱學生似未隱沙溪曰無官而死者不稱學生則無他稱號勢不得已當書學生處士秀才各隨其宜可也又曰丘氏謂無官婦人宜如俗稱孺人蓋禮窮則從上之義也
●同春堂曰無官而死者不稱學生則無他稱號勢不得已當書學生處士秀才各隨其宜可也
●葛庵曰無官而死者無他稱號不得已當書學生處士秀才各隨其宜可也
●士儀治葬題主陷中條無官則隨常時所稱如學生處士秀才或別號之類
●寒岡曰雖有先人之名若不得禮曹立案則不可經書左旁恐姑書曰顯兄秀才府君神主而呈禮曹出立案
●俛宇曰無官者之稱學生處士秀才皆無不可然秀才則弱冠時可用學生亦非今日合稱惟處士似勝然自非有行望可尊者則亦難人人一例秀士亦古者薦升之稱奈何

▶3348◀ ◈問; 도와주세요.

1. 돌아가신 1 번째 기제사는 아침에 지낸다고 들었습니다. 몇 시쯤 지내면 되지요 참고로 18 일에 돌아 가셨습니다. 몇 년 동안 아침에 지내야 합니까?

2. 제사를 누가 지내야(가지고 가야) 합니까? (할아버지, 아버지)돌아가셨습니다. 장손(미혼) or 삼촌 참) 장가를 가면 또 어떻게 됩니까?

3. 술잔(올릴 때)은 할아버지 먼저 칩니까 아니면 할머니 먼저 칩니까?

4. 처음술잔(올릴 때)는 장손(미혼)이 먼저 칩니까 아니면 삼촌이 먼저 칩니까?

◈答; 아침 제사와 헌작은.

禮記檀弓篇曰公儀仲子之喪檀弓免焉仲子舍其孫而立其子檀弓曰何居我未之前聞也趨而就子服伯子於門右曰仲子舍其孫而立其子何也伯子曰仲子亦猶行古之道也昔者文王舍伯邑考而立武王微子舍其孫腯而立衍也夫仲子亦猶行古之道也子游問諸孔子孔子曰否立孫
예기 단궁 상편에서 이르기를 노(魯)나라 사람 공의중자(公儀仲子)의 상에 벗인 단궁이 베로 머리를 동여매고 조문을 갔는데 중자(仲子)의 적손을 두고 차자를 상주로 세워서 단궁이 어찌하여서 이와 같이 하는가? 하고 묻고 나는 아직 지금까지 전대 미문이니라, 하고는 백자(伯子)에게로 급히 가서 묻기를 중자의 적손을 놔 두고 그의 차자를 상주로 세운 것은 어찌된 일인가? 하자 백자가 말 하기를 중자 상 또한 옛날의 도를 행하는 것이네. 옛날의 주(周)나라 문왕(文王)은 적자인 백읍고(伯邑考)의 적자를 버리고 차자인 무왕(武王)으로 왕위를 계승 시켰으며 송국(宋國)의 미자(微子)는 그의 적손인 돈을 버리고 아우인 연(衍)을 후계자로 삼았다는데 중자의 상 역시 저렇게 옛날의 법도를 여전히 따르는 것이라네. 라 대답 하였는데 자유(子游)가 이 모두를 스승인 공부자(孔夫子)께 여쭙자 공부자(孔夫子)께서 답 하시기를 안될 일이다. 적손으로 상주를 세워야 하느니라. 라 말씀 하셨느니라.

⊙가례입상주(家禮立喪主)

凡主人謂長子無則長孫承重以奉饋奠奔喪凡喪父在父爲主父歿兄弟同居各主其喪親同長者主之不同親者主之其與賓客爲禮則同居之親且尊者主之雜記姑姊妹其夫死夫黨無兄弟使夫之族人主喪妻黨雖親不主

⊙주자 가례 상주를 세우는 법.

무릇 주인이라 함은 장자를 이름이다. 장자가 없을 때는 장손이 그의 아버지를 대신하여 주인이 되여 전례를 올리고 상례를 주관하며 제사를 받든다. 그와 더불어 빈객의 접대의 예는 동거하는 친족 중 어른이 주관한다.

退溪曰宗子死繼後子雖在襁褓亦當書其名而季爲攝主可也
퇴계선생께서 말씀 하시기를 종자가 죽어 그 뒤를 이은 적자가 아무리 강보에 싸여 있다 하여도 역시 마땅히 그의 명으로 신주를 쓰고 그 아우가 대리로 제사를 섭행함이 옳으니라.

問 1. 答; 기제를 지내는 시간대가 원은 사망한날 질명(質明; 새벽)에 지냄이 바른 예법이나 첫 시인 자시 행제는 궁중의 예를 다라 행하는 예입니다. 언제까지가 아니라 계속입니다.

●禮器質明而始行事疏質正也謂正明之時少牢禮朝明行事註朝明質明也此乃周禮也
●性理大全忌祭編○厥明夙興設蔬果酒饌○質明主人以下變服詣祠堂封神主出就正寢
●南溪曰質明卽大昕指日未出時也
●尤庵曰行祭早晩太早不可太晩亦不可惟當以質明爲正
●文獻通考宗廟考六祭祀時享(薦新); 其祭貴肺用朝及闇陳氏禮書曰祭義曰夏后氏祭其闇商人祭其陽周人祭日以朝及闇
●檀弓夏后氏大事用昏商人大事用日中周人大事用日出
●禮器質明而始行事疏質正也謂正明之時少牢禮朝明行事註朝明質明也此乃周禮也
●陳氏曰子路祭於季氏質明而始行事寧早則雖未明之時祭之可也
●咸興本宮儀式奏啓條本宮淸齋爲白遣初六日子時行祭是白如乎○本宮十一日子時行告由祭後陪香祝進詣定陵淸齋十三日子時攝行酌獻禮是白如乎
●日省錄十八日子時行祭天氣淸和享事利成獻官以下(云云)
●無名子集策皇極經世書; 天開於子地闢於丑
●高麗史節要 卷之三 顯宗元文大王; 聞雞聲砧響問於術士以方言解之曰鷄鳴高貴位砧響御近當是卽位之兆也
●辭源子部[子]地支的第一位又爲十二時辰之一夜十一時至次晨一時爲子時○又一部三畫[丑]十二時辰之一午夜一點鐘至三點鐘古稱鷄鳴時
●鬼神集說序; 鬼神(註)日出爲神入
●靑莊館全書淸脾錄凝齋; 水舍鷄鳴夜向晨(出한국고전)

●通典禮八十一開元禮纂十六吉十三三品以上時享其廟(四品五品六品以下祔); 享日未明烹牲於廚夙興掌饌者實祭器主人以下各服其服
●文獻通考宗廟考六祭祀時享(薦新); 其祭貴肺用朝及闇陳氏禮書曰祭義曰夏后氏祭其闇商人祭其陽周人祭日以朝及闇
●檀弓夏后氏大事用昏商人大事用日中周人大事用日出

問 2. 答; 위에서 살펴 본 바와 같이 결혼 여부와 관계 없이 적손이 봉세사를 받들어야 할 것입니다.

●家禮本註主人謂長子無則長孫承重以奉饋奠
●士儀節要嫡孫嫡子死立適孫爲後(周禮檀弓註)○有適子無適孫
●士儀公儀仲子之喪舍孫而立子孔子曰否立孫
●公羊傳何休曰適子有孫而死質家親親先立弟文家尊尊先立孫
●曲禮支子不祭

問 3. 答; 조부 먼저 입니다.

⊙사시제초헌(四時祭初獻)

主人升詣高祖位前執事者一人執酒注立于其右(冬月卽先煖之)主人搢笏奉高祖考盤盞位前東向立執事者西向斟酒于盞主人奉之奠于故處次奉高祖妣盤盞亦如之(便覽執事者反注故處)出笏位前北向立執事者二人奉高祖考妣盤盞立于主人之左右主人搢笏跪執事者亦跪主人受高祖考盤盞(便覽左手執盤)右手取盞祭(便覽三祭之○要訣少傾)之茅上(增解要訣少傾酒○按虞祭云三祭于茅束上)以盤盞授執事者反之故處受高祖妣盤盞亦如之出笏俛伏興少退立執事者炙肝于爐(輯覽按士昏禮贊以肝從註飮酒宜有肴以安之以此觀之祭用肝炙象生時之用歟○退溪曰炙字有二音肉之方燔之石切親炙熏炙皆從是音已燔之夜切膾炙嗜秦人之炙皆從是音)以楪盛之兄弟之長一人奉之奠于高祖考妣前匙筯之南(備要啓飯蓋置其南降復位)祝取版立於主人之左(便覽東向)跪(儀節主人以下皆跪)讀曰(云云)畢興(便覽置板於卓上降復位)主人再拜退詣諸位獻祝如初每逐位讀祝畢卽兄弟衆男之不爲亞終獻者以次分詣本位所祔之位酌獻(便覽不祭酒)如儀但不讀(開元禮不拜)祝獻畢皆降復位執事者以他器徹酒及肝置盞故處(便覽降復位)○凡祔者伯叔祖父祔于高祖伯叔父祔于曾祖兄弟祔于祖子孫祔于考餘皆放此如本位無卽不言以某親祔食

楊氏復曰司馬公書儀主人升自阼階詣酒注所西向立執事一人左手奉曾祖考酒盞右手奉曾祖妣酒盞一人奉祖考妣酒盞一人奉考妣酒盞皆如高祖考妣之次就主人所主人搢笏執注以次斟酒執事者奉之徐行反置故處主人出笏詣曾祖考妣神座前北向執事者一人奉曾祖考酒盞立于主人之左一人奉曾祖妣酒盞立于主人之右主人搢笏跪取曾祖考妣酒酹之授執事者盞反故處乃讀祝此其禮與虞禮同家禮則主人升詣神位前主人奉祖考妣盤盞一人執注立于其右斟酒此則與虞禮異竊詳虞禮神位惟一時祭則神位多家禮主人升詣神位前奉盤盞位前東向立執事者斟酒主人奉之奠于故處次奉祖妣盤盞亦如之如此則禮嚴而意專若書儀則時祭與虞祭同主人詣酒注卓子前執事者左右手奉兩盤盞則其禮不嚴主人執注盡斟詣神位酒則其意不專此家禮所以不用書儀之禮而又以義起之也

問 4. 答; 적손(장손)이 먼저 입니다.

●性理大全祭禮四時祭; 初獻主人 亞獻主婦爲之 終獻兄弟之長或長男或親賓爲之○又 墓祭; 初獻如家祭之儀 亞獻終獻並以子弟親朋薦之

▶3349◀ ◈問; 도움바랍니다.

홈피 잘 보았고요 좋은 내용 많으네요. 다름이 아니라, 기제사 및 차례를 주관하는 장손이 아플 때는 기제사 및 차례를 지내야 하는지 일반적인 관습을 알고 싶습니다. 아파서 치료받고 있는지 거의 1 년이 다되어 가고 있으며 그간에 제사는 안 지냈는데 금년 추석에는 어떻게 해야 되는지 알려주시면 감사합니다.

◈答; 주인이 아플 때 제사는.

제사는 어느 경우에도 궐사(闕祀)를 하여서는 안 되는 것입니다. 만약 주인인 적자손(嫡子孫)이 병중이거나 노쇠(老衰)하여 기동을 할 수 없거나 외국으로 출타하여 부재중에 제일을 당하여 주관을 할 수 없게 되면 연유를 고하고 차장자가 대행(代行)을 하여 제사를 지내야 합니다.

병중일 때 대행하는 축식은 다음과 같습니다. 다만 세속의 각 명절에는 차장자가 축 없이 동일하게 예를 갖추면 되는 것입니다.

⊙병중 대행축식

前同孝子某臥病不堪事使介子某代行薦禮敢昭告于後同
효자와 개자의 자는 부모의 제사 일 때이며 그 위조상에는 속한대로 씁니다. 孝자는 적자손에게만 쓸 수 있으며 맏이 라는 의미 입니다.

●公羊傳(魯)昭公十五(前 527)年; 大夫聞君之喪攝主以往(何休注)主謂已主祭者臣聞君之喪義不可以不卽行故使兄弟若宗人攝行主事而往不廢祭者古禮也古有分土無分民大夫不世己父未必爲今君臣也
●喪禮備要喪禮初終立喪主; 襍(雜)記姑姊妹其夫死夫黨無兄弟使夫之族人主喪妻黨雖親弗(不)主
●家禮增解喪禮初終立喪主; ○右兄亡無嗣弟攝主親喪○右兄亡無嗣弟攝主祖父母喪○右嫡孫亡失祖母死次孫攝主○右無子有妻兄弟主喪○右幼兒兄弟攝主其喪
●辭源[攝主]代爲主祭之人
●曾子問孔子曰宗子居於他國庶子爲大夫其祭也祝曰孝子某使介子某執其常事
●退溪曰宗子死繼后子雖在襁褓亦當書其名而季也攝主可也○又曰宗子粤在他國而命介子代祭之例曰孝子某使子某敢昭告于云云
●尤庵曰凡祭事主人有故則使人攝行例也所攝之中如有尊行則子弟似不敢爲攝主矣
●遂菴曰孝子某有疾介子某代行薦禮敢昭告于○先祖之稱用宗子之屬代○有故措辭曰孝子某病不能將事○孝子某適在遠地不能將事○孝子某幼未將事○孝子某身犯惡疾使字囑某親某
●問祝文中顯考及夙興夜處等語以兒名書之則當依此書否寒岡曰旣以兒名書則當用家禮本文無所改
●梅山曰遞遷長房者亦用旁題支子攝祀旁題當書介子某攝祀祝當曰攝祀介子某恐宜
●葛菴曰長孫奉祀則父子已易世今推而上之使叔父未安且令次孫權攝以待長孫立后○父不與祭而使子弟攝行則曰孝子某使子某敢昭告云病中則云病不能將事或身在遠地不能將事

⊙主人有故使人代行措辭

病時: 孝子某因病不能將事使某親某(或有疾病介子某代行)敢昭告于(云云)
幼時: 孝子某幼不將事屬某親某敢(或孝子某未幼奉事弟某攝事)昭告于(云云)
遠在時: 孝子某身在遠地不能將事使某親某敢昭告于
越境時: 孝子某使介子某執其常事敢昭告于(云云)
老衰時: 孝子某衰耗不堪事使子某敢昭告于(云云)

▶3350◀◈問; 돌아가신 날짜도, 성함도 모릅니다.

안녕하세요. 저희 남편은 아주 어렸을 때부터 고아원에서 자라서 아버님성함도 모릅니다. 어머니는 재가하시어 어딘가에 살고 계신다는 것만 알고 아버님은 돌아가셨다는데 돌아가신 날짜도 정확한 함자도 알고 있지 못하는데 저희 신랑이 제사를 꼭 모시고 싶어해서요. 제발 꼭 좀 부탁 드립니다.

제가 알기론 이런 분들 제사 지내는 날짜가 있다고는 들었는데 함자를 모르니 지방은 어떻게 써야 하는지 저희 신랑을 위해 꼭 제가 도와주고 싶어서요. 빠른 답변 부탁 드립니다.

◈答; 돌아가신 날짜도, 성함도 모른다면.

어떤 사유든 작고 한 날을 모를 때 제사 지내는 법을 명문화 한 예서는 아직 살핀 바 없어 확언 하여 답 할 수가 없습니다. 다만 집을 나간 날자. 또는 그 분의 생일을 택하여 기일로 삼는 예는 가끔 보았습니다. 지방은 성명으로 작성 되는 것이 아니기 때문에 다음과 같이 쓰면 됩니다.

⊙부친 지방식.
顯考學生府君神位

●晉徐宣瑜云鄭玄云君父亡令臣子心喪終身深所甚惑心喪是也終身非也荀組云至父年及壽限(註中壽百歲) 行喪制服立宗廟於事爲長禮無終身之制
●尤庵曰比有失其父不得者 愚嘗據通典使計其父年百歲 而發喪制服矣
●梅山曰不知亡日則是月也當用或丁或亥日行忌祭
●記言. 甲子之禍甚於戊午一日亡去以絶蹤不知所終初家踵得之祖江沙壖上遺其巾屨杖而已以爲溺水死五月五日年三十四無子其妻埋其遺衣服用亡日以祀之
●老洲集卷之七 書 答閔元履; 人有亡失其親者發喪之限先輩論說不同盛意則百年與八十之間何者爲的當而不知忌日何以處之作主亦何以爲之耶 日前辱詢疑禮薄昏占報殊無倫理可歎第百年八十年之云雖有古據揆諸人情事勢終覺迂濶不限年數要之求之盡其心而盡其道到得情窮理極而竟莫可得然後以出亡日爲諱日而服喪矣作主旣無墓之可之則或以遺衣招魂而造成於平日燕處之所耶此外恐無他道臆說不敢自信爲承盛見有此更禀耳 如欲限年則三十年天道一變以人事言之父子相繼三十年爲一世以此爲限或不爲無據耶然出亡之時其人年紀晩暮則已矣若在二十三十之時通計三十年不過五十六十五十六十乃凡人下壽也以此而言則三十年之限亦恐爲遽矣有難硬定其限也
●淵齋先生文集卷之十三書答李希彦柄喆別紙; 前略失父而不知其生死則尋求發喪之節縱多先賢諸說而陶菴所言詳且盡矣遭此變者當遵而行之而以日代月若如來諭則反不如不服之爲宜祭日當用出家日下略

◎整理
1. 우암; 통전에 근거하여 백세 설을 주장
2. 梅山; 不知亡日 則是月也 當用或丁或亥日 行忌祭
3. 기언: 用亡日以祀之
4. 老洲; 80 세, 백세 설 등이 있으나 以出亡日爲諱日而服喪矣
5. 淵齋; 祭日當用出家日

▶3351◀◈問; 돌아가신 날짜를 어떻게 정하나요?

안녕하십니다. 아버님께서 음력 6 월 13 일 오후 11 시 45 분에 돌아가셨습니다. 오후 11 시 이후면 익일(14 일) 자시에 해당하나요, 아니면 돌아가신 당일(13 일)인가요? 안녕히 계십시오.

◈答; 오후 11 시 45 분에 작고하신 분의 기일은.

아래와 같이 살펴 보건대 지금의 오후 11 시 45 분이란 옛날 시로 자시 초(子時初)가 되며 특히 명재(明齋)선생 말씀에 기일은 기절(氣絶)한 시각이 아니라 복(復)을 부른 뒤가 사망한 것이다 라 하셨고 우암 선생께서는 해시(亥時)가 하루를 가르는 시각으로 자시가 되면 다음 날이다 라 하셨으니 옛 시로는 6 월 14 일이 됩니다. 그러나 옛날의 시간이란 지금과 같이 정확할 수가 없었으며 주관자의 주관적 판단에 따를 수 밖에 없었으나 지금은 객관적으로 날의 분기점이 명확하고 또 0 시 이후를 다음날로 세계가 합의 되었으니 이를 따른다 하여 어그러졌다 탓할 수는 없을 것입니다.

다만 예법상 자시는 다음날이 되며 명제 선생께서는 복 이후를 사망한 시간으로 간주하셨으니 경황 중 복의 시간은 12 시 이후라야 부르게 되었을 것입니다. 그렇다면 현대 시간으로 계산하나 옛날 시로 계산한다 하여도 기일은 음력 6 월 14 일이 타당할 것도 같습니다.

●左傳莊公七年;辛卯夜恒星不見孔穎達疏夜者自昏至旦總名
●국립국어원[밤]해가 져서 어두워진 때부터 다음 날 해가 떠서 밝아지기 전까지의 동안.
●五洲衍文長箋散稿地理篇地理類石鏡石辨證說八月十五夜子時○又天地篇天文類天文總說天文總說天道自子爲運辨證說今夜子時遂爲明日
●禮疑類輯喪禮初終夜半死者從來日
●宋子大全書子時爲明日
●辭源[子夜]夜半子時卽夜十一時至翌晨一時

●問周夜半爲朔商雞鳴爲朔陰陽家皆以子時爲明日然則雞鳴前子時死者當從何日尤庵曰日分必終於亥而始於子初二日之子自不干於初一日也
●明齋曰凡喪復後始發喪其前則雖已氣絶猶有複生之望不可便以爲已死也以此意推之則似當以招魂日爲忌日矣
●寓軒曰夜半子時前十九日丙子爲立春節當從新歲又生在子時當從翌日
●永興本宮儀式奏啓;命當日陪香祝辭陛初九日到咸興府齋宿初十日早朝進詣本宮十一日子時行告由祭後陪香祝進詣定陵淸齋十三日子時攝行酌獻禮
●永興本宮儀式奏啓;命當日陪香祝辭陛十七日進詣本宮十八日子時行祭天氣淸和享事利成臣不勝欣忭之忱緣由馳啓
●日省錄正祖十九年乙卯四月二十二日壬寅;(云云)獻官之命十七日進詣本宮十八日子時行祭
●兩日間死者忌日(양일간사자기일)
問人屬纊在此日戌亥而招魂在翌日曉後則當以何日爲忌歟明齋曰凡喪復後始發喪其前則雖已氣絶猶有復生之望不可便以爲已死也以此意推之則似當以招魂日爲忌日矣
●夜半死者從來日(야반사자종래일)
問夜半爲朔商鷄鳴爲朔陰陽家皆以子時爲明日然則鷄鳴前子時死者當從何日尤菴曰日分必終於亥而始於子初二日之子自不干於初一日也

▶3352◀◈問; 돌아가신 작은아버지의 제사는.

친자식이 없이 돌아가신 작은 아버님의 제사를 지내드리려고 합니다. 이때 지방은 어떻게 써야 하는지요. 모레가 설이라 급히 알려주시면 감사하겠습니다.

◈答; 돌아가신 작은아버지의 제사는.

◎숙부지방식(叔父紙榜式)

顯叔父某官府君神位
모관(某官)에는 생시 관직이 있었으면 관직명을 쓰고 없었으면 학생(學生)이라 고쳐 쓰면 됩니다.

●旅軒曰雖旁親若尊位則皆用顯字府君字
●南唐曰母者生我之稱雖非生我者苟有父母之道者皆可稱之妣者配父之稱苟非配父者不可以混稱也伯叔母旣不可稱妣則伯叔父又不可獨稱考矣此則考妣之稱不可以復加於旁尊矣
●問仲父無后而伯父主宗故題以亡弟矣今有仲母喪而伯父且卒從兄移在遠地家親今則主喪題主何以爲之陶菴曰在重宗之義恐當以令從兄爲主題主以顯仲母矣今從兄方在遠哀姑攝祭畢竟班祔爲得
●問伯叔父母當以伯考妣叔考妣書之註其旁曰姪子某奉祀耶寒岡曰恐當曰顯伯考旁註則恐當曰從子某
●大全問庶子之所生母死題主當何稱朱子曰若避嫡母則止稱亡母而不稱妣
●便覽題主粉面式條顯考(註)承重云顯祖考傍親卑幼隨屬稱○又婦人粉面式條顯妣(註)承重云顯祖妣旁親卑幼隨屬稱
●備要題主祝文式條顯考某官封謚府君(云云)敢昭告于顯伯父某官府君顯伯母某封某氏叔父母同

▶3353◀◈問; 동생제사.

선생님 안녕하십니까? 남동생이 결혼했으나 지병으로 사망하고 재수와 딸(아들은 없음)을 데리고 어디로 갔는지 소식이 없습니다. 불가피하게 남동생 기일 날 제사를 지내야 됩니까? 만약 지내게 되면 지방, 축, 순서 등 어떻게 합니까? 선생님 죄송합니다.

◈答; 동생제사.

제수가 계시니 혹 지낼지도 모르니 (혹 개가 등으로)봉사치 않음이 확인되면 동생의 제사를 지내야 합니다.

●동생의지방식

亡弟學生神位

●축문식

維 歲次干支幾月干支朔幾日干支兄告于 亡弟學生歲序遷易 亡日復至不勝感痛茲以淸酌庶羞伸此奠儀尙 饗

●奔喪凡喪父在父爲主(註)此言父在而子有妻子之喪則父主之統於尊也
●尤庵曰凡喪父在父爲主故子姪與子姪婦皆以尊者爲主
●又曰孫及孫婦喪據禮則其祖當爲主
●又曰昔年伯兄亡先親問於沙溪先生書以亡子某神主矣其後同春喪子書以亡子某官神主問之則鄭愚伏如此云矣
●又曰殤主父爲主則當書曰亡子某神主云矣又曰在室女子銘旌世俗皆書某氏神主亦然然亡子書名則女子亦當書名矣第東俗甚諱女子名恐難猝變矣
●遂菴曰子與子婦喪題主亡子某子婦某氏云則似無相混之嫌
●便覽神主粉面式顯考(旁親卑幼隨屬稱卑幼改顯爲亡)某官封謚府君(卑幼去府君)神主 又婦人紛面式顯妣(妻云亡室旁親卑幼隨屬稱卑幼改顯爲亡)某封某氏神主

▶3354◀ ◈問; 둘째가 제사 지낼 수 있는지요.

이럴 때는 어찌하여야 할지 알려 주세요. 저는 3 동서간의 둘째입니다. 저희 맏동서도 배움은 최고 학부를 마쳤는데 그런데도 예에는 어두워서인지 시부모를 비롯 조상님 기제사를 지내다 말다 합니다.

기제사 날 저희들이 찾아가면 볼일이 있다고 집을 나갔다며 아무 준비도 하지 않고 있어 그때서야 저희들이 아쉬운 대로 급히 마련 시 아주버님과 저희들만이 제사를 마치곤 합니다. 그러다 보니 이 문제로 동서간에 마찰이 생기곤 하다 이제는 아주 앞으로는 지내지 않는다고 합니다. 이러할 때 어찌하여야 하는지요. 둘째인 저희가 모시면 안 되나요. 저는 조상님 제사를 예를 갖춰 정성껏 모시는 집안에서 자랐습니다.

◈答; 둘째는 선대 제사를 지낼 수 없음.

아래와 같이 살펴보건대 만약 적자(嫡子; 큰 댁)가 제사를 폐한다면 상(喪)을 당한 것 보다 더 큰 유고(有故)이니 적자는 폐질자로 이유선님 댁에서 지방으로 제사를 지내되 큰 아주버님이 참석한다면 그의 속칭의 축으로 그가 초헌을 하고 참석하지 않는다면 부군(夫君)께서 초헌을 하되 고사축으로 고하고 지내다 그 장손이 감당할 수 있게 되었을 때 이전하게 되면 궐사(闕祀)는 면하게 될 것입니다. 다만 궐사를 모면하기 위한 변례이니 속히 큰댁에서 제사를 지내도록 설득하여 법도대로 제사하십시오

⊙支子異居者考妣忌日設位告辭

維 歲次干支幾月干支朔幾日干支介子某今以 顯考某官府君 顯妣某封某氏遠諱之辰敢請顯考 顯妣降居神位恭伸追慕

●問忌祭定行於主人之家支子女子則只以物助之何如退溪曰朱子書有支子所得自主之祭之說恐是忌祭節祀之類也今若一切皆歸宗子而支子不祭則因循偸惰之間助祭不如式以致衆子孫全忌享先之禮甚爲未安又或宗子貧窶不能獨當而並廢不祭則反不如循俗行之之爲愈
●問人家忌祀若家間不凈以紙牓設行於支子家其儀如何芝村曰嘗見先人說以爲禮家別無紙牓無祝之語只云先後參當告事由於家廟後以宗孫名書塡於祝文云若紙牓所題則一依神版而府君下當書神位二字旁題不當書其他節目無異於家廟矣
●南溪曰雖支子家具饌祝辭必用宗子名
●朱子曰兄弟異居廟初不異只合兄祭而弟與執事或以物助之爲宜相去遠者則兄家設主弟不立主至於祭時旋設位以紙牓標記逐位祭畢焚之如此似亦得禮之變也更詳之
●陶庵曰時祭宗家雖不行旣是異宮則支孫似無不可行之義
●問節日宗家有故不得行祀則居在一村之孫家當竝廢否大山曰宗家若有大喪故則支孫之獨行祭祀恐或未安

●曲禮支子不祭祭必告于宗子(註)不敢自專宗子有故支子當攝而祭五宗皆然(疏)廟在適子之家庶子不敢輒祭若濫祭亦是淫祀若宗子有疾不堪當祭則庶子代攝可也猶宜告宗子然後祭

▶3355◀◈問; 딸이 아버지에게 지방 쓰는 법을 가르쳐주세요.

전 고(高)2 에 재학중인 여자아이입니다. 아버지께서 교통사고(交通事故)로 돌아가시고 추석(秋夕)날 제사(祭祀)를 지내야 하는데 참 어려운 거 같아요. 준비하는 방법도 제대로 모르거든요.

관리자님 제가 아버지에게 지방(紙牓)을 쓰려면 어떡해 써야 하나요. 쉽게 자세히 가르쳐주세요.

◈答; 딸이 아버지에게 지방 쓰는 법

먼저 위로의 말씀을 드립니다. 용기를 잃지 마십시오. 무남독녀 일 때와 어려도 남자 형제가 있을 때의 축이 다릅니다. 아래에 두 가지 지방식으로 적어 보겠으니 이 중에서 택하십시오.

⊙무남 독녀일 때의 지방식(이럴 때는 어머니 앞으로 지방을 쓰는 것입니다)
顯辟某官府君 神位

⊙남자 형제가 있을 때.
顯考某官府君 神位

모관에는 생전의 벼슬 명을 쓰는 것이며 벼슬치 않았을 때는 學生(학생)으로 고쳐 쓰면 되며 지방은 세로로 쓰는 것입니다. 이와 같이 쓰는 이유는 제사에는 제사를 주관 하는 주인이 있어야 하는데 그 주인은 자손 이외는 할 수가 없으며 그 주인은 분향 강신을 하고 초헌관이 되는 것으로 장자나 장손만이 할 수 있는 것입니다. 다만 어머니가 초헌관을 할 수 있는 시기는 양자를 들여 세우기 이전에 제사 날이 닥쳤을 경우에 한하여 할 수 있는 것입니다. 이를 적자 승계 원칙이라 하며 전통 예절의 근본입니다.

예법은 통례 편에 명절제사 지내는 법이 있으며 제례 편에 지방 기제사 지내는 법과 진설하는 그림이 있으니 참고 하시면 됩니다. 제사 예절 중 어려움이 있으면 본 게시판을 이용하십시오.

입후 성사 전 또는 입후가 불가능하면 아래와 같이 살펴보건대 모친이 제주가 되어 초헌을 하여야 법도에 맞습니다.

⊙夫忌祝文式(부기축문식)
維 歲次干支幾月干支朔幾日干支主婦某氏敢昭告于 顯辟某官府君歲序遷易 諱日復臨不勝感愴謹以淸酌庶羞恭伸奠獻尙 饗

●曲禮夫曰皇辟註辟法也妻所法式也
●周元陽祭錄妻祭夫曰婦某氏祭顯辟某官封謚
●退溪答李平叔曰妻存無子而夫亡未詳當何書都下有一家書曰顯辟盖依禮記夫曰皇辟之語也未知是否
●問妻主夫喪旁題何以書之寒岡曰婦人不得主喪旁題不可書
●問夫亡無子神主稱顯辟耶旁題何以爲之沙溪曰祭夫稱辟出於禮記周元陽祭錄亦云似有據旁題禮無明文
●類編主式本於宗法宗法非與於婦人婦人夫死易世故先祖遞遷若使使婦人得以題主奉祀曰顯辟顯舅一如男子則世疑於不易先祖疑於不遷豈其然乎周氏所云無男主者非但指無子也并指無他兄弟然則雖凡祭祝辭必無兄弟可主者然後方許婦人之自主此周氏之意也

▶3356◀◈問; 메 올리는 시기.

수고가 많으십니다.

1. 집안마다 제사 밥을 제사 진행 시 올리는 시기가 조금씩 틀리더군요 어느 시점에서 밥을 올리는 게 맞는지요.

2. 저희는 현재 조부모(祖父母)님의 제사(祭祀)를 모시고 있는데 아버님이 지난해 돌아 가시면서 집안 어른들이 시제에 조부모(祖父母)의 제사(祭祀)를 올린다 안 올린다 의견이 분분합니다. 아버님이 아흔이 넘어 돌아 가셨는데 이점 때문에 그런 것 같은데 시원한 답변 부탁 드립니다. 수고 하십시오.

◈答; 메 올리는 시기.

問 1. 答; 진찬 때 메를 올려 드립니다.

參神降神進饌初獻
如祭禰之儀但祝辭云云若考妣則祝興主人以下哭盡哀餘並同

참신 강신 진찬 초헌
녜제 의식과 같다. 다만 축사는 다음과 같이 고 하고 만약 부모 기일이면 축을 마치고 일어서면 주인 이하 슬픔을 다하여 곡하고 그 외는 모두 같다.

위 예문은 주자 가례(朱子家禮) 예문 입니다. 본 예문은 신주 기제 예법으로 선참후강(先參後降) 이나 지방 기제사에는 선강후참(先降後參)이며 진찬예(進饌禮)가 메 올리는 때 입니다. 즉 분향 강신 후 메 등 찬품을 올리고 초헌을 합니다. 자세한 예법은 지방으로 기제사 지내는 법을 자세히 살펴 보기 바랍니다.

●朱子家禮四時祭進饌; 主人升主婦從之執事者一人以盤奉魚肉一人以盤奉米麪食一人以盤奉羹飯從升至高祖位前主人搢笏奉肉奠于盤盞之南主婦奉麪食奠于肉西主人奉魚奠于醋楪之南主婦奉米食奠于魚東(卽第二行)主人奉羹奠于醋楪之東主婦奉飯奠于盤盞之西主人出笏以次設諸正位使諸子弟婦女各設祔位皆畢主人以下皆降復位

問 2. 答; 상중 즉 탈상을 하지 않았을 때는 복인(服人) 중(中) 경복자(輕服者)가 무축 단헌으로 마칩니다.

●喪服中行祭儀凡三年喪古禮則廢祠堂之祭而朱子曰古人居喪衰麻之衣不釋於身哭泣之聲不絶於口其出入居處言語飮食皆與平日絶異故宗廟之祭雖廢而幽明之間兩無憾焉今人居喪與古人異而廢此一事恐有所未安朱子之言如此故未葬前則準禮廢祭而卒哭後則於四時節祀及忌祭(墓祭亦同)使服輕者(朱子喪中以墨衰薦于廟今人以俗制喪服當墨衰著而出入若無服輕者則亦恐可以俗制喪服行祀)行薦而饌品感於常時只一獻不讀祝不受胙可也

▶3357◀◈問; 몇 가지 여쭙겠습니다.

선생님의 만수무강을 빕니다. 예절을 어렵게 생각하는 요즘 사람에게는 아주 유용한 사이트가 될 것입니다. 새삼 감사 드립니다.

물어볼 말은 다름이 아니옵고,

1. 돌아 가신지 오래 되신 분들은 부부 합해서 기제사를 모셔도 되는지요(예: 각각 모시든 할아버지, 할머니 기제사를 할아버지 기제사일 에 할머니 도 함께 지내서 1 번만 지내면 되는지?)

2. 집안에 아픈 사람이 계시면 기제사를 모시지 않아도 되는지요? (된다는 어른도 있고 아니라고 하는 어른도 계시거든요)

3. 돌아가신 날짜가 확실치 않은 분은 제사를 언제 모시면 되나요? (김 0 용)

◈答; 기제를 합제로 지내는 예법은 없음.

問 1. 答; 기제사(忌祭祀)란. 작고하신 날 지내는 제사란 뜻으로 조고 기일(忌日) 날 조비를 병설함은 본체 주부자(朱夫子)의 뜻은 아니며 그 이후에 변형된 예법입니다. 합설(合設)하였다 하여 조비 기제사를 지냈다 할 수 없으니 전통 예법으로는 거론조차 할 수 없는 말씀입니다.

問 2. 答; 본 홈의 사시제 참신조와 합문조를 살펴보면 혹 병자가 있다 하여도 제사를 지내야 할 것입니다.

●曾子問孔子曰(云云)攝主註若尊卑不等或是祖父之列或是子孫之列則但謂之宗子矣
●尤庵曰凡祭事主人有故則使人攝行例也所攝之中如有尊行則子弟似不敢爲攝主矣○代者尊行則代行叔父或兄
●遂菴曰孝子某有疾介子某代行薦禮敢昭告于○先祖之稱用宗子之屬代○有故措辭曰孝子某病不能將事○孝子某適在遠地不能將事○孝子某幼未將事○孝子某身犯惡疾使字囑某親某

病時: 孝子某因病不能將事使某親某(或有疾病介子某代行)敢昭告于(云云)
幼時: 孝子某幼不將事屬某親某敢(或孝子某未幼奉事弟某攝事)昭告于(云云)
遠在時: 孝子某身在遠地不能將事使某親某敢昭告于(云云)
越境時: 孝子某身在他國不能將事使某親某敢昭告于(云云)
老衰時: 孝子某衰耗不堪事使子某敢昭告于(云云)

問 3. 答;
1. 우암; 통전에 근거하여 백세 설을 주장
2. 梅山; 不知亡日 則是月也 當用或丁或亥日 行忌祭
3. 기언: 用亡日以祀之
4. 老洲; 80 세, 백세 설 등이 있으나 以出亡日爲諱日而服喪矣
5. 淵齋; 祭日當用出家日

아래와 같이 살펴 보건대 위와 같은 결론에 도달하게 됩니다. 이상에서 가장 합리적인 날로 택하여 기일로 삼으심이 불효를 면하는 방법이 될 것입니다.

●晉徐宣瑜云鄭玄云君父亡令臣子心喪終身深所甚惑心喪是也終身非也荀組云至父年及壽限(註中壽百歲) 行喪制服立宗廟於事爲長禮無終身之制
●尤庵曰比有失其父不得者 愚嘗據通典使計其父年百歲 而發喪制服矣
●梅山曰不知亡日則是月也當用或丁或亥日行忌祭
●記言. 甲子之禍甚於戊午一日亡去以絶蹤不知所終初家踵得之祖江沙壖上遺其巾屨杖而已以爲溺水死五月五日年三十四無子其妻埋其遺衣服用亡日以祀之
●老洲集卷之七 書 答閔元履; 人有亡失其親者發喪之限先輩論說不同盛意則百年與八十之間何者爲的當而不知忌日何以處之作主亦何以爲之耶 日前辱詢疑禮薄昏占報殊無倫理可歎第百年八十年之云雖有古據揆諸人情事勢終覺迂濶不限年數要之求之盡其心而盡其道到得情窮理極而竟莫可得然後以出亡日爲諱日而服喪矣作主旣無墓之可之則或以遺衣招魂而造成於平日燕處之所耶此外恐無他道臆說不敢自信爲承盛見有此更稟耳 如欲限年則三十年天道一變以人事言之父子相繼三十年爲一世以此爲限或不爲無據耶然出亡之時其人年紀晩暮則已矣若在二十三十之時通計三十年不過五十六十五十六十乃凡人下壽也以此而言則三十年之限亦恐爲遽矣有難硬定其限也
●淵齋先生文集卷之十三書答李希彥柄喆別紙; (前略)失父而不知其生死則尋求發喪之節縱多先賢諸說而陶菴所言詳且盡矣遭此變者當遵而行之而以日代月若如來諭則反不如不服之爲宜祭日當用出家日(下略)
●通典魏劉德問田瓊曰失君父終身不得者其臣子當得婚否答曰昔許叔重已設此疑鄭玄駁云若終身不除是絶嗣也除而成婚違禮適權也
●晉徐宣瑜云鄭玄云君父亡令臣子心喪終身深所甚惑心喪是也終身非也荀組云至父年及壽限(註中壽百歲)行喪制服立宗廟於事爲長禮無終身之制
●尤庵曰比有失其父不得者愚嘗據通典使計其父年百歲而發喪制服矣
●梅山曰不知亡日則是月也當用或丁或亥日行忌祭

▶3358◀◈問; 모든 제사를 마칠려고.

오늘도 수고가 많으십니다. 유가에는 없는 내용임을 알면서 현실적이라서 여쭈어 봅니다. 가정이 고향을 버리고 외국을 가는 경우, 도시로 간 뒤에 고향에 오지 않는 사람 등이 있어 마지막으로 떠나면서 산소를 찾아가서 찾아올 수도 없고 하니 묘소를 찾아오지 않으니 자연 상태로 그대로 두며 앞으로는 영원히 산소를 돌보지 않으며 묘사, 제사 등을 받들지 않습니다. 는 내용의 축문을 만들어 고하고 싶다는 사람이 있습니다. 즉, 영원히 이별한다고 할까요.

축문을 어떻게 써야 하는지요? 산소마다 찾아가서 고하여야 될 것 같습니다. 기제사를 모시고 있는 조상의 제사는 모신다고 합니다. 죄송합니다.

◈答; 내일부터는 제사를 지내지 않겠다는 축문이라?

제사를 잘못 지내더라도 곤장을 1백을 친다 하였는데 제사를 다음부터는 지내지 않겠다고 묘를 찾아 고하는 축문을 알려 달라는데 유학의 초년생이라 하여도 어찌 할 말이 있겠습니까.

성당을 찾아가 오늘 이후는 성당에 나와 미사를 드리지 못하겠으니 신부에게 기도문을 알려 달라는 격이요. 절에 찾아가 중에게 내일부터는 부처 앞에는 나타나지 알겠다는 기도문을 지어달라는 꼴이 아니겠습니까.

한국 유가의 大聖 前에서 유가의 제일의 가치인 제사를 지내지 않겠다는 축문을 지어달라 하심은 망발이십니다.

●大明律禮律祭祀;凡大祀及廟享失誤行事者杖一百

▶3359◀◈問; 모사기에 대해.

제사 지낼 때 모사기에 있는 띠풀을 묵을 때 빨강색으로 묶는 이유는 무엇 인가요.

◈答; 모속에 대하여.

⊙束茅聚沙(속모취사)

天官祭祀供蕭茅註蕭字或爲莤莤讀爲縮束茅立之祭前沃酒其上酒滲下去若神飮之故謂之縮疏束茅立之祭前者取士虞禮束茅立几東所以籍酒○說文束茅加于祼圭而灌鬯酒是爲莤○士虞禮苴刌茅長五寸束之祝取苴降洗之升入設于几東席上東縮佐食取黍稷祭于苴三取膚祭祭如初祝取奠觶祭亦如之註苴猶籍也籍祭也孝子將納尸事親爲神疑於其位設苴以定之耳或曰苴主道也則特牲少牢當有主象而無何乎疏特牲少牢吉祭有主象亦宜設苴而無苴是苴爲籍祭非主道也○周禮註必用茅者謂其體順理直柔而潔白承祭祀之德當如此○集說問束茅聚沙是聚沙於地擁住茅束否曰然曰用茅何義也曰程子曰古者灌以降神故用茅縮酌郊特牲註縮酌用茅謂醴濁用茅以泲之也曰今俗用茅三束盤載以酹何歟曰程子謂降神酹酒必澆於地家禮亦同但與代祭澆酒多寡不同耳未聞有盤也至劉氏補註祭初祖條始有茅盤用자匾盂廣一尺或黑漆小盤截茅八寸餘作束束以紅立于盤內劉必有攷但其不注於時祭各條又恐止宜初祖不敢據也莫如降神則澆於地代祭則澆於盤未知可否曰茅用一束或用三束何也曰按初獻條註用酒三祭于茅束上三祭者三滴酒于茅上非三束茅也豈誤其數歟近見他書每位一獻用酒三盞者尤非也後人有考幷改正焉又曰祔位不設○補註按本註束茅聚沙在香案前地下所以降神酹酒及逐位前地上所以初獻祭酒也○五家禮附註截茅八寸餘(周尺)作束束以紅立于盤內

위와 같이 살펴 볼 때 집설(集說)과 오가례(五家禮) 부주(附註)에 속이홍(束以紅)이라 하였는데 띠풀(마디풀과에 속하는 일년생 초) 한 줌을 8 치로 잘라 (붉은 끈?) 으로 중간을 묶는다 함이며 모속을 모반에 모래를 담아 그 가운데 꽂아 놓고 강신과 삼헌 시 3 제주를 모속에 지우게 됩니다.

●備要虞祭執事者陳器具饌條香案於堂中炷火於香爐束茅聚沙於香案前具饌如朝奠
●便覽虞祭初虞執事者陳器具饌條炷火於香爐束茅聚沙於香案前具饌如朝奠

●本庵曰按茅沙時祭設於香案前及逐位前而此所祭止一位則當如虞祭只設一於香案前通用灌祭此爲異於時祭者忌祭倣此

▶3360◀◈問; 모사상의 띠풀에 대하여?

안녕하십니까? 항상 좋은 정보 감사합니다.

궁금한 점은 모사상(茅紗床)에 꽂는 띠풀에 대하여 여쭙습니다. 가례에 의하면 截茅八寸餘(띠를 8 촌쯤으로 잘라서) 作束束以紅立于盤內(붉은 것으로 묶어 만들어서 반 안에 세운다)라는 뜻인데, 저자님께서 풀이 문에 [개여귀풀로 동여 매어라]고 되어 있습니다. 여기에서 왜 개여귀풀로 중간을 동여매는 것인지 궁금합니다. 또한 보편적으로 개여귀풀이 아닌 붉은색 실로 중간을 묶는다고 하는데, 왜 붉은색 실을 써서 중간을 묶는 것인지 그 이유를 알고 싶습니다. 감사합니다. 참조: 개여귀풀 사진입니다

◈答; 모사상의 띠풀에 대하여.

⊙束茅聚沙

天官祭祀供蕭茅註蕭字或爲莤莤讀爲縮束茅立之祭前沃酒其上酒滲下去若神飮之故謂之縮疏束茅立之祭前者取士虞禮束茅立几東所以籍酒○說文束茅加于祼圭而灌鬯酒是爲莤○士虞禮苴刌茅長五寸束之祝取苴降洗之升入設于几東席上東縮佐食取黍稷祭于苴三取膚祭祭如初祝取奠觶祭亦如之註苴猶籍也籍祭也孝子將納尸事親爲神疑於其位設苴以定之耳或曰苴主道也則特牲少牢當有主象而無何乎疏特牲少牢吉祭有主象亦宜設苴而無苴是苴爲籍祭非主道也○周禮註必用茅者謂其體順理直柔而潔白承祭祀之德當如此○集說問束茅聚沙是聚沙於地擁住茅束否曰然曰用茅何義也曰程子曰古者灌以降神故用茅縮酌郊特牲註縮酌用茅謂醴濁用茅以泲之也曰今俗用茅三束盤載以酹何歟曰程子謂降神酹酒必澆於地家禮亦同但與代祭澆酒多寡不同耳未聞有盤也至劉氏補註祭初祖條始有茅盤用甆匾盂廣一尺或黑漆小盤截茅八寸餘作束束以紅立于盤內劉必有攷但其不注於時祭各條又恐止宜初祖不敢據也莫如降神則澆於地代祭則澆於盤未知可否曰茅用一束或用三束何也曰按初獻條註用酒三祭于茅束上三祭者三滴酒于茅上非三束茅也豈誤其數歟近見他書每位一獻用酒三盞者尤非也後人有考并改正焉又曰祔位不設○補註按本註束茅聚沙在香案前地下所以降神酹酒及逐位前地上所以初獻祭酒也○五家禮附註截茅八寸餘(周尺)作束束以紅立于盤內

위와 같이 살펴 볼때 집설(集說)과 오가례(五家禮) 부주(附註)에 속이홍(束以紅)이라 하였는데 여기에서의 홍(紅)자는 붉을홍 등의 뜻이 아니라 털여뀌홍. 또는 개여뀌홍(마디풀과에 속하는 일년생 초)의 의미로 홍(葒)과 동자(同字)로 보고 싶습니다.

홍(紅)=붉을 홍, 붉은빛 홍. 주홍색 홍. 적색 홍, 털여뀌 홍. 개여뀌 홍. 연지홍. 붉은꽃 홍. 붉은비단 홍. 선혈 홍. 꽃 홍. 미인 홍. 경사 홍. 땅이름 홍. 상복 공. 일 공. 등등.

모반이란 땅을 의미하며 모속이란 그 땅에서 자라는 풀(草)을 의미합니다. 풀이란 직립 성(외줄기)과 덩굴성(가지풀)으로 구분 되며 띠는 직립성(외줄기)으로서 풀 중에서 쉬 삭거나 부패하지 않는 풀이며 개여뀌 또는 털여뀌는 덩굴 풀(가지풀)로 질기고 유연성이 있어 이로 동여매는 것입니다. 이같이 함은 직립 성 풀과 덩굴성 풀을 결합 함으로서 풀류(草類) 전체를 의미하는 뜻이 있는 것입니다.

그러나 아래와 같이 살펴보건대 가례(家禮) 참조(參條) 및 시조(始祖, 初祖) 강참조(降參條)와 한위공제식(韓魏公祭式)은 물론 사계(沙溪)선생께서도 속이홍(束以紅)이라 하였을 뿐인데 황단의(皇壇儀)에서 속이홍사(束以紅絲)라 하였고 또 회통(會通)에서는 홍백교속(紅帛絞束)이라 하였는데 명재(明齋)선쌩께서 속이홍사사취색사지문야(束以紅絲似取色絲之文也) 라 색사(色絲)의 화려함을 취한 것이다. 라 하셨으나 문해(問解)의 답(答)에서 속이홍사미상기의도차시언역(束以紅絲未詳其意到此始言亦)미상(未詳) 곧 그 의미(意味)를 잘 모른다. 라 하였습니다.

●家禮祠堂正至朔望則參條設束茅聚沙於香卓前○又始祖降神參神條細註劉氏璋曰茅盤用瓷匾盂廣一尺餘或黑漆小盤截茅八寸餘作束束以紅立于盤內

●韓魏公祭式茅盤用蔞扁子廣一尺餘或黑漆小盤截茅八寸作束束以紅立于盤內
●沙溪全書祭禮時祭茅沙紅絲條問家禮束茅聚沙何義至祭始祖條小註始云截茅八寸束以紅絲亦有所據耶他祭則不束以紅耶(宋浚吉)答曰諸家所論可考○集說(云云)劉氏補註祭初祖條始有茅般截茅八寸束以紅立于盤內(云云)
●皇壇儀祭器圖說茅苴條承茅苴設沙古無其制後世所造重二十七斤通身高四寸面徑一尺三寸口徑九寸底闊一尺九寸茅苴長一尺(周尺)束以紅絲
●會通註曰截茅一搤許紅帛絞束立沙中束之有竅沃酒添下故謂之縮茅
●明齋曰八寸似酌長短之中束以紅絲似取色絲之文也
●問茅沙用紅絲云尤庵曰紅欲其文沙取其淨八寸之義未詳
●問解家禮冬至祭始祖參神下小註劉氏(璋)曰截茅八寸餘作束束以紅云云截以八寸束以紅果有所倣耶束茅聚沙已見於祠堂章而未有截束之文到此方始言之者何意耶答儀禮苴刌茅長五寸束之此云截茅八寸蓋出於此而束以紅絲未詳其意到此始言亦未詳

▶3361◀◈問; 모시지 않던 제사를 모시려고 합니다. 방법을 몰라서요?

안녕하세요. 저는 한 집안의 둘째 며느리 입니다(호적상 맏며느리). 시숙님(호적상 장손)이 계신데 시어머님께서 원하지 않는 양자를 보내셔서 지금도 인정을 하지 않으십니다.

저의 집은 선대 조부님들께서 일찍 작고하시고 가난하게 사셨었나 봐요. 그래서 증조부님 산소를 잃어버렸고 4 대조 제사를 일가 어른께서 시제로 모시고 있습니다. 그러나 연세가 많으셔서 저의 시숙님께 물려 주시려고 합니다.

시어머님께서는 안 모시려고 하십니다. 이유인즉 당신 시집오셔서 위 대조 제사 모시는 것을 못 보았다고 하십니다. 하지만 제 생각은 다릅니다. 모셔오고 싶습니다.저의 친정에서는 4 대까지 기제사로 모시는 것을 보고 자랐습니다.

지금도 큰댁의 제사도 제가 음식장만하고 큰댁에서 제례만 올립니다. 제가 궁금한 것은 증조부님, 고조부님 제사를 어떻게 해야 하나요? 높으신 고견 부탁 드립니다.

◈答; 모시지 않던 제사를 모시려고 한다면.

기제사는 4 대 봉사 즉 고조 이하는 기제사로 그에 속한 종손이 모셔야 합니다. 종손이 생존하고 있는 한 지손은 모시지 않습니다. 다만 종손이 작고하여 그 자손이 오대조가 될 때는 4 대 독신이면 묘에서 일년에 한번 시제를 올리고 만약 4 대 독신이 아니라면 그 할아버지와 제일 가까운 자손 집으로 옮겨 기제사를 지냅니다. 다만 축문에 孝자는 쓰지 않습니다.

고조 이하는 그에 따른 자손으로 현손이 모두 사망할 때 그가 기제사를 지내야 합니다. 또 증조부 산소를 실전하였다 하여도 기제사는 그분의 적손이 지내야 합니다. 기제사는 언제나 적장자로 이어져 모시는 것이지 편의에 딸아 이 집 저 집으로 옮겨 모시는 것이 아닙니다. 만약 적장손의 형편이 궁하다면 지손들이 제사 경비를 부담하여서라도 그 댁에서 지내야 합니다.

●程子曰自天子至於庶人五服未嘗有異皆至高祖服既如是祭祀亦須如是
●朱子曰程子以爲高祖有服不可不祭祭寢亦必及於高組
●國朝五禮儀士庶人之祭曾祖以下
●健全家庭儀禮準則忌祭祖以下
●退溪曰祭四大程子謂高祖有服之親不可不祭朱子家禮因程子說而立爲祭四代之禮今人祭三代者時王之制也祭四代者程朱之制也
●沙溪曰祭三代乃時王之制然高祖當祭不但程朱有明訓我東先賢如退溪栗谷諸先生皆祭高祖
●退溪曰今日都中士大夫率用母在不祧遷之說凡母在者父喪畢藏其主於別處以待他日與妣同入廟始行祧遷之禮祖母曾祖母皆然云可知人情於此皆有所不安者意亦甚好然竊恐未爲得禮之正也大祥章改題遞遷新主入廟等事皆爲父喪而言未嘗言若母在則不可遽行遞遷等事聖人非不知母在而遞代

爲未安其所以如此者何也父旣死則子當主祭子旣主祭子之妻爲主婦行奠獻母則傳重而不奠獻故曰舅沒則姑老不與於祭與則在主婦之前所謂曾祖之妻尙在埋其曾祖之主奉祀者之祖母尙在埋其祖之主雖皆未安恐不得不限於禮而奪於義

●曲禮支子不祭祭必告于宗子(註)不敢自專宗子有故支子當攝而祭五宗皆然疏廟在適子之家庶子不敢輒祭若濫祭亦是淫祀若宗子有疾不堪當祭則庶子代攝可也猶宜告宗子然後祭

▶3362◀◈問; 모친 기일이 오늘 인데 축문을 어떻게 써야 하나요?

어머니 기일이 오늘입니다. 축문을 어떻게 써야 하나요? 박 0 우

◈答; 모친 기일 축문.

⊙母親忌祭祝文式(모친 기제 축문식)

維 歲次庚寅二月乙丑朔二日丙寅孝子진우敢昭告于 顯考學生府君 顯妣孺人某氏歲序遷易 諱日復臨追遠感時昊天罔極謹以淸酌庶羞恭伸奠獻尙 饗

기일이 오늘(음력 2 월 1 일)이라 하심은 오늘 밤 자정에 제사하신다 함으로 이해하고 내일이 실은 작고하신 날로 가정한 축식입니다. 위의 축식은 병제로 지내는 가문의 축식입니다. 만약 단제의 가문이시거나 부친이 생존하여 계시면 [顯考學生府君]과 諱日 위의 顯妣를 삭제하면 됩니다. 학생에는 생전에 관직에 계셨다면 그 관직 명을 쓰시고 모씨의 모는 모친의 성씨로 고쳐 써 넣으면 됩니다.

▶3363◀◈問; 모친 기제사가 있는 달인데 문상을 가도 되나요.

음력 12 월 19 일이 모친 기제사인데 음력 12 월 5 일 조문을 가도 괜찮은지요,

◈答; 모친 기제사가 있는 달의 문상.

기제사의 재계 일은 전 1 일입니다. 재계일 중에는 조문하지 않는다는 것으로 기일이 근 보름 이후이니 재계와는 무관하여 조문을 다녀와도 괜찮습니다.

●性理大全忌祭前一日齋戒; 主人帥衆丈夫致齋于外主婦帥衆婦女致齋于內沐浴更衣飮酒不得至亂食肉不得茹葷不弔喪不聽樂凡凶穢之事皆不得預

●曲禮齊者不樂不吊(註)呂氏曰古之有敬事者必齊齊者致精明之德也樂則散哀則動皆有 害於齊也不樂不吊者全其齊之志也

●退溪曰家禮忌日言前期一日齋戒而已

●莊子曰不飮酒不茹葷是祭祀之齋也

●唐制散齋之日理事如故惟不得吊喪問疾不判署刑殺文書不決罰罪人不作樂不親穢惡之事致齋惟祀事得行其餘悉禁

●備要是日不飮酒不食肉不聽樂以居夕寢于外

▶3364◀◈問; 모친 모봉 모씨 신위라!

저의 집안에서는 옛날부터 재사 지방에, 비(妣)의 줄에, (예: 顯妣孺人 金海金氏 神位)라고 써왔습니다. 월여전에 우연히 남의 제사를 볼 기회가 있었는데, 그곳 축문에, "顯妣孺人金氏神位"라고 쓰여 있길래. 본관을 왜 안 쓰느냐고 물으니, 某 禮書를 내 보이는데. 母 지방은 "顯妣某封某氏神位" 라고 되여 있어, 본관을 안 쓰는 것으로 되여 있다는데, 참 당황스러웠습니다. 이곳도 그러한데, 본관(本貫)을 안 쓰는 것이 가례법의 정법(正法)인지요? 선생님의 고견은?

◈答; 모친 모봉 모씨 신위라!

◎書貫當否(서관당부)

⊙婦人陷中式(부인함중식; 부인 속 신주)

故某封某氏諱某字某第幾(便覽字某第幾四字而東俗不用)神主

⊙**婦人粉面式**(겉 신주로 봉사자와의 관계를 표시. ○지방은 主자를 位로 달리 써야 함)
顯(備要妣上亦當加顯字)某封某氏神主

●尤菴曰婦人神主家禮無書貫之文不書爲當矣第家禮第幾之規我國不能行旣不書第幾則書貫或不至甚悖耶且念國俗金與金李與李爲夫妻者甚衆不書其貫則尤爲無別書之無乃爲宜乎ㅇ艮齋曰忌祭單設爲正禮若合祭則前後室姓同者不問貫同異只書姓氏可也盖雖只書姓氏而神道亦自有知故不嫌也故前後室姓同者祝辭不書貫

위에서 살펴 본 바와 같으나 가문에 딸아 행함이 같지 않을 수도 있을 것입니다. 그러나 가례 신주식(지방은 신주식의 분면식에 해당함)에는 부인의 관향을 쓰는 법식이 없을 뿐만 아니라 써야 할 근거도 찾을 수가 없으며 특히 관혼상제 예법에서 가례(家禮)와 이론이 있으면 많은 선유들께서 가례위정(家禮爲正)이라 말씀 하셨습니다. 대단히 예민한 논제입니다. 다만 우암 선생님의 말씀은 함중식에 관한 말씀이며 간재 선생님 말씀은 합제에 전실과 후실이 성이 같으면서 관이 같거나 다르다 하여도 관을 쓰지 않고 성씨만 쓴다 함이며 본인 역시 불서관(不書貫)이 바른 예법이라 생각 합니다.

적처(嫡妻) 한 분이었거나 재삼취(再三娶)를 취할 때는 동성불취(同姓不娶)였으니 성(姓)이 같을 수 없어 성씨만으로 분별이 가능하였으니 향관(鄕貫)을 쓸 까닭이 없으나 매산선유설(梅山先儒說)에 의하면 우리나라 습속에 동성이관(同姓異貫)이면 취처(娶妻)하였으니 재삼취(再三娶)가 동성(同姓)일 때는 관향(貫鄕)을 써 분별한다는 것입니다. 다만 재삼취(再三娶)가 없거나 있다 하여도 이성(異姓)이면 불서관(不書貫)이라는 것입니다.

●尤庵曰妣位只書某氏而不書鄕貫自銘旌神主誌石石碑而皆然
●南溪曰題主家禮本文無書姓鄕之文俗論雖非之恐不可從
●厚齋曰婦人題主不書姓貫當從家禮
●渼湖曰婦人題主不書貫尤翁有定論遵而行之有何不可
●梅山曰古者不娶同姓故婦人不書姓貫東俗娶異貫之同姓故書貫以別之旣是異姓則當不書貫

아래와 같이 살펴보건대 정례(正禮)는 불서관(不書貫)이나 향관(鄕貫)은 붙이기 시작한 시기(時期)는 명확히 밝혀줄 근거(전거)는 찾아지지 않습니다. 까닭은 서향관(書鄕貫)은 동속(東俗=國俗)으로서 자연스럽게 속례화(俗禮化)된 까닭인 듯 합니다. 다만 향관(鄕貫)을 붙이게 된 동기는 재취(再娶) 삼취(三娶) 등 계실(繼室)이 동성(同姓)일 때 분별(分別)키 위함에서인 듯하며 초취(初娶) 뿐이면 향관(鄕貫)을 쓸 까닭이 없는 것 같습니다.

●國朝五禮儀大夫士庶人喪篇題主條母則粉面曰顯妣某封某氏神主又大夫士庶人四仲月時享儀讀祝條云云曾祖妣某封某氏伏以云云
●擊蒙要訣時祭儀篇讀祝條云云顯曾祖妣某封某氏氣序流易云云
●家禮輯覽虞卒哭及小祥大祥禫祭祝文式條云云顯妣某封某氏日月不居云云
●問婦人只書姓氏不書姓鄕而擧世皆書抑有據歟南溪曰家禮本無書姓鄕之文不可從俗
●尤庵曰妣位只書某氏而不書鄕貫自銘旌神主誌石石碑而皆然本朝則李姓娶李氏金姓娶金姓故不得已書鄕貫別之矣又曰家禮第幾之規我國不能行旣不書第幾則書貫或不至甚悖乎
●渼湖曰婦人題主不書貫尤翁有定論遵而行之有何不可
●明齋曰書婦人姓貫恐以國俗雖姓同而貫異則不嫌於通昏故書姓貫以別其非同姓也從俗書之無妨
●梅山曰古者不娶同姓故婦人不書姓貫東俗娶異貫之同姓故書貫以別之旣是異姓則當不書貫用遵古禮且置妾不知其姓則卜之豈有知其爲同姓而爲妾者推此義也妾喪尤不宜書貫雖無封爵只書姓氏恐是

▶3365◀ ◈問; 무봉자(無封者) 호칭은?

감사합니다. 그럼 孺人은 이제 쓰지 않나요
답변 감사합니다. 두분이 답변을 했는데 한분은 孺人이란 말은 쓰지 말고 그냥 夫人이라고 하는 것같고 한분은 夫人이란 말을 쓰라는 것 같기도 하고 쓰지말란 말 같기도 하고 햇갈리네요. 알아듣기 쉽게 설명해 주시면 좋을텐데.. 내용으로 봐서는 서기관夫人이라고 쓰는게 맞는듯 한데 마지막에는 그것이 아래처럼 틀린다고 엑스표를 하니깐요
(×) 顯妣書記官夫人○○○氏神位

아직도 십중팔구는 다 유인이라고 쓰는데 유인은 잘못된 것인가요? 답변을 봐도 이해가 안되는 내용은?

1. 남편의 직책이 없다면 유인을 쓰야 하는지?
2. 이제는 孺人을 쓰지않고 모두 夫人을 쓰야 하는지?
3. 남편의 관직이 없으면 孺人, 남편의 관직을 쓸때는 부인으로 하라는 건지 궁금합니다 성균관에서 방송에라도 한번 나와서 올바른 안내를 해 주시면 좋겠네요 죄송합니다. 궁금해서 여쭈어 보았는데 답이 이해가 되지 않아서요

◈答; 무봉자(無封者) 호칭은.

외명부(外命婦) 봉작(封爵) 종부직(從夫職) 문무백관처(文武百官妻)라 하였으니 남편의 관직(官職)에 따라 봉작(封爵)한다 라 함이라 단순히 부인(夫人)이라 하면 뭇 기혼여자들의 존칭(尊稱)일 뿐이니 오늘날에는 남편 관직(官職)에 따른 그의 부인(婦人)에게 해당되는 봉호(封號)가 없으니 그의 남편 직(職)을 붙여 모관부인(某官夫人)이라 칭(稱)하여야 부녀자(婦女子) 신주(新主)에 모봉(某封)을 기록하는 취지(趣旨)에 맞습니다.

다만 이상의 관봉식(官封式)은 부군(夫君)이 관직(官職)이 있을 때의 불가피(不可避)한 현실에 부합하도록 변형시키는 예이고. 유학식(儒學式) 지방식이라면 무관자(無官者)는 유식(儒式)에 따라 남자(男子)는 모관(某官)에 학생(學生) 그의 부인(婦人)은 모봉(某封)에 유인(孺人)으로 표기(表記)함에 아무런 문제가 없습니다.

●舊唐書后妃傳玄宗楊貴妣; 有姊三人皆有才貌玄宗並封國夫人之號
●禮記喪大記; 外命婦率外宗哭于堂上北面鄭玄注卿大夫之妻爲外名婦
●史記刺客列傳; 市行者諸衆人皆曰夫人(辭註)夫人對已婚婦女的尊稱

▶3366◀ ◈問; 무슨 의도인지 몰라요.

관리자님 수고가 많으시네요. 늘 좋은 자료와 정보로 우리 전통예법에 대한 공부를 많이 잘 하고 있답니다. 몇 가지 제례에 대하여 문의합니다.

< 기제사, 차례>

1). 맨 처음 강신 때 술잔에 술을 조금 따르고 모사그릇에 술을 3번 나누어 붓는데 왜 3번인지?

2). 제주들이 잔을 올릴 때 향로 위를 3번 돌리는데 왜 돌리며, 시계방향인지 반대방향인지요? 다른 제주들이 잔을 올릴 때 마다 향로 위를 돌려야 하는지요?

3). 잔을 올리고 저를 걸 때 저의 손잡이가 동쪽인가요 서쪽인가요? 동쪽->우측 서쪽->좌측이 맞나요? 어떤 집안은 저를 걸 때 가지런히 하여 제상 위에 2번 탁탁쳐서 걸든 데 맞나요? 그 이유는요?

4). 진설 때 생선(어류)의 머리는 동쪽 꼬리는 서쪽인데 그럼 신주가 보아서 생선의 배가 보여야 하나요? 아님 등이 보여야 하나요?

5). 제사상에 올려진 메(밥)는 나중에 먹어보면 기름기가 없어요. 어르신들 말씀은 귀신이 '흠향'을 했기 때문에 밥이 윤기가 없다 하는데 맞나요?

6). 제사가 끝난 뒤에 모든 제수음식을 조금씩 떼서 그릇에 담아 대문 앞에 부어 놓는데 왜죠? 어른들 말씀은 귀신과 동행한 분들의 식사라는데 맞나요? 그런데 이 음식을 개나 고양이가 절대로 먹지 않는다 하는데 왜죠?

7). 기제사인 경우 미혼인 총각은 참석을(절을) 안 하는 이유가 뭐죠? 명절 차례 땐 하는데.

◈答; 7 가지의 답.

問 1). 答; 降神(강신).

主人升搢笏焚香(焚香下疑脫再拜二字)出笏少退立執事者一人開酒取巾拭瓶口實酒于注一人取東階卓子上盤盞立于主人之左一人執注立于主人之右主人搢笏跪奉盤盞者亦跪進盤盞主人受之執注者亦跪斟酒于盞主人左手執盤右手執盞灌(朱子曰盡傾)于茅上以盤盞授執事者(便覽執事者反注及盞反於故處先降復位)出笏俛伏興再拜降復位

問旣奠之酒何以置之程子曰古者灌以降神故以茅縮酌謂求神於陰陽有無之間故酒必灌於地若謂奠酒則安置在此今人以澆在地上甚非也旣獻則徹去可也○張子曰奠酒奠安置也若言奠摯奠枕是也謂注之於地非也○朱子曰酹酒有兩說一用鬱鬯灌地以降神則惟天子諸侯有之一是祭酒蓋古者飮食必祭今以鬼神自不能祭故代之祭也今人雖存其禮而失其義不可不知○問酹酒是少傾是盡傾曰降神是盡傾○楊氏復曰此四條降神酹酒是盡傾三獻奠酒不當澆之於地家禮初獻取高祖考(考一作妣)盞祭之茅上者代神祭也禮祭酒少傾於地祭食於豆間皆代神祭也

○강신례.

주인은 향안 앞으로 올라가 홀을 띠에 꽂고 분향재배하고는 홀을 빼어 들고 조금 뒤로 물러나 선다. 집사자 한 사람은 술병을 열고 병 입을 수건으로 닦고 술을 주전자에 따라 채운다. 또 집사자 한 사람은 동쪽층계 탁자 위의 강신 잔반을 들고 주인의 왼쪽에 선다. 주전자를 든 집사자는 주인의 오른쪽에 선다. 주인이 홀을 띠에 꽂고 무릎을 꿇고 앉으면 잔반을 받든 집사자 역시 무릎을 꿇고 앉아 잔반을 주인에게 준다. 주인이 잔반을 받아 들면 주전자를 들고 있는 집사자 역시 무릎을 꿇고 앉아 잔에 술을 따른다. 주인은 왼손으로 반을 잡고 오른손으로 잔을 잡아 모사 위에 모두 기우려 따른다. 잔반을 집사자에게 되돌려 주면 집사자들은 일어나 주전자와 잔반을 다시 제자리에 두고 먼저 제자리로 내려와 선다. 주인은 홀을 빼 들고 부복하였다 일어나 재배하고 내려와 제자리에 선다.

위의 예는 모든 제사의 근본이 되는 시제(時祭) 강신(降神) 예법입니다. 강신 잔의 술을 모사(茅沙)에 따를 때에 3 번 기우려 따른다 함이 없으니 그 까닭을 알지를 못합니다.

問 2) 答; 初獻(초헌)

主人升詣高祖位前執事者一人執酒注立于其右(冬月卽先煖之)主人搢笏奉高祖考盤盞位前東向立執事者西向斟酒于盞主人奉之奠于故處次奉高祖妣盤盞亦如之(便覽執事者反注故處)出笏位前北向立執事者二人奉高祖考妣盤盞立于主人之左右主人搢笏跪執事者亦跪主人受高祖考盤盞(便覽左手執盤)右手取盞祭(便覽三祭之○要訣少傾之)茅上(增解要訣少傾酒○按虞祭云三祭于茅束上)以盤盞授執事者反之故處受高祖妣盤盞亦如之出笏俛伏興少退立執事者炙肝于爐(輯覽按士昏禮贊以肝從註飮酒宜有肴以安之以此觀之祭用肝炙象生時之用歟○退溪曰炙字有二音肉之方燔之石切親炙熏炙皆從是音已燔之夜切膾炙嗜秦人之炙皆從是音)以楪盛之兄弟之長一人奉之奠于高祖考妣前匙筯之南(備要啓飯蓋置其南降復位)祝取版立於主人之左(便覽東向)跪(儀節主人以下皆跪)讀曰(云云)畢興(便覽置板於卓上降復位)主人再拜退詣諸位獻祝如初每逐位讀祝畢卽兄弟衆男之不爲亞終獻者以次分詣本位所祔之位酌獻(便覽不祭酒)如儀但不讀(開元禮不拜)祝獻畢皆降復位執事者以他器徹酒及肝置盞故處(便覽降復位)○凡祔者伯叔祖父祔于高祖伯叔父祔于曾祖兄弟祔于祖子孫祔于考餘皆放此如本位無卽不言以某親祔食

楊氏復曰司馬公書儀主人升自阼階詣酒注所西向立執事一人左手奉曾祖考酒盞右手奉曾祖妣酒盞一人奉祖考妣酒盞一人奉考妣酒盞皆如高祖考妣之次就主人所主人搢笏執注以次斟酒執事者 奉之徐行反置故處主人出笏詣曾祖考妣神座前北向執事者一人奉曾祖考酒盞立于主人之左一人奉曾祖妣酒盞立于主人之右主人搢笏跪取曾祖考妣酒酹之授執事者盞反故處乃讀祝此其禮與虞禮同家禮則主人升詣神位前主人奉祖考妣盤盞一人執注立于其右斟酒此則與虞禮異竊詳虞禮神位惟一時祭則神位多家禮主人升詣神位前奉盤盞位前東向立執事者斟酒主人奉之奠于故處次奉祖妣盤盞亦如之如此則禮嚴而意專若書儀則時祭與虞祭同主人詣酒注卓子前執事者左右手奉兩盤盞則其禮不嚴主人執注盡斟詣神位酒則其意不專此家禮所以不用書儀之禮而又以義起之也

○초헌례.

주인이 올라 고조위(高祖位) 전으로 가면 집사자 한 사람은 겨울이면 곧 먼저 술을 따뜻하게 데운 주전자를 들고 주인의 오른쪽에서 선다. 주인은 홀(笏)을 띠에 꽂고 고조고(高祖考)

전의 잔반을 받들고 위전에서 동쪽으로 향하여 서면 집사자는 서쪽으로 향하여 서서 잔에 술을 따른다. 주인은 잔반을 받들어 제자리에 올리고 다음으로 고조비(高祖妣)의 잔반을 그와 같게 하고 집사자는 주전자를 제자리에 둔다. 주인은 홀을 띠에서 빼어 들고 위전에서 북쪽으로 향하여 선다. 집사자 두 사람이 고조고(高祖考)와 고조비(高祖妣)의 잔반을 각각 받들고 주인의 좌우에 서면 주인은 홀을 띠에 꽂고 무릎을 꿇고 앉는다. 집사자 역시 무릎을 꿇고 앉으면 주인은 고조고의 잔반을 받아 왼손으로 반을 잡고 오른손으로 잔을 잡아 모사 위에 조금씩 기우려 삼제(三祭)를 하고 잔반을 집사자에게 되돌려 주면 집사자는 잔을 받아 제자리에 다시 올려 놓는다. 다음으로 고조비 잔반을 받아 역시 그와 같게 한다. 주인은 홀을 띠에서 빼어 들고 부복하였다 일어나 조금 뒤로 물러나 선다. 집사자들이 화로에서 간을 구워 소반에 담으면 형제중의 맏이가 고조고와 고조비의 시저접(匙筯楪) 남쪽에 올려놓고는 메의 개를 열어 그 남쪽 빈 곳에 놓고 내려와 제자리에 선다. 축관이 축판을 들고 주인의 왼편에서 동쪽으로 향하여 무릎을 꿇고 앉으면 주인 이하 모두 무릎을 꿇고 앉는다. 다음과 같이 독축(讀祝)을 하고 마치면 일어난다. 축관(祝官)은 축판은 탁자 위에 놓고 물러나 제자리에 서면 주인은 재배하고 물러난다. 모든 위에 헌주(獻酒)하고 축사하기를 처음과 같이하며 신위마다 따라 가며 독축(讀祝)하기를 마치면 곧 형제와 여러 남자 중에서 아헌과 종헌을 하지 않는 이들이 나뉘어 본위에 곁들인 부위마다 술을 따라 올리기를 의례대로 하되 다만 제주치 않으며 축(祝)이 없고 절을 하지 않는다. 술 따라 올리기를 마쳤으면 모두 내려와 제자리에 선다. 집사자들은 다른 그릇으로 철주를 하고 잔은 제자리에 놓고 간적(肝炙)을 거두고 제자리로 내려와 선다.

○대체로 부위(祔位)의 곁들임은 백숙조부(伯叔祖父)는 고조(高祖)에게 곁들이고 백숙부(伯叔父)는 증조에게 곁들이고 형제는 조위(祖位)에 곁들이고 자손은 고위(考位)에 곁들인다. 위 예법에 헌관이 술을 올릴 때 향불 위에서 3 번 돌리는 예법이 없으니 그 까닭을 알지 못합니다.

問 3). 答; 正筯之所(정저지소).

問正筯之所退溪曰正之於羹器○輯覽按退溪說恐未然家禮之意若是正之於羹器則何獨於匙特言扱之之所而筯則無說乎以文勢觀之恐正之於匙楪中也豈中國之俗爲然耶○沙溪曰正之於楪中○南溪曰正置於楪上首西尾東

위의 말씀을 살펴 보건대 수저대접 위에 수서미동(首西尾東)이며 2 번 탁탁 치는 이유에 대하여는 알지를 못합니다.

問 4). 答; 魚脯進西(서)頭(두)東(동)尾(미)(어포진서두동미).

曲禮脯脩置者左朐右末註呂氏曰其末在右便於食也食脯脩者先末○少牢禮魚十有五右首進腴疏凡載魚生人死人皆右首地道尊右故也鬼神進腴者腴是氣之所聚故也生人進鰭者鰭是脊生人尙味故也腴腹也○尤菴曰以古禮言之則西北陸故設肉於右東南海故設魚於左

위와 같이 살펴보건대 배가 신위 앞으로 향하게 하여 진설합니다.

問 5). 答; 신(神)께서 흠향(歆饗)을 하여 기름기가 사라졌는지 아니지는 알지를 못합니다.

問 6). 答; 전통예법(傳統禮法)에 그러한 예법이 없으니 왜인지를 알지를 못합니다.

問 7). 答. 時祭用仲月前旬卜日(시제용중월전순복일)

孟春(便覽夏秋冬同)下旬之首擇仲月三旬各一日或丁或亥主人盛服立於祠堂中門外西向兄弟立於主人之南少退北上子孫立於主人之後重行西向北上置卓子於主人之前設香爐香合环珓及盤於其上主人搢笏焚香熏珓(儀節香煙上薫)而命以上旬之日曰云云卽以珓擲于盤以一俯一仰爲吉不吉更卜中旬之日又不吉則不復卜而直用下旬之日旣得日祝開中門主人以下北向立如朔望之位皆再拜主人升焚香再拜(便覽跪)祝執詞(便覽東向)跪于主人之左(三禮儀凡讀祝主人皆跪)讀曰(云云興復位)主人再拜降復位與在位者皆再拜祝闔門主人以下復西向位執事者立于門西皆東面北上祝立于主人之右命執事者曰云云執事者應曰諾乃退

司馬溫公曰孟詵家祭儀用二至二分然今仕宦者職業旣繁但時至事暇可以祭則卜筮亦不必亥日及分至也若不

暇卜日則止依孟儀用分至於事亦便也○問舊嘗收得先生一本祭儀時祭皆用卜日今聞却用二至二分祭是如何朱子曰卜日無定慮有不虔司馬公云只用分至亦可

○시제는 사계절의 계절마다 중간 달에 지내며 한달 전에 상순의 날부터 점을 친다.

봄의 첫 달 하순 초(初)(여름 가을 겨울도 같다)에 중간 달 즉 다음 달의 삼순(三旬) 중에서 천간(天干)으로 정(丁)자나 지지(地支)로 해(亥)자가 드는 날 중 하루를 택한다. 주인은 성복을 하고 사당(祠堂) 중문(中門) 밖에서 서쪽으로 향하여 서고 형제들은 주인의 남쪽에서 조금 뒤로 물러나 북쪽을 상석으로 하여 서고 자손들은 주인의 뒤에서 서쪽으로 향하여 겹 열로 서되 북쪽이 상석이다. 탁자를 주인 앞에 놓고 향로와 향합과 배교(环珓) 및 배교를 던져 점을 칠 배교반을 그 위에 늘어놓는다. 주인은 홀(笏)을 조복(朝服)의 대대(大帶)에 꽂고 향을 피운다. 배교(环珓)를 향 연기에 쪼인 후 상순의 날로 명을 받는다. 다음과 같이 고하고 곧 배교(环珓)를 배교반에 던져 하나는 엎어지고 하나는 뒤쳐지면 길한 것이 된다. 불길하면 다시 중순의 날로 점을 치고 또 불길하면 다시 점을 치지 않고 하순의 날로 직용한다. 날 받기를 마쳤으면 축관은 중문을 연다. 주인 이하 북쪽으로 향하여 서되 사당 초하루 참배 때 서는 차서 대로 서서 모두 재배한다. 주인은 당으로 올라 분향재배 하고 무릎을 꿇고 앉으면 축관은 고사판을 들고 주인의 왼편에서 동쪽으로 향하여 무릎을 꿇고 앉아 다음과 같이 고한다. 마쳤으면 일어나 제자리로 물러나 선다. 주인은 재배하고 내려와 제자리에 서면 자리에 있는 이 모두 재배한다. 축관은 사당 중문을 닫는다. 주인 이하 다시 자리에서 서쪽으로 향하면 집사자들은 문의 서쪽에서 모두 동쪽으로 향하여 서되 북쪽을 상석으로 하여 서면 축관은 주인의 오른편에 서서 다음과 같이 집사자들에게 명을 하면 집사자들은 답으로 “예” 라하고 곧 물러난다.

◎正至朔望則参(정지삭망칙참)

正至(考證卽正朝冬至也)朔望前一日灑掃齋宿厥明夙興開門軸簾每龕設新果(增解程子曰月朔必薦新又曰嘗新必薦享後方可薦數則瀆必曰告朔而薦○張子曰朔望用一獻之禮取時之新物曰薦○家禮會通朱子宗法朔望薦新俗節時祭以時物○東萊宗法薦新以朔望)一大盤於卓上每位茶盞托酒盞盤各一於神主櫝前設束茅聚沙於香卓前別設一卓於阼階上置酒注盞盤一於其上酒一甁於其西盥盆帨巾各二於阼階下東南有臺架者在西爲主人親屬所盥無者在東爲執事者所盥巾皆在北(又設主婦內執事盥盆帨巾於西階下西南凡祭同)主人以下盛服入門就位主人北面於阼階下主婦北面於西階下主人有母則特位於主婦之前(栗谷曰奉祀妾子之母固不當立於主婦之前矣亦豈可立於主婦之後乎當立於主婦之西稍前)主人有諸父諸兄則特位於主人之右少前重行(增解輯覽按重行者主人前伯叔父爲一行主人兄弟爲次行主人子姪又爲次下主人之孫又爲次下是爲重行○沙溪曰諸父異行兄弟則有少前少退之異非重行也)西上有諸母姑嫂姊則特位主婦之左少前重行東上諸弟在主人之右少退子孫外執事者在主人之後重行西上主人弟之妻及諸妹在主婦之左少退子孫婦女內執事者在主婦之後重行東上立定主人盥帨(帨一作洗)升搢笏啓櫝(便覽櫝蓋置於櫝坐東近北)奉諸考神主置於櫝前主婦盥帨升奉諸妣神主置于考東次出祔主亦如之命長子長婦或長女盥帨升分出諸祔主之卑者亦如之皆畢主婦以下先降復位主人詣香卓前降神搢笏焚香再拜少退立執事者盥帨升開甁實酒于注一人奉注詣主人之右一人執盞盤詣主人之左主人跪執事者皆跪主人受注斟酒反注取盞盤奉之左執盤右執盞酹于茅上以盞盤授執事者(便覽執事者皆降復位)出笏俛伏興少退再拜降伏位與在位者皆再拜參神主人升搢笏執注斟酒先正位次祔位次命長子斟諸祔位之卑者主婦升執茶筅執事者執湯甁隨之點茶如前命長婦或長女亦如之子婦執事者先降(便覽謂長子降)復位主人出笏與主婦分立於香卓之前東西再拜降復位少頃與在位者皆再拜辭神(便覽主人主婦升斂主櫝之如啓櫝儀降復位執事者升徹酒果降簾闔門降)而退○冬至則祭始祖畢行禮如上儀○準禮舅沒則姑老不預於祭又曰支子不祭故今專以世嫡宗子夫婦爲主人主婦其有母及諸父母兄嫂者則設特位於前如此○望日不設酒不出主(儀節啓櫝)主人點茶(要訣今國俗無用茶之禮當於望日只啓櫝不酹酒只焚香使有差等)長子佐之先降主人立於香卓之南再拜乃降餘如上儀(栗谷日不出主只啓櫝不酹酒只焚香)○凡言盛服者有官則幞頭公服帶靴笏進士則幞頭襴衫帶處士則幞頭皁衫帶無官者通用帽子衫帶又不能具則或深衣或凉衫有官者亦通服帽子以下但不爲盛服婦人則假髻大衣長裙女在室者冠子背子衆妾假髻背子楊氏復曰先生云元旦則在官者有朝謁之禮恐不得專精於祭事某鄉里却止於除夕前三四日行事此亦更

在斟酌也○劉氏璋曰司馬溫公註影堂雜儀凡月朔則執事者於影堂裝香具茶酒常食數品主人以下皆盛服男女左右敘立於常儀主人主婦親出祖考以下祠版置於位焚香主人以下俱再拜執事者斟祖考前茶酒以授主人主人搢笏跪酹茶酒執笏俛伏興帥男女俱再拜次酹祖妣以下皆徧納祠版出徹月望不設食不出祠版餘如朔儀影堂門無事常閉每旦子孫詣影堂前唱喏出外歸亦然若出外再宿以上歸則入影堂再拜將遠適及遷官凡大事則盥手焚香以其事告退各再拜有時新之物則先薦于影堂忌日則去華飾之服薦酒食如月朔不飮酒不食肉思慕如居喪禮君子有終身之喪忌日之謂也舊儀不見客受弔於禮無之今不取遇水火盜賊則先救先公遺文次祠版次影然後救家財

○정월 초하루, 동지(冬至) 그리고 매월 초하루 보름이면 참배(參拜)한다.

정월 초하루, 동짓날과 그리고 초하루 보름에는 하루 전날 사당을 깨끗이 청소를 하고 재숙(齋宿) 다음날 일찍 일어나 사당 문을 열고 발을 걷은 후 매 감실(龕室) 마다 새로운 과실(果實) 한 대반(大盤)씩을 진설(陳設)하고 신주독(神主櫝) 앞에는 찻잔과 술잔을 각각 놓고는 향탁(香卓) 앞에 모반(茅盤)에 모래를 담아 놓고 그 위에 모속(茅束)을 꽂아 놓는다. 동쪽층계 위에 별도로 탁자를 놓고 그 위에 주전자와 강신(降神) 잔반 하나를 둔다. 그 서쪽에는 술병을 놓아둔다. 세수대야와 수건을 각각 둘씩을 동쪽층계아래 동남쪽으로 놓되 대야받침에 대야를 받치고 수건거리에 수건을 걸어서 서쪽으로 놓아 주인과 친속(親屬)의 손 씻는 곳으로 하고 세수대야 받침과 수건거리 없이 그 동쪽으로 놓아 집사자(執事者)가 이용케 한다. 주부와 내집사(內執事) 손 씻는 곳은 서쪽층계 아래서 남쪽에 그와 같게 하여 주부용은 동쪽이며 집사용은 서쪽으로 놓아둔다. 주인 이하 모두 성복(成服)을 하되 유관자(有官者)는 복두(幞頭)에 공복(公服)을 입고 띠를 두르고 가죽신을 신으며 진사(進士)는 복두(幞頭)를 쓰고 란삼(襴衫)에 띠를 두르고 처사(處士)는 복두에 조삼(皁衫)을 입고 띠를 두르며 무관자(無官者)는 통용 모자를 쓰고 통용 옷에 띠이며 또 이렇게도 갖출 수 없으면 심의(深衣)나 량삼(凉衫)을 입고 유관자(有官者) 역시 통상복(通常服式)으로 하나 다만 성복하였다 할 수는 없다. 부인은 관(冠)을 쓰고 치마를 입되 대의(大衣)에 긴치마며 출가하지 않은 여식들은 관자(冠子)에 배자를 입으며 소실(小室)은 자식이 있으면 관을 쓰고 배자(背子)를 입는다. 여러 첩들은 머리를 틀어 올리고 배자를 입는다. 모두 성복 후 사당 문을 열고 들어가 자리에 서되 주인은 동쪽층계 아래에서 북쪽으로 향하여 서고 주부는 서쪽 층계 아래에서 북쪽으로 향하여 선다. 주인의 모친이 계시면 특별한 자리로 하여 주부 앞이며 주인의 백숙부(伯叔父)나 여러 형들은 특별히 주인의 오른편에서 조금 앞으로 나와 항렬대로 겹쳐 서되 북쪽이 상석이며 서쪽이 상석이다. 주인의 백숙모, 형수, 누이가 있으면 특별한 자리로 주부의 왼편에서 조금 앞으로 나와 항렬대로 겹쳐 서되 북쪽이 상석이며 동쪽이 상석이다. 주인의 여러 동생은 주인 오른편에서 조금 물러나 서되 서쪽이 상석이며 주인의 장자와 장손은 주인의 뒤에 항렬대로 북쪽을 상석으로 겹으로 서고 주인의 여러 아들과 여러 손자들은 주인의 동생 뒤에 항렬대로 겹으로 서되 서쪽이 상석이며 외집사(外執事)는 주인의 장손 뒤에 선다. 주인의 장자부(長子婦)와 장손부는 주부의 뒤에 항렬대로 겹으로 서며 주인의 동생 처들과 여러 여동생은 주부의 왼편에서 항렬대로 겹으로 서되 동쪽이 상석이며 주인의 여러 자부와 여러 손부들은 주부의 왼편에서 주인의 여동생들의 뒤에 항렬대로 겹으로 서되 동쪽이 상석이며 북쪽이 상석이다. 내집사(內執事)는 장손부(長孫婦) 뒤에 선다. 정하여 진자리에 모두 서면 주인은 손을 씻고 사당으로 올라가 홀(笏)을 관복 띠에 꽂고 고조고위부터 여러 남자들의 신주 주독(主櫝)을 열고 신주를 모셔내어 주독 앞에 모시고 주부는 손을 씻고 사당으로 올라가 고조비(高祖妣)부터 여러 여자 신주들을 주독을 열고 모셔내어 남자 신주 동편으로 모신다. 다음으로 부위(祔位) 신주 내모시기를 그와 같게 한다. 또 장자와 장자부 또는 장녀로 하여금 손을 씻고 사당으로 올라와 나뉘어 낮은 신주 내모시기를 그와 같게 한다. 모두 마쳤으면 주부 이하는 먼저 내려와 제 자리에 서고 주인은 향탁 앞으로 나아가 강신한다. 홀을 관복 띠에 꽂고 분향 재배한 후 조금 물러나 서면 집사자가 손을 씻고 올라와 한 사람은 병을 열어 식건(拭巾)으로 병 입을 닦고 술을 주전자에 따라 들고 주인의 오른쪽으로 나아가 서고 또 한 사람은 손을 씻고 강신 잔반을 들고 주인의 왼쪽으로 나아가 선다. 주인이 무릎을 꿇고 앉으면 집사들도 모두 무릎을 꿇고 앉는다. 주인은 우(右)집사로부터 주전자를 받아 좌(左)집사자의 빈 잔에 술을 따른 뒤 주전자는 되돌려 주고 잔반을 받아 들고 왼손으로 반을 잡고 오른손으로 잔을 잡아 모사(茅莎) 위에 술을 따르고 빈 잔반을 좌집사자에게 준다. 집사자들은 잔반과 주전자를 제자리에 두고 먼저 내려와 제자리에 서고 주인은 홀을 빼어 들고 부복하고 있다 일어나 조금 뒤로 물러나 재배를 하고 제자리로 내려오면 모두 참신(參神) 재배한다. 주인이 사당으로 올라가 홀을 관복 띠에 꽂고 주전자로 술을 따르되 먼저 고조고비부터 정위(正位)에 따르고 다음으로 부위(祔位)에 따른다. 장자에게 명하여 낮은 여러 부위 잔에 따르게 한다. 주부가 사당으로 올라가 찻잔을 들면 여자 집사는 손을 씻고 찻병(茶甁)을 들고 따라 올라가 찻잔에 차를 따르면 주부는 찻잔을 제자리에 놓는다. 정위부터 부위 앞에 차 올리기를 마쳤으면 낮은 부위는 큰 며느리나 장녀에게 명하여 차 따르기를 그와 같게 하고 장부와 집사들은 먼저 내려와 제자리에 선다. 주인은 홀을 빼어 들고 향탁 앞에서 동쪽으로 서고 주부는 주인의 서쪽으로 나뉘어 서서 재배하고 내려와 제자리에서면 주인 이하 참례자 모두 사신(辭神) 재배한다. 주인과 주부는 올라가 신주를 주독에 다시 모시기를 내 모실 때의 의식과 같게 하고 내려와 제자리에 서면 집사자가 올라가 술과 과실을 물리고 발을 내린 후 중문(中門)을 닫고 내려오면 모두 물러난다. ○동지(冬至)에는 시조(始祖) 제사를 마치고 위와 같은 의식으로 예를 행한다. ○보름날 참배(參拜) 때는 술을 올리지 않고 신주도 내모시지 않으며 주인이 차만 올리되 장자가 돕고 먼저 내려가면 주인은 향탁(香卓) 남쪽에서 재배하고 내려온다. 이후는 모두 위의 의식(儀式)과 같다.

위의 예문은 각종 제사에 제원이 서는 근본 예법입니다. 어느 곳에도 미성년자(미혼인 총각)는 제사에 참석치 않는다는 예법은 없는 것 같습니다.

▶3367◀◈問; 무자식에 남편이 작고하면 조상님 제사는?

남편의 제사는 지방서식이 있으니 아내가 지내는 것으로 알고 있습니다만 그럼 지금까지 남편이 뫼셨던 윗대 조상님들의 제사는 어떻게 되는 겁니까? 주부가 제주가 되어 제사를 모시는 예가 있는지 있다면 지방과 축문은 어떻게? 이웃들과 모임 중에 이런 사례로 의견 충돌이 있어 예도 갖추지 못하고 질문만 드려 죄송합니다.

◈答; 무자식에 남편이 작고하면 조상님 제사는.

장자가 무자로 죽었다면 입후를 하여야 하는데 입후하지 않았다면 차자의 아들이 승중하여 그 제사를 지내야 한다는 것입니다. 만약 입후가 불가능하면 종가에 부위로 들어가고 그도 저도 불가능한 외톨이라 하여도 부인은 시가의 제사를 지낼 수 없으나 고례는 아니나 주원양재록에 의하여 할 수 없이, 시아버지는 顯舅某官府君神位 시어머니는 顯姑某封某氏神位라 지방을 써 모시고 제사하여야 할 것 같습니다.

●問解問長子無後而死不立後次子死而有子又季子生存則誰當奉祀耶答次子之子當奉祀
●問解續以婦人題主非古禮不能立後則當班祔而以宗子題主爲當
●明齋曰婦人無奉祀之義周元陽祭錄婦祭舅姑者祝辭云顯舅某官封諡云云若不得已或依此題主也

▶3368◀◈問; 무축단헌설(無祝單獻說)에 대하여?

기제(忌祭)의 예법(禮法)에서 무축(無祝)이면 단헌(單獻)일 뿐이란 설(說)이 있습니다. 무슨 연유에서 인지요.

◈答; 무축단헌(無祝單獻)

아래와 같이 살펴보건대 무축(無祝)이면 예를 갖추기를 감히 못하였으니 故로 단헌(單獻)으로 제사를 마친다는 것입니다.

●性潭曰宗家不得行祀而支孫私自設祭有涉未安若紙牓設位而行之於他所則亦當以宗子爲主矣紙牓行祀單獻無祝是近世人家通行之例而實無所據矣寒水所論的確如此恐當遵而行之也
●近齋曰旣已單獻則無祝爲宜單獻與無祝自是一串底事若單獻而有祝則恐涉於半上落下此時决不敢備禮祝文當闕而至於出主告辭用之何妨
●老洲曰喪中行祭古無是禮無祝單獻乃後世義起之禮也然義起之禮必有準依始成禮貌忌祭之單獻

是殺以小祀則儀節一倣參禮祭品則不必一一與同始可謂有依據
●大山曰無祝則不敢備禮故單獻
●三禮儀祭禮後說栗谷減量墓祭之論；一獻之饌當用果四色肉魚米麪食炙酒各一器盖只去饋食一邊
●問四時墓祭不能設殷祭故寧四時皆畧設耶度不能永行則自初已之似宜如何近齋曰墓祭四時皆單獻而山神無可祭之時則此甚不可非望佑之意也墓祭雖只設酒果脯醢山神祭則自當行之蓋先賢只論墓祭畧設則不祭山神以他節日有殷祭之時故也今不必以此爲拘矣
●全齋曰略設素饌無祝單獻諸先儒所論皆同矣
●省齋曰凡祭畧設者減饌品無祝單獻獻訖即扱匙正筯不添酒不闔門少頃進茶遂辭神

▶3369◀ ◈問; 무축단헌에 대하여.

'무축단헌(無祝單獻)'이라는 용어에 대하여 자세히 알고 싶습니다. 문자 그대로 해석하면 축이 없으면 술을 한 잔만 올린다는 의미인데, 실제 쓰임에 있어 어떻게 되는지가 궁금합니다. 사용 시기에 따라라, 기제사 묘사 시사 등에 어떤 경우에 해당하는지? 그리고 무축단헌 시 절차에 대하여도 알고 싶습니다.

◈答; 무축단헌에 대하여.

무축단헌의 예는 각 절사와 상중행제 등의 예로서 절차는 절사의 예는 본홈 지방설 참사 예법 참조, 요결에서 상중 졸곡 후 기묘제는 지일헌불독축불수조가야(只一獻不讀祝不受胙可也)라 하였을 뿐입니다. 또 기제나 묘제라 하여도 약설이거나 무축이면 단헌의 예로 끝나는데 까닭은 무축이면 소사(小祀)라 단헌이 됩니다. 위[000]번 참조하십시오.

●鹿門曰紙榜行祀祝文以始擧也故不容不詳告而未必用此爲歲例亦未必因有祝而行三獻也
●要訣喪服中行祭儀云卒哭後則於四時節祀及忌祭(墓祭亦同)使服輕者行薦而饌品減於常時只一獻不讀祝不受胙可也

▶3370◀ ◈問; 문의 드려요.

아버님 돌아가신 지 10 일정도 되었습니다. 아버님은 본인 집에 애착이 많으셨어요. 서울에 있는 아버님 집에는 작은아들이 살고 있고요, 충북에 있는 어머님은 62 세로 건강하시고 집도 저희보다 크고 좋습니다 아버님은 충북에 있는 집을 모두 손수 지으셨어요. 당연히 어머님이 제사를 지내리라 생각했는데 큰아들인 저희 집에서 첫 제사부터 지내자고 하세요 명절때 역 귀성이 더 고생 안 된다고요. 과연 첫 제사부터 역 귀성 때문에 큰 아들 집에서 지내는 것이 맞나요? 그렇다고 재산을 주시는 건 아니고요, 어머님 젊으셔서 재산이 힘이시라고 전통예절을 모르니 편리한대로 해도 되는 건가요? [이 0 화]

◈答; 부모의 제사는 장자가.

부모의 제사는 장자 거소에서 스스로 주인이 되어 그 속칭으로 지방을 쓰고 축을 써 고하며 초헌을 하여야 합니다. 만약 충북(忠北) 어머님 댁에서 지낸다 하여도 장자(長子)가 내려가 그와 같이 지내야 합니다. 그렇다면 서울서 지냄이 예법도 지키고 또 귀성의 번잡함도 덜게 되겠지요. 열심히 정성껏 모시다 보면 상속의 경우에도 유리한 조건이 형성될 것입니다.

●性理大全祭禮四時祭；初獻主人亞獻主婦爲之終獻兄弟之長或長男或親賓爲之○又墓祭；初獻如家祭之儀 亞獻終獻並以子弟親朋薦之
●朱子曰祭只是三獻主人初獻適子或主婦亞獻庶子弟或適孫終獻
●儀禮士虞禮；俎人設于豆東魚亞之(鄭玄注)亞次也
●詩經大雅蕩章；靡不有初鮮克有終(註)終爲事物的結局
●周易繫辭下傳；易之爲書也原始要終以爲質也
●成渾曰鄭逑論祭禮云三獻俱是主人主婦長男爲之雖伯叔父不可爲也其義在於主人爲初獻諸父尊行不可爲其次以亂尊卑之序也

▶3371◀◈問; 문의 드립니다.

궁금한 것 다시 여쭙니다. 예전 호적초본인가 거기엔 장남이 숙부로 되어 있는걸 보았습니다. 해서 전 혹시 조부모님이 돌아가시면 제사가 숙부 쪽으로 가는가 했었습니다. 그런 서류적인 것과 상관없이 아버님이 돌아가셨어도 실제 장손인 제가 제사를 지내면 되는건가요?

◈答; 제사는 적장자가.

선생의 부친이 장자인지가 불분명하시면 족보의 기록을 확인하시면 될 것입니다. 만약 족보를 소장하고 계시지 않으면 행전관청의 제적등본 등을 열람 하시면 확실히 드러날 것입니다. 그러나 호적 보다는 족보가 더 확실할 것이고 특히 일상에서 형제관계의 칭호가 있었을 터이니 숙부 되시는 분이 평상시 선생의 부친께 형님이라 호칭 하셨다면 무엇을 의심하시겠습니까. 부친께서 장자였다면 선생께서 그 뒤를 이어받아 조부모의 제사를 받들어야 하는 것입니다.

●曲禮支子不祭祭必告于宗子(註)不敢自專宗子有故支子當攝而祭五宗皆然疏廟在適子之家庶子不敢輒祭若濫祭亦是淫祀若宗子有疾不堪當祭則庶子代攝可也猶宜告宗子然後祭

●公羊傳何休曰適子有孫而死質家親親先立弟文家尊尊先立孫

●溫公曰凡主人當以長子爲之無長子則長孫承重

●喪服小記庶子不祭禰者明其宗也(註)庶子不得立禰廟故不得祭禰所以然者明主祭在宗子廟必在宗子之家也

●家禮初終立喪主條凡主人謂長子無則長孫承重奉饋奠

●內則庶子若富則具二牲獻其賢者於宗子夫婦皆齊而宗敬焉終事而后敢私祭

●喪服小記庶子不祭禰者明其宗也(註)庶子不得立禰廟故不得祭禰所以然者明主祭在宗子廟必在宗子之家也庶子雖貴止得供具牲物而宗子主其禮也

●尤庵曰祭主人有故則所攝之中如有尊行則子弟以不敢爲攝主矣然代者是尊行則使字未安故俗禮改云孝子某有故代叔父或兄

●家禮按祠堂篇主人謂宗子主此堂之祭者晨謁深衣焚香再拜又主人主婦近出則入大門瞻禮而行歸亦如之經宿而歸則焚香再拜遠出經旬以上則再拜焚香告云云又再拜而行歸亦如之經月而歸則開中門立於階下再拜升自阼階焚香告畢再拜降復位再拜餘人亦然但不開中門

▶3372◀◈問; 문의요.

시할아버지 제사를 시작은 집에서 지내다가 제가 좀더 나이가 먹은 뒤에 모셔오면 안 되는건가요?

솔직히 지금 당장 시아버지 제사를 떠맡는 것도 부담인데 시할아버지, 시할머니 제사까지 정말 버겁거든요. 시작은 아버지도 자식인데 아무리 장남이라지만 장자인 시아버지는 돌아가신 거잖아요. 그리고 명절이나 추석을 작은 집에서 모셔도 되는지요?

잘 몰라서 자꾸 물어 죄송합니다. 이것저것 자꾸 걱정이 되네요. 제사 상차림은 어떻게 해야 하는지 뭘 해야 하는지. 정말 울고 싶어요.

◈答; 제사는 장자의 책임.

대우주의 운행으로부터 미물에 이르기 까지 그에는 일정한 질서가 있음으로 하여 그 운행이 유지되며 그 질서에 하나라도 어그러지면 대 혼란이 생길 것임이 분명하듯 어느 하나에도 그에 속한 질서대로 유지 되여야 그는 물론이려니와 그에 연관된 모두가 질서 유지에 이상이 생기지 않는 것과 마찬가지로 관혼상제 예법 역시 정해진 질서가 있어 그 질서에 의하여 예를 갖추고 있는 것입니다.

우리는 장사(葬事) 치르고 제사 지내는 것 모두 그 틀 속에서 행하고 있는 것이며 귀하 역시 그 틀에는 조상(祖上)의 생전(生前)이나 사후의 봉양은 적자손이 하게 되여 있음을 알고 있음으로써 근심이 생기는 것 아니겠습니까. 이미 귀하는 모든 것을 알고 있으니 본 게시판에서 역시 왜곡하여 말을 할 수가 없는 것입니다. 아무리 정(情)으로야 부모(父母)가 중(重)하다 하나 의(義)로는 조부모(祖父母)가 중(重)하니 조부모(祖父母)를 먼저 뫼옵고 그 다음 부모(父母)가 됩니다.

조고복(祖考服) 역시 부친이 생존하여 계시면 부친은 참최(斬衰) 삼년 복이고 손은 기복(朞服)이나 조후망(祖後亡)이면 손자가 승중하여 삼년복은 그 부친 대신 입고 사시제(四時祭)에서 먼저 고조고비(高祖考妣) 신위(神位) 전(前)에 먼저 헌작(獻酌) 재배(再拜) 후(後) 고비(考妣)는 마지막에 헌작 재배하니 생시(生時)나 사시(死時)나 존비(尊卑)의 질서(秩序)는 마찬가지라 생각합니다. 위계질서(位階秩序) 상 선존후비(先尊後卑)의 말씀에 따라 먼저 조부의 기제를 지내고 이어 부친 기제를 지냄이 옳지 않을까 합니다.

●大傳註用恩則父母重而祖輕用義則父母輕而祖重
●通典宋周續之曰於情則祖輕於尊則義重
●紅樓夢雨村便徇情枉法
●史記上下之義明
●尤庵曰祖曾忌祭同日則當先後行之蓋偕喪三年中有異殯各祭之文忌日喪之餘也
●陶庵曰兩忌日不可並設只當先尊後卑而各行之
●遂庵曰高禰兩祭相値則先祭高祖後祭禰位
●陶庵曰一日兩忌只可先尊後卑次第行之時祭之例不當據用
●明齋曰祖孫同忌則一時同行恐無妨主人一也一時行之而各祝以告
●大山曰祖禰同忌恐不必逐位各行也
●顧齋曰忌日異於練祥妻子之祭與親忌共設無妨

제사상에서 빠져서는 안 된다는 것보다도 예기(禮記) 왕제(王制)의 말씀과 같이 풍년(豊年)이라 하여 풍성(豊盛)히 차리고, 흉년(凶年)이라 하여 검소(儉素)하게 차려서는 안 된다는 것입니다. 진설(陳設)하지 않은 음식으로는 복숭아, 잉어, 돼지의 내장, 언행록(言行錄)의 말씀으로 유밀과(油蜜果), 문해(問解)에 의하면 고전지물(膏煎之物)과 유병(油餠)은 올리지 않는다는 것입니다.

●家禮陳設圖(單設)
一行 飯 盞 匙 醋 羹
二行 麵 肉 炙 魚 餠
三行 脯 蔬 脯 蔬 脯 蔬
=== 醢 菜 醢 菜 醢 菜
四行 果 果 果 果 果 果

●輯覽陳設圖(單設)
一行 飯 盞 匙 醋 羹
二行 麵 肉 炙 魚 餠
三行 脯 熟菜 淸醬 醢 沈菜
四行 果 果 果 果 果 果

●要訣陳設圖(單設)
一行 匙 飯 盞 羹 醋
二行 麵 肉 炙 魚 餠
三行 湯 湯 湯 湯 湯
四行 脯 熟菜 淸醬 醢 沈菜
五行 果 果 果 果 果
忌祭墓祭則具果三色湯三色

●陶庵曰凡木實之可食者無不用
●孔子曰果屬桃爲下祭祀不用
●士虞禮棗栗棗在西註尙棗棗美據此棗當設果行之首而栗次之
●性齋曰我東則百果無不産焉如棗栗梨枾李杏之類
●黃氏紹曰鯉魚不用於祭祀
●沙溪曰桃及鯉魚不用於祭見家禮及黃氏說
●旣夕禮豚解無腸胃註無腸胃者君子不食溷腴疏君子不食溷腴者少儀文彼註謂犬豕之屬食米穀腴有似於人穢
●郊特牲鼎俎奇而籩豆偶陰陽之義也籩豆之實水土之品也不敢用褻味而貴多品所以交於旦明之義也
●問祭進葷菜不用何也梅山曰葷蔡豈不用於薦也齋戒者不食
●王制祭豊年不奢凶年不儉注常用數之仂
●言行錄先生遺戒勿用油蜜果
●問解膏煎之物不用出於儀禮今用蜜果油餠恐不合禮

▶3373◀◈問; 문의 좀 드립니다.

제가 장손(長孫)이다 보니 제사가 너무 많아서 현재 할아버지 할머니 중 한 분은 저희 친척(親戚) 중 다른 분이 모시고 있습니다. 할아버지 할머니를 한집에서 모셔야 하는데 뭔가 잘못 되었다는 생각에 제가 두 분을 다 모시려 합니다만 너무 제사가 많다 보니 두 분을 같은 날 모실 수 있을까 하는데 가능한지 알고 싶습니다. 항간에 듣기론 할아버지 제사가 먼저 있을 땐 그날 할머니와 같이 지내도 들었습니다만 맞는 말인지 모르겠습니다. 말씀 부탁 드립니다.

◈答; 양기(兩忌)를 하루에 지내고 마는 법은 없음.

전통 예절의 제례 예법에는 그러한 예법은 없습니다. 기제(忌祭)란 작고한날의 제사란 의미일뿐입니다.

●祭義註忌日親死之日也疏孝子終身念親不忘忌日非謂此日不善別有禁忌謂孝子志意有所至極思念親不敢盡其私情而營求他事故不擧也
●禮器質明而始行事疏質正也謂正明之時少牢禮朝明行事註朝明質明也此乃周禮也
●性理大全忌祭編○厥明夙興設蔬果酒饌○質明主人以下變服詣祠堂封神主出就正寢
●南溪曰質明卽大昕指日未出時也
●尤庵曰行祭早晩太早不可太晩亦不可惟當以質明爲正
●咸興本宮儀式奏啓條本宮淸齋爲白遣初六日子時行祭是白如乎○本宮十一日子時行告由祭後陪香祝進詣定陵淸齋十三日子時攝行酌獻禮是白如乎
●尤菴曰忌祭重而參禮輕無論尊卑似當先忌後參耳然老先生旣從龜峯之說則何敢有異議也
●祭義君子有終身之喪忌日之謂也註忌日親之死日也
●朱子曰忌日只祭一位
●程氏祀先凡例祖考忌日則只祭祖考及祖妣祖妣忌日則只祭祖妣及祖考
●晦齋曰按文公家禮忌日止設一位程氏家禮忌日配祭考妣二家之禮不同盖止設一位禮之正也配祭考妣禮之本於人情者也
●退溪曰忌日幷祭考妣甚非禮也
●沙溪曰忌日幷祭考妣雖非朱子意我朝先賢嘗行之栗谷亦曰祭兩位於心爲安云
●愼獨齋曰幷祭爲當

▶3374◀◈問; 밥과 면이 동시에 올라갑니까?

반, 잔, 시, 초, 갱의 밥과 면, 육, 적, 어, 병에 면을 보면 제상에 밥과 국수가 동시에 올라갑니까?

선생님 대단히 죄송합니다. 다음 제사상 차림이 맞습니까?

병 풍
신위(남) 신위(여)
반 잔 시 초 갱 반 잔 시 초 갱
면 육 적 어 병 면 적 어 병
육 탕 소 탕 어 탕
포 나물(3색나물) 김치 간장 식혜
대추 밤 배 곶감 사과 기타 과일 한과 혹은 약과

◈答; 밥과 면이 동시에 올라감.

⊙進饌(진찬)

主人升主婦從之執事者一人以盤奉魚肉一人以盤奉米麪食一人以盤奉羹飯從升至高祖位前主人搢笏奉肉奠于盤盞之南主婦奉麪食奠于肉西主人奉魚奠于醋楪之南主婦奉米食奠于魚東(卽第二行)主人奉羹奠于醋楪之東主婦奉飯奠于盤盞之西主人出笏以次設諸正位使諸子弟婦女各設祔位皆畢主

人以下皆降復位

⊙진찬.

주인이 위전(位前)으로 오르면 주부는 주인의 뒤를 따라 오른다. 집사자(執事者) 한 사람은 생선과 고기 대반을 받들고 또 한 사람은 떡 류와 면식 류 대반을 받들고 또 한 사람은 국과 메 대반을 받들고 뒤를 따라 올라 고조(高祖) 위(位) 앞으로 간다. 주인은 홀을 띠에 꽂고 고기를 받들어 잔반(盞盤)의 남쪽에 올리고 주부는 면식 류(麪食類)를 받들어 고기의 서쪽에 올린다. 주인이 생선을 받들어 식초접 남쪽에 올리면 주부는 떡 류를 받들어 생선의 동쪽에 올린다. 즉 제2행 이다. 주인이 국을 받들어 식초 접 동쪽에 올리면 주부는 메를 받들어 잔반의 서쪽에 올린다.

다음으로 이와 같이 모든 정위에 진설을 하고 주인은 홀을 띠에서 빼어 든다. 여러 자제와 부녀자들로 하여금 각 부위에 이와 같이 진설 하기를 모두 마쳤으면 주인 이하 모두 내려와 제자리에 선다.

●家禮陳設圖(單設)
一行 飯 盞 匙 醋 羹
二行 麵 肉 炙 魚 餠
三行 脯 蔬 脯 蔬 脯 蔬
=== 醢 菜 醢 菜 醢 菜
四行 果 果 果 果 果 果

●輯覽陳設圖(單設)
一行 飯 盞 匙 醋 羹
二行 麵 肉 炙 魚 餠
三行 脯 熟菜 淸醬 醢 沈菜
四行 果 果 果 果 果 果

●要訣陳設圖(單設)
一行 匙 飯 盞 羹 醋
二行 麵 肉 炙 魚 餠
三行 湯 湯 湯 湯 湯
四行 脯 熟菜 淸醬 醢 沈菜
五行 果 果 果 果 果
忌祭墓祭則具果三色湯三色

●曲禮凡進食之禮左殽右胾(則吏反)食(飼)居人之左羹居人之右膾炙處外醯醬處內葱渫處末酒漿處右以脯脩置者左朐(劬)右末註肉帶骨曰殽純肉切曰胾骨剛故左肉柔故右飯左羹右分燥濕也膾炙異饌故在殽胾之外醯醬食之主故在殽胾之內葱渫烝葱亦菹類加豆也故處末酒漿或酒或漿也處羹之右若兼設則左酒右漿疏曰脯訓始始作卽成也脩亦脯脩訓治治之乃成薄折曰脯捶而施薑桂曰腶脩朐謂中屈也左朐朐置左也脯脩處酒左以燥爲陽也呂氏曰其末在右便於食也食脯脩者先末方氏曰食以六穀爲主穀地產也所以作陽德故居左羹以六牲爲主牲天產也所以作陰德故居右

●特牲饋食禮主人升入復位俎入設于豆東主婦設兩敦黍稷于俎南西上及兩鉶芼設于豆南南陳註芼菜也

●按曲禮言凡進食之禮特牲言饋食之禮然食黍稷皆居東而家禮則不然羹居東飯居西未知何義恐是出於當時俗禮而書儀從之而家禮亦未之改故歟

●問飯器啓蓋宜在何時(曰按)饋食祝洗爵奠于鉶南遂命佐食啓會佐食啓會郤于敢南出立于西南面主人再拜稽首祝在左卒祝主人再拜稽首祝迎尸于門外以此觀之當在初獻之後未讀祝之前

●(按少牢禮設饌略同而但主婦先薦韭菹醓醢葵菹蠃醢四豆佐食設羊豕魚腊膚五俎主婦設二黍二稷四敦皆兩列相對設之又無泰羹至儐尸乃有之爲不同耳)

●寒岡曰共一卓而盞盤羹飯炙肝之類各設恐妨

●陶菴曰祭饌一一各設卽是家禮之制然士大夫家蔬果則合設獨各設餠麵飯羹者

▶3375◀◈問; 배를 가르고 말려 건조시킨 생선의 진설에 관하여 문의 드립니다.

진설자가 보아서 생선이나 포는 머리가 우측 즉 동쪽으로 향하게 하고 배가 북쪽 즉 위전으로 가게 진설 한다고 하였는데, 배를 가르고 말려 건조시킨 생선을 올릴 때 에는 머리가 우측 즉 동쪽으로 향하게 하더라도

1). 생선 등 쪽 (피부) 부분이 위전으로 향하는 경우와

2). 생선 안쪽(속살) 부분이 위전으로 향하는 경우가 있는데 1). 과 2)번 중 어떤 방법으로 진설 해야 함이 적당 합니까?

◈答; 배를 가르고 말려 건조시킨 생선의 진설에 관하여.

제사(祭祀)란 신(神)의 예(禮)인 까닭에 의례(儀禮)의 편목(偏目) 중 특생궤식례(特牲饋食禮)와 소뢰궤식례(少牢饋食禮)에서 지도신도(地道神道)는 상우(尙右)라 우수진(右首進)이라 하였으니 방위로는 서두동미(西頭東尾)로 진설하게 됩니다. 또 생재기서북수동족(牲在其西北首東足)이라 하였으니, 생(牲)은 머리는 서북쪽으로 다리는 동쪽으로 향하게 진설하게 됩니다.

혹설(或說)은 음양설(陰陽說)에 의하여 동양두양(東陽頭陽) 서음미음(西陰尾陰)의 이치에 의하여 두동미서(頭東尾西)로 진설(陳設)한다 하나, 의례(儀禮)의 말씀에 우선(于先)하지 못합니다.

●儀禮經傳通解續祭禮特牲饋食禮陳鼎拜賓視牲告期條棜在其南順實獸于其上東首牲在其西北首東足 (鄭玄注)棜之制如今大木轝矣上有四周下無足 (朱子註)無足獸腊也東足者常右也 ○疏曰下文牲在西北首東足此實獸棜上東首不與牲相統東足者尙右也周人尙右將祭故也
●少牢禮魚右首進腴疏凡載魚生人死人皆右首地道尊右故也鬼神進腴(腹也)是氣之所聚故也生人進鰭者鰭是脊生人尙味故也
●退溪曰祭饌尙左之說恐未然盖食以飯爲主故飯之所在即爲所尙如平時陳食左飯右羹是爲尙左而祭則右飯左羹是乃尙右所謂神道尙右者然也而今云尙左非也
●與猶堂曰案少牢右首進腴(註鄭云右首變於生)公食禮右首進鰭此兩文皆在杝載之時不在陳設之時則載與設無二法也左右者神位之左右也
●俛宇集書答李子剛別紙喪祭疑義; 祭需陳設東頭西尾取其陰陽左右耶

▶3376◀◈問; 백숙부, 종조부모 의 제사를 모실 때 지방, 축문은.

부모, 조부모 이외의 백숙부나 종조부모의 제사를 모실 때 지방의 예와 축문의 예를 부탁드립니다. 축문의 간지 이후와 세서천역 이후를 어떻게 적어야 할지 모르겠습니다. 감사합니다.

◈答; 백숙부, 종조부모의 지방, 축문.

1). 지방식

방친은 백(伯) 중(仲) 숙(叔) 계(季) 자로 구분하여 쓰면 됩니다.

예) 백부모
顯伯父學生府君神位
顯伯母孺人某氏神位

2). 축문식

예) 백부기제축문식
(前略)顯伯父諱日復臨不勝感愴謹以淸酌庶羞恭伸奠獻尙 饗

이상과 같이 백숙부모 종조부모 지방과 축문에 당한 대로 고쳐 쓰면 됩니다

▶3377◀◈問; (再)백숙부, 종조부모 의 제사를 모실 때 지방, 축문은.

빠른 답변 감사합니다. 지방은 쉽게 이해가 되는데, 축문의 孝子, 孝孫 부분은 어떻게 바꾸어야 합니까? 孝는 아무 곳이나 붙이는 게 아니라고 들었는데 종조부님을 기준으로 예를 들어주시면 감사하겠습니다.

◈答; 백숙부, 종조부모의 지방, 축문 재답.

효(孝)자는 맏이를 의미 하기 때문에 적자손이 아니면 감이 쓰지 못하며 편람 축식에 수속칭(隨屬稱)이라 하였으니 속한 칭호 대로 쓰면 됩니다.

형제의 손은 종손(從孫)이라 부르니 종조부는~~~~~~ 從孫某敢昭告于
형제의 아들은 질(姪)이라 부르니 백숙부는~~~~~~~~~姪某敢昭告于

●雜記祭稱孝子孝孫註祭吉祭也卒哭以後爲吉祭故祝辭稱孝子或孝孫疏正義曰吉則申孝子心故祝辭云孝也或子或孫隨其人也細註嚴陵方氏曰祭所以追養而盡於一身之終喪所以哭亡而止於三年孝則爲人子孫終身之行也故子孫之於祭必稱孝
●郊特牲祭稱孝孫孝子以其義稱也註祭主於孝是以祭之義爲稱也
●要解孝子祭主於孝稱孝孫子以其義稱也`

▶3378◀◈問; 벽(辟).

선생님 대단히 감사합니다. 벽자는 무슨 뜻입니까?

◈答; 벽(辟).

辟; 벽자의 뜻은 약 4, 50 가지의 뜻이 있는데 여기서는 "임금벽"자로 풀이되며 부인이 죽은 남편을 일컫는 글자 입니다.

●曲禮夫曰皇辟
●問夫亡而無子則其神主當何書耶沙溪曰妻祭夫稱辟出於禮記周元陽祭錄亦曰無男主而妻祭夫曰顯辟某官封謚稱顯辟似有據旁題禮無明文

▶3379◀◈問; 병설 설찬.

저희 집에서는 병설로 기제사를 모십니다 제상에 병, 육. 전. 어. 병 순서로 하고 있습니다 예의에 벗어납니까?

◈答; 병설 설찬.

지방세우는 순서는 좌에서부터 고위(아버지) 원비(어머니) 계비(계모)순으로 세우시면 되시고 상차림에서 첫째 줄의 밥 잔반 수저 식초 국을 繼妣 位 앞에 한번 더 놓으시고 둘째 줄에 면류 고기류 적 떡 류 면류 적 떡 류 면류 적 생선 떡 류 순으로 진설 하시고 나머지 줄은 같게 하시면 됩니다.

●南溪曰繼室之於元妃與夫一體奉祀恐甚得禮所謂非族之祀豈指此類而言耶祝文稱謂禮無明文不敢爲說
●問解續問父若有前後室則前後母神主同出耶只出考與所祭之主耶答並祭爲當前母忌日同祭後母後母忌日同祭前母
●梅山曰前後妣死在同日當先元妣後繼妣若並祭則一擧合設兩祭出主告當曰今以顯妣某封某氏顯妣某封某氏遠諱之辰敢請顯考某官府君顯妣某氏顯妣某氏神主云云忌祭祝遷易下云顯妣某封某氏顯妣某封某氏諱日幷臨云云
●砥山曰考妣合祭而有前繼妣祝文則列書下曰歲序遷易下又當云前後妣共顯某親某封某氏諱日復臨云云
●備要忌祭祝文式云云諱日復臨(註)若考妣幷祭則曰某親諱日
●問庶子之所生母題主當何稱朱子曰若避適母則只稱亡母而不稱妣以別之可也

▶3380◀◈問; 병제(並祭)에서 수저의 위치에 관하여.

병제 당부와 병설을 하면서 수저를 각설인지 어떤데서는 반갱행 가운데 합하여 놓는 경우도 있는데요 가설 합설 어찌 놓아야 법도에 옳은가요?

◈答; 병제(並祭)에서 수저의 위치에 관하여.

기제(忌祭) 고비(考妣) 병제(並祭) 당부에 관하여 논함이 대체로 아래와 같습니다. 아래의 설위 말씀 중에 병설에서 수저 각설의 말씀이 있습니다. 병설에서 수저를 각설하지 않고 한 그릇에 담아 놓는 것은 예가 아닙니다.

○설위(設位)(輯覽)

補註如父之忌日止設父一位母之忌日止設母一位祖以上及旁親忌日皆然○程氏祠先凡例祖考忌日則只祭祖考及祖妣祖妣忌日則只祭祖妣及祖考餘位忌日祭同○晦齋曰按文公家禮忌日止設一位程

氏祭禮忌日配考妣二家之禮不同蓋止設一位禮之正也配祭考妣禮之本於人情者也若以事死如事生鋪筵設同几之意推之禮之本於情者亦有所不能已也○問忌日設位程朱二先生之禮不同未知孰從愚答曰按士虞禮是月也吉祭猶未配註猶未以某妃配某氏哀未忘也而祭義君子有終身之喪忌日之謂也以此觀之忌日止祭所祭之位而不配祭者非薄於所配祭以哀在於所爲祭者故也又吾東俗父母喪三年之內幷祭先亡者尤非也○又按居家必用眉山劉氏曰或問伊川先生曰忌日祀兩位否先生曰只一位愚謂家庭之祭與國家祀典不同家庭晨夕朔望於父母之敬未嘗擧一而廢一也魯人之祔也合之孔子以爲善忌祭何獨不然故忌祭仍當兼設考妣位後之君子更宜審擇據此則程子以祭一位爲是晦齋所引未知出於何書

○설일위(設一位)(增解)

補註如父之忌日止設父一位母之忌日止設母一位祖以上及旁親忌日皆然○退溪曰並祭考妣甚非禮也考祭祭妣猶之可也妣祭祭考豈有敢援尊之義乎吾門亦嘗如此而非宗子故不敢擅改只令吾身後勿用俗耳○輯覽問忌日設位程朱二先生之禮不同未知孰從愚答曰按士虞禮是月也吉祭猶未配註猶未以某妃配某氏哀未忘也而祭義君子有終身之喪忌日之謂也以此觀之忌日止祭所祭之位而不配祭者非薄於所配祭以哀在於所爲祭者故也又吾東俗父母喪三年之內並祭先亡者尤非也○尤菴曰考妣合櫝及忌日只祭一位皆是家禮之文矣然則不得不於合櫝中只奉出一位矣○陶菴曰只祭一位禮之正也蓋忌日乃喪之餘值其親死之日當思是日不諱之親而祭於其位下宜援及他位非薄於所配祭以哀在於所爲祭者故耳然則當以只祭一位爲正考妣並祭雖有先儒之說恐不可從

○병제고비(並祭考妣)(增解)

備要若並祭考妣則設兩位○程氏祠先凡例祖考忌日則只祭祖考及祖妣祖妣忌日則只祭祖妣及祖考餘位忌日祭同○晦齋曰按文公家禮忌日止設一位程氏祭禮配祭考妣二家之禮不同蓋止設一位禮之正也配祭考妣禮之本於人情者也若以事死如事生鋪筵設同几之義推之禮之本於情者亦有所不能已也○輯覽按居家必用眉山劉氏曰或問伊川先生曰忌日祀兩位否曰只一位愚謂家庭之祭與國家祀典不同家庭晨夕朔望於父母之敬未嘗擧一而廢一也魯人之祔也合之孔子以爲善忌祭何獨不然故忌祭仍當兼設考妣若考忌日則祝辭末句增曰謹奉妃某氏夫人配妃忌日則曰謹奉以配考某公後之君子更宜審擇據此則程子以祭一位爲是晦齋所引未知出於何書○愚按程氏祠先凡例配祭考妣之儀班班可考故晦齋引之但劉氏所引程子說與此不同輯覽說又如此或是程子初晚年之說不同故耶○沙溪曰忌日並祭考妣雖非朱子意我朝先賢嘗行之栗谷亦曰祭兩位於心爲安云援尊之嫌恐不必避也○尤菴曰吾家亦設考妣兩位雖知其不當而行之已久不能改也

○병제(並祭)(艮齋禮說)

俯詢禮疑晦齋所引程氏是眉山程氏非程子也二程全書初無幷設之文而惟有止祀一位之敎而溫公朱子皆然之則考妣三位之祭都無所礙若不免從俗則父有前後室者前母忌日同祭後母後母忌日同祭前母愼獨齋已許之梅山禮說亦言妣位統於考位則妣忌之援尊前後配之相及不甚害義欲望左右於此擇而用之雖或幷祭只***飯羹盞盤匙筯各設***餠麪以下皆當合設是亦有前賢定論勿疑其所行也

○병제전후비(並祭前後妣)(增解)

問父若前後室則前母忌日同祭後母後母忌日同祭前母耶愼獨齋曰並祭爲當

○후배제전배당부(後配祭前配當否)(艮齋禮說)

斯禮也詳見家禮增解(九卷七十六板右)南溪鏡湖兩說及梅山禮說(六卷六十六板左)可幷參考也鄙說中不如闕而不祭一句似當更商然有祠板則已無族親而欲新揭紙牌則無可書之道奈何○問前後妻俱無子又無五服之親只有女子已適人矣夫死後妻祭其元妃也只是設饌而無祝乎答然

○고비동탁당부(考妣同卓當否)(增解)

尤菴曰並祭考妣者當依時祭儀凡干祭物一切各卓各設矣○愚伏曰兩位共一卓五禮儀之文從時王之制亦無妨○問父有三室四主共一卓難便寒岡曰不得四位各卓則寧四位共一卓而盞盤飯羹炙肝之類各設恐無妨○愚按考妣若並祭則各卓各設祭饌固是正禮而但據初祖祭儀則考妣同卓合設而只***飯羹匙筯盤盞爲各設***耳儀節及集說之於時祭亦皆考妣同卓者或其本於此耶五禮儀恐又本於儀

節集說耳然則考妣同卓亦不爲無據今俗亦多用同卓之儀耳

위 말씀에서 ***반갱시저반잔위각설(飯羹匙筯盤盞爲各設)*** 이 부분이 병설제에서 수저설위 말씀입니다. 물론 오례의(五禮儀) 진설도에도 각설입니다. 말씀이 이와 같으니 생자(生者)도 각설(各設)인데 사자(死者)라하여 한 곳에 양위의 수저를 담아 놓는 것은 큰 결례(缺禮)가 됩니다.

▶3381◀◈問; 봉상사(奉常寺)?

어떤 책에서 봉상사(奉常寺)를 보았습니다. 관청 이름인 것도 같고 절 이름인 것 같은데요. 뭐 하는 곳인지요.

◈答; 봉상사(奉常寺)

봉상시(奉常寺)의 시(寺)는 [관아시]자로 절이 아니라 조정(朝廷)에 속하였던 한 관아(官衙)의 명칭(名稱)으로 주로 왕가(王家)의 제사(祭祀)와 시호(諡號)를 의론(議論)하는 기관이었습니다.

●大典會通吏典奉常寺條原掌祭祀及議諡
●經國大典招解奉常條秦官名主祭祀宗廟禮儀常日月也言畫日月於旌旗王者旌旗曰常禮官奉持之故曰奉常也寺廷也又嗣也理事之吏嗣續其中也

▶3382◀◈問; 부모님보다 먼저 돌아가신 작은아버지 제사.

시조부모님 살아계실 때 돌아가신 작은아버지 결혼은 했었으나 자식이 없었고, 작은어머니는 그 이후 소식이 끊어졌어요. 남편도 병환으로 돌아가신 것만 알지 자세한 것은 모르더군요. 전 결혼 8 년째 결혼 이후 제가 계속 제사를 지내왔는데 작은아버님제사는 첫째 작은어머님이 성당에서 제사 날 예배를 보셨다고 하더군요.

산소도 천주교 묘지. 지금도 성당에서 지내고 있는데 어머니 꿈에 반찬 좀 달라고 작은아버님이 나타났다고 갑자기 설날에 상 물린 후 옆에 나물만 놓고 지낸다고 하시네요. 그래도 되는 건가요? 상 차리는 거야 문제가 안되지만 이제껏 안 지내던 것을 지내려니 좀 이상도 하고 이렇게 시작했으면 앞으로 제사 날 제사를 지내야 하는 건 아닌지요. 어떤 것이 옳은 것인지 좀 알려주세요.

◈答; 부모님보다 먼저 돌아가신 작은아버지 제사.

예기(禮記) 상복소기(喪服小記) 의 가르침 입니다.

庶子不祭殤與無後者集說註長中下殤蓋未成人而死者也無後者謂成人未昏或已娶而無子已死者也庶子所以不得祭此二者
적자손이 아닌 지자손 들은 미성년자(未成年者) 죽음이나 자손이 없이 죽은 이의 제사는 지내지 않느니라. 집설 대전의 풀이에 장상(長殤) 중상(中殤) 하상(下殤)은 성인이 되기 전에 죽은 자며 무후자는 관례(冠禮)나 관직을 얻어 성인이 된 미혼자를 이르며 혹 취처는 하였으나 자식이 없다가 죽은 자니라. 지자손 들인 까닭으로 이두 방친(傍親) 들은 제사 하지 않느니라.

程子曰無服之殤不祭下殤之祭終父母之身中殤之祭終兄弟之身長殤之祭終兄弟之子之身成人而無後者祭終兄弟之孫之身
정자(程子)가 이르기를 무복(無服)의 미성년자 죽음에는 제사를 지내지 않는다. 하상(下殤)의 제사는 부모의 죽음으로 마치고, 중상(中殤)의 제사는 형제의 죽음으로 마치고, 장상(長殤)의 제사는 형제의 아들 죽음으로 마치며 자손 없이 죽은 무후자의 제사는 형제의 손 죽음으로 마친다.

위와 같이 살펴 볼 때 달리 제사치 않는 다면 귀하의 아들 대까지 전통 예법상 제사를 지내야 옳을 것입니다.

▶3383◀◈問; 부모님을 합제.

부모님을 합제로 기제사를 모신다는 뜻은,

1). 같은 날에 지방을 각각 모시고 각각 기제사를 올리는 것인가요(아버님 혼자의 지방을 모신 후에 제를 모시고난 후에, 메, 탕국, 포 정도 바꾸고 어머님 혼자의 지방을 모시고 제를 지내는 것인가요)? 술잔도 한 개씩 올리고.
2). 아니면, 지방을 함께 모시고, 메와 탕국을 두분 함께 모시고 (술잔도 2 잔), 함께 기제사를 모시는 건가요?

◈答; 부모님을 합제.

고비 병제는 정례는 아닙니다. 그러나 선현들께서 정으로서 병제를 지내 왔는데 만약 가문의 법도가 병제하지 않으면 굳이 양위를 설위하실 까닭은 없습니다. 다만 가문의 법도가 병설제라 하면 양위 합제를 하는데 지방을 고비 각각 써 모시게 되니 잔 반 시 초 갱(盞飯匙醋羹) 역시 병설함이 당연하겠지요. 고비 병설제에서 지방을 고비 각각 써 교의 2 에 각각 모셔야 합니다.

●陶庵曰只設一位禮之正也盖忌日乃喪之餘値其親死之日當思是日不諱之親而祭於其位不宜援及他位只祭所祭之位而不爲配祭非博於所配祭以哀在於所爲祭者故耳然則當以只祭一位爲正考妣幷祭雖有先儒之說恐不可從
●朽淺曰凡忌祭當忌之位
●旅軒曰忌祭人多幷祭考妣甚非禮也
●愚伏曰不敢援尊固有所本於理亦精然幷祭亦何不可
●奉先雜儀文公家禮忌日止設一位程氏祭禮忌日配考妣二家之禮不同蓋止設一位禮之正也配祭考妣禮之本於人情者也
●栗谷曰忌祭則設所祭一位具饌但具一分若幷祭考妣則具二分
●牛溪曰程子俱祭考妣鄙人則用程禮
●愼獨齋曰幷祭爲當
●尤庵曰吾家設考妣兩位雖知其不當而行之已久不能改也
●沙溪曰忌日幷祭考妣雖非朱子意我朝先賢嘗行之栗谷亦曰祭兩位於心爲安云援尊之嫌恐不必避也

●편람지방(便覽紙牓)

○紙; 用厚白紙長廣隨宜以眞楷細書於紙中央臨祭貼於椅上隨位各書

○지방식(紙牓式)

顯某考某官府君神位
顯某妣某封某氏神位(祖妣二人以上別具紙各書)

▶3384◀◈問; 부모님이 생존해 계신데 조부모님의 제사를 손자인 제가 지내는 방법은 요?

제사(祭祀)에 관하여 여쭈어 보고자 합니다. 지금까지 부모님이 조부모님의 제사를 모셔왔습니다. 부모님께서 연세가 80 이 넘으셔서 조부모님의 제사를 손자(孫子)인 저에게 지내시라고 하십니다. 제사승계에도 방법이 있다고 하는데요. 승계(承繼) 받는 절차는 어떻게 하는 것인지요? 또한 제사 승계(承繼) 후 손자인 제가 제주(祭主)가 될 터인데 부모님의 제사참여는 어떻게 해야 되는지요? (부모님께서 조부모님께 술잔은 언제 올리시는지? 등등이 궁금합니다)

혹자는 손자가 제사를 지내더라도 부모님이 생존해 계시면 지방을 부모님에게 맞추어 써야 한다고 하는데 맞는지요? 제주에 맞추어 지방을 쓰는 것이 맞는지 아려 주시면 감사하겠습니다

◈答; 부모님이 생존해 계신데 조부모님의 제사를 손자가 지내지 않음.

問 1. 答; 사당의 예법에서 종자가 죽으면 대상 또는 길제를 지내면서 종손의 대에 맞게 신주를 고쳐 쓰는 예법은 있으나 사당 없이 지방으로 기제 등을 모시는 예법으로 제사를 물려받는 특별한 예법이 전래됨이 없습니다.

問 2. 答; 부모님이 생존하여 게시면 승계를 할 수 없으며 만약 부모님께서 노쇠하여 제사를 지낼 수가 없으면 다른 사람이 대행하는 섭주의 예법이 있습니다.

問 3. 答: 2 번의 답과 같이 부모님이 거동이 불가능 하면 섭주 방법으로 지방은 귀하의 부친 명으로 써 붙이고 귀하 이름으로 축을 써 섭행의 연유를 고하고 귀하가 초헌을 할 수 있는 것입니다. 그러나 귀하의 부친이 거동을 할 수 있어 제사에 참석할 수 있다면 귀하가 제주가 될 수 없으며 귀하 부친 명의로 지방은 물론 축문도 써 고하고 초헌을 하여야 하는 것입니다.

●曲禮七十曰老而傳註傳家事任子孫是謂宗子之父
●明齋曰朱子傳重告廟之文只言傳重而已又於與趙尙書書言不可遞遷之義甚嚴

老衰時: 孝子某衰耗不堪事使子某敢昭告于(云云)

▶3385◀◈問; 부모부터 먼저 간 아들의 지방은?

제주가 아버지이고 죽은 아들의 제사를 지내야 할 때 어른들에게 여쭈어보면, 제사 지낼 필요가 없다고 합니다만, 어린 손자가 있어 제사를 지내야 한다면, 지방은 어떻게 써야 하는지 무척 궁금합니다. 연락주세요.

◈答; 부모부터 먼저 간 아들의 지방식.

어린 손자가 있으니 그의 속칭으로 지방과 축을 쓰고 손자가 어려 제사를 감당하지 못한다면 친척이 그 대신 섭행 하여야 합니다.

⊙지방식(紙牓式)

顯考某官府君神位

●退溪曰宗子死繼后子雖在襁褓亦當書其名而季也攝主可也○又曰宗子粤在他國而命介子代祭之例曰孝子某使子某敢昭告于云云

▶3386◀◈問; 부복 국궁하는 올바른 자세.

부복을 하거나 국궁을 해야 하는 때 정확한 자세를 영상자료로 알고 싶습니다. 표준이 될 수 있는 사진을 등재하여 주시면 감사하겠습니다.

◈答; 부복 국궁하는 올바른 자세.

본인은 유학을 논하는 자일뿐 사진작가가 아니라 그와 같은 영상자료는 소장하고 있지 않습니다.

○俯伏이란; 叉手로 땅을 짚고 엎드려 다소곳이 고개를 숙인 자세이며,
○鞠躬이란; 叉手한 채로 무릎을 꿇고 다소곳이 앉은 자세입니다.

●新書階級(事勢): 天子改容而嘗體貌之矣吏民嘗俯伏以敬畏之矣
●禮運; 其餘鳥獸之卵胎皆可俯而闚也(孔穎達疏)俯下頭也
●曲禮上; 寢毋伏(孔穎達疏)寢臥也伏覆也
●論語鄕黨: 入公門鞠躬如也如不容(朱注)鞠躬曲身也
●儀禮聘禮; 執圭入門鞠躬焉如恐失之(注)孔安國曰斂身(辭註)意爲曲身以示謹敬今稱曲身行禮爲鞠躬

●論語微子篇子路拱而立註知其隱者敬之也
●檀弓孔子與門人立拱而尙右二三子亦皆尙右孔子曰二三子之嗜學也我則有姉之喪故也二三子皆尙左註吉事尙左陽也凶事尙右陰也此蓋拱立而右手在上也
●曲禮從於先生不越路而與人言遭先生於道趨而進正立拱手
●輯覽叉手圖說云凡叉手之法以左手緊把右手大拇指其左手小指則向右手腕右手四指皆直以左手大指向上如以右手掩其胷手不可大着胷須令稍去胷二三寸許方爲叉手法也

▶3387◀ ◈問; 부부 합제.

저희 부모님께서 할머니제사와 할아버지 제사를 같이 지내고 싶다고 하십니다. 할머니 제사 음력 8 월 2 일 할아버지 제사 음력 8 월 15 일인데요.

질문 1. 이럴 땐 할아버지 제사 때 할머니 제사를 같이 지내야 하는 건가요?

질문 2. 그렇다면 할머니 제사 때 다음부터는 할아버지 제사 때 같이 제사를 모시겠습니다. 라고 할머니께 얘기해 드려야 하는데 그럴 때 쓰는 축문(?) 같은데 있나요? 있으면 좀 가르쳐 주시기 바랍니다.

◈答; 부부 합제.

기제(忌祭)란 작고한 날의 슬픔을 잊지 않고 자손 된 도리로서 아침 한끼(실은 변칙으로 자정(子正)에 지내나)에 술 석잔 을 올려드리는 예입니다. 물론 병제(並祭; 고비 합제) 가문이면 조부 기일 날 조모도 합설하여 드리고 조모 기일 날 조부도 합설하여 제사를 지냅니다. 따라서 유가의 예법에는 어느 한날 합제를 하고 마는 그러한 예가 없으니 일러 드릴 수가 없습니다.

기제(忌祭)를 합제(合祭)하는 예법은 고기일(考忌日)에 비합제(妣合祭), 비기일(妣忌日)에 고합제(考合祭) 축식이 있는데. 고기일(考忌日)에 비합제(妣合祭)로 끝나면 비기제(妣忌祭)는 궐사(闕祀)한 것이 됩니다. 고비 병제는 정례는 아닙니다. 그러나 선현들께서 정으로서 병제를 지내 왔는데 만약 가문의 법도로 병제하지 않으면 굳이 양위를 설위하실 까닭은 없습니다. 다만 가문의 법도가 병설제라 하면 양위 합제를 하는데 지방을 고비 각각 써 모시게 되니 잔 반 시 초 갱(盞飯匙醋羹) 역시 병설함이 당연하겠지요.

◆考妣竝忌祭祝文式(고비병기제축문식)

維 歲次干支幾月干支朔幾日干支孝子(祖考妣云孝孫曾祖考妣云孝曾孫高祖考妣云孝玄孫旁親兄弟妻子當云隨屬稱)某官某(弟以下不名)敢昭告于(妻去敢字弟以下但云告于) 顯考某官府君 顯妣某封某氏歲序遷易 顯考(妣忌則顯妣)諱日復臨(妻弟以下云亡日復至)追遠感時昊天罔極(高曾祖考妣改昊天罔極爲不勝永慕旁親去追遠以下八字云不勝感愴妻弟以下當改感愴以他語)謹以(妻弟以下云玆以)淸酌庶羞恭伸奠獻(備要妻弟以下云伸此奠儀)尙 饗

●陶庵曰只設一位禮之正也盖忌日乃喪之餘値其親死之日當思是日不諱之親而祭於其位不宜援及他位只祭所祭之位而不爲配祭非博於所配祭以哀在於所爲祭者故耳然則當以只祭一位爲正考妣幷祭雖有先儒之說恐不可從
●朽淺曰凡忌祭當忌之位
●旅軒曰忌祭人多幷祭考妣甚非禮也
●愚伏曰不敢援尊固有所本於理亦精然幷祭亦何不可
●奉先雜儀文公家禮忌日止設一位程氏祭禮忌日配考妣二家之禮不同蓋止設一位禮之正也配祭考妣禮之本於人情者也
●栗谷曰忌祭則設所祭一位具饌但具一分若幷祭考妣則具二分
●牛溪曰程子俱祭考妣鄙人則用程禮
●愼獨齋曰幷祭爲當
●尤庵曰吾家設考妣兩位雖知其不當而行之已久不能改也
●沙溪曰忌日幷祭考妣雖非朱子意我朝先賢嘗行之栗谷亦曰祭兩位於心爲安云援尊之嫌恐不必避

也

▶3388◀◈問; 부(父) 생존 시 母 기제사 지방 작성 문의.

대단히 감사합니다. 이런 사이트가 있다는 것이 얼마나 고마울 뿐입니다.

父께서는 거동을 못하실 정도로 연로하시어 맏이인 제가 母기제사를 모셔야 할 형편인데요 지방은 父 명의로 작성해야 하는지? 아들인 저의 명의로 작성해야 하는지 알려 주실 수 있으신지요?

◈答; 부(父) 생존 시 母 기제사 지방 작성.

부친 명으로 써야 합니다.
亡室孺人某氏神位

주인(祭主)이 나이가 많아 제사를 주관할 수 없으면 노이전중(老而傳重)이라는 법도에 의하여 적장자손에게 가사와 제사를 물려 주는데 곡례(曲禮)에는 70 세라 하였고 왕제(王制)에서는 80 세가 되어 몸을 가누지 못하게 되었을 때라 하였으니 거동이 불편하여 제사를 주관할 수 없게 되면 노이전중(老而傳重)을 하게 되는데 그 시기는 그와 같이 되었을 때로 정한 시기는 없으며, 아래와 같이 축문식을 살펴보건대 그 예법은 확인된 바는 없으나 사당에 有事則告 예법에 따라 單獻之禮로 적당한 시기에 길일을 택하여 봉사 조상을 지방 설위하고 아래 축식에서 傳重告辭나 老傳重告辭 중에서 택일하여 고하시거나, 또는 다음 기제일에 대행축(遞遷前 까지)으로 고하여도 예에 어그러지지는 않을 것입니다.

⊙老而傳重告辭(노이전중고사)

熹至愚不肖蒙被 先祖遺德獲祗祀事五十餘年歲時戰棘罔敢怠忽至于今茲行年七十衰病侵凌筋骸弛廢已蒙 聖恩許令致仕所有家政當傳于孫而嗣子旣亡藐孤孫鑑次當承緖又以年幼未堪跪奠今已定議屬之奉祀而使二子埜在相與佐之俟其成童加冠于首乃躬厥事伏惟 祖考擁佑顧歆承承無斁熹之衰病勢難支久加以恩靈尙延喘息之間猶當黽勉提摠大綱不使荒頹以辱先訓伏惟 祖考實鑑臨之

⊙傳重告辭(전중고사)

維 歲次干支幾月干支朔幾日干支孝孫某敢昭告于 顯高祖考某官府君 顯高祖妣某封某氏(諸位列書)某行年七十筋骸益痼不能跪奠將依古禮老傳之文所有家事付于子(或孫)某至於廟室遞遷改題自朱先生以爲難行今欲令某因攝祀事所祭之位亦稱其屬如是行事庶無所礙玆當歲首敢告厥由

⊙老傳重告辭(노전중고사)

維 歲次某甲正月某甲朔朝孝玄孫某敢因歲祀昭告于 顯高祖考妣(以下列書)某至愚不肖蒙被先世遺德獲奉祀事幾餘年歲時戰兢罔敢怠忽至于今玆行年七十有幾歲衰病侵凌筋骸弛廢宗事家政當傳子孫而嗣子某年已幾歲恐當承緖玆以傳重伏惟祖考擁佑顧歆永永無斁某不勝大願顧今某衰病勢難支久如以恩靈尙延喘息之間則猶當黽勉提摠大綱不使荒頹以辱先訓伏惟尊靈實鑑臨之謹告

●曲禮七十曰老而傳註傳家事任子孫是謂宗子之父

●王制七十不與賓客之事八十齊喪之事弗及也註八十不齊則不祭也子代之祭是謂宗子不孤

●問老而傳適子適孫主祭則廟中神主都用改換作適子適孫名奉祀然父母猶在於心安乎朱子曰然此等也難行且得躬親耳

●南唐曰老而傳子代父行事也改題遆遷是存亡易世事也代父行事則可而父在易世則不可本不可作一事行之也父有癈疾子代之執喪儀亦同此

●四未軒曰老而傳重不與祭其祝告依曾子問孝子某使介子某執其常事之例恐得

⊙主人有故使人代行措辭(주인유고사인대행조사)

○**病時:** 孝子某因病不能將事使某親某(或有疾病介子某代行)敢昭告于(云云)
○**幼時:** 孝子某幼不將事屬某親某敢(或孝子某未幼奉事弟某攝事)昭告于(云云)
○**遠在時:** 孝子某身在遠地不能將事使某親某敢昭告于
○**越境時:** 孝子某使介子某執其常事敢昭告于(云云)
○**老衰時:** 孝子某衰耗不堪事使子某敢昭告于(云云)

●曲禮七十曰老而傳註傳家事任子孫是謂宗子之父
●明齋曰朱子傳重告廟之文只言傳重而已又於與趙尙書書言不可遞遷之義甚嚴
●公羊傳(魯)昭公十五(前 527)年; 大夫聞君之喪攝主以往(何休注)主謂已主祭者臣聞君之喪義不可以不卽行故使兄弟若宗人攝行主事而往不廢祭者古禮也古有分土無分民大夫不世己父未必爲今君臣也
●喪禮備要喪禮初終立喪主; 襍(雜)記姑姉妹其夫死夫黨無兄弟使夫之族人主喪妻黨雖親弗(不)主
●家禮增解喪禮初終立喪主; ○右兄亡無嗣弟攝主親喪○右兄亡無嗣弟攝主祖父母喪○右嫡孫亡失祖母死次孫攝主○右無子有妻兄弟主喪○右幼兒兄弟攝主其喪
●辭源[攝主]代爲主祭之人
●曾子問孔子曰宗子居於他國庶子爲大夫其祭也祝曰孝子某使介子某執其常事
●退溪曰宗子死繼后子雖在襁褓亦當書其名而季也攝主可也○又曰宗子粤在他國而命介子代祭之例曰孝子某使子某敢昭告于云云
●尤庵曰凡祭事主人有故則使人攝行例也所攝之中如有尊行則子弟似不敢爲攝主矣
●遂菴曰孝子某有疾介子某代行薦禮敢昭告于○先祖之稱用宗子之屬代○有故措辭曰孝子某病不能將事○孝子某適在遠地不能將事○孝子某幼未將事○孝子某身犯惡疾使字囑某親某
●問祝文中顯考及夙興夜處等語以兒名書之則當依此書否寒岡曰旣以兒名書則當用家禮本文無所改
●梅山曰遞遷長房者亦用旁題支子攝祀旁題當書介子某攝祀祝當曰攝祀介子某恐宜
●葛菴曰長孫奉祀則父子已易世今推而上之使叔父未安且令次孫權攝以待長孫立后○父不與祭而使子弟攝行則曰孝子某使子某敢昭告云病中則云病不能將事或身在遠地不能將事

▶3389◀◈問; 부자의 기일이 하루에 들 때?

할아버지 기일 날 아범님이 작고 하였을 때 기제를 어떻게 지내야 하는지요. 혹자는 선존후비로 각각 지낸다 하고 혹자는 같이 양설하고 한번에 지내다 고도 하는데 어떻게 지내는 것이 맞습니까.

◈答; 부자의 기일이 하루에 들 때

아래와 같이 살펴보건대 양기(兩忌)가 같은 날 드는 제사에 대한 말씀이 양설로 나뉘어져 있습니다. 각설의 주장이 각각 명분이 있으니 양설의 주장 중 어느 설이 옳다 할 수는 없을 것 같습니다. 따라서 각 가문(家門)에서 어느 설(說)을 따른다 하여도 그르다 할 수는 없습니다.

●明齋曰祖孫同忌則一時同行恐無妨主人一也一時行之而各祝以告
●顧齋曰忌日異於練祥妻子之祭與親忌共設無妨
●大山曰祖禰同忌恐不必逐位各行也
●尤庵曰祖曾忌祭同日則當先後行之盖偕喪三年中有異殯各祭之文忌日喪之餘也
●陶庵曰兩忌日不可竝設只當先尊後卑而各行之

▶3390◀◈問; 부탁 드립니다.

급합니다. 제사상에서 고추 가루와 마늘이 들어가 있는 김치와 고등어 개고기 같은 음식은 올리지 못하게 되어있는데 그 이유에 대해 자세히 설명해 주셨으면 감사하겠습니다. 각각의 음식 별로 설명을 해 주시면 더 바랄 것이 없고요. 감사합니다.

◈答; 제찬에는 양념을 하지 않음.

귀하의 질문은 세가지 같습니다.

⊙첫째 질문. 고추와 마늘로 양념한 김치를 불용하는 이유.
옛날에는 고추와 마늘이 동양에는 없었습니다. 그러니 김치에 양념을 사용할 수가 없었겠지요. 중세에 외래종으로 수입되어 양념으로 재배 사용한 것으로 처음 그 시절에는 자극이 심하여 이를 경험치 않은 조상제사에 불경스러워 올리지 않았던 것으로 지금까지 관행화되어 오는 것이 아닌가 생각됩니다.

⊙둘째 고등어 불용이유.
도암 선생의 말씀에 모든 물고기중 식용할 수 있는 것은 모두 제사에 올린다 하였고 다만 송나라 황씨가 잉어는 제사에 불용한다 하였으니 잉어과의 어류만 제하면 될 것 같습니다. 다만 고등어를 제물로 쓰지 않는다면 제물로는 이제까지 북어와 자반을 통상적으로 올려드림이 관행화 되어 다른 어류는 생소함에서 아닌가 생각되어 집니다.

⊙세째 개고기의 불용이유.
주례에는 개를 생으로 올린다는 기록이 있고 의례에도 개를 국으로 하여 올린다 기록되어 있으나 우암 선생의 말씀에 우리나라의 세속에서 사용치 않으니 그 이유는 모르겠으나 속례에 쓰지 않으니 따름이 옳은 것이다라고 하셨고 수암 선생역시 고례에는 개고기를 올렸으나 지금 세속의 습관을 변경 하기가 어려우니 올려야 한다고 말할 수가 없다 하셨으니 우리의 관습으로 개는 재수가 없는 동물로 인식된 이유와 또 사람과는 다른 동물과 달리 정이 든 이유인 듯 합니다.

아래와 같이 살펴보건대 하늘이 낳고 땅이 기르지 않은 것은 예에 쓰지 않는다 하였고, 또 크면 큰 대로 작으면 작은 대로이지 큰 것을 작게 만들거나 작을 것을 보태어 크게 만들어도 안 된다 하였으며, 감히 맛을 더럽히지(인공으로 조미료 등을 사용 제 맛을 변화 시키지) 못한다. 하였는데 제물로 사용할 수 없는 것은 확인된 기록으로는,

○**복숭아**(과실 중 하품),
○**잉어**(李와 음이 같아서).
○**개 돼지의 내장**(사람과 같은 곡식을 먹기 때문)일 뿐입니다.

●家語孔子曰果屬有六桃爲下祭祀不用
●黃氏紹曰鯉魚不用於祭祀
●性齋曰或不用鯉魚則可異也李唐以鯉李音同禁食號爲赤鱓公黃說謬矣我國則無禁用之可也
●旣夕禮豚解無腸胃註無腸胃者君子不食溷腴疏君子不食溷腴者少儀文彼註謂犬豕之屬食米穀腴有似於人穢
●禮器禮也者合於天時設於地財順於鬼神合於人心理萬物者也故天不生地不養君子不以爲禮鬼神不饗也註合於天時天時有生也謂四時各有所生之物取之當合其時設於地財地理有宜也謂設施行禮之物皆地之所產財利也然土地各有所宜之產不可强其地之所無如此自然順鬼神合人心而萬物各得其理也天不生謂非時之物地不養如山之魚鼈澤之鹿豕之類○禮也自猶體也體不備君子謂之不成人設之不當猶不備也禮有大有小有賢有微大者不可損小者不可益顯者不可揜微者不可大也
●郊特牲鼎俎奇而籩豆偶陰陽之義也籩豆之實水土之品也不敢用褻味而貴多品所以交於旦(神)明之義也長樂陳氏曰鼎俎之實以天產爲主而天產陽屬故其數奇籩豆之實以地產爲主而地產陰屬故其數偶方氏曰籩之實若菱芡之類豆之實若芹蒲之類所謂水之品也籩之實若棗栗之類豆之實若菁韭之類所謂土之品也水土之品非人常食故曰不敢用褻味或水或土所取不一故曰貴多品
●說文解字木部[果]木實也從木象果形在木之上○又瓜部[瓜]蓏也(註艸部曰在木曰果在地曰蓏瓜者縢生布於地者也)象形(註徐鍇曰外象其蔓中象其實)凡瓜之屬皆从瓜
●漢書食貨志瓜瓠果蓏註應氏曰太實曰果草實曰蓏張晏曰有核曰果無核曰蓏臣瓚曰按木上曰果地上曰蓏也

▶3391◀◈問; 빠른 시간에 답변을 듣게 되여 진심으로 감사합니다 만 추가로.
선생님께서 답변을 주신데 있어 진심으로 감사를 드립니다. 추가로 또 다시 궁금증이 있어

여쭙고자 하오니 귀찮지만 답을 부탁 드리겠습니다.

기제사는 동생이 서울서 지낸다지만 많지 않은 식구라 설 명절 혹은 추석 시에만이라도 서로 나누어서 지내는 점에 대해서는 옳은 답안인지에 대해서 형은 설 명절 시(제주에서) 동생은 (추석에) 서울서 지내는 점 그리고 조부님 기제사시에 조모님 기제사를 합쳐 지낸다는 점에 대해서 의문점을 제기하오니 재차 답변 올리오니 선생님께서 해답을 부탁 드리겠습니다.

◈答; 제사는 나누어 지내지 않음.

제사는 형제간에 나누어 지내지 못합니다. 내외가 모두 죽었을 때 고(考; 남편)의 기일에 비(妣; 부인)를 합설하고 부인의 기일에 남편을 합설하여 지낸다는 것입니다.

●奔喪凡喪父在父爲主(註)父在而子有妻子之喪則父主之統於尊也
●溫公曰凡主人當以長子爲之無長子則長孫承重又曰父沒兄弟同居各主其喪(注)各爲妻子之喪爲主也
●曲禮支子不祭祭必告于宗子(註)不敢自專宗子有故支子當攝而祭五宗皆然疏廟在適子之家庶子不敢輒祭若濫祭亦是淫祀若宗子有疾不堪當祭則庶子代攝可也猶宜告宗子然後祭
●喪服小記庶子不祭禰者明其宗也(註)庶子不得立禰廟故不得祭禰所以然者明主祭在宗子廟必在宗子之家也庶子雖貴止得供具牲物而宗子主其禮也○(又)喪服小記庶子不祭祖者明其宗也(註)此據適士立二廟祭禰及祖今兄弟二人一適一庶而俱爲適士其適子之爲適士者固祭祖及禰矣其庶子雖適士止得立禰廟不得立祖廟而祭祖者明其宗有所在也
●問解續長子雖病廢似不可傳重於次子况長子有子則豈可以次子奉祀也
●曾子問庶子若宗子死告於墓而祭於家稱名不言孝身沒而已註孝宗子之稱不敢與之同但言子某至子可以稱孝

▶3392◀◈問; 4 대 봉사는 언제 누가 처음 시작하였나요?

요즘 성균관 홈을 찾아와 보면 代, 世 논쟁으로 온통 전체를 뒤덮어 놓아 눈살을 찌푸리게 하고 있습니다. 代 世란 유학을 잠깐이라도 공부한자로는 기조학문에 속할 터인데도 어지러울 정도로 뒤덮어 놓고 있습니다. 물론 학문이 높다 보니 시시하나 정답을 찾고자 논쟁을 벌리고 있는지는 모르겠으나 이준설님 대변자님 이이록님들 께서는 그보다 더 중요한 문제는 제사일 것입니다. 세분께서는 4 대 봉사를 하기 위하여 사당을 처음 세우고 사시 합제로 제사를 누가 언제 처음 시작하였나요.

세분께서는 여기 질문에 답변을 하여준 것을 보지 못한 것 같거든요. 그와 같이 代 世에 능하시다면 이상의 물음에 쾌히 답을 주실것으로 믿겠습니다. 김정곤 선생님이나 초암선생님들께서는 아신다 하여도 이 세분 등께 하루(내일 오후 1 시 반까지)를 여유 뒤에 이때를 넘기면 알지를 못함의 증거가 되니 그 뒤에 답을 주시기 바랍니다.

성균관은 우리 모두가 가꿔나갈 마지막 유학을 전공한자들의 보루로 보듬고 가꿔 나가야 할 터전입니다. 허세를 부려서는 아니 되겠지만 질 저하시키는 언행은 삼가야 하지 않겠습니까. 과하였다면 용서 하십시오.

◈答; 4 대 봉사는 언제 누가 처음 시작하였나.

○**祭祀**; 고대 포희(庖犧)씨가 백신에게 제사 지냈던 것이 시초(百神則祭祀之始也)라 하고,
○**神主**; 곡례(曲禮)에서는 제(帝)라 하였고 단궁(檀弓)에서는 상(尙)나라에서 처음 시작되었다 하며.
○**祖上祭**; 제요(帝堯)시대 조부(祖父)의 사당(祠堂; 祖禰廟)을 섬겼으며,
○**宗廟**; 요순시대(堯舜時代) 오묘(五廟)를 섬겼으며
○**配享**; 배향지례(配享之禮)는 상(尙)나라 때 처음 시작(商人始)이 되었고.
○**四代奉祀**; 東漢 光武帝(BC5~57)가 洛陽에 四親廟를 세우고 四時祭를 지냄이 四代奉祀함의 始初라 합니다.

●事物紀原集類祭祀;王子年拾遺記曰庖犧使鬼物以致群祠以犧牲登薦百神則祭祀之始也
●事物紀原集類宗廟;禮緯元命包曰唐虞五廟夏后因之至商而七書咸有一德曰七世之廟可以觀德是也周廉文武三祧故九廟由唐虞推而上之明其前有至堯舜乃祭五廟爾
●事物紀原集類配饗;尙書盤康之告其臣曰茲予大享于先王爾祖其從與享之則功臣配享之禮由商人始也
●事物紀原集類木主; 曲禮曰措之廟立之主曰帝檀弓曰商主綴重盖廟所以藏主冝始爲廟即立主也
●史記五帝本紀第一;黃帝者萬國和而鬼神山川封禪索隱曰言萬國和同而鬼神山川封禪祭祀之事自古以來黃帝之中推許黃帝以爲多多猶大也○高辛氏明鬼神而敬事之
●古今帝王創制原始伊耆氏;禋祭此祭祀之始
●史記五帝本紀帝堯者;祖禰廟(何休云生曰父死曰考廟曰禰)用特牛禮
●古今帝王創制原始東漢光武帝(BC5~57); 立四親廟洛陽(細註)祀南頓君春陵侯以上又起高廟於洛陽四時合祭高祖太宗世宗
●拾遺記總目;[庖犧] [神農][黃帝][少昊][高陽][高辛][唐堯(伊耆氏)][虞舜][夏][殷][周]
●史記本紀;[黃帝][帝項][帝嚳][帝堯][帝舜](以上五帝)[夏本紀][殷本紀][周本紀]

▶3393◀◈問; 4 대 봉사란.

어르신들이 말씀하시는 4 대 봉사가 무슨 말씀인지 자세히 알고 싶습니다.

◈答; 4 대 봉사란.

사대봉사(四代奉祀)란 제주(주인)의 부(父), 조(祖), 증조(曾祖), 고조(高祖) 이와 같이 사대(四代)의 신주를 사당에 모시고 제사를 받든다는 의미입니다. 물론 신주를 모시지 않았으면 지방을 써 모시고 제사하게 됩니다.

●程子曰自天子至於庶人五服未嘗有異皆至高祖服旣如是祭祀亦須如是
●朱子曰程子以爲高祖有服不可不祭祭寢亦必及於高組
●退溪曰祭四大程子謂高祖有服之親不可不祭朱子家禮因程子說而立爲祭四代之禮今人祭三代者時王之制也祭四代者程朱之制也
●沙溪曰祭三代乃時王之制然高祖當祭不但程朱有明訓我東先賢如退溪栗谷諸先生皆祭高祖
●退溪曰今日都中士大夫率用母在不祧遷之說凡母在者父喪畢藏其主於別處以待他日與妣同入廟始行祧遷之禮祖母曾祖母皆然云可知人情於此皆有所不安者意亦甚好然竊恐未爲得禮之正也大祥章改題遞遷新主入廟等事皆爲父喪而言未嘗言若母在則不可遽行遞遷等事聖人非不知母在而遞代爲未安其所以如此者何也父旣死則子當主祭子旣主祭子之妻爲主婦行奠獻母則傳重而不奠獻故曰舅沒則姑老不與於祭與則在主婦之前所謂曾祖之妻尙在埋其曾祖之主奉祀者之祖母尙在埋其祖之主雖皆未安恐不得不限於禮而奪於義

▶3394◀◈問; 4대제사를 2대만 지낼 때 절차.

지금 고조까지 제사를 지내는데, 앞으로는 3 대까지만 지내려고 하는데, 고조제사를 어떻게 해야 하는지. 그냥 고조제사는 지내지 않으면 되는지, 그냥 지내지 않으려고 하니 이상하여 또 찜찜하여 절차가 있으면 방법을 가르쳐 주시기 바랍니다.

◈答; 유가의 선대봉제사는 4 대임.

전통예절은 군자(대부사)의 예법이나 우리나라에서는 모두가 4 대 봉사를 함이 선대봉사의 예절로 굳어져 지켜지고 있습니다. 부모, 조부모, 증조부모, 고조부모를 친이라 하여 상복에는 차등은 있으나 어버이와 같이 섬기며 친진이라 하여 오대조부모 이상은 사당을 면하여 묘소로 옮겨 1 년에 한번 묘제로 섬기는 것이 전통예절의 근간인데 어찌 감히 감하라 이르겠습니까.

●程子曰自天子至於庶人五服未嘗有異皆至高祖服旣如是祭祀亦須如是
●朱子曰程子以爲高祖有服不可不祭祭寢亦必及於高組
●退溪曰祭四大程子謂高祖有服之親不可不祭朱子家禮因程子說而立爲祭四代之禮今人祭三代者

時王之制也祭四代者程朱之制也
●沙溪曰祭三代乃時王之制然高祖當祭不但程朱有明訓我東先賢如退溪栗谷諸先生皆祭高祖
●退溪曰今日都中士大夫率用母在不祧遷之說凡母在者父喪畢藏其主於別處以待他日與妣同入廟始行祧遷之禮祖母曾祖母皆然云可知人情於此皆有所不安者意亦甚好然竊恐未爲得禮之正也大祥章改題遞遷新主入廟等事皆爲父喪而言未嘗言若母在則不可遽行遞遷等事聖人非不知母在而遞代爲未安其所以如此者何也父旣死則子當主祭子旣主祭子之妻爲主婦行奠獻母則傳重而不奠獻故曰舅沒則姑老不與於祭與則在主婦之前所謂曾祖之妻尙在埋其曾祖之主奉祀者之祖母尙在埋其祖之主雖皆未安恐不得不限於禮而奪於義

▶3395◀◈問; 사망 후 첫 기제사일.

안녕하세요 수고 많으십니다. 창피스러워서 몇 번을 주저하다가 용기를 내여서 질문을 드립니다. 다름이 아니오라 저희 집안은 조상(祖上)의 기제사(忌祭祀)를 음력으로 지내고 있습니다. 그런데 음력으로 하다 보니 음력 월이 큰달(30 일)과 작은달(29 일)로 나누어 져있는데 작년(2006 년)에는 음력으로 7 월 30 일(甲申日)이 사망일 이었는데 올해(2007 년)는 음력 7 월이 29 일까지만 있으면 기제사 일은 며칠이 맞는 것이지요.

저희 집안은 사망한 날짜에서 하루를 앞당겨서 기제사를 지내고 있습니다. (예: 30 일 사망이면 29 일 밤 12 시 30 분경: 사실상은 30 일임)

저의 생각은 음력 7 월 29 일 밤 12 시 이후(실제는 30 일 새벽)에 에 기제사를 모시려고 하는데 맞는지 몰라서 가르침을 받고 싶습니다. 아울러 이렇게 되면 음력 2006 년 7 월 30 일 사망한 경우와 음력 8 월 1 일 사망한 사람의 기제사 일이 음력으로 2007 년 7 월 29 일 밤 12 시 30 분으로 같아지게 되는 경우라서 혼란스럽습니다. 선생님의 고견을 부탁 드립니다. 바쁘시더라도 꼭 답변 부탁 드립니다.

◈答; 사망 후 첫 기제사일.

귀하의 질문 요지는 다음과 같습니다.

1. 음력으로 큰달의 제사를 작은달을 만나면 어찌하나.

2. 기제사 시간은 전날 저녁 12 시 이후에 모시는데 맞는가.

3. 큰달인 30 일과 다음달 1 일이 기제일 일 때 다음해 작은달을 만나면 다 같이 29 일 12 시 이후에 지내게 되는데 맞는가.

1. 의 답변.

庾蔚之曰今年末三十日亡明年末月小若以去年二十九日親尙存用後年正朝爲忌此必不然ㅇ沙溪曰大月三十日死者後値小月固當二十九日爲忌値大月則自當 以三十日爲忌小月晦日死者後値大月當仍以二十九日爲忌不可延待三十日也

위의 말씀은 금년 말 30 일에 죽은 이의 다음 기일(忌日)이 12 월 29 일인 윤(閏)달이면 그날 지내야지 후년 정월 초하루로 밀려 제사를 지내면 아니 되고 30 일에 죽은 이의 다음 기일이 윤월(閏月)인 29 일에 닿으면 그날 지내고 윤월인 29 일 날 죽은 이의 다음 기일이 30 일인 큰달을 만난다 하여도 그믐날 지내는 것이 아니라 29 일 날이 기일(忌日)이 된다는 말씀입니다.

●通典范甯曰閏月者以餘分之日閏益月耳非正月也吉凶大事皆不可用故天子不以告朔而喪者不數
●開元禮閏月亡者祥及忌日皆以閏所附之月爲正
●庾蔚之曰今年末三十日亡明年末月小若以去年二十九日親尙存用後年正朝爲忌此必不然若其不然則閏亡者亦可知也
●退溪答金惇敍曰忌日旣行之於當朔當日矣其於閏朔遇是一何有再行之義乎此意厚而不達於禮不可爲訓典也
●問祖考之終在閏月者復遇亡歲之閏月則行祭於閏乎退溪曰閏非正月人之行祭常以正月而獨於是

歲依亡歲之月而祭似未穩祭則依常月行之於閏月亡日則齋素而不祭似當也
●問先考卒逝之日閏四月三十日也今又値四月之閏欲於閏月晦日行祭如何寒岡曰知禮之人皆以爲不可用閏月當於本月其日行祭閏月其日則行素而已可也
●沙溪曰或謂當用本月爲忌而閏月死日亦當行素云
●同春問人或死於閏正月則忌祭當用本正月否若値閏正月則當用何月云云沙溪曰通典諸說可考也或謂閏月死者後値閏月當用本月爲忌而閏月死日亦當行素云
●問閏月死者之子復値閏月則如之何明齋曰其日似當變服設位哭食素

2. 의 답변.
아래는 주자가례(朱子家禮) 기제사(忌祭祀) 시작하는 시점입니다

闕明夙興設蔬果酒饌
이에서 궐명(厥明)이라 함은 그 이튿날, 또는 다음날 날이 샐 무렵, 또는 내일 새벽 등등으로 해석할 수 있으니 다음날이란 뜻이며.

●周禮地官司徒第二司徒教官之職鄕大夫; 厥明鄕老及鄕大夫羣吏獻賢能之書于王王再拜受之(鄭玄注)厥其也明日也

質明主人以下變服
이에서 질명(質明)이라 함은 날이 샐 무렵, 새벽녘. 밤이 밝으려고 할 때, 여명 등등으로 해석할 수 있으니 먼동 틀 무렵으로 해석함이 어떨까 합니다. 다만 지금 작고한 날 자시(子時)에 기제(忌祭)를 지냄은 조상을 만나 뵘을 그날 먼동 트기까지 기다릴 수가 없는 효심으로 그날이 시작되는 첫 시간에 지내고 있다고 정의함이 옳을 것입니다. (실은 주자가례의 참 뜻은 아침 식사시간을 의도한 것이라 볼 수 있음)

●禮器質明而始行事疏質正也謂正明之時少牢禮朝明行事註朝明質明也此乃周禮也
●家禮忌祭編○厥明夙興設蔬果酒饌○質明主人以下變服詣祠堂奉神主出就正寢○參神降神進饌初獻
●士冠禮擯者請期宰告曰質明行事註擯者有司佐禮者在主人曰擯在客曰介質正也宰告曰旦日正明行冠事
●陳氏曰子路祭於季氏質明而始行事寧早則雖未明之時祭之可也
●南溪曰質明卽大昕指日未出時也

3. 의 답변.
1 번의 답변을 대입시켜 생각하면 30 일과 다음달 1 일의 기(忌) 일자를 30 일자가 윤달을 만나면 29 일 자시부터가 되며 1 일자가 전달 윤달을 만나면 29 일 자시부터가 되어 다 같이 29 일 자시부터가 됨이 맞는 것 같습니다.

▶3396◀ ◈問; 사망 후 첫 기제사 일?
고맙습니다. 선생님 바쁘신 와중에도 시간을 내여서 자상한 답변을 해주심에 머리 숙여 감사를 드립니다. 그렇다면 음력으로 2006 년 7 월 30 일 사망했으면 첫 기제사 일은 (2007 년 7 월의 그믐 일이 29 일인관계로) 음력 2007 년 7 월 29 일 밤 12 시 30 분에 모시고 그 다음 년도의 기제사 일은 (2008 년 7 월의 그믐 일이 30 일인 관계로) 음력 2008 년 7 월 29 일 밤 12 시 30 분에 모셔도 되는 것으로 이해를 하면 되겠습니까?

제가 이해를 잘못하고 있는지는 모르겠습니다 만은 음력으로 큰달(30 일) 사망한 경우는 그 다음 년도의 달이 큰달(30 일)이나 작은달(29 일)관계없이 29 일 밤 12 시 30 분에 기제사를 모시면 되는 것이군요. 비슷한 사례로 음력 2006 년 5 월 30 일 사망 하신 분의 기제사도 금년(2007 년)은 음력으로 5 월 29 일 밤 12 시 30 분에 모시고 음력 2006 년 6 월 1 일 사망하신 분의 기제사도 금년에는 음력으로 2007 년 5 월 29 일 밤 12 시 30 분에 모셔도 된다는 말씀이시네요. 전통예절를 지키려는 마음뿐으로 두서없이 질문을 드려서 죄송합니다. 안녕히 계세요.

◈答; 사망 후 첫 기제사 일?

가령 큰 달인 30 일에 작고 하였다면 다음 해에 그 달이 윤월이라 29 일이라면 그 분의 기일을 그 해에 한하여 29 일이 기일이란 뜻으로 기제는 28 일 자시부터가 그믐이 되며 또 29 일 작고한 기일과 30 일 작고한 기일이 윤월이 닿는 해의 기일은 29 일 작고한 분이나 30 일 작고한 분이나 모두 그믐날인 29 일이 기일이란 뜻으로 기제는 28 일 새벽 자시부터는 익일인 29 일이 되는 고로 그날이 기제 날이 된다는 것입니다. 또 1 일이 기일인 기제는 전월이 크면 30 일 새벽자시부터가 기일인 1 일이 되고 작으면 29 일 새벽 자시이전이 아닌 이후가 기일인 1 일이 된다는 뜻입니다.

작은달 29 일이나 큰 달 30 일은 모두 그믐날로 다음 기제 일이 작은 달이 29 일의 그믐은 30 일의 기일은 날짜는 따지지 않고 그믐인 29 일은 기제 일이 되며 작은 달이 기제 일이었던 기제는 변동 없이 당한 날이 기제이며 1 일이 기제인 제사 역시 전 달이 크던지 작던지 그믐날 자시부터가 1 일이 되는 고로 전 월이 소월(小月) 또는 대월(大月)을 따질 까닭이 없는 것입니다.

●問解大月三十日死者後値小月固當以二十九日爲忌値大月則自當以三十日爲忌小月晦日死者後値大月當仍以二十九日爲忌不可延待三十日也

▶3397◀ ◈問; 사위가 제주가 될 수 있나요?

수고 많으십니다. 자손(子孫)이 딸만인 경우 출가한 장녀(長女)가 제사를 모시고 있으나 사위는 제사에 참석은 하되 제주가 될 수 없다고 들었습니다. 이때 제주(祭主)는 장녀가 되어야 하는지 아니면 외손주가 되어야 하는지 궁금합니다. 그리고 추석명절 때 선산(先山)이 가까이에 있어도 집에서 차례를 지내고 성묘를 해야 합니까 아니면 산소에 가서 차례를 지내야 합니까?

◈答; 외손봉사.

문 1). 答; 입후할 친척이 없고 딸만 있을 경우 그의 사위는 제주가 될 수 없습니다. 외손이 있으면 외손이 제주가 되고 아직 없으면 딸이 제주가 됩니다.

문 2). 答; 묘소에서의 제사는 묘제이며 명절의 참례는 사당이나 지방제(紙牓祭)이면 정침에서 예를 갖추는 것입니다.

●尤庵曰外孫不敢奉祀自有朱子明訓寧有節文之可言者然喪家未立後之前其出家女權奉饋奠則亦有俗例而非禮之正也
●退溪曰外祖先無後不忍其主之無歸則權宜奉置別所往來展省
●大典外祖父母及妻父母無主祭者當於正朝仲秋及各忌日用俗儀祭之
●寒岡曰外家神主奉祀本非禮經今者不得已奉祀則當時祀茶禮時先祭祖外祖次祭

▶3398◀ ◈問; 사찰에서 지내는 기제사 날짜와 시간.

남편 첫 기일입니다. 돌아가신 날은 양력 7 월 25 일 음력 6 월 4 일입니다. 사찰에서는 오전 10 시경 제사를 지내는 데 제사날짜를 돌아가시기 전날 음 6 월 3 일로 해서 오전 10 경에 지내기로 했습니다. 기제사 날짜가 맞는지요?

◈答; 사찰에서 지내는 기제사 날짜와 시간.

기일(忌日) 기제(忌祭)라 이를 때 기(忌)자는 사람이 죽은 날이라는 뜻입니다. 까닭에 제사날은 작고한날입니다.

속례로 보통 기제를 작고한 전날 밤에 지내는 것은 하루의 첫 시(時)가 자시(子時)라 그 자시는 전날 밤 11 시부터 당일 01 시까지라서 그와 같이 지내다 보니 기제는 하루 전날로 오해를 하고 있는 것입니다. 바른 예법은 당일 먼동이 틀 무렵에 지내는 것입니다. 부군의 기일은 음 6월 3일이 아니라 6월 4일(10시)이라야 됩니다.
당일 자시행제(子時行祭)는 대부사서인제(大夫士庶人祭)가 아닌 왕가(王家)의 사제시간(私祭時間)입니다. 대부사서인제(大夫士庶人祭)의 시간대는 질명(質明; 날이 새는 새벽)입니다.

●康熙字典心部三畫【忌】[唐韻][集韻][韻會]渠記切[正韻]奇寄切竝音惎 又忌日親喪日也[禮祭義]君子有終身之喪忌日之謂也
●釋門家禮抄忌日; 二月十五日是 佛沮槃之日天下僧俗有營會供養即忌日之事也俗禮云君子有終身之孝者即忌日也
●咸興本宮儀式奏啓條本宮淸齋爲白遣初六日子時行祭是白如乎○本宮十一日子時行告由祭後陪香祝進詣定陵淸齋十三日子時攝行酌獻禮是白如乎
●日省錄十八日子時行祭天氣淸和享事利成獻官以下(云云)
●無名子集策皇極經世書; 天開於子地闢於丑
●高麗史節要 卷之三 顯宗元文大王; 聞雞聲砧響問於術士以方言解之曰鷄鳴高貴位砧響御近當是卽位之兆也
●辭源子部[子]地支的第一位又爲十二時辰之一夜十一時至次晨一時爲子時○又一部三畫[丑]十二時辰之一午夜一點鐘至三點鐘古稱鷄鳴時
●鬼神集說序; 鬼神(註)日出爲神入
●靑莊館全書淸脾錄凝齋; 水舍鷄鳴夜向晨(出한국고전)
●通典禮八十一開元禮纂十六吉十三三品以上時享其廟(四品五品六品以下祔); 享日未明烹牲於廚夙興掌饌者實祭器主人以下各服其服
●文獻通考宗廟考六祭祀時享(薦新); 其祭貴肺用朝及闇陳氏禮書曰祭義曰夏后氏祭其闇商人祭其陽周人祭日以朝及闇
●檀弓夏后氏大事用昏商人大事用日中周人大事用日出
●禮器質明而始行事疏質正也謂正明之時少牢禮朝明行事註朝明質明也此乃周禮也
●性理大全忌祭編○厥明夙興設蔬果酒饌○質明主人以下變服詣祠堂封神主出就正寢
●南溪曰質明卽大昕指日未出時也
●尤庵曰行祭早晩太早不可太晩亦不可惟當以質明爲正

▶3399◀ ◈問; 사후토(祠后土)와 제후토(祭后土)?

장사 지내기 전에 산신에게 고하는 제사를 사후토(祠后土)라하고 묘제를 지내고 지내는 산신제를 제후토(祭后土)라 합니다. 두 제사 모두 산신에게 지내는 제사인데 왜 그 제사 이름이 틀리는지요? 주위 아실 만한 어른들도 우물주물 제대로 대답하시지 못합니다.

여기 선생님께서는 왜 다른지 아시리라 사료됩니다. 쾌히 교수하여 주십시오. 죄송합니다.

◈答; 사후토(祠后土)와 제후토(祭后土).

아래와 같이 살펴보건대 사후토(祠后土)는 우제(虞祭) 전(前)의 단헌(單獻)의 전례(奠禮)로 서경(書經) 공영달소(孔穎達疏)에서 이르기를 사(祠)란 시(尸)의 예로 소전(小奠)이라 사후토라 하고, 묘제(墓祭) 뒤에 지내는 제후토(祭后土)는 길제(吉祭)의 제사(祭祀)로서 제자(祭字)에는 효경(孝經) 사장소(士章疏)에서 이르기를 찾아 뵙는 예로 삼헌(三獻)의 예라 제후토(祭后土)라 합니다.

●康熙字典示部五畫【祠】[唐韻]似玆切[集韻][韻會][正韻]詳玆切竝音詞祭也 又報賽也[周禮春官]小宗伯禱祠於上下神示(註)求福曰禱得求曰祠
●書經伊訓; 惟元祀十有二月乙丑伊尹祠于先王奉嗣(陸德明釋文)祠祭也(孔穎達疏)祠則有主有尸其禮大奠則奠器而已其禮小奠祠俱是享神故可以祠言尊
●康熙字典示部六畫【祭】[唐韻][集韻][韻會]竝子例切音霽[說文]祭祀也 又[孝經士章疏]祭者際也人神相接故曰際也詳見[禮記祭法祭統祭義]諸篇
●論語朱註八佾; 祭如在祭神如神在(朱註)程子曰祭祭先祖也祭神祭外神也祭先主於孝祭神主於敬愚謂此門人記孔子祭祀之誠意

▶3400◀◈問; 삼위(三位) 제사 상차림에 대해.

안녕하십니까. 저의 아버지는 한 분이시고 어머니는 두 분이십니다. 첫 번째 어머님은 결혼 후자식이 없이 젊은 나이에 돌아가셨고 둘째 어머님은 자식이 있으며 살아계십니다.

현재 아버지가 돌아가셔서 아버지와 돌아가신 어머니 제사를 모시고 있습니다. 그러나 살아계신 어머님이 연세가 많아서 얼마 못 살아계실 것 같습니다. 그래서 어머님이 돌아가시면 아버지 한 분과 어머니 두분 즉 세분의 제사를 모셔야 하는데 제사상을 어떻게 차려야 하는지 모르겠습니다. 그래서 문의 드립니다. 아버지와 두분 어머니의 제사상 차리는 법과 지방 쓰는 법과 지방을 놓는 위치를 알려주시면 감사하겠습니다. 항상 건강하시고 행복하십시요.

◈答; 삼위(三位) 제사 상차림에 대해.

삼위(三位)일 경우 지방은 각서로 서위상이니 서편에 고(考) 그 동편으로 정비(正妃) 다음 계비(繼妃) 순으로 각설(各設)합니다.

살피건대 기제(忌祭)에서 고비(考妣) 병제(並祭) 자체가 정례(正禮)가 아닙니다. 까닭에 양위(兩位) 일탁(一卓) 진설(陳設) 역시 예법(禮法)에 없습니다. 다만 사시제(四時祭) 진설(陳設)에서 팔위(八位) 진설(陳設)함에 제청(祭廳)이 비좁으면 의절(儀節)에서 양위병설찬도(兩位竝設饌圖)는 있으나 이 역시 제청(祭廳)이 넓으면 예법(禮法)과 같이 일위(一位) 일탁(一卓)으로 진설하여야 한다는 것입니다.

또 도암(陶庵) 선생 말씀도 일일각설(一一各設)이 가례(家禮)의 법도(法度)이나 사대부가(士大夫家)에서 소채행(蔬菜行)과 과행(果行)은합설(合設)하고 병면반갱(餠麵飯羹)은 각설(各設)한다 하셨고, 한강(寒岡) 선생께서는 일탁(一卓)에 잔반(盞盤) 갱반(羹飯) 적간(炙肝)을 각설(各設)한다. 하셨는데 이를 기제(忌祭) 진설(陳設)에적용한다면 잔반시초갱(盞飯匙醋羹) 적간(炙肝) 병(餠) 면(麵)만 각설한다. 라 정리가 됩니다.

●家禮補疑問解續問父若有前後室則前後母神主同出耶只出考與所祭之主耶答並祭爲當前母忌日同祭後母後母忌日同祭前母
●家禮四時祭設位條考西妣東各用一倚一卓而合之○又忌祭設位條如祭禰之儀但止設一位
●家禮儀節四時祭前一日設位每位用二倚一卓而合之
●寒岡曰共一卓而盞盤羹飯炙肝之類各設恐妨
●陶庵曰祭饌一一各設卽是家禮之制然士大夫家蔬果則合設獨各設餠麵飯羹者
●家禮儀節兩位竝設饌圖(丘按)舊圖考妣每位各設饌則四代該八卓矣今人家廳事多狭隘恐不能容今擬考妣兩位共一卓設饌如世俗所謂卓面者庶幾可行若夫地寬可容者自當如禮

▶3401◀◈問; 1.삼제(三祭) 2.삼제(三除) 3.제주(祭酒) 4.쇄주(祭酒)에 대하여 질문 드립니다.

문; 1.삼제(三祭) 2.삼제(三除) 3.제주(祭酒) 4.쇄주(祭酒)에 대하여 질문 드립니다.

1. 삼제(三祭)는 왜 세 번이며 강신 삼헌 때에 하는지요
2. 삼제(三除)라 하기도 한다는데요.
3. 제주(祭酒)란 무엇인지요.
4. 쇄주(祭酒)란 무엇인지요.

친한 학우가 으시대며 저한테 내준 문제입니다. 자세하게 설명 부탁 드립니다. 저도 으시대고 싶거든요

◈答; 1.삼제(三祭) 2.삼제(三除) 3.제주(祭酒) 4.쇄주(祭酒)에 대하여.

問 1 答; 예는 세 번으로 모두 이뤄지며 삼이 끝이라 함입니다. 강신예에서는 한번에 모두 모속에 따릅니다.

●書經顧命; 王三宿三祭三咤(孔傳)王三進爵三祭酒三奠爵(蔡沈集傳)禮成於三故三宿三祭三咤
●儀禮鄕射禮; 俎與薦皆三祭(鄭玄注)皆三祭爲其將祭侯也祭侯三處也(賈公彦疏)三處者下文右與左中是也
●舊唐書禮儀志三; 禮成於三初獻亞從合於一處
●太玄經二進; 三歲不還(范望注)三終也山川高險終歲不還以諭難也
●後漢書袁詔傳; 結恨三泉(李賢注)三者數之小終言深也
●文獻通考宋詔聖元年; 曾旼言周人以氣臭事神近世易之以香宋時朝享景靈宮儀始稱三上香
●國語周語下; 紀之以三平之以六(韋昭注)三天地人也
●朱子曰祭酒盖古者飮食必祭以鬼神自不能祭故代之祭也
●尤庵曰降神時傾酒于茅沙者求諸陰之義也三獻時少傾于茅沙者代神祭之義也
●家禮四時祭降神條本註云云主人左手執盤右手執盞灌于茅上云云

問 2 答; 아마도 三祭를 왜곡하여 세 번 지우다. 또는 세 번 따른다. 를 제(除)하다로 변자(變字)하여 三除라 하는 듯하나 예법에서는 근거가 없어 사용되지 않는 표현입니다.

問 3 答; 아래와 같이 살펴보건대 제례에서 삼헌의 매헌마다 헌주하였다 다시 내려 모사기에 헌관이 신 대신 세번 조금씩 딸아 제사함을 이름이며 또 성균관 정삼품 직의 관명이기도 합니다.

●朱子曰祭酒盖古者飮食必祭以鬼神自不能祭故代之祭也
●家禮考證喪禮篇三祭於茅束上郊特牲縮酌用茅明酌也註縮泲也云云
●楊氏曰案亞獻如初儀潮州所刊家禮云少牢饋食禮主人初獻尸尸祭酒而後啐酒卒爵主婦亞獻尸尸祭之而後卒爵賓長三獻尸尸祭酒而後卒爵士虞特牲禮亦然以此觀之三獻皆當祭主于茅
●問祭酒以家禮亞獻條但不讀祝云者觀之則三獻似皆祭之以擊蒙要訣亞獻條但不祭酒云者觀則亞終獻不祭無疑當何適從南溪曰楊氏附註三獻皆祭酒當從此說
●尤庵曰降神時傾酒于茅沙者求諸陰之義也三獻時少傾于茅沙者代神祭之義也
●儀禮鄕射禮俎與荐皆三祭郑玄注皆三祭竝其将祭侯也祭侯三處也賈公彦疏三處者下文右與左中是也
●李賀(出城別張又新酬李漢)詩今將下東道祭酒而別秦王琦匯解祭酒謂祖道祭也古者出行必有祖道之祭
●史記滑稽列傳故所以同官待詔者等比祖道於都門外
●漢書劉屈氂傳貳師將軍李廣利將出兵擊匈奴丞相爲祖道送至渭橋顔師古注祖者送行之祭因設宴飮焉
●南史重刻南史題辭萬曆辛卯夏六月吉旦國子祭酒新安張一桂書
●大典會通吏典成均館條祭酒一員正三品[增]一二品亦兼
●大典會通吏典成均館條祭酒一員正三品[續]增置○祭酒司業以學行有士望者擬差或單付[增]一二品亦兼

問 4 答; ⊙成均館의 一職인 [祭酒]를 [좨주]로 발음함에 대한 歷史的典類的 考察.

①及典法類考察
●太祖實錄辛禑六年(1380)庚申八月成均祭酒權近
●世宗實錄辛丑(1421)十二月九日戊戌(云云)成均祭酒(云云)
●한글반포 세종 28 년(1446)
●高麗史節要(1455~68)睿宗文孝大王癸巳八年以朴景綽爲國子祭酒
●中宗實錄壬午(1522)六月五日庚辰(云云)國子祭酒(云云)
●典錄通考(1707) 吏典成均館條祭酒(補)堂上學行有士望者授以他官兼

●大典通編(1785)吏典成均館條祭酒一員正三品[續]增置[增]一二品亦兼
●太學志(1785)職官差除成均館條祭酒二員(註自正三品至從一品)以他官兼之
●典律通補(1787)吏典成均館條祭酒正三以學行有士望者擬差或單付司隸同兼
●憲宗實錄乙巳(1845)六月二十五日乙卯(云云)洪直弼爲成均館祭酒(云云)
●大典會通(1865)吏典成均館條祭酒一員正三品[續]增置[增]一二品亦兼
●六典條例(1866)禮典成均館條祭酒一員正三品儒賢一二品亦兼
●東典考(19世紀末)官職成均館條有大司成祭酒(云云)後改定祭酒二員(云云)太宗改祭酒爲司成(云云)孝宗朝別置祭酒(云云)

②玉篇及辭典類考察

●華東正音通釋韻考(英祖 23;1747)去聲霽部[祭]享也[지][졔]○外廓線上附記俗音[祭]俗音無
●三韻聲彙(1751)去聲霽文[졔][祭]祭祀又察也至也
●康熙字典(1863)[示]部六畫[祭]韻會音霽說文祭祀也
●字典釋要(光武 10 년;1906)[示]部六畫[祭]音[졔]졔사졔
●增補字典釋要(隆熙三年;1909)[示部] 六畫 祭[졔]祀也.졔시졔.(霽)[채]姓也. 성채.○邑名고을일홈채(卦)
●校訂全韻玉篇(1913;新舊書林刊)[示]部六畫[祭]音[졔]○外廓線上附記祭官名[좨]
●御定奎章全韻(1913)去聲霽部[祭]祀也至也
●教訂玉篇(大正二年;1913)[示部](六)祭[졔]祀也人事至於神(霽)[채]姓也周大夫邑名(卦)
●新字典(乙卯;1915)[示]部六畫[祭]音[졔]祀也졔사○그지고
●全韻玉篇(大正六年;1917)[示]部六畫[祭]音[졔]
●字林補註(1922)[示]部六畫[祭]졔사[졔]
●韓日鮮新玉篇(年代未詳)[示部]六畫 [祭]졔사[졔]祀神。奉祀也。地名,或姓也。(魚)[サイ][セイ]マツリ。マツル。

③좨음의 辭典類考察

●朝鮮語辭典(1920;總督府)[祭](졔)[名]『祭祀』○좨[祭][名]成均館の一職
●國語大辭典(1991) 좨주(祭酒) [名] (고제) ①고려(高麗) 때 국자감(國子監)의 종 3 품 벼슬. ②조선 때 성균관의 정 3 품 벼슬. 학덕이 높은 사람으로 충당하여, 주로 석전의 제향을 맡아 보았음.
●漢韓辭典(1998) 示部 六畫[祭][一]제 [二]좨 [三]채 [二][國]좨주[좨](祭酒) 벼슬이름. ㉠고려 때 국자감의 종 3 품 벼슬. ㉡조선 때 성균관의 정 3 품 벼슬. 학덕이 높은 사람으로 충당하여 주로 석전(釋奠)의 제향을 맡아 보았음.

成均의 一職인 祭酒를 좨주로 발음함에 대하여 이상과 같이 살펴보건대 한글 반포가 1446 년이었으니 만약 그때부터 좨주라 하였다면 1920 년 以前의 玉篇이나 典類에 기록됨이 없다 1920 년 總督府 발행 朝鮮語辭典에서 비로소 나타난다. 그 이후 제작된 국어사전에서 좨주가 나타나고, 漢韓辭典에서는 국음이란 표시하고 좨음이 붙고 좨주라 하였다.

成均祭酒가 성균 좨주가 지금까지 통용되고 있는 까닭은 朝鮮語辭典에서 비롯되었음을 쉽게 이해될 것이다.朝鮮語辭典(總督府發行)의 오류가 이와 같이 한 국가의 언어를 왜곡시켜 놓았음을 알 수 있다.

▶3402◀ ◈問; 삼제에 관한 질의.

지방 기제사방법에서,

1. 강신례는 초헌례와 같이 삼제 의식으로 하나요?

2. 종헌례는 아헌례와 같다고 하는데 삼제의식으로 해야 하나요? 감사합니다.

◈答; 삼제에 관하여.

주자 가례나 비요 편람 등 예서에는 강신예 중 삼제 의식은 없습니다. 종헌례는 아헌례와

같다 하였으니 초헌례와 아헌례와 같이 헌주하였다 잔을 내려 모사에 삼제합니다.

●朱子曰祭酒盖古者飮食必祭以鬼神自不能祭故代之祭也
●家禮考證喪禮篇三祭於茅束上郊特牲縮酌用茅明酌也註縮泲也云云
●家禮考證喪禮篇三祭於茅束上郊特牲縮酌用茅明酌也註縮泲也云云
●楊氏曰案亞獻如初儀潮州所刊家禮云少牢饋食禮主人初獻尸尸祭酒而後啐酒卒爵主婦亞獻尸尸祭之而後卒爵賓長三獻尸尸祭酒而後卒爵士虞特牲禮亦然以此觀之三獻皆當祭主于茅
●問祭酒以家禮亞獻條但不讀祝云者觀之則三獻似皆祭之以擊蒙要訣亞獻條但不祭酒云者觀則亞終獻不祭無疑當何適從南溪曰楊氏附註三獻皆祭酒當從此說
●尤庵曰降神時傾酒于茅沙者求諸陰之義也三獻時少傾于茅沙者代神祭之義也
●儀禮鄕射禮俎與荐皆三祭郑玄注皆三祭竝其将祭侯也祭侯三處也賈公彦疏三處者下文右與左中是也
●李賀(出城別張又新酬李漢)詩今將下東道祭酒而別秦王琦匯解祭酒謂祖道祭也古者出行必有祖道之祭
●史記滑稽列傳故所以同官待詔者等比祖道於都門外
●漢書劉屈氂傳貳師將軍李廣利將出兵擊匈奴丞相爲祖道送至渭橋顔師古注祖者送行之祭因設宴飮焉

▶3403◀◈問; 삼제 의식.

안녕하십니까? 제사에 삼제(三祭) 의식에 대하여 행사 의미를 알고 싶습니다. 일반가정에서 삼제의 의식은 생략하는 예가 많습니다. 몰라서인지 간소화인지는 무지하나 그 의미는 꼭 되새겨야 할 걸로 여겨 문의 드립니다.

삼제란? 뜻 의미? 김 0 훈

◈答; 삼제 의식.

사시제(四時祭)의 삼제 의식에 관하여 아래와 같은 선유 들의 말씀이 계십니다.
沙溪曰古禮座中上客祭酒餘人不爲之祭國子祭酒之各由於此家禮時祭正位皆祭酒與古禮不同未詳○問虞祭祭而後獻時祭獻而後祭不同何也寒岡曰豈不以虞祭哀遽其禮當簡時祭嚴敬其禮不得不備也耶司馬公書儀則時祭與虞祭同禮而朱子於家禮不用書儀云耳○按便覽四時祭初獻條左手執盤右手取盞祭(三祭○要訣少傾)之茅上

위에서 살펴 본 바와 같이 요즈음 기제로 모든 섬김을 간소화 된 예에 삼제 의식을 택함이 예에 합당하리라 생각 합니다.

⊙삼제란?

위전에 헌주 후 다시 잔을 내려 모사에 세 번 기우려 조금씩 따르는 의식입니다.

⊙의미?

삼제에 관하여 의미를 설명한 예서의 행을 아직 찾은 바는 없으나 삼제는 생인이 조금 지우고 마시듯 신께서도 삼황인 복희씨, 신농씨. 황제. (수인씨). 일설에는 포희씨. 여왜씨, 신농씨. 또는 천황씨. 지황씨. 인황씨. 의 삼신에게 먼저 제사하고 마시는 의미 같습니다.

●史記荀卿傳荀卿最爲老師齊尙脩列大夫之缺而荀卿三爲祭酒焉註索隱曰禮食必祭先飮酒亦然必以席中之尊者一人當祭耳後因以爲官名故吳王濞爲劉氏祭酒是也而卿三爲祭酒者謂荀卿出入前後三度處列大夫康莊之位而皆爲其所尊故云三爲祭酒
●朱子曰祭酒盖古者飮食必祭以鬼神自不能祭故代之祭也
●家禮考證喪禮篇三祭於茅束上郊特牲縮酌用茅明酌也註縮泲也云云
●楊氏曰案亞獻如初儀潮州所刊家禮云少牢饋食禮主人初獻尸尸祭酒而後啐酒卒爵主婦亞獻尸尸祭之而後卒爵賓長三獻尸尸祭酒而後卒爵士虞特牲禮亦然以此觀之三獻皆當祭主于茅
●問祭酒以家禮亞獻條但不讀祝云者觀之則三獻似皆祭之以擊蒙要訣亞獻條但不祭酒云者觀則亞終獻不祭無疑當何適從南溪曰楊氏附註三獻皆祭酒當從此說

●尤庵曰降神時傾酒于茅沙者求諸陰之義也三獻時少傾于茅沙者代神祭之義也
●儀禮鄕射禮俎與荐皆三祭郑玄注皆三祭竝其将祭侯也祭侯三處也賈公彦疏三處者下文右與左中是也
●李賀(出城別張又新酬李漢)詩今將下東道祭酒而別秦王琦匯解祭酒謂祖道祭也古者出行必有祖道之祭
●史記滑稽列傳故所以同官待詔者等比祖道於都門外
●漢書劉屈氂傳貳師將軍李廣利將出兵擊匈奴丞相爲祖道送至渭橋顔師古注祖者送行之祭因設宴飮焉
●楊氏曰案亞獻如初儀潮州所刊家禮云少牢饋食禮主人初獻尸尸祭酒而後啐酒卒爵主婦亞獻尸尸祭之而後卒爵賓長三獻尸尸祭酒而後卒爵士虞特牲禮亦然以此觀之三獻皆當祭主于茅
●問祭酒以家禮亞獻條但不讀祝云者觀之則三獻似皆祭之以擊蒙要訣亞獻條但不祭酒云者觀則亞終獻不祭無疑當何適從南溪曰楊氏附註三獻皆祭酒當從此說
●尤庵曰降神時傾酒于茅沙者求諸陰之義也三獻時少傾于茅沙者代神祭之義也
●儀禮鄕射禮俎與荐皆三祭郑玄注皆三祭竝其将祭侯也祭侯三處也賈公彦疏三處者下文右與左中是也
●李賀(出城別張又新酬李漢)詩今將下東道祭酒而別秦王琦匯解祭酒謂祖道祭也古者出行必有祖道之祭
●史記滑稽列傳故所以同官待詔者等比祖道於都門外
●漢書劉屈氂傳貳師將軍李廣利將出兵擊匈奴丞相爲祖道送至渭橋顔師古注祖者送行之祭因設宴飮焉

▶3404◀◈問; 삼촌 제사?

삼촌은 군 의무를 하는 중에 휴가 왔다가 돌아가셨습니다 제가 성인 되기 전에는 부친이 절에 가서 제사를 지내들었습니다.

제가 성인되어 결혼해서 가정을 꾸민 후에 저의 부친이 네가 차남이니까 삼촌제사는 네가 지내 들이도록 해라 했습니다 제 나이 55 세입니다 좋은 말씀 부탁합니다.

◈答; 삼촌 제사.

전통 예법에서 차자는 친 부모의 제사도 주관하여 지낼 수 없는 것이니 삼촌의 제사도 지낼 수 없는 것 같습니다. 귀하의 삼촌이 약혼이라도 하였으면 귀하의 아들 대까지는 기제사를 지내는 것이며 약혼도 하지 않았다면 귀하의 대로 기제사는 마쳐지는 것입니다.

◆伯叔父母忌祭祝文式

維 歲次干支幾月干支朔幾日干支從子某敢昭告于 顯伯父(或叔父)某官(無官則學生)府君 顯伯母(或叔母)某封(無封則孺人)某氏歲序遷易 顯伯父諱日復臨(叔母忌日則顯叔母諱日復臨)不勝感愴謹以淸酌庶羞恭伸奠獻尙 饗

●旅軒曰雖旁親若尊位則皆用顯字府君字
●南唐曰母者生我之稱雖非生我者苟有父母之道者皆可稱之妣者配父之稱苟非配父者不可以混稱也伯叔母旣不可稱妣則伯叔父又不可獨稱考矣此則考妣之稱不可以復加於旁尊矣
●問仲父無后而伯父主宗故題以亡弟矣今有仲母喪而伯父且卒從兄移在遠地家親今則主喪題主何以爲之陶菴曰在重宗之義恐當以令從兄爲主題主以顯仲母矣今從兄方在遠哀姑攝祭畢竟班祔爲得
●問伯叔父母當以伯考妣叔考妣書之註其旁曰姪子某奉祀耶寒岡曰恐當曰顯伯考旁註則恐當曰從子某
●大全問庶子之所生母死題主當何稱朱子曰若避嫡母則止稱亡母而不稱妣
●便覽題主粉面式條顯考(註)承重云顯祖考傍親卑幼隨屬稱○又婦人粉面式條顯妣(註)承重云顯祖妣旁親卑幼隨屬稱
●備要題主祝文式條顯考某官封謚府君(云云)敢昭告于顯伯父某官府君顯伯母某封某氏叔父母同
●旅軒曰雖旁親若尊位則皆用顯字府君字

●備要題主祝顯考某官封謚府君(註)伯叔父母則云從子某敢昭告于顯伯父某官府君顯伯母某封某氏叔父母同

▶3405◀◈問; 상가 집 방문 후 제사.

5 일에 돌아가신 외할아버지 발인 후 돌아왔습니다. 곧 설인데 상가 집 다녀온 후에는 제사에 참석하지 않는다는 말들이 있더군요. 주자가례에서도 그렇게 하라고 하고 있는지요. 또 상가 집 다녀온 사람은 음식도 만들면 안 되는지요. 이런 말들 전 신경 쓰지 않지만 부모님은 신경 쓰시는 거 같아서 전문적 지식을 듣고자 여쭙니다. (김 0 훈)

◈答; 상가 집 방문 후 제사.

모든 제사(祭祀)에는 궂었던 몸과 마음을 깨끗이 다스리는 재계(齋戒)라는 법도가 있습니다. 그 법도에 의하면 명절은 재숙(齋宿) 즉 하루 전날 저녁에 목욕(沐浴)하고 궂은 일이나 음식을 가려먹고 술에도 취하지 않고 부부(夫婦) 별 처에서 자고 명절날 일찍 일어나 제사를 지내게 됩니다. 물론 장부(丈夫)와 부녀자(婦女子) 다 같습니다. 따라서 부녀자가 혹 재계(齋戒) 전에 상가(喪家)에 다녀왔다 하여 제물 준비에 참여하여서는 아니 된다는 전거는 알지 못합니다.

●孟子離婁雖有惡人齊戒沐浴則可以祀上帝(註)惡人醜貌者也○慶源輔氏曰惡人之質本醜而能齊戒沐浴至誠自潔則可以事上帝
●呂氏春秋孟春紀天子乃齋(註)論語曰齋必變食居必遷坐自禋潔也
●家禮正至朔望則參齋戒條正至朔望前一日灑掃齋宿厥明夙興(云云)

▶3406◀◈問; 喪中에 忌祭祀는 어떻게 奉行할까요?

예절(禮節) 문의(問議)에 명쾌(明快)하게 상담(相談)해 주신 분들게 감사(感謝)를 드립니다. 이번에는 상중(喪中)에 기제사(忌祭祀) 봉행(奉行)에 대하여 문의를 드립니다.

부친상(父親喪)을 당하여 기년(朞年)이 지나지 않아 상중(喪中)인데 조부(祖父)님 기제사(忌祭祀) 날이 다가 옵니다.

우리 집에는 사당이 있어 저를 기준으로 해서 조부(祖父)님 이상 고조부(高祖父)님까지는 사당(祠堂)에 모시고있습니다.

부친(父親) 상중(喪中)에 조부(祖父)님 忌日이 다가옵니다. 조부님 기제사 봉행에 대하여 여기저기 문의해 보니 각각 다 다릅니다.

첫째, 신주(神主)를 모시지 않고 진설(陳設)만 한다는 사례
둘째, 신주(神主)를 모시고 진설(陳設)을 하며 단헌(單獻)하고 무축(無祝)이라는 사례
셋째, 아예 제사(祭祀)를 모시지 않는다는 사례가 있습니다.

어떻게 해야 예절(禮節)에 맞게 조부님 제사(祭祀)를 봉행(奉行)할까요? 좋은 지도 말씀 주시기 바랍니다..

◈答; 상중 제사 지내는 법.

○아래와 같이 살펴보건대 친상(親喪) 중(中) 조부모(祖父母) 기제(忌祭)을 당하면 장전(葬前)은 폐(廢)하고 성리대전(性理大全) 졸곡(卒哭) 일 계산법에 의한 졸곡(卒哭)후 닫는 제사는 친족(親族) 중에서 복(服)이 가벼운 복인(服人)을 시켜 무축단헌(無祝單獻)으로 제사(祭祀)하게 됩니다.

○갈장(渴葬.報葬;사정상 3 개월을 기다리지 않고 장사함)을 하였다 하여도 복인들이 다른 제사 지내는 예법은 정식으로 3개월 후에 장사의 예법을 좇아 행하게 됩니다.

●朱子曰百日卒哭乃開元禮以今人葬或不能如期故爲此權制王公以下皆以百日爲斷不經之甚今從周制葬後三虞而後卒哭得之矣

●王制天子七日而殯七月而葬諸侯五日而殯五月而葬大夫士庶人三日而殯三月而葬

●性理大全喪禮治葬;三月而葬○葬之日日中而虞○遇柔日再虞(柔日乙丁巳辛癸)○遇剛日三虞(剛日;甲丙戊庚壬)○三虞後遇剛日卒哭

●家禮治葬三月而葬條司馬溫公曰古者天子七月諸侯五月大夫三月士踰月而葬敕王公以下皆三月而葬

●要訣祭儀抄喪服中行祭儀;凡三年之喪古禮則廢祠堂之祭而朱子曰古人居喪衰麻之衣不釋於身哭泣之聲不絶於口其出入居處言語飮食皆與平日絶異故宗廟之祭雖廢而幽明之閒兩無憾焉今人居喪與古人異而廢此一事恐有所未安朱子之言如此故未葬前則準禮廢祭而卒哭後則於四時節祀及忌祭(墓祭亦同)使服輕者(朱子喪中以墨衰薦于廟今人以俗制喪服當墨衰著而出入若無服輕者則亦恐可以俗制喪服行祀)行薦而饌品減於常時只一獻不讀祝不受胙可也○期大功則葬後當祭如平時(但不受胙)未葬前時祭可廢忌祭墓祭略行如上儀○緦小功則成服前廢祭(五服未成服前雖忌祭亦不可行也)成服後則當祭如平時(但不受胙)服中時祀當以玄冠素服黑帶行之

●小記;報葬者報虞三月而後卒哭註報讀爲赴急疾之義謂家貧或以他故不得待三月死而卽葬者旣疾葬亦疾虞虞以安神不可後也惟卒哭則必俟三月耳

▶3407◀◈問; 상중 기제사 지내는 법.

안녕하십니까. 집안에 초상이 나면 그 해에는 기제사를 모시지 않는다고 하는데요

참고로 저의 어머니께서 5 월 초에 별세 하셨는데 6 월에 할아버지, 아버지 기일이 하루 걸러서 돌아 오거든요 어찌하는 것이 옳은 것인지요! 고견 부탁 드립니다.

◈答; 상중 기제사 지내는 법.

삼년상(三年喪) 중인 복인(服人)의 상중(喪中) 제사(祭祀) 지내는 법도(法度)는 사정상 석달 안에 장사(葬事)(장사; 疾葬)하였다면 우제(虞祭)는 장사(葬事)를 마치면 곧 따라 지내고 卒哭(졸곡; 사후 약 100 여일)은 법도(法度)대로 지내게 되는데, 졸곡(卒哭) 전(前)에 닫는 모든 제사(祭祀)는 폐(廢)하고 이후(3 년 탈상 내)에 닫는 기제(忌祭) 묘제(墓祭) 절사(節祀)는 후손(後孫) 중(中) 가장 복(服)이 경(經)한 이를 시켜 제사(祭祀)하되 제수(祭需)는 평상(平常)보다 감(減)하여 진설(陳設)하고 무축단헌지례(無祝單獻之禮)로 제사(祭祀)를 마칠 뿐 음복(飮福)도 하지 않습니다.

※질장(疾葬)이란 상(喪)을 당하면 3 달이후 장사(葬事)함이 바른 법도이나 사정상 그 안에 장사함을 이르는 말인데 장사 전은 모든 제사(祭祀)를 폐(廢)하게 되는데 만약 질장(疾葬)을 하였다 하여도 사후(死後) 3 달 안에는 법도대로 모든 다른 제사를 지내지 않게 됩니다.

●王制喪三年不祭註喪凶事祭吉禮吉凶異道不得相干故二年不祭疏禮卒哭而祔練而禘於廟此等爲新死者而爲之則非常祭也其常祭法必待三年喪畢也

●通典晉賀循云禮在喪者不祭祭吉事故也其義不但施於生人亦祖禰之情同其哀戚故云於死者無服則祭也今人有服祭祀如故吉凶相干非禮意也

●小記報葬者報虞三月而後卒哭註報讀爲赴急疾之義謂家貧或以他故不得待三月死而卽葬者旣疾葬亦疾虞虞以安神不可後也惟卒哭則必俟三月耳

●祭儀抄喪服中行祭儀;凡三年之喪古禮則廢祠堂之祭而朱子曰古人居喪衰麻之衣不釋於身哭泣之聲不絶於口其出入居處言語飮食皆與平日絶異故宗廟之祭雖廢而幽明之閒兩無憾焉今人居喪與古人異而廢此一事恐有所未安朱子之言如此故未葬前則準禮廢祭而卒哭後則於四時節祀及忌祭(墓祭亦同)使服輕者(朱子喪中以墨衰薦于廟今人以俗制喪服當墨衰著而出入若無服輕者則亦恐可以俗制喪服行祀)行薦而饌品減於常時只一獻不讀祝不受胙可也○期大功則葬後當祭如平時(但不受胙)未葬前時祭可廢忌祭墓祭略行如上儀○緦小功則成服前廢祭(五服未成服前雖忌祭亦不可行也)成服後則當祭如平時(但不受胙)服中時祀當以玄冠素服黑帶行之

●性理大全喪禮治葬;三月而葬○葬之日日中而虞○遇柔日再虞(柔日乙丁巳辛癸)○遇剛日三虞(剛日;甲丙戊庚壬)○三虞後遇剛日卒哭

▶3408◀◈問; 상중에 제사일 문의.

수고 많으십니다. 고견을 얻고자 아래 문의를 드립니다.

문의 배경; 아버님이 음력 2015.03.18.에 돌아가시어 매년 음력 03.18 에 小祥, 大祥, 忌祭祀를 모시던 중 작년 2021 년 음력 03.19.에 어머님이 돌아가셨습니다.

문의 내용; 올해 음력 03.18 에 아버님의 忌祭祀를 올리고, 연달아 다음 날인 음력 03.19 에 어머님의 小祥을 모시는 것이 맞는지요? 아니면 다른 방법이 있는지요?

◈答; 상중 제사.

아래와 같이 살펴보건대 법도상 삼년상 중에는 모든 제사를 폐한다. 라 하였는데 요결 제의초(栗谷 李珥) 말씀에 장사전(갈장을 하였다 하여도 장례 법도상 3 월후 장사)에 닫는 모든 제사는 폐하고 졸곡(약 100 일) 후에 닫는 제사는 가장 복이 가벼운 이를 시켜 무축단헌으로 제사한다. 란 말씀이 계십니다.

모친께서 2021 년 03 월 19 일에 작고하셨다면 2022 년(금년) 03 월 19 일이 소상이 되고 2023 년(내년) 03 월 19 일이 대상이 되어 그날 탈상을 하게 됩니다.

◆부친 제사 지내는 법; 따라서 부친 제사는 율곡 선유설을 따른다 하여도 금년 3 월 18 일은 소상 전날이 되어 상중이 됩니다. 이와 같아서 졸곡 후 상중에 닫는 제사는 복인 중 복이 가장 가벼운 복인을 시켜 무축단헌으로 제사하심이 옳습니다.

물론 상중 제사 지내는 법도에는 상중에 닫는 제사는 폐제한다 하였으나 율곡설을 따른다 하여도 예법에 어그러진다 할 수는 없습니다.

◆모친 소상 지내는 법; 3 월 18 일에 이상과 같이 부친 기제를 지내시고 다음날인 3 월 19 일에 모친 소상을 지내심이 법도상 아무 문제가 없습니다.

●王制喪三年不祭註喪凶事祭吉禮吉凶異道不得相干故二年不祭疏禮卒哭而祔練而禘於廟此等爲新死者而爲之則非常祭也其常祭法必待三年喪畢也
●通典晋賀循云禮在喪者不祭祭吉事故也其義不但施於生人亦祖禰之情同其哀戚故云於死者無服則祭也今人有服祭祀如故吉凶相干非禮意也
●張子曰喪不貳事則祭雖至重亦有所不可行蓋祭而誠至則哀忘祭而誠不至則不如不祭
●要訣祭儀抄喪服中行祭儀;凡三年之喪古禮則廢祠堂之祭而朱子曰古人居喪衰麻之衣不釋於身哭泣之聲不絶於口其出入居處言語飮食皆與平日絶異故宗廟之祭雖廢而幽明之閒兩無憾焉今人居喪與古人異而廢此一事恐有所未安朱子之言如此故未葬前則準禮廢祭而卒哭後則於四時節祀及忌祭(墓祭亦同)使服輕者(朱子喪中以墨衰薦于廟今人以俗制喪服當墨衰著而出入若無服輕者則亦恐可以俗制喪服行祀)行薦而饌品減於常時只一獻不讀祝不受胙可也○期大功則葬後當祭如平時(但不受胙)未葬前時祭可廢忌祭墓祭略行如上儀○緦小功則成服前廢祭(五服未成服前雖忌祭亦不可行也)成服後則當祭如平時(但不受胙)服中時祀當以玄冠素服黑帶行之
●小記報葬者報虞三月而後卒哭註報讀爲赴急疾之義謂家貧或以他故不得待三月死而卽葬者旣疾葬亦疾虞虞以安神不可後也惟卒哭則必俟三月耳
●朱子曰百日卒哭乃開元禮以今人葬或不能如期故爲此權制王公以下皆以百日爲斷不經之甚今從周制葬後三虞而後卒哭得之矣
●王制天子七日而殯七月而葬諸侯五日而殯五月而葬大夫士庶人三日而殯三月而葬
●性理大全喪禮治葬;三月而葬○葬之日日中而虞○遇柔日再虞(柔日乙丁巳辛癸)○遇剛日三虞(剛日;甲丙戊庚壬)○三虞後遇剛日卒哭
●家禮治葬三月而葬條司馬溫公曰古者天子七月諸侯五月大夫三月士踰月而葬勑王公以下皆三月而葬
●小記;報葬者報虞三月而後卒哭註報讀爲赴急疾之義謂家貧或以他故不得待三月死而卽葬者旣疾葬亦疾虞虞以安神不可後也惟卒哭則必俟三月耳
●性理大全家禮喪禮小祥; 朞而小祥(注)自喪至此不計閏凡十三月古者卜日而祭今止用初忌以從簡易大祥倣此

▶3409◀◈問; 생선회는 안되나요?

수고하십니다. 제사와 관련해 궁금한 것이 있어 글 올립니다.

돌아가신 선친께서 생전에 생선회를 좋아하셨습니다. 제사에는 생선회는 사용하면 안 된다고 하는데 제상에 올리면 안 되는지요. 그리고 아버님이 돌아 가신지 삼 년째 되는데 종증조부님 제사를 사찰에서 모시려고 합니다. 특별한 절차가 있는지요?

유익한 정보 감사 드리며 내내 건강하시기 바랍니다.

◈答; 제수에 生鮮膾(생선회)는.

1) 제사에 생선회 진설 당부

아래와 같은 선유의 말씀이 계십니다.

●朱子曰用生物祭者皆是假此生氣爲靈
주부자께서 말씀하시기를 생물(生物)로 제사 지내는 신은 기를 생성하고 만물을 발육생장케 하는 멀거나 가까운 잡신이 아닌 올바른 생기자(生氣者)의 신령이니라.

●沙溪曰家禮所謂魚肉非生魚肉也乃魚湯肉湯也
사계(沙溪)선생께서 이르시기를 가례(家禮)에 소위 생선과 고기라 함은 날 생선과 날고기라는 말이 아니며 어탕(魚湯)과 육탕(肉湯)이니라.

●尤菴曰家禮初祖祭有腥熟兼設之文至於時祭以下則不用腥豈初祖則是上世之人故兼用古今之饌而近祖則純用俗饌耶然程朱所論生物生氣等訓旣如此則全不用腥不安於心故鄙家則用魚膾肉膾蓋是常饌而有生氣者故也
우암 선생께서 이르기를 가례(家禮) 초조제(初祖祭)에 생고기와 익힌 고기를 같이 진설하는 글이 있으며 사시제(四時祭) 이하의 제사에는 생고기를 쓰지 않는 것인데 왠가 하면 초조(初祖)는 아주 옛날 분이기 때문에 옛날 음식과 지금의 음식을 같이 진설 하는 것이며 가까운 조상은 모두 세속의 찬품으로 쓰는 것이라고나 할까. 그러나 정자(程子) 주자(朱子)께서 논한바 생물(生物)과 생기(生氣)등으로 가르침이 이미 이와 같았으니 전부 생고기로는 쓰지 않아야 하는데도 마음이 편안치가 않는 고로 완고한 가문에서는 어회(魚膾)와 육회(肉膾)를 쓰고 있는데 모두 먹고 있는 일상 찬품이라 하여도 생기자(生氣者) 제사를 지내고 있을 때의 일이니라,

오례의(五禮儀)의 종묘사직(宗廟社稷) 문선왕(文宣王) 천지신제(天地神祭)의 진설도에는 양성칠체(羊腥七體)와 시성칠체(豕腥七體)를 썼으며 대부사서인(大夫士庶人)의 시향(時享) 기일(忌日) 속절(俗節)의 찬품에도 어육(魚肉)뿐으로 생물(生物)인 회는 없음

이상과 같이 상고하여 보건대 생물(生物)은 보통 인간의 혼신 이상의 신(神)즉 왕(王) 버금이상의 신과 천지신에게만 쓰고 그 이하 대부사서인(大夫士庶人)의 조상 제사에는 익혀야 하는 음식물은 모두 익혀 써야 하는 것 같습니다.

2). 종조부제사 사찰에서 제사하는 절차에 관하여. 제사를 사찰에서 모시는 절차는 알지를 못합니다.

▶3410◀◈問; 서반동갱과 우반좌갱은?

안녕하십니까? 궁금한 점이 있을 때마다 많은 도움을 주셔서 감사합니다.

제수 진설 용어를 보면 서반동갱과 우반좌갱이 있는데 서로 다른 뜻인지 같은 뜻인지 궁금합니다. 제수 진설 시에는 생시와는 다르게 메는 왼쪽, 갱은 오른쪽에 진설 하였는데 우반좌갱이라며 메는 오른쪽에 갱은 왼쪽에 진설하는 곳이 있는가 하면 우반좌갱은 신위에서 보아서 오른쪽에 메 왼쪽에 갱을 진설하는 것이므로 제관이 보는 곳에서는 메는 왼쪽에 갱은 오른 쪽에 진설하는 것이 맞다는 분도 있더군요. 가르침 부탁 드립니다.

◈答; 서반동갱과 우반좌갱은

진설법에서 서반 동갱이니 면육적어병이니 좌포우해니 조율시이니 홍동백서니 하는 것 모두가 생자가 보아 이름 지어진 것입니다. 신령이 보고 이름 붙여 알려 준 것이 아닐진대 우반좌갱이란 어찌 해석하여야 할지 혼란스럽습니다.

진설도(陳設圖)에서의 약칭(略稱)은 외우기 쉽게 하여 항상 잊지 않고 법도(法度)에 맞게 올바른 진설을 하게 함에서인데 어느 것은 사자 위주로 하고 어느 것은 생자 위주로 하면 오히려 번잡스러울 뿐만 아니라 약칭의 취지를 살릴 수가 없게 될 것입니다. 그런고로 우반좌갱(右飯左羹)이라 혹 가문(家門)에서 쓴다면 이는 특별함을 쫓는 것이니 거론할 것이 못될 것입니다. 신주의 위치나 진설도및 제구의 위치는 모두 생자(生者) 위주로 보아 불려지는 것이 맞다 할 것입니다.

●家禮四時祭進饌條主人奉羹奠于醋楪之東主婦奉飯奠于盤盞之西
●家禮圖式設饌圖飯盞匙醋羹(西飯東羹)
●退溪答人曰祭饌尙左之說恐未然盖食以飯爲主故飯之所在卽謂所尙如平時左飯右羹是謂尙左而祭則右飯左羹是乃尙右所謂神道尙右者然也

⊙우졸곡반갱지서(虞卒哭飯羹之序)

●家禮虞祭祝進饌條執事者佐之其設之敍如朝(河西曰朝朔字之誤)奠○成服朝奠條朝奠執事者設疏果脯醢祝盥手云云
●丘儀虞祭具饌條於靈座前卓子上近靈前一行設匙筯當中近內設酒盞在匙筯西醋楪在東羹在醋楪東飯在酒盞西
●通攷時祭進饌之序用於虞祭恐爲未安抑朱子以虞祭讀祝於右卒哭讀祝於左謂得禮意蓋以卒哭以後爲吉祭故也今若以時祭設饌之序移祔卒哭之後則雖與家禮不同而未爲失朱子之旨耶
●牛溪曰祭禮設飯於西非獨丘儀如此家禮時祭進饌之儀已如此然初喪象生故凡設奠皆如平時至於虞以後用祭禮然則自虞而西飯恐不無悖乎禮也
●竹菴問虞祭進饌如朔奠云而考朔奠無其序之可據當依時祭進饌之序否黎湖曰依時似有可抽
●鹿門曰虞以後生事畢鬼事始故其設饌用祭禮飯右羹左上食則當常生從曲禮飯左羹右之設
●沙溪曰自虞以後之祭則左設三年朝夕上食則象生時右設
●退溪答人曰祭饌尙左之說恐未然盖食以飯爲主故飯之所在卽謂所尙如平時左飯右羹是謂尙左而祭則右飯左羹是乃尙右所謂神道尙右者然也
●備要虞祭陳器設饌圖之圖條西飯東羹便覽虞卒哭陳器設饌之圖條亦西飯東羹
●老洲曰備要要設之設饌不同備要依家禮而多出於古禮要設依五禮儀而多出於俗禮其不同處當以備要折衝然若是先世所行雖或小違於禮無大害於理者只當姑以喪祭從先祖之義處之況有三年無改之道乎

▶3411◀◈問; 선생님께 기제사에 대한 질의를 하옵니다.

선생님께 질의하신, 즉시 답변을 주신 점에 진심으로 감사 드립니다. 그런데 선생님께 재차 질의를 하게 되어 번거롭지만 답변을 부탁 드리겠습니다.

지방에서 제사를 어머님께서 작년(2010 년까지) 모시다가 연로하셔서 올해부터는 아들께서 서울에서 모시고자 합니다. 이에 대해 제사를 처음으로 모시고자 할 때는 어떠한 禮法으로 지내야 되는지 이에 대한 축문서식과 서울로 모시고 올라가기 전 (당일) 墓所를 방문하여 제례를 지내야 한다는 이웃어르신 말씀이 있기에 이런 경우 어떻게 해서 첫 제사를 지내야 하는지 궁금하기에 선생님께 답답한 심정을 질의하오니 답변 부탁 드리겠습니다.

◈答; 제사를 옮길 때.

옮겨 가실 때에 옛집에서 주과포 진설 후 단헌의 예로 다음과 같이 축으로 고하고 서울로 올라오셔서 또 그와 같이 진설하고 같은 예법으로 다음과 같이 고하면 될 것 같습니다. 이 예는 신주의 예이나 신주를 모시지 않으셨으면 지방으로 대신하면 될 것입니다.

⊙移舍奉主告辭(옮길 때)

維 歲次干支幾月干支朔幾日干支孝子某敢昭告于 顯考學生府君今因移舍將奉神位移安于서울某洞新第敢告

⊙奉安新宅祝辭(서울에서)

維 歲次干支幾月干支朔幾日干支孝子某敢昭告于 顯考學生府君屋宇惟新奉儀如舊伏惟尊靈是安是依

위 학생(學生)에는 생전 관직(官職)이 있었으면 관등(官等)을 쓰시고 일진은 달력을 참조하시기 바랍니다.

●栗谷曰凡神主移安還安或奉遷他處等事則告祭用朔參之儀告詞則臨時製述

▶3412◀◈問; 성묘와 제사의 순서.

안녕하시니까? 곧 첫 제사를 올려야 되는데 시간이 여의치가 않아서 제사 전날에 성묘를 다녀올려고 하는데 그게 제사예절에 어긋 나는지요? 꼭 제사를 먼저 올리고 성묘를 나중에 다녀와야 되는 것인지요?

◈答; 제사(祭祀)와 성묘(省墓).

기제사나 명철 참사를 지내고 반듯이 성묘를 가라는 예법은 어느 예서에서도 규정지어 놓은 바가 없습니다. 따라서 제사와 성묘는 별개의 예입니다.

성묘(省墓)란 글자의 의미대로 묘(墓)를 살펴보러 가는 예이니 기제사나 명절의 예를 마치고 나면 여느 때와 달리 그 선대가 그리움이 더하여져 예법에는 반듯이라는 규정은 없으나 묘를 찾아 뵙고 정과 존경을 표하게 됩니다.

그 외에도 수시로 상묘(上墓)하여 인사를 드리고 묘를 깨끗이 다듬고 슬픔이나 그리움을 풀고 하산(下山)합니다. 물론 금초(벌초) 역시 성묘의 일환이 됩니다.

●池北偶談談藝五孝經庶人章; 公一日省墓至寺中有父老五六輩上謁進脫粟飯
●南齊書沈文季傳: 休祐被殺雖用薨禮僚佐多不敢至文季獨往省墓展哀
●開元禮王公以下拜掃先期卜日如常前一日設次於塋南百步道東西向北上設主人以下位塋門外之東西面以北爲上其日主人到次改服公服無者常服主人以下俱再拜行墳塋至於封樹內外環繞哀省三周其荊棘慮與荒草連接者皆隨卽芟剪不令火由得及掃除訖主人以下復門外位皆再拜遂還若遠行辭墓哭而後行
●南齊書沈文季傳休祐被殺雖用薨禮僚佐多不敢至文季獨往省墓展哀
●池北偶談談藝五孝經庶人章公一日省墓至寺中有父老五六輩上謁進脫粟飯
●嬾眞子卷一溫公先隴在鳴條山墳所有餘慶寺公一日省墳止寺中
●宋子大全行狀沙溪金先生行狀上嘉賞仍曰予心缺然勿思永歸拜掃墳塋趁卽上來
●禮輯墓爲先人體魄所藏當拜掃以時俾無荒圮禮也然寒煙蔓草愴焉生悲斯至情之不能已者故朱子稱湖南風俗猶有古意人家上冢往往哭盡哀今世俗或假拜墓之便延賓客宴飮漠無哀思噫俗弊甚矣
●遂庵曰曾見兩先生謁墓展墓只行一再拜據此行之未見違於禮也
●荷齋日記丁未年二月二十四日乙酉晴往廣陵三處山所省楸而抵暮歸來
●老稼齋曰看山歸路過山谷哭姪女李氏婦墓
●問祖父同入麓拜祖時父墓在後心似未安栗谷曰勢然也視之以異室可也
●問傍親同在一山則雖不參祭時或虛拜可乎栗谷曰雖四時不必皆拜一年一度不可廢也
●近齋曰同入一麓省拜時累代則先尊後卑
●尤庵曰省墓時初度再拜復再拜而退

▶3413◀◈問; 세번이란 의미.

수고가 많으십니다. 아래와 같은 의문이 생겨 질문을 드립니다.

제사를 지내면서 향을 피우는데 삼상향이라 하고 술을 올리는데 삼헌이라 합니다. 향을 한번에 많이 넣거나 또는 네번은 안되며 후손이 있는대로 술잔은 올리거나 혼자일 때 한번만 올리면 안되는지 궁금합니다. 왜 세번 향을 피우고 세번 잔을 올려야 하는지 지도하여 주십시오!!!!

◈答; 삼상향(三上香) 삼헌(三獻)의 삼의 의미는.

아래와 같이 살펴보건대, 삼상향(三上香)이란 분향(焚香)할 적에 향합에서 향을 세 번 집어 향로에 넣어 불에 사르고, 삼헌(三獻)이란 초헌(初獻) 아헌(亞獻) 종헌(終獻)이며 삼제(三祭)는 강신례(降神禮)를 행하면서 모반(茅盤)에 세 번으로 나누어 따름인데 이에서 삼(三)이란 아래의 말씀과 같이 성어삼(成於三)이라 하였고 삼종야(三終也)라 하였으니 삼(三)으로서 모두 이뤄지고 삼(三)이 끝이라 세번으로서 분향(焚香)이나 제주(祭酒) 헌주(獻酒)의 예가 완전하게 이뤄진다 함입니다.

따라서 향은 세번으로 마치고 헌주(獻酒) 역시 제원의 다소에 불문하고 정침제(正寢祭)에서는 세번 올리게 되는데 종헌(終獻)이란 마지막 드리는 술잔이라 함이니 종헌(終獻) 후에는 다시 헌주(獻酒)의 예가 없게 됩니다.

●舊唐書禮儀志三; 禮成於三初獻亞從合於一處
●書經顧命; 王三宿三祭三咤(孔傳)王三進爵三祭酒三奠爵(蔡沈集傳)禮成於三故三宿三祭三咤
●太玄經二進; 三歲不還(范望注)三終也山川高險終歲不還以諭難也
●文獻通考宋詔聖元年; 曾旼言周人以氣臭事神近世易之以香宋時朝享景靈宮儀始稱三上香
●後漢書袁詔傳; 結恨三泉(李賢注)三者數之小終言深也
●國語周語下; 紀之以三平之以六(韋昭注)三天地人也
●詩大雅蕩; 靡不有初鮮克有終(說文解字注)廣韻云終極也窮也竟也其義皆當作冬冬者四時盡也

▶3414◀◈問; 소주를 祭酒로 올려도 되나요?

아는 분이 일러줘 찾아 왔습니다. 참으로 감동할만한 말씀들입니다.

본문은 더 말할 것도 없고 답변 말씀이 모두 경서와 옛 성현들의 말씀들을 인용하여 답을 주시니 신뢰는 물론 배우는 자들로서는 더할 수 없도록 학문을 넓히는데 크나큰 도움이 됩니다. 어느 배움의 자리에서 이와 같은 전문지식을 전수 받을 수 있겠습니까. 고맙습니다. 다름이 아니옵고 소주로 제사를 지내도 되는가 하여서 여쭙습니다. 감사합니다.

◈答; 소주를 祭酒로.

유학(儒學)이란 학문은 불교나 기독교의 경전과 같아서 유학에 관한 의문되는 문제는 이미 유서(儒書) 내에 부족함이 없도록 모두 밝혀 놓음이 있습니다. 다만 후자들이 그 모두를 이해하지 못하고 있을 뿐입니다.

아래와 같이 살펴보건대 소주(燒酒)는 원(元)나라 때부터 있었으나 경전(經傳)에는 제주(祭酒)로 사용한 전거(典據)는 없으나 우리나라에서는 문소전(文昭殿; 朝鮮太祖妃神懿王后韓氏廟)의 제사가 여름일 때는 소주(燒酒)를 제주(祭酒)로 썼다는 사계(沙溪)선생 말씀도 계시고 아울러 율곡(栗谷)선생께서도 여름이면 청주는 맛이 변하니 소주를 제주로 씀이 좋다. 라 하셨다 하시니 소주(燒酒)를 제주(祭酒)로 올려도 예(禮)에 어그러지지 않는 것 같습니다.

●沙溪曰燒酒出於元時故不見於經傳我國文昭殿日祭夏月則用燒酒栗谷亦謂喪中朝夕祭夏月則淸酒變味用燒酒甚好云

▶3415◀◈問; 속모 취사에 대해.

문의 드립니다.

1. 계절 마다 띠풀과 털여뀌을 쉽게 구할 수 있는 곳은 어딘지요? 어리석은 생각에 구하기가 혹 힘들면 다른 것으로 대신할 수는 없는지요?

2. 모래는 매 번 제사 때 마다 새로운 모래를 써야 하는지요? 아니면 썼던 모래를 깨끗이 씻어 다시 써도 되는지요? 혹 다른 것으로 대신할 수는 없는지요?

3. 강신(降神) 때의 모사기(茅沙器)와 삼헌 때의 제주용 모사기를 각각 따로 마련함이 옳지 않은지요?

◈答; 속모 취사에 대해.

1. 이미 년 전에 모인과 속모에 관하여 논한 적이 있습니다. 물론 속모의 끈은 홍사(紅絲)라 언급되어 있음도 알고 있습니다. 모사기에 띠풀을 꽂아 세우는 이유는 인위적으로 풀이 나 있는 땅은 축소하여 놓은 것이라는 것입니다. 따라서 풀은 직립성 풀과 옆으로 번어 자라는 풀로 나뉩니다. 고로 띠풀은 직립성 풀을 의미하고 여뀌는 옆으로 자라는 풀로 대신하는 의미로 띠를 세워 여뀌로 돌려 옆으로 묶는 것입니다.

2. 물론 모래는 제사를 마치면 띠를 뽑고 비웠을 터이니 제사 때 마다 새로운 모래를 담게 되겠지요.

3. 본인은 사당이나 정침제에서 취사하여 속모를 꽂아 세워 놓고 그 위에 강신과 삼헌 시 삼제하는 까닭은 당이나 정침 방 바닥에 그대로 붓거나 번거롭게 문밖으로 들락날락 할 수 없으니 풀이 난 땅 바닥 대용으로 그와 같이 모사기를 향안 앞에 두고 행한다고 생각합니다. 물론 묘제에서는 모사기가 없지요.

사시제에서 당의 중앙에 강신용 모사기를 따로 두는 이유는 四位라 하여도 매위 강신치 않고 1 회의 예로서 설위 제위의 강신을 하게 되고 위마다 위전에 각각 모사기를 두어 삼제를 하게 됩니다.

그러나 單位(단위)인 우제를 살펴보면 束茅聚沙於香案前이라 하였을 뿐 강신과 삼제의 모사기를 각각 두라 하지 않았으며, 집람 당중제초조지도를 살펴보면 위전에 분향용 화로를 두고 그 앞에 모사기를 1 기를 두었을 뿐이며, 묘제 역시 강신한 자리를 피하여 삼제하라. 하지 않았다는 것입니다. 따라서 본인은 위 우제와 집람 초조제 도식, 묘제에서 살펴보았듯이 단제인 기제에서 당(堂) 중앙에 강신 모사기를 두고 또 위전에 모사기를 따로 두지 않는다 하여도 예에 어그러졌다 생각지 않습니다.

●尤庵曰時祭條降神茅沙在香案前祭酒茅沙在逐位前無可疑或者忌祭茅沙當幷在香案前其左其右恐無甚分別
●備要虞祭執事者陳器具饌條香案於堂中炷火於香爐束茅聚沙於香案前具饌如朝奠
●便覽虞祭初虞執事者陳器具饌條炷火於香爐束茅聚沙於香案前具饌如朝奠
●本庵曰按茅沙時祭設於香案前及逐位前而此所祭止一位則當如虞祭只設一於香案前通用灌祭此爲異於時祭者忌祭倣此

▶3416◀ ◈問; 속이홍.

선생님! 새해 복 많이 받으십시오. 직접 뵙지는 못했지만, 형님처럼, 가까운 이웃집 아저씨처럼! 언제나 정감 어린 선생님의 존안을 뵈오면 친근감이 물씬 넘쳐 나는 것 같습니다.

지난번 띠풀에 대한 자료 감사합니다. 전례를 공부하는데 많은 도움이 되었습니다. 저는 지금 성균관에 다니면서 옛 전통문화를 배우고 있습니다. 특히 전례를 위주로 공부하고 있는데, 주옥 같은 선생님의 말씀들을 잘 배우고 있습니다. 항상 좋은 가르침을 주셔서 진심으로 감사의 말씀을 올립니다.

띠풀을 묶을 때 붉은 실을 사용한다는 옛 문헌을 찾았습니다. 삼가 살펴 주시기 바랍니다.

●劉氏家禮附註,"祭初祖條始有茅盤用瓷匾盂, 截茅八寸餘,作束以紅立于盤" ("제초조조시유모반용자변간, 절모팔촌여, 작속이홍립우반") 류씨가례부주에, "비로소 모반(茅盤)이 있어 오지그릇, 쟁반을 썼고, 띠를 8 치쯤 잘라, 붉은 실로 묶어 만들어 쟁반 안에 세운다."라고 하

였다.

●尤菴曰,"紅欲其文, 沙欲其淨也"("홍욕기문, 사욕기정야")
우암 선생이 말하기를, "띠를 붉은 실로 묶는 것은 그것을 문식으로 꾸미고자 함이고, 모래를 사용하는 것은 술을 스며들게 하여 띠를 깨끗하게 하고자 함이다."라고 하였다.

이 두건의 주석을 보면 "붉은 실"이라고 해석하였습니다만, 선생님의 말씀처럼 **束以紅** 을 해석함에 **붉은실로** 해석함은 문제가 있다고 하였는데, 제생각도 단지 "붉은홍자"일 뿐 "붉은실"이라는 표현은 없어서 입증하기가 어려웠습니다. 그런데 아래의 주석문을 보면 "붉은실"이라는 확실한 문헌이 나옵니다.

●會通註曰,"截茅一搤, 束以紅絲, 立沙中"("절모일액, 속이홍사, 립사중") 회통주석에 이르기를, "띠를 한줌 잘라서, 붉은 실로 묶어서, 모래 가운데 세운다."라고 하였으니, "束以紅絲(붉은 실로 묶는다)" 이제 확실한 의미를 알고 띠풀에다 붉은 실로서 묶어 사용할 수 있게 되었다. 감사합니다.

◈答; 속이홍(束以紅).

속이홍(束以紅)에 관하여 크게 개의치 않고 간과하여 회통(會通) 주문(註文) 속이홍사(束以紅絲)를 지나치게 되었는데 귀하로 하여금 회통의 주문을 확인하였으며.

속이홍(束以紅)의 원문은 한위공(韓魏公)의 제의(祭儀)에 나온 예로 모반용자편우광일척여혹흑칠소반절모팔촌여작속속이홍립우반내(茅盤用瓷匾盂廣一尺餘或黑漆小盤截茅八寸餘作束束以紅立于盤內)라 하였으며.

우암왈홍욕기문사취기정팔촌지의미상(尤庵曰紅欲其文沙取其淨八寸之義未詳)이라 하셨습니다.

기일(忌日)에는 불음주불식육불청악참건소복소대이거석침우외(不飮酒不食肉不聽樂黲巾素服素帶以居夕寢于外)라 하였으니 요즘 시대에 사시제(四時祭)가 위주였던 옛날과 달리 忌祭가 위주인 작금에 위와 같은 말씀이 있다 하여도 복식이 이러할 진대 띠를 붉은 끈으로 장식하여서는 관련예법에 맞지 않을 뿐만 아니라 만약 그 시절에 기제(忌祭) 위주의 예법이었다면 속이홍(束以紅)의 홍(紅)의 주문(註文)에 紅絲로 풀어 놓지는 아니하였으리라 생각이 들며 물론 紅의 본 뜻은 붉은 실이란 의미이나 그 외 여러 의미가 내포되어 있으니 달리 해석한다 하여 왜곡은 아니라 생각됩니다.

길제(吉祭)인 사시제(四時祭) 초조제(初祖祭) 선조제(先祖祭) 니제(禰祭)에는 회통(會通)의 주문(註文)과 같이 속이홍사(束以紅絲)를 따름이 가하겠으나 군자유종신지상기일지위야(君子有終身之喪忌日之謂也)라 하였으니 기일(忌日)의 모속(茅束)은 붉은 실로 장식의 의미로 묶은 모속은 꽂아서는 아니 될 것이라 생각 들며 흰 실로는 註를 달수 없을 진대 조심스럽기는 하나 다른 뜻인 여뀌풀로 묶는다 註를 단다 하여 크게 잘못됨이 아니라 생각합니다.

아래와 같이 살펴보건대 가례(家禮) 참조(參條) 및 시조(始祖)(初祖) 강참조(降參條)와 한위공제식(韓魏公祭式)은 물론 사계(沙溪)선생께서도 속이홍(束以紅)이라 하였을 뿐인데 황단의(皇壇儀)에서 속이홍사(束以紅絲)라 하였고 또 회통(會通)에서는 홍백교속(紅帛絞束)이라 하였는데 명재(明齋)선생께서 속이홍사사취색사지문야(束以紅絲似取色絲之文也)라 색사(色絲)의 화려함을 취한 것이다. 라 하셨으나 문해(問解)의 답(答)에서 속이홍사미상기의도차시언역미상(束以紅絲未詳其意到此始言亦未詳) 곧 그 의미를 잘 모른다. 라 하였습니다.

본인은 사우례(士虞禮)의 저촌모장오촌속지자시야(苴刌茅長五寸束之者是也) 삼끈으로 묶는다 함이 옳다. 함이 이치로 보건대 옳지 않을까 합니다.

●家禮祠堂正至朔望則參條設束茅聚沙於香卓前○又始祖降神參神條細註劉氏璋曰茅盤用瓷匾盂廣一尺餘或黑漆小盤截茅八寸餘作束束以紅立于盤內
●韓魏公祭式茅盤用甆扁子廣一尺餘或黑漆小盤截茅八寸作束束以紅立于盤內

●沙溪全書祭禮時祭茅沙紅絲條問家禮束茅聚沙何義至祭始祖條小註始云截茅八寸束以紅絲亦有所據耶他祭則不束以紅耶(宋浚吉)答曰諸家所論可考○集說(云云)劉氏補註祭初祖條始有茅般截茅八寸束以紅立于盤內(云云)

●皇壇儀祭器圖說茅苴條承茅苴設沙古無其制後世所造重二十七斤通身高四寸面徑一尺三寸口徑九寸底闊一尺九寸茅苴長一尺(周尺)束以紅絲

●會通註曰截茅一搤許紅帛絞束立沙中束之有竅沃酒添下故謂之縮茅

●明齋曰八寸似酌長短之中束以紅絲似取色絲之文也

●問茅沙用紅絲云尤庵曰紅欲其文沙取其淨八寸之義未詳

●問解家禮冬至祭始祖參神下小註劉氏(璋)曰截茅八寸餘作束束以紅云云截以八寸束以紅果有所倣耶束茅聚沙已見於祠堂章而未有截束之文到此方始言之者何意耶答儀禮苴刌茅長五寸束之此云截茅八寸蓋出於此而束以紅絲未詳其意到此始言亦未詳

●集考祠堂正至朔望則參條設束茅聚沙於香卓前註士虞禮苴刌茅長五寸束之者是也

▶3417◀◈問; 숙부모의 지방 쓰는 법.

안녕하세요. 숙부모의 지방을 어떻게 쓰는 것이 맞는지 가르쳐 주세요.

현숙고(顯叔考) 현숙비(顯叔妣)로 써야 하는지 또는 현숙부(顯叔父) 현숙모(顯叔母)로 써야 하는지 혼동이 됩니다. 어떻게 써야 하는지요. 지금까지 후자로 썼는데 전자로 써야 한다는 사람도 있는데 어느 것이 맞는지요. 명쾌한 답변 주십시오. 건강 하세요.

◈答; 숙부모의 지방 쓰는 법.

다음과 같은 선유의 말씀이 있습니다.

南塘曰母者生我之稱雖非生我者苟有父母之道者皆可稱之妣者配父稱苟非配父者不可以混稱也伯叔母旣不可稱妣則伯叔父又不可獨稱考矣此則考妣之稱不可以復加於旁尊矣
남당(南塘) 한원진(韓元震)선생께서 이르시기를 모(母)라 함은 나를 나아줬다 함을 일컫는 말인데 비록 나를 나아주지는 아니 하였다 하여도 조금이라도 부모의 법도로 대하여야 할 관계에 있으면 모두 모(母)라 불러도 가(可)한 것이나 비(妣)라 함은 부친의 배우자(配偶者)를 이름이니 진실로 부친의 배우자가 아니라면 일률적으로 섞어 불러서는 아니 되는 글자로서 원래부터가 백숙모(伯叔母)에게 이미 비(妣)자를 일컬을 수 없는 것이니 백숙부(伯叔父) 또한 고(考)라 일컬을 수 없는 것이니라. 고비(考妣)라 일컬음이 이러한 법인즉 존항(尊行)의 방친(旁親)이라 하여도 고비(考妣)를 붙여 써서는 아니 되는 글자니라.

旅軒曰雖旁親若尊位則皆用顯字府君字
여헌(旅軒) 장현광(張顯光)선생께서 이르시기를 아무리 방친(旁親)이라 하여도 만약 존항(尊行)의 신위(神位)이면 모두 현(顯)자와 부군(府君)을 붙여 써야 하느니라.

위와 같이 살펴 볼 때 다음과 같이 씀이 어그러짐이 없을 듯 하며 이에 고비(考妣)를 방친(旁親)에게도 붙여야 한다는 논거(論據)는 아직 습독한 바가 없습니다.

顯叔父某官府君神位
顯叔母某封某氏神位

아래와 같이 살펴보건대 한강(寒岡) 선유께서 백숙부모(伯叔父母)도 고비(考妣)를 붙인다. 라 하셨으나 여러 말씀을 참고하건대 고비(考妣)는 친부모(親父母)에게 붙이고 방친은 수속칭(隨屬稱)이라 하였고 주부자(朱夫子)께서 하신 말씀에 서얼(庶孼)이 자기 생모도 비(妣)를 붙이지 못하고 생전 속칭이 母를 붙인다 하셨으니, 방친의 지방에는 생전의 칭호대로 顯伯父, 顯伯母, 顯仲父, 顯仲母, 顯叔父, 顯叔母 등의 속칭으로 씀이 현재의 전거 상으로는 옳을 것입니다. 다만 한강설을 존중하는 가문에서는 伯叔父母에게도 考妣를 붙인다 하여 오류라 할 까닭은 없을 것입니다. 이유는 그와 같이 주장하신 전거를 명확히 밝히신 바를 찾지를 못하였을 뿐입니다.

●旅軒曰雖旁親若尊位則皆用顯字府君字
●南唐曰母者生我之稱雖非生我者苟有父母之道者皆可稱之妣者配父之稱苟非配父者不可以混稱也伯叔母旣不可稱妣則伯叔父又不可獨稱考矣此則考妣之稱不可以復加於旁尊矣
●問仲父無后而伯父主宗故題以亡弟矣今有仲母喪而伯父且卒從兄移在遠地家親今則主喪題主何以爲之陶菴曰在重宗之義恐當以令從兄爲主題主以顯仲母矣今從兄方在遠哀姑攝祭畢竟班祔爲得
●問伯叔父母當以伯考妣叔考妣書之註其旁曰姪子某奉祀耶寒岡曰恐當曰顯伯考旁註則恐當曰從子某
●大全問庶子之所生母死題主當何稱朱子曰若避嫡母則止稱亡母而不稱妣
●便覽題主粉面式條顯考(註)承重云顯祖考傍親卑幼隨屬稱○又婦人粉面式條顯妣(註)承重云顯祖妣旁親卑幼隨屬稱
●備要題主祝文式條顯考某官封謚府君(云云)敢昭告于顯伯父某官府君顯伯母某封某氏叔父母同

▶3418◀◈問; 숙부상 중 할머니 제사.

안녕하십니까? 상황은 다음과 같습니다

어제 숙부님께서 돌아가셔서 내일이 발인 일입니다. 장자인 제가 모시는 할머니 기일은 모레입니다.

이 경우. 할머니 제사를 모셔야 하는지요? 또한 20여일 후 설 차례를 모셔야 하는지요?

◈答; 숙부상 중 제사 지내는 법.

아래와 같이 살펴보건대 숙부 복은 부장기(상장을 짚지 않고 입는 1 년복)로 부장기 복인은 장례 후는 평시와 같이 지내데 음복의 예를 행하지 않습니다.

다만 법도상 사후 3 월 후에 장사를 지내야 하니 질장(疾葬; 사정상 3 달 내에 급히 장사 지냄)을 하였다 하여도 법도에 따라 3 달 내는 장전으로 간주 기복인(期服人; 1 년 복인)은 3 달 이후에나 모든 제사를 지낼 수 있습니다. 참고하시기 바랍니다.

●家禮成服厥明條大斂之明日死之第四日也○又不杖朞條其義服則爲伯叔母也
●小記報葬者報虞三月而後卒哭註報讀爲赴急疾之義謂家貧或以他故不得待三月死而卽葬者旣疾葬亦疾虞虞以安神不可後也惟卒哭則必俟三月耳
●要訣祭儀抄喪服中行祭儀○凡三年之喪古禮則廢祠堂之祭而朱子曰古人居喪衰麻之衣不釋於身哭泣之聲不絶於口其出入居處言語飮食皆與平日絶異故宗廟之祭雖廢而幽明之閒兩無憾焉今人居喪與古人異而廢此一事恐有所未安朱子之言如此故未葬前則準禮廢祭而卒哭後則於四時節祀及忌祭(墓祭亦同)使服輕者(朱子喪中以墨衰薦于廟今人以俗制喪服當墨衰著而出入若無服輕者則亦恐可以俗制喪服行祀)行薦而饌品減於常時只一獻不讀祝不受胙可也○期大功則葬後當祭如平時(但不受胙)未葬前時祭可廢忌祭墓祭略行如上儀○緦小功則成服前廢祭(五服未成服前雖忌祭亦不可行也)成服後則當祭如平時(但不受胙)服中時祀當以玄冠素服黑帶行之

▶3419◀◈問; 술잔 돌리는 이유.

대부분 제사 때 술잔을 향 위에서 3번 돌리는 이유를 알고 싶습니다.
그리고 술잔을 꼭 돌려야 하는지도 궁금합니다

◈答; 향 위에서 술잔을 돌리지 않습니다.

강신례 때 향을 피우는 이유는 계신 곳을 모르는 조상의 혼기(魂氣)를 향(香)을 피워 그 향기(香氣)가 장옥지간(墻屋之間)애 퍼져 그 향기(香氣)를 따라 신위(神位)가 계신 곳으로 딸아오시게 하고, 술을 땅에 붓는 뇌주(酹酒)의 예는 땅으로 스며든 체백(體魄)의 기(氣)를 그 냄새를 따라 신위(神位)로 찾아 오시도록 하여 혼(魂)과 체(體)를 일체화 시키는 예로서 분향의 예는 분향재배 뇌주재배로서 그 역할은 모두 끝난 것입니다.

질문과 같이 그러한 禮法의 전거도 찾을 수가 없을뿐더러 더욱이 국조오례의(國朝五禮儀) 강신조(降神條) 분향(焚香)은 향로(香爐)에 삼상향(三上香)하여 위전(位前)으로 올려 놓고 편람의 제구조(諸具條)에 향비(香匕)라 함은 향합(香盒)에서 향(香)을 떠 향로(香爐)에 넣는 숟가락이니 분향(焚香) 때 한번 향(香)을 향로(香爐)에 넣고 강신례(降神禮)를 마치고 나면 그 이후에 또다시 분향(焚香)의 예(禮)가 없으니 향로(香爐)의 역할(役割)은 그로 끝난 것입니다.

까닭에 유가(儒家)의 예법(禮法)으로는 초아종헌시(初亞終獻時)에 향기도 나지 않는 맨 향로(香爐) 위에서 술잔을 돌릴 아무런 까닭이 없으며 요즘 혹(或) 가문(家門)에서 불가(佛家)에서 사용하는 길쭉한 향(香)을 그대로 불을 붙여 향로(香爐)에 꽂아 놓아 오래도록 타고 있을 뿐으로 이는 유가(儒家)의 예법(禮法)이 아닙니다.

●溫公曰古之祭者不知神之所在故灌用鬱鬯臭陰達於淵泉蕭合黍稷臭陽達於墻屋所以廣求神也今此禮旣難行于士民之家故但焚香酹酒以代之

●郊特牲註蕭香蒿也取此蒿及牲之脂膋合黍稷而燒之使其氣旁達於墻屋之間是以臭而求諸陽也

●性理大全初獻條主人升詣高祖位前執事者一人執酒注立于其右主人搢笏奉高祖考盤盞位前東向立執事者西向斟酒于盞主人奉之奠于故處(云云)執事者二人奉高祖考妣盤盞立于主人之左右主人搢笏跪執事者亦跪主人受高祖考盤盞右手取盞祭之茅上以盤盞授執事者反之故處受高祖妣盤盞亦如之

▶3420◀◈問; 승중 서자도 효자를 붙이나?

적자가 적처에게서 후자 없이 사망 후 그의 첩자가 승중 상을 당하였을 때 孝孫某라 孝字를 붙여 고할 수 있는지 알고 싶습니다.

◈答; 승중 서자도 효자를.

아래와 같이 살펴보건대 적처(嫡妻) 소생(所生) 없이 죽은 뒤 첩(妾)의 소생자(所生子)가 있을 때 승중상(承重喪)을 당하면 첩자(妾子)가 부(父)의 적자(嫡子)가 되는 고로 효자(孝字)를 붙여 효손모(孝孫某)라 고함이 옳다 합니다.

●問非宗子則不言孝若庶子承重則不得稱孝耶尤菴曰旣曰承重則便是成之爲嫡子也何可不言孝耶

●愼獨齋曰庶孫承重則當稱孝孫矣

▶3421◀◈問; 승증이 뭐예요.

승중이란 뭐예요.

◈答; 승증이란.

다음은 주자가례 상례편 초종장의 이름입니다.

⊙立喪主

凡主人謂長子無則長孫承重以奉饋奠奔喪凡喪父在父爲主父歿兄弟同居各主其喪親同長者主之不同親者主之其與賓客爲禮則同居之親且尊者主之雜記姑姊妹其夫死夫黨無兄弟使夫之族人主喪妻黨雖親不主

⊙상주를 세운다.

무릇 주인(主人)이라 함은 장자(長子)를 이름이다. 장자가 없을 때는 장손(長孫)이 그의 아버지를 대신(代身)하여 주인이 되여 전례(奠禮)를 올리고 상례(喪禮)를 주관하며 제사를 받든다. 그와 더불어 빈객(賓客)의 접대의 예는 동거하는 친족(親族) 중 어른이 주관한다.

위와 같이 살펴 볼 때 부친이 먼저 작고 하고 그 후에 조부모나 증조 고조부모가 작고 하였을 때 그의 적손이 아버지를 대신 하여 주인으로서 그 상을 치르고 제사를 받드는 그 복을 승중 복이라 합니다.

●儀禮喪服嫡孫賈疏此謂適子死其適孫承重者祖爲之期

●辭源手部四畫承重本身及父俱係嫡長而父先死於祖父母喪亡時稱承重孫如祖父及父均先死於曾祖父母喪亡時稱承重曾孫凡承重者皆服喪三年

●家禮初終立喪主條凡主人謂長子無則長孫承重奉饋奠
●朱子曰祖在父亡祖母死亦承重
●牛溪曰初喪立喪主所以重宗統也家廟阼階惟主人當之雖諸父位於前而皆不敢當阼階然則長孫承重主喪雖諸父在後

▶3422◀◈問; 시고모님 제사.

안녕하세요. 저희 신랑이 시고모님 제사를 지내드린다고 해서 지내기로 했는데요, 이번 9월이 첫 제사입니다. 일단은 저의 고모님에게는 딸이 한 분 있는데, 제사를 지낼 상황이 아니어서 저희가 모시려고 하는데요, 그냥 제사 전에 가서 사진을 모셔오면 되나요? 사진 모셔오는 날도 상을 차려야 하는지? 궁금합니다. 정 0 수

◈答; 시고모님 제사.

요즘 친 선조의 제사도 어름하게 모시는 이 많은 세태에 귀하와 귀하의 부군에게 감사를 드립니다 그러나 본 홈은 전통예절을 게시하고 그에 관하여 질의 문답하는 코너입니다. 출가외인이란 말과 같이 여자는 일단 출가를 하면 시가 사람으로 친가의 복도 한 등급 감하여 입고 또 그도 같은 것입니다. 그 본가에 근원 친 무 손이고 다만 친 생녀가 있다면 그가 받듦이 옳을 것인데 그도 여의치 않아 귀하의 부군이 모신다 함은 성의가 지극하지만 그에 따른 예법이 없습니다. 어렵다 하여도 그 여식이 제사하도록 여건 조성과 아울러 설득하여 법도대로 예를 갖춰야 바른 예도입니다.

●尤庵曰外孫不敢奉祀自有朱子明訓寧有節文之可言者然喪家未立後之前其出家女權奉饋奠則亦有俗例而非禮之正也

▶3423◀◈問; 시골집에서 제사를 모셔도 되는지요?

아버지는 8 년 전에 돌아가셨고 어머니께서도 금년에 돌아가셨습니다. 그 동안 아버님 제사는 어머님이 시골에 계시어 시골집에서 지냈으나 금년에 어머님이 돌아가셨으니, 마땅히 장손 집(서울)에서 지냄이 순리라 생각 합니다. 장손을 비롯하여 3 형제 모두 제사를 모실 수 있는 경제력과 정성은 있습니다. 막상, 제사를 서울로 모시려 하니 고향에 대한 그리움 등 만감이 교차하여 온 가족이 모여 상의한바 비어 있는 시골집에서 제사를 모셨으면 합니다. 빈 시골집에서 제사를 모셔도 되는지 정말 궁금합니다. 이 0 섭

◈答; 빈 시골집에서 제사는.

사람이 죽으면 체(육)에서 혼 (기)가 분리되어 혼은 공중으로 사라져 간 곳을 알 수가 없고 체만 남는데 그 혼을 다시 불러 체에 임시로 붙여다 체를 땅에 묻고 그 혼을 신주에 안주시켜 혼만 모시고 집으로 돌아와 삼년상을 마치고 사당에 안치 매일 새벽 문안 인사를 드리고 길을 떠날 때 연유를 고하고 돌아와 인사를 드리며 새해 첫 먹을 거리는 먼저 천신을 하는 등 생전과 비슷하게 곁에서 모셔야 하는 것입니다. 이는 장자의 책임하에 모두 이뤄 짐인데 그 장자가 그 집 보다 더 나은 집으로 이주를 하게 되면 함께 모시고 가 그와 같이 모시는 것입니다. 다만 요즘은 여러 가지 여건으로 인하여 사당제도가 사라지다시피 하여 다른 예는 생략 명절이나 기제사 등을 당하면 지방으로 간편하게 써 붙이고 예를 마치고 있을 뿐이라는 것입니다.

묘제에서는 우천시나 묘가 이 구렁 저 구렁 흩어져 있을 때 제각(祭閣)에서 모시는 경우는 있으나 전통예법에는 기제사를 그와 같이 지내는 법은 없습니다.

⊙君子將營宮室先立祠堂於正寢之東(군자장영궁실선립사당어정침지동)(曲禮君子將營宮室宗廟爲先)

祠堂之制三間外爲中門(輯覽中門對外門而言外門在南墻中門在堂南壁)中門外爲兩階皆(增解士冠禮註阼猶酢也東階所以答酢賓客)三級東曰阼階西曰西階皆下隨地廣狹以屋覆之令可容家衆敍立又爲遺書(輯覽按開元禮疾病有遺言則書之即是遺書)衣物(增解周禮春官遺衣服藏焉若將祭祀則各以其服授尸註遺衣服大斂之餘也尸當服卒者之上服以象生時)祭器庫及神廚(沙溪曰臨祭時炊煖酒饌之所)於其東繚以周垣別爲外

門常加扃閉若家貧地狹則止立一間不立廚庫而東西壁下置立兩櫃西藏遺書衣物東藏祭器亦可正寢謂前堂也地狹則於廳事之東亦可凡祠堂所在之宅宗子世守之不得分析○凡屋之制不問何向背但以前爲南後爲北左爲東右爲西後皆放此

⊙군자(君子)가 장차 집을 지을 때는 먼저 사당(祠堂)을 정침(正寢) 동쪽에 세운다.

사당(祠堂)은 세 칸으로 지어 밖으로 중문(中門)을 내고 중문 밖으로는 양쪽으로 층계를 삼단(三段)으로 만든다. 동쪽 층계를 조계(阼階)라 하고 서쪽 층계를 서계(西階)라 한다. 층계 아래로 터의 크고 작음에 따라 지붕 처마가 덮이게 세워 가족들이 차서 대로 늘어설 서립옥(敍立屋)을 세운다. 또 유서(遺書)와 의물(衣物)과 제기(祭器)를 보관할 창고와 주방(廚房)을 그 동쪽으로 세우고 사당 주위를 담으로 둘러친다. 따로 외문을 세우고 문에는 경폐(扃閉)를 달아 평상시에는 잠가 놓는다.

가세(家勢)가 빈한(貧寒)하여 터가 좁으면 한 칸만을 세우고 주방은 세우지 않으며 동쪽과 서쪽 사당 벽 밑으로 양쪽에 궤짝을 놓고 서쪽 궤짝에는 유서(遺書)와 의물(衣物)을 보관하고 동쪽 궤짝에는 제기(祭器)를 보관한다. 또한 정침(正寢)의 당(堂) 앞에다 세워도 괜찮으며 터가 협소하면 청사(廳事) 동쪽에다 세워도 그 또한 괜찮다. 사당이 있는 집 종자(宗子)가 세세(世世)로 수호(守護)를 해야 하며 나눠 가져서는 아니 된다.

집을 지을 때는 모두 향배(向背)가 어찌 되였든 불문하고 앞을 남쪽이라 하고 뒤를 북쪽이라 하며 왼쪽을 동쪽이라 하고 오른쪽을 서쪽이라 한다. 이후 모두 이를 본뜬다.

▶3424◀◈問; 시아버님 제사 빠른 답변 부탁 드립니다.

결혼 전에는 아버님제사를 작은아들네서 모시고 결혼 후 저희 큰집에서 모셨습니다 근데 동서랑 시어머님이 저희 집안형편이 (지하에 집도 좁고 환경) 안 좋고 하니깐 동서 네서 이번 설부터 모시라고 하는데 어찌해야 하는지 궁금하네요. 우리 외가 쪽은 안 된다고 기겁하시는데 시어머님은 모르시고 그러시는 건지 근데 사실 동서 네도 아기가 어리고 우리집도 아이가 어린데 환경이 안 좋은 건 사실 아무래도 동서 네가 불편하니깐 그런가 싶기도 하고 (제 생각이에요)아무쪼록 중요한 건 아버님인데 요즘은 아무데서나 차례를 지낸다고 하던데 그래도 되는지도 궁금하고 제사 옮기는 건 어찌해야 하는지 꼭 그래해야 하는지 알면서도 너무 답답하네요 빠른 답변 부탁 드려요

◈答; 시아버님 제사.

선대 제사는 장자손이 모시는 것입니다. 만약 장자손이 궁핍하고 차자손이 부하면 물조(제수 또는 그 비용을 조력할 뿐)할 뿐입니다. 더욱이 장자손이 버젓한데 차자손 집으로 제사는 옮기는 예법은 없습니다. 효란 풍성함 보다는 지극한 정성으로 모시는 것입니다.

●內則庶子若富則具二牲獻其賢者於宗子(註賢猶善也)夫婦皆齊而宗敬焉(註當助祭於宗子之家)終事而后敢私祭

●詩經大雅懷德維寧宗子維城無俾城懷註大宗强族也宗子同姓也惟宗子合族以聯親則分猷共念而有夾輔之功斯維城矣

▶3425◀◈問; 시어머니 첫 제사를 어디서 지내야 할지.

시어머니가 작년 음력 10 월에 돌아가셔서 아직 첫 기일이 안되었습니다. 기존에 명절이나 할아버지. 할머니 제사는 본가에서 안 지내고 장남 집에서 지내고 있는데요. 첫 제사는 무조건 어머니가 사시던 본가에서 지내는 거라고 하던데요..그 말이 맞나요? 그럼 아직 첫 제사가 되지도 않은 상태에서 이번 설 명절 제사는 어디서 지내야 하나요?

기존에 조상님은 저희 집에서 모셨는데 이번엔 어머님도 같이 모셔야 하니 장남 집에서 지내야 할지 본가에서 설 명절을 지내야 할지 모르겠습니다. 그리고 어머니 첫 제사도 꼭 어머니 사시던 본가에서 지내야 하나요? 답변 꼭 부탁 드립니다.

◈答; 시어머니 첫 제사는.

기제 명절참례 등 모든 제사는 장자의 집에서 지냅니다. 까닭은 현재는 사당이 없다 하여도 옛날 같으면 신주를 모시는 사당이 이미 장자손 집으로 옮겨져 있는 것입니다. 고로 모친이 설령 숙식하던 집에서 작고하였다 하여도 그 신주는 장자의 사당에 모셔지게 되는 것입니다. 따라서 작고 이후 첫 제사는 물론이려니와 특히 명절 제사는 조부모와 같이 한 곳에 설위하고 지내는 것입니다.

●曲禮支子不祭祭必告于宗子(註)不敢自專宗子有故支子當攝而祭五宗皆然疏廟在適子之家庶子不敢輒祭若濫祭亦是淫祀若宗子有疾不堪當祭則庶子代攝可也猶宜告宗子然後祭
●公羊傳何休曰適子有孫而死質家親親先立弟文家尊尊先立孫
●溫公曰凡主人當以長子爲之無長子則長孫承重
●喪服小記庶子不祭禰者明其宗也(註)庶子不得立禰廟故不得祭禰所以然者明主祭在宗子廟必在宗子之家也
●家禮初終立喪主條凡主人謂長子無則長孫承重奉饋奠
●內則庶子若富則具二牲獻其賢者於宗子夫婦皆齊而宗敬焉終事而后敢私祭
●喪服小記庶子不祭禰者明其宗也(註)庶子不得立禰廟故不得祭禰所以然者明主祭在宗子廟必在宗子之家也庶子雖貴止得供具牲物而宗子主其禮也
●尤庵曰祭主人有故則所攝之中如有尊行則子弟以不敢爲攝主矣然代者是尊行則使字未安故俗禮改云孝子某有故代叔父或兄
●家禮按祠堂篇主人謂宗子主此堂之祭者晨謁深衣焚香再拜又主人主婦近出則入大門瞻禮而行歸亦如之經宿而歸則焚香再拜遠出經旬以上則再拜焚香告云云又再拜而行歸亦如之經月而歸則開中門立於階下再拜升自阼階焚香告畢再拜降復位再拜餘人亦然但不開中門

▶3426◀◈問; 시어머니 첫 제사 전 생일?

시어머니 첫 제사는 음력 10 월인데 생일이 음력 5 월이세요. 첫 제사 전에 생일이 먼저이면 생일상을 제사처럼 차려야 하나요?

◈答; 시어머니 첫 제사 전 생일?

생신제에 관하여 여러 선유들께서 비례라 하셨으나 아래와 같이 친부모의 생신은 경사스러운 예인데 작고하셨다고 감모치 않을 수가 없으니 기제와 같이 제사한다 라 하신 말씀도 계시니 기제 전이라 하여도 생신제를 지내드린다 하여 예에 어그러졌다 나무랄 사람은 없을 것입니다.

●湯氏(鐸)曰親在生辰旣有慶禮歿遇此日能不感慕如死忌之祭可也
●同春問先考生日三年內設享亦難免非禮之議否沙溪曰凡筵異於祠堂以酒果餠麵如朔奠禮設之如何此非祭禮恐無不可
●問三年內遇亡人生辰上食後別設數饌行之何如尤庵曰恐當如此象平日饌品稍備而行之耳
●南溪曰生辰祭雖曰非禮之禮三年內又不可不行其儀倣俗節別設
●陶庵曰生辰祭實非禮之禮三年之內則有象生之義於朝上食後別設數品饌而儀如朝夕奠恐亦不妨否
●星湖曰吾平日禁生日宴飮况生忌非禮古有定說然不肖居喪之內則設饌如殷奠無祝而行事先賢有委曲處之未曾顯言其非故惟喪內行之
●集說[生辰祭]親在生辰旣有慶禮歿遇此日能不感慕如死忌之祭可也祝文云云歲序遷易生辰復遇存旣有慶歿寧敢忘追遠感時昊天罔極謹以淸酌庶羞恭伸追慕尙饗
●湯氏鐸曰按家禮親生辰牙祭鄭氏曰祭死不祭生伏覩國朝頒降胡秉中祀先圖凡例有生日之祭當以此爲據竊惟親在生辰旣有慶禮歿遇此日能不感慕如死忌之祭可也

▶3427◀◈問; 아내와의 사별로 인한 차례 및 제사.

안녕하세요? 차례 및 제사에 대한 의례를 문의 드립니다 저는 3 형제중 장남으로 부모님과는 별도로 생활하고 있으며 슬하에 두 아들이 있습니다 부모님이 생존하고 계셔서 조부모님의 차례와 제사는 아버님이 제주가 되셔서 부모님 댁에서 지내고 있습니다. 그런데 얼마 전 제가 아내와 사별을 하게 되였습니다.

아내의 제사는 큰아들을 제주로 하여 저희 집에서 지내고 있는데 아내의 설과 추석 차례를 어찌해야 할지 몰라 문의 드립니다

생각해 본 아래의 경우 중 어떤 방법이 맞을지 아니면 다른 의례가 있는지 상담 드립니다 첫째, 부모님 댁에서 조부모님 차례를 지낸 후 저와 저의 아이들이 몇 가지 제물을 다시 올리고 아내의 차례를 지낸다.

이 경우가 차례 후 부모님 및 동생들과 식사도 같이 할 수 있고 설날 세배 등 여러 가지가 행사가 용의하긴 한데,,,,아내의 차례는 부모님 댁에서 지내고 제사는 저희 집에서 지내게 되는데 문제가 없을지요,,

둘째, 부모님 댁에서 조부모님 차례를 지내고 급히 집으로 돌아와 간단하게라도 아내의 차례를 별도로 지낸다, 이 경우 급히 차례만 지내고 아이들과 집으로 돌아와야 해서 세배 드리는 것도 어수선할 것이며 식사도 같이 못해서 부모님이 매우 가슴 아파하실 듯 합니다. 그리고 아무리 서둘러도 아내의 차례 시간이 오후 1 시경은 될 듯 합니다

셋째, 새벽에 아내의 차례를 지내고 조부모님 차례에 참석한다. 이 경우 차례의 순서가 바뀌고 아내의 차례는 늦어도 새벽 5~6 시에는 지내야 할 것 같습니다. 그리고 아무래도 마음이 급해서 아내의 차례가 정숙하지 진행되지 못할 것 같습니다

특별히 예법에 어긋나지 않는다면 제 입장에선 첫째 방법이 제일 용의합니다만 제례를 지내는 장소가 왔다 갔다 하는 것이 마음에 걸립니다.그리고 혹시 다른 예법이 있는지도 몰라서 문의 드립니다. 감사합니다

◈答; 적장자의 아내 제사는 남편이.

유가(儒家)의 법도(法度)에는 적장자(嫡長子) 승계(承繼) 원칙(原則)이 있습니다. 따라서 적장자손(嫡長子孫)은 경우(境遇)에 따라 별거(別居)를 하다 죽는다 하여도 종손(宗孫)이 주관(主管)하는 종가(宗家) 사당(祠堂)에 신주(神主)를 모시게 됩니다.

까닭에 적장자부(嫡長子婦; 맞며느리) 역시 주인(主人)은 부친(父親)이 되어 제사(祭祀)를 주관(主管)하여야 하는 까닭에 별거(別居)를 한다 하여도 부모님 댁에서 조부모(祖父母) 차례(茶禮)와 함께 지내게 되는데 설위(設位)는 부위(祔位)로서 조부모(祖父母) 위(位)는 남향(南向) 설위(設位)하고 귀하(貴下)의 아내는 그 동벽(東壁)에서 서향(西向) 설위(設位)하고 헌주(獻酒)는 부친(父親)이 하지 않고 낮은 항렬(行列; 남편(男便))에서 하게 됩니다.

추후(追後) 부친(父親)이 작고(作故)하시게 되면 귀하(貴下)가 종손(宗孫)으로서 부인(婦人)을 정위(正位)로 조부모(祖父母) 부모(父母) 처(妻) 순(順)으로 남향(南向) 설위(設位) 귀하(貴下)가 헌주(獻酒) 재배(再拜)하게 됩니다.

만약(萬若) 차자(次子)가 종가(宗家) 댁(宅)에 같이 살다 그가 죽게 되면 그의 장자(長子)가 그들이 기거(寄居)하던 사실(私室)에 사당(祠堂)을 차리고 모시다 이거(移居)를 하게 되면 그곳에 사당(祠堂)을 짓고 옮겨 모시게 됩니다.

●奔喪凡喪父在父爲主註各爲其妻子之喪爲主也疏正義曰凡喪父在父爲主者言子有妻子喪則其父爲主之統於尊也
●性理大全若子孫有喪而祖父主之子孫執喪祖父拜賓○又曰父在父爲主○又曰祠堂主人謂宗子
●尤庵曰子孫神主皆以祖父爲主
●性理大全祠堂;非嫡長子則不敢祭其父若與嫡長同居則死而後其子孫爲立祠堂於私室且隨所繼世數爲龕俟其其出而異居乃備其制若生而異居則預於其地立齋以居如祠堂之制死則因以爲祠堂

▶3428◀◈問; 아버님 제삿날?

4 월 4 일이 아버님 기고 날인데 지방과 축문 좀 가르쳐 주세요.

◈答; 아버님 제삿날 지방과 축문.

⊙부친 제삿날.

4 월 4 일이 양력이라면 대개 제사는 음력으로 지내고 있으니 그날을 음력으로 환산하면 윤 2 월 15 일이 됩니다. 매년 음력 2 월 보름날이 부친의 기제사 날이 됩니다. 제사는 음력 2 월 14 일 밤 12 시경에 지내면 됩니다.

⊙부친의 지방

顯考學生府君神位

⊙금년도 축식

維 歲次乙酉二月甲子朔十五日丁未孝子성민敢昭告于 顯考某官府君歲序遷易 諱日復臨追遠感時昊天罔極謹以淸酌庶羞恭伸奠獻尙 饗

생신(生辰)은 삼 년 간을 차려드린다 합니다. 왜냐하면 3 년 상(喪) 안에는 산분 같이 봉양을 하는 것이니 매년 생신 날 아침에 기제사 지내는 것과 같게 하면 됩니다. 축식은 아래와 같습니다. 날짜를 모르니 기제사 쓰는 식으로 하면 됩니다. 다만 다른 의식은 없습니다. 회갑(回甲) 전에 작고하였으면 회갑 일을 당하면 회갑제도 생신 제와 같은 의식으로 지내면 됩니다. (간지 계산이 복잡하면 음력으로 환갑과 생신 날짜를 다시 추송하면 축식을 고쳐 주겠습니다)

⊙회갑축문식(回甲祝文式)

維 歲次干支幾月干支朔幾日干支孝子某敢昭告于 顯考某官府君歲時遷易奄及回甲生旣有慶歿寧敢忘昊天罔極謹以淸酌庶羞式此奠獻尙 饗

⊙생신제축문식(生辰祭祝文式)

維 歲次干支幾月干支朔幾日干支孝子某敢昭告于 顯考某官府君生辰復遇生旣有慶歿寧敢忘追感歲時昊天罔極謹以淸酌庶羞祗薦歲事尙 饗

●祭義註忌日親死之日也疏孝子終身念親不忘忌日非謂此日不善別有禁忌謂孝子志意有所至極思念親不敢盡其私情而營求他事故不擧也

▶3429◀◈問; 아버님 제사에 초헌은 누가 해야 됩니까.

얼마 전 아버님 제사를 지내면서 어머님께서 어떤 스님이 지방도 남편제사로 쓰고 [현벽] 초헌도 아들이 아닌 부인이 올려야 된다고 했다면서 바꾸었습니다 그런 예는 한번도 못 봐서 어떤 것이 맞는지요? 답변 글을 어머님이 읽었을 때 쉽게 이해가 갈수 있게 부탁 드립니다.

◈答; 아버님 제사에 초헌은.

아래는 옛 사서오경(四書五經)의 하나며 예법(禮法)의 근거인 예기(禮記)의 말씀입니다.

●檀弓公儀仲子之喪檀弓免焉仲子舍其孫而立其子檀弓曰何居我未之前聞也趨而就子服伯子於門右曰仲子舍其孫而立其子何也伯子曰仲子亦猶行古之道也昔者文王舍伯邑考而立武王微子舍其孫腯而立衍也夫仲子亦猶行古之道也子游問諸孔子孔子曰否立孫
예기(禮記) 단궁상편(檀弓上篇)의 가르침입니다. 노(魯)나라의 귀족(貴族)인 중자(仲子) 상(喪)에 단궁(檀弓)선생이 베로 머리를 동여매고 조문(弔問)을 가 보니 그의 적손(嫡孫)으로 상주(喪主)를 세우지 않고 차자(次子)로 상주(喪主)를 삼았는데 단궁(檀弓)선생이 말하기를 어째서 이와 같이 무례(無禮)한 짓을 하는가. 나는 지금까지 살면서 이러한 법(法)은 전대미문(前代未聞)이니라. 하면서 혀를 차고는 종종 거름으로 문(門) 오른편에 서있는 자복 백자(子服伯子)에게로 가서 화를 내며 말하기를 어째서 중자(仲子)의 적손(嫡孫)을 제쳐 놓고 차자

(次子)를 상주(喪主)로 세운 까닭이 무엇인가. 하고 묻자 백자(伯子)가 말하기를 중자(仲子)상(喪) 역시 옛날의 법도(法度)와 같이 행하는 것이라네. 옛날 주(周)나라 문왕(文王)은 적손(嫡孫)인 백읍고(伯邑考)를 제쳐 놓고 아들을 무왕(武王)으로 세웠으며 은(殷)나라 미자(微子)는 적손(嫡孫)인 둔(腯)을 제쳐 놓고 차자(次子)인 연(衍)으로 세웠다 하는데 대체로 중자(仲子)상(喪) 역시 옛날의 법도와 같이 행하는 것이네. 라고 대답하였다 하느니라. 이 말을 공문(孔門)의 제자(弟子)인 자유(子游)가 스승인 공자(孔子)께 여쭙자 공자(孔子)께서 답하시기를 아니 될 일이로다. 적손(嫡孫)으로 상주(喪主)를 세워야 하느니라. 라고 말씀 하셨다 하느니라.

⊙선유의 말씀입니다.

●遂菴曰無後之喪只有妻與兄弟則治喪兄弟爲之練祥禫妻主之
수암(遂菴)선생께서 말씀하시기를 자손(子孫) 없이 죽은 상(喪)에 다만 그의 처(妻)와 형제(兄弟)만 있다면 형제(兄弟)가 주인(主人)으로 상(喪)을 치르고 삼년상(三年喪)을 마친 뒤 담제(禫祭)부터 그의 처(妻)로 하여금 주인(主人)으로 초헌(初獻)케 하여야 하느니라.

●沙溪曰初喪則亡者之妻當爲主婦虞祔祭以後則主喪者之妻當爲主婦祭祀之禮必夫婦親之故也
사계(沙溪)선생께서 말씀하시기를 초상(初喪)에는 의당 망자(亡者)의 처(妻)를 주부(主婦)로 삼아 아헌(亞獻)케 하고 우부제(虞祔祭)를 지낸 이후에는 상주(喪主)의 처로 주부(主婦)로 삼아 아헌(亞獻)케 하여야 한다. 제사(祭祀)를 받드는 예(禮)는 반듯이 자식(子息) 부부(夫婦)가 부모를 모셔야 하는 까닭에서 이니라.

⊙가례(家禮)의 가르침입니다.

●凡主人謂長子無則長孫承重以奉饋奠
가례(家禮)에서 가르치기를 모든 예(禮)에 주인(主人)은 장자(長子)를 이름이다, 장자가 이미 죽어 없으면 장손(長孫)으로 하여금 그의 아버지 대신 주인이 되여 제수를 차려 놓고 제사를 받들게 하여야 하느니라.

세상만사에는 일정한 운행 법칙이 있어서 그 질서가 유지되며 그 운행 질서가 하나라도 어긋나면 그 운행은 혼란하게 되는 것입니다. 초헌관(初獻官)이 되는 예법도 그와 같아서 일정한 예법이 있는 것입니다.

위에서 살펴본 바와 같이 그 후손이 없으면 초헌관(初獻官)이 될 수 있으나 후손(後孫)이 있는 한 초헌관이나 주부(主婦)로서 아헌관(亞獻官)이 될 수도 없는 것입니다. 망자(亡者)의 처(妻)가 초헌관이나 아헌관이 된다 함은 불행을 의미하기도 한 것입니다. 마땅히 아들(적자)명으로 지방을 쓰고 아들(적자)이 초헌관이 되는 것이 바른 예법 같습니다.

●性理大全祭禮四時祭; 初獻主人 亞獻主婦爲之 終獻兄弟之長或長男或親賓爲之○又 墓祭; 初獻如家祭之儀 亞獻終獻並以子弟親朋薦之
●家禮初終立喪主條凡主人謂長子無則長孫

▶3430◀◈問; 아버님 첫 기제사 다가오는데 잘 몰라서요.

더운 날씨에도 일일이 답변해주시느라 수고가 많으십니다. 항상 건강하시길 바랍니다.

1. 아버님 돌아가신 날이 2006 년 윤 9 월 6 일(음력 7 월 14 일)새벽 0 시 25 분 입니다. 첫 기제사는 언제 지내야 되는지요.

2. 어머님은 윤달도 끼고 했으니 약력으로 9 월 6 일 날 새벽에 지내자 하시는데 그래도 되나요?

3. 축문 쓰는 방법을 모르는데 좀 가르쳐 주시면 정말 고맙겠습니다. 배 0 일

◈答; 아버님 첫 기제사.

問 1. 答; 양력에서 윤년이라 함은 2 월 28 일이 29 일이 되는 해를 의미하며 음력에서 윤달

이라 함은 같은 달이 거듭 든다 함을 뜻합니다. 작년도 음력 7 월에 윤달이 들었으니 음력 윤달인 듯 합니다. 전통예법에서는 만약 음력 윤월에 작고하였다 하여도 평년에는 본 월의 그 날이 기일이 되니 귀하 선고장의 기일은 음력 7 월에 모시되 윤 7 월이 닥치는 해에만 윤 7 월에 모시면 됩니다. 다만 음력 7 월 14 일 새벽이라 함은 당일 밤 12 시를 넘어 0 시 25 분껜지 아니면 그날 오전 0 시 25 분께인지 새벽이라는 문구가 들어가 분명하지 않습니다. 만약 전자라면 작고하신 날은 음력 7 월 15 일이 매년 기제 일이 되며 후자라면 음력 7 월 14 일이 매년 기제 일이 됩니다.

●開元禮閏月亡者祥及忌日皆以閏所附之月爲正
●通典范甯曰閏月者以餘分之日閏益月耳非正月也吉凶大事皆不可用故天子不以告朔而喪者不數
●庾蔚之曰今年末三十日亡明年末月小若以去年二十九日親尙存用後年正朝爲忌此必不然若其不
●退溪曰閏非正月人之行祭常以正月而獨於是歲依亡歲之月而祭似未穩祭則依常月行之於閏月亡日則齊素而不祭似當也
●沙溪曰通典諸說可考也或謂閏月死者後値閏月當用本月爲忌而閏月死日亦當行素云云
●竹庵曰閏月死者後値閏月則不用本月而以閏月爲忌恐無可疑然則閏亡者亦可知也
●退溪答金惇敍曰忌日旣行之於當朔當日矣其於閏朔遇是一何有再行之義乎此意厚而不達於禮不可爲訓典也
●問祖考之終在閏月者復遇亡歲之閏月則行祭於閏乎退溪曰閏非正月人之行祭常以正月而獨於是歲依亡歲之月而祭似未穩祭則依常月行之於閏月亡日則齋素而不祭似當也
●問先考卒逝之日閏四月三十日也今又値四月之閏欲於閏月晦日行祭如何寒岡曰知禮之人皆以爲不可用閏月當於本月其日行祭閏月其日則行素而已可也
●沙溪曰或謂當用本月爲忌而閏月死日亦當行素云
●同春問人或死於閏正月則忌祭當用本正月否若値閏正月則當用何月云云沙溪曰通典諸說可考也或謂閏月死者後値閏月當用本月爲忌而閏月死日亦當行素云
●問閏月死者之子復値閏月則如之何明齋曰其日似當變服設位哭食素

問 2. 答; 전통예법에서의 관혼상제 등 모든 일자는 음력입니다. 위 1 번 답변과 같이 음력으로 모신다면 전자일 경우 매년 7 월 15 일 자시(子時) 즉 14 일 밤 해시(亥時)를 넘어 자정(子正); 즉 15 일 첫 시인 자시(子時)가 되며 후자라면 7 월 14 일 자시(子時) 즉 13 일 밤 해시(亥時)를 넘어 자정(子正); 즉 15 일 첫 시인 자시(子時)가 됩니다.

問 3. 答; 축문식(본 축문은 전자(前者)로 작성한 것입니다 만약 후자라면 일자를 괄호 내로 택하면 됩니다)

⊙기제축문식(忌祭祝文式)

維 歲次丁亥七月己卯朔十五日癸巳(후자일경우;十四日壬辰)孝子성일敢昭告于 顯考學生府君歲序遷易 諱日復臨追遠感時昊天罔極謹以淸酌庶羞恭伸奠獻尙 饗

*생전 벼슬이 있었다며 학생을 벼슬 명으로 고치면 됩니다.

▶3431◀◈問; 아버님 첫 제사로 급히 질문 드립니다.

상세한 답변에 이렇게 염치불구하고 문의 드립니다. 다름이 아니고 11 월 18 일 아버님 첫 제사입니다. 매일 아버님 뒷전에서 시키는 대로만 하다 보니 지금은 어떻게 해야 할지 고민입니다.

1. 보통제사는 자시에 지내는 걸로 아는데 이번 제사는 어둑어둑 해질 무렵에 지내야 한다 합니다. 그게 맞는 것인지, 왜 그런 건지 궁금합니다.

2. 축문을 써야 하는지, 쓴다면 11 월 18 일자로 어떻게 써야 할지 궁금합니다.

3. 지방을 써야 하는지 궁금합니다. (쓰는 법은 검색해서 배웠습니다.)

◈答; 지방식.

⊙지방 쓰는 법.
두꺼운 흰 한지(漢紙)로 길이와 폭은 신주(神主)와 같게 하며 해서체(楷書體)로 가늘게 종이의 중앙에 붓으로 써서 제사에 임하여 교의 위에 붙이되 남자 지방과 여자지방을 각각 써야 한다.

⊙지방식(紙牓式)
陶菴曰用厚白紙長廣隨宜以眞楷細書於紙中央臨祭貼於椅上隨位各書又曰祖妣二人以上別具紙各書

⊙지방(紙牓)쓰는 법.
도암 선생께서 이르시기를 두꺼운 흰 종이로 길이와 폭은 쓰기 알맞게 하여 해서체로 종이의 중앙에 가늘게 써서 제사에 임하여 교의 위에 붙이되 위마다 각각 써야 한다. 또 이르시기를 할머니가 두분 이상이면 지방지를 별도로 갖춰 각각 써야 한다.

⊙지방의규격.
지방의 규격은 명문화 되어 있지 않다. 다만 신주식을 본뜨면 세로 길이는 주척으로 열 두치(의미 1 년 12 월) 가로가 세치(의미 1 계절 3 월)이며 위를 오푼 아래서 위로 둥글게 되여 있으니 주척은 cm 로는 약 20.3cm 로 대체로 지방의 규격은 높이가 약 24cm(신주장 1 자 2 치) 넓이가 약 6cm(신주 폭 3 치)로 하고 위 양 가 모서리를 5 푼 약 1cm 아래서 사선으로 자르기도 하며 이를 소두(掃頭)라 한다.

⊙지방식.
부 顯考某官府君 神位
모 顯妣某封某氏 神位

만약 남자에게 관직(官職)이 없었으면 남자는 모관(某官)에 학생(學生) 그 처(妻)에게는 유인(孺人)이라 쓴다.

○부녀자의 지방에 관향을 쓰지 않는다. 만약 원비와 계비가 일성이라 하여도 자손들은 사실을 알고 있기 때문에 관향을 쓰지 않는 것이다(不書貫).

⊙축식(祝式).
維 歲次甲申十月乙未朔初七日辛丑孝子영배敢昭告于 顯考學生府君歲序遷易諱日復臨追遠感時昊天罔極謹以淸酌庶羞恭伸奠獻尙 饗

(일자는 양력인 듯 하여 음력으로 환산 한 것이며 현고학생에 학생은 생시 벼슬의 등급을 쓰는 것이니 관직이 있었으면 그 등급으로 고치면 됩니다)

▶3432◀◈問; 아버님 축문.
아버님 제사인데요. 전 차님인데요. 아직 축문은 써 본적이 없어서요, 형님이 출장이라서요. 어머님이 현존해 계시는데 축문에 현비유인모모모씨를 빼고 써야 하나요 궁금합니다. 그리고 효자 ㅇㅇ 자리에 차남인 저의 이름을 넣어야 하는지 아니면 큰형님 이름을 넣어야 하는지요? 빠른 답 좀 주세요.

◈答; 아버님 축문.

⊙부친 기제 축문식(忌祭祝文式)
維 歲次癸未八月癸酉朔二十五日丁酉孝子○○出境使介次子○○執其常事敢昭告于 顯考學生府君歲序遷易 諱日復臨追遠感時昊天罔極謹以淸酌庶羞恭伸奠獻尙 饗

효자 ○○ 에는 주인인 장자 명을 쓰고 차자 ○○ 에는 귀하의 이름을 써 넣으면 주인이 부재 중 대신 제사를 지내는 축이 됩니다. 날자는 음력으로 금년 8 월 25 일로 가정 하였으니 월이 다르면 월을 고치고 계유(癸酉)에는 그 달 초하루 일진으로 고치고 날자 역시 실

기일로 고치고 정유(丁酉) 역시 그날 일진으로 고치면 됩니다. 본 축은 무관자의 축식이니 관직이 있었으면 학생(學生)에 관직 등급 명으로 고쳐 쓰면 됩니다.

▶3433◀◈問; 아버지 기제사 축문 쓰는 법.

아버지 기제사 축문을 어머니도 없어요.

◈答; 아버지 기제사 축문 쓰는 법.

제삿날을 올해 음력 시월 보름 날로 가정한 축식이니 월 일과 그 달 초하루와 당일 간지만 고치면 됩니다.

⊙병제 축식(양위 동제 축문)

維 歲次,壬午十月丁丑朔,十五日辛卯,孝子圭峰敢昭告于, 顯考學生府君, 顯妣孺人某氏, 歲序遷易,顯考諱日復臨,追遠感時,昊天罔極,謹以淸酌庶羞,恭伸奠獻 尙 饗.

뜻은 대개 이런 말입니다.

유(維)~~~~~~~~~~~~~과거를 회상한다는 뜻이나 발어사.
세차(歲次)~~~~~~~~~~해의 순서, 간지로 올해의 차례.
간지(干支)~~~~~~~~~~십간과 십이지로 돌려 짚어 해와 날에 배정된 육십갑자의 명칭
삭(朔)~~~~~~~~~~~~그 달 초하루.
효자(孝子)~~~~~~~~적자(맏이)란 뜻으로 차자 이하 에게는 효 자를 붙이지 않음.
감소고우(敢昭告于)~~감히 밝혀 고하나이다.
소(昭)~~~~~~~~~~~~숨김이나 거짓이 없는 상태.
현(顯)~~~~~~~~~~~~존경과 공경 함.
고(考)~~~~~~~~~~~~죽은 아버지. 생전은 부(父).
비(妣)~~~~~~~~~~~~죽은 어머니. 생전은 모(母).
학생(學生)~~~~~~~~벼슬치 않은 남자.
유인(孺人)~~~~~~~~정 종 구품의 처 품계이며 남편이 벼슬치 않아 봉함이 없는 여자의 품계.
부군(府君)~~~~~~~~남자 조상 들의 최 존칭어.
모씨(某氏)~~~~~~~~모에는 어머니 성을 써 넣음.
세서천역(歲序遷易)~~(해의 차서가 바뀌어 옮겨져) 해가 바뀌어.
현고(顯考)~~~~~~~~공경하옵는 아버님.
휘일부림(諱日復臨)~~작고하신 날을 다시 임하오니,
추원감시(追遠感時) ~~제사를 모시자 하오니 그 때가 생각 나옵니다.
호천망극(昊天罔極)~~부모님의 은혜는 넓고 큼이 하늘과 같이 한이 없었아옵니다.
근이(謹以)~~~~~~~ 삼가하고.
청작서수(淸酌 庶羞)~여러 가지 음식과 맑은 술로.
공신전헌(恭伸奠獻) ~~제수를 진설 하고 공손히 술잔을 드리오니.
상(尙)~~~~~~~~~~~~바라옵건대.
향(饗)~~~~~~~~~~~~흠향 하옵소서.

어머니 기일 날 축식은 본 축문 중 현고 휘일 부임에서 현고 자리에 현비로 고쳐 써넣으면 어머니 축식이 되는 것입니다. 독축을 할 때 점 찍은 곳에서 숨을 쉽니다. 독축 소리는 너무 커도 너무 적어도 안되며 참례자들이 모두 들을 정도면 되는 것입니다.

연결 하면 대개 이런 뜻입니다.
임오년 시월 십오일에 공경 하옵는 아버님 학생 부군과 공경 하옵는 어머님 유인 모씨께 맏아들 규봉이가 삼가 고 하나이다. 해가 바뀌어 공경 하옵는 아버님의 작고 하신 날에 임하여 제사를 올리자 하오니 생존 하여 계실 적이 생각 나옵니다, 부모님의 은혜가 하늘과 같이 크고 넓었아옵니다. 삼가 맑은 술과 여러 가지 음식을 제수로 진설 하고 술을 딸아 올려

드리오니 바라옵건대 흠향 하옵소서.

부모이상 축은 본 축문에서 호천망극을 빼고 그 자리에 불승영모(不勝永慕)로 대신하고 지방식에서 신위(神位) 두 글자만 빼고 부모의 자리에 써넣으면 윗대 고조부모까지 기제사 축문이 되는 것입니다. 기제사에는 축이 있어야 하는 것입니다. 만약 축이 없으면 자손이 아무리 많아도 초헌 한잔이며 축이 있으면 석잔을 권 하여 드릴 수가 있는 것입니다.

●陶庵曰只設一位禮之正也盖忌日乃喪之餘値其親死之日當思是日不諱之親而祭於其位不宜援及他位只祭所祭之位而不爲配祭非博於所配祭以哀在於所爲祭者故耳然則當以只祭一位爲正考妣幷祭雖有先儒之說恐不可從
●朽淺曰凡忌祭當忌之位
●旅軒曰忌祭人多幷祭考妣甚非禮也
●愚伏曰不敢援尊固有所本於理亦精然幷祭亦何不可
●奉先雜儀文公家禮忌日止設一位程氏祭禮忌日配考妣二家之禮不同蓋止設一位禮之正也配祭考妣禮之本於人情者也
●栗谷曰忌祭則設所祭一位具饌但具一分若幷祭考妣則具二分
●牛溪曰程子俱祭考妣鄙人則用程禮
●愼獨齋曰幷祭爲當
●尤庵曰吾家設考妣兩位雖知其不當而行之已久不能改也
●沙溪曰忌日幷祭考妣雖非朱子意我朝先賢嘗行之栗谷亦曰祭兩位於心爲安云援尊之嫌恐不必避也

▶3434◀◈問; 아버지 지방때문에요.

저희 아버지께서 2008 년 8 월 24 일에 돌아가셨습니다. 생일은 음력 10 월 24 일이시고 이번 년도 생일이 아직 지나지 않았습니다. 근데 지방을 써야 하는지요. 제가 잘 모르고 어떻게 해야 하는지 몰라서 알려주세요.

1. 이번 추석 때 제사에서 지방을 써야 하는지요? 쓴다면 어떻게 써야 하나요. 어머님이 써야 하나요?

2. 매 명절마다 지방을 써야 하나요? 안0희

◈答; 아버지 지방.

제사를 지내는데 생일과는 연관이 없으며 다만 탈상 여부는 알 수가 없으나 아직 작고 한지 약 3 개월 후에 지내는 졸곡제도 넘기지 못하였으니 추석 차례를 지내야 하는지의 여부는 말 할 수가 없습니다. 다만 지방은 장사를 지내면서 신주를 쓰는 것이니 제주(題主)하지 않았다면 혼백을 모셨을 것이고 불교 식으로 49 일에 탈상을 하였다면 모두 지방을 예에 임하여야 합니다.

●아들이 아버지에 대한 지방식입니다.

顯考學生府君神位

●아들이 없으면 부인이 남편에 대한 지방식입니다.

顯辟學生府君神位

만약 생전(生前)에 관직(官職)이 있었으며 학생(學生)을 지우고 그 곳에 관직명(官職名)을 써 넣습니다.

▶3435◀◈問; 아버지 지방 쓰는 법.

아버지 지방과 기제축 쓰는 법.

◈答; 아버지 지방 쓰는 법.

부친만 작고 하셨으면 다음과 같이 씁니다. 다만 세로로 고쳐 써야 합니다.

⊙지방(紙牓).

顯考學生(생전에 관직이 있었으면 학생을 빼고 그 관직 명을 씁니다) **府君 神位**

만약 부모가 모두 작고 하셨으면 모친의 지방 역시 따로 모시고 양위 분을 한 자리에서 함께 제향을 올려야 합니다. 모친지방은 다음과 같습니다.

顯妣孺人某(모친의 성씨를 씁니다 부친이 관직이 있었으면 모관 夫人)**氏 神位**

⊙축문식(祝文式)

維 歲次干支某月干支朔某日干支孝子ㅇㅇ敢昭告于 顯考學生府君(俱沒則顯妣某封某氏列書)
歲序遷易諱日復臨追遠感時昊天罔極謹以淸酌庶羞恭伸奠獻尙 饗

▶3436◀◈問; 아버지 지방 쓰는 법.

아버지 지방 쓰는 법.

◈答; 아버지 지방 쓰는 법.

⊙아버지 지방식.

顯考某官府君 神位

○**현(顯)**~~~~~조상에 대한 경칭어로 존경과 공경을 뜻함.
○**고(考)**~~~~~죽은 아버지는 고, 생전에는 부(父).
○**모관(某官)**~~생전의 벼슬 품계 또는 현재의 벼슬 명 벼슬치 않았으면 모관에 학생(學生)이라 씀.
○**부군(府君)**~~조상에 대한 최 존칭어.
○**신위(神位)**~~당해 조상을 뜻함.

종서이나 횡서로 써 세워야 합니다.

▶3437◀◈問; 아버지 지방 쓰는 법.

저희는 딸만 둘 있는데 동생도 결혼을 해서 이제 엄마 혼자서 차례를 지내야 합니다. 엄마 대신에 제가 지방만 쓰려고 하는데(시댁에서도 차례를 지내서요) 아버지에 대한 지방을 써야 할지 아님 남편의 지방을 써야 할 지 잘 몰라서요.

◈答; 아버지 지방 쓰는 법.

어머니와 딸만 있으면 어머니 명으로 써야 합니다.
顯辟學生府君神位

학생에는 생전에 벼슬을 하였으면 벼슬의 등급 명을 쓰고 없었으면 이와 같이 쓰면 됩니다.

▶3438◀◈問; 아버지 첫 제사.

안녕하세요! 아버님께서 돌아가시고 이번 구정이 첫 차례고요 첫 기제사도 다가 옵니다. 그런데 첫 제사나 차례 같은 경우에는 생전에 사시던 곳에서 지내야 한다는 이야기를 들어서요? 저는 출가해서 맏아들이라 저희 집에서 지내려 했는데 어떻게 하는 것이 맞나요?

◈答; 아버지 첫 제사.

조상(祖上)의 제사는 장자의 거소(居所)에서 받드는 것입니다. 선생께서 지금의 거소가 임시가 아닌 완전히 이주한 거소라면 선생 댁에서 부친의 구정(舊正)이나 기제를 모심이 바른 예법입니다. 만약 지금의 거소가 임시 거소라면 고향의 본가에서 봉사하심이 옳습니다.

●曲禮支子不祭祭必告于宗子(註)不敢自專宗子有故支子當攝而祭五宗皆然疏廟在適子之家庶子

不敢輒祭若濫祭亦是淫祀若宗子有疾不堪當祭則庶子代攝可也猶宜告宗子然後祭
●公羊傳何休曰適子有孫而死質家親親先立弟文家尊尊先立孫
●溫公曰凡主人當以長子爲之無長子則長孫承重
●喪服小記庶子不祭禰者明其宗也(註)庶子不得立禰廟故不得祭禰所以然者明主祭在宗子廟必在宗子之家也
●家禮初終立喪主條凡主人謂長子無則長孫承重奉饋奠
●內則庶子若富則具二牲獻其賢者於宗子夫婦皆齊而宗敬焉終事而后敢私祭
●喪服小記庶子不祭禰者明其宗也(註)庶子不得立禰廟故不得祭禰所以然者明主祭在宗子廟必在宗子之家也庶子雖貴止得供具牲物而宗子主其禮也
●尤庵曰祭主人有故則所攝之中如有尊行則子弟以不敢爲攝主矣然代者是尊行則使字未安故俗禮改云孝子某有故代叔父或兄
●家禮按祠堂篇主人謂宗子主此堂之祭者晨謁深衣焚香再拜又主人主婦近出則入大門瞻禮而行歸亦如之經宿而歸則焚香再拜遠出經旬以上則再拜焚香告云云又再拜而行歸亦如之經月而歸則開中門立於階下再拜升自阼階焚香告畢再拜降復位再拜餘人亦然但不開中門

▶3439◀◈問; 아버지 첫 제사를 지내야 하는데 제사일자가 언제인지요?

저희 아버지는 작년 음력 12.2 일에 돌아가셨습니다. 그래서 저는 올해 음력 12 월 2 일인 1 월 16 일에 맞춰 제사를 지내야 한다고 생각을 하고 있었는데 어머니께서 음력 12 월 1 일인 1 월 15 일에 제사를 지내야 한다고 하시는 겁니다. 돌아가신 날이 아니라 살아계셨던 날에 제사를 지내는 것이라고요.

게시판의 글을 읽어보아도 제 생각이 맞는 거 같은데 어느 날짜가 정확한 건지요? 당장 오늘인데 너무 늦게 이런 곳을 알았네요 장 0 주

◈答; 첫 제사를 일자.

부친의 기일은 매년 음력 12 월 2 일이 맞습니다. 다만 음 12 월 2 일이란 현대 시간이나 옛시나 마찬가지로 12 월 1 일 밤중 이후는 다음날인 2 일이 됩니다. 따라서 현대시간으로는 음력 12 월 1 일 밤중 0 시(밤 12 시=24 시)이후가 익일인 음력 12 월 2 일이 되나 옛날 시간으로는 음력 12 월 1 일 밤 23 시부터 다음 날인 01 시까지가 자(子)시로서 익일인 음력 12 월 2 일 첫 시가 되는 것입니다. 까닭에 전날인 음력 12 월 1 일 날 제수를 장만하여 그날 밤중 자시(子時= 음 12 월 2 일 첫 시)에 대개의 가문에서 제사를 지내고 있습니다.

●祭義君子有終身之喪忌日之謂也註忌日親死之日也
●周禮春官宗伯禮官之職小史條掌邦國之志奠繫世辨昭穆若有事則詔王之忌諱註鄭司農云先王死日爲忌名謂諱
●家禮忌祭編○厥明夙興設蔬果酒饌○質明主人以下變服詣祠堂封神主出就正寢
●禮器質明而始行事疏質正也謂正明之時少牢禮朝明行事註朝明質明也此乃周禮也
●尤庵曰行祭早晚太早不可太晩亦不可惟當以質明爲正
●南溪曰質明卽大昕指日未出時也

▶3440◀◈問; 아버지 첫 제사에 대해서.

이번이 아버지 첫 제사 입니다. 자식들은 딸 4 명이고 큰딸은 결혼했습니다. 다들 서울에서 집구해서 다 같이 살고 있었고 아버지도 2 년 정도 서울에 계속 함께 살고 계셨고 가끔 시골집에 1~2 주 사시다가 올라오시고 그렇게 하셨습니다.

어머님은 돌아 가신지 10 년 좀 넘었는데 서울에서 제사 지내기 시작한지는 5 년 정도 되어서 아버님 돌아가시기 전까지도 서울에서 제사를 지냈습니다. 묘(墓)는 시골집 근처에 있는데 첫 제사라 묘에서 오전에 제사를 지낼까 하는데 가능한가요? 아버지께서 돌아가신 것도 시골집에서 혼자 계시다 돌아가셔서 마음이 아픕니다. 시골 고향집에 아무도 살지 않고 있

어서 가서 제사를 지내기도 그렇고 서울에서 음식을 해서 제사당일 오전에 모에서 제사를 지내기도 맞는 건가 싶습니다.

▶ **질문:** 제사 당일 오전에 산소에서 제사를 지내도 괜찮은지요?

▶ **질문:** 제사 당일 산소에 다녀와서 서울 집에서 제사를 지내는 것이 괜찮은지요?
항상 시골에 살고 싶어하시던 아버님 생각에 자꾸 고민이 됩니다. 답변 부탁 드립니다.

◈答; 아버지 첫 제사에 대해서.

후손이 자매뿐이라면 유가의 예법으로는 근친에서 항렬에 맞게 입후하여 대를 이음이 바른 예법입니다.

▶**질문, 答;** 기제는 정침(방)제로 집에서 지내는 제사로 산소에서는 지내지 않습니다. 묘에서 지내는 제사는 묘제라고 하며 기제와 묘제는 다릅니다.

▶**질문, 答;** 기제는 작고하신 날 아침 일찍 지내는 것입니다. 그런데 변례로 자시(子時)라 하여 작고한 전 날밤 23 시~작고한 날 01 시 사이(작고한 날의 첫 시)에 대개의 가문에서 지내고 있습니다.

자매뿐으로 큰 언니가 출가를 하였다니 외손이 있다면 외손 명으로 지방을 쓰고 제사하여야 할 것입니다. 집에서 제사를 마치고 산소를 찾아 뵙는 것이 순서일 것입니다.

●家禮忌祭編○厥明夙興設蔬果酒饌○質明主人以下變服詣祠堂奉神主出就正寢○參神降神進饌初獻
●禮器質明而始行事疏質正也謂正明之時少牢禮朝明行事註朝明質明也此乃周禮也
●士冠禮擯者請期宰告曰質明行事註擯者有司佐禮者在主人曰擯在客曰介質正也宰告曰旦日正明行冠事
●陳氏曰子路祭於季氏質明而始行事寧早則雖未明之時祭之可也
●南溪曰質明卽大昕指日未出時也
●祭義註忌日親死之日也疏孝子終身念親不忘忌日非謂此日不善別有禁忌謂孝子志意有所至極思念親不敢盡其私情而營求他事故不擧也
●明齋曰凡喪復後始發喪其前則雖已氣絶猶有復生之望不可便以爲已死也以此意推之則似當以招魂日爲忌日矣
●性理大全忌祭編○厥明夙興設蔬果酒饌○質明主人以下變服詣祠堂封神主出就正寢
●尤庵曰行祭早晩太早不可太晩亦不可惟當以質明爲正
●咸興本宮儀式奏啓條本宮淸齋爲白遣初六日子時行祭是白如乎○本宮十一日子時行告由祭後陪香祝進詣定陵淸齋十三日子時攝行酌獻禮是白如乎
●日省錄十八日子時行祭天氣淸和享事利成獻官以下(云云)

▶3441◀◈問; 아헌과 종헌 시 삼제.

아헌과 종헌 시에도 초헌과 같이 삼제를 하는 것이 맞는지요? 궁금한.

◈答; 아헌과 종헌 시 삼제.

⊙초헌(初獻)

主人升詣高祖位前執事者一人執酒注立于其右(冬月卽先煖之)主人搢笏奉高祖考盤盞位前東向立執事者西向斟酒于盞主人奉之奠于故處次奉高祖妣盤盞亦如之(便覽執事者反注故處)出笏位前北向立執事者二人奉高祖考妣盤盞立于主人之左右主人搢笏跪執事者亦跪主人受高祖考盤盞(便覽左手執盤)右手取盞祭(便覽三祭之○要訣少傾之)茅上以盤盞授執事者反之故處受高祖妣盤盞亦如之出笏俛伏興少退立執事者炙肝于爐以楪盛之兄弟之長一人奉之奠于高祖考妣前匙筯之南(備要启飯蓋置其南降復位)祝取版立於主人之左(便覽東向)跪(儀節主人以下皆跪)讀曰(云云)畢興(便覽置板於卓上降復位)主人再拜退詣諸位獻祝如初每逐位讀祝畢卽兄弟衆男之不爲亞終獻者以次分詣本位所祔之位酌獻(便覽不祭酒)如儀但不讀(開元禮不拜)祝獻畢皆降復位執事者以他器徹酒及肝置盞故處(便覽降復位)○凡

祔者伯叔祖父祔于高祖伯叔父祔于曾祖兄弟祔于祖子孫祔于考餘皆放此如本位無卽不言以某親祔食

楊氏復曰司馬公書儀主人升自阼階詣酒注所西向立執事一人左手奉曾祖考酒盞右手奉曾祖妣酒盞一人奉祖考妣酒盞一人奉考妣酒盞皆如高祖考妣之次就主人所主人搢笏執注以次斟酒執事者奉之徐行反置故處主人出笏詣曾祖考妣神座前北向執事者一人奉曾祖考酒盞立于主人之左一人奉曾祖妣酒盞立于主人之右主人搢笏跪取曾祖考妣酒酹之授執事者盞反故處乃讀祝此其禮與虞禮同家禮則主人升詣神位前主人奉祖考妣盤盞一人執注立于其右斟酒此則與虞禮異竊詳虞禮神位惟一時祭則神位多家禮主人升詣神位前奉盤盞位前東向立執事者斟酒主人奉之奠于故處次奉祖妣盤盞亦如之如此則禮嚴而意專若書儀則時祭與虞祭同主人詣酒注卓子前執事者左右手奉兩盤盞則其禮不嚴主人執注盡斟詣神位酒則其意不專此家禮所以不用書儀之禮而又以義起之也

⊙초헌례.

주인이 올라 고조위(高祖位) 전으로 가면 집사자 한 사람은 겨울이면 곧 먼저 술을 따뜻하게 데운 주전자를 들고 주인의 오른쪽에서 선다. 주인은 홀(笏)을 띠에 꽂고 고조고(高祖考) 전의 잔반을 받들고 위전에서 동쪽으로 향하여 서면 집사자는 서쪽으로 향하여 서서 잔에 술을 따른다. 주인은 잔반을 받들어 제자리에 올리고 다음으로 고조비(高祖妣)의 잔반을 그와 같게 하고 집사자는 주전자를 제자리에 둔다. 주인은 홀을 띠에서 빼어 들고 위전에서 북쪽으로 향하여 선다. 집사자 두 사람이 고조고(高祖考)와 고조비(高祖妣)의 잔반을 각각 받들고 주인의 좌우에 서면 주인은 홀을 띠에 꽂고 무릎을 꿇고 앉는다. 집사자 역시 무릎을 꿇고 앉으면 주인은 고조고의 잔반을 받아 왼손으로 반을 잡고 오른손으로 잔을 잡아 모사 위에 조금씩 기우려 삼제(三祭)를 하고 잔반을 집사자에게 되돌려 주면 집사자는 잔을 받아 제자리에 되 올려 놓는다. 다음으로 고조비 잔반을 받아 역시 그와 같게 한다. 주인은 홀을 띠에서 빼어 들고 부복하였다 일어나 조금 뒤로 물러나 선다. 집사자들이 화로에서 간을 구워 소반에 담으면 형제중의 맏이가 고조고와 고조비의 시저접(匙筯楪) 남쪽에 올려 놓고 메의 개를 열어 그 남쪽 빈 곳에 놓고 내려와 제자리에 선다. 축관이 축판을 들고 주인의 왼편에서 동쪽으로 향하여 무릎을 꿇고 앉으면 주인 이하 모두 무릎을 꿇고 않는다. 다음과 같이 독축을 하고 마치면 일어난다. 축관은 축판은 탁자 위에 놓고 물러나 제자리에 서면 주인은 재배하고 물러난다. 모든 위에 헌주 하고 축사 하기를 처음과 같이하며 신위마다 딸아 가며 독축하기를 마치면 곧 형제와 여러 남자 중에서 아헌과 종헌을 하지 않는 이들이 나뉘어 본위에 곁들인 부위마다 술을 따라 올리기를 의례대로 하되 다만 제주치 않으며 축이 없고 절을 하지 않는다. 술 따라 올리기를 마쳤으면 모두 내려와 제자리에 선다. 집사자들은 다른 그릇으로 철주를 하고 잔은 제자리에 놓고 간적을 거두고 제자리로 내려와 선다. ○대체로 부위의 곁들임은 백숙조부는 고조에게 곁들이고 백숙부는 증조에게 곁들이고 형제는 조위에 곁들이고 자손은 고위에 곁들인다.

⊙아헌(亞獻)

主婦爲之諸婦女奉炙肉及分獻如初獻儀但不讀祝(朱子曰未有主婦則弟得爲亞獻○徹酒下炙)

朱子曰祭禮主人作初獻未有主婦則弟得爲亞獻弟婦爲終獻○楊氏復曰按亞獻如初儀潮州所刊家 禮云惟不祭酒于茅潮本所云不祭酒于茅是乎曰所謂祭酒于茅者爲神祭也古者飮食必祭及祭祖考祭外神亦爲神祭少牢饋食禮主人初獻尸尸祭酒而後啐酒卒爵主婦亞獻尸尸祭酒而後卒爵賓長三獻尸尸祭酒而後卒爵士虞特牲禮亦然凡三獻尸皆祭酒爲神祭也鄕射大射獲者獻候先右箇次中次左箇皆祭酒爲候祭也以此觀之三獻皆當祭酒于茅潮本蓋或者以意改之故與他本不同失之矣

⊙아헌례.

아헌은 주부(主婦)가 하며 여러 부녀자들이 적육(炙肉)을 받들고 함께 역할을 분담하여 술을 따라 올리기를 초헌 의식과 같게 한다. 다만 축이 없다. ○마쳤으면 철주(徹酒)를 하고 적을 내린다.

⊙종헌(終獻)

兄弟之長或長男或親賓爲之衆子弟奉炙肉及分獻如亞獻儀(但不徹酒及炙)

⊙종헌례.

형제 중에서 연장자나 혹은 장남 혹은 친빈(親賓) 중에서 종헌을 하며 여러 자제들이 적육(炙肉)을 받들고 헌주에 분담 하기를 아헌 의식과 같게 한다. 다만 철주하지 않고 적을 내리지 않는다.

이상은 사시제의 헌주 예법입니다. 아종헌의 예법 역시 초헌의 예법과 같다 하였으니 아헌이나 종헌의 예에서도 삼제함이 옳은 것 같습니다.

●朱子曰祭酒盖古者飲食必祭以鬼神自不能祭故代之祭也
●家禮考證喪禮篇三祭於茅束上郊特牲縮酌用茅明酌也註縮泲也云云
●楊氏曰案亞獻如初儀潮州所刊家禮云少牢饋食禮主人初獻尸尸祭酒而後啐酒卒爵主婦亞獻尸尸祭之而後卒爵賓長三獻尸尸祭酒而後卒爵士虞特牲禮亦然以此觀之三獻皆當祭主于茅
●問祭酒以家禮亞獻條但不讀祝云者觀之則三獻似皆祭之以擊蒙要訣亞獻條但不祭酒云者觀則亞終獻不祭無疑當何適從南溪曰楊氏附註三獻皆祭酒當從此說
●尤庵曰降神時傾酒于茅沙者求諸陰之義也三獻時少傾于茅沙者代神祭之義也
●儀禮鄉射禮俎與荐皆三祭郑玄注皆三祭竝其将祭俟也祭俟三處也賈公彦疏三處者下文右與左中是也
●李賀(出城別張又新酬李漢)詩今將下東道祭酒而別秦王琦匯解祭酒謂祖道祭也古者出行必有祖道之祭
●史記滑稽列傳故所以同官待詔者等比祖道於都門外
●漢書劉屈氂傳貳師將軍李廣利將出兵擊匈奴丞相爲祖道送至渭橋顔師古注祖者送行之祭因設宴飮焉

▶3442◀◈問; 안녕하세요 제사 주체에 대하여.

예의 범절에 부족한 점이 많아 이렇게 문의 드립니다. 제사 주체 즉, 누가 제사를 주관하고 시행하느냐의 기준에 대하여 질문 드립니다.

올 초 부친께서 돌아가셨고요. 이번 추석이 첫 명절입니다. 장남(長男) 지방에 거주 차남 수도권 거주 모친 장남과 함께 지방에 거주하다 수도권 차남 근처로 이주 부친 지방에서 화장, 모친께서는 당신의 남편이니 차남 집에서 명절 제사를 지낼 것이고 먼 길이니 명절에는 길이 힘드니 오지 말고 부친 제사 때는 꼭 올라오라는 입장 장남인 본인의 생각은 부친께서 이곳 지방에 계시고 (부친 모셔진 납골당도 가야하고) 장남으로서 명절 및 제사를 직접 주관해야 하므로 차남과 모친이 지방으로 내려 와야 된다는 입장입니다. 주어진 여건과 상황에 따라 융통성 있게 조정하면 되겠지만 원칙적인 답변을 듣고 싶고요. 또한 어떻게 처신하는 것이 현명한 것인지요?

◈答; 제사 주체에 대하여.

아래와 같이 살펴보건대 지자(支子)는 그의 부모나 선대 제사를 지낼 수 없고 제사의 초헌관은 장자(長子)가 되며, 장자(長子)가 이미 죽어 없을 때에 지자(支子)가 있다 하여도 장자(長子)의 적자(嫡子)인 장손(長孫)이 주인(主人)이 되어 상(喪)을 치르고 제사(祭祀)에 주인이 되어 초헌(初獻)을 하게 됩니다. 지자(支子)는 만약 주인이 유고(有故)일 때 주인 집에서 섭주(攝主)로서 초헌을 하되 축(祝)의 속칭은 주인 명으로 하되 다만 섭행(攝行)하는 사유를 부기(附記)하여 고하고 대행(代行)하게 됩니다.

●家禮本註主人謂長子無則長孫承重以奉饋奠
●曲禮支子不祭祭必告于宗子(註)不敢自專宗子有故支子當攝而祭五宗皆然(疏)廟在適子之家庶子不敢輒祭若濫祭亦是淫祀若宗子有疾不堪當祭則庶子代攝可也猶宜告宗子然後祭濫祭亦是淫祀若宗子有疾不堪當祭則庶子代攝可也猶宜告宗子然後祭
●公羊傳何休曰適子有孫而死質家親親先立弟文家尊尊先立孫
●溫公曰凡主人當以長子爲之無長子則長孫承重
●喪服小記庶子不祭禰者明其宗也(註)庶子不得立禰廟故不得祭禰所以然者明主祭在宗子廟必在宗子之家也
●家禮初終立喪主條凡主人謂長子無則長孫承重奉饋奠
●內則庶子若富則具二牲獻其賢者於宗子夫婦皆齊而宗敬焉終事而后敢私祭

●喪服小記庶子不祭禰者明其宗也(註)庶子不得立禰廟故不得祭禰所以然者明主祭在宗子廟必在宗子之家也庶子雖貴止得供具牲物而宗子主其禮也
●尤庵曰祭主人有故則所攝之中如有尊行則子弟以不敢爲攝主矣然代者是尊行則使字未安故俗禮改云孝子某有故代叔父或兄
●家禮按祠堂篇主人謂宗子主此堂之祭者晨謁深衣焚香再拜又主人主婦近出則入大門瞻禮而行歸亦如之經宿而歸則焚香再拜遠出經旬以上則再拜焚香告云云又再拜而行歸亦如之經月而歸則開中門立於階下再拜升自阼階焚香告畢再拜降復位再拜餘人亦然但不開中門

▶3443◀◈問; 암투병중인 사람으로 명절제사 기제사에 장자로서.

제사에 참석해야 되는데 아픈 몸으로 조상에게 미안한마음에서 동생에게 일임하여도 되는지요?

◈答; 주인이 병중 재사.

명절뿐만 아니라 기제사 역시 아우에게 초헌케 하여도 됩니다. 다만 기제사에서는 축을 고해야 되니 대신 초헌을 할 수 있는 섭주축식으로 고하면 됩니다.

⊙主人有故使人代行措辭(주인유고사인대행조사)

病時: 孝子某因病不能將事使某親某(或有疾病介子某代行)敢昭告于(云云)
幼時: 孝子某幼不將事屬某親某敢(或孝子某未幼奉事弟某攝事)昭告于(云云)
遠在時: 孝子某身在遠地不能將事使某親某敢昭告于
越境時: 孝子某使介子某執其常事敢昭告于(云云)
老衰時: 孝子某衰耗不堪事使子某敢昭告于(云云)

●公羊傳(魯)昭公十五(前 527)年; 大夫聞君之喪攝主以往(何休注)主謂已主祭者臣聞君之喪義不可以不卽行故使兄弟若宗人攝行主事而往不廢祭者古禮也古有分土無分民大夫不世已父未必爲今君臣也
●喪禮備要喪禮初終立喪主; 襍(雜)記姑姊妹其夫死夫黨無兄弟使夫之族人主喪妻黨雖親弗(不)主
●家禮增解喪禮初終立喪主; ○右兄亡無嗣弟攝主親喪○右兄亡無嗣弟攝主祖父母喪○右嫡孫亡失祖母死次孫攝主○右無子有妻兄弟主喪○右幼兒兄弟攝主其喪
●辭源[攝主]代爲主祭之人
●曾子問孔子曰宗子居於他國庶子爲大夫其祭也祝曰孝子某使介子某執其常事
●退溪曰宗子死繼后子雖在襁褓亦當書其名而季也攝主可也○又曰宗子粤在他國而命介子代祭之例曰孝子某使子某敢昭告于云云
●尤庵曰凡祭事主人有故則使人攝行例也所攝之中如有尊行則子弟似不敢爲攝主矣
●遂菴曰孝子某有疾介子某代行薦禮敢昭告于○先祖之稱用宗子之屬代○有故措辭曰孝子某病不能將事○孝子某適在遠地不能將事○孝子某幼未將事○孝子某身犯惡疾使字囑某親某
●問祝文中顯考及夙興夜處等語以兒名書之則當依此書否寒岡曰旣以兒名書則當用家禮本文無所改
●梅山曰遞遷長房者亦用旁題支子攝祀旁題當書介子某攝祀祝當曰攝祀介子某恐宜
●葛菴曰長孫奉祀則父子已易世今推而上之使叔父未安且令次孫權攝以待長孫立后○父不與祭而使子弟攝行則曰孝子某使子某敢昭告云病中則云病不能將事或身在遠地不能將事

▶3444◀◈問; 양위 합설.

안녕하십니까. 두서 없는 질문을 할까 합니다. 저의 할아버지는 결혼식을 올리지 아니하고 과수와 결혼을 하시었습니다 그리고 할아버지는 자손이 없어서 제 부친이 양자를 오셔서 대를 이어갑니다 호적에는 식을 올리지 않고 사신 할머니가 올라있습니다 그리고 그 할머니는 전남편과의 소생자손이 있습니다 그러니 그곳에서 제를 올리는 것으로 알고 있습니다. 그래서 할머니 제사는 아니 지냅니다 이런 경우 제 할아버지 제사나 차례 때에 할머니도 밥과 잔을 올려 양위 합설이 맞는지 아니면 할아버지만 제를 올려야 맞는지 좋은 답변을 부탁 드립니다.

◈答; 양위 합설.

問妾之無子者不祭南塘謂祭止嫡子恐非禮意然君則似爲之祭故鄙家會於庶母如此行之今覺不甚合理蓋君於妾之無子者無服無服而有祭未知如何且未得前據爲未安然行之多年猝然廢之亦非神人之所安一敎之若何答不世祭本不謂嫡子祭無子之庶母也今君於妾之無子者無服無服則恐不祭父旣不祭則子安得而終身祭乎旣覺非則已之可矣只於最後祭祝告由而廢之幽明之間皆得其安也愚見如此未知如何

어떤 사람이 묻기를 첩이 자식이 없으면 제사를 지내지 않습니까? 하고 여쭙자 남당 선생께서 말씀 하시기를 제사는 폐한다. 첩이 자식이 없으면 복도 없으니 제사도 지내지 않는 것이다.

위와 같이 비유하여 미안 하나 적처(嫡妻)조상 만을 적자손(適子孫)이 제사를 받들며 소실은 그 소실의 소생이 제사를 받드는 것입니다. 적처란 계실 포함하여 여자가 초혼으로 변고 없이 취한 부인을 지칭하는 것입니다. 병제나 합설치 않는 것이 바른 예법 같습니다.

●朱子曰忌日只祭一位
●程氏祀先凡例祖考忌日則只祭祖考及祖妣祖妣忌日則只祭祖妣及祖考
●晦齋曰按文公家禮忌日止設一位程氏家禮忌日配祭考妣二家之禮不同盖止設一位禮之正也配祭考妣禮之本於人情者也
●退溪曰忌日幷祭考妣甚非禮也
●沙溪曰忌日幷祭考妣雖非朱子意我朝先賢嘗行之栗谷亦曰祭兩位於心爲安云
●愼獨齋曰幷祭爲當
●備要考妣並祭則列書考妣而遷易下又云某親諱日復臨云云
●晦齋曰按文公家禮忌日只設一位程氏祭禮忌日配考妣二家之禮不同盖只設一位禮之正也配祭考妣禮之本於人情者也若以事死如事生鋪筵設同几之意推之禮之本於情者亦有所不能已也
●退溪曰忌日合祭古無此禮但吾家自前合祭之今不敢輕議
●沙溪曰忌日幷祭考妣雖非朱子意我朝先賢嘗行之栗谷亦曰祭兩位於心爲安云援尊之嫌恐不必避
●同春問並祭考妣則告辭與祝辭似當添一兩語沙溪曰告辭遠諱之辰敢請下當添顯考顯妣神主出就云云祝辭歲序遷易下當添某親諱日復臨云云
●問解續問父若有前後室則前後母神主同出耶只出考與所祭之主耶答並祭爲當前母忌日同祭後母後母忌日同祭前母

▶3445◀◈問; 어디서 지내야.

제사(祭祀)를 모시던 아버님이 돌아가셨습니다. 제 남편이 장손(長孫)이고요. 어머님은 어머님이 살아계신 동안은 어머님 집에서 어머님이 준비를 하신다고 하네요. 물론 지방 쓸 때 남편을 주제로 합니다. 관례상 제 남편이 장손이니 제 남편 집에서 제가 준비를 해야 하나요. 아님, 어머님 집에서 준비를 하는 게 맞는 건가요? 제사를 모시는 장소는 상관이 없나요?

◈答; 제사는 사당을 모신 댁에서.

설령 사당(祠堂)이 없다 하여도 사당이 있다는 전제 하에서 생각 하여야 될 것입니다. 사당은 맏자손의 소유로 부녀자나 지손(支孫)은 궐리가 없는 것으로 귀하는 사업이나 직장 문제로 사당을 떠나 있는 것이지 귀하의 현 거소(居所)로 당초부터 함께 옮겨 봉사(奉祀)치 않은 듯합니다. 만약 그렇다면 사당은 현재 귀하의 어머니 댁에 있는 것이니 사당이 있는 곳에서 제사를 지내야 되는 것입니다. 다만 사당이 없는 것은 후손들의 편익에 의한 것일 뿐 예법은 그에 준하여야 하는 것입니다.

사당(祠堂)을 옮기는 것은 적손이 터전을 옮길 때가 아니면 사당(祠堂)만을 이리저리 옮기지 않는 것입니다. 그러나 귀하의 댁에서 조상(祖上)을 받들려면 터전을 옮겨 와야 하는 것이니 귀댁(貴宅)이 주(主)이고 모친(母親) 계신 곳이 종(終)으로 귀하의 댁으로 합가(合家)할 것이라면 모친(母親)과 협의 사당(祠堂)을 귀댁으로 미리 옮김도 예에 크게 벗어나지는 않을 듯 합니다.

⊙ 정리
1). 현재는 모친이 계신 집에서 지내야 합니다.
2). 제사 지내는 장소를 이리저리 옮겨 지내서는 예에 어긋나는 것입니다.

●曲禮支子不祭祭必告于宗子(註)不敢自專宗子有故支子當攝而祭五宗皆然疏廟在適子之家庶子不敢輒祭若濫祭亦是淫祀若宗子有疾不堪當祭則庶子代攝可也猶宜告宗子然後祭
●公羊傳何休曰適子有孫而死質家親親先立弟文家尊尊先立孫
●溫公曰凡主人當以長子爲之無長子則長孫承重
●家禮初終立喪主條凡主人謂長子無則長孫承重奉饋奠
●喪服小記庶子不祭禰者明其宗也(註)庶子不得立禰廟故不得祭禰所以然者明主祭在宗子廟必在宗子之家也庶子雖貴止得供具牲物而宗子主其禮也
●尤庵曰祭主人有故則所攝之中如有尊行則子弟以不敢爲攝主矣然代者是尊行則使字未安故俗禮改云孝子某有故代叔父或兄
●朱子曰祭只是三獻主人初獻適子或主婦亞獻庶子弟或適孫終獻
●成渾曰鄭逑論祭禮云三獻俱是主人主婦長男爲之雖伯叔父不可爲也其義在於主人爲初獻諸父尊行不可爲其次以亂尊卑之序也
●家禮時祭亞獻條主婦爲之註朱子曰祭禮主人作初獻未有主婦則弟得爲亞獻弟婦爲終獻
●性理大全喪禮立喪主條;凡主人謂長子無則長孫承重以奉饋奠
●奔喪凡喪父在父爲主註此言父在而子有妻子之喪則父主之統於尊也
●退溪曰婦人在夫家行私親忌祭禮所不當但世俗成習難以卒禁若避正寢則猶或可也舅姑在則尤未便○又曰妻存無子而夫亡未詳當何書都下有一家書曰顯辟蓋依禮記夫曰皇辟之語也未知是否
●問解問夫亡無子則其神主以顯辟書之未知果穩當否旁註當何以書之答妻祭夫稱辟出於禮記周元陽祭錄亦曰云云稱顯辟依有據旁題禮無明文
●問主婦奉祀則其神主旁題以孝子某之婦某氏書之耶答婦人無奉祀之義周元陽祭錄婦祭舅姑者祝辭云顯舅某官封謚云云若不得已或依此題主耶

▶3446◀ ◈問; 어른의 첫제사에 대한 문의.

안녕하십니까. 무더위와 태풍에 고생이 많으십니다.

작년 8 월 25 일(음력 7 월 5 일) 새벽에 돌아가신 어른의 첫 제사를 모시려고 하는데 생전에 생신은 음력으로 지내시고, 올해 첫 제사를 모시려는 중 양력으로 제사를 지낸다는 뚱딴지 같은 말을 듣고 궁금해서 전통적인 예법을 통해서 나이와 배움의 많고 적음을 떠나서 잘못됨을 바로 잡으려 문의 드립니다.

제가 아는 상식으로는 2017 년 8 월 25 일(음력 7 월 5 일) 돌아가셨으니 하루를 앞당겨 2018 년 8 월 14 일(7 월 4 일)이 첫 제사라고 생각하는데 전통적인 예법으로 잘못된 것인가요? 아울러 양력으로 제사를 지내는 것이 맞는지? 제사를 앞당겨 지내는 것은 어쩔 수 없지만, 지난 뒤에 지내도 되는지 고견을 듣고 싶습니다. [만세력에 의하면 2017 년 8 월 25 일(음력 7 월 5 일)은 음력 7 월 4 일임]

◈答; 기제 지내는 날짜와 지내는 때.

아래와 같이 살펴보건대 유가(儒家)로서 유가(儒家)의 예법(禮法)을 따르려면 기일제(忌日祭)의 제사(祭祀)날짜는 작고(作故)한날 질명(먼동이 틀 때)이며, 만약 왕가(王家)의 시(時)를 따르려면 작고한날 첫 시(時)인 자시(子時; 전날 밤 중 11 시~당일 1 시)에 지내게 됩니다.

1). 유가(儒家)의 경서(經書)인 삼례(三禮)가 정하여 알려주는 제사 지내는 날짜.

◆禮記(예기): 기일친사지일(忌日親死之日).
◆周禮(주례): 선왕사일위기(先王死日爲忌). 기일친상일(忌日親喪日).
◆儀禮(의례): 기일친망지일(忌日親亡之日)

●禮記祭義; 君子有終身之喪忌日之謂也(註)忌日親死之日也(疏)孝子終身念親不忘忌日非謂此日不善別有禁忌謂孝子志意有所至極思念親不敢盡其私情而營求他事故不擧也

●周禮春官宗伯禮官之職小史條掌邦國之志奠繫世辨昭穆若有事則詔王之忌諱註鄭司農云先王死日爲忌名謂諱

●周禮春官小史; 若有事則詔王之忌諱(鄭玄注)引鄭司農曰先王死日爲忌名爲諱

●儀禮經傳通解續祭義祭禮十三; 君子有終身之喪忌日之謂也忌日不用非不祥也言夫日志有所至而不敢盡其私也(註)忌日親亡之日忌日者不用擧他事如有時日之禁也祥善也志有所至至於親以此日亡其哀心如喪時○疏曰此一節明孝子終身念親不忘之事忌日不用非不祥也者謂忌日不用擧作他事者非謂此日不善別有禁忌不擧事也言夫日志有所至而不敢盡其私也者所以不擧者言夫忌日謂孝子志意有所至極思念親不敢盡其私情而營他事故不擧也

●康熙字典心部三畫【忌】[唐韻][集韻][韻會]渠記切[正韻]奇寄切竝音惎 又忌日親喪日也[禮祭義]君子有終身之喪忌日之謂也

●祭統; 祭者所以追養繼孝也是故孝子之事親也有三道焉生則養沒則喪喪畢則祭養則觀其順也喪則觀其哀也祭則觀其敬而時也盡此三道者孝子之行也(細註)嚴陵方氏曰追養繼孝養爲事親之事孝爲事親之道追言追其往繼言繼其絶孝子之事其親也上則順於天道下則不逆於人倫是之謂畜孔子曰父子之道天性也則孝之順於天道可知孟子曰內則父子人之大倫也則孝之不逆於人倫可知

●曲禮; 祭祀之禮聖人所以追養繼孝本天性者也盖子孫之於祖考恩重矣親至矣形氣之相屬也血脈之相貫也居處之相接也笑語之相洽也飮食之相樂也一朝而沒焉則不忍謂已死無知遽然相忘是天理也人情也然則雖臯復而魂不返矣俄者飮食之親不忍遽絶其飮食餘閣之奠不能不象其生也雖永遷而魄已散矣昔者供養之親不忍遽廢其供養下室之饋不能不象其生也然而哀哭殺矣日月三年矣致生之亦不智矣乃徹饋奠而神之神之誠不忍也飮食供養不忍絶而自絶不忍廢而自廢神之誠不忍也然神也者天地之氣也天地之氣不死則祖考之神不死而子孫之氣得與之相感故朱子曰自天地言之只是一箇氣自一身言之我之氣卽祖考之氣亦只是一箇氣所以纔感必應然則子孫之氣存時祖考之氣未或不在矣所以宗廟以饗之是天理也人情也然其所饗之者豈眞如生人之居處笑語飮食爲㤥惟在致吾之誠敬而已矣或疑其神之無形無聲而謂祭無益則直不誠不敬而已矣苟致吾之誠敬思其居處僾然見乎其位則親不如在乎思其笑語肅然聞乎其聲則親不如在乎思其所嗜依依然彷彿乎其飮食則親不如在乎孔子曰祭如在又曰洋洋乎如在其上如在其左右在乎孝子之誠敬而已矣

2). 유가(儒家)의 제사 지내는 때

작고한날 질명(質明; 먼동 틀 때)

●性理大全忌祭編○厥明夙興設蔬果酒饌○質明主人以下變服詣祠堂封神主出就正寢

●南溪曰質明卽大昕指日未出時也

●尤庵曰行祭早晩太早不可太晩亦不可惟當以質明爲正

●文獻通考宗廟考六祭祀時享(薦新); 其祭貴肺用朝及闇陳氏禮書曰祭義曰夏后氏祭其闇商人祭其陽周人祭日以朝及闇

●檀弓夏后氏大事用昏商人大事用日中周人大事用日出

●禮器質明而始行事疏質正也謂正明之時少牢禮朝明行事註朝明質明也此乃周禮也

●陳氏曰子路祭於季氏質明而始行事寧早則雖未明之時祭之可也

●南溪曰質明卽大昕指日未出時也

3). 왕가의 제사 지내는 때.

작고한 날 자시(子時; 전날 밤 중 11 시~당일 1 시)

●咸興本宮儀式奏啓條本宮淸齋爲白遣初六日子時行祭是白如乎○本宮十一日子時行告由祭後陪香祝進詣定陵淸齋十三日子時攝行酌獻禮是白如乎

●日省錄子時行祭天氣淸和享事利成獻官以下(云云)

●無名子集策皇極經世書; 天開於子地闢於丑

4). 유가(儒家)의 모든 예법(禮法)의 일자(日字)는 음력(陰曆)에 맞추어 행하도록 짜여져 있어 어느 예(禮)는 양력(陽曆)으로 어느 예(禮)는 음력(陰曆)으로 이중으로 행하

지 못합니다.

까닭은 유가(儒家)의 예법(禮法)을 따르려면 음력(陰曆)이 그 기준일(基準日)인 까닭입니다.

●漢書律歷上篇皇帝調律歷○又外戚孝成許皇后傳其孝東宮毋闕朔望
●開元禮閏月亡者祥及忌日皆以閏所附之月爲正
●書經堯典帝曰三百有六旬有六日以閏月定四時成歲註天體至圓周圍三百六十五度四分度之一繞地左旋常一日一周(云云)歲有十二月月有三十日三百六十者一歲之常數也(云云)朔虛而閏生焉故一歲閏率則十日九百四十分日之八百二十七三歲一閏則三十二日九百四十分日之六百單十五歲再閏則五十四日(云云)
●退溪曰閏非正月人之行祭常以正月而獨於是歲依亡歲之月而祭似未穩祭則依常月行之於閏月亡日則齊素而不祭似當也
●問解大月三十日死者後値小月固當以二十九日爲忌値大月則自當以三十日爲忌小月晦日死者後値大月當仍以二十九日爲忌不可延待三十日也
●天文類抄日月條日爲大陽之精主生養恩德人君之象也(云云)月爲大陰之精以之配日女主之象以朝廷諸侯大臣之類註凡月之行歷二十有九日五十三分而與日相會是謂合朔當朔日之交月行黃道而日爲月所掩則日食是爲陰勝陽其變重自古聖人畏之若日月同度于朔月行不入黃道則雖會而不食月之行在望與日(云云)
●書儀喪禮成服朝夕奠條月朔則設饌平日朝晡之食加酒果
●朱子家禮通禮祠堂正至朔望則參

▶3447◀ ◈問; 어머니 기제시 지방 쓰는 방법(성과 이름 기재)

궁금증을 해결해주시는 큰 어른 같은 계신 것 같아 든든합니다.
어머니 기제를 모시면서 지방에 성씨만을 기록하고 있습니다.
궁금한 것은 예전에 이름이 없었던 여성들이기에 당연하게도 여겨졌지만, 현대에는 남성과 동일하게 성과 이름이 전해지고 있는데, 지방 서식은 예전 그대로입니다.선비 지방 역시 선고 지방처럼 성과 이름을 기재해도 예법에 어긋나지 않는지요?

◈答; 어머니 지방에는 성씨만 쓰게 됩니다.

작고하신 친미진(親未盡) 선대(先代) 표시는 신주(神主)에 기록되어 있습니다. 신주식(神主式)에는 함중식(陷中式)과 분면식(粉面式)으로 구분이 되는데 함중식에는 사자(死者)의 표시로 아버지는 모관모공휘모자모(某官某公諱某字某) 어머니는 모봉모씨휘모자모(某封某氏諱某字某)라 적게 되고 분면식에는 봉사자(奉祀者)가 누구를 모신다는 표시로 아버지는 모관부군(某官府君) 어머니는 모봉모씨(某封某氏)로 표시하게 됩니다. 축식(祝式)에서의 호칭(呼稱) 역시 분면식(粉面式)과 같습니다. 까닭은 자식(子息)이 어찌 부모(父母)의 함자(銜字)를 입에 올릴 수가 있겠습니까. 지방식은 신주(神主)의 주(主)자를 위(位)로 고쳐 쓰게 될 뿐입니다.

●神主考妣粉面式年次別考察
○伊川(1037~1197)
粉面式(家禮圖) 顯高祖考某官封謚府君神主
○家禮(宋代)
父則粉面曰 考某官封謚府君神主
母則粉面曰 妣某封某氏神主
○金長生(愼獨齋 備要;庚申.1620); 1548(명종 3)~1631(인조 9).
父則粉面曰 考某官封謚府君神主(考上皆用顯可也)
神主前式(圖式) 顯考某官府君神主
母則粉面曰 妣某封某氏神主(妣上亦當加顯字 妻云亡室)
○李縡(陶庵. 便覽; 甲辰.1724); 1680(숙종 6)~1746(영조 22).
父則粉面曰 顯考某官封謚府君神主(卑幼顯爲亡)

母則粉面曰 顯妣某封某氏神主(傍親卑幼隨屬稱卑幼改顯爲亡)

▶3448◀◈問; 어머님 첫 제사입니다 사진이 없는데 지방 쓰는 방법 좀.

어머님이 이번 토요일 첫 제사입니다. 어머님 사진도 없고 제사는 지내야겠는데 사진이 없으면 지방으로 대신 올려두고 제사를 올리는 것을 많이 보았습니다. 저희 어머님은 김해 김씨를 쓰시고요 존함이 김 경 숙 자를 쓰십니다. 제발 부탁입니다 빠른 답변 매일로 부탁 드리겠습니다.

◈答; 어머니 기제 지방 및 축식.

⊙지방

顯妣孺人金氏神位

⊙忌祭祝文式(기제축문식)

維 歲次丁亥四月辛亥朔十日庚申孝子진호敢昭告于 顯考學生府君 顯妣孺人金氏歲序遷易 顯妣諱日復臨追遠感時昊天罔極謹以淸酌庶羞恭伸奠獻尙 饗

위는 부친 역시 작고하였을 때의 축문이며 만약 부친이 생존하여 계시면 모두 다릅니다. 부친이 생존하여 계시면 즉시 연락 바람.

▶3449◀◈問; 연세(年歲)에 대하여.

연세(年歲)의 의미에는 어른의 나이라는 의미일 터인데 모서(某書)에서 년세월일(年歲月日)을 보고 무슨 말인지 이해가 되지 않아 질문 드립니다. 혹 생년월일(生年月日)이라는 의미가 아닐런지요?

◈答; 연세(年歲)

나이(歲). 紀元. 年號.

○**年歲**; 猶年月. 歲. 年 年紀. 年號 歲次
○**紀元**; 歷史上紀年的起算年代
○**年號**; 封建帝王爲紀在位之年而立的名號

●楚辭离騷; 汨余若將不及兮恐年歲之不吾與(주)年歲猶年月歲年
●辭源[紀元]; 歷史上紀年的起算年代○又[年號]; 封建帝王爲紀在位之年而立的名號在漢武帝以前紀年用甲子帝王均無年號自武帝卽位稱建元元年始有年號
●漢書武帝紀; 建元元年(唐顔師古注)自古帝王未有年號始起于此
●朱子大全白鹿洞成告先聖文; 維淳熙七年歲次庚子三月癸丑朔十八日庚午具位敢昭告于先聖至聖文宣王(云云)
●備要虞祭祝文式;維年號幾年歲次干支幾月干支朔其日干支孤子某敢昭告于(云云)
●弘齋全書祭文;維歲次辛卯六月亡弟禶之柩還自耽羅謫中將以某月干支葬于(云云)
●周禮夏官司士; 辨其年歲與其貴賤(賈公彦疏)知羣臣在任及年齒多少也
●墨子七患; 故時年歲善則民仁且良時年歲凶則民吝且惡夫民(註)年歲猶年成年景

▶3450◀◈問; 옛날에 식초가 있었습니까?

선생님 대단히 감사합니다. 다름이 아니옵고 옛날에 식초가 있었습니까? 혹시 제사상에 올라가는 특별한 이유가 있습니까?

지방을 붙이는 자리를 별도로 준비해야겠습니다. 추석, 설날에는 제사상이 무척 복잡하겠습니다. 바쁘신 선생님 죄송합니다.

◈答; 옛날에 식초가 있었습니다.

이에서 식초(食醋)라 하면 양조 식초(食醋)로 옛날부터 각 가정(家庭)에서 담가 식용(食用)하였으며 간을 맞추기 위하여 간장을 치 듯 식초(食醋) 역시 그와 같은 개념(概念)으로 인식하면 무리가 없을 것입니다. 사시제(四時祭) 의 설위(設位)를 살펴보면 이해(理解)되리라 생각됩니다.

●家禮圖式設饌圖飯盞匙醋羹(西飯東羹)
●齊民要術八作酢法酢今醋也引申爲酸味
●辭源[醋]用酒或酒糟發酵製成的一種酸味之調料古字作酢
●性理大全陳設條設盞盤醋楪于北端盞西楪東匕筯居中卽第一行

▶3451◀◈問; 오늘 아버님 기일인데 축문을 어떻게 쓰면 되나요?

아버님 어머님 두분 다 돌아가셨고 아버님 기일은 오늘입니다. 축문은 어떻게 쓰면 되나요? 항상 귀중한 답변 도움이 많이 됩니다.

◈答; 아버지 기일축식.

기일(忌日)이 오늘이라 하심은 오늘(양력 5 월 30 일~음력 4 월 17 일) 저녁 밤 12 시 즉 양력 5 월 31 일(음력 4 월 18 일) 자시(子時)로 이해하고 다음과 같이 축문(祝文)을 작성하였습니다.

부친의 학생(學生)에는 생전 관직(官職)이 있었으면 그 관등으로 고치고 모친(母親) 역시 그에 따른 封으로 고치며 만약 없었으면 아래대로 고하시되 모친의 성씨를 某에 써 넣으면 됩니다.

⊙기제축문식(忌祭祝文式)

維 歲次庚寅四月甲子朔十八日辛巳孝子진우敢昭告于 顯考學生府君 顯妣孺人某氏歲序遷易 顯考諱日復臨追遠感時昊天罔極謹以淸酌庶羞恭伸奠獻尙 饗

▶3452◀◈問; 오늘이 아버지 기일인데 축문 어떻게 쓰나요 급합니다.

아버님 기일은 오늘[음력 5.18 일]입니다. 축문은 어떻게 쓰면 되나요? 항상 귀중한 답변 도움이 많이 됩니다

◈答; 오늘이 아버지 기일인데 축문 어떻게 쓰나요 급합니다.

●부친축식(모친 생존시)

維
유
歲次己亥五月辛未朔十八日戊子孝子정호敢昭告于
세차기해오월신미삭십팔일무자효자정호감소고우
顯考學生府君歲序遷易
현고학생부군세서천역
諱日復臨追遠感時昊天罔極謹以淸酌庶羞恭伸奠獻尙
휘일부림추원감시호천망극근이천작서수공신전헌상
饗
향

●양친축식(양친 작고시)

維
유
歲次己亥五月辛未朔十八日戊子孝子정호敢昭告于
세차기해오월신미삭십팔일무자효자정호감소고우
顯考學生府君

현고학생부군
顯妣孺人某氏歲序遷易
현비유인모씨세서천역
顯考諱日復臨追遠感時昊天罔極謹以淸酌庶羞恭伸奠獻尙
현고휘일부림추원감시호천망극근이청작서수공신전헌상
饗
향

○學生; 생전에 벼슬을 하였었으면 벼슬 명.
○孺人; 남편 벼슬에 따라 봉함이 있으면 봉명.
○某氏; 어머니 성씨.
○諱日復臨 앞에는 그 기일이 부친이면 顯考 어머니면 顯妣라 씀

▶3453◀◈問; 5 대조 이상 제사.

안녕하세요. 5 대조 이상 제사에 대하여 질문 드립니다. 저희 집안을 간단히 소개하고 질문 드리겠습니다.

저는 저희 집안의 종손입니다. 작은할아버지(종조부)가 생존해 계시고 작은 아버지 4 분이 생존해 계십니다. 2 년 전 아버님이 돌아가셨는데 제사 문제로 서로 의견 일치가 안됩니다. 아버지 생전에는 아버지의 4 대를 모셨고, 아버지의 5 대는 작은할아버지(작은할아버지의 고조부)가 모셨습니다, 물론 그 위는 시향(시사)로 지냈습니다.

아버님에 돌아가셨으니, 제가 제주가 되어 저의 4 대(부, 조부, 증조부, 고조부)를 제사를 지내는데 저에게 5 대 제사가 문제가 되었습니다. 저에게 5 대조(작은할아버지의 증조부, 작은 아버지의 고조부)제사는 작은할아버지가 모셔야 하는지 아니면 작은 아버지가 모셔야 하는지에 대한 논란이 있습니다. 바른 답변 부탁 드립니다. 집안문제라 가명으로 비공개로 했습니다. 죄송합니다.

◈答; 5 대조 이상 제사.

유가(儒家)의 법도에 종손이 죽어 그의 장자로 친진(親盡)(5 대)이 되면 그의 후손 중 최장방(最長房)(가장 가까운 후손 집)으로 옮겨 제사케 하는 체천(遞遷)이라는 법도가 있습니다. 이 법도에 의하면 작은 할아버지가 최장방(最長房)이 되니 작은 아버지가 아니라 그 할아버지가 제사를 모셔야 옳습니다.

◈체천(遞遷)

●家禮族人有親未盡者遷于最長之房使主其祭
●備要祔位之主本位遞遷則埋于墓所
●沙溪曰最長房之義朱子以爲古人屢世同居一門之內子孫各有私房若有親之主而族人有親未震者則遷于其中最長者之房以祭之○又曰最長房之子雖未親盡門中又有諸父諸兄則當遷奉於其房耶沙溪曰然○又曰最長房有庶曾孫嫡玄孫則庶曾孫當奉祀若貧賤不可以奉祀嫡玄孫奉祀無妨○又曰最長房不能祧主則宗子姑安於別室以最長房之名改題旁註宗子攝行○又曰最長房死不待三年遞遷以三年廢祭有所未安故也○又曰父歿母在亦祧退溪曰父喪畢藏主別處以待他日與妣同入廟始行祧遷未爲得禮之正尤菴曰親盡祧遷當以奉祀孫世代計之雖祖曾祖母生存亦不可不遷○又曰非大宗高曾二祖親雖未盡當遷於長房
●陶菴曰庶孼房題只稱玄孫而祝辭自稱爲庶恐得之矣○又曰正位遞遷後祔主當埋安同春曰祔位於最長房亦是至親則幷奉以祭亦似爲安南溪曰班祔之位終兄弟之孫
●尤菴曰祧主改題自是遷奉者之事非舊主人之所當與也旣遷之後當有酒果告由之禮其時改題似宜矣○又曰宗孫死則祧位吉祭時當遞遷最長房死則葬後遷奉于次長房
●東岩曰大戴禮遷廟事畢擇日而祭註所以安神當依此擇日盛祭

◈最長房奉主(최장방봉주)

◆**最長房遷奉先廟告辭(최장방천봉선묘고사)**

今以宗孫家親盡于遠廟而不肖爲最長支孫將奉高曾祖兩代神主移安于私廟列位之右敢告

◆**最長房遷奉舊廟告辭(최장방천봉구묘고사)**

今以宗少孫親盡屬遠將奉高曾祖兩代神位移安于支長孫私廟敢告

◆**最長房遷廟奉安告辭(최장방천묘봉안고사)**

先王制禮遠廟爲祧傳支續祀義起情文吾宗一孤親過四世不肖餘孫序屬支長奉我高曾右于祖禰精神感會貫澈宗支同堂配食昭穆載序洋洋列祖永安追享

◆**遷主最長之房祝文式(천주최장지방축문식)**

維 歲次干支幾月干支朔幾日干支五代孫某敢昭告于 顯五代祖考某官府君 顯五代祖妣某封某氏玆以 先考某官府君喪期已盡禮當遷主入廟先王制禮祀止四代心雖無窮分則有限神主當祧遷于某親某之房(不遷之位則去某親某之房爲別室)尙 饗

◆**最長房告家廟告辭(최장방고가묘고사)**

維 歲次干支幾月干支朔幾日干支孝子隨屬稱某敢昭告于 顯考某官府君 顯妣某封某氏(曾祖或祖隨所奉位列書)某以長房今將祗奉 顯高祖考某官府君 顯高祖妣某封某氏(曾祖或祖隨屬稱)神主 顯考 顯妣(曾祖或祖隨所奉位列書)神主禮當以次遞降謹以酒果用伸虔告謹告

◆**遷主最長房改題告辭式(천주최장방개제고사식)**(上同儀節告遷于祠堂儀○黎湖曰世次相承之祭必先改題方行祧遷不改題而徑移於長房非禮家所知○陶菴曰改題時一二字拭去甚爲苟難莫若盡洗而改書)

維 歲次干支幾月干支朔幾日干支玄孫(曾孫或孫隨屬稱)某敢昭告于 顯高祖考某官府君 顯高祖妣某封某氏(曾祖考妣或祖考妣隨屬稱下同)今以孝玄孫某喪制已畢其子親盡 顯高祖考 顯高祖妣神主已祧某當以次長奉祀 神主今將改題謹以酒果用伸虔告謹告

◆**最長房遷奉祧主者在父喪中則俟喪畢改題告辭(최장방천봉조주자재부상중칙사상필개제고사)**

維 歲次干支幾月干支朔幾日干支玄孫某敢昭告于 顯高祖考某官府君 顯高祖妣某封某氏神主祧遷于不肖之房 先考某官府君喪期未盡當俟喪畢行禮謹以酒果用伸虔告謹告(三年喪祧位忌墓祭當單獻無祝○長房在父喪中而遞奉祧主者亦告于其父几筵恐宜)

◆**最長房追後移奉告辭(최장방추후이봉고사)**(補解追後奉祧主則來時當以酒果告由○輯覽註移奉後改題則當設酒果依神)

維 歲次干支幾月干支朔幾日干支玄孫某敢昭告于 顯高祖考某官府君 顯高祖妣某封某氏宗子親盡某以長房禮卽奉遷而家在某地道路遙遠隨事改措今始移奉當添將行改題神主謹以酒果用伸虔告謹告

◆**最長房葬後祧主遞遷于次長房祝文(최장방장후조주체천우차장방축문)**(最長房死祧主遷奉於次長房之節同春則以爲當待三年後吉祭時尤菴則以爲最長房之奉祧主其事體與宗家有異只欲權奉祭祀而復三年廢祭有所未安當以次長房於最長房葬後遷奉其祧主故好禮之家多從尤翁已例)

維 歲次干支幾月干支朔幾日干支五代孫某敢昭告于 顯五代祖考某官府君 顯五代祖妣某封某氏玆以 先考某官府君卒哭已過式遵近例 神主將遷于某親某之房不勝感愴謹以酒果百拜告辭尙 饗

◆**最長房葬後卽遷主于次長房者告高祖以下告辭(최장방장후즉천주우차장방자고고조이하고사)**

維 歲次干支幾月干支朔幾日干支孝玄孫某使某親某敢昭告于 顯高祖考某官府君 顯高祖妣某封某氏(諸位列書) 先考某官府君以今年某月某日棄世已經葬期 顯五代祖考某官府君顯五代祖妣某封某氏神主玆依情禮遷于次長玄孫某之房不勝悲憾謹以酒果用伸虔告謹告

◆最長房葬後卽遷主于次長房時五代祖考出主告辭(최장방장후즉천주우차장방시오대조고출주고사)

維 歲次干支幾月干支朔幾日干支五代孫某使某親某敢請 顯五代祖考某官府君 顯五代祖妣某封某氏神主出就正寢恭伸告遷以顯某親某官府君顯某親某封某氏神主祔食謹告

◆最長房葬後次長房奉主就寢設饌祝辭(최장방장후차장방봉주취침설찬축사)

維 歲次干支幾月干支朔幾日干支五代孫某使某親某敢昭告于 顯五代祖考某官府君 顯五代祖妣某封某氏 先考某官府君以今年某月某日棄世已經葬期恭奉 顯五代祖考 顯五代祖妣神主遷于次長玄孫某之房情雖無窮禮有節制世次以遷不勝悲愴謹以淸酌庶羞百拜告由

◆告祔位祝辭(고부위축사)

維 歲次干支幾月干支朔幾日干支族曾孫某使某親某敢昭告于 顯某親某官府君 顯某親某封某氏 先考某官府君以今年某月某日棄世已經葬期恭奉 顯五代祖考 顯五代祖妣神主將遷于次長玄孫某之房 顯某親某官府君 顯某親某封某氏神主不得遷從依舊祔食于 顯高祖考某官府君之廟以待某喪畢後吉祭依禮永祧禮因情宜義隨勢安謹以淸酌庶羞恭伸奠獻伏惟 尊靈臨我無斁(吉祭後埋之墓所)

◆告靈座告辭(고령좌고사)

維 歲次干支幾月干支朔幾日干支孝子某敢昭告于 顯考某官府君顯考葬期已過 顯五代祖考某官府君 顯五代祖妣某封某氏神主今將遷于次長玄孫某之房典禮有常追遠靡及攀號几筵昊天罔極謹以酒果用伸虔告謹告

◆次長玄孫奉主至所居祠堂前置主于西階上告辭(차장현손봉주지소거사당전치주우서계상고사)

維 歲次干支幾月干支朔幾日干支玄孫某敢昭告于 顯高祖考某官府君 顯高祖妣某封某氏以次長祗奉祀事神主傍題將爲改題敢告

◆次長玄孫奉主至所居祠堂前旣題奉置卓上告辭式(차장현손봉주지소거사당전기제봉치탁상고사식)

請入于 祠堂

◆次長玄孫奉主至所居祠堂奉安于西龕設奠告辭(차장현손봉주지소거사당봉안우서감설전고사)

維 歲次干支幾月干支朔幾日干支玄孫某敢昭告于 顯高祖考某官府君 顯高祖妣某封某氏今依情禮遞奉祀事灑掃龕卓倍增瞻慕謹以酒果用伸虔告謹告

◆次長玄孫奉主西龕設奠畢本龕曾祖以下告辭(차장현손봉주서감설전필본감증조이하고사)

維 歲次干支幾月干支朔幾日干支孝曾孫某敢昭告于 顯曾祖考某官府君 顯曾祖妣某封某氏(諸位列書祔位不書)某以 顯高祖考最長房祗奉祀事今奉 顯高祖 顯考顯高祖妣神主安于西一室典禮有常神道是宜謹以酒果用伸虔告謹告

◆旣奉高祖祀又奉曾祖祀者告辭(기봉고조사우봉증조사자고사)

維 歲次干支幾月干支朔幾日干支曾孫某敢昭告于 顯曾祖考某官府君 顯曾祖妣某封某氏禮有遞遷世代復會伏惟神理亦應感懷不勝追慕敬畏之至謹以酒果用伸虔告謹告

(凡最長房之迁主幸其玄孫之猶在而不忍廢其祭最長旣死則次長亦老矣奉遷主之祭能幾何哉不可待吉祭而卽於葬後遷之與初在宗家時事本自別云爾)

◆宗家無後次孫奉祀者告辭(종가무후차손봉사자고사)

維 歲次干支幾月干支朔幾日干支曾孫某敢昭告于 顯曾祖考某官府君 顯曾祖妣某封某氏家運不幸孝曾孫某身歿寡婦當室莫重先祀難可獨屬玆制權宜恭奉神主移安于某所居某鄉某里以待宗婦立後依禮奉還宗支雖分情義無異伏惟 尊靈依我無遠不勝號慕隕絶之至謹以酒果先陳事由謹告

◆最長房之子告先考几筵告辭(최장방지자고선고궤연고사)

維 歲次干支幾月干支朔幾日干支孝子某敢昭告于 顯考某官府君 顯五代祖考某官府君 顯五代祖妣某封某氏神主式遵近例將遷于某親某之房謹告

◆最長房有故次長房遷奉祝文(최장방유고차장방천봉축문)

維 歲次干支幾月干支朔幾日干支五代孫某敢昭告于 顯五代祖考某官府君 顯五代祖妣某封某氏玆以 先考某官府君喪期已盡禮當遷主入廟先王制禮祀止四代心雖無窮分則有限神主當祧將遷于某之房而形勢貧窮不能奉往諸孫同議次長房某之房不勝感愴謹以淸酌庶羞百拜告辭尙 饗

◆長房告家廟告辭(장방고가묘고사)

維 歲次干支幾月干支朔幾日干支孝子某敢昭告于 顯考某官府君 顯妣某封某氏(若繼曾祖則當列書于上)某以長房某日當奉來 顯某親某官府君 顯某親某封某氏祧主安于右龕敢告

◆次長房遷奉祧主改題告辭(차장방천봉조주개제고사)(陶菴曰長房事體非與宗家等次長之當奉者告遷奉似宜)

維 歲次干支幾月干支朔幾日干支玄孫某敢昭告于 顯高祖考某官府君 顯高祖妣某封某氏今以玄孫某喪葬已訖某當以次長房奉祀 神主今將改題謹以酒果用伸虔告謹告

◆長房祫祭時祧主遷于次長房告辭(장방협제시조주천우차장방고사)

維 歲次干支幾月干支朔幾日干支玄孫某敢昭告于 顯高祖考某官府君 顯高祖妣某封某氏玆以 先考某官府君喪期已盡禮當遷主入廟 神主當祧于某親某之房不勝感愴謹以酒果用伸虔告謹告

◆長房卒哭後祧主遞遷告辭(장방졸곡후조주체천고사)(梅山曰長房亦當待祫祀遞遷而若從近例卒哭而遷則用此式)

維 歲次干支幾月干支朔幾日干支五代孫某敢昭告于 顯五代祖考某官府君 顯五代祖妣某封某氏玆以 先考某官府君卒哭已過式遵近例 顯五代祖考 顯五代祖妣神主將遷于某親某之房不勝感愴謹以酒果用伸虔告謹告

◆若卒哭而遷則長房之子告新位告辭(약졸곡이천칙장방지자고신위고사)(因上食告)

維 歲次干支幾月干支朔幾日干支孝子某敢昭告于 顯考某官府君 顯五代祖考 顯五代祖妣神主式遵近例將遷于某親某之房謹告

◆祧主以先嫡後庶之義追正改題告辭(조주이선적후서지의추정개제고사)

維 歲次干支幾月干支朔幾日干支玄孫某敢昭告于 顯高祖考某官府君 顯高祖妣某封某氏玆以 顯曾祖考某官府君 顯曾祖妣某封某氏兩世祧主當遷于長房先嫡而後庶已有往哲定論而誤以庶從叔屬稱題主事異常經禮宜改正移奉于不肖之房謹以酒果用伸虔告謹告

◆祧主權奉于宗家之日宗孫別廟告辭(조주권봉우종가지일종손별묘고사)

維 歲次干支幾月干支朔幾日干支孝玄孫某敢昭告于 顯高祖考某官府君 顯高祖妣某封某氏(諸位列書) 顯五代祖考某官府君 顯五代祖妣某封某氏祧主當遷于長房而居遠家貧罔克承祭今已權奉祧主于家中別廟謹以酒果用伸虔告謹告

◆別廟已成新主改題告辭(별묘이성신주개제고사)
祭止四代禮雖有制別奉寓慕亦粤先例省祖靜翁明著告辭昨歲權安匪敢擅私仰稽典故傍質老成求之今昔敢不殫誠永世之典明將擧行今將改題敢告端由

◆祧遷新主將奉別廟前期告由文(조천신주장봉별묘전기고유문)
適嗣親盡禮當遷房眇玆殘孫奠居靡方權奉空亭深增悚惶別祠行事先儒有說肇於今春合謀營築宗祠之傍三架告訖明將移奉不勝感慕謹以酒果用伸虔告

◆別廟奉安告由文(별묘봉안고유문)
今以吉辰奉移新祠大廟密邇神理允怡庶幾卽安永享苾芬不肖將事愴慕深新洋洋如在酒果薦虔

◆長房喪中不行祧主改題告辭(장방상중불행조주개제고사)(長房之遞奉祧主因不以喪中爲拘改題則當待吉祭行之非可行於喪中)
維 歲次干支幾月干支朔幾日干支玄孫某敢昭告于 顯高祖考某官府君 顯高祖妣某封某氏神主祧遷于不肖之房宜遵典禮以屬稱改題而 先考某官府君喪期未盡當竢喪畢行禮謹以酒果用伸虔告謹告

◆庶長房奉祧主嫡長房還奉改題告辭(서장방봉조주적장방환봉개제고사)(陶菴曰庶長房奉祧主旁題祝辭自稱爲庶恐得之)
維 歲次干支幾月干支朔幾日干支玄孫某敢昭告于 顯高祖考某官府君 顯高祖妣某封某氏祧主當遷于長房先嫡而後庶已有往哲定論而誤以庶從叔屬稱題主事異常經禮宜改正移奉于不肖之房謹以酒果用伸虔告謹告

◆長房奉安祧主于右龕告辭(장방봉안조주우우감고사)(長房廟龕虛右奉祧主不可不先告)
維 歲次干支幾月干支朔幾日干支孝子某敢昭告于 顯考某官府君 顯妣某封某氏 顯高祖考某官府君 顯高祖妣某封某氏祧位今遞遷于不肖之房改題 神主奉安右龕 府君(妣位恐當並書)神主差退左龕謹以酒果用伸虔告謹告

◆長房死後合祭親盡祖位祝文式(장방사후합제친진조위축문식)
維 歲次干支幾月干支朔幾日干支五代孫(承重云六代孫)某敢昭告于顯五代祖考某官府君 顯五代祖妣某封某氏(承重云六代祖妣)某先考(承重云先祖考)某官府君曾奉祧主今已喪訖親盡 神主將埋于墓側不勝感愴謹以淸酌庶羞百拜告辭尙 饗

◆長房有故權奉宗家別廟告辭(장방유고권봉종가별묘고사)(近齋曰祧位當以長房名改題而諸位改題時不可並爲之當於吉祭後其日或他日設酒果告改題之由以長房名使族人攝告)
維 歲次干支幾月干支朔幾日干支玄孫(曾孫或孫隨屬稱)某(若長房不來則當添身在遠地使五代孫某官某)敢昭告于 顯高祖考某官府君 顯高祖妣某封某氏(曾祖或祖隨屬稱)今以孝玄孫某官喪期已盡遷主入廟世次當祧某是最長房禮當奉祀而形勢貧窮流落鄕曲(隨事改措)不能如禮遷奉諸孫同議將遷奉于 宗家別廟禮當以某名書于 神主旁註使五代孫某攝行祭祀今將改題謹以酒果用伸虔告謹告(次長仍奉別廟措語○今以下當云最長房玄孫某喪葬已訖某是次長房而形勢貧窮不能遷奉將如前權奉于宗家別廟禮當云云)

◆長房有故仍奉宗家別廟祝文(장방유고잉봉종가별묘축문)近齋
維 歲次干支幾月干支朔幾日干支五代孫某敢昭告于 顯五代祖考某官府君(配位列書)玆以先考某官府君喪期已盡禮當遷主入廟先王制禮祀至四代心雖無窮分則有限 神主當祧將遷于玄孫某之房而形勢貧窮不能奉往諸孫同議仍奉宗家別廟玄孫某旣是長房當次之人禮當書名旁註祭祀使五代孫某攝行今將改題謹以淸酌庶羞祗薦歲事尙 饗

◆長房合祭祧主祝文(장방합제조주축문)(埋祧主當在長房喪畢而祝辭用備要所載耳)

維 歲次干支幾月干支朔幾日干支五代孫某敢昭告于 顯五代祖考某官府君 顯五代祖妣某封某氏某 先考某官府君曾奉祧祀今已喪訖禮當遞奉長房親盡 神主將埋墓側不勝感愴謹以淸酌庶羞百拜告辭尙 饗(按有人嘗攝行其父母祀者以最長房當遷奉其曾祖父母之神主寒岡曰曾祖神位前不可稱攝祀二字當曰曾孫某官某初祭時祝文略叙宗孫代盡以長房奉來之意其後則自依常例)

◆長房死後次長移奉告辭(장방사후차장이봉고사)(屛溪曰卒哭後移奉)

維 歲次干支幾月干支朔幾日干支玄孫某敢昭告于 顯高祖考某官府君 顯高祖妣某封某氏(曾祖或祖隨屬稱)玄孫某喪葬已訖某當以次長奉祀 神主今將改題謹以酒果用伸虔告謹告

◆宗子無后而死次孫代奉宗祀先世神主祧遷告辭(종자무후이사차손대봉종사선세신주조천고사)

維 歲次干支幾月干支朔幾日干支某親某敢昭告于 顯某親某官府君 顯某親某封某氏伏以宗孫某歿而無子大祥已屆某以次孫代奉宗祀 顯某親某官府君 顯某親某封某氏當祧 顯某親某官府君 顯某親某封某氏當奉遷有服之孫 顯某親某官府君 顯某親某封某氏神主改題爲某親府君某親某氏世旣迭遷宗又易移不勝感愴謹以酒果用伸虔告謹告

◆追後移奉告辭(추후이봉고사)(補解追後奉祧主則奉來時當以酒果告由○今按移奉後改題則當設酒果依神)

維 歲次干支幾月干支朔幾日干支玄孫(曾孫或孫隨屬稱)某敢昭告于 顯高祖考某官府君 顯高祖妣某封某氏(曾祖或祖隨屬稱)宗子親盡某以長房禮卽遷奉而家在某地道路遙遠(隨事改措)今始移奉(今按當添將行改題神主)謹以酒果用伸虔告謹告

◆葬後吉祭前次長房遷奉告辭(장후길제전차장방천봉고사)

維 歲次干支幾月干支朔幾日干支今以孝玄孫某長逝長房玄孫某形勢貧窮不能奉往諸孫同議今將遷奉于次長房某之家敢告

◆葬後吉祭前次長房遷奉後改題告辭(장후길제전차장방천봉후개제고사)

維 歲次干支幾月干支朔幾日干支今以玄孫某敢昭告于 顯高祖考某官府君 顯高祖妣某封某氏今旣遷奉禮當改題 神主不勝感愴謹以酒果用伸虔告謹告

◆葬後吉祭前次長房遷奉題主後祝辭(장후길제전차장방천봉제주후축사)(題主奉安仍舊殷奠○只炷香斟酒歸家後行時祭似當)

維 歲次干支幾月干支朔幾日干支孝(立主後當孫孝)幾代孫某敢昭告于 顯幾代祖考某官府君 顯幾代祖妣某封某氏神主親盡祧埋已近三紀(隨時改措)因大僚仰請不祧成命已下 恩禮曠絶幽明俱榮今已造成神主伏惟 尊靈是憑是依(按本辭此下有行將祗奉家廟謹以淸酌庶羞祗薦歲事常饗而奉安家廟後不可無諸位合享之禮則此只用題主告辭歸家後依綱目說行時祭而參用時祭原祝恐好)

▶3454◀◈問; 외명부 봉호에 대하여.

관직을 가진 남편을 둔 부인이 죽으면 봉호를 하사 받는다는데 그 봉호가 알고 싶습니다.

◈答; 외명부 봉호표.

문무백관(文武百官) 외명부(外命婦) 봉호표(封號表) 예문(例文)입니다.

●經國大典吏典外命婦封爵從夫職文武百官妻對現職級文武百官妻封號表

◆大統領 令夫人

◆國務總理 令閤

◆副總理 令閤

◆長官 令室

◆次官 令室

○正一品從一品 貞敬夫人

◆一級 管理官 貞敬夫人
○正二品從二品 貞夫人
◆二級 理事官 貞夫人
○正三品堂上官 淑夫人
○正三品從三品淑人
◆三級 副理事官 淑夫人
○正四品從四品 令人
◆四給 書記官 令人
○正五品從五品 恭人
◆五級 事務官 恭人
○正六品從六品 宜人
◆六級 主事 宜人
○正七品從七品 安人
◆七級 主事補 安人
○正八品從八品 端人
◆八級 書記 端人
○正九品從九品 孺人
◆九級 書記補 孺人
◆無官職 學生 孺人

●經國大典吏典外命婦封爵從夫職文武百官妻; ○正一品從一品貞敬夫人 ○正二品從二品貞夫人 ○正三品堂上官淑夫人 ○正三品從三品淑人 ○正四品從四品令人 ○正五品從五品恭人 ○正六品從六品宜人 ○正七品從七品安人 ○正八品從八品端人 ○正九品從九品孺人
●沙溪曰無官而死者不稱學生則無他稱號勢不得已當書學生處士秀才各隨其意可也婦人孺人之號書亦可不書亦可丘氏謂無官婦人宜如俗稱孺人盖禮窮則從下之義也
●尤庵曰孺人是九品官之妻稱而士妻同稱之者是禮窮則同之義也
●日本国語大辞典 れい-ふじん【令夫人】
〔名〕 貴人の妻を敬っていう語。また、他人の妻を敬っていう語。令閨。令室。
●국어대사전(교육도서; 1991 년 발행) 【영부인(令夫人)】
명 남의 '부인'을 높이어 일컫는 말. 귀부인(貴夫人). 현합(賢閤). 영실(令室).
●大漢韓辭典(教學社; 1998 발행)人部 三畫【令】
【令閨】남을 높여 그 아내를 이르는 말. 令閤

▶3455◀◈問; 우환 중 제사를 어떻게?

저의 부친이 제주이신데 요즘 병환이 매우 깊어 지셨습니다. 집안에 큰 병자가 있으면 제사를 지내지 않는다는데 어떻게 해야 할까요?

◈答; 우환 중 제사는.

제주가 와병 중이라 하여도 제사는 폐하지 않는 것입니다. 만약 제주가 제사 집행이 불가능하면 섭주축으로 고하고 섭행을 합니다.

부친의 형제가 있을 시 부모 섭주 축식 입니다.
前同某日孝子某有疾病使介子某代行薦禮敢昭告于後同

위와 같이 축은 고쳐 고하고 정상 제례와 같이 예를 갖추는 것입니다. 이를 섭주 축이라 합니다.

●禮輯長子病廢次子傳重條厚齋曰凡廢疾與先死而無子者同次子之子當主之

▶3456◀◈問; 위패 놓는 위치?

질문에 너무 친절하게 답해주셔서 감사합니다.

아버지 탈상(脫喪)은 49 재(齋)로 하였고요. 조부모(祖父母)님과 같이 명절(名節) 때 모시려고 하는데 지방(紙牓)을 각각 위패(位牌)에 붙여서 모실 경우 놓는 위치가 어떻게 되는지요. 그리고 다 다음 주면 아버지 칠순(七旬)이 다가오는데 어떻게 지내야 하는지도 알려 주십시오.

◈答; 위패 놓는 위치?

이서위상(以西爲上)으로 배열합니다. 즉 고서비동(考西妣東)으로 서쪽으로 조고비 그 동쪽으로 부모입니다. 이의일탁(二倚一卓)으로 진설 품은 예서적으로는 속절은 소제(小祭)로 이미(二味)라 하였으나 사미제(四味祭)인 사시제(四時祭) 찬(饌; 현 기제찬)으로 진설하고 무축단헌(無祝單獻)의 예로 마칩니다.

●朱子家禮通禮篇祠堂章爲四龕以奉先世神主條細註司馬溫公曰所以西上者神道尙右故也○東漢明帝謙貶不敢自當立廟祔於光武廟其後遂以爲例至唐太廟及群臣家廟悉如今制以西爲上也
●賈氏曰生人陽故尙左鬼神陰故尙右
●家禮凡屋之制不問何向背但以前爲南後爲北左爲東右爲西
●朱子曰大祭時每位用四味請出木主俗節小祭只就家廟止二味朔旦俗節酒止一上斟一盃
●南溪曰四味魚肉米麵食二味四味中取二者也俗節饌禮無見處酒果蔬菜餠湯之屬當隨所有而酌處之至如炙則乃大祭三獻所用恐不必設
●家禮俗節則獻以時食條凡鄕俗所尙者食如角黍凡其節之所尙者薦以大盤間以蔬果
●王制祭用數之仂祭豐年不奢凶年不儉註常用數之仂
●問家禮及備要設饌圖匙楪當中要訣則居西可耶陶菴曰不同處從家禮

▶3457◀◈問; 윤달 제사.

윤달 제사는 어떻게 지내나요. 윤 2.23(양력 4.12)일이면 다음해에 음력 2.23 일로 해서 음력 제사를 지내면 되는건가요? 아님, 양력(4.12)로 지내야 하나요? 관습적으로 어떤 게 맞는 이치인지 알려주세요.

추신: 저희는 음력제사로 그냥 지내는 쪽으로 생각하고는 있는데. 어떤지 모르겠습니다.

◈答; 윤달 제사.

1 째 의문. 答; 평년 제사 역시 2 월 23 일 입니다.

아래와 같이 살펴보건대 閏月은 非正月이라 閏月 亡者의 忌日은 다음 또 閏月이 닫는다 하여도 그 달의 正月이 忌日이 되고 閏月 그 날에는 齊素할 뿐 제사는 지내지 않음이 바른 법도입니다.

●通典范甯曰閏月以餘分之日閏益月耳非正月也吉凶大事皆不可用故天子不以告朔而喪者不數
●開元禮王公以下居喪雜制居常節條凡三年及周喪不數以閏月亡者祥及忌日皆以閏所附之月爲正
●退溪曰閏非正月人之行祭常以正月而獨於是歲依亡歲之月而祭似未穩祭則依常月行之於閏月亡日則齊素而不祭似當也
●沙溪曰通典諸說可考也或謂閏月死者後値閏月當用本月爲忌而閏月死日亦當行素云云

2 째 의문. 答; 현재도 관습적으로 음력으로 지내고 있습니다.

●玉臺新詠詩條視曆復開書便利此月內
●漢書故書曰迺命羲和欽若昊天歷象日月星辰敬授民時歲三百有六旬有六日以閏月定四時成歲允釐百官衆功皆美註師古曰此皆虞書堯典之辭也欽敬若順也昊川言天氣廣大也星四方之中星也辰日月所會也羲氏和氏重黎之後以其繼掌天地故堯命之使敬順昊天歷象星辰之分節敬記天時以授下人也匝四時凡三百六十六日而定一歲十二月月三十日正三百六十日則餘六日矣又除小月六日是爲歲有餘十二日未盈三歲便得一月則置閏焉以定四時之氣節成一歲之歷象則能信理百官衆功皆美也○夫律陰陽九六爻象所從出也故黃鍾記元氣之謂律律法也莫不取法焉與鄧平所治同於是皆觀新星度日月行更以算推如閎平法法一月之日二十九日八十一分日之四十三先藉半日名曰陽歷不藉名曰陰

歷所謂陽歷者先朔月生陰歷者朔而後月迺生平曰陽歷朔皆先旦月生

●開元禮閏月亡者祥及忌日皆以閏所附之月爲正

●書經堯典帝曰三百有六旬有六日以閏月定四時成歲註天體至圓周圍三百六十五度四分度之一繞地左旋常一日一周(云云)歲有十二月月有三十日三百六十者一歲之常數也(云云)朔虛而閏生焉故一歲閏率則十日九百四十分日之八百二十七三歲一閏則三十二日九百四十分日之六百單十五歲再閏則五十四日(云云)

●退溪曰閏非正月人之行祭常以正月而獨於是歲依亡歲之月而祭似未穩祭則依常月行之於閏月亡日則齊素而不祭似當也

●問解大月三十日死者後值小月固當以二十九日爲忌值大月則自當以三十日爲忌小月晦日死者後值大月當仍以二十九日爲忌不可延待三十日也

●天文類抄日月條日爲大陽之精主生養恩德人君之象也(云云)月爲大陰之精以之配日女主之象以朝廷諸侯大臣之類註凡月之行歷二十有九日五十三分而與日相會是謂合朔當朔日之交月行黃道而日爲月所掩則日食是爲陰勝陽其變重自古聖人畏之若日月同度于朔月行不入黃道則雖會而不食月之行在望與日(云云)

▶3458◀◈問; 윤달 제사날짜 문의.

안녕 하세요? 지난해 윤달 5 월 5 일 날 돌아 가셨습니다. 금년 제사는 음력 5 월 4 일에 지내는 것이 맞나요? 어떤 분은 음력 6 월 4 일이 맞는다고 하시는 분이 있으나 저의 생각은 음력 5 월 4 일이 맞는다고 생각하는데 확실한 답변을 듣고 싶습니다.

◈答; 윤달 제사날짜 문의.

아래와 같이 살펴보건대 사일(死日)이 윤월(閏月)이었다 하여도 다음에 윤월(閏月)의 해를 만나다 하여도 윤월(閏月)이 아니라 본달(本月) 사일(死日)이 기제일(忌祭日)이 되고 윤월(閏月) 그날에는 설위(設位) 평상시의 밥상을 올리고 부모이면 곡을 합니다.

기일은 작고한 날이 기일이 됩니다. 5 월 5 일 작고하였다면 매년 그날 질명이 제사 시간대가 됩니다. 다만 당일(5 월 5 일)초시인 자시(子時) 행제(行祭)는 궁실(宮室)의 예를 따름이다. 로 보아야 할 것입니다.

●通典范甯曰閏月者以餘分之日閏益月耳非正月也吉凶大事皆不可用故天子不以告朔而喪者不數

●開元禮閏月亡者祥及忌日皆以閏所附之月爲正

●庾蔚之曰今年末三十日亡明年末月小若以去年二十九日親尙存用後年正朝爲忌此必不然若其不然則閏亡者亦可知也

●退溪答金惇敍曰忌日旣行之於當朔當日矣其於閏朔遇是一何有再行之義乎此意厚而不達於禮不可爲訓典也

●問祖考之終在閏月者復遇亡歲之閏月則行祭於閏乎退溪曰閏非正月人之行祭常以正月而獨於是歲依亡歲之月而祭似未穩祭則依常月行之於閏月亡日則齋素而不祭似當也

●問先考卒逝之日閏四月三十日也今又値四月之閏欲於閏月晦日行祭如何寒岡曰知禮之人皆以爲不可用閏月當於本月其日行祭閏月其日則行素而已可也

●沙溪曰或謂當用本月爲忌而閏月死日亦當行素云

●同春問人或死於閏正月則忌祭當用本正月否若値閏正月則當用何月云云沙溪曰通典諸說可考也或謂閏月死者後値閏月當用本月爲忌而閏月死日亦當行素云

●問閏月死者之子復値閏月則如之何明齋曰其日似當變服設位哭食素

●竹庵曰閏月死者後値閏月則不用本月而以閏月爲忌恐無可疑

●尤庵曰行祭早晩太早不可太晩亦不可惟當以質明爲正

●祭義註忌日親死之日也疏孝子終身念親不忘忌日非謂此日不善別有禁忌謂孝子志意有所至極思念親不敢盡其私情而營求他事故不擧也

●明齋曰凡喪復後始發喪其前則雖已氣絶猶有復生之望不可便以爲已死也以此意推之則似當以招魂日爲忌日矣

●咸興本宮儀式奏啓條本宮淸齋爲白遣初六日子時行祭是白如乎○本宮十一日子時行告由祭後陪

香祝進詣定陵淸齋十三日子時攝行酌獻禮是白如乎
●日省錄十八日子時行祭天氣淸和享事利成獻官以下(云云)
●無名子集策皇極經世書; 天開於子地闢於丑
●性理大全忌祭編○厥明夙興設蔬果酒饌○質明主人以下變服詣祠堂封神主出就正寢
●南溪曰質明卽大昕指日未出時也
●文獻通考宗廟考六祭祀時享(薦新); 其祭貴肺用朝及闇陳氏禮書曰祭義曰夏后氏祭其闇商人祭其陽周人祭日以朝及闇
●檀弓夏后氏大事用昏商人大事用日中周人大事用日出
●禮器質明而始行事疏質正也謂正明之時少牢禮朝明行事註朝明質明也此乃周禮也
●陳氏曰子路祭於季氏質明而始行事寧早則雖未明之時祭之可也

▶3459◀◈問; 윤달 제사 모시는 날짜가 궁금합니다.

안녕하세요. 작년 2017. 6. 24일 (음력 윤달 5.1)에 어머니가 돌아가셨습니다. 이번 년도에 제사를 모시려고 하는데 음력으로 제사를 모시니 2018. 6. 14 (음력 5. 1)에 제사를 모시는 게 맞나요?

집안 어르신들은 살아계시는 날 즉 2017. 6. 23 (음력 5. 29)에 모시는 거라고 이야기하시면서 2018. 7. 12 (음력 5. 29)에 모시는 거라고 말씀을 하시에요. 제가 아는 제사모시는 날은 돌아가신 날의 음력 날짜(음력 5.1)를 모시되 윤달은 개의치 않고 음력으로 모시며 그 해 윤달(5월)이 있으면 그 해 윤달 5.1 일에 모시면 되는 것으로 알고 있습니다. 어른들이 이야기하시는 하루 전날에 제사를 모시는 건 돌아가신 날 전날 가족이 모여 제사 준비를 하고 00 시가 되었을 때 제사(祭祀)를 모시기 위해 하루 전날 제사를 모시는 걸로 알고 있습니다.

질문을 정리하면

1. 위의 상황으로 볼 때 어머니의 제사를 모시는 날은 며칠이 되는 것인지? 2018. 6. 13 (음력 4.30)일 저녁에 준비해서 24 시, 즉 2018. 6. 14(음력 5.1)일 00 시에 제사를 모시는 것인지 2018. 7. 12 (음력 5. 29)일에 준비를 해서 24 시, 즉 2018. 7. 13(음력 6.1)일 00 시에 제사를 모시는 것인지 궁금합니다.

2. 위의 내용이 해결된다면 따르는 답이겠지만 제사를 모시는 날이 돌아가신 2017. 6. 24 (음력 5.1)일인지 2017. 6. 23 (음력 5. 29)일인지 궁금합니다.

3. 윤달에 돌아가신 분들은 다음해에 제사를 어떻게 모시는지? 음력날짜로 모시고 돌아가신 달의 윤달이 있는 달만 그 일자에 맞춰서 모시면 되는지 궁금합니다.

4. 어른들이 말씀하시는 돌아가시기 하루 전날, 즉 살아계신 날에 모신다는 의미는 그 전날 준비하고 그날 24 시 즉 돌아가신 날 00 시에 제사를 모시기 위해서 그렇게 말씀하시는 거인가요?

말이 정리가 잘 안된 것 같지만 친절한 답변 고견 부탁 드립니다. 먼저 고견에 감사드립니다.

◈答; 제사 모시는 날짜.

아래와 같이 살펴보건대 사일(死日)이 윤월(閏月)이었다 하여도 다음에 윤월(閏月)의 해를 만나다 하여도 윤월(閏月)이 아니라 본달(本月) 사일(死日)이 기제일(忌祭日)이 되고 윤월(閏月) 그날에는 설위(設位) 평상시의 밥상을 올리고 부모이면 곡을 합니다.

제사 지내는 때는 예기(禮記) 주례(周禮) 의례(儀禮) 등(等) 삼례(三禮) 모두 기일(忌日)이란 친사지일(親死之日; 기일이란 부모가 작고하신 날이다)이라 하였고 때는 질명(質明; 작고하신 날 먼동이 트면서 해뜨기 전)이라 하였습니다.

다만 백성(百姓)이 당일 초시(初時)인 자시행제(子時行祭)는 왕가(王家)의 기제(忌祭) 시(時)

를 따라 행함인데 당일 초시란 전날 해진 뒤 밤중의 때인 23 시~24 시에 지내고 있는데 23 시~24 시라는 때는 곧 당일(當日)의 초시(初時)가 됩니다.

자시행제(子時行祭)나 질명행제(質明行祭) 모두 전날 제수(祭需) 준비를 하여 자시행제(子時行祭) 가문(家門)이면 그날(음력 4 월그믐 남) 밤중 23 시~24 시(음력 5 월 1 일)에 제사를 지내고 질명행제(質明行祭) 가문(家門)이면 그날 밤(음력 4 월 그믐 날)은 잠을 자고 당일(음력 5 월 1 일) 먼동이 트면 설위 진설하고 제사를 지냅니다.

●通典范寗曰閏月者以餘分之日閏益月耳非正月也吉凶大事皆不可用故天子不以告朔而喪者不數
●開元禮閏月亡者祥及忌日皆以閏所附之月爲正
●庾蔚之曰今年末三十日亡明年末月小若以去年二十九日親尙存用後年正朝爲忌此必不然若其不然則閏亡者亦可知也
●退溪答金惇敍曰忌日旣行之於當朔當日矣其於閏朔遇是一何有再行之義乎此意厚而不達於禮不可爲訓典也
●問祖考之終在閏月者復遇亡歲之閏月則行祭於閏乎退溪曰閏非正月人之行祭常以正月而獨於是歲依亡歲之月而祭似未穩祭則依常月行之於閏月亡日則齋素而不祭似當也
●問先考卒逝之日閏四月三十日也今又値四月之閏欲於閏月晦日行祭如何寒岡曰知禮之人皆以爲不可用閏月當於本月其日行祭閏月其日則行素而已可也
●沙溪曰或謂當用本月爲忌而閏月死日亦當行素云
●同春問人或死於閏正月則忌祭當用本正月否若値閏正月則當用何月云云沙溪曰通典諸說可考也或謂閏月死者後値閏月當用本月爲忌而閏月死日亦當行素云
●問閏月死者之子復値閏月則如之何明齋曰其日似當變服設位哭食素
●問祖考之終在閏月者復遇亡歲之閏月則行祭於閏乎退溪曰閏非正月人之行祭常以正月而獨於是歲依亡歲之月而祭似未穩祭則依常月行之於閏月亡日則齊素而不祭似當
●禮記祭義; 君子有終身之喪忌日之謂也(註)忌日親死之日也(疏)孝子終身念親不忘忌日非謂此日不善別有禁忌謂孝子志意有所至極思念親不敢盡其私情而營求他事故不擧也
●周禮春官宗伯禮官之職小史條掌邦國之志奠繫世辨昭穆若有事則詔王之忌諱註鄭司農云先王死日爲忌名謂諱
●儀禮經傳通解續祭義祭禮十三; 君子有終身之喪忌日之謂也忌日不用非不祥也言夫日志有所至而不敢盡其私也(註)忌日親亡之日忌日者不用擧他事如有時日之禁也祥善也志有所至至於親以此日亡其哀心如喪時○疏曰此一節明孝子終身念親不忘之事忌日不用非不祥也者謂忌日不用擧作他事者非謂此日不善別有禁忌不擧事也言夫日志有所至而不敢盡其私也者所以不擧者言夫忌日謂孝子志意有所至極思念親不敢盡其私情而營他事故不擧也
●祭義註忌日親死之日也疏孝子終身念親不忘忌日非謂此日不善別有禁忌謂孝子志意有所至極思念親不敢盡其私情而營求他事故不擧也
●明齋曰凡喪復後始發喪其前則雖已氣絶猶有復生之望不可便以爲已死也以此意推之則似當以招魂日爲忌日矣
●無名子集策皇極經世書; 天開於子地闢於丑
●性理大全忌祭編○厥明夙興設蔬果酒饌○質明主人以下變服詣祠堂封神主出就正寢
●南溪曰質明卽大昕指日未出時也
●尤庵曰行祭早晩太早不可太晩亦不可惟當以質明爲正
●文獻通考宗廟考六祭祀時享(薦新); 其祭貴肺用朝及闇陳氏禮書曰祭義曰夏后氏祭其闇商人祭其陽周人祭日以朝及闇
●檀弓夏后氏大事用昏商人大事用日中周人大事用日出
●禮器質明而始行事疏質正也謂正明之時少牢禮朝明行事註朝明質明也此乃周禮也
●陳氏曰子路祭於季氏質明而始行事寧早則雖未明之時祭之可也
●南溪曰質明卽大昕指日未出時也
●鬼神集說序; 鬼神(註)日出爲神入
●咸興本宮儀式奏啓條本宮淸齋爲白遣初六日子時行祭是白如乎○本宮十一日子時行告由祭後陪香祝進詣定陵淸齋十三日子時攝行酌獻禮是白如乎

●日省錄十八日子時行祭天氣清和享事利成獻官以下(云云)

▶3460◀◈問; 음력 9 월 9 일.

궁금한 게 있어서요 어디서 점을 보니까 제사 밥을 못 얻어 드시는 할머니가 있으니까 9 월 9 일 날 제사를 지내주는 게 좋겠다는 말을 듣고 제사를 지내려고 하는데요. 신랑의 할아버지께서 할머니가 두 분이신데 한 분만 절에 올려서 제사를 지내시고 한 분의 제사는 지내지 않는 것으로 알고 있는데요. 그분에 대해 아는 게 아무것도 없는데 제사를 어떻게 지내야 되는 건지. 그리고 격식은 어떻게 갖추어야 되는지 아무것도 아는 게 없습니다.

제기나 머 이런 거. 아는 게 아무것도 없으니 자세히 가르쳐 주세요. *해0니*

◈答; 음력 9 월 9 일.

귀하 부군의 조모 즉 귀하의 시조모가 두분 또는 다른 조모 벌 되시는 분이 계셨는가가 먼저 헤아릴 문제이며 만약 계셨다면 샤머니즘적인 방향에서 접근할 것이 아니라 조상을 섬긴다는 의미에서 생각하게 되면 해답이 나올 것입니다. 먼저 밝혀야 한 문제는 귀하의 부군과의 관계 사망 일자, 성씨이며 이것이 밝혀지면 그날 제사를 지내면 되며 격식은 모두 제례예법을 따르면 됩니다. 계실이면 제사하고 첩실이면 적자가 제사하지 않습니다. 관계와 일자 및 성씨가 밝혀지면 다시 방문 하십시오. 그에 관한 예법과 지방 및 축문식 등을 이에 게시하여 주겠습니다.

●晦齋曰按文公家禮忌日止設一位程氏家禮忌日配祭考妣二家之禮不同蓋止設一位禮之正也配祭考妣禮之本於人情者也

●問解續問父若有前後室則前後母神主同出耶只出考與所祭之主耶答並祭爲當前母忌日同祭後母後母忌日同祭前母

●問人有前後妻者死而三年後與前妻合櫝(云云)忌祭時(云云)並祭則祝文稱謂無據且以後妻而祭前妻非非族之祀耶南溪曰繼室之於元妃與夫一體奉祀恐甚得禮所謂非族之祀豈指此類而言耶祝文稱謂禮無明文不敢爲說

●程子曰庶母不可入廟子當祀於私室

●大典妾子承重者祭其母於私室止其身

●小記慈母與妾母不世祭也細註陳氏曰不世祭者謂子祭之而孫不祭也

▶3461◀◈問; 음식 준비하는 날이 제사 날이 아닌가요?

선생님 안녕하십니까? 홈페이지 게시판 질문 번호 1933 번 제사기일 8 월 26 일이라고 하면 통상 음식 준비하는 날을 기일로 알고 있습니다. 8 월 26 일 음식을 준비하여 밤 자시(11 시 -12 시)에 제사를 지내고 있습니다 돌아가신 날은 27 일로 축문에 날짜는 27 일, 간지도 27 일 간지를 적어야 올바른 예법이 아닙니까?

외람되게 질문을 드려서 대단히 죄송합니다 제 소견이 잘못이지요? 선생님 지적하여 주십시오. 선생님 아침 방송에 독감이 유행할 것으로 예상합니다 건강 유의 하십시오. 안녕히 계십시오.

◈答; 음식 준비하는 날이 제사 날이 아닌가요?

아래 기일친지사일야(忌日親之死日也) 예기(禮記) 제의편(祭義篇)의 가르침과 같이 기일(忌日)이라 함은 조상이 작고한 날을 의미합니다.

원더님의 [기제일은 음력 8 월 26 일 입니다] 하심은 세속(世俗)에서 소위 말하는 입제일(入祭日)이었던 것같습니다. 이날은 기일 전날이 되는 것입니다. 같은날 같은 밤이라 하여도 해시(亥時)까지가 8 월 26 일이 되고 자시(子時)부터는 익일인 27 일이 되는 것입니다. 까닭에 원더님의 조부모(祖父母) 기일은 음력 8 월 27 일이며 물론 간지 역시 그날 간지(干支)를 써야합니다. 본인이라도 먼저 진위를 확인하였어야 할 것인데 피차 착오에서 빚어진 해프닝 같습니다.

●祭義君子有終身之喪忌日之謂也忌日不用非不祥也言夫日志有所至而不敢盡其私也註忌日親之死日也不用不以此日爲他事也非不祥言非以死爲不祥而避之也夫日猶此日也志有所至者此心極於念親也

▶3462◀◈問; 이런 경우.

수고 많으십니다. 전 아직 결혼식(結婚式)을 안올리고 살고 있는데요. 집안의 맏이고요. 신랑(新郎)이 외동입니다. 그런데 시어머님이 두 분이신데 친 어머님께선 돌아가셨고요. 지금은 시부모님께서 돌아가신 분 세사(歲祀)를 지내고 있는데 그 제사(祭祀)를 제가 지낼 수 있는지요? 친 어머님은 아버님과 이혼을 하셨는데 그 제사를 지금 어머님이 지내고 계셔서 좀 불편해서요. 결혼식과 제사 지내는 건 무관한가요? (걱정맘)

◈答; 그런 경우.

問 1. 答; 의문 2 와 관련하여 답하겠습니다. 전통 예법에서 출모(出母; 이혼 등으로 자의든 타의든 집을 나간 어머니)나 가모(嫁母; 남편이 죽어 수절치 않고 재가한 어머니)는 비록 본가에 친자(親子)가 있다 하여도 제사를 지낼 수가 없으며 그 뒤를 이은 계모가 있었으면 그 계모의 제사를 받듭니다. 까닭은 출모(出母)나 가모(嫁母)는 행하여진 그 시점으로 그 가문에서 행할 수 있는 모든 의무와 권리가 소멸되었기 때문에 이미 그 가문의 사람이 아닌 까닭에서 입니다.

참고로 서모(庶母) 역시 당사자의 자식이 있다면 그가 그의 사실에서 제사를 지내며 만약 자손이 없다면 본 손이 그의 제사를 지내지 않습니다. 단 계모(繼母)는 그의 후자(後子)가 있다 하여도 적장자(嫡長子)가 상주가 되고 제사에는 주인으로 초헌을 합니다.

●問解續問父若有前後室則前後母神主同出耶只出考與所祭之主耶答並祭爲當前母忌日同祭後母後母忌日同祭前母
●朱子曰出妻入廟決然不可爲子孫者只合歲時就其家之廟拜之若相去遠則設位望拜可也○又曰嫁母者生不可入廟死不可以祔于廟
●通典種毓爲父後以出母無主迎還輒自制服庾蔚之曰爲父後不服出母爲廢祭也母出而迎還是子之私情率情制服非禮意也
●朱子家禮三父八母服制之圖出母服謂被父離棄降服杖期子爲父後者則不服○又嫁母服謂父亡母再嫁降服杖期子爲父後者不服○又圖式八母服制之圖出母子爲父後者則不服

問 2. 答: 위 1 번의 답과 같습니다. 다만 이혼 후 재혼을 하여 그쪽에 자손이 있어 제사를 받들면 그 집으로 가서 참석을 할 수 있으나 초헌관을 되지 못합니다. 이와 같음이 바른 예법입니다.

위 답변의 내용이 귀하의 질문 의도(意圖) 및 취지(趣旨)와 상당한 괴리(乖離)가 있을 것입니다. 이와 같음이 전통예법에서 가르치고 있는 바른 법도임을 밝혀 드릴뿐입니다.

▶3463◀◈問; 이런 경우 제사일자가 언제일까요?

안녕하세요? 제사일자에 대해 문의 사항이 있습니다. 돌아가신 날이 양력으로는 2004.09.14 새벽이십니다. 음력으로는 2004.08.01 일이죠. 제사는 전날 저녁에 지내는 걸로 알고 있기 때문에 2004.09.13 일 즉 음력으로 2004.07.29 일 이었기 때문에 매년 음력 07.29 일 저녁에 제사를 지내왔습니다. 근데 올해 같은 경우는 음력 7 월 달이 30 일 까지 있습니다. 제 생각으로는 돌아가신 날 (-)08.01 을 기준으로 해서 전날 저녁 (-)07.30 에 지내야 될 것 같은데 집안어른은 아니라고 (-)07.29 일이 맞았다고 하시네요. 이런 경우는 어떤 게 맞는 날짜일까요? 궁금이

◈答; 기일(忌日)은.

아래는 월회(月晦=그믐날) 사자(死者) 기일(忌日)에 관한 말씀입니다. 그러나 궁금이 선생의 경우는 작고하신 날이 음력 8 월 1 일이니 매년 당일 자시는 전날 그믐날 밤이 되니 그 그믐이 30 일이든 29 일든 상관 없이 전날 밤(그믐날) 자시 (12 시 전후=그믐날 23~8 월 1 일

01 시)에 제사를 지내면 8 월 1 일 당일에 제사를 지내는 것이 됩니다. 까닭에 매년 음력 8 월 1 일이 기일이 됩니다.

●問解大月三十日死者後值小月固當以二十九日爲忌值大月則自當以三十日爲忌小月晦日死者後值大月當仍以二十九日爲忌不可延待三十日也
●通典庾蔚之曰今年末三十日亡明年末月小若以去年二十九日親尙存用後年正朝爲忌此必不然
●疑禮問解(沙溪著)宋浚吉問答曰通典諸說可考也(中略)大月三十日死者後值小月固當以二十九日爲忌值大月則自當以三十日爲忌小月晦日死者後值大月當仍以二十九日爲忌不可延待三十日也

▶3464◀◈問; 이런 경우 제주는 누가 되는지 궁금합니다.

안녕하세요, 전선생님 일전에 해외 근무 건으로 질문을 드린 박 0 순입니다. 한 가지 더 궁금한 점이 있어서 문의 드립니다.

아버님이 제가 4 살 때 돌아가신 이래, 어머님과 제가 아버님 제사를 모셔 오다가, 제가 2002 년에 결혼하여 분가하면서부터 저희 집에서 아버님 제사를 모셔 왔습니다. 즉, 도봉구 창동에 따로 사시는 어머님이 기제사나 명절 때 마포구 성산동의 저희 집으로 오셔서 제사나 차례를 모시고 있습니다.

궁금한 점은 제가 2002 년에 결혼하여 분가할 때 어머님 집이 아닌 저희 집에서 제사를 모시는 것이 일반적인 예법과 다르냐는 것입니다. 저희 집사람은 어머님이 제사를 모셔야 하는데, 결혼하자마자 제가(집사람이) 제사를 모시게 된 것은 본인이 알고 있는 상식과 다르다고 주장해 왔었습니다. 또한 이런 경우 지방마다 예법이 다른 것인지(즉, 위와 같은 경우 제주가 누가 되어 어느 집에서 모셔야 하는지)도 궁금합니다. 많은 도움 주셔서 감사합니다. 늘 건강하시고 항상 행복 하시기를 기원합니다. 박 0 순 배상

◈答; 그런 경우 제주는.

종법은 동일합니다. 적장자가 강보에 쌓여 있다 하여도 그 아기가 주인이 되는데 다만 행사를 할 수 없으니 친족 어른이 대행(섭행)할 뿐이며, 선조 제사(사당)는 종자(적장자손)가 이사를 하게 되면 자연히 따라가게 됩니다.

●家禮本註主人謂長子無則長孫承重以奉饋奠
●檀弓疏主人亡者之子
●白虎通宗者何謂也宗尊也爲先祖主也宗人之所尊也古者所以必有宗何也所以長和睦也大宗能率小宗能率羣弟通其有無所以統理族人者也
●高氏閌曰宗子承家主祭有君之道諸子不得以抗焉故禮支子不祭祭必告於宗子

▶3465◀◈問; 이런 때 누가?

선생님께서 답변주신내용에 의한다면 좀처럼 이해가 안 되여서 자세한 가내의 현황 안내하오니 읽어보시고 답변 부탁 드리겠습니다.

증조부(曾祖父)님께서 자식을 3 형제 두었지만, 첫째 조부님께서도 후손이 없고 둘째 조부님께서는 두 형제인 큰아버님과 생부(生父)이신 아버님을 낳으시고 셋째 조부님께서도 아들을 하나 낳고 기르시게 되였지만 첫째 조부님께서 자식이 없기에 두 번 째 조부님이 기르신 두 아들 중 첫째 아들이 양(養)으로 입후하게 되여 대(代)를 있게 되지만 역시 큰아버님도 자식이 없어서 둘째 아버님인 生夫께서 자식을 2 남을 낳고 또다시 첫째 아들을 큰 아버님 앞으로 양(養)을 가게 되니 여태까지 앞서 설명한 내용을 참작하시어서 설명하여주신다면 고맙겠습니다.

제는 큰아버님 앞으로 養을 간 자식이고 생모이신 어머님께서는 서울에 있는 동생(사촌지간이지만)도 성장하여 정착이 되기에 기제사 및 추석명절을 지내고 싶어 한지라 앞 질의 내용을 재차 제시한다면 현재 生母님께서는 혼자 지방에서 생활하시기에 제사는 동생이 서울서 지내고 단지, 추석만은 현재 생존하시니 자주 찾아 뵙지도 못한지라 그래도 큰형님(養간)께

서 옆에 의지하고 있어서 모든 제사 및 추석을 서울에서 지낸다면 서운한 감 (요즘같이 각박한 세상에 덧없이 떨어져 지낸다는 사회에 있어 生母(어머님)이 年歲가 많은지라. 선생님께서 자세한 고견을 듣고 싶어 질의하옵니다. 어째든 큰형님이 지내는 제사는 증조부님 양위, 첫째 조부님 양위, 養부모님, 설 명절을 현재 지내고 있고 현재 生母(어머님)께서는 조부님 양위, 계부(繼父)님 양위, 생부(生夫)님을 지내고 있습니다. 두서없이 올린 점에 대해 양해 바라겠습니다.

◈答; 그런 때는.

유가(儒家)의 예법으로는 기제사든 명절 제사든 한 곳에서 받드는 것이 바른 예법입니다. 따라서 명절 제사는 어머니가 지내고 기제사는 서울에서 서로 나누어 지내는 것은 바른 예법이 못 되는 것 같습니다. 제사는 자기 직계와 손 없이 죽은 방계가 있으면 그를 포함하여 지내게 되는 것입니다. 이상과 같이 생각하시면 제사에 관하여 쉽게 가늠이 되실 것입니다.

아래와 같이 살펴보건대 유학적(儒學的)인 예법으로는 지자(支子)는 제사를 주관하여 지내거나 윤행(輪行=돌려가며 행함) 당부(當否)에 관한 말씀은 퍽이 많은 선유(先儒)들께서 논(論)함이 계시나 제사를 나누어 지낸다는 말씀은 찾을 수가 없으니 아마도 나눠 지냄은 예에 어그러짐 같습니다.

●曾子問宗子爲士庶子爲大夫其祭也如之何孔子曰以上牲祭於宗子之家(註貴祿重宗也上牲大夫少牢)祝曰孝子某爲介子某薦其常事(註介副也不言庶使若可以祭然)
●內則庶子若富則具二牲獻其賢者於宗子(註賢猶善也)夫婦皆齊而宗敬焉(註當助祭於宗子之家)終事而后敢私祭(註祭其祖禰)
●程子曰古所謂支子不祭者惟宗子立廟主之而已支子雖不得祭至於齊戒致其誠意則與主祭者不異可與則以身執事不可與則以物助但不別立廟爲位行事而已後世如欲立宗子則當從此義雖不祭情亦可安若不立宗子徒欲廢祭適足長惰慢之心不若使之祭猶愈於已也
●尤庵曰支子作官者不敢奉神主以往只備送祭需於宗家以致獻賢之誠可也
●退溪曰朱子亦有支子所得自主之祭之言支子所得祭之祭卽今忌日墓祭之類此等祭輪行恐亦無大害義也
●問忌祭欲定行於主人之家支子女子則只以物助之而已何如曰此意甚好然亦有一說朱子有支子所得自主之祭之說想是忌祭節祀之類也今若一切皆歸於宗子則因循偸惰之間助物不如式以致衆子孫全忘享先之禮甚爲未安又或宗子貧窶不能獨當而並廢不祭則反不如循俗行之之爲愈也
●要訣墓祭忌祭世俗輪行非禮也墓祭則雖輪行皆祭於墓止猶之可也忌祭不祭於神主而仍祭于紙榜此甚未安雖不免輪行行于家廟庶乎可矣
●南溪曰雖支子家具饌祝辭必以宗子名○又曰朱子雖言兄家設主弟不立主祭時旋設位以紙牓標記逐位然於其末以更詳之爲結後來亦無通行者恐終不得行也惟父母忌日是終天之痛有難每年只行望哭而已若非往參宗家之時則雖以紙牓行不至大悖
●問衆子稱以加供別具饌酒侑食之後雜陳於牀前於禮無所據尤菴曰古禮有獻賢之文蓋支子有二牲則獻其尤者於宗子以供祭用正程子所謂以物助之之意也獻其賢而助之則可致其誠意何必瀆褻也
●明齋曰忌祭加供無其文今俗又於大小祥行之皆非禮也
●書儀曲禮支子不祭曾子問宗子爲士庶子爲大夫以上牲祭於宗子之家古者諸侯卿大夫宗族聚於一國可以如是今兄弟仕宦散之四方雖支子亦四時念親安得不祭也
●朱子曰兄弟異居廟初不異只合兄祭而弟與執事或以物助之爲宜相去遠者則兄家設主弟不立主至於祭時旋設位以紙牓標記逐位祭畢焚之如此似亦得禮之變也更祥之
●言行錄先生或行忌祭於齋舍問曰禮乎先生曰宗家或有故齋舍乃墓所非佛宇之比也子孫會于此亦無妨
●曲禮支子不祭祭必告于宗子(註不敢自專宗子有故支子當攝而祭五宗皆然疏廟在適子之家庶子不敢輒祭若濫祭亦是淫祀若宗子有疾不堪當祭則庶子代攝可也猶宜告宗子然後祭)
●小記庶子不祭祖(註下正猶爲庶也疏宗子庶子俱爲適士宗子得立祖廟祭之已是祖庶得自立禰廟而不得立祖廟祭之故云庶子不祭祖禰適於祖猶爲庶五宗悉然○庶子不祭禰疏宗子庶子俱爲下士禰適得立禰廟故祭禰禰庶不得立禰廟故不得祭其禰是宗子自祭之庶子不得祭也

▶3466◀ ◈問; 이럴 땐 어떻게?

안녕하세요? 유익한 많은 정보를 올려주셔서 고맙습니다.

이럴 땐 어떻게 하는 것인지 문의를 드리고 싶어서 글을 올립니다. 제가 잘못 알고 있는 것인지 궁금해서요. 조부님은 돌아가셨고 할머니는 세분이십니다. 제가 장손(長孫)이고 제 할머니 사후에 오셔서 두 번째 할머니는 손이 없이 돌아가셨고 그 후 세 번째 할머니가 재취(再娶)로 오셔서 3 남매를 두셨습니다. 올해 세 번째 할머니가 돌아가셨습니다. 지금까지는 조부님 기일에 두분 조모님을 합제(合祭)를 하고 있습니다. 그런데 서조모에 대한 부분이 궁금합니다.

1. 세 번째 할머니 제사를 제가 모셔야 하는지? 아니면 숙부님이 모시는 것이 맞는지?

2. 조부님 기제사시 합제를 할 때 조모님 세분 모두 올리는 게 맞는지?

3. 세 번째 할머니 기제사를 모시지 않을 시 차례를 지낼 때는 어떻게 하는 것이 좋은지 알려주시면 고맙겠습니다.

제가 알기론 계모(繼母)와 서모(庶母)에 대한 구분을 하는 것이 옳은 줄 아오나 고견(高見)을 듣고자 합니다.

◈答; 그럴 때는.

아래와 같은 선유의 말씀이 있습니다.

程子曰庶母不可立廟子當祀於私室○問父若前後室則前母忌日同祭後母後母忌日同祭前母耶愼獨齋曰並祭爲當 ○尤菴曰父之所娶雖至於四何害於合櫝配食也

정자(程子) 께서 이르기를 서모는 사망 후 사당(祠堂)에 신주(神主)를 들여서는 아니 되며 그의 아들이 그의 사실에서 제사를 지내야 마땅하니라. ○묻기를 부친이 만약 적처와 계실이 있다면 전모 기일 날 후모를 함께 제사를 지내고 후모 기일 날 전모를 함께 제사를 지내야 합니까? 하고 묻자 신독재(愼獨齋) 김집(金集) 선생께서 답변 하기를 함께 제사를 지내야 마땅하니라. ○우암 선생께서 말씀 하시기를 부친이 취처(取妻)하기를 아무리 사취(四娶)를 하였다 하여도 합독하여 배향하는데 어느 누구를 꺼릴 것인가?
위와 같이 살펴 볼 때

問 1. 答; 아래와 같이 살펴보건대 서조모(庶祖母=妾祖母)는 적손(嫡孫=맏손자)이 제사치 않습니다. 설령 그의 친자(親子)가 있다 하여도 그의 대(代)에 한하여 그의 사실(私室)에서 제사하고 그의 친손(親孫)이 있다 하여도 제사(祭祀)치 않음이 유가(儒家)의 바른 예법입니다.

●程子曰庶母不可入廟子當祀於別室
●小記士妾有子而爲之緦無子則已註喪服云大夫爲貴妾緦士卑故妾之有子者爲之緦無子則不服也 ○又慈母與妾母不世祭也註不世祭者謂子祭之而孫不祭也
●典錄通考凡妾子承重者祭其母於私室止其身
●退溪曰班祔註妾祔于祖妣所喩者是而有子之妾則旣祔而主還几筵及喪畢別置他室或子室可也

問 2. 答; 계실은 여러분이라 하여도 합제합니다.

아래와 같이 살펴보건대 병제(並祭)함은 정례(正禮)는 아니나 인정(人情)에서 병제로 지내게 되는데, 남계(南溪) 선유 말씀을 참고하여 보면 원계실(元繼室)를 병제(並祭)한다. 하여 예에 크게 어그러진다. 할 수는 없습니다.

●晦齋曰按文公家禮忌日止設一位程氏家禮忌日配祭考妣二家之禮不同盖止設一位禮之正也配祭考妣禮之本於人情者也
●問解續問父若有前後室則前後母神主同出耶只出考與所祭之主耶答並祭爲當前母忌日同祭後母後母忌日同祭前母

●問人有前後妻者死而三年後與前妻合櫝(云云)忌祭時(云云)並祭則祝文稱謂無據且以後妻而祭前妻非非族之祀耶南溪曰繼室之於元妃與夫一體奉祀恐甚得禮所謂非族之祀豈指此類而言耶祝文稱謂禮無明文不敢爲說

問 3. 答; 명절 차례 역시 기제에 준함이 마땅할 것입니다.

▶3467◀◈問; 이모 제사.

결혼을 하셨으나 이혼하시고 자식 없이 돌아가신 이모님이 계십니다. 올해 환갑이셨는데 갑자기 돌아가시게 되어 다들 정신 없어 하고 있습니다. 생전에 저와 저의 남편, 제 아들에게 너무나 잘해 주셔서 저의 남편이 제사를 모시고 싶다고 합니다. 저의 남편은 외동아들이고 시어머님께서 돌아가셔서 지금 어머님 제사만 모시고 있습니다.

제사를 지낼 때 축문과 지방을 어떻게 써야 되는지요. 양력 4 월 9 일(음력 3 월 4 일) 새벽 3 시에 돌아가셨는데 제사 날은 언제인지 제사나 차례를 지낼 때 저의 집이나 저의 친정 중 어느 한곳에서만 지내야 되는지 아니면 둘 중 어느 곳에서나 제주만 저의 신랑이면 되는 건지 그냥 어른들 시키는 대로만 하다가 제가 알아서 하려니 하나도 아는 것이 없습니다. 제가 알아야 할 여러 가지를 가르쳐 주십시오. (정 0 연)

◈答; 이모 제사.

귀하의 의문 별로 세분하여 답변하여 드리겠습니다.

⊙의문 1. 결혼을 하셨으나 이혼하시고 자식 없이 돌아가신 이모님이 계십니다. 올해 환갑이셨는데 갑자기 돌아가시게 되어 다들 정신 없어 하고 있습니다. 생전에 저와 저의 남편, 제 아들에게 너무나 잘해 주셔서 저의 남편이 제사를 모시고 싶다고 합니다.

⊙答; 본 난은 전통예법에 관한 사이트로 전통예절에 관한 예법을 전하여 드릴 수 밖에 없음을 양해하여 주시기 바랍니다. 다만 전통예법과 인정을 다를 수가 있을 것입니다. 이혼하고 집을 나간 어머니 제사도 지낼 수가 없으니 이모의 제사야 더 거론할 까닭이 없겠지요. 다만 편론함 없이 귀하의 성의로서 메 한 그릇 떠놔 드린다는데 누가 타인의 가정사에 개입하여 왈가왈부할 사람이 있겠습니까.

●朱子曰出妻入廟決然不可爲子孫者只合歲時就其家之廟拜之若相去遠則設位望拜可也○又曰嫁母者生不可入廟死不可以祔于廟

⊙의문 2. 저의 남편은 외동아들이고 시어머님께서 돌아가셔서 지금 어머님 제사만 모시고 있습니다. 제사를 지낼 때 축문과 지방을 어떻게 써야 되는지요.

⊙答; 시아버지가 생존하여 계시면 시아버지가 제주가 되어 그 속칭으로 지방과 축을 써야 합니다.

●지방식; 亡室某封某氏神位

●처기제축문식(妻忌祭祝文式)

維 歲次干支幾月干支朔幾日干支夫昭告于 亡室某封某氏歲序遷易 亡日復至不勝感愴(或不勝感念)玆以淸酌庶羞伸此奠儀尙 饗

⊙의문 3. 양력(陽曆) 4 월 9 일(음력 3 월 4 일) 새벽 3 시에 돌아가셨는데 제사(祭祀) 날은 언제인지,

⊙答; 음력 3 월 4 일 새벽이라 함이 4 일 날 저녁을 지난 날 그 밤이 이어진 새벽이면 다음 날인 음력 3 월 5 일이 되고 당일 새벽을 의미하면 그 날이 기일이 됩니다.

●祭義註忌日親死之日也疏孝子終身念親不忘忌日非謂此日不善別有禁忌謂孝子志意有所至極思念親不敢盡其私情而營求他事故不擧也

●明齋曰凡喪復後始發喪其前則雖已氣絶猶有復生之望不可便以爲已死也以此意推之則似當以招魂日爲忌日矣
●咸興本宮儀式奏啓條本宮淸齋爲白遣初六日子時行祭是白如乎○本宮十一日子時行告由祭後陪香祝進詣定陵淸齋十三日子時攝行酌獻禮是白如乎
●日省錄十八日子時行祭天氣淸和享事利成獻官以下(云云)
●無名子集策皇極經世書; 天開於子地闢於丑
●性理大全忌祭編○厥明夙興設蔬果酒饌○質明主人以下變服詣祠堂封神主出就正寢
●南溪曰質明卽大昕指日未出時也
●尤庵曰行祭早晩太早不可太晩亦不可惟當以質明爲正
●文獻通考宗廟考六祭祀時享(薦新); 其祭貴肺用朝及闇陳氏禮書曰祭義曰夏后氏祭其闇商人祭其陽周人祭日以朝及闇
●檀弓夏后氏大事用昏商人大事用日中周人大事用日出
●禮器質明而始行事疏質正也謂正明之時少牢禮朝明行事註朝明質明也此乃周禮也
●陳氏曰子路祭於季氏質明而始行事寧早則雖未明之時祭之可也

⊙의문 4. 제사(祭祀)나 차례(茶禮)를 지낼 때 저의 집이나 저의 친정 중 어느 한곳에서만 지내야 되는지

⊙答; 친정이 있으면 귀하의 댁보다 그 댁에서가 우선이 될 것입니다. 제사란 제일 가까운 근친이 모심이 원칙이니까요.

⊙의문 5. 아니면 둘 중 어느 곳에서나 제주만 저의 신랑이면 되는 건지.

⊙答; 귀하의 부군께서는 아무리 정이 깊다 하여도 예법과 정과는 별개이니 어디서든지 주인이 될 수 없습니다.

▶3468◀◈問; (再)이모 제사.

아무 것도 모르고 그냥 모시고 싶은 마음 하나로만 하려 하니 여러 가지 애로사항이 많아서요. 저의 엄마(저의 친정)가 돌아가신 이모의 언니인데 저의 친정 집에서 제사를 드리려 한다면 축문과 지방은 어떻게 써야 하는지요. 만약 저의 친정에서 제사를 드리다가 저희 집에서 제사를 드려도 되는지요.

저의 집에서 드린다면 그 때의 축문과 지방은 또 어떻게 되는지요. 전통예법엔 어긋난다고 해도 생전에 못해드린 것 돌아가신 후라도 정성을 다하고 싶습니다. 자꾸 폐를 끼쳐서 죄송합니다. (정 0 연)

◈答; 이모 제사.

출가(出嫁)한 여식(女息)을 비롯 고모의 제사를 그 후 자손이 없다 하여도 친가(親家)에서 제사하지 않습니다.

●朱子曰出妻入廟決然不可爲子孫者只合歲時就其家之廟拜之若相去遠則設位望拜可也○又曰嫁母者生不可入廟死不可以祔于廟
●釋親考母之昆弟爲舅母兄曰大舅母弟曰小舅母之姉妹爲從母丘氏曰今稱姨母

▶3469◀◈問; 일주일 전에 돌아가신 할아버지 제사를.

할아버지가 일주일 전에 돌아가셨는데 추석 때 산소에 가서 제사 지내기 전에 집에서도 먼저 차례를 지내고 가야 하는지 궁금합니다. 올해에는 집에서 차례를 지내지 않는 것이 맞는다는 어른들의 말씀이 있어서 혹시나 해서 여쭤봅니다.

◈答; 일주일 전에 돌아가신 할아버지 제사는.

沙溪曰俗節因朝奠兼上食行之似過盛上食後別設無妨
사계선생께서 말씀 하시기를 속절을 겹쳐 조전(朝奠) 겸 상식을 행하되 상식을 차려 지낸

뒤 이어서 달리 차려 지내도 무방하니라.

위 말씀을 살펴 볼 때 상중에도 괴연(几筵)에서 명절 전을 올린다 하였으니 상중이든 탈상을 하였든 차례를 올려야 할 것입니다.

▶3470◀ ◈問; 자녀가 없는 숙부의 제사.

안녕하세요,,,선생님!! 저희 아버님은 집안의 장자(長子)이신데 결혼은 하셨지만, 자녀가 없는 남동생 두 분이 계십니다. (저에게는 숙부님이 되십니다) 만약, 숙부님이 돌아가실 경우 숙부님 슬하에는 자녀가 없기 때문에,

1. 장손(長孫)인 제가 두 숙부님의 제사를 모셔야 하는 것인지.
2. 아니면, 제 남동생이 모셔도 관계 없는 것인지.
3. 두 분의 叔父님을 한 분씩 동생과 제가 나누어서 제사를 모셔도 되는지.
4. 제사를 지내지 않고 절에 모셔도 되는지 궁금합니다.

이와 더불어 저희 아버님께는 계모가 살아 계시며, 계모의 슬하에 아들이 있습니다. 만약, 아버님의 계모가 돌아 가실 경우.

1. 상례 시 아버님께서 장자(長子)이시므로 상주가 되어야 하는지 계모 아들이 생모(生母)이므로 상주가 되어야 하는지 궁금합니다.
2. 이후 제사는 저희 아버님과 계모의 아들 중 누가 지내는 것이 맞는 것인지 궁금합니다. 감사합니다.

◈答; 자녀가 없는 숙부의 제사.

問1,2,3,4. 答; 숙부께서 연세가 후손을 생산할 연세가 지나면 입후법도에 따라 후자를 정하여야 합니다.

아우가 몇 형제인지는 밝히지 않아 몇이나 되는지는 알 수가 없으나 만약 아우가 2분이라면 두 숙부에게로 양자로 가서 그 들이 제사를 모시게 됩니다.

혹 아우가 한 분이면 숙부 한 분은 가장 가까운 집안에서 계대에 맞게 입후하여 대를 이어감이 순리입니다.

問1,2. 答; 계모가 정식 혼인으로 취하였다면 그의 후자가 있다 하여도 상을 당하거나 모든 제사에 적자가 생모와 동일하게 상을 치르고 제사하게 됩니다.

만약 병제가문이시면 아버지 기일에는 친모와 계모 3합설을 하고 친모 기일이나 계모 기일에도 3합설을 하여 제사하게 됩니다.

혹 정식 혼인이 아니고 서모이면 그의 후자(後者)가 그의 사실(私室)에서 제사(祭祀)하게 됩니다.

1. 이하 입후 전거

●史記評林孝文本紀古之有天下者莫不長焉用此道也(註索隱曰言古之有天下者無長於立子故云莫長焉用此道者用殷周立子之道故安治千有餘歲也)立嗣必子所從來遠矣
●儀禮疏曰適子不得後他故取支子又曰小宗適子亦當立後
●通典漢石渠議戴聖曰大宗無後族無庶子已有一適子當絶父祀以後大宗
●喪服傳何如而可爲之后同宗則可爲之后何如而可以爲人后支子可也疏支子可也者他家適子自爲小宗小宗當收斂五服之內亦不可闕則適子不得後他故取支子○又曰爲人後者孰後後大宗也曷爲後大宗大宗者尊之統也大宗者收族者也不可以絶故族人以支子後大宗也
●丘儀大明令凡無子許令同宗昭穆相當之姪承繼先取同父周親次及大功小功緦麻如無則方許擇遠房及同姓爲嗣不許養異姓爲嗣以亂宗族立同姓者易不得尊卑失序以亂宗族且凡爲人後者必承父之命不承父命是貪利而忘親也
●經國大典適妾俱無子者告官立同宗支子爲後

●退溪曰長子無子次子之子承重指適子孫而言雖有妾産未可遽承代也
●沙溪曰長子無後而死不立後次子死而有子又季子生存次子之子當奉祀
●許傳曰長子無後雖次子之庶子其爲血孫一也恐不當捨之而取族人子也其曰未可遽承代云者只爲愼重而然耶
●尤庵曰前後妻皆歿後始爲之子者當爲前母之子
●或問父母生時長子無后而死則奈何或傳長婦或傳次子何以則得宜耶退溪曰父母生存長子無后而死爲長子立后而傳之長婦此正當道理也
●或問長子無后而死不立后次子死而有子又季子生存則誰當奉祀耶沙溪曰次子之子當奉祀也
●遂菴曰過長殤之年則雖未冠笄何可以殤例論也
●近齋曰世豈有無母之子不當立後當以次子爲嗣古禮旣冠不爲殤則只謂治喪與服制一用成人之禮非謂立後家禮旣娶方不爲殤冠而未娶者不立后何疑

2. 이하 계모 제사

●儀禮喪禮; 繼母如母(賈公彦疏)謂己母早卒或被出之後繼續己母
●貞觀政要孝友; 司空房玄齡事繼母能以色養恭謹過人
●元典章禮部三喪禮; 繼母父再娶母同親母齊衰三年
●淮南子齊俗; 親母爲其子治扢禿而血流至耳見者以爲其愛之至也使在於繼母則過者以爲嫉也
●辭源糸部十四畫[繼母]母死或被出父所續娶之妻
●喪服疏; 衰三年父卒則爲母繼母如母(疏繼母謂己母早卒或被出之後續己母喪之如親母故如母)傳繼母何以如母繼母之配父與因母同故孝子不敢殊也
●因話錄商上; 奉繼親薛太夫人盡孝敬之道
●蔡中郎集四胡公碑; 繼親在堂朝夕定省不違子道
●寒岡曰雖前室之子繼母若在則當只稱孤子而不可稱孤哀云蓋繼母在則是母在也若遽稱孤哀則是不母繼母也於禮爲未安故也
●南溪曰繼室之於元妃與夫一體奉祀恐甚得禮所謂非族之祀豈指此類而言耶祝文稱謂禮無明文不敢爲說
●問解續問父若有前後室則前後母神主同出耶只出考與所祭之主耶答並祭爲當前母忌日同祭後母後母忌日同祭前母
●梅山曰前後妣死在同日當先元妣後繼妣若並祭則一擧合設兩祭出主告當曰今以顯妣某封某氏顯妣某封某氏遠諱之辰敢請顯考某官府君顯妣某氏顯妣某氏神主云云忌祭祝遷易下云顯妣某封某氏顯妣某封某氏諱日并臨云云
●砥山曰考妣合祭而有前繼妣祝文則列書下曰歲序遷易下又當云前後妣共顯某親某封某氏諱日復臨云云
●家禮補疑問解續問父若有前後室則前後母神主同出耶只出考與所祭之主耶答並祭爲當前母忌日同祭後母後母忌日同祭前母
●尤庵曰品字之形盖考位居上前妣居前右後妣居前左神道以右爲尊故也

3. 이하 서모 제사 전거

●程子曰庶母不可入廟子當祀於私室
●大典妾子承重者祭其母於私室止其身
●小記慈母與妾母不世祭也細註陳氏曰不世祭者謂子祭之而孫不祭也

▶3471◀◈問; 子婦를 맞이하고 첫 기 제사 집전 시 문의.

우리 고유의 생활예절에 대하여 항상 고귀한 답변을 주심에 감사 드립니다. 저희 집은 제가 제주가 된 후 여자들도 제사에 참여토록 하고 있는데 子婦를 맞이 하고 첫 기제사를 집전할 때 궁금하여 문의 드리고자 합니다.

첫째, 제주가 초헌(첫 잔 드리기)을 하고 그 다음 주부가 아헌(둘째 잔 드리기)을 하고 종헌(셋째 잔 드리기)은 아들이 하고 子婦와 동시에 절을 하는 것이 맞는지요? 아니면 종헌을 子婦만 따로 하는 것이 맞는지요?

둘째, 고인에게 子婦를 맞이하였다고 告(아뢸)할 때 술잔을 올린 후 절하기 전에 告(아뢸)하는 것이 맞는지요?

◈答; 신부(新婦) 묘견(廟見) 예법(禮法).

전통예법에서는 아래와 같이 혼인 3 일만에 사당에서 예를 행하나 요즘은 사당 건사 가문이 드문 관계로 혼인의 예를 마치고 3 일만에 정침에 모시는 선조 모두를 명일 예와 같이 설위하고 아래 의례절차와 같이 행함이 옳겠으나, 만약 이와 같이도 행하지 않았다면 여러 대를 모신다면 명절 때, 부모만 모신다면 가장 가까운 제사 때 종헌을 마치고 신랑 신부를 위를 북으로 간주 신부를 서쪽에 신랑을 동쪽으로 하여 부부가 무릎을 꿇고 앉아 (본의에서는주인이 잔을 올리나)신랑이 위마다 잔을 올리고 축관이 신랑의 동편에서 서쪽으로 향하여 무릎을 꿇고 앉아 고축을 하고 일어나면 신랑은 재배 신부는 사배를 하고 물러나 제자리에 서면 이후의 예를 행하고 마침이 궐례를 면함이 될 것입니다..

◆昏禮壻家祠堂謁見婦見于祠堂廟見告辭式(신부 선조를 뵙고 고하는 고사식)
某之子某(非宗子之子則某之上當添某親二字)以某日昏畢新婦某氏敢見

◆婦見于祠堂儀禮節次(신부가 혼례를 마치고 3 일만에 선조를 뵙고 인사 드리는 의례절차)
陳設如常儀○序立○盥洗○啓櫝○出主○復位○降神○詣香案前○跪○上香○酹酒(執事者跪進盤盞主人受之傾茅沙上)○俯伏興拜興拜興平身(稍後立)○復位○參神(衆拜)○鞠躬拜興拜興拜興拜興平身○主人斟酒(主人執注立斟于逐位神主前)○主婦點茶(畢分立香案前)○鞠躬拜興拜興平身○主婦復位(主人不動)○跪○告辭(曰)○某之子某(若某親之子某)以某日昏畢新婦某氏敢見○俯伏興平身○新婦見(壻婦並立兩階間並拜古無壻拜之禮今從俗補之)○鞠躬拜興拜興拜興拜興平身○復位○辭神(衆拜)○鞠躬拜興拜興拜興拜興平身(若宗子自昏則告辭云某今昏畢敢以新婦某氏見行四拜禮畢新婦點茶各位又四拜)

●程子曰女旣嫁父母使人安之謂之致女古者三月而廟見始成婦也
●士昏記疏必三月者三月一時天氣變婦道成
●朱子曰古人三月方見祖廟某思量今亦不能三月之久亦須第二日見舅姑第三日廟見乃安亦當行

◆女↑ 男↑ 婦人之右男子之左
●記言續集左右陰陽說; 天道尙左地道尙右陰陽之義也
●沙溪曰左右云者地之左右地道尙右故男子由右也陳氏註以爲婦人之右男子之左
●龜川曰神道尙左故小斂以後則左衽而神主奉安則以西爲上此則尙右惡在神道尙左之義耶人道尙右人道尙右則北鄕立者宜以東爲上而序立者反以西爲上此則尙左其義

▶3472◀◈問; 자성(子姓)과 고조부모까지의 제사에 대하여?

안녕하십니까? 제사에 대하여 궁금한 점이 있어 질문 드립니다.

1. 자성(子姓)의 성자(姓字)에 무슨 의미가 있어 자성하면 후손(後孫)이라 하는지요?

2. 오례의에서는 증조부모까지이고 현대 건전가정의례준칙에서는 2 대조까지 제사를 지내라 하였습니다.

왜 전통(傳統) 제법에서는 고조부모(高祖父母)까지 제사를 지내는지 그 까닭이 알고 싶습니다. 죄송합니다.

◈答; 자성(子姓)과 고조부모까지의 제사에 대하여.

問1. 答; 子에는 대를 이어가는 後嗣와, 姓에는 孫이라는 의미가 있어 子姓하면 후손이라는 의미로 통용되고 있습니다.

問 2. 答; 지난날 고대 혼인 관습이 남자 15.6 세에 早婚은 하게 되면 玄孫까지 볼 수가 있어 高祖가 작고하게 되면 현손도 服을 입어야 하니 가장 낮은 복인 齊衰 3 월복을 입고 喪을 마치게 됩니다.

고조부모가 이와 같이 유복친인 까닭에 기제를 지내게 되어있어 주자가례가 그 시대에 형성되어 그 예법을 준수하는 유가의 제사제도가 지금도 고조부모까지 기제를 지내고 있습니다.

●喪大記; 既正尸子坐于東方卿大夫父兄子姓立于東方有司庶士哭于堂下北面(鄭玄注)子姓謂衆子孫也

●新唐書呂才傳; 法曰官爵富貴葬可致也年壽脩促子姓蕃衍葬可招也(註)子姓子孫後裔

●康熙字典子部【子】[集韻][韻會][正韻]祖似切竝音梓 又[廣韻]息也[增韻]嗣也[易序卦傳]有男女然後有夫婦有婦婦然後有父子[白虎通]王者父天母地曰天子天子之子曰元子[書顧命]用敬保元子釗又[儀禮喪服]諸侯之子稱公子又凡適長子曰冢子卽宗子也其適夫人之次子或衆妾之子曰別子亦曰支子[禮曲禮]支子不祭祭必告於宗子

●康熙字典女部五畫【姓】[唐韻][集韻][韻會][正韻]竝息正切音性
又孫謂之子姓[詩周南]振振公姓[楚語]率其子姓從其時享

●周禮司服疏祖爲適來孫爲後者服齊衰期

●遂庵曰五代祖喪宗孫當承重

●問今人不祭高祖如何程子曰高祖自有服不祭甚非其家都祭高祖又曰自天子至庶人五服未嘗有異皆至高祖服既如是祭祀亦須如是

●朱子曰考諸程子之言則以爲高祖有服不可不祭○又曰沈存中云高祖齊衰三月不特四世祖爲然自四世以上凡逮事皆當服齊衰三月

●定齋曰尊者於卑幼服輕禮也曾高祖服曾玄孫朞曾玄之服曾高五月三月服曾玄孫齊衰者以將爲後也服曾高祖五月三月者子姓之服也將爲後謂無子與孫而獨與曾玄居者也子姓之服謂有父與祖則只服本服者也

●袁準曰今有彭祖之壽無名之祖存焉爾雅有來孫雲孫仍孫昆孫有相及者故也十代之祖在堂則不可以無服

●國朝五禮儀大夫士庶人四仲月時享儀(忌日俗節告祭附); (云云)初獻主人升詣曾祖高妣神位前跪執事者取盞盤斟酒以進主人執盞獻盞奠盞俯伏興小退跪祝進神位之右跪讀祝(云云)

●건전가정의례준칙 제 5 장 제례; 제 20 조(기제사) ① 기제사의 대상은 제주부터 2 대조까지로 한다.

▶3473◀ ◈問; 子時行祭(자시행제)의 根據(근거)가 궁금합니다.

제사를 밤중 자시에 지내고 있습니다. 그런데 방중 12 시 제사는 밤참으로 주식을 드리는 형국인데 어찌하여 그런 법도가 생겼는지요.

◈答; 子時行祭(자시행제)는 根據(근거)가 明確(명확)한 俗禮(속례)이다.

예기(禮記) 제의편(祭義編)에서 기일(忌日)이란 친사지일야(親死之日也)라 하였으니 어느 시(時)에 作故(작고)하였던지 作故(작고)한 날이 기일(忌日)이다.

대부사서인(大夫士庶人)들의 기제(忌祭) 지내는 시간 대는 당일(當日) 질명(質明)임을 성리대전(性理大全)에서 이미 정하여 놓은 때가 正禮(정례)이다.

百姓(백성) 거의 가문(家門)에서 행하고 있는 자시행제(子時行祭)는 우암(尤庵) 선유(先儒) 말씀으로 태조(太早)에 해당 되는 시간대인데 자시행제(子時行祭) 慣習(관습)은 宮中(궁중) 王(왕)의 禮(예)가 아닌 王族(왕족)의 禮(예)인 함흥본궁(咸興本宮)과 일성록(日省錄) 등의 祭祀(제사) 時間帶(시간대)를 百姓(백성)들이 받아들인 結果(결과)로 正禮(정례)인 質明行祭(질명행제)가 子時行祭(자시행제)로 俗禮化(속례화) 되었다로 理解(이해)됨이 옳다.

따라서 典據(전거) 없는 입이 거친 者(자)의 자기 소견으로 指摘(지적)한 俗禮(속례)와는 質的(질적)으로 다른 子時行祭(자시행제)는 根據(근거)가 明確(명확)한 俗禮(속례)이다.

●祭義註忌日親死之日也疏孝子終身念親不忘忌日非謂此日不善別有禁忌謂孝子志意有所至極思念親不敢盡其私情而營求他事故不擧也

●性理大全忌祭編○前一日齊戒○設位○陳器○具饌○厥明夙興設蔬果酒饌○質明主人以下變服○詣祠堂封神主出就正寢○参神降神進饌初獻○亞獻終獻侑食闔門啓門○辭神納主徹

●承政院日記肅宗一年四月十一日: 領議政所啓兩朔望質明後設行事曾因所陳定奪於榻前矣後聞光城府院君所言則以爲朔望祭則行於四更而獨於兩以質明設行似涉未安云質明行祭雖據古禮所言亦似有理此是莫重祭禮他大臣處更爲稟定何如上曰依爲之兵曹判書所啓國家財用蕩竭而營繕連疊事甚可悶卽今公主祠堂當爲畢役

●咸興本宮儀式奏啓條本宮淸齋爲白遣初六日子時行祭是白如乎○本宮十一日子時行告由祭後陪香祝進詣定陵淸齋十三日子時攝行酌獻禮是白如乎

●日省錄十八日子時行祭天氣淸和享事利成獻官以下(云云)

▶3474◀◈問; 자시(子時) 행제(行祭)는 정례(正禮)가 아니라는데?

밤중인 자시에 지내는 제사는 바른 법도가 아니라는 설이 있습니다. 사시;f 인가요?

◈答; 자시(子時) 행제(行祭)는 정례(正禮)가 아니라는 말씀이다.

기제(忌祭)나 절사(節祀)는 모두 당일(當日) 질명제(質明祭)이다. 기제(忌祭)를 자시(子時) 행제(行祭)하는 까닭과 시기는 알 수 없으나 지난날 고관대작(高官大爵)들이 궁실(宮室)의 예법(禮法)을 따라 사가(私家)에 나와서도 자시(子時) 행제(行祭)가 일반(一般)에게로 퍼져 관행화 된지 않았는가 하는 추측이다.

그러하나 지난날 正祖大王께서 [子時行祭非不知無於禮] (자시(子時)에 제사를 행하는 것이 예법에 없음을 모르는 것은 아니다) 라 하셨으니 자시(子時) 행제(行祭)는 정례(正禮)가 아니라는 말씀이다.

●家禮忌祭厥明夙興設蔬果酒饌○質明主人以下變服○俗節前一日灑掃齋宿厥明夙興開門軸簾

●咸興本宮儀式奏啓條本宮淸齋爲白遣初六日子時行祭是白如乎○本宮十一日子時行告由祭後陪香祝進詣定陵淸齋十三日子時攝行酌獻禮是白如乎

●弘齋全書日得錄訓語; 親行景慕宮正朝祭以子夜行祀禮畢還御齋殿膈氣猝發大臣閣臣求對承候敎曰逢是年是日予懷無以自抑子時行祭非不知無於禮而不得已爲此天明以後將行祝慶之禮予氣予亦自知故欲稍早時刻庶少鎭安而專意於慶今之節也仍嗚咽良久

▶3475◀◈問; 작은 집인 저희 집에서 제사를 모셔도 되나.

아주버님 댁 즉 형님께서 제사를 안 지내신다 하면 작은집인 저희 집에서 제사를 모시고 제 아들이 큰 아빠 제사를 지내야 하는 건지요? 시어머니는 그렇게 해야 된다 하십니다만. 어찌해야 하는지요.

◈答; 아우가 형님 제사를 직접 지내지 않음.

지자손은 부모나 선대 제사를 지자손 집에서 주관하여 지내지 못합니다. 따라서 형의 제사 역시 혼인하였으면 그 집에서 지내는데 만약 후자가 없으면 입후하여 그 제사를 받들게 됩니다.

●溫公曰凡主人當以長子爲之無長子則長孫承重又曰父沒兄弟同居各主其喪(注)各爲妻子之喪爲主也

●曲禮支子不祭祭必告于宗子(註)不敢自專宗子有故支子當攝而祭五宗皆然疏廟在適子之家庶子不敢輒祭若濫祭亦是淫祀若宗子有疾不堪當祭則庶子代攝可也猶宜告宗子然後祭

●喪服小記庶子不祭禰者明其宗也(註)庶子不得立禰廟故不得祭禰所以然者明主祭在宗子廟必在宗子之家也庶子雖貴止得供具牲物而宗子主其禮也○又庶子不祭祖者明其宗也(註)此據適士立二廟祭禰及祖今兄弟二人一適一庶而俱爲適士其適子之爲適士者固祭祖及禰矣其庶子雖適士止得立禰廟不得立祖廟而祭祖者明其宗有所在也

▶3476◀◈問; 장가 못 가고 돌아가신 삼촌 제사에 지방은 알려 주세요.

미혼으로 죽은 삼촌 지방은 어찌 써야 하나요.

◈答; 미혼인 숙부 지방.

顯叔父學生府君神位

내용이 미흡하여 아래와 같이 인용하였으니 확인 바랍니다.

●程子曰無服之殤(韻會殤痛也或作傷○備要七歲以下)不祭下殤(備要十一歲至八歲)之祭終父母之身中殤(備要十五歲至十二歲)之祭終兄弟之身長殤(備要十九歲至十六歲)之祭終兄弟之子之身成人(備要丈夫冠婦人許嫁)而無後者其祭終兄弟之孫之身此皆以義起者也
정자가 이르기를 복(服)이 없는 어린아이 죽음은 제사치 않으며 하상의 제사는 부모의 죽음으로 마치고 중상의 제사는 형제의 죽음으로 마치고 장상의 제사는 형제의 아들 죽음으로 마친다. 관례나 혼인한 이가 후사가 없을 때의 제사는 형제의 손 죽음으로 끝난다. 이 모두 오상의 하나인 의에서 비롯된 것이니라. 하셨느니라.

▶3477◀◈問; 장남과 나이 많은 사촌의 경우 우선순위.

시아버님은 맏이시고 자식으로 삼 남매를 두셨습니다. 첫째 출가한 딸, 둘째 아들(장남이 되지요. 제 남편입니다), 세 째 아들(미혼)

시아버님의 동생이신 시작은 아버님 슬하에 아들(제 남편에게는 사촌 형)이 있는데 제 남편보다 나이가 많습니다.

제사나 차례를 지낼 때 보면 장소가 협소한지라 젤 앞줄에 아버님을 비롯한 집안 어른 둘째 줄에 시아버님 형제분과 제 남편보다 나이가 몇 살 많은 시작은 아버님의 아들(제 남편에게는 사촌 형) 그리고 마지막 줄에 남편과 시동생이 섭니다. 제 남편이 사촌 형 보다 뒤에 서는 것이 맞나요?

어른들은 남편과 저에게 장남이니 집안의 제사를 비롯한 대소사를 모셔야 한다고 말씀하시면서도 번번히 이와 유사한 상황이 일어나면 나이가 많다는 이유로 남편의 사촌 형을 먼저 사촌 형도 본인이 먼저여야 한다고 생각하십니다. 어떤 게 올바른 건지 가르침 부탁 드립니다. 제가 나이 어린지라 예법에 어둡고 어려운지라 쉽게 가르쳐주세요.

한가지는 호칭문제입니다. 제 남편과 나이 많은 사촌 형 그리고 남편의 동생 각각 자식이 있다고 가정할 경우 제 아이는 남편의 사촌 형에게 큰아버지 사촌 형의 아이는 제 남편에게 작은아버지라 칭하는 게 맞나요? 그럼 남편의 동생 아이는 남편의 사촌 형에게 첫째 큰아버지 제 남편에게 두째 큰아버지라 부르는 게 맞는 것인지요?

◈答; 장남과 나이 많은 사촌의 경우 우선순위.

모든 제사의 남자들의 서립위(序立位)는 주인(主人)을 상석으로 하여 설사 항렬이 높거나 수상이라 하여도 그 동쪽으로 서며 주인 뒤에 주인의 장자(長子)가 서며 장자 동쪽으로 차자(次子) 제질(諸姪)이서고 장자 뒤로 주인의 장손(長孫)이 서고 그 동쪽으로 차손(次孫) 제손(諸孫)이 섭니다

아래는 가례(家禮) 사당(祠堂)에서 예를 행할 때의 서립위(序立位)입니다.

●主人以下盛服入門就位主人北面於阼階下主婦北面於西階下主人有母則特位於主婦之前(栗谷曰奉祀妾子之母固不當立於主婦之前矣亦豈可立於主婦之後乎當立於主婦之西稍前)主人有諸父諸兄則特位於主人之右少前重行(增解輯覽按重行者主人前伯叔父爲一行主人兄弟爲次行主人子姪又爲次下主人之孫又爲次下是爲重行○沙溪曰諸父異行兄弟則有少前少退之異非重行也)西上有諸母姑嫂姊則特位主婦之左少前重行東上諸弟在主人之右少退子孫外執事者在主人之後重行西上主人弟之妻及諸妹在主婦之左少退子孫婦女內執事者在主婦之後重行東上
주인은 동쪽층계 아래에서 북쪽으로 향하여 서고 주부는 서쪽 층계 아래에서 북쪽으로 향하여 선다. 주인의 모친이 계시면 특별한 자리로 하여 주부 앞이며 주인의 백숙부(伯叔父)나

여러 형들은 특별히 주인의 오른편에서 조금 앞으로 나와 항렬대로 겹쳐 서되 북쪽이 상석이며 서쪽이 상석이다. 주인의 백숙모, 형수, 누이가 있으면 특별한 자리로 주부의 왼편에서 조금 앞으로 나와 항렬대로 겹쳐 서되 북쪽이 상석이며 동쪽이 상석이다. 주인의 여러 동생은 주인 오른편에서 조금 물러나 서되 서쪽이 상석이며 주인의 장자와 장손은 주인의 뒤에 항렬대로 북쪽을 상석으로 겹으로 서고 주인의 여러 아들과 여러 손자들은 주인의 동생 뒤에 항렬대로 겹으로 서되 서쪽이 상석이며 외집사(外執事)는 주인의 장손 뒤에 선다. 주인의 장자부(長子婦)와 장손부는 주부의 뒤에 항렬대로 겹으로 서며 주인의 동생 처들과 여러 여동생은 주부의 왼편에서 항렬대로 겹으로 서되 동쪽이 상석이며 주인의 여러 자부와 여러 손부들은 주부의 왼편에서 주인의 여동생들의 뒤에 항렬대로 겹으로 서되 동쪽이 상석이며 북쪽이 상석이다. 내집사(內執事)는 장손부(長孫婦) 뒤에 선다.

아래는 편람(便覽) 시제(時祭) 서립도(序立圖)입니다. (以西爲上)

諸父
主人 諸兄弟(但諸兄小進諸弟小退)
長子 諸子(小退)
長孫 諸孫

또 4 촌지간은 종형제(從兄弟) 6 촌지간은 재종형제지간(再從兄弟之間)이 되며 종형제지간의 아들은 종질(從姪: 堂姪)이라 하고 아들들은 아버지의 종형제(從兄弟)(4 촌형제)를 종숙(從叔: 堂叔)이라 합니다.

●朱子曰祭只是三獻主人初獻適子或主婦亞獻庶子弟或適孫終獻
●家禮時祭亞獻條主婦爲之註朱子曰祭禮主人作初獻未有主婦則弟得爲亞獻弟婦爲終獻
●成渾曰鄭逑論祭禮云三獻俱是主人主婦長男爲之雖伯叔父不可爲也其義在於主人爲初獻諸父尊行不可爲其次以亂尊卑之序也

▶3478◀◈問; 장남 사망 시 제사 잔 올리는 순서 알려 주제요.

4 남인데요 이전에는 제사 때 형님이 제일먼저 잔을 올리고 절을 했습니다. 그런데 장남인 형님이 사망했는데요. 추석 때 차례 지낼 때, 집안 제사 때 형님아들인 장조카가 잔을 먼저 올리고 절을 합니다. 저희로선 삼촌인데 조모. 조부제사 그리고 앞으로 아버지 엄마제사. 장조카가 잔을 먼저 올리고 절을 하는지요.

◈答; 장남 사망 시 제사 잔 올리는 순서.

유가의 법도로는 주인(적장손)이 죽으면 아우가 있다 하여도 그의 적장자가 주인이 되어 직계 선대의 제사를 모두 주관하고 초헌을 하게 됩니다.

●儀禮喪服;爲人後者孰後後大宗也曷爲後大宗大宗者尊之統也
●大傳;有百世不遷之宗有五世則遷之宗孔穎達疏百世不遷之宗者謂大宗也云有五世則遷之宗者謂小宗也
●左傳文公十二年六月歸生佐寡君之嫡夷杜註歸生子家名夷太子名
●詩經大雅懷德維寧宗子維城無俾城懷註大宗强族也宗子同姓也惟宗子合族以聯親則分猷共念而有夾輔之功斯維城矣
●程子曰凡言宗者以祭祀爲主言人宗於此而祭祀也
●家禮本註主人謂長子無則長孫承重以奉饋奠
●問長子先亡有次子而長孫承重姪位反在叔父之上不其未安歟牛溪曰初喪立喪主所以重宗統也家廟阼階惟主人當之雖諸父位於前而皆不敢當阼階然則長孫承重主喪雖諸父在後何未安之有
●奔喪凡喪父在父爲主父沒兄弟同居各主其喪親同長者主之不同親者主之註父在而子有妻子之喪則父主之統於尊也父沒之後兄弟雖同居各主妻子之喪矣同宮猶然則異宮從可知也親同長者主之謂父母之喪長子爲主其同父母之兄弟死亦推長者爲主也不同親者主之謂從父兄弟之喪則彼親者爲之主也

▶3479◀◈問; 장손이 병원에 입원하여 기제를 어떻게?

아버님이 장손이신데 2 년 전부터 할아버지 기제사를 지냅니다. 현재 아버님이 투병생활 중이시라 제사를 지내지 못하며 저도 부산에 살다 서울로 이사를 와서 지내기 어려운 형편인데 어찌하면 좋습니까? 원 제사는 부산에서 지내야 되지만 아버님의 병원이 서울이라 전부 서울로 올라와 있습니다. 답변 부탁 드립니다.

◈答; 주인이 병중일 때는.

귀하의 부친이 쾌차 후 거처 할 댁이 선조 봉사할 곳이 되며 전(前) 거처 지에 모친이나 후손이 있으면 조상 역시 그 곳에 좌정 하여 있겠지요. 그러면 그곳에서 모셔야 합니다. 결국은 귀하가 부친을 봉양할 것이면 이외 게시판 답변 중에 조상 신위 옮기는 축문과 예법이 있으니 그와 같이 예를 갖추면 크게 어그러짐은 없을 것입니다. 부친의 병환 중 제일이 닥쳤을 때 다른 자손이 대행하여 예를 갖추는 법 역시 여러 곳의 게시판(揭示板) 답변에 있습니다.

●尤庵曰凡祭事主人有故則使人攝行例也所攝之中如有尊行則子弟似不敢爲攝主矣

●遂菴曰孝子某有疾介子某代行薦禮敢昭告于○先祖之稱用宗子之屬代○有故措辭曰孝子某病不能將事○孝子某適在遠地不能將事○孝子某幼未將事○孝子某身犯惡疾使字囑某親某

●問祝文中顯考及夙興夜處等語以兒名書之則當依此書否寒岡曰旣以兒名書則當用家禮本文無所改

⊙주인유고사인대행조사(主人有故使人代行措辭)

病時: 孝子某因病不能將事使某親某(或有疾病介子某代行)敢昭告于(云云)
幼時: 孝子某幼不將事屬某親某敢(或孝子某未幼奉事弟某攝事)昭告于(云云)
遠在時: 孝子某身在遠地不能將事使某親某敢昭告于
越境時: 孝子某使介子某執其常事敢昭告于(云云)
老衰時: 孝子某衰耗不堪事使子某敢昭告于(云云)

▶3480◀◈問; 장손이 병으로 역할을 하지 못할 때는 어떻게 해야 하나요?

조부 조모의 자제분으로 3 남 2 녀가, 장남이신 큰 아버지께서 1 남 1 녀를 두고 계십니다. 차남이신 저희 아버지는 1 남, 저 혼자 있습니다. 그리고 큰 고모의 자식으로 저보다 17 살이나 많은 사촌 형이 있습니다. (차남이신 저희 아버지보다 큰 고모가 더 연세가 많으십니다) 그런데 부득이하게도 제 사촌 형 되시는, 큰아버지의 아들이 희귀 병 때문에 제사라던가 기타 의식을 주도하지 못하는데요. (거동이 불편하고 말의 발음도 부정확함. 절도 할 수 없습니다) 그렇다면 제가 장손의 역할을 대신 해야 하는 건가요? 아니면 큰 고모의 자식인 사촌 형이 대신 해야 하는 건가요?

◈答; 장손이 병으로 역할을 하지 못할 때는.

백부님과 부친은 이미 작고하셨다 가정하고 답을 고찰하여 보겠습니다.

아래와 같이 살펴보건대 고종형제는 외손이니 본 손이 있는 한 외손봉사는 불가하고 적손이 폐질자라면 차손이 섭사(攝祀)로 선대봉사를 하다 장손이 취처하여 아들을 얻으면 그 적손으로 다시 되돌려 주어야 합니다.

주인(主人)이 불치(不治)의 병폐자(病廢者)라면 전중(傳重)의 예로 그의 적자(嫡子)가 섭주(攝主)가 되어 초헌관(初獻官)이 됩니다.

●禮輯長子病廢次子傳重條厚齋曰凡廢疾與先死而無子者同次子之子當主之

◆**病時:** 孝子某因病不能將事使某親某(或有疾病介子某代行)敢昭告于(云云)

●問長孫盲廢命次孫承重其後盲廢者娶妻生子其家宗祀當歸何處南溪曰祖父以權宜命次孫承重非

其本意也今長孫生子則理當還使主宗兄弟相議以此意告祖父祠堂而行之恐當
●問解續長子雖病廢似不可傳重於次子況長子有子則豈可以次子奉祀耶
●問長子病廢次子傳主喪事題主何以爲之寒岡曰雖病廢不得不書長子名

▶3481◀◈問; 장인장모 제사에 사위는 참여하지 않는 건가요?

올 1 월 30 일(음력 12 월 28 일)이 친정어머니의 첫 기일이어서 아이들, 남편과 함께 친정에 다녀왔습니다. 남편은 다음 기일부터는 장모 제사에 참석하지 않을 것이라고 합니다. 사위는 장인장모 제사에 참가하지 않는 것이 원칙인가요? 꼭 답변해 주십시오.

◈答; 사위도 장인장모 제사에 참여합니다.

처 부모 상에는 시마복인 석달복을 입으며 존경 하거나 스승 친한 벗의 제사에도 참례하여 종헌을 하는 것이니 더더욱 복을 입는 처부모 기제에 참례치 않는 것이 어찌하여 원칙이 될 수 있겠습니까.

●性理大全喪禮成服五曰緦麻三月條; 爲妻之父母

▶3482◀◈問; 장인 제사에 잔 올리는 순서.

전통 제사 예법에 대해 무지하여 질문 드립니다. 유가의 전통예법으로는 사위는 처가의 제사에 참석하여도 잔을 올리거나 절을 하지 않는 것으로 알고 있으나, 현재는 시대가 바뀌어서 장인 제사에 참석하여 잔을 올리고 절을 드리게 되었는데, 잔을 올리는 순서에 대해서 궁금한 사항이 있어서 질문 드리게 되었습니다.

제주인 손위 처남이 저보다 처조카 사위에게 먼저 잔을 올리게 하였는데, 제 생각으로는 장인의 손녀사위 보다 사위인 제가 먼저 잔을 올려야 하지 않나 생각 합니다.

제가 3 대 독자로 큰집, 작은집 어른들도 없고 어디 물어볼 곳도 없어 답답하여 문의 드리니 바른 순서에 대해 답변 부탁 드립니다. 감사합니다.

◈答; 장인 제사에 잔 올리는 순서.

아래와 같이 살펴보건대 초아종헌(初亞終獻) 순은 초헌 주인 아헌 주부나 장남 종헌은 형제지장(兄弟之長) 혹장남(或長男) 혹친빈위지(或親賓爲之)인데 이 중에서 존비지서(尊卑之序)로 택하게 됩니다. 따라서 손상수님의 경우에는 처조카사위보다는 친 사위가 존자(尊者)가 되어 선행자(先行者)가 되겠지요.

●朱子曰祭只是三獻主人初獻適子或主婦亞獻庶子弟或適孫終獻
●家禮時祭初獻主人亞獻主婦爲之終獻兄弟之長或長男或親賓爲之
●要訣亞獻條曰若主婦有故則諸父若兄弟中最尊者爲之
●成渾曰鄭逑論祭禮云三獻俱是主人主婦長男爲之雖伯叔父不可爲也其義在於主人爲初獻諸父尊行不可爲其次以亂尊卑之序也
●別賦(梁江淹);左右兮魂動親賓兮淚滋(註)親賓親戚與賓客
●春秋左傳僖公二十有四年; 昔周公吊二叔之不咸故封建親戚以蕃屛周(辭註)親戚與自己有血緣或婚姻關系的人
●家禮祭禮四時祭;初獻主人 亞獻主婦爲之終獻兄弟之長或長男或親賓爲之○又墓祭;初獻如家祭之儀亞獻終獻並以子弟親朋薦之
●成渾曰鄭逑論祭禮云三獻俱是主人主婦長男爲之雖伯叔父不可爲也其義在於主人爲初獻諸父尊行不可爲其次以亂尊卑之序也
●韓魏公祭式亞終獻皆不足則主祭者自行三獻○又無祝則主人自讀
●南溪曰家禮不許諸父爲亞獻終獻盖爲叔父於主人爲尊行也然尊家只有叔姪兩人行祀何可拘於常禮而不爲之變通乎鄙意迭行諸獻無不可者

▶3483◀◈問; 재취와 소실이 있을 때의 제사.

대단히 죄송합니다. 궁금하여 여쭈어 봅니다.

예 1) 할아버지께서 큰 할머니와 결혼 후 자식 하나를 두고 돌아가셨습니다. 그 후 외로워서 다시 결혼식을 하고 작은 할머니가 들오시어 2 남 1 녀를 낳으셨습니다. 작은 할머니 마저 돌아가셨습니다.

[門 1] 큰할머니 제사 때, 작은 할머니 제사 때, 할아버지 제사 때 각각 지방을 세분 모두 써야 하는지요?
[문 2] 그러면 3분을 모두 쓴다면 좌우에 할머니, 중앙에 할아버지를 쓰는지요?
[문 3] 명절에는 3분 모두 써야 하는데 어떻게 쓰는지요?

예 2) 작은 할머니께서 결혼식도 없이 첩으로 들어와 살다가 2 남 1 녀를 두셨습니다. 할아버지, 큰할머니, 작은 할머니 모두 돌아가셨습니다.

[門 4] 큰할머니 제사 때, 작은 할머니 제사 때, 할아버지 제사 때 각각 지방을 세분 모두 써야 하는지요?
[문 5] 그러면 3분을 모두 쓴다면 좌우에 할머니, 중앙에 할아버지를 쓰는지요?
[문 6] 명절에는 3분 모두 써야 하는데 어떻게 쓰는지요?
[문 7] 작은 할머니는 첩으로 왔으니 큰 할머니 아들이 작은 할머니 제사는 못 지내고 작은 할머니 아들의 장남이 할아버지와 작은 할머니 두분 만 지방에 쓰는지요?
제례의 원칙이 있을 것 같습니다.

◈答; 재취와 소실이 있을 때의 제사.

예 1). 問, 答; 정식 혼인에 의한 취처(娶妻)는 재삼사취(再三四娶)라 하여도 기제(忌祭)에 병제(竝祭) 가문(家門)이면 조부(祖父) 조모(祖母) 계조모(繼祖母) 지방(紙榜)을 별개로 써서 서쪽으로부터 조부(祖父) 조모(祖母) 계조모(繼祖母)로 설위(設位)하게 됩니다. 두 조모의 지방식은 같습니다.

첩실은 병제하지 않습니다.

○祖母; 顯祖妣某封某氏神位
○繼祖母; 顯祖妣某封某氏神位

●寒岡曰雖前室之子繼母若在則當只稱孤子而不可稱孤哀云蓋繼母在則是母在也若遽稱孤哀則是不母繼母也於禮爲未安故也
●南溪曰繼室之於元妃與夫一體奉祀恐甚得禮所謂非族之祀豈指此類而言耶祝文稱謂禮無明文不敢爲說
●問解續問父若有前後室則前後母神主同出耶只出考與所祭之主耶答並祭爲當前母忌日同祭後母後母忌日同祭前母
●梅山曰前後妣死在同日當先元妣後繼妣若並祭則一擧合設兩祭出主告當曰今以顯妣某封某氏顯妣某封某氏遠諱之辰敢請顯考某官府君顯妣某氏顯妣某氏神主云云忌祭祝遷易下云顯妣某封某氏顯妣某封某氏諱日幷臨云云
●砥山曰考妣合祭而有前繼妣祝文則列書下曰歲序遷易下又當云前後妣共顯某親某封某氏諱日復臨云云
●家禮補疑問解續問父若有前後室則前後母神主同出耶只出考與所祭之主耶答並祭爲當前母忌日同祭後母後母忌日同祭前母
●便覽紙牓○紙; 用厚白紙長廣隨宜以眞楷細書於紙中央臨祭貼於椅上隨位各書

예 2). 問. 答; 서조모(庶祖母)의 소생(所生)이 있으니 첩조모(妾祖母)의 봉제사(奉祭祀)는 불세제(不世祭)로 그의 사실(私室)에서 단제(單祭)로 그의 대(代)를 넘기지 않습니다..
○妾所生子; 亡母某氏神位

●程子曰庶母不可入廟子當祀於私室
●大典妾子承重者祭其母於私室止其身
●小記慈母與妾母不世祭也細註陳氏曰不世祭者謂子祭之而孫不祭也

●雜記主妾之喪則自祔至於練祥皆使其子主之其殯祭不於正室
●南溪曰埀示妾母題主備要只引朱子稱五峯語曰當稱亡母
●尤庵曰妾母題主固宜以大全所答亡母爲定
●省齋曰妾無封銘旌闕某封只書某氏爲可誌盖則云於某官某公小室某氏之墓妾母題主書亡母是元例而近世嫌其同於卑幼之稱變稱故母而先賢已許之從之無害旁題只稱子不稱孝祭限則妾母不世祭禮有明文朱子雖致疑而未嘗有定論今只得終其子而埋主孫曾以下情有所不忍則每歲因亡日用紙榜一祭以伸情至服絶而止可也

▶3484◀◈問; 저희 집의 불화의 원인입니다. 꼭 답변 좀.

먼저 꼭 올바른 답변을 부탁 드립니다. 무지한 제가 잘못 알게 되면 집안의 싸움이 될 수 있으므로 꼭 올바른 답변 부탁 드립니다.

다름이 아니고 저의는 집안의 둘째 아들인데 장남의 집에서 부모님의 제사를 지내던 중 장남이 사망하고 난 후 제사를 지낼 때 절하기전 술을 따라 돌리는걸 차남인 제가 하는 것이 올바른 예법인지 아니면 장남이셨던 형님의 큰아들이 하는 것이 올바른 예법인지요. 그러니까 저에게는 장조카인 셈이지요. 제 동생들도 큰형이 돌아가셨으면 차남인 제가 하는 것이 옳다고 하는데 형수님은 장 조카가 하는 것이 옳다고 하네요. 장조카에게는 할머니, 할아버지인데요. 물론 형님의 제사를 지낼 때는 장 조카가 하는 것이 옳겠지만 이런 문제로 제사 때마다 시끄럽습니다. 꼭 답변 부탁 드립니다.

◈答; 초헌은 적장자인 주인.

⊙立喪主(입상주)

凡主人謂長子無則長孫承重以奉饋奠奔喪凡喪父在父爲主父歿兄弟同居各主其喪親同長者主之不同親者主之其與賓客爲禮則同居之親且尊者主之雜記姑姊妹其夫死夫黨無兄弟使夫之族人主喪妻黨雖親不主

⊙상주를 세운다.

무릇 주인이라 함은 장자를 이름이다. 장자가 없을 때는 장손이 그의 아버지를 대신하여 주인이 되여 전례를 올리고 상례를 주관하며 제사를 받든다. 그와 더불어 빈객의 접대의 예는 동거하는 친족 중 어른이 주관한다.

위는 주자 가례 상례장 초종편 입상주조의 말씀입니다. 이를 살펴보면 장자가 이미 죽고 없으면 그의 적자가 조부모의 상을 당하면 숙부가 있다 하여도 상을 주관하며 전례를 올리고 제사를 받든다 하였으니 귀하의 조카가 전통 예법으로는 제사를 주관하고 주인으로서 초헌관이 되여야 옳습니다.

●曲禮支子不祭祭必告于宗子(註)不敢自專宗子有故支子當攝而祭五宗皆然疏廟在適子之家庶子不敢輒祭若濫祭亦是淫祀若宗子有疾不堪當祭則庶子代攝可也猶宜告宗子然後祭
●公羊傳何休曰適子有孫而死質家親親先立弟文家尊尊先立孫
●溫公曰凡主人當以長子爲之無長子則長孫承重
●喪服小記庶子不祭禰者明其宗也(註)庶子不得立禰廟故不得祭禰所以然者明主祭在宗子廟必在宗子之家也庶子雖貴止得供具牲物而宗子主其禮也
●尤庵曰祭主人有故則所攝之中如有尊行則子弟以不敢爲攝主矣然代者是尊行則使字未安故俗禮改云孝子某有故代叔父或兄

▶3485◀◈問; 전통예절에 관해서.

전통 관례, 전통 혼례, 전통상례, 전통제례의 올바른 계승방안에 대해 알고 싶습니다.

◈答; 전통예절에 관해서.

전통예절의 올바른 계승방안에 대하여 문의를 해주셨는데요. 간단하면서 어려운 질문이네요. 올바른 계승방안이라면 교육기관에서 적극적으로 교육하며 기성세대들이 솔선하여 우리의 전통예법을 따르고 후손들을 가르친다면 우리의 전통예법은 계속 이어질 것이나 현재의 교육여건이나 생활방식에서는 어려운 문제인 것이라 생각됩니다. 하지만 전통예법에 대하여 알고자 노력하는 사람들이 있는 한 전통예법은 계속 이어지리라 봅니다.

●經國大典(世祖命撰. 一四六九)吏典正三品衙門成均館; 掌儒學教誨之任並用文官同知事以上以他官兼知事主文直講以上一員久任○博士以下又以議政府司錄一員奉常寺直長以下二員兼次次遷轉一年兩都目三員去官七月二員

▶3486◀◈問; 전통예절에서 방위의 기준.

안녕하십니까? 좋은 자료에 감사 드립니다. 알고 싶은 것은;

1. 제사상 차림에서; 두서미동, 서반동갱, 홍동백서의 방위의 기준은 지위인지? 제주인지? 생선의 배쪽의 방향은?

2. 세배 때: 받는 어른은 남자의 오른편에 부인이 앉는지? , 자녀의 부부는 부모로 보아 남좌여우인지?

3. 묘소에서: 부부의 방위는? 남편, 전처, 후처 3기를 나란히 쓸 때의 위치는?

번거로우시더라도 답변 주시면 고맙겠습니다.

◈答; 전통예절에서 방위의 기준.

問; 1. 答; 신위기준입니다.

●少牢禮魚右首進腴疏凡載魚生人死人皆右首地道尊右故也鬼神進腴(腹也)是氣之所聚故也生人進鰭者鰭是脊生人尙味故也
●特牲饋食禮陳鼎拜賓視牲告期條棜在其南順實獸于其上東首牲在其西北首東足 (鄭玄注)棜之制如今大木轝矣上有四周下無足 (朱子註)無足獸腊也東足者常右也 ○疏曰下文牲在西北首東足此實獸棜上東首不與牲相統東足者尙右也周人尙右將祭故也
●退溪曰祭饌尙左之說恐未然盖食以飯爲主故飯之所在即爲所尙如平時陳食左飯右羹是爲尙左而祭則右飯左羹是乃尙右所謂神道尙右者然也而今云尙左非也
●與猶堂曰案少牢右首進腴(註鄭云右首變於生)公食禮右首進鰭此兩文皆在枇載之時不在陳設之時則載與設無二法也左右者神位之左右也
●俛宇集書答李子剛別紙喪祭疑義; 祭需陳設東頭西尾取其陰陽左右耶

問; 2. 答; 答; 아래와 같이 이례연집(二禮演輯) 회혼(回婚)이나 회갑의 제(諸) 좌석도(坐席圖)를 살펴보건대 부모는 남서여동(男西女東)이고 제자손(諸子孫)은 남동여서(男東女西)임이 확인됩니다.

◎음양설(陰陽說)에 의한 남녀(男女) 상향(相向) 위차도(位次圖).

○유중교(柳重敎)1832(순조 32)~1893(고종 30) 자(字)는 치정致政 호(號) 성재(省齋).

●二禮獻壽圖

=======北=======
西===堂中間==東
==父=======母==
==位=======位==
==拜=======席==
諸衆長====長衆=
女婦婦====男男=
=諸諸======諸==
=孫孫======孫==
=女婦======男===
=======南======

●참알위차도(參謁位次圖)

位姑諸母諸=母==⇓==父=諸父諸舅位
========婦婦==⇑==男男=======
========子子==⇑==子子=======
========女婦==⇑==男男=======
========孫孫==⇑==孫孫=======

●士昏禮主人說服于房媵受婦說服于室御受姆授巾御衽于奧媵衽良席在東皆有枕北止註衽臥席也疏衽于奧主于婦席使御布婦席使媵布夫席亦交接有漸之義同牢席夫在西婦在東今乃易處者前者示陰陽交會有漸今取陽往就陰也
●王制道路男子由右婦人由左註凡男子婦人同出一塗者則男子常由婦人之右婦人常由男子之左

問; 3. 答; 남좌여우(남서여동)입니다.
●退溪曰兩親墓東西定位想中國俗葬皆男左女右故朱先生葬劉夫人得只循俗爲之
●明齋曰合墓分左右之說先儒論之詳矣面南而分左右則考西妣東

問. 答; 남편 묘에 전후 처 삼위를 一墓에 합장하지 않습니다.
●程子曰合葬須以元妣
●張子曰譬之人情一室中豈容二妻以義斷之須祔以首娶繼室別爲一所可也
●朱子曰今人夫婦未必皆合葬繼室別營兆域宜亦可耳
●黃勉齋曰今按喪服小記云婦祔於祖姑祖姑有三人則祔於親者再娶之妻自可祔廟程子張子考之不詳朱先生所辨正合禮經也
●尤庵曰今世若前夫人無子而後夫人有子則不但以後夫人合葬至有不知前夫人葬在何處者極可寒心前後皆祔之制猶愈於舍前取後之傎(按與顚同)尙不如別葬其後之正也又朱子別葬其父母於百里之遠如不得已則前後夫人皆可別葬也
●又曰歲或以考與前後妣之墓象品字之形盖考位居上前妣居前右後妣居前左其曰前曰左右者皆據考位而言也
●南溪曰前後葬法已有文公定論難容異議矣姑以所示品字之制言之恐最後者爲勝
●陶庵曰今俗品字之制非禮之正也元配祔繼配葬於別崗有先賢定論而鮮有行之者可嘆

▶3487◀◈問; 절하는 순서.

아버지 제사 시에 아들이 절하고 나서 손위 누나를 제쳐놓고 장손을 먼저 절하게 하고 그 다음에 누나들을 절하도록 하는데 예법이 어떤지 궁금합니다. 그리고 지방은 아무나 써도 되는지요? 장자가 써야 한다고 하는데요.

◈答; 절하는 순서.

제사에 절하는 순서는 축을 읽게 되면 삼헌을 하게 되는데 초헌은 장자가 행하고 아헌은 장자부가 행하고 종헌은 주인의 형제 중 장자 혹은 주인의 장자 혹은 친빈 중에서 행하게 됩니다.

지방은 적장자 속칭으로 써야 합니다. 만약 조부가 생존하셨는데 부친이 먼저 작고 후 조부가 작고하시게 되면 숙부가 생존하였다 하여도 장손이 승중으로 그의 속칭으로 지방을 쓰고 그가 주인이 되어 초헌을 하게 됩니다. 다만 쓰기는 선서자(善書者)를 시켜 쓴다 하여 결례가 아닙니다.

●家禮本註題主條善書者盥手西向立先題陷中父則曰故某官某公諱某字某第幾神主

▶3488◀◈問; 절하는 순서에 대해 알고 싶습니다.

절하는 순서에 대해서 알고 싶습니다. 할아버지 제사 인데 장자이신 저희 큰아버지께서 절을 하시고 그 다음에 장손이 절을 하는 건지 아니면 장손이신 큰아버지께서 절을 하시고 차손이신 둘째 큰아버지 이런 식으로 아버지 대 할아버지 자손 분들께서 절을 다하고 손자들이 절을 하는 것이 맞는 건지 알고 싶습니다. "박 0 종"

◈答; 절하는 순서.

◎初獻(초헌)

主人升詣高祖位前執事者一人執酒注立于其右(冬月卽先煖之)主人搢笏奉高祖考盤盞位前東向立執事者西向斟酒于盞主人奉之奠于故處次奉高祖妣盤盞亦如之(便覽執事者反注故處)出笏位前北向立執事者二人奉高祖考妣盤盞立于主人之左右主人搢笏跪執事者亦跪主人受高祖考盤盞(便覽左手執盤)右手取盞祭(便覽三祭之○要訣少傾之)茅上(增解要訣少傾酒○按虞祭云三祭于茅束上)以盤盞授執事

者反之故處受高祖妣盤盞亦如之出笏俛伏興少退立執事者炙肝于爐(輯覽按士昏禮贊以肝從註飮酒宜有肴以安之以此觀之祭用肝炙象生時之用歟○退溪曰炙字有二音肉之方燔之石切親炙熏炙皆從是音已燔之夜切膾炙嗜秦人之炙皆從是音)以楪盛之兄弟之長一人奉之奠于高祖考妣前匙筯之南(備要啓飯蓋置其南降復位)祝取版立於主人之左(便覽東向)跪(儀節主人以下皆跪)讀曰(云云)畢興(便覽置板於卓上降復位)主人再拜退詣諸位獻祝如初每逐位讀祝畢卽兄弟衆男之不爲亞終獻者以次分詣本位所祔之位酌獻(便覽不祭酒)如儀但不讀(開元禮不拜)祝獻畢皆降復位執事者以他器徹酒及肝置盞故處(便覽降復位)○凡祔者伯叔祖父祔于高祖伯叔父祔于曾祖兄弟祔于祖子孫祔于考餘皆放此如本位無卽不言以某親祔食

◎초헌례

주인이 올라 고조위(高祖位) 전으로 가면 집사자 한 사람은 겨울이면 곧 먼저 술을 따뜻하게 데운 주전자를 들고 주인의 오른쪽에서 선다. 주인은 홀(笏)을 띠에 꽂고 고조고(高祖考) 전의 잔반을 받들고 위전에서 동쪽으로 향하여 서면 집사자는 서쪽으로 향하여 서서 잔에 술을 따른다. 주인은 잔반을 받들어 제자리에 올리고 다음으로 고조비(高祖妣)의 잔반을 그와 같게 하고 집사자는 주전자를 제자리에 둔다. 주인은 홀을 띠에서 빼어 들고 위전에서 북쪽으로 향하여 선다. 집사자 두 사람이 고조고(高祖考)와 고조비(高祖妣)의 잔반을 각각 받들고 주인의 좌우에 서면 주인은 홀을 띠에 꽂고 무릎을 꿇고 앉는다. 집사자 역시 무릎을 꿇고 앉으면 주인은 고조고의 잔반을 받아 왼손으로 반을 잡고 오른손으로 잔을 잡아 모사 위에 조금씩 기우려 삼제(三祭)를 하고 잔반을 집사자에게 되돌려 주면 집사자는 잔을 받아 제자리에 다시 올려 놓는다. 다음으로 고조비 잔반을 받아 역시 그와 같게 한다. 주인은 홀을 띠에서 빼어 들고 부복하였다 일어나 조금 뒤로 물러나 선다. 집사자들이 화로에서 간을 구워 소반에 담으면 형제중의 맏이가 고조고와 고조비의 시저접(匙筯楪) 남쪽에 올려 놓고는 메의 개를 열어 그 남쪽 빈 곳에 놓고 내려와 제자리에 선다. 축관이 축판을 들고 주인의 왼편에서 동쪽으로 향하여 무릎을 꿇고 앉으면 주인 이하 모두 무릎을 꿇고 앉는다. 다음과 같이 독축(讀祝)을 하고 마치면 일어난다. 축관(祝官)은 축판은 탁자 위에 놓고 물러나 제자리에 서면 주인은 재배하고 물러 난다. 모든 위에 헌주(獻酒)하고 축사하기를 처음과 같이하며 신위마다 따라 가며 독축(讀祝)하기를 마치면 곧 형제와 여러 남자 중에서 아헌과 종헌을 하지 않는 이들이 나뉘어 본위에 곁들인 부위마다 술을 따라 올리기를 의례대로 하되 다만 제주치 않으며 축(祝)이 없고 절을 하지 않는다. 술 따라 올리기를 마쳤으면 모두 내려와 제자리에 선다. 집사자들은 다른 그릇으로 철주를 하고 잔은 제자리에 놓고 간적(肝炙)을 거두고 제자리로 내려와 선다. ○대체로 부위의 곁들임은 백숙조부는 고조에게 곁들이고 백숙부는 증조에게 곁들이고 형제는 조위(祖位)에 곁들이고 자손은 고위(考位)에 곁들인다.

◎亞獻(아헌)

主婦爲之諸婦女奉炙肉(增解按據初祖祭亞獻亦炙肉于爐以楪盛之加塩)及分獻如初獻儀但不讀祝(朱子曰未有主婦則弟得爲亞獻○徹酒下炙)

◎아헌례

아헌(亞獻)은 주부가 하며 여러 부녀자들이 적육(炙肉)을 받들고 함께 역할을 분담하여 술을 따라 올리기를 초헌(初獻) 의식과 같게 한다. 다만 축이 없다. ○마쳤으면 철주를 하고 적을 내린다.

◎終獻(종헌)

兄弟之長或長男或親賓(特牲禮宿賓疏賓是士之屬吏命於其君者也)爲之衆子弟奉炙肉及分獻如亞獻儀(但不徹酒及炙)

◎종헌례

형제 중에서 연장자나 혹은 장남 혹은 친빈(親賓) 중에서 종헌을 하며 여러 자제들이 적육(炙肉)을 받들고 헌주(獻酒)에 분담하기를 아헌(亞獻) 의식과 같게 한다. 다만 철주(徹酒)하지 않고 적도 내리지 않는다. 이상은 사시제 초헌 아헌 종헌의 헌자가 되는 순입니다 본 시제가 모든 제사의 근본이 되는 것입니다.

초헌은 귀하 조부의 장자인 백부가 주인이 되며 아헌은 귀하의 백모가 됩니다. 만약 백모가 유고 시는 다음 차순자가 되며 종헌 역시 백부의 형제에서 다음 차순자 또는 백부의 장자 또는 친빈(親賓) 중에서 할 수 있습니다.

●朱子曰祭只是三獻主人初獻適子或主婦亞獻庶子弟或適孫終獻
●成渾曰鄭逑論祭禮云三獻俱是主人主婦長男爲之雖伯叔父不可爲也其義在於主人爲初獻諸父尊行不可爲其次以亂尊卑之序也
●家禮時祭亞獻條主婦爲之註朱子曰祭禮主人作初獻未有主婦則弟得爲亞獻弟婦爲終獻
●性理大全喪禮立喪主條;凡主人謂長子無則長孫承重以奉饋奠
●奔喪凡喪父在父爲主註此言父在而子有妻子之喪則父主之統於尊也

▶3489◀◈問; 정확한 제사 날 문의.

저의 선친이 음력 10 월 28 일 저녁 11 시 35 분에 운명하셨습니다. 이럴 경우 29 일 자시에 해당하는데 제사를 29 일 자시에 지내야 할지 아니면 28 일 자시에 지내야 할지 잘 모르겠습니다. 선생님의 조언을 받고 싶습니다.

◈答; 정확한 제사 날.

28 일 11 시 35 분란 현세의 시간으로는 28 일이나 간지의 시간으로는 29 일 첫 시간이 됨으로 기제(忌祭)는 작고한 날 지내는 것이니 매년 10 월 28 일 밤 해시(亥時)를 지나 29 일 첫 시인 자시(子時)에 지내면 되며 자시란 29 일이니 축문의 일자는 29 일로 씁니다.

●祭義註忌日親死之日也疏孝子終身念親不忘忌日非謂此日不善別有禁忌謂孝子志意有所至極思念親不敢盡其私情而營求他事故不擧也
●明齋曰凡喪復後始發喪其前則雖已氣絶猶有復生之望不可便以爲已死也以此意推之則似當以招魂日爲忌日矣
●咸興本宮儀式奏啓條本宮淸齋爲白遣初六日子時行祭是白如乎○本宮十一日子時行告由祭後陪香祝進詣定陵淸齋十三日子時攝行酌獻禮是白如乎
●日省錄十八日子時行祭天氣淸和享事利成獻官以下(云云)
●無名子集策皇極經世書; 天開於子地闢於丑
●性理大全忌祭編○厥明夙興設蔬果酒饌○質明主人以下變服詣祠堂封神主出就正寢
●南溪曰質明卽大昕指日未出時也
●尤庵曰行祭早晩太早不可太晩亦不可惟當以質明爲正
●文獻通考宗廟考六祭祀時享(薦新); 其祭貴肺用朝及闇陳氏禮書曰祭義曰夏后氏祭其闇商人祭其陽周人祭日以朝及闇
●檀弓夏后氏大事用昏商人大事用日中周人大事用日出
●禮器質明而始行事疏質正也謂正明之時少牢禮朝明行事註朝明質明也此乃周禮也
●陳氏曰子路祭於季氏質明而始行事寧早則雖未明之時祭之可也

▶3490◀◈問; 정확한 제사일자는?

1998 년 2 월 5 일 23 시에 모친께서 돌아가셨습니다. 그런데 정확한 제사일자와 시간은 어떻게 되는지요? 좀 알려 주세요.

◈答; 정확한 제사일자는.

2 월 5 일에 작고하셨으면 기일은 매년 2 월 5 일입니다. 옛날에는 기일 날 날이 밝으면 제사를 지냈으나 지금은 대체적으로 기일 날 자시에 지냄으로 전날 저녁 밤 해시(21 시~23 시까지로 정시는 22 시)를 지나 다음날의 첫 시인 자시(23 시~01 시까지 정시는 24 시)에 지내고 있습니다. 현재 23 시는 당일(2 월 5 일)의 시간입니다.

●祭義註忌日親死之日也疏孝子終身念親不忘忌日非謂此日不善別有禁忌謂孝子志意有所至極思念親不敢盡其私情而營求他事故不擧也
●明齋曰凡喪復後始發喪其前則雖已氣絶猶有復生之望不可便以爲已死也以此意推之則似當以招

魂日爲忌日矣

●咸興本宮儀式奏啓條本宮淸齋爲白遣初六日子時行祭是白如乎○本宮十一日子時行告由祭後陪香祝進詣定陵淸齋十三日子時攝行酌獻禮是白如乎

●日省錄十八日子時行祭天氣淸和享事利成獻官以下(云云)

●無名子集策皇極經世書; 天開於子地闢於丑

●性理大全忌祭編○厥明夙興設蔬果酒饌○質明主人以下變服詣祠堂封神主出就正寢

●南溪曰質明卽大昕指日未出時也

●尤庵曰行祭早晩太早不可太晩亦不可惟當以質明爲正

●文獻通考宗廟考六祭祀時享(薦新); 其祭貴肺用朝及闇陳氏禮書曰祭義曰夏后氏祭其闇商人祭其陽周人祭日以朝及闇

●檀弓夏后氏大事用昏商人大事用日中周人大事用日出

●禮器質明而始行事疏質正也謂正明之時少牢禮朝明行事註朝明質明也此乃周禮也

●陳氏曰子路祭於季氏質明而始行事寧早則雖未明之時祭之可也

▶3491◀◈問; 제례 관련.

처음 인사 드립니다. 제례 관련 혼돈스러운 부분이 있어 확인코자 합니다. 다름이 아니오라 저희 처가의 제례 건입니다. 저희 처가는 1 남 7 녀이며 모두 출가하였고 저는 맏사위이며, 처남은 세째입니다.

2 년전 사고로 처남이 세상을 떠나고, 처남 가족은 처남댁과 여자 조카(17 세)뿐입니다. 물론 장인 장모는 생존해 계십니다. 곧 처남 제사가 다가오는데 이런 경우에 제주가 누구이며 또한 제사를 함께 지내야 하는 사람은 누구인지요?

작년 첫 제사의 경우는 너무 경황이 없어 저를 포함해 모두 제사를 지냈습니다만. 정확히 알고 지내야 할 것 같아서 문의 드립니다. 감사합니다.

◈答; 제례 관련.

제사 참석은 남녀 家族은 물론 친척 붕우(賓)도 참제합니다.

장자(長子)는 부친(父親)이 생존하여 계시면 그(亡子)의 후자(아들)가 있다 하여도 부친이 제주(祭主)가 되어 초헌(初獻)을 합니다. 자식에게는 절을 하지 않습니다. 다만 강신(降神)은 무릎을 꿇지 않고 앉아서 행하고. 초헌(初獻) 역시 독축(讀祝)을 마칠 때까지 앉아 있다 상석(上席)으로 물러나 사신(辭神)이 끝날 때까지 앉아 있다 철상(徹牀)할 때 물러납니다.

처자(妻子)이하 축식(祝式)은 아래 기제(忌祭) 축식에서 ○0000000 네모 안과 같이 수정하여 독축합니다.

◎자기제(子忌祭) 축문식,

維 歲次干支幾月干支朔幾日干支孝子(조고비에게는 孝孫 증조고비에게는 孝曾孫 고조고비에게는 孝玄孫 ○방친과 형제와 처와 자식에게는 그가 부르던 칭호대로 쓴다) 某官某 (동생 이하 자에게는 이름을 쓰지 않는다) 敢昭告于(처에게는 敢자를 쓰지 않고 동생 이하에게는 告于만 쓴다) 顯考某官 (관직이 없었으면 學生이라 쓴다) 府君 (어머니 기제에는 顯妣某封某氏라 쓰고 고조고는 顯高祖考某官府君 고조비는 顯高祖妣某封某氏 증조고는 顯曾祖考某官府君 증조비는 顯曾祖妣某封某氏 조고는 顯祖考某官府君 조비는 顯祖妣某封某氏라 쓰고 처는 亡室某封某氏 장자는 亡子某官이라 쓰고 항렬이 낮거나 수하자 에게는 顯자를 고쳐 亡자로 하고 府君 두 자를 빼며 방친은 속한대로 쓴다. ○고비 병제를 할 때는 顯妣某封某氏를 열서한다)歲序遷易 諱日復臨 (병제(並祭)에는 諱日復臨 앞에 아버지 기일에는 顯考 어머니 기일(忌日)에는 顯妣라 쓰고 조고비(祖考妣) 이상 기일 역시 이와 같다. ○처나 동생의 기일이면 諱日復臨을 亡日復至로 고친다) 追遠感時昊天罔極 (고조 증조 조고비 기일이면 昊天罔極을 不勝永慕라 고쳐 쓰고 방친(傍親)의 기일이면 追遠 이하 여덟 자를 고쳐 不勝感愴이라 쓰고 처나 동생 이하의 기일이면 感愴을 悽愴으로 고친다) 謹以 (처나 동생 이하의 기일이면 謹以를 玆以로 고쳐 쓴다) 淸酌庶羞恭伸奠獻(처나 동생이하에게는 恭伸奠獻을

伸此奠儀라 고쳐 쓴다) 尙 饗

●奔喪凡喪父在父爲主父歿兄弟同居各主其喪註各爲其妻子之喪爲主也
●程子曰凡言宗者以祭祀爲主言人宗於此而祭祀也
●太平廣記凡死者是敵以上則拜少者則不拜
●退溪曰妻則當拜子不當拜叔父於姪亦不當拜
●問祭子女弟侄立也坐耶尤庵曰喪禮旣曰尊長坐哭祭禮亦豈異同耶
●問從弟及妹之祭可不拜否尤庵曰似不當拜也○問祭子女弟侄立也坐耶尤庵曰喪禮旣曰尊長坐哭祭禮亦豈異同耶
●寒岡曰兄之於弟生旣無可拜之理則豈有遽變於旣亡之後者乎弟之於兄雖曰同行而常談必曰父兄子弟則尊卑之序亦不可不辨矣
●家禮喪禮初終遷尸牀于堂中條哭者復位尊長坐卑幼立
●性理大全祭禮四時祭; 初獻主人 亞獻主婦爲之 終獻兄弟之長或長男或親賓爲之○又 墓祭; 初獻如家祭之儀 亞獻終獻並以子弟親朋薦之
●本庵曰按親賓開元禮卜日註謂諸親及僚友
●愼獨齋曰婦人與祭則嫂尊故爲終獻
●謙齋曰若主人兄弟三人已上可以三獻而必以弟婦爲終獻否
●朱子家禮 正至朔望則參序立位; 主人以下盛服入門就位主人北面於阼階下主婦北面於西階下主人有母則特位於主婦之前(栗谷曰奉祀妾子之母固不當立於主婦之前矣亦豈可立於主婦之後乎當立於主婦之西稍前)主人有諸父諸兄則特位於主人之右少前重行(增解輯覽按重行者主人前伯叔父爲一行主人兄弟爲次行主人子姪又爲次下主人之孫又爲次下是爲重行○沙溪曰諸父異行兄弟則有少前少退之異非重行也)西上有諸母姑嫂姊則特位主婦之左少前重行東上諸弟在主人之右少退子孫外執事者在主人之後重行西上主人弟之妻及諸妹在主婦之左少退子孫婦女內執事者在主婦之後重行東上立定

▶3492◀◈問; 제례서식.

안녕하십니까. 요즘 젊은 층에서는 한문과 서예에 익숙치 못하여 묘사나 상을 당했을 때, 기제사 등 사용하는 각종 축문양식을 서예 체로 그날의 일진과 성과 본을 넣어 프린트로 출력할 수 있는 방법은 없는지 있으면 어떻게 구할 수 있는지 문의 드립니다.

◈答; 제례서식.

그와 같이 하여 놓은 곳이 있는지 여부는 알지를 못하며 지방이나 축문은 그 날 제원 중 선서자(善書者)를 시켜 작성하여 제를 마치면 태우게 됩니다.

●家禮題主本註善書者盥手西向立先題陷中父則曰故某官某公諱某字某第幾(便覽本有第幾二字而東俗不用)神主
●問內喪題主使外客尤菴曰一家如無善書者何可不用外客死生異也

▶3493◀◈問; 제례에 대하여.

좋은 답변 감사 드립니다. 제례에서 젓가락에 대하여는 유식 시 삽시정저 할 때'젓가락을 시접에 가지런히 한다' 외에는 언급되어 있지 않습니다. 집안에 따라 초 아 종헌에 적이나 고기에 계속 걸치기도 하고, 옮기기도 하는데 어느 것이 예법에 맞다고 생각하십니까? 예서에 별로 언급되어 있지를 않아서 궁금합니다.

◈答; 제례에 대하여.

⊙正筯之所(정저지소)

問正筯之所退溪曰正之於羹器○輯覽按退溪說恐未然家禮之意若是正之於羹器則何獨於匙特言扱之之所而筯則無說乎以文勢觀之恐正之於匙楪中也豈中國之俗爲然耶○沙溪曰正之於楪中○南溪曰正置於楪上首西尾東

⊙젓가락을 가지런하게 하여 놓는 곳

누가 젓가락을 가지런하게 하여 놓는 곳이 어디냐고 묻자 퇴계선생께서 이르시기를 젓가락을 가지런히 하여 갱기에 놓느니라. ○사계 선생은 끝이 시저접 안으로 하여 가지런히 놓는다. ○남계 선생께서는 시저접 위에 쥐는 곳이 서쪽으로 하여 끝이 동쪽으로 향하게 가지런히 올려놓는다.

●問(宋命賢)正筯云者正於何處耶答(明齋)退溪先生說可考今禮家則皆正之於楪上矣退溪先生曰匙則特言扱之之所而筯則不言正之之所禮事亡如事生從吾東俗而正之於卓上可也

▶3494◀◈問; 제례 순서 중 헌다 시 어떻게 하나요.

질문의 장소를 제공하여 주심에 감사 드리며 우매한 질문을 드리고자 합니다 고견을 주시기를 부탁 드립니다.

헌다(獻茶) 시에도 절을 하는지 아니면 바로 철시복반을 행하는지 이것이 매우 알고 싶습니다 제사를 지낼 때마다 이 순서에서 항상 어색하고 무언지 부족한 것 같았습니다 저는 갱을 올리고 밥을 떠놓은 뒤 바로 메를 덮고 사신을 했습니다. 저에 의혹을 풀어 주십시오. 감사합니다.

◈答; 제례 순서 중 헌다는.

헌다(獻茶)의 예는 진숙수(進熟水)라 하기도 하나 가례의 용어로는 봉다(奉茶)라 하며 그 예법은 아래와 같습니다.

◎기제(忌祭)

亞獻終獻侑食闔門啓門
並如祭禰之儀但不受胙
아헌례 종헌례 첨작 문닫고 문염
모두 녜제 의식과 같다. 다만 음복의 예가 없다.

◎녜제(禰祭)

亞獻終獻侑食闔門啓門受胙辭神納主徹餕
並如時祭之儀
아헌 종헌 권한 후 문을 닫고 나왔다 문 열고 들어가 음복하고 사신 재배 후 신주 들여 모시고 철상 음식 나눔 모두 시제 의식과 같다.

◎사시제(四時祭)

⊙啓門(계문)

祝聲三噫歆乃啓門主人以下皆入其尊長先休于他所者亦入就位主人主夫(便覽升徹羹)奉茶(便覽代以水)分進于(便覽諸位)考妣之前(便覽奠于徹羹處)祔位使諸 子弟婦女進之(便覽主婦以下先降復位)

⊙계문 (즉 문엶)

축관이 문 앞에서 희흠이라 세 번을 하고 곧 문을 연다. 주인 이하 모두 들어갈 때 잠깐 쉬던 존장이나 먼저 다른 곳에서 쉬던 노약자 병자들도 역시 같이 들어가 제자리에 선다. 주인과 주부는 올라가 국을 물리고 숙수를 올리기를 세대마다 고비 전으로 나눠어 나아가 국 물린 자리에 올린다. 부위는 여러 자제와 부녀자들이 나아가 숙수를 올리게 하고 주부 이하는 먼저 내려와 제자리에 선다.

위에서 살핀 바와 같이 계문(啓門)후의 예로 헌다(獻茶)의 예에는 절을 하지 않고 주인과 제원 모두는 읍(揖)을 하고 잠시 조용히 서 있다 철시복반(徹匙覆飯)함이 바른 예법입니다.

●朱子家禮四時祭啓門條主人主婦奉茶分進于考妣之前
●家禮儀節四時祭儀節啓門主人以下復位獻茶
●喪禮備要四時祭啓門條主人主婦奉茶(國俗以水)分進于考妣之前

●祭儀鈔四時祭(前略)主人主婦奉茶(或代以熟水)分進于考妣之前
●四禮便覽四時祭啓門條主人主婦(升徹羹)奉茶(代以水)分進于考妣之前
●咸興本宮儀式笏記闔門俯伏興平身執事三噫啓門進茶除匙闔蓋
●尤庵曰今人徹羹然後進熟水○又曰進茶後抄飯一節東俗也家禮則無之恐當以家禮爲正

▶3495◀◈問; 제례 순서 중 한가지문의?

안녕하세요. 항상 좋은 글 많이 보고 배웁니다.
기제사와 시제의 순서 중 의문가는 점이 있어서요. 기제사에서는 개를 열고 수저를 밥에 꽂는 순서가 종헌을 하고 하는데 시제에서는 강신을 마치고 초헌을 드리기 전에 개를 열고 수저를 꽂는데 어떻게 되는 건지요? 기제사와 시제의 의미가 달라서인지 아니면 이런 것이 틀린 방법인지요?

◈答; 제례 순서 중 개반삽시는.

⊙기제에서 개반 삽시정저하는 때.

초헌에 개를 열고 종헌을 마치고 유식의 예의 마지막에 삽시정저(揷匙正筯)를 합니다. 이유는 집의 제사에서는 합문과 계문의 예가 있어 그 시간이 신께서 식사 하는 시간이 되는 까닭에서입니다.

●家禮侑食條主婦升扱匕飯中西柄正(沙溪曰正之於中)

⊙묘제에서 개반 삽시정저하는 때.

묘제는 들 제사로 집 제사 예에서 진찬의 예와 합문 계문 등 여러 가지 예가 생략 됩니다. 묘제에서는 초헌의 예에 개반과 아울러 삽시 정저를 합니다. 이유는 별도의 식사 시간이 없는 까닭에서 입니다.

●墓祭; 參神降神初獻; 如家祭之儀但祝辭曰(云云○栗谷曰扱匕正筯)餘並同

▶3496◀◈問; 제례시 밥(뫼)과 국(갱)의 위치에 대하여 문의드립니다.

1. 제사를 지낼 경우 밥(뫼)과 국(갱)의 위치는 어떻게 올리는지요?
(제사 지내는 사람을 기준으로)

2. 탈상을 하기 전에 상식을 올릴 때는 밥(뫼)과 국(갱)의 위치는 어떻게 올리는지요?

3. 초우제 및 재우제, 삼우제, 백일, 소상 때도 마찬가지인가요?

4. 탈상 제사상(탈상일)의 밥(뫼)과 국(갱)의 위치는 어떻게 올리는지요?
어르신들의 가르침을 부탁 드립니다.

◈答; 제상의 반갱(飯羹) 위치는..

問 1. 答; 반좌갱우(飯左羹右)(제사 지내는 사람 기준)
問 2, 答; 반우갱좌(飯右羹左)(제사 지내는 사람 기준)
問 3. 答; 반좌갱우(飯左羹右)(제사 지내는 사람 기준)
問 4. 答; 반좌갱우(飯左羹右)(제사 지내는 사람 기준)

○제례(祭禮); 반우갱좌(飯右羹左)(신위기준).
○상식(上食); 반좌갱우(飯左羹右)(신위기준).

●疑禮問解卒哭條問時祭陳饌飯右羹左而喪內陳饌未見明文或以爲三年內象生時飯左羹右爲是(云云)答陳饌飯右羹左未知其意參年內上食則象生時左飯右羹爲是(云云)
●退溪曰上食所以象平時也死喪大變之初死者魂氣飄越不定生者被括哭擗無數此時只設奠以依神則可矣上食以象平時非所以處大變也
●沙溪曰三年內上食象生時左飯右羹爲是

●賈氏曰生人陽故尙左鬼神陰故尙右
●便覽食時上食條如朝奠儀但徹酒不徹奠設上食饌品
●司馬溫公曰所以西上者神道尙右故也
●檀弓曰卒哭曰成事是日也以吉祭易喪祭故此祭漸用吉禮

▶3497◀◈問; 제례에 대하여 여쭙니다 꼭 답변 부탁 드립니다.

안녕하세요. 고마운 자료에 늘 감사 드립니다.

저는 여기에 와서 제례에 대해 공부를 합니다만 제사에 관해서 전통적인 절차나 상차림이 있습니다만 현대사회의 소박하고 간소한 제사순서 또는 상차림이 있는지 알고 싶습니다. 두 번째는 여기 홈페이지에 기록된 내용을 CD로 제작해서 구할 수 있는지 알고 싶습니다. 끝으로 제사 관련해서,

(1). 제사상 차릴 때 5가기 과일 중에서 뺄 수 있는 과일이 있는지 여부,
(2). 과일종류를 짝수 또는 홀수로 맞추어야 된다는 전통이 있느냐 여부.
(3). 기제사 말고 명절 차례를 지낼 때 향과 초를 올리는지에 대해서도 알고 싶습니다.
(4). 제사 때 음식을 10가지 전후로 진설 하려 할 때 반드시 들어가야 되는 음식은 무엇인지 알고 싶습니다.

바쁘시더라도 답변 부탁 드립니다. 016-8x0-6x06 odiexxamo@naver.com

◈答; 제례에 대하여.

귀하의 질문의 요지는,
1. 현대사회의 소박하고 간소한 제사순서 또는 상차림이 있는지 알고 싶습니다.
2. 홈페이지에 기록된 내용을 CD 로 제작해서 구할 수 있는지 알고 싶습니다.
3. 제사상 차릴 때 5 가기 과일 중에서 뺄 수 있는 과일이 있는지 여부
4. 과일종류를 짝수 또는 홀수로 맞추어야 된다는 전통이 있느냐 여부
5. 기제사 말고 명절 차례를 지낼 때 향과 초를 올리는지에 대해서도 알고 싶습니다.
6. 제사 때 음식을 10 가지 전후로 진설 하려 할 때 반드시 들어가야 되는 음식은 무엇인지 알고 싶습니다.

問 1. 答; 본 난은 전통예절에 관한 페이지이니 현대의 간단한 제사절차나 상 차림을 언급할 위치에 있지 않습니다.
問 2. 答; 본 내용을 CD 에 담아 출시를 고려하여 보겠습니다.
問 3. 答; 전통예절 진설법에 과일을 어느 것을 뺄 수 있다 명시한 곳은 발견하지 못하였으나 진설도에 사례편람에서는 4 가지로 되어 있고 주자가례를 비롯하여 그 외는 대부분이 6 품을 채택하고 있습니다. 아래를 참고하기 바랍니다.

⊙과품진설(果品陳設)

家禮本註六品○凡木實之可食者無不用○孔子曰果屬桃爲下祭祀不用○沙溪曰若難備四品或兩品과 즉 과실 ○과실은 여섯 가지로 나무의 열매로 식용 할 수 있는 것은 쓰지 않는 것이 없으나 복숭아는 쓰지 않으며 갖추기가 어려우면 네 가지나 혹은 두 가지로 한다.

問 4. 答; 아래와 같은 말씀이 있습니다.

⊙예기(禮記) 교특생편(郊特牲篇)의 가르침입니다.

鼎俎奇而변豆偶陰陽之義也변豆之實水土之品也不敢用褻味而貴多品所以交於旦明之義也註自一鼎至九鼎皆奇數其十鼎者陪鼎三則正鼎亦七也十二鼎者陪鼎三則正鼎亦九也正鼎鼎別一俎故云鼎俎奇也변豆偶者據周禮掌客及前篇所擧皆是偶數又詳見儀禮圖長樂陳氏曰鼎俎之實以天産爲主而天産陽屬故其數奇변豆之實以地産爲主而地産陰屬故其數偶不敢用褻味所以盡志貴多品所以盡物盡志所以交於神盡物所以交於明先儒以旦爲神其說是也ㅇ嚴陵方氏曰변之實若菱검之類豆之實若芹蒲之類所謂水之品也변之實若棗栗之類豆之實若菁구之類所謂土地品也水土之品非人常所食故曰不敢用褻味或水或土所取不一故曰而貴多品

제사에 받치는 정조의 수는 기수이고 변과 두는 우수로 진설하는데 이도 음양의 이치를 따르고 있는 것이니라. 변과 두에 담는 것은 물이나 또는 흙에서 생산되는 것이니 따라서 음성에 속함으로 우수로 하는데 감히 그것에는 인공적으로 가미를 하여서 자연의 소박한 맛을 해침을 삼가며 그 대신에 가능한 한 가지 수를 많이 한다는 의미에서 우수로 하는 것이니라. 이와 같이 하는 것은 음양의 이치에 따라 구별함이니 신명과 마음을 주고 받음이니라. (정조란 주로 육류를 의미하고 변두에는 과실도 포함됨)

⊙천산양지산음(天産陽地産陰)

曲禮凡祭宗廟之禮牛曰一元大武豕曰剛鬣豚曰腯肥羊曰柔毛鷄曰翰音犬曰羹獻雉曰疏趾兎曰明視脯曰尹祭槀魚曰商祭鮮魚曰脡祭水曰淸滌酒曰淸酌黍曰薌合粱曰薌萁稷曰明粢稻曰嘉蔬韭曰豊本塩曰鹹鹺玉曰嘉玉幣曰量幣註藍田呂氏曰祭宗廟之禮內則盡志外則盡物所謂盡物者盡其物之至美以薦之然後可以不慊於心鬼神其來享也故祝辭皆擧其美而言言於物不敢不盡也禽獸之獻以肥腯爲美魚腊鮮槀以得宜爲美水與酒以潔淸爲美黍稷稻粱以馨香明潔爲美韭以苗之盛爲美塩以味之厚爲美玉以不瑕爲美幣以可制爲美○郊特牲鼎俎奇而籩豆偶陰陽之義也籩豆之實水土之品也不敢用褻味而貴多品所以交於旦明之義也註自一鼎至九鼎皆奇數其十鼎者陪鼎三則正鼎亦七也十二鼎者陪鼎三則正鼎亦九也正鼎鼎別一俎故云鼎俎奇也籩豆偶者○長樂陳氏曰鼎俎之實以天産爲主而天産陽屬故其數奇籩豆之實以地産爲主而地産陰屬故其數偶不敢用褻味所以盡志貴多品所以盡物盡志所以交於神盡物所以交於明先儒以旦爲神其說是也○嚴陵方氏曰籩之實若菱芡之類豆之實若芹蒲之類所謂水之品也籩之實若棗栗之類豆之實若菁韭之類所謂土之品也水土之品非人常所食故曰不敢用褻味或水或土所取不一故曰而貴多品

⊙과용우수(果用偶數)

問要訣果用五品何義沙溪曰要訣蓋本司馬公及程氏儀或者常以爲非讀禮記(按卽郊特牲鼎俎奇籩豆偶說)知或說近之今人六品之果若難備四品或兩品庶合禮儀

問 5. 答; 사시제조 진기에 비요에 초 1 쌍과 초대 2 을 갖춘다. 또 편람에 초대를 갖춘다로 되어 있으니 사시제는 아침 일찍 지내는 제사로 초불을 켜 밝히게 예에 되여 있으나 속절이나 명절에 초를 갖추라 한 대목은 찾지 못하였으나 위 사시제를 본뜨면 초를 밝힘이 예에 합당하지 않을까 생각 됩니다.

問 6. 答; 주자가례(朱子家禮) 진설도에는 음식 가지 수가 20 가지입니다. 이에서 감할 수 있는 선후가 없으니 그에 관한 답변은 할 수가 없으며 가세(家勢)에 따름이 합당하리라 생각합니다.

●王制祭豊年不奢凶年不儉注常用數之仂

▶3498◀ ◈問; 제례예절과 상하의 개념에 대한 문의.

전통예절에 관하여 많은 정보를 제공하여 주심에 항상 감사히 여기며 여기서 많은 것을 배우고 있습니다.

다음사항을 문의 드리니 좋은 말씀 부탁드립니다.

첫째, 합동제례에 대해 문의 드립니다
◎ 삼대 모셔져 있는 묘역에서 이전까지는 묘제 때 每代(夫妻) 별로 각각 제를 올렸는데 작년(서기 2019 년)은 한 제단에서 메・갱・술잔 등을 각 세 개만 올리고 제를 지내던데 셋을 올리는 것은 天地人 三才라서 그렇다 하던데 薄學한 지식으로는 조상을 모시는 일은 정성과 성의가 깃들고 형식을 갖춰야 바른 예법이 아닌가 생각되고, 예법에 맞다하더라도 맨 아랫대는 형제 내외분 인데 한쪽은 방손이 제주가 되는 상황이 됩니다. 과연 올바른 예법인지 알고 싶고, 잘못된 예법이면 예법에 어그러지지 않는 정도의 합동제례의 예법이 있으면 알려 주시면 고맙겠습니다.

◎ 또 어떤 사람은 합동제례 때 여러대 중 어느 한대라도 삼부처(三夫妻)가 있으면 셋을 올

리고 그렇지 않으면 둘만 올린다고 하던데, 세월에 따라 예법도 바뀐다고는 하지만 근가가 있는 말인지 알고 싶습니다

둘째, 문중묘지에서 상하의 개념에 대해서 여쭙겠습니다.
◎ 가족 묘지를 조성하여 조상님을 이장하여 모시고 비석을 새로 세우고 구묘에 있던 비석을 한곳에 일렬로 그림①과 같이 세웠던데 예절방위상 지형이 東高西低로 경사진 곳이라 상하의 개념으로 봐서 맞는지, 아니면 그림②와 같이 그림①의 西를 前面으로 해서 세워야 할까요?

표현력이 부족하다보니 문장이 너무 장황합니다만 이해가 되는 범위 내에서 좋은 말씀 부탁드리겠습니다.

전통예절에 관하여 많은 정보를 제공하여 주심에 항상 감사히 여기며 여기서 많은 것을 배우고 있습니다.

다음사항을 문의 드리니 좋은 말씀 부탁 드립니다.

첫째, 합동제례에 대해 문의 드립니다.
◎ 삼대 모셔져 있는 묘역에서 이전까지는 묘제 때 每代(夫妻) 별로 각각 제를 올렸는데 작년(서기 2019 년)은 한 제단에서 메·갱·술잔 등을 각 세 개만 올리고 제를 지내던데 셋을 올리는 것은 天地人 三才라서 그렇다 하던데 薄學한 지식으로는 조상을 모시는 일은 정성과 성의가 깃들고 형식을 갖춰야 바른 예법이 아닌가 생각되고, 예법에 맞다하더라도 맨 아랫대는 형제 내외분 인데 한쪽은 방손이 제주가 되는 상황이 됩니다. 과연 올바른 예법인지알고 싶고, 잘못된 예법이면 예법에 어그러지지 않는 정도의 합동제례의 예법이 있으면 알려 주시면 고맙겠습니다.

◎ 또 어떤 사람은 합동제례 때 여러대 중 어느 한대라도 삼부처(三夫妻)가 있으면 셋을 올리고 그렇지 않으면 둘만 올린다고 하던데, 세월에 따라 예법도 바뀐다고는 하지만 근가가 있는 말인지 알고 싶습니다

둘째, 문중묘지에서 상하의 개념에 대해서 여쭙겠습니다.
◎ 가족 묘지를 조성하여 조상님을 이장하여 모시고 비석을 새로 세우고 구묘에 있던 비석을 한곳에 일렬로 그림①과 같이 세웠던데 예절방위상 지형이 東高西低로 경사진 곳이라 상하의 개념으로 봐서 맞는지, 아니면 그림②와 같이 그림①의 西를 前面으로 해서 세워야 할까요?

표현력이 부족하다보니 문장이 너무 장황합니다만 이해가 되는 범위 내에서 좋은 말씀 부탁드리겠습니다

◈答; 제례예절과 상하의 개념에 대하여.

첫째, 합동 묘제 지내는 법.

○아래와 같이 살펴보건대 우천시(雨天時)나 선산(先山)의 선묘(先墓)가 허다(許多)하면 재사(齋舍)나 제단(祭壇)을 모으고 사시제(四時祭) 의식(儀式)과 같이 묘제(墓祭)를 지낼 수가 있습니다.

그러나 재사(齋舍)나 제단(祭壇)은 선산하(先山下)라야 하며 재사(齋舍)나 단제(壇祭)로 묘제(墓祭)를 대신한다 하여도 먼저 상묘(上墓)하여 매묘(每墓) 첨소봉영(瞻掃封塋) 분향재배(焚香再拜)의 예를 마친 후 하산(下山)하여 위마다 지방 설위(設位) 진설(陳設)하고 예를 행하여야 합니다.

●開元禮寒食上墓如拜掃儀惟不占日○孔子許向墓遙爲壇以時祭卽今之上墓義或有憑然神道尙幽不可逼瀆塋域宜設於塋南山門之外設淨席爲位遙祭以時饌如平生所嗜若一塋數墓每墓各設位昭穆異列以西爲上主人盥手奠爵三獻而止泣辭

●或問今拜掃之禮何據曰此禮古無但緣習俗然不害義理葬只是葬體魄而神則必歸於廟旣葬則設木主旣除几筵則木主安於廟故古人惟專精祀於廟今亦用拜掃之禮但簡於四時之祭也
●寒岡曰世俗之行墓祀於神主者亦似未安是神主祭也非墳墓祭也
●退溪曰同原許多墓各行祭之弊世多有此愚意不如掃視墓域後以紙牓合祭於齋舍無舍卽設壇以行之可免瀆弊而神庶享也
●顧齋曰古人臨祭而雨沾服失容則止若有齋舍及墓下潔淨之家就彼行事似無不可會見通典以設祭墓前爲瀆以此觀之則雖不雨行祀於山下亦可
●開元禮孔子許向墓遙爲壇以時祭卽今之上墓義或有憑然神道尙幽不可逼瀆塋域宜設於塋南山門之外設淨席爲位遙祭以時饌如平生所嗜若一塋數墓每墓各設位昭穆異列以西爲上主人盥手奠爵三獻而止泣辭
●問云云一屋於墓側而若遇如此之時則依時祭儀合祭一所如之何退溪曰豈不善哉

○친진조묘제 초헌관에 대하여.

친미진(親未盡)인 고조부모(高祖父母)까지는 종자손(宗子孫)이 초헌관(初獻官)이 되어 효모(孝某) 현모고(顯某考)라 하나 친진(親盡)인 이세이하(二世以下) 오대조이상(五代祖以上)은 종훼(宗毁)인조상(祖上)으로 孝(맏이)를 벗어나 기대조(幾代祖) 기대손모(幾代孫某)라 칭(稱)하며 친진(親盡) 묘제(墓祭)에서 참여 제원(祭員) 참신재배 후 초헌관의 자격은 모인 제원(祭員)중 직손 최근친자손 중 장자(長者)가 초헌관이 되어 합동단제에서 각위마다 초헌 독축(讀祝) 재배(再拜)하고 차순자가 아헌(亞獻) 재배 차순자가 종헌 재배 제원 사신재배 철상히게 됩니다.

●朱子曰五世則遷者上從高祖下至玄孫之子高祖廟毁不復相宗
●尤庵曰神主祧遷則宗毁而族人不復相宗矣
●東巖曰第二祖以下親盡則埋主於墓所而諸位迭掌歲率子孫一祭之據此則除大宗墓外皆當以昭穆最尊者爲主獻

○친진묘제축식

●朱子曰有失先墓者雖知其墓在某山未能的知不得已望墓爲壇而祭之
●故進士宋某之墓不知其處其後孫尤菴卽其祖妣墓傍設壇而祭之其文曰禮經有去祧爲壇標榜之之文此不可謂無於禮者謹設右享之禮以爲幷薦之所其於禮義何幸無罪焉
●近齋答人問曰墳墓雖失傳禹祭酒之祀壇以故宅之遺墟尙存也金太師之墓壇以舊山前名之可徵也如守道公則設壇實無處所欲於宗家築壇則旣非不祧之位其宗子爲已毁之宗築壜其家恐掃無義
●鏡湖曰世或有失先墓者雖略知其墓之在某山某洞而猶未能的知爲先墓則不得已設壇於其傍而望祭者有之矣
●梅山曰遠祖考妣墓之或傳或不傳者卽其所傳之地當遷望墓爲壇之禮如金太師墓壇之例並祭考妣而以右爲上恐爲處變而不失其正也
●剛齋答人問曰子孫之於祖先神位之壇不當書姓字云爾則凡人家墓表其有不曰某公之墓者耶且此立石爲識神位祖壇石面刻李公下宜有神位二字而闕之此爲未盡耳
●失墓而築壇者壇石面刻皆曰某公之壇當依剛翁說書神位二字於之壇之上似爲宛轉

⊙先祖祭壇祝文(杻史)
云云篤承前烈位躋上卿昭代耉獻世家精英陵谷易遷斧堂無徵禮重瞻掃愴切昆仍爰築祭壇汝南北岨上有先壙下是孫閭立石表位於彼於此履霜慨如歲虔以祀籩豆靜嘉粗伸慕仰英靈如水尙賜顧饗

⊙親盡墓祭祝文式(便覽)
維 歲次干支幾月干支朔幾日干支幾代孫某官某敢昭告于 始祖考(或先祖考或幾代祖考或始祖妣或先祖妣或幾代祖妣)某官府君(或某封某氏合窆位則列書)之墓今以草木歸根之時追惟報本禮不敢忘瞻掃 封塋不勝感慕謹以淸酌庶羞祗薦歲事尙 饗

둘째, 문중묘지에서 상하의 개념에 대해서.
신도(神道)는 지형지세(地形地勢)는 무관하게 신도상우(神道尙右) 법도에 따라 산이라면 정상을 바라보고 실 방위와는 관계없이 생자가 보는 관점에서는 좌측이 상석이 되고 신위로는 우측이 상석이 됩니다. 이는 곧 서쪽이 상석이라는 의미가 됩니다. 상우 상좌의 개념은 실 방위와는 관계없이 사람이 두 팔을 양편으로 일자로 폈을 때 등쪽을 북이라 하고 앞을 남이라 하며 왼팔 쪽이 동이 되고 오른팔 쪽을 서쪽이라 합니다.

◆死者; 男左女右(男西女東; 南向)는 地道尙右 神道尙右 법도에 의함임. 정면에서 마주한자의 관점에서.
◆生者; 男左女右(男東女西; 北向)는 地道尙右 人道尙右 법도에 의함임. 정면에서 마주한자의 관점에서.

●家禮祠堂篇凡屋之制不問何向背但以前爲南後爲北左爲東右爲西
●記言左右陰陽說條天道尙左地道尙右陰陽之義也朝庭之禮以東爲上祠廟之禮以西爲上
●賈氏曰生人陽故尙左鬼神陰故尙右
●有司徹疏生人陽故尙左鬼神陰故尙右
●陳氏曰王制所謂昭穆昭在左爲陽昭者陽明之義穆在右右爲陰穆者幽陰之義
●退溪曰兩親墓東西定位想中國俗葬皆【男左女右】故朱先生葬劉夫人時只循俗爲之其後丘文莊亦不欲異俗而云云也然朱子答陳安卿之問分明謂祭而【以西爲上】葬時亦當如此方是則此乃爲晩年定論而後世之所當法也
●南溪曰世之葬法有以男左女右傳曰【神道尙右地道尙右】
●栗谷曰其出行也先告家廟次告庶母及兄嫂夫人則立內門而揖送妾則立中門子弟則立大門而拜送婢僕則於大門外皆【男左女右】而拜其還亦如之
●錦谷曰家禮及諸禮書皆以東爲上故其爲【男東女西】者卽【左東右西】之意也其後儒先言論多端用西上之規故祠宇之奉墓中之祔皆爲【男西女東】此是古今之異也
●王制道路男子由右婦人由左註凡男子婦人同出一塗者則男子常由婦人之右婦人常由男子之左
●內則【道路男子由右女子由左】 (集說細註)道路之法其右以行男子其左以行女子古之道也(鄭注) 【地道尊右】
●賈氏曰生人陽故尙左鬼神陰故尙右
●南溪曰立於墓之東南者爲神道碑立於墓左者爲墓碣惟墓表云者莫知其法竊嘗推之墓表與碑碣不同者以其立於神道及墓左稍遠處者曰神道碑墓碣立於墳前近地者曰墓表
●明齋曰表石立於墓前固是常規而以地道尙右之義推之則立於左旁似是
●全齋曰神道神行之道也故神道碑立於神道東南

(본인은 여러 가지 이유에서 어떤 파일도 직접 열지를 않습니다. 공개하실 수 있다면 열어 주셨으면 요지에 가깝도록 이해되는데 상당히 도움이 되겠습니다. 이상으로도 이해하시기에 충분하셨다면 열지 않아도 되겠습니다)
참고하시기 바랍니다. 감사합니다.

▶3499◀◈問; 제례의 강신. 참신의 순서와 비문, 축문 지방의 남녀순서.

전통문화의 유지와 발전을 위해 헌신하시는 선생님께 깊은 감사와 경의를 표합니다.

(1). 제례의 순서에 있어서 일반 기제사 등은 강신, 참신의 순서이나 묘제에서는 선 참신이라 하여 참신 후 강신의 순서라고 함에 대한 의문이 있습니다 .제 생각에는 혼백은 제사 장소에 恒在하는 것이 아니라 九天과 九泉에 떠돌다가 초혼례인 분향(혼)과 뇌주(백))의식에 의해 祭祀場에 강림함으로써 참사자 모두가 첫인사로서 참신례의 의식을 거행하는 것이 온당하다 여겨지는데 어째서 묘제에서는 선참신례를 하는지요.

(2). 제례에는 통상 초헌(初獻) 아헌(亞獻) 종헌(終獻)의 삼제(?)를 거행하는데 제주가 독신이어서 참사자가 없거나 참사자중에 종교상의 이유 등으로 배례를 거부하는 경우에 제주 혼자서 초헌 아헌 종헌을 해야 하는지 불연(不然)이면 초헌례로서 단헌작(單獻爵)만 해도 되는지요.

(3). 지방.축문.비문의 남녀표기 순서에서 지방의 경우 男左女右로 여성을 먼저 쓰고 축문의 경우에는 이와 달리 남성을 먼저 쓰고 있으며 비문의 경우에는 대부분 남성을 먼저 쓰고 있으나 여성을 먼저 쓴 비문도 목격되고 있습니다. 일반 적으로 右側(東側. 陽)이 上席개념으로 인식되어 생자는 남자가 우측이고 사자는 음부의 경우로 반대로 표기한다고 하는데 지방 축문 비문의 순서가 다른 이유 등을 알고 싶습니다.

선생님의 건승하심을 빕니다. 전문성의 부족으로 용어의 표현이 미흡함을 양지하여 주시기 바랍니다.

◈答; 제례의 강신. 참신의 순서와 비문, 축문 지방의 남녀순서.

問 (1). 答; 묘제(墓祭)에서 성리대전(性理大全)(朱子家禮同)의 선참후강(先參後降)에 대하여 요결(要訣)에서 선강후참이라 하였으며 사계선생(沙溪先生) 역시 가례(家禮)의 선참후강의 뜻을 미지(未知)라 하셨으나, 본인은 신주(神主)는 허체인 신(神)이라 지방(紙榜)과 같이 옮김이 없으면 선강후참이 되고 옮기게 되면 선참후강이 되나 묘소(墓所)는 실체인 체백(體魄)인 고로 가례(家禮)에서 선참후강을 택하지 않았나 하여 본인가의 묘제(墓祭)에서는 선참후강의 예를 택하고 있습니다.

●性理大全墓祭編參神降神初獻
●要訣墓祭先降後參
●沙溪曰設位而無主則先降後參墓祭亦然家禮本文先參後降未知其義要訣墓祭先降後參恐爲得也備要墓祭欲依要訣先降後參而改家禮未安故仍之耳

問(2). 答; 헌관이 부족하면 제주 혼자 삼헌을 합니다.
●韓魏公祭式亞終獻皆不足則主祭者自行三獻自讀

問(3). 答; 합폄이나 사당이나 지방은 남서여동 즉 내가 보아 남좌여우로 모시나 한 비석에 남녀를 각자할 때는 한서는 우측에서 좌측으로 써나가는 동이 상석이 됩니다.

●旅軒曰夫婦若雙封各碣則兩碣須當並書之墓又若雙封一碣則正面當中題曰某國某官某公之墓其左旁低其題曰某夫人某氏祔
●問表石左字俗皆從祔左位地夫人封號必書左行今以文理連看而書之如何明齋曰鄙家祖考表石從寫者之左右而書之如示矣退溪先生所論神主旁題之事分明可據
●問祖考妣一穴異封今欲兩間竪一石表面刻右考左妣此俗所行也俗或單題考前而妣前則否此又如何兩封共一表則其世系名字行實之刻當首考次妣可乎合而述之可乎退溪日一穴異封表面分刻俗例如此恐程子所謂事之無害於義者從俗者此類之謂也其單題考前恐未安兩封共表銘文之刻例未有考今世或有分刻者有合述者愚意分刻固善然以同牢一體共穴合祭之義言之合述亦似爲得
●問合葬之墓碣面當兩書墓字否退溪曰府君書墓而夫人只書祔字似得宜也
●尤菴曰夫與元妃合葬于上繼妃祔于下則表石當主于夫而書曰前妃某氏祔左繼妃某氏祔下
●南溪曰兩位表石右書府君左書夫人夫人位只書祔

▶3500◀◈問; 제례의 의문사항.

안녕하십니까? 제례의 의문사항 몇 가지만 여쭙고자 합니다.

1. 술을 세 번 삼제(三除)하는 이 三除의 의미를 알고 싶습니다.
2. 강신(降神)때 고위 잔 비위 잔 전부다 술을 따르는지 혹 고위 잔만 따라도 괜찮은 건지요?
3. 술잔을 향불에 3번 돌리는 것은 무슨 뜻인지?
4. 분축(焚祝) 지방과 축을 태울 때 초헌관이 하는지 집사가 하는지 궁금합니다.

◈答; 제례의 의문사항은.

問 1. 答; 삼제(三祭)란 술을 들기 이전에 땅에 조금 지우고 마시듯 신 역시 삼신인 천지인(天地人)의 삼신에 먼저 제사하고 마시는 의미가 아닌가 하나 향사례(鄕射禮) 가공언소(賈公

彦疏)에 우여좌중(右與左中)이라 하였고, 이하시(李賀詩), 사기(史記), 한서(漢書)에서는 제주(祭酒)의 예는 노신(路神)에 제사(祭祀)함이라 하였습니다. 덧붙여 민간신앙에서의 고수레와 그 의미가 통한다. 라 이해한다 하여도 큰 무리는 없을 것 같습니다.

●朱子曰祭酒盖古者飮食必祭以鬼神自不能祭故代之祭也

●家禮考證喪禮篇三祭於茅束上郊特牲縮酌用茅明酌也註縮泲也云云

●楊氏曰案亞獻如初儀潮州所刊家禮云少牢饋食禮主人初獻尸尸祭酒而後啐酒卒爵主婦亞獻尸尸祭之而後卒爵賓長三獻尸尸祭酒而後卒爵士虞特牲禮亦然以此觀之三獻皆當祭主于茅

●問祭酒以家禮亞獻條但不讀祝云者觀之則三獻似皆祭之以擊蒙要訣亞獻條但不祭酒云者觀則亞終獻不祭無疑當何適從南溪曰楊氏附註三獻皆祭酒當從此說

●尤庵曰降神時傾酒于茅沙者求諸陰之義也三獻時少傾于茅沙者代神祭之義也

●儀禮鄕射禮俎與荐皆三祭郑玄注皆三祭竝其将祭侯也祭侯三處也賈公彦疏三處者下文右與左中是也

●李賀(出城别張又新酬李漢)詩今將下東道祭酒而别秦王琦匯解祭酒謂祖道祭也古者出行必有祖道之祭

●史記滑稽列傳故所以同官待詔者等比祖道於都門外

●漢書劉屈氂傳貳師將軍李廣利將出兵擊匈奴丞相爲祖道送至渭橋顔師古注祖者送行之祭因設宴飮焉

問 2. 答; 어떤 집에서는 위전의 술잔을 내려 강신을 하는듯하나 강신의 예에는 위전의 술잔으로 하는 것이 아니라 따로이 강신 잔반을 향안 동쪽으로 탁자를 놓고 그 위에 주전자와 강신 잔반을 두었다 강신 예에 그 잔반으로 하는 것입니다.

●四時祭前一日設位陳器(전일일설위진기)

主人帥衆丈夫深衣及執事洒掃正寢洗拭倚卓務令蠲潔設高祖考妣位於堂西北壁下南向考西妣東各用一倚一卓而合之曾祖考妣祖考妣考妣以次而東皆如高祖之位世各爲位不屬祔位皆於東序西向北上或兩序相向其尊者居西妻以下則於階下設香案於堂中置香爐香合於其上(便覽設燭臺於每位卓上)束茅聚沙於香案前及逐位(便覽卓)前(便覽祔位)不設地上設酒架於東階上別置卓子於其東設酒注一酹酒盞一盤一(便覽下有以他器徹酒之文此時亦當設空器)受胙盤一匙一巾一茶合茶筅茶盞托塩楪醋瓶於其上火爐湯瓶香匙火筯於西階上別置卓子於其西設祝版於其上設盥盆(盆一作盤)帨巾各二於阼階下之東其西者有臺架又設陳饌大牀于其東

問 3. 答; 향(香)이란 향나무를 잘게 깎아 그 것을 강신 예 때 향불 위에 넣어 태우는 것으로 그 뒤에는 제사를 마치도록 향을 또다시 향불 위에 넣는 예가 없는 것입니다. 그러므로 향의 연기는 강신 예 때 이외는 피어 오르지 않으니 초아종헌(初亞終獻) 시는 이미 향의 연기는 없는 것입니다. 다만 현세(現世)에 개량 향이라 하는 것이 길쭉하여 그 지속시간이 긴 까닭에 제사를 마칠 때까지 연기가 나고 있을 뿐인데 혹 가문에서는 그 위에 술잔을 빙빙 돌린 후에 위전(位前)으로 올리는듯하나 이는 아마도 정함을 뜻하는듯하나 전통 예법이 아니니 그 진실의 뜻은 알지를 못합니다.

●性理大全初獻條主人升詣高祖位前執事者一人執酒注立于其右主人搢笏奉高祖考盤盞位前東向立執事者西向斟酒于盞主人奉之奠于故處(云云)執事者二人奉高祖考妣盤盞立于主人之左右主人搢笏跪執事者亦跪主人受高祖考盤盞右手取盞祭之茅上以盤盞授執事者反之故處受高祖妣盤盞亦如之○又侑食條主人升搢笏執注就斟諸位之酒皆滿

問 4. 答; 신주(神主) 제에서는 지방(紙牓)을 살을 일이 없으니 다만 축문만을 축관이 태우나 지방 제에서는 지방이 있으니 지방은 신주와 같이 그 모심이 주인 주부 이외는 할 수가 없는 것으로 아무리 지방이 신주와는 다르다고는 할 수 있으나 태움 역시 주인이 함이 마땅할 것입니다.

●程子曰近世祝文或焚或埋必是古人未有焚埋之禮

●家禮祠堂有事則告條凡言祝版者(云云)畢則揭而焚之
●備要祝揭祝文而焚之
●華城城役儀軌開基告由祭儀篇大祝陞詣神位前焚祝徹卓
●五禮儀吉禮四時及臘享宗廟儀望瘞條大祝取祝版置於坎執禮曰可瘞置土半坎
●備要祔祭篇若喪主非宗子而與繼祖之宗異居則宗子爲告于祖而設虛位(用紙榜)以祭祭訖除之
●儀節祔祭篇異居則宗子爲告于祖爲牌位而祭畢則焚之

▶3501◀◈問; 제례 축문의 일부의 현대적 의미.

선생님 안녕하세요. 제례축문 중 일부의 구절이 현대적의미로 잘 이해 되지 않습니다. 다음의 문구들을 해석 해 주시기 바랍니다. 그리고,

1. 산신제 축문 중 - (田?) 某恭 修歲事于 維時保佑 實賴神休
2. 일반 제례 축문 중 - 維 歲次 歲遷一祭 禮有中制 歲事 尙 饗
3. 축문의 유세차에 太歲와 日辰을 쓰면서 月은 當該月의 月建을 쓰지 않고 朔 한 다음에 초하루의 日辰을 기록하는 이유도 궁금합니다. 선생님의 건강을 빕니다.

◈答; 제례 축문의 일부의 현대적 의미.

問 1. 2. 번은 시중에 번역서가 수 없이 나와 있습니다. 그를 참고하시기 바랍니다.

問 3. 答; 월건을 쓰지 않고 초하루 간지를 쓰는 까닭은 초하루 일진을 바르게 쓰게 되면 제일(祭日)의 간지도 바르게 쓰여지는 까닭에서 입니다.

●退溪曰古人重朔朔差則日皆差故必表出而書之耳

▶3502◀◈問; 제사.

제사에 대하여 궁금해서 글 올립니다. 저는 할아버지 할머니 아버지제사.아버지 제사 음 7월 13 일 할아버지제사 음 7 월 23 일 할머니제사 음 8 월 16 입니다 ..올해부터 제사 같이 모시려고 합니다. 아버지 제사 날에 할아버지할머니 같이 모셔도 될까요 ..

◈答; 제사.

기제사란 작고하신 날 지내드리는 제사를 이릅니다. 까닭에 조부(祖父) 기일 7 월 23 일, 조모(祖母) 8 월 16 일, 부친(父親) 7 월 13 일 이시면 양위 병제로 하신다면 조부(祖父) 기일(7.23)에 조모(祖母)를, 조모(祖母) 기일(8.16)에조부를 함께 모시고, 부친(父親) 기일(7.13)에는 부친만 1 년에세 조부. 조모. 부. 번으로 나눠 지내 드림이 유가 예법상 정도라 이와 같이 권해 드릴 수 밖에 없습니다.

●祭義君子有終身之喪忌日之謂也(註)忌日親之死日也
●周禮春官宗伯禮官之職小史條掌邦國之志奠繫世辨昭穆若有事則詔王之忌諱(註)鄭司農云先王死日爲忌名謂諱
●奉先雜儀文公家禮忌日止設一位程氏祭禮忌日配考妣二家之禮不同蓋止設一位禮之正也配祭考妣禮之本於人情者也
●栗谷曰忌祭則設所祭一位具饌但具一分若幷祭考妣則具二分
●尤庵曰吾家設考妣兩位雖知其不當而行之已久不能改也
●沙溪曰忌日幷祭考妣雖非朱子意我朝先賢嘗行之栗谷亦曰祭兩位於心爲安云援尊之嫌恐不必避也

▶3503◀◈問; 제사가 같은 달에 연속으로 있을 경우에.

할아버지 제사와 장인제사가 음력으로 같은 달에 이틀 간격으로 있습니다. 제사를 앞두고는 상가 집에도 가지 않는다고 하는데 이렇게 제사가 연속으로 있을 경우 어떻게 해야 하나요?

◈答; 제사가 같은 달에 연속으로 있을 경우에.

기제사의 재계(齊戒)일은 하루 전날부터 입니다, 재계하는 날에는 내외(內外)가 모든 흉하고

궂은 일을 하지 않는다 하니 상가에도 가지 말아야 하겠지요. 그러나 대제(大祭)인 사시제(四時祭)는 그날 사흘 전부터 재계를 하는데 세간에서는 아마도 이를 본떠 부정한 것은 사흘을 넘겨야 가신다는 속설이 있는 것 같으며 대개 기제(忌祭) 역시 이를 따르는 이도 있는 듯 합니다. 제사가 연속으로 든다 하여 재계(齊戒)일수가 다를 것은 없습니다.

●性理大全忌祭前一日齋戒; 主人帥衆丈夫致齋于外主婦帥衆婦女致齋于內沐浴更衣飮酒不得至亂食肉不得茹葷不弔喪不聽樂凡凶穢之事皆不得預
●曲禮齊者不樂不吊(註)呂氏曰古之有敬事者必齊齊者致精明之德也樂則散哀則動皆有害於齊也不樂不吊者全其齊之志也
●退溪曰家禮忌日言前期一日齋戒而已
●莊子曰不飮酒不茹葷是祭祀之齋也
●唐制散齋之日理事如故惟不得吊喪問疾不判署刑殺文書不決罰罪人不作樂不親穢惡之事致齋惟祀事得行其餘悉禁
●備要是日不飮酒不食肉不聽樂以居夕寢于外

▶3504◀◈問; 제사 관련 문의.

안녕하세요? 제사 관련 문의 좀 드리려고요. 저희 집은 할아버지가 장남, 아빠가 장남이신데 아빠가 재작년에 돌아가셨습니다. 그전엔 제사를 저희 집에서 아빠가 모셨는데 저희 집에 딸만 있고 아들이 없습니다.

작은 아버지는 아빠보다 먼저 돌아가셨고 작은 아버지네 아들이 한 명 있는데 아직 결혼하지 않았습니다. 사정상 제사에 참석할 수 없는 상황이고요. 아빠가 살아 계실 때 아빠의 조부모님 제사까지 지내셨는데 지금 아빠의 조부모님 제사는 작은 할아버지께서 절에 올리셨다고 하십니다. 남은 제사가 아빠의 부모님, 아빠 제사인데 이런 경우 제사를 어떻게 모셔야 하는지 궁금합니다. Mong

◈答; 제사 관련 문의에 대하여.

본 난을 전통예법을 논하는 장이니 전통예법에 근거하여 답변을 드리게 되니 양해하여 주시기 바랍니다.

mong 님의 작은 아버지네 아들이라 하면 4 촌 남매간이 되겠습니다. 사정상 제사에 참석할 수 없는 상황이라 함이 어떤 상황인지는 몰라도 결혼과 관계없이 그 4 촌 동생을 입후하여 그 동생 명으로 지방과 축문을 쓰고, 또 여의치 않으면 작은 할아버지가 계시다니 그 쪽에도 mong 님의 6 촌 남매간이 있을 것이니 그 6 촌 오빠 또는 6 촌 남동생으로 입후하여 대를 이어 야 할 것입니다. 입후가 성사되기 전은 장녀가 주인이 되어 조부모와 부친 봉사를 하여야 할 것입니다.

●問解問長子無後而死不立後次子死而有子又季子生存則誰當奉祀耶答次子之子當奉祀
●問解續問長子之庶子不可代承宗祀而歸於次嫡禮法當然否答古禮則不必然而國法如是耳
●大典奉祀條長子無後則衆衆子無後則妾子奉祀
●尤庵曰兄亡弟及禮之大節目也長子旣死無後則宗移次子而次子之子爲宗子
●曾子問庶子若宗子死告於墓而祭於家稱名不言孝身沒而已註孝宗子之稱不敢與之同但言子某
●鄕校禮輯孤子不可出繼
●通典大宗無後族無庶子己有一嫡子當絶父祀以後大宗
●程子曰禮長子雖不得爲人後若無兄弟又繼祖之宗絶亦當繼祖後
●問程子曰云云獨子爲人後則其私親後事何以爲之寒岡曰程子之意蓋謂長子雖不得爲人後而若無兄弟又繼祖之宗絶則不得不後於伯父以繼先祖之宗私親後事自當酌處不可以私親之故而絶先祖之祀也私親或當別廟

▶3505◀◈問; 제사관련 문의 드립니다.

안녕하십니까? 제사 모시는 기준에 대해서 몇 가지 여쭤 보려고 합니다.

첫째는, 저희 아버님께서 집안의 장손(長孫)이신 관계로 아버님의 4 대조부모님까지 제사를 모셨습니다. 그런데, 아버님께서 지난 6 월에 돌아가셔서 장남인 제가 제사를 모시게 되었습니다. 이럴 경우, 아버님 생존(生存) 시에 모셨던 4 대조부모님(저에게는 5 대조 부모님이 되시겠지요)까지 모셔야 하는지 아니면, 저를 기준으로 4 대조까지만 모셔야 하는지 궁금합니다.

참고로 저희 작은아버님께서 생존해 계시기 때문에 저를 기준으로 4 대조까지 제사를 모시게 된다면 작은아버님께는 3 대조까지만 제사를 모시는 모양새가 되다 보니 이 부분이 애매합니다. 이럴 경우 누구를 기준으로 해야 할까요?

정리해서 다시 여쭙자면, 장손을 기준으로 해야 하는지 아니면 생존해 계신 최고항렬의 연장자를 기준으로 하는지 알고 싶습니다. 더불어서 지방 또한 장손기준으로 쓰는지, 아니면 최고연장자 기준으로 쓰는지도 역시 궁금 합니다.

두 번째는, 제사상을 차릴 때 흔히 알고 있는 "홍동백서"의 기준에서 "홍"에 속하는 음식물과 "백"에 속하는 음식물이 구체적으로 어떤 건지 알고 싶습니다. 단순히 색깔로 구분하면 되는 건지 음식물 종류로 구분이 되는 건지 궁금 합니다.

세 번째는, 저희 작은아버님 말씀에 따르면, 예전에 제사(祭祀)를 모시면서 절을 할 때, 항렬(行列) 순으로 동일항렬 자손들이 차례(次例)로 절을 올렸다고 하십니다. 그런데 지금은 항렬 구분하지 않고 모든 자손들이 동시에 절을 올리고 있습니다. 이것이 예법에 크게 어긋나는 건 아닌지, 이렇게 해도 되는지 궁금 합니다. 답변 주시길 기다리겠습니다. 감사 합니다. 차 0 영 드림.

◈答; 제사관련.

첫째 질문 1. 答; 아래와 같은 말씀이 계십니다.
家禮喪禮大祥章告遷于祠堂條按有親盡之祖而其別子也則祝版云云告畢而遷于墓所不埋其支子也而族人有親未盡者則祝版云云告畢遷于最長之房使主其祭輯覽按問最長之房愚答曰按語類賀州有一人家共一大門門裡有兩廊皆是子房如學舍僧房每私房有人客來則自辦飮食引上大廳請尊長伴五盞後却回私房別置酒云云以此觀之古人累世同居者於一門之內子孫各有私房以居亦若儀禮所謂南宮北宮然祠堂若有親盡之主當遷而族人有親未盡者則遷于其中最長之房以祭之也
가례 상례 대상장 고천우사당조나 집람을 살펴보면 종손으로부터는 대진한 할아버지가 지손이 있으면 신주를 묘소에 묻지 말고 그 자손이 기제를 지내고 그도 대진을 하고 족인 중에서 대가 지나지 않은 손이 있으면 그 손 중에서 제일 가까운 손 집으로 신주를 옮겨 기제사를 지내야 한다라는 가르침입니다.

덧붙여 첨언하면 귀하로부터는 기제사를 면한 친진조(親盡祖)라 하여도 귀하의 숙부로는 대가 지나지 않은 친미진조(親未盡祖)가 되어 숙부 명으로 지방을 쓰고 그 댁에서 기제를 지내야 하고 그도 죽어 대를 면한 조상이 그 조상의 손 중에서 대를 면하지 안을 손이 있으면 그 중에서 제일 가까운 족인 인 최장방(最長房)이 기제를 지내되 그 족인 중 전체가 대진을 하였으면 그 때 신주가 있으면 묘소에 묻고 묘제로 일년에 한번 지내는 것입니다.

◎遞遷(체천)

●家禮族人有親未盡者遷于最長之房使主其祭
●備要祔位之主本位遞遷則埋于墓所
●沙溪曰最長房之義朱子以爲古人屢世同居一門之內子孫各有私房若有親之主而族人有親未震者則遷于其中最長者之房以祭之○又曰最長房之子雖未親盡門中又有諸父諸兄則當遷奉於其房耶沙溪曰然○又曰最長房有庶曾孫嫡玄孫則庶曾孫當奉祀若貧賤不可以奉祀嫡玄孫奉祀無妨○又曰最長房不能祧主則宗子姑安於別室以最長房之名改題旁註宗子攝行○又曰最長房死不待三年遞遷以三年廢祭有所未安故也○又曰父歿母在亦祧退溪曰父喪畢藏主別處以待他日與妣同入廟始行祧遷未爲得禮之正尤菴曰親盡祧遷當以奉祀孫世代計之雖祖曾祖母生存亦不可不遷○又曰非大宗高曾二祖親雖未盡當遷於長房

●陶菴曰庶孼房題只稱玄孫而祝辭自稱爲庶恐得之矣○又曰正位遞遷後祔主當埋安同春曰祔位於最長房亦是至親則幷奉以祭亦似爲安南溪曰班祔之位終兄弟之孫
●尤菴曰祧主改題自是遷奉者之事非舊主人之所當與也旣遷之後當有酒果告由之禮其時改題似宜矣○又曰宗孫死則祧位吉祭時當遞遷最長房死則葬後遷奉于次長房
●東岩曰大戴禮遷廟事畢擇日而祭註所以安神當依此擇日盛祭

◎埋主(매주)

●家禮高祖親盡則遷其主而埋之其墓田諸位迭掌而歲率其子孫一祭之百世不改
●儀節按楊氏附註引朱子他日與學者書旣祥而徹几筵其主且當附于祖父之廟俟三年喪畢合祭而後遷蓋有取於橫渠祫祭後奉祧主於夾室之說也而楊氏亦云俟吉祭前一夕以薦告遷主畢乃題神主厥明今祭畢奉神主埋於墓所奉遷主新主各歸于廟夫所謂合祭者卽橫渠所謂祫祭也家禮時祭之外未嘗合祭若卽是時祭又不知設新主位于何所今不敢從且依家禮爲此儀節庶幾不失云
●遂菴曰祧主臥埋安之之義人死臥葬藏魂帛亦臥埋可推而知也
●尤菴曰祧主埋於本墓之右邊旣掘坎以木匣先安於坎中然後以主櫝安于木匣中子孫皆再拜而辭畢閉匣門而掩土堅築後加以莎草○又曰正位遷于長房則祔位埋安事恐當盖無后人祔食旣是義起之禮寧有更享於最長房之理乎若有兄弟及姪或於其忌日以紙榜畧伸其情似不妨矣
●南溪曰今已永祧臥而置之
●陶庵曰祧主埋安時子孫之擧哀情理俱得○又曰去櫝埋安毋論豫之如何而心有不忍矣
●備要本位出埋則祔位當埋於墓所
●南溪曰班祔之位終兄弟之孫○又曰立埋生道臥埋死道也權埋則當立埋
●全齋曰雖考妣各窆已合櫝者不忍分離各埋於兩處後配各窆者亦然統於尊而幷埋於考位墓有何不可

첫째 질문 2. 答; 종손 기준으로 지방을 씁니다.

둘째 질문. 答; 홍동백서란 과실 행의 순서를 의미합니다. 대추와 감은 홍에 해당되고 밥은 백에 해당 되는데 과실의 색깔로 구분하는 것 같습니다. 과실의 진설은 가문이나 학파에 따라 다른 것 같습니다.

●家禮四時祭設位條設高祖考妣位於堂西北壁下南向考西妣東各用一倚一卓而合之
●梅山曰左脯右醢生人之禮也葬前饋奠當象生而備要襲圖之右脯左醢恐失照檢遷襲圖則左右得正也虞而神之則自從虞祭當右脯左醢也盖脯屬陽醢屬陰故生死之饌左右乃爾也
●南溪曰備要襲奠圖則左醢右脯乃象生時之意恐此爲是其右脯左醢者似是寫誤致

세째 질문. 答; 헌관이 아닌 일반 제원은 제사 중 참신재배와 고리성의 예를 행하면 이때 재배와 사신재배 뿐으로 예법에는 항렬을 구분하지 않고 다 같이 재배합니다.

⊙參神(참신); 主人以下敍立如祠堂之儀立定再拜若尊長老疾者休於他所
⊙辭神(사신); 主人以下皆再拜(儀節焚祝文○要訣有老疾休於他所指入就位辭神)

▶3506◀◈問; 제사 관련 질문.

1. 우리의 전통 예절에 대한 귀사의 노고에 치하를 드립니다.
2. 먼저 질문은 조부가 한 분 이시고 조모가 두 분일 경우 제사는 어떤 방법이 옳은지요? 현재 조부와 큰 조모는 저희 집에서 올리고 있고 작은 조 모(계모)는 작은 집에서 올리고 있습니다.
3. 제사 시 술잔을 돌리는데 돌리는 방향은 어느 쪽이고 그 연유는 무엇인지요?
4. 어머니가 살아 계시는 아버님의 축문 작성은 어떻게 하는지요? 한글로 축문을 작성하여 고하여도 관계는 없는지요?

이상 질문이 많으나 많은 가르침 부탁 드리면서 인사에 가름 합니다.

◈答; 제사 관련 질문에 대하여.

사당(제사)에 합향할 수 있는 부인은 적처와 그 적처가 사망 또는 쫓김을 당한 후 적실 하게 취한 부인을 계실이라 합니다. 계실은 둘 셋 그 이상도 되는 것입니다.

問 1. 答; 사시제에서 적실과 계실은 군(부군)의 곁에 동등히 배향 하며 배향함에 선후 이외에는 다른 차등이 없는 것입니다. 기제 역시 사시제를 준 함이니 적실한 계조모라면 그의 소생이 있다 하여도 귀댁(적손)에서 받들어야 바른 예법입니다.

●儀禮喪禮; 繼母如母(賈公彦疏)謂己母早卒或被出之後繼續己母
●貞觀政要孝友; 司空房玄齡事繼母能以色養恭謹過人
●元典章禮部三喪禮; 繼母父再娶母同親母齊衰三年
●淮南子齊俗; 親母爲其子治扢禿而血流至耳見者以爲其愛之至也使在於繼母則過者以爲嫉也
●辭源糸部十四畫[繼母]母死或被出父所續娶之妻
●喪服疏; 衰三年父卒則爲母繼母如母(疏繼母謂己母早卒或被出之後續己母喪之如親母故如母)傳繼母何以如母繼母之配父與因母同故孝子不敢殊也
●因話錄商上; 奉繼親薛太夫人盡孝敬之道
●蔡中郎集四胡公碑; 繼親在堂朝夕定省不違子道
●寒岡曰雖前室之子繼母若在則當只稱孤子而不可稱孤哀云蓋繼母在則是母在也若遽稱孤哀則是不母繼母也於禮爲未安故也
●南溪曰繼室之於元妃與夫一體奉祀恐甚得禮所謂非族之祀豈指此類而言耶祝文稱謂禮無明文不敢爲說
●問解續問父若有前後室則前後母神主同出耶只出考與所祭之主耶答並祭爲當前母忌日同祭後母後母忌日同祭前母
●梅山曰前後妣死在同日當先元妣後繼妣若並祭則一擧合設兩祭出主告當曰今以顯妣某封某氏顯妣某封某氏遠諱之辰敢請顯考某官府君顯妣某氏顯妣某氏神主云云忌祭祝遷易下云顯妣某封某氏顯妣某封某氏諱日幷臨云云
●砥山曰考妣合祭而有前繼妣祝文則列書下曰歲序遷易下又當云前後妣共顯某親某封某氏諱日復臨云云
●家禮補疑問解續問父若有前後室則前後母神主同出耶只出考與所祭之主耶答並祭爲當前母忌日同祭後母後母忌日同祭前母

問 2. 答; 가례 사시제 초헌조가 모든 제사의 기본 헌작 예법인데 그 예법에는 그와 같은 예가 없습니다.

소진 시간이 긴 요즘 개량 향과 달리 향이란 향목을 잘게 깎아 분향 강신례 에서 주인이 한번 분향 하면 그 후는 예를 마치고 철상까지 분향의 예가 없는 것이며 분향 후 초헌할 때쯤이면 분향한 향이 모두 타 대개는 향연도 없을 시점 입니다. 향연에 술잔을 돌려 쪼인다는 의미는 정하게 한다 함인데 개량 향과 달리 본향 분향에서 연기가 없으니 그러한 예가 없는 것 같습니다. 혹인(或人)은 헌작 시 향로 위에서 시계방향으로 세 바퀴 돌리는 것을 보았는데 아마도 음양의 이치인 듯 하며 어느 때 누구로부터 연유 됨인지는 알지 못합니다.

강신례 때 향을 피우는 이유는 계신 곳을 모르는 조상의 혼기(魂氣)를 향(香)을 피워 그 향기(香氣)가 장옥지간(墻屋之間)애 퍼져 그 향기(香氣)를 따라 신위(神位)가 계신 곳으로 딸아 오시게 하고, 술을 땅에 붓는 뇌주(酹酒)의 예는 땅으로 스며든 체백(體魄)의 기(氣)를 그 냄새를 따라 신위(神位)로 찾아 오시도록 하여 혼(魂)과 체(體)를 일체화 시키는 예로서 분향의 예는 분향재배 뇌주재배로서 그 역할은 모두 끝난 것입니다.

질문과 같이 그러한 禮法의 전거도 찾을 수가 없을뿐더러 더욱이 국조오례의(國朝五禮儀)의 강신조(降神條) 분향(焚香)은 향로(香爐)에 삼상향(三上香)하여 위전(位前)으로 올려 놓고 편람의 제구조(諸具條)에 향비(香匕)라 함은 향합(香盒)에서 향(香)을 떠 향로(香爐)에 넣는 숟가락이니 분향(焚香) 때 한번 향(香)을 향로(香爐)에 넣고 강신례(降神禮)를 마치고 나면 그 이후에 또다시 분향(焚香)의 예(禮)가 없으니 향로(香爐)의 역할(役割)은 그로 끝난 것입니다. 까닭에 유가(儒家)의 예법(禮法)으로는 초아종헌시(初亞終獻時)에 향기도 나지 않는 맨 향로(香爐) 위에서 술잔을 돌릴 아무런 까닭이 없으며 요즘 혹(或) 가문(家門)에서 불가(佛家)에서 사용하는 길쭉한 향(香)을 그대로 불을 붙여 향로(香爐)에 꽂아 놓아 오래도록 타고 있을 뿐으로 이는 유가(儒家)의 예법(禮法)이 아닙니다.

●祭義宰我曰吾聞鬼神之名不知其所謂子曰氣也者神之盛也魄也者鬼之盛也合鬼與神敎之至也註程子曰鬼神天地之功用而造化之迹也
●朱子曰以二氣言則鬼者陰之靈也神者陽之靈也以一氣言則至而伸者爲神反而歸者爲鬼其實一物而已
●方氏曰魂氣歸于天形魄歸于地故必合鬼與神然後足以爲敎之至中庸曰使天下之人齊明盛服以承祭祀此皆敎之至也
●又衆生必死死必歸土此之謂鬼骨肉斃于下陰爲野土其氣發揚于上爲昭明焄蒿悽愴此百物之精也神之著也細註慶源輔氏曰神以伸爲義則氣也者神之盛也鬼以歸爲義則魄也者鬼之盛也合而言之則鬼與神一也故聖人合之以制祭祀之禮而事之其爲敎也至矣魂生於氣魄生於體氣無不之故曰遊魂體則斃於下而已故曰體魄則降人亦一物也昭明焄蒿悽愴言氣之發楊如此
●延平周氏曰氣者所以歸乎天魄者所以降于地爲神者蓋有魄也然魄非神之盛也爲鬼者蓋有氣也然氣非鬼之盛也神譬則天道而鬼譬則人道而已合鬼與神敎之至也鬼神之爲德能使人齊明盛服而洋洋乎如在其上與其左右則人之所以有愧於屋漏而焉之愼獨者也故曰明則有禮樂幽則有鬼神是鬼神之爲敎同於禮樂而禮樂之敎有所不至則鬼神又有以助之也精魄爲物故骨肉斃于下陰爲野土者此百物之精也神魂爲變故其氣發揚于上爲昭明焄蒿悽愴者此神之著也昭明言其 燭於物者焄蒿言其遠於上者悽愴言其感於情者言百物之精也神之著也而獨言因物之精制爲之極者莫非物也雖神之著亦可謂之物鬼者盡人道者也神者盡天道者也
●郊特牲註周人尙氣臭而祭必先求諸陰故牲之未殺先酌鬯酒灌地以求神以鬯之有芳氣也故曰灌用鬯臭又擣鬱金香草之汁和合鬯酒使香氣滋甚故云鬱合鬯也以臭而求諸陰其臭下達於淵泉矣蕭香蒿也取此蒿及牲之脂膋合黍稷而燒之使其氣旁達於墻屋之間是以臭而求諸陽也此是天子諸侯之禮非大夫士禮也王氏曰鬯灌之地此臭之陰者也蕭焫上遶此臭之陽者也
●溫公曰古之祭者不知神之所在故灌用鬱鬯臭陰達於淵泉蕭合黍稷臭陽達於墻屋所以廣求神也今此禮旣難行于士民之家故但焚香酹酒以代之
●郊特牲註蕭香蒿也取此蒿及牲之脂膋合黍稷而燒之使其氣旁達於墻屋之間是以臭而求諸陽也
●溫公曰古之祭者不知神之所在故灌用鬱鬯臭陰達于淵泉蕭合黍稷臭陽達于墻屋所以廣求神也
●國朝五禮儀焚香條執事者一人捧香合一人捧香爐跪進謁者贊三上香執事者奠爐于神位前
●丘氏曰灌鬯爇蕭雖是諸侯之禮後世焚香祭神實取此義又曰古無香漢以前只是焚蘭芷蕭艾之類後百越入中國始有之雖非古禮然通用已久鬼神亦安之矣
●語類禮七祭溫公書儀以香代爇蕭楊子直不用以爲香只是佛家用之
●四禮便覽祠堂篇爲四龕以奉先世神主諸具條香安二香爐二香合二香匕二

問 3. 答; 아버지 축문식.
維 歲次干支某月干支朔某日干支孝子某敢昭告于 顯考某官府君歲序遷易諱日復臨追遠感時昊天罔極謹以淸酌庶羞恭伸奠獻尙 饗

問 4. 答; 가풍으로 따를 것이며 본인은 전통 예법을 널리 펴고자 함이니 그의 당부를 가름한다 함은 본인이 취할 바가 아니라 생각 됩니다.

▶3507◀◈問; 제사 궁금해서요.

제가 제사에 대해 너무 모르거든요. 그런데 궁금한 게 있어서요.

저희 아버님이 장남이시어서 제사를 지내고 계시는데 큰아들인 저희 아주버님은 딸만 하나이고 둘째 아주버님은 장가를 안 갔고요. 저희 집은 막내아들인데 아들이 하나 있어요. 신랑의 말로는 아무리 큰 아주버님이 계셔도 저희가 아들이 있는 관계로 저희가 제사를 지내야 한다고 하거든요. 전 그렇게 생각을 안 하는데 잘 몰라서요. 누가 제사를 지내야 하나요. 궁금합니다.

◈答; 제사에서.

주자가례(朱子家禮)의 가르침입니다.

凡主人謂長子無則長孫承重以奉饋奠奔喪凡喪父在父爲主父歿兄弟同居各主其喪親同長者主之不同親者主之其與賓客爲禮則同居之親且尊者主之雜記姑姊妹其夫死夫黨無兄弟使夫之族人主喪妻黨雖親不主
무릇 주인(主人)이라 함은 장자(長子)를 이름이다. 장자가 없을 때는 장손(長孫)이 그의 아버지를 대신하여 주인(主人)이 되여 전례(奠禮)를 올리고 상례(喪禮)를 주관하며 제사(祭祀)를 받든다. 그와 더불어 빈객(賓客)의 접대의 예는 동거(同居)하는 친족(親族) 중 어른이 주관한다.

위와 같이 살펴 볼 때 전통예법(傳統禮法)에서는 상사(喪事)나 제사(祭祀)는 적장자(嫡長子)나 적장손(嫡長孫)이 주관케 되여 있습니다. 적장자손(嫡長子孫)은 효(孝)(고애(孤哀))자손(子孫)으로서 제사(祭祀)나 상사(喪事)에서 주인(主人)이 되어 초헌(初獻)을 하게 되지요.

●左傳文公十二年六月歸生佐寡君之嫡夷杜註歸生子家名夷太子名

●詩經大雅懷德維寧宗子維城無俾城懷註大宗强族也宗子同姓也惟宗子合族以聯親則分猷共念而有夾輔之功斯維城矣

●世說新語文學林道人往就語將夕乃退有人道上見者問云公何處來答云今日與謝孝劇談一出來

●問喪孝子喪親哭泣無數○雜記祭稱孝子孝孫

▶3508◀◈問; 제사나 차례를 지낼 때 상차림에서 메와 갱을 바꿔서 올리는 이유를 알려주세요.

제사나 차례를 지낼 때 상차림에서 메(밥)과 갱(국)을 바꿔서 올리는 이유를 모르겠습니다. 메와 갱을 바꿔서 올리는 이유가 무엇인지 알려주시면 고맙겠습니다. 사실은 남의 집에 갔었는데 그 집에서는 메와 갱을 바꿔서 올리지 않고 살아있는 사람들의 상차림 같이 갱은 오른쪽 메는 왼쪽에 올리고 있어서 그 이유를 물었더니 자기 집안은 예부터 그렇게 하고 있다고 했습니다.

우리 집은 신위를 기준으로 메가 오른쪽 갱이 왼쪽에 올린다고 해서 살아있는 사람과 반대로 하고 있습니다. 정확히 어떤 것이 맞는 지 알고 싶습니다. 정답이 있는지요? 번거롭더라도 답변 주시면 고맙겠습니다. 감사합니다.

◈答; 제사나 차례를 지낼 때 상차림에서 메와 갱을 바꿔서 올리는 이유

생인(生人)은 상좌(尙左)이고, 사자(死者)는 상우(尙右)의 법도(法度)에 따라 합장(合葬) 시(時)는 남우여좌(男右女左) 남서여동(男西女東)이 되고, 상차림에서는 생인(生人)은 좌반우갱(左飯右羹)이 되고, 사자(死者)는 좌갱우반(左羹右飯)이 됩니다. 모두 생사자(生死者)가 보아서의 좌우(左右)입니다. 반갱(飯羹) 중 상(尙)은 반(飯)이 됩니다.

●賈氏曰生人陽故尙左鬼神陰故尙右

●曲禮生人尙左之食也特牲神道尙右之設也

●士虞禮生人尙左而羹在薦右神道尙右而羹在薦左

●有司徹疏生人陽故尙左鬼神陰故尙右

●溫公曰古者祭於室中故神坐東向自後漢以來公私廟皆同堂異室南向西上所以西上者神道尙右故也

●書儀時祭設位條設倚卓考妣並位皆南向西上(註)古者祭於室中故神坐東向自後漢以來公私廟皆同堂異室南向西上所以西上者神道尙右故也

●疑禮流說退溪曰祭饌尙左之說恐未然盖食以飯爲主故飯之所在卽爲所尙如平時左飯右羹是爲尙左而祭時右飯左羹是乃尙右所謂神道尙右者然也

▶3509◀◈問; 제사나 차례 시에 동서남북 방위 설정을 알고 싶습니다.

안녕하세요 이렇게 모든 질문에 성실한 답을 오려 주심에 감사 드리며 저도 한가지 질문을 올리고자 합니다.

제례 시 동과 서 그리고 북향 등을 칭하는데 그 방위(方位)와 좌우(左右)에 대한 방위 설정은 어찌되는지요. 예를 들면 상을 북쪽 벽 아래로 놓기 위하면 출입문이 남쪽이나 동(東)과 서(西)로 나있어야 될 터인데 북향집에 방문이 북쪽을 향하여 있으면 상에 위치를 어떻게 하여 되는지 알고 싶습니다. 답변을 주시면 감사하겠습니다 건강 하시기를 기원합니다 안녕히 게세요.

◈答; 제사나 차례 시에 동서남북 방위 설정은.

가옥의 방위는 실 방위와는 관계 없이 가옥의 앞을 남이라 하고 뒤를 북이라 하며 좌를 동이라 하고 우를 서라 합니다.

●家禮本註凡屋之制不問何向背但以前爲南後爲北左爲東右爲西
●家禮通禮祠堂先立祠堂於正寢之東條凡屋之制不問何向背但以前爲南後爲北左爲東右爲西○又四時祭前一日設位陳器條設高祖考妣位於堂西北壁下南向考西妣東

▶3510◀◈問; 제사 날은?

저의 모친께서 2003 년 9 월 3 일(음력 8 월 7 일) 23:40 분에 돌아가셨습니다. 주변에서 23:30 분이 경과 했기 때문에 음력 8 월 8 일이라고 해서 3 일장으로 9 월 6 일(음력 8 월 10 일)에 장례를 치렀습니다. 이 경우 제사는 언제 지내는 것이 예법에 맞는지 궁금합니다. 빠른 조언을 부탁 드립니다. (김 0 경)

◈答; 제사 날은.

⊙子時死者定死日(자시사자정사일)

問鷄鳴前子時死者當從何日尤菴曰日分必終於亥而始於子初二日之子自不干於初一日也

위와 같이 살펴보건대 음력 8 월 7 일 23; 40 분은 간지 시로는 자(子)시이니 23; 40 분은 자초시(子初時)로 다음날인 8 월 8 일이 기일이 됩니다.

●祭義君子有終身之喪忌日之謂也註忌日親死之日也
●周禮春官宗伯禮官之職小史條掌邦國之志奠繫世辨昭穆若有事則詔王之忌諱註鄭司農云先王死日爲忌名謂諱
●家禮忌祭編○厥明夙興設蔬果酒饌○質明主人以下變服詣祠堂封神主出就正寢
●禮器質明而始行事疏質正也謂正明之時少牢禮朝明行事註朝明質明也此乃周禮也
●尤庵曰行祭早晚太早不可太晩亦不可惟當以質明爲正
●南溪曰質明卽大昕指日未出時也
●日省錄正祖十九年乙卯四月二十二日壬寅條(云云)獻官之命十七日進詣本宮十八日子時行祭天氣淸和享事利成獻官以下(云云)
●咸興本宮儀式禮曹判書徐浩修狀啓臣於前月二十五日伏奉咸興本宮永興本宮濬源殿攝行酌獻禮南關各陵寢奉審之命當日陪香祝辭陛本月初一日到永興府進詣本宮奉安香祝初三日到咸興府進詣本宮淸齋爲白遣初六日子時)行祭是白如乎
●弘齋全書訓語氣猝發大臣閣臣求對承候敎曰逢是年是日予懷無以自抑子時行祭非不知無於禮而不得已爲此天明以後將行祝慶之禮予氣予亦自知故欲稍早時刻庶少鎭安而專意於慶今之節也仍嗚咽良久

▶3511◀◈問; 제사 날을 알려면 돌아가신 날인지?

안녕하세요. 저의 시아버님은 96 년 2 월 27 일 새벽에 돌아가셨습니다. 한데 남편이 제사날은 음력 2 월 26 일 저녁에 (돌아가신 하루 전날 밤에 지내야 된다고 해서 지내고 있었는데 맞는지 모르겠습니다) 얼마 안 남아서 그런데 알려 주세요.

저의 남편을 막내인데 시어른 댁에서 챙기지 않아서 집안에서 잡음이 있습니다. 정확히 지내야 되는 날짜를 알려 주시고 아울러 시어머니는 양력으로 하자는 등 이상한 애기를 하십니다. 남들도 양력으로 한다고 하고 큰 댁도 양력으로 하지 하는데 그럴 수도 있는지요. 독실한 가톨릭도 아니면서 우기는 건지 친척들이 해서 좇아가자고 하는 건지 모르지만 정말 답답합니다.

◈答; 제사 날은 돌아가신 날.

귀하가 지낸 제사 날은 맞습니다. 다만 27 일 새벽이니 27 일이 기일입니다. 옛날에는 기일 아침 날이 밝으면 제사를 지냈습니다. 그러나 조금이라도 일찍 선조를 봉양하려는 일념에서 당일 첫 시간에 제사를 모십니다. 그러니 26 일 밤 자정이 27 일 첫 시간이 됩니다. 그러므로 26 밤 자시에 지내야 합니다. 그리고 제사를 양력으로 환산하여 지내도 되는가에 대해서는 귀하가 결정할 문제 입니다. 다만 생일과 죽은 이의 행사 일은 음력으로 채용함이 유가의 관행으로 되어 있다 하겠습니다.

●祭義註忌日親死之日也疏孝子終身念親不忘忌日非謂此日不善別有禁忌謂孝子志意有所至極思念親不敢盡其私情而營求他事故不擧也

●禮器質明而始行事疏質正也謂正明之時少牢禮朝明行事註朝明質明也此乃周禮也

●性理大全忌祭編○厥明夙興設蔬果酒饌○質明主人以下變服詣祠堂封神主出就正寢

●南溪曰質明卽大昕指日未出時也

●尤庵曰行祭早晩太早不可太晩亦不可惟當以質明爲正

●咸興本宮儀式奏啓條本宮淸齋爲白遣初六日子時行祭是白如乎○本宮十一日子時行告由祭後陪香祝進詣定陵淸齋十三日子時攝行酌獻禮是白如乎

●龜峯曰若値高祖忌則祭畢仍行參禮曾祖以下忌則參禮畢行忌祭

●明齋曰忌祭與參禮自是兩項事而行事之早晩亦異先祭後參恐或無妨然雖先行忌祭如節日時食則不當先薦於祭俟祭後設參而薦方無未安如何

●國朝五禮儀朔望若値別祭只行別祭

●沙溪答姜碩期曰宋龜峯云若値高祖忌則祭畢仍行參禮曾祖以下忌則參禮畢行忌祭乃先祭始祖之義也云未知如何

●東巖曰一日之間旣行祭又行參實爲煩瀆旣祭之位則不復設之諸位皆設而獨不設雖似不安旣纔祭矣似無所嫌

●葛菴曰忌祭是喪之餘當是日爲子孫者感慕罔極惟當專意致享恐不可以朔望茶薦參互其間也

●四未軒曰龜峯云若値高祖忌則祭畢仍行參禮曾祖以下忌則參禮畢行忌祭乃先祭始祖之義云然參與忌行祭之早晩不同則雖曾祖以下之忌恐難用先祭始祖之文且一廟之內諸位皆設而獨不設一位則雖曰纔祭矣而果無未安耶若廟內只奉一位則恐當從明齋說

●疑禮通攷祖先忌日在朔望或節日條沙溪答姜碩期曰宋龜峯云若値高祖忌則祭畢仍行參禮曾祖以下忌則參禮畢行忌祭乃先祭始祖之義也云未知如何

●問先忌與朔參相値則如之何明齋答李光佐曰忌祭與朔參相値之節以問解所謂祭後行參參後行祭之說觀之則明是祭與參兩設之意也第一日之間旣行祭又行參實爲煩瀆且參禮在朝而祭祀在晨參後行祭亦涉難便而無他先儒所論實不可以臆見爲言也若乃臆見則似皆當於祭後行參而旣祭之位則不復設之諸位皆設而獨不設雖似不安旣纔祭矣似無所嫌未知如何

●尤菴曰忌祭重而參禮輕無論尊卑似當先忌後參耳然老先生旣從龜峯之說則何敢有異議也

●問尤翁以子孫生日薦酌於亡親爲可未知如何陶庵曰尤庵說亦恐非正當之論不必苟行

●祭義君子有終身之喪忌日之謂也註忌日親之死日也

●周禮春官宗伯禮官之職小史條掌邦國之志奠繫世辨昭穆若有事則詔王之忌諱註鄭司農云先王死日爲忌名謂諱

●忌祭祝曰(云云)孝子某敢昭告于顯考某官府君歲序遷易諱日復臨(云云)

●朱子曰忌日只祭一位

●程氏祀先凡例祖考忌日則只祭祖考及祖妣祖妣忌日則只祭祖妣及祖考

●晦齋曰按文公家禮忌日止設一位程氏家禮忌日配祭考妣二家之禮不同盖止設一位禮之正也配祭考妣禮之本於人情者也

●退溪曰忌日幷祭考妣甚非禮也

●沙溪曰忌日幷祭考妣雖非朱子意我朝先賢嘗行之栗谷亦曰祭兩位於心爲安云

●愼獨齋曰幷祭爲當

●備要考妣並祭則列書考妣而遷易下又云某親諱日復臨云云
●漢書律歷上篇皇帝調律歷○又外戚孝成許皇后傳其孝東宮毋闕朔望
●開元禮閏月亡者祥及忌日皆以閏所附之月爲正
●書經堯典帝曰三百有六旬有六日以閏月定四時成歲註天體至圓周圍三百六十五度四分度之一繞地左旋常一日一周(云云)歲有十二月月有三十日三百六十者一歲之常數也(云云)朔虛而閏生焉故一歲閏率則十日九百四十分日之八百二十七三歲一閏則三十二日九百四十分日之六百單十五歲再閏則五十四日(云云)
●退溪曰閏非正月人之行祭常以正月而獨於是歲依亡歲之月而祭似未穩祭則依常月行之於閏月亡日則齊素而不祭似當也
●問解大月三十日死者後値小月固當以二十九日爲忌値大月則自當以三十日爲忌小月晦日死者後値大月當仍以二十九日爲忌不可延待三十日也

아래와 같은 기록도 있으며 성리대전(性理大全) 권지이십육(卷之二十六) 천도조(天度條)에서 역법(曆法)이 자세하게 설명되어 있으니 참고하시기 바랍니다.

●天文類抄日月條日爲大陽之精主生養恩德人君之象也(云云)月爲大陰之精以之配日女主之象以朝廷諸侯大臣之類註凡月之行歷二十有九日五十三分而與日相會是謂合朔當朔日之交月行黃道而日爲月所掩則日食是爲陰勝陽其變重自古聖人畏之若日月同度于朔月行不入黃道則雖會而不食月之行在望與日(云云)

▶3512◀◈問; 제사 날이 언제인지.

궁금한 게 있어 글을 올립니다. 다름이 아니라 2002 년 음력 4 월 8 일 오후 6 시경에 저의 장인이 돌아 가셨습니다. 그런데 저녁 제사(오후 7 시경)을 지낸다고 하시는데 그러면 제사 날이 2003 년 음력 4 월 7 일이 저녁 7 시인지 8 일 저녁 7 시에 지내야 되는지 참 궁금하네요. 집 안에 어른이 안 계셔서 참 어렵네요. 꼭 좀 부탁 드립니다.

◈答; 제사 지내는 날.

작고 한 날이 음력 4 월 8 일 이라면 기일도 그 날입니다. 가례 등 많은 예서에서는 당일 아침 날이 밝으면 행사하라 되였는데 지금은 거의가 전날 밤 0 시 즉 자시에 지내고 있으니 4 월 7 일 밤 자시에 지내면 8 일 첫 시에 지내게 되는 것입니다. 매년 기제 날은 음력 4 월 7 일 밤 자시 즉 밤 12 시경입니다.

●祭義註忌日親死之日也疏孝子終身念親不忘忌日非謂此日不善別有禁忌謂孝子志意有所至極思念親不敢盡其私情而營求他事故不擧也
●明齋曰凡喪復後始發喪其前則雖已氣絶猶有復生之望不可便以爲已死也以此意推之則似當以招魂日爲忌日矣
●禮器質明而始行事疏質正也謂正明之時少牢禮朝明行事註朝明質明也此乃周禮也
●性理大全忌祭編○厥明夙興設蔬果酒饌○質明主人以下變服詣祠堂封神主出就正寢
●南溪曰質明卽大昕指日未出時也

▶3513◀◈問; 제사 날짜.

박 0 고님의 제사날짜에 대한 답변이 질문의 뜻을 잘못 이해하신 듯 해서요 대월, 소월의 문제가 아니고 돌아가신 날이 음력 4 월 1 일이니까 올해 음력 평달 3 월 30 일 23 시 이후냐 아니면 윤 3 월 30 일 23 시 이후냐 이질문인 것 같은데요. 제 생각은 기일이 4 월 초하루이니까 윤 3 월 30 일 23 시 이후가 맞지 않나요?

◈答; 제사 날짜.

기제는 작고한 날 먼동 틀 무렵에 지냄이 바른 예법이 되는데 子時에 행례 가문이면 전날 저녁 되는 달이 윤달 여부와는 관계가 없습니다. 왜냐하면 기제(忌祭) 일의 자시(子時)라 하면 그 날 첫 시이기 때문에 전 날과는 하등의 연관이 없습니다. 그 외는 상식(常識)으로 이해하게 하기 위하여 참고로 덧붙여 놓았던 내용들 입니다.

忌祭日은 작고하신 날 ***質明** 즉 먼동 틀 무렵이 됩니다. 기일 전날 밤 23 시(당일 子時)이후에 제사하는 것은 속례(俗禮)로서 정례(正禮)가 아닙니다. 따라서 자시(子時)에 제사하는 가문이시면 전달이 대월이면 30 일 저녁 23 시 이후가 되고 소월이면 29 일 밤 23 시 이후가 됩니다.

●朱子家禮忌日編○厥明夙興設蔬果酒饌○質明主人以下變服○詣祠堂奉神主出就正寢○參神降神進饌初獻
●祭義註忌日親死之日也疏孝子終身念親不忘忌日非謂此日不善別有禁忌謂孝子志意有所至極思念親不敢盡其私情而營求他事故不擧也
●明齋曰凡喪復後始發喪其前則雖已氣絶猶有復生之望不可便以爲已死也以此意推之則似當以招魂日爲忌日矣
●禮器質明而始行事疏質正也謂正明之時少牢禮朝明行事註朝明質明也此乃周禮也
●性理大全忌祭編○厥明夙興設蔬果酒饌○質明主人以下變服詣祠堂封神主出就正寢
●南溪曰質明卽大昕指日未出時也
●尤庵曰行祭早晩太早不可太晩亦不可惟當以質明爲正
●咸興本宮儀式奏啓條本宮淸齋爲白遣初六日子時行祭是白如乎○本宮十一日子時行告由祭後陪香祝進詣定陵淸齋十三日子時攝行酌獻禮是白如乎
●日省錄十八日子時行祭天氣淸和享事利成獻官以下(云云)

▶3514◀◈問; 제사 날짜를 모르면.

결혼 3 년 차 주부입니다. 시할아버지 제사가 3 년 동안 음력 양력 다 다른 날짜에 지내고 있는데요. 이래도 되는 건지 걱정이 되어 글 올리게 되었습니다. 제사 날짜를 어찌 해야 될지요. 민희

◈答; 제사 날짜를 모르면.

사망 일을 분명히 알지 못할 때의 기일에 관하여는 다만 아래 와 같이 매산 선생께서 짤막하게 언급하신 전거 외는 찾아지지 않습니다. 이 말씀으로 미뤄 보건대 옛날에도 그러할 경우 좋은 달로 점을 쳐 날짜를 정하여 기일을 잡아 제사 하였던 것 같으며 그러나 선생의 말씀은 그 사망하였음을 들은 날로 제사함이 옳다. 하신 것 같습니다.

사망 일을 모를 때의 제사 날을 정하는 방법은 정설이 없는 것 같습니다. 여러 가지를 종합컨대 이젠 이미 사망하였을 것이다. 라 심증이 갔을 때 혹은 그가 나간 날을 기일로 정하여 제사하는 경우도 있습니다. 그리고 본문(本文)의 말씀은 이 해는 음력(陰曆)으로 다음 기일(忌日)은 양력으로 지내서는 아니 되겠지요. 유가(儒家)의 예법은 음력이 모든 예의 근본이니 음력으로 지내심이 옳다 하겠습니다.

●梅山曰不知親死之日者用是月或丁或亥擧祭非可已繆昌期劉球皆死於囹圄而莫知其日故卽其聞諱日行祀玆爲可遵也忌祭卜日無所於稽惟不祥死日者乃可爲耳

▶3515◀◈問; 제사날짜에 대하여 질문.

안녕하십니까. 아뢰올 말씀은 제사날짜에 대하여 질문 입니다, 저의 선친께서 2012 년 윤달 3 월 1 일 날 돌아가셨습니다. 평년에는 제사 날이 어떻게 되는지요. 2013 년 음력 2 월 29 일인지 3 월 30 일(그믐)제사 날이 되는지요. 답변 주시면 감사하겠습니다. 귀 홈페이지의 무궁한 발전을 기원 드립니다. 안녕히 계십시오. 2013 년 3 월 15 일 이 0 열 드림.

◈答; 제사날짜에 대하여.

질문의 요지(要旨)를 분명히 파악을 못하여 아래와 같이 두 사례(事例)로 답을 드립니다. 미안합니다.

1). 윤달 사망의 경우;

아래와 같이 살펴보건대 윤월(閏月) 3 월 1 일에 작고하셨다면 다음 기일은 본월(本月)인 3 월 1 일이 기일이 되는데 뒷날 혹 또 3 월이 윤달일 경우도 본달 초하룻날이 기일이 되는데

망일(亡日)인 윤 3 월 1 일에는 제사는 지내지 않고 몸과 마음을 재계(齋戒)하고 그날을 지냅니다.

●退溪曰閏非正月人之祭常以正月而獨於是歲依亡歲之月而祭似未穩祭則依常月行之於閏月亡日齊素而不祭似當

2). 소월(小月)이나 대월(大月)에 사망한 경우;

아래와 같이 살펴보건대 대월(大月) 30 일 사자(死者)의 기일(忌日)이 후년(後年) 소월(小月)인 29 일이면 29 일이 기일(忌日)이 되고 다음해 그 달이 대월(大月) 30 일이면 제날이 기일이 되고, 소월 29 일 그믐 사자는 다음해 대월 30 일이 그믐이라 하여도 29 일이 기일이 됩니다.

●通典庾蔚之曰今年末三十日亡明年末月小若以去年二十九日親尙存用後年正朝爲忌此必不然

●沙溪曰大月三十日死者後値小月固當以二十九日爲忌値大月則自當以三十日爲忌小月晦日死者後値大月當仍以二十九日爲忌不可延待三十日也

●近齋曰大月晦日死者間値小月其祝辭或書三十日或書二十九日似不無妨礙無論大月小月俱以晦日書之或不甚妨耶

▶3516◀◈問; 제사날짜에 대한 질문입니다.

안녕하십니까! 아뢰올 말씀은 제사날짜에 대하여 질문하겠습니다.

저의 선친께서 음력 4 월 1 일 날 돌아가셨습니다. 평년에는(3 월 윤달이 없는 해) 3 월 음력 그믐날 형제들이 모여서 제사를 모셔왔습니다. 3 월 윤(閏)달이 있는 2012 년에는 음력 3 월 그믐에 제사 날이 되는지 아니면 윤 3 월 그믐날이 제사 날이 되는지 문의를 하게 되었습니다. 우문(愚問)이지만 답변 주시면 감사하겠습니다.

귀 홈페이지의 발전을 빌면서 질문을 끝마치겠습니다. 안녕히 계십시오. 2012 년 3 월 23 일 박 0 고 드림.

◈答; 제사날짜에 대하여.

기제일(忌祭日)은 작고하신 날 질명(質明) 즉 먼동 틀 무렵이 됩니다. 기일 전날 밤 23 시(당일 子時)이후에 제사하는 것은 속례로서 정례가 아닙니다. 따라서 子時에 제사하는 가문이시면 전달이 대월이면 30 일 저녁 23 시 이후가 되고 소월이면 29 일 밤 23 시 이후가 됩니다. 그리고 만약 윤달에 사망하였더라도 다음해부터는 정월(正月)에 제사(祭祀)를 하게 되며, 회일(晦日) 즉 대월 30 일 그믐에 사망한 기일 역시 다음해 소월(小月) 29 일이 기일이 되고 물론 대월 그믐의 해에는 30 일이 기일이 되며, 소월(29) 그믐날 사망한 기일은 대월의 해에는 30 일 그믐을 기다리지 않고 29 일이 기일이 된다는 것입니다.

●祭義君子有終身之喪忌日之謂也註忌日親之死日也

●朱子家禮忌日編○厥明夙興設蔬果酒饌○質明主人以下變服○詣祠堂奉神主出就正寢○參神降神進饌初獻

●開元禮閏月亡者祥及忌日皆以閏所附之月爲正

●退溪曰閏非正月人之行祭常以正月而獨於是歲依亡歲之月而祭似未穩祭則依常月行之於閏月亡日則齊素而不祭似當也

●問解大月三十日死者後値小月固當以二十九日爲忌値大月則自當以三十日爲忌小月晦日死者後値大月當仍以二十九日爲忌不可延待三十日也

▶3517◀◈問; 제사 날짜에 관하여?

저희 할아버지가 작년에 돌아가시어 오늘 제사(祭祀)를 처음 지냈는데 아버지께서 제사를 언제 지내는지 헷갈려 하시네요. 제가 알기로 돌아가시기 전날 하는 걸로 아는데요. 가르쳐 주세요.

◈答; 제사 지내는 날짜.

현재 상복을 벗고 혼백을 모시지 않고 계시면 기제사로서 작고하신 날 자시(작고하신 전날 밤11시에서 작고하신 날 새벽 01시 사이)에 제사를 지내시면 되시고 현재까지도 상복입고 혼백을 모시고 계시면 소상이라고 해서 작고하신 날 아침에 날이 밝으면 제사를 지내시면 됩니다.

●祭義君子有終身之喪忌日之謂也(陳註)忌日親死之日也
●朱子曰古無忌祭近日諸先生方考及此
●通典范甯曰閏月者以餘分之日閏益月耳非正月也吉凶大事皆不可用也天子不以告朔而喪者不數
●問閏月亡者後遇亡歲之閏月則祭於閏月乎退溪曰閏非正月人之行祭常以正月而獨於是歲依亡歲之月而祭似未穩祭則依常月行之於閏月亡日則齊素而不祭似當
●開元禮閏月亡者祥及忌日皆以閏所附之月爲正
●沙溪曰或謂閏月死者後値閏月當用本月爲忌而閏月死日亦當行素云云如何
●問閏四月亡者今又値閏四月欲於閏月行祭如何寒岡曰吾意亦然而知禮之人皆以爲不可用閏月

▶3518◀◈問; 제사 날짜에 대해.

제가 묻고 싶은 건, 돌아 가신 다음해에 제를 올릴 때 전년에 가신 날짜의 음력으로 기준하는지 양력으로 기준하는지 궁금합니다. 가령 작년 양력으로 시월 이십삼일 날 돌아 가셨으면 올해의 기일은 언제가 되는지요? 답변 꼭 부탁 드립니다.

◈答; 제사 날짜.

모든 날짜계산은 음력(陰曆)을 기준으로 합니다. 음력을 기준으로 작고하신 해의 같은 달 같은 날에 상복(喪服)을 입고 혼백(魂帛)을 모시면 소상(작고하신 지 1 년째 되는 해), 대상(작고하신 지 2 년째 되는 해)으로 모시고 복을 벗고 혼백을 모시지 않고 조기 탈상을 하였으면 기제사로 모시면 됩니다. 기제 일은 음력으로 9 월 23 일이 됩니다.

●祭義君子有終身之喪忌日之謂也(陳註)忌日親死之日也
●書信集致母親; 陰曆年關恐怕是更不容易過的(註)陰曆舊時通用的曆法也就是農曆實際上時陰陽的一稱

▶3519◀◈問; 제사날짜에 대해서.

급하게 질문합니다. 저희 아버님은 양력 2000 년 10 월 27 일(음력 10. 1 일이었습니다)에 돌아 가셨습니다. 그럼 살아계셨던 날이 양력 2000 년에는 10 월 26 일(음력 2000 년 9.29)이었습니다. 그럼 금년 제사 날이 공교롭게도 음력 9 월 30 일이 있네요. 그럼 제사 날이 음력 9 월 29 일(양력 11 월 3 일)인가요 아니면 음력(9 월 30 일) 양력 11 월 4 일 인가요.

◈答; 제사날짜에 대해서.

음력 10 월 1 일 날 작고 하였다면 매년 10 월 1 일 이 기일 입니다. 기제사는 작고 한날 아침 날이 새면 지내는 것 입니다. 다만 그날 일찍 지내기 위해서 첫 시간인 자시에 지내는 것뿐입니다. 자시라 하면 전날 저녁 12 시 전후(밤 11 시부터 다음날 1 시까지)입니다. 이와 같아서 전날 저녁에 지내고 있는 것입니다. 그 시간 전에 지내는 것은 큰 잘못이며 그렇게 지내면 기제사가 아닙니다. 반듯이 작고한 날 자시에 지내거나 그 이후에 지내야 합니다.

귀하의 부친 기제사 날은 29 일이든 30 일이든 관계가 없으며 만약 30 일 날 작고 하였다 하여도 다음 해에 그 달이 작아 29 일이라 하여도 그믐이니 그날이 기일 날이 되는 것입니다. 귀하의 부친 작고 한 날이 음력 10 월 1 일 이였으면 매년 10 월 1 일이 기제 날이니 전날 저녁 자시에 지내면 됩니다.

●祭義君子有終身之喪忌日之謂也註忌日親死之日也
●周禮春官宗伯禮官之職小史條掌邦國之志奠繫世辨昭穆若有事則詔王之忌諱註鄭司農云先王死日爲忌名謂諱
●家禮忌祭編○厥明夙興設蔬果酒饌○質明主人以下變服詣祠堂封神主出就正寢
●禮器質明而始行事疏質正也謂正明之時少牢禮朝明行事註朝明質明也此乃周禮也

●尤庵曰行祭早晚太早不可太晩亦不可惟當以質明爲正

●南溪曰質明卽大昕指日未出時也

●日省錄正祖十九年乙卯四月二十二日壬寅條(云云)獻官之命十七日進詣本宮十八日子時行祭天氣淸和享事利成獻官以下(云云)

●咸興本宮儀式禮曹判書徐浩修狀啓臣於前月二十五日伏奉咸興本宮永興本宮濬源殿攝行酌獻禮南關各陵寢奉審之命當日陪香祝辭陛本月初一日到永興府進詣本宮奉安香祝初三日到咸興府進詣本宮淸齋爲白遣初六日子時)行祭是白如乎

●弘齋全書訓語氣猝發大臣閣臣求對承候敎曰逢是年是日予懷無以自抑子時行祭非不知無於禮而不得已爲此天明以後將行祝慶之禮予氣予亦自知故欲稍早時刻庶少鎭安而專意於慶今之節也仍嗚咽良久

▶3520◀◈問; 제사 날짜에 대하여.

안녕 하세요. 제사날짜에 대하여 궁금하여 여쭙니다. 저에 형님이 음력으로 3 월 1 일 날 돌아 가셨습니다. 그런데 제사를 지내려니 하루 전날 지낸다고 하는데 이번에는 공 달이 끼어서 음력 2 월 29 일 날이 있어서 실제로 제사를 언제 지내야 합니까?

음력 3 월 1 일 하루 전날에만 음식 준비 해서 밤 11 시 넘어서 지내는 것이 맞는 것 같은데 다른 사람이 아니라고 해서 여쭙니다. 아님 4 년 마다 한번씩 지내야 합니까. 궁금합니다. 빠른 답변 부탁 드립니다. 오늘도 편안한 하루 되세요.

◈答; 제사 날짜에 대하여.

음력 3 월 1 일 날 작고 하였으면 그날 지내면 됩니다. 3 월 1 일이란 전날 밤 자정(子正)서부터 정오(正午)를 지나 밤 해(亥)시 즉 밤 10 시를 지나 11 시까지이니 전날이 윤달이든 아니든 상관되지 않습니다. 다만 제수 준비를 전날 할 뿐 정식 제사는 11 시 이후 자시(子時)에 지내면 3 월 1 일 날 지내는 것이 되는 것입니다.

●周禮春官宗伯禮官之職小史若有事則詔王之忌諱註先王死日爲忌名爲諱杜子春云帝當爲奠

●祭義君子有終身之喪忌日之謂也註忌日親之死日也

●朱子家禮忌日篇○前一日齊戒○厥明夙興設蔬果酒饌○質明主人以下變服○詣祠堂奉神主出就正寢

●士冠禮擯者請期宰告曰質明行事註擯者有司佐禮者在主人曰擯在客曰介質正也宰告曰旦日正明行冠事

●陳氏曰子路祭於季氏質明而始行事寧早則雖未明之時祭之可也

●張子曰五更而祭非禮也

●尤庵曰行祭早晩太早不可太晩亦不可惟當以質明爲正然孔子曰與其晏也寧早聖人之微意可知也

●南溪曰質明即大昕指日未出時也

●日省錄正祖十九年乙卯四月二十二日壬寅條(云云)獻官之命十七日進詣本宮十八日子時行祭天氣淸和享事利成獻官以下(云云)

●咸興本宮儀式禮曹判書徐浩修狀啓臣於前月二十五日伏奉咸興本宮永興本宮濬源殿攝行酌獻禮南關各陵寢奉審之命當日陪香祝辭陛本月初一日到永興府進詣本宮奉安香祝初三日到咸興府進詣本宮淸齋爲白遣初六日子時)行祭是白如乎

●弘齋全書訓語氣猝發大臣閣臣求對承候敎曰逢是年是日予懷無以自抑子時行祭非不知無於禮而不得已爲此天明以後將行祝慶之禮予氣予亦自知故欲稍早時刻庶少鎭安而專意於慶今之節也仍嗚咽良久

▶3521◀◈問; 제사 날짜에 대해 문의 드립니다.

선생님 날씨도 무더운데 답변 주셔서 감사합니다. 궁금한 것이 있어 한가지 더 묻겠습니다. 다른 문의 자들의 글을 읽어보니 돌아가신 날 전날 자시 (11-1 시)에 제사를 지내면 된다. 곧 7 월 1 일 날 돌아가셨으면 전날 밤 11- 1 시에 지내면 된다 하셨습니다. 그럼 저희 아버지 기일인 경우는 7 월 1 일 돌아가셨으니까 전날에 지내야 되는데 그믐이 29 일일 때도 있고 30 일 때도 있다 하였습니다. 선생님 답변으로는 29 일이 기일이라 하셨는데 30 일까지 있을 때는 7 월 1 일 돌아가셨을 때 전날로 기준을 한다면 그믐날로 정해야 되지 않을까 궁금합니다. 답변 주시면 감사하겠습니다.

◈答; 제사 날짜에 대하여.

매년 큰달이든지 작은달이든지 6 월 29 일이 부친(父親)의 기일(忌日)입니다. 기일 제사는 당일 질명(質明)이나 대개 당일 첫 시(時)인 자시(子時)에 제사를 지냅니다. 자시(子時)란 자정(子正)전 1 시부터 후 1 시까지이니 시로는 전날 밤 11 시부터 0 시를 지나 1 시 사이가 되는 것입니다. 이 시간은 밤으로서는 28 일 밤의 연속이나 시로는 29 일 첫 시에 해당 되는 것입니다.

●祭義君子有終身之喪忌日之謂也註忌日親死之日也
●周禮春官宗伯禮官之職小史條掌邦國之志奠繫世辨昭穆若有事則詔王之忌諱註鄭司農云先王死日爲忌名謂諱
●家禮忌祭編○厥明夙興設蔬果酒饌○質明主人以下變服詣祠堂封神主出就正寢
●禮器質明而始行事疏質正也謂正明之時少牢禮朝明行事註朝明質明也此乃周禮也
●尤庵曰行祭早晩太早不可太晩亦不可惟當以質明爲正
●南溪曰質明卽大昕指日未出時也
●日省錄正祖十九年乙卯四月二十二日壬寅條(云云)獻官之命十七日進詣本宮十八日子時行祭天氣淸和享事利成獻官以下(云云)
●咸興本宮儀式禮曹判書徐浩修狀啓臣於前月二十五日伏奉咸興本宮永興本宮濬源殿攝行酌獻禮南關各陵寢奉審之命當日陪香祝辭陛本月初一日到永興府進詣本宮奉安香祝初三日到咸興府進詣本宮淸齋爲白遣初六日子時)行祭是白如乎
●弘齋全書訓語氣猝發大臣閣臣求對承候敎曰逢是年是日予懷無以自抑子時行祭非不知無於禮而不得已爲此天明以後將行祝慶之禮予氣予亦自知故欲稍早時刻庶少鎭安而專意於慶今之節也仍嗚咽良久

▶3522◀◈問; 제사날짜에 대해 질문 드립니다.

계속 되는 무더위에 안녕하십니까? 저의 아버님께서 작년 음력 6 월 28 일에 작고하셨습니다. 그냥 돌아가신 날로 제사를 지내는 줄 알았는데 주위에서 돌아가시기 하루 전날 지내는 거라고 합니다. 처음 지내는 제사라 어떤 게 맞는 건지 잘 몰라서 문의를 드리오니 답변 부탁 드리겠습니다. 내일이 어느덧 입추라고 하네요. 건강하시길 기원 드리겠습니다.

◈答; 제사날짜에 대해.

⊙**기일(朞日)**; 복기시주년야(復其時周年也)~다시 돌아온 그 때. ○서경(書經) 기삼백유육순유육일(朞三百有六旬有六日).
⊙**기일(忌日)**; 어버이가 죽은 날. 조상이 죽은 날. 제삿날. 꺼려야 할 불길한 날.

이상과 같이 살펴보건대 작고한 날이 제삿날이 되며 전날이라 함은 전날 저녁 밤 자정에 제사를 지내니 혹 잘못 이해 한 듯 합니다.

●祭義君子有終身之喪忌日之謂也註忌日親之死日也
●尤庵曰行祭早晩太早不可太晩亦不可惟當以質明爲正然孔子曰與其晏也寧早聖人之微意可知也
●南溪曰質明卽大昕指日未出時也
●日省錄正祖十九年乙卯四月二十二日壬寅條(云云)獻官之命十七日進詣本宮十八日子時行祭天氣淸和享事利成獻官以下(云云)
●咸興本宮儀式禮曹判書徐浩修狀啓臣於前月二十五日伏奉咸興本宮永興本宮濬源殿攝行酌獻禮南關各陵寢奉審之命當日陪香祝辭陛本月初一日到永興府進詣本宮奉安香祝初三日到咸興府進詣本宮淸齋爲白遣初六日子時)行祭是白如乎

▶3523◀◈問; 제사날짜와 관련하여 한가지 더 여쭙니다.

아래 글은 질문 559에 대하여 답변 하신 글입니다

"<대단히 감사 합니다. 작고(作故) 한 날이 음력 4 월 8 일 이라면 기일도 그 날입니다. 가례(家禮) 등 많은 예서에서는 당일 아침 날이 밝으면 행사하라 되였는데 지금은 거의가 전날 밤 0시 즉 자시에 지내고 있으니 4 월 7 일 밤 자시에 지내면 8 일 첫 시에 지내게 되는 것입니다. 매년 기제 날은 음력 4 월 7 일 밤 자시 즉 밤 12 시경입니다. 참고 하기 바랍니다. 감사 합니다>"

1). 위와 관련하여; 기일이 그날이면 당연히 그날 제사 모셔야 되는 것이 아닌지요?
요사이는 해지고 나서 오후 8~10 시경에 지내는 것을 주위에서 많이 보고 있는데 그렇다면 돌아가시기도 전에 제사 모시는 것이 되는 게 아닌가요?

2). 아버님이 돌아가시고 제가 장남이니까 제사를 모십니다. 어머니는 언제 절을 하는지요?

3). 할머니 제삿날 할아버지 사진 도 놓고 두분 제사를 모시는 것이 맞는 것인가요?

◈答; 제사날짜.

⊙사계(沙溪)선생의 말씀 입니다

陳氏禮書夏后氏祭其闇殷人祭其陽周人祭日以朝及闇檀弓夏后氏大事用昏商人大事用日中周人大事用日出三代正朔之所尙正則夏以建寅商以建丑周以建子朔則夏以平旦商以鷄鳴周以夜半孔子取之此周禮也然禮與其失於晏也寧早則周雖未明之時祭之可也
진씨 예서에 하후씨(夏后氏)는 제사를 그날 어두워야 지냈고 은(殷)나라 사람들은 그날 한낮에 지냈고 주(周)나라 사람은 제사 날에 아침과 저녁으로 지냈느니라. 예기(禮記) 단궁편(檀弓篇)에 하후씨(夏后氏)는 대사를 어두워서 지냈으며 상(商)나라 사람은 대사를 한낮에 지냈으며 주(周)나라 사람은 대사를 해가 떠야 지냈으며 하은주(夏殷周)의 삼대(三代)의 정단(正旦)과 매월 초하루에 받들기를 정월 초하룻날이 되면 하(夏)나라는 인시(寅時)에 베풀었고 상(商)나라는 축시(丑時)에 베풀었고 주(周)나라는 자시(子時)에 베풀었으며 매월 초하룻날이 되면 하(夏)나라는 동이 트면 지냈고 상(商)나라는 닭이 울면 지냈고 주(周)나라는 한밤중에 지냈는데 공부자(孔夫子)께서는 이에 주례(周禮)를 취하라 하였느니라. 그리하여서 예에 참여하여 제사를 늦게 지내면 마음을 놓고 있을 것이오 너무 이르게 지내고 나면 편안함을 취하는 것인즉 주(周)나라 예법이 오직 날 샐녘에 제사를 지내니 옳다 하겠느니라.

⊙가례(家禮) 의 제사 지내는 법

質明主人以下變服
새벽이 되면 주인 이하 제복으로 바꿔 입는다.

질명(質明)의 뜻

質; 成也; 이뤄지다. 성취되다. 되다.
明; 밝다. 날이 밝다. 새벽. 막 새다.

問 1). 答; 위에서 살펴 본 바와 같이 당연히 그날 제사를 지내야 합니다. 자시(子時)라 함은 당일의 첫 시입니다. 다만 밤으로 치면 전날 저녁이 되나 그 시는 다음날에 해당 되며 그날 초저녁에 지내면 예에 어긋나며 기제가 되지 않는 것입니다. 생활 여건으로 인하여 자시에 지내기가 불가능 하면 차라리 자시를 지나 편리한 시간을 택하여 지내야 되는 것입니다.

●周禮地官司徒第二司徒敎官之職鄕大夫; 厥明鄕老及鄕大夫羣吏獻賢能之書于王王再拜受之(鄭玄注)厥其也明日也
●儀禮經傳通解士冠禮; 擯者請期宰告曰質明行事(註)質正也宰告曰旦日正明行冠事
●史記五帝本紀; 我思舜正鬱陶舜曰然爾其庶矣
●祭義君子有終身之喪忌日之謂也註忌日親之死日也
●日省錄正祖十九年乙卯四月二十二日壬寅條(云云)獻官之命十七日進詣本宮十八日子時行祭天氣淸和享事利成獻官以下(云云)

●咸興本宮儀式禮曹判書徐浩修狀啓臣於前月二十五日伏奉咸興本宮永興本宮濬源殿攝行酌獻禮南關各陵寢奉審之命當日陪香祝辭陛本月初一日到永興府進詣本宮奉安香祝初三日到咸興府進詣

問 2). 答; 참제를 하였으면 참신과 사신에 절을 합니다.

◎기제의례절차(忌祭儀禮節次)

序立(主人主婦及弟婦子姪凡當所出者皆在)○參神○鞠躬拜興拜興拜興拜興平身○降神○盥洗○詣香案前○跪○上香○酹酒(以下旁注皆與時祭同)○俯伏興拜興拜興平身○進饌○初獻禮○詣考妣神位前○跪○祭酒○奠酒○祭酒○奠酒○俯伏興平身○詣讀祝位○跪(主人以下皆跪) ○讀祝(若考妣及祖考妣近死則讀祝後加)○擧哀○哀止(非考妣及祖考妣遠死則否)○俯伏興○鞠躬拜興拜興平身○復位○奉饌○亞獻禮○盥洗○詣考妣神位前○跪祭酒○奠酒○祭酒○奠酒○俯伏興平身○復位○奉饌○終獻禮○盥洗○詣考妣神位前○跪○祭酒○奠酒○祭酒○奠酒○俯伏興平身○奉饌○侑食○鞠躬拜興拜興平身○復位○闔門○祝噫歆○啓門○主人以下復位○獻茶(主人立于東階上西向)○告利成(祝立于西階上東向)○曰利成○復位○鞠躬拜興拜興平身○辭神○鞠躬拜興拜興拜興拜興平身○焚祝文○送主○徹饌○禮畢

問 3). 答; 병제(幷祭)가 가문의 법도이면 병설하여 지냅니다.

●陶庵曰只設一位禮之正也盖忌日乃喪之餘値其親死之日當思是日不諱之親而祭於其位不宜援及他位只祭所祭之位而不爲配祭非博於所配祭以哀在於所爲祭者故耳然則當以只祭一位爲正考妣幷祭雖有先儒之說恐不可從
●朽淺曰凡忌祭當忌之位
●旅軒曰忌祭人多幷祭考妣甚非禮也
●愚伏曰不敢援尊固有所本於理亦精然幷祭亦何不可
●奉先雜儀文公家禮忌日止設一位程氏祭禮忌日配考妣二家之禮不同蓋止設一位禮之正也配祭考妣禮之本於人情者也
●栗谷曰忌祭則設所祭一位具饌但具一分若幷祭考妣則具二分
●牛溪曰程子俱祭考妣鄙人則用程禮
●愼獨齋曰幷祭爲當
●尤庵曰吾家設考妣兩位雖知其不當而行之已久不能改也
●沙溪曰忌日幷祭考妣雖非朱子意我朝先賢嘗行之栗谷亦曰祭兩位於心爲安云援尊之嫌恐不必避也

▶3524◀◈問; 제사날짜를 어떻게 정하나요?

시아버님이 작년 음력 9 월 26 일 오전 7 시경에 돌아가셨습니다. 조만간 첫 제사가 돌아오는데 돌아가시기 전날 저녁에 제사를 지내는 거라는 이야기를 들었습니다. 근데 어떤 분은 살아계셨던 날 제사를 지내는 게 아니니 그 다음날 저녁에 지내는 거라고 하는 분도 있더군요. 그래서 어떻게 하는 것이 예법에 맞는지 알고 싶습니다.

저희는 제사상을 차리진 않고 저녁 9 시경에 간단히 추도식을 올릴 예정입니다. 자세한 설명 부탁 드리겠습니다.

◈答; 제사날짜는.

기제(忌祭)는 작고한 날 식전 먼동 틀 무렵에 지내는 것이 바른 예법입니다. 9 월 26 일 오전 7 시경에 작고 하였다면 매년 9 월 26 일 질명(質明; 먼동 틀 무렵)에 지내면 예법에 옳습니다. 추도식(追悼式)이란 유가(儒家)의 예법이 아닌 것 같아 당부를 논(論)할 수가 없습니다.

●祭義君子有終身之喪忌日之謂也註忌日親之死日也
●朱子家禮忌日編○厥明夙興設蔬果酒饌○質明主人以下變服○詣祠堂奉神主出就正寢○參神降神進饌初獻
●尤菴曰行祭太早不可太晩亦不可惟當以質明

▶3525◀◈問; 제사날짜와 축문 날짜, 일진.

선생님 안녕하십니까? 홈페이지에 家禮抄解를 자주 읽어보고 특히 게시판에 질문과 답변을 자주 보고 있습니다

제례, 상례 등 절차를 암기 하려고 하니 자주 잊어 먹습니다. 항상 선생님의 말씀에 감사하게 생각하고 있습니다. 저도 나이가 많아 돌아가신 조상님을 사당에 모시지는 못하고 있으나 기일 제사는 정성을 다하여 모시고 있습니다 그러나 항상 빈약하고 초라하다고 생각합니다 옛날 조모님, 어머님께서 준비하신 음식과 비교하면 항상 죄송스럽게 생각합니다 그러나 제사 지낸 음식 처리가 무척 힘들어요

선생님 다름이 아니고 한가지 질문이 있습니다. 일반적으로 음력 9월1일 제사 날이면 1일날 음식을 준비하여 밤 11시에서 새벽 1시 사이에 제사를 지내고 이런 경우 실제 돌아가신 날은 음력 9월2일이므로 축문에 날짜는 2일, 일진은 2일 일진을 적어야 맞습니까?

선생님 바쁘실 텐데 고견을 듣고 싶습니다 ewonxxderju@naver.com

◈答; 제사날짜와 축문 날짜, 일진.

9 월 1 일이 작고(作故)하신 날이면 전날 8 월 그믐날 밤 11~1 시 사이가 9 월 1 일 첫 시인 자시(子時)가 되니 9 월 1 일 일진(日辰)을 써야 하며 9 월 1 일 날 제사(祭祀)가 드는 날이면 그날 저녁 11~1 시는 다음날인 2 일의 첫 시인 자시가 되니 9 월 2 일자 일진(日辰)을 씁니다. 물론 일자도 9 월 초 이 일이라 씁니다. 이는 작고 하신 날이 9 월 2 일인 경우입니다.

●祭義君子有終身之喪忌日之謂也註忌日親之死日也
●周禮春官宗伯禮官之職小史條掌邦國之志奠繫世辨昭穆若有事則詔王之忌諱註鄭司農云先王死日爲忌名謂諱
●尤庵曰行祭早晚太早不可太晩亦不可惟當以質明爲正
●南溪曰質明卽大昕指日未出時也
●日省錄正祖十九年乙卯四月二十二日壬寅條(云云)獻官之命十七日進詣本宮十八日子時行祭天氣淸和享事利成獻官以下(云云)
●辭源子部[子]爲十二時辰之一夜十一時至次晨一時爲子時
●國朝五禮儀吉禮春秋及臘祭社稷儀奠幣祭日條丑前五刻
●問周夜半爲朔商鷄鳴爲朔陰陽家皆以子時爲明日然則鷄鳴前子時死者當從何日尤庵曰日分必終於亥而始於子初二日之子自不干於初一日也

▶3526◀◈問; 제사 너무 궁금합니다.

안녕하세요. 제사예절에 대해 여쭤보려고 방문하였습니다. 어른들께 여쭤 보기 전에 제가 좀 알아두고 싶어서요.

1. 작년 양력 10 월 20 일 시아버님이 돌아가셨습니다. 2008 년 기제사전에 명절이 있습니다. 저희 시아버님 제사도 함께 드리는 건지 해서요. 그리고 기제사는 음력으로 지내야 한다는 말이 있는데 음력인 것도 맞는 건가요? 신랑 본가는 충남입니다.

2. 그리고 저희 시아버님께서 장남이시고, 작은아버님이 계십니다. 시 할아버님 제사를 지내는데요. 시 할아버님 제사 저희가 드려야 하는 건가요?

3. 만약 시 할아버님 제사를 저희가 지내게 된다면 시골로 내려가서 지내려 합니다. 시 할머님이 살아계시고 작은아버님들도 충남에 계셔서 시골에서 제사를 지내게 된다면 제사용품(제기 등등..)을 충남, 인천 왔다 갔다 가지고 다니자고 합니다. 그건 아니라고 하는데도 신랑과 마음이 안 맞습니다.

세가지 답변 부탁드릴께요. 수고하세요.

◈答; 제사는.

問 1. 答; 작년 양력 10. 2 일은 음력으로 9. 20 일이 됩니다. 탈상 전이면 궤연에서 아침에 전을 올리고 탈상을 하였으면 일반 명절 참사와 같이 다른 조상이 계시면 같이 설위하고 모두 한번에 지냅니다. 제사는 음력의 날짜에서 기원되었으니 대다수의 가문에서 지금도 음력으로 지내고 있습니다.

問 2. 答; 지자손은 제사를 주관하여 지낼 수가 없습니다. 이는 장자손 승계원칙에 의한 것입니다. 장손이면 조부 제사도 같이 모셔야 합니다.

問 3. 答; 시조모 기거하고 계신 곳이 본가이면 그 곳에서 지내야 합니다. 그러나 귀하가 기거하는 곳이 본가이면 귀하의 댁에서 조부를 비롯하여 모든 받들어야 할 조상을 모셔야 합니다. 제기나 제관복은 제사를 받드는 곳에 보관하여야 합니다.

●奔喪凡喪父在父爲主(註)父在而子有妻子之喪則父主之統於尊也
●溫公曰凡主人當以長子爲之無長子則長孫承重又曰父沒兄弟同居各主其喪(注)各爲妻子之喪爲主也
●曲禮支子不祭祭必告于宗子(註)不敢自專宗子有故支子當攝而祭五宗皆然疏廟在適子之家庶子不敢輒祭若濫祭亦是淫祀若宗子有疾不堪當祭則庶子代攝可也猶宜告宗子然後祭

▶3527◀◈問; 제사는 나누어 지내면 안되나요?

저의 시댁은 5 남 1 녀의 형제입니다. 여태는 제사를 시어머니가 모셨는데 요번 추석부터는 큰형님이 모시게 되었습니다. 그러나 큰 형님이 바쁘시고 몸도 안 좋으시니 그 짐을 좀 덜어 드리고 싶습니다. 여태 없는 집에 시집와서 고생하셨는데, 사실 큰아들만 자식인 것도 아니고 그러나 다른 동서들은 생각이 다릅니다. 제사는 나누어 지내면 안되나요?

◈答; 제사는 나누어 지내면 안됩니다.

주부자께서 이런 말씀을 하셨습니다.

凡祠堂所在之宅宗子世守之不得分析.
뜻은 사당의 모든 것은 사당이 있는 집 종손이 대대로 수호를 해야지 나누어 가져서는 아니 된다는 말씀입니다. 선대 조상 모심은 장자의 권리이며 책임져야 할 의무입니다. 특히 조상의 제사를 나눈다는 것은 불경중의 불경입니다. 장자의 경제적 부담과 노고를 최소화 할 수 있는 방법을 찾아서 나눈 것 보다 더 편케 하여 주는 것이 도리에 맞을 것 같습니다.

아래와 같이 살펴보건대 유학적(儒學的)인 예법으로는 지자(支子)는 제사를 주관하여 지내거나 윤행(輪行=돌려가며 행함) 당부(當否)에 관한 말씀은 퍽이 많은 선유(先儒)들께서 논함이 계시나 제사를 나누어 지낸다는 말씀은 찾을 수가 없으니 아마도 나눠 지냄은 예에 어그러짐 같습니다.

●曾子問宗子爲士庶子爲大夫其祭也如之何孔子曰以上牲祭於宗子之家(註貴祿重宗也上牲大夫少牢)祝曰孝子某爲介子某薦其常事(註介副也不言庶使若可以祭然)
●內則庶子若富則具二牲獻其賢者於宗子(註賢猶善也)夫婦皆齊而宗敬焉(註當助祭於宗子之家)終事而后敢私祭(註祭其祖禰)
●程子曰古所謂支子不祭者惟宗子立廟主之而已支子雖不得祭至於齊戒致其誠意則與主祭者不異可與則以身執事不可與則以物助但不別立廟爲位行事而已後世如欲立宗子則當從此義雖不祭情亦可安若不立宗子徒欲廢祭適足長惰慢之心不若使之祭猶愈於已也
●尤庵曰支子作官者不敢奉神主以往只備送祭需於宗家以致獻賢之誠可也
●退溪曰朱子亦有支子所得自主之祭之言支子所得祭之祭卽今忌日墓祭之類此等祭輪行恐亦無大害義也
●問忌祭欲定行於主人之家支子女子則只以物助之而已何如曰此意甚好然亦有一說朱子有支子所得自主之祭之說想是忌祭節祀之類也今若一切皆歸於宗子則因循偸惰之間助物不如式以致衆子孫

全忘享先之禮甚爲未安又或宗子貧窶不能獨當而並廢不祭則反不如循俗行之之爲愈也

●要訣墓祭忌祭世俗輪行非禮也墓祭則雖輪行皆祭於墓止猶之可也忌祭不祭於神主而仍祭于紙榜此甚未安雖不免輪行行于家廟庶乎可矣

●南溪曰雖支子家具饌祝辭必以宗子名○又曰朱子雖言兄家設主弟不立主祭時旋設位以紙牓標記逐位然於其末以更詳之爲結後來亦無通行者恐終不得行也惟父母忌日是終天之痛有難每年只行望哭而已若非往參宗家之時則雖以紙牓行不至大悖

●問衆子稱以加供別具饌酒侑食之後雜陳於牀前於禮無所據尤菴曰古禮有獻賢之文蓋支子有二牲則獻其尤者於宗子以供祭用正程子所謂以物助之之意也獻其賢而助之則可致其誠意何必瀆褻也

●明齋曰忌祭加供無其文今俗又於大小祥行之皆非禮也

●書儀曲禮支子不祭曾子問宗子爲士庶子爲大夫以上牲祭於宗子之家古者諸侯卿大夫宗族聚於一國可以如是今兄弟仕宦散之四方雖支子亦四時念親安得不祭也

●朱子曰兄弟異居廟初不異只合兄祭而弟與執事或以物助之爲宜相去遠者則兄家設主弟不立主至於祭時旋設位以紙牓標記逐位祭畢焚之如此似亦得禮之變也更祥之

●言行錄先生或行忌祭於齋舍問曰禮乎先生曰宗家或有故齋舍乃墓所非佛宇之比也子孫會于此亦無妨

●曲禮支子不祭祭必告于宗子(註不敢自專宗子有故支子當攝而祭五宗皆然疏廟在適子之家庶子不敢輒祭若濫祭亦是淫祀若宗子有疾不堪當祭則庶子代攝可也猶宜告宗子然後祭)

●小記庶子不祭祖(註下正猶爲庶也疏宗子庶子俱爲適士宗子得立祖廟祭之已是祖庶得自立禰廟而不得立祖廟祭之故云庶子不祭祖禰適於祖猶爲庶五宗悉然○庶子不祭禰疏宗子庶子俱爲下士禰適得立禰廟故祭禰禰庶不得立禰廟故不得祭其禰是宗子自祭之庶子不得祭也

▶3528◀◈問; 제사는 몇 대까지 지내야 하나요.

안녕하세요, 저희 집안은 대대로 제사를 많이 지내온 집안입니다. 그러나 얼마 전 제사를 지내오시던 아버지께서 별세하셨습니다. 어머니께서도 몇 년 전 별세 하셨고요. 아버지가 계실 때는 아버지의 증조부까지 제사를 지내왔습니다. 그런데 이번에 아버지가 돌아 가셨기 때문에 제가 제주가 되어 저의 증조까지 지내려고 합니다. 그런데 주위에서 저의 고조부까지 지내야 한다고 합니다.

저는 아버지께서 살아계실 때 증조까지 지냈기 때문에 저를 기준으로 증조까지 제사를 모시려 하는데 말이죠. 이럴 때는 어떻게 해야 하나요. 참, 현재 아버지의 동생분들은 다섯 분이 살아계십니다. 좋은 답변 부탁 드립니다. 그럼 안녕히 계세요.

◈答; 제사는 몇 대까지 지내야 하나.

전통 예법에서는 고조부모까지 집 제사를 지내고 5 대조부터는 묘소에서 1 년에 한번 묘제를 지냅니다. 이를 4 대 봉사라 하는 것입니다.

●程子曰自天子至於庶人五服未嘗有異皆至高祖服旣如是祭祀亦須如是

●朱子曰程子以爲高祖有服不可不祭祭寢亦必及於高組

●退溪曰祭四代程子謂高祖有服之親不可不祭朱子家禮因程子說而立爲祭四代之禮今人祭三代者時王之制也祭四代者程朱之制也

●沙溪曰祭三代乃時王之制然高祖當祭不但程朱有明訓我東先賢如退溪栗谷諸先生皆祭高祖

●退溪曰今日都中士大夫率用母在不祧遷之說凡母在者父喪畢藏其主於別處以待他日與妣同入廟始行祧遷之禮祖母曾祖母皆然云可知人情於此皆有所不安者意亦甚好然竊恐未爲得禮之正也大祥章改題遞遷新主入廟等事皆爲父喪而言未嘗言若母在則不可遽行遞遷等事聖人非不知母在而遞代爲未安其所以如此者何也父旣死則子當主祭子旣主祭子之妻爲主婦行奠獻母則傳重而不奠獻故曰舅沒則姑老不與於祭與則在主婦之前所謂曾祖之妻尙在埋其曾祖之主奉祀者之祖母尙在埋其祖之主雖皆未安恐不得不限於禮而奪於義

▶3529◀◈問; 제사는 어디서 지내야 할까요?

질문: 그럼 큰딸이 제사를 지내야 한다는 건가요?

질문: 서울 집에서 지내야 하나요? 시골에서 지내야 하나요?
질문: 그럼 성묘는 제사 지내기 전에 다녀오면 안 되는 건가요?
질문: 큰딸 집에서 지내는 건가요? 아니면 남은 동생들이 살고 있는 집에서 지내는 것이 맞는 건가요?

◈答; 제사는 장자손 집에서.

예법을 아시려 하심이니 예법대로 말씀 드립니다. 다만 예법이니 요즘 세대의 감정과는 약간 다를 수도 있을 것입니다.

유가의 예법에는 장자승계원칙이라는 법도가 있습니다. 그 예법에 의하여 친 후사가 없으면 입후(立後=양자) 제도가 있어 근친에서 입후하여 대를 승계하는 예법이 있으며 부득이 입후할 족친 없이 혈혈단신으로 있다 여식뿐으로 무사로 죽으면 그 여식 중에서 장녀가 친정 부모 작고 후 봉사를 하게 되는 것입니다. 장녀가 이미 출가를 하고 아직 미혼인 동생들도 혼인을 하게 될 것입니다. 제사란 초헌관의 자격자가 죽지 않고는 초헌관을 이리 저리 바꾸는 것이 아닙니다. 그의 죽음으로서 비로소 차순자에게로 물려 지는 것입니다.

質問 1. 答: 제사는 제주 집에서 지냅니다.

質問 2. 答: 제주의 집에서 지냅니다.

質問 3. 答: 안될 것이야 없겠지만 이른 아침 이전에 기제를 지낸다면 성묘를 다녀올 시간적 여유가 없을뿐더러 기제 전후 성묘를 다녀온다는 예법은 없으며 성묘는 하시라도 다녀올 수 있습니다.

質問 4. 答: 미혼인 동생들이 모두 출가하면 지금 동생들이 거주하고 있는 집은 비게 되겠지요. 그 때는 선택의 여지 없이 장녀 댁에서 지내야 되겠지요. 그러나 지금은 본가가 있으니 본가에서 지방은 외손이 있으면 외손 속칭으로 쓰고 없으면 여식 속칭으로 아래와 같이 씁니다.

⊙외손
오조부=顯外祖考某官府君神位
외조모=顯外祖妣某封某氏神位

⊙딸
부(父)=顯考學生府君神位
모(母)=顯妣某封某氏神位

●朱子曰上谷郡君謂伊川曰今日爲我祀父母明年不復祀矣是亦祭其外家也然無禮經
●大典外祖父母及妻父母無主祭者當於正朝端午中秋及各忌日用俗儀祭之
●退溪曰外孫奉祀一廟而二姓同祭夫天之生物使之一本而此則爲二本焉甚不可也今人或不幸其外家祖先無後而未有所處者不忍其主之無歸則權宜奉置別所而往來奠省未爲不可若公然與其本親同享一廟則悖理莫甚所謂神不歆非禮者此類之謂也故今於外孫奉祀之問不敢苟徇而以爲可行也
●寒岡曰外家神主奉祀本非禮經今者不得已奉祀則當時祀茶禮時先祭祖外祖次祭
●陶庵曰朱子非族之祀一句語實爲正論愚意爲外孫者設或不得已而權奉其祀已身歿後卽當埋安
●問外祖無人祭初獻則祝文當何書退溪曰當闕
●尤庵曰外孫不敢奉祀自有朱子明訓寧有節文之可言者然喪家未立後之前其出家女權奉饋奠則亦有俗例而非禮之正也
●南溪曰不得已爲外家奉祀而當止外孫之身
●明齋曰外孫奉祀只止其身
●問世或有以外孫主祀者神主當書顯外祖考妣旁註亦書之邪外祖神主或傳於外孫女則亦將何以書之邪沙溪曰外孫奉祀猶爲不可况外孫女邪何必書奉祀闕之可也
●遯溪(金瑄)禮無外孫主祀之義盖外祖外親也無後則自當班祔於其本宗之廟不得托祀於外孫者聖人定制之義至嚴且正東俗承祀外祖者俗然也禮則未也若不得已則粉面不書屬稱直書官啣姓氏曰某

官府君神主顯字不可加

●曲禮夫曰皇辟註辟法也妻所法式也

●周元陽祭錄妻祭夫曰婦某氏祭顯辟某官封謚

●退溪答李平叔曰妻存無子而夫亡未詳當何書都下有一家書曰顯辟盖依禮記夫曰皇辟之語也未知是否

●問妻主夫喪旁題何以書之寒岡曰婦人不得主喪旁題不可書

●問夫亡無子神主稱顯辟耶旁題何以爲之沙溪曰祭夫稱辟出於禮記周元陽祭錄亦云似有據旁題禮無明文

●類編主式本於宗法宗法非與於婦人婦人夫死易世故先祖遞遷若使使婦人得以題主奉祀曰顯辟顯舅一如男子則世疑於不易先祖疑於不遷豈其然乎周氏所云無男主者非但指無子也幷指無他兄弟然則雖凡祭祝辭必無兄弟可主者然後方許婦人之自主此周氏之意也

●艮齋曰外祖父母母主祭妻父母妻主祭此爲正禮外孫與女婿無主祭之義又曰外舅無後當使妻主祭而祝以顯考顯妣書之此無二統之嫌故也又曰梅禮只許出嫁者於忌日單獻無祝紙榜則亦書顯考妣是爲可從而至於四時節日則亦當畧設伸情矣

●金士憲問妻母無後而死神主粉面以外孫之名書之乎寒岡曰此乃變禮不知當如何而爲得宜也如不得已則當書曰顯外祖妣某封某氏神主

●問外孫奉題主當以顯外祖考妣書之而其旁題亦以外孫某奉祀書之耶南溪曰終無立後之人則如所示稱謂其亦可否至於旁題問解有當闕之說似當準此

▶3530◀ ◈問; 제사는 한 장소에서만.

제사를 시골에서 아버님이 돌아가신 후 몇 년 동안 드렸는데 아들들이 직장이 다 서울에 있어 제사를 서울로 가져왔습니다. 그런데 올해는 고향간지도 오래고 또 현재 어머님이 살아계신데다 서울까지 차를 타고 오시기가 불편해 아들들이 고향 가서 제사를 지내려고 하니까 큰아들이 어디서 말을 듣고 한번 제사를 가져왔으면 끝까지 다시 옮긴 장소에서 지내야지 또 시골로 가서 지내면 안 된다고 하니 답답합니다. 그 말이 맞습니까?

살아계신 어머님도 만나고 돌아가신 아버님의 묘지가 있는 그곳에서 지내면 얼마나 좋겠습니까? 또 제가 알기론 명절에 지내는 제사는 차례라 하여 집에서도 형편에 따라 지낼 수 있지만 묘지에 가서 지내는 게 원칙이라고 들었습니다. 형제간에 확실한 지식으로 행동 할 수 있도록 분명한 대답 부탁합니다. 윤현 0

제사를 시골에서 아버님이 돌아가신 후 몇 년 동안 드렸는데 아들들이 직장이 다 서울에 있어 제사를 서울로 가져왔습니다 .그런데 올해는 고향간지도 오래고 또 현재 어머님이 살아계신데다 서울까지 차를 타고 오시기가 불편해 아들들이 고향 가서 제사를 지내려고 하니까 큰아들이 어디서 말을 듣고 한번 제사를 가져왔으면 끝까지 다시 옮긴 장소에서 지내야지 또 시골로 가서 지내면 안 된다고 하니 답답합니다. 그 말이 맞습니까? 살아계신 어머님도 만나고 돌아가신 아버님의 묘지가 있는 그곳에서 지내면 얼마나 좋겠습니까? 또 제가 알기론 명절에 지내는 제사는 차례라 하여 집에서도 형편에 따라 지낼 수 있지만 묘지에 가서 지내는 게 원칙 이라고 들었습니다. 형제간에 확실한 지식으로 행동 할 수 있도록 분명한 대답 부탁합니다. 윤 0 현

◈答; 제사는 한 장소에서만.

선대의 모든 봉사는 사당을 근본으로 하여 설정되어 있습니다. 다만 작금의 여건상 사당제도가 폐하여져 없을 뿐입니다. 까닭에 모든 제사는 사당이 장자손의 거옥 동편에 있다 가정하면 제사는 어디서 지내야 한다. 란 분명한 이해에 도달하게 될 것입니다. 그렇다면 사당은 이사 등의 사유가 있기 전에는 옮겨지지 않겠지요. 까닭에 사당이 없다 하여도 제사를 이리저리 편한 대로 옮겨가며 지낼 수가 없는 것입니다. 더욱이 명절참사는 정침에서 지내는 제사가 아닌 사당제입니다. 묘에서 지내는 정식 제사는 묘제뿐이고 그 외는 성묘입니다. 예법대로 갖추려면 아침 일찍 참례를 마치고 시골 어머님을 찾아 뵙고 아울러 성묘함이 옳을 것 같습니다.

아래는 설 예법입니다.

⊙正至朔望則參(정지삭망즉참)

正至(考證卽正朝冬至也)朔望前一日灑掃齋宿厥明夙興開門軸簾每龕設新果(增解程子曰月朔必薦新又曰嘗新必薦享後方可薦數則瀆必曰告朔而薦○張子曰朔望用一獻之禮取時之新物曰薦○家禮會通朱子宗法朔望薦新俗節時祭以時物○東萊宗法薦新以朔望)一大盤於卓上每位茶盞托酒盞盤各一於神主櫝前設束茅聚沙於香卓前別設一卓於阼階上置酒注盞盤一於其上酒一瓶於其西盥盆帨巾各二於阼階下東南有臺架者在西爲主人親屬所盥無者在東爲執事者所盥巾皆在北(又設主婦內執事盥盆帨巾於西階下西南凡祭同)主人以下盛服入門就位主人北面於阼階下主婦北面於西階下主人有母則特位於主婦之前(栗谷曰奉祀妾子之母固不當立於主婦之前矣亦豈可立於主婦之後乎當立於主婦之西稍前)主人有諸父諸兄則特位於主人之右少前重行(增解輯覽按重行者主人前伯叔父爲一行主人兄弟爲次行主人子姪又爲次下主人之孫又爲次下是爲重行○沙溪曰諸父異行兄弟則有少前少退之異非重行也)西上有諸母姑嫂姊則特位主婦之左少前重行東上諸弟在主人之右少退子孫外執事者在主人之後重行西上主人弟之妻及諸妹在主婦之左少退子孫婦女內執事者在主婦之後重行東上立定主人盥帨(帨一作洗)升搢笏啓櫝(便覽櫝蓋置於櫝坐東近北)奉諸考神主置於櫝前主婦盥帨升奉諸妣神主置于考東次出祔主亦如之命長子長婦或長女盥帨升分出諸祔主之卑者亦如之皆畢主婦以下先降復位主人詣香卓前降神搢笏焚香再拜少退立執事者盥帨升開瓶實酒于注一人奉注詣主人之右一人執盞盤詣主人之左主人跪執事者皆跪主人受注斟酒反注取盞盤奉之左執盤右執盞酹于茅上以盞盤授執事者(便覽執事者皆降復位)出笏俛伏興少退再拜降伏位與在位者皆再拜參神主人升搢笏執注斟酒先正位次祔位次命長子斟諸祔位之卑者主婦升執茶筅執事者執湯瓶隨之點茶如前命長婦或長女亦如之子婦執事者先降(便覽謂長子降)復位主人出笏與主婦分立於香卓之前東西再拜降復位少頃與在位者皆再拜辭神(便覽主人主婦升斂主櫝之如啓櫝儀降復位執事者升徹酒果降簾闔門降)而退○冬至則祭始祖畢行禮如上儀○準禮舅沒則姑老不預於祭又曰支子不祭故今專以世嫡宗子夫婦爲主人主婦其有母及諸父母兄嫂者則設特位於前如此○望日不設酒不出主(儀節啓櫝)主人點茶(要訣今國俗無用茶之禮當於望日只啓櫝不酹酒只焚香使有差等)長子佐之先降主人立於香卓之南再拜乃降餘如上儀(栗谷曰不出主只啓櫝不酹酒只焚香)○凡言盛服者有官則幞頭公服帶靴笏進士則幞頭襴衫帶處士則幞頭皁衫帶無官者通用帽子衫帶又不能具則或深衣或凉衫有官者亦通服帽子以下但不爲盛服婦人則假髻大衣長裙女在室者冠子背子衆妾假髻背子

楊氏復曰先生云元旦則在官者有朝謁之禮恐不得專精於祭事某鄕里却止於除夕前三四日行事此亦更在斟酌也○劉氏璋曰司馬溫公註影堂雜儀凡月朔則執事者於影堂裝香具茶酒常食數品主人以下皆盛服男女左右叙立於常儀主人主婦親出祖考以下祠版置於位焚香主人以下俱再拜執事者斟祖考前茶酒以授主人主人搢笏跪酹茶酒執笏俛伏興帥男女俱再拜次酹祖妣以下皆徧納祠版出徹月望不設食不出祠版餘如朔儀影堂門無事常閉每旦子孫詣影堂前唱喏出外歸亦然若出外再宿以上歸則入影堂再拜將遠適及遷官凡大事則盥手焚香以其事告退各再拜有時新之物則先薦于影堂忌日則去華飾之服薦酒食如月朔不飮酒不食肉思慕如居喪禮君子有終身之喪忌日之謂也舊儀不見客受弔於禮無之今不取遇水火盜賊則先救先公遺文次祠版次影然後救家財

⊙동지(冬至) 그리고 매월 초하루 보름이면 참배(參拜)한다.

동짓날과 그리고 초하루 보름에는 하루 전날 사당(祠堂)을 깨끗이 청소를 하고 재숙(齋宿) 다음날 일찍 일어나 사당 문을 열고 발을 걷어 올린 후 매 감실(龕室) 마다 새로운 과실(果實) 한 대반(大盤)씩을 진설(陳設)하고 신주독(神主櫝) 앞에는 찻잔과 술잔을 각각 놓고는 향탁(香卓) 앞에 모반(茅盤)에 모래를 담아 놓고 그 위에 모속(茅束)을 꽂아 놓는다. 동쪽 층계 위에 별도로 탁자를 놓고 그 위에 주전자와 강신(降神) 잔반 하나를 둔다.

그 서쪽에는 술병을 놓아둔다. 세수대야와 수건을 각각 둘씩을 동쪽층계아래 동남쪽으로 놓되 대야받침에 대야를 받치고 수건거리에 수건을 걸어서 서쪽으로 놓아 주인과 친속(親屬)의 손 씻는 곳으로 하고 세수대야 받침과 수건거리 없이 그 동쪽으로 놓아 집사자(執事者)가 이용케 한다. 주부와 내집사(內執事) 손 씻는 곳은 서쪽층계 아래서 남쪽에 그와 같게 하여 주부용은 동쪽이며 집사용은 서쪽으로 놓아둔다.

주인 이하 모두 성복(成服)을 하되 유관자(有官者)는 복두(幞頭)에 공복(公服)을 입고 띠를 두르고 가죽신을 신으며 진사(進士)는 복두(幞頭)를 쓰고 난삼(襴衫)에 띠를 두르고 처사(處士)는 복두에 조삼(皁衫)을 입고 띠를 두르며 무관자(無官者)는 통용 모자를 쓰고 통용 옷에 띠이며 또 이렇게도 갖출 수 없으면 심의(深衣)나 양삼(凉衫)을 입고 유관자(有官者) 역시 통상복(通常服式)으로 하나 다만 성복하였다 할 수는 없다.

부인은 관(冠)을 쓰고 치마를 입되 대의(大衣)에 긴치마며 출가하지 않은 여식들은 관자(冠子)에 배자를 입으며 소실(小室)은 자식이 있으면 관을 쓰고 배자(背子)를 입는다. 여러 첩들은 머리를 틀어 올리고 배자를 입는다.

모두 성복 후 사당 문을 열고 들어가 자리에 서되 주인은 동쪽층계 아래에서 북쪽으로 향하여 서고 주부는 서쪽 층계 아래에서 북쪽으로 향하여 선다. 주인의 모친이 계시면 특별한 자리로 하여 주부 앞이며 주인의 백숙부(伯叔父)나 여러 형들은 특별히 주인의 오른편에서 조금 앞으로 나와 항렬대로 겹쳐 서되 북쪽이 상석이며 서쪽이 상석이다. 주인의 백숙모, 형수, 누이가 있으면 특별한 자리로 주부의 왼편에서 조금 앞으로 나와 항렬대로 겹쳐 서되 북쪽이 상석이며 동쪽이 상석이다. 주인의 여러 동생은 주인 오른편에서 조금 물러나 서되 서쪽이 상석이며 주인의 장자와 장손은 주인의 뒤에 항렬대로 북쪽을 상석으로 겹으로 서고 주인의 여러 아들과 여러 손자들은 주인의 동생 뒤에 항렬대로 겹으로 서되 서쪽이 상석이며 외집사는 주인의 장손 뒤에 선다. 주인의 장자부(長子婦)와 장손부는 주부의 뒤에 항렬대로 겹으로 서며 주인의 동생 처들과 여러 여동생은 주부의 왼편에서 항렬대로 겹으로 서되 동쪽이 상석이며 주인의 여러 자부와 여러 손부들은 주부의 왼편에서 주인의 여동생들의 뒤에 항렬대로 겹으로 서되 동쪽이 상석이며 북쪽이 상석이다. 내집사(內執事)는 장손부(長孫婦) 뒤에 선다.

정하여진 자리에 모두 서면 주인은 손을 씻고 사당으로 올라가 홀(笏)을 관복 띠에 꽂고 고조고위부터 여러 남자들의 신주 주독(主櫝)을 열고 신주를 모셔내어 주독 앞에 모시고 주부는 손을 씻고 사당으로 올라가 고조비(高祖妣)부터 여러 여자 신주들을 주독을 열고 모셔내어 남자신주 동편으로 모신다.

다음으로 부위(祔位) 신주 내모시기를 그와 같게 한다. 또 장자와 장자부 또는 장녀로 하여금 손을 씻고 사당으로 올라와 나뉘어 낮은 신주 내모시기를 그와 같게 한다. 모두 마쳤으면 주부 이하는 먼저 내려와 제 자리에 서고 주인은 향탁(香卓) 앞으로 나아가 강신한다. 홀(笏)을 관복 띠에 꽂고 분향 재배한 후 조금 물러나 서면 집사자가 손을 씻고 올라와 한 사람은 병을 열어 식건(拭巾)으로 병 입을 닦고 술을 주전자에 따라 들고 주인의 오른쪽으로 나아가 서고 또 한 사람은 손을 씻고 강신(降神) 잔반을 들고 주인의 왼쪽으로 나아가 선다.

주인이 무릎을 꿇고 앉으면 집사들도 모두 무릎을 꿇고 앉는다. 주인은 우(右)집사로부터 주전자를 받아 좌(左)집사자의 빈 잔에 술을 따른 뒤 주전자는 되돌려 주고 잔반을 받아 들고 왼손으로 반을 잡고 오른손으로 잔을 잡아 모사(茅莎) 위에 술을 따르고 빈 잔반을 좌집사자에게 준다. 집사자들은 잔반과 주전자를 제자리에 두고 먼저 내려와 제자리에 서고 주인은 홀을 빼어 잡고 부복하고 있다 일어나 조금 뒤로 물러나 재배를 하고 제자리로 내려오면 모두 참신 재배한다.

주인이 사당으로 올라가 홀을 관복 띠에 꽂고 주전자로 술을 따르되 먼저 고조고비부터 정위(正位)에 따르고 다음으로 부위(祔位)에 따른다. 장자에게 명하여 낮은 여러 부위 잔에 따르게 한다. 주부가 사당으로 올라가 찻잔을 들면 여자 집사는 손을 씻고 찻병(茶甁)을 들고 따라 올라가 찻잔에 차를 따르면 주부는 찻잔을 제자리에 놓는다. 정위부터 부위 앞에 차 올리기를 마쳤으면 낮은 부위는 큰 며느리나 장녀에게 명하여 차 따르기를 그와 같게 하고 장부와 집사들은 먼저 내려와 제자리에 선다.

주인(主人)은 홀(笏)을 빼어 들고 향탁 앞에서 동쪽으로 서고 주부는 주인의 서쪽으로 나뉘어 서서 재배하고 내려와 제자리에서면 주인 이하 참례자 모두 사신(辭神) 재배한다. 주인과 주부는 올라가 신주를 주독에 다시 모시기를 내 모실 때의 의식과 같게 하고 내려와 제자리에 서면 집사자가 올라가 술과 과실을 물리고 발을 내린 후 중문을 닫고 내려오면 모두 물러난다.

동지(冬至)에는 시조(始祖) 제사를 마치고 위와 같은 의식으로 예를 행한다. ○보름날 참배 때는 술을 올리지 않고 신주도 내모시지 않으며 주인이 차만 올리되 장자가 돕고 먼저 내려가면 주인은 향탁 남쪽에서 재배하고 내려온다. 이후는 모두 위의 의식(儀式)과 같다.

⊙君子將營宮室先立祠堂於正寢之東(군자장영궁실선립사당어정침지동)(曲禮君子將營宮室宗廟爲先)

祠堂之制三間外爲中門(輯覽中門對外門而言外門在南墻中門在堂南壁)中門外爲兩階皆(增解士冠禮註阼猶酢也東階所以答酢賓客)三級東曰阼階西曰西階皆下隨地廣狹以屋覆之令可容家衆敘立又爲遺書(輯覽按開元禮疾病有遺言則書之即是遺書)衣物(增解周禮春官遺衣服藏焉若將祭祀則各以其服授尸註遺衣服大斂之餘也尸當服卒者之上服以象生時)祭器庫及神廚(沙溪曰臨祭時炊煖酒饌之所)於其東繚以周垣別爲外門常加扃閉若家貧地狹則止立一間不立廚庫而東西壁下置立兩櫃西藏遺書衣物東藏祭器亦可正寢謂前堂也地狹則於廳事之東亦可凡祠堂所在之宅宗子世守之不得分析○凡屋之制不問何向背但以前爲南後爲北左爲東右爲西後皆放此

⊙군자(君子)가 장차 집을 지을 때는 먼저 사당(祠堂)을 정침(正寢) 동쪽에 세운다.

사당(祠堂)은 세 칸으로 지어 밖으로 중문(中門)을 내고 중문 밖으로는 양쪽으로 층계를 삼단(三段)으로 만든다. 동쪽 층계를 조계(阼階)라 하고 서쪽 층계를 서계(西階)라 한다. 층계 아래로 터의 크고 작음에 따라 지붕 처마가 덮이게 세워 가족들이 차서 대로 늘어설 서립옥(敘立屋)을 세운다. 또 유서(遺書)와 의물(衣物)과 제기(祭器)를 보관할 창고와 주방(廚房)을 그 동쪽으로 세우고 사당 주위를 담으로 둘러친다. 따로 외문을 세우고 문에는 경폐(扃閉)를 달아 평상시에는 잠가 놓는다.

가세(家勢)가 빈한(貧寒)하여 터가 좁으면 한 칸만을 세우고 주방은 세우지 않으며 동쪽과 서쪽 사당 벽 밑으로 양쪽에 궤짝을 놓고 서쪽 궤짝에는 유서(遺書)와 의물(衣物)을 보관하고 동쪽 궤짝에는 제기(祭器)를 보관한다. 또한 정침(正寢)의 당(堂) 앞에다 세워도 괜찮으며 터가 협소하면 청사(廳事) 동쪽에다 세워도 그 또한 괜찮다. 사당이 있는 집 종자(宗子)가 세세(世世)로 수호(守護)를 해야 하며 나눠 가져서는 아니 된다.

집을 지을 때는 모두 향배(向背)가 어찌 되였든 불문하고 앞을 남쪽이라 하고 뒤를 북쪽이라 하며 왼쪽을 동쪽이라 하고 오른쪽을 서쪽이라 한다. 이후 모두 이를 본뜬다.

●曲禮支子不祭祭必告于宗子(註)不敢自專宗子有故支子當攝而祭五宗皆然疏廟在適子之家庶子不敢輒祭若濫祭亦是淫祀若宗子有疾不堪當祭則庶子代攝可也猶宜告宗子然後祭

●喪服小記庶子不祭禰者明其宗也(註)庶子不得立禰廟故不得祭禰所以然者明主祭在宗子廟必在宗子之家也庶子雖貴止得供具牲物而宗子主其禮也○(又)喪服小記庶子不祭祖者明其宗也(註)此據適士立二廟祭禰及祖今兄弟二人一適一庶而俱爲適士其適子之爲適士者固祭祖及禰矣其庶子雖適士止得立禰廟不得立祖廟而祭祖者明其宗有所在也

●曾子問庶子若宗子死告於墓而祭於家稱名不言孝身沒而已註孝宗子之稱不敢與之同但言子某至子可以稱孝

●奔喪凡喪父在父爲主(註)父在而子有妻子之喪則父主之統於尊也

●溫公曰凡主人當以長子爲之無長子則長孫承重又曰父沒兄弟同居各主其喪(注)各爲妻子之喪爲主也

●問解續長子雖病廢似不可傳重於次子况長子有子則豈可以次子奉祀也

●問忌祭定行於主人之家支子女子則只以物助之何如退溪曰朱子書有支子所得自主之祭之說恐是忌祭節祀之類也今若一切皆歸宗子而支子不祭則因循偸惰之間助祭不如式以致衆子孫全忌享先之禮甚爲未安又或宗子貧窶不能獨當而並廢不祭則反不如循俗行之之爲愈

●問人家忌祀若家間不淨以紙牓設行於支子家其儀如何芝村曰嘗見先人說以爲禮家別無紙牓無祝之語只云先後參當告事由於家廟後以宗孫名書塡於祝文云若紙牓所題則一依神版而府君下當書神位二字旁題不當書其他節目無異於家廟矣

●尤庵曰禮嫡子廢疾不得承重凶悖之人得罪倫常則其重於廢疾也側出男不得已承重矣

●禮輯長子病廢次子傳重條厚齋曰凡廢疾與先死而無子者同次子之子當主之

●鏡湖曰薦新俗節朔望時祭大宗雖有故不行從而並廢似未安依禮力行而使大宗效之尤善其說恐是

●朱子答李晦叔曰向見說前輩兄弟異居相去遠甚則弟於祭時旋設位紙榜標記祭畢焚之如此似亦得禮之變矣○又曰支子之祭先儒雖有是言然竟未安向見范丈兄弟所定支子當祭旋設紙榜於位祭訖而焚之不得已此或可采用然禮文品物亦當小損於長子或但一獻無祝可也

●南溪曰朱子雖言兄家設主弟不立主祭時旋設位以紙榜標記逐位然於其末以更詳之爲結後來更無通行者恐不得行也惟父母忌日是終天之痛有難每年只行望哭而已若非往參宗家之時則雖以紙榜行不至大悖曾見士大夫家多行之又曰雖支子家具饌祝辭必以宗子名

▶3531◀◈問; 제사 때 남녀 절하는 횟수.

운영지기님 수고 많으십니다.

제사 지낼 때 남자는 두 번 여자는 네 번 한다고 합니다. 그럼에도 불구하고 똑같이 두 번 절한다면 예의에 어긋나는지? 그 기원 내지 이유를 아시는지요? 물론, 전통적인 부분에서 남. 녀 차별이 더 많았던 것은 사실이지만 그런 부분에서까지 남녀가 달라야 할 이유가 있는 건지. 개연성 있는 이유가 있다면 알고 싶네요. 성의 있는 답변 부탁 드립니다.

◈答; 제사 때 남녀 절하는 횟수.

명나라 유학자 구준선생의 문공가례의절에 부인배 고증을 살펴보면 주 나라의 예법인 주례에 육관의 하나인 춘관에 아홉 가지의 절하는 예법 중 아홉째인 숙배가 여자의 절로 주례에서 설명을 하고 절하는 법은 정현선생 주와 의례, 소의, 내측, 통감, 어록 등으로 고증을 하고 이를 토대로 선생의 의견을 첨언하여 놓았으며 사계선생의 집람에서는 의절의 부인배 고증을 인용 후 본주에 모든 절은 남자는 재배 부인은 사배라 하였습니다. 그리고 사마온공의 거가잡의를 보면 남녀차별 없이 절할 대상에 따라 재배에서 육배까지 하였으며 어류에는 혼례의 교배례(交拜禮)에서 신부(新婦)가 먼저 재배를 하면 신랑이 답으로 일 배를 하고 또 신부가 재배를 하면 신랑이 답 일배(一拜)를 한다 하였으니 여자는 사배(四拜) 남자는 재배를 한 것이 되며 주자가례에 사당(祠堂)을 알현할 때 남자는 재배 여자는 사배를 한다 하였습니다. 이같이 살펴볼 때 이는 남존여비 여필종부의 사회질서에서 문안하고 평온하게 행하여진 예법이며 제례 시 여자의 사배(四拜) 역시 이와 무관하지 않게 지금까지 전례 된 예법이라 생각됩니다.

현재는 남녀평등의 사회로 모든 것이 이행되어 있는 시대이나 전통예법에 따라 예를 갖춘다면 그 예법이 정례이겠지요.

여자가 남자들과 같이 재배를 하는 것은 전통예절로는 심히 어긋난다 하겠으나 시류에 따름이니 시비의 대상이 없으리라 생각되며 강요의 사배보다는 정성을 다한 재배가 더욱 공경함이 되겠지요.

⊙再拜考察(재배고찰)

●論語鄕黨;問人於他邦再拜而送之(註)拜送使者如親見之敬也(辭源註)表示恭敬的禮節

●史記周本紀;商百姓曰上天降休商人皆再拜稽首武王亦答拜

●唐書禮樂志第一;宗廟(前略)奉禮郎曰再拜贊者承傳御史以下皆再拜(云云)奉禮郎曰再拜司空再拜升(云云)近侍者從皇帝至版位西向立太常卿前奏請再拜皇帝再拜奉禮郎曰衆官再拜在位者皆再拜(云云)太常卿前奏請再拜皇帝再拜奉禮郎曰衆官再拜在位者皆再拜(云云)太常卿前奏請再拜皇帝再拜奉禮郎曰衆官再拜在位者皆再拜(云云)謁者七人分引獻官奉玉幣俱進跪奠於諸神之位祝史齋郎助奠初衆官再拜

●開元禮吉六黃帝時享於太廟;享日未明四刻諸享官各服其服太廟(云云)立定奉禮曰再拜贊者承傳御史以下皆再拜(云云)太常卿前奏稱請再拜退復位皇帝再拜奉禮曰衆官再拜在位者皆再拜(云云)太常卿前奏稱請再拜退復位皇帝再拜奉禮曰衆官再拜在位者皆再拜(云云)

●宋書志第四禮一;南郊(云云)太祝令跪執匏陶酒以灌地皇帝再拜興羣臣皆再拜伏治禮曰興(云云)

黃門侍郎洗爵跪授皇弟執樽郎授爵酌秬鬯授皇帝跪奠皇天神座前再拜興(云云)太祝令各酌福酒合置一爵中跪進皇帝再拜伏飮福酒訖(云云)太祝送神跪執匏陶酒以灌地興直南行出壇門治禮擧手白羣臣皆再拜伏皇帝盤治禮曰興博士跪曰祠事畢

●書儀(溫恭著; 北宋 天禧三年己未.1019~哲宗三年丙寅.1086)喪儀六祭;(前略)位定俱再拜(此參神也)(云云)主人升自東階脫笏執注子徧就斟酒盞皆滿執笏退立於香卓東南北向主婦升自西階執匕扱黍中西柄(扱初洽切)正筯立於香卓西南北向主人再拜主婦四拜(侑食之意也)(云云)祝告利成降復位於是在位者皆再拜主人不拜(此受胙也)主人降與在位者皆再拜(此辭神也)

●朱子家禮(朱子 建炎四年庚戌. 1130~慶元六年庚申.1200)祭禮四時祭; 參神 立定再拜(云云)侑食 主人升搢笏執注就斟諸位之酒皆滿立於香案之東南主婦升扱匙飯中西柄正筯立于香案之西南皆北向再拜降復位(云云) 告利成 祝立於西階上東向告利成降復位與在位者皆再拜主人不拜降復位 辭神 主人以下皆再拜

⊙四拜考察(사배고찰)

●明史禮志一洪武九年(丙辰; 1376)禮臣奏禮記一獻三獻五獻七獻之文皆不載拜禮唐宋郊祀每節行禮皆再拜然亞獻終獻天子不行禮而使臣下行之今議大祀中祀自迎神至飮福送神宜各行再拜禮帝命節爲十二拜迎神飮福受胙送神各四拜云

●家禮儀節序;成化十年(甲午; 1474)春二月甲子瓊山丘濬序○四時祭 儀節(通)參神 鞠躬拜興拜興拜興拜興平身 (云云) (通)辭神 鞠躬拜興拜興拜興拜興平身

●國朝五禮儀; 成化十一年(乙未 1475)六月 日 上箋. ○四時及臘享宗廟儀 (前略) 享日丑前五刻(云云) 執禮曰四拜禮儀使啓請四拜殿下四拜在位者皆四拜(先拜者不拜)(云云)執禮曰四拜禮儀使啓請四拜殿下四拜在位者皆四拜

⊙祭拜法參考(제배법참고)

●周禮春官宗伯禮官之職大祝辨九拜;六曰凶拜(註)凶拜稽顙而后拜謂三年服者杜子春云振讀爲振鐸之振動讀爲哀慟之慟奇讀爲奇偶之奇謂先屈一膝今雅拜是也或云奇讀曰倚倚拜謂持節持戟拜身倚之以拜鄭大夫云動讀爲董書亦或爲董振董以兩手相擊也(疏)稽顙是頓首但觸地無容

◈婦人拜考證(부인배고증)(儀節)

●周禮大祝辨九拜九曰肅拜鄭註曰肅拜但俯下手今揖揁是也推手曰揖引手曰揁

●儀禮婦拜扱地坐奠菜于几東席上還又拜如初扱地手至地也婦人扱地猶男子稽首疏曰以手至地謂之扱地今重其禮故扱地也按婦人以肅拜爲正蓋肅拜乃婦人之常而昏禮拜扱地以其新來爲婦盡禮於舅姑也

●少儀婦人吉事雖有君賜肅拜爲尸坐則不手拜肅拜爲喪主則不手拜鄭註曰肅拜拜低頭也手拜手至地也婦人以肅拜爲正凶事乃手拜耳爲喪主不手拜者爲夫與長子當稽顙也其餘亦手拜而已

●孔氏正義曰此一節論婦人拜儀婦人吉禮不手拜但肅拜肅拜如今婦人拜也吉事及君賜悉然也

●陳氏曰肅拜如今婦人拜也左傳三肅使者亦此拜手拜則手至地而頭在手上如今男子拜也婦人以肅拜爲正故雖君賜之重亦肅拜而受若爲夫與長子之喪主則稽顙故不手拜若有喪而不爲主則手拜矣

●內則凡女拜尙右手註曰右陰也按檀弓孔子與門人立拱而尙右之註尙謂右手在上也

●通鑑周天元詔內外命婦皆執笏其拜宗廟及天臺皆俯伏如男子按謂之如則前此不如此可知矣

●語錄問古者婦人以肅拜爲正何謂肅拜朱子曰兩膝齊跪手至地頭不下爲肅拜手拜亦然爲喪主則頭亦至地不肅拜樂府說婦人云伸腰再拜跪伸腰亦是頭不下也不知婦人膝不跪地而變爲今之拜始於何時程泰之以爲始於武后非也

●古人席地而坐有問於人則略起身時其膝至地故謂之跪若婦人之拜在古亦跪古樂府云伸腰拜手跪則婦人當跪而拜但首不至地耳

●古人坐也是跪其拜亦容易婦人首飾盛多自難俯伏地上周天元令命婦爲男子拜史官書之以表其異則古者婦人之拜首不至地可知也然則婦人之拜當以深拜頗合於古按本註凡拜男子再拜婦人四拜謂之俠拜蓋主立拜言也今世俗南方婦女皆立而叉手屈膝以拜北方婦女見客輒俯伏地上謂之磕頭以爲重禮禮之輕者亦立而拜但比南方略淺耳考之古禮及儒先之說蓋婦人當以肅拜爲正所謂肅拜之儀鄭氏於周禮註以爲俯下手爲肅拜於少儀疏以爲拜低頭而朱子亦云兩膝齊跪手至地頭不下爲肅拜又云當跪而拜但首不至地耳今其儀雖不可曉但以此數說推之大略似是兩膝齊跪伸腰低頭俯引其手以爲

禮而頭不至地也今北俗磕頭則類扱地稽顙之禮惟可用之昏禮見舅姑及喪禮爲夫與子主之時尋常見人宜略如所擬肅拜儀可也南俗立拜已久不可驟變但須深屈其膝毋但如北俗之沾裙叉手以右爲尙每拜以四爲節如所謂俠拜者若夫見舅姑則當扱地爲喪主則稽顙不爲喪主則手拜庶幾得古禮之意云

⊙男再拜女四拜(남재배녀사배)

●溫公曰古者婦人與丈夫爲禮則俠拜鄕里舊俗男女相拜女子先一拜男子拜女一拜女子又一拜蓋由男子以再拜爲禮女子以四拜爲禮故也

●朱子家禮祠堂出入必告條凡拜男子再拜則婦人四拜謂之俠拜其男女相答拜亦然

●書儀昏禮交拜禮條壻立于東席婦立于西席婦拜壻答拜註古者婦人與丈夫爲禮則俠拜鄕里舊俗男女相拜女子先一拜男子拜女一拜女子又一拜蓋由男子以再拜爲禮女子以四拜爲禮故也

●語類昏禮篇古者婦人與男子爲禮皆俠拜每拜以二爲禮昏禮婦先二拜夫答一拜婦又二拜夫又答一拜

▶3532◀◈問; 제사 때 사용하는 병풍에 대하여.

친척에게서 병풍용으로 수묵화를 받았습니다. 아주 가까운 친척 분이고 그림을 그리시는 분이라 선고의 제사나 차례 시에 병풍으로 사용하기 위한 목적으로 그림을 부탁하여 얼마 전에 그림을 받았습니다. 그림은 대나무 수묵화인데 막상 표구하려고 하다 보니 제사 때 그림 병풍은 안 쓴다는 분이 계셔서 제 생각에는 채색화도 아니고 수묵화이므로 별 문제가 없을 듯싶은데 고견을 기다리겠습니다. 김 0 열

◈答; 제사 때 사용하는 병풍에 대하여.

선대 제사(祭祀) 설위(設位)함에 가례(家禮) 초조(初祖) 설위조(設位條)에서 설신위어당중간북벽하설병풍어기후식상어기전(設神位於堂中間北壁下設屛風於其後食牀於其前)라 되어 있고 편람시제설위제구조병용이설어의후자(便覽時祭設位諸具條屛用以設於椅後者)라 간략히 표시되었을 뿐 병풍(屛風)의 서폭(書幅) 또는 화폭(畵幅) 중 어느 면을 전면으로 향하게 친다 라 명확히 밝혀 놓은 말씀을 아직 접한 바가 없습니다. 다만 忌祭는 喪의 연속인 까닭에 성복함에도 화려한 치장을 떼고 대개 검거나 흰 소복을 하고 있으니 그림이란 기쁨, 즐거움, 화려함, 화사함. 등등의 의미가 있어 화폭(畵幅)을 전면으로 향하게 칠 수는 없을 것 같습니다.

병풍(屛風)은 거대가 양면(兩面) 표구(表具)로 일면(一面)은 화폭(畵幅) 일면(一面)은 서폭(書幅)으로 즐거움에는 화폭(畵幅)을 제사(祭祀)나 슬픔에는 서폭(書幅)을 전면으로 향하게 침이 제가문(諸家門)의 예법(禮法) 같습니다. 수묵화(水墨畵)라 하여도 색만 없을 뿐 화폭(畵幅)이 아닐 수는 없을 것 같습니다. 단 본인이 위와 같이 논(論)함은 고전(古典)이나 선유(先儒)의 설(說)에서 고증(考證)된 정례(正禮)가 아님을 밝혀 놓습니다.

●南溪曰祭是吉禮用色牀無妨黑漆爲正而朱者次之

●祭義君子有終身之喪忌日之謂也忌日不用非不祥也言夫日志有所至而不敢盡其私也

●家禮初終乃易服不食條有服者皆去華飾

●性理大全初祖設位條設屛風於其後食牀於其前

▶3533◀◈問; 제사 때 사용하는 병풍에 대해.

안녕하십니까? 저는 분당에 사는 안 0 호라고 합니다. 이렇게 글을 드리게 된 것은 다름이 아니오라 제사 때 사용하는 병풍에 대해 궁금한 게 있어서 입니다. 선친의 제사 때 사용할 병풍을 만들려고 하는 데, 제가 소장하고 있는 글의 내용이 제사용 병풍의 글로 적당한 것인지 궁금합니다. 주위의 좋은 분에게 받은 글이라 사용하고 싶은 데, 좋은 의견 부탁 드립니다.

손우경이원(損友敬而遠) 손우는 멀리하고. 익우의상친(益友宜相親) 익우는 마땅히 서로 친하고. 소교재현철(所交在賢哲) 사귀는 데는 현철(賢哲)에 있고. 기론부여빈(豈論富與貧) 어찌 부(富)와 빈(貧)을 가릴 것인가. 군자담여수(君子談如水) 군자는 맑은 물과 같아서. 세구정유진(歲久情愈眞) 세월이 가면 더욱 친해지고. 소인첨여밀(小人甛如密) 소인은 우선 꿀 맛 같

아서. 전안여구인(轉眼如仇人) 눈을 돌리면 원수(怨讐)와 같다.

◈答; 제사 때 사용하는 병풍에 대해.

귀하는 의미 깊은 글귀의 병풍(屛風)을 소장하고 있습니다. 다만 예에 임하는 모든 재위자는 치장과 울긋불긋 하게 수를 놓았거나 화려한 옷은 벗어야 한다 하였으니 병풍의 일면인 환 칠한 면을 뒤로 하고 묵서면(墨書面)을 해야 함이니 악서로 작시 함이 아니라면 표구된 글귀가 어찌 문제가 되겠습니까. 특히 귀하의 병풍 글귀는 후손에 이를 말씀 들이니 훌륭하지 않습니까.

●家禮初祖設位條神位於堂中間北壁下設屛風於其後食牀於其前
●便覽四時祭設位諸具條[屛]用以設於椅後者
●南溪曰祭是吉禮用色牀無妨黑漆爲正而朱者次之

▶3534◀◈問; 제사를 가져와야 되는지.

안녕하세요. 우연히 이 홈페이지에 들러서 여러 가지 도움되는 글을 많이 읽었습니다. 고맙습니다.

다름이 아니라, 제가 시집을 와보니 집안 제사가 좀 복잡하네요. 저희 시어머님께서 시아버님이 돌아가시고 재가를 하셨는데요, (호적은 올리지 않았습니다) 동거인으로 20년 넘게 사셨습니다. 친아버지 제사를 어머님이 모시다가 몇 해 전에 돌아가셨습니다. (저희 남편은 그 후로 제사를 지내지 않았다고 하네요)

이제 제가 시집을 와서 아버님, 어머님 제사를 모셔야 하는데, 지금 어머님 제사를 저쪽 집에서 모십니다. 아버님 제사는 못 지내고 있고요, 새 아버님과 어머니와 그쪽 어머니(새 아버님의 본처) 제사를 같이 지내고 있습니다. 그리고 어머님의 묘지를 새 아버님 옆에 모셨습니다. 제사를 우리가 지내려면 어머님 묘지를 이관을 해야 하는지요, 그리고 아버님 제사도 지내려고 하는데요, 어떻게 지내야 하는지 모르겠습니다. 옮겨오는 절차도 모르겠고요. 이번 추석에도 시아버님의 제사는 못 지내게 되었습니다. 아니면 그쪽 아버님, 어머님 제사 지내고, 저희 시어머님, 시아버님 제사를 같이 지낼 수도 있나요. 올해 친 아버님 제사는 날짜만 맞춰서 우리 집에서 모셨습니다. 너무 복잡하네요. 자세한 답변 부탁 드립니다.

◈答; 제사를 가져와야 되는지.

1) **問;** 그 쪽에 있는 묘를 옮겨 와야 제사를 지낼 수 있는가.
答; 묘제는 묘에서 지내나 그 외 기제사나 명절 은 묘지 있는 곳과는 관계 없이 집에서 지냅니다.

2) **問;** 제사 옮겨 오는 절차를 모르는데.
答; 제사 옮기는 예법은 본 게시판 여러 곳에 설명 되어 있으나 그러한 상항에서는 예를 갖출 수가 없을 듯 합니다.

3) **問;** 시부모 제사를 같이 지낼 수 있는가.
答; 朱子曰出妻入廟決然不可爲子孫者只合歲時就其家之廟拜之若相去遠則設位望拜可也
주부자(朱夫子)께서 말씀 하시기를 쫓겨나간 부인의 신주(神主)를 사당(祠堂)에 들여 놓는 것은 결단코 불가 하니라. 그의 자손(子孫)들은 그를 위하여 다만 때때로 그 집의 사당(祠堂)으로 가서 절을 하고 만약 가기가 멀면 위를 차려 놓고 멀리 바라보며 절 하는 것은 가 하니라.

按家禮喪禮成服杖期子爲父後則爲出母嫁母無服繼母出則無服也(備要父在爲母心喪三年爲嫁母出母亦心喪三年)
가례(家禮) 상례장 성복편 장기조(杖期條)를 살펴 보면 아버지 뒤를 이은 자식이 쫓김을 당한 어머니의 복이며 개가(改嫁)한 어머니의 복은 없으며 계모가 쫓김을 당 하였으면 복이 없다.

위와 같이 살펴 볼 때 개가한 어머니가 죽어도 복을 입을 수가 없으니 제사도 지낼 수 없는 것 같습니다.

소망의 답변을 하지 못하여 죄송하며 전통 예법이란 고증(考證)할 수 없는 예절은 감히 사견(私見)이나 선유(先儒)들께서 합의되지 않은 예법은 임의로 지어 발설 하는 우(愚)를 범하면 그 폐단이 심히 크기 때문에 함부로 인정에 치우칠 수는 없는 것입니다. 지성이면 감천입니다.

●退溪曰外孫奉祀一廟而二姓同祭夫天之生物使之一本而此則爲二本焉甚不可也今人或不幸其外家祖先無後而未有所處者不忍其主之無歸則權宜奉置別所而往來奠省未爲不可若公然與其本親同享一廟則悖理莫甚所謂神不歆非禮者此類之謂也故今於外孫奉祀之問不敢苟徇而以爲可行也
●寒岡曰外家神主奉祀本非禮經今者不得已奉祀則當時祀茶禮時先祭祖外祖次祭
●陶庵曰朱子非族之祀一句語實爲正論愚意爲外孫者設或不得已而權奉其祀己身歿後卽當埋安
●全齋曰妻父母妻主祭此爲正禮外舅無後當使妻主祭而祝以顯考顯妣書之此無二統之嫌故也

▶3535◀◈問; 제사를 나누어 지내려 하는데?

선생님께 제가 질의하는데 있어서는 양0 희라는 여자(女子)이름으로 질의를 하다 보니 선생님께서 혹시나 제 기준으로 답변이 된 것 같은 느낌이 와 닿아 정정하오니 이해하여 주시기 바랍니다 저의 남편이 현재 (생존)하여 있으며 제 남편과 제 남편 동생이 나누어서 기제사(忌祭祀)를 지내려고 하는데 있어 자세한 답변에는 이해가 되지만, 설 명절 시에는 형과 동생이 지내는 기제사 모두 다 (제주도)에서 지내고, 추석(秋夕) 시에는 (서울)에서 지내는 과정이 예절에 위배하지 않는지에 대해 질의하오니 선생님께서 자세한 말씀을 전해주셨으면 감사합니다.

또한 기제사를 처음으로 동생이 서울로 모셔오려고 할 때에는 지내는 제사는 아버님, 조부님, 조모님, 계부님, 계모님이 기제사 지내는 일자가 다른데 어느 분 기준으로 하여 모셔가야 되는지에 대해서 자세한 답변을 가르쳐 주셨으면 감사합니다 그리고 기제사시에 축문을 작성하여 고한 후 모셔가는 방법을 말씀하여 주시면 고맙겠습니다. 어르신이 없기에 너무나 답답한 심정.

◈答; 제사를 나누어 지내지 않음.

제사의 예법은 사당을 전제로 하여 정하여진 것입니다. 까닭에 선대 신주가 사당에 계시니 사당을 건사하고 있는 장자손(주인)집 안방까지만 신주를 옮길 수 있고 담을 넘어 다른 곳으로는 옮길 수가 없는 것입니다. 다만 요즘은 번잡하여 사당을 폐하고 신주 없이 그때그때 지방을 써 붙이고 제사를 지내고 있는 것입니다. 지방이라 하여도 그 예법은 신주를 모신 예법과 같은 것입니다. 까닭에 예법상 제사를 이 집 저 집 옮겨 지내거나 나누어 지낼 수가 없는 것입니다.

장자가 제사를 모셔가는 절차는 차등을 두고 모셔가는 것이 아니라 제사를 받드는 조상 전부를 옮겨야 할 이유가 발생하였을 즉시 모두 한번에 옮겨가는 것입니다. 이사를 할 때 신주 옮기는 축식은 원용한다면 아래와 같습니다.

⊙買家移居告辭式(매가이거고사식)

家宅不利移買某處今以吉辰奉陪移寓

⊙奉安告辭式(봉안고사식)

屋宇維新廟儀如舊伏惟神主是居是安

이 축식으로 옮기는 예법은 옮길 조상을 모두 모시고 주과포 진설하고 단헌지례의 예법인 강참신 후 헌주 고축 후 사신의 예법으로 마치고 모시고 가는 것입니다. 마치고도 앞과 같이 단헌지례입니다.

●栗谷曰墓祭忌祭世俗輪行非禮也墓祭則雖輪行皆祭于墓上猶之可也忌祭則不祭于神主而乃祭于

紙榜此甚未安雖不免輪行須具祭饌行于家廟庶乎可矣
●龜峯曰祭必於學祭先必於宗而今世族不免題紙榜行祭於諸子之家甚不可也
●南溪曰父母忌日是終天之痛與宗家異居者有離每年只行望哭而已若非往參宗家之時則雖以紙榜設行不至大悖

▶3536◀◈問; 제사를 돌려가며 지내도 되는지요.

형제(兄弟)가 삼 형제 입니다. 저희는 증조부모(曾祖父母)까지 큰 형님 댁에서 기제사(忌祭祀)를 모셨습니다. 제사가 모두 큰 할머니까지 일곱 분 입니다. 일년에 제사를 명절 포함 아홉 번을 지냅니다. 지난번 제사에 큰 형수가 힘들다며 형제간에 돌려가며 모시자는 겁니다. 그러나 큰 형님의 제지로 일단락 은 되였는데 우리 동생들도 큰 댁의 수고를 덜어 드리고 싶습니다. 선생님 돌려가며 제사를 모셔도 괜찮은지 알려 주세요. 건강 하십시오

◈答; 제사를 돌려가며 지내도 되는지요.

귀하의 의논은 제사를 형제 간에 돌려가며 지내도 되는가 인 것 같습니다. 다음과 같은 선유 들의 말씀이 계십니다.

栗谷曰忌祭世俗輪行非禮也忌祭則不祭于神主而乃祭于紙榜此甚未安雖不免輪行須具祭饌行于家廟庶乎可矣
율곡 선생께서 말씀 하시기를 기제를 세속에서 번 갈아 돌아가며 지내는 것은 예가 아니니라. 기제는 신주로 제사치 않고 곧 지방으로 제사를 지내는 것 이는 심히 미안 한 것이니라. 아무리 번갈아 돌아가며 제사 지내는 것이 피할 수 없다 하여도 모름지기 제찬을 갖추어 가묘에서 지내는 것이 여러모로 옳지 않겠는가.

南溪曰父母忌日是終天之痛與宗家異居者有難每年只行望哭而已若非往參宗家之時則雖以紙榜設行不至大悖
남계 선생께서 말씀 하시기를 부모 기일인 이날은 친상을 당한 마음 아픈 날이니라. 종가와 달리 사는 자가 매년 참여 하기가 어려움이 있으면 다만 종가를 바라보고 곡만 할 뿐이니라. 만약 종가에서 제사 지낼 때에 가서 참제 치 않고 아무리 지방을 써 붙이고 제사를 지내도 이르지 않는 것이니 크게 어그러진 짓이니라.

위와 같이 살펴 볼 때 큰 댁에서 어려움이 있으면 어려움을 나누어 협력 하여 큰 댁에서 계속 봉제 함이 예에 맞는 것입니다.

●問忌祭定行於主人之家支子女子則只以物助之何如退溪曰朱子書有支子所得自主之祭之說恐是忌祭節祀之類也今若一切皆歸宗子而支子不祭則因循偸惰之間助祭不如式以致衆子孫全忌享先之禮甚爲未安又或宗子貧窶不能獨當而並廢不祭則反不如循俗行之之爲愈也
●要訣墓祭忌祭世俗輪行非禮也墓祭則雖輪行皆祭於墓上猶之可也忌祭不祭於神主而仍祭于紙牓此甚未安雖不免輪行行于家廟庶乎可矣
●尤庵曰諸子輪祭雖在國典非禮也若以祭物備送於宗家而行祭則此古禮所謂獻賢無所妨○又曰祖先忌祭宗家貧不能獨當則雖不免隨俗輪行當辦備而祭於宗家若有萬不得已之事故則亦不免以紙榜行於支孫之家而祝文則以宗子爲主可也宗子有疾病不得參祭則祝辭改曰孝孫某有疾病介子某代行薦禮敢昭告云云則似得變禮中權宜
●南溪曰雖支子家具饌祝辭必以宗子名
●家禮凡主人謂長子無則長孫承重以奉饋奠

▶3537◀◈問; 제사 마친 후 음식을 조금씩 떼어 놓는 의식의 근거는?

제사를 지내다 보면 관습적으로 조상신과 함께 오신 친구분들을 위해 행사를 마친 후 음식을 조금씩 떼어 낸 후 대문 앞에 놓아둡니다.

집사의 기분(?)에 따라 그 양을 결정하여 내용과 구성이 일정하지 않으며, 그릇에 놓는다(?), 바닥에 놓아야 한다(?) 등 처리 역시 일정하지 않은 것 같습니다. 이런 풍습의 근원

은 어디인지요?

문 앞에 음식을 놓는 것이 미풍이었지만, 지금은 음식 쓰레기를 놓는다는 인식도 있습니다. 신문을 보다가 어느 향토사학자께서는 며느리의 고민을 해결하기 위해 제사를 마친 후 음식을 덜어내어 문 앞에 두는 것을 금하기로 했다고 하셨습니다. 저 역시 같은 고민을 하고 있어서 문의 드립니다.

◈答; 제사 마친 후 음식을 조금씩 떼어 놓는 의식의 근거는.

儒家(유가)의 모든 祭祀(제사) 禮法(예법)에서 祭祀(제사)를 마치고 祭祀(제사) 飮食(음식)을 조금씩 떼어 大門(대문) 옆에 내다 놓는 禮(예)는 없습니다.

祖上(조상) 祭祀(제사) 때 三獻(삼헌)시 每獻(매헌) 마다 獻酒(헌주)하였다 다시 내련 茅沙(모사)에 朱子家禮(주자가례)에서는 祭之茅上(제지모상)이라 하였고 四禮便覽(사례편람)에서는 祭(제 細註; 三祭○要結少傾)之茅上(지모상)이라 하였습니다. 이와 같은 禮(예) 이외로는 地神(지신)에게 지내는 禮(예)는 없습니다.

祭祀(제사)를 마치고 祭物(제물)을 먼저 조금씩 나눠 大門(대문) 앞에 내 놓는 禮(예)가 있다면 혹 高矢禮(고시례) 라는 風習(풍습)에서 基因(기인)된 例(예)가 아닌가 합니다.

世俗(세속) 風習(풍습)에 嘗祭(상제) 또는 嘗禾(상화)라 하여 가을 햇곡식이 나면 먼저 神(신)이나 祖上(조상)에게 천신을 한 후 먹어야 하며 그 외에도 새로운 飮食物(음식물)이 나면 먼저 천신을 한 후 먹어야 한다는 것입니다.

고시례(高矢禮, 고수례, 고시래, 고시내, 고씨네) 儀式(의식)이란 이에 根據(근거)하여 飮食物(음식물)을 먼저 神(신)에게 드리는 禮(예)가 아닌가 생각 됩니다. 正史(정사)나 野史(야사)에서는 그 禮法(예법)을 찾아 보지는 못하였으나 世俗(세속)에서 傳來(전래)되는 다음과 같은 說(설)은 있습니다. 옛날 高氏(고씨)의 姓(성)을 가진 사람이 艱苦(간고)하여 들밥을 얻어먹다 죽은 이가 있어 그 魂(혼)을 달래기 위하여 들에서 取食(취식)을 할 때면 찬과 밥을 한술씩 떠 高氏(고씨)네 하고 멀리 뿌리고 먹는 儀式(의식)이 있는데 지금도 農村(농촌)에 가면 쉽사리 접할 수가 있을 것이며 或(혹) 高氏(고씨)네가 變聲(변성)어 되여 고시례로 되지 않았나 하는 의구심도 가나 확인 할 수는 없습니다.

다만 中國(중국) 三皇五帝(삼황오제)중 高矢(고시)의 後孫(후손)인 神農氏(신농씨)가 처음으로 農耕法(농경법)을 이르켜 百姓(백성)에게 農事(농사) 짓는 法(법)을 가르쳐 後世(후세)에 그 黃帝(황제)를 農業(농업)의 神(신) 또는 別稱(별칭)으로 土地(토지)의 神(신)으로 받들어 들 밥을 먹게 되면 먼저 高矢(고시)에게 祭祀(제사)하는 行爲(행위)로 高矢禮(고시례)하고 飮食(음식)을 던지고 먹고 있다는 說(설)입니다. 다만 高矢禮(고시례)를 행하고 행치 않는 것은 가속이라 할 수 있을 것이며 정상인가 非(비) 정상인가는 他人(타인) 家門(가문)의 行事(행사)이니 감히 판가름 할 수가 없는 것이며 집집마다의 독특한 風俗(풍속)은 他人(타인)들이 그 是是非非(시시비비)를 論(논) 함은 禮(예)가 아니라 생각 됩니다.

●禮記鄕飮酒義; 祭薦祭酒敬禮也(集說疏)祭薦者主人獻賓卽席祭所薦脯醢也祭酒者賓既祭薦又祭酒也

●朱子曰祭酒盖古者飮食必祭以鬼神自不能祭故代之祭也

●儀禮鄕射禮俎與荐皆三祭(鄭玄注)皆三祭竝其將祭俟也祭俟三處也賈公彦疏三處者下文右與左中是也

●李賀(出城別張又新酬李漢)詩; 今將下東道祭酒而別秦王琦匯解祭酒謂祖道祭也古者出行必有祖道之祭

●史記滑稽列傳; 故所以同官待詔者等比祖道於都門外

●漢書劉屈氂傳; 貳師將軍李廣利將出兵擊匈奴丞相爲祖道送至渭橋(顔師古注)祖者送行之祭因設宴飮焉

●太白眞訓中篇; 高矢呱呱英慧夙成高矢既長德兼濟世種樹殖産悉驗而備厥聲乃彰于路于野衆口

合辭乃薦天王

▶3538◀◈問; 제사를 어디에서 모셔야 할까요?

안녕하세요, 전 선생님 좋은 웹사이트를 만드시고 운영해 주셔서 정말 감사합니다. 아래와 같은 경우, 제사를 어디에서 모셔야 할지 궁금해서 문의 드립니다.

저는 무녀독남(無女獨男) 외아들로서, 4 살 때 아버님이 돌아가신 뒤, 어머님과 둘이서 제사를 모셔 오다가, 결혼 후 분가(分家)해서, 어머님과 따로 살게 되면서, 저희 집에서 제사를 모셔 왔습니다. 지금은 제사 때나 차례(茶禮) 때 어머님께서 저희 집으로 오시고 계십니다. 그런데 다음 달부터 제가 수년간 해외 근무를 가게 되어, 집사람과 딸과 함께 수년간 해외에서 살게 되었습니다. 이 경우, 제사를 어디에서 모시는 것이 좋을지 궁금해서 문의를 드립니다.

제가 해외에서 제사를 모셔서 어머님이 매번 명절 때나 기제사 때 오셔야 하는지, 아니면 제가 해외에서 근무하는 동안에만 어머님께서 제사를 모시고 제가 매번 한국으로 와서 함께 제사를 지내야 할지 잘 모르겠습니다. 잘 모르는 남에게도 지식을 나눠 주셔서 정말 감사드립니다. 늘 건강하시고 소원성취하시고 항상 행복하시길 기원합니다. 박 0 순 배상.

◈答; 제사를 어디에서 모시나.

기제란 신주(신)에 대한 예이고 묘제는 백에 대한 예로서 묘를 타당한 이유가 있어 개장하지 않는 한 옮길 수가 없듯이 사당 역시 완전 이주 등이 아니고는 옮겨 지지 않는 것입니다. 따라서 제주가 외국으로 나가게 되어 제사를 주관할 수 없게 되었을 때는 자제나 최 근친에게 제사를 대행하도록 시키는 섭행 예법이 있습니다. 섭행자는 축에 아래와 같이 그 사유를 고하고 초헌을 대행합니다.

云云孝子某身在他國不能將事使某親某敢昭告于云云

●曾子問孔子曰宗子居於他國庶子爲大夫其祭也祝曰孝子某使介子某執其常事
●退溪曰宗子死繼后子雖在襁褓亦當書其名而季也攝主可也○又曰宗子粵在他國而命介子代祭之例曰孝子某使子某敢昭告于云云

▶3539◀◈問; 제사를 어디서 지내야 할지.

아버지가 첫 기일이 돌아옵니다. 어머니가 시골에서 혼자 계시고, 아버지 자손으로 딸 2, 아들 1 됩니다. 딸 2 은 결혼했고, 아들이 아직 미혼에 혼자 살고 있습니다. 어머니가 제사를 지내지 않으려 하고(종교문제) 그래서 남동생이 지내야 하지만 혼자 살고 있고 해서 음식 준비 등 하기가 힘들 것 같아서요 누나 집에서 제사를 지내도 될지. [황 0 영]

◈答; 제사는 적장자 집에서.

황순영님의 동생이 어떻게 살고 있는지는 알 수 없으나 제사를 받들만한 공간이 있다면 그곳에서 모셔야 할 것입니다. 제수(祭需)를 장만할 부녀가 없다면 따님이 둘이라 하니 그 곳으로 가 제수를 장만하여(또는 제수를 마련하여 가지고 가) 부친 기제를 지냄이 지극히 공경함은 물론 법도에도 맞는 것입니다. 장자(長子)가 있으니 사위 댁에서는 처부모(妻父母) 제사를 지낼 수가 없습니다.

만약 주부가 산실에 있어 제수를 장만할 부녀자가 없다면 산모가 기를 회복하기 전은 폐제(廢祭)를 합니다.

●南溪曰將生子居側室至于子生夫齊則不入側室之門是當祭者不入産室而已只一婦有産他無代行者則其勢只得姑廢而已

▶3540◀◈問; 제사를 어떻게 모셔야 할지 몰라서요?

며칠 후가 아버지 제사인데, 어머니가 돌아 가신지 1 년이 안되어 어머니 제사를 아직 지낸

적이 없습니다. 아버지 제사에 어머니를 합설로 모시는 건지 아니면 아버지만 모시는 건지 알려 주십시오. 어머니 제사에도 달라지는 것이 있다면 가르쳐 주십시오. 건강하시고 가르침 부탁 드립니다. 김 0 훈

◈答; 제사 모시기.

전통예절 관혼상제 예법에서 부모나 승중인 조부모 이상은 상을 당하면 3 년복을 입어야 하는데 아직 1 년도 아니 되었다면 상중입니다. 상중에 각 제사는 경복인으로 하여금. 한 등급 낮추어 진설하고 무축 단헌으로 마칩니다. 귀하의 질문으로 보아 탈복 여하를 밝히지 아니하였으니 그 여부는 알 수가 없으나 정상 탈복 전의 예는 아래와 같습니다.

⊙喪中忌墓祭

朱子曰今人居喪時行三二分居喪底道理則亦當行三二分祭先底禮數○要訣未葬前則準禮廢祭而卒哭後則於忌祭墓祭使服輕者行薦而饌品減於常時只一獻不讀祝可也若無服輕者喪人恐可以俗制喪服行祀○問宗子喪未葬祖先忌墓祭喪家當廢而如有介子異居而欲行則亦不悖禮否愚伏曰禮士緦不祭所祭於死者無服則祭以此推之則宗子之喪乃祖考之正統服未葬廢之似當沙溪曰遇伏說是○南溪曰朱子曰忌者喪之餘祭似無嫌云云今忌祭在葬後卒哭前者又似與未葬少間殺禮行之恐是人情之所不能已也○栗谷雖云使服輕者行薦註中已有墨衰之文而況朱子已自行之若無服輕者恐不可曰朔望忌祭喪人一切不得參也○尤菴曰葬前雖小祭祀當一切皆廢也栗谷卒哭後墓祭忌祭之說是所謂恰好處置然若據古經葬而後祭之說則三虞之後亦可言葬後從殺行之恐不爲無說○喪中行祀於祖先時據朱子說則當使人鋪排酒食之物而主祭者去拜而已然則參神降神前後節目似當使人行之若親行則恐當如要訣之儀矣出主時恐不宜昧然則告辭恐不可已也但告辭雖不書主祭之名而考妣之號則不可不書蓋其實主人告之也○禫前自與大祥前一樣然則先祀只一獻不讀祝廢利成可也雖禫後據古禮猶不敢純吉吉祭以後始同平人矣○問吉祭前未合櫝値忌日則不當考妣並祭否南溪曰似不可並祭○屛溪曰吉祭前雖値忌祭亦不能備禮但一獻無祝獻爵則主人當爲之矣

위의 말씀은 대략 담제 전에 선조의 제사를 당하면 다만 무축 단헌에 고리성을 폐하고 만약 대상을 지낸 뒤 길제를 지내기 이전에 기제를 당하면 고비 병제는 불가하다는 말씀입니다.

●朱子曰忌日只祭一位
●程氏祀先凡例祖考忌日則只祭祖考及祖妣祖妣忌日則只祭祖妣及祖考
●晦齋曰按文公家禮忌日止設一位程氏家禮忌日配祭考妣二家之禮不同盖止設一位禮之正也配祭考妣禮之本於人情者也
●退溪曰忌日并祭考妣甚非禮也
●沙溪曰忌日并祭考妣雖非朱子意我朝先賢嘗行之栗谷亦曰祭兩位於心爲安云
●愼獨齋曰并祭爲當
●備要考妣並祭則列書考妣而遷易下又云某親諱日復臨云云
●晦齋曰按文公家禮忌日止設一位程氏家禮忌日配祭考妣二家之禮不同盖止設一位禮之正也配祭考妣禮之本於人情者也若以事死如事生鋪筵設同几之意推之禮之本於情者亦有所不能已也

▶3541◀◈問; 제사를 올리는 시간에 대해.

안녕하세요. 저는 초등학교 때부터 아버지를 대신해 축문을 읽고 제사를 올리고 있습니다. 지금은 40 을 바라보는 나이라 참여가 아니라 저의 안사람과 음식에서부터 모든 일을 주관하여 다하고 있습니다.

궁금한 것은 예전에 제사를 올릴 때는 새벽에 드려 날이 바뀐 새 아침이었는데 각박한 도시생활이다 보니 기일의 새벽이 아닌 전날 저녁 9 시 정도에 제를 올리게 되었습니다만, 어르신들 말씀으로는 기일 새벽에 제를 못 올릴 것이라면 기일의 저녁에 올리지 왜 기일의 전날 오리냐고 하시어 말씀 여쭙습니다. 어떻게 해야 할지요?

◈答; 제사를 올리는 시간에 대해.

문의하신 기제사 시간은 기일 날 자시(작고하신 전날 23 시부터 작고하신 날 01 시 사이)에

지내는 것이나 이 시간을 못 지켜 기일 전날 저녁에 9 시에 지내시려 한다면 기제사를 아니 지낸 것과 같습니다. 그러므로 기제사는 기일 날 중에 지내야만 합니다. 주위 어르신들 말씀이 옳습니다.

질명행제(質明行祭) 가문이면 작고한 날 날이 밝아 질 때 제사하고 자시행제(子時行祭) 가문이면 당일 첫시인 전날 만중 0시 전일 23에서 당일 1시 사이가 당일 자시에 해당되어 그 시에 제사하게 됩니다.

●祭義註忌日親死之日也疏孝子終身念親不忘忌日非謂此日不善別有禁忌謂孝子志意有所至極思念親不敢盡其私情而營求他事故不擧也
●明齋曰凡喪復後始發喪其前則雖已氣絶猶有復生之望不可便以爲已死也以此意推之則似當以招魂日爲忌日矣
●咸興本宮儀式奏啓條本宮淸齋爲白遣初六日子時行祭是白如乎○本宮十一日子時行告由祭後陪香祝進詣定陵淸齋十三日子時攝行酌獻禮是白如乎
●日省錄十八日子時行祭天氣淸和享事利成獻官以下(云云)
●無名子集策皇極經世書; 天開於子地闢於丑
●性理大全忌祭編○厥明夙興設蔬果酒饌○質明主人以下變服詣祠堂封神主出就正寢
●南溪曰質明卽大昕指日未出時也
●尤庵曰行祭早晚太早不可太晚亦不可惟當以質明爲正
●文獻通考宗廟考六祭祀時享(薦新); 其祭貴肺用朝及闇陳氏禮書曰祭義曰夏后氏祭其闇商人祭其陽周人祭日以朝及闇
●檀弓夏后氏大事用昏商人大事用日中周人大事用日出
●禮器質明而始行事疏質正也謂正明之時少牢禮朝明行事註朝明質明也此乃周禮也
●陳氏曰子路祭於季氏質明而始行事寧早則雖未明之時祭之可也

▶3542◀◈問; 제사를 옮기려고 하는데 아랫사람 제사가 먼저 드는 경우.

안녕하세요. 추석에 제사를 큰 조카네로 옮겨오려고 하는데 형님 제사가 부모님 보다 먼저 들어옵니다. 이럴 경우는 어떻게 해야 합니까? [김 0 기]

◈答; 제사를 옮기려고 하는데 아랫사람 제사가 먼저 드는 경우.

선생의 형님이란 큰 조카의 아버지로 이해되는데 그 제사와는 관계가 없습니다. 선생의 부모님(조카의 조부모)의 제사 옮기는 시기는 사유(事由)가 발생한 때입니다. 지금이라도 현재 모시고 있던 곳에서 아래와 같은 예를 갖추고 모시면 예법(禮法)에 어그러지지는 않을 것 같습니다.

제사를 옮기는 예법은 신주봉사 할 때 이환안(移還安) 예법은 있으나 지방일 때에 관하여는 분명히 밝혀 놓은 바가 없습니다. 그러나 신주봉사를 하지 않는다 하여도 이 예법을 따른다면 과하거나 모자람이 없으리라 생각됩니다.

아래의 축식은 주인이 이거로 옮길 때의 축식입니다. 예법은 약설(略設=주과포) 단헌지례(單獻之禮)입니다. (강신재배 참신재배 헌주 독축재배 사신재배 철상)

⊙移舍奉主告辭式

維 歲次干支幾月干支朔幾日干支孝子(隨屬稱)某敢昭告于 顯考某官府君 顯妣某封某氏(諸位列書)今因移舍將奉祠版(或紙榜則改祠版爲諸位)移安于某洞(或某道某郡某洞)新第敢告

⊙奉安新宅祝辭式

維 歲次干支幾月干支朔幾日干支孝子(隨屬稱)某敢昭告于(今按若新舊第相距不遠同日奉安不書年月無妨) 顯考某官府君 顯妣某封某氏(諸位列書)屋宇維新廟儀(或紙榜則改廟儀爲奉儀)如舊伏惟 神主(或紙榜則改神主爲尊靈)是安是依

●栗谷曰凡神主移安還安或奉遷他處等事則告祭用朔參之儀告詞則臨時製述

▶3543◀◈問; 제사를 음력으로만 지내야 되나요?

작년에 아버지께서 돌아가셨어요. 처음 당한 일이라 잘 몰라서요. 제사를 그냥 약력으로 지내자고 했는데 갑자기 꼭 음력으로 지내는 이유가 있나 해서요. 딸만 많고 아빠가 다 알아서 하셨던 분이라 잘 모르겠어요.

◈答; 제사를 음력으로.

전통 예법의 시행 기준이 되는 날자는 예법의 발생 시기에서부터 정착 되기 까지 음력(陰曆)의 변화에 딸아 예법이 정하여 저 있는 것입니다. 그러하기 때문에 근대에 와서도 일상 생활은 양력에 의존 하면서도 역시 전통 예법으로 지내는 제사(祭祀)만은 음력을 고집 하고 있는 이유가 이에 연유 됨이 아닌가 생각 됩니다.

●漢書故書曰迺命羲和欽若昊天歷象日月星辰敬授民時歲三百有六旬有六日以閏月定四時成歲允釐百官衆功皆美註師古曰此皆虞書堯典之辭也欽敬若順也昊川言天氣廣大也星四方之中星也辰日月所會也羲氏和氏重黎之後以其繼掌天地故堯命之使敬順昊天歷象星辰之分節敬記天時以授下人也匝四時凡三百六十六日而定一歲十二月月三十日正三百六十日則餘六日矣又除小月六日是爲歲有餘十二日未盈三歲便得一月則置閏焉以定四時之氣節成一歲之歷象則能信理百官衆功皆美也○夫律陰陽九六爻象所從出也故黃鍾記元氣之謂律律法也莫不取法焉與鄧平所治同於是皆觀新星度日月行更以算推如閎平法法一月之日二十九日八十一分日之四十三先藉半日名曰陽歷不藉名曰陰歷所謂陽歷者先朔月生陰歷者朔而後月迺生平曰陽歷朔皆先旦月生

●天文類抄日月條日爲大陽之精主生養恩德人君之象也(云云)月爲大陰之精以之配日女主之象以朝廷諸侯大臣之類註凡月之行歷二十有九日五十三分而與日相會是謂合朔當朔日之交月行黃道而日爲月所掩則日食是爲陰勝陽其變重自古聖人畏之若日月同度于朔月行不入黃道則雖會而不食月之行在望與日(云云)

●開元禮閏月亡者祥及忌日皆以閏所附之月爲正

●書經堯典帝曰三百有六旬有六日以閏月定四時成歲註天體至圓周圍三百六十五度四分度之一繞地左旋常一日一周(云云)歲有十二月月有三十日三百六十者一歲之常數也(云云)朔虛而閏生焉故一歲閏率則十日九百四十分日之八百二十七三歲一閏則三十二日九百四十分日之六百單十五歲再閏則五十四日(云云)

●退溪曰閏非正月人之行祭常以正月而獨於是歲依亡歲之月而祭似未穩祭則依常月行之於閏月亡日則齊素而不祭似當也

●問解大月三十日死者後値小月固當以二十九日爲忌値大月則自當以三十日爲忌小月晦日死者後値大月當仍以二十九日爲忌不可延待三十日也

▶3544◀◈問; 제사를 지내는 것인지 알고 싶습니다.

작은 어머님이 1 월 23 일에 돌아가셨습니다. 그런데 제 시어머님 제사가 1 월 27 일 입니다. (제 시아버님이 장손이시고, 이번에 돌아가신 작은 어머님은 형제 중 셋째 며느리입니다) 이 경우 제사를 지내는 것이 맞는지요. 주위에서는 안 지내는 것이라고 하는데 첫 제사이기도 하여 어떻게 해야 할지 난감합니다. 알려주시면 정말 감사하겠습니다.

◈答; 상중 제사 지내는 법.

복인들은 성복 전에 당하는 제사는 모두 폐합니다. 1 년 복인 이하는 성복 후 장사 전에는 약행 무축단헌으로 지냅니다. 성복 일은 법도에 사후 4 일째 날이 됩니다.

숙모의 작고 일이 1 월 23 일 이고 기일이 동월 27 일이면 사후 제 7 일째 날이 됩니다. 따라서 성복 뒤가 되니 제사를 지내되 법도에 성복 후 장사 전(약 100 일)은 약행이라 하였으니 무축단헌의 예로 지냄이 옳을 것입니다.

●擊蒙要訣喪服中行祭儀篇凡三年之喪古禮則廢祠堂之祭而朱子曰古人居喪衰麻之衣不釋於身哭泣之聲不絶於口其出入居處言語飮食皆與平日絶異故宗廟之祭雖廢而幽明之間兩無憾焉今人居喪與古人異而廢此一事恐有所未安朱子之言如此故未葬前則準禮廢祭而卒哭後則於四時節祀及忌祭(註墓祭亦同)使服輕者(註朱子喪中以墨衰薦于廟今人以俗制喪服當墨衰著而出入若無服輕者則亦

恐可以俗制喪服行祀)行薦而饌品減於常時只一獻不讀祝不受胙可也期大功則葬後當祭如平時(註但不受胙)未葬前時祭可廢忌祭墓祭略行如上儀緦小功則成服前廢祭(註五服未成服前雖忌祭亦不可行也)成服後則當祭如平時(註但不受胙)服中時祀當以玄冠素服墨帶行之

●雜記士三月而葬○士虞記三月而葬○書儀喪儀三卜宅兆葬日條王公已下皆三月而葬

●小記報葬者報虞三月而後卒哭註報讀爲赴急疾之義謂家貧或以他故不得待三月死而卽葬者旣疾葬亦疾虞虞以安神不可後也惟卒哭則必俟三月耳

●朱子曰百日卒哭

●家禮四代奉祀○國朝五禮儀大夫士庶人三代奉祀○健全家庭儀禮準則二代奉祀

▶3545◀◈問; 제사를 지낼 때 절에 대하여.

선생님 안녕하세요. 어제 저녁에 할머니 제사를 지내거든요. 제사를 지내면서 아버지 말씀에 절할 때는 머리를 땅에 대라 말씀을 하시는데 지금 와 생각하니 머리를 차수하고 땅을 짚었으면 짚은 손 안으로 아니면 밖으로 대야 하는지요. 아버지께서 지금 집에 게시지 않거든요. 선생님의 말씀을 기다리겠습니다. 오래오래 건강하십시오.

◈答; 제사를 지낼 때 절에 대하여.

이마를 땅에 대는 절을 고두배(叩頭拜)라 하는데 고두배(叩頭拜)는 두 가지가 있습니다. 이마를 땅에 대는 즉시 떼는 돈수배(頓首拜)가 있고 오래 대고 있는 계수배(稽首拜)가 있습니다. 제사의 고두배(叩頭拜)는 이마를 땅에 오래 대고 있다 떼는 계수배(稽首拜)로 하여야 합니다.

주례(周禮) 소(疏)에서 양수공지지(兩手拱至地)하고 인두지지(引頭至地)라 하였으니 공수(拱手)로 땅을 짚은 손 안으로 이마를 당겨 대게 됩니다.

●周禮春官宗伯禮官之職大祝辨九拜一曰稽首二曰頓首三曰空首四曰振動五曰吉拜六曰凶拜七曰奇拜八曰褒拜九曰肅拜以享右祭也註稽首拜頭至地也頓首拜頭叩地也疏二種拜俱頭至地但稽首至地多時頓首至地則擧故以叩地言之謂若以首叩物然

●周禮頓首[疏]先以兩手拱至地又引頭至地(云云)此平敵相拜

▶3546◀◈問; 제사를 큰집에서 작은집으로 모셔왔는데요.

저희가 작은 집인데 큰집에 사정이 있어서 저희가 제사를 모셔왔습니다. 모셔 왔을 때 지방을 쓰는 법이 다르다고 들었는데 어떻게 해야 되는 것인지 몰라서요. 지방 말고 또 다른 예법을 차려야 하는 건지 아님 지방으로도 조상님께서 알고 계시는지 지방을 써서 고해야 되는 것이면 지방은 어떻게 쓰는 것인지 자세히 알려 주세요.

◈答; 지자는 부모를 비롯 선대 제사를 지내지 못함.

전통예절에서 그러한 예법은 없으니 그에 합당한 답변을 드릴 수가 없습니다. 양해하여주기 바랍니다. 다만 그 사정이 어떠한 사연인지는 알 수 없으나 그 손이 완전히 끊겼다 하여도 작은댁에서 큰댁으로 입후하여 대를 이어주어 그 제사를 받듦이 전통예절 관혼상제에서 가르치는 바른 예법입니다.

●奔喪凡喪父在父爲主(註)父在而子有妻子之喪則父主之統於尊也

●溫公曰凡主人當以長子爲之無長子則長孫承重又曰父沒兄弟同居各主其喪(注)各爲妻子之喪爲主也

●曲禮支子不祭祭必告于宗子(註)不敢自專宗子有故支子當攝而祭五宗皆然疏廟在適子之家庶子不敢輒祭若濫祭亦是淫祀若宗子有疾不堪當祭則庶子代攝可也猶宜告宗子然後祭

●喪服小記庶子不祭禰者明其宗也(註)庶子不得立禰廟故不得祭禰所以然者明主祭在宗子廟必在宗子之家也庶子雖貴止得供具牲物而宗子主其禮也○(又)喪服小記庶子不祭祖者明其宗也(註)此據適士立二廟祭禰及祖今兄弟二人一適一庶而俱爲適士其適子之爲適士者固祭祖及禰矣其庶子雖適士止得立禰廟不得立祖廟而祭祖者明其宗有所在也

●問忌祭定行於主人之家支子女子則只以物助之何如退溪曰朱子書有支子所得自主之祭之說恐是

忌祭節祀之類也今若一切皆歸宗子而支子不祭則因循偸惰之間助祭不如式以致衆子孫全忌享先之禮甚爲未安又或宗子貧窶不能獨當而並廢不祭則反不如循俗行之之爲愈

▶3547◀◈問; 제사를 한 달에 두 번 지내도 되는지. 그리고 제사 옮겨와도 되는지

안녕하세요. 며칠 전 친정 아버지의 제사에 다녀왔습니다. 물론 신랑도 함께요. 그렁데요 궁금한 점이 있어 문의 드립니다.

아버지 기일이 음력 9 월 8 일 이고 시아버님의 기일은 음력 9 월 26 일입니다. 시어머님이 한 달에 두 번 절하면 안 된다고 했는데 신랑이 친정 쪽에서 제사 지내면서 절을 했네요. 그럼 시아버님 제사 땐 절을 하면 안 되는 건가요?

참고로 저희 신랑은 외아들입니다. 그리고 또 한가지 친정 부모님의 제사를 큰오빠(장남) 집에서 지내다가 차남 집으로 가져올 수 있는지요. 장남이 이혼을 하고 여건이 되지 않아 모셔오려고 하는데 그래도 되는지. 절차는 어떤지요.

◈答; 하루 양기(兩忌)가 들면 선중후경(先重後輕)으로 제사함.

한 달에 두 번 제사를 지내지 않는다는 예법은 없습니다. 만약 같은 날 할아버지와 아버지가 작고하셨다면 선중 후경의 예법에 따라 먼저 할아버지 제사를 마치고 뒤이어 아버지 제사를 지내는 것입니다. 제사는 장자가 지내는 것입니다. 만약 불가피한 사정으로 제수 장만할 주부가 없다면 차자부나 여식들이 그 댁으로 가 그 대신 조리하면 될 것입니다.

●尤庵曰祖曾忌祭同日則當先後行之蓋偕喪三年中有異殯各祭之文忌日喪之餘也
●陶庵曰兩忌日不可並設只當先尊後卑而各行之
●遂庵曰高禰兩祭相値則先祭高祖後祭禰位
●陶庵曰一日兩忌只可先尊後卑次第行之時祭之例不當據用
●明齋曰祖孫同忌則一時同行恐無妨主人一也一時行之而各祝以告
●大山曰祖禰同忌恐不必逐位各行也
●顧齋曰忌日異於練祥妻子之祭與親忌共設無妨

▶3548◀◈問; 제사를 합치는 내용입니다.

선생님께 묻습니다. 저는 차남(次男)입니다. 어떻게 하다 보니 제사(祭祀)를 제가 모시게 되었습니다. 할아버지, 할머니: 음력 9 월 9 일(돌아가신 날을 몰라서 부모님 생전에 잡은 날입니다.) 이고요, 부모님 고향이 두분 다 이북(황해도)입니다. 부모님은 기일에 모십니다. 작은 아버지 제사는 기일입니다. 작은 아버지 제사는 부모님 살아 생전에 제가 했었습니다. (작은 아버지 제사는 손이 없어서 제가 합니다.)질문입니다.

1. 작은아버지 제사를 할아버지, 할머니 제사 날에 같이 하려 합니다. 기일인 작은 아버지 제사를 그냥 잡은 할아버지, 할머니 제사에 합쳐도 되는지 합쳐도 된다면, 내일 작은아버지 제사에 내가 어떻게 해야 하는지 합쳐서 해야 하는 제사의 축은 어떻게 써야 하는지요. 꼭 빠른 답변 부탁합니다 감사합니다

◈答; 제사와 축에 관하여.

추석이나 정단 등 절사에는 축이 없습니다.

기제는 작고한 날 지내는 제사인데 주자가례 등의 예서에는 궐명(厥明)에 설위하여 질명(質明)에 제사한다 하였으니 이와 같이 기제의 예를 갖춤이 예에 맞는 것이나 대개의 가문에서는 그날 첫 시인 자시(子時)에 지내고 있습니다. 불가피하게 이와 같이 지내기가 불가능하다면 그날 10 시에 지낸다 하여 (궐사 보다) 예에 크게 어그러지지는 않을 것입니다. 기제 축문은 아래의 예문에서 제주와의 관계에 따라 그와 합당하게 맞추어 쓰면 될 것입니다.

⊙忌祭祝文式(기제축문식)

維 歲次干支幾月干支朔幾日干支孝子(조고비에게는 孝孫 증조고비에게는 孝曾孫 고조고비에게는 孝玄孫 ○ 방친과 형제와 처와 자식에게는 그가 부르던 칭호대로 쓴다) 某官某 (동생 이하 자에게는 이름을 쓰지 않는다) 敢昭告于(처에게는 敢자를 쓰지 않고 동생 이하에게는 告于만 쓴다) 顯考某官 (관직이 없었으면 學生이라 쓴다. 府君 어머니 기제에는 顯妣某封某氏라 쓰고 고조고는 顯高祖考某官府君 고조비는 顯高祖妣某封某氏 증조고는 顯曾祖考某官府君 증조비는 顯曾祖妣某封某氏 조고는 顯祖考某官府君 조비는 顯祖妣某封某氏라 쓰고 처는 亡室某封某氏 장자는 亡子某官이라 쓰고 항렬이 낮거나 수하자 에게는 顯자를 고쳐 亡자로 하고 府君 두 자를 빼며 방친은 속한대로 쓴다. ○고비 병제를 할 때는 顯妣某封某氏를 열서한다)歲序遷易 諱日復臨 (병제(並祭)에는 諱日復臨 앞에 아버지 기일에는 顯考 어머니 기일(忌日)에는 顯妣라 쓰고 조고비(祖考妣) 이상 기일 역시 이와 같다. ○처나 동생의 기일이면 諱日復臨을 亡日復至로 고친다) 追遠感時昊天罔極 (고조 증조 조고비 기일이면 昊天罔極을 不勝永慕라 고쳐 쓰고 방친(傍親)의 기일이면 追遠 이하 여덟 자를 고쳐 不勝感愴이라 쓰고 처나 동생 이하의 기일이면 感愴을 다른 말로 고친다) 謹以 (처나 동생 이하의 기일이면 謹以를 玆以로 고쳐 쓴다) 淸酌庶羞恭伸奠獻(처나 동생이하에게는 恭伸奠獻을 伸此奠儀라 고쳐 쓴다) 尙 饗

●祭義君子有終身之喪忌日之謂也註忌日親死之日也
●周禮春官宗伯禮官之職小史條掌邦國之志奠繫世辨昭穆若有事則詔王之忌諱註鄭司農云先王死日爲忌名謂諱
●家禮忌祭編○厥明夙興設蔬果酒饌○質明主人以下變服詣祠堂封神主出就正寢
●禮器質明而始行事疏質正也謂正明之時少牢禮朝明行事註朝明質明也此乃周禮也
●尤庵曰行祭早晩太早不可太晩亦不可惟當以質明爲正
●南溪曰質明卽大昕指日未出時也
●日省錄正祖十九年乙卯四月二十二日壬寅條(云云)獻官之命十七日進詣本宮十八日子時行祭天氣淸和享事利成獻官以下(云云)
●咸興本宮儀式禮曹判書徐浩修狀啓臣於前月二十五日伏奉咸興本宮永興本宮濬源殿攝行酌獻禮南關各陵寢奉審之命當日陪香祝辭陛本月初一日到永興府進詣本宮奉安香祝初三日到咸興府進詣本宮淸齋爲白遣初六日子時)行祭是白如乎
●弘齋全書訓語氣猝發大臣閣臣求對承候敎曰逢是年是日予懷無以自抑子時行祭非不知無於禮而不得已爲此天明以後將行祝慶之禮予氣予亦自知故欲稍早時刻庶少鎭安而專意於慶今之節也仍嗚咽良久
●國朝五禮儀吉禮春秋及臘祭社稷儀奠幣祭日條丑前五刻

▶3549◀ ◈問; 제사를 합치는 내용입니다.

선생님께 묻습니다. 저는 차남입니다. 어떻게 하다 보니 제사를 제가 모시게 되었습니다. 할아버지, 할머니: 음력 9 월 9 일(돌아가신 날을 몰라서 부모님 생전에 잡은 날입니다.) 이고요, 부모님 고향이 두분 다 이북(황해도)입니다. 부모님은 기일에 모십니다. 작은아버지 제사는 기일입니다. 작은 아버지 제사는 부모님 살아 생전에 제가 했었습니다. (작은아버지 제사는 손이 없어서 제가 합니다.)

질문입니다.
1. 작은아버지 제사를 할아버지, 할머니 제사 날에 같이 하려 합니다.
- 기일인 작은 아버지 제사를 그냥 잡은 할아버지, 할머니 제사에 합쳐도 되는지
- 합쳐도 된다면, 내일 작은아버지 제사에 내가 어떻게 해야 하는지
- 합쳐서 해야 하는 제사의 순서는?
- 작은 아버지 제사를 안 해도 되는지? (횟수로는 10 년이 넘었습니다.)
-작은 아버지 제사를 안 해도 되는지? (횟수로는 10 년이 넘었습니다.)

2. 향후에 제가 있는 동안은 제사를 하려 합니다. 제가 없으면 할아버지, 할머니, 작은아버지는 하지 말라 했습니다. 저희 내자, 누님(출가하지 않은 누님입니다.)은 저의 기일에 합쳐서 하라고 했습니다. 그렇게 해도 되는지?

늦게 홈페이지를 찾았습니다. 답변을 부탁 드립니다. 글이 길어지면 전화라도 부탁 드립니다. 이0조: 010-3x09-60x3

◈答; 제사를 1회로 합치는 예법은 없음.

기일이라 함은 사일(死日)을 의미하며 기제사란 작고한 날에 지내는 제사로서 고비를 합하여 한번에 지낼 수가 없는 것입니다.

●祭義君子有終身之喪忌日之謂也註忌日親之死日也疏孝子終身念親不忘忌日
●陶庵曰只設一位禮之正也盖忌日乃喪之餘値其親死之日當思是日不諱之親而祭於其位不宜援及他位只祭所祭之位而不爲配祭非博於所配祭以哀在於所爲祭者故耳然則當以只祭一位爲正考妣并祭雖有先儒之說恐不可從
●朽淺曰凡忌祭當忌之位
●旅軒曰忌祭人多并祭考妣甚非禮也
●愚伏曰不敢援尊固有所本於理亦精然并祭亦何不可
●奉先雜儀文公家禮忌日止設一位程氏祭禮忌日配考妣二家之禮不同蓋止設一位禮之正也配祭考妣禮之本於人情者也
●栗谷曰忌祭則設所祭一位具饌但具一分若并祭考妣則具二分
●牛溪曰程子俱祭考妣鄙人則用程禮
●愼獨齋曰并祭爲當
●尤庵曰吾家設考妣兩位雖知其不當而行之已久不能改也
●沙溪曰忌日并祭考妣雖非朱子意我朝先賢嘗行之栗谷亦曰祭兩位於心爲安云援尊之嫌恐不必避也

▶3550◀◈問; 제사를 합설로 모실 때.

돌아가신 부모님의 제사를 합설로 모실 때 다음과 같은 사항이 궁금합니다.

1. 어머님 제사 날 술을 올릴 때 어머님부터 먼저 올리고 나서 아버님 전에 올리는 것이 인정상 합당하지 않을는지요. 어머님만 단설로 모신다면 아버님은 아무것도 얻어 먹지 못하게 되기 때문에 그런 생각이 듭니다.

2. 술은 초헌. 아헌. 종헌 이렇게 3잔만 올려야만 하나요? 저의 형제는 2남 3매로 누나들도 섭섭한 생각이 들까 싶어 모두 각자 올리고 조카들도 별도로 올리고 하는데. 감사합니다.

3. 초헌 시에만 축문을 읽고 그 후 헌작 시에는 축문을 읽지 않고 있는데, 답변주신 내용으로 보아 삼헌 이후 더 이상 잔을 올리지 않는 것이 바른 예법이라는 설명인지요?

◈答; 제사를 합설로 모실 때.

問 1. 答; 어머님 제사 날 술을 올릴 때 어머님부터 먼저 올리고 나서 아버님 전에 올리는 것이 인정상 합당하지 않을 는 지요. 어머님만 단설로 모신다면 아버님은 아무것도 얻어 먹지 못하게 되기 때문에 그런 생각이 듭니다.

曾子問曰並有喪如之何何先何後孔子曰葬先輕而後重其奠也先重而後輕禮也自啓及葬不奠行葬不哀次及葬奠而后辭於殯逐修葬事其虞也先重而後輕禮也註並謂父母若親同者同月死不奠務於當葬者殯當爲賓聲之誤也辭於賓謂告將葬啓期也陳註從啓母殯至葬惟設母啓殯之奠朝廟之奠及祖奠遣奠而已不於殯宮爲父設奠故云不奠次者大門外之右平生待賓客之處柩至此則孝子悲哀柩車暫停今父喪在殯故不得爲母伸哀於所次之處也葬母而返卽於父殯設奠告賓以明日啓父殯之期遂修葬父之事也葬是奪情之事故先輕奠是奉養之事故先重也虞亦奠類故先重
예기(禮記) 증자문편(曾子問篇)에서 가르치기를 증자가 묻기를 부모를 같이 상을 당하고 있을 때 상을 어찌 치러야 하며 누구를 먼저 하고 누구를 뒤에 해야 합니까? 하고 여쭙자 공자(孔子)께서 말씀 하시기를 장사 지내는 데는 경(輕)한 자를 먼저 하고 중(重)한자를 뒤에 해야 하며 그들의 전(奠)을 지낼 때는 중한 자를 먼저 지내고 경한 자를 뒤에 지내는 것이 바른 예이니라. (중략) 그들의 우제(虞祭)는 중한 자를 먼저 지내고 경한 자를 뒤에 지내는 것이 바른 예이니라. (이하 주석(註釋) 문 생략).

⊙設一位

退溪曰並祭考妣甚非禮也考祭祭妣猶之可也妣祭祭考豈有敢授尊之義乎吾門亦嘗如此而非宗子故不敢擅改只令吾身後勿用俗耳○尤菴曰考妣合櫝及忌日只祭一位皆是家禮之文矣然則不得不於合櫝中只奉出一位矣○陶菴曰只祭一位禮之正也蓋忌日乃喪之餘值其親死之日當思是日不諱之親而祭於其位下宜援及他位非薄於所配祭以哀在於所爲祭者故耳然則當以只祭一位爲正考妣並祭雖有先儒之說恐不可從

이상의 말씀은 기제(忌祭)에 그날 작고한 분만 설위 하고 지내는 것이 바른 예법이란 말씀입니다.

⊙並祭考妣

備要若並祭考妣則設兩位○程氏祠先凡例祖考忌日則只祭祖考及祖妣祖妣忌日則只祭祖妣及祖考餘位忌日祭同○晦齋曰按文公家禮忌日止設一位程氏祭禮配祭考妣二家之禮不同蓋止設一位禮之正也配祭考妣禮之本於人情者也若以事死如事生鋪筵設同几之義推之禮之本於情者亦有所不能已也○沙溪曰忌日並祭考妣雖非朱子意我朝先賢嘗行之栗谷亦曰祭兩位於心爲安云援尊之嫌恐不必避也○尤菴曰吾家亦設考妣兩位雖知其不當而行之已久不能改也

이상은 병제에 관한 선유 들께서 하신 말씀입니다. 인정상 모친 기일 날에는 부친을 합설하고 부친 기일에는 모친을 합설한다 함입니다.

위에서 살펴 본 바와 같이 단설로 지내는 것이 바른 예법입니다 그러나 병설한다 하여 크게 어그러진 예가 아닌 듯 하며 대개의 가문에서는 병제로 지내고 있는 듯 합니다. 병제로 지낸다 하여도 당일 제사가 누구든 간에 부친부터 잔을 올려야 합니다. 누구의 제사인가는 축문에 분별하여 고하게 되어 있습니다.

問 2. 答; 헌관은 예법으로 정하는 법이 있습니다. 초헌관은 주인이며 아헌관은 주부인데 유고 시는 차순 자가 할 수 있으며 종헌관은 그 다음 차순자나 객(客) 중에서 택하게 되여 있습니다. 설혹 어머니가 생존 하였다 하여도 아헌관이 될 수 없는 것이며 주인 혼자라면 주인이 삼헌을 다 하는 것입니다. 잔을 드리는 바른 예법은 축이 없으면 단잔으로 마치고 축문을 고하면 삼헌을 할 수 있는 것입니다

問 3. 答; 아헌과 종헌시는 축문이 없는 것이며 예법으로는 삼헌 뿐입니다. 삼헌으로 마치도록 정한 연유는 아마도 예날 중국의 가족 제도는 대가족 제도여서 한 집안에 6 7 8촌이 함께 기거를 하니 정리라 하면 한치 건너 두치라 정에 못 이겨 잔을 올리다 보면 하루가 족히 넘을 수 있기에 삼이란 수는 안정된 수이며 심리상 제일 선호하는 수이니 삼헌의 제도가 생긴 듯 합니다.

●性理大全祭禮四時祭; 初獻主人 亞獻主婦爲之 終獻兄弟之長或長男或親賓爲之○又
墓祭; 初獻如家祭之儀 亞獻終獻並以子弟親朋薦之
●儀禮士虞禮; 俎人設于豆東魚亞之(鄭玄注)亞次也
●詩經大雅蕩章; 靡不有初鮮克有終(註)終爲事物的結局
●周易繫辭下傳; 易之爲書也原始要終以爲質也

▶3551◀◈問; 제사를 합치려고 하는데.

저희 집은 추석 뒤로 20일, 3일, 7일 간격으로 제사가 있습니다. 여러 가지 불편함이 있어서 이번 추석 때 친지들이 모여 3 차례 제사를 첫 번째 제사에 합치기로 했습니다. 그런데 제사가 다가오니 지방도 어떻게 써야 하는지 모르겠습니다. 그리고 제사를 합쳤을 때는 원래 제사와 달리 필요한 것과 알아야 할 것이 있으면 알려주세요.

◈答; 제사를 합치려고 하는데.

기(忌)란 사람이 죽은 날이란 뜻으로 기제사란 조상이 죽은 날 제란 뜻인데 기제사를 합쳐

지내다 함은 조상의 작고한 날을 생각하고 슬픔에 겨워 그 혼신과 만나 뵈는 의식인데 다른 날 지낸다 하는 것은 기제사로서의 의미가 없다 할 수 있습니다. 물론 사대봉사라면 최소 8위 이상이니 산 자의 입장에서 생각한다면 퍽 괴로운 일이겠지만 그는 바로 부모를 잊음이요 조상으로부터 내가 태어나 지금 이세상에 살고 있음을 망각함이라 할 수 있을 것이나 조용한 뒤 안은 남이 보지 못하는 곳이니 그 속에서 무슨 일이 일어나고 있는 지는 타인은 모르는 것입니다.

⊙忌日

祭義君子有終身之喪忌日之謂也忌日不用非不祥也言夫日志有所至而不敢盡其私也註忌日親之死日也不用不以此日爲他事也非不祥言非以死爲不祥而避之也夫日猶此日也志有所至者此心極於念親也○張子曰古人於忌日不爲薦奠之禮特致哀示變而已○語類古無忌祭近日諸先生方考及此○先生爲無後叔祖忌祭未祭之前不見客ㅇ問人在旅中遇有私忌於所舍設卓炷香可否曰這般微細處古人也不曾說若是無大礙於義理行之亦無害○頤菴曰國俗忌祭不論男女輪遆設行國典云祭享之費與祭宗族輪番措辦又言主祭子孫別居遠處衆子孫就其家行祭謂送助其費于宗家耳非使之設行於各家也

●便覽紙牓(편람지방)

○紙

用厚白紙長廣隨宜以眞楷細書於紙中央臨祭貼於椅上隨位各書

○紙牓式(지방식)

顯某考某官府君神位
顯某妣某封某氏神位(祖妣二人以上別具紙各書)

●溫公曰古者除於室中故神坐東向自後漢以來公私廟皆同堂異室南向西上所以西上者神道尙右故也

●家禮本註凡屋之制不問何向背但以前爲南後爲北左爲東右爲西

●問解無官而死者無他稱號勢不得已當書學生處士秀才各隨宜可也

●沙溪曰無官而死者不稱學生則無他稱號勢不得已當書學生處士秀才各隨其意可也婦人孺人之號書亦可不書亦可丘氏謂無官婦人宜如俗稱孺人盖禮窮則從下之義也

●尤庵曰孺人是九品官之妻稱而士妻同稱之者是禮窮則同之義也

●士儀治葬題主陷中條無官則隨常時所稱如學生處士秀才或別號之類

●問解無官而死者無他稱號勢不得已當書學生處士秀才各隨宜可也

●問無官而非學生者題主稱學生似未穩而且如子孫書四祖亦皆無合當稱號如何如何沙溪
宋俊吉答無官而死者不稱學生則無他稱號勢不得已當書學生處士秀才各隨其宜可也

●宋敬甫問無官而非學生者題主稱學生似未隱沙溪曰無官而死者不稱學生則無他稱號勢不得已當書學生處士秀才各隨其宜可也又曰丘氏謂無官婦人宜如俗稱孺人蓋禮窮則從上之義也

●同春堂曰無官而死者不稱學生則無他稱號勢不得已當書學生處士秀才各隨其宜可也

●葛庵曰無官而死者無他稱號不得已當書學生處士秀才各隨其宜可也

●士儀治葬題主陷中條無官則隨常時所稱如學生處士秀才或別號之類

●寒岡曰雖有先人之名若不得禮曹立案則不可經書左旁恐姑書曰顯兄秀才府君神主而呈禮曹出立案

●俛宇曰無官者之稱學生處士秀才皆無不可然秀才則弱冠時可用學生亦非今日合稱惟處士似勝然自非有行望可尊者則亦難人人一例秀士亦古者薦升之稱奈何

▶3552◀ ◈問; 제사를 합칠 경우.

아버님 제사와 어머님 제사 일이 같은 달에 4 일밖에 차이가 나지 않아 어른들이 같은 달에 제사가 같이 있으면 제사를 한날 같이 합쳐서 지내면 된다고 그렇게 하라고 합니다. (아버님 음력 7 월 3 일, 어머님 음력 7 월 7 일)

질문 1: 정말로 아버님 어머님 제사를 같이 합쳐서 한날에 지내도 되는지 궁금하고요.
질문 2: 만약 어머님 제사를 아버님 제사일인 음력 7 월 3 일에 합쳐서 같이 지낼 경우 축문은 어떻게 써야 되는지 알려 주시면 고맙겠습니다. 상세히 답변해 주시기를 부탁 드리며 가정에 행복이 가득 하시기를 기원합니다.

◈答; 제사를 합칠 경우.

질문 1. 答: 기제는 작고한 날을 잊지 않기 위하여 지내는 제사라 불가한 것입니다. 고비를 일제하고 말면 한 분의 기제는 궐사한 것이 됩니다.

●祭義註忌日親死之日也疏孝子終身念親不忘忌日非謂此日不善別有禁忌謂孝子志意有所至極思念親不敢盡其私情而營求他事故不擧也
●明齋曰凡喪復後始發喪其前則雖已氣絶猶有復生之望不可便以爲已死也以此意推之則似當以招魂日爲忌日矣
●咸興本宮儀式奏啓條本宮淸齋爲白遣初六日子時行祭是白如乎○本宮十一日子時行告由祭後陪香祝進詣定陵淸齋十三日子時攝行酌獻禮是白如乎
●日省錄十八日子時行祭天氣淸和享事利成獻官以下(云云)
●無名子集策皇極經世書; 天開於子地闢於丑
●性理大全忌祭編○厥明夙興設蔬果酒饌○質明主人以下變服詣祠堂封神主出就正寢
●南溪曰質明卽大昕指日未出時也
●尤庵曰行祭早晩太早不可太晩亦不可惟當以質明爲正
●文獻通考宗廟考六祭祀時享(薦新); 其祭貴肺用朝及闇陳氏禮書曰祭義曰夏后氏祭其闇商人祭其陽周人祭日以朝及闇
●檀弓夏后氏大事用昏商人大事用日中周人大事用日出
●禮器質明而始行事疏質正也謂正明之時少牢禮朝明行事註朝明質明也此乃周禮也
●陳氏曰子路祭於季氏質明而始行事寧早則雖未明之時祭之可也

질문 2. 答: 합쳐 지낼 수가 없으니 축문을 쓸 수가 없습니다. 다만 부친(父親) 기일에 모친(母親)을 합설(合設)하고 모친 기일 날 부친을 합설 제사함이 보편적이니 그 축문은 다음과 같습니다.

⊙기제축문식(忌祭祝文式)(대체로 모든 기제에 응용할 수 있음)
維 歲次干支幾月干支朔幾日干支孝子(조고비에게는 孝孫 증조고비에게는 孝曾孫 고조고비에게는 孝玄孫○방친과 형제와 처와 자식에게는 그가 부르던 칭호대로 쓴다)某官某(동생 이하 자에게는 이름을 쓰지 않는다)敢昭告于(처에게는 敢자를 쓰지 않고 동생 이하에게는 告于만 쓴다) 顯考某官(관직이 없었으면 學生이라 쓴다)府君(어머니 기제에는 顯妣某封某氏라 쓰고 고조고는 顯高祖考某官府君 고조비는 顯高祖妣某封某氏 증조고는 顯曾祖考某官府君 증조비는 顯曾祖妣某封某氏 조고는 顯祖考某官府君 조비는 顯祖妣某封某氏 라 쓰고 처는 亡室某封某氏 장자는 亡子某官아라 쓰고 항렬이 낮거나 수하자에게는 顯자를 고쳐 亡자로 하고 府君 두 자를 빼며 방친을 속한대로 쓴다○고비 병제를 할 때는 顯妣某封某氏를 열서 한다)歲序遷易 諱日復臨(병제에는 諱日復臨 앞에 아버지 기일에는 顯考 어머니 기일에는 顯妣라 쓰고 조고비 이상 기일 역시 이와 같다○처나 동생의 기일이면 諱日復臨을 亡日復至로 고친다)追遠感時昊天罔極(고조 증조 조고비 기일이면 昊天罔極을 不勝永慕라 고쳐 쓰고 방친의 기일이면 追遠 이하 여덟 자를 고쳐 不勝感愴이라 쓰고 처나 동생 이하의 기일이면 感愴을 다른 말로 고친다)謹以(처나 동생 이하의 기일이면 謹以를 玆以로 고쳐 쓴다)淸酌庶羞恭伸奠獻(처나 동생 이하에게는 恭伸奠獻을 伸此奠儀라 고쳐 쓴다)尙 饗

▶3553◀ ◈問; 제사모시기 전.

안녕하십니까. 제사모시기 전 상가 집 조문을 다녀 왔는데 제사를 모셔도 되는지? (상가 집 방문 후 같은 月 내에 제사가 있습니다) 같은 달 내에 일이 있으면 하나를 포기해야 한다는 말을 들었던 생각이 나서요. 답변 주시면 고맙겠습니다.

◈答; 제사모시기 전.

모든 제사는 재계라는 예법이 있습니다. 재계란 집에 머물면서 목욕 후 새 옷으로 갈아입고 흉한 일이나 조문을 가지 않으며 풍악을 울리거나 하지 않으며 술을 마시지 않고 심신을 정결하게 하는 일로 그 기간은 제사에 따라 다릅니다.

아래와 같이 살펴보건대 기제사라면 전일일 이니 제사 지내는 전날 하루일 뿐으로 하루 전날만 조문하지 않으며 같은 달 안에 두일이란 무슨 의미 인줄은 모르겠으나 만약 상을 당하였으면 상주는 삼 년간 제사를 지내지 않습니다. 다만 졸곡이 지나면 경복자로 하여금 무축단헌으로 제사를 지내게 하되 상주는 참석하지 않습니다.

●家禮忌祭前期一日齋戒
●備要忌祭前期一日齋戒
●退溪曰家禮忌日言前期一日齋戒而已
●曲禮齋者不樂不吊
●莊子曰不飮酒不茹葷是祭祀之齋也
●唐制散齋之日理事如故惟不得吊喪問疾不判署刑殺文書不決罰罪人不作樂不親穢惡之事致齋惟祀事得行其餘悉禁
●孟子離婁下篇齋戒沐浴則可以祀上帝
●備要是日不飮酒不食肉不聽樂以居夕寢于外

▶3554◀◈問; 제사 모시는 법 좀 지도해주세요.

저의 처가가 전처자식과 후처자식이 있는데 모두 딸 입니다. 저는 후처인 장모님의 사위가 됩니다. 지금은 후처인 장모님 한 분만 생존해 계십니다. 얼마 전 장인 어른 제사를 모시는데 제사상에 (장인과 전처) 두 분의 메를 올리는 것을 봤는데 --------이 예법이 맞는 것 같기도 하나 다른 방법은 없는 지와, 만약에 후처인 장모님이 돌아 가시면 (장인 제사 때와 장모 제사 때) 어떻게 제사를 모셔야 하나요. 물어볼 곳이 마땅치 않아 무례를 범하오니 좋은 답변 부탁 드립니다.

◈答; 제사 모시는 법.

계비란 적처가 사망한 후 적실 하게 취한 부인을 일컬음이며 둘 셋 그 이상도 될 수 있는 것입니다. 고대 예법에는 당해 위 일위만 그 기일에 제사 하였으나 그 후 부부 합제하는 가문이 나타나다 이제는 거의가 부부 합제를 하는 듯 합니다. 주부자 가례 의식 어느 곳에서도 합제를 언급한 부분은 없습니다. 다만 후세에 내려와 인정으로서 합제를 하고 있다 하겠습니다. 고비 병제에 관한 선유 들의 말씀을 몇 행 상기 하여 보겠습니다. 어떤 제자가 남계 선생께 묻기를 본처 제삿날 후처를 합제 하는데 축문은 어떻게 씁니까 하고 묻자 남계 선생은 다음과 같이 말씀 하셨습니다.

●南溪曰祝文稱謂禮無明文不敢爲說.
이런 말씀 입니다. 축문으로 부를 수 있는 것을 예법으로 일러 명문화 된 것이 없으니 감히 말을 할 수가 없구나.

●沙溪曰若竝祭考妣則設兩位吾家亦設考妣兩位雖知其不當而行之已久 不能改也.
사계 선생이 이르기를 만약 고비 병제를 지낼 때는 두 위로 차린다. 나의 집에서 역시 고비 양위를 합설 하는데 아무리 합설로 행제 함이 온당치 않다 하여도 이미 오래 되여 고칠 수가 없느니라.

●程氏祠先凡例祖考忌日則只祭祖考及祖妣祖妣忌日則只祭祖妣及祖考 餘位忌日祭同
정씨 사당 제도 첫 부분의 범례에 조고 기일 날이면 다만 조고와 조비를 합제 하며 조비 기일 날이면 단지 조비와 조고를 합제를 하며 나머지 위의 기일 날 제사도 같게 한다. 또 어떤 사람이 전 후비 제삿날 병제에 대하여 신제 선생과의 다음과 같은 문답이 있습니다.

●問父若前後室則前母忌日同祭後母忌日同祭前母耶愼獨齋曰幷祭爲當.
묻기를 만약 전처와 후처가 있을 때 전모 기일 날 후모를 같이 합제를 하고 후모 기일 날 전모를 합제 할 수가 있습니까 하고 묻자 신독재 선생 말씀이 당연히 같이 제사를 지내야 한다 라 하셨습니다.

위와 같이 선유들께서도 합제를 하였으니 귀댁의 예법이면 삼합제 한다 하여 흉 될 예법은 아니라고 생각 됩니다. 다만 축으로 고 할 때 바르게 고 하여야 함은 당연 합니다. 후처가 서모라면 그가 죽으면 그의 후자가 그의 사실에서 제사하게 됩니다.

●備要忌祭祝文式條若考妣幷祭則曰某親諱日
●近齋曰考妣忌同日而其家本不並祭者當先祭考後祭妣何可一時竝祭乎若並祭而合設者則祝文當於歲序遷易之下書以顯考顯妣諱日復臨何用別般措語
●江湖曰幾月朔某甲(按鄕校禮輯祝辭朔字在干支之上)云云顯考某官府君神主(丘氏儀禫有神主字)顯妣某封某郡某氏神主伏以(五禮儀祝多用伏以二字於此)歲序遷易顯考諱日復臨追感曰增昊天罔極(祖以上云追感歲時不勝永慕)謹以菲儀式陳明薦(卑幼云玆以菲羞伸此奠儀)
●宣丈諱始啓嘗問曰忌祭祝考妣並祭則某親諱日云云只兩合櫝則固當如此至於先後妣則只稱顯妣諱日其於丁寧告神之辭無乃有混雜之嫌乎且夫繼母之稱出於前母之子前母之稱出於繼母之子主祭者若前母之子則於所生母只稱顯妣於後妣稱顯繼妣固何如而(主祭者繼母之子則亦如此例)有異於神主粉面果無識者之誚乎若或三四室則又如之何愚答曰只祭當位禮之正也並祭考妣禮之本乎情者也正者固無諸弊然禮之本乎情者亦不可廢焉則不論主祀者之出於前後妣與否皆當書其姓而別之若前後妣姓同則不得已當書以顯前妣某氏顯系妣某氏若至三四室而姓皆不同則亦當書其姓而別之若有姓同者則亦當書以第一妣某氏第二妣某氏至於所生妣稱以前系第幾雖似泛忽只稱顯妣亦甚不的且旣別其先後次序而言之則義無所害亦未知崇意如何若其祝辭之有異於粉面事出罔已雖有或者之誚不當復論矣
●寒岡曰雖前室之子繼母若在則當只稱孤子而不可稱孤哀云蓋繼母在則是母在也若遽稱孤哀則是不母繼母也於禮爲未安故也
●南溪曰繼室之於元妃與夫一體奉祀恐甚得禮所謂非族之祀豈指此類而言耶祝文稱謂禮無明文不敢爲說
●問解續問父若有前後室則前後母神主同出耶只出考與所祭之主耶答並祭爲當前母忌日同祭後母後母忌日同祭前母
●梅山曰前後妣死在同日當先元妣後繼妣若並祭則一擧合設兩祭出主告當曰今以顯妣某封某氏顯妣某封某氏遠諱之辰敢請顯考某官府君顯妣某氏顯妣某氏神主云云忌祭祝遷易下云顯妣某封某氏顯妣某封某氏諱日幷臨云云
●砥山曰考妣合祭而有前繼妣祝文則列書下曰歲序遷易下又當云前後妣共顯某親某封某氏諱日復臨云云

▶3555◀◈問; 제사 모시는 장소에 관해 문의 드립니다.

안녕하세요. 저는 현재 아들을 두고 가정을 이룬 평범한 장손입니다. 당장의 일은 아니지만 조상을 모시는 일에 있어서 그 예법에 맞고 자손들의 편리에도 도움이 될 수 있을까 하여 문의 드립니다.

현재 아버지께서 경상도에서 할아버지 제사를 모시고 있습니다. 여느 가정과 마찬가지고 명절, 제사 시 이동의 불편함이 있습니다. 우리가 불편하니 편리한 대로 옮기자는 의미는 아니고요. 저희 집안은 예전부터 서울 4 대문 안에 살았던 요즘은 흔하지 않았던 집안입니다. 그래서 현재 할머니, 삼촌 2 분 고모 2 분 또 그 자손들까지(출가외인은 빼더라도) 서울에 살고 있어서 명절날 할아버지께 인사를 못 드리고 그나마 간단히 할머니만 찾아 뵙는다든지 아니면 간혹 시간을 내어 제사에 참석하기도 합니다.

아버지 자손인 저와 제 동생(둘 다 서울거주)은 무조건 아버지께 가야 하니까 저희 형제 역시 할머니나 친척들을 제사나 차례에서 만날 수가 없고요. 현재 아버지와 어머니는 조만간 장손인 제가 있는 곳으로 제사를 옮겨서 지내면 친척들도 다 모일 수 있고 불편함도 해소될 수 있다고 하시는데 삼촌들은 반가운 소식이기는 하나 제주가 엄연히 있는데 제사를 장손 집으로 옮겨서 후손들의 편리를 생각한다는 것이 예법에 맞지 않고 찜찜하다는 말씀을 하시기도 합니다. 어떻게 하는 것이 옳은 것인지, 최선은 아니더라도 차선은 무엇이 될 수 있는지 제 질문 드려봅니다. 그럼 안녕히 계십시오. 최 0 준

◈答; 제사 모시는 장소에 관해.

예법에는 차선(次善)의 제도는 없으니 안타깝군요. 제사의 예법은 명문가(名門家)였다 하시

니 더 드릴 말씀은 없겠으나 사당(祠堂)을 전제로 예법이 규정되어 있는 것입니다. 다만 없다면 필요에 의하여 없을 뿐 아니겠습니까. 그렇다면 부친이 계시는 댁에 사당이 있다 가정이 되겠지요.

요결에 아래와 같은 가르침이 있습니다. 대략 이런 말씀입니다. 묘제는 묘에서 지내니 가하나 기제는 사당에서 신주가 아니면 지내지 않는 것이라 제찬을 갖추어 사당으로 가 지냄이 가하다 함입니다.

●要訣墓祭忌祭世俗輪行非禮也墓祭則雖輪行皆祭于墓上猶之可也忌祭不祭于神主而乃祭于紙榜此甚未安雖不免輪行須具祭饌行于家廟庶可矣

다만 요즈음 역 귀성이란 말도 있기는 합니다마는 正禮는 아니지요.

▶3556◀◈問; 제사 모실 때 문의사항.

안녕 하십니까? 이번 달 20 일이 할머님 제사인데 15 일에 친구 부친상 관계로 조문을 하였는데 할머니 제사 때 절을 올릴 수 있는지요? 아니 되면 다른 방법이 있나요 알려주세요. 감사 합니다.

◈答; 제사 모실 때.

전통 예법에서 기제사에는 하루 전날부터 재계를 합니다. 세속에서 부정은 이레를 지나야 가신다는 속설이니 대엿새면 꺼림직하겠습니다.

혹자 묻기를 금일 행도 중에 상여를 보았는데 제사를 지내면 안 되겠지요 라고 묻자 암 안 되느니라.

혹자 묻기를 금일 행 도중에 상여를 보았는데 제사를 지내도 되겠지요 라고 묻자 암 지내도 괜찮으니라.

●性理大全忌祭前一日齋戒; 主人帥衆丈夫致齋于外主婦帥衆婦女致齋于內沐浴更衣飮酒不得至亂食肉不得茹葷不弔喪不聽樂凡凶穢之事皆不得預
●曲禮齊者不樂不吊(註)呂氏曰古之有敬事者必齊齊者致精明之德也樂則散哀則動皆有害於齊也不樂不吊者全其齊之志也
●退溪曰家禮忌日言前期一日齋戒而已
●莊子曰不飮酒不茹葷是祭祀之齋也
●唐制散齋之日理事如故惟不得吊喪問疾不判署刑殺文書不決罰罪人不作樂不親穢惡之事致齋惟祀事得行其餘悉禁
●備要是日不飮酒不食肉不聽樂以居夕寢于外

▶3557◀◈問; 제사 문의.

아버지 제사를 지내지 못하고 있습니다. 저는 3 남 1 녀 중 막내아들이고, 수년 전까지 절에서 지낸다는 이야기만 어머니와 큰형님께 들어왔으나 근래에는 지내지 않는 것으로 알고 있습니다. 본래 장남인 큰형이 지내야 마땅하나 큰형집안 사정이 여러 가지 복잡한 관계로 지내지 못하고 있으며 둘째 아들 역시 사정은 마찬가지입니다. 그래서 막내인 제가 제사를 지내고 싶습니다. 어디선가 듣기로는 장기간 지내지 않던 제사를 지낼 때에 미리 거쳐야 할 과정이나 주의해야 할 점이 있다고 들었으나 자세한 내용을 몰라 이렇게 문의 드립니다.

◈答; 지자는 부모를 비롯 선대 제사를 주인이 되어 지내지 못함.

귀하의 효심과 심경을 십분 이해하고도 남으며 어머니가 지금 누구와 동거하고 있는지는 모르겠으나 모친이 게신 곳에서 제사를 지내면 될 것입니다.

장자가 있다 하니 귀하 부친 제사에 장자가 초헌관으로 의당 모셔야 하나 여의치 않다면 귀하가 초헌관으로 기제사를 지낼 수 있습니다. 다시 지내는데 거쳐야 할 과정도 없으며 그런 속설을 샤머니즘적인 이야기인데 귀하가 꺼려지면 할 수 없겠으나 그렇지 않고 지내고 싶기가 간절하다면 그것으로 족한 것입니다.

기제 일이 몇 월 며칠인가 다시 적어주면 귀하가 장자 대신으로 기제사를 지내는 축문을 게시하여 줄 터이니 해마다 그 축식에 그 해의 년 월 일 간지만 고치면 되도록 작성하여 주겠습니다.

○廢疾者(폐질자)

●周禮司徒敎官之職族師條其族之夫家衆寡辨其貴賤老幼廢疾可任者

●問長子病廢次子專主喪事題主何以爲之寒岡曰雖病廢不得不書長子名

●愼獨齋曰長子雖病廢似不可傳重於次子况長子有子則豈可以次子奉祀耶

●朱子曰宗子無力不能立祠堂則庶子立之然亦宗子主其祭

●禮運矜寡孤獨廢疾者皆有所養疏矜寡孤獨廢疾者皆有所養者壯不愛力故四者無告及有疾者皆獲恤養也

○攝主及攝主祝式

●尤庵曰祭主人有故則所攝之中如有尊行則子弟以不敢爲攝主矣然代者是尊行則使字未安故俗禮改云孝子某有故代叔父或兄云云

●禮輯長子病廢次子傳重條厚齋曰凡廢疾與先死而無子者同次子之子當主之

●遂菴曰宗子有疾病不得參祭則祝辭改曰孝孫某有疾病介子某代行薦禮敢昭告于云云

●梅山曰孝子某身犯惡疾使子某代行薦禮敢昭告于

●奔喪凡喪父在父爲主(註)父在而子有妻子之喪則父主之統於尊也

●溫公曰凡主人當以長子爲之無長子則長孫承重又曰父沒兄弟同居各主其喪(注)各爲妻子之喪爲主也

●曲禮支子不祭祭必告于宗子(註)不敢自專宗子有故支子當攝而祭五宗皆然疏廟在適子之家庶子不敢輒祭若濫祭亦是淫祀若宗子有疾不堪當祭則庶子代攝可也猶宜告宗子然後祭

●問解續長子雖病廢似不可傳重於次子况長子有子則豈可以次子奉祀耶

●尤庵曰禮嫡子廢疾不得承重凶悖之人得罪倫常則其重於廢疾也側出男不得已承重矣

▶3558◀ ◈問; 제사문의.

안녕하세요. 문의 드릴게 있는데요 제가 결혼하고 처음 맞는 제사인데 남편 쪽에 제사가 3개가 있습니다. 할아버지 할머니 큰아버지 이렇게 세개요. 남편 쪽 시아버지가 원래 대주가 아니라 둘째 아들인데 여태 큰아버지가 제사를 지내시다가 3 년 전에 돌아가시면서 큰아버지가 자식 없이 혼자 사시다 보니 제사를 남편누나, 시누이가 제사를 모셨는데요.시아버지는 일도 안 하시고 제사도 안 지내시고 그냥 시누 집에서 남편이 가서 같이 지냈었거든요. 이제 결혼하고 그냥 제가 나중에 결혼하고 제사도 안 모신다고 할까 봐 제사를 가지고 올려고 하는데요. 이번 년에는 결혼하고 첫 제사들이니까 한 분씩 모시고 내년부터 9 월 9 일 제사로 합치고 싶어서요. 그러려면 어른들하고 상의를 해야 되는데 그냥 시아버지한테 말하고 지내면 되나요

시누이는 출가외인이지만 말이 많아서 나중에 또 트집이 될까 봐서요. 그리고 고모가 두분 계시는데 제사며 시아버지도 신경 쓰시지도 않은데 나중에 말들이 많아서요.

원래 제사는 대대로 종가 집에서 모시고 지내고 제 남편은 나중에 시아버지 돌아가시고 시아버지 제사만 지내면 되는 거 아닌가요. 그래도 지내던 제사 완전히 없애는 것보단 하나로 합쳐서 지내는 게 나은 것 같아서요. 그리고 나중에 그렇게 지내다 시아버지가 돌아가시면 할아버지 할머니 큰아버지 제사 안 지내려고 하는데 원래 큰아버지 자식들이 있으면 그쪽 집에서 지내야 하는 제사고 없으니까. 대가 끊긴 거 아닌가요.

◈答; 제사.

대종이든 소종이든 종자가 후자 없이 죽게 되면 그 형제의 자식 중에서 장자를 입후하여 종가의 대를 이어 종가를 유지시켜 나갑니다. 여사의 백부께서 후자 없이 작고하였다면 그 조카가 있으면 그 중 맏이가 입후하여 선대 제사를 지내야 합니다. 기제사란 죽은 날이란 의

미로 죽은 날 지내드리는 제사란 의미입니다. 그 날이 아닌 날의 제사(祭祀)는 별 의미가 없다 할 수 있습니다. 특히 출가한 여자는 친정에 조상 제사를 지낼 후손(근친)이 없이 한 가문이 절손(絶孫)되었을 때 그의 아들이 외조부모(外祖父母) 제사만 지낼 수가 있는 것입니다.

여사의 댁에는 시아버지가 게시고 또 부군이 있으니 그가 제사를 지내야 합니다. 물론 시부모님이 생존(生存)하여 계시니 시아버지가 제사를 주관하여야 합니다. 그러나 시아버지가 딸래 집에 계시다니 그 곳보다는 여사 댁으로 시아버지가 오셔서 지내야 되겠지요. 가정사란 어른이 계시면 매사 상의하여 허락을 얻은 후 행함이 예를 갖춤은 물론 가정이 편안하게 되겠지요.

●曲禮支子不祭祭必告于宗子(註)不敢自專宗子有故支子當攝而祭五宗皆然疏廟在適子之家庶子不敢輒祭若濫祭亦是淫祀若宗子有疾不堪當祭則庶子代攝可也猶宜告宗子然後祭
●公羊傳何休曰適子有孫而死質家親親先立弟文家尊尊先立孫
●溫公曰凡主人當以長子爲之無長子則長孫承重
●家禮初終立喪主條凡主人謂長子無則長孫承重奉饋奠
●內則庶子若富則具二牲獻其賢者於宗子夫婦皆齊而宗敬焉終事而后敢私祭
●喪服小記庶子不祭禰者明其宗也(註)庶子不得立禰廟故不得祭禰所以然者明主祭在宗子廟必在宗子之家也庶子雖貴止得供具牲物而宗子主其禮也
●尤庵曰祭主人有故則所攝之中如有尊行則子弟以不敢爲攝主矣然代者是尊行則使字未安故俗禮改云孝子某有故代叔父或兄
●家禮按祠堂篇主人謂宗子主此堂之祭者晨謁深衣焚香再拜又主人主婦近出則入大門瞻禮而行歸亦如之經宿而歸則焚香再拜遠出經旬以上則再拜焚香告云云又再拜而行歸亦如之經月而歸則開中門立於階下再拜升自阼階焚香告畢再拜降復位再拜餘人亦然但不開中門

▶3559◀◈問; 제사 문의 드립니다.

다름이 아니라. 장남인 시 아주버님 제사 지내는 문제로 인해. 여쭤봅니다. 돌아가신 아주버님 자녀는 7 살 아들 4 살 딸이 있습니다. 그런데 둘째 며느리인 저에게 시어머니께서 돌아가신 아주버님 제사를 지내는 것이 당연하다 하십니다. 제 부족한 생각으로는 처도 있고. 자식도 있는데. 자식이 어리기 때문에. 제수씨(弟嫂氏)가 제사를 지내야 되는 것이 맞는 건지요?

◈答; 지자는 자기 처자가 아니면 제사하지 않음.

7 세 아이는 부모가 죽어도 복을 입혀 상주를 시키지 않는다는 것입니다. 그럴 때 제사는 그의 숙부가 섭주가 되어 지내게 됩니다. 따라서 제사는 아주버님 댁(큰댁)에서 지내되 부군께서 조카를 대신하여 주인이 되어 초헌을 하고 축문에 고하기를 효자모(아명)유미장사제모감소고우. 라 그 사유를 이르게 됩니다. 법도가 이렇다 하여도 요즘 아이들은 성숙하여 7 세라 하여도 능히 부모 기제가 무엇인지 안다면 직접 제사를 주관하여 지낸다 하여도 예에 크게 어그러진다 할 수는 없을 것입니다.

●備要禮童子八歲以上乃爲成服
●問小子之子今纔七歲而於其母喪哀號欲服故以布中單成服矣此無徑情爲禮之罪乎答受服之年限以八歲爲始槩以其前幼不知哀故也今令胤能哀而欲服何可以不滿八歲而不令受服所行恐無可疑也
●尤庵曰禮子幼則有以衰抱而行禮之儀雖在乳下當以其子題主而凡祭祀時若難於抱衰則以其幼告於几筵而使人攝之○又曰攝主之意如虞卒哭等大祭祀則須皆告之矣雖亡者之弟攝行其祝文頭辭則必云孤子某幼未將事云云矣

▶3560◀◈問; 제사 문의 드립니다.

아버지는 장남이었는데 돌아가시고 어머니는 재혼을 하셨습니다. 할아버지 할머니께서 계신데 혹 두 분이 돌아가시게 되면 아버지 형제인 삼촌(작은아버지)이 제사를 지내야 하나요 아님 손자가 제사를 지내야 하나요? 그리고 혹 명절 때 차례는 어떻게 지내야 하는지 궁금

하여 여쭤봅니다. 김 0 수

◈答; 제사는 장남이.

지난날 호주 제도 하에서 호주 상속은 그의 장자가 물려 받듯이 선조 제사 역시 그와 같이 장자 손이 물려 받습니다. 숙부가 계시다 하여도 숙부는 지자 손이 됩니다. 지자 손은 그의 부모(선생께는 조부모)제사를 주관하여 지내지 못합니다. 까닭에 선생의 부모님 모두가 아니라 부친께서 작고하시게 되면 선생이 주인이 되어 조부모 기제 등에서 선생 칭호로 지방과 축문을 작성하고 초헌을 하여야 합니다.

각 명절 제사는 조부모와 부모 네 분을 함께 모시고 선생이 헌관이 되어 아래 명절 제사 지내는 법과 같이 지냅니다.

●儀禮喪服;爲人後者孰後後大宗也曷爲後大宗大宗者尊之統也
●大傳;有百世不遷之宗有五世則遷之宗孔穎達疏百世不遷之宗者謂大宗也云有五世則遷之宗者謂小宗也
●曲禮支子不祭祭必告于宗子疏曰若宗子有疾不堪當祭則庶子代攝可也猶必告宗子然後祭
●左傳文公十二年六月歸生佐寡君之嫡夷杜註歸生子家名夷太子名
●詩經大雅懷德維寧宗子維城無俾城懷註大宗强族也宗子同姓也惟宗子合族以聯親則分猷共念而有夾輔之功斯維城矣
●程子曰凡言宗者以祭祀爲主言人宗於此而祭祀也
●通典漢石渠議大宗無後族無庶子已有一嫡子當絶父祀以後大宗否戴聖云大宗不可絶言嫡子不爲後者不得先庶耳族無庶子則當絶父以後大宗魏田瓊曰長子後大宗則成宗子禮諸父無後祭於宗家後以其庶子還承其父
●白虎通義宗子何謂也宗尊也爲先祖主也宗人之所尊也古者所以必有宗何也所以長和睦也
●士儀節要禮有大宗小宗大以率小小統於大故人紀修而骨肉親也夫立適以長適適相承禮之正也適子死而無子則立第二適子禮之變而亦得其正也無家適而但有妾子則承重繼序乃人倫之常也適庶俱無子則取族人之子立以爲嗣是先聖王後賢王之制也其有攝主者卽一時權宜之道而亦禮之所許也
●辭源[大宗]周代宗法以始祖的嫡長子爲大宗其他爲小宗
●會成凡主人謂死者長子無則長孫承重者尊奉饋奠衆子雖多不主

▶3561◀◈問; 제사 문의 드립니다.

안녕하세요. 제 아버님이 연세가 많아 할아버지와 할머니 제사를 지낼 수가 없고, 제 형도 제사를 지내지 못하여 차남인 제가 제사를 지냅니다. 그런데 할아버지가 첫 번째 할머니와 사별하시고 두 번째로 결혼하셔서 그 자녀들이 번창하였습니다. 첫 번째 할머니는 자손이 없는데 제가 제사를 지낼 때 첫 번째 할머니와 두 번째 할머니를 같이 모시고 지내도 되는지 여쭙습니다. 지방에 왼쪽부터 할아버지와 두 번째 할머니 첫 번째 할머니 순으로 써야 되는지요.

◈答; 제사 문의 답변.

질문(質問)을 요약하면, 1. 노이전중(老而傳重). 2. 계조비(繼祖妣). 3. 서조비(庶祖妣). 4. 서자불제(庶子不祭). 5. 섭제(攝祭)로 분류 살펴 보겠습니다.

1. 노이전중(老而傳重); 주인이 노쇠(老衰; 60~70)하여 기동이 어려우면 재산 관리와 제사를 장자(長子)에게 물려 주는데, 다만 제사를 지방(紙牓)이나 축(祝)은 주인 명으로 쓰고 대행하는 사유를 아래 "⊙主人有故使人代行措辭" 중 노쇠 시(老衰時) 고식(告式)으로 고(告)하고 초헌(初獻)을 대행(代行)하게 됩니다.

2. 계조비(繼祖妣); 계조비는 병제(并祭) 가문이면 조고(祖考) 원조비(元祖妣)와 삼위(三位) 병제를 하시고.

3. 서조비(庶祖妣); 서조비 이시면 본손(本孫)이 제사하지 않고 그의 후손(後孫)이 그의 사실(私室)에서 제사하게 되고.

4. 지자불제(支子不祭): 지자(서자)불제란 장자손(長子孫)이 아닌 지자(支子; 庶子)는 부모(父母)는 물론 선대(先代) 제사를 주인이 되어 초헌(初獻)을 하지 못하고.

5. 섭제(攝祭): 섭제란 주인이 유고(有故)로 초헌(初獻)을 할 수 없을 때 다른 자손이 그를 대신하여 제사를 주관 초헌을 대행하는 법도로 사유는 "⊙主人有故使人代行措辭"의 5 가지 류형에 해당할 때 섭행(攝行)을 하게 됩니다.

이상의 5가지를 해당되는 대로 종합하면 어찌할 것인가를 확인하시게 될 것입니다.

●曲禮七十曰老而傳註傳家事任子孫是謂宗子之父

●王制七十不與賓客之事八十齊喪之事弗及也註八十不齊則不祭也子代之祭是謂宗子不孤

●問老而傳適子適孫主祭則廟中神主都用改換作適子適孫名奉祀然父母猶在於心安乎朱子曰然此等也難行且得躬親耳

●南唐曰老而傳子代父行事也改題遆遷是存亡易世事也代父行事則可而父在易世則不可本不可作一事行之也父有癈疾子代之執喪儀亦同此

●四未軒曰老而傳重不與祭其祝告依曾子問孝子某使介子某執其常事之例恐得

●程子曰庶母不可入廟子當祀於私室

●大典妾子承重者祭其母於私室止其身

●小記士妾有子而爲之緦無子則已註喪服云大夫爲貴妾緦士卑故妾之有子者爲之緦無子則不服也○又慈母與妾母不世祭也註不世祭者謂子祭之而孫不祭也

●典錄通考凡妾子承重者祭其母於私室止其身

●退溪曰班祔註妾祔于祖妣所喩者是而有子之妾則旣祔而主還几筵及喪畢別置他室或子室可也

●儀禮喪禮; 繼母如母(賈公彦疏)謂己母早卒或被出之後繼續己母

●貞觀政要孝友; 司空房玄齡事繼母能以色養恭謹過人

●元典章禮部三喪禮; 繼母父再娶母同親母齊衰三年

●喪服疏; 衰三年父卒則爲母繼母如母(疏繼母謂己母早卒或被出之後續己母喪之如親母故如母)傳繼母何以如母繼母之配父與因母同故孝子不敢殊也

●因話錄商上; 奉繼親薛太夫人盡孝敬之道

●蔡中郎集四胡公碑; 繼親在堂朝夕定省不違子道

●寒岡曰雖前室之子繼母若在則當只稱孤子而不可稱孤哀云蓋繼母在則是母在也若遽稱孤哀則是不母繼母也於禮爲未安故也

●南溪曰繼室之於元妃與夫一體奉祀恐甚得禮所謂非族之祀豈指此類而言耶祝文稱謂禮無明文不敢爲說

●問解續問父若有前後室則前後母神主同出耶只出考與所祭之主耶答並祭爲當前母忌日同祭後母後母忌日同祭前母

●梅山曰前後妣死在同日當先元妣後繼妣若並祭則一擧合設兩祭出主告當曰今以顯妣某封某氏顯妣某封某氏遠諱之辰敢請顯考某官府君顯妣某氏顯妣某氏神主云云忌祭祝遷易下云顯妣某封某氏顯妣某封某氏諱日幷臨云云

●砥山曰考妣合祭而有前繼妣祝文則列書下曰歲序遷易下又當云前後妣共顯某親某封某氏諱日復臨云云

●家禮補疑問解續問父若有前後室則前後母神主同出耶只出考與所祭之主耶答並祭爲當前母忌日同祭後母後母忌日同祭前母

●溫公曰凡主人當以長子爲之無長子則長孫承重

●曲禮支子不祭祭必告于宗子(註)不敢自專宗子有故支子當攝而祭五宗皆然疏廟在適子之家庶子不敢輒祭若濫祭亦是淫祀若宗子有疾不堪當祭則庶子代攝可也猶宜告宗子然後祭

●溫公曰凡主人當以長子爲之無長子則長孫承重又曰父沒兄弟同居各主其喪(注)各爲妻子之喪爲主也

●家禮初終立喪主條凡主人謂長子無則長孫承重奉饋奠

●喪服小記庶子不祭禰者明其宗也(註)庶子不得立禰廟故不得祭禰所以然者明主祭在宗子廟必在宗子之家也庶子雖貴止得供具牲物而宗子主其禮也

●小記庶子不祭祖(註下正猶爲庶也疏宗子庶子俱爲適士宗子得立祖廟祭之已是祖庶得自立禰廟而不得立祖廟祭之故云庶子不祭祖禰適於祖猶爲庶五宗悉然○庶子不祭禰疏宗子庶子俱爲下士禰適得立禰廟故祭禰禰庶不得立禰廟故不得祭其禰是宗子自祭之庶子不得祭也
●尤庵曰祭主人有故則所攝之中如有尊行則子弟以不敢爲攝主矣然代者是尊行則使字未安故俗禮改云孝子某有故代叔父或兄
●問忌祭定行於主人之家支子女子則只以物助之何如退溪曰朱子書有支子所得自主之祭之說恐是忌祭節祀之類也今若一切皆歸宗子而支子不祭則因循偸惰之間助祭不如式以致衆子孫全忌享先之禮甚爲未安又或宗子貧窶不能獨當而並廢不祭則反不如循俗行之之爲愈
●公羊傳(魯)昭公十五(前 527)年; 大夫聞君之喪攝主以往(何休注)主謂已主祭者臣聞君之喪義不可以不卽行故使兄弟若宗人攝行主事而往不廢祭者古禮也古有分土無分民大夫不世己父未必爲今君臣也
●喪禮備要喪禮初終立喪主; 襍(雜)記姑姊妹其夫死夫黨無兄弟使夫之族人主喪妻黨雖親弗(不)主
●家禮增解喪禮初終立喪主; ○右兄亡無嗣弟攝主親喪○右兄亡無嗣弟攝主祖父母喪○右嫡孫亡失祖母死次孫攝主○右無子有妻兄弟主喪○右幼兒兄弟攝主其喪
●辭源[攝主]代爲主祭之人
●曾子問孔子曰宗子居於他國庶子爲大夫其祭也祝曰孝子某使介子某執其常事
●退溪曰宗子死繼后子雖在襁褓亦當書其名而季也攝主可也○又曰宗子粤在他國而命介子代祭之例曰孝子某使子某敢昭告于云云
●尤庵曰凡祭事主人有故則使人攝行例也所攝之中如有尊行則子弟似不敢爲攝主矣
●遂菴曰孝子某有疾介子某代行薦禮敢昭告于○先祖之稱用宗子之屬代○有故措辭曰孝子某病不能將事○孝子某適在遠地不能將事○孝子某幼未將事○孝子某身犯惡疾使字囑某親某
●問祝文中顯考及夙興夜處等語以兒名書之則當依此書否寒岡曰旣以兒名書則當用家禮本文無所改
●梅山曰遞遷長房者亦用旁題支子攝祀旁題當書介子某攝祀祝當曰攝祀介子某恐宜
●葛菴曰長孫奉祀則父子已易世今推而上之使叔父未安且令次孫權攝以待長孫立后○父不與祭而使子弟攝行則曰孝子某使子某敢昭告云病中則云病不能將事或身在遠地不能將事

⊙主人有故使人代行措辭

病時: 孝子某因病不能將事使某親某(或有疾病介子某代行)敢昭告于(云云)
幼時: 孝子某幼不將事屬某親某敢(或孝子某未幼奉事弟某攝事)昭告于(云云)
遠在時: 孝子某身在遠地不能將事使某親某敢昭告于
越境時: 孝子某使介子某執其常事敢昭告于(云云)
老衰時: 孝子某衰耗不堪事使子某敢昭告于(云云)

▶3562◀◈問; 제사 문의합니다.

초면(初面)에 글로 인사 드립니다. 제사 관련 문의를 드리고자 합니다. 저의 모친(母親)은 일찍 돌아가시고 아버님은 새로운 모친과 사십니다. 저 또한 결혼하고 분가(分家)하여 살고 있는데 돌아가신 모친 제사는 아버님 댁에서 지내고 있습니다. (조부모님 제사 포함) 이제는 제가 모친 제사를 가져올까 하는데 그러면 제가 제사를 지내고 아버님도 제사를 지내는 일이 생기네요.

⊙궁금한 것은.

1. 제사(祭祀)를 가져오게 되면 기일(忌日), 명절(名節)을 다 저의 집에서 지내야 되겠지요. 아버님 말씀은 기일만 지내고 명절은 아버님 댁에서 합해서 지내도 된다 하시는데 자식의 마음으로는 모친 제상(祭床)은 제가 차리고픈 마음입니다. 답변 부탁 드립니다. 감사합니다. 전 0 호

◈答; 제사에 관하여.

아래와 같이 살펴보건대 아버지가 생존하여 계시면 아들이 있다 하여도 어머니 제사에 주인으로서 아버지 명의로 축문(祝文)과 지방(紙牓)을 쓰고 초헌(初獻)을 하게 되니 아버지가 생

존하여 계시는 동안은 예법상 어머니 제사만 따로 떼어 아들(전준호) 집에서 지낼 수가 없는 것입니다.

●會成父在而子有母之喪父主其子隨之哭拜
[가례회성에 있기를 아버지와 아들이 있을 때 어머니 상을 당하면 아버지가 상주가 되며 아들은 아버지를 따라 곡과 절을 한다]

▶3563◀◈問; 제사 방법 문의.

수고 많으십니다. 작년 말에 모친(母親)이 돌아가셔서 이제 부모님 제사를 모두 모셔야 하는 첫해입니다. 제사 방법에 대해 궁금한 점이 있어 문의하게 되었습니다.

1. 두분 기일이 다른데 매번 두 분을 함께 모셔야 하는지?

2. 잔은 어느 분께 먼저 올려야 하는지? 부친 기일에는 부친먼저, 모친 기일에는 모친먼저 올리면 되는지?

3. 모친께서 생전에 술을 전혀 드시지 않았는데 제사 때는 반드시 술을 올려야 하는지? 아니면 모친께는 생전에 즐기시던 음료를 대신 올려도 무방한지?

4. 두 분께 잔을 모두 올리고 나서 절을 해도 되는지? 아니면 각각 절을 해야 하는지?

5. 제사(祭祀) 때 사용하는 병풍(屛風)이 화려한 그림(화조도 등)이 그려진 병풍도 괜찮은지?

6. 제사 시간을 기일 아침이 아닌 저녁시간으로 잡아도 되는지?

◈答; 제사 방법.

問; 1. 答; 기제는 가례에서 그날 작고한 1 분만 제사한다 하였으나 정자를 비롯 여러 선유들께서 고기일(考忌日)에 비(妣)를 비기일(妣忌日)에 고(考)를 합제(合祭)한다는 것입니다.

問; 2. 答; 부친 기일이나 모친 기일 불문 부친께 먼저 잔을 올립니다.

⊙四時祭初獻;主人升詣高祖位前執事者一人執酒注立于其右(冬月卽先煖之)主人搢笏奉高祖考盤盞位前東向立執事者西向斟酒于盞主人奉之奠于故處次奉高祖妣盤盞亦如之(便覽執事者反注故處)出笏位前北向立執事者二人奉高祖考妣盤盞立于主人之左右主人搢笏跪執事者亦跪主人受高祖考盤盞(便覽左手執盤)右手取盞祭(便覽三祭之○要訣少傾)之茅上(增解要訣少傾酒○按虞祭云三祭于茅束上)以盤盞授執事者反之故處受高祖妣盤盞亦如之

問; 3. 答; 삼년상 동안은 술 대신 단술도 가하다 하였으나 상을 마치면 신도(神道)에 따라 술을 올려야 한다는 것입니다.

●遂菴曰生前不飮酒則以醴代酒無妨
●南溪曰祭以平生所嗜人情之所必然若在三年之內則固無妨矣入廟以後則神道異於生人也

問; 4. 答; 두 분께 잔을 모두 올려드린 뒤에 재배합니다.

問; 5. 答; 뒤 병풍은 화려한 그림 쪽이 아니라 묵서(墨書) 쪽으로 합니다.

問; 6. 答; 제사 시간은 대부사서인은 작고한 날 아침 먼동 틀 무렵이나 속례로 그날 첫 시인 자시에 지내고 있습니다.

●朱子曰忌日只祭一位
●程氏祀先凡例祖考忌日則只祭祖考及祖妣祖妣忌日則只祭祖妣及祖考
●問解問夫人忌日不敢配祭府君似當答忌日並祭考妣雖非朱子意我朝先賢嘗行之栗谷亦曰祭兩位於心爲安云援尊之嫌恐不必避也
●問解續問父若前後室則前後母神主同出耶只出考與所祭之主耶答並祭爲當
●家禮四時祭初獻條主人奉高祖考盤盞位前東向立執事者西向斟酒于盞主人奉之奠于故處次奉高祖妣盤盞亦如之(云云)主人再拜(云云)

●晦齋曰按文公家禮忌日止設一位程氏家禮忌日配祭考妣二家之禮不同盖止設一位禮之正也配祭考妣禮之本於人情者也
●退溪曰忌日幷祭考妣甚非禮也
●沙溪曰忌日幷祭考妣雖非朱子意我朝先賢嘗行之栗谷亦曰祭兩位於心爲安云
●愼獨齋曰幷祭爲當
●備要考妣並祭則列書考妣而遷易下又云某親諱日復臨云云
●遂菴曰生前不飮酒則以醴代酒無妨
●南溪曰祭以平生所嗜人情之所必然若在三年之內則固無妨矣入廟以後則神道異於生人也
●祭義君子有終身之喪忌日之謂也註忌日親死之日也
●士冠禮擯者請期宰告曰質明行事
●南溪曰質明卽大昕指日未出時也
●尤菴曰行祭太早不可太晩亦不可惟當以質明
●張子曰五更而祭非禮也
●日省錄正祖十九年乙卯四月二十二日壬寅條(云云)獻官之命十七日進詣本宮十八日子時行祭天氣淸和享事利成獻官以下(云云)
●弘齋全書訓語氣猝發大臣閣臣求對承候敎曰逢是年是日予懷無以自抑子時行祭非不知無於禮而不得已爲此天明以後將行祝慶之禮予氣予亦自知故欲稍早時刻庶少鎭安而專意於慶今之節也仍嗚咽良久

▶3564◀◈問; 제사 방법 문의입니다.

이사를 와서 기제사를 모시려고 합니다. 이전에는 방에서 지냈지만, 현재 상황이 그렇지 못합니다. (침대....) 그래서, 거실에서 지내려고 합니다. 차례는 거실에서 지내도 무방한데, 기제사는 중간에 합문 과정도 있고 해서 어떻게 해야 하는지요. 찾아보면 해당 시간 동안 엎드려 있는다고 하지만, 그것도 어려울 것 같고요. 임시로 중간에 커텐을 쳐서 이를 문대신 할까 하는데, 어떨지 모르겠습니다.

이번 주에 기제사(忌祭祀)가 있네요. 차례(茶禮)를 지내다가 갑자기 생각나서 어떻게 해야 모르겠습니다.

◈答; 제사 방법.

기제(忌祭)는 정침제(正寢祭)인데 정침(正寢)이라 함은 아래와 같은 가옥 구조로 우리나라의 대다수의 백성들의 가옥구조에는 정침이 없으며 다만 예법이 쓰여지던 시절 중국의 가옥구조입니다. 정침에서는 정무 등 업무를 처리하는 공간입니다. (아래는 방의 그림이 옮겨지지 않아 대단히 어색한데 뒤 실과 방이 나뉘어 있고 앞의 침은 통방으로 이 곳을 통하여 실과 방으로 들어가게 되어 있으며 침(寢)은 넓직하고 큰 곳입니다)

실(室) 방(房) 침(寢)

따라서 우리나라의 가옥구조에서는 소위 안방이라 하는 방이 제일 크고 번듯하여 안방에서 지내고 있는 것입니다.

아래와 같이 살펴보건대 문이 없으면 발을 내려치던가 또는 병풍으로 가리거나 휘장을 쳐 가리면 될 것입니다.

●便覽無門處降簾或屛幃

중국과 우리나라는 가옥구조가 다릅니다. 물론 일본과도 다르지요. 중국어(中國語)인 정침(正寢)을 우리 국어사전에 옮겨 놓기를 “[제사를 지내는 몸채의 방]”이라 하였습니다. 이 번역은 조선총독부가 우리 국어사전(國語辭典)으로는 최초로 발행된 조선어사전(朝鮮語辭典)입니다. 그 후 그로 교육된 우리 학자들이 그냥 그를 베껴 지금까지 사전화시킨 결과인 것 같습니다.

일인(日人)들은 정침(正寢)을 “[祭祀だ行ふ屋內の室]=[제사를 지내는 옥내의 방]”이라 하였

으니 대다수 우리의 옥내(屋內)의 방이란 윗방도 있고 사랑방도 있고 안방도 있고 부엌도 있는데 어디서 제사를 지내도 가하다는 지적이 됩니다. 그를 우리 학자들은 옥내(屋內)를 몸체로 바꿔 "[제사를 지내는 몸체의 방]"이라 하였으니 사전(辭典) 풀이로 몸체란 "[물체의 몸이 되는 부분]"이라 "[제사를 지내는 집의 몸이 되는 방]"이 되는데 이는 남이 써놓은 사전(辭典)을 참조한 결과가 아닌가 합니다.

그러나 아래와 같이 전거(典據)를 발췌하여 살펴보건대 "[정침(正寢)]"이란 "[노침(路寢)]"과 동의가 되고 辭源에서 "[내침(內寢)]"에서 "[노침(路寢)]"을 찾아가 살펴보라 하였으니 "[정침(正寢) 노침(路寢) 내침(內寢)]" 삼자(三者)는 동의로 간주할 수 있습니다."[내침(內寢)]"이란 곧 "[안방]"으로 번역 이해되어야 바를 것입니다. 따라서 중국의 [정침(正寢)]은 우리의 [내침(內寢)]과 동의로 [내침(內寢)]이란 [안방]의 한자식 명칭이라 [正寢]은 [안방]이다. 라는 등식이 성립됩니다.

●春秋公羊傳莊公三十二年; 八月癸亥公薨于路寢(傳)路寢者何正寢也(辭注)古代天子諸侯常居治事之所
●儀禮經傳通解圖士喪禮; 死于適室幠用斂衾(注)適室正寢之室也(疏)卿大夫士謂之適室亦謂之適寢
●公羊傳莊公三十二年八月傳曰路寢者何正寢也(何休注)公之正居也天子諸侯皆有三寢一曰高寢二曰路寢三曰小寢
●禮記內則;子生三月之末漱澣夙齊見於內寢禮之如始入室(鄭玄注)內寢適妻寢也
●辭源入部二畫[內] [內寢] 參見路寢
●舊唐書七十一魏徵傳; 徵宅先無正寢後世稱年老病死於家中爲壽終正寢本此(辭註)正寢謂泛指居屋之正室
●性理大全祭禮四時祭前一日設位陳器; 主人帥衆丈夫深衣及執事灑掃正寢洗拭倚卓務令蠲潔設高祖考妣位於堂西北壁下南向考西妣東各用一倚一卓而合之
●鄭堂札記卷一; 婦人迎送不出門內言不出于梱送之門謂送之于內寢之門也
●增解正寢廳事之圖云(鏡湖按)據上陳氏說卿大夫以下前有適寢(卽正寢)次則燕寢次則適妻之寢云則家禮所謂正寢猶古燕寢廳事猶古正寢且家禮正寢之後亦當有內寢卽所謂適妻之寢也(又按)居寢之制至宋時已與古不同故大斂條司馬溫公曰周人殯于西階之上今堂室異制但於堂中少西朱子亦曰今人家無東西廂云則不可以古之屋制對較求合而第房室堂階之制則大體不異矣且古之屋制正寢本無堂門而家禮則有之虞祭所謂陳於堂門外之東之文及時祭闔門條所謂無門處降簾之文可見矣盖古喪祭諸禮皆鋪筵設几於室中牖下奧處而東向故行禮時有闔牖戶之節矣家禮則喪禮之設靈座祭禮之設神位皆於堂中南向故堂有門而有闔門啓門之節無門則設簾以代之也
●朝鮮語辭典(倭政 11 庚申 1920 朝鮮總督府)저부[正寢(정침)]名 祭祀だ行ふ屋內の室.
●國語辭典 ㅈ부 [정침(正寢)]제사를 지내는 몸체의 방.

▶3565◀◈問; 제사상 방향에 대한 문의 드립니다.

우선 전통예절에 대한 이렇게 좋은 홈피를 발견하게 되어 감사 드립니다.

제사상 방향에 대한 궁금증이 생겼는데 어디에 문의 드려야 할지 인터넷을 한참 검색하다가 이렇게 좋은 홈피를 찾게 되어 문의 드립니다. 다름이 아니오라 저희 친정 아버지께서는 제사를 굉장히 중요하게 여기시는 분이신데 제사상은 무조건 벽 쪽으로 배치해야 한다고 고집하십니다. 그래서 쇼파가 벽 쪽을 차지하고 있는 거실은 안 된다고 하셔서 안방에서 제사를 모시고 있습니다. (참고로 아파트에 살고 있습니다) 그런데 저희 모친(母親)께서는 안방에서 제사 모시는 게 싫으시다고 병풍을 하나 사서 거실(居室) 베란다 유리문 쪽에 세우고 그 앞에 제사상을 차렸으면 하시는데요. 저도 어머니 생각에 동의합니다. (아버지는 거실에서 모실 것이면 쇼파를 치우고 벽 쪽으로 해야 한다고 하시네요)

염치 없사오나 이 부분에 대한 선생님의 조언을 들을 수 있다면 정말 큰 도움이 될 것 같습니다. 더운 날씨에 건강 유의하시고 앞으로도 자주 홈피에 들러서 좋은 말씀 읽고 가도록 하겠습니다

◈答; 제사상 방향에 대하여.

아래와 같이 살펴보건대 가옥(家屋)의 실 방위(方位) 불문 뒤를 北이라 하고, 앞을 남(南)이라 하고, 좌측이 동(東)이며, 우측을 남(南)이라 합니다. 또 北은 저승을 의미하게 되고, 또 北邙山이란 묘지(墓地)를 의미하기도 합니다. 따라서 기제(忌祭)는 거실에서 지내는 것이 아니라, 가옥(家屋)의 실 방위와는 관계 없이 정침(正寢; 안방)의 출입문(한옥. 양옥이나 아파트 등은 건물의 주 출입문) 맞은편 벽(북쪽) 아래에 설위하고 지내게 됩니다.

●性理大全家禮祠堂於正寢之東條凡屋之制不問何向背但以前爲南後爲北左爲東右爲東

●書儀時祭設位條設倚卓考妣並位皆南向西上(註古者祭於室中故神坐東向自後漢以來公私廟皆同堂異室南向西上所以西上者神道尙右故也)

●家禮喪禮初終疾病遷居正寢條凡疾病遷居正寢內外安靜以俟氣絶○又祭禮四時祭前一日設位陳器條主人帥衆丈夫深衣及執事洒掃正寢洗拭倚卓務令蠲潔設高祖考妣位於堂西北壁下南向考西妣東

●尤庵曰所謂室者如國俗溫堗而寢處者也

●程子曰忌日必遷主出祭於正寢

▶3566◀◈問; 제사상 위치에 대하여.

안녕하세요. 저번 답변 고맙습니다. 祭床(제상) 위치를 북쪽 방향으로 놓아도 되나요. 감사합니다.

◈答; 제사상 위치에 대하여.

귀하의 의문은 다음과 같이 제상 위치인 듯 합니다. 모든 가옥은 향배가 어찌 되였든 뒤를 북이라 하며 좌측은 동이 되고 앞을 남이라 하며 우측을 서쪽이라 합니다. 만약 북향 가옥이라 하면 출입문 쪽이 일상의 북이 되는데 출입문 쪽에다 설위를 할 수야 없으니 위와 같이 가옥의 향배에 북향집이년 그 가옥의 북은 실방위로는 남쪽이 됩니다.

●性理大全凡屋之制不問何向背但以前爲南後爲北左爲東右爲西

●家禮四時祭設位條北壁下南向

▶3567◀◈問; 제사상차림에 수저의 방향.

안녕하세요? 제사상 차림 때 수저를 밥에 꽂아 놓을 때 방향과 내려 놓았을 때 손잡이 방향이 어떻게 되나요? 그리고, 수저나 젓가락을 음식에 올려 놓는 것이 맞는 지와 음식에 올려놓으면 그때도 방향이 있나요?

◈答; 제사상차림에 수저의 방향.

급시반중서병(扱匙飯中西柄)이란 말씀이니 숟가락을 메 가운데 꽂데 손잡이가 서쪽으로 바닥이 동족으로 향하게 꽂습니다.

정저자정치어접상수서미동(正筋者正置於楪上首西尾東)이란 말씀이니 접시 위에 쥐는 곳이 서쪽 끝이 동쪽으로 가지런히 놓습니다.

●朱子家禮家禮圖每位設饌之圖; 考位飯盞盤匙筯醋羹 妣位飯盞盤匙筯醋羹

●性理大全四時祭侑食條主婦升扱匙飯中西柄正筯

●四禮便覽祭禮四時祭省牲滌器具饌諸具; 內執事牲果脯醢蔬菜淸醬醋盞盤匕筯楪米食麪食飯羹肉魚酒炙茶祭器背子長衣

●宋史呂蒙正傳; 吾面不過楪子大安用照二百里哉(辭源注)楪盛食物的小盤同石桀

●性理大全祭禮四時祭侑食; 主婦升扱匙飯中西柄正筯

●南溪曰正筯者正置於楪上首西尾東

●遂菴曰古禮無匙筯今人扱匙正筯乃虞祭象生時仍以不變

●南溪曰扱匙微偃之說只是取以匙取食之意而已

▶3568◀◈問; 제사 시간.

답변 고맙습니다. 이해(理解)가 잘 되지 않아서요? 구체적(具體的)으로 알려주시면 고맙겠습니다.

*5 월 6 일 밤 00 시부터~00 시까지
*5 월 7 일 밤 00 시부터~00 시까지

돌아가신 날(5 월 7 일) 밤 10 시에 제사를 지내면 틀린다는 말씀인지요? (박 0 창)

◈答; 제사 시간.

자시(子時), 축시(丑時) .... 해시(亥時),

子前; 오후 11. 子正; 0 시. 子後; 오전 1. 丑前; 오전 1. 丑正; 오전 2. 丑後; 오전 3.
亥前; 오후 9. 亥正; 오후 10. 亥後; 오후 11.

위의 도표(圖表)는 그날 자시라 함은 전날 오후 11 시경부터 당일(當日) 1 시경 까지를 이릅니다.

기일 날 밤에 지내는 것을 틀린다 하지 않았으며 다만 기일제 지내는 시간이 그와 같다 함입니다. 당일 오후 10 시경에 기제사를 지낸다 함은 예법에 없으니 옳다 공개적으로 일러 줄 수가 없습니다.

●祭義君子有終身之喪忌日之謂也忌日不用非不祥也言夫日志有所至而不敢盡其私也註忌日親之死日也不用不以此日爲他事也非不祥言非以死爲不祥而避之也夫日猶此日也志有所至者此心極於念親也
●家禮忌祭編○厥明夙興設蔬果酒饌○質明主人以下變服詣祠堂封神主出就正寢○參神降神進饌初獻
●禮器質明而始行事疏質正也謂正明之時少牢禮朝明行事註朝明質明也此乃周禮也
●士冠禮擯者請期宰告曰質明行事註擯者有司佐禮者在主人曰擯在客曰介質正也宰告曰旦日正明行冠事
●國朝五禮儀大夫士庶人忌日俗節告祭儀厥明夙興設饌具如式見序例主人以下盛服盥手帨手訖俱就位主人升自東階啓櫝捧出神主各設於座降復位主人以下再拜
●陳氏曰子路祭於季氏質明而始行事寧早則雖未明之時祭之可也
●張子曰五更而祭非禮也
●尤庵曰行祭早晩太早不可太晩亦不可惟當以質明爲正然孔子曰與其晏也寧早聖人之微意可知也
●咸興本宮儀式奏啓條本宮淸齋爲白遣初六日子時行祭是白如乎○本宮十一日子時行告由祭後陪香祝進詣定陵淸齋十三日子時攝行酌獻禮是白如乎
●日省錄十八日子時行祭天氣淸和享事利成獻官以下(云云)

▶3569◀◈問; 제사 시간.

안녕하세요? 전통예절에 대해 공부하던 중 우연히 귀하의 홈페이지에 들어오게 되었습니다. 여러 가지 좋은 자료 잘 보고 있습니다.

제가 궁금한 것은 제사 시간이 혼동이 되어서요. 제사는 돌아가신 날 자정~새벽 1 시, 요즘은 편의상 돌아가신 날 저녁 해가 진 뒤 적당한 시간에 지낸다 라고 되어있는데 좀 혼란스럽네요. 예를 들어 어느 조상께서 작년 오늘 오전 7 시에 돌아가셨다면 제사는 오늘 저녁 해가 진 뒤 적당한 시간 혹은 어제 저녁 자정~오늘 새벽 1 시 사이가 맞는 건가요? 아니면 오늘 저녁 자정~내일 새벽 1 시 사이가 맞는 건가요? 자정~새벽 1 시는 해석 하기에 따라 하루 차이가 날 것 같아서요. 번거로우시겠지만 답을 좀 주시면 정말 감사하겠습니다.

◈答; 제사 시간.

기제는 작고한날 지내는 예로써 작고한 시간에 구애 되지 않는 것이니 대체로 당일 자시(子

時)에 지냅니다. 다만 자시를 넘겼다 하여 예에 크게 어그러진 것은 아닙니다.

예; 만약 3 일 오후 7 시에 작고하였다 하면 2 일 밤 24 시가 자정(子正)이니 지지(地支)의 시는 현대 시간으로는 2 시간에 해당 되여 자시(子時)라 함은 2 일 23 시부터 3 일 오전 1 시 까지 2 시간 사이의 이름입니다. 따라서 해시(亥時)는 3 일 오후 9 시부터 11 시 까지가 되는 것입니다.

●祭義註忌日親死之日也疏孝子終身念親不忘忌日非謂此日不善別有禁忌謂孝子志意有所至極思念親不敢盡其私情而營求他事故不擧也
●明齋曰凡喪復後始發喪其前則雖已氣絶猶有復生之望不可便以爲已死也以此意推之則似當以招魂日爲忌日矣
●咸興本宮儀式奏啓條本宮淸齋爲白遣初六日子時行祭是白如乎〇本宮十一日子時行告由祭後陪香祝進詣定陵淸齋十三日子時攝行酌獻禮是白如乎
●日省錄十八日子時行祭天氣淸和享事利成獻官以下(云云)
●無名子集策皇極經世書; 天開於子地闢於丑
●性理大全忌祭編〇厥明夙興設蔬果酒饌〇質明主人以下變服詣祠堂封神主出就正寢
●南溪曰質明卽大昕指日未出時也
●尤庵曰行祭早晚太早不可太晚亦不可惟當以質明爲正
●文獻通考宗廟考六祭祀時享(薦新); 其祭貴肺用朝及闇陳氏禮書曰祭義曰夏后氏祭其闇商人祭其陽周人祭日以朝及闇
●檀弓夏后氏大事用昏商人大事用日中周人大事用日出
●禮器質明而始行事疏質正也謂正明之時少牢禮朝明行事註朝明質明也此乃周禮也
●陳氏曰子路祭於季氏質明而始行事寧早則雖未明之時祭之可也

▶3570◀◈問; 제사시간을 자시에서 당일 저녁 9 시에서 10 시 사이로 변경할 때 축문.

안녕하십니까. 다름이 아니라 저의는 제사를 돌아가신 날 새벽 12 시에 지내고 있습니다. 그런데 요즘 시대변화에 따라 당일 저녁 9 시에서 10 시 사이에 지내는 추세인데 그렇게 하려면 명절 때 축문을 고해서 해야 한다는데 축문이 있다면 알려주시면 감사하겠습니다. 그럼 항상 건강하십시오. 오 0 환

◈答; 당일 저녁 9 시에서 10 시 사이로 변경할 때 축문.

바른 제사(祭祀) 시간은 당일 질명(質明; 동틀 무렵)에 제사를 시작합니다. 곧 이른 조반(朝飯) 시간이 되겠지요. 요즘 세속(世俗)으로 당일 子時에 지내는데 이 역시 변례입니다.

혹 여건이 여의치 않으면 이 시간은 지나쳐 지낼 수도 있을 것입니다. 그 시간을 지나쳤다 하여 별도도 고하는 법식은 없습니다. 만약 자신의 편함을 추구하기 위함이 아니고 피치 못할 사정이라면 조상님들께서도 그대로 흐뭇해하실 것입니다. 기제 축식은 질명 축이나 자시 축식이나 다를 바가 없습니다.

●性理大全忌祭編〇厥明夙興設蔬果酒饌〇質明主人以下變服詣祠堂封神主出就正寢
●咸興本宮儀式奏啓條本宮淸齋爲白遣初六日子時行祭是白如乎〇本宮十一日子時行告由祭後陪香祝進詣定陵淸齋十三日子時攝行酌獻禮是白如乎

▶3571◀◈問; 제사 시 수저에 관한 질문입니다.

제사 시 할아버지께서 평소에 쓰시던 수저를 올리고 싶은데 은수저라 망설여 지는 부분이 있습니다. 제사를 지낼 때 은수저를 올려도 되는지 궁금합니다. 도움 부탁 드립니다.

◈答; 제사 때 수저에 관하여.

예기(禮記) 왕제(王制)편의 가르침 입니다.
大夫, 祭器不假, 祭器未成, 不造燕器. 註, 凡家, 造祭器爲先, 養器爲後.

대부는 제기를 빌려 써서는 안 된다, 제기를 만들지 않았다면 생인의 식기도 만들어서는 아니 되느니라. 집설주, 모든 집에서는 제기 만들기를 먼저 하고 식기는 뒤에 장만 하여야 하느니라.

가례(家禮) 사당(祠堂)장 구제기(具祭器)조에 있는 가르침 입니다.
食之器隨其合用之數皆具貯於庫中而封鎖之不得他用.
식기는 그것이 적합하게 쓰임새에 딸아 모두 갖추어 창고 속에 들여 놓고 열쇠로 잠가 두고서 다른 용도로 써서는 아니 되느니라.

의절(儀節)의 한 대목 입니다.
祭器人家貧不能備者用燕器代之亦可.
제기를 집안이 빈한하여 장만 할 수가 없으면 생인의 식기를 제기 대용으로 써도 그 또한 괜찮으니라.

이상 세 귀절을 살펴 보면 수저 제조 재질을 따질 까닭은 없습니다.

▶3572◀◈問; 제사 시에 절하는 순서.

제사 때 절하는 순서에 대해 몰라서 묻고 싶습니다. 명절 때 할아버지제사를 지내야 하는데 저희 가족은 첫째 큰아버지께서 절을 하신 후에 다음으로 큰아버지의 첫째 아들인 장손이 절을 하고 난 뒤 순서대로 둘째 큰아버지 셋째 큰아버지 그리고 넷째. 후손 이런 순으로 이어 가는 게 맞는지 아니면 큰아버지 둘째 셋째 넷째 그리고 장손인 첫째 큰아버지의 첫째 아들이 하는지 궁금합니다. 빠른 답변 부탁 드립니다.

◈答; 제사 시에 절하는 순서.

아래는 아헌에 주부 유고 시 헌자와 또 종헌자에 관한 말씀입니다.

⊙亞終獻不使諸父(아종헌불사제부)

朱子曰未有主婦則弟得爲亞獻○問亞終獻不許諸父諸兄爲之或欲自爲亞終獻則似不可倒使尊長爲亞終獻之意申告强止否退溪曰亞終獻不使諸父應有其意不可考然以情理言之廟中以有事爲榮况諸父之於祖考非衆子弟之比終祭無一事豈非欠缺耶若諸兄則其所云兄弟之長卽諸兄也非不使爲獻也申告强止恐不近情○要訣若主婦有故則諸父若兄弟中最尊者爲之○南溪曰家禮不許諸父爲亞終獻蓋爲叔父於主人爲尊行也然尊家只有叔姪兩人行祀何可拘於常禮而不爲之變通乎鄙意迭行諸獻無不可者○韓魏公祭式如皆不足則主祭者自行三獻○朱子曰終獻兄弟之長或長男或親賓(特牲禮宿賓疏賓是士之屬吏命於其君者也)爲之○問所謂親賓親戚中爲賓者歟昔同春喪虞祭李執義翔爲終獻此旣非親戚則凡祭非親戚而亦可爲終獻矣此於祖先旣非裔屬於主人又非尊行其參祀已無意義况可以終獻耶尤菴曰親賓謂所親之賓客也古者必筮賓而祭者或以賢或以爵皆所以重其事也非裔屬非尊行似不當論○親賓與祭今之知禮之家例行之○南溪曰祭禮用親賓古禮也家禮因之然至於時祭乃堂室之事雖與主人有厚分其與婦人並爲行禮於至近之地恐是古今異宜處若非姑姊妹夫一家之親則似難泛行
위는 시제 예법에 관하여 선유들께서 하신 말씀입니다. 시제의 예법이 모든 제사의 기본예법이 됩니다. 이 예법으로 고증하여 살펴 보건대 아헌은 주부 즉 주인의 처가 하여야 하나 만약 유고 시는 주자 말씀이 아우가 한다 하셨으며 종헌은 형제중의 장자(長者)나 혹은 장남 혹은 친빈 즉 친족이나 손님 중에서 최장자가 한다 하였습니다.

●性理大全祭禮四時祭; 初獻主人 亞獻主婦爲之 終獻兄弟之長或長男或親賓爲之○又 墓祭; 初獻如家祭之儀 亞獻終獻並以子弟親朋薦之
●儀禮士虞禮; 俎人設于豆東魚亞之(鄭玄注)亞次也
●詩經大雅蕩章; 靡不有初鮮克有終(註)終爲事物的結局
●周易繫辭下傳; 易之爲書也原始要終以爲質也

▶3573◀◈問; 제사에 관하여.

안녕하세요. 제가 외국에서 살고 있는데 갑자기 어머님 제사를 모시게 되었습니다. 원래는 절에서 지냈는데, 제가 여기서 지방 적고 제사상을 차리면 되는지, 아니면 따로 절차가 있는지요? 앞으로 10일 정도 남았는데 걱정 입니다. 상세한 조언 부탁 드립니다. 박0수

◈答; 제사에 관하여.

사당을 건사하여 신주가 계시면 그 제사 이동에 관하여는 자못 상세하게 절차가 예서에 소개되고 있으나 지방에 관하여는 밝혀 놓은 예서가 없습니다.

특히 사찰에서 모셨던 제사를 옮기는 예법은 전통관혼상제 예서에서는 언급되어 있지 않으며 그에 관한 예법은 사찰에서 더 잘 알고 있을 것 같습니다. 그러나 예란 너무 번거로우면 소홀하게 되는 법이니 거소가 외국이라 절차 예법이 있다 하여도 따르기가 쉽지 않을 것입니다. 문화가 판이한 외국에서 우리 고유의 전통 예법을 따라 부모님의 제사를 지낸다는 그것만으로도 예법절차의 가부에 대하여 왈가왈부할 일을 못될 것입니다.

박정수님의 의견과 같이 지방을 써 세우고 본 홈 지방 기제사 지내는 법의 예법을 따르시면 크게 예법에 어그러지지는 않을 것입니다. 다만 그 전에 고향집에서 "⊙移舍奉主告辭(이사봉주고사)"를 설위하고 고하고 그 곳에서 설위하고 "⊙奉安新宅祝辭(봉안신택축사)"를 행하고 다음 제사를 행함이 바른 예가 됩니다. 예법은 주과포 진설하고 단헌의 예입니다.

⊙移舍奉主告辭式(이사봉주고사식)

維歲次干支幾月干支朔幾日干支孝子(隨屬稱)某敢昭告于 顯考某官府君 顯妣某封某氏(諸位列書)今因移舍將奉祠版(或紙榜則改祠版爲諸位)移安于某洞(或某道某郡某洞)新第敢告

⊙奉安新宅祝辭式(봉안신택축사식)

維歲次干支幾月干支朔幾日干支孝子(隨屬稱)某敢昭告于(今按若新舊第相距不遠同日奉安不書年月無妨) 顯考某官府君 顯妣某封某氏(諸位列書)屋宇維新廟儀(或紙榜則改廟儀爲奉儀)如舊伏惟神主(或紙榜則改神主爲尊靈)是安是依

●各陵謄錄禮曹典享司編戊戌四月四日條莊陵丁字閣神座下所排地衣修改時似當有移還安告由祭設行之節而無前例可考處
●祠堂修理移安告辭維歲次(云云)又祠堂修理畢還安告辭維歲次(云云)
●新立祠堂奉安告辭維歲次云云
●宗府條例奉審(附移還安)條移還安時宗親宗正卿及諸郎廳俱以黑團領就外位時至引儀引宗親以下入就拜位贊儀唱四拜訖引儀引宗親以下陞殿開閤(奉審時同)入以次對擧御眞櫃子由正門而降郎廳各捧屛風褥席前至敬近堂奉安如儀訖退出還安時亦如移安儀訖引儀引宗親以下降就拜位贊儀唱四拜(閤門下鑰奉審時同)畢引儀前引退出(修改時若不得已移安則具由草記啓下後更爲修啓而畢役還奉後亦爲草記○若從便修改時不爲草記)

▶3574◀◈問; 제사에 관하여.

안녕하십니까? 제사에 관하여 궁금한 것이 있어 문의 드립니다.

저는 현재 부모님이 모두 돌아가셔서 제사를 모시고 있는 중인데 저의 친어머니는 혼인신고도 안된 상태에서 저를 낳고 돌아 가시고 저의 계모(繼母)님도 1 님 3 녀를 두고 돌아 가셨습니다.

저의 계모님이 살아 계실 때는 저의 친어머니 제사를 지내지 못하고 이제 지내려고 합니다. 동생도 계모님을 기제사는 동생 집에서 지내려고 합니다.

1. 아버님 기일: 제사상차림 및 지방 쓰는 법?
2. 친어머니 및 계모님 기일 때도 세분을 같이 모셔야 되는지 아니면 두 분을 구분해서 모셔야 하는지 궁금 합니다. 자세하게 알려 주시면 고맙겠습니다.

◈答; 제사에 관하여.

계비의 자리는 원비 좌측으로 설위함.

우선 혼인신고와 무관하게 장자가 세분의 기제사를 모셔야 합니다. 세분의 기제사에는 항상 세분을 함께 지내시면 됩니다. 지방 쓰실 때는 세분을 각각 따로 써서 세우셔야 합니다. 지방세우는 순서는 좌에서부터 고위(아버지) 원비(어머니) 계비(계모)순으로 세우시면 되시고 상차림에서 첫째 줄의 밥 잔반 수저 식초 국을 繼妣 位 앞에 한번 더 놓으시고 둘째 줄에 면류 고기류 적 떡류 면류 적 떡류 면류 적 생선 떡류 순으로 진설 하시고 나머지 줄은 같게 하시면 됩니다.

축문을 쓰시려면 지방기제에 기제 축문식을 참고하시되 현고모관부군 다음에 현비모봉모씨(친모) 현비모봉모씨(계모) 순으로 더 써주시고 휘일부림에 아버지 제사에는 현고휘일부림이라 쓰고 어머니나 계모일 때는 현비모씨휘일부림이라 쓰시면 됩니다. 참고로 제례편 각종 축식에 축문 쓰는 법 참고하세요.

만약 서모일 때는 그 자손이 자기집에서 따로 모시면 됩니다. 계모와 서모의 차이는 원 부인이 작고 후 처녀로 혼례를 치르고 들인 부인을 계모라 하고 타인과 혼인하였다 다시 재혼으로 들인 부인을 서모라 합니다.

아래와 같이 살펴보건대 전후비(前後妣) 다 같이 [顯妣某封某氏神位]라 표합니다.

●南溪曰繼室之於元妃與夫一體奉祀恐甚得禮所謂非族之祀豈指此類而言耶祝文稱謂禮無明文不敢爲說

●問解續問父若有前後室則前後母神主同出耶只出考與所祭之主耶答並祭爲當前母忌日同祭後母後母忌日同祭前母

●梅山曰前後妣死在同日當先元妣後繼妣若並祭則一擧合設兩祭出主告當曰今以顯妣某封某氏(顯妣某封某氏遠諱之辰敢請顯考某官府君顯妣某氏顯妣某氏神主云云忌祭祝遷易下云顯妣)某封某氏顯妣某封某氏諱日幷臨云云

●砥山曰考妣合祭而有前繼妣祝文則列書下曰歲序遷易下又當云前後妣共顯某親某封某氏諱日復臨云云

●備要忌祭祝文式云云諱日復臨(註)若考妣幷祭則曰某親諱日

●問庶子之所生母題主當何稱朱子曰若避適母則只稱亡母而不稱妣以別之可也

▶3575◀◈問; 제사에 관하여.

조부님께서 차남이었으나 큰집 당숙께서 일찍 타계하는 관계로 증조부님과 증조모님의 제사를 지내왔으나 작년에 아버님께서 돌아가셨습니다. 돌아가시기 전에 저에게 증조부모님의 제사는 매혼하라고 늘 말씀하셨습니다. 돌아가시고 바로 매혼을 하려고 하니 그렇고 해서 초상 때 스님께 여쭈어 보았더니 3 년 정도 지내고 매혼을 하라고 해서 내년 기제사후 매혼을 하려고 하는데 제사 절차 및 축문을 알려주었으면 합니다. (이 0 우)

◈答; 제사에 관하여.

귀하의 말씀을 자세히 읽어보니 귀하는 증조부의 지손으로 제사를 지금까지 받들어 왔습니다. 받들게 된 사연은 있겠습니다마는 예법이야 어찌되었든 간에 효의 지극을 먼저 칭찬하고 싶습니다.

지금이라도 증조부의 직손이 있다면 그 모심을 넘겨 주는 것이 가장 바람직할 것입니다. 그러나 그 분에게 손이 없다면 예법으로는 4 대 봉사로 되어 있으니 귀하의 손자 대에 매안하도록 되어 있습니다. 그 매안 예법도 신주를 봉안하고 모시다 친진(親盡)(친(親)이라 함은 현손까지임)이라 하여 그로부터 현손의 상(喪)이 끝날 때 그 신주를 사당에서 그의 묘로 옮겨 묻는 것입니다.

신주 매안에 관한 예법은 상세히 기록되어 전하고 있으나 신주가 없는 지방의 예법은 전래된 예법의식이 없습니다. 까닭은 신주는 그의 신(神)이며 묘는 그의 육신(肉身)인 까닭에 봉제사 대가 다하면 모시던 신(神)을 육신과 합하여 드리는 의식입니다. 고로 신주 없이 지방으로 모시던 그 분의 신은 이미 (답변자의 주관적 생각)육신과 합하여 있으니(혹은 공중을 떠돌아 있는 곳을 헤아릴 수가 없다 기도함) 매안의 대상이 없어 그 절차 의식 역시 없는 것 같습니다. 다만 예법은 위와 같으나 그 의식이야 어떻든 간에 귀하가 그 의식을 따르고 싶음이 절실하다면 본 홈 대상 말미에 매안 예법이 있습니다. 단 적현손이 죽어 직손으로는 친진이 되었다 하여도 지손으로 현손대 이내의 친속이 있다면 그 중 최장방(最長房)이 그 제사를 모셔다 봉사를 합니다. 그와 같이 모시다 현손대가 끊겨야 그때 매안(埋安)을 하게 됩니다.

⊙親盡祖考妣位祝文式(承重則六代祖考妣位祝同但改屬稱祝亦異板)

維 歲次干支幾月干支朔幾日干支五代孫某敢昭告于 顯五代祖考某官府君 顯五代祖妣某封某氏玆以先考(屬稱隨改見上改題告式)某官府君喪期已盡禮當遷主入廟(承重則改措語見上改題告式)先王制禮祀止四代心雖無窮分則有限 神主當祧埋于墓所(不遷之位則改埋爲遷族人有親未盡者將徙于其房則改埋于墓所爲遷于某親某之房)不勝感愴謹以淸酌庶羞百拜告辭(本龕有祔位則此下云某親某官府君某親某封某氏神主亦當並埋若正位祧遷于長房而不埋則去亦當並埋四字某氏神主下云埋于本墓)尙 饗

⊙送主告辭式

維 歲次干支幾月干支朔幾日干支五代孫某敢昭告于 顯五代祖考某官府君 顯五代祖妣某封某氏古人制禮祀止四代心雖無窮分則有限神主當祧不勝感愴謹以酒果百拜告辭(本龕有祔位則此下云某親某官府君某親某封某氏神主亦當並埋)尙 饗

⊙埋主告辭式(承重則六代祖考妣位告辭式○同治葬先塋條)

維 歲次干支幾月干支朔幾日干支五代孫承重稱六代孫某官某敢昭告于 顯五代祖考某官府君 顯五代祖妣某封某氏之墓世次迭遷 神主已祧情雖無窮分則有限式遵典禮埋于 墓側不勝感愴謹以酒果用伸虔告謹告

⊙遷主最長之房告辭式

維 歲次干支幾月干支朔幾日干支五代孫某敢昭告于 顯五代祖考某官府君 顯五代祖妣某封某氏玆以先考某官府君喪期已盡禮當遷主入廟先王制禮祀止四代心雖無窮分則有限 神主當祧遷于某親某之房不遷之位則去某親某之房爲別室尙 饗

⊙遷主最長房改題告辭式(上同儀節告遷于祠堂儀)

維 歲次干支幾月干支朔幾日干支玄孫(曾孫或孫隨屬稱)某官某敢昭告于 顯高祖考某官府君 顯高祖妣某封某氏(曾祖考妣或祖考妣隨屬稱下同)今以孝玄孫某喪制已畢其子親盡 顯高祖考 顯高祖妣神主已祧某當以次長奉祀 神主今將改題謹以酒果用伸虔告謹告

⊙最長房告家廟告辭

維 歲次干支幾月干支朔幾日干支孝子隨屬稱某敢昭告于 顯考某官府君 顯妣某封某氏(曾祖或祖隨所奉位列書)某以長房今將祗奉 顯高祖考某官府君 顯高祖妣某封某氏(曾祖或祖隨屬稱)神主 顯考 顯妣(曾祖或祖隨所奉位列書)神主禮當以次遞降謹以酒果用伸虔告謹告

⊙奉遷主埋于墓側儀禮節次

(補祥祭後陳器具饌如朔日之儀用卓子陳廳事上質明主人奉安親盡之主于卓子上)

序立(如常儀)○參神○鞠躬拜興拜興拜興拜興平身○降神○盥洗○詣香案前○跪○上香○酹酒○俯伏興拜興拜興平身○主人斟酒○主婦點茶(畢並立)○鞠躬拜興拜興平身○主婦復位○跪○讀祝○俯伏興拜興拜興平身○復位○辭神○鞠躬拜興拜興拜興拜興平身○焚祝文○送主(執事者用盤盛主捧之主人自送至墓側)○埋主(祝埋畢始回)

(儀節按楊氏附註引朱子他日與學者書旣祥而徹几筵其主且當附于祖父之廟俟三年喪畢合祭而後遷蓋有取於橫渠祫祭後奉祧主於夾室之說也而楊氏亦云俟吉祭前一夕以薦告遷主畢乃題神主厥明今祭畢奉神主埋於墓所奉遷主新主各歸于廟夫所謂合祭者卽橫渠所謂祫祭也家禮時祭之外未嘗合祭若卽是時祭又不知設新主位于何所今不敢從且依家禮爲此儀節庶幾不失云)

●家禮族人有親未盡者遷于最長之房使主其祭
●備要祔位之主本位遞遷則埋于墓所
●沙溪曰最長房之義朱子以爲古人屢世同居一門之內子孫各有私房若有親之主而族人有親未震者則遷于其中最長者之房以祭之○最長房之子雖未親盡門中又有諸父諸兄則當遷奉於其房耶沙溪曰然○最長房有庶曾孫嫡玄孫則庶曾孫當奉祀若貧賤不可以奉祀嫡玄孫奉祀無妨○最長房不能祧主則宗子姑安於別室以最長房之名改題旁註宗子攝行○最長房死不待三年遞遷以三年廢祭有所未安故也○父歿母在亦祧退溪曰父喪畢藏主別處以待他日與妣同入廟始行祧遷未爲得禮之正尤菴曰親盡祧遷當以奉祀孫世代計之雖祖曾祖母生存亦不可不遷○非大宗高曾二祖親雖未盡當遷於長房
●愼獨齋曰長房改題神主當以主祭者所稱改題而旁題不稱孝
●問解問祧主旣遷於最長之房則神主當以主祀者所稱改題乎若然則其節次當在於遷奉之日而旁題不稱孝只稱曾玄孫乎曰然
●陶菴曰庶孼房題只稱玄孫而祝辭自稱爲庶恐得之矣○正位遞遷後祔主當埋安同春曰祔位於最長房亦是至親則并奉以祭亦似爲安南溪曰班祔之位終兄弟之孫
●尤菴曰祧主改題自是遷奉者之事非舊主人之所當與也旣遷之後當有酒果告由之禮其時改題似宜矣○宗孫死則祧位吉祭時當遞遷最長房死則葬後遷奉于次長房
●東岩曰大戴禮遷廟事畢擇日而祭註所以安神當依此擇日盛祭
●寒岡曰考妣前以曾祖考妣奉來之意略敍以告○又曰奉父母之祭者又奉曾祖之祠則曾祖當安於西之第二龕考妣當安於東之最下龕西之祭一龕與中一龕則當虛之
●問奉來祧主共安祠堂後似有合祭之儀若祭則備羹飯耶曰共安祠堂適在仲月時祀之時則具羹飯盛祭爲當不然則用酒果以告然具三獻盛祭亦無妨
●龍岡曰前一日詣祠堂焚香告辭曰孝孫(只繼禰則云孝子)某今以顯高祖考某官府君顯高祖妣某封某氏親盡宗家神主當祧某以年長次當奉祠將以來日奉遷于祠堂敢告明日奉遷主入廟更無祭告再拜而退(案大戴禮遷廟篇遷廟事畢擇日而祭註所以安神恐當依此擇日盛祭今謂無祭告未然)

▶3576◀◈問; 제사에 관하여 궁금한 것이 있습니다.

올해로 조부모 제사가 다섯 해를 넘겼습니다. 동생들이 아직 결혼전이라 직장관계상 다른 지방에서 출퇴근하는 관계로 내년부터는 합쳐서 지내자고 의견을 내놓아서 그러는데 조부모 두 분을 합쳐서 제사를 모실 수 있는지 지낼 수 있다면 예법 좀 알고 싶습니다.

◈答; 제사에 관하여.

조부모 제사를 합쳐서 제사 지낸다 함은 두분 기일(忌日) 중 한 분의 기일 날로 합쳐 지내고 한 분의 기일은 지내지 않는다는 의미로 이해하겠습니다. 예법상으로는 불가합니다. 기제(忌祭)란 작고(作故)한 날의 제사(祭祀)이니 다른 날에 기제사를 대신할 수는 없는 것입니다. 설이나 추석을 다른 날로 대신할 수 없는 것과 같은 이치입니다. 기(忌)란 사람이 죽은 날이란 뜻으로 기제사란 조상이 죽은 날 제사란 뜻인데 기제사를 합쳐 지내다 함은 조상의 작고한 날을 생각하고 슬픔에 겨워 그 혼신(魂神)과 만나 뵈는 의식인데 다른 날 지낸다 하는 것은 기제사로서의 의미가 없다 할 수 있습니다.

◎忌日(기일)

祭義君子有終身之喪忌日之謂也忌日不用非不祥也言夫日志有所至而不敢盡其私也註忌日親之死日也不用不以此日爲他事也非不祥言非以死爲不祥而避之也夫日猶此日也志有所至者此心極於念親也○張子曰古人於忌日不爲薦奠之禮特致哀示變而已○語類古無忌祭近日諸先生方考及此○先生爲無後叔祖忌祭未祭之前不見客○問人在旅中遇有私忌於所舍設卓炷香可否曰這般微細處古人也不曾說若是無大礙於義理行之亦無害○頤菴曰國俗忌祭不論男女輪遞設行國典云祭享之費與祭宗族輪番措辦又言主祭子孫別居遠處衆子孫就其家行祭謂送助其費于宗家耳非使之設行於各家也

▶3577◀◈問; 제사에 관하여.

안녕하세요? 저희 시어머니가 재혼(再婚)을 하셨는데 법적으로 호적(戶籍)은 파가지 않았어요. 그런데 제사나 설, 차례(茶禮)에 참석을 하시는 게 맞는 건지 아니면 안 오시는 게 맞는 건지 잘 모르겠어요. 그리고 만약에 재혼(再婚)했던 시어머니가 돌아가시면 제가 지내야 하는지요?

저희는 시할아버지랑 시아버지 제사 기일이 같은 날이라 시할머니랑 다 같이 지내는데 시어머니도 같이 지내는 건지요. 어떻게 하는 게 옳은지 가르쳐 주세요. 황0경

◈答; 제사에 관하여.

⊙嫁母不祔廟(가모불부묘) (개가한 어머니는 사당에 들일 수가 없다)

朱子曰嫁母者生不可以入于廟死不可以祔于廟

위는 주부자께서 하신 말씀입니다. 재가한 어머니는 살아서도 본가의 조상 제사를 지낼 수 없으며 그가 죽어서도 본가의 사당에 들어 올 수 없다는 말씀입니다.

⊙出妻不入廟(출처불입묘) (쫓아낸 처는 죽었어도 사당에 들일 수가 없다)

朱子曰出妻入廟決然不可爲子孫者只合歲時就其家之廟拜之若相去遠則設位望拜可也

위는 주부자 말씀입니다. 쫓겨난 처는 사당에 들여 놓아서는 안되며 그의 자손은(본가 자손) 그 집의 사당으로 가서 절을 하는 것은 가하며 혹 그 집이 멀면 허위를 차려 놓고 절을 하는 것은 가하다는 말씀입니다.

위의 말씀을 종합하면 전통예법으로는 개가한 어머니는 본가의 제사도 지낼 수 없으며 죽어서도 그의 본가 자손이 제사를 지내서는 안 된다는 말씀입니다.

●家禮喪禮成服杖期條其降服則爲嫁母出母也

●朱子曰出妻入廟決然不可爲子孫者只合歲時就其家之廟拜之若相去遠則設位望拜可也○又曰嫁母者生不可入廟死不可以祔于廟

▶3578◀ ◈問; 제사에 관하여.

음력으로 5 월 29 일 시 아주버님이 돌아가셨어요 삼우제에 탈상을 했고요. 같은 달에 시어머님 제사는 안 지내는 것이라 하여 그냥 지나갔어요. 근데 이번 달에 시아버님 제사가 있는데 49 일이 안 지났다고 제사를 지내지 말라고 하는데 그 말이 맞는지요. 또 추석 차례는 어찌 해야 하는지 빠른 답변 부탁 드려요.

◈答; 제사에 관하여.

아래와 같이 살펴보건대 상중(喪中)인 상주(喪主)는 졸곡 전에 맞는 모든 제사는 폐하게 됩니다. 여기서 졸곡제라 하면 초상 후 약 100 일이 됩니다. 까닭은 유가의 장사는 초상으로부터 석달 후에 장사하게 됩니다. 3 일장이니 5 일장이니 하는 것은 여건이 허락되지 않아 갈장(渴葬; 석 달을 기다리지 않고 일찍 장사함)하였을 뿐으로 예법은 갈장을 하였다 하여도 우제는 장사 당일 초우제를 지내고 다음으로 재우제 또 삼우제를 지내고 난 다음 약 석 달 후에 졸곡제를 지내게 됩니다.

졸곡제란 부모님의 상을 당하여 망극함을 다스릴 수가 없어 때없이 곡을 멈추지 않다 졸곡제를 지내 뒤부터 그 곡을 멈추고 조석으로만 곡하게 됩니다. 자식으로써의 슬픔이 적어도 100 일 정도가 지나야 때없이 하던 곡함을 멈추고 조석 곡으로서 슬픔을 달랠 수 있다는 것입니다. 따라서 5 월 29 일 작고하셨다면 8 월 29 일이 장사할 날짜가 됩니다. 까닭에 시 아버님 기제사는 물론 추석 차례도 예법상 지내지 않습니다. 첨언한다면 상주는 졸곡제 이후라도 삼 년 상을 마칠 때까지 집에서 복이 가장 가벼운 사람을 시켜 모든 제사를 지내다 탈상 후 비로소 상주가 초헌관이 될 수 있습니다.

●要訣祭儀抄喪服中行祭儀凡三年之喪古禮則廢祠堂之祭而朱子曰古人居喪衰麻之衣不釋於身哭泣之聲不絶於口其出入居處言語飮食皆與平日絶異故宗廟之祭雖廢而幽明之閒兩無憾焉今人居喪與古人異而廢此一事恐有所未安朱子之言如此故未葬前則準禮廢祭而卒哭後則於四時節祀及忌祭(墓祭亦同)使服輕者行薦而饌品減於常時只一獻不讀祝不受胙可也

▶3579◀ ◈問; 제사에 관해서.

우선 친절한 답변에 감사합니다. 그런데 제삿날이 틀린 게 아닌가 해서요. 다시 물어봐요. 2004 년 1 월 15 일 (음력 12 월 24 일) 제사를 지내고 밤 11 시경에 응급실로 가신 거 거든요. 주변 어른들은 살아계신 날로 지내는 거라고 음력 12 월 24 일이라는데 여기엔 음력 12 월 25 일 자시라고 되어 있거든요. 돌아가신 시간은 병원에서 음력 12 월 25 일 13 시 41 분이에요. 낮이거든요.

◈答; 제사에 관해서.

기제사는 작고한날 지내는 것입니다. 기제사란 조상이 작고한 날로 그날이란 천치가 무너진 듯한 그런 잊을 수가 없는 날이기에 그날만은 다시 조상을 생각하고 생전 받들고 봉양하던 대로 한끼라도 일년 정성을 모아 나는 먹지 못하여도 흰 쌀밥을 지어 올리는 것입니다. 산 날이란 따지자면 1 년 365 일입니다. 그 날들이 무슨 의미가 있겠습니까. 혹자들은 자시이다 보니 전날이라서 착각에서인 듯 합니다. 하루라 함은 옛날 시간과 현대의 시간에는 1 시간의 차이가 있습니다. 살펴 보면 아래와 같습니다.

⊙옛날 시간. 자시(子時). 축시(丑時). 인시(寅時). 묘시(卯時). 진시(辰時). 사시(巳時). 오시(午時). 미시(未時). 신시(申時). 유시(酉時). 술시(戌時). 해시(亥時).

⊙현대 시간. 오후 11 자정 오전 1 2 3 4 5 6 7 8 9 10 11 정오 오후 1 2 3 4 5 6 7 8 9 10 11. 오후 11 시부터 12 시까지를 자전(子前)이라 하고 정각 12 시를 자정(子正) 12 시부터 오전 1 시까지를 자후(子後)라 하며 축전 축정 축후 마찬가지입니다.

음력 12 월 25 일이란 옛날 시를 현대의 시간으로 환산하면 음력 12 월 24 일 오후 밤 11 시부터 다음 날인 12 월 25 일이 시작 되니 1 시간의 차이가 납니다.

기제사란 작고한 날에 지내는 것이니 현대의 시간으로 전날 11 시 이후에 지내면 당일에 지내는 것이 됩니다. 대개의 가문에서는 자시(子時)에 지내고 있습니다. 자시라 함은 전날 오후 밤 11 시부터 당일 오전 새벽 1 시까지 2 시간에 해당 됩니다. 다만 전날 저녁이다 보니 여러 가지 사정이 있다 하여 11 시 전인 초저녁에 지내면 전날 지내는 격이 되니 이는 크게 어그러진 것입니다. 차라리 자시에 지내지 못할 연유가 있으면 당일 자시 이후 시간을 택하여 지내야 합니다. 반드시 기제사는 작고한 날 지내야 합니다.

●祭義君子有終身之喪忌日之謂也註忌日親之死日也
●周禮春官宗伯禮官之職小史條掌邦國之志奠繫世辨昭穆若有事則詔王之忌諱註鄭司農云先王死日爲忌名謂諱
●禮器質明而始行事疏質正也謂正明之時少牢禮朝明行事註朝明質明也此乃周禮也
●士冠禮擯者請期宰告曰質明行事
●南溪曰質明卽大昕指日未出時也
●尤菴曰行祭太早不可太晩亦不可惟當以質明

▶3580◀◈問; 제사에 관하여 문의드립니다.

안녕하십니까 조부제사를 모시는 중 의문점이 생겨 문의 드립니다. 조부님이 음력 12/27 에 돌아가셔서 돌아가신 당일 제사를 모시고 있습니다. 그리고 다음주 설 명절에 차례도 지내고 있습니다. 혹 차례날짜와 얼마 차이 나지 않는 제사의 경우 차례 한번만 지내도 무관한지 궁금합니다.

◈答; 제사에 관하여.

제사의 등급(等級)에는 대체로 대사(大祀), 중사(中祀), 소사(小祀), 고사(告祀)로 나뉠 수가 있습니다. 사대부서인(士大夫庶人) 제(祭)를 이상과 같이 분류한다면 대사(大祀)는 사시제(四時祭)가 되고, 중사(中祀)는 기묘제(忌墓祭)가 되고, 소사(小祀)는 절사(節祀)가 되고, 고사(告祀)는 각종 축사(祝辭)의 건고근고(虔告謹告) 형(形)의 제(祭)가 될 것입니다. 이러할진대 대중소절사(大中小節祀) 중 어느 제든 소홀히 여길 제사는 없습니다.

기제(忌祭)는 후손(後孫)으로서 선대(先代)의 작고(作故)하시던 날의 슬픔은 회상(回想)하고 그 날을 잊지 않기 위하여 매년 그날에 닿으면 질명(質明; 或 子時)에 신주(神主)를 내어 모시고 반갱(飯羹)과 찬품(饌品)을 진설(陳設)하고 적장자손(嫡長子孫)이 초헌(初獻)을 하며 축(祝)으로서 애절(哀切)함을 고하고 재배(再拜)하여 자손(子孫) 된 정(情)을 표하고, 정단(正旦)의 예(禮)는 생자(生子)에게 세배(歲拜)하기 전 먼저 작고(作故)하신 선대(先代; 考妣)를 모시고 후손(後孫)들이 세배(歲拜)를 들이는 예(禮)인데 지난날 제사(祭祀)를 지내지 않거나 잘못 지낸 자는 곤장(棍杖)을 일백(一百)을 치던 그와 가은 시대는 아니나 어찌 사람으로서 소홀히 할 수가 있겠습니까.

●祭義註忌日親死之日也疏孝子終身念親不忘忌日非謂此日不善別有禁忌謂孝子志意有所至極思念親不敢盡其私情而嘗求他事故不擧也
●疑禮流說或問時祭忌祭俱是祭先而齊戒時有三日一日之異者何也沙溪曰開元禮齊戒條註云凡大祀散齋四日中祀三日小祀二日致齊大祀三日中祀二日小祀一日以此觀之祭有大小而齋戒之日亦隨而有異也
●要結時祭則散齋四日致齋三日忌祭及墓祭則散齋二日致齋一日參禮則齋宿一日
●備要時祭則前期三日齋戒忌祭及墓祭則前一日齋戒參禮則前一日齋宿
●國朝五禮儀吉禮辨祀; 大祀 社稷宗廟永寧殿○中祀 風雲雷雨嶽海瀆先農先蠶雩祀文宣王歷代始祖○小祀 靈星老人星馬祖名山大川司寒先牧馬社馬步禡祭禜祭酺祭七祀纛祭厲祭○祈告 社稷宗廟風雲雷雨嶽海瀆名山大川雩祀○俗祭 文昭殿眞殿懿廟山陵○州縣 社稷文宣王酺祭厲祭禜祭
●大明律禮律祭祀;凡大祀及廟享失誤行事者杖一百

▶3581◀◈問; 제사에 관한 문의.

선생님께 문의 합니다.
問; 음력으로 4 월 30 일 제사인데 올해는 4 월 29 일 까지라 어떻게 하면 예절에 맞는지 궁금합니다

◈答; 기일이 그믐날이 경우.

아래와 같이 살펴보건대 사일(死日)이 대월(大月)인 30 일 때 다음 해가 소월(小月)이 들면 29 일이 기제일(忌祭日)이 되고, 사일(死日)이 윤월(閏月)이었다 하여도 다음에 윤월(閏月)의 해를 만나면 윤월(閏月)이 아니라 정월(正月=本月) 사일(死日)이 기제일(忌祭日)이 되고 윤월(閏月) 그날에는 설위(設位) 평상시(平常時)의 밥상을 올리고 곡(哭)을 하고 마친다 합니다.

●沙溪全書卷之四十一疑禮問解祭禮忌日忌祭儀忌日在閏月或月晦
問(初略)大月晦日死者後値小月當以二十九日爲忌後又値大月則又當以三十日爲忌否小月晦日死者後値大月當以二十九日爲忌否抑亦以晦爲重而用三十日爲忌否(宋浚吉)通典諸說可考也(中略)大月三十日死者後値小月固當以二十九日爲忌後値大月則自當以三十日爲忌小月晦日死者後値大月當仍以二十九日爲忌不可延待三十日也如何
●疑禮問解卷四祭禮忌日問(初略)大月晦日死者後値小月當以二十九日爲忌後又値大月則又當以三十日爲忌否小月晦日死者後値大月當以二十九日爲忌否抑亦以晦爲重而用三十日爲忌否(宋浚吉)答通典諸說可考也(中略) 大月三十日死者後値小月固當以二十九日爲忌後値大月則自當以三十日爲忌小月晦日死者後値大月當仍以二十九日爲忌不可延待三十日也如何
●問祖考之終在閏月者復遇亡歲之閏月則行祭於閏乎退溪曰閏非正月人之行祭常以正月而獨於是歲依亡歲之月而祭似未穩祭則依常月行之於閏月亡日則齋素而不祭似當也
●問先考卒逝之日閏四月三十日也今又値四月之閏欲於閏月晦日行祭如何寒岡曰知禮之人皆以爲不可用閏月當於本月其日行祭閏月其日則行素而已可也
●沙溪曰或謂當用本月爲忌而閏月死日亦當行素云
●同春問人或死於閏正月則忌祭當用本正月否若値閏正月則當用何月云云沙溪曰通典諸說可考也或謂閏月死者後値閏月當用本月爲忌而閏月死日亦當行素云
●問閏月死者之子復値閏月則如之何明齋曰其日似當變服設位哭食素

▶3582◀◈問; 제사에 관해서 문의 드립니다.

평소 궁금했는데 어디 물어볼 때도 없었는데 반가운 마음으로 질문 드립니다.

저희는 삼형제로서 큰형님이 제사를 모시고 있습니다. 큰형님은 딸만 둘이고 아들이 없어 동생들한테 제사를 지내라고 합니다. 둘째 형님은 아들과 딸을 두었고 셋째 인 저는 아들만 둘입니다. 시어머님은 저의 큰아들이 둘째 형님의 아들보다 나이가 많고 또 둘째 형님이 제사를 안 모시려고 해서 셋째 인 저의 큰아들이 지냈으면 하십니다. 누가 제사를 모셔야 하는지 가르쳐주셨으면 감사하겠습니다.

◈答; 제사에 관해서.

이른바 양자로 한 가문에 대를 있는다 함은 위계질서를 거역할 수는 없는 것입니다. 중간댁의 아들이 나이가 적어도 그 나이가 문제가 되는 것은 아닙니다. 예를 들어 맏이 집이 딸만 두다 마지막에 아들을 두고 막내 댁에서는 먼저 아들을 두었다면 맏이 집 아들이 막내댁 아들보다 나이가 적을 수도 있는 것입니다. 현재의 상태에서 전통 예법으로는 둘째 집 아들이 비록 나이는 적다 하여도 맏이 집으로 입후하여 제사를 받듦이 마땅할 것입니다. 참고하기 바랍니다. 감사 합니다.

●儀禮疏曰適子不得後他故取支子又曰小宗適子亦當立後
●通典漢石渠議戴聖曰大宗無後族無庶子已有一適子當絶父祀以後大宗
●喪服傳何如而可爲之后同宗則可爲之后何如而可以爲人后支子可也疏支子可也者他家適子自爲小宗小宗當收斂五服之內亦不可闕則適子不得後他故取支子○又曰爲人後者孰後後大宗也曷爲後大宗大宗者尊之統也大宗者收族者也不可以絶故族人以支子後大宗也
●丘儀大明令凡無子許令同宗昭穆相當之姪承繼先取同父周親次及大功小功緦麻如無則方許擇遠房及同姓爲嗣不許養異姓爲嗣以亂宗族立同姓者易不得尊卑失序以亂宗族且凡爲人後者必承父之命不承父命是貪利而忘親也
●經國大典適妾俱無子者告官立同宗支子爲後
●退溪曰長子無子次子之子承重指適子孫而言雖有妾産未可遽承代也
●沙溪曰長子無後而死不立後次子死而有子又季子生存次子之子當奉祀
●許傳曰長子無後雖次子之庶子其爲血孫一也恐不當捨之而取族人子也其曰未可遽承代云者只爲愼重而然耶
●尤庵曰前後妻皆歿後始爲之子者當爲前母之子
●或問父母生時長子無后而死則奈何或傳長婦或傳次子何以則得宜耶退溪曰父母生存長子無后而死爲長子立后而傳之長婦此正當道理也
●或問長子無后而死不立后次子死而有子又季子生存則誰當奉祀耶沙溪曰次子之子當奉祀也
●遂菴曰過長殤之年則雖未冠笄何可以殤例論也
●近齋曰世豈有無母之子不當立後當以次子爲嗣古禮旣冠不爲殤則只謂治喪與服制一用成人之禮非謂立後家禮旣娶方不爲殤冠而未娶者不立后何疑

▶3583◀◈問; 제사에 대하여.

파묘를 사유로 아버님 생존 시 저의 4 대 조부 조모의 제사를 안 모시게 되었습니다. 현재는 세사로 지냅니다 만.

1. 아버님 졸 이후 대상이 지나 이제 4 대손인 제가 제사를 모시고 싶습니다. 일반적으로 안 지내던 제사는 다시 지내는 것이 아니고 우환도 생긴다고 하는데 예법에 어긋남이 있는지요?

◈答; 제사에 대하여.

우환이 생기는지의 여부는 알지를 못하겠으나 궐사(闕祀)가 예에 어긋나면 나지 다시 예를 갖추어 지내는 것이 어찌 예에 어긋난다 할 것이며 혹 우환의 속설이 있다 하여도 귀하의 정성에 고조부모께서 감탄하여 복을 내려 주실 것입니다.

●祭義註忌日親死之日也疏孝子終身念親不忘忌日非謂此日不善別有禁忌謂孝子志意有所至極思

念親不敢盡其私情而營求他事故不擧也

▶3584◀◈問; 제사에 대하여.

거두절미하고 작년 8 월말에 저의 큰형님께서 별세하시고 추석 이후로 장조카가 제사를 모시게 되었습니다. 물론 저의 부모님 제사이기에 저의 두 형제는 장조카가 제사를 지내는데 부담을 덜어주기 위해 제사 비를 보태어주었고 앞으로도 보태어주기로 했습니다. 그런데 금년 새해에 차례를 지내는데 저의 작은형과 형수가 서모님 차례상을 지낸다는 핑계로 참석하지 않았고 할 수 없이 저가 장조카(40 세) 집에서 작은조카(37 세)와 같이 지내면서 장조카에게 조금이나마 도움이 되라고 적지만 성의껏 돈봉투도 함께 올렸습니다. (물론 조카며느리 둘과 조카손주를 데리고)

문제는 설쇤 뒤 며칠 지나 큰형수께서(4 년 전 이혼) 전화 온 겁니다. 장조카가 지내는 저의 부모님 제사를 절에 모시던지 제가 가져가던지 알아서 하라는 겁니다. 복잡한 이유지만 이혼 전에도 제사 때면 항상 시끄럽고 편할 날이 없는 막무가내로 하던 분이어서 형님생전에는 저의는 말도 붙이지 못하고 가만히 지켜보았으나 더 이상은 안 되겠다 싶어 다투었지만 장조카들도 조상에 대한 제사에는 관심 없고 자기 어머니 말이라면 꼼짝 못하고 (재산 상속 받으려고) 따르는데 이제는 도리가 아닌 줄 알지만 저의 돌아가신 부모님께서 제사 밥이라도 편히 드리고 싶은 자식의 마음이 앞서기에 이렇게 문의를 드리는 겁니다.

장조카가 지내는 제사를 삼촌이 지낼 경우 우환이 있기 때문에 꼭 지내고자 한다면 절에 모셔야 한다고 하는데 꼭 그래야만 하는지요. 도리가 아니지만 제가 지낼 경우 문제가 있는건가요. 제가 지내면 그래도 형제들이 모일 수 있는데 제가 아는 절의 원주스님께 물어보니 불가에서는 순서가 뒤바뀐들 문제는 되지 않는다고 하셨는데 유교에서는 꼭 그렇게 해야 하는 이유가 있는지요. 정말 답답합니다 절에 모셔야 할지 제가해도 되는지 답변 부탁 드립니다.

◈答; 제사에 대하여.

참으로 안타깝습니다. 궐사는 자손 된 도리가 아니니 정도는 아니나 다음과 같이 축으로 고하고 귀하가 받든다 하여 크게 탓할 수는 없을 것 같습니다. 다만 반듯이 그 연유를 축으로 고 하여야 합니다.

⊙대행 기제 축식(代行忌祭祝文式)

維 歲次干支幾月干支朔幾日干支孝孫某不奉次子某代行薦禮敢昭告于 顯考某官府君 顯妣孺人某氏歲序遷易 顯考諱日復臨追遠感時昊天罔極謹以淸酌庶羞恭伸奠獻尙 饗

지방은 장손 명으로 써야 합니다.

⊙지방식

顯祖考學生府君神位
顯祖妣孺人某氏神位

위 축식은 부친의 축식이며 모친의 기제에는 현고휘일부림에 현고를 현비(顯妣)로 고치면 모친의 축식이 됩니다.

●公羊傳(魯)昭公十五(前 527)年; 大夫聞君之喪攝主以往(何休注)主謂已主祭者臣聞君之喪義不可以不卽行故使兄弟若宗人攝行主事而往不廢祭者古禮也古有分土無分民大夫不世己父未必爲今君臣也
●喪禮備要喪禮初終立喪主; 襍(雜)記姑姉妹其夫死夫黨無兄弟使夫之族人主喪妻黨雖親弗(不)主
●家禮增解喪禮初終立喪主; ○右兄亡無嗣弟攝主親喪○右兄亡無嗣弟攝主祖父母喪○右嫡孫亡失祖母死次孫攝主○右無子有妻兄弟主喪○右幼兒兄弟攝主其喪
●辭源[攝主]代爲主祭之人
●曾子問孔子曰宗子居於他國庶子爲大夫其祭也祝曰孝子某使介子某執其常事
●退溪曰宗子死繼后子雖在襁褓亦當書其名而季也攝主可也○又曰宗子粤在他國而命介子代祭之

例曰孝子某使子某敢昭告于云云

●尤庵曰凡祭事主人有故則使人攝行例也所攝之中如有尊行則子弟似不敢爲攝主矣

●遂菴曰孝子某有疾介子某代行薦禮敢昭告于○先祖之稱用宗子之屬代○有故措辭曰孝子某病不能將事○孝子某適在遠地不能將事○孝子某幼未將事○孝子某身犯惡疾使字囑某親某

●問祝文中顯考及夙興夜處等語以兒名書之則當依此書否寒岡曰旣以兒名書則當用家禮本文無所改

●梅山曰遞遷長房者亦用旁題支子攝祀旁題當書介子某攝祀祝當曰攝祀介子某恐宜

●葛菴曰長孫奉祀則父子已易世今推而上之使叔父未安且令次孫權攝以待長孫立后○父不與祭而使子弟攝行則曰孝子某使子某敢昭告云病中則云病不能將事或身在遠地不能將事

⊙主人有故使人代行措辭(주인유고사인대행조사)

病時: 孝子某因病不能將事使某親某(或有疾病介子某代行)敢昭告于(云云)
幼時: 孝子某幼不將事屬某親某敢(或孝子某未幼奉事弟某攝事)昭告于(云云)
遠在時: 孝子某身在遠地不能將事使某親某敢昭告于
越境時: 孝子某使介子某執其常事敢昭告于(云云)
老衰時: 孝子某衰耗不堪事使子某敢昭告于(云云)

▶3585◀◈問; 제사에 대하여.

안녕 하세요. 제사에 대하여 궁금하여 이렇게 글을 올립니다.

1. 저의 증조부 제사를 산소에서 4 월 5 일 날 묘제로 지내고 계시는데 제가 따로 제사 기일날 지내드리고 싶은데 괜찮은가요.

2. 묘제도 지내고 제사도 지내고 2 번을 해도 괜찮은지 아니면 한가지만 하여야 하는지요. 좋은 답변 부탁 드립니다. 날마다 좋은 날 되십시오.

◈答; 제사에 대하여.

기제와 묘제는 별개의 제사입니다. 기제는 작고하신 날 지내드리는 제사를 이르고, 묘제는 매년 삼월상순(부모. 조부모. 증조부모. 고조부모)에 택일하여 묘에서 지내는 제사를 말합니다. 즉 기제는 작고한날의 슬픔을 잊지 않기 매년 그날이 되면 제를 지내고 묘제는 나를 있게 한 선대의 체백을 실전치 않기 위하여 1 년에 한번씩 묘를 확인하고 제를 올리는 것 아니겠습니까. 따라서 어느 제사가 더 중하고 경하고를 분별할 수가 없는 것입니다. 지금까지는 기제를 지내지 않은 것입니다. 고로 이제라도 기제사를 지내신다면 더욱 바람직하고 더구나 기제사와 묘제를 지내신다면 더욱 옳게 증조부 제사를 지내시는 것이 됩니다.

●祭義君子有終身之喪忌日之謂也註忌日親之死日也

●朱子曰祭儀以墓祭節祠爲不可然先正皆言墓祭不害義理

●家禮墓祭三月上旬擇日註如家祭之儀

▶3586◀◈問; 제사에 대해서.

안녕하세요. 궁금한 것이 있는데 주위에 이런 예법에 대해 정확히 아시는 분이 없어 이렇게 문의 드립니다.

저희 할아버님께서 본처 외에 후처를 두셨습니다. 할머님이 살아 계신 때에요. 그 작은 할머니도 재혼이시라 아드님을 한 분 데리고 재가를 하셨다고 하더라고요. 그리고 할아버지와 2 남 1 녀를 더 두셨습니다. 지금은 할아버지 할머님은 돌아가셔서 두 분은 산소도 합장을 했습니다. 할머님께서 먼저 돌아 가시고 나서 작은 할머님의 자식 되시는 분이 작은 할머니를 호적에 올려달라고 난리 치시는 통에 할머니 돌아가시자마자 호적에 올려지신 걸로 들었습니다.

제가 궁금한 것은 작은 할머니께서 돌아가시게 되면 두 분이 합장하신 산소에 합장을 해도 되느냐 하는 것입니다. 그리고 저희 시부모님께서도 돌아가셔서 제사를 제가 모시고 있는데 작은 할머니 제사도 제가 모시는 것인가요? 조부모님 제사도 할아버지 제삿날에 같이 지내고 있는데 그럼 세분을 한 상에 지내야 하는지요?

조부모님 제사 때나 시부모님 제사 때 작은할머니 아들들은 참석도 하지 않고 있는데요. 그리고 조부모님 제사 문제로 하나 더 여쭤보고 싶은 게 있는데 조부모님께서 2 남 1 녀를 두셔서 저희 아버님 밑으로 남동생이 있으십니다. 작은아버지가 계신데 조부모님 제사를 저희가 모시는 것은 맞는 것인가요?

조상님 제사 문제로 이렇게 여쭙게 되어 할아버님 할머님께 죄송하네요. 그럼 수고하세요 (며느리)

의문 1). 제가 궁금한 것은 작은 할머니께서 돌아가시게 되면 두 분이 합장하신 산소에 합장을 해도 되느냐 하는 것입니다

의문 2). 저희 시부모님께서도 돌아가셔서 제사를 제가 모시고 있는데 작은 할머니 제사도 제가 모시는 것인가요?

의문 3). 조부모님 제사도 할아버지 제삿날에 같이 지내고 있는데 그럼 세분을 한 상에 지내야 하는지요?

의문 4). 작은아버지가 계신데 조부모(祖父母)님 제사(祭祀)를 저희가 모시는 것은 맞는 것인가요?

◈答; 제사에 대해서.

疑問 1). 答; 본처 외에는 합장을 하지 않습니다. 본처가 사망 후 정식으로 혼인된 계실이면 품자(品)형으로 묘는 쓴다라는 설은 있습니다. 그러나 서부인은 그도 아니 됩니다. 이에서 서부인이라 함은 정식 결혼치 않고 재혼되어 온 부인을 말합니다.

●程子曰庶母不可入廟子當祀於私室
●小記慈母與妾母不世祭也細註陳氏曰不世祭者謂子祭之而孫不祭也

疑問 2). 答; 정식 혼례를 치른 재취는 같이 합설하여 지내나 서할머니면 그분의 자손이 그 집에서 지냅니다.

의문 1)과 의문 3) 전거(典據) 참조.

疑問 3). 答; 정식 결혼한 재취는 3 합설합니다. 서부인이였으면 아니 됩니다.

●寒岡曰雖前室之子繼母若在則當只稱孤子而不可稱孤哀云蓋繼母在則是母在也若遽稱孤哀則是不母繼母也於禮爲未安故也
●南溪曰繼室之於元妃與夫一體奉祀恐甚得禮所謂非族之祀豈指此類而言耶祝文稱謂禮無明文不敢爲說
●問解續問父若有前後室則前後母神主同出耶只出考與所祭之主耶答並祭爲當前母忌日同祭後母後母忌日同祭前母
●梅山曰前後妣死在同日當先元妣後繼妣若並祭則一擧合設兩祭出主告當曰今以顯妣某封某氏顯妣某封某氏遠諱之辰敢請顯考某官府君顯妣某氏顯妣某氏神主云云忌祭祝遷易下云顯妣某封某氏顯妣某封某氏諱日幷臨云云
●砥山曰考妣合祭而有前繼妣祝文則列書下曰歲序遷易下又當云前後妣共顯某親某封某氏諱日復臨云云

의문 4). 답; 맞습니다. 조상의 제사는 적장자손이 주인이 되어 받듭니다. 그 외 자손들은 주인이 되어 그 조상을 모실 수가 없습니다. 이에서 주인이라 함은 제사를 주관하고 초헌관이 되는 지위(적장자손)에 있는 사람을 일컫습니다.

●性理大全祭禮四時祭; 初獻主人 亞獻主婦爲之 終獻兄弟之長或長男或親賓爲之○又 墓祭; 初

獻如家祭之儀 亞獻終獻並以子弟親朋薦之

▶3587◀◈問; 제사에 대하여.

안녕하세요? 시아버지가 2004 년 1 월 16 일 오후 1 시 41 분으로 사망하셨거든요. 실제는 1 월 15 일(음력 12 월 24 일) 11 시경에 응급실로 실려 가셨는데 수술하시고 다음날 산소호흡기 뺀 시간이에요. 이러면 언제 지내야 하며 몇 시에 지내야 하는지요? 그리고 시할아버지 제삿날이랑 시아버지 제삿날이 같은 날이거든요. 각자 따로 지내도 되는지요?

시작은 아버지 집에서 시할아버지, 시할머니 제사를 지내고 저는 시아버지 제사만 지내도 괜찮을까요? 제사를 지낼 때 지방 쓰는 법도 알려주세요. 축문 쓰는 법도 알려 주세요. 제사를 처음 모시게 되어서 아는 게 없어요. 시어머니가 시아버지 돌아 가신지 1 년도 안 되는데 재혼을 하십니다. 이러면 시어머니와의 관계는 어떻게 되는지요? 제가 계속 시어머니로 모셔야 합니까?

1, 시아버지 제삿날과 시간.
2. 시할아버와 시아버지 제사를 갈라 따로 지내도 되는지.
3. 시조부모와 시아버지 기제 지내는 법과 지방과 축문 쓰는 법.
4. 시어머니가 재혼을 하는데 시어머니로 모셔야 하는가.

◈答; 제사에 대하여.

問 1, 答; 매년 음력 12 월 25 일 자시(子時)에 지냅니다.

問 2. 答; 장손이 함께 지내는 것이 바른 예법입니다. 아버지 집이 어느 곳인지 알 수 없으나 귀하의 부군이 장손이라면 같이 받들어야 합니다.

問 3. 答; 기제사 지내는 법은 위에서 상세하게 기록돼 있습니다 그를 참조하시기 .

◎기제의례절차(忌祭儀禮節次)

序立(主人主婦及弟婦子姪凡當所出者皆在)○參神○鞠躬拜興拜興拜興拜興平身○降神○盥洗○詣香案前○跪○上香○酹酒(以下旁注皆與時祭同)○俯伏興拜興拜興平身○進饌○初獻禮○詣考妣神位前○跪○祭酒○奠酒○祭酒○奠酒○俯伏興平身○詣讀祝位○跪(主人以下皆跪) ○讀祝(若考妣及祖考妣近死則讀祝後加)○擧哀○哀止(非考妣及祖考妣遠死則否)○俯伏興○鞠躬拜興拜興平身○復位○奉饌○亞獻禮○盥洗○詣考妣神位前○跪祭酒○奠酒○祭酒○奠酒○俯伏興平身○復位○奉饌○終獻禮○盥洗○詣考妣神位前○跪○祭酒○奠酒○祭酒○奠酒○俯伏興平身○奉饌○侑食○鞠躬拜興拜興平身○復位○闔門○祝噫歆○啓門○主人以下復位○獻茶(主人立于東階上西向)○告利成(祝立于西階上東向)○曰利成○復位○鞠躬拜興拜興平身○辭神○鞠躬拜興拜興拜興拜興平身○焚祝文○送主○徹饌○禮畢

4. 答; 연세가 어떻게 되였는지는 알 수가 없으나 당연히 수절함이 사람의 근본 된 도리입니다. 그러나 타인이 강요하여서 행해지는 것이 아닙니다. 본인의 의사라면 도리가 없는 일이니 귀하는 귀하의 도리를 행하면 귀하의 덕을 그로 하여 나타나는 것입니다. 옛날 어느 효자는 홀로된 부모가 밤 나들이를 하는데 개울을 쉽게 건너가시라고 징검다리를 몰래 놔주웠다는 전설도 있으니 참고 하기 바랍니다.

●朱子曰出妻入廟決然不可爲子孫者只合歲時就其家之廟拜之若相去遠則設位望拜可也○又曰嫁母者生不可入廟死不可以祔于廟

▶3588◀◈問; 제사에 대한 권리를 작은집이 주장할 수 있나요?

항상 좋은 말씀 감사합니다. 몇 가지 여쭙고 싶습니다.
저희 집이 큰집이고 큰오빠가 장자입니다. 아버지가 돌아가신 후 십오 년간 엄마가 힘드시지만 증조부, 조부, 아버지, 명절까지 계속 지내오셨고, 이제는 힘이 부치셔서 오빠에게 제사를 보내시려고 합니다. 다행히 오빠랑 새 언니도 흔쾌히 동의하고 아무 문제 없는 듯 했는데, 곁에 사시는 작은아버지가 증조부와 조부제사는 자기네가 가져간다고 갑자기 나서는 겁니다. 참고로 여기는 해남이고 오빠네는 서울입니다.

작은집에서 큰집행세를 하려고 하는 거 같은데 여태껏 엄마가 고생하신 것도 그렇고 오빠가 큰아들로서 할 도리를 작은아버님께서 이제와 왜 가져가려고 하시는지 이해가 안되고, 그것이 가능한 것인지 궁금합니다.

오빠는 장남이고 장손으로서 당연히 본인이 모셔야 된다고 하고, 새 언니도 동의 하고 있는데 작은아버님이 워낙 완고하시고 아버지가 안 계시고 오빠가 작은아버님보다 어리다는 이유로 무조건 주장하시면서 친척들 의견을 들어보자며 친척들까지 설득하고 계십니다. 오빠가 큰집에 장남이고 장손임에도 불구하고 친척들이 모두 작은집에서 제사를 지내자고 한다면 나이가 어리다는 이유로 그래야 하는지 궁금합니다. 그럼에도 불구하고 오빠가 제사를 지내기를 원한다면 어떤 구체적인 근거를 들어 어른들을 설득할 수 있는지도 여쭈어 보고 싶습니다.

◈答; 제사는 적장자만이.

지자손은 예법상 그의 조상이나 부모 제사에 직접 주인이 되어 그 집에서 제사할 수 없습니다. 제사의 주인은 적장자가 되며 적장자가 죽어 없으면 그의 적장자(장손)가 그 제사를 이어 받아 주인이 되어 초헌을 하게 됩니다.

●家禮本註凡主人謂長子無則長孫承重以奉饋奠
●小記庶子(支子)不祭祖不祭禰者明其宗也註庶子雖貴止得供具牲物而宗子主其禮
●曲禮支子不祭祭必告于宗子(註)不敢自專宗子有故支子當攝而祭五宗皆然疏廟在適子之家庶子不敢輒祭若濫祭亦是淫祀若宗子有疾不堪當祭則庶子代攝可也猶宜告宗子然後祭
●喪服小記庶子不祭禰者明其宗也(註)庶子不得立禰廟故不得祭禰所以然者明主祭在宗子廟必在宗子之家也庶子雖貴止得供具牲物而宗子主其禮也
●公羊傳何休曰適子有孫而死質家親親先立弟文家尊尊先立孫
●溫公曰凡主人當以長子爲之無長子則長孫承重
●喪服小記庶子不祭禰者明其宗也(註)庶子不得立禰廟故不得祭禰所以然者明主祭在宗子廟必在宗子之家也
●家禮初終立喪主條凡主人謂長子無則長孫承重奉饋奠

▶3589◀◈問; 제사 예법에 관해 질문 드립니다.

궁금하고 답답한데 어디 물어볼 곳이 없어서 염치불구하고 글을 남깁니다. 안녕하십니까? 저는 부산에 사는 40 대 남자입니다. 제 할아버지는 슬하에 아버지와 고모, 그리고 돌아가신 두 분의 고모와 삼촌을 남기시고 젊은 연세에 돌아가셨습니다. 할머니는 여성의 몸으로 자식들을 건사하기 힘들어 다른 분(새 할아버지)과 재혼을 하셨습니다. 그분의 슬하에 삼촌 한 분과 고모 두 분이 계시는 데 장남이신 제 아버지와는 20 년 이상 나이차가 납니다. 그러니까 저한테 할머니는 같은데 할아버 지가 다른 경우가 되겠습니다.

할머니 생전에는 아버지가 우리 친할아버지 제사를 모셨고, 다른 할아버지의 자식인 삼촌은 그 할아버지 제사를 모셨습니다. 근데 문제는 할머니가 돌아가신 이후에 부모님과 삼촌 고모들간의 의논 끝에 저희 할아버지 제사에 돌아가신 할머니를 함께 모시는 걸로 결론을 낸 이후부터였습니다.

삼촌은 할머니 기일에 저희 친 할아버지와 할머니 제사를 함께 모시자고 하고, 첫 제사를 모실 때 저보다 먼저 절을 하고 술잔을 올리더군요. 저는 저희 할아버지 제사에 할머니를 같이 모시는 만큼 당연히 상주이신 아버지 다음에 저와 동생들이 잔을 올리고 절을 하는 게 맞는다고 생각했었거든요. 여기서 제가 궁금한 건 세가지 입니다.

1. 할머니가 재혼을 하셔서 남편 분이 두 분이 되는 경우, 두 분의 제사를 함께 지내는 게 맞는 건지, 혹 그렇다면 첫 번째 할아버지와 제사를 합치는 게 맞는 건지, 아니면 두 번째 할아버지와 제사를 합치는 게 맞는가 하는 문제입니다.

2. 우리 전통으로 봤을 때 남자가 여자에 앞서는 게 인지상정인데, 할머니 기일에 저희 친 할아버지 제사를 함께 모시는 게 과연 예법에 맞는가 하는 것입니다. 물론 저희 할아버지 기일에 모시겠다고 제가 강하게 주장해서 그렇게 하고는 있습니다.

3. 제 아버지가 장남이므로 당연히 상주가 되는 게 맞는다고 보고, 그럼 그 다음에 절을 하고 술잔을 올리는 사람은 아버지의 장남인 제가 되어야 하는 건지 아니면 삼촌을 비롯한 고모부들이 되어야 하는 건지요. 그냥 넘어갈까 하다가 제 할아버지만 너무 안돼 보이고 자기들의 부모만 받들고 저희 할아버지를 너무 홀대 하는 게 화가 나서 이번 기제사에 제가 확실한 예법을 알아보고 그대로 제사를 모시겠다고 선언을 했었습니다. 기제사가 4 월 12 일입니다. 전에 꼭 답변을 주시면 고맙겠습니다. 글이 두서가 없고 장황해 죄송하고요, 새해 복 많이 받으시길 바랍니다.

◈答; 제사 예법에 관해.

출처(出妻) 및 가모(嫁母)는 그가 죽은 뒤 그의 신주(神主)는 개가(改嫁)한 그 댁에 후자가 있다면 그가 모시게 됩니다. 따라서 어머니가 개가(改嫁)하여 죽었다 하여도 그의 신주를 아버지 신주에 합독하지 않습니다. 그러한 고로 그의 제사가 되면 전부(前夫) 자손(子孫)은 개가(改嫁)한 댁으로 가 참여하거나 그 댁이 멀어 갈 수가 없으면 설위(設位)하고 망배(望拜) 할 뿐입니다. 물론 조부(祖父) 기제(忌祭)에 개가(改嫁)한 조모(祖母)를 배위(配位)하여 제사하지 않음이 바른 예법이 됩니다.

●朱子曰出妻入廟決然不可爲子孫者只合歲時就其家之廟拜之若相去遠則設位望拜可也○又曰嫁母者生不可入廟死不可以祔于廟
●尤庵曰禮有嫁母子爲父後之文何嘗以母嫁而奪宗於他人乎
●通典種毓爲父後以出母無主迎還輒自制服庾蔚之曰爲父後不服出母爲廢祭也母出而迎還是子之私情率情制服非禮意也

▶3590◀◈問; 제사예절에 관한 문의 드려요.

할아버지 제사 때 작년에 돌아가신 할머니의 메도 같이 올려도 되는 건가요? ** kai**

◈答; 제사예절에 관하여.

아래 전거의 말씀을 종합하면 부모(父母)의 기일(忌日)에 한 분만 설위(設位)함이 바른 예(禮)이나 세속(世俗)에서 오래 전부터 인정상(人情上) 고비(考妣) 양위(兩位) 합제(合祭)를 하고 있으니 이를 따름도 가(可)하며 다만 축식(祝式)에 모친휘일부림(某親諱日復臨)이라 고(告)한다 라 하였으니 가풍(家風)을 따르되 단제(單祭)나 합제(合祭) 중 어느 예법(禮法)을 따른다 하여도 어그러졌다 할 수는 없는 것입니다.

●或問忌日當設一位否晦齋曰按文公家禮忌日只設一位程氏祭禮忌日配考妣二家之禮不同蓋只設一位禮之正也配祭考妣禮之本於人情者也若以事死如事生鋪筵設同几之意推之禮之本於情者亦有所不能已也
●或問時俗忌日合祭考妣於禮不合如何晦齋曰禮循人情合祭父母原其情則不甚乖事之無害於義者從俗可也然觀乎禮則只設一位似乎宜當
●或問忌日欲祭一位何如退溪曰愚意亦然但中古亦有祭兩位之說比於當喪兩祭此似無甚礙故家間從先例兩祭
●或問考妣忌日只奉一位行祭禮也而古賢亦有幷祭之者今人則罕有一位之祭者若幷祭則其祝辭何以爲書寒岡曰若一從家禮則須如家禮忌日奉一位行祭也若欲幷祭考妣則祝辭在馮善集說家禮然恐未安
●備要若考妣並祭則曰某親諱日

▶3591◀◈問; 제사와 명절의 제례법.

대학교 갓 입학한 학생으로 아버님이 갑자기 돌아가시면서 그 동안 제사와 명절 때 제례 법에 신경을 쓰지 않다가 명절을 지내려고 하니 헷갈려서 문의 드립니다.

먼저 제 생각에는 제사는 돌아가신 분들을 위해 돌아가신 날 위폐(또는 영정사진)을 모시는 것이 맞는데 설이나 추석은 어느 특정 조상을 위해 하는 것이 아니라서 전체 조상을 위한 명절인 만큼 제사와 차이가 있을 것 같은데 혹시 차이가 있나요. 예를 들어 제사 때는 위폐를 모시고 명절 때는 위폐가 없어도 된다는 등 아니면 제사 때와 동일하게 지내면 되는지 알려 주시면 감사하겠습니다.

◈答; 제사와 명절의 제례법.

기제(忌祭)는 정침제이나 속절참례는 사당예입니다. 만약 사당을 건사하지 않을 시는 명절날 아침 일찍 정침에다 모시는 조상님 들을 함께 서상(西上)으로 설위하고 매위(考妣) 남계 말씀으로는 사미(四味; 魚肉米麵食)라 하셨으나 기제찬을 넘지 않게 진설 사당에서는 아래 "속절의례절차" 예법과 같이 무사(無祠) 정침이면 "지방참예예법"의 절차와 같이 무축 단헌의 예로 마치게 됩니다.

●家禮祠堂俗節則獻以時食;節如清明寒食重午中元重陽之類凡鄉俗所尚者食如角黍(增解周處風土記端午烹鶩以菰葉裹糯米爲粽以象陰陽相包裹未分散謂之角黍五越五日祭汨氵羅之遺俗也)凡其節之所尚者薦以大盤間以蔬果(尤庵曰蔬果即蔬菜之蔬也山殺野蔬自是酒席之所設何必問古禮之有無)禮如正至朔日之儀(晦齋曰世俗正朝寒食端午秋夕皆詣墓拜掃今不可偏廢是日晨詣祠堂薦食仍詣墓奠拜)

●朱子曰俗節古所無有今人旣以此爲重必具殽羞相宴樂而其節物亦各有宜故不能不思其祖考以其物享之又曰俗節小祭只就家廟止二味朔旦俗節酒止一上斟一杯

●南溪曰四味魚肉米麵食二味四味中取二者也俗節饌禮無見處酒果蔬菜餅湯之屬當隨所有而酌處之至如炙則乃大祭三獻所用恐不必設

●栗谷曰朔望俗節竝設五穀可作飯者則當具饌數品同設

◈속절의례절차(俗節儀禮節次.)

(主人以下各具盛服)○序立(男列於左女列於右每一世列爲一行)○盥洗(立定主人主婦及子婦將出主者皆洗拭訖)○啓櫝○出主(主人出考主主婦出妣主其餘子婦出祔主各置正位之左皆畢)○復位(主婦以下先降復位)○降神(執事者洗手上階開甁實酒於注一人奉注詣主人右一人執盞盤詣主人左)○主人詣香案前○跪○焚香(主人焚香畢右執事者跪進酒注左執事者跪以盞盤向主人主人受酒斟酒於盞反注於右執事者取盤盞自捧之二執事者皆起)○酹酒(主人左手執盞盡酹茅沙上畢置盞香案上)○俯伏興(少退)○鞠躬拜興拜興平身○復位○參神(主人以下凡在位者皆拜)○鞠躬拜興拜興拜興拜興(註再拜)平身○主人斟酒(主人升自執酒注斟酒於逐位神主前空盞中先正位次祔位次命長子斟諸祔位之卑者畢主人稍後立)○主婦點茶(主婦執甁斟茶於各正祔或命子 弟捧茶托主婦位前空盞中命長婦長女斟諸祔捧盞逐位以獻亦可位之卑者畢主婦退與主人並立拜或命子弟奉茶托主婦奉盞逐位以獻亦可)○鞠躬拜興拜興平身○復位(主人主婦各復其位)○辭神(衆拜)○鞠躬拜興拜興拜興拜(註再拜)興平身○奉主入櫝○禮畢

◈지방참례예법(紙榜参禮禮法).

前一日灑掃齋宿○厥明夙興設位陳器○陳設○成服○序立○立紙榜○降神(焚香再拜酹酒再拜)○參神(在位者皆再拜)○獻酒再拜(主人升執酒注斟于各位前盞○若設飯羹則啓飯蓋揷匙正筯進熟水徹匙覆飯)○辭神(在位者皆再拜)○焚紙○撤床

▶3592◀◈問; 제사와 축문은 언제부터 시작 되었나요?

안녕하세요. 또 의문을 풀려고 찾아 뵙습니다. 다름 아니옵고 항상 제사를 지내면서 품고 있었던 의문인데요. 우리가 지금까지 내려오며 지내는 여러 가지 제사의 시초는 언제부터 시작되었으며 또 각종 제사를 지내면서 읽는 축문은 언제부터 고하기 시작되었나요. 별난 질문 같습니다마는 유학을 존숭하는 자로서 조상을 숭상하며 지내는 의례의 역사를 알려고 함은 자연스러운 현상이라 여기시고 자세하게 일러주셨으면 학습에 많은 도움되겠습니다. 대단히 감사합니다. 지난 회 가르침 진짜로 감사하였습니다.

◈答; 제사와 축문의 시초는.

1). 祭祀之始(제사지시)
○祭祀(제사); 고대 포희(庖犧)씨가 백신에게 제사지냈던 것이 시초(百神則祭祀之始也)라 하고,

○祖上祭(조상제); 제요(帝堯)시대 조부(祖父)의 사당(祠堂; 祖禰廟)을 섬겼으며,
○配享(배향); 배향지례(配享之禮)는 상나라 때 처음 시작(商人始)이 되었다 합니다.

●事物紀原集類祭祀;王子年拾遺記曰庖犧使鬼物以致群祠以犧牲登薦百神則祭祀之始也
●史記五帝本紀第一;黃帝者萬國和而鬼神山川封禪索隱曰言萬國和同而鬼神山川封禪祭祀之事自古以來黃帝之中推許黃帝以爲多多猶大也○高辛氏明鬼神而敬事之
●事物紀原集類宗廟;禮緯元命包曰唐虞五廟夏后因之至商而七書咸有一德曰七世之廟可以觀德是也周廉文武三祧故九廟由唐虞推而上之明其前有至堯舜乃祭五廟爾
●史記五帝本紀帝堯者;祖禰廟(何休云生曰父死曰考廟曰禰)用特牛禮
●事物紀原集類配饗;尙書盤康之告其臣曰玆予大享于先王爾祖其從與享之則功臣配享之禮由商人始也
●事物紀原集類木主; 曲禮曰措之廟立之主曰帝檀弓曰商主綴重盖廟所以藏主冝始爲廟即立主也

2). 祝文之始(축문지시)
○祝文(축문); 고대 이기씨(伊耆氏)에서 시작되었다 합니다.

●事物紀原集類公式姓諱部祝文; 自伊耆氏始爲八蜡則有之其文曰土反其宅水歸其壑昆蟲毋作草木歸其澤是也禮記云

▶3593◀◈問; 제사와 축에 관하여.

저희는 지금까지 자시 그러니까 밤 12 시에 제사를 모셔왔습니다. 조부모님까지 부모님과 동생부부 이렇게 제사를 지내는데 이번 설에 축을 고하고 10 시에 (그러니까 기일 저녁이 되는 거죠) 제사를 모시려고 합니다. 축은 어떻게 써야 하는지요. 꼭 빠른 답변 부탁합니다 감사합니다 (오 0 범)

◈答; 제사와 축에 관하여.

추석이나 정단 등 절사에는 축이 없습니다. 기제는 작고한 날 지내는 제사인데 주자가례 등의 예서에는 궐명(厥明)에 설위하여 질명(質明)에 제사한다 하였으니 이와 같이 기제의 예를 갖춤이 예에 맞는 것이나 대개의 가문에서는 그날 첫 시인 자시(子時)에 지내고 있습니다. 불가피하게 이와 같이 지내기가 불가능하다면 그날 10 시에 지낸다 하여 (궐사 보다) 예에 크게 어그러지지는 않을 것입니다. 기제 축문은 아래의 예문에서 제주와의 관계에 따라 그와 합당하게 맞추어 쓰면 될 것입니다.

⊙忌祭祝文式(기제축문식)
維 歲次干支幾月干支朔幾日干支孝子(조고비에게는 孝孫 증조고비에게는 孝曾孫 고조고비에게는 孝玄孫 ○ 방친과 형제와 처와 자식에게는 그가 부르던 칭호대로 쓴다) 某官某 (동생 이하 자에게는 이름을 쓰지 않는다) 敢昭告于(처에게는 敢자를 쓰지 않고 동생 이하에게는 告于만 쓴다) 顯考某官 (관직이 없었으면 學生이라 쓴다) 府君 (어머니 기제에는 顯妣某封某氏라 쓰고 고조고는 顯高祖考某官府君 고조비는 顯高祖妣某封某氏 증조고는 顯曾祖考某官府君 증조비는 顯曾祖妣某封某氏 조고는 顯祖考某官府君 조비는 顯祖妣某封某氏라 쓰고 처는 亡室某封某氏 장자는 亡子某官이라 쓰고 항렬이 낮거나 수하자 에게는 顯자를 고쳐 亡자로 하고 府君 두 자를 빼며 방친은 속한대로 쓴다. ○ 고비 병제를 할 때는 顯妣某封某氏를 열서한다)歲序遷易 諱日復臨 (병제(並祭)에는 諱日復臨 앞에 아버지 기일에는 顯考 어머니 기일(忌日)에는 顯妣라 쓰고 조고비(祖考妣) 이상 기일 역시 이와 같다. ○처나 동생의 기일이면 諱日復臨을 亡日復至로 고친다) 追遠感時昊天罔極 (고조 증조 조고비 기일이면 昊天罔極을 不勝永慕라 고쳐 쓰고 방친(傍親)의 기일이면 追遠 이하 여덟 자를 고쳐 不勝感愴이라 쓰고 처나 동생 이하의 기일이면 感愴을 다른 말로 고친다) 謹以 (처나 동생 이하의 기일이면 謹以를 玆以로 고쳐 쓴다) 淸酌庶羞恭伸奠獻(처나 동생이하에게는 恭伸奠獻을 伸此奠儀라 고쳐 쓴

다) 尙 饗

●祭義君子有終身之喪忌日之謂也註忌日親死之日也
●周禮春官宗伯禮官之職小史條掌邦國之志奠繫世辨昭穆若有事則詔王之忌諱註鄭司農云先王死日爲忌名謂諱
●家禮忌祭編○厥明夙興設蔬果酒饌○質明主人以下變服詣祠堂封神主出就正寢
●禮器質明而始行事疏質正也謂正明之時少牢禮朝明行事註朝明質明也此乃周禮也
●尤庵曰行祭早晚太早不可太晩亦不可惟當以質明爲正
●南溪曰質明卽大昕指日未出時也
●日省錄正祖十九年乙卯四月二十二日壬寅條(云云)獻官之命十七日進詣本宮十八日子時行祭天氣淸和享事利成獻官以下(云云)
●咸興本宮儀式禮曹判書徐浩修狀啓臣於前月二十五日伏奉咸興本宮永興本宮濬源殿攝行酌獻禮南關各陵寢奉審之命當日陪香祝辭陛本月初一日到永興府進詣本宮奉安香祝初三日到咸興府進詣本宮淸齋爲白遣初六日子時)行祭是白如乎
●弘齋全書訓語氣猝發大臣閣臣求對承候敎曰逢是年是日予懷無以自抑子時行祭非不知無於禮而不得已爲此天明以後將行祝慶之禮予氣予亦自知故欲稍早時刻庶少鎭安而專意於慶今之節也仍嗚咽良久
●國朝五禮儀吉禮春秋及臘祭社稷儀奠幣祭日條丑前五刻

▶3594◀◈問; 제사와 출산.

내년 1 월 14 일쯤 아버님의 제사인데 며느리의 출산일이 거의 겹치는 것 같습니다. 이럴땐 제사를 지내야 하는지 궁금합니다.

◈答; 제사와 출산.

아래와 같이 살펴보건대 우복 선유께서는 집안에 산고가 있으면 불결하니 제사를 폐하여야 한다. 라 하시고, 수암 선유께서는 3 일이 지나면 꺼릴 것이 없다. 라 하셨으며, 남계 선유께서는 산기가 있으면 옆방에 있다 출산을 하고 주인은 산실에는 들어가지 말고 다만 집안에 산모를 대행하여 제수를 갖출 수 없다면 산모가 기를 회복하기 전에는 제사를 폐한다. 라 하신 것 같으니, 정침이 아닌 다른 방이거나 병원의 출산 같으면 집안에 제수를 갖출 부녀자가 있다면 제사를 지냄이 마땅할 것입니다.

●疑禮問解問將祭而家內有産婦則奈何愚伏答曰有産婦則不潔不可祭也
●問將祭而有産婦則奈何愚伏曰當有産婦則不潔不可祭也
●內則妻將生子居側室至于子生夫齊則不入側室之門是當祭者不入産室而已祭則自如可知况牛馬耶
●南溪曰解産廢祭禮無其文惟通解內則妻將生子居側室至于子生夫齊則不入側室之門是當祭者不入産室而已祭則自如可知况牛馬耶
●問今人有産或廢祭於七日內抑無過禮否遂菴曰過三日則似無拘忌
●南溪曰將生子居側室至于子生夫齊則不入側室之門是當祭者不入産室而已只一婦有産他無代行者則其勢只得姑廢而已

▶3595◀◈問; 제사음식을 각자 나누어서 하자는데.

안녕하세요. 저희는 삼형제(三兄弟) 중 저희는 둘째입니다. 다름이 아니라 이번 추석(秋夕) 제사음식을 각자 나누어서 각자의 집에서 만들어 모이자 하네요. 이렇게 하여도 되는지 궁금하네요.

◈答; 제사음식을 각자 나누어서 하자는데.

內則庶子若富則具二牲獻其賢者於宗子夫婦皆齊而宗敬焉終事而后敢私祭
예기(禮記) 내칙편(內則篇)에서 이르기를 지자손들이 부귀할 것 같으면 제사에 받칠 짐승을 두 마리를 길러 그 중에서 제일 좋은 것은 종가에 보내고 부부가 함께 종가로 가 재계를 하고 제사를 돕고 공손히 조상을 섬긴 뒤 돌아와 감히 사사로운 제 제사를 지내야 하느니라.

위와 같이 살펴볼 때 지자손(支子孫)이라 하여도 물품(物品)과 노력으로 종가(宗家)를 도와야 하는 것 같습니다.

●程子曰古所謂支子不祭者惟宗子立廟主之而已支子雖不得祭至於齊戒致其誠意則與主祭者不異可與則以身執事不可與則以物助但不別立廟爲位行事而已後世如欲立宗子則當從此義雖不祭情亦可安若不立宗子徒欲廢祭適足長惰慢之心不若使之祭猶愈於已也

▶3596◀◈問; 제사의 날짜, 시간.

전통 예절에 대한 선생님의 노고에 깊은 감사를 드립니다. 몇 가지 궁금 한 것이 있어 다음과 같이 여쭙고자 합니다.

1. 제사는 돌아가신 전일 준비하여 돌아 가신 당일(영시) 지낸다고 알고 있습니다 맞는지요?
2. 요즘은 돌아가신 전날 일찍 지내는 집들이 많은데 돌아가신 당일 일찍 지내는 게 맞는 게 아닌지요? 감사합니다.

◈答; 제사의 날짜, 시간.

問; 1. 答; 기제일(忌祭日) 시간은 작고하신 날 질명(質明) 즉 먼동 틀 무렵이 됩니다. 기일 전날 밤 23 시(당일 子時)이후에 제사하는 것은 속례로서 정례는 아닙니다. 따라서 기제사(忌祭祀)를 자시(子時)에 제사하는 가문이시면 그 역시 세속의 예로서 맞습니다.

問; 2. 答; 예기(禮記) 제의편(祭義篇) 주(註)에서 기일(忌日)은 친지사일야(親之死日也)라 하였고 주자가례기일편(朱子家禮忌日編)에서 質明(먼동틀 무렵)에 제복으로 바꿔 입고 사당으로 가 신주를 제청으로 내모신다 하였으니 돌아가신 당일 새벽 먼동 틀 무렵에 지내시는 게 옳은 것입니다. 그리고 참고로 만약 윤달에 사망하였더라도 다음해부터는 正月에 제사를 하게 되며, 晦日 즉 대월 30 일 그믐에 사망한 기일 역시 다음해 소월 29 일이 기일이 되고 물론 대월 그믐의 해에는 30 일이 기일이 되며, 소월(29) 그믐날 사망한 기일은 대월의 해에는 30 일 그믐을 기다리지 않고 29 일이 기일이 된다는 것입니다.

●祭義君子有終身之喪忌日之謂也註忌日親之死日也
●朱子家禮忌日編○厥明夙興設蔬果酒饌○質明主人以下變服○詣祠堂奉神主出就正寢○參神降神進饌初獻
●文獻通考宗廟考六祭祀時享(薦新); 其祭貴肺用朝及闇陳氏禮書曰祭義曰夏后氏祭其闇商人祭其陽周人祭日以朝及闇
●檀弓夏后氏大事用昏商人大事用日中周人大事用日出
●禮器質明而始行事疏質正也謂正明之時少牢禮朝明行事註朝明質明也此乃周禮也
●南溪曰質明卽大昕指日未出時也
●尤庵曰行祭早晩太早不可太晩亦不可惟當以質明爲正
●咸興本宮儀式奏啓條本宮淸齋爲白遣初六日子時行祭是白如乎○本宮十一日子時行告由祭後陪香祝進詣定陵淸齋十三日子時攝行酌獻禮是白如乎
●日省錄十八日子時行祭天氣淸和享事利成獻官以下(云云)
●無名子集策皇極經世書; 天開於子地闢於丑
●高麗史節要 卷之三顯宗元文大王; 聞雞聲砧響問於術士以方言解之曰鷄鳴高貴位砧響御近當是卽位之兆也
●辭源子部[子]地支的第一位又爲十二時辰之一夜十一時至次晨一時爲子時○又一部三畫[丑]十二時辰之一午夜一點鐘至三點鐘古稱鷄鳴時
●鬼神集說序; 鬼神(註)日出爲神入
●靑莊館全書淸脾錄凝齋; 水舍鷄鳴夜向晨
●通典禮八十一開元禮纂十六吉十三三品以上時享其廟(四品五品六品以下祔); 享日未明烹牲於廚夙興掌饌者實祭器主人以下各服其服
●開元禮閏月亡者祥及忌日皆以閏所附之月爲正
●退溪曰閏非正月人之行祭常以正月而獨於是歲依亡歲之月而祭似未穩祭則依常月行之於閏月亡

日則齊素而不祭似當也
●問解大月三十日死者後値小月固當以二十九日爲忌値大月則自當以三十日爲忌小月晦日死者後値大月當仍以二十九日爲忌不可延待三十日也

▶3597◀◈問; 제사의 관습.

저의 부친이 제주이신데 요즘 병환이 매우 깊어 지셨습니다. 집안에 큰 병자가 있으면 제사를 지내지 않는다는데 어떻게 해야 할까요?

◈答; 제사의 관습.

제주가 와병 중이라 하여도 제사는 폐하지 않는 것입니다. 만약 제주가 제사 집행이 불가능하면 섭주 축으로 고하고 섭행을 합니다.

부친의 형제가 있을 시 부모 섭주 축식 입니다.
前同某日孝子某有疾病使介子某代行薦禮敢昭告于後同

위와 같이 축은 고쳐 고하고 정상 제례와 같이 예를 갖추는 것입니다. 이를 섭주 축이라 합니다.

●公羊傳(魯)昭公十五(前 527)年; 大夫聞君之喪攝主以往(何休注)主謂已主祭者臣聞君之喪義不可以不卽行故使兄弟若宗人攝行主事而往不廢祭者古禮也古有分土無分民大夫不世已父未必爲今君臣也
●喪禮備要喪禮初終立喪主; 襍(雜)記姑姊妹其夫死夫黨無兄弟使夫之族人主喪妻黨雖親弗(不)主
●家禮增解喪禮初終立喪主; ○右兄亡無嗣弟攝主親喪○右兄亡無嗣弟攝主祖父母喪○右嫡孫亡失祖母死次孫攝主○右無子有妻兄弟主喪○右幼兒兄弟攝主其喪
●辭源[攝主]代爲主祭之人
●曾子問孔子曰宗子居於他國庶子爲大夫其祭也祝曰孝子某使介子某執其常事
●退溪曰宗子死繼后子雖在襁褓亦當書其名而季也攝主可也○又曰宗子粤在他國而命介子代祭之例曰孝子某使子某敢昭告于云云
●尤庵曰凡祭事主人有故則使人攝行例也所攝之中如有尊行則子弟似不敢爲攝主矣
●遂菴曰孝子某有疾介子某代行薦禮敢昭告于○先祖之稱用宗子之屬代○有故措辭曰孝子某病不能將事○孝子某適在遠地不能將事○孝子某幼未將事○孝子某身犯惡疾使字囑某親某
●問祝文中顯考及夙興夜處等語以兒名書之則當依此書否寒岡曰旣以兒名書則當用家禮本文無所改
●梅山曰遞遷長房者亦用旁題支子攝祀旁題當書介子某攝祀祝當曰攝祀介子某恐宜
●葛菴曰長孫奉祀則父子已易世今推而上之使叔父未安且令次孫權攝以待長孫立后○父不與祭而使子弟攝行則曰孝子某使子某敢昭告云病中則云病不能將事或身在遠地不能將事

⊙主人有故使人代行措辭(주인유고사인대행조사)

病時: 孝子某因病不能將事使某親某(或有疾病介子某代行)敢昭告于(云云)
幼時: 孝子某幼不將事屬某親某敢(或孝子某未幼奉事弟某攝事)昭告于(云云)
遠在時: 孝子某身在遠地不能將事使某親某敢昭告于
越境時: 孝子某使介子某執其常事敢昭告于(云云)
老衰時: 孝子某衰耗不堪事使子某敢昭告于(云云)

▶3598◀◈問; 제사일.

아버지 돌아가신 날이 작년 음력으로 12 월 10 일입니다. 그럼 올해 제사 날은 음력 12 월 10 일인 올해 양력 1 월 24 일이 맞나요. 어떤 분은 돌아가시기 전날로 제사 일을 정한다고 하시는데 답변 부탁 드립니다. 김 0 수

◈答; 제사일.

부친의 기일은 매년 음력 12 월 10 일이 맞습니다. 다만 음 12 월 10 일이란 현대 시간이나 옛 시나 마찬가지로 12 월 9 일 밤중 이후는 다음날인 10 일이 됩니다. 따라서 현대시간으

로는 음력 12 월 9 일 밤중 0 시(밤 12 시=24 시)이후가 익일인 음력 12 월 10 일이 되나 옛날 시간으로는 음력 12 월 9 일 밤 23 시부터 다음 날인 01 시까지가 자(子)시로서 익일인 음력 12 월 10 일 첫 시가 되는 것입니다. 까닭에 전날인 음력 12 월 9 일 날 제수를 장만하여 그날 밤중 자시(子時; 음 12 월 10 일 첫 시)에 대개의 가문에서 제사를 지내고 있습니다.

●祭義註忌日親死之日也疏孝子終身念親不忘忌日非謂此日不善別有禁忌謂孝子志意有所至極思念親不敢盡其私情而營求他事故不擧也
●明齋曰凡喪復後始發喪其前則雖已氣絶猶有復生之望不可便以爲已死也以此意推之則似當以招魂日爲忌日矣
●咸興本宮儀式奏啓條本宮淸齋爲白遣初六日子時行祭是白如乎○本宮十一日子時行告由祭後陪香祝進詣定陵淸齋十三日子時攝行酌獻禮是白如乎
●日省錄十八日子時行祭天氣淸和享事利成獻官以下(云云)
●無名子集策皇極經世書; 天開於子地闢於丑
●性理大全忌祭編○厥明夙興設蔬果酒饌○質明主人以下變服詣祠堂封神主出就正寢
●南溪曰質明卽大昕指日未出時也
●尤庵曰行祭早晩太早不可太晩亦不可惟當以質明爲正
●文獻通考宗廟考六祭祀時享(薦新); 其祭貴肺用朝及闇陳氏禮書曰祭義曰夏后氏祭其闇商人祭其陽周人祭日以朝及闇
●檀弓夏后氏大事用昏商人大事用日中周人大事用日出
●禮器質明而始行事疏質正也謂正明之時少牢禮朝明行事註朝明質明也此乃周禮也
●陳氏曰子路祭於季氏質明而始行事寧早則雖未明之時祭之可也

▶3599◀ ◈問; 제사일.

저의 할아버지께서 2008 년 1 월 28 일 아침 7 시에 돌아가셨는데요. 이번에 첫 제사를 지내야 하는데 날짜가 헷갈려서요 정확히 언제 제사를 지내야 하는지 알려주세요. 김 0 람

◈答; 제사일.

2008 년 1 월 28 일에 작고하셨다면 두 번 째 기일이 돌아옵니다. 기일은 작고한 날 지냅니다. 원래 제사 시간은 그날 먼동 틀 무렵입니다. 그러나 대개의 가문(家門)에서는 전날(1 월 27 일) 제수(祭需) 등을 마련하여 그날 밤 24 시쯤 정확히는 그날 밤 23 시부터 다음날인 1 월 28 일 01 시 즉 자시(子時)에 지내고 있습니다.

위 중 어느 예(禮)를 따른다 하여도 예법(禮法)에서 어긋나지 않는다 할 수 있을 것입니다.

●祭義註忌日親死之日也疏孝子終身念親不忘忌日非謂此日不善別有禁忌謂孝子志意有所至極思念親不敢盡其私情而營求他事故不擧也
●明齋曰凡喪復後始發喪其前則雖已氣絶猶有復生之望不可便以爲已死也以此意推之則似當以招魂日爲忌日矣
●咸興本宮儀式奏啓條本宮淸齋爲白遣初六日子時行祭是白如乎○本宮十一日子時行告由祭後陪香祝進詣定陵淸齋十三日子時攝行酌獻禮是白如乎
●日省錄十八日子時行祭天氣淸和享事利成獻官以下(云云)
●無名子集策皇極經世書; 天開於子地闢於丑
●性理大全忌祭編○厥明夙興設蔬果酒饌○質明主人以下變服詣祠堂封神主出就正寢
●南溪曰質明卽大昕指日未出時也
●尤庵曰行祭早晩太早不可太晩亦不可惟當以質明爲正
●文獻通考宗廟考六祭祀時享(薦新); 其祭貴肺用朝及闇陳氏禮書曰祭義曰夏后氏祭其闇商人祭其陽周人祭日以朝及闇
●檀弓夏后氏大事用昏商人大事用日中周人大事用日出
●禮器質明而始行事疏質正也謂正明之時少牢禮朝明行事註朝明質明也此乃周禮也
●陳氏曰子路祭於季氏質明而始行事寧早則雖未明之時祭之可也

▶3600◀ ◈問; 제사 일에 대한 문의.

안녕하세요. 저희 아버지 기일에 대하여 궁금하여 글을 올립니다. 음력 7월 1일 돌아가셨을 때 그 해는 6월 29일이 그믐이여 항상 제사를 6월 29일 그믐으로 알고 지냈는데 금년에는 6월 30일 그믐날이더군요. 그래 알아보니 매년 6월 그믐이 29일일 때도 있고 30일일 때도 있는데 어떻게 해야 되는지 궁금합니다. 돌아가셨을 때 29일이 그믐이었으니까 매년 날짜에 관계없이 그믐날 지내야 되는지 아님 그믐에 관계없이 29일 날 지내야 되는지 알려 주시면 감사하겠습니다.

◈答; 제사 일에 대하여.

전달이 크든 작든 음력 7월 1일에 작고 하였으니 그날 지내면 됩니다. 만약 자시 행제 가문이시면 전날 밥 중 23시부터 다음날 01시에 지내시면 7월 1일 첫 시에 지내신 것이 됩니다.

●祭義註忌日親死之日也疏孝子終身念親不忘忌日非謂此日不善別有禁忌謂孝子志意有所至極思念親不敢盡其私情而營求他事故不擧也
●明齋曰凡喪復後始發喪其前則雖已氣絶猶有復生之望不可便以爲已死也以此意推之則似當以招魂日爲忌日矣
●咸興本宮儀式奏啓條本宮淸齋爲白遣初六日子時行祭是白如乎○本宮十一日子時行告由祭後陪香祝進詣定陵淸齋十三日子時攝行酌獻禮是白如乎
●日省錄十八日子時行祭天氣淸和享事利成獻官以下(云云)
●性理大全忌祭編○厥明夙興設蔬果酒饌○質明主人以下變服詣祠堂封神主出就正寢

▶3601◀◈問; 제사 일을 양력으로 지내도 좋을런지요?

기일이 양력으로 6월 6일 현충일입니다. 식구들의 의견으로 제사에 모든 식구들이 참석하기도 좋은 공휴일을 기일로 하자고 합니다, 모든 조상들의 제사를 음력으로 하고 있습니다 첫 기일이라 정하기 나름이 아닐까 합니다만 혹시 예의에 어긋남이 아닐까 하여 문의 드립니다. 그리고 6월 5일 자시에 지냄이 원칙이지만 6월 6일 오전(명절제사처럼)에 지내도 될런지요. 제사 후 산소에도 가보고 싶어서요. 답변 부탁 드립니다.

◈答; 유가의 제사는 음력으로.

귀하의 질문의 요지는 충분히 납득이 갑니다. 본 홈은 전통 예절에 관하여 제시한 영역이니 본 홈의 답변으로는 부적절 한 것 같습니다. 다만 제사 시간에 관하여는 국조 오례의의 제사 시간에서도 축시에 행사 한 예법이 있으니 꼭 자시를 고집 할 수는 없으리라고는 생각듭니다.

●祭義註忌日親死之日也疏孝子終身念親不忘忌日非謂此日不善別有禁忌謂孝子志意有所至極思念親不敢盡其私情而營求他事故不擧也
●明齋曰凡喪復後始發喪其前則雖已氣絶猶有復生之望不可便以爲已死也以此意推之則似當以招魂日爲忌日矣
●禮器質明而始行事疏質正也謂正明之時少牢禮朝明行事註朝明質明也此乃周禮也
●性理大全忌祭編○厥明夙興設蔬果酒饌○質明主人以下變服詣祠堂封神主出就正寢
●南溪曰質明卽大昕指日未出時也
●尤庵曰行祭早晩太早不可太晩亦不可惟當以質明爲正
●咸興本宮儀式奏啓條本宮淸齋爲白遣初六日子時行祭是白如乎○本宮十一日子時行告由祭後陪香祝進詣定陵淸齋十三日子時攝行酌獻禮是白如乎
●日省錄十八日子時行祭天氣淸和享事利成獻官以下(云云)
●書儀喪禮成服朝夕奠條月朔則設饌平日朝晡之食加酒果
●朱子家禮通禮祠堂正至朔望則參
●玉臺新詠詩條視曆復開書便利此月內
●漢書律歷上篇皇帝調律歷○又外戚孝成許皇后傳其孝東宮毋闕朔望
●開元禮閏月亡者祥及忌日皆以閏所附之月爲正

●書經堯典帝曰三百有六旬有六日以閏月定四時成歲註天體至圓周圍三百六十五度四分度之一繞地左旋常一日一周(云云)歲有十二月月有三十日三百六十者一歲之常數也(云云)朔虛而閏生焉故一歲閏率則十日九百四十分日之八百二十七三歲一閏則三十二日九百四十分日之六百單十五歲再閏則五十四日(云云)

●退溪曰閏非正月人之行祭常以正月而獨於是歲依亡歲之月而祭似未穩祭則依常月行之於閏月亡日則齊素而不祭似當也

●問解大月三十日死者後値小月固當以二十九日爲忌値大月則自當以三十日爲忌小月晦日死者後値大月當仍以二十九日爲忌不可延待三十日也

●天文類抄日月條日爲大陽之精主生養恩德人君之象也(云云)月爲大陰之精以之配日女主之象以朝廷諸侯大臣之類註凡月之行歷二十有九日五十三分而與日相會是謂合朔當朔日之交月行黃道而日爲月所掩則日食是爲陰勝陽其變重自古聖人畏之若日月同度于朔月行不入黃道則雖會而不食月之行在望與日(云云)

▶3602◀◈問; 제사 일의 일진에 관하여.

음력 6 월 29 일에 조모가 작고하셨는데 제사 일은 물론 6 월 28 일에 지내는 걸로 알고 있습니다. 그런데 제사일 일진을 28 일 일진을 써야 되는지 아니면 29 일의 일진을 써야 되는지 궁금하오니 알려주시기 바라며 특히 쉽게 풀이하여 알려주시면 감사하겠습니다.

◈答; 제사 일의 일진에 관하여.

기제사는 작고한 날 지내는 것입니다. 당연히 작고한 날의 일진을 써야 할 것이니 6 월 29 일의 일진을 씁니다.

●史記曆書; 孝文帝廢不復問至今上卽位招致方士唐都分其天部而巴落下閎運算轉歷然後日辰之度與夏正同

●竇娥冤楔子; 他說今日好日辰親送女兒到我家來(註)日辰日子

●初刻拍案惊奇卷二; 若論婚姻大事還該尋一個好日辰

●盆儿鬼楔子; 恰好今日是個好日辰回家辭過父親便索長行也

●閱微草堂筆記槐西雜志二; 按天有十二辰故一日分爲十二時日至某辰卽某時也故時亦謂之日辰

▶3603◀◈問; 제사일자.

안녕하세요. 제 질문은 1298 번과 유사 합니다. 출장관계로 할머니제사를 제날짜에 못할 것 같습니다. 선생님의 의견으로는 "어렵다"인데 차선으로 제안하신 사항도 제가 독자인지라 그날 아무도 지낼 수가 없는 입장입니다. 따라서 제 대안으로는,

1. 며칠 당겨서 지내는 방법,
2. 출장 갔다 와서 제사일 며칠 후에 지내는 방법,
3. 출장지에서 맘으로만 지내는 방법,
4. 못 지내고 그냥 넘어가는 방법 중 어떤 것을 택일 해야 하나요?

혹 다른 고견이 있으신지요? 감사합니다. 이 0 민

◈答; 제사일자.

가능한 한 기일을 피하여 여행(출장) 일정을 잡음이 최선이겠으나, 불가피하게 출장 일정이 잡혀 祭主가 출장 중에 忌祭를 당하면 아래와 같이 살펴보건대 朱夫子 말씀에 旅舍(여관)에서 지내도 크게 꺼릴 것이 없다. 라 하신 말씀도 계십니다. 이는 집에 그 後孫(叔父或孫等)이 없어 主人 有故時 攝行할 수도 없을 때의 경우에 해당됩니다. 집에 대행할 후손이나 친척이 있으면 대신 지내라는 부탁하고 출장을 가면 대행할 사람이 섭주 예법에 달아 제사하면 됩니다.

●問人在旅中遇私忌於所舍設卓炷香可否朱子曰這般微細處古人也不曾說若是無大礙於義理行之亦無害

●問世人託身於人而遇父母之忌請主人之物行祭如何退溪曰借物荐忌事今人或以使命在州縣而遇

忌有如此者殊覺未安但此亦不可一槩斷定如身雖在他方而家自行祭者固不當行也若其人家業零替餬口於人而一身之外無行祭者則其間亦須有隨宜處變之道恐不可因遂忘親也
●寒岡答沈方伯曰奉命在外置先諱行祭與否未見有先輩言及處但鄙人曾忝關東先忌之日略備饌羞哭於所館直循私情耳今令所處則猶未全罷亦有營衙豈不愈於棠旆偶到處借奠於邑宰者哉

⊙主人有故使人代行措辭(주인유고사인대행조사)

病時: 孝子某因病不能將事使某親某(或有疾病介子某代行)敢昭告于(云云)
幼時: 孝子某幼不將事屬某親某敢(或孝子某未幼奉事弟某攝事)昭告于(云云)
遠在時: 孝子某身在遠地不能將事使某親某敢昭告于
越境時: 孝子某使介子某執其常事敢昭告于(云云)
老衰時: 孝子某衰耗不堪事使子某敢昭告于(云云)

●公羊傳(鲁)昭公十五(前 527)年; 大夫聞君之喪攝主以往(何休注)主謂已主祭者臣聞君之喪義不可以不卽行故使兄弟若宗人攝行主事而往不廢祭者古禮也古有分土無分民大夫不世己父未必爲今君臣也
●喪禮備要喪禮初終立喪主; 襍(雜)記姑姊妹其夫死夫黨無兄弟使夫之族人主喪妻黨雖親弗(不)主
●家禮增解喪禮初終立喪主; ○右兄亡無嗣弟攝主親喪○右兄亡無嗣弟攝主祖父母喪○右嫡孫亡失祖母死次孫攝主○右無子有妻兄弟主喪○右幼兒兄弟攝主其喪
●辭源[攝主]代爲主祭之人
●曾子問孔子曰宗子居於他國庶子爲大夫其祭也祝曰孝子某使介子某執其常事
●退溪曰宗子死繼后子雖在襁褓亦當書其名而季也攝主可也○又曰宗子粵在他國而命介子代祭之例曰孝子某使子某敢昭告于云云
●尤庵曰凡祭事主人有故則使人攝行例也所攝之中如有尊行則子弟似不敢爲攝主矣
●遂菴曰孝子某有疾介子某代行薦禮敢昭告于○先祖之稱用宗子之屬代○有故措辭曰孝子某病不能將事○孝子某適在遠地不能將事○孝子某幼未將事○孝子某身犯惡疾使字嘱某親某
●問祝文中顯考及夙興夜處等語以兒名書之則當依此書否寒岡曰旣以兒名書則當用家禮本文無所改
●梅山曰遞遷長房者亦用旁題支子攝祀旁題當書介子某攝祀祝當曰攝祀介子某恐宜
●葛菴曰長孫奉祀則父子已易世今推而上之使叔父未安且令次孫權攝以待長孫立后○父不與祭而使子弟攝行則曰孝子某使子某敢昭告云病中則云病不能將事或身在遠地不能將事

▶3604◀◈問; 제사일자 문의.

안녕하세요. 사이트의 좋은 정보 감사 합니다. 제가 드릴 질문(質問)은 제사(祭祀) 일자에 관해서 입니다. 매번 제사(祭祀) 일이 돌아오면 현대의 바쁜 일상(日常) 때문에 돌아가신 기일(忌日)을 정확히 지키기가 매우 어렵습니다. 제사(祭祀)를 기일(忌日)에 맞추어 하는 것이 옳지만 형제간의 일정과 잦은 해외(海外) 출장(出張) 그리고 지역적으로 6시간의 이동거리가 있습니다. 그래서 제사(祭祀)가 평일(平日)에 있을 경우 주말로 옮겨서 하는 것은 어떠할는지오?

저희 모친제사라 제가 제주 입니다. 동생들이 제주와 일본에 있어 올 수는 있지만 직장관계로 쉽지 않다고 합니다. 그리고 주5일 근무로 휴가 내기도 쉽지 않다고 하네요. 선생님의 조언을 지대 하겠습니다.

◈答; 제사일자.

기제란 작고한 날 지내는 제사를 의미하는 것입니다. 그러한 까닭에 다른 날로 옮겨 지낼 수는 없는 것이라 생각 됩니다. 만약 제주가 유고일지라도 차순자가 초헌을 하되 섭주축으로 고하고 대신 지내는 것이니 한 사람이라도 그 날은 집을 지키고 제사를 지내야 마땅하리라 생각됩니다.

越境時: 孝子某使介子某執其常事敢昭告于(云云)

●祭義君子有終身之喪忌日之謂也註忌日親死之日也
●周禮春官宗伯禮官之職小史條掌邦國之志奠繫世辨昭穆若有事則詔王之忌諱註鄭司農云先王死日爲忌名謂諱
●曾子問孔子曰宗子居於他國庶子爲大夫其祭也祝曰孝子某使介子某執其常事
●退溪曰宗子粵在他國而命介子代祭之例曰孝子某使子某敢昭告于云云
●葛庵曰父不與祭而使子弟攝行則曰孝子某使子某敢昭告云病中則云病不能將事或身在遠地不能將事

▶3605◀◈問; 제사일정 문의.

수고 많으십니다. 부친 별세 일이 양력 3 월 23 일이며, 모친 별세 일이 4 월 19 일 인데 돌아 가신지 7 년이 되었는데 두분 제사를 한꺼번에 지내도 되는지요, 또 한가지는 이번 3 월 23 일이 중요한 일정이 있어 못 지낼 경우 기일 후에 지내거나 아니면 23 일전에 지내도 되는지요 조언 부탁 드립니다.

◈答; 제사일정.

忌祭라는 제사는 작고한 날 지내는 제사를 의미하게 됩니다. 설이나 추석 명절을 그 날 불가피한 사정이 있다 하여 당기거나 미루어 셀 수 없듯이 기제사 역시 당기거나 미루어 지낼 수가 없는 것입니다.

●祭義君子有終身之喪忌日之謂也註忌日親之死日也

▶3606◀問; 제사일진 문의.

안녕하세요 유익한 정보 정말 감사 드립니다.

저희 할머님 제사가(돌아가신 날) 10 월 30 일 입니다 9 월 달이 적을 경우 일진을 11 월 1 일로 해야 하는지 어떻게 해야 하는지 잘 모르겠습니다. 아버님 생전에 어떻게 한다고 하셨는데 지금 기억이 나지 않습니다. 부모님 살아 계실 때 효도를 다하고 가르침을 잘 받아야 하는 것인데 아버님이 돌아가신 지금 앞이 캄캄합니다. 좋은 가르침 부탁 드립니다.

◈答; 제사일진.

음력으로 작고한 날이 그믐인 30 일이라면 다음 기일에 작은 달이 29 일인 그믐을 만나면 그날이 기일이 됩니다. 일진 역시 29 일 일진을 씁니다.

⊙忌日在月晦(기일재월회)

庾蔚之曰今年末三十日亡明年末月小若以去年二十九日親尙存用後年正朝爲忌此必不然ㅇ沙溪曰大月三十日死者後値小月固當二十九日爲忌値大月則自當以三十日爲忌小月晦日死者後値大月當仍以二十九日爲忌不可延待三十日也
위의 말씀은 금년 말 30 일에 죽은 이의 다음 기일(忌日)이 12 월 29 일인 윤달이면 그날 지내야지 후년(後年) 정월 초하루로 밀려 제사(祭祀)를 지내면 아니 되고 30 일에 죽은 이의 다음 기일이 윤월인 29 일에 닿으면 그날 지내고 윤원인 29 일 날 죽은 이의 다음 기일이 30 일인 큰달을 만난다 하여도 그믐날 지내는 것이 아니라 29 일 날이 기일(忌日)이 된다는 말씀입니다.

●通典庾蔚之曰今年末三十日亡明年末月小若以去年二十九日親尙存用後年正朝爲忌此必不然
●問解大月三十日死者後値小月固當以二十九日爲忌値大月則自當以三十日爲忌小月晦日死者候値大月當仍以二十九日爲忌不可延待三十日也

▶3607◀◈問; 제사 장소.

빠른 답 글 고맙습니다. 그런데 이해가 잘 안 갑니다 제가 알기로 제사는 기제와 차례가 있는데 기제는 돌아가신 날 지내는 제사이고 차례는 명절 때 지내는 제사를 말한다고 들었습니다 그래서 차례만큼은 집이 아닌 묘지에 가서 하는 것이라고 이해 하고 있습니다 맞습니까?

첫째. 그래서 기일에 지내는 기제 제사는 서울에서 지냈다가 형편에 따라 시골에 가서 지내도 되는 겁니까 아닙니까?

둘째. 명절 때 지내는 제사는 차례라고 했는데 묘지에 가서 제사상을 차리는 게 아니고 성묘만 한다는 이야기 입니까? 그러니까 꼭 제사를 옮긴 집에서 안 지내도 된다는 이야기이죠? (명절 때를 말하는 것입니다) 그리고 정침은 무엇이고 참례는 무엇인지요? 그러면 묘제는 언제 지내는 겁니까? 쉬운 말로 부탁 드립니다. 다시 묻게 되어 죄송합니다. 윤0현

◈答; 제사 장소.

첫째 問. 答; 유가적(儒家的) 예법(禮法)으로는 그렇게 제사(祭祀)를 지내는 예법(禮法)이 없습니다.

둘째 問. 答; 명절 참사 역시 묘에서는 물론 이리 저리 형편에 따라 옮겨 다니며 지내는 예법은 유가에는 없습니다.

정침(正寢)이란 사전적 의미로는 제사를 지내는 몸채의 방이라 하였고, 참례(参禮)란 절사(節祀)를 의미하며 차례(茶禮)란 사당 예법에서 매월 보름날 드리는 예법에서 술을 쓰지 않고 차(茶)만 올렸으므로 차례 또는 다례라 이릅니다. 지금의 정단(설)이나 추석의 예는 차례가 아닙니다.

친진묘제(親盡墓祭)는 10월 1일이 되고 친미진묘제(親未盡墓祭)는 3월 상순(上旬)에 날을 받아 지냅니다.

●정지삭참의례절차(正至朔参儀禮節次)

(主人以下各具盛服)○序立(男列於左女列於右每一世列爲一行)○盥洗(立定主人主婦及子婦將出主者皆洗拭訖)○啓櫝○出主(主人出考主主婦出妣主其餘子婦出祔主各置正位之左皆畢)○復位(主婦以下先降復位)○降神(執事者洗手上階開瓶實酒於注一人奉注詣主人右一人執盞盤詣主人左)○主人詣香案前○跪○焚香(主人焚香畢右執事者跪進酒注左執事者跪以盞盤向主人主人受酒斟酒於盞反注於右執事者取盤盞自捧之二執事者皆起)○酹酒(主人左手執盞盡酹茅沙上畢置盞香案上)○俯伏興(少退)○鞠躬拜興拜興平身○復位○參神(主人以下凡在位者皆拜)○鞠躬拜興拜興拜興拜(註再拜)興平身○主人斟酒(主人升自執酒注斟酒於逐位神主前空盞中先正位次祔位次命長子斟諸祔位之卑者畢主人稍後立)○主婦點茶(主婦執瓶斟茶於各正祔或命子弟捧茶托主婦位前空盞中命長婦長女斟諸祔捧盞逐位以獻亦可位之卑者畢主婦退與主人並立拜)○鞠躬拜興拜興平身○復位(主人主婦各復其位)○辭神(衆拜)○鞠躬拜興拜興拜興拜興(註再拜)平身○奉主入櫝○禮畢

●망일의례절차(望日儀禮節次)

序立○盥洗○啓櫝○主人詣香案前○跪○焚香○俯伏興拜興拜興平身○主人點茶(長子助之)○復位○參神(衆拜)○鞠躬拜興拜興拜興拜(註再拜)興平身○禮畢

●속절의례절차(俗節儀禮節次)

(主人以下各具盛服)○序立(男列於左女列於右每一世列爲一行)○盥洗(立定主人主婦及子婦將出主者皆洗拭訖)○啓櫝○出主(主人出考主主婦出妣主其餘子婦出祔主各置正位之左皆畢)○復位(主婦以下先降復位)○降神(執事者洗手上階開瓶實酒於注一人奉注詣主人右一人執盞盤詣主人左)○主人詣香案前○跪○焚香(主人焚香畢右執事者跪進酒注左執事者跪以盞盤向主人主人受酒斟酒於盞反注於右執事者取盤盞自捧之二執事者皆起)○酹酒(主人左手執盞盡酹茅沙上畢置盞香案上)○俯伏興(少退)○鞠躬拜興拜興平身○復位○參神(主人以下凡在位者皆拜)○鞠躬拜興拜興拜興拜興(註再拜)平身○主人斟酒(主人升自執酒注斟酒於逐位神主前空盞中先正位次祔位次命長子斟諸祔位之卑者畢主人稍後立)○主婦點茶(主婦執瓶斟茶於各正祔或命子弟捧茶托主婦位前空盞中命長婦長女斟諸祔捧盞逐位以獻亦可位之卑者畢主婦退與主人並立拜或命子弟奉茶托主婦奉盞逐位以獻亦可)○鞠躬拜興拜興平身○復位(主人主婦各復其位)○辭神(衆拜)○鞠躬拜興拜興拜興拜(註再拜)興平身○奉主入櫝○禮畢

●祭義君子有終身之喪忌日之謂也註忌日親死之日也

●周禮春官宗伯禮官之職小史條掌邦國之志奠繫世辨昭穆若有事則詔王之忌諱註鄭司農云先王死

日爲忌名謂諱

●家禮通禮正至朔望則參條正至朔望前一日灑掃齋宿厥明夙興開門軸簾每龕設新果一大盤於卓上每位茶盞托酒盞盤各一於神主櫝前(云云)主人詣香卓前降神搢笏焚香再拜(云云)

●近齋曰祭有大小朔望參是祭之甚小者故無祝

▶3608◀◈問; 제사 전에 장례식.

아버지 친한 친구분이 어제 밤에 갑자기 돌아가셨는데 내일이 발인입니다. 저희 할아버지 제사가 내일 밤이고요. 엄마 말씀이 제사 앞두고는 초상집을 가는 게 아니라고 하시는데. 그럼 저희 아버지는 친구분 장례식장을 못 가는 것인지. 아님 다녀와서 제사에 참여를 안 해야 하는 건지 장례식장을 참여하려면 어떻게 해야 하는 건지 궁금합니다.

◈答; 제사 전에 장례식.

아래와 같이 살펴보건대 기제는 하루 전날부터 재계(齋戒)라 하였으며 재계하는 날에는 노래 소리를 듣지 말고 조문을 가지 마라 하였으니 친구분 장례(葬禮) 날이 재계 일에 해당하는 것 같습니다. 기일(忌日)이 내일이라 하나 실 기일은 모레의 자시(子時)라면 오늘 조문(弔問)을 다녀와도 재계의 법도를 어김이 아니 것 같으니 오늘 조문을 다녀와서 내일 밤 23시(모레 첫 시) 이후에 제사를 지내면 문제가 없을 것 같습니다.

●祭義致齋於內散齊於外

●孟子離婁下; 雖有惡人齋戒沐浴則可以祀上帝

●退溪曰家禮忌日言前期一日齋戒而已

●曲禮齋戒不樂不吊

▶3609◀◈問; 제사 절하는 순서에 대해 질문 있습니다.

제사 절하는 순서에 대해 질문합니다. 할아버지 제사를 지내는데 아버지는 장남이시고, 저는 장손입니다. 절하는 순서가 아버지가 먼저 절을 하시고 그 다음 아버지 형제 분(작은 아버지)이 절을 하시고, 그 다음 장손인 제가 절을 하고, 이어서 딸인 고모께서 절을 하는지 아니면 딸인 고모께서 먼저 절을 하고, 이어서 장손인 제가 절을 하는지 고모(딸)께서 먼저인지 장손인 제가 먼저인지 절하는 순서가 궁금합니다.

◈答; 제사 절하는 순서.

기제사는 독축 삼헌의 예이니 초헌관은 주인(선생의 부친)이 되며 아헌관은 주부(선생의 모친)이 되나 다른 연고가 있어 참석 치 못하였으면 차순자가 대행하고 종헌관은 부친의 형제 중 어른 또는 장손이 됩니다. 이와 같이 삼헌의 예뿐이니 이 밖에 사헌의 예법은 없으니 일러드릴 수가 없습니다. 참고로 추석 등 명절은 일헌 뿐입니다.

●朱子曰祭只是三獻主人初獻適子或主婦亞獻庶子弟或適孫終獻

●成渾曰鄭逑論祭禮云三獻俱是主人主婦長男爲之雖伯叔父不可爲也其義在於主人爲初獻諸父尊行不可爲其次以亂尊卑之序也

●家禮時祭亞獻條主婦爲之註朱子曰祭禮主人作初獻未有主婦則弟得爲亞獻弟婦爲終獻

●性理大全喪禮立喪主條;凡主人謂長子無則長孫承重以奉饋奠

●奔喪凡喪父在父爲主註此言父在而子有妻子之喪則父主之統於尊也

▶3610◀◈問; 제사 지내고 나서 고수레에 대하여.

안녕하세요. 궁금한 게 있어요. 설날이나 추석 같은 명절 때 제사 지내고 나서 고수레라고 음식을 먹기 전에 조금씩 종류별로 떼어서 집문 앞에 놔두던데 그걸 하는 집과 안 하는 집도 있던데 어머니께선 집집마다 풍습이라고 하고 친구들 한 테 물어보니깐 하는 집도 있고 안 하는 집도 있더라고요. 하는 집은 왜 하는 거고 안 하는 집은 왜 안 하는 거예요? 하는 게 정상인가요? 안 하는 게 정상인가요? 그리고 종교 때문에 하는 곳도 있고 안 하는 곳도 있는 건가요? 아님 집집마다 내려오는 풍습 때문인가요? 알고 싶습니다. 구체적으로 자세한 답변 부탁 드려요. 수고하세요!

◈答; 제사 지내고 나서 고수레에 대하여.

귀하의 무름의 요지는 귀하의 댁에서는 명절 제사를 마치고 제물을 먼저 조금씩 나누어 대문 앞에 내 놓는 예를 고수레라 하는데 하는 집은 왜 하고 안 하는 집은 왜 안 하는 것이며 풍습 때문인가 종교 때문인가 어느 것이 정상인가가 의문인 것 같습니다.

음식으로 신에게 예를 갖추는 의식으로는 새로운 술과 음식을 먹기 전과, 조상 제사 때 헌주 시 먼저 갖추는 의식이 전통 예법에 다음과 같이 대개 있습니다. 상제(嘗祭) 또는 상화(嘗禾)라 하여 가을 햇곡식이 나면 먼저 신이나 조상에게 천신을 한 후 먹어야 하며 그 외에도 새로운 음식물이 나면 먼저 천신을 한 후 먹어야 한다 하였습니다.

술은 조상 제사 때나 각종행사(冠, 昏, 喪, 祭, 賓客禮, 等)때 첫 잔에서 신에게 먼저 땅에 딸아 제사한 후에 예를 갖추거나 먹어야 한다 하였습니다. 제사에는 삼제(三祭) 의식이 있고 각종 행사 시 술을 마시게 될 시는 첫 잔에서 제주(祭酒) 의식이 있습니다. 예기(禮記) 향음주의(鄉飮酒義)편에 다음과 같은 글귀가 있습니다.

●祭薦祭酒敬禮也○集說疏曰祭薦者主人獻賓卽席祭所薦脯醢也祭酒者賓 既祭薦又祭酒也
대략 이런 뜻입니다. 제수를 올려 제사 하고 술을 딸아 제사 하는 것은 경의를 표하여 인사하는 것이니라. ○집설대전에서 풀어 놓은 말씀에 제천이라 함은 주인이 술과 안주를 주면 그 자리에서 즉시 포해(안주)를 땅(토지의 신)에 올리고 제사 하는 것이며 제주라 함은 빈객이 제천 의식을 마쳤으면 다시 술은 땅에 부어 제사 하는 것이니라.

고수레 의식이란 이에 근거하여 음식물을 먼저 신에게 드리는 예가 아닌가 생각 됩니다. 정사나 야사에서는 그 예법을 찾아 보지는 못하였으나 세속에서 전래되는 다음과 같은 설은 있습니다. 옛날 고씨의 성을 가진 사람이 간고 하여 들 밥을 얻어먹다 죽은 이가 있어 그 혼을 달래기 위하여 들에서 취식을 할 때면 찬과 밥을 한술 떠 고씨네 하고 멀리 뿌리고 먹는 의식이 있는데 지금도 농촌에 가면 쉽사리 접할 수가 있을 것이며 혹 고씨네가 변성 어되여 고수레로 되지 않았나 하는 의구심도 가나 확인 할 수는 없습니다. 다만 중국 삼황 오제(三皇五帝)시절 신농씨(神農氏) 복희씨(伏羲氏) 수인씨(燧人氏)의 삼황제 중 신농씨가 처음으로 농경 법을 일으켜 백성에게 농사 짓는 법을 가르쳐 후세에 그 황제를 농업의 신 또는 별칭으로 토지의 신으로 받들었으나 그의 성(姓)은 강(姜)씨였으니 그를 위한 예는 아닌 것 같아 위와 같은 설이 설득력이 있는 것 같습니다.

행하고 행하지 않는 것은 가속이라 할 수 있을 것이며 정상인가 비(非) 정상 인가는 타인 가문의 행사이니 감히 판가름 할 수가 없는 것이며 종교 문제 역시 본인이 논할 대상이 아니며 집집마다의 독특한 풍속(風俗)은 타인들이 그 시시비비(是是非非)를 논함은 예가 아니라 생각 합니다.

●南史重刻南史題辭萬曆辛卯夏六月吉旦國子祭酒新安張一桂書
●大典會通吏典成均館條祭酒一員正三品[增]一二品亦兼
●朱子曰祭酒盖古者飮食必祭以鬼神自不能祭故代之祭也
●家禮考證喪禮篇三祭於茅束上郊特牲縮酌用茅明酌也註縮泲也云云
●楊氏曰案亞獻如初儀潮州所刊家禮云少牢饋食禮主人初獻尸尸祭酒而後啐酒卒爵主婦亞獻尸尸祭之而後卒爵賓長三獻尸尸祭酒而後卒爵士虞特牲禮亦然以此觀之三獻皆當祭主于茅
●問祭酒以家禮亞獻條但不讀祝云者觀之則三獻似皆祭之以擊蒙要訣亞獻條但不祭酒云者觀則亞終獻不祭無疑當何適從南溪曰楊氏附註三獻皆祭酒當從此說
●尤庵曰降神時傾酒于茅沙者求諸陰之義也三獻時少傾于茅沙者代神祭之義也
●儀禮鄕射禮俎與荐皆三祭郑玄注皆三祭竝其将祭侯也祭侯三處也賈公彦疏三處者下文右與左中是也
●李賀(出城别張又新酬李漢)詩今將下東道祭酒而别秦王琦匯解祭酒謂祖道祭也古者出行必有祖道之祭
●史記滑稽列傳故所以同官待詔者等比祖道於都門外

●漢書劉屈氂傳貳師將軍李廣利將出兵擊匈奴丞相爲祖道送至渭橋顔師古注祖者送行之祭因設宴飮焉

▶3611◀◈問; 제사 지내고 지방 태울 때 어디부터 불을 붙이나요?

안녕하세요? 명절제사를 지내든 기제사를 지내든 다 지내고 난 후 지방을 태우는데 태울 때 현고 부분부터 태우나요? 아니면 신위 부분부터 태우나요? 이것도 방법이 있다고 들어서 질문 드려 봅니다. 감사합니다.

◈答; 지방 태울 때

지방행제(紙牓行祭)에서 제필(祭畢) 후(後) 지방(紙牓)은 제지(除之)(없앤다)다 하였는데 없애기를 분지(焚之)(태운다)라 하였을 뿐 분지(焚之) 방법(方法)에 관하여는 어찌 태운다. 라 방법을 예시한 예서는 없습니다.

다만 지방(紙牓)이 아무리 허위(虛位)라 하여도 조상(祖上)께서 머물러 계시든 위(位)이니 교의(交椅)에 세워 있던 대로 공손히 옮겨 세속(世俗)에서 소지(燒紙)하는 방법으로 밑을 받들어 잡고 위에 불을 붙여 태움이 정도가 아닐까 합니다.

●家禮喪禮祔詣祠堂奉神主出置于座; 若喪主非宗子而與繼祖之宗異居則宗子爲告于祖而設虛位以祭祭訖除之

●朱子曰兄弟異居廟初不異只合兄祭而弟與執事或以物助之爲宜相去遠者則兄家設主弟不立主至於祭時旋設位以紙牓標記逐位祭畢焚之如此似亦得禮之變也更祥之

●家禮儀節(一名文公家禮儀節)先祖祭前一日設位陳器條(云云)其中用紙爲牌如神主(云云)無神主者作紙牌(云云)○又喪禮祔祭篇異居則宗子爲告于祖爲牌位而祭畢則焚之

●會成祔祭喪主與宗子異居; 若喪主與宗子異居則宗子爲告于祖就其家以紙爲位而祭祭畢焚之

●備要祔祭篇若喪主非宗子而與繼祖之宗異居則宗子爲告于祖而設虛位(用紙榜)以祭祭訖除之

▶3612◀◈問; 제사 지내는 날.

답변 감사 드립니다. 다시 문의 드릴게 있습니다. 작은집에서 지내던 차례 중에서 저희 아버님 차례만 저희가 지낼 수 있는지요? 그럴 경우 저희가 작은집에 가서 차례 모시고 와서 다시 저희 집에서 아버님 차례를 지내야 하는지요?

제사의 경우, 그 동안은 시어머니께서 양력 (1993 년 10 월 15 일 돌아가심)으로 계산하셔서 10 월 14 일에 기독교식으로 지내오셨었는데 저희가 음력 (1993 년 9 월 1 일이 되더라고요)으로 지낸다면 9 월 1 일 전날 저녁인데요, 음력은 29 일까지 있기도 하고 30 일까지 있기도 하던데 그런 거 보지 말고, 9 월 1 일 전날이기만 하면 되는지?

올해는 양력으로 따지면 9 월 28 일이더라고요. 매번 제대로 챙겨드리지 못해 죄송한 마음이라 이번부터라도 제날짜에 저희가 모시고 싶습니다. 보통, 마지막 제사 지내던 곳에서 제삿날에 고하고 다음 년도부터 지낸다고 하던데 시어머니가 양력으로 지낸 날이 10 월이고, 저희가 생각한 음력 날은 9 월이라 또 내년으로 미뤄야 하는지 아니면 제사 날이 오기 전에 추모의 집에 들러서 고하고 9 월 28 일에 저희 집에서 제사를 지내는 건 어떤가요? 답변 부탁 드립니다.

◈答; 제사 지내는 날.

모든 제사는 종손(장자)의 집에서 지내는 것입니다. 음력 9 월 초하룻날이 기제 일이 됩니다. 다만 그날 첫 시에 제사를 지내게 되면 전달이 8 월 그믐날 저녁 23 시부터 子時로 음력으로는 다음날인 9 월 1 일이 되니 전달의 大小에 관계 없이 그믐날 저녁이 됩니다. 지금까지 예법으로 잘못됨을 바르게 잡는 것입니다. 그를 바로잡는 의식이나 고사식은 없습니다.

●祭義君子有終身之喪忌日之謂也註忌日親死之日也

●周禮春官宗伯禮官之職小史條掌邦國之志奠繫世辨昭穆若有事則詔王之忌諱註鄭司農云先王死

日爲忌名謂諱

●家禮忌祭編○厥明夙興設蔬果酒饌○本註凡主人謂長子無則長孫承重以奉饋奠○質明主人以下變服詣祠堂封神主出就正寢

●禮器質明而始行事疏質正也謂正明之時少牢禮朝明行事註朝明質明也此乃周禮也

●尤庵曰行祭早晩太早不可太晩亦不可惟當以質明爲正

●南溪曰質明卽大昕指日未出時也

●日省錄正祖十九年乙卯四月二十二日壬寅條(云云)獻官之命十七日進詣本宮十八日子時行祭天氣淸和享事利成獻官以下(云云)

●咸興本宮儀式禮曹判書徐浩修狀啓臣於前月二十五日伏奉咸興本宮永興本宮濬源殿攝行酌獻禮南關各陵寢奉審之命當日陪香祝辭陛本月初一日到永興府進詣本宮奉安香祝初三日到咸興府進詣本宮淸齋爲白遣初六日子時)行祭是白如乎

●弘齋全書訓語氣猝發大臣閣臣求對承候敎曰逢是年是日予懷無以自抑子時行祭非不知無於禮而不得已爲此天明以後將行祝慶之禮予氣予亦自知故欲稍早時刻庶少鎭安而專意於慶今之節也仍嗚咽良久

▶3613◀ ◈問; 제사 지내는 날짜 문의.

조부 제사를 지내는데 멀리 지방에서 올라오신 친척 분들과 같이 지냅니다. 평일일 경우 생업으로 인해 올라 오지 못하는 경우도 있으세요. 요즘은 이런 문제를 고려하여 주말(토요일)에 드리는 집안도 있다고 들었습니다. 그렇다면 수요일이 제사일 경우라면. 전주 토요일에 지내는 것이 맞나요? 아니면 이번 주 토요일에 지내는 것이 맞나요? 답변 부탁 드립니다.

◈答; 제사 지내는 날짜.

◆禮記: 기일친사지일(忌日親死之日).

◆周禮: 선왕사일위기(先王死日爲忌). 기일친상일(忌日親喪日).

◆儀禮: 기일친망지일(忌日親亡之日)

예(禮)의 조종(祖宗)격인 삼례(三禮)에서 이상과 같은 말씀이니 기제(忌祭)는 선대(先代)가 작고(作故)하신 날 지냄이 지극히 정상입니다. 1 년 365 일 중 작고하신 날을 빼고 364 일을 지낸들 궐사(闕祀)함과 다를 바 없으니 무슨 소용이 있겠습니까. 따라서 이래도 불효 저래도 불효이니 헛수고할 까닭은 없겠지요.

●禮記祭義; 君子有終身之喪忌日之謂也(註)忌日親死之日也(疏)孝子終身念親不忘忌日非謂此日不善別有禁忌謂孝子志意有所至極思念親不敢盡其私情而營求他事故不擧也

●周禮春官宗伯禮官之職小史條掌邦國之志奠繫世辨昭穆若有事則詔王之忌諱註鄭司農云先王死日爲忌名謂諱

●周禮春官小史; 若有事則詔王之忌諱(鄭玄注)引鄭司農曰先王死日爲忌名爲諱

●儀禮經傳通解續祭義祭禮十三; 君子有終身之喪忌日之謂也忌日不用非不祥也言夫日志有所至而不敢盡其私也(註)忌日親亡之日忌日者不用擧他事如有時日之禁也祥善也志有所至至於親以此日亡其哀心如喪時○疏曰此一節明孝子終身念親不忘之事忌日不用非不祥也者謂忌日不用擧作他事者非謂此日不善別有禁忌不擧事也言夫日志有所至而不敢盡其私也者所以不擧者言夫忌日謂孝子志意有所至極思念親不敢盡其私情而營他事故不擧也

●康熙字典心部三畫【忌】[唐韻][集韻][韻會]渠記切[正韻]奇寄切竝音惎 又忌日親喪日也[禮祭義]君子有終身之喪忌日之謂也

●祭統; 祭者所以追養繼孝也是故孝子之事親也有三道焉生則養沒則喪喪畢則祭養則觀其順也喪則觀其哀也祭則觀其敬而時也盡此三道者孝子之行也(細註)嚴陵方氏曰追養繼孝養爲事親之事孝爲事親之道追言追其往繼言繼其絶孝子之事其親也上則順於天道下則不逆於人倫是之謂畜孔子曰父子之道天性也則孝之順於天道可知孟子曰內則父子人之大倫也則孝之不逆於人倫可知

●曲禮; 祭祀之禮聖人所以追養繼孝本天性者也盖子孫之於祖考恩重矣親至矣形氣之相屬也血脈之相貫也居處之相接也笑語之相洽也飮食之相樂也一朝而沒焉則不忍謂已死無知遽然相忘是天理也人情也然則雖臯復而魂不返矣俄者飮食之親不忍遽絶其飮食餘閣之奠不能不象其生也雖永遷而

魄已散矣昔者供養之親不忍遽廢其供養下室之饋不能不象其生也然而哀哭殺矣日月三年矣致生之亦不智矣乃徹饋奠而神之神之誠不忍也飮食供養不忍絶而自絶不忍廢而自廢神之誠不忍也然神也者天地之氣也天地之氣不死則祖考之神不死而子孫之氣得與之相感故朱子曰自天地言之只是一箇氣自一身言之我之氣卽祖考之氣亦只是一箇氣所以纔感必應然則子孫之氣存時祖考之氣未或不在矣所以宗廟以饗之是天理也人情也然其所饗之者豈眞如生人之居處笑語飮食爲尤惟在致吾之誠敬而已矣或疑其神之無形無聲而謂祭無益則直不誠不敬而已矣苟致吾之誠敬思其居處僾然見乎其位則親不如在乎思其笑語肅然聞乎其聲則親不如在乎思其所嗜依依然彷彿乎其飮食則親不如在乎孔子曰祭如在又曰洋洋乎如在其上如在其左右在乎孝子之誠敬而已矣

성균관이란 유학의 본거지로 그 직간접 구성원은 유자로 뭉친 결사체다. 그 집단을 이룬 유자가 유자의 태를 냄은 최고로 자연스러운 행위로서 이를 탓할 자가 본 집단 속에 존재한다면 그는 진정코 유자는 아니리라.

예배당에 들어가 염불을 하고 대웅전에 들어가 찬송가를 부르고 성균관에 들어와 목탁을 두드리고 찬송가를 불러대서야 되겠는가. 북에서는 북소리가 날뿐이고, 징에서는 징 소리가 날뿐이 지극히 정상이다. 어찌 북에서 징소리를 내고, 징에서 북 소리를 낼 수가 있겠는가.

여기는 성균관(成均館)이니 관중(觀衆)에게 성균관의 고유한 소리를 들려줌이 지극히 정상이다. 본론에 이의가 있다면 막무가내가 아닌 유학적 전거로 확인되는 반론이 아니면 무식의 표상이니 참여하지 않기를 바란다.

●史記五宗世家第二十九河間獻王德; 河間王好儒學被服造次必於儒者山東諸儒多從之
●後漢書方術列傳上李郃; 李郃字孟節漢中南鄭人也父頡以儒學稱官至博士郃襲父業遊太學通五經善河洛風星外質朴人莫之識縣召署幕門候吏
●史記老莊申韓列傳第三老子; 世之學老子者則絀儒學儒學亦絀老子道不同不相爲謀豈謂是邪李耳無爲自化淸靜自正
●墨子非儒下; 今孔丘之行如此儒士則可以疑矣
●漢書藝文志第十; 儒家者流盖出於司徒之官助人君順陰陽明敎化者也游文於六經之中留意於仁義之際祖述堯舜憲章文武宗師仲尼以重其言於道最爲高
●文心雕龍奏启; 必使理有典刑辭有風軌總法家之式秉儒家之文
●續文獻通考學校四; 凡儒師之命於朝廷者曰敎授路府上州置之命於禮部及行省與宣慰司者曰學正山長學錄敎諭州縣及書院置之
●三國志魏志劉馥傳; 上疏陳儒訓之本曰夫學者治亂之軌儀聖人之大敎也
●梁書儒林傳序; 漢氏承秦燔書大弘儒訓太學生徒動以萬數郡國黌舍悉皆充滿學於山澤者至或就爲列肆其盛也如是
●晉書宣帝紀; 少有奇節聰朗多大略博學洽聞伏膺儒敎漢末大亂常慨然有憂天下心
●梁書儒林傳; 天監四年詔曰二漢登賢莫非經術服膺雅道名立行成魏晉浮蕩儒敎淪歇風節罔樹抑此之由朕日昃罷朝思聞俊異收士得人實惟醻奬可置五經博士各一人廣開館宇招內後進
●後漢書儒林傳序; 又言儒職多非其人於是制詔公卿妙簡其選三署郎能通經術者皆得察擧
●周禮春官宗伯;大司樂掌成均之法以治建國之學政而合國之子弟焉(注)鄭玄謂薰仲舒云成均五帝之學
●禮記文王世子;三而一有焉乃進其等以其序謂之郊人遠之於成均以及取爵於上尊也(鄭玄注)薰仲舒曰五帝名大學曰成均
●新唐書百官志三;垂拱元年改國子監曰成均監○[國子監]掌儒學訓導之政總國子太學廣文四門律書算凡七學
●東典考官職成均館;新羅國學大學監(備考)高麗國子監改國學成均館尋改監爲館(上仝)太祖仍置成均館掌儒生敎誨之任用文官其屬正錄廳附焉(上仝)
●春官通考吉禮成均館;太祖六年丁丑建成均館于文廟傍○世祖二年丁丑敎曰成均館養育人才予承大亂之後庶務紛糾未暇興學育才今後每月季錄書生所讀書以聞予將親講焉又以諸生難得書籍命梁誠之錄藝文館所藏書籍以次刊行
●太學志建置古者有國未嘗不建學(云云)周禮大司樂掌成均之法以治建國之學(云云)諸侯王卿相至

郡先廟謁而後從政所以垂統致治而基宏大之業也(云云)建都之初先相學址以立先聖之廟(云云)國初建學始作建置第一

▶3614◀◈問; 제사 지내는 방향에 대한 문의.

안녕하세요^^ 자주는 아니지만 평소 궁금한 점을 종종 막힘 없이 해결해 주셔서 너무 감사합니다.

조부(祖父)께서 돌아 가시고 수년 전부터 조부 제사(祭祀)를 지내고 있습니다. 궁금한 점은 제가 알기로는 제사상 위치가 북쪽을 향하는 것으로 알고 있습니다. 하지만 부친께서는 동쪽도 상관 없다 하십니다. 제사 때 방위에 대한 원칙이 있는 건가요? 지방마다 가문마다 차이가 있겠지만 성균관에서의 유학을 근거로 한 답변을 정중히 부탁 드립니다. 좋은 하루 되십시오.

◈答; 제사 지내는 방향에 대한 문의.

가옥(家屋)의 방위는 실 방위와는 관계없이 한옥(韓屋) 삼간(三間)의 예로들면, 내실(正寢) 출입문 쪽을 남(南)이라 하고 뒤안(뒤곁)쪽을 북(北)이라 하며 윗방 쪽을 동(東)이라 하고 부엌 쪽을 서(西)쪽이라 합니다.

제사(祭祀)의 설위(設位)는 가례(家禮)에서 정침(正寢; 안방) 북벽하남향 고서비동(北壁下南向考西妣東)이라 하였으니 북쪽 벽(뒤안쪽 벽) 아래에 병설제(竝設祭)이면 고서비동(考西妣東)으로 설위(設位)를 하게 됩니다. 집터의 지형지세는 뒤와 윗방 쪽이 막히고 앞과 부엌 쪽이 트인 가옥의 예입니다.

●性理大全家禮祠堂於正寢之東條凡屋之制不問何向背但以前爲南後爲北左爲東右爲東
●書儀時祭設位條設倚卓考妣並位皆南向西上(註古者祭於室中故神坐東向自後漢以來公私廟皆同堂異室南向西上所以西上者神道尙右故也)
●家禮祭禮四時祭前一日設位陳器條主人帥衆丈夫深衣及執事洒掃正寢洗拭倚卓務令蠲潔設高祖考妣位於堂西北壁下南向考西妣東
●尤庵曰所謂室者如國俗溫堗而寢處者也

▶3615◀◈問; 제사 지내는 법.

안녕하세요. 이런 곳이 있는지 처음 알았습니다. 좋은 일 하십니다. 본인은 진작부터 예법에 대하여 여러 가지 의문을 가지고 있었는데 몇 가지 질문 드리겠습니다

1. 윤달에 작고한 분의 기일이 다음 윤년에는 윤달에 지내는지?
2. 소목(昭穆)이라는 예법이 있다는데 그 제사는 어떻게 지내는지?
3. 삼상향. 삼헌. 삼제주 등과 같이 세번을 하는데 두번이나 네번이 아니고 세번인지? 입니다. 좀 자세하게 알려 주세요.

◈答; 제사 지내는 법.

問 1 答; 아래와 같이 살펴보건대 사일(死日)이 윤월(閏月)이었다 하여도 다음에 윤월(閏月)의 해를 만나다 하여도 윤월(閏月)이 아니라 본달(本月) 사일(死日)이 기제일(忌祭日)이 되고 윤월(閏月) 그날에는 설위(設位) 평상시의 밥상을 올리고 부모이면 곡을 합니다.

●通典范甯曰閏月者以餘分之日閏益月耳非正月也吉凶大事皆不可用故天子不以告朔而喪者不數
●開元禮閏月亡者祥及忌日皆以閏所附之月爲正
●問祖考之終在閏月者復遇亡歲之閏月則行祭於閏乎退溪曰閏非正月人之行祭常以正月而獨於是歲依亡歲之月而祭似未穩祭則依常月行之於閏月亡日則齋素而不祭似當也
●問先考卒逝之日閏四月三十日也今又値四月之閏欲於閏月晦日行祭如何寒岡曰知禮之人皆以爲不可用閏月當於本月其日行祭閏月其日則行素而已可也
●沙溪曰或謂當用本月爲忌而閏月死日亦當行素云

●同春問人或死於閏正月則忌祭當用本正月否若値閏正月則當用何月云云沙溪曰通典諸說可考也或謂閏月死者後値閏月當用本月爲忌而閏月死日亦當行素云

●問祖考之終在閏月者復遇亡歲之閏月則行祭於閏乎退溪曰閏非正月人之行祭常以正月而獨於是歲依亡歲之月而祭似未穩祭則依常月行之於閏月亡日則齊素而不祭似當

問 2 答;소목(昭穆)이란 종묘(宗廟)나 사당(祠堂)에 선대(先代) 신주(神主) 모시는 차례로 천자(天子)의 예로 시조(始祖)를 중앙에 이세(二世), 사세(四世), 육세(六世)를 시조(始祖)의 좌측(左側)에 배치하는데 이를 소(昭)라 하고, 삼세(三世), 오세(五世), 칠세(七世)를 시조(始祖) 우측(右側)에 배치하는데 이를 목(穆)이라 합니다. 따라서 일반 백성들의 사당제도가 아닙니다. 까닭에 일반 백성들에게는 제사 지내는 예법도 없습니다.

●周禮小宗伯辨廟祧之昭穆註自始祖之後父曰昭子曰穆

●公羊傳大祫註太祖東鄉昭南鄉穆北鄉其餘孫從王父父曰昭子曰穆昭取其鄉明穆取其北面尙敬

●藍田呂氏曰父爲昭子爲穆父親也親者邇則不可不別也祖爲昭孫爲昭祖尊也尊者遠則不嫌於無別也

●朱子曰周禮建國之神位太祖在北二昭二穆以次而南蓋太祖之廟始封之君居之昭之北廟二世之君居之穆之北廟三世之君居之昭之南廟四世之君居之穆之南廟五世之君居之廟皆南向主皆東向

●長樂陳氏曰王制所謂昭穆昭在左左爲陽昭者陽明之義穆在右右爲陰穆者幽陰之義

昭穆의 배치도는 아래와 같습니다.

⊙의례제후오묘도(儀禮諸侯五廟圖)

====太祖廟=====
穆廟======昭廟
穆廟======昭廟

⊙의례가소제후오묘지도(儀禮賈疏諸侯五廟之圖)

穆廟==穆廟==太祖廟==昭廟==昭廟

⊙의례대부삼묘도(儀禮大夫三廟圖)

====太祖廟====
禰廟======祖廟

⊙의례가소대부삼묘도(儀禮賈疏大夫三廟圖)

穆廟===太祖廟===昭廟

問 3 答; 아래와 같이 살펴보건대, 삼상향(三上香)이란 분향(焚香)할 적에 향합에서 향을 세 번 집어 향로에 넣어 불에 사르고, 삼헌(三獻)이란 초헌(初獻) 아헌(亞獻) 종헌(終獻)이며 삼제(三祭)는 강신례(降神禮)를 행하면서 모반(茅盤)에 세 번으로 나누어 따름인데 이에서 삼(三)이란 아래의 말씀과 같이 성어삼(成於三)이라 하였고 삼종야(三終也)라 하였으니 삼(三)으로서 모두 이뤄지고 삼(三)이 끝이라 세번으로서 분향(焚香)이나 제주(祭酒) 헌주(獻酒)의 예가 완전하게 이뤄진다 함입니다. 따라서 향은 세번으로 마치고 헌주(獻酒) 역시 제원의 다소에 불문하고 정침제(正寢祭)에서는 세번 올리게 되는데 종헌(終獻)이란 마지막 드리는 술잔이라 함이니 종헌(終獻) 후에는 다시 헌주(獻酒)의 예가 없게 됩니다.

●舊唐書禮儀志三; 禮成於三初獻亞從合於一處

●書經顧命;王三宿三祭三咤(孔傳)王三進爵三祭酒三奠爵(蔡沈集傳)禮成於三故三宿三祭三咤

●太玄經二進; 三歲不還(范望注)三終也山川高險終歲不還以諭難也

●文獻通考宋詔聖元年; 曾旼言周人以氣臭事神近世易之以香宋時朝享景靈宮儀始稱三上香

●後漢書袁詔傳; 結恨三泉(李賢注)三者數之小終言深也

●國語周語下; 紀之以三平之以六(韋昭注)三天地人也

▶3616◀◈問; 제사 지나는시간에 대하여 문의 드립니다.

안녕하세요? 항상 좋은 가르침에 감사 드립니다. 제사를 지내는 날은 돌아가신 날이라고 배웠습니다. 그런데 요즈음에 산업사회의 발전과 새벽시간에 제사 지내는 것이 귀찮다는 이유로 일명 헛 제사를 지내는 경우가 있어서 문의 드립니다.

1. 제사 지내는 시간은 자시(子時)이후부터 궐명 시까지 지내야 함에도 굴구하고 전날 일찍 지내는 것을 피하기 위하여 작고하신 날 지내되 오후에 지내면 결례가 되는지요? 예를 들면음력으로 2 월 3 일 돌아가셨을 경우 다음해 2 월 2 일오후(5 시~11 시사이)에지내는 것을 피하기 위해 2 월 3 일 오후(5 시~ 11 시사이)에 지내도 무방한지요? 2. 아니면 궐명 이후 제사를 지내면 안되는지요?

◈答; 제사 지내는 시간에 대하여.

問 1.答; 아래와같이 살펴보건대 기제 지내는 시간 대는 사망 당일 질명(質明)이며 궁중 예를 따르는 가문이라면 당일 첫 시인 자시일 뿐입니다.

※아 래

예기(禮記) 제의편(祭義編)에서 기일(忌日)이란 친사지일야(親死之日也)라 하였으니 어느 시(時)에 작고하였던지 작고한 날이 기일(忌日)이 됩니다.

지금 거의 가문(家門)에서 행하고 있는 자시행제(子時行祭)는 우암(尤庵) 선유(先儒) 말씀으로 태조(太早)에 해당 되는 시간대인데 자시행제(子時行祭) 관습은 아마도 궁중 예인 함흥본궁(咸興本宮)과 일성록(日省錄) 등등의 제사 시간대를 받아들인 결과가 아닌가 합니다. 대부사서인(大夫士庶人)들의 기제(忌祭) 지내는 시간 대는 당일(當日) 질명(質明)임을 성리대전(性理大全)에서 이미 정하여 놓은 때입니다.

기제(忌祭)는 후손(後孫)으로서 선대(先代)의 작고(作故)하시던 날의 슬픔은 회상(回想)하고 그 날을 잊지 않기 위하여 매년 그날에 닿으면 질명(質明)에 신주(神主. 或紙榜)를 내어 모시고 적장자손(嫡長子孫)이 초헌(初獻)을 하며 축(祝)으로서 애절(哀切)함을 고하고 재배(再拜)하여 자손(子孫) 된 정(情)을 표하고 아래 성리대전(性理大全)의 말씀과 같은 순서로 행하게 됩니다.

질명(質明)에 제사하는 까닭은 작고하신 당일 첫 식사인 아침 식사를 차려드린다는 의미가 포함되어 있습니다. 귀신은 해가 뜨면 신계(神界)로 돌아가기 때문에 낮에는 제사하지 않습니다.

●祭義註忌日親死之日也疏孝子終身念親不忘忌日非謂此日不善別有禁忌謂孝子志意有所至極思念親不敢盡其私情而營求他事故不擧也
●性理大全忌祭編○前一日齊戒○設位○陳器○具饌○厥明夙興設蔬果酒饌○質明主人以下變服○詣祠堂封神主出就正寢○參神降神進饌初獻○亞獻終獻侑食闔門啓門○辭神納主徹
●明齋曰凡喪復後始發喪其前則雖已氣絶猶有復生之望不可便以爲已死也以此意推之則似當以招魂日爲忌日矣
●咸興本宮儀式奏啓條本宮淸齋爲白遣初六日子時行祭是白如乎○本宮十一日子時行告由祭後陪香祝進詣定陵淸齋十三日子時攝行酌獻禮是白如乎
●日省錄十八日子時行祭天氣淸和享事利成獻官以下(云云)
●無名子集策皇極經世書; 天開於子地闢於丑
●南溪曰質明卽大昕指日未出時也
●尤庵曰行祭早晩太早不可太晩亦不可惟當以質明爲正
●文獻通考宗廟考六祭祀時享(薦新); 其祭貴肺用朝及闇陳氏禮書曰祭義曰夏后氏祭其闇商人祭其陽周人祭日以朝及闇
●檀弓夏后氏大事用昏商人大事用日中周人大事用日出
●禮器質明而始行事疏質正也謂正明之時少牢禮朝明行事註朝明質明也此乃周禮也

●陳氏曰子路祭於季氏質明而始行事寧早則雖未明之時祭之可也
●鬼神集說序; 鬼神(註)日出爲神入

問 2.答; 궐명(厥明)과 질명(質明)을아래와 같이 살펴보건대 궐명 이후에 제사함이란 불가(不可)합니다.

◆厥明; 그 이튿날, 그 다음날,
◆質明; 날이 막 밝으려 할 때. 날이 샐 무렵. 새벽녘.

●周禮地官司徒第二司徒敎官之職鄕大夫; 厥明鄕老及鄕大夫羣吏獻賢能之書于王王再拜受之(鄭玄注)厥其也明日也
●儀禮經傳通解士冠禮; 擯者請期宰告曰質明行事(註)質正也宰告曰旦日正明行冠事

▶3617◀◈問; 제사 지내는 일자와 시간.

제사 지내는 일자와 시간이 궁금합니다.
추가; 오후(해가 진후)에 제사 지내도 됩니까?

◈答; 제사 지내는 일자와 시간은.

답. 아래와 같이 살펴보건대 기제(忌祭)를 지내는 때는 왕실(王室)은 작고한날 첫 시(時)인 자시(子時)에 지내고 대부사서인(大夫士庶人)들은 작고한날 해뜨기 전 질명(質明)에 지냄이 바른 예법입니다.

다만 대부사서인(大夫士庶人)들이 자시(子時)에 기제(忌祭)를 지내는 관행(慣行)은 왕실(王室)의 법도(法度)를 따라 행(行)하고 있을 뿐 대부사서인(大夫士庶人)들의 법도(法度)는 아닙니다. 구태어 자시(子時)나 질명(質明)을 피하여 당일 해진 뒤에 지낼 까닭은 없습니다. 다만 자시(子時)나 질명(質明)에 가정 사정상 지내드리지 못할 연유가 발생하였다면 당일 해진 뒤에라도 지내드림이 후손(後孫)된 도리가 아니겠습니까.

●禮記祭義; 君子有終身之喪忌日之謂也(註)忌日親死之日也(疏)孝子終身念親不忘忌日非謂此日不善別有禁忌謂孝子志意有所至極思念親不敢盡其私情而營求他事故不擧也
●性理大全忌祭編○前一日齊戒○設位○陳器○具饌○厥明夙興設蔬果酒饌○質明主人以下變服○詣祠堂封神主出就正寢○參神降神進饌初獻○亞獻終獻侑食闔門啓門○辭神納主徹
●陳氏曰少牢大夫之祭宗人請期曰早明行事子路祭於季氏質明而始行事晏朝而退孔子取之此周禮也然禮與其失於晏也寧早則雖未明之時祭之可也
●南溪曰質明卽大昕指日未出時也
●尤庵曰行祭早晩太早不可太晩亦不可惟當以質明爲正
●咸興本宮儀式奏啓條本宮淸齋爲白遣初六日子時行祭是白如乎○本宮十一日子時行告由祭後陪香祝進詣定陵淸齋十三日子時攝行酌獻禮是白如乎
●日省錄十八日子時行祭天氣淸和享事利成獻官以下(云云)
●鬼神集說序; 鬼神(註)日出爲神入

▶3618◀◈問; 제사 지낼 때 숟가락을 밥에 꽂을 때 오목한 쪽이 왜 동쪽으로 꽂는지?

안녕하세요? 궁금한 게 있어서 들렀습니다. 제사 지낼 때 숟가락을 밥에 꽂을 때 오목한 쪽이 동서남북 중 왜 동쪽으로 꽂는지 궁금해서요. 답변 부탁 드립니다. 수고하세요. 대단히 감사합니다.

◈答; 제사 지낼 때 숟가락을 밥에 꽂을 때 오목한 쪽이 왜 동쪽으로 꽂는지.

동쪽으로 향한다 함은 좌측을 의미하며 생자나 죽은 자나 오른손잡이를 원칙으로 하여 오른손으로 숟가락을 쥐는 까닭입니다.

●家禮侑食條主人升搢笏執注就斟諸位之酒(便覽祔位不斟)皆滿(便覽反注故處)立於香案之東南主婦升扱匙飯中西柄正筯(沙溪曰正之於楪中)立于香案之西南皆(便覽謂主人主婦)北向再拜(便覽主婦四拜○祔位扱匕正筯諸子弟婦女行之而不拜)降復位

▶3619◀◈問; 제사 지낼 때의 지방 쓰는 법에 대해서 궁금한 점.

지방을 처음으로 써 보려고 합니다. 여기 예절에서 지방 쓰는 법을 배웠는데 잘 이해가 안 가네요.

顯考某官府君(현고모관부군) ☆ 神位(신위) ←복사한 부분인데요. 아버지께 지방을 올리는 것인데 가운데의 공백 옆의 별표 부분은 아버지 성함을 한자로 써야 하는 부분인가요? 아니면 어떻게 해야 되는 건가요? 되도록 빠른 시일 내에 정확하게 알려 주시면 감사하겠습니다.

◈答; 제사 지낼 때의 지방 쓰는 법에 대해서.

예문 1;
顯考學生府君神位
顯妣孺人金氏神位

예문 2;
顯考通政大夫府君神位
顯妣淑夫人金氏神位

위의 1); 예문은 무관 무봉자의 부모 지방식이며 2); 예문은 조선 시대의 정삼품 당상관인 부모 지방식 입니다.

종이의 규격은 일정 한데 자 수가 많을 수도 있고 필획(글씨)의 대소도 있게 되여 그 행이 일정 할 수가 없기 때문에 규격의 조화를 맞추기 위하여 띄울 수 있는 자간이란 의미 입니다. 더욱이 망자의 성함을 쓰는 칸은 아닙니다. 지방(紙牓) 전체적 조화를 보와 띄울 수도 있고 띄우지 않아도 예(禮)에 어긋나는 것이 아닙니다.

●便覽紙牓(편람지방)

○紙
用厚白紙長廣隨宜以眞楷細書於紙中央臨祭貼於椅上隨位各書

○紙牓式(지방식)

顯某考某官府君神位
顯某妣某封某氏神位(祖妣二人以上別具紙各書)

●溫公曰古者除於室中故神坐東向自後漢以來公私廟皆同堂異室南向西上所以西上者神道尙右故也
●家禮本註凡屋之制不問何向背但以前爲南後爲北左爲東右爲西
●問解無官而死者無他稱號勢不得已當書學生處士秀才各隨宜可也
●沙溪曰無官而死者不稱學生則無他稱號勢不得已當書學生處士秀才各隨其意可也婦人孺人之號書亦可不書亦可丘氏謂無官婦人宜如俗稱孺人盖禮窮則從下之義也
●尤庵曰孺人是九品官之妻稱而士妻同稱之者是禮窮則同之義也
●士儀治葬題主陷中條無官則隨常時所稱如學生處士秀才或別號之類
●問無官而非學生者題主稱學生似未穩而且如子孫書四祖亦皆無合當稱號如何如何沙溪宋俊吉答無官而死者不稱學生則無他稱號勢不得已當書學生處士秀才各隨其宜可也
●宋敬甫問無官而非學生者題主稱學生似未隱沙溪曰無官而死者不稱學生則無他稱號勢不得已當書學生處士秀才各隨其宜可也又曰丘氏謂無官婦人宜如俗稱孺人葢禮窮則從上之義也
●同春堂曰無官而死者不稱學生則無他稱號勢不得已當書學生處士秀才各隨其宜可也
●葛庵曰無官而死者無他稱號不得已當書學生處士秀才各隨其宜可也

●士儀治葬題主陷中條無官則隨常時所稱如學生處士秀才或別號之類
●寒岡曰雖有先人之名若不得禮曹立案則不可經書左旁恐姑書曰顯兄秀才府君神主而呈禮曹出立案
●俛宇曰無官者之稱學生處士秀才皆無不可然秀才則弱冠時可用學生亦非今日合稱惟處士似勝然自非有行望可尊者則亦難人人一例秀士亦古者薦升之稱奈何

▶3620◀◈問; 제사 지낼 때 지방을 쓰는데 그 유래를 알고 싶어요. 급합니다.

안녕하세요? 제사를 지낼 때 지방을 쓰는데 그 유래가 어찌된 건지 알고 싶습니다. 아주 아주 급합니다. 발표를 해야 하거든요.

◈答; 지방(紙牓)의 유래.

●五經異義主者神象也孝子旣葬心無所依以虞而立主以事之喩天子諸侯有主卿大夫無主尊卑之差也
오경이의에 있기를 신주라 하는 것은 신령의 형상이니라. 자식들이 이미 장사를 마치고 나서는 마음 붙일 곳 없는 신령을 신주에 모시고 우제를 지내야 하는데 오직 천자와 제후만이 신주를 모실 수 있고 경대부(卿大夫)는 신주를 모실 수 없으니 이는 존귀하고 비천한 차이에서 이니라.

●朱子曰古人自始死弔魂復魄立重設主便是常要接續
주부자(朱夫子)께서 말씀하시기를 옛날 사람들도 사람이 죽으면 처음부터 혼을 불러 혼백을 접어 놓고 조문을 받고 거듭 곧 바르게 신주(神主)를 세우고 평상시에도 반드시 계속 섬겼느니라.

●問古者大夫無主或曰有主何說爲是沙溪曰諸家說可參考士虞疏大夫無木主天子諸侯有木主五經異意曰無主大夫束帛依神
어느 제자가 묻기를 옛날 대부들은 신주를 모시지 않았다 하기도 하고 혹자들은 신주를 모셨었다 하기도 하는데 어느 말이 옳습니까? 하고 여쭙자 사계선생께서 말씀하시기를 여러 선유들의 말씀과 사우례 소를 참고함이 옳을 것이니 대부는 목주를 모실 수가 없었고 천자 제후만이 목주를 모셨으며 오경이의에서 말하기를 신주가 없는 대부들은 혼백을 접어 놓고 이에 신령을 의지케 한다 하였느니라.

●問庶人亦可用主否朱子曰用亦不妨.
누가 묻기를 일반 백성(百姓)들 역시 신주(神主)를 모셔도 됩니까 안됩니까? 하고 여쭙자 주부자(朱夫子)께서 말씀하시기를 신주(神主)를 모신다 하여 역시 못하게 막아서는 아니 되느니라.

위에서 대강 살펴 본 바와 같이 신주를 모시지 못하였으면 그 대용으로 종이에 표시를 하여 제사를 지내었을 것이니 유래는 신주와 거의 같이 사용 하였다 하여 거짓 될 것은 없다 하겠으나 다만 신주와 같이 대개의 예서(禮書)에 소상히 밝힌 곳이 없으니 명백히 밝힐 수는 없습니다.

주자가례 상례편 부제조에

●若喪主非宗子而與繼祖之宗異居則宗子爲告于祖而設虛位以祭祭訖除之
만약 상주가 종자가 아니거나 지손이면 종자가 사당에는 고하고 그 집에서는 허위를 차려 놓고 제사를 지내고 제사를 마치면 없애야 하느니라.

위에서 허위란 지방을 의미 합니다. 종합하면 타의에서도 지방을 썼을 것이며 집안이 가난하여서도 신주를 받들지 못하였을 것이고 특히 요즘은 여러 여건으로 인하여 신주대신 기일이나 명절에 임하여 간편하게 지방으로 대신 하고 있는 것입니다.

지방의 시초라 규정 짓기는 어설프나 고대에도 지패자(紙牌子)로 제사하였다는 설이 있고 이정전서(二程全書)에 선조제(先祖祭)에서 신위(神位)가 언급되었고 주자가례(朱子家禮)에서 지방(紙牓)이란 언급은 없으나 조고신위(祖考神位) 조비신위(祖妣神位)라 하셨으니 시초는 이정전서(二程全書) 선조제(先祖祭)로 보는 것이 타당하리라 생각됨.

●二程全書(程子; 1033~1107)祭禮先祖(立春祭); 祭先祖者自始祖而下高祖而上非一人也故設二位曰維年月日孝遠孫某今以生物之始其請先祖祖妣以下降居神位餘如前式
●家禮祭禮(朱子; 1130~1200)先祖祭前一日設位陳器; 如祭初祖之儀但設祖考神位于堂中之西祖妣神位于堂中之東
●大山曰滄洲古禮用紙牌子旋設以祭僉尊欲倣此以行禮則不爲無據然古今異宜未知如何耳謁廟焚香等節無所考不敢質言也

▶3621◀問; 제사 진설때 과일 깎기.

수고가 많으십니다. 제사를 지낼 때 과일 진설을 깎아서 올리는 경우, 깍지 않고 올리는 경우를 보았습니다. 어떤 제사에 깎고, 깍지 않는지요? 깎고, 깍지 않는 이유가 무엇인지요? (깎는 것은 위를 친다고도 합니다)

◈答; 제사 진설때 과일 깎기.

아래와 같이 살펴보건대 제물(祭物)도 생인(生人)과 같다 하였고 더럽히지 않는다 하였으니 생인(生人)이 껍데기 채 먹을 수 있는 괴실을 역부로 껍데기를 벗겨내어 더럽힐 까닭 없이 원형대로 깨끗이 닦아 진설하고, 밤과 같이 껍데기를 벗겨내고 먹는 과실은 껍데기를 벗겨내고 진설(陳設) 되여야 하겠지요. 다만 많은 양을 진설(陳設) 할 때 괴이기 쉽게 하기 위한 수단으로 전거(典據)를 찾을 수는 없으나 높이를 맞게 상하(上下)를 깎아내고 괴이기도 합니다.

●特牲饋食禮註祭祀自熟始曰饋食饋食者食道也疏食道者生人飮食之道士大夫祭禮自熟始也
●郊特牲不敢用褻味而貴多品細註嚴陵方氏曰水土之品非人常所食故曰不敢用褻味或水或土所取不一故曰而貴多品

▶3622◀◈問; 제사, 차례 때 절하는 순서를 알고 싶습니다.

아버님이 2 년 전 돌아가셨고, 내일이 기일입니다. 그런데, 여동생이 결혼해서 손아래 매제가 하나 있습니다. 사위지요.

제사 때 제가 먼저 절하고 난 다음, 삼촌이 작년에 절하려니까, 다른 집안 어른들이 사위가 먼저라고 해서 삼촌과 크게 다투었습니다. 결국 작년에는 사위가 2 번째로 절하고 삼촌이 절했는데요. 저희 삼촌이 먼저 절하는걸 굉장히 좋아하십니다. 웬만하면 자신이 먼저 절해야 된다고 생각하시고, 그게 우리 가문의 독특한 관습이라고 하시니 제가 참 곤란합니다. 올해도 역시 삼촌이 사위보다 자신이 먼저 절하려고 할게 뻔한데요. 그래서 삼촌에게 말씀드리기에 앞서 정확한 지식을 가지고 싶습니다.

아버지 제사 때, 사위가 먼저 절하고 동생(삼촌)이 절하는 것이 순서가 맞는지요? 그리고 삼촌이 먼저 절하시려고 하면, 제가 주자가례에 대해 말씀 드리고 그걸 바로잡아야 할지요? 현재 우리나라의 다른 집안에서는 어떤 순서로 절하는지요?

한가지 더 여쭙겠습니다. 제가 서른다섯 소띠인데요. 아직 미혼입니다. 삼촌은 설과 추석, 그리고 할머니 할아버지 제사 때에는 삼촌이 먼저 절을 하십니다. 제가 아직 미혼이라 장가가기 전에는 삼촌이 먼저 절하는 것이 우리가문의 예법이라고 하시는데요. 이게 저로서는 잘 납득이 안되고, 장손으로서 좀 부끄럽기도 합니다. 장가 가기 전에는 삼촌이 먼저 절을 하는 예법이 우리집안에 있을까요?

다른 어르신들은 삼촌의 주장에 대해 가타부타 싸움이 날까 봐 뭐라고 안 하시네요. 아무래도 삼촌께 말씀 드려야 할 것 같아서, 정확한 지식을 먼저 구합니다. 그럼 정확한 답변 부탁 드립니다. 혁주 0

◈答; 제사, 차례 때 절하는 순서.

모든 제사에서는 축을 고하면 헌자가 초헌관과 아헌관, 종헌관이 있어야 하는데. 헌관의 순서는 초헌관에는 적장자 또는 적장손이 하여야 하며 아헌관은 주부 즉 초헌관의 부인이 하고 만약 다른 연고가 있어 불참이면 차순자(弟)가 행하고 종헌관은 신위의 친속 중 최근친자(庶子弟或適孫) 또는 손님 중에서 최 연장자가 합니다.

모든 제사에는 제사를 주관하는 주인이 있어 그 주인으로 하여금 제사를 주관하고 초헌을 합니다. 주인이란 적장자를 의미하며 부친이 그의 부친 앞서 작고하였으면 적장손이 주인이 되어 조고비의 상이나 제사를 주관합니다. 귀하는 나이가 어리다 하여도 적장자 또는 선조고장이 계시면 적장손으로써 조고비와 귀하의 선고장 제사를 주관하고 초헌관이 됩니다 아헌은 주부(主婦)가 행합니다.

귀하는 미혼이니 차순자가 하는데 참례자 중 선고장(先考丈)과 최근친자가 귀하의 숙부라면 숙부가 행하고 종헌은 위에서 설명한 바와 같이 그 다음 차순자가 귀하의 매제(妹弟)라면 그가 행합니다. 이 순서는 복(服)의 경중으로 대개 정하여 지는데 귀하의 숙부는 귀하의 부친과 형제로서 상장(喪杖)을 짚지 않는 1 년 복인이 되며 귀하의 매제는 장인의 복으로서 3월 복인이 됩니다. 이와 같음이 주자가례(朱子家禮)가 가르치는 예법입니다. 축문이 필요하면 아래축문을 참고하기바랍니다.

⊙선고 기제 축문식

維 歲次丁亥七月己卯朔二十八日丙午혁주敢昭告于 顯考學生府君歲序遷易 諱日復臨追遠感時昊天罔極謹以淸酌庶羞恭伸奠獻尙 饗

⊙만약 부모가 모두 작고하여 병설제를 지낼 때의 축문식

維 歲次丁亥七月己卯朔二十八日丙午혁주敢昭告于 顯考學生府君 顯妣孺人某氏歲序遷易 顯考諱日復臨追遠感時昊天罔極謹以淸酌庶羞恭伸奠獻尙 饗

만약 부친(父親)이 생전 벼슬이 있었으면 학생(學生)에 그 관직명(官職名)으로 고치고 모친(母親)의 성씨를 지우고 써 넣으며 유인(孺人)에는 생전에 봉호(封號)가 있었으면 그 봉호로 고칩니다.

●朱子曰祭只是三獻主人初獻適子或主婦亞獻庶子弟或適孫終獻
●家禮時祭亞獻條主婦爲之註朱子曰祭禮主人作初獻未有主婦則弟得爲亞獻弟婦爲終獻
●性理大全祭禮四時祭; 初獻主人 亞獻主婦爲之 終獻兄弟之長或長男或親賓爲之○又 墓祭; 初獻如家祭之儀 亞獻終獻並以子弟親朋薦之
●儀禮士虞禮; 俎人設于豆東魚亞之(鄭玄注)亞次也
●詩經大雅蕩章; 靡不有初鮮克有終(註)終爲事物的結局
●周易繫辭下傳; 易之爲書也原始要終以爲質也
●成渾曰鄭逑論祭禮云三獻俱是主人主婦長男爲之雖伯叔父不可爲也其義在於主人爲初獻諸父尊行不可爲其次以亂尊卑之序也

▶3623◀◈問; 제사 합치는 법.

시댁에서 제사를 합치려고 하는데 할아버지 할머니 시아버지 제사를 합치려고 하는데 할아버지 제사가 음력 2 월이라 할아버지 제사에 맞추어서 하신다고 합니다. 합치는 방법을 몰라 방법을 알고자 합니다. 좋은 말씀 부탁 드립니다.

◈答; 제사 합치는 법은 없음.

기제사란 어버이가 작고하신 날의 슬픔을 못 잊어 매년 그날을 당하면 밥 한끼 올리고 곡하며 그날을 회상하는 예로서 이를 두고 기제는 종신의 상이라고 합니다. 까닭에 그러한 예법은 없습니다. 단 병제(竝祭) 예법은 있습니다. 고기일(考忌日)에 비합제(妣合祭) 비기일(妣忌日)에 고합제(考合祭).

●祭義君子有終身之喪忌日之謂也註忌日親死之日也
●周禮春官宗伯禮官之職小史條掌邦國之志奠繫世辨昭穆若有事則詔王之忌諱註鄭司農云先王死日爲忌名謂諱
●陶庵曰只設一位禮之正也盖忌日乃喪之餘值其親死之日當思是日不諱之親而祭於其位不宜援及他位只祭所祭之位而不爲配祭非博於所配祭以哀在於所爲祭者故耳然則當以只祭一位爲正考妣幷祭雖有先儒之說恐不可從
●朽淺曰凡忌祭當忌之位
●旅軒曰忌祭人多幷祭考妣甚非禮也
●愚伏曰不敢援尊固有所本於理亦精然幷祭亦何不可
●奉先雜儀文公家禮忌日止設一位程氏祭禮忌日配考妣二家之禮不同蓋止設一位禮之正也配祭考妣禮之本於人情者也
●栗谷曰忌祭則設所祭一位具饌但具一分若幷祭考妣則具二分
●牛溪曰程子俱祭考妣鄙人則用程禮
●愼獨齋曰幷祭爲當
●尤庵曰吾家設考妣兩位雖知其不當而行之已久不能改也
●沙溪曰忌日幷祭考妣雖非朱子意我朝先賢嘗行之栗谷亦曰祭兩位於心爲安云援尊之嫌恐不必避也

▶3624◀◈問; 제삿날.

91 년 11 월 7 일(음. 10 월 2 일) 오후 7 시에 돌아가셨는데요. 이제껏 제사를 돌아가신 날 기준으로 음력 10 월 2 일에 지냈습니다. 근데 갑자기 엄마께서 어디서 무슨 말씀을 듣고 오셨는지 이제껏 제사를 잘못 지냈다고 하시는군요. 돌아가신 날 전날 지내는 거라고요. 근데 여기서 검색해보니 당일 날 지내는 게 맞는 것 같은데 정확한 날짜가 궁금합니다. 제사가 곧 다가오는데. 한가지 더 여쭐 거는요. 요즘은 제사 시간이 빨라졌잖아요. 저희는 보통 오후 9 시에서 10 에 지냅니다. 그러면 어떻게 보면 돌아가신 전날 음력 10 월 1 일 날 오후 10 경쯤 지냈는데 어떻게 지내야 할지요? 갑자기 너무 헷갈립니다.

◈答; 바른 제삿날.

하루라 함은 옛날 시간과 현대의 시간에는 1 시간의 차이가 있습니다. 살펴 보면 아래와 같습니다.

⊙옛날 시간. 자시(子時). 축시(丑時). 인시(寅時). 묘시(卯時). 진시(辰時). 사시(巳時). 오시(午時). 미시(未時). 신시(申時). 유시(酉時). 술시(戌時). 해시(亥時).
⊙현대 시간 오후 11 자정 오전 1. 2. 3. 4. 5. 6. 7. 8. 9. 10. 11. 정오. 오후 1. 2. 3. 4. 5. 6. 7. 8. 9. 10. 11. 12.

오후 11 시부터 12 시까지를 자전(子前)이라 하고 정각 12 시를 자정(子正) 12 시부터 오전 1 시까지를 자후(子後)라 하며 축전 축정 축후 마찬가지입니다.

음력 10 월 2 일이란 옛날 시를 현대의 시간으로 환산하면 음력 10 월 1 일 오후 밤 11 시부터 다음 날인 10 월 2 일이 시작 되니 1 시간의 차이가 납니다.

기제사란 작고한 날에 지내는 것이니 현대의 시간으로 전날 11 시 이후에 지내면 당일에 지내는 것이 됩니다. 대개의 가문에서는 자시에 지내고 있습니다. 자시라 함은 전날 오후 밤 11 시부터 당일 오전 새벽 1 시까지 2 시간에 해당 됩니다. 다만 전날 저녁이다 보니 여러가지 사정이 있다 하여 11 시 전인 초저녁에 지내면 전날 지내는 격이 되니 이는 크게 어그러진 것입니다. 차라리 자시에 지내지 못할 연유가 있으면 당일 자시 이후 시간을 택하여 지내야 합니다. 반드시 기제사는 작고한 날 지내야 합니다.

●祭義註忌日親死之日也疏孝子終身念親不忘忌日非謂此日不善別有禁忌謂孝子志意有所至極思念親不敢盡其私情而營求他事故不擧也
●明齋曰凡喪復後始發喪其前則雖已氣絶猶有復生之望不可便以爲已死也以此意推之則似當以招

魂日爲忌日矣

●禮器質明而始行事疏質正也謂正明之時少牢禮朝明行事註朝明質明也此乃周禮也

●性理大全忌祭編○厥明夙興設蔬果酒饌○質明主人以下變服詣祠堂封神主出就正寢

●南溪曰質明卽大昕指日未出時也

●尤庵曰行祭早晩太早不可太晩亦不可惟當以質明爲正

●咸興本宮儀式奏啓條本宮淸齋爲白遣初六日子時行祭是白如乎○本宮十一日子時行告由祭後陪香祝進詣定陵淸齋十三日子時攝行酌獻禮是白如乎

●日省錄十八日子時行祭天氣淸和享事利成獻官以下(云云)

▶3625◀問; 제삿날에 대해 궁금합니다.

저희 아버지가 1 월 29 일(음 12 월 15 일)에 돌아가셨습니다. 그럼 제삿날을 1 월 28 일이나 음력 12 월 14 일에 지내야 하는데 음력으로 지내야 하는지 양력으로 지내야 하는지 모르겠습니다. 가르쳐주세요. 김 0 초

◈答; 제삿날에 대해.

부친의 기일은 매년 음력 12 월 15 일입니다. 다만 음 12 월 15 일이란 현대 시간이나 옛 시나 마찬가지로 12 월 14 일 밤중 子時 이후는 다음날인 15 일이 됩니다. 따라서 현대시간으로는 음력 12 월 14 일 밤중 0 시(밤 12 시=24 시)이후가 익일인 음력 12 월 15 일이 되나 옛날 시간으로는 음력 12 월 14 일 밤 23 시부터 다음 날인 01 시까지가 자(子)시로서 익일인 음력 12 월 15 일 첫 시가 되는 것입니다. 까닭에 전날인 음력 12 월 14 일 날 제수를 장만하여 그날 밤중 자시(子時= 음 12 월 15 일 첫 시)에 대개의 가문에서 제사를 지내고 있습니다. 다만 바른 제사 시간은 당일(음 12 월 15 일 質明(동틀 무렵)입니다.

유가(儒家)의 모든 예법(禮法)의 행사일자는 근본부터가 음력(陰曆)으로 설정되어 있습니다. 물론 지난날 예법(禮法)이 형성될 시기에는 양력(陽曆)이란 없고 음력(陰曆)의 시대였으니 선택의 여지가 없었을 것입니다. 따라서 모든 예법이 그 일력에 맞춰졌으니 유가적(성균관(成均館)) 입장에서 유교(儒敎)의 제도와 법도를 서양의 의식으로 혁신 근본전환을 꾀하면 몰라도 근본인 음력체제(體制)를 양력체제로 바꿔질 수가 없습니다.

불가에서도 4 월 초파일을 더 없이 기리고 있는데 하물며 장구한 역사를 지닌 유교에서 이단이 아니고서야 근본을 바꾸자 할 수는 없을 것입니다. 따라서 유교(儒敎)의 법도(法度)가 존속하는 한 음력(陰曆)을 양력으로 바꾸자는 문제(問題)에 대하여 공식적으로 표명될 사안이 아닙니다.

●書儀喪禮成服朝夕奠條月朔則設饌平日朝晡之食加酒果

●朱子家禮通禮祠堂正至朔望則參

●祭義註忌日親死之日也疏孝子終身念親不忘忌日非謂此日不善別有禁忌謂孝子志意有所至極思念親不敢盡其私情而營求他事故不擧也

●明齋曰凡喪復後始發喪其前則雖已氣絶猶有復生之望不可便以爲已死也以此意推之則似當以招魂日爲忌日矣

●咸興本宮儀式奏啓條本宮淸齋爲白遣初六日子時行祭是白如乎○本宮十一日子時行告由祭後陪香祝進詣定陵淸齋十三日子時攝行酌獻禮是白如乎

●日省錄十八日子時行祭天氣淸和享事利成獻官以下(云云)

●無名子集策皇極經世書; 天開於子地闢於丑

●性理大全忌祭編○厥明夙興設蔬果酒饌○質明主人以下變服詣祠堂封神主出就正寢

●南溪曰質明卽大昕指日未出時也

●尤庵曰行祭早晩太早不可太晩亦不可惟當以質明爲正

●文獻通考宗廟考六祭祀時享(薦新); 其祭貴肺用朝及闇陳氏禮書曰祭義曰夏后氏祭其闇商人祭其陽周人祭日以朝及闇

●檀弓夏后氏大事用昏商人大事用日中周人大事用日出

●禮器質明而始行事疏質正也謂正明之時少牢禮朝明行事註朝明質明也此乃周禮也

●陳氏曰子路祭於季氏質明而始行事寧早則雖未明之時祭之可也

▶3626◀◈問; 제삿날 여쭤봅니다.

안녕하세요. 저희 어머니가 음 3 월 8 일 날 돌아가셨습니다. 게시판을 읽어보니 음 3 월 7 일 자시 (밤 11)시에 지낸다는 답변을 읽었습니다.

제가 궁금한 것은 이번이 첫 기일인데 첫 기일은 좀 더 일찍 제사상을 차려놓고 있는 거라고 하던데 그것이 맞는 건가요? 아님 그냥 자시에 지내면 되는 건가요? 주위 분들은 음 3 월 7 일 밤 8 시부터 제사상을 차려놓고 있다가 자시에 본격적으로 제사를 지내면 된다고 하는데. 답변 부탁 드립니다. 염 0 희

◈答; 제삿날은.

음 3 월 7 일 子시가 아니라 3 월 8 일 子時입니다. 다만 3 월 8 일 子시는 3 월 7 일 밤 중 현대 時로는 그날 오후 11(23 시)시부터 자정을 지나 다음날인 3 월 8 일 01 시까지를 이릅니다. 따라서 제사의 시작은 3 월 7 일 밤이 되겠지요. 첫 기일이라 하여 특별히 다른 것은 없습니다. 예서적 제사 시간은 당일(3 월 8 일)먼동 틀 무렵이 바른 시간입니다. 당일 자시는 속례로서 대개의 가문에서 이때 제사를 지내고 있는 것입니다.

●咸興本宮儀式奏啓條本宮清齋爲白遣初六日子時行祭是白如乎○本宮十一日子時行告由祭後陪香祝進詣定陵淸齋十三日子時攝行酌獻禮是白如乎
●日省錄十八日子時行祭天氣淸和享事利成獻官以下(云云)
●無名子集策皇極經世書; 天開於子地闢於丑
●高麗史節要 卷之三 顯宗元文大王; 聞雞聲砧響問於術士以方言解之曰鷄鳴高貴位砧響御近當是卽位之兆也
●辭源子部[子]地支的第一位又爲十二時辰之一夜十一時至次晨一時爲子時○又一部三畫[丑]十二時辰之一午夜一點鐘至三點鐘古稱鷄鳴時
●鬼神集說序; 鬼神(註)日出爲神入
●靑莊館全書淸脾錄凝齋; 水舍鷄鳴夜向晨(出한국고전)
●通典禮八十一開元禮纂十六吉十三三品以上時享其廟(四品五品六品以下祔); 享日未明烹牲於廚夙興掌饌者實祭器主人以下各服其服
●文獻通考宗廟考六祭祀時享(薦新); 其祭貴肺用朝及闇陳氏禮書曰祭義曰夏后氏祭其闇商人祭其陽周人祭日以朝及闇
●檀弓夏后氏大事用昏商人大事用日中周人大事用日出
●禮器質明而始行事疏質正也謂正明之時少牢禮朝明行事註朝明質明也此乃周禮也
●性理大全忌祭編○厥明夙興設蔬果酒饌○質明主人以下變服詣祠堂封神主出就正寢
●南溪曰質明卽大昕指日未出時也
●尤庵曰行祭早晩太早不可太晩亦不可惟當以質明爲正

▶3627◀◈問; 제상에 올리는 생선에 대해서.

안녕하세요. 먼저 항상 변함없이 많은 도움을 베풀고 계시는 관리자님께 감사 드립니다. 오늘도 조금만 궁금증을 풀려고 도움을 부탁 드립니다

기제사에 배를 가르고 말려 건조시킨 생선을 올리는 경우가 있는데 이때 생선의 등과 배 어느 쪽이 위로 향하게 해야 하는지 가르쳐 주시면 감사하겠습니다.

◈答; 제상에 올리는 생선에 대해서.

曲禮脯脩置者左朐右末註呂氏曰其末在右便於食也食脯脩者先末
예기 곡례편에서 이르기를 각종 생선이나 포를 상에 놓을 때는 배 부분을 앞으로 하여 꼬리 부분을 오른편으로 향하게 놓아야 하느니라. 집설에서 주 달기를 여씨가 말하기를 생선이나 포의 꼬리를 오른쪽으로 향하게 놓아야 먹기 편한 것이며 생선은 먼저 꼬리 쪽부터 먹는 것이니라.

●少牢禮魚右首進腴疏凡載魚生人死人皆右首地道尊右故也鬼神進腴(腹也)是氣之所聚故也生人進鰭者鰭是脊生人尙味故也
소뢰례에서 가르치기를 생선은 머리를 오른쪽으로 하여 살진 아랫배 부분은 앞으로 올려 드려야 하느니라. 풀어 주 달기를 대체로 생선을 상에 올릴 때는 산사람이나 죽은 사람이나 모두 머리 쪽을 오른편으로 놓는 것은 우측을 숭상함이 천도인 까닭이며 혼령에게 살진 아랫배를 앞으로 놓아 진설 하는 것은 기가 이곳에 모여 있는 까닭에서 이니라.

이상의 가르침을 살펴보면 진설자가 보아서 생선이나 포는 생자나 사자나 다 같이 머리가 우측 즉 서쪽으로 향하게 하고 배가 북쪽 즉 위전으로 가게 진설 하여야 하는 것 같습니다.

●與猶堂曰案少牢右首進腴(註鄭云右首變於生)公食禮右首進鰭此兩文皆在杫載之時不在陳設之時則載與設無二法也左右者神位之左右也
●家禮四時祭進饌條主人搢笏奉肉奠于盤盞之南主人奉魚奠于醋楪之南
●旅軒曰禮有魚東肉西之文蓋東南多水魚所宅也西北多山禽獸所居故耶此所謂東西皆以神位分也

▶3628◀◈問; 제상에 음식 놓는 순서.

제상 1열에 반. 잔. 시. 초, 갱으로 밥이 올라갑니다. 2열에 면(麵), 육(肉), 적(炙), 어(魚), 병(餠)으로 또 면(국수)이 올라갑니까? 전은 적 다음에 놓습니까? 선생님 주자가례초해에 면, 육, 정, 어, 병으로 돼 있습니다

◈答; 제상에 음식 놓는 순서.

면(麵) 육(肉) 적(炙) 어(魚) 병(餠)이 맞는 진설 법입니다. 병(餠) 옆으로 또 국수를 진설 하지 않으나 귀댁의 특이한 진설법인 것 같습니다. 전(煎) (부침개 등 지짐이)에 관하여는 아래와 같이 의견이 분분한 음식입니다. 만약 올린다면 면류면 면(麵) 곁으로 진설함이 옳을 것입니다.

●士喪禮記凡糗不煎註以膏煎之則褻非敬疏直空糗而已不用脂膏煎和之
●沙溪曰膏煎之物不用出於儀禮今俗必用蜜果油餠以祭恐不合於古禮
●尤菴曰禮煎熬之物不用云而油果是煎熬而成者則不用似宜而第三代之時祭尙臭油果之香臭比諸饌特異廢之無乃不可乎鄙家依先例仍用耳

▶3629◀◈問; 제수.

홀기 속에 보면 祭需 혹은祭羞라고 씁니다. 우리가 보통 알기로 祭需라 함은 제사를 지낼 여러 가지 품목을 말할 때 쓰고 祭羞는 그 것을 가지고 만든 음식으로 알고 있습니다. 그런데 홀기에 같이 쓸 수도 있는지요? '各奉祭需奠于床石' 할 때에 제수의 쓰임이 맞는지요?

◈答; 제수.

祭饌을 祭需 또는 祭羞라 함은 유가적 본칭은 아니고 우리나라에서 사용되는 용어로서 祭需란 祭物과 동의로 사용되고 祭羞란 사전에도 아직 떳떳하게 오르지 못한 용어이나 羞에는 음식이란 의미가 있어 지난날 아국 선유들께서도祭需와 동의로 사용하셨으니 동의로 사용한다 하여 誤謬다. 라 할 수는 없습니다. 따라서 "各奉祭需奠于床石"란 혹 어느 가문에서 홀기 용으로 사용되고 있다면 祭需라 함이 적당한 표현이 됩니다.

○需; 제공하다. ●宋史高定子傳; 公家百需皆仰湇井鹽利
○羞; 음식을 드리다. 맛있는 것 즉 음식 ●左傳昭公二十七年; 羞者獻體改服於門外(杜預注)羞進食也 ●主禮天官冢宰冢宰治官之職膳夫; 掌王之食飮膳羞以養王及后世子(鄭玄注)食飯也飮酒漿也膳牲肉也羞有滋味者
○祭需; *(漢韓辭典) 제물(祭物; 제사에 쓰는 음식. 祭需) *(國語辭典) 「명사」「1」제사에 드는 여러 가지 재료.「2」=제물03(祭物) 「1」 ***제물**03(祭物)[제 : -] 「명사」 「1」 제사에 쓰는 음식물. ≒제수06(祭需).
○祭羞; *(漢韓辭典) *(國語辭典) 기록 없음

●東閣雜記東閣雜記下本朝璿源寶錄二; 若或依家禮用魚肉則莫不駭異今則窮村僻巷婦人小子皆

知祭羞當用魚肉不備如不祭信乎轉移風俗在君子之德非難事也

●寒岡曰夫之喪三年內。行婦之忌祭則祭羞用魚肉乎否魚肉之忌只生人當然

●常變通攷大祥父葬前値母再朞; 旅軒曰禮有喪三年不祭之文則父初喪忌祀不當行矣但母喪再朞則異於他忌不可全然無事當於其日略備祭需殺禮行奠喪主自不可與其事令輕服子弟常服行之無祝如何

▶3630◀◈問; 제수(닭산적-계적) 문의 드립니다.

안녕하세요 언제나 명쾌하신 답변 감사 올립니다.

보통 제사를 지낼 때 닭 산적(계적)을 올리는데요. 머리와 발을 어떻게 하는 것이 예법에 맞는지 알고 싶습니다. 가가례란 표현이 있지만 소견으로는 제상에 진설하는 음식은 먹을 수 있는 음식이니까 닭 머리와 발가락은 자르고 올리는 게 맞는다고 사료되오만 일부 가정에서는 머리를 자르지 않고 진설 하더군요. 그런데 이것이 온전한 상태에서 음식을 올린다는 의미이면 왜 발가락은 자르고 올리는 것일까요? 그리고 혼례에서 폐백음식(?) 할 때 닭을 머리까지 장식하는 것을 보았는데 제례와 혼례에서 닭을 어떻게 하는 것이 예법에 맞는 것인지 질문 올립니다.

두 번째는 육적-어적-계적 과 육전(동그랑땡)-어전(동태 전)등을 한 줄로 진설하는 경우 순서가 궁금합니다. 감사합니다. 질문자

◈答; 제수(닭산적-계적) 진설.

귀하의 질문의 요지는 다음과 같습니다.

1. 제물로 닭을 조리할 때 머리와 다리의 제거 여부.
2. 제례와 혼례에서 닭의 조리방법.
3. 전의 진설 위치.

問 1. 答; 問 2. 答; 닭의 조리법을 명쾌하게 밝혀놓은 예서를 찾지를 못하여 쾌히 답할 수는 없으나 세간에서의 보편적인 속례와 관행을 따름이 예에 크게 어그러지지 않으리라 생각합니다.

問 3. 答; 적(炙)이란 고기를 꼬치에 꿰어 숯불 위에 적쇠를 올려 놓고 그 위에서 익힌 고기를 말합니다. 그 외의 고기류는 면(麵) 육(肉) 적(炙) 어(魚) 병(餠)의 진설법에 따라 제 위치에 병설하면 됩니다. 전에 관한 진설법은 없으니 지적하여 줄 수는 없으나 앞의 면(麵) 육(肉) 적(炙) 어(魚) 병(餠)의 해당된 위치에 진설하면 되지 않을까 생각됩니다. 아래를 참고하기 바랍니다.

⊙油煎用否(유전용부)

士喪禮記凡糗不煎註以膏煎之則褻非敬疏直空糗而已不用脂膏煎和之○沙溪曰膏煎之物不用出於儀禮今俗必用蜜果油餠以祭恐不合於古禮○尤菴曰禮煎熬之物不用云而油果是煎熬而成者則不用似宜而第三代之時祭尙臭油果之香臭比諸饌特異廢之無乃不可乎鄙家依先例仍用耳○熬煎之物不用果是禮經而若律之以爲油煎之類則不可用者似不止造果而已未知將何以處之

●旅軒忌祭儀篇主人初獻啓盤盖進肉炙云云亞獻進魚炙終獻進稚炙(註無雉則以鷄代之)云云

●詩經正解小雅楚茨章執爨踖踖爲俎孔碩或燔或炙註爨竈也踖踖敬也俎所以載牲體也碩大也燔燒肉也炙炙肝也皆所以從獻也燔者火燒之名炙者遠火之名難熟者近火易熟者遠之故肝炙而肉燔也

▶3631◀◈問; 제수 진설에 있어서.

선생님 안녕하세요? 다름이 아니옵고 주자가례(朱子家禮)나 사례편람(四禮便覽)이나 비요(備要)의 진설도에는 4 줄로 진설이 되어 있습니다. 그런데 요결(要訣)은 다섯 줄로 진설(陳設)이 되어 있습니다. 4 줄이나 5 줄로 또는 그 이상 이하로 진설을 하여도 법도상 이상이 없나요

◈答; 제수 진설에 있어서.

아래와 같이 살펴보건대 사람이 죽으면 귀(鬼)라 음(陰)이 되어 가례(家禮)를 비롯 집람(輯覽) 비요(備要) 편람(便覽)은 4 행(行)으로 음수(陰數)로 진설(陳設)이 되었고 요결(要訣)은 양수(陽數)인 5 행(行)으로 진설(陳設)이 되었는데 그 이유가 본인으로서는 설명의 근거(根據)를 제시할 수가 없습니다.

●家禮陳設圖(單設)
一行; 飯 盞 匙 醋 羹
二行; 麵 肉 炙 魚 餠
三行; 脯醢 蔬菜 脯醢 蔬菜 脯醢 蔬菜
四行; 果 果 果 果 果 果

●輯覽備要陳設圖(單設)
一行; 飯 盞 匙 醋 羹
二行; 麵 肉 炙 魚 餠
三行; 脯 熟菜 淸醬 醢 沈菜
四行; 果 果 果 果 果 果

●要訣陳設圖(單設)
一行; 匙 飯 盞 羹 醋
二行; 麵 肉 炙 魚 餠
三行; 湯 湯 湯 湯 湯
四行; 脯 熟菜 淸醬 醢 沈菜
五行; 果 果 果 果 果
忌祭墓祭則具果三色湯三色

●便覽陳設圖(單設)
一行; 飯 盞 匙 醋 羹
二行; 麵 肉 炙 魚 餠
三行; 脯 蔬 醬 沈菜 醢 食醢
四行; 果 果 果 果 果 果

●祭義衆生必死死必歸土此之謂鬼
●海東雜錄人如死有鬼
●星湖曰鬼也者陰之靈神也者陽之靈
●周易說卦; 參天兩地而倚數(康伯注)參奇也兩耦也七九陽數六八陰數
●茶香室叢鈔占卦新法; 皆三則成九老陽數也皆二則成六老陰數也

▶3632◀◈問; 제주가 병환 중일 때.

도무지 답을 제대로 알고 있는 분이 주변에 계시지 않아 문의 드립니다. 저희 아버님께서 자손 없이 일본에서 돌아가신 작은 아버님의 사후양자로 족보에 오르게 되셨답니다. 그 이후로 작은 할아버님의 제사를 지내오고 있는데 엊그제 아버님이 중환자실에 입원하시게 되었어요.

어머님과 시누님들 동서는 모두 제주가 병환 중이니 설날 차례를 지내지 말자고 하는데 왠지 도리가 아닌 듯 하여 급히 질문을 올리게 되었습니다. 시일이 다급하여 설 전에 답을 주실는지 마음이 무겁답니다. 감사합니다.

◈答; 제주가 병환 중일 때.

기제를 당하여 혹 제주가 병중이면 섭주 예법이 있어 그 까닭을 축으로 고하고 다른 사람이 주인이 되어 초헌을 하는 예법이 있습니다. 명절(名節) 역시 지방은 부친 명으로 쓰고 다른 사람이 축으로 고함 없이 대신 예를 행하면 됩니다.

⊙主人有故使人代行措辭
病時: 孝子某因病不能將事使某親某(或有疾病介子某代行)敢昭告于(云云)
幼時: 孝子某幼不將事屬某親某敢(或孝子某未幼奉事弟某攝事)昭告于(云云)
遠在時: 孝子某身在遠地不能將事使某親某敢昭告于
越境時: 孝子某使介子某執其常事敢昭告于(云云)
老衰時: 孝子某衰耗不堪事使子某敢昭告于(云云)

●公羊傳(魯)昭公十五(前 527)年; 大夫聞君之喪攝主以往(何休注)主謂已主祭者臣聞君之喪義不可以不卽行故使兄弟若宗人攝行主事而往不廢祭者古禮也古有分土無分民大夫不世己父未必爲今

君臣也

●喪禮備要喪禮初終立喪主; 襍(雜)記姑姉妹其夫死夫黨無兄弟使夫之族人主喪妻黨雖親弗(不)主

●家禮增解喪禮初終立喪主; ○右兄亡無嗣弟攝主親喪○右兄亡無嗣弟攝主祖父母喪○右嫡孫亡失祖母死次孫攝主○右無子有妻兄弟主喪○右幼兒兄弟攝主其喪

●辭源[攝主]代爲主祭之人

●曾子問孔子曰宗子居於他國庶子爲大夫其祭也祝曰孝子某使介子某執其常事

●退溪曰宗子死繼后子雖在襁褓亦當書其名而季也攝主可也○又曰宗子粤在他國而命介子代祭之例曰孝子某使子某敢昭告于云云

●尤庵曰凡祭事主人有故則使人攝行例也所攝之中如有尊行則子弟似不敢爲攝主矣

●遂菴曰孝子某有疾介子某代行薦禮敢昭告于○先祖之稱用宗子之屬代○有故措辭曰孝子某病不能將事○孝子某適在遠地不能將事○孝子某幼未將事○孝子某身犯惡疾使字囑某親某

●問祝文中顯考及夙興夜處等語以兒名書之則當依此書否寒岡曰旣以兒名書則當用家禮本文無所改

●葛菴曰長孫奉祀則父子已易世今推而上之使叔父未安且令次孫權攝以待長孫立后○父不與祭而使子弟攝行則曰孝子某使子某敢昭告云病中則云病不能將事或身在遠地不能將事

●梅山曰孝子某身犯惡疾使子某代行薦禮敢昭告于

▶3633◀◈問; 제주가 부재중인데 어떻게.

안녕하세요. 궁금한 게 있어서 감히 여쭈오니 바쁘시겠지만 명쾌한 답을 부탁 드립니다. 제장인 어른의 기일이 다가오는데 지금 처남이 외국에서 근무 중인지라 처남을 대신하여 제주의 역할을 누가 해야 하나요?

참고로 처남은 미혼이고 결혼한 처형과 미혼인 체제가 있는데 이들 중 누가 제주를 대신 하여 제사를 지내야 하나요? 또한 이 경우 축문을 어떻게 써야 하는지도 함께 일려 주세요. 감사합니다.

◈答; 제주가 부재중이면.

귀하의 질문 내용에는 방친(傍親)의 유무에 대하여는 언급이 없으니 누대를 독신으로 내려와 가까운 유복지친의 친족이 없는 것으로 간주 다음과 같이 답합니다. 다만 망자의 형제나 차자나 지손이나 조카나 외손이 있으면 참제자(參祭者) 중 그의 최 근친 명으로 축문을 응용하면 될 것입니다. 이런 경우 섭제(攝祭) 예법을 확인 한바 없어 확실히 지적 할 수는 없으나 상중에는 여식이 이미 출가를 하면 상복 역시 한 등급 감하는 것이며 여식이 출가치 않으면 본복을 입는 것이나 기제에는 참제자 중 장유를 가려 섭제(攝祭)함이 옳지 않을까 합니다.

기일을 음력 9 월 10 일로 가정한 축식이니 월과 일자를 수정 응용 하면 되며 본 식은 자식이 부모에 대한 축식입니다.

⊙축문식(祝文式)

維 歲次癸未九月壬寅朔初十日辛亥孝子ㅇㅇ出境使介(女)ㅇㅇ執其常事敢昭告于 顯考學生府君顯妣孺人某氏歲序遷易顯考諱日復臨追遠感時昊天罔極謹以淸酌庶羞恭伸奠獻尙 饗

괄호 내는 섭제자와 망자와의 관계를 쓰고 학생에는 생전 벼슬이 있었으면 벼슬 명을 쓰고 유인 역시 생전 봉함이 있었으면 봉명을 쓰며 모씨에는 어머니 성씨를 쓰고 어머니가 생존하였으면 현비유인모씨와 현고 휘일부임 중 현고를 빼면 됩니다.

●曾子問孔子曰宗子居於他國庶子爲大夫其祭也祝曰孝子某使介子某執其常事

●公羊傳(魯)昭公十五(前527)年; 大夫聞君之喪攝主以往(何休注)主謂已主祭者臣聞君之喪義不可以不卽行故使兄弟若宗人攝行主事而往不廢祭者古禮也古有分土無分民大夫不世已父未必爲今君臣也

●喪禮備要喪禮初終立喪主; 襍(雜)記姑姉妹其夫死夫黨無兄弟使夫之族人主喪妻黨雖親弗(不)主
●家禮增解喪禮初終立喪主; ○右兄亡無嗣弟攝主親喪○右兄亡無嗣弟攝主祖父母喪○右嫡孫亡失祖母死次孫攝主○右無子有妻兄弟主喪○右幼兒兄弟攝主其喪
●辭源[攝主]代爲主祭之人
●退溪曰宗子死繼后子雖在襁褓亦當書其名而季也攝主可也○又曰宗子粵在他國而命介子代祭之例曰孝子某使子某敢昭告于云云
●尤庵曰凡祭事主人有故則使人攝行例也所攝之中如有尊行則子弟似不敢爲攝主矣
●遂菴曰孝子某有疾介子某代行薦禮敢昭告于○先祖之稱用宗子之屬代○有故措辭曰孝子某病不能將事○孝子某適在遠地不能將事○孝子某幼未將事○孝子某身犯惡疾使字囑某親某
●問祝文中顯考及夙興夜處等語以兒名書之則當依此書否寒岡曰旣以兒名書則當用家禮本文無所改
●梅山曰遞遷長房者亦用旁題支子攝祀旁題當書介子某攝祀祝當曰攝祀介子某恐宜
●葛菴曰長孫奉祀則父子已易世今推而上之使叔父未安且令次孫權攝以待長孫立后○父不與祭而使子弟攝行則曰孝子某使子某敢昭告云病中則云病不能將事或身在遠地不能將事

▶3634◀◈問; 제주가 애매하여 여쭙습니다.

저의 부모님은 돌아 가셨고, 며칠 후면 아버님 기일이 다가옵니다. 저는 4 남매 중 막내 아들입니다. 큰형님은 이미 돌아가셨고, 형수님은 남매를 잘 키워 결혼 시킨 후 저희 집의 제사를 지금까지 모십니다. 둘째 형님과 누나 한 분은 출가하여 생존합니다.

승중이 된 조카는 지금까지 초헌관이었고, 몇 년 전 결혼하여 몇 개월 전 질부와 같이 캐나다로 유학을 떠났습니다. 언제 올지도 미정이고, 제사 때마다 입국하는 것도 어렵습니다. 제사는 조카가 살았던 집에서 큰형수가 제수를 모두 준비하고, 제사를 모십니다. 이럴 경우 둘째 형님이나 저를 기준으로 '현고학생부군'으로 지방을 작성해도 괜찮을까요? 안 된다면 승중 자 기준으로 '현조고학생부군신위'로 지방을 작성하고, 초헌관을 형님이 해야 합니까? 저희 집에서는 언제부터인가 축문은 기제사에도 없습니다. 고견을 부탁 드립니다. 이 0 석

◈答; 제주가 월경(越境)일 경우 섭주로.

이규석님의 질문의 요지는 존항섭주(尊行攝主) 예법 같습니다. 종손(宗孫)이 만약 연고가 있어 제사를 주관할 수 없을 때는 다른 사람이 대행을 하는데 이를 섭주(攝主)라 하고 동항(同行)의 섭주(攝主)가 아닌 윗대의 섭주(攝主)는 존항섭주(尊行攝主)라 합니다. 존항섭주(尊行攝主)에 관하여 아래와 같이 살펴보건대 지방(紙榜)은 종손(宗孫) 명으로 쓰고 다만 축문(祝文)으로 그 사유를 고하면 될 것입니다.

⊙祝文式(축문식)

孝孫某出境美洲介子某代行薦禮敢昭告于(鏡湖式介子某敢攝告于) 顯考某官府君云云

●遂菴曰宗子有疾病不得參祭則祝辭改曰孝孫某有疾病介子某代行薦禮敢昭告云云
●曾子問孔子曰宗子居於他國庶子爲大夫其祭也祝曰孝子某使介子某執其常事
●退溪曰宗子死繼后子雖在襁褓亦當書其名而季也攝主可也○又曰宗子粵在他國而命介子代祭之例曰孝子某使子某敢昭告于云云
●鏡湖曰高祖之祭叔父攝告曰代叔父敢昭告于曾祖云則其曰叔父者主於宗子也其曰曾祖者主於代者也一祝之間稱號班駁半上落下恐或未安似當曰介曾孫某敢攝告于曾祖云云而都不用代字使字可也

▶3635◀◈問; 제주는 누가 되는가요.

이번 주 돌아가신 어머니 첫 제사(祭祀)입니다. 제주(祭主)는 누구인가요. 아버님은 살아계십니다.

◈答; 제주는 남편.

아래와 같이 살펴보건대 부친이 생존하여 계시면 모친 제사의 주인은 부친이 되어 초헌을

하여야 합니다.

●奔喪凡喪父在父爲主註各爲其妻子之喪爲主也疏正義曰凡喪父在父爲主者言子有妻子喪則其父爲主
●陳氏曰父主之統於尊也父歿之後兄弟雖同居各主妻子之喪矣
●會成父在而子有母之喪父主饋奠而行揖禮其子隨之哭拜○朱子曰父存子無主喪之禮又曰妻之喪夫自爲主以子爲喪主未安

▶3636◀◈問; 제주 및 제사 장소 문의 드립니다.

모친(母親)께서 11 년 전에 작고하시고, 홀로되신 부친(父親)께서는 자식(子息)들과 함께 사시기를 거부하시고 혼자서 사시고 게십니다. 슬하(膝下)에 4 형제가 있고 모두 결혼을 하여 처자식(妻子息)이 있는 상태입니다. 모친께서 작고하신 후 모친의 제사는 장남(長男)인 큰형님의 집에서 치러 왔는데, 큰형님께서는 부친이 생존해 게실 때는 모친의 제사는 부친의 집에서 지내야 하는 것이 맞는 것이니 부친의 집에서 제사를 지내야 한다고 하시고, 혼자서 사신지 오래되신 부친께서는 여러 여건상 그 동안 해온 대로 장남의 집에서 모친의 제사(祭祀)를 지내는 것을 원하시는 상황입니다.

부친은 생존하시고 모친만 작고하였을 때,

1. 제주는 부친이 되고, 제주의 집에서 제사를 치러야 하는 것인지요.
2. 제주는 부친이 되지만, 제주의 집이 아닌 장남의 집에서 제사를 치르는 것은 잘 못된 것인지요.
3. 부친이 생존해 게시지만 제주를 장남으로 하여 장남의 집에서 제사를 치르는 것이 잘 못된 것인지요.

◈答; 제주 및 제사 장소.

부친이 생존하여 계시면 장부(큰 며느리)의 상을 당하여도 부친이 주인이 되고 주인집에서 그 제사를 지냅니다.

지금은 사당 없이 약식인 지방으로 제사하여 이해가 어렵겠으나 상 제례의 예법은 사당을 전제로 하여 짜여진 예법입니다. 까닭에 그 사당은 장 자손(종손)집에 세우고 고조부모까지 신주를 함께 모시고 봉사하는데 그 주인은 적장자손이 됩니다. 까닭에 모친의 제사는 그 남편인 부친이 제주가 되어 부친 댁에서 지내야 바른 예법입니다.

●曲禮支子不祭祭必告于宗子(註)不敢自專宗子有故支子當攝而祭五宗皆然疏廟在適子之家庶子不敢輒祭若濫祭亦是淫祀若宗子有疾不堪當祭則庶子代攝可也猶宜告宗子然後祭
●公羊傳何休曰適子有孫而死質家親親先立弟文家尊尊先立孫
●溫公曰凡主人當以長子爲之無長子則長孫承重
●喪服小記庶子不祭禰者明其宗也(註)庶子不得立禰廟故不得祭禰所以然者明主祭在宗子廟必在宗子之家也
●家禮初終立喪主條凡主人謂長子無則長孫承重奉饋奠
●內則庶子若富則具二牲獻其賢者於宗子夫婦皆齊而宗敬焉終事而后敢私祭
●喪服小記庶子不祭禰者明其宗也(註)庶子不得立禰廟故不得祭禰所以然者明主祭在宗子廟必在宗子之家也庶子雖貴止得供具牲物而宗子主其禮也
●尤庵曰祭主人有故則所攝之中如有尊行則子弟以不敢爲攝主矣然代者是尊行則使字未安故俗禮改云孝子某有故代叔父或兄

▶3637◀◈問; 제주에 대하여.

안녕하십니까. 헌작 시 삼제에 대하여 어떻게 하는 것이 옳은 방법인지 자세하게 설명 좀 해주세요. 건강하세요.

◈答; 제주에 대하여.

아래는 사시제 초헌조에서 행하는 삼제의식입니다.

주인은 홀을 띠에서 빼어 들고 위전에서 북쪽으로 향하여 선다. 집사자 두 사람이 고조고(高祖考)와 고조비(高祖妣)의 잔반을 각각 받들고 주인의 좌우에 서면 주인은 홀을 띠에 꽂고 무릎을 꿇고 앉는다. 집사자 역시 무릎을 꿇고 앉으면 주인은 고조고의 잔반을 받아 왼손으로 반을 잡고 오른손으로 잔을 잡아 모사 위에 조금씩 기우려 삼제(三祭)를 하고 잔반을 집사자에게 되돌려 주면 집사자는 잔을 받아 제자리에 다시 올려 놓는다. 다음으로 고조비 잔반을 받아 역시 그와 같게 한다. 주인은 홀을 띠에서 빼어 들고 부복하였다 일어나 조금 뒤로 물러나 선다.

⊙四時祭初獻條(사시제초헌조)

●(主人)出笏位前北向立執事者二人奉高祖考妣盤盞立于主人之左右主人搢笏跪執事者亦跪主人受高祖考盤盞(便覽左手執盤)右手取盞祭(便覽三祭之○要訣少傾之)茅上(增解要訣少傾酒○按虞祭云三祭于茅束上)以盤盞授執事者反之故處受高祖妣盤盞亦如之出笏俛伏興少退立

●楊氏曰案亞獻如初儀潮州所刊家禮云少牢饋食禮主人初獻尸尸祭酒而後啐酒卒爵主婦亞獻尸尸祭之而後卒爵賓長三獻尸尸祭酒而後卒爵士虞特牲禮亦然以此觀之三獻皆當祭酒于茅
●問祭酒以家禮亞獻條但不讀祝云者觀之則三獻似皆祭之以擊蒙要訣亞獻條但不祭酒云者觀則亞終獻不祭無疑當何適從南溪曰楊氏附註三獻皆祭酒當從此說
●尤庵曰降神時傾酒于茅沙者求諸陰之義也三獻時少傾于茅沙者代神祭之義也
●朱子曰祭酒盖古者飮食必祭以鬼神自不能祭故代之祭也
●家禮考證喪禮篇三祭於茅束上郊特牲縮酌用茅明酌也註縮泲也云云
●儀禮鄉射禮俎與荐皆三祭郑玄注皆三祭竝其将祭侯也祭侯三處也賈公彦疏三處者下文右與左中是也
●李賀(出城別張又新酬李漢)詩今將下東道祭酒而別秦王琦匯解祭酒謂祖道祭也古者出行必有祖道之祭
●史記滑稽列傳故所以同官待詔者等比祖道於都門外
●漢書劉屈氂傳貳師將軍李廣利將出兵擊匈奴丞相爲祖道送至渭橋顏師古注祖者送行之祭因設宴飮焉

▶3638◀◈問; 제찬(祭饌) 진설(陳設) 좌우(左右).

제사상에 제수를 진설하는데 좌우는 신위인지 진설하는 사란의 좌우인지와 각 진설품의 좌우 놓는 위치를 가르쳐 주세요.

또 사계전서(沙溪全書)는 어찌 구성되어 있는지요.

◈答; 제찬(祭饌) 진설(陳設) 좌우(左右)는.

(生 前)
(神 後)
(後北)
神位
飯盞 匙 醋 羹
麵 肉 炙 魚 餠
(生 左) (神 右) (右西) 脯 蔬 醬 沈菜 (左東) (神 左) (生 右)
果 果 果 果
(前南)
(神 前)
(生 後)

○신위(神位); 우포좌해(右脯左醢)
○진설자(陳設者); 좌포우해(左脯右醢)
○좌반우갱(左飯右羹) ○좌면우병(左麵右餠) ○좌포우해(左脯右醢) ○숙서생동(熟西生東) ○

육서어동(肉西魚東) ○홍동백서(紅東白西)

●林典書公享祀笏記; 獻官以下以次敍立再拜○致敬專精愼勿喧嘩○祝及諸執事盥水帨手○陳設進饌品○已陳設略唱笏○先進果實奠于南端第一行正果居中○次進脯醢于南端第二行醢東脯西○次進蔬菜于南端第二行脯醢之內○次進盞盤匙楪床北端第一行○次進生魚肉醋楪于北端第二行魚東肉西醋楪居中○次進餠麵于北端第一行兩邊餠東麵西○次進飯羹于餠麵之內飯西羹東○次進魚肉湯于南端第三行魚東肉西

●與猶堂曰案少牢右首進腴(註鄭云右首變於生)公食禮右首進鰭此兩文皆在朼載之時不在陳設之時則載與設無二法也左右者神位之左右也

●退溪曰祭饌尙左之說恐未然盖食以飯爲主故飯之所在即爲所尙如平時陳食左飯右羹是爲尙左而祭則右飯左羹是乃尙右所謂神道尙右者然也而今云尙左非也

사계전서(沙溪全書)는 24 책으로 구성되어 있는데 유고(遺稿) 13 권에 경서변의(經書辨疑), 근사록석의(近思錄釋義), 전례문답(典禮問答), 가례집람(家禮輯覽), 상례비요(喪禮備要), 의례문해(疑禮問解), 연보 (年譜) 등을 집합한 책이다.

◆沙溪先生全書) 五十一卷二十四冊

○冊一: 卷一, 詩·疏·箚·啓·狀啓. 卷二, 書. ○冊二: 卷三-五 書·序·記·跋·說·公議·祭文. ○冊三: 卷六-七, 墓碣銘·行狀. ○冊四: 卷八-十, 行狀·筵 問對. ○冊五: 卷十一-十二, 經書辨疑. ○冊六: 卷十三-十四, 經書辨疑. ○冊七: 卷十五-十六, 經書辨疑. ○冊八: 卷十七-十八 近思錄釋疑. ○冊九: 卷十九-二十, 近思錄釋疑. ○冊十: 卷二十一-二十二, 典禮問答. ○冊十一: 卷二十三-二十四, 家禮輯覽·圖說. ○冊十二: 卷二十五-二十六, 家禮輯覽·圖說. ○冊十三: 卷二十七-二十八, 家禮輯覽·圖說. ○冊十四: 卷二十九-三十, 家禮輯覽·圖說. ○冊十五: 卷三十一-三十二, 喪禮備要. ○冊十六: 卷三十三-三十四, 喪禮備要. ○冊十七: 卷三十五-三十六, 疑禮問解. ○冊十八: 卷三十七-三十八, 疑禮問解. ○冊十九: 卷三十九-四十, 疑禮問解. ○冊二十: 卷四十一-四十二, 疑禮問解·喪祭禮問解(及)辨疑. ○冊二十一: 卷四十三-四十四, 附錄(年譜). ○冊二十二: 卷四十五-四十七, 附錄(語錄). ○冊二十三: 卷四十八-四十九, 附錄(狀錄). ○冊二十四: 卷五十-五十一, 附錄(挽祭文).

▶3639◀ ◈問; 조매 축문.

안녕하십니까. 참으로 많은 것을 배우고 갑니다. 그냥 지나칠 수 있었던 것마다 의미가 있었다니 놀랍습니다.

다름이 아니라 저의 집은 종손(宗孫)은 아닙니다만 종손(宗孫)이 뜻하지 않게 증조부모(曾祖父母)님의 제사(祭祀)를 모시지 못하게 되어아직 살아계시는 아버지께서 제사를 모셔오게 되었습니다.

그러나 이네 연로하셔서 조매를 하게 되었습니다. 그래서 증조부모님에 대한 조매축문을 어떻게 써야 될지 문의 드립니다.

◈答; 조매 축문.

감사합니다. 조매축문이란 아마도 早埋祝文인듯 합니다 埋主란 고조부모의 후손으로 현손 세대가 다하면 기제사를 면하게 되여 그 신주를 묘소로 옮겨 묻고 일년에 한번씩 묘제를 지내드리게 됩니다. 예법(禮法)은 이러하나 후손(後孫)의 사정이 여의치 않아 그 안에 기제(忌祭)를 폐(廢)할 수밖에 없는 연고로 그 사유를 고(告)하여 드리는 예(禮)를 행하려 하시는 것으로 추정(推定)이 됩니다.

그 사정은 딱하다 여겨지나 예를 논하는 자로서 그와 같은 예는 없으니 어찌 인리를 거역하여 축문을 작축하여 드리겠습니까. 대단히 죄송합니다.

아래 제시문을 심독하시게 되면 매안에 관하여 조금은 학문적 이해에 도움이 되시리라 믿습니다.

현손(玄孫)이 죽어 그의 적자(嫡子)에게 친진조(親盡祖)(오대조(五代祖))가 되면 그의 현손 이내(玄孫以內) 후손(後孫)이 생존(生存)하여 있으면 그 중 최장방(最長房)으로 옮겨 그 대에 맞게 개제하여 그가 봉사하다 그도 죽으면 차장방(次長房) 또 그도 죽으면 다음 이렇게 봉사하다 그의 현손대가 대진(代盡)되면 그때 그 신주를 묘소로 옮겨 매안하게 됩니다. 만약 현손까지 사대독자라면 현손의 형제도 없으니 그가 죽으면 그의 후손으로서는 친진이 되었으니 묘소에 매안하게 됩니다.

(참고) 아래는 체천의 법도로서 혹 본난을 방문하신 분들 중에는 여러 경우가 있을 것이라 그 사례마다의 축식을 게시하여 놓습니다. 각각의 경우에 따라 택하시거나 본 게시축이 부족하시면 응용하시게 되면 거의 고축에는 부족함이 없을 것 같으며 또 예학을 공부하시는 분께는 혹 도움이 되지 않을까 하여 소용되어지는 체천(遞遷)에 관계된 축문식을 아래와 같이 덧붙여 드리니 필요한대로 택하시기 바랍니다.

◈체천(遞遷)

●家禮族人有親未盡者遷于最長之房使主其祭

●備要祔位之主本位遞遷則埋于墓所

●沙溪曰最長房之義朱子以爲古人屢世同居一門之內子孫各有私房若有親之主而族人有親未震者則遷于其中最長者之房以祭之〇又曰最長房之子雖未親盡門中又有諸父諸兄則當遷奉於其房耶沙溪曰然〇又曰最長房有庶曾孫嫡玄孫則庶曾孫當奉祀若貧賤不可以奉祀嫡玄孫奉祀無妨〇又曰最長房不能祧主則宗子姑安於別室以最長房之名改題旁註宗子攝行〇又曰最長房死不待三年遞遷以三年廢祭有所未安故也〇又曰父歿母在亦祧退溪曰父喪畢藏主別處以待他日與妣同入廟始行祧遷未爲得禮之正尤菴曰親盡祧遷當以奉祀孫世代計之雖祖曾祖母生存亦不可不遷〇又曰非大宗高曾二祖親雖未盡當遷於長房

●陶菴曰庶孼房題只稱玄孫而祝辭自稱爲庶恐得之矣〇又曰正位遞遷後祔主當埋安同春曰祔位於最長房亦是至親則幷奉以祭亦似爲安南溪曰班祔之位終兄弟之孫

●尤菴曰祧主改題自是遷奉者之事非舊主人之所當與也旣遷之後當有酒果告由之禮其時改題似宜矣〇又曰宗孫死則祧位吉祭時當遞遷最長房死則葬後遷奉于次長房

●東岩曰大戴禮遷廟事畢擇日而祭註所以安神當依此擇日盛祭

◈매주(埋主)

●家禮高祖親盡則遷其主而埋之其墓田諸位迭掌而歲率其子孫一祭之百世不改

●儀節按楊氏附註引朱子他日與學者書旣祥而徹几筵其主且當附于祖父之廟俟三年喪畢合祭而後遷蓋有取於橫渠祫祭後奉祧主於夾室之說也而楊氏亦云俟吉祭前一夕以薦告遷主畢乃題神主厥明今祭畢奉神主埋於墓所奉遷主新主各歸于廟夫所謂合祭者卽橫渠所謂祫祭也家禮時祭之外未嘗合祭若卽是時祭又不知設新主位于何所今不敢從且依家禮爲此儀節庶幾不失云

●遂菴曰祧主臥埋安之之義人死臥葬藏魂帛亦臥埋可推而知也

●尤菴曰祧主埋於本墓之右邊旣掘坎以木匣先安於坎中然後以主櫝安于木匣中子孫皆再拜而辭畢閉匣門而掩土堅築後加以莎草〇又曰正位遷于長房則祔位埋安事恐當盖無后人祔食旣是義起之禮寧有更享於最長房之理乎若有兄弟及姪或於其忌日以紙榜畧伸其情似不妨矣

●南溪曰今已永祧臥而置之

●陶庵曰祧主埋安時子孫之擧哀情理俱得〇又曰去櫝埋安毋論豫之如何而心有不忍矣

●備要本位出埋則祔位當埋於墓所

●南溪曰班祔之位終兄弟之孫〇又曰立埋生道臥埋死道也權埋則當立埋

●全齋曰雖考妣各窆已合櫝者不忍分離各埋於兩處後配各窆者亦然統於尊而幷埋於考位墓有何不可

◆送主祝文式

維 歲次干支幾月干支朔幾日干支五代孫某敢昭告于 顯五代祖考某官府君 顯五代祖妣某封某氏古人制禮祀止四代心雖無窮分則有限神主當祧不勝感愴謹以酒果百拜告辭(本龕有祔位則此下云某親某官府君某親某封某氏神主亦當並埋)尙 饗

◆埋主將遷告辭(同春曰凡埋主旣納主櫝中將加盖諸子孫皆拜拜以辭可也○屛溪曰埋主兩階間宋時已不行矣吾東先儒皆埋壠尾右臨埋設殷奠於墓前告以感愴之意得矣)

維 歲次干支幾月干支朔幾日干支五代孫某敢昭告于 顯五代祖考某官府君 顯五代祖妣某封某氏先王制禮追遠有限今將永遷不勝感愴謹 以酒果用伸虔告謹告(若從南溪說則將遷時不設酒果只告曰今奉主就轝敢告若不用轝則曰今奉主往于墓所敢告)

◆將埋時告墓祝辭(存齋曰奉祧主至墓所不開櫝置墓右設奠墓前告)

維 歲次干支幾月干支朔幾日干支五代孫(承重稱六代孫)某敢昭告于顯五代祖考某官府君 顯五代祖妣某封某氏之墓神主永祧恭奉埋安于兆右不勝感愴謹以淸酌脯醢百拜告由(告畢奉櫝臥置櫃中別用木片松或栗高一寸四分周尺爲枕支之使主面平仰加盖覆土)

◆親盡主埋主時告山神祝文

維 歲次干支幾月干支朔幾日干支某官姓名敢昭告于 土地之神今以五代祖考親盡神主埋安依仰神休永言無斁謹以淸酌脯果祇薦于神尙 饗

◆墓遠者埋于潔地告辭(祧主將埋而墓所絶遠者奉就所居近處高山潔地設榻于坎南奉櫝置榻上設酒果不焚香只奠酒告)

維 歲次干支幾月干支朔幾日干支五代孫某敢昭告于 顯五代祖考某官府君顯五代祖妣某封某氏埋主墓所禮取便宜非關玄道墓所越遠不可奉就理終歸土無間彼此望通楸山神氣是游百拜酹酒敬餞幽坎(栗谷曰今就潔地奉安先主永訣終天不勝悲感以淸酌用伸虔告謹告)

◆奉行墓所時告辭(梅山曰將埋臨發說酒果告由)

今將埋安奉 主就轝敢告

◆至墓所告永訣神主告辭(奉安幄次○近齋曰奉祠板於墓側以酒果告由)

維 歲次干支幾月干支朔幾日干支五代孫某敢昭告于 顯五代祖考某官府君 顯五代祖妣某封某氏今就墓右(或潔地)奉安 神主永訣終天不勝感愴謹以淸酌庶羞用伸虔告謹告(尤菴曰栗谷所製臨埋告辭永訣終天似不襯改以開破封域爲辭○近齋云年月日五代孫某敢昭告于顯五代祖考妣今以祧遷親盡埋安神主于墓側破開塋域不勝云云若從尤菴說則當用此辭○南溪曰以告墓次而合祭祧主祝已告埋安當無再告之文○便覽掘坎時當位墓告辭云云世次迭遷神主已祧情雖無窮分則有限式遵典禮埋安于墓側不勝感愴謹以酒果云云)

◆埋主告辭式(承重則六代祖考妣位告辭式○同治葬先塋條)

維 歲次干支幾月干支朔幾日干支五代孫(承重稱六代孫)某敢昭告于顯五代祖考某官府君 顯五代祖妣某封某氏之墓世次迭遷 神主已祧情雖無窮分則有限式遵典禮埋于 墓側不勝感愴謹以酒果用伸虔告謹告

◆埋於潔地臨埋時告辭

維 歲次干支幾月干支朔幾日干支五代孫某敢昭告于 顯五代祖考某官府君 顯五代祖妣某封某氏今就潔地奉安 神主(增解若墓右而告墓則恐當改潔地曰墓右又奉安之安恐當作埋)永訣終天不勝悲感敢以淸酌用伸虔告謹告

◆臨埋神主掘坎時告辭

維 歲次干支幾月干支朔幾日干支五代孫某敢昭告于 顯五代祖考某官府君 顯五代祖妣某封某氏今以祧遷親盡將埋安 神主于墓右扦開塋域不勝感愴謹以酒果用伸虔告謹告

◆長房祫祭後祧主埋安告辭

維 歲次干支幾月干支朔幾日干支五代孫某敢昭告于 顯五代祖考某官府君 顯五代祖妣某封某氏先考某官府君曾奉祧祀今已喪訖禮當遞遷長房親盡 神主將埋 墓側不勝感愴謹以淸酌庶羞百拜告由敢告

◆代盡祖主久未埋遷追後埋安告辭

維 歲次干支幾月干支朔幾日干支幾代孫某敢昭告于 顯幾代祖考某官府君 顯幾代祖妣某封某氏先王制禮祀止四代不肖後生素昧于禮代盡 神主久闕祧埋今依禮經當遷埋于 墓所不勝感愴謹以酒果用伸虔告謹告

◆久後埋主告辭梅山

維 歲次干支幾月干支朔幾日干支五代孫某敢昭告于 顯五代祖考某官府君 顯五代祖妣某封某氏祧埋神主當在祫祀之後而形格勢禁罔卽行禮今將奉往墓所不勝感愴謹以酒果用伸虔告謹告

◆將遷祧主時告辭(淵齋曰遞遷神主長房旣無所住之舍則就其墓下或於宗家作別廟而奉之似爲宜又曰祧主長房貧不遷奉則宗家權安于別廟而行祀之節長房當主之如或不參則祝文玄孫某使某親某云云爲可)

維 歲次干支幾月干支朔幾日干支五代孫某敢昭告于 顯五代祖考某官府君 顯五代祖妣某封某氏先王制禮追遠有限今將永遷不勝感愴謹以酒果用伸虔告謹告

◆無後合歿獨有祠堂其宗人爲之埋主告辭(告畢四拜傾酒于地又四拜遂奉主埋之如儀土平以石鎭之瞻仰噫歆而歸)

維 歲次干支幾月干支朔幾日干支姓名謹告于宗人某先某親列書各位某貧窮合歿無 嗣嗟其祖考無所依歆祠堂毁圮風雨蕩擊誼存同宗不堪惻愴玆爲埋安潔地義同祧毁神理何憾酌酒告由敬慰永歸

◆宗子無後次宗奉祖祀而埋其伯父神主者告辭存齋

維 歲次干支幾月干支朔幾日干支從子某敢昭告于 顯伯父某官府君 顯伯母某封某氏從兄某無子身死從嫂某氏無家丐乞更無立後之望 顯祖考 顯祖妣神主某不得已以次長房承重之例改題奉祀顯伯父神主旣無班祔之廟某亦無粢盛之田玆依永祧之禮將埋于墓所感念家運五情如焚謹以淸酌庶羞百拜告辭

◆家貧無後埋安者告辭

云云某不肖無忲嗣續旣乏身且有病若使孤子一朝不幸家廟無主飢餒暴露恐辱 先靈及身尙存埋安墓所神理人事實爲俱便玆擇吉辰敢圖永祧隕迫號絶罔知攸告謹以酒果百拜告辭

◆鄕祠毁板埋安告辭

維 歲次干支幾月干支朔幾日干支某孫某敢昭告于 顯某親某官府君神主金浦章甫始因 府君儒化道愛建祀俎豆已積歲年近者廟宇告頹無力改建移奉位板于中渚書院事軆苟艱不容淹遲將奉埋于 府君墓所情禮久虧不勝感愴謹以酒果用伸虔告謹告

◆鄕祠毁板臨埋時告墓告辭

維 歲次干支幾月干支朔幾日干支某孫某敢昭告于 顯某親某官府君之墓金浦章甫創祠以祭 府君者已積年所今因廟宇頹圮無所於俎豆形格勢禁罔極改建將埋位板于 府君墓所謹以酒果用伸虔告謹告

◆祧主連世共廟一位先埋則合祭諸祧主祝文

維 歲次干支幾月干支朔幾日干支某親某敢昭告于 顯某親某官府君 顯某親某封某氏某幾世祧主同安一室長房主祀歲薦苾芬禮制有限 顯幾代祖考親盡當祧東堂享嘗只有今日玆擧合祀感懷靡窮謹以淸酌庶羞祇薦歲事尙 饗(東巖曰累世祧主共安一廟代各異主禮意苟簡而今人家往往拘於事勢遂成一例旣共享多年則埋主之際又不可無合祭告由之節但不可如常祭之各以最長爲主則只以埋主長房之子通告○宗子親盡有不得已之事遽已埋主其後爲長房者欲奉祀以酒果搆由告墓辭○寒洲云宗子親盡禮宜遷奉長房而當初迫於事勢遽有埋主之擧到今長房某覺其違禮將以紙牓行祀定爲年例卽事之始敢告厥由(造成紙牓于墓所引靈到家如初虞)○按洲上此說可疑長房奉祀雖是禮也而朱子末年定論有不許長房遷主則不行遷奉亦非非禮也遽埋其主固違從先之禮而旣埋之後復以紙牓引靈于墓所無或近煩瀆耶)

◆埋主時祠版告辭(奉祠版於墓側以酒果告由)

維歲次干支幾月干支朔幾日干支五代孫(或六代孫)某敢昭告于顯五代祖考某官府君 顯五代祖妣

某封某氏(或六代祖考妣)今就墓右奉安神主永訣終天不勝感愴謹以酒果用伸虔告謹告

◆埋主時母几筵告辭

先考不幸以某月某日棄不肖禮律至嚴不敢不仍用父在母喪之制而至於題主 先考旣背不可主題孤哀子某將以 顯妣題之深增罔極敢告

◆追後埋主告辭(梅山曰吉祭旣有百拜告辭之文若卽埋安則奉往墓所時恐不必告而旣安別廟廣延時月則恐不宜昧然當更告)

維歲次干支幾月干支朔幾日干支五代孫(承重稱六代孫)某敢昭告于顯五代祖考某官府君 顯五代祖妣某封某氏(或六代祖考妣)祧埋 神主當在祫祀之後而形格勢拘罔卽行禮今將奉往墓所不勝感愴謹以酒果用伸虔告謹告

◆神主埋安時祠土地祝文

維 歲次干支幾月干支朔幾日干支某官姓名敢昭告于 土地之神今爲某代祖考某官府君某代祖妣某封某氏神主親盡將埋于墓所神其保佑俾無後艱謹以淸酌脯果祇薦于神尙 饗

◆未造主者埋魂箱祝辭式

維 歲次干支幾月干支朔幾日干支孝子某敢昭告于 顯考某官府君(或妣某封某氏)之墓年來禍疊家事沒緖囊於褁奉未造神主今當掇几妥靈無所謹奉魂箱埋于體魄之宅留待日後追造木主私情痛毒不勝罔極伏惟 尊靈姑此憑依

◆吉祭後埋祔主告辭

維 歲次干支幾月干支朔幾日干支某親某官某敢昭告于 某親某官府君列書考妣之墓祔食之典止于先考之身玆因吉祭神主埋安不勝感愴謹以酒果敬伸奠告

○奉遷主埋于墓側儀節

(補祥祭後陳器具饌如朔日之儀用卓子陳廳事上質明主人奉安親盡之主于卓子上)

序立(如常儀)○參神○鞠躬拜興拜興平身○降神○盥洗○詣香案前○跪○上香○酹酒○俯伏興拜興拜興平身○主人斟酒○主婦點茶(畢並立)○鞠躬拜興拜興平身○主婦復位○跪○讀祝○俯伏興拜興拜興平身○復位○辭神○鞠躬拜興拜興平身○焚祝文○送主(執事者用盤盛主捧之主人自送至墓側)○埋主(祝埋畢始回)

◈최장방봉주(最長房奉主)

◆最長房遷奉先廟告辭

今以宗孫家親盡于遠廟而不肖爲最長支孫將奉高曾祖兩代神主移安于私廟列位之右敢告

◆最長房遷奉舊廟告辭

今以宗少孫親盡屬遠將奉高曾祖兩代神位移安于支長孫私廟敢告

◆最長房遷廟奉安告辭

先王制禮遠廟爲祧傳支續祀義起情文吾宗一孤親過四世不肖餘孫序屬支長奉我高曾右于祖禰精神感會貫澈宗支同堂配食昭穆載序洋洋列祖永安追享

◆遷主最長之房祝文式

維 歲次干支幾月干支朔幾日干支五代孫某敢昭告于 顯五代祖考某官府君 顯五代祖妣某封某氏玆以 先考某官府君喪期已盡禮當遷主入廟先王制禮祀止四代心雖無窮分則有限 神主當祧遷于某親某之房(不遷之位則去某親某之房爲別室)尙 饗

◆最長房告家廟告辭

維 歲次干支幾月干支朔幾日干支孝子隨屬稱某敢昭告于 顯考某官府君 顯妣某封某氏(曾祖或祖隨所奉位列書)某以長房今將祗奉 顯高祖考某官府君 顯高祖妣某封某氏(曾祖或祖隨屬稱)神主

顯考 顯妣(曾祖或祖隨所奉位列書)神主禮當以次遞降謹以酒果用伸虔告謹告

◆遷主最長房改題告辭式(上同儀節告遷于祠堂儀○黎湖曰世次相承之祭必先改題方行祧遷不改題而徑移於長房非禮家所知○陶菴曰改題時一二字拭去甚爲苟難莫若盡洗而改書)
維 歲次干支幾月干支朔幾日干支玄孫(曾孫或孫隨屬稱)某敢昭告于 顯高祖考某官府君 顯高祖妣某封某氏(曾祖考妣或祖考妣隨屬稱下同)今以孝玄孫某喪制已畢其子親盡 顯高祖考 顯高祖妣神主已祧某當以次長奉祀 神主今將改題謹以酒果用伸虔告謹告

◆最長房遷奉祧主者在父喪中則俟喪畢改題告辭
維 歲次干支幾月干支朔幾日干支玄孫某敢昭告于 顯高祖考某官府君 顯高祖妣某封某氏神主祧遷于不肖之房 先考某官府君喪期未盡當俟喪畢行禮謹以酒果用伸虔告謹告(三年喪祧位忌墓祭當單獻無祝○長房在父喪中而遞奉祧主者亦告于其父几筵恐宜)

◆最長房追後移奉告辭(補解追後奉祧主則來時當以酒果告由○輯覽註移奉後改題則當設酒果依神)
維 歲次干支幾月干支朔幾日干支玄孫某敢昭告于 顯高祖考某官府君 顯高祖妣某封某氏宗子親盡某以長房禮卽奉遷而家在某地道路遙遠隨事改措今始移奉當添將行改題神主謹以酒果用伸虔告謹告

◆最長房葬後祧主遞遷于次長房祝文(最長房死祧主遷奉於次長房之節同春則以爲當待三年後吉祭時尤菴則以爲最長房之奉祧主其事體與宗家有異只欲權奉祭祀而復三年廢祭有所未安當以次長房於最長房葬後遷奉其祧主故好禮之家多從尤翁已例)
維 歲次干支幾月干支朔幾日干支五代孫某敢昭告于 顯五代祖考某官府君 顯五代祖妣某封某氏玆以 先考某官府君卒哭已過式遵近例 神主將遷于某親某之房不勝感愴謹以酒果百拜告辭尙 饗

◆最長房葬後卽遷主于次長房者告高祖以下告辭
維 歲次干支幾月干支朔幾日干支孝玄孫某使某親某敢昭告于 顯高祖考某官府君 顯高祖妣某封某氏(諸位列書) 先考某官府君以今年某月某日棄世已經葬期 顯五代祖考某官府君 顯五代祖妣某封某氏神主玆依情禮遷于次長玄孫某之房不勝悲憾謹以酒果用伸虔告謹告

◆最長房葬後卽遷主于次長房時五代祖考出主告辭
維 歲次干支幾月干支朔幾日干支五代孫某使某親某敢請 顯五代祖考某官府君 顯五代祖妣某封某氏神主出就正寢恭伸告遷以顯某親某官府君顯某親某封某氏神主祔食謹告

◆最長房葬後次長房奉主就寢設饌祝辭
維 歲次干支幾月干支朔幾日干支五代孫某使某親某敢昭告于 顯五代祖考某官府君 顯五代祖妣某封某氏 先考某官府君以今年某月某日棄世已經葬期恭奉 顯五代祖考 顯五代祖妣神主遷于次長玄孫某之房情雖無窮禮有節制世次以遷不勝悲愴謹以淸酌庶羞百拜告由

◆告祔位祝辭
維 歲次干支幾月干支朔幾日干支族曾孫某使某親某敢昭告于 顯某親某官府君 顯某親某封某氏 先考某官府君以今年某月某日棄世已經葬期恭奉 顯五代祖考 顯五代祖妣神主將遷于次長玄孫某之房 顯某親某官府君 顯某親某封某氏神主不得遷從依舊祔食于 顯高祖考某官府君之廟以待某喪畢後吉祭依禮永祧禮因情宜義隨勢安謹以淸酌庶羞恭伸奠獻伏惟 尊靈臨我無斁(吉祭後埋之墓所)

◆告靈座告辭
維 歲次干支幾月干支朔幾日干支孝子某敢昭告于 顯考某官府君顯考葬期已過 顯五代祖考某官府君 顯五代祖妣某封某氏神主今將遷于次長玄孫某之房典禮有常追遠靡及攀號几筵昊天罔極謹以酒果用伸虔告謹告

◆次長玄孫奉主至所居祠堂前置主于西階上告辭

維 歲次干支幾月干支朔幾日干支玄孫某敢昭告于 顯高祖考某官府君 顯高祖妣某封某氏以次長祗奉祀事神主傍題將爲改題敢告

◆次長玄孫奉主至所居祠堂前旣題奉置卓上告辭式

請入于 祠堂

◆次長玄孫奉主至所居祠堂奉安于西龕設奠告辭

維 歲次干支幾月干支朔幾日干支玄孫某敢昭告于 顯高祖考某官府君 顯高祖妣某封某氏今依情禮遞奉祀事灑掃龕卓倍增瞻慕謹以酒果用伸虔告謹告

◆次長玄孫奉主西龕設奠畢本龕曾祖以下告辭

維 歲次干支幾月干支朔幾日干支孝曾孫某敢昭告于 顯曾祖考某官府君 顯曾祖妣某封某氏(諸位列書祔位不書)某以 顯高祖考最長房祗奉祀事今奉 顯高祖 顯考顯高祖妣神主安于西一室典禮有常神道是宜謹以酒果用伸虔告謹告

◆旣奉高祖祀又奉曾祖祀者告辭

維 歲次干支幾月干支朔幾日干支曾孫某敢昭告于 顯曾祖考某官府君 顯曾祖妣某封某氏禮有遞遷世代復會伏惟神理亦應感懷不勝追慕敬畏之至謹以酒果用伸虔告謹告(凡最長房之迁主幸其玄孫之猶在而不忍廢其祭最長旣死則次長亦老矣奉遷主之祭能幾何哉不可待吉祭而卽於葬後遷之與初在宗家時事本自別云爾)

◆宗家無後次孫奉祀者告辭

維 歲次干支幾月干支朔幾日干支曾孫某敢昭告于 顯曾祖考某官府君 顯曾祖妣某封某氏家運不幸孝曾孫某身歿寡婦當室莫重先祀難可獨屬玆制權宜恭奉神主移安于某所居某鄕某里以待宗婦立後依禮奉還宗支雖分情義無異伏惟 尊靈依我無遠不勝號慕隕絶之至謹以酒果先陳事由謹告

◆最長房之子告先考几筵告辭

維 歲次干支幾月干支朔幾日干支孝子某敢昭告于 顯考某官府君 顯五代祖考某官府君 顯五代祖妣某封某氏神主式遵近例將遷于某親某之房謹告

◆最長房有故次長房遷奉祝文

維 歲次干支幾月干支朔幾日干支五代孫某敢昭告于 顯五代祖考某官府君 顯五代祖妣某封某氏玆以 先考某官府君喪期已盡禮當遷主入廟先王制禮祀止四代心雖無窮分則有限神主當祧將遷于某之房而形勢貧窮不能奉往諸孫同議次長房某之房不勝感愴謹以淸酌庶羞百拜告辭尙 饗

◆長房告家廟告辭

維 歲次干支幾月干支朔幾日干支孝子某敢昭告于 顯考某官府君 顯妣某封某氏(若繼曾祖則當列書于上)某以長房某日當奉來 顯某親某官府君 顯某親某封某氏祧主安于右龕敢告

◆次長房遷奉祧主改題告辭(陶菴曰長房事體非與宗家等次長之當奉者告遷奉似宜)

維 歲次干支幾月干支朔幾日干支玄孫某敢昭告于 顯高祖考某官府君 顯高祖妣某封某氏今以玄孫某喪葬已訖某當以次長房奉祀 神主今將改題謹以酒果用伸虔告謹告

◆長房祫祭時祧主遷于次長房告辭

維 歲次干支幾月干支朔幾日干支玄孫某敢昭告于 顯高祖考某官府君 顯高祖妣某封某氏玆以 先考某官府君喪期已盡禮當遷主入廟 神主當祧于某親某之房不勝感愴謹以酒果用伸虔告謹告

◆長房卒哭後祧主遞遷告辭(梅山曰長房亦當待祫祀遞遷而若從近例卒哭而遷則用此式)

維 歲次干支幾月干支朔幾日干支五代孫某敢昭告于 顯五代祖考某官府君 顯五代祖妣某封某氏玆以 先考某官府君卒哭已過式遵近例 顯五代祖考 顯五代祖妣神主將遷于某親某之房不勝感愴謹以酒果用伸虔告謹告

◆若卒哭而遷則長房之子告新位告辭(因上食告)

維 歲次干支幾月干支朔幾日干支孝子某敢昭告于 顯考某官府君 顯五代祖考 顯五代祖妣神主式遵近例將遷于某親某之房謹告

◆祧主以先嫡後庶之義追正改題告辭

維 歲次干支幾月干支朔幾日干支玄孫某敢昭告于 顯高祖考某官府君 顯高祖妣某封某氏玆以 顯曾祖考某官府君 顯曾祖妣某封某氏兩世祧主當遷于長房先嫡而後庶已有往哲定論而誤以庶從叔屬稱題主事異常經禮宜改正移奉于不肖之房謹以酒果用伸虔告謹告

◆祧主權奉于宗家之日宗孫別廟告辭

維 歲次干支幾月干支朔幾日干支孝玄孫某敢昭告于 顯高祖考某官府君 顯高祖妣某封某氏(諸位列書) 顯五代祖考某官府君 顯五代祖妣某封某氏祧主當遷于長房而居遠家貧罔克承祭今已權奉祧主于家中別廟謹以酒果用伸虔告謹告

◆別廟已成新主改題告辭

祭止四代禮雖有制別奉寓慕亦粵先例省祖靜翁明著告辭昨歲權安匪敢擅私仰稽典故傍質老成求之今昔敢不殫誠永世之典明將擧行今將改題敢告端由

◆祧遷新主將奉別廟前期告由文

適嗣親盡禮當遷房眇玆殘孫奠居靡方權奉空亭深增悚惶別祠行事先儒有說肇於今春合謀營築宗祠之傍三架告訖明將移奉不勝感慕謹以酒果用伸虔告

◆別廟奉安告由文

今以吉辰奉移新祠大廟密邇神理允怡庶幾卽安永享苾芬不肖將事愴慕深新洋洋如在酒果薦虔

◆長房喪中不行祧主改題告辭(長房之遞奉祧主因不以喪中爲拘改題則當待吉祭行之非可行於喪中)

維 歲次干支幾月干支朔幾日干支玄孫某敢昭告于 顯高祖考某官府君 顯高祖妣某封某氏 神主祧遷于不肖之房宜遵典禮以屬稱改題而 先考某官府君喪期未盡當竢喪畢行禮謹以酒果用伸虔告謹

◆庶長房奉祧主嫡長房還奉改題告辭(陶菴曰庶長房奉祧主旁題祝辭自稱爲庶恐得之)

維 歲次干支幾月干支朔幾日干支玄孫某敢昭告于 顯高祖考某官府君 顯高祖妣某封某氏祧主當遷于長房先嫡而後庶已有往哲定論而誤以庶從叔屬稱題主事異常經禮宜改正移奉于不肖之房謹以酒果用伸虔告謹告

◆長房奉安祧主于右龕告辭(長房廟龕虛右奉祧主不可不先告)

維 歲次干支幾月干支朔幾日干支孝子某敢昭告于 顯考某官府君 顯妣某封某氏 顯高祖考某官府君 顯高祖妣某封某氏祧位今遞遷于不肖之房改題 神主奉安右龕 府君(妣位恐當並書)神主差退左龕謹以酒果用伸虔告謹告

◆長房死後合祭親盡祖位祝文式

維歲次干支幾月干支朔幾日干支五代孫(承重云六代孫)某敢昭告于顯五代祖考某官府君顯五代祖妣某封某氏(承重云六代祖妣)某先考(承重云先祖考)某官府君曾奉祧主今已喪訖親盡 神主將埋于墓側不勝感愴謹以淸酌庶羞百拜告辭尙 饗

◆長房有故權奉宗家別廟告辭(近齋曰祧位當以長房名改題而諸位改題時不可並爲之當於吉祭後其日或他日設酒果告改題之由以長房名使族人攝告)

維歲次干支幾月干支朔幾日干支玄孫(曾孫或孫隨屬稱)某(若長房不來則當添身在遠地使五代孫某官某)敢昭告于顯高祖考某官府君顯高祖妣某封某氏(曾祖或祖隨屬稱)今以孝玄孫某官喪期已盡遷主入廟世次當祧某是最長房禮當奉祀而形勢貧窮流落鄕曲(隨事改措)不能如禮遷奉諸孫同議將遷奉于 宗家別廟禮當以某名書于 神主旁註使五代孫某攝行祭祀今將改題謹以酒果用伸虔告謹告(次長仍奉別廟措語○今以下當云最長房玄孫某喪葬已訖某是次長房而形勢貧窮不能遷奉將如前權奉

于宗家別廟禮當云云)

◆長房有故仍奉宗家別廟祝文近齋

維 歲次干支幾月干支朔幾日干支五代孫某敢昭告于 顯五代祖考某官府君(配位列書)玆以 先考某官府君喪期已盡禮當遷主入廟先王制禮祀至四代心雖無窮分則有限 神主當祧將遷于玄孫某之房而形勢貧窮不能奉往諸孫同議仍奉宗家別廟玄孫某旣是長房當次之人禮當書名旁註祭祀使五代孫某攝行今將改題謹以淸酌庶羞祗薦歲事尙 饗

◆長房合祭祧主祝文(埋祧主當在長房喪畢而祝辭用備要所載耳)

維 歲次干支幾月干支朔幾日干支五代孫某敢昭告于 顯五代祖考某官府君 顯五代祖妣某封某氏某先考某官府君曾奉祧祀今已喪訖禮當遞奉長房親盡 神主將埋墓側不勝感愴謹以淸酌庶羞百拜告辭尙 饗(按有人嘗攝行其父母祀者以最長房當遷奉其曾祖父母之神主寒岡曰曾祖神位前不可稱攝祀二字當曰曾孫某官某初祭時祝文略叙宗孫代盡以長房奉來之意其後則自依常例)

◆長房死後次長移奉告辭(屛溪曰卒哭後移奉)

維 歲次干支幾月干支朔幾日干支玄孫某敢昭告于 顯高祖考某官府君 顯高祖妣某封某氏(曾祖或祖隨屬稱)玄孫某喪葬已訖某當以次長奉祀 神主今將改題謹以酒果用伸虔告謹告

◆宗子無后而死次孫代奉宗祀先世神主祧遷告辭

維 歲次干支幾月干支朔幾日干支某親某敢昭告于 顯某親某官府君 顯某親某封某氏伏以宗孫某歿而無子大祥已届某以次孫代奉宗祀 顯某親某官府君 顯某親某封某氏當祧 顯某親某官府君 顯某親某封某氏當奉遷有服之孫 顯某親某官府君 顯某親某封某氏神主改題爲某親府君某親某氏世旣迭遷宗又易移不勝感愴謹以酒果用伸虔告謹告

◆親未盡而埋主者就墓所奉出改題告辭(全齋曰早孤無依親未盡而已埋主者及有室家當奉出其已埋之主而改題先以酒果告墓)

維歲次干支幾月干支朔幾日干支早孤無依又甚穉昧未及親盡遽埋神主特埋俱虧痛隕罔極爰卜吉辰今將開破塋域奉出改題謹以酒果用伸虔告謹告(告墓後設墓次改題奉安仍薦殷奠初喪則以有虞祭也故題主奠只焚香斟酒追後奉出以奠兼虞是爲飮食依神恐不可略設也)

◆親未盡而埋主者奉出改題後祝文

維歲次干支幾月干支朔幾日干支某不肖無狀莫保神主今旣奉出改題行將祗奉家廟謹以淸酌庶羞恭伸奠獻尙 饗(就轝返第奉安家廟後又設酒果以案神告辭則不必疊告)

◆埋主後不祧有命舊主奉出改題告辭

維 歲次干支幾月干支朔幾日干支幾代孫某敢昭告于 顯幾代祖考某官府君 顯幾代祖妣某封某氏之墓神主祧遷已埋于墓所不祧之恩爰自先朝成命之下又在是日因太歲之重回擧致侑之盛祭當立新主用承 寵命而舊主神魂之憑依也體魄之鄰近也今將開破塋域奉出改題不勝感愴謹以酒果用伸虔告謹告(宗孫雖在憂服中罔克躬將立主以後告祝用宗孫名曰孝幾代孫某憂服在躬罔克將事屬某親某云云恐宜)

◆埋主後不祧有命舊主奉出改題還奉告辭

維 歲次干支幾月干支朔幾日干支幾代孫某敢昭告于 顯幾代祖考某官府君 顯幾代祖妣某封某氏今以不祧有命還奉埋主伏惟 尊靈是憑是依(若舊主已朽造成新主則還奉埋主四字改以神主重成如何)

◆同神主毁傷還埋告辭

維歲次干支幾月干支朔幾日干支謹啓塋域奉審埋主已化于土幾泯其形仍舊還安將立新主不勝感愴謹以酒果用伸虔告謹告(若舊主毁傷墓可改題則當仍舊還埋不容不以酒果更告于墓○立新主亦當於墓前幕次爲之設殷奠祝辭見下)

◆改題新主祝文式

維 歲次干支幾月干支朔幾日干支神主重成伏惟 尊靈是憑是依將祗奉家廟謹以淸酌庶羞恭伸奠獻

尙 饗(奉還家廟後又當設酒果以安神)

◆同改題還奉祝辭

維 歲次干支幾月干支朔幾日干支今以不祧有 命還奉埋主伏惟尊靈是憑是依(若舊主已朽造成新主則還奉埋主四字改以神主重成如何)

◆追後移奉告辭(補解追後奉祧主則奉來時當以酒果告由○今按移奉後改題則當設酒果依神)

維 歲次干支幾月干支朔幾日干支玄孫(曾孫或孫隨屬稱)某敢昭告于 顯高祖考某官府君 顯高祖妣某封某氏(曾祖或祖隨屬稱)宗子親盡某以長房禮卽遷奉而家在某地道路遙遠(隨事改措)今始移奉(今按當添將行改題神主)謹以酒果用伸虔告謹告

◆葬後吉祭前次長房遷奉告辭

維歲次干支幾月干支朔幾日干支今以孝玄孫某長逝長房玄孫某形勢貧窮不能奉往諸孫同議今將遷奉于次長房某之家敢告

◆葬後吉祭前次長房遷奉後改題告辭

維 歲次干支幾月干支朔幾日干支今以玄孫某敢昭告于 顯高祖考某官府君 顯高祖妣某封某氏今旣遷奉禮當改題 神主不勝感愴謹以酒果用伸虔告謹告

◆葬後吉祭前次長房遷奉題主後祝辭(題主奉安仍舊殷奠○只炷香斟酒歸家後行時祭似當)

維 歲次干支幾月干支朔幾日干支孝(立主後當孫孝)幾代孫某敢昭告于 顯幾代祖考某官府君顯幾代祖妣某封某氏神主親盡祧埋已近三紀(隨時改措)因大僚仰請不祧成命已下 恩禮曠絶幽明俱榮今已造成神主伏惟 尊靈是憑是依(按本辭此下有行將祗奉家廟謹以淸酌庶羞祗薦歲事常饗而奉安家廟後不可無諸位合享之禮則此只用題主告辭歸家後依綱目說行時祭而參用時祭原祝恐好)

◆祖喪中遭父喪退行祖祥孫幼攝行告辭(本祥日雖是輕喪殯在同宮則略設亦不可只行朔上食告由)

維 歲次干支幾月干支朔幾日干支孝孫某幼未將事屬從叔父敢昭告于 顯祖妣某封某氏(或顯祖考某官府君)明日當行大祥(小祥則曰小祥)而某罪逆凶釁 先考以某月某日喪逝殯在同宮準禮廢祭將退行於卒哭後彌增罔極謹因上食用伸虔告謹告

◆祧主長房遷奉後合祭本位告辭

維 歲次干支幾月干支朔幾日干支曾孫某敢昭告于 顯曾祖考某官府君 顯曾祖妣某封某氏(諸位列書)今以 顯高祖考某官府君 顯高祖妣某封某氏宗子親盡神主祧遷奉安同堂不勝感慕謹以酒果用伸虔告謹告(黃龍岡云前一日詣祠堂焚香告辭曰孝孫(只繼禰則稱孝子)某今以顯高祖考某官府君顯高祖妣某封某氏親盡宗家神主當祧某以年長次當奉祀將以來日奉遷于祠堂敢告○東巖曰累世祧主共安一廟代各異主禮意苟簡而今人家往往拘於事勢遂成一例旣共享多年則埋主之際又不可無合祭告由之節但不可如當祭之各以最長爲主則只以埋主長房之子通告)

◆宗子親盡埋主長房遷奉紙榜告辭

維 歲次干支幾月干支朔幾日干支曾孫某敢昭告于 顯曾祖考某官府君 顯曾祖妣某封某氏宗子親盡禮宜遷奉長房而當初迫於事勢遽有埋主之擧到今長房某覺其違禮將以紙牓行祀定爲年例卽事之始敢告厥由(造成紙牓于墓所引靈到家如初虞○此說可疑長房奉祀雖是禮也而朱子末年定論有不許長房遷主則不行遷奉亦非禮也遽埋其主固違從先之禮而旣埋之後復以紙榜引靈于墓所無或近煩瀆耶

▶3640◀ ◈問; 조부모 부모님 모두 한날 한시에 제사를 모시는 방법을 알려주셔요.

조부모 부모님 모두 한날 한시에 제사를 모시는 방법을 알려주셔요.

◈答; 조부모 부모님 모두 한날 한시에 제사를 모시는 방법은 없음.

사당을 받들지 않으면 대제적으로 기일제와 명절제가 있습니다. 기일제란 작고하신 날의 슬픔을 종신토록 잊지 못함은 물론이요 후세에 조상이 있어 태여 났음을 상기케 하기 위하여 자손들이 모여 며칠 전부터 재계를 하고 그날 정성을 다하여 일년에 한번 생전에 봉양 하여 드린 것과 같이 자손으로서 마땅히 행 하여야 할 효를 하늘이 무너진 것과 같은 그날 단 몇 시간 행 함으로서 후자 들로 하여금 조상들을 되 뇌이어 일체감을 고취 시키고 또 그 은덕을 상기 시켜 후세 임을 자랑케 함이니 작고 하신 날이 아니고서야 어찌 더 좋은 날이 있겠습니까. 더욱이 작고 하신 그날은 이 몸 다하도록 잊을 수 없는 날입니다. 그러하기에 그날 제사를 지내는 것입니다.

명절 제사는 정제는 아닙니다. 소제(小祭)로서 생전에 즐기던 날이기 때문에 먼저 조상님들께 좋은 음식과 그 시절에 새로 난 음식 물을 오려 드린 후 생자들이 먹는 것이며 세배 역시 그런 뜻입니다.

인생은 누구를 막론 하고 늙고 마는 것이니 늙은 이에게는 자손들의 효 이것뿐으로 효의 교육은 조상을 섬기는 제사 이상 더 없는 것입니다.

명절제사(다례 또는 차례)는 합제이나 기일(忌日) 제사는 고비가 아니면 합제할 수 없는 것이며 할 수도 없는 것입니다.

●祭義註忌日親死之日也疏孝子終身念親不忘忌日非謂此日不善別有禁忌謂孝子志意有所至極思念親不敢盡其私情而營求他事故不擧也
●尤庵曰祖曾忌祭同日則當先後行之盖偕喪三年中有異殯各祭之文忌日喪之餘也
●陶庵曰兩忌日不可並設只當先尊後卑而各行之

▶3641◀ ◈問; 조부모 부모 4 분 함께 제사 지낼 때 지방 쓰는 법 문의드립니다.

안녕하세요? 기제사 지방 쓰는 법 문의 드립니다.

이번 할아버지 제사부터 할아버지 할머니 아버지 어머니 제사를 합봉하기로 하였습니다. 그런데 지방 쓰는 법 사례에서는 4 분을 같이 한 지방에 써도 된다 안 된다는 내용이 없어서 문의 드립니다. 한 지방에 같이 써도 되나요? 두분 씩 따로 써야 하나요? 감사합니다.

◈答; 조부모 부모 4 분 함께 제사 지낼 때 지방 쓰는 법.

합봉이란 말씀이 아마도 기일이 다른 조부모님과 부모님을 1 년에 한번 한날에 기제사를 지내드린다는 말씀이라면 유학 법도에는 없는 예입니다.

기제란 작고한날 그 슬픔을 잊지 않기 위하여 매년 그날이 돌아오면 지내드리는 제사로서 주자가례에서는 그날 작고하신 한 분만 지내드린다. 라 하였고 가례의절에서는 고비를 함께 지내드린다. 라 하였는데 퇴계께서는 병제는 예가 아니라 하셨고 회재께서는 가례의절에서 인정(人情)으로 고비를 합제한다. 라 하셨습니다.

따라서 기일이 다른 조부모와 부모님을 1 년에 한번 함께 지내드린다 함은 예가 아니니 성균관에서 운운할 수가 없는 예입니다. 다만 지방을 조부모를 한 장에 함께 쓰는 것은 대단한 불효를 범하게 됩니다 각각 신주로 사당에 봉사치 못하는 것도 후손으로서 죄송한 일인데 지방이라고 한 장에 써서야 되겠습니까.

지방이라 하여도 고비 각각 고서비동으로 의자를 따로 놓고 의자에 각각 모시는 것입니다. 까닭에 한 장에 한 분씩 써야 합니다.

이상의 전거는 아래와 같습니다.

●禮記祭義; 君子有終身之喪忌日之謂也(註)忌日親死之日也(疏)孝子終身念親不忘忌日非謂此日不善別有禁忌謂孝子志意有所至極思念親不敢盡其私情而營求他事故不擧也

●周禮春官宗伯禮官之職小史條掌邦國之志奠繫世辨昭穆若有事則詔王之忌諱註鄭司農云先王死日爲忌名謂諱

●康熙字典心部三畫【忌】[唐韻][集韻][韻會]渠記切[正韻]奇寄切竝音惎 又忌日親喪日也[禮祭義]君子有終身之喪忌日之謂也

●退溪曰忌日幷祭考妣甚非禮也

●晦齋曰按文公家禮忌日止設一位程氏家禮忌日配祭考妣二家之禮不同盖止設一位禮之正也配祭考妣禮之本於人情者也若以事死如事生鋪筵設同几之意推之禮之本於情者亦有所不能已也

●便覽紙牓式; 紙用厚白紙長廣隨宜以眞楷細書於紙中央臨祭貼於椅上隨位各書 ○祖妣二人以上別具紙各書

●家禮祭禮四時祭前一日設位陳器條主人帥衆丈夫深衣及執事洒掃正寢洗拭倚卓務令蠲潔設高祖考妣位於堂西北壁下南向考西妣東

●四禮便覽神主(陷中式)故某官某公諱某字某神主(粉面式)顯考某官封謚府君神主 (紙牓式)顯某考某官府君神位

▶3642◀◈問; 조부의 제사에 "초헌, 아헌, 종헌"은 누가 해야 합니까?

조부가 아들이 5 명이고, 손자가 6 명(전부 결혼함)인데, 조부의 장자는 돌아가셨습니다. 그러면 조부의 제사에 "초헌, 아헌, 종헌"은 누가 해야 합니까?

◈答; 조부(祖父) 제사에 초(初), 아(亞), 종헌관(終獻官)은.

1. 初獻官(초헌관): 長孫(장손)
2. 亞獻官(아헌관): 主婦(주부; 長孫婦)
3. 終獻官(종헌관): 兄弟之長(형제지장)

獻官(헌관) 順(순)의 法度(법도)는 이상이 正法(정법)입니다. 만약 尊行(존항)이 參祭(참제)를 하였다 하여도 이상의 正法(정법)은 變更(변경)되지 않습니다. 다만 主婦(주부)가 없을 때는 主人(주인)의 동생이 亞獻(아헌)을 代行(대행)하게 되며, 終獻(종헌)은 兄弟(형제)의 長者(장자)가 하게 되는데, 主婦(주부) 대리로 長弟(장제)가 代行(대행)을 하였을 때는 二弟(이제)가 終獻(종헌)은 하게 됩니다. 만약 獻官(헌관)이 不足(부족)하여 親賓(친빈)이 終獻(종헌)을하게 되면 親戚(친척)이 參祭(참제)를 하였다면 親戚(친척)이 終獻(종헌)을 하고, 親戚(친척)없이 賓客(빈객)이 參祭(참제)를 하였다면 賓客(빈객)이 終獻(종헌)을 하게 됩니다. 만약 祝官(축관)도 없이 主人(주인) 혼자 祭祀(제사)를 지내게 되면 主人(주인) 스스로 三獻(삼헌)을하고 讀祝(독축)도 하게 됩니다.

●性理大全祭禮四時祭; 初獻主人 亞獻主婦爲之 終獻兄弟之長或長男或親賓爲之○禰祭;初獻亞獻終獻並如時祭之儀 ○忌祭; 並如祭禰之儀○又 墓祭; 初獻如家祭之儀 亞獻終獻並以子弟親朋薦之

●朱子曰祭只是三獻主人初獻適子或主婦亞獻庶子弟或適孫終獻

●家禮時祭亞獻條主婦爲之註朱子曰祭禮主人作初獻未有主婦則弟得爲亞獻弟婦爲終獻

●成渾曰鄭逑論祭禮云三獻俱是主人主婦長男爲之雖伯叔父不可爲也其義在於主人爲初獻諸父尊行不可爲其次以亂尊卑之序也

●別賦; 左右兮魂動親賓兮淚滋(釋義)親戚與賓客

▶3643◀◈問; 조부, 조모의 지방 쓰는 법을 꼭 알려주세요.

제가 중 2 학생인데 어른들이 저보고 지방을 쓰래요. 어른들도 잘 모른다고 인터넷 검색을 해보라고 해서 검색을 해서 찾았는데 그림으로 나온 것이라 확대하는 보기 흉해서 직접 찾아서 치려고 하는데 음을 모르겠어요. 관리자님께서 조부, 조모의 지방 쓰는 법 꼭 알려주세요.

◈答; 조부, 조모의 지방 쓰는 법.

⊙지방식

○할아버지; 顯祖考學生府君神位 (학생에는 생전의 벼슬의 등급 명을 쓰고 없었으면 이와 같음)

○할머니; 顯祖妣孺人某氏神位 (유인에는 봉의 등급 명이 있으면 고쳐 쓰며 없었으면 이와 같음) 할머니 지방 중 모씨에는 할머니 성씨를 써넣으면 됩니다.

●便覽紙牓(편람지방)

○紙(지)

用厚白紙長廣隨宜以眞楷細書於紙中央臨祭貼於椅上隨位各書

○紙牓式(지방식)

顯某考某官府君神位

顯某妣某封某氏神位(祖妣二人以上別具紙各書)

●問解無官而死者無他稱號勢不得已當書學生處士秀才各隨宜可也

●後漢書靈帝紀光和元年; 始置鴻都門學生注鴻都門名也

●辭源[學生]; 在校學習的人

●管子小匡; 農之者常爲農樸野不慝其秀才之能爲士者則足賴也(尹知章注)農人之子有秀異之材可爲士者則所謂生而知之不習而成者也

●朱子曰處士所爲未應學者

●玉藻; 居士錦帶(鄭玄注)居士道藝處士也

●慧遠義記在家修道居家道士名爲居士(註)居士梵語 grhapati 意譯

●孟子滕文公下聖王不作諸侯放恣處士橫議楊朱墨翟之言

●問無官而非學生者題主稱學生似未穩而且如子孫書四祖亦皆無合當稱號如何如何沙溪宋俊吉答無官而死者不稱學生則無他稱號勢不得已當書學生處士秀才各隨其宜可也

▶3644◀◈問; 좀 가르쳐 주세요.

안녕하세요? 저의 경우는 신랑이 사망을 했는데 제사를 어떻게 지내야 하는지 몰라 이렇게 몇 자 적습니다.

시어머님과 시아버님은 모두 계시는데 아들인 저희 아기아빠가 사고로 사망을 한 경우인데 제사 때는 비록 자식(2 살, 3 살)이 어리긴 하지만 당연히 제가 아들과 함께 제사를 지내려 하는데 명절 때는 어떻게 해야 하는 건지요?

설 때와 추석 때는 시댁(媤宅)에서 할머니 할아버지 제사(祭祀) 지낼 때 같이 지내야 하는 건지 아님 따로 제사를 지내던 이곳에서 혼자 지내줘야 하는 건지 모르겠네요. 올 추석 때는 시댁에서 같이 지냈는데 아주버님은 동생 제사다 보니 아랫사람 제사는 지내려 하지 않는 것 같던데 어떤 경우가 옳은 건지 모르겠네요 어떻게 해야 하는 건지 몰라 이렇게 여쭤 봅니다.

◈答; 지자의 제사는.

●內則庶子若富則具二牲獻其賢者於宗子(註賢猶善也)夫婦皆齊而宗敬焉(註當助祭於宗子之家)終事而后敢私祭(註祭其祖禰)

●程子曰古所謂支子不祭者惟宗子立廟主之而已支子雖不得祭至於齊戒致其誠意則與主祭者不異可與則以身執事不可與則以物助但不別立廟爲位行事而已後世如欲立宗子則當從此義雖不祭情亦可安若不立宗子徒欲廢祭適足長惰慢之心不若使之祭猶愈於已也

다음은 주자가례 사당에 신주를 모시고 섬기는 예법입니다.

⊙위사감이봉선세신주(爲四龕以奉先世神主)

祠堂之內以近增解一作後北一架爲四龕每龕內置一卓大宗及繼高祖之小宗則高祖居西卽第一龕曾祖次之卽第二龕祖次之卽第三龕父次之卽第四龕○爾雅註高最上也祖始也曾重也○輯覽宋朝太廟亦以西爲上繼曾祖之小宗則不敢祭高祖而虛其西龕一繼祖之小宗則不敢祭曾祖而虛其西龕二繼禰之小宗則不敢祭祖而虛其西龕三若大宗世數未滿則亦虛其西龕如小宗之制神主皆藏於櫝中置於卓上北端南向龕外各垂小簾簾外設香卓於堂中置香爐香盒於其上爐西盒東兩階之間又設香卓亦如之非嫡長子則不敢祭其父若與嫡長同居則死而後其子孫爲立祠堂於私室且隨所繼世數爲龕○尤菴曰支子壓於宗家故只計世數爲龕而不敢爲四也俟其出而異居乃備其制若生而異居則預於其地立齋以居如祠堂之制死則因以爲祠堂○主式見喪禮治葬章(治葬章一作及前圖)丘氏曰圖非朱子作矣南雝舊本止云主式見喪禮治葬章不知近本何據改治葬章爲見前圖也

⊙네 감실로 하여 선대의 신주를 봉안한다.

사당 안 북쪽 벽에 가깝게 횡으로 횃대를 걸고 네 감실로 나눈다. 매 감실 내에는 탁자 하나씩을 놓는다. 대종가(大宗家)나 고조(高祖)를 이어가는 소종가에서는 서쪽 감실에 고조고비 신주(神主)를 봉안하고 다음 감실(龕室)에 증조고비 신주를 봉안(奉安)하고 다음 감실에 조고비 신주 또 다음 감실 즉 동쪽 감실에 고비 신주를 봉안한다. 증조를 이어가는 소종가에서는 고조고비 신주를 봉안하는 서쪽감실 한 칸을 비우고 할아버지를 이어가는 소종가에서는 증조고비 신주를 봉안하는 두째 감실까지 비우고 아버지만 이어가는 소종가에서는 서쪽으로 세 감실을 비운다.

만약 대종가라 하여도 세대수가 사대 미만이면 소종가 제도와 같다. 신주는 모두 주독에 안치하여 탁자 위 북단에서 남향케 한다. 고비의 자리는 고서비동이다. 감실 앞에는 매 감실마다 발을 치고 발 밖 당의 중앙에 향탁을 놓고 그 위에 향로와 향합을 두되 향로는 서쪽이며 그 동쪽에 향합을 둔다. 양 층계 사이 또는 서립옥이 있으면 서립옥 북단 중앙에 또 그와 같이 향탁을 둔다.

적장자가 아니면 그의 아버지는 본 사당에 신주를 봉안하고 제사치 못한다. 만약 적장자와 같이 살다 죽었으면 그 자손이 사실에 사당을 세우고 봉사를 하고 또 세대 수 대로 감실을 두고 기다리다 분가를 하게 되면 그 신주를 모시고 나가 제도와 같이 갖춘다. ㅇ만약 생전에 분가하여 살면 그 터에 미리 사당을 제도와 같이 세우고 살다 죽으면 제도에 딸아 사당에 봉안한다. ○신주의 격식은 상례편 치장조 도식에 상세히 있다.

위와 같이 살펴 볼 때 귀하는 지손으로써 이미 달리 살면 기제사는 귀하의 댁에서 그 적자의 명으로 기제사를 지내고 각 명절은 종손 댁이 인근 이웃이면 먼전 큰댁에 가서 위 조상을 섬긴 뒤 귀하 댁으로 와서 귀하의 부군을 섬기는 것이 예법상 합당합니다. 만약 지자(支子)이면 지방은 아들 명으로 다음과 같이 써야 합니다.

顯考學生府君神位

학생에는 생전에 관직이 있었으면 관직 등급 명으로 고치면 됩니다. 장자이면 시아버지가 제주가 되어야 합니다.

亡子某官某神位

●奔喪凡喪父在父爲主(註)此言父在而子有妻子之喪則父主之統於尊也

●尤庵曰凡喪父在父爲主故子姪與子姪婦皆以尊者爲主○又曰孫及孫婦喪據禮則其祖當爲主○又曰昔年伯兄亡先親問於沙溪先生書以亡子某神主矣其後同春喪子書以亡子某官神主問之則鄭愚伏如此云矣○又曰殤主父爲主則當書曰亡子某神主云矣又曰在室女子銘旌世俗皆書某氏神主亦然然亡子書名則女子亦當書名矣第東俗甚諱女子名恐難猝變矣

●遂菴曰子與子婦喪題主亡子某子婦某氏云則似無相混之嫌

●便覽神主粉面式顯考(旁親卑幼隨屬稱卑幼改顯爲亡)某官封謚府君(卑幼去府君)神主 又婦人紛面式顯妣(妻云亡室旁親卑幼隨屬稱卑幼改顯爲亡)某封某氏神主

●尤庵曰沙溪先生書以亡子某神主矣其後同春喪子書以亡子某官神主鄭愚伏如此云○又今將祔子於父龕而反不名耶恐無是理

▶3645◀◈問; 종손이 후자 없이 죽게 되면.

가르침 감사합니다. 주자가례 전통예절 사이트를 통해 많은 것을 배우고 있습니다

일전에 끝난 연속극을 보다가 갑론을박이 있어 정확한 예법을 알고 싶은 마음에 문의를 드리는 겁니다. 아직 입후를 하지 못한 상태에서 기제사를 모시게 되는 상황을 알고 싶습니다. 연속극에선 친척분이 제주를 담당 하시는 듯 했습니다만.

◈答; 종손이 후자 없이 죽게 되면.

만약 종손이 후자 없이 죽게 되면 삼년 간은 모든 제사는 폐하게 됩니다. 다만 졸곡(卒哭)이 지나면 경복자로 하여금 무축단헌(無祝單獻)으로 지내게 합니다. 그 삼 년 동안에 입후할 수 있는 시간은 충분합니다. 만약 삼 년이 지나도록 입후가 되지 않고 기제를 만났다면 아래와 같이 살펴보건대 장자(주인)가 무자로 사망하게 되면 장부(長婦)와 더불어 숙부(叔父), 제(弟), 질(姪)이 있을 때 질(姪)을 입후(入后)하여 승중(承重)하고 질이 없으면 입후할 때까지 제(弟)가 섭사(攝祀)로 봉사하다 입후되면 그의 대(代)에 맞게 개제하여 물려줌이 바른 禮 같습니다.

●退溪曰長子無子次子之子承重應指嫡子孫而言雖有妾産恐未可遽代承也
●問解問長子無後而死不立後次子死而有子又季子生存則誰當奉祀耶答次子之子當奉祀
●南塘曰長子死無子雖有長婦與叔父季子則當攝次子主祭初獻
●明齋曰長子死無子雖有長婦與有叔父又有一弟則其弟當奉祀待他日立後改題歸宗

▶3646◀◈問; 祭酒(좨주)는 처음 들어보는데요.

000 선생님 아래 말씀에 [* 이어서 東집사의 비위 잔반을 전과 같이 좨주(祭酒)한다.]라하셨는대 왜 이때 좨주라 하고 祭에 좨라는 발음이 어디에 있으며 만약 있다면 忌祭도 기좨라하고 祭祀도 좨사라 하여도 되는지요. 가르침 부탁 드립니다.

아　　래

제주(祭酒)

* 西집사는 고위 잔반을 집어서 주인의 왼쪽에서 동향해 서고, 東집사는 비위 잔반을 집어서 주인의 오른쪽에서 서향해 선다.
  * 주인과 두 집사가 함께 꿇어앉는다.
* 西집사는 고위 잔반을 주인에게 주고 주인은 고위 잔반을 받아 좌수로 잔대를 잡고 우수로 잔을 집어 모사에 조금씩 3번 지운
  다음 잔반을 西집사에게 준다.
* 이어서 東집사의 비위 잔반을 전과 같이 좨주(祭酒)한다.
* 동서집사는 일어나서 잔반을 원 자리에 올려놓고 물러난다.

※ 이때 잔반을 향로위에서 돌리는 일은 하지 않는다.

◈答; 祭酒(좨주) 祭酒(제주)의 용처.

아래와 같이 살펴보건대 각종 제사(祭祀)에서 들밥에서 고시네 하듯 먼저 신(神)대신 술을 모사(茅沙)에 조금씩 세 번 붓는 "祭酒" 의식은 "제주"라 하고 관명(官名)이 국자(國子) "祭酒"나 성균(成均) :祭酒"는 "좨주"라 합니다.

제(祭)의 음(音)에는 "제", "좨", 두음(音)이 있는데 "제"음(音)은 "제사(祭祀)"의 "제자(祭字)" 음(音)이 되고"좨"음(音)은 "성씨"와 "관명(冠名)"일 때의 음(音)이 됩니다.

●華東正音通釋韻考去聲霽部[祭]享也[지][졔]○外廓線上附記俗音[祭]俗音無
●三韻聲彙去聲霽文[졔][祭]祭祀又察也至也
●康熙字典[示]部六畫[祭]韻會音霽說文祭祀也
●字典釋要[示]部六畫[祭]音[졔]제사제

●大東韻玉霽部[祭]享也薦也○外廓線上附記[祭]제사제 셩좨
●校訂全韻玉篇[示]部六畫[祭]音[졔]○外廓線上附記祭官名[좨]
●朝鮮語辭典(總督府)[祭](졔)[名]『祭祀』○좨[祭][名]成均館の一職
●國語大辭典 좨주(祭酒) [名] (고제) ①고려(高麗) 때 국자감(國子監)의 종 3 품 벼슬. ②조선 때 성균관의 정 3 품 벼슬. 학덕이 높은 사람으로 충당하여, 주로 석전의 제향을 맡아 보았음.

◆**沙溪先生全書** 卷之四十一 祭禮 時祭 祭酒
●問; 祭酒代神也(云云)宋浚吉
●答; 鄭說得之但 古者座中上客(예날에는 좌중의 상객이) 祭酒(제주를 하면) 餘人不爲祭(그나머지 사람들은 제주를 하지 않았으니) 國子祭酒之名(국자제주의 명칭이) 由於此(여기서 나왔다네)(云云)

▶3647◀◈問; 죄송 한데요 한가지만 더 여쭙겠습니다.

큰댁이 처가 댁으로 들어 가면서 사실 제사 문제를 의논하지 않고 이사(移徙)를 해버렸고 막상 명절(名節)이 다가오니 시누이나 시작은 댁을 통해서 저희 집에서 지냈으면 하는 의중을 비추네요. 집안 어른께서는 시 작은댁에서 몇 년만 모시면 어떻겠냐고 하셨는데 시작은 어머님께서 연세도 있으시고 건강도 좋지 않으시다 보니 시작은 어머님께서 제사는 못 모신다는 하소연을 하시고 제사를 사돈집에서는 지내는 게 아니라는 것은 분명 알고 있고 또 사돈댁도 제사를 모시는 집입니다. 그럼에도 불구하고 사돈댁에서 지낼 수는 없는 문제고 솔직히 저는 이곳 저곳 옮기느니 절에 모시면 좋겠다 하는 생각을 했는데 절과는 먼 사람들이 많다 보니 정색을 합니다.

차자가 제사를 모시는 예법은 없다고 하셨는데 그럼 저희가 제를 모시는 건 안 되는 건가요? 계속 저희가 모시는 건 아니고 몇 년간은 그래야 할 것 같은데 그래도 안 되는 걸까요? 서글프네요.

◈答; 지자는 선대 제사를 맡아서 지내지 못함.

차자(次子) 불제(不祭)는 예법이 그러하다는 것입니다. 만약 제반 형편이 어그러져 제사(祭祀)를 궐사(闕祀)할 지경에 이르렀으면 차자(次子)라도 지내야 하지 않겠습니까. 예법 가리다 부모님 기일을 그냥 넘겨서는 아니 되겠지요. 예법 모두가 부모님에게 효도(孝道)하자 함인데 예법(禮法)이 오히려 방해(妨害)가 되어서는 아니 될 것입니다. 여건이 허락(許諾)될 때까지 차자가 모신다 한다면 칭찬(稱讚)할 일이지 예법에 어그러졌다 나무랄 자는 없을 것입니다.

아래와 같이 살펴보건대 장자(주인)가 무자로 사망하게 되면 長婦와 더불어 叔父, 弟, 姪이 있을 때 姪을 입후하여 승중하고 질이 없으면 입후할 때까지 弟가 섭사(攝祀)로 봉사하다 입후되면 그의 대(代)에 맞게 개제하여 물려줌이 바른 禮 같습니다.

●退溪曰長子無子次子之子承重應指嫡子孫而言雖有妾産恐未可遽代承也
●問解問長子無後而死不立後次子死而有子又季子生存則誰當奉祀耶答次子之子當奉祀
●南塘曰長子死無子雖有長婦與叔父季子則當攝次子主祭初獻
●明齋曰長子死無子雖有長婦與有叔父又有一弟則其弟當奉祀待他日立後改題歸宗
●通典漢石渠議大宗無後族無庶子己有一嫡子當絶父祀以後大宗否戴聖云大宗不可絶言嫡子不爲候者不得先庶耳族無庶子則當絶父以後大宗
●退溪曰長子無子次子之子承重應指嫡子孫而言雖有妾産恐未可遽代承也○又長子死無子雖有長婦與叔父季子當攝主云未立後不得已權以季爲攝主又曰其攝主之意當告於攝行之初祭其後則年月日下只云攝祀子某
●問長孫盲廢命次孫承重其後盲廢者娶妻生子其家宗祀當歸何處南溪曰祖父以權宜命次孫承重非其本意也今長孫生子則理當還使主宗兄弟相議以此意告祖父祠堂而行之恐當
●小記庶子不祭祖下祭禰者明其宗也註庶子雖貴止得供具牲物而宗子主其禮

▶3648◀◈問; 주부를 아헌관으로 참여시킨 시초는.

언제부터 주부를 아헌관으로 참여시켰나요.

◈答; 주부를 아헌관으로 참여시킨 시초는.

主婦(주부)를 祭祀(제사)에 參與(참여)시킨 禮法(예법)은 十三經(십삼경)의 하나이며 三禮(삼례)의 한 禮書(예서)인 前漢時代(전한시대)에 編纂(편찬)된 것으로 推定(추정)되는 儀禮(의례)에서 이미 主婦(주부)가 亞獻官(아헌관)으로 參禮(참예)하였음.

●儀禮特牲饋食禮; 主婦洗爵于房酌亞獻尸尸拜受主婦北面拜送(下略)右主婦亞獻尸尸酢主婦主婦獻祝佐食(前漢時代 編纂된 것으로 推定; 紀元前 202년~紀元後 8년)

▶3649◀◈問; 지나간 제사 다시 날 잡아 지내도 되나.

1/31(양)이 조모 기일인데 깜빡 잊고 2/12 일까지 제사를 지내지 못했습니다. 어찌해야 하나요?

1.제사는 지내고 싶습니다.
2.새로운 제사 날은 어떻게 잡아야 하나요?(속답 부탁합니다)

◈答; 지나간 제사 다시 날 잡아 지내도 되나.

예기(禮記) 제의편(祭義篇)에 기일(忌日)이란 친사지일(親死之日; 부모님이 작고하신 날)이라 하였으며, 기제 시간대는 작고한 날 질명(質明) 즉 미명지시제지가야(未明之時祭之可也)라 아직 날이 밝기 전에 제사 지냄이 옳다. 라 하였으며, 조정의 예를 따른다 하여도 작고한 날 첫 시인 자시(子時)에 지낸다 하였으며, 수암(遂菴)께서는 여차(旅次; 여행하다 머무는 곳)에서 기일(忌日)을 만나게 되면 거애(擧哀; 죽음을 애도) 례(例; 법식) 즉 여행 중이라도 기일을 만나게 되면 머무는 곳에서 법식 대로 죽음을 애도한다. 라 하셨으니, 어떠한 경우에도 불찰로 지나친 기제(忌祭)는 다시 날을 잡아 지낼 수 있는 법도는 없습니다.

●祭義君子有終身之喪忌日之謂也註忌日親死之日也疏孝子終身念親不忘忌日非謂此日不善別有禁忌謂孝子志意有所至極思念親不敢盡其私情而營求他事故不擧也
●周禮春官宗伯禮官之職小史條掌邦國之志奠繫世辨昭穆若有事則詔王之忌諱註鄭司農云先王死日爲忌名謂諱
●陳氏曰少牢大夫之祭宗人請期曰早明行事子路祭於季氏質明而始行事晏朝而退孔子取之此周禮也然禮與其失於晏也寧早則雖未明之時祭之可也
●忌祭祝曰(云云)孝子某敢昭告于顯考某官府君歲序遷易諱日復臨(云云)
●家禮忌祭編○厥明夙興設蔬果酒饌○質明主人以下變服詣祠堂封神主出就正寢
●禮器質明而始行事疏質正也謂正明之時少牢禮朝明行事註朝明質明也此乃周禮也
●尤庵曰行祭早晩太早不可太晩亦不可惟當以質明爲正
●南溪曰質明卽大昕指日未出時也
●遂菴曰旅次遇親忌擧哀例也然或官舍或人家則不得不停
●日省錄正祖十九年乙卯四月二十二日壬寅條(云云)獻官之命十七日進詣本宮十八日子時行祭天氣淸和享事利成獻官以下(云云)
●咸興本宮儀式禮曹判書徐浩修狀啓臣於前月二十五日伏奉咸興本宮永興本宮濬源殿攝行酌獻禮南關各陵寢奉審之命當日陪香祝辭陛本月初一日到永興府進詣本宮奉安香祝初三日到咸興府進詣本宮淸齋爲白遣初六日子時)行祭是白如乎
●弘齋全書訓語氣猝發大臣閣臣求對承候敎曰逢是年是日予懷無以自抑子時行祭非不知無於禮而不得已爲此天明以後將行祝慶之禮予氣予亦自知故欲稍早時刻庶少鎭安而專意於慶今之節也仍嗚咽良久
●國朝五禮儀吉禮春秋及臘祭社稷儀奠幣祭日條丑前五刻

▶3650◀◈問; 지방과 축 쓰는 방법.

남편이 사망하여 추석 및 제사 시 지방과 축을 어떻게 쓰는지요? 아들은 없고 딸만 둘(초등학생)있습니다.

◈答; 지방과 축 쓰는 방법.

딸들은 앞으로 출가를 하기 때문에 제주(祭主)가 될 수 없는 것입니다. 만약 출가 후 친가가 무(無)한 친정부모는 시가에서 친정부모 제사를 지낼 수는 있습니다. 어머니가 생존하여 계시니 모친이 주인이 되어 부친 제사를 지내게 됩니다.

◈지방식

顯辟學生府君神位

◈부군(夫君) 축문(祝文에 관하여.

아래와 같이 살펴보건대 지자(支子)가 무자(無子)로 죽어 그의 부인이 제사를 지낼 때는 무축단헌(無祝單獻)의 예(禮)로 행한다 하였으니 축문식은 없는 것 같습니다. 혹시 하여 여러 예서를 뒤져 보았으나 그에 대한 축문식은 찾지를 못하였습니다.

●艮齋曰婦人無主祭之義則雖支子之妻以顯辟題主然其忌祭只得用單獻之禮亦當如所喩矣
●曲禮夫曰皇辟註辟法也妻所法式也
●周元陽祭錄妻祭夫曰婦某氏祭顯辟某官封諡
●或問無子而夫亡則神主當何以題乎旁題則不書乎寒岡曰婦人不得主喪旁題不可書若門中議勸立後則善
●問夫亡而無子則其神主當何書耶沙溪曰妻祭夫稱辟出於禮記周元陽祭錄亦曰無男主而妻祭夫曰顯辟某官封諡稱顯辟似有據旁題禮無明文
●退溪曰婦人在夫家行私親忌祭禮所不當但世俗成習難以卒禁若避正寢則猶或可也舅姑在則尤未便○又曰妻存無子而夫亡未詳當何書都下有一家書曰顯辟蓋依禮記夫曰皇辟之語也未知是否
●問解問夫亡無子則其神主以顯辟書之未知果穩當否旁註當何以書之答妻祭夫稱辟出於禮記周元陽祭錄亦曰云云稱顯辟依有據旁題禮無明文
●退溪答李平叔曰妻存無子而夫亡未詳當何書都下有一家書曰顯辟盖依禮記夫曰皇辟之語也未知是否
●問妻主夫喪旁題何以書之寒岡曰婦人不得主喪旁題不可書
●類編主式本於宗法宗法非與於婦人婦人夫死易世故先祖遞遷若使使婦人得以題主奉祀曰顯辟顯舅一如男子則世疑於不易先祖疑於不遷豈其然乎周氏所云無男主者非但指無子也并指無他兄弟然則雖凡祭祝辭必無兄弟可主者然後方許婦人之自主此周氏之意也

▶3651◀◈問; 지방기제에 식초 사용.

관혼상제 제례 지방기제에 "병설 진설도"에 식초를 사용한다고 하는데 제사상에 식초가 올라 갑니까?

고비병제 때 지방은 따로 작성해야 한다고 하는데 추석, 설날은 지방은 사용하지 않는지? 저희 집에서는 조부 제사에 조모도 모시고 있어 항상 병제가 됩니다 지방은 한 장에 오른쪽 면에 조모 왼쪽 면에 조부를 쓰고 있습니다 그리고 추석, 설 날 제사에는 4 대봉상하다 보니 열 몇 장 지방을 써야 합니까? 그리고 조모님 2 분인 경우 작은 조모님은 아들이 있어 제사를 모시고 있음 이런 경우 저희들은 조부 제사 날에 조모님 2 분 음식(밥, 갱)을 준비하고 지방도 종이 한 장에 3 분을 쓰고 있으며 조모님 제사 날에는 조부와 조모 병제를 지내고 있으며 지방도 2 분만 작성하여 쓰고 있습니다

선생님 저희들이 틀린 예법인지? 저는 옛날 예를 숭상하고 조상을 성의껏 모시려고 합니다. 항상 올바른 답을 주시고 많은 도움을 받고 있습니다 홈페이지 개편되면서 선생님 모습을 뵈니 깜짝 놀랐습니다 너무너무 젊었습니다. 선생님 자주 찾아 뵙겠습니다 안녕히 계십시오.

◈答; 지방기제에 식초 사용.

귀하의 잘문 요지는 아래와 같습니다.

1. 제사상에 식초가 올라가는가.
2. 추석이나 명절에는 지방을 붙이지 않는지.
3. 병제 축에 고비를 한 장에 쓰고 있는데 4 대 봉사인 명절에는 지방을 몇 장 써야 하나.
4. 조모가 2 분일 때 조부 기제에는 3 분을 한 장에 쓰고 조모 제사에는 조부와 조모만 써 붙이는 데 맞는가.

1 의 答; 올라갑니다.
●家禮圖式設饌圖飯盞匙醋羹(西飯東羹)

2 의 答; 명절에도 지방을 붙입니다.
○俗節儀禮節次(속절의례절차)
(主人以下各具盛服)○序立(男列於左女列於右每一世列爲一行)○盥洗(立定主人主婦及子婦將出主者皆洗拭訖)○啓櫝○出主(主人出考主主婦出妣主其餘子婦出祔主各置正位之左皆畢)○復位(主婦以下先降復位)○降神(執事者洗手上階開甁實酒於注一人奉注詣主人右一人執盞盤詣主人左)○主人詣香案前○跪○焚香(主人焚香畢右執事者跪進酒注左執事者跪以盞盤向主人主人受酒斟酒於盞反注於右執事者取盤盞自捧之二執事者皆起)○酹酒(主人左手執盞盡酹茅沙上畢置盞香案上)○俯伏興(少退)○鞠躬拜興拜興平身○復位○參神(主人以下凡在位者皆拜)○鞠躬拜興拜興拜興拜興平身○主人斟酒(主人升自執酒注斟酒於逐位神主前空盞中先正位次祔位次命長子斟諸祔位之卑者畢主人稍後立)○主婦點茶(主婦執甁斟茶於各正祔或命子弟捧茶托主婦位前空盞中命長婦長女斟諸祔捧盞逐位以獻亦可位之卑者畢主婦退與主人並立拜或命子弟奉茶托主婦奉盞逐位以獻亦可)○鞠躬拜興拜興平身○復位(主人主婦各復其位)○辭神(衆拜)○鞠躬拜興拜興拜興拜興平身○奉主入櫝○禮畢

3 의 答; 병제(竝祭)이면 지방을 각각 써야 합니다. 4 대 봉제사(奉祭祀)라면 명절(名節)에는 비(妣)가 한 분씩이라면 8 장이 됩니다. 각각 써야 하는 이유는 만약 신주(神主)를 모신다면 기왕에 각각이니 논(論)할 여지가 없으나 지방이란 신주(神主)를 모시지 않을 때에 그 조상(祖上)이 강림(降臨)하시어 이 자리에 앉으십시오 하는 앉을 자리를 안내하여 드리는 것입니다.

산사람이 의자 하나에 한 사람이 앉는 것과 마찬가지로 조상 내외분을 각각 써 다른 의자에 앉히어야지 바른 예법이며 두 분은 한 장에 쓰면 의자 하나에 2 분을 앉게 하는 꼴이 되니 아무리 신(神)이라 하여도 어찌 의자 하나에 두 분을 앉히는 불효를 범하겠습니까. 혹자 제사에 지방을 뒤 병풍에 붙이고 있으나 이는 의자가 준비되지 않아 맨 바닥에 조상을 앉으시게 하는 예입니다 설령 그렇다 하여도 지방을 합하여 써 붙이면 겹쳐 앉게 하는 절대 있어서는 아니 될 어처구니 없는 짓입니다.

●朱子家禮按四時祭設位條主人帥衆丈夫深衣及執事洒掃正寢洗拭倚卓務令蠲潔設高祖考妣位於堂西北壁下南向考西妣東各用一倚一卓而合之曾祖考妣祖考妣考妣以次而東皆如高祖之位世各爲位不屬祔位皆於東序西向北上或兩序相向其尊者居西妻以下則於階下設香案於堂中置香爐香合於其上(便覽設燭臺於每位卓上)束茅聚沙於香案前及逐位(便覽卓)前(便覽祔位)不設地上設酒架於東階上別置卓子於其東設酒注一酹酒盞一盤一(便覽下有以他器徹酒之文此時亦當設空器)受胙盤一匙一巾一茶合茶筅茶盞托塩楪醋甁於其上火爐湯甁香匙火筯於西階上別置卓子於其西設祝版於其上設盥盆(盆一作盤)帨巾各二於阼階下之東其西者有臺架又設陳饌大牀于其東
●儀節按四時祭設位條主人帥衆丈夫及執事者灑掃正寢洗拭倚卓設高祖考妣位一於堂之西考西妣東次曾祖考妣次祖考妣次考妣以次而東世各爲位不相連屬每位用二倚一卓而合之卓下置茅沙祔位兩序相向尊者居西
●會成按四時祭設位條每位用二倚一卓而合之
●備要按四時祭設位條考妣位於堂西北壁下南向考西妣東各用一倚一卓而合之
●便覽按四時祭設位條考妣位於堂西北壁下南向考西妣東各用一倚一卓而合之

4 의 答; 네. 조모가 2 분이란 정조모와 계조모를 의미하며 서조모는 함께 제사치 않고 그 손이 별도로 그분만 모십니다. 조모가 두 분이라면 지방 역시 각각 쓰니 3 장이 됩니다. 물론 조모나 계조모 기일에도 3 분을 모시게 됩니다.

●便覽紙牓(편람지방)

○紙(지)

用厚白紙長廣隨宜以眞楷細書於紙中央臨祭貼於椅上隨位各書

○紙牓式(지방식)

顯某考某官府君神位
顯某妣某封某氏神位(祖妣二人以上別具紙各書)

●寒岡曰雖前室之子繼母若在則當只稱孤子而不可稱孤哀云蓋繼母在則是母在也若遽稱孤哀則是不母繼母也於禮爲未安故也
●南溪曰繼室之於元妃與夫一體奉祀恐甚得禮所謂非族之祀豈指此類而言耶祝文稱謂禮無明文不敢爲說
●問解續問父若有前後室則前後母神主同出耶只出考與所祭之主耶答並祭爲當前母忌日同祭後母後母忌日同祭前母
●梅山曰前後妣死在同日當先元妣後繼妣若並祭則一擧合設兩祭出主告當曰今以顯妣某封某氏顯妣某封某氏遠諱之辰敢請顯考某官府君顯妣某氏顯妣某氏神主云云忌祭祝遷易下云顯妣某封某氏顯妣某封某氏諱日幷臨云云
●砥山曰考妣合祭而有前繼妣祝文則列書下曰歲序遷易下又當云前後妣共顯某親某封某氏諱日復臨云云
●問庶子之所生母題主當何稱朱子曰若避適母則只稱亡母而不稱妣以別之可也
●晦齋曰按文公家禮忌日止設一位程氏家禮忌日配祭考妣二家之禮不同盖止設一位禮之正也配祭考妣禮之本於人情者也
●問人有前後妻者死而三年後與前妻合櫝(云云)忌祭時(云云)並祭則祝文稱謂無據且以後妻而祭前妻非非族之祀耶南溪曰繼室之於元妃與夫一體奉祀恐甚得禮所謂非族之祀豈指此類而言耶祝文稱謂禮無明文不敢爲說
●問有前後妻者死而後妻奉祀則忌祭時可只祭厥辟歟欲並祭則祝文稱謂無據且以後妻而祭前妻非非族之祀耶南溪曰繼室之於元妃與夫一體奉祀恐甚得禮所謂非族之祀豈指此類而言耶祝文稱謂禮無明文不敢爲說
●陶庵紙牓式云祖妣二人以上別具紙各書

▶3652◀◈問; 지방 모시기에 대해서.

안녕하세요. 우선 이런 사이트가 있어서 궁금증을 물어 볼 수 있어 다행이라고 생각해요. 다름이 아니라 요 제가 집에서 장남이고요 처도 있답니다. 지금까지 계속해서 제사를 지냈지만요 지방만 쓸 때 되면 어떻게 해야 하는지 늘 책보면서 고생하거든요. 이번 기회를 삼아 정확하게 알았으면 좋겠네요.

증조부모(曾祖父母)님부터 모시거든요. 증조부모님 할아버지 할머니 작은아버님 아버님 이렇게 지내는데요. 혹시나 해서 하는 얘기인데 한꺼번에 한번에 지방을 모실 수 있는 방법이 있나요?

지방을 따로따로 모실 수 있는 형편이 안 돼서요 한꺼번에 모셔서 지낼 수 있음 좋겠는데 혹시 방법이 있다면 알려주세요. 그럼 즐거운 한가위 되세요.

◈答; 지방 모시기에 대해서.

신주식(神主式)은 그 격식이 자못 명확하나 지방식(紙榜式)에 관하여는 구체적으로 지적 하여 놓은 격식이 없습니다. 다만 신주식 중에서 분면식(粉面式) 즉 겉 신주를 본 떠 임시로 기일(忌日)등 제사 때에 흰 종이에 써 세우고 모시고 있는 것입니다. 그러하기 때문에 지방 역시 신주 양식과 의식이 같아야 할 것입니다. 본 예법은 제례장의 지방으로 기제사 지내는 법과 진설도를 살펴보면 그에 대략 적혀 있습니다.

도암(陶菴) 이재(李縡) 선생께서 다음과 같이 밝혀 놓은 말씀이 있습니다.
●陶菴曰用厚白紙長廣隨宜以眞楷細書於紙中央臨祭貼於椅上隨位各書又曰祖비二人以上別具紙

各書
도암 선생께서 말씀 하시기를 두꺼운 흰 종이를 길이와 폭은 쓰기 알맞게 하여 해서체로 종이의 중앙에 가늘게 써서 제사 지낼 때에 교의 위에 붙이되 위마다 각각 써야 한다. 또 이르시기를 할머니가 두분 이상이면 종이를 달리 갖춰 각각 써야 하느니라. 합설 하여 두 분을 모실 때나 명절 참례 때 역시 매 위 마다 각각 지방을 써 붙여야 하며 부친 기일 날 모친을 합제 할 때 부친 지방 과 모친 지방을 각각 써서 부친은 서쪽 모친은 동쪽으로 교의(생자의 의자와 같은 의미임) 둘을 각각 놓고 모셔야 하는 것입니다.

전통 예절의 관혼상제 예법에서 고증(考證)할 수 없는 예법은 감히 주자 가례에 기초 하지 않은 사견(私見)을 공시 하는 우(愚)를 범하면 그 폐단이 심히 크기 때문에 대단히 조심스럽습니다. 전통 예절에서 신주의 대용인 지방은 신주의 예법을 따름이 당연치 않을까 생각 됩니다. 고비(考妣) 병제(竝祭) 한다 하여도 현고휘일복림(顯考諱日復臨)이라 고하였으면 고기일(考忌日)뿐이고 비(妣)는 인정상 합향하여 드림에 지나지 않습니다.

●晦齋曰按文公家禮忌日只設一位程氏祭禮忌日配考妣二家之禮不同盖只設一位禮之正也配祭考妣禮之本於人情者也若以事死如事生鋪筵設同几之意推之禮之本於情者亦有所不能已也
●同春問並祭考妣則告辭與祝辭似當添一兩語沙溪曰告辭遠諱之辰敢請下當添顯考顯妣神主出就云云祝辭歲序遷易下當添某親諱日復臨云云
●備要考妣並祭則列書考妣而遷易下又云某親諱日復臨云云
●便覽紙牓式; 顯某考某官府君神位 顯某妣某封某氏神位(祖妣二人以上別具紙各書)

▶3653◀◈問; 지방 쌍서 당부?

지방을 쓰는데 한장에 고비 함께 서도 되는지요?

◈答; 지방 쌍서 당부

◈전통예절 관혼상제 예서(禮書)에 나타난 지방(紙榜)

◆가례(家禮)
책 3(冊三) 권지 6(卷之六) 6 판(六板) 부(祔) 7 판(七板) 예사당봉신주출치우좌조(詣祠堂奉神主出置于座條) ㅇ약상주비종자이여계조지종이거칙종자위고우조이설허위이제제흘제지(若喪主非宗子而與繼祖之宗異居則宗子爲告于祖而設虛位以祭祭訖除之)

◆가례의절(家禮儀節)
책 3(冊三) 권지 6(卷之六) 우제(虞祭) 9 판(九板) 부(祔) ㅇ약상주비종자이거칙종자위고우조위패위이제필칙분지(若喪主非宗子異居則宗子爲告于祖爲牌位而祭畢則焚之)

◆가례회성(家禮會成)
책 5(冊五) 권지 7(卷之七) 칠판(七板) 부(祔) 13 판(十三板) 상주여종자이거조(喪主與宗子異居條) 약상주여종자이거칙종자위고우조취기가이지위위이제제필분지(若喪主與宗子異居則宗子爲告于祖就其家以紙爲位而祭祭畢焚之)

◆가례집람(家禮輯覽)
책 4(冊四) 권지 8(卷之八) 50 판(五十板) 부(祔) 53 판(五十三板) ㅇ설허위제지(안)구의허위작패위제지작분지(設虛位除之(按)丘儀虛位作牌位除之作焚之)

◆상례비요(喪禮備要)
하(下) 24 판(二十四板) 부(祔) 예사당봉신주출치우좌조(詣祠堂奉神主出置于座條) ㅇ약상주비종자이여계조지종이거칙종자위고우조이설허위*(용지방)*이제제흘제지(若喪主非宗子而與繼祖之宗異居則宗子爲告于祖而設虛位*(용지방(用紙榜)*以祭祭訖除之)

◆사례편람(四禮便覽)
책 3(冊三) 권지 6(卷之六) 13 판(十三板) 부(祔) 14 판(十四板) 예사당봉신주출치우좌조(詣祠堂奉神主出置于座條) 15 판(十五板) ㅇ약상주비종자이여계조지종이거칙종자위고우조이설허위*(비요용지방)*이제*(진씨왈지설허위칙당선강이후참)*제흘제지(若喪主非宗子而與繼祖之宗異居則宗子爲告于祖而設虛位*((備)要用紙榜)*以祭*(陳氏曰只設虛位則當先降而後參)*祭訖除之)

◈허위(虛位)란

◆가례(家禮)

책이(冊二) 권지 4(卷之四) 36 판(三十六板) 문상(問喪) 분상(奔喪) 삼십칠판(三十七板) 약미득행칙위위불전조(若未得行則爲位不奠條) 설의자일매이대시구좌우전후설위곡여의(設椅子一枚以代尸柩左右前後設位哭如儀)

위에서 살펴본 바와 같이 지방(紙榜)이란 허위(虛位)로 신주(神主)를 모시지 못하였다거나 지손(支孫)의 상(喪) 부제에 신주(神主)를 옮겨 모시지 못함에 그 조상이 강림(降臨)하시어 좌정(坐定)할 자리를 정하여 드림이 지방이 지닌 참뜻으로 그 조상(祖上)을 의미(意味) 하는 것이 아닌 까닭에 예를 마친 후 불태워버릴 수 있는 것이며 특히 지방은 신주(神主)나 묘소(墓所)가 아닌 고로 선강후참(先降後參)의 예로 행하게 되는 것이다.
그러므로 지방은 신주(神主)의 분면식(粉面式)에 주(主)를 위(位)로 고쳐 써 주인(主人)으로부터 어느 조상이 좌정할 자리란 뜻으로 신주와 형태가 같을 까닭이 없으니 선유(先儒)들께서도 그 형태에 관한 법식을 남겨 주시지 않았으리라 생각 되며 또 지방의 크기 역시 지정한바 없어 신주의 종(縱)이 주척(周尺)으로 12 치이니 cm 로 환산하면 대략 24cm 가 되고 횡(橫)은 3 치이니 6cm 가 되어 이를 따름이 근거됨도 있어 권할 뿐이다.

그리고 지방을 왜 각서(各書)로 작성해야만 하는 까닭은 어눌하나 이미 본인의 홈 "jkh38 주자가례전통예절 공지사항란에 ☞★지방 考妣(고비) 쌍서 비례★"란 제하(題下)에 고증하여 놓았으니 그를 약(略)하여 재론한다면 생자(生者)에서 수하(手下)라 하여도 한 의자에 둘을 앉게 할 수는 없을진대 어떻게 조상에게 효(孝)를 표한다는 자리에 아무리 생자와는 다른 귀신이라 하여도 망칙스럽게 고비(考妣) 남녀를 한 의자에 앉도록 지정하여 드리겠는가?
예법이란 관련 예법에 맞아야 하고 또 타당성에 의문이 없어야 하리라 생각된다.

제례 예법에서 신주가 근본일진대 신주 작법이 어그러지면 다른 예를 아무리 정중히 예법에 맞게 행하였다 하여도 이미 모두가 어그러짐과 다를 바 없으니 지방 작법 역시 어그러지고 나면 다른 예법이 아무리 맞았다 한들 근본이 어그러졌으니 그에 따른 예는 덩달아 어그러지고 마는 것이다.

전통예절(傳統禮節) 관혼상제 예법을 불특정 다수에게 게시하기 이전에 예서 몇장만 넘겨보았어도 지방 쌍서는 물론 여러 가지 예에서 어이 없는 오류의 우(愚)는 범하지는 않았을 것이다.

까닭에 예법 특히 전통 관혼상제 예법은 함부로 다루어서는 아니됨은 두말할 나위가 없는 것이다.

▶3654◀◈問; 지방쓰기.

궁금한 게 있는데요. 아버님과 어머님 두 분 모두 돌아 가셨습니다. 아버님 기일과 어머님 기일 각각 일에 제사상에는 두분 모두의 밥과 국을 올리는데요. 지방은 아버님 기일에는 아버님신위만 어머님 기일에는 어머님 신위만 쓰는지 알고 싶어요. 아니면 두 분의 신위을 한 장에 함께 쓰는지요?

◈答; 지방쓰기.

신주식(神主式)은 그 격식이 자못 명확하나 지방식(紙榜式)에 관하여는 구체적으로 지적 하여 놓은 격식이 없습니다. 다만 신주식 중에서 분면식(粉面式) 즉 겉 신주를 본 떠 임시로 기일(忌日)등 제사 때에 흰 종이에 신주(神主)의 주(主)를 위(位)로 고쳐 써 세우고 모시고 있는 것입니다. 그러하기 때문에 지방 역시 신주 양식과 의식이 같아야 할 것입니다.

도암(陶菴) 이재(李縡) 선생께서 다음과 같이 밝혀 놓은 말씀이 있습니다.

●陶菴曰用厚白紙長廣隨宜以眞楷細書於紙中央臨祭貼於椅上隨位各書又曰祖비二人以上別具紙各書

도암 선생께서 말씀 하시기를 두꺼운 흰 종이를 길이와 폭은 쓰기 알맞게 하여 해서체로 종이의 중앙에 가늘게 써서 제사 지낼 때에 교의 위에 붙이되 위마다 각각 써야 한다. 또 이르시기를 할머니가 두분 이상이면 종이를 달리 갖춰 각각 써야 하느니라.

합설(合設) 하여 두 분을 모실 때나 명절 참례(參禮) 때 역시 매 위 마다 각각 지방을 써 붙여야 하며 부친 기일 날 모친을 합제(合祭) 할 때 부친 지방 과 모친 지방을 각각 써서 부친은 서쪽 모친은 동쪽으로 교의(생자의 의자와 같은 의미임) 둘을 각각 놓고 모셔야 하는 것입니다. 축문으로 반듯이 다음과 같이 고하여야 합니다.

◆부모 기일 합제 축문식(父母忌日合祭祝文式) [금년 음력 7월 21일자 식ㅇ]

維 歲次癸未七月癸卯朔二十一日癸亥孝子某敢昭告于 顯考學生府君 顯妣孺人某氏歲序遷易顯考諱日復臨追遠感時昊天罔極謹以淸酌庶羞恭伸奠獻尙 饗

부친 기일 축식으로 모친 기일 날이면 현고 휘일부림 중 현고 두 자를 현비로 고치면 모친 기일 축식이 되며 학생과 유인에는 생전 관 봉호 등급을 씁니다.

▶3655◀ ◈問; 지방쓰기.

두 번째 어머니는 아버님과 정식으로 혼례를 하였습니다. 또한 자식도 한 명(남)있습니다. 아직 결혼전이고요. 기제사도 역시 저와 동생과 같이 지내고 있습니다. 기제사는 날짜가 상이하니 문제가 안 되는데 명절 때 잘 모르겠습니다. 그럼 한 장에다 두 분의 신위를 같이 써놓고 지낸다는 말씀이신가요?

◈答; 지방쓰기.

위마다 각각 써서 적모를 서쪽 계모는 동쪽 즉 내가 봐서 적모는 왼편 계모는 오른편이 됩니다. 지방을 한 장에 쓰면 안됩니다

●便覽紙牓(편람지방)

○紙(지)

用厚白紙長廣隨宜以眞楷細書於紙中央臨祭貼於椅上隨位各書

●通典晉蔡謨云祠版制神版正長尺一寸博四寸五分厚五寸八分大書某祖考某封夫人某氏神座

●韓魏公祭式位版以栗木爲之長尺二寸廣四寸厚八分圭首素版墨書題云顯某考某官顯某妣某夫人神座

●朱子曰江都集禮晉荀勗祠制云祭板皆正側長一尺二分博四寸厚五分以八分大書某人神坐

○紙牓式(지방식)

顯某考某官府君神位
顯某妣某封某氏神位(祖妣二人以上別具紙各書)

●溫公曰古者除於室中故神坐東向自後漢以來公私廟皆同堂異室南向西上所以西上者神道尙右故也

●家禮本註凡屋之制不問何向背但以前爲南後爲北左爲東右爲西

●賈氏曰生人陽故尙左鬼神陰故尙右

●有司徹疏生人陽故尙左鬼神陰故尙右

●東漢明帝謙貶不敢自當立廟祔於光武廟其後遂以爲例至唐太廟及群臣家廟悉如今制以西爲上也

●退溪曰兩親葬東西定位想中國俗葬皆男左女右故朱先生葬劉夫人得只循俗爲之其後丘文莊亦不欲異俗而云云也然朱子答陳安卿之問分明謂祭而以西爲上葬時亦當如此是則此乃晩年定論而後世之所當法也

●沙溪曰葬皆男左女右一家忽然如此行之數世之後安知子孫不誤以考爲妣乎不如且姑從朱子葬劉

夫人之例也
●問解無官而死者無他稱號勢不得已當書學生處士秀才各隨宜可也
●沙溪曰無官而死者不稱學生則無他稱號勢不得已當書學生處士秀才各隨其意可也婦人孺人之號書亦可不書亦可丘氏謂無官婦人宜如俗稱孺人盖禮窮則從下之義也
●尤庵曰孺人是九品官之妻稱而士妻同稱之者是禮窮則同之義也
●問無官而非學生者題主稱學生似未穩而且如子孫書四祖亦皆無合當稱號如何如何沙溪宋俊吉答無官而死者不稱學生則無他稱號勢不得已當書學生處士秀才各隨其宜可也
●宋敬甫問無官而非學生者題主稱學生似未隱沙溪曰無官而死者不稱學生則無他稱號勢不得已當書學生處士秀才各隨其宜可也又曰丘氏謂無官婦人宜如俗稱孺人葢禮窮則從上之義也
●同春堂曰無官而死者不稱學生則無他稱號勢不得已當書學生處士秀才各隨其宜可也
●葛庵曰無官而死者無他稱號不得已當書學生處士秀才各隨其宜可也
●士儀治葬題主陷中條無官則隨常時所稱如學生處士秀才或別號之類
●寒岡曰雖有先人之名若不得禮曹立案則不可經書左旁恐姑書曰顯兄秀才府君神主而呈禮曹出立案
●俛宇曰無官者之稱學生處士秀才皆無不可然秀才則弱冠時可用學生亦非今日合稱惟處士似勝然自非有行望可尊者則亦難人人一例秀士亦古者薦升之稱奈何
●南溪曰世之葬法有以男左女右傳曰神道尙右地道尙右
●明齋曰合墓分左右之說先儒論之詳矣面南而分左右則考西妣東
●經國大典追贈; 宗親及文武官實職二品以上追贈三代(父母已品祖父母曾祖父母各遞降一等)○二等純忠積德補祚功臣三等純忠補祚功臣並封君○亡妻從夫職

▶3656◀◈問; 지방쓰기에 관해서 질문요.

안녕하세요. 관리자님 다름이 아니오라 저희 아버지께서 큰형님이라 집안의 모든 제사를 도맡고 계십니다. 근데, 내일이 1 년 전에 돌아가신 삼촌(미혼)의 기일인데, 다른 분들은 지방을 다 아시는데 삼촌의 제사를 지내야 하는데 처음이라 확실히 모르신다 하시더군요. 그래서 이렇게 글 남깁니다. 답변 부탁 드립니다.

◈答; 지방쓰기에 관해서.

처(妻)와 제(弟)이하 지방쓰는 법

妻; 亡室某封某氏神位
弟; 亡弟某官神位　　**弟嫂**; 亡弟嫂某封某氏神位
子; 亡子(某官)某神位　　**子婦**; 亡子某子婦(某封)某氏神位
在室女息; 亡女(某封)某氏神位
孫; 亡孫(某官)某神位　　**孫婦**; 亡孫某孫婦婦(某封)某氏神位

●奔喪凡喪父在父爲主(註)此言父在而子有妻子之喪則父主之統於尊也
●尤庵曰凡喪父在父爲主故子姪與子姪婦皆以尊者爲主○又曰孫及孫婦喪據禮則其祖當爲主○又曰昔年伯兄亡先親問於沙溪先生書以亡子某神主矣其後同春喪子書以亡子某官神主問之則鄭愚伏如此云矣○又曰殤主父爲主則當書曰亡子某神主云矣又曰在室女子銘旌世俗皆書某氏神主亦然然亡子書名則女子亦當書名矣第東俗甚諱女子名恐難猝變矣
●遂菴曰子與子婦喪題主亡子某子婦某氏云則似無相混之嫌
●便覽神主粉面式顯考(旁親卑幼隨屬稱卑幼改顯爲亡)某官封謚府君(卑幼去府君)神主 又婦人粉面式顯妣(妻云亡室旁親卑幼隨屬稱卑幼改顯爲亡)某封某氏神主

▶3657◀◈問; 지방쓰기에 대하여.

안녕하세요. 이런 사이트가 있는걸 이제야 알았답니다.
저는 큰며느리 되는 사람인데 저희 시댁은 거제도인데, 이번 차례를 거제도에서 지내고 저희 시아버님 제사부터는 저희 집으로 제사를 모셔 오려고 합니다. 그런데 궁금한 것은 제사를 모셔오는 것에 대한 예법은 679 번을 참고하여 대충 이해를 한듯한데, 차례를 지낼 때도 지방을 쓰는지요? 그리고, 사람들에 말에 의하면 제사를 모셔올 때 지방을 써서 제사를 지내고 저희 집으로 가지고 와서 지방을 태운다고 하는데 맞는지요? 그리고 679 번 질문에 대한 답에 의하면 제사를 지낼 때 시댁에서 지낼 때 제사를 모셔가는 것을 고하고, 그리고 저희 집으로 가져와서 지낼 때 저희 집에서 제사를 모시게 되었다는 것을 고해야 하는지요? (죄송하지만 빠른 답변 부탁 드립니다. 그럼 수고하십시오) 큰며느리 올림.

◈答; 지방쓰기에 대하여.

問 1). 차례를 지낼 때도 지방을 쓰는가.
答; 명절 제사에도 지방을 써 붙여야 합니다.

問 2). 지방을 가지고 집으로 와 태운다 하는데 맞는가.
答; 南溪曰紙榜標記祭畢焚之
남계선생께서 말씀 하시기를 지방으로 써 붙이고 제사를 마쳤으면 태워야 한다.

신주(神主)는 속 신주와 겉 신주로 되여 있어 속 신주는 망자(亡者)를 표시를 하고 겉 신주는 제주(祭主)와의 관계를 표시 하여 신주 그 자체가 해당 조상(祖上)이나 지방은 겉 신주를 본떠 임시로 제사에 임하여 제주와의 관계만을 표시하여 당해 조상을 모시는 것이기에 지방이 그 조상이 되지 않는 것입니다. 그러 하기 때문에 신주는 고조(高祖)이상이 되여 제사를 면(免) 하여도 태우지를 않고 그 묘소에 묻는 것이며 지방은 태울 수가 있는 것으로 제사의 마지막 사신(辭神)의 예를 마치면 그 지방은 이미 혼신은 떠나고 흰 종이에 다름 없다 할 수 있을 것입니다. 다만 혹자(或者)는 메(밥) 그릇과 수저를 가지고 간다고도 하고 지방을 가지고 간다고도 하는 데 이는 고증(考證)을 할 수 없으니 가부(可否)를 판 가름 할 수가 없습니다.

問 3). 모셔가는 것을 고하고 집에 와 모시게 되였다는 것을 고해야 하는 지요.
答; 신주를 모신 사당을 옮길 때는 옮겨 가기 전에 고하고 새 사당에 안치 하고 당연히 고해야 함인데 지방이라 하여 있는 의식을 폐할 수야 없지 않은가 생각 됩니다.

⊙移舍奉主告辭式

維 歲次干支幾月干支朔幾日干支孝子(隨屬稱)某敢昭告于 顯考某官府君 顯妣某封某氏(諸位列書)今因移舍將奉祠版(或紙榜則改祠版爲諸位)移安于某洞(或某道某郡某洞)新第敢告

⊙奉安新宅祝辭式

維 歲次干支幾月干支朔幾日干支孝子(隨屬稱)某敢昭告于(今按若新舊第相距不遠同日奉安不書年月無妨) 顯考某官府君 顯妣某封某氏(諸位列書)屋宇維新廟儀(或紙榜則改廟儀爲奉儀)如舊伏惟 神主(或紙榜則改神主爲尊靈)是安是依

●栗谷曰凡神主移安還安或奉遷他處等事則告祭用朔參之儀告詞則臨時製述

▶3658◀ ◈問; 지방쓰기에 대하여.

재실에서 합동으로 시향을 모시기 위하여 지방을 쓸 경우, 직계의 6 대조부의 경우는 "현 6 대조고학생부군신위"라고 쓰나, 6 대조의 형제 분이 있을 경우 형제 분도 종손인 초헌관을 기준으로 지방을 쓸 경우 "현종 6 대조고학생부군신위" "현종 6 대조비유인창원황씨신위" 이렇게 써도 되는지? 아니면 다른 방법이 있는지 알고 싶습니다.

◈答; 지방쓰기에 대하여.

다만 아래와 같은 말씀이 있습니다.

●問墓祭或墓非一二多至八九東西埋葬邱壟峻險南往北來神倦身疲恐有怠慢之氣或生而日亦不繼則將何以處之或厥日有終朝之雨則亦將何以爲之欲預搆一屋於墓側而若遇如此之時依時祭之儀合祭一所如何退溪曰豈不善哉
묻기를 묘제를 지내려 할 때 혹 한둘이 아니고 여덟 아홉 이상으로 많은 묘가 이산 저 산에 흩어져 있어 이리 저리 오고 가며 지내다 보면 몸이 피로하여 진력이나 아마도 게으른 생각이 들어 혹 그날 다 못 지내게 되겠다거나 비가 하루 종일 와 묘제를 지내지 못하게 될 때를 대비 하여 묘 옆에 미리 집 한 채를 세워 만약 이러한 때를 만나면 시제 의식과 같이 한 곳에서 합제를 하는 것이 어떠하옵니까 하고 여쭙자 퇴계선생께서 말씀 하시기를 어찌 옳지 않다 하겠는가.

●問退溪墓祭祭紙榜之言如何尤菴曰退溪之意欲於墓下齋室以紙榜行之云爾非謂還家而行之如此也
묻기를 퇴계선생의 묘제를 지낼 때 어찌하여 지방으로 지내라 합니까? 우암 선생께서 말씀 하시기를 퇴게 선생의 뜻은 선영하 재실에서 지내려 하면 지방으로 지내라 하였을 뿐이지 집으로 돌아와서 지방으로 지내라 말씀 한 것은 아니니라.

●陶菴曰歲一祭或遇雨則差退日字待晴上墓爲當至於紙榜行事恐違灑掃之意
도암 선생께서 이르시기를 묘제를 지낼 때 혹 비가오면 날자를 물려 쾌청 하기를 기다려 날을 받아 묘제를 지내는 것이 마땅하지 지방으로 지내고 마는 것은 아마도 묘소를 깨끗이 청소를 하고 돌봐야 하는 뜻에도 어그러진 짓이니라.

위와 같이 살펴 볼 때 재실에서 불가피 하면 합동으로 묘제를 지낼 수 있다 하였으나 방친 지방 묘제에 관하여 그 의식과 예법을 정확히 적혀진 예서를 아직 확인치를 못 하였습니다. 다만 방친의 호칭에서 증조의 형제 이하는 종(從)자를 붙이나 고조의 형제 이상의 방친은 방(傍)자를 붙여 호칭 하는 것이니 방(傍)자를 붙여야 옳지 않을 가는 생각 됩니다. 다만 방친(傍親)이나 종친(宗親)의 묘제는 지내지 않으니 지방이나 축식의 호칭이 있지 않습니다.

●釋親考兄之子弟之子相謂爲從父昆弟註郭氏曰從父而別丘氏曰今稱從兄從弟俗稱云堂兄堂弟
●儀禮喪服族曾祖父母(註族曾祖父者曾祖昆弟之親也疏曰己之曾祖親兄弟也)族祖父母(疏曰族祖父母者己之祖父從父昆弟也)族父母(疏曰族父母者己之父從祖昆弟也)族昆弟疏曰族昆弟者己之三從兄弟皆名爲族族屬也骨肉相連屬以其親盡恐相疏故以族言之耳
●親族正名親屬圖按族屬族曾祖族祖父族父族兄弟從屬從祖祖父從祖父從父兄弟從祖兄弟從姪再從姪從姪孫
●釋名釋親屬父之世叔父母曰從祖父母言從己親祖別而下也
●書堯典克明俊德以親九族註明明之也俊大也堯之大德上文所稱是也九族高祖至玄孫之親五服異姓之親亦在其中也
●今文尚書考證九族者父族四母族三妻族二

▶3659◀◈問; 지방 쓰는 것에 대해 다시 질문이요.

저번에 답변은 감사합니다. 궁금한 게 할머니 제사인데 어머니로만 해야 돼요? 아니면 부모 다 적어야 돼요?

◈答; 지방 쓰는 것에 대해 다시 답함.

가례(家禮) 등 여러 예서에서는 그 기일에 당한 분만 제사 한다 되였으나 또 여러 선유(先儒)의 말씀에 양위 합설(合設)도 가하다 하였으며 특히 요즘은 거대가 합설로 지내고 있습니다. 가문의 법도가 합설이면 양위 합제(合祭)를 하고 축으로 분명히 고하여야 합니다.

●便覽紙牓

○紙; 用厚白紙長廣隨宜以眞楷細書於紙中央臨祭貼於椅上隨位各書

●通典晉蔡謨云祠版制神版正長尺一寸博四寸五分厚五寸八分大書某祖考某封夫人某氏神座
●韓魏公祭式位版以栗木爲之長尺二寸廣四寸厚八分圭首素版墨書題云顯某考某官顯某妣某夫人神座
●朱子曰江都集禮晉荀勗祠制云祭板皆正側長一尺二分博四寸厚五分以八分大書某人神坐

○紙牓式(지방식)

顯某考某官府君神位

顯某妣某封某氏神位(祖妣二人以上別具紙各書)

●陶庵曰只設一位禮之正也盖忌日乃喪之餘値其親死之日當思是日不諱之親而祭於其位不宜援及他位只祭所祭之位而不爲配祭非博於所配祭以哀在於所爲祭者故耳然則當以只祭一位爲正考妣并祭雖有先儒之說恐不可從
●朽淺曰凡忌祭當忌之位
●旅軒曰忌祭人多幷祭考妣甚非禮也
●愚伏曰不敢援尊固有所本於理亦精然幷祭亦何不可
●奉先雜儀文公家禮忌日止設一位程氏祭禮忌日配考妣二家之禮不同蓋止設一位禮之正也配祭考妣禮之本於人情者也
●栗谷曰忌祭則設所祭一位具饌但具一分若幷祭考妣則具二分
●牛溪曰程子俱祭考妣鄙人則用程禮
●愼獨齋曰幷祭爲當
●尤庵曰吾家設考妣兩位雖知其不當而行之已久不能改也
●沙溪曰忌日幷祭考妣雖非朱子意我朝先賢嘗行之栗谷亦曰祭兩位於心爲安云援尊之嫌恐不必避也

▶3660◀ ◈問; 지방 쓰는 곳?

안녕하십니까? 어머니 제사를 지내려 하는데, 지방을 어떻게 써야 하고, 혹시 써주는 곳이 있나 궁금합니다. 그리고 써주는 곳에서 지방을 써도 상관없나요?

답 글 부탁합니다. 수고하세요.

◈答; 지방 쓰는 곳.

顯妣孺人某氏神位
모씨에는 성씨를 써넣으면 됩니다. 금시초문이나 지방 써주는 곳은 없을 듯 합니다. 참고로 신주 쓰는 예법이 다음과 같습니다.

⊙題主(제주)

執事者設卓子於靈座東南西向置硯筆墨對卓置盥盆帨巾如前主人立於其前北向沙溪曰衆主人在其下祝盥手出主便覽去趺判之臥置卓上使善書者盥手西向立便覽或坐書便於事先題陷中父則曰云云粉面曰云云其下左旁曰云云母則曰云云粉面曰云云主旁亦如之無官封則以生時所稱爲號題畢便覽合主植趺祝封置靈座而藏魂帛於箱中以置其後炷香斟酒執版出於主人之右跪便覽主人亦跪讀之日子同前但云孤子某敢昭告于云云畢儀節不焚懷之興復位主人便覽以下再拜哭盡哀止母喪稱哀子後放此凡有封謚皆稱之後皆放此

⊙신주를쓴다(초상 시 처음 신주를 쓰는 예법)

집사자는 탁자를 영좌 동남쪽에서 서쪽으로 향하게 놓고 탁자 위에 벼루와 먹 붓을 놓고 탁자를 맞우하여 세수대야와 수건을 앞의 의식과 같이 놓아 둔다.

주인은 탁자 앞에 북쪽으로 향하여 서고 주인의 동생들은 그 뒤에 선다. 축관은 손을 씻고 신주를 상자에서 내어 받침에서 본 신주를 빼어 겉신주와 속신주를 떼어 탁자 위에 뉘어 놓는다.

글씨 잘 쓰는 이로 하여금 신주를 쓰게 한다. 선서자는 손을 씻고 서쪽으로 향하여 서서 쓰거나 앉아서 쓰거나 편리한 대로하고 쓴다. 먼저 속 신주를 다음과 같이 쓰고 다음으로 겉 신주를 다음과 같이 쓴 다음 그 아래 좌측 옆으로 다음과 같이 봉사자 명을 쓴다.

어머니이면 속 신주를 다음과 같이 쓰고 겉 신주를 다음과 같이 쓴 다음 옆 아래 역시 그와 같이 쓴다. 남자는 관직이 없었고 여자가 봉함이 없었으면 생시 부르던 호칭 대로 쓴다. 신주 쓰기를 모두 마쳤으면 축관은 겉 신주와 속 신주를 합하여 받침에 꽂아 받들어 영좌에 안치하고 혼백은 상자에 넣어 신주 뒤에 둔 후 분향을 하고 술을 딸아 올린 후 축판을 들고 주인의 오른쪽에서 무릎을 꿇고 앉으면 주인 이하 모두 무릎을 꿇고 앉는다.

이날에는 아들을 고자라 하여 다음과 같이 독축을 하고 마치면 축문을 불사르지 않고 품에 품고 일어나 제자리로 물러나 선다. 주인 이하 모두 재배를 하고 슬픔을 다하여 곡을 하고 그친다. 어머니 상이면 애자라 칭하기를 이후 이와 같으며 봉과 시호가 있으면 모두 부르기를 모두 이와 같이한다.

⊙告遷于祠堂儀禮節次(고천우사당의례절차)

陳器如通禮朔日儀別設一卓於其東置淨水粉盞刷子筆硯於其上

序立(主人詣祠堂前)○盥洗○啓櫝○出主○參神○鞠躬拜興拜興拜興拜興平身○降神○盥洗○詣香案前○跪○上香○酹酒○俯伏興拜興拜興平身○斟酒(主人執注遍斟酒盞中畢少退立)○主婦點茶(茶畢與主人並立)○鞠躬拜興拜興平身○主婦復位(主人不動)○跪(主人以下皆跪)○讀祝(祝跪讀之)○俯伏興拜興拜興平身○請主(主人進奉主于卓子上執事者洗其當改字別塗以粉俟乾其親盡者以紙裹暫置卓子上)○題主(命善書者改題曾祖考妣爲高祖又改祖考妣爲曾祖又改考妣爲祖題畢)○遷主(主人自奉其主遞遷而西虛東一龕以俟新主少退立)○鞠躬拜興拜興平身○復位○辭神○鞠躬拜興拜興拜興拜興平身○焚祝文○禮畢

祝文神主止書官封稱呼而不書高曾祖考妣者是時高祖親盡曾祖祖考妣神主未改題故也補按禮喪小記父母竝喪則先葬母而不虞祔以待父喪畢而後祔今擬若父先死則用此告遷儀節若父在母先死則是父爲喪主惟祔於祖母之櫝不必告遷也待父死之後然後用此儀節告遷而於祝文大祥已屆下添入及先妣某封某氏先亡祔于祖妣於禮遷入廟之上若父先亡已入祠堂而後母死只告先考一位其祝文曰玆以先妣某封某氏大祥已屆禮當祔於先考竝享不勝感愴竝同

⊙신주옮김을사당에고하는의례절차(대상을마치고사당신주를한대씩옮겨쓰는예법)

제사 기구의 차림은 통예 초하루 의식과 같다. 따로이 탁자 하나를 향안 동쪽으로 놓고 그 위에 물과 흰 분가루 잔 털이개와 붓과 벼루를 갖추어 놓는다.

차서 대로 선다. (주인은 사당 앞으로 간다) ○손을 씻는다. ○주독을 연다○신주를 내 놓는다. ○참신 재배 한다. ○국궁 사배 평신 한다. ○강신을 한다. ○손을 씻는다. ○향안 앞으로 간다. ○무릎을 꿇고 앉는다. ○분향을 한다. ○강신을 한다. ○부복하였다 일어나 재배 평신 한다. ○술을 따른다. (주인은 주전자를 들고 위전의 잔에 두루 술을 따르고 마쳤으면 조금 뒤로 물러나 선다) ○주부는 차를 따른다(차 따르기를 마쳤으면 주인과 나란히 선다) ○국궁 재배 평신 한다. ○주부는 제자리로 물러나 선다(주인은 움직이지 않는다)○무릎을 꿇고 앉는다. (주인 이하 모두 무릎을 꿇고 앉는다) ○독축을 한다. (축관은 무릎을 꿇고 앉아 독축한다) ○부복하였다 일어나 재배 평신 한다. ○개제함을 신주에게 고한다. (주인이 나가 신주를 받들어 탁자 위에 눕혀 놓으면 집사자가 고칠 글자를 지우고 흰 분칠을 하여 마르기를 기다린다. 세대가 다한 신주는 종이로 싸서 탁자 위에 잠깐 놓아둔다) ○신주를 고쳐 쓴다.(글씨 잘 쓰는 이가 신주를 고쳐 쓰되 증조고비 신주는 고조고비 신주로 고쳐 쓰고 조고비 신주는 증조고비 신주로 고쳐 쓰고 고비신주는 조고비 신주로 고쳐 쓴다 고쳐 쓰기를 마쳤으면) ○신주를 옮긴다.(주인이 스스로 신주를 받들어 서쪽 빈 감실로 옮기고 동쪽 감실 한 칸을 비워 두워 새 신주를 기다린다 마쳤으면 조금 뒤로 물러나 선다) ○국궁 재배 평신 한다. ○제자리로 물러나 선다. ○사신 재배 한다. ○국궁 사배 평신 한다. ○축문을 불사른다. ○예를 마친다.

위는 초상 시와 대상을 마치고 사당 신주를 한대씩 옮겨 고쳐 쓸 때의 예법입니다. 이와 같이 신주를 쓰는 예법이 소홀치 않을 진대 이에 버금가게 갖출 수는 없다 하여도 조상의 지방을 써주는 곳이 있다 하여 그런 곳을 이용 함은 어느 모로나 옳지 않을 듯 하며 다만 글씨를 쓸 수가 없다 하면 참제자 중 글씨 잘 쓰는 이로 하여금 정성껏 씀이 옳지 않을까 생각 됩니다. 다만 위 예 중 선서자를 시켜 쓴다 함은 신주는 사대(四代)를 보존 함이니 악서로 성의 없이 받들 수 없는 것이며 지방은 잠시 조상의 표시이니 악필이라 하여도 주인이 정성껏 씀이 후손된 도리가 아닐까 생각 됩니다.

◆買家移居告辭(매가이거고사)(本菴曰要訣曰凡神主移安還安或遷奉他所則其告之祭用朔參之儀若廟中改排器物鋪陳或暫修雨漏處而不動神主之事則告祭用望參之儀告祠則臨時製述三禮儀曰如一日內移奉

者似當一告一薦)
家宅不利移買某處今以吉辰奉陪移寓敢告(或今以吉辰移安新家敢告)

◆買家移安後慰安祝辭(매가이안후위안축사)

維 歲次干支幾月干支朔幾日干支某孫某敢昭告于 顯某代祖考某官府君 顯某代祖妣某封某氏(諸位列書)屋宇維新廟儀如舊伏惟 神主是居是靈(告几筵曰改廟儀爲几筵改神位爲尊靈)

◆買家奉安于宗家告辭(매가봉안우종가고사)

維 歲次干支幾月干支朔幾日干支某孫某敢昭告于 顯某代祖考某官府君 顯某代祖妣某封某氏(諸位列書)家舍有變異之事今月某日永賣于他人而祠堂無姑安之所將姑祔於某祖之傍謹以酒果用伸虔告謹告

◆移舍奉主告辭

維 歲次干支幾月干支朔幾日干支孝玄孫(最尊位屬稱)某敢昭告于 顯高祖考某官府君 顯高祖妣某封某氏(諸位列書)今因移舍將奉祠版(或紙榜則改祠版爲諸位)移安于某洞(或某道某郡某洞)新第敢告(官次移奉措語○今按守令官次奉往廟主則改云今奉祠版將向某郡官次云云)

◆奉安新宅祝辭

維 歲次干支幾月干支朔幾日干支孝玄孫(最尊位屬稱)某敢昭告于(今按若新舊第相距不遠同日奉安不書年月無妨) 顯高祖考某官府君 顯高祖妣某封某氏(諸位列書)屋宇惟新廟儀(或紙榜則改廟儀爲奉儀)如舊伏惟 神主(或紙榜則改神主爲尊靈)是安是依(官次奉安措語今按奉主官所則當云今赴官所權立祠堂伏惟云云)

◆移徙者奉行神主告辭

維 歲次干支幾月干支朔幾日干支孝玄孫(最尊位屬稱)某敢昭告于 顯高祖考某官府君 顯高祖妣某封某氏(諸位列書)運有消長宅基將替玆圖移徙以永先祿今已卜定家宅于某鄕某里敢請神主恭奉以行伏惟歆領謹告

◆移徙者奉行神主旣奉安告辭

維 歲次干支幾月干支朔幾日干支孝玄孫(最尊位屬稱)某敢昭告于 顯高祖考某官府君 顯高祖妣某封某氏(諸位列書)買定家居舊有祠堂或新建祠堂因是灑掃旣潔旣完新建無此兩句伏惟先靈是寧永垂蔭庥謹以淸酌庶羞恭伸奠告

◆移居時遷廟祝文

云云伏以世業漸剋祀事將絶自耕自鑿安分得計在野旣苦入山宜老蓼阿聖洞爰巢爰歸今遷龕卓不勝感慕敬奉之至事由敢告(自高祖考妣以下列書)

◆移居時告先考墓文

恭惟府君其德如天生我敎我期以荷薪小子不肖獲罪神明遽失所怙已數十齡玄堂之卜迺在家後有時拜省如奉咡詔生丁不辰薤禍孔酷將驅斯人禽獸之易小子狷滯恐禍迫膚萬不獲已挈家遵海古有徐公避地全髮竊附斯義他不遑恤違離先壠惟有痛隕誓死守義不辱遺訓以是報親厥罪庶宥伏惟慈靈庶幾冥佑

◆新建宅舍移奉神主告辭

云云所居狹隘新建宅舍于他基今以吉辰始入奠居敢請神主恭奉以行伏惟歆領謹告

◆新建宅舍移奉神主奉安告辭

云云定居于玆祠堂維新伏惟先靈是宜是寧永垂蔭庥謹以酒果用伸虔告謹告

◆新居移安告由文

小孫於前年買宅二區於本村下保西爲有幹有年之所東爲奉先肄業之堂未及營造頻遭險艱上失慈庇中懷胖戚先靈棲屑夙夜恐惕今始搆小龕於東室北壁奉宔以遷神人相依永保無斁

●栗谷曰凡神主移安還安或奉遷他處等事則告祭用朔參之儀告詞則臨時製述

●各陵謄錄禮曹典享司編戊戌四月四日條莊陵丁字閣神座下所排地衣修改時似當有移還安告由祭設行之節而無前例可考處

●祠堂修理移安告辭維歲次(云云)又祠堂修理畢還安告辭維歲次(云云)

●新立祠堂奉安告辭維歲次云云

●宗府條例奉審(附移還安)條移還安時宗親宗正卿及諸郎廳俱以黑團領就外位時至引儀引宗親以下入就拜位贊儀唱四拜訖引儀引宗親以下陞殿開閤(奉審時同)入以次對擧御眞櫃子由正門而降郎廳各捧屛風褥席前至敬近堂奉安如儀訖退出還安時亦如移安儀訖引儀引宗親以下降就拜位贊儀唱四拜(閤門下鑰奉審時同)畢引儀前引退出(修改時若不得已移安則具由草記啓下後更爲修啓而畢役還奉後亦爲草記○若從便修改時不爲草記)

▶3661◀◈問; 지방 쓰는데 증조할머니의 성을 모릅니다.

증조할머니의 지방은 "현증조비유인 ㅇㅇㅇ 씨 신위" 이렇게 쓰잖습니까? 그런데 할머니의 성씨를 비롯 아는 게 하나도 없습니다. 그리고 제 생각으로 할머니의 성씨를 뺀 "현증조비유인 신위" 이렇게 써 보려고 생각도 했는데 증조할머니가 두 분이라서 이렇게 쓰면 누구에게 제사를 올리는 건지 알 수 없다는 걱정에 문의를 드립니다.

제사가 바로 앞으로 다가왔는데 제대로 된 지방을 올리려고 합니다. 부디 명쾌한 해답을 바랍니다. 그리고 전통을 지키는데 힘쓰시는 님의 노력에 감사합니다.

◈答; 지방 쓰는데 증조할머니의 성을 모르면.

예법에 성씨를 모르는 선대 안 조상의 신주나 지방 쓰는 법이 없으니 바르게 일러 줄 수가 없습니다. 증조라 하면 지금까지의 예가 있을 것이며 사정상 그러하지 못하였다면 호적부나 국립 중앙 도서관 7 층 고전실에 각 성씨들의 옛 족보 등이 대개 보존 되여 있으니 확인하여 보기 바랍니다.

“顯某妣某封某氏神位”가 各妣의 지방 법식인 까닭에 성씨를 모르고는 지목한 바가 없어 제사를 지낼 수가 없습니다.

▶3662◀◈問; 지방 쓰는 방법 알려주세요.

작고하신 아버지께서는 두 번 결혼을 하셨는데 첫 번째 어머니는 자손을 못 보시고 돌아가셨고 현재 어머니께서 저희들을 낳으셨고 생존해 계십니다. 작고하신 아버지와 손을 못 보시고 작고하신 어머니 지방을 어떻게 써야 되나요? 아버지랑 함께 써야 되나요? 내용은요? 그리고 나중에 (현재 어머니)는 어떻게 써야 되는지요? (송가씨?)

◈答; 지방 쓰는 방법.

지방을 위마다 각각 씁니다.

⊙본부인(嫡母)의 지방.
顯妣孺人某氏神位

귀하의 친모 지방 역시 같습니다. 혹 가문(家門)에서는 관향(貫鄕) 즉 관향(貫鄕)을 쓰는 가문도 있으나 정통(正統)한 예법은 아닙니다.

지방(紙牓)은 혹 어떤 이는 신주 대용이라 신주와 비슷하게 위는 둥글고 밑은 모지게 한다하고 (상원 하방) 있으나 예는 아닙니다. 지방은 신주식(神主式)에서 분면식(粉面式)을 본떠 신주(神主)에서 主자를 위(位)로 고쳐 써 그 조상이 앉을 자리란 뜻 외에 아무 다른 의미가 없는 것입니다. 만약에 지방이 그 조상을 의미한다면 지방은 태울 수가 없는 것이며 4 대 봉사가 끝날 때까지 정중하게 모셔야 하는 것입니다. 절대 태워서는 아니 되는 것인데 제사를 마치면 대개의 가문에서는 태워버리고 있으니 지방이 그 조상의 위패라면 그는 그의 조상을 불태운 것과 같음입니다. 그렇다면 조상 각각을 어떻게 구분하는가라는 의문이 남게 됩니다.

신주식에서는 함중식(陷中式) 즉 속신주가 있는데 속 신주는 그 당해 조상을 의미함으로 남자는 성씨 이름과 자(字)를 쓰고 부인은 관향과 이름을 써서 그 조상임을 밝혀 놓고 분면식 곧 겉 신주는 주인과의 관계만을 표함으로 주인의 어느 조상이라 표하게 되는데 주인의 어느 조상을 의미하는 관계호칭 이외는 쓰지 않는 것입니다. 자식은 감히 부모의 휘를 입에 올리지 않는 것인 까닭에서 입니다. 이러한 고로 자손은 이미 지방에 관향을 쓰지 않아도 그 지방이 누구라는 것은 이미 알며 할머니 자리에 며느리가 좌정할 수 없으며 또 재취 부인이 본처를 제치고 그 남편 곁에 좌정치 못함은 기본이기에 관향을 쓰지 않아도 혼동됨이 없이 순리로 좌정되며 생자는 적모 계모를 관향을 쓰지 않았다 하여도 어느 지방(紙牓)이 적모(嫡母)고 어느 지방이 계모(繼母)인가는 혼동되지 않는 것입니다.

만약 지방이 위패의 대용이라면 그 조상의 휘(諱)도 써야 한다는 결론에 이르게 되는데 아버지 김(金) 누구(이름)의 앉을 자리 어머니 어느 김씨 누구의 앉을 자리라는 뜻이 되니 이 같은 불효 막심한 망발이 어디 있겠습니까.

●便覽紙牓(편람지방)

○紙(지)

用厚白紙長廣隨宜以眞楷細書於紙中央臨祭貼於椅上隨位各書

●通典晉蔡謨云祠版制神版正長尺一寸博四寸五分厚五寸八分大書某祖考某封夫人某氏神座
●韓魏公祭式位版以栗木爲之長尺二寸廣四寸厚八分圭首素版墨書題云顯某考某官顯某妣某夫人神座
●朱子曰江都集禮晉荀勗祠制云祭板皆正側長一尺二分博四寸厚五分以八分大書某人神坐

○紙牓式(지방식)

顯某考某官府君神位
顯某妣某封某氏神位(祖妣二人以上別具紙各書)

아래와 같이 살펴보건대 전후비(前後妣) 다 같이 [현비모봉모씨신위(顯妣某封某氏神位)]라 표함이 옳을 것이나 세속(世俗)으로 관향(貫鄕)을 대개의 가문(家門)에서 붙이고 있으니 전후비(前後妣) 모두 [현비모봉모관모씨신위(顯妣某封某貫某氏神位)]라 표함이 가(可)할 것입니다.

●南溪曰繼室之於元妃與夫一體奉祀恐甚得禮所謂非族之祀豈指此類而言耶祝文稱謂禮無明文不敢爲說
●問解續問父若有前後室則前後母神主同出耶只出考與所祭之主耶答並祭爲當前母忌日同祭後母後母忌日同祭前母
●梅山曰前後妣死在同日當先元妣後繼妣若並祭則一擧合設兩祭出主告當曰今以顯妣某封某氏顯妣某封某氏遠諱之辰敢請顯考某官府君顯妣某氏顯妣某氏神主云云忌祭祝遷易下云顯妣某封某氏顯妣某封某氏諱日幷臨云云
●砥山曰考妣合祭而有前繼妣祝文則列書下曰歲序遷易下又當云前後妣共顯某親某封某氏諱日復臨云云
●備要忌祭祝文式云云諱日復臨(註)若考妣幷祭則曰某親諱日
●問庶子之所生母題主當何稱朱子曰若避適母則只稱亡母而不稱妣以別之可也

▶3663◀◈問; 지방 쓰는 방법.

지방 쓰는 방법과 법식.

◈答; 지방 쓰는 방법.

지방 쓰는 법은 남녀와 장유 및 관봉에 딸아 달리 쓰여 집니다. 지방은 신주에서 분면식(粉面式)인 겉 신주를 본뜬 양식으로 규격은 명문화 된 곳이 없어 신주의 규격을 준용 해야 할 것 같습니다. 신주의 규격은 받침 폭이 네 치이며 받침 높이는 한치 두푼 이고 신주 높이는 한자 두 치이며 본신 폭이 세치이며 두께가 한치 두 푼이고 본신 위에서 밑으로 오 푼 아래서부터 둥글게 위를 깎았으며 한치 아래부터 흰 분 칠을 하여 겉 신주를 쓰는 것입니다.

규격의 뜻은 받침의 네 치는 일년 사 시절을 의미 하고 높이 한자 두 치는 일년 열두 달을 의미 하고 넓이 세치는 삼십 푼이니 한달 삼십일을 의미 하고 두께 한치 두 푼은 십이 푼이니 하루 시간인 십이 진을 의미 한다는 것입니다. 길이 단위 척식은 주척으로 주척은 cm로는 약 20,3cm 이니 이를 환산하면 지방의 규격이 될 것입니다.

◎존장자와 비유자 표기법

⊙존장자;

(남); 현(顯) 관계 칭관 부군(府君) 신위(神位)
(녀); 현(顯) 관계 칭봉 성씨(姓氏) 신위(神位)

⊙비유자;

동항렬
(처); 망실(亡室) 칭봉 성씨(姓氏) 신위(神位)
(제); 망제(亡弟) 칭관 신위(神位)

⊙항이하

(자); 망자(亡子) 칭관 (姓名) 신위(神位)
현(顯)~~~~~~~공경을 뜻함.
망(亡)~~~~~~~어그러졌음을 뜻함.
관계~~~~~~~~~주인과의 관계.
부군(府君)~~고인에 대한 최 존칭어로 동항인 형과 남자 선대 신위에만 사용.
신위(神位)~~혼신의 자리라 할 수 있으나 그 보다는 당해 혼신을 의미 하는 것임,

⊙관계

고조부; 고조고(高祖考). 증조부; 증조고(曾祖考). 조부; 조고(祖考).
고조모; 고조비(高祖妣). 증조모; 증조비(曾祖妣). 조모; 조비(祖妣).

아버지; 고(考).
어머니; 비(妣)

칭관(稱官)관직명
칭봉(稱封)봉명

만약 생전 관직이 없었으면 학생(學生)
만약 부인이 봉함이 없었으면 유인(孺人)

부부라 하여도 각각 별지에 써야 하며 한 장에 쓰는 것은 예가 아니며 신주가 각각이듯 지방 역시 각위라야 합니다. 종이 한 장에 같이 쓰면 교의(交椅) 하나에 두 분을 앉히는 격이 되니 병제(幷祭)를 할 때는 반듯이 각서 하여 교의 둘에 한 위씩 안치(安置) 하여야 예도(禮度)에 합당한 것입니다. 이와 같이 지방을 쓰는 것입니다. 참고 하시기 바랍니다.

●社稷署儀軌卷首圖說; 上圓下方象天地也
●伊川先生云作主用栗取法於時日月辰趺方四寸象歲之四時高尺有二寸象十二月身博三十分象月之日厚十二分象日之辰

▶3664◀◈問; 지방 쓰는 방법 좀 요? 이유도요?

지방 쓰는 방법 좀 요? 이유도요?

◈答; 지방 쓰는 방법 및 이유.

사람이 죽으면 몸인 체는 땅속으로 들어 가고 혼인 백은 신주를 작주 하기 전에는 혼백에 있게 되고 비로소 신주를 쓰게 되면 신주로 옮겨 봉제사 세대인 현손이 다할 때까지 신주에 있다 묘소 서쪽에 매안 하는 것입니다. 그 이후는 묘소에서 일년에 한번 묘제 즉 시향을 지내는 것입니다. 그러나 작금에는 신주를 모시지 않은 이 많아서 기제나 각 명절 등 제일을 당하여 종이에 신주 대용으로 지방을 써 세우고 조상에 대한 예를 갖추고 있는 것입니다.

⊙쓰는 방법;

顯考某官府君 神位 부친 지방 (이하 제례편 참조)
顯妣某封某氏 神位 모친 지방

⊙이유;

○**顯**--부모 이상 고조 부모까지 이며, 뜻은 공경을 뜻합니다.
○**亡**--처 제 자 손 등 수하일 때 이며, 뜻은 어긋났음을 의미 합니다.
○**考**--작고 하신 부친을 뜻하며 이 자리에는 모친일시는 妣 조부모는 祖考 祖妣 증조 부모는 曾祖考 曾祖妣 고조부모는 高祖考 高祖妣 처는 室 弟 子 등을 당한 대로 쓰면 됩니다.
○**某官**--생전의 벼슬을 쓰며 부인은 벼슬이나 벼슬은 아니나 남편의 벼슬로 인하여 내려진 봉을 씁니다.
○**府君**--부군은 조상에 대한 존칭이며 수하에는 쓰지 않습니다.
○**神位**--혼신이란 뜻입니다.

이와 같이 형체는 없으나 글로서 혼신을 구별 생시와 같이 공경하고 봉양하는 대상으로 삼는 것입니다. 만약 표시 없이 제사를 지낸다는 것은 생전에 부친이 계시지도 않은데 진수성찬을 차려놓고 술을 부워 올리고 반찬을 수저에 떼 올려 드리는 것과 다를 바가 없지 않겠습니까. 그러기에 신주나 지방은 반듯이 있어야 하는 것입니다. 지방은 종서로 써야 합니다 그것이 바른 예법 입니다. 이에 덧붙여 유추하여 생각 하면 넓혀 아시리라 믿습니다. 대단히 죄송 합니다.

●便覽紙牓(편람지방)

○紙(지)

用厚白紙長廣隨宜以眞楷細書於紙中央臨祭貼於椅上隨位各書

●通典晉蔡謨云祠版制神版正長尺一寸博四寸五分厚五寸八分大書某祖考某封夫人某氏神座
●韓魏公祭式位版以栗木爲之長尺二寸廣四寸厚八分圭首素版墨書題云顯某考某官顯某妣某夫人神座
●朱子曰江都集禮晉荀勗祠制云祭板皆正側長一尺二分博四寸厚五分以八分大書某人神坐

○紙牓式(지방식)

顯某考某官府君神位
顯某妣某封某氏神位(祖妣二人以上別具紙各書)

○지방식

高祖考==顯高祖考某官府君神位
高祖妣==顯高祖妣某封某氏神位
曾祖考==顯曾祖考某官府君神位
曾祖妣==顯曾祖妣封封某氏神位
祖考====顯祖考某官府君神位
祖妣====顯祖妣某封某氏神位
父======顯考某官府君神位
母======顯妣某封某氏神位
妻======亡室某封某氏神位
弟======亡弟某官神位
長子====亡子(某官)某神位

●辭源[顯]舊時子孫尊先人之稱
●書經康誥;惟乃丕顯考文王克明德愼罰孔傳惟汝大明父文王能顯用俊德愼去刑罰以爲教育
●讀禮通考神主;古人于祖考及妣之上皆加一皇字建元大德朝始詔改皇爲顯以士庶不得稱皇也不知皇之取義美也大也初非取君字之義
●荀子全書正論篇;夫德不稱位能不稱官賞不當功罰不當罪不祥莫大焉(註)官官職
●世說新語德行; 王戎父渾有令名官至凉州刺史
●士儀治葬題主陷中條無官則隨常時所稱如學生處士秀才或別號之類
●問解無官而死者無他稱號勢不得已當書學生處士秀才各隨宐可也
●後漢書靈帝紀光和元年; 始置鴻都門學生注鴻都門名也
●辭源[學生]; 在校學習的人
●漢書異姓諸侯王表; 秦旣稱帝患周之敗以爲起於處士橫議(注)處士謂不官於朝而居家者也
●朱子曰處士所爲未應擧者
●管子小匡; 農之者常爲農樸野不慝其秀才之能爲士者則足賴也(尹知章注)農人之子有秀異之材可爲士者則所謂生而知之不習而成者也
●古鏡記; 某是華山府君廟前長松下千歲老狸(註)府君神的敬稱
●周禮春官宗伯禮官之職小宗伯; 掌建國之神位右社稷左宗廟(註)祭祀時設立的牌位

▶3665◀◈問; 지방 쓰는 법.

저는 음역 9 월 9 일 제사를 모십니다. 할머니 입니다 지방 쓰는 법을 가르쳐 주시면 감사하겠습니다.

◈答; 지방 쓰는 법.

○할아버지 지방; 顯祖考學生府君神位 **○할머니 지방;** 顯祖妣孺人某氏神位

할머니 모씨에는 성을 써넣고 할아버지의 학생에는 생전 관직의 벼슬이 있었으면 벼슬 등급명으로 바꾸고 할머니 역시 그에 상응한 봉함이 있었으면 바꾸고 모두 없었으면 학생과 유인으로 이대로 두면 됩니다 혹시 하여 할아버지 지방도 같이 썼습니다.

◆편람지방(便覽紙牓)

○지(紙)

用厚白紙長廣隨宜以眞楷細書於紙中央臨祭貼於椅上隨位各書

○지방식(紙牓式)

顯某考某官府君神位
顯某妣某封某氏神位(祖妣二人以上別具紙各書)

●溫公曰古者除於室中故神坐東向自後漢以來公私廟皆同堂異室南向西上所以西上者神道尙右故也
●家禮本註凡屋之制不問何向背但以前爲南後爲北左爲東右爲西
●問解無官而死者無他稱號勢不得已當書學生處士秀才各隨宜可也
●沙溪曰無官而死者不稱學生則無他稱號勢不得已當書學生處士秀才各隨其意可也婦人孺人之號書亦可不書亦可丘氏謂無官婦人宜如俗稱孺人盖禮窮則從下之義也
●尤庵曰孺人是九品官之妻稱而士妻同稱之者是禮窮則同之義也
●士儀治葬題主陷中條無官則隨常時所稱如學生處士秀才或別號之類
●問解無官而死者無他稱號勢不得已當書學生處士秀才各隨宜可也
●沙溪曰無官而死者不稱學生則無他稱號勢不得已當書學生處士秀才各隨其意可也婦人孺人之號書亦可不書亦可丘氏謂無官婦人宜如俗稱孺人盖禮窮則從下之義也
●問無官而非學生者題主稱學生似未穩而且如子孫書四祖亦皆無合當稱號如何如何沙溪宋俊吉答無官而死者不稱學生則無他稱號勢不得已當書學生處士秀才各隨其宜可也
●宋敬甫問無官而非學生者題主稱學生似未隱沙溪曰無官而死者不稱學生則無他稱號勢不得已當

書學生處士秀才各隨其宜可也又曰丘氏謂無官婦人宜如俗稱孺人葢禮窮則從上之義也
●同春堂曰無官而死者不稱學生則無他稱號勢不得已當書學生處士秀才各隨其宜可也
●葛庵曰無官而死者無他稱號不得已當書學生處士秀才各隨其宜可也
●士儀治葬題主陷中條無官則隨常時所稱如學生處士秀才或別號之類
●寒岡曰雖有先人之名若不得禮曹立案則不可經書左旁恐姑書曰顯兄秀才府君神主而呈禮曹出立案
●俛宇曰無官者之稱學生處士秀才皆無不可然秀才則弱冠時可用學生亦非今日合稱惟處士似勝然自非有行望可尊者則亦難人人一例秀士亦古者薦升之稱奈何

▶3666◀◈問; 지방 쓰는 법.

안녕하십니까? 아래의 232 번과 비슷합니다. 내용은 다음과 같습니다

딸만 4 자매며 남자는 없어서 사위가 대신할 때의 지방은 어떻게 써야 할까요 답변 부탁 드립니다.

◈答; 지방 쓰는 법.

귀하의 장모가 생존 하여 계실 때와 양위 분 모두 작고하였을 때 지방식이 다릅니다.

지방식

丈母 生存時=====顯辟某官府君神位

俱沒時(長女); 父=顯考某官府君神位

母=顯妣母封某氏神位

(外孫); 外祖考==顯外祖考某官府君神位

外祖妣==顯外祖妣某封某氏神位

●便覽紙牓(편람지방)

○紙(지)

用厚白紙長廣隨宜以眞楷細書於紙中央臨祭貼於椅上隨位各書

●通典晉蔡謨云祠版制神版正長尺一寸博四寸五分厚五寸八分大書某祖考某封夫人某氏神座
●韓魏公祭式位版以栗木爲之長尺二寸廣四寸厚八分圭首素版墨書題云顯某考某官顯某妣某夫人神座
●朱子曰江都集禮晉荀勗祠制云祭板皆正側長一尺二分博四寸厚五分以八分大書某人神坐

▶3667◀◈問; 지방 쓰는 법.

안녕하십니까? 저희는 외할머님의 제사를 모시고 있습니다. 외할머님의 지방 쓰는 법을 알고 싶습니다. 감사합니다.

◈答; 지방 쓰는 법.

외할머님의 지방은

顯外祖妣某封某氏神位 라 쓰시되 관봉 칭호는 관직이 없었거나 봉호가 없었으면 모봉에는 孺人이라 쓰고 성씨를 쓰시면 됩니다.

▶3669◀◈問; 지방 쓰는 법.

부모가 살아계시고 1 남 1 녀 중 딸(25 살)이 사망하였을 경우 누가 상주가 됩니까? 그리고 지방은 어떻게 적어야 됩니까?

◈答; 지방 쓰는 법.

아버지가 주인이 됩니다. 아래는 장가들고 죽은 자손상(子孫喪)에 신주 쓰는 법에 관한 말

씀입니다.

同春曰父主子喪祖主孫喪主面書名似當昔亡子葬時尤相臨會力言當書名鄙意以爲既書其職雖不書名似無所妨竟不書之不知果如何○問父主子喪題主當書名耶尤菴曰昔年伯兄亡先親問於沙溪先生書以亡子某神主矣其後同春喪子書以亡子某官神主問之則鄭愚伏如此云矣○稱官未有明文然世俗皆稱之於理恐無妨也書名一款據備要則無所疑父前子名古禮也此謂孫當名其父於其祖之前也今將祔子於父龕而反不名耶恐無是理

아래는 장가나 출가하지 않고 상(殤)의 나이에 죽은 아들 딸의 신주 쓰는 법에 관한 말씀입니다

尤庵曰殤主父爲主則當書曰亡子某神主云矣又曰在室女子銘旌世俗皆書某氏神主亦然然亡子書名則女子亦當書名矣第東俗甚諱女子名恐難猝變矣○殤年女子神主世俗書以處女某氏云捨此他無可稱矣○艮齋曰問寒岡曰於殤主男子則當書以秀才某郡某公神主女子則當書曰某郡某氏神主殤主稱公字似未安答男則當書以某親秀才神主女則當云處子

위의 1 과 2 의 말씀을 살펴 보건대 여자가 상(殤)의 나이 이후에 죽은 자에 대한 격식에 관하여 하신 말씀이 없고 다른 예서 및 선유의 말씀을 모두 확인이 불능하여 우선 위의 말씀을 참작 작성하여 보겠습니다.

在室女息; 亡女某神位

●奔喪凡喪父在父爲主(註)此言父在而子有妻子之喪則父主之統於尊也

●尤庵曰凡喪父在父爲主故子姪與子姪婦皆以尊者爲主

●又曰孫及孫婦喪據禮則其祖當爲主

●又曰昔年伯兄亡先親問於沙溪先生書以亡子某神主矣其後同春喪子書以亡子某官神主問之則鄭愚伏如此云矣

●又曰殤主父爲主則當書曰亡子某神主云矣又曰在室女子銘旌世俗皆書某氏神主亦然然亡子書名則女子亦當書名矣第東俗甚諱女子名恐難猝變矣

●遂菴曰子與子婦喪題主亡子某子婦某氏云則似無相混之嫌

●便覽神主粉面式顯考(旁親卑幼隨屬稱卑幼改顯爲亡)某官封謚府君(卑幼去府君)神主 又婦人粉面式顯妣(妻云亡室旁親卑幼隨屬稱卑幼改顯爲亡)某封某氏神主

▶3669◀◈問; 지방 쓰는 법?

시집간 새색신데요. 지방 쓰는 법을 몰라서 이번 추석 때 무지하게 혼났어요. 좀 획순과 쓰는 법을 가르쳐 주세요. 알죠? 금 빨리빨리 대답해주세요.

◈答; 지방 쓰는 법.

지방은 남녀 별지에 쓴다.

아버지====顯考某官府君神位 **어머니**====妣某封某氏神位

할아버지==顯祖考某官府君神位 **할머니**====顯祖妣某封某氏神位

증조부====顯曾祖考某官府君神位 **증조모**====顯曾祖妣某封某氏神位

고조======顯高祖考某官府君神位 **고조모**====顯高祖妣某封某氏神位

처=======亡室某封某氏神位 **장자**=====亡子(某官)某神位

※ 관봉 칭호는 상례편 초종장 입명정조 관계칭호 표 참조.

※ 만약 관직이 없었거나 봉호가 없었으면 남자는 모관에 學生(학생)이라 쓰고 여자의 모봉에는 孺人(유인)이라 쓰고 모씨에는 성씨를 쓰시면 됩니다.

※ 지방의 규격은 명문화된 예는 없습니다. 다만 신주의 규격을 준용하면 세로 약 26CM 가로(폭)가 약 6CM 입니다.

●便覽紙牓(편람지방)

○紙(지)

用厚白紙長廣隨宜以眞楷細書於紙中央臨祭貼於椅上隨位各書

●通典晉蔡謨云祠版制神版正長尺一寸博四寸五分厚五寸八分大書某祖考某封夫人某氏神座
●韓魏公祭式位版以栗木爲之長尺二寸廣四寸厚八分圭首素版墨書題云顯某考某官顯某妣某夫人神座
●朱子曰江都集禮晉荀勗祠制云祭板皆正側長一尺二分博四寸厚五分以八分大書某人神坐

○紙牓式(지방식)

顯某考某官府君神位
顯某妣某封某氏神位(祖妣二人以上別具紙各書

▶3670◀◈問; 지방 쓰는 법.

지방 쓰는 법

◈答; 지방 쓰는 법.

전통 예절이란 현대 예절이 아니라 역사적 배경을 가져야 하며 특히 높은 규범적 의의를 지녀야 함이니 사견이 개입 되여 변질 되였으면 이는 전통 예절이 아니며 더욱이 전통 관혼상제 예법 이라 하면 사견으로 왜곡 되여서는 아니 되는 것이기 때문에 조심 하여야 함으로 학문적 배경 없이 왜곡 되였거나 예에 크게 어긋난 점이 있으면 지적 하여 주면 대단히 감사 하겠습니다.

특히 전통 관혼상제(冠婚喪祭) 예법에서는 지방(신주)의 예법이 가장 중요한 예절(禮節)로 이 부분은 소홀이 할 수 없는 것이며 주자가례(朱子家禮)에서 벗어 나면 아니 되는 것이기 때문에 더욱 그러 합니다. 귀하의 도움으로 오역 되여 주부자(朱夫子)의 뜻에 어긋난 점이 바로 잡아 진다면 다행으로 생각 하겠습니다. 진심으로 본 답변에 오해 없기를 바랍니다. 대단히 감사 합니다.

●便覽紙牓○紙; 用厚白紙長廣隨宜以眞楷細書於紙中央臨祭貼於椅上隨位各書 **○紙牓式**; 顯某考某官府君神位 顯某妣某封某氏神位(祖妣二人以上別具紙各書

▶3671◀◈問; 지방 쓰는 법.

안녕하세요. 궁금한 것이 있어서 메일을 보냅니다.

작은 할아버지께서 결혼을 하시지 않고 돌아가셔서 저희들이 제사를 모시는데 지금까지는 지방을 쓰지 않고 제사를 모셨는데 지방을 쓰려고 하는데 어떻게 써야 할까요? 알려 주세요. 그럼 안녕히 계세요.

또 메일로 질문합니다. 지방 쓰는 법을 여쭤 봤는데 추가 질문이 있어서 또 보냅니다. 작은 할아버님께서 돌아가시고 영혼(靈魂) 결혼식을 올려 드려서 작은 할머님 기제사는 지내지 않지만 명절 때는 제사를 모시는데 이런 경우에는 지방(紙牓)을 어떻게 쓰는지 알려 주세요. 답을 기다리겠습니다. 안녕히 계세요.

◈答; 지방 쓰는 법.

작은할아버지의 지방식이나 신주식은 명확하게 전례 된 예서는 습독하지 못하였습니다. 다만 예서의 여러 곳을 인용 종합하여 구성하겠습니다.

주자가례의 자손 없는 방친(傍親)을 곁들인 사시제(四時祭) 축식(祝式)에 某親某官府君(모친모관부군) 혹 某親某封某氏(모친모봉모씨)라 칭(稱)하였고 문강공 여헌 선생 말씀에 비록 방친이라도 만약 손위 어른이면 모두 顯(현)자와 府君(부군)을 써라 하였으며 문순공 남당 선생 말씀에 백숙부모(伯叔父母)에게는 考(고)자나 妣(비)자를 쓰는 것은 불가하다 하였습니다.

또 주자가례에 방친인 큰할아버지 큰할머니는 백조부모 작은할아버지 작은할머니는 숙조부모라 하였고 지금 세속에서는 종조부모라고도 칭하고 있습니다. 신주를 쓰게 되면 속 신주에 모공휘모자모를 써 본인을 쓰니 누구의 위패인가를 정확히 알 수 있으나 겉 신주에는 봉사자와의 관계만을 쓰는 것이니 명확하지 못하나 지방은 겉 신주를 본떠 씁니다. 이를 종합하여 보면 귀하가 문의한 지방은

顯叔祖父(혹 從祖父)學生(관직이 없을 때)府君 神位
顯叔祖母(혹 從祖母)孺人某氏 神位 라 쓰는 것이 어떨까 합니다.

●雅言覺非伯叔父曰三寸伯父叔父之子曰四寸從祖祖父曰四寸
●釋親考伯叔諸姑篇從祖祖父從祖祖母○祖伯父祖伯母祖叔父祖叔母○伯祖父伯祖母叔祖父叔祖母○伯公伯婆叔公叔婆○從大父○(五雜組)吾祖父之兄弟卽從祖父也爾雅郭注釋親第四宗族篇父之從父晜弟爲從祖父
●便覽成服篇小功條爲從祖父謂父之從父兄弟
●釋名(劉熙漢人)釋親屬條父之世叔父母曰從祖父母
●儀禮喪服篇小功條從祖祖父母從祖父母報註祖父之昆弟之親○疏曰從祖祖父母是曾祖之子祖之兄弟從祖父母者是從祖祖父之子父之從父昆弟之親
●又從祖昆弟註父之從父昆弟之子○疏曰此是從祖父之子故鄭云父之從父昆弟之子己之再從兄弟
●又從父昆弟註世父叔父之子也○疏曰世叔父與祖爲一體又與己父爲一體緣親以致服故云從也

▶3672◀ ◈問; 지방 쓰는 법 문의 드립니다.

안녕하십니까. 어제 할아버지 제사여서 지방을 쓰고 확인을 하다 보니 이상한 점을 발견했습니다. 할아버지 오른쪽, 할머니 왼쪽으로 모시면서 지냈습니다. 그래서 여기 저기 확인하다 보니 자리가 바뀌어 지낸 것을 알았습니다. 그런데 저의 집 고서라고 말을 해야 할지 하여간 옛날 책에는 오른쪽 남자, 왼쪽 여자라고 쓰여 있습니다. 어느 것이 정확한 건지 알려 주세요. 그럼 이만.

◈答; 지방 쓰는 법.

다음과 같은 선유의 말씀이 계십니다.
朱子曰祠堂神主位次以西爲上
주부자께서 이르시기를 사당 신주의 차서는 서쪽을 상석으로 삼느니라.

家禮四時祭設考妣位於堂北壁下南向考西妣東
가례에 있기를 사시제를 지낼 때 차려 놓기를 아버지와 어머니의 자리는 방의 북쪽 벽 밑에서 남쪽으로 향하게 하되 아버지는 서쪽이고 어머니는 동쪽이다.

南溪曰世之葬法有以男左女右
남계선생께서 말씀 하시기를 세속의 장법에 남자는 왼편이며 여자는 오른편에 장사 하고 있느니라. (생자가 앞에서 보와 남좌여우)

위와 같이 살펴 볼 때 생자가 봐서 왼쪽이 남자이며 오른쪽이 여자입니다.

●退溪曰兩親墓東西定位想中國俗葬皆【男左女右】故朱先生葬劉夫人時只循俗爲之其後丘文莊亦不欲異俗而云云也然朱子答陳安卿之問分明謂祭而【以西爲上】葬時亦當如
此方是則此乃爲晩年定論而後世之所當法也
●南溪曰世之葬法有以男左女右傳曰【神道尙右地道尙右】
●栗谷曰其出行也先告家廟次告庶母及兄嫂夫人則立內門而揖送妾則立中門子弟則立大門而拜送婢僕則於大門外皆【男左女右】而拜其還亦如之
●錦谷曰家禮及諸禮書皆以東爲上故其爲【男東女西】者卽【左東右西】之意也其後儒先言論多端用西上之規故祠宇之奉墓中之祔皆爲【男西女東】此是古今之異也
●王制道路男子由右婦人由左註凡男子婦人同出一塗者則男子常由婦人之右婦人常由男子之左
●內則【道路男子由右女子由左】 (集說細註)道路之法其右以行男子其左以行女子古之道也(鄭注) 【地道尊右】

●內則【男左女右】細註嚴陵方氏曰或男耦而女奇取陰陽之相須也或男左而女右取陰陽之相類也
●性理大全祠堂篇凡屋之制不問何向背但以前爲南後爲北【左爲東右爲西】
●芝村曰初喪爲位皆以【男左女右】而上朝祖下男女道路之法謂【男左女右】
●重庵曰【男左女右】以地道言則右尊左卑道路屬地當男右女左盖右主動而左主靜右有力而左無爲故男女所由如此
●龜川曰神道尙左故小斂以後則左袵而神主奉安則以西爲上此則尙右惡在神道尙左之義耶 【人道尙右】 【人道尙右】則北鄕立者宜 【以東爲上】而序立者反 【以西爲上】此則尙左其義
●朱子曰禮云【席南向北向以西方爲上】【東向西向以南方爲上】是【東向南向之席皆尙右】【西向北向之席皆尙左】也今祭禮考妣同席南向則考西妣東自合禮意大率古者以右爲尊如周禮云享右祭祀詩云旣右烈考亦右文母漢人亦言無能出其右者是皆以右爲尊也
●密菴曰或以尊者所在爲上如冠禮迎賓及階下位則【北爲上】堂上位則【南爲上】執冠巾者賓未入則【東爲上】賓已入則【北爲上】坐於奧則【南爲上】坐於堂則【西爲上】何甞有一定廣武東向亦只是賓
●明齋曰合墓分左右之說先儒論之詳矣面南而分左右則 [考西妣東]
●穀梁疏衛次中曰 [右主謂父也左主謂母]也
●大山曰設椅並享當以 [考西妣東] 爲序

▶3673◀◈問; 지방 쓰는 법을 가르쳐주세요.

지방 쓰는 법도를 자세히 일러 주세요. 김 0 돌

◈答; 지방 쓰는 법.

지방쓰는법

◆紙牓式(지방식)

陶菴曰用厚白紙長廣隨宜以眞楷細書於紙中央臨祭貼於椅上隨位各書又曰祖妣二人以上別具紙各書

◆지방(紙牓)쓰는 법.

도암(陶庵) 선생께서 이르시기를 두꺼운 흰 종이로 길이와 폭은 쓰기 알맞게 하여 해서체(楷書體)로 종이의 중앙(中央)에 가늘게 써서 제사에 임하여 교의 위에 붙이되 위(位)마다 각각 써야 한다. 또 이르시기를 할머니가 두분 이상이면 지방지를 별도로 갖춰 각각 써야 한다.

◆지방의 규격.

지방의 규격은 명문화 되여 있지 않으나 다만 신주식을 본뜨면 세로 길이는 주척으로 열 두치(1 년 12 월) 가로가 세치(계절의 월수 3 월) 이며 위를 오푼 아래서 위로 둥글게 되어있으니 주척은 cm 로는 약 20.3cm 로 높이가 약 24cm(신주장 1 자 2 치) 넓이는 (신주 폭 3 치) 약 6cm 로 하고 위 양 가 모서리를 약 1cm 위 아래를 사선으로 자르기도 하며 이를 掃頭라 합니다.

◆지방식

고조부; 顯高祖考某官府君神位　　**고조모;** 顯高祖妣某封某氏神位
증조고; 顯曾祖考某官府君神位　　**증조비;** 顯曾祖妣封封某氏神位
조고; 顯祖考某官府君神位　　**조비;** 顯祖妣某封某氏神位
부; 顯考某官府君神位　　**모;** 顯妣某封某氏神位
처; 亡室某封某氏神位　　**자;** 亡子(某官)某神位

만약 남자에게 관직이 없었으면 남자는 모관에 학생(學生) 여자의 모봉에는 유인(孺人) 이라 씀.

●通典晉蔡謨云祠版制神版正長尺一寸博四寸五分厚五寸八分大書某祖考某封夫人某氏神座

●韓魏公祭式位版以栗木爲之長尺二寸廣四寸厚八分圭首素版墨書題云顯某考某官顯某妣某夫人神座
●朱子曰江都集禮晉荀勗祠制云祭板皆正側長一尺二分博四寸厚五分以八分大書某人神坐
●問解無官而死者無他稱號勢不得已當書學生處士秀才各隨宜可也
●後漢書靈帝紀光和元年; 始置鴻都門學生注鴻都門名也
●辭源[學生]; 在校學習的人
●管子小匡; 農之者常爲農樸野不慝其秀才之能爲士者則足賴也(尹知章注)農人之子有秀異之材可爲士者則所謂生而知之不習而成者也
●朱子曰處士所爲未應學者
●玉藻; 居士錦帶(鄭玄注)居士道藝處士也
●慧遠義記在家修道居家道士名爲居士(註)居士梵語 grhapati 意譯
●孟子滕文公下聖王不作諸侯放恣處士橫議楊朱墨翟之言
●問無官而非學生者題主稱學生似未穩而且如子孫書四祖亦皆無合當稱號如何如何沙溪宋俊吉答無官而死者不稱學生則無他稱號勢不得已當書學生處士秀才各隨其宜可也

▶3674◀◈問; 지방 쓰는 법 문의.

얼마 전에 아버지께서 돌아가셔서 이제는 제가 제사를 모셔야 합니다. 아버지가 살아 계셨을 때는 이렇게 지방을 썼습니다.

현고학생부군신위
현조고학생부군신위
현증조고학생부군신위

저를 기준으로 한다면 어떻게 써야 하는지 답변 부탁 드리면서 저와의 이해관계도 설명해 주시면 감사하겠습니다.

◈答; 지방 쓰는 법.

사당(祠堂)을 받들면 부친(父親)의 대상(大祥)에 그 신주를 다음 대에 맞도록 다음과 같이 고쳐 쓰는 의식(儀式)이 있으나 지방인 때에도 그와 같은 의식(儀式)으로 고쳐 쓰는 가문(家門)이 있는지는 알지 못 합니다. 대략 제(祭)에 임하여 대에 맞도록 고쳐 써 세우는 듯 합니다.

⊙지방식

1). 현고학생부군신위(부친의 부친)~~~~~~~顯祖考學生府君神位(귀하의 조부)
2). 현조고학생부군신위(부친의 조부)~~~~~ 顯曾祖考學生府君神位(귀하의 증조부)

부친의 부친은 귀하의 조부요 부친의 조부는 귀하의 증조부이니 사후 역시 생전의 칭호가 변할 수 없습니다.

3). 현증조고학생부군신위~~~~~~~~~~~~~顯高祖考學生府君神位

○지방식(紙牓式)

考; 顯考某官府君神位
妣; 顯妣某封某氏神位

●便覽喪禮治葬篇題主諸具題主條陷中式故某官某公諱某字某神主○粉面式顯考某官封謚府君神主○紙牓式條(新補)顯某考某官府君神位
●皇壇儀大報壇祝式云云敢昭告于神宗範天合道哲肅敦簡光文章武安仁止孝顯皇帝伏以云云○大報壇紙牓式神宗範天合道哲肅敦簡光文章武安仁止孝顯皇帝神位
●尤庵曰凡喪父在父爲主故子姪與子姪婦皆以尊者爲主○又曰孫及孫婦喪據禮則其祖當爲主○又曰昔年伯兄亡先親問於沙溪先生書以亡子某神主矣其後同春喪子書以亡子某官神主問之則鄭愚伏如此云矣

○위패식(位牌式)에서 모지위(某之位) 혹은 모신좌(某神座).

○位版式(위판식);

考; 某官某公諱某字某之位
妣; 某封(此下或添某貫)某氏諱某字某之位

●燕行日記癸巳二月十三日辛酉書先師廟內書萬歲師表位牌書至聖先師孔子之位前設卓子卓前左右配顔曾思孟位牌

考; 顯幾代祖考某官某公諱某字某神座
妣; 顯幾代祖妣某封(此下或添某貫)某氏神座

●通典晉蔡謨云祠版制神版正長尺一寸博四寸五分厚五寸八分大書某祖考某封夫人某氏神座
●韓魏公祭式位版以栗木爲之長尺二寸廣四寸厚八分圭首素版墨書題云顯某考某官顯某妣某夫人神座
●朱子曰江都集禮晉荀勗祠制云祭板皆正側長一尺二分博四寸厚五分以八分大書某人神坐

○귀(鬼)와 신(神)을 이를 때; 모지령(某之靈)

●海東雜錄本朝奉安文成公祭文嘉靖二十二年歲次癸卯八月十一日癸未具位某敢以潔牲敬祭于先師文成公之靈惟公克慕晦翁吾道東矣猗歟敬學百世之宗
●朱子曰以二氣言則鬼者陰之靈也神者陽之靈也以一氣言則至而伸者爲神反而歸者爲鬼其實一物而已
●問解無官而死者無他稱號勢不得已當書學生處士秀才各隨宜可也
●後漢書靈帝紀光和元年;始置鴻都門學生注鴻都門名也
●辭源[學生];在校學習的人
●管子小匡;農之者常爲農樸野不慝其秀才之能爲士者則足賴也(尹知章注)農人之子有秀異之材可爲士者則所謂生而知之不習而成者也
●朱子曰處士所爲未應擧者
●玉藻;居士錦帶(鄭玄注)居士道藝處士也
●慧遠義記在家修道居家道士名爲居士(註)居士梵語 grhapati 意譯
●孟子滕文公下聖王不作諸侯放恣處士橫議楊朱墨翟之言
●問無官而非學生者題主稱學生似未穩而且如子孫書四祖亦皆無合當稱號如何如何沙溪宋俊吉答無官而死者不稱學生則無他稱號勢不得已當書學生處士秀才各隨其宜可也

⊙告遷于祠堂(고천우사당)(據附註祫祭迭遷說移此節于禫祭後吉祭條)

以酒果告如朔日之儀若無親盡之祖則祝版(云云)告畢改題神主如加贈之儀遞遷而西虛東一龕以俟新主若有親盡之祖而其別子也則祝版(云云)告畢而遷于墓所不埋其支子也而族人有親未盡者則祝版(云云)告畢遷于最長之房使主其祭其餘改題遞遷如前若親皆已盡則祝版(云云)告畢埋于兩階之間(朱子曰古人埋桑主於兩階間今則只得埋於墓所○芝村曰先生初以埋于兩階間爲註下文又曰埋于墓側豈失於照管未及修正處耶)其餘改題遞遷如前

⊙사당 신주께 세대가 옮겨짐을 고한다.

과실과 술을 진설하고 고하기를 초하루 참배 의식과 같이한다. 만약 세대가 지나지 않은 신주만 있을 때는 다음과 같이 고하고 의식대로 한 대씩 올려 신주를 고쳐 써서 서쪽 감실로 차례대로 옮겨 동쪽 감실 한 칸을 비워놓고 새 신주를 기다린다.

만약 적손 세대는 다하였으나 그 지손(支孫)이 있을 때는 다음과 같이 축(祝)으로 고하고 묘소로 옮겨 매안(埋安)하지 않고 그 다음 형제 집으로 옮기고 족인(族人) 중 봉제사 세대가 지나지 않은 자 있으면 축으로 고하고 가장 위 항렬 어른 집(最長房)으로 옮겨 그가 신주를 섬기고 제사케 하며 그 외 개제(改題) 체천(遞遷) 의식은 앞과 같게 한다. 만약 봉 제사 세대가 이미 지난 신주는 축으로 다음과 같이 고하고 묘소(양 층계 사이)에 묻고 그 외의 개제 체천(遞遷) 의식은 앞과 같다.

⊙告遷于祠堂禮儀節次(고천우사당례의절차)

陳器如通禮朔日儀別設一卓於其東置淨水粉盞刷子筆硯於其上

序立(主人詣祠堂前)○盥洗○啓櫝○出主○參神○鞠躬拜興拜興拜興拜興平身○降神○盥洗○詣香案前○跪○上香○酹酒○俯伏興拜興拜興平身○斟酒(主人執注遍斟酒盞中畢少退立)○主婦點茶(茶畢與主人並立)○鞠躬拜興拜興平身○主婦復位(主人不動)○跪(主人以下皆跪)○讀祝(祝跪讀之)○俯伏興拜興拜興平身○請主(主人進奉主于卓子上執事者洗其當改字別塗以粉俟乾其親盡者以紙裹暫置卓子上)○題主(命善書者改題曾祖考妣爲高祖又改祖考妣爲曾祖又改考妣爲祖題畢)○遷主(主人自奉其主遞遷而西虛東一龕以俟新主少退立)○鞠躬拜興拜興平身○復位○辭神○鞠躬拜興拜興拜興拜興平身○焚祝文○禮畢

祝文神主之書官封稱呼而不書高曾祖考妣者是時高祖親盡曾祖祖考妣神主未改題故也

補按禮喪小記父母竝喪則先葬母而不虞祔以待父喪畢而後祔今擬若父先死則用此告遷儀節若父在母先死則是父爲喪主惟祔於祖母之櫝不必告遷也待父死之後然後用此儀節告遷而於祝文大祥已屆下添入及先妣某封某氏先亡祔于祖妣於禮遷入廟之上若父先亡已入祠堂而後母死只告先考一位其祝文曰玆以先妣某封某氏大祥已屆禮當祔於先考竝享不勝感愴竝同

⊙신주옮김을사당에고하는예의절차

제사 기구의 차림은 통예 초하루 의식과 같다. 따로이 탁자 하나를 향안 동쪽으로 놓고 그 위에 물과 흰 분가루 잔 털이개와 붓과 벼루를 갖추워 놓는다.

차서 대로 선다. (주인은 사당 앞으로 간다) ○손을 씻는다. ○주독을 연다. ○신주를 내놓는다. ○참신 재배한다. ○국궁 사배 평신한다. ○강신을 한다. ○손을 씻는다. ○향안 앞으로 간다. ○무릎을 꿇고 앉는다. ○분향을 한다. ○강신을 한다. ○부복 하였다 일어나 재배 평신한다. ○술을 따른다. (주인은 주전자를 들고 위전의 잔에 두루 술을 따르고 마쳤으면 조금 뒤로 물러나 선다) ○주부는 차를 따른다. (차 따르기를 마쳤으면 주인과 나란히 선다) ○국궁 재배 평신한다. ○주부는 제자리로 물러나 선다. (주인은 움직이지 않는다) ○무릎을 꿇고 앉는다. (주인 이하 모두 무릎을 꿇고 앉는다) ○독축을 한다.(축관은 무릎을 꿇고 앉아 독축한다)○부복 하였다 일어나 재배 평신한다. ○개제함을 신주에게 고한다. (주인이 나가 신주를 받들어 탁자 위에 눕혀 놓으면 집사자가 고칠 글자를 지우고 흰 분칠을 하여 마르기를 기다린다. 세대가 다한 신주는 종이로 싸서 탁자 위에 잠깐 놓아둔다) ○신주를 고쳐 쓴다. (글씨 잘 쓰는 이가 신주를 고쳐 쓰되 증조고비 신주는 고조고비 신주로 고쳐 쓰고 조고비 신주는 증조고비 신주로 고쳐 쓰고 고비 신주는 조고비 신주로 고쳐 쓴다. 고쳐 쓰기를 마쳤으면) ○신주를 옮긴다.(주인이 스스로 신주를 받들어 서쪽 빈 감실로 옮기고 동쪽 감실 한 칸을 비워 두어 새 신주를 기다린다. 마쳤으면 조금 뒤로 물러나 선다) ○국궁 재배 평신한다. ○제 자리로 물러나 선다. ○사신 재배한다. ○국궁 사배 평신한다. ○축문을 불사른다. ○예를 마친다.

◈改題告辭式(개제고사식)

維 歲次干支幾月干支朔幾日干支五代孫(承重稱六代孫繼曾祖以下之宗隨屬稱)某敢昭告于 顯五代祖考某官府君 顯五代祖妣某封某氏(高祖考妣至祖考妣列書承重則自六代祖考妣至曾祖考妣列書)玆以先考(承重云先祖考)某官府君喪期已盡禮當遷主入廟(承重則此下云先考某官府君已於某年某月祔于祖龕亦當遷主入廟) 顯五代祖考某官府君 顯五代祖妣某封某氏(承重則先書六代祖考妣)親盡神主當祧 顯高祖考某官府君 顯高祖妣某封某氏(至祖考妣列書承重則至曾祖考妣列書)神主今將改題(祔位有改題者則此下當云某親某官府君或某親某封某氏神主亦當改題○卑幼不書府君)世次迭遷不勝感愴謹以酒果用伸虔告謹告

◈母先亡父喪畢改題妣位告辭式(모선망부상필개제비위고사식)

祖母先亡承重祖父喪畢改題祖妣位告辭同但改屬稱

維 歲次干支幾月干支朔幾日干支孝子某敢昭告于 顯妣某封某氏當初題主時 先考某官府君爲主故以其屬書之今 先考喪期已盡禮當遷主入廟 顯妣神主亦當合享某將以 顯妣改題世次迭遷彌增罔極謹以酒果用伸虔告謹告

◈承重祖父喪畢改題考位告辭式(승중조부상필개제고위고사식)

維 歲次干支幾月干支朔幾日干支孝子某敢昭告于 顯考某官府君(俱亡則顯妣某封某氏列書下同)當初題主時 先祖考某官府君爲主故以其屬書之今 先祖考喪期已盡禮當遷主入廟 顯考神主亦入正位某將以 顯考改題世次迭遷彌增罔極謹以酒果用伸虔告謹告

▶3675◀◈問; 지방 쓰는 법에 대해서 여쭈어 봅니다.

우리가 지방을 쓸 때 여자는 유인(孺人)으로 그냥 쓰는 것으로 알고 있었는데 공부를 좀 해보니 유인은 남편이 벼슬이 없을 때 종구품(從九品) 벼슬에 해당하는 유인을 쓴다고 하던데요 그럼 남편이 서기관(書記官)을 하셨다면 배우자는 공인으로 써야 하나요 주변에는 남편이 사무관(事務官)을 해도 유인, 육급(六級) 공무원(公務員)을 해도 대부분 유인으로 쓰는 것 같아서요 몰라서 그런것인지 아니면 여자분은 남편 직책에 상관없이 유인으로 써야 하는지요.

◈答; 요즘 부인 지방 봉호에 대하여.

유인(孺人)의 봉호는 최말단 관직자 부인의 봉호인데 사계 선유와 우암 선유의 말씀과 같이 사서인의 처 봉호로도 쓰여지고 있습니다.

지금의 관직과 구 관직을 비교하여 요즘 어느 관직은 구 어느 관직과 같다 라 정의할 수가 없을 것입니다. 따라서 요즘의 지방에 구식 봉호로 체계화 시킬 수가 없습니다. 까닭에 현재의 관직에 부인을 붙여 예를 들어 書記官夫人 등과 같이 관계 명에 부인을 붙임이 부인의 지방에 봉호를 붙이는 취지에 옳다 할 것입니다.

●經國大典吏典外命婦封爵從夫職文武百官妻; ○正一品從一品貞敬夫人 正二品從二品貞夫人 ○正三品堂上官淑夫人 ○正三品從三品淑人 ○正四品從三品令人 ○正五品從五品恭人 ○正六品從六品宜人 ○正七品從七品安人 ○正八品從八品端人 ○正九品從九品孺人
●大典通編吏典外命婦原 封爵從夫職文武百官妻; ○貞敬夫人正從一品 ○貞夫人正從二品 ○淑夫人正三品堂上官 ○淑人正從三品 ○令人正從四品 ○恭人正從五品 ○宜人正從六品 ○安人正從七品 ○孺人正從九品
●典錄通考吏典外命婦封爵從夫職文武百官妻; ○貞敬夫人正從一品 ○貞夫人正從二品 ○淑夫人正三品堂上官 ○淑人正從三品 ○令人正從四品 ○恭人正從五品 ○宜人正從六品 ○安人正從七品 ○孺人正從九品
●沙溪曰無官而死者不稱學生則無他稱號勢不得已當書學生處士秀才各隨其意可也婦人孺人之號書亦可不書亦可丘氏謂無官婦人宜如俗稱孺人盖禮窮則從下之義也
●尤庵曰孺人是九品官之妻稱而士妻同稱之者是禮窮則同之義也

▶3676◀◈問; 지방 쓰는 법을 읽어보고 이해가 안 가서요.

안녕하세요. 지방 쓰는 법을 읽어보고 글을 올립니다. 정년퇴직을 하셨을 때도 學生으로 올려야 되는지요? 그리고 내일이 백중(49 제임 아버님의)이고 선조님들의 천도제를 제가 한번 모셨는데 선조님들의 지방도 같이 올려야 되는지요?

◈答; 지방 쓰는 법을 읽어보고.

귀하의 질문은 다음과 같이 요약 되겠습니다.

1, 어느 직에서 정년 퇴직을 하였는지는 밝혀 주지를 아니 하여서 확실한 답변은 할 수 없으나 관직을 퇴임 후 작고 하였으면 최종 관직 등급 명을 씁니다.
2, 49 재나 천도제는 불가의 예법 같습니다.

천도재(薦度齋)란 망자(亡者)의 영혼(靈魂)을 극락(極樂)의 세상으로 보내기 위하여 산 자가 7 일마다 7 번을 치르는 불교 의식인 7 재(齋)와 100 일재(日齋) 1 년. 2 년 또 업장이 무거운 영혼에게는 수의 지정 없이 여러 번 지내 주는데 이 중에서도 49 일째 지내는 49 재가 가장 중요하다 합니다. 까닭은 49 재에는 지하 왕중의 왕인 염라대왕(閻羅大王)의 심판일이라 그렇다 합니다. 이와 같이 지내는 재(齋)를 일러 천도재(薦度齋)라 합니다.

●佛敎專門儀式薦度齋編; 對靈[擧佛][請魂][振鈴偈] 灌浴[入室偈][沐浴偈][庭中偈][開門偈] 觀音施食[擧佛][請魂][着語][振鈴偈][着語] 神妙章句大陀羅尼 破地獄眞言 解寃結眞言 普召請眞言 [證明請][歌詠][獻座眞言][茶偈][孤魂請][歌詠] 受位安座眞言 [茶偈] 變食眞言 施甘露水眞言 一字水輪觀眞言 乳海眞言 稱揚聖號 施鬼食眞言 施無遮法食眞言 普供養眞言 [供養讚][般若四句偈] 如來十號 [莊嚴念佛] 奉安偈 普廻向眞言 [奉送偈][行步揭][法性偈][餞送][諷誦加持] 燒錢眞言 奉送眞言 上品上生眞言 普回向眞言

※(形式)参考

薦 度 齋

對 靈

[擧佛]

南無極樂導師阿彌陀佛

南無左右補處兩大菩薩

南無接引亡靈引路王菩薩摩訶薩

[請魂]

據 娑婆世界 東洋 大韓民國 ○○道 ○○市 ○○洞 ○○寺 淸淨水月道場
今此至意誠心 四十九齋 爇香壇前 奉請齋者
○○道 ○○市 ○○居住 行孝子 ○○○伏位 所薦亡父母 ○○○靈駕
生本無生 滅本無滅 生滅本虛 實相常住 ○○○靈駕 還會得 頓證法身 永滅飢虛 基或未然 承佛神力 仗法加持 赴此香壇 受我妙供 證悟無生

●初刻拍案惊奇卷二十三; 次日崔生感興娘之情不已思量薦度他
●語類士大夫家忌日用浮屠誦經追薦鄙俚可怪旣無此理是使其先不血食也
●西樓記捐姬; 代殷勤薦度願稱早歸法旨蓮花生長無塵滓
●京本通俗小說拗相公; 一日愛子王雱病疽而死荊公痛思之甚招天下高僧設七七四十九日齋醮薦度亡靈

▶3677◀ ◈問; 지방 쓰는 절차에 관해서.

형님과 제가 전부터 해오던 대로 부모님 조부모님 제사 때 지방을 아버님은 顯考學生府君 神位와 조부님은 顯祖考學生府君 神位라 쓰고 제사를 모셨습니다. 그런데 올 봄 형님이 병환으로 돌아가시고 난 후 추석 때 큰 댁에서 차례를 지내는데 큰댁의 조카가 자신을 기준으로 지방을 써서(즉 형님은 顯考學生府君 神位 라하고 아버님은 顯祖考學生府君 神位라 씀) 차례를 지냈습니다. 물론 조카의 입장에서 보면 타당하다고 하겠으나 제 입장에서는 조부님의 제사는 50 여 년을 또한 아버님의 제사는 10 여 년을 모셔왔던 지방이 형님의 별세로 바뀌게 되니 이것이 올바른 것인지 궁금합니다. 지방 쓰는 예의를 알려 주시기 바랍니다. 감사합니다.

◈答; 지방 쓰는 절차에 관해서.

귀하 조카의 기준으로 신주(지방)를 고쳐 써야 맞는 예법입니다. 이 제도를 적자(嫡子) 승계(承繼)라 하는 것이며 적자가 먼저 죽은 후 그의 차자(次子)가 있어도 그가 죽으면 그(장자)의 아들(적손)이 승중(承重)이라 하여 그의 명으로 상(喪)을 주관 하는 상주가 되며 그 복(服)을 벗은 뒤에도 그가 각종 제사의 주인으로 초헌을 하는 것입니다.

당초 신주를 쓸 때 속 신주와 겉 신주를 같이 쓰는데 속 신주는 죽은 이를 표시 하고 겉 신주는 봉사자와의 관계를 쓴 뒤 그 봉사자가 죽으면 적자 승계 제도에 의하여 죽은 이의 장자가 대를 이어 그의 명으로 겉 신주만 고쳐 쓰는 것입니다. 지방은 겉 신주와 같은 것입니다. 고쳐 쓰는 예는 위 [000]번에 설명이 되어 있습니다. 세상 모든 것에 질서가 있듯이 제사의 예법 역시 질서가 있어야 혼란을 피할 수 있는 것입니다. 그 제도가 적자 승계라는 제도 입니다.

귀하의 조카가 행한 예법이 바른 예를 따른 것으로 흠이 없으니 서운함이 있다 하여도 그를 오히려 장하게 생각 하십시오. 적장자손(嫡長子孫)은 효(孝; 孤哀)자손(子孫)으로서 제사(祭祀)나 상사(喪事)에서 主人이 되어 초헌(初獻)을 하게 되지요.

●左傳文公十二年六月歸生佐寡君之嫡夷杜註歸生子家名夷太子名
●詩經大雅懷德維寧宗子維城無俾城懷註大宗强族也宗子同姓也惟宗子合族以聯親則分猷共念而有夾輔之功斯維城矣
●世說新語文學林道人往就語將夕乃退有人道上見者問云公何處來答云今日與謝孝劇談一出來
●問喪孝子喪親哭泣無數○雜記祭稱孝子孝孫

▶3678◀◈問; 지방을 쓸 때 오른쪽에서 왼쪽으로 써야 맞는가요.

지방을 세로로 쓸 때 오른쪽에서 왼쪽으로 써야 맞는가요,

묘소나 결혼식 등 남자가 왼쪽이라 부친을 왼쪽에 모친을 오른쪽에 썼는데 지인이 말씀하시기를 모시기는 그렇게 모셨으나 지방을 쓸 때는 오른쪽부터 글을 시작하며 오른쪽에 부친을 왼쪽에 모친을 써야 한다고 하여 헷갈리네요, 옛날 묘지 상석에도 보면 오른쪽에서 글이 시작되며 부친을 먼저 쓰고 왼쪽에 모친을 쓴걸 보면 지인의 말씀이 맞는 것 같네요, 물론 실제 묘는 왼쪽이 부친이고, 오른쪽이 모친이란 건 알고 있습니다. 지방을 쓸 때 부친과 모친의 좌우 측 어떻게 써야 되는지 답변 부탁 드립니다,

◈答; 지방을 쓸 때 고비를 한 장에 쓰지 않습니다.

지방이라 하여도 신주(神主)와 같이 고비(考妣)를 각각 써야 합니다.

음양(陰陽) 방위(方位)는 아래와 같이 채택(採擇)된 전거(典據)에 의하면 소위 음양(陰陽) 좌우(左右) 분별(分別)은 천지(天地)의 방위적(方位的) 개념(槪念)의 좌우(左右)와 인체적(人體的) 개념(槪念)의 좌우(左右)와 생양사음(生陽死陰)으로 구분 지을 수 있습니다.

따라서 생자(生者)는 양(陽)에 해당(該當)되어 동(東)쪽이 상석(上席)이 되고 사자(死者)는 음(陰)에 속하여 서(西)쪽이 상석(上席)이 됩니다. 까닭에 매장(埋葬)이나 신주(神主)나 지방(紙榜)의 차례(次例)는 서(西)쪽이 상석(上席)이 되고 비석(碑石)은 한자(漢字) 행서(行書)는 양(陽;東)에서 시작(始作) 음(陰;西)으로 좌행서(左行書)가 됩니다.

◆천지(天地)의 음양(陰陽); 동양서음(東陽西陰) 좌양우음(左陽右陰).
◆생사(生死)의 음양(陰陽); 생양사음(生陽死陰)
◆인체(人體)의 음양(陰陽); 좌음우양(左陰右陽)
◆서필행(書筆行)은 동양서음(東陽西陰); 좌행서(左行書)

●便覽紙牓式; 紙用厚白紙長廣隨宜以眞楷細書於紙中央臨祭貼於椅上隨位各書 ○祖妣二人以上別具紙各書
●南溪曰載海按天地之東爲左西爲右而使人面北而看之則天地之左卽人之右也天地之右卽人之左也然凡所謂陽左陰右者皆從天地之左右故曰陽居於東陰居於西
●弘齋全書經史講義易明夷; 啓洛對豐之折右肱明夷之夷左股蓋取其左弱右強左陰右陽之義而手足之用皆以右爲便則豐之言右以其傷之切而不可用也
●老子夫佳兵章吉事尙左凶事尙右註人身左陽右陰吉事爲陽故平居貴左病事爲陰故貴右
●南溪禮說答問曰表石立於墓前禮也不然則當立於左旁盖右是神道之尊位也兩位表石右書府君左書夫人當如神主之制而世人或多用順書之法未知孰是夫人位之墓二字不必書只書祔以別正位似可
●黃帝內經素問陰陽別論篇第七; 經氣乃絶死陰之屬不過三日而死生陽之屬不過四日而死所謂生陽死陰者肝之心謂之生陽心之肺謂之死陰肺之腎謂之重陰腎之脾謂之辟陰死不治

▶3679◀◈問; 지방 쓸 때 의문점이.

안녕하세요. 이번에 아버님이 돌아가시고 처음 모시는 할아버님 제사에 예전과 같이 지방을 할아버님 항목만을 기제하였습니다. 顯祖考學生府君 神位 (현조고학생부군 신위) 만 기제했

습니다. 제가 알기로는 할아버님 이전부터 제를 모시는 분만 기재하고 명절이 되면 두 분을 함께 기재했던 것으로 기억하는데, 다른 집안 어른 중 한 분이 제를 지낼 때도 할아버님 옆에 할머님도 적어야 되는 것 아니냐고 물으셔서, 자세히 알지 못하여, 이렇게 문의를 드립니다. 제가 기억 하고 있듯이 제를 지내는 분만 적고, 명절 때는 두 분을 함께 모시는 것이 맞는지, 아니면 언제나 함께 적어야 하는 것인지 알려주시면 감사하겠습니다. 이렇게 벌써부터 아버님의 빈자리가 느껴지네요.

◈答; 지방 쓸 때 의문점이란.

귀하의 질문은,

1, 기제사 날 당한 한 위인가 양위 분인가.
2, 지방은 한 장에 양위 분 합서를 하는가.
3, 기제에는 한 위만 써 세우고 명절에는 합서를 하는가. 인 것 같습니다.

다음과 같이 선유들께서 말씀 하셨습니다.

●沙溪曰忌日並祭考妣雖非朱子意我朝先賢嘗行之栗谷亦曰祭兩位於心爲安云不必避也
사계 선생께서 이르기를 기일에 고비 병제로 지내는 것은 아무리 주부자의 뜻은 아니라 하여도 조선국의 선현들께서 일찍부터 지냈던 것으로 율곡 선생 역시 말씀 하시기를 기제에 양위 분 이라야 마음이 편안 할 것이다 일렀으니 반듯이 꺼려 할 것만은 아니니라

●鏡湖曰儀節及集說之於時祭亦皆考妣同卓者~중략~五禮儀恐又本於儀節集說耳然則考妣 同卓亦不爲無據今俗亦多用同卓之儀
경호 선생께서 말씀 하시기를 의절(儀節) 및 집설(集說) 의 시제(時祭)를 지내는데 역시 모두 고비를 한 탁자에 진설 하고 지낸다. 오례의(五禮儀)도 아마 또 근본은 의절과 집설 이다 그러한즉 고비를 한 탁자에 진설하고 제사 하는 것 역시 근거가 없다 할 수 없는 것이며 요즘 세속에서 역시 많은 문중에서 동탁 의식으로 지내고 있느니라.

이와 같이 살펴 볼 때 기제나 명절 제에 다 같이 고비 양위 분을 합설 병제를 함이 예에 어긋남이 아닌 것입니다. 지방은 각각 써서 남좌 여우 즉 남서녀동으로 수저 그릇 뒤에 교의(생자의 의자와 같은 의미임)를 각각 놓고 세워야 이치에 합당한 것이며 특히 지방 역시 신주의 겉 신주를 본뜬 것으로 신주가 고비 각각이듯 아무리 지방이라 하여도 고비 각각이라야 한다 하겠습니다.

1. 째 질문. 答; 기제에 가속에 딸아 한 위 또는 양위 분 합제를 합니다.

●陶庵曰只設一位禮之正也盖忌日乃喪之餘値其親死之日當思是日不諱之親而祭於其位不宜援及他位只祭所祭之位而不爲配祭非博於所配祭以哀在於所爲祭者故耳然則當以只祭一位爲正考妣幷祭雖有先儒之說恐不可從
●杇淺曰凡忌祭當忌之位
●旅軒曰忌祭人多幷祭考妣甚非禮也
●愚伏曰不敢援尊固有所本於理亦精然幷祭亦何不可
●奉先雜儀文公家禮忌日止設一位程氏祭禮忌日配考妣二家之禮不同蓋止設一位禮之正也配祭考妣禮之本於人情者也
●栗谷曰忌祭則設所祭一位具饌但具一分若幷祭考妣則具二分
●牛溪曰程子俱祭考妣鄙人則用程禮
●愼獨齋曰幷祭爲當
●尤庵曰吾家設考妣兩位雖知其不當而行之已久不能改也
●沙溪曰忌日幷祭考妣雖非朱子意我朝先賢嘗行之栗谷亦曰祭兩位於心爲安云援尊之嫌恐不必避也

2. 째 질문. 答; 지방은 고비를 각각 써 세워야 합니다.

●便覽紙牓

○紙; 用厚白紙長廣隨宜以眞楷細書於紙中央臨祭貼於椅上隨位各書

●通典晉蔡謨云祠版制神版正長尺一寸博四寸五分厚五寸八分大書某祖考某封夫人某氏神座
●韓魏公祭式位版以栗木爲之長尺二寸廣四寸厚八分圭首素版墨書題云顯某考某官顯某妣某夫人神座
●朱子曰江都集禮晉荀勗祠制云祭板皆正側長一尺二分博四寸厚五分以八分大書某人神坐

○紙牓式(지방식)
顯某考某官府君神位
顯某妣某封某氏神位(祖妣二人以上別具紙各書)

3. 째 질문. 答; 기제나 명절이나 다 같이 동탁(同卓) 합제(合祭) 하여도 예법에 어긋나지 않습니다.

●程氏祀先凡例祖考忌日則只祭祖考及祖妣祖妣忌日則只祭祖妣及祖考
●奉先雜儀按文公家禮忌日止設一位程氏祭禮忌日配祭考妣二家之禮不同盖止設一位禮之正也配祭考妣禮之本於情者也
●問忌日欲祭一位何如退溪曰愚意亦然但中古亦有祭兩位之說似無甚礙故家間從先例兩祭
●沙溪曰忌日幷祭考妣雖非朱子意我朝先賢嘗行之栗谷亦曰祭兩位於心爲安云授尊之嫌恐不必避也

▶3680◀◈問; 지방 쓸 줄을 몰라서요.

1>할아버지 할머니 아버지 차례를 지내야 하는데요, 일반 제사랑 명절 시 쓰는 지방이 틀린가요?

2>틀린다면 두 가지 다 쓰는 것 좀 알려주시면 감사 하겠습니다. 오늘 많이 바쁘신 거 같네요. 즐거운 명절 되세요.

◈答; 지방 쓸 줄을 모른다면,

조부~顯祖考學生府君神位 **조모**~顯祖妣孺人某氏神位 **부친**~顯考學生府君神位

학생(學生)에는 생전 벼슬을 하였으면 벼슬 명을 쓰고 유인(孺人)에는 봉(封)함이 있었으면 봉명을 쓰며 모씨에는 성씨를 씁니다. 지방식을 어느 제사든 동일 합니다. 단 위마다 각각 서야 합니다.

●便覽紙牓(편람지방)
○紙(지)
用厚白紙長廣隨宜以眞楷細書於紙中央臨祭貼於椅上隨位各書

●通典晉蔡謨云祠版制神版正長尺一寸博四寸五分厚五寸八分大書某祖考某封夫人某氏神座
●韓魏公祭式位版以栗木爲之長尺二寸廣四寸厚八分圭首素版墨書題云顯某考某官顯某妣某夫人神座
●朱子曰江都集禮晉荀勗祠制云祭板皆正側長一尺二分博四寸厚五分以八分大書某人神坐

○紙牓式(지방식)
顯某考某官府君神位
顯某妣某封某氏神位(祖妣二人以上別具紙各書)

▶3681◀◈問; 지방에 관해서.

전통예절 난에서 지방에 관한 글을 보았습니다. 그런데 여기서는 남녀 별지라고 했는데 보통 일반 책자에 보면 돌아가신 분들 남녀의 지방이 한 장에 적혀져 있습니다. 한 장에 다 적어도 되는 건지. 그리고 한 장에 적든지 두 장에 적든지 그 지방의 남녀 위치는 어떻게 되는 건지요? 남자 쪽이 오른쪽에 적는 것인지 왼쪽에 적는 것인지요.

◈答; 지방에 관해서.

신주(神主)를 모시지 못하여 지방(紙牓)으로 대신할 때 한 장에 두 위를 함께 쓰는 것은 대단한 결례가 되는 것 입니다. 왜냐하면 기제사나 명절 제사 때 진설 시 각위마다 수저와 메, 국을 병설하고 수저 뒤에 교의(交椅)를 놓고 교의에 신주 또는 지방을 모셔야 함이니 만약 한 장에 함께 쓰면 바르게 모실 곳이 없습니다. 그렇기 때문에 별지에 양위(兩位) 분 또는 삼위(부, 적모, 계모)분을 각각 쓰셔야 바릅니다. 그리고 남녀의 위치는 신위를 바라볼 때 남좌여우(男左女右)가 되며 남서여동이 바른 위치입니다.

●便覽紙牓(편람지방)

○紙(지)

用厚白紙長廣隨宜以眞楷細書於紙中央臨祭貼於椅上隨位各書

●通典晉蔡謨云祠版制神版正長尺一寸博四寸五分厚五寸八分大書某祖考某封夫人某氏神座

●韓魏公祭式位版以栗木爲之長尺二寸廣四寸厚八分圭首素版墨書題云顯某考某官顯某妣某夫人神座

●朱子曰江都集禮晉荀勗祠制云祭板皆正側長一尺二分博四寸厚五分以八分大書某人神坐

○紙牓式(지방식)

顯某考某官府君神位

顯某妣某封某氏神位(祖妣二人以上別具紙各書)

◆死者; 男左女右(男西女東; 南向)는 地道尙右 神道尙右 법도에 의함임. 정면에서 마주한자의 관점에서.

◆生者; 男左女右(男東女西; 北向)는 地道尙右 人道尙右 법도에 의함임. 정면에서 마주한자의 관점에서.

●溫公曰古者除於室中故神坐東向自後漢以來公私廟皆同堂異室南向西上所以西上者神道尙右故也

●退溪曰兩親墓東西定位想中國俗葬皆【男左女右】故朱先生葬劉夫人時只循俗爲之其後丘文莊亦不欲異俗而云云也然朱子答陳安卿之問分明謂祭而【以西爲上】葬時亦當如此方是則此乃爲晩年定論而後世之所當法也

●南溪曰世之葬法有以男左女右傳曰【神道尙右地道尙右】

●栗谷曰其出行也先告家廟次告庶母及兄嫂夫人則立內門而揖送妾則立中門子弟則立大門而拜送婢僕則於大門外皆【男左女右】而拜其還亦如之

●錦谷曰家禮及諸禮書皆以東爲上故其爲【男東女西】者卽【左東右西】之意也其後儒先言論多端用西上之規故祠宇之奉墓中之祔皆爲【男西女東】此是古今之異也

●王制道路男子由右婦人由左註凡男子婦人同出一塗者則男子常由婦人之右婦人常由男子之左

●內則【道路男子由右女子由左】(集說細註)道路之法其右以行男子其左以行女子古之道也(鄭注)【地道尊右】

●內則【男左女右】細註嚴陵方氏曰或男耦而女奇取陰陽之相須也或男左而女右取陰陽之相類也

●性理大全祠堂篇凡屋之制不問何向背但以前爲南後爲北【左爲東右爲西】

●芝村曰初喪爲位皆以【男左女右】而上朝祖下男女道路之法謂【男左女右】

●重庵曰【男左女右】以地道言則右尊左卑道路屬地當男右女左盖右主動而左主靜右有力而左無爲故男女所由如此

●龜川曰神道尙左故小斂以後則左袒而神主奉安則以西爲上此則尙右惡在神道尙左之義耶 【人道尙右】 【人道尙右】則北鄕立者宜 【以東爲上】而序立者反 【以西爲上】此則尙左其義

●朱子曰禮云【席南向北向以西方爲上】【東向西向以南方爲上】是【東向南向之席皆尙右】【西向北向之席皆尙左】也今祭禮考妣同席南向則考西妣東自合禮意大率古者以右爲尊如周禮云享右祭祀詩云旣右烈考亦右文母漢人亦言無能出其右者是皆以右爲尊也

●密菴曰或以尊者所在爲上如冠禮迎賓及階下位則【北爲上】堂上位則【南爲上】執冠巾者賓未

入則【東爲上】賓已入則【北爲上】坐於奧則【南爲上】坐於堂則【西爲上】何嘗有一定廣武東向亦只是賓

▶3682◀◈問; 지방에 대하여.

지방 쓸 때 顯자에 絲자가 점이 총 6개인데 지방 쓸 때는 총4개를 적는 이유가 무엇입니까? 부탁 드립니다.

◈答; 지방에 대하여.

현(顯)자에서 실사(絲)에 점을 6개를 찍어야 하나 2개를 생략하여 쓰여집니다.

●康熙字典頁部十四畫[顯]古文[㬎]音蜆○日部十畫[㬎] [說文]作日(下)絲微杪也从【日中視絲】古文以爲顯字或曰衆口貌讀若唫唫

●說文解字注日部[㬎](篆字)日(下)絲 衆微杪也从【日中視絲】此九字[廣韻]作衆明也微妙也从日中視絲十一字疑當作衆明也从日中見絲絲(彳변無인)微眇也(彳변無인)微者今之微字眇者今之妙字

▶3683◀◈問; 지방에 대한 문의.

안녕하십니까? 할아버지 할머니 제사를 아버지께서 지내셨는데 몇 달 전에 아버지가 별세하셨습니다. 그래서 명절 때 조부모님, 아버지 지방을 어떻게 써야 하는지 몰라서 문의합니다. 지방을 각각 써서 따로 붙여야 하는지 아님 조부모님 지방만 쓰고 아버지는 영정사진을 대신 올려도 되는지 답변해 주시면 감사하겠습니다.

◈答; 지방에 대하여.

만약 탈상전이면 차례를 지내지 않는 것은 물론 조부모님의 기제사 역시 지내지 않습니다. 상중에는 주인은 폐제를 하는 것입니다. 조부모의 기일을 당하면 경복자가 무축 단헌으로 예를 마쳐야 하는 것입니다

탈상 후면 다음과 같습니다. 죄송하나 귀하의 성명 삼자(三字)로 봐서는 부녀자 인 듯 합니다. 남자 형제가 주인인 지방식 입니다. 물론 지방은 부부라도 각각 써야 합니다. 부친 역시 지방으로 제사를 모셔야 합니다.

●便覽紙牓(편람지방)

○紙(지)

用厚白紙長廣隨宜以眞楷細書於紙中央臨祭貼於椅上隨位各書

●通典晉蔡謨云祠版制神版正長尺一寸博四寸五分厚五寸八分大書某祖考某封夫人某氏神座

●韓魏公祭式位版以栗木爲之長尺二寸廣四寸厚八分圭首素版墨書題云顯某考某官顯某妣某夫人神座

●朱子曰江都集禮晉荀勗祠制云祭板皆正側長一尺二分博四寸厚五分以八分大書某人神坐

○紙牓式(지방식)

顯某考某官府君神位

顯某妣某封某氏神位(祖妣二人以上別具紙各書)

⊙할아버지 지방식	⊙할머니 지방식	⊙아버지 지방식
顯祖考某官府君 神位	顯祖妣某封某氏 神位	顯考某官府君 神位

모관에는 생시 벼슬 명을 씁니다. 벼슬치 않았다면 學生(학생)이라 쓰고 할머니 지방에 모봉 역시 봉호를 쓰는 것이나 그분의 남편이 벼슬치 않았으면 孺人(유인)으로 쓰고 모씨에는 성을 쓰는 것입니다.

●便覽喪禮虞祭篇祔祭諸具紙牓條[紙]用厚白紙長廣隨宜以眞楷細書於紙中央臨祭貼於椅上隨位

各書

●家禮喪禮治葬作主條身高尺二寸博三寸厚寸二分剡上五分爲圓首寸之下勒前爲頷而判之四分居前八分居後頷下陷中長六寸廣一寸深四分合之植於趺下齊竅其旁以通中

●便覽喪禮治葬篇題主諸具題主條陷中式故某官某公諱某字某神主○粉面式顯考某官封謚府君神主○紙牓式條(新補)顯某考某官府君神位

●士儀喪禮祔祭紙牓條紙長一尺二寸廣四寸前面書顯某祖考某官府君神位粘於版倚於椅上

●健陵遷奉都監儀軌紙牓式(註)以三房受來咨文紙裁成高一尺廣五寸上圓依虞主尺數用禮器尺

●便覽喪禮治葬作主主材條周尺

▶3684◀◈問; 지방에 2 명을 적은 사례.

*지방에 2 명을 적은 것은 언제부터 입니까?
*근례가 아닌 예서(고례)에 근거가 있습니까?
*쓸 내용이 많을 경우, 두 줄로 쓰면 어떻게 적습니까?.

◈答; 지방에 고비(考妣) 두분을 한 장에 쓰지 않습니다.

아래 朱夫子 말씀을 살펴보건대 "지방표기축위(紙牓標記逐位)라 하셨으니 지방은 위마다 각각 써야 하신다는 말씀입니다.

또 도암(陶庵) 선유 말씀에 의하면 위마다 각각 써야 하며 만약 비(妣)위가 두분 이상일 때 비(妣)마다 각각 써야 하신다는 말씀입니다.
명절 차례나 고비 병제 가문이라면 위마다 의자를 놓고 의자에 신주나 지방을 모시는데 어찌 한 의자에 두 분을 앉힐 수가 있겠습니까. 따라서 만약 고비(考妣)를 한 장에 쓴다 함은 예를 바르게 배우지 못한 결과라 이해되어야 할 것입니다.

또 우암(尤菴) 말씀에 신주를 쓸 때 자수(字數)가 많으면 부득이 두 줄로 쓴다 하심입니다.

●朱子曰兄弟異居廟初不異只合兄祭而弟與執事或以物助之爲宜相去遠者則兄家設主弟不立主至於祭時旋設位以紙牓標記逐位祭畢焚之如此似亦得禮之變也更祥之

●陶庵(李縡;1680~1746)曰紙牓用厚白紙長廣隨宜以眞楷細書於紙中央臨祭貼於椅上隨位各書又曰祖妣二人以上別具紙各書

●尤菴曰據朱子大全則先書實職後書贈職爲是故鄙家遵用此例矣○必欲遵依先䂓先書贈職恐亦無妨○又曰神主以字數之多不免於雙行者出於不得已也

▶3685◀◈問; 지방을 쓰는데 있어서.

0. 지방을 쓰는데 있어 관직이 있으면 "상례편 초종장 입명정조 관계칭호 표 참조"하여 쓰고 "만약 관직이 없었거나 봉호가 없었으면 남자는 모관에 學生이라 쓰고 여자의 모봉에는 孺人이라 쓴다."라고 하였는데 이러한 관직은 조선시대에 벼슬을 한 것을 말하는 것 같은데요. 만약 현대에 벼슬을 하였다면 지방은 어떻게 써야 하는지요?

현대는 벼슬이 없다고 치고 전부 지방에 학생이라고 써야 하는지요? 아니면, 현대에서고 벼슬을 하였다고 치면 어디까지를 벼슬을 한 것으로 치는 것인지요? 궁금합니다.

◈答; 지방을 쓰는데 있어서.

귀하의 의문은 다음과 같이 3 가지로 요약이 되겠습니다.

問 1), 현대에 벼슬을 하였다면 지방은 어떻게 써야 하는가?
答; 벼슬 즉 관직이라 하면 국록(지방직 포함)을 수령하는 직분을 가진 사람으로 잡역이나 병을 제외한 문무관으로 생전 제일 높은 관직명(예; 장, 차, 사무관, 서기관, 대장, 대령, 대위, 등)을 모관(某官)에 쓰면 되지 않을까 생각 됩니다

●祭統銘者自名也自名以稱揚其先祖之美而明著之後世者也爲先祖者莫不有美焉莫不有惡焉銘之義稱美而不稱惡此孝子孝孫之心也其先祖無美而稱之是誣也有善而弗知不明也知而弗傳不仁也此

三者君子之所恥也(細註)嚴陵方氏曰無美而稱之則不足以取信於人故曰是誣也

問 2). 현대에 벼슬이 없다면 전부 학생(學生)이라 써야 하는가?
答; 지방이나 축문의 학생(學生)이라 함은 벼슬하기 위하여 수업 중 관직에 미치지 못하고 사망한자를 의미하나 기 중에서 학문은 높으나 관가에는 들어가지 않고 후학 육성 등 사회에서 존경할만한 공헌을 하다 사망 하게 되면 모관(某官)에 선생(先生)등 존칭어를 썼으니 현대에서도 이와 같이 존경 할만한 분이라면 이를 본떠 그에 상응한 존칭어를 쓴다 하여도 욕되지는 않으리라 생각 됩니다.

●荀子全書正論篇;夫德不稱位能不稱官賞不當功罰不當罪不祥莫大焉(註)官官職
●世說新語德行; 王戎父渾有令名官至凉州刺史
●士儀治葬題主陷中條無官則隨常時所稱如學生處士秀才或別號之類
●問解無官而死者無他稱號勢不得已當書學生處士秀才各隨宜可也
●後漢書靈帝紀光和元年; 始置鴻都門學生注鴻都門名也
●辭源[學生]; 在校學習的人
●漢書異姓諸侯王表; 秦旣稱帝患周之敗以爲起於處士橫議(注)處士謂不官於朝而居家者也
●朱子曰處士所爲未應舉者
●管子小匡; 農之者常爲農樸野不慝其秀才之能爲士者則足賴也(尹知章注)農人之子有秀異之材可爲士者則所謂生而知之不習而成者也

問 3). 현대에 벼슬을 하였다면 어디까지를 벼슬한 것으로 쳐야 하는가?
答; 관(官)이라 함은 지휘 통솔과 통하기 때문에 동반(東班)과 육해공의 서반(西班)에 적을 둔 잡역(雜役)이나 병졸 등에 해당하는 자는 제외 하고 국록(國祿)을 수령하는 별정직(別定職)과 선출직(選出職)을 포함 채용고시 등으로 임용된 모든 공무원이 이에 해당하지 않을까 생각 됩니다.

●荀子全書正論篇;夫德不稱位能不稱官賞不當功罰不當罪不祥莫大焉(註)官官職
●世說新語德行; 王戎父渾有令名官至凉州刺史
●士儀治葬題主陷中條無官則隨常時所稱如學生處士秀才或別號之類
●問解無官而死者無他稱號勢不得已當書學生處士秀才各隨宜可也
●後漢書靈帝紀光和元年; 始置鴻都門學生注鴻都門名也
●辭源[學生]; 在校學習的人
●漢書異姓諸侯王表; 秦旣稱帝患周之敗以爲起於處士橫議(注)處士謂不官於朝而居家者也
●朱子曰處士所爲未應舉者
●管子小匡; 農之者常爲農樸野不慝其秀才之能爲士者則足賴也(尹知章注)農人之子有秀異之材可爲士者則所謂生而知之不習而成者也

▶3686◀◈問; 지방(紙榜)을 쓸때 품계와 관직.

수고가 많으십니다. 조상에게 제사를 지낼 때 지방에 글씨를 써야 합니다.

그런데
1). 조상의 贈職, 行守가 많을 경우 전부 기록하여야 하는지요?
몇 가지 선택하여 기록하는지요? 제일 높은 직의 하나만 쓰는지요?
2). 다른 방법이 있는지요?
3). 지방의 글씨가 두줄, 세 줄이 되어도 되는지요? 한 줄만 쓰는지요?
4). 神主에는 어떻게 써야 하는지요? 죄송합니다.

◈答; 紙榜을 쓸때 품계와 관직.

問 1. 答; 모관(某官)에는 사자(死者)의 마지막 관직(官職). 증직(贈職)이 있었다면 먼저 실직(實職) 후서(後書) 증직(贈職).혹 증직(贈職) 후서 실직(實職).

만약 마지막 직(職)이 행수직(行守職)이였다면 모관등(품계)행모관(某官等(品階)行某官) 또는

모관등수모관(某官等守某官). 例; *通政大夫行*承政院同副承旨

問 3. 答; 자수(字數)가 많으면 두 줄로 작주(作主; 紙牓同)하기도 합니다.

問 4. 答; 지방식(紙牓式)은 신주(神主) 분면식(粉面式)과 양식(樣式)이 같은데 다만 주(主)를 위(位)로 고쳐 쓸 뿐으로 신주(神主)나 지방(紙牓)이나 같습니다.

●荀子全書正論篇;夫德不稱位能不稱官賞不當功罰不當罪不祥莫大焉(註)官官職
●尤菴曰據朱子大全則先書實職後書贈職爲是故鄙家遵用此例矣○必欲遵依先規先書贈職恐亦無妨○又曰神主以字數之多不免於雙行者出於不得已也
●經國大典京官職條階高職卑則稱行階卑職高則稱守(註七品以下不得越二階六品以上不得越三階而守)行守字在司上

▶3687◀◈問; 지방을 어떻게 써야 할지요?

저는 할머님들(?)의 손자(孫子)입니다. 그러니까, 친(親)할머니와 계(繼)할머니(?) 라고 해야 하는지. 친할머니 말고 친할머니와 이혼(離婚)하시고 다른 할머니가 있었습니다. 하지만 두 분다 돌아가시고, 물론 할아버지도 돌아가셨습니다. 그렇게 된다면, 지방(紙牓)을 어떻게 써야 하는지요? 각각 따로따로 써야 하는지. 아니면 할아버지와 친할머니를 같이 쓰는지? 아니면 할아버지와 계(繼)할머니를 같이 써야 하는지요? 쉬운 말로 설명 좀 부탁 드립니다. (김 0 호)

◈答; 지방은 이렇게.

⊙繼母之祀(계모지사)

或問朱子曰橫渠謂祔葬祔祭止用一人譬之一室中豈容二妻以義斷之須祔以首聚繼室別爲一所可也程氏祭儀乃謂奉祀之人是繼所生卽以所生之母配繼聚無子祔祭別位二說何如朱子曰程說恐誤橫渠之說亦推之太過也唐會要中有論凡嫡母先後皆當並祔合祭只從唐人所議爲允○按喪小記婦祔於祖姑祖姑有三人則祔於親者是可爲嫡母並祔之證

⊙繼妣合櫝(계비합독)

張子曰其葬其祔雖爲同穴同筵几然譬之人情一室中豈容二妻以義斷之須祔以首娶○朱子曰配祭只用元妃繼室則爲別廟○問程氏祭儀凡配只用正妻一人或奉祀之人是再娶所生卽以所生配若奉祀者是再娶之子乃用所生配而正妻無子遂不得配可乎曰程先生此說恐誤唐會要中有論凡是適母無先後皆當並祔合祭與古者諸侯之禮不同又曰橫渠之說似亦推之太過○兩娶三娶者唐人自有此議云當並配○勉齋曰按小記云婦祔於祖姑祖姑有三人則祔於親者祖姑二人皆得祔廟則再娶之妻自可祔廟程子張子特考之不祥朱先生所辨正合禮經○尤菴曰父之所娶雖至於四何害於合櫝配食也

⊙嫁母不祔廟(가모불부묘)

朱子曰嫁母者生不可以入于廟死不可以祔于廟

⊙出母之祀(출모지사)

朱子曰出妻入廟決然不可爲子孫者只合歲時就其家之廟拜之若相去遠則設位望拜可也

⊙庶母之祀(서모지사)

程子曰庶母決不可入祠堂其子當祀之私室主櫝之式則一盖式有法象不可損益損益則不成矣(法象詳後神主式下)○丘文莊曰若嫡母無子而庶母之子主祀恐亦當祔嫡母之側

⊙庶母不入廟(서모불입묘)

程子曰庶母不可立廟子當祀於私室○問庶孽以長房立祠奉祧主則其妻或其子死其神主恐當入於祠堂而至於其母乃是妾則決不可許入一祠似當安於別室同春曰承嫡者之母許入於先廟丘氏有此論老先生嘗以不識義理斥之○問庶母死其長子承重則次子當祀於私室歟遂菴曰似合情禮

위의 말씀은 계모, 이혼모, 서모의 봉사 예법입니다. 계모가 죽으면 아버지와 같이 제사를 지내고 이혼한 출모는 제사를 지낼 수 없으며 서모는 그의 아들이 있으면 별실에서 그의 아들이 지내고 본처에 손이 없고 서부인에서 아들이 있어 제사를 받들면 그의 어머니를 적모(본부인) 곁에 신주를 덧붙여 모시고 제사를 지낸다 함입니다.

이러한 선유(先儒)들의 말씀이 계시니 귀하에게 비록 친할머니라 하여도 이혼을 하고 집을 나갔으니 귀하의 할아버지와 같이 제사할 수 없으며 귀하의 생조모(生祖母)가 아닌 계조모(繼祖母)와 할아버지를 함께 제사하여야 하는 것 같습니다. 지방은 할아버지와 계할머니를 따로따로 써야 합니다.

●便覽紙牓(편람지방)

○紙(지)

用厚白紙長廣隨宜以眞楷細書於紙中央臨祭貼於椅上隨位各書

●通典晉蔡謨云祠版制神版正長尺一寸博四寸五分厚五寸八分大書某祖考某封夫人某氏神座

●韓魏公祭式位版以栗木爲之長尺二寸廣四寸厚八分圭首素版墨書題云顯某考某官顯某妣某夫人神座

●朱子曰江都集禮晉荀勗祠制云祭板皆正側長一尺二分博四寸厚五分以八分大書某人神坐

○紙牓式(지방식)

顯某考某官府君神位

顯某妣某封某氏神位(祖妣二人以上別具紙各書)

▶3688◀◈問; 지방을 어떻게 쓰나요?

형 지방 쓰는 법이 있는데 누나는 없네요. 시집을 안간 누나지방은 어떻게 쓰나요? 알고 싶습니다.

◈答; 지방식은.

顯姉(某封)某氏神位

●備要; 告伯叔父母云從子某敢昭告于顯伯父某官府君顯伯母某封某氏叔父母同告兄云弟某敢昭告于顯兄某官府君告嫂云某敢昭告于顯嫂某封某氏告姊云弟某敢昭告于顯姊某氏告弟云兄告于弟某姪及餘親倣此

▶3689◀◈問; 지방을 태우는 의미.

안녕하세요? 어떤 외국인이 궁금하다면서 물어봤는데 제가 잘 몰라서 문의 드립니다. 제사 후 지방을 태우는 의미가 무엇인지요? 답변해 주시면 감사하겠습니다.

◈答; 지방을 태우는 의미.

지방을 소각 하는 의미는 무속이나 기타 등의 소위 소지 올린다라는 의미와는 관계가 없으며 관혼상제 예법이 체계적으로 정립된 뒤로는 작고한 선대(先代)를 신주(神主)로 대신하여 모시고 효를 계속하였는데 다만 지방의 예법은 전통예절의 예법에서 지손의 상에 부제를 지낼 때 그 집에서 본종의 사당 신주를 그 집으로 옮길 수 없으므로 대신 임시로 종이에 써 모시고 제사를 지냈으니 보관할 연유가 없어 소각의 예법이 생겼으며 그 제도를 본떠 사당을 건사치 못한 일반 백성들이 따라 행하여 일반 관행이 되지 않았나 생각 들며 또 조상께서 의지하고 계시던 자리를 함부로 다룰 수가 없는 것으로 태움(燒)으로서 보관상의 여러 가지 문제점을 해소하는 의미 외에 다른 뜻은 없지 않나 생각 듭니다.

⊙家禮祔祭詣祠堂奉神主出置于座

祝軸簾啓櫝奉所祔祖考之主置于座內執事者奉祖妣之主置于座西上(便覽母喪則只奉出祖妣一位)若在他所則(儀節跪告云云奉其櫝以行)置于西階上卓子上然後啓櫝(便覽奉主置于座如儀○增解問祭時奉置主櫝於西階卓上留櫝於卓只出神主就于倚座耶沙溪曰然)○若喪主非宗子而與繼祖之宗異居則宗子爲告于祖(增解問祔祭宗子告祠堂當前期一日以酒果只告所祔之龕耶沙溪曰是)而設虛位(備要用紙牓)以祭(便覽陳

氏曰只設虛位則當先降而後參)祭訖除之(丘儀)爲牌位而祭畢則焚之

●程子曰近世祝文或焚或埋必是古人未有焚埋之禮
●家禮祠堂有事則告條凡言祝版者(云云)畢則揭而焚之
●備要祝揭祝文而焚之
●華城城役儀軌開基告由祭儀篇大祝陞詣神位前焚祝徹卓
●五禮儀吉禮四時及臘享宗廟儀望瘞條大祝取祝版置於坎執禮曰可瘞置土半坎
●備要祔祭篇若喪主非宗子而與繼祖之宗異居則宗子爲告于祖而設虛位(用紙榜)以祭祭訖除之
●儀節祔祭篇異居則宗子爲告于祖爲牌位而祭畢則焚之

▶3690◀◈問; 지방의 뜻이 알고 싶은데요.

저기요. 죄송한데. 지방을 쓰면요. 한자가 있잖아요. 여기서 한자의 뜻이 무엇인지 알고 싶은데요. 조부에 보면 현조고학생부군신위 대충 이런 게 있는데 이 뜻이 무엇인가요? 죄송하지만 꼭 알고 싶네요.

◈答; 지방의 글자풀이.

글자 풀이
⊙顯(현)~~~~~~자손들이 작고한 부모나 선조를 존경하여 이르는 경칭어 존경 하다 공경 하다
●辭源頁部十四畫[顯] 子孫尊先人之稱

⊙祖考(조고)~~~작고한 할아버지.
●書經君牙; 纘乃舊服無忝祖考(孔傳)繼汝先祖故所服忠勤無辱累祖考之道

⊙學生(학생)~~~생전에 벼슬치 않고 죽은 남자에 대한 존칭.
●宋敬甫問無官而非學生者題主稱學生似未隱沙溪曰無官而死者不稱學生則無他稱號勢不得已當書學生處士秀才各隨其宜可也又曰丘氏謂無官婦人宜如俗稱孺人葢禮窮則從上之義也
●問無官而非學生者題主稱學生似未穩而且如子孫書四祖亦皆無合當稱號如何如何沙溪宋俊吉答無官而死者不稱學生則無他稱號勢不得已當書學生處士秀才各隨其宜可也
●沙溪曰無官而死者不稱學生則無他稱號勢不得已當書學生處士秀才各隨其意可也婦人孺人之號書亦可不書亦可丘氏謂無官婦人宜如俗稱孺人盖禮窮則從下之義也

⊙府君(부군)~~~작고한 부친이나 남자 조상의 존칭
●古鏡記; 某是華山府君廟前長松下千歲老狸(註)府君對神的敬稱

⊙神位(신위)~~~혼신이 좌정할 자리
●周禮春官小宗伯; 掌建國之神位右社稷左宗廟(註)祭祀時設立的牌位
●淮南子時則孟冬之月; 是月命太祝禱祀神位占龜策審卦兆以察吉凶(辭註)神位神的牌位
●哈同外傳十二; 正日那天上午夫人由烏目山僧伴同先去瑜珈精舍向她亡母神位致祭
●孫詒讓正義; 凡天神地示祀於兆人鬼祀於廟經唯云神位者散文通也
●朱子語類禮七祭; 問設尸法如何曰每一神位是一尸但不知設尸時主頓在何處祭時尸自食其物若獻罷則尸復勸主人而凡行禮等人與祭事者皆得食

▶3691◀◈問; 지방 틀.

안녕하세요? 지방 틀을 준비하려고 합니다. 저의 시부모님은 돌아가셨는데요. 시아버님이 초혼 어머니와 사별하시고 재혼하셨습니다.

지방 틀을 쓸 때 세분의 것을 각각 모셔야 하는지. 아니면 아버님 따로, 어머니 두 분을 한 지방 틀에 두 개의 지방을 써서 모셔도 되는지요?

◈答; 지방 틀.

신주도 고비(考妣) 각각이며 지방도 한 장에 쓰지 않고 고비(考妣)는 물론 전후실(前後室)도

각각 써 각각의 지방 틀에 1위씩 붙입니다.

●便覽紙牓(편람지방)

○紙(지)

用厚白紙長廣隨宜以眞楷細書於紙中央臨祭貼於椅上隨位各書

●通典晉蔡謨云祠版制神版正長尺一寸博四寸五分厚五寸八分大書某祖考某封夫人某氏神座
●韓魏公祭式位版以栗木爲之長尺二寸廣四寸厚八分圭首素版墨書題云顯某考某官顯某妣某夫人神座
●朱子曰江都集禮晉荀勗祠制云祭板皆正側長一尺二分博四寸厚五分以八分大書某人神坐

○紙牓式(지방식)

顯某考某官府君神位
顯某妣某封某氏神位(祖妣二人以上別具紙各書)

●問解續問父若有前後室則前後母神主同出耶只出考與所祭之主耶答並祭爲當前母忌日同祭後母後母忌日同祭前母

▶3692◀ ◈問; 진설과 철상의 순서.

좋은 자료 감사합니다. 많은 사람들에게 도움이 되었으면 정말 좋겠습니다. 덧붙여 한가지 여쭙겠습니다. 제례에서 진설과 철상의 순서는 서로 다르다고 하는데 진설과 철상은 각각 몇 열부터 하는 것이 법도에 맞는 올바른 순서인지 궁금해서 문의 드립니다? 좋은 답변 기대합니다.

◈答; 진설과 철상의 순서.

아래와 같이 살펴보건대 진설과 철상 순은 다음과 같은 것 같습니다

⊙다 음.

○진설 순; 제 1 행 과(果), 지 2 행 포(脯), 제 3 행 면육(麪肉), 제 4 행 반갱주(飯羹酒).
○철상 순; 주(酒) 제 1 행 과(果), 제 2 행 소(蔬), 3 행 면육(麪肉), 제 4 행 반갱(飯羹).

⊙輯覽設饌圖(집람설찬도)

========神位========
4 행; 飯===盞==匙==醋===羹
3 행; 麵===肉==炙==魚===餠
2 행; 脯=熟菜=淸醬=醢=沈菜
1 행; 果==果==果=果=果==果

●家禮陳設進饌; 設果 設蔬 設盞盤醋楪匙筯 奉魚肉米麵食 奉羹飯 ○徹; 酒, 果, 蔬, 肉, 食,

▶3693◀ ◈問; 진설에 대하여.

생선은 우수로 어동 육서로 신위의 뒤가 북쪽이 되는 이유?

◈答; 진설에 대하여.

제시된 전거에 의하면.

◈생선(生鮮)의 머리를 우측(右側; 西)으로 진설(陳設) 되는 까닭은 지도상우(地道尙右) 신도상우(神道尙右)의 법도(法度)에 따라 우수(右首; 西首)가 되며 우반좌갱(右飯左羹)이 됩니다.
●少牢禮魚右首進腴疏凡載魚生人死人皆右首地道尊右故也鬼神進腴(腹也)是氣之所聚故也生人進鰭者鰭是脊生人尙味故也
●與猶堂曰案少牢右首進腴(註鄭云右首變於生)公食禮右首進鰭此兩文皆在朼載之時不在陳設之時則載與設無二法也左右者神位之左右也

●退溪曰祭饌尙左之說恐未然盖食以飯爲主故飯之所在即爲所尙如平時陳食左飯右羹是爲尙左而祭則右飯左羹是乃尙右所謂神道尙右者然也而今云尙左非也

◈어동육서(魚東肉西)로 진설(陳設)되는 까닭은 중국(中國)의 지형(地形)이 동남(東南)쪽이 바다로 되어 있어 어종(魚種)이 생산(生産)되고 서북(西北)쪽은 산지(山地)로 되어 있어 금수(禽獸)가 사는 까닭입니다.
●旅軒曰禮有魚東肉西之文蓋東南多水魚所宅也西北多山禽獸所居故耶此所謂東西皆以神位分也

◈단지 신위(神位)의 뒤가 북쪽이 되는 것이 아니라 제청(祭廳)이나 사당(祠堂)의 향배(向背)가 실(實) 향배(向背)를 불문(不問)하고 제청(祭廳)이나 사당(祠堂)의 전남(前南) 배북(背北) 좌동(左東) 우서(右西)가 되어 신위(神位)를 북벽(北壁) 아래에 설위(設位)하는 까닭에 자연(自然)히 신위(神位)의 뒤가 북쪽이 되는 것입니다.
●性理大全凡屋之制不問何向背但以前爲南後爲北左爲東右爲西
●家禮祭禮四時祭前一日設位陳器條主人帥衆丈夫深衣及執事洒掃正寢洗拭倚卓務令蠲潔設高祖考妣位於堂西北壁下南向考西妣東

▶3694◀◈問; 진설용어 문의.

수고 많으십니다. 진설에 있어서 좌포우"해" 가 맞은가요? 아니면 좌포우"혜"가 맞은가요? 헷갈려서요.

◈答; 진설용어 문의.

아래와 같이 살펴보건대 주자가례를 제외한 아국 선현의 예서에는 진설자가 보아 좌포우해(左脯右醢)로 진설됩니다. 생자의 상 차림이나 상을 당하여 奠에서는 左脯右醢 이고 제사 진설에서는 右脯左醢라 칭함이 바른 진설 명이 됩니다. 진설자가 보아 좌포우해(左脯右醢)라 한다하여 오류는 아닙니다.

●性理大全家禮祭禮四時祭厥明夙興設蔬果酒饌; 主人以下深衣及執事者俱詣祭所盥手設果楪於逐位卓子南端蔬菜脯醢相間次之○又每位設饌之圖; 按 脯醢 蔬菜 脯醢 蔬菜 脯醢 蔬菜
●喪禮備要時祭每位設饌圖: 按第三行脯 熟菜 淸醬 醢 沉菜
●四禮便覽時祭陳饌之圖; 按第三行 脯 蔬 醬 沈菜 醢 食醢
●國朝五禮儀序例陳設圖庶人; 按第一行 蔬 果 脯醢

식혜(食醢)란 국어적으로 감주(甘酒)를 의미하며, 한어(漢語)적으로는 멸몽(蠛蠓, 중국어에는 食醢가 감주를 의미하지 않음)을 의미하는데 감주는 술 대용으로 사용할 수 있으며 만약 술이 있게 되면 반갱행 서쪽 끝으로 진설 되여야 할 것입니다.

●遂菴曰生前不飮酒則以醴代酒無妨
●南溪曰祭以平生所嗜人情之所必然若在三年之內則固無妨矣入廟以後則神道異於生人也
●국어사전(이희승 감수) 식혜(食醢)명 찹쌀이나 멥쌀로 밥을 되직하게 지어 엿기름 가루를 우린 물을 부어 삭힌 음식. 감주(甘酒)
●大漢韓辭典(敎學) 食部 【食醢】(식혜)①술이나 신 음식에 모여드는 작은곤충. ②國㉠흰밥을 엿기름 가루에 삭힌 것에 설탕 물이나 꿀물을 탄 음식. ㉡생선을 토막 쳐서 얼간 했다가 채친 무우와 함께 밥을 섞어 고추가루를 넣고 양념하여 버무려서 삭힌 반찬.
●莊子至樂; 斯彌爲食醢(釋文)司馬(彪)本作蝕司馬云蝕醢若酒上蠛蠓也

▶3695◀◈問; 진설은 어떻게.

안녕하세요. 아래 답주셔서 감사합니다.
또 확실히 알려고 질문 드리겠습니다.
1. 果品을 짝수로, 국수 등은 홀수로 진성하는 이유가 있습니까?
2. 食醢는 어디에 진설하는 가요?
3. 밥과 국을 산사람과 반대로 드리는 이유는요?

◈答; 진설은 이떻게.

問 1. 答; 과류(果類)는 지산(地産)으로 음(陰)에 속(屬)하여 짝수로 진설(陳設)이 되고 국수 등육류(肉類)는 천산(天産)으로 양(陽)에 속(屬)하여 홀수로 진설(陳設)이 됩니다

예; 면육적어병(麵肉炙魚餠) 천산(天産) 양(陽) 기수(奇數).
조율이시(棗栗梨枾) 지산(地産) 음(陰) 우수(偶數).

●禮記郊特牲; 鼎俎奇而籩豆偶陰陽之義也籩豆之實水土之品也敢用褻味而貴多品所以交於旦明之義也(細註)長樂陳氏曰鼎俎之實以天産爲主而天産陽屬故其數奇籩豆之實以地産爲主而地産陰屬故其數偶方氏曰籩之實若菱芡之類豆之實若芹蒲之類所謂水之品也籩之實若棗栗之類豆之實若菁韭之類所謂土之品也

問 2 答; 아래와 같이 살펴보건대 수암 선생께서는 생전에 술은 못하셨으면 단술을 올려도 무방하다 하셨으나 남계선생 말씀에는 상 3 년 동안은 무방하나 상을 마치고 사당으로 모시면 신도(神道)는 산사람과 달라진다는 말씀이십니다. 다만 법도를 이렇다 하여도 기왕에 장만되어 진설한다면 진설행은 제 1 행의 반(飯) 잔(盞) 시(匙) 초(醮) 갱(羹) 혜(醯: 단술)로 진설 됨이 옳을 것입니다.

●遂菴曰生前不飮酒則以醴代酒無妨
●南溪曰祭以平生所嗜人情之所必然若在三年之內則固無妨矣入廟以後則神道異於生人也

問 3. 答; 아래의 전거(典據)를 살펴보시면 그 뜻을 대강 이해되시리라 생각됩니다. 삼년내(三年內) 상식(上食)은 생전(生前)과 같이 좌반우갱(左飯右羹)으로 진설(陳設)하고 제례(祭禮) 진설(陳設)에서는 우반좌갱(右飯左羹)으로 진설(陳設)을 하는데 까닭은 생인(生人)은 양(陽)으로 좌측(左側)을 으뜸으로 치고 귀신(鬼神)은 음(陰)으로 우측(右側)을 으뜸으로 치는 까닭입니다.

●退溪曰上食所以象平時也死喪大變之初死者魂氣飄越不定生者被括哭擗無數此時只設奠以依神則可矣上食以象平時非所以處大變也
●沙溪曰三年內上食象生時左飯右羹爲是
●賈氏曰生人陽故尙左鬼神陰故尙右
●司馬溫公曰所以西上者神道尙右故也

▶3696◀ ◈問; 진숙수 례.

고귀한 가르침에 항상 가슴 깊이 감사하고 있습니다. 그간 안녕하셨습니까? 오늘은 진숙수(進熟水) 례에 대하여 여쭤봅니다. 기제에 올리는 진숙수 례는 의문이 없습니다만.

1. 차례에도 진숙수 례를 올림이 지당한 것인지요? 본 홈에서 설 차례는 올리는 것으로 되어 있으나 한식과 추석은 언급이 없네요 저희 집은 설(떡국) 한식(반 국) 추석(송편)을 올리고 정침에서 차례를 지냅니다.

2. 상기 차례(茶禮)에는 해(젓갈)를 올리지 않는다고 하는데 이것이 옳은 예법인지요? 항상 유학(儒學)의 옳은 가르침을 배우고 싶은 마음뿐이니 헤아리어 옳은 예법(禮法)을 가르쳐 주십시오

◈答; 진숙수 례.

問 1. 答; 家禮按主婦升執茶筅執事者執湯甁隨之點茶如前命長婦或長女亦如之子婦執事者先降復位儀節按主婦點茶(主婦執甁斟茶於各正祔或命子弟捧茶托主婦位前空盞中命長婦長女斟諸祔捧盞逐位以獻亦可位之卑者畢主婦退與主人並立拜)

家禮按俗節禮如正至朔日之儀
用醴代茶

雲坪曰古禮醴酒並設醴重於酒家禮因書儀朔參用茶酒並者乃唐宋時俗尙之故耳我國旣無茶俗尙醴由是則茶代以醴合於古而不忘本且望日旣不用酒茶之降神甚不便矣

위에서 살펴본 바와 같이 정지 삭일의 예법에 주부가 차를 오리나 우리의 습속은 차의 풍습이 없어 운평 선생께서는 단술을 차 대용으로 올린다 하셨으나 그 예를 숭늉으로 대신한 예입니다. 속절 역시 정지삭일 예와 같다 하였으니 다르지 않습니다.

問 2. 答; 正至朔參薦品
儀節殽菜之類隨宜○東萊宗法朔望設茶酒時果遇新麥出則設湯餠新米出則設飯侑以時味○要訣脯果隨宜或設餠亦可若正朝冬至則別設饌數品冬至則加以豆粥若冬至行時祭則不行參禮有新物則須於朔望俗節並設若五穀可作飯者則當具饌數品同設○沙溪曰五穀何可一一皆薦如大小麥及新米作飯或作餠上之爲可○三禮儀薦新略倣五禮儀定著穀如麥稻黍稷之類並作飯以薦菽則熟之與果同薦果如櫻桃杏李林禽甛瓜西瓜梨棗栗柿之類菜如蕨瓜茄子之類魚如石魚葦魚銀魚白魚靑魚之類有飯羹則用匙筯楪魚菜熟者用筯楪○問要訣朔望設脯餠恐不如家禮之爲簡南溪曰似亦從俗禮而恐未安○尤菴曰朔望之儀極其簡省所謂大盤實今俗名之大貼也若是則雖祭及高祖之家並朔望不過新果入大貼而已所薦之酒亦用一宿而成者則亦不甚難矣○家禮大祭祀外雖無設飯之文然薦新專爲五穀而設則不可生用勢須作飯○陶菴曰麥飯之薦似不悖於禮而鄙人則設羹進茶之節自前行之○龜峯曰小小不關新物不須爾

위와 같이 살펴 보건대 해(醢)는 불설(不設)한다는 말씀을 찾을 수가 없습니다.

●朱子家禮四時祭啓門條主人主婦奉茶分進于考妣之前
●家禮儀節四時祭儀節啓門主人以下復位獻茶
●喪禮備要四時祭啓門條主人主婦奉茶(國俗以水)分進于考妣之前
●祭儀鈔四時祭(前略)主人主婦奉茶(或代以熟水)分進于考妣之前
●四禮便覽四時祭啓門條主人主婦(升徹羹)奉茶(代以水)分進于考妣之前
●咸興本宮儀式笏記闔門俯伏興平身執事三噫啓門進茶除匙闔蓋
●尤庵曰今人徹羹然後進熟水○又曰進茶後抄飯一節東俗也家禮則無之恐當以家禮爲正
●南溪曰抄飯三年內象生時則可時忌祭則不家

▶3697◀◈問; 질명주인이하변복(質明主人以下變服)

[質明主人以下變服]의 質明은 지금 시간으로 몇시입니까?

◈答; 질명(質明)인 때.

質明; 위정명지시(謂正明之時; 막 밝으려 할 때)라 그 때의 시간은 날마다 다르기 때문에 몇시라 정할 수가 없습니다. 날마다 막 밝으려 할 때입니다.

●禮器質明而始行事疏質正也謂正明之時少牢禮朝明行事註朝明質明也此乃周禮也
●史記五帝紀; 我思舜正鬱陶

▶3698◀◈問; 질문.

안녕하십니까? 축문에 삭(朔)자가 왜 들어가는지 그리고 초하루의 의미는 무엇인지 알고 싶습니다.

◈答; 축문에 초하루 삭자가 쓰이는 이유.

退溪曰古人重朔朔差則日皆差故必表出而書之耳
위 퇴계 선생님의 말씀과 같이 초하루의 일진이 중한 것은 초하루 일진이란 그 달을 의미할뿐만 아니라 기일을 정확히 밝히는데 중요한 기준이 되는 것입니다.

●家禮集考年歲月朔日註某月干支朔某日干支則此所云月朔日是也
●疑禮通考祝云朔日條退溪答金伯榮曰稱某朔似當以月建然嘗考之古文實皆指朔日之支干蓋古人重朔朔差則日皆差故必表出而言之耳

▶3699◀◈問; 질문을 드립니다.

여러 가지 공부를 하고 있습니다. 고맙습니다.

1. 다름이 아니옵고 제사 때 사진을 모시고 지내서는 안 된다는 말이 있습니다 사실인지요.
2. 또 초상(初喪)을 당하여 성복(成服) 전(前)에는 조석(朝夕) 상식(上食)을 올리지 않는다 합니다. 왜인지요.

◈答; 질문에 대하여.

問; 1. 答; 옛날에는 사진 기술이 없어 아무리 환을 잘 친다 하여도 수염이나 머리카락을 비롯 모두 그 사람의 형상과 비슷할 수는 있어도 같을 수가 없을 뿐만 아니라 이미 신주가 있으니 영정으로 제사한다 함은 二主를 섬기게 되니 예에 어그러지고 영정은 신주가 아니라 불가하다는 것입니다.

●程子曰今人以影祭一髭髮不相似則所祭已是別人大不便
●朱子曰古禮廟無二主其意以爲祖考之精神旣散欲其萃聚於此故不可以二今有祠版又有影是有二主矣必欲適古今之宜宗子所在奉二主蓋不失萃聚祖考精神之意
●劉氏垓孫曰文公先生以伊川謂祭時不可用影故改影堂曰祠堂

問; 2. 答; 사람이 죽은 초기에는 혼기(魂氣)가 시체를 떠나 풍비박산(風飛雹散) 정한 곳 없이 떠돌고, 성복전(奠)에는 죽음을 슬퍼하며 머리를 풀어 헤치고 대성통곡 중인 생자들 역시 황망 중이라 3 일을 불식(不食)하는 때라 전상만 차릴 뿐 조석으로 상식을 올리지 않는다는 것입니다.

●退溪曰上食所以象平時也死喪大變之初死者魂氣飄越不定生者被髮哭擗無數此時只設奠以依神可矣上食以象平時非所以處大變也生者三日不食亦爲是也

▶3700◀◈問; 질문입니다.

아버님과 어머님의 기일이 10 일 차이가 납니다. (아버님 기일이 더 빠름) 아버님 기일에도 두 분의 상을 차리고, 어머님 기일에도 두 분의 상을 차려왔는데 주변 분들이 그런 경우에는 두 분의 제사를 함께 올리는 것이 바람직하다는 의견을 말해 주어 여쭤봅니다. 그것이 가능한 지 여부에 대하여 알려 주십시오. 감사합니다.

◈答; 1 회 합제 불가.

예기 제의편에 "군자는 종신토록 상이 있으니 이는 기일을 이름이다" 하였으니 기제란 작고하신 날을 잊지 않고 그날의 슬픔과 1 년에 한끼라도 생전과 같이 공경하고 봉양함입니다. 공자 말씀에 같은 날 양위 분이 작고 하였을 때 우제는 먼저 중한이를 지내고 경한이를 지낸다 하셨고 간재예설에는 고비 기일이 같을 때는 각각 설위하고 지낸다 하셨으니 단 하루가 늦다 하여도 같은 날 합하여 지내고 마는 것은 예가 아닙니다.

●祭義君子有終身之喪忌日之謂也註忌日親之死日也
●周禮春官宗伯禮官之職小史條掌邦國之志奠繫世辨昭穆若有事則詔王之忌諱註鄭司農云先王死日爲忌名謂諱
●南溪曰質明卽大昕指日未出時也
●尤庵曰行祭早晚太早不可太晚亦不可惟當以質明爲正
●日省錄正祖十九年乙卯四月二十二日壬寅條(云云)獻官之命十七日進詣本宮十八日子時行祭天氣清和享事利成獻官以下(云云)
●陶庵曰只設一位禮之正也盖忌日乃喪之餘値其親死之日當思是日不諱之親而祭於其位不宜援及他位只祭所祭之位而不爲配祭非慱於所配祭以哀在於所爲祭者故耳然則當以只祭一位爲正考妣幷祭雖有先儒之說恐不可從
●朽淺曰凡忌祭當忌之位
●旅軒曰忌祭人多幷祭考妣甚非禮也

●愚伏曰不敢援尊固有所本於理亦精然幷祭亦何不可
●奉先雜儀文公家禮忌日止設一位程氏祭禮忌日配考妣二家之禮不同蓋止設一位禮之正也配祭考妣禮之本於人情者也
●栗谷曰忌祭則設所祭一位具饌但具一分若幷祭考妣則具二分
●牛溪曰程子俱祭考妣鄙人則用程禮
●愼獨齋曰幷祭爲當
●尤庵曰吾家設考妣兩位雖知其不當而行之已久不能改也
●沙溪曰忌日幷祭考妣雖非朱子意我朝先賢嘗行之栗谷亦曰祭兩位於心爲安云援尊之嫌恐不必避也

▶3701◀ ◈問; 질문이 있는데요.

할아버지 제사가 내일이라 지방을 써야 하는데요.

현조비유인 전주이씨 신위
현조고학생부군 신위

저희 할아버지는 연안 이씨이시고 할머니는 전주 이씨이십니다. 물론 두 분 다 돌아 가셨고요. 위처럼 지방을 쓰면 되나요? 제사는 할아버지 제사입니다.

◈答; 조부모 지방식.

顯祖妣孺人李氏神位
顯祖考學生府君神位

지방은 종서로서 띄워 쓰지 않고 각각 별지에 써야 합니다.

●便覽紙牓(편람지방)

○紙(지)

用厚白紙長廣隨宜以眞楷細書於紙中央臨祭貼於椅上隨位各書

●通典晉蔡謨云祠版制神版正長尺一寸博四寸五分厚五寸八分大書某祖考某封夫人某氏神座
●韓魏公祭式位版以栗木爲之長尺二寸廣四寸厚八分圭首素版墨書題云顯某考某官顯某妣某夫人神座
●朱子曰江都集禮晉荀勗祠制云祭板皆正側長一尺二分博四寸厚五分以八分大書某人神坐

○紙牓式(지방식)

顯某考某官府君神位
顯某妣某封某氏神位(祖妣二人以上別具紙各書)

●家禮輯覽虞卒哭及小祥大祥禫祭祝文式條云云顯妣某封某氏日月不居云云
●國朝五禮儀大夫士庶人喪篇題主條母則粉面曰顯妣某封某氏神主又大夫士庶人四仲月時享儀讀祝條云云曾祖妣某封某氏伏以云云
●擊蒙要訣時祭儀篇讀祝條云云顯曾祖妣某封某氏氣序流易云云
●尤庵曰妣位只書某氏而不書鄕貫自銘旌神主誌石石碑而皆然本朝則李姓娶李氏金姓娶金姓故不得已書鄕貫別之矣又曰家禮第幾之規我國不能行既不書第幾則書貫或不至甚悖乎
●渼湖曰婦人題主不書貫尤翁有定論遵而行之有何不可
●明齋曰書婦人姓貫恐以國俗雖姓同而貫異則不嫌於通昏故書姓貫以別其非同姓也從俗書之無妨
●梅山曰古者不娶同姓故婦人不書姓貫東俗娶異貫之同姓故書貫以別之既是異姓則當不書貫用遵古禮且置妾不知其姓則卜之豈有知其爲同姓而爲妾者推此義也妾喪尤不宜書貫雖無封爵只書姓氏恐是
●問婦人只書姓氏不書姓鄕而擧世皆書抑有據歟南溪曰家禮本無書姓鄕之文不可從俗

▶3702◀ ◈問; 질문 있습니다.

궁금한 게 2 개 가있는데요. 기제사 지낼 때 초헌 다음의 절차로 독축 축문을 다 읽고 제주만 절을 하나요? 아니면 참사자 모두 절을 하나요? 제주만 절을 한다면 이유 좀 알려주세요. 아니면 참사자 모두 절을 한다면 똑같이 이유 좀 알려주세요.

두 번째로 헌다 때 갱 물리고 숭늉 올려서 숟가락으로 메 떠서 숭늉에 풀잖아요. 이 행동을 누가 하나요? 똑 같이 이유가 있다면 이유 좀 알려주세요.

◈答; 질문 2개 답.

초헌은 주인의 예로 주인만 재배하게 되는데 의미란 예를 갖춤의 일환일 뿐 다른 의미가 무엇이 있겠으며, 헌다 후 삼초반은 상 삼 년 동안의 상제(喪祭)에서 혹 집요(輯要)에 의한 생시의 예로 행하기는 하나 길제(吉祭)에서는 행하지 않으며 다만 주인주부가 숭늉을 올리고 메에 꽂힌 숟가락을 숭늉그릇에 담글 뿐입니다. 부모나 선조의 봉양은 생시나 사후나 주인주부가 행하는 것인 까닭에서 입니다.

●朱子家禮四時祭啓門條主人主婦奉茶分進于考妣之前
●家禮儀節四時祭儀節啓門主人以下復位獻茶
●喪禮備要四時祭啓門條主人主婦奉茶(國俗以水)分進于考妣之前
●祭儀鈔四時祭(前略)主人主婦奉茶(或代以熟水)分進于考妣之前
●四禮便覽四時祭啓門條主人主婦(升徹羹)奉茶(代以水)分進于考妣之前
●咸興本宮儀式笏記闔門俯伏興平身執事三噫啓門進茶除匙闔蓋
●尤庵曰今人徹羹然後進熟水○又曰進茶後抄飯一節東俗也家禮則無之恐當以家禮爲正
●南溪曰抄飯三年內象生時則可時忌祭則不家
●與猶堂全書喪儀節要節要虞祭; 執事者進水主人以下哭進水者三抄飯如俗禮
●性齋曰東俗平日飯後只進熟水不進茶故祭亦依生時進水也三抄飯恐是三飧告飽之意耶
●淵齋曰扱匙之扱韻會與揷通揷匙飯中而西柄人家常行而喪中三抄飯不必從俗爲之也
●俛宇曰點茶是食後進水之意而今俗亦三抄飯有意義歟中國則進茶而東俗進熟水皆以象生時之節也抄飯則無義

▶3703◀◈問; 질문(693과) 관련하여 한가지만 더.

상세한 답변에 깊이 감사 드립니다. 다만 답변해 주신 내용 중에 <...그 시는 다음 날에 해당 되며 그날 초저녁에 지내면 예에 어긋나며 기제가 되지 않는 것입니다. 생활 여건으로 인하여 자시에 지내기가 불가능 하면 차라리 자시를 지나 편리한 시간을 택하여 지내야 되는 것입니다>

위 글 중 ~해당되며 그날 여기서 말하는 그 날은 어느 날입니까?

~생활 여건으로 인하여 자시에 지내기가 불가능 하면 차라리 자시를 지나 편리한 시간을 택하여 지내야 되는 것입니다>

여기서 자시를 지나 편리한 시간이라면 돌아가신 날 밤 9 시경에 모셔도 된다는 뜻입니까? 수많은 질문자 들에게 답하시느라 너무 노고가 많으십니다 감사 합니다.

◈答; 그날이란.

問 1). 위 글 중 ~해당되며 그날 여기서 말하는 그날은 어느 날입니까?
答; 기일 전날입니다.
예; 기일이 15 일라면 14 일입니다.

問 2). 여기서 자시를 지나 편리한 시간이라면 돌아가신 날 밤 9 시경에 모셔도 된다는 뜻입니까?
答; 당일(當日) 자시(子時)나 질명(質明)에 형편상 도저히 지낼 수가 없다면 그렇습니다.

●祭義註忌日親死之日也疏孝子終身念親不忘忌日非謂此日不善別有禁忌謂孝子志意有所至極思念親不敢盡其私情而營求他事故不擧也

●明齋曰凡喪復後始發喪其前則雖已氣絶猶有復生之望不可便以爲已死也以此意推之則似當以招魂日爲忌日矣
●咸興本宮儀式奏啓條本宮淸齋爲白遣初六日子時行祭是白如乎○本宮十一日子時行告由祭後陪香祝進詣定陵淸齋十三日子時攝行酌獻禮是白如乎
●日省錄十八日子時行祭天氣淸和享事利成獻官以下(云云)
●無名子集策皇極經世書; 天開於子地闢於丑
●性理大全忌祭編○厥明夙興設蔬果酒饌○質明主人以下變服詣祠堂封神主出就正寢
●尤庵曰行祭早晩太早不可太晩亦不可惟當以質明爲正
●文獻通考宗廟考六祭祀時享(薦新); 其祭貴肺用朝及闇陳氏禮書曰祭義曰夏后氏祭其闇商人祭其陽周人祭日以朝及闇
●檀弓夏后氏大事用昏商人大事用日中周人大事用日出
●禮器質明而始行事疏質正也謂正明之時少牢禮朝明行事註朝明質明也此乃周禮也
●陳氏曰子路祭於季氏質明而始行事寧早則雖未明之時祭之可也
●南溪曰質明卽大昕指日未出時也

▶3704◀ ◈問; 질문입니다.

제사에 대해서도 그렇게 여러 가지가 있는지 처음 알았습니다. 우리가 지내고 있는 차례나 제사라 얼마나 간소하게 변한 것인지도 알 수 있었고요. 제가 질문 드리는데 있어서 부족한 부분이 있어서 다시 한 번 홈페이지를 방문하였습니다 .

고향이 진해는 아닙니다 큰형이 직업 군인이라서 그곳에서 살고 계십니다 제사도 서울에서 모셔 간지 3 년 정도 밖에 되지 않았고요. 그 동안은 서울에서 작은형이 모셨다고 하더군요. 참고로 저는 막내 며느리입니다. 그런데 어떤 연후로 서울에서 진해로 제사가 모셔가게 됐는지는 잘 모르겠어요 제가 결혼 전 이야기라서요.

선생님! 제가 선생님께 여쭙고 싶은 말씀은 명절은 휴일이니까 괜찮지만 조부모, 아버님 제사가 평일이다 보니 못 내려가는 일이 허다하고 큰형이 직업군인이라 큰아들은 고사하고 형제들 모두 제사에 참가하지 못하는 해프닝도 생기게 되었습니다. 그런데도 진해에서는 본인이 모시겠다고 하시네요

막내 아들인 저의 신랑도 다른 것은 몰라도 아버님 제사만큼은 꼭 참가하고 싶어하는데 그것이 여의치 못한 사정입니다. 며느리인 저도 아버님 제사만큼은 어머님이 계신 서울에서 모셔드리고 싶거든요. 물론 제사를 나눠서 지낸다는 것이 선생님께서 생각하시기에 얼토당토 않은 발상이라고 생각하실 수 있으실 겁니다. 남편이 제사에 참가하지 못하는 것이 한스러워하는 것 같아서 이렇게 장황하게 설명을 드립니다. 선생님! 무슨 방법이 없겠습니까? 죄송합니다. 그리고 감사합니다.

◈答; 선대 봉사는 적장자손이.

조상의 신주는 적손을 딸아 다니는 것입니다. 비록 모친께서 차자 댁에 머문다 하여도 언젠가는 장자 댁으로 옮겨 가실 것입니다. 다만 처음부터 양위분이 계신 댁에 차자 되는 아들이 동거를 하고 장자가 타의에 의하여 외처에 거주 한다면 모친 계신 댁에서 신주를 계속 모시는 것입니다. 그러나 이때에도 제주는 장자가 되는 것이며 만약 장자가 참제치 못하였어도 참제자 중 최 존자가 대행 하는 연유를 고하고 초헌을 하는 것입니다.

현 산업사회에서 자자 일촌 살수는 없는 것이니 누구의 댁에서 모셔도 상대는 있는 것입니다. 지금 모시고 있는 댁이 장자의 댁이면 예 대로 모시고 있는 것이니 혹 타향 이라 하여도 그것이 문제 되는 것은 아닙니다. 만약 기제 일이 휴일이 아니고 평일이라 참제 할 수가 없다면 저쪽 역시 같은 조건일 것입니다.

제주가 직업군인이라 선대 제사를 주관하고 초헌을 못할 경우는 다른 사람을 시켜 대행하는 섭주 예법이 있습니다. 섭제를 지내게 될 때는 그 사연을 축에서 아래와 같이 고하고 지내면 됩니다.

⊙主人有故使人代行措辭

病時: 孝子某因病不能將事使某親某(或有疾病介子某代行)敢昭告于(云云)

幼時: 孝子某幼不將事屬某親某敢(或孝子某未幼奉事弟某攝事)昭告于(云云)

遠在時: 孝子某身在遠地不能將事使某親某敢昭告于

越境時: 孝子某使介子某執其常事敢昭告于(云云)

老衰時: 孝子某衰耗不堪事使子某敢昭告于(云云)

●公羊傳(魯)昭公十五(前 527)年; 大夫聞君之喪攝主以往(何休注)主謂已主祭者臣聞君之喪義不可以不卽行故使兄弟若宗人攝行主事而往不廢祭者古禮也古有分土無分民大夫不世己父未必爲今君臣也
●喪禮備要喪禮初終立喪主; 襍(雜)記姑姊妹其夫死夫黨無兄弟使夫之族人主喪妻黨雖親弗(不)主
●家禮增解喪禮初終立喪主; ○右兄亡無嗣弟攝主親喪○右兄亡無嗣弟攝主祖父母喪○右嫡孫亡失祖母死次孫攝主○右無子有妻兄弟主喪○右幼兒兄弟攝主其喪
●辭源[攝主]代爲主祭之人
●曾子問孔子曰宗子居於他國庶子爲大夫其祭也祝曰孝子某使介子某執其常事
●退溪曰宗子死繼后子雖在襁褓亦當書其名而季也攝主可也○又曰宗子粵在他國而命介子代祭之例曰孝子某使子某敢昭告于云云
●尤庵曰凡祭事主人有故則使人攝行例也所攝之中如有尊行則子弟似不敢爲攝主矣
●遂菴曰孝子某有疾介子某代行薦禮敢昭告于○先祖之稱用宗子之屬代○有故措辭曰孝子某病不能將事○孝子某適在遠地不能將事○孝子某幼未將事○孝子某身犯惡疾使字囑某親某
●問祝文中顯考及夙興夜處等語以兒名書之則當依此書否寒岡曰旣以兒名書則當用家禮本文無所改
●梅山曰遞遷長房者亦用旁題支子攝祀旁題當書介子某攝祀祝當曰攝祀介子某恐宜
●葛菴曰長孫奉祀則父子已易世今推而上之使叔父未安且令次孫權攝以待長孫立后○父不與祭而使子弟攝行則曰孝子某使子某敢昭告云病中則云病不能將事或身在遠地不能將事

▶3705◀◈問; 질문입니다.

저희 아버지가 祭主시거든요. 인터넷검색을 하다 보니 절을 하면 안 된다. 술을 따르면 안 된다. 이런 말들이 있어서요.

◈答; 재계법도.

아래와 같이 살펴보건대 재계하는 날에도 술을 마시되 어지럽도록 마시지 마라 하였으니 재계 전날에야 술도 따르고 향도 피우고 절도 한다 하여 꺼릴 것을 없을 것 같습니다. 아마도 샤머니즘적 속설이 아닌가 합니다.

●祭統故散齊七日以定之致齊三日以齊之定之之謂齊齊者精明之至也然後可以交于神明也中祀如祭社稷太歲等壇行散齋(辭源註)擧行祭祀或典禮以前淸整身心的禮式
●家禮齋戒條本註沐浴更衣飮酒不得至亂食肉不得茹葷不吊喪不聽樂凡凶穢之事皆不得預
●書儀時祭齊戒條前期三日主人帥諸丈夫致齊於外主婦帥諸婦女致齊於內
●性理大全祭禮忌祭前一日齋戒條; 如禰祭之儀又是日不飮酒不食肉不聽樂黲巾素服素帶以居
●孟子離婁下; 雖有惡人齋戒沐浴則可以祀上帝(辭源註)古人在祭祀前沐浴更衣不飮酒不飮葷不與妻妾同寢整潔心身以示虔誠
●儒林外史第三十七回;先一日就請老先生到來祠中齋戒一宿以便行禮
●祭義致齋於內散齊於外

▶3706◀◈問; 집안에 환자가 있는데 제사를 지내야 하는지.

시어머님께서 항상 돌아가신 아버님 제사나 차례를 지내셨는데 중증 치매로 인하여 병원에 계시는데 제사나 차례를 지내야 하나요? 어떤 분들이 집안에 우환이 있으면 안 지내는 거라 하여 문의 드립니다.

◈答; 집안에 환자가 있는데 제사를 지내야 하는지.

朱子曰主人有母及諸父母兄嫂或疾不能久立參神後休於他所俟受胙復來受胙辭神
주부자께서 말씀 하시기를 주인의 모친이 있거나 다른 여러 부모와 형이나 형수가 혹 질병으로 오래 서 있기가 불가능 하면 참신 후 다른 곳으로 가서 쉬며 수조(受胙) 때까지 기다리다 다시 들어와 수조(음복) 사신(辭神) 하여야 하느니라.

위와 같이 살펴 볼 때 우환으로 제사를 폐하여서는 아니 될 것 같습니다.

●禮運矜寡孤獨廢疾者皆有所養疏矜寡孤獨廢疾者皆有所養者壯不愛力故四者無告及有疾者皆獲恤養也
●周禮司徒敎官之職族師條其族之夫家衆寡辨其貴賤老幼廢疾可任者
●問長子病廢次子專主喪事題主何以爲之寒岡曰雖病廢不得不書長子名
●愼獨齋曰長子雖病廢似不可傳重於次子况長子有子則豈可以次子奉祀耶
●頤菴曰父母憂患則必聚族而謀之此愚智之所同知也然則兄有病患當先告祠堂以求先祖之陰佑而徒事乎非鬼何耶嗚乎報本追遠人道之大者也災厄之來未必非廢祭之因而顧不知悔罪致誠修祀惟憑巫覡回天命災愈集而惑愈甚終至於身殞而家敗尤可哀也
●陶庵曰俗忌廢祭固爲無識而家內痘疫或解娩恐不精潔治祭具於他舍而行之爲得否
●朱子曰疾病則以次攝異時甲之長孫
●問解續長子雖病廢似不可傳重於次子况長子有子則豈可以次子奉祀耶
●遂庵曰宗子有疾病不得參祭則祝辭改曰孝孫某有疾病介子某代行薦禮敢昭告于云云
●尤庵曰祭主人有故則所攝之中如有尊行則子弟以不敢爲攝主矣然代者是尊行則使字未安故俗禮改云孝子某有故代叔父或兄云云
●禮輯長子病廢次子傳重條厚齋曰凡廢疾與先死而無子者同次子之子當主之
●梅山曰孝子某身犯惡疾使子某代行薦禮敢昭告于
●南溪曰將生子居側室至于子生夫齊則不入側室之門是當祭者不入産室而已只一婦有産他無代行者則其勢只得姑廢而已
●問癘疫廢祭葛菴曰旣是俗忌從俗無妨然亦在家尊處分之如何
●南溪曰闔家染瘟疫者勢不得行祀或以隣里近村而不祭者惑矣大疫則小兒染痛恐無不可行祭之理小疫自前國俗無忌不必論也
●問癘疫廢祭明齋曰無據

▶3707◀◈問; 차남이 제사를.

수고 많으십니다. 저는 차남이고 올해 아버님이 돌아 가셨습니다. 사정상 저의 집에서 차례를 지내려고 하는데,

1. 형이 참석 치 못하게 되면 제가 제주가 돼도 되는지요?
2. 앞으로 아버님의 모든 제사를 제가 모셔도 되는지요?

어머님은 시골에서 교회에 다니시고 형님은 형편상 앞으로도 제사를 모실 수가 없습니다. 참고로. 장례 및 49 제까지는 어머님의 뜻에 따라 교회 추도식으로 했으며. 다른 제사는 큰아버님 댁에서 지내고 있습니다. 시일이 촉박하게 질문 드려 죄송합니다.

◈答; 차남이 제사를.

問 1. 答; 선대 봉사(奉祀)의 주인은 적자(適子)입니다. 다만 적자가 유고 시 최 근친자가 섭주(攝主) 즉 대신 축으로 고하고 제사를 주관 할 수 있으니 속절례 역시 차순자가 대행하여 예를 마칩니다.

問 2. 答; 적자손이 유고 시 대신 제사를 주관하고 초헌을 할 수 있는 예법이 있습니다. 다만 지방은 적자손 명으로 쓰고 반듯이 축으로 연유를 고해야 합니다.

⊙섭주 기제 축식(攝主忌祭祝文式)

維 歲次癸未十月辛未朔十五日乙酉孝子○○(주인이 질병일때 有疾病使介次子○○代行薦禮 ○출타 중일때 出境使介次子○○執其常事)敢昭告于 顯考某官府君歲序遷易 諱日復臨追遠感時昊天罔極謹以淸酌庶羞恭伸奠獻尙 饗

일자는 음력 금년 10 월 15 일자 축식으로 기제 일에 맡게 월과 그 달의 초하루 일진을 신미삭에 신미를 고치고 일자 역시 당해 일과 일진을 고쳐 해마다 세차의 계미를 달리 쓰고 효자ㅇㅇ에는 귀하의 형 이름을 쓰고 사개차자ㅇㅇ에는 귀하의 이름을 쓰면 됩니다. 현고학생의 학생에는 생전 관직이 있었으면 관직 등급 명을 쓰며 없었으면 이와 같이 쓰면 됩니다. 괄호내의 두 예문 중 해당 되는 문항만 쓰고 그 하나는 버려야 합니다.

⊙主人有故使人代行措辭

病時: 孝子某因病不能將事使某親某(或有疾病介子某代行)敢昭告于(云云)

幼時: 孝子某幼不將事屬某親某敢(或孝子某未幼奉事弟某攝事)昭告于(云云)

遠在時: 孝子某身在遠地不能將事使某親某敢昭告于

越境時: 孝子某使介子某執其常事敢昭告于(云云)

老衰時: 孝子某衰耗不堪事使子某敢昭告于(云云)

●奔喪凡喪父在父爲主(註)父在而子有妻子之喪則父主之統於尊也

●溫公曰凡主人當以長子爲之無長子則長孫承重又曰父沒兄弟同居各主其喪(注)各爲妻子之喪爲主也

●禮記喪服小記庶子不祭祖者明其宗也註此據適士立二廟祭禰及祖今兄弟二人一適一庶而俱爲適士其適子之爲適士者固祭祖及禰矣其庶子雖適士止得立禰廟不得立祖廟而祭祖者明其宗有所在也

●又庶子不祭禰者明其宗也註庶子不得立禰廟故不得祭禰所以然者明主祭在宗子廟必在宗子之家也庶子雖貴止得供具牲物而宗子主其禮也上文言庶子不祭祖是猶得立禰廟以其爲適士也此言不祭禰以此庶子非適士或未仕故不得立廟以祭禰也

●曾子問曰宗子爲士庶子爲大夫其祭也如之何孔子曰以上牲祭於宗子之家祝曰孝子某爲介子某薦其常事註士特牲大夫少牢上牲少牢也庶子旣爲大夫當用上牲然必往就宗子家而祭者以廟在宗子家也孝子宗子也介子庶子也不曰庶而曰介者庶子卑賤之稱介則副貳之義亦貴貴之道也薦其常事者薦其歲之常事也

●曲禮支子不祭祭必告于宗子(註)不敢自專宗子有故支子當攝而祭五宗皆然疏廟在適子之家庶子不敢輒祭若濫祭亦是淫祀若宗子有疾不堪當祭則庶子代攝可也猶宜告宗子然後祭

●公羊傳(魯)昭公十五(前 527)年; 大夫聞君之喪攝主以往(何休注)主謂已主祭者臣聞君之喪義不可以不卽行故使兄弟若宗人攝行主事而往不廢祭者古禮也古有分土無分民大夫不世己父未必爲今君臣也

●喪禮備要喪禮初終立喪主; 襍(雜)記姑姉妹其夫死夫黨無兄弟使夫之族人主喪妻黨雖親弗(不)主

●家禮增解喪禮初終立喪主; ○右兄亡無嗣弟攝主親喪○右兄亡無嗣弟攝主祖父母喪○右嫡孫亡失祖母死次孫攝主○右無子有妻兄弟主喪○右幼兒兄弟攝主其喪

●辭源[攝主]代爲主祭之人

●曾子問孔子曰宗子居於他國庶子爲大夫其祭也祝曰孝子某使介子某執其常事

●退溪曰宗子死繼后子雖在襁褓亦當書其名而季也攝主可也○又曰宗子粤在他國而命介子代祭之例曰孝子某使子某敢昭告于云云

●尤庵曰凡祭事主人有故則使人攝行例也所攝之中如有尊行則子弟似不敢爲攝主矣

●遂菴曰孝子某有疾介子某代行薦禮敢昭告于○先祖之稱用宗子之屬代○有故措辭曰孝子某病不能將事○孝子某適在遠地不能將事○孝子某幼未將事○孝子某身犯惡疾使字嘱某親某

●問祝文中顯考及夙興夜處等語以兒名書之則當依此書否寒岡曰旣以兒名書則當用家禮本文無所改

●梅山曰遞遷長房者亦用旁題支子攝祀旁題當書介子某攝祀祝當曰攝祀介子某恐宜

●葛菴曰長孫奉祀則父子已易世今推而上之使叔父未安且令次孫權攝以待長孫立后○父不與祭而使子弟攝行則曰孝子某使子某敢昭告云病中則云病不能將事或身在遠地不能將事

▶3708◀ ◈問; 차남의 제사봉행에 관하여.

선생님 그간 강녕하셨습니까? 항상 선생님의 말씀 잘 보고 익히고 있습니다. 저 같은 초학자들에게 언제나 바른길로 인도해 주셔서 감사합니다.

오늘은 선생님께 제사를 모시는 절차에 대해서 여쭙고자 합니다. 저는 장남이 아닌 차남(2

남 1 녀 중)이며, 형님은 종손으로서 奉祀(증조, 조, 부의 3 대 봉사)를 하고 있었습니다. 그러나 3 년 전에 형님께서 돌아가신 후 조카(미혼)가 현재 제주(祭主)입니다.

저의 집안은 대대로 유교를 숭상하고 그 의례대로 예를 행하였습니다만, 형님의 임종 직전에 병원에서 전도사의 감언으로 인하여 종교(기독교)를 달리하였으나, 그 염원에도 불구하고 이틀 후에 운명을 달리 하였습니다. 이후 종교적인 이유(종부: 형수의 반대)로 3 년 동안을 조상의 제사를 받들지 못하는 불효를 저질렀습니다. 이를 계기로 종교의 힘이 얼마나 무섭다는 것을 이 참에 절감하기도 하였습니다만, 뼈아픈 경험과 투쟁으로 겨우 형수를 설득하여 올 추석부터 서는 차남인 제가 제사를 받들기로 하였습니다. 그런데 막상 절차를 밟으려니 그리 생각만큼 쉽지 않습니다. 하여 선생님께 도움을 청하고자 합니다.

저는 서울에 있고 형님 댁은 울산입니다. 이번 추석 차례는 우여곡절 끝에 형님 댁에서 지낸 후, 이때 신위 전에 고유를 하고 제가 모시고 오려고 합니다. 해당 신위는 증조부모님, 조부모님, 부모님의 6 位 입니다. 고유문을 어떻게 써야 할지를 알려주시면 정말 감사하겠습니다. 또한 이 참에 神主를 제작하여 신주에다 모시고 올려 하는데, 예법에 맞는 건지요?

처음부터 신주를 만들지 않았었고, 사당 또한 없습니다. 그러나 이미 감실도, 제구도 갖추어 준비를 하였습니다. 하나만 더 여쭙겠습니다. 향후 제사를 받들 때, 축문내용에 [維歲次干支(년월일) 玄孫 ○○(4 대 종손이름) 謹遣 曾孫 ○○(3 대 차남이름) 敢昭告于] [維歲次干支(년월일) 曾孫 ○○(3 대 차남이름) 敢昭告于] 중 어느 것이 맞는지요?

비록 사정에 의하여 차남인 제가 제사를 받들더라도 축문에는 종손이름을 넣고 뒤에 받드는 자의 이름을 넣어야 된다고 생각합니다만, 선생님의 고견을 부탁합니다. 기승을 부리던 무더위도 이제 물러가고, 밤이면 제법 서늘하다는 느낌을 받는 환절기에 선생님의 건강하심을 기원합니다. 리 0 재 배상.

◈答; 차남의 제사봉행에 관하여.

오늘 리 0 재님께서 찾아주신 건(件)은 아래와 같은 말씀이 계시니 전통예법(傳統禮法)에는 없는 예입니다. 예법(禮法)에 없으니 지금을 사는 본인이 감이 예기(禮記)나 공부자(孔夫子)님의 말씀을 거역할만한 위치에 있지 않습니다.

●奔喪凡喪父在父爲主(註)父在而子有妻子之喪則父主之統於尊也
●溫公曰凡主人當以長子爲之無長子則長孫承重又曰父沒兄弟同居各主其喪(注)各爲妻子之喪爲主也
●禮記喪服小記庶子不祭祖者明其宗也註此據適士立二廟祭禰及祖今兄弟二人一適一庶而俱爲適士其適子之爲適士者固祭祖及禰矣其庶子雖適士止得立禰廟不得立祖廟而祭祖者明其宗有所在也
●又庶子不祭禰者明其宗也註庶子不得立禰廟故不得祭禰所以然者明主祭在宗子廟必在宗子之家也庶子雖貴止得供具牲物而宗子主其禮也上文言庶子不祭祖是猶得立禰廟以其爲適士也此言不祭禰以此庶子非適士或未仕故不得立廟以祭禰也
●曾子問曰宗子爲士庶子爲大夫其祭也如之何孔子曰以上牲祭於宗子之家祝曰孝子某爲介子某薦其常事註士特牲大夫少牢上牲少牢也庶子旣爲大夫當用上牲然必往就宗子家而祭者以廟在宗子家也孝子宗子也介子庶子也不曰庶而曰介者庶子卑賤之稱介則副貳之義亦貴貴之道也薦其常事者薦其歲之常事也
●曲禮支子不祭祭必告于宗子(註)不敢自專宗子有故支子當攝而祭五宗皆然疏廟在適子之家庶子不敢輒祭若濫祭亦是淫祀若宗子有疾不堪當祭則庶子代攝可也猶宜告宗子然後祭
●尤庵曰端秋二祭移行於祠堂
●鏡湖曰薦新俗節朔望時祭大宗雖有故不行從而並廢似未安依禮力行而使大宗效之尤善其說恐是

▶3709◀◈問; 차남 제사에 대해 문의 드립니다.

차남 제사에 대해 문의 드립니다. 이번 설에 큰형님께서 말씀하시길 올해부터는 고조, 증조, 조조 조상님 제사를 그만 올리고, 아버님 제사만 올리겠다고 하십니다. 어머님은 생존해 계시구요. 시제를 올리지도 않을 거라고 하시는데, 이렇게 한번에 삼대 조상을 빼도 되는 건지요. 그래서 제가 생각한 건데요. 차남인 저의 집에서 형님 모르게 간소하게라도 조상님에 대한 예를 올려도 되는 건가요?

정월에 세분 조상님 제사가 있는데 날짜는 다가오고 걱정이 됩니다. 조상님인데 어찌 도저히 그냥 넘어갈 수가 없을 거 같아서 상담 드립니다.

◈答; 지자는 부모나 선대 제사의 주인이 되지 못함.

혹 본 난 이하나 [의례석해]를 대강이라도 살펴보셨으면 차자는 부모나 선대 제사를 지내지 못한다는 전거가 여러 번 답한 적이 있어 여기서는 더 논하지 않겠습니다. 다만 종손이 선대 섬기기를 게을리하거나 저버린다면 상중 제사 지내는 법에 무축단헌의 예로 종자가 아닌 근친자가 제사를 약식으로 지내는 예법이 있습니다. 궐사는 어떠한 수단으로라도 면하여야 되지 않겠습니까. 지성이면 감천이라 하였습니다. 복을 받으실 것입니다.

●奔喪凡喪父在父爲主(註)父在而子有妻子之喪則父主之統於尊也
●溫公曰凡主人當以長子爲之無長子則長孫承重又曰父沒兄弟同居各主其喪(注)各爲妻子之喪爲主也
●曲禮支子不祭祭必告于宗子(註)不敢自專宗子有故支子當攝而祭五宗皆然疏廟在適子之家庶子不敢輒祭若濫祭亦是淫祀若宗子有疾不堪當祭則庶子代攝可也猶宜告宗子然後祭
●喪服小記庶子不祭禰者明其宗也(註)庶子不得立禰廟故不得祭禰所以然者明主祭在宗子廟必在宗子之家也庶子雖貴止得供具牲物而宗子主其禮也○又庶子不祭祖者明其宗也(註)此據適士立二廟祭禰及祖今兄弟二人一適一庶而俱爲適士其適子之爲適士者固祭祖及禰矣其庶子雖適士止得立禰廟不得立祖廟而祭祖者明其宗有所在也
●退溪曰四時正祭之外若忌日俗節等祭支子亦可祭之
●朱子曰兄弟異居相居遠者則兄家設主弟不立主至於祭時旋設位以紙牓標記逐位祭畢焚之如此似亦得禮之變也更詳之
●南溪曰朱子雖言兄家設主弟不立主祭時旋設位以紙牓標記逐位然於其末以更詳之爲結後來亦無通行者恐終不得行也惟父母忌日是終天之通有難每年只行望哭而已若非往參宗家之時則雖以紙牓行不至大悖會見士大夫家多行之○又曰雖支子家具饌祝辭必用宗子名
●四未軒曰宗子有故廢祭支子家紙牓行祭固不得不已矣若先世忌則紙牓行祭於同宗之家在所不已也

▶3710◀ ◈問; 처가 집 제사에 관해 궁금합니다.

저는 올해 40 중반의 직장인입니다. 처가 집 제사에 관해서 궁금한 점이 있어 이렇게 자문 좀 구하겠습니다. 처가(妻家) 부모님은 장인어른이 처 어렸을 때 돌아가시고, 장모님은 장인어른 돌아가시고서, 재혼하셨답니다. 지금 처가 쪽 친척분들은 고모님 4 분. 작은 아버지 한 분 계십니다. 그리고 저와 처, 처남(妻男)이 제집에서 같이 삽니다만, 몇 년 전부터 처가 댁 할아버지, 장인어른 제사를 제가 살고 있는 집에서 지냅니다. 문제는 저희 집안에서는 기독교 집안이라 제사를 지내지 않습니다. 그리고 저는 집안의 둘째 아들이라 부모님과 떨어져 살고 있는 관계로 부모님은 이런 사실을 모르십니다. 이럴 경우 저도 사실 마음이 편하지 않습니다

◈答; 처가 집 제사에 관해.

동거중인 처남이 어디서 거처하는지는 알 수 없으나 동거 중이라면 사유야 어찌 되었든 처남이 거처하는 사실에서 그의 선대 제사를 모심이 예법에 어그러지지 않습니다. 회사원님은 장인이 되고 부인은 친가의 조상이 되고 슬하들은 외가의 조상들의 제사이니 제원으로 참석하거나 종교적인 문제가 있다면 불참할 수도 있겠지요.

●家禮祠堂爲四龕以奉先世神主條非嫡長子則不敢祭其父若與嫡長同居則死而後其子孫爲立祠堂於私室且隨所繼世數爲龕俟其出而異居乃備其制若生而異居則預於其地立齋以居如祠堂之制死則因以爲祠堂

▶3711◀◈問; 처음으로 제사를 지내게 되는데.

안녕하세요? 저희 집은 아버지가 막내셔서 제사를 모시지 않고 있었는데 집안 사정으로 인해서 이번 추석부터 저희 집에서 모시게 되었습니다. 그런데 첫 제사기도 하고 그 동안 변변한 예법도 몰라 그냥 내려오던 방식으로 지내곤 했었는데 이번부터는 제대로 하고 싶어서 이것 저것 보다가 궁금한 게 있어서요.

어머니 지방을 쓸 때 현비모봉모씨 신위라고 쓸 때 관직이 없으면 현비유인이라 쓰고 모씨에는 성씨를 쓴다고 하셨는데 성씨에는 본관을 쓰는 겁니까? 부끄럽지만 제대로 예를 다해 모시고 싶은 마음에 여쭤봅니다. 좀 도와주세요.

◈答; 처음으로 제사를 지내게 되는데.

귀하의 물으심은 여자 지방식의 관향(貫鄉) 표기 당부인 것 같습니다. 주자가례(朱子家禮) 제주(題主)조 모친 신주(神主) 작법에 비모봉모씨신주(妣某封某氏神主)라 하여 이를 불서관(不書貫)이라고 통칭하고 있습니다. 그리하여 대체적으로 선유(先儒)들께서는 부인 신주식에 관(貫)을 쓰지 않았습니다. 그러나 도암(陶庵) 선생의 사례편람(四禮便覽)의 속 신주식을 보면 혹첨모관(或添某貫)이라 하였으나 지방으로 옮겨 쓰는 겉 신주식에는 관을 쓰지 않았습니다. 신주에서 속 신주는 망자(亡者)인 본인을 뜻하며 겉 신주는 봉사자와의 관계를 나타내는 것이니 구태여 관향(貫鄉)을 쓸 필요가 없는 것입니다. 지방은 겉 신주와 의미가 같은 것입니다. 다만 가풍(家風)을 따를 것이나 관을 쓰지 않았다 하여 결예(缺禮) 되는 것은 아닙니다.

아래와 같이 살펴보건대 정례(正禮)는 불서관(不書貫)이나 향관(鄉貫)은 붙이기 시작한 시기(時期)는 명확히 밝혀줄 근거(전거)는 찾아지지 않습니다. 까닭은 서향관(書鄉貫)은 동속(東俗=國俗)으로서 자연스럽게 속례화(俗禮化)된 까닭인 듯 합니다. 다만 향관(鄉貫)을 붙이게 된 동기는 재취(再娶) 삼취(三娶) 등 계실(繼室)이 동성(同姓)일 때 분별(分別)키 위함에서인 듯하며 초취(初娶) 뿐이면 향관(鄉貫)을 쓸 까닭이 없는 것 같습니다.

●國朝五禮儀大夫士庶人喪篇題主條母則粉面曰顯妣某封某氏神主又大夫士庶人四仲月時享儀讀祝條云云曾祖妣某封某氏伏以云云
●擊蒙要訣時祭儀篇讀祝條云云顯曾祖妣某封某氏氣序流易云云
●家禮輯覽虞卒哭及小祥大祥禫祭祝文式條云云顯妣某封某氏日月不居云云
●問婦人只書姓氏不書姓鄉而擧世皆書抑有據歟南溪曰家禮本無書姓鄉之文不可從俗
●尤庵曰妣位只書某氏而不書鄉貫自銘旌神主誌石石碑而皆然本朝則李姓娶李氏金姓娶金姓故不得已書鄉貫別之矣又曰家禮第幾之規我國不能行旣不書第幾則書貫或不至甚悖乎
●渼湖曰婦人題主不書貫尤翁有定論遵而行之有何不可
●明齋曰書婦人姓貫恐以國俗雖姓同而貫異則不嫌於通昏故書姓貫以別其非同姓也從俗書之無妨
●梅山曰古者不娶同姓故婦人不書姓貫東俗娶異貫之同姓故書貫以別之旣是異姓則當不書貫用遵古禮且置妾不知其姓則卜之豈有知其爲同姓而爲妾者推此義也妾喪尤不宜書貫雖無封爵只書姓氏恐是
●南溪曰題主家禮本文無書姓鄉之文俗論雖非之恐不可從
●厚齋曰婦人題主不書姓貫當從家禮

▶3712◀◈問; 처 축문에.

妻에 대한 여러 축문에서, 維 歲次干支幾月干支朔幾日干支夫(((某)))昭告于. 에서. 某는 남편의 名(이름)만 쓰는지 아니면 姓名을 쓰는지 알고 싶습니다.

◈答; 처 축문에.

부군명(夫君名)입니다.

●忌祭祝文式

維 歲次干支幾月干支朔幾日干支孝子(祖考妣云孝孫曾祖考妣云孝曾孫高祖考妣云孝玄孫旁親兄弟妻子當云隨屬稱)某官某(弟以下不名)敢昭告于(妻去敢字弟以下但云告于) 顯考某官府君(或母云顯妣某封某氏或高曾祖考妣倣此妻云亡室某封某氏卑幼改顯爲亡去府君二字○備要若考妣並祭則列書)歲序遷易 諱日復臨(備要若考妣並祭則曰某親諱日復臨○妻弟以下云亡日復至)追遠感時昊天罔極(高曾祖考妣改昊天罔極爲不勝永慕旁親去追遠以下八字云不勝感愴妻弟以下當改感愴以他語○愼獨齋曰妻忌無古據只不勝感愴○近齋曰不勝感愴旣爲旁親以下通用子弟忌祭亦可用之○全齋曰妻子云不勝感念弟以下不勝感愴念)謹以(妻弟以下云玆以)淸酌庶羞恭伸奠獻(備要妻弟以下云伸此奠儀)尙 饗

▶3713◀◈問; [첨작례]에 대하여.

선생님 수고를 끼쳐 죄송합니다.

1- [첨작례]의 의미(뜻).
2- [첨작례] 올리는 제사와 안올리는 제사.
3- [첨작례]는 제사순서 중에 어느 부분에서 올립니까.
4- [첨작례]와[제주](삼제지우)와는 어떠한 관계가 있습니까요. (박0일 올림)

◈答; [첨작례]에 대하여.

問 1. 答; 음식을 권함.
●周禮天官膳夫;以樂侑食膳夫授祭品嘗食王乃食(鄭玄注)侑猶勸也

問 3. 答; 유식례(侑食禮); 삼헌례(三獻禮). 무유식례(無侑食禮); 묘제(墓祭)이하 절사(節祀) 등 단헌례(單獻禮)

●退溪答人曰墓祭無進饌侑食之節或人以爲不設飯羹恐不然示喩原野禮當有殺此爲得之況今宗法廢而不行人家衆子孫不能盡孝敬於家廟而墓祭不得以不重乃反踈畧如此無乃未安乎故窃謂依丘氏禮行之無妨
●沙溪曰墓祭無侑食之禮者墓上無闔門啓門之儀此禮無所施故也

問 3. 答; 종헌(終獻)***유식(侑食)***합문(闔門)
●性理大全忌祭參神降神進饌初獻亞獻終獻***侑食***闔門啓門辭神

問 4. 答; 三祭(三除)의 禮에는 侑食이 있고 무삼제의 예에서는 유식의 예가 없습니다. 다만 묘제에는 유식의 예가 없습니다.

⊙[祭酒](三祭之于茅上)

●朱子曰祭酒蓋古者飮食必祭以鬼神自不能祭故代之祭也
●家禮考證喪禮篇三祭於茅束上郊特牲縮酌用茅明酌也註縮泲也云云
●楊氏曰案亞獻如初儀潮州所刊家禮云少牢饋食禮主人初獻尸尸祭酒而後啐酒卒爵主婦亞獻尸尸祭之而後卒爵賓長三獻尸尸祭酒而後卒爵士虞特牲禮亦然以此觀之三獻皆當祭主于茅
●問祭酒以家禮亞獻條但不讀祝云者觀之則三獻似皆祭之以擊蒙要訣亞獻條但不祭酒云者觀則亞終獻不祭無疑當何適從南溪曰楊氏附註三獻皆祭酒當從此說
●尤庵曰降神時傾酒于茅沙者求諸陰之義也三獻時少傾于茅沙者代神祭之義也
●儀禮鄕射禮俎與荐皆三祭郑玄注皆三祭竝其将祭侯也祭侯三處也賈公彦疏三處者下文右與左中是也
●李賀(出城别張又新酬李漢)詩今將下東道祭酒而别秦王琦匯解祭酒謂祖道祭也古者出行必有祖道之祭
●史記滑稽列傳故所以同官待詔者等比祖道於都門外
●漢書劉屈氂傳貳師將軍李廣利將出兵擊匈奴丞相爲祖道送至渭橋顔師古注祖者送行之祭因設宴飮焉

▶3714◀◈問; 첫 기일.

저희 오빠가 교통사고로 사망하였는데 기일이 다가와 궁금증이 많아서 여쭤봅니다. 사망일

2007년 2월 28일(음. 1월11) 오후 2시경이고 나이 29세 이였습니다. 아직 결혼도 안하고 해서 납골당(納骨堂)에 안치(安置)하였는데 사람들이 결혼을 안 했기 때문에 제사는 지내면 안 된다고 하는 분들이 많으시더라고요. 부모님께서 따뜻한 밥이라도 먹이고 싶다고 하시는데요. 정말 제사를 지내면 안 되는 건가요? 안 된다면 이유 같은 게 있나요? 제사를 지내도 된다면 지내는 날짜는 어떻게 되는 건가요?

◈答; 첫 기일.

⊙凡爲殤服以次降一等(범위상복이차강일등)

凡年十九至十六爲長殤十五至十二爲中殤十一至八歲爲下殤應服期者長殤降服大功九月中殤七月下殤小功五月應服大功以下次降等不滿八歲爲無服之殤哭之以日易月(便覽馬融曰以哭之日易服之月殤之期親則旬有三日哭緦麻之親則以三日爲制)生未三月則不哭也(增解通考徐乾學曰王氏馬氏謂以哭之日易服之月其說最爲合禮)男子已娶女子許嫁皆不爲殤(備要小記丈夫冠而不爲殤婦人笄而不爲殤男子受職亦不爲殤)

⊙대체로 어린아이 복은 차서 대로 한 등급씩 감한다.

나이 열여섯 살에서 열아홉 살 안에 죽으면 장상(長殤)이라 하고 열두 살에서 열다섯 살 안에 죽으면 중상(中殤)이라 하고 여덟 살에서 열한 살 안에 죽으면 하상(下殤)이라 한다. 기년복(期年服)을 입어야만 할 이의 장상은 대공복으로 아홉 달로 감하여 입고 중상이면 대공복으로 일곱 달로 감하여 입고 하상이면 소공복으로 다섯 달로 감하여 입는다. 대공 이하의 복에 해당하는 이의 죽음에도 차서 대로 감하여 입는다. 여덟 살 미만에 죽으면 복이 없다. 곡을 하는 날수는 달 수를 날수로 계산하여 장상인 대공 구월 복은 아흐레를 곡하고 중상 칠월은 이레를 곡을 한다. 이하 이와 같다. 출생한지 석 달 미만에 죽으면 곡을 하지 않는다. 남자가 이미 관례나 장가를 들었거나 여자가 혼인을 허락하였으면 상(殤)이라 하지 않는다.

⊙旁親之無後者以其班祔(방친지무후자이기반부)

伯叔祖父母祔于高祖(增解問祔於高祖者或於其宗孫爲再從孫則如何尤菴曰孫祔於祖自是正禮奉祀者之踈戚不須論也)伯叔父母祔于曾祖妻若兄弟若兄弟之妻(尤菴曰其夫不得爲妻立廟故姑附宗家)祔于祖(尤菴曰其祖生存則中一而祔于高祖禮也○集說妻死夫之祖母在則祔於高祖妣)子姪(子婦姪婦同)祔于父(孫若孫婦中一而祔于祖)皆西向(卓上東端正位東南)主櫝並如正位姪之父自立祠堂則遷而從之○程子曰無服之殤(韻會殤痛也或作傷○備要七歲以下)不祭下殤(備要十一歲至八歲)之祭終父母之身中殤(備要十五歲至十二歲)之祭終兄弟之身長殤(備要十九歲至十六歲)之祭終兄弟之子之身成人(備要丈夫冠婦人許嫁)而無後者其祭終兄弟之孫之身此皆以義起者也(禮運禮也者義之實也協諸義而協則禮雖先王未之有可以義起也註實者定制也禮者義之定制義者禮之權度禮一定不易義隨時制宜故協合於義而合當爲者則雖先王未有此禮可酌之於義而創爲之禮焉此所以三代損益不相襲也○小記庶子不祭殤與無後者殤與無後者從祖祔食)

楊氏復曰按祔位謂旁親無後及卑幼先亡者祭禮纔祭高祖畢卽使人酌獻祔于高祖者曾祖祖考皆然故祝文說以某人祔食尙饗詳見後祭禮篇四時祭條○劉氏垓孫曰先生云如祔祭伯叔則祔于曾祖之傍一邊在位牌西邊安伯叔母則祔曾祖母東邊安兄弟嫂妻婦則祔于祖(于祖下疑脫父字)母之傍伊川云曾祖兄弟無主者亦不祭不知何所據而云伊川云只是義起也○遇大時節請祖先祭于堂或廳上坐次亦如在廟時排定祔祭旁親者右丈夫左婦女坐以就裏爲大凡祔於此者不從昭穆了只以男女左右大小分排在廟却各從昭穆祔

⊙손(孫) 없는 방친(旁親)을 대에 맞게 사당에 합사한다.

백숙조부모(伯叔祖父母)는 고조(高祖)에게, 백숙부모(伯叔父母)는 증조(曾祖)에게 곁들이고 처(妻)나 형제, 형제의 처는 조부(祖父)에게 곁들이고 아들과 조카는 아버지께 곁들이되 모두 탁자 동단 남쪽에서 서쪽으로 향하게 한다. 주독(主櫝)은 정위(正位)와 같게 하고 신위(神位)의 자리는 고북비남(考北妣南)이다. ○정자(程子)가 이르기를 복(服)이 없는 어린아이 죽음은 제사치 않으며 하상(下殤)의 제사는 부모의 죽음으로 마치고 중상(中傷)의 제사는 형제의 죽음으로 마치고 장상(長殤)의 제사는 형제의 아들 죽음으로 마친다. 관례(冠禮)나 혼인한 이가 후사(後嗣)가 없을 때의 제사는 형제의 손 죽음으로 끝난다. 이 모두 오상(五常)의 하나인 의(義)에서 비롯된 것이다. 라 하셨다.

◎제사를 지내야 합니다.

위와 같이 살펴보건대 귀하의 오빠가 29 세에 사망을 하였다면 귀하의 오빠 형제의 손대(孫代)까지 제사를 지내야 하는 것 같습니다.

◎제사 날자

매년 음력 1 월 11 일이 기일 날로 전날인 1 월 10 일 밤 자정(자시) 즉 12 시경에 지내면 됩니다.

●祭義註忌日親死之日也疏孝子終身念親不忘忌日非謂此日不善別有禁忌謂孝子志意有所至極思念親不敢盡其私情而營求他事故不擧也

●明齋曰凡喪復後始發喪其前則雖已氣絶猶有復生之望不可便以爲已死也以此意推之則似當以招魂日爲忌日矣

●咸興本宮儀式奏啓條本宮淸齋爲白遣初六日子時行祭是白如乎○本宮十一日子時行告由祭後陪香祝進詣定陵淸齋十三日子時攝行酌獻禮是白如乎

●日省錄十八日子時行祭天氣淸和享事利成獻官以下(云云)

●無名子集策皇極經世書; 天開於子地闢於丑

●性理大全忌祭編○厥明夙興設蔬果酒饌○質明主人以下變服詣祠堂封神主出就正寢

●尤庵曰行祭早晩太早不可太晩亦不可惟當以質明爲正

●文獻通考宗廟考六祭祀時享(薦新); 其祭貴肺用朝及闇陳氏禮書曰祭義曰夏后氏祭其闇商人祭其陽周人祭日以朝及闇

●檀弓夏后氏大事用昏商人大事用日中周人大事用日出

●禮器質明而始行事疏質正也謂正明之時少牢禮朝明行事註朝明質明也此乃周禮也

●陳氏曰子路祭於季氏質明而始行事寧早則雖未明之時祭之可也

●南溪曰質明卽大昕指日未出時也

▶3715◀ ◈問; 첫 제사.

우선 이런 곳이 있는 것에 감사 드립니다.

7 월 10 일이 남편 돌아가신 지 1 년 되는 날입니다. 첫 제사를 모시는 마음이 어렵기도 합니다.

1. 첫 제사는 다른 분들의 제사나 명절 제사와 다른지요?
2. 명절이나 기제사를 어른들 사시던 본가에서 모셨었습니다. 남편은 본가가 아닌 곳에서 생활하였었습니다. 본가에서 모셔도 된다고 생각하고 준비하고 있는 데 어긋나지는 않는지요?
3. 성묘(省墓)를 친지(親知)들과 친구분들도 함께 하고자 합니다. 성묘 시 음식범위는 어찌 되는지요?

저희는 천주교 신자이지만 유교의 예법을 지키고 있습니다. 법도에 맞는 안내를 해 부탁 드립니다. 감사 드립니다.

◈答; 첫 제사.

問 1. 答; 제사는 법도가 동일 합니다.

問 2. 答; 부군이 맏이였으면 본가에서 지내야 하나, 지자였으면 기거하던 집에서 그의 후자가 지내야 합니다.

問 3. 答; 전통예법 제사에는 사당 제사와 명절 참사, 기제, 묘제 등이 있으나 요즘은 명절과 기제만 지내고 5 대조 이상은 1 년에 한번 묘에서 묘제(墓祭)를 지내고 있습니다.

대상을 지내 탈상을 하였다면 첫 제사라 하여 다른 제사와 다르지 않고, 탈상을 하지 않았으면 약간 다릅니다. 물론 명절제사와는 다릅니다. 아들이 있으면 그가 주인으로 초헌을 하고 없으면 부인이 초헌을 하게 됩니다. 다만 장자로 아버지가 생존하여 계시면 아버지가 초헌을 해야 합니다.

명절은 일헌이나 기제사는 삼헌으로, 본문에 지방으로 기제사 지내는 법과 같이 지내면 예에 어그러짐이 없을 것입니다. 성묘 시 음식은 주과포(酒果脯)입니다.

이 대답으로 부족하거나 축문 등이 필요하시면 누가 주인이 되는지와 날짜를 다시 알려 주시면 작성하여 드리겠습니다.

●尤庵曰省墓時初度再拜復再拜而退則禮意尤爲懇惻而周詳矣

▶3716◀◈問; 첫 제사는 하루 중 언제 모시나요?

저희 아버지는 작년 음력 윤 4 월 7 일 20 시 05 분에 작고하셨습니다. 현재 1 년이 지나 첫 제사를 모셔야 합니다. 주위 분들의 말을 들어 보니 첫 제사는 아침에 지내야 한다고 하던데 하루 중 언제 지내야 할지요. 지방을 어찌 써야 할지 모르겠습니다.

아들이 없는 집안이라 상 차리는 법도 모릅니다. 참고가 될만한 사이트가 있으시면 답변을 꼭 부탁 드립니다.

◈答; 첫 제사는 하루 중 언제 모시나.

기제사는 본래 작고 하신 날 아침 일찍 지내는 것이 바른 예법입니다. 그러나 지금은 전날 저녁 밤 12 시에 지내는 것이 관행화되었습니다. 당일 아침에 지내도 예에 어긋나는 것이 아니니 편리한대로 택하십시오. 기제는 작고한날 질명(質明; 새벽 해뜨기 전)에 지냄이 바른 제사 지내는 때입니다. 당일 첫 시인 전남 밤 중 자시(子時; 전일 23 시~당일 1 시)는 왕실 법도를 따라 행하고 있을 뿐입니다.

●祭義註忌日親死之日也疏孝子終身念親不忘忌日非謂此日不善別有禁忌謂孝子志意有所至極思念親不敢盡其私情而營求他事故不擧也
●明齋曰凡喪復後始發喪其前則雖已氣絶猶有復生之望不可便以爲已死也以此意推之則似當以招魂日爲忌日矣
●咸興本宮儀式奏啓條本宮清齋爲白遣初六日子時行祭是白如乎○本宮十一日子時行告由祭後陪香祝進詣定陵淸齋十三日子時攝行酌獻禮是白如乎
●日省錄十八日子時行祭天氣淸和享事利成獻官以下(云云)
●無名子集策皇極經世書; 天開於子地闢於丑
●性理大全忌祭編○厥明夙興設蔬果酒饌○質明主人以下變服詣祠堂封神主出就正寢
●尤庵曰行祭早晩太早不可太晩亦不可惟當以質明爲正
●文獻通考宗廟考六祭祀時享(薦新); 其祭貴肺用朝及闇陳氏禮書曰祭義曰夏后氏祭其闇商人祭其陽周人祭日以朝及闇
●檀弓夏后氏大事用昏商人大事用日中周人大事用日出
●禮器質明而始行事疏質正也謂正明之時少牢禮朝明行事註朝明質明也此乃周禮也
●陳氏曰子路祭於季氏質明而始行事寧早則雖未明之時祭之可也
●南溪曰質明卽大昕指日未出時也

▶3717◀◈問; 첫 제사에 관하여.

매번 도움 주셔서 감사합니다. 2006 년 1 월 20 일(양력)에 아버지 첫 기일입니다.

1. 축문 부탁 드립니다.
2. 첫 제사인데 방안 제사 드리고 묘제도 같이 해야 하는 건지 알고 싶습니다. 도움 주시면 감사 하겠습니다.

◈答; 첫 제사에 관하여.

기제축문식(忌祭祝文式) (기일 양력 1 월 20 일)

維 歲次乙酉十二月乙丑朔二十一日乙酉孝子康烈敢昭告于 顯考學生府君(顯妣孺人某氏)歲序遷易 (顯考)諱日復臨追遠感時昊天罔極謹以淸酌庶羞恭伸奠獻尙 饗

이상의 축문은 부모 모두 작고하였을 때의 축문 양식이니 괄호를 풀고 모씨에는 모친의 성씨로 고쳐야 하며 모친이 생존 하였으면 괄호내의 문구는 삭제하면 됩니다.

전통 예문에 첫 기제 후 묘제를 지낸다는 예법은 없는 것 같습니다. 다만 고조부모이하의 묘제는 3 월에 지내고 그 이상 묘제는 10 월에 지낸다 하였습니다. 다만 상묘하여 인사 드림이야 정한 기일이 없습니다.

●辭源目部四畫[省墓] 掃墓 南齊書沈文季傳: 休祐被殺雖用薨禮僚佐多不敢至文季獨往省墓展哀

●開元禮王公以下拜掃先期卜日如常前一日設次於塋南百步道東西向北上設主人以下位塋門外之東西面以北爲上其日主人到次改服公服無者常服主人以下俱再拜行墳塋至於封樹內外環繞哀省三周其荊棘慮與荒草連接者皆隨卽芟剪不令火由得及掃除訖主人以下復門外位皆再拜遂還若遠行辭墓哭而後行

●南齊書沈文季傳休祐被殺雖用薨禮僚佐多不敢至文季獨往省墓展哀

●池北偶談談藝五孝經庶人章公一日省墓至寺中有父老五六輩上謁進脫粟飯

●孏眞子卷一溫公先隴在鳴條山墳所有餘慶寺公一日省墳止寺中

●宋子大全行狀沙溪金先生行狀上嘉賞仍曰予心缺然勿思永歸拜掃墳塋趁卽上來

●禮輯墓爲先人體魄所藏當拜掃以時俾無荒圮禮也然寒煙蔓草愴焉生悲斯至情之不能已者故朱子稱湖南風俗猶有古意人家上冢往往哭盡哀今世俗或假拜墓之便延賓客宴飮漠無哀思噫俗弊甚矣

●遂庵曰曾見兩先生謁墓展墓只行一再拜據此行之未見違於禮也

●荷齋日記丁未年二月二十四日乙酉晴往廣陵三處山所省楸而抵暮歸來

●老稼齋曰看山歸路過山谷哭姪女李氏婦墓

●問祖父同入麓拜祖時父墓在後心似未安栗谷曰勢然也視之以異室可也

●問傍親同在一山則雖不參祭時或虗拜可乎栗谷曰雖四時不必皆拜一年一度不可廢也

●近齋曰同入一麓省拜時累代則先尊後卑

●尤庵曰省墓時初度再拜復再拜而退

▶3718◀◈問; 첫 제사에 인데요?

오는 6 월초에 아버님 첫 제사가 있습니다. 저는 둘째 며느리고요 어머님은 생존해 계시고 따로 혼자 지내십니다. 아주버님도 따로 계시고요 집안사정상 어머님이 저희 집에서 첫 제사를 모시고 다음해부터 어머님이 모신다고 하시는데 그래도 괜찮은 건지. 제사는 함부로 옮기는 게 아니라고 알고 있고 저는 둘째 집인데 그래도 되는 건지 궁금합니다. 남편도 별로 달가워하지 않는데요.

◈答; 첫 제사에.

귀하가 알고 있는 예법이 맞습니다. 현세에 와서 조상의 신주를 모시지 않으니 쉽게 생각할 수 있겠으나 사당에 신주를 모셨다 가정을 하면 왜 제사를 이 집 저 집 옮길 수 없는지가 쉽게 이해 되리라 믿습니다.

●曲禮支子不祭祭必告于宗子(註)不敢自專宗子有故支子當攝而祭五宗皆然疏廟在適子之家庶子不敢輒祭若濫祭亦是淫祀若宗子有疾不堪當祭則庶子代攝可也猶宜告宗子然後祭

●喪服小記庶子不祭禰者明其宗也(註)庶子不得立禰廟故不得祭禰所以然者明主祭在宗子廟必在宗子之家也庶子雖貴止得供具牲物而宗子主其禮也○(又)喪服小記庶子不祭祖者明其宗也(註)此據適士立二廟祭禰及祖今兄弟二人一適一庶而俱爲適士其適子之爲適士者固祭祖及禰矣其庶子雖適士止得立禰廟不得立祖廟而祭祖者明其宗有所在也

●奔喪凡喪父在父爲主(註)父在而子有妻子之喪則父主之統於尊也

●溫公曰凡主人當以長子爲之無長子則長孫承重又曰父沒兄弟同居各主其喪(注)各爲妻子之喪爲主也

●問忌祭定行於主人之家支子女子則只以物助之何如退溪曰朱子書有支子所得自主之祭之說恐是忌祭節祀之類也今若一切皆歸宗子而支子不祭則因循偸惰之間助祭不如式以致衆子孫全忌享先之禮甚爲未安又或宗子貧窶不能獨當而並廢不祭則反不如循俗行之之爲愈

▶3719◀◈問; 초하루가 기일일 경우 간지 쓰는 법.

초하루가 기일일 경우 간지 삭 초일일간지로 쓰는지 아니면 다른 방법으로 쓰는지 궁금 (삭 신 이라고 쓴다고는 아버지께서 말씀하시긴 하셨는데요) 예를 들어 설명 바랍니다. 감사합니다.

◈答; 초하루가 기일일 경우 간지 쓰는 법.

維歲次干支幾月朔日干支云云

●便覽墓祭親盡祖墓祭祝文式維年號幾年歲次干支十月朔日干支幾代孫某官某敢昭告于

▶3720◀◈問; 초하루 기제사의 축문.

제가 축문을 쓰게 된지 얼마 되지 않아서 질문을 드립니다. 세차, 월건, 일진 기입에 대해서 질문이 있습니다. 제가 처음 쓴 건 아무 생각 없이 월건을 기입을 했는데 공부를 하다 보니 삭자를 초하루 삭으로 해석을 해야 하며 예전에는 월건을 알기가 힘들어서 초하루의 일건을 기입하는 걸로 나와있네요.

요즘도 월건(月建)은 상당히 알기가 힘들군요. (천문대에서는 단순히 음력해당월로 처리를 하지만 천문대에서의 월건과 만세력에서 나오는 월건이 틀립니다. 실제로는 정기법(예전에는 평기법)에 따른 24 절기를 기준으로 월을 나누고 그에 따른 월로 월건을 계산해야 하더군요.) 뭐 하여튼 월건(月建) 자리를 월건으로 보지 않고 초하루의 일진(日辰)으로 기입을 하게 되면 문제가 저희 할머니 기제사(忌祭祀)가 8 월 1 일인데 일진이 2 번 중복이 되는군요. 뭔가 어색해요. 뭐 일단 올해는 이렇게 사용해서 넘어갔지만 적당히 수정을 한다면 어떻게 하는 것이 맞을까요?

維 歲次 庚寅 八月辛酉朔 一日辛酉
維 歲次 庚寅 八月辛酉朔 一日
維 歲次 庚寅 八月辛酉 一日
維 歲次 庚寅 八月 一日辛酉
維 歲次 庚寅 八月辛酉朔

아니면 삭자를 빼고 월건을 기입을 할까요? 가장 추천되는 형태가 어떤 것인지 의견제시를 좀 해주세요.

◈答; 초하루 기제사의 축문.

1). 아래와 같이 살펴보건대 옛날에는 干支로 초하루 일진을 먼저 쓰고 초이튿날(旁死魄)일진을 써나갔음. 이와 같이 일자를 干支로 따져나가다가 後日에 日字를 쓰게 되어 먼저 반드시 초하루 일진을 써야 하며.

2). 퇴계(退溪) 선유(先儒)께서 하신 말씀이 옛날 사람들은 초하루 日辰을 중히 여긴 것은 초하루 日辰이 틀리면 다음날 일진이 모두 어그러지는 까닭에 반드시 써야 한다 라 말씀하셨을 뿐만 아니라.

3). 간지삭(干支朔)을 기입하는 것은 축문(祝文)의 법식(法式)인 까닭에 필(必)히 써야 격식(格式)에 합당한 것입니다.

●書·武成維十月壬辰旁死魄越翌日癸巳註先記壬辰旁死魄然後言癸巳猶後世言某日必先言某朔
●退溪曰古人重朔朔差則日皆差故必表出而書之耳

아래 축식은 도암 선생의 10 월 초하루 묘제 축식입니다.

⊙친진묘제축문식(親盡墓祭祝文式)

維 歲次干支幾月干支朔日干支幾代孫某官某敢昭告于 始祖考(或先祖考或幾代祖考或始祖妣

或先祖妣或幾代祖妣)某官府君(或某封某氏合窆位則列書)之墓 今以草木歸根之時追惟報本禮不敢忘瞻掃 封塋不勝感慕謹以淸酌庶羞祗薦歲事尙 饗

●便覽墓祭親盡祖墓祭祝文式維年號幾年歲次干支十月朔日干支幾代孫某官某敢昭告于

▶3721◀◈問; 초헌의 예법에 관해.

안녕하세요 또 한번 고견을 청합니다 제례 절차 중 초헌례에서 술잔에 부은 술을 모사에 붓고 빈 잔을 상에 올리는지 아니면 잔에 술을 담은 그대로 상에 올리는 것이 맞는지 그리고 아, 종헌 시의 술은 어떻게 하는지요.

◈答; 초헌의 예법에 관해.

이하는 상례와 제례의 헌주 예법입니다.

⊙상례(喪禮)의 초(初) 아(亞) 종헌례(終獻禮) 법

◎初獻(초헌)

主人進詣注子卓前執注北向立執事者一人取靈座前盤盞立於主人之左(便覽東向)主人斟酒反注於卓子上與執事者俱詣靈座前(備要執事者奉盞隨之立於主人之左東向)北向立主人跪執事者亦(跪備要主人之左)進盤盞主人受盞三祭於茅束上(便覽以盞授執事者)俛伏興執事者受盞奉詣靈座前奠於故處(備要乃啓飯蓋置其南復位主人俯伏興稍退跪以下皆跪)祝執版出於主人之右西向跪讀云云皆興祝興(備要置祝版於香案上復位)主人哭(備要以下皆哭少頃)再拜復位哭(儀節以下皆哭少頃)止特用豕則曰剛鬛不用牲則曰淸酌庶羞祫合也欲其合於先祖也(便覽執事者以他器徹酒置盞故處)

주인은 주전자가 있는 탁자 앞으로 가서 주전자를 들고 북쪽으로 향하여 서면 집사자는 영좌 앞의 잔반을 들고 주인의 왼편에서 동쪽으로 향하여 선다. 주인은 집사자의 잔에 술을 딸은 후 주전자는 탁자 위에 놓고 영좌 앞으로 가서 북쪽으로 향하여 선다. 집사자는 잔반을 받들고 따라가 주인의 왼편에서 동쪽으로 향하여 선다. 주인이 무릎을 꿇고 앉으면 집사자 역시 무릎을 꿇고 앉아 잔반을 주인에게 준다. 주인은 잔반을 받아 모속 위에 세 번 기우려 삼제를 하고 잔반을 집사자에게 되돌려주고 부복하였다 일어선다. 집사자는 잔반을 받아 받들어 들고 영좌 앞으로 가서 먼저 있던 제자리에 잔반을 놓고 이어 메의 덮개를 열어 그 남쪽에 놓고 제자리로 물러나 선다. 주인은 뒤로 조금 물러나 무릎을 꿇고 앉으면 이하 참례자 모두 무릎을 꿇고 앉는다. 축관은 축판을 들고 주인의 오른쪽에서 서쪽으로 향하여 무릎을 꿇고 앉아 다음과 같이 고하고 나면 모두 일어난다. 축관은 축판을 향안 위에 두고 물러나 제자리에 선다. 주인이 곡을 하면 모두 잠깐 동안 곡을 한다. 주인은 재배하고 물러나 제자리에 서면 곡을 멈춘다. 집사자는 다른 그릇으로 퇴주를 하고 잔은 제자리에 놓고 철주 한 퇴주 그릇은 탁자 위에 둔다.

◎亞獻(아헌)

主婦爲之(便覽主婦及內執事皆盥洗)禮如初但不讀祝四拜

주부가 아헌을 한다. 주부와 내 집사자들은 모두 손을 씻는다. 예법은 초헌례와 같다. 다만 축이 없으며 사배를 한다.

◎終獻(종헌)

親賓一人或男或女爲之禮如亞獻(便覽但不徹酒)

손님 중 한 사람이 종헌을 하거나 혹은 남자 혹은 여자 복인이 종헌을 하되 아헌 의식과 같게 한다. 다만 철주를 하지 않는다.

⊙제례(祭禮)의 初 亞 終獻禮法.

◎初獻(초헌)

主人升詣高祖位前執事者一人執酒注立于其右(冬月卽先煖之)主人搢笏奉高祖考盤盞位前東向立執事者西向斟酒于盞主人奉之奠于故處次奉高祖妣盤盞亦如之(便覽執事者反注故處)出笏位前北向立執事者二人奉高祖考妣盤盞立于主人之左右主人搢笏跪執事者亦跪主人受高祖考盤盞(便覽左手執盤)右手取盞祭(便覽三祭之○要訣少傾之)茅上以盤盞授執事者反之故處受高祖妣盤盞亦如之出笏俛伏

興少退立執事者炙肝于爐以楪盛之兄弟之長一人奉之奠于高祖考妣前匙筯之南(備要啓飯蓋置其南降復位)祝取版立於主人之左(便覽東向)跪(儀節主人以下皆跪)讀曰(云云)畢興(便覽置板於卓上降復位)主人再拜退詣諸位獻祝如初每逐位讀祝畢卽兄弟衆男之不爲亞終獻者以次分詣本位所祔之位酌獻(便覽不祭酒)如儀但不讀(開元禮不拜)祝獻畢皆降復位執事者以他器徹酒及肝置盞故處(便覽降復位)○凡祔者伯叔祖父祔于高祖伯叔父祔于曾祖兄弟祔于祖子孫祔于考餘皆放此如本位無卽不言以某親祔食
주인이 올라가 고조위전으로 가면 집사자 한 사람은 겨울이면 곧 먼저 술을 따뜻하게 데운 주전자를 들고 주인의 오른쪽에 선다. 주인은 홀을 띠에 꽂고 고조고 전의 잔반을 받들고 위전에서 동쪽으로 향하여 서면 집사자는 서쪽으로 향하여 서서 잔에 술을 따른다. 주인은 잔반을 받들어 제자리에 올리고 다음으로 고조비의 잔반을 그와 같게 하고 집사자는 주전자를 제자리에 둔다. 주인은 홀을 띠에서 빼어 들고 위전에서 북쪽으로 향하여 선다. 집사자 두 사람이 고조고와 고조비의 잔반을 각각 받들고 주인의 좌우에서면 주인은 홀을 띠에 꽂고 무릎을 꿇고 앉는다. 집사자 역시 무릎을 꿇고 앉으면 주인은 고조고의 잔반을 받아 왼손으로 반을 잡고 오른손으로 잔을 잡아 모사 위에 조금씩 기우려 삼제를 하고 잔반을 집사자에게 되돌려 주면 집사자는 잔을 받아 제자리에 되 올려 놓는다. 다음으로 고조비 잔반을 받아 역시 그와 같게 한다. 주인은 홀을 띠에서 빼어 들고 부복하였다 일어나 조금 뒤로 물러나 선다 집사자들이 화로에서 간을 구워 소반에 담으면 형제중의 맏이가 고조고와 고조비의 시저접 남쪽에 올려 놓고 메의 개를 열어 그 남쪽 빈 곳에 놓고 내려와 제자리에 선다. 축관이 축판을 들고 주인의 왼편에서 동쪽으로 향하여 무릎을 꿇고 앉으면 주인 이하 모두 무릎을 꿇고 않는다. 다음과 같이 독축을 하고 마치면 일어난다. 축관은 축판은 탁자 위에 놓고 물러나 제자리에서면 주인은 재배하고 물러난다. 모든 위에 헌주하고 축사하기를 처음과 같이하며 신위마다 따라가 독축하기를 마치면 곧 형제와 여러 남자 중에서 아헌과 종헌을 하지 않는 이들이 나뉘어 본위에 곁들인 부위마다 술을 딸아 올리기를 의례대로 하되 다만 제주치 않으며 축이 없고 절을 하지 않는다. 술 딸아 올리기를 마쳤으면 모두 내려와 제자리에 선다. 집사자들은 다른 그릇으로 철주를 하고 잔은 제자리에 놓고 간적을 거두고 제자리로 내려와 선다. ○대체로 부위의 곁들임은 백숙조부는 고조에게 곁들이고 백숙부는 증조에게 곁들이고 형제는 조위에 곁들이고 자손은 고위에 곁들인다.

◎亞獻(아헌)

主婦爲之諸婦女奉炙肉及分獻如初獻儀但不讀祝(朱子曰未有主婦則弟得爲亞獻○徹酒下炙)
아헌은 주부가 하며 여러 부녀자들이 적육을 받들고 함께 역할을 분담하여 술을 딸아 올리기를 초헌 의식과 같게 한다. 다만 축이 없다. ○마쳤으면 철주를 하고 적을 내린다.

◎終獻(종헌)

兄弟之長或長男或親賓爲之衆子弟奉炙肉及分獻如亞獻儀(但不徹酒及炙)
형제 중에서 연장자나 혹은 장남 혹은 친빈 중에서 종헌을 하며 여러 자제들이 적육을 받들고 헌주에 분담하기를 아헌 의식과 같게 한다. 다만 철주 치 않고 적을 내리지 않는다.

위의 예법은 주자가례의 예법입니다.

이상에서 살핀 바와 같이 잔의 술을 모사에 모두 따르는 것이 아니라 조금씩 세 번 기우려 삼제를 하고 남은 술은 위전 제자리에 올렸다 예를 마치면 철주하는 것입니다.

●朱子曰祭酒盖古者飮食必祭以鬼神自不能祭故代之祭也
●家禮考證喪禮篇三祭於茅束上郊特牲縮酌用茅明酌也註縮泲也云云
●儀禮鄕射禮俎與荐皆三祭郑玄注皆三祭竝其将祭侯也祭侯三處也賈公彦疏三處者下文右與左中是也
●李賀(出城別張又新酬李漢)詩今將下東道祭酒而別秦王琦匯解祭酒謂祖道祭也古者出行必有祖道之祭
●史記滑稽列傳故所以同官待詔者等比祖道於都門外
●漢書劉屈犛傳貳師將軍李廣利將出兵擊匈奴丞相爲祖道送至渭橋顔師古注祖者送行之祭因設宴飮焉

●楊氏曰案亞獻如初儀潮州所刊家禮云少牢饋食禮主人初獻尸尸祭酒而後啐酒卒爵主婦亞獻尸尸祭之而後卒爵賓長三獻尸尸祭酒而後卒爵士虞特牲禮亦然以此觀之三獻皆當祭主于茅

●問祭酒以家禮亞獻條但不讀祝云者觀之則三獻似皆祭之以擊蒙要訣亞獻條但不祭酒云者觀則亞終獻不祭無疑當何適從南溪曰楊氏附註三獻皆祭酒當從此說

●尤庵曰降神時傾酒于茅沙者求諸陰之義也三獻時少傾于茅沙者代神祭之義也

●家禮四時祭降神條本註云云主人左手執盤右手執盞灌于茅上云云

●國朝五禮儀大夫士庶人四仲月時享儀篇降神條主人升香案前跪三上香云云主人執盞灌于茅上云云

▶3722◀◈問; 추가 질문입니다.

질문 1675에 대한 조언에 감사 드립니다. 그러면 제사는 음력 8월 7일 저녁에 준비를 하여, 자시가 시작되는 23: 30분 이후(음력 8월 8일)에 모시면 되는지 알고 싶습니다

◈答; 자시 제사.

자초(子初)라 함은 23 시 이후 24 시까지이며 자정(子正)이라 함은 24 시를 말하고 자후(子後)라 함은 0 시부터 01 시까지를 말합니다. 사망 시간이 일중 어느 시간이든지 작고한날 지내는 것이니 반드시 23; 30 분을 고집할 까닭은 없으며 당일 해시(亥時)에 작고하였다 하여도 다음해 그날을 당하면 그 날이 기일이 되는 것인데 주자가례에서 가르치기는 날이 샐 무렵 즉 이른 조반 때 지내라 하였는데 지금 우리들은 정에 겨워 일찍 뵈이려 대개의 가문에서 그 시간 까지를 기다리지 못하고 첫 시인 자시(子時)에 지내고 있는 것입니다. 실은 밤참 격이니 주선생의 가르침 대로 이른 조반 때에 지내는 것이 예에 합당하지 않을 가 생각됩니다.

●祭義君子有終身之喪忌日之謂也註忌日親死之日也

●家禮忌祭編○厥明夙興設蔬果酒饌○質明主人以下變服詣祠堂封神主出就正寢○參神降神進饌初獻

●士冠禮擯者請期宰告曰質明行事註擯者有司佐禮者在主人曰擯在客曰介質正也宰告曰旦日正明行冠事

●日省錄正祖十九年乙卯四月二十二日壬寅;(云云)獻官之命十七日進詣本宮十八日子時行祭

●永興本宮儀式奏啓;命當日陪香祝辭陛十七日進詣本宮十八日子時行祭天氣淸和享事利成臣不勝欣忭之忱緣由馳啓

●愚伏曰丁丑十七日亥時終于墨谷寓舍子時卒襲是日大風雨戊寅小斂己卯大斂

●日省錄哲宗十年己未七月十六日甲申;自前夜亥時至子時食十八分七秒初虧正東復圓正西

▶3723◀◈問; 추원감시.

추원감시의 정확한 뜻은 무엇입니까? 감사합니다.

◈答; 추원감시.

⊙추원(追遠): 보통 축문식의 한 구절로 쓰이는 글자로서 제사에 정성을 다하여 조상을 추모하고 공경을 다하며 아득히 지나간 일을 그리워한다는 뜻임.

●論語學而篇曾子曰愼終追遠民德歸厚矣註愼終者喪盡其禮追遠者祭盡其誠民德歸厚謂下民化之其德亦歸於厚蓋終者人之所易忽也而能謹之遠者人之所易忘也而能追之厚之道也故以此自爲則已之德厚下民化之則其德亦歸於厚也

⊙감시(感時): 그 때를 당하여 사무치게 느낀다는 뜻임.

●九思哀歲; 歲忽忽兮惟暮余感時兮悽愴(註)感時感慨時序的變迁或時勢的變化

●杜甫詩春夢感時花濺淚恨別鳥驚心

▶3724◀◈問; 축관은 신위에게 언제 배례를 하는지요?

우리 문중(門中)에서는 제례절차에 있어서 초헌 후에 독축을 한 후 초헌관과 축관이 함께

신위 전에 재배를 하는데 고전(古典)에는 그에 대한 기록이 상세하지 못하여 절차가 맞는지 궁금합니다. 축관은 독축만 하고 국궁 조차도 안하고 복위(復位)하는 것이 옳은 것인지요?

◈答; 축관은 신위에게 언제 배례를 하나.

아래와 같이 살펴보건대 가례(家禮) 서의(書儀) 의절(儀節)에서는 필흥(畢興)이며 오례의(五禮儀)나 육례홀기(六禮笏記)에서는 부복흥평신(俯伏興平身)일 뿐 재배(再拜)는 물론 국궁(鞠躬)의 예는 없습니다.

●家禮虞祭初獻條祝執版(云云)祝興主人哭再拜復位○又四時祭初獻條祝取版(云云)畢興主人再拜退

●溫公書儀四時祭初獻條祝執辭(云云)祝興主人哭再拜退

●家禮儀節虞祭讀祝條(祝執版主人之右西向跪讀之畢)○俯伏興平神(少退)○又四時祭讀祝條祝取版跪主人之左讀之畢起

●國朝五禮儀享文宣王視學儀初獻條大祝進神位之右東向跪讀祝文訖(云云)皆俯伏興平神

●六禮笏記忌祭初獻條○祝取版跪于主人之左東向跪(云云)○俛伏興○祝降復位

▶3725◀◈問; 축문.

강원도 삼척에서 생활하는 임인 3월 24일생 홍0식이라 합니다.

1년 전에 부모님을 모두 여의고 다가오는 기제사에 축문을 찾아 헤매다가 선생님의 홈피를 찾게 되었습니다. 항상 전통예절에 힘써 주신데 깊은 감사를 드리며 부친의 축문과 축문을 어떻게 고하는지 알려주시면 고맙겠습니다. 기일은 7월 20일(음)입니다. 감사합니다.

◈答; 축문.

⊙忌祭祝文式(부친기제축식)

維 歲次 庚寅七月壬辰朔 二十日辛亥 孝子관식敢昭告于 顯考學生府君 顯妣孺人某氏 歲序遷易顯考 諱日復臨 追遠感時 昊天罔極 謹以淸酌庶羞 恭伸奠獻尙 饗

고비 병제 축식입니다. 부친께서 생전에 관직에 계셨으면 학생을 지우고 관명을 쓰고 모씨에는 모친 성씨를 씁니다.

지방 기제(紙牓忌祭)

⊙초헌례.

주인은 향안 앞으로 나아가 무릎을 꿇고 앉는다. 우집사자는 탁자 위의 주전자를 들고 주인의 오른편에서 조금 앞으로 나아가 서쪽으로 향하여 무릎을 꿇고 앉고 좌집사자는 고위 전(考位前)의 잔반을 받들고 주인의 왼편에서 앞으로 조금 나아가 동쪽으로 향하여 무릎을 꿇고 앉아 잔반을 주인에게 준다. 주인이 잔반을 받아 들면 우집사자는 잔에 술을 가득 따른다. 주인은 받들었다 잔반을 좌집사자에게 주면 좌집사자는 잔반을 받아 받들고 위전으로 올라가 제자리에 놓고 만약 병제이면 비위 잔반을 내려 그와 같게 한다. 우집사자는 일어나 주전자를 제자리에 두고 단설이면 제자리로 물러나 서고 병설이면 위전으로 가서 좌 집사자는 고위전의 잔반을 다시 내려 받들고 우집사자는 비위 잔반을 받들고 주인의 좌우편에 마주하여 무릎을 꿇고 앉는다. 주인은 먼저 좌집사자의 잔반을 받아 왼손으로 반을 잡고 오른손으로 잔을 잡아 모사 위에 조금씩 세 번 기우려 삼제(三祭)를 하고 잔반을 좌 집사자에게 준다. 좌집사자는 잔반을 받아 받들고 위전의 제자리에 놓는다. 비위 잔반 역시 그와 같게 삼제를 하고 부복하였다 일어나 조금 뒤로 물러나 선다.

집사자들은 일어나 화로에서 간 꽂이를 병제이면 두 꽂이를 구워 접시에 담아 놓으면 형제 중 맏이가 간적(肝炙) 소반을 받들고 위전으로 가서 수저 남쪽 고기와 생선 사이 빈 곳에 놓고 병제이면 비위에 그와 같게 놓고 메의 개를 열어 그 남쪽 빈 곳에 두고 물러나 제자리에 선다.

축관이 축판을 들고 주인의 왼편에서 조금 앞으로 나아가 동쪽으로 향하여 무릎을 꿇고 앉으면 주인 이하 모두 무릎을 꿇고 앉는다. 축관은 다음과 같이 고하고 마치면 주인 이하 모두 일어나 선다. 이때 부모나 승중(承重)의 조고비(祖考妣) 제사이면 곡을 한다. 축관은 축판을 축판 탁자에 두고 제자리에 서면 주인은 재배하고 물러나 제자리에 선다. (축관이 없으면 주인이 자독하고, 헌관이 부족하면 주인이 삼헌을 한다)

집사자는 철주기 소반을 들고 위전으로 올라가 잔에 남은 술을 따르고 빈 잔은 제자리에 놓고 적간을 내려 철주기와 같이 탁자 위에 두고 내려와 제자리에 선다.

◈忌祭祝文式(기제축문식)

維 歲次干支幾月干支朔幾日干支孝子(조고비에게는 孝孫 증조고비에게는 孝曾孫 고조고비에게는 孝玄孫 ○방친과 형제와 처와 자식에게는 그가 부르던 칭호대로 쓴다) 某官某 (동생 이하 자에게는 이름을 쓰지 않는다) 敢昭告于 (처에게는 敢자를 쓰지 않고 동생 이하에게는 告于만 쓴다.) 顯考某官 (관직이 없었으면 學生이라 쓴다) 府君 (어머니 기제에는 顯妣某封某氏라 쓰고 고조고는 顯高祖考某官府君 고조비는 顯高祖妣某封某氏 증조고는 顯曾祖考某官府君 증조비는 顯曾祖妣某封某氏 조고는 顯祖考某官府君 조비는 顯祖妣某封某氏라 쓰고 처는 亡室某封某氏 장자는 亡子某官이라 쓰고 항렬이 낮거나 수하자에게는 顯자를 고쳐 亡자로 하고 府君 두 자를 빼며 방친은 속한대로 쓴다. ○고비 병제를 할 때는 顯妣某封某氏를 열서(列書)한다) 歲序遷易 諱日復臨 (병제(並祭)에는 諱日復臨 앞에 아버지 기일에는 顯考 어머니 기일(忌日)에는 顯妣라 쓰고 조고비(祖考妣) 이상 기일 역시 이와 같다. ○처나 동생의 기일이면 諱日復臨을 亡日復至로 고친다) 追遠感時昊天罔極 (고조, 증조, 조고비 기일이면 昊天罔極을 不勝永慕라 고쳐 쓰고 방친(傍親)의 기일이면 追遠 이하 여덟 자를 고쳐 不勝感愴이라 쓰고 처나 동생 이하의 기일이면 感愴을 다른 말로 고친다) 謹以 (처나 동생 이하의 기일이면 謹以를 玆以로 고쳐 쓴다) 淸酌庶羞恭伸奠獻 (처나 동생 이하에게는 恭伸奠獻을 伸此奠儀라 고쳐 쓴다) 尙 饗

▶3726◀ ◈問; 축문 관련.

부모님 기제사 축문과관련한 干支 문의합니다. 통상 축문 작성시 年, 月, 日 에 대한 간지 가들어가는데 그 중 月 간지 가 혼란이 옵니다. 통상 양력 2021 년 3 월 13 일(음력 2 월 1 일) 네이버 음력변환을 해보면 신축 - 신묘 - 경신 입니다. 그러나 월 간지는초하루 일진을 쓴다하면 달력을 보면 음력 2 월 1 일 일진이 경신 입니다.

그렇다면
1. 신축 - 신묘- 경신
2. 신축 - 경신 - 경신
어느쪽이 맞나요.

◈答; 초하루 축문식의 간지(干支) 쓰는 법.

삭일(朔日; 초하루) 기제(忌祭) 축문(祝文) 간지(干支) 쓰는 식은 2 일 등의 쓰는 식과는 다릅니다.

◆2021 년 (陰) 2 월 1 일 축문(祝文) 간지(干支) 쓰는 법.

維歲次辛丑二月朔日庚申孝子某敢昭告于

●便覽墓祭親盡祖墓祭祝文式維年號幾年歲次干支十月朔日干支幾代孫某官某敢昭告于

◆초하루 이외(以外) 축문식(祝文式)

維歲次干支幾月干支朔幾日干支孝子(祖考妣云孝孫曾祖考妣云孝曾孫高祖考妣云孝玄孫旁親兄弟妻子當云隨屬稱)某官某(弟以下不名)敢昭告于(妻去敢字弟以下但云告于)
顯考某官府君
顯妣某封某氏歲序遷易
顯考(妣忌則顯妣)諱日復臨(妻弟以下云亡日復至)追遠感時昊天罔極(高曾祖考妣改昊天罔極爲不勝永慕旁親去追遠以下八字云不勝感愴妻弟以下當改感愴以他語)謹以(妻弟以下云玆以)淸酌庶羞恭伸奠獻(備要妻弟以下云伸此奠儀)尙饗

●家禮集考年歲月朔日註某月干支朔某日干支則此所云月朔日是也
●疑禮通考祝云朔日條退溪答金伯榮曰稱某朔似當以月建然嘗考之古文實皆指朔日之支干蓋古人重朔朔差則日皆差故必表出而言之耳

▶3727◀◈問; 축문 관련해서 질문이 있습니다.

기제사 축문을 쓰려고 하는데요. 날짜를 쓸 때 예를 들어 음력 9 월 21 일이 돌아가신 날이면. (9 월 21 일 오전 9 시쯤 운명하셨어요..) 21 일로 쓰는 게 맞나요? 아니면 전날인 20 일을 쓰는 게 맞나요?? (제사 날은 돌아가신 전날이라는 말을 들은 거 같아서요..)

제사는 20 일 날 밤 12 시(21 일 0 시)에 하려고 하는데 맞는 거죠? 바쁘실 텐데 답변 부탁드릴께요.. 감사합니다.

◈答; 축문 관련해서.

의문 1, 답; 기일이 운명한 날이니 운명한 날짜로 씁니다.

●祭義註忌日親死之日也疏孝子終身念親不忘忌日非謂此日不善別有禁忌謂孝子志意有所至極思念親不敢盡其私情而營求他事故不擧也
●周禮春官宗伯禮官之職小史條掌邦國之志奠繫世辨昭穆若有事則詔王之忌諱註鄭司農云先王死日爲忌名謂諱
●明齋曰凡喪復後始發喪其前則雖已氣絶猶有復生之望不可便以爲已死也以此意推之則似當以招魂日爲忌日矣

의문 2. 답; 자정이라 하면 지지(地支)의 시로 익일의 첫 시인 자(子)시에 해당, 밤으로는 전날이나 날짜로는 다음 날이며 자시(子時)는 오후 11 시로부터 오전 1 시 까지를 자시라 하며 12 시 정각을 자정(子正)이라 하는 것이니 맞는 것입니다.

●咸興本宮儀式奏啓條本宮淸齋爲白遣初六日子時行祭是白如乎○本宮十一日子時行告由祭後陪香祝進詣定陵淸齋十三日子時攝行酌獻禮是白如乎
●日省錄十八日子時行祭天氣淸和享事利成獻官以下(云云)
●無名子集策皇極經世書; 天開於子地闢於丑
●性理大全忌祭編○厥明夙興設蔬果酒饌○質明主人以下變服詣祠堂封神主出就正寢
●尤庵曰行祭早晩太早不可太晩亦不可惟當以質明爲正
●文獻通考宗廟考六祭祀時享(薦新); 其祭貴肺用朝及闇陳氏禮書曰祭義曰夏后氏祭其闇商人祭其陽周人祭日以朝及闇
●檀弓夏后氏大事用昏商人大事用日中周人大事用日出
●禮器質明而始行事疏質正也謂正明之時少牢禮朝明行事註朝明質明也此乃周禮也
●陳氏曰子路祭於季氏質明而始行事寧早則雖未明之時祭之可也
●南溪曰質明卽大昕指日未出時也

▶3728◀◈問; 축문 낭독.

수고가 많으십니다. 축문을 읽을 시 별도의 낭독 법이 있는지요. 있으면 그 방법은 어떠한지요? 항간에는 조부와 조모의 제사를 같은 날 함께 지낸다 들었는데 그것은 예법에 어긋난지요?

아버님 첫 기제사 이전에 조부의 제사가 들었는데 별다른 예법은 있는지요?

◈答; 축문 낭독.

1; 축문(祝文) 낭독(朗讀) 법은 본 게시판(揭示板)으로는 전 할 수가 없으니 종가(宗家)나 윗대 선조(先祖) 묘제(墓祭)에 참석 하거나 또는 이웃 한학인이 있으면 음율(音律)을 한두 번 익히면 되리라 생각 됩니다.

2; 본 게시판 여러 곳에서 병제에 관하여 설명이 되였습니다. 귀댁의 가속이 병제이면 병제한다 하여 예에 크게 어긋남이 아니라 생각 됩니다.

3; 부친의 상을 조기 탈상을 하여 복을 벗었으면 조부의 기제사 역시 갖춰 봉행 하고 탈상치 않고 소상이면 조부의 기제는 경복인이 무축 단헌으로 감하여 봉행하게 하면 예에 어긋나지 않을 것입니다.

●擊蒙要訣喪服中行祭儀篇凡三年之喪古禮則廢祠堂之祭而朱子曰古人居喪衰麻之衣不釋於身哭泣之聲不絶於口其出入居處言語飮食皆與平日絶異故宗廟之祭雖廢而幽明之間兩無憾焉今人居喪與古人異而廢此一事恐有所未安朱子之言如此故未葬前則準禮廢祭而卒哭後則於四時節祀及忌祭(註墓祭亦同)使服輕者(註朱子喪中以墨衰薦于廟今人以俗制喪服當墨衰著而出入若無服輕者則亦恐可以俗制喪服行祀)行薦而饌品減於常時只一獻不讀祝不受胙可也期大功則葬後當祭如平時(註但不受胙)未葬前時祭可廢忌祭墓祭略行如上儀緦小功則成服前廢祭(註五服未成服前雖忌祭亦不可行也)成服後則當祭如平時(註但不受胙)服中時祀當以玄冠素服墨帶行之
●雜記士三月而葬○士虞記三月而葬○書儀喪儀三卜宅兆葬日條王公已下皆三月而葬
●小記報葬者報虞三月而後卒哭註報讀爲赴急疾之義謂家貧或以他故不得待三月死而卽葬者旣疾葬亦疾虞虞以安神不可後也惟卒哭則必俟三月耳
●朱子曰百日卒哭

▶3729◀ ◈問; 축문 문의 드립니다.

내일이 모친 제사 날 입니다. 제가 자꾸 혼동이 되어 내일이 제사면 양력으로 해야 하는지 음력인지 혼동이 되네요. 내일 모친 제사를 하려고 하는데 축문을 어떻게 써야 하나요? 돌아가신 날은 2004 년 2 월 1 일 (음력)이며 (양력)은 2004 년 3 월 21 일 입니다. 축문 좀 어떻게 써야 할지 부탁 드립니다. 항상 가르침 감사히 받겠습니다. 김 0 환

◈答; 모친 축문.

⊙忌祭祝文式(기제축문식)

維 歲次 己丑二月辛丑朔 初一日辛丑 孝子민환敢昭告于 顯考學生府君 顯妣孺人某氏 歲序遷易顯妣 諱日復臨 追遠感時 昊天罔極 謹以淸酌庶羞 恭伸奠 尙 饗

고비(考妣) 병제(幷祭) 축식 입니다. 某氏의 某에는 모친의 성씨를 써 넣습니다.

●朱子曰忌日只祭一位
●程氏祀先凡例祖考忌日則只祭祖考及祖妣祖妣忌日則只祭祖妣及祖考
●退溪曰忌日幷祭考妣甚非禮也
●沙溪曰忌日幷祭考妣雖非朱子意我朝先賢嘗行之栗谷亦曰祭兩位於心爲安云
●愼獨齋曰幷祭爲當
●晦齋曰按文公家禮忌日只設一位程氏祭禮忌日配考妣二家之禮不同盖只設一位禮之正也配祭考妣禮之本於人情者也若以事死如事生鋪筵設同几之意推之禮之本於情者亦有所不能已也
●同春問並祭考妣則告辭與祝辭似當添一兩語沙溪曰告辭遠諱之辰敢請下當添顯考顯妣神主出就云云祝辭歲序遷易下當添某親諱日復臨云云
●備要考妣並祭則列書考妣而遷易下又云某親諱日復臨云云

▶3730◀ ◈問; 축문식에서 단군기원에 대하여.

언제인가 어떤 축식(祝式)에서 제사(祭祀) 날자를 유세차(維歲次) 단군기원(檀君紀元) 모년(某年) 모일(某日) 이라한 축식을 본 기억이 납니다. 이와 같이 하여도 법도에 어긋나지는 않는지요?

◈答; 축문식에서 단군기원에 대하여.

유가(儒家)의 축문식(祝文式)에서 제일(祭日) 당일을 아뢰는 날자를 고함에 나라에서도 이미 폐기(廢棄)한 대종교(大倧敎)의 년기(年紀)를 마치 현재 사용 중인 나라의 년호(年號)인양 유가(儒家)의 축식(祝式) 유세차간지(維歲次干支)에 끼워 넣어 유단군기원모년세차간지운운(維檀君紀元某年歲次干支云云)할 까닭이 없다. 이는 유가(儒家)의 축문(祝文) 법식(法式)에 어그러질 뿐더러 현실적(現實的)으로 단군기원(檀君紀元)은 국가에서도 폐기하였으니 대종교

(大倧敎)를 제외한 유가(儒家)가 아니라 하여도 사용할 근거가 없다. 따라서 유단군기원(維檀君紀元) (운운(云云))은 유가(儒家)의 축문(祝文) 법식(法式)이 아닙니다.

특히 년호(年號)와 기원(紀元)을 개염(概念) 자체(自體)가 별개(別個)로서 기원(紀元)은 년호(年號)의 대행(代行) 수단(手段)이 될 수 없습니다.

유자(儒者)들의 제삿날 일자(日字)를 고하는 축식(祝式)은 유세차(維歲次)(운운(云云))일 뿐입니다.

◈**大倧敎;** 우리 나라 고유의 종교로 고대 동방민족의 원시신앙을 체계화시킨 종교로 대종(大倧)이란 삼신(三神)(환인(桓因), 환웅(桓雄), 환검(桓儉): 단군(檀君))을 이른다. 대종교(大倧敎)는 단순히 단군(檀君)만을 믿는 종교가 아니라 삼신일체(三神一體) 의 천신(天神)을 받드는 신앙사상으로서 종교적 단체를 만든 것은 1909 년(융희(隆熙) 삼년(三年)) 홍암대종사(弘岩大宗師) 나철(羅喆)에 의하여 시작되었다. 나철(羅喆)은 한일합방(韓日合邦) 후 1916 년 구월산(九月山)에서 자결하고 이대(二代) 교주(敎主) 무원종사(茂園宗師) 김교헌(金敎獻)은 일본의 탄압으로 교단(敎團)의 총본사(總本司)를 만주(滿洲)로 옮겼다가 일본군에게 학살당한 10 여 만의 교도(敎徒)를 비탄하다가 죽었다. 제삼대(第三代) 교주(敎主)는 단애(檀崖) 윤세복(尹世復)으로 해방 후에 교단을 서울로 옮겨 왔다. 그의 사상은 삼진귀일(三眞歸一)(지(止). 조(調). 금(禁)) 삼법(三法)이다.

◈**檀君紀元:** 우리나라의 시조(始祖) 단군왕검(檀君王儉)의 즉위년(卽位年) 기원(紀元)으로 한 년호(年號). 원년(元年)은 중국 요(堯)의 즉위 오십년(五十年)(B.C. 2333)에 해당한다. 고려 말기에 백문보(白文寶)가 처음으로 사용하였으며 조선(朝鮮) 말기(末期) 대종교(大倧敎)에서 사용하였다. 그 후 대한민국(大韓民國) 정부(政府) 수립과 동시에 법령으로 공포모든 공문서(公文書)에 사용해 왔으나, 5. 16 군사정부(軍事政府)에 의하여 1962 년 1 월 1 일을 기하여 이를 폐기(廢棄) 서력기원(西曆紀元)을 일체 사용, 오늘날에 이르게 되었다.

이상과 같이 살펴볼 때 유교(儒敎)의 기원(紀元)이 당당하게 있음에도 불구(不拘)하고 대종교(大倧敎)의 기원(紀元)을 사용함은 주체성(主體性) 결여(缺如)의 한 단면(斷面)이며 차라리 국가(國家)에서 사용되는 년기(年紀)를 따른다 함이 그보다는 설득력(說得力)이 더 있다 하겠으나, 국가에서 사용하는 년기(年紀)는 서력기원(西曆紀元)으로 서력기원(西曆紀元)이란 기독교(基督敎) 교주(敎主)(예수)의 탄신(誕辰)년을 원년(元年)으로 계산되는 기독교(基督敎) 기원(紀元)으로 아무리 궁하다 하여도 유교(儒敎)에서는사용 불가한 기원(紀元)이다.

축식(祝式)이란 축(祝)을 쓰는 법식(法式)으로 법도와 양식이다. 왕정(王政)이 사라져 년호(年號)가 없어진 현재 축식(祝式) 당해 년도(年度) 표시인 유세차(維歲次)의 의미에 단기(檀紀)를 삽입(揷入)할 어떠한 근거(根據)도 없다. 세차(歲次)란 당해 년에 해당하는 간지(干支)라는 의미일 뿐이다.

◆[年號]; 封建帝王爲紀在位之年而立的名號在漢武帝以前紀年用甲子帝王均無年號自武帝卽位稱建元元年始有年號

◆[紀元]歷史上紀年的起算年代

●朱子家禮祭禮四時祭初獻; 祝取版立於主人之左跪讀曰維年歲(云云)

●周禮夏官司馬下司士; 掌羣臣之版以治其政令歲登下其損益之數辨其年歲與其貴賤(註)年歲爲年紀

●史記晉世家; 靖侯已來年紀可推自唐叔至靖侯五世(註)年紀爲年數

●杜氏通典禮立春後丑日祀風師; 太祝指版進於神座之右東面跪讀祝文曰維某年歲次(云云)

●長慶集二十三祭廬山文; 維元和十二年歲次丁酉(註)歲次爲紀年年次

●文選南朝梁陸佐公石闕銘; 於是歲次天紀月旅太簇

●書經集傳胤征; 俶擾天紀遐棄厥司乃季秋月朔辰弗集于房(蔡沈集傳)天紀則洪範所謂歲月日星辰曆數是也

●辭源止部九畫 歲 [歲次]; 每年歲星所値的星次與其干支叫歲次古以歲星紀年也叫年次

●辭源干部三畫 年 [年號]; 封建帝王爲紀在位之年而立的名號在漢武帝以前紀年用甲子帝王均無年號自武帝卽位稱建元元年始有年號
●辭源糸部三畫紀 [紀元]歷史上紀年的起算年代

▶3731◀◈問; 축문 쓰는 방법.

아버님이 돌아가시고 증조부모 제사를 묘 제사로 드리려고 하는데 체천축을 써서 드려야 된다고 하는데 아시는 분 계시면 가르쳐주세요.

◈答; 축문 쓰는 방법.

체천(遞遷)이란 사당(祠堂) 봉사(奉事) 적손(嫡孫)이 죽어 그의 대상(大祥)에 조상(祖上)의 신주(神主)를 다음 봉자손 명(奉子孫名)으로 대(代)에 맞게 개제(改題)를 하고 그로는 봉제사 세대가 지난 신주를 최장방(最長房) 집으로 옮기고 최장방 역시 대진(代盡)하여 신주를 당해 묘소(墓所)로 옮겨 매안(埋安)할 때까지의 옮길 때 고사축을 대개 일괄 체천축(遞遷祝)이라 하는 듯 합니다. 그런데 증조부모 묘제에 읽는 축을 체천축으로 고해야 한다 함은 알지를 못하며 그러한 축문은 특별히 있지 않습니다.

○奉遷主埋于墓側儀禮節次(봉천주매우묘측의례절차)

(補祥祭後陳器具饌如朔日之儀用卓子陳廳事上質明主人奉安親盡之主于卓子上)
序立(如常儀)○參神○鞠躬拜興拜興拜興拜興平身○降神○盥洗○詣香案前○跪○上香○酹酒○俯伏興拜興拜興平身○主人斟酒○主婦點茶(畢並立)○鞠躬拜興拜興平身○主婦復位○跪○讀祝○俯伏興拜興拜興平身○復位○辭神○鞠躬拜興拜興拜興拜興平身○焚祝文○送主(執事者用盤盛主捧之主人自送至墓側)○埋主(祝埋畢始回)
(儀節按楊氏附註引朱子他日與學者書旣祥而徹几筵其主且當附于祖父之廟俟三年喪畢合祭而後遷蓋有取於橫渠祫祭後奉祧主於夾室之說也而楊氏亦云俟吉祭前一夕以薦告遷主畢乃題神主厥明今祭畢奉神主埋於墓所奉遷主新主各歸于廟夫所謂合祭者卽橫渠所謂祫祭也家禮時祭之外未嘗合祭若卽是時祭又不知設新主位于何所今不敢從且依家禮爲此儀節庶幾不失云)

○신주를 옮겨 묘 옆에 묻는 의례절차.

대상(大祥)을 지낸 후 제사 기구와 찬품(饌品)을 사당 초하루 참배(參拜) 의식과 같게 하고 탁자(卓子)를 청사(廳舍) 위에 놓는다. 날이 밝으면 주인은 세대가 다한 신주(神主)를 받들어 탁자 위에 놓는다.

차서 대로 선다. (평상의 의식과 같다) ○행참신례. ○국궁 사배 평신한다. ○행강신례. ○손을 씻는다. ○향안 전으로 간다. ○무릎을 꿇고 앉는다. ○분향한다. ○강신한다. ○부복하였다 일어나 재배 평신한다. ○주인은 헌주 한다. ○주부는 차를 따른다. (마쳤으면 같이 선다) ○국궁 재배 평신한다. ○주부는 제자리로 물러선다. ○무릎을 꿇고 앉는다. ○독축을 한다. ○부복하였다 일어나 재배 평신한다. ○제자리로 물러 선다. ○행사신례. ○국궁 사배 평신한다. ○축문을 불 사른다. ○신주를 옮긴다. (집사자는 소반에 신주를 담아 받들고 가거나 주인이 받들고 묘 옆으로 간다) ○신주를 묻는다. (축관이 묻기를 마쳤으면 돌아온다)

⊙送主告辭式(송주고사식)

維 歲次干支幾月干支朔幾日干支五代孫某敢昭告于 顯五代祖考某官府君 顯五代祖妣某封某氏古人制禮祀止四代心雖無窮分則有限神主當祧不勝感愴謹以酒果百拜告辭(本龕有祔位則此下云某親某官府君某親某封某氏神主亦當並埋)尙 饗

⊙埋主告辭式(매주고사식)(承重則六代祖考妣位告辭式○同治葬先塋條)

維 歲次干支幾月干支朔幾日干支五代孫(承重稱六代孫)某官某敢昭告于 顯五代祖考某官府君 顯五代祖妣某封某氏之墓世次迭遷 神主已祧情雖無窮分則有限式遵典禮埋于 墓側不勝感愴謹以酒果用伸虔告謹告

●家禮祠堂篇易世則改題主而遞遷之條其第二世以下祖親盡及小宗之家高祖親盡則遷其主而埋之

其墓田則諸位迭掌而歲率其子孫一祭之亦百世不改也

●愼齋曰奉親盡之主埋於墓所若族人有親未盡者遷于最長房之房使主其祭

●星湖(實學派)禮說埋主說條以紙充實櫝內外用白木櫃如槨亦北首深藏於墓傍潔處堅築之可矣墓前恐當有告以酒果行事告云云某罪逆不滅先考喪期已卒禮制有限神主親盡當祧今奉埋于塋傍不勝感愴敢伸虔告臨埋哭盡哀旣埋哭再拜退

●性齋(實學派)曰親已盡則埋族人有親未盡者則遷于最長之房使主其祭

▶3732◀◈問; 축문 쓰는 법.

금년 음력 3월에 어머니의 상을 치렀고 추석 첫 제사 입니다 축문을 쓰되 유세차 간지 할 때 갑신간지 하는 건지 또한 월과 일은 경술간지 하는 건지 또한 감소고우는 본 관을 써서 목천 감소고우로 하는 건지 처음제사를 지내서 잘 모르겠네요 skphxilp@yahoo.com 입니다 알려주시면 감사 드리겠습니다 너무 좋은 사이트입니다 자주 와서 가정의례를 배우렵니다 감사 합니다 방명록 9/26 16; 59 에서 옮김

◈答; 축문 쓰는 법.

維歲次甲申八月丙申朔十三日戊申명己敢昭告于

세차갑신-----------------태세
병신삭------------------그 달 초하루 일진
십삼일무신------------그날 일진
명근감소고우----------제주 이름

▶3733◀◈問; 축문 쓰는 법?

축문 쓸 때 현고조학생부군 뒤에 묘제 지낼 때는 지묘를 쓰고 집에서 지낼 때는 신위를 쓰나요? 예문을 보니까 학생부군 뒤에 아무것도 안 쓰던데요.

◈答; 축문 쓰는 법.

신위라 함은 혼신이 의지하여 있을 자리 라는 뜻이며 모시고자 하는 선조를 의미 하는 것이며 축문에서는 나와의 관계를 부르는 호칭이니 신위를 쓰지 않는 것입니다. 그러하기 때문에 축문에서 묘제에서는 지묘(之墓)를 더 하여 누구의 묘소에라 부르는 것이며 집 제사에서는 누구에게 라 부르기 때문에 그 뒤에 덧붙이는 다른 말이 없는 것입니다.

●家禮喪禮治葬題主條先題陷中父則曰故某官某公諱某字某第幾神主粉面曰考某官封謚府君神主其下左旁曰孝子某奉祀

●周禮春官小宗伯掌建國之神位右社稷左宗廟註鄭司農云立讀爲位古者立位同字古文春秋經公卽位爲公卽立

●皇壇增修儀大報壇紙位圖說條云云高皇帝神位

●便覽虞祭祔祭紙牓式條顯某考(屬稱隨亡者當祔位下同)某官府君神位

▶3734◀◈問; 축문 쓰는 법을 배우고 싶어요.

(3,3.2 일자 방명록에서 게시판으로 옮긴 질문) 기제사 축문 쓰는 법을 배우고 싶어요. 자세히 가르쳐 주세요.

◈答; 축문 쓰는 법.

대체로 신제를 제외한 관혼상제에 관한 축식은 본 편에 거의 수록 되여 있으며 기타 본 조 축식 이외 보결 축식 역시 대략 본 홈에 수록 되여 있습니다. 축문 쓰는 법이란 교습으로 능히 이뤄지는 것이 아니라 한문에 관한 지식이 어느 경지에 오르면 스스로 깨우쳐 지게 되는 것이라 생각 됩니다. 축문의 구성은 기존 축식을 살펴 보면 공통 점이 있으니 그 틀에 맞춰 의도 한 바를 표현 하면 되리라 합니다.

⊙기제사 축문식(忌祭祝文式) (모든 기제에 활용할 수 있음)

維 歲次干支幾月干支朔幾日干支孝子(조고비에게는孝孫증조고비에게는孝曾孫고조고비에게는孝

玄孫○방친과형제와처와자식에게는그가부르던칭호대로쓴다)某官某(동생이하자에게는이름을쓰지않는다)敢昭告于(처에게는敢자를쓰지않고동생이하에게는告于만쓴다) 顯考某官(관직이없었으면學生이라쓴다)府君(어머니기제에는顯妣某封某氏라쓰고고조고는顯高祖考某官府君고조비는顯高祖妣某封某氏증조고는顯曾祖考某官府君증조비는顯曾祖妣某封某氏조고는顯祖考某官府君조비는顯祖妣某封某氏라쓰고처는亡室某封某氏장자는亡子某官아라쓰고항렬이나낮거나수하자에게는顯자를고쳐亡자로하고府君두자를빼며방친을속한대로쓴다○고비병제를할때는顯妣某封某氏를열서한다)歲序遷易 諱日復臨(병제에는諱日復臨앞에아버지기일에는顯考어머니기일에는顯妣라쓰고조고비이상기일역시이와같다○처나동생의기일이면諱日復臨을亡日復至로고친다)追遠感時昊天罔極(고조증조조고비기일이면昊天罔極을不勝永慕라고쳐쓰고방친의기일이면追遠이하여덟자를고쳐不勝感愴이라쓰고처나동생이하의기일이면感愴을다른말로고친다)謹以(처나동생이하의기일이면謹以를玆以로고쳐쓴다)淸酌庶羞恭伸奠獻(처나동생이하에게는恭伸奠獻을伸此奠儀라고쳐쓴다)尙 饗

▶3735◀◈問; 축문 쓰는 법에 대하여.

수고 많으십니다. 음력 1 월 3 일에 산에 올라서 새벽에 고사(회사의 발전과 무사고 및 입찰 낙찰을 기원)를 올리려고 합니다. 이 때 슬 전통 축문 쓰는 법과 견본을 알고 싶습니다.

◈答; 축문 쓰는 법에 대하여.

귀하가 희망하는 축문식은 전통예문으로는 없는 것 같습니다. 아래는 왕실에서 천지 수목에 대한 제사에 쓰이는 축문식이니 소용되면 발췌하여 이용하기 바랍니다.

⊙祝文式(축문식)

維成化某年歲次某甲某月某朔某日某甲云云(風雲雷雨稱朝鮮國王臣姓諱○雩祀稱朝鮮國王姓諱○嶽海瀆及山川稱國王姓諱○名山大川城隍稱國王○州縣禜祭城隍發告並稱某州官姓名)敢昭告于(名山大川城隍七祀則稱致告于)云云(風雲雷雨稱風雲雷雨之神國內山川之神城隍之神○嶽海瀆稱某嶽之神某海之神某瀆之神○雩祀稱句芒氏之神祝融氏之神后土氏之神蓐收氏之神玄冥氏之神后稷氏之神○名山大川稱某山之神某川之神○望祈稱某方嶽海瀆之神某方山川之神○七祀稱司命司戶司竈中霤之神○禜祭稱某方山川之神○城隍發告稱城隍之神)伏以(城隍發告則否)云云(風雲雷雨稱默幹玄機品物流形神功斯慱我祀孔明國內○山川稱別峙作鎭善下潤物功利在人祀事不戒○城隍稱高深莫側衛我邦家人民其依功利斯多○嶽稱峻極于天鎭我邦基歆我禋祀介以純禧○海稱百谷之王德著廣利享祀是宜永介多祉○瀆稱爲國之紀澤潤萬物克禋克祀錫我百福○雩祀句芒稱東作之功莫非爾極是用享祀永言率育○祝融稱長養萬物德著亨嘉以享以祀受福不那○后土稱持載簡能德合無疆時祀不戒神其降康○蓐收稱萬寶告成旣受厥明以報以祀福祿來成○玄冥稱貞固幹事德全終始我祀孔明介以繁祉○后稷稱誕播嘉穀群黎徧毓顧予吉蠲申錫戩穀○名山稱磅礴崒嵂鎭于一方是用禋祀惠我無彊○大川稱性本潤下功利斯溥占蠲以祀有秩斯祜○司寒稱闔闢陰機爕調愆伏至誠斯感錫玆祉福○七祀稱節屆孟春隨時改稱宜擧精禋祗薦閟宮乃逮明神○禜祭稱霪雨不止傷我稼穡冀垂扶佑應時開豁○報祀稱霪雨旣霽維神之賜何以報之敢稽祀事○城隍發告稱將以某月某日設壇北郊祭闔境無祀鬼神庶資神力召集赴壇)謹以牲幣醴齊粢盛庶品(七祀禜祭司寒則稱牲醴庶品城隍發告則稱淸酌庶羞)式陳明薦尙饗

▶3736◀◈問; 축문 쓰는 법 궁금합니다.

낡은 집을 헐고 신축하려고 하는데 토신제를 지내야 한다고 합니다. 축문을 어떻게 써야 하고 제 지내는 방법을 알려주시길 부탁 드립니다.

◈答; 축문 쓰는 법 궁금합니다.

파옥고사는 집 뒤 서북쪽에 신단(神壇)을 모으고 파옥고사(破屋告辭) 후, 만약 사당(祠堂)을 건사하여 사당까지 파옥하게 되면 이안고사(移安告辭)를 고하고 신주(神主)를 옮긴 뒤 파옥을 시작하게 됩니다. 사당이 없으면 터주 신에게만 고하게 됩니다.

아래 고사식은 헌 집을 헐고 다시 짓는 고식입니다. 귀댁의 처지에 적합하도록 개작하여 사용하십시오. 예법은 단헌지례(單獻之禮)입니다. 아래 예법은 삼헌지례(三獻之禮)입니다. 참고하여 사용하십시오.

●三禮儀朱子居家有土神祭蓋古禮祭五祀之意也居室旣成先築土神壇於後園西北隅淨處壇下有階

常加鐲潔每四時家廟祭畢設席屛倚卓於壇上祭如家祭之儀但初獻扱匙正筯無侑食進茶之儀若値風雨不可行於壇上則或依韓魏公例行於家中

●祀土地儀禮節次(儀節)

就位(主人以下序立)○降神○詣香案前○跪○上香○祭酒○俯伏興平身○參神○鞠躬拜興拜興平身○初獻酒○跪(皆跪)○讀祝○亞獻酒○三獻酒○辭神○鞠躬拜興拜興平身○焚祝文○禮畢

●破屋祝文一

云云伏以某村一洞千年古址文武幷顯材德輩起惟玆壺山一區勝地天風淑氣于焉蓄止我高王考頤醉處士厥初胥宇必此之取營築家室閱百餘禩棟樑敗朽玆謀重修今將破屋謹告厥由

●破屋祝文二

云云伏以舊宅之修先考有志諸弟祈筈因以未遂經始有年遽以見背况又世變所營靡逮幸以去秋時謂解放今當春正破屋重刱神其默佑工役日新謹以酒果用伸虔告謹告

▶3737◀◈問; 축문 쓰는 법 알려 주세요.

수고하십니다.

1. 공장(사무실 포함)개업 축문
2. 큰할아버지 제사 축문(손이 안 계셔서 조카손자인 저희가 모심)을 알려 주시면 대단히 고맙겠습니다.

◈答; 축문 쓰는 법.

問1. 答; 개업 축문

◎創業祭祝文(창업제축문).

維 歲次干支幾月干支朔幾日干支某官姓名敢昭告于 土地之神維此仲春(隨時)神助創業今爲始務伏惟 尊神保佑世盡日興月昌人集滿堂幣積滿庫無故繁盛享受平康萬歲社名第一天下守護恩澤不敢望德社功始敢有不欽酒牲雖微庶將誠意惟 神感享永奠厥居尙 饗

◎開業告祭祝文(개업고제축문)

維 歲次干支幾月干支朔幾日干支某(商號)業主(或某代表理事或某社長)姓名敢昭告于基地之神今以吉辰開業爾來尋訪顧客(隨業改措語)精誠盡力社勢萬里綿綿雲集日益繁昌幣集滿庫無故繁盛享受平康神其保佑謹以牲禮庶品式陳明薦尙饗

2. 큰할아버지 제사 축문

程子曰無服之殤(韻會殤痛也或作傷○備要七歲以下)不祭下殤(備要十一歲至八歲)之祭終父母之身中殤(備要十五歲至十二歲)之祭終兄弟之身長殤(備要十九歲至十六歲)之祭終兄弟之子之身成人(備要丈夫冠婦人許嫁)而無後者其祭終兄弟之孫之身此皆以義起者也

정자가 이르기를 복이 없는 어린아이 죽음은 제사치 않으며 하상의 제사는 부모의 죽음으로 마치고 중상의 제사는 형제의 죽음으로 마치고 장상의 제사는 형제의 아들 죽음으로 마친다. 관례나 혼인한 이가 후사가 없을 때의 제사는 형제의 손(孫) 죽음으로 끝난다. 이 모두 오상의 하나인 의에서 비롯된 것이니라. 하셨느니라.

위의 말씀을 살펴 볼 때 만약 귀하의 백종조부가 관례나 혼인치 않고 사망하였으면 장상(長殤)이라 하여도 귀하의 선고장 대에서 제사가 마쳐지는 것이며 혼인 후 어떤 연고로 무손이면 입후하여 대를 이어야 하며 숙종조부라면 귀하의 대에서 마쳐지는 것 같습니다.

◎從祖父忌祭祝文式(종조부기제축문식)

維 歲次干支幾月干支朔幾日干支從孫某敢昭告于 顯從祖父某官府君 顯從祖妣某封某氏歲序遷易 顯從祖父諱日復臨不勝感愴謹以淸酌庶羞恭伸奠獻尙 饗

▶3738◀◈問; 축문 쓰는 법 가르쳐 주십시오.

안녕하십니까? 축문 쓰는 법을 알고 싶어서 문의 드립니다.

여기는 제주도인데요 제주에서는 설날이나 추석에 성묘을 안 하고 집에서 제사를 아침에 모시는데 저희는 형제이온 데 지금까지는 제(형)가 제사나 설 추석을 전부 했는데 동생이 결혼을 하여 추석하고 조모 제사를 동생이 하기로 하여 이번 추석 때 축문을 올려 내년부터 추석이랑 조모 제사를 옮기려고 합니다. 저희 집 제사는 백조부 조부 당숙 부모를 모시고 있습니다. 동생네 집이랑은 거리는 500m 정도 떨어져 있습니다.

추석 때 추석 제사를 옮기는 축문하고 할머니제사(음 12 월 18 일)때 옮길 때 쓰는 축문을 가르쳐 주십시오. 동생네 집에서 제사를 모시면 초헌은 누가 보나요 궁금합니다 가르쳐 주십시오. 감사합니다.

◈答; 축문 쓰는 법.

어떠한 연고 인지는 알 수 없으나 동생 집으로 조모 제사를 옮긴다 함은 예법상 크게 어긋나는 일입니다. 가간(家間)이 500m 정도라면 제수를 마련하여 귀하의 댁에 와서 제사를 지내는 것이 조상을 편안하게 모시고 효를 극진히 표하는 길이며 어느 경우에도 귀하가 제주(祭主)로서 초헌관이며 형제가 제사 비용과 노력을 협력 함이 가당하다 할 것입니다.

⊙조모 기제 축문식(祖母忌祭祝文式)

維 歲次癸未十二月庚午朔十八日丁亥孝孫태민敢昭告于 顯祖考學生府君 顯祖妣孺人某氏歲序遷易 顯祖妣諱日復臨追遠感時不勝永慕謹以淸酌庶羞恭伸奠獻尙 饗

학생에는 조부께서 생전 벼슬이 있었으면 벼슬 등급 명을 쓰고 유인에는 그로 하여 조모가 받은 봉명을 쓰며 모씨에는 조모 성씨를 씁니다. 조부 기일이면 현조비휘일부임 중 현조비를 현조고로 고치고 일자만 고치면 조부 기일 축식이 됩니다.

종자(宗子)가 이주(移住)할 때 조상(祖上)을 옮겨 가는 축사식(祝辭式)은 있으나 다른 축식은 없는 것입니다.

●奔喪凡喪父在父爲主(註)父在而子有妻子之喪則父主之統於尊也

●曲禮支子不祭祭必告于宗子(註)不敢自專宗子有故支子當攝而祭五宗皆然疏廟在適子之家庶子不敢輒祭若濫祭亦是淫祀若宗子有疾不堪當祭則庶子代攝可也猶宜告宗子然後祭

●喪服小記庶子不祭禰者明其宗也(註)庶子不得立禰廟故不得祭禰所以然者明主祭在宗子廟必在宗子之家也庶子雖貴止得供具牲物而宗子主其禮也○(又)喪服小記庶子不祭祖者明其宗也(註)此據適士立二廟祭禰及祖今兄弟二人一適一庶而俱爲適士其適子之爲適士者固祭祖及禰矣其庶子雖適士止得立禰廟不得立祖廟而祭祖者明其宗有所在也

●問解續長子雖病廢似不可傳重於次子况長子有子則豈可以次子奉祀也

▶3739◀◈問; 축문 쓰는 법 좀 가르쳐 주세요.

안녕하세요. 학교 숙제로 선생님이 숙제를 내셨습니다. 축문을 써야 하는데 어떻게 써야 하는지 모르겠습니다. 고조부, 고조모, 증조부, 증조모 이렇게 네 개를 써야 하는데 어떻게 써야 하는 건가요. 지도 부탁 드립니다. 가능하다면 내일 오전까지 해주시면 안될까요?

◈答; 축문 쓰는 법.

⊙축문식(고조부 고조모 증조부 증조모)

維 歲次干①支某月②干支朔某日③干支④孝某親某敢昭告于 顯高祖考⑤某官府君(高祖母云顯高祖妣⑥某封⑦某氏曾祖父云顯曾祖考某官府君曾祖母云顯曾祖妣某封某氏)歲序遷易諱日復臨

追遠感時不勝永慕謹以淸酌庶羞恭伸奠獻尙 饗

()괄호안의 내용은 만약 고조모 축문일 때는 현고조고모관부군을 빼고 현고조비모봉모씨로 고쳐 쓰면 되는 것으로 증조부 증조모 다 그와 같습니다.

○숫자의 설명(써 넣을 내용)
1번; 태세(그 해의 간지)
2번; 그 달의 초하루 간지
3번; 그 날의 간지
4번; 제사 지내는 조상과의 관계와 제주의 이름
고조부모일 때는 현손(玄孫)길동(吉童)
증조부모일 때는 증손(曾孫)길동(吉童)
5번; 생전의 벼슬 명(벼슬이 없었으면 학생(學生)이라 씀)
6번; 생전의 봉 명(나라로부터 봉 함이 없었으면 유인(孺人)이라 씀)
7번; 성씨(성씨가 이씨이면 李자를 써넣음)

본 축문식은 기제 축문식 이며, 축문은 종서(세로쓰기)로 쓰는 것입니다. 자세히 따져 살펴보면 이해가 될 것입니다.

▶3740◀◈問; 축문에 관한 질문 입니다. 부탁 드립니다.

안녕하십니까. 수고가 많으십니다. 당연히 알아야 할 예절을 질문 드려 송구스럽습니다. 일직이 아버님 살아 계셨을 때 배워두는 것이었는데 후회가 막심합니다. 다름이 아니라 축문을 쓸 경우 간지 날에 대한 질문입니다.

2003 년 10 월 17 일 오늘이 아버지 제사입니다. 이때 유세차 간지(제사 지내는 해의 간지)10 월 간지(10 월의 간지인지 아니면 10 월 1 일의 간지인지?)17 일 간지(17 일의 간지) 그 다음은 수월한데 2 번째가 어렵습니다. 알려주시면 감사하겠습니다. 참 그리고 아버님의 제사가 10 월 17 일인데 실제 돌아가신 날은 11 월 9 일이거든요. 그러면 어떤 날로 지내야 되는 건지 부탁 드립니다.

◈答; 축문에 관하여.

⊙부친 기일 축식(父親忌日祝式)

維 歲次癸未十月辛未朔十六日丙戌孝子○○敢昭告于 顯考學生府君 顯妣某封某氏歲序遷易 顯考諱日復臨追遠感時昊天罔極謹以淸酌庶羞恭伸奠獻尙 饗
양력 11 월 9 일은 음력으로 10 월 16 일 입니다. 기일은 음력으로 16 일이나 제사는 전날인 음력 15 일 저녁 밤 자시(子時)인 12 시경에 지내고 있습니다. 모월 간지삭(朔)의 간지는 그 달 초하루 일진입니다.

위 축식은 부모 모두 작고 하였을 시의 축식으로 병제 치 않는 가문이거나 모친이 생존 하였으면 현비유인모씨와 현고휘일부임의 현고를 제 하여야 합니다. 기타 학생과 유인의 변통은 이해 될 것입니다. 기제는 작고한 날 질명(質明; 해뜨기 전)이 기제 지내는 때입니다. 지금 거의 가문에서 왕실 제도인 당일 첫 시인 자시에 지내고 있습니다.

●祭義註忌日親死之日也疏孝子終身念親不忘忌日非謂此日不善別有禁忌謂孝子志意有所至極思念親不敢盡其私情而營求他事故不擧也
●明齋曰凡喪復後始發喪其前則雖已氣絶猶有復生之望不可便以爲已死也以此意推之則似當以招魂日爲忌日矣
●禮器質明而始行事疏質正也謂正明之時少牢禮朝明行事註朝明質明也此乃周禮也
●性理大全忌祭編○厥明夙興設蔬果酒饌○質明主人以下變服詣祠堂封神主出就正寢
●南溪曰質明卽大昕指日未出時也
●尤庵曰行祭早晩太早不可太晩亦不可惟當以質明爲正

●咸興本宮儀式奏啓條本宮淸齋爲白遣初六日子時行祭是白如乎○本宮十一日子時行告由祭後陪香祝進詣定陵淸齋十三日子時攝行酌獻禮是白如乎
●日省錄十八日子時行祭天氣淸和享事利成獻官以下(云云)

▶3741◀◈問; 축문에 관한 두 번째 질문입니다.

아까 질문 드린 데에 대한 자상하고도 상세한 답변에 정말 깊은 감사를 드립니다. 축문에 관련하여 한 가지 더 질문 드리겠습니다. 고조와 고조모 제사를 내년부터는 한식 때 묘에서 함께 모시는 것으로 대체하고자 합니다. 올해 고조 고조모 제사를 지낼 때, 이러한 사실을 고하고자 합니다. 이럴 때는 어떻게 축문을 올려야 하는지요. 거듭 감사 드립니다.

⊙축문에 관하여.

전통 예법으로는 이전 답변 이외의 예법은 알지를 못 합니다. 다만 참고로 고조 이하 선대 봉사는 사당 봉사 이외로 정식 묘제의 제도가 있어 3 월 상순에 지내고 친진 조상은 사당 봉사를 폐하고 묘제로 10 월 1 일에 지내는 것입니다.

⊙墓祭祝文式(한식의 축식)

維 歲次干支幾月干支朔幾日干支孝玄孫某敢昭告于 顯高祖考某官府君 顯高祖妣某封某氏之墓氣序流易雨露旣濡瞻掃 封塋不勝感慕謹以淸酌庶羞祗薦歲事尙 饗

▶3742◀◈問; 축문에 대해서.

수고가 많으십니다. 집안에 불행하게도 후사가 없이 세상을 떠난 백부와 종조부님이 계십니다. 현재는 어느 사찰에서 제례를 올리고 있습니다. 그런데 집으로 모시고 와서 제사를 올려 드리려고 합니다. 이런 경우 기제사 축문을 알고 싶습니다.

1). 백부님의 기제사 축문 중에서 세서천역 "휘일부림 불승감창" 근이청작서수 가 맞는지? 아니면 세서천역 "휘일부림 추원감시 불승감창" 근이청작서수 가 맞는지? 아니면 다른 축문이 있는지?

2). 종조부님의 기제사 축문도 세서천역 "휘일부림 불승감창" 근이청작서수 이 맞는지? 아니면 세서천역 "휘일부림 추원감시 불승영모" 근이청작서수 이 맞는지? 아니면 다른 축문이 있는지?

3). 백부님 과 종조부님의 축문이 방계친족으로서 동일하게 세서천역 "휘일부림 불승감창" 근이청작서수를 써야 되는지요?

고견을 부탁합니다. 확신이 없어서 답변을 의뢰하오니 바쁘시더라도 지도를 바랍니다. 안녕히 계십시오.

◈答; 축문에 대해서.

⊙기제사 축문식(忌祭祝文式)

維 歲次干支幾月干支朔幾日干支孝子(조고비에게는孝孫증조고비에게는孝曾孫고조고비에게는孝玄孫○방친과형제와처와자식에게는그가부르던칭호대로쓴다)某官某(동생이하자에게는이름을쓰지않는다)敢昭告于(처에게는敢자를쓰지않고동생이하에게는告于만쓴다) 顯考某官(관직이없었으면學生이라쓴다)府君(어머니기제에는顯妣某封某氏라쓰고고조고는顯高祖考某官府君고조비는顯高祖妣某封某氏증조고는顯曾祖考某官府君증조비는顯曾祖妣某封某氏조고는顯祖考某官府君조비는顯祖妣某封某氏라쓰고처는亡室某封某氏장자는亡子某官아라쓰고항렬이나낮거나수하자에게는顯자를고쳐亡자로하고府君두자를빼며방친을속한대로쓴다○고비병제를할때는顯妣某封某氏를열서한다)歲序遷易 諱日復臨(병제에는諱日復臨앞에아버지기일에는顯考어머니기일에는顯妣라쓰고조고비이상기일역시이와같다○처나동생의기일이면諱日復臨을亡日復至로고친다)追遠感時昊天罔極(고조증조조고비기일이면昊天罔極을不勝永慕라고쳐쓰고방친의기일이면追遠이하여덟자를고쳐不勝感愴이라쓰고처나동생이하의기일이면感愴을다른말로고친다)謹以(처나동생이하의기일이면謹以를玆以로고쳐쓴다)淸酌庶羞恭伸奠獻(처나동생이하에게는恭伸

奠獻을伸此奠儀라고쳐쓴다)尙 饗

위의 축식은 직계는 물론 방친의 축까지 활용할 수 있습니다. 기제사로 받들 방친은 누구를 불문하고 추원감시 불승영모를 불승 감창이라 씁니다. 다만 종조부의 제사에 관하여는 본 계시판 1256번을 살펴보고 기제사로 받듦의 여부를 확인하여 보기 바랍니다.

●程子曰自天子至於庶人五服未嘗有異皆至高祖服旣如是祭祀亦須如是
●朱子曰程子以爲高祖有服不可不祭祭寢亦必及於高組
●退溪曰祭四代程子謂高祖有服之親不可不祭朱子家禮因程子說而立爲祭四代之禮今人祭三代者時王之制也祭四代者程朱之制也
●沙溪曰祭三代乃時王之制然高祖當祭不但程朱有明訓我東先賢如退溪栗谷諸先生皆祭高祖
●退溪曰今日都中士大夫率用母在不祧遷之說凡母在者父喪畢藏其主於別處以待他日與妣同入廟始行祧遷之禮祖母曾祖母皆然云可知人情於此皆有所不安者意亦甚好然竊恐未爲得禮之正也大祥章改題遞遷新主入廟等事皆爲父喪而言未嘗言若母在則不可遽行遞遷等事聖人非不知母在而遞代爲未安其所以如此者何也父旣死則子當主祭子旣主祭子之妻爲主婦行奠獻母則傳重而不奠獻故曰舅沒則姑老不與於祭與則在主婦之前所謂曾祖之妻尙在埋其曾祖之主奉祀者之祖母尙在埋其祖之主雖皆未安恐不得不限於禮而奪於義

▶3743◀ ◈問; 축문에 대하여 여쭙겠습니다.

저희 아버님 기일(忌日)이 음력(陰曆) 8월 1일 입니다. 축문(祝文) 중 날짜가 들어가는 부분 유세차(維歲次) 다음의 간지(干支)부분하고 팔월(八月)이면 8월 다음의 간지부분하고 1일이면 초 1일 다음의 간지 부분을 알고 싶습니다. 왜 그런지 설명도 곁들여 주시면 감사 하겠습니다.

◈答; 축문에 대하여.

기일이 음력 8월 초하룻날의 축문 간지 쓰는 법은 아래와 같이 쓰면 되지 않을 가 생각합니다.

維 歲次丙戌八月初一日甲寅孝子○○敢昭告于
기일 축문식의 간지(干支) 쓰는 법에 그 달의 초하루 간지를 쓰고 다음에 기일(忌日)의 날짜와 간지를 쓰게 되어 있으나 만약 기일이 초하루일 경우에는 아래의 말씀과 예문과 같이 그 달 초하루 간지를 생략하여도 예법에 어그러짐이 아닌 것이라 생각합니다.

退溪曰古人重朔朔差則日皆差故必表出而書之耳
퇴계(退溪) 선생께서 말씀하시기를 옛날 사람들이 초하루 일진을 중히 여긴 것은 초하루 일진이 틀리면 모든 날이 틀리는 것이니 그러한 까닭에 반듯이 명백히 하여 놓고 써 나가느니라.

아래는 도암(陶菴) 선생의 초하루 축문 쓰는 법입니다.

⊙三月 上旬의 친미진 묘제 축식입니다.

⊙墓祭祝文式(묘제축문식)

維 歲次干支幾月干支朔幾日干支某親某官某敢昭告于 顯某親某官府君之墓氣序流易雨露旣濡瞻掃 封塋不勝感慕謹以淸酌庶羞祗薦歲事尙 饗

⊙十月一日 친진 묘제 축식입니다.

⊙親盡墓祭祝文式(친진묘제축문식)

維 歲次干支十月朔日干支幾代孫某官某敢昭告于 始祖考某官府君之墓今以草木歸根之時追惟報本禮不敢忘瞻掃 封塋不勝感慕謹以淸酌庶羞祗薦歲事尙 饗

위와 같이 살펴 볼 때 삭일(朔日)의 일진은 반드시 써야 하나 만약 기일이 초하루일 시는 다음날의 일진을 명확하게 할 연유가 없고 또 거듭 재언(再言)할 까닭이 없으니 삭일모간지

(朔日某干支) 혹은 초일일모간지(初一日某干支)라 써도 본래의 취지에 어긋남이 아니라 생각됩니다.

▶3744◀◈問; 축문에 대한 도움 글 부탁 드립니다.

안녕하십니까? 도움이 필요합니다.
음력으로 2 월 28 일이 아버님의 회갑제인데 회갑축문을 어떻게 작성하여야 할지 모르겠습니다. 인터넷을 통해 알아보니 몇 가지 유형이 있던데 본인이 우매하여 잘 모르겠기에 이렇게 도움의 메일을 보내게 되었습니다. 도움을 주십시오.

◈答; 축문에 대한 도움 글.

작고 하신 부친의 축문식은 다음과 같습니다.

⊙回甲祝文式(회갑축문식)

維 歲次癸未二月乙亥朔二十八日壬寅孝子경재敢昭告于 顯考學生府君 顯妣孺人某氏歲時遷易顯考奄及回甲生既有慶歿寧敢忘昊天罔極謹以淸酌庶羞式此奠獻尙 饗

위 축문식은 부모 양위 분이 모두 작고 하였을 때의 축문식입니다. 만약 모친이 생존해 계시면 위 축문식에서 현비유인모씨(顯妣孺人某氏)와 현고엄급회갑(顯考奄及回甲)중 현고(顯考)를 빼고 작성 하면 됩니다.

위 축문식 중 학생과 유인에는 생시 부모님이 관직이 있었으면 부친에는 그 품계명과 모친에는 봉(封) 명을 쓰고 없었으면 위와 같습니다. 모친의 모씨에는 성씨를 써 넣으면 됩니다.

●司馬氏居家雜儀賀冬至正朝朔望同居宗族聚於堂上丈夫處左西上婦人處右東上(註左右謂家長之左右)皆北向共爲一列各以長幼爲序(註婦以夫之長幼爲序不以身之長幼爲序)共拜家長
●二禮演輯附回婚回甲回甲條家長兩位(父母)盛服就位南向坐男女子孫盛服序立如圖(南東女西)

●獻壽圖(헌수도)

○間中堂(간중당)

父==========母
位==========位
獻==========獻
壽==========壽
席==========席

諸衆長===長==衆
女婦婦===男==男
諸==諸====諸==
孫==孫====孫==
女==婦====男==

⊙上壽儀禮節次(상수의례절차)(丘儀)

(是日行拜賀禮訖子弟修具畢請家長夫婦並坐於中堂諸卑幼皆盛服)
序立(世爲一行男左女右)○鞠躬拜興拜興平身○長者詣尊座前(長者進立於家長之前如弟則云長弟幼者一人執盞立於其左一人執注立於其右)○跪(長者及二幼者俱跪)○斟酒(長者受盞幼者執注斟酒訖二幼起)○祝壽(長者擧手奉盞祝曰)伏願尊親履玆長至(正旦則改長至爲歲端生旦則改云對玆爲慶)備膺五福保族宜家(祝畢家長受盞飮訖以盞授幼者反其故處長者)○俯伏興平身○復位(與卑幼俱拜)○鞠躬拜興拜興拜興拜興平身○酢酒(拜訖侍者注酒於盞授家長家長命長者至前親以酒授之)○受酒(長者受酒置於席端)○鞠躬拜興拜興平身(取酒)○跪(飮之畢)○興(長者命侍者以次酢諸卑幼皆出位跪飮畢執事者擧食卓入擺列男列於外女列於內婦女辭拜入內席)○命坐(家長命諸卑幼坐惟未冠及冠而未昏者不得坐)○鞠躬拜興拜興平身(諸卑幼俱拜而後坐)○各就席(乃以次行酒或三行或五行子弟迭起勸侑隨宜畢)○各出席○鞠躬拜興拜興平身○禮畢

⊙上壽笏記(상수홀기)(笏記刊寫者未詳)

設父席於堂北壁下少東設小卓一於其前○父升席自西方南向坐○設母席於北壁下少西設小卓一於其前○母升席自西方南向坐○設卓於堂東壁下近北置酒注於盞盤其上(注東盞西)又設卓於堂南端多置酒盞於其上○丈夫盛服立於父席前西上北向○婦人盛服立於母席前東上北向○丈夫婦人皆再拜(婦人夾拜)○最長者一人進立於父席前幼者一人執酒盞立於其左東向○一人執酒注於立其右西向○最長者受盞○執注者斟酒反奠于故處復位○最長者跪置卓上祝曰伏願大人履玆歲端(南至睟辰隨時稱之)備應五福保族宜家○父飮畢授幼子盞○幼子反奠于酒注卓上復初立位○最長者進母席前幼子一人執酒盞立於其左東面○一人執酒注立於其右西面○最長者受盞執注斟酒者反奠于故處復位○最長者跪置卓上祝曰伏願母親履玆歲端備應五福保族宜家○母飮畢授幼子盞○幼子反奠于酒注卓上復初立位○最長者俛伏興退與在位者皆再拜○父命諸長幼坐長幼皆再拜而坐○父命諸侍者徧酬諸長幼○諸長皆起立○侍者實酒授長者○長者受酒坐奠于席北端興再拜取酒坐卒飮授侍者盞興再拜○侍者以盞實酒詣諸長幼前諸長幼皆再拜受○卒飮酒皆再拜而退○侍者徹席及卓子

●史記封禪書篇白雲起封中天子從禪還坐明堂群臣更上壽於是制云云

上中下壽에 관함은 아래와 같이 차이가 있음. 다만 禮記 樂記篇의 三老五更의 三老는 上中下壽와는 관련이 없습니다.

●莊子盜跖篇人上壽百歲中壽八十歲下壽六十歲除病瘦死喪憂患其中
●春秋左傳僖公爾何知中壽爾墓之木拱矣註人生上壽百二十年中壽百年下壽八十年
●禮記樂記篇食三老五更注三老五更互言之耳皆老人更知三德五事者也疏五者天下之大敎也者郊射一裨冕二祀乎明堂三朝覲四耕藉五此五者大益於天下竝使諸侯還其本國而爲敎故云大敎也
●禮記文王世子篇適東序釋奠於先老遂設三老五更群老之席位焉註若非始立學則無釋奠先老之禮先老先世之爲三老五更者也三老五更各一人群老無定數蔡邕云更當爲叟三老三人五更五人未知是否然皆年老更事致仕者舊說取象三辰五星

▶3745◀◈問; 축문에 대해서.

노고가 많습니다. 어제 1267 번으로 문의를 하였으나 잘 못 된 입력으로 읽을 수가 없었기에 다시 글을 올립니다.

집안에 불행하게도 후사가 없이 세상을 떠난 백부와 종조부님이 계십니다. 현재는 어느 사찰에서 제례를 올리고 있습니다만, 집에서 제사를 지내려고 합니다. 아래의 궁금증을 풀고자 합니다.

1). 紙榜(지방)

현백부학생부군신위
현종조부학생부군신위 가 맞는지요?

2). 祝文(축문):

백부(伯父)님의 기제사 축문 중에서 세서천역 "휘일부림 불승감창" 근이청작서수이 맞는지? 세서천역 "휘일부림 추원감시 불승감창" 근이청작서수 이 맞는지? 아니면 다른 축문이 있는지? 종조부(從祖父)님의 기제사 축문도 세서천역 "휘일부림 불승감창" 근이청작서수 가 맞는지?

세서천역 "휘일부림 추원감시 불승영모" 근이청작서수 이 맞는지? 아니면 다른 축문이 있는지?

백부님 과 종조부님의 축문이 동일하게 세서천역 "휘일부림 불승감창" 근이청작서수 을 써야 되는지요? (두 위 모두 방계친족으로서 같은 축문을 쓴다고 한다는데 맞는지요?) 확신이 없어서 지도를 받고자 하오니 도와주시면 고맙겠습니다. 안녕히 계십시오.

◈答; 축문에 대해서.

축문은 맞는 것 같습니다. 축문은 아래를 응용하면 됩니다.

⊙기제사 축문식(忌祭祝文式)

維 歲次干支幾月干支朔幾日干支孝子(조고비에게는孝孫증조고비에게는孝曾孫고조고비에게는孝玄孫○방친과형제와처와자식에게는그가부르던칭호대로쓴다)某官某(동생이하자에게는이름을쓰지않는다)敢昭告于(처에게는敢자를쓰지않고동생이하에게는告于만쓴다) 顯考某官(관직이없었으면學生이라쓴다)府君(어머니기제에는顯妣某封某氏라쓰고고조고는顯高祖考某官府君고조비는顯高祖妣某封某氏증조고는顯曾祖考某官府君증조비는顯曾祖妣某封某氏조고는顯祖考某官府君조비는顯祖妣某封某氏라쓰고처는亡室某封某氏장자는亡子某官아라쓰고항렬이나낮거나수하자에게는顯자를고쳐亡자로하고府君두자를빼며방친을속한대로쓴다○고비병제를할때는顯妣某封某氏를열서한다)歲序遷易 諱日復臨(병제에는諱日復臨앞에아버지기일에는顯考어머니기일에는顯妣라쓰고조고비이상기일역시이와같다○처나동생의기일이면諱日復臨을亡日復至로고친다)追遠感時昊天罔極(고조증조조고비기일이면昊天罔極을不勝永慕라고쳐쓰고방친의기일이면追遠이하여덟자를고쳐不勝感愴이라쓰고처나동생이하의기일이면感愴을다른말로고친다)謹以(처나동생이하의기일이면謹以를玆以로고쳐쓴다)淸酌庶羞恭伸奠獻(처나동생이하에게는恭伸奠獻을伸此奠儀라고쳐쓴다)尙 饗

위의 축식은 직계는 물론 방친의 축까지 활용할 수 있습니다. 기제사로 받들 방친은 누구를 불문하고 추원감시 불승영모를 불승 감창이라 씁니다. 다만 종조부의 제사에 관하여는 본 계시판 1256 번을 살펴보고 기제사로 받듦의 여부를 확인 하여 보기 바랍니다.

▶3746◀◈問; 축문에 대한 의견.

정말 좋은 곳을 찾아서 기쁩니다. 고맙게 구경하고, 많은 도움이 된 것 같습니다.

전 부모님 산소를 동시에 이장하려고 하는데 축문에 대하여 문의 드립니다. 파묘에서 이장까지 어떤 축문들이 몇 개가 필요한지요? 또 어떻게 작성해야 될까요?

3 월 22 일(음 2 월 20 일)로 결정했습니다. 구묘와 신묘의 산신축문을 나름대로 작성했는데 자신이 없어서 이렇게 부탁 드립니다. 많은 도움에 감사 드리면서 이만합니다.

◈答; 축문에 대한 의견.

2003 년 2 월 20 일은 태세는 癸未(계미) 초하루(朔) 일진은 乙亥(을해) 당일 일진은 丙申(병신)에 닿습니다. 본 간지를 소용 되는 대로 해당 난에 기입 하십시오. 축문에 따라 혹 일자가 다를 수가 있어 이에 예시 하였습니다.

●祠土地祝文式(사토지축문식)(若合窆或繼葬則告先葬及告先塋祝文與治葬本條祝式參看)

維 歲次干支幾月干支朔幾日干支某官姓名敢昭告于 土地之神今爲(此下當添某官姓名之五字主人自告則當添某之二字)某親某官(主人自告則此下當添府君二字卑幼則否○或某封某氏)宅兆不利將改葬于此(合窆則改宅兆以下九字爲改兆合窆于某官某公或某封某氏之墓) 神其保佑俾無後艱謹以淸酌脯醢祗薦于 神尙 饗

●當位告辭式(당위고사식)

維 歲次某干支幾月干支朔幾日干支某親某官(弟以下不名)敢昭告于(妻去敢字弟以下但云告于)顯某親某官府君(或某封某氏同遷合葬則列書妻弟以下改顯爲亡卑幼去府君二字)體魄托非其地恐有意外之患驚動 先靈(旁親改先爲尊妻弟以下去驚動先靈四字)不勝憂懼將卜以是月某日改葬于某所(合窆則改體魄以下三十二字爲將以某月某日改兆合窆于某親某官府君或某封某氏之墓)謹以(妻弟以下云玆以)酒果用伸虔告謹告(妻弟以下改用伸以下六字爲用告厥由)

●舊山祠土地祝文式(구산사토지축문식)

維 歲次干支幾月干支朔幾日干支某官姓名敢昭告于 土地之神玆有(添措語見上祠土地祝式)某親某官(添措語見上祠土地祝式)卜宅玆地恐有他患(若爲合窆而改葬則改恐有他患四字爲今爲合祔)

將啓窆遷于他所謹以淸酌脯醢祗薦于 神神其佑之尙 饗

●舊岡告先塋告辭式(구강고선영고사식)(尤菴曰啓墓之時祖先墓同處一岡則如此重事何可不告耶此雖無明文然以祔葬時告于先墓推之則遷改時當告無疑矣○又曰兩墓同岡而一遷一否則兩告之)

維 歲次干支幾月干支朔幾日干支某親某官某敢昭告于 顯某親某官府君(或某封某氏合窆位則列書)之墓曾以某親某官府君(或某封某氏同遷合葬則列書卑幼去府君二字)祔葬于此恐有他患將啓窆遷于他所(若在局內則云某方○若爲合窆而改葬則改恐有以下十一字爲將以某月某日改兆合封于某親某官府君或某封某氏之墓)謹以酒果用伸虔告謹告

●兩墓同岡一遷一否告不遷之墓告辭式(양묘동강일천일부고불천지묘고사식)

維 歲次干支幾月干支朔幾日干支某親某官(弟以下不名)敢昭告于(告弟以下見上當位告式) 顯某親某官府君(或某封某氏卑幼改顯爲亡去府君二字下同)之墓曾以 顯某親某封某氏(或某官府君)同葬于一岡恐有他患今將啓窆遷于他所(此下敍下能同遷之由)追感彌新(考妣此下當添昊天罔極四字弟以下改追感彌新以他語)謹以(弟以下云玆以)酒果用伸虔告謹告(弟以下改用伸以下六字爲用告厥由)

●啓墓告辭式(계묘고사식)

維 歲次干支幾月干支朔幾日干支某親某官某敢昭告于(告妻及弟以下見上當位告式) 顯某親某官府君(屬稱隨改見上當位告式)葬于玆地歲月滋久 體魄不寧今將改葬(合窆則改葬于以下十六字爲將以某月某日合封于某親某官府君或某封某氏之墓今方啓墓)伏惟 尊靈(妻弟以下但云惟靈)不震不驚

●遷柩告辭式(천구고사식)

今日遷柩就轝敢告

●設奠告辭式(설전고사식)

靈輀載駕往卽新宅

●發引還家者因朝奠告辭式(발인환가자인조전고사식)

今日將遷 柩就轝還歸室堂敢告

●至家復葬者前一日祖奠告辭式(지가복장자전일일조전고사식)

永遷之禮靈辰不留今奉 柩車式遵祖道

●祠土地祝文式(사토지축문식)

維 歲次干支幾月干支朔幾日干支某官姓名敢昭告于 土地之神今爲(此下當添某官姓名之某親七字主人自告則當添某之某親四字)某官(添措語見上祠土地祝式)建玆宅兆(合窆則改建玆宅兆爲今已葬畢)神其保佑俾無後艱謹以淸酌脯醢祗薦于 神尙 饗

●虞祭祝文式(우제축문식)

維 歲次干支幾月干支朔幾日干支孝子(屬稱隨)某敢昭告于 顯某親某官府君(或某封某氏)新改幽宅禮畢終虞夙夜靡寧啼號罔極(妻子以下改以他語)謹以淸酌庶羞祗薦虞事尙 饗

●墓奠告辭式(묘전고사식)(便覽廢虞祭告式)

維 歲次干支幾月干支朔幾日干支某親某官某敢昭告于(告妻及弟以下見上當位告式) 顯某親某官府君(屬稱隨改見上當位告式)之墓新改幽宅事畢封塋伏惟 尊靈(改措語見上啓墓告式)永安體魄

●遭新喪遷舊葬合窆先亡位祝文式(조신상천구장합폄선망위축문식)

維 歲次干支幾月干支朔幾日干支孝子(承重稱孝孫旁親卑幼隨屬稱)某敢昭告于(告弟以下見上當位告式) 顯考(母先亡云顯妣承重云顯祖考或顯祖妣旁親卑幼隨屬稱卑幼改顯爲亡)某官府君(或某封某氏卑幼去府君二字)之墓新改幽宅合祔以 先妣(承重云先祖妣)某封某氏(母先亡改以合祔于先考某官府

君承重及旁親卑幼亦推此)事畢封塋伏惟 尊靈(弟以下但云惟靈)永安體魄

●祠堂告辭式(사당고사식)

維 歲次干支幾月干支朔幾日干支孝子(前同)某今以 顯某親某官府君(或某親某封某氏)體魄托非其地已於今月某日改葬于某所事畢謹以酒果用伸虔告謹告

▶3747◀◈問; 축문에서의 대수 계산에 대한 질문.

전통 제례에 대해 한 가지씩 배우고 싶어서 이 글을 올립니다.

이 게시판에 다음과 같은 글이 있습니다.

[오대조 묘제 축문식(五代祖墓祭祝文式)

維 歲次癸未七月癸卯朔二十七日己巳五代孫영래敢昭告于 顯五代祖考某官府君 顯五代祖妣某封某氏之墓氣序流易白露旣降瞻掃 封塋不勝感慕謹以淸酌庶羞祗薦歲事尙 饗

여기서 대수를 5대손, 5대조라고 썼습니다. 그런데, 저는 다음과 같이 쓰고 있었습니다.

維歲次 癸未 十月 朔 辛未初 二日 壬申十七世孫 상호 敢昭告于 顯十六代祖考學生府君 顯十六代祖孺人密陽朴氏 歲薦一祭 禮有中制 履玆霜露彌增感慕 謹以淸酌庶羞 祗薦歲事尙 饗

여기서 저를 17 세손이라고 하고, 조상을 16 대조라 했는데 이런 계산법은 틀린지요. 저는 다음과 같이 계산했습니다. 해당되는 조상을 1 세로 시작해서 저까지 17 세손, 저의 부친을 1대로 시작해서 해당되는 조상은 16대조가 됩니다.

1. 저의 계산법이 틀린다면 어떤 계산법이 맞는지요?
2. 세와 대를 구분하지 않고 -대손, -대조로 써야 하는지요.
 (이럴 경우 -대손, -대조에서 숫자는 같게 되나요?)
3. 위와 같은 축문에서 오류는 없는지요?
 (여러 책을 참조해서 뜻을 헤아리고 짜 맞추었습니다.)

◈答; 축문에서의 대수 계산.

세(世)라 함은 시조로부터 이어져 내려온 열수를 따질 때 세라 하여 초조를 1 세로 시작 나까지 반열을 나타내어 따질 때 세의 단위로 구분 하며 대(代)라 함은 나로부터 고조(4 대)의 윗대는 5 대조 6 대조 등 이어져 시조는 몇 대조라 하지 않고 시조라 하며 자신 역시 속칭인 고조에게는 현손 5 대조에게는 5 대손 등 속한대로 부르는 것입니다. 까닭에 씨족을 시조로부터 따져 내릴 때는 시조를 1 세로 하여 몇 세손이라 하며 혹 대(代)로 따져 나를 밝힐 때는 시조를 제하고 다음 조상을 1 대로 하여 몇 대 라 하며 나로부터 조상을 따져 부를 때는 부조증고(父祖曾高) 5 대조 6 대조 7 대조 등으로 이어 부르며 그로부터 나를 따져 부를 때는 그와 속칭인 자 손 증손 현손 5 대손 6 대손 7 대손 등으로 이어 밝히는 것입니다. 그렇기 때문에 위에서 살핀 바와 같이 세(世)와 대(代)는 하나의 차이가 생기며 특히 전통 예법 제례에서 신주(지방 포함)나 축문에서는 제주로부터 속한 칭호로 적고 부르는 것입니다.

●論衡齊世: 畫工好畫上代之人秦漢之士功行譎奇不肯圖今世之士者尊古卑今也(註)上代爲前代
●金史禮志;皇五代祖(註)五代的祖先
●松江歌辭跋;丁卯暮春五代孫星州牧使
○尤庵祝式(云云)幾代孫某敢昭告于顯幾代祖考某官府君(云云)
○陶庵祝式(云云)幾代孫某敢昭告于顯幾代祖考某官府君(云云)
○明齋祝式(云云)幾代孫某敢昭告于顯幾代祖考某官府君(云云)

▶3748◀◈問; 축문에서 일진은 어떻게 쓰는지.

9 월 23 일이 아버지 제사 날입니다. 그 동안 많은 정보를 얻어 쓰고 있는데 아직은 잘 모르겠습니다. 부탁 드립니다.

◈答; 축문에서 일진은.

9 월 23 일을 陽曆(양력)으로 理解(이해)하고 다음과 같이 忌日(기일) 祝文(축문)을 작성합니다.

⊙기제축문식(忌祭祝文式)
維 歲次乙酉八月辛卯朔二十日庚戌孝子영암敢昭告于 顯考學生府君歲序遷易 諱日復臨追遠感時昊天罔極謹以淸酌庶羞恭伸奠獻尙 饗
모친이 생존할 때의 축식입니다.

●論衡結術篇; 日十而辰十二日辰相配故甲與子連所謂一十者何等也
●易林履之未濟; 日辰不和强弱相振
●夢溪筆談象數一; 一日謂之一辰者以十二支言也以十干言之謂之今日以十二支言之謂之今辰故支干謂之日辰

▶3749◀◈問; 축문 용어 사용?.

안녕하십니까? 묘제 축문 등에서 '庶羞昭格(서수소격)' '庶冀昭格(서기소격)' 庶幾昭格(서기소격)' '庶棄昭格(서기소격)' 등이 나오는데 이들 용어가 맞게 쓰이고 있는지 또 용어 가운데 '기' 字가 '冀(기)', ' 幾(기)' '棄(기)' 字(자) 어느 글자가 맞는지 혼동이 됩니다. 고견을 부탁 올립니다. 경산에서 이0하

◈答; 축문 용어 사용.

問. 答; 서수소격(庶羞昭格)' '서기소격(庶冀昭格)' 서기소격(庶幾昭格)'는 정축에는 쓰임이 없고 자작축 제문 등에 쓰일 수는 있으나, 서기소격(庶棄昭格)은 두루 맞추어 번역한다 하여도 "바라옵건대 흠향하옵고 가시옵소서"라는 의미이니 초헌자가 고하는 축문 용어로는 부적절하지 않은가 합니다.

庶羞昭格; 자작 묘제. 제문 등.
庶幾昭格; 단제 등에 자작축문.
庶冀昭格; 자작 묘제. 제문 등.
庶棄昭格; ?

○庶羞; 온갖 맛있는 음식.
●儀禮經傳通解公食大夫禮食上大夫禮; 上大夫庶羞二十加於下大夫以雉兎鶉鴽(註)肴美曰羞品多曰庶

○庶幾; 바라건대. 희망함.
●詩經小雅車牽章; 雖無旨酒式飮庶幾雖無嘉殽式食庶幾雖無德與女式歌且舞(哀梅注)庶幾幸此表希望之詞

○庶冀; 바라건대.?
○庶棄; 바라건대 가시옵소서 ?
○昭格; 신이 감응하여 흠향함.

●光海君日記十二年十二月; 如是而敢望昭格乎

▶3750◀◈問; 축문을 쓰려는데 달력에 일진이 없어서요.

제가 집안의 제사를 못 지내게 됐습니다. 그런데, 아버님 제사가 7 월 20 일 (음력 6 월 21 일)일 인데요 축문 쓰는 법을 몰라서 이렇게 여쭙니다. 그리고, 축문 쓸 때 일진을 쓰지 않고 날짜만 쓰면 안 되는지요?

◈答; 축문에 일진은 쓸 때.

형암(炯菴) 선생의 다음과 같은 말씀이 있습니다.

尊長問年直對以二十歲三十歲不必曰某干支生恐尊長不易計數也
어른이 나이를 물으면 곧바로 스무 살이니 서른 살이라 하지 말고 반듯이 말하기를 모 간지생(某干支生)이라고 하여야 하며 이는 어른이 간지(干支)로 바꾸는 계산을 염려 하여서가 이니라. 옛날에는 숫자로 표시한 날짜 계산 보다 간지(干支)로 헤아림이 현재 숫자보다 더 편리 하였던 것 같습니다, 그리하여서 간지를 쓰는 것이며 간지를 쓰는 것은 양식이며 축문의 법식입니다.

⊙부친기제축문식(忌祭祝文式)

維 歲次癸未六月甲戌朔二十一日甲午孝子某敢昭告于 顯考學生府君 顯妣孺人某氏歲序遷易 顯考諱日復臨追遠感時昊天罔極謹以淸酌庶羞恭伸奠獻尙 饗

양친이 모두 작고 하였을 때의 기제 축문식 입니다. 모친이 생존 하였으면 현비유인모씨의 여섯 자와 현고휘일부임(顯考諱日復臨)중 현고(顯考) 두 자를 빼면 부친 축식이 되며 양위분이 모두 작고 하였을 때 모친 기일 날이면 현고 휘일부임의 현고를 현비로 고치면 모친기일 축식이 되는 것입니다, 다만 기제에 단설이 아니고 합설 하는 가문에서의 축식이며 단설이면 부친 기일에는 단지 현고학생부군만 쓰고 모친 기일 날에는 현비유인모씨만 쓰며 현고휘일부임의 현고를 빼면 됩니다.

효자모(孝子某)에는 장자의 이름을 쓰고 현고학생의 학생(學生)에는 생시에 관직이 있었으면 관직을 쓰고 현비유인모씨의 유인 역시 생전의 봉명을 쓰고 모씨(某氏)에는 모친의 성씨를 쓰면 됩니다.

▶3751◀◈問; 축문을 한글로 풀이한 것이 없나요.

기제사시 축문을 읽는데 한자로는 어떤 뜻인지 잘 몰라 축문을 읽는 사람도 그 뜻을 이해하기가 어렵습니다. 그래서 한글화한 것이나 한글로 번역해 놓은 자료가 있으면 이메일로 받고 싶거든요. 좌측의 지방기제사의 축문대로 하면 괜찮을까요..

"세차 모간지 기월 기일 효자 재광 감히 공경하옵는 아버지께 고하나이다. 해가 바뀌어 다시 작고하신 날에 임하였사옵니다. 이때면 감동되어 아버지를 생각하며 제향을 올립니다. 아버지(부모)은혜 하늘과 같이 넓고 큼이 한이 없었사옵니다. 삼가 맑은 술과 여러 가지 음식으로 공손히 재물을 펴 올리오니 바라옵건데 흠향하옵소서" 여기서 아버지의 기제사 때에는 부모대신에 아버지로 고칠 것인지 아니면 그대로 부모로 하는 것인지(?) 이렇게 한글로 읽는데 틀린 것은 없는지요. 감사합니다.

◈答; 축문을 한글로 풀이한 것.

귀하(貴下)가 작성(作成)한 축문(祝文)은 괜찮습니다. 다만 다음 몇 가지만 참고하시면 되겠습니다.

부모님이 모두 작고하셨을 때 두 분을 합설하여 제를 올릴 때는 공경하옵는 아버님과 공경하옵는 어머님께 고하나이다. 로 쓰면 되며 또 작고하신 날 앞에 아버지 제삿날에는 아버님 작고하신 날에 어머니 제삿날에는 어머님 작고하신 날에라 쓰면 되며 호천망극이라 함은 부모님의 은혜가 끝없는 하늘과 같이 넓고 크다는 것을 이르는 문구니 부모를 일컬음이 무난할 것 같습니다. 추가로 각 본 홈 축식에는 한글풀이가 달려있습니다. 또한 축식을 클릭하시면 큰 한자에 한글까지 달려있습니다.

○幷祭祝式

維歲次(云云) 顯考某官府君 顯妣某封某氏歲序遷易 某親(考則顯考妣則顯妣)諱日復臨(云云)
謹以淸酌庶羞恭伸奠獻尙 饗(한 자 비운 이하는 별행이라는 의미임)

●公羊傳宣公三年王者必以其祖配何休注配配食也.
●辭源[配食]祔祭配享
●晦齋曰按文公家禮忌日只設一位程氏祭禮忌日配考妣二家之禮不同盖只設一位禮之正也配祭考妣禮之本於人情者也若以事死如事生鋪筵設同几之意推之禮之本於情者亦有所不能已也
●同春問並祭考妣則告辭與祝辭似當添一兩語沙溪曰告辭遠諱之辰敢請下當添顯考顯妣神主出就云云祝辭歲序遷易下當添某親諱日復臨云云
●備要考妣並祭則列書考妣而遷易下又云某親諱日復臨云云
●便覽四時祭祝式(云云)敢以淸酌庶羞祗薦歲事以某親某官府君某親某封某氏祔食尙饗

▶3752◀◈問; 축문을 한글로 하려고 하는데.

전에 올린 질문에 성실한 답변 정말 감사합니다. 그런데, 한문으로 축을 읽으니, 그 속에는 깊은 뜻이 있을 텐데, 그 뜻을 잘 알고 듣는 사람은 별로 없는 것 같아서 한글로 해석을 하여 사용하려고 합니다.

莎草兼立石告辭式(사초겸석물건립고사식) 과 具石物祭后土祝文式(산신제축문식)

그런데, 제가 그 뜻을 잘 알지 못하기에 풀이를 해 주시면 해당 내용만 삽입하여 사용하려
그런데, 제가 그 뜻을 잘 알지 못하기에 풀이를 해 주시면 해당 내용만 삽입하여 사용하려
고 합니다. 제발 부탁합니다. 감사합니다.

◈答; 축문을 한글로 하려고 한다면.

⊙莎草兼立石告辭式(사초겸입석고사식)

維 歲次干支幾月干支朔幾日干支某親某官某敢昭告于 顯某親某官府君(或某封某氏合窆位則列書)之墓日月愈久墓址崩頹玆以吉辰改封莎土仍立石物以表塋域伏惟 尊靈是憑是安

⊙具石物祭后土祝文式(구석물제후토축문식)

維 歲次干支幾月干支朔幾日干支某官姓名敢昭告于 土地之神今爲某親某官之墓今具石物用衛墓道 神其保佑俾無後艱謹以酒果祗薦于 神尙 饗

위 삼가 주과라 함은 술과 과실이라 함이니 기타 포나 다른 음식 물을 진설 하였으면 덧붙여 고하여야 합니다.

예: 포를 더 진설 하였으면 삼가 주과포라 이릅니다.

▶3753◀◈問; 축문 일진 작성 방법을 알고 싶습니다.

음력 5월 3일 오후 3시에 작고 하였다면 기제사가 돌아왔을 때 3일 저녁에 지내는지 2일 저녁에 지내는지 또한 축문에 일진을 작성할 때 일진을 2.3.4 일중 어떤 일자의 일진을 적어야 하나요?

◈答; 축문 일진 작성 방법.

5월 3일 날 작고 하였으면 매년 당일이 기제 날입니다. 가례에서는 당일 날이 밝으면 제사를 지낸다 하였는데 기제는 거의가 전날 저녁 자정 즉 다음날 첫 시인 자(子)시인 12시경에 지내고 있을 뿐입니다.

이상의 설명과 같이 만약 5월 3일 에 작고 하였다면 매년 3일에 해당한 일진을 쓰고 전날인 2일 저녁 12시경에 지냅니다.

예문; 금년의 기제.
癸未五月甲戌朔初三日丙子孝子○○○○

●祭義註忌日親死之日也疏孝子終身念親不忘忌日非謂此日不善別有禁忌謂孝子志意有所至極思念親不敢盡其私情而營求他事故不擧也
●明齋曰凡喪復後始發喪其前則雖已氣絶猶有復生之望不可便以爲已死也以此意推之則似當以招

魂日爲忌日矣

●咸興本宮儀式奏啓條本宮淸齋爲白遣初六日子時行祭是白如乎○本宮十一日子時行告由祭後陪香祝進詣定陵淸齋十三日子時攝行酌獻禮是白如乎

●日省錄十八日子時行祭天氣淸和享事利成獻官以下(云云)

●無名子集策皇極經世書; 天開於子地闢於丑

●性理大全忌祭編○厥明夙興設蔬果酒饌○質明主人以下變服詣祠堂封神主出就正寢

●尤庵曰行祭早晩太早不可太晩亦不可惟當以質明爲正

●文獻通考宗廟考六祭祀時享(薦新); 其祭貴肺用朝及闇陳氏禮書曰祭義曰夏后氏祭其闇商人祭其陽周人祭日以朝及闇

●檀弓夏后氏大事用昏商人大事用日中周人大事用日出

●禮器質明而始行事疏質正也謂正明之時少牢禮朝明行事註朝明質明也此乃周禮也

●陳氏曰子路祭於季氏質明而始行事寧早則雖未明之時祭之可也

●南溪曰質明卽大昕指日未出時也

▶3754◀◈問; 축문 읽는 방법.

안녕하세요. 제가 축문을 읽지를 못해서 인터넷에 찾고 있던 중 이 사이트를 알게 되었습니다. 부모 기제사에 독축하는 방법을 알고 싶습니다. 동영상이나 테이프를 구하고 싶습니다. 꼭 부탁 드립니다. 이메일: min340015@paran.com 황0귀

처가 집 제사에서 축문(祝文)을 읽으라 하는데 제가 읽을 줄을 몰라서 상담하게 됐습니다. 축문에 대해서 찾던 중 사이트를 알게 되었습니다. 장모(丈母)님 제사(祭祀)입니다. 음력 5월 12 일이고요. 축문 동영상이 있으면 제 메일로 보내주셨음 합니다. 꼭 좀 부탁드릴께요. 수고하세요

◈答; 독축하는 방법.

황 0 귀님께서 본인의 메일로 아래와 같이 보낸 메일이 있어 답을 즉시 하였으나 아직 메일을 열지 않은 것 같습니다. 그 메일을 이리로 옮겨 놓았습니다.

기일은 음력 5 월 12 일라 하셨고 장모님 성씨와 제주(맏아들) 이름을 다시 본 메일로 보내주시면 축문을 작성하여 보내 드리겠으니 축문을 받으시면 아래 전화 번호로 전화를 주시면 읽는 법을 알려 주겠으니 그를 한두 번 따라 하시면 될 것입니다. 동영상으로 제작하여 놓은 것은 없습니다.

●訂窩曰設俎豆危坐爲讀祝聲長老稱異稍長雅谷公挈而子之受學于方谷雖古文艱棘讀無滯方谷試受思傳一部翼日背誦不錯方谷深期勉之及疾將終特呼公告之曰小學吾平生所尊信汝其熟複無失也

▶3755◀◈問; 축문 작성법.

안녕하십니까. 기제사 축문 작성시 10 일날은 初十日(干支)로 또는 十日(干支)중 어떤 것으로 표기하는 것이 맞습니까?

◈答; 축문 작성법.

아래와 같이 살펴보건대 祝文式(축문식) 日字(일자) 1 일~10 일 앞에 初字(초자)를 붙이지 않습니다.

初字(초자)를 붙이지 않는 까닭은 維歲次干支幾月干支朔幾日干支는 傳統禮法(전통예법) 祭禮(제례)에서 그 날짜를 告(고)하는 法式(법식)입니다. 이에서 干支朔(간지삭)은 아래 退溪(퇴계)先生(선생)께서 말씀하신 바와 같이 그 날짜를 明確(명확)하게 하기 위한 수단입니다.

물론 지금의 視覺(시각)에서는 조금은 거추장스러울 수도 있겠으나 그 時代(시대)에는 六十甲子(육십갑자)가 日字(일자) 計算(계산)에서도 重視(중시)되었던 時節(시절)이라 초하루 日辰(일진)이 正確(정확)하게 記錄(기록)되면 다음의 날자는 疑心(의심)의 餘地(여지)가 없게 되어 초하루 日辰(일진)을 중하게 여겨 初旬(초순) 日字(일자) 앞에 初字(초자)를 붙이지 않

습니다.

●朱子家禮祭禮祝式; 維年歲月朔日子孝玄孫某官某敢昭告于
●四禮便覽祭禮祝式; 維年號幾年歲次干支幾月干支朔幾日干支孝玄孫(孝曾孫孝孫孝子隨屬稱)某官某敢昭告于
●喪禮備要忌日祝式; 維年號幾年歲次干支幾月干支朔幾日干支孝子(祖考妣云孝孫曾祖考妣云孝曾孫高祖考妣云孝玄孫○旁親兄弟妻子當與題主虞祭等祝參考)某官某敢昭告于
●弘齋全書祭文; 維歲次辛卯六月亡弟禎之柩還自耽羅謫中將以某月干支葬于(云云)
●辭源[紀元];歷史上紀年的起算年代○又[年號];封建帝王爲紀在位之年而立的名號在漢武帝以前紀年用甲子帝王均無年號自武帝卽位稱建元元年始有年號
●退溪答金伯榮曰稱某朔似當以月建然嘗考之古文實皆指朔日之支干蓋古人重朔朔差則日皆差故必表出而言之耳

以下(이하) 祝文式(축문식)이 基本祝文式(기본축문식)들이다. 萬若(만약) 반드시 初旬(초순) 日字(일자) 앞에 初字(초자)를 붙인다면 註文(주문)을 붙여 놓았을 것이다.

或(혹) 初字(초자)를 붙인 祝式(축식)이 있다면 그 家門(가문)의 法式(법식)일 뿐, 그 家門(가문)의 法度(법도)가 아래 祝文式(축문식)의 上位(상위)일 수가 없다.

◆通典開元禮祝文式
●立春後丑日祀風師; 讀祝文曰維某年歲次月朔日子嗣天子謹遣具位臣姓名敢昭告於
◆國朝五禮儀
●吉禮祝版; 維成化某年歲次某甲某月朔某日某甲云云敢昭告于
●大夫士庶人喪儀祝文式喪禮治葬告后土; 維某年歲月朔日子某官姓名敢昭告于
●喪禮初虞祭; 讀祝曰子同前但云日月不居(以下省略)
◆朱子家禮祝文式
●朱子家禮祭禮四時祭; 維年歲月朔日子孝玄孫某官某敢昭告于
●朱子家禮祭禮初祖; 祝詞曰維年歲月朔日子孝孫姓名敢昭告于
●朱子家禮祭禮先祖; 祝祠改初爲先(以下省略)
●朱子家禮祭禮禰祭; 如時祭之儀但祝辭云孝子某官某敢昭告于
●朱子家禮祭禮忌日; 如祭禰之儀祝辭云歲序遷易(以下省略)
●朱子家禮祭禮墓祭; 如家祭之儀但祝辭云某親某官府君之墓(以下省略)
◆四禮便覽祝文式
●四禮便覽祭禮祠堂有事則告; 維年號幾年歲次干支幾月干支朔幾日干支孝玄孫某官某敢昭告于
●四禮便覽祭禮四時祭; 維年號幾年歲次干支幾月干支朔幾日干支孝玄孫某官某敢昭告于
●四禮便覽祭禮禰祭; 維年號幾年歲次干支幾月干支朔幾日干支孝子某官某敢昭告于
●四禮便覽祭禮忌祭; 維年號幾年歲次干支幾月干支朔幾日干支某親某官某敢昭告于
●四禮便覽祭禮墓祭; 維年號幾年歲次干支幾月干支朔幾日干支某親某官某敢昭告于
●四禮便覽祭禮后土祭; 維年號幾年歲次干支幾月干支朔幾日干支某官姓名敢昭告于
◆喪禮備要祝文式
●喪禮備要祭禮祠堂有事則告; 維年號幾年歲次干支幾月干支朔幾日干支孝玄孫某官某敢昭告于
●喪禮備要祭禮四時祭; 維年號幾年歲次干支幾月干支朔幾日干支孝玄孫某官某敢昭告于
●喪禮備要祭禮忌祭; 維年號幾年歲次干支幾月干支朔幾日干支孝子某官某敢昭告于
●喪禮備要祭禮墓祭; 維年號幾年歲次干支幾月干支朔幾日干支孝子某官某敢昭告于

▶3756◀◈問; 축문작성시 일진에 대해 여쭤봅니다.

감사합니다. 제 아버지께서는 양력으로 2001 년 2 월 22 일 작고하셨습니다. 그 해 음력으로는 1 월 30 입니다.

제가 축문을 작성하고 있는데 여쭤볼 사람이 없어 이렇게 글 남깁니다. 올해 제사 모시는 날은 양력으로 2 월 19 일이 맞는지요? 달력을 보니 올해는 음력으로 1 월 30 일이 없고 29

일이 1 월의 마지막 날로 나오 더라고요. 그 날이 2 월 19 일이고요. 축문 작성하는데 있어서 다른 부분은 거의 이해가 가지만, 날짜 계산하는 부분이 혼란스러워 질문 드립니다.

축문에서 "유세차" 다음 올해가 "갑신"이겠지요. 그 다음, "음력으로 제사를 맞은 달과 그 달의 초하루 일진, 그리고 음력으로 제사를 맞은 날짜와 그 날의 일진"을 쓰는 걸로 알고 있습니다. 근데 여기서 말하는 "음력으로 제사를 맞는 달과 날짜"라는 게 올해 즉 음력 2 월이 되는 건지, 원래 돌아가신 해(2001 년)의 음력인 1 월(정월)이 되는 건지 잘 모르겠습니다. 마찬가지로 음력으로 제사를 맞는 날짜 역시 올해 기준으로 29 일이 되는 건지, 아니면 2001 년 기준으로 30 일이 되는지 혼란스럽네요.

일단 제 추측으로는, 유세차갑신, 정월 庚子삭, 이십구일戊辰, 효자. 이렇게 시작해야 할 듯 싶은데 혹시 잘못된 점 있다면 지적하여 주시면 감사하겠습니다. 한글과 한자 혼용해서 써서 죄송합니다. 제가 나이가 아직 어려서 그런지 어렵기만 하네요.

◈答; 축문작성시 일진은.

沙溪曰大月三十日死者後値小月固當二十九日爲忌値大月則自當以三十日爲忌小月晦日死者後値大月當仍以二十九日爲忌不可延待三十日也
사계(沙溪) 김장생(金長生)선생께서 말씀 하시기를 큰달인 30 일에 사망한 이가 후일의 기일이 작은달을 당하면 말할 것도 없이 당연히 29 일에 기제사를 지내고 큰달을 당하면 본인이 사망한 날이니 30 일 날 기제를 지내야 하며 작은달 그믐날 사망한 이가 뒷날 큰달을 만나면 당연히 그대로 29 일 날 기제를 지내야 하지 지연하여 30 일에 기제를 지내서는 아니 되느니라.

⊙부친 기제 축문식(忌祭祝文式)

維 歲次甲申正月庚子朔二十九日戊辰孝子ㅇㅇ敢昭告于 顯考學生府君 顯妣孺人某氏歲序遷易 顯考諱日復臨追遠感時昊天罔極謹以淸酌庶羞恭伸奠獻尙 饗

양친 작고 축식이니 모친이 생존 하였으면 현비유인 모씨와 현고휘일임 중 현고를 빼고 양친이 작고 하였으면 모친 기일 날에는 현고휘일부임 중 현고를 현비로 고치고 일자만 수정하면 됩니다. 그 외는 이해 하리라 믿고 부언치 않습니다.

●論衡結術篇; 日十而辰十二日辰相配故甲與子連所謂一十者何等也
●易林履之未濟; 日辰不和强弱相振
●夢溪筆談象數一; 一日謂之一辰者以十二支言也以十干言之謂之今日以十二支言之謂之今辰故支干謂之日辰

▶3757◀◈問; 축문 질의.

안녕하십니까 홈페이지가 아주 잘 만들어졌습니다. 많은 도움이 되는군요. 감사합니다. 문의를 드리고 싶은 것이 있습니다. 5 대조 할머니 제사를 폐해야 하게 되었습니다. 사당에서 신주를 낼 때와 다음 제사부터는 모시지 않는다는 말씀을 드려야 하는데 어떻게 축문을 쓰는지요. 본 홈페이지에 그러한 축문이 없어서 질문 드립니다. 감사합니다. 김 0 준 배상.

◈答; 축문 질의에.

적 현손(玄孫)의 상기(喪期)를 마치는 대상 때 또는 길제(吉祭)에 봉사(奉祀) 세대(世代)가 지난 신주(神主)는 그의 자손으로 아직 미친진(未親盡) 후손이 생존 하여 있으면 아래와 같이 고하고 그 집으로 옮겨 개제(改題)를 하여 그 사당에 봉안하고 그의 후손으로서 현손(玄孫) 내의 지손이 모두 다하여 친진조(親盡祖)가 되였으면 아래와 같이 고하고 묘 우측(墓右側)에 신주를 묻고 묘소에서 세일제로 일년에 한번씩 묘제로 마치는 것입니다. (5 대조비를 5 대조고비)

⊙遷主最長之房告辭式(현손내의 후손 집으로 옮길 때)

維 歲次干支幾月干支朔幾日干支五代孫某敢昭告于 顯五代祖考某官府君 顯五代祖妣某封某氏玆以先考某官府君喪期已盡禮當遷主入廟先王制禮祀止四代心雖無窮分則有限 神主當祧遷于某親某之房不遷之位則去某親某之房爲別室尙 饗

⊙遷主最長房改題告辭式(옮긴 후손 명으로 신주 고쳐 쓸 때)

維 歲次干支幾月干支朔幾日干支玄孫(曾孫或孫隨屬稱)某官某敢昭告于 顯高祖考某官府君 顯高祖妣某封某氏(曾祖考妣或祖考妣隨屬稱下同)今以孝玄孫某喪制已畢其子親盡 顯高祖考 顯高祖妣神主已祧某當以次長奉祀 神主今將改題謹以酒果用伸虔告謹告

⊙奉遷主埋于墓側禮儀節次(신주를 묘소에 묻는 예법)

補祥祭後陳器具饌如朔日之儀用卓子陳廳事上質明主人奉安親盡之主于卓子上

序立(如常儀)○參神○鞠躬拜興拜興拜興拜興平身○降神○盥洗○詣香案前○跪○上香○酹酒○俯伏興拜興拜興平身○主人斟酒○主婦點茶(畢並立)○鞠躬拜興拜興平身○主婦復位○跪○讀祝○俯伏興拜興拜興平身○復位○辭神○鞠躬拜興拜興拜興拜興平身○焚祝文○送主(執事者用盤盛主捧之主人自送至墓側)○埋主(祝埋畢始回)

儀節按楊氏附註引朱子他日與學者書旣祥而徹几筵其主且當附于祖父之廟俟三年喪畢合祭而後遷蓋有取於橫渠祫祭後奉祧主於夾室之說也而楊氏亦云俟吉祭前一夕以薦告遷主畢乃題神主厥明今祭畢奉神主埋於墓所奉遷主新主各歸于廟夫所謂合祭者卽橫渠所謂祫祭也家禮時祭之外未嘗合祭若卽是時祭又不知設新主位于何所今不敢從且依家禮爲此儀節庶幾不失云

⊙送主告辭式(신주를 묘소로 옮길 때)

維 歲次干支幾月干支朔幾日干支五代孫某敢昭告于 顯五代祖考某官府君 顯五代祖妣某封某氏古人制禮祀止四代心雖無窮分則有限神主當祧不勝感愴謹以酒果百拜告辭尙 饗

⊙埋主告辭式(묘소에 고할 때)

維 歲次干支幾月干支朔幾日干支五代孫(承重稱六代孫)某官某敢昭告于 顯五代祖考某官府君 顯五代祖妣某封某氏之墓世次迭遷 神主已祧情雖無窮分則有限式遵典禮埋于 墓側不勝感愴謹以酒果用伸虔告謹告

◈遞遷(체천)

●家禮族人有親未盡者遷于最長之房使主其祭

●備要祔位之主本位遞遷則埋于墓所

●沙溪曰最長房之義朱子以爲古人屢世同居一門之內子孫各有私房若有親之主而族人有親未盡者則遷于其中最長者之房以祭之○又曰最長房之子雖未親盡門中又有諸父諸兄則當遷奉於其房耶沙溪曰然○又曰最長房有庶曾孫嫡玄孫則庶曾孫當奉祀若貧賤不可以奉祀嫡玄孫奉祀無妨○又曰最長房不能祧主則宗子姑安於別室以最長房之名改題旁註宗子攝行○又曰最長房死不待三年遞遷以三年廢祭有所未安故也○又曰父歿母在亦祧退溪曰父喪畢藏主別處以待他日與妣同入廟始行祧遷未爲得禮之正尤菴曰親盡祧遷當以奉祀孫世代計之雖祖曾祖母生存亦不可不遷○又曰非大宗高曾二祖親雖未盡當遷於長房

●陶菴曰庶孼房題只稱玄孫而祝辭自稱爲庶恐得之矣○又曰正位遞遷後祔主當埋安同春曰祔位於最長房亦是至親則幷奉以祭亦似爲安南溪曰班祔之位終兄弟之孫

●尤菴曰祧主改題自是遷奉者之事非舊主人之所當與也旣遷之後當有酒果告由之禮其時改題似宜矣○又曰宗孫死則祧位吉祭時當遞遷最長房死則葬後遷奉于次長房

●東岩曰大戴禮遷廟事畢擇日而祭註所以安神當依此擇日盛祭

●問長房奉遷主後身死其子若孫若親未盡則仍爲奉祀乎若有門中諸父諸兄親未盡處則當遷奉於其家乎寒岡曰身後子孫親苟未盡連世奉祀以待親盡然後遷于親未盡之家理恐當然

●問最長者死其子雖親未盡而當遷於次長房耶沙溪曰然

●問長房死則其遷奉於次房當在何時明齋曰長房遞遷爲祭祀也今乃三年廢祭未安喪家卒祔祭後奉遷

●退溪曰禮只云代未盡最長之房不分嫡支也
●沙溪曰據程子說庶孼無不可奉祀之義但嫡兄弟盡沒然後奉祀似不妨
●問解續問親盡當遷而有庶曾孫若嫡玄孫則誰當奉祀答庶曾孫當奉祀若貧賤不可奉祀者則嫡玄孫奉祀無妨
●葛菴曰旣出繼則別爲一宗本宗遞遷之主恐不當奉祀

◈埋主(매주)

●家禮高祖親盡則遷其主而埋之其墓田諸位迭掌而歲率其子孫一祭之百世不改
●儀節按楊氏附註引朱子他日與學者書旣祥而徹几筵其主且當附于祖父之廟俟三年喪畢合祭而後遷蓋有取於橫渠祫祭後奉祧主於夾室之說也而楊氏亦云俟吉祭前一夕以薦告遷主畢乃題神主厥明今祭畢奉神主埋於墓所奉遷主新主各歸于廟夫所謂合祭者卽橫渠所謂祫祭也家禮時祭之外未嘗合祭若卽是時祭又不知設新主位于何所今不敢從且依家禮爲此儀節庶幾不失云
●遂菴曰祧主臥埋安之之義人死臥葬藏魂帛亦臥埋可推而知也
●尤菴曰祧主埋於本墓之右邊旣掘坎以木匣先安於坎中然後以主櫝安于木匣中子孫皆再拜而辭畢閉匣門而掩土堅築後加以莎草○又曰正位遷于長房則祔位埋安事恐當盖無后人祔食旣是義起之禮寧有更享於最長房之理乎若有兄弟及姪或於其忌日以紙榜畧伸其情似不妨矣
●南溪曰今已永祧臥而置之
●陶庵曰祧主埋安時子孫之擧哀情理俱得○又曰去櫝埋安毋論豫之如何而心有不忍矣
●備要本位出埋則祔位當埋於墓所
●南溪曰班祔之位終兄弟之孫○又曰立埋生道臥埋死道也權埋則當立埋
●全齋曰雖考妣各窆已合櫝者不忍分離各埋於兩處後配各窆者亦然統於尊而幷埋於考位墓有何不可

▶3758◀◈問; 축문에서 公의 사용이 궁금합니다.

축문작성시 ○○부군신위로 쓰게 되는데 관직 뒤에 공을 붙이는지, 안 붙이는지 정확하게 알고 싶어 글을 씁니다.직계 선조인 경우 안 붙이고 타인이나 방계선조인 경우에는 공을 붙이는 게 맞다고 생각이 듭니다만 바른 작성법은 무엇인지요? 19 대 선조께서 영의정을 하셨는데 ○○영의정공이라 하는 게 쫌...관직 외에도 호에도 붙이는지요? 전통예법이 어렵네요.감사합니다.

◈答; 시호(諡號)를 문정공(文貞公)이라 받았으면 顯某考某官文貞公府君 云云하게 됩니다.

시호(諡號)란 제왕(帝王), 경상(卿相), 유현(儒賢)들이 죽은 뒤에 그들의 공덕(功德)을 칭송(稱頌)하여 추증(追贈)하는 칭호(稱號)입니다.

공자(公字)는 모관(某官)에는 붙이지 않으며 성(姓)이나 시호(諡號)에 붙이게 되는데 사자(死者)의 호칭(呼稱)에서 신주(神主) 함중식(陷中式)에 모관모공(某官某公)이라 하고 축식(祝式)에서는 신주(神主)의 분면식(粉面式)의 모관봉시부군(某官封諡府君)이라 합니다. 따라서 시호(諡號)를 문정공(文貞公)이라 받았으면 顯某考某官文貞公府君 云云하게 됩니다.

⊙편람신주식(便覽神主式)

◆함중식(陷中式)

故某官某公諱某字某神主

◆분면식(粉面式)

顯某考某官封諡府君神主

◆방제식(旁題式)

孝子某奉祀

●便覽神主粉面式; 顯考某官封諡府君神主○又祝文式曰顯考某官封諡府君

◆시법(諡法)이란.

종친(宗親)과 文. 武官(문. 무관)중에서 정二품 이상의 실직(實職)을 지낸 사람이 죽으면 諡號(시호)를 주었는데, 뒤에는 범위가 확대되어 제학(提學)이나 유현(儒賢). 절신(節臣) 등은 정二품이 못되어도 시호(諡號)를 주었다.

시호(諡號)를 정하는 절차는, 해당자의 자손이나 관계자들이 죽은 이의 행장(行狀)을 적은 시장(諡狀)을 예조(禮曹)에 제출하면 예조(禮曹)에서 이를 심의한 뒤 봉상사(奉常寺)를 거쳐 홍무관(弘文館)에 보내어 시호(諡號)를 정하게 된다.

시호(諡號)를 정하는 법으로는 주공시법(周公諡法)과 춘추시법(春秋諡法) 등 중국고대(中國古代) 시법(諡法)이 많이 적용되었었다.

◆시호(諡號)에 사용된 글자.
문(文). 충(忠). 정(貞). 공(恭). 양(襄). 정(靖). 효(孝). 장(莊). 안(安). 경(景). 익(翼). 무(武). 경(敬) 등등 120 자인데, 한자 한자마다 정의(定義)가 있어서 생전의 행적(行蹟)에 알맞는 글자를 조합하여 두자(字)로 만들고 시호(諡號)아래 공(公)자를 붙이어 부르게 됩니다.

◆유현(儒賢)들의 시호(諡號)
한편 임금의 특별한 교시(敎示)가 있을 때는 자손의 시장(諡狀)을 기다리지 않고 홍문관(弘文館)과 봉상사(奉常寺)에서 직접 시호(諡號)를 의정(議定)했는데, 이는 퇴계 이황(退溪李滉) 선유에게 문순(文純)이란 시호(諡號)를 내려준 데서 비롯되었다 합니다.

●經國大典贈諡條宗親及文武官實職正二品以上贈諡註親功臣則雖職卑亦贈○奉常寺正以下議定並行狀報本曹

●大典會通贈諡條[原]宗親及文武官實職正二品以上贈諡註親功臣則雖職卑亦贈○奉常寺正以下議定幷行狀報本曹[增]通政以上文望顯職館閣及曾經九卿之人撰行狀禮曹照訖付奉常寺奉常寺移送弘文館東壁以下三員會議三望東壁一員又與奉常寺正以下諸員更爲議定政府舍檢中一員署經幷行狀報本曹入啓受點[續]大提學秩視正二品雖從二品大提學亦許賜諡○儒賢及死節人表著者雖非正二品特許賜諡註儒賢節義外毋得格外陳請[補]爵諡請贈非廟堂覆奏者則凡贈職本曹贈諡禮曹稟處○諡狀呈禮曹時撰進人員旣是無故者則其後雖身故或被罪依例啓下

●通志諡略古無諡諡起於周人義皇之前名是氏亦是號亦是至神農氏則有炎帝之號軒轅氏則有黃帝之號二帝之號雖殊名氏則一焉堯曰陶唐舜曰有虞禹曰夏后湯曰殷商則氏以諱事神者周道也周人卒哭而諱將葬而諡有諱則有諡無諱則諡不立生有名死有諡名乃生者之辨諡乃死者之辨初不爲善惡也

○上諡法
神聖賢亥武成康獻懿元章釐景宣明昭正敬恭莊肅穆戴翼襄烈桓威勇毅克壯圉魏安定簡貞節白匡質靖眞順思考翯顯和玄高光大英睿博憲堅孝忠惠德仁智愼熙洽紹世果 等等右百三十一諡用之君親焉用之君子焉

○中諡法
懷悼愍哀隱幽冲夷懼息攜 等等
右十四諡用之閔傷焉用之無後者焉

○下諡法
野夸躁伐荒千輕悖凶 等等
右六十五諡用之殲夷焉用之小人焉
凡上中下諡共二百十言以備典禮之用

▶3759◀ ◈問; 축에 대해서.

축관이 축문을 읽을 때 오른편에 설 때도 있고 왼편에 설 때도 있습니다. 그 차이에 대해 알고 싶습니다.

◈答; 축에 대해서.

흉사인 우제에는 오른편으로 길사인 졸곡제부터는 왼편인데 길흉의 법칙에 따른 것입니다.

◎흉례(凶禮) 길례(吉禮) 흉제(凶祭) 길제(吉祭).

⊙凶禮; 大者= 상(喪) 황(荒) 조(弔) 회(禬) 휼(恤). 초상(初喪)으로부터 장례(葬禮)까지 제(諸) 전례(奠禮)와 우제(虞祭).

●周禮春官大宗伯;以凶禮哀邦國之憂鄭玄注凶禮之別有五(云云)喪荒弔禬恤
●冷廬雜識從吉;三年之喪乃凶禮之大者世俗居喪而通名以慶賀必書從吉失禮甚矣
●曲禮下居喪未葬讀喪禮疏喪禮謂朝夕奠下室朔望奠殯宮及葬等禮也
●退溪曰右陰也左陽也虞祭凶禮故讀祝於主人之右至卒哭漸用吉禮故自此以後皆於主人之左

⊙吉禮; 지신제(地神祭). 석전(釋奠). 제사(祭祀)인 길(吉), 흉(凶), 빈(賓), 군(軍), 가례(嘉禮)
●周禮春官大宗伯;以吉禮事邦國之鬼神示
●小滄浪筆談曲阜;乾隆五十九年予按試至曲阜適逢孟冬上丁時衍聖公憲培初薨予以吉禮主祭
●續玄怪录竇玉妻;今夕甚佳又有牢饌親戚中配屬何必廣招賓客吉禮既具便取今夕
●辭源[吉禮]祭祀之禮吉凶賓軍嘉古稱五禮

⊙凶祭; 궤연제의(几筵諸儀)
●春明退朝錄卷中;大抵以士人家用臺卓享祀類几筵乃是凶祭
●五總志唐孟銑家祭儀士人家四仲祭當用平面氈條屛風而已其用桌椅卽是几筵乃凶祭也

⊙吉祭; 상제인 우제 이후 길제
●檀弓下是月也以虞易奠卒哭曰成事是日也以吉祭易喪祭
●淸史稿禮志五其因時祫祭者古禮天子三年喪畢合先祖神饗之謂之吉祭
●辭源[吉祭]古代喪禮在安葬以前叫做奠在這個時期內哭泣無時旣葬而祭叫虞行卒哭禮叫吉祭
●雜記上祭稱孝子孝孫喪稱哀子哀孫(註)祭吉祭也卒哭以後爲吉祭故祝辭稱孝子或孝孫自虞以前爲凶祭故稱哀端正也
●士虞禮虞祭; 始虞用柔日曰哀子某哀顯相(云云)○卒哭;卒辭曰哀子某來日某隮祔爾于爾皇祖某甫尙饗○祔祭;曰孝子某孝顯相夙興夜處(云云)
●朱子家禮喪禮治葬題主; 題畢祝執版主人之右跪讀之日子同前但云孤子某敢昭告于○初虞;祝執版出於主人之右西向跪讀之前同○卒哭; 跪讀爲異詞並同虞祭但改三虞爲卒哭○祔祭前同卒哭祝版但云孝子某謹以潔牲(云云)
●四禮便覽喪禮虞祭卒哭; 祝文式(云云)孤子某敢昭告于○祔祭祝式(云云)孝子某謹以淸酌(云云)

▶3760◀◈問; 축을 읽지 않으면 잔을 한번만 올린다는데요?

기제사를 지낼 때 축을 읽으면 잔을 세 번 올리고 축을 읽지 않으면 잔을 한번만 올린다고 한답니다. 사실인가요 왜 축이 없으면 잔을 한번만 올리는 까닭이 알고 싶습니다.

◈答; 축을 읽지 않으면 잔을 한번만 올린다는데.

아래와 같이 살펴보건대 無祝(무축)이면 예를 갖추기를 감히 못하였으니 故(고)로 單獻(단헌)으로 제사를 마친다는 것입니다.

忌祭(기제) 禮法(예법)에 讀祝(독축)이란 갖춰야 할 하나의 條目(조목)인데 이가 결하면 小祀(奠소사. 전)의 法度(법도)이니 小祀(소사)는 讀祝(독축) 없이 單獻(단헌)의 禮(예)로 마침이라 忌祭(기제)에 無祝(무축)이면 單獻(단헌)을 하게 됩니다.

●近齋曰旣已單獻則無祝爲宜單獻與無祝自是一串底事若單獻而有祝則恐涉於半上落下此時决不敢備禮祝文當闕而至於出主告辭用之何妨
●大山曰無祝則不敢備禮故單獻
●陶庵曰無祝文則不三獻
●梅山曰無祝則單獻單獻則非祭以虞易奠而祭不成儀可乎
●老洲曰喪中行祭古無是禮無祝單獻乃後世義起之禮也然義起之禮必有準依始成禮貌忌祭之單獻是殺以小祀則儀節一倣參禮祭品則不必一一與同始可謂有依據

●全齋曰略設素饌無祝單獻諸先儒所論皆同矣

●省齋曰凡祭略設者減饌品無祝單獻獻訖卽扱匙正筯不添酒不闔門少頃進茶遂辭神

▶3761◀◈問; 출산 달과 제사 달이 맞물릴 때.

안녕하세요!! 궁금한 점이 있어서 이렇게 게시판에 글을 올리게 되었습니다.

제가 맏며느리데요. 저의 출산일(出産日)이 10 월 15 일인데 병원에서 일주일정도 늦어질 것 같다고 해서요. 그럼 일주일이 늦어지는 10 월 23 일이 출산일이자 제사 날이 되거든요. 그럼 제사를 지내야 하는지 안 지내야 하는지 궁금해서요. 주위에서는 출산 달과 제사 달이 맞물렸을 경우 제사를 안 지내는 거라고 하시는 분들이 있어서요. 걱정이 돼서 이렇게 올리게 되었습니다. 출산하는 애기한테 안 좋다고 하시네요 그래서 혹시 걱정이 되어서 이렇게 올립니다.

◈答; 출산 달과 제사 달이 맞물릴 때.

아래 남계 선생의 말씀은 대개 이런 뜻입니다. 부인이 제사가 임박하여 산기가 있으면 옆방에서 해산을 하고 재계중인 남편은 물론 제사 지낼 다른 사람들도 그 방에(기일 하루 전 날) 들어가지 않고 만약 그 집에 다른 여자가 없이 산모 혼자라면 제수 장만을 못하니 할 수없이 제사를 폐한다. 라는 말씀입니다. 까닭에 요즘은 부인들이 해산 일을 당하면 산부인과에서 몸을 푸니 제사 하루 전에만 제사지낼 사람들이 병원 방문을 자제하고 다른 부인이 제수 장만을 하여 제사를 지내면 예법에 어그러지지 않을 것입니다. 단 집에 제수 마련할 여자분이 아무도 없다면 당연히 제사는 지낼 수가 없게 되겠지요. 만약 정침(正寢)에서 출산을 하였다면 기일 2 일 전에 측실(側室)로 산모(産母)와 아기를 옮겨 몸조리 시키고, 주인(主人)은 그 기간 측실을 방문하지 않다가 기제(忌祭)를 마치시고 산모와 아기를 정침으로 옮기심이 좋을 듯 싶습니다.

●疑禮問解問將祭而家內有産婦則柰何愚伏答曰有産婦則不潔不可祭也

●問今人有産或廢祭於七日內抑無過禮否遂菴曰過三日則似無拘忌

●問將祭而有産婦則柰何愚伏曰當有産婦則不潔不可祭也

●內則妻將生子居側室至于子生夫齊則不入側室之門是當祭者不入産室而已祭則自如可知况牛馬耶

●性理大全忌祭前一日齋戒; 主人帥衆丈夫致齋于外主婦帥衆婦女致齋于內沐浴更衣飮酒不得至亂食肉不得茹葷不弔喪不聽樂凡凶穢之事皆不得預

●南溪曰通解內則妻將生子居側室至于子生夫齊則不入側室之門是當祭者不入産室而已又曰只一婦有産他無代行者則其勢只得姑廢而已

▶3762◀◈問; 출산 달과 제사 달이 맞물릴 때.

선생님! 감사합니다. 은근히 걱정을 했거든요! 죄송하지만 하나만 더 여쭈어 보겠습니다. 그럼 제가 몸을 푼 병원에 제사기일 하루 전 날에만 제사 지낼 사람들이 병원방문을 자제하면 되는 건지 아니면 제사 당일 날에도 병원을 자제해야 하는 건지가 궁금해서요! 근데 선생님이 왜 제사기일 하루 전에 병원을 방문하면 안 되는 건가요?

◈答; 출산 달과 제사 달이 맞물릴 때.

까닭은 기일 제사는 그날 하루 전부터 흉하거나 상스러운 것을 보지도 생각지도 않고 집안에서 몸과 마음을 다스리는 재계 기간이라 그렇습니다. 제사 당일 역시 고기나 술을 마셔도 안 되며 가무로 즐기지 않으며 소복 차림으로 지내다 부부 별침 하여야 하니 당일 역시 집 밖 출입을 자제하여야 하는 날입니다. 재계란 제사를 올리기 전에 심신을 깨끗이 하고 금기(禁忌)를 범하지 않도록 하는 일.

●孟子離婁下; 雖有惡人齋戒沐浴則可以祀上帝(辭源註)古人在祭祀前沐浴更衣不飮酒不飮葷不與妻妾同寢整潔心身以示虔誠

●儒林外史第三十七回;先一日就請老先生到來祠中齋戒一宿以便行禮

●祭義致齋於內散齊於外

●疑禮流說或問時祭忌祭俱是祭先而齊戒時有三日一日之異者何也沙溪曰開元禮齊戒條註云凡大祀散齋四日中祀三日小祀二日致齊大祀三日中祀二日小祀一日以此觀之祭有大小而齋戒之日亦隨而有異也

●要結時祭則散齋四日致齋三日忌祭及墓祭則散齋二日致齋一日參禮則齋宿一日

●備要時祭則前期三日齋戒忌祭及墓祭則前一日齋戒參禮則前一日齋宿

●性理大全祭禮忌祭前一日齋戒條; 如禰祭之儀又是日不飮酒不食肉不聽樂黲巾素服素帶以居夕寢于外○禰祭齋戒條; 如時祭之儀○時祭齋戒條 前期三日主人帥衆丈夫致齋于外主婦帥衆婦女致齋于內沐浴更衣飮酒不得至亂食肉不得茹葷不弔喪不聽樂凡凶穢之事皆不得預

●備要是日不飮酒不食肉不聽樂以居夕寢于外

▶3763◀◈問; 친아버지 지방이여.

저희 아버지께서 제사를 지내시는데 저에겐 친 할아버님 제사를 지내는 거죠. 헌데 저희 아버지와 친할아버지께서 성씨가 다르세요. 그렇다면 지방에 현고학생부근신위 라고 만 쓰면 되나요?

친할아버지께서 돌아 가셨는지 알게 된 게 얼마 안 돼서요 이북에 계셨거든요. 그래서 요번에 제사를 지내려 하는데 지방을 어떻게 써야 할지 확실히 모르겠어서요. 꼭 좀 알려 주세요. 감사합니다 새해 복 많이 받으십시오.

◈答; 친아버지 지방.

귀하의 질문에 오류가 있습니다. 친 조부라면서 성씨가 다르다니 이해가 가지 않습니다. 귀하의 질문과 같이 부친과 성씨가 다르다면 부친의 계부일 수밖에 없으니 초상에는 삼부팔모복 입는 예법에 따라 복은 입되 스스로 주인이 되어 제사를 주관할 수는 없다 하겠습니다. 왜냐하면 사당으로 입묘할 때 그 적장자손의 사당으로 입묘되니 그 친척 장자손의 관계로 지방을 쓰고 축문을 씁니다. 만약 질문이 오류라면 부친의 관계로 그와 같이 쓰면 되겠지요.

●家禮三父服圖同居繼父父子皆無大功以上親乃義服不杖期○不同居謂先隨母嫁繼父同居後異或雖同居而繼父有子已有大功已上親服齊衰三月○元不同居則無服

●宮廷錄事 法律 第三號 刑法

第六十二條 親屬이라稱 은本宗과異姓의有服과袒免親을 謂 이니左開와如 이라

一. 斬衰齊衰니斬衰三年에父와長子와妻妾이夫의게와夫 의父와齊衰三年에母와嫡母와繼母와收養父母와慈母 와妻妾이夫의母와齊衰材期에嫁母와出母와妻와齊衰 不杖期에祖父母와齊衰五月에曾祖父母와齊衰三月에 高祖父母 謂 이오嫡孫이祖父母의承重된時 子의 例와同 이라

二. 朞親이니衆子와女와長子妻와長孫과長曾孫과長玄孫 과兄弟와姊妹와伯叔父母와姑와姪과姪女와夫의姪과 妾이夫의妻와子와己子 謂 이라

三. 大功親이니夫의祖父母와伯叔父母와夫의姪婦와衆子 妻와衆孫과姪婦와從兄弟와從姊妹 謂 이라

四. 小功親이니長孫妻와長曾孫妻와長玄孫妻와兄弟妻와 從祖父母와大姑와從孫從孫女와堂伯叔父母와堂姑와 堂姪堂姪女와再從兄弟와再從姊妹와外祖父母와外叔 과姨母와甥姪甥姪女와同母異父兄弟姊妹와夫의姑와 夫의兄弟及兄弟妻와夫의姊妹와夫의從姪과夫의從孫 從孫女와夫의長孫妻와長曾孫妻와長玄孫妻 謂 이라

五. 緦麻親이니衆孫妻와衆曾孫과衆玄孫과從兄弟妻와從 孫妻와從曾祖父母와曾大姑와堂姪妻와從曾孫과從曾孫女의再從祖父母와再從大姑와再從叔父母와再從姑 와再從姪과再從姪女와再從孫과再從孫女와三從兄弟 姊妹와外叔母와甥姪妻와內外從兄弟姊妹와妻父母와 女壻와外孫과外孫女와外孫妻와姨從兄弟姊妹와庶母 와乳母와夫의高曾祖父母와夫의從祖父母와夫의大姑 와夫의

堂伯叔父母와夫의堂姑와夫의從兄弟從兄弟妻 夫의從姪婦와夫의再從姪再從姪女와夫의堂姪婦와 夫의再從孫과夫의從孫婦와夫의衆孫婦와夫의再從孫女와夫의衆玄孫을謂 이라

六. 無服親이니本宗同五世祖祖免親과異姓의外曾祖父母 와外再從兄弟姊妹와從姨母의子와外從姪과姨從姪과 內從姪과妻祖父母와妻外祖父母와妻伯叔父母와妻姑 와妻兄弟와妻兄弟妻와妻姪과妻姊妹와外曾孫과姑夫 와姊妹夫 謂 이라

七. 同居繼父가子孫이無 고己의大功親이無 境遇에☁ 朞年이며子孫이나大功親이兩有 境遇에☁齊衰三月 이라

八. 令不同居繼父☁齊衰三月 이라

[光武九年二月二十九日御押 御璽 奉 勅 議政府參政大臣 閔泳煥 法部大臣 李址鎔]

▶3764◀ ◈問; 친아버지와 새 아버지 제사 문의 드립니다.

안녕하세요. 친정 쪽 일인데요. 저희 친아버지와 어머니는 재혼이셨고요. 그리고 2000 년에 친 아버지가 돌아가시고 후에 어머니께서 재혼하셔서 지내다가 올해 2010 년 6 월에 새 아버지께서 돌아가셨습니다. 친아버지 제사는 따로 지내지는 못하고 명절에 납골당에 가서 간단히 상만 차리고 절하고 뵙고 왔습니다.

새 아버지 돌아가신 후에는 우연찮게도 같은 납골당에 모시게 되었습니다. 이번 해에 새 아버지마저 돌아가시고 나니 제사를 지내고 싶은데 두 분다 한 집(친정어머니 집)에서 제사를 지내도 되는지 납골당에 가서 제를 지내려면 어떻게 해야 하는지 궁금합니다. 주워들은 말로는 같은 집에서 지내면 안 된다고도 하고 같은 상을 써도 안 된다고 하고 음식도 같이 하면 안 된다고 하고 (그래서 친아버지 음식은 제가, 새 아버지 음식은 어머니가 하는 쪽으로 생각하고 있거든요) 또 어떤 말로는 같은 상에 지방만 따로 쓰면 된다고 하기도 하고 이런 말들이 맞는 것인지도 궁금하고요. 그리고 제사 당일은 괜찮은데 명절에는 제가 시댁을 다녀 와야 해서 점심쯤에나 차례를 지내게 될 듯 한데 차례 지내는 시간은 상관이 없는지도 문의 드립니다.

지방 쓰는 방법도 알려 주시면 감사 하겠습니다. 질문이 많은데 답변 부탁 드립니다. 항상 감사 합니다.

◈答; 친아버지와 새 아버지 제사는.

친부와 계부의 아들이 있는지의 여부를 밝히지 않아 알 수는 없으나, 만약 모두 그 후손이 있으면 각기 친생자는 친부, 계부는 계부의 친생자가 따로따로 지내야 합니다. 만약 남자형제가 없다면 어머니가 개가를 하였으니 여자 형제 중 맏이가 친부의 제사만 그의 집에서 모셔야 합니다.

계부(繼父)는 그의 친생자(親生子)가 없으면 그의 친속(親屬)이 지냅니다. 예를 들어 그의 형제나 조카가 있으면 그들이 계부의 모든 제사(祭祀)를 지내야 하는 것입니다. 친생자라 하여도 개가한 어머니의 제사는 지내지 않습니다. 개가하여 얻어진 친생자나 친생녀(親生女)가 지냅니다.

지방식은 본생자가 없고 외손이 있으면 외손 명의로 써 세우고 초헌을 하며, 아직 외손이 없으면 출가한 여식 명의로 아래와 같이 써 그의 집에서 생부의 모든 제사에 그가 초헌을 하고 지냅니다.

외손 명의 지방식; 顯外祖考學生府君神位
여식 명의; 顯考學生府君神位

●家禮三父服圖同居繼父父子皆無大功以上親乃義服不杖期○不同居謂先隨母嫁繼父同居後異或雖同居而繼父有子已有大功已上親服齊衰三月○原(원)不同居則無服

●朱子曰出妻入廟決然不可爲子孫者只合歲時就其家之廟拜之若相去遠則設位望拜可也○又曰嫁

母者生不可入廟死不可以祔于廟

●喪服小記男主必使同姓主婦必使異姓註喪必有男主以接男賓必有女主以接女賓無男主而使人攝主則必使喪家同姓之男無女主而使人攝主則必使喪家異姓之女謂同宗之婦也

●問妻母無後而死神主粉面以外孫之名書之乎寒岡曰此乃變禮不知當如何而爲得宜也如不得已則當書曰顯外祖妣某封某氏神主旁題則姑勿書

●問世或有以外孫主祀者神主當書顯外祖考妣旁註亦書之邪外祖神主或傳於外孫女則亦將何以書之邪沙溪曰外孫奉祀猶爲不可況外孫女邪何必書奉祀闕之可也

●遯溪(金瑄)禮無外孫主祀之義盖外祖外親也無後則自當班祔於其本宗之廟不得托祀於外孫者聖人定制之義至嚴且正東俗承祀外祖者俗然也禮則未也若不得已則粉面不書屬稱直書官啣姓氏曰某官府君神主顯字不可加

●退溪曰外孫奉祀一廟而二姓同祭夫天之生物使之一本而此則爲二本焉甚不可也今人或不幸其外家祖先無後而未有所處者不忍其主之無歸則權宜奉置別所而往來奠省未爲不可若公然與其本親同享一廟則悖理莫甚所謂神不歆非禮者此類之謂也故今於外孫奉祀之問不敢苟徇而以爲可行也

●寒岡曰外家神主奉祀本非禮經今者不得已奉祀則當時祀茶禮時先祭祖外祖次祭

●陶庵曰朱子非族之祀一句語實爲正論愚意爲外孫者設或不得已而權奉其祀已身歿後卽當埋安

●全齋曰妻父母妻主祭此爲正禮外舅無後當使妻主祭而祝以顯考顯妣書之此無二統之嫌故也

▶3765◀◈問; 친정 엄마 첫 제사인데 제사 일이?

친정엄마가 돌아가시고 처음 맞는 제사입니다. 2003 년 10 월 3 일 (音; 9/8)이거든요. 제사를 하루 전날 지내야 하는지 알고 싶어서요? 첫 제사라 아는 게 없네요. 답변 부탁 드립니다.

◈答; 친정 엄마 첫 제사인데 제사 날은

음력 9 월 8 일에 지내면 됩니다. 하루라 함은 간지(干支) 시로는 자시(子時)로부터 해시(亥時)까지이니 기제사(忌祭祀)는 보통 당일 자시에 지내는 것이 상례(喪禮)가 되어 있습니다. 자시(子時)란 전날 저녁 즉 음력 7 일 밤 12 시를 자정(子正)이라 하니 그 시는 7 일이 아니라 8 일이 되는 것입니다. 고로 전날 밤 12 시경에 지내면 당일인 음력(陰曆) 8 일에 지내는 것이 됩니다.

●祭義註忌日親死之日也疏孝子終身念親不忘忌日非謂此日不善別有禁忌謂孝子志意有所至極思念親不敢盡其私情而營求他事故不擧也

●明齋曰凡喪復後始發喪其前則雖已氣絶猶有復生之望不可便以爲已死也以此意推之則似當以招魂日爲忌日矣

●咸興本宮儀式奏啓條本宮淸齋爲白遣初六日子時行祭是白如乎○本宮十一日子時行告由祭後陪香祝進詣定陵淸齋十三日子時攝行酌獻禮是白如乎

●日省錄十八日子時行祭天氣淸和享事利成獻官以下(云云)

●無名子集策皇極經世書; 天開於子地闢於丑

●性理大全忌祭編○厥明夙興設蔬果酒饌○質明主人以下變服詣祠堂封神主出就正寢

●尤庵曰行祭早晩太早不可太晩亦不可惟當以質明爲正

●文獻通考宗廟考六祭祀時享(薦新); 其祭貴肺用朝及闇陳氏禮書曰祭義曰夏后氏祭其闇商人祭其陽周人祭日以朝及闇

●檀弓夏后氏大事用昏商人大事用日中周人大事用日出

●禮器質明而始行事疏質正也謂正明之時少牢禮朝明行事註朝明質明也此乃周禮也

●陳氏曰子路祭於季氏質明而始行事寧早則雖未明之時祭之可也

●南溪曰質明卽大昕指日未出時也

▶3766◀◈問; 친할아버지 지방 쓰는 방법.

관리자님 안녕하세요. 저는 21 살인 최도현이라고 합니다. 다름이 아니라 친 할아버지 돌아가셨어요. 근데 설날, 추석, 제사를 지내야 하는데 지방을 어떻게 쓰는지 몰라서 그러는데. 가르쳐주세요. 그럼 수고 하세요.

◈答; 친할아버지 지방 쓰는 방법.

顯祖考學生府君神位
학생에는 생전에 벼슬이 있었으면 벼슬 등급 명을 쓰면 됩니다.

●便覽紙牓(편람지방)

○紙(지)

用厚白紙長廣隨宜以眞楷細書於紙中央臨祭貼於椅上隨位各書

○紙牓式(지방식)

顯某考某官府君神位
顯某妣某封某氏神位(祖妣二人以上別具紙各書)

●溫公曰古者除於室中故神坐東向自後漢以來公私廟皆同堂異室南向西上所以西上者神道尙右故也
●家禮本註凡屋之制不問何向背但以前爲南後爲北左爲東右爲西
●問解無官而死者無他稱號勢不得已當書學生處士秀才各隨宜可也
●沙溪曰無官而死者不稱學生則無他稱號勢不得已當書學生處士秀才各隨其意可也婦人孺人之號書亦可不書亦可丘氏謂無官婦人宜如俗稱孺人盖禮窮則從下之義也
●尤庵曰孺人是九品官之妻稱而士妻同稱之者是禮窮則同之義也
●士儀治葬題主陷中條無官則隨常時所稱如學生處士秀才或別號之類
●問解無官而死者無他稱號勢不得已當書學生處士秀才各隨宜可也
●問無官而非學生者題主稱學生似未穩而且如子孫書四祖亦皆無合當稱號如何如何沙溪宋俊吉答無官而死者不稱學生則無他稱號勢不得已當書學生處士秀才各隨其宜可也
●宋敬甫問無官而非學生者題主稱學生似未隱沙溪曰無官而死者不稱學生則無他稱號勢不得已當書學生處士秀才各隨其宜可也又曰丘氏謂無官婦人宜如俗稱孺人葢禮窮則從上之義也
●同春堂曰無官而死者不稱學生則無他稱號勢不得已當書學生處士秀才各隨其宜可也
●葛庵曰無官而死者無他稱號不得已當書學生處士秀才各隨其宜可也
●士儀治葬題主陷中條無官則隨常時所稱如學生處士秀才或別號之類
●寒岡曰雖有先人之名若不得禮曹立案則不可經書左旁恐姑書曰顯兄秀才府君神主而呈禮曹出立案
●俛宇曰無官者之稱學生處士秀才皆無不可然秀才則弱冠時可用學生亦非今日合稱惟處士似勝然自非有行望可尊者則亦難人人一例秀士亦古者薦升之稱奈何

▶3767◀◈問; 코로나 시대의 제사.

코로나 때문에 가족들이 모여 제사 지내기가 어려워 질문합니다. 옛날에는 먼 곳에서 지내는 제사에 참여하기 어려운 경우 제사시간에 맞추어 제사 지내는 방향으로 절을 한다고 들었습니다. 신문기사를 보면은 요즘 같은 코로나 시대에는 화상으로 참여하는 가족도 있습니다.

원래 제사는 집안의 화합을 위하여 한 곳에서만 하고 여러 곳에서 하는 것은 아니라고 알고 있습니다.그런데 코로나 때문에 참여하기 곤란한 경우 큰 댁에서 하는 제사와 달리 제 집에서도 따로 제사를 지내고 싶은데 이렇게 하는 것은 예법에 어긋나는 것 입니까?

◈答; 불가피하게 제사에 참석하지 못할 때.

요망배(遥望拜); 멀리 떨어져 제사에 참석할 수 없을 때 그 쪽을 바라보고 절하는 방법.

아래와 같이 여러 말씀들을 살펴보건대 지자(支子)는 제집에서 선대(先代) 제사를 지내지 못한다는 말씀입니다. 이유는 선대(先代) 제사(祭祀)란 사당(祠堂)에 모신 신주(神主)에 대한 예(禮)라 사당은 적장자손(嫡長子損)만이 세우고 모시는 까닭입니다. 따라서 지자손(支子孫)이 만약 선대(先代) 제일(祭日)에 불가피하게 참석할 수 없을 때는 그 쪽을 향하여 허위(虛位)를 차려 놓고 망배(望拜)의 예를 행한다는 말씀이나 그 망배(望拜)의 상세한 예법(禮法)

을 밝힌 말씀은 찾아 지지 않습니다.

다만 여러 말씀들을 참고하건대 망배(望拜)를 하게 될 때는 해당 위(位) 지방을 세우고 행함이 옳다 하겠습니다.

●曲禮支子不祭祭必告于宗子(註)不敢自專宗子有故支子當攝而祭五宗皆然疏廟在適子之家庶子不敢輒祭若濫祭亦是淫祀若宗子有疾不堪當祭則庶子代攝可也猶宜告宗子然後祭
●公羊傳何休曰適子有孫而死質家親親先立弟文家尊尊先立孫
●溫公曰凡主人當以長子爲之無長子則長孫承重
●喪服小記庶子不祭禰者明其宗也(註)庶子不得立禰廟故不得祭禰所以然者明主祭在宗子廟必在宗子之家也
●家禮初終立喪主條凡主人謂長子無則長孫承重奉饋奠
●內則庶子若富則具二牲獻其賢者於宗子夫婦皆齊而宗敬焉終事而后敢私祭
●喪服小記庶子不祭禰者明其宗也(註)庶子不得立禰廟故不得祭禰所以然者明主祭在宗子廟必在宗子之家也庶子雖貴止得供具牲物而宗子主其禮也
●朱子曰出妻入廟決然不可爲子孫者只合歲時就其家之廟拜之若相去遠則設位望拜可也○又曰嫁母者生不可入廟死不可以祔于廟遥望拜祭。
●史記•孝武本紀於是天子遂東始立后土祠汾陰脽上如寬舒等議上親望拜如上帝禮
●舊唐書李勉傳;以名士李巡張參爲判官卒於幕三歲之內每遇宴飮必設虛位於筵次陳膳執爵辭色悽惻論者美之
●奔喪凡喪父在父爲主父歿兄弟同居各主其喪註各爲其妻子之喪爲主也
●性理大全祠堂;非嫡長子則不敢祭其父若與嫡長同居則死而後其子孫爲立祠堂於私室且隨所繼世數爲龕俟其其出而異居乃備其制若生而異居則預於其地立齋以居如祠堂之制死則因以爲祠堂
●退溪曰繼後子雖在襁褓亦書其名而季也爲攝主以奠獻
●家禮按祠堂篇主人謂宗子主此堂之祭者晨謁深衣焚香再拜又主人主婦近出則入大門瞻禮而行歸亦如之經宿而歸則焚香再拜遠出經旬以上則再拜焚香告云云又再拜而行歸亦如之經月而歸則開中門立於階下再拜升自阼階焚香告畢再拜降復位再拜餘人亦然但不開中門
●內則庶子若富則具二牲獻其賢者於宗子(註賢猶善也)夫婦皆齊而宗敬焉(註當助祭於宗子之家)終事而后敢私祭
●陶庵曰時祭宗家雖不行旣是異宮則支孫似無不可行之義
●大山曰宗家若有大喪故則支孫之獨行祭祀恐或未安
●問俗節之祭如何朱子曰俗節小祭只就家廟止二味朔旦俗節酒止一上斟一盃
●退溪言行錄先生每得新物必送宗家俾薦于廟如不可送則必藏于家待其可祭之日具紙牓不讀祝文不設飯羹只以餠麵祭之
●栗谷曰墓祭忌祭世俗輪行非禮也
●頤庵曰國俗忌祭不輪男女輪遞設行國典云祭享之費與祭宗族輪番偕辨又言主祭子孫別居遠處衆子孫就其家行祭謂送助其費于宗家耳
●南溪曰雖支子家具饌祝辭必用宗子名
●戰國策齊策三：颠蹶之請望拜之謁虽得则薄矣

▶3768◀◈問; 큰딸이 어머니제사를 모셔도 될까요?

안녕하세요. 네 명의 딸들을 남기고 돌아가신 제 친모 기제사를 지낼 때 제 아버지께서 제주를 맡아 진행하고 있어요.

질문;

1). 아버지가 돌아가신 어머니 기제사의 제주가 되시는 게 맞는 예법인지요.
2). 결혼한 이복남동생이 있지만 아직 어려서 제사에 대한 책임과 관심이 없어요. 만일 제 아버지가 제주를 못 하시게 된다면 (병이 나시거나 돌아가시면) 큰딸인 제가 어머니제사를 모시고 싶은데 괜찮을까요?
3). 시집 쪽 제사도 제가 모시고 있는데 친정 어머니제사를 모셔 와도 되는지요?

좋은 조언을 부탁 드립니다. 감사합니다.

◈答; 큰딸이 어머니제사를 모심.

問 1). 答; 부친께서 제주가 되는 것이 올바른 예법 입니다. 만약 조부가 생존 하여 계실 때 장부 즉 큰 며느리가 죽으면 조부께서 제주가 되는 것으로 이는 적자 승계 원칙에 따른 예법에서 그렇게 하는 것입니다.

問 2). 答; 만약 적출 자손이 없으면 서얼이라 하여도 적자로 입적하여 그로 하여금 사당을 받들어 봉사케 함이 옳을 것 같습니다. 만약 그가 어린 아이라면 근친자가 대신 축에 연유를 고하고 대행 할 수가 있겠습니다.

●奔喪凡喪父在父爲主註各爲其妻子之喪爲主也疏正義曰凡喪父在父爲主者言子有妻子喪則其父爲主

●家禮本註凡主人謂長子無則長孫承重以奉饋奠

●祭統夫祭也者必夫婦親之所以備外內之官也備則具備(註)具備謂供具衆物

●退溪曰父旣死則子當主祭子旣主祭子之妻爲主婦行奠獻

●曲禮支子不祭祭必告于宗子(註)不敢自專宗子有故支子當攝而祭五宗皆然

●小記庶子不祭祖○庶子不祭禰(疏)宗子庶子俱爲下士禰適得立禰廟故祭禰禰庶不得立禰廟故不得祭其禰是宗子自祭之庶子不得祭也

●內則庶子若富則具二牲獻其賢者於宗子夫婦皆齊而宗敬焉終事而后敢私祭

●遂菴曰孝子某有疾介子某代行薦禮敢昭告于○先祖之稱用宗子之屬代○有故措辭曰孝子某病不能將事○孝子某適在遠地不能將事○孝子某幼未將事○孝子某身犯惡疾使字囑某親某

問 3). 答; 친가의 근친 족이나 근친 족이 없다면 항렬에 맞는 원친 족이라도 입후(양자)를 하여 그로 하여금 사당을 받들게 하여야 합니다. 그러나 만약 그렇게도 할 수가 없을 때는 외손이 당대로 봉사 해야 하겠지요. 현재 부친이 생존하여 계시니 모친 제사를 딸이 모셔오지 못합니다. 부인은 그의 부군이 제주가 되어 제사하게 됩니다.

●會成父在而子有母之喪父主饋奠而行揖禮其子隨之哭拜

●朱子曰妻之喪夫自爲主以子爲喪主未安

●輯覽杖朞條按夫爲妻喪服傳爲妻何以期也妻至親也註適子父在則爲妻不杖以父爲之主也父在子爲妻以杖卽位謂庶子疏言妻至親者妻旣移天齊體與己同奉宗廟爲萬世之主故云至親也以杖卽位者天子以下至士庶人父皆不爲庶子之妻爲喪主故夫皆爲妻杖得伸也

▶3769◀ ◈問; 큰아버님제사를 모셔야 되나요.

큰아버님 댁에는 딸만 다섯이라 저의 남편이 장손이 되었습니다. 그래서 할아버지 할머니 제사를 저희가 모시게 됐는데요. 나중에 큰아버님 큰어머님이 돌아가시면 그분들 제사는 누가 모셔야 되나요? 만일 제가 그분들의 제사를 거부하면 어떻게 되나요.

◈答; 백부 제사는 지내지 않습니다..

장자손이라 함은 적통을 이은 적자손을 말합니다. 귀하는 현재 지자손이라 합니다. 다만 귀하의 부군(夫君)이 백부(伯父)가 무후자이면 전통 예법으로는 백부에게 입후하여 정통을 이어야 한다는 것입니다. 그리 됨으로써 한 가문(家門)의 대종(大宗)이 이어져 내려 가는 것입니다.

봉제사치 않는다 하여 타가문의 내사를 누가 알 것이며 그로 인한 후환이나 업보가 있는지 없는지는 증명된바 없으니 알 수 없는 일인데 다만 분명한 것은 사후 조상들의 봉제사는 후손의 도리로서 행함에 불편이나 어려운 줄을 모르는 것입니다. 이제까지 백부 제사를 지냈다는 것은 이미 입후되어 있음이 아닌가 합니다. 입후 되었다면 백부가 아니라 양부모지간이며 친부는 숙부모지간이 되어 있습니다.

●儀禮疏曰適子不得後他故取支子又曰小宗適子亦當立後

●通典漢石渠議戴聖曰大宗無後族無庶子已有一適子當絶父祀以後大宗

●喪服傳何如而可爲之后同宗則可爲之后何如而可以爲人后支子可也疏支子可也者他家適子自爲小宗小宗當收斂五服之內亦不可闕則適子不得後他故取支子○又曰爲人後者孰後後大宗也曷爲後大宗大宗者尊之統也大宗者收族者也不可以絶故族人以支子後大宗也
●丘儀大明令凡無子許令同宗昭穆相當之姪承繼先取同父周親次及大功小功緦麻如無則方許擇遠房及同姓爲嗣不許養異姓爲嗣以亂宗族立同姓者易不得尊卑失序以亂宗族且凡爲人後者必承父之命不承父命是貪利而忘親也
●經國大典適妾俱無子者告官立同宗支子爲後
●退溪曰長子無子次子之子承重指適子孫而言雖有妾產未可遽承代也
●沙溪曰長子無後而死不立後次子死而有子又季子生存次子之子當奉祀
●許傳曰長子無後雖次子之庶子其爲血孫一也恐不當捨之而取族人子也其曰未可遽承代云者只爲愼重而然耶
●尤庵曰前後妻皆歿後始爲之子者當爲前母之子
●或問父母生時長子無后而死則奈何或傳長婦或傳次子何以則得宜耶退溪曰父母生存長子無后而死爲長子立后而傳之長婦此正當道理也
●或問長子無后而死不立后次子死而有子又季子生存則誰當奉祀耶沙溪曰次子之子當奉祀也
●遂菴曰過長殤之年則雖未冠笄何可以殤例論也
●近齋曰世豈有無母之子不當立後當以次子爲嗣古禮旣冠不爲殤則只謂治喪與服制一用成人之禮非謂立後家禮旣娶方不爲殤冠而未娶者不立后何疑

▶3770◀◈問; 큰할아버지 큰할머니 지방쓰기.

큰할아버지 큰할머니에게 손이 없어 저희가 대신 제사를 지내고자 하기 위해 지방을 쓰려하는데 어떻게 지방을 써야 되나요? 빠른 답변 부탁 드립니다.

◈答; 큰할아버지 큰할머니 지방쓰기.

백조부(伯祖父) 댁이 종가(宗家)라면 지손(支孫)이 대에 맞게 입후(入後) 하여 대를 이어 정상으로 현조고(顯祖考)로 봉사(奉祀)를 하여야 예법에 합당 하며 중조부(仲祖父)라 하면 귀하의 종가 댁에서 부위(祔位)로서 봉사함이 예법상 합당 한 것 같습니다.

참고로 백증조고(伯曾祖父)의 제사는 상상(殤喪)을 당하였을 때 그 차자(次子)가 적자(適子)로 입적 하여 부위로서 봉사 할 수 있는 것입니다. 다만 귀하의 질문 내용에는 그 뜻이 명확하지 않아서 사연은 알 수가 없으나 종가의 대를 끊을 수는 없습니다. 대를 있기 위하여는 대에 맞게 근친이 입후되어야 합니다.

●南唐曰嫡子死無后次子奉祀題主嫡長立后復歸宗祀
●渼湖曰婦人無主祀之義姑以次子攝祀題主後若生子立爲長兄之後爲宜
●屛溪曰立孫程子家用次子主喪之禮盖遵時王之制而不用古宗子法也

▶3771◀◈問; 한가지 더 물어볼게요.

아래 첫 생신 질문한 사람입니다. 이번에 아버지께서 돌아가셨습니다. 음력으로는 6 월 6 일입니다. (참고로 저희 아버지께서 큰 아버지이십니다) 그리고 친할아버지 제삿날은 음력 9 월 14 일, 친할머니 제삿날은 음력 6 월 8 일 입니다. 근데 작은 아버지께서 하시는 말씀이 같은 달에 자식이랑 부모가 돌아가시면, 부모 제사를 지내지 않는다면서 할머니랑 할아버지 제사를 달라고 하십니다. 이제까지 우리가 다 지냈는데 저희 집에 큰 아들(25 세)도 없는 것이 아닌데 제사를 달라고 합니다. 저희가 할머니 할아버지 제사를 지내면 좋지 않다며 달라고 합니다. 정말 우리 집에서 할머니, 할아버지, 아버지 제사를 저희 집에서 함께 지내면 좋지 않습니까? 정말 좋지 않습니까?

정말 중요한 문제라서 물어봅니다. 저희들은 제사를 주기가 싫습니다. 지내던 대로 지내고 싶습니다. 꼭 답변 부탁 드립니다.

◈答; 제사의 주인은 적장자임.

아래와 같은 선유의 말씀이 계십니다.

●尤菴曰祖曾忌祭同日則當先後行之蓋偕喪三年中有異殯各祭之文忌日喪之餘也
우암 선생께서 이르시기를 조부나 증조부의 기제사가 같은 날에 들면 먼저 중한이를 지내고 뒤에 경한이를 지내는 것이 마땅하니라. 함께 상을 당한 삼년상 중에 빈소는 달리 하고 제사는 각각 지내야 하는 예문이 있으니 기제사는 상례의 여분(餘分) 이니라.

위의 말씀을 살펴 볼 때 같은 날 사망을 하였다 하여도 경중으로 선후를 정하여 제사를 받든다 하였으니 종가에서 모든 조상은 죽음의 일자와 관계 없이 받들어야 하는 것은 전통 예법으로는 이론의 여지가 없으며 혹 무속인지는 알지를 못 합니다. 전통 예법으로는 귀댁이 종가라면 마땅히 귀댁에서 직계나 방친의 제사를 주관함이 당연하다 할 것입니다.

●曲禮支子不祭祭必告于宗子(註)不敢自專宗子有故支子當攝而祭五宗皆然疏廟在適子之家庶子不敢輒祭若濫祭亦是淫祀若宗子有疾不堪當祭則庶子代攝可也猶宜告宗子然後祭
●公羊傳何休曰適子有孫而死質家親親先立弟文家尊尊先立孫
●溫公曰凡主人當以長子爲之無長子則長孫承重
●家禮初終立喪主條凡主人謂長子無則長孫承重奉饋奠
●內則庶子若富則具二牲獻其賢者於宗子夫婦皆齊而宗敬焉終事而后敢私祭
●喪服小記庶子不祭禰者明其宗也(註)庶子不得立禰廟故不得祭禰所以然者明主祭在宗子廟必在宗子之家也庶子雖貴止得供具牲物而宗子主其禮也
●尤庵曰祭主人有故則所攝之中如有尊行則子弟以不敢爲攝主矣然代者是尊行則使字未安故俗禮改云孝子某有故代叔父或兄
●家禮按祠堂篇主人謂宗子主此堂之祭者晨謁深衣焚香再拜又主人主婦近出則入大門瞻
禮而行歸亦如之經宿而歸則焚香再拜遠出經旬以上則再拜焚香告云云又再拜而行歸亦如之經月而歸則開中門立於階下再拜升自阼階焚香告畢再拜降復位再拜餘人亦然但不開中門
●尤庵曰祖曾忌祭同日則當先後行之盖偕喪三年中有異殯各祭之文忌日喪之餘也
●陶庵曰兩忌日不可並設只當先尊後卑而各行之

▶3772◀◈問; 한가지 더 부탁 드려요.

축문에 보면 간지(제사 날의 일진) 등등 여러 한자가 나오는데 풀이 부탁 드려요. 참고로 저의 아버지 회갑이 정월 초이튿날이거든요.

◈答; 축문 풀이.

⊙회갑축문식(忌祭祝文式)

維 歲次乙酉正月甲子朔初二日乙丑孝子○○敢昭告于 顯考學生府君(妣則顯妣某封某氏俱沒則列書)歲序遷易(此上當添俱沒則或顯考或顯妣)奄及回甲生旣有慶歿寧敢忘昊天罔極謹以淸酌庶羞式此奠獻尙 饗

◈回婚回甲禮(회혼회갑례)(二禮演輯)

◆回婚(회혼)

南溪曰禮無此文想古無此禮而然也今從俗行之則似當倣婚禮設同牢床對坐傳杯儀而已若拜跪諸節不必一一遵行以損安老之大致也擧樂一段旣非初婚之比何必全然廢却○尤庵曰回婚禮近出於士大夫家而無古據然人子情理是日不能昧然經過則不過設酌以賀如晬日之儀○又有服者行宴當否曰當看家禮主婚者無朞以上喪條而處之○陶庵曰都不設婚儀只子孫上壽而已

◆回甲(회갑)

禮無回甲之文而家禮有獻壽儀未知獻壽在於何時耶今從俗設宴則亦用此儀

◈笏記(홀기)

家長兩位(父母)盛服就位南向坐男女子孫盛服序立如圖(男東女西)先共再拜(婦人四拜)獻者一人(子弟之最長者)以盛饌分獻于家長兩位前(各卓)獻者進立于父位前(獻壽席)奉盞○執事斟酒○獻者跪獻盞○祝曰[伏願父主備膺五福保族宜家]讀訖○家長(父)受盞飮畢○以其盞授執事○獻者次詣母位前(獻壽席)奉盞○執事斟酒○獻者跪獻盞○祝曰[伏願母主備膺五福保族宜家]讀訖○母受盞飮畢○以

其盞授執事○獻者興○退復位○獻者以下皆再拜(家禮有醮于諸卑幼之禮而今俗鮮行酢禮故今刪之)家長命易服○男女諸子孫皆服便服○還復就位相向坐(男東女西)各受盃盞盡歡而徹○皆再拜而退

◈獻 壽 圖(헌 수 도)

堂 中 間

====父====母====
====席====席====
====獻====獻====
====壽====壽====
====席====席====
==諸衆長==長衆===
==女婦婦==男男===
===諸諸===諸====
===孫孫===孫====
===女婦===男====

사후 생신제에 관하여는 회성(會成)에 의례절차가 있으나 사후 회갑에 관하여는 분명히 밝혀 놓은 예법을 아직 수렴한 바가 없어 단언하여 그 예를 일러 줄 수가 없습니다. 다만 세속에서 사후 부모의 회갑 일을 맞으면 회갑제를 지내고 있으니 그 예법은 회성에서 생진제의 예법은 부모 기제사 예법과 같이한다 하였으니 사후 회갑제 역시 이를 따름이 옳을 듯하며 지내는 때는 밤에 지내는 것이 아니라 당일 아침 일찍 지내는 것이 옳을 것입니다.

◎生辰祭儀節次(생신제의절차)(會成)

儀節並同祭禰
序立(主人主婦及弟婦子姪凡禰所出者皆在)○參神○鞠躬拜興拜興平身○降神○盥洗○詣香案前○跪○上香○酹酒(以下旁注皆與時祭同)○俯伏興拜興拜興平身○進饌○初獻禮○詣考妣神位前○跪○祭酒○奠酒○祭酒○奠酒○俯伏興平身○詣讀祝位○跪○主人以下皆跪○讀祝○俯伏興○鞠躬拜興拜興平身○復位○奉饌○亞獻禮○盥洗○詣考妣神位前○跪○祭酒○奠酒○祭酒○奠酒○俯伏興拜興拜興平身○復位○奉饌○終獻禮○盥洗○詣考妣神位前○跪○祭酒○奠酒○祭酒○奠酒○俯伏興拜興拜興平身○復位○奉饌○侑食○鞠躬拜興拜興平身○復位○闔門○祝噫歆○啓門○主人以下復位○獻茶○飮福受胙○詣飮福位○跪○嘏辭曰(云云四時祭同但去祖字)○飮福酒○受胙○鞠躬拜興拜興平身(主人起立于東階上西向)○告利成(祝立于西階上東向曰)○利成○復位○鞠躬拜興拜興平身○辭神○鞠躬拜興拜興平身○焚祝文○送主○徹饌○禮畢

●湯氏鐸曰按家禮親生辰牙祭鄭氏曰祭死不祭生伏覩國朝頒降胡秉中祀先圖凡例有生日之祭當以此爲據竊惟親在生辰旣有慶禮歿遇此日能不感慕如死忌之祭可也
●問三年內遇亡人生辰不忍虛過上食後別設饌行之如何尤菴曰恐當如此象平日饌品稍備而行之耳
●直齋曰上食後別設恐近瀆於上食兼設殷奠似爲允當
●南溪曰生辰祭雖曰非禮三年內則人不可不行其儀倣俗節別設
●問生辰祭三年內設行可從否遂菴曰三年內象生時設行無妨
●問練祥若有故退行則祝式如何尤菴曰祝文當用常時所用而末段略告退行之由似宜
●問家禮集說有所謂生忌於先考妣生日設酒食以祭象平生也其祭文曰生旣有慶歿寧敢忘云退溪曰恐孟子所謂非禮之禮此類之謂也
●尤菴曰生辰之祭退溪非禮之答似不可易矣若知其非禮而以先世所行爲難停廢則是非禮之禮無時可改也世人喜說喪祭從先祖之文此殊未安然先世所行之禮昧然遽廢亦似未安須告以廢之之意恐爲婉轉
●會成惟親在生辰旣有慶禮歿遇此日能不感慕如死忌之祭可也

▶3773◀◈問; 할머니 기 제사 시 지방 쓰는 법(할아버지도 돌아가셨음)

성명 김0주. 할머니 기 제사 지방 쓰는 법(할아버지도 돌아가셨음)

◈答; 할머니 기 제사 시 지방 쓰는 법.

⊙지방식(본식은 무관 무봉의 지방식임)
조부~~~顯祖考學生府君神位
조모~~~顯祖妣孺人某氏神位

조부가 생전 관직이 있었으면 학생에 품계를 쓰며 조모의 유인에 부인에게 내려진 봉명을 쓰고 모씨에는 성씨를 쓰면 됩니다.

⊙忌祭祝文式 (괄호내를 활용하면 모든 기제에 두루 사용됨)
維 歲次干支幾月干支朔幾日干支孝子(조고비에게는 孝孫 증조고비에게는 孝曾孫 고조고비에게는 孝玄孫 ○방친과 형제와 처와 자식에게는 그가 부르던 칭호대로 쓴다) 某 (동생 이하 자에게는 이름을 쓰지 않는다) 敢昭告于 (처에게는 敢자를 쓰지 않고 동생 이하에게는 告于만 쓴다) 顯考某官 (관직이 없었으면 學生이라 쓴다) 府君 (어머니 기제에는 顯妣某封某氏라 쓰고 고조고는 顯高祖考某官府君 고조비는 顯高祖妣某封某氏 증조고는 顯曾祖考某官府君 증조비는 顯曾祖妣某封某氏 조고는 顯祖考某官府君 조비는 顯祖妣某封某氏라 쓰고 처는 亡室某封某氏 장자는 亡子某官이라 쓰고 항렬이 낮거나 수하자에게는 顯자를 고쳐 亡자로 하고 府君 두 자를 빼며 방친은 속한대로 쓴다. ○고비 병제를 할 때는 顯妣某封某氏를 열서(列書)한다) 歲序遷易 諱日復臨 (병제(並祭)에는 諱日復臨 앞에 아버지 기일에는 顯考 어머니 기일(忌日)에는 顯妣라 쓰고 조고비(祖考妣) 이상 기일 역시 이와 같다. ○처나 동생의 기일이면 諱日復臨을 亡日復至로 고친다) 追遠感時昊天罔極 (고조 증조 조고비 기일이면 昊天罔極을 不勝永慕라 고쳐 쓰고 방친(傍親)의 기일이면 追遠 이하 여덟 자를 고쳐 不勝感愴이라 쓰고 처나 동생 이하의 기일이면 感愴을 다른 말로 고친다) 謹以 (처나 동생 이하의 기일이면 謹以를 玆以로 고쳐 쓴다) 淸酌庶羞恭伸奠獻 (처나 동생 이하에게는 恭伸奠獻을 伸此奠儀라 고쳐 쓴다) 尙 饗

▶3774◀◈問; 할머니 제사에 관해서 물어봅니다.

내일 음력 1 월 22 일이 할머니 제사인데 아버지께서 돌아가신 후 처음 제사인데 제가 둘째 아들입니다. 그런데 축을 쓰는 건 제가 매년 써와서 문제가 없는데 형이 상가 집에 갔다고 합니다. 그러면 참석은 해도 절만 하지 않는 것인지 아니면 아예 제사 지내는데 오면 안 되는 것인지 궁금합니다. 그리고 제가 손자이니까 축을 쓰는 과정에서 제가 둘째 아들이니까 그냥 효손 민철 이렇게 쓰면 되는 것인지 출타(형 이름)효손 민철 이렇게 쓰는 것인지 궁금합니다. 제 의견으로는 후자가 맞는 것 같은데 처음이라서 궁금증을 물어봅니다. 고맙습니다.

◈答; 할머니 제사에 관해서.

기제는 하루 재계라 기일 하루 전에만 집에서 재계를 하면 되는 것입니다. 관혼상제 전통예법 에서는 상가에 갔던 사람은 제사를 어떻게 하라는 말씀은 없습니다 그 이유는 기제 등은 이미 어느 날이라 지정되어 있어 그날 언제부터 재계를 한다 하였으니 조상 제사를 모시는 이는 예정되어 있는 예법대로 미리 작정되어 있어야 하고 상가가 만약 복에 해당하는 상이면 그에 합당한 예법이 있고 그렇지 않고 타인의 상이면 조상 제사를 다른 사람에게 미룰 수가 없는 것입니다. 내 조상이 더 중하기 때문입니다.

만약 고의가 아닌 부득이하게 하루 재계를 못하였다면 옛 성현의 말씀에 길을 오다 상여를 보았는데 제사를 지내면 안되지요 하고 묻는 자에게는 그래 지내서는 안 된다, 또 어떤 자가 길에서 상여를 보았는데 제사를 지내도 되겠지요 하는 자에게는 옳다 지내라 하였다는 전하여 지는 말씀이 있듯이 그도 자신의 마음에 섬기는 정성이 지극하면 제사를 지내는데 문제는 없으리라고 생각 듭니다.

아래는 섭주축에 관한 말씀입니다.

曾子問孔子曰宗子居於他國庶子爲大夫其祭也祝曰孝子某使介子某執其常事ㅇ遂菴曰宗子有疾病

不得參祭則祝辭改曰孝孫某有疾病介子某代行薦禮敢昭告于云云
공부자께서 하신 말씀입니다. 만약 종자가 타국에 나가 있으면 다른 여러 형제 중에서 지내는 데 축에는 효자모사개자모집기상사감소고우라 한다 하셨으며. 그 다음은 수암 선생께서 하신 말씀으로 종자가 병으로 제사를 지낼 수 없으면 축문 고쳐 쓰기를 효손모유질병개자모대행천례감소고우라 고쳐 써 고한다 하셨는데. 위 말씀은 종자나 종손이 먼 타국으로 사신 등으로 나갔을 때 내가 제사 날에 오지 못하게 되면 누가 내 대신 제사를 모셔라 하고 집을 떠났을 때의 말씀이고 아래 수암 선생말씀은 종자나 종손이 거동을 못할 정도로 병이 위중하면 그 대신 다른 사람이 초헌하며 읽는 축식입니다. 부득이 그에 맞게 축문을 작성한다면 아래와 같이 작성하면 어떨까 생각 됩니다

維 歲次云云孝孫某出他使次孫某執其常事敢昭告于云云

●性理大全忌祭前一日齋戒；主人帥衆丈夫致齋于外主婦帥衆婦女致齋于內沐浴更衣飮酒不得至亂食肉不得茹葷不弔喪不聽樂凡凶穢之事皆不得預
●曲禮齊者不樂不吊(註)呂氏曰古之有敬事者必齊齊者致精明之德也樂則散哀則動皆有害於齊也不樂不吊者全其齊之志也
●退溪曰家禮忌日言前期一日齋戒而已
●唐制散齋之日理事如故惟不得吊喪問疾不判署刑殺文書不決罰罪人不作樂不親穢惡之事致齋惟祀事得行其餘悉禁

▶3775◀◈問; 할머니 지방?

매번 할아버지 댁에서 명절 차례를 지내다가 할아버지가 편찮으셔서 이번에 처음으로 저희 집에서 차례를 지내게 되었습니다. 아버지께서 할머니 지방 쓰는 방법을 알아보라고 하시는데 인터넷에서 검색을 해봐도 도통 무슨 내용인지 모르겠습니다. 할머니께서는 고성 이씨라고 하시는데 이것도 지방에 포함되는 건가요? 어떻게 써야 되는지 알려주시면 감사하겠습니다.

◈答; 할머니 지방.

조부(祖父)가 생존하여 계시니 조부 속칭으로 지방(紙牓)을 써야 합니다. 관향(貫鄕)은 쓰지 않습니다.

亡室孺人李氏神位

●尤庵曰妣位只書某氏而不書鄕貫自銘旌神主誌石石碑而皆然
●南溪曰題主家禮本文無書姓鄕之文俗論雖非之恐不可從
●厚齋曰婦人題主不書姓貫當從家禮
●渼湖曰婦人題主不書貫尤翁有定論遵而行之有何不可

⊙섭주(攝主)

주자가례(朱子家禮) 원본(原本)에는 섭주(攝主)에 대한 예법(禮法)을 논(論)한 곳이 없습니다.

아래와 같이 살펴보건대 공양전(公羊傳)에서 지금으로부터 2543 년전 노소공십오년(魯昭公十五年) 조(條)에서 섭주(攝主)의 예가 나타나있고 우리의 예서(禮書)로는 상례비요(喪禮備要)에서 잡기설(雜記說)을 인용(引用), 섭주(攝主)와 동의인 사자(使字)를 붙여 夫黨無兄弟使夫之族人主喪이라 하였고 가례증해(家禮增解)에서 섭주(攝主)의 예에 관하여 세세하게 밝혀놓았습니다. 조부께서 병환 중이시면 손께서 섭제로 제사를 대행하여야 합니다. 대행하려면 그 사유를 축으로 고하여야 합니다. 고축식은 아래와 같습니다.

⊙主人有故使人代行措辭

病時: 孝子某因病不能將事使某親某(或有疾病介子某代行)敢昭告于(云云)

幼時: 孝子某幼不將事屬某親某敢(或孝子某未幼奉事弟某攝事)昭告于(云云)
遠在時: 孝子某身在遠地不能將事使某親某敢昭告于
越境時: 孝子某使介子某執其常事敢昭告于(云云)
老衰時: 孝子某衰耗不堪事使子某敢昭告于(云云)

●公羊傳(魯)昭公十五(前 527)年; 大夫聞君之喪攝主以往(何休注)主謂已主祭者臣聞君之喪義不可以不卽行故使兄弟若宗人攝行主事而往不廢祭者古禮也古有分土無分民大夫不世己父未必爲今君臣也
●喪禮備要喪禮初終立喪主; 襍(雜)記姑姊妹其夫死夫黨無兄弟使夫之族人主喪妻黨雖親弗(不)主
●家禮增解喪禮初終立喪主; ○右兄亡無嗣弟攝主親喪○右兄亡無嗣弟攝主祖父母喪○右嫡孫亡失祖母死次孫攝主○右無子有妻兄弟主喪○右幼兒兄弟攝主其喪
●辭源[攝主]代爲主祭之人
●曾子問孔子曰宗子居於他國庶子爲大夫其祭也祝曰孝子某使介子某執其常事
●退溪曰宗子死繼后子雖在襁褓亦當書其名而季也攝主可也○又曰宗子粤在他國而命介子代祭之例曰孝子某使子某敢昭告于云云
●尤庵曰凡祭事主人有故則使人攝行例也所攝之中如有尊行則子弟似不敢爲攝主矣
●遂菴曰孝子某有疾介子某代行薦禮敢昭告于○先祖之稱用宗子之屬代○有故措辭曰孝子某病不能將事○孝子某適在遠地不能將事○孝子某幼未將事○孝子某身犯惡疾使字嗎某親某
●問祝文中顯考及夙興夜處等語以兒名書之則當依此書否寒岡曰旣以兒名書則當用家禮本文無所改
●梅山曰遞遷長房者亦用旁題支子攝祀旁題當書介子某攝祀祝當曰攝祀介子某恐宜
●葛菴曰長孫奉祀則父子已易世今推而上之使叔父未安且令次孫權攝以待長孫立后○父不與祭而使子弟攝行則曰孝子某使子某敢昭告云病中則云病不能將事或身在遠地不能將事

▶3776◀◈問; 할머니 지방 쓰는 법.

할아버지께서 할머니가 두 분이 계셨다면 어떻게 써야 하는지요?

◈答; 할머니 지방 쓰는 법.

⊙지방식

조부; 顯祖考學生府君神位
조모; 顯祖妣孺人(某貫)某氏神位
계조모; 顯祖妣孺人(某貫)某氏神位

학생과 유인에는 생시 벼슬과 그에 따른 봉함이 있었으면 그를 쓰며 모관 모씨에는 관향(성이 같을 대)과 성씨를 쓰면 됩니다.

●寒岡曰雖前室之子繼母若在則當只稱孤子而不可稱孤哀云蓋繼母在則是母在也若遽稱孤哀則是不母繼母也於禮爲未安故也
●南溪曰繼室之於元妃與夫一體奉祀恐甚得禮所謂非族之祀豈指此類而言耶祝文稱謂禮無明文不敢爲說
●問解續問父若有前後室則前後母神主同出耶只出考與所祭之主耶答並祭爲當前母忌日同祭後母後母忌日同祭前母
●梅山曰前後妣死在同日當先元妣後繼妣若並祭則一擧合設兩祭出主告當曰今以顯妣某封某氏顯妣某封某氏遠諱之辰敢請顯考某官府君顯妣某氏顯妣某氏神主云云忌祭祝遷易下云顯妣某封某氏顯妣某封某氏諱日幷臨云云
●砥山曰考妣合祭而有前繼妣祝文則列書下曰歲序遷易下又當云前後妣共顯某親某封某氏諱日復臨云云
●問庶子之所生母題主當何稱朱子曰若避適母則只稱亡母而不稱妣以別之可也
●尤庵曰妣位只書某氏而不書鄕貫自銘旌神主誌石石碑而皆然
●南溪曰題主家禮本文無書姓鄕之文俗論雖非之恐不可從

▶3777◀◈問; 할머니 지방에 대하여.

친 할머님 제사 때 쓸 지방을 알려 주세요. 메일로 견본을 좀 보내주세요.

◈答; 할머니 지방에 대하여.

지방 쓰는 법은 본편 제례 장 지방 기제사 지내는 법을 보면 견본과 아울러 크기를 cm 로 표시가 되어 있으니 그를 참고 하여 주기를 바랍니다.

할머니 지방식은 다음과 같습니다.
顯祖妣某封某氏 神位

만약 조부께서 관직이 없었고 할머니 성씨가 이씨라면 다음과 같이 쓰면 됩니다.
顯祖妣孺人李氏 神位

▶3778◀◈問; 할머니 할아버지(조모)제사 축문 때문에.

다름이 아니라 제가 첨으로 축문을 적는데 잘 몰라서 그런데 좀 가르쳐주세요.

1 번; 음력 2003 년 1 월 3 일(한자로 좀 풀이 해주세요)
2 번; 할머니성씨가 밀성손씨(이것 역시 좀 풀이 부탁합니다)

빨리 부탁 드립니다. 염치없이. 죄송합니다.

◈答; 할머니 할아버지(조모)제사 축문.

귀하의 조모 손씨 계미(癸未)년 1 월 3 일 기제 (병제) 축식 입니다.

維 歲次癸未正月乙巳朔初三日丁未孝孫某敢昭告于 顯祖考某官府君 顯祖妣某封孫氏歲序遷易顯祖妣諱日復臨追遠感時不勝永慕謹以淸酌庶羞恭伸奠獻尙 饗

모관에는 조고께서 생시 관직이 있었으면 관직이나 품계 명을 쓰고 없었으면 學生(학생)이라 쓰고 조비 역시 모봉에 조고의 관직이 없었으면 孺人(유인)이라 쓰면 됩니다. 귀댁의 가속이 향관(鄕貫)을 쓰면 성씨 앞에 관을 쓰며 병제하지 않으면 현조고모관부군과 현조비 휘일부임에서 현조비를 쓰지 않으면 되겠지요. 번역은 공부겸하여 스스로 옥편 놓고 풀어 보십시오.

▶3779◀◈問; 할아버님 제사 때 지방 쓰는 법.

할아버지 제사 때 돌아가신 할머니 음식도 같이 차리는데 이것이 맞는 것인지 그리고 지방을 한 분만 쓰는 건지 아님 내외분을 다 쓰는 건지 가르쳐 주셨으면 합니다.

◈答; 할아버님 제사 때 지방 쓰는 법.

疑問 1. 答; 주자 가례에는 단설입니다. 그러나 다음과 같은 선유의 말씀이 계십니다.

●沙溪曰忌日並祭考妣雖非朱子意我朝先賢嘗行之栗谷亦曰祭兩位於心爲安云○又曰若並祭考妣則設兩位○尤菴曰吾家亦設考妣兩位雖知其不當而行之已久不能改也○又曰曰並祭考妣者當依時祭儀
사계(沙溪)선생께서 말씀 하시기를 기일(忌日)에 고비병제(考妣竝祭)가 아무리 주자(朱子)의 본뜻이 아니라 하여도 우리나라 선현(先賢)들께서 일찍부터 고비 합제로 지냈으며 율곡(栗谷) 선생 역시 말씀 하시기를 양위(兩位) 분을 합제(合祭)를 하여 드려야 마음이 편안하다. 이르셨느니라. 또 이르시기를 만약 고비 병제를 할 때는 양위로 진설하여야 하느니라.

우암(尤菴) 선생께서 이르시기를 나의 집에서 역시 고비 양위 분을 설위 하고 제사를 지내는데 아무리 그렇게 지내는 것이 옳지 않다고 생각은 하나 이미 오래도록 지내온 터라 능히 고치지를 못하고 있느니라. 또 말씀 하시기를 고비 양위 분을 같이 제사를 지낼 때는 마땅히 시제(時祭) 지내는 의례에 딸아 지내야 하느니라.

고비 합제 의식이 예법에 합당 한 예는 아니나 오래된 관행으로 대개의 가문에서 고비 합제로 기제를 지내고 있는 것입니다.

●陶庵曰只設一位禮之正也盖忌日乃喪之餘値其親死之日當思是日不諱之親而祭於其位不宜援及他位只祭所祭之位而不爲配祭非博於所配祭以哀在於所爲祭者故耳然則當以只祭一位爲正考妣幷祭雖有先儒之說恐不可從
●朽淺曰凡忌祭當忌之位
●旅軒曰忌祭人多幷祭考妣甚非禮也
●愚伏曰不敢援尊固有所本於理亦精然幷祭亦何不可
●奉先雜儀文公家禮忌日止設一位程氏祭禮忌日配考妣二家之禮不同蓋止設一位禮之正也配祭考妣禮之本於人情者也
●栗谷曰忌祭則設所祭一位具饌但具一分若幷祭考妣則具二分
●牛溪曰程子俱祭考妣鄙人則用程禮
●愼獨齋曰幷祭爲當
●尤庵曰吾家設考妣兩位雖知其不當而行之已久不能改也
●沙溪曰忌日幷祭考妣雖非朱子意我朝先賢嘗行之栗谷亦曰祭兩位於心爲安云援尊之嫌恐不必避也

疑問 2. 答; 陶菴曰用厚白紙長廣隨宜以眞楷細書於紙中央臨祭貼於椅上隨位各書又曰祖妣二人以上別具紙各書
도암 선생께서 이르시기를 두꺼운 흰 종이로 길이와 폭은 쓰기 알맞게 하여 해서체로 종이의 중앙에 가늘게 써서 제사에 임하여 교의 위에 붙이되 위마다 각각 써야 한다. 또 이르시기를 할머니가 두분 이상이면 지방지를 별도로 갖춰 각각 써야 한다. 고비 두 분을 설위 하였으면 두 분을 모두 각각 써 세워야 합니다,

●便覽紙牓; 用厚白紙長廣隨宜以眞楷細書於紙中央臨祭貼於椅上隨位各書

▶3780◀ ◈問; 할아버지와 아버지께서 돌아가신 날이 같을 때 제사 지내는 방법은.

아버지가 최근에 돌아가셨는데 돌아가신 날짜가 음력 2 월 2 일로 할아버지의 제사 날과 동일합니다. 조부모와 부모의 제사를 같이 모시면 안 된다는 소리를 들었는데 이럴 때는 어떻게 지내야 되나요?

◈答; 할아버지와 아버지께서 돌아가신 날이 같을 때 제사 지내는 방법.

아래와 같이 살펴보건대 같은 날 양기(兩忌)가 들 때 各行한다. 同行한다. 라 양론이 있습니다. 따라서 어느 예를 따른다 하여도 예에 어그러졌다 할 수는 없을 것 같습니다. 다만 동행할 때는 이서위상(以西爲上)으로 설위 각축으로 고해야 하고 각행일 때는 선중후경(先重後輕)으로 제사합니다.

●尤庵曰祖曾忌祭同日則當先後行之蓋偕喪三年中有異殯各祭之文忌日喪之餘也
●陶庵曰兩忌日不可並設只當先尊後卑而各行之
●遂庵曰高禰兩祭相値則先祭高祖後祭禰位
●明齋曰祖孫同忌則一時同行恐無妨主人一也一時行之而各祝以告
●顧齋曰忌日異於練祥妻子之祭與親忌共設無妨
●大山曰祖禰同忌恐不必逐位各行也

▶3781◀ ◈問; 할아버지 제사를 손자가.

안녕하십니까? 여쭐 말은 저희는 집안식구가 전쟁 중에 모두 돌아가셔서 할아버지(돌아가심), 아버지, 저 이렇게만 집안이 이어졌습니다. 온 집안의 자손들이 없어서 아버지가 모든 제사를 지내셨었는데 10 여 년 전부터 종교적인 이유로 제사를 지내지 않게 되었습니다. 그

후 제가 분가하여 가정을 이루게 되었는데 저는 조상님들 제사를 모시지 않는 게 무척 마음이 걸려서(특히 10 여 년 전 돌아가신 할아버지제사는 한번도 못 올렸습니다.) 당장 내일 할아버지 제사를 지내려고 생각하고 있습니다. 그런데 한가지 걸리는 것은 저희 아버지가 살아 계신데, 아들인 제가 조상님들 제사를 지내는 게 혹시 예의나 법도에 어긋나는 게 아닐까 하는 생각이 들어서 이렇게 여쭙게 되었습니다. 주변 분들께 여쭈어보니 의견이 모두 제 각각이더군요. 고견 부탁 드립니다.

◈答; 할아버지 제사를 손자가.

귀하의 사려 깊음에 감사 드립니다. 귀하는 부친이 생존 하고 계시기 때문에 조부 기제사를 직접 모실 수 있는 방법은 없습니다. 이유는 적장자 승계 원칙 때문 입니다. 즉 사당 봉사는 맏이 만이 주인으로 조상을 받들 수 있다는 것입니다. 家無二尊(가무이존) 즉 한 집안에서는 어른이 둘이 있을 수 없다 는 것입니다. 그러 하기 때문에 부친 생존 시 맏아들이 먼저 죽어도 그의 아들 즉 손자가 있다 하여도 그의 아버지가 상주가 되며 기제사도 그의 명으로 지내는 것입니다. 다만 섭제(攝祭)라 하여 주인이 유고 시 대신 제사를 지내는 법은 있습니다.

⊙섭제 방법.

지방은 귀하의 부친(父親) 명으로 쓰고 축문(祝文)으로 그 연유를 고(告)하면 귀하가 초헌을 할 수 있습니다.

⊙지방식

할아버지 지방
顯考學生府君神位

할머니지방
顯妣孺人某氏神位

⊙축문식.

維 歲次癸未五月甲辰朔初五日戊申孝子某衰耗不堪事使介孫某代行薦禮敢昭告于 顯祖考學生府君 顯祖妣孺人某氏歲序遷易 祖考諱日復臨追遠感時不勝永慕謹以淸酌庶羞恭伸奠獻尙 饗

본 축문식은 귀하의 조부 축으로 부친이 노쇠하여 제사를 지낼 수 없을 경우에 귀하가 대신 지내는 축식입니다. 할머니가 생존하여 계시면 현조비유인모씨 7 자를 삭제 하고 조고휘일부인의 조고 2 자를 삭제 하면 되며 효자모에는 귀하의 부친 이름을 쓰고 사개손모에는 귀하의 이름을 쓰며 현조비모에는 귀하의 할머니 성씨를 쓰면 됩니다. 만약 할머니 기일 제에는 조고 휘일부임의 조고에 조비라 고쳐 쓰면 할머니 기제 축이 되는 것입니다. 정상은 아니나 궐사 보다야 탓 할이 없으리라 생각됩니다.

⊙老衰時: 維歲次云云孝子某衰耗不堪事使子某敢昭告于

●公羊傳(魯)昭公十五(前 527)年; 大夫聞君之喪攝主以往(何休注)主謂已主祭者臣聞君之喪義不可以不卽行故使兄弟若宗人攝行主事而往不廢祭者古禮也古有分土無分民大夫不世己父未必爲今君臣也
●喪禮備要喪禮初終立喪主; 襍(雜)記姑姊妹其夫死夫黨無兄弟使夫之族人主喪妻黨雖親弗(不)主
●家禮增解喪禮初終立喪主; ○右兄亡無嗣弟攝主親喪○右兄亡無嗣弟攝主祖父母喪○右嫡孫亡失祖母死次孫攝主○右無子有妻兄弟主喪○右幼兒兄弟攝主其喪
●辭源[攝主]代爲主祭之人
●曾子問孔子曰宗子居於他國庶子爲大夫其祭也祝曰孝子某使介子某執其常事
●退溪曰宗子死繼后子雖在襁褓亦當書其名而季也攝主可也○又曰宗子粤在他國而命介子代祭之例曰孝子某使子某敢昭告于云云

●尤庵曰凡祭事主人有故則使人攝行例也所攝之中如有尊行則子弟似不敢爲攝主矣
●遂菴曰孝子某有疾介子某代行薦禮敢昭告于○先祖之稱用宗子之屬代○有故措辭曰孝子某病不能將事○孝子某適在遠地不能將事○孝子某幼未將事○孝子某身犯惡疾使字嘱某親某

▶3782◀◈問; 할아버지 첫 제사 날짜와 시간에 대해서.

할아버지께서 2004 년 음력 4 월 1 일에 돌아가셨습니다. 그래서 올해 첫 제사를 지내야 하는데 정확한 날짜와 시간이 궁금합니다. 막내 삼촌이 알아본 바에 의하면 2005 년 4 월 1 일(양력: 2005 년 5 월 8 일)날 낮에 지내야 한다고 하는데 그 이유가 첫 번째 제사는 그날(양력: 2005 년 5 월 8 일)이 생일이 되어서 그렇다는데 이해가 안가네요. 제가 생각하기에는 제사 날짜가 올해 '5 월 7 일' 다시 말해서 정상적인 기제사와 같이 돌아가신 전날 자시에 지내야 하는 것으로 알고 있는데 과연 누가 정확하게 알고 있는 건가요?

돌아 가신 날짜 2004 년 음력 4 월 1 일 / 올해 첫 번째 제사 날짜가 음력 4 월 1 일인지, 아니면 그 전날 3 월 29 일이어야 하는지 (양력 5 월 8 일 / 5 월 7 일 중에서)

◈答; 할아버지 첫 제사 날짜와 시간에 대해서.

탈상을 하였다면 기제의 법식을 따라야 할 것입니다. 기일은 작고한 날인 매년 4 월 1 일입니다

●祭義註忌日親死之日也疏孝子終身念親不忘忌日非謂此日不善別有禁忌謂孝子志意有所至極思念親不敢盡其私情而營求他事故不擧也
●咸興本宮儀式奏啓條本宮淸齋爲白遣初六日子時行祭是白如乎○本宮十一日子時行告由祭後陪香祝進詣定陵淸齋十三日子時攝行酌獻禮是白如乎
●日省錄十八日子時行祭天氣淸和享事利成獻官以下(云云)
●無名子集策皇極經世書; 天開於子地闢於丑
●高麗史節要 卷之三 顯宗元文大王; 聞雞聲砧響問於術士以方言解之曰鷄鳴高貴位砧響御近當是卽位之兆也
●辭源子部[子]地支的第一位又爲十二時辰之一夜十一時至次晨一時爲子時○又一部三畫[丑]十二時辰之一午夜一點鐘至三點鐘古稱鷄鳴時
●鬼神集說序; 鬼神(註)日出爲神入
●青莊館全書淸脾錄凝齋; 水舍鷄鳴夜向晨(出한국고전)
●通典禮八十一開元禮纂十六吉十三三品以上時享其廟(四品五品六品以下祔); 享日未明烹牲於廚夙興掌饌者實祭器主人以下各服其服
●文獻通考宗廟考六祭祀時享(薦新); 其祭貴肺用朝及闇陳氏禮書曰祭義曰夏后氏祭其闇商人祭其陽周人祭日以朝及闇
●檀弓夏后氏大事用昏商人大事用日中周人大事用日出
●禮器質明而始行事疏質正也謂正明之時少牢禮朝明行事註朝明質明也此乃周禮也
●性理大全忌祭編○厥明夙興設蔬果酒饌○質明主人以下變服詣祠堂封神主出就正寢
●南溪曰質明卽大昕指日未出時也
●尤庵曰行祭早晚太早不可太晚亦不可惟當以質明爲正

▶3783◀◈問; 할아버지, 할머니 제사 시.

지방, 축문 에 할아버지, 할머니 성함도 써야 하나요. 답변 부탁 드립니다.

◈答; 할아버지, 할머니 제사 시.

사소절(士小節)에 다음과 같은 가르침이 있습니다.

人或不知而誤犯他人祖父名諱則亦有勃然作怒者或有不當諱而曲爲之諱者何其鄙也然待人詳審勿犯諱可也
사람들이 혹 잘못인 줄을 알지 못하고 다른 사람의 할아버지나 아버지의 함자에 쓴 글자를 부르는 결례를 범하면 역시 갑자기 안색이 변하며 화를 내는 사람이 있는가 하면 혹자는 꺼

리는 것은 부당하다고 하는 사람도 있는데 휘라는 것을 왜곡하려 하니 어찌 그렇게도 비루한가? 그리하여서 다른 사람을 대할 때는 자세히 살펴서 그 사람의 할아버지나 아버지의 이름자에 쓰인 휘자를 범하지 말아야 옳으니라.

◎신주식(神主式)

⊙함중식(陷中式) *속 신주

家禮~~~~~故某官某公諱某字某第幾神主

便覽~~~~~故某官(無官則隨常時所稱如學生處士秀士別號之類粉面同)某公諱某字某(本有第幾二字而東俗不用ㅇ退溪曰今人生時無第幾之稱神主不用恐無不可)神主

⊙분면식(粉面式) *겉 신주

家禮~~~~~顯考某官封謚府君神主

便覽~~~~~顯(家禮圖用顯字而備要從之後倣此)考(承重云顯祖考旁親卑幼隨屬稱卑幼改顯爲亡)某官封謚府君(卑幼去府君二字)神主

⊙부인함중식(婦人陷中式)

家禮~~~~~故某封某氏諱某字某第幾神主

便覽~~~~~故某封(無封亦稱孺人此下或添某貫粉面同)某氏諱某(本有字某第幾四字而東俗不用)神主

⊙부인분면식(婦人粉面式)

家禮~~~~~顯妣某封某氏神主

便覽~~~~~顯妣(承重云顯祖妣妻云亡室旁親卑幼隨屬稱卑幼改顯爲亡ㅇ大全庶子之所生母稱亡母)某封某氏神主

尤菴曰婦人神主家禮無書貫之文不書爲當矣
우암 선생께서 이르시기를 부인 신주에 가례(家禮)식에서는 관향(貫鄕)을 쓰지 않았으니 쓰지 않는 것이 마땅하니라.

위와 같이 대체적으로 살펴 볼 때 남의 부모 이름자도 부르지 않는 것일진대 감히 내부모의 함자를 부를 수는 없는 것이며 신주식 중 분면식(粉面式)이 지방식이니 어느 분면식에도 휘자(諱字)를 쓰지 않았습니다. 지방(紙榜) 이나 축문 중 조상(祖上)의 표시는 초헌자(初獻者)와의 관계를 표시 하는 것으로 생전에도 칭호(稱號)로만 부르는 것인데 감히 작고하였다고 이름을 불러서야 되겠습니까? 그 휘자는 감히 자손의 이름자에도 쓸 수가 없는 것입니다. 지방이나 축문에는 조상의 휘자(諱字)를 쓰지 않는 것입니다.

●曲禮上卒哭乃諱禮不諱嫌名二名不偏諱逮事父母則諱王父母不逮事父母則不諱王父母君所無私諱大夫之所有公諱詩書不諱臨文不諱廟中不諱夫人之諱雖質君之前臣不諱也婦諱不出門大功小功不諱入竟(境)而問禁入國而問俗入門而問諱
●檀弓卒哭而諱生事畢而鬼事始已旣卒哭宰夫執木鐸以命于宮曰舍故而諱新自寢門至于庫門二名不偏諱夫子之母名徵在言在不稱徵言徵不稱在
●孟子盡心諱名不諱姓姓所同也名所獨也
●公羊傳閔公元年; 春秋爲尊者諱爲親者諱爲賢者諱

▶3784◀◈問; 합동제사에 대해.

저희 집안이 제사도 많은 데에다가 할머니 할아버지 제사가 3 일 차이밖에 나지 않아요. 그리고 이번 달에만 제사가 3 번 있어서요. 이번 년도부터 합제를 지내려고 하는데 어른 분들은 좀 못마땅하게 생각하셔서 여쭤 볼게 있어요. 제사 중 합제에 대해서 자세히 가르쳐주세요. 예로부터 내려온 예법이라던가 그런 것들을 자세히 좀 알려주세요. 부탁드릴께요. [이 0 선]

◈答; 합제에 대해.

말씀을 들어보니 아마도 대종손 집 같습니다. 대종손 집 같으면 4 대 봉사이니 적어도 8 위가 되지요. 지난 세월에는 종손 가에는 사당이 있어 정지삭참, 속절, 사시제(년중 4 회) 기제. 묘제 등등 많은 제사가 있었지요. 그러나 요즘은 사당봉사는 거의 가문에서 폐하고 정지삭참 뿐 아니라 속절 역시 정단과 추석 등 두 명일로 줄였으며 묘제는 친진(고조를 지난)묘에만 지내고 있지요. 다만 지금 온전히 남은 집 제사로는 기제뿐으로 기제는 그 조상이 작고한날을 자손의 도리로서 잊을 수가 없어 그날만은 제수를 벌려놓고 술을 권하여 드리고 슬픔을 표하는 날입니다. 까닭에 기제를 다른 날로 잡아 지낼 수가 없는 이유가 여기에 있는 것입니다.

아래의 예기 제의편의 뜻은 대개 이렀습니다.

군자는 종신의 상(喪)이 있다는 것이니 이는 기일(忌日)을 두고 이르는 말이니라. 기일 날에는 다른 일을 하지 않으며 옳지 않은 일은 하지 않는다 그 날의 뜻을 온전히 하여 감히 사사로운 일을 하지 아니하느니라. (註) 기일이란 친(親=부모)이 작고한 날이니라.

●祭義君子有終身之喪忌日之謂也忌日不用非不祥也言夫日志有所至而不敢盡其私也註忌日親之死日也不用不以此日爲他事也非不祥言非以死爲不祥而避之也夫日猶此日也志有所至者此心極於念親也
●朱子曰忌日只祭一位
●程氏祀先凡例祖考忌日則只祭祖考及祖妣祖妣忌日則只祭祖妣及祖考
●晦齋曰按文公家禮忌日止設一位程氏家禮忌日配祭考妣二家之禮不同盖止設一位禮之正也配祭考妣禮之本於人情者也
●退溪曰忌日幷祭考妣甚非禮也
●沙溪曰忌日幷祭考妣雖非朱子意我朝先賢嘗行之栗谷亦曰祭兩位於心爲安云
●愼獨齋曰幷祭爲當
●備要考妣並祭則列書考妣而遷易下又云某親諱日復臨云云

▶3785◀ ◈問; 합제에 관해 문의드립니다.

안녕하세요. 합제에 관해 문의 드립니다.

현재 저희 집안에서는 증조부모, 조부모, 부모님의 제사를 일정 날짜에 합제 형식으로 지내고 있습니다. 그런데 2 년 전 어머니가 돌아가셨습니다. 그래서 작년에는 봄에 합제를 올리고, 어머니의 제사를 기일에 맞춰 올렸습니다. 그런데 올해부터는 어머니의 제사를 별도로 지내지 않고 합제로 같이 올린다는 게 저희 집안의 생각입니다. 돌아 가신지 이제 2 년째인데, 합제로 올리는 게 좀 마음에 걸려서요. 요즘 합제가 유행처럼 번지고 있는데, 이렇게 합제를 올려도 괜찮은 것인지요? 아니면 집안의 의사와는 반대로 제가 별도로 기일에 맞춰 제사를 지내도 괜찮은 것인지요? 괜찮다면 별도의 의식이나 기타 참고할 사항이 있는지요? 답답한 마음에 문의 드립니다.

◈答; 합제에 관하여.

기제(忌祭)란 부모를 비롯 선대(先代)의 작고하신 날 지내드리는 제사를 의미하게 됩니다. 혹 같은 날 이기(二忌)가 든다면 선중후비(先重後卑)로 제사함이 법도상 옳습니다. 선대(先代)의 기일(忌日)이 아닌 날 지내드리는 제사로는 사시제(四時祭)가 있습니다. 사시제(四時祭)는 매 시절 중간달의 정일(丁日) 또는 해일(亥日)로 점(点)을 쳐 정하거나 분지(分至)날에 1 년에 4 회 지내드리는 제사로, 제사 중에 가장 重한 대제(大祭)입니다. 신작가님 가문의 제사 형식은 정일(定日)에 맞추어 제사하지 않을 뿐 사시제(四時祭) 류형에 가깝습니다. 기왕에 집안에서 지내는 제사는 기제(忌祭)가 아니니 신작가님의 모친(母親)만이라도 장자(長子) 댁에서 기일(忌日) 날 제사를 지내 드림이 바른 법도입니다.

※『參考』아래의 전거문은 년 일회 합동제사는 기제가 아닌 사시제 류형의 제사에 가깝고 기제는 死日에 장자가 정침에서 지내드리는 제사를 의미함을 장황하도록 제시한 전류 및 선유들의 말씀입니다.

●祭義祭不欲數數則煩煩則不敬祭不欲疏疏則怠怠則忘霜露旣降君子履之必有悽愴之心非其寒之謂也春雨露旣濡君子履之必有怵惕之心如將見之惟聖人爲能饗帝孝子爲能饗親饗者鄉也鄉之然後能饗焉

●曾子曰父母旣沒必求仁者之粟以祀之此之謂禮終

●公羊傳春曰祠夏曰礿秋曰嘗冬曰烝士不及玆四者則冬不裘夏不葛(註)四者四時祭士有公事不得及此四時祭者不敢美其衣服思念親之至也

●通典先王制禮依四時而祭者時移節變孝子感而思親故奉薦味以伸孝敬之心

●程子曰凡物知母而不知父走獸是也知父而不知祖飛鳥是也惟人則能知祖若不嚴於祭祀殆與鳥獸無異矣

●冠婚喪祭禮之大者今人都不理會豺獺皆知報本今士大夫家多忽此厚於奉養而薄於先祖甚不可也某嘗修六禮家必有廟廟必有主月朔必薦新時祭用仲月冬至祭始祖立春祭先祖季秋祭禰忌日遷主祭於正寢

●陳氏曰月朔一月之始四時天道之變冬至陽生之始立春物生之始季秋成物之始忌日親之死日君子於此必有悽愴怵惕之心故因之而行追遠之禮

●問祭起於聖人之制作以敎人否曰非也祭先本天性如豺有祭獺有祭鷹有祭皆是天性豈有人而不如鳥乎聖人因而裁成禮法以敎人耳

●朱子曰自天地言之只是一箇氣自一身言之我之氣卽祖先之氣亦只是一箇氣所以纔感必應

●問祖先非士人而子孫欲變其家風以禮祭之祖先不曉却如何曰公曉得祖先便曉得

●問祖宗是天地間一統氣因子孫祭享而聚散否曰這便是上蔡所謂若要有時便有若要無時便無皆由乎人矣鬼神是本有底物事祖宗亦只是同此一氣但有箇總腦處子孫這身在此祖宗之氣便在此他是有箇血脈貫通所以神不歆非類民不祀非族只爲這氣不相關如天子祭天地諸侯祭山川大夫祭五祀雖不是我祖宗然天子者天地之主諸侯者山川之主大夫者五祀之主我主得他氣又總統在我身上如此便有箇相關處

●祭祀之禮聖人所以追養繼孝本天性者也盖子孫之於祖考恩重矣親至矣形氣之相屬也血脈之相貫也居處之相接也笑語之相洽也飮食之相樂也一朝而沒焉則不忍謂已死無知遽然相忘是天理也人情也然則雖皐復而魂不返矣俄者飮食之親不忍遽絶其飮食餘閣之奠不能不象其生也雖永遷而魄已散矣昔者供養之親不忍遽廢其供養下室之饋不能不象其生也然而哀哭殺矣日月三年矣致生之亦不智矣乃徹饋奠而神之神之誠不忍也飮食供養不忍絶而自絶不忍廢而自廢神之誠不忍也然神也者天地之氣也天地之氣不死則祖考之神不死而子孫之氣得與之相感故朱子曰自天地言之只是一箇氣自一身言之我之氣卽祖考之氣亦只是一箇氣所以纔感必應然則子孫之氣存時祖考之氣未或不在矣所以宗廟以饗之是天理也人情也然其所饗之者豈眞如生人之居處笑語飮食爲肰惟在致吾之誠敬而已矣或疑其神之無形無聲而謂祭無益則直不誠不敬而已矣苟致吾之誠敬思其居處僾然見乎其位則親不如在乎思其笑語肅然聞乎其聲則親不如在乎思其所嗜依依然彷彿乎其飮食則親不如在乎孔子曰祭如在又曰洋洋乎如在其上如在其左右在乎孝子之誠敬而已矣

●祭統曰身致其誠信誠信之謂盡盡之謂敬敬盡然後可以事神明此祭之道也

●郊特牲曰祭豈知神之所饗也自盡其敬而已

●眞德秀曰愛慕之極儼乎其若存誠慤之極昭乎其有見敬則有不敬則無矣

●大全吳伯豐問太極圖義有云人物之始以氣化而生者也氣聚成形則形交氣感遂以形化而人物生生變化無窮是知人物在天地間其生生不窮者固理也其聚而生散而死者則氣也有是理則有是氣氣聚於此則其理亦命於此今所謂氣者旣已化而無有矣則所謂理者抑於何而寓耶然吾之此身卽祖考之遺體祖考之所具以爲祖考者盖具於我而未嘗亡也是其魂升魄降雖已化而無有然理之根於彼者旣無止息氣之具於我者復無間斷吾能致精竭誠而求之此氣旣純一而無所雜則此理自昭著而不可揜此其苗脈之較然可睹者也上蔡云三日齊七日戒求諸陰陽上下只是要集自家精神盖我之精神卽祖考之精神在我者旣集卽是祖考之來格也然古人於祭祀必立之尸其義精甚盖又是因祖考遺體以疑聚祖考之氣氣與質合則其散者庶乎復聚此敎之至也故曰神不歆非類民不祀非族云云曰所諭鬼神之說甚精密大我人之氣傳於子孫猶木之氣傳於實也此實之傳不泯則其生木雖枯毁無餘而氣之在此者猶自若也

●語類謨問聖人凡言鬼神皆只是以理之屈伸者言曰鬼神固是以理言然亦不可謂無氣所以先王祭祀或以燔燎或以鬱鬯以其有氣故以類求之耳陳後之問祖宗是天地間一箇統氣因子孫祭享而聚散否曰這便是上蔡所謂若要有時便有若要無時便無皆由乎人矣鬼神是本有底物事祖宗亦只是同此一氣但

有箇總腦處子孫這身在此祖宗之氣便在此他是有箇血脈貫通所以神不歆非類民不祀非族只爲這氣不相關如天子祭天地諸侯祭山川大夫祭五祀雖不是我祖宗然天子者天地之主諸侯者山川之主大夫者五祀之主我主得他氣又總統在我身上如此便有箇相關處

●汪德輔問祖考精神便是自家精神故齊戒祭祀則祖考來格若祭旁親及子亦是一氣猶可推也至於祭妻及外親則其精神非親之精神矣豈於此但以心感之而不以氣乎曰但所祭者其精神魂魄無不感通盖本從一源中流出初無間隔雖天地山川鬼神亦然

●問祖考之精神便是自家精神故祭之可以來格至於妻及外親則不知如何曰但所當祭者其精神魂魄無不感通蓋本皆從一原中流出初無問隔雖天地山川鬼神亦然也

●問祖考精神旣散必須三日齊七日戒求諸陽求諸陰方得他聚然其聚也倏然到得禱祀旣畢誠敬旣散則又忽然而散曰然

●問祭禮古今事體不同行之多窒礙如何曰有何難行但以誠敬爲主其他儀則隨家豐約如一羹一飯皆可自盡其誠

●南溪問今人祭禮雖號禮法之家各自異行至於一家有四宗而繼曾或繼祖之宗子欲一做家禮而行之獨繼高之宗子堅執先世所行及俗禮而不欲行或至繼曾以下亦然則繼禰小宗當只行古禮於其家耶抑從宗子而循俗耶尤庵曰所謂各自異行者有家禮五禮儀及要訣等書之不同故也當一從家禮而猶或有疑文然後補以他書則合於大一統之義而無此獘也然一家長上堅執先世所行而不至甚乖於禮則亦難直情徑行似當勉從若其甚不可行者則亦當盡吾誠敬宛轉開悟而已此外更無善處之道也

●問凡時享生辰忌墓等祭擧廢隆殺之節及饌品酌定之規若一一依此行之則固善矣但累代傳習之規率然改定不無專輒之慮以改定之意措辭先告于祠堂而後次第行之似或得宜南溪曰前日所行者乃時俗仍習之禮也今此所定乃家禮當行之事自不相同以朱子所謂子孫曉得祖先便曉得之意推之似亦不必申告但若累代承祀之家事體稍異雖告祝而行之亦可矣

●問尸童之童字沙溪曰曾子問可攷然禮周公祭泰山以召公爲尸則不必童明矣

●曾子問孔子曰祭成喪者必有尸尸必以孫孫幼則使人抱之無孫則取於同姓可也

●尤庵曰祭不用尸朱子曰一處說有男尸有女尸亦不知廢於甚時又曰主人獻尸尸酢主人開元禮猶如此不知甚時因甚事後廢了到本朝都把這搽禮數併省了據此數說則至唐時猶有尸至宋時而永廢之也

●祭義君子有終身之喪忌日之謂也註忌日親死之日也疏孝子終身念親不忘忌日非謂此日不善別有禁忌謂孝子志意有所至極思念親不敢盡其私情而營求他事故不擧也

●周禮春官宗伯禮官之職小史條掌邦國之志奠繫世辨昭穆若有事則詔王之忌諱註鄭司農云先王死日爲忌名謂諱

●明齋曰凡喪復後始發喪其前則雖已氣絶猶有復生之望不可便以爲已死也以此意推之則似當以招魂日爲忌日矣

●性理大全忌祭編○厥明夙興設蔬果酒饌○質明主人以下變服詣祠堂封神主出就正寢

●禮器質明而始行事疏質正也謂正明之時少牢禮朝明行事註朝明質明也此乃周禮也

●南溪曰質明卽大昕指日未出時也

●尤庵曰行祭早晩太早不可太晩亦不可惟當以質明爲正

●文獻通考宗廟考六祭祀時享(薦新); 其祭貴肺用朝及闇陳氏禮書曰祭義曰夏后氏祭其闇商人祭其陽周人祭日以朝及闇

●檀弓夏后氏大事用昏商人大事用日中周人大事用日出

●禮器質明而始行事疏質正也謂正明之時少牢禮朝明行事註朝明質明也此乃周禮也

●陳氏曰子路祭於季氏質明而始行事寧早則雖未明之時祭之可也

●咸興本宮儀式奏啓條本宮淸齋爲白遣初六日子時行祭是白如乎○本宮十一日子時行告由祭後陪香祝進詣定陵淸齋十三日子時攝行酌獻禮是白如乎

●日省錄十八日子時行祭天氣淸和享事利成獻官以下(云云)

●朱子曰忌日只祭一位

●程氏祀先凡例祖考忌日則只祭祖考及祖妣祖妣忌日則只祭祖妣及祖考

●奉先雜儀按文公家禮忌日止設一位程氏祭禮忌日配祭考妣二家之禮不同盖止設一位禮之正也配祭考妣禮之本於情者也

●晦齋曰按文公家禮忌日止設一位程氏家禮忌日配祭考妣二家之禮不同盖止設一位禮之正也配祭考妣禮之本於人情者也

●退溪曰忌日幷祭考妣甚非禮也
●沙溪曰忌日幷祭考妣雖非朱子意我朝先賢嘗行之栗谷亦曰祭兩位於心爲安云
●愼獨齋曰幷祭爲當
●備要考妣並祭則列書考妣而遷易下又云某親諱日復臨云云
●曲禮支子不祭祭必告于宗子(註)不敢自專宗子有故支子當攝而祭五宗皆然疏廟在適子之家庶子不敢輒祭若濫祭亦是淫祀若宗子有疾不堪當祭則庶子代攝可也猶宜告宗子然後祭
●公羊傳何休曰適子有孫而死質家親親先立弟文家尊尊先立孫
●溫公曰凡主人當以長子爲之無長子則長孫承重
●喪服小記庶子不祭禰者明其宗也(註)庶子不得立禰廟故不得祭禰所以然者明主祭在宗子廟必在宗子之家也
●家禮初終立喪主條凡主人謂長子無則長孫承重奉饋奠
●內則庶子若富則具二牲獻其賢者於宗子夫婦皆齊而宗敬焉終事而后敢私祭
●尤庵曰祭主人有故則所攝之中如有尊行則子弟以不敢爲攝主矣然代者是尊行則使字未安故俗禮改云孝子某有故代叔父或兄

▶3786◀◈問; 합제에 관한 질문.

선생님 안녕하십니까? 질문이 있어 메일 보냅니다. 답해주시면 감사하겠습니다.

이 유; 제가 부모님 제사를 모시고 형님이 조부모님 제사를 모시고 있는데 형님께서 갑자기 조부모님 제사를 모시지 못할 이유(국외여행, 수년간; 형수는 친정에 거주예정)가 발생하여 제가 갑자기 모셔야 할 형편이 되었습니다만 저희도 형편이 어려운 상황(직업상 주말도 아닌 월말부부) 입니다.

질 문; 1. 조모 두 분과 조부 한 분 모두 3번의 기일을 조부 기일 날 한날에 합제하고 부모님도 부친 기일 날에 합제하고 싶은데 가능한 일 인진요?

2. 가능하다면 두 가지 경우에 축문은 어떻게 씁니까? (가능하다면 이번 추석 때 고하면 되는지요)

3. 명절에는 조부모님을 위한 별도의 축문 없이 지방을 써서 이번 추석 때부터 모시면 되는지요?

선생님 바쁘신데 너무 긴 질문을 드려 죄송합니다. 답변 주시면 감사하겠습니다. 건강하시고, 안녕히 계십시오.

◈答; 합제에 관하여.

귀하가 차손임에도 불구 하고 선대 신위를 모셔야만 하는 이유를 살펴보니 차선책이란 예법상 크게 어그러지나 그 이상은 없는 것 같습니다.

선대 봉사란 그 분들의 수고로움이 있었기에 생활에 희비는 있을지언정 자신이 이 자리에 있음을 잊지 못하여 최소한 공경의 뜻을 표 하는 것이기 때문에 백사 제피하고 봉제사를 하는 것입니다. 지자(支子)는 부모를 비롯 선대 제사를 지내지 못합니다.

●奔喪凡喪父在父爲主(註)父在而子有妻子之喪則父主之統於尊也
●溫公曰凡主人當以長子爲之無長子則長孫承重又曰父沒兄弟同居各主其喪(注)各爲妻子之喪爲主也
●曲禮支子不祭祭必告于宗子(註)不敢自專宗子有故支子當攝而祭五宗皆然疏廟在適子之家庶子不敢輒祭若濫祭亦是淫祀若宗子有疾不堪當祭則庶子代攝可也猶宜告宗子然後祭

問 1. 答; 기일(忌日)이란 의미는 작고하신 날이란 뜻입니다. 그렇기 때문에 기일 제는 작고하신 날 아침 일찍 지냈으나 간절하여 그 시간을 참지 못하고 첫새벽 자시에 지내고 있는 것입니다. 물론 가문(家門)의 법도가 고비(考妣) 합제(合祭)의 가속이면 고위 기일 날 비위도 합제를 하는 것이며, 비위 기일(忌日) 날 고위 역시 합제(合祭)를 합니다. 만약 고위 기일 날 합제를 하였다 하여 비위 기일 날 궐사를 한다면 그것은 비(妣)를 잊은 것이 되는 것입니다. 그 이유는 위와 같아서 일뿐만 아니라 다음의 축문(祝文)을 보시면 확고히 이해 되리라 생각 됩니다.

◎합제 기일 축문식

⊙考忌日祭祝式(고기일제축식)

前文常禮同 顯某考諱日復臨 下常禮同

⊙妣忌日祭祝式(비기일제축식)

前常禮同顯某妣諱日復臨後同

●祭義註忌日親死之日也疏孝子終身念親不忘忌日非謂此日不善別有禁忌謂孝子志意有所至極思念親不敢盡其私情而營求他事故不擧也
●朱子曰忌日只祭一位
●程氏祀先凡例祖考忌日則只祭祖考及祖妣祖妣忌日則只祭祖妣及祖考
●晦齋曰按文公家禮忌日止設一位程氏家禮忌日配祭考妣二家之禮不同盖止設一位禮之正也配祭考妣禮之本於人情者也
●退溪曰忌日幷祭考妣甚非禮也
●愼獨齋曰幷祭爲當
●備要考妣並祭則列書考妣而遷易下又云某親諱日復臨云云
●陶庵曰只設一位禮之正也盖忌日乃喪之餘値其親死之日當思是日不諱之親而祭於其位不宜援及他位只祭所祭之位而不爲配祭非博於所配祭以哀在於所爲祭者故耳然則當以只祭一位爲正考妣幷祭雖有先儒之說恐不可從
●朽淺曰凡忌祭當忌之位
●旅軒曰忌祭人多幷祭考妣甚非禮也
●愚伏曰不敢援尊固有所本於理亦精然幷祭亦何不可
●奉先雜儀文公家禮忌日止設一位程氏祭禮忌日配考妣二家之禮不同蓋止設一位禮之正也配祭考妣禮之本於人情者也
●栗谷曰忌祭則設所祭一位具饌但具一分若幷祭考妣則具二分
●牛溪曰程子俱祭考妣鄙人則用程禮
●尤庵曰吾家設考妣兩位雖知其不當而行之已久不能改也
●沙溪曰忌日幷祭考妣雖非朱子意我朝先賢嘗行之栗谷亦曰祭兩位於心爲安云援尊之嫌恐不必避也

問 2. 答; 선인들께서는 순리를 따르도록 가르침일 뿐이며, 본인 역시 작축 할 수가 없으니 양해 하여 주시기 바랍니다.

●喪服小記庶子不祭禰者明其宗也(註)庶子不得立禰廟故不得祭禰所以然者明主祭在宗子廟必在宗子之家也庶子雖貴止得供具牲物而宗子主其禮也○(又)喪服小記庶子不祭祖者明其宗也(註)此據適士立二廟祭禰及祖今兄弟二人一適一庶而俱爲適士其適子之爲適士者固祭祖及禰矣其庶子雖適士止得立禰廟不得立祖廟而祭祖者明其宗有所在也

問 3. 答; 신주의 이동은 고함 없이는 함부로 옮길 수가 없습니다. 옮기는 날 그 댁에서 옮기는 사연을 고하고 집에 와서 위안을 하여야 하는데 쉽게 풀어 고하십시오. 물론 적손이 이미 출경을 하였다면 귀하가 섭행으로 추석의 예를 갖춰야 되겠지요. 이하는 질문 2 의 답과 같습니다.

●曾子問孔子曰宗子居於他國庶子爲大夫其祭也祝曰孝子某使介子某執其常事

祝式; 越境時: 孝子某使介子某執其常事敢昭告于(云云)

▶3787◀◈問; 합제전(合祭前) 축문(祝文) 부탁 드립니다.

感謝 합니다 모르고 있던 內用 배우고 익혔습니다 그러나 제 수준으로는 너무 어려워서 그래도 앞으로 시간(時間) 있을 때마다 들어와서 배우겠습니다. 현실적(現實的)으로 부당(不當)한 줄 알면서도 감히 부탁 드립니다. 다름이 아니옵고 형님께서 돌아가시고 조카가 조부모(祖父母)님 부모(父母)님 제사(祭祀)를 모시고 있는데 여건상 어려워 조부모(祖父母)님과 부모(父母)님 제사(祭祀)를 함께 모시고자 합니다.

사전(事前)에 각각(各各) 고(告)하는 축문(祝文)과 이후(以後) 기일(忌日)에 고(告)하는 축문서식(祝文書式)을 감히 정중하게 부탁 드립니다. 그리고 합제전(合祭前)에 고(告)할 때 묘전(墓前)에서 고(告)해야 하는지 기일(忌日)에 고(告)하여야 하는지도 자세하게 알려주시면 진심(眞心)으로 감사(感謝) 드리겠습니다. 부탁 드리옵니다 안녕(安寧)히 계십시오.

◈答; 합제전(合祭前) 축문(祝文)은 없습니다.

여기는 유가의 전통예절(관혼상제) 예법을 왜곡되지 않은 원문대로 널리 알리고자 기획 고시한 홈피입니다.

설과 추석 명절을 하루에 합하여 제사할 수 없듯이 기제를 합하여 하루에 지내고 말 수가 없는 것입니다. 기제란 죽은 날 지내는 제사란 뜻으로 부모가 작고한 날을 해마다 당하게 되면 그날의 슬픔을 자식 된 도리로서 잊지 못하고 주식(酒食)을 차려 올리고 헌작하며 세서천역(歲序遷易) 휘일부림(諱日復臨)이라 고하며 눈물을 줄줄 흘리며 곡하는 법입니다. 기제가 이러할 진대 소위 전통예절 운운하는 자가 예법에 어그러진 말씀에 부화뇌동할 수가 있겠습니까. 미안합니다.

●祭義註忌日親死之日也疏孝子終身念親不忘忌日非謂此日不善別有禁忌謂孝子志意有所至極思念親不敢盡其私情而營求他事故不擧也

▶3788◀◈問; 향로 위에서 잔을 돌릴 때.

향로 위에서 잔을 돌릴 때 방향이 어떻게 되는지 궁금합니다. 시계방향 인지 아니면 반 시계 방향인지 그리고 그 이유를 알고 싶습니다.

◈答; 향로 위에서 잔을 돌리지 않음.

술잔을 향 연기에 쬐는 예는 고 예서에서는 보지 못한 예입니다. 제일(祭日)을 점을 칠 때 배교를 향에 쬐는 예는 있습니다. 다만 속례로 정결히 하여 올려드리기 위함 같습니다.

●性理大全初獻條主人升詣高祖位前執事者一人執酒注立于其右主人搢笏奉高祖考盤盞位前東向立執事者西向斟酒于盞主人奉之奠于故處(云云)執事者二人奉高祖考妣盤盞立于主人之左右主人搢笏跪執事者亦跪主人受高祖考盤盞右手取盞祭之茅上以盤盞授執事者反之故處受高祖妣盤盞亦如之

▶3789◀◈問; 헌관 순서.

감사 합니다. 기제사시 헌관 순서에 대하여 여쭙고 싶습니다. 견해들을 달리 하는 이들이 많아서 정립하고 싶습니다.

장자, 차자, 장손, 사위, 동생, 조카 가 있을 시 제가 알기로는 장자, 차자, 장손, 동생, 조카, 사위로 알고 있는데 장자, 차자, 장손, 동생, 사위, 조카로 말하는 분이 있고, 장자, 차자, 장손, 사위, 동생, 조카로 말하는 분이 있습니다. 기제사 참석은 당연하게 사위도 참석습니다. 참고로 주부는 참석 하지 않는 집안 입니다. 고견을 부탁 드립니다. *0 제*

◈答; 헌관 순서.

⊙初獻(초헌)

主人升詣高祖位前執事者一人執酒注立于其右(冬月卽先煖之)主人搢笏奉高祖考盤盞位前東向立執事者西向斟酒于盞主人奉之奠于故處次奉高祖妣盤盞亦如之(便覽執事者反注故處)出笏位前北向立執事者二人奉高祖考妣盤盞立于主人之左右主人搢笏跪執事者亦跪主人受高祖考盤盞(便覽左手執盤)

右手取盞祭(便覽三祭之○要訣少傾)之茅上(增解要訣少傾酒○按虞祭云三祭于茅束上)以盤盞授執事者反之故處受高祖妣盤盞亦如之出笏俛伏興少退立執事者炙肝于爐(輯覽按士昏禮贊以肝從註飮酒宜有肴以安之以此觀之祭用肝炙象生時之用歟○退溪曰炙字有二音肉之方燔之石切親炙熏炙皆從是音已燔之夜切膾炙嗜秦人之炙皆從是音)以楪盛之兄弟之長一人奉之奠于高祖考妣前匙筯之南(備要啓飯蓋置其南降復位)祝取版立於主人之左(便覽東向)跪(儀節主人以下皆跪)讀曰(云云)畢興(便覽置板於卓上降復位)主人再拜退

⊙亞終獻不使諸父(아종헌불사제부)

問亞終獻不許諸父諸兄爲之或欲自爲亞終獻則似不可倒使尊長爲亞終獻之意申告强止否退溪曰亞終獻不使諸父應有其意不可考然以情理言之廟中以有事爲榮況諸父之於祖考非衆子弟之比終祭無一事豈非欠缺耶若諸兄則其所云兄弟之長卽諸兄也非不使爲獻也申告强止恐不近情○要訣若主婦有故則諸父若兄弟中最尊者爲之○南溪曰家禮不許諸父爲亞終獻蓋爲叔父於主人爲尊行也然尊家只有叔姪兩人行祀何可拘於常禮而不爲之變通乎鄙意迭行諸獻無不可者○韓魏公祭式如皆不足則主祭者自行三獻

⊙子弟適孫終獻(자제적손종헌)

朱子曰祭只三獻主人初獻適子或主婦亞獻庶子弟或適孫終獻親賓終獻

問所謂親賓親戚中爲賓者歟昔同春喪虞祭李執義翔爲終獻此旣非親戚則凡祭非親戚而亦可爲終獻矣此於祖先旣非裔屬於主人又非尊行其參祀已無意義況可以終獻耶尤菴曰親賓謂所親之賓客也古者必筮賓而祭者或以賢或以爵皆所以重其事也非裔屬非尊行似不當論○親賓與祭今之知禮之家例行之○南溪曰祭禮用親賓古禮也家禮因之然至於時祭乃堂室之事雖與主人有厚分其與婦人並爲行禮於至近之地恐是古今異宜處若非姑姊妹夫一家之親則似難泛行

위와 같이 살펴 보건대 주부자께서 분명하게 밝혀놓으셨으니 이를 따름이 바른 예법에 맞을 것 같습니다. 사위는 객(客)의 예로 대함이니 본족(本族)이 우선입니다.

●朱子家禮昏禮壻見婦之父母; 本註婦父迎送揖讓如客禮拜卽跪而扶之

▶3790◀◈問; 헌관(獻官)에 대한 예입니다.

안녕하십니까. 질제(姪弟)가 주인으로 초헌(初獻)을 하였을 때 제관이 부족하면 숙항(叔行)이나 형(兄)벌이 아종헌(亞終獻)을 하여도 되는지요.

◈答; 獻官에 대한 예입니다.

아래와 같이 살펴보건대 비자(卑者)가 초헌(初獻)을 하게 되면 존자(尊者)나 제형(諸兄)은 아종헌관(亞終獻官)이 되지 않고 주부(主婦) 또는 제제자질(諸弟子姪) 또는 친빈(親賓)이 아종헌(亞終獻)을 하거나 그도 없으면 주인(主人) 스스로 삼헌(三獻)을 한다는 것입니다.

●蘇齋曰初獻子弟行則諸父諸兄爲亞終獻似未安故或云主人再行或主婦或弟姪親賓爲之
●愚伏曰卑者爲初獻尊者不可爲亞獻寒岡嘗有此見以問於退溪退溪以爲不然今當從退溪之說

▶3791◀◈問; 헌관이 향을 피우는 시기와 갯수가 정해져있는지요?

안녕하세요. 빠른 답변에 감사하게 공부하고 있습니다.

1. 제례 시에 초헌관이 언제 향을 피워야 하나요?
2. 향은 몇 개를 피워야 하나요?
3. 아헌관이나 종헌관도 향을 피울 수 있나요?
4. 상가 집의 조문 시 향을 피우는 예법은 어떻게 되나요?

◈答; 헌관이 향을 피우는 시기와 갯수가 정해져있는지요.

問 1. 答; 신주제(神主祭)에서는 참신(參神) 다음 강신(降神) 때 선분향(先焚香) 후뢰주(後酹

酒)를 하고 지방 기제에서는 선강후참(先降後參)이라 먼저 분향을 하게 됩니다.

問 2. 答; 선향(線香)은 원래가 유가(儒家)에서 사용하는 향(香)이 아닙니다. 옛날에는 쑥등 연기에서 냄새가 나는 재료를 썼으나 근세(近世)에는 향나무를 잘게 깎아 향로(香爐)에 집어 넣어 연기를 냅니다.

다만 요즘은 구하기 쉬운 선향을 주로 사용하는데 국례에서는 삼상향이라서 인지는 알지 못하나 세개를 피워 꽂아 세우고 있는 것도 같으나 법도에 있어서가 아니라 민례로 보아야 할 것입니다.

問 3. 答; 분향하는 이유는 제사를 지내기 시작할 때 신이 가신 곳을 모르니 주인(초헌관)이 신을 찾아 모시는 행위로 향연이 공중으로 널리 퍼져 그 연기를 따라 신이 위로 강림하시게 하는 예로서 한번 신을 모셨으면 다음에는 또 다시 강신례가 없습니다.

問 4. 答; 조문 시 영좌전곡진애재배분향(靈座前哭盡哀再拜焚香)이라 하여 조자(弔者)는 먼저 곡을 슬피하고 분향을 합니다.

●忌祭儀禮節次; 序立(主人主婦及弟婦子姪凡當所出者皆在)○參神○鞠躬拜興拜興拜興拜興平身○降神○盥洗○詣香案前○跪○上香○酹酒(以下旁注皆與時祭同)○俯伏興拜興拜興平身○進饌○初獻禮○詣考妣神位前○跪○祭酒○奠酒○祭酒○奠酒○俯伏興平身○詣讀祝位○跪(主人以下皆跪)○讀祝(若考妣及祖考妣近死則讀祝後加)○擧哀○哀止(非考妣及祖考妣遠死則否)○俯伏興○鞠躬拜興拜興平身○復位○奉饌○亞獻禮○盥洗○詣考妣神位前○跪祭酒○奠酒○祭酒○奠酒○俯伏興平身○復位○奉饌○終獻禮○盥洗○詣考妣神位前○跪○祭酒○奠酒○祭酒○奠酒○俯伏興平身○奉饌○侑食○鞠躬拜興拜興平身○復位○闔門○祝噫歆○啓門○主人以下復位○獻茶(主人立于東階上西向)○告利成(祝立于西階上東向)○曰利成○復位○鞠躬拜興拜興平身○辭

●司馬氏書儀焚香當爇蕭

●丘氏曰焚蘭芷蕭茇之類

●國朝五禮儀三上香

●郊特牲註蕭香蒿也取此蒿及牲之脂膋合黍稷而燒之使其氣旁達於墻屋之間是以臭而求諸陽也

●溫公曰古之祭者不知神之所在故灌用鬱鬯臭陰達于淵泉蕭合黍稷臭陽達于墻屋所以廣求神也

●隋書禮志禮儀一; 梁天監四年何佟之議云南郊明堂用沉香北郊用上和香

●文獻通考宋詔聖元年; 曾旼言周人以氣臭事神近世易之以香宋時朝享景靈宮儀始稱三上香而

●元史祭祀志; 宗廟祭享儀有傳香祝及三上香文盖用香之禮始見於梁而自宋用於別廟自元用於宗廟也

●敬甫問家禮后土祠無焚香一節其意必非偶然盖焚香求神於陽也灌地求神於陰也后土地神故只求之於陰而不求之於陽義似如此而備要祠后土具有香爐香盒何歟沙溪答曰考家禮不言上香只酹酒無乃有意邪儀節及家禮正衡皆有上香之禮故備要因之未知是否

●家禮成服弔奠賻入哭奠訖乃弔而退條(云云)靈座前哭盡哀再拜焚香跪酹茶酒俛伏興(云云)

●儀節成服弔奠賻凡弔皆素服(儀節)弔者至護喪先入白主人以下各服其服就位哭以待弔者至向靈座前立擧哀哀止靈座前上香再拜

▶3792◀◈問; 헌작 순위.

세일사에서 외빈에게 아헌 또는 종헌을 맡게 하는 경우 어느 쪽이 상위(높은 대우)라고 보아야 하며 그 이유를 알고 싶습니다

◈答; 헌작 순위.

묘제(墓祭)의 헌관(獻官)으로 아헌종헌관(亞獻終獻官)은 "병이자제친붕천지(並以子弟親朋薦之)"라 하였으니 형편에 따라 빈(賓)이 아종헌관(亞獻終獻官)이 될 수도 있습니다. 초헌관(初獻官)은 주인(主人)이 되고 아헌관(亞獻官)은 존비(尊卑) 순서(順序)로 버금이 되고 종헌관(終獻官)을 끝이 되니 아헌관(亞獻官)이 상위(上位)가 됩니다. 이유는 위차(位次)로 아헌관(亞獻官)은 주인(主人)의 다음이니 그렇습니다.

●性理大全祭禮四時祭; 初獻主人 亞獻主婦爲之 終獻兄弟之長或長男或親賓爲之○又 墓祭; 初獻如家祭之儀 亞獻終獻並以子弟親朋薦之
●儀禮士虞禮; 俎人設于豆東魚亞之(鄭玄注)亞次也
●詩經大雅蕩章; 靡不有初鮮克有終(註)終爲事物的結局
●周易繫辭下傳; 易之爲書也原始要終以爲質也

▶3793◀◈問; 현대식 기제는?

현대식 기제 즉 기일로 알고 있는데 집안에서 모시는 조상님은 아버님 할아버님만 모십니다. 그렇다면 증조부 고조부는 묘제(시제)로 옮겨가는 것인가요? 묘제(시제)에는 5 대조이상 분을 모시는데 위분들 제가 끝나면 다음으로 고조부 그리고 증조부 순서인가요?

◈答; 현대식 기제는.

사대 봉제사라 하여 고조 부모까지 기제사를 지내는 것입니다. 귀하의 댁에서 2 대 봉사는 소종가로서 분파된 연유일 것이며 대종가에서 고조 증조를 받들고 있을 것입니다. 시조와 고조 이하를 받드는 댁을 소위 대종가라 하며 그를 대종손이라 하고 증조 이하를 받드는 종가와 조부 이하를 받드는 종가와 친고만 받드는 종가는 소종이라 합니다.

묘제(墓祭)는 고조(高祖) 이하의 묘제와 오대조(五代祖)이상 시조아래 까지의 묘제가 있습니다. 고조 이하의 묘제는 기제를 받들며 봉행하는 조상이며 오대 이상 시조 까지는 지금은 세 일제로 묘소에서만 제사를 지내는 조상들 입니다. 고조부가 세일제인 묘제로 오대조가 되려면 그의 자손 중에 현손(玄孫)이 모두 죽어 오대손만 있을 때 그때라야 세일제가 되는 조상이 되는 것입니다.

⊙체천(遞遷)의 법도.

현손(玄孫)이 죽어 그의 적자(嫡子)에게 친진조(親盡祖)(오대조(五代祖))가 되면 그의 현손이내(玄孫以內) 후손(後孫)이 생존(生存)하여 있으면 그 중 최장방(最長房)으로 옮겨 그 대에 맞게 개제(改題)하여 그가 봉사하다 그도 죽으면 차장방(次長房) 또 그도 죽으면 다음 이렇게 봉사하다 그의 현손대가 대진(代盡)되면 그때 그 신주(神主)를 묘소로 옮겨 매안(埋安)하게 됩니다. 만약 현손까지 사대독자라면 현손의 형제도 없으니 그가 죽으면 그의 후손으로서는 친진이 되었으니 묘소에 매안하게 됩니다.

●家禮族人有親未盡者遷于最長之房使主其祭
●備要祔位之主本位遞遷則埋于墓所
●沙溪曰最長房之義朱子以爲古人屢世同居一門之內子孫各有私房若有親之主而族人有親未盡者則遷于其中最長者之房以祭之○又曰最長房之子雖未親盡門中又有諸父諸兄則當遷奉於其房耶沙溪曰然○又曰最長房有庶曾孫嫡玄孫則庶曾孫當奉祀若貧賤不可以奉祀嫡玄孫奉祀無妨○又曰最長房不能祧主則宗子姑安於別室以最長房之名改題旁註宗子攝行○又曰最長房死不待三年遞遷以三年廢祭有所未安故也○又曰父歿母在亦祧退溪曰父喪畢藏主別處以待他日與妣同入廟始行祧遷未爲得禮之正尤菴曰親盡祧遷當以奉祀孫世代計之雖祖曾祖母生存亦不可不遷○又曰非大宗高曾二祖親雖未盡當遷於長房
●陶菴曰庶孼房題只稱玄孫而祝辭自稱爲庶恐得之矣○又曰正位遞遷後祔主當埋安同春曰祔位於最長房亦是至親則幷奉以祭亦似爲安南溪曰班祔之位終兄弟之孫
●尤菴曰祧主改題自是遷奉者之事非舊主人之所當與也旣遷之後當有酒果告由之禮其時改題似宜矣○又曰宗孫死則祧位吉祭時當遞遷最長房死則葬後遷奉于次長房
●東岩曰大戴禮遷廟事畢擇日而祭註所以安神當依此擇日盛祭

▶3794◀◈問; 현(顯)자 중에서.

顯자에서 頁을 떼어내고 남는 자 중에 日자를 또 떼어내고 맨 아래 남는 글자가 火자 인지요?

◈答; 顯자 중에서.

질문의 요지가 현(顯)을 파자(破字)한 현(㬎)자를 또 파자(破字)하여 일(日)(초두(++頭)없는) 자화(茲灬)로 갈라지는데 맨 아래 이"灬(火)"자가 화자인가? 라는 질문으로 이해하고 다음과 같이 답으로 대합니다.

현(縣)을 파자(破字)하면 현(㬎) 혈(頁)로 분리가 되고 㬎字를 또 破字하면 日字와 日字 없는 㬎자가 남는데 설문해자(說文解字)에서 현자(㬎字)는 햇빛 속에서 실을 본다는 의미라 하였으니 별개인 화(灬)가 아니라 사(絲)자의 소소(小小)에서 곤곤(丨丨)을 약(略)한 사자(絲字)로 이해되어야 합니다.

⊙㬎(현);

1).【日中視絲】햇빛 속에서 실을 본다.
2). 篆字 역시 日(下)絲字임.

●康熙字典頁部十四畫[顯]古文[㬎]音蜆○日部十畫[㬎] [說文]作日(下)絲微杪也从【日中視絲】古文以爲顯字或曰衆口貌讀若唫唫

●說文解字注日部[㬎](篆字)日(下)絲 衆微杪也从【日中視絲】此九字[廣韻]作衆明也微妙也从日中視絲十一字疑當作衆明也从日中見絲絲彳無微眇也彳無微者今之微字眇者今之妙字

▶3795◀◈問; 형님의 지방 쓸 때.

안녕하십니까. 올해부터 형님의 기제사를 제가 모시게 되었습니다. 형님의 경우 지방 쓰는 방법이 궁금해서요. 꼭 부탁 드립니다.

◈答; 형님의 지방 쓸 때.

1). 귀하의 형님이 장형이라면 그 부친이 주인이 되여 그 속 칭으로 지방을 써야 하며.

2). 만약 부친 역시 작고 하였고 장형(적자)이 혼인치 않고 죽었으면 차 자가 입적 하여 적자로 되여 그 속칭으로 지방을 써야 하며.

3). 결혼을 하고 후손 없이 죽었으면 입후 하여야 하며 그 동안은 그의 처 속칭으로 지방을 쓰고.

4). 그의 후손은 있으나 어리면 귀하가 섭주 하여 제사를 주관 하여야 합니다.

1). 부친 생존 시 지방
亡子某官神位

2). 소년 죽엄 시 지방
顯兄某官府君神位

3). 무자로 처가 있을 시 지방
顯辟某官府君神位

4). 그의 자손이 유아일 시 섭주 지방
顯考某官府君神位

4, 번 일 시는 축문에는 귀하의 속칭으로 쓰되 섭주 연유를 다음과 같이 써 고하면 될 것 같습니다.

前略孝子某幼未將事弟某攝事敢昭告于顯兄云云

모관에는 생시 관직의 품계 명을 쓰되 만약 관직이 없었으면 學生(학생)이라 쓰면 될 것입니다. 기타 연유일 시는 (2) 번과 같이 쓰면 됩니다.

▶3796◀◈問; 형님 제사.

저희 형님 첫 제사가 다가옵니다. 어떻게 해야 할지 몰라 도움 청합니다. 형님은 결혼하셨고, 자식은 없고, 형수님은 연락 두절 상태에 제사 날은 다가 옵니다. 저는 둘째이니 앞으로 집안 제사를 제가 가져와야 될 것 같습니다. 근데 형님 제사는 어떻게 해야 할지 모르겠습니다. 형수가 제사가 안 모시면 형님제사는 제 동생이 가져가야 한다고도 하던데 궁금증 해결 부탁 드립니다.

◈答; 형님 제사.

본 게시판 1052 의 근거와 같이 지자손으로서는 부모나 위 조상(祖上)의 기제사를 받들 수가 없는 것 같습니다. 다만 귀하가 차자로서 후사가 있다면 전통예법에서는 강보에 싸인 유아라 하여도 종가로 입적하여 그로 하여금 종묘를 받들게 해야 바른 예법입니다. 다만 그가 예를 집행할 수 있을 때까지 귀하가 대행하여 초헌을 하여 예를 집행할 수 있는 예법이 있습니다. 예를 능히 행할 수 있다면 입적하여 귀하의 형님은 그의 부가 되고 생부는 숙부가 됩니다.

●通典漢石渠議大宗無後族無庶子己有一嫡子當絶父祀以後大宗否戴聖云大宗不可絶言嫡子不爲候者不得先庶耳族無庶子則當絶父以後大宗
●退溪曰長子無子次子之子承重應指嫡子孫而言雖有妾産恐未可遽代承也○又長子死無子雖有長婦與叔父季子當攝主云未立後不得已權以季爲攝主又曰其攝主之意當告於攝行之初祭其後則年月日下只云攝祀子某
●問解問長子無後而死不立後次子死而有子又季子生存則誰當奉祀耶答次子之子當奉祀
●問長孫盲廢命次孫承重其後盲廢者娶妻生子其家宗祀當歸何處南溪曰祖父以權宜命次孫承重非其本意也今長孫生子則理當還使主宗兄弟相議以此意告祖父祠堂而行之恐當

▶3797◀◈問; 형님 제사.

답변 감사합니다. 그럼 형수님이 제사를 모시지 않으면 어떻게 해야 하는지요?

호적엔 올라져 있지만 자식도 없고 하니 남남처럼 살려는 의도를 보이더라고요. 제 아들을 종가에 입적 하지 않으면 형님은 물론 저의 부모님 제사도 모실 수 없다는 말씀이신지요?

바쁘시더라도 좀 더 상세한 답변을 부탁 드립니다.

◈答; 형님 제사.

본 페이지는 전통 예법에 관한 사이트 입니다.

위에 열거한 내용은 전통 예법에서 적자손이 사망 하였을 때 종묘사직 승계 받는 규범입니다. 온 천지 만물과 매사에는 일정한 질서가 있어 유지 되는 바로 이에도 적장자 승계 원칙이라는 질서가 있는 것입니다. 본 운영자는 전통예법의 범위 내에서 답변할 수 밖에 없음을 이해 하여 주기 바랍니다. 다만 지성이면 감천이라는 속담을 음미하기 바랍니다. 아들을 형님에게로 입적하여 대를 이어 주기 바랍니다.

●儀禮疏曰適子不得後他故取支子又曰小宗適子亦當立後
●通典漢石渠議戴聖曰大宗無後族無庶子已有一適子當絶父祀以後大宗
●喪服傳何如而可爲之后同宗則可爲之后何如而可以爲人后支子可也疏支子可也者他家適子自爲小宗小宗當收斂五服之內亦不可闕則適子不得後他故取支子○又曰爲人後者孰後後大宗也曷爲後大宗大宗者尊之統也大宗者收族者也不可以絶故族人以支子後大宗也
●丘儀大明令凡無子許令同宗昭穆相當之姪承繼先取同父周親次及大功小功緦麻如無則方許擇遠房及同姓爲嗣不許養異姓爲嗣以亂宗族立同姓者易不得尊卑失序以亂宗族且凡爲人後者必承父之命不承父命是貪利而忘親也
●經國大典適妾俱無子者告官立同宗支子爲後
●退溪曰長子無子次子之子承重指適子孫而言雖有妾産未可遽承代也
●沙溪曰長子無後而死不立後次子死而有子又季子生存次子之子當奉祀
●許傳曰長子無後雖次子之庶子其爲血孫一也恐不當捨之而取族人子也其曰未可遽承代云者只爲愼重而然耶
●尤庵曰前後妻皆歿後始爲之子者當爲前母之子
●或問父母生時長子無后而死則柰何或傳長婦或傳次子何以則得宜耶退溪曰父母生存長子無后而

死爲長子立后而傳之長婦此正當道理也
●或問長子無后而死不立后次子死而有子又季子生存則誰當奉祀耶沙溪曰次子之子當奉祀也
●遂菴曰過長殤之年則雖未冠笄何可以殤例論也
●近齋曰世豈有無母之子不當立後當以次子爲嗣古禮既冠不爲殤則只謂治喪與服制一用成人之禮非謂立後家禮旣娶方不爲殤冠而未娶者不立后何疑

▶3798◀◈問; 혼자 삼헌 해도 되나요.

안녕하십니까? 저는 독자(獨子)이며 친척들도 멀리 있어 혼자 제사를 지냅니다. 혼자라도 세 번 혼자 잔을 올려도 되며 아니면 혼자는 한잔만 올려야 하는지요. 어떻게 하는 것이 바른 것인지 잘 몰라 도움 말씀 기다리겠습니다. 꼭 답변 하여 주시기 바랍니다. 안녕히 계십시오.

◈答; 혼자 삼헌 함.

귀하의 의문은 제사를 혼자 지낼 때 초아종헌을 어찌 하는가 인 것 같습니다.

다음과 같은 말씀이 있습니다.

韓魏公祭式如皆不足則主祭者自行三獻
송나라 한위공의 제사 지내는 법에 만약 두루 미치게 부족하면 주인 스스로 초아종헌을 한다.

참고로 또 다음과 같은 말씀도 있습니다.

韓魏公祭儀無祝者主人自讀
한위공 제의에 축관이 없으면 주인 스스로 독축 한다.

위 말씀을 살펴 볼 때 혼인을 하여 부인이 있으면 귀하가 초헌을 하고 스스로 독축 후 귀하의 부인이 주부로서 아헌을 하고 종헌을 귀하가 하여도 예에 어긋나지 않는 것이며 만약 미혼이면 홀로 삼헌을 하여도 예에 어긋나지 않는 것입니다.

▶3799◀◈問; [笏記]의 由來에 대하여 궁금합니다.

[笏記]의 由來에 대하여 궁금합니다. 홀기에 대한 발전과정과 변천사항에 대하여 너무 궁금하여 실례인줄 알면서 바뿌신 분에게 글을 올려서 죄송합니다.

1). 처음에는 [忌祭儀節] 또는 [墓祭儀節]이라고 하다가[笏記]라고 칭한 것이 아닌지요—처음부터[홀기]라고 했는지요?

2). 조선조 초기, 중기, 에도 지금과 같이 [忌祭], [墓祭, 笏記]를 사용했는지요? 또 [문헌]으로 기록이 있는지 궁금 하고요?

3). 홀기(笏記)의 발전은 족보(族譜)의 발전과도 관계가 있을 것 같은데 선생님의 견해는 어떠하신지요?

4). 문중의(會奠)에서 [忌祭], [墓祭],를 지낼 때 [笏記]사용이 지금과 같이 일반화 된 것은 언제부터로 보아야 합니까?

◎어떤 사람은 [甲午更張]이후라고 하는 사람도 있어서요?

5). 홀기의 형태에 대하여 알려주세요? (어떤 문중은 서원이나 향교의 홀기 식과 비슷하고, --어떤 문중은 주자가례의 원문과 비슷하니 이런 형태도 분류하는 방법이 있는지요) -(연천에서 도0평 올립니다)-

◈答; [笏記]의 由來에 대하여.

問 1). 答; 고대 조회 때 홀(笏; 笏板; 手板)을 잡고 입조 하는데 고할 일이 있으면 조목을 적어 들고 들어가 잊음 없이 고하고, 천자의 명이 있으면 적어 들고 나와 실행에 잊음이 없게 행하였는데 이 식이 우리나라에서 홀기(笏記)라 명명하여 다른 행례에도 차츰 적용되어 지금에 이른 것입니다.

●晉書輿服志手版卽古笏矣尙書令僕射尙書手版頭復有白筆以紫皮裹之名曰笏
●玉藻笏天子以珠玉諸侯以象大夫以魚須文竹士竹本象可也
●韓愈釋言束帶執笏立士大夫之行不見斥以不肖幸矣其何敢敖於言乎
●康熙字典竹部四畫【忽】[廣韻][輯韻][韻會][正韻]竝呼骨切音忽公及士所搢也[晉書輿服志]古者貴賤皆執笏有事則搢之于腰帶 [輿服雜事]五代以來惟八座尙書執笏以筆綴手版頭紫囊裹之其餘王公卿士但執手版主于敬不執筆示非記事官也
●辭源[笏]古朝會時所執的手板有事則書於上以備遺忘古代自天子至士皆執笏後世惟品官執之淸始廢
●宋書禮志五古者貴賤皆執笏其有事則搢之於腰帶所謂搢紳之士者搢笏而垂紳帶也紳垂三尺笏者有事則書之
●漢韓大辭典竹部四畫笏[笏記]國 혼례나 제례(祭禮)의 의식 때에 그 진행 순서를 적은 글.

問 2). 答; 태종조(太宗朝) 때 어람홀기(御覽笏記)가 있었고. 퇴계 선생께서 이미 행례홀기(行禮笏記) 운운하심이 계시니 그 이전부터 각 예(禮) 홀기를 사용하였음을 이해될 수 있습니다.

●太宗實錄太宗十四年; 御覽笏記,除紅綾衣代以綾花紙命大小朝會在內大君駙馬諸君就世子幕次同異姓府院君一行行禮

問 3). 答; 족보와 홀기는 별개로 보입니다.

問 4). 答; 기제나 묘제에 홀기 행례가 언제부터 인가는 문중이 한 둘이 아니라 확인할 바가 없습니다. 명의 경산(瓊山)선생 저서인 가례의절(家禮儀節)이 홀기식입니다.

問 5). 答; 분류하는 방법이 있는 것이 아니라 백성은 주자가례식(朱子家禮式)으로 순을 정함이 옳겠지요.

●玉藻凡有指畫於君前用笏造受命於君前則書於笏
●辭源(笏)古朝會時所執的手板有事則書於上以備遺忘古代自天子至士皆執笏後世惟品官執之淸始廢
●晉書謝安傳旣見溫坦之流汗沾衣倒執手板
●宋書禮志五忽者有事則書之(云云)手板則古笏矣
●儒林外史第十四回在靴桶內拿出一把扇子來當了笏板恭恭敬敬
●周禮天官序官司書唐賈公彦疏若在君前以笏記事後代用簿簿今手版
●退溪(1501; 燕山君~1507; 宣祖)曰廟享笏記考訂書上幸與院中諸君議之
●九禮忽記末書(前略)古聖賢制作精微之義則庶有補於禮俗之成就也歲丙辰(哲宗 1916)冬重勘舊著禮書而畧正篇之烏焉追錄如仁州張錫英晦堂自識

▶3800◀ ◈問; 조율이시(棗栗梨枾)니 홍동백서(紅東白西)란 전혀 근거 없는 속설은 아닌 것 같다.

젯상 진설에서 조율이시니 홍동백서 진설이라 함은 전혀 근거가 없는 속간에 떠도는 풍설인가?

◈答; 홍동백서(紅東白西)니 조율이시(棗栗梨枾)란 전혀 근거 없는 속설은 아니다.

조율이시(棗栗梨枾)니 홍동백서(紅東白西)란 전혀 근거 없는 속설은 아니다. 과(果) 진설(陳設) 순(順)으로 조율이시(棗栗梨枾)는 의례경전(儀禮經傳)의 편목(篇目)인 사우례(士虞禮)에서 조율설우회남조재서(棗栗設于會南棗在西)이라 하였고 주(註)에서 대추는 과행(果行)의 첫 번으로 놓고, 밤은 다음이다. 라 하였으며 성재(省齋)께서 이를 바탕으로 果順을 조율이시이행(棗栗梨枾李杏)이라 육품(六品) 진설(陳設) 순(順)을 일러 놓았다.

홍동백서(紅東白西) 진설(陳設)은 1900 년대 말기에 펴낸 가정의례(家庭儀禮)에서 보이나 출전(出典)이 불분명하니 근거(根據)로서 가치가 부족하지 않은가 하겠으며, 혹 당파간(黨派間) 갈등에서 빚어진 어느 가문(家門)의 독특(獨特)한 진설(陳設)이 세간(世間)에 회자(膾炙)되어 기왕(旣往)이 백동홍서(白東紅西)이니 거슬러 홍동백서(紅東白西)라 거스름이 아닌가는 생각되나 전거(典據)가 분명하니 색의 음양설에 의한 진설이라 하겠다.

●儀禮經傳通解士虞禮; 棗栗設于會南棗在西(註)尙棗棗美據此棗當設果行之首而栗次之

●性齋曰我東則百果無不産焉如棗栗梨柹李杏之類

●俛宇集書答李子剛別紙喪祭疑義; 祭需陳設東頭西尾取其陰陽左右耶

●呂氏春秋仲春記天子居青陽太廟註青陽東

●五洲衍文長箋散稿人事篇論禮類論禮總說左尊右卑辨證說; 左右卽東西也東爲左而西爲右東居陽故卦爲震西居陰故卦爲兌以力而言則右强於左以位而言則左尊於右古人吉禮尙左惟喪禮與軍禮尙右賓由祚階主由西陛則吉禮尙左也夫子哭姊於右則凶禮尙右也左陽右陰故吉尙左喪尙右

▶3801◀◈問; 할머니 지방 쓰는 법.

할머니 지방 쓰는 법.

◈答; 할머니 지방 쓰는 법.

⊙할머니 지방식

顯祖妣某封某氏 神位

모봉(某封)에는 생전에 나라로부터 봉함이 있었으면 봉명을 쓰고 만약 없었으면 유인(孺人)이라 쓰며, 모씨(某氏)의 모(某)에는 할머니 성씨를 써 넣으면 됩니다. 여기에서는 가로로 썼지만 지방을 쓸 때는 세로로 써야 합니다.

▶3802◀◈問; 홍동백서라 함은.

우매한 질문을 드리고자 합니다. 고견을 주시기를 부탁 드립니다. 기제사(忌祭祀) 진설 시 홍동백서(紅東白西)의 예가 있는데, 색깔의 기준은 외면상에 보여지는 색깔을 의미하는 것인지요? 예를 들어, 겉(껍질)은 하얗고 속(열매)은 홍색이면.

◈答; 홍동백서라 함은.

가공하지 않은 상태를 기준함이 아니라. 가공한 상태를 기준으로 합니다.

예; 배나 밤은 겉과 속의 색이 다릅니다. 만약 배를 깎고 밤을 치면 흰색이 됩니다.

●家庭儀禮祭禮; 紅東白西

▶3803◀◈問; 홍동백서의 의미.

제사상을 차릴 때 조율시이 또는 홍동백서로 하는데 왜 붉은 것은 동쪽에 흰 것은 서쪽에 진설하는지 그 의미를 알고 싶어 질문 드립니다.

◈答; 홍동백서의 의미.

태양은 양(陽)으로 열이 있고 붉으며 동편에서 생겨나고, 달(月)은 음(陰)으로 냉(冷)하고 희며 서편에서 생겨남이니 음양(陰陽)의 이치와 일월의 순행(順行) 이치를 제물 진설에 응용치 않았나 생각 됩니다. 그러나 주부자(朱夫子)의 뜻은 아니며 율곡 사계 도암 선유의 뜻도 아닌 듯 합니다.

●九思堂集與權江左論中庸疑義○第五十五條; 本廟之列與祫祭之位其左爲昭右爲穆則無異但以本廟之列言之左是東右是西東爲陽西爲陰卽其地而自不失昭穆之意以祫祭之位言之左是北右是南北爲陰南爲陽以其地則非昭穆之意獨以其所向而有昭穆之意故或問曰羣廟之列左爲昭而右爲穆祫祭之位北爲昭而南爲穆蓋羣廟之列其左陽右陰與東陽西陰之位合故但云左右而昭穆之義自著祫祭之位其左陽右陰與北陰南陽之位相違故不云左右而以所向分昭穆也

●呂氏春秋仲春記天子居青陽太廟註青陽東

●五洲衍文長箋散稿人事篇論禮類論禮總說左尊右卑辨證說; 左右卽東西也東爲左而西爲右東居陽故卦爲震西居陰故卦爲兌以力而言則右强於左以位而言則左尊於右古人吉禮尙左惟喪禮與軍禮尙右賓由祚階主由西陛則吉禮尙左也夫子哭姊於右則凶禮尙右也左陽右陰故吉尙左喪尙右

▶3804◀◈問; 홍동백서 진설법은 요.

제사상 차리는 법에 조율이시 홍동백서 진설법이 있다는데요 조율이시는 대강 알겠는데요 홍동백서 진설법은 잘 모르겠거든요. 어떻게 진설을 하고 왜 홍동백서로 진설을 하는지요. 너무 자주 신세를 끼쳐 죄송합니다.

◈答; 홍동백서 진설법은

아래와 같이 살펴보건대 東(동)쪽과 紅色(홍색)은 陽屬(양속)이요 西(서)쪽과 白色(백색)은 陰屬(음속)에 屬(속)하여 陰陽法(음양법)에 의한 陳設(진설)로 紅東(陽) 白西(陰)(홍동백서)로 陳設(진설)하게 됩니다.

○紅東白西(홍동백서) 陳設法(진설법)은 禮記(예기) 郊特牲(교특생) 法度(법도)를 따름이고, ○棗栗梨林(조율리시) 陳設(진설) 法度(법도)는 儀禮經傳通解(의례경전통해) 士虞禮(사우례)와 性齋(성재) 先儒(선유) 說(설)에 의함입니다.

●禮記郊特牲; 郊特牲籩豆偶陰陽之義也籩豆之實水土之品也(細註)長樂陳氏曰鼎俎之實以天産爲主而天産陽屬故其類奇籩豆之實以地産爲主而地産陰屬故其類偶不敢用褻味嚴陵方氏曰籩之實若菱芡之類豆之實若芹蒲之類所謂水之品也籩之實若棗栗之類豆之實若菁韭之類所謂土之品也水土之品非人常所食故曰不敢用褻味

●南溪曰載海按天地之東爲左西爲右而使人面北而看之則天地之左卽人之右也天地之右卽人之左也然凡所謂陽左陰右者皆從天地之左右故曰陽居於東陰居於西

●弘齋全書經史講義易明夷; 啓洛對豐之折右肱明夷之夷左股蓋取其左弱右強左陰右陽之義而手足之用皆以右爲便則豐之言右以其傷之切而不可用也

●儀禮經傳通解士虞禮; 棗栗設于會南棗在西(註)尙棗棗美據此棗當設果行之首而栗次之

●性齋曰我東則百果無不産焉如棗栗梨林李杏之類

▶3805◀◈問; 효자로 독송하나.

답변 너무 감사 드립니다. 근데 축문(祝文) 읽을 때 효자(孝子)로 읽어야 하나요 괄호(括弧) 안에 적어 주신 걸로 읽어야 하나요? 죄송한데 한글로 해석 좀 정말 죄송합니다. 맘이 급해져서요.

◈答; 효자 또는 효손으로.

정 0 환 선생의 부친(父親)이 계시면 효자 모(某)에 부친 이름을 쓰고 만약 부친(父親)이 작고(作故)하시어 선생이 장손이시면 선생의 이름을 쓰고 현고를 현조고(顯祖考)로 고쳐 쓰면 됩니다.

●탈상축문 ○부친 명의의 축문

維 歲次己丑七月丁酉朔二十日丙辰孝子ㅇㅇ敢昭告于 顯考學生俯君日月不居奄及四十九喪夙興夜處哀慕不寧三年奉喪於禮至當事勢不逮魂歸墳墓謹以淸酌庶羞哀薦祥事尙 饗

○부친이 작고 철환 선생이 제주일 때의 축식.

維 歲次己丑七月丁酉朔二十日丙辰孝孫철환敢昭告于 顯祖考學生俯君日月不居奄及四十九喪夙興夜處哀慕不寧三年奉喪於禮至當事勢不逮魂歸墳墓謹以淸酌庶羞哀薦祥事尙饗

▶3806◀◈問; 후처의 제사.

본 부인이 사망 후 백부님이 두 번째 부인과 재혼하셨고 첫째 부인과는 딸 1 명만 두었고, 둘째 부인과는 자식이 없는 상태에서 백부(伯父)님 부부가 모두 돌아가셨습니다. 둘째인 저희 아버지와 백부님의 2 번째 부인과 차남인 저를 양자(養子)로 입적(入籍)하였고 백부님 부부(夫婦)가 모두 돌아가셔서 백부님의 2 번째 부인이 돌아가셨는데, 이번에 그 분의 기일(忌日)이 다가옵니다. 이때 제사상(祭祀床)에 백부님, 첫째 부인, 둘째 부인 모두 진지와 술잔을 올려야 되는지 아니면 둘째 부인과 백부님 두 분만 모셔야 되는지 궁금합니다. 백부님의 본부인은 백부님 기일에 함께 모시기는 하는데, 둘째 부인 기일에 본부인과 함께 모시는 게 맞는지 의문이 듭니다.

◈答; 후처의 제사.

다음과 같이 살펴보건대 기제를 병제로 지내는 가문이라면 전비(前妣) 기일을 당하면 고(考)와 전비(前妣), 후비(後妣) 삼위를 진설하고 후비(後妣) 기일이 되면 또 그와 같이 설위하고 지내는데 다만 축에 휘일부림(諱日復臨) 앞에 현모비(顯某妣)를 넣어 현모비(顯某妣) 휘일부림(諱日復臨)이라 써 고합니다.

첩모는 적자가 제사하지 않고 그의 생자가 그의 사실에서 지방에 망모(亡母)라 써 붙이고 제사합니다.

●問解續問父若有前後室則前後母神主同出耶只出考與所祭之主耶答並祭爲當前母忌日同祭後母後母忌日同祭前母
●寒岡曰雖前室之子繼母若在則當只稱孤子而不可稱孤哀云蓋繼母在則是母在也若遽稱孤哀則是不母繼母也於禮爲未安故也
●南溪曰繼室之於元妃與夫一體奉祀恐甚得禮所謂非族之祀豈指此類而言耶祝文稱謂禮無明文不敢爲說
●梅山曰前後妣死在同日當先元妣後繼妣若並祭則一擧合設兩祭出主告當曰今以顯妣某封某氏顯妣某封某氏遠諱之辰敢請顯考某官府君顯妣某氏顯妣某氏神主云云忌祭祝遷易下云顯妣某封某氏顯妣某封某氏諱日幷臨云云
●砥山曰考妣合祭而有前繼妣祝文則列書下曰歲序遷易下又當云前後妣共顯某親某封某氏諱日復臨云云
●程子曰庶母不可入廟子當祀於私室
●雜記主妾之喪則自祔至於練祥皆使其子主之其殯祭不於正室
●寒岡曰庶母無主喪者嫡子主之
●南溪曰垂示妾母題主備要只引朱子稱五峯語曰當稱亡母
●尤庵曰妾母題主固宜以大全所答亡母爲定

▶3807◀ ◈問; 휘일부림(諱日復臨)?

기제사 축문 중에 諱日復臨 이라는 글자가 있는데 축을 읽을 때 어떻게 발음을 해야 하는지요?

"휘일부림"이라고 해야 한다고도 하고 어떤 사람은 "휘일부임"이라고 해야 한다고 합니다. 림으로 읽어야 하는지 임으로 읽어야 하는지요?

◈答; 휘일부림(諱日復臨).

림(臨) =임할 림. 비출 림. 내려다볼 림. 모뜰 림. 병거 림. 다가붙을 림. 대할 림. 지킬 림. 쓸 림. 클 림. 다스릴 림. 칠 림. 장차 림. 그림 림. 병거이름 림. 줄 림. 곡할 림. 병선편제림. 괘이름 림. 군림할 림. 여럿이울 림. 굽힐 림. 등등.

위와 같이 살펴 볼 때 림자 임에는 틀림 없음.

臨戰無退임전무퇴. 臨農임농. 臨機應變임기응변, 臨終임종. 臨床醫學임상의학. 臨時政府임시정부. 등등 이에서 살핀 바와 같이 단어 첫 자에 이 (ㄹ) 초성이 놓일 때는 (ㅇ)으로 변음되어 諱日復臨=휘일부림으로 발음함이 옳습니다.

25 묘제(墓祭)(族葬地)(省墓)

▶3808◀◈問; 가을 묘제 축문.

선생님 안녕하십니까? 음력으로 10월 둘째 일요일 5대조, 6대조, 7대조 묘제를 올립니다. 축문을 어떻게 씁니까? 매번 대단히 죄송합니다.

◈答; 가을 묘제 축문.

아래 1), 식(式)은 친미진조(親未盡祖; 高祖考妣以下) 묘제(墓祭) 축식(祝式)이며 2), 는 친진조(親盡祖; 五代祖以上) 묘제(墓祭) 축식(祝式)입니다. (10월 둘째 일요일은 10월 12일) 그렇기는 하나 요즘은 대개의 가문(家門)에서 1), 식(式)으로 고(告)하고 있는 것 같습니다.

1), 墓祭祝文式(묘제축문식)

維 歲次戊子十月壬寅朔十二日癸丑(五代祖考妣云五代孫六代祖考妣云六代孫七代祖考妣云七代孫)○○敢昭告于 顯五代祖考學生府君(六代祖考則顯六代祖考學生府君七代祖考則顯七代祖考學生府君) 顯五代祖妣孺人某氏(六代祖妣則顯六代祖妣孺人某氏七代祖妣則顯七代祖妣孺人某氏)之墓氣序流易霜露旣降瞻掃 封塋不勝感慕謹以淸酌庶羞祗薦歲事尙 饗

2), 親盡墓祭祝文式(친진묘제축문식)

維 歲次干支幾月干支朔幾日干支幾代孫某官某敢昭告于 始祖考某官府君之墓今以草木歸根之時追惟報本禮不敢忘瞻掃 封塋不勝感慕謹以淸酌庶羞祗薦歲事尙 饗

※○○에는 초헌관의 이름을 써넣고
※學生에는 생전 관직이 있었으면 품 등 명을 써넣고
※孺人역시 생전 封號를 써넣으며
※某氏에는 妣의 姓氏를 써넣습니다.

▶3809◀◈問; 고전후비(考前後妣) 각장(各葬)의 묘제(墓祭) 지내는 법.

참으로 훌륭한 가르침으로 바라고 찾던 곳입니다. 감사합니다. 제가 가르침을 청하는 사연은 묘제에서 선영하에 考 前後妣가 各葬일 때 각각 지내야 하는지 아니면 考墓에서 합제하되 지방을 모시고 합제를 하여야 하는지의 여부입니다. 좋은 가르침 기다리겠습니다.

◈答; 고전후비(考前後妣) 각장(各葬)의 묘제(墓祭) 지내는 법.

아래와 같이 살펴보건대 고묘(考墓)와 같은 산에 전후비묘(前後妣墓)가 같이 있을 때의 묘제(墓祭)는 고묘(考墓)에 합설(合設)하되 지방(紙榜)은 모시지 않고 전비묘(前妣墓)로 가서 분향뢰주(焚香酹酒) 영신(迎神)하여 고묘(考墓)로 와 재배하고 또 후비묘(後妣墓)로 가 그와 같이 행하고 합제(合祭)하심이 옳은 예법 같습니다.

●問解問父墳在後母墳在前石物則立於父墳祭祀各設否答行祭與立石當於父墳而合設之不可兩處各設

●按陶庵曰三配從夫同葬一岡先後易次者先行男位祭罷次一配次二配次三配然夫婦同岡雖有先後之易次依沙溪說竝設父墳恐得宜

●四未軒曰考妣墓合祭時主祭者當於妣墓焚香酹酒以迎神來于考墓而行拜禮而合祭之爲禮家所通行也

▶3810◀◈問; 궁금하여 다시 여쭙겠습니다.

예를 들어 2004년 9월 14일이 제사이면 음력으로는 8월 1일이 되는데요

이때 축문 쓸 때; 첫째 維歲次甲申八月丙申朔初一日丙申孝子~~~

또는; 둘째 維歲次甲申八月丙申朔初一日朔辰孝子~~~의 경우가 있다고 하는데 어느 것이 옳은지 아니면 둘 다 옳은 것인지 알고 싶습니다.

◈答; 삭일 축문.

아래는 도암(陶菴) 선생의 축식 중 일부입니다.

⊙三月 上旬의 친미진 묘제 축식입니다.

維 歲次干支幾月干支朔幾日干支某親某官某敢昭告于 顯某親某官府君之墓氣序流易雨露旣濡瞻掃 封塋不勝感慕謹以淸酌庶羞祗薦歲事尙 饗

⊙十月一日 친진 묘제 축식입니다.

維 歲次干支十月朔日干支幾代孫某官某敢昭告于 始祖考某官府君之墓今以草木歸根之時追惟報本禮不敢忘瞻掃 封塋不勝感慕謹以淸酌庶羞祗薦歲事尙 饗

귀하의 두식 모두 8 월 1 일을 의미하니 틀릴 것은 없습니다. 다만 까다롭게 쓸 필요는 없을 것입니다.

●便覽墓祭親盡祖墓祭祝文式維年號幾年歲次干支十月朔日干支幾代孫某官某敢昭告于

▶3811◀◈問; 매사(?)에 대한 내용문의.

제사를 지내다 어느 시점에 위 조상은 매사(혹은 묘사?)로 이관하여 1 년에 한번씩 모아 한꺼번에 제사를 지내는 것 같은데 정확한 용어와 제사를 모시는 방법에 대해서 알고 싶습니다. (일반적으로 기일 날 한 분씩 모시는 제사와의 차이)

◈答; 묘제로의 이관.

귀하의 의문은 1, 묘제의 정확한 명칭과, 2, 지내는 방법과, 3, 기제사와의 차이인 것 같습니다.

1; 가례 등 예서의 제사 명칭은(세속에서는 시향 또는 묘사 등이라 하나) 묘제입니다.

2; 묘제를 모시는 방법은 제례장 묘제편에 있습니다.

사람이 죽으면 현손 대까지 즉 고조부모(高祖父母)까지 기제사(忌祭祀)를 받들다 적 현손이 죽으면 최장방(最長房)이라 하여 그의 자손으로서 제일 가까운 자손 집으로 신주를 옮겨 그 자손이 기제사 지내기를 현손 대가 다 하도록 지내다 다하면 신주를 묘소에 매안 하고 그 후로는 묘에서 일년에 한번 후손들이 모여 묘제를 지내는 것입니다. 묘제는 고조부모 이하의 묘제와 5 대조 이상의 묘제로 나눌 수 있는데 고조 이하의 묘제는 친미진(親未盡) 묘제라 하며 음력 3 월에 지내고 5 대조 이상의 묘제는 친진(親盡) 묘제라 하며 음력 10 월에 지냅니다.

◎墓祭笏記(묘제홀기)笏唱席墓西東向

丘儀合用之人禮生(按)書儀架禮註引開元禮有設贊唱者位西南西(一作東)面之文況今禮廢之後儀文曲折行者不無參差今疑架引贊二人通贊一人擇子弟或親朋子弟爲之先期演習庶禮行之際不至差跌○國朝五禮儀贊者在東西向

⊙祭官分定(제관분정)

初獻官○亞獻官○終獻官○祝官○執禮○右執事○左執事

⊙唱笏(창홀)

一) 序立(서립)(家祭之儀)

二) 行參神(행참신)

鞠躬拜興拜興平身(皆拜婦女子四拜)○尊長及老疾者休於他所

三) 行降神(행강신)

焚香再拜○主人盥洗○詣香案前跪○上香○俯伏興拜興拜興平身○酹酒再拜○主人跪○左右執事者盥洗○左執事取盞盤詭于主人之左東向(東設卓子上酹酒盞盤)○右執事執酒注跪于主人之右西向(東設卓子上酒注)○左執事進盞盤(主人受盞盤)○右執事斟酒于盞○左手執盤右手執盞盡傾于地(主人)○畢盞盤授左執事○執事俱起盞盤酒注置于故處降復位○俯伏興拜興拜興平身(主人)

●退溪曰墓祭無進饌侑食

四) 行初獻禮(행초헌례)

主人跪○左執事詣考位前執盞盤跪于主人之左東向○右執事執酒注跪于主人之右西向(東設卓子上酒注)○進盞盤(主人受盞盤)○斟酒于盞(右執事者)○盤盞授左執事○奉之奠于故處(左執事者)○左執事詣妣位前執盞盤跪于主人之左東向○進盞盤(主人受盞盤)○斟酒于盞(右執事者)○盞盤授左執事○奉之奠于故處(左執事者)○右執事反酒注故處○左右執事考妣前執盞盤跪于主人左右○進盞盤(左執事者)○受盞盤(主人)○右手取盞三祭傾少許于地○盞盤授執事者○反于故處(左執事者)○受妣盞盤(主人)○右手取盞三祭傾少許于地○盤盞授執事者(右執事者)○反于故處○奉饌○奉饌者盥洗(兄弟之長一人)○進肝炙盤(左右執事者各一器)○奉之奠于考妣前(先考肉餠之間後妣麵魚之間)(奉饌者)○啓飯蓋揷匙飯中正筯(奉饌者)○皆降復位(奉饌者及左右執事者)○俯伏興平身(主人)(如墓列葬非一則逐位詣某親墓前)○祝取板立於主人之左東向○主人以下皆跪俯伏○讀祝○皆興(讀畢)○祝板置于故處降復位(祝官)○鞠躬拜興拜興平身(主人再拜)○降復位(主人)○徹酒下炙(左右執事者升他器徹酒及下炙置于東設卓上)○降復位(左右執事者)

●要訣初獻時揷匙飯中正筯
●沙溪曰家祭儀則三獻進炙似當

五) 行亞獻禮(행아헌례)(主婦獻則諸婦女奉炙肉)

亞獻官盥洗○香案前跪(亞獻官)○左執事詣考位前執盞盤跪于獻官之左東向○右執事執酒注跪于獻官之右西向(東設卓子上酒注)○進盞盤(獻官受盞盤)○斟酒于盞(右執事者)○盤盞授左執事○奉之奠于故處(左執事者)○左執事詣妣位前執盞盤跪于獻官之左東向○進盞盤(獻官受盞盤)○斟酒于盞(右執事者)○盞盤授左執事○奉之奠于故處(左執事者)○右執事反酒注故處○左右執事考妣前執盞盤跪于獻官左右○進盞盤(左執事者)○受盞盤(獻官)○右手取盞三祭傾少許于地○盞盤授執事者○反于故處(左執事者)○受妣盞盤(獻官)○右手取盞三祭傾少許于地○盤盞授執事者(右執事者)○反于故處○奉饌○奉饌者盥洗(兄弟之長一人)○進肉炙盤(左右執事者各一器)○奉之奠于考妣前(先考肉餠之間後妣麵魚之間)(奉饌者)○皆降復位(奉饌者及左右執事者)○鞠躬拜興拜興平身(獻官再拜)○降復位(獻官)○徹酒下炙(左右執事者升他器徹酒及下炙置于東設卓上)○降復位(左右執事者)

●朱子曰未有主婦則弟得爲亞獻

六) 行終獻禮(행종헌례)(次位及親賓)

終獻官盥洗○香案前跪(獻官)○左執事詣考位前執盞盤跪于獻官之左東向○右執事執酒注跪于獻官之右西向(東設卓子上酒注)○進盞盤(獻官受盞盤)○斟酒于盞(右執事者)○盤盞授左執事○奉之奠于故處(左執事者)○左執事詣妣位前執盞盤跪于獻官之左東向○進盞盤(獻官受盞盤)○斟酒于盞(右執事者)○盞盤授左執事○奉之奠于故處(左執事者)○右執事反酒注故處○左右執事考妣前執盞盤跪于獻官左右○進盞盤(左執事者)○受盞盤(獻官)○右手取盞三祭傾少許于地○盞盤授執事者○反于故處(左執事者)○受妣盞盤(獻官)○右手取盞三祭傾少許于地○盤盞授執事者(右執事者)○反于故處○奉饌○奉饌者盥洗(衆子弟一人)○進肉炙盤(左右執事者各一器)○奉之奠于考妣前(先考肉餠之間後妣麵魚之間)(奉饌者)○皆降復位(奉饌者及左右執事者)○鞠躬拜興拜興平身(獻官再拜)○降復位(獻官)○休於他所者皆入

●要訣終獻後徹羹進熟水

七) 徹羹進熟水(철갱진숙수)(主婦有故則主人諸行)

主人詣考位前○主婦盥洗○詣妣位前(主婦)○詣取熟水盤香案前(執事一人)○主人考位奠于徹羹處○主婦妣位奠于徹羹處○畢皆降復位○鞠躬(少頃)○興

八) 合飯蓋(합반개)

執事者升詣考妣位前○下匙筯于楪中○合飯蓋○降服位

九) 告利成(고리성)

主人立於香案東西向○祝立於香案西東向○祝告利成(祝曰利成)○鞠躬拜興拜興平身(皆拜主人不拜)○皆降復位

●鏡湖曰利成者古禮墓祭有家禮家祭據古旣告利成則墓祭雖是原野之禮恐不當闕也

十) 行辭神(행사신)

鞠躬拜興拜興平身(皆拜)

十一)焚祝文(분축문)

祝取祝版詣香案前跪○焚之祝○降復位

十二)禮畢(예필)

主人以下降而退

十三)徹饌(철찬)

執事者徹饌而退

3; 기제와 친진 묘제와의 차이는 방안 제사 없이 일년에 한번 10 월에 묘소에서 제사를 지내는 것 이외에 특별히 다른 것은 없습니다. 다만 편람에 있기를 축문에 현(顯)자를 쓰지 않는 것과 주인은 참례자 중에서 최 존자가 되여 초헌을 한다는 것입니다. 묘제는 들 제사로 토지의 신께도 일명 산신제를 더 지내는 것이 다릅니다. 그러나 묘제 역시 여러 조상을 한 상에서 지내는 것이 아니라 묘소 마다 각각 지내야 하는 것입니다. 다만 묘가 허다하다거나 우천시에는 재사에서 합제로 지내기도 합니다.

●通典三代以前無墓祭至秦始起寢於墓側漢因秦上陵皆有原寢

●開元禮寒食上墓如拜掃儀惟不占日○孔子許向墓遙爲壇以時祭卽今之上墓義或有憑然神道尙幽不可逼瀆塋域宜設於塋南山門之外設淨席爲位遙祭以時饌如平生所嗜若一塋數墓每墓各設位昭穆異列以西爲上主人盥手奠爵三獻而止泣辭

●或問今拜掃之禮何據曰此禮古無但緣習俗然不害義理葬只是葬體魄而神則必歸於廟旣葬則設木主旣除几筵則木主安於廟故古人惟專精祀於廟今亦用拜掃之禮但簡於四時之祭也

●寒岡曰世俗之行墓祀於神主者亦似未安是神主祭也非墳墓祭也

●退溪曰同原許多墓各行祭之弊世多有此愚意不如掃視墓域後以紙牓合祭於齋舍無舍卽設壇以行之可免瀆弊而神庶享也

●顧齋曰古人臨祭而雨沾服失容則止若有齋舍及墓下潔淨之家就彼行事似無不可會見通典以設祭墓前爲瀆以此觀之則雖不雨行祀於山下亦可

●通典神道尙幽不可逼黷宜於塋南山門之外設淨席爲位遙祭若一塋數墓每墓各設位昭穆異列以西爲上

●問族葬列位若欲次第行祭則登降累原恐筋力疲而誠敬弛又恐祭物新餕或雜冷煖有異先詣墓所奠杯引靈而以紙牓合祭於齋宮何如退溪曰無妨設壇於淨地而合祭何如曰尤是

●張南軒答朱子書古者不墓祭非有所略也盖知鬼神情狀不可以墓祭也神主在廟而墓以藏軆魄體魄之蔵而祭也

●葛菴曰墓祭有雨水之礙則就齋舍設紙牓行事亦何害若就祠堂行祭則恐無意也
●朱子答王晉輔書曰墳墓非如古人之族葬若只一處各爲一分而遙祭之亦似未安不如隨俗各祭之爲便壽一依此說前期行事於各位墓所或値天雨或別有他故則何以爲之欲從權設行於神主則別出主爲未安用紙榜望墓設位而行之如何墓祭未畢而有雨水之礙則就齋舍設紙榜行事亦何害若就祠堂行祭則恐無意也壽一先塋連葬八九代子孫繼葬多至十餘派墓祭時各派子孫各祭后土否抑宗派獨主之否宗子有時不得上墓則土神之祭全然廢闕未安何以則得中耶一山之內宗子旣祭土神則支子孫各祭土神似甚煩瀆矣若宗子有故不得上墓而使支子孫代行先祖墓祭則土神之祭亦攝行似無妨矣
●曾子曰推牛而祭墓不如鷄豚逮親存也孟子云東郭墦間之祭可見自古有行者而無儀節之論定豈以魂依於主魄依於壙祭魂於廟不祭魄於墓墓則但以時節展省而設席陳饌以祭后土於墓左耶義起之禮亦緣情而生則拜掃之時略薦酒果亦足伸情多備盛饌亦非有據於祭禮也
●曾子問曰望墓爲壇以時祭疏曰惟可望近所祭者之墓而爲壇以四時致祭也據此則墓側齋舍行祭與其望近所祭者之墓爲壇以祭之遺意似無相悖何可謂專無出往山下之意耶雖然紙榜行事最近祭主之義至於上墓設祭則雖有時制之可據如非不得已似不必行之未知崇旨以爲如何
●錦谷曰同原有許多墓所或各在稍遠之地阻雨水勢難趁卽行之則倣朱子前期行事寧退以明日當無妨至於紙榜合祭於齋舍亦有設壇望祭之可據而猶未若退日躬行於墓前也
●尤庵曰神主祧遷則宗毁而族人不復相宗矣
●東巖曰第二祖以下親盡則埋主於墓所而諸位迭掌歲率子孫一祭之據此則除大宗墓外皆當以昭穆最尊者爲主獻

▶3812◀◈問; 묘사 제물 등에 관하여.

저희는 소종중입니다. 얼마 전부터 묘 앞에서 드리는 묘사를 드리지 않고 재실에서 드리고 있습니다. 인터넷에 검색해보니 묘지에서 드리지 않고 재실에서 묘사를 드릴 수 있다는 글을 보게 되었습니다. 이와 관련하여 문의를 드리고자 합니다.

1. 사대봉제사라 하여 고조부까지 제사를 모시고 5 대조부터 묘사를 드린다고 알고 있는데, 고조부 묘사를 드려도 되나요? 우리는 종손이 고조부 제사를 모시고 전 종중원이 10 월 상달에 모여 재실에서 고조부를 포함한 5, 6, 7 대조의 묘사를 드리고 있습니다.

2. 재실에서 묘사를 지낼 때 종중원 간에 제물에 대하여 옥신각신 하고 있습니다. 재실에서 드리는 이상 기제사처럼 제물을 차려야 된다는 주장과 묘사인데 굳이 제사처럼 제물을 차릴 필요가 없다고 주장하는 편이 있습니다. 지금은 간단하게 포와 과일, 떡 정도를 차리고 잔을 올리는 식으로 하고 있습니다. 꼭 예서의 기준에 맞게 차릴 필요는 없다고 생각이 듭니다만, 묘사 제물은 무엇 무엇을 차리는 것이 최소한의 예에 합당한 것인지 알고 싶습니다. 선생님의 고견을 기다리겠습니다. 감사합니다.

◈答; 묘사 제물 등에 관하여.

問 1. 答; 묘제는 거의 가문(家門)에서 지내지 않고 있으나 친미진(親未盡): 父, 祖, 曾, 高) 묘제(墓祭; 三月上旬擇日)가 있고 친진(親盡: 五代祖以上) 묘제(墓祭: 十月 一日)가 있습니다.

問 2. 答; 묘제(墓祭) 찬품(饌品)은 정식이 아래 도식(圖式)입니다. 그러나 만약 위토(位土)가 전무(全無)하고 후손(後孫)이 가난(家難)하면 가장 낮은 약설(略設)로 주과포(酒果脯) 진설(陳設)을 하게 됩니다. 만약 정식 찬을 진설하지 못하고 약설일 경우 謹以淸酌庶羞祗薦歲事尙 饗 중 庶羞를 빼고 謹以淸酌果脯祗薦歲事尙 饗이라 고하여야 옳습니다.

●要訣陳設圖(單設)
一行 匙 飯 盞 羹 醋
二行 麵 肉 炙 魚 餠
三行 湯 湯 湯 湯 湯
四行 脯 熟菜 淸醬 醢 沈菜
五行 果 果 果 果 果

●家禮陳設圖(單設)
一行 飯 盞 匙 醋 羹
二行 麵 肉 炙 魚 餠
三行 脯 蔬 脯 蔬 脯 蔬
=== 醢 菜 醢 菜 醢 菜
四行 果 果 果 果 果 果

●輯覽陳設圖(單設)
一行 飯 盞 匙 醋 羹
二行 麵 肉 炙 魚 餠
三行 脯 熟菜 淸醬 醢 沈菜
四行 果 果 果 果 果 果

忌祭墓祭則具果三色湯三色

●陶庵曰凡木實之可食者無不用

●孔子曰果屬桃爲下祭祀不用

●士虞禮棗栗棗在西註尙棗棗美據此棗當設果行之首而栗次之

●性齋曰我東則百果無不産焉如棗栗梨杮李杏之類

●黃氏紹曰鯉魚不用於祭祀

●沙溪曰桃及鯉魚不用於祭見家禮及黃氏說

●旣夕禮豚解無腸胃註無腸胃者君子不食溷腴疏君子不食溷腴者少儀文彼註謂犬豕之屬食米穀腴有似於人穢

●郊特牲鼎俎奇而籩豆偶陰陽之義也籩豆之實水土之品也不敢用褻味而貴多品所以交於旦明之義也

●問祭進葷菜不用何也梅山曰葷蔡豈不用於薦也齋戒者不食

●王制祭豊年不奢凶年不儉注常用數之仂

●言行錄先生遺戒勿用油蜜果

●問解膏煎之物不用出於儀禮今用蜜果油餠恐不合禮

●朱子家禮祭禮墓祭具饌; 墓上每分如時祭之品

●三禮儀祭禮後說栗谷減量墓祭之論; 一獻之饌當用果四色肉魚米麪食炙酒各一器盖只去饋食一邊

●問四時墓祭不能設殷祭故寧四時皆畧設耶度不能永行則自初已之似宜如何近齋曰墓祭四時皆單獻而山神無可祭之時則此甚不可非望佑之意也墓祭雖只設酒果脯醢山神祭則自當行之蓋先賢只論墓祭畧設則不祭山神以他節日有殷祭之時故也今不必以此爲拘矣

●性潭曰宗家不得行祀而支孫私自設祭有涉未安若紙牓設位而行之於他所則亦當以宗子爲主矣紙牓行祀單獻無祝是近世人家通行之例而實無所據矣寒水所論的確如此恐當遵而行之也

●近齋曰旣已單獻則無祝爲宜單獻與無祝自是一串底事若單獻而有祝則恐涉於半上落下此時决不敢備禮祝文當闕而至於出主告辭用之何妨

●老洲曰喪中行祭古無是禮無祝單獻乃後世義起之禮也然義起之禮必有準依始成禮貌忌祭之單獻是殺以小祀則儀節一倣參禮祭品則不必一一與同始可謂有依據

●全齋曰略設素饌無祝單獻諸先儒所論皆同矣

●省齋曰凡祭畧設者减饌品無祝單獻獻訖卽扱匙正筯不添酒不闔門少頃進茶遂辭神

●朱子曰墓祭無明文雖親盡而祭恐亦無妨○又書曰墓以藏體魄體魄之藏而祭也○又曰齋舍墓祭合祀則設紙榜行祭藏位牌則不然

●通典三代以前無墓祭至秦始起唐開元勅寒食上墓禮經無文近代相傳寢以成俗士庶有不合墓享何以用展孝思宜許上墓同拜掃禮

●葛庵曰墓祭有雨水之礙則就齋舍設紙牓行事亦何害若就祠堂行祭則恐無意也

●沙溪曰按設位而行祭則必先降後參祭始祖先祖是也據此則祭紙榜及墓祭疑亦皆然

●荷堂曰先祖諱日有故設祭于齋舍

●同春問有人父墳在後母墳在前石物則立於父墳而祭祀時欲并行於尊位前則背母墳而行禮實甚未安各設爲當否沙溪曰行祭與立石當於父墳而合設之不可兩處各設也

●問解考妣兩墓相去不遠雖坐向稍異祭祀及拜禮似當兼行

●四未軒曰相去不遠考妣墓合祭時主祭者當於妣墓焚香酹酒以迎神來于考墓而行拜禮而合祭之爲禮家所通行也

●常變通攷祭禮三墓祭設壇合祭條;問 : 族葬列位若欲次第行祭則登降累原恐筋力疲而誠敬弛又恐祭物新餕或雜冷煖有異先詣墓所奠杯引靈而以紙牓合祭於齋宮何如曰無妨設壇於淨地而合祭何如曰尤是

●通典神道尙幽不可逼黷宜於塋南山門之外設淨席爲位遙祭若一塋數墓每墓各設位昭穆異列以西爲上

●問族葬列位若欲次第行祭則登降累原恐筋力疲而誠敬弛又恐祭物新餕或雜冷煖有異先詣墓所奠杯引靈而以紙牓合祭於齋宮何如退溪曰無妨設壇於淨地而合祭何如曰尤是

●張南軒答朱子書古者不墓祭非有所略也盖知鬼神情狀不可以墓祭也神主在廟而墓以藏體魄體魄

之蔵而祭也

●開元禮寒食上墓如拜掃儀惟不占日○孔子許向墓遙爲壇以時祭卽今之上墓義或有憑然神道尙幽不可逼瀆塋域宜設於塋南山門之外設淨席爲位遙祭以時饌如平生所嗜若一塋數墓每墓各設位昭穆異列以西爲上主人盥手奠爵三獻而止泣辭

●或問今拜掃之禮何據曰此禮古無但緣習俗然不害義理葬只是葬體魄而神則必歸於廟旣葬則設木主旣除几筵則木主安於廟故古人惟專精祀於廟今亦用拜掃之禮但簡於四時之祭也

●寒岡曰世俗之行墓祀於神主者亦似未安是神主祭也非墳墓祭也

●退溪曰同原許多墓各行祭之弊世多有此愚意不如掃視墓域後以紙牓合祭於齋舍無舍卽設壇以行之可免瀆弊而神庶享也

●顧齋曰古人臨祭而雨沾服失容則止若有齋舍及墓下潔淨之家就彼行事似無不可會見通典以設祭墓前爲瀆以此觀之則雖不雨行祀於山下亦可

●朱子答王晉輔書曰墳墓非如古人之族葬若只一處各爲一分而遙祭之亦似未安不如隨俗各祭之爲便壽一依此說前期行事於各位墓所或値天雨或別有他故則何以爲之欲從權設行於神主則別出主爲未安用紙榜望墓設位而行之如何墓祭未畢而有雨水之礙則就齋舍設紙榜行事亦何害若就祠堂行祭則恐無意也壽一先塋連葬八九代子孫繼葬多至十餘派墓祭時各派子孫各祭后土否抑宗派獨主之否宗子有時不得上墓則土神之祭全然廢闕未安何以則得中耶一山之內宗子旣祭土神則支子孫各祭土神似甚煩瀆矣若宗子有故不得上墓而使支子孫代行先祖墓祭則土神之祭亦攝行似無妨矣

●曾子曰推牛而祭墓不如鷄豚逮親存也孟子云東郭墦間之祭可見自古有行者而無儀節之論定豈以魂依於主魄依於壙祭魂於廟不祭魄於墓墓則但以時節展省而設席陳饌以祭后土於墓左耶義起之禮亦緣情而生則拜掃之時略薦酒果亦足伸情多備盛饌亦非有據於祭禮也

●曾子問曰望墓爲壇以時祭疏曰惟可望近所祭者之墓而爲壇以四時致祭也據此則墓側齋舍行祭與其望近所祭者之墓爲壇以祭之遺意似無相悖何可謂專無出往山下之意耶雖然紙榜行事最近祭主之義至於上墓設祭則雖有時制之可據如非不得已似不必行之未知崇旨以爲如何

●錦谷曰同原有許多墓所或各在稍遠之地阻雨水勢難趁卽行之則倣朱子前期行事寧退以明日當無妨至於紙榜合祭於齋舍亦有設壇望祭之可據而猶未若退日躬行於墓前也

▶3813◀ ◈問; 묘사축문 문의.

묘사는 과거에는 음력으로 10 월에 墓前에서 모시기 때문에 축문의 일진을 음력에 맞춰 축을 썼으나 현재는 時流에 따라 일부의 문중에서는 양력 11 월의 첫째.둘째의 토요일과 같이 양력에 맞춰에 모시는 경우가 있습니다. 이 경우 축문의 일진을 양력 날짜의 일진을 써야하는지 아니면 그날의 음력 일진을 써야 하는지 모르겠기에 문의합니다 . 기제사의 경우도 있을 수 있습니다.

◈答; 묘사축문은.

아래가 유가의 묘제 일자 쓰는 법식입니다. 유가식 법도를 따르는 가문이라면 년도는 태세이며 일자는 음력 일자로 그 해와 그 날짜에 해당하는 간지를 기록하여 고하게 됩니다.

유가의 법도를 따르지 않는 가문이라면 고하는 법도가 무슨 문제가 있겠습니까. 그 가문의 법식을 따르면 되지 않겠습니까.

●通典開元禮祝文式;祝文曰維某年歲次月朔日子嗣天子謹遣具位臣姓名敢昭告於
●朱子家禮祭禮四時祭; 維年歲月朔日子孝玄孫某官某敢昭告于
●四禮便覽祭禮墓祭; 維年號幾年歲次干支幾月干支朔幾日干支某親某官某敢昭告于
●喪禮備要祭禮墓祭; 維年號幾年歲次干支幾月干支朔幾日干支孝子某官某敢昭告于

▶3814◀ ◈問; 묘사 축문에 관해.

저희 집안은 묘사를 묘에서 지내지 않고 종손 집에서 지내도록 되어 있습니다. 이번 묘사에 저에게는 증조부모 되시는 조상님들을 묘사에 올리려고 하는데 축문을 어떻게 쓰나요? 그리고 지방은 그냥 기제 때와 같이 쓰면 되는가요? 부탁 드립니다.

◈答; 묘사 축문에 관해.

집에서 지내는 묘제 축은 알지를 못합니다. 묘 이외에서 묘제를 지내는 법은 묘하에 설단제(設壇祭)나 재사(齋舍)에서 합제하는 예법은 있습니다.

●望祀錄設壇祭笏記

禮儀淸肅○衆昭衆穆○致敬盡誠○獻官祝及諸執事詣盥洗位○盥洗○入就神壇前拜位○叙立○陳設進饌○贊引引首獻入就神壇前拜位○跪○焚香○俯伏○興○再拜○跪○酹酒降神○俯伏○興○再拜○退復位○獻官以下皆參神再拜○行首獻禮○各執事奉神位前盞盤斟酒進首獻官○首獻受而祭酒○以盞授執事○執事受而奠于神位前○揷匙正著○祝跪于首獻之左讀祝(首獻官以下皆跪)○首獻以下皆興○祝官退復位○首獻俯伏○興○再拜○執事退酒○行亞獻禮○贊人引亞獻入就神壇前○跪○執事奉神位前盞盤斟酒進亞獻○亞獻受而授執事○執事受而奠于神位前○亞獻俯伏○興○再拜○退復位○執事退酒○行終獻禮○贊人引終獻入就神壇前○跪○執事奉神位前盞盤斟酒進終獻○終獻受而授執事○執事受而奠于神位前○終獻俯伏○興○再拜○退復位○獻官以下望壇揖拱侑食小頃○祝徹羹進熟水○祝詣首獻前揖告成事○首獻答揖○執事徹匙著合飯盖○退復位○獻官以下皆再拜辭神○執事撤床

○齋舍合祭; 退溪曰同原許多墓各行祭之弊世多有此患意不如掃視墓域後以紙牓合祭於齋舍無舍卽設壇以行之可免瀆弊而神庶享也

每於俗節日候和暖與祭之人年少方壯則同原諸墓徐徐行祭無甚煩瀆而或風雨發作或老衰疲困陞降拜跪一墓將事尙云勞攘況諸位乎齋舍之軒紙榜行祭恐爲便宜若器皿不足倚卓未備各祭諸位亦可

◈墓祭祝文式

維 歲次干支幾月干支朔幾日干支某親(考妣云孝子祖考妣云孝孫曾祖考妣云孝曾孫高祖考妣云孝玄孫親盡祖考妣云幾代孫妻云夫旁親卑幼則隨屬稱)某官某(弟以下不名)敢昭告于(妻去敢字弟以下但云告于) 顯某親某官府君(或顯某親某封某氏合窆位則列書妻云亡室卑幼改顯爲亡去府君二字)之墓氣序流易雨露旣濡(寒食云云歲時改此句爲歲律旣更端午云時物暢茂秋夕云白露旣降十月朔云霜露旣降)瞻掃 封塋不勝感慕(考妣改不勝感慕爲昊天罔極旁親爲不勝感愴妻弟以下云不勝哀戚)謹以(妻弟以下玆以)淸酌庶羞祗薦(旁親云薦此妻弟以下云陳此)歲事尙 饗

●通典神道尙幽不可逼黷宜於塋南山門之外設淨席爲位遙祭若一塋數墓每墓各設位昭穆異列以西爲上

●問族葬列位若欲次第行祭則登降累原恐筋力疲而誠敬弛又恐祭物新餒或雜冷煖有異先詣墓所奠杯引靈而以紙牓合祭於齋宮何如退溪曰無妨設壇於淨地而合祭何如曰尤是

●張南軒答朱子書古者不墓祭非有所略也盖知鬼神情狀不可以墓祭也神主在廟而墓以蔵體魄體魄之蔵而祭也

●開元禮寒食上墓如拜掃儀惟不占日○孔子許向墓遙爲壇以時祭卽今之上墓義或有凴然神道尙幽不可逼瀆塋域宜設於塋南山門之外設淨席爲位遙祭以時饌如平生所嗜若一塋數墓每墓各設位昭穆異列以西爲上主人盥手奠爵三獻而止泣辭

●或問今拜掃之禮何據曰此禮古無但緣習俗然不害義理葬只是葬體魄而神則必歸於廟旣葬則設木主旣除几筵則木主安於廟故古人惟專精祀於廟今亦用拜掃之禮但簡於四時之祭也

●寒岡曰世俗之行墓祀於神主者亦似未安是神主祭也非墳墓祭也

●退溪曰同原許多墓各行祭之弊世多有此患意不如掃視墓域後以紙牓合祭於齋舍無舍卽設壇以行之可免瀆弊而神庶享也

●顧齋曰古人臨祭而雨沾服失容則止若有齋舍及墓下潔淨之家就彼行事似無不可會見通典以設祭墓前爲瀆以此觀之則雖不雨行祀於山下亦可

●葛菴曰墓祭有雨水之礙則就齋舍設紙牓行事亦何害若就祠堂行祭則恐無意也

●朱子答王晉輔書曰墳墓非如古人之族葬若只一處各爲一分而遙祭之亦似未安不如隨俗各祭之爲便壽一依此說前期行事於各位墓所或値天雨或別有他故則何以爲之欲從權設行於神主則別出主爲未安用紙榜望墓設位而行之如何墓祭未畢而有雨水之礙則就齋舍設紙榜行事亦何害若就祠堂行祭則恐無意也壽一先塋連葬八九代子孫繼葬多至十餘派墓祭時各派子孫各祭后土否抑宗派獨主之否宗子有時不得上墓則土神之祭全然廢闕未安何以則得中耶一山之內宗子旣祭土神則支子孫各祭土

神似甚煩瀆矣若宗子有故不得上墓而使支子孫代行先祖墓祭則土神之祭亦攝行似無妨矣

●曾子曰推牛而祭墓不如鷄豚逮親存也孟子云東郭墦間之祭可見自古有行者而無儀節之論定豈以魂依於主魄依於壙祭魂於廟不祭魄於墓墓則但以時節展省而設席陳饌以祭后土於墓左耶義起之禮亦緣情而生則拜掃之時略薦酒果亦足伸情多備盛饌亦非有據於祭禮也

●曾子問曰望墓爲壇以時祭疏曰惟可望近所祭者之墓而爲壇以四時致祭也據此則墓側齋舍行祭與其望近所祭者之墓爲壇以祭之遺意似無相悖何可謂專無出往山下之意耶雖然紙榜行事最近祭主之義至於上墓設祭則雖有時制之可據如非不得已似不必行之未知崇旨以爲如何

●錦谷曰同原有許多墓所或各在稍遠之地阻雨水勢難趁卽行之則倣朱子前期行事寧退以明日當無妨至於紙榜合祭於齋舍亦有設壇望祭之可據而猶未若退日躬行於墓前也

▶3815◀◈問; 묘소가 없어도 저의 고조부의 기제사를 지낼 수 있는지요.

대단히 감사합니다. 이제 시향에 관해 어느 정도 의문이 풀렸습니다.

대대로 4 대 봉사로 기제사를 모셨으나 저의 고조부이상의 묘소를 파한 이후로 아버님께서 기제사를 안 모시다가 금년 2 월 卒하셨습니다.

1. 이 경우 묘소(墓所)가 없어도 저의 고조부(高祖父)의 기제사(忌祭祀)를 지낼 수 있는지요. 주위에서는 안 지내 던 제사를 다시 지내면 우환이 있을 수 있다고 반대를 하는데 예법에 어긋나는지요.

2. 만일 지낼 수 있다면 다시 제사를 모시는 날 축문 이외에 별도로 告할 문구가 있을까요 가르쳐주십시오 감사합니다.

◈答; 묘소가 없어도 기제사를 지낼 수 있음.

問 1, 答; 묘소가 없어도 묘제를 제한 모든 제사를 지냅니다. 무속에 관하여서는 아는 바가 없습니다.

問 2, 答; 별달리 고하지 않고 관행대로 기존 축문으로 고하면 됩니다.

혹 묘 대용으로 축단 후 단제로 모시기도 합니다. 설단에 관한 예법은 아래와 같습니다.

◎단비식(壇碑式)

○壇碑文式; 某官某號某姓某諡公祭壇

●大成壇實錄設壇位次正壇神位碑文條○集羣聖大成至聖先師孔夫子文宣王祭壇○又別壇神位碑文條○集羣賢大成先師晦庵朱子徽國文公祭壇○集羣儒大成先師贈領議政栗谷李子文成公祭壇○倡明禮學大成先師贈領議政沙溪金文元公祭壇○立紀明倫大成先師延平府院君贈領議政默齋李忠定公祭壇

◎단(壇) 지방식(紙牓式)

●皇壇增修儀紙位圖說紙用箋文紙長一尺二寸廣四寸祀後燎之

太祖開天行道肇紀立極大聖至神仁文義武俊德成功高皇帝神位
神宗範天合道哲肅敦簡光文章武安仁止孝顯皇帝神位
毅宗紹天繹道剛明恪儉揆文奮武敦仁懋孝烈皇帝神位

●望祀錄設壇祭笏記(망사록설단제홀기)

禮儀淸肅○衆昭衆穆○致敬盡誠○獻官祝及諸執事詣盥洗位○盥洗○入就神壇前拜位○敍立○陳設進饌○賛引引首獻入就神壇前拜位○跪○焚香○俯伏○興○再拜○跪○酹酒降神○俯伏○興○再拜○退復位○獻官以下皆參神再拜○行首獻禮○各執事奉神位前盞盤斟酒進首獻官○首獻受而

祭酒○以盞授執事○執事受而奠于神位前○揷匙正著○祝跪于首獻之左讀祝(首獻官以下皆跪)○首獻以下皆興○祝官退復位○首獻俯伏○興○再拜○執事退酒○行亞獻禮○贊人引亞獻入就神壇前○跪○執事奉神位前盞盤斟酒進亞獻○亞獻受而授執事○執事受而奠于神位前○亞獻俯伏○興○再拜○退復位○執事退酒○行終獻禮○贊人引終獻入就神壇前○跪○執事奉神位前盞盤斟酒進終獻○終獻受而授執事○執事受而奠于神位前○終獻俯伏○興○再拜○退復位○獻官以下望壇揖拱侑食小頃○祝徹羹進熟水○祝詣首獻前揖告成事○首獻答揖○執事徹匙著合飯盖○退復位○獻官以下皆再拜辭神○執事撤床

⊙설단축식 예문.

●壇所開基祝文(단소개기축문)

云云飛鳳之陽竹溪之上曰有某里某氏幾代祖肇基於此克昌克熾分爲三房顯于麗代疊璵重璠于後雲仍分析流離自阻鄉園累世塋域馴致失奠慟在遺孫某水某邱諏訪備盡淚目未遇惟徵古禮設壇報祀順原君始三房繼修乃築乃堵四賢舊閭顧惟二房雖甚零殘敢忘厥初乃占吉地築土爲畤大壇孔邇玆屬始役式陳菲薦永垂陰佑云云

●設壇祝文(설단축문)

維 歲次某甲某月某甲朔某日某甲後孫(或幾代孫)某敢昭告于 顯幾代祖考某官(烈婦則烈夫某封某貫某氏合壇則列書)之靈今爲望祀奄臨將行祀事謹涓吉日先封孝位(烈婦則烈位)之壇伏惟尊靈庶幾降臨謹以酒果用伸虔告謹告

●考祭築壇後慰安祝文(고제축단후위안축문)

維 歲次干支幾月干支朔幾日干支幾代孫某敢昭告于 顯幾代祖考某官府君之靈云云此心終焉死綏哀玆矢復無處尋屍遵禮不墓幾世于玆每修歲事紙榜木碑忠魂義魄於何攸宜感慕不寧愈久愈深某山之陽世葬斯爲夫人孤墳窆玆幾時築壇其右靈或有知禮有此禮質之無疑伏惟 尊靈憑斯依斯

●考祭築壇後土地祭祝文(고제축단후토지제축문)

維 歲次干支幾月干支朔幾日干支某官姓名敢昭告于 土地之神某官姓名幾代祖考某官府君昔在亂離立慬帶方招魂非禮不敢以墓玆築神壇于幾代祖妣某封某氏之墓右 神其保佑俾無後艱謹以淸酌脯醢祇薦于神尙 饗

●事物紀原集類禮祭郊社部壇墠條左氏注曰除地爲墠築土爲壇書金滕武王有疾周公爲三壇同墠黃帝內傳乃有築壇墠事是爲其制起自黃帝

●莊子山木篇爲衛靈公賦歛以爲鐘爲壇乎郭門外疏鐘樂器名也言爲鐘先須設祭所以爲壇也釋文爲壇但丹反李云祭也禱之故爲壇也

●國朝五禮儀社稷壇圖說條社稷(社土神稷穀神)壇在都城內西社在東稷在西兩壇各方二丈五尺高三尺四出陛各三級壇飾隨方色燾以黃土社有石主長二尺五寸方一尺國社國稷神座並在南北向后土氏配國社后稷氏配國稷各在正位之左近北東向○按壇上石主刻文國社之神配后土之神國稷之神配后稷之神

●國朝五禮儀一冊圖式三十板社稷壇三十一板風雲雷雨山川城隍壇三十二板靈星壇各位皆稱某之神

●皇壇儀大報壇祝式云云敢昭告于神宗範天合道哲肅敦簡光文章武安仁止孝顯皇帝伏以云云○大報壇紙牓式神宗範天合道哲肅敦簡光文章武安仁止孝顯皇帝神位

●老洲曰體魄之未返而虛葬謂非禮設壇行祭云此實出於哀痛惻怛迫不得已也

●近齋曰聞守道公非大君云非大君則不得稱別子不成爲百世不遷之位儀禮家禮及國典皆如此不知貴宗諸人欲用別子不遷例者有何據耶至壇壝赤或以一道而而又有難行者墳墓雖失傳而禹祭酒之祀壇猶以故宅遺墟之尙存也金太師之墓壇以舊山洞名之可徵也如守道公則設壇實無處所欲於宗子家築壇則旣非不祧之位其宗子爲已毁之宗築壇其家恐涉無義

●梅山曰古者無墓祭祭墓者爲壇盖神道尙幽不可逼瀆塋域故通典亦云宜設於塋南山門之外然今已

成俗有難從古若至遠祖考妣墓之或傳或不傳者卽其所傳之地當遵望墓爲壇之禮如金太師墓坍之例並祭考妣而以右爲上恐爲處變而不失其正也

●剛齋曰子孫之於祖先神位之壇不當書姓字云爾則凡人家墓表其有不曰某公之墓者耶且此立石爲識神位則何以並書夫人墓况夫人墓則自當別有表石耶壇石面刻李公下宜有神位二字而厥之此爲未盡耳祭之各設豈壇與墓先後祭之之謂耶若然則非設壇於夫人墓右之意恐爲失於思量也

▶3816◀◈問; 묘 자리의 순서.

선생님께 말씀 드립니다. 가족 묘를 조성하려고 합니다. 묘 자리 순서에 문제가 생겨 질문을 드리게 되었습니다. 제 아버님세대의 문제입니다. 할아버님께서 두 번째 부인을 두어 아들을 두셨는데, 제 아버님보다 나이가 많았습니다. 물론 족보(族譜)에는 제 아버님이 장자로 되어있습니다. 큰아버지께서는 자손 없이 군(軍)에서 일찍 돌아가셨고, 작은아버지께서 그동안 큰아버지의 기제사를 별도로 모셔왔습니다. 물론 나머지 제사는 저희가 해왔고, 10 년전에 제 아버님께서 별다른 유훈(遺訓) 없이 돌아가셨습니다.

가족 묘를 조성하는 가운데 제 아버님과 큰아버지의 순서를 두고 작은아버지와 이견이 생겼습니다. 작은아버지는 나이가 많으니 큰아버지가 서열상 위라고 하시고, 저희 집은 여러 지인의 의견을 들어보니 제 아버님이 적자이기 때문에 당연히 순서상 앞에 자리하는 것이 맞다고 하여 이견이 생겼습니다. 이런 경우 어떤 것을 원칙으로 해야 하는 것인가요?

◈答; 묘 자리의 순서.

아래 아정(雅亭) 선생께서 서출(庶出)에 관한 말씀에서 나타났듯이 옛날에는 동족인(同族人) 취급도 하지 않고 천인(賤人) 취급을 하던 시대도 있었습니다. 그 시대에는 서모나 서출은 죽어 선산(先山)에 묻혀도 한 켠의 끝자락에 묻혀지는 경우가 흔하였으며 지금도 서모(庶母)가 자식 없이 죽은 이를 적자(嫡子)가 제사(祭祀)할 때 현(顯)자를 붙이지 않고 처제(妻弟) 이하에게 붙이는 망(亡)자를 붙여 지방을 쓰지요. 그러나 양편에 민감한 사안이라 여기서 그 당부를 확언하여 답을 드릴 수는 없으며 다만 가문의 법도에 따르시라는 말씀을 드릴 수 밖에 없습니다.

⊙族葬圖(족장도)

○葬者居東後葬者次其西不以齒爲序女之三殤列葬於北棄女還家亦祔焉先凡葬祖後者皆南首祖正北東西室二步男子長殤雖未娶亦居昭穆中殤已娶者亦然其未娶者與殤皆葬於此先葬居西後葬者次其東不以齒爲序

○凡陪葬者居東後葬者次其西不以齒爲序(범배장자거동후장자차기서불이치위서)

(向南首)
妾之孫玄==殤之女孫玄=====玄孫之殤=
○=○=○==○=○=○=======○=○=○=
妾之孫曾==殤之女孫曾=====曾孫之殤=
○=○=○==○=○=○=======○=○=○=
=妾之孫===殤之女孫=======孫之殤==
○=○=○==○=○=○=======○=○=○==后
==妾之子==殤之女=========子之殤====土
○=○=○==○=○=○=======○=○=○==壇

⊙陪葬凡(배장범)

=================祖=================
=========穆================昭=========
=五==四==三==次=長======長==次==三==四==五=
=列==賤==及==何==諸=====諸==論==貴==序==葬=
=葬==皆==適==房==孫=====子==適==賤==齒==於=
=於==序==庶==所==不=====不==庶==皆==列==此=
=此=齒=貴=出=分==========================

=五==四==三==次==長=====長==次==三==四==五=
====葬列齒序孫玄===========曾孫序齒列葬====
==================南=====================

○凡葬昭者以西爲上其正妻繼室及有子之妻合祔其墓之東妾與君稍南仍皆與夫同封祖及昭穆皆北首神道東西闊五步南合祔其墓之南妾與君稍南仍皆與夫同封凡葬穆者以東爲上其正妻繼室凡有子之妻

●周禮大司徒以本俗六安萬民二曰族墳墓註族猶類也同宗者生相近死相迫
●王制宗廟有不順者爲不孝不孝者君絀以爵註宗廟不順如紊昭穆之次失祭祀之時皆不孝也爵者祖宗所傳故絀爵焉
●程子曰葬之穴尊者居中左昭右穆而次後則或東或西亦左右相對而啓穴也下穴之位不分昭穆易亂尊卑死者如有知居之其安乎
●族葬圖說曰凡爲葬五世之塋當以祖墓分心南北空四十五步使可容昭穆之位分心空五十四步可容男女之殤位今取墓大夫冢人之義參酌時宜爲之圖蓋祭止高曾祖考親親也葬則以造塋者爲始祖子不別適庶孫不敢卽其父皆以齒別昭穆尊尊也曾玄而下左右祔以其班也昭尙左穆尙右貴近尊也妻繼室合祔其夫崇正體也男子長殤居成人之位爲父之道也中下之殤處祖後示未成人也序不以齒不期夭也祖北不墓避其正也葬後者皆南首惡趾之向尊也妾無子猶陪葬以恩終也
●曲禮振書端書於君前有誅倒筴側龜於君前有誅細註嚴陵方氏曰倒龜有背面故曰側倒筴側龜與振書其過非大然皆有誅疑若已甚蓋以群臣之衆而奉一人之尊不可不禮也
●韓非子難言雖賢聖不能逃死亡避戮辱者何也則愚者難說也且至言忤於耳而倒於心註忤逆也倒反也
●史記平津侯主父傳合從以逆京師今以法割削之則逆節萌起前日鼂錯是也
●荀子非十二子言辯而逆古之大禁也註逆者乖於常理
●孟子滕文公當堯之時水逆行氾濫於中國註水逆行下流壅塞故水倒流而旁溢也下下地上高地也營窟穴處也細註慶源輔氏曰此一亂純由乎氣化也○雲峯胡氏曰自開闢至于堯之時不知幾治亂斷自堯起有徵也降水自繫乎氣化而曰警余未嘗不反而求諸人事也所以此一亂卽轉而爲一治也
●國語晉語君問而陳辭未退而逆之何以事君註逆反也
●左傳文公秋八月丁卯大事于大廟躋僖公逆祀也杜走僖是閔兄不得爲父子嘗爲臣位應在下令居閔上故曰逆祀
●後漢書蘇竟楊厚傳八魁上帝開塞之將也主退惡攘逆
●書經太甲有言逆于汝心必求諸道有言遜于汝志必求諸非道註鯁直之言人所難受巽順之言人所易從於其所難受者必求諸道不可遽以逆于心而拒之於其所易從者必求諸非道不可遽以遜于志而聽之以上五事蓋欲太甲矯乎情之偏也
●尤庵曰墓地旣曰倒用則可見其違理矣况有程子正論復何疑乎
●陶庵曰壓監先葬龍尾勿論考妣皆極未安義理所不安處則寧不葬不可行也
●雅亭曰嘲侮庶族大是夷貊之風雖曰庶出自祖先視之則均是子孫其可侮之乎甚至幼少者戲打白首祖叔之行者盍少反思之

▶3817◀◈問; 묘제 때 비가 와서 집에서 지내게 되었을 때 축문 쓰는 법.

묘제 때 비가 와서 부득이 집에서 지내게 되었을 때는 축문을 어떻게 써야 하는지 알고 싶습니다. 답변 부탁 드립니다. 수고하십시오.

◈答; 묘제 때 비가 와서 집에서 지내게 되었을 때 축식은 없습니다.

陶菴曰歲一祭或遇雨則差退日字待晴上墓爲當至於紙榜行事恐違灑掃之意
도암 선생께서 이르시기를 묘제를 지낼 때 혹 비가오면 날짜를 물려 쾌청 하기를 기다려 날을 받아 묘제를 지내는 것이 마땅하지 지방으로 지내고 마는 것은 아마도 묘소를 깨끗이 청소를 하고 돌봐야 하는 뜻에도 어그러진 짓이니라.

위와 같이 살펴 볼 때 묘제는 집에서 지내는 것은 예에 어긋납니다. 따라서 집에서의 묘제(墓祭) 축문식은 없습니다. 단 묘제 날 우천 시는 묘하 재사에서는 합제를 하는 예법은 있습니다.

○齋舍合祭(재사합제); 退溪曰同原許多墓各行祭之弊世多有此愚意不如掃視墓域後以紙牓合祭於齋舍無舍卽設壇以行之可免瀆弊而神庶享也

每於俗節日候和暖與祭之人年少方壯則同原諸墓徐徐行祭無甚煩瀆而或風雨發作或老衰疲困陞降拜跪一墓將事尙云勞攘况諸位乎齋舍之軒紙榜行祭恐爲便宜若器皿不足倚卓未備各祭諸位亦可

○每祭畢焚紙牓(매제필분지방)

◎祝式; 維歲次云云 顯幾代祖考 顯幾代祖妣某氏之墓氣序流易歲律旣更(寒食雨露旣濡端午時物暢茂秋夕白露旣降) 瞻掃封塋不勝感慕(考妣墓前昊天罔極)謹以淸酌庶羞祗薦歲事尙 饗

●性理大全遞遷條祭二世以下祖親盡及小宗之家高祖親盡則遷其主而埋之其墓田則諸位迭掌而歲率其子孫一祭之

●朱子曰古者不墓祭非有所略也盖知鬼神情狀不可以墓祭也神主在廟而墓以藏體魄體魄之藏而祭也

●通典神道尙幽不可逼黷宜於塋南山門之外設淨席爲位遙祭若一塋數墓每墓各設位昭穆異列以西爲上

●或問墓祭或東西埋葬丘壠峻險往來倦疲恐有怠慢之氣而日亦不繼或厥日終雨則將何以爲之預搆一屋於墓側若遇如此時依時祭儀合祭一所如何退溪曰善

●問族葬列位若欲次第行祭則登降累原恐筋力疲而誠敬弛又恐祭物新餕或雜冷煖有異先詣墓所奠杯引靈而以紙牓合祭於齋宮何如退溪曰無妨設壇於淨地而合祭何如曰尤是

●張南軒答朱子書古者不墓祭非有所略也盖知鬼神情狀不可以墓祭也神主在廟而墓以藏體魄體魄之藏而祭也

●開元禮寒食上墓如拜掃儀惟不占日○孔子許向墓遙爲壇以時祭卽今之上墓義或有憑然神道尙幽不可逼瀆塋域宜設於塋南山門之外設淨席爲位遙祭以時饌如平生所嗜若一塋數墓每墓各設位昭穆異列以西爲上主人盥手奠爵三獻而止泣辭

●或問今拜掃之禮何據曰此禮古無但緣習俗然不害義理葬只是葬體魄而神則必歸於廟旣葬則設木主旣除几筵則木主安於廟故古人惟專精祀於廟今亦用拜掃之禮但簡於四時之祭也

●寒岡曰世俗之行墓祀於神主者亦似未安是神主祭也非墳墓祭也

●退溪曰同原許多墓各行祭之弊世多有此愚意不如掃視墓域後以紙牓合祭於齋舍無舍卽設壇以行之可免瀆弊而神庶享也

●顧齋曰古人臨祭而雨沾服失容則止若有齋舍及墓下潔淨之家就彼行事似無不可會見通典以設祭墓前爲瀆以此觀之則雖不雨行祀於山下亦可

●葛菴曰墓祭有雨水之礙則就齋舍設紙牓行事亦何害若就祠堂行祭則恐無意也

●朱子答王晉輔書曰墳墓非如古人之族葬若只一處各爲一分而遙祭之亦似未安不如隨俗各祭之爲便壽一依此說前期行事於各位墓所或値天雨或別有他故則何以爲之欲從權設行於神主則別出主爲未安用紙榜望墓設位而行之如何墓祭未畢而有雨水之礙則就齋舍設紙榜行事亦何害若就祠堂行祭則恐無意也壽一先塋連葬八九代子孫繼葬多至十餘派墓祭時各派子孫各祭后土否抑宗派獨主之否宗子有時不得上墓則土神之祭全然廢闕未安何以則得中耶一山之內宗子旣祭土神則支子孫各祭土神似甚煩瀆矣若宗子有故不得上墓而使支子孫代行先祖墓祭則土神之祭亦攝行似無妨矣

●曾子曰推牛而祭墓不如鷄豚逮親存也孟子云東郭墦間之祭可見自古有行者而無儀節之論定豈以魂依於主魄依於壙祭魂於廟不祭魄於墓墓則但以時節展省而設席陳饌以祭后土於墓左耶義起之禮亦緣情而生則拜掃之時略薦酒果亦足伸情多備盛饌亦非有據於祭禮也

●曾子問曰望墓爲壇以時祭䟽曰惟可望近所祭者之墓而爲壇以四時致祭也據此則墓側齋舍行祭與其望近所祭者之墓爲壇以祭之遺意似無相悖何可謂專無出往山下之意耶雖然紙榜行事最近祭主之義至於上墓設祭則雖有時制之可據如非不得已似不必行之未知崇旨以爲如何

●錦谷曰同原有許多墓所或各在稍遠之地阻雨水勢難趁卽行之則倣朱子前期行事寧退以明日當無妨至於紙榜合祭於齋舍亦有設壇望祭之可據而猶未若退日躬行於墓前也

▶3818◀◈問; 묘제를 지낼 때 절하는 순서.

생활의 예에서는 항렬과 나이가 우선 한다는 말씀 지당하십니다. 다만 조상의 묘에 가서 간단히 제례상을 차리고 절하는 것과 명절 때 산소에 가서 차례를 지내는 것 또한 제사를 지내는 것과 다름없다 생각되어 장남인 제가 누나와 매형보다 먼저 절을 하는 것이 맞다고 생각되어졌는데요. 그럼 이러한 경우는 제례에 포함 되는 것이 아닌지요? 생활의 예로 보는 것이 맞는지요?

◈答; 묘제를 지낼 때 절하는 순서.

상제례에서 헌관의 자격에서야 물론 누나나 자형보다 주인(장남)이 모든 예에서 우선입니다. 그러나 성묘 때 자리가 넓다면 일동이 皆拜일 것이나 배석이 협소하여 그 선후 순서를 정함에 출가한 여식들은 喪服에서도 남자형제들 보다 한 등급 감하니 이와 같은 次例에서도 남자형제들 뒤가 옳다 할 수도 있을 것이나 그러나 이와 같은 순서의 선후를 정함에는 존비경중에 의함이 옳지 않을까 합니다.

만약 성묘(省墓)가 아니고 묘제(墓祭)였다면 당연히 부친이 초헌관(初獻官)이 되고 선생이 아헌관(亞獻官) 아우나 자형이 종헌관(終獻官)이 되고 그렇지 않으면 누나와 자형은 제원으로서 참사신배 뿐이 되겠지요. 묘제에는 부녀자들은 참석하지 않습니다.

●朱子家禮墓祭參神降神初獻; 如家祭之儀○又亞獻終獻; 並以子弟親朋薦之
●朱子家禮墓祭亞獻終獻; 並以子弟親朋薦之

▶3819◀◈問; 묘제를 한번에 지내려 하는데요.

자세하고 친절하신 가르침에 정말 감사 드립니다.

묘제로 모시려면 고조와 증조를 한번에 모시려 합니다 이때 묘제의 순서와 축문 등이 궁금합니다. 번거롭게 해서 죄송합니다. 이0인

◈答; 합제에 대하여.

아래는 묘제 홀기로 다수의 제원이면 본 홀기로 진행함도 정중하게 예가 진행 될 것입니다

⊙墓祭笏記(묘제홀기)(笏唱席墓西東向)

序立(西上北上)○行參神○鞠躬拜興拜興平身○行降神(行主人及執事者)○盥洗(主人)○詣香案前○上香再拜○酹酒(執事者盥洗俱助)○俯伏興拜興拜興平身○行初獻禮○主人詣香案前跪○奠酒○三祭○啓飯蓋揷匙正筯○詣讀祝位○跪(皆跪)○讀祝○俯伏興(皆興)○復位(主人不動)○鞠躬拜興拜興平身(主人拜)○復位○徹酒○行亞獻禮○盥洗○詣香案前跪○奠酒○三祭○俯伏興拜興拜興平身○復位○徹酒○行終獻禮○盥洗○詣香案前跪○奠酒○三祭○俯伏興拜興拜興平身○復位○行侑食(主人執注添酌)○進熟水○下匙筯合飯○行辭神○鞠躬拜興拜興平身○焚祝文○禮畢

⊙묘제축문식(墓祭祝文式)

維 歲次干支幾月干支朔幾日干支某親(考妣云孝子祖考妣云孝孫曾祖考妣云孝曾孫高祖考妣云孝玄孫親盡祖考妣云幾代孫妻云夫旁親卑幼則隨屬稱)某官某(弟以下不名)敢昭告于(妻去敢字弟以下但云告于)顯某親某官府君(或顯某親某封某氏合窆位則列書妻云亡室卑幼改顯爲亡去府君二字)之墓氣序流易雨露旣濡(寒食云云歲時改此句爲歲律旣更端午云時物暢茂秋夕云白露旣降十月朔云霜露旣降)瞻掃 封塋不勝感慕(考妣改不勝感慕爲昊天罔極旁親爲不勝感愴妻弟以下云不勝哀戚)謹以(妻弟以下玆以)淸酌庶羞祗薦(旁親云薦此妻弟以下云陳此)歲事尙 饗

위 축문을 묘제축으로 대체로 모든 묘제에 응용할 수 있습니다. (괄호 내 설명대로 따르면 제주와의 관계에 딸아 변개 시키고 계절에 딸아 수정하면 누구든지 어느 시절이든지 활용이 가능할 것입니다)

▶3820◀◈問; 묘제시 참신을 하고 강신을 하는 지의 질문.

유튜브상으로 제례에 대하여 많은 동영상이 있습니다. 한평 tv 에 묘제시에는 묘에는 선조의 체백이 있기에 참신을 먼저하고 강신은 뒤에 한다고 설명을 하고 있습니다. 도대체 어느 것이 옳은지 제례는 정말 어렵습니다.

묘(墓)에 조상(祖上)이 계시는데 강신(降神)을 하는 것은 아니다 라는 사람도 잇습니다. 그런데 강신이란 향을 피워서 혼을 부르고 술을 땅에 부어서 잠자고 계신 백을 부르는 행위라고 생각 합니다. 그렇다면 사당제사나 묘제 시나 모두 강신례를 먼저 행하는 것이 맞지 않는지요.

혼과백을 불러 놓고 제사를 지내야지 그냥 절부터 하는 것은 돌부처에게 절하는 것과 마찬가지 아닌가요? 왕실에서는 어떻게 행하여 왔는지에 대해서도 답변 부탁 드립니다.

◈答; 問 1.答;

◈주자가례(朱子家禮) 신주제(神主祭)

●質明奉主就位; 詣祠堂焚香告辭出就位 先参後降

◈주자가례(朱子家禮) 묘제(墓祭)

●厥明灑掃; 詣墓所再拜哀省三周其有草棘灑掃訖復位再拜 先参後降

사당(祠堂)에서 예(禮)를 갖추고 정침(正寢)으로 신주(神主)를 옮김 까닭에 선참후강(先参後降)으로 행함.

◈격몽요결(擊蒙要訣) 신주제(神主祭)

●質明奉主就位; 詣祠堂序立再拜訖焚香告辭奉主就位 先参後降

◈격몽요결(擊蒙要訣) 묘제(墓祭)

●厥明詣墓所再拜哀省三周其有草棘灑掃訖復位再拜 先降後参

이상의 두 예(禮)를 살펴보게 되면 묘제(墓祭)에서 선참후강(先参後降) 선강후참(先降後参) 예(禮)중 어느 예(禮)를 택할 것인가는 스스로 결정하게 될 것입니다.

問 2.答; 제사에서의 절은 공경의 의미로 재배하게 됩니다.

●玉藻士親皆再拜稽首送之(鄭玄注)敬也

●論語鄉黨;問人於他邦再拜而送之(註)拜送使者如親見之敬也(辭源註)表示恭敬的禮節

●二程全書四時祭初獻條免伏興再拜

●溫公書儀祭參神條位定俱再拜

●家禮四時祭參神條立定再拜

●開元禮皇帝仲春中秋上戊祭大社奠玉帛參神條條在位者皆再拜

●大明集禮太廟時享儀參神條皇太子以下皆鞠躬拜興拜興平身

▶3821◀◈問; 묘제에 관하여.

안녕하세요. 항상 고개 숙여 감사하고 있습니다. 2002/9/27[답변] 번호 268 관련 질의 에 관련한 질의입니다.

1. 답변 2 에 가르쳐주신 세일제 추모라 하시면 어떻게 모셔야 하는지 구체적으로 알려 주실 수 있는지요.

◈答; 묘제에 관하여.

수차 답변컨대 예법에 묘제는 묘 앞에서 지내는 제사가 묘제인데 묘가 없으니 봉사 세대(친진조)가 지난 조상의 제사는 별달리 받들 예법으로는 없는 것 같습니다. 다만 지난날 답변한 내용은 귀하의 간절한 소망이라면 예법에 합당 여부를 차제 하고 조상을 받들어 귀하의 소원을 성취 하여 지극하게 조상을 섬긴다면 오히려 귀감이 될 것이라는 함축된 답변입니다. 예법에 합당 여부를 차제 한다 함은 귀하와 같은 지성이면 예법에는 맞지 않으나 하늘도 감동함이니 감히 예법 운운 할 수 없지 않은가 라는 뜻입니다.

세일제 추모라 함은 일년에 한번 제사 한다 함인데 그와 같은 예법은 전래 됨이 없으니 예법은 물론이며 축식도 없습니다. 전래되는 예법과 축식을 습독함이 없으니 이상 도움을 줄 수가 없음을 안타깝게 생각할 따름 입니다.

귀하와 같은 애절함이면 예법이 장애가 될 수 없으리라 생각 되며 그 자체가 예법이 될 수도 있는 것입니다. 더욱이 체제와 상제를 논할 수 있는 훌륭한 분이라 생각 됩니다.

묘를 실전하였거나 죽은 시체를 찾지 못하여 묘가 없을 때 그 대용 수단으로 단을 모으고 그에서 지내는 설단제 예법이 아래와 같이 있습니다. 이를 소개하여 들입니다.

◎단비식(壇碑式)

○壇碑文式(단비문식); 某官某號某姓某諡公祭壇

●大成壇實錄設壇位次正壇神位碑文條○集羣聖大成至聖先師孔夫子文宣王祭壇○又別壇神位碑文條○集羣賢大成先師晦庵朱子徽國文公祭壇○集羣儒大成先師贈領議政栗谷李子文成公祭壇○倡明禮學大成先師贈領議政沙溪金文元公祭壇○立紀明倫大成先師延平府院君贈領議政默齋李忠定公祭壇

◎단(壇) 지방식(紙牓式)

●皇壇增修儀紙位圖說紙用箋文紙長一尺二寸廣四寸祀後燎之

太祖開天行道肇紀立極大聖至神仁文義武俊德成功高皇帝神位
神宗範天合道哲肅敦簡光文章武安仁止孝顯皇帝神位
毅宗紹天繹道剛明恪儉揆文奮武敦仁懋孝烈皇帝神位

●望祀錄設壇祭笏記

禮儀淸肅○衆昭衆穆○致敬盡誠○獻官祝及諸執事詣盥洗位○盥洗○入就神壇前拜位○敍立○陳設進饌○賛引引首獻入就神壇前拜位○跪○焚香○俯伏○興○再拜○跪○酹酒降神○俯伏○興○再拜○退復位○獻官以下皆參神再拜○行首獻禮○各執事奉神位前盞盤斟酒進首獻官○首獻受而祭酒○以盞授執事○執事受而奠于神位前○揷匙正箸○祝跪于首獻之左讀祝(首獻官以下皆跪)○首獻以下皆興○祝官退復位○首獻俯伏○興○再拜○執事退酒○行亞獻禮○賛人引亞獻入就神壇前○跪○執事奉神位前盞盤斟酒進亞獻○亞獻受而授執事○執事受而奠于神位前○亞獻俯伏○興○再拜○退復位○執事退酒○行終獻禮○賛人引終獻入就神壇前○跪○執事奉神位前盞盤斟酒進終獻○終獻受而授執事○執事受而奠于神位前○終獻俯伏○興○再拜○退復位○獻官以下望壇揖拱侑食小頃○祝徹羹進熟水○祝詣首獻前揖告成事○首獻答揖○執事徹匙著合飯盖○退復位○獻官以下皆再拜辭神○執事撤床

⊙설단축식 예문.

●壇所開基祝文(단소개기축문)

云云飛鳳之陽竹溪之上曰有某里某氏幾代祖肇基於此克昌克熾分爲三房顯于麗代疊瑛重璠于後雲仍分析流離自阻鄕園累世塋域馴致失奠慟在遺孫某水某邱諏訪備盡湲目未遇惟徵古禮設壇報祀順原君始三房繼修乃築乃堵四賢舊閭顧惟二房雖甚零殘敢忘厥初乃占吉地築土爲時大壇孔邇茲屬始役式陳菲薦永垂陰佑云云

●設壇祝文(설단축문)

維 歲次某甲某月某甲朔某日某甲後孫(或幾代孫)某敢昭告于 孝子某官(烈婦則烈夫某封某貫某氏合壇則列書)之靈今爲望祀奄臨將行祀事謹涓吉日先封孝位(烈婦則烈位)之壇伏惟 尊靈庶幾降臨謹以酒果用伸虔告謹告

●考祭築壇後慰安祝文(고제축단후위안축문)

維 歲次干支幾月干支朔幾日干支幾代孫某敢昭告于 顯幾代祖考某官府君之靈云云此心終焉死綏哀玆矢復無處尋屍遵禮不墓幾世于玆每修歲事紙榜木碑忠魂義魄於何攸宜感慕不寧愈久愈深某山之陽世葬斯爲夫人孤墳窆玆幾時築壇其右靈或有知禮有此禮質之無疑伏惟 尊靈憑斯依斯

●考祭築壇後土地祭祝文(고제축단후토지제축문)

維 歲次干支幾月干支朔幾日干支某官姓名敢昭告于 土地之神某官姓名幾代祖考某官府君昔在亂離立慬帶方招魂非禮不敢以墓玆築神壇于幾代祖妣某封某氏之墓右 神其保佑俾無後艱謹以淸酌脯醢祗薦于神尙 饗

●事物紀原集類禮祭郊社部壇墠條左氏注曰除地爲墠築土爲壇書金縢武王有疾周公爲三壇同墠黃帝內傳乃有築壇墠事是爲其制起自黃帝

●莊子山木篇爲衛靈公賦斂以爲鐘爲壇乎郭門外疏鐘樂器名也言爲鐘先須設祭所以爲壇也釋文爲壇但丹反李云祭也禱之故爲壇也

●國朝五禮儀社稷壇圖說條社稷(社土神稷穀神)壇在都城內西社在東稷在西兩壇各方二丈五尺高三尺四出陛各三級壇飾隨方色燾以黃土社有石主長二尺五寸方一尺國社國稷神座並在南北向后土氏配國社后稷氏配國稷各在正位之左近北東向○按壇上石主刻文國社之神配后土之神國稷之神配后稷之神

●國朝五禮儀一冊圖式三十板社稷壇三十一板風雲雷雨山川城隍壇三十二板靈星壇各位皆稱某之神

●皇壇儀大報壇祝式云云敢昭告于神宗範天合道哲肅敦簡光文章武安仁止孝顯皇帝伏以云云○大報壇紙牓式神宗範天合道哲肅敦簡光文章武安仁止孝顯皇帝神位

●老洲曰體魄之未返而虛葬謂非禮設壇行祭云此實出於哀痛惻怛迫不得已也

●近齋曰聞守道公非大君云非大君則不得稱別子不成爲百世不遷之位儀禮家禮及國典皆如此不知貴宗諸人欲用別子不遷例者有何據耶至壇壝赤或以一道而而又有難行者墳墓雖失傳而禹祭酒之祀壇猶以故宅遺墟之尙存也金太師之墓壇以舊山洞名之可徵也如守道公則設壇實無處所欲於宗子家築壇則旣非不祧之位其宗子爲已毁之宗築壇其家恐涉無義

●梅山曰古者無墓祭祭墓者爲壇盖神道尙幽不可逼瀆塋域故通典亦云宜設於塋南山門之外然今已成俗有難從古若至遠祖考妣墓之或傳或不傳者卽其所傳之地當遵望墓爲壇之禮如金太師墓坍之例並祭考妣而以右爲上恐爲處變而不失其正也

●剛齋曰子孫之於祖先神位之壇不當書姓字云爾則凡人家墓表其有不曰某公之墓者耶且此立石爲識神位則何以並書夫人墓况夫人墓則自當別有表石耶壇石面刻李公下宜有神位二字而厥之此爲未盡耳祭之各設豈壇與墓先後祭之之謂耶若然則非設壇於夫人墓右之意恐爲失於思量也

▶3822◀ ◈問; 묘제에 관해서 질문 드립니다.

수고 많으십니다. 항상 좋은 글 올려 주셔서 감사 드립니다.
다름이 아니라 제 부친께서 음력 12 월 23 에 작고 하셨는데 절에서 49 제를 지내고 급한 일이 있어서 묘제 탈상은 하지 못했습니다. 그런데 스님께서 다른 날 잡아서 묘제를 드려도 된다고 해서 이번 주 일요일에 4 월 10 일에 묘제를 지내려고 합니다.

1. 묘제를 지낼 때 절차가 있는지요 아님 기제사와 같이 하는지요?
2. 토신제 및 선영제도 지내야 하는지요?
3. 절에서 49 제 막제를 지내면서 탈상을 했는데 탈상축문으로 고해야 하는지요?
4. 축문 어떻게 써야 하는지요?

◈答; 묘제에 관해서.

問 1. 答; 기제사와 대동소이합니다. 대개 산야의 들 제사에서는 집에서의 제사 예법에서 보다 간략하게 합니다. 그 예법은 아래에 첨부하였습니다.

問 2. 答; 토신제는 지내며 선영의 관계가 어찌 되는지는 모르겠으나 같은 산에 친조가 계시면 먼저 약설하고 단잔 재배 후 내려와 예를 갖추어야 할 것 같습니다.

問 3. 答; 이제는 묘제 축문으로 고해야 할 것 같습니다.

問 4. 答; 축문식은 다음에 있습니다.

◎묘제 지내는법.

친미진(親未盡: 父~高祖) 묘제(墓祭)는 3 월 상순에 택일(擇日)하여 지냅니다. 주인(친진 묘제 주인은 최존항 장자)은 집사자(執事者)들을 데리고 묘소로 가서 재배를 하고 몹시 슬퍼하며 영역을 서너 바퀴 돌며 살피고 벌초(伐草)를 하지 않았으면 초목을 낫 도끼 호미로 자르고 캐낸다. 청소를 마쳤으면 제자리로 와서 재배한다. 또 묘 왼편에 산신제 지낼 터를 손질한다.

참신 이전의 예법은 기제사와 같은데 진찬의 예와 진적의 예가 모두 생략 됨으로 첫 진설시 모두 갖추어 차려 놓습니다.

☞네이버 · 다음 등 엡사이트에서 제공하는 [주자가례 전통예절] 제5편 제례 제7절 묘제에 상세한 예법이 상술되여 있습니다. 참조하시기 바랍니다☜

●尤菴曰家禮則毋論親盡未盡只於三月一祭之而已
●南溪曰五禮儀大夫士時享註雖不明言俗節當行墓祭而山陵則實行之今俗所謂四名日殆原於此也

▶3823◀◈問; 묘제 절차와 순서를 알고 싶습니다.

4 월 3 일 산에 가서 제사를 지내려고 합니다. 4 대조 5 대조 조상님께 드리려 하는데요. 절차와 순서 축문을 알고 싶어서 늦은 시간에 문의 드립니다. 감사합니다.

◈答; 묘제 절차와 순서.

⊙묘제(墓祭) 생략(省略)

☞묘제 예법은 네이버 · 다음 등 엡사이트에서 제공하는 홈페이지 [주자가례 전통예절] 제례편 제7절 묘제에 상세한 예법이 상술되여 있습니다. 참조하기 바랍니다.☜

◎墓祭笏記笏唱席墓西東向

序立(西上北上)○行參神○鞠躬拜興拜興平身○行降神(行主人及執事者)○盥洗(主人)○詣香案前○上香再拜○酹酒(執事者盥洗俱助)○俯伏興拜興拜興平身○行初獻禮○主人詣香案前跪○奠酒○三祭○啓飯蓋揷匙正筯○詣讀祝位○跪(皆跪)○讀祝○俯伏興(皆興)○復位(主人不動)○鞠躬拜興拜興平身(主人拜)○復位○徹酒○行亞獻禮○盥洗○詣香案前跪○奠酒○三祭○俯伏興拜興拜興平身○復位○徹酒○行終獻禮○盥洗○詣香案前跪○奠酒○三祭○俯伏興拜興拜興平身○復位○行侑食(主人執注添酌)○進熟水○下匙筯合飯○行辭神○鞠躬拜興拜興平身○焚祝文○禮畢

▶3824◀◈問; 묘제 축문.

모 간지 기월 기일 모친 모관 모는 감히 공경하옵는 모친 모관 부군의 묘소에 고하나이다에서 (모친 모관 부군)의 모는 제주를 칭하는지요 또 부군은 무엇을 칭하는지요. 그리고 아래는 축문 쓸 때 답변 중에서 퍼온 글인데 궁금함이 있네요.

귀댁의 가속이 향관(鄕貫)을 쓰면 성씨 앞에 관을 쓰며 병제하지 않으면 현조고모관부군과 현조비 휘일부림에서 현조비를 쓰지 않으면 되겠지요.

궁금점; 저는 수원 이씨인데 위에 현조(비)를 뺀다면 수원 이씨 학생부군) 하면 되는지요. 또한 지방을 쓸 때에도 현조나 현고 등의 대신에 관향을 써도 되는지요. 답변 주시면 감사하겠습니다.

◈答; 묘제 축문.

귀하의 의문은 다음과 같은 세 가지인 것 같습니다.

1), 모 간지 기월 기일 모친 모관 모는 감히 공경하옵는 모친 모관 부군의 묘소에 고 하나이다 에서 (모친 모관 부군)의 모는 제주(祭主)를 칭하는지요 또 부군(府君)은 무엇을 칭하

는지요

2), 그리고 아래는 축문 쓸 때 답변 중에서 퍼온 글인데 궁금함이 있네요.

귀댁의 가속이 향관(鄕貫)을 쓰면 성씨 앞에 관을 쓰며 병제하지 않으면 현조고모관부군과 현조비 휘일부림에서 현조비를 쓰지 않으면 되겠지요.

궁금 점; 제는 수원 이씨인데 위에 현조(비)를 뺀다면 수원 이씨 학생부군) 하면 되는지요,

3), 또한 지방을 쓸 때에도 현조나 현고 등의 대신에 관향을 써도 되는지요

1, 의문
모친~~모시고자 하는 조상과 제주와의 관계.
모관~~모시고자 하는 조상의 생전 최종 관직의 품계 명.
부군~~망부(亡父) 이상 바깥 조상에 대한 존칭.

2), 의문
가속에 딸아 향관을 여자 에게만 씁니다

3), 의문
가례(家禮)는 불서관(不書貫) 이나 혹 가문에 딸아 관향을 쓰고 있는 듯 합니다. 적처(嫡妻) 한 분이었거나 재삼취(再三娶)를 취할 때는 동성불취(同姓不娶)였으니 성(姓)이 같을 수 없어 성씨만으로 분별이 가능하였으니 향관(鄕貫)을 쓸 까닭이 없으나 매산 선유 설(梅山先儒說)에 의하면 우리나라 습속에 동성이관(同姓異貫)이면 취처(娶妻)하였으니 재삼취(再三娶)가 동성(同姓)일 때는 관향(貫鄕)을 써 분별한다는 것입니다. 다만 재삼취(再三娶)가 없거나 있다 하여도 이성(異姓)이면 불서관(不書貫)이라는 것입니다.

●尤庵曰妣位只書某氏而不書鄕貫自銘旌神主誌石石碑而皆然
●南溪曰題主家禮本文無書姓鄕之文俗論雖非之恐不可從
●厚齋曰婦人題主不書姓貫當從家禮
●渼湖曰婦人題主不書貫尤翁有定論遵而行之有何不可
●梅山曰古者不娶同姓故婦人不書姓貫東俗娶異貫之同姓故書貫以別之旣是異姓則當不書貫

▶3825◀◈問; 묘제 축문 문의.

정말 좋은 홈이네요. 많은 도움이 되었습니다. 한 가지 궁금한 점이 있는데 한식과 시향의 축문이 같은지요. 선친께서 계실 때 다르게 쓰신 것 같은데 기억이 잘 안 나네요. 인터넷을 뒤져봐도 한식축문은 별도로 나와있지가 않아서 혼란스럽습니다. 도움을 부탁 드립니다.

◈答; 묘제 축문.

⊙墓祭祝文式(한식묘제축문식)

維 歲次癸未三月乙巳朔初五日己酉某親(考妣云孝子祖考妣云孝孫曾祖考妣云孝曾孫高祖考妣云孝玄孫親盡祖考妣云幾代孫妻云夫旁親卑幼則隨屬稱)某(弟以下不名)敢昭告于(妻去敢字弟以下但云告于)顯某親某官府君(或顯某親某封某氏合窆位則列書妻云亡室卑幼改顯爲亡去府君二字)之墓氣序流易雨露旣濡(寒食云云歲時改此句爲歲律旣更端午云時物暢茂秋夕云白露旣降十月朔云霜露旣降)瞻掃 封塋不勝感慕(考妣改不勝感慕爲昊天罔極旁親爲不勝感愴妻弟以下云不勝哀戚)謹以(妻弟以下玆以)淸酌庶羞祗薦(旁親云薦此妻弟以下云陳此)歲事尙 饗

괄호내는 참고 문이니 축문에는 제 합니다.

아래와 같이 살펴보건대 성문화된 친진 묘제축(十月朔日)은 사례편람 이전의 예서에서는 발견되지 않으며 요즈음 대개의 가문에서 便覽의 친진 묘제 축식 보다는 家禮 축문식을 두루 시절에 맞게 응용 변개하여 사용하고 있지요.

⊙墓祭祝文式(묘제축문식)

云云某親某官府君之墓氣序流易雨露旣濡(備要寒食云云歲時改此句爲歲律旣更端午云時物暢茂秋夕云白露旣降三禮儀十月朔云霜露旣降)瞻掃 封塋云云

⊙親盡墓祭祝文式(친진묘제축문식)(便覽)

維 歲次干支幾月干支朔幾日干支幾代孫某官某敢昭告于 始祖考(或先祖考或幾代祖考或始祖妣或先祖妣或幾代祖妣)某官府君(或某封某氏合窆位則列書)之墓今以草木歸根之時追惟報本禮不敢忘瞻掃 封塋不勝感慕謹以淸酌庶羞祗薦歲事尙 饗

●便覽親盡祖墓祭韓魏公禮十月一日祭之恐得宜

아래와 같이 살펴보건대 원조묘(친진조) 묘제 축문은 친미진조(고조이하)와 같이 원축이 없어 그 축 형식이 다양합니다.

⊙墓祭祝文(묘제축문)(七峯)

維 歲次干支幾月干支朔幾日干支幾代孫某敢昭告于 顯幾代祖考某官府君 顯幾代祖妣某封某氏之墓儀形旣遠風韻猶昨斯文淂力于後永錫霜露交成春秋代易撫舊追遠感慕曷極謹以淸酌脯醢式陳明薦尙 饗

⊙十月行禮墓祭祝(시월행례묘제축)(梅山)

維 歲次干支幾月干支朔幾日干支幾代孫某敢昭告于 顯幾代祖考某官府君(或幾代祖妣某封某氏合窆位則列書)之墓歲序流易時維高秋瞻掃 封塋不勝感慕謹以淸酌庶羞祗薦歲事尙 饗

⊙墓祭變改祝文(묘제변개축문)(退溪)

維 歲次干支幾月干支朔幾日干支孝仍孫某敢昭告于 七代祖某官府君世次迭遷於廟雖祧存者昭穆猶未至遙祧廟之禮禮云歲一因循俗例尙用四節散居子孫多未如儀惶恐改圖商的厥宜自今而後春秋兩次仍就齋菴謹行設位玆因秋奠敢告其故禮從減殺益愴霜露謹以淸酌庶羞祗薦歲事尙 饗

⊙祧墓歲一祭祝文(조묘세일제축문)(尤菴○親盡祖墓歲一祭祝好禮之家多用尤翁所製而亦有用便覽所載者故並參用○洞山曰歲一祭祝遂菴有所製曰禮制有限烝嘗已替瞻掃封塋不勝感慕謹以淸酌庶羞敬伸歲一之薦云云此似好而吾家則用人家秋夕墓祭祝氣序流易霜露旣降瞻掃封塋不勝感愴云云祗薦歲事云矣)

維 歲次干支幾月干支朔幾日干支幾代孫某(遂菴曰先薦歲一祭祝辭以最長房名書之可也)敢昭告于 顯某親某官府君(考妣含窆則雙書)之墓歲薦一祭禮有中制履玆霜露彌增感慕謹用淸酌庶羞祗奉常事尙 饗

⊙遠代墓歲一薦祝文(원대묘세일천축문)(尤菴曰宗子與父兄尊行同行遠祖之祭則神主已祧遷而其宗毁矣又按有宗子之名乎其祼獻之禮尊行當主之○按長房奉祀宗子雖親盡亦當會計旣有程子之訓則遠墓墓祭宗孫主之可也若宗子親盡而長房方奉祀則奉祀者主之固也)

維 歲次干支幾月干支朔幾日干支某代孫某敢昭告于 顯某代祖考某官府君 顯某代祖妣某封某氏之墓惟歲一薦禮有中制履玆霜露深增感慕敢以淸酌時羞祗奉歲事尙 饗(一云感物追慕無間遠近禮節有限惟歲一薦時維仲秋瞻掃封塋不勝感慕云云○一云禮制有限烝嘗已替瞻掃封塋不勝感慕謹以淸酌庶羞敬伸歲一之薦尙饗○時係孟冬禮惟一祭瞻掃封塋不勝感慕○問親盡之墓與未祧主同岡則節祀時有難處尤菴曰以吾家言之則先人墓與先祖墓相接四名日不可獨祭先人故亦以一獻之薦先設於先祖矣又問若以天雨行祀於齋舍則亦可並祭耶曰似不可以行祀於齋舍而有所異同也)

⊙墓祭祝文(묘제축문)(祝笏)

維 歲次某年十月朔日干支某代孫某官某敢昭告于 顯某代祖考某官府君 顯某代祖妣某封某氏之墓歲序遷易時又孟冬瞻掃 封塋不勝感慕代序雖遠遺澤尙新瀛洲先進首陽淸風歲擧一祭式薦明禋尙 饗(宗子三年內祭墓祝辭用常時措語(或云單獻無祝同春曰若舊墓同岡則使族人行之)○一說云禮有中制歲薦一祭履玆霜露彌增感慕○墓祭疏數變改告辭退溪云世次迭遷於廟雖祧存者昭穆有未至遙祧廟之禮禮云歲一因循俗例當用四節散居子孫多未如儀惶恐改圖商酌厥宜自今而後春秋兩次仍就齊庵謹行設

位兹因秋奠敢告其故禮從減殺益愴霜露○按朱子答李堯卿墓祭雖親盡而祭亦無害云而別無祝辭措語之別則以家禮所載祝辭推行於親盡之墓亦無妨故也吾家亦如是行之○愚伏祠堂告廢節日墓祭辭逐節上墓行之雖久禮實無据今人致隆於此而四時正祭或廢不行尤失聖人制禮之意今考朱子家禮東萊宗法止於寒食及十月上丁展掃封塋其餘節日則並就祠堂薦以時食擧廢之際不敢昧然行之玆因朔参用伸虔告)

●朱子曰有失先墓者雖知其墓在某山未能的知不得已望墓爲壇而祭之

●故進士宋某之墓不知其處其後孫尤菴卽其祖妣墓傍設壇而祭之其文曰禮經有去祧爲壇標榜之之文此不可謂無於禮者謹設右享之禮以爲幷薦之所其於禮義何幸無罪焉

●近齋答人問曰墳墓雖失傳禹祭酒之祀壇以故宅之遺墟尙存也金太師之墓壇以舊山前名之可徵也如守道公則設壇實無處所欲於宗家築壇則旣非不祧之位其宗子爲已毁之宗築壜其家恐掃無義

●鏡湖曰世或有失先墓者雖略知其墓之在某山某洞而猶未能的知爲先墓則不得已設壇於其傍而望祭者有之矣

●梅山曰遠祖考妣墓之或傳或不傳者卽其所傳之地當遷望墓爲壇之禮如金太師墓壇之例並祭考妣而以右爲上恐爲處變而不失其正也

●剛齋答人問曰子孫之於祖先神位之壇不當書姓字云爾則凡人家墓表其有不曰某公之墓者耶且此立石爲識神位祖壇石面刻李公下宜有神位二字而闕之此爲未盡耳

●失墓而築壇者壇石面刻皆曰某公之壇當依剛翁說書神位二字於之壇之上似爲宛轉

⊙先祖壇享祝文(선조단향축문)(遯山)

維 歲次干支幾月干支朔幾日干支幾代孫某敢昭告于 顯幾代祖考某官府君 顯幾代祖妣某封某氏伏以尙節西山淪迹某貫後裔迷藐塋未守護追惟報本禮不敢忘因用古禮望墓壇成謹以淸酌脯果恭伸奠獻尙 饗

⊙先祖祭壇祝文(선조제단축문)(杜史)

云云篤承前烈位躋上卿昭代耈獻世家精英陵谷易遷斧堂無徵禮重瞻掃愴切昆仍爰築祭壇汝南北岨上有先壙下是孫閭立石表位於彼於此履霜慨如歲虔以祀籩豆靜嘉粗伸慕仰英靈如水尙賜顧饗

▶3826◀◈問; 묘제 축문양식.

저는 돌아오는 4월 5일 한식 날 묘제(전사)를 올리는 사람입니다. 6대조부모는 묘제이고 7대조부모는 지단입니다. 축을 고하고자 하니 바른 축문을 부탁 드립니다. 6대조부모, 7대조부모 따로따로 부탁 드립니다. 감사합니다.

◈答; 묘제 축문양식.

⊙7대 조부모 묘제 축문식.

維 歲次乙酉二月癸巳朔二十七日己未七代孫철규(考妣云孝子祖考妣云孝孫曾祖考妣云孝曾孫高祖考妣云孝玄孫親盡祖考妣云幾代孫妻云夫旁親卑幼則隨屬稱某官某弟以下不名)敢昭告于(妻去敢字弟以下但云告于) 顯七代祖考某官府君(或顯某親某封某氏合窆位則列書妻云亡室卑幼改顯爲亡去府君二字)顯七代祖妣某封某氏之墓氣序流易雨露旣濡(寒食云云歲時改此句爲歲律旣更端午云時物暢茂秋夕云白露旣降十月朔云霜露旣降)瞻掃 封塋不勝感慕(考妣改不勝感慕爲昊天罔極旁親爲不勝感愴妻弟以下云不勝哀戚)謹以(妻弟以下玆以)淸酌庶羞祗薦(旁親云薦此妻弟以下云陳此)歲事尙 饗

⊙6대 조부모 묘제 축문식.

維 歲次乙酉二月癸巳朔二十七日己未六代孫철규敢昭告于 顯六代祖考某官府君 顯六代祖妣某封某氏之墓氣序流易雨露旣濡瞻掃 封塋不勝感慕謹以淸酌庶羞祗薦歲事尙 饗

⊙祭后土祝文式(제후토축문식)

維 歲次乙酉二月癸巳朔二十七日己未某官姓名敢昭告于 土地之神(家禮后土氏之神)철규恭(妻弟以下去恭字)修歲事于 七代祖考某官府君(或某親某封某氏卑幼去府君二字同岡最尊者云)之墓維時保佑實賴 神休敢以酒饌敬伸奠獻尙 饗

도암(陶菴)선생의 축문식에는 친진(親盡) 묘제축은 아래와 같으나 대개 친미진(親未盡) 묘제축으로 고하는 듯 합니다.

⊙親盡墓祭祝文式(친진묘제축문식)

維 歲次干支幾月干支朔幾日干支幾代孫某官某敢昭告于 始祖考(或先祖考或幾代祖考或始祖妣或先祖妣或幾代祖妣)某官府君(或某封某氏合窆位則列書)之墓今以草木歸根之時追惟報本禮不敢忘瞻掃 封塋不勝感慕謹以淸酌庶羞祗薦歲事尙 饗

학생과 모봉모씨는 기제사식과 같습니다.

▶3827◀◈問; 봉제할 근거란 구체적으로 어떤 것인가요.

머리 숙여 깊이 감사합니다. 답변 내용 중 궁금한 것이 있군요. 유교사상을 조금이라도 더 배우고자 질의하오니 이점 양해해 주십시오.

1. 봉제할 근거란 구체적으로 어떤 것인가요. 만일 시향을 지낸다면 묘가 파 되었을 때는 집에서 지내도 되는지요. 예로부터 내려오는 별도의 방법이 있는지요.

2. 시조(始祖)로부터 사대조(四代祖)까지라면 무슨 뜻인가요. 저의 대(代)부터 따지면 어떻게 되나요. 저의 경우는 고조부(高祖父)님 묘가 파 되어 3 대 봉사로 모시고 있습니다 감사합니다

◈答; 봉제할 근거란.

問 1. 答; 봉제사(奉祭祀) 할 근거(根據)란. 묘지(墓地)라는 뜻입니다. 파란 의미가 묘(墓)를 없애서 묘(墓)가 없다는 의미라면 묘제(墓祭)를 지낼 근거가 없으니 지낼 수가 없게 되겠지요.

問 2. 答; 묘제(시향)는 세일제(世一祭)로 혼(魂)을 체(體)에 환원시킨 조상과 혼(魂)을 사당에 봉안한 조상의 體에게 드리는 제사 입니다.

기제를 면한 5 대 이상은 혼을 체에 환원 즉 신주를 묘에 묻는 것이니 족보에 나타난 시조로부터 오대조까지입니다.

●程子曰高祖有服不祭甚非某家却祭高祖又曰自天子至於庶人五服未嘗有異皆至高祖服旣如是祭祀亦須如是
●朱子曰攷諸程子之言則以爲高祖有服不可不祭雖七廟五廟亦止於高祖雖三廟一廟以至祭寢亦必及於高祖但有疎數之不同耳擬此最得祭祀之本意今以祭法考之雖未見祭必及高祖之文然有月祭享嘗之別則古者祭祀以遠近疎數亦可見矣禮家又言大夫有事省於其君干祫及其高祖此則可爲立三廟而祭及高祖之驗
●退溪曰祭四代古禮亦非盡然後來程子曰高祖有服之親不可不祭朱子家禮因程子說而立爲祭四代之禮今人祭三代時王之制也力可及則通行恐無妨○又曰時王之制固當遵守而其祭四代亦大賢義起之禮國家之所不禁也但其疏數不同之說古者廟各爲一故可如此今同奉一堂之內而獨疏擧於高祖一位事多礙理○又答問曰今祭三代高祖已遷之後欲行合祭高祖禮則此於禮未有顯據恐當以紙榜設位祭之祭畢焚之時用春仲以倣立春祭先祖之禮如何
●經國大典文武官六品以上祭三代七品以下祭二代庶人則只祭考妣註宗子秩卑支子秩高則代數從支子
●晦齋曰按程子言高祖有服不祭甚非文公家禮祭及高祖盖亦本於程氏之禮然禮大夫三廟士二廟無祭及高祖之文故朱子亦以祭高祖爲僭且今國朝六品以上祭三代不可違也竊意高祖雖無廟亦不可專廢其祭春秋俗節率其子孫詣墓祭之庶無違禮意而亦不至忘本也
●頤菴曰時祭拘於國法止於曾祖墓祭忌祭並及高祖可也五世祖墓寒食秋夕祭之六世祖以上只寒食祭之

▶3828◀◈問; 사시제로 모셔야 할지 묘제로 모셔야 할지 궁금합니다.

유익하고 꼭 필요한 공부를 할 수 있는 장소를 만들어 주신대 대하여 심심한 감사를 드립니다.

저희 집은 고조와 증조 3 위가 계십니다 문제는 2 분 증조께서 손이 없는(조부 한 위) 관계로 아버지 형제 분들이 모셨는데 그 숙부들께서 돌아가시고 이제 저희 사촌들이 모셔야 하는데 어른의 권유로 큰집에서 모시기로 하였으나 이 또한 어려움이 있어 큰집과 먼 곳에 있는 묘소를 그대로 둔 상태에서 석물을 만들어 위패를 봉안하는 형태를 취하였습니다. 따라서 제사도 묘제나 사시제로 모시고자 하는데 무엇이 바른 방법이지를 몰라 질문들입니다. 모쪼록 깨우쳐주시면 감사하겠습니다. 또한 옛날 선비들이 사용했든 갓을 구하고 싶은데 구할 수 있는 방법도 아울러 부탁 드립니다. 이 0 인

◈答; 묘제로 지냅니다.

1), 조부 형제의 제사

아래와 같은 선유의 말씀이 계십니다.

程子曰無服之殤不祭下殤(註十一歲至八歲)之祭終父母之身中殤(註十五歲至十二歲)之祭終兄弟之身長殤(註十九歲至十六歲)之祭終兄弟之子之身成人(註丈夫冠婦人許嫁)而無後者其祭終兄弟之孫之身此皆以義起者也

정자께서 이르시기를 복(服)이 없는 어린아이 죽음은 제사치 않으며 하상(주, 8 세~11 세)의 제사는 부모의 죽음으로 마치고 중상(주. 12 세~15 세)의 제사는 형제의 죽음으로 마치고 장상(주, 16 세~19 세)의 제사는 형제의 아들 죽음으로 마친다. 성인(주, 장부는 관례, 부인은 약혼) 후사가 없이 죽은 이의 제사는 형제의 손 죽음으로 끝난다. 이 모두 오상의 하나인 의에서 비롯된 것이니라. 하셨느니라.

위와 같이 살펴 볼 때 손 없는 방친은 조부의 형제까지만 기제사를 지낸다 하였으니 증조의 형제 분은 귀하의 대로서는 집 제사는 면한 것입니다. 다만 일년에 한번 묘제로 모심이 바른 예법입니다.

2) 갓 구입 처

갓 유건 도포 등 옛 의상 및 제관복 등은 종로 3 가 세운상가 부근에 여러 가계가 있습니다. (북 장고 사찰용품과 같이 취급함)

▶3829◀◈問; 49 제 탈상할 때 묘제를 지내는 방법과 축문이 궁금합니다.

1. 49 제 탈상 시 묘제를 지내는 방법과 묘제를 지낼 때 읽는 축문을 알고 싶습니다. (집에서 지내는 축문을 알고 있는데 묘제 시 읽는 축문을 잘 모라서요.^^)
2. 49 제를 집에서 지내고 묘제도 지내야 하나요? 남 0 석)

◈答; 49 제 탈상할 때 묘제를 지내는 방법과 축문.

⊙親未盡墓祭(친미진묘제)

尤菴曰家禮則毋論親盡未盡只於三月一祭之而已○南溪曰五禮儀大夫士時享註雖不明言俗節當行墓祭而山陵則實行之今俗所謂四名日殆原於此也○韓魏公用寒食及十月一日祭○程子外書拜墳則十月一日拜之感霜露也寒食則又從常禮祭之飮食則稱家有無○理窟寒食與十月朔日展墓亦爲草木初生初死○晦齋曰按家禮墓祭三月上旬擇日行之今世俗正朝寒食端午秋夕皆詣墓拜掃今且從俗行之可也

⊙墓祭期日定式(묘제기일정식)

唐開元勅若拜掃非寒食則先期卜日○程子曰拜墳則十月一日拜之感霜露也寒食則又從常禮祭之○呂氏定一歲疏數之節有所不及恐未合人情雨露旣濡霜露旣降皆有所感○張子曰寒食與十月朔日展墓亦可爲草木初生初死○韓魏公祭式凡寒食爲上墓祭又近俗十月一日祭墓所或祭於家今復定十月

一日如上墓之儀至日若身不能往並遣親者代祭○會通朱子宗法展墓用寒食及十月朔○朽淺曰三月上旬之祭朱子著於家禮者慮其寒食之或跨乎仲月而有一月二祭之煩數然至其躬行則用寒食無乃素行程張之制故未遽改易耶○正朝乃家禮與朔望同其禮者也而我國上墓行殷祭寒食本介子推事天下共行墓祭中厚人一年墓祭止此而我國亦行之端午屈厚况江之日也楚俗於是日納飯竹筒投江以酹屈厚之魂其後中國人以爲俗節薦廟未聞上塚而我國則例行墓祭秋夕非中國俗節新羅時男女分曹效績以較勝負負者具酒食設宴於是日名曰嘉排其後國俗因行墓祭○晦齋曰家禮墓祭三月上旬擇日行之今世俗正朝寒食端午秋夕皆詣墓拜掃今且從俗可也○栗谷曰按家禮墓祭只於三月擇日行之一年一祭之而已今俗於四名日皆行墓祭從俗從厚亦無妨但墓祭行于四時與家廟無等殺亦似未安若講求得中之禮則當於寒食秋夕二節具盛饌讀祝文祭土神一依家禮墓祭之儀正朝端午二節則略備饌物只一獻無祝且不祭土神夫如是則酌古通今似爲得宜○問寒岡於四名日依朔望俗節禮行之上墓則依家禮及韓魏公朱子所行以三月上旬十月朔爲之云今擬揆古參今端秋二節祭於廟以當夏秋時祭正朝則依朔望之儀上墓則一從韓魏公朱夫子以寒食及十月朔行之如何沙溪曰四名日墓祭固知其過重栗谷欲於寒食秋夕行盛祭正朝端午略行之此意似好但自祖先以來數百年從俗行之至于鄙人不敢容易改之來示亦好而未能斷定○尤菴曰節日薦廟家禮也上墓東俗也(註寒食則中原人亦上墓)又曰家禮則毋論親盡未盡只於三月一祭之而已栗谷以爲四節日墓祭國俗不可猝變欲於端午正朝減殺行之今執事欲有所損益則依家禮雖只存寒食一祭亦可而第有一說墓祭古所未有故南軒與朱子辨論而謂之非禮朱子以人情之不容已者往復甚勤然後南軒竟亦從之然則墓祭與廟祭事體殊別可知矣今人不知廟中四時祭爲大事而有全然不行者今依家禮皆廢三節日墓祭而有不行廟中四時祭則是奉先致孝之道全歸齒莽矣此又不可不知者也○要訣不能頓變國俗俾於四節日略加隆殺此似爲中制耳○南溪曰墓祭寒食始於唐初十月朔始於宋朝七賢此雖與家禮三月上旬擇日之文少異而義當從先儒所行也至於四名日出於五禮儀俗節之制此自是國家所行不干於士大夫而時俗行之已久牢不可破以此貧窮之家家廟時祭自至廢闕尤非善理也又曰五禮儀大夫士時享註雖不明言俗節當行墓祭而山陵則實行之今俗所謂四名日殆原於此也沙溪以近世禮學之宗而其守並祭四名日甚堅幾亦無異於時俗雖曰禮有正禮人情兩途不至甚妨而律以大體恐終少讓於寒岡之一遵程朱舊法也○三禮儀按朱子宗法展墓用寒食及十月朔又與程張墓祭法合今擬以此爲定國俗寒食外三名日已入於祠堂俗節恐不當疊設○陶菴曰墓祭非古也朱子隨俗一祭而今於廟行四時祭又於四節日上墓則是墓與廟等也烏可乎哉祭莫重於時祭今人不知其爲重或全然不行而又廢三節日墓祭則尤爲未安此亦不可不知也世之只行墓祭不行時祭者須移祭墓者行之於廟而於墓則一祭之爲宜

묘제일에 대하여 위의 말씀과 같이 분분합니다 이 말씀들을 대강 요약하면 묘제는 아무 때나 지내는 것이 아니고 3 월 중 택일하여 세일제(歲一祭)로 마쳐야 하나 위의 여러 선유들의 말씀을 종합하여 그를 따른다 하여도 정월 초하룻날. 한식, 단오. 추석. 10 월 1 일 등의 날에 지내야 합니다. 탈상을 하고 위에 열거한 날이 아닌 날에 닿으면 성묘 의식인 무축단헌으로 행함이 옳습니다.

본인이 소장한 불서(佛書) 중에 불교전문의식(佛敎專門儀式)이라는 책에 천도재(薦度齋)의 예법이 적나나하게 기술되어 있어 그를 아래와 같이 주문(呪文)의 제목만 열거하여 드립니다. 천도재(薦度齋)란 망자(亡者)의 영혼(靈魂)을 극락(極樂)의 세상으로 보내기 위하여 산자가 7 일마다 7 번을 치르는 불교 의식인 7 재(齋)와 100 일재(日齋) 1 년. 2 년 또 업장이 무거운 영혼에게는 수의 지정 없이 여러 번 지내 주는데 이 중에서도 49 일째 지내는 49 재가 가장 중요하다 합니다. 까닭은 49 재에는 지하 왕중의 왕인 염라대왕(閻羅大王)의 심판일이라 그렇다 합니다. 이와 같이 지내는 재(齋)를 일러 천도재(薦度齋)라 합니다.

●佛敎專門儀式薦度齋編; 對靈[擧佛][請魂][振鈴偈] 灌浴[入室偈][沐浴偈][庭中偈][開門偈] 觀音施食[擧佛][請魂][着語][振鈴偈][着語] 神妙章句大陀羅尼 破地獄眞言 解冤結眞言 普召請眞言 [證明請][歌詠][獻座眞言][茶偈][孤魂請][歌詠] 受位安座眞言 [茶偈] 變食眞言 施甘露水眞言 一字水輪觀眞言 乳海眞言 稱揚聖號 施鬼食眞言 施無遮法食眞言 普供養眞言 [供養讚][般若四句偈] 如來十號 [莊嚴念佛] 奉安偈 普廻向眞言 [奉送偈][行步揭][法性偈][餞送][諷誦加持] 燒錢眞言 奉送眞言 上品上生眞言 普回向眞言

※(形式)參考

薦 度 齋
對 靈

[擧佛]
南無極樂導師阿彌陀佛
南無左右補處兩大菩薩
南無接引亡靈引路王菩薩摩訶薩

[請魂]
據 娑婆世界 東洋 大韓民國 ○○道 ○○市 ○○洞 ○○寺 淸淨水月道場
今此至意誠心 四十九齋 爇香壇前 奉請齋者
○○道 ○○市 ○○居住 行孝子 ○○○伏位 所薦亡父母 ○○○靈駕
生本無生 滅本無滅 生滅本虛 實相常住 ○○○靈駕 還會得 頓證法身 永滅飢虛 基或未然 承佛神力 仗法加持 赴此香壇 受我妙供 證悟無生

●初刻拍案惊奇卷二十三; 次日崔生感興娘之情不已思量薦度他
●語類士大夫家忌日用浮屠誦經追薦鄙俚可怪既無此理是使其先不血食也
●西樓記捐姬; 代殷勤薦度願稱早歸法旨蓮花生長無塵滓
●京本通俗小說拗相公; 一日愛子王雱病疽而死荊公痛思之甚招天下高僧設七七四十九日齋醮薦度亡靈

⊙四十九齋稅喪祝文式(사십구재세상축문식)
維 歲次戊子正月丁丑朔初六日壬午孝子창성敢昭告于 顯考某官府君 (妣則顯妣某封某氏) 日月不居奄及四十九喪夙興夜處哀慕不寧三年奉喪於禮至當事勢不逮魂歸墳墓謹以淸酌庶羞哀薦祥事尙 饗

▶3830◀◈問; 산소를 실전한 후 다시 찾았을 때의 축문.

선대의 산소를 실전하였다가 이번에 찾게 되었습니다. 날을 잡아 산소를 돌보고 제를 올리려고 합니다만 이럴 경우 합당한 축문이 있는지요? 가르침을 주시면 감사하겠습니다.

◈答; 산소를 실전한 후 다시 찾았을 때의 축문.

⊙실전 선조묘를 찾았을 때의 축문식
維 歲次干支某月干支朔某日干支某親某敢昭告于 幾代祖考某官府君(合窆일때 竝書) 幾代祖妣某封某氏之墓竟失守護歲已幾餘今玆(확인한 사유를 쓴다) 喜且感慕伏惟 尊靈永世是寧謹以酒果用伸虔告謹告

▶3831◀◈問; 산에서 드리는 제사에 관한 문의 드립니다.

저는 조부모, 부모(아버지)님은 집에서 제사를 드리고 고조부모, 증조부모님은 작년부터 4월 5일 날 산에서 제사를 드렸습니다. 산에서 제사를 드릴 때의 절차와 방법 부탁 드립니다. 산에 갈 때 집에서도 절차가 있는지 그리고 저희 증조할머님이 두 분이신데 지금까지는 제사 지낼 때 지방도 같이 쓰고 제사도 같이 드렸는데 다른 절차가 있는지요.

마지막으로 산에서 드리는 제사 때 축문 쓰는 법 좀 자세히 가르쳐 주시면 감사하겠습니다. 그리고 늦게나마 지난 정초에 아버님 사후회갑에 축문에 관한 답변 정말 고맙습니다. 지식이 짧아 한자도 그렇고 절차도 잘 몰랐는데 그리고 어디 가서 따로 물어봐도 잘 모르시더라고요. 다시 한번 정말 고맙습니다.

◈答; 산에서 드리는 제사.

귀하의 질문은 다음과 같습니다.

1 째 질문; 고조 부모와 증조 부모 묘제 지내는 절차와 방법.

2 째 질문; 묘제를 지낼 때 집에서 떠나기 전 하는 절차가 있는지.
3 째 질문; 증조 할머니가 두 분이 계신데 제사 때에 합사를 하였는데 다른 방법이 있는지.
4 째 질문; 묘제의 축문식.

1 째 질문 과 4 째 질문. 答; ⊙묘제 지내는 법.

☞네이버·다음 등 엡사이트에서 제공하는 [주자가례 전통예절] 제5편 제례 제7절 묘제에 상세한 예법이 상술되어 있습니다. 참조하시기 바랍니다☜

2 째 질문. 答; 집에서 달리 취하고 떠나는 의식은 없는 것 같습니다. 준비를 하여 가지고 묘소로 가면 됩니다.

3 째 질문. 答; 원래는 기제사는 작고한 한 분만 지내는 것이나 후세에 와서 조부와 조모를 같이 지내어 이제는 관행이 되고 말았습니다. 그러니 합사하여도 또 한 분만 지내도 욕될 것은 없다고 생각 합니다. (다만 계비라야 합사를 할 수 있습니다) 다만 묘제는 그 묘에 계신 분만 지방을 써 붙이지 않고 지냅니다.

고묘(考墓)와 비묘(妣墓)가 멀지 않은 지근거리(至近距離)에 계시면 먼저 고묘(考墓)에 합설(合設)로 진설(陳設)한뒤 비묘(妣墓)로 주인이 가 분향뢰주(焚香酹酒)하고 고묘(考墓)로 돌아와 합제의식(合祭儀式)대로 묘제(墓祭)를 지내게 되는데 계비 묘가 가까이 있으면 분향뇌주하여 인향 삼합제로 지낼 수 있습니다.

●尤庵曰神主祧遷則宗毁而族人不復相宗矣
●東巖曰第二祖以下親盡則埋主於墓所而諸位迭掌歲率子孫一祭之據此則除大宗墓外皆當以昭穆最尊者爲主獻
●同春問有人父墳在後母墳在前石物則立於父墳而祭祀時欲幷行於尊位前則背母墳而行禮實甚未安各設爲當否沙溪曰行祭與立石當於父墳而合設之不可兩處各設也
●問解考妣兩墓相去不遠雖坐向稍異祭祀及拜禮似當兼行
●四未軒曰相去不遠考妣墓合祭時主祭者當於妣墓焚香酹酒以迎神來于考墓而行拜禮而合祭之爲禮家所通行也
●常變通攷祭禮三墓祭設壇合祭條;問：族葬列位若欲次第行祭則登降累原恐筋力疲而誠敬弛又恐祭物新餕或雜冷煖有異先詣墓所奠杯引靈而以紙牓合祭於齋宮何如曰無妨設壇於淨地而合祭何如曰尤是
●陶庵曰三配從夫同葬一岡先後易次者先行男位祭罷次一配次二配次三配然夫婦同岡雖有先後之易次依沙溪說並設父墳恐得宐
●松沙曰曾祖妣墓移葬于伯父墓下此甚未安倒葬人家先山或有之而極爲未安然而尊家所處自別子葬在先父葬在後
●葛庵曰非百世不遷之大宗則當以會中長幼爲主辦祭者不可越尊長爲主初獻之後使之一獻亦合人情

▶3832◀◈問; 선참후강(先參後降).

묘제의 선참후강에 대하여 알고 싶습니다.

◈答; 선참후강(先參後降).

묘제(墓祭) 선참후강(先參後降) 선강후참(先降後參)의 고찰(考察)

1). 본인은 묘제(墓祭)에서 선참후강(先參後降) 선강후참(先降後參)에 관하여는 온라인 상에서 심히 기피하고 싶은 논제(論題)입니다. 만약 선참후강(先參後降)이 옳다 한다면 율곡(栗谷)선생께 반(反)하는 격(格)이 되고 그르다 하면 가례(家禮)를 부정하는 격이 되니 말입니다. 그러나 어차피 묘제(墓祭)를 지내는 각각의 모두는 두 예법(禮法) 중 하나를 택할 수 밖에 없으니 그 택한 예(禮)가 소신 없이 남이 하니까, 또는 그 예를 제창한 선유가 훌륭하니까 등등의 이유로 맹종함이 아니라면 택한 까닭이 있을 것이며 택한 까닭에는 예법상 논리

적으로 합당함이 있기에 택하였을 것입니다.

2). 배움을 청함에 극구 거절함도 예(禮)가 아닐 것입니다. 다만 본인이 선참후강(先參後降)을 택하였다 하여 선강후참(先降後參)이 어그러진 예라는 뜻은 아닙니다. 오해없기를 바랍니다.

3). 아래는 남계(南溪)선생께서 사람은 배워야 하고 가문(家門)은 예를 바르게 익혀야 무식함을 벗어나고 사(私)됨과 俗됨에 얽매어 있지 않는다는 말씀입니다. 기왕에 배울 바에야 정통으로 익혀 예학(禮學)의 맥(脈)을 간추리시고 사(私)되거나 속(俗)됨에 기울지 않기를 바랍니다.

●南溪曰人不爲學故識見茫昧家不習禮故私俗纏繞殊不知奉先之道極於時享實乃孝養之本誠敬之至而只欲歸重於忌墓生辰之類吁可憫歎也

◎主題에 관하여 다음과 같이 考察하여 보겠습니다.

1). 죽음이란 무엇인가.

죽음에 관하여는 의학적(醫學的) 죽음의 정의가 있을 것이나 본인은 예법상(禮法上) 죽음을 간단히 살펴보기로 하겠습니다. 사람의 체(體; 身)에는 혼백(魂魄)이 어울려 혼(魂)은 정신(精神)을 관장하고 백(魄)은 체(體)를 관장 상호작용에 의하여 희고애락(喜苦哀樂)을 느끼며, 생(生)을 유지하고 사는 것인데, 만약 혼(魂)(기(氣))이 어떤 까닭에 의하여 체(體)와 분리되어 떠나면, 혼(魂)과 정신(精神)이 나간 혼수상태(昏睡狀態)가 되고 혼수상태에서 백(魄)마저 체(體)에서 떠나 체(體)(육(肉))만 남으면, 이를 주검 즉 시체(屍體)라 하는 것임. 따라서 혼백정(魂魄精)은 사람의 눈으로는 볼 수 없는 허(虛)이며, 체(體)는 시각적으로 분별할 수 있는 실(實)임. 혼백(魂魄)이 체(體)를 떠나 공중으로 날아가고 사방으로 흐트러짐을 소위 이를 일컬어 혼비백산(魂飛魄散)이라 함.

●士喪禮復者一人疏出入之氣謂之魂耳目聰明謂之魄死者魂氣去離於魄○朱子曰人死雖是魂魄各自飛散要之魄又較定須是招魂來復這魄要他相合復不獨是要他活是要聚他魂魄不教便散了聖人教人子孫常常祭祀也

2) 降神이란 무엇인가

위 죽음에서 약술(略述)한 바와 같이 혼비백산(魂飛魄散)된 혼백(魂魄)의 기(氣)를 아래와 같이 살펴보건대 제사(祭祀)에 임하여 주인(主人)이 분향(焚香) 뢰주(酹酒)하여 혼백(魂魄)을 일체화 시키는 예임.

●祭義宰我曰吾聞鬼神之名不知其所謂子曰氣也者神之盛也魄也者鬼之盛也合鬼與神教之至也衆生必死死必歸土此之謂鬼骨肉斃于下陰爲野土其氣發揚于上爲昭明焄蒿悽愴此百物之精也神之著也二端旣立報以二禮建設朝事燔燎羶薌見以蕭光以報氣也薦黍稷羞肝肺首心見間以俠甒加以鬱鬯以報魄也註陰讀爲蔭言骨肉蔭於地中爲土壤陳氏曰如口鼻呼吸是氣那靈處便屬魂視聽是體那聰明處便屬魄陳註二端謂氣者神之盛魄者鬼之盛也二禮謂朝踐之禮與饋熟之禮也朝事謂祭日早朝所行之事也見讀爲覵雜也至饋熟之時以黍稷薦而羞肝肺首心之饌見間卽覵字誤分也俠甒兩甒也雜以兩甒醴酒也加以鬱鬯本在祭初言非獨薦羞爲報魄初加鬱鬯亦是報魄也○溫公曰古之祭者不知神之所在故灌用鬱鬯臭陰達於淵泉蕭合黍稷臭陽達於墻屋所以廣求神也今此禮旣難行于士民之家故但焚香酹酒以代之○郊特牲註周人尙氣臭而祭必先求諸陰故牲之未殺先酌鬯酒灌地以求神以鬯之有芳氣也故曰灌用鬯臭又擣鬱金香草之汁和合鬯酒使香氣滋甚故云鬱合鬯也以臭而求諸陰其臭下達於淵泉矣蕭香蒿也取此蒿及牲之脂膋合黍稷而燒之使其氣旁達於墻屋之間是以臭而求諸陽也此是天子諸侯之禮非大夫士禮也王氏曰鬯灌之地此臭之陰者也蕭焫上遶此臭之陽者也○程子曰古者灌以降神故以茅縮酌謂求神於陰陽有無之間故酒必灌於地○丘儀鬯用秬黍爲酒也此雖是諸侯之禮後世焚香祭神實取此義○沙溪曰焚香再拜求神於陽也灌酒再拜求神於陰也

3) 參神이란 무엇인가

제사(祭祀)에 참석(參席)한 이들이 죽은 조상(祖上)이나 신(神)을 맞고 드리는 인사의 예임.

●鏡湖曰參神者參謁之禮也

4) 四時祭나 神主忌祭 등에서 先參後降으로 행하는 까닭

앞에서도 언급되었다시피 혼(魂)이란 시각적으로 볼 수도 없고 감각적으로 느낄 수가 없으니, 신주(神主)에 안주하여 있는지 아니면, 잠깐 비우고 볼일을 보러 나갔는지, 그 상태를 분명히 확인할 방법이 없으니, 사당(祠堂)에서 분향(焚香)(재배치 않음)하여 신(神)을 신주(神主)에 안주시켜 거두어 받들고 나와 정침(正寢)의 교의(交椅)에 안치하였으니, 먼저 참신(參神)을 하게 되는 것이며 이어 강신(降神)을 하는 연유는 혼기(魂氣)와 지하의 백(魄)을 찾아 혼백(魂魄)을 일체화 시키기 위한 예임.

5) 祠堂과 紙榜, 士庶人 后土祭를 비롯한 神祭에서 先降後參으로 행하는 까닭

직접 사당(祠堂)이나 지방(紙榜), 신제(神祭) 등의 제사(祭祀)는 정침제(正寢祭)에서 신주(神主)와 같이 이미 사당(祠堂)에서 행한 분향(焚香) 구신(求神)의 예(禮)가 없었고, 지방(紙榜)을 붙인 교의(交椅)에는 그 조상(祖上)이 없는 허위(虛位)이며, 후토제(后土祭) 등 신제(神祭)는 그 대상인 신(神)은 본래가 체(體)가 없이 신(神)만 존재 대상체(對象體)를 관장하는 신(神)으로서 체(體)가 없는 고로 선강(先降)의 예(禮)로서 신(神)을 먼저 불러 앉힌 뒤 참신(參神)을 하게 되는 것임.

●沙溪曰凡神主不出仍在故處勅善降後參如朔望參之類是也○要訣若時祭行于祠堂則無奉主就位節次餘如上儀先降神而後參神

6) 神主란 무엇인가

신주(神主)란 그 조상(祖上) 신(神)의 표상(表象)임.

●五經異義主者神象也孝子旣葬心無所依以虞而立主以事之

7) 墓란 무엇인가

장후(葬後) 후토제(后土祭) 축문(祝文)에 폄자유택(窆玆幽宅)이라 하였으니 망자(亡者)의 집이며, 주례(周禮) 춘관(春官) 소종백(小宗伯)에 장례(葬禮)를 마치면 묘(墓)는 제사(祭祀)를 지내는 위(位)라 하였으니 신주(神主)와 더부러 제사(祭祀)를 지낼 수 있는 망자(亡者)의 체(體)가 묻힌 위(位)임.

●周禮春官小宗伯成葬而祭墓爲位註成葬丘已封也位壇位也先祖形體托於此地祀其神以安之○沙溪曰旣葬先之墓爲體魄也

6) 以上에서 대강 살핀 바와 같이 사람이 죽으면 祭祀 지낼 수 있는 곳이 두 곳뿐인데 虛體인 神主와 實體인 墓所뿐임.

ㄱ. 사당(祠堂) 신주제(神主祭)에서 강신(降神)을 먼저 행하는 까닭은 신주(神主)는 허체(虛體)이니 분향(焚香)으로 혼(魂)을 신주(神主)에 합치 시킴으로써 비로소 신주(神主)가 그 조상(祖上)의 혼(魂)으로 완성 후속 예(禮)를 이어 행하는 것임. 특히 아래와 같이 살펴보건대 신주(神主)는 그 자체가 허체(虛體)로서 간단한 예(禮)는 행함에도 반드시 강신(降神)의 예(禮)를 행함. 사당(祠堂) 출입필고(出入必告)의 예법(禮法) 중 잠깐 문밖을 다녀 올 일로 사당(祠堂)에 고(告)할 때 첨예(瞻禮)로 행하는 예(禮) 이외에 매일 신알(晨謁) 및 하루 이상 걸릴 출입 시 모두 분향(焚香)하여 강신(降神) 후 재배(再拜)하고 그 사유를 고하는 까닭은 신주(神主)는 허체(虛體)인 연유에서 임.

●祠堂主人晨謁於大門之內條(按)主人謂宗子主此堂之祭者晨謁深衣焚香再拜○出入必告條(按)主人主婦近出則入大門瞻禮而行歸亦如之經宿而歸則焚香再拜遠出經旬以上則再拜焚香告(云云)又再拜而行歸亦如之但告(云云)經月而歸則開中門立於階下再拜升自阼階焚香(跪)告畢再拜降復位再拜餘人亦然但不開中門

ㄴ. 묘소(墓所)에는 정식 묘제(墓祭)가 아니고 아래와 같이 살펴보건대 성묘(省墓) 등 찾아

뵙는 예(禮)에서 강신(降神) 없이 재배(再拜)로서 인사의 예(禮)를 마치는데 이는 묘(墓)는 실체(實體)인 까닭에서 임.

●奔喪若旣葬則先之墓哭拜條(按)之墓者望墓哭至墓哭拜如在家之儀未成服者變服於墓○墓祭灑掃條(按)主人深衣帥執事者詣墓所再拜奉行塋域內外環繞哀省三周其有草棘卽用刀斧鉏斬芟夷灑掃訖復位再拜○尤菴曰省墓時初度再拜復再拜而退

다만 다음과 같이 선강후참(先降後參)에 대한 선유(先儒)들의 말씀도 계시니, 어느 예를 따른다 하여도 비례(非禮)라 할 수는 없으나 어느 예법(禮法)이든 행자(行者)는 그 예(禮)를 따름에는 당위성과 까닭은 분명히 이해하고 따라야 할 것임.

●要訣先降神後參神○沙溪曰設位而無主則先降後參墓祭亦然家禮本文先參後降未知其義要訣墓祭先降後參恐爲得也備要墓祭欲依要訣先降後參而改家禮本安故仍之耳○鏡湖曰祭后土先降後參而註曰同上則墓祭亦先降後參據此可知此條之先參後降恐是板本之訛

◈結論

이상에서 살펴본 바와 같이 묘(묘(墓))는 제사를 지낼 수 있는 두 대상 중 하나로 허체(虛體)인 사당(祠堂) 신주(神主)에게는 선강후참(先降後參)이 되고, 묘(묘(墓))는 실체(實體)인 고로 선참후강(先參後降)의 예(禮)가 마땅하지 않은가 생각됨. 더욱 율곡론(栗谷論) 이후 본 묘제(墓祭) 예법(禮法)이 선강후참(先降後參)으로 통일됨이 없이 많은 예서(禮書)에서 소위 가례설(家禮說)인 선참후강(先參後降)의 예법을 따르고 있다는데도 주목할 필요가 있을 것임.

①신주(神主) 무천동(無遷動) 사당(祠堂) 제(祭) 선강후참(先降後參)
②신주(神主) 천동(遷動) 정침(正寢) 사시제(四時祭) 기제(忌祭) 선참후강(先參後降)
③상례비요(喪禮備要) 무신주(無神主) 지방제(紙牓祭) 선강후참(先降後參)
④묘제(墓祭) 주자가례(朱子家禮) 선참후강(先參後降). 요결(要訣) 선강후참(先降後參)
⑤제후토(祭后土) 선강후참(先降後參)
⑥고사(告祀) 선참후강(先參後降)

●退溪曰祭則降神後薦獻等禮所以先祭而後降
●陶庵曰朔參則無遷動之節故先降後參時祭之先參後降其義可推而知也
●尤庵曰若時祭行于祠堂則無奉主就位節次只就祠堂各位前陳器設饌先降神而後參神
●書儀古之祭者不知神之所在故灌用鬱鬯臭陰達于淵泉蕭合黍稷臭陽達于牆屋所以廣求其神也今此禮旣難行於士民之家故但焚香酹酒以代之
●通典三代以前無墓祭至秦始起寢於墓側漢因秦上陵皆有(云云)
●後漢書明帝紀永平元年註漢官儀曰古不墓祭秦始皇起寢於墓側漢因而不改
●家禮祭名墓祭
●漢王充論衡四諱古禮廟祭今俗墓祀
●朱子家禮墓祭篇陳饌參神降神初獻
●擊蒙要訣墓祭篇陳饌降神參神初獻
●備要紙牓則先參神後降神
●沙溪曰凡神主不出仍在故處則先降後參如朔望參禮之類是也設位而無主則亦先降後參如祭始祖先祖及紙牓之類是也若神主遷動出位必拜而肅之如時祭忌祭之類是也又曰備要墓祭欲先降後參而改家禮未安故仍之耳
●性理大全墓祭辭神乃徹遂祭后土布席陳饌降神參神三獻
●國朝五禮儀祭三角山儀按先參後降

==

질문자입니다. 선생님 정말 감사합니다. 이 말씀 이외에 더 드릴 말씀이 없습니다. 좋은 가르침 정말 감사합니다. 영원히 잊지 않고 말씀 간직하겠습니다. 0梅 올림.

▶3833◀ ◈問; 성묘를 어떻게 해야 하나요?

선산에 맨 위부터 증조부모 조부모 큰어머님 순서로 묘지가 조성되어 있습니다 어디에서부터 절을 해야 하나요??

◈答; 성묘는 선존후비(先尊後卑) 순으로.

答; 성묘(省墓) 예법(禮法)은 아래와 같이 살펴보건대 일산(一山) 내(內) 선영(先塋)이 다수(多數)일 때 선존후비(先尊後卑) 순으로 첫 재배(再拜) 후 묘(墓)를 서너 바퀴 돌며 둘러보고 청소(淸掃) 후 또 재배(再拜)하고 물러나는데 눈물은 흘려도 곡성을 내지 않으며 주과(酒果)가 있으면 축(祝)이 있어야 합니다.

개원례(開元禮) 예법을 따르면 산 아래에 배위(拜位)를 설(設)하고 주인 이하 재배(再拜)하고 올라가 위와 같이 묘(墓)를 살피고 내려와 또 재배(再拜)하고 물러난다는 것입니다.

●尤庵曰省墓時初度再拜復再拜而退
●遂庵曰曾見兩先生謁墓展墓只行一再拜據此行之未見違於禮也
●近齋曰同入一麓省拜時累代則先尊後卑
●問祖父同入麓拜祖時父墓在後心似未安栗谷曰勢然也視之以異室可也
●問此行歸省先墓當在端午後當別具酒果設薦然則當有祝文耶若値端午依禮參拜似不當自主同春曰別具酒果則告辭去孝字而爲之恐不可已墓事似亦與家廟有異如値節祀則祝文以孝子某在遠使介子某敢昭告云云例也
●朱子省新安墓文一去鄉井二十七年喬木興懷實勞夢想玆焉奠掃悲悼增深所願宗盟共加嚴護神靈安止餘慶下流凡在雲仍畢霑玆蔭酒肴之奠維告其衷精爽如存尙祈監享
●開元禮王公以下拜掃先期卜日如常前一日設次於塋南百步道東西向北上設主人以下位塋門外之東西面以北爲上其日主人到次改服公服無者常服主人以下俱再拜奉行墳塋(精靈感慕有泣無哭)至於封樹內外環繞哀省三周其荊棘慮與荒草連接者皆隨即芟剪不令火由得及掃除訖主人以下復門外位皆再拜遂還若遠行辭墓哭而後行

▶3834◀◈問; 성묘 절차.

안녕하십니까?

1. 성묘(省墓)할때 진설(陳設)하는 제물은 어포 1. 제주. 과일 3 종류 정도 준비해도 되는지요 그렇지 않고 제물(祭物)을 더 준비한다면 무엇을 얼마나 더 준비해야 되는지 알고 싶습니다.

2. 그리고 성묘 방법은 주제자가 진설해 놓은 상에 향불을 피우고 뇌주 후 참례자 전원이 재배하고 난 후 주제자가 헌작하고 정저 후 주제자만 재배하고 난후 하시저한 후 참례자 전원이 재배 후 성묘를 마치고 헌작한 술을 주제자가 음복주로 마시는게 맞는지 그렇지 않으면 묘소에 뇌주하고 오는게 맞는지 알고 싶습니다.

3. 위 질의한 사항이 예법에 맞지 않다면 어떻게 성묘하면 되는지 알려 주시면 감사 하겠습니다.

◈答; 초도(初度) 재배 소분(掃墳) 등 후 또 재배 후 물러나게 됩니다.

성묘(省墓)는 특정일(特定日)이 없습니다. 그립다거나 찾아 뵐 일이 있으면 수시(隨時)로 찾아 뵙게 되는데 주과(酒果)가 준비되면 성묘문(省墓文)이 있어야 하며 단헌(單獻)의 예(禮)로 마치게 됩니다.

주과(酒果) 없이 찾아 뵐 때는 같은 산(山)에 선대(先代)가 계시면 선존후비(先尊後卑)의 순으로 초도(初度) 재배(再拜) 소분(掃墳) 등 후(後) 또 재배(再拜) 후 물러나게 됩니다. 다만 눈물을 흘려도 곡(哭)을 하여서는 안 된다 합니다.

⊙冬至省墓祝文式

維歲次干支幾月干支朔幾日干支孝子某敢昭告于

顯考某官府君一陽襲管五物書雲日南至兮霜露旣降草木盡落山獨歸兮感時濺淚觸緖痛心耿耿不寐展省松楸追慕音容嗟永閟兮謹以淸酌庶羞恭伸奠儀尙饗

⊙朱子省新安墓文

一去鄕井二十七年喬木興懷實勞夢想玆焉奠掃悲悼增深所願宗盟共加嚴護神靈安止餘慶下流凡在雲仍畢霑玆薩酒肴之奠維告其衷精爽如存尙祈監享

⊙翰墨全書熊用元冬至省墓文

一陽襲管五物書雲日南至兮霜露旣降草木盡落山獨歸兮感時濺淚觸緖痛心耿不寐兮展省松楸追慕音容嗟永閟兮

●近齋曰同入一麓省拜時累代則先尊後卑
●尤庵曰省墓時初度再拜復再拜而退
●問此行歸省先墓當在端午後當別具酒果設薦然則當有祝文耶若値端午依禮參拜似不當自主同春曰別具酒果則告辭去孝字而爲之恐不可已墓事似亦與家廟有異如値節祀則祝文以孝子某在遠使介子某敢昭告云云例也
●朱子省新安墓文一去鄕井二十七年喬木興懷實勞夢想玆焉奠掃悲悼增深所願宗盟共加嚴護神靈安止餘慶下流凡在雲仍畢霑玆薩酒肴之奠維告其衷精爽如存尙祈監享
●翰墨全書熊用元冬至省墓文一陽襲管五物書雲日南至兮霜露旣降草木盡落山獨歸兮感時濺淚觸緖痛心耿不寐兮展省松楸追慕音容嗟永閟兮
●開元禮王公以下拜掃先期卜日如常前一日設次於塋南百步道東西向北上設主人以下位塋門外之東西面以北爲上其日主人到次改服公服無者常服主人以下俱再拜奉行墳塋(精靈感慕有泣無哭)至於封樹內外環繞哀省三周其荊棘處與荒草連接者皆隨卽芟剪不令火由得及掃除訖主人以下復門外位皆再拜遂還若遠行辭墓哭而後行

▶3835◀◈問; 성묘하는 법.

안녕하십니까? 오늘도 가르침을 청합니다 성묘(省墓) 시에 술잔을 올리는 것도 기제사의 순으로 행 하는지요 아니면 명절 성묘는 단작(單酌)으로 간단히 올리는지 알려주세요. 감사합니다.

◈答; 성묘하는 법.

성묘(省墓) 시 주과포(酒果脯)가 준비 되었으면 고축(告祝) 단헌(單獻)의 예로 행하게 되는데 초도(初度) 재배(再拜) 재재배이퇴(再再拜而退)의 예로 마치게 됩니다. 만약 축이 준비되지 않았으며 초도(初度) 재배(再拜) 재재배이퇴(再再拜而退)로 마치게 됩니다.

●開元禮王公以下拜掃先期卜日如常前一日設次於塋南百步道東西向北上設主人以下位塋門外之東西面以北爲上其日主人到次改服公服無者常服主人以下俱再拜奉行墳塋(精靈感慕有泣無哭)至於封樹內外環繞哀省三周其荊棘處與荒草連接者皆隨卽芟剪不令火由得及掃除訖主人以下復門外位皆再拜遂還若遠行辭墓哭而後行
●朱子省新安墓文一去鄕井二十七年喬木興懷實勞夢想玆焉奠掃悲悼增深所願宗盟共加嚴護神靈安止餘慶下流凡在雲仍畢霑玆薩酒肴之奠維告其衷精爽如存尙祈監享
●翰墨全書熊用元冬至省墓文一陽襲管五物書雲日南至兮霜露旣降草木盡落山獨歸兮感時濺淚觸緖痛心耿不寐兮展省松楸追慕音容嗟永閟兮
●問祖父同入一麓拜祖時父墓在後心似未安栗谷曰勢然也視之以異室可也問傍親同在一山則雖不參祭祭時或虛拜可乎曰雖四時不必皆拜一年一度不可廢也
●尤庵曰省墓時初度再拜復再拜而退則禮意尤爲懇惻而周詳矣
●遂庵曰曾見兩先生謁廟展墓只行一再拜據此行之未見違於禮也
●問此行歸省先墓當在端午後當別具酒果說薦然則當有祝文耶若値端午依禮參拜似不當自主同春曰別具酒果則告辭去孝字而爲之恐不可已墓事似亦與家廟有異矣與値節祀則祝文以孝子某在遠使介子某敢昭告云云例也
●遜齋曰問先正有常時上父母丘壠必哭云是鄭松江耶鄭寒江耶尤庵曰在泉則南軒先生在東則松江

相公老洲曰上墓之哭南軒松江爲雖知其過於禮顧此親山俱遠許久曠省一年往來不過一再始到展瞻終之辭歸不覺怵然觸感于中自不容不哭中間留待日子只依家廟晨謁例無哭而拜此乃攣情而行非謂中禮可與人共之也承詢不敢不告耳

●近齋曰尤翁說省墓時行兩度再拜者盖以墓祭儀有詣墓再拜掃訖再拜之文故欲略用此意也至於遂庵所傳先生展墓行一再拜者似亦出於一時從簡之意恐不必因此而疑彼也

●禮輯墓爲先人體魄所藏當拜掃以時俾無荒圮禮也然寒烟蔓草愴焉生悲斯至情之不能已者故朱子稱湖南風俗猶有古意人家上塚往往哭盡哀今世俗或假拜墓之便延客賓宴飮漠無哀思噫俗弊甚矣

●柳氏曰或曰夫祭妻亦當拜至於非祭祀時省墓撫墳未知當拜與否偶看方遜志集其爲鄭楷妻洪氏墓銘曰鄭君過靑松岡見其妻塚焉惕然色變趍塚前揖揖已環視兆域凝立不忍違去云云揆以齊體之義似合情文禮雖未之有可以義起

▶3836◀◈問; 성묘하는 순서에 대하여 알고 싶습니다.

선산(先山)에 아버지 산소(山所)를 비롯하여 조부(祖父), 증조부(曾祖父), 고조부(高祖父) 등 선조(先祖)들의 산소가 함께 있습니다. 명절 때 성묘(省墓)를 하는 순서가 궁금합니다 저를 기준으로 가까운 아버지부터 하는 것이 맞는지요? 자세한 내용은 어디에 있는지요? 부탁드립니다. 서 0 덕

◈答; 성묘하는 순서.

성묘에 관하여 하나의 예법으로 기술되어 있는 예는 찾아지지 않으며 아래와 같이 살펴보건대 같은 산에 여러 선대 묘가 계실 때 묘제 지내는 법은 먼저 제일 윗대 조상부터 지낸다는 것이니 성묘 역시 이에 준함이 옳을 것입니다.

●南齊書沈文季傳休祐被殺雖用薨禮僚佐多不敢至文季獨往省墓展哀

●池北偶談談藝五孝經庶人章公一日省墓至寺中有父老五六輩上謁進脫粟飯

●嬾眞子卷一溫公先隴在鳴條山墳所有餘慶寺公一日省墳止寺中

●宋子大全行狀沙溪金先生行狀上嘉賞仍曰予心缺然勿思永歸拜掃墳塋趁卽上來

●荷齋日記丁未年二月二十四日乙酉晴往廣陵三處山所省楸而抵暮歸來

●老稼齋曰看山歸路過山谷哭姪女李氏婦墓

●問祖父同入麓拜祖時父墓在後心似未安栗谷曰勢然也視之以異室可也

●近齋曰同入一麓省拜時累代則先尊後卑

●尤庵曰省墓時初度再拜復再拜而退

●通攷旁親或外黨墓在同原則祭時猶當先尊後卑

●李淳問父母墳與外祖同託一山則祭之當何先退溪曰先外祖

▶3837◀◈問; 성묘축에 대하여.

안녕하세요. 다름이 아니라 성묘할 때도 축이 있다는 이야기를 들은 적이 있는데 정말인가요. 있다면 알려주셨으면 감사하겠습니다.

◈答; 성묘축에 대하여.

평소 성묘 시 축식은 없는 것 같습니다. 다만 동지 성묘 축식은 있습니다. 단 주과포 예를 갖춤이 전제 됩니다.

⊙冬至省墓祝文式(동지성묘축문식)

維 歲次干支幾月干支朔幾日干支孝子某敢昭告于 顯考某官府君一陽襲管五物書雲日南至兮霜露旣降草木盡落山獨歸兮感時濺淚觸緖痛心耿耿不寐展省松楸追慕音容嗟永悶兮謹以淸酌庶羞恭伸奠儀尙 饗

●開元禮王公以下拜掃先期卜日如常前一日設次於塋南百步道東西向北上設主人以下位塋門外之東西面以北爲上其日主人到次改服公服無者常服主人以下俱再拜奉行墳塋(精靈感慕有泣無哭)至於封樹內外環繞哀省三周其荊棘慮與荒草連接者皆隨卽芟剪不令火由得及掃除訖主人以下復門外位皆再拜遂還若遠行辭墓哭而後行

●尤庵曰省墓時初度再拜復再拜而退
●遂庵曰曾見兩先生謁墓展墓只行一再拜據此行之未見違於禮也
●近齋曰同入一麓省拜時累代則先尊後卑
●問祖父同入麓拜祖時父墓在後心似未安栗谷曰勢然也視之以異室可也
●問此行歸省先墓當在端午後當別具酒果設薦然則當有祝文耶若値端午依禮參拜似不當自主同春曰別具酒果則告辭去孝字而爲之恐不可已墓事似亦與家廟有異如値節祀則祝文以孝子某在遠使介子某敢昭告云云例也
●朱子省新安墓文一去鄕井二十七年喬木興懷實勞夢想玆焉奠掃悲悼增深所願宗盟共加嚴護神靈安止餘慶下流凡在雲仍畢霑玆蔭酒肴之奠維告其衷精爽如存尙祈監享

▶3838◀◈問; 세일사를 할아버지 별로 봄과 가을로 나누어 지내는데.

친구에게 전화를 해 28 일(일요일) 만나자고 했더니 그날 종친회(宗親會)에서 지내는 시제(세일사)를 지내러 가야 한다고 했습니다. 세일사(歲一祀)는 대개 음력으로 10 월 중 지내는 것 같아 "무슨 세일사를 봄에 지내냐?"고 물었습니다. 친구네 문중(門中)에서는 시제(세일사)를 "봄과 가을로 나누어 지낸다."고 하였습니다. 1 세부터 3 세까지는 음력 10 월 중 지내고, 4 세는 이번 28 일 지낸다고 하였습니다. 나머지 조상님들 중에도 봄에 지내는 분과 가을에 지내는 분이 있다. 고 하였습니다. 세일사를 이렇게 봄과 가을로 나누어 지내는 게 유교의 예법으로 봤을 때,

①통상적으로 있을 수 있는 일인지,
②통상적인 일은 아니지만 있을 수 있는 일인지,
③예법에 완전히 어긋나는 일인지가 궁금합니다.

◈答; 세일사를 할아버지 별로 봄과 가을로 나누어 지내는데.

묘제(墓祭)는 아래와 같이 살펴보건대 친미진묘제(親未盡墓祭; 父~高祖)와 친진묘제(親盡墓祭; 高祖之父以上)로 나누어 지내게 되는데 친미진묘제(親未盡墓祭)는 초목초생(草木初生)의 시기인 3 월 상순에 택일하여 지내드리고, 친진묘제(親盡墓祭)는 초목초사(草木初死)의 시기인 10 월 1 일에 지내드리게 됩니다. 따라서 한 조상(祖上)의 묘제(墓祭)를 춘제(春祭)와 추제(秋祭)로 2 회 지냄이 아니며 가례(家禮)에서는 친진(親盡)과 친미진(親未盡)을 구분 없이 3 월 상순에 택일(擇日)하여 지낸다. 라 하였을 뿐인데, 한위공제식(韓魏公祭式)에서 한식(寒食)과 10 월 1 일 상묘(上墓)의 법도(法度)를 도암(陶庵) 선유(先儒)께서 사례편람(四禮便覽)에서 도입(導入) 묘제(墓祭)의 시기(時期)를 친미진(親未盡)은 3 월 상순에서 택일하여 지내고, 친진묘제(親盡墓祭)는 한위공례(韓魏公禮)를 따라 10 월 1 일에 제사함이 옳다. 라 하셨습니다. 묘제(墓祭)는 이상과 같이 지내드리는 까닭에 친진(親盡)이든 친미진(親未盡)이든 세일제(歲一祭)로 이해되어야 할 것입니다.

●性理大全家禮墓祭; 三月上旬擇日○又祠堂篇遞遷條始祖親盡則藏其主於墓所而大宗猶主其墓田以奉其墓祭歲率宗人一祭之百歲不改其第二世以下祖親盡及小宗之家高祖親盡則遷其主而埋之其墓田則諸位迭掌而歲率其子孫一祭之亦百世不改也
●鼓山曰*親未盡墓祭*。只一行之於三月上旬
●韓魏公祭式寒食上墓祭又十月一日如上墓儀若身不能往遣親者代祭
●陶庵曰親盡墓祭韓魏公禮十月一日祭之恐得宜
●竹菴墓奠儀曰墓奠用寒食祧位之墓則祭以十月朔
●張子曰寒食與十月朔日展墓亦可爲草木初生初死
●問親盡之墓與未祧之位同岡則節祀時有所難處尤菴曰先以酒果略薦于親盡之墓鄙家所行如是矣又曰以吾家言之則先人墓與先祖墓相接四名日不可獨祭先人故亦以一獻之薦先設於先祖及一祭先祖之時則祭自吾家設故亦以一獻行之

▶3839◀◈問; 세일사 축문 문의 드립니다.

금년도 세일사를 특별한 사정으로 종중 전체회의에서 유사댁에서 모시게 되었습니다.
維歲次干支 10 月干支朔 某日干支 ○代孫某(奉祀者名) 敢昭告于 顯○代祖考 某官府君之墓 氣序流易 霜露旣降 瞻掃封塋 不勝感慕 謹以 淸酌庶羞 祗薦歲事 尙 饗

위의 세일사 축문 중 첨소봉영(瞻掃封塋)을 추원감시(追遠感時)로 바꾸어 쓰면 된다는 글을 여러 곳에서 보았습니다. 올바른 내용인지 문의 드립니다. 또한 추원감시(追遠感時)의 합당한 해석은 어느 것이 옳은지요?

1). 追遠感時==> 돌아가신 때를 맞이하여 진정으로 감동하옵니다.
2). 追遠感時==>제사에 정성을 다하여 조상님을 추모하고 공경을 다하며 지나간 일을 그리워하고 그때가 돌아와 사무치게 느끼옵니다. 가르침을 받고자 합니다.

◈答; 세일사 축문.

세속에서 변례로 행하는 사례는 천차만별(千差萬別)일 터이니 어느 한 사례를 마치 가장 적합한양 제시하여 드릴 수가 없습니다. 따라서 질문에 대한 답변은 유가적 입장에서 원론적(原論的)으로 말씀드림을 이해하여 주시기 바랍니다. 다만 첨소봉영(瞻掃封塋)은 묘제 축식의 한 대목입니다.

유사가(有司家)가 묘역산하인지는 알 수가 없으나 묘제 일에 우천시나 묘가 허다하여 하루에 지낼 수가 없으면 묘 아래의 재사나 묘하 정결한 집을 취하여 그 곳에다 지방으로 합설 묘제를 지낼 수는 있습니다. 그러나 재사 행 묘제 축문식은 명문화되어 전함이 없습니다. 다만 재사묘제(齋舍墓祭)는 망묘위단지의(望墓爲壇之儀)라 하였으나 설단제 역시 축문식의 전함이 없습니다.

성균관 자유게시판에서 재사 행 묘제를 검색하여 보시면 대강은 감을 잡으리라 생각됩니다. 번역은 2)번이라 할 수 있겠습니다.

아래와 같이 재사 묘제 축식은 원축입니다.

⊙式禮會統 墓祭

○四名日(사명일)
○祭時服色(제시복색)
○陳饌(진찬)
○進茶(진다)
○齋舍合祭(재사합제); 退溪曰同原許多墓各行祭之弊世多有此愚意不如掃視墓域後以紙牓合祭於齋舍無舍卽設壇以行之可免瀆弊而神庶享也

每於俗節日候和暖與祭之人年少方壯則同原諸墓徐徐行祭無甚煩瀆而或風雨發作或老衰疲困陞降拜跪一墓將事尙云勞擾況諸位乎齋舍之軒紙榜行祭恐爲便宜若器皿不足倚卓未備各祭諸位亦可

○每祭畢焚紙牓(매제필분지방)
◎祝式(축식);
維歲次云云 顯幾代祖考 顯幾代祖妣某氏之墓氣序流易歲律旣更(寒食雨露旣濡端午時物暢茂秋夕白露旣降) 瞻掃封塋不勝感慕(考妣墓前昊天罔極)謹以淸酌庶羞祗薦歲事尙 饗

○祠土地(사토지)

●唐侍御史鄭正則祠享儀漢光武初纘大業諸將出征鄕里者詔有司給少牢令拜掃以爲享曹公過喬玄墓致祭其文悽愴寒食墓祭蓋出於此
●退溪曰同原許多墓各行祭之弊世多有此愚意不如掃視墓域後以紙牓合祭於齋舍
●葛庵曰墓祭有雨水之礙則就齋舍設紙牓行事亦何害若就祠堂行祭則恐無意
●陶庵曰歲一祭或遇雨差退日字待晴上墓爲當至於紙牓行事恐違灑掃之意

●四未軒曰焚香降神於各墓則灑掃之意亦在其中矣以紙牓合祭齋舍祭畢待晴省拜則恐無不可
●顧齋曰古人臨祭而雨沾服失容則止若有齋舍及墓下潔淨之家就彼行事似無不可
●明齋曰示齋舍墓祭蓋出於望墓爲壇之儀
●諸葛武侯出師表(按)治臣之罪以告先帝之靈

▶3840◀◈問; 시사(時祀) 또는 시제(時祭)에 참여할 수 있는 자격은...?

매 음력 10 월 중순쯤에 집안 사람들이 모여서 4 대위 조상님께 제를 드리는 시사(시제 혹은 묘사라고도 하더라고요.) 있지 않습니까. 문중 사람들이 모여서 여기 참가하는데 여기 참가하는 남자들의 조건은 어떻게 됩니까? 나이라던가 성혼여부라던가 그런 게 관계가 있습니까?

어떤 사람은 집안 남자면 아무 상관 없다 그러고 누구는 결혼을 해야 한다고 그러고 누구는 20 살만 넘으면 시사에 참여 한다고 하는데 누구 말을 믿어야 할지를 모르겠습니다. 어디에 물어봐도 정확히 아는 사람이 없어서요. 답변 부탁 드립니다.

◈答; 시사(時祀) 또는 시제(時祭)에 참여할 수 있는 자격은.

아래는 가례(家禮)의 묘제(墓祭) 지내는 법입니다.

參神降神初獻

如家祭之儀但祝辭曰云云(栗谷曰扱匕正筯)餘並同

참신 강신 초헌례

집 제사 의식(儀式)과 모두 같다. 다만 축사만 다음과 같이 고한다. 삽시정저(揷匙正著)도 하여야 한다.

亞獻終獻

並以子弟親朋薦之(要訣終獻後進熟水)

아헌례 종헌례

다 같이 자제나 가까운 벗이 올린다. 종헌 후 국을 물린 후 숙수를 올린다.

위와 같이 살펴 볼 때 남녀나 성혼 여부 장유에 관하여 참례를 제한 된바 없으며 하나 같이 집 제사와 같다 하였으며 특히 후손이 아닌 벗 까지도 참석 하는데 후손의 참례 제한 대상이 있을 수 없습니다.

▶3841◀◈問; 시제를 모시려고 합니다.

이 사이트에서 전통 예절에 관한 내용을 많이 배우고 있습니다. 여러 가지 예문과 설명들이 있음에도 한자를 많이 알지 못하는 저희들로서는 상당히 어려움이 많습니다.

양력 4 월 11 일 6 대조부님부터 증조부님까지 시제를 모시려고 합니다. 시제 축문과 산신제 축문을 어떻게 해야 하는지 궁금합니다.

◈答; 시제를 모시기.

⊙증조[墓祭祝文式]

維 歲次甲申閏二月己亥朔二十二日庚申孝曾孫某敢昭告于 顯曾祖考某官府君 顯曾祖妣某封某氏之墓氣序流易雨露旣濡瞻掃 封塋不勝感慕謹以淸酌庶羞祗薦歲事尙 饗

⊙고조[墓祭祝文式]

維 歲次甲申閏二月己亥朔二十二日庚申孝玄孫某敢昭告于 顯高祖考某官府君 顯高祖妣某封某氏之墓氣序流易雨露旣濡瞻掃 封塋不勝感慕謹以淸酌庶羞祗薦歲事尙 饗

⊙5 대조[墓祭祝文式]

維 歲次甲申閏二月己亥朔二十二日庚申五代孫某敢昭告于 顯五代祖考某官府君 顯五代祖妣某封某氏之墓氣序流易雨露旣濡瞻掃 封塋不勝感慕謹以淸酌庶羞祗薦歲事尙 饗

⊙6 대조(墓祭祝文式)

維 歲次甲申閏二月己亥朔二十二日庚申六代孫某敢昭告于 顯六代祖考某官府君 顯六代祖妣某封某氏之墓氣序流易雨露旣濡瞻掃 封塋不勝感慕謹以淸酌庶羞祗薦歲事尙 饗

⊙산신제(祭后土祝文式)

維 歲次甲申閏二月己亥朔二十二日庚申幼學姓名敢昭告于 土地之神(고자이름)恭修歲事于六代祖考某官府君(동산이면최존자)之墓維時保佑實賴 神休敢以酒饌敬伸奠獻尙饗

모관에는 생전의 벼슬 등급 명을 쓰고 없으면 學生(학생)이라 쓰고 모봉에는 할머니의 생전 봉함이 있었으면 봉작의 명을 쓰고 없었으면 孺人(유인)이라 쓰고는 모씨에는 그분의 성씨를 쓰면 될 것입니다.

▶3842◀◈問; 시제를 지내는 주체의 기준이 궁금합니다.

이런 유익한 정보의 사이트가 있는 줄 몰랐습니다. 즐겨 찾기 추가를 했습니다.

질문을 드립니다. 시제를 5 대조 이상의 조상부터 지낸다고 하지만 현재는 이렇게 하기가 어렵고 제사를 지내는 주체의 할아버지의 바로 위 세대부터 시제로 넘긴다고 하는걸 알았습니다. 기준이 궁금한 게 장남인 저희 아버지세대를 기준으로 시제를 지내야 하는 건가요? 아니면 아직 살아계신 아버지의 숙부님을 기준으로 시제를 지내야 하나요? 답변 부탁 드립니다. 감사합니다.

◈答; 시제를 지내는 주체의 기준.

시제(時祭)의 본 뜻은 사시제(四時祭)를 의미하고 그에 덧붙여 왜곡되어 묘제(墓祭)도 뜻하기도 합니다. 이에서는 묘제로 간주하여 살펴보겠습니다.

전통 제법(祭法)에서는 가까운 겨레붙이를 유복친(有服親=三從兄弟姊妹(八寸)以內)과 무복친(無服親=九寸以上)으로 나누듯이 직계조상(直系祖上) 역시 친미진조(親未盡祖=高祖父母以內)와 친진조(親盡祖=五代祖以上)로 구분 됩니다. 고로 상(喪)을 당하여 삼종형제자매(三從兄弟姊妹)이내이면 상복을 입고 제사는 고조부모 이내는(高祖父母以內) 기제사를 지냅니다.

만약 장현손(長玄孫=孝玄孫)의 상(喪)을 당하여 삼년상(三年喪)을 마치면 효현손의(孝玄孫)의 아들은 그에게 오대손(五代孫)이 되며 오대조(五代祖)가 되는 까닭에 친진(親盡)이 되어 기제사(忌祭祀)를 폐하고 세일제(歲一祭)인 묘제(墓祭=時祭)로 봉사(奉祀)하게 됩니다. 그러나 그의 다른 후손(後孫)으로서 친미진손(親未盡孫)이 있으면 그 중에서 제일 가까운 孫(最長房)이 그를 모셔다 기제사(忌祭祀)를 지내야 합니다. 그가 또 죽으면 다음 미진손(未盡孫)이 그와 같이 기제사(忌祭祀)를 지내다 그 후손으로써 친진(親盡)이 되었으면 그때 비로소 그 후손(後孫)들이 모여 세일제(歲一祭)인 묘제(墓祭=時祭)로 지내게 되는 것입니다. 이와 같음이 전통예법(傳統禮法)의 조상(祖上) 봉사(奉祀)예법입니다.

●家禮族人有親未盡者遷于最長之房使主其祭
●備要祔位之主本位遞遷則埋于墓所
●沙溪曰最長房之義朱子以爲古人屢世同居一門之內子孫各有私房若有親之主而族人有親未震者則遷于其中最長者之房以祭之○又曰最長房之子雖未親盡門中又有諸父諸兄則當遷奉於其房耶沙溪曰然○又曰最長房有庶曾孫嫡玄孫則庶曾孫當奉祀若貧賤不可以奉祀嫡玄孫奉祀無妨○又曰最長房不能祧主則宗子姑安於別室以最長房之名改題旁註宗子攝行○又曰最長房死不待三年遞遷以三年廢祭有所未安故也○又曰父歿母在亦祧退溪曰父喪畢藏主別處以待他日與妣同入廟始行祧遷未爲得禮之正尤菴曰親盡祧遷當以奉祀孫世代計之雖祖曾祖母生存亦不可不遷○又曰非大宗高曾

二祖親雖未盡當遷於長房

●陶菴曰庶孼房題只稱玄孫而祝辭自稱爲庶恐得之矣○又曰正位遞遷後祔主當埋安同春曰祔位於最長房亦是至親則幷奉以祭亦似爲安南溪曰班祔之位終兄弟之孫

●尤菴曰祧主改題自是遷奉者之事非舊主人之所當與也旣遷之後當有酒果告由之禮其時改題似宜矣○又曰宗孫死則祧位吉祭時當遞遷最長房死則葬後遷奉于次長房

●東岩曰大戴禮遷廟事畢擇日而祭註所以安神當依此擇日盛祭

▶3843◀◈問; 시사 와 묘사의 차이점.

봄철 가을철 나뉘어 묘소를 방문하고 시사와 묘사를 올리는데 시사와 묘사와의 차이점은 뭔지 궁금합니다.

◈答; 시사 와 묘사의 차이점.

주자가례(朱子家禮)를 비롯하여 전통례서(傳統禮書)에서의 묘소(墓所)에서 지내는 제사는 봄이든 가을이든지 모두 묘제(墓祭)입니다. 묘사는 그에서 파생된 명칭이 아닌가 생각듭니다.

시제(時祭), 시사(時祀) 시향(時享)이라는 제사는 사시제(四時祭)인데 정침(正寢)에서 사당(祠堂) 신주(神主)를 내모시고 춘하추동 중월(仲月)에 날을 받아 지내는 제사를 사시제(四時祭)라 하는데 혹 시향(時享) 시제(時祭) 시사(時祀)라 이르기도 합니다. 시향(時享) 시제(時祭) 시사(時祀)가 墓祭로 둔갑(遁甲)한 원인은 일제(日帝) 총독부(總督府)에서 국내(國內) 첫 국어사전(國語辭典)을 1920 년도에 발행(發行)하면서 유가(儒家)에는 없는 ㊁陰曆十一月遠祖の墳墓お祭るこも。(時祀 ◦ 時祭)를 어떠한 전거(典據)에 의하여 증의(增意)가 되었는지는 알 수 없다. 그 후 일제 치하에서 교육받은 학자들이 국어사전을 펴대면서 주체성 없이 거의 총독부발행조선어사전을 베낌 곳이 한둘이 아니다.

●春秋左傳昭公四年; 傳曰○夏諸侯如楚魯衛曹邾不會曹邾自以爲難公辭以時祭衛侯辭以疾(註)時祭四時的祭祀

●國語周語上; 日祭月祀時享(註)時享宗廟四時的祭祀

●周禮司徒敎官之職牧人; 凡時祀之牲必用牷物(鄭玄注)時祀四時所常祀

●性理大全祭禮四時祭時祭用仲月前旬卜日; 孟春下旬之首擇仲月三旬各一日或丁或亥

●國朝五禮儀吉禮大夫士庶人四仲月時享儀(細註)二品以上上旬六品以上中旬七品以下下旬並卜日

●高麗史節要文宗二庚子十四年; ○三月內史門下奏令以司宰卿崔有孚爲西京副留守其父沆以淸節直道匡扶社稷國家追念厥功嘗於玄化寺置忌齋寶每歲遣有孚行香令弟永孚出守天安府時未考滿有孚令又往守留都深恐忌祭上塚時享之禮將闕請授有孚三品職勿令補外從之

●朝鮮語辭典(朝鮮總督府篇. 1920); 時[時享]名㊀陰曆二月 ◦ 五月 ◦ 八月 ◦ 十一月にに高祖以下の家廟か祭るこも。(時祭 ◦ 時祀) ㊁陰曆十一月遠祖の墳墓お祭るこも。(時祀 ◦ 時祭)

●표준국어대사전; 시향 03(時享) 「명사」「1」음력 2 월, 5 월, 8 월, 11 월에 가묘에 지내는 제사. ≒묘사 04(墓祀)「1」 • 시사 09(時祀)「1」 • 시제 04(時祭)「1」. 「2」음력 10 월에 5 대 이상의 조상 무덤에 지내는 제사. ≒세일사 • 시사 09「2」 • 시제 04「2」 • 시향제.

▶3844◀◈問; 헌작순서.

세일사에서 편의상 한상에 3위를 합설하여 모실 때 1위조와 비 그리고 2위조와 비 다음 3위의 조와 비 순서로 올려야 맞는다고 보는데 어디서는 1위조 그리고 2위조 다음 3위조 그리고 1위의 비 2위비 3위비 순으로 올려서 지적을 해주려고 하는데 어떻게 설득해야 가장 좋을지요.

1 위조와 비, 2 위조와 비, 3 위의 조와 비. 무슨 의미 인지요.

◈答; 헌작순서.

아래와 같이 전거(典據)로 고증(考證)되기를 세일사(歲一祀)란 세일제(歲一祭)와 동의로 묘제

(墓祭)의 이칭(異稱)인데 선조(先祖; 親盡) 묘제(墓祭) 칭명(稱名)은 五代祖考(妣)之墓 六代祖考(妣)之墓 七代祖考(妣)之墓(以下略)라 하며 혹 단(壇)이나 재사(齋舍) 합제(合祭)라 하여도 시제지의(時祭之儀)라 하였으니 이서위상(以西爲上)의 법도(法度)에 따라 혹 顯八代祖(云云) 顯七代祖(云云) 顯六代祖(云云) 顯五代祖(云云)라 함이 정상 설위(設位) 법도(法度)라 혹시 “1 위조와 비, 2 위조와 비, 3 위의 조와 비.”라 함이 전체 문장 구성상 제(諸) 법도(法度)에 어긋나나 사시제(四時祭) 운운(云云)이 아닌가 하여 그와 같이 질문(質問)을 하였던 것인데 관심이 없었던지 무시(無視)하고 동(同) 제목(題目)으로 재질문(再質問) 되어 초학(初學)을 위하여 이에서 세일사(歲一祀)란 묘제(墓祭)와 동의임을 밝혀 놓습니다. 물론 사시제(四時祭)나 재사(齋舍)나 단합제(壇合祭)에서 상조비(上祖妣) 차조비(次祖妣) 차조비(次祖妣) 순으로 헌작을 합니다.

⊙四時祭初獻

主人升詣高祖位前執事者一人執酒注立于其右(冬月卽先煖之)主人搢笏奉高祖考盤盞位前東向立執事者西向斟酒于盞主人奉之奠于故處次奉高祖妣盤盞亦如之(便覽執事者反注故處)出笏位前北向立執事者二人奉高祖考妣盤盞立于主人之左右主人搢笏跪執事者亦跪主人受高祖考盤盞(便覽左手執盤)右手取盞祭(便覽三祭之○要訣少傾)之茅上(增解要訣少傾酒○按虞祭云三祭于茅束上)以盤盞授執事者反之故處受高祖妣盤盞亦如之出笏俛伏興少退立執事者炙肝于爐(輯覽按士昏禮贊以肝從註飮酒宜有肴以安之以此觀之祭用肝炙象生時之用歟○退溪曰炙字有二音肉之方燔之石切親炙熏炙皆從是音已燔之夜切膾炙嗜秦人之炙皆從是音)以楪盛之兄弟之長一人奉之奠于高祖考妣前匙筯之南(備要啓飯蓋置其南降復位)祝取版立於主人之左(便覽東向)跪(儀節主人以下皆跪)讀曰(云云)畢興(便覽置板於卓上降復位)主人再拜退詣諸位獻祝如初每逐位讀祝畢卽兄弟衆男之不爲亞終獻者以次分詣本位所祔之位酌獻(便覽不祭酒)如儀但不讀(開元禮不拜)祝獻畢皆降復位執事者以他器徹酒及肝置盞故處(便覽降復位)○凡祔者伯叔祖父祔于高祖伯叔父祔于曾祖兄弟祔于祖子孫祔于考餘皆放此如本位無卽不言以某親祔食

楊氏復曰司馬公書儀主人升自阼階詣酒注所西向立執事一人左手奉曾祖考酒盞右手奉曾祖妣酒盞一人奉祖考妣酒盞一人奉考妣酒盞皆如高祖考妣之次就主人所主人搢笏執注以次斟酒執事者奉之徐行反置故處主人出笏詣曾祖考妣神座前北向執事者一人奉曾祖考酒盞立于主人之左一人奉曾祖妣酒盞立于主人之右主人搢笏跪取曾祖考妣酒酹之授執事者盞反故處乃讀祝此其禮與虞禮同家禮則主人升詣神位前主人奉祖考妣盤盞一人執注立于其右斟酒此則與虞禮異竊詳虞禮神位惟一時祭則神位多家禮主人升詣神位前奉盤盞位前東向立執事者斟酒主人奉之奠于故處次奉祖妣盤盞亦如之如此則禮嚴而意專若書儀則時祭與虞祭同主人詣酒注卓子前執事者左右手奉兩盤盞則其禮不嚴主人執注盡斟詣神位酒則其意不專此家禮所以不用書儀之禮而又以義起之也

●式禮會統暮祭: 四名日代行祭時服色陳饌進茶齋舍合祭前期行祀歲一祀祀后土饌品

●日省錄正祖十五年辛亥(1791)二月十九日壬寅宗簿寺以高陽大慈洞恭嬪墓訪問啓; 敬惠公主墓其下有嬪同生娚郡守崔世賢侄正郎崔邦貴兩世墓守護則崔家後孫與其先墓同爲守護而祭祀則崔家之孫四節祭其先亦嘗同爲設行矣自戊子年爲始只行歲一祀於其先墓奉祀孫則崔墓後裔皆親盡而正郎邦貴長子後孫在遠未知所居地及名字今其歲一來祀者卽邦貴後孫在都下及畿邑者云矣敎以更問可考文蹟如有可以徵信者卽令來告

●問墓祭或墓非一二多至八九東西埋葬邱壠峻險南往北來神倦身疲恐有怠慢之氣(云云)或厥日有終朝之雨則亦將何以爲之欲預搆一屋於墓側而若遇如此之時依時祭之儀合祭一所如何退溪曰豈不善耽

▶3845◀◈問; 시제(時祭) 시향(時享) 시사(時祀).

시제(時祭) 시향(時享) 시사(時祀)를 묘제(墓祭)의 이칭(異稱)으로 인식(認識)되어 있는데 옳습니까?

◈答; 시제(時祭) 시향(時享) 시사(時祀).

一). 時祭, 時享 時祀는 四時祭다.

정침(正寢)에서 사당(祠堂) 신주(神主)를 내모시고 춘하추동(春夏秋冬) 중월(仲月)에 날을 받아 지내는 제사(祭祀)를 사시제(四時祭)라 하는데 혹(或) 시향(時享) 시제(時祭) 시사(時祀)라 이르기도 한다. 시향(時享) 시제(時祭) 시사(時祀)가 墓祭로 둔갑(遁甲)한 원인은 일제(日帝) 총독부(總督府)에서 국내(國內) 첫 국어사전(國語辭典)을 1920 년도에 발행(發行)하면서 유가(儒家)에는 없는 ㊁陰曆十一月遠祖の墳墓お祭るこも。(時祀 ◦ 時祭)를 어떠한 전거(典據)에 의하여 증의(增意)가 되었는지는 알 수 없다. 그 후 일제 치하에서 교육받은 학자들이 국어사전(國語辭典)을 펴대면서 주체성 없이 거의 총독부(總督府) 발행 조선어사전(朝鮮語辭典)을 베낌 곳이 한둘이 아니다.

유자(儒者) 누구든지 ㊁陰曆十一月遠祖の墳墓お祭るこも。(時祀 ◦ 時祭)가 옳다고 하려면 유학적 전거를 제시하기 바란다. 최소한 전거를 제시하지 못하는 유자들은 ㊁陰曆十一月遠祖の墳墓お祭るこも。(時祀 ◦ 時祭)를 부정하기 바란다.

●春秋左傳昭公四年; 傳曰○夏諸侯如楚魯衛曹邾不會曹邾自以爲難公辭以時祭衛侯辭以疾(註)時祭四時的祭祀

●國語周語上; 日祭月祀時享(註)時享宗廟四時的祭祀

●周禮司徒教官之職牧人; 凡時祀之牲必用牷物(鄭玄注)時祀四時所常祀

●性理大全祭禮四時祭時祭用仲月前旬卜日; 孟春下旬之首擇仲月三旬各一日或丁或亥

●國朝五禮儀吉禮大夫士庶人四仲月時享儀(細註)二品以上上旬六品以上中旬七品以下下旬並卜日

●高麗史節要文宗二庚子十四年; ○三月內史門下奏令以司宰卿崔有孚爲西京副留守其父沆以淸節直道匡扶社稷國家追念厥功嘗於玄化寺置忌齋寶每歲遣有孚行香令弟永孚出守天安府時未考滿有孚令又往守留都深恐忌祭上塚時享之禮將闕請授有孚三品職勿令補外從之

●朝鮮語辭典(朝鮮總督府篇. 1920); 時[時享]名㊀陰曆二月 ◦ 五月 ◦ 八月 ◦ 十一月にに高祖以下の家廟か祭るこも。(時祭 ◦ 時祀) ㊁陰曆十一月遠祖の墳墓お祭るこも。(時祀 ◦ 時祭)

●표준국어대사전; 시향 03(時享) 「명사」 「1」 음력 2 월, 5 월, 8 월, 11 월에 가묘에 지내는 제사. ≒묘사 04(墓祀) 「1」 · 시사 09(時祀) 「1」 · 시제 04(時祭) 「1」. 「2」 음력 10 월에 5 대 이상의 조상 무덤에 지내는 제사. ≒세일사 · 시사 09 「2」 · 시제 04 「2」 · 시향제.

二). 시월제(十月祭)

시제(十祭)란 본인이 유추한 바로는 민간(民間)에서 시월묘제(十月墓祭; 十月音 시월)가 시월제(十月祭)로 이에서 월(月)을 략(略)하여 시제(十祭)로 통용, 더 발전하여 시월향(十月享)이 시향(十享), 시월사(十月祀)가 시사(十祀)로 불려 졌던 명칭을 일본인(日本人)들이 국어사전(國語辭典)을 편찬(編纂)하면서 시제(十祭), 시향(十享), 시사(十祀)를 음(音) 시(十)를 시(時)로 오인(誤認) 시제(時祭) 시향(時享) 시사(時祀)로 기록(記錄)하는 오류(誤謬)를 범한 명칭(名稱)을 그 후 그로 교육(敎育)된 이들이 국어사전(國語辭典)을 편찬(編纂)하면서 그를 아무 비판(批判) 없이 그대로 베끼는 우(愚)를 법함이 아닌가 한다.

●藤庵先生年譜四十年(光海四年)壬子(先生三十九歲)正月往拜師門於蘆谷寓舍(時師門自檜淵移卜于蘆谷)○十月祭外曾祖參軍白公墓○祭外祖忠順衛宋公墓(白公墓在慶山宋公墓在八莒)

▶3846◀ ◈問; 시제, 시향이라는 제사는 어떤 제사가 되는지요.

그간 안녕들 하셨습니까. 궁금한 사항이 있어 또 찾아왔습니다. 다름이 아니오라 시제, 시향이라는 제사는 어떤 제사가 되는지요. 상당히 궁금하거든요. 아래 질문에 답변한 두 선생님의 답을 연상하여 보면 묘제가 시향 시제와 동의인 것으로 보입니다. 그런지요. 오늘이 올 들어 가장 추운 날씨 같습니다. 항상 건강들 하십시오.

◈答; 時祭, 時享이라는 제사는 四時祭임.

정침(正寢)에서 사당(祠堂) 신주(神主)를 내모시고 춘하추동(春夏秋冬) 중월(仲月)에 날을 받아 지내는 제사(祭祀)를 사시제(四時祭)라 하는데 혹(或) 시향(時享) 시제(時祭) 시사(時祀)라 이르기도 합니다. 시향(時享) 시제(時祭) 시사(時祀)가 墓祭로 둔갑한 원인은 일제(日帝) 총독부(總督府)에서 국내(國內) 첫 국어사전(國語辭典)을 1920 년도에 발행(發行)하면서 유가(儒家)에는 없는 ㊁陰曆十一月遠祖の墳墓お祭るこも。(時祀 ◦ 時祭)를 어떠한 전거(典據)에 의하여 증의(增意)가 되었는지는 알 수 없습니다. 그후 일제 치하에서 교육받은 학자들이 국어사전을 펴대면서 주체성 없이 거의 총독부발행 조선어사전을 베낌 곳이 한둘이 아니다.

유자(儒者) 누구든지 ㊁陰曆十一月遠祖の墳墓お祭るこも。(時祀 ◦ 時祭)가 옳다고 하려면 유학적 전거를 제시하기 바란다. 최소한 전거를 제시하지 못하는 유자들은 ㊁陰曆十一月遠祖の墳墓お祭るこも。(時祀 ◦ 時祭)를 부정하기 바랍니다.

●春秋左傳昭公四年; 傳曰○夏諸侯如楚魯衛曹邾不會曹邾自以爲難公辭以時祭衛侯辭以疾(註)時祭四時的祭祀
●國語周語上; 日祭月祀時享(註)時享宗廟四時的祭祀
●周禮司徒敎官之職牧人; 凡時祀之牲必用牷物(鄭玄注)時祀四時所常祀
●性理大全祭禮四時祭時祭用仲月前旬卜日; 孟春下旬之首擇仲月三旬各一日或丁或亥
●國朝五禮儀吉禮大夫士庶人四仲月時享儀(細註)二品以上上旬六品以上中旬七品以下下旬並卜日
●高麗史節要文宗二庚子十四年; ○三月內史門下奏令以司宰卿崔有孚爲西京副留守其父沆以淸節直道匡扶社稷國家追念厥功嘗於玄化寺置忌齋寶每歲遣有孚行香令弟永孚出守天安府時未考滿有孚令又往守留都深恐忌祭上塚時享之禮將闕請授有孚三品職勿令補外從之
●朝鮮語辭典(朝鮮總督府篇. 1920); 時[時享]名㊀陰曆二月 ◦ 五月 ◦ 八月 ◦ 十一月にに高祖以下の家廟か祭るこも。(時祭 ◦ 時祀) ㊁陰曆十一月遠祖の墳墓お祭るこも。(時祀 ◦ 時祭)
●표준국어대사전; 시향 03(時享) 「명사」「1」음력 2 월, 5 월, 8 월, 11 월에 가묘에 지내는 제사. ≒묘사 04(墓祀)「1」·시사 09(時祀)「1」·시제 04(時祭)「1」.「2」음력 10 월에 5 대 이상의 조상 무덤에 지내는 제사. ≒세일사·시사 09「2」·시제 04「2」·시향제.

▶3847◀ ◈問; 시제에 관하여.

귀 홈페이지의 게시판을 둘러보니 너무 친절한 답변에 감사 드립니다. 저희 문중에서는 지금까지 묘제를 지내다가 금년부터는 재실을 지어 재실에서 5 대조이상 조상의 시제(시향)을 합동으로 모시려고 합니다. 이러다 보니 여러 가지 모르는 부분이 많아 문의 드리오니 바쁘시겠지만 답을 주시면 저에게는 큰 힘이 되겠습니다.

1. 대수 계산에 있어서 시제를 지낼 때 대수(예: 11 대조 등)는 제주(초헌관)를 기준으로 계산을 하는 것으로 아는데, 매년 제주가 바뀔 경우(동일항렬이 아닌 사람이 제주가 될 경우) 에는 지방을 쓸 때도 대수도 바뀌어야 하는바 이를 경우 지방을 제주가 바뀔 때마다 바꾸어야 하는지? 아니면 종손을 기준으로 하여 대수를 고정하여 (제주에 기준을 안 둠)도 무방 한지의 여부? 예를 들어 11 대조에서 형제 분이 4 분일 경우 종손을 기준으로 하면 4 분 모두 11 대조 이므로 4 분 모두 지방은 "현 11 대조고학생부군신위"로 쓰는 게 맞는지. 이때 지손(방계)으로 보면 11 대조가 안 되는 경우가 있어도 그렇게 하여야 하는지의 여부?

2. 시제(時祭)를 지낼 때 위패(位牌)를 개인별로 모실 경우. 예를 들어 8 대조의 경우 형제분이 3 분일 때의 지방은, 3 분 모두 "현 8 대조고학생부군신위"로 되고 배우자는 관행을 씀으로 배우자의 관행을 보고 자기의 직계의 위패를 알 수 있으나, 독신의 경우는 모두 "현 8 대조고학생부군신위"로 하여야 하므로 후손들이 바로 식별하기가 어려운 점이 잇는바 이를 경우 혹자는 8 대조 3 분마다 지방에 함자(이름)를 넣으면 이런 점이 해결된다고 사료되는바. 예를 들면 "현 8 대조고학생(길동)부군신위"로 해도 무방한지 아니면 다른 방법이 있는지의 여부?

◈答; 시제에 관하여.

問 1. 答; 대수 계산에 있어서
遂菴曰親盡墓祭三獻可也祝文臨時製用以行列最尊者爲之可矣
수암(遂菴) 선생께서 이르시기를 친진(親盡) 묘제라 하여도 삼헌(三獻)을 하여야 옳으니라. 축문은 묘제 지낼 때에 가서 지어 쓰기를 참제자 중 제일 높은 항렬에서 어른으로 제주(祭主)를 삼아야 옳으니라.

위와 같이 살펴 볼 때 해마다 참제 자 중 제일 높은 항렬에서 어른으로 초헌관을 삼아 그의 대에 맞게 축문을 쓰는 것입니다. 사당(祠堂)에서 그의 현손이 죽어 대상(大祥)이 되면 그의 손으로 봉사 세대가 지나지 않은 손이 있으면 그 중 최장방(最長房)으로 옮겨 (불천지위 제외) 봉사하다 그 손이 다한 친진조(親盡祖)는 신주를 묘소에 묻고 세일제로 묘제를 지내게 되는 것이니 이미 종손은 따지지 않는 것입니다.

問 2. 答; 시제를 지낼 때 위패를 개인별로 모실 경우.

●尤菴曰婦人神主家禮無書貫之文不書爲當矣
우암 선생께서 이르기를 부인의 신주에 가례에는 관향을 쓴 곳이 없으니 쓰지 않는 것이 마땅하니라.

위와 같이 살펴 볼 때 전통 예법에는 부인의 관향도 쓰지 않는 것입니다. 더욱 조상의 함자는 생전에도 함부로 대 할 수 없는 중한 글자 인데 주인과의 관계를 표시 하는 지방에 쓴다 함은 신중 하여야 할 것입니다. 만약 참례자가 층층이며 모시는 대수가 많아 가리기가 어수선하면 창자(唱者)나 집전자가 그 때마다 관계를 일러줌이 모두가 이해 하는데 도움이 될 것입니다.

친진(親盡) 묘제는 회중(會中) 최존항(最尊行)의 최존자(最尊者)가 주인이 되어 초헌을 합니다.

●尤庵曰神主祧遷則宗毁而族人不復相宗矣○親盡墓祭祝文云云幾代孫某官某敢昭告于某親某官府君之墓歲薦一祭禮有中制履玆霜露彌增感慕謹用淸酌時羞祇奉常事尙饗
●葛庵曰若非百世不遷大宗之家則當以會中長幼爲主辦祭者不可越尊長爲主初獻之後使之一獻亦合人情
●九思堂曰家禮大宗親盡則藏主於墓所而宗子主之歲率宗人一祭之第二祖以下親盡則埋主於墓所而諸位迭掌歲率子孫一祭之據此則除大宗墓外皆當以昭穆最尊者爲主獻恐或得宜

▶3848◀ ◈問; 시제에 대하여.

우리는 음력 시월경에 시제를 지내고 있습니다. 8 대조 되시는 분부터 모시는 걸로 알고 먼저 제물(제사음식)입니다. 조상님 한분 한분 마다 제물이 별개로 있어야 됩니까? 왜냐면 후손들이 많지 않아 많은 제물을 마련하기가 어렵고 또한 나중에는 너무 많아서 먹기도 힘들기 때문입니다. 경제적인 방법은 없나요?

◈答; 시제에 대하여.

먼저 제사의 명칭부터 정의 하겠습니다. 선대 조상 제사에는 사당을 받들면 사시제로 제일 큰 제사가 있고 초조제 선조제 녜제 기제 묘제 등이 있습니다.

묘제에는 고조 이하의 봉사 세대가(親未盡祖) 지나지 않은 묘제로 이 묘제는 음력 삼월 초하룻날 묘에서 지내며 또 오대조 이상 봉사 세대가 지난(親盡祖) 묘제로 이 묘제는 음력 시월 초 하룻날 묘에서 지냅니다. 묘제를 일명 시향이라고도 일컸습니다. 親盡祖(친진조)란 그 조상으로부터의 손인 현손(玄孫)이 모두 죽어 오대손 이하의 세대(世代)가 되여 있을 때를 이름 입니다.

사시제인 정침제에서 역시 고례에는 찬이 각위 마다 별찬이었으나 근세에 이르러 부부 동탁 동찬의 진설법이 허용된 가문이 늘어나 가는 추세이나 원칙은 일위 일탁 일찬이 예에 합당한 것입니다.

특히 묘제는 특수하여 선대 여러 조상을 일묘에 합폄 할 수도 없는 것이어서 각각 별개이니 시차가 있게 되여 선후가 있게 되고 한번 흠향한 찬을 재차 다음 조상께 올릴 수는 없는 것이니 별찬일수 밖에는 없는 것입니다.

만약 철찬 후 제찬이 문제 된다면 진설 양으로 조절 함이 가당 할 것입니다. 물론 어려움은 있으나 할육구친(割肉救親)의 효에야 미치겠습니까. 한번 올렸던 제찬이나 퇴주로는 다시 진설하거나 헌주하지 않습니다.

▶3849◀ ◈問; '시제'에 대한 문의.

안녕하십니까. 현재 제사를 모시고 있는 장손 입니다. 그런데 아직까지 시제를 제대로 모시지 못했습니다. 주요 사유는 제가 현재 살고 있는 장소와 묘소가 있는 장소까지의 거리가 워낙 원거리이고 또한 형제들도 각 다른 도시에서 생업에 종사하다 보니 현실적으로 경제적 및 시간적 여유가 없었습니다. 그렇다고 고향에 재실(齋室)이 있는 것도 아닙니다. 그래서 제가 생각을 한 게, 매년 음력 10 월 첫째 주 일요일 오전 9 시~10 시경에 집에서 시제를 지내고자 생각을 합니다. 아예 시제를 모시지 않는 것보다 나을 것이라는 개인적인 생각입니다. 이럴 경우에 어떤 점이 문제가 되며 다른 방도가 있는 지 지도 편달을 부탁 드립니다. 감사 합니다.

◈答; 묘제에 대하여.

제사(祭祀) 중에서 기제(忌祭)는 친부, 조, 증, 고조부모(親父祖曾高祖父母)까지는 작고(作故)한 날의 슬픔을 잊지 않기 위하여 현손(玄孫) 대(代)까지 매년(每年) 그날을 당하면 질명(質明; 혹 당일 자시)에 적자손(嫡子孫) 집 정침(正寢)으로 그 후손(後孫)들이 모여 기제(忌祭)를 지내고, 고조(高祖)가 친진(親盡)이 되어 오대조(五代祖)가 되면 기제(忌祭)는 면하고, 그 후손(後孫)들이 묘소(墓所)로 모여 백세(百世; 영원히)토록 묘제(墓祭)를 지내는데, 그 첫째 숨은 이유(理由)가 선세(先世)의 체백(體魄)을 영원히 실전(失傳)하지 않기 위함에서 입니다. 그렇다면 기제(忌祭)는 작고(作故)한 날의 슬픔을 잊지 않기 위함에서이며, 묘제(墓祭)는 묘(墓)를 잊어버리지 않기 위함에서라 해마다 한번쯤은 그 후손(後孫)들이 묘(墓)를 찾아가게 하기 위하여 묘(墓)에서 제사(祭祀)를 지내는 법도(法度)를 두웠으니 묘(墓)를 찾아가지 않고 다른 곳에서 묘제(墓祭)를 지낼 수야 없게 되겠지요.

단제(壇祭)나 재사(齋舍)에서 묘제(墓祭)를 지내는 법도(法度)도 먼저 매 묘소(墓所)로 찾아가 첨소봉영(瞻掃封塋) 분향뢰주(焚香酹酒) 영신(迎神)하여 재사(齋舍)나 단(壇)으로 모시고와 합제(合祭)를 하는 법도(法度)이니 집에서 묘제(墓祭)를 지낸다 함은 묘제(墓祭)의 예법(禮法)에도 어그러질 뿐만 아니라 묘제(墓祭)를 지내는 취지(趣旨)에도 어그러진다 아니할 수 없을 것입니다.

●性理大全祠堂遞遷條; 大宗之家始祖親盡則藏其主於墓所而大宗猶主其墓田以奉其墓祭歲率宗人一祭之百世不改其第二世以下祖親盡及小宗之家高祖親盡則遷其主而埋之其墓田則諸位迭掌而歲率其子孫一祭之亦百世不改也
●四未軒曰相去不遠考妣墓合祭時主祭者當於妣墓焚香酹酒以迎神來于考墓而行拜禮而合祭之爲禮家所通行也
●退溪言行錄金富倫問族葬列位次第行祭則筋力疲而誠敬弛祭物冷煖有異先詣墳所奠杯引靈而以紙牓合祭齋宮如何退溪曰無妨
●問族葬列位若欲次第行祭則登降累原恐筋力疲而誠敬弛又恐祭物新餕或雜冷煖有異先詣墓所奠杯引靈而以紙牓合祭於齋宮何如退溪曰無妨設壇於淨地而合祭何如曰尤是

묘제(墓祭)란 묘(墓)에서 지내는 제사(祭祀)다. 유자(儒者)가 아니라 하여도 기본(基本) 상식(常識)이다. 혹 묘제(墓祭)를 집에서 지내도 된다는 자가 있다면, 이 나라 백성(百姓)이 아니거나, 아니면 유학(儒學)에 원한(怨恨)을 품은자가 아니고는 그와 같이 황망한 주장을 할 수가 없다.

●周禮宗伯禮官之職冢人; 凡祭墓爲尸
●後漢書明帝紀永平元年正月帝率公卿已下朝於原陵; 如元會儀(李賢注)漢官儀曰古不墓祭秦始皇起寢於墓側漢因而不改諸陵寢皆以晦望二十四氣三伏社臘及四時上飯(辭註)墓祭掃墓在墓前祭祀
●漢韓大辭典土部十一畫[墓祭] 묘(墓)에서 지내는 제사(祭祀). 묘사(墓祀).

●표준국어대사전묘제 02(墓祭)「명사」무덤 앞에서 지내는 제사. ≒묘사 04(墓祀)

▶3850◀◈問; 시제축문.

안녕하십니까. 다름이 아니라 이번 양력 10 월 3 일 6 대조할아버지 시제를 지내려는 데요. 축문 쓰는 법을 알고 싶습니다. 그리고, 산신제 축문도 알려주십시오.

◈答; 시제축문.

⊙묘제축(墓祭祝文式)

維 歲次甲申八月丙申朔二十日乙卯六代孫 ㅇㅇ(考妣云孝子祖考妣云孝孫曾祖考妣云孝曾孫高祖考妣云孝玄孫親盡祖考妣云幾代孫妻云夫旁親卑幼則隨屬稱)某(弟以下不 名)敢昭告于(妻去敢字弟以下但云告于) 顯六代祖考某官府君 顯六代祖妣某封某氏(或顯某親某封某氏合窆位則列書妻云亡室卑幼改顯爲亡去府君二字)之墓氣序流易白露旣降(雨露旣濡寒食云云歲時改此句爲歲律旣更端午云時物暢茂秋夕云白露旣降十月朔云霜露旣降)贍掃 封塋不勝感慕(考妣改不勝感慕爲昊天罔極旁親爲不勝感愴妻弟以下云不勝哀戚)謹以(妻弟以下玆以)淸酌庶羞祗薦(旁親云薦此妻弟以下云陳此)歲事尙 饗

⊙산신제축(祭后土祝文式)

維 歲次甲申八月丙申朔二十日乙卯某官姓名敢昭告于 土地之神(家禮后土氏之神)ㅇㅇ恭(妻弟以下去恭字)修歲事于六代祖考某官府君(或某親某封某氏卑幼去府君二字同岡最尊者云)之墓維時保佑實賴 神休敢以酒饌敬伸奠獻尙 饗

괄호 내는 응용문이니 필요하면 그와 같이 응용하고 지우며 합폄축(合窆祝)이니 합폄이 아니면 할머니를 제하고 쓰며 ○○은 제주(祭主)의 이름 이며 산신축에서 모관(某官) 성명의 모관에는 고자가 벼슬이 없으면 幼學이라 쓰면 됩니다 그 외는 모관이나 모봉모씨는 기제의 예와 같습니다.

▶3851◀◈問; 시제 축문과 산신제 축문 쓰기.

먼저 귀 Home Page 에 접하여 글을 올리게 됨을 영광스럽게 생각 합니다. 현재 문명생활에만 접하여 살다가 이제 조상님들의 제사를 모시고자 하니 우리의 전통예절을 전혀 몰라서 부끄럽습니다. web site 서 각 종 견본을 보아도 저가 필요로 한 서식들이 없어서 부탁의 서신을 올립니다.

※ 알고 싶은 사항.

1. 조상 제사일: 양력 11 월 2 일.
2. 조상제사 구분: 9 대 8 대 6 대 5 대조상 합제사.
3. 알고 싶은 내용: ① 합제사 축문 예문. ② 산신제 축문 예문.

◈答; 시제 축문과 산신제 축문 쓰기.

9 대 8 대 6 대 5 대조상 합제사가 묘제를 의미 한다면 아래와 같이 살펴 볼 때 불가피치 않고서는 재사(齋舍)에서 지내서는 안되며 더욱이 정침(正寢)에서 묘제를 지방으로 지내는 것은 크게 어그러지는 것입니다.

問墓祭或墓非一二多至八九東西埋葬邱壟峻險南往北來神倦身疲恐有怠慢之氣或生而日亦不繼則將何以處之或厥日有終朝之雨則亦將何以爲之欲預搆一屋於墓側而若遇如此之時依時祭之儀合祭一所如何退溪曰豈不善哉

묻기를 묘제를 지내려 할 때 혹 한둘이 아니고 여덟 아홉 이상으로 많은 묘(墓)가 이산 저산에 흩어져 있어 이리 저리 오고 가며 지내다 보면 몸이 피로하여 진력이나 아마도 게으른 생각이 들어 혹 그날 다 못 지내게 되겠다거나 비가 하루 종일 와 묘제를 지내지 못하게 될 때를 대비 하여 묘 옆에 미리 집 한 채를 세워 만약 이러한 때를 만나면 시제 의식과 같이 한 곳에서 합제(合祭)를 하는 것이 어떠하옵니까? 하고 여쭙자 퇴계(退溪)선생께서 말씀 하시기를 어찌 옳지 않다 하겠는가.

●問退溪墓祭祭紙榜之言如何尤菴曰退溪之意欲於墓下齋室以紙榜行之云爾非謂還家而行之如此也
묻기를 퇴계(退溪)선생의 묘제를 지낼 때 어찌하여 지방으로 지내라 합니까? 우암(尤庵) 선생께서 말씀 하시기를 퇴게 선생의 뜻은 선영하(先塋下) 재실(齋室)에서 지내려 하면 지방으로 지내라 하였을 뿐이지 집으로 돌아와서 지방으로 지내라 말씀 한 것은 아니니라.

●陶菴曰歲一祭或遇雨則差退日字待晴上墓爲當至於紙榜行事恐違灑掃之意
도암(陶庵) 선생께서 이르시기를 묘제를 지낼 때 혹 비가오면 날자를 물려 쾌청 하기를 기다려 날을 받아 묘제를 지내는 것이 마땅하지 지방(紙牓)으로 지내고 마는 것은 아마도 묘소를 깨끗이 청소를 하고 돌봐야 하는 뜻에도 어그러진 짓이니라.

불가피 하여 재사(齋舍)에서 퇴계(退溪) 선생의 말씀과 같이 시제(時祭) 의식을 따른 다면 아래와 같이 작성 하면 되지 않을 가는 생각됩니다.

⊙9 代墓祭祝文式(9 대묘제축문식)

維 歲次癸未十月辛未朔初九日己卯某親某敢昭告于 顯九代祖考某官府君 顯九代祖妣某封某氏之墓氣序流易霜露旣降瞻掃 封塋不勝感慕謹以淸酌庶羞祗薦歲事尙 饗

⊙8 代墓祭祝文式(8 대묘제축문식)

維 歲次癸未十月辛未朔初九日己卯某親某敢昭告于 顯八代祖考某官府君 顯八代祖妣某封某氏之墓氣序流易霜露旣降瞻掃 封塋不勝感慕謹以淸酌庶羞祗薦歲事尙 饗

⊙6 代墓祭祝文式(6 대묘제축문식)

維 歲次癸未十月辛未朔初九日己卯某親某敢昭告于 顯六代祖考某官府君 顯六代祖妣某封某氏之墓氣序流易霜露旣降瞻掃 封塋不勝感慕謹以淸酌庶羞祗薦歲事尙 饗

⊙5 代墓祭祝文式(5 대묘제축문식)

維 歲次癸未十月辛未朔初九日己卯某親某敢昭告于 顯五代祖考某官府君 顯五代祖妣某封某氏之墓氣序流易霜露旣降瞻掃 封塋不勝感慕謹以淸酌庶羞祗薦歲事尙 饗

⊙祭后土祝文式(제후토축문식)

維 歲次癸未十月辛未朔初九日己卯某官姓名敢昭告于 土地之神某恭修歲事于顯九代祖考某官府君之墓維時保佑實賴 神休敢以酒饌敬伸奠獻尙 饗

산신제(山神祭)는 최존자(最尊者) 명이며 모공(某恭)에는 제주(祭主)를 씁니다.

●通典三代以前無墓祭至秦始起寢於墓側漢因秦上陵皆有原寢
●開元禮寒食上墓如拜掃儀惟不占日○孔子許向墓遙爲壇以時祭卽今之上墓義或有憑然神道尙幽不可逼瀆塋域宜設於塋南山門之外設淨席爲位遙祭以時饌如平生所嗜若一塋數墓每墓各設位昭穆異列以西爲上主人盥手奠爵三獻而止泣辭
●或問今拜掃之禮何據曰此禮古無但緣習俗然不害義理葬只是葬體魄而神則必歸於廟旣葬則設木主旣除几筵則木主安於廟故古人惟專精祀於廟今亦用拜掃之禮但簡於四時之祭也
●寒岡曰世俗之行墓祀於神主者亦似未安是神主祭也非墳墓祭也
●退溪曰同原許多墓各行祭之弊世多有此愚意不如掃視墓域後以紙牓合祭於齋舍無舍卽設壇以行之可免瀆弊而神庶享也
●顧齋曰古人臨祭而雨沾服失容則止若有齋舍及墓下潔淨之家就彼行事似無不可會見通典以設祭墓前爲瀆以此觀之則雖不雨行祀於山下亦可
●問解考妣兩墓相去不遠雖坐向稍異祭祀及拜禮似當兼行
●四未軒曰考妣墓合祭時主祭者當於妣墓焚香酹酒以迎神來于考墓而行拜禮而合祭之爲禮家所通行也
●問族葬列位若欲次第行祭則登降累原恐筋力疲而誠敬弛又恐祭物新餕或雜冷煖有異先詣墓所奠杯引靈而以紙牓合祭於齋宮何如退溪曰無妨設壇於淨地而合祭何如曰尤是

●張南軒答朱子書古者不墓祭非有所略也盖知鬼神情狀不可以墓祭也神主在廟而墓以藏體魄體魄之藏而祭也

▶3852◀◈問; 시제 홀기.

집안의 시제 홀기를 작성하다가 의문점이 있어 여쭙습니다.

제사 중 종헌례를 하는 순서에서 "밥 뚜껑을 열다"를 다른 책에서 보니 啓飯蓋라고 쓰고 있는데 蓋자가 덮을 개로 도무지 이해가 안 갑니다. 蓋자가 뚜껑이란 뜻도 되는지요?

◈答; 시제 홀기.

蓋== 1, 덮을 개. (덮어 가림). 2, 뚜껑 개. (덮개). 3, 가리울 개. 4, 이엉 개. (초가지붕을 이어 덮는 볏짚으로 엮은 것. 蓋草). 5, 우산 개. 6, 숭상할 개. (높여 소중히 여김. 존숭 함). 7, 덮개 개. 8, 하늘 개. 9, 대개 개. (추측하거나 상상하는 말. 발어사). 10, 어찌 개. (어찌하여서). 11. 이엉 덮을 합. 12, 어찌 아니할 합. (어찌~하지 않느냐?). 13, 부들자리 합. 등등. 위와 같이 그 뜻 중에 덮는다거나 뚜껑이라는 뜻도 있습니다.

제목이 시제 홀기라서 이 페이지를 여는 것 같아 4/4 일자로 홀기를 참고로 추가 하였습니다.

⊙시제홀기(時祭禮儀節次)

(通)○序立(主人以下序立如圖位凡書通者通贊也引者引贊也)○參神○鞠躬拜興拜興拜興拜興平身○降神(執事者開酒取巾拭瓶口)○(引)盥洗○詣香案前○跪○上香○酹酒(子弟一人跪于主人之左進盤盞主人受之一人跪于主人之右執注斟酒于盞主人左手執盤右手執盞盡傾于茅沙上斟畢二人俱起)○俯伏興拜興拜興平身○復位○(通)進饌(主人升主婦從執事者一人以盤盛魚肉一人以盤奉米麪食一人以盤奉羹飯主人主婦逐位自進子弟進祔位畢)○初獻禮(主人升執事者注酒于盞每位各一人捧盞從之引亞獻終獻同)○詣高祖考妣神位前○跪○祭酒(傾少許於茅沙上)○奠酒(執事受之置高祖考主前)○祭酒(又傾少許于茅沙上)○奠酒(執事者受之置高祖妣主前)○俯伏興平身○詣曾祖考妣神位前○跪○祭酒○奠酒○祭酒○奠酒(如高祖考妣儀)○俯伏興平身○詣祖考妣神位前○跪○祭酒○奠酒○祭酒○奠酒(如曾祖考妣儀)○俯伏興平身○詣考妣神位前○跪○祭酒○奠酒○祭酒○奠酒(如祖考妣儀)○俯伏興平身○(引)詣讀祝位○跪○(通)主人以下皆跪○讀祝(祝取版跪主人之左讀之畢起)○俯伏興拜興拜興平身○(引)復位○(通)分獻(兄弟之長者分獻祔位)○奉饌(執事者以盤盛肝兄弟之長者每位奠之卑幼進祔位每一獻畢執事者以他器徹酒及饌置盞故處)○亞獻禮○(引)盥洗(主人再行則不用此句)○詣高祖考妣神位前○跪○祭酒○奠酒○祭酒○奠酒(如初獻下同)○祔伏興平身○詣曾祖考妣神位前○跪○祭酒○奠酒○祭酒○奠酒○俯伏興平身○詣祖考妣神位前○跪○祭酒○奠酒○祭酒○奠酒○俯伏興平身○詣考妣神位前○跪○祭酒○奠酒○祭酒○奠酒○俯伏興平身○復位○(通)分獻(獻酒于祔位)○奉饌(主婦亞獻則諸婦之長者逐位進炙肉若主人或其兄弟之長者行則次長者進之)○終獻禮○盥洗○詣高祖考妣神位前○跪○祭酒○奠酒○祭酒○奠酒○俯伏興平身○詣曾祖考妣神位前○跪○祭酒○奠酒○祭酒○奠酒○俯伏興平身○詣祖考妣神位前○跪○祭酒○奠酒○祭酒○奠酒○俯伏興平身○詣考妣神位前○跪○祭酒○奠酒○祭酒○奠酒○俯伏興平神○復位○(通)分獻○奉饌(如亞獻儀)○(引)侑食(主人執注徧斟諸位前俱滿主婦遍挿匙飯中俱退分立香案前)○鞠躬拜興拜興平身○復位○(通)主人以下皆出○闔門(無門則垂簾幃男左女右俱少休食頃)○祝噫歆(祝當門北向作咳聲者三)○啓門○主人以下各復位○獻茶(主人主婦進茶於四代考妣前子弟婦女分祔位)○飮福受胙○(引)詣飮福位(執事者設席於香案前主人就席北面立)○跪(祝取酒盞于高祖前詣主人之右跪主人亦跪)○受酒(祝以盞授主人)○祭酒(傾少許于地)○啐酒(略嘗少許祝取匙抄諸位之飯各少許以盤子盛詣主人左)○(通)嘏辭曰祖考命工祝承致多福無疆于汝孝孫來汝孝孫使汝受祿于天宜稼于田眉壽永年勿替引之(主人置酒席前地上)○(引)俯伏興拜興拜興平身○跪○受胙(祝以胙授主人主人受飯嘗之實于左袂掛袂于季指)○卒飮(取所置酒卒飮之以盞及飯受執事者)○俯伏興拜興拜興平身(若欲從簡止詣飮福位食跪○嘏辭○飮福酒○受胙○俯伏興拜興拜興平身○主人退位于東階上西向祝於西階上東向)○(通)告利成(祝曰)○利成(在位者皆拜)○鞠躬拜興拜興平身(主人不拜)○(引)復位○(通)辭神○鞠躬拜興拜興拜興拜興平身○焚祝文○送主(主人主婦皆升捧主歸祠堂如來儀納之)○徹饌○禮畢

儀節按獻禮儀節不盡用家禮本註蓋參用今朝廷頒降祭神儀注庶幾簡易可行

▶3853◀◈問; 시향(묘제)에 관하여.

안녕하세요. 질의에 상세히 답변을 해 주시니 감사할 따름입니다. 시향(묘제)에 관해 가족간 결정을 할 예정이라 재질의 하오니 부탁 드립니다.

1. 묘소를 파한 경우 허장(虛葬) 풍속을 택하지 않고 집에서 시향(時享)은 못 지내나요.
2. 만일 못 지낸다면 다른 방법으로 지낼 방법이 있나요.
3. 후손된 도리에 시향을 못 지냄을 죄스럽게 생각하고 있어 무슨 지낼 방법이라도 찾고자 하오니 부탁 드립니다. 단 예법에 없는 것을 억지로 지낼 수는 없겠지요. 감사합니다.

◈答; 시향(묘제)에 관하여.

問 1, 答; 선조(先祖)를 받드는 제사(祭祀)는 지금으로서는 방 에서 지내는 정침제(正寢祭)와 들에서 지내는 묘제(墓祭)와 외당에서 지내는 (불천지위 등) 제사 등 대략 서너 가지가 있습니다. 방안 제사(祭祀)는 어느 댁이든 제사로 받들 선대(先代)가 있어야 지내는 것과 같이 들 제사인 묘제(墓祭) 역시 묘(墓)가 있어야 묘제가 되는 것이니 묘제로는 받들 수 없다 할 것입니다.

問 2, 答; 다른 방법으로는 별달리 있지 않습니다. 기제는 신제(神祭)가 되고 묘제는 체백제(體魄祭)가 됩니다. 체백제란 시신이 묻힌 묘에서 지낸다 하여 묘제라 이르고 있듯이 묘가 없는데 어찌 묘제를 지낼 수가 있겠습니까. 한 방법으로 단제(壇祭) 예법이 있습니다. 적당한 장소에 단(壇)을 모으고 그 곳에서 단제를 지냅니다.

◎단비식(壇碑式)

○壇碑文式; 某官某號某姓某諡公祭壇

●大成壇實錄設壇位次正壇神位碑文條○集羣聖大成至聖先師孔夫子文宣王祭壇○又別壇神位碑文條○集羣賢大成先師晦庵朱子徽國文公祭壇○集羣儒大成先師贈領議政栗谷李子文成公祭壇○倡明禮學大成先師贈領議政沙溪金文元公祭壇○立紀明倫大成先師延平府院君贈領議政默齋李忠定公祭壇

◎단(壇) 지방식(紙牓式)

●皇壇增修儀紙位圖說紙用箋文紙長一尺二寸廣四寸祀後燎之

太祖開天行道肇紀立極大聖至神仁文義武俊德成功高皇帝神位
神宗範天合道哲肅敦簡光文章武安仁止孝顯皇帝神位
毅宗紹天繹道剛明恪儉揆文奮武敦仁懋孝烈皇帝神位

●望祀錄設壇祭笏記(망사록설단제홀기)

禮儀淸肅○衆昭衆穆○致敬盡誠○獻官祝及諸執事詣盥洗位○盥洗○入就神壇前拜位○敍立○陳設進饌○贊引引首獻入就神壇前拜位○跪○焚香○俯伏○興○再拜○跪○酹酒降神○俯伏○興○再拜○退復位○獻官以下皆參神再拜○行首獻禮○各執事奉神位前盞盤斟酒進首獻官○首獻受而祭酒○以盞授執事○執事受而奠于神位前○揷匙正著○祝跪于首獻之左讀祝(首獻官以下皆跪)○首獻以下皆興○祝官退復位○首獻俯伏○興○再拜○執事退酒○行亞獻禮○贊人引亞獻入就神壇前○跪○執事奉神位前盞盤斟酒進亞獻○亞獻受而授執事○執事受而奠于神位前○亞獻俯伏○興○再拜○退復位○執事退酒○行終獻禮○贊人引終獻入就神壇前○跪○執事奉神位前盞盤斟酒進終獻○終獻受而授執事○執事受而奠于神位前○終獻俯伏○興○再拜○退復位○獻官以下望壇揖拱侑食小頃○祝徹羹進熟水○祝詣首獻前揖告成事○首獻答揖○執事徹匙著合飯盖○退復位○獻官以下皆再拜辭神○執事撤床

⊙설단축식 예문.

●壇所開基祝文(단소개기축문)

云云飛鳳之陽竹溪之上曰有某里某氏幾代祖肇基於此克昌克熾分爲三房顯于麗代疊璵重璠于後雲仍分析流離自阻鄕園累世塋域馴致失奠慟在遺孫某水某邸諏訪備盡湀目未遇惟徵古禮設壇報祀順原君始三房繼修乃築乃堵四賢舊閭顧惟二房雖甚零殘敢忘厥初乃占吉地築土爲時大壇孔邇玆屬始役式陳菲薦永垂陰佑云云

●設壇祝文(설단축문)

維 歲次某甲某月某甲朔某日某甲後孫(或幾代孫)某敢昭告于 孝子某官(烈婦則烈夫某封某貫某氏合壇則列書)之靈今爲望祀奄臨將行祀事謹涓吉日先封孝位(烈婦則烈位)之壇伏惟 尊靈庶幾降臨謹以酒果用伸虔告謹告

●考祭築壇後慰安祝文(고제축단후위안축문)

維 歲次干支幾月干支朔幾日干支幾代孫某敢昭告于 顯幾代祖考某官府君之靈云云此心終焉死綏哀玆矢復無處尋屍遵禮不墓幾世于玆每修歲事紙榜木碑忠魂義魄於何攸宜感慕不寧愈久愈深某山之陽世葬斯爲夫人孤墳窆玆幾時築壇其右靈或有知禮有此禮質之無疑伏惟 尊靈憑斯依斯

●考祭築壇後土地祭祝文(고제축단후토지제축문)

維 歲次干支幾月干支朔幾日干支某官姓名敢昭告于 土地之神某官姓名幾代祖考某官府君昔在亂離立慬帶方招魂非禮不敢以墓玆築神壇于幾代祖妣某封某氏之墓右 神其保佑俾無後艱謹以淸酌脯醢祇薦于神尙 饗

●事物紀原集類禮祭郊社部壇墠條左氏注曰除地爲墠築土爲壇書金滕武王有疾周公爲三壇同墠黃帝內傳乃有築壇墠事是爲其制起自黃帝

●莊子山木篇爲衛靈公賦斂以爲鐘爲壇乎郭門外疏鐘樂器名也言爲鐘先須設祭所以爲壇也釋文爲壇但丹反李云祭也禱之故爲壇也

●國朝五禮儀社稷壇圖說條社稷(社土神稷穀神)壇在都城內西社在東稷在西兩壇各方二丈五尺高三尺四出陛各三級壇飾隨方色燾以黃土社有石主長二尺五寸方一尺國社國稷神座並在南北向后土氏配國社后稷氏配國稷各在正位之左近北東向○按壇上石主刻文國社之神配后土之神國稷之神配后稷之神

●國朝五禮儀一冊圖式三十板社稷壇三十一板風雲雷雨山川城隍壇三十二板靈星壇各位皆稱某之神

●皇壇儀大報壇祝式云云敢昭告于神宗範天合道哲肅敦簡光文章武安仁止孝顯皇帝伏以云云○大報壇紙牓式神宗範天合道哲肅敦簡光文章武安仁止孝顯皇帝神位

●老洲曰體魄之未返而虛葬謂非禮設壇行祭云此實出於哀痛惻怛迫不得已也

●近齋曰聞守道公非大君云非大君則不得稱別子不成爲百世不遷之位儀禮家禮及國典皆如此不知貴宗諸人欲用別子不遷例者有何據耶至壇壝赤或以一道而而又有難行者墳墓雖失傳而禹祭酒之祀壇猶以故宅遺墟之尙存也金太師之墓壇以舊山洞名之可徵也如守道公則設壇實無處所欲於宗子家築壇則旣非不祧之位其宗子爲已毁之宗築壇其家恐涉無義

●梅山曰古者無墓祭祭墓者爲壇盖神道尙幽不可逼瀆塋域故通典亦云宜設於塋南山門之外然今已成俗有難從古若至遠祖考妣墓之或傳或不傳者卽其所傳之地當遵望墓爲壇之禮如金太師墓坍之例並祭考妣而以右爲上恐爲處變而不失其正也

●剛齋曰子孫之於祖先神位之壇不當書姓字云爾則凡人家墓表其有不曰某公之墓者耶且此立石爲識神位則何以並書夫人墓况夫人墓則自當別有表石耶壇石面刻李公下宜有神位二字而厥之此爲未盡耳祭之各設豈壇與墓先後祭之之謂耶若然則非設壇於夫人墓右之意恐爲失於思量也

●皇壇儀壇壝圖說; 壇在昌德宮禁花之西集成門外倣我國社稷之制壇高四尺比社壇加高一尺方廣二十五尺甃以方甎四出陛各九級四面有壝繚以周垣壝內四面又各三十七尺垣外又設三層橫陛以環之壇北設燎所爲石函稍西神室二間在中門外之西(註藏神榻神座及床卓等物)其南有夾廊五間(註以爲享官所及內官守直之所)東有朝宗門(註肅宗甲申定號)南有拱北門(註今上乙丑定號)門之東西各置翼廊

五間(註設樓上樓下庫其中藏黃帳房遮帳祭器樂器等物)齊殿三間在朝宗門之外(神室今上已未改建齊殿乙丑始建)

問 3, 答; 묘제로는 받들 수 없습니다.

▶3854◀ ◈問; 시향에 관해 여쭤볼까 합니다.

항상 감사하고 있습니다. 시향에 관해 여쭤볼까 합니다.

1. 4 대조 조부부터 그 위 선조들의 묘소를 없애서 묘가 없는 상황에서 그간 저의 아버지의 사정으로 지내지 못했던 시향을 제가 다시 지내도 법도에 그릇됨이 없는지요. 참고로 저의 아버지께서는 금년 2/3 일 卒했으며 주위에서는 안 지내던 제사나 시향 등은 다시 지내면 안 좋다고 만류 하는데 후손된 도리로 또한 가정교육상 지내고 싶을 뿐입니다. 다만 고민하고 있습니다. 감사합니다.

2. 상기의 상황에서 지낼 수 있다면 시향의 대상자는 4 대조부터 몇 대까지로 정해져 있나요.

◈答; 시향에 관하여.

귀하의 질의서 문맥상 4 대 이상 묘소는 파 되여 근거가 없다 되여 있는데 봉제할 근거가 있다 하면 받들어야 되겠지요.

問 1. 答; 불제선조 재봉사 여부.

예기에 이런 말씀이 있습니다.
●曾子問孔子曰君子過時不祭禮也○集說註四時之祭當春祭或以事故阻廢至夏則惟行夏時之祭不復追補春祭矣故過時不祭禮之常也.
즉 공부자의 말씀에 사시제를 지낼 시기가 지나면 그 때의 제사는 추후 지내지 않는다는 것이며 집설의 예기 주석에 있기를 봄 제사를 때를 놓쳐 못 지냈으면 여름에 그 제사를 다시 지내지 않고 여름 시제를 지낸다. 라 하였습니다. 봉제사를 다시 받든다 하여 어그러짐은 없는 것이라 생각 됩니다.

問 2. 答; 시조로부터 5 대조까지 입니다

효현손이 죽어 그의 적자(嫡子)에게 친진조(親盡祖)(오대조(五代祖))가 되면 그의 현손이내(玄孫以內) 후손(後孫)이 생존하여 있으면 그 중 최장방(最長房)으로 옮겨 그 대에 맞게 개제하여 그가 봉사하다 그도 죽으면 차장방(次長房) 또 그도 죽으면 다음 이렇게 봉사하다 그의 현손대가 대진(代盡)되면 그때 그 신주를 묘소로 옮겨 매안하고 일년에 한번 그의 후손들이 묘소로 모여 묘제를 영원히 지내게 되는데 묘제의 대상은 친진된 조상의 전부가 되겠지요.

◈遞遷(체천)

●家禮族人有親未盡者遷于最長之房使主其祭
●大傳註親屬絶盡則不爲之服此所謂五世則遷者也
●問長房奉遷主後身死其子若孫若親未盡則仍爲奉祀乎若有門中諸父諸兄親未盡處則當遷奉於其家乎寒岡曰身後子孫親苟未盡連世奉祀以待親盡然後遷于親未盡之家埋恐當然
●問最長者死其子雖親未盡而當遷於次長房耶沙溪曰然
●問長房死則其遷奉於次長房當在何時明齋曰長房遞遷爲祭祀也今乃三年廢祭未安喪家卒祔祭後奉遷
●退溪曰禮只云代未盡最長之房不分嫡支也
●沙溪曰庶孼不可無奉祀之義但嫡兄弟盡沒然後奉祀不妨
●問解續問親盡當遷而有庶曾孫若嫡玄孫則誰當奉祀答庶曾孫當奉祀若貧賤不可奉祀者則嫡玄孫奉祀無妨
●備要祔位之主本位遞遷則埋于墓所

●沙溪曰最長房之義朱子以爲古人屢世同居一門之內子孫各有私房若有親之主而族人有親未盡者則遷于其中最長者之房以祭之○又曰最長房之子雖未親盡門中又有諸父諸兄則當遷奉於其房耶沙溪曰然○又曰最長房有庶曾孫嫡玄孫則庶曾孫當奉祀若貧賤不可以奉祀嫡玄孫奉祀無妨○又曰最長房不能祧主則宗子姑安於別室以最長房之名改題旁註宗子攝行○又曰最長房死不待三年遞遷以三年廢祭有所未安故也○又曰父歿母在亦祧退溪曰父喪畢藏主別處以待他日與妣同入廟始行祧遷未爲得禮之正尤菴曰親盡祧遷當以奉祀孫世代計之雖祖曾祖母生存亦不可不遷○又曰非大宗高曾二祖親雖未盡當遷於長房

●陶菴曰庶孼房題只稱玄孫而祝辭自稱爲庶恐得之矣○又曰正位遞遷後祔主當埋安同春曰祔位於最長房亦是至親則幷奉以祭亦似爲安南溪曰班祔之位終兄弟之孫

●尤菴曰祧主改題自是遷奉者之事非舊主人之所當與也旣遷之後當有酒果告由之禮其時改題似宜矣○又曰宗孫死則祧位吉祭時當遞遷最長房死則葬後遷奉于次長房

●東岩曰大戴禮遷廟事畢擇日而祭註所以安神當依此擇日盛祭

◈埋主(매주)

●家禮高祖親盡則遷其主而埋之其墓田諸位迭掌而歲率其子孫一祭之百世不改

●儀節按楊氏附註引朱子他日與學者書旣祥而徹几筵其主且當附于祖父之廟俟三年喪畢合祭而後遷蓋有取於橫渠祫祭後奉祧主於夾室之說也而楊氏亦云俟吉祭前一夕以薦告遷主畢乃題神主厥明今祭畢奉神主埋於墓所奉遷主新主各歸于廟夫所謂合祭者卽橫渠所謂祫祭也家禮時祭之外未嘗合祭若卽是時祭又不知設新主位于何所今不敢從且依家禮爲此儀節庶幾不失云

●遂菴曰祧主臥埋安之之義人死臥葬藏魂帛亦臥埋可推而知也

●尤菴曰祧主埋於本墓之右邊旣掘坎以木匣先安於坎中然後以主櫝安于木匣中子孫皆再拜而辭畢閉匣門而掩土堅築後加以莎草○又曰正位遷于長房則祔位埋安事恐當盖無后人祔食旣是義起之禮寧有更享於最長房之理乎若有兄弟及姪或於其忌日以紙榜畧伸其情似不妨矣

●南溪曰今已永祧臥而置之

●陶庵曰祧主埋安時子孫之擧哀情理俱得○又曰去櫝埋安毋論豫之如何而心有不忍矣

●備要本位出埋則祔位當埋於墓所

●南溪曰班祔之位終兄弟之孫○又曰立埋生道臥埋死道也權埋則當立埋

●全齋曰雖考妣各窆已合櫝者不忍分離各埋於兩處後配各窆者亦然統於尊而幷埋於考位墓有何不可

▶3855◀ ◈問; 시향이란?

시향이란 이상 여러 질문에서 묘제를 의미하는 제사로 질의 응답되고 있습니다. 만약 시향의 한자가 "時享" 이렇게 쓴다면 국어사전에서 명사 라 전제하고 아래와 같이 의미부여가 되어 있습니다.

1. 음력 2월, 5월, 8월, 11월에 가묘에 지내는 제사. [비슷한 말] 묘사(墓祀)·**시사**(時祀)·시제(**時祭**).

2. 음력 10월에 5대 **이상**의 조상 무덤에 지내는 제사. [비슷한 말] 세일사·시사·시제·시향제. 선생님의 견해를 듣고 싶습니다.

◈答; 시향(時享)이란.

아래와 같이 살펴보건대 유학적으로는 시향(時享) 시제(時祭) 시사(時祀) 라 함의 제사(祭祀)는 사시(四時)로 지내는 사당(祠堂) 제사를 뜻함인데 총독부(總督府)가 국어사전으로는 최초로 발행한 우리나라 국어사전에서 "「2」음력 10 월에 5 대 이상의 조상 무덤에 지내는 제사(祭祀). ≒세일사·시사 09「2」·시제 04「2」·시향제."라 덧붙여 놓음을 그 후 그로 교육된 학자들이 그를 무비판적으로 베껴 놓음으로서 왜곡되어 전하여지고 있지 않은가 합니다.

●國語周語上; 日祭(註日祭祭于祖考謂上食也近漢亦然)月祀(註月祀於曾高○曾則登切)時享(註

時享於二祧○祧土彫切)歲貢終王先王之訓也

●國語楚語下; 百姓夫婦擇其令辰奉其犧牲敬其齍盛潔其糞除愼其采服禋其酒醴帥其子姓從其時享虔其宗祝道其順辭以昭記其先祖肅肅濟濟如或臨之於是乎(註)時享宗廟四時的祭祀

●周禮春官宗伯宗伯禮官之職大宗伯; 以肆獻祼享先王以饋食享先王以祠春享先王以禴夏享先王以嘗秋享先王以烝冬享先王(鄭玄注)宗廟之祭有此六享肆獻祼饋食在四時之上則是祫也禘也肆者進所解牲體謂薦熟時也獻獻醴謂薦血腥也祼之言灌灌以鬱鬯謂始獻尸求神時也郊特牲曰魂氣歸于天形魄歸于地故祭所以求諸陰陽之義也殷人先求諸陽周人先求諸陰灌是也祭必先灌乃後薦腥薦熟於祫逆言之者與下其文明六享俱然祫言肆獻祼禘言饋食者著有黍稷互相備也魯禮三年喪畢而祫於大祖明年春禘於羣廟自爾以後率五年而再殷祭一祫一禘○肆他歷反解骨體祼古亂反率五音律

●嘯亭雜錄本朝祧廟之制; 時享之時旣不預九廟之數復不壓高皇帝南向之尊(註)時享亦作時饗太廟四時的祭祀

●漢書七十三韋賢傳附韋玄成; 又園中各有寢便殿日祭於寢月祭於廟時祭於便殿(註)時祭四時的祭祀

●周禮地官司徒第二; 凡時祀之牲必用牷物(鄭玄注)時祀四時所常祀謂山川以下至四方百物

●朝鮮語辭典(朝鮮總督府篇. 1920); 時[時享]名㊀陰曆二月 。五月 。八月 。十一月にに高祖以下の家廟か祭るこも。(時祭 。時祀) ㊁陰曆十一月遠祖の墳墓お祭るこも。(時祀 。時祭)

●표준국어대사전; 시향 03(時享) 「명사」 「1」 음력 2 월, 5 월, 8 월, 11 월에 가묘에 지내는 제사. ≒묘사 04(墓祀) 「1」 ・시사 09(時祀) 「1」 ・시제 04(時祭) 「1」.
「2」 음력 10 월에 5 대 이상의 조상 무덤에 지내는 제사. ≒세일사・시사 09 「2」 ・시제 04 「2」 ・시향제.

▶3856◀ ◈問; 5대조부모 및 6대조부모 축문작성.

5 대조부모 및 6 대조부모의 시제에 따른 축문을 부탁 드립니다. 2003 년 8 월 24 일 시행합니다.

◈答; 5대조부모 및 6대조부모 축문작성.

⊙오대조 묘제 축문식(五代祖墓祭祝文式)

維 歲次癸未七月癸卯朔二十七日己巳五代孫영래敢昭告于 顯五代祖考某官府君 顯五代祖妣某封某氏之墓氣序流易白露旣降瞻掃 封塋不勝感慕謹以淸酌庶羞祗薦歲事尙 饗

⊙육대조 묘제 축문식(六代祖墓祭祝文式)

維 歲次癸未七月癸卯朔二十七日己巳六代孫영래敢昭告于 顯六代祖考某官府君 顯六代祖妣某封某氏之墓氣序流易白露旣降瞻掃 封塋不勝感慕謹以淸酌庶羞祗薦歲事尙 饗

이상은 고비(考妣) 합폄 축식 입니다. 일자는 양력으로 간주 음력으로 환산한 일자이며 만약 한 분이면 해당위만 쓰면 되며 모관과 모봉에는 족보나 상석의 관봉의 표시를 쓰며 모씨에는 성씨를 쓰면 됩니다. 축문(祝文)의 某官에 망자(亡者)가 생전(生前)에 관직(官職)이 있었으면 최종(最終) 관직(官職)을 쓰고, 없었으면 아래 학생(學生) 처사(處士) 수재(秀才) 중에서 해당하는 대로 씁니다.

●荀子全書正論篇;夫德不稱位能不稱官賞不當功罰不當罪不祥莫大焉(註)官官職

●世說新語德行; 王戎父渾有令名官至凉州刺史

●士儀治葬題主陷中條無官則隨常時所稱如學生處士秀才或別號之類

●問解無官而死者無他稱號勢不得已當書學生處士秀才各隨宜可也

●後漢書靈帝紀光和元年; 始置鴻都門學生注鴻都門名也

●辭源[學生]; 在校學習的人

●漢書異姓諸侯王表; 秦旣稱帝患周之敗以爲起於處士橫議(注)處士謂不官於朝而居家者也

●朱子曰處士所爲未應舉者

●管子小匡; 農之者常爲農樸野不慝其秀才之能爲士者則足賴也(尹知章注)農人之子有秀異之材可爲士者則所謂生而知之不習而成者也

▶3857◀◈問; 5대조 윗대 손이 없는 형제의 묘제 축문과 지방 쓰는 법은.

묘제(墓祭)를 지내는데 5 대조 윗대에 손(孫)이 없는 형제 분 축문(祝文)과 지방(紙牓)은 어떻게 쓰는지요,

◈答; 5대조 윗대 손이 없는 형제의 묘제 축문과 지방 쓰는 법은.

예기(禮記) 상복소기(喪服小記) 의 가르침 입니다.

庶子不祭殤與無後者集說註長中下殤蓋未成人而死者也無後者謂成人未昏或已娶而無子已死者也庶子所以不得祭此二者
적자손이 아닌 지자손 들은 미성년자 죽음이나 자손이 없이 죽은 이의 제사는 지내지 않느니라. 집설 대전의 풀이에 장상 중상 하상은 성인이 되기 전에 죽은 자며 무후자는 관례나 관직을 얻어 성인이 된 미혼자를 이르며 혹 취처는 하였으나 자식이 없다가 죽은 자니라. 지자손 들인 까닭으로 이 두 방친 들은 제사 하지 않느니라.

程子曰無服之殤不祭下殤之祭終父母之身中殤之祭終兄弟之身長殤之祭 終兄弟之子之身成人而無後者祭終兄弟之孫之身
정자가 이르기를 무복의 미성년자 죽음에는 제사를 지내지 않는다. 하상의 제사는 부모의 죽음으로 마치고, 중상의 제사는 형제의 죽음으로 마치고, 장상의 제사는 형제의 아들 죽음으로 마친다. 자손 없이 죽은 무후자의 제사는 형제의 손 죽음으로 마친다. 이와 같이 5대조 이상 방친 묘제 당부를 살펴 보았습니다.

▶3858◀◈問; 이사를 가게 되면.

본인은 직장관계로 다른 지역으로 이사를 가게 됐습니다. 이러한 경우 부모님 묘소에 들러 인사를 하고 가는 것으로 아는데 어떤 식으로 인사를 올려야 하는지요? 아직 경험이 없는지라 궁금합니다. 빠른 시일 내에 답변 주시면 감사하겠습니다. 황0진

◈答; 이사를 가게 되면.

고향을 떠나면서 부모님 산소를 찾아 뵙는 것도 중요한 효의 표현 방법입니다. 그에 제사를 옮기는 예법도 아래와 같이 행하면 더욱 예를 갖춤이 될 것입니다. 제사를 옮기는 예법은 신주봉사 할 때 이환안(移還安) 예법은 있으나 지방일 때에 관하여는 분명히 밝혀 놓은 바가 없습니다. 그러나 신주봉사를 하지 않는다 하여도 이 예법을 따른다면 과하거나 모자람이 없으리라 생각됩니다. 신주를 옮김에는 특별한 날이 없고 사유가 발생한 날이 됩니다.

아래의 축식은 주인이 이거로 옮길 때의 축식입니다. 예법은 약설(略設=주과포) 단헌지례(單獻之禮)입니다. (강신재배 참신재배 헌주 독축재배 사신재배 철상)

⊙移舍奉主告辭式(이사봉주고사식)

維 歲次干支幾月干支朔幾日干支孝子(隨屬稱)某敢昭告于 顯考某官府君 顯妣某封某氏(諸位列書)今因移舍將奉祠版(或紙榜則改祠版爲諸位)移安于某洞(或某道某郡某洞)新第敢告

⊙奉安新宅祝辭式(봉안신택축사식)

維 歲次干支幾月干支朔幾日干支孝子(隨屬稱)某敢昭告于(今按若新舊第相距不遠同日奉安不書年月無妨) 顯考某官府君 顯妣某封某氏(諸位列書)屋宇維新廟儀(或紙榜則改廟儀爲奉儀)如舊伏惟 神主(或紙榜則改神主爲尊靈)是安是依

●栗谷曰凡神主移安還安或奉遷他處等事則告祭用朔參之儀

▶3859◀◈問; 장례식후 추석 때 성묘를 가도 되나요.

제가 사정이 있어서 남의 집안 장례(호적상으론 남의 집안이지만 어머니가 재혼하신 분의 아들로 혈연관계는 없으나 친형제처럼 지냈기에)에 가서 이틀 동안 상복을 입고 도왔는데

(한 줄 띠를 두르고) 장례식장에 다녀온 사람은 음력으로 같은 달에는 성묘를 가서 절을 하면 안 된다고 어른들이 말씀하셔서요. 곧 추석인데 성묘를 가야 하거든요. 절을 하면 안 되는 게 맞는지. 특히 조상 묘에는 들려도 되는 건지 궁금합니다.

◈答; 장례식후 추석 때 성묘를 가도 되나.

기제나 묘제는 그날 이전에 재계라는 예법이 있습니다. 그 기간 동안은 남의 상에 조문치 않으며 궂거나 흉한 일을 하지도 생각지도 않는 것입니다. 그 기간은 기제나 묘제 모두 재계가 하루 전날부터 1 일간이니 추석 차례를 지내고 성묘하는데 아무 거리낌이 되지 않습니다.

●性理大全祭禮忌祭前一日齋戒條; 如禰祭之儀又是日不飮酒不食肉不聽樂黲巾素服素帶以居
●開元禮王公以下拜掃先期卜日如常前一日設次於塋南百步道東西向北上設主人以下位塋門外之東西面以北爲上其日主人到次改服公服無者常服主人以下俱再拜奉行墳塋(精靈感慕有泣無哭)至於封樹內外環繞哀省三周其荊棘慮與荒草連接者皆隨即芟剪不令火由得及掃除訖主人以下復門外位皆再拜遂還若遠行辭墓哭而後行
●尤庵曰省墓時初度再拜復再拜而退
●遂庵曰曾見兩先生謁墓展墓只行一再拜據此行之未見違於禮也
●近齋曰同入一麓省拜時累代則先尊後卑
●問祖父同入麓拜祖時父墓在後心似未安栗谷曰勢然也視之以異室可也
●問此行歸省先墓當在端午後當別具酒果設薦然則當有祝文耶若値端午依禮參拜似不當自主同春曰別具酒果則告辭去孝字而爲之恐不可已墓事似亦與家廟有異如値節祀則祝文以孝子某在遠使介子某敢昭告云云例也
●朱子省新安墓文一去鄕井二十七年喬木興懷實勞夢想玆焉奠掃悲悼增深所願宗盟共加嚴護神靈安止餘慶下流凡在雲仍畢霑玆薩酒肴之奠維告其衷精爽如存尙祈監享

▶3860◀◈問; 제수 및 묘제 절차 문의.

안녕하셨습니까? 차례와 묘제 내용 중 궁금한 것이 있어 부탁 드립니다.

1. 추석, 한식의 제수 중 그 철의 최고 음식이란 무엇인가요. 한식에 메, 갱은 안올려도 되는지요. 메, 갱이 없으면 저분만 올리는 지요? 저희 집은 선조 유택과 함께 있어 정침에서 지냅니다.

2. 초종, 치장에 관련하여 습 전도를 보면 포, 육장의 위치가 기제사와 반대인데 이유가 무엇인지요?

3. 묘제(시향)에서 민제선생 묘제기에는 첨작, 유식이 있는데 이유가 무엇인지요?
4. 정침 혹은 사우에서 세일사를 모실 경우에도 묘제와 같이 진찬, 진적, 첨작, 유식, 합문 없이 지내야 하는지요? 문의가 많아 죄송합니다.

◈答; 제수 및 묘제 절차.

問 1), 答; 그 철의 제일 좋은 음식이란 그 시절에서 생산 되는 음식물 중에서 제일이란 뜻이라 생각 됩니다.

●南溪曰考曆書淸明必前寒食或後各一日其不可滾
남계 선생께서 이르시기를 역서를 살펴 보면 청명은 반듯이 한식의 앞이나 혹은 뒤로 각기 하루 간을 두고 드는데 그 날은 불을 때여 물을 끓여서는 아니 되느니라.

●三禮儀俗節寒食爲上墓大祭依儀節刪中元代以冬至正朝蓋國俗然也
남계 선생은 삼례의에서 속절인 한식에는 묘소에서 대제로 제를 올리는데 구의(丘儀)에 따르면 한식절은 중원으로 대신 하여 놓았음에도 불구 하고 동지와 설 명절이 대개 우리 습속의 이치에 맞는다고 생각 하느니라.

●問節日東俗皆上墓而其中正朝端午二節人多行之廟中其儀當如何尤菴曰旣不上墓則依參禮單獻

可矣
어떤 이가 묻기를 속절의 절사는 우리 풍속에는 묘에서 지내는데 그 중 설과 단오 두 절사는 많은 사람들이 가묘에서 지내는데 그 예법이 합당 하온지 어찌 하여야 하올지요 라 여쭙자 우암 선생께서 말씀 하시기를 처음부터 묘소에서 제사치 않았다면 이전 대로 참례하되 단헌이 옳으니라.

●栗谷曰俗節(謂正月十五日三月三日五月五日六月十五日七月十五日八月十五日九月九日及臘日)獻以時食(時食如藥飯艾餠水團之類若無俗尚之食則當具餠果數品)如朔參之儀有新物則薦(須於朔望俗節并設)若五穀可作飯者則當具饌數品同設禮如朔參之儀
율곡 선생께서 말씀 하시기를 속절에는 그 시절의 음식물을 올려 드리기를 삭참 의식과 같이 하되 새로운 음식물이 있으면 천신을 한다. 만약 오곡 중 메를 지을만한 곡식이면 메를 지어 찬품 여러 가지를 갖춰 같이 진설하고 삭참 의식과 같이 절사를 지내야 하느니라.

가례(家禮)및 비요(備要) 편람(便覽)등 예서(禮書)의 주과포(酒果脯) 진설 및 진설도에 수저를 갖춰 놓지 않았습니다.

위의 말씀을 살펴 보면 의문이 조금은 해소 되리라 생각 됩니다.

●家禮祠堂俗節則獻以時食;節如清明寒食重午中元重陽之類凡鄕俗所尙者食如角黍(增解周處風土記端午烹鶩以菰葉裹糯米爲粽以象陰陽相包裹未分散謂之角黍五越五日祭汨氵羅之遺俗也)凡其節之所尙者薦以大盤間以蔬果(尤庵曰蔬果即蔬菜之蔬也山殽野蔬自是酒席之所設何必問古禮之有無)禮如正至朔日之儀(晦齋曰世俗正朝寒食端午秋夕皆詣墓拜掃今不可偏廢是日晨詣祠堂薦食仍詣墓奠拜)
●楊氏復曰時祭之外各因鄕俗之舊以其所尙之時所用之物奉以大盤陳於廟中而以告朔之禮奠焉則庶幾合乎隆殺之節而盡乎委曲之情可行於久遠而無疑矣

問 2), 答; 부모의 죽음을 인정치 않고 생시(生時)로 봉양(奉養)하는 까닭입니다.

●檀弓下; 奠以素器以生者有哀素之心也(孔穎達疏)奠謂始死至葬之時祭名以其時無尸奠置於地故謂之奠也
●齊竟陵文宣王行狀; 遣大鴻臚監護喪事朝夕奠祭
●通典; 主人不奠以孝子悲哀思慕不暇執事
●檀弓; 始死未容改異故以生時庋上所餘脯醢爲奠也
●書儀或無脯醢食物一兩種并酒可也
●便覽小斂奠諸具饌條; 脯醢果蔬之類
●問葬前使祝奠禮也而當祝之人不在則喪人洗手而親奠乎或使兄弟中一人梳洗而奠之乎或使行者奴婢爲之是果合禮乎寒岡曰族屬鮮少之家例有此患喪主洗手親奠決不可也兄弟中一人亦難梳洗無族人執事則令行者可以代奠內喪則令婢子可以代之

問 3), 答; 간재(艮齋)선생 묘제기의 유식(侑食) 행례 중 첨작이라 함은 예순으로 종헌 후 첨작 즉 종헌(終獻) 후의 잔에 술을 다시 가득 채우고 삽시정저를 하여 권하여 드린 뒤 모든 제관들이 문 밖으로 나오는 예 이를 유식이라 하며 잔에 술을 가득 딸아 채우는 일을 첨작이라 합니다.

묘제에 주자가례를 비롯 격몽요결 상례비요 사례편람 등 서에는 유식조가 없으나 가례의절에는 이래와 같이 유식조가 있습니다.

●가례의절묘제의절; 終獻禮 (詣某親墓前) 跪 祭酒 奠酒 俯伏興平身 復位 奉饌 侑食 主婦點茶 辭神 鞠躬拜興拜興拜興拜興平身 焚祝文 禮畢

問 4), 答; 묘제는 묘소 앞에서 지내는 제사를 묘제라 합니다. 다만 퇴계 선생께서 우천시 등 묘소에서 묘제를 지내기가 어려울 때는 재사에서 묘제를 지내도 된다 하였으나 많은 선유들께서 논란이 분분한 예입니다. 만약 재사에서 묘제를 불가피 하게 지낸다 하여도 묘제의 예법을 준행 함이 옳으리라 생각 됩니다.

사람이 죽는다 함은 체에서 혼이 분리되어 나감을 의미하는데 나간 혼을 초혼하여 혼잭에 모셨다 신주로 옮겨 사당에 모시고 기제 등 제사 때마다 신주를 집의 정침으로 모시고 지내는 제사는 신제이며 체는 관중에 하관하고 봉분을 쌓아 묘지를 만들고 그 앞에서 지내는 제는 체백제가 되는데 체백이 없는 집 정침에서 지방을 붙이고 묘제라 이름하고 지내야 그 제사는 신제가 될 뿐 묘제가 되지 않습니다.

顯幾代祖考某官府君神位===神主祭(神祭)
顯幾代祖考某官府君之墓===體魄祭(墓祭)

▶3861◀◈問; 축문관련 질의.

안녕하세요. 항상 감사합니다.

1. 시제(5 대조이상)축문에 벼슬이 없는 경우에 학생부군대신에 ~고 본관~~아무개공 이라고 해도 된다는데 사실인가요
2. 또한 비인 경우에 유인대신 공인이라고 쓰는 경우도 있다는데 어떤 경우인가요.

◈答; 축문관련.

첫째 질문은 전통 예법에는 없는 것 같습니다. 다만 모공(某公)은 신주식에서 아래와 같이 씁니다. 신주식 중 함중식(陷中式) 즉 속 신주에는 다음과 같이 쓰며 이는 죽은 자 본인을 표시한 것으로 봉제사 세대(그의 현손)가 다 죽으면 그 신주를 본인 묘에 묻음으로써 마쳐지는 것입니다.

⊙가례(家禮)및 비요(備要)식
故某官某公諱某字某第幾神主

⊙편람(便覽)식
故某官某公諱某字某神主

분면식(粉面式) 겉 신주 즉 봉제사 자와의 관계를 표시 한 것으로 지방은 이를 본 뜬 것이며 또 축문에서 역시 본 칭호로 부르는 것입니다.

⊙가례(家禮) 편람(便覽)식
顯某親某官封謚府君神主

⊙비요(備要)식
顯某親某官府君神主

친진 묘제라 하여 칭호가 달리 된다 함은 금시 초문이며 어느 곳에서도 아직 살펴 본바 없습니다.

두째 질문은 부인들의 봉으로 조선시대에 나라로부터 남편의 벼슬 직위에 딸아 내려진 등급명으로 상례편 초종장 입명정조에 조선 인조조의 관계 칭호표에 자세히 기록 되여 있습니다. 부인에게 공인(恭人)이라 쓸 수 있는 품계는 (인조조) 정오품(正五品)과 종오품(從五品)의 문무관 처입니다. 유인(孺人)은 말직인 정구품과 종구품의 문무관 처의 품계인데 무관자 역시 이 품계를 쓰고 있는 것입니다. 어느 왕조의 품계인지는 알 수 없으나 인조조의 품계로는 중간 직이라 할 수 있는 정(正) 종(從) 오품(五品)의 처 품계로서 무관자의 처에게는 쓸 수가 없다 하겠습니다.

●孟子滕文公下聖王不作諸侯放恣處士橫議楊朱墨翟之言
●荀子全書正論篇;夫德不稱位能不稱官賞不當功罰不當罪不祥莫大焉(註)官官職
●世說新語德行; 王戎父渾有令名官至凉州剌史
●士儀治葬題主陷中條無官則隨常時所稱如學生處士秀才或別號之類
●問解無官而死者無他稱號勢不得已當書學生處士秀才各隨宐可也

●後漢書靈帝紀光和元年; 始置鴻都門學生注鴻都門名也
●辭源[學生]; 在校學習的人
●漢書異姓諸侯王表; 秦旣稱帝患周之敗以爲起於處士橫議(注)處士謂不官於朝而居家者也
●朱子曰處士所爲未應擧者
●管子小匡; 農之者常爲農樸野不慝其秀才之能爲士者則足賴也(尹知章注)農人之子有秀異之材可爲士者則所謂生而知之不習而成者也
●陶庵曰紙牓用厚白紙長廣隨宜以眞楷細書於紙中央臨祭貼於椅上隨位各書

▶3862◀◈問; 7대조 제사 관련 문의.

항상 생활예절 상담에 귀중하고 고귀한 답변을 주셔서 감사 드립니다.
7대 할아버지께서 장남으로 1776년(英祖 52년) 丙申年 정월 13일 자손 없이 돌아가신 관계로 양자를 두셨고, 아버지께서 돌아가신 날이 아닌 단오 날을 별도로 정하시어(별도 사유는 생략) 제사를 지내셨습니다. 아버지께서 돌아 가셔서 장자인 제가 단오 날 제사를 지내야 하는데 아래와 같이 문의코자 하오니 고견을 부탁 드립니다.

1. 돌아가신 날이 아닌 종전처럼 단오 날 제사를 지내도 상관없는지요?
2. 단오 날 제사를 지낼 경우 제사 지내는 시간이 언제가 맞는지요?
3. 7대 할아버지의 지방은 어떻게 쓰는지요?

◈答; 7대조 제사는.

문(問)1.2. 答; 사서인(士庶人) 제사(祭祀)로는 친진제(親盡祭)든 친미진제(親未盡祭)든 단오(端午)에 제사(祭祀)를 지내는 예는 없습니다. 친진조 묘제는 매년 음력 10월 1일에 지냅니다.

●鼓山曰親未盡墓祭。只一行之於三月上旬
●韓魏公祭式寒食上墓祭又十月一日如上墓儀若身不能往遣親者代祭
●陶庵曰親盡墓祭韓魏公禮十月一日祭之恐得宜

問 3.答; 묘제에는 지방을 봉안하지 않습니다. 다만 우천시 재사에서 묘제를 지내게 되면 지방으로 봉사하게 됩니다.

○지빙식; 顯七代祖考某官府君神位
顯七代祖妣某封某氏神位

▶3863◀◈問; 한식 날 묘제에 대하여.

한식 날 묘제에 대하여 궁금합니다. 종중에서 한식 날 묘제 하는데 있어 몇 대조를 대상으로 하는지요. 시제를 모시는 선조대는 제외하고 하는지요. 이0용

◈答; 한식 날 묘제에 대하여.

주자가례에서는 묘제 시기를 친미진(고조 이하) 친진(오대조 이상)구분지음이 없고 다만 음력 3월 상순이라. 하였고, 사례편람에서 친미진은 음력 3월 상순, 친진조는 韓魏公禮를 따라 음력 10월 1일이라 구분 지어 놓았습니다. 이에 따르면 봄철인 한식 때는 친미진인 고조부모이하의 묘제만 지낸다 하였습니다.

●家禮墓祭篇三月上旬擇日又祠堂篇遞遷條第二世以下親盡則諸位迭掌而歲率其子孫一祭之百世不改也
●韓魏公祭式寒食上墓祭又十月一日如上墓儀若身不能往遣親者代祭
●陶庵曰親盡墓祭韓魏公禮十月一日祭之恐得宜
●竹菴墓奠儀曰墓奠用寒食祧位之墓則祭以十月朔
●張子曰寒食與十月朔日展墓亦可爲草木初生初死

▶3864◀◈問; 합동 묘제 축문.

늘 감사하게 여기며, 배우고 있습니다.
어른이 돌아가시면서 혼선이 있어 정리하고자 문의 드립니다.

몇 해 전에 가족 묘원을 마련하여 11 위의 조상님을 한 곳에 모셨습니다. 자연스럽게 합동 묘제를 모시고 있는데, 각 대위별로 묘제를 모시고 있습니다. 근데, 제수는 한꺼번에 상석에 진설한 후 메와 갱만 교체하고 다시 각 신위 별로 제사를 모시고 있습니다.그러다 보니 축문을 한 번에 모시는 것으로 독축 한 후 메와 갱만 교체하여 제를 모시고 있습니다.

한 번에 여러 위의 메와 갱을 진설한 후 묘제를 모시는 것이 옳은 것인지요?
1. 저희들이 하는 묘제의 오류가 있다면 지적해주십시오.
2. 그에 따른 축문 작성 예도 알려주십시오.

◈答; 합동 묘제.

아래와 같이 살펴보건대 우천시(雨天時)나 선산(先山)의 선묘(先墓)가 허다(許多)하면 재사(齋舍)나 제단(祭壇)을 모으고 사시제(四時祭)의식(儀式)과 같이 묘제(墓祭)를 지낼 수가 있습니다.

그러나 재사(齋舍)나 제단(祭壇)은 선산하(先山下)라야 하며 재사(齋舍)나 단제(壇祭)로 묘제(墓祭)를 대신한다 하여도 먼저 상묘(上墓)하여 매묘(每墓) 첨소봉영(瞻掃封塋) 분향재배(焚香再拜)의 예를 마친 후 하산(下山)하여 설위(設位) 진설(陳設)하고 예를 행하여야 합니다.매묘 고사식은 아래에 있습니다.

재사(齋舍)에서 합제(合祭)를 하되 시제지의(時祭之儀)라 하였으니 수대(數代) 공일판(共一版)이 아니라 사시제(四時祭)와 같이 대마다 사이를 띠워 각설(各設)하고 축식 역시 본축(本祝) 각판(各板)이라야 합니다. 합제시 방계의 묘제는 그 후손이 모시고, 불참 시는 그 묘에 재배할 뿐입니다. 산신제는 단의 동쪽에서 지내게 됩니다.

묘제(墓祭)를 가장 간소하게 지내는 방법은 아래와 같이 살펴보건대 약설단헌지례(略說單獻之禮)입니다.

단이나 재사에 설위는 사시제(四時祭) 예법(禮法)으로 일소(一所)에 설위(設位)하되 탁(卓)은 서로 붙이지 않으며 一卓에 주과포해(酒果脯醢(젓) 각 일기(一器)씩 진설하고 參降(1 회) 獻酒讀祝(각행) 辭神(1 회)으로 마치는 단헌(單獻)의 예입니다. 단헌(單獻)의 예(禮)에서는 산신제(山神祭)는 지내지 않는다 합니다.

●通典三代以前無墓祭至秦始起寢於墓側漢因秦上陵皆有原寢
●開元禮寒食上墓如拜掃儀惟不占日○孔子許向墓遙爲壇以時祭卽今之上墓義或有憑然神道尙幽不可逼瀆塋域宜設於塋南山門之外設淨席爲位遙祭以時饌如平生所嗜若一塋數墓每墓各設位昭穆異列以西爲上主人盥手奠爵三獻而止泣辭
●或問今拜掃之禮何據曰此禮古無但緣習俗然不害義理葬只是葬體魄而神則必歸於廟旣葬則設木主旣除几筵則木主安於廟故古人惟專精祀於廟今亦用拜掃之禮但簡於四時之祭也
●寒岡曰世俗之行墓祀於神主者亦似未安是神主祭也非墳墓祭也
●退溪曰同原許多墓各行祭之弊世多有此愚意不如掃視墓域後以紙牓合祭於齋舍無舍卽設壇以行之可免瀆弊而神庶享也
●顧齋曰古人臨祭而雨沾服失容則止若有齋舍及墓下潔淨之家就彼行事似無不可會見通典以設祭墓前爲瀆以此觀之則雖不雨行祀於山下亦可
●問解考妣兩墓相去不遠雖坐向稍異祭祀及拜禮似當兼行
●四未軒曰考妣墓合祭時主祭者當於妣墓焚香酹酒以迎神來于考墓而行拜禮而合祭之爲禮家所通行也
●問族葬列位若欲次第行祭則登降累原恐筋力疲而誠敬弛又恐祭物新餒或雜冷煖有異先詣墓所奠杯引靈而以紙牓合祭於齋宮何如退溪曰無妨設壇於淨地而合祭何如曰尤是

●張南軒答朱子書古者不墓祭非有所略也盖知鬼神情狀不可以墓祭也神主在廟而墓以蔵體魄體魄之蔵而祭也
●問旁親墓同在一山則雖不參祭時或虛拜可乎栗谷曰雖四時不必皆拜一年一度不可廢也
●問墓祭或墓非一二多至八九東西埋葬邱壠峻險南往北來神倦身疲恐有怠慢之氣(云云)或厥日有終朝之雨則亦將何以爲之欲預搆一屋於墓側而若遇如此之時依時祭之儀合祭一所如何退溪曰豈不善犹
●三禮儀祭禮後說栗谷減量墓祭之論;一獻之饌當用果四色肉魚米麪食炙酒各一器盖只去饋食一邊
●問四時墓祭不能設殷祭故寧四時皆畧設耶度不能永行則自初已之似宜如何近齋曰墓祭四時皆單獻而山神無可祭之時則此甚不可非望佑之意也墓祭雖只設酒果脯醢山神祭則自當行之蓋先賢只論墓祭畧設則不祭山神以他節日有殷祭之時故也今不必以此爲拘矣

⊙단향시묘소고사식(壇享時墓所告辭式)

今以吉辰祗伸藻薦伏惟尊靈降就壇所

⊙단제예법(壇祭禮法)

일동참신(一同參神). 제주강신(祭主降神). 제주매위초헌독축(祭主每位初獻讀祝). 아헌매위(亞獻每位). 종헌매위(終獻每位). 일동사신(一同辭神).

▶3865◀◈問; 합제사를 지내는데 축문.

안녕하십니까? 합제사를 묘지(墓地)에서 지내는데 증조부(曾祖父) 이하로 지내고자 합니다. 그 때 축문에는 모든 분들을 쓰나요? 쓴다면 어떻게 쓰는지요? 이번 주에 지내는데 알려주십시오.

◈答; 합제사를 지내는데 축문.

묘 앞에다 제수를 진설하고 지내는 제사를 묘제라 하는데 증조부 이하 한곳에다 진설하고 지낼 수는 없는 것이며 혹 일맥에 서상 횡으로 묘를 썼다 하여도 각위마다 진설하고 시제의 예법과 같이 지낸다 하여도 위마다 초헌에 독축 하여야 하니 한 장에 쓸 수는 없는 것이며 설령 그렇다 하여도 위마다 별도로 예를 마쳐야 하니 축문 역시 위마다 각각 써야 할 것입니다.

●性理大全時祭儀初獻讀祝條維(云云)孝玄孫某官某敢昭告于顯高祖考某官府君(云云)畢興主人再拜退詣諸位獻祝如初每逐位讀祝畢(云云)

26 제후토(祭后土)

▶3866◀◈問; 바른 재사 묘제 알려 주세요.

선생님들 안녕하십니까? 많은 것 배워가고 있습니다. 오늘은 아래 642번 내용 중 지방식을 알려 주세요. 또 김 0 곤 선생님이 올리신 축식(祝式)이 顯(云云)某氏 氣序流易 霜露旣降(云云)으로 되어 있습니다. 묘제(墓祭) 원축에는 모씨지묘(某氏之墓)인데 어찌 써야 올바르게 되겠습니까.

1. 지방식은?
2. 축식은?

위 두 가지 입니다. 바쁘신데 죄송합니다.

◈答; 바른 재사 묘제.

◎紙榜式

顯幾代祖考某官府君神位===神主祭(神祭)
顯幾代祖考某官府君之墓===體魄祭(墓祭)

재사(齋舍) 합제(合祭)에 대하여 많은 선유(先儒)께서 논(論)함이 있으나 지방식(紙牓式)을 언급함은 발견되지 않고, 단지 지방행제(紙牓行祭)라 하셨을 뿐인데, 지방(紙牓)의 신위(神位)는 신주(神主)의 주(主)를 위(位)로 변환됨이라, 체백제(體魄祭)가 아니고 신제(神祭)임을 모르시어 지나치셨으리라고는 생각할 수가 없습니다.

상식(常識)의 범위라 쉽게 넘기시지 않았을까 하는 생각에 미치게 됩니다. (이상과 같이 논함은 典據에 의함이 아니고 상식 선에서 추리하여 보았을 뿐임)

재사(齋舍) 묘제(墓祭) 합제(合祭) 역시 아래와 같이 살펴보건대 묘(墓)가 허다(許多)하다거나 우천시(雨天時)에 불가피한 예(禮)로서 재사(齋舍)행 묘제(墓祭) 역시 선현(先賢)들께서도 묘제(墓祭)로 당연시(當然視) 하셨습니다.

⊙식례회통(式禮會統) 묘제(墓祭)

○四名日
○祭時服色
○陳饌
○進茶

○재사합제(齋舍合祭); 退溪曰同原許多墓各行祭之弊世多有此愚意不如掃視墓域後以紙牓合祭於齋舍無舍卽設壇以行之可免瀆弊而神庶享也
每於俗節日候和暖與祭之人年少方壯則同原諸墓徐徐行祭無甚煩瀆而或風雨發作或老衰疲困陞降拜跪一墓將事尙云勞攘况諸位乎齋舍之軒紙榜行祭恐爲便宜若器皿不足倚卓未備各祭諸位亦可
○每祭畢焚紙牓

◎축식(祝式); 維歲次云云 顯幾代祖考 顯幾代祖妣某氏之墓氣序流易歲律旣更(寒食雨露旣濡端午時物暢茂秋夕白露旣降) 瞻掃封塋不勝感慕(考妣墓前昊天罔極)謹以淸酌庶羞祗薦歲事尙 饗

○사토지(祠土地)

●通典神道尙幽不可逼黷宜於塋南山門之外設淨席爲位遙祭若一塋數墓每墓各設位昭穆異列以西爲上
●問族葬列位若欲次第行祭則登降累原恐筋力疲而誠敬弛又恐祭物新餕或雜冷煖有異先詣墓所奠杯引靈而以紙牓合祭於齋宮何如退溪曰無妨設壇於淨地而合祭何如曰尤是
●張南軒答朱子書古者不墓祭非有所略也盖知鬼神情狀不可以墓祭也神主在廟而墓以藏體魄體魄之藏而祭也
●開元禮寒食上墓如拜掃儀惟不占日○孔子許向墓遙爲壇以時祭卽今之上墓義或有憑然神道尙幽不可逼瀆塋域宜設於塋南山門之外設淨席爲位遙祭以時饌如平生所嗜若一塋數墓每墓各設位昭穆異列以西爲上主人盥手奠爵三獻而止泣辭
●或問今拜掃之禮何據曰此禮古無但緣習俗然不害義理葬只是葬體魄而神則必歸於廟旣葬則設木主旣除几筵則木主安於廟故古人惟專精祀於廟今亦用拜掃之禮但簡於四時之祭也
●寒岡曰世俗之行墓祀於神主者亦似未安是神主祭也非墳墓祭也
●退溪曰同原許多墓各行祭之弊世多有此愚意不如掃視墓域後以紙牓合祭於齋舍無舍卽設壇以行之可免瀆弊而神庶享也
●顧齋曰古人臨祭而雨沾服失容則止若有齋舍及墓下潔淨之家就彼行事似無不可會見通典以設祭墓前爲瀆以此觀之則雖不雨行祀於山下亦可
●葛菴曰墓祭有雨水之礙則就齋舍設紙牓行事亦何害若就祠堂行祭則恐無意也
●朱子答王晉輔書曰墳墓非如古人之族葬若只一處各爲一分而遙祭之亦似未安不如隨俗各祭之爲便壽一依此說前期行事於各位墓所或値天雨或別有他故則何以爲之欲從權設行於神主則別出主爲未安用紙榜望墓設位而行之如何墓祭未畢而有雨水之礙則就齋舍設紙榜行事亦何害若就祠堂行祭則恐無意也壽一先塋連葬八九代子孫繼葬多至十餘派墓祭時各派子孫各祭后土否抑宗派獨主之否

宗子有時不得上墓則土神之祭全然廢闕未安何以則得中耶一山之內宗子旣祭土神則支子孫各祭土神似甚煩瀆矣若宗子有故不得上墓而使支子孫代行先祖墓祭則土神之祭亦攝行似無妨矣

●曾子曰推牛而祭墓不如鷄豚逮親存也孟子云東郭墦間之祭可見自古有行者而無儀節之論定豈以魂依於主魄依於壙祭魂於廟不祭魄於墓墓則但以時節展省而設席陳饌以祭后土於墓左耶義起之禮亦緣情而生則拜掃之時略薦酒果亦足伸情多備盛饌亦非有據於祭禮也

●曾子問曰望墓爲壇以時祭疏曰惟可望近所祭者之墓而爲壇以四時致祭也據此則墓側*齋舍*行祭與其望近所祭者之墓爲壇以祭之遺意似無相悖何可謂專無出往山下之意耶雖然紙榜行事最近祭主之義至於上墓設祭則雖有時制之可據如非不得已似不必行之未知崇旨以爲如何

●錦谷曰同原有許多墓所或各在稍遠之地阻雨水勢難趁卽行之則倣朱子前期行事寧退以明日當無妨至於紙榜合祭於*齋舍*亦有設壇望祭之可據而猶未若退日躬行於墓前也

▶3867◀◈問; 산신제 입니다.

산신축에서 某官姓名이란 초헌관과 토지지신 다음 ○○공수세사우, 하는 사람과는 동일인이 아닌지요?

만일에 사람이 다를 수가 있다면? 감소고우와 공수세사우도 달라야 하기에 헌관과 제순서(祭順序) 가 어떻게 되는지요.

◈答; 산신제에서.

⊙산신제 지내는법

묘제를 마쳤으면 자리를 펴고 진설을 하고 산신제를 지낸다.
모두 위 묘제와 같다.

강신 참신 초헌례 (산신제에서는 강신을 먼저 한다)
위 묘제 의식과 같다. 다만 축사는 다음과 같이 이른다.

⊙산신제축(祭后土祝文式)

維 歲次乙酉三月癸亥朔初二日甲子某官姓名敢昭告于 土地之神某恭(妻弟以下去恭字)修歲事于某親某官府君(或某封某氏卑幼去府君二字)之墓維時保佑實賴 神休敢以酒饌敬伸奠獻尙饗

아헌례 삼헌례 사신재배하고 곧 철상하고 물러난다.

某恭의 모와 성명감소고우의 고자는 동일인이며, 묘제 제후토는 그 예법이 같다 하였으니 모와 고자는 다를 수가 없습니다.

●家禮增解墓祭祭后土降神參神三獻; 同上(按)謂降參三獻皆與墓祭同其有不同者則輒加但字以註之如下文也此條先降後參而只曰同上則墓祭之先參是板本之誤無疑

▶3868◀◈問; 산신제.

질문이 있습니다.

산신제에서,
1. 분향를 하지 않는지요?
2. 초헌만 하는지,
3. 삼제는 하지 않는 것인지 알려 주십시오. 감사합니다.

◈答; 산신제.

⊙后土氏(후토씨)

月令註五行獨土神稱后者后君也位居中統領四行故稱君也○韻會地爲后土取厚載之儀古字厚通○語類問后土氏之祭曰極而言之亦似僭然此卽古人中霤之祭而今之所謂土地者郊特牲取財於地取法於天是以尊天而親地敎民美報焉故家主中霤國主社觀此則天不可祭而土神在民亦可祭雖曰土神而

只以小者言之非如天子所謂祭皇天后土之大者也○丘濬曰古禮雖有合葬墓左之文而無所謂后土氏者惟唐開元禮有之溫公書儀本開元禮家禮本書儀其喪禮開塋域及窆與墓祭俱祀后土然后土之稱對皇天也士庶之家有似於僭考之文公大全集有祀土地祭文今擬改后土氏爲土地之神

⊙凶禮祠后土設饌(흉례사후토설찬)

問開塋域及葬時后土祠只用告事禮設酒果脯醢而已乎世俗或豊或簡無準式何以得禮之中沙溪曰某家用盛饌未知果如何也○南溪曰葬時祠土地奠也墓祭祠土地祭也

⊙吉禮祠后土設饌(길례사후토설찬)

沙溪曰上文具饌註旣曰更設魚肉米麪食各一大盤以祭后土云則此云四盤實相照應但朱子嘗書戒子云可與墓前一樣吾家欲依此行之○尤菴曰墓祭土神只用四大盤者家禮正文也與墓祭無有等殺者朱子戒子書也從此從彼兩無所妨○土神之祭當依家禮大註至於墓前一樣云者是朱子戒子書而後人附入者當以本註爲正矣四盤是四器盤如盤盞之盤○南溪曰葬時祠土地奠也墓祭祠土地祭也旣曰祭則飯羹恐當並設

⊙焚香當否(분향당부)

儀節詣香案前跪上香○問家禮后土祠無焚香一節其意必非偶然盖焚香求神於陽也灌地求神於陰也后土地神故只求之於陰而不求之於陽義似如此而備要祠后土具有香爐香盒何也沙溪曰家禮不言上香只酹酒無乃有意耶儀節及家禮正衡皆有上香之禮故備要因之未知是否

◎三際與否(삼제여부)

◈凶禮祠后土(흉례사후토)

⊙家禮(가례)

遠親或賓客一人告后土氏(儀節改后土氏爲土地之神)祝帥執事者設位(便覽用新潔席)於中標之左南向設盞注酒果脯醢於其前(便覽席之南端)又設盥盆帨巾二於其東南其東有臺架(盆之臺巾之架)告者所盥其西無者執事者所盥也告者吉服入立於神位之前北向(便覽主人於告者之右去杖脫経西向立不與祭)執事者在其後西上東上皆再拜告者與執事者皆盥帨(便覽告者進跪位前)執事者一人取酒注西向跪一人取盞東向跪告者(取注)斟酒反注取盞酹于神位前(儀節傾酒于地復斟酒置神位前)俛伏興少退立(便覽跪)祝執版立於告者之左東向跪讀(云云)訖復位告者再拜祝及執事者皆再拜徹出主人若歸則靈座前哭再拜後放此

⊙儀節(의절)

◈祠后土儀禮節次(사후토의례절차)

就位(告者立北向執事者二人在其後)○鞠躬拜興拜興平身(告者與執事者皆拜)○盥洗(告者與執事者俱洗)○詣香案前○跪○上香○斟酒(執事者一人執酒注西向跪一人執盞東向跪告者取注斟酒于盞畢反注取盞)○酹酒(傾酒于地)○獻酒(復斟酒置神位前)○俯伏興(少退立)○讀祝(祝執板跪于告者之左而讀之)○復位○鞠躬拜興拜興平身○禮畢

◎吉禮祠后土(길례사후토)

⊙家禮(가례)

參神降神三獻

同上但祝辭曰(云云)

⊙儀節(의절)

◈祭后土儀禮節次(제후토의례절차)

就位○降神○盥洗○詣香案席前○跪○上香○酹酒○俯伏興○復位○參神○鞠躬拜興拜興平身○(主人執注)初獻酒○跪○讀祝(祝跪主人之左讀之)○俯伏興平身○復位○亞獻酒○三獻酒○辭神○鞠躬拜興拜興平身○焚祝文○禮畢

問 1. 答; 흉례에서는 강신에서 뇌주뿐이고, 길례 제후토에서는 강신에서 분향 뢰주를 행합니다.

問 2. 答; 흉례(凶禮)인 장사(葬事)나 묘지(墓地) 수리 등에서는 단헌(單獻)이며, 길례(吉禮)인 묘제(墓祭) 등에서는 삼헌(三獻)을 합니다.

問 3. 答; 단헌의 예에서는 삼제의 예가 없고 묘제 제후토는 그 예법이 묘제와 같다 하였으니 삼헌의 예에서는 삼제의 를 행함이 옳을 것입니다.

분향(焚香)에 대하여 아래와 같이 살펴보건대 단헌지례(單獻之禮)인 흉례(凶禮)의 후토제(后土祭)에는 서의(書儀)를 비롯하여 가례(家禮), 개원례(開元禮) 등에서는 택(擇)하고 있지 않으나 의절(儀節)에서 분향(焚香)을 택함이 있어 이를 비요(備要) 등서(等書)에서 동조(同條)에 첨입(添入) 택하고 있음.

○분향(焚香)의 의미는 양(陽) 즉 공중에서 신(神)을 구(求)하는 예이고,
○뇌지(酹地)는 음(陰) 즉 땅에서 신(神)을 구(求)하는 예이며, 또 상례(喪禮)의 사후토(祠后土)는 단헌(單獻)의 전례(奠禮)라 분향(焚香)의 예가 없다 합니다.

※참고로 묘제(墓祭) 사토지(祠土地)는 삼헌(三獻)의 제(祭)라 분향(焚香)의 예(禮)가 있다 함.

◆祠后土無焚香考察(사후토무분향고찰)

●溫公書儀喪儀三卜宅兆葬日條序立於神位東南重行西向北上立定俱再拜告者盥手洗盞斟酒進跪酹于神座前俛伏興少退北向立搢笏執詞進於神座之右東面跪念之曰維年月朔日子某官姓名敢昭告于云云

●家禮治葬祠后土條告者吉服入立於神位之前北向執事者在其後東上皆再拜告者與執事者皆盥帨執事者一人取酒注西向跪一人取盞東向跪告者斟酒反注取盞酹于神位前俛伏興少退立祝執版立於告者之左東向跪讀之曰云云

●敬甫問家禮后土祠無焚香一節其意必非偶然盖焚香求神於陽也灌地求神於陰也后土地神故只求之於陰而不求之於陽義似如此而備要祠后土具有香爐香盒何歟沙溪答曰考家禮不言上香只酹酒無乃有意邪儀節及家禮正衡皆有上香之禮故備要因之未知是否祠而爲之添入耶

●補疑上香求神於陽也酹酒求神於陰也后土地神故只求諸陰

●四未軒曰上香求神於陽也酹酒求神於陰也后土地神故只求諸陰

●讀禮輯要按儀節補入焚香一節而備要取之然祭土地而求神於陽自是無義且家禮尙殺降神之

●問解家禮后土祀無焚香蓋焚香求神於陽灌地求神於陰后土地神故只求於陰不求於陽義似如此

●問解問家禮無焚香一節而備要祠后土俱有香爐香盒何歟答家禮不言上香只酹酒無乃有意耶儀節及正衡皆有上香之禮故備要因之未知是否

●問祠土地祭設香爐香合詣香案前跪上香傾酒于地復斟酒置于神位前等節家禮無備要有彼此詳略之義可得聞歟南溪曰備要從儀節及五禮儀而爲之節文者然愚意此等處當以家禮爲正

●大山曰后土無求諸陽之義故家禮無焚香而儀節有之備要因之然鄙家亦不敢從

◆葬時祠土地及墓祭祠土地考察(장시사토지급묘제사토지고찰)

●或問家禮開塋域祠后土註無降神之文今據此而不降神乎至於墓祭之祠后土時乃有降神之節祠后土一也而降神之行不行何也若降神則一如正祭之降神者乎寒岡曰家禮祠后土之下不許降神則大賢祭禮精微之意何敢仰測乃輒引墓祭后土之節況虛禮乎故故禮家多不用

●家禮祭后土參神降神初獻條如家祭之儀(云云)

●南溪曰葬時祠土地單獻奠也墓祭祠土地三獻祭也

◆祠后土焚香考察(사후토분향고찰)

●儀節治葬祠后土條告者立北向執事者二人在其後告者與執事者皆再拜告者與執事者俱洗詣香案前跪上香斟酒酹酒云云

●喪禮備要治葬擇日開塋域祠(土地)條設盞注酒果脯醢於其前(儀節)設香爐香合

●國朝五禮儀治葬篇祠后土條獻官詣盥洗位北向立贊搢笏獻官盥手帨手訖贊執笏引詣尊所西向立

執尊者擧羃酌酒執事者以爵受酒謁者引獻官詣神位前北向立贊跪三上香執事者以爵授獻官獻官執爵獻爵以爵授執事者奠于神位前贊執笏俯伏興少退北向跪祝就神位之右東向跪讀祝文云云
●家禮輯要墓祭祭土地降神同上(按)葬禮祠土地時只酹酒無焚香當如此儀

◆祭后土無降神考察(제후토무강신고찰)

●星湖家禮疾書喪禮擇日開塋域節祭后土條;墓祭條祭后土有降神此無降神者凡祭未葬幷無灌酹之節后土之祭亦依此畧之也焚香則本爲報魂而設其於后土非所宜也故具闕之也家禮出於書儀書儀出於通典通典云先設脯醢酌酒進跪奠於神座前都無灌降之例此云酹于神位前者與吊礼所謂入酹均是進奠之義非沃地之名
●杜氏通典禮九十九開元禮纂類三十四凶六三品以上喪中祭后土條; 掌饌者出相者引告者詣罍洗盥手洗爵相者引告者詣酒罇所執罇者擧羃告者酌酒進跪奠神座前俛伏興少退北向立祝指版進於神座之右東面跪讀祝文

분향(焚香)에 대하여 아래와 같이 살펴보건대 단헌지례(單獻之禮)인 흉례(凶禮)의 후토제(后土祭)에는 서의(書儀)를 비롯하여 가례(家禮), 개원례(開元禮) 등에서는 택(擇)하고 있지 않으나 의절(儀節)에서 분향(焚香)을 택함이 있어 이를 비요(備要)에서 동조(同條)에 삽입 택하고 있음. 남계(南溪) 선생께서 가례위정(家禮爲正)이라 하셨으니 상례(喪禮)의 단헌지례(單獻之禮)인 후토제(后土祭)에서는 분향(焚香)치 않음이 옳을 것 같습니다.

●溫公書儀初葬祠后土條序立於神位東南重行西向北上立定俱再拜告者盥手洗盞斟酒進跪酹于神座前俛伏興少退北向立搢笏執詞進於神座之右東面跪念之曰維年月朔日子某官姓名敢昭告于云云
●家禮治葬祠后土條告者吉服入立於神位之前北向執事者在其後東上皆再拜告者與執事者皆盥帨執事者一人取酒注西向跪一人取盞東向跪告者斟酒反注取盞酹于神位前俛伏興少退立祝執版立於告者之左東向跪讀之曰云云
●開元禮祭后土條掌饌者出相者引告者詣罍洗盥手洗爵相者引告者詣酒罇所執罇者擧羃告者酌酒進跪奠神座前俛伏興少退北向立祝持版進於神座之右東面跪讀祝文曰云云
●儀節治葬祠后土條告者立北向執事者二人在其後告者與執事者皆再拜告者與執事者俱洗詣香案前跪上香斟酒酹酒云云
●國朝五禮儀治葬篇祠后土條獻官詣盥洗位北向立贊搢笏獻官盥手帨手訖贊執笏引詣尊所西向立執尊者擧羃酌酒執事者以爵受酒謁者引獻官詣神位前北向立贊跪三上香執事者以爵授獻官獻官執爵獻爵以爵授執事者奠于神位前贊執笏俯伏興少退北向跪祝就神位之右東向跪讀祝文云云
●敬甫問家禮后土祠無焚香一節其意必非偶然盖焚香求神於陽也灌地求神於陰也后土地神故只求之於陰而不求之於陽義似如此而備要祠后土具有香爐香盒何歟沙溪答曰考家禮不言上香只酹酒無乃有意邪儀節及家禮正衡皆有上香之禮故備要因之未知是否
●或問家禮開塋域祠后土註無降神之文今據此而不降神乎至於墓祭之祠后土時乃有降神之節祠后土一也而降神之行不行何也若降神則一如正祭之降神者乎寒岡曰家禮祠后土之下不許降神則大賢祭禮精微之意何敢仰測乃輒引墓祭后土之祠而爲之添入耶
●補疑上香求神於陽也酹酒求神於陰也后土地神故只求諸陰
●南禮問祠土地祭設香爐香合詣香案前跪上香傾酒于地復斟酒置于神位前等節家禮無備要有彼此詳略之義可得聞歟曰備要從儀節及五禮儀而爲之節文者然愚意此等處當以家禮爲正

▶3869◀ ◈問; 산신제 예법.

안녕!! 산신제는 장사 지낼 때와 묘제 지낼 때 지내는 예로 알고 있습니다. 그 예법 좀 자세히 알려주세요. 퍽 여러 번 감사합니다.

◈答; 산신제(山神祭) 예법(禮法).

치장시(治葬時) 후토제(后土祭)는 광중(壙中)을 짓기 전(前)과 광중(壙中)에 흙을 처음 넣고 다지기를 하면 그 좌측(左側)에서 후토제(后土祭)를 전(奠)의 예(禮)로 지내며. 묘제시(墓祭時) 후토제(后土祭)는 묘제(墓祭)를 지낸 후(後) 주자가례(朱子家禮)에서는 묘(墓) 앞이라 하였고 가례의절(家禮儀節)에서는 墓左(묘좌)라 하였음. 진설(陳設)은 가제(家祭) 饌品(찬품)이며 예법(禮法) 역시(亦是) 가제(家祭) 의식(儀式)과 같이 행(行)합니다.

예법(禮法)과 축문식(祝文式)을 아래와 같습니다.

◆葬時擇日開塋域祠后土禮; 광(壙) 좌측(左側) 진설(陳設) 잔주주과포해(盞注酒果脯醢) ○예법(禮法) 개재배(皆再拜) 고자(告者) 헌주(獻酒) 뢰주(酹酒) 축관(祝官) 고자(告者); 좌동향궤독(左東向跪讀) 독필(讀畢) 복위(復位) 고자(告者) 재배(再拜) 개재배(皆再拜) 철(撤)

○祝文式; 維歲次干支幾月干支朔幾日干支某官姓名敢昭告于 土地之神今爲某官姓名([書儀]主人也○[按]若以主人名則文勢欠詳士喪禮哀子某爲其父某甫云云以此推之此下當添爲其父某官某公或爲其母某封某氏)營建宅兆(合葬則改營建宅兆爲合窆于某封某氏或某官某公之墓)神其保佑俾無後艱謹以淸酌脯醢祗薦于神尙饗

◆葬時乃實土而漸築之祠后土於墓左禮; 如前儀祝板前同但云今爲某官封謚窆玆幽宅神其後同
◆墓祭祠后土禮; 진찬(陳饌); 묘제(墓祭) 진찬(陳饌)과 동(同).

○예법(禮法); 강신(降神) 참신(參神) 초헌(初獻) 독축(讀祝) 아헌(亞獻) 종헌(終獻) 사신(辭神) 철(徹) (가제(家祭) 예법(禮法)과 동(同))

○祝文式; 維歲次干支幾月干支朔幾日干支某官姓名敢昭告于 土地地神某公(妻弟以下去恭字)修歲事于某親某官府君(或某封某氏卑幼去府君二字)之墓維時保佑實賴神休敢以酒饌敬伸奠獻尙饗

●朱子家禮喪禮治葬擇日開塋域祠后土; 執事者設位於中標之左南向設盞酒酒果脯醢於其前
●南溪曰葬時祠土地奠也墓祭祠土地祭也旣曰祭則飯羹恐當並設
●遂菴曰要訣雖有正朝端午只一獻不祭土神之文旣行墓祭則土地之祭似當行矣
●鏡湖曰無飯羹則不設匙筯而此設匙筯可疑
●朱子家禮祭禮墓祭祭后土布席陳饌;用新潔席陳於墓前設饌如家祭之儀
●家禮儀節祭禮墓祭遂祭后土布席陳饌; 布席于墓左饌各用大盤設盤盞匙筯如儀

▶3870◀◈問; 산신제 축문.

산신제 축문. 01/31 21;05 방명록 질문 옮김.

◈答; 산신제 축문..

문의 내용이 명확치를 않아 아래와 같이 답합니다.

⊙묘제시산신제축(祭后土祝文式)

維 歲次干支幾月干支朔幾日干支某官姓名敢昭告于 土地之神(家禮后土氏之神)某恭(妻弟以下去恭字)修歲事于某親某官府君(或某親某封某氏卑幼去府君二字同岡最尊者云)之墓維時保佑實賴 神休敢以酒饌敬伸奠獻尙 饗

⊙초장시산신제축(祠后土祝文式)

維 歲次干支幾月干支朔幾日干支某官姓名敢昭告于 土地之神今爲某官姓名(書儀主人也○便覽按若以主人名則文勢欠詳士喪禮哀子某爲其父某甫云云以此推之此下當添爲其父某官某公或爲其母某封某氏)營 建宅兆(合葬則改營建宅兆爲合窆于某封某氏或某官某公之墓) 神其保佑俾無後艱謹以淸酌脯醢祗薦于 神尙 饗

⊙초장시산역후산신제축(祠后土祝文式)

維 歲次干支幾月干支朔幾日干支某官姓名敢昭告于 土地之神今爲某官封謚(書儀亡者也○此下當添某公二字○內喪云某封某氏)窆玆幽宅 神其保佑俾無後艱謹以淸酌脯醢祗薦于 神尙 饗

●周禮春官立大祀用玉帛牲牷立次祀用牲幣立小祀用牲註鄭司農云大祀天地次祀日月星辰小祀司命已下玄謂大祀又有宗廟次祀又有社稷五祀五嶽小祀又有司中風師雨師山川百物

●朱子曰天子祭天地諸侯祭山川大夫祭五祀
●事物紀原集類禮祭郊社部壇墠條左氏注曰除地爲墠築土爲壇書金滕武王有疾周公爲三壇同墠黃帝內傳乃有築壇墠事是爲其制起自黃帝
●國朝五禮儀一冊圖式三十板社稷壇三十一板風雲雷雨山川城隍壇三十二板靈星壇各位皆稱某之神

▶3871◀◈問; 제후토의 제수에 적을 제한 이유 추가 질문.

按士昏禮贊以肝從註飮酒宜有肴以安之以此觀之祭用肝炙象生時之用歟。

부끄럽습니다. '한문을 정확히 해석할 수 없다'는 저의 말에 제가 어느 정도는 한문을 해석할 수 있는 것으로 들으셨군요. 해석을 전혀 못한다고 말씀드릴 걸 그랬군요. 하나도 모른다고 떼를 쓸 수도 없고, 배우고 싶은 욕심은 많아서 '이런 뜻인가' 하고 짐작한 바를 적습니다. 000 으로 표시한 부분은 전혀 짐작도 안 됩니다. 해석이라고 한 것이 아니오니 선생님께서 가르쳐 주시면 감사하겠습니다.

한 가지 더 궁금한 것은 산신제에 적을 사용하지 않는다는 말씀에 <生時>를 비유하는 것도 잘 모르겠습니다.

사혼례(士昏禮)의 0000 條(贊以肝從)의 주에(註)에 음주에는 반드시 안주가 따른다. (飮酒宜有肴) 000(以安之) 이러한 관점에 의해서(以此觀) 생시에 쓰는 것처럼(象生時之用) 제사에 간적을 쓸(祭用肝炙) 것인가? (歟).

◈答; 제후토의 제수에 적을 제한 이유.

고승이 아무리 변장을 하여도 나무아미타불의 때가 씻겨지지 않으며 양반이 아무리 변장을 하여 x 것 노릇을 하려 하여도 맹자왈 공자왈의 때가 숨겨지지 않는 법이라 심 0 종님의 글을 보고 아닌데 하여 역 질문을 하였던 것입니다. 이와 같은 본인의 이해에 부동의 하신다 하여도 아래와 같은 심 0 종님의 글(좀 어눌하게 숨기셨으나)이 그를 입증하기에 부족함이 없으리라 생각합니다.

"사혼례(士昏禮)의 0000 條(贊以肝從)의 주(註)에 음주에는 반드시 안주가 따른다. (飮酒宜有肴) 000(以安之) 이러한 관점에 의해서(以此觀) 생시에 쓰는 것처럼(象生時之用) 제사에 간적을 쓸(祭用肝炙) 것인가? (歟)" 다만 글로 나타나 있으니 부질 없겠으나

●**有;** 있어야(여기서는 함께 먹어야의 뜻도 숨겨져 있다 생각할 수 있음)
●**以安之;** 탈없이 편안한 까닭이라 하겠(으니)다. <여기서 以安之에는 술을 좋은 안주와 같이 마셔야 몸에 무리가 가지 않으며 뒤 끝이 별 탈 없이 개운하다 함이 함축되어 있다 생각할 수 있음>

●**用;** 여기서는 찬자들이 헌자를 도와 간적을 구어 위전에 올리는 전과정의 뜻이 포함된 글자로 보아야 할 것임.

●**歟;** 의문사가 아닌 …이리라. …일 게다. 등등의 추측사로 이해 처리되어야 마땅하리라 생각 됨.

●사혼례(士昏禮)의 0000 條는 본인도 輯覽 卷之十 二十二板後에서 인용하고 儀禮에서는 확인을 하지 않은 관계로(본인 역시 儀禮 士昏禮篇을 뒤적여 찾아야 함) 본 내용 이해에 크게 영향을 미치지 않을 것 같으니 士昏禮 어느 條에 있는 글인가는 직접 수고 하심을 권고하고 싶음.

● 쉽게 얻은 것은 쉽게 잊혀지는 법이니 儀禮까지 섭렵하신 바가 없다면 직접 뒤적여 보심이 이보다 수수배의 공부가 되리라 생각됨.

이상 본인의 답 글은 심 0 종님게 도움이 될까 하는 의문도 있으나 혹 참고가 될만함이 있었다면 감사하겠습니다.

▶3872◀◈問; 질문이 있습니다.

안녕하십니까. 좋은 내용 많이 배우고 있습니다. 아래내용이 궁금해서 문의 드립니다.

◈祭后土祝文式(제후토축문식)
維 歲次癸未十月辛未朔初九日己卯某官姓名敢昭告于 土地之神某恭修歲事于顯九代祖考某官府君之墓維時保佑實賴 神休敢以酒饌敬伸奠獻尙 饗

① 姓名敢昭告于에서 성명은 누구이며? 다른 축문과 달리 이름만이 아니고 姓이 왜 들어가는지?

②다른 축문(기제사 세일제 등등)은 歲次癸未十月辛未朔初九日己....?....敢昭告于 ?에 초헌관 이름이 들어가는데 제주이름이 왜……恭修歲事于앞 某에 들어가는지?

③ 某 恭修歲事于 여기 某 다음에 다음과 같은 설명이 있습니다 한문이 서툴러서 그러하오니 직역좀 부탁 드리겠습니다

接比指祭墓主人而言今俗主人或有服使他人祠土之則書行祭者名恐非禮意
(전자도서관 자료검색)

◈答; 산신제에서.

問①. 答; 묘제 제후토(祭后土) 주인은 묘제 주인으로 제후토 고자(告者)는 성명을 밝혀 놓습니다. 산신제에서는 산신과 그 누구도 혈손 관계가 아니므로 제사를 주관 하는 사람의 성명으로 고하는 것이며 비록 내 조상에 연루된 산신제를 자신이 지낸다 하여도 자신의 성명으로 고하는 것입니다.

問②. 答; 친진 묘제 시 참석 최존자가 초헌관이 되고 초헌관은 곧 제주라 산신제는 예법이 묘제와 같아 고자가 제주인 까닭에서 입니다.

問③. 答; 번역(飜譯)을 원하시면 시중에 번역소가 여럿 있습니다. 본인은 번역이나 하려 운용하지 않습니다. 특히 귀하의 능력으로도 능히 풀이 할 수 있으리라 생각되어 사양 하겠습니다.

▶3873◀◈問; 후토제 제수에 대하여 여쭙습니다.

후토제 제수에 대하여 여쭙습니다. 아래 글은 선생님 홈페이지에서 옮긴 것입니다.

⊙묘제
제후토
(묘제를) 모두 마쳤으면 제단(祭壇)으로 가 산신제를 지내되 하나같이 모두 묘제 의식과 같게 한다.

⊙設饌圖(설찬도)

飯	盞	匙箸	醋	羹	飯	盞	匙箸	醋	羹	飯	盞	匙箸	醋	羹
麵	炙	肉	餠	麵	炙	餠	麵	魚	炙	餠				
脯	熟菜	淸醬	醋菜	沈菜	醢									
棗	栗	梨	柿	柏	杏									

⊙ 후 토 제
(1)자리를 펴고 찬품을 진설 후 산신제를 지낸다. 어류 육류 미식류(떡류) 면식류(국수류)를 각 한 대반씩을 상의 남쪽 끝으로 놓고 잔반 수저를 그 북 쪽으로 놓는다. 그 외는 묘제와 같다.

참고)남계선생의 말씀이다.

장례(주 상례)시 토신제(土神祭)는 전(주 단헌 독축)이나 묘제(주 제례의 신제 및 외사)시 토신제 는 제례의 예법(주 삼헌 독축)을 따른다. 그렇기 때문에 진설 역시 제례 진찬도와 같게 한다.

질문
(1)후토제의 제수는 어류 육류 미식류 면식류 각 한 대반씩 4 대반뿐이므로 아래와 같이 설찬하는지요?

盞 匙箸 盞 匙箸 盞 匙箸
어류 육류 미식류 면식류

(2)후토제의 제수는 묘제와 같으나 어류 육류 미식류 면식류를 각 한 대반씩을 담아서 아래와 같이 설찬하는지요?

飯 盞 匙箸 醋 羹 飯 盞 匙箸 醋 羹 飯 盞 匙箸 醋 羹
脯 熟菜 淸醬 醋菜 沈菜 醢
棗 栗 梨 柿 柏 杏
어류 육류 면식류 면식류

◈答; 후토제 제수에 대하여.

◈아래는 본홈 묘제 뒤 제후토 진설식 원문입니다.

자리 남쪽으로 사반(四盤) [면육어병(麵肉魚餠)]을 진설하고 반잔시저(盤盞匙筯)는 그 북쪽이며 그 외는 모두 묘제(墓祭) 진설도와 같다로 이해하여야 할 것입니다. 이에서 사반(四盤)이라 함은 면육적어병(麵肉炙魚餠)에서 적(炙)을 제(除)한 사품(四品)이며 반잔시저(盤盞匙筯)라 함은 수저가 있으니 남계(南溪)선생 설(說)과 같이 반갱(飯羹)도 아울러 진설함이 맞을 것이며 또 여병동상(餘並同上)이라 하였으니 그 외 포행(脯行)이나 과행(果行)은 묘제와 같이 진설하라는 것입니다.

○遂祭后土布席陳饌(수제후토포석진찬)
于席南端設盤盞匙筯于其北餘並同上
○마쳤으면 자리를 펴고 찬(饌)을 진설하고 산신제를 지낸다.
자리 남단으로 잔반과 수저는 그 북단이며 그 외는 모두 위 묘제와 같다.

◈아래는 이에 관련된 선유들께서 하신 말씀입니다.

●南溪曰葬時祠土地奠也墓祭祠土地祭也旣曰祭則飯羹恐當並設
●尤菴曰墓祭土神只用四大盤者家禮正文也與墓祭無有等殺者朱子戒子書也
●沙溪曰上文具饌註旣曰更設魚肉米麪食各一大盤以祭后土云則此云四盤實相照應但朱子嘗書戒子云可與墓前一樣吾家欲依此行之

◈祭后土陳設圖(제후토진설도)

(飯) 盞 匙箸 (羹) #()내는 南溪說
麵 肉 魚 餠
脯 熟菜 淸醬 醋菜 沈菜 醢
果 果 果 果 果 果

◆祠后土無焚香考察(사후토무분향고찰)
●溫公書儀喪儀三卜宅兆葬日條序立於神位東南重行西向北上立定俱再拜告者盥手洗盞斟酒進跪酹于神座前俛伏興少退北向立搢笏執詞進於神座之右東面跪念之曰維年月朔日子某官姓名敢昭告于云云
●家禮治葬祠后土條告者吉服入立於神位之前北向執事者在其後東上皆再拜告者與執事者皆盥帨執事者一人取酒注西向跪一人取盞東向跪告者斟酒反注取盞酹于神位前俛伏興少退立祝執版立於告者之左東向跪讀之曰云云

●敬甫問家禮后土祠無焚香一節其意必非偶然盖焚香求神於陽也灌地求神於陰也后土地神故只求之於陰而不求之於陽義似如此而備要祠后土具有香爐香盒何歟沙溪答曰考家禮不言上香只酹酒無乃有意邪儀節及家禮正衡皆有上香之禮故備要因之未知是否祠而爲之添入耶
●補疑上香求神於陽也酹酒求神於陰也后土地神故只求諸陰
●四未軒曰上香求神於陽也酹酒求神於陰也后土地神故只求諸陰
●讀禮輯要按儀節補入焚香一節而備要取之然祭土地而求神於陽自是無義且家禮尙殺降神之
●問解家禮后土祀無焚香蓋焚香求神於陽灌地求神於陰后土地神故只求於陰不求於陽義似如此
●問解問家禮無焚香一節而備要祠后土俱有香爐香盒何歟答家禮不言上香只酹酒無乃有意耶 儀節及正衡皆有上香之禮故備要因之未知是否
●問祠土地祭設香爐香合詣香案前跪上香傾酒于地復斟酒置于神位前等節家禮無備要有彼此詳略之義可得聞歟南溪曰備要從儀節及五禮儀而爲之節文者然愚意此等處當以家禮爲正
●大山曰后土無求諸陽之義故家禮無焚香而儀節有之備要因之然鄙家亦不敢從

◆葬時祠土地及墓祭祠土地考察(장시사토지급묘제사토지고찰)

●或問家禮開塋域祠后土註無降神之文今據此而不降神乎至於墓祭之祠后土時乃有降神之節祠后土一也而降神之行不行何也若降神則一如正祭之降神者乎寒岡曰家禮祠后土之下不許降神則大賢祭禮精微之意何敢仰測乃輒引墓祭后土之節況虛禮乎故故禮家多不用
●家禮祭后土參神降神初獻條如家祭之儀(云云)
●南溪曰葬時祠土地單獻奠也墓祭祠土地三獻祭也

◆祠后土焚香考察(사후토분향고찰)

●儀節治葬祠后土條告者立北向執事者二人在其後告者與執事者皆再拜告者與執事者俱洗詣香案前跪上香斟酒酹酒云云
●喪禮備要治葬擇日開塋域祠(土地)條設盞注酒果脯醢於其前(儀節)設香爐香合
●國朝五禮儀治葬篇祠后土條獻官詣盥洗位北向立贊搢笏獻官盥手帨手訖贊執笏引詣尊所西向立執尊者擧羃酌酒執事者以爵受酒謁者引獻官詣神位前北向立贊跪三上香執事者以爵授獻官獻官執爵獻爵以爵授執事者奠于神位前贊執笏俯伏興少退北向跪祝就神位之右東向跪讀祝文云云
●家禮輯要墓祭祭土地降神同上(按)葬禮祠土地時只酹酒無焚香當如此儀

◆祭后土無降神考察(제후토무강신고찰)

●星湖家禮疾書喪禮擇日開塋域節祭后土條;墓祭條祭后土有降神此無降神者九祭未葬幷無灌酹之節后土之祭亦依此畧之也焚香則本爲報魂而設其於后土非所宜也故具闕之也家禮出於書儀書儀出於通典通典云先設脯醢酌酒進跪奠於神座前都無灌降之例此云酹于神位前者與吊礼所謂入酹均是進奠之義非沃地之名
●杜氏通典禮九十九開元禮纂類三十四凶六三品以上喪中祭后土條; 掌饌者出相者引告者詣罍洗盥手洗爵相者引告者詣酒罇所執罇者擧羃告者酌酒進跪奠神座前俛伏興少退北向立祝指版進於神座之右東面跪讀祝文

▶3874◀◈問; 후토제에 대한 추가 질문과 우제와 사시제의 차이에 대한 질문.

하교에 감사 드립니다.

1). 말씀 중에 후토제 4 반이라 함은 적을 제외 한 것이다. 하셨는데 산신제에 적을 올리지 않은 것은 무슨 연유인지요?

2). 3 헌 절차를 보면 상중의 우제는 祭酒 후에 술을 위전에 올리고 사시제 등의 제례는 위전에 술을 올렸다가 내려서 祭酒한 다음 다시 위전에 올리는 데 상례와 제례에 이런 차이를 두는 것은 무슨 연유인지요?

◈答; 우제와 사시제의 차이점.

問 1). 答; 제례(祭禮)에서 설찬(設饌)은 설소과주찬(設蔬果酒饌)의 예가 있고 다음으로 참강

(參降) 후(後) 진찬(進饌)의 예(禮)에서 면육어병(麵肉魚餠)만 올린 후 삼헌시(三獻時) 매헌(每獻)에 진적(進炙)의 예(禮)에서 적(炙)을 올리는 것이나 묘제(墓祭)에서는 가례 참신 강신 삼헌조(家禮參神降神三獻條)에서 여가제지의(如家祭之儀)라 하였고 제후토(祭后土)에서 강신 참신 삼헌조(降神參神三獻條)에서 동상 단 축사왈(同上但祝辭曰)(云云))이라 하였으니 묘제(墓祭)의 설찬(設饌)은 퇴, 구(退龜) 양 선유(先儒)의 말씀과 같이 진찬(進饌)의 예(禮)가 생략(省略)되어 처음부터 일절이 진설(陳設)하는데 편람(便覽) 진찬(陳饌) 제구(諸具)를 살펴보면 적(炙)은 삼헌(三獻)에서 각각 갖추어 올리지 않는다 하였으니 묘제(墓祭)에서는 적(炙)을 처음에 진설(陳設)하는데 제후토(祭后土) 진설(陳設)에서 적(炙)을 제(除)한 것은 아래 집람(輯覽)에서와 같은 연유에서 인 것 같음.

●退溪曰墓祭無進饌侑食或以爲不設羹飯恐不然也原野禮當有殺也
●龜峯曰無進饌一節墓祭從簡也
●便覽諸具(陳饌)按炙則三獻不各具
●輯覽按士昏禮贊以肝從註飮酒宜有肴以安之以此觀之祭用肝炙象生時之用歟

問 2). 答; 아래와 같이 살펴 보건대 한강(寒岡) 선유(先儒)께서 밝히신 바와 같이 우제(虞祭)는 애거기례(哀遽其禮)로 간단하게 행함이요 시제는 엄경기례(嚴敬其禮)로 불가불 갖추어 행하는 것으로 가례(家禮) 시제(時祭) 초헌조(初獻條) 세주(細註)에 그 까닭이 나타나 있음.

만약 서의(書儀)와 같이 시제(時祭)와 우제(虞祭)를 같게 한다면 주인(主人)이 주전자가 있는 탁자 앞으로 가고 집사자는 양손에 두 잔반을 받들게 되어 그 예(禮)가 엄중함이 없고 주인이 주전자를 들어 모든 신위의 잔에 술을 다 따르게 되니 그 뜻이 전일하지 않다. 이가 가례(家禮)가 서의(書儀)의 예법(禮法)을 따르지 않음이며 또한 의(義)를 일으키려 함이다.

●寒岡曰豈不以虞祭哀遽其禮當簡時祭嚴敬其禮不得不備也
●家禮時祭初獻條附註按楊氏復曰司馬公書儀主人升自阼階詣酒注所西向立執事一人左手奉曾祖考酒盞右手奉曾祖妣酒盞一人奉祖考妣酒盞一人奉考妣酒盞皆如高祖考妣之次就主人所主人搢笏執注以次斟酒執事者奉之徐行反置故處主人出笏詣曾祖考妣神座前北向執事者一人奉曾祖考酒盞立于主人之左一人奉曾祖妣酒盞立于主人之右主人搢笏跪取曾祖考妣酒酹之授執事者盞反故處乃讀祝此其禮與虞禮同家禮則主人升詣神位前主人奉祖考妣盤盞一人執注立于其右斟酒此則與虞禮異竊詳虞禮神位惟一時祭則神位多家禮主人升詣神位前奉盤盞位前東向立執事者斟酒主人奉之奠于故處次奉祖妣盤盞亦如之如此則禮嚴而意專若書儀則時祭與虞祭同主人詣酒注卓子前執事者左右手奉兩盤盞則其禮不嚴主人執注盡斟詣神位酒則其意不專此家禮所以不用書儀之禮而又以義起之也

27 재사(齋舍)

▶3875◀ ◈問; 사우(祠宇) 시제(時祭) 축문(祝文)에 대한 문의.

◎. 忌祭祀의 경우는 紙榜을 써서 붙여서 그런지 축문에 " 顯妣孺人 000 氏 歲序遷易"으로 쓰고 있음이 일반적인 것 같습니다.

요즘은 時祭(묘사. 시사)를 參祀客의 사정 등으로 祠宇에서 모시는 경우가 많습니다.

1. 紙榜을 써서 붙일 경우에 "顯五代祖妣 孺人 000 氏" 다음에 氣序流易으로 쓰면 되는 것인지? (李建雄 저 祝文集覽 集 기준)
2."顯五代祖妣 孺人 000 씨 神位 氣序流易"으로 쓰는 것이 맞는지 몰라 문의합니다. ("神位"를 씀)

◎. 묘사 축문은 0 代孫 00 감소고우로 축문에 쓰여져 있음이 대부분인데 0 代宗孫 00 감소고우로 써도 무방한지 묘사는 문중(門中) 중심이기 때문에 참사 객(客) 중 고령자(高齡者) 또는 항렬이 높으신 분을 초헌관으로 하기 때문에 0 代宗孫 쓰지 않는다고 한 것을 보았습니다 이 경우

1. 종손이 초헌관일 경우에는 "0 대孝宗孫"으로 써야 하는지?
2. 종손(宗孫)이 초헌관일 경우에도 "0 代孫"으로 축문(祝文)으로 써야 하는지를 문의 드립니다

◈答; 사우(祠宇) 시제(時祭) 축문(祝文)에 대한 문의.

묘제(墓祭)에는 친미진(親未盡; 父~高祖) 묘제(墓祭)와 친진(親盡; 五代祖 以上. 不遷位 始祖除外) 묘제(墓祭)가 있습니다.

친미진(親未盡) 묘제(墓祭)의 고자(告者) 속칭(屬稱)은 기제(忌祭)와 동일하며, 친진(親盡) 묘제(墓祭) 고자(告者) 속칭(屬稱)은, 그 후손으로는 적현손 대가 끊겨 그 신주(神主)가 이미 묘(墓)에 매안(埋安) 되면 이 때부터 묘훼(廟毁; 宗毁) 라 하여 종손(宗孫) 법도(法度)에서 벗어나 그 묘제(墓祭)의 초헌자(初獻者)는 소목최존자(昭穆最尊者) 즉 그 묘제(墓祭)에 모인 제원(祭員) 중 최존자(最尊者)가 초헌(初獻)을 하게 됩니다. 따라서 고자(告者) 속칭(屬稱)은 "幾代孫 某"라 칭하게 됩니다.

우천시나 일맥(一脈)에 묘(墓)가 허다하여 하루에 모두 지낼 수가 없거나 또 피곤하여 어렵게 된다거나 비가 종일 내리게 되면 각 묘(墓)에 분향재배(焚香再拜) 인령(引靈)하여 산자락 끝에 재사(齋舍)가 있으면 그리로 모시고 내려와 사시제(四時祭) 법도와 같이 이서위상(以西爲上) 진설설위(陳設設位) 묘 합제를 지내게 되는데 그 산맥과 멀리 위치한 묘는 그 곳에서 합제를 하지 못한다는 것입니다.

1). 친미진(親未盡) 묘제(墓祭) 고자(告者) 속칭(屬稱)은 孝某 某敢昭告于
2). 친진(親盡) 묘제(墓祭)의 고자(告者) 속칭(屬稱)은 幾代孫某敢昭告于

⊙묘제 축식입니다. (가례에는 친진 묘제 축식이 별도로 없습니다)

◎墓祭祝文式(親盡 親未盡 두루 適用)

維 歲次干支幾月干支朔幾日干支某親(考妣云孝子祖考妣云孝孫曾祖考妣云孝曾孫高祖考妣云孝玄孫親盡祖考妣云幾代孫妻云夫旁親卑幼則隨屬稱)某官某(弟以下不名)敢昭告于(妻去敢字弟以下但云告于)顯某親某官府君(或顯某親某封某氏合窆位則列書妻云亡室卑幼改顯爲亡去府君二字)之墓氣序流易雨露旣濡(寒食云云歲時改此句爲歲律旣更端午云時物暢茂秋夕云白露旣降十月朔云霜露旣降)瞻掃 封塋不勝感慕(考妣改不勝感慕爲昊天罔極旁親爲不勝感愴妻弟以下云不勝哀感)謹以(妻弟以下玆以)淸酌庶羞祗薦(旁親云薦此妻弟以下云陳此)歲事尙 饗

●周禮宗伯禮官之職冢人; 凡祭墓爲尸
●後漢書明帝紀永平元年正月帝率公卿已下朝於原陵; 如元會儀(李賢注)漢官儀曰古不墓祭秦始皇起寢於墓側漢因而不改諸陵寢皆以晦望二十四氣三伏社臘及四時上飯(辭註)墓祭掃墓在墓前祭祀
●張南軒答朱子書古者不墓祭非有所略也盖知鬼神情狀不可以墓祭也神主在廟而墓以蔵體魄體魄之蔵而祭也
●家禮墓祭篇三月上旬擇日又祠堂篇遞遷條第二世以下親盡則諸位迭掌而歲率其子孫一祭之百世不改也
●韓魏公祭式寒食上墓祭又十月一日如上墓儀若身不能往遣親者代祭
●陶庵曰親盡墓祭韓魏公禮十月一日祭之恐得宜
●竹菴墓奠儀曰墓奠用寒食祧位之墓則祭以十月朔
●張子曰寒食與十月朔日展墓亦可爲草木初生初死
●朱子曰五世則遷者上從高祖下至玄孫之子高祖廟毀不復相宗
●東巖曰第二祖以下親盡則埋主於墓所而諸位迭掌歲率子孫一祭之據此則除大宗墓外皆當以昭穆最尊者爲主獻
●尤庵曰神主祧遷則宗毁而族人不復相宗矣
●曲禮支子不祭祭必告于宗子(註)不敢自專宗子有故支子當攝而祭五宗皆然疏廟在適子之家庶子不敢輒祭若濫祭亦是淫祀若宗子有疾不堪當祭則庶子代攝可也猶宜告宗子然後祭

●雜記祭稱孝子孝孫註祭吉祭也卒哭以後爲吉祭故祝辭稱孝子或孝孫疏正義曰吉則申孝子心故祝辭云孝也或子或孫隨其人也細註嚴陵方氏曰祭所以追養而盡於一身之終喪所以哭亡而止於三年孝則爲人子孫終身之行也故子孫之於祭必稱孝

●郊特牲祭稱孝孫孝子以其義稱也註祭主於孝是以祭之義爲稱也

●要解孝子祭主於孝稱孝孫子以其義稱也`

●小記尊祖故敬宗敬宗所以尊祖禰也疏宗是先祖正體尊崇其祖故敬宗子所以敬宗子者尊崇祖稱之義也

●詩經大雅板; 懷德維寧宗子維城無俾城壞無獨斯畏(鄭玄箋)宗子謂王之適子(辭源註) [宗子]嫡長子

●開元禮孔子許向墓遙爲壇以時祭卽今之上墓義或有憑然神道尙幽不可逼瀆塋域宐設於塋南山門之外設淨席爲位遙祭以時饌如平生所嗜若一塋數墓每墓各設位昭穆異列以西爲上主人盥手奠爵三獻而止泣辭

●退溪曰同原許多墓各行祭之弊世多有此愚意不如掃視墓域後以紙牓合祭於齋舍無舍卽設壇以行之可免瀆弊而神庶享也

●問族葬列位若欲次第行祭則登降累原恐筋力疲而誠敬弛又恐祭物新餕或雜冷煖有異先詣墓所奠杯引靈而以紙牓合祭於齋宮何如退溪曰無妨設壇於淨地而合祭何如曰尤是

●問墓祭或墓非一二多至八九東西埋葬邱壠峻險南往北來神倦身疲恐有怠慢之氣(云云)或厥日有終朝之雨則亦將何以爲之欲預搆一屋於墓側而若遇如此之時依時祭之儀合祭一所如何退溪曰豈不善歟

●常變通攷祭禮三墓祭設壇合祭條; 問族葬列位若欲次第行祭則登降累原恐筋力疲而誠敬弛又恐祭物新餕或雜冷煖有異先詣墓所奠杯引靈而以紙牓合祭於齋宮何如曰無妨設壇於淨地而合祭何如曰尤是

▶3876◀ ◈問; 재실(齋室) 명칭의 올바른 한글표기.

선생님 그간 안녕하십니까? 저희 宗中의 선산에는 遠慕齋란 이름의 齋室이 있는데 최근 그 안내표지를 설치하면서 전통을 숭상하는 종중의 일이므로 한문으로 표기 했더라면 좋았을 텐데 이를 한글로 "원모제"라 표기하여 이를 제가 종중을 망신시키고 종원의 명예를 훼손했다 여기고 "원모재"로 고쳐 쓰도록 요청한바 있으나 종중 임원과 일부 종원들이 한글표기는 "원모제"로 표기 할 수 있다고 하면서 저의 시정요구를 외면 하고 있습니다.

재실 명칭(名稱)의 "齋"를 한글로 표기할 경우"재"와 "제" 중 어느 것이 바른 표기인지요. 그 외에 齋字를 한글로 "제"로 읽거나 표기할 수 있는 경우가 있는지도 알려주시면 고맙겠습니다.

선생님의 건승하심을 기원합니다. 2012. 3. 14. 송재 진 0 성 배상

◈答; 齋室 명칭의 올바른 한글표기.

[齋]字의 音에는 [재]音뿐입니다. 다만 [齊]에는 音이 [제] [자] [재] [전]의 4 音이 있는데 齊宮이나 齊戒로 쓰일 때는 齋와 통용 [재]로 발음합니다.

●國語周語上編王旣齊宮(註所齊之宮)百官御事各卽其齊三日

●南齊書豫章文獻王傳宋元嘉世諸王入齋閤得白服帬帽

●辭源[齊]齋戒論語鄉黨編齊必變食居必遷坐○卽齋戒易經繫辭上聖人以此齊戒以神明其德夫○[齋][齋戒]孟子離婁下雖有惡人齋戒沐浴則可以祀上帝

▶3877◀ ◈問; 齋室(재실)에서의 奉祀(봉사)예절.

선생님 그간 평안하십니까. 저희 宗中에서는 時享을 매년 한번씩 한식을 전후한 음 3 월에 지내고 있는데 저희 종중의 여러 종중 마다 재실 시향의 奉祀儀禮가 달라서 선조에 부끄럽기도 하여 이를 바로 알고 실천코자 합니다.

墓에서 제사를 지낼 때는 각 선조의 계층적 순위에 따라 제수를 따로 진설하여 제사를 지내

지만 일기가 불순한 祭日에는 재실에서 시향을 지내는데 이 경우는 종중마다 상위하여 기제사와 같이 계층적 선조 모두(3-4 분)에 대한 제수를 진설하여 한꺼번에 제사를 지내는 종중과 앞의 묘제와 같이 선조 각위에 대한 제수를 진설하고 제사를 지내는 종중이 있어서 다음의 질의를 드립니다.

1. 시향을 재실에서 지낼 경우는 악천후에만 限하는지 不然이면 청명한 祭日에도 가능한지요.
2. 재실 시향의 경우 종중의 각 선조에 대한 제수를 한꺼번에 진설하고 지내는지 또는 각 선조 마다 상하의 순서에 따라 따로 제수를 진설하고 제사를 지내야 하는지.
3. 재실 시향의 경우 지방을 붙이지 않고 묘를 향한 開門만 하면 되는지 또는 紙榜을 붙여야 하는지.
4. 저는 여기에서 5대조 이상의 선조에 대한 묘지에서의 제사를 시향이라고 불렀지만 예법상의 墓祭. 時祭. 時享의 용어의 정확한 의미가 무엇인지 등을 알고자 합니다.

선생님의 건승하심을 빕니다. 2012. 3. 29 진 0 성 배상

◈答; 재실(齋室)에서의 봉사(奉祀)예절.

問 1. 答; 악천후뿐만 아니라 맑은 날이라 하여도 족장지거나 같은 산에 선대 묘가 허다하여 하루에 행하기가 어려울 때는 산 밑에 단을 모으거나 재실이 있으면 합제할 수 있습니다.

●退溪曰同原許多墓各行祭之弊世多有此愚意不如掃視墓域後以紙膀合祭於齋舍無舍卽設壇以行之可免瀆弊而神庶享也
●問族葬列位若欲次第行祭則登降累原恐筋力疲而誠敬弛又恐祭物新餕或雜冷煖有異先詣墓所奠杯引靈而以紙膀合祭於齋宮何如曰無妨設壇於淨地而合祭何如曰尤是

問; 2. 答; 사시제와 같이 서쪽을 상석으로 각각 설위하고 제물 역시 각설하고 사시제 예법과 같이 행합니다.

問; 3. 답; 지방은 각위 마다 쓰는데 지방식의 예문은 없으나 神位는 신주식이라 體魄을 의미하는 之墓라 함이 옳을 것입니다.

◎紙膀式
顯幾代祖考某官府君神位===神主祭(神祭)
顯幾代祖考某官府君之墓===體魄祭(墓祭)

재사 합제에 대하여 많은 선유께서 논함이 있으나 지방식을 언급함은 발견되지 않고, 단지 지방행제(紙膀行祭)라 하셨을 뿐인데, 지방의 신위는 신주(神主)의 주(主)를 위(位)로 변환됨이라, 체백제가 아니고 신제(神祭)임을 모르시어 지나치셨으리라고는 생각할 수가 없습니다.

⊙式禮會統 墓祭

○四名日 ○祭時服色 ○陳饌 ○進茶

○齋舍合祭; 退溪曰同原許多墓各行祭之弊世多有此愚意不如掃視墓域後以紙膀合祭於齋舍無舍卽設壇以行之可免瀆弊而神庶享也
每於俗節日候和暖與祭之人年少方壯則同原諸墓徐徐行祭無甚煩瀆而或風雨發作或老衰疲困陞降拜跪一墓將事尙云勞攘况諸位乎齋舍之軒紙榜行祭恐爲便宜若器皿不足倚卓未備各祭諸位亦可

○每祭畢焚紙膀

◎祝式; 維歲次云云 顯幾代祖考 顯幾代祖妣某氏之墓氣序流易歲律旣更(寒食雨露旣濡端午時物暢茂秋夕白露旣降) 瞻掃封塋不勝感慕(考妣墓前昊天罔極)謹以淸酌庶羞祗薦歲事尙 饗

○祠土地

●通典神道尙幽不可逼黷宜於塋南山門之外設淨席爲位遙祭若一塋數墓每墓各設位昭穆異列以西爲上

●問族葬列位若欲次第行祭則登降累原恐筋力疲而誠敬弛又恐祭物新餒或雜冷煖有異先詣墓所奠杯引靈而以紙牓合祭於齋宮何如退溪曰無妨設壇於淨地而合祭何如曰尤是

●張南軒答朱子書古者不墓祭非有所略也盖知鬼神情狀不可以墓祭也神主在廟而墓以藏體魄體魄之藏而祭也

●開元禮寒食上墓如拜掃儀惟不占日○孔子許向墓遙爲壇以時祭卽今之上墓義或有憑然神道尙幽不可逼瀆塋域宜設於塋南山門之外設淨席爲位遙祭以時饌如平生所嗜若一塋數墓每墓各設位昭穆異列以西爲上主人盥手奠爵三獻而止泣辭

●或問今拜掃之禮何據曰此禮古無但緣習俗然不害義理葬只是葬體魄而神則必歸於廟旣葬則設木主旣除几筵則木主安於廟故古人惟專精祀於廟今亦用拜掃之禮但簡於四時之祭也

●寒岡曰世俗之行墓祀於神主者亦似未安是神主祭也非墳墓祭也

●退溪曰同原許多墓各行祭之弊世多有此愚意不如掃視墓域後以紙牓合祭於齋舍無舍卽設壇以行之可免瀆弊而神庶享也

●顧齋曰古人臨祭而雨沾服失容則止若有齋舍及墓下潔淨之家就彼行事似無不可會見通典以設祭墓前爲瀆以此觀之則雖不雨行祀於山下亦可

●葛菴曰墓祭有雨水之礙則就齋舍設紙牓行事亦何害若就祠堂行祭則恐無意也

●朱子答王晉輔書曰墳墓非如古人之族葬若只一處各爲一分而遙祭之亦似未安不如隨俗各祭之爲便壽一依此說前期行事於各位墓所或値天雨或別有他故則何以爲之欲從權設行於神主則別出主爲未安用紙榜望墓設位而行之如何墓祭未畢而有雨水之礙則就齋舍設紙榜行事亦何害若就祠堂行祭則恐無意也壽一先塋連葬八九代子孫繼葬多至十餘派墓祭時各派子孫各祭后土否抑宗派獨主之否宗子有時不得上墓則土神之祭全然廢闕未安何以則得中耶一山之內宗子旣祭土神則支子孫各祭土神似甚煩瀆矣若宗子有故不得上墓而使支子孫代行先祖墓祭則土神之祭亦攝行似無妨矣

●曾子曰推牛而祭墓不如鷄豚逮親存也孟子云東郭墦間之祭可見自古有行者而無儀節之論定豈以魂依於主魄依於壙祭魂於廟不祭魄於墓墓則但以時節展省而設席陳饌以祭后土於墓左耶義起之禮亦緣情而生則拜掃之時略薦酒果亦足伸情多備盛饌亦非有據於祭禮也

●曾子問曰望墓爲壇以時祭疏曰惟可望近所祭者之墓而爲壇以四時致祭也據此則墓側*齋舍*行祭與其望近所祭者之墓爲壇以祭之遺意似無相悖何可謂專無出往山下之意耶雖然紙榜行事最近祭主之義至於上墓設祭則雖有時制之可據如非不得已似不必行之未知崇旨以爲如何

●錦谷曰同原有許多墓所或各在稍遠之地阻雨水勢難趁卽行之則倣朱子前期行事寧退以明日當無妨至於紙榜合祭於*齋舍*亦有設壇望祭之可據而猶未若退日躬行於墓前也

●開元禮孔子許向墓遥爲壇以時祭卽今之上墓義或有憑然神道尙幽不可逼瀆塋域宜設於塋南山門之外設淨席爲位遙祭以時饌如平生所嗜若一塋數墓每墓各設位昭穆異列以西爲上主人盥手奠爵三獻而止泣辭

●問墓祭或墓非一二多至八九東西埋葬丘隴峻險南往北來神倦身疲恐有怠慢之氣或朝之雨則亦將何以爲之欲預搆一屋於墓側而若遇如此之時則依時祭儀合祭一所如之何退溪曰豈不善哉

問; 4. 답;

1). **墓祭**; 親盡 및 親未盡 묘에서 지내는 제사의 이름이요.

2). **時祭**; 四時祭를 약하여 時祭라고도 하나 우리나라에서 특별이 가을(10 월) 묘제를 시향이라고도 합니다.

3). **時享(시향)**;

① 제왕이 사시로 종묘에 지내는 제사.

② 백성들이 사당(祠堂)에서 지내는 사시(四時)로 지내는 사시제를 우리나라에서 이를 시향이라고도 함.

③ 매년 가을(10 월)에 친진조상의 묘에서 지내는 묘제.

●春秋左傳昭公四年; 傳曰○夏諸侯如楚魯衛曹邾不會曹邾自以爲難公辭以時祭衛侯辭以疾(註)時祭四時的祭祀

●國語周語上; 日祭月祀時享(註)時享宗廟四時的祭祀
●周禮司徒敎官之職牧人; 凡時祀之牲必用牷物(鄭玄注)時祀四時所常祀
●性理大全祭禮四時祭時祭用仲月前旬卜日; 孟春下旬之首擇仲月三旬各一日或丁或亥
●國朝五禮儀吉禮大夫士庶人四仲月時享儀(細註)二品以上上旬六品以上中旬七品以下下旬並卜日
●高麗史節要文宗二庚子十四年; ○三月內史門下奏令以司宰卿崔有孚爲西京副留守其父沆以淸節直道匡扶社稷國家追念厥功嘗於玄化寺置忌齋寶每歲遣有孚行香令弟永孚出守天安府時未考滿有孚令又往守留都深恐忌祭上塚時享之禮將闕請授有孚三品職勿令補外從之
●朝鮮語辭典(朝鮮總督府篇. 1920); 時[時享]名㊀陰曆二月 。五月 。八月 。十一月にに高祖以下の家廟か祭るこも。(時祭 。時祀) ㊁陰曆十一月遠祖の墳墓お祭るこも。(時祀 。時祭)
●표준국어대사전; 시향 03(時享) 「명사」
「1」 음력 2 월, 5 월, 8 월, 11 월에 가묘에 지내는 제사. ≒묘사 04(墓祀)「1」 ・시사 09(時祀)「1」 ・시제 04(時祭)「1」.
「2」 음력 10 월에 5 대 이상의 조상 무덤에 지내는 제사. ≒세일사・시사 09「2」 ・시제 04「2」 ・시향제.

28 수묘(修墓)(附石物)

▶3878◀◈問; 금초할 때.

주말(週末)에 동생들과 금초하려고 하는데요 여기에도 무슨 형식이나 절차(節次)가 있나요.

◈答; 금초할 때.

선대 묘 금초 예법은 아래와 같습니다.

주자가례의 예법.

厥明灑掃(궐명쇄소)

主人深衣帥執事者詣墓所再拜奉行塋域內外環繞哀省三周其有草棘卽用刀斧鉏斬芟夷灑掃訖復位再拜又除地於墓左以祭后土

그 다음날 깨끗이 청소를 한다.

주인은 심의를 입고 집사자들을 데리고 묘소로 가서 재배를 하고 몹시 슬퍼하며 영역을 서너 바퀴 돌며 살피고 초목을 낫 도끼 호미로 자르고 캐낸다. 청소를 마쳤으면 제자리로 와서 재배한다. 또 묘 왼편에 산신제 지낼 터를 손질한다.

의절의 예법.

灑掃儀禮節次(쇄소의례절차)

是日晨起或前一二日主人帥執事者詣墓所
鞠躬拜興拜興平身(拜訖環繞省視)○除草棘○添土(畢)○復位○鞠躬拜興拜興平身(又除地於墓左祀土神)

금초 의례절차.

이날 일찍 일어나 혹 하루 이틀 전에 주인은 집사자들을 데리고 묘소로 간다. 국궁 재배 평신 한다. (묘를 돌며 자세히 살펴본다) ○벌초를 한다. ○무너진 곳에는 흙을 채운다. (마쳤으면) ○제자리로 다시 온다. ○국궁 재배 평신 한다. (또 묘의 왼편으로 산신제 지낼 터를 닦는다)

●家禮墓祭厥明灑掃條其有草棘卽用刀斧鉏斬芟夷灑掃
●王朝實錄燕山十年甲子八月庚午日傳曰來十五日騎步兵一千持伐草具入通惠門每五十各差部將一員領之
●守護節目守護軍條凡墓所祭享禁火伐草植木等事全數擧行事

▶3879◀◈問; 급한 질문입니다.

할아버지, 부모님 묘소(墓所)에 둘레석과 망두 등 석물(石物) 설치하는데 제사에 관하여 질문을 드립니다. 설치 전에 제사를 지내야 하는지 설치 후 제사를 지내야 하는지 축문(祝文)은 사전(事前), 사후(事後)가 있어 제사도 전후 음식을 차려 지내야 하는지 신속한 답변을 부탁 드립니다.

산신제도 전, 후로 따로 지내야 하는지요?

◈答; 석물 설치 예법.

⊙사전고사식(事前告辭式)

維 歲次甲申閏二月己亥朔幾日干支孝孫인선敢昭告于 顯祖考學生府君 顯祖妣孺人某氏之墓伏以事力不逮儀物多闕今以佶辰謹具石物伏惟 尊靈不震不驚謹以酒果用伸虔告謹告

⊙사후고사식(事後告辭式)

維 歲次甲申閏二月己亥朔幾日干支孝孫인선敢昭告于 顯祖考學生府君 顯祖妣孺人某氏之墓伏以事力不逮儀物多闕今具碑誌圍石石床望柱石用衛墓道是憑是安

⊙산신제축문식(祭后土祝文式)

維 歲次甲申閏二月己亥朔幾日干支幼學인선敢昭告于 土地之神今爲祖考學生之墓今具石物用衛墓道 神其保佑俾無後艱謹以酒果祇薦于 神尙 饗

일자(日字)와 일진(日辰)은 해당일로 고치며 학생(學生)과 유인(孺人)에는 생전의 관과 봉이 있었으며 고쳐 쓰고 모씨에는 할머니 성씨입니다. 의식은 사전에 제수를 진설하고 고하고 마치고 또 진설하고 고합니다. 산신제는 일 하기전에 1 회 묘 좌측에서 고합니다. 모두 단헌지례입니다.

⊙입석시고선영고사(立石時告先塋告辭)(行局內最尊位)

維 歲次干支幾月干支朔幾日干支某孫某敢昭告于 顯某親某官府君(或某封某氏合窆位則列書)子某官某(或孫某官某婦某封某氏)墓前石物未具僅成某物今將排設謹以事由敢此虔告

⊙입석시고묘고사(立石時告墓告辭)

維 歲次干支幾月干支朔幾日干支孝子(隨屬稱)某敢昭告于 顯某親某官府君(或某封某氏合窆位則列書)封塋之初石物未具將以今日排置碑石(床石望柱隨改)謹以酒果用伸虔告謹告(贈職追刻則曰今將追刻恩贈餘上同○莎改立石兼告曰歲月滋久墓址崩頹玆以吉辰改莎土仍整石物以表靈域謹以上同節祀兼告石物則祝尙饗下曰家貧力薄未俱石物僅成某物今將排設謹將事並此虔告○節祀兼告立石則尙饗下曰家貧力薄未具石物僅成某物今將排設謹具事由并此虔告)

⊙구석물축사(具石物祝辭)(後漢書註方者謂之碑圓者謂之碣李斯所造○儀節墓表則有官無官皆可用表立墓左誌銘埋地○尤菴曰石物立時若値節祀則因其祭添入于祝辭中以告爲可尙饗下添以某來承祀事百年于玆而家貧力薄墓前石物無計卽成今始桔倨僅成石人石床今將排設而惟是表石垂成罅缺不可苟用勢須遲待來秋謹將事由並此虔告云云當據此用之而旣有喪禮抄所載定式故亦補入于左○問碣面或有直書姓名者旅軒曰我國古人之墓有直書姓名者而涉於未安故今人只書公字錄其名字於碑陰○南溪曰表石只是大書其官職姓名以表其墓○表石立於墓前禮也不然則當立於左旁蓋右是神道之尊位○竹菴曰立石物時只告當位而土地則不必有祭告告辭則維年月日孝子某敢昭告于顯考某官府君之墓家力不逮石物未具石床望柱今始營竪謹以酒果用伸虔告謹告○梅山答人問曰石儀爲修墓道之大者不可以不告立石在於節祀前後則當別具祝辭若以一日再祭爲拘則前期以告恐是維歲云云某昭告于亡室某封某氏之墓旣葬而石儀闕具墓道未成今始營立惟靈是寧玆以酒果用伸告儀玆告維歲云云某官姓名敢昭告于土地之神某葬妻是地內具石儀今始營立謹以酒果祇薦于神神其佑之尙饗)

維 歲次干支幾月干支朔幾日干支某親某官某敢昭告于 顯某親某官府君(或某封某氏合窆位則列書)之墓伏以財力不逮儀物多闕今具(當下添或碑石或石床或望柱石或石人或石墻或石階等)用衛墓道伏惟尊靈是憑是安(又尤菴云云之墓今以吉辰謹具石物排設如儀用衛墓道謹以酒果用伸虔告謹告○

一云碑石旣具用表墓導伏惟尊靈百世是安)

⊙구석물제후토축문(具石物祭后土祝文)

維 歲次干支幾月干支朔幾日干支某官姓名敢昭告于 土地之神今爲某親某官(或某封某氏合窆位則列書)之墓(曲墻石儀修補則今爲某親某官府君之墓曲墻石儀修舊起弊神其云云)今具石物用衛墓道 神其保佑俾無後艱謹以酒果祇薦于神尙 饗(贈職追刻則曰追刻恩贈神其佑之餘上同○或舊短薄今將改立○或舊碣漫滅今將改刻○或舊碣刑刻而新之今將改立○石物追改曰石物傾頹今將修治或舊碣短薄今將改立或舊碣漫漶今將新刻或石床短薄今將新備)

▶3880◀◈問; 기본적으로 필요한 돌이 무엇입니까?

●부모님 산소에 무덤만 있는데, 기본적으로 필요한 돌이 무엇입니까?
●돌에 새길 문구 형식도 부탁드립니다.
●다음 단어의 한자와 뜻 풀이 부탁드립니다.
묘비, 비석, 상석, 지석, 표석, 둘레석 자판 등 이외 것이 또 있습니까?

◈答; 수묘에 기본적으로 필요한 돌.

상석(床石) 향안석(香案石) 혼유석(魂遊石) 계체석(階砌石) 표석(表石) 망부석(望夫石) 이에 더하자면 둘레석(護石) 정도가 될 것입니다. 그에 더 갖춘다면 문인석(文人石)과 무인석(武人石). 호석(虎石). 석마(石馬) 석양(石羊) 곡장(曲墻) 석등(石燈)등 다수.

表石式은 단지 某官某公之墓와 그 좌방으로 世系名字 정도를 刻書할 뿐입니다. 합폄일 경우는 그 좌방으로 한자 내려 配某封某氏祔左 현세에 床石을 더러 살펴보면 망자의 子壻를 차례대로 서쪽 측면에 각자한 예를 흔히 볼 수가 있습니다.

●便覽治葬墳高四尺立小石碑於其前亦高四尺趺高尺許(註)別立小碑婦人則竢夫葬乃立(備要)石人石床望柱石置墳前(俗置魂遊石)石於石牀之北香案石於石牀之南○成墳諸具; 石工莎草炭屑(或石灰)標木細繩小標小石碑趺階砌石石牀魂遊石香案石石人二望柱石二○凡象設視其品秩及家力而爲之
●溫公書儀治葬; 墓前更立小碑可高二三尺許大書曰某姓名某更不書官
●家禮立小石碑條立面如誌蓋之刻云又刻誌石條某官某公之墓
●輯覽圖式表石式某官某公之墓世系名字刻於其左轉及後右而周焉
●喪禮備要圖式碑前圖; 某官某公之墓
●四禮便覽墓表式; 同誌蓋式○刻誌石誌蓋式; 某官(無官則隨所稱)某公(此下當添諱某二字)之墓(崇禎(明毅宗)以後(1644 以後)我東士大夫家多以有明朝鮮國五字首揭於某官之上
●旅軒曰夫婦若同封一碣則正面當中題曰某國某官某公之墓其左旁低其題曰某夫人某氏祔
●家禮立小石碑條立面如誌蓋之刻云又刻誌石條某官某公之墓
●陶庵曰合葬則別行書某封某氏祔左

▶3881◀◈問; 떼를 새로 입히고 석물을 세우려고 합니다.

떼를 새로 입히고 주위의 나무를 베고 석물(石物)을 세우려고 합니다. 이에 대한 축문(祝文)을 좀 구하려고 하는데, 축문형식이 귀 홈페이지에 있더군요."사초 겸 입석 고사식"이라고요. 그런데 그 곳에 나와 있는 축식이 그림파일로 되어있어서 알아보기도 쉽지않고 편집도 되질 않네요.

죄송합니다만 한글 97 문서 파일로 올려주시면 정말 고맙겠습니다. 좋은 정보를 많이 올려주어 잘 활용하고 있는데 이렇게 또 귀찮은 부탁을 드려서 정말 죄송합니다.

◈答; 사초 겸 입석시.

⊙立石時告先塋告辭(입석시고선영고사)(行局內最尊位)

維 歲次干支幾月干支朔幾日干支某孫某敢昭告于 顯某親某官府君(或某封某氏合窆位則列書)子某官某(或孫某官某婦某封某氏)墓前石物未具僅成某物今將排設謹以事由敢此虔告

⊙莎草兼立石告辭式(사초겸입석고사식)

維 歲次干支幾月干支朔幾日干支某親(高曾祖考孝隨屬稱)某官某敢昭告于 顯某親某官府君(或某封某氏合窆位則列書)之墓日月愈久墓址崩頹玆以吉辰改封莎土仍 立石物以表塋域伏惟尊靈是憑是安

⊙立石畢慰安告辭(입석필위안고사)

維 歲次干支幾月干支朔幾日干支幾代孫某敢昭告于 顯幾代祖考某官府君(或某封某氏合窆位則列書)之墓碑石旣具用表墓道(床石旣具用衛墓道○望柱石人隨改)伏惟 尊靈百世是安謹以酒果用伸虔告謹告(立石非破封塋則慰安告辭當闕以無妨)

⊙具石物祭后土祝文(구석물제후토축문)

維 歲次干支幾月干支朔幾日干支某官姓名敢昭告于 土地之神今爲某親某官(或某封某氏合窆位則列書)之墓(曲墻石儀修補則今爲某親某官府君之墓曲墻石儀修舊起弊神其云云)今具石物用衛墓道 神其保佑俾無後艱謹以酒果祗薦于神尙 饗(贈職追刻則曰追刻恩贈神其佑之餘上同○或舊短薄今將改立○或舊碣漫滅今將改刻○或舊碣刑刻而新之今將改立○石物追改曰石物傾頹今將修治或舊碣短薄今將改立或舊碣漫漶今將新刻或石床短薄今將新備)

예법은 모두 단헌지례(單獻之禮)입니다.

▶3882◀ ◈問; 벌초에 관하여.

엊그제 성묘를 다녀왔습니다. 묘에 풀이 너무 무성하기에 벌초를 해드리고 술한잔 올리고 왔는데, 아는 분이 벌초는 아무 때나 하는 게 아니라고 하더군요. 벌초를 해야 하는 기간이 따로 있는 건가요? 그리고 벌초를 하고 술을 올려야 하나요? 술을 먼저 올리고 벌초를 해야 하나요?

◈答; 벌초에 관하여.

전통 예절에서 벌초에 관한 기록은 가례(家禮)및 의절(儀節) 묘제(墓祭)편에 다음과 같은 의식이 있습니다.

⊙가례(家禮)

궐명쇄소(厥明灑掃)

主人深衣帥執事者詣墓所再拜奉行塋域內外環繞哀省三周其有草棘卽用刀斧鉏斬芟夷灑掃訖復位再拜又除地於墓左以祭后土

그 다음날 깨끗이 청소를 한다.

주인은 심의를 입고 집사자들을 데리고 묘소로 가서 재배를 하고 몹시 슬퍼하며 영역을 서너 바퀴 돌며 살피고 초목을 낫 도끼 호미로 자르고 캐낸다. 청소를 마쳤으면 제자리로 와 서 재배한다. 또 묘 왼편에 산신제 지낼 터를 손질한다.

⊙의절(儀節)

灑掃禮儀節次儀節

是日晨起或前一二日主人帥執事者詣墓所
鞠躬拜興拜興平身(拜訖環繞省視)ㅇ除草棘ㅇ添土(畢)ㅇ復位ㅇ鞠躬拜興拜興平身(又除地於墓左祀土神)

벌초예의절차

이날 일찍 일어나 혹 하루 이틀 전에 주인은 집사사 들을 데리고 묘소로 간다. 국궁재배평신한다(묘를 돌며 자세히 살펴 본다)○벌초를 한다. ○무너진 곳에는 흙을 채운다(마쳤으면)○제 자리로 다시 온다. ○국궁 재배 평신한다. (또 묘의 왼쪽으로 산신제 지낼 터를 닦는다)

위의 두 말씀을 살펴 볼 때 옛날에는 묘제 지낼 때에 벌초를 하듯 합니다. 그러나 지금은 대개 일반적으로 벌초는 음력 7 월 중순 이후 8 월 초에 하고 있으며 날자 역시 편리한 날로 택하여 하고 있는 것입니다.

아직 아무 때나 벌초를 하지 말라 함은 살펴 본봐 없어 바르게 이를 수는 없으나 다만 가정집의 뜰 역시 청소의 때가 없듯 보기 흉하면 청소를 함이 마땅하지 않을까 합니다. 술을 딸아 올림은 첫인사에서 딸아 올림이 생자나 사자나 예법상 합당하지 않을까 합니다.

●家禮墓祭厥明灑掃條其有草棘卽用刀斧鉏斬芟夷灑掃

●王朝實錄燕山十年甲子八月庚午日傳曰來十五日騎步兵一千持伐草具入通惠門每五十各差部將一員領之

●守護節目守護軍條凡墓所祭享禁火伐草植木等事全數擧行事

▶3883◀◈問; 묘소를 정비하고 상석을 새로 만들어 설치할 때 축문작성 요령.

4 월 14 일 6,7 대조 묘소 봉분을 정비하고 상석을 새로 제작하여 설치하려고 합니다. 축문작성 요령을 알고 싶습니다, 제사는 두 번 지내야 하나요? 즉 시작할 때와 마치고 나서 그러면 축문도 두 번 해야 하는지 궁금합니다. 좋은 말씀과 축문 서식 부탁 드립니다.

◈答; 묘소를 정비하고 상석을 새로 만들어 설치할 때 축문작성 요령.

◎사전고사식(告辭式)

⊙입석시고선영고사(立石時告先塋告辭)(行局內最尊位)

維 歲次干支幾月干支朔幾日干支某孫某敢昭告于 顯某親某官府君(或某封某氏合窆位則列書)子某官某(或孫某官某婦某封某氏)墓前石物未具僅成某物今將排設謹以事由敢此虔告

○입석시 고선영고사는 입석분이 계신 산 내에 선대 묘가 계시면 먼저 고합니다.

⊙육대조묘소고사식

維 歲次甲申閏二月己亥朔二十五日癸亥六代孫종기敢昭告于 顯六代祖考學生府君 顯六代祖妣孺人某氏之墓歲月滋久草衰土圮今以吉辰益封改莎仍立石物伏惟 尊靈不震不驚謹以酒果用伸虔告謹告

⊙칠대조묘소고사식

維 歲次甲申閏二月己亥朔二十五日癸亥七代孫종기敢昭告于 顯七代祖考學生府君 顯七代祖妣孺人某氏之墓歲月滋久草衰土圮今以吉辰益封改莎仍立石物伏惟 尊靈不震不驚謹以酒果用伸虔告謹告

◎사후고사식(告辭式)

⊙육대조묘소고사식

維 歲次甲申閏二月己亥朔二十五日癸亥六代孫종기敢昭告于 顯六代祖考學生府君 顯六代祖妣孺人某氏之墓日月愈久墓址崩頹玆以吉辰改封莎土仍立石物以表塋域伏惟 尊靈是憑是安

⊙칠대조묘소고사식

維 歲次甲申閏二月己亥朔二十五日癸亥七代孫종기敢昭告于 顯七代祖考學生府君 顯七代祖妣孺人某氏之墓日月愈久墓址崩頹玆以吉辰改封莎土仍立石物以表塋域伏惟 尊靈是憑是安

⊙입석필위안고사(立石畢慰安告辭)

維 歲次干支幾月干支朔幾日干支幾代孫某敢昭告于 顯幾代祖考某官府君(或某封某氏合窆

位則列書)之墓碑石既具用表墓道(床石既具用衛墓道○望柱石人隨改)伏惟 尊靈百世是安謹以酒果用伸虔告謹告(立石非破封塋則慰安告辭當闕以無妨)

⊙산신제(祝文式)

維 歲次甲申閏二月己亥朔二十五日癸亥幼學姓名敢昭告于 土地之神今爲學生朴公塚宅崩頹將加修治仍立石物 神其保佑俾無後艱謹以酒果祗薦于 神尙 饗

학생과 유인에는 그 분들이 생전에 벼슬과 봉함이 있었으면 그 명으로 고치고 조모들의 모씨에는 그 가문의 성씨로 고치며 산신제의 성명에는 고축자의 이름으로 고치면 됩니다.

▶3884◀ ◈問; 사초에 대한 질문.

사초(莎草)를 하려 하는데 그 진행방법과 상차림에 대해 전혀 아는 바가 없어 질문 드립니다. 가장 보편적인 방법을 꼭 알려주세요.

◈答; 사초에 대하여.

장사한지 오래되어 봉분이 허물어졌거나 도적이나 멧돼지 등이 봉분은 파헤쳐 놓았으면 改莎草를 하는데 다른 의식은 없고 길한 날을 정하여 다음과 같이 당해 묘와 후토제를 지내고 일을 시작하고 마쳤으면 改莎草畢告로 마치게 됩니다. 예법은 모두 酒果脯 진설에 단헌례입니다.

●改莎草時告局內最尊位告辭(개사초시고국내최존위고사)

維 歲次干支幾月干支朔幾日干支某親某官某敢昭告于 顯某親某官府君或某封某氏合窆位則列書今爲某孫某官某塚宅崩頹卜以某日將加修治謹以酒果用伸虔告謹告

(或孫某官某婦某封某氏)墓前石物未具僅成某物今將排設謹以事由敢此虔告

⊙立石時告墓告辭

維 歲次干支幾月干支朔幾日干支孝子(隨屬稱)某敢昭告于 顯某親某官府君(或某封某氏合窆位則列書)封塋之初石物未具將以今日排置碑石(床石望柱隨改)謹以酒果用伸虔告謹告(贈職追刻則曰今將追刻恩贈餘上同○莎改立石兼告曰歲月滋久墓址崩頹玆以吉辰改莎土仍整石物以表靈域謹以上同節祀兼告石物則祝尙饗下曰家貧力薄未俱石物僅成某物今將排設謹將事並此虔告○節祀兼告立石則尙饗下曰家貧力薄未具石物僅成某物今將排設謹具事由幷此虔告)

⊙具石物祝辭(後漢書註方者謂之碑圓者謂之碣李斯所造○儀節墓表則有官無官皆可用表立墓左誌銘埋地○尤菴曰石物立時若値節祀則因其祭添入于祝辭中以告爲可尙饗下添以某來承祀事百年于玆而家貧力薄墓前石物無計卽成今始桔倨僅成石人石床今將排設而惟是表石垂成罅缺不可苟用勢須遲待來秋謹將事由並此虔告云云當據此用之而旣有喪禮抄所載定式故亦補入于左○問碣面或有直書姓名者旅軒曰我國古人之墓有直書姓名者而涉於未安故今人只書公字錄其名字於碑陰○南溪曰表石只是大書其官職姓名以表其墓○表石立於墓前禮也不然則當立於左旁蓋右是神道之尊位○竹菴曰立石物時只告當位而土地則不必有祭告告辭則維年月日孝子某敢昭告于顯考某官府君之墓家力不逮石物未具石床望柱今始營竪謹以酒果用伸虔告謹告○梅山答人問曰石儀爲修墓道之大者不可以不告立石在於節祀前後則當別具祝辭若以一日再祭爲拘則前期以告恐是維歲云云某昭告于亡室某封某氏之墓旣葬而石儀闕具墓道未成今始營立惟靈是寧玆以酒果用伸告儀玆告維歲云云某官姓名敢昭告于土地之神某葬妻是地內具石儀今始營立謹以酒果祗薦于神神其佑之尙饗)

維 歲次干支幾月干支朔幾日干支某親某官某敢昭告于 顯某親某官府君(或某封某氏合窆位則列書)之墓伏以財力不逮儀物多闕今具(當下添或碑石或石床或望柱石或石人或石墻或石階等)用衛墓道伏惟尊靈是憑是安(又尤菴云云之墓今以吉辰謹具石物排設如儀用衛墓道謹以酒果用伸虔告謹告○一云碑石旣具用表墓導伏惟尊靈百世是安)

⊙具石物祭后土祝文

維 歲次干支幾月干支朔幾日干支某官姓名敢昭告于 土地之神今爲某親某官(或某封某氏合窆位則列書)之墓(曲墻石儀修補則今爲某親某官府君之墓曲墻石儀修舊起弊神其云云)今具石物用衛墓道 神其保佑俾無後艱謹以酒果祗薦于神尙 饗(贈職追刻則曰追刻恩贈神其佑之餘上同○或舊短薄今將改立○或舊碣漫滅今將改刻○或舊碣刑刻而新之今將改立○石物追改曰石物傾頹今將修治或舊碣短薄今將改立或舊碣漫漶今將新刻或石床短薄今將新備)

⊙立表石告辭

維 歲次干支幾月干支朔幾日干支某親某官某敢昭告于 顯某親某官府君(或某封某氏合窆位則列書)之墓久闕竪表夙夜惕念(或累世經念)今始請文于某人以某人書入鐫敬擇吉辰奉竪墓前(或墓左右)用表幽堂伏惟 尊靈維時歆鑑謹以酒果用伸虔告謹告

⊙立表石先事告辭

維 歲次干支幾月干支朔幾日干支某親某官某敢昭告于 顯某親某官府君(或某封某氏合窆位則列書)之墓謹具表石今已刊說玆將奉竪墓前(或墓左右)用表幽堂伏惟 尊靈維時歆鑑謹以酒果用伸虔告謹告

⊙因節祀立表石告辭

維 歲次干支幾月干支朔幾日干支某親某官某敢昭告于 顯某親某官府君(或某封某氏合窆位則列書)某來承祀事年于玆而家貧力薄墓前石物無計卽成今始拮据僅成石人石床奉已排設而惟是表石垂成罅缺不可苟用勢須遲待來秋謹將事由幷此虔告謹告

⊙墓祭兼立石儀告由祝文

維 歲次干支幾月干支朔幾日干支幾代孫某敢昭告于 顯幾代祖考某官府君(或顯幾代祖妣某封某氏合窆位則列書)之墓事力不逮石儀未成今具床石望柱石用衛墓道伏惟 尊靈是憑是安春享(隨時)墓事兼設行之瞻掃 封塋不勝感慕(考妣則昊天罔極)謹以淸酌庶羞祗薦奠獻尙 饗

⊙墓祭兼立石時山神祭祝文

維 歲次干支幾月干支朔幾日干支某官姓名敢昭告于 土地之神某今爲幾代祖考某官府君幾代祖妣某封某氏之墓封塋當時墓儀未成今玆床石望柱用衛墓道 神其保佑俾無後艱敢以酒饌兼設春享(隨時)敬伸奠獻尙 饗

⊙墓石床新備告由文

維 歲次干支幾月干支朔幾日干支幾代孫某敢昭告于 顯某親某官府君(或某封某氏合窆位則列書)之墓伏以塋前儀物闕世未遑藐劣裔仍不勝惶憫今用石床略備墓儀謹以酒果臨事先由

⊙只立碑石告墓告辭

維 歲次干支幾月干支朔幾日干支某代孫某敢昭告于 顯某親某官府君(或某封某氏合窆位則列書)之墓年代久遠墓表無徵今始營碣剞謹告成肆涓吉日樹諸隨路敢告厥由(或改今始營碣以下十六字爲今具碑石用表墓道云)不勝永慕謹以酒果用伸虔告謹告

⊙立碣石祝文

維 歲次干支幾月干支朔幾日干支某親某官某敢昭告于 顯某親某官府君(或某封某氏合窆位則列書)之墓墓道無刻潛光久欝今謹請銘于某人以某人書某人篆入石奉竪兆南昭示先德後人永式伏惟歆格益遠貽則謹以淸酌庶羞恭伸奠告尙 饗

⊙立神道碑祝文

維 歲次干支幾月干支朔幾日干支某親某官某敢昭告于 顯某親某官府君(或某封某氏合窆位則列書)之墓神道無刻未章休烈今始請銘于某人以某人書某人篆入鐫顯竪墓道光垂後則伏惟歆佑俾永無替謹以淸酌庶羞恭伸奠告尙 饗

⊙神道碑重建告由文

維 歲次干支幾月干支朔幾日干支某親某官某敢昭告于 顯某親某官府君(或某封某氏合窆位則列書)羨道有石酷燹被傷力絀誠菲倏忽廾霜今始改新竪于砌傍劚舊爲表有柱有床忍睹堙塹輪蹄奔忙思古悲今感涕盈眶履玆霜露歲薦告詳彷彿精靈如臨洋洋懲前慮後益盡恐惶庶毋燬髑地久天長謹以淸酌庶羞恭伸奠告尙 饗

⊙改石物後慰安祝文

維 歲次干支幾月干支朔幾日干支孝子某敢昭告于 顯考某官府君之墓恭惟 府君脈襲家庭不違寸尺晩踵高門多掖後覺鄕侯禮待延恩纔沐七十行義孰不感激嗚呼觀化四旬五曆罪深力淺未遑賁琢今晩掇幽君子顯刻敢曰表誠靈或鑑格玆涓吉日敬薦泂酌尙 饗

⊙立石畢慰安告辭

維 歲次干支幾月干支朔幾日干支幾代孫某敢昭告于 顯幾代祖考某官府君(或某封某氏合窆位則列書)之墓碑石旣具用表墓道(床石旣具用衛墓道○望柱石人隨改)伏惟 尊靈百世是安謹以酒果用伸虔告謹告(立石非破封塋則慰安告辭當闕以無妨)

⊙莎草兼立石告辭

維 歲次干支幾月干支朔幾日干支某親某官某敢昭告于 顯某親某官府君(或某封某氏合窆位則列書)之墓日月愈久墓址崩頹玆以吉辰改封莎土仍立石物以表塋域伏惟 尊靈是憑是安

▶3885◀ ◈問; 사초에 대한 질문.

사초(莎草)를 하려 하는데 그 진행방법과 상차림에 대해 전혀 아는 바가 없어 질문 드립니다. 가장 보편적인 방법을 꼭 알려주세요.

◈答; 사초에 대하여.

장사한지 오래되어 봉분이 허물어졌거나 도적이나 멧돼지 등이 봉분은 파헤쳐 놓았으면 改莎草를 하는데 다른 의식은 없고 길한 날을 정하여 다음과 같이 당해 묘와 후토제를 지내고 일을 시작하고 마쳤으면 改莎草畢告로 마치게 됩니다. 예법은 모두 酒果脯 진설에 단헌례입니다.

●改莎草時告局內最尊位告辭(개사초시고국내최존위고사)

維 歲次干支幾月干支朔幾日干支某親某官某敢昭告于 顯某親某官府君或某封某氏合窆位則列書今爲某孫某官某塚宅崩頹卜以某日將加修治謹以酒果用伸虔告謹告

○改莎草告辭(개사초고사)(寒岡曰只於加土日具酒告一酌而加土畢後備庶羞行祭無妨○梅山曰旣告當位並及土神完役後只慰安當位而已○問先墓加土先一日告由如何寒岡曰何必先一日告只於加土之日具酒果用祭文告一酌而畢加土畢役後亦備庶羞行祭恐無妨○竹菴曰改莎告辭今以莎草傷損玆將修改卽事之始謹告事由)

維 歲次干支幾月干支朔幾日干支某親某官某敢昭告于 顯某親某官府君(或某封某氏合窆位則列書卑幼改顯爲亡去府君)之墓歲月滋久草衰土圮今以吉辰益封改莎伏惟 尊靈(卑幼云惟靈)不震不驚謹以酒果用伸虔告謹告

○祭后土祝文

維 歲次干支幾月干支朔幾日干支某官姓名敢昭告于 土地之神今爲某官某公(或某親某封某氏合窆位則列書)之墓塚宅崩頹(地凍未完封則云塚宅未完墳墓遇賊則云賊發塚宅墓庭水災則云水齧塚宅墓焚則云火燎塚宅還得失傳墓則云還尋先墓其他隨事改措)將加修治 神其保佑俾無後艱謹以酒果祗薦于神尙 饗(冬葬春莎則曰封築未完今將改莎云云)

○改莎草畢告辭

維 歲次干支幾月干支朔幾日干支某親某官某敢昭告于 顯某親某官府君(或某封某氏合窆位則列書)之墓旣封旣莎舊宅惟新伏惟 尊靈永世是寧

●檀弓古不修墓註敬謹之至無事於修也
●尤菴曰有事於一墓而幷告諸位未之前聞
●寒岡曰只於加土日具酒告一酌而加土畢後備庶羞行祭無妨
●梅山曰旣告當位並及土神完役後只慰安當位而已
●問先墓加土先一日告由如何寒岡曰何必先一日告只於加土之日具酒果用祭文告一酌而畢加土畢役後亦備庶羞行祭恐無妨
●竹菴曰改莎告辭今以莎草傷損玆將修改卽事之始謹告事由
●常通云云莎土旣修塋域重新倍增瞻慕昊天罔極謹以酒果恭伸慰事云云(祖以上去昊天罔極一句役畢後慰安勢窮者闕之可也)
●喪祭儀輯錄改葬篇墳墓改莎; 禮輯陳酒果於墓前參神降神獻爵告辭云云伏以封築不謹歲久頹圮將加修葺伏惟尊靈勿震勿驚謹以酒果用伸虔告謹告辭神祠后土告辭今爲某官姓名塚宅崩頹將加修

治神其保佑俾無後艱謹以酒果用伸虔告役畢設酒果告云云旣封旣莎舊宅惟新伏惟尊靈永世是寧
●問修改墳墓或石物竪立時當告有事之墓而若一麓有累代先墓則可並告耶旣告墓則不告祠堂耶尤庵曰有事於一墓而並告諸墓未之前聞祠堂告追贈只告所贈之龕此爲可據告於祠堂恐杜撰

▶3886◀◈問; 사초에 대해서 질문 드립니다.

봉분을 다시 하고 사초를 하려 합니다. 음식과 축문은 어떻게 해야 하는지요? 또한 산신제도 지내야 하는지요? 빠른 답변 부탁 드립니다.

◈答; 사초에 대해서.

⊙산신제축문식(祭后土祝文式)(사초할 묘의 좌측)

維 歲次干支幾月干支朔幾日干支某官姓名敢昭告于 土地之神今爲某官某公塚宅崩頹將加修治 神其保佑俾無後艱謹以酒果祗薦于 神尙 饗

⊙개사초시고국내최존위고사(改莎草時告局內最尊位告辭)

維 歲次干支幾月干支朔幾日干支某親某官某敢昭告于 顯某親某官府君或某封某氏合窆位則列書今爲某孫某官某塚宅崩頹卜以某日將加修治謹以酒果用伸虔告謹告

⊙개사초고사식(改莎草告辭式)(사초 할 묘에 먼저 고하는 고사식) (梅山曰改莎雖不在墳墓旣在兆域之內則恐當告由維歲云云孝子某敢昭告于顯考云云顯妣云云伏以兆域修治不謹歲久莎頹今將改葺伏惟尊靈永世是寧謹告事由右告當位維歲云云某官姓名敢昭告于土地之神今爲某官某封某氏兆域莎頹將加修治神其保佑俾無後艱謹告右告土神)

維 歲次干支幾月干支朔幾日干支某親某官某敢昭告于 顯某親某官府君(或某封某氏合窆位則列書)之墓歲月滋久草衰土圮今以吉辰益封改莎伏惟 尊靈不震不驚謹以酒果用伸虔告謹告 (梅山曰改莎雖不在墳墓旣在兆域之內則恐當告由維歲云云孝子某敢昭告于顯考云云顯妣云云伏以兆域修治不謹歲久莎頹今將改葺伏惟尊靈永世是寧謹告事由右告當位維歲云云某官姓名敢昭告于土地之神今爲某官某封某氏兆域莎頹將加修治神其保佑俾無後艱謹告右告土神○又式云云久遠塚宅風雨維歲次云云顯某親某官府君之墓封築不謹歲久頹圮今以吉辰將加修葺伏惟尊靈不震不驚敢用酒果謹告○云云日月滋久墓貌毁傷今將擇吉改被莎草云云○梅山云歲代邈遠堂封圮傾高風曠感賢侯賜丁玆涓吉辰將以改修敬陳脯醢先告事由○樊岩云莎崩土遷得不雨滲夙夜懍惕罔弛于心爰始改爲時惟淸明糜官替告願勿震驚頹落今擇吉辰改莎復土築長五尺比前厚久伏惟尊靈永世是寧○若主人在遠地當曰孝子某在遠地某親某替行修墓之事敢昭告于用代者之屬稱或用監役者○冬葬春築祝伏以襄奉之初凍未完築今將修葺伏惟尊靈勿震勿驚謹以云云○常通云云之墓封築歲久莎土頹圮今以吉辰敢請修改伏惟尊靈不震不驚)

⊙개사초필고사식(改莎草畢告辭式)(사초를 마치고 봉분에 고하는 고사식)

維 歲次干支幾月干支朔幾日干支某親某官某敢昭告于 顯某親某官府君(或某封某氏合窆位則列書)之墓旣封旣莎舊宅惟新伏惟 尊靈永世是寧

▶3887◀◈問; 상석과 망비석.

안녕하셨습니까. 오늘은 상기 제목에 대하여 여쭤봅니다. 산소를 파한 후 방치되어있는 상기 物을 영구 보존하고자 합니다.

1. 그 이유는 타인들이 (골동품상) 최근 몰래 가져가 재사용 또는 매각한다고 하니 선조의 혼이 깃든 物이 떠도는듯하여 걱정이 앞서서 입니다.

2. 주위에서는 산소를 파해도 가져가든 말든 그 자리에 놔두지 않으면 화를 입는다고 하니 이것 또한 걱정이군요. 이것이 무속에서 나온 것이기를 간절히 바랍니다만 사실을 알려주십시오 수고하세요

◈答; 상석과 망비석.

그에 관한 길흉 관계는 아는 바 없을 뿐만 아니라 특히 무속의 설인지 아닌지 역시 알지 못합니다.

●孤山遺稿書眞詮十篇中末篇祈禱而所謂祈禱者不過尼丘山之意也無孔顔之積善而禱之則不亦益神之怒乎況從*巫俗*無稽之說而禱之乎非徒無益而又害之者此等之謂也不但可笑而已也

●澤堂集曰人家事神止於祭先此巫事所以昌也土地祭竈在於禮書先儒行之若盡誠行此則巫風可禁也如有疾病憂患或禱于祠堂及兩神亦可

●五洲衍文長箋散稿 天地篇天地雜類鬼神說; 巫覡辨證說巫雖賤技以古今論其優劣荊楚吳粵之巫大巫也近世俚*巫俗*師小巫也

●俛宇曰扱匙飯中有似*巫俗*只正置於楪上如何飯而扱匙豈有君子*巫俗*之別耶只可遵行進水時徹羹與否何如

▶3888◀◈問; 상석 설치 축문에 대해.

인사 생략하옵고, 2009.3.15(기축년, 3 월 기미일)에 선고묘소에 상석을 설치코자 하온데 소생 배움이 짧아 산신축과 묘제축 그리고 설치 후 위안축문을 어떻게 써야 하올지?? 여러군데 뒤져보다가 이곳을 찾아 도움을 바라옵니다. 이만 총총.

◈答; 상석 설치 축문에 대해.

●立石時告先塋告辭(입석시고선영고사)(行局內最尊位)

維 歲次干支幾月干支朔幾日干支某孫某敢昭告于 顯某親某官府君(或某封某氏合窆位則列書)子某官某(或孫某官某婦某封某氏)墓前石物未具僅成某物今將排設謹以事由敢此虔告

●立石時土地祝式(입석시토지축식)

維 歲次己丑二月辛丑朔十九日己未幼學규석敢昭告于 土地之神今爲先考學生府君墓儀未俱今將石物用衛神道 神其保佑俾無後艱謹以酒果祗薦于 神尙 饗

●立石時告墓祝式(입석시고묘축식)

維 歲次己丑二月辛丑朔十九日己未孝子규석敢昭告于 顯考學生府君(若合窆則考妣列書)封墓之初石物未具將以今日排置床石望柱石(隨改)謹以酒果用伸虔告謹告

●立石後慰安祝式(입석후위안축식)

維 歲次己丑二月辛丑朔十九日己未孝子규석敢昭告于 顯考學生府君(若合窆則考妣列書)之墓石物旣具用表墓道床石望柱石(隨改)伏惟 尊靈百世是安謹以酒果用伸虔告謹告

※()내의 내용은 해당되는 대로 쓰고 삭제하여야 합니다

※규 0 님의 일자를 책력(冊曆)으로 견줘보니 양력(陽曆)이라 음력(陰曆)으로 고쳐 쓴 날짜입니다.

※예법은 단헌지례(單獻之禮)입니다.

▶3889◀◈問; 선조 합동묘 상석 문구 문의 드립니다.

안녕하세요. 지난 2017 년 5 대조(諱 彦杓) 이하 11 분 조상의 산소를 이장하여 한 봉분에 모셨습니다.

이제 상석(床石)을 설치하려고 하는데, 한 봉분에 여러 조상(祖上)을 모시는 전례가 없다 보니 상석 문구(文句)를 정하는데도 어려움이 많습니다. 그래서 인터넷 등에서 다른 집안의 납골묘(納骨墓), 합동묘 사례를 살펴보고 기존 상석 문구 방법 등을 감안하여 몇 가지를 생각해 보았습니다.

참고로 석물은 최대한 단출하고 간소하게 하려고 하였기에 별도 비석은 설치하지 않고 묘지 바로 앞에 상석만 설치합니다.

제가 생각한 여러 문구에 대한 선생님의 고견을 듣고 최종적으로 상석 문구를 정하여 각자를 하려고 합니다. 만약 제가 예로 든 문구 외에 예법에 맞는 적절한 문구가 있으면 추천도 부탁드립니다. 감사합니다.

1. 상석 전면(가로 기재)
 1) 玉山張氏 凰顙派 諱彦杓派 合窆之墓
 2) 玉山張氏 凰顙派 彦杓後孫 合窆之墓
 3) 玉山張氏 凰顙派 諱彦杓公 以下 後孫之墓
 4) 玉山張氏 凰顙派 墓園 또는 崇先墓園
 5) 玉山張氏 凰顙派 祭壇
 6) 玉山張氏 凰顙派 祭床

2. 상석 옆면(대수별로 구분하여 11 위 모두 세로 기재)
 - 二十七世
 學生玉山張公諱彦杓
 配孺人碧珍李氏
 - 二十八世
 學生玉山張公諱德模
 配孺人高靈朴氏 ......
 - 二十九世 ....
 - 三十世 ....
 - 合封 丑坐 未向

◈答; 선조 합동묘 상석 문구 문의에 대하여.

아래와 같이 살펴보건대 합폄(合窆)일 경우 계실(繼室)이 있어 이실(二室)일 경우 합폄(合窆)은 원비(元妃)일뿐이고 계실(繼室)은별장(別葬)함이 불역지도(不易之道)라 하였으니 유학(儒學)을 론(論)하는 자(者)로서 어찌 이에 반론(反論)을 펴겠습니까.

물론 사회적(社會的) 현상이 복잡 다난한 구조로 변하여 예법제도가 그에 순응하여 진다 하여도 학문을 논(論)하는 자로써는 1+1=2 일뿐이지 어찌 3. 4 를 감히 발설(發說)할 수 있겠습니까.

순응하지 못하여 대단히 죄송합니다. 뜻한바 대로 잘 이뤄지기를 바라겠습니다. 감사합니다.

●程子曰合葬須以元妃配享須以宗子之嫡母此不易之道
●張子曰祔葬只合祔一人須以首娶繼室別爲一所可也
●朱子曰今人夫婦未必皆合葬繼室則別營兆域亦可
●南溪曰前後葬法已有文公定論○又曰妾則主宗之家不使葬於先壟乃正論也其子亦別葬
●尤庵曰品字之形盖考位居上前妣居前右後妣居前左神道以右爲尊故也
●陶庵曰今俗品字之制非禮之正也元配祔繼配葬於別崗有先賢定論又祔者所以從葬也其夫生存而前後妻合葬則未知何所從也
●鏡湖曰今俗貧不能具設碑及石物者或有設石床而稍高其制横刻碑額之文於其前面者矣
●便覽婦人誌蓋式條某官姓名(夫亡則云某官某公(此下當添諱某二字)某封(某封上當添配字夫無官則但云妻)某氏之墓
●便覽治葬立小石碑條; 墓表式合葬則別行書某封某氏祔左
●旅軒曰若雙墳一碣則正面當中題曰某國某官某公之墓其左傍低其題曰某夫人某氏祔爲左封其又如何也

▶3890◀◈問; 질문입니다. 꼭 답 좀 부탁 드립니다.

운영자님의 건승을 기원합니다. 다름이 아니라 저희 아버님이 작고 하신지 34 년이 지나셨고 조부모님 생전에 돌아가셔서 선산에 자리도 쓰지 못하였습니다.

아버님 산소가 오랜 세월과 자식들이 모두 타지에 있다 보니 관리소홀로 인해 봉분도 성하지 않고 또한 산소 터에 갈대가 많이 자라나서 금초 하러 갈 때마다 죄스럽기 그지 없었습니다. 해서 금년에 아버님산소를 이장하려 했으나 생존해계시는 어머님이 오래된 산소는 건

드리지 않는 것이 좋다 하시어 이장대신 산소를 보수하려 합니다. 그러나 예법에 너무 무지한 탓에 어떤 절차의 예를 올려야 하며 날은 어떻게 잡아야 할지 몰라 이렇게 애타는 마음으로 이 글을 올려봅니다.

아버님 산소의 봉분 보수와 석상을 놓으려 합니다. 흙도 거두어 다른 흙으로 다시 하고 때도 다시 입히려 합니다. 혹시 절차와 갖춰야 할 예법을 아신다면 답 글이나 메일을 보내주시면 감사 하겠습니다. 귀사의 번창과 번영을 기원합니다.

◈答; 개사초에 대하여.

⊙산신제 축식(祭后土祝文式)

維 歲次干支幾月干支朔幾日干支某官姓名敢昭告于 土地之神今爲顯考學生之墓今以 改封莎土仍具石物用衛墓道 神其保佑俾無後艱謹以酒果祗薦于 神尙 饗

⊙개사초시고국내최존위고사(改莎草時告局內最尊位告辭)

維 歲次干支幾月干支朔幾日干支某親某官某敢昭告于 顯某親某官府君或某封某氏合窆位則列書今爲某孫某官某塚宅崩頹卜以某日將加修治謹以酒果用伸虔告謹告

⊙사초하기전 고사식(告辭式)

維 歲次干支幾月干支朔幾日干支某親某官某敢昭告于 顯考學生府君之墓日月愈久墓址崩頹玆以吉辰改封莎土仍立石物以表塋域伏惟 尊靈不震不驚

⊙개사후위안고사(改莎後慰安告辭)

維 歲次干支幾月干支朔幾日干支某孫某敢昭告于 顯某親某官府君(或某封某氏合窆位則)列書隨屬稱)之墓旣封旣莎舊宅惟新伏惟 尊靈永世是寧

일자는 세간에서 한식 날이 무해 무덕하다 하니 별 거리낌이 없을 듯 하며 의식은 모두 단헌으로 일반 제사 법식을 따르면 될 것입니다.

●檀弓古不修墓註敬謹之至無事於修也
●尤菴曰有事於一墓而幷告諸位未之前聞
●寒岡曰只於加土日具酒告一酌而加土畢後備庶羞行祭無妨
●梅山曰旣告當位並及土神完役後只慰安當位而已
●問先墓加土先一日告由如何寒岡曰何必先一日告只於加土之日具酒果用祭文告一酌而畢加土畢役後亦備庶羞行祭恐無妨
●竹菴曰改莎告辭今以莎草傷損玆將修改卽事之始謹告事由
●常通云云莎土旣修塋域重新倍增瞻慕昊天罔極謹以酒果恭伸慰事云云(祖以上去昊天罔極一句役畢後慰安勢窮者闕之可也)

29 제단(祭壇)

▶3891◀◈問; 설단제 예법 좀?

조상 묠르 실전을 하여 단을 모으고 젤르 지내려 합니다. 제법홀기를 일러주세요.

◈答; 설단제 홀기.

실묘위(失墓位)를 설단(設壇)후 단제(壇祭)에 대하여 세부 예법의 규정 예서는 없어 망사록(望祀錄)의 설단제(設壇祭) 홀기(笏記)를 살펴보건대 가례(家禮)의 묘제(墓祭) 예법과 다르지 않음을 발견하게 됩니다.

●望祀錄設壇祭笏記

禮儀淸肅○衆昭衆穆○致敬盡誠○獻官祝及諸執事詣盥洗位○盥洗○入就神壇前拜位○敘立○陳

設進饌○贊引引首獻入就神壇前拜位○跪○焚香○俯伏○興○再拜○跪○酹酒降神○俯伏○興○再拜○退復位○獻官以下皆參神再拜○行首獻禮○各執事奉神位前盞盤斟酒進首獻官○首獻受而祭酒○以盞授執事○執事受而奠于神位前○揷匙正著○祝跪于首獻之左讀祝(首獻官以下皆跪)○首獻以下皆興○祝官退復位○首獻俯伏○興○再拜○執事退酒○行亞獻禮○贊人引亞獻入就神壇前○跪○執事奉神位前盞盤斟酒進亞獻○亞獻受而授執事○執事受而奠于神位前○亞獻俯伏○興○再拜○退復位○執事退酒○行終獻禮○贊人引終獻入就神壇前○跪○執事奉神位前盞盤斟酒進終獻○終獻受而授執事○執事受而奠于神位前○終獻俯伏○興○再拜○退復位○獻官以下望壇揖拱侑食小頃○祝徹羹進熟水○祝詣首獻前揖告成事○首獻答揖○執事徹匙著合飯盖○退復位○獻官以下皆再拜辭神○執事撤床

▶3892◀◈問; 단(壇)을 세우려 하는데요?

저희 집안에서 이번 가을 흩어져있던 조상님 산소를 정리하고 납골식으로 단을 세우려 하는데 몇 가지 의문점이 있어 여쭙습니다.

그림으로 그려 설명을 해야 되는데 잘 될런지 모르겠습니다. 안되면 전화나 편지로라도 의문점을 말씀 드리고자 하오니 주소나 전화번호를 알려주셨으면 합니다.

단을 만들 앞면을 먼저 그려 보겠습니다

豊 豊 豊 通 豊 豊
川 川 川 政 川 川
任配 任配 任配 大配 任配繼 任配
公龍 公長 公星 夫淑 公寧寧 公順
諱仁 諱興 諱山 任夫 諱海海 諱興
致李 鐘李 孝褒 公人 亢朴朴 鳳安
禧氏 九氏 常氏 諱寧 準氏氏 鎬氏
百海
賢朴
氏
之
壇

이렇게 단을 세우려 하는데요? 몇 가지 의문점을 말씀 드리오니 자세한 설명 부탁 드립니다.

1. 풍천이란 말을 다섯 번이나 들어가는데 모두 넣어야 하는지요? 아니면 맨 위에 할아버지 한 분만 넣고 나머지는 빼는 것이 맞는지요?
2. 배(配) 단어를 풍천과 맞게 끌어올려 나란히 적어야 맞는지요?
3. "통정대부임공휘백현" 이라고 하려 하는데 이것이 맞는지요? 아니면 "통정대부풍천임공휘백현"이라 써야 맞는 것인지요?

이상 3가지가 의문점이고 마땅히 여쭈어 볼 데도 없어서 문의 드립니다. 죄송 합니다.

◈答; 단(壇)을 세우려 하는데.

전통 양식으로는 대략 아래와 같습니다.

問1, 答; 서(書)는 시상(始上) 종하(終下)로 東이 상석입니다. 諱자나 左자 配자 는 혹 글자 수가 많으면 빼기도 합니다.

1. 圖

贈 某 官
某 貫 某 公 諱 某 之 墓
配 某 封 某 貫 某 氏 祔左

2. 贈자는 한자 올립니다.
3. 벼슬이 없을 때는 合窆일 시는 보통 고(考)의 官인 學生은 쓰지 않습니다.

2. 圖

某 貫 某 公 諱 某 之 墓
孺 人 某 貫 某 氏 祔 左

4. 位系의 표시는 위와 같은 양식에서는 이면에 孫名을 써 본자의 위계를 간접 世系를 표시하거나 좌측 하단에 세계를 표합니다.

4. 圖

轉及後右而周焉
某 官 某 公 之 墓
世系名字刻於其左

4圖는 輯覽 표석의 양식입니다.

위의 도식은 본 계시판으로는 종서 도식으로 옮겨 지지 않고 횡서로 되여 있으니 종서로 환원 참고 하기 바랍니다.

*누대를 한 돌에 합서 하게 되면 항간은 띄어야 할 것입니다. 관향은 법식이니 낙자가 없어야 되리라 생각듭니다.

아래의 대 성인 단비문식을 일반 사서인이 그대로 따름이 혹 예에 어그러질 수도 있다 하겠으나 본 단비문식을 모델로 삼아 표현코자 함이 부족하다면 문맥상 이치에 거슬리지 않게 삽입하면 무난할 것입니다.

○壇碑文式; 某官某號某姓某諡公祭壇

●大成壇實錄設壇位次正壇神位碑文條○集羣聖大成至聖先師孔夫子文宣王祭壇
●又別壇神位碑文條○集羣賢大成先師晦庵朱子徽國文公祭壇○集羣儒大成先師贈領議政栗谷李子文成公祭壇○倡明禮學大成先師贈領議政沙溪金文元公祭壇○立紀明倫大成先師延平府院君贈領議政默齋李忠定公祭壇

실묘위(失墓位)를 설단(設壇)후 단제(壇祭)에 대하여 아래와 같이 여러 전거(세부 예법의 규정 예서는 없음)와 특히 망사록(望祀錄)의 설단제(設壇祭) 홀기(笏記)를 살펴보건대 가례(家禮)의 묘제(墓祭) 예법과 다르지 않음을 발견하게 됩니다.

●性潭曰尊門始祖未有不祧之典且失墳墓所在而乃於累十世屢百年之後營建一祠於貫鄕將爲歲薦一祭云者雖出於後裔追慕之誠禮無所據況是涉僭耶
●開元禮孔子許向墓遙爲壇以時祭卽今之上墓義或有憑然神道尙幽不可逼瀆塋域宜設於塋南山門之外設淨席爲位遙祭以時饌如平生所嗜若一塋數墓每墓各設位昭穆異列以西爲上主人盥手奠爵三獻而止泣辭
●問云云一屋於墓側而若遇如此之時則依時祭儀合祭一所如之何退溪曰豈不善哉
●退溪曰同原許多墓各行祭之弊世多有此愚意不如掃視墓域後以紙牓合祭於齋舍無舍卽設壇以行之可免瀆弊而神庶享也
●問族葬列位若欲次第行祭則登降累原恐筋力疲而誠敬弛又恐祭物新餕或雜冷煖有異先詣墓所奠杯引靈而以紙牓合祭於齋宮何如曰無妨設壇於淨地而合祭何如曰尤是
●近齋曰聞守道公非大君云非大君則不得稱別子不成爲百世不遷之位儀禮家禮及國典皆如此不知貴宗諸人欲用別子不遷例者有何據耶至壇壝赤或以一道而而又有難行者墳墓雖失傳而禹祭酒之祀壇猶以故宅遺墟之尙存也金太師之墓壇以舊山洞名之可徵也如守道公則設壇實無處所欲於宗子家築壇則旣非不祧之位其宗子爲已毁之宗築壇其家恐涉無義
●梅山曰古者無墓祭祭墓者爲壇盖神道尙幽不可逼瀆塋域故通典亦云宜設於塋南山門之外然今已

成俗有難從古若至遠祖考妣墓之或傳或不傳者卽其所傳之地當遵望墓爲壇之禮如金太師墓坍之例並祭考妣而以右爲上恐爲處變而不失其正也

●剛齋曰子孫之於祖先神位之壇不當書姓字云爾則凡人家墓表其有不曰某公之墓者耶且此立石爲識神位則何以並書夫人墓況夫人墓則自當別有表石耶壇石面刻李公下宜有神位二字而厥之此爲未盡耳祭之各設豈壇與墓先後祭之之謂耶若然則非設壇於夫人墓右之意恐爲失於思量也

●望祀錄設壇祭笏記

禮儀淸肅○衆昭衆穆○致敬盡誠○獻官祝及諸執事詣盥洗位○盥洗○入就神壇前拜位○敘立○陳設進饌○贊引引首獻入就神壇前拜位○跪○焚香○俯伏○興○再拜○跪○酹酒降神○俯伏○興○再拜○退復位○獻官以下皆參神再拜○行首獻禮○各執事奉神位前盞盤斟酒進首獻官○首獻受而祭酒○以盞授執事○執事受而奠于神位前○揷匙正著○祝跪于首獻之左讀祝(首獻官以下皆跪)○首獻以下皆興○祝官退復位○首獻俯伏○興○再拜○執事退酒○行亞獻禮○贊人引亞獻入就神壇前○跪○執事奉神位前盞盤斟酒進亞獻○亞獻受而授執事○執事受而奠于神位前○亞獻俯伏○興○再拜○退復位○執事退酒○行終獻禮○贊人引終獻入就神壇前○跪○執事奉神位前盞盤斟酒進終獻○終獻受而授執事○執事受而奠于神位前○終獻俯伏○興○再拜○退復位○獻官以下望壇揖拱侑食小頃○祝徹羹進熟水○祝詣首獻前揖告成事○首獻答揖○執事徹匙著合飯盖○退復位○獻官以下皆再拜辭神○執事撤床

◎皇壇儀 紙牓式(各書)

太祖開天行道肇紀立極大聖至神仁文義武俊德成功高皇帝神位
神宗範天合道哲肅敦簡光文章武安仁止孝顯皇帝神位
毅宗紹天繹道剛明恪儉揆文奮武敦仁懋孝烈皇帝神位

●開元禮孔子許向墓遙爲壇以時祭卽今之上墓義或有憑然神道尙幽不可逼瀆塋域宐設於塋南山門之外設淨席爲位遙祭以時饌如平生所嗜若一塋數墓每墓各設位昭穆異列以西爲上主人盥手奠爵三獻而止泣辭

●退溪曰同原許多墓各行祭之弊世多有此愚意不如掃視墓域後以紙牓合祭於齋舍無舍卽設壇以行之可免瀆弊而神庶享也

●問族葬列位若欲次第行祭則登降累原恐筋力疲而誠敬弛又恐祭物新餕或雜冷煖有異先詣墓所奠杯引靈而以紙牓合祭於齋宮何如曰無妨設壇於淨地而合祭何如曰尤是

●近齋曰聞守道公非大君云非大君則不得稱別子不成爲百世不遷之位儀禮家禮及國典皆如此不知貴宗諸人欲用別子不遷例者有何據耶至壇壝赤或以一道而而又有難行者墳墓雖失傳而禹祭酒之祀壇猶以故宅遺墟之尙存也金太師之墓壇以舊山洞名之可徵也如守道公則設壇實無處所欲於宗子家築壇則旣非不祧之位其宗子爲已毁之宗築壇其家恐涉無義

●梅山曰古者無墓祭祭墓者爲壇盖神道尙幽不可逼瀆塋域故通典亦云宜設於塋南山門之外然今已
成俗有難從古若至遠祖考妣墓之或傳或不傳者卽其所傳之地當遵望墓爲壇之禮如金太師墓坍之例並祭考妣而以右爲上恐爲處變而不失其正也

●剛齋曰子孫之於祖先神位之壇不當書姓字云爾則凡人家墓表其有不曰某公之墓者耶且此立石爲識神位則何以並書夫人墓況夫人墓則自當別有表石耶壇石面刻李公下宜有神位二字而厥之此爲未盡耳祭之各設豈壇與墓先後祭之之謂耶若然則非設壇於夫人墓右之意恐爲失於思量也

●性潭曰尊門始祖未有不祧之典且失墳墓所在而乃於累十世屢百年之後營建一祠於貫鄕將爲歲薦一祭云者雖出於後裔追慕之誠禮無所據況是涉僭耶

●皇壇增修儀紙位圖說紙用箋文紙長一尺二寸廣四寸祀後燎之

太祖開天行道肇紀立極大聖至神仁文義武俊德成功高皇帝神位
神宗範天合道哲肅敦簡光文章武安仁止孝顯皇帝神位
毅宗紹天繹道剛明恪儉揆文奮武敦仁懋孝烈皇帝神位

▶3893◀◈問; 단향제에 대하여 알고자 합니다.

안녕하십니까? 선생님의 홈페이지를 보고 공부를 하고 있습니다.

청명에 선조에 묘제를 지내는데 친족 한분이 제단을 만들어 壇享祭를 지내자고 합니다. 단향제의 의미와 뜻을 잘 몰라 선생님께 문의합니다. 메일를 기다리겠습니다.

◈答; 단향제에 대하여.

단향이 하면 그 의미는 단(壇)에서 지내는 제사. 라 의미가 부여 되는데 제를 덧붙이는 까닭은 짐작하기 어려우나 제는 모두 끝 마디에 사시제(四時祭), 기제(忌祭), 묘제(墓祭)와 같이 모두 제가 붙어 단향 역시 단향제라 일체화 함이 아닌가 합니다.

●通典告者宗子去他國庶子無廟孔子許向墓遙爲壇以時祭即今之上墓儀
●南塘曰始祖設壇之祭古無所據乃是義起之事淺陋之見何敢輕議
●鏡湖曰世或有失先墓者雖略知其墓在某山某岡而猶未能的知某墳爲先墓則不得已設壇於其傍而望祭者有之南唐所謂始祖設壇之祭果指此等而言耶若然則望墓爲壇之祭或可以孔子之訓爲據耶
●問親盡墓在先塋內而不能的認其封就其下築壇立碑行祀則碑面當書某公之壇乎艮齋答之改爲祀恐得近齋集有禹祭酒祀壇之文
●問壇前立碑碑前設石床陳設乎艮齋答五禮儀社稷祭設饌在壇上要訣土神祭所亦是除地築壇處以此推之壇上設床恐宜碑以南溪表石立墓左之說傍照則似當立於壇東南
●艮齋曰壇祭築壇而北端設神位南端設祭饌

▶3894◀ ◈問; 지단(之壇), 제단(祭壇) 무엇이 다른가요?

저의 문중에서 단(壇)은 한나 밖에 설치할 수 없다. 라고 주장하는 종인과 몇 개 이건 설치할 수 있다는 종인도 있는데 어느 것이 옳다고 생각하시는지? 또 한가지는 묘가 실전 되었을 때 지단이 맞는지? 제단이 맞는지? 일단일묘(一壇一墓)라는 말은 맞는지? 알고 계시면 어느 곳에 이런 말들이 있는지 가르쳐 주시면 감사하겠습니다.

◈答; 지단(之壇), 제단(祭壇)의 차이점.

단(壇)을 무슨 까닭에 설치 하는지는 알 수가 없으나 제단(祭壇)이란 사람의 혼이 아닌 천지신과 산천 초목에 제사하고자 할 때 또 그 제사를 지내는 터로 땅을 돋우어 쌓은 곳을 단이라 합니다. 그 제사는 왕실이나 그에 속한 관아에서 지낼 수 있는 제사로 사인(私人)은 지낼 수 없는 것이니 전통예절 관혼상제 예법에는 그에 관한 예법이 없습니다. 다만 사서인들도 실전하였거나 물에 빠져 죽었거나 전사하여 시신을 찾지 못하였을 때 단을 세우고 그에서 제사함이 정례로 전함은 아니나 궁실의 단제를 차입하여 행하고 있습니다.

之壇; 누구의 단.
祭壇; 누구의 제사를 지내는 단.

묘(墓)가 일묘(一墓)이니 단(壇)도 일단(一壇)일 수밖에 없습니다.

◎단비(壇碑)

○壇碑文式; 某官某號某姓某諡公祭壇

●大成壇實錄設壇位次正壇神位碑文條○集羣聖大成至聖先師孔夫子文宣王祭壇○又別壇神位碑文條○集羣賢大成先師晦庵朱子徽國文公祭壇○集羣儒大成先師贈領議政栗谷李子文成公祭壇○倡明禮學大成先師贈領議政沙溪金文元公祭壇○立紀明倫大成先師延平府院君贈領議政默齋李忠定公祭壇

◎단(壇) 지방식(紙牓式)

●皇壇增修儀紙位圖說紙用箋文紙長一尺二寸廣四寸祀後燎之
太祖開天行道肇紀立極大聖至神仁文義武俊德成功高皇帝神位
神宗範天合道哲肅敦簡光文章武安仁止孝顯皇帝神位
毅宗紹天繹道剛明恪儉揆文奮武敦仁懋孝烈皇帝神位

●性潭曰尊門始祖未有不祧之典且失墳墓所在而乃於累十世屢百年之後營建一祠於貫鄉將爲歲薦

一祭云者雖出於後裔追慕之誠禮無所據况是涉僭耶

●開元禮孔子許向墓遙爲壇以時祭卽今之上墓義或有憑然神道尙幽不可逼瀆塋域宜設於塋南山門之外設淨席爲位遙祭以時饌如平生所嗜若一塋數墓每墓各設位昭穆異列以西爲上主人盥手奠爵三獻而止泣辭

●問云云一屋於墓側而若遇如此之時則依時祭儀合祭一所如之何退溪曰豈不善哉

●退溪曰同原許多墓各行祭之弊世多有此愚意不如掃視墓域後以紙牓合祭於齋舍無舍卽設壇以行之可免瀆弊而神庶享也

●問族葬列位若欲次第行祭則登降累原恐筋力疲而誠敬弛又恐祭物新餒或雜冷煖有異先詣墓所奠杯引靈而以紙牓合祭於齋宮何如曰無妨設壇於淨地而合祭何如曰尤是

●近齋曰聞守道公非大君云非大君則不得稱別子不成爲百世不遷之位儀禮家禮及國典皆如此不知貴宗諸人欲用別子不遷例者有何據耶至壇壝赤或以一道而而又有難行者墳墓雖失傳而禹祭酒之祀壇猶以故宅遺墟之尙存也金太師之墓壇以舊山洞名之可徵也如守道公則設壇實無處所欲於宗子家築壇則旣非不祧之位其宗子爲已毁之宗築壇其家恐涉無義

●梅山曰古者無墓祭祭墓者爲壇盖神道尙幽不可逼瀆塋域故通典亦云宜設於塋南山門之外然今已成俗有難從古若至遠祖考妣墓之或傳或不傳者卽其所傳之地當遵望墓爲壇之禮如金太師墓坍之例並祭考妣而以右爲上恐爲處變而不失其正也

●剛齋曰子孫之於祖先神位之壇不當書姓字云爾則凡人家墓表其有不曰某公之墓者耶且此立石爲識神位則何以並書夫人墓况夫人墓則自當別有表石耶壇石面刻李公下宜有神位二字而厥之此爲未盡耳祭之各設豈壇與墓先後祭之之謂耶若然則非設壇於夫人墓右之意恐爲失於思量也

◎望祀錄設壇祭笏記(망사록설단제홀기)

禮儀淸肅○衆昭衆穆○致敬盡誠○獻官祝及諸執事詣盥洗位○盥洗○入就神壇前拜位○叙立○陳設進饌○賛引引首獻入就神壇前拜位○跪○焚香○俯伏○興○再拜○跪○酹酒降神○俯伏○興○再拜○退復位○獻官以下皆參神再拜○行首獻禮○各執事奉神位前盞盤斟酒進首獻官○首獻受而祭酒○以盞授執事○執事受而奠于神位前○揷匙正著○祝跪于首獻之左讀祝(首獻官以下皆跪)○首獻以下皆興○祝官退復位○首獻俯伏○興○再拜○執事退酒○行亞獻禮○賛人引亞獻入就神壇前○跪○執事奉神位前盞盤斟酒進亞獻○亞獻受而授執事○執事受而奠于神位前○亞獻俯伏○興○再拜○退復位○執事退酒○行終獻禮○賛人引終獻入就神壇前○跪○執事奉神位前盞盤斟酒進終獻○終獻受而授執事○執事受而奠于神位前○終獻俯伏○興○再拜○退復位○獻官以下望壇揖拱侑食小頃○祝徹羹進熟水○祝詣首獻前揖告成事○首獻答揖○執事徹匙著合飯盖○退復位○獻官以下皆再拜辭神○執事撤床

●皇壇儀壇壝圖說大報壇;壇在昌德宮禁苑之西集成門外倣我國社稷之制壇高四尺比社壇加高一尺方廣二十五尺甃以方甎四出陛各九級四面有壝繚以周垣壝內四面又各三十七尺垣外又設三層橫陛以環之壇北設燎所爲石函(以下省略)

○又紙牓圖說(우지방도설)

神宗範天合道哲肅敦簡光文章武安仁止孝顯皇帝神位

牓用咨文紙長一尺二寸廣四寸祀後燎之

●國朝五禮儀社稷壇圖說條社稷(社土神稷穀神)壇在都城內西社在東稷在西兩壇各方二丈五尺高三尺四出陛各三級壇飾隨方色燾以黃土社有石主長二尺五寸方一尺國社國稷神座並在南北向后土氏配國社后稷氏配國稷各在正位之左近北東向

●通典晉元帝時袁瑰上袁請禁招魂葬云故僕射曺馥沒於寇亂適孫胤招魂殯葬聖人制禮因情作教椁周於棺棺周於身非身無棺非棺無椁胤無喪而葬招幽魂氣於德爲愆義於禮爲不物監軍王崇太傅劉洽皆招魂葬請下禁斷博士阮放傳純張亮等議如瓌表賀循啓辭宜如瓌所上荀組非招魂葬議亦如前或引漢之新野公主魏之郭循皆招魂葬答曰末代所行豈禮也或引喬山有黃帝之塚是葬神也答曰時人思帝葬其衣冠非葬神也于寶駁招魂葬以爲失形於彼穿塚於此亡者不可以假存無者獨可以僞有哉未若於遭禍之地備迎神之禮宗廟以安之哀敬以盡之孔衍禁招魂葬議云招魂而葬委巷之禮殯葬之意本以葬形旣葬之日迎神而返不忍一日離也况乃招魂而葬反於人情以亂聖典宜可禁也李瑋難曰伯姬火死而

叔弓如宋葬恭姬宋王先賢光武明主伏恭范逡並通義理公主亦招魂葬豈皆委巷乎衍曰恭姬之焚以明窮而彌正不必灰燼也就復灰燼骨肉雖灰灰則其實何綠舍理灰之實而反當葬魂乎此末代失禮之擧非合聖人之奮也北海公沙歆招魂論云卽生推亡依情處禮則招魂之理通矣招魂者何必葬乎盖孝子竭心盡哀耳陳舒武陵王招魂葬議云禮無招魂葬之文宜以禮裁不應聽遂張憑招魂葬議云禮典無招靈之文若葬虛棺以奉終則非原形之實埋靈爽於九原則失事神之道博士江淵議葬之言藏所以閉藏尸柩非爲魂也無屍而殯無殯而窆任情長虛非禮所許

●大全郭子從問招魂葬答曰招魂葬非禮先儒已論之矣

●宋庾蔚之曰葬以藏形廟以饗神季子所云魂氣無不之寧可得招而葬之乎

●范氏曰人之死也魂氣歸于天形魄歸于地葬所以藏體魄也若魂氣則無不之也苟無體魄則立廟以祀之而已魂氣不得以葬也而必爲之墓不亦虛乎

●朱子曰招魂葬非禮先儒已論之矣

●金倡義千鎰殉節後問虛葬當否牛溪答曰先儒以招魂葬爲非禮而今則旣有毛髮在非虛葬之比葬事似當備禮

●問招魂葬栗谷曰死於軍或沒於水不得其尸則以服招魂而葬其服非禮矣

●問人有其父從軍而死其母藏其遺衣及落髮而遺令並入其棺中矣其子不忍同藏一棺欲別具一小棺用合葬之禮而追服斬衰未知如何尤菴曰此是無於禮之禮也不敢有所論說然其不以父之遺衣及落髮同入母棺則得矣

●牛溪問隣有溺死不得其屍其子欲招魂爲墓於義理如何龜峯曰墓只是葬躰魄旣不得其屍則不墓似合惟魂無所間爲主以祭爲得義理之當

●問人死不得其屍體者聖賢立言何無處此之道耶或招魂葬或遺衣葬在禮何所據耶沙溪曰虛葬之非先儒已言之何謂無處此之道乎

●南溪曰招魂葬旣有朱子所論斥之以非禮何敢容議至於題主節次設魂帛於正寢而行之似宜

●綱目范氏曰人之死也魂氣歸于天形魄歸于地葬所以藏體魄也魂氣不得而葬也而必爲之墓不亦虛乎

○외사(外祀)

曲禮天子祭天地祭四方祭山川祭五祀歲徧諸侯方祀祭山川祭五祀歲徧大夫祭五祀歲徧士祭其先註呂氏曰祭祀之法冬日至祭天夏日至祭地四時各祭其方以迎氣又各望祭其方之山川五祀則春祭戶夏祭竈季夏祭中霤秋祭門冬祭行此所謂歲徧諸侯有國國必有方祭其所居之方而已非所居之方及山川不在境內者皆不得祭故曰方祀祭法天子立七祀加以司命泰厲諸侯五祀有司命公厲而無戶竈大夫三祀有族厲而無中霤戶竈士二祀則門行而已

◎아래의 축문식은 국조 오례의 단제 축문식입니다.

維成化某年歲次某甲某月某朔某日某甲云云(風雲雷雨稱朝鮮國王臣姓諱○雩祀稱朝鮮國王姓諱○嶽海瀆及山川稱國王姓諱○名山大川城隍稱國王○州縣禜祭城隍發告並稱某州官姓名)敢昭告于(名山大川城隍七祀則稱致告于)云云(風雲雷雨稱風雲雷雨之神國內山川之神城隍之神○嶽海瀆稱某嶽之神某海之神某瀆之神○雩祀稱句芒氏之神祝融氏之神后土氏之神蓐收氏之神玄冥氏之神后稷氏之神○名山大川稱某山之神某川之神○望祈稱某方嶽海瀆之神某方山川之神○七祀稱司命司戶司竈中霤之神○禜祭稱某方山川之神○城隍發告稱城隍之神)伏以(城隍發告則否)云云(風雲雷雨稱默幹玄機品物流形神功斯博我祀孔明國內○山川稱別峙作鎭善下潤物功利在人祀事不戒○城隍稱高深莫側衛我邦家人民其依功利斯多○嶽稱峻極于天鎭我邦基歆我禋祀介以純禧○海稱百谷之王德著廣利享祀是宜永介多祉○瀆稱爲國之紀澤潤萬物克禋克祀錫我百福○雩祀句芒稱東作之功莫非爾極是用享祀永言率育○祝融稱長養萬物德著亨嘉以享以祀受福不那○后土稱持載簡能德合無疆時祀不戒神其降康○蓐收稱萬寶告成旣受厥明以報以祀福祿來成○玄冥稱貞固幹事德全終始我祀孔明介以繁祉○后稷稱誕播嘉穀群黎徧毓顧予吉蠲申錫戩穀○名山稱磅礴崒嵂鎭于一方是用禋祀惠我無彊○大川稱性本潤下功利斯溥占蠲以祀有秩斯祐○司寒稱闔闢陰機燮調愆伏至誠斯感錫玆祉福○七祀稱節届孟春隨時改稱宜擧精禋祗薦閟宮乃逮明神○禜祭稱霪雨不止傷我稼穡冀垂扶佑應時開豁○報祀稱霪雨旣霽維神之賜何以報之敢稽祀事○城隍發告稱將以某月某日設壇北郊祭闔境無祀鬼神庶資神力召集赴壇)謹以牲幣醴齊粢盛庶品(七祀禜祭司寒則稱牲醴庶品城隍發告則稱淸酌庶羞)式陳明薦尙饗

◎墓壇(묘단)

⊙望墓爲壇當否(망묘위단당부)

問梅山先生答金復享書有遠祖考妣墓之或傳或不傳者卽其所傳之地築壇幷祭之敎而援望墓爲壇金太師故例而爲證恐有合商量者竊念聖人所訓是宗子去國庶子代行時祭之禮也金太師是墓在斯而不能的知者也今若以漠然不知之妣卽其考墓而幷祭則與聖人之訓太師之事不相儭貼而祭時祝辭所稱亦甚難安未知如何則可得其當耶壇石面所書剛齋云某公神位祝辭亦以此稱之或無妨耶伏乞明批答失傳之墓鄙意則不得已而闕墓祀盖以祝辭之難安而然也然不敢質言○所詢壇享世多行之愚則尋常疑之來書所引朱子始基之祖得存墓祭者謂祭墓而非壇祀也又引庶子望墓爲壇亦是就墓南爲壇非因墓遠而爲壇於他鄕也老州答人問有墓而又爲壇非特無經據魄歸于土魂返于堂則魂壇之稱恐甚不類今愚之固陋不敢妄爲之說幸惟鑑裁

⊙認壇爲神位之非(인단위신위지비)

今人認壇爲神位但據祭法燔柴于泰壇壇決非神位盖壇與廟墠爲一類而廟釋名云先祖形貌所在墠說文云祭處則皆非神位也况說文壇祭塲也今擬築壇而北端設神位南端設祭饌曾見國朝設壇以祭風雲雷雨山川城隍之神其儀如此近俗於壇南立碑碑南置石床盖錯認壇爲神位而有是謬例也碑則立於壇之東南恐得○先墓雖不的認其處而旣在其上則不當另設神位

⊙親盡墓壇書式(친진묘단서식)

問親盡墓在先塋內內而不能的認其封就其下築壇立碑行祀則碑面當書某公之壇乎答之改爲祀恐得近齋集有禹祭酒祀壇之文○問壇前立碑碑前設石床陳饌乎答五禮儀社稷祭設饌在壇上要訣土神祭所亦是除地築壇處以此推之壇上設床恐宜碑以南溪表石立墓左之說傍照則似當立於壇東南

31 외손봉사(外孫奉祀)

▶3895◀ ◈問; 딸도 제사를 모실 있나요?

안녕하세요. 아들이 있어도, 부모님 제사에 무관심하니 큰딸이 제사를 모시기로 했습니다. 잘한 건지 못한 건지 궁금합니다. 리플 달아주십시오.

◈答; 딸도 제사를 모실 있나요?

禮法상 여식(女息)은 본생(本生) 선조(先祖) 사당(祠堂)을 받을 수 없으니 결정을 잘한 것이라고 볼 수 없습니다. 아들이 있으니 그 아들이 주인으로서 그 댁에서 제사(祭祀)를 모셔야 합니다.

●家禮喪禮立喪主條凡主人謂長子無則長孫承重以奉饋

●奔喪凡喪父在父爲主

●牛溪曰初喪立喪主所以重宗統絶僭竊也家廟阼階惟主人當之雖諸父位於前而皆不敢當阼階之前矣然則孝孫承重必以主喪受弔而當主人之位無可疑

●白虎通義宗子何謂也宗尊也爲先祖主也宗人之所尊也古者所以必有宗何也所以長和睦也

●大傳長子死則主父喪用次子不用姪若宗子法立則用長子之子

●曲禮支子不祭祭必告于宗子疏曰若宗子有疾不堪當祭則庶子代攝可也猶必告宗子然後祭

●程子曰凡言宗者以祭祀爲主言人宗於此而祭祀也

●通典漢石渠議大宗無後族無庶子已有一嫡子當絶父祀以後大宗否戴聖云大宗不可絶言嫡子不爲後者不得先庶耳族無庶子則當絶父以後大宗魏田瓊曰長子後大宗則成宗子禮諸父無後祭於宗家後以其庶子還承其父

●程叔子曰禮長子雖不得爲人後若無兄弟又繼祖之宗絶亦當繼祖爲後禮雖不言可以義起

●問解曰出後者本生親無後則兩家父相議歸宗古有其例兩家父死則子不可擅自罷繼當以本生親爲班祔也

●沙溪曰長子無後則儀禮及國典皆以同宗支子爲後故自前必以支子爲後曾有一宰臣引通典說陳訴以其弟獨子爲後因成規例焉

▶3896◀ ◈問; 봉사조에 대해서.

안녕하세요. 봉사조에 대해서 궁금해서 글을 올립니다.

저의 외할아버지의 제사를 누가 모셔야 되느냐의 문제입니다. 외할어버지는 아들이 없고 딸만 셋입니다. 첫째 딸이 우리 어머니입니다. 그러나 외할아버지가 돌아가시고 외할머니는 다른 집안으로 출가하시고 아들이 있습니다. 그런데 지금 외할아버지 제사를 외할아버지의 동생의 아들이 모시고 있습니다. 여기서 궁금한 점이 외손자가 있는데 외손자가 안모시고 외할아버지의 동생 아들이 모시는 것이 맞느냐라는 것이고, (그 외할아버지의 동생의 아들은 딸만 2 명입니다) 저의 외할머니가 돌아가실 경우, 출가하신 외할머니를 외손자가 모셔야 되느냐라는 문제입니다. 이것 때문에 머리가 너무 아프네요. 꼭 좀 답변 부탁 드리겠습니다.

◈答; 봉사조에 대해서.

외손 봉사는 외가 집 근친까지 무(無) 하였을 때 외손이 외조부모 봉사를 하게 됩니다. 외가에 외조부의 질이 있다면 그 가 제사를 모심이 옳습니다. 그리고 개가한 외조모는 본 시가의 질은 물론 외손도 봉사하지 않습니다. 여자가 쫓김을 당하였거나 남편이 죽어 개가를 하게 되면 그 때로부터 본 시가와는 모든 관계가 단절되는 것입니다. 만약 본 시가에 친 아들이 있다 하여도 제사하지 않습니다.

●朱子曰出妻入廟決然不可爲子孫者只合歲時就其家之廟拜之若相去遠則設位望拜可也○又曰嫁母者生不可入廟死不可以祔于廟
●家禮圖式八母服制之圖出母子爲父後者則不服

▶3897◀◈問; 상주와 제주에 대해.

안녕하십니까. 저는 두 딸의 맏사위입니다. 장인은 이미 돌아가셨으며, 지금 장모님께서 위독하신 상태입니다. 사촌들이 있지만 양자를 안 했습니다.

1. 장모님이 돌아가시면 상주는 누가 되어야 합니까? 큰 딸이 되나요? 아니면 맏사위인 저가 되어도 되나요.
2. 돌아가시면 저가 처가 부모님의 제사를 모시려고 하는데 제주는 누가 되어야 합니까?
3. 제사를 모시게 되면 기제사는 문제가 없는데, 명절 제사는 어떻게 하면 될까요. 저가 차남이고 시골에서 형님이 저희 부모님 제사를 모시고 있습니다.

저가 저희 부모님 제사를 모시고 대구에 와 장인, 장모님 제사를 모시기엔 시간적으로 곤란합니다. 그래서, 저 생각에는 새벽에 저의 장인, 장모님 제사를 모시고 서둘러 시골에 가서 저희 부모님 제사에 참석하면 어떨까 하는데 그렇게 해도 될까요? 답변 주시면 대단히 감사하겠습니다. 이 0 희

◈答; 상주와 제주에 대해.

問 1. 答; 상주는 여자가 될 수 없는 것입니다. 종형제가 있다 하니 입후함이 없다 하나 입후함이 어렵다 하여도 그가 상주가 되어 3 년 상을 마치고 담제 후 무친이면 장녀가 기제사 및 절사까지 받들어야 합니다.

●雜記姑姊妹其夫死而夫黨無兄弟使夫之族人主喪妻之黨雖親不主
●家禮考證立喪主條按立字義至司貨上喪主有二親者主饋奠主人是也尊者主賓客同居之親是也
●喪服小記男主必使同姓婦主必使異姓註喪必有男主以接男賓必有女主以接女賓若父母之喪則適子爲男主適婦爲女主今無男主而使人攝主則必使喪家同姓之男無女主而使人攝主則必使喪家異姓之女謂同宗之婦也
●會成禮有無後無無主同父母之兄弟死而無子孫者推兄弟中長者爲主無親兄弟則由從親兄弟推之主者與死者雖疎亦當爲之畢虞祔之祭
●金華應氏曰死生之相收恤人道之當然今其身死而又妻子惸弱適無父母兄弟之至親者則大功當任其責至于終喪使其不幸而無大功以爲之依則小功以下其可以坐視乎或又無小功以下之親也則朋友

當任其責而至于逾葬又不幸而無朋友以爲之助則爲隣者又可以恝然乎是以禮朋友死無所歸于我殯之義則練祥不必大功而親黨皆不可得而辭推行有死人尙或殣近之之心則虞祔不特朋友而凡相識者皆不可得而拒特其情有孚薄則其處之有不同自其篤于義者言之則各有加爲無害也凡遇人之急難而處事之變者不可以不知
●雜記夫若無族矣則前後家東西家無有則里尹主之(鄭玄主)妻之黨自主之非也(孔穎達疏)
●喪服小記大功者主人之喪有三年者則必爲之再祭朋友虞祔而已(註)三年者謂死者之妻與子也妻旣不可爲主之

問 2 答; 사촌을 입후하여 대를 이어 주어 그로 하여금 장인 장모 제주가 되게 함이 바른 예법입니다. 만약 여의치 않으면 아직 외손이 없으면 큰 딸이 제주가 되어야 합니다.

●儀禮疏曰適子不得後他故取支子又曰小宗適子亦當立後
●通典漢石渠議戴聖曰大宗無後族無庶子已有一適子當絶父祀以後大宗
●喪服傳何如而可爲之后同宗則可爲之后何如而可以爲人后支子可也疏支子可也者他家適子自爲小宗小宗當收歛五服之內亦不可闕則適子不得後他故取支子○又曰爲人後者孰後後大宗也曷爲後大宗大宗者尊之統也大宗者收族者也不可以絶故族人以支子後大宗也
●丘儀大明令凡無子許令同宗昭穆相當之姪承繼先取同父周親次及大功小功緦麻如無則方許擇遠房及同姓爲嗣不許養異姓爲嗣以亂宗族立同姓者易不得尊卑失序以亂宗族且凡爲人後者必承父之命不承父命是貪利而忘親也
●經國大典適妾俱無子者告官立同宗支子爲後
●退溪曰長子無子次子之子承重指適子孫而言雖有妾産未可遽承代也
●沙溪曰長子無後而死不立後次子死而有子又季子生存次子之子當奉祀
●許傳曰長子無後雖次子之庶子其爲血孫一也恐不當捨之而取族人子也其曰未可遽承代云者只爲愼重而然耶
●尤庵曰前後妻皆歿後始爲之子者當爲前母之子
●或問父母生時長子無后而死則柰何或傳長婦或傳次子何以則得宜耶退溪曰父母生存長子無后而死爲長子立后而傳之長婦此正當道理也
●或問長子無后而死不立后次子死而有子又季子生存則誰當奉祀耶沙溪曰次子之子當奉祀也
●遂菴曰過長殤之年則雖未冠筓何可以殤例論也
●近齋曰世豈有無母之子不當立後當以次子爲嗣古禮旣冠不爲殤則只謂治喪與服制一用成人之禮非謂立後家禮旣娶方不爲殤冠而未娶者不立后何疑
●梅山(洪直弼)禮只許出嫁者於其父母無后者忌日則單獻無祝紙榜則亦書顯考妣是爲可從而至於四時節日則亦當略設伸情矣

問 3. 答; 친조상(親祖上)이 먼저입니다. 좀 늦으면 어떻습니까. 절사는 아침 일찍 지내는 것이니 친가에서 일찍 차례를 마치고 댁으로 와 친정 부모님(처가) 차례를 지냄이 예에 맞을 것입니다. 바삐 오가야 하나 양가 조상에 대한 공경지심 그 보다 더 클 수는 없을 것입니다.

●退溪曰今人以外孫奉祀一廟而異姓同祭夫天之生物使之一本而此則爲二本彦甚不可也今或不幸外家祖先無後不忍其主之無歸則權宜奉置別所往來展省未爲不可
●寒岡曰外家神主奉祀本非禮經今者不得已奉祀則當時祀茶禮時先祭祖外祖次祭

▶3898◀◈問; 아버지 제사 다시 하려면.

아버지 돌아 가신지 10 년 됐고요. 아버지께서 생전에 시신기증 하셔서 돌아가신 후에 기증 상태이실 때는 집에서 모셨는데 그 후에 다들 출가를 했고 출가 한 후에 납골당으로 안치를 한 후에 따로 제사는 모시지 않고. 명절에 납골당에 성묘만 다녀왔습니다. 이제 출가한 딸이지만 아버지 제사를 모시고 싶은데 따로 치러야 할 의식이 있는지 궁금합니다. 거의 5 년 동안 모시지 않던 제사를 다시 시작하려면 어떻게 해야 하나요? 김 0 혜

◈答; 아버지 제사 다시 하려면.

대단한 효녀이십니다. 당분간 피치 못하여 궐사하였다 하여도 지금이라도 제사함이 옳은 것입니다. 다만 그러한 경우에 달리 고하는 예법은 없습니다. 친가 부모(친정 부모)의 제사 예

법은 친가에 자손이 없다면 친정 부모는 외손이 제사할 수 있는데 아직 외손이 없다면 여사님 명의로 제사하다 외손이 탄생되면 그의 생전까지 기제 및 묘제, 명절 참사 등을 지냅니다.

●大全外祖父母及妻父母無主祭者當於正朝端午中秋及各忌日用俗儀祭之
●退溪曰外孫奉祀一廟而二姓同祭夫天之生物使之一本而此則爲二本甚不可也今人或不幸其外家祖先無後而未有所處者不忍其主之無歸則權宜奉置別所而往來奠省未爲不可
●尤庵曰外孫奉祀朱子旣斥以非族之祀
●陶庵曰朱子非族之祀一句語實爲正論愚意爲外孫者設或不得已而權奉其祀己身歿後卽當埋安

▶3899◀◈問; 어려운 질문 하나 드리려고 합니다.

저에게 고민이 하나 있어서 여기 저기를 찾아 보았으나 시원한 답변을 얻지 못했습니다. 그러나 이곳에 들어와서 글을 읽다 보니 답을 얻을 수 있을 것 같아 염치 불구하고 이렇게 질문을 올립니다.

저는 작년에 제주가 없는 처 외 할아버님, 처 외 할머님, 처 외삼촌의 제사를 모시고 왔습니다. 처 이모님께서 모시고 있었는데 이모님께서 돌아가신 후 장모님께서는 모실 상황이 아니고 해서 저희가 모시기로 했습니다. 그런데 집안에서 세 째가 되다 보니 지방 쓰는 법도 소홀히 했을 뿐 아니라 처가어르신들의 제우인지라 지방을 어찌 써야 할지 몰라서 이렇게 질문을 올립니다.

글을 읽다 보니 외조부모님의 지방을 쓰는 법은 나와 있던데 처가의 외조부모님과 외삼촌의 지방을 어떻게 써야 하는지 도움을 청합니다. 꼭 좀 알려 주십시오. 제사를 올려도 지방 없이 누구의 제산지도 모르게 지낼 수는 없는 일 아니겠습니까? 다시 한번 더 부탁 드립니다. 죄송합니다.

◈答; 처외가 제사는 지내지 않음.

귀하의 고민을 이해하고도 남음이 있습니다. 도암 선생님을 비롯 여러 선유의 말씀에 외조부모 봉사는 그 외손의 죽음으로 폐한다. 라 하였습니다. 귀하 부인의 외가 이기는 하나 여자는 모든 제사의 주인이 될 수 없습니다. (특수한 경우 부군은 제외) 처 이모는 그의 아들이 외손이라 외조부모 봉사를 하였든 것으로 생각 됩니다. 귀하의 그 뜻은 대단하나 예법에 그를 논한 바를 엿볼 수 없습니다.

●陶庵曰朱子非族之祀一句語實爲正論愚意爲外孫者設或不得已而權奉其祀已身歿後卽當埋安
●問外祖無人祭初獻則祝文當何書退溪曰當闕
●南溪曰不得已爲外家奉祀而當止外孫之身
●明齋曰本宗祭四代外孫奉祀只止其身

▶3900◀◈問; 외손봉사 묘제는?

언제나 수고가 많으십니다. 왼손봉사의 제사는 왼손봉사 하든 외손이 죽으면 폐하게 됩니다. 그런데 왼손봉사의 묘사(10 월경)도 외손봉사 하는 사람이 살아있을 때만 지내고, 죽은 후에는 폐하는지요? 아니면 묘사는 원래 처음부터 지내지 않는지요? 죄송합니다.

◈答; 외손봉사 묘제는.

윤선생 오래간 만입니다. 대단히 반갑습니다.

주신 말씀을 아래와 같이 살펴보건대 외손봉사는 외손 대에 한하여 무축단헌의 기제와 절사는 선친후 외조를 봉사함의 전거는 확인되나 묘제에 관한 전거는 확인이 되지 않으나 친제에 친미진 묘제를 3 월에 지내게 되니 외조 역시 3 월초에 무축단헌으로 지낸다 하여 과례라 할 수는 없을 것입니다,

●朱子曰上谷郡君謂伊川曰今日爲我祀父母明年不復祀矣是亦祭其外家也然無禮經

●退溪曰今人以外孫奉祀一廟而異姓同祭夫天之生物使之一本而此則爲二本彦甚不可也今或不幸外家祖先無後不忍其主之無歸則權宜奉置別所往來展省未爲不可
●陶庵曰朱子非族之祀一句語實爲正論愚意爲外孫者設或不得已而權奉其祀已身歿後卽當埋安
●問外祖無人祭初獻則祝文當何書退溪曰當闕
●南溪曰不得已爲外家奉祀而當止外孫之身
●明齋曰本宗祭四代外孫奉祀只止其身
●寒岡曰外家神主奉祀本非禮經今者不得已奉祀則當時祀茶禮時先祭祖外祖次祭
●遯溪(金瑄)禮無外孫主祀之義盖外祖外親也無後則自當班祔於其本宗之廟不得托祀於外孫者聖人定制之義至嚴且正東俗承祀外祖者俗然也禮則未也若不得已則粉面不書屬稱直書官啣姓氏曰某官府君神主顯字不可加

▶3901◀◈問; 외손봉사 묘제는?

선생님 고맙게 잘 배웠습니다.
3월에 묘제를 지내다가 외손이 죽으면, 기제사와 같이 묘제도 폐하는지요?
아니면 묘제는 외손의 후손이 계속 지내야 하는지요?
너무 여쭈어 죄송합니다.

◈答; 외손봉사 묘제는.

외조부모(外祖父母) 모든 제사는 외손(外孫) 죽음으로 폐하게 됩니다.

아버지의 외족(外族)은 부(父)의 속칭(稱)으로 칭하게 되어 부(父)의 외가(外家)는 자(子)의 진외가(陳外家), 부(父)의 외조부(外祖父)는 자(子) 진외조부(陳外祖父), 그 외 이에 준하여 호칭한다면 부(父)의 외숙(外叔)은 자(子)의 진외숙(陳外叔), 부(父)의 외종형제(外從兄弟)는 진외종형제(陳外從兄弟) 등과 같이 직칭이 아닌 아버지를 매개체(媒介體)로 부르는 간접 칭호로 조증고(祖曾高) 역시 동일하게 타인과 다를 바 없어 예경(禮經) 어디에도 그의 제사(祭祀)를 운운(云云)한 곳이 없게 됩니다. 다만 외조부(外祖父)가 무후사(無後死)하게 되면 부득이하게 외손대(外孫代)에 한하여 무축단헌예(無祝單獻禮)로 제사(祭祀)할 뿐입니다.

외손(外孫)의 예(禮)가 이와 같을진대 기제(忌祭)를 손대(孫代)에 폐하고 친진(親盡)의 10월 묘제로 그 외손이 행한다면 백세(百世)토록 묘제(墓祭)를 지내야 한다는 가설(假說)이 성립(成立)하게 되는데 예법(禮法)상 타당(妥當)하겠습니까.

●問父母墳與外祖同託一山則祭之當何先退溪曰先外祖
●陶庵曰朱子非族之祀一句語實爲正論愚意爲外孫者設或不得已而權奉其祀已身歿後卽當埋安
●問外祖無人祭初獻則祝文當何書退溪曰當闕
●南溪曰不得已爲外家奉祀而當止外孫之身
●明齋曰本宗祭四代外孫奉祀只止其身
●李道長問道長祖外家父外家俱無後二外祖神主道長皆奉祀矣若時祀茶禮之時同祭於正寢似甚未安未知何以則可乎寒岡曰外家神主奉祀本非禮經今者不得已奉祀則當時祀茶禮時先祭祖外祖次祭父外祖然後堂祭祖與考矣
●眉巖乃柳眉巖舊居卽公曾外家也
●漢韓辭典阜部八畫【陳】[陳外家]진외가. 國아버지의 외가
●국어사전; 진외조부(陳外祖父)「명사」아버지의 외조부.

▶3902◀◈問; 외손봉사시 필요한 각종 축식을요?

외조부께서 후사 없이 작고하시어 제가 제사를 모시게 되는데 그럴할 때 필요한 축식을 알고자합니다.

◈答; 외손봉사시 필요한 각종 축식.

선현들께서도 외손봉사에 대한 가부의 논의가 분분하나 우리나라에서는 정례는 아니나 부득이한 속례로서 외손봉사를 하게 되는데 외손봉사는 외손대에 한하게 됩니다, 그에 필요한

축식을 대략 아래와 같습니다.

⊙外祖父母忌祭祝式(梅山)

維
歲次干支幾月干支朔幾日干支外孫姓名敢昭告于
顯外祖考某官府君
顯外祖妣某封某氏歲月流易
顯外祖考(或外祖妣)諱日復遇不勝感愴謹以淸酌庶羞敬伸奠獻尙
饗

⊙外先祖神主埋安祝式(梅山)

維
歲次干支幾月干支朔幾日干支外孫姓名敢昭告于
玆以府君子孫俱歿無後又無可立者不得不用親盡之禮今將永遷不勝感愴謹以淸酌庶羞敬伸奠獻尙
饗

⊙外祖神主權奉者身死埋安祝文(梅山)

維
歲次干支幾月干支朔幾日干支外孫姓名敢昭告于
玆以府君子孫俱歿先考以外孫權奉祀事今先考損世祀事無歸不得不用親盡之禮今將永遷于墓所不勝感愴謹以淸酌庶羞敬伸奠獻尙
饗

●退溪曰今人無子而有女牽掣情私鮮能斷以大義而立後至以外孫奉祀一廟而二姓同祭夫天之生物使之一本而此則爲二本焉甚不可也今人或不幸其外家祖先無後而未有所處者不忍其主之無歸則權宜奉置別所而往來奠省未爲不可若公然與其本親同享一廟則悖理莫甚所謂神不歆非禮者此類之謂也

●尤庵曰外孫奉祀之非旣有朱子答汪尙書之明訓

●屛溪曰外孫奉祀實無於禮之禮近世雖或行之無先儒事可據而朱子答汪尙書論之已詳其義槩可見矣來示權字大不可若只因一時情義刱出無於禮之禮而必籍於權則豈不可大悖乎權非聖人莫行何敢輕議耶

●老洲曰外孫奉祀朱子議之以非族之享退溪斥之以二本兩賢之論如此其嚴而旣不立主則今何可追造心有所不忍終子之身紙榜行祭庶爲權宜伸情之道也又曰曾有人以此爲問而謂有母訓不忍違也故不得已勸以勿立主只四節日祭墓忌日以紙榜行祀終外孫之身而止焉未知盛見云何

●問有人窮獨無依托於女婿則其沒而葬題主及祝辭以婿名爲之耶婿有子則以外祖考題主耶洞山曰有外孫則外孫可主矣題主及祝辭皆外孫事也祭亦當止於外孫之孫以其子孫也

●問世俗或有以外孫主祀者神主當以顯外祖考妣書之旁註亦書之耶外祖神主或傳於外孫女則亦將何以書之沙溪曰外孫奉祀猶爲不可況外孫女耶何必書奉祀闕之可也

●問外孫奉祀者題主當以顯外祖考妣書之而其旁題亦以外孫某奉祀書之耶南溪曰終無立後之人則如所示稱謂其亦可否至於旁題問解有當闕之說似當準此

●陶庵曰朱子非族之祀一句語實爲正論以大賢而間不免此者終是苟也非正也愚意則爲外孫者設或不得已而權奉其祀已身亡後卽當埋安

●遂庵曰外孫奉祀甚無於禮之禮但後孫不計疎戚皆稱外裔或有告由則稱以外高祖似無所妨

●性潭曰外孫奉祀實出於不得已則至若外高曾初不須論也旣無可奉祀之人則事當埋主矣旣埋主則於其墓恐不可諉以非族之祀而全然無事歲修一祭似爲得伸情禮耳

●心石曰外孫奉祀雖曰非族之祀祝辭恐當用不勝感愴之語也

●家禮虞祭祝埋魂帛條祝取魂帛帥執事者埋於屛處潔地

●儀節祔祭(註)若喪主非宗子則宗子主祭降神初獻喪主行亞獻○異居則宗子爲告于祖爲牌位(家禮設虛位條備要用紙榜)而祭畢則焚之

●存齋曰祧主將埋而墓所絶遠者奉就所居近處高山潔地設榻于坎南奉櫝置榻上設酒果不焚香只奠

酒告

▶3903◀◈問; 외조부모 제사를 모시고 있는데 예법에 어긋나는가요?

선생님 안녕하세요. 외갓집에 양자로 들어올 친척이 없어 부득이 하게 외손인 제가 기제사와 명절에 별도로 제사를 받들고 있습니다. 외가에는 손이 귀한 집안일뿐더러 더욱이 있다하여도 한 자녀뿐이라 양자가 불가능 합니다. 제사를 모셔도 예에 크게 어긋나지 않는지요. 저의 어머님의 원이기도 합니다. 그리고 제사에 단술을 올리고 있는데 진설도에는 놓는 곳이 없으니 어디에 놓아야 하는지요. 가르쳐 주웠으면 감사 하겠습니다.

◈答; 외조부모 제사 모셔도 예에 어긋나지 않음.

외조부모가 후손이 없고 입후할 친척도 없으면 외손 봉사(외 조부모 제사 받듦)는 옛날부터 세속에서 불가피하게 지내어지고 있었던 것 같습니다. 귀하와 같은 여건이라면 예법이야 여하간 인정과 여식의 애절 함에서 거의가 폐하지 않을 것입니다.

송나라 시절에도 여러 선유들께서 불가 함을 논하였으니 예나 지금이나 행하고 있는 예 아닌 예 같습니다. 주자 선생께서도 같은 족친이 아닌 외조부모 봉사는 배척 하셨으며 퇴계 선생께서나 우암 선생 등 여러 선유께서 역시 예가 아니라 불가 하다 하였습니다. 그러나 본 게시판 228 번의 고찰과 같이 도암 선생의 설을 특히 현세에서 상기할 대목이라 생각합니다.

정도에 어긋난 예법을 인정 하거나 권장 함은 불가 하나 도암 선생의 설과 같이 혹 불가피하게 권봉기사(權奉其祀) 즉 외조부모 제사를 지내는 것은 정도에는 어긋나나 사실은 정도에 맞는 것이니 외손인 본인이 죽으면 그로 마치고 묘소에 매안하여야 한다 하심은 숙고할 말씀 이라 생각 합니다.

艮齋禮說外孫與女壻無主祭之義外祖父母母主祭妻父母妻主祭此爲正禮外孫與女婿無主祭之義
간재선생 예설의 외손과 사위가 주인이 없는 외조부모나 처부모의 제사에 할 도리는 외조부모는 어머니가 제사의 주인이 되고 처부모는 처가 제사의 주인이 되여 지내는 것이 바른 예법이니 외손과 사위는 후사가 없는 외조부모나 처부모 제사를 지내야 옳으니라.

두 번째 질문인 단술(일명 식혜)은 어느 진설 도식에도 없는 것 같습니다. 단술은 례(醴)라 하여 지금의 술이 들어 오기 이전에 현주(玄酒)와 같이 제물로 올리다 술로 대체된 것 같습니다. 그러나 지금은 현주만이 병에 담아 술병이 있는 자리 옆에 둘뿐 그도 사실은 상에 올리지는 않으며 더욱이 단술은 어디에도 언급 한 곳이 없습니다. 진설도 소채 열 오른 쪽에 있는 해(醢)는 포를 잘게 썰어서 누룩과 소금을 섞어 재운 음식으로 지금은 보기 힘들며 대개 고기를 잘게 썰어 간장에 졸여 그 대용으로 쓰며 삼례의나 증해의 자(鮓)는 새우젓과 같은 젓갈류 입니다.

가끔 통상 좌포 우해라 하여 소채 열 오른 쪽에 단술을 진설 함을 접할 수 있는데 해(醢)자는 육장 해자 이며 그 열에는 단술을 올릴 열이 더욱 아닙니다. 다만 사례편람 우졸곡 진설도와 시제 진설도에 채소 열 오른 쪽에 식해(食醢) 를 배열 하였는데 음이 비슷한 식혜로 오인한 결과가 아닌가 생각 됩니다. 의절 합비지물조를 보면 예주(醴酒)는 찌꺼기가 없이 술의 대용으로 쓴다. 라 되어 있습니다. 예법 어느 곳에서도 지금까지 살핀바 없으니 지적하여 줄 수가 없습니다. 다만 기왕에 준비된 제수라면 당초에 제 1 행의 진설품이었으니 반잔시초갱혜(飯盞匙醋羹醯)로 진설함이 옳을 것입니다.

問外祖無人祭初獻則祝文當何書退溪曰當闕
누가 묻기를 후손이 없는 외조부모의 제사를 지내면서 초헌 때에 축문은 어찌써야 마땅하겠습니까. 하고 여쭈니 퇴계선생 가로되 축 없이 지냄이 마땅하다.

●大全外祖父母及妻父母無主祭者當於正朝端午中秋及各忌日用俗儀祭之

●退溪曰外孫奉祀一廟而二姓同祭夫天之生物使之一本而此則爲二本甚不可也今人或不幸其外家祖先無後而未有所處者不忍其主之無歸則權宜奉置別所而往來奠省未爲不可
●尤庵曰外孫奉祀朱子旣斥以非族之祀
●陶庵曰朱子非族之祀一句語實爲正論愚意爲外孫者設或不得已而權奉其祀己身歿後卽當埋安
●栢田山所守護節目(英祖三十八年)山所祭祀以歲一祭每於十月上旬精備祭物以爲過行之地爲乎矣祭需段以位畓所出禾穀隨所入除出貿易而祭物都色及餠飯菜果次知熟手各人等各別擇定後公兄中一人陪行祭物領率各差備往于齋庵凡干等事另加察飭務從精潔熟正過行爲齊○祭物器數果六品油蜜果一器在此中脯醢各一品湯三色肉一器魚一器雉鷄間一器看南二色肉一器魚一器佐飯一器菜二器沈菜一器醢一器淸醬一器飯一器羹一器麵一器餠一器淸一器醴酒一鐥炙三器肉炙一器魚炙一器雉鷄間一器香一封爲式爲齊○山神祭果二器脯醢各一器醴酒一鐥爲式爲齊

▶3904◀◈問; 장손이 있어도 제사를 지내지 않는데 딸이 제사를 가져와도 되는지요?

안녕하세요? 저희가 2 남 4 녀로 아버지 어머니께서 일찍 돌아가셨습니다. 어찌하다 보니 큰 오빠가 4 년 전부터 제사를 모시지 않아 막내딸인 제가 명절하고 제사 때마다 시골선산에 음식을 차려가서 성묘만 하고 있습니다. 제가 제사를 모셔오고 싶은데 가능한지요? 가능하다면 어떻게 해야 하는지 자세히 알려주시면 고맙겠습니다.

◈答; 장손이 제사를 지내지 않아도 딸이 제사를 가져올 수 없음.

이남(二男)이라 하셨으니 장자(長子) 밑에 차자(次子)가 있으니 만약 장장가 연고가 있어 제사를 집행하기가 어려우면 차자가 대행하게 되어 있으며 또 출가(出嫁)한 여식은 친정에 남자 형제가 있는 한 그 제사를 지낼 수가 예법상 없습니다. 출가한 여식(외손)이 친정 제사를 봉사할 수 있는 경우는 무자로서 입후할 친족이 없을 때 그 제사를 외손 대에 한하여 모실 수가 있습니다.

장자가 부모 제사를 모시지 않는 연유는 모르겠으니 경제적 원인이라면 제수를 갖춰 장자댁으로 가 지내거나 다른 연유로 아예 제사를 폐함이라면 차자 댁에서 섭제로 지냄이 옳을 것입니다.

●曲禮支子不祭祭必告于宗子(註)不敢自專宗子有故支子當攝而祭五宗皆然疏廟在適子之家庶子不敢輒祭若濫祭亦是淫祀若宗子有疾不堪當祭則庶子代攝可也猶宜告宗子然後祭
●喪服小記庶子不祭禰者明其宗也(註)庶子不得立禰廟故不得祭禰所以然者明主祭在宗子廟必在宗子之家也庶子雖貴止得供具牲物而宗子主其禮也○(又)喪服小記庶子不祭祖者明其宗也(註)此據適士立二廟祭禰及祖今兄弟二人一適一庶而俱爲適士其適子之爲適士者固祭祖及禰矣其庶子雖適士止得立禰廟不得立祖廟而祭祖者明其宗有所在也
●問解續長子雖病廢似不可傳重於次子况長子有子則豈可以次子奉祀也
●曾子問庶子若宗子死告於墓而祭於家稱名不言孝身沒而已註孝宗子之稱不敢與之同但言子某至子可以稱孝
●問長子病廢次子專主喪事題主何以爲之寒岡曰雖病廢不得不書長子名
●尤庵曰父有廢疾其子承重此於鄭知雖據天子諸侯而言以朱子所論觀之則此實自天子以至於庶人之達禮也
●愼獨齋曰長子雖病廢似不可傳重於次子况長子有子則豈可以次子奉祀耶
●朱子曰宗子無力不能立祠堂則庶子立之然亦宗子主其祭
●禮運矜寡孤獨廢疾者皆有所養疏矜寡孤獨廢疾者皆有所養者壯不愛力故四者無告及有疾者皆獲恤養也
●周禮司徒敎官之職族師條其族之夫家衆寡辨其貴賤老幼廢疾可任者

▶3905◀◈問; 장인어른 제사에 대하여.

저의 처는 2 녀 중 장녀입니다. 장인어른은 5 년 전에 돌아가셨고요. 처가에 남자형제가 없어 앞으로 제가 장인, 장모님의 제를 모셔야 할 것 같아서요. 근데 제가 알기론 장인, 장모의 기일엔 남편인 제가 제주가 되는 것이 아니고 아내가 제주가 되며 전 초헌이 아닌 아헌을 올리는 걸로 알고 있습니다. 또한 명절일 경우 저도 장남인지라 우리 집안의 차례를 모셔야 하는데 같은 날 겸상을 할 수 없고 그렇다고 다음날 처가 제를 모시는 것도 아니라고 알고 있습니다. 이럴 경우 어떻게 해야 할까요. 기제사의 경우 날이 다르면 문제가 되지 않으니 괜찮을 것 같은데 명절엔 곤란하네요. 명절 본가 차례를 지낸 후 처가 산소에 가서 모시는 방법 밖엔 생각이 나질 않는데 아무래도 산소에서 모시면 음식이나 격식이 소홀해져서 아내가 서운해 할 것 같고요.

또 우리 처가는 현재 돌아가신 장인어른의 제를 처숙부가 모시고 있습니다. 아직 장모님은 살아계시는데 장모님께서 처가에서 나오셔서 따로 사시거든요. 장모님은 장인어른의 제를 모시고 싶어하시는데 처가와 장모님 사이가 좋지 않아 처가에서 장모님께 장인어른의 제를 모시지 못하게 하고 있습니다.

훗날 처숙부가 돌아가시더라도 장인, 장모님의 제는 제가 모셔야 하고 또한 그것이 당연하다고 생각하고 있습니다. 하지만 장모님이 처숙부보다 먼저 돌아가실 경우 장인제사는 처숙부가 장모 제사는 제가 이렇게 지내도 될까요? 물론 이 문제가 집안에서 의논 후 결정하면 되겠지만 지금은 이렇게 할 수 있는 상황도 아니라서. 아무튼 제가 궁금한 것은 '장인, 장모의 제사에서 제주는 아내가 되는 것이 맞는가?'와, '명절제사 시 겸상과 뒷날 처가 차례를 모셔도 되는가?'입니다.

과거 여자는 출가외인이라 하여 죽어도 시댁의 선산에 묻힌다고 했는데 오늘날 이런 개념은 사실상 많이 퇴색되었고 변화하는 시대 상황에 부합하지 못해 약화되었습니다. 답변 부탁드립니다. 0 海榮

◈答; 장인어른 제사에 대하여.

海榮님의 장모님이 집을 나와 따로 산다. 함이 무엇을 의미하는 지는 알 수 없으나 개가를 하였다면 남편 제사를 지낼 수 없는 것은 물론 그가 죽어도 처가(妻家)에서나 아니면 海榮님의 부인께서도 어머니 제사를 지내지 않는 것입니다. 다만 형편과 환경에 의하여 개가(改嫁)하지 않고 수절(守節)하고 계신다면 남편의 제사는 지내는 것입니다. 만약 0 海榮님의 장인께서 장자였으면 처삼촌의 아들이 입후되어 그 윗대 조상까지 봉사를 하여야 하고 지자였다면 장자(처백부)의 댁에서 海榮님의 장인 제사를 지내는 것입니다.

남편의 제사를 지내는 경우는 방친 마저도 없고 누구도 입후할 형편이 못되었을 때 부인이 남편 제사를 지내는 것이며 또 남편의 제사를 지내던 그 부인도 죽었을 때 비로소 출가한 딸이 있으면 그가 친정 부모 제사를 지내는 것입니다. 이때 설이나 추석 차례를 본종부터 지내고 후에 친정 부모를 따로 차려 지내는 것입니다. 물론 초헌관은 0 海榮님의 부인이 됩니다. 물론 외손이 있으면 그가 주인으로 초헌을 하게 되자요.

●儀禮疏曰適子不得後他故取支子又曰小宗適子亦當立後

●通典漢石渠議戴聖曰大宗無後族無庶子已有一適子當絶父祀以後大宗

●喪服傳何如而可爲之后同宗則可爲之后何如而可以爲人后支子可也疏支子可也者他家適子自爲小宗小宗當收斂五服之內亦不可闕則適子不得後他故取支子○又曰爲人後者孰後後大宗也曷爲後大宗大宗者尊之統也大宗者收族者也不可以絶故族人以支子後大宗也

●丘儀大明令凡無子許令同宗昭穆相當之姪承繼先取同父周親次及大功小功緦麻如無則方許擇遠命不承父命是貪利而忘親也

●經國大典適妾俱無子者告官立同宗支子爲後

●退溪曰長子無子次子之子承重指適子孫而言雖有妾産未可遽承代也

●沙溪曰長子無後而死不立後次子死而有子又季子生存次子之子當奉祀

●許傳曰長子無後雖次子之庶子其爲血孫一也恐不當捨之而取族人子也其曰未可遽承代云者只爲愼重而然耶

●尤庵曰前後妻皆歿後始爲之子者當爲前母之子

●或問父母生時長子無后而死則奈何或傳長婦或傳次子何以則得宜耶退溪曰父母生存長子無后而死爲長子立后而傳之長婦此正當道理也

●或問長子無后而死不立后次子死而有子又季子生存則誰當奉祀耶沙溪曰次子之子當奉祀也

●遂菴曰過長殤之年則雖未冠笄何可以殤例論也

●近齋曰世豈有無母之子不當立後當以次子爲嗣古禮既冠不爲殤則只謂治喪與服制一用成人之禮非謂立後家禮既娶方不爲殤冠而未娶者不立后何疑

●梅山(洪直弼)禮只許出嫁者於其父母無后者忌日則單獻無祝紙榜則亦書顯考妣是爲可從而至於四時節日則亦當略設伸情矣

●尤庵曰外孫不敢奉祀自有朱子明訓寧有節文之可言者然喪家未立後之前其出家女權奉饋奠則亦有俗例而非禮之正也

●退溪曰外祖先無後不忍其主之無歸則權宜奉置別所往來展省

●大典外祖父母及妻父母無主祭者當於正朝仲秋及各忌日用俗儀祭之

●寒岡曰外家神主奉祀本非禮經今者不得已奉祀則當時祀茶禮時先祭祖外祖次祭

●南溪曰不得已爲外家奉祀而當止外孫之身

●明齋曰本宗祭四代外孫奉祀只止其身

▶3906◀◈問; 장인어른 지방 쓰는 방법.

처가에는 처남이 없고 딸 둘만 있어서 맏사위인 제가 차례를 지내야 하는데 지방 쓰는 방법이 어디에도 없네요. 어떻게 하면 되는지.

◈答; 장인어른 지방 쓰는 방법은 없습니다.

처가에 장모께서 생존 하다면 장모가 주인으로 그 속칭으로 지방을 써야 하며 특히 종가라면 입후하여야 하고 입후가 불가능하다면 여식이 있으면 장녀 속칭으로 써야 하며 외손이 있다면 그 외손 속칭으로 써야 합니다.

⊙장모 속칭 지방식

顯辟學生府君神位

●或問無子而夫亡則神主當何以題乎旁題則不書乎寒岡曰婦人不得主喪旁題不可書若門中議勸立後則善

●問夫亡而無子則其神主當何書耶沙溪曰妻祭夫稱辟出於禮記周元陽祭錄亦曰無男主而妻祭夫曰顯辟某官封謚稱顯辟似有據旁題禮無明文

⊙장녀

顯考某官府君神位

●艮齋禮設出後女於父母無後者忌日單獻節日略設忌日單獻無祝紙榜則亦書顯考妣

⊙외손

顯外祖考某官府君神位

●金士憲問妻母無後而死神主粉面以外孫之名書之乎寒岡曰此乃變禮不知當如何而爲得宜也如不得已則當書曰顯外祖妣某封某氏神主

●問外孫奉題主當以顯外祖考妣書之而其旁題亦以外孫某奉祀書之耶南溪曰終無立後之人則如所示稱謂其亦可否至於旁題問解有當闕之說似當準此

▶3907◀◈問; 장인의 제사.

장인(丈人)의 기일(忌日)은 음력(陰曆) 8 월 16 일입니다. 제 처(妻)는 무남독녀(無男獨女)입니다.

1. 이번 설이 돌아가시고 첫 명절인데, 차례상은 어찌해야 할까요.제가 장손이라 저희 고향에 다녀온 후, 설날 오후에 차례를 올려도 될는지 아니면 집에 혼자 계신 장모님께서, 오전에 혼자서 차례를 지내셔야 하는지요.

2. 설, 추석 장인의 차례상에도 지방을 쓰나요? 쓴다면 기제사 때와 같은 내용의 지방을 쓰나요?

3. 지방을 쓴다면 어떻게 써야 하는지 알려주세요. 장인은 제주 고씨 입니다. (사위)

◈答; 장인의 제사.

속절 및 기제사는 처가에서 장모 되는 분이 그 명의로 지내야 합니다.

⊙지방식

顯辟學生府君神位

●或問無子而夫亡則神主當何以題乎旁題則不書乎寒岡曰婦人不得主喪旁題不可書若門中議勸立後則善

●問夫亡而無子則其神主當何書耶沙溪曰妻祭夫稱辟出於禮記周元陽祭錄亦曰無男主而妻祭夫曰顯辟某官封諡稱顯辟似有據旁題禮無明文

▶3908◀◈問; 장인, 장모님 제사에 지방 쓰는 법.

장인어른, 장모님 제사에 지방 쓰는 법 좀 부탁합니다 (문０룡)

◈答; 장인, 장모님 제사에 지방 쓰는 법.

처가에 무손이고 입후할 친족이 없다 하여도 사위로서는 장인 장모의 제사는 주관하여 초헌을 할 수가 없고 그러할 때는 귀하의 아들이거나 없으면 귀하의 부인이 제주가 될 수 있습니다. 이 역시 고대에는 가하지 않은 예이나 도암 선생의 말씀에 의한 불가피한 사정의 예입니다.

●梅山(洪直弼)禮只許出嫁者於其父母無后者忌日則單獻無祝紙榜則亦書顯考妣是爲可從而至於四時節日則亦當略設伸情矣

●陶庵曰朱子非族之祀一句語實爲正論愚意爲外孫者設或不得已而權奉其祀己身歿後卽當埋安

⊙친정부모지방식

父; 顯考某官府君神位

母; 顯妣某封某氏神位

●全齋曰妻父母妻主祭此爲正禮外舅無後當使妻主祭而祝以顯考顯妣書之此無二統之嫌故也

⊙외조부모 지방 쓰는 법.

外祖父; 顯外祖考某官府君神位

外祖妣; 顯外祖妣某封某氏神位

●金士憲問妻母無後而死神主粉面以外孫之名書之乎寒岡曰此乃變禮不知當如何而爲得宜也如不得已則當書曰顯外祖妣某封某氏神主

●問外孫奉題主當以顯外祖考妣書之而其旁題亦以外孫某奉祀書之耶南溪曰終無立後之人則如所示稱謂其亦可否至於旁題問解有當闕之說似當準此

▶3909◀◈問; 장인, 장모의 지방은 따로 있나요?

안녕 하세요. 수고 하십니다. 궁금한 게 있어 이렇게 여쭈어 봅니다. 다름이 아니라 저의 처가는 딸만 있어요. 그 중 전 셋째고요. 그러다 보니 사위들이 제사를 지내야 하는데 장모님의 기일이 얼마 남지 않았는데 장인 장모님의 지방은 따로 있나요? 아니면 부모님처럼 하나요. 가르쳐 주시면 고맙겠습니다.

◈答; 장인, 장모의 지방은 따로 따로.

전통예절의 조상 봉사 예법은 사당봉사 예법이니 사당에 들수 있는 조상은 직계 고증조고와 방친뿐으로 그 외는 제사를 지낼 수가 없는 것으로 지방으로 조상 봉사 역시 이를 준 함이니 장인 장모의 제사를 지낼 수 있는 예법이 가례(家禮)나 그 외의 전통 예법에서 찾을 수가 없습니다. 다만 아래와 같은 선유의 말씀이 있습니다.

陶菴曰外孫設或不得已而權奉其祀身歿後卽當埋安
도암 선생께서 말씀 하시기를 외손이 설령 부득이 하게 외조부모를 임시로 외조부모의 제사를 받들고 있으면 그 외손이 죽으면 즉시 제사를 마치고 신주를 묻는 것이 마땅하니라.

艮齋禮說外孫與女壻無主祭之義外祖父母母主祭妻父母妻主祭此爲正禮外孫與女婿無主祭之義
간재선생 예설의 외손과 사위가 주인이 없는 외조부모나 처부모의 제사에 할 도리는 외조부모는 어머니가 제사의 주인이 되고 처부모는 처가 제사의 주인이 되여 지내는 것이 바른 예법이니 외손과 사위가 주인이 없는 외조부모나 처부모 제사를 정도에 딸아 옳게 지내는 법이니라.

艮齋禮說出後女於父母無後者忌日單獻節日略設忌日單獻無祝紙榜則亦書顯考妣
간재선생(艮齋先生) 예설의 출가(出嫁)한 여식(女息)이 후사가 없는 친정부모의 기일에는 단헌으로 지내고 명절날에는 간략히 지낸다. 기일에는 무축 단헌으로 지내고 지방 역시 현고 현비라 쓴다

장인의 방친으로 대에 맞는 자손이 있으면 그로 하여금 후사로 삼든가 아니면 부위로서 봉사케 하여야 하며 그도 없으면 원척 간이라도 입후하여 제사를 받들게 함이 옳은 예법이 아닌가 생각 됩니다.

⊙장녀 친정부모 지방식

父; 顯考某官府君神位
母; 顯妣某封某氏神位

▶3910◀◈問; 장인 장모 지방 쓰는 법 좀 알려주세요.

장인 장모님이 혈족이 없어 제가 제사를 모시려 하는데 지방을 어떻게 서야 하는지 알려주세요.

◈答; 장인 장모 지방 쓰는 법은 없음.

귀하와 같은 질문에 수번 게시판에 답을 하였습니다. 사위로서 처가의 제사를 주인으로 지낼 수는 없는 것 같습니다. 즉 초헌관이 될 수 없다는 뜻입니다. 다만 외손인 귀하의 장남이 외조부모를 초헌관으로서 그의 당대에 한하고 천묘 하여 그친다 합니다. 예로부터 외손봉사설을 살펴보면 논난이 대단히 분분하였습니다. 그 시절에도 논난의 대상이엇던 것 같습니다.

⊙대전(大典)에 있는 말씀입니다.

外祖父母及妻父母無主祭者當於正朝端午中秋及各忌日用俗儀祭之
이 말씀에 뜻은 외조부모나 처부모가 제사를 주관할 자가 없으면 당연히 정월 초하루 단오 추석 및 각 기일에 세속의 의례를 준용하여 제사를 지낸다.

도암(陶菴)선생의 말씀 입니다.
外孫者設或不得已而權奉其祀已身歿後卽當埋安
외손 되는 자가 설혹 어찌할 수 없이 임기응변으로 그 후 잠깐 동안 외조부모 제사를 받들다가 그 자신이 죽게 되면 곧 신주를 묻는 것이 당연 하니라. 그러나 신주식은 아직 접 하지 못 하였으나 아래와 같이 세우면 무난하지 않을까 합니다.

⊙지방식

外祖父; 顯外祖考某官府君神位
外祖母; 顯外祖妣某封某氏神位

그러나 외손이 무 할 시 어찌 할 수 있다는 예법을 접하지 못하여 적시 하여 줄 수가 없습

니다.

●朱子曰上谷郡君謂伊川曰今日爲我祀父母明年不復祀矣是亦祭其外家也然無禮經
●大典外祖父母及妻父母無主祭者當於正朝端午中秋及各忌日用俗儀祭之
●陶菴曰朱子非族之祀一句語實爲正論愚意爲外孫者設或不得已而權奉其祀已身歿後卽當埋安
●問外祖無人祭初獻則祝文當何書退溪曰當闕
●通典他國庶子無廟向墓遙爲壇以時祭卽今之上墓儀
●退溪曰外孫奉祀一廟而二姓同祭夫天之生物使之一本而此則爲二本甚不可也其主之無歸則權宜奉置別所而往來奠省未爲不可

▶3911◀◈問; 제가 장인어른 제사를 모시는데 지방 쓰는 법.

제가 2 년 전부터 장인어른 제사를 모시고 있습니다. 제 처가 무남독녀인 관계로 저의 집에는 3 남 2 녀 중에서 제가 4 번째 입니다. 그런데 지방 쓰는 법을 정확히 알지 못하여 이렇게 문의합니다. 꼭 좀 잘 가르쳐 주십시오.

◈答; 장인 지방 쓰는 법은 없음.

친가와 더불어 처가의 봉제사에 참으로 효의 극진 함이며 차(差) 없이 하시기 바랍니다. 처가의 친족 중에서 입후함이 원칙이나 근친은 물론 원친 역시 무 하다면 당연지사 입니다. 그러나 사위로서는 처가 선영의 주인이 될 수 없으며 외손으로서 그의 당대에 한하여 무축단헌(無祝單獻)의 예에 주인으로 봉제사를 할 수 있으니 그의 명으로 초헌을 하여야 하는데 본 내용으로 보와 서는 외손의 유무를 밝히지 않아서 난감하나 후사가 있는 것으로 보와 다음과 같이 쓰면 되지 않을까 합니다. 처가 장인장모 봉사는 외손이 없으면 장녀가 모시게 됩니다.

⊙외조부모 지방

外祖考; 顯外祖考某官府君 神位
外祖妣; 顯外祖妣某封某氏 神位

*모관에는 벼슬을 쓰는 것이며 무관일 때는 學生이라 쓰면 되며,
*모봉에는 남편이 벼슬이 없으면 孺人 이라 씁니다.

●朱子曰上谷郡君謂伊川曰今日爲我祀父母明年不復祀矣是亦祭其外家也然無禮經
●大典外祖父母及妻父母無主祭者當於正朝端午中秋及各忌日用俗儀祭之
●退溪曰外孫奉祀一廟而二姓同祭夫天之生物使之一本而此則爲二本焉甚不可也今人或不幸其外家祖先無後而未有所處者不忍其主之無歸則權宜奉置別所而往來奠省未爲不可若公然與其本親同享一廟則悖理莫甚所謂神不歆非禮者此類之謂也故今於外孫奉祀之問不敢苟徇而以爲可行也
●寒岡曰外家神主奉祀本非禮經今者不得已奉祀則當時祀茶禮時先祭祖外祖次祭
●陶庵曰朱子非族之祀一句語實爲正論愚意爲外孫者設或不得已而權奉其祀已身歿後卽當埋安
●問外祖無人祭初獻則祝文當何書退溪曰當闕

▶3912◀◈問; 장인 지방 쓰는 법.

장인 어르신의 제사를 사위가 모십니다.

◈答; 장인 지방 쓰는 법.

다음과 같은 선유의 말씀이 계십니다.

艮齋禮說曰外祖父母母主祭妻父母妻主祭此爲正禮外孫與女婿無主祭之義又曰外舅無後當使妻主祭而祝以顯考顯妣書之此無二統之嫌故也又曰梅禮只許出嫁者於忌日單獻無祝紙榜則亦書顯考妣是爲可從而至於四時節日則亦當畧設伸情矣
간재선생 예설에서 이르기를 외조부모의 제사는 모친이 주인이 되며 처부모의 제사도 그의 처가 제사를 주관하여야 한다. 이와 같이 함이 바른 예법으로 외손과 더불어 사위는 처부모의 제사를 주관하지 않아야 옳으니라. 또 이르기를 처부모가 뒤를 이을 후사가 없으면 처로

하여금 제사를 주관케 하고 현고(顯考) 현비(顯妣)라 지방을 써 모시고 제사케 하여야 한다. 이는 근본은 둘이 없기 때문에 꺼리는 까닭이니라. 또 이르기를 매산 선생의 예서에 다만 출가한 여식은 부모의 기일에는 무축단헌 정도로 제사를 마치며 지방을 쓸 때는 모두 현고 현비로 바르게 써 옳도록 따라야 하며 사시제나 명절이 되면 역시 간략하게 베풀어 놓고 정성을 다하여 아뢰어야 하느니라.

이상의 말씀이 정례이나 정례는 아니나 아래와 같은 말씀도 계십니다.

●問妻母無後而死神主粉面以外孫之名書之乎寒岡曰此乃變禮不知當如何而爲得宜也如不得已則當書曰顯外祖妣某封某氏神主旁題則姑勿書
●問世或有以外孫主祀者神主當書顯外祖考妣旁註亦書之邪外祖神主或傳於外孫女則亦將何以書之邪沙溪曰外孫奉祀猶爲不可况外孫女邪何必書奉祀闕之可也
●遁溪(金瑄)禮無外孫主祀之義盖外祖外親也無後則自當班祔於其本宗之廟不得托祀於外孫者聖人定制之義至嚴且正東俗承祀外祖者俗然也禮則未也若不得已則粉面不書屬稱直書官啣姓氏曰某官府君神主顯字不可加

▶3913◀◈問; 제사에 관하여?

안녕하세요! 저의 처가에는 딸만 셋 있습니다. 집사람이 장녀인데요, 장인제사를 작년까지는 처가에서 장모께서 지냈습니다. 그런데 올해 장모님께서 재가를 하셔서 명절제사와 기제사를 가까운 절에 올리려 합니다.

저는 집에서 둘째인데, 어머니 제사가 있어서 명절제사와 기제사는 형님 집에 가서 제사를 모십니다. 궁금한 것은 장인제사를 모시고 싶은데 명절제사는 저의 어머니 제사 때문에 모실 수 없으니 절에 계속 올리고 기제사만 저희 집에서 모시려고 합니다. 이럴 경우 제례에 어긋나지 않나요? 괜찮다면 어떠한 절차가 필요한가요!!

제사(祭祀)를 모셔올 때 해야 되는 제례가 있는 것으로 알고 있는데요. 답변 부탁합니다. 감사합니다.

◈答; 제사에 관하여.

귀하의 질문의 요지는,

1. 장인의 제사를 지내고 싶은데 어떻게 지내는가.
2. 명절 제사는 절에서 기제사는 귀하가 모시는 것은 예에 어긋나지는 않는가.
3. 제사를 옮기는 방법.

1. 째 질문: 答: 다음과 같은 선유의 말씀이 계십니다.
艮齋曰外祖父母母主祭妻父母妻主祭此爲正禮外孫與女婿無主祭之義又曰外舅無後當使妻主祭而祝以顯考顯妣書之此無二統之嫌故也又曰梅禮只許出嫁者於忌日單獻無祝紙榜則亦書顯考妣是爲可從而至於四時節日則亦當畧設伸情矣
간재 선생께서 이르시기를 외조부모의 제사는 모친이 주인이 되며 처부모의 제사도 그의 처가 제사를 주관하여야 한다. 이와 같이 함이 바른 예법으로 외손과 더불어 사위는 처부모의 제사를 주관하지 않아야 옳으니라. 또 이르기를 처부모가 뒤를 이을 후사가 없으면 처로 하여금 제사를 주관케 하고 현고(顯考) 현비(顯妣)라 지방을 써 모시고 제사케 하여야 한다. 이는 근본은 둘이 없기 때문에 꺼리는 까닭이니라. 또 이르기를 매산 선생의 예서에 다만 출가한 여식은 부모의 기일에는 무축단헌 정도로 제사를 마치며 지방을 쓸때는 모두 현고 현비로 바르게 써 옳도록 따라야 하며 사시제나 명절이 되면 역시 간략하게 베풀어 놓고 정성을 다하여 아뢰여야 하느니라.

위와 같이 살펴볼 때 귀하의 부인 명(名)으로 지방(紙牓)을 쓰고 축이 없이 부인이 초헌관이 되어 단잔으로 아헌과 종헌은 생략하고 그 외는 모두 기제사 지내는 법과 같이 지내면 될 것입니다.

2.째 질문: 答: 예법으로는 어긋나는 것 갔습니다. 명절에도 귀하의 조상을 섬기고 돌아와 늦게라도 지내면 되지 않을까 합니다.

●全齋曰妻父母妻主祭此爲正禮外舅無後當使妻主祭而祝以顯考顯妣書之此無二統之嫌故也

3.째 질문: 答: 전통 예법으로 처가 사당 옮기는 예법은 아직 살핀바 없습니다. 다만 세속에 행하는 예법으로 주과포 단잔으로 예를 갖추고 옮기고 있으니 그를 따르는 것이 적합하지 않을까 생각 듭니다.

●栗谷曰凡神主移安還安或奉遷他處等事則告祭用朔參之儀

▶3914◀◈問; 처가가 무손인데 장인제자 사위가 지낼수 있습니까?

처가가 혈족 없이 대가 끊겼습니다. 장인 장모를 외아들인 처남이 지내시다 돌아가셨습니다. 장인 어른 제사가 곧 돌아 오는데 저는 아직 아들이 없습니다. 제가 장인 어른 제사를 모실 수가 있는지요? 만약 못지낸다면 지낼 수 있는 방법은 없겠습니까?

◈答; 사위는 장인 제사를 지내지 못합니다.

사위는 친혈족관계가 아니라 처부모 제사를 주관하여 초헌관이 되지 못합니다.

외손 봉사는 가능하나 외손도 없다하니 혈녀인 부인께서 주관 무축 단헌의 예로 제사함이 옳은 예법이 되겠습니다.

●朱子曰上谷郡君謂伊川曰今日爲我祀父母明年不復祀矣是亦祭其外家也然無禮經
●大典外祖父母及妻父母無主祭者當於正朝端午中秋及各忌日用俗儀祭之
●陶菴曰朱子非族之祀一句語實爲正論愚意爲外孫者設或不得已而權奉其祀已身歿後卽當埋安
●問外祖無人祭初獻則祝文當何書退溪曰當闕
●通典他國庶子無廟向墓遙爲壇以時祭卽今之上墓儀
●退溪曰外孫奉祀一廟而二姓同祭夫天之生物使之一本而此則爲二本甚不可也其主之無歸則權宜奉置別所而往來奠省未爲不可
●梅山(洪直弼)禮只許出嫁者於其父母無后者忌日則單獻無祝紙榜則亦書顯考妣是爲可從而至於四時節日則亦當略設伸情矣
●退溪曰外孫奉祀一廟而二姓同祭夫天之生物使之一本而此則爲二本甚不可也今人或不幸其外家祖先無後而未有所處者不忍其主之無歸則權宜奉置別所而往來奠省未爲不可
●尤庵曰外孫奉祀朱子旣斥以非族之祀
●陶庵曰朱子非族之祀一句語實爲正論愚意爲外孫者設或不得已而權奉其祀己身歿後卽當埋安
●全齋曰妻父母妻主祭此爲正禮外舅無後當使妻主祭而祝以顯考顯妣書之此無二統之嫌故也
●家禮時祭初獻主人亞獻主婦爲之終獻兄弟之長或長男或親賓爲之
●士虞禮賓執事者註賓客來執事者
●特牲饋食禮宿賓疏曰獻次兄弟賓是士之屬吏命於其君者其與於獻也
●或問所謂親賓親戚中爲賓者歟昔同春喪虞祭李執義翔爲終獻此旣非親戚則凡祭非親戚而亦可爲終獻矣尤菴曰親賓謂所親之賓客也賓而祭者或以賢或以爵皆所以重其事也非裔屬非尊行似不當論
●屛溪曰姻親或平日升堂之賓則亦可獻於妣位矣
●南溪曰祭禮用親賓古禮也非姑姊妹夫一家之親則似難泛行

▶3915◀◈問; 한집에서 서로 다른 조상제사를 지내도 되는가요.

저와 집사람은 장남, 장녀이고 처가 쪽에 제사를 물려받을 아들이 없어서 저의 제사를 지내고 난 후 바로 그 자리에서 처부모님 제사를 지내도 괜찮은가요?

◈答; 한집에서 서로 다른 조상제사 지내지 않음.

◎外孫奉祀妻父母奉祀(외손봉사처부모봉사)

大典外祖父母及妻父母無主祭者當於正朝端午中秋及各忌日用俗儀祭之○程叔子曰先妣侯夫人未終前一日命頤曰今日百五爲我祀父母明年不復祀矣○朱子曰上谷郡君謂伊川曰今日爲我祀父母明年不復祀矣是亦祭其外家也然無禮經○宋公以外祖無後而歲時祭之此其意可謂厚矣然非族之祀於理既未安而勢不及其子孫則爲慮亦未遠曷若訪其族親爲之置後使之以時奉祀之爲安便而久長哉○堯卿問荊婦有所生母在家間養百歲後神主歸於婦家則婦家陵替欲祀於別室如何日不便北人風俗如此○陳北溪淳曰今世多有以女子之子爲後以姓雖異而氣類相近似勝於姓同而屬疎者然賈充以外孫韓謐爲後當時博士秦秀已議其昏亂紀度是則氣類雖近而姓氏實異此說斷不可行○退溪曰今人無子而有女牽掣私情鮮能斷以大義而立後至以外孫奉祀一廟而二姓同祭夫天之生物使之一本而此則爲二本甚不可也今人或不幸其外家祖先無後而未有所處者不忍其主之無歸則權宜奉置別所而往來奠省未爲不可○尤菴曰外孫奉祀朱子既斥以非族之祀又賈充以外孫爲後秦秀已議其昏亂紀庶何敢犯此爲之乎程子母夫人將終命伊川曰爲我祀父母若有女子則猶可援此奉祀況侯夫人語以爲明年不復祀云則其祀當止於侯夫人而伊川則將不得祀矣此亦爲外孫不得奉祀之明證也○南溪曰本宗祭四代之制雖出於程朱之論主正禮者猶或以爲不可而況外孫侍養非所並論於本宗者乎○陶菴曰朱子非族之祀一句語實爲正論愚意爲外孫者設或不得已而權奉其祀已身歿後卽當埋安

위와 같이 살펴 보건대 외조부모나 처부모 봉사에 관하여 고대로부터 그 의론이 분분하였음을 엿볼 수 있는데 특히 대전에 외조부모 또는 처부모가 후사가 끊겼으면 속절과 각 기일에 세속의 의례대로 제사를 지낸다 하였으며 또 도암 이재 선생 말씀이 어리석은 생각이나 부득이하여 외손 봉사하는 것은 상도에는 어긋나나 결과적으로는 도에는 맞으니 외손이 봉사를 하다 그가 죽으면 곧 신주를 묻어라 하신 것 같습니다. 대단히 조심스러우나 도암선생 말씀과 같이 외손 대에 한하여 외조부모 봉사가 부득이하지 않을 까는 생각됩니다. 위의 말씀은 입후하여 대를 이을만한 족인이 없을 때의 말씀들입니다.

●朱子曰上谷郡君謂伊川曰今日爲我祀父母明年不復祀矣是亦祭其外家也然無禮經
●大典外祖父母及妻父母無主祭者當於正朝端午中秋及各忌日用俗儀祭之
●陶菴曰朱子非族之祀一句語實爲正論愚意爲外孫者設或不得已而權奉其祀已身歿後卽當埋安
●問外祖無人祭初獻則祝文當何書退溪曰當闕
●通典他國庶子無廟向墓遙爲壇以時祭卽今之上墓儀
●退溪曰外孫奉祀一廟而二姓同祭夫天之生物使之一本而此則爲二本甚不可也其主之無歸則權宜奉置別所而往來奠省未爲不可
●梅山(洪直弼)禮只許出嫁者於其父母無后者忌日則單獻無祝紙榜則亦書顯考妣是爲可從而至於四時節日則亦當略設伸情矣

⊙儒學成均館國儀圖式

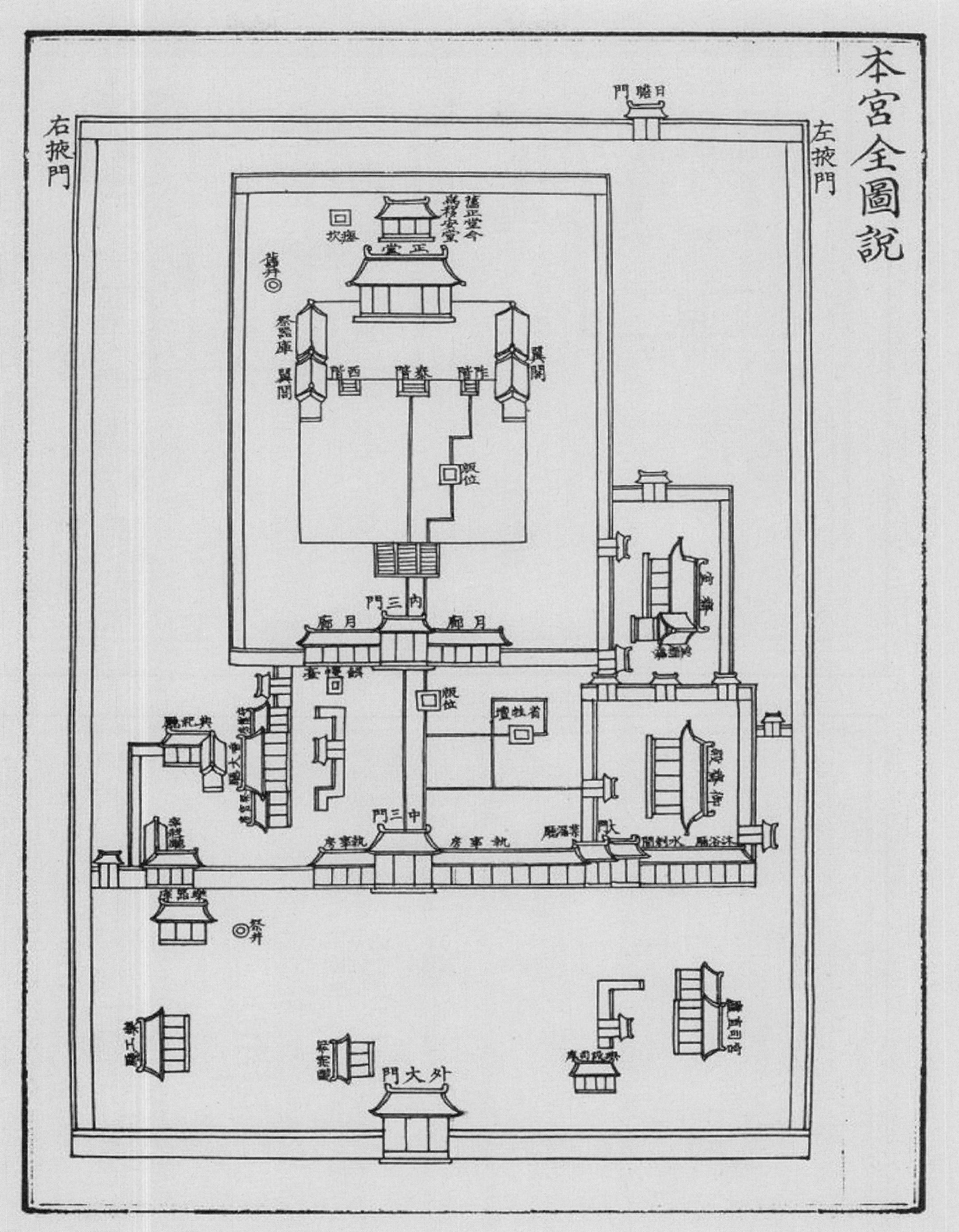

中泰階神路左阼階御路右西階祀官所由

DB 資料 引用.

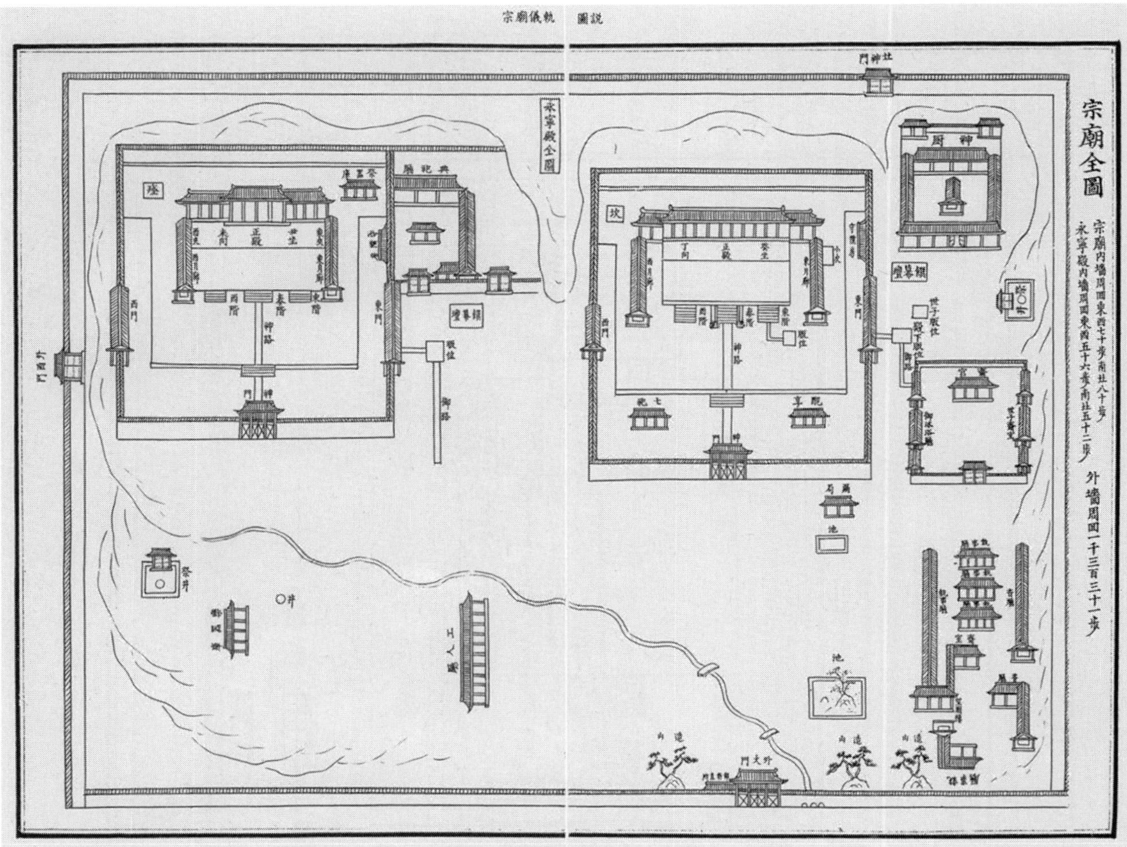

宗廟儀軌 圖說
宗廟全圖
宗廟內墻周回東西七十步南北八十步
永寧殿內墻周回東西五十六步南北五十二步
外墻周回一千三百三十一步
永寧殿全圖

宗廟儀軌 圖說
宗廟一間圖
永寧殿同
陪享文官位
陪享武官位
神路

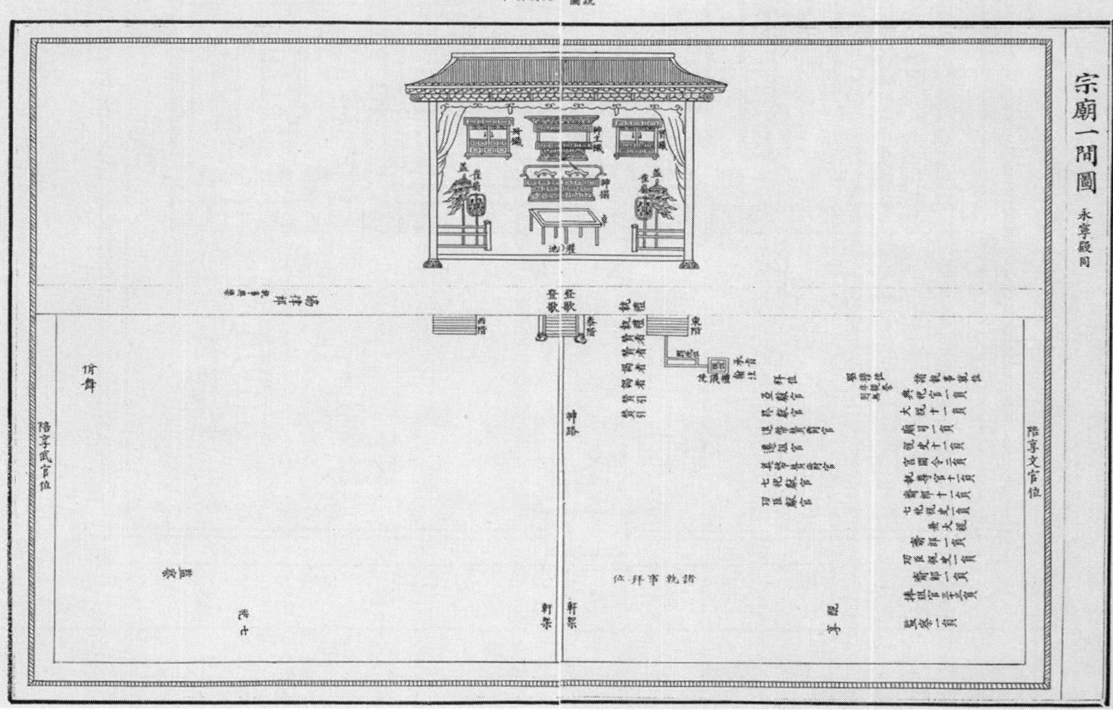

DB **資料 引用**.

그림 1 현재 서삼릉(西三陵) 내의 효창원(孝昌園) 모습

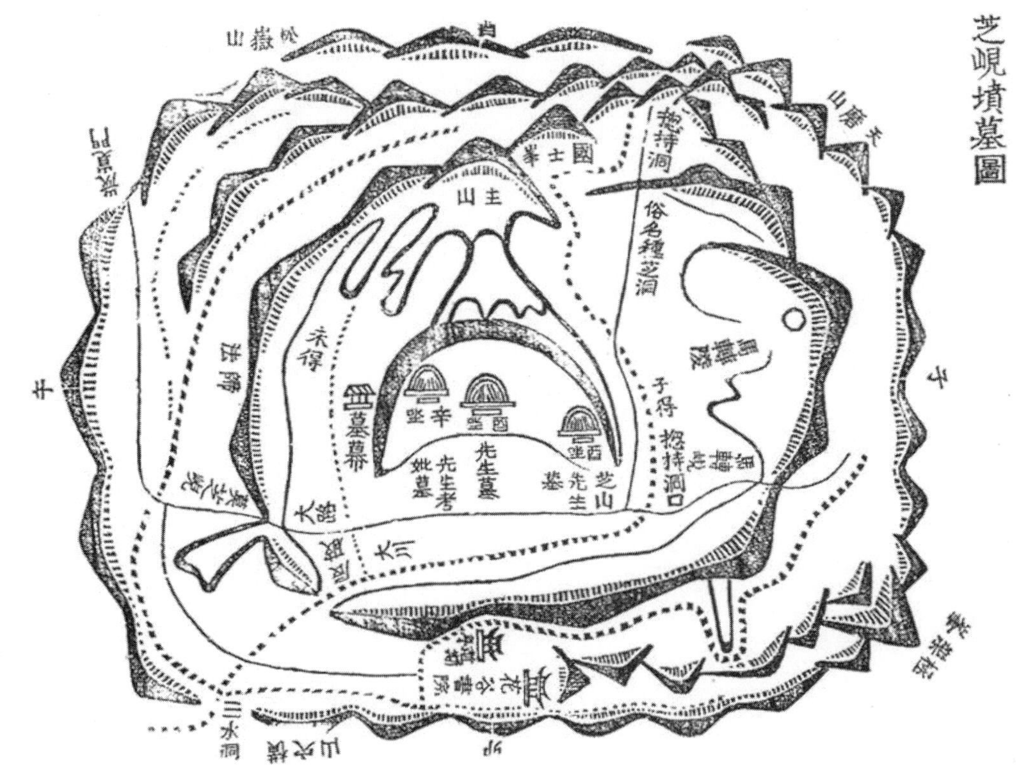

右旋辛兌龍辛入首酉坐卯向子未得辰破

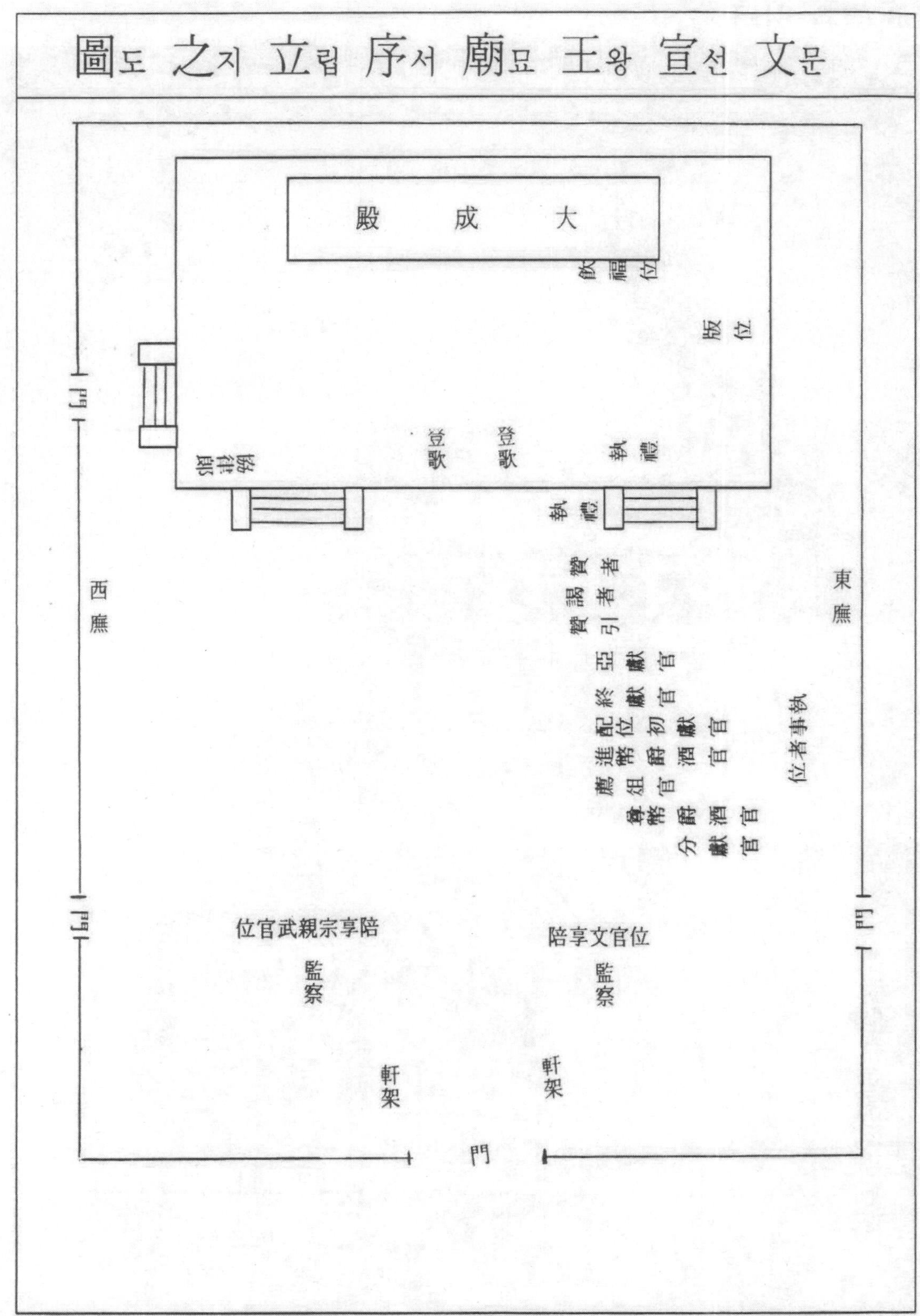
文문宣선王왕廟묘序서立립之지圖도
大成殿
飮福位
版位
登歌
登歌
執禮
協律郎
執禮
贊者
謁者
贊引
亞獻官
終獻官
配位 初獻官
進幣 爵酒官
薦俎官
奠幣 爵酒官
分獻官
執事者位
東廡
西廡
門
門
門
門
陪享宗親武官位
陪享文官位
監察
監察
軒架
軒架

風풍雲운雷뢰雨우山산川천城성隍황壇단序서立립圖도

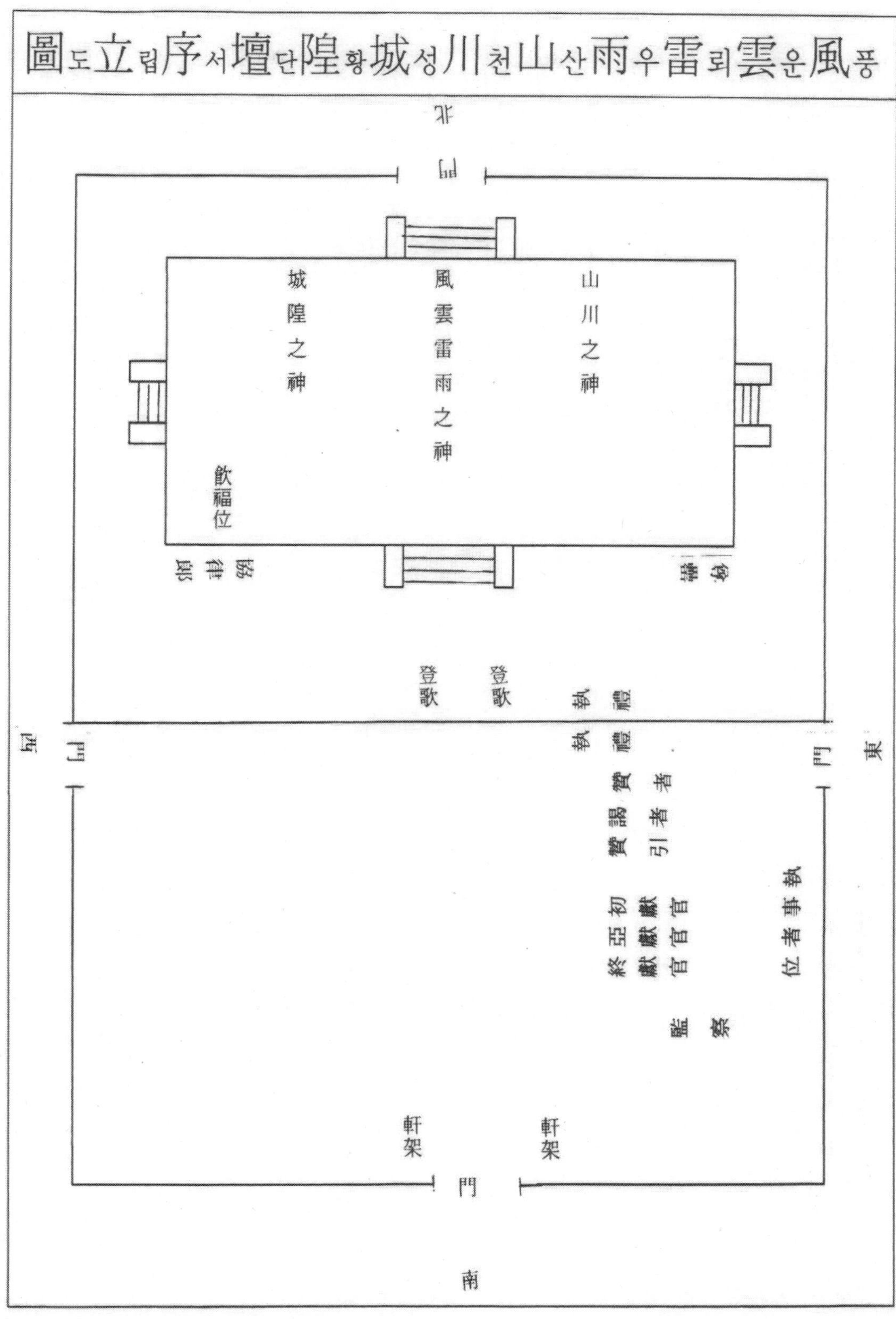

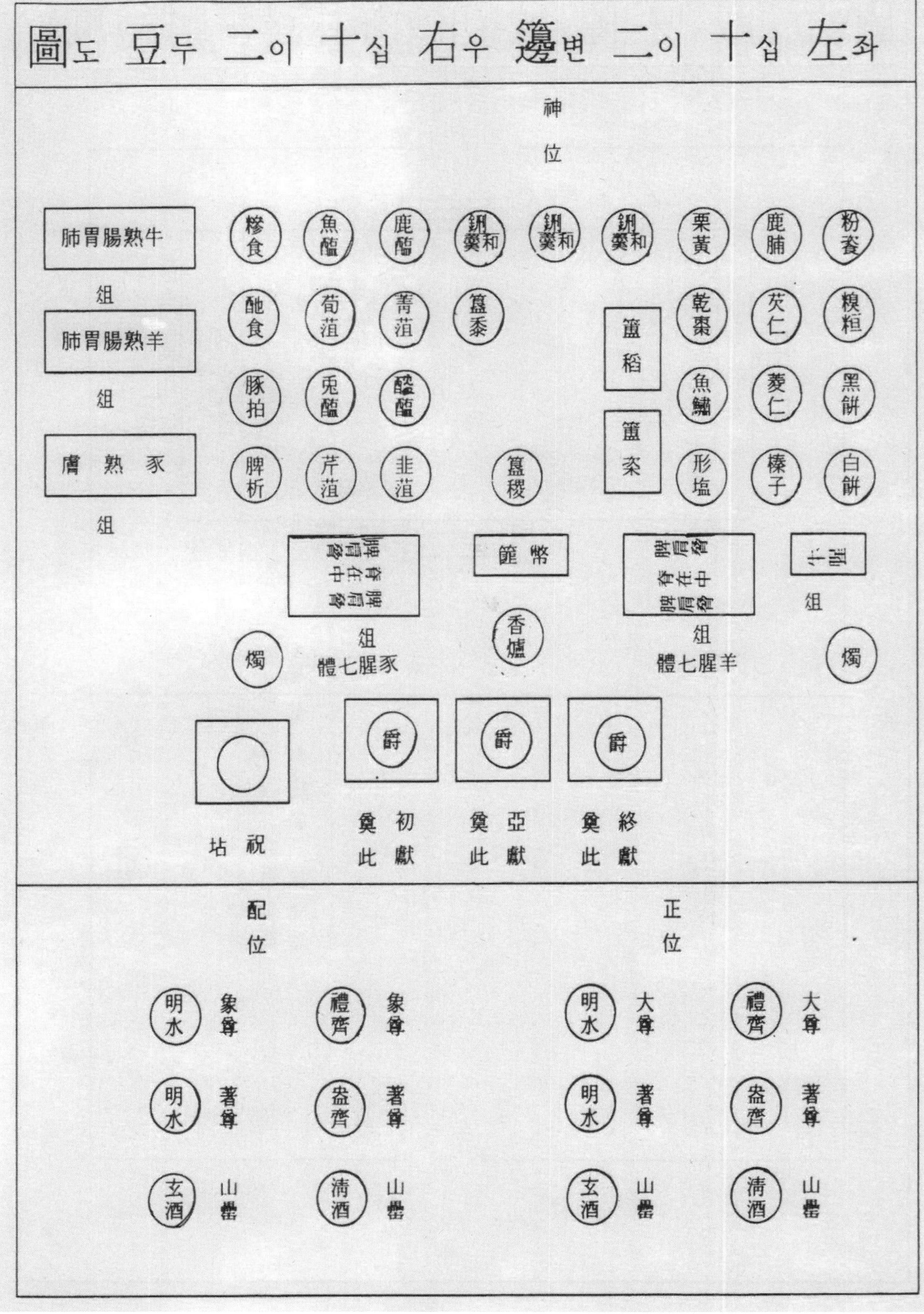

圖도 豆두 二이 十십 右우 籩변 二이 十십 左좌
神位
肺胃腸熟牛
俎
肺胃腸熟羊
俎
膚熟豕
俎
糝食
魚醢
鹿醢
栗黃
鹿脯
粉餈
酏食
菁菹
乾棗
芡仁
糗餌
簠稻
豚拍
兎醢
簠粱
魚鱐
菱仁
黑餅
脾析
芹菹
韭菹
簋稷
形塩
榛子
白餅
俎
體七腥豕
香爐
俎
體七腥羊
燭
燭
爵
爵
爵
祝坫
初獻
此奠
亞獻
此奠
終獻
此奠
配位
正位
明水
象尊
禮齊
象尊
明水
大尊
禮齊
大尊
明水
著尊
盎齊
著尊
明水
著尊
盎齊
著尊
玄酒
山罍
清酒
山罍
玄酒
山罍
清酒
山罍

圖도 豆두 二이 十십 右우 籩변 二이 十십 左좌

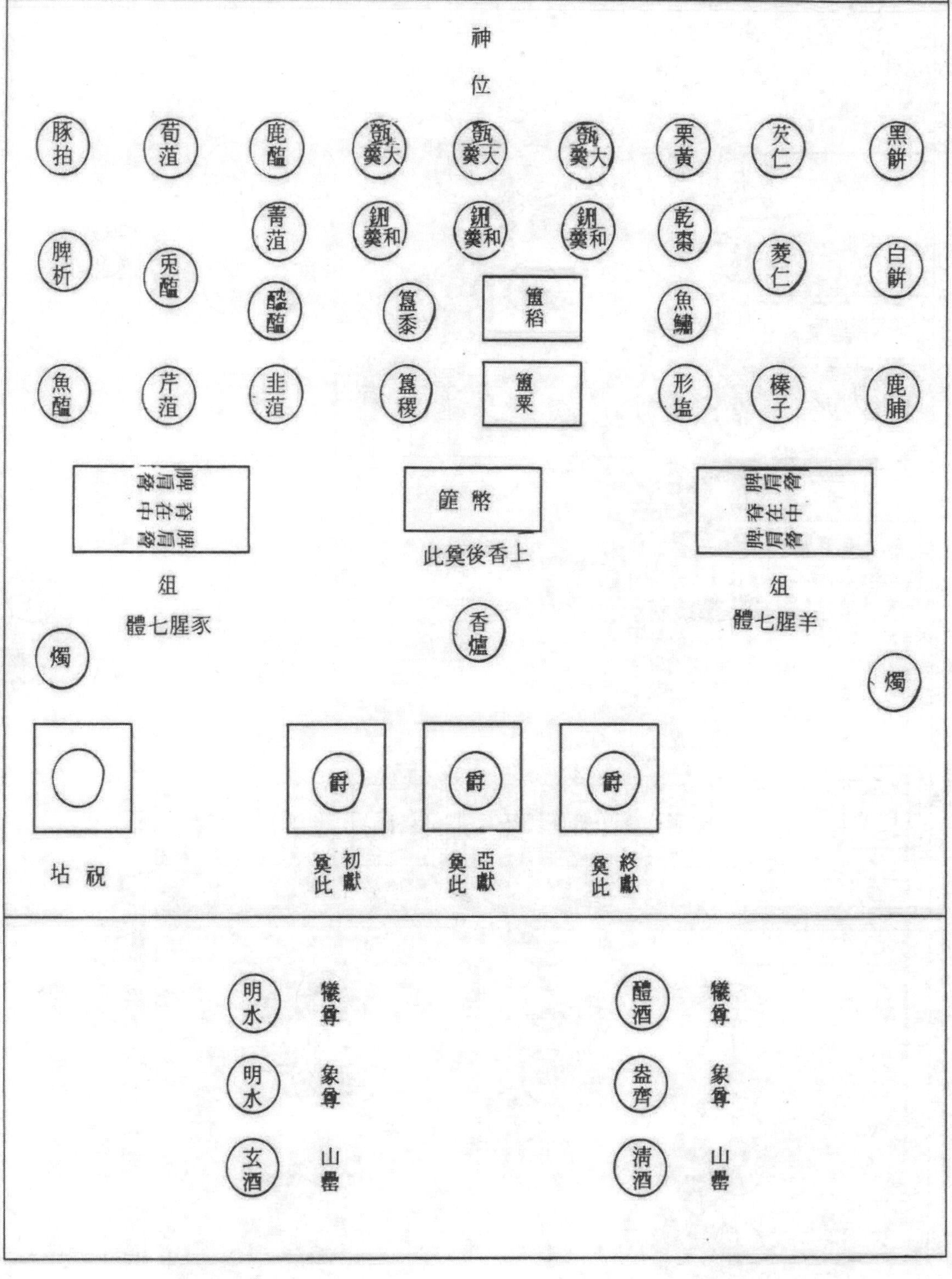

神位

豚拍 荀菹 鹿醢 甑糵大 甑糵大 甑糵大 栗黃 芡仁 黑餠

脾析 兎醢 菁菹 鉶糵和 鉶糵和 鉶糵和 乾棗 菱仁 白餠

醓醢 簠黍 簋稻 魚鱐

魚醢 芹菹 韭菹 簠稷 簋粱 形塩 榛子 鹿脯

脾肩脅 脊在中 脾肩脅 　 篚幣 　 脾肩脅 脊在中 脾肩脅

此奠後香上

俎 體七腥豕 　 俎 體七腥羊

香爐

燭 　 燭

祝坫

爵 初獻 奠此 　 爵 亞獻 奠此 　 爵 終獻 奠此

明水 犧尊 　 醴酒 犧尊

明水 象尊 　 盎齊 象尊

玄酒 山罍 　 清酒 山罍

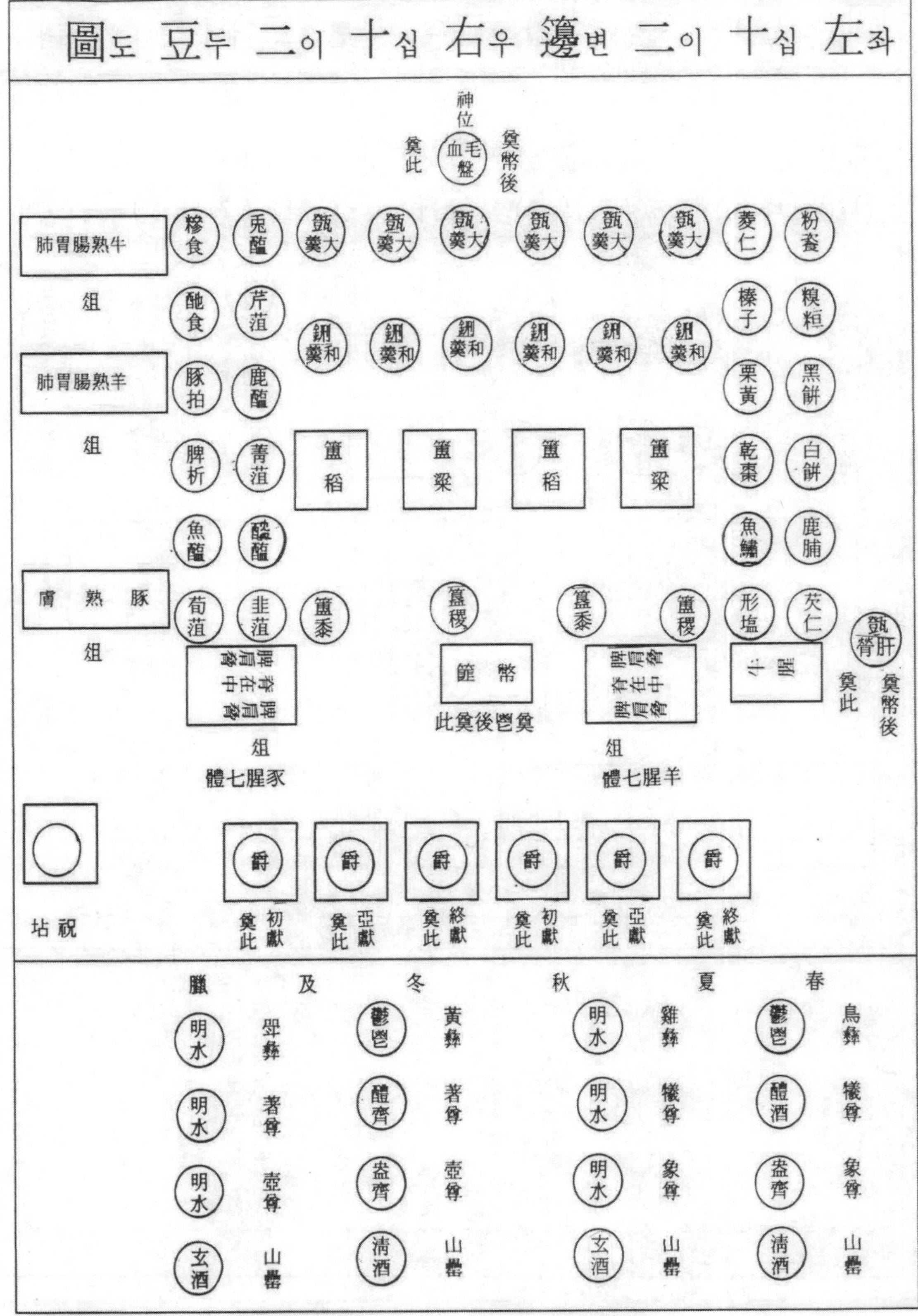

圖도 豆두 二이 十십 右우 籩변 二이 十십 左좌

圖도 之지 豆두 十십 右우 籩변 十십 左좌

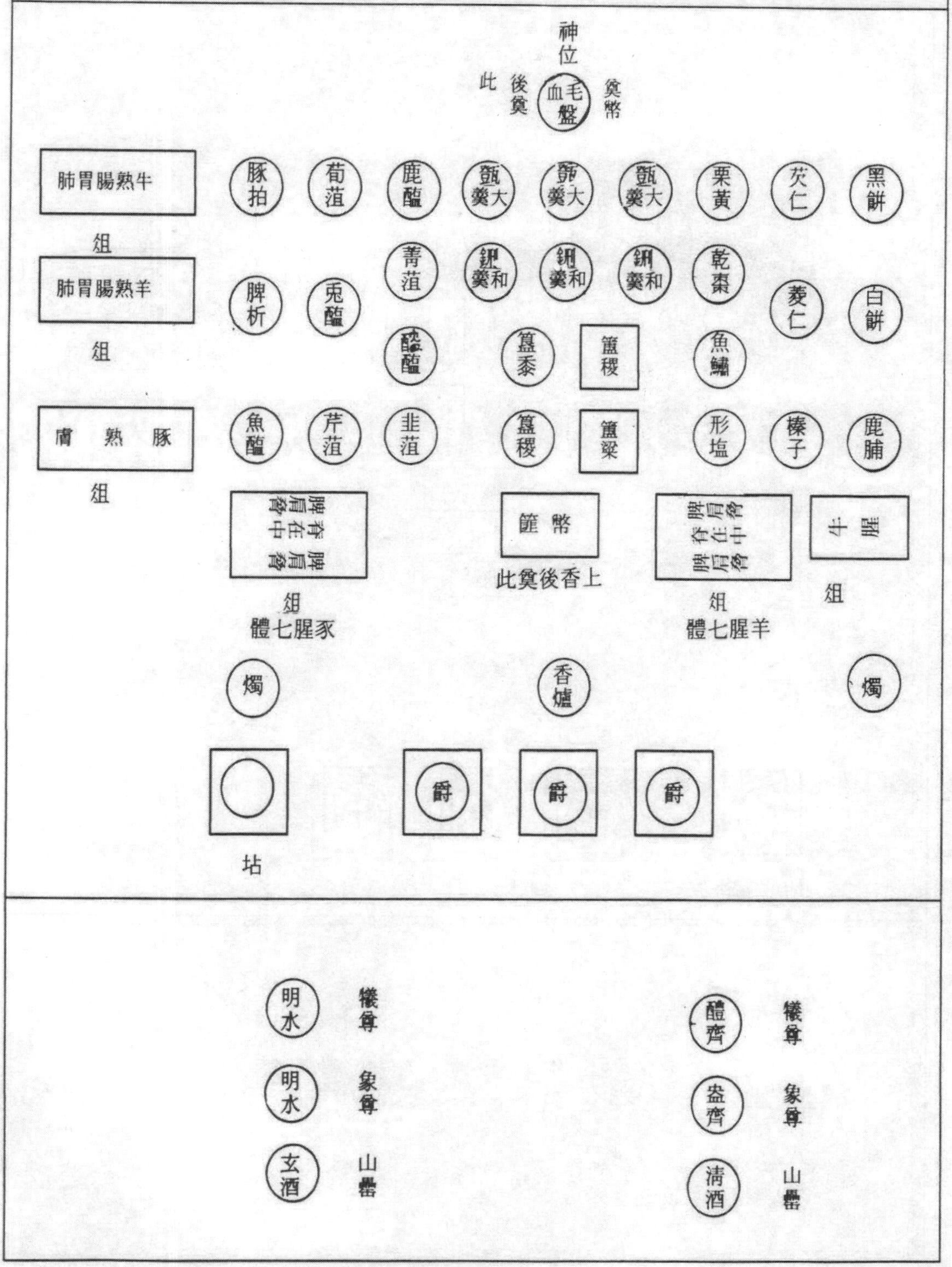

神位

此後奠 毛血盤 奠幣

肺胃腸熟牛 俎
肺胃腸熟羊 俎
膚熟豚 俎

豚拍 荀菹 鹿醢 大羹 大羹 大羹 栗黃 芡仁 黑餅

脾析 兎醢 菁菹 和羹 和羹 和羹 乾棗 菱仁 白餅

醓醢 簋黍 簠稷 魚鱐

魚醢 芹菹 韭菹 簋稷 簠粱 形塩 榛子 鹿脯

脾肩脊 脊在中 脾肩脊 俎 體七腥豕

篚幣

此奠後香上

脾肩脊 脊在中 脾肩脊 俎 體七腥羊

牛腥 俎

燭 香爐 燭

坫 爵 爵 爵

明水 犧尊
明水 象尊
玄酒 山罍

醴齊 犧尊
盎齊 象尊
淸酒 山罍

左좌 八팔 籩변 右우 八팔 豆두 之지 圖도

神位

魚醢 芹菹 醓醢　　魚鱐 榛子 鹿脯

筍菹 鹿醢　簋黍 簠稻　栗黃 芡仁

兎醢 菁菹 韭菹 簋稷 簠粱 形塩 乾棗 菱仁

豕腥

俎

幣篚

燭　香爐　燭

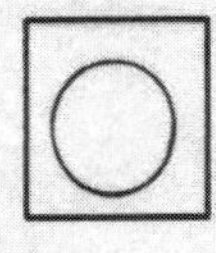

祝坫

玄酒 象尊　　
清酒 象尊

圖도 設설 陳진 豆두 八팔 右우 籩변 八팔 左좌

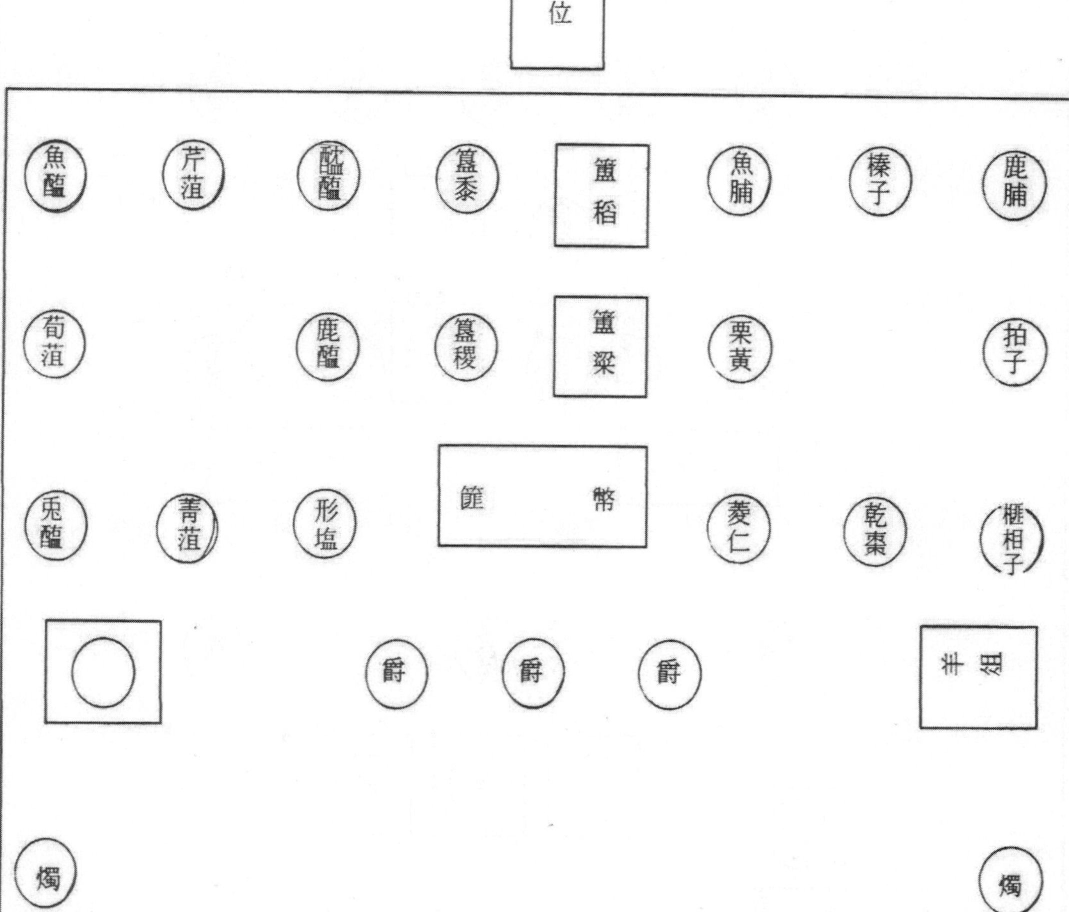

圖도 之지 豆두 四사 右우 籩변 四사 左좌

神位

魚醢 鹿醢 鉶羹和 乾棗 鹿脯

簋黍 簠稻

芹菹 菁菹 簋稷 簠粱 形塩 栗黃

豕俎 羊 [illegible]

俎 俎

燭 香爐 燭

爵 爵 爵

坫 祝

玄酒 象尊 清酒 象尊

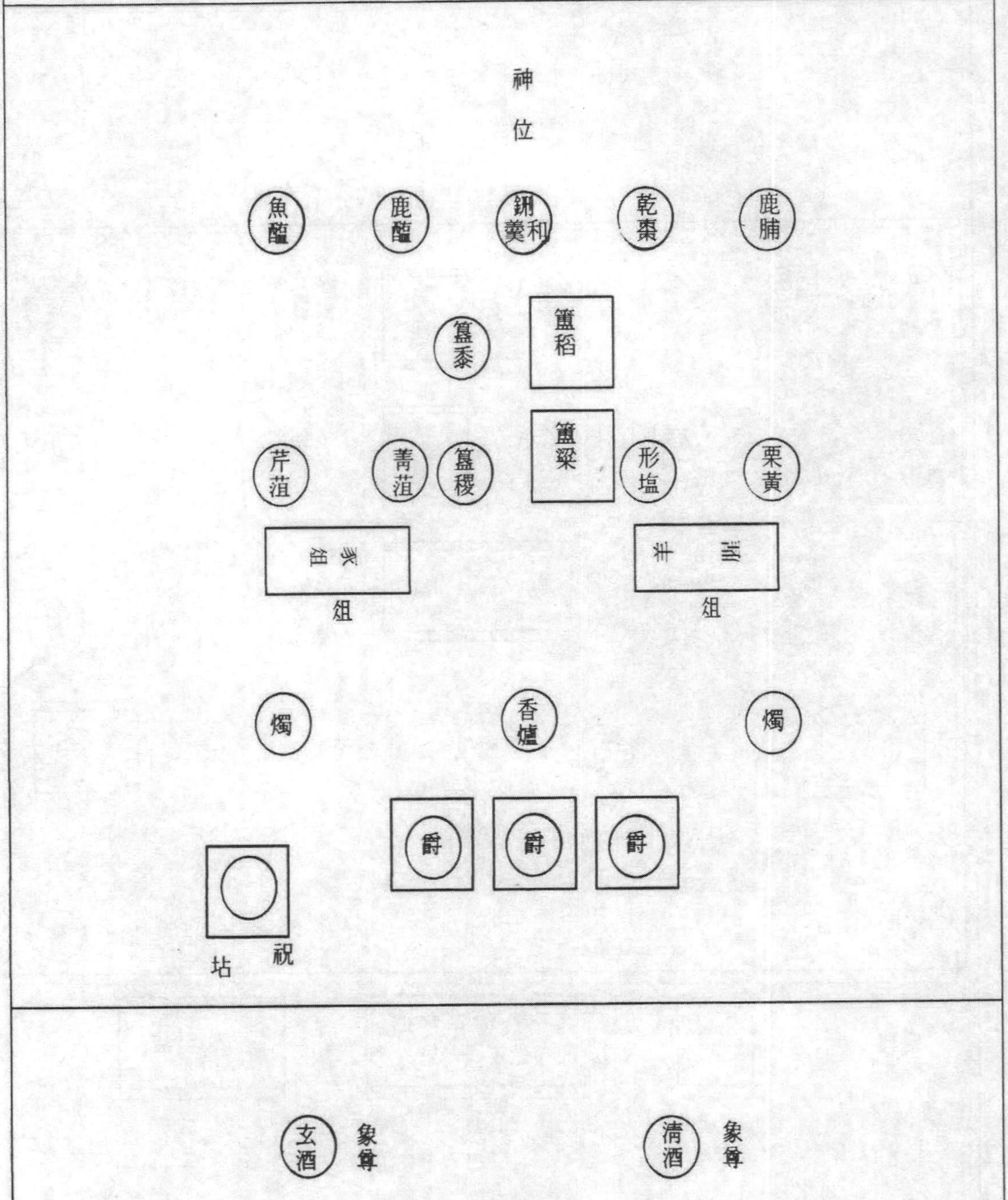

圖도 設설 陳진 豆두 四사 右우 籩변 四사 左좌

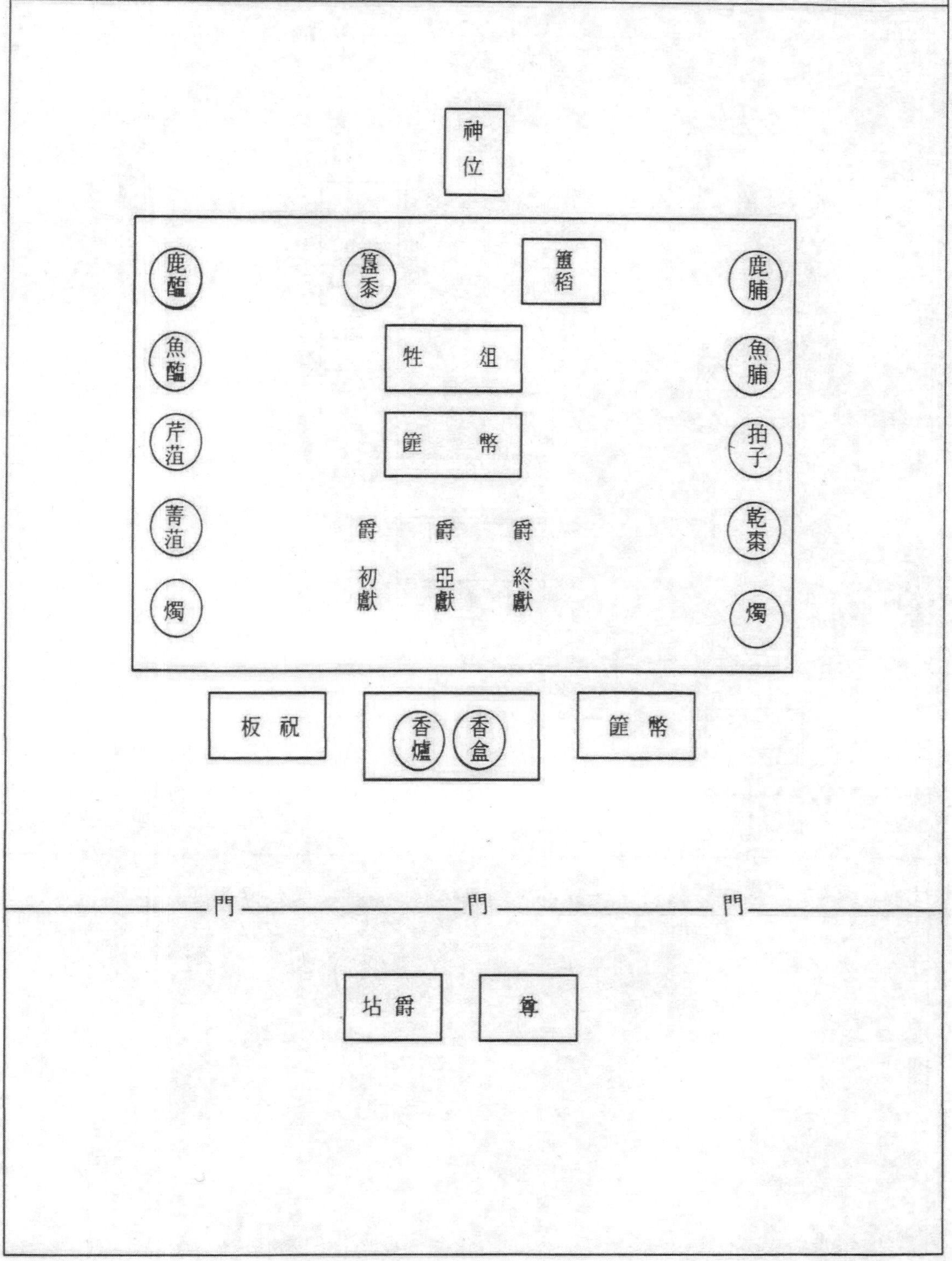

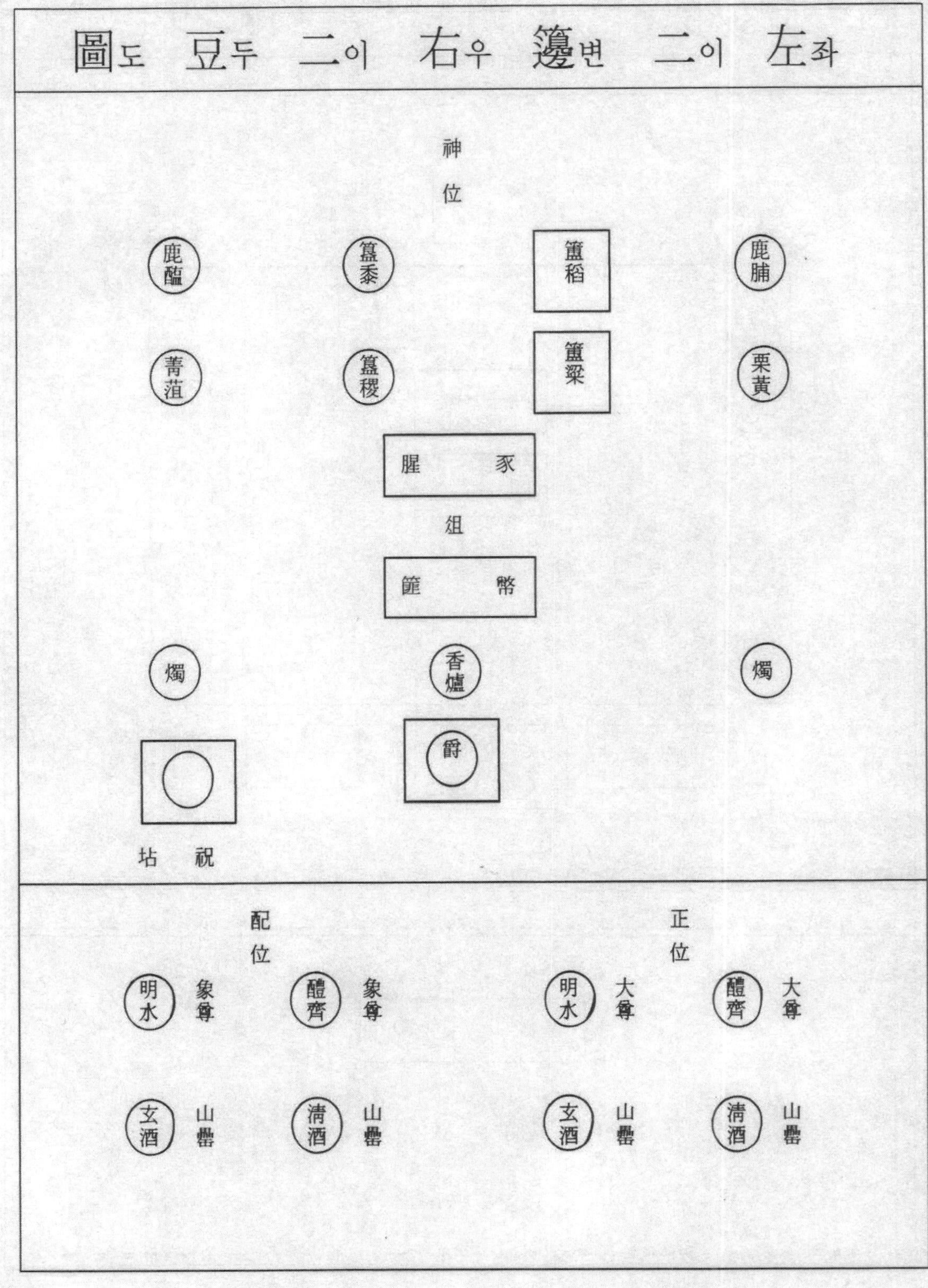
圖도 豆두 二이 右우 籩변 二이 左좌
神位
鹿醢
簠黍
簋稻
鹿脯
菁菹
簠稷
簋粱
栗黃
腥 豕
俎
篚 幣
燭
香爐
燭
爵
坫 祝
配位
正位
明水
象尊
醴齊
象尊
明水
大尊
醴齊
大尊
玄酒
山罍
清酒
山罍
玄酒
山罍
清酒
山罍

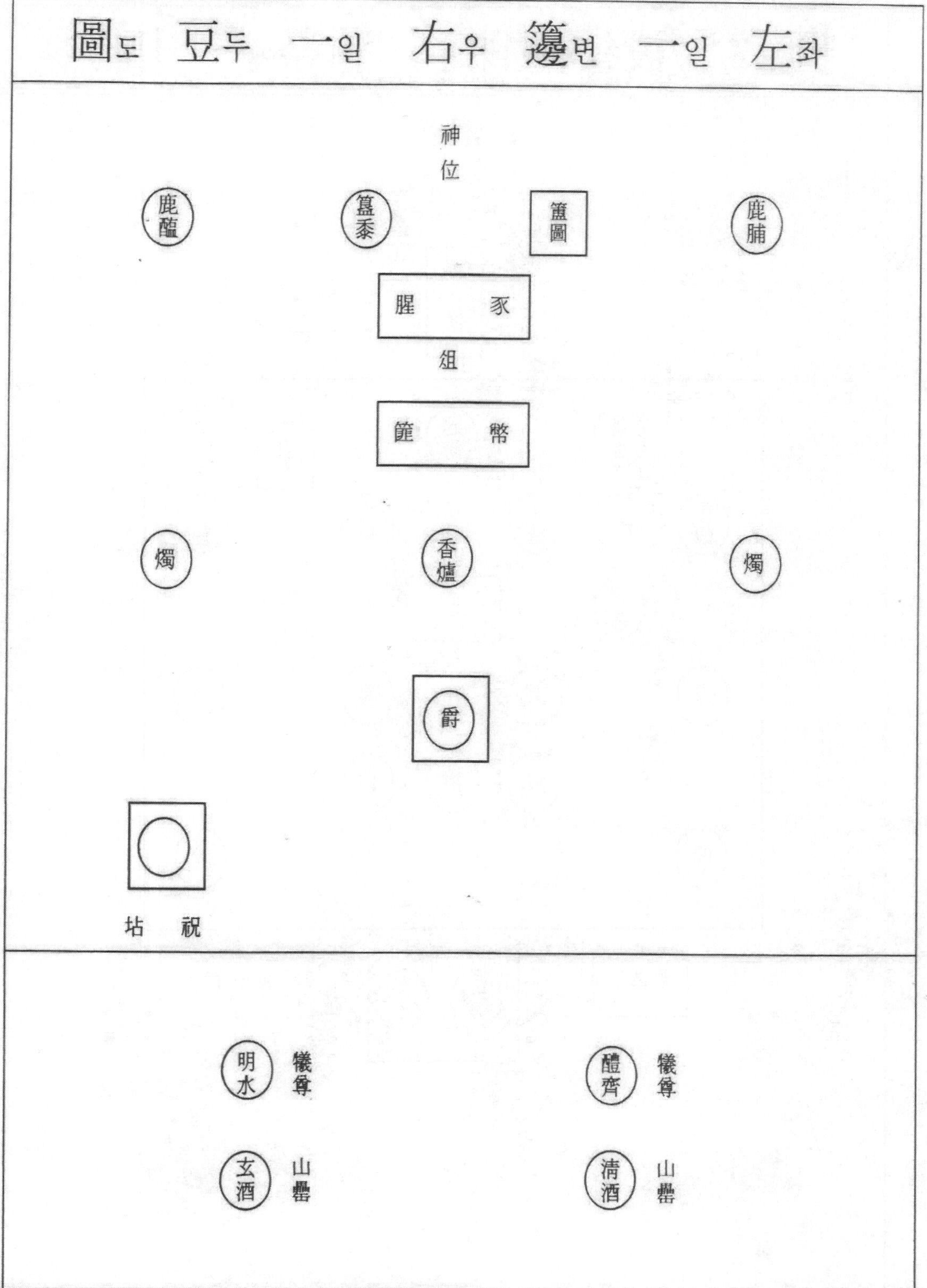
圖도 豆두 一일 右우 籩변 一일 左좌
神位
鹿醢
簠黍
簋圖
鹿脯
腥 豕
俎
篚 幣
燭
香爐
燭
爵
坫 祝
明水
犧尊
醴齊
犧尊
玄酒
山罍
淸酒
山罍

圖도 設설 陳진 祭제 壇단

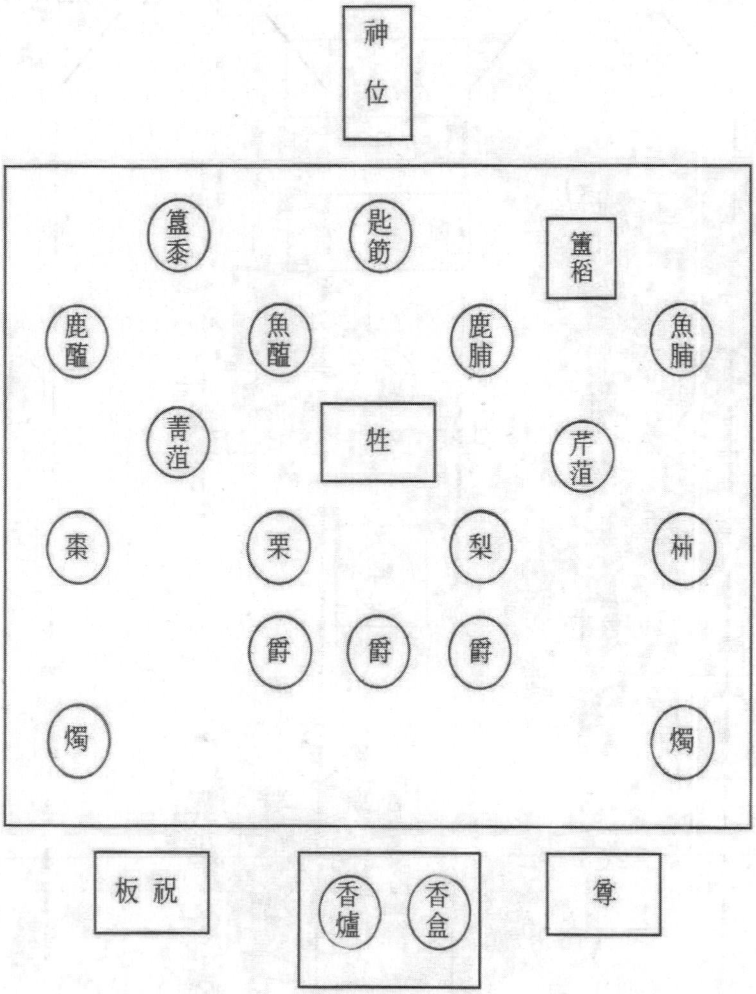

神位

簠黍 匙筯 簋稻

鹿醢 魚醢 鹿脯 魚脯

菁菹 牲 芹菹

棗 栗 梨 柹

爵 爵 爵

燭 燭

板祝 香爐 香盒 尊

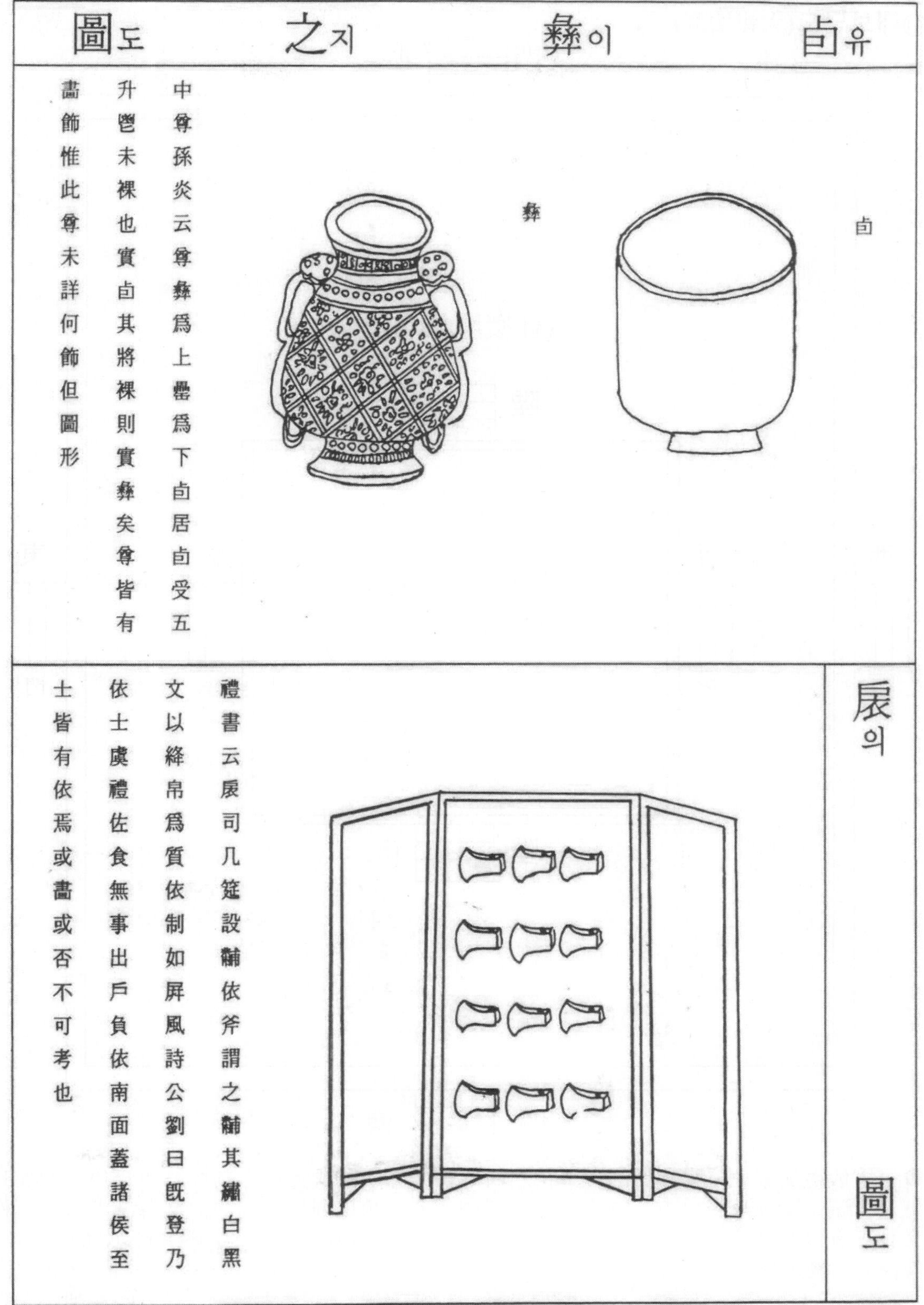

卣유 彝이 之지 圖도

中尊孫炎云尊彝爲上罍爲下卣居卣受五升罍未祼也實卣其將祼則實彝矣尊皆有畵飾惟此尊未詳何飾但圖形

扆의 圖도

禮書云扆司几筵設黼依斧謂之黼其繡白黑文以絳帛爲質依制如屛風詩公劉曰旣登乃依士虞禮佐食無事出戶負依南面蓋諸侯至士皆有依焉或畵或否不可考也

◎대보단도(大報壇圖)

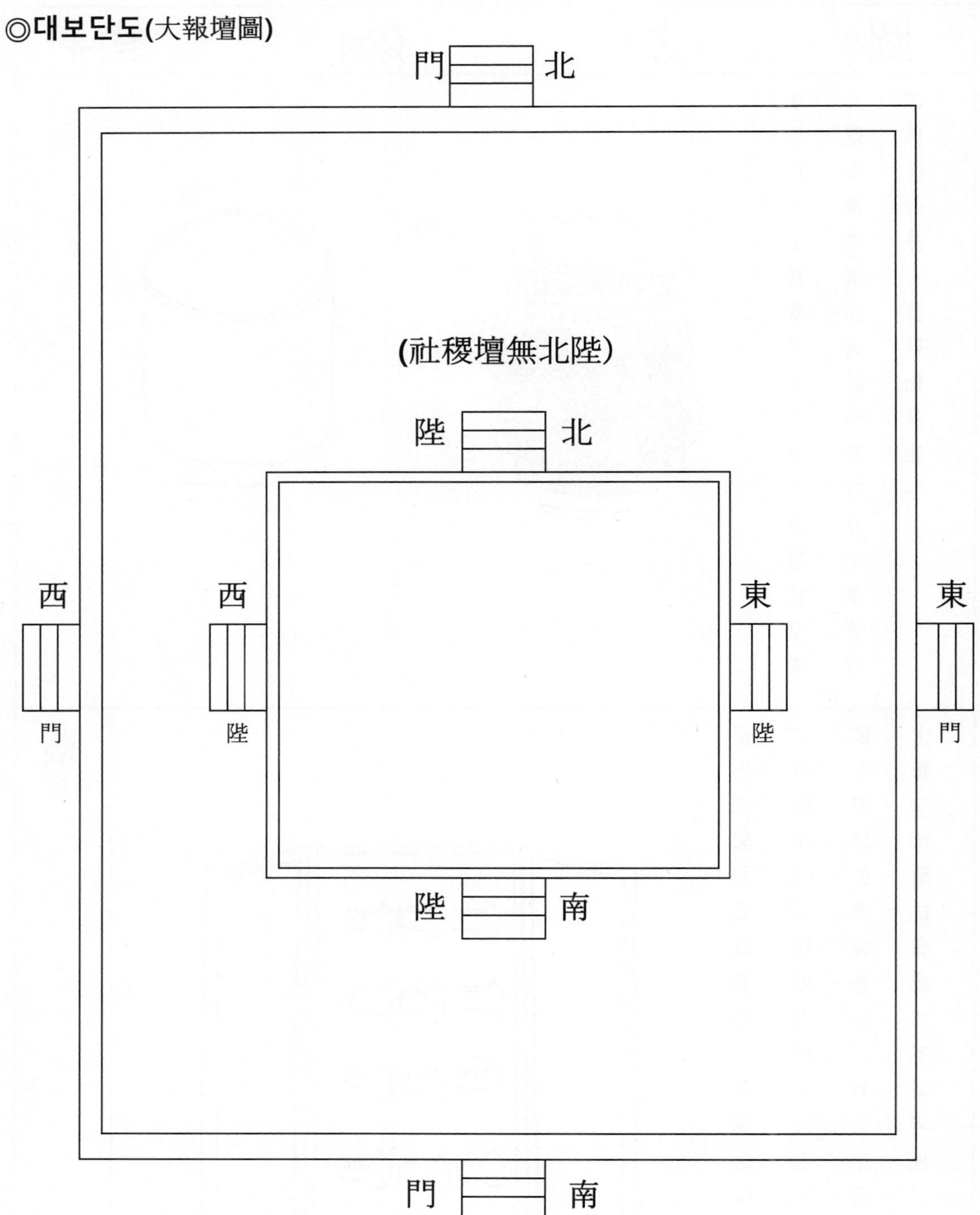

●皇壇儀壇壝圖說；壇在昌德宮禁花之西集成門外倣我國社稷之制壇高四尺比社壇加高一尺方廣二十五尺甃以方甎四出陛各九級四面有壝繚以周垣壝內四面又各三十七尺垣外又設三層橫陛以環之壇北設燎所爲石函稍西神室二間在中門外之西(註藏神榻神座及床卓等物)其南有夾廊五間(註以爲享官所及內官守直之所)東有朝宗門(註肅宗甲申定號)南有拱北門(註今上乙丑定號)門之東西各置翼廊五間(註設樓上樓下庫其中藏黃帳房遮帳祭器樂器等物)齊殿三間在朝宗門之外(神室今上已未改建齊殿乙丑始建)

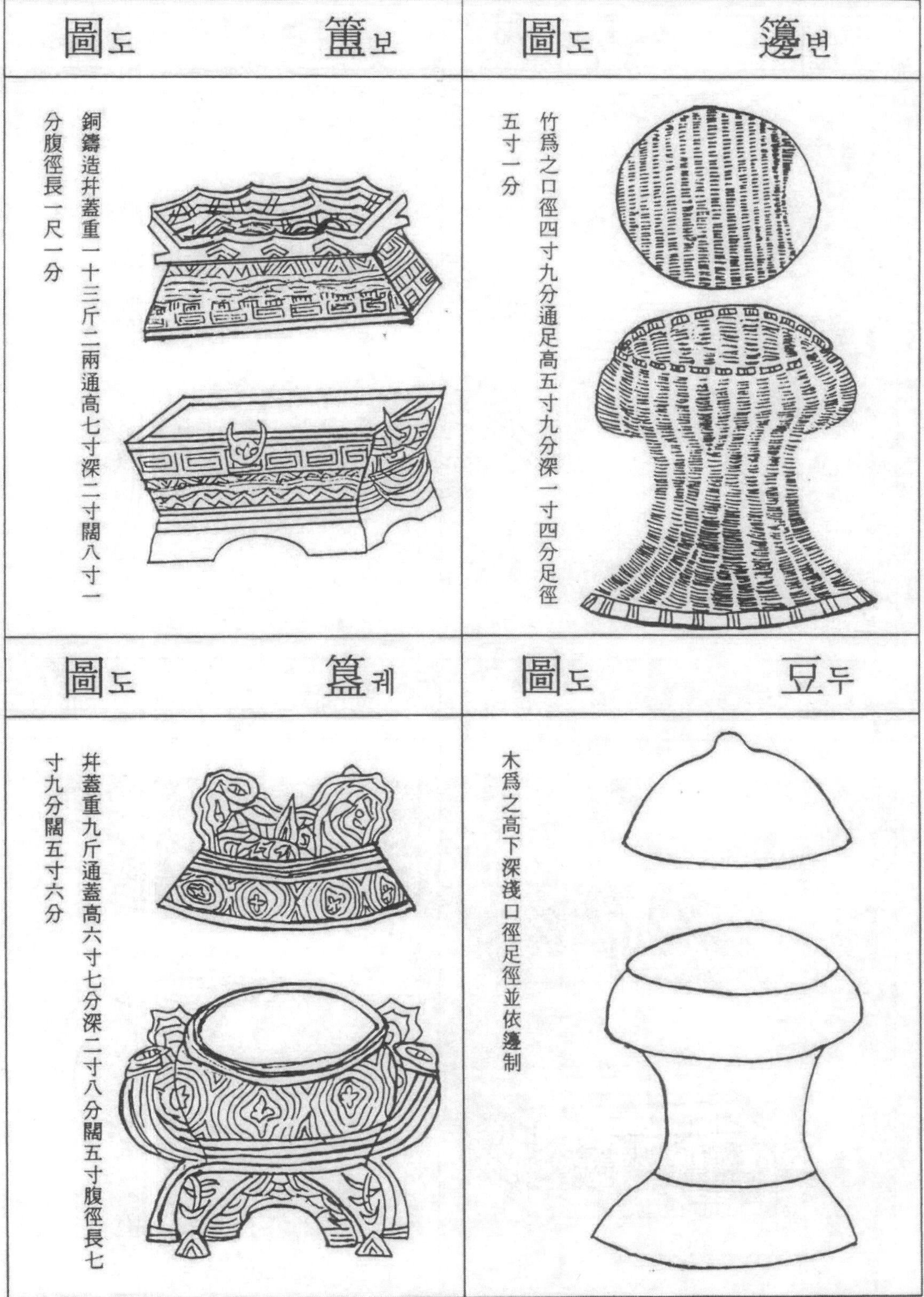
簠보 圖도
銅鑄造幷蓋重一十三斤二兩通高七寸深二寸闊八寸一
分腹徑長一尺一分
籩변 圖도
竹爲之口徑四寸九分通足高五寸九分深一寸四分足徑
五寸一分
簋궤 圖도
幷蓋重九斤通蓋高六寸七分深二寸八分闊五寸腹徑長七
寸九分闊五寸六分
豆두 圖도
木爲之高下深淺口徑足徑並依籩制

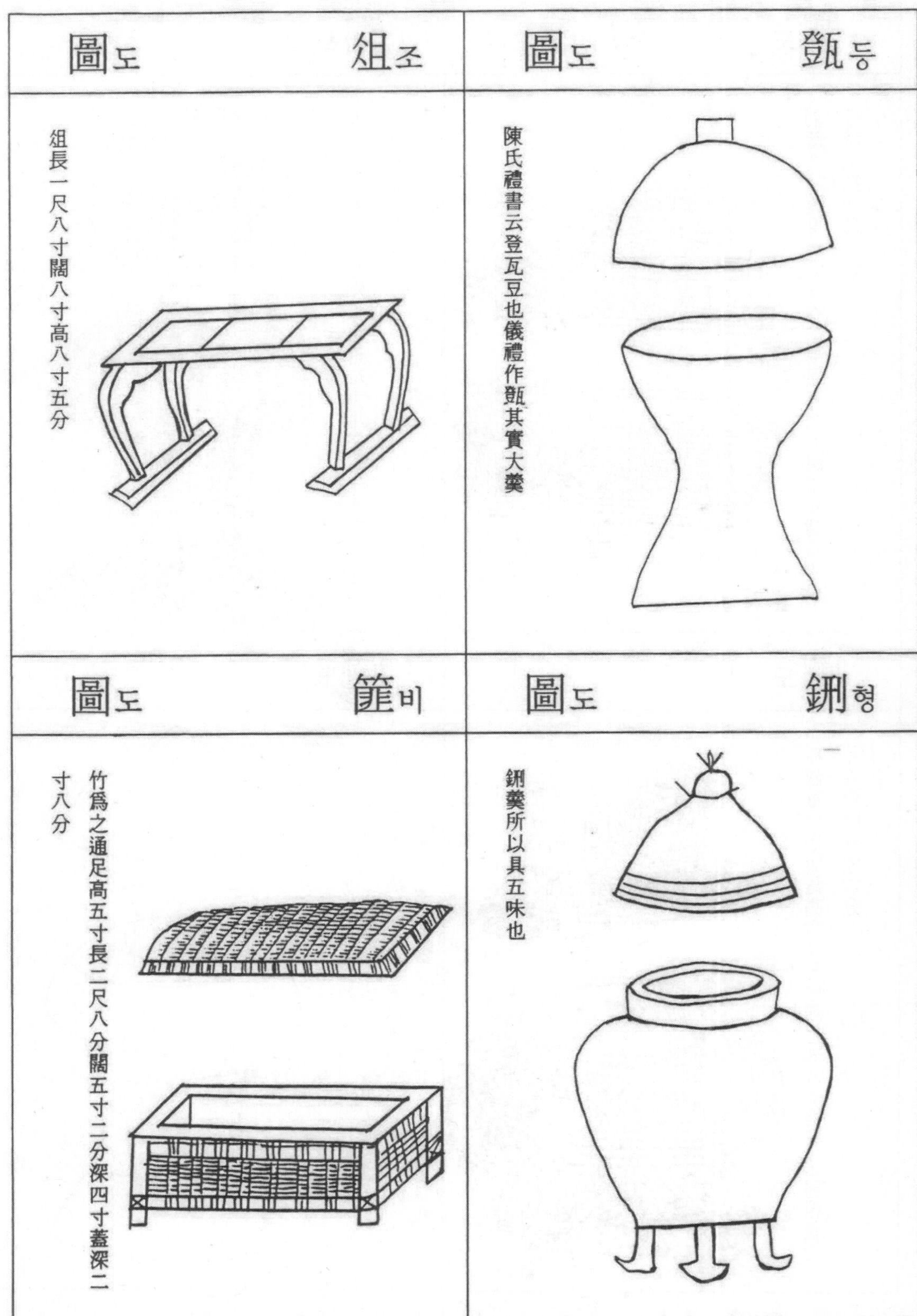

圖도 俎조
俎長一尺八寸闊八寸高八寸五分
圖도 甑등
陳氏禮書云登瓦豆也儀禮作甑其實大羹
圖도 篚비
竹爲之通足高五寸長二尺八分闊五寸二分深四寸蓋深二寸八分
圖도 鉶형
鉶羹所以具五味也

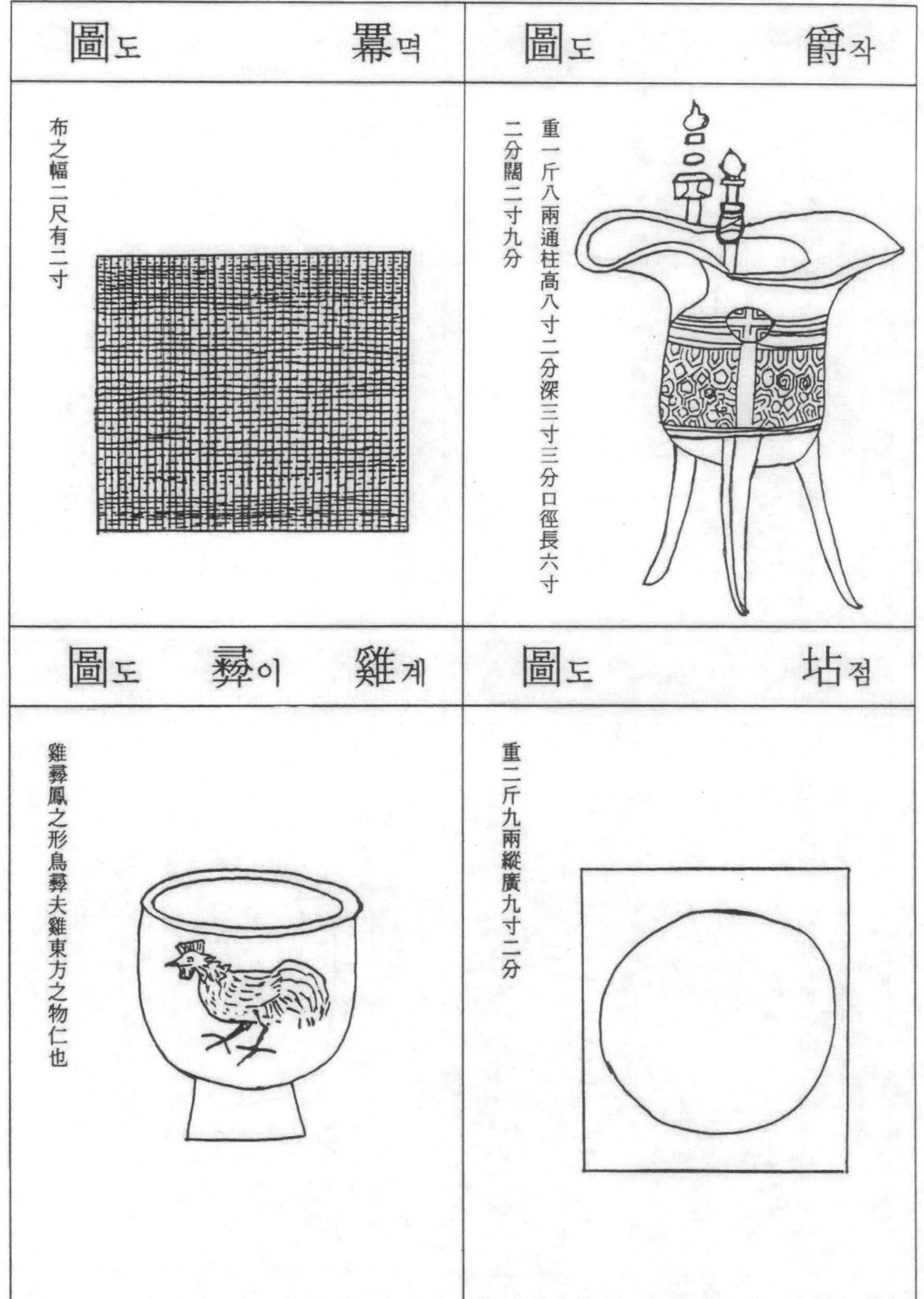
冪멱 圖도
布之幅二尺有二寸
爵작 圖도
重一斤八兩通柱高八寸二分深三寸三分口徑長六寸
二分闊二寸九分
雞계 彝이 圖도
雞彝鳳之形鳥彝夫雞東方之物仁也
坫점 圖도
重二斤九兩縱廣九寸二分

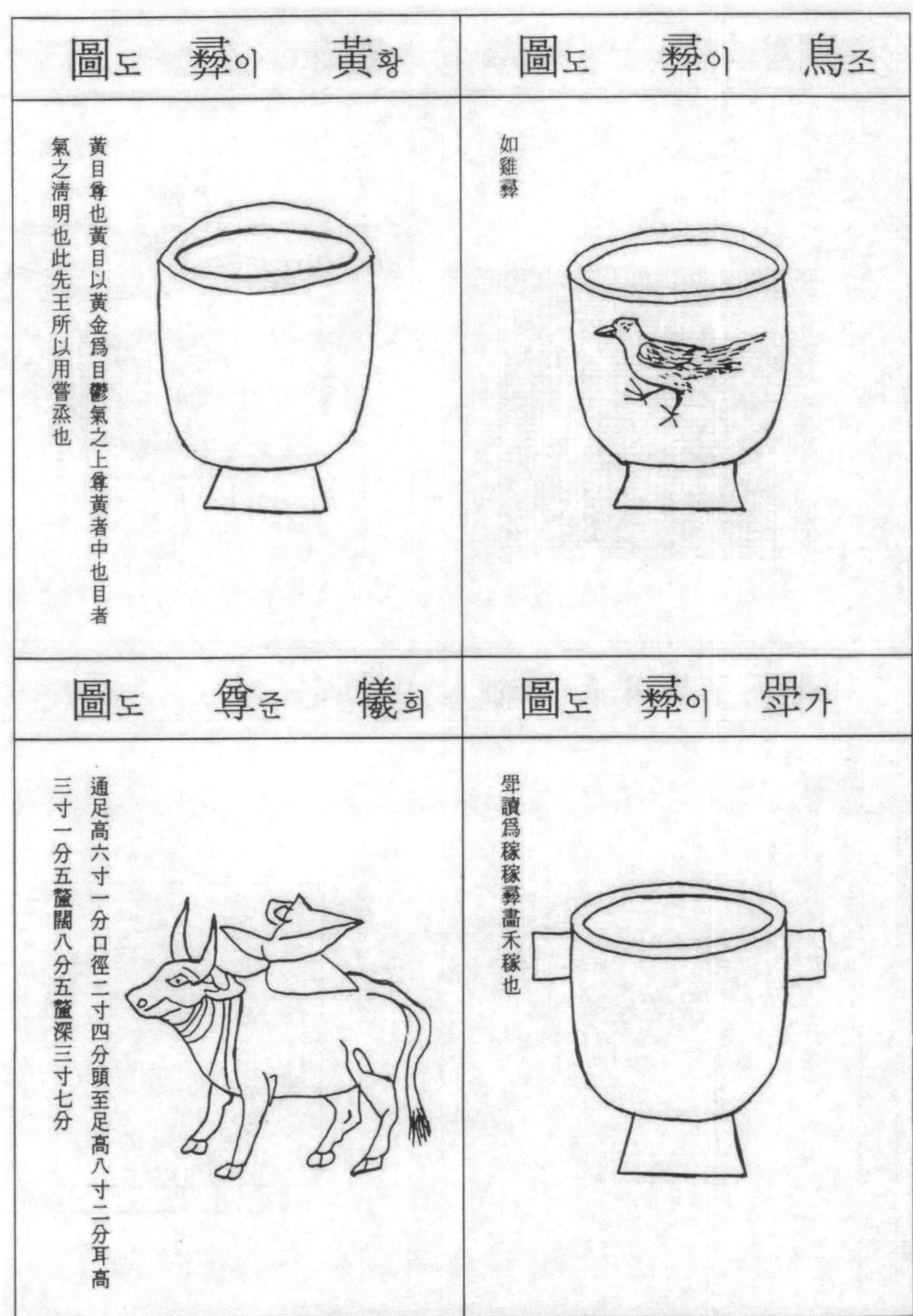
鳥조彝이圖도
如雞彝
黃황彝이圖도
黃目尊也黃目以黃金爲目鬱氣之上尊黃者中也目者
氣之淸明也此先王所以用嘗烝也
斝가彝이圖도
斝讀爲稼稼彝畵禾稼也
犧희尊준圖도
通足高六寸一分口徑二寸四分頭至足高八寸二分耳高
三寸一分五釐闊八分五釐深三寸七分

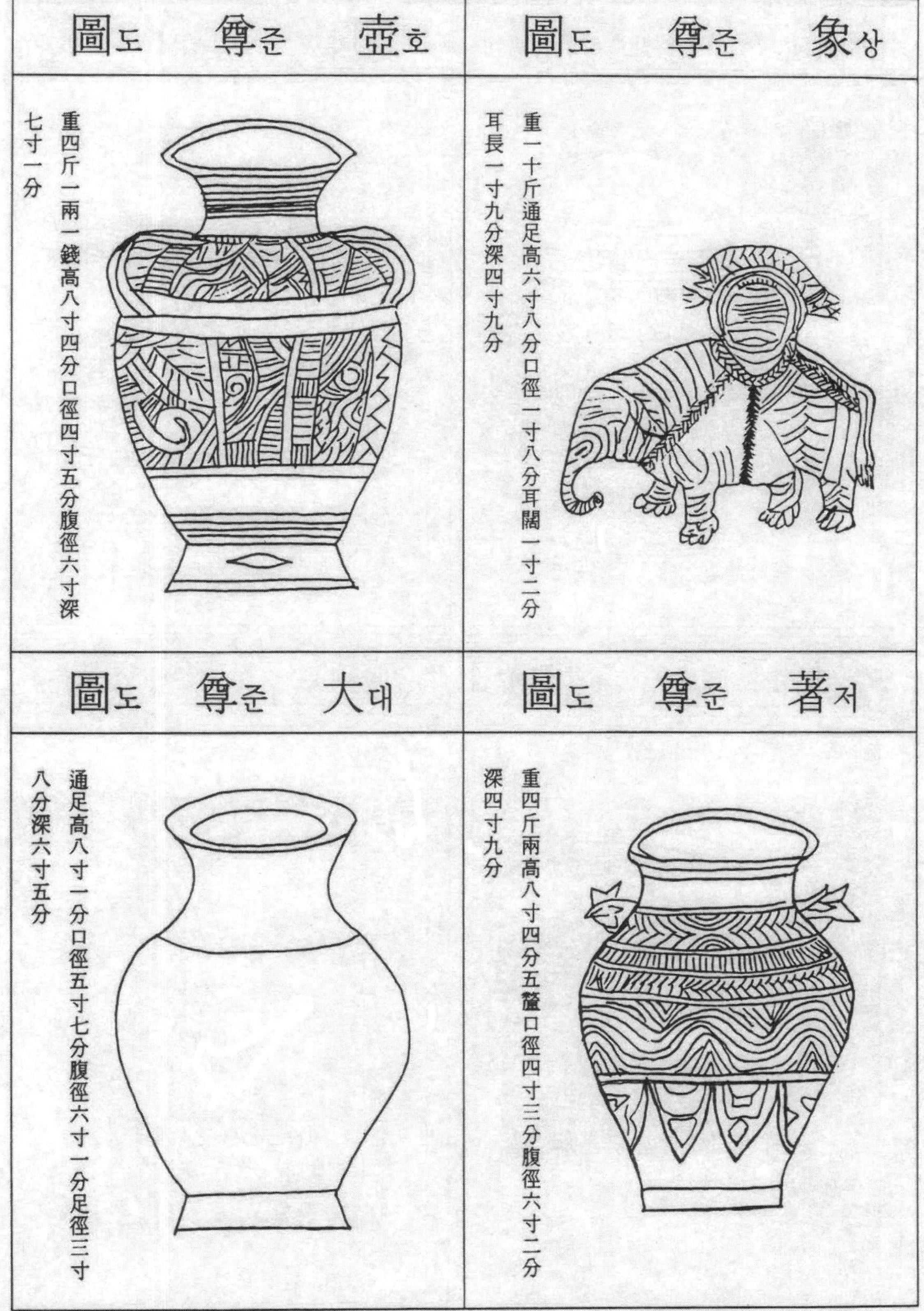
象상 尊준 圖도
重一十斤通足高六寸八分口徑一寸八分耳闊一寸二分
耳長一寸九分深四寸九分
壺호 尊준 圖도
重四斤一兩一錢高八寸四分口徑四寸五分腹徑六寸深
七寸一分
著저 尊준 圖도
重四斤兩高八寸四分五釐口徑四寸三分腹徑六寸二分
深四寸九分
大대 尊준 圖도
通足高八寸一分口徑五寸七分腹徑六寸一分足徑三寸
八分深六寸五分

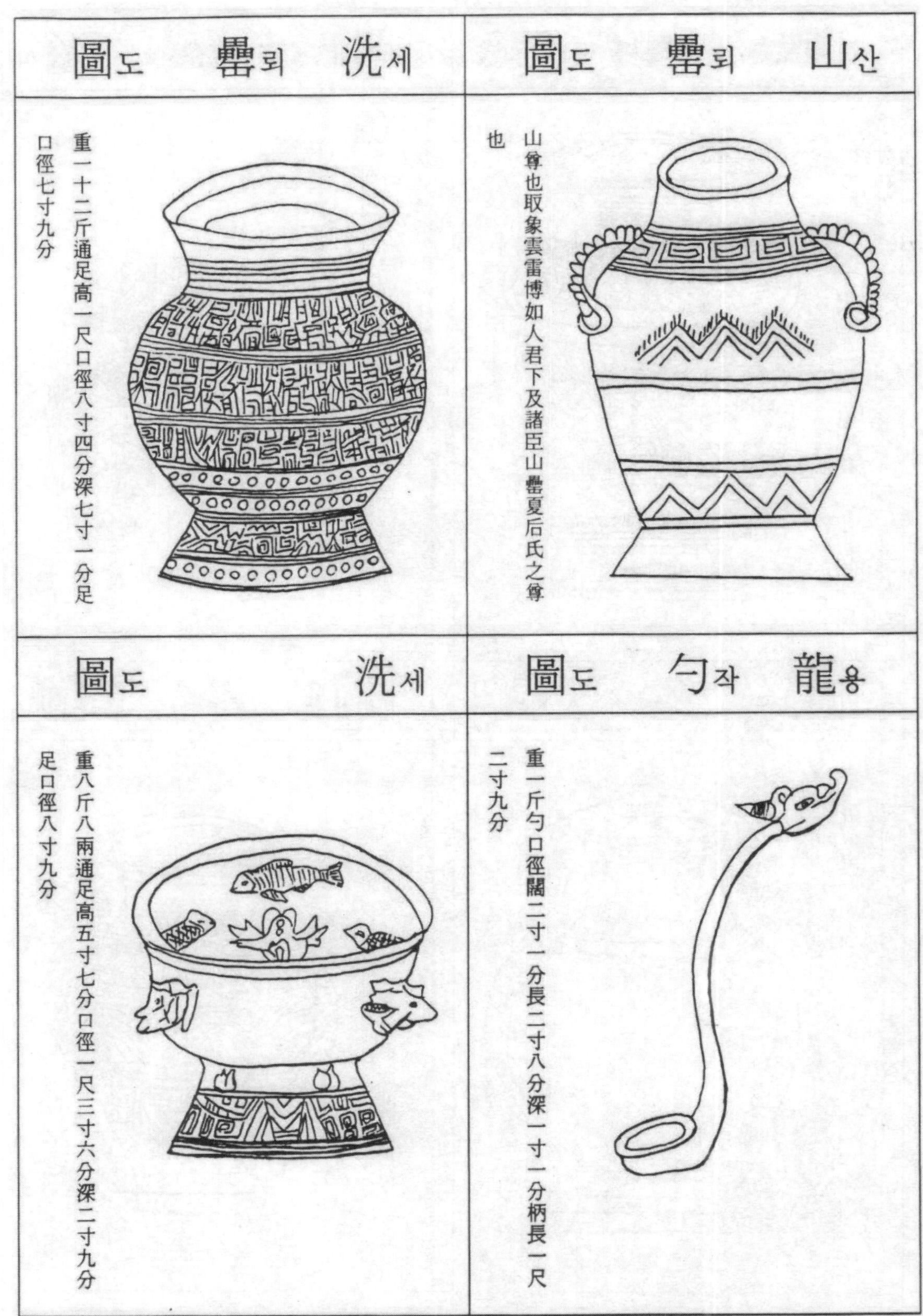
山산 罍뢰 圖도
山尊也取象雲雷博如人君下及諸臣山罍夏后氏之尊
也
洗세 罍뢰 圖도
重一十二斤通足高一尺口徑八寸四分深七寸一分足
口徑七寸九分
龍용 勺작 圖도
重一斤勺口徑闊二寸一分長二寸八分深一寸一分柄長一尺
二寸九分
洗세 圖도
重八斤八兩通足高五寸七分口徑一尺三寸六分深二寸九分
足口徑八寸九分

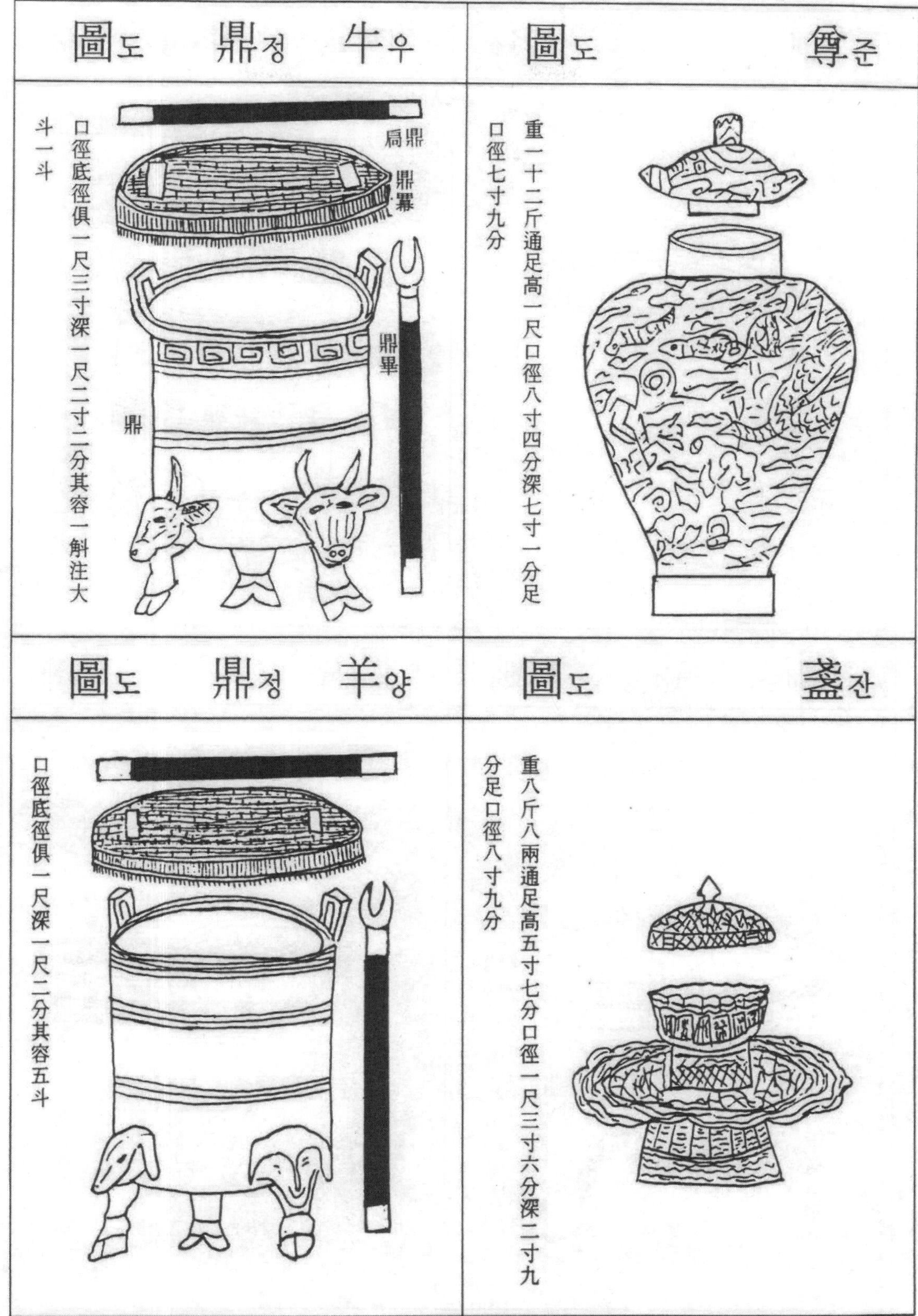
牛우 鼎정 圖도
鼎扃
鼎冪
鼎畢
鼎
口徑底徑俱一尺三寸深一尺二寸二分其容一斛注大斗一斗
尊준 圖도
重一十二斤通足高一尺口徑八寸四分深七寸一分足口徑七寸九分
羊양 鼎정 圖도
口徑底徑俱一尺深一尺二分其容五斗
盞잔 圖도
重八斤八兩通足高五寸七分口徑一尺三寸六分深二寸九分足口徑八寸九分

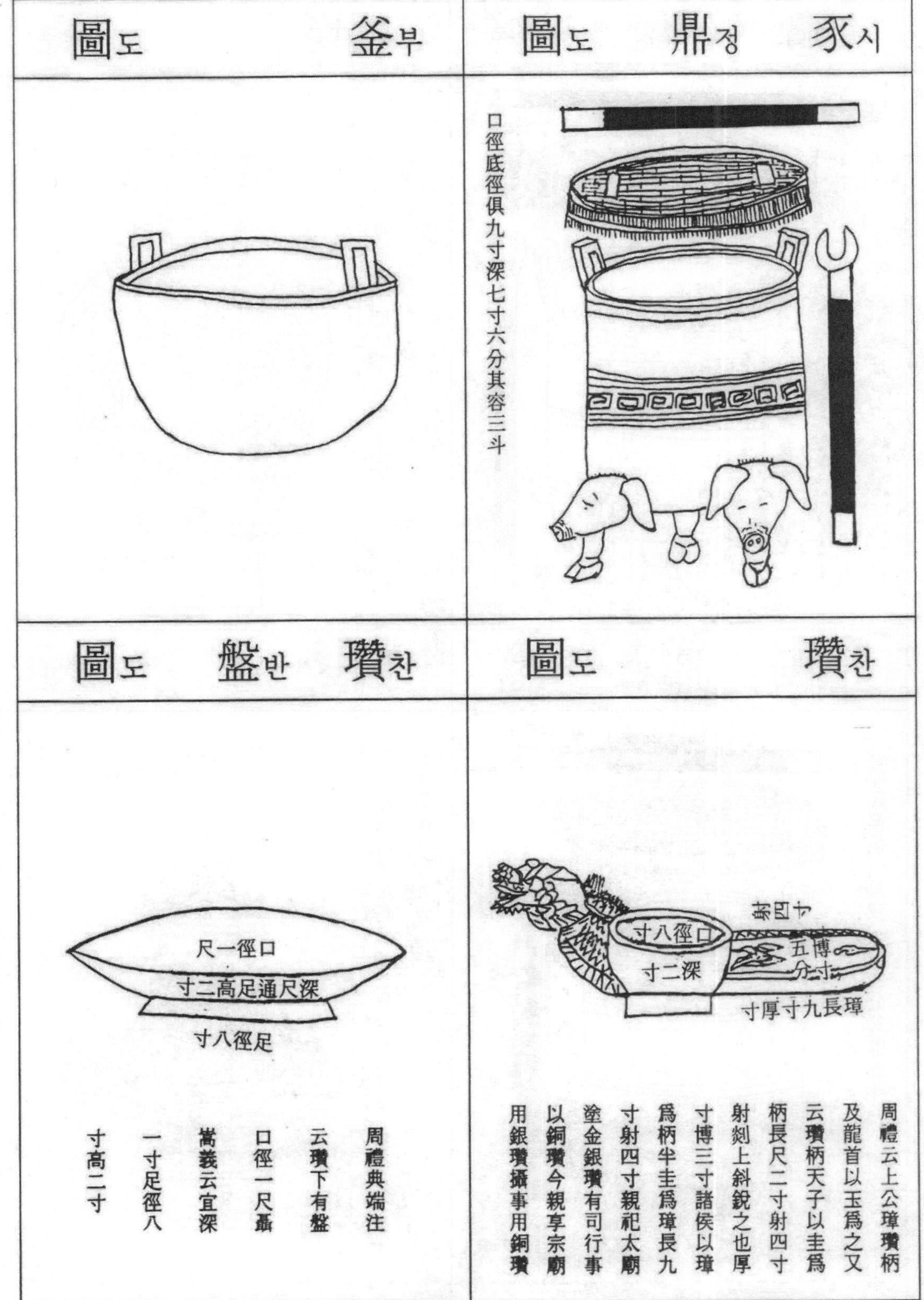

釜부 圖도
豕시 鼎정 圖도
口徑底徑俱九寸深七寸六分其容三斗
瓚찬 盤반 圖도
口徑一尺
深尺通足高二寸
足徑八寸
周禮典端注云瓚下有盤口徑一尺矗嵩義云宜深一寸足徑八寸高二寸
瓚찬 圖도
射四寸
口徑八寸
深二寸
博五分寸
璋長九寸厚寸
周禮云上公璋瓚柄及龍首以玉爲之又云瓚柄天子以圭爲柄長尺二寸射四寸射剡上斜銳之也厚寸博三寸諸侯以璋爲柄半圭爲璋長九寸射四寸親祀太廟塗金銀瓚有司行事以銅瓚今親享宗廟用銀瓚攝事用銅瓚

匕비 圖도

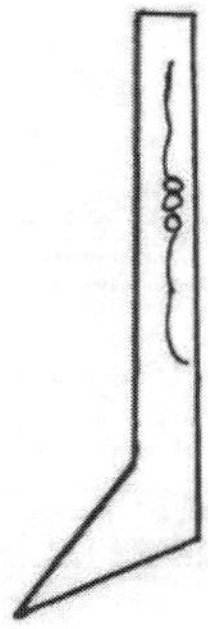

禮書長三尺或五尺有黍稷之匕有牲體之匕有疏匕三匕以棘

錡기 圖도

周禮註有足曰錡無足曰釜可用煮蘋藻以供祭

鑊확 圖도

周禮亨人掌共鼎以給水火之齊祭祀共大羹鉶羹註鑊煮肉及魚腊之器

鬲력 圖도

實五穀厚半寸唇寸郭璞云曲脚鼎也亦用陶以烹飪達水火之氣

玉옥 爵작 圖도

周禮太宰享
先王贊玉爵
○木爵制同
受一升見長
六寸漆赤中
畫雲氣

筵연 圖도

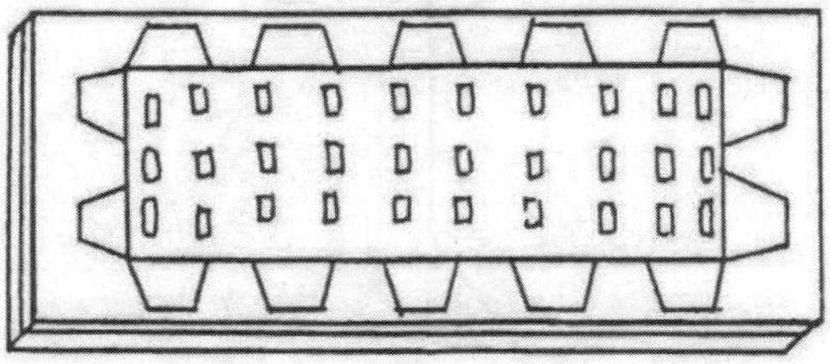

司几筵祀先
王設莞繅次
三重之席皆
有純蒲筵長
二尺三寸舊
圖無純

几궤 圖도

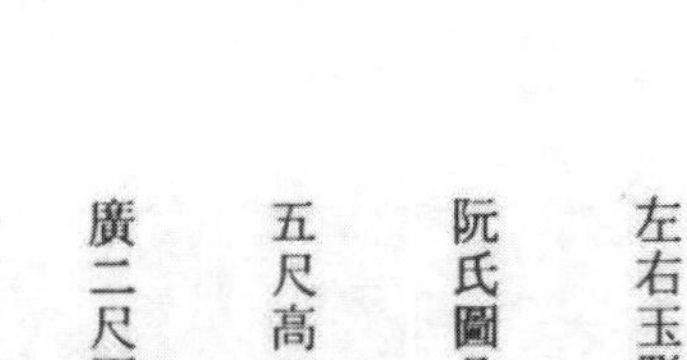

司几筵五几
左右玉彫漆
阮氏圖几長
五尺高二尺
廣二尺兩端
赤中央黑漆

筐광 筥거 圖도

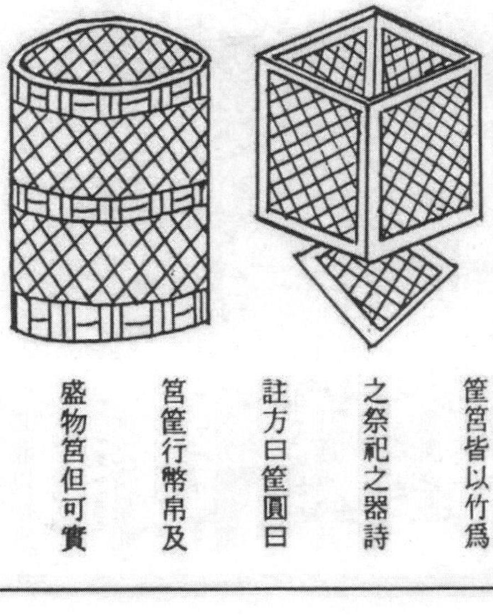

筐 筥

筐筥皆以竹爲
之祭祀之器詩
註方曰筐圓曰
筥筐行幣帛及
盛物筥但可實
物而已

椸이 圖도

橫竿爲椸卽衣架也

篋협 圖도

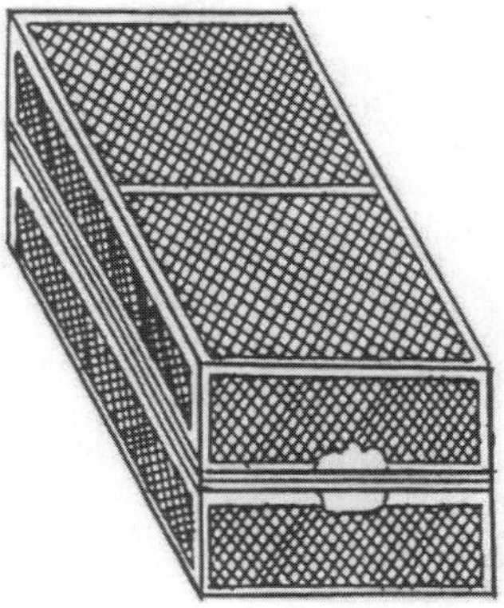

鄭氏曰隋方曰篋則隋者狹而長也

楎휘 圖도

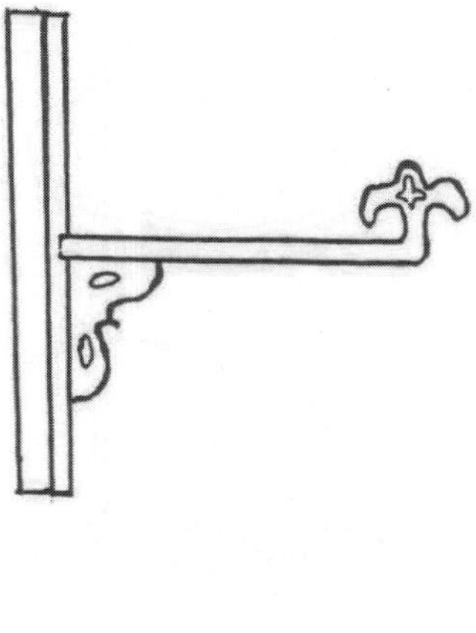

植者曰楎

笥사 圖도

說文飯及衣之器曲禮註圓曰簞方曰笥

圖도 盤반 盆분
盆
盤
盆實二鬴脣
爲寸脣寸甑
土爲之所以
盛物古者皆
尙陶盤承盥
水者
圖도 匜이
朱子曰
盛水漿
之器也
圖도 甑증
甑甄土
爲之底
七穿通
火氣以
熟物
圖도 坫점
用以致爵
亦以承尊
似豆而卑
斲木爲之
口圓微侈
徑尺二寸
其周高厚
俱八分中
央直者與
周通高八
寸橫徑八
寸足高二
寸下徑尺
四寸中畫
雲氣

圖도 簠보

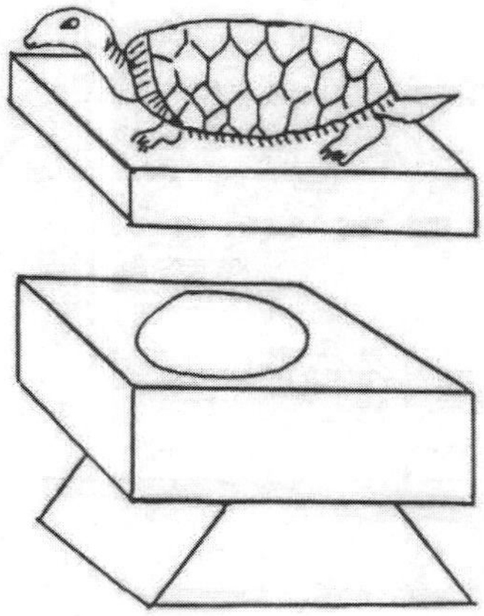

外方內圓盛稻粱之器口徑六寸足高二寸挫其四角有蓋象龜其中受十三升

圖도 觚고

梓人爲飮器觚三升獻以爵而酬以觚陳氏云殳體八觚鄭氏引記作觶

圖도 簋궤

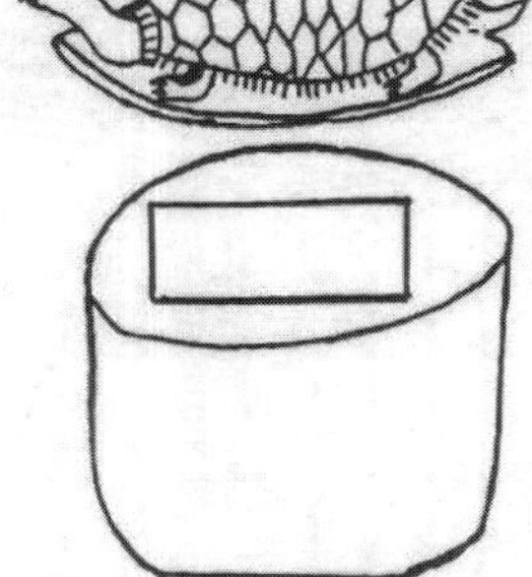

內方外圓盛黍稷之器所盛之數及蓋之形制與簠同

圖도 壺호

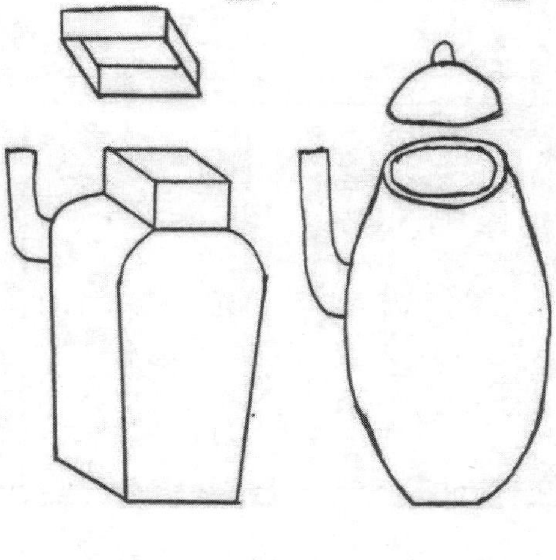

圓壺

方壺

容一斛舊圖雲飾禮書無飾

倚의 圖도

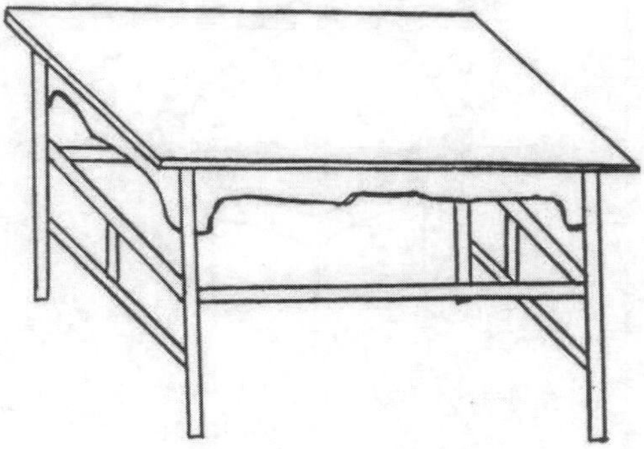

卓탁 圖도

牀상 圖도

高五寸

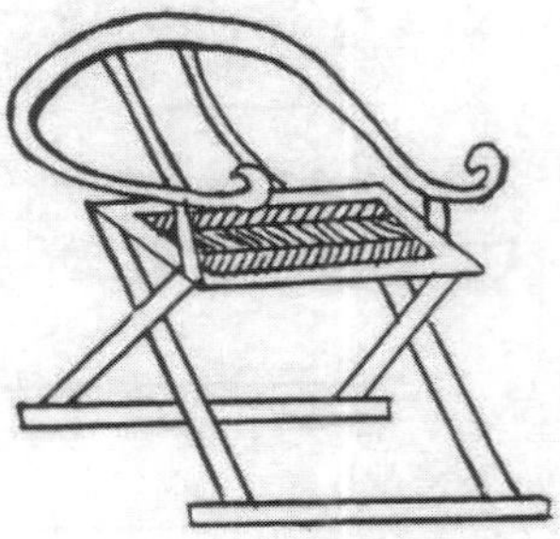

祝축 板판

臨祭以祭書文粘於其上而置酒注卓上讀畢置香案上香爐北

香향 爐로 圖도
盤
盒
竹
环珓
环배 珓교 圖도
茅모 莎사
長八寸
束茅
茅盤
椀완 匙시 圖도
椀
匙
楪
筯
觸촉 圖도
燭
觸檠
茶다 器기 圖도
茶盞
茶托
茶筅

瓶병 圖도

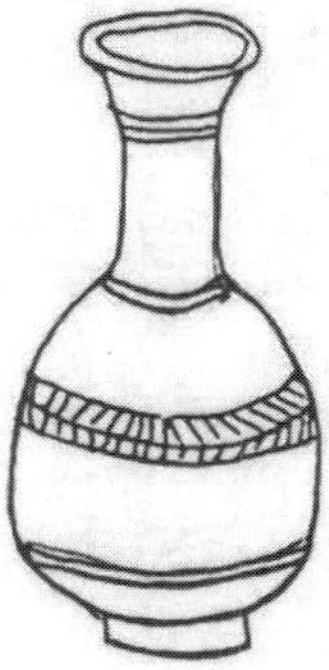

盥관 盆분 臺대 圖도

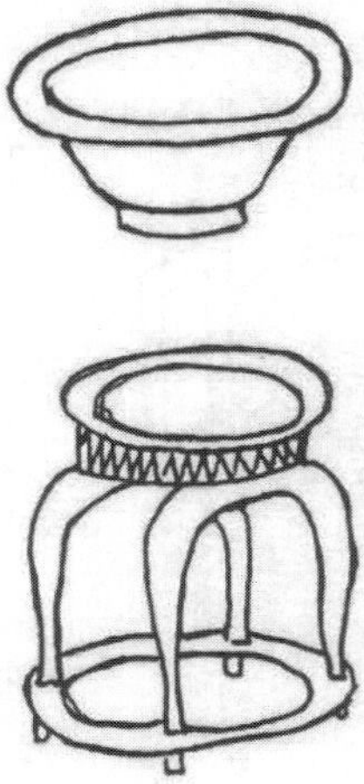

酒주 注주 圖도

果과 器기 圖도

火화 爐로 圖도

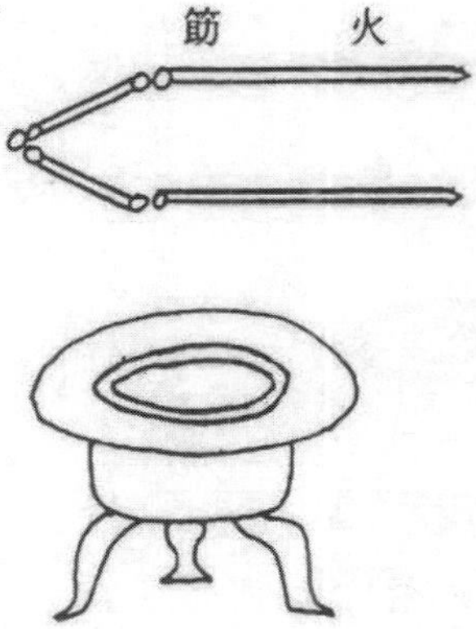

筋 火

餠병 器기 圖도

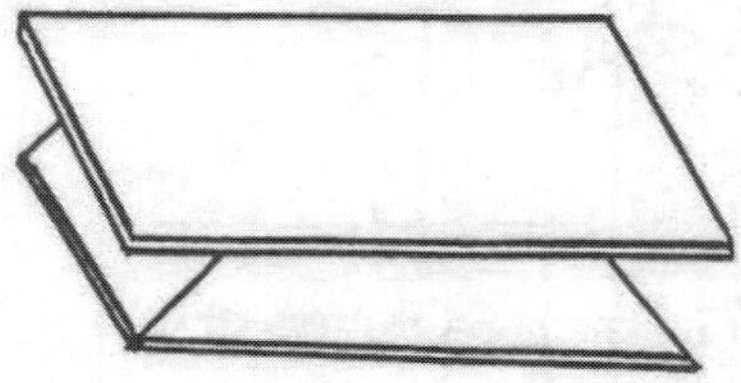

32 유학(儒學) (附漢字)

▶3916◀◈問; 가르침 부탁합니다.

1. 儀禮, 家禮, 皇朝制, 國制,
1번이 책 이름입니까? 책 이름이면 자세한 설명 부탁 드립니다.

2. <爲本宗婦人表>의 本宗을 자세히 설명 부탁 드립니다.

◈答; 가르침 부탁합니다.

問1, 答; 1.의례(儀禮), 2,가례(家禮), 3.황조제(皇朝制), 4.국제(國制)

1. **儀禮;** 十三經 중 하나. 周禮 禮記와 더불어 三禮 중 一禮書
●史記孝武本紀第十二; 自得寶鼎上與公卿諸生議封禪封禪用希曠絶莫知其儀禮而群儒采封禪尙書周官王制之望祀
●隋書禮儀志一; 秦氏以戰勝之威并呑九國盡收其儀禮(中略)梁武始命羣儒裁成大典吉禮則明山賓凶禮則嚴植之軍禮則陸璉賓禮則賀瑒嘉禮則司馬褧(中略)並習於儀禮者也
●辭源人部十三畫儀【儀禮】春秋戰國時代一部分禮制的彙編古只稱禮對記言則曰禮經合記言則曰禮記自西晉初以戴聖四十九篇稱禮記因稱禮經爲儀禮漢世所傳有戴德本戴聖本和劉向別錄本各本篇第先後都不同今傳十七篇是鄭玄注別錄本鄭著參用今古文唐賈公彦作疏在諸經中譌脫最多淸胡培翬撰儀禮正義四十卷包羅古今兼列異同基本上申明鄭玄注但也有訂正鄭注之處 1959 年在甘肅武威發現漢簡多篇

2.**家禮;** ①가정 의례. ②주부자찬; 도식 사당 관례 혼례 상례 제례의 예법을 상술한 예서(禮書)
●周禮春官宗伯禮官之職家宗人; 掌家祭祀之禮凡祭祀致福國有大故則令禱祠反命祭亦如之掌家禮與其衣服宮室車旗之禁令
●四庫全書經部禮類家禮五卷附錄一卷條舊本題宋朱子撰案王懋竑白田雜著有家禮考曰家禮非朱子之書也(云云)
●性理大全[(朱子;1130~1200)序(云云)永樂十三年(1415)十月初一日]七十卷三十冊中十冊在家禮全文(卷之十八家禮一卷十九家禮二卷二十家禮三卷二十一家禮四)

3. **皇朝制;** 황제국의 법도. 나라의 법.
●舊唐書李義府傳; 皇朝得五品官者皆升士流(註)皇朝本朝的尊稱也稱國朝
●曲禮上: 越國而問焉必告之以其制(鄭玄注)制法度

4.**國制;** 본조(本朝)의 제도(制度)
●遼史百官志一; 至于太宗兼制中國官分南北以國制治契丹以漢制待漢人國制簡朴漢制則沿名之風固存也(註)國制本朝的制度

問2. 答; 本宗; 동성 동본의 일가붙이로 종족, 본족, 본종 등으로 칭하는 부계의 친족.
●文獻通考刑四; 凡本宗爲人後者之子孫於本生親屬孝服祇論所後宗支本生親屬降服
●국어사전(이희승감수)ㅂ 본종[本宗]명 동성 동본의 일가붙이

▶3917◀◈問; 강희자전(康熙字典) 오류(誤謬)에 대하여?

안녕들 하세요. 언제인가 여기서 강희자전에도 오류가 많다. 라 하신 것으로 기억하고 있습니다. 제가 아는척하고 위와 같이 강희자전에도 오류가 있단다. 라 하였더니 선배인 학형이 몇 책을 뒤적이시더니 아래와 같이 적힌 쪽지를 내 주며 공부해봐 하시며 말씀에 여기에는 분명히 오류가 있다는 말씀입니다.

康熙字典一部二畫[丈]十尺曰丈[漢書律歷志]省略 [左傳昭公二十三年]以令役於諸侯屬役賦丈又[杜甫詩]百丈牽來上瀨船(註)百丈牽船筏也

한문은 아직 떠듬떠듬한 정도의 저로서는 무엇이 무엇인가 가늠 자체도 되지 않으나 연구하여 보겠다는 말씀을 드리고 왔습니다. 잘못된 곳이 있는지요. 있다면 어떤 곳이 잘못되었는지요. 지도하여 주셨으면 감사하겠습니다. 극히 어려운 질문 같은데요 언제인가도 말씀드렸습니다 마는 이런 어려운 문제는 여기서 정답을 얻지 못하면 답을 받을 곳이 없습니다. 더위가 대단합니다. 건강들 하십시오.

◈答; 강희자전(康熙字典) 오류(誤謬)에 대하여.

권정우님 지적과 같이 일반 儒者에게는 難題인 것 마는 분명한듯하나 타인을 가르치겠다고 나서는 자라면 이는 康熙 이후 儒學의 根本書이니 康熙字典에 대하여는 글자는 물론이려니와 의미 부여에 대한 典據까지도 바르게 알지 못하면(본 질의에 답을 알지 못한다면) 그에 미치지 못하는 자이니 감히 타인을 가르치겠다고 나설 위치에 있지 않은 수준미달자가 되겠지요.

아래 典據와 같이 살펴보건대 誤謬는 이하와 같습니다.

◈康熙字典 左傳昭公二十三年 原左傳昭公三十二年; (誤謬)昭公二十三年 (原)昭公三十二年
◈소공이십삼년(昭公二十三年)은 소공삼십이년(昭公三十二年)의 오류(誤謬).
◈康熙字典 杜甫詩牽來(註)筏 原杜甫詩誰家(註)篾 (誤謬)牽來(註)筏 (原)誰家 篾
◈杜甫詩牽來(註)筏; 두보시의 견래(주)벌은 誰家(註)篾; 수가(주)멸의 오류(誤謬).

⊙康熙字典一部二畫【丈】 [唐韻]直兩切[集韻][韻會]雉兩切[正韻]呈兩切竝長上聲十尺曰丈[左傳昭二十三年]以令役於諸侯屬役賦丈(疏)屬聚下役課賦尺丈 又[杜甫詩]百丈牽來上瀨船(註)百丈牽船筏也

●春秋左傳昭公三十二年; 冬十一月以令役於諸侯屬役賦丈
●杜甫詩註登高十二月一日. 百丈誰家上瀨船(註)百丈牽船篾也
●字典考證一部二畫; [丈]左傳昭二十三年以令役於諸侯屬役賦丈 謹照原文二十三年改三十二年 杜甫詩百丈牽來上瀨船 謹照原文牽來改誰家(註)百丈牽船筏也 謹照原註筏改篾

▶3918◀◈問; 孔子님을 孔夫子라고 부르는 이유.

안녕들!! 오늘은요 다름이 아니고요 孔子님을 孔夫子라고 부르는 경우가 있는데요 왜 夫자를 덧부치는지가 궁금하거든요. 夫字에 어떤 의미가 있어 孔夫子라 석자를 쓰는지요. 대단히 불경스러운 질문인데요 자세히 일러주세요.

◈答; 孔子님을 孔夫子라고 부르는 이유.

夫(부)는 스승을 의미하기도 합니다. 스승 중에 스승을 夫子(부자)라 하는데 孔子(공자)의 門下生(문하생)들이 孔子(공자)의 尊稱(존칭)으로 孔夫子(공부자)라 합니다.

●康熙字典大部【夫】[易家人]先生長者曰夫子
●論語學而; 子禽問於子貢曰夫子至於是邦也必聞其政求之與抑與之與(註)夫子孔門尊稱孔子爲夫子
●詩經正解陳風墓門章; 夫也不良國人知之(細註)夫指所刺之人也
●康熙字典子部【子】[王肅曰]子者有德有爵之通稱

▶3919◀◈問; 공자의 생몰년대는요?

공자의 출생년대와 작고 년대를 알고자 합니다.

◈答; 공부자(孔夫子)의 생몰년대(生沒年代)는.

유자(儒者)는 공자(孔子)라 칭하지 않고 공부자(孔夫子)라 한다.

공부자(孔夫子)의 생몰년대(生沒年代)는 아래 곡부공씨족보(曲阜孔氏族譜) 권지일(卷之一)

문선왕년보(文宣王年譜)에 아래와 같이 밝혀져 있다.

●康熙字典大部【夫】[易家人]先生長者曰夫子
●康熙字典子部【子】[王肅曰]子者有德有爵之通稱
●論語學而第一;子禽問於子貢曰夫子至於是邦也必聞其政求之與抑與之與漢典註孔門尊稱孔子爲夫子辭源註夫子後遂成爲對老師的專稱
●詩經正解陳風墓門章; 夫也不良國人知之(細註)夫指所刺之人也
●論語學而第一;子曰學而時習之不亦說乎邢昺疏子者古人稱師曰子
●孔夫子儒林淵源錄先聖世系圖(昔契封於商賜姓子氏至周成王時以商之帝乙長子微子(微國名子字爵)啓國於宋微子卒立其弟微仲衍)帝乙(統系于商○先聖錄孔子之先宋之後帝乙生)→(微子啓)微仲衍(先聖錄名衍或作泄嗣微之後故號微仲)→宋公稽→丁公申→煬公熙(一作襄)→弗父何(始有宋而嗣讓于弟厲公)→宋公周→世子勝→正考父(佐戴武宣公三命益恭)→孔父嘉→木金父→祈父(或曰夷睪以孔爲氏)→防叔→伯夏→叔梁紇(娶顔氏禱尼丘山生孔子)→孔子(諱丘字仲尼娶并官氏生子鯉鯉生伋)
●曲阜孔氏族譜卷之一文宣王年譜;孔子生歲在己酉周靈王二十年(西紀前551)魯襄公二十一年冬十月庚子申時也壬戌七十四歲夏四月己未先聖寢疾乙丑午時終今相承二月十八日爲忌辰
●孔子實紀正編上庚戌一年(註周靈王二十一年魯襄公二十二年)十一月孔子誕生于魯昌平鄉陬邑(細註)按公羊傳魯襄公二十一年十有一月庚子孔子生或云是月固無庚子穀梁傳魯襄公二十一年十月庚子孔子生鄭環云生於襄二十一年己酉則庚子爲二十日金氏履祥云是年九月十日日兩食必非生聖人之年史記孔子世家魯襄公二十二年孔子生(以下省略)

▶3920◀◈問; 궐명과 질명.

질문과 답변을 보니 궐명과 질명이 자주 등장하는데, '질명, 궐명'이 무엇입니까?

◈答; 厥明과 質明이란.

◆厥明; 그 이튿날, 그 다음날,
◆質明; 날이 막 밝으려 할 때. 날이 샐 무렵. 새벽녘.

●周禮地官司徒第二司徒教官之職鄉大夫; 厥明鄉老及鄉大夫羣吏獻賢能之書于王王再拜受之(鄭玄注)厥其也明日也
●儀禮經傳通解士冠禮; 擯者請期宰告曰質明行事(註)質正也宰告曰旦日正明行冠事
●史記五帝本紀; 我思舜正鬱陶舜曰然爾其庶矣
●禮器質明而始行事疏質正也謂正明之時少牢禮朝明行事註朝明質明也此乃周禮也
●士冠禮擯者請期宰告曰質明行事註擯者有司佐禮者在主人曰擯在客曰介質正也宰告曰旦日正明行冠事
●陳氏曰子路祭於季氏質明而始行事寧早則雖未明之時祭之可也

▶3921◀◈問; 남녀 위치에 대한 문의.

안녕하세요? 산사람과 죽은 사람의 남녀 위치에 대하여 아래와 같이 문의하오니 고견을 부탁드립니다.

1. 산 사람의 경우

1). 절을 받는 사람 입장에서 절하는 사람을 바라보았을 때 남녀의 위치와 절을 하는 입장에서 절 받는 사람을 바라보았을 때 남녀의 위치가 아래와 같은 위치가 맞는지요?

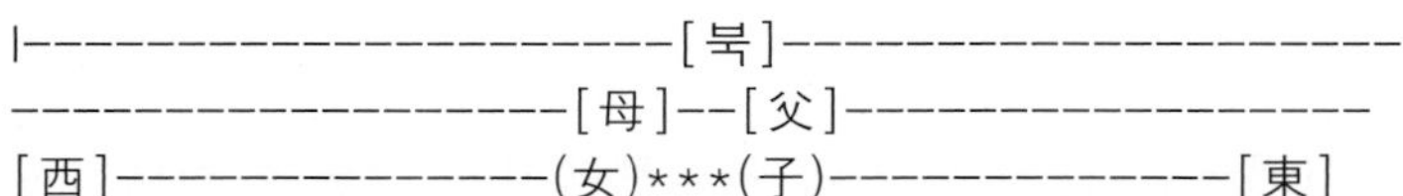
|---------------------[북]---------------------|
------------------[母]--[父]-----------------
[西]---------------(女)***(子)-------------[東]

2). 남녀가 동렬에서, 겹쳐 설 때는 중앙을 상석으로 하여 아래와 같은 위치가 맞는지요?
|---------------------[북]---------------------|

-------------------[母]--[父]-------------------
[西]-----(次婦)--(長婦)***(長男)--(次男)-----[東]

3). 長男과 次男 각각 자녀가 있을 때 위치는 어떻게 되는지요?

4). 결혼식(結婚式) 때 신랑(新郞)과 신부(新婦)의 위치(位置)가 어떻게 되는 지요? 지역에 남좌여우(男左女右)인 경우도 있고 남우여좌(男右女左)로 위치(位置)하는 경우가 있어 여쭤봅니다.

대구지역의 경우
|----------------------[주례]----------------------|
-------------------[신부]--[신랑]---------------

대구지역 외 의 경우
|----------------------[주례]----------------------|
-------------------[신랑]--[신부]---------------

5). 폐백 시 혼주와 신랑신부의 위치가 어떻게 되는지요?
-------------------[母]----[父]-------------------
[西]--------------(신부)***(신랑)---------------[東]

2.死者 의 경우
1). 夫婦 합장 시 위치는 어떻게 되는지요?

◈答; 남녀 위치에 대한 문의.

問 1. 答;
1) 答; 陰陽法에 의한 男東女西의 相向 위치.
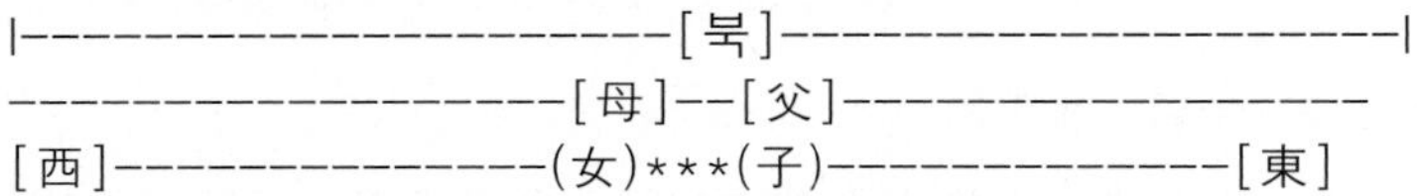

2) 答; 陰陽法에 의한 男東女西의 相向 위치.
|----------------------[북]----------------------|
-------------------[母]--[父]-------------------
[西]-----(次婦)--(長婦)***(長男)--(次男)-----[東]

3) 答; 長男과 次男의 자녀는 그의 부모 뒤에 섭니다.

●朱子家禮 正至朔望則參序立位; 主人以下盛服入門就位主人北面於阼階下主婦北面於西階下主人有母則特位於主婦之前(栗谷曰奉祀妾子之母固不當立於主婦之前矣亦豈可立於主婦之後乎當立於主婦之西稍前)主人有諸父諸兄則特位於主人之右少前重行(增解輯覽按重行者主人前伯叔父爲一行主人兄弟爲次行主人子姪又爲次下主人之孫又爲次下是爲重行○沙溪曰諸父異行兄弟則有少前少退之異非重行也)西上有諸母姑嫂姊則特位主婦之左少前重行東上諸弟在主人之右少退子孫外執事者在主人之後重行西上主人弟之妻及諸妹在主婦之左少退子孫婦女內執事者在主婦之後重行東上立定

4) 答; 陰陽法의 남녀위치. (남좌녀우)
|----------------------[주례]----------------------|
-------------------[신부]--[신랑]------------------

5) 答; 陰陽 法度에 의한 남녀의 상향(男東女西) 위치(가례 폐백례에서는 신랑을 참례하지 않음)
-------------------[母]----[父]-------------------
[西]----------------(女)****(男)---------------[東]

※人道尙右 法度에 의한 남녀 상향 위치(男左女右).

------------------[父]----[母]------------------
[西]-----------------(女)****(男)----------------[東]

아래 이례연집(二禮演輯)은 예기(禮記)의 왕제(王制)와 내칙(內則)과 운옥(韻玉)에 근거(根據)하여 남향(南向)의 부모(父母) 위치를 남서여동(男西女東)배치하고 자녀석 역시 예기(禮記)의 왕제(王制)와 내칙(內則)과 운옥(韻玉)에 근거하여 배치되었는데 이 위치는 예기가 뒷 바침 된 위치이니 오류가 아님이 확인될 수 있으며, 남녀의 서는 위치는 반드시 남동여서(男東女西)가 아님을 아래를 살펴보면 이해하기에 충분할 것입니다.

이례연집(二禮演輯)은 우덕린편(禹德麟編)을 우보형(禹普亨) 교(校)로 펴냈다. 이를 이평묵(李平默) 선생이 교정을 하여 다시 펴냈음

●王制 男子常由婦人之右婦人常由男子之左
●內則 男子由右女子由左
●退溪集考證別集(韻玉) 人道尙右
●二禮演輯獻壽圖; 父母男西女東子女男東女西
●王制道路男子由右婦人由左註凡男子婦人同出一塗者則男子常由婦人之右婦人常由男子之左
●內則道路男子由右女子由左(集說細註)道路之法其右以行男子其左以行女子古之道也(鄭注)地道尊右
●朱子曰禮云席南向北向以西方爲上東向西向以南方爲上是東向南向之席皆尙右西向北向之席皆尙左也今祭禮考妣同席南向則考西妣東自合禮意大率古者以右爲尊如周禮云享右祭祀詩云旣右烈考亦右文母漢人亦言無能出其右者是皆以右爲尊也
●退溪集考證別集題士敬幽居條左左(韻玉)人道尙右故非正之術曰左道謫官曰左遷不適事宜曰左計
●芝村曰初喪爲位皆以男左女右而上朝祖下男女道路之法謂男左女右
●重庵曰男左女右以地道言則右尊左卑道路屬地當男右女左盖右主動而左主靜右有力而左無爲故男女所由如此
●錦谷曰家禮及諸禮書皆以東爲上故其爲男東女西者卽左東右西之意也
●二禮演輯獻壽圖; 父母男西女東子女男東女西
●記言左右陰陽說條天道尙左地道尙右陰陽之義也朝庭之禮以東爲上祠廟之禮以西爲上
●錦谷曰家禮及諸禮書皆以東爲上故其爲男東女西者卽左東右西之意也
●重庵曰男左女右以地道言則右尊左卑道路屬地當男右女左盖右主動而左主靜右有力而左無爲故男女所由如此
●芝村曰初喪爲位皆以男左女右而上朝祖下男女道路之法謂男左女右
●沙溪曰左右云者地之左右地道尙右故男子由右也陳氏註以爲婦人之右男子之左

問 2.答; 부부(夫婦) 매장(埋葬) 역시 남좌여우(男左女右)라 하였으니 지방(紙牓) 역시 남좌여우(男左女右)라 함 역시 오류(誤謬)가 아니며, 사자의 모든 위는 남향이라 이의 상석은 이서위상(以西爲上)이라 한다.

◆死者; 男左女右(男西女東; 南向)는 地道尙右 神道尙右 법도에 의함임. 정면에서 마주한자의 관점에서.
◆生者; 男左女右(男東女西; 北向)는 地道尙右 人道尙右 법도에 의함임. 정면에서 마주한자의 관점에서.

●退溪曰兩親墓東西定位想中國俗葬皆【男左女右】故朱先生葬劉夫人時只循俗爲之其後丘文莊亦不欲異俗而云云也然朱子答陳安卿之問分明謂祭而【以西爲上】葬時亦當如此方是則此乃爲晩年定論而後世之所當法也
●南溪曰世之葬法有以男左女右傳曰【神道尙右地道尙右】
●栗谷曰其出行也先告家廟次告庶母及兄嫂夫人則立內門而揖送妾則立中門子弟則立大門而拜送婢僕則於大門外皆【男左女右】而拜其還亦如之

●錦谷曰家禮及諸禮書皆以東爲上故其爲【男東女西】者卽【左東右西】之意也其後儒先言論多端用西上之規故祠宇之奉墓中之祔皆爲【男西女東】此是古今之異也

●王制道路男子由右婦人由左註凡男子婦人同出一塗者則男子常由婦人之右婦人常由男子之左

●內則【道路男子由右女子由左】(集說細註)道路之法其右以行男子其左以行女子古之道也(鄭注)【地道尊右】

●內則【男左女右】細註嚴陵方氏曰或男耦而女奇取陰陽之相須也或男左而女右取陰陽之相類也

●性理大全祠堂篇凡屋之制不問何向背但以前爲南後爲北【左爲東右爲西】

●芝村曰初喪爲位皆以【男左女右】而上朝祖下男女道路之法謂【男左女右】

●重庵曰【男左女右】以地道言則右尊左卑道路屬地當男右女左盖右主動而左主靜右有力而左無爲故男女所由如此

●龜川曰神道尙左故小斂以後則左袵而神主奉安則以西爲上此則尙右惡在神道尙左之義耶 【人道尙右】 【人道尙右】則北鄕立者宜 【以東爲上】而序立者反 【以西爲上】此則尙左其義

●朱子曰禮云【席南向北向以西方爲上】【東向西向以南方爲上】是【東向南向之席皆尙右】【西向北向之席皆尙左】也今祭禮考妣同席南向則考西妣東自合禮意大率古者以右爲尊如周禮云享右祭祀詩云旣右烈考亦右文母漢人亦言無能出其右者是皆以右爲尊也

●密菴曰或以尊者所在爲上如冠禮迎賓及階下位則【北爲上】堂上位則【南爲上】執冠巾者賓未入則【東爲上】賓已入則【北爲上】坐於奧則【南爲上】坐於堂則【西爲上】何嘗有一定廣武東向亦只是賓

▶3922◀◈問; 논어 학이편?

논어 학이편의 말씀을 대강 쉽게 풀어 주세요.

◈答; 논어 학이편의 말씀.

○공부자께서 말씀하시기를 배우고 때때로 익히면 이 또한 기쁘지 않겠는가?

○벗이 있어 멀리서 찾아오면 이 또한 기쁘지 않겠는가?

○남이 나를 알아주지 않더라도 화를 내지 않음이 그 또한 군자가 아니겠는가?

○유자(공부자의 제자)가 이르시기를 부모에게 효도하고 형제간에 우애 있는 자는 윗사람들에게 도리에 어긋난 짓을 하는 자는 드물다. 그리고 윗사람들에게 도리에 벗어난 짓을 하지 않는 사람은 법을 어기고 질서를 어지럽히는 사람은 아직 없었다.

○군자는 근본을 세우는 일에 힘써야 하고 매사에는 근본이 서있어야만이 그에서 도가 생겨난다. 효도와 우애는 바로 仁을 실천하는 근본이다.

○공부자께서 말씀하시기를 교묘하게 꾸며대는 말과 아첨하는 얼굴빛을 띤 자는 仁이 부족함에서이다.

●論語朱註學而; 子曰學而時習之不亦說乎(朱註)說悅同○學之爲言效也人性皆善而覺有先後後覺者必效先覺之所爲乃可以明善而復其初也習鳥數飛也學之不已如鳥數飛也說喜意也旣學而又時時習之則所學者熟而中心喜說其進自不能已矣程子曰習重習也時復思繹浹洽於中則說也又曰學者將以行之也時習之則所學者在我故說謝氏曰時習者無時而不習坐如尸坐時習也立如齊立時習也有朋自遠方來不亦樂乎(朱註)樂音洛○朋同類也自遠方來則近者可知程子曰以善及人而信從者衆故可樂又曰說在心樂主發散在外人不知而不慍不亦君子乎(朱註)慍紆問反○慍含怒意君子成德之名尹氏曰學在己知不知在人何慍之有程子曰雖樂於及人不見是而無悶乃所謂君子愚謂及人而樂者順而易不知而不慍者逆而難故惟成德者能之然德之所以成亦曰學之正習之熟說之深而不已焉耳○程子曰樂由說而後得非樂不足以語君子有子曰其爲人也孝弟而好犯上者鮮矣不好犯上而好作亂者未之有也(朱註)弟好皆去聲鮮上聲下同○有子孔子弟子名若善事父母爲孝善事兄長爲弟犯上謂干犯在上之人鮮少也作亂則爲悖逆爭鬪之事矣此言人能孝弟則其心和順少好犯上必不好作亂也君子務本本立而道生孝弟也者其爲仁之本與(朱註)與平聲○務專力也本猶根也仁者愛之理心之德也爲仁猶曰行仁與者疑辭謙退不敢質言也言君子凡事專用力於根本根本旣立則其道自生若上文所謂孝弟乃是爲仁之本學者務此則仁道自此而生也○程子曰孝弟順德也故不好犯上豈復有逆理亂常之事德

有本本立則其道充大孝弟行於家而後仁愛及於物所謂親親而仁民也故爲仁以孝弟爲本論性則以仁爲孝弟之本或問孝弟爲仁之本此是由孝弟可以至仁否曰非也謂行仁自孝弟始孝弟是仁之一事謂之行仁之本則可謂是仁之本則不可蓋仁是性也孝弟是用也性中只有箇仁義禮智四者而已曷嘗有孝弟來然仁主於愛愛莫大於愛親故曰孝弟也者其爲仁之本與○子曰巧言令色鮮矣仁(朱註)巧好令善也好其言善其色致飾於外務以悅人則人欲肆而本心之德亡矣聖人詞不迫切專言鮮則絶無可知學者所當深戒也○程子曰智巧言令色之非仁則知仁矣

▶3923◀◈問; 동신(洞神) 잔의 위치.

洞神祭를 모시고 있습니다. 그런데 술을 다섯 잔을 드리고 있는데, 아래 그림과 같이 술잔의 위치를 어떻게 놓는 것이 이치나 예절에 맞는지요? 다른 방법이 있는지요?

둘째잔		다섯째잔	둘째잔		네째잔
	첫째잔			첫째잔	
넷째잔		세째잔	세째잔		다섯째잔

◈答; 洞神 잔의 위치.

아래와 같이 살펴보건대 오헌(五獻)은 지난날 경작위(卿爵位)의 향례(享禮)의 헌작례(獻爵禮)로 일반 백성은 감히 행할 수 없는 예였으며 그 시절 진설도(陳設圖)는 확인이 되지 않습니다. 그 후 예는 성어삼(禮成於三)이라 하였고 삼(三)이 종야(三終也)라 하였으니 삼(三)으로서 모두 이뤄지고 삼(三)이 끝이라 국례(國禮)나 사서인(士庶人) 예(禮) 모두 삼헌(三獻)으로 마치게 됩니다.

소왕사기(素王事紀)에 의하면, 당태종(唐太宗) 정관(貞觀) 21(642)년에 허경종(許敬宗) 등이 청하여 국학(國學)에 령(令)을 내려 석전(釋奠)은 제주(祭酒)가 초헌(初獻)을 하고 사업(事業)이 아헌(亞獻), 박사(博士)가 종헌(終獻)을 하라 하였고, 현종(玄宗) 개원(開元) 연간(年間)에 칙령을 내려 삼공(三公; 司徒, 太尉, 司空. 또는 三政丞)이 삼헌(三獻)으로서 예(禮)를 행하라 하였다 합니다.

●舊唐書禮儀志三; 禮成於三初獻亞從合於一處
●書經顧命; 王三宿三祭三咤(孔傳)王三進爵三祭酒三奠爵(蔡沈集傳)禮成於三故三宿三祭三咤
●後漢書袁詔傳; 結恨三泉(李賢注)三者數之小終言深也
●太玄經二進; 三歲不還(范望注)三終也 山川高險終歲不還以諭難也
●素王事紀歷代追崇事始二仲丁祀; 北齊制春秋二仲釋奠于先聖先師 隋制國子寺每歲以四仲月上丁釋奠先聖先師州郡學則以春秋二仲月 唐玄宗(在位 712-756)開元二十八(740)年詔祭春秋二仲上丁○祭用三獻; 唐太宗(在位 626-649)貞觀二十一(647)年許敬宗等請國學釋奠令祭酒初獻司業亞獻博士終獻詞稱皇帝謹遣某官行禮以爲永制 玄宗開元中(年間)勅三獻以三公行禮
●宋史禮志十一; 古者宗廟九獻皇及后各四諸臣一自漢以來爲三獻后無入廟之事沿襲至今
●周禮秋官大行人; 諸侯之禮(中略)饗禮七獻食禮七擧
●禮器; 一獻質三獻文五獻察七獻神(孔穎達疏)七獻神者謂祭先公之廟禮又轉尊神靈尊重也
●左傳昭公元年; 及享具五獻之籩豆於幕下(杜預注)朝聘之制大國之卿五獻
●禮器; 五獻之尊門外缶門內壺(鄭玄注)五獻子男之饗禮也
●後漢書百官志二; 光祿勳卿一人(中略)郊祀之事掌三獻(註)祭祀時獻酒三次卽初獻爵亞獻爵終獻爵合稱三獻

▶3924◀◈問; 里仁이 무슨 의미인지요.

안녕하십니까. 저는 논어를 살펴보다 모두 의아하지만 우선 다음을 질문 드립니다.
論語 里仁이란 제목이 있습니다. 里仁이 무슨 의미인지요. 동리가 어질다는 뜻은 아닌 것 같은데요. 가르침 기다리겠습니다.

◈答; 里仁이란.

아래와 같이 살펴보건대 리인(里仁)의 里는 리유린야(里猶鄰也)라 하였고, 인인애야(仁仁愛也)라 하였으니, 이웃을 어진 마음으로 사랑하다. 라는 의미(意味)라 함이 옳을 것입니다.

●潘岳閑居賦; 訓若風行應如草靡此里仁所以爲美
●論語朱註里仁; 子曰里仁爲美(何晏集解引鄭玄曰)里者仁之所居居于仁者之里是爲美(陸德明釋文)里猶鄰也言君子擇鄰而居居於仁者之里
●墨子經說下; 仁仁愛也

▶3925◀◈問; 망기 쓸때 "유학"이란 한자 글씨 문의.

안녕하세요. 향교나 서원에서 망기 쓸 때 "유학(幼學)"이란 문구에서 유(幼)자의 끝부분 "력(力)"의 위로 올라가는 부분을 잘라서 "도(刀)"로 쓰는 사유(事由)를 알고 싶습니다. 끝으로 성균관의 무궁한 발전을 기원 드립니다. 조 0 필 拜上

◈答; 유(刎)는 幼의 俗字임.

刎; 중자(中字)로는 사용되지 않는 국자(國字)로서 유(幼)와 동의(同意)로 속자(俗字)입니다.

●曲禮上人生十年曰幼學(鄭玄主)名曰幼時始可學也(辭註)內則曰十年出外就傳居宿於外學書計後因稱十歲爲幼學之年又初入學的也稱幼學
●拙藁千百(崔瀣); 東方故俗男子刎年
●韓漢大辭典刀部三畫【刎】유 幼의 속자(俗字)

▶3926◀◈問; 방위(方位)와 관련해서...

안녕하세요? 많은 가르침 감사합니다. 다음과 같은 의문이 있어 문의 드립니다. 제사 지낼 때 방위와 관련해서 초암께서 "설위는 실 방위와는 관계없이 가옥의 앞을 남쪽이라하고 뒤를 북쪽이라하고. 북쪽을 등지고 왼편을 동, 오른편을 서쪽이라 합니다. "(2017.06.18. 22번)이라고 말씀하셨습니다.

1. 여기서 이 方位는 전통혼례와 같은 生者들의 경우에도 똑같이 적용되는지요?

2. "북쪽 등지고 왼편을 동, 오른편을 서쪽"이라 하셨는데..... 여기서 (좌우 개념의) 왼편, 오른편의 주체는 神位 입장에서 바라본 방향이 되고, (방위 개념의) 東과 西의 주체는 生者 입장에서 바라본 방향이 되는게 맞는지요? 본인의 愚問에 대한 선생님의 賢答을 잘 이해한 이후에 다음 질문을 드리겠습니다. 감사합니다.

◈答; 方位와 관련해서.

問 1. 答; 생자(生者)의 모든 예의 방위는 가옥의 방위인 전위남(前爲南) 후위북(後爲北) 좌위동(左爲東) 우위서(右爲西)의 법도가 똑같이 적용됩니다.

問 2. 答; 생사자 불문 방위의 개념은 1 번과 같습니다. 즉 생자든 사자든 바라본 자의 방향이 아니라 신위나 주체자가 행하는 행사장의 등쪽이 北이 되고 앞이 南이 되고 좌측이 東이 되며 우측이 西쪽이 됩니다.

●家禮通禮祠堂君子將營宮室先立祠堂於正寢之東; ○凡屋之制不問何向背但以前爲南後爲北左爲東右爲西後皆放此

▶3927◀◈問; 방위와 관련해서.... 재문(再問).

답변 감사드립니다. 선생님께서 "신위나 주체자가 행하는 행사장의 등쪽이 北이 되고 앞이 南이 되고 좌측이 東이 되며 우측이 西쪽이 된다"고 말씀하셨습니다. 잘 알겠습니다.^^
그렇다면.....

질문 1. 홍동백서, 어동육서, 좌포우혜 등의 용어는 누구를 주체로(生者 혹은 死者) 한 방향인가요? 즉, 주체자가 生者입니까? 死者입니까??

질문 2. 제 생각에 위의 용어들은 生者(祭主, 參禮者 등)를 주체로 한 방향인 것 같은데, 이 경우는 왜 주체자가 生者가 되는건가요?

질문 3. 어떤 용어들은 주체자가 神位나 主禮者가 되고(男左女右, 壻東婦西 등), 어떤 경우는 주체자가 生者(祭主, 參禮者 등)가 되는데(홍동백서, 어동육서, 좌포우혜 등), 구별하거나 나누는 기준이 있나요??

愚問賢答 부탁드리겠습니다.

◈答; 재답(再答); 방위와 관련해서....

◈질문 1. 答;

○紅東白西; 神位의 方位

홍동백서를 논한 유서나 선유들 께서 논한 논서를 찾아지지 않으나 홍동백서란 진설의 방위를 지적함이니 신위의 방위로 보아야 합니다.

○魚東肉西, 神位의 方位

●家禮四時祭進饌條主人搢笏奉肉奠于盤盞之南主人奉魚奠于醋楪之南

●旅軒曰禮有魚東肉西之文蓋東南多水魚所宅也西北多山禽獸所居故耶此所謂東西皆以神位分也

○左脯右醢; 脯陽 醢陰屬인 관계로 생인은 우포좌해로 상차림이 되고 사자는 좌포우해로 진설 되는데 이에서의 방위는 진설자의 좌우임.

●梅山曰左脯右醢生人之禮也葬前饋奠當象生而備要襲圖之右脯左醢恐失照檢遷襲圖則左右得正也虞而神之則自從虞祭當右脯左醢也盖脯屬陽醢屬陰故生死之饌左右乃爾也

●南溪曰備要襲奠圖則左醢右脯乃象生時之意恐此爲是其右脯左醢者似是寫誤致

◈질문 2. 答; 生者 위주는 左脯右醢 뿐임.(전거는 위의 좌포우해)

◈질문 3. 答;

○남좌여우(男左女右), 서동부서(壻東婦西)에 관하여.

◆死者; 男左女右(男西女東; 南向)는 地道尙右 神道尙右 법도에 의함임. 정면에서 마주한자의 관점에서.

◆生者; 男左女右(男東女西; 北向)는 地道尙右 人道尙右 법도에 의함임. 정면에서 마주한자의 관점에서.

●退溪曰兩親墓東西定位想中國俗葬皆【男左女右】故朱先生葬劉夫人時只循俗爲之其後丘文莊亦不欲異俗而云云也然朱子答陳安卿之問分明謂祭而【以西爲上】葬時亦當如此方是則此乃爲晚年定論而後世之所當法也

●南溪曰世之葬法有以男左女右傳曰【神道尙右地道尙右】

●栗谷曰其出行也先告家廟次告庶母及兄嫂夫人則立內門而揖送妾則立中門子弟則立大門而拜送婢僕則於大門外皆【男左女右】而拜其還亦如之

●錦谷曰家禮及諸禮書皆以東爲上故其爲【男東女西】者卽【左東右西】之意也其後儒先言論多端用西上之規故祠宇之奉墓中之祔皆爲【男西女東】此是古今之異也

●王制道路男子由右婦人由左註凡男子婦人同出一塗者則男子常由婦人之右婦人常由男子之左

●內則【道路男子由右女子由左】(集說細註)道路之法其右以行男子其左以行女子古之道也(鄭注)【地道尊右】

●內則【男左女右】細註嚴陵方氏曰或男耦而女奇取陰陽之相須也或男左而女右取陰陽之相類也

●性理大全祠堂篇凡屋之制不問何向背但以前爲南後爲北【左爲東右爲西】

●芝村曰初喪爲位皆以【男左女右】而上朝祖下男女道路之法謂【男左女右】

●重庵曰【男左女右】以地道言則右尊左卑道路屬地當男右女左盖右主動而左主靜右有力而左無爲故男女所由如此

●龜川曰神道尙左故小斂以後則左袵而神主奉安則以西爲上此則尙右惡在神道尙左之義耶 【人道尙右】 【人道尙右】則北鄕立者宜 【以東爲上】而序立者反 【以西爲上】此則尙左其義

●朱子曰禮云【席南向北向以西方爲上】【東向西向以南方爲上】是【東向南向之席皆尙右】

【西向北向之席皆尙左】也今祭禮考妣同席南向則考西妣東自合禮意大率古者以右爲尊如周禮云享右祭祀詩云旣右烈考亦右文母漢人亦言無能出其右者是皆以右爲尊也

●密菴曰或以尊者所在爲上如冠禮迎賓及階下位則【北爲上】堂上位則【南爲上】執冠巾者賓未入則【東爲上】賓已入則【北爲上】坐於奥則【南爲上】坐於堂則【西爲上】何嘗有一定廣武東向亦只是賓

○紅東白西; 陰陽法度에 의함임

●呂氏春秋仲春記天子居靑陽太廟註靑陽東

●俛宇集書答李子剛別紙喪祭疑義祭需陳設東頭西尾取其陰陽左右耶

○魚東肉西; 生産地에 의한 方位임.

●旅軒曰禮有魚東肉西之文蓋東南多水魚所宅也西北多山禽獸所居故耶此所謂東西皆以神位分也

○左脯右醯; 陰陽法度에 의함인.

●梅山曰左脯右醢生人之禮也葬前饋奠當象生而備要襲圖之右脯左醢恐失照檢遷襲圖則左右得正也虞而神之則自從虞祭當右脯左醢也盖脯屬陽醢屬陰故生死之饌左右乃爾也

▶3928◀ ◈問; 부녀자의 우측에 남자가 선다는데.

길을 가거나 남녀가 같이 설 대는 남자가 여자의 우측에 서게 된다는데 까닭이 있는지요.

◈答; 남우녀좌(男右女左)

아래와 같이 살펴보건대 남자는 동편에 서고 부녀자는 서편에서 모두 북향하여 섰으니 이를 남향으로 돌려 세워 놓으면 내가 보아 남서여동(男西女東)으로 남좌여우(男左女右)가 됩니다. 남좌여우(男左女右), 남동녀서(男東女西)는 남양녀음(男陽女陰)의 법도에 의함입니다.

●溫公書儀祭禮篇(序立)主人帥衆丈夫共爲一列長幼以敍立於東階下北向西上主婦帥衆婦女如衆丈夫之敍立於西階下北向東上

●內則男左女右細註嚴陵方氏曰或男耦而女奇取陰陽之相須也或男左而女右取陰陽之相類也

●王制 男子常由婦人之右婦人常由男子之左

●退溪集考證別集(韻玉) 人道尙右

●二禮演輯獻壽圖; 父母男西女東子女男東女西

●王制道路男子由右婦人由左註凡男子婦人同出一塗者則男子常由婦人之右婦人常由男子之左

●內則道路男子由右女子由左(集說細註)道路之法其右以行男子其左以行女子古之道也(鄭注)地道尊右

●朱子曰禮云席南向北向以西方爲上東向西向以南方爲上是東向南向之席皆尙右西向北向之席皆尙左也今祭禮考妣同席南向則考西妣東自合禮意大率古者以右爲尊如周禮云享右祭祀詩云旣右烈考亦右文母漢人亦言無能出其右者是皆以右爲尊也

●退溪集考證別集題士敬幽居條左左(韻玉)人道尙右故非正之術曰左道謫官曰左遷不適事宜曰左計

●芝村曰初喪爲位皆以男左女右而上朝祖下男女道路之法謂男左女右

●重庵曰男左女右以地道言則右尊左卑道路屬地當男右女左盖右主動而左主靜右有力而左無爲故男女所由如此

●錦谷曰家禮及諸禮書皆以東爲上故其爲男東女西者卽左東右西之意也

●二禮演輯獻壽圖; 父母男西女東子女男東女西

●記言左右陰陽說條天道尙左地道尙右陰陽之義也朝庭之禮以東爲上祠廟之禮以西爲上

●錦谷曰家禮及諸禮書皆以東爲上故其爲男東女西者卽左東右西之意也

●重庵曰男左女右以地道言則右尊左卑道路屬地當男右女左盖右主動而左主靜右有力而左無爲故男女所由如此

●芝村曰初喪爲位皆以男左女右而上朝祖下男女道路之法謂男左女右

●沙溪曰左右云者地之左右地道尙右故男子由右也陳氏註以爲婦人之右男子之左

▶3929◀ ◈問; 부지종부곤제지모위종조왕모(父之從父昆弟之母爲從祖王母)"를 "父之從祖昆弟之父爲族祖王父"로 고쳐야 된다. 라 하는데?

[표1]

伯叔祖父母 《爾雅》: 父之世父叔父，爲從祖祖父，父之世母叔母，爲從祖祖母，父之從父昆弟之母，爲*從祖王母*。【案】父之從父昆弟之母，卽父之世母叔母。此爲疊出。又但有族祖王母，而無族祖王父，疑此當爲父之從祖昆弟之父，爲族祖王父。[出處: 常變通攷] 백숙조부모(伯叔祖父母) 《이아》: 아버지의 세부(世父)와 숙부(叔父)는 '종조조부(從祖祖父)'이고, 아버지의 세모(世母)와 숙모(叔母)는 '종조조모(從祖祖母)'이며, 아버지 종부(從父) 형제의 어머니는 '*종조왕모(從祖王母)*'이다.【동암안설】 아버지의 종부곤제의 어머니는 곧 아버지의 세모와 숙모이니, 이는 중첩하여 나왔다. 또 '족조왕모(族祖王母)'만 있고 '족조왕부(族祖王父)'는 없는데, 이는 아버지 종조(從祖) 형제의 아버지가 '족조왕부'가 된다고 해야 마땅한 듯하다.

2촌	㉮父之考爲王父。	㉠父之妣爲王母。
4촌	㉯父之世父叔父爲從祖祖父。	㉡父之世母叔母爲從祖祖母。 ㉢父之從父昆弟之母爲從祖王母
6촌	父之從祖昆弟之父爲族祖王父	㉣父之從祖昆弟之母爲族祖王母。

◈答; 父之從祖昆弟之母爲族祖王母의 문장에는 誤記나 誤謬가 없다.

아래와 같이 살펴보건대 爾雅의 父之從父昆弟之母爲從祖王母와 父之從祖昆弟之母爲族祖王母 양 문장에는 誤謬나 誤記가 없습니다.

●爾雅註疏釋親宗族; *父之從父昆弟之母爲*從祖*王母* 父之從祖昆弟之母爲族祖王母
●三國志觸志諸葛亮傳; 亮早孤從父玄爲哀哀術所署豫章太守玄將亮及亮弟均之官(註)從父伯父叔父的通稱
●爾雅釋親; 父之從父昆弟爲從祖父(辭註)從祖父父親的堂伯叔
●儀禮喪服; 族祖父母(胡培翬正義)族祖父者己之祖父從父昆弟也

또 부지종조곤제지모위족조왕모(父之從祖昆弟之母爲族祖王母) 의 전반부 부지종조곤제(父之從祖昆弟)란 자(子)와의 속칭(俗稱)관계는 족부형제(族父兄弟)되고 족부형제(族父兄弟)의 모(母)란 나의 족조왕모(族祖王母) 즉 족조(族祖)할머니 뻘이 된다.

부(父)의 속칭(屬稱)을 자(子)의 속칭화(屬稱化)시키는 문제인데 부(父)의 속칭을 자(子)의 속칭으로 변환(變換)시키면 후반부(後半部) 자(子)의 속칭과 들어맞게 된다. 따라서 오류(誤謬)나 오기(誤記)가 없는 문장(文章)으로 확인이 된다.

◆從祖昆弟; 同曾祖兄弟 又同曾祖而不同祖父的兄弟

◆族兄弟; 三從兄弟(同高祖者)
◆族父; 族兄弟之父(國稱 再堂叔)
◆族祖母; 族父的 母親
◆族祖父母; 祖父之從兄弟

●草堂筆記如是我聞三; 偶爲從父侍姬以宮詞書扇(註)從父父親的兄弟卽伯父或叔父
●爾雅釋親; 父之從父晜弟之母爲從祖王母(辭註)從祖王母伯祖母叔祖母也稱從祖祖母卽父親的伯母叔母
●儀禮喪服; 小功從祖昆弟(鄭玄注)父之從父晜弟之子 同曾祖的兄弟
●儀禮喪服禮四; 族晜弟(疏)己之三從兄弟皆名爲族(辭註)同高祖的兄弟卽三從兄弟
●爾雅釋親; 父之從祖晜弟爲族父(辭註)族父族兄弟之父
●爾雅釋親; 父之從祖晜弟之妻爲族祖母(辭註)族祖母族父的母親
●便覽喪禮成服本宗五服之圖; 族祖父母祖父之從兄弟
●爾雅郭注釋親第四宗族父爲考母爲妣父之考爲王父父之妣爲王母(郭璞注加王者尊之)王父之考爲曾祖王父王父之妣爲曾祖王母(郭璞注曾猶重也)曾祖王父之考爲高祖王父曾祖王父之妣爲高祖王母(郭璞注高者言最在上)父之世父叔父爲從祖祖父父之世母叔母爲從祖祖母(郭璞注從祖而別世統異故)父之晜弟先生爲世父後生爲叔父(郭璞注世有爲嫡者嗣世統故也)男子先生爲兄後生爲弟男子謂女子先生謂姊後生爲妹父之姊妹爲姑父之從父晜弟爲從祖父父之從祖晜弟爲族父族父之子相謂爲族晜弟族晜弟之子相謂爲親同姓(郭璞注同姓之親無服屬)兄之子弟之子相謂爲從父晜弟(郭璞注從父而別)子之子爲孫(郭璞注孫猶後也)孫之子爲曾孫(郭璞注曾猶重也)曾孫之子爲玄孫(郭璞注玄者言親屬微昧也)玄孫之子爲來孫(郭璞注言有往來之親)來孫之子爲晜孫(郭璞注晜後也汲冢竹書曰不窋之晜孫)晜孫之子爲仍孫(郭璞注仍亦重也)仍孫之子爲雲孫(郭璞注言經遠如浮雲)王父之姊妹爲王姑曾祖王父之姊妹爲曾祖王姑高祖王父之姊妹爲高祖王姑父之從父姊妹爲從祖姑父之從祖姊妹爲族祖姑父之從父晜弟之母爲從祖王母父之從祖晜弟之母爲族祖王母父之兄妻爲世母父之弟妻爲叔母父之從父晜弟之妻爲從祖母父之從祖晜弟之妻爲族祖母父之從祖祖父爲族曾王父父之從祖祖母爲族曾王母父之妾爲庶母祖王父也晜兄也(郭璞注今江東人通言晜)

▶3930◀◈問; 사(士)를 선비사자라 하는데요.

안녕하십니까? 선비란 한자로 쓸 수가 있나요? 아무리 여러 사전을 비롯하여 한자 사전을 살펴보아도 사(士)의 의미와 통하는 선비에 대한 한자 표시는 찾아지지 않습니다. 한자로는 표기할 수가 없는지요? 한자로 선비로 쓰이는 모두를 밝혀 주시기 바랍니다.

◈答; 선비라는 명사에 대하여.

선비란 순 우리 말로서 어원(語源)은 “선배”라 하는데 이 말은 몽고어로 “선”은 어질다는 말이라 하며, “배”는 지식(知識)이 풍부한 사람이라는 설에서 유래(由來) 하였다는 설이 있습니다. 또 선비라 하면 서서 쓰는 비의 명칭이기도 합니다. 따라서 선비의 한자식 표기는 없습니다. 한자표기 선비에는 아래와 같습니다.

一. 先妣(선비); ①작고하신 어머니. ②선조의 어머니.
●荀子大略; 隆率以敬先妣之嗣若則有常(辭註)先妣亡母
●周禮春官大司樂; 乃奏夷則歌小呂舞大濩以享先妣(鄭玄注)先妣姜嫄也是周之先母也

二. 先非(선비; 前非); 앞의 잘못.
●德村詩又用前韻和尹大源; 元來此念已*先非*

三. 船費(선비); ①선박 유지비용. ②배싹.
●弘齋全書策問五; 舵工之納賄圖充*船費*之比昔多蹊
●各司謄錄忠淸監營啓錄憲宗二年丙申八月十七日; 本州稅穀船費之出於民者比他邑些畧故設置補稅廳

四. 鮮卑(선비); ①고대 민족 명. 선비족(鮮卑族). ②선비족의 버클.

●辭源魚部六畫 鮮【鮮卑】 ㊀ 古民族名東胡的一支. 漢初居於遼東後漢時移於匈奴故地勢力漸盛晉初分數部以慕容拓跋二氏爲最著拓跋氏後建國號魏是爲北朝隨唐以後逐漸與中原民族融合參閱文獻通考二四二四裔十九 ㊁帶鉤一說腰中大帶. 楚辭大招; 小腰秀頸若鮮卑只(注)鮮卑衮帶頭也

五. 鮮肥(선비); ①신선하고 살진 고기. ②어육으로 만든 맛 좋은 술안주.
●淸稗類鈔動物發發錄; 鴨綠江有魚極鮮肥形似縮項鯿滿語名曰發發綠
●彷徨傷逝; 油鷄們也逐漸成爲肴饌我們和阿隨都享用了十多日的鮮肥

▶3931◀◈問; 사서오경이란?

사서오경에 대하여 어떤 책인가 설명 좀 하여주세요.

◈答; 사서오경이란.

사서오경(四書五經).

⊙四書

一稱 四子書. 孔子, 曾子, 子思, 孟子, 四子 言行錄.
○儀宋堂後記; 四子書 論語 大學 中庸 孟子 孔子 曾子 子思 孟子的言行錄故合稱四子書

⊙五經

○漢書; 五經同異
○白虎通; 易 尙書 詩 禮 春秋
○新唐書; 周易 尙書 毛詩 左氏春秋 禮記
○五洲衍文長箋散稿(朝鮮); 易 詩 書 春秋 禮記
○燕行日記; 書 詩 禮 易 春秋
○鮮和大辭典; 詩傳 書傳 周易 禮記 春秋
○漂海錄; 易 詩 書 春秋 禮記
○中語大辭典; 詩 書 易 禮 春秋

⊙四書

●辭源口部二畫四[四書]; 論語大學中庸孟子南宋理學家朱熹注論語又從禮記中摘出中庸大學分章斷句加以注釋配以孟子題稱四書章句集注作爲學習的入門書元皇慶二年定考試課目必須在四書內出題發揮題意規定以朱熹的集注爲根據一直到明淸相沿不改
●儀宋堂後記; 明太祖旣一海內與其佐劉基以四子書章義試士行之五百年不改以至於今(註)四子書指論語大學中庸孟子四部儒家的經典此四書是孔子曾子子思孟子的言行錄故合稱四子書

⊙五經

●漢書宣帝紀; 詔諸儒講五經同異
●白虎通五經; 五經何謂謂易尙書詩禮春秋也
●新唐書百官志三; 周易尙書毛詩左氏春秋禮記爲五經
●燕行日記(1816); 余問曰大國文武科法一依明朝不變否答不變我國*五經*書詩禮易春秋貴邦有幾經
●五洲衍文長箋散稿(朝鮮)經史篇經傳類大學大學辨證說; 舊以易詩書春秋禮記爲*五經*
●鮮和大辭典(1938)二部五[五經(오경)]詩傳•書傳•周易•禮記•春秋의稱.
●中語大辭典一部三畫五[五經] ①五部儒家經典卽《詩》《書》《易》《禮》《春秋》其稱始于漢武帝建元五年其中禮漢時指儀禮后世指《禮記》《春秋》后世幷《左傳》而言

◆漂海錄(1968)戊申二月初七日; 臣曰四書*五經*雖未精硏粗嘗涉獵又問曰經書你可歷數其名臣曰
庸 學 論 孟 爲四書 易 詩 書 春秋 禮記 爲五經

▶3932◀◈問; 似而非(사이비)란.

척하면서도 아닌 사람을 사이비라 하는 것 같습니다. 어떤 부류의 사람을 사이비라 하나요.

◈答; 似而非(사이비)란.

1). 漢韓大辭典; 겉으로는 같아 보이나 실제로는 다름.
2). 국어사전; 겉으로는 비슷하나 속은 완전히 다름. 또는 그런 것. 사시이비(似是而非).
3). 中國語辭典; (1)事物似眞而實假 (2)似正确而實錯誤

●孟子盡心章句下; 孔子曰惡似而非者惡莠恐其亂苗也惡佞恐其亂義也惡利口恐其亂信也惡鄭聲恐其亂樂也惡紫恐其亂朱也惡鄕原恐其亂德也(註)孟子又引孔子之言以明之莠似苗之草也佞才智之稱其言似義而非義也利口多言而不實者也鄭聲淫樂也樂正樂也紫間色朱正色也鄕原不狂不獧人皆以爲善有似乎中道而實非也故恐其亂德(細註)慶源輔氏曰佞者有口才能辯說故以爲才智之稱惟其能言則其說多似義而實不然故以爲害義巧言之人徒尙口而初無誠實故以爲害信鄕原旣譏狂者故不狂又譏獧者故不獧衆皆悅之故人皆以爲善而不可與入堯舜之道故有似乎中道而實非此聖人所以恐其亂德而深惡之據論語所載亦與此不同雖有詳略然其惡似而非之意則一也
●後漢書肅宗孝章帝紀元和二年乙酉詔曰; 夫俗吏矯飾外貌似是而非揆之人事則悅耳論之陰陽則傷化朕甚饜之甚苦之(辭註)似是而非 表面相像實際不一樣乍看對其實不對

⊙**鄕原**: 사이비 군자. (외모는 그럴듯하지만 본질은 전혀 다른, 즉 겉과 속이 전혀 다른 것을 의미하며, 선량해 보이지만 실은 질이 좋지 못한 군자인척 하는 자)

●論語朱註陽貨; 子曰鄕原德之賊也(朱註)鄕者鄙俗之意原與愿同荀子原慤註讀作愿是也鄕原鄕人之愿者也蓋其同流合汙以媚於世故在鄕人之中獨以愿稱夫子以其似德非德而反亂乎德故以爲德之賊而深惡之詳見孟子末篇

⊙**賊反荷杖(적반하장)(中成語; 賊喊捉賊 적함착적)이란.**

1). 漢韓大辭典; 도둑이 도리어 몽둥이를 든다는 뜻으로, 잘못한 사람이 도리어 잘 한 사람을 나무라는 경우(境遇)를 이르는 말

2). 국어사전; 도둑이 도리어 매를 든다는 뜻으로, 잘못한 사람이 아무 잘못도 없는 사람을 나무람을 이르는 말.

3). 中國語辭典; 謂坏人做了坏事反說他人是坏人比喻爲了逃脫罪責故意轉移目標

●賊反荷杖; 這个成語和中國的成語賊喊捉賊寓意差不多意思相近的俗語有惡人先告状或是做賊的喊捉賊意谓原本犯錯應該低調以對的人反而更盛气凌人所以做賊的反而背着木杖要打人

▶3933◀◈問; 삼강오륜(三綱五倫).

삼강오륜(三綱五倫)에 대하여?

◈答; 삼강오륜(三綱五倫).

삼강오상설(三綱五常說)은 학자 동중서(董仲舒. 前漢人 BC170~120) 선유께서 공맹학(孔孟學)에 입각 이를 논함에서 시작 지금까지 동양사회 윤리로 받침 되어 왔다

◎삼강이란 아래와 같다.

◆**군위신강(君爲臣綱)**; 임금과 신하는 기강(紀綱)이 서 있어야 하고.
◆**부위자강(父爲子綱)**; 부자 사이에도 기강(紀綱)이 서 있어야 하고,
◆**부위처강(夫爲妻綱)**; 부부간에도 기강(紀綱)이 서 있어야 한다. 함이다.

◎오상(五常)이란.

오륜(五倫)과 동의어로 인(仁) 의(義) 례(禮) 지(智) 신(信)을 이르는데 이를 함축하여 풀어

놓으면 아래와 같다.

◆인(仁); 차마 하지 못함. 곧 인자(仁慈)함이고, 삶을 베풀고 다른 사람을 사랑함.
◆의(義); 마땅함. 곧 의로움으로, 지나치거나 모자람이 없이 꼭 알맞게 결단함.
◆례(禮); 몸가짐, 성문의 법도대로 삶.
◆지(智); 슬기. 시비(是非)를 가릴 줄 아는 지혜. (저 혼자의 견해나 면전에서 듣거나 매사를 보면 미숙한 사람은 현혹하지 않음)
◆신(信); 참되고 거짓 없는 행실. 한치의 차이도 없는 믿음.

●禮記註疏樂記; 子夏對曰夫古者天地順而四時當民有德(中略)聖人作爲父子君臣以爲紀綱(孔穎達疏)正義曰父子君臣以爲紀綱者按禮緯含文嘉云三綱謂君爲臣綱父爲子綱夫爲妻綱矣
●漢書列傳董仲舒傳; 爲政而宜於民者固當受祿于天夫仁誼禮知信五常之道王者所當修飭也
●論語(朱熹集註)爲政篇; 子張問十世可知也子曰殷因於夏禮所損益可知也(朱註)馬氏曰所因謂三綱五常所損益謂文質三統愚按三綱謂君爲臣綱父爲子綱夫爲妻綱五常謂仁義禮智信
●白虎通情性; 五常者何謂仁義禮智信也仁者不忍也施生愛人也義者宜也斷決得中也禮者履也履道成文也智者知也獨見前聞不惑於事見微者也信者誠也專一不移也故人生而應八卦之體得五氣以爲常仁義禮智信是也

▶3934◀◈問; 삼궁(三宮)이란?

안녕하십니까? 앞 전 답변 잘 보고 중앙도서관에서 가르쳐 주신대로 확인 하였습니다. 감사합니다. 기왕에 들어온 참에 한기지 더 문의 드립니다. 지난 옛날 음악에 三宮이라는 음악이 있었다 합니다. 어떤 음악을 三宮이라 하는지요. 먼저 답변과 같은 타입으로 알려주시면 많은 것 배우겠습니다. 진짜 감사합니다.

◈答; 三宮이란.

삼궁(三宮)이란 육예(六藝)인 예(禮) 악(樂) 사(射) 어(御) 서(書) 수(數)에서 악예(樂藝)에 해당하여 현재 인으로서는 전공이 아니라 약간이라도 강습을 받거나 스스로 깊이 연구한 학자가 드물 것입니다. 따라서 본 질문은 실은 간단한데 樂藝에 접근치 않았다면 대단히 난해한 질문으로 답변자가 제한일 수 밖에 없습니다. 까닭에 이 시각(17시)까지 답이 오르지 않아 아래와 같이 게시하여 드립니다.

◎三宮이란,
◆一曰正聲
◆二曰下徵
◆三曰淸角

◆正聲(정성); 조금도 다른 소리가 섞이지 않은 순수한 소리
◆下徵(하치); 오성 중 낮은 넷째 소리
◆淸角(청각); 현(絃)을 세게 튕겨 나는 소리와 같이 뿔로 만든 나팔의 한 옥타브 높은 소리.

●莊子徐無鬼第二十四; 吾示子乎吾道於是乎爲之調瑟廢一於堂廢一於室鼓宮宮動鼓角角動音律同矣(註)廢置也置一瑟於堂上一瑟於室相去雖遠而鼓此則彼動宮之應宮角之應角以其音同猶曰易也
●宋書律曆志上; 楊子雲曰 宮 商 角 徵 羽 謂之五聲
●晉書志第六律厤上; 三宮(註一曰正聲二曰下徵三曰淸角也)
●荀子樂論篇; 凡姦聲感人而逆氣應之逆氣成象而亂生焉正聲感人而順氣應之順氣成象而治生焉(辭註)正聲純正的樂聲
●黃陵墓碑; 地之勢東南下如言舜南巡而死宜言下方不得言陟方也
●呂氏春秋仲春紀;子曰全生爲上(注子華子古體道人無欲故全其生長生是行之上也)虧生次之(注少虧其生和光同塵可以次全生者)死次之(注守死不移其志可以次虧生者)迫生爲下(注迫促也促欲得生尸素寵祿志不高潔人之下也)

●月令; 孟夏之月其蟲羽(注象物從風鼓翼飛鳥之屬)其音徵(注三分宮去一以生徵徵數五十四屬火者以其徵淸事之象也夏氣和則徵聲調樂記曰徵亂則哀其事勤)律中中宮(注孟夏氣至則中宮之律應中宮者無射之所生三分益一律長六寸周語曰中宮宣中氣)

●白虎通禮樂; 聞角聲幕不惻隱而慈者聞徵聲幕不喜養好施者聞商聲莫不剛斷而立事者聞羽聲莫不深思而遠慮者聞宮聲莫不溫潤而寬和者;

●韓非子十過; 平公提觴而起爲師曠壽反坐而問曰音莫悲於淸徵乎師曠曰不如淸角(注許愼曰絃急其聲淸也南都賦注引此作師曠曰淸徵之聲不如淸角)平公曰淸角可得而聞乎師曠曰不可

▶3935◀◈問; 서(書)에 있어 시상(始上) 종하(終下)로 東이 상석이라 하심은?

감사 합니다. 말씀을 듣고 나니 궁금증이 많이 풀립니다. 헌데 이해가 안 되는 부분이 있어서요. 죄송 합니다.

1. 서(書)에있어 시상(始上), 종하(終下)는 이해하겠는데요. 東이 상석이란말씀이 무슨 뜻인지요? 상석이라 하심은 자손들이 보기에 오른쪽 즉 동쪽이 제일 윗대 분을 적어야 한다는 말씀이신지요?

답변해주신 내용을 보아도 종으로 세우면 남자분이 우리가 보는 데서 오른쪽이 되고 여자분이 왼쪽이 되는데 이것은 제가 알고 있는 바의 반대가 되니 심히 혼란스럽습니다.

2. 누대를 한돌에 合書 하게 되면 항간을 띄워야 한다는 말씀은 무슨 뜻인지요? 항간이란 단어가 한 칸을 말씀하시는 것인지요? 한대를 쓸 때마다 세로로 한 줄씩 띄워서 쓰라는 말씀이신지요?

3. 관향은 법식이니 낙자가 없어야 된다는 말씀은 무슨 이야기인지요? 가령 제가 쓰려하는 통정대부에 낙자가 있는지요? 죄송 합니다.

◈答; 서(書)에 있어 시상(始上) 종하(終下)로 東이 상석이라 함은.

問 1. 答; 한서(漢書)는 좌행이니 먼저 남자 뒤에 여자를 쓰고 물론 누대를 같이 적을 때는 먼저 최 존위부터 써야 한다는 뜻이며 동쪽이 상석이라 함은 현재의 좌가 어찌 되였든 생자의 오른 편이 동쪽이란 뜻입니다.

●南溪禮說答問曰表石立於墓前禮也不然則當立於左旁盖右是神道之尊位也兩位表石右書府君左書夫人當如神主之制而世人或多用順書之法未知孰是夫人位之墓二字不必書只書祔以別正位似可

●或問合葬碣面何以書之旅軒曰若雙封一碣則正面當中題曰某國某官某公之墓其左旁低其題曰某夫人某氏祔

●旅軒曰夫婦若同封一碣則正面當中題曰某國某官某公之墓其左旁低其題曰某夫人某氏祔

●旅軒曰夫婦若雙封各碣則兩碣須當並書之墓又若雙封一碣則正面當中題曰某國某官某公之墓其左旁低其題曰某夫人某氏祔

●尤菴曰夫與元妃合葬于上繼妃祔于下則表石當主于夫而書曰前妃某氏祔左繼妃某氏祔下

●問表石左字俗皆從祔左位地夫人封號必書左行今以文理連看而書之如何明齋曰鄙家祖考表石從寫者之左右而書之如示矣退溪先生所論神主旁題之事分明可據

問 1. 答; 항(行)간이란 대와 대 사이란 뜻입니다

●儀節正至朔望則參序立條南列于左女列于右每一世爲一行○又居鄕雜儀齒位之序聚會條凡聚會皆鄕人則坐以齒有親則別敍

본관 없는 성씨는 없으니 표석에는 반듯이 본관 없이 성씨만 기록 치 않게 되였다는 뜻입니다. 표석이나 비문은 대단히 중하여서 함부로 아는 척을 하여서 내용을 그르쳐서는 아니 된다는 뜻이었으니 오해 없기 바랍니다.

●萬姓大譜; 曲阜孔氏 昌寧成氏 咸興閔氏 原州元氏 寧越嚴氏 新昌孟氏 海平吉氏 綾城具氏 慶州昔氏 奉化琴氏 泗川睦氏 居昌愼氏 八莒都氏 谷山延氏 忠州池氏 沔川卜氏 木川尙氏 平海

丘氏 缶溪芮氏 西獨明氏 坡州廉氏 江陵咸氏 幸州奇氏 晉州蘇氏 潁陽千氏 百濟扶餘氏 永川皇甫氏 咸悅南宮氏 太原鮮于氏 軍威司空氏 廣陵石抹氏 安陰西門氏 廣陵獨孤氏 慶州偰氏 清州慶氏 管城陸氏 昌原仇氏 密陽唐氏 江華韋氏 遂寧魏氏 寶城宣氏 咸平牟氏 宜寧余氏 新昌表氏 河陰奉氏 光州卓氏 豊基秦氏 土山弓氏 水原貢氏 洪川龍氏 押海江氏 漆原諸氏 江陵於氏 木川于氏 濟州夫氏 杜山杜氏 復興俉氏 白川扈氏 黃磵甄氏 壽城賓氏 延安印氏 南原晋氏 仁川門氏 加平簡氏 驪州堅氏 永順太氏 同福和氏 原平夜氏 韓山程氏 龍岡彭氏 泰仁景氏 陽智秋氏 木川牛氏 竹山陰氏 龍宮曲氏 義州乙氏 大興畢氏 金浦公氏 江華骨氏 谷山拓氏 醴泉昕氏 大邱夏氏 延安段氏 浙江片氏 錦城范氏 潭陽國氏 仁川平氏 鴻山荀氏 慶州氷氏 班城邢氏 聞慶錢氏 延日承氏 衿川莊氏 合浦甘氏 居昌史氏 忠州皮氏 遂安桂氏 潭陽鞠氏 泰仁柴氏 南原泰氏 清州俊氏 全州連氏 水原葉氏 新溪鮮氏 平山邵氏 永平麻氏 長湍卿氏 江華井氏 清州僧氏 開城守氏 安州凡氏 密陽異氏 淳昌邕氏 水源姚氏 開城萬氏 平山胡氏 延安天氏 南原董氏 金浦翁氏 清州童氏 彩雲良氏 延豊長氏 開城龐氏 通津宗氏 慶山緣氏 槐山占氏 槐山物氏 槐山律氏 槐山刑氏 槐山宅氏 臨河華氏 泰安賈氏 幸州那氏 延豊艾氏 忠州稽氏 豊壤陶氏 水原釋氏 公州毛氏 南陽祐氏 慶州蘆氏 陽根敬氏 慶州馮氏 晋州莿氏 密陽昇氏 仁川庚氏 清州楚氏 萬頃勝氏 永同公孫氏 文化令孤氏 南原墻籬氏 咸悅宮氏 寶城章氏 太原伊氏 楊州浪氏 奉化蒙氏 全州弘氏 金浦空氏 慶州鳳氏 密陽相氏 大靜佐氏 忠州梅氏 羅州化氏 喬桐雷氏 豊川來氏 豊角苔氏 礪山采氏 昌原槐氏 延安乃氏 豊德莘氏 江華震氏 淮陽信氏 陰竹翌氏 抱川栢氏 江華席氏 江華力氏 韓山端氏 陰竹桓氏 公州昌氏 慶州邦氏 牙山倉氏 長湍米氏 漢陽起氏 交河盧氏 金海水氏 慶山珠氏 溫陽溫氏 清州雲氏 全州遷氏 金海陽氏 忠州强氏 開城班氏 鐵原竿氏 南陽干氏 延安炭氏 豊德包氏 公州甫氏 永同固氏 聞慶芳氏 濟州肖氏 清州葛氏 固城登氏 寧海海氏 遼東墨氏 永平何氏 定平燕氏 永平榮氏 陽根耿氏 晉州東方氏 羅州司馬氏 海州慈氏 大邱好氏 星州遇氏 安邊桑氏 西山眞氏 開城追氏 燕岐萇氏 通津位氏 忠州輸氏 延日仰氏 幸州箕氏 高麗羽氏 青風庄氏 利川知氏 江華季氏 鴻山凉氏 天安花氏 猿山堤氏 木川象氏 潭陽彬氏 新溪溪氏 興德鄉氏 淮陽壽氏 咸陽啓氏 高陽嘗氏 豊角斧氏 瓮津賀氏 慶州將氏 豊川部氏 興德坐氏 木川場氏 童城附氏 平康瓜氏 陽根傳氏 濟州袁氏 富平舍氏 清州敦氏 慶州素氏 長興乘氏 全州芸氏 衿川逍氏 江華曾氏 林川舜氏 長湍標氏 幸州則氏 木川豚氏 大同召氏 林川翟氏 木川頓氏 大邱要氏 軍威澤氏 比安袁氏 密陽午氏 全州冊氏 陽川專氏 長豐時氏 慶州益氏 熙川扁氏 延安思氏 開寧尋氏 晋城先氏 寧越幸氏 羅州泛氏 德水員氏 平海永氏 金化京氏 旌善曰氏 楊州貞氏 文川佟氏 高山價氏 漢陽靈氏 永豐赫氏 東萊板氏 麟蹄谷氏 泰安實氏 延安香氏 井邑濯氏 南陽决氏 延安憚氏 海州郁氏 平昌別氏 忠州漢氏 丹城獨氏 喬桐合氏 海州判氏 清州霍氏 長豐袷氏 忠州路氏 金海燭氏 新溪俠氏

▶3936◀◈問; 성리(性理)에 대하여.

안녕하십니까? 성리(性理) 성리(性理) 아무래도 오묘한 말씀 같습니다. 성리대전이란 책도 있는 것 같고 무슨 말씀인지요.

◈答; 성리(性理)에 대하여.

성리학(性理學)이란 12 세기경에 남송의 주부자(朱夫子; 朱熹)께서 집대성한 유교의 주류 학문이다. 성리학의 어원은 주부자(朱夫子)가 주창한 성즉리(性卽理)를 축약한 명칭입니다.

성리학을 집대성한 주부자(朱夫子)의 명(名)을 따서 주자학(朱子學)이라고도 하고, 송나라 때의 유학이란 뜻에서 송학(宋學), 또는 송나라와 명나라에 걸친 학문이라고 해서 송 명리학(宋明理學)이라고도 하며, 송나라 시대 이전의 유학의 가르침을 집대성한 새로운 기풍의 유학이라는 뜻에서 신유학(新儒學)이라고도 한다. 정호(程顥)와 정이(程頤)에서 주희(朱熹)로 이어지는 학통이라는 뜻에서 정주학(程朱學), 정주성리학(程朱性理學), 또는 정주이학(程朱理學)으로도 불려지고, 이학(理學) 또는 도학(道學)이라고도 이릅니다.

●朱子曰性卽理也在心喚做性在事喚做理○生之理謂性○性則純是善底○性是天生成許多道理散在處爲性○性是實理仁義禮智皆具○性天理也理之所具便是天德在人識而體之爾
●朱子性圖; ○性善; 性無不善 ○惡; 惡不可謂從善中直下來只是不能善則偏於一邊爲惡 ○善;

發而中節無往不善

一. 情緖和理智(정서화리지)
정서(情緖)와 이성(理性)과 지혜(智慧·知慧)가 어울림.

●世說新語文學; 習鑿齒後至都見簡文宣武桓溫問見相王何如答云一生不曾見此人從此忤旨出爲衡陽郡性理遂錯
●抱朴子酒誡; 是以智者嚴隱栝於性理不肆神以逐物
●宋書謝述傳; 述有心虛疾性理時或乖謬

二. 謂生命之原理(위생명지원리)
생명의 원리.

●後漢書趙咨傳; 古人時同卽會時乖則別動靜應禮臨事合宜王孫裸葬墨夷露骸皆達於性理貴於速變
●嵇康答難養生論; 若能杖藥以自永則稻稷之賤居然可知君子知其若此故准性理之所宜資妙物以養身

三. 人性與天理指宋儒性理之學(인성여천리지송유성리지학)
인성은 천리와 같음. 송나라 유가의 성리학.

●與友人書; 利西泰凡我國書籍無不讀請先輩與訂音釋請明於四書性理者解其大義又請明於六經疏義者通其解說
●西廂記五本三折; 他愚着講性理齊論魯論作詞賦韓文柳文
●李少傳佚老亭詩; 天倪希柱史性理問能公
●捫虱新話本朝文章亦三變; 唐文章三變本朝文章亦三變矣荊公以經術東坡以議論程氏以性理三者要各自立門戶不相蹈襲
●維基百科程朱理學; 程朱理學是宋明理學的一派又稱性理學有時會被簡稱爲理學與心學相對是指中的一派又稱性理學有時會被簡稱爲理學與心學相對是指中相對是指中宋朝以后由程颢程颐朱熹等人發展出來的儒家流派認爲理是宇宙萬物的起源（從不同的角度認識祂有不同的名稱如天道上帝等）而且祂是善的祂將善賦予人便成爲本性將善賦予社會便成便成爲禮而人在世界萬物紛擾交錯中很容易迷失自己稟賦自理的本性社會便失去禮

如果無法收斂私欲的擴張則偏離了天道不但無法成爲聖人（儒家最高修為者人人皆可達之）還可能會迷失於世間所以要修養歸返並伸展上天賦予的本性（存天理）以達致仁的最高境界此時完全進入了理即天人合一矣然後就可以從心所欲而不逾矩這時人欲已融入進天理中（滅人欲不是無欲而是理欲合一）無意無必無固無我（從毋變成無）則無論做什麼都不會偏離天道了

理是宇宙萬物的起源所以萬物之所以然必有一個理而通過推究事物的道理（格物）可以達到認識真理的目的（致知）

理學在中國古代又又稱義理之学或道學其創始人爲北宋的周敦颐邵雍及張載繼後有程顥和程頤等人繼續發展最終由南宋朱熹集其大成因此这种理学常被稱爲程朱理學在元朝及其后的朝代中均爲國家的官方思想研究理學的學者稱爲理學家

理學初起於北宋盛極於南宋與元朝明朝時代清朝中葉以後逐漸沒落它是宋朝以后才發展出來的一種新儒學思想除了傳統儒學的自身更張和社會形勢所迫之外還大量融入了佛家道家思想宋明以降著名理學名家有周敦頤張載二程（程顥程頤）楊時羅從彦朱熹呂祖謙楊簡真德秀魏了翁許衡吳澄曹端薛瑄吳與弼邱濬陳獻章……等細分來講陸王（陸九淵王守仁）濂溪（周敦頤）與理學有所差異而更背道而馳萬不可混為一談

魏晉南北朝玄學盛行唐代佛道思想盛行儒家思想不再獨尊於一家但是朱熹完成了新儒學的改革朱熹的深刻之处在于把孔孟置于正宗同时又把董仲舒五行把张载周敦頤二程的觀点以及佛學高度一元化的哲學和道家無爲的思辨精神加以整理小心而细致地构造出内容精深的新儒学体系儒学在世界觀方法論上的短處被克服了這使佛道等學說再也不会動搖它了宋以后七百年間理學一直被奉爲

正统與宗法制十分的适應

朱熹將儒家思想推向了更高的境界使其成爲儒家發展史的一個里程碑一提到理學人們馬上會想到存天理滅人欲的口號在理學發達之前仁是儒家中心思想雖然是一種有等級尊卑的愛但仁是以人性爲基礎雖然傳統儒學也主張孝道和貞潔但其禁欲色彩並不濃厚儒學發展到理學階段以後已帶有濃厚的禁慾主義色彩二程說大抵人有身便有自私之理宜其與道難一並稱無人欲即皆天理《朱子語類卷十三》朱熹用飲食爲例闡述飲食者天理也要求美味人欲也在宋朝以後中國很少再出現像李白這樣我本楚狂人的詩人了

程頤嚴肅剛正神聖不可侵犯甚至不通人情實爲後世所見的道學臉孔在婦女貞操方面程頤認為……凡取（娶）以配身也若取失節者以配身是己失節也有人問程頤寡婦貧苦無依能不能再嫁（「或有孤孀貧窮無托者可再嫁否」）程頤答有些人怕凍死餓死才用饑寒作為藉口然而餓死事小失節事大（「只是後世怕寒餓死故有是說然餓死事極小失節事極大」）（《程氏遺書》卷二十二）程頤以此作爲衡量賢媛淑女的標準朱熹在〈與陳師中書〉也同意這樣的說法「昔伊川先生嘗論此事以爲餓死事小失節事大自世俗觀之誠爲迂腐然自知經識理之君子觀之當有以知其不可易也」朱熹主張婦女從一而終壓抑人欲

程朱理學反對佛道的虛無主義認爲它忽略了倫理道德秩序但同時又從道家思想裡借鑒了許多關於道的論述作爲儒家形上學體系的材料其實這正是儒家經典《大學》所謂好而知其惡惡而知其美的具體表現

朱熹的思想體系博大精微教人的方法也較爲平易近人因此能集宋代理學之大成是繼孔子後儒學集大成者朱熹的許多著作都是下细功夫的他與呂祖謙共同編撰了一本著作《近思錄》作爲理解四子書（指周敦頤二程張載）的階梯而他認為四子書是通往五經的階梯《近思錄》曾爲後世儒生必讀熊賜履大肆鼓吹程朱學說强調朱子之學即程子之學程朱之學即孔孟之學若程朱非則孔孟亦非矣程朱之學孔孟之學也程朱之道孔孟之道也學孔孟而不宗程朱犹欲其出而不由其户欲其入而閉其門也乾隆五年（1740 年）下詔程朱之學得孔孟之心傳……循之則爲君子悖之則爲小人爲國家者由之則治失之則亂實有裨于化民成俗修己治人之要

繼朱熹之後明朝大儒王陽明（王守仁）將儒家思想再次推向了另一個極致——心學(以下생략)

▶3937◀◈問; 소위 음양(陰陽) 좌우(左右) 분별(分別)은.

사람의 인체 좌우 음양이 어떻게 되나요?

◈答; 소위 음양(陰陽) 좌우(左右) 분별(分別)은.

음양(陰陽) 방위(方位)는 아래와 같이 채택(採擇)된 전거(典據)에 의하면 소위 음양(陰陽) 좌우(左右) 분별(分別)은 천지(天地)의 방위적(方位的) 개염(概念)의 좌우(左右)와 인체적(人體的) 개염(概念)의 좌우(左右)로 구분 지을 수 있습니다.

◆천지(天地)의 음양(陰陽); 동양서음(東陽西陰) 좌양우음(左陽右陰).
◆인체(人體)의 음양(陰陽); 좌음우양(左陰右陽)

●南溪曰載海按天地之東爲左西爲右而使人面北而看之則天地之左卽人之右也天地之右卽人之左也然凡所謂陽左陰右者皆從天地之左右故曰陽居於東陰居於西
●弘齋全書經史講義易明夷; 啓洛對豐之折右肱明夷之夷左股蓋取其左弱右強左陰右陽之義而手足之用皆以右爲便則豐之言右以其傷之切而不可用也

음양(陰陽)에 관하여 실체적(實體的) 논리적(論理的) 합당성(合當性) 있게 논(論)하려면 적어도 성리대전(性理大全) 이기일. 이(理氣一. 二)만이라도 자기화(自己化) 된 연후라야 음양(陰陽)의 실체(實體)를 분간(分揀)하여 논(論)할 수 있다. 음양(陰陽)이란 동양서음(東陽西陰) 좌양우음(左陽右陰) 등은 그 론(論)의 일부분에 지나지 않는다. 세상만사(世上萬事) 만행(萬行)은 음양(陰陽)으로 분류(分類) 되지 않음이 없다. 명암(明暗) 강약(强弱) 대소(大小)

건습(乾濕) 등등(等等). 따라서 인체(人體)의 음양(陰陽)은 우양좌음(右陽左陰)이며, 인체(人體)의 남향(南向) 시(時) 방위적(方位的) 음양(陰陽)은 좌양우음(左陽右陰)이다.

●性理大全太極圖理氣一理氣二; 總論太極天地天度天文陰陽五行詩令地理
●性理大全理氣二陰陽; 延平李氏曰(前略)○陽以燥爲性以奇爲數以剛爲體其爲氣炎其爲形圓浮而明動而吐皆物於陽者也陰以濕爲性以耦爲數以柔爲體其爲氣涼其爲形方沈而晦靜而翕皆物於陰者也

▶3938◀◈問; 시향(時享)이란 묘제인가요?

안녕하세요. 일전의 諡號에 대한가르침 대단히 감사하였습니다. 오늘 질문드릴 말씀은 어제 친구들과 담소중 한문을 하는 친구가 통전에 時享의 예가 있다고 하니 한 친구가 시향이라면 가을에 묘소에서 지내는 묘제가 아니냐고 하니 한 친구는 묘제라기도 하고 사당에서 1년에 4 번 지내는 제사라 하며 서로 옥신각신 결론을 내지 못하였습니다. 제가 가만히 생각하여 보니 통전에 있다는 그 시향의 축식을 알게 되면 어느 제사인지 확인이 될 수 있다고 혼자 생각하였습니다. 혹시 통전에 있다는 시향의 축을 알 수 없을까요. 제가 생각컨대 대단히 어려운 문제 갔습니다마는 알 수가 있다면 가르쳐 주십시오. 대단히 죄송합니다. 여러 사람의 의문을 풀어주는 게기가 될 것입니다. 내내 강녕하십시오.

◈答; 時享이란 묘제인가요?

두씨통전(杜氏通典)은 16책의 양으로 그 중에 9. 10. 11책에 개원례(開元禮)가 수록되어 있는데 개원례 중 9책에 황제시향(皇帝時享) 예법이 있습니다. 통전(通典)의 시향의(時享儀)는 묘제(墓祭)가 아니라 묘제(廟祭)로서 주자가례(朱子家禮)의 사시제(四時祭)와 의미가 같은 사당제사(祠堂祭祀)입니다. 축식은 아래와 같습니다.

維某年歲次月朔日子孝曾孫開元神武皇帝諱敢昭告於獻祖宣皇帝(攝事云謹遣太尉封臣名下放此)祖妣宣莊皇后張氏氣序流邁時惟猛春(猛夏猛秋猛冬)永懷罔極伏增遠感謹以一元大武柔毛剛鬣明粢薌合薌萁嘉蔬嘉薦醴齊恭修時享以申追慕尙饗

●杜氏通典禮七十四開元禮吉六皇帝時享於太廟; 太祝持版進於室戶外之右東面跪讀祝文曰維某年歲次月朔日子孝曾孫開元神武皇帝諱敢昭告於獻祖宣皇帝(攝事云謹遣太尉封臣名下放此)祖妣宣莊皇后張氏氣序流邁時惟猛春(猛夏猛秋猛冬)永懷罔極伏增遠感謹以一元大武柔毛剛鬣明粢薌合薌萁嘉蔬嘉薦醴齊恭修時享以申追慕尙饗

▶3939◀◈問; 시호(諡號)에 대한 질문입니다.

안녕하십니까?? 다름 아니옵고 시호(諡號)에 대한 질문입니다. 지난 세월 신하(臣下)가 죽으면 나라님이 시호(諡號)를 하사하셨다는데요 시호(諡號)가 여럿 있습니다.. 그 중 문장공(文莊公)이란 시호(諡號)가 있습니다. 시호(諡號) 마다 마다에는 깊은 의미가 있답니다. 문장공(文莊公)에는 어떤 의미가 숨어 있나요. 그 의미를 발췌한 책명도 밝혀 주시면 그 외의 의미도 공부하게 되겠기에 그 책명도 알려 주시면 더욱 감사하겠습니다.

이런 문제는 여기라야 완전하고 쉽게 해결되리라 믿고 질문 드리오니 하답하여 주시기 바랍니다. 감사합니다. 내내 강녕하시기 기원합니다.

◈答; 시호(諡號)에 대하여..

시호(諡號)는 문무(文武) 실직(實職) 정이품(正二品) 이상과 친공신(親功臣) 대제학(大提學) 종이품(從二品) 유현(儒賢) 및 사절인(死節人) 등에게는 그가 죽으면 계빈(啓殯) 후 나라에서 증시(贈諡)되고, 사시(私諡)는 나라에서 내린 증시(贈諡)가 없는 학자가 죽으면 그 문인(門人)들이 지어주게 되는데 아래 諡法用字 중에서 그의 생전 행실과 업적에 합당한 글자를 택하여 짓게 됩니다. (아래 “청선고시법(淸選考諡法)”의 시법용자(諡法用字)가 다양하나 문장(文莊) 이외는 생략하였으며 “사의청시시법해(士儀請諡諡法解)”의 시법용자(諡法用字)에는 註文이 상세하나 지면 관계로 생략되었으며 동자(同字)는 그 주문이 상이(相異)함)

아래와 같이 清選考와 士儀 諡法을 살펴보건대 문장공(文莊公)의 文莊 두 자에 대한 의미는 아래와 같습니다.

◆【文】經天緯地(온 세상을 다스림) 등 14 류형의 人品
◆【莊】威而不猛(위엄이 있으면서도 무섭지 않고 부드러움) 등 6 류형의 人品

◎【文莊公】 품은 의미는 『위엄이 있으면서도 무섭지 않고 부드럽게 온 세상을 다스리다』 등의 의미가 있습니다. (以下 意味 省略)

◎書名(서명)

⊙清選考; 五冊 中 四冊 卷四 諡法
⊙士儀; 十冊 中 五冊 卷之十 易戚篇五 諡法解

◆【文】經天緯地 道德博聞 勤學好問 慈惠愛民 愍民惠禮 錫民爵位 修德來遠 忠信接禮 剛柔相濟 敏而好學 始而中禮 修治班制 敬直慈惠 忠信愛人 博聞多見
◆【莊】威而不猛 履正志和 以嚴釐之 武而不遂 武能持重 好勇致力 嚴敬臨民

●清選考諡法;【文】經天緯地 道德博聞 勤學好問 慈惠愛民 愍民惠禮 錫民爵位 修德來遠 忠信接禮 剛柔相濟 敏而好學 始而中禮 修治班制 敬直慈惠 忠信愛人 博聞多見 【莊】威而不猛 履正志和 以嚴釐之 武而不遂 武能持重 好勇致力 嚴敬臨民
●士儀請諡諡法解 ○周諡法; 神 皇 弟 王 公 侯 君 聖 文 武 德 忠 孝 敬 欽 恭 正 貞 節 烈 簡 元 成 懿 靖 獻 肅 長 明 良 直 憲 召 穆 定 襄 康 順 質 威 思 僖 釐 度 愍 慧 莊 壯 平 桓 宣 惠 翼 景 白 戴 安 剛 供 克 靈 知 原 勤 堅 莫 類 譽 商 齊 魏 頃 胡 匡 愍 隱 悼 哀 殤 傷 懷 靜 趣 紹 丁 聲 圉 夸 易 繆 使 愛 惑 祈 躁 醜 荒 糠 攜 抗 夷 刺 幽 厲 煬 戾 比 湯 隱 景 文 武 襄 桓 發 懿 莊 僖 和 勤 尊 爽 肇 怙 享 胡 秉 就 錫 典 肆 康 叡 惠 綏 堅 耆 考 周 懷 式 布 敏 平 (載事彌久以前周書諡法周代君王并取作諡) ○蔡邕獨斷諡法; 黃 堯 舜 桀 紂 昭 神 敬 貞 靖 康 順 莊 謬 厲 景 殤 ○會篇續載諡法; 勝 勇 捍 赧 糠 ○後代諡法; 武 闇 專 墨 ○蘇洵諡法釋義; 文 武 成 康 獻 懿 元 章 宣 明 昭 恭 莊 壯 憲 敏 端 介 通 賢 孝 忠 和 惠 安 質 威 勇 義 剛 節 襄 勤 溫 良 脩 恪 敦 思 容 肅 定 簡 毅 友 禮 達 懷 理 裕 素 翼 密 榮 順 純 潔 隱 確 顯 果 悼 懋 信 虛 愿 縱 煬 ○皇明通用諡法 忠 勇 順 僖 果 毅 寧 愼 冲 淑 善 崇 ○私諡

●周禮太史小喪賜諡(註)小喪卿大夫也(疏將作諡之時其子請於君君親爲之制諡使大夫將往賜之小史至遣之日往讀之
●大典文武官實職正二品以上贈諡親功臣職卑亦諡大提學雖從二品亦諡儒賢及死節人表著者雖非正二品特諡
●性齋曰列女傳柳下惠門人將諡之妻誄之曰夫子之諡宜爲惠乎門人從以爲諡此恐私諡之始也
●張橫渠卒門人欲諡爲明誠溫公答明道書曰張子厚平生用心欲率今世之人復三代之禮者也
●經國大典贈諡條宗親及文武官實職正二品以上贈諡註親功臣則雖職卑亦贈○奉常寺正以下議定並行狀報本曹
●大典會通贈諡條[原]宗親及文武官實職正二品以上贈諡註親功臣則雖職卑亦贈○奉常寺正以下議定并行狀報本曹[增]通政以上文望顯職館閣及曾經九卿之人撰行狀禮曹照訖付奉常寺奉常寺移送弘文館東壁以下三員會議三望東壁一員又與奉常寺正以下諸員更爲議定政府舍檢中一員署經并行狀報本曹入啓受點[續]大提學秩視正二品雖從二品大提學亦許賜諡○儒賢及死節人表著者雖非正二品特許賜諡註儒賢節義外毋得格外陳請[補]爵諡請贈非廟堂覆奏者則凡贈職本曹贈諡禮曹稟處○諡狀呈禮曹時撰進人員既是無故者則其後雖身故或被罪依例啓下
●通志諡略古無諡諡起於周人義皇之前名是氏亦是號亦是至神農氏則有炎帝之號軒轅氏則有黃帝之號二帝之號雖殊名氏則一焉堯曰陶唐舜曰有虞禹曰夏后湯曰殷商則氏以諱事神者周道也周人卒哭而諱將葬而諡有諱則有諡無諱則諡不立生有名死有諡名乃生者之辨諡乃死者之辨初不爲善惡也

○上諡法(상시법)

神聖賢亥武成康獻懿元章釐景宣明昭正敬恭莊肅穆戴翼襄烈桓威勇毅克壯圉魏安定簡貞節白匡質

靖眞順思考焉顯和玄高光大英睿博憲堅孝忠惠德仁智愼熙洽紹世果 等等
右百三十一諡用之君親焉用之君子焉

○中諡法(중시법)
懷悼愍哀隱幽冲夷懼息攜 等等
右十四諡用之閔傷焉用之無後者焉

○下諡法(하시법)
野夸躁伐荒千輕悖凶 等等
右六十五諡用之殲夷焉用之小人焉
凡上中下諡共二百十言以備典禮之用

▶3940◀ ◈問; 시호(諡號)와 시호(諡號)의 차이.

시호(諡號)와 시호(謚號)의 차이에 대하여 알고 싶습니다. 일부 자료에서는 시호를 잘못 읽은 것이 시호라 되어 있기도 하나, 또 다른 자료에 의하면 별도로 시호라는 용어가 사용되었다고도 되어 있어 혼동이 되고 있습니다. 이 점에 대하여 잘 알려 주셨으면 합니다.

◈答; 시호(諡號)와 시호(謚號)의 차이.

시호(諡號)란 사후(死後) 생전의 행적(行跡)에 의하여 나라에서 하사(下賜)하던 대명(代名)으로 그 기원(起源)은 분명한 기록은 불명하나 대개 요(堯), 순(舜), 우(禹), 탕(湯), 등도 고대 시호로 해석되나 시법(諡法)을 정하여 시행된 최초는 주(周)나라이며 우리나라에서의 기록(記錄)은 신라(新羅) 법흥왕(法興王)(514)이 붕(崩)하자 지중이라는 시호를 내렸음이 최초인 기록 같으며 조선시대에 와서 왕이나 종친(宗親) 문무관(文武官) 실직(實職) 정이품(正二品) 이상에게 주었는데 이에 해당하는 사람이 죽으면 그의 자손들이 그의 행장(行狀)을 예조(禮曹)에 제출하면 봉상시(奉常寺)를 거쳐 홍문관(弘文館)으로 이첩 그의 시호를 정하였는데 이 제도가 후에는 현신(賢臣) 명유(名儒) 절신(節臣)들에게 까지 적용되었다 합니다.

시호(諡號)에 쓰이는 글자로는 문(文), 정(貞), 공(恭), 양(襄), 정(靖), 양(良), 효(孝), 장(莊), 안(安), 경(景), 익(翼), 무(武), 경(敬) 등 120 자이며 세조(世祖)6 년(1469)에 시작 성종(成宗)19 년(1485)에 완성된 조선(朝鮮) 법전(法典)인 경국대전(經國大典)과 경국대전을 저본(底本)으로 고종(高宗)2 년(1865) 조두순(趙斗淳) 등에게 명하여 편찬된 대전회통(大典會通) 시호법에 의하여 내려졌습니다. 이에서 시호(諡號)와 시호(謚號)는 이래와 같이 살펴보건대 동의어(同義語)입니다. 다만 선생이 지적한 "다른 자료에 의하면 별도로 시호(謚號)라는 용어가 사용되었다고도 되어 있다" 하심을 알지를 못하여 그 전거가 확인 되지 않습니다.

●經國大典吏曹篇贈諡條宗親及文武官實職正二品以上贈諡
●大典會通吏曹篇贈諡條宗親及文武官實職正二品以上贈諡
●辭源言部十畫[謚]shì 神至切 去 至韻 神 ㊀帝王貴族大臣士大夫死後依其生前事迹給予的稱號也作諡

▶3941◀ ◈問; 오덕(五德)이란?

오덕에 대하여 자세히 일러 주세요?

◈答; 오덕(五德)이란.

유가에서는 오덕에 대하여 아래와 같이 분류되고 있습니다.

1. 음양(陰陽) 오행(五行)의 오덕(五德); 금(金) 목(木) 수(水) 화(火) 토(土)
●文選班固典引; 肇命民主五德初始(蔡注)五德五行之德自伏羲已下帝王相代各据其一行始於木終於水則復始也

2. 사람의 품덕(品德)으로의 오덕(五德). 온(溫) 량(良) 공(恭) 검(儉) 양(讓)
●論語(朱子集註)學而; 夫子溫良恭儉讓以得之夫子之求求之也(朱子註)溫和厚也良易直也恭莊敬也儉節制也讓謙遜也五者夫子之盛德光輝接於人者也

3. 또 지(智) 신(信) 인(仁) 용(勇)엄(嚴)을 이른다.
●謝集賢學士表' 固當宣其五德列在四科(殿成箋)新論五德者智信仁勇嚴也(按)祭義嚴威儼恪

4. 또 미덕(美德)으로 여기는 인(仁) 지(知) 의(義) 례(禮) 신(信).
●詩經秦風小戎章; 言念君子溫其如玉在其板屋亂我心曲(鄭玄箋)玉有五德(孔穎達疏)引聘義君子比德於玉焉溫潤而澤仁也縝密以栗知也廉而不劌義也垂之如墜禮也孚尹旁達信也

5. 또 닭에서 따온 오덕(五德); 문(文) 무(武) 용(勇) 인(仁) 신(信).
●康熙字典鳥部十畫【鷄】(廣韻)古奚切(集韻)堅奚切竝音稽[韓詩外傳]鷄有五德首帶冠文也足搏距武也敵在前敢鬬勇也見食相呼仁也守夜不失信也

6. 또 매미에서 따온 오덕(五德); 문(文) 청(淸) 렴(廉) 검(儉) 신(信)
●寒蟬賦; 夫頭上有緌則其文也含氣飮露則其淸也黍稷不食則其廉也處不巢居則其儉也應候守節即其信也(中略)邁休聲之五德豈鳴鷄之獨珍

7. 또, 동(東) 서(西) 남(南) 북(北) 중앙(中央) 방위(方位)를 오덕(五德)이라 한다.
●漢書郊祀志第五下; 耕耘五德朝種暮穫(註)晉灼曰翼氏風角五德東方甲南方丙西方庚北方壬中央戊種五色禾於此地而耕耘也

⊙오덕이란 대개 이런 의미이다.
○음양오행(陰陽五行); 금(金). 목(木) 수(水) 화(火) 토(土)
○온(溫); (和厚也) 성품(性品)이 온화(溫和)하고 돈후(敦厚)함
○량(良); (易直也) 평탄하고 곧음.
○공(恭); (莊敬也) 엄숙하고 경건함
○검(儉); (節制也) 알맞게 조절함.
○양(讓); (謙遜也) 거만하지 않고 자신을 낮춤.
○지(智. 知); (縝密以栗知也) 옳고 그름을 가릴 줄 아는 마음이라 품행이 바름.
○신(信); (孚尹旁達信也) 영롱한 옥의 빛깔 〔孚尹〕이 멀리 퍼져 나감. 또는 믿음.
○인(仁); (溫潤而澤仁也) 온순하고 인자함.
○용(勇); (敵在前敢鬬勇也) 적과는 용감하게 싸움.
○엄(嚴); (威儼恪) 매우 철저하고 바름. 엄격함.
○의(義); (廉而不劌義也) 덕이 견고하여 더럽혀지지 않음.
○례(禮); (垂之如墜禮也) 조심하여 행동함.
○문(文); 문관(文官).
○무(武); 무관(武官).
○청(淸); 깨끗함.
○렴(廉); 청렴함. 검소함.
○四方 中央; 동(東) 서(西) 남(南) 북(北) 중앙(中央)

▶3942◀ ◈問; 오행.

수고 많습니다. 다름이 아니옵고 오행의 金水木火土 중에서 인간世字는 오행의 어느 자에 해당되는지요? 가르쳐 주십시오. 그럼 내내 건강하길 빕니다. 강0식

◈答; 오행(五行).

역학 역시 유학의 학문에서 본류는 아니나 그 한 갈래의 학문임을 부정할 수는 없을 것입니다. 世는 五行의 火에 속합니다.

●漢書甘誓; 有扈氏威侮五行怠棄三正(孔穎達疏)五行水火金木土也
●孔子家語五帝; 天有五行水火金木土分時化育以成萬物
●東城雜記備萬齋; 且人也同得陰陽五行之氣以成形也(註)五行水火木金土古代稱构成各種物質的五種元素古人常以此說明宇宙萬物的起源和變化

▶3943◀◈問; 운(韻)과 성(聲)" 에 관하여 알고자 합니다.

유학(儒學)을 공부하는 학생입니다. 운(韻)과 성(聲)을 이해하려 각종 서적을 두루 찾아보고 있으나 적시되어 있는 책을 발견하지 못하여 성균관 학자님들께서는아시고 있을까 하여 여쭙고자 찾아 왔습니다.

어떤 책에 자세히 기록되어 있는지요. 이에 서책명과 아울러 우선 운법(韻法)과 성법(聲法)에 대한 원문(原文)이 등재되어있는 서명과 함께 간단하게 게시하여 주셨으면 더욱 감사하겠습니다. 아시는 학자님들께서는 제자를 키우신다는 사랑으로 지도하여 주셨으면 대단히 감사하겠습니다. 안녕히 계십시오. 기다리겠습니다.

◈答; 운(韻)과 성(聲)" 에 관하여.

질문하신 "운(韻)과 성(聲)" 에 관한 전문서라면 강희자전(康熙字典) 등운(等韻)이 있습니다. 그 곳에 자세히 나열되어 있습니다.강희자전의 구성은 강희자전(康熙字典): 십이집(十二集)(子.丑.寅.卯.辰.巳.午.未.申.酉.戌.亥集), 總目一卷, 檢字一卷, 辨似一卷, 等韻一卷, 補遺一卷, 備考一卷으로 되어 있습니다.

◈等韻(등운)

以前(이전)의 反切(반절)을 위주로 한 音韻(음운) 연구에 반하여, 唐末(당말) 宋初(송초)부터 音(음)을 開口音(개구음) 合口音(합구음)으로 나누고, 各各(각각) 一(일) 二(이) 三(삼) 四等(사등)으로 나눠, 지금의 音聲學(음성학)적 研究(연구)를 취한 中國(중국) 音韻學(음운학)임.

◈等韻學(등운학)과 等韻圖(등운도)

等韻學(등운학)은 전통적 漢語語音學(한어어음학)과 音韻學(음운학)중의 한 분과이다. 古代(고대) 漢語(한어) 語音(어음)의 연구에 있어서, "等(등)"이라는 개념으로써 漢語(한어)의 聲類(성류)와 韻類(운류)를 구분한 것을 等韻(등운)이라 불렀다. 그 중 등운(等韻) 서두(書頭)에 운법(韻法)과 성법(聲法)에 관하여 아래와 같이 기술되어 있습니다.

아　　래

◆字母切韻要法(자모절운요법)

證鄉談法(증향담법)
鄉談豈但分南北　每郡相鄰便不同
由此故教音韻證　不因指示甚難明

◆分九音法(분구음법)

見溪郡疑是牙音　端秀定泥舌頭音
知徹澄娘舌上音　幫滂並明重脣音
非敷奉微輕脣音　精清從心邪齒頭
照穿牀審禪正齒　影曉喻匣是喉音
來日半舌半齒音　後習學者自明分

◆分十二攝韻首法(분십이섭운수법)

迦吒加○砢髾　　瓜撾○○○○
○迦哲結嗟儸惹　　○瓜叕訣蕝臠捼
開　　合
岡張江將良穰　　光樁性○瀧○
庚貞經精靈仍　　工中弓蹤龍戎
裓知饑賫離而　　孤竹居沮驢如
高朝交焦寮饒　　○○○○○○
該梩皆○唻○　　乖儰○○○○
○裓○○○○○　　傀追圭崔茉緌

根珍金津林人　　昆郇君遵倫撊
干霑堅尖連然　　官權涓鐫攣堧
鉤輈鳩犂留柔　　○○○○○○
歌摘角爵略弱　　鍋桌矍○犖○

◆寄韻法(기운법)

雙母重韻各有存　哲徹舌聶結內尋
知等四字飢韻收　摛菩隨孤是來因
貲慈五字復歸飢　叕入訣內對韻眞
猪除從居不須問　挫瓜相連一處云
爼孤同韻君須記　悲眭三聲傀相親
亦有蘘瘣乖中取　若用哷砰鳩內跟

◆借入聲法(차입성법)

迦結裓歌四聲全　該干迦下借短言
庚於裓求傀如是　岡高根鉤歌內參

◆字母闗鑰歌訣(자모관약가결)

揭十二攝法(게십이섭법)

迦結岡庚　裓高該傀　根干鉤歌　諸字骨髓

◆分四聲法(분사성법)

사진

平聲平道莫低昻
上聲高呼猛烈强
去聲分明哀遠道
入聲短促急收藏

▶3944◀◈問; 유가(儒家)의 답변(答辯)은 어떻게?

누가 물어 답변할 때 그 답의 근거를 대야 하나.

◈答; 유가(儒家)의 답변(答辯)에는 반드시 전거(典據)에 의하여.

유가(儒家)의 의례문답(疑禮問答)뿐만 아니라 모든 문답(問答)에서 답변자(答辯者)는 자기(自己)가 이미 얻어진 지식(知識)이 있다 하여도 답(答)의 확실성(確實性)을 입증(立證)하기 위하여 어디서 얻어진 지식(知識)임을 밝히기 위하여 얻어진 전거(典據)에 의하여 답(答)하여 줌이 답자(答者)의 답변(答辯) 태도(態度)다.

사계선생(沙溪先生)이나 명재선생(明齋先生)이 그 질문(質問)의 답(答)을 몰라 전거(典據) 제시(提示)로 답(答)하였겠는가.

유가(儒家)의 답변(答辯)에는 전거(典據) 제시(提示)가 필수(必須)다.

●疑禮問解(沙溪); [問]帽子 [答]諸家說可考; ○天中記釋名曰帽冒也 ○丘瓊山曰今世帽子有二等所謂大帽者乃是笠子用蔽兩日所謂小帽者或紗或羅或段爲之二帽之外別無他帽
●疑禮問答(明齋) [問]家廟東階曰阼階者何義 [答]士冠禮註阼酢也東階所以答酢賓客也

▶3945◀◈問; 유학?

저는 지금을 살고 있는 젊은이 입니다. 선조로부터 유학이 계승되어 부친 방에 들어가 보면 한문 책이 서가에 가득합니다. 저 역시 서당개 3 년이면 풍월을 읊는다는 우스개 소리가 있듯이 조금은 알 듯하나 아직 어린아이입니다. 그런데 서가의 유서들은 원본뿐이라 쉽게 터득하는 방법이 없을까 하는 바람이 있습니다. 부친이 워낙 엄하여 드리고 싶은 말씀을 다 드리지 못하는 실정입니다. 혼자 유학을 이루는데 좋은 방법이 없을까 하여 선생님의 교시를 얻고자 합니다.

◈答; 유학!

유학은 하루아침에 이뤄지는 학문이 아닙니다. 일생을 받쳐 유학하였다 하여 어찌 감히 이뤄졌다 하겠습니까. 유학(儒學)이 곧 유교(儒敎)로서 유교도(儒敎徒)의 구성은 일반적으로 평신도(平信徒)가 대종을 이루고 있으며 이 그룹은 유교의 제도를 신봉하는 계층이 되고 유생(儒生)은 유학(儒學)을 공부하는 계층이고 지도계층에는 유사(儒師)가 있습니다. 까닭에 시간을 쪼개어 유서를 닥치는 대로 읽어 학문을 넓혀가 결국은 타인을 계도하는 유사의 경지에 이르는 것 모든 학자들의 소망이 아이겠습니까.

유교의 현대화란 평신도 계층에 해당되리라 생각되는데 그 그룹에서 소용되는 각종 경서를 비롯 각종 예서의 번역본이 서점가에 부족함 없도록 꽂혀 있으니 소용 되는대로 구입하면 해결되고 유생(儒生) 그룹 군은 교리를 열심히 터득하는 방편으로 제도교육이나 사교육에서 충족시키면 후일에 스승의 자리에 오를 것이오 스승의 위치에 도달하였으면 후배양성에 성을 다하면 족한 것입니다. 모쪼록 유자의 가문을 이어지는 데 부친을 실망시켜 드리지 않도록 자신이 무엇을 어떻게 할 것인가를 심사숙고 하시기 바랍니다.

●漢書藝文志儒家者流(中略)游文於六經之中留意於仁義之際祖述堯舜憲章文武宗師仲尼
●史記游俠傳魯朱家條魯朱家者與高祖同時魯人皆以儒敎而朱家用俠聞
●晉書宣帝紀伏膺儒敎漢末大亂常慨然有憂天下心
●梁書儒林傳序魏晉浮蕩儒敎淪歇風節罔樹抑此之由
●文心雕龍奏启必使理有典刑辭有風軌總法家之式秉儒家之文
●辭源儒敎後稱孔孟之道爲儒敎也叫孔敎註指以儒家學說敎人
●氣測體義推師道測君道條凡天下之敎有四自中南東三印度而緬甸暹羅而西藏而青海漠南北蒙古皆佛敎自西印度之包社阿丹而西之利未亞洲而東之蔥嶺左右哈薩克布魯特諸游牧而天山南路諸城郭皆天方敎自大西洋之歐邏巴各國外大西洋之彌利堅各國皆天主敎與中國安南朝鮮日本之儒敎
●朝鮮儒敎淵源吾東與齊魯來往頻繁則孔氏之徒爲傳道而來至新羅高句麗百濟之代始尙神敎自佛敎傳人釋敎盛行孔子之敎(下略)註按薛聰乃高僧元曉之子也元曉以佛敎之祖師稱其所著金剛論等書皆傳之至今薛聰以儒敎爲世師宗(云云)
●高麗史節要成宗文懿大王壬午元年六月條行釋敎者修身之本行儒敎者理國之源修身是來生之資理國乃今日之務今日至近來生至遠舍近求遠不亦謬乎
●甌北詩(趙翼五言古三書孔敎所到處無不有佛敎佛敎所到處孔敎或不到
●後漢書方術傳上李郃父頡以儒學稱官至博士註儒學爲儒家之學
●列子周穆王魯有儒生自媒能治之
●尙書序漢室能興開設學校旁求儒雅以闡大猷(註)儒雅博學的儒士
●續文獻通考學校四凡儒師之命於朝廷者曰敎授路府上州置之命於禮部及行省與宣慰司者曰學正山長學錄敎諭州縣及書院置之
●史記一二四朱家傳魯人皆以儒敎而朱家用俠聞後稱孔孟之道爲儒敎也叫孔敎
●晉書宣帝紀博學洽聞伏膺儒敎
●漢語大詞典[儒敎]又稱孔敎中國歷史上把孔子創立的儒家學波視同宗敎與佛敎道敎幷稱三敎○又[儒敎徒]信奉儒家學說的人
●漢書藝文志諸子略稱儒家者流(中略)游文於六經之中留意於仁義之際祖述堯舜憲章文武宗師仲尼以重其言於道最爲高
●荀子儒效篇儒者在本朝則美政在下位則美俗儒之爲人下如是矣
●墨子非儒下儒者曰君子必服古言然後仁今孔某之行如此儒士則可以疑矣
●漢書薛宣朱愽傳恐負學者恥辱儒士也稱儒生
●辭源[儒士]信奉孔子學說的人
●論衡超奇篇故夫能說一經者爲儒生博覽古今者爲通人(云云)故儒生過俗人通人勝儒生
●史記五宗世家篇河間獻王德以孝景帝前二年用皇子爲河間王好儒學被服造次必於儒者山東諸儒多從之游

●水東日記沈孟端沈孟端先生方學雖本世醫而通知古今有儒者風
●辭源人部十四畫[儒]孔子學派○又[儒人]猶言儒生○又[儒士]信奉孔子學說的人○又[儒生]同儒士○又[儒林]儒者之群○又[儒風]儒家的傳統○又[儒家]秦漢以孔子爲宗師的學派○又[儒學]儒家之學○又[儒門]儒家○又[儒教]指以儒家學說教人

▶3946◀◈問; 儒學을 論하면서?

유학(儒學)을 논하는 문답(問答)에서 어찌 답하여야 하나?

◈答; 儒學을 論하면서.

답자(答者)는 반드시 사계선유(沙溪先儒) 문답론(問答論)과 같이 전거(典據)에 의하여 답(答)하여야 함은 유학(儒學)한 자(者)의 기본상식(基本常識)이다.

사계선유(沙溪先儒)와 같은 이 나라 톱 선유(先儒)께서도 전거(典據)에 의하여 답하셨는데 아무리 오늘을 산다 하여도 감이 성균관(成均館) 답변자(答辯者)로 활동하면서 자기(自己) 상식(常識)에서 답문(答問)을 쓰겠는가. 이는 질문자(質問者)를 홀대(忽待)하는 행위(行爲)는 물론 유학(儒學)을 왜곡(歪曲) 전래(傳來)시키는 행위(行爲)에 해당한다.

※전거(典據); 전거(典據)란 전고(典故)와 근거(根據)의 합성어(合成語)로 전고(典故)란 전거(典據)로 인용(引用)할만한 전적(典籍)의 기록(記錄)을 제시문(提示文)의 근거(根據)로 삼은 전증(典證)이다.

●春秋左傳昭公; 傳曰十五年十二月王曰籍父其無後乎數典而忘其祖(辭註)典爲故事典故
●穀梁傳晉范甯序; 釋穀梁傳者雖近十家皆膚淺末學不經師匠辭理典據旣無可觀又引左氏公羊以解此傳文義違反斯害也已
●中國小說史略第五篇; 故其爲小說亦卓然可觀唐宋文人多引爲典據
●嘯亭屬錄大戲節戲; 其時典故如屈子競渡子安題閣諸事舞不譜入謂之月令承應
●韓愈答渝州李使君書; 文字綢密典實可尋而推究之明萬萬無一可疑者
●辭源八部六畫典[典據]有典故可以依據○[典故]詩文中引用的古代故事和有來歷出處的詞語
●疑禮問解凡例(沙溪)
一 問答諸條浩繁無序語多重出玆敢去其煩複彙分類聚依家禮次第列爲題目以便觀覽
一 變禮多端或有家禮之所無者則別爲題目以附於各條
一 此書一以答辭爲主故所引經傳諸說皆低一字使不相混
一 引證諸說皆取其書名與篇目或於其下有所論辨者則以按字別之而分註焉
一 問者皆其人或忘其姓名則闕之

▶3947◀◈問; 6축 9제(六祝九祭)가 있다는데요?

선생님들 안녕들 하셨는지요. 다름이 아니옵고 어느 친구가 책을 보다 육축(六祝)과 구제(九祭)가 있는데 구체적 설명이 없어 무엇인지 알 수가 없다고 합니다.

축은 상식적으로 생각하면 1. 기제축, 2. 묘제축. 3. 산신축, 4. 토지축, 5. 조왕축, 6. 봉건제축, 등등이 있고, 제사는 1. 석전대제, 2. 기제, 3. 묘제, 4. 산신제, 5. 터주제, 6. 노제, 7. 봉건제, 8. 우제, 9.사십구제 등등이 있잔아요.

이상 외에도 따져보면 더 있을 터인데 성균관(成均館)에서 6축(祝) 9제라 함은 위에서 열거(列擧)한 축(祝)이나 제사(祭祀)와는 다른가요. 자세한 하교 기다리겠습니다. 항상 감사합니다.

◈答; 6축 9제(六祝九祭).

◎육 축(六祝)

1. 順祝; 豊年(풍년을 기원하는 축)

●周禮春官宗伯禮官之職大祝; 掌六祝之辭以事鬼神示祈福祥求永貞一曰順祝(鄭玄注)引鄭司農曰順豐年也

2. 年祝; 求永貞(정명 얻기를 기원하는 축)

●周禮春官宗伯禮官之職大祝; 掌六祝之辭以事鬼神示祈福祥求永貞二曰年祝(鄭玄注)引鄭司農云年祝求永貞也

3. 吉祝; 祈福祥(복과 상서를 기원하는 축)

●周禮春官宗伯禮官之職大祝; 掌六祝之辭(中略)三曰吉祝(鄭玄注)吉祝祈福祥也

4. 化祝; 弭災兵(재병란을 그치도록 기원하는 축)

●周禮春官宗伯禮官之職大祝; 掌六祝之辭(中略)四曰化祝(鄭玄注)化祝弭災兵也

5, 瑞祝; 逆時雨寧風旱(풍우가 순하고 가뭄이 들지 않도록 기원하는 축)

●周禮春官宗伯禮官之職大祝; 掌六祝之辭(中略)五曰瑞祝(鄭玄注)引鄭司農曰瑞祝逆時雨寧風旱也孫詒讓正義倉頡云瑞應也風雨應時是謂之瑞

6, 筴祝; 遠罪疾(죄질을 멀리하도록 기원하는 축)

●周禮春官宗伯禮官之職大祝; 掌六祝之辭(中略)六曰筴祝(鄭玄注)引鄭司農云筴祝遠罪疾

◎구 제(九祭)

1. 命祭; 謂臣受君命而祭祀(신하가 군명을 받고 지내는 제사)

●周禮春官大祝; 辨九祭一曰命祭(鄭玄注)禮記玉藻;君若賜之食而君客之則命之祭然後祭是也

2. 衍祭; 祭酒(술잔을 받으면 먼저 삼신에게 지내는 제사)

●周禮春官大祝; 辨九祭二曰衍祭(鄭玄注)衍字當爲延(中略)聲之誤也延祭者曲禮曰客若降等執食興辭主人興辭於客然後客坐主人延客祭是也李光坡釋衍爲酳淩廷堪亦云衍祭謂祭酒也

3. 炮祭; 燔柴(섶을 태워 하늘에 지내는 제사)

●周禮春官大祝; 辨九祭三曰炮祭(鄭玄注)炮祭燔柴也

4. 周祭; 謂遍祭祖先(선조를 두루 지내는 제사)

(皆祭鬼神示之事)

●周禮春官大祝; 辨九祭四曰周祭(鄭玄注)引杜子春云周祭四面爲坐也(中略)周猶徧也徧祭者曲禮曰殽之序徧祭之是也賈公彦疏周祭四面爲坐也謂若祭百神四面各自爲坐

5. 振祭; 前祭食(음식을 먹기 전에 먼저 신에게 드리는 제사)

●周禮春官大祝; 辨九祭五曰振祭(鄭玄注)鄭司農曰至祭之末禮殺之後但擩肝鹽中振之振之若祭狀弗祭謂之振祭

6. 擩祭; 肝肺菹擩鹽醢中以祭(간과 폐를 소금과 식초에 절여서 지내는 제사)

●周禮春官大祝; 辨九祭六曰擩祭(鄭玄注)鄭司農云擩祭以肝肺菹擩鹽醢中以祭也(中略)不食者擩而祭之

7. 絶祭; 絶肺以祭(폐를 잘라서 지내는 제사)

●周禮春官大祝; 辨九祭七曰絶祭(鄭玄注)絶祭不循其本直絶肺以祭也重肺賤肝故初祭絶肺以祭謂之絶祭

8. 繚祭; 肺繚戾而後絶之以祭(폐의 밑을 떼어내어 지내는 제사)

●周禮春官大祝; 辨九祭八曰繚祭 孫詒讓正義; 此謂以左手從持肺本以右手從本之離處摩循之以至於末使肺繚戾而後絶之以祭也

9. 共祭; 授祭(물려받은 제사)

(皆主人祭食之禮)

●周禮春官大祝; 辨九祭九曰共祭(鄭玄注)共猶授也王祭食宰夫授祭孫詒讓正義; 共卽供之借字廣雅釋詁云供進也言進而授之(中略)宰夫當作膳夫膳夫云以樂侑食膳夫授祭是也

아래와 같이 살펴보건대 육축(六祝)과 구제(九祭)는 이상과 같습니다.

●周禮(十冊)春官宗伯禮官之職大祝; 掌六祝之辭以事鬼神示祈福祥求永貞一曰順祝二曰年祝三曰吉祝四曰化祝五曰瑞祝六曰筴祝(鄭玄注)永長也貞正也求多福歷年得正命也鄭司農云順祝順豐年也年祝求永貞也吉祝祈福祥也化祝弭災兵也瑞祝逆時雨寧風旱也筴祝遠罪疾

●周禮(十冊)春官宗伯禮官之職大祝; 辨九祭一曰命祭二曰衍祭三曰炮祭四曰周祭五曰振祭六曰擩祭七曰絶祭八曰繚祭九曰共祭(鄭玄注)杜子春云命祭祭有所主命也振祭振讀爲愼禮家讀振爲振旅之振擩祭擩讀謂虞鄭司農云衍祭羨之道中如今祭殤無所主命周祭四面爲坐也炮祭燔柴也爾雅曰祭天日燔柴擩祭以肝肺菹擩鹽醢中以祭也繚祭以手從肺本循之至于未乃絶以祭也絶祭不循其本直絶肺以祭也重肺賤肝故初祭絶肺以祭謂之絶祭至祭之末禮殺之後但擩肝鹽中振之擬之若祭狀弗祭謂之振祭特牲饋食禮曰取菹擩于醢祭于豆間鄉射禮曰取肺坐絶祭鄉飮酒禮曰右取肺左郤手執本坐弗繚右絶末以祭少牢曰取肝擩于鹽振祭玄謂九祭皆謂祭食者命祭者玉藻曰君若賜之食而君客之則命之祭然後祭是也衍字當爲延炮字當爲包聲之誤也延祭者曲禮曰客若降等執食興辭主人興辭於客然後客坐主人延客祭是也包猶兼也兼祭者有司曰宰夫贊者取白黑以授尸尸受兼祭于豆祭是也周猶徧也徧祭者曲禮曰殽之序徧祭之是也振祭擩祭本同不食者擩則祭之將食者旣擩必振乃祭也絶祭繚祭亦本同禮多者繚之禮略者絶則祭之共猶授也主祭食宰夫授祭孝經說曰共綏執授

●玉海(二百卷百冊)小學紺珠制度類六祝; 順祝(順豐年) 年祝(求永貞) 吉祝(祈福祥) 化祝(弭災兵) 瑞祝(逆時雨寧風旱) 筴祝(遠罪疾)

●玉海(二百卷百冊)小學紺珠制度類九祭; 命祭 衍祭 炮祭 周祭(皆祭鬼神示之事) 振祭 擩祭(擩而泉反) 絶祭 繚祭 共(音恭)祭(皆主人祭食之禮)

▶3948◀ ◈問; 理氣說(이기설)?

성리학(性理學)의 이기설(理氣說)에 대하여?

◈答; 理氣說(이기설).

性理學(성리학)에서 理氣說(이기설)을 宇宙萬物(우주만물)의 탄생 論(론)의 근원으로서 張載(장재)께서는 陰陽理氣(음양이기)에 의하여 天地萬物(천지만물)이 탄생하였다는 氣一元論(기일원논)을 주창하셨으며 程頤(정이) 先儒(선유)께서는 氣(기)와 理(리)를 확실히 구별 함으로서 二氣二元論(이기이원논)의 단초가 되었다.

一陰一陽(일음일양)을 道(도)로 보고 이 形而上(형이상)의 이 道(도)를 形而下(형이하)의 氣(기)에서 구별하여 宇宙觀(우주관)을 정립하였다.

道(도)란 곧 理(이)로서 氣(기)와는 항상 밀접한 관계를 유지, 동시 존재하며 輕重(경중)의 차는 없다. 다만 氣(기)는 계속 변하고 理(리)는 그 자체에 法則性(법칙성)이 있어 변함이 없다.

天(천)과 心(심)은 곧 理(이)이며 物(물)은 氣(기)이다. 즉 性卽理(성즉리)의 情(정)이 先儒(선유)의 理氣說(이기설)이 朱夫子(주부자)께로 이어져 변화가 이뤄지는 必然的(필연적) 原理(원리)를 所以然(소이연)라 하였고 변할 수 밖에 없는 당위성을 所當然(소당연)이라 하였다.

理(리)는 곧 道(도)로서 朱夫子(주부자)의 理氣論(이기론)은 心性論(심성론)과 통하여 心(심)을 理氣論(이기론)에 대입하게 되면 心(심)은 理氣(이기)의 統合體(통합체)로서 性(성)은 理(이)이며 情(정)은 氣(기)에 해당한다.

인간 본성은 理(이)에 해당하게 되는데 五常(오상)인 仁義禮智信(인의례지신)이 性(성)에 배당이 되고 四端(사단)인 惻隱之心(측은지심) 羞惡之心(수오지심) 辭讓之心(사양지심) 是非之心(시비지심)과 七情(칠정)인 喜(희) 怒(로) 哀(애) 懼(구) 愛(애) 惡(오) 欲(욕) 등의 다양한 정신작용이 情(정)에 해당하게 된다.

●橫渠理氣辯; 理生於氣者也氣雖有散仍在兩間不能滅也(中略)理根於氣不能獨存也

●朱子語類輯略理氣; 未有天地之先畢竟也只是理有此理便有此天地若無此理便亦無天地無人無物都無該載了有理便有氣流行發有萬物(辭註)理氣宋理學以理氣並稱以理爲宇宙的本體氣爲其現

象天地間先有理的存在然後陰陽之氣運行而生萬物

▶3949◀◈問; 爾已(이이)의 뜻은?

금연 문구를 알려주셔서 고맙습니다. 我必切吸煙爾已에서 아필절흡연은 알겠는데 爾已의뜻은 어떻게 해석해야 하는지요? 사전을 찾아 보아도 모르겠습니다. 알려 주시면 고맙겠습니다.

◈答; 爾已(이이)의 뜻은.

爾已=而已입니다. ~뿐임. ~일 따름임.

●子曰 若聖與仁則吾豈敢抑爲之不厭誨人不倦則可謂云爾已矣

▶3950◀◈問; 장상이란 무슨 뜻인가요?

항상 궁금하였던 의문이었습니다. 봉투 전면에 쓰이는 장상(狀上)의 뜻은 무엇인지요?

◈答; 장상의 뜻.

◆疏上(소상)

상제가 편지 끝에 쓰는 말로 삼가 아뢰다.

◆狀上(장상)

평상시 또는 상제가 疏上 이하의 관계인의 편지 끝에 쓰는 말로 글월을 올립니다.

●答人慰疏式(適孫承重者同)

某稽顙再拜言(云云)年號幾年某月某日孤子姓名疏(降等云狀)上

●明齋曰國恤中遭私服答慰狀外不稱服人常時簡面稱狀上

▶3951◀◈問; 장유학교회지임(掌儒學敎誨之任)이란?

성균관의 설립 목적이 장유학교회지임(掌儒學敎誨之任)라는데요?

◈答; 장유학교회지임(掌儒學敎誨之任)이란.

이 곳은 한국 유학(儒學)의 정점인 성균관이다. 성균관(成均館)이란 유학이란 의미와 같다. 해마다 춘추상정일(春秋上丁日)에 선성대성지성문선왕(先聖大成至聖文宣王)께 이마를 땅에 대고 조아리며 도관백왕만세지사(道冠百王萬世之師)의 가르침 대로 따르겠노라며 다짐하는 곳이 아니던가. 경국대전(經國大典)으로부터 육전조례(六典條例)에 이르기까지 많은 조선(朝鮮) 법전(法典)을 보시라. 성균관(成均館)은 "장유학교회지임(掌儒學敎誨之任)"이라 명(命)하여 놓지 않았는가.

특히 의례문해(疑禮問解) 의례문답(疑禮問答) 범례(凡例)를 보시라. 이 곳 성균관(成均館)의 의례문답(疑禮問答) 답변자(答辯者)라 자칭(自稱) 행세(行世)하면서 유가(儒家)의 법도(法度)를 무시(無視)하고(실은 알지 못할 수도 있음) 예법(禮法)에도 없는 속례(俗禮)로 개혁(改革)코자 하여서야 되겠는가. 그가 누구라 하여도 이 자리에 자의(自意)든 타의(他意)든 와 있는 한 그는 유자(儒者)로서 경전(經典)의 범위(範圍)를 벗어난 언행(言行)을 발설(發說)하여서는

안 된다. 까닭은 유학(儒學; 儒敎)의 진면모(眞面貌)를 들어내 보여 그들을 견고(堅固)히 유자화(儒者化) 시키기 위한 교회(敎誨)로서 소임(所任)을 다하기 위하여서이다.

⊙文廟儀軌(문묘의궤)

文廟釋奠祭祝式(每年二月八月上丁日行)
維隆熙某年歲次某甲某月某甲朔某日某甲
皇帝 諱
謹遣臣

敢昭告于
先聖大成至聖文宣王伏以
道冠百王萬世之師玆値上丁精禋是宜謹以牲幣醴齊粢盛庶品式陳明薦以先師兗國復聖公顔氏郕國宗聖公曾氏沂國述聖公孔氏鄒國亞聖公孟氏配尙
饗

⊙經國大典(경국대전)(世祖命撰. 一四六九)

吏典正三品衙門成均館
掌儒學敎誨之任並用文官同知事以上以他官兼知事主文直講以上一員久任○博士以下又以議政府司錄一員奉常寺直長以下二員兼次次遷轉一年兩都目三員去官七月二員

⊙六典條例(육전조례)(高宗命纂. 一八六六)

吏典 敦寧府
譜牒; 譜冊每式年(正月初一日)啓目啓下後修整正案中案各一件奉安譜閣正案一件奉安北漢行宮每於春秋季朔郞廳進去曝曬
禮典成均館
掌儒學敎誨之任

⊙疑禮問解(의례문해)(四卷四冊)

○疑禮問解序(의례문해서)

疑禮問解者沙溪金長生之所纂述(云云)金尙憲序

○疑禮問解凡例(의례문해범례)

一 問答諸條浩繁無序語多重出玆敢去其煩複彙分類聚依家禮次第列爲題目以便觀覽
一 變禮多端或有家禮之所無者則別爲題目以附於各條
一 此書一以答辭爲主故所引經傳諸說皆低一字使不相混
一 引證諸說皆取其書名與篇目或於其下有所論辨者則以按字別之而分註焉
一 問者皆記其人或忘其姓名則闕之

⊙疑禮問答(의례문답)(八卷四冊. 明齋 尹拯纂)

明齋先生疑禮問答凡例
一 此編類例雖一依問解而問或參據家禮源流以序次之如居家雜儀下附以居鄕鄕飮射之儀居喪雜儀下附以服中之儀並有喪變節屬之五服之末王家禮編之卷末之類是已
　一 此編主於家禮故凡問辭之出於家禮者只稱某條某文而不書冊名
　一 問答疑節之已見問解及備要者並刪去其自相煩複者亦刪之又於一目之中各以類從俾便考覽
　一 出後出嫁妾庶之服疑變多端混列難考家禮以男爲人後女適人降一等之文著之五服之下而妾服亦係焉故今倣其例別目以次之
一 國恤中私禮別立一目以四禮私議雖見原集又附載於此以備一家之言
一 禮書中文義論難與疑節問答有異故別爲一類名以禮書疑義係于下
一 問者皆錄姓名而或佚焉

▶3952◀ ◈問; 掌儒學敎誨之任이란?

수고가 많으십니다. 언재인가 여기서 成均館 掌儒學敎誨之任을 본 것 같은데 오늘 다시 찾아보니 찾을 수가 없네요. 성균관의 주 임무가 유학을 가르치는 곳이라 규정한 것으로 이해가 됩니다. 유학이란 무슨 학문이며 유학을 배운 이들을 유학자라 하는 것 같습니다. 유학자가 갖춰야 할 태도와 덕목은 무엇이다. 라 정의가 되겠습니까. 자세한 가르침 기다리겠습니다.

◈答; 掌儒學敎誨之任이란.

問 1 答; 儒學(유학)이란 儒家(유가)의 經學(경학)으로. 經學(경학)이란 儒學(유학)의 經書(경서)인 四書五經(사서오경)을 硏究(연구)하는 學問(학문)인데 五經(오경)은 儒敎(유교)의 經典(경전)인 論語(논어), 孟子(맹자), 中庸(중용), 大學(대학)을 四書(사서)라 하고 다섯 가지 經書(경서)는 詩經(시경), 書經(서경), 周易(주역), 禮記(예기), 春秋(춘추)임.
●辭源口部二畫【四】[四書] 論語 大學 中庸 孟子
●白虎通五經; 五經何謂謂易尙書詩禮春秋也(漢典)五部儒家經典卽詩書易禮春秋

問 2 答.

◈卽五倫(즉오륜) 사람이 지켜야 할 다섯 가지의 떳떳한 道理(도리). 곧 父子(부자) 사이의 親愛(친애). 君臣(군신) 사이의 義理(의리), 夫婦(부부) 사이의 分別(분별), 長幼(장유) 사이의 次序(차서), 朋友(붕우) 사이의 信義(신의)를 지킴.
●輟耕彔御史五常; 人之所以讀書爲士君子者正欲爲五常主張也使我今日謝絶故舊是爲御史而無一常
◇仁愛相親(인애상친) 親族(친족)이나 가까운 이들끼리는 서로 어진 마음으로 사랑함.
●禮記中庸; 取人以身修身以道修道以仁(鄭玄注; 在於得賢人也)仁者人也親親爲大義者宜也
◇行惠施利以恩德濟助(행혜시리이은덕제조) 恩惠(은혜)를 施行(시행)하며 利益(이익)을 베풀고 恩惠(은혜)와 德(덕)으로서 도와 줌.
●新書道德說; 六者德之美也道者德之本也仁者德之出也義者德之理也忠者德之厚也信者德之固也密者德之高也○安利物者仁行也仁行出於德故曰仁者德之出也
◇适應順應(괄응순응) 부드럽게 對應(대응)함.
●墨子節葬下; 此所謂便其習而義其俗者也昔者越之東有輆沐之國者其長子生則解而食之則解而食之謂之宜弟其大父死負其大母而棄之曰鬼妻不可與居處
◇善良善良的行爲(선량선량적행위) 착하고 어질게 사람의 道德的(도덕적) 性質(성질)을 띤 意識的(의식적)인 행동을 함.
●書經皐陶謨; 彊而義彰厥有常吉哉(蔡沈集傳; 彊而義者彊勇而好義也而轉語辭也正言而反應者所以明其德之不偏皆指其成德之自然非以彼濟此之謂也彰著也成德著之於身而又始終有常其吉士矣哉
◇儀制法度(의제법도) 儀式(의식)과 制度(제도)와 生活(생활) 上(상)의 禮法(예법)과 制度(제도)대로 행함.
●左傳莊公二十三年夏; 朝以正班爵之義帥長幼之序(孔穎達疏; 朝以正班爵之等義也)
●周官大司徒; 以儀辨等則民不越鄭注曰儀謂君南面臣北面父坐子伏之屬故曰不敢亂者畏禮儀也古書仁義字本作誼禮儀字本作義
◇行爲準則道德規範禮節(행위준칙도덕규범예절) 사람이 行(행)하는 짓에서 標準(표준)으로 삼아 따라야 할 規則(규칙)과 사람으로서 지켜야 할 道理(도리)에 본보기가 될 만한 制度(제도), 規模(규모), 禮儀(예의)에 關(관)한 모든 秩序(질서)나 節次(절차)를 따름.
●論語子罕; 博我以文約我以禮(朱熹註);博我以文致知格物也約我以禮克己復禮也
◇禮遇厚待(예우후대) 禮待(예대). 禮(예)를 갖추어 鄭重(정중)하게 待遇(대우)함.
●禮記月令; 季春之月聘名士禮賢者(漢鄭注; 名士不仕者)(孔穎達疏; 正義曰蔡氏云賢者名士之次亦隱者也)
◇莊嚴有威儀(장엄유위의) 規模(규모)가 크고 嚴肅(엄숙)함. 무게가 있어 畏敬(외경)할 만한 擧動(거동)에는 禮法(예법)에 合當(합당)한 몸가짐을 가져야 함.
●禮記內則; 禮帥初無辭(漢鄭氏注; 無辭辭謂欽有帥記有威也)(孔穎達疏; 禮帥初無辭者禮謂威儀也)
◇表明明确(표명명학) 있는 대로 드러내 보여 明確(명확)하게 함.
●左傳定公八年; 王孫賈趨進曰盟以信禮也(杜預注; 信猶明也)有如衛君其敢不唯禮是事而受此盟也
◇信從相信(신종상신) 믿고 따라 좇음은 서로 믿음에서다.
●書經湯誓; 爾尙輔予一人致天之罰爾無不信朕不食言爾不從誓言予則孥戮汝罔有攸赦

◇知道料到(지도료도) 잘 알고 미리 내다봄.
●淮南子汎論訓; 及其爲天子三公而立爲諸侯賢相及始信於
2.德目(덕목); 오상(五常)인 인(仁),의(義),예(禮),지(智),신(信)은 儒者(유자)가 갖춰야 할 다섯 가지 基本(기본) 德目(덕목)임.
○인(仁); 측은지심(惻隱之心)으로, 불쌍한 것을 보면 가엾게 여겨 情(정)을 나누고자 하는 마음.
○의(義); 수오지심 (羞惡之心)으로 不義(불의)를 부끄러워 하고 惡(악)한 것은 미워하는 마음.
○예(禮); 사양지심 (辭讓之心)으로 自身(자신)을 낮추고 謙遜(겸손)해야 하며 남을 위해 辭讓(사양)하고 配慮(배려)할 줄 아는 마음.
○지(智); 시비지심 (是非之心)으로 옳고 그름을 가릴 줄 아는 마음.
○신(信); 광명지심 (光名之心)으로 중심을 잡고 恒常(항상) 가운데 바르게 位置(위치)해 밝은 빛을 냄으로써 믿음을 주는 마음.

●論語(朱熹集註)爲政篇; 子張問十世可知也子曰殷因於夏禮所損益可知也(朱註)馬氏曰所因謂三綱五常所損益謂文質三統愚按三綱謂君爲臣綱父爲子綱夫爲妻綱五常謂仁義禮智信
●白虎通情性; 五常者何謂仁義禮智信也仁者不忍也施生愛人也義者宜也斷決得中也禮者履也履道成文也智者知也獨見前聞不惑於事見微者也信者誠也專一不移也故人生而應八卦之體得五氣以爲常仁義禮智信是也
●孟子集註大全告子章句上; 惻隱之心人皆有之羞惡之心人皆有之恭敬之心人皆有之是非之心人皆有之惻隱之心仁也羞惡之心義也恭敬之心禮也是非之心智也
●孟子集註大全公孫丑上章句上凡九章; 無惻隱之心非人也無羞惡之心非人也無辭讓之心非人也無是非之心非人也.惻隱之心仁之端也羞惡之心義之端也辭讓之心禮之端也是非之心智之端也人之有是四端也猶其有四體也有是四端而自謂不能者自賊者也
●賢良策一; 夫仁義禮智信五常之道王者所當修飭也五者修

▶3953◀◈問; 제시문제 5.

제시문제

1. 공부자 제사 즉 석전의 시초가 되는 제사는 어느 나라 때 누가 처음 지내기 시작하였소.
2. 조선의 문묘는 언제 누가 어떻게 지었소.
3. 년호의 시작은 누가 언제부터 사용하기 시작하였소.
4. 상평창이란 뭐하는 곳이며 누가 처음 시작하였소.
5. 누가 축문을 처음 쓰기 시작하였소.

성균과 담장관께서는 성균관이 욕되지 않도록 관리 감독을 철저히 하여 주시오.

◈答; 제시문제 5.

◈아래와 같이 살펴보건대(典據 十一件)
問 1. 答; 孔夫子 제사는 漢나라 때 高祖가 始初가 아닌가 합니다.

問 2. 答; 朝鮮에서는 太祖 六年에 大成殿과 부속 건물을 짓기 시작한 것으로 太學志에 記錄되어 있으며 어떻게 지었는가는 아래와 같이 原文으로 덧붙여 놓습니다.
○大成殿南向(凡二十間)南北四楹東西五楹前堂後室
○東廡西向西廡東向(各十一間)
○祭器庫在正殿西南隅北向(六間)
○碑閣在東南隅西向(一間)
○神門南向(三間)
○東三門在東廡北東向(三間)
○又其北有東庫(三間)
○又東西各有夾門(一間)

○東西北繚以墻墻各置小門守僕廳在西墻外南向(四間)
○典祀廳在大成殿西東向(六間)
○庖廚(六間)
○在其北樂器庫(一間)
○在其西遮帳庫(一間)
○在樂器庫南樂生廳(三間)
○在遮帳庫南享官廳在大成殿北廳中奉安香祝左右有獻官房南向(十間)
○監察諸執事房東西月廊(各六間)
○水剌間(四間)
○在東月廊東正門南向(三間)

問 3. 答; 漢武帝가 BC 140년에 처음으로 年號를 建元元年이라 하였습니다.

問 4. 答; 常平倉이란 제도는 前漢의 第八代 皇帝인 宣帝 때 처음 시작 되었으며 豊年이 들면 곡식을 사들여 저장하여 두는 창고로 凶年에는 내다 파랐다 합니다.

問 5. 答; 중국 고대 황제인 伊耆氏가 처음으로 祝文을 사용하였다 합니다. 이상의 답을 도출한 典據는 아래와 같습니다.

●古今帝王創制原始漢高祖祀孔子; 過魯以太牢祀孔子此萬世尊師之始
●太學志建置; 周禮大司樂掌成均之法以治建國之學故曰三王敎化之宮名爲學至若漢之高祖起自戎馬及卽位首祀先聖令諸侯王卿相至郡先廟謁而後從政所以垂統致治而基宏大之業也 廟宇;
●太學志建置廟宇; 太祖六年丁丑命立太學越明年戊寅秋七月文廟成在國都之東部崇敎坊大成殿南向(凡二十間)南北四楹東西五楹前堂後室東廡西向西廡東向(各十一間)祭器庫在正殿西南隅北向(六間)碑閣在東南隅西向(一間)神門南向(三間)東三門在東廡北東向(三間)又其北有東庫(三間)又東西各有夾門(一間)東西北繚以墻墻各置小門守僕廳在西墻外南向(四間)典祀廳在大成殿西東向(六間)庖廚(六間)在其北樂器庫(一間)在其西遮帳庫(一間)在樂器庫南樂生廳(三間)在遮帳庫南享官廳在大成殿北廳中奉安香祝左右有獻官房南向(十間)監察諸執事房東西月廊(各六間)水剌間(四間)在東月廊東正門南向(三間)
●漢書武帝紀; 建元元年(唐顔師古注)自古帝王未有年號始起于此
●辭源干部三畫[年號]封建帝王爲紀在位之年而立的名號在漢武帝以前紀年用甲子帝王均無年號自武帝卽位稱建元元年始有年號
●古今帝王創制原始武帝始建年號; 古無年號文帝始改後元武帝作建元元年起
●事物紀原利源調度常平; 漢宣帝時(在位 BC 74~BC 49)數豐稔耿壽昌奏諸邊郡以穀賤時增價糴入貴則減價糶出名曰常平此其始也
●漢書食貨志上; 時大司農中丞耿壽昌以善爲算能商功利得幸於上(中略)遂白令邊郡皆築倉以穀賤時增其賈而糴以利農穀貴時減賈而糶名曰常平倉民便之(辭源註)調節糧價備荒賑恤的名義下常設這種糧倉
●古今帝王創制原始宣帝始置常平倉; 時耿壽昌始立常平倉法以備水旱凶歲谷賤增價以糴谷貴減價以糶
●事物紀原集類公式姓諱部第八祝文; 自伊耆氏始爲八蜡則有之其文曰土反其宅水歸其壑昆蟲毋作草木歸其澤是也禮記云
●康熙字典老部四畫【耆】[廣韻]渠脂切[集韻][韻會]渠伊切[正韻]渠宜切竝音祁 官名(周禮秋官)伊耆氏(註)伊耆古王者號始爲蜡以息老物此主王者之齒杖後王識伊耆氏之舊德而以名官與今姓有伊耆氏

▶3954◀◈問; 조선시대 계파에 대하여?

안녕들 하십니까. 지난번 書院에 관하여 두 선생님께서 자세히 일러주시어 대단히 감사하였습니다. 오늘 또 드릴 말씀은 조선시대 최대 계파로는 栗谷과 退溪파를 꼽게 되는데요, 高峯 奇大升 선생과 屛溪 尹鳳九 선생들께서 어느 계파에 속하였었는지입니다. 통상 모여 주고받는 이야기로 누구다가 아니라 강의나 교육적 현장에서 상대들이 신뢰할 수 있도록 어느 書 또는 어느 선유 말씀에서라 인용되면 신뢰 지수를 높히는 결과가 되겠습니다. 대단히 죄송합니다.

◈答; 조선시대 계파에 대하여.

질문에 대한 답은 아래와 같이 살펴보건대.
○高峯 奇大升 先生; 退溪學派
○屛溪 尹鳳九 先生; 栗谷學派 로 분류되고 있습니다.

●先聖儒林淵源錄東方聖學源流圖○李滉 退溪 文純-奇大升 高峯 文憲 ○李珥 栗谷 文成-尹鳳九 屛溪 文憲
●儀式圖說朝鮮儒敎淵源圖; ○明宗李滉-奇大升 尹鳳九(無) ○宣祖李珥- 奇大升 尹鳳九(無)

▶3955◀ ◈問; 좌변우두(左籩右豆) 진설에 대하여.

오례의(五禮儀) 진설도를 살펴보면 모두 좌변우두(左籩右豆) 즉 동변서두(東籩西豆)로 진설이 됩니다. 왜 이와 같이 진설이 되는지요. 물론 무슨 까닭이 있어서 이와 같이 진설이 되겠지요. 그 까닭이 알고 싶습니다.

◈答; 좌변우두(左籩右豆) 진설에 대하여.

아래와 같이 살펴 보건대 건조는 양(陽)에 속하여 동(東)이 되고 습(濕)한 것은 음(陰)이 되어 서쪽으로 진설(陳設)이 됩니다. 즉 변(籩)은 대오리로 엮은 제기(祭器)이며 두(豆)는 목기(木器)로 변(籩)에는 마른 제물(祭物)을 담고 두(豆)에는 물기가 있는 제물(祭物)은 담아 진설하게 됩니다.

●五洲衍文長箋散稿人事篇器用類度量衡驗燥濕器辨證說; 燥陽者左動*濕陰*者右動故製燥濕器者卽知此理造一空毬樹一橫針氣盈毬中隨每日燥濕氣亦如之有左轉右旋之異此卽理之固然者無他謬巧也
●愼窩曰襲小斂奠圖之脯醢或左或右南溪云似是寫誤朴宗說云奠用事生之禮左脯右醢脯燥陽也故居左醢*濕陰*也故居右祭用事神之禮右脯左醢不啻明白恐圖者誤性潭文敬公成服前設奠右脯左醢一二士友以爲不可則宋氏家已行之規自來如此云
●呂氏春秋仲春記天子居靑陽太廟註靑陽東
●華西曰先天則南北縱分而陽東*陰西*卽寒暑朝夕之道也後天則東西橫分而男北女南卽貴賤尊卑之位也
●郊特牲鼎俎奇而籩豆偶陰陽之義也籩豆之實水土之品也不敢用褻味而貴多品所以交於旦(神)明之義也註自一鼎至九鼎皆奇數其十鼎者陪鼎三則正鼎亦七也十二鼎者陪鼎三則正鼎亦九也正鼎鼎別一俎故云鼎俎奇也籩豆偶者據周禮掌客及前篇所擧皆是偶數細註長樂陳氏曰鼎俎之實以天産爲主而天産陽屬故其數奇籩豆之實以地産爲主而地産陰屬故其數偶不敢用褻味所以盡志貴多品所以盡物盡志所以交於神盡物所以交於明先儒以旦爲神其說是也嚴陵方氏曰籩之實若菱芡之類豆之實若芹蒲之類所謂水之品也籩之實若棗栗之類豆之實若菁 韭之類所謂土之品也水土之品非人常所食故曰不敢用褻味或水或土所取不一故曰而貴多品
●祭禮攷定祭饌考條牲鼎所統薦獻之器約有六種一曰爵二曰簋三曰鉶四曰俎五曰豆六曰籩其所實不同而名以之立(註)爵其實酒醴(尊甒在外非所以薦獻)簋其實黍稷(虞曰敦周曰簋五穀皆簋實)鉶其實羹湆(鉶羹芼和合之器)俎其實牲肉(自鼎而出之卽以載俎)豆其實菹醢(凡水土之産濕物皆豆實也)籩其實脯栗(凡水土之産乾物皆籩實也)器於是六者乎無當者非禮之器也物於是六者乎無當者非禮之物也○又此六種之器數各不同爵用奇數(有一獻三獻五獻七獻)簋用偶數(天子八簋諸侯六簋大夫四士二)鉶俎用奇數籩豆用偶數此陰陽之義也
●國朝五禮儀吉禮親享先農及配位(親享文宣王及配位同惟配位無羊腥熟)陳設圖說每位籩十在左爲三行右上(第一行形鹽在前魚鱐乾棗栗黃次之第二行榛子在前菱仁芡仁次之第三行鹿脯在前白餠黑餠次之)豆十在右爲三行左上(第一行韭菹在前醓醢菁菹鹿醢次之第二行芹菹在前兎醢筍菹次之第三行魚醢在前脾析豚拍次之)俎三二在籩前一在豆前(籩前俎一實牛腥一實羊腥七體兩髀兩肩兩脅并脊而髀在兩端肩脅次之脊在中豆前俎實以豕腥七體其載如羊)豆右之俎三(一實牛熟腸胃肺一實羊熟腸胃肺一實豕熟膚豕在前羊牛次之)簠簋各二在籩豆間簠在左簋在右(簠實以稻粱粱在稻前簋實以黍稷稷在黍前)甄鉶各三在簠簋後鉶居前甄次之(甄實以大羹鉶實以和羹如芼滑)爵三在簠簋

前(各有坫)
●周禮天官籩人; 籩人掌四籩之實(鄭玄注)籩竹器如豆者其容實皆四升
●論語述而; 皇疏云竹曰籩木曰豆豆盛菹醢籩盛果實並容四升柄尺二寸下有跗也

▶3956◀◈問; 질문.

혼란이 있어 문의 드립니다."배"(配)와 "실" (室)의 차이점은 무엇입니까? 노석집에 대하여 알고 싶으나 자료가 없어 상세하게 알려 주십시오. 부탁 드립니다.

◈答; 配와 室의 차이점.

◎[配]=1 짝 배. (부부. 한 쌍. 배필. 匹과 뜻이 같음) 2 적당히 섞을 배. (알맞게 희석함) 3 종사할 배. (일에 마음과 힘을 다함. 일삼아 함. 근무함) 4 짝지을 배. (결혼시킴. 합사 시킴) 5 짝지울 배. (짝을이룸. 필적함) 6 교배시킬 배. (종류가 다른 생물의 암수를 인공적으로 수정시킴) 7 귀양 보낼 배. (죄인을 으슥한 시골이나 외딴섬으로 보내 일정기간 그 지역에서만 지내게 하는 형벌. 유형에 처함. 유배시킴) 8 나눌 배. (분리함. 가름. 분배함. 分과 뜻이 같음) 9 도울 배. (조력함. 협력함. 구제함. 후견함. 侑와 뜻이 같음) 10 동반할 배. (동행함. 陪와 뜻이 같음) 11 딸릴 배. (예속시킴) 12 배필 배. (배우자. 아내). 13 배향할 배. (주장되는 위패 좌우에 다른 사람의 신주를 곁들이어 모심) 14 상당할 배. (알맞음. 어지간히 맞음. 어느 정도에 가까움. 해당함. 當과 뜻이 같음) 15 어우를 배. (여럿이 조화되어 한 덩어리가 되게함. 결합함. 合과 뜻이 같음) 16 필적할 배. (서로 엇비슷하여 견줄만함. 서로 걸맞음) 17 혼인할 배. (남녀가 부부가 되는 일) *配給. 配達. 配當. 配慮. 配付. 配分. 配屬. 配食. 配役. 配偶者. 配定. 配車. 配置. 配布. 配匹. 配合. 配享. 交配. 分配. 手配. 流配. 支配. 集配.

◎[室]=1 방 실. (안방. 내실. 房과 뜻이 같음) 2 별이름 실. (현무칠수의 여섯째 성수로서 별 둘임) 3 가재 실. (가산. 재산) 4 가족 실. (부부를 기초로 하여 한 가정을 이루는 식구. 가족 제도에서 한 집에서 기거하는 친족) 5 광 실. (시체를 묻는 구덩이. 묘혈) 6 교접할 실. (남녀가 애정을 나눔. 성교함) 7 둥지 실. (새류의 집) 8 무덤 실. (墓와 뜻이 같음) 9 시집보낼 실. (출가시킴) 10 아내 실. (처. 마누라. 妻와 뜻이 같음) 11 장가들 실. (아내를 맞아들임. 취처함. 娶취와 뜻이 같음) 12 조정 실. (임금님이 나랏일을 의논하고 집행하는 곳. 왕실. 왕조) 13 집 실. (주택. 건물. 가옥. 가정. 屋과 뜻이 같음) 14 집안 실. (가정. 가문. 가내. 문벌. 家와 뜻이 같음) 15 칼집 실. (가죽 칼집) 16 토굴 실. (땅굴. 움집) 17 성 실. (姓也) *室內運動. 室外. 居室. 繼室. 敎室. 宮室. 內室. 茶室. 獨室. 密室. 別室. 病室. 秘書室. 事務室. 産室. 石室. 宿直室. 暗室. 溫室. 王室. 浴室. 入室. 蠶室. 齋室. 適室. 前室. 正室. 宗室. 地下室. 診察室. 妾室. 寢室. 土室. 皇室. 後室.

위를 자세히 살펴 보면 그 글자가 의미한 바와 차이점이 발견 되리라 생각합니다. 다만 아내를 의미 함에는 동의어입니다.

▶3957◀◈問; 1. 체제와 상제의 뜻과 한자는. 2. 묘소가 없으면 시제는 불가 한지요.

항상 감사합니다. 1. 체제(禘祭) 와 상제(嘗祭) 의 뜻과 한자는. 2. 묘소가 없으면 시제는 불가 한지요.

◈答; 1. 체제와 상제의 뜻과 한자는. 2. 묘소가 없으면 시제는 불가 한가.

⊙ 1, 체제와 상제의 뜻과 한자는.

천자가 지내는 신제로 봄제사는 약(礿)이라 하였고 여름제사는 체(禘)라 하였고 가을 제사는 상(嘗)이라 하였고 겨울 제사는 烝이라 하였습니다. 이에 관한 기록은 예기(禮記) 왕제편(王制篇) 명당위편(明堂位篇) 제법편(祭法篇) 제통편(祭統篇) 등 여러 곳에 기술 되여 있습니다. 그 뜻을 상술 할 수 없으니 예기를 펴 보기를 권합니다. 체제(禘祭) 상제(嘗祭) 하은대(夏殷

代) 사시제의 한 제명(祭名)입니다,

●王制; 天子諸侯宗廟之祭春曰礿夏曰禘秋曰嘗冬曰烝(鄭玄注)此蓋夏殷之祭名周則改之春曰祠夏曰礿也作以禘爲殷祭

⊙ 2, 묘소가 없으면 시제가 불가 한지요.

시제는 정침 사시제가 아닌 묘제 즉 시향인 듯 합니다. 묘제를 제외한 사당이나 정침제는 묘가 없어도 받드는 것입니다. 만약 전장에서 전사하여 시신 수습이 없어도 작주는 하여 사당에 안치하는 법입니다. 묘제는 대상이 없으니 지낼 수 없는 것이 당연지사이겠지요. 물론 의관장 등 허장 풍속은 있으나 그는 당해 후손이 정할 문제라 생각합니다.

●朱子曰招魂葬非禮先儒已論之矣
●問招魂葬栗谷曰死於軍或沒於水不得其尸則以服招魂而葬其服然非禮矣
●綱目范氏曰人之死也魂氣歸于天形魄歸于地葬所以藏體魄也魂氣不得而葬也而必爲之墓不亦虛乎
●問人有其父從軍而死其母藏其遺衣及落髮而遺令並入其棺中矣其子不忍同藏一棺欲別具一小棺用合葬之禮而追服斬衰未知如何尤庵曰此是無於禮之禮也不敢有所論說然其不以父之遺衣及落髮同入母棺則得矣
●牛溪問隣有溺死不得其屍其子欲招魂爲墓於義理如何龜峯曰墓只是葬體魄旣不得其屍則不墓似合惟魂無所間爲主以祭爲得義理之當
●宋庾蔚之曰葬以藏形廟以享神季子所云魂氣無不之寧可得招而葬之乎
●南溪曰招魂葬旣有朱子所論斥之以非禮

실전하였거나 물이 빠져 죽고 전사하여 시신을 찾지 못하였을 때 단을 모으고 단제를 지냅니다.

●近齋曰墳墓雖失傳而禹祭酒之祀壇猶以故宅遺墟之尙存也金太師之墓壇以舊山洞名之可徵也宗子家築壇則旣非不祧之位其宗子爲已毁之宗築壇其家恐涉無義
●梅山曰古者無墓祭祭墓者爲壇盖神道尙幽不可逼瀆塋域故通典亦云宜設於塋南山門之外然今已成俗有難從古若至遠祖考妣墓之或傳或不傳者卽其所傳之地當遵望墓爲壇之禮如金太師墓坍之例並祭考妣而以右爲上恐爲處變而不失其正也
●剛齋曰子孫之於祖先神位之壇不當書姓字云爾則凡人家墓表其有不曰某公之墓者耶且此立石爲識神位則何以並書夫人墓况夫人墓則自當別有表石耶壇石面刻李公下宜有神位二字而闕之此爲未盡耳祭之各設豈壇與墓先後祭之之謂耶若然則非設壇於夫人墓右之意恐爲失於思量也

▶3958◀ ◈問; 태극도(太極圖)와 태극기(太極旗)?

성래대전의 태극도와 태극기의 문양이 다른데도 태극기라 하는 이유는요?

◈答; 태극도(太極圖)와 태극기(太極旗)의 문양이 다른 이유.

太極(태극)은 陰陽二元(음양이원)에 앞서는 宇宙(우주) 萬物(만물)구성의 最高(최고) 原理(원리), 즉 繫辭傳(계사전)에서 이르듯이 太極(태극)에서 兩義(양의; 陰陽)가 생기고 兩義(양의)에서 四象(사상)이 생겨나고 四象(사상)에서 八卦(팔괘)가 생겨 萬物(만물)의 차례로 宇宙(우주) 窮極(궁극) 構成槪念(구성개념)이 설명되어져 있는데 太極(태극)은 北宋人(북송인) 濂溪周敦頤(렴계주돈이)선생의 太極圖說(태극도설)이 그에 대한 代表的(대표적)인 說(설)이다.

따라서 아래와 같이 살펴보건대 太極圖(태극도)에 대하여서는 太極圖說(태극도설)과 周敦頤(주돈이)선생의 圖說(도설)인 太極圖述(태극도술)에 자세하게 설명되어 있는데 그 太極圖(태극도)에는 右邊黑中之白(우변흑중지백) 左邊白中之黑(좌변백중지흑) 黑白分左右(흑백분좌우)로 나뉘어 있을 뿐이다.

다만 현재 太極旗(태극기)의 誕生(탄생)을 대강 敍述(서술)하여 보자면 太極(태극)의 문양에 대하여는 玄玄居士(현현거사) 朴泳孝(박영효)선생이 1882 년 사신으로 日本(일본)으로 가면서 배위에서 그렸다는 最初(최초)의 太極(태극)은 左紅(좌홍) 右靑(우청) 右回(우회)이며, 1900 년대에 와서는 左靑(좌청) 右紅(우홍) 左回(좌회)로 바뀌었다가 1948 년 지금의 太極文様(태극문양)인 上紅(상홍) 下靑(하청) 左回(좌회)로 되어 使用(사용)되고 있으니 이와 같이 상고컨대 문양의 좌회나 우회는 畵者(화자)의 의미 부여에 따라 달라진다.

●太極圖說此所謂無極而太極也所以動而陽靜而陰之本體也然非有以離乎陰陽也即陰陽而指其本體不雜乎陰陽而爲言耳

●太極圖說資講圖說太極圖右邊黑中之白白畫即爲陽非自右而左也左邊白中之黑黑畫即爲陰非自左而右也但假象以顯義姑以黑白分左右耳

●太極圖說; 自無極而為太極太極動而生陽動極而靜靜而生陰靜極復動一動一靜互為其根分陰分陽兩儀立焉陽變陰合而生水火木金土五氣順布四時行焉五行一陰陽也陰陽一太極也太極本無極也五行之生也各一其性無極之真二五之精妙合而凝乾道成男坤道成女二氣交感化生萬物萬物生生而變化無窮焉惟人也得其秀而最靈形既生矣神發知矣五性感動而善惡分萬事出矣聖人定之以中正仁義聖人之道仁義中正而已矣而主靜無欲故靜立人極焉故聖人與天地合其德日月合其明四時合其序鬼神合其吉凶君子修之吉小人悖之凶故曰立天之道曰陰與陽立地之道曰柔與剛立人之道曰仁與義又曰原始反終故知死生之說大哉易也斯其至矣

◈周敦頤 선생의 태극도

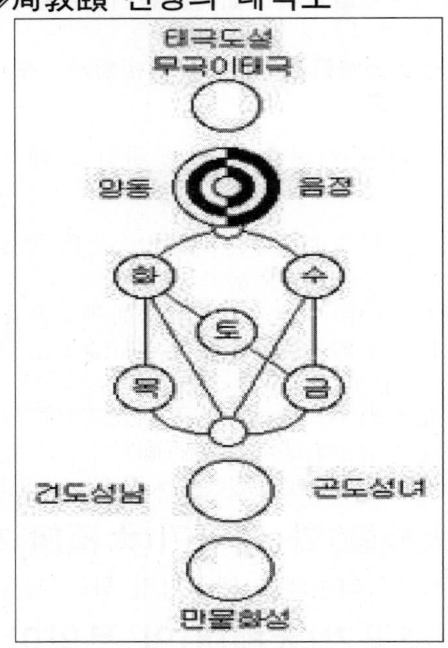

◈周敦頤 선생의 태극원도

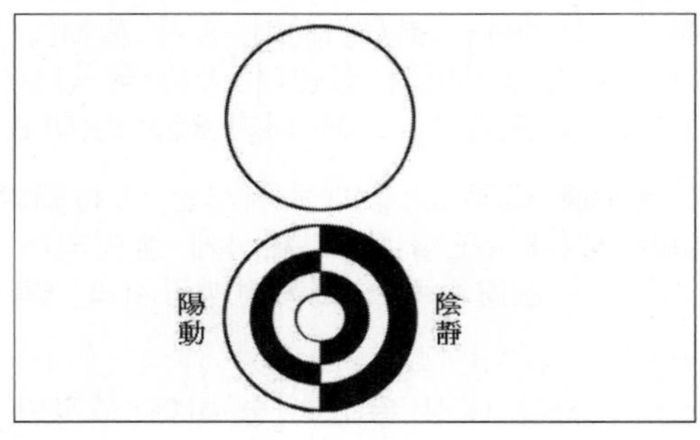

⊙현재의 태극기 문양(上紅下靑)

이상에서 살핀 바와 같이 현재의 太極旗(태극기)의 태극문양을 **周敦頤(주돈이)** 선생의 太極(태극) 原圖(원도)와는 대단히 相異(상이)하나 無極(무극)인 ○은 同一(동일)하고 陽動(양동) 陰靜(음정)의 配置(배치)를 變化(변화) 시켰으며 그 배치를 黑白(흑백)에서 彩色(채색)으로 表現(표현)시켰을 뿐이다.

33 성균관(成均館) (附鄕校 祠院)

▶3959◀◈問; 문묘. 향교. 서원 등의 제물을 생물로 하는 이유?

일반 제례 시에는 생존 시와 같이 필요한 제물은 익혀서 쓰는데, 문묘(文廟) 향교(鄕校) 서원(書院) 등의 향사(享祀) 시에는 생물(生物; 생쌀, 생 잡곡, 생고기 등)을 쓰는 까닭이 궁금합니다.

◈答; 문묘. 향교. 서원 등의 제물을 생물로 하는 이유.

문묘나 향교 서원 등에 모시고 제향하는 位는 성현들로 법도에 궁례(宮禮; 五禮儀)는 천자(天子) 이하 성인(聖人)이 죽거나 천지(天地)의 오사(五祀)는 양(陽)의 신(神)으로서 조리(調理)하여 설미(褻味) 치 않은 제수를 시저(匙箸) 없이 그 기(氣)를 흠향(歆饗)하심이라 조리하여 익히거나 가미치 않는 것입니다. 그 외 백성의 조상례는 가례의 법도에 의하여 생시와 같이 조리하거나 익힌 음식을 수저로 흠향하게 됩니다.

●郊特牲有虞氏之祭也尙用氣血腥爓祭用氣也註尙用氣以用氣爲尙也初以血詔神於室次薦腥肉於堂爓次腥亦薦於堂皆未熟故云用氣細註嚴陵方氏曰血腥爓三者皆氣而已○血祭盛氣也祭肺肝心貴氣也祭黍稷加肺祭齊加明水報陰也取膟膋燔燎升首報陽也○鼎俎奇而籩豆偶陰陽之義也籩豆之實水土之品也不敢用褻味

●禮器註大饗祫祭宗廟也腥生肉也大饗則迎尸時血與腥同時薦獻酌酒以薦獻也祭社稷及五祀其禮皆三獻故因名其祭爲三獻也

●曲禮天子死曰崩諸侯曰薨大夫曰卒士曰不祿庶人曰死

●書經攘竊神祗之犧牷牲用以容將食無災註色純曰犧體完曰牷牛羊豕曰牲犧牷牲祭祀天地之物禮之最重者

●文王世子凡始立學者必釋奠于先聖先師及行事必以幣註諸侯初受封天子命之敎於是立學所謂始立學也立學事重故釋奠于先聖先師四時之敎常事耳故惟釋奠于先師而不及先聖也行事謂行釋奠之事必以幣必奠幣爲禮也始立學而行釋奠之禮則用幣四時常奠不用幣也

●漢書不德上帝神明未歆饗也天下人民未有愜志今縱不能博求天下賢聖有德之人嬗天下焉

●祭義衆生必死死必歸土此之謂鬼

●星湖曰鬼也者陰之靈神也者陽之靈

●筆苑雜記不惟天下之人皆思顯戮抑亦地中之鬼已議陰

●海東雜錄人如死有鬼

▶3960◀◈問; 배향 공신?

이태조와 세종대왕 사당에 배향된 공신이 누구누구인지 알 수 있을까요.

◈答; 배향 공신.

아래 가 朝鮮 太祖廟庭과 世宗廟庭에 配享된 功臣입니다.

⊙祀典總攷太祖廟庭配享功臣
○領議政平壤府院君文忠公趙 浚
○義安大君 和
○領議政宜寧府院君忠景公南 在
○興安君景武公李 濟
○青海君襄烈公李之蘭
○宜城府院君剛武公南 誾
○漢山君忠靖公趙仁沃

⊙祀典總攷世宗廟庭配享功臣
○領議政翼成公黃 喜
○領中樞府事貞烈公崔潤德
○左議政文景公許 稠
○左議政文僖公申 槩
○兵曹判書文靖公李 隨
○讓寧大君剛靖公 禔
○孝寧大君靖孝公 補

●事物紀原集類禮祭郊祀部配饗; 尙書盤庚之告其臣曰玆予大享于先王爾祖其從與享之則功臣配享之禮由商人始也周禮有功者書于太常祭于大丞司勳詔之也趙簡子記祀董安于廟魏祀曹眞于太祖廟又祫祀功臣二十一人也
●三國志魏志齊王芳傳; 詔祀故尙書令荀攸於太祖廟庭南朝宋裴松之注臣松之以爲故魏氏配饗不及荀彧蓋以其末年異議又位非魏臣故也

▶3961◀◈問; 분정을 쓴 사람을 무엇이라고 하나?

해마다 춘추로 전국의 각 향교에 석전대제를 봉행하고 있습니다. 봉행하기 전에 초헌관 등 분정을 정하여 게시하고 있습니다. 그런데, 게시하기 위하여 韓紙에 붓으로 분정을 씁니다. 이때에 한지에 분정을 쓴 사람을 마지막에 原字를 쓰기 전에 누가 썼다고 게시하고 싶습니다. 분정을 한지에 쓴 사람을 무엇이라고 쓰고 아래에 성명을 쓰면 되는지요?

그리고 수년이 지난 뒤에 누가 기록하였다는 것을 알도록 하기 위해 분정록에도 쓸 계획입니다. 좋으신 의견을 기다리겠습니다.

지금까지 없었던 일이라고 하지 마시고 시대의 변화에 순응하기 위해 기록하여 두려고 합니다. 서원에서도 필요할 것 같습니다. 지나간 분정록을 살펴보니 누가 이렇게 글씨를 잘 썼는지 알 길이 없어 아쉬운 생각이 듭니다.

◈答; 분정관(分定官).

아래와 같이 살펴보건대 국가의 제사를 관장하는 곳이 봉상시(奉常寺)인데 여기에는 분정관(分定官)이라는 직책은 없으나 의궤(儀軌)에는 예를 진행할 헌관 집례 등을 정하는 분정관(分定官)제도가 있습니다.

연행기사(燕行記事)를 보면 분정(分定) 기록(記錄)은 분정기(分定記)라 하는데, 다만 분정기(分定記)를 분정관(分定官)이 직접 한지에 쓰는지의 여부는 전거(典據)로 확인이 되지 않습니다.

●肅宗殯殿都監儀軌凶禮殯殿魂殿; 庚子七月十七日禮曹爲相考事節啓下敎曹啓辭今此大行大王殯殿進香時依前例諸道監司竝分定官代行而京畿監司及開城府江華兩都留守上來進香事分付何如傳曰允事啓下爲有置相考施行事
●燕行記事下戊戌二月初十日賞銀分定記; 首譯一員上通事二員 (以下略)
●大典會通正三品衙門奉常寺; 掌祭祀及議諡 正一員正三品 副正從三品一員 僉正一員從四品 判官一員從五品 主簿二員從六品 直長一員從七品 奉事一員從八品 成均參外 副奉事一員正九品 成均參外 參奉一員從九品

▶3962◀◈問; 분헌(分獻)이 무엇인지요.

안녕하십니까 . 분헌(分獻)이란 단어를 알게 되었는데 이것이 정확히 무엇을 가르치는지 궁금하여 글을 작성하였습니다. 답변 부탁 드립니다.

◈答; 분헌(分獻)이란.

분헌(分獻)의 본의(本意)는 국례(國禮)에서 배향위(配享位)에 헌작(獻爵) 헌백례(獻帛禮)를 이름입니다.

아국례(我國禮)에서는 본위(本位)에 종헌의(終獻儀)를 마치고 분헌관(分獻官)이 배향위(配享位)와 동서무위(東西廡位)에 각위(各位) 일헌지례(一獻之禮)를 분헌(分獻)이라 합니다.

●宋史禮志二; 若夫公卿分獻文武從祀與夫樂架饌幔則皆在中壝之內(註)分獻古代祭祀向配饗者行獻爵獻帛禮

●國朝五禮儀有司釋奠文宣王儀行禮; 贊引各引分獻官以次詣盥洗位搢笏盥帨訖執笏分詣殿內及兩廡從享尊所執尊者擧冪酌酒執事者以爵受酒引分獻官詣神位前跪搢笏執事者授爵分獻官執爵獻爵奠爵執笏俯伏興平身以次分獻訖俱復位

●朝野類要分獻; 凡三歲大禮有大臣亞獻終獻之外衆天神則在壇下分獻

▶3963◀◈問; 석전대제의 拜.

[문 1] 성균관이나 향교의 석전대제를 할 때 헌관의 배, 흥 4배의 구령을 북에서 남향하여 하며, 헌관은 서향하여 절을 하는데, 이때 배, 흥 의 구령을 하는 사람은 누구인지요?

[문 2] 헌관이 拜하고 興할 때 손의 읍을 어떻게 하는지요? 동영상을 보면 손 모양이 가슴 아래까지 올려다가 배하는 사람, 손을 눈 위까지 올렸다가 배하는 사람 등 가지 각색이더군요. 습의를 하고 한다는데 똑 같지 않는 동작을 하니 궁금합니다.

[문 3] 찬인은 축관 이하 관수 세수 한 뒤에 각자의 위치에 가면 찬인의 할 일은 다한 것인지요? 또한 임무를 마치면 집례 자리(헌관의 뒤)에 서서 있는지요?
너무 몰라 죄송합니다. 배우고 있습니다.

◈答; 釋奠大祭(석전대제)의 拜.

[문 1]. 答; 집례(執禮).

[문 2]. 答; 성균관 문묘례는 문선왕에 대한 예로 행함이라 읍례는 상례(上禮)로 눈 높이까지 올려야 합니다.

[문 3]. 答; 강복위(降復位).

●與猶堂全書論語古今注述而下子所雅言詩書執禮皆雅言也; 朱子曰雅常也○補曰 執禮者臨事所執之禮今之儀禮是其遺也

●鄕校禮輯凡下拜之禮一揖少退再一揖卽俯伏以兩手齊按地先跪左足次屈右足略蟠旋左邊稽首至地卽起先起右足以雙手齊按膝上次起左足仍一揖而後拜其儀度以詳緩爲敬不可急迫又曰凡作揖時用稍闊其足則立穩揖則須直其膝曲其身低其頭眼看自已鞋頭爲準兩手圓供而下使手只可至膝畔不得入膝內尊長前作揖手須過膝下擧手至眼而下與長者揖擧手至口而下畢則手隨起時叉於胷前

●輯覽揖禮圖式; 上禮下官躬身擧手齊眼下致敬上官隨生隨立無答○中禮下官躬身擧手齊口下致敬○下禮上官擧手齊心答禮

●國朝五禮儀壇廟圖說文宣王廟;

執禮
阼階
執禮
贊者

謁者
贊引
亞獻官
終獻官
配位初獻官
進幣爵酒官
(以下省略)
(諸西向)

(参考用)

⊙釋奠行禮笏記(석전행례홀기)

掌饌入實具畢三更三點獻官及諸執事諸生皆出就外位○謁者引初獻官陞自東階點視○引降復位○贊者謁者贊引入自東門先就階間拜位北向四拜○訖各就位○贊引引祝及諸執事入就拜位四拜東西唱呼唱○諸執事各就盥洗位洗手就位○祝升開櫝○降復位○謁者詣初獻官左白謹請行事○謁者引三獻官贊引引分獻官及諸生入就拜位皆四拜東西唱呼唱○行奠幣禮○謁者引初獻官詣盥洗位北向立○搢笏洗手○執笏引詣

文宣王神位前北向搢笏跪○奉香奉爐升奉香跪右奉爐跪左○獻官三上香○奉香奉爐降復位○祝升以幣篚從右授獻官○獻官執幣獻幣○祝自左受幣奠于神位前○引降復位○獻官執笏俯伏興平身○獻官詣

兗國復聖公神位前○搢笏跪○奉香奉爐升奉香跪右奉爐跪左○獻官三上香○奉香奉爐降復位○祝升以幣篚從右授獻官○獻官執幣獻幣○祝自左受幣奠于神位前○引降復位○獻官執笏俯伏興平身○獻官詣

郕國宗聖公神位前○搢笏跪○奉香奉爐升奉香跪右奉爐跪左○獻官三上香○奉香奉爐降復位○祝升以幣篚從右授獻官○獻官執幣獻幣○祝自左受幣奠于神位前○引降復位○獻官執笏俯伏興平身○獻官詣

沂國述聖公神位前○搢笏跪○奉香奉爐升奉香跪右奉爐跪左○獻官三上香○奉香奉爐降復位○祝升以幣篚從右授獻官○獻官執幣獻幣○祝自左受幣奠于神位前○引降復位○獻官執笏俯伏興平身○獻官詣

鄒國亞聖公神位前○搢笏跪○奉香奉爐升奉香跪右奉爐跪左○獻官三上香○奉香奉爐降復位○祝升以幣篚從右授獻官○獻官執幣獻幣○祝自左受幣奠于神位前○引降復位○獻官執笏俯伏興平身○獻官詣

行初獻禮○謁者引初獻官詣

文宣王尊所西向立○引詣

文宣王神位前北向○搢笏跪○奉爵奠爵升○奉爵詣尊所受爵從右進爵○獻官執爵獻爵○奠爵自左受爵奠于神位前○奉爵奠爵降復位○獻官執笏俯伏興○少退跪○祝升進

神位之右東向跪○讀祝○引降復位○獻官執笏俯伏興平身○引詣配位尊所西向立○引詣

兗國復聖公神位前○搢笏跪○奉爵奠爵升○奉爵詣尊所受爵從右進爵○獻官執爵獻爵○奠爵自左受爵奠于神位前○奉爵奠爵降復位○獻官執笏俯伏興平身○引詣

郕國宗聖公神位前○搢笏跪○奉爵奠爵升○奉爵詣尊所受爵從右進爵○獻官執爵獻爵○奠爵自左受爵奠于神位前○奉爵奠爵降復位○獻官執笏俯伏興平身○引詣

沂國述聖公神位前○搢笏跪○奉爵奠爵升○奉爵詣尊所受爵從右進爵○獻官執爵獻爵○奠爵自左受爵奠于神位前○奉爵奠爵降復位○獻官執笏俯伏興平身○引詣

鄒國亞聖公神位前○搢笏跪○奉爵奠爵升○奉爵詣尊所受爵從右進爵○獻官執爵獻爵○奠爵自左受爵奠于神位前○奉爵奠爵降復位○獻官執笏俯伏興平身○降復位

行亞獻禮○謁者引亞獻官詣盥洗位北向立○搢笏洗手執笏○引詣

文宣王尊所西向立○引詣 文宣王神位前北向○搢笏跪○奉爵奠爵升○奉爵詣尊所受爵從右進爵○獻官執爵獻爵○奠爵自左受爵奠于神位前○奉爵奠爵降復位○獻官執笏俯伏興平身○引詣 配位尊所西向立○引詣

兗國復聖公神位前○搢笏跪○奉爵奠爵升○奉爵詣尊所受爵從右進爵○獻官執爵獻爵○奠爵自左

受爵奠于神位前○奉爵奠爵降復位○獻官執笏俯伏興平身○引詣
郕國宗聖公神位前○搢笏跪○奉爵奠爵升○奉爵詣尊所受爵從右進爵○獻官執爵獻爵○奠爵自左受爵奠于神位前○奉爵奠爵降復位○獻官執笏俯伏興平身○引詣
沂國述聖公神位前○搢笏跪○奉爵奠爵升○奉爵詣尊所受爵從右進爵○獻官執爵獻爵○奠爵自左受爵奠于神位前○奉爵奠爵降復位○獻官執笏俯伏興平身○引詣
鄒國亞聖公神位前○搢笏跪○奉爵奠爵升○奉爵詣尊所受爵從右進爵○獻官執爵獻爵○奠爵自左受爵奠于神位前○奉爵奠爵降復位○獻官執笏俯伏興平身○降復位
行終獻禮○謁者引終獻官詣盥洗位北向立○搢笏洗手執笏○引詣
文宣王尊所西向立○引詣 文宣王神位前北向○搢笏跪○奉爵奠爵升○奉爵詣尊所受爵從右進爵○獻官執爵獻爵○奠爵自左受爵奠于神位前○奉爵奠爵降復位○獻官執笏俯伏興平身○引詣 配位尊所西向立○引詣
兗國復聖公神位前○搢笏跪○奉爵奠爵升○奉爵詣尊所受爵從右進爵○獻官執爵獻爵○奠爵自左受爵奠于神位前○奉爵奠爵降復位○獻官執笏俯伏興平身○引詣
郕國宗聖公神位前○搢笏跪○奉爵奠爵升○奉爵詣尊所受爵從右進爵○獻官執爵獻爵○奠爵自左受爵奠于神位前○奉爵奠爵降復位○獻官執笏俯伏興平身○引詣
沂國述聖公神位前○搢笏跪○奉爵奠爵升○奉爵詣尊所受爵從右進爵○獻官執爵獻爵○奠爵自左受爵奠于神位前○奉爵奠爵降復位○獻官執笏俯伏興平身○引詣
鄒國亞聖公神位前○搢笏跪○奉爵奠爵升○奉爵詣尊所受爵從右進爵○獻官執爵獻爵○奠爵自左受爵奠于神位前○奉爵奠爵降復位○獻官執笏俯伏興平身○降復位

●東西廡行禮(동서무행례)

撰者贊引各引東西分獻官詣盥洗位○搢笏盥洗○洗手執笏○東獻官詣周濂溪神位前○跪搢笏○西獻官詣程明道神位前○跪搢笏○東西奉香奉爐升○三上香○東西奉爵奠爵升○執爵○獻爵○執笏俯伏興平身○東獻官詣程伊川神位前○跪搢笏○西獻官詣朱晦庵神位前○跪搢笏○東西奉香奉爐升○三上香○東西奉爵奠爵升○執爵○獻爵○執笏俯伏興平身○東獻官詣弘儒侯神位前○跪搢笏○西獻官詣文昌公神位前○跪搢笏○東西奉香奉爐升○三上香○東西奉爵奠爵升○執爵○獻爵○執笏俯伏興平身○東獻官詣文成公神位前○跪搢笏○西獻官詣文忠公神位前○跪搢笏○東西奉香奉爐升○三上香○東西奉爵奠爵升○執爵○獻爵○執笏俯伏興平身○東獻官詣文敬公神位前○跪搢笏○西獻官詣文獻公神位前○跪搢笏○東西奉香奉爐升○三上香○東西奉爵奠爵升○執爵○獻爵○執笏俯伏興平身○東獻官詣文正公神位前○跪搢笏○西獻官詣文元公神位前○跪搢笏○東西奉香奉爐升○三上香○東西奉爵奠爵升○執爵○獻爵○執笏俯伏興平身○東獻官詣文純公神位前○跪搢笏○西獻官詣文正公神位前○跪搢笏○東西奉香奉爐升○三上香○東西奉爵奠爵升○執爵○獻爵○執笏俯伏興平身○東獻官詣文成公神位前○跪搢笏○西獻官詣文簡公神位前○跪搢笏○東西奉香奉爐升○三上香○東西奉爵奠爵升○執爵○獻爵○執笏俯伏興平身○東獻官詣文元公神位前○跪搢笏○西獻官詣文烈公神位前○跪搢笏○東西奉香奉爐升○三上香○東西奉爵奠爵升○執爵○獻爵○執笏俯伏興平身○東獻官詣文敬公神位前○跪搢笏○西獻官詣文正公神位前○跪搢笏○東西奉香奉爐升○三上香○東西奉爵奠爵升○執爵○獻爵○執笏俯伏興平身○東獻官詣文正公神位前○跪搢笏○西獻官詣文純公神位前○跪搢笏○東西奉香奉爐升○三上香○東西奉爵奠爵升○執爵○獻爵○執笏俯伏興平身○贊引各引東西分獻官降復位
行飮福禮○大祝詣正位尊所以爵酌福酒寘坫上○大祝持俎及刀進減神位前俎肉盛俎上出寘尊所○謁者引初獻官詣飮福位○西向立○跪搢笏○大祝詣尊所執爵就初獻官之左北向跪授初獻官○初獻官飮卒爵○大祝以爵反于坫○大祝取胙肉北向跪授初獻官○初獻官受胙○大祝以胙俎降自東階出○初獻官執笏○俯伏興平身○謁者引初獻官降復位○四拜○獻官皆四拜○東西唱呼唱○鞠躬拜興拜興拜興拜興平身○徹籩豆○大祝入徹籩豆○四拜○獻官以下在位者皆四拜○東西唱呼唱○鞠躬拜興拜興拜興拜興平身
行望燎禮○謁者引初獻官詣望燎位○北向立○大祝以篚取祝及幣降自西階置于坎○可燎○禮畢○謁者進初獻官之左白禮畢○祝升閉櫝仍降復位○謁者贊引各引獻官出○大祝及諸執事俱復階間拜位四拜出○東西唱呼唱○學生出○執禮降復階間拜位四拜出○謁者贊引俱復階間拜位四拜出○廟司入徹饌闔戶退

戊寅十月十五日 直員 柳00 謹譯

●隨聞要抄釋奠大祭鄕校祭享式條鄕校釋奠大祭笏記

丑前三刻贊者謁者先就拜位○四拜○各就位○謁者引獻官以下俱就門外位○謁者引祝及諸執事入就拜位○祝以下皆四拜○盥訖○各就位○謁者贊引引初獻官以下入就拜位○謁者進初獻官之左白有司謹具請行事○四拜獻官及學生皆四拜○行奠幣禮○謁者引初獻官詣盥洗位○盥訖○引詣大成至聖文宣王神位前○跪○搢笏○三上香○獻幣○執笏○俯伏○興平身○次詣兗國復聖公神位前○跪○搢笏○三上香○獻幣○執笏○俯伏○興平身○次詣○郕國宗聖公神位前○跪○搢笏○三上香○獻幣○執笏○俯伏○興平身○次詣○沂國述聖公神位前○跪○搢笏○三上香○獻幣○執笏○俯伏○興平身○次詣○鄒國亞聖公神位前○跪○搢笏○三上香○獻幣○執笏○俯伏○興平身○引降復位○行初獻禮○謁者引初獻官詣文宣王罇前○酌訖○引詣神位前○跪○搢笏○獻酌○執笏○俯伏○興少退北向跪○祝進神位之左東向跪○讀祝文○俯伏○興平身○引詣配位罇所○酌訖○引詣復聖公神位前○跪○搢笏○獻爵○執笏○俯伏○興平身○次詣宗聖公神位前○跪○搢笏○獻爵○執笏○俯伏○興平身○次詣述聖公神位前○跪○搢笏○獻爵○執笏○俯伏○興平身○次詣亞聖公神位前○跪○搢笏○獻爵○執笏○俯伏○興平身○引降復位○行亞獻禮○謁者引亞獻官詣盥洗位○盥訖○引詣文宣王罇所○酌訖○引詣神位前○跪○搢笏○獻酌○執笏○俯伏○興少退北向跪○引詣配位罇所○酌訖○引詣復聖公神位前○跪○搢笏○獻爵○執笏○俯伏○興平身○次詣宗聖公神位前○跪○搢笏○獻爵○執笏○俯伏○興平身○次詣述聖公神位前○跪○搢笏○獻爵○執笏○俯伏○興平身○次詣亞聖公神位前○跪○搢笏○獻爵○執笏○俯伏○興平身○引降復位○行終獻禮○謁者引終獻官引各引分獻官詣盥洗位○盥訖○引終獻官詣文宣王罇所各引分獻官詣東西從享兩廡罇所○酌訖○各引詣神位前○跪○搢笏○內外從享執事皆三上香○獻酌○執笏○俯伏○興平身○引詣配位罇所○酌訖引詣復聖公神位前○跪○搢笏○獻爵○執笏○俯伏○興平身○次詣宗聖公神位前○跪○搢笏○獻爵○執笏○俯伏○興平身○次詣述聖公神位前○跪○搢笏○獻爵○執笏○俯伏○興平身○次詣亞聖公神位前○跪○搢笏○獻爵○內外從享皆獻○執笏○俯伏○興平身○引降復位○贊引各引分獻官降復位○謁者引初獻官飮福位○北向跪○搢笏○以爵授獻官○獻官受爵飮卒爵○執事受虛爵復於坫○祝進減胙肉授獻官○獻官受胙以授執事○執事出門○俯伏○興○引降復位○四拜獻官以下皆四拜○祝入撤籩豆○四拜獻官及學生皆四拜○謁者引初獻官詣望瘞位北向立○祝取祝板及幣降自西堦置於坎○置土半坎○引降復位○謁者進獻官之左白禮畢○引初獻官以下以次出○祝及諸執事俱復拜位○祝以下皆四拜○以降出○贊者謁者贊引俱就位○四拜○以降出

●選文掇英辯亡論篇不患權之我偪執鞭鞠躬以重陸公之威悉委武衛
●元史禮樂誌曰拜曰興曰平身
●王建男兒跪拜謝君王
●周禮春官宗伯第三宗伯禮官之職註稽首拜頭至地也頓首拜頭叩地也空首拜頭至手所謂拜手也
●楚辭東東方朔七諫初放; 塊兮鞠當道宿(王逸注)匍匐爲鞠(中略)言己孤獨無耦塊然獨處鞠然匍匐(漢典註)鞠 俯伏
●問喪孝子親死悲哀志懣故匍匐而哭之鄭玄注匍匐猶顚蹷
●漢書馮參傳贊; 宜鄕侯參鞠躬履方擇地而行可謂淑人君子(顔師古注)鞠躬謹敬貌
●聘禮執圭入門鞠躬焉如恐失之(注)孔(安國)曰斂身意爲曲身以示謹敬今稱曲身行禮
●辯亡論下下;執鞭鞠躬以重陸公之威
●儿女英雄傳第十七回; 說罷便向姑娘執手鞠躬行了個半禮
●元史禮樂志;一元正受朝儀通贊贊曰(中略)曰拜曰興曰平身(漢典註)行跪拜禮后起立站正謂之平身
●童子禮拜起條凡見尊長皆四拜平交皆兩拜
●國朝五禮儀吉禮春秋及臘祭社稷儀執禮曰四拜禮儀使啓請四拜殿下四拜在位者皆四拜
●明史禮志一洪武九年(丙辰; 1376)禮臣奏禮記一獻三獻五獻七獻之文皆不再拜禮唐宋郊祀每節行禮皆再拜然亞獻終獻天子不行禮而使臣下行之今議大祀中祀自迎神至飮福送神宜各行再拜禮帝命節爲十二拜迎神飮福受胙送神各四拜云

▶3964◀ ◈問; 석전(釋奠)에 관한 의문입니다.

안녕하제요. 친구 집에 왔다가 같이 pc 방에 들려 놀다 생각이나 질문을 드립니다.

釋奠하면 공자 제사를 의미하게 됩니다. 그런데 釋자에는 공자제사라는 의미는 없고 釋가모니에 쓰이는 글자입니다. 그 글자를 공자 제 사명으로 사용한다는 것이 아이러니하여 이 책 저 책 뒤적이고 이 사람 저 사람에게 물어봐도 시원한 답을 얻지 못하였습니다. 물론 증거로 확인이 되어야 분명하지 않겠습니까.

요즘은 성균관에 여러 선생님들이 많은 문제를 풀어주고 계시니 더욱 고민이 풀릴 것으로 사료됩니다. 많은 지도편달 있으시기 바랍니다. 감사합니다.

◈答; 석전(釋奠).

아래와 같이 살펴보건대 석가모니(釋迦牟尼) 생존(生存) 년대(年代)는 B.C 623~544인데 비해 그 수백(數百) 년(年) 전(前)에 이미 주(周. B.C 1046~B.C 771) 나라 때에는 우(虞), 하(夏), 상(商), 주(周) 사대(四代)의 학궁(學宮)을 세우고서 각각 순(舜), 우(禹), 탕(湯), 문왕(文王)을 선성(先聖)으로 삼아 제사하였고,

후한(後漢) 명제(明帝) 때에 비로소 주공(周公)을 선성(先聖)으로 삼고 공부자(孔夫子)를 선사(先師)로 배향(配享)하였으며, 위(魏) 나라 정시(正始)(曹芳의 年號) 때부터 수(隋) 나라 대업(大業)(煬帝의 年號)까지는 모두 공부자(孔夫子)를 선성(先聖)으로 삼고 안자(顔子)를 선사(先師)로 배향(配享)하였다. 그러다가 당(唐) 나라 고조(高祖) 때 이를 고쳐 주공(周公)으로 선성(先聖)을 삼고 공부자(孔夫子)를 선사(先師)로 배향(配享)하다가,

태종(太宗) 정관십(貞觀十)(A.D 636)년(年)에 와서 공부자(孔夫子)를 선성(先聖)으로 삼고 안자(顔子)를 선사(先師)로 배향(配享)하였고 그 후 배향(配享)과 종향(從享)이 증가(增加) 오늘에 이르게 되었으니 석가여래(釋迦如來)가 나타나기 전(前) 3.4백여 년 전(前)에 이미 석전(釋奠)의 제도(制度)가 행하여 졌으니 석가여래(釋迦如來)와 석전(釋奠)은 무관(無關)한 관계입니다.

석전(釋奠)의 석(釋)의 의미는 벌여 놓다. 베풀어 놓다. 진설하다. 불교(佛敎)의 교주(敎主)의 범성(梵姓)이 석가(釋迦)임.

●弘齋全書卷經史講義四大學一;學記曰大學始敎皮弁祭菜示敬道也文王世子曰凡始立學者必釋奠于先聖先師觀於此二說則上古已有釋奠之名可以知已後世雖以孔子爲腏食之主而孔子以前以爲先聖先師而釋奠之者誰也鼎修對上古所祀各以當時所宗之聖人故周有天下立四代之學而虞庠以舜爲先聖夏學以禹爲先聖殷學以湯爲先聖東膠以文王爲先聖是也試官鄭志儉問時秀以先聖先師之同異時秀答以同是不然先師者凡一藝之師禮之高堂生樂之制氏詩之毛公書之伏生是也所謂敎育人才者沒而祭之瞽宗也先聖者堯舜禹湯文武周公孔子是也如周以周公爲先聖魯以孔子爲先聖而其國無聖則借他國之聖人以祭之所謂釋奠必有合也故後漢明帝以周公爲聖孔子爲師而先儒以爲非禮唐武德初詔以孔子爲先師而太宗急用房玄齡之議釐正之皇朝張璁議以夫子爲先聖先師而識者譏之先聖先師豈容混稱耶此則講員似未及考也此序以虛無寂滅爲異端之學而吾儒亦有虛靈不昧寂然不動靜虛動直無適無莫之說同一虛寂而吾儒

●人名辭典(梵名)釋迦牟尼(sakyamuni)(本名)瞿曇悉達多(Gotama Siddhartha) B.C 623~544

●無名子集井上閒話漢高帝過魯以太牢祀孔子; 唐武德 (A.D 618~624) 中釋奠於太學以周公爲先聖孔子配享貞觀十(A.D 636)房玄齡議停祭周公以孔子爲先聖顔子配享開元二十七年追謚孔子爲文宣王釋奠用宮懸贈弟子爲公侯伯宋朱子竹林精舍成率諸生行舍菜禮于先聖先師每晨起深衣方履拜先聖此以義起者也元武宗時加號孔子爲大成至聖文宣王而至今因之夫旣謂之先聖先師則所以尊聖者至矣盡矣

●文王世子; 凡學春夏釋奠於其先師秋冬亦如之凡始立學者必釋奠於先聖先師及行事必以幣 (鄭玄注)釋奠者設薦饌酌奠而已無迎尸以下之事天子命之敎始立學官者也先聖周公若孔子 (孔穎達疏)釋奠直奠置於物無食飮酬酢之事故云設薦饌酌奠而已無迎尸以下之事釋奠所以無尸者以其主於行禮非報功也

●高僧傳義解釋道安; 初魏晉沙門依師爲姓故姓各不同安以爲大師之本莫尊釋迦乃以釋命氏按僧尼稱釋自此始

▶3965◀◈問; 생활예절상담방은 무엇하는곳인지요.

여기 들어와 처음부터 끝까지 훑어 본 결과 눈을 의심하지 않을 수가 없어 아래와 같이 질문을 드립니다. 가능하시면 성균관의 답변을 듣고 싶으며 다른 분들도 좋은 말씀이 계시면 덧붙여 주시면 감사하겠습니다.

1. 성균관은 무엇하는 곳이며 왜 존재하여야 하는지요.
2. 이 생활예절상담 방은 무엇하는 곳인지요.
3. 예란 무엇이며 예를 지켜야 하는 이유는 왜인지요.
4. 仁 義 禮 智란 무슨 뜻인지요.

◈答; 생활예절상담방은.

◆問 1 答; 지금의 성균관(成均館)은 석전대제를 봉행하고 유림의 결집과 한국 유학의 건재를 나타내기 위하여는 존재할 가치가 있습니다.

●周禮春官宗伯禮官之職春官宗伯下大司樂; 掌成均之灋以治建國之學政而合國之子弟焉(注)鄭司農云均調也樂師主調其音大司樂主受此成事已調之樂玄謂董仲舒云成均五帝之學成均之灋者其遺禮可灋者國之子弟公卿大夫之子弟當學者謂之國子文王世子曰於成均以及取爵於上尊焉則周人立此學之宮

●禮記文王世子;三而一有焉乃進其等以其序謂之郊人遠之於成均以及取爵於上尊也鄭玄注薰仲舒曰五帝名大學曰成均

●新唐書百官志三;垂拱元年改國子監曰成均監○[國子監]掌儒學訓導之政總國子太學廣文四門律書算凡七學

●東典考官職成均館;新羅國學大學監(備考)高麗國子監改國學成均館尋改監爲館(上仝)太祖仍置成均館掌儒生敎誨之任用文官其屬正錄廳附焉

●春官通考吉禮成均館;太祖六年丁丑建成均館于文廟傍○世祖二年丁丑敎曰成均館養育人才予承大亂之後庶務紛糾未暇興學育才今後每月季錄書生所讀書以聞予將親講焉又以諸生難得書籍命梁誠之錄藝文館所藏書籍以次刊行

●經國大典(世祖命撰) 吏曹 [成均館] 掌儒學敎誨之任

●典錄通考(肅宗命撰.) 吏曹 [成均館] 掌敎誨儒生

●國朝搢紳案(正祖) 內篇 [成均館] 掌儒學敎誨之任

●大典通編(王命撰) 吏曹 [成均館] 掌儒學敎誨之任

◆問 2 答; 유학인의 생활에서 갖추고 있어야 할 예법에서 모르거나 의심된 예절이 있다면 묻고 질문에 답하여 의문을 풀어주는 곳입니다.

●禮記儒行; 禮節者仁之貌也言談者仁之文也(孔穎達疏)言禮儀撙節是仁儒之外貌言語談說是仁儒之文章也

●漢書董仲舒傳;知仁誼然後重禮節重禮節然後安處善安處善然後樂循理樂循理然後謂之君子

●文心雕龍對禪; 陳思魏德假論客主問答迂緩且已千言勞深勣寡飈皺缺焉(註)問答質問和回答

●春秋左傳襄公十二年; 靈王求后于齊齊侯問對於晏桓子桓子對曰先王之禮辭有之(辭源註)問對一問一答

◆問 3 答; 예(禮)란 경신(敬神)과 인간의 사회생활에 있어서 풍속 습관 의 행동준칙과 도덕규범 각종 예절의 총칭이며 사회생활에서 사람 간에 무례함을 피하기 위하여 반드시 지켜야 할 이유가 됩니다.

●儀禮覲禮; 禮日於南門外禮月與四瀆於北門外禮山川丘陵於西門外祭天燔柴祭山丘陵升祭川沉祭地瘗

●晏子春秋諫上二; 凡人之所以貴於禽獸者以有禮也故詩曰人而無禮胡不遄死禮不可無也人之所以貴于禽獸者以有禮也嬰聞之人君無禮無以臨其邦大夫無禮官吏不恭父子無禮其家必凶兄弟無禮不能久同詩曰人而無禮胡不遄死故禮不可去也

◆**問 4 答;** ○인(仁); 상호(相互) 친애(親愛). 측은지심(惻隱之心) 인지단야(仁之端也). ○의(義); 부합(符合) 정의(正義). 또 도덕규범(道德規範). 수오지심(羞惡之心) 의지단야(義之端也). ○예(禮); 경신(敬神). 풍속 습관의 행동준칙과 도덕규범 각종 예절. 사양지심(辭讓之心) 예지단야(禮之端也). ○지(智); 지혜(智慧) 총명(聰明). 지사(智士). 시비지심(是非之心) 지지단야(智之端也).

●論語(朱熹集註)爲政篇; 子張問十世可知也子曰殷因於夏禮所損益可知也(朱註)馬氏曰所因謂三綱五常所損益謂文質三統愚按三綱謂君爲臣綱父爲子綱夫爲妻綱五常謂仁義禮智信
●白虎通情性; 五常者何謂仁義禮智信也仁者不忍也施生愛人也義者宜也斷決得中也禮者履也履道成文也智者知也獨見前聞不惑於事見微者也信者誠也專一不移也故人生而應八卦之體得五氣以爲常仁義禮智信是也
●孟子集註大全告子章句上; 惻隱之心人皆有之羞惡之心人皆有之恭敬之心人皆有之是非之心人皆有之惻隱之心仁也羞惡之心義也恭敬之心禮也是非之心智也
●孟子集註大全公孫丑上章句上凡九章; 無惻隱之心非人也無羞惡之心非人也無辭讓之心非人也無是非之心非人也.惻隱之心仁之端也羞惡之心義之端也辭讓之心禮之端也是非之心智之端也人之有是四端也猶其有四體也有是四端而自謂不能者自賊者也
●賢良策一; 夫仁義禮智信五常之道王者所當修飭也五者修
●禮記註疏喪服四制; 恩者仁也理者義也節者禮也權者知也仁義禮知人道具矣

▶3966◀◈問; 성균관은 언제 어떻게 지금의 성균관이 되였나요?

저는 중 2 입니다. 여기 들어와 보니 세상이 새삼스럽게 느껴지거든요. 먼저 아래가 알고 싶어요.

1. 성균관은 언제 어떻게 지금의 성균관이 되었나요?
2. 辰. 이 글자는 어떻게 읽어야 하나요?
3. 절도 여러 가지가 있다는데요 알려주세요.
오늘은 이것만요.

◈答; 성균관은 언제 어떻게 지금의 성균관이 되였나.

問 1.答; 성균관(成均館).

주(周)나라의 통치제도는 육관(六官)으로 이뤄져 있는데 대사악(大司樂)은 육관(六官) 중 춘관(春官)에 소속(所屬)되어 제사(祭祀)나 조빙(朝聘) 등의 예(禮)에 풍악(風樂)을 울려주는 그룹인데 풍악(風樂)을 울리려면 먼저 악기(樂器)의 현(玄) 등을 조율(調律)하여 음률(音律)의 불협화음(不協和音) 없이 울려야 하는 까닭에 사전 조율(調律)이 필수인데 그 조율과정(調律課程)과(均調也) 조율(調律)하여 오류(誤謬) 없이 풍악(風樂)을 울리는 그 과정이(成事) 미숙자(未熟者)들을 교육(敎育)시켜 나라를 다스리는 인재(人材)로 키워 놓는다는 의미와 상통(相通)되어 성균(成均)은 나라에서 설치한 최고학부(最高學府)의 명(名)으로 사용하게 되었다 합니다.

우리나라가 그 제도를 도입하면서 고려(高麗)에서 감(監)을 관(館)으로 고쳐 성균관(成均館)이 되어, 조선(朝鮮)으로 들어와 한양(漢陽)에 도읍(都邑)하면서 명륜당(明倫堂) 곁에 세워저 유생(儒生)을 교육(敎育) 인재(人才) 양성을 하였던 국립(國立) 최고학부(最高學部)였습니다.

성균관(成均館)이란 이상과 같이 유학(儒學)의 전문(專門) 인재(人才)를 양성(養成)하였던 지금은 폐관(閉館)된 국립대학(國立大學)이였습니다.

●周禮春官宗伯禮官之職春官宗伯下大司樂; 掌成均之灋以治建國之學政而合國之子弟焉(注)鄭司農云均調也樂師主調其音大司樂主受此成事已調之樂玄謂董仲舒云成均五帝之學成均之灋者其遺禮可灋者國之子弟公卿大夫之子弟當學者謂之國子文王世子曰於成均以及取爵於上尊焉則周人

立此學之宮

●國語周上;宣王欲得國子之能導訓諸侯者

●漢書禮樂志上;國子者卿大夫之子弟也

●周禮地官師氏;以三德教國子鄭玄注國子公卿大夫之子弟

●周禮春官樂師;掌國學之政以教國子小舞

●晉書職官志;及咸寧四年武帝初立國子學定置國子祭酒博士各一人助敎十五人以教生徒

●禮記文王世子;三而一有焉乃進其等以其序謂之郊人遠之於成均以及取爵於上尊也鄭玄注薰仲舒曰五帝名大學曰成均

●新唐書百官志三;垂拱元年改國子監曰成均監○[國子監]掌儒學訓導之政總國子太學廣文四門律書算凡七學

●東典考官職成均館;新羅國學大學監(備考)高麗國子監改國學成均館尋改監爲館(上仝)太祖仍置成均館掌儒生教誨之任用文官其屬正錄廳附焉(上仝)

●春官通考吉禮成均館;太祖六年丁丑建成均館于文廟傍○世祖二年丁丑敎曰成均館養育人才予承大亂之後庶務紛糾未暇興學育才今後每月季錄書生所讀書以聞予將親講焉又以諸生難得書籍命梁誠之錄藝文館所藏書籍以次刊行

問 2. 答; 진(辰)의 음(音).

○강희자전(康熙字典); 【辰】 별 신. 별 선.

○辭源辰部【辰】 식린절(植鄰切)

○千字文 辰별진

○한한사전(漢韓辭典); 【辰】 별 신. 지지 진.

○국어사전(國語辭典); 진(辰) ①십이지(十二支)의 하나. ②진방. ③진시.

●康熙字典辰部 【辰】 古字 㞔 𠨑 㫳[唐韻]植鄰切[集韻][韻會][正韻]丞眞切並音晨[說文]辰震也三月陽氣動雷電振民農時也[釋名]辰伸也物皆伸舒而出也 又時也[書臯陶謨]撫于五辰[註]謂五行之時也 又日也[左傳成九年]浹辰之閒[註]自子至亥十二日也 又歲名[爾雅釋天]太歲在辰曰執徐 又三辰日月星也[左傳桓二年]三辰旂旗[註]日照晝月照夜星運行于天昏明遞匝民得取其時節故三者皆爲辰也 又日月合宿謂之辰[書堯典]歷象日月星辰[註]辰日月所交會之地也 又北辰天樞也[爾雅釋天]北極謂之北辰[註]北極天之中以正四時 又大辰星名[春秋昭十七年]有星孛于大辰[公羊傳]大辰者何大火也大火爲大辰伐爲大辰北辰亦爲大辰[註]大火謂心星伐爲參星大火與伐所以示民時之早晚天下所取正北辰北極天之中也故皆謂之大辰 又[爾雅釋訓]不辰不時也[詩大雅]我生不辰又[小雅]我辰安在 又叢辰術家名[史記日者傳叢辰註]猶今之以五行生尅擇日也 又[韻會]州名古沅陵郡隋置辰州以辰溪名 又叶時連切音禪[韓愈詩]吾懸日與月吾繫星與辰叶先韻

●辭源辰部【辰】chén 植鄰切, 平, 眞音, 禪.

●千字文 辰별진 宿잘숙 列벌릴렬 張베풀장

●大漢韓辭典(教學社) 辰部【辰】一①별 신②③④⑤⑥⑦⑧⑨⑩성 신 二지지 진(地支) [周禮春官碧族氏]十有二辰之號

●국어대사전(교육도서) ㅈ부 진(辰) ①십이지(十二支)의 하나. ②진방. ③진시.

問 3.答; 배법(拜法)에는 9 가지 절이 있습니다.

1.계수배(稽首拜); 신하가 임금께 올리는 절로 군사부일체(君師父一體)라 하였으니 임금뿐만 아니라 승승과 부모님(父行 以上)께도 올리는 절이 됩니다. 계수배법은 두 손은 공수(拱手法; 吉事는 尙左로 왼손을 오른손 등에대고, 凶事는 尙右로 오른손을 왼손 등에 댐)한 채로 양 무릎을 가지런하게 꿇고 바닥에 대고 이마를 앞으로 당겨 땅에 대고 오래 있다 일어나는 절로 하게 됩니다.계수배에는 읍의 예가 없습니다. 다만 일어나면서 공수를 풀지 않고 젖가슴 아래에 붙이고 다소곳이 머리를숙이고 앞으로 허리를 약간 굽혀 예를 표하고 허리를 펴 일배로 마치게 됩니다.

2.돈수배(頓首拜); 공수(拱手)로 땅에 대고 이마를 앞으로 당겨 땅에 대고 조아리고 일어남,.

3. 공수배(空首拜); 공수(拱手)로 땅에 대고 이마를 손등에 대는 절의 이름입니다.

공수법(拱手法)은 길사(吉事)는 상좌(尙左)로 외손을 오른손 등에 대고. 흉사(凶事)에는 상우(尙右)로 오른 손을 왼손 등에 댑니다.
4. 진동(振動); 손벽을치며몸을 흔들며 하는 절.
5. 길배(吉拜); 한 번 절하고 다시 계상배(극진(極盡)히 존경(尊敬)하여 이마가 땅에 닿도록 몸을 굽혀 절함)를 함.
6. 흉배(凶拜); 삼년상을 지내는 자가 이마를 땅에 대는 절.
7. 기배(奇拜); 한쪽 무릎은 먼저 꿇고 한번 하는 절.
8. 포배(褒拜); 재배(再拜), 즉 2 번 하는 절로 재물을 올릴 때 하는 절. 계수배 뒤에 하는 절로 생자에게는 재배를 하지 않음.
9. 숙배(肅拜); 여자의 큰절(肅拜). 여자의 큰절은 최고의 敬禮(경례)로 직계존속의 웃어른이나 스승, 결혼식 등 의례에서 하는 절.

◆구배(九拜) 중(中) 계수(稽首), 돈수(頓首), 공수(空首)는 남자의 정배(正拜)이고, 숙배(肅拜)는 부인(婦人)의 정배(正拜)임.

●周禮春官宗伯禮官之職大祝辨九拜
○一曰稽首(註)稽首拜頭至地也(疏)先以兩手拱至地又引頭至地多時也拜中最重臣拜君之拜
○二曰頓首(註)頓首拜頭叩地也(疏)先以兩手拱至地又引頭至地首頓地卽擧若以首叩物然此平敵相拜
○三曰空首(註)空首拜頭至首所謂拜手也(疏)先以兩手拱至地乃頭至手以其頭不至地故名空首君答臣拜)
○四曰振動(註)振動戰栗變動之拜
○五曰吉拜(註)吉拜拜而后稽顙謂齊衰不杖以下者言吉者此殷之凶拜周以其拜與頓首相近故謂之吉拜云
○六曰凶拜(註)凶拜稽顙而后拜謂三年服者杜子春云振讀爲振鐸之振動讀爲哀慟之慟奇讀爲奇偶之奇謂先屈一膝今雅拜是也或云奇讀曰倚倚拜謂持節持戟拜身倚之以拜鄭大夫云動讀爲董書亦或爲董振董以兩手相擊也(疏)稽顙是頓首但觸地無容
○七曰奇拜(註)奇拜謂一拜也褒讀爲報報拜再拜是也
○八曰褒拜(註)鄭司農云褒拜今時持節拜是也
○九曰肅拜(註)肅拜但俯下手今時擅是也介者不拜故曰爲事故敢肅使者玄謂書曰王動色變一拜答臣下拜再拜拜神與尸享獻也謂朝獻饋獻也右讀爲侑侑勸尸食而拜(疏)肅拜拜中最輕惟軍中有此拜婦人亦以肅拜爲正推手曰揖引手曰擅九拜之中稽首頓首空首正拜也肅拜婦人之正拜也其餘五者附此四種遂事生名振動凶拜褒拜附稽首吉拜附頓首奇拜附空首

▶3967◀ ◈問; 상담.

古禮만을 고집하는 것은 시대를 거스르는 모순이다.
禮는 시대에 따라 변하는 可變의 것인데도 성균관을 내세우면서 고례만을 고집하는 사례가 있다. 옛날에도 "禮不泥古 因時制宜"라 하였다. 고례에만 얽매이지 말고 시대에 맞게 변해야 한다는 말이다. 禮學의 宗匠 沙溪선생도 "한낱 옛 법에 집착할 줄만 알고서 오늘의 시의 적절함을 헤아리지 못한다.(近思錄釋疑; 徒知滯泥於古法 而不度今時之所宜)"고 우려한 바 있다.

沙溪선생이 아니더라도 먼 옛날에 있었던, 나라도 다르고 풍습도 달랐던 중국의 孔子, 朱子를 盲從하는 것은 우리의 현실과 괴리가 있다. 공자도 "삼베로 짠 관을 쓰는 것이 禮인데, 지금은 실로 만들었으니 검소하다. 나도 여러 사람이 하는 대로 따르겠다.(論語子罕; 子曰 麻冕禮也 今也純儉 吾從衆)"고 했다. (2,500 년 전 孔子도) 실로 짠 면관이 禮는 아니라면서도, 時俗의 實用을 따랐다. 오늘날 시대에도 맞지 않고 실천하기도 어려운 옛것만을 무턱대고 고집할 일이 아니다.

◈答; 생활예절상담(生活禮節相談)

相談(상담)이란 日本(일본)의 言語(언어)로 日帝(일제)로부터 물려받은 外來語(외래어) 인데

立此學之宮
儒學(유학)에서 그와 類似(유사)한 單語(단어)는 問答(문답) 問對(문대)이다.

◆日語(일어)
●[相談]そうだん
●結婚けっこん相談そうだん所じょ
◆相談=問答 問對
●文心雕龍對禪; 陳思魏德假論客主問答迂緩且已千言勞深勣寡飈燄缺焉(註)問答質問和回答
●春秋左傳襄公十二年; 靈王求后于齊齊侯問對於晏桓子桓子對曰先王之禮辭有之(辭源註)問對一問一答

◆성균관(成均館)의 생활예절상담.

생활예절상담 창의 역할은 예절에 관한 의문이 있어 문의가 게시되면 질문 요지에 맞는 답을 부쳐주되 그 답이란 여기는 유학 단체이니 유학적 견지에서의 답이 작성됨은 당연지사다 그 답이 동문서답이거나 엉거주춤하다면 왜곡 전파의 폐해는 물론 한국 유학의 망신을 넘어 말로에 처해 있음을 입증케 된다. 까닭은 여기는 한국 유학의 대표기관인 성균관이니 그렇다.

예절(禮節)에 대한 문답(問答)이란 아래와 같이 살펴보지 않는다 하여도 여기는 성균관(成均館)이니 유가(儒家)의 예법에서 의심(疑心)되는 법도(法度)를 묻고 답하여 의문(疑問)을 풀고 풀어주기 위한 문답자와 상호 대면 소통이 이뤄지는 곳이다. 까닭에 이미 붙인 답이 오답이거나 완전하지 못하다면 오류의 전파를 막기 위하여 유림 누구든 유학적 전거에 의한 객관적으로 살펴 정답을 제시 바르게 잡아 주어야 한다.

●坊記子云夫禮者所以章疑別微以爲民坊者也[註]疑者惑而未決[疏]疑謂是非不決
●荀子修身篇故學也者禮法也夫師以身爲正儀而貴自安者也[註]效師之禮法以爲正儀如性之所安斯爲貴也禮或爲體
●詩經北山之什楚茨章獻酬交錯禮儀卒度[註]度法度也
●史記禮書至秦有天下悉內六國禮儀采擇其善
●左傳僖公傳三十年條以其無禮於晉(杜註文公亡過鄭鄭不禮之)且貳於楚也
●後漢書律歷志然後儀式備立司侯有準
●書經商書仲虺之誥篇好問則裕自用則小[註]好問則德尊而業廣自賢自用者反是謂之自得師者眞知己之不足人之有餘委心德順而無拂逆之謂也
●論語憲問章南宮适問(云云)禹稷躬稼而有天下夫子不答[註]孔子不答然适之言如此

특히 성균관(成均館) 임직원(任職員)은 더할 나위 없고 성균관(成均館) 온라인상(上)의 모든 창에서 활동하고자 하는 자(者) 모두는 장유학교회지임(掌儒學敎誨之任)의 명(命)을 어길 권리는 그 누구에게도 주워지지 않았다.

성균관(成均館)의 첫째 임무(任務)는 장유학교회지임(掌儒學敎誨之任)이다. 석전(釋奠)은 장유학교회지임(掌儒學敎誨之任)을 완수(完遂)하기 위한 행사(行祀)다

하인(何人)이라도 아래 책 중 단 일책(一冊)이라도 펴 성균인(成均人)의 임무(任務)가 장유학교회지임(掌儒學敎誨之任)을 살펴보았다며 그에 비낀 답은 상상도(想像圖) 못할 것이다.

유학(儒學)에 뜻이 있는 유자(儒者)라면 떨쳐 일어나 한국(韓國) 유학(儒學)의 진 면모(面貌)를 국내(國內)는 물론 세계(世界) 유학인(儒學人)들에게 보여줘야 되지 않겠는가? 아직 한국(韓國) 유학(儒學)은 건재(健在)하다고. 진정한 유자라면 정도를 비켜가서는 아니 된다.

●文王世子三而一有焉乃進其等以其序謂之郊人遠之於成均以及取爵於上尊也(鄭玄注)董仲舒曰五帝名大學曰成均(辭典註)后泛稱官設的最高學府
●周禮春官宗伯大司樂掌成均之法以治建國之學政而合國之子弟焉(鄭玄注)謂董仲舒云成均五帝之學(辭源注)古之大學後爲官設學校的泛稱

●晉書職官志;及咸寧四年武帝初立國子學定置國子祭酒博士各一人助教十五人以敎生徒
●大典會通吏典成均館; 掌儒學敎誨之任
●東典考官職成均館; ○新羅國學大學監(備考) ○高麗國子監改國學成均館尋改監爲館○太祖仍置成均館掌儒生敎誨之任用文官其屬正錄廳附焉○有大司成祭酒樂正直講典簿博士諄論博士進德博士學正學錄直學學諭以鄭道傳權近爲提調集四品以下及儒士講習經史
●法規類編學制門成均館經學科規則(開國五百五年七月日學部令第四號)(隆熙 2 년 1908 년)第二條 成均館經學科學生의課할學科目은三經四書(幷諺解)史書(左傳史記綱目續綱目明史等)本國史本國地誌萬國地理歷史作文算術로
●經國大典(世祖命撰. 1469) 吏曹 [成均館] 掌儒學敎誨之任
●典錄通考(肅宗命撰. 1707) 吏曹 [成均館] 掌敎誨儒生
●國朝搢紳案(正祖五年. 1782) 內篇 [成均館] 掌儒學敎誨之任
●大典通編(王命撰. 1785) 吏曹 [成均館] 掌儒學敎誨之任
●大典會通(高宗受命撰. 1865) 吏曹 [成均館] 掌儒學敎誨之任
●六典條例(高宗受命撰. 1866) 禮曹 [成均館] 掌儒學敎誨之任
● (校註)大典會通(總督府中樞院. 昭和十三年. 1938) 吏曹 [成均館] 掌儒學敎誨之任

◆유학이란 무슨 학문인가?

儒學(유학)이란 儒家(유가)의 經學(경학)으로. 經學(경학)이란 儒學(유학)의 經書(경서)인 四書五經(사서오경)을 硏究(연구)하는 學問(학문)인데 五經(오경)은 儒敎(유교)의 經典(경전)인 論語(논어), 孟子(맹자), 中庸(중용), 大學(대학)을 四書(사서)라 하고 다섯 가지 經書(경서)는 詩經(시경), 書經(서경), 周易(주역), 禮記(예기), 春秋(춘추)임.

●辭源口部二畫【四】[四書] 論語 大學 中庸 孟子
●白虎通五經; 五經何謂謂易尙書詩禮春秋也(漢典)五部儒家經典卽詩書易禮春秋

◆유학자가 갖춰야 할 태도와 덕목은 무엇인가?

卽五倫(즉오륜) 사람이 지켜야 할 다섯 가지의 떳떳한 道理(도리). 곧 父子(부자) 사이의 親愛(친애). 君臣(군신) 사이의 義理(의리), 夫婦(부부) 사이의 分別(분별), 長幼(장유) 사이의 次序(차서), 朋友(붕우) 사이의 信義(신의)를 지킴.

●輟耕彔御史五常; 人之所以讀書爲士君子者正欲爲五常主張也使我今日謝絶故舊是爲御史而無一常

◇仁愛相親(인애상친) 親族(친족)이나 가까운 이들끼리는 서로 어진 마음으로 사랑함.
●禮記中庸; 取人以身修身以道修道以仁(鄭玄注; 在於得賢人也)仁者人也親親爲大義者宜也

◇行惠施利以恩德濟助(행혜시리이은덕제조) 恩惠(은혜)를 施行(시행)하며 利益(이익)을 베풀고 恩惠(은혜)와 德(덕)으로서 도와 줌.
●新書道德說; 六者德之美也道者德之本也仁者德之出也義者德之理也忠者德之厚也信者德之固也密者德之高也○安利物者仁行也仁行出於德故曰仁者德之出也

◇适應順應(괄응순응) 부드럽게 對應(대응)함.
●墨子節葬下; 此所謂便其習而義其俗者也昔者越之東有輆沐之國者其長子生則解而食之則解而食之謂之宜弟其大父死負其大母而棄之曰鬼妻不可與居處

◇善良善良的行爲(선량선량적행위) 착하고 어질게 사람의 道德的(도덕적) 性質(성질)을 띤 意識的(의식적)인 행동을 함.
●書經皐陶謨; 彊而義彰厥有常吉哉(蔡沈集傳; 彊而義者彊勇而好義也而轉語辭也正言而反應者所以明其德之不偏皆指其成德之自然非以彼濟此之謂也彰著也成德著之於身而又始終有常其吉士矣哉

◇儀制法度(의제법도) 儀式(의식)과 制度(제도)와 生活(생활) 上(상)의 禮法(예법)과 制度(제도)대로 행함.

●左傳莊公二十三年夏; 朝以正班爵之義帥長幼之序(孔穎達疏; 朝以正班爵之等義也)
●周官大司徒; 以儀辨等則民不越鄭注曰儀謂君南面臣北面父坐子伏之屬故曰不敢亂者畏禮儀也古書仁義字本作誼禮儀字本作義

◇行爲準則道德規範禮節(행위준칙도덕규범예절) 사람이 行(행)하는 짓에서 標準(표준)으로
삼아 따라야 할 規則(규칙)과 사람으로서 지켜야 할 道理(도리)에 본보기가 될 만한 制度(제도), 規模(규모), 禮儀(예의)에 關(관)한 모든 秩序(질서)나 節次(절차)를 따름.
●論語子罕; 博我以文約我以禮(朱熹註);博我以文致知格物也約我以禮克己復禮也

◇禮遇厚待(예우후대) 禮待(예대). 禮(예)를 갖추어 鄭重(정중)하게 待遇(대우)함.
●禮記月令; 季春之月聘名士禮賢者(漢鄭注; 名士不仕者)(孔穎達疏; 正義曰蔡氏云賢者名士之次亦隱者也)

◇莊嚴有威儀(장엄유위의) 規模(규모)가 크고 嚴肅(엄숙)함. 무게가 있어 畏敬(외경)할 만한 擧動(거동)에는 禮法(예법)에 合當(합당)한 몸가짐을 가져야 함.
●禮記內則; 禮帥初無辭(漢鄭氏注; 無辭辭謂欽有帥記有威也)(孔穎達疏; 禮帥初無辭者禮謂威儀也)

◇表明明确(표명명학) 있는 대로 드러내 보여 明確(명확)하게 함.
●左傳定公八年; 王孫賈趨進曰盟以信禮也(杜預注; 信猶明也)有如衛君其敢不唯禮是事而受此盟也

◇信從相信(신종상신) 믿고 따라 좇음은 서로 믿음에서다.
●書經湯誓; 爾尙輔予一人致天之罰爾無不信朕不食言爾不從誓言予則孥戮汝罔有攸赦

◇知道料到(지도료도) 잘 알고 미리 내다봄.
●淮南子汎論訓; 及其爲天子三公而立爲諸侯賢相及始信於

◆德目(덕목); 오상(五常)인 인(仁), 의(義),예(禮),지(智),신(信)은 儒者(유자)가 갖춰야할 다섯 가지 基本(기본) 德目(덕목)임.
○인(仁); 측은지심(惻隱之心)으로, 불쌍한 것을 보면 가엾게 여겨 情(정)을 나누고자 하는 마음.

○의(義); 수오지심 (羞惡之心)으로 不義(불의)를 부끄러워 하고 惡(악)한 것은 미워하는 마음.

○예(禮); 사양지심 (辭讓之心)으로 自身(자신)을 낮추고 謙遜(겸손)해야 하며 남을 위해 辭讓(사양)하고 配慮(배려)할 줄 아는 마음.

○지(智); 시비지심 (是非之心)으로 옳고 그름을 가릴 줄 아는 마음.

○신(信); 광명지심 (光名之心)으로 중심을 잡고 恒常(항상) 가운데 바르게 位置(위치)해 밝은 빛을 냄으로써 믿음을 주는 마음.

●論語(朱熹集註)爲政篇; 子張問十世可知也子曰殷因於夏禮所損益可知也(朱註)馬氏曰所因謂三綱五常所損益謂文質三統愚按三綱謂君爲臣綱父爲子綱夫爲妻綱五常謂仁義禮智信
●白虎通情性; 五常者何謂仁義禮智信也仁者不忍也施生愛人也義者宜也斷決得中也禮者履也履道成文也智者知也獨見前聞不惑於事見微者也信者誠也專一不移也故人生而應八卦之體得五氣以爲常仁義禮智信是也
●孟子集註大全告子章句上; 惻隱之心人皆有之羞惡之心人皆有之恭敬之心人皆有之是非之心人皆有之惻隱之心仁也羞惡之心義也恭敬之心禮也是非之心智也
●孟子集註大全公孫丑上章句上凡九章; 無惻隱之心非人也無羞惡之心非人也無辭讓之心非人也無是非之心非人也.惻隱之心仁之端也羞惡之心義之端也辭讓之心禮之端也是非之心智之端也人之有是四端也猶其有四體也有是四端而自謂不能者自賊者也

●賢良策一; 夫仁義禮智信五常之道王者所當修飭也五者修

◆여기는 유교(儒敎)의 전당(殿堂) 성균관(成均館)이다.

○유교도(儒敎徒)는 유사(儒師)와 유도(儒徒)로 구분된다.
○유사(儒師)는 스승으로 가르침을 감당할 수 있는 학자(學者)요.
○유도(儒徒)는 가르침을 받아야 하는 일반 유교인(儒敎人; 平信徒)을 말한다.
○불교(佛敎)는 불경(佛經)을 벗어나 염불(念佛)이나 불자(佛者) 지도에 세속(世俗)으로 가르칠 수 없고,
○기독교(基督敎)는 신구약(新舊約) 성서(聖書)를 벗어나 설교(說敎)할 수 없듯이,
○유교(儒敎) 역시 경서(經書)등 유서(儒書)를 벗어나 가르칠 수 없는 것. 상식 중 상식이며 학문하는 진리다.

●北朝魏楊衒之洛陽伽藍記三城南景明寺名僧德衆負錫爲羣信徒法侶持花成藪註信仰宗敎的人
●後漢書三十五鄭玄傳家貧客耕東萊學徒相隨已數百千人○又靈帝紀(光和元年)始置鴻都門學生注鴻都門名也於內置學時其中諸生(中略)至千人焉
●顏之推顏氏家訓勉學元帝在江荊間復所愛習召置學生親爲敎授
●莊子刻意語仁義忠信恭儉推讓爲修而已矣此平世之士敎誨之人遊居學者之所好也
●舊五代史史匡翰傳尤好春秋左氏傳每視政之暇延學者講說躬自執卷受業焉
●史記九七朱建傳沛公曰爲我謝之言我方以天下爲事未暇見儒人也
●續文獻通考學校四凡儒師之命於朝廷者曰敎授路府上州置之命於禮部及行省與宣慰司者曰學正山長學錄敎諭州縣及書院置之
●儒家主張階級制度之害是少正卯之誅儒敎徒亦不敢意以爲是註信奉儒家學說的人
●韓非子詭使私學成群謂之師徒
●百喩經蛇頭尾共爭在前喩師徒弟子亦復如是言師者老每恒在前我諸年少應爲導首
●漢書藝文志左丘明恐弟子各安其意以失其眞故論本事而作傳明夫子不以空言說經也

▶3968◀ ◈問; 성균관의 주인은?

성균관(成均館)의 진짜 주인(主人)은 누구인지요.

◈答; 유자(儒者)

◆儒敎(유교)

●史記一二四朱家傳魯人皆以儒敎而朱家用俠聞後稱孔孟之道爲儒敎也叫孔敎
●晉書宣帝紀博學洽聞伏膺儒敎
●漢語大詞典[儒敎]又稱孔敎中國歷史上把孔子創立的儒家學波視同宗敎與佛敎道敎幷稱三敎○又[儒敎徒]信奉儒家學說的人
●漢書藝文志諸子略稱儒家者流(中略)游文於六經之中留意於仁義之際祖述堯舜憲章文武宗師仲尼以重其言於道最爲高
●氣測體義推師道測君道條凡天下之敎有四自中南東三印度而緬甸暹羅而西藏而靑海漢南北蒙古皆佛敎自西印度之包社阿丹而西之利未亞洲而東之蔥嶺左右哈薩克布魯特諸游牧而天山南路諸城郭皆天方敎自大西洋之歐邏巴各國外大西洋之彌利堅各國皆天主敎與中國安南朝鮮日本之儒敎
●晉書阮籍傳老篇爰植孔敎提衡○又宣帝紀伏膺儒敎漢末大亂常慨然有憂天下心
●辭源孔敎孔子的敎導後來把孔子的學說作爲敎派與道佛並稱
●漢書藝文志儒家者流(中略)游文於六經之中留意於仁義之際祖述堯舜憲章文武宗師仲尼
●梁書儒林傳序魏晉浮蕩儒敎淪歇風節罔樹抑此之由
●文心雕龍奏启必使理有典刑辭有風軌總法家之式秉儒家之文
●辭源儒敎後稱孔孟之道爲儒敎也叫孔敎註指以儒家學說敎人
●甌北詩(趙翼五言古三書孔敎所到處無不有佛敎佛敎所到處孔敎或不到
●史記五宗世家河間獻王德好儒學被服造次必於儒者
●後漢書方術傳上李郃父頡以儒學稱官至博士註儒學爲儒家之學
●論衡超奇篇故夫能說一經者爲儒生博覽古今者爲通人
●列子周穆王魯有儒生自媒能治之

●墨子非儒下今孔某之行如此儒士則可以疑矣
●尙書序漢室能興開設學校旁求儒雅以闡大猷(註)儒雅博學的儒士
●續文獻通考學校四凡儒師之命於朝廷者曰敎授路府上州置之命於禮部及行省與宣慰司者曰學正山長學錄敎諭州縣及書院置之
●朝鮮儒敎淵源吾東與齊魯來往頻繁則孔氏之徒爲傳道而來至新羅高句麗百濟之代始尙神敎自佛敎傳人釋敎盛行孔子之敎(下略)註按薛聰乃高僧元曉之子也元曉以佛敎之祖師稱其所著金剛論等書皆傳之至今薛聰以儒敎爲世師宗(云云)
●高麗史節要成宗文懿大王壬午元年六月條行釋敎者修身之本行儒敎者理國之源修身是來生之資理國乃今日之務今日至近來生至遠舍近求遠不亦謬乎

◆儒學(유학)

●辭源辭源人部十四畫[儒學]儒家之學
●史記五宗世家; 孝景帝前二年用皇子爲河間王好儒學被服造次必於儒者山東諸儒多從之游二十六年卒(辭註)儒學儒家之學
●後漢書方術傳上李郃; 父頡以儒學稱官至博士(辭註)儒學儒家學說儒家經學

◆儒者(유자)

●荀子儒效篇儒者在本朝則美政在下位則美俗儒之爲人下如是矣
●墨子非儒下儒者曰君子必服古言然後仁今孔某之行如此儒士則可以疑矣
●漢書薛宣朱博傳恐負擧者恥辱儒士也稱儒生
●論衡超奇篇故夫能說一經者爲儒生博覽古今者爲通人(云云)故儒生過俗人通人勝儒生
●史記五宗世家篇河間獻王德以孝景帝前二年用皇子爲河間王好儒學被服造次必於儒者山東諸儒多從之游○又儒林列傳正義曰姚承云儒謂博士爲儒雅之林
●漢書藝文志儒家(諸子略稱)者流(云云)游文於六經之中留意於仁義之際祖述堯舜憲章文武宗師仲尼以重其言於道最爲高
●荀子全書儒效篇孫卿子曰儒者法先王隆禮義謹乎臣子而致貴其上者也○又儒者在本朝則美政在下位則美俗儒之爲人下如是矣王曰然則其爲人上何如孫卿曰其爲人上也
●辭源[儒士]信奉孔子學說的人 [儒家]秦漢以孔子爲宗師的學波 [儒林]***儒者之群
◆成均館(성균관)
●周禮春官宗伯禮官之職春官宗伯下大司樂; 掌成均之灋以治建國之學政而合國之子弟焉(注)鄭司農云均調也樂師主調其音大司樂主受此成事已調之樂玄謂董仲舒云成均五帝之學成均之灋者其遺禮可灋者國之子弟公卿大夫之子弟當學者謂之國子文王世子曰於成均以及取爵於上尊焉則周人立此學之宮
●文王世子; 三而一有焉乃進其等以其序謂之郊人遠之於成均以及取爵於上尊也(鄭玄注)董仲舒曰五帝名大學曰成均則虞庠近是也○正義曰董仲舒爲春秋繁露云成均爲五帝之學虞庠是舜學則成均五帝學也
●月令; 仲夏是月也命樂師修鞀鞞鼓均琴瑟管簫執干戚戈羽調竽笙竾簧飭鐘磬柷敔(註)修均至之言○正義曰修者修理舊物均者均平其聲執者操持營爲調者調和音曲飭者整頓器物故云治其器物習其事之言也
●春秋左傳宣公十二年; 武有七德我無一焉何以示子孫其爲先君宮告成事而已武非吾功也[林]告服鄭勝晉之成事於先君而已蓋古者出軍必載遷廟之主以行今作先君宮告成事謂祭告所載主于宮中而已築武軍以示子孫非吾之功業也
●史記高祖本紀好相人見高祖狀貌因重敬之引八坐蕭何曰劉季固多大言少成事高祖因狎侮諸客遂坐上坐
●孟子告子下; 曰交得見於鄒君可以假館願留而受業於門(註)假館而後受業又可見其求道之不篤(細註)慶源輔氏曰此亦是富貴者之習氣都未知那居無求安之味在
●新唐書百官志二: 弘文館學士掌詳正圖籍敎授生徒朝廷制度沿革禮儀輕重皆參議焉(註)武德四年置修文館于門下省九年改曰弘文館
●辭源戈部二畫 成 [成均]; 古之大學後爲官設學校的泛稱

●經國大典(世祖命撰. 1469) 吏曹 [成均館] 掌儒學敎誨之任
●典錄通考(肅宗命撰. 吏曹 [成均館] 掌敎誨儒生
●國朝搢紳案(正祖五年. 內篇 [成均館] 掌儒學敎誨之任
●大典通編(王命撰. 吏曹 [成均館] 掌儒學敎誨之任
●大典會通(高宗受命撰. 吏曹 [成均館] 掌儒學敎誨之任
●六典條例(高宗受命撰. 禮曹 [成均館] 掌儒學敎誨之任
● (校註)大典會通(總督府中樞院. 昭和十三年) 吏曹 [成均館] 掌儒學敎誨之任
●文王世子三而一有焉乃進其等以其序謂之郊人遠之於成均以及取爵於上尊也(鄭玄注)董仲舒曰五帝名大學曰成均(辭典註)后泛稱官設的最高學府
●周禮春官宗伯大司樂掌成均之法以治建國之學政而合國之子弟焉(鄭玄注)謂董仲舒云成均五帝之學(辭源注)古之大學後爲官設學校的泛稱
●國語周上;宣王欲得國子之能導訓諸侯者
●漢書禮樂志上;國子者卿大夫之子弟也
●晉書職官志;及咸寧四年武帝初立國子學定置國子祭酒博士各一人助敎十五人以敎生徒
●新唐書百官志三;垂拱元年改國子監曰成均監○[國子監]掌儒學訓導之政總國子太學廣文四門律書算凡七學
●春官通考吉禮成均館;太祖六年丁丑建成均館于文廟傍○世祖二年丁丑敎曰成均館養育人才予承大亂之後庶務紛糾未暇興學育才今後每月季錄書生所讀書以聞予將親講焉又以諸生難得書籍命梁誠之錄藝文館所藏書籍以次刊行
●東典考官職成均館;新羅國學大學監(備考)高麗國子監改國學成均館尋改監爲館(上仝)太祖仍置成均館掌儒生敎誨之任用文官其屬正錄廳附焉(上仝)
●法規類編學制門成均館經學科規則(開國五百五年七月日學部令第四號)(隆熙 2 년 1908 년) 第二條 成均館經學科學生의課할學科目은三經四書(幷諺解)史書(左傳史記綱目續綱目明史等)本國史本國地誌萬國地理歷史作文算術로홈. 但時宜를 因하야他經傳及史文을肄習함도可홈

▶3969◀◈問; 알묘와 순묘.

향교에서 謁廟의 절차(복식, 분정, 예찬, 홀기 등)가 있는지요. 향교에서 순묘는?

◈答; 알묘와 순묘.

答; 1. 알묘(謁廟) 향교(鄕校)나 서원(書院)의 정알례(正謁禮)의 예법은 태학지(太學志) 분향례(焚香禮)와 같으며 분향례(焚香禮)가 의미하듯 뢰주(酹酒) 헌주(獻酒) 없이 분향(焚香)뿐으로 마치게 됩니다. 복식과 분정. 홀기는 아래 전거문에 모두 포합되어 있습니다.

●太學志卷四王世子酌獻入學焚香; 每月朔望大司成具常服攀館官(註省略)及齋任生進四學齋生詣文廟焚香前一日廟司受香安于享官廳當日質明諸生具巾服出東三門外序立捧擧案守僕引齋任就次齋任差出奉香奉爐執禮各一人贊引以生進中曹司次出(註省略)又引館官序立贊引引獻官就位香至皆鞠躬祗迎贊引引獻官詣東末門外執禮先入獻官隨之仍入殿內焚香降復位皆四拜(註)大司成有故則以直講以上代行
●鄕校位次謁聖儀節; 謁者引詣盥洗位搢笏謁者引詣殿內神位前跪搢笏三上香執笏俯伏興平身引降復位鞠躬四拜平身闔門禮畢引出

◆정알홀기(正謁笏記)

○諸執事入就拜位○再拜○盥洗○各就位○謁者引獻官入就拜位○引詣盥洗位○盥洗○引詣神位前○跪○三上香○俯伏興○引降復位○獻官以下皆再拜○鞠躬○拜○興○拜○興○平身○謁者引初獻官以下以次出

答; 2. 향교에서 순묘는?

성균관(成均館)에서 알묘(謁廟)에 이어 순묘(巡廟)함이 예에 정함이니, 향교(鄕校) 역시 알묘를 마치고 순묘를 행하게 됩니다.

▶3970◀◈問; 왜 문묘에는 중앙 계단이 없는지?

그런데 대단히 죄송하지만 저가 이해를 못하여 왜 중앙 계단이 없는지 이유를 알 수 없습니다. 시간이 계시면 가르쳐 주시면 고맙겠습니다. 죄송합니다.

◈答; 왜 문묘에는 중앙 계단이 없는가.

궐리지(闕里誌) 묘제(廟制) 도삼(圖三)의 침전(寢殿)과 대성전(大成殿) 모두 삼계(三階; 西階 泰階 阼階)입니다. 그러나 국조오례의(國朝五禮儀) 서례상(序例上) 길례(吉禮) 단묘도설(壇廟圖說)에서는 태계(泰階)가 없는 양계(兩階; 西階 阼階) 즉 대부사서인(大夫士庶人)의 묘제도(廟制度)를 따랐습니다. 까닭은 삼계(三階)제도(制度)란 왕(王)의 묘제(廟制)인데 문선왕(文宣王)은 나라를 통치(統治)한 왕(王)이 아니고 시호(諡號)인 까닭에 근본(根本)이 백성(百姓)이라 백성(百姓)의 묘(廟) 제도(制度)를 따라 이계(二階)다. 라 이해되어야 할 것입니다. 다만 典據로 確認되지 않습니다.

▶3971◀◈問; 위패 매안.

금반 우리 향교에서 송조 4 현에서 2 현을 埋安하고자 하는데 埋安 방법을 모릅니다. 매안 절차와 방법을 알려주세요.

◈答; 향교 위패 매안.

문묘에 모신 위패는 위판, 패위, 판위, 령위 등등으로 불려지는데 가례의절에서 패위는 제사를 마치면 분지(焚之)라 하였으니 분지 함에는 별달리 고함이 없습니다. 그러하나 문묘나 사원 등의 예법은 대부사 예법이 아닌 국례가 적용되는 까닭에 민례를 차용하기에는 양 가치적 충돌이 있게 됩니다. 더욱이 배종향 되었던 선현의 퇴출은 당해 선현은 물론이오 그 가문의 모욕적일 수가 있는 까닭에 퇴출 매안 의식이 애초부터 전제되어 있지 않습니다. 따라서 본인은 공식적 퇴출 예법이 존재하는지의 여부를 알지 못합니다.
만약 문묘 위패 퇴출 예법이 존재하지 않는다면 지난날 성균관 문묘 서무동무 중국 현인 합 94(?)현을 일시에 퇴출(매안)한 적이 있습니다. 그 때 행하였던 예를 밝혀 따름이 全例를 벗어나지 않음이 되지 않을까 합니다.

●愧郯錄金版; 今郊祀天地祖宗正配位皆有金版書神位以金飾木爲之如匣之制稍高慱且表以字珂按典故政和六年六月甲戌宣和殿學士禮制局詳議官蔡攸言臣昨受睿言討論位版之制退攷太史局所掌見用位版皆無所稽據
●牡丹亭秘議; 生好一座寶殿哩怎生左邊這牌位上寫著杜小姐神王是那位女王淨是沒人題主哩
●說岳全傳第四十四回; 但見上邊坐着一位神道靑臉紅鬚牌位上寫着勅封東平王睢陽張公之位;
●冬儿姑娘; 她把人家家里神仙牌位一頓都砸了(註)牌位爲祭神或祭祀先人而設的一稱有底座的木牌
●性理大全(家禮同)四時祭質明奉主就位條(云云)諸考神主出就位(云云)諸妣神主亦如之○又祔祭詣祠堂奉神主出置于座條若喪主非宗子而與繼祖之宗異居則宗子爲告于祖而設虛位以祭祭訖除之
●家禮儀節(一名文公家禮儀節)先祖祭前一日設位陳器條(云云)其中用紙爲牌如神主(云云)無神主者作紙牌(云云)○又喪禮祔祭篇異居則宗子爲告于祖爲牌位而祭畢則焚之
●喪禮備要(申義慶; 1621)喪禮祔祭詣祠堂奉神主出置于座條若喪主非宗子而與繼祖之宗異居則宗子爲告于祖而設虛位(用紙榜)以祭祭訖除之
●家禮考證位牌條宋以前士大夫家只用牌子
●朱子曰江都集禮晉荀勗祠制云祭板皆正側長一尺二分博四寸厚五分以八分大書某人神坐
●事物紀位版條宋朝會要曰上封者言郊立天地神位版位成貯以漆匣舁床覆以黃謙帕壇上四位
●要解牌子條形如木主不判前後不爲陷中及兩竅不爲櫝也

◎아래는 대부사서인들의 친진조 매안 예법입니다.

●家禮埋安條; 奉遷主埋于墓側(備要移此埋主一節于吉祭)
●問祧主朱子曰天子諸侯有太廟夾室則祧主藏於其中今士人家無此祧主無可置處禮記說藏於兩階間今不得已只埋於墓所

●李繼善問曰納主之儀禮經未見書儀但言遷祠版匣於影堂別無祭告之禮周舜弼以爲昧然歸匣恐未爲得先生前云諸侯三年喪畢皆有祭但其禮亡而大夫以下又不可考然則今當何所據耶曰橫渠說三年後祫祭於太廟因其告祭畢還主之時遂奉祧主歸於夾室遷主新主皆歸于其廟此似爲得禮鄭氏周禮註大宗伯享先王處似亦有此意而舜弼所疑與熹所謂三年喪畢有祭者似亦暗與之合但旣祥而徹几筵其主且當祔于祖父之廟俟祫畢然後遷耳

●楊氏復曰家禮祔與遷皆祥祭一時之事前期一日以酒果告訖改題遞遷而西虛東一龕以俟新主厥明祥祭畢奉神主入于祠堂又按先生與學者書則祔與遷是兩項事旣祥而徹几筵其主且當祔于祖父之廟俟三年喪畢合祭而後遷蓋世次迭遷昭穆繼序其事至重豈可無祭告禮但以酒果告遽行迭遷乎在禮喪三年不祭故橫渠說三年喪畢祫祭於太廟因其祭畢還主之時迭遷神主用意婉轉此爲得禮而先生從之或者又以大祥除喪而新主未得祔廟爲疑竊嘗思之新主所以未遷廟者正爲體亡者尊敬祖考之意祖考未有祭告豈敢遽遷也况禮辨昭穆孫必祔祖凡合祭時孫常祔祖今以新主且祔於祖父之廟有何所疑當俟吉(吉一作告)祭前一夕以薦告遷主畢乃題神主厥明合祭畢奉祧主埋於墓所奉遷主新主各歸于廟故並述其說以俟參考

●高氏告祔遷祝文曰年月日孝曾孫某罪積不滅歲及免喪世次迭遷昭穆繼序先王制禮不敢不至

●尤菴曰祧主埋於本墓之右邊旣掘坎以木匣先安於坎中然後以主櫝安于木匣中子孫皆再拜而辭畢閉匣門而掩土堅築後加以莎草或云盛以瓷缸則不朽或云瓷缸入水則永無乾時不若木匣之爲善云矣

●問埋主時似當有告墓之節尤菴曰以酒果告之似宜

●祭法馬氏註曰天子之廟七而其功德之大則數有加焉諸侯五世而已雖有功德而數不增先王之禮如此也王制太祖無可毁之理爲有功德者言之祭法祖有可毁之理爲無功德者言之

●五禮儀若有親盡之祖始爲功臣而百世不遷者則代數之外別立一龕祭之

●旅軒曰不遷之位豈可並數於四代乎旣有國令雖祀五代無害

●南溪曰沙溪以爲高祖當出旅軒以爲旣有國令雖祀五代無害尤庵以爲立高祖廟於墓所未必皆當其疑於僭者在龕而不在世欲倣古禮官師一廟祖禰共享之義以處之

●尤庵答李選曰貴宗兩大君一功臣俱是不遷之位又奉四親則祭七世也若從家禮藏廟之儀則俱爲不遷之位而雖十功臣亦無所礙矣

●類編曰今人之僭在於祭四代若革此不祭則其當祭之始祖何疑之有雖有數世勳臣自是國制然也祭之而已

●大傳所云別子爲祖(註)諸侯之庶子別爲始祖也又若始來在此國者後世亦以爲祖

●陳氏曰別子有三一是諸侯適子之弟別於正適二是異姓公子來自他國別於本國不來者三是庶姓之起於是邦爲卿大夫別於不仕者皆稱別子

●南溪曰宗廟配享文廟從祀之人其主不遷云者似因圃隱神版事以致訛傳盖古今配從甚多而未聞有果如此言者

●明齋曰非功臣則雖享於祠院不可不遷於廟也子孫以祖先之有德業而私自不祧近於世室無乃僭耶又曰如從祀文廟不敢遷禮無所據法無其文

●五禮通考方氏觀承曰先世有德行道藝雖爵位不顯是亦古之鄉先生沒而可祭於社者而子孫豈不可以俎豆終古也耶然而此恐臆斷而無古禮可據矣

⊙奉遷主埋于墓側儀禮節次(봉천주매우묘측의례절차)

補祥祭後陳器具饌如朔日之儀用卓子陳廳事上質明主人奉安親盡之主于卓子上

序立(如常儀)○參神○鞠躬拜興拜興拜興拜興平身○降神○盥洗○詣香案前○跪○上香○酹酒○俯伏興拜興拜興平身○主人斟酒○主婦點茶(畢並立)○鞠躬拜興拜興平身○主婦復位○跪○讀祝○俯伏興拜興拜興平身○復位○辭神○鞠躬拜興拜興拜興拜興平身○焚祝文○送主(執事者用盤盛主捧之主人自送至墓側)○埋主(祝埋畢始回)

儀節按楊氏附註引朱子他日與學者書旣祥而徹几筵其主且當附于祖父之廟俟三年喪畢合祭而後遷蓋有取於橫渠祫祭後奉祧主於夾室之說也而楊氏亦云俟吉祭前一夕以薦告遷主畢乃題神主厥明今祭畢奉神主埋於墓所奉遷主新主各歸于廟夫所謂合祭者卽橫渠所謂祫祭也家禮時祭之外未嘗合祭若卽是時祭又不知設新主位于何所今不敢從且依家禮爲此儀節庶幾不失云

◈送主告辭式(송주고사식)

維 歲次干支幾月干支朔幾日干支五代孫某敢昭告于 顯五代祖考某官府君 顯五代祖妣某封某氏古人制禮祀止四代心雖無窮分則有限神主當祧不勝感愴謹以酒果百拜告辭(本龕有祔

位則此下云某親某官府君某親某封某氏神主亦當並埋)尙饗

⊙埋主將遷告辭(매주장천고사)(同春曰凡埋主旣納主櫃中將加盖諸子孫皆拜拜以辭可也○屛溪曰埋主兩階間宋時已不行矣吾東先儒皆埋壠尾右臨埋設殷奠於墓前告以感愴之意得矣)

維 歲次干支幾月干支朔幾日干支五代孫(承重稱六代孫)某敢昭告于 顯五代祖考某官府君顯五代祖妣某封某氏先王制禮追遠有限今將永遷不勝感愴謹以酒果用伸虔告謹告(若從南溪說則將遷時不設酒果只告曰今奉主就轝敢告若不用轝則曰今奉主往于墓所敢告)

⊙將埋時告墓祝辭(장매시고묘축사)(存齋曰奉祧主至墓所不開櫝置墓右設奠墓前告)

維 歲次干支幾月干支朔幾日干支五代孫(承重稱六代孫)某敢昭告于 顯五代祖考某官府君顯五代祖妣某封某氏之墓神主永祧恭奉埋安于兆右不勝感愴謹以淸酌脯醢百拜告由(告畢奉櫝臥置櫃中別用木片松或栗高一寸四分周尺爲枕支之使主面平仰加盖覆土)

◆親盡主埋主時告山神祝文(친진주매주시고산신축문)

維 歲次干支幾月干支朔幾日干支某官姓名敢昭告于 土地之神今以五代祖考親盡神主埋安依仰神休永言無斁謹以淸酌脯果祗薦于神尙 饗

●楊氏復曰始祖親盡則墓所而不埋墓所必有祠堂以奉墓祭

●宋史禮志九今太祖受命開基太宗纘承大寶則百世不祧之廟矣

●大典始爲功臣者代雖盡不遷別立一室

●國朝五禮儀始爲功臣而百世不遷者則代數三代外別立一龕祭之

●問有不遷之位則高祖當遞遷或特設不遷位於四龕外否沙溪曰四龕外又特設則五龕也乃全用諸侯之禮僭不可爲也吾宗家五代祖乃不遷之位故四代祖雖未代盡出安別室耳

●明齋曰國法始爲功臣者爲不遷之位非功臣則雖享於祠院不可不遷於廟也子孫以祖先之有德業而私自不祧無乃或涉於僭也

●唐元陸儀注祔廟之後禮官帥腰輿詣廟門南幄下大祝捧桑木主幷匱置于輿遂自廟門南西偏門舁入詣廟殿北簾下兩階間將作先具鍬钁穿坎方深令可容木主匱遂埋而退

●朱子曰古人埋桑主於兩階間今則只得埋於墓所

●芝村曰先生初以埋于兩階間爲註下文又曰埋于墓側豈失於照管未及修正處耶

●公羊傳虞主用桑練主用栗註練祭埋虞主於兩階之間易用栗

●尤菴曰祧主埋於兩階間漢唐禮也

▶3972◀◈問; 유건 착용과 알자와 찬인의 용어.

안녕하십니까? 오늘 원사(院祠) 제례(祭禮)에 헌관(獻官)으로 참여하고 와서 몇 가지 의문점(疑問點)이 있어 문의 드립니다.

첫째, 양복(洋服)에 유건(儒巾)을 써도 되나요? 제가 알기로는 도포(道袍)나 제복(祭服)을 정제(整齊)했을 경우는 유건을 쓰지만 양복(洋服)에는 유건(儒巾)을 쓰지 않는다고 알고 있습니다.

둘째, 원사(院祠)에서 헌관(獻官)을 인도(引導)하는 제관(祭官)을 알자(謁者)라고 했는데 찬인(贊引)이라고 해야 하지 않을까요?

공묘(孔廟)에서 헌관(獻官)을 인도(引導)하는 제관(祭官)을 알자(謁者)라 하고, 원사(院祠)에서는 찬인(贊引)이라고 알고 있습니다.

셋째, 청저(菁菹)나 근저(芹菹)의 방향(方向)은 제관(祭官)이 바라보았을 때 뿌리(근(根)) 쪽이 우측(右側)이고, 자라는 잎 쪽이 좌측(左側)이 아닐까요?

여러 원사(院祠)를 다녀보면 위에서 문의(問疑) 드리는 것들이 각각(各各)이어서 문의 드립니다. 지도(指導)해 주시기 바랍니다.

◈答; 유건 착용과 알자와 찬인의 용어.

問 1 答; 유건(儒巾)이란 선비의 복식(服飾)에서 머리에 쓰는 관(冠)으로 지금은 유자(儒者)의 복식(服飾)에서 머리에 쓰는 冠임.

양인(洋人)의 복식(服飾)에는 서양식(西洋式) 양복(洋服)에는 서양식(西洋式) 모자(帽子)일 뿐 그들에게는 유건(儒巾)이 없으니 양복(洋服)에 갓 쓴 형국이 될 것입니다.

※제복(祭服)은 오례의(五禮儀)와 태학지(太學志)에 제관(祭官)들의 복식(服式)이 그림과 아울러 품계(品階)에 따른 차등이 세세하게 설명되어 있습니다

●[三才圖會]：儒巾古者士衣逢掖之衣冠章甫之冠此今之士冠也凡擧人未第者皆服之章甫是先秦時期的一稱方冠孔子于宋國冠章甫之冠后來儒生皆用這稱儒者之冠并演變爲儒巾明朝未及第擧人皆戴儒巾
●禮記儒行：魯哀公問於孔子曰夫子之服其儒服與孔子對曰丘少居魯衣逢掖之衣長居宋冠章甫之冠丘聞之也君子之學也博其服也鄕丘不知儒服鄭玄 注逢猶大也大掖之衣大袂禪衣也
●五禮儀序例祭服圖說條殿下冕服王世子冕服文武官冠服(文武官○笏四品以上用象牙五品以下用木爲之○冠一品五梁二品四梁三品三梁四品至六品二梁七品以下一梁並角簪○綬二品以上以黃綠赤紫四色三品同四品至六品黃綠赤三色七品以下黃綠二色絲織成雲鶴三品盤鵰四品至六品練鵲七品以下鶏鷘花錦下結靑絲網施以雙金環二品至四品用銀環五品以下用銅環○革帶二品以上用金三品至四品用銀五品以下用銅)
●太學志禮服圖說條殿下冕服王世子冕服文武官冠服(文武官○笏四品以上用象牙五品以下用木爲之 冠一品五梁二品四梁三品三梁四品至六品二梁七品以下一梁並角簪○革帶二品以上用金三品至四品用銀五品以下用銅○綬二品以上以黃綠赤紫四色三品同四品至六品黃綠赤三色七品以下黃綠二色絲織成雲鶴三品盤鵰四品至六品練鵲七品以下鶏鷘花錦下結靑絲網施以雙金環二品至四品用銀環五品以下用銅環)

問 2; 答; 찬인(贊引)은 축(祝)과 제집사(諸執事)를 인도(引導)하는 제관(祭官)이고 헌관(獻官)을 인도(引導)하는 제관(祭官)은 알자(謁者)가 됩니다.

※국조오례의(國朝五禮儀) 길례(吉禮) 문선왕의(文宣王儀)를 참조(参照)하십시오

●석전행례홀기(釋奠行禮笏記)

掌饌入實具畢三更三點獻官及諸執事諸生皆出就外位○謁者引初獻官陞自東階點視○引降復位○贊者謁者贊引入自東門先就階間拜位北向四拜○訖各就位○贊引引祝及諸執事入就拜位四拜東西唱呼唱○諸執事各就盥洗位洗手就位○祝升開櫝○降復位○謁者詣初獻官左白謹請行事○謁者引三獻官贊引引分獻官及諸生入就拜位皆四拜東西唱呼唱○行奠幣禮○謁者引初獻官詣盥洗位北向立○搢笏洗手○執笏引詣 (以下省略)

●隨聞要抄釋奠大祭鄕校祭享式條鄕校釋奠大祭笏記

丑前三刻贊者謁者先就拜位○四拜○各就位○謁者引獻官以下俱就門外位○贊者引祝及諸執事入就拜位○祝以下皆四拜○盥訖○各就位○謁者贊引引初獻官以下入就拜位○謁者進初獻官之左白有司謹具請行事○四拜獻官及學生皆四拜○行奠幣禮○謁者引初獻官詣盥洗位(以下省略)

問 3; 答; 아래와 같이 살펴 보건대 청저(菁菹)나 근저(芹菹)는 김치류라 개별로 상하 구분을 할 수 없습니다.

◆청저(菁菹); 무김치로 두(豆)라는 나무로 된 제기에 담는다.
◆근저(芹菹); 미나리김치로 두(豆)라는 나무로 된 제기에 담는다.
○두기(豆器)는 목제로 뚜껑이 있는 제기로 습한 제물을 담음.
○변기(籩器)는 대오리를 결여 만든 제기로 마른 제물을 담음

※만약 무나 미나리를 원형 그대로 진설 하는 곳이 있다면 잘못 이해한 결과가 아닌가 합니

다.
※국조오례의서례(國朝五禮儀序例) 제기도설(祭器圖說)과 진설도(陳設圖)를 참조(參照)하십시오.

●國朝五禮儀祭器圖說籩豆; 釋典儀云籩以竹爲之口徑釋典儀云豆以木爲之高下四寸九分通足高五寸九分深淺口徑足徑並依籩制深一寸四分足徑五寸一分巾用綌厷被纁裏圜一幅
●少牢禮魚右首進腴疏凡載魚生人死人皆右首地道尊右故也鬼神進腴(腹也)是氣之所聚故也生人進鰭者鰭是脊生人尙味故也
●退溪曰祭饌尙左之說恐未然盖食以飯爲主故飯之所在即爲所尙如平時陳食左飯右羹是爲尙左而祭則右飯左羹是乃尙右所謂神道尙右者然也而今云尙左非也
●與猶堂曰案少牢右首進腴(註鄭云右首變於生)公食禮右首進鰭此兩文皆在枇載之時不在陳設之時則載與設無二法也左右者神位之左右也
●國朝五禮儀吉禮親享先農及配位(親享文宣王及配位同惟配位無羊腥熟)陳設圖說每位籩十在左爲三行右上(第一行形鹽在前魚鱐乾棗栗黃次之第二行榛子在前菱仁芡仁次之第三行鹿脯在前白餠黑餠次之)豆十在右爲三行左上(第一行韭菹在前醓醢菁菹鹿醢次之第二行芹菹在前兎醢筍菹次之第三行魚醢在前脾析豚拍次之)俎三二在籩前一在豆前(籩前俎一實牛腥一實羊腥七體兩髀兩肩兩脅并脊而髀在兩端肩脅次之脊在中豆前俎實以豕腥七體其載如羊)豆右之俎三(一實牛熟腸胃肺一實羊熟腸胃肺一實豕熟膚豕在前羊牛次之)簠簋各二在籩豆間簠在左簋在右(簠實以稻粱粱在稻前簋實以黍稷稷在黍前)甑鉶各三在簠簋後鉶居前甑次之(甑實以大羹鉶實以和羹如芼滑)爵三在簠簋前(各有坫)

▶3973◀◈問; 잔의 위치.

일반 제사에서는 술잔이 신위 쪽으로 드리는데, 성균관에서는 신위(?)에서 먼 쪽에 잔(爵)을 올려 드리고 있습니다. 왜 그렇게 하는지 알고 싶습니다. 즉 일반 제사에는 술잔이 신위 앞에 있기 때문에 초, 아, 종헌자의 입장에서 보면 멀리 있습니다. 그러나 성균관에서는 술잔이 신위(?)에서 보면 멀리 있고 초, 아, 종헌자의 입장에서는 가까이 있습니다.

◈答; 잔의 위치.

고대(古代) 제후(諸侯)의 가옥(家屋) 구조(構造)가 아래 도식(圖式)에서와 같이 방실 앞 중당(中堂) 내(內) 앞으로 두 기둥이 있으며 그 기둥 사이에 토대(土臺)를 만들어 놓는데 제후(諸侯)들이 모여 연회(宴會)를 할 때 술을 마신 빈 잔을 그 위에 놓아 두는 예(禮)가 왕(王)급인 문선왕(文宣王) 석전(釋奠)에서도 그 예(禮)를 좇아 진설(陳設)은 양 기둥 내(內)가 되고 작(爵)은 그 앞 양 기둥 사이 점상(坫上)에 올려놓고 있다. 라 이해되어야 할 것입니다.

●論語八佾; 或曰管仲儉乎曰管氏有三歸官事不攝焉得儉然則管仲知禮乎曰邦君樹塞門管氏亦樹塞門邦君爲兩君之好有反坫管氏亦有反坫管氏而知禮孰不知禮(朱註)坫在兩楹之間獻酬飮畢則反爵於其上此皆諸侯之禮(辭註)坫秦以前築在室內的土臺:反坫諸侯相會宴飮禮畢將空酒杯放回坫上

▶3974◀◈問; 장유학교회지임(掌儒學敎誨之任).

掌儒學敎誨之任에 대하여 선생님께서 논하신 적이 있습니다. 그 중 敎誨란 무슨 의미이며 어떻게 하는 것인지요. 어떻게 이해하여야 바르게 이해하고 있는 것인지요. 혼란스럽습니다.

◈答; 장유학교회지임(掌儒學敎誨之任).

교회(敎誨)란 소극적(消極的) 교회(敎誨)가 있을 것이고, 적극적(積極的) 교회(敎誨)로 나눌 수가 있을 것입니다. 소극적(消極的) 교회(敎誨)란 일개인(一個人)의 교회(敎誨)를 이를 것이고 적극적(積極的) 교회(敎誨)란 공인(公人)적 교회(敎誨)라 할 것입니다. 개인(個人)의 교회(敎誨)는 개인간(個人間)의 1; 1 의 敎誨요. 公人의 敎誨는 大衆的 敎誨가 되겠지요. 따라서 개인간(個人間)이란 부자(父子), 장유(長幼) 선후배(先後輩) 등이 이에 속할 것이요. 공인(公人)이란 교육자(敎育者), 사회(社會) 지도층(指導層) 등과 성균관원(成均館員) 역시 이에 속할 것입니다.

●書經無逸; 周公曰嗚呼我聞曰古之人猶胥訓告胥保惠胥敎誨民無或胥譸張爲幻(註)敎誨敎導訓誨
●嘯亭續錄羅中丞; 公愛民潔己蒞官時召父老至諄諄敎誨至於涕下沾膺
●國語晉語二; 杜原款將死使小臣圉告於申生曰款也不才寡知不敏不能敎導以至於死不能深知君之心度棄寵求廣土而竄伏焉小心狷介不敢行也(辭註)敎導敎誨開導
●警世通言況太守斷死孩儿; 支助道你旣不肯引我去我敎導你一個法兒作成你自去上手何如(註)敎導敎育指導
●經國大典(世祖命撰一四六九)吏典正三品衙門成均館;
掌儒學敎誨之任並用文官同知事以上以他官兼知事主文直講以上一員久任○博士以下又以議政府司錄一員奉常寺直長以下二員兼次次遷
轉一年兩都目三員去官七月二員

▶3975◀◈問; 집례의 위치.

수고가 많으십니다. 향교, 서원, 사당 제사에 보면 홀기를 창홀하는 집례가 서쪽에서 동향하는 곳도 있고, 동쪽에서 서향하는 곳도 있고, 북쪽에서 남향하는 곳도 있습니다. 향교와 서원, 사당에서 집례가 서는 위치와, 창홀할 때 향하는 위치가 각각 다른지요? 아니면 전부 같은지요? 그렇게 위치하여야 하는 까닭도 있을 것 같습니다. 너무 몰라서 여쭈어 봅니다. 보이는 것이 다를 때는 의문이 생기고 알고 싶은 생각이 납니다. 죄송합니다.

◈答; 집례의 위치.

아래와 같이 살펴보건대. 국조오례의(國朝五禮儀)나 향교(鄕校) 석전제(釋奠祭) 집례(執禮) 위치는 동계(東階) 위 동쪽에서 서쪽으로 향하여 섭니다.

성균관(成均館)의 집례(執禮)는 2명으로 1명은 동계(東階) 상 동쪽이며 또 한 사람은 당하(堂下) 동계(東階) 동쪽에서 다 같이 서향(西向)하여 섭니다. 주자가례(朱子家禮)가 아니라 국조오례의(國朝五禮儀) 예법(禮法)에 의한 향사(享祀)는 향교(鄕校)는 물론 서원(書院) 등 모두 국조오례의(國朝五禮儀) 법도(法度)를 준용하게 됩니다. 방위 법도에 따라 헌관 등이 동쪽에 자리하여 알자 찬인 등이 헌관과 근접하여야 하고 또 그들과 집례가 가까이 있어야 홀기가 오달 없이 정확하게 전달시키기 위함이라 여겨 집니다.

●國朝五禮儀享文宣王視學儀陳設; 執禮位二一於堂上前楹外一於堂下俱近東西向贊者謁者贊引在堂下執禮之後稍南西向北上
●恩津鄕校實錄釋奠祭陳設圖; 執禮東階上東西向
●有司徹疏生人陽故尙左鬼神陰故尙右
●龜川曰神道尙左故小斂以後則左衽而神主奉安則以西爲上此則尙右惡在神道尙左之義耶人道尙右人道尙右則北鄕立者宜以東爲上而序立者反以西爲上此則尙左其義

▶3976◀◈問; 찬인(贊引)이 헌관(獻官)을 인도(引導)할 때의 위치?

그간들 안녕하셨습니까. 이번에는 석전례 홀기에서 찬인(贊引)이 헌관(獻官)을 모시고 나갈 때 어느 위치에서 모시고 나가나요 입니다. 이사람 이말, 저 사람 저 말, 영 종을 잡을 수가 없습니다. 확실한 답을 기대하겠습니다. 예를 다 갖추지 못하여 죄송합니다.

◈答; 찬인(贊引)이 헌관(獻官)을 인도(引導)할 때의 위치.

찬인(贊引)은 축(祝)과 제집사(諸執事)를 인도(引導)하는 제관(祭官)이고 헌관(獻官)을 인도(引導)하는 제관(祭官)은 알자(謁者)가 됩니다. 현재 성균관(成均館)이나 향교(鄕校)에서 어찌 실행(實行)하고 있는지는 참작(參酌)에서 제외(除外)하고 인(引)이 내포하고 있는 의미와 대상과 견주어 답(答)을 실현(實現)시키겠습니다.

1). 남자(男子)들의 상석(上席)은 2 인(人) 이상일 때는 종열(縱列)이면 북(北; 前)쪽이 상석

(上席)이고 횡열(橫列)이면 서(西; 左)쪽이 상석(上席)이 됩니다. 이를 적용하면 길이 넓으면 찬인(贊引)은 헌관(獻官)의 우측(右側), 길이 좁은 곳에서는 헌관(獻官)의 뒤가 상하석(上下席)의 법도(法度)로는 옳은 위치(位置)가 되고.

2). 인자(引字)의 의미로 헤아린다면 인(引)이란 전도(前導)란 의미와 같아 앞서서 인도(引導)하여야 옳습니다. 다만 실행(實行)의 주체(主體)가 이상의 2 가지 중 어느 것에 의미를 더 치중하였는가에 따라 달라지겠으나 아래 세종실록(世宗實錄) 이하를 살펴보면 상왕전하(上王殿下)와 전하(殿下)를 앞에서 인도(引導; 前導)하였으니 2). 번이 전거적(典據的)으로 상위(上位) 개염(槪念)으로 받아드림이 옳지 않을까 합니다.

●釋奠行禮笏記; 謁者引初獻官陞合自東階點視○引降復位○云云○贊引引祝及諸執事入就拜位四拜東西唱呼唱
●社稷署儀軌儀節親祭儀; 禮儀使以下諸祭官在東西向俱每等異位重行北上
●擊蒙要訣喪制章第六; 男子則位于階下其位當北上
●國朝五禮儀四時及臘享宗廟儀文官一品以下於宗親之東俱每等異位重行北向西上
●常變通攷通禮祠堂神道尙右; 有司徹疏生人陽故尙左鬼神陰故尙右○穀梁疏衛次中曰右主八寸左主七寸右主謂父也左主謂母也○書儀所以西上者神道尙右故也○朱子曰禮云席南向北向以西方爲上東向西向以南方爲上是東向南向之席皆尙右西向北向之席皆尙左也今祭禮考妣同席南向則考西妣東自合禮意大率古者以右爲尊
●世宗實錄永樂十六年九月二日己酉禮曹啓迎使臣儀曰; 文武群臣先就位分立引禮引上王殿下與殿下出就位文武群臣先就位分立, 引禮引上王殿下與殿下出就位
●管子法法; 引而使之民不敢轉其力(辭註)引爲引導
●明會要輿服上百官儀從; 凡京官出外四品以上引導三對(云云)七品以上引導二對
●資治通鑑後梁太祖開平三年; 劉鄩至潼關東獲劉知俊伏路兵闞如海等三十人釋之使爲前導(註)前導爲引路的人

▶3977◀◈問; 향교 계단을 오를때 발의 동작.

또 여쭈어 봅니다. 배우려고 합니다.

1). 향교의 계단을 오를 때는 오른발이 먼저 오르고 왼발이 올라 합한 뒤에 같은 동작을 하고, 내려올 때는 반대로 한다는 의견과,
2). 향교의 계단을 오를 때는 왼발이 먼저 오르고 오른발이 올라 합한 뒤에 같은 동작을 하고, 내려올 때는 반대로 한다는 의견과,
3). 향교의 계단을 오를 때는 오른발, 왼발 가릴 것 없이 어느 발이나 먼저 오르고 합한 뒤에 다음 동작도 오른, 왼발을 가리지 말고 반복한다고 합니다. 서로 자기가 보았던 책이 맞는다고 하니 어느 동작이 맞는지 모르겠습니다. 확실하게 알고 싶습니다. 죄송합니다.

◈答; 향교 계단을 오를때 발의 동작.

특별히 향교 층계에 오를 때 법도가 따로 규정지어진 예법은 없습니다.

아래와 같이 살펴보건대 동계를 오를 때는 우측 발을 먼저 올려 딛고 왼발을 올려 모아 딛고 서계를 오를 때는 좌측 발을 먼저 올려 딛고 오른발을 올려 모아 딛으면 주빈이 상향(相向)이 됩니다. 내려 올 때의 전거는 확인되지 않으나 주빈(主賓)이 상배를 면하려면 오를 때의 반대로 내려오면 되겠지요. 이와 같이 오르고 내리는 까닭은 주빈(主賓)이 상배(相背)치 않고 상향(相向)을 유지하기 위함에서 입니다. 다만 문묘(文廟) 예법을 규정한 국조오례의(國朝五禮儀)나 백성의 예법인 주자가례(朱子家禮)에서는 사당(祠堂) 층계(層階) 승강(昇降) 법도를 규정한 예법은 없습니다. 그러나 아래와 같이 논함이 있어 이를 준용 上於東階則先右足上於西階則先左足의 법도를 적용하고 있을 뿐이 아닌가 합니다.

●曲禮主人入門而右客入門而左主人就東階客就西階主人先登客從之拾級聚足連步以上上於東階則先右足上於西階則先左足註主人先而客繼之拾級涉階之級也聚足後足與前足相合也連步步相繼

也先右先左各順入門之左右也

●朱子語類主人升東階客上西階(云云)上東階則先右足上西階則先左足蓋上西階而先右足則背卻主人上東階而先左足則背卻客自是理合如此

●沙溪全書經書辨疑小學明倫; 上於東階則先右足上於西階 則先左足

●愚伏文集雜著金沙溪經書疑問辨論上於東階先右足上於西階先左足主人與客相對而升以近階之足先升也先左先右陳註以爲各順入門之左右此說甚無意義蓋分庭竝行相與揖讓升階時必主人先右足客先左足然後面相向而不相背涉級之際可以相觀爲節禮之敎人纖悉曲盡如此今謂以近階之足先升恐未然此時賓主俱北面未嘗相對立豈有近階之足耶

●省齋曰凡步堂上接武堂下布武奉爵之步擧前曳踵蹜蹜如有循直行而橫去則其折旋處如矩旣進而復退則其周旋處如規上於東階先右足上於西階先左足皆涉級聚足少者之於尊者之前必趨其進如揖其退微揚

●入寺院第九; 凡入寺門不得行中央順緣左右邊行緣左右先左足緣右先右足

▶3978◀◈問; 향교 석전대제시 진행절차를 구체적으로 설명 부탁드립니다.

안녕하십니까?

음력 8 월이면 향교에서 석전대제를 지내게 되겠는데 진행절차를 구체적으로 알고 싶습니다 (예를 든다면 진행순서 1)시도. 2) 헌관께 인사. 3) 개좌 4)당읍례 등....분정.....헌관위치.......음복례 등 제반 절차) 저는 현재 향교 장의를 맡고 있습니다 그리고 몇 년 전 성균관 석전에도 참례 한적도 있고 다른 향교의 진행절차에 대해서도 의견 교환 해 보았습니다만 제반 절차에 대해서 향교마다 조금은 상이하다는 것을 느꼈습니다. 특히 상이한 것은 처음 시작하는 부분과 끝부분 음복례 등에 대해서 많이 상이하고 진행하는 중간부분은 대체로 거의 통일되는 것으로 알고 있습니다 무지한 소인에게 좋은 가르침을 주실 것을 당부 드리오면서 성균관의 무궁한 발전을 기원 드립니다

◈答; 석전대제 진행예법.

석전 대제를 아래와 같이 오례의 예법(全文)과 홀기 화시킨 예법. 향교 예법. 등으로 구분하여 제시하여 드립니다. 熟考하시기 바랍니다.

●國朝五禮儀序例上吉禮

◆辨祀(凡祭祀之禮天神曰祀地祇曰祭人鬼曰享文宣王曰釋奠○如禳謝等雜祀自有常例今不幷載)大祀 社稷宗廟永寧殿○中祀 風雲雷雨嶽海瀆先農先蠶雩祀文宣王歷代始祖○小祀 靈星老人星馬祖名山大川司寒先牧馬社馬步禡祭禜祭酺祭七祀纛祭厲祭○祈告 社稷宗廟風雲雷雨嶽海瀆名山大川雩祀○俗祭文昭殿眞殿懿廟山陵○州縣社稷文宣王酺祭厲祭靈祭

◆日時(觀象監前期三朔報禮曹禮曹啓聞散告中外攸司隨職供辦)
凡祀有常日者仲春仲秋上戊及臘祭社稷(州縣不用臘)朔望俗節(正朝寒食端午秋夕冬至臘)享宗廟(臘偏祭七祀親享則幷祭配享功臣)文昭殿懿廟山陵(去廟則只享寒食(敬陵則不在)例此○朔望若値別祭只行別祭)忌晨享文昭殿懿廟俗節享眞殿季夏土旺日祭中霤立秋後辰日祀靈星秋分日祀老人星驚蟄後吉亥享先農季春吉巳享先蠶仲春仲秋上丁釋奠文宣王朔望奠文宣王(朔値釋奠只行釋奠)仲春中氣後剛日祀馬祖仲夏中氣後剛日祀先牧仲秋仲氣後剛日祭馬社仲冬中氣後剛日祭馬步講武前一日禡祭驚蟄霜降日祭纛春淸明秋七月十五日冬十月初一日厲祭(幷前期三日發告城隍)○凡祀無常日者並卜日行四孟月上旬享宗廟(七祀春司命及戶夏竈秋門及厲冬行各因時享祭之○配享功臣四時皆祭攝事則只祭冬享)文昭殿懿廟山陵春秋孟月上旬享永寧殿仲春仲秋祀風雲雷雨(山川城隍附)祭嶽海瀆及名山大川享歷代始祖孟夏雩祀季冬藏氷春分開氷享司寒蝗螟酺祭久雨禜祭(二日每日一禜)凡祈告(如水旱疾疫蟲蝗戰伐則祈所祈迫切不如封冊冠婚凡國有大事則告○凡卜日廟有修補則有先告事由移還安祭山陵同)報祀(凡祈有應則報如祈水旱則待立秋後報)○凡祀不卜日者宗廟薦新薦禽(若値朔望則兼薦)

◆祝版(祝版以松木爲之長一尺二寸廣八寸厚六分禮用造器尺典校署預備○凡祝版親行則前一日

(拜陵祭文則前一日)典校署官捧進近侍傳捧以進殿下署訖近侍捧祝版及香付有司(如壇司廟司殿司之類先農則典祀官)攝事及中祀以下則傳香祝如儀○山陵親享祭文懿廟文宣王親享祝及凡祈告報祀先告事由移還安祝詞則臨時撰)

維成化某年歲次某甲某月某朔某日某甲云云(宗廟永寧殿文昭殿眞殿山陵稱孝曾孫(孝孫孝子隨位改稱)嗣王臣諱○懿廟國行稱孝姪國王臣諱○風雲雷雨靈星老人星稱朝鮮國王臣姓諱○社稷先農先蠶雩祀文宣王歷代始祖稱朝鮮國王姓諱○嶽海瀆及山川稱國王姓諱○馬祖司寒先牧禡祭纛祭稱朝鮮國王○名山大川城隍七祀馬社馬步酺祭禜祭稱國王○遣官行祭則又有謹遣臣其官某之詞○州縣社稷釋奠禜祭酺祭城隍發告厲祭並稱某州官姓名(府郡縣同))敢昭告于名山大川城隍七祀則稱致告于州縣城隍則稱敢昭告于云云社稷正位稱國社之神國稷之神配位稱后土氏之神后稷氏之神州縣稱社稷之神○宗廟永寧殿文昭殿眞殿山陵稱某祖考某大王某祖妣某王后某氏○懿廟國行稱皇伯考某王○風雲雷雨稱風雲雷雨之神國內山川之神城隍之神○嶽海瀆稱某嶽之神某海之神某瀆之神○先農正位稱帝神農氏之神配位稱后稷氏之神○先蠶稱西陵氏之神○雩祀稱句芒氏之神祝融氏之神后土氏之神蓐牧氏之神玄冥氏之神后稷氏之神○釋奠正位稱先聖大成至聖文宣王配位稱先師某國某公○歷代始祖稱檀君箕子高句麗始祖新羅始祖百濟始祖高麗始祖大王顯宗大王文宗大王元宗大王○靈星稱靈星之神○老人星稱南極老人星之神○馬祖稱天駟之神○名山大川稱某山之神某川之神○望祈稱某方嶽海瀆之神某方山川之神○司寒稱玄冥之神○先牧稱先牧之神○七祀稱司命司戶司竈中霤國門公厲國行之神○馬社稱馬社之神○馬步稱馬步之神○禡祭稱尤之神○禜祭稱某方山川之神○酺祭稱酺神○纛祭稱纛神城隍發告稱城隍之神伏以城隍發告則否云云社稷國社稱德載物功崇立民糞右享之茀祿來申后土氏稱職專司土載育萬物是虔享祀介以景福國稷稱食爲民天百穀用成神其降監黍稷惟馨后稷稱誕播嘉穀羣黎徧毓顧予吉蠲申錫戩穀○州縣社稷稱厚德載物立我蒸民永言佑之庶歆精禋○宗廟永寧殿文昭殿山陵眞殿稱節序易流當玆令辰深增感慕聊蔵明禋○文昭殿忌晨稱光陰易逝諱晨載臨聊蔵非儀式表微忱○風雲雷雨稱默斡玄機品物流形神功斯博我祀孔明國內山川稱列峙作鎭善下潤物功利在人祀事不忒城隍稱高深莫測衛我邦家人民其依功利斯多○嶽稱峻極于天鎭我邦基歆我禋祀介以純禧○海稱百谷之正德著廣利享祀是宜永介多祉○瀆稱爲國之記澤潤萬物克禋克祀錫我百福○先農稱肇興稼穡厚我民天是享是宜迄用康年后稷(與國稷配位詞同)○先蠶稱肇玆蠶桑駿惠我民歆我祀事福祿是申○雩祀句芒稱東作之功莫非爾極是用享祀永言率育祝融稱長養萬物德著享嘉以享以祀受福不那后土稱持載簡能德合無疆時祀不忒神其降康蓐收稱萬寶告成旣受厥明以報以祀福祿來成玄冥稱貞固幹事德全終始我祀孔明介以繁祉后稷(與國稷配位詞同))○釋奠文宣王稱道冠百王萬世之師玆値上丁精禋是宜復聖公稱材蘊爲邦仁全克已萬世景仰是禋是祀宗聖公稱三省功加一貫道傳時祀無斁彌億萬年述聖公稱克永先聖允得其宗其從與享百代是崇亞聖公稱敎明七篇道承三聖廟食于配享祀益永(州縣無配位祝)○歷代始祖檀君稱實天生德肇基東土是用享祀載錫純祜箕子稱九疇叙倫入條成俗至德難名祀事無斁新羅始祖稱建邦啓土傳祚千吟苾芬修祀庶享于誠高句麗始祖稱自天降靈建邦啓土時祀無斁有秩斯祜百濟始祖稱克創厥業克傳厥祚享祀不忒庶其歆顧高麗太祖稱肇三韓功高萬世享祀是宜福攸介顯宗稱功加一時垂範後嗣歆我明禋錫我繁祉(文宗元宗同)○靈星稱默管玄造功利三農感通精禋百祿來崇○老人星稱載居南極載昭壽徵申錫扶佑胡考是膺○馬祖稱種精毓秀神貺孔多吉日旣禱降福不那○名山稱磅礴崒律鎭于一方是用禋祀惠我無疆○大川稱性本潤下功利斯溥吉蠲以祀有秩斯祜○司寒稱闔闢陰機爕調愆伏至誠斯感錫玆祉福○先牧稱肇制牧養永世之利爰値仲夏是饗是肆○七祀稱節居孟春(隨時改稱)宜擧精禋祗薦閟宮乃逮明神○別祭中霤稱保養畛庶寔荷神功玆率常禮用昭予衷○馬社稱肇敎乘御萬世永賴祀事孔明維福維介○馬步稱畜馬藩庶軍國是資我祀克明永錫純禧○禡祭稱始制干戈用訓戎事是蔵嚴禋綏我嘉祉○禜祭稱霪雨不止傷我稼穡糞垂扶佑應時開豁報祀稱霪雨旣霽維神之賜何以報之敢稽祀事○酺祭稱蝗蝝荐生害我嘉穀神其佑之俾殄無育○纛祭稱維神之靈載揚武威庸蔵明禋其右享之○城隍發告稱將以某月某日設壇北郊祭闔境無祀鬼神庶資神力召集赴壇(州縣同惟北郊改稱城北))謹以牲幣醴齊粢盛庶品宗廟俗節朔望七祀禜祭司寒則稱牲醴庶品文宣王朔望及俗祭城隍發告則稱淸酌庶羞式陳明薦社稷國社則維稱以后土句龍氏配神作主國稷則稱以后稷氏配神作主社稷及先農配位則並稱作主侑神文宣王則稱以先師兗國復聖公顔氏郕國宗聖公曾氏沂國述聖公孔氏鄒國亞聖公孟氏配尙饗厲祭敎書敎闔境無祀鬼神王若曰聖帝明王之御天下也發政施仁使無一夫不被其澤以至念人鬼之理一悼魂魄之無衣則又爲三厲國殤之祭焉寡人叨承鴻業景仰前猷治民事神期於盡

心惟是封內山川與夫祀典所載上下神祗靡不秩祀尙慮四境之內從古迄今不得良死者其類不一或以水火盜賊或罹飢寒疾疫爲墻屋之頹壓遇虫獸之螫噬或因工而亡軀或在戰陣而死國遭鬪歐而橫傷陷刑辟而非罪或因人掠取財物而逼死被强奪妻妾而隕命或危急自縊或沒而無後或産難而死震死墜死若此之類不知其幾孤魂無托祭祀不及悲呼星月之下寃哭風雨之時陰魂未散結而爲妖興言及此良用惻然爰命有司爲壇於城北遍祭闔境無祀鬼神仍使當處城隍之神召集群靈以主此祭惟爾衆神尙其不昧携朋挈儔來享飮食無爲厲災以干和氣庶幽明之感通底邦國之寧謐故玆敎示尙宜知悉○州縣厲祭祭文云云致祭于無祀鬼神人之死生有萬不齊從古迄今不得良死者其類不一或在戰陣而死國或遭鬪歐而亡軀或以水火盜賊或罝飢寒疾疫或爲墻屋之類壓或遇虫獸之螫噬或陷刑辟而非罪或因財物而逼死或因妻妾而隕命或危急自縊或沒而無後或産難而死或震死或墜死若此之類不知其幾孤魂無托祭祀不及陰魂未散結而爲妖是用告于城隍召集群靈侑以淸酌庶羞惟爾衆神來享飮食無爲厲災以干和氣

◆雅部樂章(軒架無詞登歌有詞)

黃鐘宮皇南林姑太姑南林應南蕤姑南林黃太黃南太黃應南黃姑太黃南林南姑太黃
太呂宮大無夷仲夾仲無夷潢無林仲無夷大夾大無夾大潢無大仲夾大無夷無仲夾大
太簇宮太應南蕤姑蕤應南汰應夷蕤應南太姑太應姑太汰應太蕤姑太應南應蕤姑太
太鍾宮夾潢無林仲林潢無汰潢南林潢無夾仲夾潢仲夾汰潢夾林仲夾潢無潢林仲夾
姑洗宮姑汰應夷蕤夷汰應浹汰無夷汰應姑蕤姑汰蕤姑浹汰姑夷蕤姑汰應汰夷蕤姑
中呂宮仲汰潢南林南汰潢姑汰應南汰潢仲林仲汰林仲姑汰仲南林仲汰潢汰南林仲
蕤賓宮蕤浹太無夷無俠汰仲浹潢無浹汰蕤夷蕤浹夷蕤仲浹蕤無夷蕤浹汰浹無夷蕤
林鍾宮林姑汰應南應姑汰蕤姑汰應姑汰林南林姑南林蕤姑林應南林姑汰姑應南林
夷則宮夷仲浹潢無潢仲浹林仲汰潢仲浹夷無夷仲無夷林仲夷潢無夷仲浹仲潢無夷
南宮宮南蕤姑汰應汰蕤姑夷蕤浹汰蕤姑南應南蕤應南夷蕤南汰應南蕤姑蕤汰應南
無射宮無林仲汰潢汰林仲南林姑汰林仲無潢無林潢無南林無汰黃無林仲林汰潢無
應鐘宮應夷蕤浹汰浹夷蕤無夷仲浹夷蕤應汰應夷汰應無夷應浹汰應夷蕤夷浹汰應
送夾鐘宮夾南無仲仲林潢無夾潢仲林夾潢仲夾汰潢南林潢夾林仲南林潢無潢林仲夾
送林鍾宮林汰汰南南應姑汰林姑南應林姑南林蕤姑汰應姑林應南汰應姑汰姑應南林
送黃鍾宮黃蕤林太太姑南林黃南太姑黃南太黃應南蕤姑南黃姑太蕤姑南林南姑太黃
文宣王迎神疑安黃鐘宮仲呂宮南呂宮夷則宮奠幣明安南呂宮○自生民來誰底其盛惟王神明度越前聖粢幣俱成禮容斯稱黍稷莪馨惟神之聽進饌豊安姑洗宮初獻成安南呂宮○正位大哉聖王實天生德作樂以崇時祀無斁淸酤惟馨嘉牲孔碩薦羞神明庶幾昭格○兗國公庶幾屢空淵源深矣亞聖宣猷百世宣祀吉蠲斯辰昭陳樽簋旨酒欣欣神其來止○郕國公心傳忠恕一以貫之爰述大學萬世訓彝惠我光明尊聞行知繼聖迪後是享是宜○沂國公公傳自曾孟傳自公有嫡緖承允得其宗提綱開蘊乃作中庸侑于元聖億載是崇○鄒國公道之由興於皇宣聖惟公之傳人知趍正與享在堂情文實稱萬年承休假哉天命文舞退武舞進舒安姑洗宮亞獻終獻成安姑洗宮徹籩豆娛安南呂宮○犧象在前籩豆在列以享以薦旣芬旣潔禮成樂備人和神悅祭則受福率遵無越送神凝安送黃鍾宮

◆齋戒

○中祀先農文宣王有親行前享六日禮曺啓聞請齊戒殿下散齊三日於別殿致齊二日一日於正殿一日於齊宮世子侍講院前期請齊戒並如式凡散齊不弔喪問疾不聽樂有司不啓刑殺文書致齊惟啓享事凡諸享官及近侍之官應從为者並散齊三日宿於正寢致齊二日一日於本司一日於享所陪享官文宣王則有學生○攝事無殿下齊儀及陪享官及諸衛之屬守衛壝門者每門護軍二人每隅隊長一人攝事則並隊長文宣王廟門及凡壝門同各於本司淸齊一宿工人二舞淸齊一宿於禮曺前享一日質明並集享所肄儀王世子釋奠同陪享宮官館官學官並淸齊一日

◆齋官凡以本官行事執事者有故則以他官充獻官進幣爵酒官奠幣爵酒官進幣瓚爵官奠幣瓚爵官薦俎官禮儀使贊禮執禮官闈令皆有預差○執禮大祝並文官

●文宣王亞獻官王世子終獻官領議政有故則次官進幣爵酒官吏曺判書有故則參判薦俎官戶曺判書有故則參判奠幣爵酒官吏曺參議配位初獻官議政有故則次官○亞終獻正位亞終獻官行殿內東西從享分獻官各一正二品東西廡從享分獻官各十三四品典祀官奉常寺正有故則副正執禮二堂上三品堂

上官堂下四品廟司成均館官大祝知製敎四品以上正位祝史四品齊郎五品執尊六品配位祝史四六品齊郎參外捧俎官各三參外殿內東西從享祝史各五參外齊郎參外東西廡從享祝史各十五參外齊郎各二參外掌牲令典牲署主簿有故則直長協律郎掌樂院官爵洗位六品盥洗位二六品亞獻官盥洗位參外終獻官盥洗位參外○領議政爲亞獻官則不別設贊者二通禮院官謁者二六品贊引四二六品二參外監察二禮儀使禮曹判書有故則參判近侍四承旨左右通禮禮儀使以下應奉官奉禮王世子侍從官侍講官正二品以上講書官正三品以下近侍侍臣館官學官侍講官以下視學侍從官

◆傳香祝大祀社稷宗廟永寧殿中祀風雲雷雨先農先蠶雩祀文宣王則親傳其餘中祀以下則前一日(外則前期)典校署官具香祝以進承旨於外庭代傳

前祭一日未明五刻掖庭署設殿下褥位於思政殿月廊南階下當中南向設香祝案於其前近西東向兵曹陳鹵簿細仗及香亭於勤政門外中祀則無細仗及香亭三刻諸齊官以時服俱集朝堂殿下具翼善冠袞龍袍即座典校署官以祝版捧進近侍傳捧以進若並傳則以次捧進殿下署訖近侍捧祝版及香櫃置於案一刻引儀引初獻官詣思政殿閤外時至左通禮入於褥位之左俯伏殿下出就褥位南向立初獻官入並傳則諸初獻官以次入左通禮跪啓請跪殿下跪近侍以香祝東向跪進殿下受香祝以授初獻官初獻官西向跪受興並傳則先受者立於門外西向以次而比左通禮啓請興鞠躬殿下興鞠躬香祝由中門出左通禮啓請平身殿下平身還內初獻官出勤政門外置香祝於香亭中細仗前導香亭次之亞獻官以下隨初獻官出闕門外上馬至齊坊門外下馬入就齊所香祝安於卓上

◆성생기(省牲器)

○中祀前祭一日掌牲令外則有司牽牲詣祭所未後三刻典祀官釋奠則廟司外則有司帥其屬掃除壇廟同之內外謁者引獻官贊引引監察外則無監察俱以常服視牲充腯詣廚視滌漑省饌具訖各還齊所晡後典祀官外則掌饌者帥宰人以鑾刀割牲親享先農文宣王則祝史以槃取毛血置於饌所

◆유사석전문선왕의(有司釋奠文宣王儀)

時日見序例○齊戒見序例○陳設釋奠二日廟司帥其屬掃除廟之內外典設司設饌幔於東門外前一日典樂帥其屬設登歌之樂於堂上前楹間軒架於廟庭俱北向執禮設初獻官位於東階東南西向飮福位於堂上前楹外近東西向亞獻官終獻官分獻官位於初獻官之後稍南西向執事者位於其後每等異位重行西向北上監察位於執事之南西向書吏陪其後執禮位二一於堂上前楹外一於堂下俱近東西向贊者謁者贊引在堂下執禮之後稍南西向北上協律郎位於堂上前楹外近西東向典樂位於軒懸之北北向館官學官位於西階西南東向北上學生位於庭中北向西上設門外位諸釋奠官於東門外道南館官學官於釋奠官之東少南學生於其後俱每等異位重行北向西上設望瘞位於瘞坎之南初獻官在南北向執禮贊者大祝在東西向北上贊者大祝稍却釋奠日未行事前典祀官廟司各帥其屬入奠祝版各一於大成至聖文宣王兗國復聖公郕國宗聖公沂國述聖公鄒國亞聖公神位之右各有坫陳幣篚各一於尊所設香爐香合并燭於神位前次設祭器如式見序例設福酒爵有坫胙肉俎各一於文宣王尊所設洗於東階東南北向盥洗在東爵洗在西罍在洗東加勺篚在洗西南肆實以巾若爵洗之篚則又實以爵有坫諸執事盥洗於獻官洗東南北向執尊罍篚冪者位於尊罍篚冪之後○傳香祝見序例○省牲器見序例○行禮釋奠日丑前五刻丑前五刻即三更三點行事用丑時一刻典祀官廟司入實饌具畢贊引引監察升自東階諸釋奠官陞降皆自東階按視堂之上下糾察不如儀者還出前三刻諸釋奠官及館官學官學生各服其服釋奠官祭服館官學官公服學生靑衿服贊引引館官學官學生俱就門外位執禮帥贊者謁者贊引入自東門先就階間懸北拜位重行北向西上四拜訖各就位典樂帥工人二舞入就位文舞入陳於懸北武舞立於懸南道西贊引引學生入就位引館官學官入就位謁者贊引各引諸釋奠官俱就門外位前一刻贊引引監察典祀官大祝祝史齊郎協律郎入就懸北拜位重行北向西上立定執禮曰四拜贊者傳唱凡執禮有辭贊者皆傳唱監察以下皆四拜訖贊引引監察就位引諸執事詣盥洗位盥帨訖各就位齊郎詣爵洗位洗爵拭爵訖置於篚捧詣尊所置於坫上謁者引初獻官贊引引亞獻官終獻官分獻官入就位謁者進初獻官之左白有司謹具請行事退復位協律郎俯伏擧麾興工鼓柷軒架作凝安之樂烈文之舞作樂二成執禮曰四拜獻官以下及學生皆四拜先拜者不拜樂三成協律郎偃麾戛敔樂止執禮曰行奠幣禮謁者引初獻官詣盥洗位北向立贊搢笏初獻官盥手帨手訖贊執笏引詣大成至聖文宣王神位前北向立登歌作明安之樂烈文之舞作謁者贊跪搢笏執事者一人捧香合一人捧香爐跪進謁者贊三上香執事者奠爐于神位前大祝以幣篚授初獻官初獻官執幣獻幣以幣授大祝奠于神位前捧香授幣皆在獻官之右奠爐奠幣皆在獻官之左授爵奠爵唯此謁者贊執笏俯伏興平身次詣兗國復聖公郕國宗聖公沂國述聖公鄒國亞聖公神位前東向上香奠

幣並如上儀唯宗聖公亞聖公獻官西向行禮後倣此訖樂止引降復位執禮曰行初獻禮謁者引初獻官詣大成至聖文宣王尊所西向立登歌作成安之樂烈文之舞作執尊者擧冪酌醴齊執事者以爵受酒謁者引初獻官詣神位前北向立贊跪搢笏執事者以爵授初獻官初獻官執爵獻爵以爵授執事者奠于神位前贊執笏俯伏興少退北向跪樂止大祝進神位之右東向跪讀祝文訖樂作謁者贊俯伏興平身樂止謁者引初獻官出戶詣配位尊所西向立樂作執尊者擧冪酌醴齊執事者四人以爵受酒謁者引詣復聖公宗聖公述聖公亞聖公神位前東向行禮並如上儀訖唯大祝南向讀祝若宗聖公亞聖公在西則大祝北向讀祝引降復位文舞退武舞進軒架作舒安之樂舞者立定樂止初初獻官旣復位執禮曰行亞獻禮謁者引亞獻官詣盥洗位北向立贊搢笏盥手帨手訖贊執笏引詣文宣王尊所西向立軒架作成安之樂執尊者擧冪酌盎齊執事者以爵受酒謁者引亞獻官詣神位前北向立贊跪搢笏執事者以爵授亞獻官亞獻官執爵獻爵以爵授執事者奠于神位前謁者贊執笏俯伏興平身引詣配位尊所西向立執尊者擧冪酌盎齊執事者四人以爵受酒謁者引亞獻官詣復聖公宗聖公述聖公亞聖公神位前行禮並如上儀訖樂止引降復位執禮曰行終獻禮謁者引終獻官行禮並如亞獻儀訖引降復位初終獻官將升殿贊引各引分獻官以次詣盥洗位搢笏盥帨訖執笏分詣殿內及兩廡從享尊所執尊者擧冪酌酒執事者以爵受酒引分獻官詣神位前跪搢笏執事者授爵分獻官執爵獻爵奠爵執笏俯伏興平身以次分獻訖俱復位執禮曰飮福受胙大祝詣文宣王尊所以爵酌罍福酒又大祝持俎進減神位前胙肉謁者引初獻官升詣飮福位西向立謁者贊跪搢笏大祝進初獻官之左北向以爵授初獻官初獻官受爵飮卒爵大祝受虛爵復於坫大祝以俎授初獻官初獻官受俎以授執事者執事者受俎降自東階出門謁者贊執笏俯伏興平身引降復位執禮曰四拜在位者及學生皆四拜執禮曰徹籩豆諸大祝入徹籩豆徹者籩豆各一少移於故處登歌作娯安之樂徹訖樂止軒架作凝安之樂執禮曰四拜獻官以下及學生皆四拜樂一成止執禮曰望瘞謁者引初獻官詣望瘞位北向立執禮帥贊者詣望瘞位西向立大祝以篚取祝版及幣降自西階置於坎執禮曰可瘞置土半坎謁者進初獻官之左白禮畢謁者贊引各引初獻官以下以次出執禮帥贊者還本位贊引引監察及諸執事俱復懸北拜位立定執禮曰四拜監察以下皆四拜訖贊引引出贊引引館官學官出學生以次出典樂帥工人二舞出執禮帥贊者謁者贊引就懸北拜位四拜而出典祀官廟司各帥其屬徹禮饌闔戶以降乃退

●석전행례홀기(釋奠行禮笏記)

掌饌入實具畢三更三點獻官及諸執事諸生皆出就外位○謁者引初獻官陞自東階點視○引降復位○贊者謁者贊引入自東門先就階間拜位北向四拜○訖各就位○贊引引祝及諸執事入就拜位四拜東西唱呼唱○諸執事各就盥洗位洗手就位○祝升開櫝○降復位○謁者詣初獻官左白謹請行事○謁者引三獻官贊引引分獻官及諸生入就拜位皆四拜東西唱呼唱○行奠幣禮○謁者引初獻官詣盥洗位北向立○搢笏洗手○執笏引詣

文宣王神位前北向搢笏跪○奉香奉爐升奉香跪右奉爐跪左○獻官三上香○奉香奉爐降復位○祝升以幣篚從右授獻官○獻官執幣獻幣○祝自左受幣奠于神位前○引降復位○獻官執笏俯伏興平身○獻官詣

兗國復聖公神位前○搢笏跪○奉香奉爐升奉香跪右奉爐跪左○獻官三上香○奉香奉爐降復位○祝升以幣篚從右授獻官○獻官執幣獻幣○祝自左受幣奠于神位前○引降復位○獻官執笏俯伏興平身○獻官詣

郕國宗聖公神位前○搢笏跪○奉香奉爐升奉香跪右奉爐跪左○獻官三上香○奉香奉爐降復位○祝升以幣篚從右授獻官○獻官執幣獻幣○祝自左受幣奠于神位前○引降復位○獻官執笏俯伏興平身○獻官詣

沂國述聖公神位前○搢笏跪○奉香奉爐升奉香跪右奉爐跪左○獻官三上香○奉香奉爐降復位○祝升以幣篚從右授獻官○獻官執幣獻幣○祝自左受幣奠于神位前○引降復位○獻官執笏俯伏興平身○獻官詣

鄒國亞聖公神位前○搢笏跪○奉香奉爐升奉香跪右奉爐跪左○獻官三上香○奉香奉爐降復位○祝升以幣篚從右授獻官○獻官執幣獻幣○祝自左受幣奠于神位前○引降復位○獻官執笏俯伏興平身○獻官詣

●行初獻禮○謁者引初獻官詣

文宣王尊所西向立○引詣 文宣王神位前北向○搢笏跪○奉爵奠爵升○奉爵詣尊所受爵從右進爵○獻官執爵獻爵○奠爵自左受爵奠于神位前○奉爵奠爵降復位○獻官執笏俯伏興○少退跪○祝升進神位之右東向跪○讀祝○引降復位○獻官執笏俯伏興平身○引詣配位尊所西向立○引詣

兗國復聖公神位前○搢笏跪○奉爵奠爵升○奉爵詣尊所受爵從右進爵○獻官執爵獻爵○奠爵自左受爵奠于神位前○奉爵奠爵降復位○獻官執笏俯伏興平身○引詣
郕國宗聖公神位前○搢笏跪○奉爵奠爵升○奉爵詣尊所受爵從右進爵○獻官執爵獻爵○奠爵自左受爵奠于神位前○奉爵奠爵降復位○獻官執笏俯伏興平身○引詣
沂國述聖公神位前○搢笏跪○奉爵奠爵升○奉爵詣尊所受爵從右進爵○獻官執爵獻爵○奠爵自左受爵奠于神位前○奉爵奠爵降復位○獻官執笏俯伏興平身○引詣
鄒國亞聖公神位前○搢笏跪○奉爵奠爵升○奉爵詣尊所受爵從右進爵○獻官執爵獻爵○奠爵自左受爵奠于神位前○奉爵奠爵降復位○獻官執笏俯伏興平身○降復位

●行亞獻禮○謁者引亞獻官詣盥洗位北向立○搢笏洗手執笏○引詣
文宣王尊所西向立○引詣 文宣王神位前北向○搢笏跪○奉爵奠爵升○奉爵詣尊所受爵從右進爵○獻官執爵獻爵○奠爵自左受爵奠于神位前○奉爵奠爵降復位○獻官執笏俯伏興平身○引詣 配位尊所西向立○引詣
兗國復聖公神位前○搢笏跪○奉爵奠爵升○奉爵詣尊所受爵從右進爵○獻官執爵獻爵○奠爵自左受爵奠于神位前○奉爵奠爵降復位○獻官執笏俯伏興平身○引詣
郕國宗聖公神位前○搢笏跪○奉爵奠爵升○奉爵詣尊所受爵從右進爵○獻官執爵獻爵○奠爵自左受爵奠于神位前○奉爵奠爵降復位○獻官執笏俯伏興平身○引詣
沂國述聖公神位前○搢笏跪○奉爵奠爵升○奉爵詣尊所受爵從右進爵○獻官執爵獻爵○奠爵自左受爵奠于神位前○奉爵奠爵降復位○獻官執笏俯伏興平身○引詣
鄒國亞聖公神位前○搢笏跪○奉爵奠爵升○奉爵詣尊所受爵從右進爵○獻官執爵獻爵○奠爵自左受爵奠于神位前○奉爵奠爵降復位○獻官執笏俯伏興平身○降復位

●行終獻禮○謁者引終獻官詣盥洗位北向立○搢笏洗手執笏○引詣
文宣王尊所西向立○引詣 文宣王神位前北向○搢笏跪○奉爵奠爵升○奉爵詣尊所受爵從右進爵○獻官執爵獻爵○奠爵自左受爵奠于神位前○奉爵奠爵降復位○獻官執笏俯伏興平身○引詣 配位尊所西向立○引詣
兗國復聖公神位前○搢笏跪○奉爵奠爵升○奉爵詣尊所受爵從右進爵○獻官執爵獻爵○奠爵自左受爵奠于神位前○奉爵奠爵降復位○獻官執笏俯伏興平身○引詣
郕國宗聖公神位前○搢笏跪○奉爵奠爵升○奉爵詣尊所受爵從右進爵○獻官執爵獻爵○奠爵自左受爵奠于神位前○奉爵奠爵降復位○獻官執笏俯伏興平身○引詣
沂國述聖公神位前○搢笏跪○奉爵奠爵升○奉爵詣尊所受爵從右進爵○獻官執爵獻爵○奠爵自左受爵奠于神位前○奉爵奠爵降復位○獻官執笏俯伏興平身○引詣
鄒國亞聖公神位前○搢笏跪○奉爵奠爵升○奉爵詣尊所受爵從右進爵○獻官執爵獻爵○奠爵自左受爵奠于神位前○奉爵奠爵降復位○獻官執笏俯伏興平身○降復位

●東西廡行禮

撰者贊引各引東西分獻官詣盥洗位○搢笏盥洗○洗手執笏○東獻官詣周濂溪神位前○跪搢笏○西獻官詣程明道神位前○跪搢笏○東西奉香奉爐升○三上香○東西奉爵奠爵升○執爵○獻爵○執笏俯伏興平身○東獻官詣程伊川神位前○跪搢笏○西獻官詣朱晦庵神位前○跪搢笏○東西奉香奉爐升○三上香○東西奉爵奠爵升○執爵○獻爵○執笏俯伏興平身○東獻官詣弘儒侯神位前○跪搢笏○西獻官詣文昌公神位前○跪搢笏○東西奉香奉爐升○三上香○東西奉爵奠爵升○執爵○獻爵○執笏俯伏興平身○東獻官詣文成公神位前○跪搢笏○西獻官詣文忠公神位前○跪搢笏○東西奉香奉爐升○三上香○東西奉爵奠爵升○執爵○獻爵○執笏俯伏興平身○東獻官詣文敬公神位前○跪搢笏○西獻官詣文獻公神位前○跪搢笏○東西奉香奉爐升○三上香○東西奉爵奠爵升○執爵○獻爵○執笏俯伏興平身○東獻官詣文正公神位前○跪搢笏○西獻官詣文元公神位前○跪搢笏○東西奉香奉爐升○三上香○東西奉爵奠爵升○執爵○獻爵○執笏俯伏興平身○東獻官詣文純公神位前○跪搢笏○西獻官詣文正公神位前○跪搢笏○東西奉香奉爐升○三上香○東西奉爵奠爵升○執爵○獻爵○執笏俯伏興平身○東獻官詣文成公神位前○跪搢笏○西獻官詣文簡公神位前○跪搢笏○東西奉香奉爐升○三上香○東西奉爵奠爵升○執爵○獻爵○執笏俯伏興平身○東獻官詣文元公神位前○跪搢笏○西獻官詣文烈公神位前○跪搢笏○東西奉香奉爐升○三上香○東西奉爵奠爵升○

執爵○獻爵○執笏俯伏興平身○東獻官詣文敬公神位前○跪搢笏○西獻官詣文正公神位前○跪搢笏○東西奉香奉爐升○三上香○東西奉爵奠爵升○執爵○獻爵○執笏俯伏興平身○東獻官詣文正公神位前○跪搢笏○西獻官詣文純公神位前○跪搢笏○東西奉香奉爐升○三上香○東西奉爵奠爵升○執爵○獻爵○執笏俯伏興平身○贊引各引東西分獻官降復位

●行飮福禮○大祝詣正位尊所以爵酌福酒寘坫上○大祝持俎及刀進減神位前俎肉盛俎上出寘尊所○謁者引初獻官詣飮福位○西向立○跪搢笏○大祝詣尊所執爵就初獻官之左北向跪授初獻官○初獻官飮卒爵○大祝以爵反于坫○大祝取胙肉北向跪授初獻官○初獻官受胙○大祝以胙俎降自東階出○初獻官執笏○俯伏興平身○謁者引初獻官降復位○四拜○獻官皆四拜○東西唱呼唱○鞠躬拜興拜興拜興拜興平身○徹籩豆○大祝入徹籩豆○四拜○獻官以下在位者皆四拜○東西唱呼唱○鞠躬拜興拜興拜興拜興平身

●行望燎禮○謁者引初獻官詣望燎位○北向立○大祝以篚取祝及幣降自西階置于坎○可燎○禮畢○謁者進初獻官之左白禮畢○祝升閉櫝仍降復位○謁者贊引各引獻官出○大祝及諸執事俱復階間拜位四拜出○東西唱呼唱○學生出○執禮降復階間拜位四拜出○謁者贊引俱復階間拜位四拜出○廟司入徹饌闔戶退

●祝文式

維歲次干支月干支朔日干支通訓大夫行砥平縣監某敢昭告于　先聖大成至聖文宣王伏以道冠百王萬世之師玆値上丁精禋是宜謹以潔牲醴齊粢盛庶品式陳明薦以　先師兗國復聖公顔氏郕國宗聖公曾氏沂國述聖公孔氏鄒國亞聖公孟氏配尙　饗

●隨聞要抄釋奠大祭鄕校祭享式條鄕校釋奠大祭笏記

丑前三刻贊者謁者先就拜位○四拜○各就位○謁者引獻官以下俱就門外位○謁者引祝及諸執事入就拜位○祝以下皆四拜○盥訖○各就位○謁者贊引引初獻官以下入就拜位○謁者進初獻官之左白有司謹具請行事○四拜獻官及學生皆四拜○行奠幣禮○謁者引初獻官詣盥洗位○盥訖○引詣大成至聖文宣王神位前○跪○搢笏○三上香○獻幣○執笏○俯伏○興平身○次詣兗國復聖公神位前○跪○搢笏○三上香○獻幣○執笏○俯伏○興平身○次詣○郕國宗聖公神位前○跪○搢笏○三上香○獻幣○執笏○俯伏○興平身○次詣○沂國述聖公神位前○跪○搢笏○三上香○獻幣○執笏○俯伏○興平身○次詣○鄒國亞聖公神位前○跪○搢笏○三上香○獻幣○執笏○俯伏○興平身○引降復位○行初獻禮○謁者引初獻官詣文宣王罇前○酌訖○引詣神位前○跪○搢笏○獻酌○執笏○俯伏○興少退北向跪○祝進神位之左東向跪○讀祝文○俯伏○興平身○引詣配位罇所○酌訖○引詣復聖公神位前○跪○搢笏○獻爵○執笏○俯伏○興平身○次詣宗聖公神位前○跪○搢笏○獻爵○執笏○俯伏○興平身○次詣述聖公神位前○跪○搢笏○獻爵○執笏○俯伏○興平身○次詣亞聖公神位前○跪○搢笏○獻爵○執笏○俯伏○興平身○引降復位○行亞獻禮○謁者引亞獻官詣盥洗位○盥訖○引詣文宣王罇所○酌訖○引詣神位前○跪○搢笏○獻酌○執笏○俯伏○興少退北向跪○引詣配位罇所○酌訖○引詣復聖公神位前○跪○搢笏○獻爵○執笏○俯伏○興平身○次詣宗聖公神位前○跪○搢笏○獻爵○執笏○俯伏○興平身○次詣述聖公神位前○跪○搢笏○獻爵○執笏○俯伏○興平身○次詣亞聖公神位前○跪○搢笏○獻爵○執笏○俯伏○興平身○引降復位○行終獻禮○謁者引終獻官引各引分獻官詣盥洗位○盥訖○引終獻官詣文宣王罇所各引分獻官詣東西從享兩廡罇所○酌訖○各引詣神位前○跪○搢笏○內外從享執事皆三上香○獻酌○執笏○俯伏○興平身○引詣配位罇所○酌訖引詣復聖公神位前○跪○搢笏○獻爵○執笏○俯伏○興平身○次詣宗聖公神位前○跪○搢笏○獻爵○執笏○俯伏○興平身○次詣述聖公神位前○跪○搢笏○獻爵○執笏○俯伏○興平身○次詣亞聖公神位前○跪○搢笏○獻爵○內外從享皆獻○執笏○俯伏○興平身○引降復位○贊引各引分獻官降復位○謁者引初獻官飮福位○北向跪○搢笏○以爵授獻官○獻官受爵飮卒爵○執事受虛爵復於坫○祝進減胙肉授獻官○獻官受胙以授執事○執事出門○俯伏○興○引降復位○四拜獻官以下皆四拜○祝入撤籩豆○四拜獻官及學生皆四拜○謁者引初獻官詣望瘞位北向立○祝取祝板及幣降自西堦置於坎○置土半坎○引降復位○謁者進獻官之左白禮畢○引初獻官以下以次出○祝及諸執事俱復拜位○祝以下皆四拜○以降出○贊者謁者贊引俱就位○四拜○以降出

祝文式

維歲次干支幾月干支朔幾日干支行郡守姓名敢昭告于
先聖大成至聖文宣王伏以
道冠百王萬世之師玆値上丁精禋是冝謹以牲幣醴齊粢盛庶品式陳明薦
以 先師
兗國復聖公顔氏
郕國宗聖公曾氏
沂國述聖公孔氏
鄒國亞聖公孟氏 配尙
饗

▶3979◀ ◈問; 향교 석전봉행후 명륜당에서 음복례 존치 여부 문의.

안녕하십니까?
향교에서는 석전 봉행 후 명륜당에서 음복례를 석전봉행 참례자 전원이 자리를 정돈 좌정 한후 음복공사가 있겠습니다 하고 헌관에게는 외상으로 대추와 밤등을 술안주로 차려 놓고 나머지 분들도 겸상으로 대추와 밤등을 술안주로 차려놓고 초헌관 순배가 있겠습니다 하고 초헌관부터 술을 따루어서 참례자 전원에게 술을 부어준후 초헌관 순배 지웁시다 하면 술잔을 들고 읍을 한후 술을 마시고 난후 빈 술잔을 들어 읍을 한후 술상에 잔을 내려놓고 그 다음은 아헌관 순배가 있겠습니다하고는 아헌관 초헌관 종헌관 순으로 그다음은 종헌관 초헌관 아헌관순으로 음복주를 부어서 위와 같은 절차로 음복례를 하고 있습니다. 몇 년전 성균관 석전에 참례한적이 있는데 성균관에서는 향교와 같은 음복례를 하지 않았습니다 석전봉행례를 진행하는 중에 음복수조례가 있기 때문에 향교와 같은 음복례를 하지 않았는 것으로 생각됩니다. 그러므로 향교에서도 성균관과 같이 석전봉행을 마치고 명륜당에서 음복례를 생략한다면 석전봉행례에 부당한지 음복례 존치 여부에 대한 고견을 주시면 갑사 하겠습니다.

●국조오례의(國朝五禮儀) 석전행례(釋奠行禮) 홀기(笏記)

◆음복례(飮福禮)

○大祝詣正位尊所以爵酌福酒寘坫上○大祝持俎及刀進減神位前俎肉盛俎上出寘尊所○謁者引初獻官詣飮福位○西向立○跪搢笏○大祝詣尊所執爵就初獻官之左北向跪授初獻官○初獻官飮卒爵○大祝以爵反于坫○大祝取胙肉北向跪授初獻官○初獻官受胙○大祝以胙俎降自東階出○初獻官執笏○俯伏興平身○謁者引初獻官降復位○四拜○獻官皆四拜○東西唱呼唱○鞠躬拜興拜興拜興拜興平身

●국조오례의(國朝五禮儀) 주현(州縣) 석전행례(釋奠行禮) 홀기(笏記)

◆음복례(飮福禮)○謁者曰飮福受胙○執事者詣文宣王尊所以爵酌罍福酒○又執事者持俎進減神位前胙肉○謁者引初獻官升詣飮福位西向立○贊跪搢笏○執事者進初獻官之左北向以爵授初獻官○初獻官受爵飮卒爵○執事者受虛爵復於坫○執事者北向以俎授初獻官○初獻官受俎以授執事者○執事者受俎降自東階出門○謁者贊執笏俯伏興平身引降復位○贊者曰四拜○在位者及學生皆四拜

●수문요초(隨聞要抄) 석전대제(釋奠大祭) 향교(鄕校) 제향식조(祭享式條) 향교(鄕校) 석전대제(釋奠大祭) 홀기(笏記)

◆음복례(飮福禮)

○알자인초헌관음복위(謁者引初獻官飮福位)○북향궤(北向跪)○진홀(搢笏)○이작수헌관(以爵授獻官)○헌관수작음졸작(獻官受爵飮卒爵)○집사수허작복어점(執事受虛爵復於坫)○축진감조육수헌관(祝進減胙肉授獻官)○헌관수조이수집사(獻官受胙以授執事)○집사출문(執事出門)○부복(俯伏)흥(興)○인강복위(引降復位)○사배헌관이하개사배(四拜獻官以下皆四拜)

●석전행례홀기(釋奠行禮笏記)

掌饌入實具畢三更三點獻官及諸執事諸生皆出就外位○謁者引初獻官陞自東階點視○引降復位○

贊者謁者贊引入自東門先就階間拜位北向四拜○訖各就位○贊引引祝及諸執事入就拜位四拜東西唱呼唱○諸執事各就盥洗位洗手就位○祝升開櫝○降復位○謁者詣初獻官左白謹請行事○謁者引三獻官贊引引分獻官及諸生入就拜位皆四拜東西唱呼唱○行奠幣禮○謁者引初獻官詣盥洗位北向立○搢笏洗手○執笏引詣

文宣王神位前北向搢笏跪○奉香奉爐升奉香跪右奉爐跪左○獻官三上香○奉香奉爐降復位○祝升以幣篚從右授獻官○獻官執幣獻幣○祝自左受幣奠于神位前○引降復位○獻官執笏俯伏興平身○獻官詣

兗國復聖公神位前○搢笏跪○奉香奉爐升奉香跪右奉爐跪左○獻官三上香○奉香奉爐降復位○祝升以幣篚從右授獻官○獻官執幣獻幣○祝自左受幣奠于神位前○引降復位○獻官執笏俯伏興平身○獻官詣

郕國宗聖公神位前○搢笏跪○奉香奉爐升奉香跪右奉爐跪左○獻官三上香○奉香奉爐降復位○祝升以幣篚從右授獻官○獻官執幣獻幣○祝自左受幣奠于神位前○引降復位○獻官執笏俯伏興平身○獻官詣

沂國述聖公神位前○搢笏跪○奉香奉爐升奉香跪右奉爐跪左○獻官三上香○奉香奉爐降復位○祝升以幣篚從右授獻官○獻官執幣獻幣○祝自左受幣奠于神位前○引降復位○獻官執笏俯伏興平身○獻官詣

鄒國亞聖公神位前○搢笏跪○奉香奉爐升奉香跪右奉爐跪左○獻官三上香○奉香奉爐降復位○祝升以幣篚從右授獻官○獻官執幣獻幣○祝自左受幣奠于神位前○引降復位○獻官執笏俯伏興平身○獻官詣

行初獻禮○謁者引初獻官詣

文宣王尊所西向立○引詣

文宣王神位前北向○搢笏跪○奉爵奠爵升○奉爵詣尊所受爵從右進爵○獻官執爵獻爵○奠爵自左受爵奠于神位前○奉爵奠爵降復位○獻官執笏俯伏興○少退跪○祝升進神位之右東向跪○讀祝○引降復位○獻官執笏俯伏興平身○引詣配位尊所西向立○引詣

兗國復聖公神位前○搢笏跪○奉爵奠爵升○奉爵詣尊所受爵從右進爵○獻官執爵獻爵○奠爵自左受爵奠于神位前○奉爵奠爵降復位○獻官執笏俯伏興平身○引詣

郕國宗聖公神位前○搢笏跪○奉爵奠爵升○奉爵詣尊所受爵從右進爵○獻官執爵獻爵○奠爵自左受爵奠于神位前○奉爵奠爵降復位○獻官執笏俯伏興平身○引詣

沂國述聖公神位前○搢笏跪○奉爵奠爵升○奉爵詣尊所受爵從右進爵○獻官執爵獻爵○奠爵自左受爵奠于神位前○奉爵奠爵降復位○獻官執笏俯伏興平身○引詣

鄒國亞聖公神位前○搢笏跪○奉爵奠爵升○奉爵詣尊所受爵從右進爵○獻官執爵獻爵○奠爵自左受爵奠于神位前○奉爵奠爵降復位○獻官執笏俯伏興平身○降復位

行亞獻禮○謁者引亞獻官詣盥洗位北向立○搢笏洗手執笏○引詣

文宣王尊所西向立○引詣

文宣王神位前北向○搢笏跪○奉爵奠爵升○奉爵詣尊所受爵從右進爵○獻官執爵獻爵○奠爵自左受爵奠于神位前○奉爵奠爵降復位○獻官執笏俯伏興平身○引詣 配位尊所西向立○引詣

兗國復聖公神位前○搢笏跪○奉爵奠爵升○奉爵詣尊所受爵從右進爵○獻官執爵獻爵○奠爵自左受爵奠于神位前○奉爵奠爵降復位○獻官執笏俯伏興平身○引詣

郕國宗聖公神位前○搢笏跪○奉爵奠爵升○奉爵詣尊所受爵從右進爵○獻官執爵獻爵○奠爵自左受爵奠于神位前○奉爵奠爵降復位○獻官執笏俯伏興平身○引詣

沂國述聖公神位前○搢笏跪○奉爵奠爵升○奉爵詣尊所受爵從右進爵○獻官執爵獻爵○奠爵自左受爵奠于神位前○奉爵奠爵降復位○獻官執笏俯伏興平身○引詣

鄒國亞聖公神位前○搢笏跪○奉爵奠爵升○奉爵詣尊所受爵從右進爵○獻官執爵獻爵○奠爵自左受爵奠于神位前○奉爵奠爵降復位○獻官執笏俯伏興平身○降復位

行終獻禮○謁者引終獻官詣盥洗位北向立○搢笏洗手執笏○引詣

文宣王尊所西向立○引詣

文宣王神位前北向○搢笏跪○奉爵奠爵升○奉爵詣尊所受爵從右進爵○獻官執爵獻爵○奠爵自左受爵奠于神位前○奉爵奠爵降復位○獻官執笏俯伏興平身○引詣 配位尊所西向立○引詣

兗國復聖公神位前○搢笏跪○奉爵奠爵升○奉爵詣尊所受爵從右進爵○獻官執爵獻爵○奠爵自左

受爵奠于神位前○奉爵奠爵降復位○獻官執笏俯伏興平身○引詣
郕國宗聖公神位前○搢笏跪○奉爵奠爵升○奉爵詣尊所受爵從右進爵○獻官執爵獻爵○奠爵自左受爵奠于神位前○奉爵奠爵降復位○獻官執笏俯伏興平身○引詣
沂國述聖公神位前○搢笏跪○奉爵奠爵升○奉爵詣尊所受爵從右進爵○獻官執爵獻爵○奠爵自左受爵奠于神位前○奉爵奠爵降復位○獻官執笏俯伏興平身○引詣
鄒國亞聖公神位前○搢笏跪○奉爵奠爵升○奉爵詣尊所受爵從右進爵○獻官執爵獻爵○奠爵自左受爵奠于神位前○奉爵奠爵降復位○獻官執笏俯伏興平身○降復位

●東西廡行禮

撰者贊引各引東西分獻官詣盥洗位○搢笏盥洗○洗手執笏○東獻官詣周濂溪神位前○跪搢笏○西獻官詣程明道神位前○跪搢笏○東西奉香奉爐升○三上香○東西奉爵奠爵升○執爵○獻爵○執笏俯伏興平身○東獻官詣程伊川神位前○跪搢笏○西獻官詣朱晦庵神位前○跪搢笏○東西奉香奉爐升○三上香○東西奉爵奠爵升○執爵○獻爵○執笏俯伏興平身○東獻官詣弘儒侯神位前○跪搢笏○西獻官詣文昌公神位前○跪搢笏○東西奉香奉爐升○三上香○東西奉爵奠爵升○執爵○獻爵○執笏俯伏興平身○東獻官詣文成公神位前○跪搢笏○西獻官詣文忠公神位前○跪搢笏○東西奉香奉爐升○三上香○東西奉爵奠爵升○執爵○獻爵○執笏俯伏興平身○東獻官詣文敬公神位前○跪搢笏○西獻官詣文獻公神位前○跪搢笏○東西奉香奉爐升○三上香○東西奉爵奠爵升○執爵○獻爵○執笏俯伏興平身○東獻官詣文正公神位前○跪搢笏○西獻官詣文元公神位前○跪搢笏○東西奉香奉爐升○三上香○東西奉爵奠爵升○執爵○獻爵○執笏俯伏興平身○東獻官詣文純公神位前○跪搢笏○西獻官詣文正公神位前○跪搢笏○東西奉香奉爐升○三上香○東西奉爵奠爵升○執爵○獻爵○執笏俯伏興平身○東獻官詣文成公神位前○跪搢笏○西獻官詣文簡公神位前○跪搢笏○東西奉香奉爐升○三上香○東西奉爵奠爵升○執爵○獻爵○執笏俯伏興平身○東獻官詣文元公神位前○跪搢笏○西獻官詣文烈公神位前○跪搢笏○東西奉香奉爐升○三上香○東西奉爵奠爵升○執爵○獻爵○執笏俯伏興平身○東獻官詣文敬公神位前○跪搢笏○西獻官詣文正公神位前○跪搢笏○東西奉香奉爐升○三上香○東西奉爵奠爵升○執爵○獻爵○執笏俯伏興平身○東獻官詣文正公神位前○跪搢笏○西獻官詣文純公神位前○跪搢笏○東西奉香奉爐升○三上香○東西奉爵奠爵升○執爵○獻爵○執笏俯伏興平身○贊引各引東西分獻官降復位

行飮福禮○大祝詣正位尊所以爵酌福酒寘坫上○大祝持俎及刀進減神位前俎肉盛俎上出寘尊所○謁者引初獻官詣飮福位○西向立○跪搢笏○大祝詣尊所執爵就初獻官之左北向跪授初獻官○初獻官飮卒爵○大祝以爵反于坫○大祝取胙肉北向跪授初獻官○初獻官受胙○大祝以胙俎降自東階出○初獻官執笏○俯伏興平身○謁者引初獻官降復位○四拜○獻官皆四拜○東西唱呼唱○鞠躬拜興拜興拜興拜興平身○徹籩豆○大祝入徹籩豆○四拜○獻官以下在位者皆四拜○東西唱呼唱○鞠躬拜興拜興拜興拜興平身

行望燎禮○謁者引初獻官詣望燎位○北向立○大祝以篚取祝及幣降自西階置于坎○可燎○禮畢○謁者進初獻官之左白禮畢○祝升閉櫝仍降復位○謁者贊引各引獻官出○大祝及諸執事俱復階間拜位四拜出○東西唱呼唱○學生出○執禮降復階間拜位四拜出○謁者贊引俱復階間拜位四拜出○廟司入徹饌闔戶退

●隨聞要抄釋奠大祭鄕校祭享式條鄕校釋奠大祭笏記

丑前三刻贊者謁者先就拜位○四拜○各就位○謁者引獻官以下俱就門外位○謁者引祝及諸執事入就拜位○祝以下皆四拜○盥訖○各就位○謁者贊引引初獻官以下入就拜位○謁者進初獻官之左白有司謹具請行事○四拜獻官及學生皆四拜○行奠幣禮○謁者引初獻官詣盥洗位○盥訖○引詣大成至聖文宣王神位前○跪○搢笏○三上香○獻幣○執笏○俯伏○興平身○次詣兗國復聖公神位前○跪○搢笏○三上香○獻幣○執笏○俯伏○興平身○次詣○郕國宗聖公神位前○跪○搢笏○三上香○獻幣○執笏○俯伏○興平身○次詣○沂國述聖公神位前○跪○搢笏○三上香○獻幣○執笏○俯伏○興平身○次詣○鄒國亞聖公神位前○跪○搢笏○三上香○獻幣○執笏○俯伏○興平身○引降復位○行初獻禮○謁者引初獻官詣文宣王罇前○酌訖○引詣神位前○跪○搢笏○獻酌○執笏○俯伏○興少退北向跪○祝進神位之左東向跪○讀祝文○俯伏○興平身○引詣配位罇所○酌訖○引詣復聖公神位前○跪○搢笏○獻爵○執笏○俯伏○興平身○次詣宗聖公神位前○跪○搢笏○獻爵○執笏○俯伏○興平身○次詣述聖公神位前○跪○搢笏○獻爵○執笏○俯伏○興平身○次詣亞聖公

神位前○跪○搢笏○獻爵○執笏○俯伏○興平身○引降復位○行亞獻禮○謁者引亞獻官詣盥洗位○盥訖○引詣文宣王罇所○酌訖○引詣神位前○跪○搢笏○獻酌○執笏○俯伏○興少退北向跪○引詣配位罇所○酌訖○引詣復聖公神位前○跪○搢笏○獻爵○執笏○俯伏○興平身○次詣宗聖公神位前○跪○搢笏○獻爵○執笏○俯伏○興平身○次詣述聖公神位前○跪○搢笏○獻爵○執笏○俯伏○興平身○次詣亞聖公神位前○跪○搢笏○獻爵○執笏○俯伏○興平身○引降復位○行終獻禮○謁者引終獻官引各引分獻官詣盥洗位○盥訖○引終獻官詣文宣王罇所各引分獻官詣東西從享兩廡罇所○酌訖○各引詣神位前○跪○搢笏○內外從享執事皆三上香○獻酌○執笏○俯伏○興平身○引詣配位罇所○酌訖引詣復聖公神位前○跪○搢笏○獻爵○執笏○俯伏○興平身○次詣宗聖公神位前○跪○搢笏○獻爵○執笏○俯伏○興平身○次詣述聖公神位前○跪○搢笏○獻爵○執笏○俯伏○興平身○次詣亞聖公神位前○跪○搢笏○獻爵○內外從享皆獻○執笏○俯伏○興平身○引降復位○贊引各引分獻官降復位○謁者引初獻官飮福位○北向跪○搢笏○以爵授獻官○獻官受爵飮卒爵○執事受虛爵復於坫○祝進減胙肉授獻官○獻官受胙以授執事○執事出門○俯伏○興○引降復位○四拜獻官以下皆四拜○祝入撤籩豆○四拜獻官及學生皆四拜○謁者引初獻官詣望瘞位北向立○祝取祝板及幣降自西堦置於坎○置土半坎○引降復位○謁者進獻官之左白禮畢○引初獻官以下以次出○祝及諸執事俱復拜位○祝以下皆四拜○以降出○贊者謁者贊引俱就位○四拜○以降出

▶3980◀◈問; 향교정관의 법적 효력여부.

의결방법; 회원은 성원에 관계없이 출석인원으로 성립하며 출석인원 과반수의 찬성으로 의결한다. 의결방법의 법적 효력여부.

◈答; 향교정관의 법적 효력여부.

본인은 법률을 전공한자가 아니라 이번 질문에도 망설였으나 이날까지 누구도 이에 응함이 없어 비 전문가적이나마 아래와 같이 기왕에 살핀 바가 있어 차에 게시하여 놓습니다. 살펴보시면 의문에 가근한 답을 얻을 수 있지 않을까 합니다.

●대한민국 헌법

제 3 장 국회

제 49 조 국회는 헌법 또는 법률에 특별한 규정이 없는 한 재적의원 과반수의 출석과 출석의원 과반수의 찬성으로 의결한다. 가부 동수인 때에는 부결된 것으로 본다.

●민법

제 3 장 법인 제 3 절 기관

제 73 조 제 2 항 사원은 서면이나 대리인으로 결의권을 행사할 수 있다.

제 3 항 전 2 항의 규정은 정관에 다른 규정이 있는 때에는 적용하지 아니한다.

제 75 조 (총회의 결의 방법)①총회의 결의는 본법 또는 정관에 다른 규정이 없으면 사원 과반수의 출석과 출석 사원의 결의권의 과반수로써 한다.

②제 73 조 제 2 항의 경우에는 당해 사원의 출석한 것으로 한다

● (A)鄕校 定款(향교 정관)

第五章 會議

五項 總會는 出席會員의 過半數 贊成으로 決定한다.

六項 任員會는 任員過半數의 出席으로 出席任員의 過半數 贊成으로 決定한다.

● (B)鄕校 定款(향교 정관)

第五章 會議

五項 總會는 出席會員의 過半數 贊成으로 決定한다.

六項 任員會는 任員過半數의 出席으로 出席任員의 過半數 贊成으로 決定한다.

●향교재단 정관

제 3 장 이 사 회

제 16 조(의사회의 의결사항) 이사회는 다음의 사항을 심의. 의결한다.
① 임원의 선출 및 심사. 해임에 관한 사항
② 법안의 해산에 관한 사항
③ 정관의 변경에 과한 사항
④ 사업계획 및 예산편성에 관한 사항
⑤ 재산관리, 처분 및 기채에 관한 사항
⑥ 법인운영에 필요한 규칙제정 및 폐기
⑦ 기타 법인운영에 중요하다고 이사장의 부의하는 사항

제 17 조(의결정족수) ① 이사회는 재적이사 과반수 출석으로 개회하고, 출석이사 과반수의 찬성으로 의결한다.
② 제 1 항의 규정에도 불구하고 다음의 경우는 재적이사 3 분의 2 이상의 동의로 의결한다.
1. 기본 재산의 취득과 처분에 관한 사항
2. 법인의 기채에 관한 사항
③ 제 2 항의 의결정족수가 가 부동수일 경우는 의장의 결정에 의한다.
④ 의사회 의결은 위임할 수 없다.

▶3981◀ ◈問; 향교 중앙의 계단 유무.

향교의 내삼문은 左右, 中央에 문이 있습니다. 그리고 대성전에 들어가는 門도 좌우, 중앙에 있습니다. 그런데 대성전에 올라가는 계단은 左右에는 있는데 中央에는 보이지 않고 없습니다. 모든 향교가 전부 그런지요? 아니면 향교마다 다른지요?

향교 전부가 동일하거나 다르다면, 중앙의 계단이 없는 이유를 알고 싶습니다. 또한 향교마다 중앙 계단이 존재여부가 다르다면 다른 이유도 알고 싶습니다.

◈答; 향교 중앙의 계단 유무

아래와 같이 살펴보건대 종묘(宗廟)는 삼계(三階)를 두었고 문선왕묘(文宣王廟)는 이계(二階) 뿐입니다. 또 궐리지(闕里誌)를 살펴보면 명대(明代)에는 일당도(一堂塗)였고 신묘도(新廟圖)에는 양당도(兩堂塗)입니다. 이와 같이 살펴보건대 삼계(三階)라야 중간 계(階)가 태계(泰階; 神階)로 삼문(三門)의 정문(正門)에서 태계(泰階)로 연결된 길이 신로(神路; 景慕宮儀軌圖說)이나 문묘(文廟) 대성전(大成殿)에는 양계(兩階)라 태계(泰階)(神階)가 별도로 있지 않습니다.

또 태학지(太學志)를 살펴보면 삼문(三門)의 정문(正門)에서 서계(西階)로 련결(連結)된 일당도(一堂塗)가 표시(標示) 되어 있는데 이 길은 신로(神路)의 표시로 보아야 할 것입니다. 현재 서울 문묘(文廟)에는 태계(泰階)는 없으나 가운데에 신로(神路)는 설치되어 있습니다. 따라서 각 향교(鄕校) 대성전(大成殿)의 구조는 서울 문묘(文廟)와 동일 하다. 라 한다면 삼계(三階)를 설치할 수가 없으며 만약 신로(神路)를 둔다면 태학지(太學志)와 같이 서계(西階)로 연결됨이 옳습니다.

●國朝五禮儀序例壇廟圖說; 宗廟宗廟在都城內東大室居中南向凡七間前有三階○又文宣王廟在都城內東大成殿坐北南向凡五間前有二階

●春官通考吉禮文宣王廟; 原儀文宣王廟在都城內東大成殿坐北向南凡五間前有二階

●太學志泮宮圖三門正門西階連結一堂塗

●闕里誌廟制按宋闕里廟制無堂塗明朝闕里廟制一堂塗新廟圖一圖二圖三圖皆兩堂塗

●家輯堂塗謂之陳(細註)郭氏曰堂下至門徑也其北屬階其南接門內主人將東賓將西賓主各至堂塗北行向堂時也賓主各至堂塗北行向堂時也又按聘禮堂塗也則堂塗在階廡之內矣

●周禮冬官考工記匠人; 堂涂十有二分(鄭玄注)謂階前若今令甓裓也分其督旁之修以二分爲峻也爾雅曰堂涂謂之陳(賈公彦疏)漢時名堂涂爲令甓裓令甓則今之塼也裓則塼道也

●詩經陳風防有鵲巢; 中庸有甓毛傳中中庭也唐堂塗也(孔穎達疏)引孫炎云堂塗堂下至門之徑也

●景慕宮儀軌圖說; 正堂(二十間)移安堂(六間舊正堂)左翼閣(五間)右翼閣(五間內上三間祭器庫下

二間翼閣)祭器庫(見上)月臺(有三階 : 中泰階神路左阼階御路右西階祀官所由)

▶3982◀◈問; 향교 진설 홀기.

수고가 많으십니다. 향교의 석전대제를 올리기 위하여, 陳設을 하기 위한 笏記가 있다고 들었습니다. 진설 홀기를 알고 싶습니다. 욕심 같으나 간단한 설명도 하여 주시면 더욱 고맙겠습니다

◈答; 향교 진설 홀기.

⊙釋奠 笏記 (석전 홀기) 와 陳設 笏記 (진설 홀기)

○典祀官廟司入實饌具畢[전사관과 묘사가 들어가 제찬을 담아 갖추어 진설을 마치면]

○贊引引監察升自東階按視堂之上下糾擦 [찬인은 감찰을 인도하여 동계로 올라 당의 위 아래를 안험해 보고 의례와 같지 않은가 살피고서 돌아나간다]

○執禮及廟司先就階間拜位北向西上四拜訖 盥手就位[집례와 묘사는 먼저 계간 배위로 나아가 서쪽을 상위로 하여 북향해 4배하고 마치면 손을 씻은 다음 각기 위치로 나아간다]

○謁者贊引俱就階間拜位四拜訖 就位[알자와 찬인은 다같이 계간 배위로 나아가 4배하고 제자리에 나아간다]

⊙陳設笏記 (진설홀기)

○廟司及諸執事俱就階間拜位北向西上位[묘사와 여러 집사들은 계간 배위로 나아가 서쪽을 상위로 북향하여 서시오]

○四拜廟司以下諸執事階四拜『鞠躬 拜 興 拜 興 拜 興 平身』[4배하시오. 묘사이하 여러 집사들은 다 4배하시오]

○廟司及諸執事詣관洗位 盥手引詣大成位[묘사와 여러 집사들은 관세위에 나아가 손을 씻고 대성위에 나아가시오.]

○大成位東便廟司及東從享廟司執事序立于大成位前東便[대성위 동편 묘사와 동종향 묘사 및 집사들은 대성위 앞 동편에 서시오]

○大成位西便廟司及西從享廟司執事序立于大成位前西便[대성위 서편 묘사와 서종향 묘사 및 집사들은 대성위 앞 서편에 서시오]

○行大成位陳設禮 (左十二籩 右十二豆)[대성위 진설을 하시오. (좌 십이변 우 십이두 임)]

○眞設自左十二籩 第一行形鹽在前 魚鱐次之乾棗次之栗黃次之[진설은 좌측 12변부터 시작하여 제1행 맨 앞에 형염을 놓고, 그 뒤에 어수를 놓고, 그 뒤에 건조를 놓고, 그 뒤에 율황을 놓으시오]

○第二行榛子在前菱仁次之 芡仁次之鹿脯次之[제2행 맨 앞에 진자를 놓고, 그 뒤에 능인을 놓고, 그 뒤에 검인을 놓고, 그 뒤에 녹포를 놓으시오]

○第三行白餠在前黑餠次之糗餌次之粉餈次之[제3행 맨 앞에 백병을 놓고, 그 뒤에 흑병을 놓고, 그 뒤에 구이를 놓고, 그 뒤에 분자를 놓으시오]

○其次至右十二豆 第一行韭菹在前醓醢次之菁菹次之鹿해次之[그 다음 우측 12두를 진설하는데 제 1행 맨 앞에 구저를 놓고, 그 뒤에 탐해를 놓고, 그 뒤에 청저를 놓고, 그 뒤에 녹해를 놓으시오]

○第二行 芹菹在前兎醢次之筍菹次之魚醢次之[제 2행 맨 앞에 근저를 놓고, 그 뒤에 토해를 놓고, 그 뒤에 순저를 놓고, 그 뒤에 어해를 놓으시오]

○第三行脾析在前豚拍次之酏食次之糝食次之[제 3행 맨 앞에 비석을 놓고, 그 뒤에 돈박을 놓고, 그 뒤에 이식을 놓고, 그 뒤에 삼식을 놓으시오]

○其次至中央簠梁左前簠稻次之[그 다음 중앙에 보에 담은 양을 좌측에 놓고, 보에 담은 도를 그 뒤에 놓으시오]

○簋稷右前 簋黍次之[궤에 담은 직을 우측에 놓고, 궤에 담은 서를 그 뒤에 놓으시오]

○其次至東西從享位陳設 自左二邊栗黃在前鹿脯次之[그 다음 동서종향위 진설을 하는데 먼저 좌측 2변부터 시작하여 좌측 맨 앞에 율황을 놓고 그 뒤에 녹포를 놓으시오]

○其次右二豆菁菹在前鹿脯次之[그 다음 우측 2두로 우측 맨 앞에 청저를 놓고, 그 뒤에 녹해를 놓으시오]

○其次中央簠稻在左簠黍在右[그 다음 중앙에 보에 담은 도를 좌측에 놓고, 궤에 담은 서를 우측에 놓으시오. (진설이 끝난 후에 검수를 한다)]

○點視[하나하나 천천히 살피어 검수를 한다]

○贊引引獻官詣大成位前[찬인은 헌관을 대성위전으로 인도하여 검수케 하시오]
○次詣四聖位前[다음은 4성위 전으로 인도하여 검수케 하시오]
○次詣東從享位前[다음은 동종향으로 인도하여 검수케 하시오]
○次詣西從享位前[다음은 서종향으로 인도하여 검수케 하시오]
○次復詣大成位前[다음은 다시 대성위 앞으로 인도하시오]
○引降出就[밖으로 인도하여 제자리로 가시오]
○遂廟司及諸執事出閉扉[묘사와 모든 집사들도 그 뒤를 따라 나가고 대성전 문을 닫으시오]

▶3983◀◈問; 헌관과 분향관.

안녕하십니까?
헌관(獻官)과분향관(焚香官)의 차이점(差異點)이 무엇이며 삭망시(朔望時) 헌관(獻官)과분향관(焚香官) 중호칭(中呼稱)은 분향관(焚香官)을 인도(引導)하는 호칭(呼稱)은 알자(謁者)와찬인중(贊引中) 유교신문에 헌관(獻官)과분향관(焚香官), 알자(謁者)와찬인(贊引)을 각(各) 향교(鄕校)마다 다르니 통일(統一)함이 좋을듯 합니다

◈答; 헌관과 분향관 질문에 대하여.

○問 1; 헌관(獻官)과 분향관(焚香官)의 차이점(差異點)

●問 1 答;

◆헌관(獻官); 헌주례(獻酒禮)를 행하는 정례(正禮)에서 초아종헌(初亞終獻)을 하는 제관(祭官)을 통칭(通稱) 헌관(獻官)이라 하고,

◆분향관(焚香官); 삭망(朔望) 정알례(正謁禮) 등 헌주(獻酒)의 예(禮) 없이 분향(焚香)뿐의 예(禮)에서 분향(焚香)하는 헌관(獻官)을 속칭(俗稱)으로 분향관(焚香官)이라 함이 아닌가 합니다. 어느 예법에도 분향관으로 호칭됨이 보이지 않습니다.

○問 2; 삭망시(朔望時) 헌관(獻官)과 분향관(焚香官) 중(中) 호칭(呼稱)은

●問 2 答; 삭망(朔望)의 례(禮)는 헌주례(獻酒禮) 없는 분향(焚香)의 예(禮)로서 역시 정식(正式) 명(名)은 헌관(獻官)이라 하나 구분하기 위하여 속칭(俗稱) 분향관(焚香官)이라 이르기도 합니다.

○問 3; 분향관(焚香官)을 인도(引導)하는 호칭(呼稱)은 알자(謁者)와 찬인중(贊引中)

●問 3 答; 알자(謁者)라 합니다.

●太學志焚香; (云云)獻官隨之仍入殿內焚香降復位皆四拜
●晉人塵昇聞仆碑遭壓; 吾邑紳士凡在朔望莫不入學謁聖(註)謁聖爲拜謁孔聖
●高山書院誌瞻謁儀節; 士林有請參拜則居齋人具巾服自左夾門引導布席階下再拜
●太學志卷四王世子酌獻入學焚香; 每月朔望大司成具常服攀館官(註省略)及齋任生進四學齋生詣文廟焚香
●鄕校位次謁聖儀節; 謁者引詣盥洗位搢笏謁者引詣殿內神位前跪搢笏三上香執笏俯伏興平身引降復位鞠躬四拜平身闔門禮畢引出
●陶山書院正謁笏記; ○諸執事入就拜位○再拜○盥洗○各就位○謁者引獻官入就拜位○引詣盥洗位○盥洗○引詣神位前○跪○三上香○俯伏興○引降復位○獻官以下皆再拜○鞠躬○拜○興○拜○興○平身○謁者引初獻官以下以次出

▶3984◀◈問; 헌관과 제관의 좌향.

날이 더워 마을의 느티나무 아래에서 이야기를 주고 받던 중에 헌관의 좌향을 다르게 이야기가 나와서 여쭈어 봅니다.

1) 헌관이 향교에서는 서향 하여 서지만, 일반 제사에는 북향하여 서야 한다. 향교에서 북향하여 서면, 공자님과 마주 보고 서는 것이기 때문에 서향 하여 서야 한다.
2) 향교에서나 일반 제사나 북향하여 서야 한다.

3) 향교에서나 일반 제사나 장소가 넓으면 서향 하여 서고, 좁으면 북향하여 선다.
4) 향교에서나 일반 제사나 헌관은 서향하고, 제관은 북향하여 선다.
5) 향교나 일반 제사나 북향이나 서향이나 마음대로 서면 된다.

여러 가지 의견이 나왔습니다. 즉 헌관의 좌향과 일반 제관의 좌향을, 향교와 일반 제사에서 어떻게 서야 하는지 알고 싶습니다. 죄송합니다.

◈答; 헌관과 제관의 좌향.

석전대제(釋奠大祭)의 예법은 성균관(成均館)을 비롯 향교(鄕校)는 국조오례의(國朝五禮儀)의 규정이 모법이 될 것입니다.

◆국조오례의(國朝五禮儀) 석전(釋奠) 제원의 좌향(坐向)을 아래와 같이 살펴보건대,
○**西向**; 헌관(獻官) 분헌관(分獻官) 찬자(贊者) 알자(謁者) 찬인(贊引) 집례(執禮) 감찰(監察) 대축(大祝) 작주관(爵酒官) 등.
○**東向**; 협률랑(協律郎)
○**北向**; 전악(典樂) 학생(學生) 문관(文官) 무관(武官) 종친(宗親) 등.

◆백성(百姓)은 주자가례(朱子家禮) 통례(通禮) 사당(祠堂) 정지삭망의(正至朔望儀)의 취위위(就位位)가 기본위(基本位)가 됩니다. 그에 따르면 모든 제원(祭員)은 모두 북향(北向)이 됩니다.

●國朝五禮儀有司釋奠文宣王儀; 典樂帥其屬設登歌之樂於堂上前楹間軒架於廟庭俱北向執禮設初獻官位於東階東南西向飮福位於堂上前楹外近東西向亞獻官終獻官分獻官位於初獻官之後稍南西向執事者位於其後每等異位重行西向北上監察位於執事之南西向書吏陪其後執禮位二一於堂上前楹外一於堂下俱近東西向贊者謁者贊引在堂下執禮之後稍南西向北上協律郎位於堂上前楹外近西東向典樂位於軒懸之北北向館官學官位於西階西南東向北上學生位於庭中北向西上設門外位諸釋奠官於東門外道南館官學官於釋奠官之東少南學生於其後俱每等異位重行北向西上設望瘞位於瘞坎之南初獻官在南北向執禮贊者大祝在東西向北上
●國朝五禮儀序例上吉禮壇廟圖說文宣王廟; 飮福位 執禮一二 贊者 謁者 贊引 亞獻官 終獻官 初獻官 進幣爵酒官 奠幣爵酒官 分獻官 (皆西向) 陪享文官位 陪享宗親 武官位 監察一二 (皆北向) 協律郎 (東向)
●朱子家禮通禮祠堂正至朔望則參; 主人以下盛服入門就位主人北面於阼階下主婦北面於西階下主人有母則特位於主婦之前(栗谷曰奉祀妾子之母固不當立於主婦之前矣亦豈可立於主婦之後乎當立於主婦之西稍前)主人有諸父諸兄則特位於主人之右少前重行(增解輯覽按重行者主人前伯叔父爲一行主人兄弟爲次行主人子姪又爲次下主人之孫又爲次下是爲重行○沙溪曰諸父異行兄弟則有少前少退之異非重行也)西上有諸母姑嫂姊則特位主婦之左少前重行東上諸弟在主人之右少退子孫外執事者在主人之後重行西上主人弟之妻及諸妹在主婦之左少退子孫婦女內執事者在主婦之後重行東上

▶3985◀ ◈問; 현주란?

문헌에 술 대신 현주를 썼다는 데 현주란 어떤 것인지요?

◈答; 현주란.

고대(古代)에는 술이 없었고 물로 제사를 지냈는데 그 날 첫 새벽에 취한 우물 물을 현주(玄酒)라 하여 병에 담아 사용하였으나, 지금은 주가(酒架)에 술병의 서쪽으로 진설하여 둘 뿐 술을 올리고 있으니 실은 사용하지는 않습니다.

●郊特牲酒醴之美玄酒明水之尙貴五味之本也(鄭玄注)尙質貴本其至如是乃得交於神明之宜也明水司烜以陰鑑所取於月之水也○又齊加明水報陰也(鄭현注)明水司烜所取於月之水也齊五齊也五齊加明水則三酒加玄酒也
●鄕飮酒儀尊有玄酒敎民不忘本也(註)古之世無酒以水行酒故後世因謂水謂玄酒不忘本者思禮之

所由起也

●禮運故玄酒在室(集說註)太古無酒用水行禮後王重古故尊之名爲玄酒祭則設於室內而近北也每祭必設玄酒其實不用之以酌(孔穎達疏)玄酒謂水也以其色黑謂之玄而太古無注此水當酒所用故謂之玄酒

●士昏禮疏神農時未有酒醴以水爲玄酒而已記云後聖有作以爲酒醴據黃帝以後而言也

●尤庵曰玄酒恐不須不用若以爲文具而去之則如茅沸焚香等亦可去也

●性理大全家禮四時祭厥明夙興設蔬果酒饌條設玄酒及酒各一瓶於架上玄酒其日取井花水充在酒之西

●家禮四時祭厥明夙興設蔬果酒饌條設玄酒及酒各一瓶於架上玄酒其日取井花水充在酒之西

⊙春官通考啓聖祠春秋(告祭同但無羊腥)陳設圖

右二豆=========神位=========左二籩
鹿醢======簋黍=====簠稻=======鹿脯
菁俎======腥羊=====腥豕=======栗黃
==========俎=======俎===========
=============篚幣===============
燭===========香爐==============燭
====爵========爵========爵======
坫祝=此奠獻初=此奠獻亞=此奠獻終====
~~~~~~~~~~~~~~~~~~~~~~~~~~
====(玄酒)沙尊=======(清酒)沙尊===
====(玄酒)沙尊=======(清酒)沙尊===

⊙春官通考四賢祠陳設圖(左二籩右二豆)

============神位==============
~~~~~~~~~~~~~~~~~~~~~~~~~
鹿醢=========================鹿脯
=========簋黍=====簠稻=========
菁俎==========腥豕==========栗黃
=============俎=================
=============篚幣===============
燭===============================燭
=============香爐==============
=======爵======爵======爵========
~~~~~~~~~~~~~~~~~~~~~~~~~~~
=====(玄酒)沙尊========(清酒)沙尊===

⊙五禮儀釋奠從享(州縣同)(左二籩右二豆)陳設圖

===============神位==============
鹿醢===========================鹿脯
菁俎 ======簋黍=====簠稻======栗黃
==============腥豕==============
==============俎================
燭=============================燭
=============香爐===============
==============爵================
~~~~~~~~~~~~~~~~~~~~~~~~~~~
====(玄酒)象尊========(清酒)象尊====

⊙性理大全正寢時祭之圖

高高 曾曾 祖祖 考妣
祖祖 祖祖 考妣
考妣 考妣
卓 卓 卓 卓
茅沙 茅沙 茅沙 茅沙
受盞酒
玄酒胙盤注
酒架盤
架

▶3986◀ ◈問; 홀기를 창하기 전에.

의식을 하기 전에 창홀하기 전 북을 쳐서 의식을 알린다고 하는데 시보격고라고 하는지. 시고격고라고 하는지?

始報擊鼓 ?
始告擊鼓 ?

◈答; 홀기를 창하기 전에.

북을 쳐서 의식(儀式)을 알리는 수단(手段)을 시보격고(時報擊鼓)라 하는데 성균관(成均館) 동재(東齋) 마루에 걸린 북을 석전(釋奠) 행사(行事) 전에 세 번 치면서 "모이시오"라 외쳐 참례(參禮)자들을 묘(廟) 앞으로 모이게 하는 신호로서 국조오례의(國朝五禮儀)나 태학지(太學志) 여러 석전(釋奠) 홀기(笏記) 의식(儀式) 순(順)에 기재되지 않은 편의상 행사(行事) 시작을 널리 전달 수단의 일환일 뿐으로 여겨집니다.

이상을 뒷받침하기에 적합한 전거가 없습니다. 다만 보고 들은 바를 정리하였을 뿐으로 혹 조금은 다를 수도 있습니다.

34 국의(國儀)

▶3987◀◈問; 갑사괴목대신제 의 축문을 알고 싶습니다.

갑사괴목대신제에 대해서 조사하던 중에 각종자료를 정리하고 있지만 정작 축문이 없어서 이렇게 글을 남기게 됩니다. 혹 구할 수 있을까요? (김 0 중)

◈答; 갑사괴목대신제(甲寺槐木大神祭)의 축문.

글의 내용으로 보아 인신(人神)에 대한 의례관계는 아닌 듯하며 그에 관한 직접적인 축문식은 가지고 있지를 않습니다.

아래 축식은 사서인들의 축문식이 아니라. 천지대천 수목 등에 제사하는 각종 외사 축문식입니다. 참고하여 보기 바랍니다.

⊙축문식(祝文式)

維成化某年歲次某甲某月某朔某日某甲云云(風雲雷雨稱朝鮮國王臣姓諱○雩祀稱朝鮮國王姓諱○嶽海瀆及山川稱國王姓諱○名山大川城隍稱國王○州縣禜祭城隍發告並稱某州官姓名)敢昭告于(名山大川城隍七祀則稱致告于)云云(風雲雷雨稱風雲雷雨之神國內山川之神城隍之神○嶽海瀆稱某嶽之神某海之神某瀆之神○雩祀稱句芒氏之神祝融氏之神后土氏之神蓐收氏之神玄冥氏之神后稷氏之神○名山大川稱某山之神某川之神○望祈稱某方嶽海瀆之神某方山川之神○七祀稱司命司戶司竈中霤之神○禜祭稱某方山川之神○城隍發告稱城隍之神)伏以(城隍發告則否)云云(風雲雷雨稱默幹玄機品物流形神功斯博我祀孔明國內○山川稱別峙作鎭善下潤物功利在人祀事不戒○城隍稱高深莫側衛我邦家人民其依功利斯多○嶽稱峻極于天鎭我邦基歆我禋祀介以純禧○海稱百谷之王德著廣利享祀是宜永介多祉○瀆稱爲國之紀澤潤萬物克禋克祀錫我百福○雩祀句芒稱東作之功莫非爾極是用享祀永言率育○祝融稱長養萬物德著亨嘉以享以祀受福不那○后土稱持載簡能德合無疆時祀不戒神其降康○蓐收稱萬寶告成旣受厥明以報以祀福祿來成○玄冥稱貞固幹事德全終始我祀孔明介以繁祉○后稷稱誕播嘉穀群黎徧毓顧予吉蠲申錫戬穀○名山稱磅礴崒嵂鎭于一方是用禋祀惠我無疆○大川稱性本潤下功利斯溥占蠲以祀有秩斯祜○司寒稱闔闢陰機燮調愆伏至誠斯感錫玆祉福○七祀稱節届孟春隨時改稱宜擧精禋祗薦閟宮乃逮明神○禜祭稱霪雨不止傷我稼穡冀垂扶佑應時開豁○報祀稱霪雨旣霽維神之賜何以報之敢稽祀事○城隍發告稱將以某月某日設壇北郊祭闔境無祀鬼神庶資神力召集赴壇)謹以牲幣醴齊粢盛庶品(七祀禜祭司寒則稱牲醴庶品城隍發告則稱淸酌庶羞)式陳明薦尙饗

▶3988◀◈問; 고사.

어떠한 경우 기우제 또는 천신제를 올리는데 묘제처럼 삼헌례를 하나요 명절례처럼 단배제례로 해도 되나요. 궁금 합니다.

◈答; 고사.

오례의(五禮儀)의 궁실 기우제 예법입니다.

⊙우사의(雩祀儀)

◆陳設(진설)

前享二日典祀官帥其屬掃除壇之內外典設司設諸享官次又設饌幔皆於東壝門外隨地之宜前一日典樂帥其屬設登歌之樂於壇上近南軒架於壇下俱北向典祀官其屬設句芒祝融后土蓐收玄冥后稷神座於壇上北方南向西上席皆以莞執禮設初獻官位於壇下東南西向飮福位於壇上南陛之西北向亞獻官終獻官位於初獻官之後稍南西向執事者位於其後每等異位重行西向北上監察位於執事之南西向書吏陪其後執禮位二一於壇上一於壇下俱近東西向贊者謁者贊引在壇下執禮之後西向北上協律郎位於壇上近西東向典樂位於軒懸之北北向設諸享官門外位於東壝門外道南每等異位重行北向西上設望瘞位於瘞坎之南初獻官在南北向執禮贊者大祝在東西向北上(贊者大祝稍却)享日未行事前典祀官帥其屬入奠祝版各一於神位之右(各有坫)陳幣篚各一於尊所設香爐香合幷燭於神位前次設祭器如式(見享例)設福酒爵(有坫)胙肉俎各一於尊所設洗於南陛東南北向(盥洗在東爵洗在西)罍在洗東加勺篚

在洗西南肆實以巾(若爵洗之篚則又實以爵有坫)諸執事盥洗於獻官洗東南北向執尊罍篚冪者位於尊罍篚冪之後

◆行禮(행례)

享日丑前五刻(丑前五刻卽三更三點行事用丑時一刻)典祀官入實饌具畢退就次服其服升設句芒祝融后土蓐收玄冥后稷神位版於座贊引引監察升自東陛(諸執事陞降皆自東陛)按視壇之上下糾察不如儀者還出前三刻諸享官各服其服執禮帥贊者謁者贊引入自東門先就壇南懸北拜位重行北向西上四拜訖各就位典樂帥工人二舞入就位(文舞入陳於懸北武舞立於懸南道西)謁者贊引各引諸享官就門外位前一刻贊引引監察典祀官大祝祝史齊郎協律郎入就壇南懸北拜位重行北向西上立定執禮曰四拜贊者傳唱(凡執禮有辭贊者皆傳唱)監察以下皆四拜訖贊引引監察就位引詣執事詣盥洗位盥帨訖各就位齊郎詣爵洗位洗爵拭爵訖置於篚捧詣尊所置於坫上謁者引初獻官贊引引亞獻官終獻官入就位謁者進初獻官之左白有司謹具請行事退復位協律郎跪俯伏擧麾興工鼓柷軒架作景安之樂烈文之舞作樂二成執禮曰四拜獻官皆四拜樂三成協律郎偃麾戞敔樂止執禮曰行奠幣禮謁者引初獻官詣盥洗位北向立贊搢笏初獻官盥手帨手訖贊執笏引詣壇升自南陛登歌作肅安之樂烈文之舞作詣句芒神位前北向立贊跪搢笏執事者一人捧香合一人捧香爐跪進謁者贊三上香執事者奠爐于神位前大祝以幣篚授初獻官初獻官執幣獻幣以幣授大祝奠于神位前(捧香授幣皆在獻官之右奠爐奠幣皆在獻官之左授爵奠爵准此)謁者贊執笏俯伏興平身引詣祝融后土蓐收玄冥后稷神位前上香奠幣並如上儀訖樂止引降復位執禮曰行初獻禮謁者引初獻官升自南陛詣尊所西向立登歌作壽安之樂烈文之舞作執尊者擧冪酌醴齊執事者六人以爵受酒謁者引初獻官詣句芒神位前北向立贊跪搢笏執事者以爵授初獻官初獻官執爵獻爵以爵授執事者奠于神位前贊執笏俯伏興少退北向跪樂止大祝進神位之右東向跪讀祝文訖樂作謁者贊俯伏興平身樂止引詣祝融后土蓐收玄冥后稷神位前行禮並如上儀訖引降復位文舞退武舞進軒架作舒安之樂舞者立定樂止初初獻官旣復位執禮曰行亞獻禮謁者引亞獻官詣盥洗位北向立贊搢笏亞獻官盥手帨手訖贊執笏引詣壇升自東陛詣尊所西向立軒架作壽安之樂昭武之舞作執尊者擧冪酌盎齊執事者六人以爵受酒謁者引亞獻官詣句芒神位前北向立贊跪搢笏執事者以爵授亞獻官亞獻官執爵獻爵以爵授執事者奠于神位前謁者贊執笏俯伏興平身引詣祝融后土蓐收玄冥后稷神位前行禮並如上儀訖樂止引降復位執禮曰行終獻禮謁者引終獻官行禮並如亞獻儀訖引降復位執禮曰飮福受胙執事者詣尊所以爵酌罍福酒又執事者持俎進減句芒神位前胙肉謁者引初獻官升自東陛詣飮福位北向立贊跪搢笏執事者進初獻官之右西向以爵授初獻官初獻官受爵飮卒爵執事者受虛爵復於坫執事者以俎授初獻官初獻官受俎以授執事者執事者受俎降自南陛出門謁者贊執笏俯伏興平身引降復位執禮曰四拜在位者皆四拜執禮曰徹籩豆大祝進徹籩豆(徹者籩豆各一少移於故處)登歌作雍安之樂徹訖樂止軒架作景安之樂執禮曰四拜獻官皆四拜樂一成止執禮曰望瘞謁者引初獻官詣望瘞位北向立執禮帥贊者詣望瘞位西向立大祝以篚取祝版及幣黍稷飯降自西陛置於坎執禮曰可瘞置土半坎典祀官監視謁者進初獻官之左白禮畢謁者贊引各引初獻官以下以次出執禮帥贊者還本位贊引引監察及諸執事俱復懸北拜位立定執禮曰四拜監察以下皆四拜訖贊引引出工人二舞以次出執禮帥贊者謁者贊引就懸北拜位四拜而出典祀官帥其屬藏神位版徹禮饌以降乃退

◆外祀(외사)

曲禮天子祭天地祭四方祭山川祭五祀歲徧諸侯方祀祭山川祭五祀歲徧大夫祭五祀歲徧士祭其先註呂氏曰祭祀之法冬日至祭天夏日至祭地四時各祭其方以迎氣又各望祭其方之山川五祀則春祭戶夏祭竈季夏祭中霤秋祭門冬祭行此所謂歲徧諸侯有國國必有方祭其所居之方而已非所居之方及山川不在境內者皆不得祭故曰方祀祭法天子立七祀加以司命泰厲諸侯五祀有司命公厲而無戶竈大夫三祀有族厲而無中霤戶竈士二祀則門行而已

아래의 축문식은 국조 오례의 단제(壇祭) 축문식입니다.

維成化某年歲次某甲某月某朔某日某甲云云(風雲雷雨稱朝鮮國王臣姓諱○雩祀稱朝鮮國王姓諱○嶽海瀆及山川稱國王姓諱○名山大川城隍稱國王○州縣禜祭城隍發告並稱某州官姓名)敢昭告于(名山大川城隍七祀則稱致告于)云云(風雲雷雨稱風雲雷雨之神國內山川之神城隍之神○嶽海瀆稱某嶽之神某海之神某瀆之神○雩祀稱句芒氏之神祝融氏之神后土氏之神蓐收氏之神玄冥氏之神后稷氏之神○名山大川稱某山之神某川之神○望祈稱某方嶽海瀆之神某方山川之神○七祀稱司命司戶司竈中霤之神○禜祭稱某方山川之神○城隍發告稱城隍之神)伏以(城隍發告則否)云云(風雲雷雨稱默幹玄機品物流形神功斯博我祀孔明國內○山川稱

別峙作鎭善下潤物功利在人祀事不戒○城隍稱高深莫側衛我邦家人民其依功利斯多○嶽稱峻極于天鎭我邦基歆我禋祀介以純禧○海稱百谷之王德著廣利享祀是宜永介多祉○瀆稱爲國之紀澤潤萬物克禋克祀錫我百福○雩祀句芒稱東作之功莫非爾極是用享祀永言率育○祝融稱長養萬物德著亨嘉以享以祀受福不那○后土稱持載簡能德合無疆時祀不戒神其降康○蓐收稱萬寶告成既受厥明以報以祀福祿來成○玄冥稱貞固幹事德全終始我祀孔明介以繁祉○后稷稱誕播嘉穀群黎徧毓顧予吉蠲申錫戩穀○名山稱磅礴崒嵂鎭于一方是用禋祀惠我無疆○大川稱性本潤下功利斯溥占蠲以祀有秩斯祜○司寒稱閟闢陰機燮調愆伏至誠斯感錫玆祉福○七祀稱節屆孟春隨時改稱宜擧精禋祗薦閟宮乃逮明神○禜祭稱霪雨不止傷我稼穡冀垂扶佑應時開豁○報祀稱霪雨既霽維神之賜何以報之敢稽祀事○城隍發告稱將以某月某日設壇北郊祭闔境無祀鬼神庶資神力召集赴壇)謹以牲幣醴齊粢盛庶品(七祀禜祭司寒則稱牲醴庶品城隍發告則稱淸酌庶羞)式陳明薦尙饗

◎墓壇(묘단)

⊙望墓爲壇當否(망묘위단당부)

問梅山先生答金復享書有遠祖考妣墓之或傳或不傳者卽其所傳之地築壇幷祭之敎而援望墓爲壇金太師故例而爲證恐有合商量者竊念聖人所訓是宗子去國庶子代行時祭之禮也金太師是墓在斯而不能的知者也今若以漠然不知之妣卽其考墓而幷祭則與聖人之訓太師之事不相儭貼而祭時祝辭所稱亦甚難安未知如何則可得其當耶壇石面所書剛齋云某公神位祝辭亦以此稱之或無妨耶伏乞明批答失傳之墓鄙意則不得已而闕墓祀盖以祝辭之難安而然也然不敢質言○所詢壇享世多行之愚則尋常疑之來書所引朱子始基之祖得存墓祭者謂祭墓而非壇祀也又引庶子望墓爲壇亦是就墓南爲壇非因墓遠而爲壇於他鄕也老州答人問有墓而又爲壇非特無經據魄歸于土魂返于堂則魂壇之稱恐甚不類今患之固陋不敢妄爲之說幸惟鑑裁

⊙認壇爲神位之非(인단위신위지비)

今人認壇爲神位但據祭法燔柴于泰壇壇決非神位盖壇與廟墠爲一類而廟釋名云先祖形貌所在墠說文云祭處則皆非神位也況說文壇祭場也今擬築壇而北端設神位南端設祭饌曾見國朝設壇以祭風雲雷雨山川城隍之神其儀如此近俗於壇南立碑碑南置石床盖錯認壇爲神位而有是謬例也碑則立於壇之東南恐得○先墓雖不的認其處而既在其上則不當另設神位

⊙親盡墓壇書式(친진묘단서식)

問親盡墓在先塋內內而不能的認其封就其下築壇立碑行祀則碑面當書某公之壇乎答之改爲祀恐得近齋集有禹祭酒祀壇之文○問壇前立碑碑前設石床陳饌乎答五澧儀社稷祭設饌在壇上要訣土神祭所亦是除地築壇處以此推之壇上設床恐宜碑以南溪表石立墓左之說傍照則似當立於壇東南

▶3989◀ ◈問; 관직명 앞에 알지 '知' 자의 의미.

고래(古來)로 관직명(官職名) 앞에 알지 지(知)자를 싸서 "지밀직사사(知密直司事)'라고 비문(碑文)이나 축문(祝文)에 나옵니다. 지(知)자의 용례(用例)와 의미(意味)에 대하여 좀 더 자세히 알고 싶습니다.

◈答; 관직명 앞에 알지 '知' 자의 의미.

"知密直司事(지밀직사사)"란 知(지), 知事(지사)와 密直司(밀직사)로 갈라 놓으면 知(지)와 지사(知事)란 의미가 무엇인가에 대하여 쉽사리 살펴지게 됩니다. 밀직사(密直司); 고려(高麗) 시대, 왕명(王命)의 출납(出納) 및 궁궐(宮闕)의 경호(警護) 와 군사(軍事) 기밀(機密) 등에 관(關)한 일을 보던 관청(官廳)으로 성종(成宗) 때 중추원(中樞院)으로 출발(出發)하여 충렬왕(忠烈王) 초기(初期)에 밀직사(密直司)로 명(名)하였다가 충선왕(忠宣王)이 잠시 광정원(光政院)으로 고쳤다 공민왕(恭愍王)이 또 잠시 추밀원(樞密院)으로 고치기도 하였음.

◆**지사**(知事; 屬官. 長官).
◆**지**(知); 主持. 執掌. 主管事務. 爲(다스리다)也.

아래와 같이 살펴보건대 "知密直司事"는 고려(高麗) 시대 밀직사(密直司)의 속관(屬官)으로 사무를 관장하던 종 2 품(從二品) 관(官)이란 직명(職名)이 됩니다.

●高麗史節要 卷之二十忠烈王二戊寅四年(宋帝昺祥興元年元至元十五年)二月: ○以柳瓛判典理司事金坵参文學事康守衡知僉議府事許珙判密直司事李汾禧爲密直司使韓康洪于藩知密直司事朴恒同知密直司事奇洪碩張暐爲密直副使又以韋得儒爲上將軍盧進義爲將軍茶丘請之也
●高麗史百官志百官一: 密直司掌出納宿衛軍機之政忠烈王元年改密直司二年改承宣爲承旨二十四年尋復改密直司使一人知司事二人同知司事三人副使四人並從二品文宗舊制十一年復改密直司判司事司使知司事簽書司事同知司事並從二品
●國語越語上: 有能助寡人謀而退吳者吾與之共知越國之政(註)知爲主持執掌
●呂氏春秋長見: 三年而知鄭國之政也(高誘注)知爲也
●管子戒: 以善養人者未有不服人者也於國有所不知政於家有所不知事必則朋乎(尹知章注)若皆知之則事鍾於己將不勝任而敗朋能有所不知故可以移政主管事務
●辭源矢部三畫知; [知事]屬官金於大興府按察司招討司皆置知事元明淸因之元之戶部各庫禮部兵部各司各衛各親軍明淸之通政司各府各衛及按察司鹽運司俱置知事直屬於本署長官

▶3990◀ ◈問; 구시대 관직.

안녕하십니까? 수고 많으십니다. 다름이 아니옵고 고려와 조선시대의 관직 관계를 확실하게 알 수가 있을까요. 물론 여기저기서 얻은 지식이 불충분한 것 같아 제대로 알고 싶어 선생님을 찾아왔습니다. 소상히 일러 주셨으면 감사 하겠습니다. 수고 하십시오.

◈答; 구시대 관직.

고려나 조선시대의 관직관계는 고려는 고려사(高麗史) 백관지(百官志)와 조선은 마지막 법전인 대전회통(大典會通)(1865)에 규정지어 있습니다. 완벽하게 이해하려면 양서(兩書)를 습독(習讀)하여야 부끄러움 없이 이해될 것입니다. 여기에서는 지면의 제약으로 두 책에서 아래와 같이 중요 부분만 선별 게시합니다. 와 아울러 발췌문을 참고로 덧붙여 놓습니다. 부족을 느끼시면 원본으로만이 해결 될 수 밖에는 없을 것입니다.

一). 高麗(고려) 百官志(백관지)

◈高麗史七十七(고려사칠십칠)

●百官志一(백관지일)

高麗太祖開國之初叅用新羅泰封之制設官分職以諧庶務然其官號或雜方言盖草創未暇革也二年立三省六尙書九寺六衛略倣唐制成宗大新制作定內外之官內有省部臺院寺司館局外有牧府州縣官有常守位有定員於是一代之制
○三師三公大師大傳大保爲三師大衛司徒司空爲三公 ○門下府 ○判門下 ○侍中 ○贊成事 ○評理 ○政堂文學 ○知門下府事 ○常侍 ○直門下 ○給事中 ○舍人 ○起居注 ○起居舍人 ○獻納 ○正言 ○錄事 ○注書 ○尙書省 ○三司 ○密直司 ○資政院 ○吏曹 ○考功司 ○兵曹 ○戶曹 ○刑曹 ○都官 ○禮曹 ○工曹 ○司憲府 ○藝文館 ○春秋館 ○寶文閣 ○諸館殿學士 ○成均館 ○典校寺 ○通禮門 ○典儀寺 ○宗簿寺 ○衛尉寺 ○司僕寺 ○禮賓寺 ○典農寺 ○內府寺 ○小府寺 ○軍資寺 ○繕工寺 ○司宰寺 ○司水寺 ○軍器寺 ○書雲觀 ○典醫寺

●百官二(백관이)

寢園署 ○典廏署 ○都染署 ○雜織署 ○司儀署 ○守宮署 ○典獄署 ○大倉署 ○豐儲倉 ○料物庫 ○義盈庫 ○長興庫 ○常滿庫 ○內庫 ○內房庫 ○德泉庫 ○義塩倉 ○寶興庫 ○典廨庫 ○架閣庫 ○五部 ○延慶宮 ○吏屬 ○內侍府 ○內職 ○宗室諸君(異姓諸君) ○異姓諸君 ○東宮官 ○諸妃主府(諸王子府) ○諸王子 ○諸司都監各色 ○西班 ○龍虎軍 ○左右衛 ○神虎衛 ○興威衛 ○金吾衛 ○千牛衛 ○監門衛 ○六衛 ○都府 ○儀仗府 ○堅銳府 ○轉運使 ○按廉使 ○都統使 ○西京留守官 ○計點使 ○指揮使 ○節制使 ○東京留守官 ○團練使 ○大都護府 ○中都護府 ○防禦鎭 ○知州郡 ○諸縣 ○諸鎭 ○館驛使 ○句當 ○儒學教授官 ○勳 ○爵

●文散階(문산계)

國初官階不分文武曰大舒發韓曰舒發韓曰夷粲曰蘇判曰波珍粲曰韓粲曰閼粲曰一吉粲曰級飡新羅之制也曰大宰相曰重副曰台司訓曰輔佐相曰注書令曰光祿丞曰奉朝判曰奉進位曰佐眞使泰封之制也太祖以泰封主任情改制民不習知悉從新羅唯名義易知者從泰封之制尋用大匡正匡大丞大相之號成宗十四年始分文武官階賜紫衫以上正階改文官大匡爲開府儀同三司正匡爲特進大丞爲興祿大夫大相爲金紫興祿大夫銀靑光祿大夫爲銀靑興祿大夫文宗改官制文散階凡二十九從一品曰開府儀同三司正二品曰特進從二品曰金紫光祿大夫正三品曰銀靑光祿大夫從三品曰光祿大夫正四品上曰正議大夫下曰通議大夫從四品上曰大中大夫下曰中大夫正五品上曰中散大夫下曰朝議大夫從五品上曰朝請大夫下曰朝散大夫正六品上曰朝議郞下曰承議郞從六品上曰奉議郞下曰通直郞正七品上曰朝請郞下曰宣德郞從七品上曰宣議郞下曰朝散郞正八品上曰給事郞下曰徵事郞從八品上曰承奉郞下曰承務郞正九品上曰儒林郞下曰登仕郞從九品上曰文林郞下曰將仕郞忠烈王元年改金紫光祿爲匡靖銀靑光祿爲中奉其餘擬上國者悉改之二十四年忠宣改從一品曰崇祿大夫正二品曰興祿大夫從二品曰正奉大夫正三品曰正議大夫從三品曰通議大夫正四品曰大中大夫從四品曰中大夫正五品以下有上下並仍文宗舊制後有榮列正獻朝顯大夫之階三十四年忠宣又改官制一品始置正曰三重大匡從一品曰重大匡正二品曰匡靖大夫從二品曰通憲大夫正三品上曰正順大夫下曰奉順大夫從三品上曰中正大夫下曰中顯大夫正四品曰奉常大夫從四品曰奉善大夫五品曰始爲郞曰通直郞六品曰承奉郞七品曰從事郞八品曰徵事郞九品曰通仕郞尋於三重大匡重大匡之上加壁上三韓之號忠宣王二年去壁上三韓之號改正一品曰三重大匡從一品曰重大匡正二品上曰大匡下曰正匡從二品上曰匡靖大夫下曰奉翊大夫正三品上曰正順大夫下曰奉順大夫從三品上曰中正大夫下曰中顯大夫正四品曰奉常大夫從四品曰奉善大夫正五品曰通直郞從五品曰朝奉郞正六品曰承奉郞從六品曰宣德郞七品曰從事郞八品曰徵事郞九品曰通仕郞恭愍王五年改正一品上曰開府儀同三司下曰儀同三司從一品上曰金紫光祿大夫下曰金紫崇祿大夫正二品上曰銀靑光祿大夫下曰銀靑榮祿大夫從二品上曰光祿大夫下曰榮祿大夫正三品上曰正議大夫下曰通議大夫從三品上曰大中大夫下曰中大夫正四品曰中散大夫從四品曰朝散大夫正五品曰朝議郞從五品曰朝奉郞正六品曰朝請郞從六品曰宣德郞七品曰修職郞八品曰承事郞九品曰登仕郞十一年改正一品上曰壁上三韓三重大匡下曰三重大匡從一品曰重大匡正二品曰匡靖大夫從二品曰奉翊大夫正三品上曰正順大夫下曰奉順大夫從三品上曰中正大夫下曰中顯大夫正四品曰奉常大夫從四品曰奉善大夫正五品曰通直郞從五品曰朝奉郞正六品曰承奉郞從六品曰宣德郞七品曰從事郞八品曰徵仕郞九品曰通仕郞十八年改正一品上曰特進輔國三重大匡下曰特進三重大匡從一品上曰三重大匡下曰重大匡正二品上曰光祿大夫下曰崇祿大夫從二品上曰榮祿大夫下曰資德大夫正三品上曰正議大夫下曰通議大夫從三品上曰大中大夫下曰中正大夫正四品上曰中散大夫下曰中議大夫從四品上曰朝散大夫下曰朝列大夫正五品以下同五年之制二十一年又改階號未考

●武散階(무산계);

國初武官亦以大匡正匡佐丞大相爲階成宗十四年定武散階凡二十有九從一品曰驃騎大將軍正二品曰輔國大將軍從二品曰鎭國大將軍正三品曰冠軍大將軍從三品曰雲麾大將軍正四品上曰中武將軍下曰將武將軍從四品上曰宣威將軍下曰明威將軍正五品上曰定遠將軍下曰寧遠將軍從五品上曰遊騎將軍下曰遊擊將軍正六品上曰耀武將軍下曰耀武副尉從六品上曰振威校尉下曰振武副尉正七品上曰致果校尉下曰致果副尉從七品上曰翊威校尉下曰翊麾副尉正八品上曰宣折校尉下曰宣折副尉從八品上曰禦侮校尉下曰禦侮副尉正九品上曰仁勇校尉下曰仁勇副尉從九品上曰陪戎校尉下曰陪戎副尉今以見於史冊者考之則武官皆無散階其法革廢置未可考

◎고려시대(高麗時代) 품계(品階)와 관직(官職)

품계(品階); 관직명(官職名)
(現代의 職位)

○**정1품;** 太師(태사): 태부(太傅), 태보(太保) 삼중대광(三重大匡),벽상삼한삼중대광(壁上三韓三重大匡), 태위(太尉), 사도(司徒), 사공(司空), 상주국(上柱國=훈위의 첫째)

○**종1품;** 中書令(중서령): 후에 도첨의(都僉議) 또는 첨의정승(僉議政丞)등으로 고침. 판문하성사(判門下省事=중서령의 전신), 시중(侍中=후에 첨의 중찬(中?)으로 고침. 상서령(尙書令), 판상서성사(判尙書省事=재신(宰臣)이 겸임함) 감수국사(監修國事=사관의 으뜸 벼

슬로서 시중이 겸임함)판삼사사(判三司事), 주국(柱國=훈위의 둘째)

○정2품; 左右僕射(좌우복야): 중서시랑(中書侍郎=중서성에 한함), 태자빈객(太子賓客=태자궁에 빈객벼슬), 태학사(太學士=뒤에 대제학으로 하였음),

춘추관사(春秋館事=춘추 관의 으뜸 벼슬로서 二품이상의 타관이 겸임함), 찬성사(贊成事), 판 내시부사(判內侍府事) 平章事(평장사): 참지정사(참知政事), 상서(尙書=뒤에 전서(典書)또는 판서(判書)라 하였는데 정二품 또는 정三품으로 한때도 있음)

○종2품; 判中樞府事(판중추부사): 지추밀원사(知樞密院事), 정당문학(政堂文學), 문하평리(門下評理), 주부(主簿), 동지(同知)

○정3품; 副使(부사 추밀원 등의 관직): 상시(常侍), 지신사(知申事=뒤에 지주사(知奏事)로 고침, 중추원, 추밀원, 밀직사의 벼슬) 승선(承宣=뒤에 승지(承旨)로 고침 감(監), 경(卿=감, 경은 각 관청의 장(長) 이므로 종三품도 있음) 어사대부(御史大夫=어사대의 으뜸 벼슬), 제거(提擧=보문각, 국자감의 벼슬임, 대사성(大司成=국자감의 장), 대언(代言=승선을 고침), 상호군(上護軍=상장군을 고침

○종3품; 祭酒(제주): 국자감의 벼슬로서 뒤에 성균관 사성(司成)임 비서감(秘書監), 좌우사간(左右司諫)

○정4품; 知貢擧(지공거): 학사로서 과거를 맡아 봄, 동지공거(同知貢擧)의 위 (종三품 혹은 정四품)

○종4품; 直學士(직학사): 간의(諫議=사간원의 간의대부), 봉상(奉常=봉상대부) (이상은 정四품임)

太府少卿(태부소경): 국자사업(國子司業=국자감의 벼슬), 급사중(給事中=중서문하성의 벼슬)

○정5품; 郎中(낭중): 중랑장(中郎將)

○종 5 품; 侍御史(시어사) 비서승(秘書丞) 기거주(起居注)

○정6품; 員外郎(원외랑): 좌우정언(左右正言), 습유(拾遺=정언의 전신), 보궐(補闕=중서문하성의 벼슬로서 뒤에 헌납(獻納으로 고침), 상의봉어(尙衣奉御=상의국의 벼슬)

○종6품; 內給事(내급사): 비서교랑(秘書校郎), 비서랑(秘書郎), 낭장(郎將)

○정7품; 祗候(지후) **종7품;** 주서(注書)

○정8품; 녹사(錄事) **종8품;**

○정9품; 급사(給事) **종9품;** 장사랑(將仕郎)

◎관직명 해설(가나다순)

⊙고려시대의 관직명 해설

○감문위(監門): 고려 6위의 하나로 궁성(宮城) 안팎의 모든 문을 경비하는 임무를 맡음.

○감사(監史): 소부시(小府寺)·군기시(軍器寺)의 관원(官員).

○감수국사(監修國史): 춘추관(春秋官)의 최고 관직(官職)으로 시중(侍中: 종1품)이 겸임.

○감창사(監倉使): 창고를 감찰하던 관리

○감후(監候): 서운관(書雲觀)에서 기후에 관한 사무를 맡아보던 정9품직.

○검약(檢藥): 전의시(典醫寺)에 속한 정9품관.

○검열(檢閱): 예문관(藝文館)·춘추관(春秋館)의 정8품에서 정9품의 벼슬. 조선 때 예문관의 정9품의 벼슬로 사초(史草)를 꾸미는 일을 맡았다.

○견룡행수[牽龍(덧말: 견룡) 行(덧말: 행) 手(덧말: 수)]: 고려 때 임금 있는 궁궐을 호위하던 견룡군의 수장 정4품(장군)

○경력(經歷) : 4-5품의 관리. 조선 때 종4품의 관리.

○경사교수(經史教授): 교육기관인 국자감(國子監)에 속했던 관직(官職).

○경학박사(經學博士): 지방관민의 자제를 교육(教育)시키기 위해 둔 교수직.

○계의관(計議官): 광정원(光政院) 소속의 정7품 관직(官職).

○고공원외랑(考功員外郎): 고공사(考功司)의 관직(官職)으로 정6품의 벼슬.

○공부(工部): 상서성(尙書省) 소속의 6부(六部)중 하나로 공업과 농업을 맡아 관장하는 기관이며, 지금의 통상산업부·농림부.

○**공수정(公須正)**: 지방 관청의 재무를 관할하던 지방관직(地方官職).
○**관군대장군(冠軍大將軍)**: 정3품 무산계(武散階).
○**관청 학사(學士)**: 신라 때 관직(官職). 종2품에서 정4품까지의 벼슬. 조선 초기의 중추원(中樞院)에 소속된 종2품의 벼슬.
○**광록대부(光祿大夫)**: 고려 때의 문산계, 문종 때 종3품으로 제정, 1356년(공민: 5) 종2품상으로 정해졌다 .
○**광정대부(匡靖大夫)**: 문산계의 품, 종2 품, 1275년에 금자광록대부를 고쳐 광정대부라 칭하였다. l298년 폐지 1308년에 정2품으로 되었다가 1310년에는 종2품상으로 개정, 1356년에 폐지, 1362년에 다시 정2품으로 두었다.
○**교감(校勘)**: 고려 비서성(泌書省)에 속한 종9품의 관직(官職). 조선 때 승문원(承文院)의 종4품의 관리(管理).
○**교리**[校(덧말: 교)吏(덧말: 리)]: 고려와 조선의 문관으로 정5품의관직
○**교서랑(校書郞)**: 비서성(泌書省)에 속한 정9품의 관리(管理).
○**교위(校衛)**: 고려와 조선의 군관으로 정8품의관직
○**국자박사(國子博士)**: 국자감(國子監)에 속해 있던 정7품의 관직(官職).
○**군공(郡公)**: 5등작(五等爵)의 하나로 종2품직.
○**궁문랑(宮門郞)**: 동궁(東宮)에 두었던 종6품의 관직(官職).
○**극편수관(克編修官)**: 춘추관(春秋館)에 있던 3품관 이하의 관직(官職).
○**금오위중랑장(禁吾衛中郞長)**: 정5품 무관 벼슬.
○**금자광록대부(金紫光祿大夫)**: 고려 문산계(文散階)의 하나로 종2품 관리. 고려 문산계의 하나, 문종이 관계를 정할 때 종2품으로 정하였는데 1275년에 원나라의 간섭에 의하여 광정대부로 개칭, 그 후 1356년에는 종1품 상을 금자광록대부라 칭하였다
○**금자숭록대부(金紫崇大祿夫)**: 고려 문산계(文散階)의 하나로 종1품의 품계(品階).
○**금자흥록대부(金紫興大祿夫)**: 고려 문산계(文散階)의 하나로 종1품의 품계(品階).
○**급사중(給事中)**: 중서문하성(中書門下省)에 소속된 종4품의 벼슬.
○**기거랑(起居郞)**: 문하부(門下府)의 관직(官職)으로 종5품의 벼슬.
○**기거사인(起居舍人)**: 문하부(門下府)의 관직(官職)으로 종5품, 후에 정5품이 되었다.
○**기거주(起居注)**: 문하부(門下府)의 관직(官職)으로 종5품, 후에 정5품이 되었다.

⊙고려시대의 관직명 해설

○**낭사(郎舍)**: 고려 문하성(門下省)에 소속된 간관(諫官)의 총칭. 낭장(郎將): 정6품의 무관직(武官職).
○**낭중(郎中)**: 6부(六部)에 소속된 정5품의 벼슬.
○**내급사(內給事)**: 전중성(殿中省)에 소속된 종6품의 벼슬.
○**내사사인(內史舍人)**: 내사문하성(內史門下省)에 소속된 종4품의 벼슬.
○**내사시랑평장사(內史侍郞平章事)**: 문하부(門下府) 소속의 정2품 벼슬.
○**내시(內侍)**: 재주와 용모가 뛰어난 세족자제(世族子弟)들을 임용하여 숙위(宿衛) 및 근시(近侍)의 일을 맡던 관원. 조선 때 환관의 별칭.
○**내직랑(內直郞)**: 동궁(東宮: 세자의 거처)에 소속된 종6품의 벼슬.
○**녕원장군(寧遠將軍)**: 정5품의 무산계(武散階: 무신의 품계).
○**녹사(錄事)**: 정5품의 무관 벼슬. 조선 때 각 관아에 속한 하급이속(吏屬).

⊙고려시대의 관직명 해설

○**대장군(大將軍)**: 종3품의 무관직(武官職).
○**대정(隊正)**: 무관(武官)의 벼슬, 최하위 군관으로 종9품의 벼슬.
○**대학박사(大學博士)**: 국자감(國子監)을 설치하고 두었던 종7품의 품계(品階).
○**대호군(大護軍)**: 고려 무관직(武官職)으로 종3품. 조선의 무관직(武官職)이며 종3품의 벼슬.
○**도사(都事)**: 종7품의 관직(官職). 조선 때 관리의 감찰·규탄을 담당한 종5품 관리.
○**도순문사(都巡問使)**: 고려의 외관직(外官職)으로 주(州)·부(府)의 장관을 겸하였다.

○**도원수(都元帥)**: 고려, 조선 때 전시에 군대를 통괄하던 임시 무관직(武官職).
○**도첨의령(都僉義令)**: 도첨의사사(都僉議使司)의 으뜸 벼슬.
○**동지원사(同知院事)**: 중추원(中樞院)에 속한 종2품의 벼슬.

⊙고려시대의 관직명 해설

○**만호(萬戶)**: 고려, 조선 때의 외관직(外官職)으로 정4품의 무관직(武官職)
○**명위장군(明威將軍)**: 종4품의 무산계(武散階).
○**문림랑(文林郞)**: 문산계(文散階)의 종9품 상(上).
○**문사(文師)**: 유수관(留守官)이나 대도호부(大都護府)에 소속된 9품의 관직(官職).
○**문하녹사(門下錄事)**: 문하성(門下省)에 소속된 정7품의 관직(官職).
○**문하사인(門下舍人)**: 문하부(門下部)에 소속된 정4품의 관직(官職).
○**문하시랑평장사(門下侍郞平章事)**: 문하부(門下府)에 소속된 정2품의 관직(官職).
○**문하시중(門下侍中)**: 문하성에 소속된 종1품의 관직(官職).
○**문하우시중(門下右侍中)**: 문하부(門下府)의 관직(官職)으로 문하시중(門下侍中)을 고쳐 부르는 말.
○**문하좌시중(門下左侍中)**: 문하부(門下府)의 관직(官職)으로 문하시중(門下侍中)을 고쳐 부르는 말.
○**문하주서(門下注書)**: 문하부(門下府)의 종7품의 관직(官職)으로 첨의주서(僉議注書)라고도 한다.
○**문하찬성사(門下贊成事)**: 문하부(門下府)의 정2품의 벼슬로 찬성사(贊成事)라고도 한다.
○**문하평리(門下評理)**: 문하부(門下府) 소속으로 종2품의 관직(官職).
○**밀직부사(密直府事)**: 밀직사(密直司)의 소속으로 왕명의 출납, 궁중의 숙위, 군기 등을 맡아보던 관청의 정3품의 관직(官職).
○**밀직원사(密織院事)**: 밀직지원사(密織知院事)밀직사(密直司)의 종2품의 관직(官職).
○**밀직판원사(密直判院使)**: 밀직사(密直司) 소속의 종2품의 관직(官職).

⊙고려시대의 관직명 해설

○**배융교위(陪戎校尉)**: 정9품의 무관(武官).
○**백호(百戶)**: 고려, 조선 때 5·6품의 무관직(武官職)으로 청백(淸白)하고 무술이 능한 관원
○**벽상삼한삼중대광(壁上三韓三重大匡)**: 고려 정1품의 품계(品階). 벽상공신(壁上功臣)의무관(武官).
○**별장(別將)**: 정7품의 무관직(武官職). 조선 때 각 영에 소속된 종2품의 무관직(武官職).
○**병마사(兵馬使)**: 동·북 양계(兩界)의 군권을 지휘하는 정3품의 벼슬.
○**병부상서(兵部尙書)**: 병부(兵部)의 장관. 지금의 국방부 장관과 같다.
○**보국대장군(輔國大將軍)**: 정2품의 무산계(武散階).
○**봉상대부(奉常大夫)**: 정4품의 문산계(文散階).
○**봉순대부(奉順大夫)**: 고려 때의 품계, 1308년 정3품 하로 제정, 1356년 통의대부로 고쳤고 1362년 다시 봉순대부로 고쳤다
○**봉어(奉御)**: 각 관청 소속의 정6품의 관직(官職).
○**봉익대부(奉翊大夫)**: 고려의 문산계로 1310년에 종2품 하로 제정, 1356년에 영록대부(榮祿大夫)로개정, 1362 년 봉익대부로 되었다가1369년 종2품상으로 되었다
○**부사(副使)**: 사(使)의 다음가는 관직(官職)으로 5-6품을 가리킨다.
○**부사(府使)**: 고려, 조선 때 지방 관직(官職)으로 각 부(府)의 수령을 말한다.
○**부승지(副承旨)**: 광정원(光政院) 소속의 종6품, 밀직사(密直司)로 고친 후 정3품이 됨. 조선 때 승정원(承政院)의 정3품 관직(官職), 지금의 비서실 차장급.
○**부정(副正)**: 각 관청 소속의 종4품 관직(官職). 조선 때 각관청의 종3품 관직(官職).
○**부정자(副正字)**: 고려와 조선 때 교서관(校書館)과 승문원(承文院)의 종9품의 벼슬.
○**부직장(副直長)**: 정8품 관직(官職). 조선 때 상서원(尙瑞院) 소속의 정8품 관직(官職).

○**부창정(副倉正)**: 각 군현(軍縣)에 소속된 지방 관직(官職).
○**부총제사(副摠制使)**: 고려 말 삼군도총제부(三軍都摠制府)에 속한 정2품의 무관직(武官職).
○**부호장(副護長)**: 호장(戶長) 아래 관직(官職)이며 대등(大等)을 바꾸어서 부르는 말.
○**비서감(秘書監)**: 비서성(秘書省) 소속의 종3품 관직(官職).
○**비서관(秘書官)**: 관청의 장관(長官)에 직속되어 기밀사무를 맡아보는 관리.
○**비서랑(秘書郎)**: 비서성(秘書省)에 소속된 종6품의 관직(官職).
○**비서승(秘書丞)**: 비서성(秘書省)에 소속된 종6품의 관직(官職).

⊙고려시대의 관직명 해설

○**사도(司徒)**: 삼공(三空)의 하나로 정1품의 벼슬.
○**사사(司事)**: 밀직사(密直司) 소속의 종2품 벼슬
○**사의대부(司議大夫)**: 문하부(門下府) 소속의 정4품의 관직(官職).
○**사의랑(司議郎)**: 동궁(東宮)에 있던 정6품관.
○**산원(散員)**: 고려와 조선 초기의 군관 의 계급으로 정8품의 관직(官職).
○**산학박사(算學博士)**: 신라 때 산술(算術)을 가르치던 교수이며, 종9품으로 국자감(國子監)에서 산술을 가르치던 교수.
○**삼공(三公)**: 사마(司馬)·사도(司徒)·사공(司空)의 총칭으로 정1품. 조선 때 영의정·좌의정·우의정의 총칭으로 정1품의 벼슬.
○**삼사(三司)**: 국가의 전곡(錢穀: 화폐와 곡식)·출납(出納)과 회계(會計)를 맡아보던 기관. 조선 때 재정(財政)을 맡아보던 관청. 조선 때 사헌부(司憲府)·사간원(司諫院)과 홍문관(弘文館)을 합쳐 부르던 말로 관원은 학식과 인망이 두터운 자로 임명 하였다.
○**삼사(三師)**: 고려의 태사(太師)·태부(太傅)·태보(太保)를 말하며 임금의 고문 또는 국가 최고의 명예직(名譽職)으로 정1품의 벼슬이다.
○**삼중대광(三重大匡)**: 고려 정1품의 품계, 원래 벽상삼한(壁上三韓) 혹은 삼중대광(三重大匡)이라 칭 하던 것을 1356년(공민:5) 상(上)을 개부의동삼사(開府儀同三司)하(下)를 의동삼사(儀同三司)라 하다가 1362년(공민:11) 상 을 벽상삼한 삼중대광,하를 삼중대광이라 하였고,1369년(공민:18) 상을 특진보국(特進輔國)삼중대광.하를 특진삼중대광이라 하였다 .
○**삼사사(三司使)**: 삼사(三司)에 속한 정3품의 벼슬.
○**삼사우사(三司右使)**: 국가 전곡의 출납, 회계를 맡아본 정2품의 벼슬.
○**상만호(上萬戶)**: 군직(軍職)으로 순군만호부(巡軍萬戶府) 다음의 벼슬이다.
○**상서(尙書)**: 6부에 두었던 정3품의 관직(官職)으로 판서·전서 등으로 변경되었다.
○**상서령(尙書令)**: 상서성(尙書省)의 우두머리로 종1품의 벼슬.
○**상서좌우승(尙書左右丞)**: 종3품의 관직(官職)으로 상서도성(尙書都省)에 속한 벼슬.
○**상시(常侍)**: 좌산기상시(左散騎常侍)·우산기강시(右散騎常侍)를 통틀어 산기상시(散騎常侍)라하고 약칭 상시라 하였다.
○**상장군(上將軍)**: 신라 때 대장군(大將軍) 밑의 무관직(武官職). 조선 초기에 각 군영의 으뜸장수 정3품 무관직(武官職).
○**상좌평(上佐平)**: 백제의 16관 등급 중 좌평의 우두머리.
○**상주국(上柱國)**: 정2품의 훈게(勳階).
○**상호(尙弧)**: 조선 때 내시부(內侍府)에 소속된 정5 품의 벼슬.
○**상호군(上護軍)**: 고려의 무관직(武官職). 조선 때 5위(五衛)에 속한 정3품의 무관직(武官職).
○**서학박사(書學博士)**: 국자감(國子監)에서 글씨를 가르치던 종9품의 벼슬.
○**선관서(膳官署)**: 제사와 연회에 쓰는 음식을 맡아보았다. 목종 때 처음으로 설치하여 대관서(大官署)라 하였다. 문종 때의 관원을 보면 영(令=종7품) 2명, 승(承=종8품) 4명, 사(史)6명, 기관 2명, 산사 1명이 있었다.
○**선위장군(宣尉將軍)**: 종4품 무관의 관계(官階).
○**선의랑(宣議郎)**: 종7품 문관의 관계(官階).
○**선절교위(宣折校尉)**: 정8품의 무산계(武散階).

○**선절부위(宣折副尉)**: 정8품의 무산계(武散階).
○**세마(洗馬)**: 동궁(東宮)에 속한 종5품의 관직(官職)이며, 조선 때 정9품의 관직(官職).
○**세자부(世子傅)**: 세자의 스승. 조선 때 세자시강원에 속한 종1품의 벼슬.
○**세자사(世子師)**: 세자의 스승. 조선 때 세자시강원에 속한 정1품의 벼슬.
○**소감(少監)**: 4~5품의 무관직
○**소경(少卿)**: 종4품의 벼슬. 조선 때 4품의 벼슬.
○**소윤(少尹)**: 신라 때 지방관직(地方官職). 종4품의 벼슬. 조선 때 한성부(漢城府)·개성부(開城府) 소속의 정4품의 관직(官職).
○**소첨사(小詹事)**: 첨사부(詹事府)의 종3품의 벼슬. 첨사(詹事) 다음가는 벼슬.
○**수국사(修國史)**: 감수국사(監修國史) 다음으로 2품 이상이 겸임하는 사관이다.
○**수문하시중(守門下侍中)**: 문하부(門下府)의 대신(大臣).
○**수직랑(修職郎)**: 7품의 문산계(文散階).
○**수찬(修撰)**: 예문관(藝文館)에 속한 사관(史官)으로 정2품의 관직(官職)이었으나 정8품이 되었다. 조선 때 홍문관(弘文館)의 정6품.
○**수찬관(修撰官)**: 한림원(翰林院) 소속의 3품 이하가 겸직한 사관(史官). 조선 때 춘추관(春秋館)의 정3품의 관직(官職)으로 부제학(副提學)을 겸함.
○**순군(巡軍)**: 국내 치안을 담당한 경찰의 직분을 맡았으며 지금의 청찰청과 같다.
○**순무사(巡撫使)**: 안무사(按撫使)를 개칭한 것으로 지방관을 감찰하는 관직(官職).
○**순위관(巡衛官)**: 사평순위부(司平巡衛府)에 소속된 참상관 밑의 벼슬.
○**숭록대부(崇祿大夫)**: 고려와 조선 때 종1품의 문산계(文散階). 고려 때 문산계(文散階)로1298년(충렬왕: 24) 종 1품으로 제정, 1308년 중대광, 벽상삼한중대광 .1310년중대광으로 고쳤다가 1356년 상을 금자광록대부(金紫光祿大夫)하를 금자숭록대부(金紫崇祿大夫)라 하였고, 공민왕 18년에 삼중대광, 중대광으로 하였다. 무산계(武散階)는 종 1품을 표기대장군(驃騎大將軍) 이라 하였다.
○**승(丞)**: 고려와 조선 때 각 관청에 소속된 정5품~정9품의 관원.
○**승봉랑(承奉郎)**: 종8품의 문산계(文散階).
○**승선(承宣)**: 왕명의 출납(出納)을 맡아본 정3품의 관직(官職)이다. 승지(承旨)·대언(代言).
○**승지(承旨)**: 밀직사(密直司) 소속의 왕명을 출납하는 관리이다. 조선 때 승정원(承政院) 소속의 왕명을 출납하는 관리로 정3품.
○**승후관(承候官)**: 왕의 기거와 안부를 묻던 관직(官職).
○**시독사(侍讀事)**: 동궁(東宮: 세자 궁)에 소속된 관직(官職).
○**시랑(侍郎)**: 신라 때 각 부의 차관(次官)이며 내마(柰麻: 11등급)에서 아찬(6등급)까지 해당 하는 벼슬. 각 부의 정4품 관리(管理).
○**시중(侍中)**: 신라 때 집사성(執事省)의 최고 벼슬로 대아찬(5등급)에서 이찬(2등급)까지이다. 고려 때는 수상(首相)으로 종1품.

⊙고려시대의 관직명 해설

○**안렴사(按廉使)**: 지방장관으로 절도사·안찰사라고도 한다. 지금의 도지사.
○**안무사(按撫使)**: 고려·조선 때 지방에 파견되어 수령을 감찰하는 임시 외관직. (지방에 변란이나 재난이 있을 때 왕명으로 파견되어 백서을 안무하던 임시 벼슬)
○**약장랑(藥藏郎)**: 동궁(東宮: 세자가 사는 곳)에 속한 정6품의 관직(官職).
○**어모교위(禦侮校尉)**: 종8품의 상(上)인[위에 있는] 무관품계(武官品階).
○**어사(御使)**: 각 조(曹)의 장관 또는 수서원(修書院)의 장(長).
○**어사대부(御使大夫)**: 정3품으로 어사대(御史臺)의 장관. 조선 때 대사헌(大司憲)에 해당함.
○**어사잡단(御使雜端)**: 어사대(御史臺)에 속한 종5품의 벼슬.
○**어사중승(御使中丞)**: 어사대(御史臺)에 속한 종4품의 벼슬.
○**어영대장(御營大將)**: 어영청(御營廳)의 으뜸가는 벼슬로 종2품의 무관직(武官職).
○**어영장군(御營將軍)**: 어영청(御營廳)의 당관(將官)으로 종4품의 무관직(武官職).
○**염문사(廉問使)**: 지방관리의 재판행정을 감독하기 위해 파견한 2품 관직(官職).

○**영(令)**: 신라의 각 부의 장관. 3품~9품 관직(官職). 조선 때 종5품 관직(官職).
○**영도첨의(領都僉議)**: 수상(首相)급의 관직(官職). 영도첨의부사의 약칭.
○**영록대부(榮祿大夫)**: 종2품의 문산계(文散階).
○**영사(領事)**: 삼사(三司)·춘추관(春秋館)의 장(長). 조선 때 홍문관·예문관· 경연청· 춘추관·관상감· 돈령부의 장(長).
○**영사복시사(領司僕侍事)**: 종 2품의 벼슬로 복시사(僕侍事)의 으뜸 벼슬.
○**영선공사사(領繕工寺事)**: 선공사(繕工司)의 장(長)으로 종2품의 관직(官職).
○**영원장군(寧遠將軍)**: 무산계(武散階)로 정5품 하(下).
○**영춘추관사(領春秋館事)**: 고려와 조선 때 춘추관의 으뜸벼슬로 영의정(領議政)이 겸했다.
○**예의판서(禮儀判書)**: 예의사(禮儀司)의 으뜸벼슬로 정3품의 벼슬.
○**요무교위(耀武校尉)**: 정6품의 무산계(武散階).
○**요무부위(耀武副尉)**: 정6품의 무산계(武散階).
○**요무장군(耀武將軍)**: 정6품의 무산계(武散階).
○**우대언(右代言)**: 밀직사(密直司) 소속의 정3품 관직(官職). 조선 때 승정원(承政院) 소속의 정3품 벼슬.
○**우보궐(右補闕)**: 중서문하성(中書門下省) 소속의 정6품 벼슬.
○**우복야(右僕射)**: 상서도성(尙書都省)에 소속되어 상서령(尙書令) 다음가는 정2품의 관직(官職). 조선 초기 삼사(三司)에 소속된 종2품의 벼슬.
○**우부대언(右副大言)**: 밀직사(密直司). 조선 때 승정원(承政院)에 소속된 정3품.
○**우부승선(右副承宣)**: 중추원의 소속으로 정3품이었다가 후에 종6품으로 되었다. 조선 때 승선원(承宣院) 소속의 관직(官職).
○**우부승직(右副承直)**: 내시부(內侍府)에 속한 종 6품의 관직(官職).
○**우빈객(右賓客)**: 조선 때 세자시강원(世子侍講院)에 속한 정2품의 관직(官職).
○**우사(右使)**: 고려·조선 때 삼사에 속한 정2품의 벼슬. 우복야(右僕射)를 고친 이름.
○**우사간(右司諫)**: 중서문하성(中書門下省)에 소속되어 간쟁(諫爭)을 맡아본 정6품의 벼슬이었으나, 뒤에 우헌납으로 고치면서 정5품으로 하였다가 다시 종5품으로 바꾸었다
○**우사낭중(右司郎中)**: 상서도성(尙書都省)에 소속된 정5품의 벼슬.
○**우사원외랑(右司員外郎)**: 상서도성(尙書都省)에 소속된 정6품의 벼슬.
○**우상시(右常侍)**: 중서문하성(中書門下省) 소속의 정3품의 벼슬.
○**우승(右丞)**: 상서도성(尙書都省)의 종3품의 벼슬. 조선 초 삼사(三司)의 정3품의 벼슬.
○**우승직(右承直)**: 내시부(內侍府)에 속한 종5품의 벼슬.
○**우시금(右侍禁)**: 액정국(掖庭局) 소속의 정8품의 벼슬.
○**우첨사(右詹事)**: 왕비부(王妃府)에 예속된 관직(官職).
○**운휘대장군(雲麾大將軍)**: 정 3품의 무산계(武散階).
○**원사(院使)**: 중추원(中樞院) 소속의 종2품의 벼슬.
○**원외랑(員外郎)**: 각 기관의 정6품의 관직(官職).
○**위(尉)**: 정9품의 무관직(武官職).
○**위수(衛率)**: 춘방원(春坊院)에 소속된 좌·우위수로 정5품 무관(武官). 조선 때 세자익위사(世子翊衛司)에 소속된 좌·우위수로 종6품 벼슬.
○**유격장군(遊擊將軍)**: 종5품의 무산계(武散階).
○**유기장군(遊騎將軍)**: 종5품의 무산계(武散階).
○**윤이(左尹)**: 고려 삼사 소속의 종3품 벼슬. 조선 때 한성부의 종2품의 벼슬.
○**율학박사(律學博士)**: 상서형부(尙書刑部)와 국자감(國子監)에 소속된 종8품직.
○**은청광록대부(銀靑光祿大夫)**: 문관의 품관. 응교(應敎): 예문춘추관(藝文春秋館)에 속한 정5품의 관직(官職). 조선 때 홍문관(弘文館)·예문관(藝文館)에 속한 정4품의벼슬.
○**의동삼사(儀同三司)**: 정1품 하(下)의 문산계(文散階).
○**이군육위(二軍六衛)**: 중앙군(中央軍)의 조직으로 이군(二軍)은 응양군(鷹揚軍), 용호군(龍虎軍), 육위(六衛)는 좌우위(左右衛)·감문위(監門衛)를 말한다.
○**익선(翊善)**: 정5품의 관직(官職). 조선 때 세손강서원(世孫講書院)에 소속된 종3품직.
○**익휘부위(翊麾副尉)**: 종7품의 무산계(武散階).
○**인진부사(引進副使)**: 각문(閣門)에 소속된 종5품의 관직(官職). 인진사(引進使): 각문(門)에 소속된 정5품의 관직(官職).

⊙고려시대의 관직명 해설

○**자덕대부(資德大夫)**: 고려 때의 문산계로 1369 년 (공민: 18) 의 관제 개혁 때 제정된 종 2 품 하 (下) 였다. 무산계의 종 2 품은 진국대장군(鎭國大將軍) 이라 하였다 .
○**자의(諮議)**: 정6품의 관직(官職). 조선 초 삼사(三司)에 속한 정4품의 벼슬.
○**장군(將軍)**: 신라 때 시위부(侍衛府)의 으뜸벼슬. 정4품의 무관직(武官職)이다 조선 때는 종4품의 무관직(武官職).
○**장령(掌令)**: 사헌부(司憲府)·감찰사(監察司)의 종4품의 관직(官職). 조선 때 사헌부(司憲府)의 종4품의 관직(官職).
○**장무장군(將武將軍)**: 정4품 하(下)의 무산계(武散階).
○**장사(長史)**: 종 6품의 무관 벼슬.
○**장사랑(將仕郞)**: 고려와 조선 때 종 9품 하(下)의 문산계(文散階).
○**장야서(掌冶署)**: 철공(鐵工)과 야금(治金)에 관한 일을 맡아보던 관청, 문종 때 설치, 영(令) 2명, 숭(承) 2명과 이속을 두었다가 1308년에 영조국(營造局)으로 개칭, 사(使=종5품) 부사(副使=종6품) 직장등의 관원을 두었다. 그 후 장야서로 환원1391년에 공조에 병합되었다 .
○**전중성(殿中省)**: 대궐 안의 모든 사무를 맡은 기관.
○**절도사(節度使)**: 지방장관, 뒤에 안무사(按撫使)라고 했다. 조선 때 각 지방 군권(君權)의 총 책임자였던 무관직(武官職)으로 2품관.
○**절제사(節制使)**: 원수(元帥)를 개칭한 이름으로 각 주(州)·부(府)의 장관(壯觀)직. 조선 때 각 지방에 두었던 정3품의 무관직(武官職).

○**정당문학(政當文學)**: 고려와 조선 초기의 종2품의 관직(官職). 내사문하성(內史門下省) 소속이며 조선 때는 문하부(門下府) 소속이었다.
○**정랑(正郞)**: 고려와 조선 때 6조(六曹) 소속의 정5품 벼슬.
○**정봉대부(正奉大夫)**: 고려 때의 문산계로 정2품, 1298년 제정되어다가 1308년 폐지되었다.
○**정순대부(正順大夫)**: 정3품의 문산계(文散階). 조선 때 의빈(儀賓)의 정3품 벼슬. 고려 때의 품계, 정3품의 상이다. 1308년에 제정되었다가 1356년 정의대부로, 1362 년 다시 정순대부로 개칭하였다.
○**정언(正言)**: 중서문하성(中書門下省)에 속한 종6품의 관직(官職). 뒤에 정6품이 되었다. 조선 때 사간원(司諫院)에 속했던 정6품의 벼슬.
○**정의대부(正義大夫)**: 고려 문관의 품계, 문종때 정4품의 상으로 정하였다가, 1298년 정3품으로 승격하고 1308년에 폐지 하다가 1356년 다시 정3 품상으로 고쳐졌다
○**정원장군(定原將軍)**: 정5품의 무산계(武散階).
○**정윤(正尹)**: 종친(宗親)에게 종2품, 훈신(勳臣)에게 정3품으로 내리던 봉작(封爵).
○**정조(正祖)**: 향직(鄕職)의 7품 벼슬.
○**제거(提擧)**: 관직(官職). 조선 때 사옹원(司饔院)의 3품 벼슬
○**제학(提學)**: 정 3품의 벼슬로 대제학 다음 벼슬. 조선 때 종1품 또는 종2품의 벼슬.
○**조교(助敎)**: 신라 때 국학박사(國學博士) 다음가는 벼슬. 태의감·국학에 소속된 벼슬.
○**조봉랑(朝奉郞)**: 종5품의 문반품계(文班品階).
○**조산대부(朝散大夫)**: 4품 또는 5품의 문관품계(文官品階). 조선 때 종4품의 문관품계(文官品階).
○**조산랑(朝散郞)**: 종7품 하(下)의 문관품계(文官品階).
○**조열대부(朝列大夫)**: 종4품 하(下)의 문관품계(文官品階).
○**조의대부(朝議大夫)**: 정5품 상(上)의 문관품계(文官品階).
○**조의랑(朝議郞)**: 정6품 상(上)의 문관품계(文官品階).
○**조전원수(助戰元帥)**: 고려 말기의 무관직(武官職), 도원수(都元帥)·상원수(上元帥)를 돕는 구실을 담당.
○**조청대부(朝請大夫)**: 정5품의 문반품계(文班品階).
○**조청랑(朝請郞)**: 정7품의 문반품계(文班品階).
○**조현대부(朝顯大夫)**: 문반품계(文班品階).
○**종사랑(從仕郞)**: 7품의 문반품계(文班品階). 종순랑(從順郞): 조선 때 정6품의 문반품계(文班品階)이며 종친의 위계(位階).

○**좌대언(左代言)**: 밀직사(密直司). 조선 때 승정원(承政院)에 소속된 정3품의 벼슬.
○**좌랑(左郎)**: 고려와 조선 때 6조(六曹)에 소속된 정5품의 벼슬. 좌반전직(左班殿直): 액정국(掖庭局)의 남반(南班)에 예속된 정3품. 좌보궐(左補闕): 시대에 따라 정5품에서 정6품의 벼슬.
○**좌복야(左僕射)**: 신라 때 관직(官職). 상서도성(尙書都省) 소속의 정2품의 벼슬로 상서령(尙書令) 다음의 관직(官職). 조선 초기 삼사(三司)에 속했던 정2품.
○**좌부대언(左副代言)**: 밀직사(密直司). 조선 때 승정원(承政院) 소속의 정3품.
○**좌부승선(左副承宣)**: 정3품의 벼슬. 조선말 승정원(承政院) 소속의 관직(官職).
○**좌부승직(左副承直)**: 내시부(內侍府)에 속한 정6품의 벼슬.
○**좌사간(左司諫)**: 문하부(門下府)에 소속된 관직(官職). 뒤에 좌헌납(左獻納)으로 개칭.
○**좌사낭부(左司郎部)**: 상서도성(尙書都省)에 예속된 정2품직.
○**좌사낭중(左司郎中)**: 상서도성(尙書都省)에 소속된 정5품의 벼슬.
○**좌산기상시(左散騎常侍)**: 고려와 조선 초 문하부(門下府) 소속의 간관(諫官).
○**좌상시(左常侍)**: 중서문하성(中書門下省) 소속의 정3품의 벼슬.
○**좌습유(左拾遺)**: 내사문하성(內史門下省) 소속의 종5품에서 정6품. 조선 초 문하부(門下府) 소속의 정6품의 간관(諫官)
○**좌승직(左承直)**: 정5품으로 내시부(內侍府)에 소속된 관직(官職).
○**좌시금(左侍禁)**: 액정국(掖庭局) 소속의 정8품의 벼슬.
○**좌위수(左衛수)**: 춘방원(春坊院) 소속의 정5품의 무관직(武官職). 조선 때 종6품.
○**좌이(佐尹)**: 향직(鄕職)으로 6품의 벼슬.
○**좌찬선대부(左贊善大夫)**: 동궁(東宮)에 소속된 정5품의 벼슬.
○**좌첨사(左詹事)**: 첨사부(詹事府)에 소속된 벼슬.
○**주사(注事)**: 신라와 관직(官職). 조선 정7품의 관직(官職).
○**주서(注書)**: 종7품의 관직(官職). 조선 때 문하부(門下府)와 승정원(承政院) 소속의 정7품.
○**중대부(中大夫)**: 종4품 하(下)의 문산계(文散階).
○**중랑장(中郎將)**: 고려와 조선 초 각 영(領)에 소속된 정5품의 무관직(武官職).
○**중무장군(中武將軍)**: 정4품 상(上)의 무산계(武散階).
○**중봉대부(中奉大夫)**: 은청광록대부(銀靑光祿大夫)를 고친 정3품의 문산계(文散階).
○**중부(重副)**: 대제상(大帝相)의 다음 가던 벼슬.
○**중사인(中舍人)**: 정5품으로 동궁의 속관관직(屬官官職)
○**중산대부(中散大夫)**: 정5품 상(上)의 문산계(文散階).
○**중서령(中書令)**: 문하부(門下府) 소속의 종1품의 관직(官職).
○**중서사인(中書舍人)**: 중서문하성(中書門下省) 소속의 종4품의 벼슬.
○**중서시랑평장사(中書侍郎平章事)**: 중서성(中書省)의 정2품 관직(官職).
○**중서주서(中書注書)**: 종8품 벼슬인 주서를 문종 때 개칭한 관직(官職).
○**중정대부(中正大夫)**: 종3품의 문산계(文散階). 중직대부(重直大夫): 조선 때 종3품으로 문반(文班)의 관계(官階) 고려 때의 품계, 1308년 종3품상으로 제정, 1356년에 폐지,1362년에 부활하였으며 종3품 하로 고쳤다
○**중현대부(中顯大夫)**: 고려 때의 품계, 정3품 하로 1308년 제정, 1356년 폐지되었다가 다시복구되었다. 종3품의 무산직은 운휘대장군(雲麾大將軍)이라 하였다.
○**중호(中護)**: 도첨의사사(都僉議使司)에 예속된 정2품 품계.
○**지부사(知部事)**: 6부(六部)에 속한 종3품의 관직(官職).
○**지사(知事)**: 각 도(道)의 도통사(都統使)에 딸린 5품에서 6품의 벼슬이며 또한 각 관청의 2 품에서 5품의 벼슬. 조선 때 정2품에서 종3품의 벼슬. 지성사(知省事): 상서성(尙書省) 소속의 종2품의 관직(官職).
○**지원사(知院使)**: 중추원(中樞院) 소속의 종2품의 벼슬.
○**지제고(知制誥)**: 조서(詔書)·교서(敎書) 등을 지어 왕에게 올리던 관직(官職).
○**지주사(知奏事)**: 중추원(中樞院) 소속의 정3품의 벼슬.
○**지평(持平)**: 정5품의 관직(官職). 조선 때 사헌부(司憲府)에 소속된 정5품 관직(官職).
○**지후(祗侯)**: 정7품의 벼슬.
○**직문하(職門下)**: 문하부(門下府)에 소속된 종3품의 벼슬.
○**직사백(職詞伯)**: 예문춘추관(藝文春秋館) 소속의 정4품의 벼슬.
○**직장(直長)**: 6품에서 9품까지의 관직(官職). 조선 때 종7품의 관직(官職).

○**직제학(直提學)**: 정4품의 관직(官職). 조선 때 집현전(集賢殿)의 종3품관·홍문관·예문관의 정3품의 관직(官職).
○**직학(直學)**: 국자감(國子監)에 둔 종9품의 관직(官職).
○**직학사(直學士)**: 중추원(中樞院) 소속의 정3품의 관직(官職).
○**진국대장군(鎭國大將軍)**: 종2품의 무산계(武散階).
○**진덕박사(進德博士)**: 성균관(成均館)의 종8품의 관직(官職).
○**진무(振撫)**: 도통사(都統使) 소속의 종2품과 정3품이 있었다.
○**진무부위(振武副尉)**: 종6품 하(下)의 무산계(武散階).
○**진위교위(振威校尉)**: 종6품 상(上)의 무관(武官)관계.
○**진장(鎭將)**: 각 진(鎭)에 배치된 으뜸벼슬로 7품 이상 관원 중에서 임명됨.
○**집사(執事)**: 말단 관리.
○**집주(執奏)**: 추밀원(樞密院) 소속의 관직(官職).
○**징사랑(徵事郎)**: 정8품 하(下)의 문산계(文散階).

⊙고려시대의 관직명 해설

○**찬선대부(贊善大夫)**: 동궁(東宮: 세자 궁)에 소속된 정5품의 관직(官職).
○**찬성사(贊成事)**: 문하부(門下府) 소속의 정2품의 관직(官職).
○**참리(參理)**: 관직(官職)으로 참지정사(參知政事: 종2품)를 바꾼 이름.
○**참지문하부사(參知門下府事)**: 문하부(門下府)에 소속된 종2품의 관직(官職).
○**참지정사(參知政事)**: 중서문하성(中書門下省)의 종2품의 벼슬.
○**천호(千戶)**: 순군만호부(巡軍萬戶府: 후에 의금부)에 소속된 관리.
○**첨사(詹事)**: 동궁(東宮: 세자 궁)의 종3품의 벼슬.
○**첨서원사(添書院使)**: 중추원 소속의 정3품의 벼슬
○**첨절제사(僉節制使)**: 첨사(僉使)의 원래의 관직(官職).
○**총제사(摠制使)**: 삼군도총제부(三軍都摠制府)의 관직. 재신(宰臣) 이상이 맡음
○**추밀원부사(樞密院副使)**: 추밀원의 정3품의 벼슬.
○**치과교위(致果校尉)**: 정7품 상(上)의 무산계(武散階)
○**치과부위(致果副尉)**: 정7품 하(下)의 무산계(武散階).

⊙고려시대의 관직명 해설

○**태보(太保)**: 삼사(三師)에 속한 정1품의 관직(官職).
○**태부(太傅)**: 삼사(三師)에 속한 정1품의 관직(官職).
○**통사(通事)**: 내시부(內侍府)에 속한 9품의 벼슬. 문하부(門下府)에 속한 이속(吏屬). 조선 때 통역관(通譯官).
○**통사랑(通仕郎)**: 9품의 문관관계(文官官階). 조선 때 정8품의 문관관계(文官官階).
○**통의대부(通議大夫)**: 고려 때의 품계, 문종 때 처음으로 종4품 하로 정하였다가 폐지하고1298년 종3품으로 다시 정하였다, 다시 폐하였다가 1369년 다시 정3품하로 재정하였다. 정3품의 무산직은 관군대장군(冠軍大將軍)이라 하였다.
○**통직랑(通直郎)**: 시대에 따라 정5품에서 6품 하(下)까지의 문관관계(文官官階).
○**통헌대부(通憲大夫)**: 고려 때 종2품의 문산계, 1308년에 정하였다가 1310년에 폐지되었다
○**특진보국삼중대광(特進輔國三重大匡)**: 문산계(文散階). 정1품 상(上).

⊙고려시대의 관직명 해설

○**판관(判官)**: 신라 때 벼슬. 5품에서 9품까지의 벼슬. 고려 및 조선 때 6품 이상의 지방관직(地方官職). 조선 때 5품의 중앙관직.
○**판도판서(版圖判書)**: 판도사의 으뜸 벼슬. 판사(判事): 각 6부(六部)의 장(長)으로 종1품관. 각 관청의 정3품.
○**판문하(判門下)**: 고려시대 문하부의장관, 처음에는 내의령, 성종 때는 내사령, 문종 때엔 중수령, 충렬왕 때 도첨의령, 판도첨의사사사, 또는 영도첨의, 공민왕 때 영도첨의로 하였는데,우왕 때 본이름으로 고쳤다.
○**판서(判書)**: 각 관청의 6조(六曹)의 으뜸벼슬로 정3품관. 조선 때 6조의 으뜸벼슬로 정2품의 관직(官職). 지금의 장관.

○**판원사(判院事)**: 중추원(中樞院) 소속의 종2품의 관직(官職).
○**평장정사(平章政事)**: 중서문하성(中書門下省) 소속의 정2품의 벼슬.
○**표기대장군(驃騎大將軍)**: 종1품의 무산계(武散階).

⊙고려시대의 관직명 해설

○**학사승지(學士承旨)**: 한림원(翰林院) 소속의 정2품에서 정3품의 관직(官職).
○**학유(學諭)**: 국자감(國子監)의 종9품의 관직(官職). 조선 때 성균관(成均館)의 종9품의 관직(官職).
○**학정(學正)**: 국자감(國子監)의 정9품의 관직(官職). 조선 때 성균관(成均館)의 정9품의 관직(官職).
○**한림학사(翰林學士)**: 한림원(翰林院) 소속의 정4품의 관직(官職).
○**합문(閤門)**: 국가의 의식(儀式)을 맡아보던 관청으로 조선 때에 통례원(通禮院)으로 고쳤다.
○**헌납(獻納)**: 문하부(門下府) 고속의 5품의 벼슬. 조선 때 사간원(司諫院)의 정5품의 벼슬.
○**현감(縣監)**: 고려와 조선 초의 지방장관으로 고려 때는 7품. 조선 때는 종6품직.
○**호부시랑(戶部侍郎)**: 호부의 정4품 관직(官職).
○**호장(戶長)**: 향직의 우두머리.
○**흥록대부(興祿大夫)**: 고려 때 문관의 품계, 995년(성종14) 에 대승(大承)을 고쳐서 정하였다가 문종때 폐지하고 1298년(충렬왕 24) 에 정2품으로 정하였다. 1298 년 광정대부(匡靖大夫) 13l0년, 상을 대광(大匡), 하를 정광(正匡), 1356년(공민: 5) 상을 은청광록대부(銀靑光祿大夫) 하를 은청영록대부(銀靑榮祿大夫) 하였다. 그 뒤 다시 광정대부로 하고 1369년 상을 광록대부 하를 숭록대부라 하였으며 무산계의 정2품은 보국대장군(輔國大將軍)이라 하였다 . (出) http://ask.nate.com/qna/view.html?n=6108567

二). 조선조(朝鮮朝) 관직(官職) 품계(品階)

◎대전회통이전(大典會通吏典)

◈내명부(內命婦)

(原)嬪正一品(補)有敎命則無階 **貴人**從一品 **昭儀**正二品 **淑儀**從二品 **昭容**正三品 **淑容**從三品 **昭媛**正四品 **淑媛**從四品 ○**尙宮**正六品 **尙儀**正五品 **尙服 尙食**從五品 **尙寢 尙功**正六品 **尙正 尙記**從六品 **典賓 典衣 典膳**正七品 **典設 典製**從七品 **典言 典贊 典飾 典樂**正八品 **典燈 典彩 典正**從八品 **奏宮 奏商 奏角**正九品 **奏變 徵奏 徵奏 羽奏 變宮**從九品

◆세자궁(世子宮)

良娣從二品 **良媛**從三品 **承徽**從四品 **昭訓**從五品 ○**守閨**以下係宮人職 **守則**從六品 **掌饌 掌正**從七品 **掌書 掌縫**從八品 **掌藏 藏食 掌醫**從九品

◈외명부(外命婦)

(原)封爵從夫職庶孼及再嫁者勿封改嫁者追奪○王妃母世子女及宗親二品以上妻並用邑號(補)宗親則大君王子君夫人外不用邑號

公主王女嫡 **翁主**王女庶 **府夫人**王妃母正一品 **奉保夫人**大殿乳母從一品 **郡主**王世子女嫡正二品 **縣主**王世子女庶正三品

◆종친처(宗親妻)

府夫人正一品大君妻 **郡夫人**正一品王子君妻 ○**郡夫人**從一品 **縣夫人**正從二品 **愼夫人**正三品堂上官 **愼人**正從三品 **惠人**正從四品 **溫人**正從五品 **順人**正六品(補)已上依文武官命婦例封爵

◆문무관처(文武官妻)

貞敬夫人正從一品 **貞夫人**正從二品 **淑夫人**正三品堂上官 **淑人**正從三品 **令人**正從四品 **恭人**正從五品 **宜人**正從六品 **安人**正從七品 **端人**正從八品 **孺人**正從九品

◈경관직(京官職)

◆동반관계(東班官階)(原)

正一品 大匡輔國崇祿大夫議政**上輔國崇祿大夫**(補)新增○國舅宗親儀賓○(原)宗親則顯祿大夫興祿大夫儀賓則綏祿大夫成祿大夫**輔國崇祿大夫**
從一品 崇祿大夫崇政大夫(補)宗親儀賓同○(原)宗親則(原)昭德(續)綏德(增)宜德大夫嘉德大夫儀賓則(原)光德(續)靖德大夫(原)崇德(續)明德大夫
正二品 正憲大夫 資憲大夫(補)宗親儀賓同○(原)宗親則崇憲大夫承憲大夫儀賓則奉憲大夫通憲大夫
從二品 嘉義(原)嘉靖**大夫嘉善大夫**(補)宗親儀賓同(原)宗親則中義大夫(原)正義(續)昭義大夫儀賓則資義大夫順義大夫
正三品 通政大夫(補)宗親儀賓同○(原)宗親則明善大夫儀賓則奉順大夫**已上堂上官**
正三品 通訓大夫(補)宗親儀賓同○(原)宗親則彰善大夫儀賓則正順大夫
從三品 中直大夫 中訓大夫(補)宗親儀賓同○(原)宗親則保信大夫資信大夫儀賓則明信大夫敦信大夫
正四品 奉正大夫 奉列大夫(補)宗親同○(原)宗親則宣徽大夫光徽大夫
從四品 朝散大夫 朝奉大夫(補)宗親同○宗親則奉成大夫光成大夫
正五品 通德郎 通善郎(補)宗親同○(原)宗親則通直郎秉直郎
從五品 奉直郎 奉訓郎(補)宗親同○(原)宗親則謹節郎愼節郎
正六品 承議郎 承訓郎(補)宗親同○(原)宗親則執順郎從順郎
從六品 宣敎郎 宣務郎
正七品 務功郎
從七品 啓功郎
正八品 通仕郎
從八品 承仕郎
正九品 從仕郎
從九品 將仕郎

◆서반관계(西班官階)(原)

正一品
從一品
正二品
從二品 已上階同東班
正三品 折衝將軍 已上堂上官
正三品 禦侮將軍
從三品 建功將軍 保功將軍
正四品 振威將軍 昭威將軍
從四品 定略將軍 宣略將軍
正五品 果毅校尉 忠毅校尉
從五品 顯信校尉 彰信校尉
正六品 敦勇校尉 進勇校尉
從六品 勵節校尉 秉節校尉
正七品 迪順副尉
從七品 奪順副尉
正八品 承義副尉
從八品 修義副尉
正九品 効力副尉
從九品 展力副尉

●經國大典吏典; 內命婦 世子宮 外命婦 大殿乳母 王妃母 王女 王世子女 宗親妻 文武官妻 京

官職
○正一品衙門; 宗親府 議政府 忠勳府 儀賓府 敦寧府 備邊司(會通)
○從一品衙門; 義禁府
○正二品衙門; 六曹(吏曹 戶曹 禮曹 兵曹 刑曹 工曹) 漢城府 水原府(會通) 廣州府(會通)
○從二品衙門; 奎章閣(會通) 司憲府 開城府 江華府(會通) 忠翊府
○正三品衙門; 承政院 掌隷院 司諫院 經筵 弘文館 藝文館 世子侍講院(會通) 世孫講書院(會通) 成均館 尙瑞院 春秋館 承文院 通禮院 奉常寺 宗簿寺 校書館 司饔院 內醫院 尙衣院 司僕寺 軍器寺 內資寺 內贍寺 司䆃寺 禮賓寺 司贍寺 軍資監 濟用監 繕工監 司宰監 掌樂院 觀象監 典醫監 司譯院
○從三品衙門; 世子侍講院 繕工監(會通)
○正四品衙門; 宗學 修城禁火司 典設司 豐儲倉 廣興倉
○從四品衙門; 司䆃寺(會通) 司宰監(會通) 典艦司 典涓司 宗廟署
○正五品衙門; 內需司
○從五品衙門; 昭格署 宗廟署 社稷署 景慕宮(會通) 濟用監(會通) 平市署 司溫署 典牲署(會通) 義盈庫 長興庫 氷庫 五部(會通)
○正六品衙門; 掌苑署 司圃署
○從六品衙門; 養賢庫 典牲署 司畜署 造紙署 惠民署 圖書署 典獄署 活人署 瓦署 歸厚署 四學 五部 內資寺(會通) 內贍寺(會通) 禮賓寺(會通) 典設司(會通) 義盈庫(會通) 長興庫(會通) 氷庫(會通) 掌苑署(會通) 司圃署(會通) 各殿(會通) 各陵(會通) 園(會通) 各園(會通) 各墓(會通)
○權設職(會通); 大君師傅 王子師傅王孫敎傅 內侍敎官 童蒙敎官四員

◎조선조(朝鮮朝) 관직(官職) 품계(品階) 개관(槪觀)

1. 내명부(內命婦)

품계(品階)	대전(大殿)	비고	세자궁(世子宮)	비고
무계(無階)	빈(嬪)	후궁 後宮 (단(但),빈(嬪)으로서 교명(敎命)을 받은 자는 무계(無階))		
정 1 품(正一品)	빈(嬪)			후궁 後宮
종 1 품(從一品)	귀인(貴人)			
정 2 품(正二品)	소의(昭儀)			
종 2 품(從二品)	숙의(淑儀)		양제(良娣)	
정 3 품(正三品)	소용(昭容)			
종 3 품(從三品)	숙용(淑容)		양원(良媛)	
정 4 품(正四品)	소원(昭媛)			
종 4 품(從四品)	숙원(淑媛)		승휘(承徽)	
정 5 품(正五品)	상의(尙儀)	상궁 尙宮 궁인직 宮人職		
종 5 품(從五品)	상복(尙服), 상식(尙食)		소훈(昭訓)	
정 6 품(正六品)	상침(尙寢), 상공(尙功)			수규 守閨 궁인직 宮人職
종 6 품(從六品)	상정(尙正), 상기(尙記)		수칙(守則)	
정 7 품(正七品)	전빈(典賓), 전의(典衣), 전선(典膳)			
종 7 품(從七品)	전설(典設), 전제(典製), 전언(典言)		장찬(掌饌), 장정(掌正)	
정 8 품(正八品)	전찬(典贊), 전식(典飾), 전약(典藥)			
종 8 품(從八品)	전등(典燈), 전채(典彩), 전정(典正)		장서(掌書), 장봉(掌縫)	
정 9 품(正九品)	주궁(奏宮), 주상(奏商), 주각(奏角)			
종 9 품(從九品)	주변치(奏變徵), 주치(奏徵), 주우(奏羽), 주변궁(奏變宮)		장장(掌藏), 장식(掌食), 장의(掌醫)	

참고(1) 내명부(內命婦)는 궁중(宮中)에서 봉직(奉職)하는 여관(女官)으로 품계(品階)가 있는 자(者).

참고(2) 교명(敎命)은 왕비(王妃)를 책봉(冊封)하는 왕명(王命)

2. 외명부(外命婦)

<table>
<tr><th>구분</th><th>품계(品階)</th><th>왕녀(王女)</th><th>종친(宗親) 처(妻)</th><th>문무관(文武官) (妻)</th></tr>
<tr><td colspan="2">무계(無階)</td><td>공주(公主)
옹주(翁主)</td><td></td><td></td></tr>
<tr><td rowspan="5">당상
(堂上)</td><td>정 1 품(正一品)</td><td></td><td>부부인(府夫人)-대군처(大君妻)
군부인(郡夫人)-
왕자군처(王子君妻)</td><td rowspan="2">부부인(府夫人)
-왕비모(王妃母)
정경부인(貞敬夫人)</td></tr>
<tr><td>종 1 품(從一品)</td><td></td><td>군부인(郡夫人)
봉보부인(奉保夫人)</td></tr>
<tr><td>정 2 품(正二品)</td><td>군주(郡主)</td><td rowspan="2">현부인(縣夫人)</td><td rowspan="2">정부인(貞夫人)</td></tr>
<tr><td>종 2 품(從二品)</td><td></td></tr>
<tr><td>정 3 품(正三品)</td><td>현주(縣主)</td><td>신부인(愼夫人)</td><td>숙부인(淑夫人)</td></tr>
<tr><td rowspan="4">당하
(堂下)</td><td>정 3 품(正三品)</td><td></td><td rowspan="2">신인(愼人)</td><td rowspan="2">숙인(淑人)</td></tr>
<tr><td>종 3 품(從三品)</td><td></td></tr>
<tr><td>정 4 품(正四品)</td><td></td><td rowspan="2">혜인(惠人)</td><td rowspan="2">영인(令人)</td></tr>
<tr><td>종 4 품(從四品)</td><td></td></tr>
<tr><td rowspan="4">참상
(參上)</td><td>정 5 품(正五品)</td><td></td><td rowspan="2">온인(溫人)</td><td rowspan="2">공인(恭人)</td></tr>
<tr><td>종 5 품(從五品)</td><td></td></tr>
<tr><td>정 6 품(正六品)</td><td></td><td>순인(順人)</td><td rowspan="2">의인(宜人)</td></tr>
<tr><td>종 6 품(從六品)</td><td></td><td></td></tr>
<tr><td rowspan="6">참하
(參下)</td><td>정 7 품(正七品)</td><td></td><td></td><td rowspan="2">안인(安人)</td></tr>
<tr><td>종 7 품(從七品)</td><td></td><td></td></tr>
<tr><td>정 8 품(正八品)</td><td></td><td></td><td rowspan="2">단인(端人)</td></tr>
<tr><td>종 8 품(從八品)</td><td></td><td></td></tr>
<tr><td>정 9 품(正九品)</td><td></td><td></td><td rowspan="2">유인(孺人)</td></tr>
<tr><td>종 9 품(從九品)</td><td></td><td></td></tr>
</table>

참고(1) 내명부(內命婦)는 궁중(宮中)에서 봉직(奉職)하는 여관(女官)으로 품계(品階)가 있는 자(者).

참고(2) 교명(敎命)은 왕비(王妃)를 책봉(冊封)하는 왕명(王命)

2. 외명부(外命婦)

참고(1) 외명부(外命婦)는 왕녀(王女) 및 종친(宗親)의 처(妻), 문무관(文武官)의 처(妻)로서 봉작(封爵)을 받은 자(者).

참고(2) 종친(宗親)은 왕(王)의 부계친(父系親)으로서 촌수(寸數)가 가까운 자(者)를 일컫는데, 대군[大君, 왕의 적자(嫡子)]의 자손(子孫)은 현손(玄孫, 4 대손)까지를, 왕자군[王子君, 왕의 서자(庶子)]의 자손은 증손(曾孫, 3 대손)까지를 봉군(封君)하여 예우(禮遇)함.

참고(3) 공주(公主)는 왕(王)의 적녀(嫡女), 옹주(翁主)는 '왕'의 서녀(庶女), 군주(郡主)는 왕세자(王世子)의 적녀(嫡女, 정 2 품), 현주(縣主)는 '왕세자'의 서녀(庶女, 정 3 품).

참고(4) 부인(夫人)의 봉작(封爵)은 부(夫)의 관직(官職)에 따르되, 첩(妾)의 소생녀(所生女) 및 부(夫)의 생전(生前)에 개가(改嫁)한 자(者)는 봉작하지 아니하며, 부(夫)의 사후(死後)에 개가한 자는 이미 하사(下賜)한 봉작을 박탈(剝奪)함.

참고(5)…왕비(王妃)의 모(母), 왕세자(王世子)의 딸, 종친(宗親)으로서 2 품 이상인 자의 처(妻)는 모두 읍호(邑號)를 씀. 이 때 읍(邑)이란 '부(府), 목(牧), 군(郡), 현(縣)' 등 소재지(所在地)를 가리키며, 종친(宗親)의 처(妻)는 그의 본관(本貫)의 읍호(邑號)를 붙여 "한산이씨 부부인(韓山李氏府夫人), 밀양박씨군부인(密陽朴氏郡夫人)" 등과 같이 썼음. 나중에 이를 고쳐 '종친'은 '대군(大君), 왕자군(王子君)'의 부인(夫人) 외(外)에는 '읍호'를 쓰지 아니함.

참고(6)…'종친의 처'에 대한 봉작은 대전통편(大典通編, 1785, 正祖 9 년) 이후 '문무관의 처'에 관한 외명부의 규정에 따르는 것으로 바뀜.

참고(7)…봉보부인(奉保夫人)은 '왕의 유모(乳母, 종 1 품'

참고(8) 왕자(王子). 왕녀(王女) 및 배우자(配偶者)의 품계(品階)

구분(區分)	명칭(名稱)	품계(品階)	배우자(配偶者)	품계(品階)
왕자(王子)(적-嫡)	대군(大君)	무계(無階)	부부인(府夫人)	정 1 품
왕자 (서-庶)	군(君)	〃	군부인(郡夫人)	정 1 품
왕녀(王女)(적-嫡)	공주(公主)	〃	위(尉)	종 1 품
왕녀 (서-庶)	옹주(翁主)	〃	위(尉)	종 2 품
왕세자(王世子)의 자(子)(적)	군(君)	初修-正 2	현부인(縣夫人)	정 2 품
왕세자의 자(서)	군(君)	初修-正 2		
왕세자의 여(적)	군주(郡主)	正 2	부위(副尉)	정 3 품
왕세자의 여(서)	현주(縣主)	正 3	첨위(僉位)	정종 3 품

참고(9) 종친(宗親) 및 배우자(配偶者)의 품계(品階)

구분(區分)	명칭(名稱)	배우자(配偶者)
정 1 품	군(君)	부부인(府夫人)
종 1 품(大君을 承襲한 嫡長子-初修)	군(君)	
정 2 품(王世子의 衆子/大君의 承襲者인 嫡長孫/王子君의 承襲者인 嫡長子-初修)	군(君)	현부인(縣夫人)
종 2 품(王世子의 衆孫/大君의 衆子/大君의 承襲者인 嫡長 曾孫/王子君의 承襲者인 嫡長孫-初修)	군(君)	
정 3 품	도정(都正)	신부인(愼夫人)
정 3 품(王世子의 衆曾孫/大君의 衆孫/王子君의 衆子/王子 君의 承襲者인 嫡長孫-初修)	정(正)	신인(愼人)
종 3 품(大君의 衆曾孫/王子君의 衆孫-初修)	부정(副正)	
정 4 품(王子君의 衆曾孫-初修)	수(守)	혜인(惠人)
종 4 품	부수(副守)	
정 5 품	영(令)	온인(溫人)
종 5 품	부령(副令)	
정 6 품	감(監)	순인(順人)
정 1 품 왕비(王妃)의 부(父)	부원군(府院君)	정경부인(貞敬夫人)
정 1 품 친공신(親功臣)	부원군(府院君)	정경부인(貞敬夫人)
종 1 품 승습(承襲) 공신(功臣)	군(君)	정경부인(貞敬夫人)
종 2 품 승습 공신	군(君)	정부인(貞夫人)

3. 조선조(朝鮮朝) 관직(官職) 품계표(品階表) (1)-동반(東班) 및 서반(西班)

구분	품계(品階)	동반(同班)	서반(西班)
당상 (堂上)	정 1 품(正一品)	대광보국숭록대부(大匡輔國崇祿大夫)-(議政) 상보국숭록대부(上輔國崇祿大夫)-(國舅-後期) 보국숭록대부(輔國崇祿大夫)	
	종 1 품(從一品)	숭록대부(崇祿大夫) 숭정대부(崇政大夫)	
	정 2 품(正二品)	정헌대부(正憲大夫) 자헌대부(資憲大夫)	
	종 2 품(從二品)	가정대부(嘉靖大夫)-(嘉義-後改) 가선대부(嘉善大夫)	
	정 3 품(正三品)	통정대부(通政大夫)	절충장군(折衝將軍)
당하 (堂下)	정 3 품(正三品)	통훈대부(通訓大夫)	어모장군(禦侮將軍)
	종 3 품(從三品)	중직대부(中直大夫) 중훈대부(中訓大夫)	건공장군(建功將軍) 보공장군(保功將軍)
	정 4 품(正四品)	봉정대부(奉正大夫) 봉렬대부(奉烈大夫)	진위장군(振威將軍) 소위장군(昭威將軍)
	종 4 품(從四品)	조산대부(朝散大夫) 조봉대부(朝奉大夫)	정략장군(定略將軍) 선략장군(宣略將軍)
참상 (參上)	정 5 품(正五品)	통덕랑(通德郎) 통선랑(通善郎)	과의교위(果毅校尉) 충의교위(忠毅校尉)
	종 5 품(從五品)	봉직랑(奉直郎) 봉훈랑(奉訓郎)	현신교위(顯信校尉) 창신교위(彰信校尉)
	정 6 품(正六品)	승의랑(承議郎) 승훈랑(承訓郎)	돈용교위(敦勇校尉) 진용교위(進勇校尉)
	종 6 품(從六品)	선교랑(宣較郎) 선무랑(宣務郎)	여절교위(勵節校尉) 병절교위(秉節校尉)
참하 (參下)	정 7 품(正七品)	무공랑(務功郎)	적순부위(迪順副尉)
	종 7 품(從七品)	계공랑(啓功郎)	분순부위(奮順副尉)
	정 8 품(正八品)	통사랑(通仕郎)	승의부위(承義副尉)
	종 8 품(從八品)	승사랑(承仕郎)	수의부위(修義副尉)
	정 9 품(正九品)	종사랑(從仕郎)	효력부위(效力副尉)
	종 9 품(從九品)	장사랑(將仕郎)	진력부위(辰力副尉)

참고(1) 당상관, 당하관…조선조에서 관계(官階)를 2 분(二分)한 계제(階梯), 조회(朝會) 기타에 당상(堂上)에 배석(陪席)하는 관원임. 문관(文官)은 정 3 품 상계(上階)인 '명선대부, 통정대부, 종친부(宗親府)의 도정(都正), 홍문관(弘文館) 부제학(副提學), 춘추관(春秋館) 수찬관(修撰官)' 이상, 무관(武官)은 정 3 품인 '절충장군' 이상이 이에 속하며 정 3 품 하계(下階)인 '통훈대부'이하 모든 '계제'를 '당하관'이라 함.

참고(2) 참상, 참하, 출륙(出六)…종 6 품 이상의 계제를 '참상'이라 하고, 정 7 품 이하를 '참하'혹은 '참외(參外)'라 하는데, '참하관'에서 '참상관'이 되는 것을 출륙(出六) 혹은 승륙(陞六)이라 함.

참고(3) 직함(職銜)의 정식 명칭…'계(階-품계)-사(司-관서)-직(職-직위)'의 순서로 일컬음. 예를 들면 영의정(領議政)은 '대광보국숭록대부(大匡輔國崇祿大夫-階)-의정부(議政府-司)-영의정(領議政-職)' 단 종친(宗親), 의빈(儀賓) 및 충훈부(忠勳府) '당상관'은 '사(司)'를 칭(稱)하지 아니한다. 또 돈녕부(敦寧府), 경연(經筵) 등 관사(官司)에 있는 영사류(領事類-判事, 知事, 同知事 등) '令'자 등을 '司' 위에 놓아 '영돈녕부사, 판돈녕부사, 지경연사, 동지돈녕부사' 등으로 일컫는다.

참고(4) 행수직(行守職)…'행직(行職)'이란 계고직비(階高職卑)의 경우임. 예를 들어 종 1 품계를 가진 이가 정 2 품직인 '이조판서(吏曹判書)가 되면 숭정대부행이조판서(崇政大夫行吏曹判書)라 함. 이에 비해 계비직고(階卑職高)의 경우를 '수직(守職)'이라 하는데, 예를 들면 종 2 품계를 가진 이가 정 2 품직인 대제학(大提學)이 되면 '가선대부수홍문관대제학(嘉善大夫守弘文館大提學)'이라 함. 단 7 품 이하의 관원은 2 품계를 높일 수 없고, 6 품 이상 관원은 3 품계를 높일 수가 없음.

참고(5) 관직의 임기…임만(任滿)이라 하며, 대개 6 품 이상은 900 일, 7 품 이하는 450 일, 무록관(無祿官)은 360 일임. 그러나 지방관(地方官)의 임기 만료는 과만(瓜滿), 과한(瓜限)이라 하며 관찰사(觀察使), 도사(都事)는 360 일(1 년), 수령(守令)은 1800 일(5 년), 당상관(堂上官)과 미설가수령(未挈家守令)은 900 일(2 년반), 병사(兵使), 수사(水使), 우후(虞候), 평사(評事)는 720 일(2 년), 미설가첨사(未挈家僉事), 만호(萬戶)는 900 일을 원칙으로 하나 조선 후기에는 '관찰사, 도사'가 20 삭(朔), '수령'이 30 삭 또는 60 삭['삼년과(三年窠)'와 '6 년과'의 구별이 있음] 등으로 고쳐졌다.

참고(6) 재상(宰相, 정 3 품 당상관 이상)이 군무(軍務)의 임명을 받으면 의정(議政)은 도체찰사(都體察使), 1 품 이하는 도순찰사(都巡察使), 종 2 품은 순찰사(巡察使), 3 품은 찰리사(察里使)의 직함을 더한다.

참고(7) 20 세가 되지 않으면 관직에 임명될 수 없었음. 다만 각종 과거(科擧)에 급제한 경우는 그렇지 아니함.

4. 조선조(朝鮮朝) 관직(官職) 품계표(品階表) (2)-종친(宗親) 및 의빈(儀賓)

구분	품계(品階)	종친(宗親)	의빈(儀賓)
무계(無階)		대군(大君) 왕자군(王子君)	
당상 (堂上)	정 1 품(正一品)	현록대부(顯祿大夫) 흥록대부(興祿大夫) 後期에는 상보국숭록대부 (上輔國崇祿大夫)	수록대부(綏祿大夫) 尉 성록대부(成祿大夫) 後期에는 상보국숭록대부 (上輔國崇祿大夫)
	종 1 품(從一品)	소덕대부(昭德大夫) 君 後改 수덕(綏德) 의덕대부(宜德大夫) 後改 가덕(嘉德)	광덕대부(光德大夫) 尉 後改 정덕(靖德) 숭덕대부(崇德大夫) 後改 명덕(明德)
	정 2 품(正二品)	君 숭헌대부(崇憲大夫) 승헌대부(承憲大夫)	尉 봉헌대부(奉憲大夫) 통헌대부(通憲大夫)
	종 2 품(從二品)	君 중의대부(中義大夫) 정의대부(正義大夫) 후개 소의(昭義)	尉 자헌대부(資憲大夫) 순의대부(順義大夫)
	정 3 품(正三品)	都政 명선대부(明善大夫)	副尉 봉순대부(奉順大夫)
당하 (堂下)	정 3 품(正三品)	正 창선대부(彰善大夫)	僉尉 정순대부(正順大夫)
	종 3 품(從三品)	副正 보신대부(保信大夫) 자신대부(資信大夫)	僉尉 명신대부(明信大夫) 돈신대부(敦信大夫)
	정 4 품(正四品)	守 선휘대부(宣徽大夫) 광휘대부(廣徽大夫)	
	종 4 품(從四品)	副守 봉성대부(奉成大夫) 광성대부(光成大夫)	
참상 (參上)	정 5 품(正五品)	令 통직랑(通直郎) 병직랑(秉直郎)	
	종 5 품(從五品)	副令 근절랑(謹節郎) 신절랑(愼節郎)	
	정 6 품(正六品)	監 집순랑(執順郎) 종순랑(從順郎)	

5. 조선조(朝鮮朝) 관직(官職) 품계표(品階表) (3)-잡직(雜職)

구분	품계(品階)	동반(同班)	서반(西班)
참상(參上)	정 6 품(正六品)	공직랑(供職郎) 여직랑(勵職郎)	봉사교위(奉仕校尉) 수사교위(修仕校尉)
	종 6 품(從六品)	근임랑(謹任郎) 효임랑(效任郎)	현공교위(顯功校尉) 적공교위(迪功校尉)
참하(參下)	정 7 품(正七品)	봉무랑(奉務郎)	담용부위(膽勇副尉)
	종 7 품(從七品)	승무랑(丞務郎)	선용부위(宣勇副尉)
	정 8 품(正八品)	면공랑(勉功郎)	맹건부위(猛健副尉)
	종 8 품(從八品)	부공랑(赴功郎)	장건부위(壯健副尉)
	정 9 품(正九品)	복근랑(服勤郎)	치력부위(致力副尉)
	종 9 품(從九品)	전근랑(展勤郎)	근력부위(勤力副尉)

참고(1)…'잡직(雜職)은 사무(事務)를 담당하지 아니하고 잡무(雜務)에 종사(從事)하는 관직(官職). 액정서(掖庭署)의 제관(諸官), 교서관(校書館)에서 서책(書冊)의 수직(守直), 장정(裝幀)을 담당하는 관원(官員) 또는 사복시(司僕寺)의 말(馬)을 조련(調練)하는 관원 등이 그에 속함.

참고(2)…마의(馬醫), 도류(道流-老壯 道敎의 道士가 致仕하는 관직), 화원(畵員)의 품계는 정직(正職)과 같음. '잡직'에 대하여 일반 관직을 '정직'이라 함.
참고(3)…'잡직'으로서 '정직'에 임명되는 때에는 1 품계를 강급(降級)함.

참고(4)…'대전통편'에 이르러 전대의 '잡직'은 태반(太半)이 폐지되고 조선 후기까지 존속한 '잡직'은 대략 다음과 같음.

▶ 액정서(掖庭署)…왕의 말씀의 전달, 왕이 사용하는 붓과 벼루의 공급, 대궐문 열쇠의 보관, 대궐 뜰의 설비(設備) 등 임무 담당. 사알(司謁, 정 6-1), 사륜(司鑰, 정 6-1), 부사륜(副司鑰, 종 6-1), 사안(司案, 정 7-2), 부사안(副司案, 종 7-3), 사포(司鋪, 정 8-2), 부사포(副司鋪, 종 8-3), 사소(司掃, 정 9-6), 부사소(副司掃, 종 9-9)
▶ 공조(工曹)-장인(匠人, 多數), 공조(工造, 종 8-1), 공작(工作, 종 9-6)
▶ 교서관(校書館)-서적(書籍)의 수장제원(守藏諸員, 44 人), 장책제원(粧冊諸員, 20 인), 사준(司準, 종 8-1), 사감(司勘, 종 9-1), 공조(工造, 종 8-4), 공작(工作, 종 9-2)
▶ 사옹원(司饔院)-반감(飯監) 기타의 차비(差備-雇傭人, 다수), 재부(宰夫, 종 6-1), 선부(膳夫, 종 7-1), 조부(調夫, 종 8-2), 임부(飪夫, 정 9-2), 팽부(烹夫, 종 9-7)
▶ 상의원(尙衣院)-공제(工製, 종 7-4), 공조(工造, 종 8-1), 공작(工作, 종 9-3)
▶ 사복시(司僕寺)-마의(馬醫, 10 인), 안기(安驥, 종 6-1), 견마배(牽馬陪, 종 7-18), 調驥(종 7-1), 이기(理驥, 종 8-1), 보기(保驥, 종 9-1)
▶ 군기시(軍器寺)-공제(工製, 종 7-5), 공조(工造, 종 8-2), 공작(工作, 종 9-2)
▶ 선공감(繕工監)-공조(工造, 종 8-4), 공작(工作, 종 9-4)
▶ 장악원(掌樂院)-악사(樂士)/악생(樂生)/악공(樂工, 多數), 전악(典樂, 정 6-1), 부전악(副典樂, 종 6-2), 전율(典律, 종 7-2), 부전율(副典律-종 7-2), 전음(典音, 정 8-2), 부전음(副典音, 종 8-4), 전성(典聲, 정 9-10), 부전성(副典聲-종 9-23)
▶ 소격서(昭格署)-도류(道流, 15 인), 상도(尙道, 종 8-1), 지도(知道, 종 9-1), 속대전(續大典영조 20, 1744) 후 폐지.
▶ 장원서(掌苑署)-별감(別監, 20 인), 신화(愼花, 종 6-1), 신과(愼果, 종 7-1), 신금(愼禽, 정 8-1), 부신금(副愼禽, 종 8-1), 신수(愼獸, 정 9-3), 부신수(副愼獸, 종 9-3)
▶ 도화서(圖畵署)-화원(畵員, 20 인)

6. 조선조(朝鮮朝) 관직(官職) 품계표(品階表)(4)-토관직(土官職)

구분	품계(品階)	동반(東班)관계, 관직	서반(西班)관계, 관직
참상(參上)	정 5 품(正五品)	통의랑(通義郞) 도무(都務)	건충도위(建忠徒尉) 여직(勵直)
	종 5 품(從五品)	봉의랑(奉義郞) 장부(掌簿)	여충도위(勵忠都尉) 부여직(副勵直)
	정 6 품(正六品)	선직랑(宣職郞) 교부(校簿)	건신교위(健信校尉) 여과(勵果)
	종 6 품(從六品)	봉직랑(奉職郞) 감부(勘簿) 또는 도할(都轄)	여신교위(勵信校尉) 부여과(副勵果)
참하(參下)	정 7 품(正七品)	희공랑(熙功郞) 전사(典事)	돈의도위(敦義徒尉) 여정(勵正)
	종 7 품(從七品)	주공랑(注功郞) 장사(掌事)	수의도위(守義都尉) 부여정(副勵正)
	정 8 품(正八品)	공무랑(供務郞) 관사(管事	분용도위(奮勇都尉) 여맹(勵猛)
	종 8 품(從八品)	직무랑(直務郞) 급사(給事)	효용도위(效勇徒尉) 부여맹(副勵猛)
	정 9 품(正九品)	계사랑(啓仕郞) 참사(參事)	여력도위(勵力都尉) 여용(勵勇)
	종 9 품(從九品)	시사랑(試仕郞) 섭사(攝事)	탄력도위(彈力徒尉) 부여용(副勵勇)

참고(1) 토관직(土官職)은 함경(咸鏡), 평안(平安) 양도(兩道)에 특설(特設)한 관직으로서 그 도민(道民)인 이속(吏屬, 향리(鄕吏)으로서 임명(任命)함.

참고(2) '토관직'의 전임(轉任), 품계의 승급(陞級) 및 재직연한(在職年限)은 중앙관직(中央官職)과 같았음. 다만 6 품(六品) 이상 '토관' 품계의 승급은 중앙관직 재직연한의 배수(倍數)를 요(要)하였음.

참고(3) '토관직'이 임명되는 '주부(州府)는' 함흥부(咸興府)/평양부(平壤府)/영변대도호부(寧邊大都護府)/경성도호부(鏡城都護府)/의주목(義州牧)/회령(會寧), 경원(慶源), 종성(鍾城), 온성(穩城), 부녕(富寧), 경흥(慶興), 강계(江界) 도호부(都護府) 등이었음.
(出)kksga012.hubweb.net/munhwa/pumgye.htm

▶3991◀ ◈問; 구헌(九獻)이란?

그간 안녕하셨습니까?? 감사하였습니다. 또 신세를 저야 할 건이 생겼습니다. 이 곳 자유게시판에 선조제란 제사에 대한 문답을 보고 의문이 생겼습니다.

1. 선조제란 어떤 제사인지요.?
2. 선조제 지방은 어떻게 쓰는지요?
3. 헌주례에 1 헌 3 헌 5 헌 7 헌 9 헌이 있는데 7 헌까지는 어설프지만 어른한테 들어 약간은 알고 있으나 9 헌은 처음이라 아는 분이 없어 배우고자 도움을 또 청하옵니다. 9 헌을 자세하게 적어놓은 책이 있다면 그 책명을 일러 주시면 여러 경로를 통하여 찾아 복사하여 완전하게 습득하겠습니다.

◈答; 구헌(九獻)이란.

◆先祖祭(선조제) 紙牓式(지방식)

○(顯)先祖考神位

○(顯)先祖妣神位

◆先祖祭禮法(선조제예법); ○立春祭先祖 ○前三日齋戒 ○前一日設位陳器 ○具饌 ○厥明夙興設蔬果酒饌 ○質明盛服就位降神參神 ○初獻 ○亞獻終獻 ○侑食闔門啓門受胙辭神徹餕

●朱子家禮祭禮初祖初獻; 祝詞曰維年歲月朔日子孝孫姓名敢昭告于初祖考初祖妣今以仲冬陽至之始追惟報本禮不敢忘謹以潔牲柔毛粢盛醴齊祗薦歲事尙饗
●朱子家禮祭禮先祖初獻; 如祭初祖之儀但祝詞改初爲先仲冬陽至爲立春生物餘並同

◆九獻(구헌)

○書名 문헌통고(文獻通考); 권구십육(卷九十六) 사십팔판전(四十八板前) 종묘고육(宗廟考六) 제사시향(祭祀時享) 천신(薦新) 동오십삼판전(同五十三板前) 구헌(九獻) 동오십칠판전(同五十七板前) 춘사하약(春祠夏禴) 구헌도(九獻圖)

●白湖全書雜著讀書記內則; 一獻質(謂祭群小祀也)三獻文(謂祭社稷五祀)五獻察(察明也謂祭四望山川也)七獻神(謂祭先公陳氏曰獻酌酒以薦也一獻其禮質略三獻有文飾察者顯盛詳著之貌七獻禮重心肅洋洋乎其如在之神也)大饗其王事與(大饗祭先王九獻)大享九獻九獻之禮祼降二獻(王以珪瓚酌鷄彜之鬱鬯后以璋瓚酌鳥彜之鬱鬯獻尸尸祭之啐之奠之而不飮)朝踐二獻(殺牲啓毛血燎膟膋薦腥王以玉爵酌獻尊之泛齊后薦朝事之籩亦酌醴以獻)饋食二獻(薦熟奠斝炳蕭合羶薌王酌象尊之盎齊以獻后薦饋食之籩酌醍齊以獻)朝獻二獻(尸食訖王酌泛齊以酳尸后薦加事之豆籩尸酢王后酌沈齊以獻尸曰再獻尸酢后如王用醴)卒食一獻(諸侯爲賓者酌沈齊饋卒食三獻尸飮訖又酢諸臣如后法九獻之後王遂降率群臣舞大武大夏兼作六代之樂遂行加爵爲旅酬之始加爵謂太子三公之長九卿之長用壁角酌沈齊各行一爵凡十二獻旅天數也○大祫禮祭日之朝王袞冕而尸亦袞冕入在後侑之王不出迎尸入室乃作樂降神乃灌是時衆尸在太廟中依次而灌灌以鬱鬯用圭瓚灌於奧尸祭之啐之奠之一獻也王乃出迎牲后以璋瓚從灌亞獻謂之祼降二獻也迎牲而入至於庭王親執鸞刀啓其毛祝以血毛詔於各室廟別牢毁廟之主昭共一牢穆共一牢於是行朝踐之事尸出於室太祖之尸坐於戶西南面其主在右東面昭在東穆在西相對坐主各在其右王北面祝乃取牲膟膋燎於爐炭入以詔神於室又出而墮於主前王乃洗肝於鬱鬯而燔之以制於主前次乃升牲首於室中置之於北牖下后薦朝事之籩豆乃薦腥於尸主前王乃以玉爵酌著尊之泛齊以獻尸謂之朝踐三獻也后又以玉爵酌著尊之醴齊以亞獻亦爲朝踐四獻也薦熟時煮旣熟將欲延尸主入室乃先以俎盛之告神徒堂上之饌於室內坐前祝以斝爵酌牲尊之盎齊奠于鉶南又取薌蒿以腸間脂合黍稷燒之於室中自此以前謂之接祭乃後延尸來升席自入室太祖東面昭南面稷北面尸來升席自北方坐于主北擧此奠斝王拜以妥尸后薦饋食之豆籩王乃以玉爵酌壺尊之盎齊以獻尸五獻也后又以玉爵酌壺尊之醍齊以獻尸六獻也皆謂之饋食於是尸食十五飯訖王以玉爵因朝踐之尊泛齊以酳尸謂之朝獻七獻也后乃薦加豆籩尸酌酢主人受嘏於時王乃可以玉爵獻諸侯也后以瑤爵因酌饋食之壺尊醍齊以亞酳尸謂之饋獻八獻也尸酢后如王禮於時王可以瑤爵獻卿也諸侯爲賓者亦以瑤爵酌壺尊之沈齊以獻尸尸又酢賓用淸酒謂之卒食九獻也九獻之後謂之加爵亦用三酒有三加於是王可以散爵獻大夫士及群有司也用壁角壁散一曰尸酢諸侯亦用所獻之齊也至是則鐘鼓交作萬舞陳于庭而祀事畢矣一曰九獻之後有加爵特牲禮有三加則天子以下加爵之數依尊畢不祗三加也魯及王者之後皆九獻其行之之法與天子同侯伯七獻朝踐及饋食時君皆不獻禮器所謂君制祭夫人薦盎君割牲夫人薦酒是也子男五獻者亦以薦腥饋熟前君與夫人並不獻尸食後行三獻通二灌爲五獻也卿大夫士尸食之後主人主婦及賓修行三獻也其祭天之禮圜丘之祭先奏圜鐘之樂次燎牲及玉幣方丘之祭奏函鐘之樂次瘞埋血及玉幣二者在正祭之前故謂之二始唯人道宗廟有祼天地大神不祼凡大祭亦竝有三始祭天以樂爲致神始以禋爲歆神始以血爲陳饌始祭地以樂爲致神始以埋爲神始以血爲陳饌始祭宗廟亦以樂爲致神始以灌爲歆神始以腥爲陳饌始)

▶3992◀◈問; 국조(國朝) 번역에 있어서.

1. 국어사전 國朝 번역을 보면 「**명사**」 「1」 자기 나라의 조정(朝廷). 「2」 당대(當代)의 조정(朝廷).

2. 日語辭典 [國朝] [名.] 自國の朝廷. 當代の朝廷.

이상과 같이 국어(國語)와 일본어(日本語)가 토씨한자 틀리지 않고 모두 같습니다. 그렇다면 **國**은 자기나라 또는 당대를 의미하고, 朝는 朝廷을 의미해야 맞을 것입니다. **國**에 그와 같이 풀 근거가 있는지요. 선생님의 자문을 구하고자 합니다.

◈答; 국조(國朝) 번역에 있어서.

국조(國朝) 번역(飜譯)에 있어서 개별(個別) 각자 한자한자가 아니라 국조(國朝)라는 단어(單語)로 번역(飜譯)을 하게 됩니다. 국조(國朝)란 본조(本朝)를 의미하게 되는데 본조(本朝)의 본(本)을 풀어보면 자기(自己) 또는 현재(現在) 등으로 전거적(典據的)으로 풀이가 됩니다. 또 국가조정(國家朝廷)이라 풀어지기도 합니다. 따라서 어감은 유학적 풀이에 조금은 비낀 듯하나 국어사전의 「1」과 「2」로 풀어짐에 오류(誤謬)가 있다. 라 지적 할 수는 없지 않을까 합니다.

●韓愈昌黎集二薦士詩; 國朝盛文章子昂始高蹈 (辭註)國朝本朝

●紅樓夢第五回; 吾家自國朝定鼎以來功名奕世富貴流傳已歷百年奈運終數盡不可挽回

●辭源木部一畫本 ㊅自己或自己方面的 淮南子氾論; 立之于本朝之上倚之于三公之位

●哥德巴赫猜想向着二十一世紀; 轉眼將是本世紀末刹那又到新世紀初(註)本現世

●與張承恩書; 若足下原國朝之宿將更當先著祖鞭

●荐士詩; 國朝盛文章子昂始高蹈

●後漢書楊賜傳; 易曰天垂象見吉凶聖人則之今妾媵嬖人閹尹之徒共專國朝欺罔日月(註)國朝國

政朝廷國家朝廷
●求自試表; 今臣無德可述無功可紀若此終年無益國朝

▶3993◀◈問; 서원(書院) 공부를 하고 싶습니다.

안녕들 하세요. 오래도록 망설이다 성균관이 아니면 알 수가 없을 것 같아 염치불구하고 질문을 올립니다. 다름이 아니오라 書院 공부를 하고 싶습니다. 書院에 대하여 자세히 공부를 하려면 옛날 문헌이라야 되겠기에 그 문헌을 찾고 있습니다. 그 기록을 다룬 문헌을 알려주십시오. 물론 우리 나라에 설립되었던 모든 서원이 빠짐없이 기록된 문헌이면 대단히 원하는 책이 되겠지요. 대단히 죄송스럽습니다.

◈答; 공부를 하고 싶습니다.

○춘관통고(春官通考) 60책 중 21책(101판 P.202) 전부에,
○증보문헌비고(增補文獻備考) 50책 중 41책 후반부와 42책 전반부 합106판(P.212)이 되고,
○태학지(太學志) 7책 중 마지막 책 전부 79판(P. 158)에 기록되어 있습니다.

이 세 책을 구할 수 있으면 서원(書院)에 대한 모든 궁금증을 물론 서원에 관한 한 많은 정보를 취득하리라 믿습니다.

●增補文獻備考四十一冊學校考書院(二板)四十二冊學校考祠院總論(二十七板) 各道祠院(七十七板)
●春官通考二十一冊吉禮院祠 (九十九板)
●太學志七冊中七冊附編啓聖祠~書院附諸祠(七十九板)
●東典考三冊祀典書院(三板)

▶3994◀◈問; 시성(豕腥)과 돈성(豚腥).

또 여쭈어 봅니다. 진설에 보면 豕腥과 豚腥이 보입니다. 돼지고기는 돼지고기인데 어떤 차이가 있는지요? 어떤 사람은 돼지고기와 돼지머리라고 합니다.

◈答; 시성(豕腥)과 돈성(豚腥).

변두(籩豆)의 모든 진설(陳設)은 국조오례의(國朝五禮儀)에 의하여 진설(陳設)이 됩니다. 국조오례의(國朝五禮儀)의 모든 진설(陳設)이 시성(豕腥)이나, 상변통고(常變通攷)에서 석전(釋奠)을 소개하면서 그 진설(陳設)에서 국조오례의(國朝五禮儀)의 시성칠체(豕腥七體)를 돈성칠체(豚腥七體)로 소개되고 있습니다.

시(豕)는 돼지의 총칭(總稱)하나 돈(豚)은 설문(說文)에서 새끼돼지라 하였는데 상변통고(常變通攷)에서 시(豕)를 돈(豚)으로 교체(交替)된 이유를 밝히지 않아 그 까닭은 알 수가 없습니다. 다만 이를 접한 이들이 시성(豕腥)과 돈성(豚腥)을 동일시(同一視)하여 유통시킨 것이 아닌가 생각되며 본인 추측으로는常變通攷에서 동일 예에서 사용한 돈(豚)은 시(豕)의 오류(誤謬)가 아닌가 합니다.

●國朝五禮儀序例吉禮陳設圖親享文宣王左十籩右十豆;　豆十在右爲三行左上一載豆前豕腥七體其載如羊
●常變通攷學校禮釋奠儀;　左十籩爲三行以右爲上右十豆爲三行以右爲上一載豆前實以豚腥七體其載如羊
●康熙字典豕部 【豕】 [玉篇]猪豨之總名○又 四書【豚】[說文]小豕也

▶3995◀◈問; 1 品에서 6 品까지는 堂上官과 堂下官이라 한다는데 7, 8, 9 品은 무엇이라 하는지요.

안녕하세요? 항상 감사합니다.
오늘은 조선조 관리들의 등급에 대한 의문입니다. 관리들의 등급으로는 一品~九品까지 있는 것으로 알고 있습니다. 이 아홉 개 品을 3 등분하여 1, 2, 3 品까지를 堂上官이라 하고 4, 5, 6 品까지를 堂下官이라 한다고 알고 있습니다. 그런데 7, 8, 9 品은 무엇이라 하는지요,

오늘 검색을 하다 보니 의문이 생겨 선생님들의 도움을 받고자 질문을 올립니다. 감사합니다. 안녕히 계십시오.

◈答; 7, 8, 9 品은.

◆**堂上官**; 正, 從一品. 正, 從二品. 正三品 通政大夫.
◆**堂下官**; 正三品 通訓大夫, 從三品. 正, 從四品. 正, 從五品. 正, 從六品 (參上官)
◆**參下官**; 正, 從七品. 正, 從八品. 正, 從九品 (參外官)

이상의 제도는 朝鮮朝에서 운용하던 제도로서, **堂上官**은 一品 二品 正三品 通政大夫까지이며, **堂下官**에는 正三品 通訓大夫로부터 從三品 四品 五品 六品까지이며,

七品이하 九品까지를 參下官 또는 參外官이라 합니다.

●大典會通吏典東班官階原; 正一品從一品正二品從二品正三品通政大夫已上堂上官
●大典會通禮典京外官會坐原; 堂上官會坐則正一品北從一品東二品西三品南(中略)三品以下官(堂下官)則三品北四品東六品以上西七品以下(參下官)南(細註)七品以下於六品以上會處並坐南衙門座次同
●教學漢韓大辭典 [參外](참외)國 7품 이하의 관직 품계. 참하(參下).
●牧民心書奉公六條禮際外官之與使臣相見具有禮儀見於邦典; 參下官【謂七品以下】
●中宗實錄中宗十五年一月二十四日癸丑; 職官名號非徒在我祖宗朝爲然自前朝因時損益其來已久雖小各司各以參上參下官共掌一事互相維持各有該掌

▶3996◀◈問; 정헌(正獻)과 분헌(分獻)의 정의(正義)?

정헌(正獻)과 분헌(分獻)에 관하여 설왕설래(說往說來)하고 있는데요 정의(正義)를 내린다면요?

◈答; 정헌(正獻)과 분헌(分獻)의 정의(正義).

정헌(正獻)과 분헌(分獻)에 대하여 아래와 같이 살펴보건대 마지막 결론과 같이 정의 할수 있다 하겠습ㅂ니다.

●實事求是齋經義宗廟之祭无九獻辨; 天子諸侯之祭禮雖亡以散見於戴記者求之堂上四獻室中三獻正獻凡七
●朝野類要分獻; 凡三歲大禮有大臣亞獻終獻之外衆天神則在壇下分獻
●辭源刀部一畫【分】【分獻】古人祭祀時向附屬的祭祀對象分行獻爵獻帛的禮儀. 詳 "正獻".
○又止部一畫【正】【正獻】祭祀時 向受祭者行獻爵獻帛之禮 稱正獻. 向配饗者分行獻爵獻帛之禮 稱分獻.
●宋史禮志二; 若夫公卿分獻文武從祀與夫樂架饌幔則皆在中壝之內(註)分獻古代祭祀向配饗者行獻爵獻帛禮
●國朝五禮儀有司釋奠文宣王儀行禮; 贊引各引分獻官以次詣盥洗位搢笏盥帨訖執笏分詣殿內及兩廡從享尊所執尊者擧冪酌酒執事者以爵受酒引分獻官詣神位前跪搢笏執事者授爵分獻官執爵獻爵尊爵執笏俯伏興平身以次分獻訖俱復位
●臺灣市孔廟;
○[正獻官]正獻官穿著藍色長袍, 黑色馬褂, 足穿黑鞋, 由當地政府最高首長擔任。正獻官負責至大成殿孔子神位前奠爵、行禮鞠躬。
○[分獻官]分獻官穿著同正獻官, 身著藍色長袍, 黑色馬褂, 足穿黑鞋, 一般都由當地政教界人士及民意代表擔任。分獻官負責到東西配、東西哲、東西廡先賢先儒神位前奠爵、行禮鞠躬。臺北孔廟分獻官共有 8 位分獻官, 分別爲西配分獻官、西哲分獻官、西廡先賢分獻官、西廡先儒分獻官、東配分獻官、東哲分獻官、東廡先賢分獻官、東廡先儒分獻官等。
○[陪祭官]祭孔大典中負責陪同正獻官、分獻官祭祀的人員稱爲「陪祭官」, 一般都由當地政教界人士擔任。臺北孔廟陪祭官分爲大成殿東西班與崇聖祠東西班兩部分, 大成殿東西班陪祭官各 10 到 12 位, 共 20 到 24 位, 但具變動性, 99 年度臺北孔廟祭孔大典由於參加者踴躍, 故 99 年臺北孔廟祭孔大典大成殿之陪祭官東西班各 16 位, 共 32 位 ; 崇聖祠之陪祭官東西班各 8 到 10 位, 共 16 到 20 位。參與祭祀之陪祭官穿著同正獻官與分獻官, 身著藍色長袍, 黑色馬褂, 足穿黑鞋。

●禮記禮器; 有以小爲貴者宗廟之祭貴者獻以爵(鄭玄注)凡觴一升曰爵(孔穎達疏)正義曰天子諸侯及大夫皆獻尸以爵

天子諸侯祭本位; 行獻爵獻帛之禮稱正獻
天子諸侯祭配位; 行獻爵獻帛之禮稱分獻

이상에서 살펴본 바와 같이 정헌(正獻)이나 분헌(分獻)의 예(禮)는 천자제후(天子諸侯)의 제사(祭祀) 예법(禮法)에서 이르는 전문(專門) 용어(用語)가 아닌가 함.

▶3997◀◈問; 제사 축문 문의.

안녕하세요. 얼마 뒤 우물제사를 지내야 합니다. 정제사 축문이 필요한데 아무리 찾아보아도 찾기가 쉽질 않네요 자료도 마땅한 것이 없고 도움이 필요합니다.

◈答; 제사 축문 문의.

⊙洞里祈井泉祝文(동리기정천축문)

維歲次干支幾月干支朔幾日干支某官某敢昭告于泉井之神伏以維民受用莫水爲切曰安仁里有泉斯冽山塍石硔潗湸汪滈轆轤單極井井不渴枸堆龍踞錫我頤耋普惠及物澤茂報蔑有蠢衆生而恣慆褻甃圮不補泥射不渫明神齎異受用不屑蟒虺蛇帶鼁黽螸蜇鼷鼴鼯鼠蜻蛶蠓蠛莫不聽命浮沈盤結掩鹿呼癸羸甁之啜不眢伊洿匪靈氣竭維暍者民淪胥以滅孰主張是神實管鐍玆�穀朝虔誠告潔旣已省愆亦盍改轍願賜顧享蘇我遺孑呵護欄湫疏通磵穴醍醐玉溜演漾澄澈禦菑捍患旣康且佚式克報祀永世不絶伏惟神顧歆尙饗

⊙泉神祭文(천신제문)

惟玆名泉十室之汲靈龜攸伏神龍所居源遠流長長時不渴灌圃之利洗濯之方奈何今年眞源枯渴山川滌滌魚隊喁喁汲者之憂渴者之望薦此神祗日吉辰良伏願神明轉斡靈脉涓涓瀉出活我生民

⊙修井告由文(수정고유문)

伏以天一生水五行之先潤下作鹹澤施於人先王畫井灌漑爲農生民日用食水爲宗堯衢之歌鑿飮之豊羲畐之象羸甁之凶昔奠玆土斯井以闢千年古居百家所食明靈攸在在幷受其福冬則溫泉夏則寒冽源深且活用之不竭忍焉谷鮒爲我心惻人或不淨靈必示罰三日齊沐百拜誠禱神其佑之刷滌舊汚湧出玉液濟我編戶謹以酒果用伸虔告復菴遺稿云云泉水之神伏以地通坎精山有蒙氣混混其源涓涓其流野引稻香家沒鼎調濯以潔身吸之潤喉日用時多攸關緊重宖祭宖宴莫匪其功旣有盈科風頹雨圮琢石磨磷今將改修伏願修後噴若玉竇瀅如琉璃飮之服之諸祥必湊實賴神休完築永守敢以酒饌祗薦于神尙饗○蓮村遺稿洞門有井爲歲已久防築敗漏泉眼不净潦至汚濁旱歲未洽玆諏吉日更加修飭洞軍咸作居然就緖伏願修井之後泉源益壯潦而益清旱而無減一洞之人永飮爾德

▶3998◀◈問; 조공(朝貢).

어떤 행위를 조공이라 하는지요? 현대판 조공도 있는지요?

◈答; 조공(朝貢).

약소국이 일정한 시기에 주변 강대국에 자국의 안정과 평화를 위하여 공물(貢物)을 받치는 약육강식의 제도가 있었던 것을 역사에서 배울 수가 있었습니다.

현대판 조공이란 무엇을 의미하는지는 알 수 없으나 본인이 논할 수 있는 논제가 아닌 상 싶습니다. 미안합니다.

===

조공은 전근대 동아시아의 국제관계에서 중국 주변에 있는 나라들이 정기적으로 중국에 사절을 보내 예물을 바친 행위이다. 이는 일종의 정치적인 지배수단으로 볼 수 있다. 중국 주(周)나라 때 제후는 방물(方物: 지역 특산물)을 휴대하고 정기적으로 천자(天子)를 배알하여 군신지의(君臣之義)와 신례행위(臣禮行爲)를 행하였다. 천자는 이를 통하여 여러 제후를 통제하고 지배하였다. 그뒤 이 제도는 한족(漢族) 중심의 중화사상을 기초로 주변 이민족을 위무·포섭하는 외교정책이 되었다.

주나라 이후 제후국들 사이에 작은 나라는 큰 나라를 섬기고(事大), 큰 나라는 작은 나라를 사랑해 주는(字小) 예가 있었다. 이러한 사대·자소는 결국 대소국간에 우의와 친선을 통한 상호공존의 교린의 예로부터 출발하고 있다. 춘추전국시대(春秋戰國時代)로 접어들자 큰 나라는 약소국에 대하여 무력적 시위로 일방적인 사대의 예를 강요하였고, 이러한 사대의 예에는 많은 헌상물을 수반하는 조빙사대(朝聘事大)가 나타났다. 계속된 전쟁으로 힘의 강약에 의한 지배, 종속관계 대신 헌상물을 전제로 한 조빙사대가 되었으며, 이러한 행위는 한(漢)나라 이후 중국과 주변국가 사이에 제도화되어 조공과 책봉이라는 독특한 동아시아의 외교 형태로 나타났다.

따라서 조공·책봉관계는 약소국인 주변국에게는 자국의 안전을 위해 공식적인 교류를 통하여 중국의 침략을 둔화시키고 상호불가침의 공존관계를 수립하기 위한 전제조건이 되었다. 한편 중국으로부터 받은 책봉은 동아시아 외교체제에 편입되고 국제적 성격을 가지는 것으로서, 중국 주변의 모든 나라가 원하든 원하지 않든 간에 동아시아 국제관계의 규범으로 정착되었다. 19 세기 이전 만주·몽골·티베트·안남 및 중앙아시아 여러 나라는 모두 중국에 조공하였고, 19 세기에 이르러 영국·프랑스 등 유럽의 나라가 중국에 통상을 요구할 때도 이 형식을 따랐다.

한국의 대중국 관계도 국제관계의 보편적인 외교규범을 지키면서 동아시아 외교체제에 편입되었다. 이러한 외교행위를 통하여 국가의 생존권을 보존하고 공식적인 무역 및 기타 문화교류를 하였다. 그러나 중국과의 관계가 모두 조공의 성격은 아니었다. 양국 관계는 청병(請兵)·출병, 연호·역(曆)의 채용, 내정간섭·인질, 공물과 회사(回賜)의 경제적 관계, 봉전을 비롯한 의례적·형식적인 관계 등의 전형적인 조공관계와 월경(越境)·범경(犯境)·교역·문화교류 등 비조공적인 관계로 구분하여야 한다. 조공사행에는 동지(冬至)·정조(正朝)·성절(聖節)·천추(千秋)의 정기적인 사행과 사은(謝恩)·주청(奏請)·진하(進賀)·진위(陳慰)·진향(進香)과 압마(押馬)·주문(奏聞) 등의 임시사행이 있었다. (이상은 두산백과의 조공에 대한 정의입니다)

●後漢書卷九十列傳八十烏桓; 建武二十二年匈奴國亂烏桓乘弱擊破之匈奴轉北徒數千里漢南地空帝乃以幣帛賂烏桓二十五年遼西烏桓大人郝旦等九百二十二人率衆向化詣闕朝貢獻奴婢牛馬及弓虎豹貂皮(註)朝貢古時謂藩屬國或外國使臣入朝貢獻方物
●淸波別志卷中; 國朝承平日外國朝貢間數年必有之史策但書某國貢方物而已

▶3999◀◈問; 조선시대의 관직명.

저희 집안에 선조 할아버지의 관직에 대해서 여쭤보겠습니다. 선생님들의 고견을 부탁 드립니다. 저희 할아버지들께서 어떤 관직에 계셨는지 무슨 벼슬(품계)을 하셨는지 알고 싶습니다. 관직명이 어디까지인지 모르겠습니다. 명쾌한 답을 부탁 드립니다.

1. 운해포만호(雲海浦萬戶), 萬戶의 벼슬이 종 4 품이 맞는지요?

2. 돈용교위용양위부호군사맹(敦勇校尉龍驤衛副護軍司猛) 敦勇校尉의 (정 6 품상)관직을 하셨는지, 아니면 용양위부호군(龍驤衛副護軍)을 하셨는지 또 아니면 사맹(司猛; 정 8 품)을 하셨는지 궁금합니다

3. 중훈대부 행 장흥고주부직장(中訓大夫 行 長興庫主簿直長) 中訓大夫의 (종 3 품하)관직을

하셨는지 長興庫主簿直長(종 7 품)의 직을 하셨는지 아니면 中訓大夫 의 관직으로 行 長興庫主簿直長(종 6 품, 정 7 품) 의 관직을 맡았는지요?

4. 군자감봉사(軍資監奉事) 軍資監을 하셨는지 奉事(종 8 품) 직을 하셨는지요?

5. 통훈대부 행 지평현감(通訓大夫 行 砥平縣監) 通訓大夫 (정 3 품하)의 관직으로 砥平縣監 하셨는지요?

6. 승의랑훈련봉사(承議郎訓鍊奉事) 承議郎 (정 6 품상)을 하셨는지 訓鍊奉事(종 8 품)을 하셨는지요?

◈答; 조선시대의 관직명.

問 1. 答; 만호(萬戶) 종사품(從四品).
●經國大典兵典外官職從四品; 水軍萬戶

問 2. 答; 돈용교위(敦勇校尉); 정육품(正六品). 룡양위부호군(龍驤衛副護軍); 종사품(從四品). 사맹(司猛); 정팔품(正八品) 직(職)을 거침.
●經國大典兵典外官職正六品; 敦勇校尉 ○又從二品衙門五衛' 龍驤衛 ○又從四品; 副護軍○又正八品; 司猛

問 3. 答; 중훈대부(中訓大夫)(從三品)관(官)이 행(行; 行職; 상위품계(上位品階)로서 하위품계직(下位品階職)을 겸임(兼任)함) 하위직(下位職)인 장흥고주부(長興庫主簿) 직장(直長)을 겸임(兼任)함.

●經國大典吏典京官職; 從三品; 中訓大夫
●瀧岡阡表; 觀文殿學士特進行兵部尙書
●經國大典吏典京官職; 從六品; 主簿 ○又從七品; 直長
●經國大典京官職條階高職卑則稱行階卑職高則稱守(註七品以下不得越二階六品以上不得越三階而守)行守字在司上

問 4. 答; 군자감(軍資監)의 종팔품(從八品) 직인 봉사(奉事)직을 수행하였음.
● 經國大典吏典正三品衙門軍資監; 從八品; 奉事

問 5. 答; 통훈대부(通訓大夫)(正三品)관(官)이 행(行; 行職; 상위품계(上位品階)로서 하위품계직(下位品階職)을 겸임(兼任)함 하위직(下位職)인 지평현감(砥平縣監; 從六品)직(職)을 겸임(兼任)함.

●經國大典吏典外官職; 通訓大夫; 正三品○又縣監; 從六品
●瀧岡阡表; 觀文殿學士特進行兵部尙書

問 6, 答; 정육품문관(正六品文官) 승의랑(承議郎)이 종팔품무관(從八品武官) 훈련봉사직(訓鍊奉事職)을 가짐.
●經國大典吏典外官職; 正六品承義郎
●經國大典兵典京官職正二品衙門訓鍊院; 從八品; 奉事

▶4000◀◈問; 조선시대의 척관법 문의.

선조의 체격을 11 척 2 촌이라고 기록되어 있는데 조선조의 척관법은 지금과는 달랐던 것으로 아는데 당시 1 척은 몇 센티미터였는지요?

◈答; 조선시대의 척관법.

아래 조선시대 척법을 현대 길이를 확인하려면 계산기로 계산하면 각각 몇 cm 인가가 확인될 것입니다.

◈조선시대(朝鮮時代) 사용(使用)되던 척법(尺法).

◆**周尺**; 曲尺으로 6寸6分
◆**曲尺**; cm로 30.3cm
◆**黃鐘尺**; 周尺으로 六寸六釐
◆**營造尺**; 黃鐘尺으로 八寸九分九釐
◆**造禮器尺**; 黃鐘尺으로 八寸二分三釐
◆**布帛尺**; 黃鐘尺으로 一尺三寸四分八釐

●經國大典同(世祖命撰. 1469)(大典會通; 高宗受命. 1865)工典度量衡條註度之制十釐爲分十分爲寸十寸爲尺十尺爲丈以周尺準黃鐘尺則周尺長六寸六釐以營造尺準黃鐘尺則長八寸九分九釐以造禮器尺準黃鐘尺則長八寸二分三釐以布帛尺準黃鐘尺則長一尺三寸四分八釐
●萬機要覽財用編; 周尺一尺曲尺六寸六分

▶4001◀◈問; 조선조 관직에 대한 질문.

조선조 관직에 壽職과 贈職이 있는바, 배우자(여성)에게도 증직이나 수직을 제수한 예가 있는지 궁금하여 질문 드립니다.

◈答; 조선조 관직에 대하여.

아래 발췌 제시된 典據에 의하면 수직(壽職; 老人職) 증직(贈職; 追贈) 모두 부녀자(婦女子)에게도 국법(國法)으로 내리도록 규정되어 있습니다.

◆壽職(老人職); (國) 매년 정월에 관원은 80 세 백성은 90 세 이상의 노인들에게 은전으로 임금이 내리던 벼슬.
◆贈職(追贈); (國)공신(功臣)·충신(忠臣) 효자(孝子) 및 학덕(學德)이 높은 사람 등(等)에게 죽은 뒤에 벼슬을 주거나 높여 주던 일, 또는 그 벼슬

●大典會通(高宗二年 1625)吏曹老人織; [續]士族婦女年九十者令該曹抄啓封爵而其夫則毋得因妻贈職
●大典會通吏曹追贈; [原; 經國大典 世祖命撰 1469]宗親及文武官實職二品以上追贈三代(細註)父母準己品祖父母曾祖父母各遞降一等○亡妻從夫職

※(參考)이상의(國)이란 우리나라 법이란 의미이고, 大典會通 法條에서 [原]이란 經國大典의 法條란 의미이고 [續]이란 大典會通에서 經國大典의 法條에 첨가한 法條란 의미입니다.

▶4002◀◈問; 주현 고유제 제물.

전교 당선 후 당선 고유제에 어떤 제물을 올리는지 궁금합니다

◈答; 주현 고유제 진설도.

文宣王州縣先告事由祭陳設圖
●每位左一籩實以鹿脯右一豆實以鹿醢簠簋各一在籩豆間簠在左簋在右簠實以稻簋實以黍爵一在簠簋前有坫
●正配位各犧尊一實以淸酒在殿上東南隅配位尊在正位酒尊之東殿內東西從享各象尊一實以淸酒皆加勺冪在戶外之左
●東西及兩廡各象尊一實以淸酒皆加勺冪在戶外之左兩廡則在廡內○洗爵實以篚各置於尊所

陳設圖
神位
右豆 左籩
鹿醢 簋黍 簠稷 鹿脯
燭 香爐 燭
爵
坫

正配位
淸酒 犧尊

從享
淸酒 象尊

▶4003◀◈問; 천신제(天神祭) 문의.

1. 천신제 의의
2. 천신제 제례 방법
3. 천신제 식순
4. 천신제 참고 할 수 있는 축문 부탁 합니다

위 사항을 알고 계시는 분은 알려주십시오

◈答; 천신제(天神祭) 문의.

천신제(天神祭)는 천자(天子)의 제사(祭祀)로 제후(諸侯) 이하 사대부(士大夫)서인(庶人)은 제사(祭祀)하지 못합니다.

특히 천신제가 발달한 나라는 일본이며 통전(通典)에 교천상(郊天上)에 칠헌(七獻)(杜注)宗廟九獻而天神七獻이라 하였으며 소위 세간에서 행하는 천신제라 함은 불가의 欲界六天에게 비는 예가 아닌가 합니다.

욕계육천(欲界六天)이란 육욕천(六欲天) 또는 육천(六天). 삼계(三界) 가운데에 욕계(欲界)에 딸린 여섯 종의 하늘을 말함이니, 곧 사왕천(四王天)·도리천(忉利天)·야마천(夜摩天)·도솔타천(兜率陁天)·화락천(化樂天)·타화자재천(他化自在天) 등임. 이 육천 가운데에서 사왕천(四王天)은 수미산(須彌山) 허리에 있고, 도리천은 수미산(須彌山) 정수리(꼭대기)에 있으므로 지거천(地居天)이라 말하고, 야마천(夜摩天)·도솔타천(도솔천)·화락천(化樂天)·타화자재천(他化自在天)은 다 구름을 붙여서 허공(虛空)에 있으므로 공거천(空居天)이라 말합니다.

◈천제축문(天祭祝文)

云云天開地闢大德曰生五行理具三才道并日監在下皇矣神明年運孔險怪疾流行莫保朝夕人心惴惴至誠感神自我聽視粢盛精潔有赫昭臨矜憐民命乖氣勿侵云云

●王制天子祭天地諸侯祭社稷大夫祭五祀

●杜氏通典禮二吉一郊天上；夫聖人之運莫大乎承天天行健其道變化故庖犧氏仰而觀之以類萬物之情焉黃帝封禪天地少昊載時以象天顓頊乃命南正重司天以屬神

●晩谷曰與祀天神祭地祇之名并稱或朱子致疑於此邪願俟剖破落落無見期羅山之往亦非容易早得事臨楮傾念

▶4004◀◈問; 초암 선생님 한가지 더?

초암선생님~ 어제 저의 무지한 질문에 명쾌한 답변과 고견을 보내 주셔서 너무너무 감사합니다. 다시 한번 고개를 숙입니다.

다름이 아니라 한가지만 더 여쭤보겠습니다. 어제 질문 중, 2. 돈용교위용양위부호군사맹(敦勇校尉龍驤衛副護軍司猛)敦勇校尉의 (정 6 품상)관직을 하셨는지, 아니면 龍驤衛副護軍을 하셨는지 또 아니면 司猛(정 8 품)을 하셨는지 궁금합니다. 이에 대한 답변 중 용양위(龍驤衛)는 從二品 이고 돈용교위(敦勇校尉) 는 正六品 이라 하셨는데 ₩여기에 이해가 좀 어렵습니다. 관직명이 높은 직을 앞에 낮은 직을 뒤에 쓰는 게 아닌지요. 관직명을 쓸 때 앞뒤가 바뀐 건지 아니면 용양위(龍驤衛) 가 從二品 이 아닌지 궁금합니다. 또 한번 부끄럽게 신세를 지겠습니다. 고견 부탁 드립니다.

◈答; 한가지 더.

敦勇校尉 龍驤衛 副護軍 司猛
기록상 오류인지의 여부는 알 수 없습니다.

●經國大典(1469)兵典外官職正六品; 敦勇校尉 ○又從二品衙門五衛' 龍驤衛 ○又從四品; 副護軍○又正八品; 司猛

●大典通編(1785)兵典外官職正六品; 敦勇校尉 ○又正三品衙門五衛’龍驤衛 ○又從四品; 副護軍○又正八品; 司猛
●大典會通(1865)兵典外官職正六品; 敦勇校尉 ○又正三品衙門五衛’龍驤衛 ○又從四品; 副護軍○又正八品; 司猛
●六典條例(1866)兵典外官職正六品; 敦勇校尉 ○又正三品衙門五衛’龍驤衛 ○又從四品; 副護軍○又正八品; 司猛 龍驤衛는 五衛 중 左衛로 從二 후에 正三品官이 長인 軍事組織의 하나.
●五衛 組織=【五衛將: 從二品】【上護軍: 正三品】【大護軍: 從三品】【護軍: 正四品】【副護軍; 從四品】【司直: 正五品】【副司直: 從五品】 【司果: 正六品】【部將: 從六品】【副司果: 從六品】【司正: 正七品】【副司正: 從七品】【司猛: 正八品】【副司猛: 從八品】【司勇: 正九品】【副司勇: 從九品】

▶4005◀◈問; 폐하 전하란?

왕정(王政) 시대 임금을 주상 전하(殿下) 또는 폐하(陛下)라 극중에 신하들이 엎드려 머리를 조아리며 부르는데 제왕의 존칭임을 알겠는데요 폐하(陛下)는 누구 전하(殿下)는 누구의 존칭인지요.

◈答; 폐하(陛下) 전하(殿下)란.

⊙陛下; 황제(皇帝)의 존칭(尊稱)
⊙殿下; 황태자(皇太子) 황태후(皇太后) 제왕(諸王)의 존칭(尊稱)

아래와 같이 살펴보건대 폐하(陛下)와 전하(殿下)의 존칭(尊稱)은 이상과 같이 호칭(呼稱)됩니다.

●獨斷(蔡邕); 漢天子正號曰皇帝自稱曰朕臣民稱之曰陛下(中略)陛下者陛階也所由升堂也天子必有近臣執兵陳於陛側以戒不虞謂之陛下者羣臣與天子言不敢指斥天子故呼在陛下者而告之因卑達尊之意也上書亦如之及羣臣庶士相與言殿下閣下足下侍者執事之屬皆此類也
●三國志魏志邢顒傳; 初太子未定而臨菑侯植有寵丁儀等並贊翼其美太祖問顒顒對曰以庶代宗先世之戒也願殿下(指魏王曹操)深重察之(註)殿下漢魏以后對諸侯王太子諸王王的尊稱
●事物紀原公式姓諱部殿下; 漢以來皇太子諸王稱殿下漢之前未聞唐初百官于皇太后亦稱之百官洎東宮官對皇太子亦呼之今雖親王亦避也始于漢續事始曰漢以前未有此呼魏志太祖定漢中杜襲始呼之時操對魏王故襲呼殿下按此自杜襲始也酉陽雜俎曰秦漢以來于天子言陛下皇太子言殿下將言麾下使者言節下轂下二千石長吏言閤下父母言膝下通類相呼言足下○閤下; 沈約宋書三公黃閤其事前史無文按禮士韠與天子同公侯大夫郎異注謂三公與天子禮類相亞故黃其閤示謙不敢斥尊疑是漢制疑閤下之呼出自此矣故今呼三公曰閤下○足下; 畢苑曰介之推逃祿抱樹燒死文公拊木哀嗟伐而製屐每懷其功俯視其屐曰悲乎足下足下之稱當緣此爾史記戰國之士或上書時君或談說君前及相與論難多相斥曰足下蓋自七國相承至今也○下官; 通典曰宋孝武帝多情忌諸國吏人于本國君不得稱下官事在孝武建中也本爲王國避臣之稱而今人或以自謂也
●康熙字典殳部九畫[殿] 又殿下次於陛下之稱[葉適石林燕語]制獨天子稱陛下殿下則諸侯皆得通稱至唐初制令惟皇太子皇后百官上疏稱殿下至今循用之

▶4006◀◈問; 醢人이 무슨 말인가요.

안녕들힙니까. 방금 강희자전에서 醢자를 검색하다 그 곳에 醢人이 있는대요 掌四豆之實 云云이라 되어 있는데요 醢人이 四豆에 육장을 담는다는 말 같은데요 醢人이란 육장을 담는 사람이란 말인가요.아니면 다른 의미인가요.감이 잘 잡히지 않습니다.

◈答; 醢人이란.

아래와 같이 살펴보건대 醢人이 하는 일은 장사두지실(掌四豆之實)이라 네 두기(豆器)에 육장류(肉醬類)를 담는 일을 관장(管掌)한다. 하니,

왕실의 제기(祭器)에는 과일 등 마른 제물(祭物)을 담는 대가치 등을 엮어 만든 변기(籩器)와 나무로 만든 목기(木器)인 두기(豆器)로 구분되는데 우두좌변(右豆左籩)으로 진설(陳設)되

는 두기(豆器)에 젖은 제물(祭物)인 해류(醢類)를 장만 담아 놓는 일을 책임진 관직명(官職名)이 됩니다.

●周禮天官冢宰治官之職醢人;掌四豆之實朝事之豆其實韭菹醓醢昌本
●康熙字典酉部十畫[醢]周禮天官醢人掌四豆之實醓醢蠃醢蠯醢蜃蚳醢兔醢魚醢鴈醢(註)凡作醢者必先膊乾其肉乃後莝之雜以粱麴及鹽漬以美酒塗置甁中百日則成鄭司農曰無骨曰醢
●辭源酉部十畫[醢人]官名周禮天官之屬掌四豆之實以供王祭享之用見周禮天官醢人
●禮記曲禮;毋歠醢(疏)醢肉醬也

35 고사(告祀)

▶4007◀◈問; 개업식 고사 축문이 궁금합니다.

안녕하십니까 ? 우리 문화는 살아있는 역사고 우리의 정신이라고 생각합니다.

다름이 아니오라 조만간(早晩間) 아시는 분이 회사 개업고사(開業告祀)를 올릴 예정입니다. 평소에 관혼상제례(冠婚喪祭禮)에 관심이 많은 저에게 축문을 부탁하셨습니다. 하지만 제사 축문은 모신 적이 있지만 개업식 축문은 아직 본 적이 없습니다. 이처럼 제례가 아닌 고사를 모시는 경우에는 축문을 어떻게 써야 하는지 궁금합니다. 알려주시면 고맙겠습니다. 감사합니다. 拱手禮

◈答; 개업식 고사 축문.

⊙개업고제축문(開業告祭祝文)

維 歲次干支幾月干支朔幾日干支(商號)業主(或某代表理事或社長)姓名敢昭告于 基地之神今以吉辰開業爾來尋訪顧客(隨業改措語)精誠盡力社勢萬里綿綿雲集日益繁昌幣集滿庫無故繁盛享受平康神其保佑謹以牲醴庶品式陳明薦尙 饗

⊙창업제축문(創業祭祝文)

維 歲次干支幾月干支朔幾日干支某官姓名敢昭告于 土地之神維此仲春(隨時)神助創業今爲始務伏惟 尊神保佑世盡日興月昌人集滿堂幣積滿庫無故繁盛享受平康萬歲社名第一天下守護恩澤不敢忘德社功始敢有不欽酒牲雖微庶將誠意惟 神監享永奠厥居尙 饗

▶4008◀◈問; 개업식 때요.

안녕하세요. 메일로 답변 좀 부탁 드립니다. 아시는 분 개업식(開業式)에 가서 돼지머리에 돈을 넣고 절을 하는데요. 이때 절의 횟수가 궁금합니다. 어느 분은 2 회 어느 분은 3 회가 맞다고 하는데요. 정확히 몇 회인지 궁금합니다. (각종고사에도 동일한지)아울러 돼지머리 앞에 술잔을 제사 지낼 때처럼 술잔을 돌려도 되는지도 궁금합니다. 제사 때는 향불 앞에 술잔을 2 번 정도 돌리지 않습니까? 술잔을 돌리는 이유도 궁금합니다. 수고하십시오. 안녕히 계십시오.

◈答; 개업식 때.

1). 고사의 절 하는 횟수

전통예절 조상 제사에서 구씨(丘氏) 의절(儀節)의 참신(參神)과 사신(辭神)의 4 배를 제 하고는 가례(家禮) 이하 어느 예법에서도 재배(再拜)이상은 아직 찾아 본봐가 없을 뿐만 아니라 무속(巫俗)이나 각종 고사(告祀)의 절하는 법에 관하여는 그에 관한 예서를 습독(習讀)한바 없어 자세히 근거에 의하여 답하여 줄 수가 없습니다. 다만 고사를 지낼 때 대개 재배를 하는 듯하며 부인들이 주관(主管)하는 고사에서는 그 횟수의 정함이 없이 성을 다하는 것 도 갔습니다.

2). 향 연기 위에서 술잔을 돌려야 하는지.

유가의 모든 제사나 고사에서 향 연기 위다 술잔을 빙빙 돌리지 않습니다. 강신 때 분향하는 이유는 공중에서 신이 그 연기를 딸아 신위로 모시는 예로 그 예 이외로 다시 활용하지 않습니다. 혹 불가나 무속에서 그와 같이 향로 위에다 술잔을 돌리는지의 여부를 목격하였거나 전거적으로 확인 된 바가 없습니다.

3)술잔을 돌리는 이유.

가례를 비롯하여 대표적인 예서들에 술잔을 향 연기 위에서 돌리라는 말씀은 없습니다. 역시 근거를 들어 답할 수가 없으며 다만 정결을 의미 하는 듯 하나 유가의 예법 어디에서도 나타나 있지 않습니다.

●**朱子家禮祭禮四時祭初獻**; 主人升詣高祖位前執事者一人執酒注立于其右(冬月卽先煖之)主人搢笏奉高祖考盤盞位前東向立執事者西向斟酒于盞主人奉之奠于故處次奉高祖妣盤盞亦如之(便覽執事者反注故處)出笏位前北向立執事者二人奉高祖考妣盤盞立于主人之左右主人搢笏跪執事者亦跪主人受高祖考盤盞(便覽左手執盤)右手取盞祭(便覽三祭之○要訣少傾)之茅上(增解要訣少傾酒○按虞祭云三祭于茅束上)以盤盞授執事者反之故處受高祖妣盤盞亦如之出笏俛伏興少退立執事者炙肝于爐(輯覽按士昏禮贊以肝從註飲酒宜有肴以安之以此觀之祭用肝炙象生時之用歟○退溪曰炙字有二音肉之方燔之石切親炙熏炙皆從是音已燔之夜切膾炙嗜秦人之炙皆從是音)以楪盛之兄弟之長一人奉之奠于高祖考妣前匙筯之南(備要啓飯蓋置其南降復位)祝取版立於主人之左(便覽東向)跪(儀節主人以下皆跪)讀曰(云云)畢興(便覽置板於卓上降復位)主人再拜退詣諸位獻祝如初每逐位讀祝畢卽兄弟衆男之不爲亞終獻者以次分詣本位所祔之位酌獻(便覽不祭酒)如儀但不讀(開元禮不拜)祝獻畢皆降復位執事者以他器徹酒及肝置盞故處(便覽降復位)○凡祔者伯叔祖父祔于高祖伯叔父祔于曾祖兄弟祔于祖子孫祔于考餘皆放此如本位無卽不言以某親祔食

楊氏復曰司馬公書儀主人升自阼階詣酒注所西向立執事一人左手奉曾祖考酒盞右手奉曾祖妣酒盞一人奉祖考妣酒盞一人奉考妣酒盞皆如高祖考妣之次就主人所主人搢笏執注以次斟酒執事者奉之徐行反置故處主人出笏詣曾祖考妣神座前北向執事者一人奉曾祖考酒盞立于主人之左一人奉曾祖妣酒盞立于主人之右主人搢笏跪取曾祖考妣酒酹之授執事者盞反故處乃讀祝此其禮與虞禮同家禮則主人升詣神位前主人奉祖考妣盤盞一人執注立于其右斟酒此則與虞禮異竊詳虞禮神位惟一時祭則神位多家禮主人升詣神位前奉盤盞位前東向立執事者斟酒主人奉之奠于故處次奉祖妣盤盞亦如之如此則禮嚴而意專若書儀則時祭與虞祭同主人詣酒注卓子前執事者左右手奉兩盤盞則其禮不嚴主人執注盡斟詣神位酒則其意不專此家禮所以不用書儀之禮而又以義起之也

⊙초헌례.

주인이 올라 고조위(高祖位) 전으로 가면 집사자 한 사람은 겨울이면 곧 먼저 술을 따뜻하게 데운 주전자를 들고 주인의 오른쪽에서 선다. 주인은 홀(笏)을 띠에 꽂고 고조고(高祖考) 전의 잔반을 받들고 위전에서 동쪽으로 향하여 서면 집사자는 서쪽으로 향하여 서서 잔에 술을 따른다. 주인은 잔반을 받들어 제자리에 올리고 다음으로 고조비(高祖妣)의 잔반을 그와 같게 하고 집사자는 주전자를 제자리에 둔다.

주인은 홀을 띠에서 빼어 들고 위전에서 북쪽으로 향하여 선다. 집사자 두 사람이 고조고(高祖考)와 고조비(高祖妣)의 잔반을 각각 받들고 주인의 좌우에 서면 주인은 홀을 띠에 꽂고 무릎을 꿇고 앉는다. 집사자 역시 무릎을 꿇고 앉으면 주인은 고조고의 잔반을 받아 왼손으로 반을 잡고 오른손으로 잔을 잡아 모사 위에 조금씩 기우려 삼제(三祭)를 하고 잔반을 집사자에게 되돌려 주면 집사자는 잔반을 받아 제자리에 다시 올려 놓는다. 다음으로 고조비 잔반을 받아 역시 그와 같게 한다.

주인은 홀을 띠에서 빼어 들고 부복하였다 일어나 조금 뒤로 물러나 선다. 집사자들이 화로에서 간을 구워 소반에 담으면 형제중의 맏이가 고조고와 고조비의 시저접(匙筯楪) 남쪽에 올려 놓고는 메의 개를 열어 그 남쪽 빈 곳에 놓고 내려와 제자리에 선다. 축관이 축판을 들고 주인의 왼편에서 동쪽으로 향하여 무릎을 꿇고 앉으면 주인 이하 모두 무릎을 꿇고 앉는다. 다음과 같이 독축(讀祝)을 하고 마치면 일어난다. 축관(祝官)은 축판은 탁자 위에 놓고 물러나 제자리에 서면 주인은 재배하고 물러난다.

모든 위에 헌주(獻酒)하고 축사하기를 처음과 같이하며 신위마다 따라 가며 독축(讀祝)하기를 마치면 곧 형제와 여러 남자 중에서 아헌과 종헌을 하지 않는 이들이 나뉘어 본위에 곁들인 부위마다 술을 따라 올리기를 의례대로 하되 다만 제주치 않으며 축(祝)이 없고 절을 하지 않는다. 술 따라 올리기를 마쳤으면 모두 내려와 제자리에 선다. 집사자들은 다른 그릇으로 철주를 하고 잔은 제자리에 놓고 간적(肝炙)을 거두고 제자리로 내려와 선다.

대체로 부위의 곁들임은 백숙조부는 고조에게 곁들이고 백숙부는 증조에게 곁들이고 형제는 조위(祖位)에 곁들이고 자손은 고위(考位)에 곁들인다.

●國朝五禮儀釋奠初獻禮; 行奠幣禮謁者引初獻官詣盥洗位北向立贊搢笏初獻官盥手帨手訖贊執笏引詣大成至聖文宣王神位前北向立登歌作明安之樂烈文之舞作謁者贊跪搢笏執事者一人捧香合一人捧香爐跪進謁者贊三上香執事者奠爐于神位前大祝以幣篚授初獻官初獻官執幣獻幣以幣授大祝奠于神位前捧香授幣皆在獻官之右奠爐奠幣皆在獻官之左授爵奠爵唯此謁者贊執笏俯伏興平身次詣兗國復聖公郕國宗聖公沂國述聖公鄒國亞聖公神位前東向上香奠幣並如上儀唯宗聖公亞聖公獻官西向行禮後倣此訖樂止引降復位執禮曰行初獻禮謁者引初獻官詣大成至聖文宣王尊所西向立登歌作成安之樂烈文之舞作執尊者擧冪酌醴齊執事者以爵受酒謁者引初獻官詣神位前北向立贊跪搢笏執事者以爵授初獻官初獻官執爵獻爵以爵授執事者奠于神位前贊執笏俯伏興少退北向跪樂止大祝進神位之右東向跪讀祝文訖樂作謁者贊俯伏興平身樂止謁者引初獻官出

이상 주자가례나 국례인 국조오례의 헌주 시 모두 향로 위에서 술잔 돌리는 예는 없습니다

▶4009◀ ◈問; 고사식에 있어서.

수고 많으십니다. 모든 제사를 옮김에 있어서 명절이 아니어도 연유가 생긴 날에 지방을 써 세우고 주과포 단헌으로 양가에서 고하라 하셨습니다.

그러면
1). 현재 제사를 지내는 곳에서 제상을 차려 고하고 집에 와서 다시 제상을 차려 고하라는 것인지요?
2). 저희는 큰제사라고 하는 할아버지와 증조할머니 두 분은 따로 모시고 다른 분들은 모두 한날에 같이 지냅니다. 고사식을 제사모시는 것과 같이 3 번에 나누어 해야 하는지요?
3). 이번 주말이 모두 한날에 제사를 모시는 날입니다. 이때 고함에 있어 할아버지와 증조할머님도 같이 고하여도 되는지요?
4). 고사식의 지방은 어떻게 써야 하는지요?
5). 고사식 때의 축문으로는 어떻게 해야 하는지요? *항상 좋은 날 되세요*

◈答; 고사식에 있어서.

問 1). 答; 전통예법의 사당 옮기는 예법으로는 양쪽 모두 고합니다.

問 2). 答; 제사 지내는 일자와는 무관 합니다.

問 3). 答; 전통예법인 사당 옮기는 예법을 준 하려면 옮기는 신위 모두 지방을 써 붙이고 고(告) 합니다.

問 4). 答; 터주 신제(神祭)나 산신제(山神祭)에는 그 대상이 산이나 터인지라 지방을 쓰지 않습니다.

問 5). 答; 고사식은 아래 식을 참조하시기 바랍니다.

⊙買價移居告辭式(本菴曰要訣曰凡神主移安還安或遷奉他所則其告之祭用朔參之儀)
家宅不利買某處今以吉辰奉陪移寓敢告(或今以吉辰移安新家敢告)

⊙買家移安後慰安祝辭式
維歲次干支幾月干支朔幾日干支孝子(隨屬稱)某敢昭告于 顯考某官府君 顯妣某封某氏(諸位列書)屋宇維新廟儀(若紙榜則奉儀)如舊伏惟 神主(若紙榜則尊靈)是居是靈

⊙移舍奉主告辭式

維歲次干支幾月干支朔幾日干支孝子(隨屬稱)某敢昭告于 顯考某官府君 顯妣某封某氏(諸位列書)今因移舍將奉祠版(或紙榜則改祠版爲諸位)移安于某洞(或某道某郡某洞)新第敢告

⊙奉安新宅祝辭式

維歲次干支幾月干支朔幾日干支孝子(隨屬稱)某敢昭告于(今按若新舊第相距不遠同日奉安不書年月無妨) 顯考某官府君 顯妣某封某氏(諸位列書)屋宇維新廟儀(或紙榜則改廟儀爲奉儀)如舊伏惟神主(或紙榜則改神主爲尊靈)是安是依

●栗谷曰凡神主移安還安或奉遷他處等事則告祭用朔參之儀告詞則臨時製述
●曾子問孔子曰祭過時不祭禮也(註)謂四時常祭耳禘祫大祭過時猶追也
●各陵謄錄禮曹典享司編戊戌四月四日條莊陵丁字閣神座下所排地衣修改時似當有移還安告由祭設行之節而無前例可考處
●祠堂修理移安告辭維歲次(云云)又祠堂修理畢還安告辭維歲次(云云)
●新立祠堂奉安告辭維歲次云云
●宗府條例奉審(附移還安)條移還安時宗親宗正卿及諸郎廳俱以黑團領就外位時至引儀引宗親以下入就拜位贊儀唱四拜訖引儀引宗親以下陞殿開閤(奉審時同)入以次對擧御眞櫃子由正門而降郎廳各捧屛風褥席前至敬近堂奉安如儀訖退出還安時亦如移安儀訖引儀引宗親以下降就拜位贊儀唱四拜(閤門下鑰奉審時同)畢引儀前引退出(修改時若不得已移安則具由草記啓下後更爲修啓而畢役還奉後亦爲草記○若從便修改時不爲草記)

▶4010◀ ◈問; 고사에 관한 질문입니다.

수고 많으십니다. 다름이 아니옵고 금번 저희 회사의 개업 고사가 있사온데 개업고사의 지방 쓰는 법을 알려주시면 감사하겠습니다. 늘 건승하십시오. 감사합니다.

◈答; 고사에 관하여.

개업 고사는 신제인데 신제에는 묘제 시 산신제(후토제)와 같이 바로 그 신 앞이니 지방 등과 같은 표식이 없는 것입니다.

▶4011◀ ◈問; 고사제 예법 좀 알려주세요.

안녕하십니까. 이제 얼마 있지 않으면 고사를 많이 지내는데 상차림 방법과 고사 지내는 순서를 알고 싶습니다. 알려주시면 감사하겠습니다.

◈答; 고사제 예법.

귀하의 의문은 고사(告祀)에 제수 진설 및 진행 예법인 것 같습니다. 고사(告祀)란 사전적 풀이로 한 개인이나 집안 또는 단체에 액운이 없어 지고 행운이 오도록 제수품을 차려 놓고 신령에게 비는 제사라 되여 있는 듯 합니다. 그러하기 때문에 고사에는 그 행하는 바가 다양하고 그 예에 딸아 독특히 지속되어 오는 예법이 있으리라 생각 됩니다. 고사제란 무속적 속제로서 고사는 여러 가신에 대한 종합적 제의(祭儀)이다. 『동국세시기(東國歲時記)』에는 "시월이라 상달이라고 하여 무당을 데려다가 성조신을 맞아 떡과 과일을 놓고 안택하기를 기도 한다."라는 기록이 있다.

최남선은 '고수레, 고사, 굿'을 같은 어원으로 보아서 작은 의례를 '고수레'라고 하고 고사는 굿의 규모는 아닌 중간 크기에 해당하는 의례라고 하였다. 지역에 따라 '안택(安宅)', '안택고사(安宅告祀)', '기도(祈禱)', '기도제(祈禱祭)', '도신제(禱神祭)', '시루고사', '사주(祀主)대접'이라고 한다.

⊙고사제.

주로 음력 10 월 상달에 지낸다. 한자로 '告祀(고사)'라고 표기하나 한자어에서 유래한 말인지는 분명하지 않다.

최남선(崔南善)은 '고시레·고사·굿'을 같은 어원으로 보아 작은 의례를 '고시레'라고 하고, 고사는 굿의 규모는 아닌 중간 크기에 해당하는 의례라고 하였다. 장구를 울리고 무악(巫樂)을 갖추어 춤을 추는 것이 굿이라면, 고사는 그보다 작은 규모이다. 고사는 일반적으로 집안 단위의 의례지만, 마을에서 제물을 차려 놓고 비손과 소지(燒紙)로 정성을 드릴 때도 동고사·당고사 또는 서낭고사라는 말을 쓴다.

제사가 혈연 위주의 의례라면 고사는 지연이 중심이 되는 의례로 구분되기 때문이다. 고사를 지낼 때는 좋은 날을 가려서 금줄을 치고 황토를 깔아서 집 안으로 부정이 들지 않도록 금기를 지킨다. 제물로는 주로 시루떡과 술을 준비한다. 떡은 떡의 켜를 만든 시루떡과 켜가 없는 백설기를 만든다. 백설기는 산신(産神)인 안방의 제석신에게 바치는 것이다. 의례는 주부가 제물을 차린 뒤 배례를 하고 손을 모아서 빌거나 축원을 하면서 기원한다. 주로 중요한 가신인 터주신·성주신·제석신·조왕신 등에게 배례와 축원을 하고, 이 밖에 칠성신·厠神·마당신·문신 등에는 제물만 놓아둔다.

가신이 아닌 마을수호신에게도 제물을 바치고 축원을 하는 경우가 있지만 그냥 제물만 바치는 경우가 오히려 많다. 이때는 그 떡을 집에 가져오지 않고 아이들에게 나누어 주는 것이 상례이다. 이러한 고사는 서울지방을 중심으로 한 중부지방에서 일반적으로 많이 행해지며, 지방에 따라서는 명칭이 다르거나 주부가 아닌 주인 남자에 의해서도 행해진다. 고사는 궁중에서도 지냈는데, 궁중발기 가운데는 고사발기가 있어 떡·술·북어 등이 중요한 제물이었음을 알 수 있다.

고사를 조금 크게 행하고자 할 때는 무당이나 승려를 불러서 행한다. 무당이 행하는 경우에는 제금만을 울리면서 축원을 하여 집안의 안과태평(安過太平)을 빌어 준다. 장님이라는 맹격(盲覡)을 부르는 경우에는 주로 안택경을 읽기 때문에 안택고사(安宅告祀)라고 하는데, 무당의 고사보다는 조금 큰 규모가 된다. 안택고사는 시월고사와 달리 정월에 많이 행하고 있어서 '정월안택'이라는 말이 있다. 이것은 안택고사인 동시에 신년의 운수를 비는 뜻을 함께 가진다.

승려를 불러서 고사를 하는 경우에는 떡을 하지 않고, 간단히 고사반(告祀盤)을 만들어 놓고 승려가 염불을 왼다. 고사반은 그릇에 쌀을 수북이 담아 놓고, 실타래를 감은 숟가락을 세워 꽂아 놓은 것이다. 실타래는 수명 장수를 의미하는 것으로 주로 어린이의 장수·건강을 비는 뜻이 강하다. 이 때 부르는 염불을 '고사반'이라고도 한다. 걸립승(乞粒僧)들이 주로 고사반을 하면서 마을을 돌아다녔다. 내용은 일정한 줄거리가 있는 것이 아니고, 어린아이의 수명 장수를 비는 축원 덕담을 염불로 외는 것이었다. 불경 그대로를 원음으로 읽으면 내용을 알 수 없기 때문에, 우리말로 알아듣기 좋게 구성한 것이다. 대표적인 고사반으로는 흔히 「회심곡」이 불렸다.

고사는 원칙적(原則的)으로 지연적인 집터의 신(神)을 중심으로 한 의례(儀禮)이기 때문에, 혈연 조상의 제사와 달리 어느 누구나 집을 가진 사람은 고사를 지낼 수 있다. 그러나 집을 갖지 못한 사람은 고사를 지낼 수 없다. 또한 고사떡은 이웃과 나누어 먹는 것이 관례(慣例)이므로 집집마다 떡을 교환(交換)하게 됨으로써 인정(認定)을 나누는 기회(機會)가 되기도 한다.

고사는 여러 가신(家神)에 대한 종합적(綜合的) 제의(祭儀)이다. 동국세시기(東國歲時記)에는 시월이라 상달이라고 하여 무당(巫堂)을 데려다가 성조신을 맞아 떡과 과일을 놓고 안택(安宅)하기를 기도(祈禱) 한다. 라는 기록이 있다. 최남선은 고수레, 고사, 굿을 같은 어원으로 보아서 작은 의례를 고수레 라고 하고 고사는 굿의 규모는 아닌 중간(中間) 크기에 해당하는 의례라고 하였다. 지역(地域)에 따라 안택(安宅), 안택고사(安宅告祀), 기도(祈禱), 기도제(祈禱祭), 도신제(禱神祭), 시루고사, 사주(祀主)대접이라고 한다. (출처; 한국민족문화대백과)

고사제란 대상이 다양하겠기에 풍운뢰우성황당제(風雲雷雨城隍堂祭)를 아울러 국조오례의 예법을 소개합니다. 풍운외우성황당제(風雲雷雨城隍堂祭)는 대사(大祀) 중사(中祀) 소사(小祀)

기고(祈告) 중 가장 간소한 기고제(祈告祭)에 속합니다.

◎國朝五禮儀祀風雲雷雨儀(국조오례의사풍운뢰우의)(山川城隍附)

時日(見序例)○齋戒(見序例)○陳設 前祀二日典祀官帥其屬掃除壇之內外典設司設諸祀官次又設饌幔皆於東壝門外隨地之宜前一日典樂帥其屬設登歌之樂於壇上近南軒架於壇下俱北向典祀官帥其屬設風雲雷雨山川城隍三神座於壇上北方南向席皆以莞執禮設初獻官位於壇下東南西向飮福位於壇上南陛之西北向兒獻官終獻官位於初獻官之後稍南西向執事者位於其後每等異位重行西向北上監察位於執事之南西向書吏陪其後執禮位二一於壇上一於壇下俱近東西向贊者謁者贊引在壇下執禮之後稍南西向北上協律郞位於壇上近西東向典樂位於軒懸之北北向設諸祀官門外位於東壝門外道南每等異位重行北向西上積柴於燎壇設望燎位於燎壇之北初獻官在北南向執禮贊者大祝在東西向北上(贊者大祝稍却)祀日未行事前典祀官帥其屬入奠祝版各一於神位之右(各有坫)陳幣篚於尊所(風雲雷雨幣四山川幣二各共一篚城隍幣一)設香爐香合幷燭於神位前次設祭器如式(見序例)設福酒爵(有坫)胙肉俎各一於尊所設洗於南陛東南北向(盥洗在東爵洗在西)罍在洗東加勺篚在洗西南肆實以巾(若爵洗之篚則又實以爵有坫)諸執事盥洗於獻官洗東南北向執尊罍篚冪者位於尊罍篚冪之後○傳香祝(見序例)○省牲器(見序例)○行禮 祀日丑前五刻(丑前五刻卽三更三點行事用丑時一刻)典祀官入實饌具畢退就次服其服升設風雲雷雨山川城隍神位版於座贊引引監察升自東陛(諸執事陛降皆自東陛)按視壇之上下糾察不如儀者還出前三刻諸祀官各服其服執禮帥贊者謁者贊引入自東門先就壇南懸北拜位重行北向西上四拜訖各就位典樂帥工人二舞入就位(文武入陳於懸比武舞立於懸南道西)謁者贊引各引諸祀官俱就門外位前一刻贊引引監察典祀官大祝祝史齊郞協律郞入就懸北拜位重行北向西上立定執禮曰四拜贊者傳唱(凡執禮有辭贊者皆傳唱)監察以下皆四拜訖贊引引監察就位引諸執事詣盥洗位盥帨訖各就位引齊郞詣爵洗位洗爵拭爵訖置於篚捧詣尊所置於坫上謁者引初獻官贊引引亞獻官終獻官入就位謁者進初獻官之左白有司謹具請行事退復位協律郞跪俯伏擧麾興工鼓祝軒架作元安之樂烈文之舞作樂二成執禮曰四拜獻官皆四拜樂三成協律郞偃麾戛敔樂止執禮曰行奠幣禮謁者引初獻官詣盥洗位北向立贊搢笏初獻官盥手帨手訖贊執笏引詣壇升自南陛登歌作肅安之樂烈文之舞作詣風雲雷雨神位前北向立贊跪搢笏執事者一人捧香合一人捧香爐跪進謁者贊三上香執事者奠爐于神位前大祝以幣篚授初獻官初獻官執幣獻幣以幣授大祝奠于神位前(凡捧香授幣皆在獻官之右奠爐奠幣皆在獻官之左授爵奠爵准此)謁者贊執笏俯伏興平身次詣山川城隍神位前上香奠幣並如上儀訖樂止引降復位執禮曰行初獻禮謁者引初獻官升自南陛詣尊所西向立登歌作壽安之樂烈文之舞作執尊者擧冪酌醴齊執事者三人以爵受酒謁者引初獻官詣風雲雷雨神位前北向立贊跪搢笏執事者以爵授初獻官初獻官執爵獻爵以爵授執事者奠于神位前贊執笏俯伏興少退北向跪樂止大祝進神位之右東向跪讀祝文訖樂作謁者贊俯伏興平身樂止次詣山川城隍神位前酌獻並如上儀訖引降復位文舞退武舞進軒架作舒安之樂舞者立定樂止初初獻官旣復位執禮曰行亞獻禮謁者引亞獻官詣盥洗位北向立贊搢笏亞獻官盥手帨手訖贊執笏引詣壇升自東陛詣尊所西向立軒架作壽安之樂昭武之舞作執尊者擧冪酌盎齊執事者三人以爵受酒謁者引亞獻官詣風雲雷雨神位前北向立贊跪搢笏執事者以爵授亞獻官亞獻官執爵獻爵以爵授執事者奠于神位前謁者贊執笏俯伏興平身次詣山川城隍神位前酌獻並如上儀訖樂止引降復位執禮曰行終獻禮謁者引終獻官行禮並如亞獻儀訖引降復位執禮曰飮福受胙執事者詣尊所以爵酌罍福酒又執事者持俎進減風雲雷雨神位前胙肉謁者引初獻官升自南陛詣飮福位北向立贊跪搢笏執事者進初獻官之右西向以爵授初獻官初獻官受爵飮卒爵執事者受虛爵復於坫執事者西向以俎受初獻官初獻官受俎以授執事者執事者受俎降自南陛出門謁者贊執笏俯伏興平身引降復位執禮曰四拜在位者皆四拜執禮曰徹籩豆大祝進徹籩豆(徹者籩豆各一少移於故處)登歌作雍安之樂徹訖樂止軒架作元安之樂執禮曰四拜獻官皆四拜樂一成止執禮曰望燎謁者引初獻官詣望燎位南向立執禮帥贊者詣望燎位西向立大祝以篚取祝版及幣黍稷飯降自西陛至燎壇置於燎柴執禮曰可燎燎半柴謁者進初獻官之左白禮畢謁者贊引各引初獻官以下以次出執禮帥贊者還本位贊引引監察及諸執事俱復懸北拜位立定執禮曰四拜監察以下皆四拜訖贊引引出工人二舞以次出執禮帥贊者謁者贊引就懸北拜位四拜而出典祀官帥其屬藏神位版徹禮饌以降乃退

⊙祝版(축판)

維成化某年歲次某甲某月某朔某日某甲國王敢昭告于風雲雷雨之神(城隍之神)伏以黙斡

玄機品物流形神功斯悿我祀孔明謹以牲幣醴齊粢盛庶品式陳明薦尙饗

▶4012◀◈問; 고유문 문의.

선생님 안녕하십니까? 오랜만에 지면으로나마 뵙게 되는군요 알고 게시리라 사료됩니다만 금년부터는 청명 한식이 공휴일이 아니라 한식례를 전주 일요일에 받들고자 합니다. 예에는 어긋나나 사정상 시속에 따를 수밖에 없어 고유라도 하고자 합니다 기재된 고유문으로 응용하려 하나 능력이 안 되는군요 아래내용으로 알려주시면 많은 도움이 되겠네요

유 단군기원 이하 생략
1. 어느덧 절기(해)가 바뀌어 한식을 맞이하게 되었나이다
2. 절기에 맞추어 예를 받드는 것이 지당하오나 시속에 따라
3. 부득이 올해부터는 한식일 전주 일요일로 날을 정해 예를 올리기로 하였나이다
근이 이하 생략

◈答; 고유문.

축문의 제사 일자는 세차 이하에서 나타내며 본 내용에서 특별히 나타내는 것이 아닌 듯싶습니다. 한식에는 전통예법에 집 제사가 없으며 다만 묘에서 지내는데 삼월 중에 지내며 또 친진묘제(親盡墓祭)는 10 월 초 1 일 날 편람에 그 기록이 있습니다. 특히 정일제 제사는 설과 추석을 미뤄 지내거나 당겨 제사하지 않듯이 당일이 아니면 제사하지 않습니다.

아래 묘제 축문식을 자세히 응용문을 포함 살펴보면 이해가 되리라 믿습니다.

◈墓祭祝文式(묘제축문식)

維 歲次干支幾月干支朔幾日干支某親(考妣云孝子祖考妣云孝孫曾祖考妣云孝曾孫高祖考妣云孝玄孫親盡祖考妣云幾代孫妻云夫旁親卑幼則隨屬稱)某官某(弟以下不名)敢昭告于(妻去敢字弟以下但云告于)顯某親某官府君(或顯某親某封某氏合窆位則列書妻云亡室卑幼改顯爲亡去府君二字)之墓氣序流易雨露旣濡(寒食云云歲時改此句爲歲律旣更端午云時物暢茂秋夕云白露旣降十月朔云霜露旣降)瞻掃 封塋不勝感慕(考妣改不勝感慕爲昊天罔極旁親爲不勝感愴妻弟以下云不勝哀戚)謹以(妻弟以下玆以)淸酌庶羞祗薦(旁親云薦此妻弟以下云陳此)歲事尙 饗

⊙寒食墓祭祝文式(한식묘제축문식)

維 歲次庚寅二月乙丑朔二十二日丙戌某親(考妣云孝子祖考妣云孝孫曾祖考妣云孝曾孫高祖考妣云孝玄孫親盡祖考妣云幾代孫妻云夫旁親卑幼則隨屬稱)某(弟以下不名)敢昭告于(妻去敢字弟以下但云告于)顯某親某官府君(或顯某親某封某氏合窆位則列書妻云亡室卑幼改顯爲亡去府君二字)之墓氣序流易雨露旣濡(歲時改此句爲歲律旣更端午云時物暢茂秋夕云白露旣降十月朔云霜露旣降)瞻掃 封塋不勝感慕(考妣改不勝感慕爲昊天罔極旁親爲不勝感愴妻弟以下云不勝哀戚)謹以(妻弟以下玆以)淸酌庶羞祗薦(旁親云薦此妻弟以下云陳此)歲事尙 饗

●東國歲時記{撰洪錫謨號陶厓純祖時人明治十四(1880)年七月二十日發行}正月元旦條京都俗歲謁家廟行祭曰茶禮○又三月寒食條正朝寒食端午秋夕四名節以酒果脯醢餠麵臛炙之羞祭之曰節祀
●韓魏公家祭式寒食上墓祭又十月一日如上墓儀若身不能往竝遣親者代祭
●晦齋曰世俗正朝寒食端午秋夕皆詣墓所拜掃今不可偏廢是日晨謁祠堂薦食仍詣墓所奠拜若路遠則前二三日詣墓所齊宿展拜亦可
●彝尊錄節薦告辭曰玆當某節日祗薦節事

▶4013◀◈問; 사무실이 이전을 해서 고사를 지내야 하는데.

축문을 작성을 해야 하는데 제가 사회 초년생이고 저희 집이 제사를 안 지내다 보니 고사 지내는 날짜는 2011 년 1 월 21 일 입니다. 대표이사님은 안 0 형, 강 0 현 공동대표입니다. 축문 작성 좀 부탁드릴께요.

◈答; 사무실이 이전 고사.

작축은 하지 않습니다. 양해 바랍니다. 아래는 본인 편작인 [축사대전]에 이미 실어 놓음이라 참고용으로 발췌하여 드립니다. 작성에 참고하시기 바랍니다.

◆創業祭祝文(창업제축문)(祝辭大全)

維 歲次干支幾月干支朔幾日干支某官姓名敢昭告于 土地之神維此仲春隨時神助創業今爲始務伏惟 尊神保佑世盡日興月昌人集滿堂幣積滿庫無故繁盛享受平康萬歲社名第一天下守護恩澤不敢忘德社功始敢有不欽酒牲雖微庶將誠意惟 神監享永奠厥居尙 饗

◆開業告祭祝文(개업고제축문)(祝辭大全)

維 歲次干支幾月干支朔幾日干支某(商號)業主(或某代表理事或某社長)姓名敢昭告于 基地之神今以吉辰開業爾來尋訪顧客(隨業改措語)精誠盡力社勢萬里綿綿雲集日益繁昌幣集滿庫無故繁盛享受平康神其保佑謹以牲醴庶品式陳明薦尙 饗

◆移舍奉主告辭式(이사봉주고사식)

維 歲次干支幾月干支朔幾日干支孝玄孫(最尊位屬稱)某敢昭告于 顯高祖考某官府君 顯高祖妣某封某氏(諸位列書)今因移舍將奉祠版(或紙榜則諸位)移安于某所(或某道某郡某洞)新第敢告

◆奉安新宅告辭式(봉안신택고사식)

維 歲次干支幾月干支朔幾日干支孝玄孫(最尊位屬稱)某敢昭告于 顯高祖考某官府君 顯高祖妣某封某氏(諸位列書)屋宇惟新廟儀(或紙榜則奉儀)如舊伏惟神主(或紙榜則尊靈)是安是依

▶4014◀ ◈問; 축문.

모임에서 일년 동안 잘되라는 기원하는 축문을 만들고 싶습니다. 산행에서 사용하는 축문은 어떤 게 있을까요?

◈答; 산행 축문.

귀하의 모임 산행에서 기원 할 때에 고할 축문식은 전통예법 축문식에는 없는 듯 합니다.

◆山行(登山)前祭土地祝文(산행전제토지축문)

維歲次干支幾月干支朔幾日干支某官某(等)敢昭告于 某山之神將以某等(或山岳會員一同)恭修事于神入山登頂無事無故惟時保佑實賴 神休謹以牲醴庶品式陳陳明薦尙 饗

◆登山告祝式(등산고축식)

維歲次干支幾月干支朔幾日干支某官某姓名敢昭告于 山岳之神今以肢體鍛鍊心身修養登高攀壁伏惟尊靈寧加保裕以安山行謹以特牲淸酌粢盛庶品祇薦敬伸尙 饗

◆祭山前入山神祝文

維歲次干支幾月干支朔幾日干支某官某(等)敢昭告于 某山之神將以某等(或山岳會員一同)心身修養入山登高不辭險峻以安山行無事無故惟時保佑實賴 神休謹以牲醴庶品式陳明薦尙 饗

●王制天子祭天地諸侯祭社稷大夫祭五祀
●曲禮天子祭天地祭四方祭山川祭五祀歲徧諸侯方祀祭山川祭五祀歲徧大夫祭五祀歲徧士祭其先
●家禮墓祭祭后土布席陳饌條用新潔席陳於墓前設饌如家祭之儀
●五禮儀序例陳設圖風雲雷雨(山川城隍附)條左十籩右十豆
●國朝五禮儀祭三角山儀按先參後降

▶4015◀◈問; 축문에 관한 문의.

수고하십니다. 동네에서 청년회원들이 보름에 고사를 지내려고 하는데 한글로 축문을 쓰려고 합니다. 축문 내용을 어떻게 하여야 할지 몰라 문의 드립니다. 가르쳐 주시면 고맙겠습니다.

◈答; 축문에 관하여.

축식은 본문 축식 중에서 해설문을 살펴 보고 응용 하면 되리라 생각 됩니다.

⊙축문의 골격.

1 째. 고하는 년 월 일.
2 째. 고하는 사람의 성명.
3 째. 고할 대상.
4 째. 고 할 내용(본분).
5 째. 겸손히 제수를 흠향할 것을 바라는 문구.

위와 같이 대개 축 작성은 5 단계로 작축 하면 됩니다.
한글 축식 홈 페이지도 있을 듯 합니다. 있다면 찾아 자문 받으십시오.

○**歲次**; 每年歲星所値的星次與其干支叫歲次古以歲星紀年也叫年次
○**公元**; 卽公曆紀元也叫基督紀元
○**紀元**; 歷史上紀年的起算年代
○**年號**; 封建帝王爲紀在位之年而立的名號

●辭源[紀元];歷史上紀年的起算年代○又[年號];封建帝王爲紀在位之年而立的名號在漢武帝以前紀年用甲子帝王均無年號自武帝卽位稱建元元年始有年號
●漢書武帝紀建元元年條(唐顔師古注)自古帝王未有年號始起于此(漢詞典)其后每因祥瑞或重大事故而立号改元有一帝改立年號至十數次一年之中改立年號至數次者
●朱子大全白鹿洞成告先聖文;維淳熙七年歲次庚子三月癸丑朔十八日庚午具位敢昭告于先聖至聖文宣王(云云)
●弘齋全書祭文;維歲次辛卯六月亡弟禛之柩還自耽羅謫中將以某月干支葬于(云云)
●長慶集二十三祭廬山文; 維元和十二年歲次丁酉二月二十五日乙酉(辭源註)歲次 每年歲星所値的星次與其干支叫歲次古以歲星紀年也叫年次
●魯陵志祝文式維年號歲次干支某月朔干支某日干支具銜姓名敢昭告于 魯山君之靈(云云)
●退溪集焚黃文云維嘉靖三十八年歲次己未三月癸酉朔二十五日丁酉男澄敢昭告于(云云)
●備要喪禮虞祭初虞祝文式維年號幾年歲次干支幾月干支朔幾日干支孤子敢昭告于(云云)
●陶庵(1680~1746)曰凡告祝以家禮爲主而如年月干支改皇爲顯等句語多從備要書之餘倣此
●要訣時祭儀祝條維某年歲次某甲某月某朔某日某甲孝曾孫某官某敢昭告于(云云)
●書大傳迎日之辭祝云維某年某月上日明光于上下勤施(云云)
●家禮四時祭初獻條祝取版立於主人之左跪讀曰維年歲月朔日子孝玄孫某官某敢昭告于(云云)
●開元禮吉三皇帝春分朝日於東郊進熟祝文曰維某年歲次月朔日子嗣天子臣某敢昭告於(云云)
●弘齋全書(正祖大王著)祭禛文維歲次辛卯六月亡弟禛之柩(云云)
●崇善殿誌當宁致祭文維歲次庚申十一月乙丑朔二十一日乙酉 朝鮮國王李(云云
●世宗實錄庶人婚禮儀祠堂納采告辭式維歲次某年某月某朔某日(云云)敢昭告于(云云)
●近齋(1734~1799)禮說祠堂有事告祝式維歲月日干支孝孫某敢昭告于(云云)
●梅山(1776~1852)曰家禮諸說祇云維某年歲次不書年號備要之特書年號襲丘儀也律以春秋尊王之義洪範書祀之例則當書崇禎年號於祝文而今已久遠難用且與碑誌有異從家禮不書恐宐
●梅山禮說遞遷祝文條云維歲次云云五代孫某敢昭告于(云云)

▶4016◀◈問; 기제사의 옮김에 대해.

부끄러운 문의를 드립니다. 저희 아버님 형제가 5 형제이셨는데 저희가 둘째 집안입니다. 그런데, 족보상 첫째인 큰아버지께서 큰할아버지에게 양자로 가셨더군요. 그래서 당연히 저희 집에서 할아버지, 할머니 제사를 모시고 있고. 하지만 이번에 저희 선산과 묘 이장에 관한 정부의 토지수용 때문에 보상과 이장이 있는데 이걸 제 사촌형인 큰집의 장남이 몽땅 수령하고 사비로 유용했을 뿐 아니라 묘 이장도 작은아버지들과 상의도 없이 큰집형제들끼리 모여서 단번에 해치웠더군요. 부끄럽게도 사촌형은 호적상 장손이라는 권리로 이런 행동을 했더군요. 이 경우에 저희 집은 제사를 모시는 명분이 없어진 것 같아서 제사를 가져가라고 했습니다. 어떤 절차에 의해서 제사를 옮길 수 있는지? 아니면 저희들이 계속 모셔야 하는지?

◈答; 기제사의 옮김에 대해.

선생의 백부가 큰 댁으로 양자(養子)를 갔으면 생부는 숙부가 되고 그 댁의 종손이 됩니다. 선생의 백부와 부친은 형제가 아니라 종형제(4 촌)지간이 되는 것입니다. 고로 생부의 손이 있는 한 생부의 제사를 지낼 수가 없는 것입니다. 물론 그 손과 선생과는 재종(6 촌)간이 되고 선생의 조부모는 그의 숙조부모가 되겠지요. 까닭에 선생의 조부모 제사를 넘겨 줄 수가 없는 것입니다. 선생은 선생의 부모가 작고를 하게 되면 조부모 및 부모 제사를 받들어야 합니다.

●儀禮疏曰適子不得後他故取支子又曰小宗適子亦當立後

●通典漢石渠議戴聖曰大宗無後族無庶子已有一適子當絶父祀以後大宗

●喪服傳何如而可爲之后同宗則可爲之后何如而可以爲人后支子可也疏支子可也者他家適子自爲小宗小宗當收斂五服之內亦不可闕則適子不得後他故取支子○又曰爲人後者孰後後大宗也曷爲後大宗大宗者尊之統也大宗者收族者也不可以絶故族人以支子後大宗也

●丘儀大明令凡無子許令同宗昭穆相當之姪承繼先取同父周親次及大功小功緦麻如無則方許擇遠房及同姓爲嗣不許養異姓爲嗣以亂宗族立同姓者易不得尊卑失序以亂宗族且凡爲人後者必承父之命不承父命是貪利而忘親也

●經國大典適妾俱無子者告官立同宗支子爲後

●退溪曰長子無子次子之子承重指適子孫而言雖有妾産未可遽承代也

●沙溪曰長子無後而死不立後次子死而有子又季子生存次子之子當奉祀

●許傳曰長子無後雖次子之庶子其爲血孫一也恐不當捨之而取族人子也其曰未可遽承代云者只爲慎重而然耶

●尤庵曰前後妻皆歿後始爲之子者當爲前母之子

●或問父母生時長子無后而死則奈何或傳長婦或傳次子何以則得宜耶退溪曰父母生存長子無后而死爲長子立后而傳之長婦此正當道理也

●或問長子無后而死不立后次子死而有子又季子生存則誰當奉祀耶沙溪曰次子之子當奉祀也

●遂菴曰過長殤之年則雖未冠笄何可以殤例論也

●近齋曰世豈有無母之子不當立後當以次子爲嗣古禮旣冠不爲殤則只謂治喪與服制一用成人之禮非謂立後家禮旣娶方不爲殤冠而未娶者不立后何疑

▶4017◀◈問; 기제사와 명절제사 장소 변경가능한지요?

4 년 전에 아버지가 돌아가셔서 할아버지, 할머니, 아버지 제사를 장남인 제가 지내고 있습니다. 저는 서울에서 생활하고 있고 그 동안 기제사 및 명절제사는 어머니가 계시는 지방에서 지냈습니다. 하지만 애들이 학교에 들어가다 보니 학교 수업을 빠지는 것도 어렵고해서 기제사는 서울에서 명절제사는 지방에서 모셔도 되는지 궁금합니다. 이 모든 제사의 제주는 저입니다.

◈答; 기제사와 명절제사 장소 변경.

아래와 같이 살펴보건대 제사의 주인은 장자라 하니 장자의 집에서 제사를 받듦이 당연한 것입니다. 옛날에는 사당이 있어 사당을 옮기지 않았으면 고향 댁에서 지내야 하나 요즘은 사당이 없으니 장자가 서울로 이사하면서 그 사당을 옮긴 것으로 보아야 할 것입니다. 고로 장자의 댁에 사당이 없다 하여도 사당은 종손을 따라다니는 것이니 서울의 장자 댁에 있는 것으로 간주하여야 되겠지요. 따라서 서울 장자의 댁이 임시 거처가 아니고 완전 정착지라면 기제는 물론이려니와 특히 명절 참례는 원래가 사당에서 지내는 예이라 장자의 집에서 지내야 합니다.

●便覽凡主人謂長子無則長孫承重以奉饋奠

⊙大宗(대종)

●儀禮喪服;爲人後者孰後後大宗也曷爲後大宗大宗者尊之統也

●大傳;有百世不遷之宗有五世則遷之宗孔穎達疏百世不遷之宗者謂大宗也云有五世則遷之宗者謂小宗也

●曲禮支子不祭祭必告于宗子疏曰若宗子有疾不堪當祭則庶子代攝可也猶必告宗子然後祭

●左傳文公十二年六月歸生佐寡君之嫡夷杜註歸生子家名夷太子名

●詩經大雅懷德維寧宗子維城無俾城懷註大宗强族也宗子同姓也惟宗子合族以聯親則分猷共念而有夾輔之功斯維城矣

●程子曰凡言宗者以祭祀爲主言人宗於此而祭祀也

●通典漢石渠議大宗無後族無庶子已有一嫡子當絶父祀以後大宗否戴聖云大宗不可絶言嫡子不爲後者不得先庶耳族無庶子則當絶父以後大宗魏田瓊曰長子後大宗則成宗子禮諸父無後祭於宗家後以其庶子還承其父

●白虎通義宗子何謂也宗尊也爲先祖主也宗人之所尊也古者所以必有宗何也所以長和睦也

●士儀節要禮有大宗小宗大以率小小統於大故人紀修而骨肉親也夫立適以長適適相承禮之正也適子死而無子則立第二適子禮之變而亦得其正也無家適而但有妾子則承重繼序乃人倫之常也適庶俱無子則取族人之子立以爲嗣是先聖王後賢王之制也其有攝主者卽一時權宜之道而亦禮之所許也

●辭源[大宗]周代宗法以始祖的嫡長子爲大宗其他爲小宗

●會成凡主人謂死者長子無則長孫承重者尊奉饋奠衆子雖多不主

▶4018◀◈問; 문의 드립니다.

며칠 전 평소 가깝게 지내지는 않지만 5 촌 당숙의 모친, 그러니까 제게는 종조모님께서 노환으로 작고하셨습니다. 이럴 경우 주변에서는 종조모님의 탈상 전에는 집안 제사를 올리지 않는 것이라 하는데 곧 설 명절이고, 보름 뒤에는 조모님의 기제입니다. 몇 해전 작고하신 부친과 조부모님께 제를 올리고 싶은데 주자가례(朱子家禮) 법 상 안 올리는 것이 정말 옳은 것인지요?

젊고 우둔하다 보니 이런 것을 여쭐 곳이 마땅치 않지만, 어린 제 자녀들에게 근거 있는 예를 가르쳐 주고 싶습니다. 바쁘신 가운데 읽어주셔서 감사 드리며, 세심한 답변 부탁 드립니다.

◈答; 상중 제사 지내는 법.

종조부모의 복은 시마 3 월 복에 해당 됩니다. 요결(율곡)의 상복 중 제사 지내는 예법에 시마(緦麻)복의 상에는 성복 전은 모든 제사를 폐하고 성복 후에 당하는 제사는 평시와 같이 지낸다. 라 하셨으니 이미 장례도 마친 것 같으니 설이나 돌아오는 기제사를 평시와 같이 지내도 예법에 어그러지지 않습니다.

●要訣喪服中行祭儀緦小功則成服前廢祭成服後則當祭如平時

▶4019◀◈問; 시아버님 제사를 옮기려는데.

저희 남편이 둘째 작은집으로 양자를 갔습니다. 지금까지 작은집 시어머님이 제사를 지내다 이번 제사 때 저희 집으로 제사를 옮기려고 하는데 절차가 궁금합니다. 집안마다 풍습이 다른데 말이 많아서요. 그리고 이번 제사 때 무슨 말을 하고 가져와야 되는지 알려주시면 감사하겠습니다.

◈答; 시아버님 제사를 옮기려는데.

지금 세대에서는 사당을 건사하지 않고 지방으로 대신하여 간단히 생각할 수 있으나 제사를 옮긴다 함은 사당을 옮긴다는 뜻과 같은 것입니다. 사당을 옮기려면 일가가 전부 이주를 한다는 뜻과도 같은 것입니다. 전통예법에서는 일가가 이주치 않고는 어느 제사 한 분만 사당에서 옮겨 갈수가 없다는 것입니다. 다만 귀하의 부군이 숙부 댁으로 입후하여 장자이니 양가의 사당은 장자 된 귀하의 부군이 봉사함이 당연한 것입니다. 그러나 주 근거지는 고려하여야 할 것입니다. 절차는 출발하기 전 주포해 일헌지례(一獻之禮)로 고하고 출발하여 도착 후 같은 예로 고하면 될 것입니다.

아래의 고사식은 사당을 옮길 때 사당에 고하고 옮겨 가는 축식입니다.

⊙移居告辭式(옮길 때 고사식)

家宅不利移子某之某處今以吉辰奉陪移寓

⊙奉安告辭式(새집에 와서 고사식)

屋宇維新廟儀如舊伏惟先世是居是安

▶4020◀◈問; 이런 경우도 제사 옮기는 것으로 보아야 하는가요?

저는 장손 입니다. 아버지가 일찍 돌아가셔서 어머님 집에서 제가 그 동안 제사를 모셨습니다. 이제 결혼도 하고 어머님께서 몸도 불편하시고 해서 저희 집에서 제가 지내려고 하는데 제가 옮기는 절차를 밟아야 하는지요 ? [민 0 욱]

◈答; 이런 경우도 제사 옮겨야.

제사를 옮기는 사유는 적자손의 이거(移居)로서 발생하게 되는 것입니다. 만약 이제까지는 본가(모친가)에서 모시다 장자의 별거로 장자의 집에서 제사를 받들려면 아래(2172 번)의 의식과 같이 옮기는 예를 갖추면 어그러짐은 없을 것입니다.

◆移舍奉主告辭(이사봉주고사)

維 歲次干支幾月干支朔幾日干支孝玄孫(最尊位屬稱)某敢昭告于 顯高祖考某官府君 顯高祖妣某封某氏(諸位列書)今因移舍將奉祠版(或紙榜則改祠版爲諸位)移安于某洞(或某道某郡某洞)新第敢告(官次移奉措語○今按守令官次奉往廟主則改云今奉祠版將向某郡官次云云)

◆奉安新宅祝辭(봉안신택축사)

維 歲次干支幾月干支朔幾日干支孝玄孫(最尊位屬稱)某敢昭告于(今按若新舊第相距不遠同日奉安不書年月無妨) 顯高祖考某官府君 顯高祖妣某封某氏(諸位列書)屋宇惟新廟儀(或紙榜則改廟儀爲奉儀)如舊伏惟 神主(或紙榜則改神主爲尊靈)是安是依(官次奉安措語今按奉主官所則當云今赴官所權立祠堂伏惟云云)

◆移徙者奉行神主告辭(이사자봉행신주고사)

維 歲次干支幾月干支朔幾日干支孝玄孫(最尊位屬稱)某敢昭告于 顯高祖考某官府君 顯高祖妣某封某氏(諸位列書)運有消長宅基將替茲圖移徙以永先祿今已卜定家宅于某鄕某里敢請神主恭奉以行伏惟歆領謹告

◆移徙者奉行神主旣奉安告辭(이사자봉행신주기봉안고사)

維 歲次干支幾月干支朔幾日干支孝玄孫(最尊位屬稱)某敢昭告于 顯高祖考某官府君 顯高祖妣某封某氏(諸位列書)買定家居舊有祠堂或新建祠堂因是灑掃旣潔旣完新建無此兩句伏惟先靈是寧永垂蔭庥謹以淸酌庶羞恭伸奠告

▶4021◀◈問; 제사 모셔오기.

어머니께서 모셔오던 제사를 큰 아들인 제가 모셔오려고 합니다 방법을 알려주세요.

◈答; 제사 모셔오기.

신주를 옮기려면 먼저 좌정 되여 있는 집에서 신위께 옮기는 뜻을 고하고 옮겨온 집에서 안정을 시켜 드려야 합니다. 지방 位(위) 역시 옮김에는 신주 옮기는 의식을 준용함이 마땅할 것입니다. 사당이 있으면 사당에서 고하고 아니면 정침에서 사당에 일이 있으면 고하는 의식과 같이(본편 사당에 일이 있으면 고하는 의식 참조)진설 후 옮길 지방을 세우고 다음과 같이 고하고 집에 와서 그와 같이 하여 다음과 같이 고하면 예에 크게 어긋나지는 않을 것으로 생각 됩니다.

⊙移居告辭式(옮겨갈때 고 하는 고사식)

他居嫡子其家奉祀今以吉辰奉陪移遷

대략 이런 뜻입니다, 적자가 다른 집에 살아 그 집에서 제사를 받들려 하와 오늘이 길한 날이옵기에 받들어 옮겨 모시겠나이다.

嫡子의 자 자는 최존칭으로 씁니다. 예를 들어 고조부까지 모시면 적현손(嫡玄孫)이라 쓰면 됩니다. 합칭에서는 최 존칭으로 써야 하는 것입니다.

⊙奉安告辭式(집에 와서 안정 시키는 고사식)

屋宇維新奉祀儀如舊伏惟神位是居是安
집이 새로워졌아옵니다 받들어 모시는 제사 의식은 예와 같사옵니다, 공손히 엎드려 생각하옵건대 신위께서는 이 거처에서 편안히 계시옵소서.

예법은 약설(略設) 단헌례(單獻禮)입니다.

▶4022◀◈問; 제사를 가져와도 되는지.

1. 먼저 아버님 제사를 지내고 있는데 형이 한 분 계시는데 현재 행방불명상태라 현재는 제사를 지낼 때 어린 조카랑 저랑 둘이서 합니다. 그래서 제가 멀리 지방이 있고 해서 못 갈 때도 있고 해서 제가 제사를 가져올까 하는데 가능한지요

2. 지방은 제가 써도 되는지요

◈答; 제사를 가져오지 못합니다.

問 1. 答; 어린 조카가 누구와 기거 하고 있는 지는 알 수 없으나 귀하의 댁으로 옮겨 올 수는 없는 것입니다. 명절에는 지방만 세우고 참례하는 간단한 예이니 일러줘 행토록 함이 가당 할 것 같습니다.

問 1. 答; 귀하의 형이 사망 하지 않았으면 지방은 다를 바 없으나 만약 사망을 단정 하고 형의 제사도 갖춘다면 귀하의 조카 명으로 써야 하기 때문에 귀하의 명으로 지방을 쓸 수가 없는 것입니다.

●曲禮支子不祭祭必告于宗子(註)不敢自專宗子有故支子當攝而祭五宗皆然疏廟在適子之家庶子不敢輒祭若濫祭亦是淫祀若宗子有疾不堪當祭則庶子代攝可也猶宜告宗子然後祭
●公羊傳何休曰適子有孫而死質家親親先立弟文家尊尊先立孫
●溫公曰凡主人當以長子爲之無長子則長孫承重
●家禮初終立喪主條凡主人謂長子無則長孫承重奉饋奠
●內則庶子若富則具二牲獻其賢者於宗子夫婦皆齊而宗敬焉終事而后敢私祭
●喪服小記庶子不祭禰者明其宗也(註)庶子不得立禰廟故不得祭禰所以然者明主祭在宗子廟必在宗子之家也庶子雖貴止得供具牲物而宗子主其禮也

●尤庵曰祭主人有故則所攝之中如有尊行則子弟以不敢爲攝主矣然代者是尊行則使字未安故俗禮改云孝子某有故代叔父或兄

●家禮按祠堂篇主人謂宗子主此堂之祭者晨謁深衣焚香再拜又主人主婦近出則入大門瞻禮而行歸亦如之經宿而歸則焚香再拜遠出經旬以上則再拜焚香告云云又再拜而行歸亦如之經月而歸則開中門立於階下再拜升自阼階焚香告畢再拜降復位再拜餘人亦然但不開中門

▶4023◀◈問; 제사를 모셔오는 것에 대해.

형제 간에 제사를 모셔오게 되는 경우 어떠한 절차를 거쳐야 하는지 알고 싶습니다. 지역에 따라 차이가 많은지요. 참고로 이곳은 충남입니다.

◈答; 제사를 모셔오는 법도.

전통예법에서는 지역에 따라 다를 수가 없는 것입니다.

⊙奉主告辭式(본가고사식)

維 歲次干支幾月干支朔幾日干支孝子某敢昭告于 顯考某官府君今因移舍將奉考位移安于某洞(新主所)新第敢告

⊙新宅告辭式(신가고사식)

維 歲次干支幾月干支朔幾日干支孝子某敢昭告于(若新舊第相距不遠同日奉安不書年月日無妨) 顯考某官府君屋宇惟新奉儀如舊伏惟 尊靈是安是依

⊙買家移居告辭(매가이거고사)(本菴曰要訣曰凡神主移安還安或遷奉他所則其告之祭用朔參之儀若廟中改排器物鋪陳或暫修雨漏處而不動神主之事則告祭用望參之儀告祠則臨時製述三禮儀曰如一日內移奉者似當一告一薦)

家宅不利移買某處今以吉辰奉陪移寓敢告(或今以吉辰移安新家敢告)

⊙買家移安後慰安祝辭(매가이안후위안축사)

維 歲次干支幾月干支朔幾日干支某孫某敢昭告于 顯某代祖考某官府君 顯某代祖妣某封某氏(諸位列書)屋宇維新廟儀如舊伏惟 神主是居是靈(告几筵曰改廟儀爲几筵改神位爲尊靈)

⊙買家奉安于宗家告辭(매가봉안우종가고사)

維 歲次干支幾月干支朔幾日干支某孫某敢昭告于 顯某代祖考某官府君 顯某代祖妣某封某氏(諸位列書)家舍有變異之事今月某日永賣于他人而祠堂無姑安之所將姑祔於某祖之傍謹以酒果用伸虔告謹告

⊙移舍奉主告辭(이사봉주고사)

維 歲次干支幾月干支朔幾日干支孝玄孫(最尊位屬稱)某敢昭告于 顯高祖考某官府君 顯高祖妣某封某氏(諸位列書)今因移舍將奉祠版(或紙榜則改祠版爲諸位)移安于某洞(或某道某郡某洞)新第敢告(官次移奉措語○今按守令官次奉往廟主則改云今奉祠版將向某郡官次云云)

⊙奉安新宅祝辭(봉안신택축사)

維 歲次干支幾月干支朔幾日干支孝玄孫(最尊位屬稱)某敢昭告于(今按若新舊第相距不遠同日奉安不書年月無妨) 顯高祖考某官府君 顯高祖妣某封某氏(諸位列書)屋宇惟新廟儀(或紙榜則改廟儀爲奉儀)如舊伏惟 神主(或紙榜則改神主爲尊靈)是安是依(官次奉安措語

今按奉主官所則當云今赴官所權立祠堂伏惟云云)

⊙移徙者奉行神主告辭(이사자봉행신주고사)

維 歲次干支幾月干支朔幾日干支孝玄孫(最尊位屬稱)某敢昭告于 顯高祖考某官府君 顯高祖妣某封某氏(諸位列書)運有消長宅基將替玆圖移徙以永先祿今已卜定家宅于某鄕某里敢請神主恭奉以行伏惟歆領謹告

⊙移徙者奉行神主旣奉安告辭(이사자봉행신주기봉안고사)

維 歲次干支幾月干支朔幾日干支孝玄孫(最尊位屬稱)某敢昭告于 顯高祖考某官府君 顯高祖妣某封某氏(諸位列書)買定家居舊有祠堂或新建祠堂因是灑掃旣潔旣完新建無此兩句伏惟先靈是寧永垂蔭庥謹以淸酌庶羞恭伸奠告

⊙移居時遷廟祝文(이거시천묘축문)

云云伏以世業漸剋祀事將絶自耕自鑿安分得計在野旣苦入山宜老蓼阿聖洞爰巢爰歸今遷龕卓不勝感慕敬奉之至事由敢告(自高祖考妣以下列書)

⊙移居時告先考墓文(이거시고선고묘문)

恭惟府君其德如天生我敎我期以荷薪小子不肖獲罪神明遽失所怙已數十齡玄堂之卜迺在家後有時拜省如奉昢詔生丁不辰薤禍孔酷將驅斯人禽獸之易小子狷滯恐禍迫膚萬不獲已挈家遵海古有徐公避地全髮竊附斯義他不遑恤違離先壠惟有痛隕誓死守義不辱遺訓以是報親厥罪庶宥伏惟慈靈庶幾冥佑

⊙新建宅舍移奉神主告辭(신건택사이봉신주고사)

云云所居狹隘新建宅舍于他基今以吉辰始入奠居敢請神主恭奉以行伏惟歆領謹告

⊙新建宅舍移奉神主奉安告辭(신건택사이봉신주봉안고사)

云云定居于玆祠堂維新伏惟先靈是宜是寧永垂廕庥謹以酒果用伸虔告謹告

⊙新居移安告由文(신거이안고유문)

小孫於前年買宅二區於本村下保西爲有幹有年之所東爲奉先肄業之堂未及營造頻遭險艱上失慈庇中懷胖戚先靈棲屑夙夜恐惕今始搆小龕於東室北壁奉宔以遷神人相依永保無斁

▶4024◀◈問; 제사를 옮기려고 합니다.

아버지께서 지내시던 제사를 이제 장남인 제가 지내려고 하는데 옮기는 절차가 따로 있는지요?

◈答; 제사를 옮기려면.

귀하의 질문에는 옮기려는 연유에 대하여는 밝혀두지를 않아서 왜인지를 모르겠으나 다음과 같이 두 방향에서 고찰 하여 보겠습니다.

◆1)째 아버지가 생존 하였을 때; 이런 경우는 조상의 제사를 그의 아들에게로는 옮길 수가 없습니다.

●家禮喪禮立喪主條凡主人謂長子無則長孫承重以奉饋
●奔喪凡喪父在父爲主
●牛溪曰初喪立喪主所以重宗統絶僭竊也家廟阼階惟主人當之雖諸父位於前而皆不敢當阼階之前矣然則孝孫承重必以主喪受弔而當主人之位無可疑
●白虎通義宗子何謂也宗尊也爲先祖主也宗人之所尊也古者所以必有宗何也所以長和睦也

●大傳長子死則主父喪用次子不用姪若宗子法立則用長子之子
●曲禮支子不祭祭必告于宗子疏曰若宗子有疾不堪當祭則庶子代攝可也猶必告宗子然後祭
●程子曰凡言宗者以祭祀爲主言人宗於此而祭祀也
●通典漢石渠議大宗無後族無庶子已有一嫡子當絶父祀以後大宗否戴聖云大宗不可絶言嫡子不爲後者不得先庶耳族無庶子則當絶父以後大宗魏田瓊曰長子後大宗則成宗子禮諸父無後祭於宗家後以其庶子還承其父
●程叔子曰禮長子雖不得爲人後若無兄弟又繼祖之宗絶亦當繼祖爲後禮雖不言可以義起
●問解曰出後者本生親無後則兩家父相議歸宗古有其例兩家父死則子不可擅自罷繼當以本生親爲班祔也
●沙溪曰長子無後則儀禮及國典皆以同宗支子爲後故自前必以支子爲後曾有一宰臣引通典說陳訴以其弟獨子爲後因成規例焉
●尤庵曰凡喪父在父爲主故子姪與子姪婦皆以尊者爲主

◆**2)째** 아버지가 이미 작고 후 삼년상을 마칠 때.

사당 봉사를 하여 신주를 모셨으면 신주를 그 봉사자와의 대에 맞게 개제(改題)를 하여야 하며 만약 사당을 옮기려면 그 연유를 사당에 고하고 옮겨가 옮겨간 사당에서 위안 고사를 드려야 합니다. 신주를 모시지 않아 지방으로 대신 한다면 그에 관한 예법은 전통 예법으로는 본인은 아직 발견치 못하여 근거할 예법이 없으니 명확하게 답변(答辯) 하여 줄 수가 없습니다.

⊙告遷于祠堂(고천우사당)(據附註祫祭迭遷說移此節于禫祭後吉祭條)

以酒果告如朔日之儀若無親盡之祖則祝版(云云)告畢改題神主如加贈之儀遞遷而西虛東一龕以俟新主若有親盡之祖而其別子也則祝版(云云)告畢而遷于墓所不埋其支子也而族人有親未盡者則祝版(云云)告畢遷于最長之房使主其祭其餘改題遞遷如前若親皆已盡則祝版(云云)告畢埋于兩階之間(朱子曰古人埋桑主於兩階間今則只得埋於墓所○芝村曰先生初以埋于兩階間爲註下文又曰埋于墓側豈失於照管未及修正處耶)其餘改題遞遷如前

⊙告遷于祠堂儀禮節次(고천우사당의례절차)

陳器如通禮朔日儀別設一卓於其東置淨水粉盞刷子筆硯於其上

序立(主人詣祠堂前)○盥洗○啓櫝○出主○參神○鞠躬拜興拜興拜興拜興平身○降神○盥洗○詣香案前○跪○上香○酹酒○俯伏興拜興拜興平身○斟酒(主人執注遍斟酒盞中畢少退立)○主婦點茶(茶畢與主人並立)○鞠躬拜興拜興平身○主婦復位(主人不動)○跪(主人以下皆跪)○讀祝(祝跪讀之)○俯伏興拜興拜興平身○請主(主人進奉主于卓子上執事者洗其當改字別塗以粉俟乾其親盡者以紙裹暫置卓子上)○題主(命善書者改題曾祖考妣爲高祖又改祖考妣爲曾祖又改考妣爲祖題畢)○遷主(主人自奉其主遞遷而西虛東一龕以俟新主少退立)○鞠躬拜興拜興平身○復位○辭神○鞠躬拜興拜興拜興拜興平身○焚祝文○禮畢 祝文神主止書官封稱呼而不書高曾祖考妣者是時高祖親盡曾祖祖考妣神主未改題故也

補按禮喪小記父母竝喪則先葬母而不虞祔以待父喪畢而後祔今擬若父先死則用此告遷儀節若父在母先死則是父爲喪主惟祔於祖母之櫝不必告遷也待父死之後然後用此儀節告遷而於祝文大祥已屆下添入及先妣某封某氏先亡祔于祖妣於禮遷入廟之上若父先亡已入祠堂而後母死只告先考一位其祝文曰玆以先妣某封某氏大祥已屆禮當祔於先考竝享不勝感愴竝同

◈改題告辭式(개제고사식)

維 歲次干支幾月干支朔幾日干支五代孫(承重稱六代孫繼曾祖以下之宗隨屬稱)某敢昭告于 顯五代祖考某官府君 顯五代祖妣某封某氏(高祖考妣至祖考妣列書承重則自六代祖考妣至曾祖考妣列書)玆以先考(承重云先祖考)某官府君喪期已盡禮當遷主入廟(承重則此下云先考某官府君已於某年某月祔于祖龕亦當遷主入廟) 顯五代祖考某官府君 顯五代祖妣某封某氏(承重則先書六代祖考妣)親盡神主當祧 顯高祖考某官府君 顯高祖妣某封某氏(至祖考妣列書承重則至曾祖考妣列書)神主今將改題(祔位有改題者則此下當云某親某官府君或某親某封某氏神主亦當改題○卑幼不書府君)世次迭遷不勝感愴謹以酒果用伸虔告謹告

◈母先亡父喪畢改題妣位告辭式(모선망부상필개제비위고사식)祖母先亡承重祖父喪畢改題祖妣位告辭同但改屬稱

維 歲次干支幾月干支朔幾日干支孝子某敢昭告于 顯妣某封某氏當初題主時 先考某官府君爲主故以其屬書之今 先考喪期已盡禮當遷主入廟 顯妣神主亦當合享某將以 顯妣改題世次迭遷彌增罔極謹以酒果用伸虔告謹告

◈承重祖父喪畢改題考位告辭式(승중조부상필개제고위고사식)

維 歲次干支幾月干支朔幾日干支孝子某敢昭告于 顯考某官府君(俱亡則顯妣某封某氏列書下同)當初題主時 先祖考某官府君爲主故以其屬書之今 先祖考喪期已盡禮當遷主入廟 顯考神主亦入正位某將以 顯考改題世次迭遷彌增罔極謹以酒果用伸虔告謹告

◆3 째; 달리 살 때.

⊙移居告辭式(옮겨갈때 고 하는 고사식)

他居嫡子其家奉祀今以吉辰奉陪移遷

⊙奉安告辭式(집에 와서 안정 시키는 고사식)

屋宇維新奉祀儀如舊伏惟神位是居是安

⊙奉主告辭式(본가고사식)

維 歲次干支幾月干支朔幾日干支孝子某敢昭告于 顯考某官府君今因移舍將奉考位移安于某洞(新主所)新第敢告

⊙新宅告辭式(신가고사식)

維 歲次干支幾月干支朔幾日干支孝子某敢昭告于(若新舊第相距不遠同日奉安不書年月日無妨)顯考某官府君屋宇惟新奉儀如舊伏惟 尊靈是安是依

⊙移舍奉主告辭(이사봉주고사)

維 歲次干支幾月干支朔幾日干支孝玄孫(最尊位屬稱)某敢昭告于 顯高祖考某官府君 顯高祖妣某封某氏(諸位列書)今因移舍將奉祠版(或紙榜則改祠版爲諸位)移安于某洞(或某道某郡某洞)新第敢告(官次移奉措語○今按守令官次奉往廟主則改云今奉祠版將向某郡官次云云)

⊙奉安新宅祝辭(봉안신택축사)

維 歲次干支幾月干支朔幾日干支孝玄孫(最尊位屬稱)某敢昭告于(今按若新舊第相距不遠同日奉安不書年月日無妨) 顯高祖考某官府君 顯高祖妣某封某氏(諸位列書)屋宇惟新廟儀(或紙榜則改廟儀爲奉儀)如舊伏惟 神主(或紙榜則改神主爲尊靈)是安是依(官次奉安措語今按奉主官所則當云今赴官所權立祠堂伏惟云云)

▶4025◀◈問; 제사를 옮기려고 합니다. (再問)

아버지께서 계시지만 일 때문에 집을 비우는 일이 많고, 재작년에 어머니께서 돌아가신 후 빈집에 와서 제사준비를 하는 게 안쓰러웠던 모양입니다. 그럴 바엔 차라리 저보고 제사를 가져가라고 하시는데 만약 주제를 바꿀 수 없다면 제사 모시는 장소는 저희 집에서 해도 괜찮은지요?

◈答; 제사를 옮기려면. (再答)

세대(世代)나 가정이나 주(主)와 종(從)이 있게 되여 있고 그에 따른 위계질서(位階秩序)를 가정사나 선대 봉사 예법에서도 어그러지게 할 수가 없는 것입니다. 그러하기 때문에 초헌관의 거소가 선대 조상을 받드는 사당(祀堂)이 되며 제청(祭廳)이 되는 것입니다. 다만 귀하의 댁이 조부자손(祖父子孫)의 주(主) 거소(居所)이고 귀하의 부친 거소가 임시 거소로 되였다면 귀하의 댁에서 선대 봉제사를 한다 하여 예법상 크게 어그러진 짓이라고 탓할 수는 없으리라 하겠습니다. 그러나 여하한 경우에도 귀하의 부친(父親)이 초헌관(初獻官)이 되는 것입니다.

●公羊傳(魯)昭公十五(前 527)年; 大夫聞君之喪攝主以往(何休注)主謂已主祭者臣聞君之喪義不可以不卽行故使兄弟若宗人攝行主事而往不廢祭者古禮也古有分土無分民大夫不世己父未必爲今君臣也
●喪禮備要喪禮初終立喪主; 襍(雜)記姑姉妹其夫死夫黨無兄弟使夫之族人主喪妻黨雖親弗(不)主
●家禮增解喪禮初終立喪主; ○右兄亡無嗣弟攝主親喪○右兄亡無嗣弟攝主祖父母喪○右嫡孫亡失祖母死次孫攝主○右無子有妻兄弟主喪○右幼兒兄弟攝主其喪
●辭源[攝主]代爲主祭之人
●曾子問孔子曰宗子居於他國庶子爲大夫其祭也祝曰孝子某使介子某執其常事
●退溪曰宗子死繼后子雖在襁褓亦當書其名而季也攝主可也○又曰宗子粤在他國而命介子代祭之例曰孝子某使子某敢昭告于云云
●尤庵曰凡祭事主人有故則使人攝行例也所攝之中如有尊行則子弟似不敢爲攝主矣
●遂菴曰孝子某有疾介子某代行薦禮敢昭告于○先祖之稱用宗子之屬代○有故措辭曰孝子某病不能將事○孝子某適在遠地不能將事○孝子某幼未將事○孝子某身犯惡疾使字囑某親某
●問祝文中顯考及夙興夜處等語以兒名書之則當依此書否寒岡曰旣以兒名書則當用家禮本文無所改
●梅山曰遞遷長房者亦用旁題支子攝祀旁題當書介子某攝祀祝當曰攝祀介子某恐宜
●葛菴曰長孫奉祀則父子已易世今推而上之使叔父未安且令次孫權攝以待長孫立后○父不與祭而使子弟攝行則曰孝子某使子某敢昭告云病中則云病不能將事或身在遠地不能將事

⊙主人有故使人代行措辭

病時: 孝子某因病不能將事使某親某(或有疾病介子某代行)敢昭告于(云云)
幼時: 孝子某幼不將事屬某親某敢(或孝子某未幼奉事弟某攝事)昭告于(云云)
遠在時: 孝子某身在遠地不能將事使某親某敢昭告于
越境時: 孝子某使介子某執其常事敢昭告于(云云)
老衰時: 孝子某衰耗不堪事使子某敢昭告于(云云)

▶4026◀ ◈問; 제사를 옮길 때 읽는 축문 좀 가르쳐 주세요.

안녕하세요. 저는 대 0 제 00 고등학교에 근무하는 위 0 복입니다. 이번 설 차례를 지내고 난 이후부터 저의 형님제사를 시골에서 김천에 사는 조카의 집으로 옮겨서 지낼 예정입니다. 현재 집안에 어른들은 모두 돌아가셨고, 모친의 말씀이 제사를 옮길 때에는 설날 차례를 지낼 때 제사를 옮긴다고 조상님께 고한 후에 옮겨야 된다고 하십니다. 어떻게 고해야 하는지 관련 축문을 꼭 알려주세요. 부탁 드립니다. 참고로 저의 형님의 기일은 음력 정월 초이튿날입니다. (위 0 복)

◈答; 제사 옮길 때 읽는 축문.

제사를 옮기는 이유는 이사의 경우 이외는 옮기는 경우가 극히 드문 예입니다. 까닭은 전통 예법에서의 조상 받드는 모든 예는 사당을 전제로 하여 발생시켜 놓았기 때문입니다. 사당을 옮긴다 함은 사당을 봉사하는 주인이 구가(舊家)를 불가피한 연유로 팔거나 폐가(廢家)하고 새로운 집으로 이사하는 외에는 사당을 옮길 수 없기 때문입니다.

귀하의 조카가 장손이라 하여도 귀하의 모친이 구가를 건사하고 계시면 사당이 없다 하여도 형편상 건립 치 못하였을 뿐이지 조상의 근거지는 귀하의 모친이 계신 그 곳이 됩니다. 또 귀하의 조카가 장손으로써 선대 조상까지 봉사하는 주인이 되면 그 조상들 모두를 지금 기거하는 곳이 임시 기거가 아닌 영구 기거지가 되고 구가는 폐가를 하였다면 그 모두를 함께 모셔야 할 것입니다.

만약 귀하의 조카가 중형의 아들이면 이미 그 아버지가 사망하였을 때 동거 하였다 하여도 그 제사는 그 아들인 조카가 별도로 차리어 주인으로써 초헌을 하다가 이거를 하게 되면 같이 모시고 나와 봉사를 하여야 하는 것입니다. 부득이 조상을 옮겨 모실 연유가 있다 하여도 전통으로 내려오는 그에 관한 축문은 신주(神主)를 옮기는 축문식이 있을 뿐 신주 없이 지방으로 모시는 조상 제사를 옮기는 축문식은 없습니다. 신주 옮기는 축문식은 본 홈 후미 각종 축문식 중 세속 행사 축사식에 매가이거 고사식과 봉안 고사식이 있습니다.

만약 조카가 중형의 아들이어서 이를 억지로 끌어다 쓴다면 "家宅不利移買某處" 를" 顯考學生府君新宅金川"으로 고치고 봉안 고사식 중 "新廟"에 묘를 "家"로 고쳐 단잔(單盞)으로 고하면 어떨까 하나 예에 있는 예법은 아닙니다.

위를 참작하고 마지막 예시문을 귀하의 처지에 합당하도록 변개 응용하여 고하면 귀하의 댁 모두가 제사를 옮길 때 제사를 옮긴다고 조상님께 고한 후에 옮겨야 된다고 하는 예를 갖추게 되어 마음이 개운하여 질 것입니다.

아래는 이안(移安) 봉안(奉安) 축식입니다.

◆奉安新宅祝辭(봉안신택축사)

維 歲次干支幾月干支朔幾日干支孝玄孫(最尊位屬稱)某敢昭告于(今按若新舊第相距不遠同日奉安不書年月無妨) 顯高祖考某官府君 顯高祖妣某封某氏(諸位列書)屋宇惟新廟儀(或紙榜則改廟儀爲奉儀)如舊伏惟 神主(或紙榜則改神主爲尊靈)是安是依(官次奉安措語今按奉主官所則當云今赴官所權立祠堂伏惟云云)

◆移徙者奉行神主告辭(이사자봉행신주고사)

維 歲次干支幾月干支朔幾日干支孝玄孫(最尊位屬稱)某敢昭告于 顯高祖考某官府君 顯高祖妣某封某氏(諸位列書)運有消長宅基將替玆圖移徙以永先祿今已卜定家宅于某鄕某里敢請神主恭奉以行伏惟歆領謹告

◆移徙者奉行神主旣奉安告辭(이사자봉행신주기봉안고사)

維 歲次干支幾月干支朔幾日干支孝玄孫(最尊位屬稱)某敢昭告于 顯高祖考某官府君 顯高祖妣某封某氏(諸位列書)買定家居舊有祠堂或新建祠堂因是灑掃旣潔旣完新建無此兩句伏惟先靈是寧永垂蔭庥謹以淸酌庶羞恭伸奠告

◆移居時遷廟祝文(이거시천묘축문)

云云伏以世業漸剋祀事將絶自耕自鑿安分得計在野旣苦入山宜老蓼阿聖洞爰巢爰歸今遷龕卓不勝感慕敬奉之至事由敢告(自高祖考妣以下列書)

◆移居時告先考墓文(이거시고선고묘문)

恭惟府君其德如天生我敎我期以荷薪小子不肖獲罪神明遽失所怙已數十齡玄堂之卜迺在家後有時拜省如奉唔詔生丁不辰薙禍孔酷將驅斯人禽獸之易小子狷滯恐禍迫膚萬不獲已挈家遵海古有徐公避地全髮竊附斯義他不遑恤違離先壠惟有痛隕誓死守義不辱遺訓以是報親厥罪庶宥伏惟慈靈庶幾冥佑

◆新建宅舍移奉神主告辭(신건택사이봉신주고사)

云云所居狹隘新建宅舍于他基今以吉辰始入奠居敢請神主恭奉以行伏惟歆領謹告

◆新建宅舍移奉神主奉安告辭(신건택사이봉신주봉안고사)

云云定居于玆祠堂維新伏惟先靈是宜是寧永垂蔭庥謹以酒果用伸虔告謹告

◆新居移安告由文(신거이안고유문)

小孫於前年買宅二區於本村下保西爲有幹有年之所東爲奉先肄業之堂未及營造頻遭險艱上失慈庇中懷胖戚先靈棲屑夙夜恐惕今始搆小龕於東室北壁奉主以遷神人相依永保無斁

▶4027◀◈問; 제사를 모셔오는데 어떤 특별한 절차가 있는지요? (再問)

좋은 홈페이지를 발견하게 되어 무척 기쁩니다. 저는 맏며느리 입니다. 해마다 제가 시댁에 가서 차례를 모셨는데 이번 추석부터 시부모님께서 올라오셔서 저희 집에서 차례를 모신다고 하십니다. 이때 조부모님 산소와 증조부모님 산소에 고하는 어떤 절차가 있는지 알고 싶습니다. 절차를 자세히 알려주시면 감사하겠습니다.

◈答; 제사를 모셔오는데 절차는.

사당을 모시게 되면 달리 사는 종손의 아들 집으로 옮길 수가 없는 것입니다. 다만 번잡함이 덜한 지방이니 쉬이 생각 할 수 있으나 예는 아닙니다. 그러나 현세에서 불가피한 특별한 연고가 있다면 아래와 같이 산소가 아니라 정침에서 지방을 써 세우고 주과포 단헌(單獻)으로 양가에서 고함이 마땅할 것입니다.

⊙移居告辭式(옮길 때 고사식)

家宅不利移孫某之某處今以吉辰奉陪移寓

⊙奉安告辭式(집에 와서 고사식)

屋宇維新廟儀如舊伏惟先世是居是安

이상과 같은 좋은 가르침 고맙습니다. 많은 도움이 되었습니다. 고하는 날은 아무 때나 괜찮은지요? 아니면 길한 날을 택하여 하는지요? 또 차례를 지낸 후 내년 제사부터는 제가 우리 집에서 그냥 모셔도 되는지요? 아니면 제를 모셔올 때도 차례를 모셔오는 것처럼 절차를 밟아야 하는지도 알려주시면 감사하겠습니다.

◈答; 제사를 모셔오는데 절차는. (再答)

이거(移居) 봉안(奉安) 고사 일자는 특별한 날이 있는 것이 아니라 옮길 연유가 생긴 날이며 구태여 꺼려 진다면 세속의 길일을 택한다 하여 험 될 일은 아니라 생각 됩니다.

조상의 제사를 옮기는 것은 특정한 제사를 옮기는 것이 아니라 한번 옮김을 고하면 그로부터는 그 조상의 모든 봉제사는 그 집에서 지내는 것입니다.

●栗谷曰凡神主移安還安或奉遷他處等事則告祭用朔參之儀告詞則臨時製述

▶4028◀◈問; 제사를 옮겨오고 싶어요.

저희 시댁에 어머님이 뇌졸증으로 요양병원에 누워 계신지 오래됐고 아버님 연세가 80 세 정도 되셨는데 제가 맏며느리거든요. 그리고 맞벌이에 시간이 여의치가 않아 재작년인가 제사를 한날로 다 모았거든요. 모은 것도 해마다 의령에 가서 제사를 지냈는데 이번에 설에 갈려니 구제역이 터져서 의령시댁에 소 한 마리를 키우는데 접종을 안 했거든요. 근데 제가 사는 곳이 김해인데 김해에서는 구제역 때문에 난리잖아요.

만일 저희 시댁에 구제역이 터진다면 반경 3km 미터인가 다 살 처분이 되잖아요. 그래서 만일에 사태에 대비해서 못 갈 것 같은데 이 참에 제사를 모셔오고 싶은데 시동생이 있는데 시동생 내외도 울산인데 울산에서도 구제역 때문에 비상 이라네요. 시동생 부부는 갈수 있을 것 같고요. 그래서 이 참에 제사를 가져오고 싶은데 암튼 본론은 설 제사를 그냥 저희가 사는 김해에서 할 수는 없나요?

저희 신랑이 장남인데 저희 신랑은 의령 못 갈 것 같거든요. 피해를 줄까 봐서요. 제사준비도 거의 다 했고요. 어떻게 하면 되나요?

꼭 의령 시댁 가서 마지막 제사 때 고하고 가지고 와야 되나요? 장남인 신랑이 마지막 제사 때 있어야 되나요?

◈答; 제사를 옮겨오려면.

주인(종자손)이 칠십이 되어 쇠약하여지면 가사를 자손에게 넘겨주는 전중(傳重)이라는 예법이 있습니다. 그 예법에 따라 장자가 부친 대신 제사를 주관하여 초헌을 하되 기제사에서의 축식은 [云云孝子某使介子某執其常事敢昭告于]라 고하면 예에 어그러지지 않습니다.

제사 옮기는 예법은 구택에서 지방을 써 붙이고 주과포 진설 강신 참신 후 헌주하고 축으로 옮기는 사유를 고하고 재배 모두 사신 마친 뒤 신택에서 역시 같은 예법으로 여기서 옛날과 같이 모시겠다고 고함으로서 옮겨 모시는 예를 모두 마치게 되는 것입니다.

●王制七十不與賓客之事八十齊喪之事不及也
●曲禮七十老而傳註傳家事任子孫是謂宗子之父
●士昏禮註子代其父爲宗子
●明齋曰朱子傳重告廟之文只言傳重而已又於與趙尙書書言不可遞遷之義甚嚴
●四未軒曰老而傳重祝告依曾子問孝子某使介子某執其常事之例恐得

▶4029◀◈問; 제사를 추석 지나고 옮기면 안되나요?

수고 많으십니다. 한가지 여쭤볼게 있는데 부모님이 두 분다 돌아가시고 4 년 동안 장남인 형 집에서 제사를 모셨습니다. 그러다 이번에 사정이 생겨서 차남엔 제가 모셔 오려 하는데 이번 추석제사를 형 집에서 모시고 나서 그 자리에서 다음부터 저희 집에서 모신다고 고하면 되는 건지요. 어떤 분이 추석 때는 그러면 안되니 필히 추석 전에 모셔와야 한다는 얘길 들어서 궁금해서 올립니다.

◈答; 선대 봉사는 장자손이.

기대가 크셨을 텐데 유학의 예법에서는 그러한 예법은 없는 것 같습니다. 다만 적자가 빈한하다거나 다른 연유로 인하여 제사를 감당하지 못할 경우 지자가 제수를 마련 적자 집으로 가 섭주로 제사를 지낼 수는 있는 것 같습니다.

●曲禮支子不祭祭必告于宗子(註)不敢自專宗子有故支子當攝而祭五宗皆然疏廟在適子之家庶子不敢輒祭若濫祭亦是淫祀若宗子有疾不堪當祭則庶子代攝可也猶宜告宗子然後祭
●溫公曰凡主人當以長子爲之無長子則長孫承重

▶4030◀◈問; 제사 모시고 오는 법.

친정 언니가 아버지 제사를 모셨는데 형부가 아파서 못 지내겠기에 제가 모시려고 합니다. 모셔 오려면 기일이 낼 모레 21 일인데요. 언니네 집 쌀을 가지고 와서 밥을 하면 된다고 하는데 맞는지요. 아님 어떻게 해야 하는지 알려 주시면 감사하겠습니다. 김영 0

◈答; 제사 모시고 오는 법.

김영 0 님의 글 내용으로 보아 친정 부모님이 모두 작고하였으나 후사가 없어 출가한 언니 댁에서 기제를 모신 것으로 보입니다. 다만 제사를 옮김에는 사당을 세우고 신주로 모실 때의 예법은 있으나(그도 그 주인이 다른 곳으로 이사할 때의 예법) 이 형제에서 저 형제 집으로 옮기는 예법은 없습니다.

만약 다른 남자 후손이 없고 친정 어머니도 작고 하시어 불가피하게 맏이 여형제가 모시게 되었다면 그 언니에게 아들이 있으면 그가 주인이 되고 없다면 언니가 주인이 되어 초헌을 하는 것입니다. 형부는 주인으로서 제사를 주관하여 초헌을 할 수 없는 것입니다. 까닭에 예법상으로 김영 0 님이 제사를 주관하여 지낼 수가 없고 언니가 형부의 우환 중이라 겨를이 없다면 김영 0 님이 언니 댁으로 가 제수를 갖추어 친정 부친 기제를 받드는 것이 바른 예법일 것입니다. 그 댁 쌀을 가지고 와 메를 짓는다 함은 무속이거나 어느 지역 습속인 듯

한데 그에 관하여는 아는 바가 없습니다.

●尤庵曰外孫不敢奉祀自有朱子明訓寧有節文之可言者然喪家未立後之前其出家女權奉饋奠則亦有俗例而非禮之正也
●退溪曰外祖先無後不忍其主之無歸則權宜奉置別所往來展省
●大典外祖父母及妻父母無主祭者當於正朝仲秋及各忌日用俗儀祭之
●寒岡曰外家神主奉祀本非禮經今者不得已奉祀則當時祀茶禮時先祭祖外祖次祭

▶4031◀◈問; 제사 모시고 오는 법.

제 남편 집 문제입니다. 3 남 1 녀 막내고요. 지금 어머니 아버님 돌아 가신지 2 년째인데 제사 한번 못 지내드리고 장남이라는 사람이 자기는 기독교라 죽어도 제사를 지낼 수 없다고 합니다. 부모고 형제고 다 필요 없으니 너희들끼리 지내든 말든 연을 끊자고 하고 연락도 두절상태입니다

둘째 형이나 막내가 제사를 지내려면 어떠한 절차가 필요한지요. 아니면 그냥 지내도 되는지 빠른 답변 부탁 드립니다. 돌아가셔서 밥 한번 먹지 못하고 맘이 안쓰럽습니다. 김 0 니

◈答; 제사 모시고 오는 법.

예법에 장자가 폐질자라 하여도 장자 명으로 신주를 쓴다. 라 하였으니 그와 같이 되었음은 유학의 견지에서 보면 정신 폐질자 범주에 속할 듯도 하니 지방과 축문은 장자 명으로 쓰되 둘째가 대신 지내는 연유를 고하고 모시는 예법은 있습니다. 그러나 그와 같이도 장자 댁에서 지낼 형편이 아닌 듯한데 그렇다고 작은 집으로 제사 옮기는 예법과 의식은 없습니다. 그러나 그런 예법이 없다 하여 부모 기제를 궐사할 수는 없으니 신주 예법으로는 이사를 하며 신주를 옮길 때 옮기는 집에서 옮기는 사유를 고하고 옮겨놓은 집에서 옮겼음을 고하여야 하나 형편이 그럴 형편도 못될 것입니다.

본인이 예법에 없는 예를 일러 줄 수는 없습니다. 다만 세간에 그러한 예법이 설왕설래 나돌고 있으니 바른 예는 아니나 그를 참작함도 마음의 부담도 덞은 물론 부모 혼신을 정성껏 모시려 함에 그런 것이 크게 장애가 되지는 못할 것입니다.

공양전(公羊傳)에서 지금으로부터 2543 년전 노소공십오년(魯昭公十五年) 조(條)에서 섭주(攝主)의 예가 나타나있고 우리의 예서(禮書)로는 상례비요(喪禮備要)에서 잡기설(雜記說)을 인용(引用), 섭주(攝主)와 동의인 사자(使字)를 붙여 夫黨無兄弟使夫之族人主喪이라 하였고 가례증해(家禮增解)에서 섭주(攝主)의 예에 관하여 세세하게 밝혀놓았습니다.

●公羊傳(魯)昭公十五(前 527)年; 大夫聞君之喪攝主以往(何休注)主謂已主祭者臣聞君之喪義不可以不卽行故使兄弟若宗人攝行主事而往不廢祭者古禮也古有分土無分民大夫不世己父未必爲今君臣也
●喪禮備要喪禮初終立喪主; 襍(雜)記姑姉妹其夫死夫黨無兄弟使夫之族人主喪妻黨雖親弗(不)主
●家禮增解喪禮初終立喪主; ○右兄亡無嗣弟攝主親喪○右兄亡無嗣弟攝主祖父母喪○右嫡孫亡失祖母死次孫攝主○右無子有妻兄弟主喪○右幼兒兄弟攝主其喪
●辭源[攝主]代爲主祭之人
●曾子問孔子曰宗子居於他國庶子爲大夫其祭也祝曰孝子某使介子某執其常事
●退溪曰宗子死繼后子雖在襁褓亦當書其名而季也攝主可也○又曰宗子粤在他國而命介子代祭之例曰孝子某使子某敢昭告于云云
●尤庵曰凡祭事主人有故則使人攝行例也所攝之中如有尊行則子弟似不敢爲攝主矣
●遂菴曰孝子某有疾介子某代行薦禮敢昭告于○先祖之稱用宗子之屬代○有故措辭曰孝子某病不能將事○孝子某適在遠地不能將事○孝子某幼未將事○孝子某身犯惡疾使字囑某親某
●問祝文中顯考及夙興夜處等語以兒名書之則當依此書否寒岡曰旣以兒名書則當用家禮本文無所改
●梅山曰遞遷長房者亦用旁題支子攝祀旁題當書介子某攝祀祝當曰攝祀介子某恐宜

●葛菴曰長孫奉祀則父子已易世今推而上之使叔父未安且令次孫權攝以待長孫立后○父不與祭而使子弟攝行則曰孝子某使子某敢昭告云病中則云病不能將事或身在遠地不能將事

⊙主人有故使人代行措辭

病時: 孝子某因病不能將事使某親某(或有疾病介子某代行)敢昭告于(云云)
幼時: 孝子某幼不將事屬某親某敢(或孝子某未幼奉事弟某攝事)昭告于(云云)
遠在時: 孝子某身在遠地不能將事使某親某敢昭告于
越境時: 孝子某使介子某執其常事敢昭告于(云云)
老衰時: 孝子某衰耗不堪事使子某敢昭告于(云云)

▶4032◀◈問; 제사 옮겨오는 시기와 방법 좀 부탁 드립니다.

저희 아버지는 장남이십니다. 10 년 정도 조부모님을 모시다 분가해서 작은아버지부부가 조부모님을 모시고 살던 중 조부모님 두 분다 돌아가셨습니다. 아직 제사를 작은아버지가 지내고 계신데 제사를 모셔오는 방법이나 시기를 좀 알려주세요. 제사가 많은 종갓집인데 설이나 추석에 가져와야 하는지. 할머니나 할아버지 제사에 미리 가져와도 모든 제사를 다 가져오는 효과가 있는지 궁금합니다.

◈答; 제사 옮겨오는 시기와 방법.

사당(祠堂)옮기는 예법에 준하여 조상(祖上) 제사를 옮기려 하면 옮기는 시기(時期)가 특별히 있는 것이 아니며 옮겨야 할 연유(緣由)가 생긴 날짜이며 옮겨야 할 모든 조상에게 고하여야 할 것입니다.

아래 축식이 이환안(移還安) 연유에 따른 고식입니다.

⊙奉主告辭式(본가고사식)

維 歲次干支幾月干支朔幾日干支孝子某敢昭告于 顯考某官府君今因移舍將奉考位移安于某洞(新主所)新第敢告

⊙新宅告辭式(신가고사식)

維 歲次干支幾月干支朔幾日干支孝子某敢昭告于(若新舊第相距不遠同日奉安不書年月日無妨) 顯考某官府君屋宇惟新奉儀如舊伏惟 尊靈是安是依

●栗谷曰凡神主移安還安或奉遷他處等事則告祭用朔參之儀告詞則臨時製述

▶4033◀◈問; 제사를 옮기려고 하는데.

부모님은 시골에 계시고 손자인 저는 서울에 있는데 그 어떤 고함이 없이 제사를 시골에서 서울로 옮겨도 무방한지요?

선생님께선 그런 예법을 알지 못한다고 하셨는데 한번 더 여쭤봅니다. 혹시 같은 집에서 제주만 바뀌는 것으로 생각하셔서 답변을 주시지 않으셨는가 해서요. 죄송합니다. 답변 기다리겠습니다.

◈答; 제사를 옮기려고 하는데.

부모님이 생존하여 계신데 달리 거주하는 손자인 귀하의 댁으로 조부모의 제사를 옮기는 예법은 없습니다. 까닭은 귀하의 조부모는 귀하의 부친이 주인으로서 제반 제사 진행을 주관하고 초헌을 하여야 하기 때문입니다. 귀하의 부친이 먼 훗날 작고한 후는 귀하가 장손이면 부모님과 함께 조부모 제사를 받들 수 있는 것입니다. 만약 귀하의 부친이 노쇠하여 제사를 주관할 수 없다 하여도 귀하의 부모님이 거주하는 집에서 아래에서 예시하여준 예법과 같이 귀하가 조부모의 제사에 초헌을 할 수 있는 것입니다.

⊙主人有故使人代行措辭(주인유고사인대행조사)

老衰時: 孝子某衰耗不堪事使子某敢昭告于(云云)

●曲禮支子不祭祭必告于宗子(註)不敢自專宗子有故支子當攝而祭五宗皆然疏廟在適子之家庶子不敢輒祭若濫祭亦是淫祀若宗子有疾不堪當祭則庶子代攝可也猶宜告宗子然後祭
●公羊傳何休曰適子有孫而死質家親親先立弟文家尊尊先立孫
●溫公曰凡主人當以長子爲之無長子則長孫承重
●家禮初終立喪主條凡主人謂長子無則長孫承重奉饋奠
●喪服小記庶子不祭禰者明其宗也(註)庶子不得立禰廟故不得祭禰所以然者明主祭在宗子廟必在宗子之家也庶子雖貴止得供具牲物而宗子主其禮也
●尤庵曰祭主人有故則所攝之中如有尊行則子弟以不敢爲攝主矣然代者是尊行則使字未安故俗禮改云孝子某有故代叔父或兄
●性理大全喪禮立喪主條;凡主人謂長子無則長孫承重以奉饋奠
●奔喪凡喪父在父爲主註此言父在而子有妻子之喪則父主之統於尊也

▶4034◀◈問; 제사를 옮기려고 하는데요.

저희가 원래는 할아버지 댁에서 제사를 지내왔는데요. 이번에 저희 집이 서울로 이사를 하면서 제사(祭祀)를 할아버지 댁에서 저희 집으로 제사를 옮겨오려고 합니다. 그런데 설날때는 제사를 옮겨오는 것이 아니라고 하시는 분들도 있고 내년추석까지는 할아버지 댁에서 지내는 것이 맞는다고 하시는 분들도 잇는데요. 제사를 언제부터 저희 집에서 해야 맞는 것인가요?

◈答; 제사를 옮기려고 하는데.

조부님이 생존하여 계시면 조부가 계신 집에서 제사를 받듦이 바른 예법입니다. 제사를 옮기는 시기는 옮겨야 할 사유가 발생한 시점으로 옮겨야 하는 특별한 시기가 없는 것입니다.

●曲禮支子不祭祭必告于宗子(註)不敢自專宗子有故支子當攝而祭五宗皆然疏廟在適子之家庶子不敢輒祭若濫祭亦是淫祀若宗子有疾不堪當祭則庶子代攝可也猶宜告宗子然後祭
●公羊傳何休曰適子有孫而死質家親親先立弟文家尊尊先立孫
●溫公曰凡主人當以長子爲之無長子則長孫承重
●喪服小記庶子不祭禰者明其宗也(註)庶子不得立禰廟故不得祭禰所以然者明主祭在宗子廟必在宗子之家也庶子雖貴止得供具牲物而宗子主其禮也
●尤庵曰祭主人有故則所攝之中如有尊行則子弟以不敢爲攝主矣然代者是尊行則使字未安故俗禮改云孝子某有故代叔父或兄
●性理大全喪禮立喪主條;凡主人謂長子無則長孫承重以奉饋奠
●奔喪凡喪父在父爲主註此言父在而子有妻子之喪則父主之統於尊也

▶4035◀◈問; 제사를 옮기려고 하는데.

아버지 제사를 어머니 댁에서 모시다가 장남 집으로 옮기려는데 형제자매가 같이 아버지 산소에 가서 꼭 고해야 하는지, 아니면 이번 제사는 어머니 댁에서 모시고, 내년부터 장남 집에서 모신다고 고해도 되는지 꼭 답변부탁 드립니다.

◈答; 제사를 옮기려면.

제사 옮기는 예법은 정한 때가 있는 것이 아니라 옮겨야 할 사유가 발생된 때입니다. 그 예법은 아래와 같으며 축문식은 아래에서 적당한 식으로 택하여 고하면 됩니다. 제사 옮기는 예법은 제위 설위 후 약설 단헌의 예로 축으로 옮기는 사유를 고하고 새 거소로 옮긴 후 또 그와 같이 설위하고 축으로 고하게 됩니다.

참고로 이안(옮겨 갈 때)과 환안(옮긴 후)고사식의 유형별 사례를 게시하여 드립니다. 참고하시기 바랍니다.

⊙**買家移居告辭**(本菴曰要訣曰凡神主移安還安或遷奉他所則其告之祭用朔参之儀若廟中改排器物鋪陳或暫修雨漏處而不動神主之事則告祭用望参之儀告祠則臨時製述三禮儀曰如一日內移奉者似當一告一薦)
家宅不利移買某處今以吉辰奉陪移寓敢告(或今以吉辰移安新家敢告)

⊙買家移安後慰安祝辭

維 歲次干支幾月干支朔幾日干支某孫某敢昭告于 顯某代祖考某官府君 顯某代祖妣某封某氏(諸位列書)屋宇維新廟儀如舊伏惟 神主是居是靈(告几筵曰改廟儀爲几筵改神位爲尊靈)

⊙買家奉安于宗家告辭

維 歲次干支幾月干支朔幾日干支某孫某敢昭告于 顯某代祖考某官府君 顯某代祖妣某封某氏(諸位列書)家舍有變異之事今月某日永賣于他人而祠堂無姑安之所將姑祔於某祖之傍謹以酒果用伸虔告謹告

⊙移舍奉主告辭

維 歲次干支幾月干支朔幾日干支孝玄孫(最尊位屬稱)某敢昭告于 顯高祖考某官府君 顯高祖妣某封某氏諸位列書今因移舍將奉祠版(或紙榜則改祠版爲諸位)移安于某洞(或某道某郡某洞)新第敢告(官次移奉措語○今按守令官次奉往廟主則改云今奉祠版將向某郡官次云云)

⊙奉安新宅祝辭

維 歲次干支幾月干支朔幾日干支孝玄孫(最尊位屬稱)某敢昭告于(今按若新舊第相距不遠同日奉安不書年月無妨) 顯高祖考某官府君 顯高祖妣某封某氏(諸位列書)屋宇惟新廟儀(或紙榜則改廟儀爲奉儀)如舊伏惟 神主(或紙榜則改神主爲尊靈)是安是依(官次奉安措語今按奉主官所則當云今赴官所權立祠堂伏惟云云)

⊙移徙者奉行神主告辭

維 歲次干支幾月干支朔幾日干支孝玄孫(最尊位屬稱)某敢昭告于 顯高祖考某官府君 顯高祖妣某封某氏(諸位列書)運有消長宅基將替玆圖移徙以永先祿今已卜定家宅于某鄕某里敢請神主恭奉以行伏惟歆領謹告

⊙移徙者奉行神主旣奉安告辭

維 歲次干支幾月干支朔幾日干支孝玄孫(最尊位屬稱)某敢昭告于 顯高祖考某官府君 顯高祖妣某封某氏(諸位列書)買定家居舊有祠堂或新建祠堂因是灑掃旣潔旣完新建無此兩句伏惟先靈是寧永垂蔭庥謹以清酌庶羞恭伸奠告

⊙移居時遷廟祝文

云云伏以世業漸剋祀事將絶自耕自鑿安分得計在野旣苦入山宜老蓼阿聖洞爰巢爰歸今遷龕卓不勝感慕敬奉之至事由敢告(自高祖考妣以下列書)

⊙移居時告先考墓文

恭惟府君其德如天生我敎我期以荷薪小子不肖獲罪神明遽失所怙已數十齡玄堂之卜迺在家後有時拜省如奉咡詔生丁不辰薤禍孔酷將驅斯人禽獸之易小子狷滯恐禍迫膚萬不獲已挈家遵海古有徐公避地全髮竊附斯義他不遑恤違離先壠惟有痛隕誓死守義不辱遺訓以是報親厥罪庶宥伏惟慈靈庶幾冥佑

⊙新建宅舍移奉神主告辭

云云所居狹隘新建宅舍于他基今以吉辰始入奠居敢請神主恭奉以行伏惟歆領謹告

⊙新建宅舍移奉神主奉安告辭

云云定居于玆祠堂維新伏惟先靈是宜是寧永垂蔭庥謹以酒果用伸虔告謹告

⊙新居移安告由文

小孫於前年買宅二區於本村下保西爲有幹有年之所東爲奉先肄業之堂未及營造頻遭險艱上失慈庇中懷胖戚先靈棲屑夙夜恐惕今始搆小龕於東室北壁奉宔以遷神人相依永保無斁

●曲禮七十曰老而傳註傳家事任子孫是謂宗子之父○士昏禮記註子代其父爲宗子

▶4036◀◈問; 제사를 옮기려고 하는데 축은 어떻게 써야 하나요.

시골집에서 제사를 모셨었는데요. 작년에 아버님이 돌아가시고서 올해부터는 제사를 형님 집으로 모시려고 합니다. 절차도 정확하게 나와있는 게 없고, 축문에 대해서도 모르겠습니다. 좋은 가르침 부탁 드립니다.

◈答; 제사를 옮기려고 하는데 축은.

제사를 옮기는 예법은 신주봉사 할 때 이환안(移還安) 예법은 있으나 지방일 때에 관하여는 분명히 밝혀 놓은 바가 없습니다. 그러나 신주봉사를 하지 않는다 하여도 이 예법을 따른다면 과하거나 모자람이 없으리라 생각됩니다. 신주를 옮김에는 특별한 날이 없고 사유가 발생한 날이 됩니다.

아래의 축식은 주인이 이거로 옮길 때의 축식입니다. 예법은 약설(略設=주과포) 단헌지례(單獻之禮)입니다. (강신재배 참신재배 헌주 독축 재배 사신재배 철상)

⊙移舍奉主告辭式

維歲次干支幾月干支朔幾日干支孝子(隨屬稱)某敢昭告于 顯考某官府君 顯妣某封某氏(諸位列書)今因移舍將奉祠版(或紙榜則改祠版爲諸位)移安于某洞(或某道某郡某洞)新第敢告

⊙奉安新宅祝辭式

維歲次干支幾月干支朔幾日干支孝子(隨屬稱)某敢昭告于(今按若新舊第相距不遠同日奉安不書年月無妨) 顯考某官府君 顯妣某封某氏(諸位列書)屋宇維新廟儀(或紙榜則改廟儀爲奉儀)如舊伏惟神主(或紙榜則改神主爲尊靈)是安是依

▶4037◀◈問; 제사를 옮겨오려 합니다.

조상님 제사를 형님이 모셔오다가 교통사고로 돌아가셨습니다. 교통사고로 돌아가신 형님은 재혼한 형수가 운전하다 사고로 돌아가셨고요. 지금은 전처 소생 아들 딸이 있으나 이제 형수는 독립하고자 하고 조카들이 있으나 미혼이고 제사를 지낼 여건이 되지 못해 차남인 제가 제사를 모시고자 하는데 어떤 절차를 밟아야 할지요. 연로하신 어머님이 계시는데 어머님이 준비하시는 것도 무리인 것 같고 전통예절에 대하여 현명한 가르침을 알려주십시오. 내일쯤 돌아가신 아버님 산소에 가려는데 좋은 답변 바랍니다. [윤 0 환]

◈答; 제사를 옮겨오려면.

예법상 지자불제이니 장손이 있는 한 지자가 직접 주인이 되어 초헌을 할 수가 없습니다. 다만 아래와 같이 살펴보건대 장손이 여건상 조상 봉사가 어렵다면 장래를 위하여서라도 제수를 마련하여 장손 댁으로 가 장손이 주인으로 초헌케 함이 예법에 합당합니다. 만약 여의치 않아 차자 댁으로 제사를 옮겨 온다 하여도 장손이 있으니 그가 숙부 댁으로 와 그의 명의로 지방을 쓰고 그가 초헌을 하여야 하며 만약 불참 시는 숙부가 그를 대신하여 섭주가 되어 축식에 그 사유를 고하고 초헌을 하여야 합니다. 그러나 기왕에 장손 댁에서 봉사하던 제사를 선생 댁으로 옮긴다 하여도 지자 댁으로 옮기는 예법은 없는 것 같습니다.

●曲禮支子不祭祭必告于宗子(註)不敢自專宗子有故支子當攝而祭五宗皆然疏廟在適子之家庶子不敢輒祭若濫祭亦是淫祀若宗子有疾不堪當祭則庶子代攝可也猶宜告宗子然後祭

●喪服小記庶子不祭禰者明其宗也(註)庶子不得立禰廟故不得祭禰所以然者明主祭在宗子廟必在宗子之家也庶子雖貴止得供具牲物而宗子主其禮也○(又)喪服小記庶子不祭祖者明其宗也(註)此據適士立二廟祭禰及祖今兄弟二人一適一庶而俱爲適士其適子之爲適士者固祭祖及禰矣其庶子雖適士止得立禰廟不得立祖廟而祭祖者明其宗有所在也

●問解續長子雖病廢似不可傳重於次子况長子有子則豈可以次子奉祀也

●曾子問庶子若宗子死告於墓而祭於家稱名不言孝身沒而已註孝宗子之稱不敢與之同但言子某至子可以稱孝

●問人有兄弟者其兄流落他鄕父母祠堂決無奉往之路其弟雖至貧祭祀及奉安之節姑爲自當如何遂菴曰拘於事勢姑爲權奉盖出於不得已也況祝辭旣以兄爲主人曰介子某云云則尤無所嫌

●朱子曰復宗子法於廢後而宗子無力不能立祠堂則庶子立之然亦宗子主其祭而用宗子所得命數之禮

●內則庶子若富則具二牲獻其賢者於宗子夫婦皆齊而宗敬焉終事而后敢私祭

●尤庵曰古禮有獻賢之文盖支子有二牲則獻其優者於宗子以供祭用正程子所謂以物助之之意也獻其賢者而助之則可致其誠意何必循此所謂家供之黷褻也

▶4038◀◈問; 제사를 옮길 때 어떻게 하나요?

작은할아버지 제사를 대구 아버님이 지내시다가 큰아들이 서울로 가지고 가서 내년 설 제사부터 지내려고 하는데 이번 대구 추석 제사 때 할아버지께 뭐라고 고해야 하는지요? 자료를 찾을 곳이 없네요. 답변 부탁 드립니다. 감사합니다.

◈答; 제사를 옮길 때

귀하의 글로 보아 큰 아들이 누구의 아들인지 명확하지 않으나 당자의 직손이면 당연지사이나 방손이면 귀하의 부친이 생존하실 때까지는 귀하의 댁으로 숙종조부의 제사만 옮겨서는 예에 어긋납니다. 다만 아래와 같은 말씀이 있으니 귀하의 부친이 작고 후에 귀하의 직계조상과 더불어 숙종조부가 성인의 예를 갖추고 작고하였으면 귀하의 대까지 기제사를 지내고 마쳐야 할 것입니다. 그러나 성인의 예 없이 작고 하였다면 귀하의 부친으로 마쳐지는 것입니다.

程子曰無服之殤不祭下殤(註十一歲至八歲)之祭終父母之身中殤(註十五歲至十二歲)之祭終兄弟之身長殤(註十九歲至十六歲)之祭終兄弟之子之身成人(註丈夫冠婦人許嫁)而無後者其祭終兄弟之孫之身此皆以義起者也

정자께서 이르시기를 복(服)이 없는 어린아이 죽음은 제사치 않으며 하상(주, 8 세~11 세)의 제사는 부모의 죽음으로 마치고 중상(주. 12 세~15 세)의 제사는 형제의 죽음으로 마치고 장상(주, 16 세~19 세)의 제사는 형제의 아들 죽음으로 마친다. 성인(주, 장부는 관례, 부인은 약혼) 후사가 없이 죽은 이의 제사는 형제의 손 죽음으로 끝난다. 이 모두 오상의 하나인 의에서 비롯된 것이니라. 하셨느니라.

●旅軒曰雖旁親若尊位則皆用顯字府君字

●備要題主祝顯考某官封謚府君(註)伯叔父母則云從子某敢昭告于顯伯父某官府君顯伯母某封某氏叔父母同

●南唐曰母者生我之稱雖非生我者苟有父母之道者皆可稱之妣者配父之稱苟非配父者不可以混稱也伯叔母旣不可稱妣則伯叔父又不可獨稱考矣此則考妣之稱不可以復加於旁尊矣

●問仲父無后而伯父主宗故題以亡弟矣今有仲母喪而伯父且卒從兄移在遠地家親今則主喪題主何以爲之陶菴曰在重宗之義恐當以令從兄爲主題主以顯仲母矣今從兄方在遠哀姑攝祭畢竟班祔爲得

●問伯叔父母當以伯考妣叔考妣書之註其旁曰姪子某奉祀耶寒岡曰恐當曰顯伯考旁註則恐當曰從子某

●大全問庶子之所生母死題主當何稱朱子曰若避嫡母則止稱亡母而不稱妣

●便覽題主粉面式條顯考(註)承重云顯祖考傍親卑幼隨屬稱○又婦人粉面式條顯妣(註)承重云顯祖妣旁親卑幼隨屬稱

▶4039◀◈問; 제사 옮기기.

저희 아버님은 독자이시며 본처와 2 명의 첩을 데리고 사시면서 자식을 11 명 얻었습니다. 저는 3 번째 부인의 며느리이고요, 저희 어머님과 아버님은 아버님이 돌아가실 때까지 함께 사셨고요, 저희 아버님은 돌아 가신지 4 년 차 되네요. 그 동안 조상님들 제사는 본처 분의 외동아들님(저한테는 큰 아주버님)이 지내왔는데 이번 3 월에 외국에 가서 사신다고 합니다. 그래서 제사를 옮기려고 하는데 아버님만 모셔와도 되는지? 아니면 어느 대까지 모셔와야 하는지 참 난감합니다.

한가지 더 걱정되는 건 저희 어머님 형제는 3 형제이나 아주버님은 아버님의 친자식이 아닌 관계로 제사를 옮겨 오기도 참 어려운 부분이 있습니다. 상당한 애로사항이 있는 부분이라 이렇게 질문 드립니다. 어떻게 하는 것이 제일 바르게 하는 행동인지 ~ 알려주시면 감사하겠습니다. 저희는 나름대로 엄청 급합니다. 정 0 희

◈答; 제사 옮기기.

전통예절 제사 예법에서는 직계가 아닌 지자는 조상의 제사를 모실 수가 없습니다. 제사는 사대 봉사입니다. 적자손이 무하면 서자손이 선대 봉사를 합니다.

●奔喪凡喪父在父爲主(註)父在而子有妻子之喪則父主之統於尊也
●溫公曰凡主人當以長子爲之無長子則長孫承重又曰父沒兄弟同居各主其喪(注)各爲妻子之喪爲主也
●曲禮支子不祭祭必告于宗子(註)不敢自專宗子有故支子當攝而祭五宗皆然疏廟在適子之家庶子不敢輒祭若濫祭亦是淫祀若宗子有疾不堪當祭則庶子代攝可也猶宜告宗子然後祭
●內則庶子若富則具二牲獻其賢者於宗子(註賢猶善也)夫婦皆齊而宗敬焉(註當助祭於宗子之家)終事而后敢私祭(註祭其祖禰)
●陶庵曰時祭宗家雖不行旣是異宮則支孫似無不可行之義
●大山曰宗家若有大喪故則支孫之獨行祭祀恐或未安
●問俗節之祭如何朱子曰俗節小祭只就家廟止二味朔旦俗節酒止一上斟一盃
●退溪言行錄先生每得新物必送宗家俾薦于廟如不可送則必藏于家待其可祭之日具紙牓不讀祝文不設飯羹只以餠麵祭之
●栗谷曰墓祭忌祭世俗輪行非禮也
●頤庵曰國俗忌祭不輪男女輪遞設行國典云祭享之費與祭宗族輪番偕辦又言主祭子孫別居遠處衆子孫就其家行祭謂送助其費于宗家耳
●南溪曰雖支子家具饌祝辭必用宗子名
●問解續長子雖病廢似不可傳重於次子況長子有子則豈可以次子奉祀耶
●尤庵曰禮嫡子廢疾不得承重凶悖之人得罪倫常則其重於廢疾也側出男不得已承重矣
●大典奉祀條長子無後則衆子衆子無後則妾子奉祀
●密庵曰庶孼事力不及奉仕者亦當爲別廟
●尤庵曰大典立後條云嫡妾俱無子然後始許立後據此則妾子奉祀古禮然也
●經國大典禮典奉祀條若嫡長子無後則衆子衆子無後則妾子奉祀(註)良妾子無後則賤妾子承重凡妾子承重者祭其母於私室止其身
●沙溪曰庶孼雖卑其於祖先均是子孫據程子說則初無不可奉祀之義但適兄弟盡歿然後庶孼長房則奉祀似不妨
●同春曰妾子以最長房奉祧主則其母不可同入一祠

▶4040◀◈問; 제사 옮기는 날.

답변에 감사 드립니다. 한가지 더 궁금한 게 있어 여쭙니다. 제사 옮기는 날이 특별히 명절이나 제삿날이 아닌 평일 날에도 고하기만 하면 옮길 수 있는 건지요.

◈答; 제사 옮기는 날.

제사를 옮기는 날은 특별한 날이 있지 않고 옮겨야 할 까닭이 생긴 날이 곧 옮기는 날입니다.

●愚堂祝式

○買家移安告辭式

家宅不利移買(六字改移安事由)于某里今以吉辰奉倍移寓

○移家後慰安告辭式

云云屋宇維新廟儀如舊伏惟神位是居是寧謹以酒果用伸虔告謹告

⊙奉主告辭式(본가고사식)

維
유
歲次干支幾月干支朔幾日干支孝子某敢昭告于
세차간지기월간지삭기일간지효자모감소고우
顯考某官府君今因移舍將奉考位移安于某洞(新主所)新第敢告
현고모관부군금인이사장봉고위이안우모수(신주소)신제감고

⊙新宅告辭式(신가고사식)

維
유
歲次干支幾月干支朔幾日干支孝子某敢昭告于(若新舊第相距不遠同日奉安不書年月日無妨)
세차간지기월간지삭기일간지효자모감소고우(약신구제상거불원동일봉안불서년월일무방)
顯考某官府君屋宇惟新奉儀如舊伏惟
현고모관부군옥우유신봉의여구복유
尊靈是安是依

●栗谷曰凡神主移安還安或奉遷他處等事則告祭用朔參之儀告詞則臨時製述
●特牲註主婦主人之妻雖姑存猶使之主祭祀內則曰舅沒則姑老冢婦所祭祀賓客每事必請於姑
●祭統夫祭也者必夫婦親之所以備外內之官也官備則具備
●退溪曰父旣死則子當主祭子旣主祭子之妻爲主婦行奠獻母則傳重而不奠獻故曰舅沒則姑老不與於祭與則在主婦之前

▶4041◀◈問; 제사 옮기는 법.

안녕 하세요. 저희 시댁에서 아버님 제사를 모시다 어머님께서 교회로 종교를 바꾸시는 바람에 아버님 제사를 기독교 식으로 지냈어요. 이젠 막내인 저희가 아버님 제사를 모시려고요. 어머님께서도 그걸 원하셔서 앞으로 저희 집에서 신랑이랑 저랑 둘이 아버님 제사 모시려고 하는데 절차가 따로 있는 건가요?

저희 그냥 아버님 산소(山所)에서 인사 드리며 앞으로 저희 집에서 모시겠습니다. 인사 드리고 왔거든요. 다른 절차가 필요한 건지 그냥 이렇게 해도 괜찮은 건지 알고 싶어요. 오 0 희

◈答; 제사 옮기는 법.

지성이면 감천이라 하였습니다. 지손 집으로 제사를 옮기는 예법은 없습니다. 그러나 제주가 타 종교로 개종되었다 하여 부모님 제사를 폐할 수는 없을 것입니다.
오 0 희씨 댁에서라도 바른 예법은 아니나 정성껏 모시기 바랍니다. 성을 다하는 것 이상 무엇이 더 필요하겠습니까. 저승에 계신 아버님께서도 장하게 여기시고 기뻐하실 것입니다. 만약 그러한 경우의 바른 법도는 아래와 같이 행하여야 옳은 법도가 됩니다.

장자(長子) 폐질시(廢疾時) 조상(祖上) 제사(祭祀)를 이어 받는 유가적(儒家的) 법도(法度)를 살펴보기로 합니다. 아래와 같이 살펴보건대 장자(長子)가 폐질자(廢疾者)일 때 차자(次子)가 그 제사(祭祀)를 물려 받아 봉사(奉祀)하는 것이 아니라 다만 섭행(攝行)할 뿐이며 또 그의 후자(後子)가 있다면 그 중 장자(長子)가 승중(承重)함이 마땅한 것 같습니다. 폐질자(廢疾者)란 정신이상자(精神異常者) 신체상불치병자(身體上不治病者)를 이르니 유가적(儒家的) 시각(視覺)으로는 조상봉사(祖上奉祀)를 거부하는 교인(敎人)은 정신이상자(精神異常者)로 간주함에 무리가 없을 것입니다.

입후 역시 폐질자라 하여도 종손의 지위 승계가 불가함이 아니라 다만 그가 주인으로써 행사할 수 없을 뿐으로 동항(同行)의 입후는 계대(繼代)에도 맞지 않아 불가할 것 같으며 특히 그의 후자가 있으니 더욱 그러할 것 같습니다. 만약 그의 후자 또한 교인으로 조상 봉사를 거부하면 지방과 축식의 속칭을 장자 명으로 쓰고 년월일 간지 밑에서 섭행 사유를 고하고 차자가 대행하는 섭주 예법에 따름이 옳을 것 같습니다.

●問長子病廢次子專主喪事題主何以爲之寒岡曰雖病廢不得不書長子名
●尤庵曰父有廢疾其子承重此於鄭知雖據天子諸侯而言以朱子所論觀之則此實自天子以至於庶人之達禮也
●愼獨齋曰長子雖病廢似不可傳重於次子况長子有子則豈可以次子奉祀耶
●朱子曰宗子無力不能立祠堂則庶子立之然亦宗子主其祭
●禮運矜寡孤獨廢疾者皆有所養疏矜寡孤獨廢疾者皆有所養者壯不愛力故四者無告及有疾者皆獲恤養也
●周禮司徒敎官之職族師條其族之夫家衆寡辨其貴賤老幼廢疾可任者
●公羊傳(魯)昭公十五(前 527)年; 大夫聞君之喪攝主以往(何休注)主謂已主祭者臣聞君之喪義不可以不卽行故使兄弟若宗人攝行主事而往不廢祭者古禮也古有分土無分民大夫不世己父未必爲今君臣也
●喪禮備要喪禮初終立喪主; 襍(雜)記姑姊妹其夫死夫黨無兄弟使夫之族人主喪妻黨雖親弗(不)主
●家禮增解喪禮初終立喪主; ○右兄亡無嗣弟攝主親喪○右兄亡無嗣弟攝主祖父母喪○右嫡孫亡失祖母死次孫攝主○右無子有妻兄弟主喪○右幼兒兄弟攝主其喪
●辭源[攝主]代爲主祭之人
●曾子問孔子曰宗子居於他國庶子爲大夫其祭也祝曰孝子某使介子某執其常事
●退溪曰宗子死繼后子雖在襁褓亦當書其名而季也攝主可也○又曰宗子粵在他國而命介子代祭之例曰孝子某使子某敢昭告于云云
●遂菴曰孝子某有疾介子某代行薦禮敢昭告于○先祖之稱用宗子之屬代○有故措辭曰孝子某病不能將事○孝子某適在遠地不能將事○孝子某幼未將事○孝子某身犯惡疾使字囑某親某
●問祝文中顯考及夙興夜處等語以兒名書之則當依此書否寒岡曰旣以兒名書則當用家禮本文無所改
●梅山曰遞遷長房者亦用旁題支子攝祀旁題當書介子某攝祀祝當曰攝祀介子某恐宜
●葛菴曰長孫奉祀則父子已易世今推而上之使叔父未安且令次孫權攝以待長孫立后○父不與祭而使子弟攝行則曰孝子某使子某敢昭告云病中則云病不能將事或身在遠地不能將事
●尤庵曰凡祭主人有故則使子弟代之者詳於家禮附註矣然代者是尊行則使字未安故俗禮改云孝子某有故代叔父或兄云云而祖先之稱當從代者之屬云
●鏡湖曰今於高祖之祭叔父攝告曰代叔父敢昭告于曾祖云則其曰叔父者主於宗子也其曰曾祖者主於代者也一祝之間稱號斑駁半上落下恐或未安似當曰介曾孫某敢攝告于曾祖云云而都不用代字使字可也

▶4042◀◈問; 제사이전.

안녕하세요. 선생님. 여쭐게 있어서 문의 드립니다. 할아버지 할머니 제사를 형님이 서울서 지내다 형님 형수님 두분 다 돌아가시고 증손자만 남았습니다. 손주가 있는데 증손주가 제사를 모시는 것은 방법이 아닌 것 같아 제사를 시골 손자 집으로 이전 하려 합니다. 이 방법이 맞는 것인지 아니면 다른 법이 있는 것인지 여쭙고 싶습니다. 자세한 답변 좀 부탁 드립니다. 감사합니다.

◈答; 제사이전.

선대 봉사에서 집전과 초헌은 적장자손의 특권으로 누구도 이 권리를 침해할 수가 없고 또 포기되지도 않는 것입니다. 까닭에 적장자손(嫡長子孫)이 아무리 강보(襁褓)에 쌓여 있다 하여도 그의 명으로 제사하되 직접 행할 수가 없으니 족친이 대행(섭행) 그 사유를 축으로 고하고 초헌을 하게 되는 것입니다. 이와 같음은 장래 그가 성장하면 선대 봉사할 적장자손이기 때문입니다. 이와 같은 제도를 적장자 승계원칙이라 합니다. 이와 같아서 제사를 이 집 저 집 돌려가며 제사치 못하며 옮겨가지 못하는 것입니다.

●詩經大雅懷德維寧宗子維城無俾城懷註大宗强族也宗子同姓也惟宗子合族以聯親則分猷共念而有夾輔之功斯維城矣
●世說新語文學林道人往就語將夕乃退有人道上見者問云公何處來答云今日與謝孝劇談一出來
●儀禮喪服;爲人後者孰後後大宗也曷爲後大宗大宗者尊之統也
●大傳;有百世不遷之宗有五世則遷之宗孔穎達疏百世不遷之宗者謂大宗也云有五世則遷之宗者謂

小宗也
●曲禮支子不祭祭必告于宗子疏曰若宗子有疾不堪當祭則庶子代攝可也猶必告宗子然後祭
●詩經大雅懷德維寧宗子維城無俾城懷註大宗强族也宗子同姓也惟宗子合族以聯親則分猷共念而有夾輔之功斯維城矣
●程子曰凡言宗者以祭祀爲主言人宗於此而祭祀也
●通典漢石渠議大宗無後族無庶子已有一嫡子當絶父祀以後大宗否戴聖云大宗不可絶言嫡子不爲後者不得先庶耳族無庶子則當絶父以後大宗魏田瓊曰長子後大宗則成宗子禮諸父無後祭於宗家後以其庶子還承其父
●白虎通義宗子何謂也宗尊也爲先祖主也宗人之所尊也古者所以必有宗何也所以長和睦也
●會成凡主人謂死者長子無則長孫承重者尊奉饋奠衆子雖多不主

▶4043◀◈問; 제사이전.

안녕하세요. 시골 본가에는 네 째 형이 있습니다. 아버지가 돌아가시고 어머님과 둘이 시골 본가에서 조상의 제사를 모두 지냈습니다. 그러다 첫째 형이 제사를 서울서 지내겠다 하여 할아버지, 할머니, 아버지, 아버지의 전처(첫째 형의 생모), 의 제사를 모두 지내다가 어머님이 돌아가시자 아버지와 어머니 제사는 시골서 지내라 하고 할아버지, 할머니, 첫째 형의 생모 제사만 서울서 지냈습니다.

시골에 있는 형이 넷째 이지만 사실상 우리 집의 모든 것을 아버지를 이어 온 형입니다. 그러다 보니 결혼도 못하고 혼자 시골 집을 지키고 살고 있습니다. 물론 벌초도 넷째가 관리하구요. 첫째 형과 저희는 엄마가 다른 형제입니다. 답변 부탁 드립니다.

◈答; 제사이전.

이제 가계가 분명하여 졌습니다. 장자는 생모는 물론이요 계모 역시 장자가 주인이 되어 초헌을 합니다. 계모도 장자 속칭으로 지방도 쓰고 축도 그의 속칭으로 써서 고하여야 합니다. 다만 서모는 본처의 장자가 제사하지 않고 그의(서모) 장자가 그의 사실에서 제사합니다.

이상이 유학적 전통예절의 바른 예법입니다.

계모(繼母)는 나를 낳아 기르지는 않았다 하여도 친모(親母)가 일찍 작고하였거나 피출(被出)되고 아버지가 뒤이어 취(娶)한 처(妻)이나 친모(親母)와 같이 자최삼년복(齊衰三年服)을 입는데 계모(繼母)는 친모(親母)와 동등한 까닭에 지방식도 축문식도 동일하니 효자(孝子)는 제사(祭祀)를 지냄에 있어 계모(繼母)라 하여 친모(親母)와 감히 달리하지 않습니다.

●儀禮喪禮; 繼母如母(賈公彦疏)謂己母早卒或被出之後繼續己母
●貞觀政要孝友; 司空房玄齡事繼母能以色養恭謹過人
●元典章禮部三喪禮; 繼母父再娶母同親母齊衰三年
●淮南子齊俗; 親母爲其子治扢禿而血流至耳見者以爲其愛之至也使在於繼母則過者以爲嫉也
●辭源糸部十四畫[繼母]母死或被出父所續娶之妻
●喪服疏; 衰三年父卒則爲母繼母如母(疏繼母謂己母早卒或被出之後續己母喪之如親母故如母)傳繼母何以如母繼母之配父與因母同故孝子不敢殊也
●因話錄商上; 奉繼親薛太夫人盡孝敬之道
●蔡中郎集四胡公碑; 繼親在堂朝夕定省不違子道
●寒岡曰雖前室之子繼母若在則當只稱孤子而不可稱孤哀云蓋繼母在則是母在也若遽稱孤哀則是不母繼母也於禮爲未安故也
●南溪曰繼室之於元妃與夫一體奉祀恐甚得禮所謂非族之祀豈指此類而言耶祝文稱謂禮無明文不敢爲說
●問解續問父若有前後室則前後母神主同出耶只出考與所祭之主耶答並祭爲當前母忌日同祭後母後母忌日同祭前母
●梅山曰前後妣死在同日當先元妣後繼妣若並祭則一擧合設兩祭出主告當曰今以顯妣某封某氏顯妣某封某氏遠諱之辰敢請顯考某官府君顯妣某氏顯妣某氏神主云云忌祭祝遷易下云顯妣某封某氏

顯妣某封某氏諱日幷臨云云
●砥山曰考妣合祭而有前繼妣祝文則列書下曰歲序遷易下又當云前後妣共顯某親某封某氏諱日復臨云云
●家禮補疑問解續問父若有前後室則前後母神主同出耶只出考與所祭之主耶答並祭爲當前母忌日同祭後母後母忌日同祭前母
●尤庵曰品字之形盖考位居上前妣居前右後妣居前左神道以右爲尊故也

▶4044◀◈問; 제사 이전.

선생님께서 답변을 보내주신 데 감사합니다. 이번에 추가질문은 다름이 아니라 기제사를 지방에서 지내다가 서울로 모셔오고자 하오니 이에 대한 축문서식을 어떻게 작성하여야 하는지에 대해서 또한 기제사는 조모님이 조부님보다 앞선 날짜이시기에 각각이 축문을 올려서 다음부터는 서울에서 모시겠다고 고하는지에 대해 선생님께 여주오니 답변을 부탁 드리겠습니다. 감사합니다. [문 0 철]

◈答; 제사 이전.

조부모 양위 분이시면 지방을 두부 다 모시고 약설하고 명절 때와 같은 예법으로 하되 헌주 할 때 기제사 초헌 때 독축하는 법도대로 고하고 지방을 그대로 모시고 서울로 와 또 위와 같이 설위하고 고하고 지방을 태우면 예에 크게 어그러지지 않을 것입니다. 다만 조부모만 말씀하셨는데 부모님이 생존하여 계시면 부친 명으로 지방과 축문을 써야 하고 만약 부모님도 작고하셨으면 지방 역시 써 같이 모시고 아래 축식 조모님 아래의 () 이 표시를 지우면 됩니다.

⊙移舍奉主告辭(이사봉주고사)

維 歲次干支幾月干支朔幾日干支孝孫某敢昭告于 顯祖考某官府君 顯祖妣某封某氏(顯考某官府君 顯妣某封某氏)今因移舍將奉諸位移安于서울某區某洞新第敢告

⊙奉安新宅祝辭(봉안신택축사)

維 歲次干支幾月干支朔幾日干支孝孫某敢昭告于 顯祖考某官府君 顯祖妣某封某氏(顯考某官府君 顯妣某封某氏)屋宇惟新奉儀如舊伏惟 尊靈是安是依

▶4045◀◈問; 제사 이전.

조모님 기제사(忌祭祀)가 조부님 기제사 보다 앞선 날짜에 지내고 있는데 있어 서울서 모시겠다는 날짜를 정한 다음에 고해야 하는지 그렇지 않고도 조모님 기제사에 양위(兩位) 지방을 쓰고 고(告)하면(축문과) 되는 것인지에 대해 자세히 전해 주시옵기를 바랍니다. 죄송합니다.

◈答; 제사 이전.

반드시 기제 날 고하고 옮기는 것이 아닙니다. 옮겨야 할 연유가 발생하였을 때 고하고 옮깁니다. 만약 조모님 기제를 지내려 고향으로 내려간 김에 모셔오려 하신다면 조모님 기제를 지내고 아침에 모시고 오실 분을 모두 설위 하고 고한 후 모시고 올라오시어 조부님 기제부터 서울서 지내면 될 것입니다.

⊙奉主告辭式(본가고사식)

維 歲次干支幾月干支朔幾日干支孝子某敢昭告于 顯考某官府君今因移舍將奉考位移安于某洞(新主所)新第敢告

⊙新宅告辭式(신가고사식)

維 歲次干支幾月干支朔幾日干支孝子某敢昭告于(若新舊第相距不遠同日奉安不書年月日無妨) 顯考某官府君屋宇惟新奉儀如舊伏惟 尊靈是安是依

▶4046◀◈問; 제사 이전.

저의 형제는 2 남 3 녀인데 부산에서 거주하는 저희 형님(61 세)이 중병(담도 암)에 걸려 서울 삼성병원에서 입원 가료 중이고, 저와 조카(형님 아들 2 남), 여동생 2 명은 서울에서 거주하고 있습니다. 노모와 여동생 1 명은 부산에 거주하고 있습니다. 아버님 기일이 임박하였는데, 기일 이전에 형님의 퇴원은 불가능한 실정입니다. 제군이 대부분 서울에 있고, 형님이 입원 중이라는 형편 대문에 이번 제사는 서울 저희 집에서 모셨으면 합니다. 형님이 기동은 가능하니 잠시 외출을 끊어 제사에 참석할 수도 있을 듯합니다.

첫째, 이와 같이 제주를 장자가 맡으면 차남 집에서 제사를 모셔도 무방한 것인지 여쭙고 싶습니다.

둘째, 만약 형님이 불행한 일을 당하면 조카(32 세 기혼)가 아직 어리니 제가 생존한 동안은 제가 제사를 모셔도 되는 것인지 여쭙고자 합니다. 주변에서는 집안 형편 때문에 차남이 제사를 모시는 집도 있는 것으로 알고 있습니다. 이 0 희

◈答; 제사 이전.

말씀은 이해가 되나 예법을 논하면서 예법에 어긋난 말씀을 드릴 수 없음을 이해하여 주시기 바랍니다. 예법상으로는 아래와 같이 살펴보건대 지자는 제사를 지낼 수가 없고 다만 주인이 병고가 있으니 섭행하여 제사를 지낼 수는 있으나 그 역시 주인(백형) 집에서입니다.

또 장조카가 32 세라 하시니 선조를 모시지 못할 정도로 어리지는 않은 것 같습니다. 아래와 같이 살펴보건대 적자(적손)가 만약 강보에 쌓였다 하여도 그가 주인이 되며 다만 제사를 집전할 수 없으니 가까운 친척이 섭행할 뿐입니다. 예법은 이렇게 엄격하고 범절이 명확합니다. 그러나 선생께서도 타인의 예도 드셨습니다. 그렇다 하여 타인이 나서서 왈가왈부하여 벌하는 제도는 없습니다.

●曲禮支子不祭祭必告于宗子註不敢自傳宗子有故支子當攝而祭疏廟在適子之家庶子不敢輒祭若宗子有疾不堪當祭則庶子代攝可也猶宜告宗子然後祭
●李繼善問先兄嘗收一襁褓之子爲嗣當以所立之子主喪而孝述爲攝之
●曾子問孔子曰宗子居於他國庶子爲大夫其祭也祝曰孝子某使介子某執其常事
●退溪曰宗子死繼后子雖在襁褓亦當書其名而季也攝主可也○又曰宗子粵在他國而命介子代祭之例曰孝子某使子某敢昭告于云云
●尤庵曰凡祭事主人有故則使人攝行例也所攝之中如有尊行則子弟似不敢爲攝主矣
●遂菴曰孝子某有疾介子某代行薦禮敢昭告于○先祖之稱用宗子之屬代○有故措辭曰孝子某病不能將事○孝子某適在遠地不能將事○孝子某幼未將事○孝子某身犯惡疾使字囑某親某
●問祝文中顯考及夙興夜處等語以兒名書之則當依此書否寒岡曰旣以兒名書則當用家禮本文無所改

▶4047◀◈問; 제사 이전 문의.

저희 부모님과 고모님 제사를 저희 집에서 모셨었는데 제가 시집을 가면서 다른 고모 집으로 제사를 옮기게 됐어요.

오빠가 있긴 한데 사실상 제사 모실 형편이 안되고 지낼 곳도 없고요. 신경을 잘 안 써서 믿고 맡길 수 있는 상태가 아니라 대충들은 얘기로 음식 몇 가지 올리고 항아리에 쌀을 담아서 예 갖추고 앞으로 제사 지낼 곳으로 모시고 갔는데요. 그 다음이 문제네요.

항아리에 담은 쌀로 다음제사를 지내라고 하던데 12 월에 저희 고모 제사고요 3 월에 부모님 제사가 있는데 항아리 하나에 쌀을 담아놨는데 12 월에 그걸 퍼서 밥을 하고 나머지는 놔뒀다가 3 월에 또 써도 되는지 원래 제사 지낼 때는 항상 새 쌀을 사서 했거든요. 근데 이건 한 곳에 담겨있어서 쓰고 남은 걸로 부모님 제사 때 써도 되는 건지 안되면 어떻게 해야 하는지.

◈答; 제사 이전.

제사 이전 예법에 항아리에 쌀을 담아 새집으로 가지고가 그 쌀로 다음 제사 때 메를 지어 올린다는 설은 무속이거나 뜬 속설에 불과합니다.

옛날 신주를 모시던 시절에는 신주에 구택에서 이거(이사)를 축으로 고하고 신택으로 가 봉안축으로 고하고 마칩니다. 그런데 기왕에 신택으로 봉안이 되었다 하시니 시기가 지나 다시 고할 까닭은 없으며 그 외 달리 취할 의식은 없습니다.

다만 제사를 옮기는 예법(禮法)은 신주봉사(神主奉祀) 할 때 이환안(移還安) 예법은 있으나 지방일 때에 관하여는 분명히 밝혀 놓은 바가 없습니다. 그러나 신주봉사를 하지 않는다 하여도 이 예법을 따른다면 과하거나 모자람이 없으리라 생각됩니다. 신주를 옮김에는 특별한 날이 없고 사유(事由)가 발생한 날이 됩니다. 다만 매가(賣家)로 이사할 때와 주인(主人)의 이거로 옮길 때의 축식(祝式)이 다릅니다. 예법은 약설(略設) 단헌지례(單獻之禮)입니다.

⊙買價移居告辭式(本菴曰要訣曰凡神主移安還安或遷奉他所則其告之祭用朔參之儀)
家宅不利買某處今以吉辰奉陪移寓敢告(或今以吉辰移安新家敢告)

⊙買家移安後慰安祝辭式
維歲次干支幾月干支朔幾日干支孝子(隨屬稱)某敢昭告于 顯考某官府君 顯妣某封某氏(諸位列書)屋宇維新廟儀(若紙榜則奉儀)如舊伏惟 神主(若紙榜則尊靈)是居是靈

⊙移舍奉主告辭式
維歲次干支幾月干支朔幾日干支孝子(隨屬稱)某敢昭告于 顯考某官府君 顯妣某封某氏(諸位列書)今因移舍將奉祠版(或紙榜則改祠版爲諸位)移安于某洞(或某道某郡某洞)新第敢告

⊙奉安新宅祝辭式
維歲次干支幾月干支朔幾日干支孝子(隨屬稱)某敢昭告于(今按若新舊第相距不遠同日奉安不書年月無妨) 顯考某官府君 顯妣某封某氏(諸位列書)屋宇維新廟儀(或紙榜則改廟儀爲奉儀)如舊伏惟神主(或紙榜則改神主爲尊靈)是安是依

⊙移徙者奉行神主告辭
維 歲次干支幾月干支朔幾日干支孝玄孫(最尊位屬稱)某敢昭告于 顯高祖考某官府君 顯高祖妣某封某氏(諸位列書)運有消長宅基將替茲圖移徙以永先祿今已卜定家宅于某鄕某里敢請神主恭奉以行伏惟歆領謹告

⊙移徙者奉行神主旣奉安告辭
維 歲次干支幾月干支朔幾日干支孝玄孫(最尊位屬稱)某敢昭告于 顯高祖考某官府君 顯高祖妣某封某氏(諸位列書)買定家居舊有祠堂或新建祠堂因是灑掃旣潔旣完新建無此兩句伏惟先靈是寧永垂蔭庥謹以淸酌庶羞恭伸奠告

▶4048◀◈問; 제사를 옮길 때 어떻게 하나요?

작은할아버지 제사를 대구 아버님이 지내시다가 큰아들이 서울로 가지고 가서 내년 설 제사부터 지내려고 하는데 이번 대구 추석 제사 때 할아버지께 뭐라고 고해야 하는지요? 자료를 찾을 곳이 없네요. 답변 부탁 드립니다. 감사합니다.

◈答; 제사를 옮길 때

귀하의 글로 보아 큰 아들이 누구의 아들인지 명확하지 않으나 당자의 직손이면 당연지사이나 방손이면 귀하의 부친이 생존하실 때까지는 귀하의 댁으로 숙종조부의 제사만 옮겨서는 예에 어긋납니다. 다만 아래와 같은 말씀이 있으니 귀하의 부친이 작고 후에 귀하의 직계조상과 더불어 숙종조부가 성인의 예를 갖추고 작고하였으면 귀하의 대까지 기제사를 지내고 마쳐야 할 것입니다. 그러나 성인의 예 없이 작고 하였다면 귀하의 부친으로 마쳐지는 것입니다.

程子曰無服之殤不祭下殤(註十一歲至八歲)之祭終父母之身中殤(註十五歲至十二歲)之祭終兄弟之身長殤(註十九歲至十六歲)之祭終兄弟之子之身成人(註丈夫冠婦人許嫁)而無後者其祭終兄弟之孫之身此皆以義起者也
정자께서 이르시기를 복(服)이 없는 어린아이 죽음은 제사치 않으며 하상(주, 8 세~11 세)의 제사는 부모의 죽음으로 마치고 중상(주. 12 세~15 세)의 제사는 형제의 죽음으로 마치고 장상(주, 16 세~19 세)의 제사는 형제의 아들 죽음으로 마친다. 성인(주, 장부는 관례, 부인은 약혼) 후사가 없이 죽은 이의 제사는 형제의 손 죽음으로 끝난다. 이 모두 오상의 하나인 의에서 비롯된 것이니라. 하셨느니라.

●旅軒曰雖旁親若尊位則皆用顯字府君字
●備要題主祝顯考某官封謚府君(註)伯叔父母則云從子某敢昭告于顯伯父某官府君顯伯母某封某氏叔父母同
●南唐曰母者生我之稱雖非生我者苟有父母之道者皆可稱之妣者配父之稱苟非配父者不可以混稱也伯叔母旣不可稱妣則伯叔父又不可獨稱考矣此則考妣之稱不可以復加於旁尊矣
●問仲父無后而伯父主宗故題以亡弟矣今有仲母喪而伯父且卒從兄移在遠地家親今則主喪題主何以爲之陶菴曰在重宗之義恐當以令從兄爲主題主以顯仲母矣今從兄方在遠哀姑攝祭畢竟班祔爲得
●問伯叔父母當以伯考妣叔考妣書之註其旁曰姪子某奉祀耶寒岡曰恐當曰顯伯考旁註則恐當曰從子某
●大全問庶子之所生母死題主當何稱朱子曰若避嫡母則止稱亡母而不稱妣
●便覽題主粉面式條顯考(註)承重云顯祖考傍親卑幼隨屬稱○又婦人粉面式條顯妣(註)承重云顯祖妣旁親卑幼隨屬稱

▶4049◀ ◈問; 제사 옮기기.

저희 아버님은 독자이시며 본처와 2 명의 첩을 데리고 사시면서 자식을 11 명 얻었습니다. 저는 3 번째 부인의 며느리이고요, 저희 어머님과 아버님은 아버님이 돌아가실 때까지 함께 사셨고요, 저희 아버님은 돌아 가신지 4 년 차 되네요. 그 동안 조상님들 제사는 본처 분의 외동아들님(저한테는 큰 아주버님)이 지내왔는데 이번 3 월에 외국에 가서 사신다고 합니다. 그래서 제사를 옮기려고 하는데 아버님만 모셔와도 되는지? 아니면 어느 대까지 모셔와야 하는지 참 난감합니다.

한가지 더 걱정되는 건 저희 어머님 형제는 3 형제이나 아주버님은 아버님의 친자식이 아닌 관계로 제사를 옮겨 오기도 참 어려운 부분이 있습니다. 상당한 애로사항이 있는 부분이라 이렇게 질문 드립니다. 어떻게 하는 것이 제일 바르게 하는 행동인지 ~ 알려주시면 감사하겠습니다. 저희는 나름대로 엄청 급합니다. 정 0 희

◈答; 제사 옮기기.

전통예절 제사 예법에서는 직계가 아닌 지자는 조상의 제사를 모실 수가 없습니다. 제사는 사대 봉사입니다. 적자손이 무하면 서자손이 선대 봉사를 합니다.

●奔喪凡喪父在父爲主(註)父在而子有妻子之喪則父主之統於尊也
●溫公曰凡主人當以長子爲之無長子則長孫承重又曰父沒兄弟同居各主其喪(注)各爲妻子之喪爲主也
●曲禮支子不祭祭必告于宗子(註)不敢自專宗子有故支子當攝而祭五宗皆然疏廟在適子之家庶子不敢輒祭若濫祭亦是淫祀若宗子有疾不堪當祭則庶子代攝可也猶宜告宗子然後祭
●內則庶子若富則具二牲獻其賢者於宗子(註賢猶善也)夫婦皆齊而宗敬焉(註當助祭於宗子之家)終事而后敢私祭(註祭其祖禰)
●陶庵曰時祭宗家雖不行旣是異宮則支孫似無不可行之義
●大山曰宗家若有大喪故則支孫之獨行祭祀恐或未安

●問俗節之祭如何朱子曰俗節小祭只就家廟止二味朔旦俗節酒止一上斟一盃
●退溪言行錄先生每得新物必送宗家俾薦于廟如不可送則必藏于家待其可祭之日具紙牓不讀祝文不設飯羹只以餠麵祭之
●栗谷曰墓祭忌祭世俗輪行非禮也
●頤庵曰國俗忌祭不輪男女輪遞設行國典云祭享之費與祭宗族輪番偕辨又言主祭子孫別居遠處衆子孫就其家行祭謂送助其費于宗家耳
●南溪曰雖支子家具饌祝辭必用宗子名
●問解續長子雖病廢似不可傳重於次子况長子有子則豈可以次子奉祀耶
●尤庵曰禮嫡子廢疾不得承重凶悖之人得罪倫常則其重於廢疾也側出男不得已承重矣
●大典奉祀條長子無後則衆子衆子無後則妾子奉祀
●密庵曰庶孼事力不及奉仕者亦當爲別廟
●尤庵曰大典立後條云嫡妾俱無子然後始許立後據此則妾子奉祀古禮然也
●經國大典禮典奉祀條若嫡長子無後則衆子衆子無後則妾子奉祀(註)良妾子無後則賤妾子承重凡妾子承重者祭其母於私室止其身
●沙溪曰庶孼雖卑其於祖先均是子孫據程子說則初無不可奉祀之義但適兄弟盡歿然後庶孼長房則奉祀似不妨
●同春曰妾子以最長房奉祧主則其母不可同入一祠

▶4050◀◈問; 제사를 옮기려고 하는데 축은 어떻게 써야 하나요.

시골집에서 제사를 모셨었는데요. 작년에 아버님이 돌아가시고서 올해부터는 제사를 형님집으로 모시려고 합니다. 절차도 정확하게 나와있는 게 없고, 축문에 대해서도 모르겠습니다. 좋은 가르침 부탁 드립니다.

◈答; 제사를 옮기려고 하는데 축은.

제사를 옮기는 예법은 신주봉사 할 때 이환안(移還安) 예법은 있으나 지방일 때에 관하여는 분명히 밝혀 놓은 바가 없습니다. 그러나 신주봉사를 하지 않는다 하여도 이 예법을 따른다면 과하거나 모자람이 없으리라 생각됩니다. 신주를 옮김에는 특별한 날이 없고 사유가 발생한 날이 됩니다.

아래의 축식은 주인이 이거로 옮길 때의 축식입니다. 예법은 약설(略設=주과포) 단헌지례(單獻之禮)입니다. (강신재배 참신재배 헌주 독축 재배 사신재배 철상)

⊙移舍奉主告辭式

維歲次干支幾月干支朔幾日干支孝子(隨屬稱)某敢昭告于 顯考某官府君 顯妣某封某氏(諸位列書)今因移舍將奉祠版(或紙榜則改祠版爲諸位)移安于某洞(或某道某郡某洞)新第敢告

⊙奉安新宅祝辭式

維歲次干支幾月干支朔幾日干支孝子(隨屬稱)某敢昭告于(今按若新舊第相距不遠同日奉安不書年月無妨) 顯考某官府君 顯妣某封某氏(諸位列書)屋宇維新廟儀(或紙榜則改廟儀爲奉儀)如舊伏惟神主(或紙榜則改神主爲尊靈)是安是依

▶4051◀◈問; 제사를 옮겨오려 합니다.

조상님 제사를 형님이 모셔오다가 교통사고로 돌아가셨습니다. 교통사고로 돌아가신 형님은 재혼한 형수가 운전하다 사고로 돌아가셨고요. 지금은 전처 소생 아들 딸이 있으나 이제 형수는 독립하고자 하고 조카들이 있으나 미혼이고 제사를 지낼 여건이 되지 못해 차남인 제가 제사를 모시고자 하는데 어떤 절차를 밟아야 할지요. 연로하신 어머님이 계시는데 어머님이 준비하시는 것도 무리인 것 같고 전통예절에 대하여 현명한 가르침을 알려주십시오. 내일쯤 돌아가신 아버님 산소에 가려는데 좋은 답변 바랍니다. [윤 0 환]

◈答; 제사를 옮겨오려면.

예법상 지자불제이니 장손이 있는 한 지자가 직접 주인이 되어 초헌을 할 수가 없습니다.

다만 아래와 같이 살펴보건대 장손이 여건상 조상 봉사가 어렵다면 장래를 위하여서라도 제수를 마련하여 장손 댁으로 가 장손이 주인으로 초헌케 함이 예법에 합당합니다. 만약 여의치 않아 차자 댁으로 제사를 옮겨 온다 하여도 장손이 있으니 그가 숙부 댁으로 와 그의 명의로 지방을 쓰고 그가 초헌을 하여야 하며 만약 불참 시는 숙부가 그를 대신하여 섭주가 되어 축식에 그 사유를 고하고 초헌을 하여야 합니다. 그러나 기왕에 장손 댁에서 봉사하던 제사를 선생 댁으로 옮긴다 하여도 지자 댁으로 옮기는 예법은 없는 것 같습니다.

●曲禮支子不祭祭必告于宗子(註)不敢自專宗子有故支子當攝而祭五宗皆然疏廟在適子之家庶子不敢輒祭若濫祭亦是淫祀若宗子有疾不堪當祭則庶子代攝可也猶宜告宗子然後祭
●喪服小記庶子不祭禰者明其宗也(註)庶子不得立禰廟故不得祭禰所以然者明主祭在宗子廟必在宗子之家也庶子雖貴止得供具牲物而宗子主其禮也○(又)喪服小記庶子不祭祖者明其宗也(註)此據適士立二廟祭禰及祖今兄弟二人一適一庶而俱爲適士其適子之爲適士者固祭祖及禰矣其庶子雖適士止得立禰廟不得立祖廟而祭祖者明其宗有所在也
●問解續長子雖病廢似不可傳重於次子況長子有子則豈可以次子奉祀也
●曾子問庶子若宗子死告於墓而祭於家稱名不言孝身沒而已註孝宗子之稱不敢與之同但言子某至子可以稱孝
●問人有兄弟者其兄流落他鄕父母祠堂決無奉往之路其弟雖至貧祭祀及奉安之節姑爲自當如何遂菴曰拘於事勢姑爲權奉盖出於不得已也況祝辭旣以兄爲主人曰介子某云云則尤無所嫌
●朱子曰復宗子法於廢後而宗子無力不能立祠堂則庶子立之然亦宗子主其祭而用宗子所得命數之禮
●內則庶子若富則具二牲獻其賢者於宗子夫婦皆齊而宗敬焉終事而后敢私祭
●尤庵曰古禮有獻賢之文盖支子有二牲則獻其優者於宗子以供祭用正程子所謂以物助之之意也獻其賢者而助之則可致其誠意何必循此所謂家供之黷褻也

▶4052◀◈問; 제사 옮길 때 절차.

제사 옮기는 절차를 알고 싶습니다. 전에는 시어머니 댁에서 아버님 제사를 지내다가 장남인 저희 집에서 제사를 지내고 있습니다. 제사를 옮겨 올 때도 어머니에게만 제사를 옮겨가겠다고 말씀 드리고 옮겼습니다. 아무런 절차도 없이요. 그래서 그런지 제사를 옮기고 나서는 남편 하는 일이 제대로 풀리지 않고 있습니다. 지금이라도 절차대로 다시 제사를 지내고 싶습니다. 답변 부탁 드립니다. [박0아]

◈答; 제사 옮길 때 절차.

아 그렇게 되었습니까. 그렇다면 신경이 쓰이기도 하실 것 같습니다. 그러나 안타깝게도 그런 경우에 드릴 수 있는 예법이 마땅치가 않습니다. 이미 지나친 제사는 다시 지내지 않습니다. 샤머니즘적이기는 하나 그러나 마음에 꺼림을 품고 산다 함은 여러 면에서 바람직하지 않지요. 명절을 지나쳤다 하여 다시 아무 날이나 세는 법이 없듯이 모든 제사는 그 때가 지나가면 다시 지내지 않습니다.

●曾子問過時不祭禮也註四時之祭當春祭時或以事故阻廢至夏則惟行夏時之祭不復追補春祭矣
●退溪曰過時不祭禮經之文也

▶4053◀◈問; 제사를 옮기려고 하는데.

아버지 제사를 어머니 댁에서 모시다가 장남 집으로 옮기려는데 형제자매가 같이 아버지 산소에 가서 꼭 고해야 하는지, 아니면 이번 제사는 어머니 댁에서 모시고, 내년부터 장남 집에서 모신다고 고해도 되는지 꼭 답변부탁 드립니다.

◈答; 제사를 옮기려면.

제사 옮기는 예법은 정한 때가 있는 것이 아니라 옮겨야 할 사유가 발생된 때입니다. 그 예법은 아래와 같으며 축문식은 아래에서 적당한 식으로 택하여 고하면 됩니다. 제사 옮기는 예법은 제위 설위 후 약설 단헌의 예로 축으로 옮기는 사유를 고하고 새 거소로 옮긴 후 또 그와 같이 설위하고 축으로 고하게 됩니다.

참고로 이안(옮겨 갈 때)과 환안(옮긴 후)고사식의 유형별 사례를 게시하여 드립니다. 참고하시기 바랍니다.

⊙買家移居告辭(本菴曰要訣曰凡神主移安還安或遷奉他所則其告之祭用朔參之儀若廟中改排器物鋪陳或暫修雨漏處而不動神主之事則告祭用望參之儀告祠則臨時製述三禮儀曰如一日內移奉者似當一告一薦)
家宅不利移買某處今以吉辰奉陪移寓敢告(或今以吉辰移安新家敢告)

⊙買家移安後慰安祝辭
維 歲次干支幾月干支朔幾日干支某孫某敢昭告于 顯某代祖考某官府君 顯某代祖妣某封某氏(諸位列書)屋宇維新廟儀如舊伏惟 神主是居是靈(告几筵曰改廟儀爲几筵改神位爲尊靈)

⊙買家奉安于宗家告辭
維 歲次干支幾月干支朔幾日干支某孫某敢昭告于 顯某代祖考某官府君 顯某代祖妣某封某氏(諸位列書)家舍有變異之事今月某日永賣于他人而祠堂無姑安之所將姑祔於某祖之傍謹以酒果用伸虔告謹告

⊙移舍奉主告辭
維 歲次干支幾月干支朔幾日干支孝玄孫(最尊位屬稱)某敢昭告于 顯高祖考某官府君 顯高祖妣某封某氏諸位列書今因移舍將奉祠版(或紙榜則改祠版爲諸位)移安于某洞(或某道某郡某洞)新第敢告(官次移奉措語○今按守令官次奉往廟主則改云今奉祠版將向某郡官次云云)

⊙奉安新宅祝辭
維 歲次干支幾月干支朔幾日干支孝玄孫(最尊位屬稱)某敢昭告于(今按若新舊第相距不遠同日奉安不書年月無妨) 顯高祖考某官府君 顯高祖妣某封某氏(諸位列書)屋宇惟新廟儀(或紙榜則改廟儀爲奉儀)如舊伏惟 神主(或紙榜則改神主爲尊靈)是安是依(官次奉安措語今按奉主官所則當云今赴官所權立祠堂伏惟云云)

⊙移徙者奉行神主告辭
維 歲次干支幾月干支朔幾日干支孝玄孫(最尊位屬稱)某敢昭告于 顯高祖考某官府君 顯高祖妣某封某氏(諸位列書)運有消長宅基將替玆圖移徙以永先祿今已卜定家宅于某鄕某里敢請神主恭奉以行伏惟歆領謹告

⊙移徙者奉行神主旣奉安告辭
維 歲次干支幾月干支朔幾日干支孝玄孫(最尊位屬稱)某敢昭告于 顯高祖考某官府君 顯高祖妣某封某氏(諸位列書)買宅家居舊有祠堂或新建祠堂因是灑掃旣潔旣完新建無此兩句伏惟先靈是寧永垂蔭庥謹以淸酌庶羞恭伸奠告

⊙移居時遷廟祝文
云云伏以世業漸刓祀事將絶自耕自鑿安分得計在野旣苦入山宜老蓼阿聖洞爰巢爰歸今遷龕卓不勝感慕敬奉之至事由敢告(自高祖考妣以下列書)

⊙移居時告先考墓文
恭惟府君其德如天生我敎我期以荷薪小子不肖獲罪神明遽失所怙已數十齡玄堂之卜迺在家後有時拜省如奉昢詔生丁不辰薤禍孔酷將驅斯人禽獸之易小子狷滯恐禍迫膚萬不獲已挈家適海古有徐公避地全髮竊附斯義他不遑恤違離先壠惟有痛隕誓死守義不辱遺訓以是報親厥罪庶宥伏惟慈靈庶幾冥佑

⊙新建宅舍移奉神主告辭
云云所居狹隘新建宅舍于他基今以吉辰始入奠居敢請神主恭奉以行伏惟歆領謹告

⊙新建宅舍移奉神主奉安告辭

云云定居于玆祠堂維新伏惟先靈是宜是寧永垂廕庥謹以酒果用伸虔告謹告

⊙新居移安告由文

小孫於前年買宅二區於本村下保西爲有幹有年之所東爲奉先肄業之堂未及營造頻遭險艱上失慈庇中懷胖戚先靈棲屑夙夜恐惕今始搆小龕於東室北壁奉主以遷神人相依永保無斁
●曲禮七十曰老而傳註傳家事任子孫是謂宗子之父○士昏禮記註子代其父爲宗子

▶4054◀◈問; 제사를 임시로 옮겨서 지내려고 하는데.

장자(長子)의 임시거처는 서울인데 원래 집은 지방(地方)입니다. 그 동안 제사(祭祀)를 지방에서 지냈는데 하루만 제사(祭祀)를 서울에서 지내려고 합니다. 지방에서 쌀은 가지고 왔는데 따로 의식(儀式)을 치른 것은 없습니다. 서울에서 제사(祭祀)를 지내도 되나요?

◈答; 제사를 임시로 옮겨서 지내려면.

제사 옮기는 예법을 문의하신 것 같아 유가적 정식 예법으로 말씀 드립니다. 제사라 함은 이리 저리 옮겨 다니며 지내는 것은 아닙니다. 왜냐하면 사당의 신주는 울 밖으로 옮기지 않는 것입니다. 다만 요즘은 신주 없이 지방(紙牓)으로 제사를 지내는 까닭에 쉽게 생각하게 되는 것입니다.

제사는 장자손이 주관하여 강신 초헌을 하는 것이라 장자의 집에서 지내야 하는 것입니다. 따라서 지방이 본거지고 서울 거처가 임시 거소이면 사당을 옮기지 못하니 제사는 옮겨 지내지 못하는 것입니다. 다만 완전 이사일 때의 예법과 축문식은 아래와 같이 고하고 옮겨 모시는데 축문식은 아래에서 적당한 식으로 택하여 고하면 됩니다. 제사 옮기는 예법은 제위 설위 후 약설 단헌의 예로 축으로 옮기는 사유를 고하고 새 거소로 옮긴 후 또 그와 같이 설위하고 축으로 고하게 됩니다.

참고로 이안(옮겨 갈 때)과 환안(옮긴 후)고사식의 유형별 사례를 게시하여 드립니다. 참고하시기 바랍니다.

⊙買家移居告辭(本菴曰要訣曰凡神主移安還安或遷奉他所則其告之祭用朔參之儀若廟中改排器物鋪陳或暫修雨漏處而不動神主之事則告祭用望參之儀告祠則臨時製述三禮儀曰如一日內移奉者似當一告一薦)
家宅不利移買某處今以吉辰奉陪移寓敢告(或今以吉辰移安新家敢告)

⊙買家移安後慰安祝辭

維 歲次干支幾月干支朔幾日干支某孫某敢昭告于 顯某代祖考某官府君 顯某代祖妣某封某氏(諸位列書)屋宇維新廟儀如舊伏惟 神主是居是靈(告几筵曰改廟儀爲几筵改神位爲尊靈)

⊙買家奉安于宗家告辭

維 歲次干支幾月干支朔幾日干支某孫某敢昭告于 顯某代祖考某官府君 顯某代祖妣某封某氏(諸位列書)家舍有變異之事今月某日永賣于他人而祠堂無姑安之所將姑祔於某祖之傍謹以酒果用伸虔告謹告

⊙移舍奉主告辭

維 歲次干支幾月干支朔幾日干支孝玄孫(最尊位屬稱)某敢昭告于 顯高祖考某官府君 顯高祖妣某封某氏諸位列書今因移舍將奉祠版(或紙榜則改祠版爲諸位)移安于某洞(或某道某郡某洞)新第敢告(官次移奉措語○今按守令官次奉往廟主則改云今奉祠版將向某郡官次云云)

⊙奉安新宅祝辭

維 歲次干支幾月干支朔幾日干支孝玄孫(最尊位屬稱)某敢昭告于(今按若新舊第相距不遠同日奉安不書年月無妨) 顯高祖考某官府君 顯高祖妣某封某氏(諸位列書)屋宇惟新廟儀(或紙榜則改廟儀爲奉儀)如舊伏惟 神主(或紙榜則改神主爲尊靈)是安是依(官次奉安措語今按奉主官所則當云今赴官

所權立祠堂伏惟云云)

⊙移徙者奉行神主告辭

維 歲次干支幾月干支朔幾日干支孝玄孫(最尊位屬稱)某敢昭告于 顯高祖考某官府君 顯高祖妣某封某氏(諸位列書)運有消長宅基將替玆圖移徙以永先祿今已卜定家宅于某鄕某里敢請神主恭奉以行伏惟歆領謹告

⊙移徙者奉行神主旣奉安告辭

維 歲次干支幾月干支朔幾日干支孝玄孫(最尊位屬稱)某敢昭告于 顯高祖考某官府君 顯高祖妣某封某氏(諸位列書)買定家居舊有祠堂或新建祠堂因是灑掃旣潔旣完新建無此兩句伏惟先靈是寧永垂蔭庥謹以淸酌庶羞恭伸奠告

⊙移居時遷廟祝文

云云伏以世業漸剋祀事將絶自耕自鑿安分得計在野旣苦入山宜老蓼阿聖洞爰巢爰歸今遷龕卓不勝感慕敬奉之至事由敢告(自高祖考妣以下列書)

⊙移居時告先考墓文

恭惟府君其德如天生我教我期以荷薪小子不肖獲罪神明遽失所怙已數十齡玄堂之卜迺在家後有時拜省如奉咡詔生丁不辰薙禍孔酷將驅斯人禽獸之易小子狷滯恐禍迫膚萬不獲已挈家遵海古有徐公避地全髮竊附斯義他不遑恤違離先壠惟有痛隕誓死守義不辱遺訓以是報親厥罪庶宥伏惟慈靈庶幾冥佑

⊙新建宅舍移奉神主告辭

云云所居狹隘新建宅舍于他基今以吉辰始入奠居敢請神主恭奉以行伏惟歆領謹告

⊙新建宅舍移奉神主奉安告辭

云云定居于玆祠堂維新伏惟先靈是宜是寧永垂蔭庥謹以酒果用伸虔告謹告

⊙新居移安告由文

小孫於前年買宅二區於本村下保西爲有幹有年之所東爲奉先肄業之堂未及營造頻遭險艱上失慈庇中懷胖戚先靈棲屑夙夜恐惕今始搆小龕於東室北壁奉宔以遷神人相依永保無斁

▶4055◀◈問; 제사 이전에 관해 문의 드립니다.

제사를 옮기려고 하는데 이번 추석차례는 기존에 지내던 곳에서 지내고 기제사부터 옮겨 지내려고 합니다. 그런데 아랫사람 기제사가 먼저 돌아오는데 윗사람보다 아랫사람제사를 먼저 옮겨와서 지내도 되는지 궁금합니다.

◈答; 제사 이전에 관해.

제사(祭祀)를 옮김에는 한 분 한 분 옮김이 아니라 옮겨야 할 사유(事由)가 발생하면 봉사위 모두를 함께 옮기는 법입니다. 제사를 옮기는 예법은 신주봉사 할 때 이환안(移還安) 예법(禮法)은 있으나 지방일 때에 관하여는 분명히 밝혀 놓은 바가 없습니다. 그러나 신주(神主)봉사를 하지 않는다 하여도 이 예법(禮法)을 따른다면 과하거나 모자람이 없으리라 생각됩니다.

아래의 축식은 주인이 이거로 옮길 때의 축식입니다. 예법은 약설(略設=주과포) 단헌지례(單獻之禮)입니다. 만약 옮기는 위가 여러 위면 그 옆으로 붙여 쓰면 됩니다 이를 열서라 합니다. (강신재배 참신재배 헌주 독축재배 사신재배 철상)

⊙移舍奉主告辭式

維 歲次干支幾月干支朔幾日干支孝子(隨屬稱)某敢昭告于 顯考某官府君 顯妣某封某氏(諸位列書)今因移舍將奉祠版(或紙榜則改祠版爲諸位)移安于某洞(或某道某郡某洞)新第敢告

⊙奉安新宅祝辭式

維歲次干支幾月干支朔幾日干支孝子(隨屬稱)某敢昭告于(今按若新舊第相距不遠同日奉安不書年月無妨) 顯考某官府君 顯妣某封某氏(諸位列書)屋宇維新廟儀(或紙榜則改廟儀爲奉儀)如舊伏惟神主(或紙榜則改神主爲尊靈)是安是依

▶4056◀◈問; 제사 이전에 관해 문의 드립니다.

고맙습니다. 한가지 더 궁금한 게 있습니다. 추석차례 지내고 산소에 가 고하고 다음부터 모실 곳에 와 작은 상 차려 고하고 지위(紙位) 태우고 하면 안되나요. 축문은 생략하고 간단하게 산소에서 고하고 모셔 오려고 합니다 선생님 답변 부탁합니다.

◈答; 제사 이전에 관해.

사람이 죽으면 육신이 혼신(혼령)과 체백으로 분리가 되는데 혼령은 그가 가 있는 곳을 모르나 체백은 산소에 있는 것입니다. 까닭에 간 곳을 모르는 혼신은 장사하면서 축으로 신주에 의지시켜 현손 대까지 모시게 되는 것입니다. 따라서 묘소의 체백은 개장이 아니고는 옮겨 지지 않는 것이며 혼신은 신주가 있으면 분명하니 그를 모시고 오면 되는데 신주가 없으니 무한한 허공에 떠돌 것입니다. 머문 곳을 모르는 혼신을 기왕에 제사하던 집으로 불러 모시고 다음부터는 무슨 이유로 어디로 옮겨 모시고 지금과 같은 의식으로 편안히 모시겠음을 고하고 모시고 옴이 예에 합당할 것입니다.

◆移徙者奉行神主告辭

維 歲次干支幾月干支朔幾日干支孝玄孫(最尊位屬稱)某敢昭告于 顯高祖考某官府君 顯高祖妣某封某氏(諸位列書)運有消長宅基將替玆圖移徙以永先祿今已卜定家宅于某鄕某里敢請神主恭奉以行伏惟歆領謹告

◆移徙者奉行神主旣奉安告辭

維 歲次干支幾月干支朔幾日干支孝玄孫(最尊位屬稱)某敢昭告于 顯高祖考某官府君 顯高祖妣某封某氏(諸位列書)買定家居舊有祠堂或新建祠堂因是灑掃旣潔旣完新建無此兩句伏惟先靈是寧永垂蔭庥謹以淸酌庶羞恭伸奠告

◆移居時遷廟祝文

云云伏以世業漸剋祀事將絶自耕自鑿安分得計在野旣苦入山宜老蓼阿聖洞爰巢爰歸今遷龕卓不勝感慕敬奉之至事由敢告(自高祖考妣以下列書)

◆移居時告先考墓文

恭惟府君其德如天生我敎我期以荷薪小子不肖獲罪神明遽失所怙已數十齡玄堂之卜迺在家後有時拜省如奉咁詔生丁不辰薙禍孔酷將驅斯人禽獸之易小子狷滯恐禍迫膚萬不獲已挈家遵海古有徐公避地全髮竊附斯義他不遑恤違離先壠惟有痛隕誓死守義不辱遺訓以是報親厥罪庶宥伏惟慈靈庶幾冥佑

◆新建宅舍移奉神主告辭

云云所居狹隘新建宅舍于他基今以吉辰始入奠居敢請神主恭奉以行伏惟歆領謹告

◆新建宅舍移奉神主奉安告辭

云云定居于玆祠堂維新伏惟先靈是宜是寧永垂蔭庥謹以酒果用伸虔告謹告

◆新居移安告由文

小孫於前年買宅二區於本村下保西爲有幹有年之所東爲奉先肄業之堂未及營造頻遭險艱上失慈庇中懷胖戚先靈棲屑夙夜恐惕今始搆小龕於東室北壁奉宔以遷神人相依永保無斁

●栗谷曰凡神主移安還安或奉遷他處等事則告祭用朔參之儀告詞則臨時製述

▶4057◀◈問; 피치 못한 사정으로 제사를 옮겨야 하는데요.

안녕 하세요. 이곳 저곳 검색하고 여쭤 보다가 우연히 이곳에 들러 궁금한 점 여쭙니다. 답변 주시면 감사 하겠습니다.

큰댁에서 지금껏 제를 모셔왔는데요. 갑자기 큰댁이 친정으로 이사를 하시는 바람에 그곳에서 제사를 모실 수 없어 이번 설 명절부터 차남인 저희 집에서 모셔야 할 것 같습니다. 문제는 무슨 절차가 있는 것 같은데 무작정 저희 집에서 차례를 시작으로 모셔도 되는지요? 큰댁에서 제를 지낼 때 고하는 절차가 있는 것 같은데 안타깝게도 그 기회를 잃었으니 다른 방법을 찾아야겠는데 아는 것 없이 이곳 저곳의 조언을 따르자니 복잡하네요. 간략한 방법은 없겠는지요? 귀찮으시더라도 빠른 답변 해주시면 감사 하겠습니다. 추운 날씨에 건강 하세요.

◈答; 제사를 옮겨야 한다면.

유가의 예법은 일반 사회 법률과 같이 모든 부분의 예법이 명시화 되어 있습니다. 물론 예법이라 함은 나라의 국법과 같이 강제력은 없으나 현재는 사회 통념상 지켜야만 떳떳한 행위이지요. 따라서 모든 제사는 장자손이 주인이 되고 차자손은 주인이 될 수 없으며 다만 물적 협조가 있을 뿐입니다. 그러나 농경정착사회에서 그에 걸맞게 발생한 법도라 현대 산업사회에서의 여러 가지 충돌이 발생하고 있음도 사실입니다. 그렇기는 하나 전통예절을 게시 지키고자 하는 홈직이로서 법도에 반한 말씀을 드릴 수 없음을 양해하여 주시기 바랍니다.

정상적으로 주인의 이동으로 거처를 옮길 때 제사 옮기는 예법은 있습니다. 그러나 장자의 집에서 차자의 집으로 제사를 옮겨오는 예법은 없습니다. 다만 말씀드릴 수 있는 것은 장자손이 별고가 없는 한 어디서 제사를 지내든 장자가 참석하여 초헌을 하고 그의 속칭으로 지방과 축문을 써야 한다는 것입니다.

●家禮增解喪禮初終立喪主; ○右兄亡無嗣弟攝主親喪○右兄亡無嗣弟攝主祖父母喪○右嫡孫亡失祖母死次孫攝主○右無子有妻兄弟主喪○右幼兒兄弟攝主其喪
●辭源[攝主]代爲主祭之人
●曾子問孔子曰宗子居於他國庶子爲大夫其祭也祝曰孝子某使介子某執其常事
●退溪曰宗子死繼后子雖在襁褓亦當書其名而季也攝主可也○又曰宗子粤在他國而命介子代祭之例曰孝子某使子某敢昭告于云云
●尤庵曰凡祭事主人有故則使人攝行例也所攝之中如有尊行則子弟似不敢爲攝主矣
●遂菴曰孝子某有疾介子某代行薦禮敢昭告于○先祖之稱用宗子之屬代○有故措辭曰孝子某病不能將事○孝子某適在遠地不能將事○孝子某幼未將事○孝子某身犯惡疾使字囑某親某
●問祝文中顯考及夙興夜處等語以兒名書之則當依此書否寒岡曰旣以兒名書則當用家禮本文無所改
●梅山曰遞遷長房者亦用旁題支子攝祀旁題當書介子某攝祀祝當曰攝祀介子某恐宜
●葛菴曰長孫奉祀則父子已易世今推而上之使叔父未安且令次孫權攝以待長孫立后○父不與祭而使子弟攝行則曰孝子某使子某敢昭告云病中則云病不能將事或身在遠地不能將事

38 인사(人事)(附禮法)

▶4058◀◈問; 고희연에 대해서.

전통 고희연에 대해 알고 싶어서 문의 드립니다. 찾아봐도 잘 보이지가 않네요. 전통적으로 고희연은 어떻게 하는지, 그 예절과 절차가 어떤지 궁금합니다.

◈答; 고희연에 대해서.

전통예법으로 고희연에 관한 예는 별도로 없는 것 같습니다. 다만 장수한 가장에 대한 예법은 아래와 같이 행례법이 있습니다. 이 예를 준용하면 어떨까 합니다.

○상수의례절차(上壽儀禮節次)

是日行拜賀禮訖子弟修具畢請家長夫婦並坐於中堂諸卑幼皆盛服
序立(世爲一行男左女右)○鞠躬拜興拜興平身○長者詣尊座前(長者進立於家長之前如弟則云長弟幼者一人執盞立於其左一人執注立於其右)○跪(長者及二幼者俱跪)○斟酒(長者受盞幼者執注斟酒訖二幼起)○祝壽(長者擧手奉盞祝曰)伏願尊親履玆長至(正旦則改長至爲歲端生旦則改云對玆爲慶)備膺五福保族宜家(祝畢家長受盞飮訖以盞授幼者反其故處長者)○俯伏興平身○復位(與卑幼俱拜)○鞠躬拜興拜興拜興拜興平身○酢酒(拜訖侍者注酒於盞授家長家長命長者至前親以酒授之)○受酒(長者受酒置於席端)○鞠躬拜興拜興平身(取酒)○跪(飮之畢)○興(長者命侍者以次酢諸卑幼皆出位跪飮畢執事者擧食卓入擺列男列於外女列於內婦女辭拜入內席)○命坐(家長命諸卑幼坐惟未冠及冠而未昏者不得坐)○鞠躬拜興拜興平身(諸卑幼俱拜而後坐)○各就席(乃以次行酒或三行或五行子弟迭起勸侑隨宜畢)○各出席○鞠躬拜興拜興平身○禮畢

○장수한 어른 잔치에 잔 올리는 의례절차.

이날(명절) 행하는 하례(賀禮)의 절하기를 마치고 하례에 갖춰놓은 모든 것을 잘 정돈하기를 마쳤으면 가장부부를 같이 당의 중간에 앉기를 청하고 모든 비유자들은 모두 성복을 한다. ○차서 대로 선다. (한 세대씩 한열로 하되 남자는 좌측 여자는 우측이다) ○국궁 재배 평신한다. ○장자(자손 중 연장자)는 존좌(尊座)(가장 부부가 앉은자리) 앞으로 나간다. (장자가 가장 앞으로 나아가 서면 (아우가 이와 같이 할 때는 장제(長弟)라 한다) 유자(幼者)(장자 보다 어린자) 한 사람이 잔을 잡고 그의 좌측에 서고 한 사람은 주전자를 들고 그의 우측에 선다) ○무릎을 꿇고 앉는다. (장자와 유자 두 사람도 함께 무릎을 꿇고 앉는다) ○술을 따른다. (장자가 잔을 받으면 유자는 들고 있는 주전자로 잔에 술을 따른다. 마쳤으면 유자는 일어선다) ○오래 사시기를 비는 축사(祝辭)를 한다. (장자는 잔을 받들어 들고 축사를 아뢴다) 엎드려 원하옵건대 존친께서는 복록(福祿)이 이에 오래도록 이르게 하시고 (정월 초하루에는 장지(長至)를 세단(歲端)으로 하고 생일에는 리자장지(履玆長至)를 대자위경(對玆爲慶)으로 고친다) 오복을 갖춰 받아 가족을 보호하시고 가내가 화목하게 하여 주옵소서. 축수를 마치면 가장은 잔을 받아 술을 마시고 마쳤으면 잔을 유자에게 준다. 유자는 장자의 먼저 섰던 자리로 되돌아온다) ○부복하였다 일어나 평신한다. ○제자리로 물러나 선다. (부복하였다 일어나서 유자와 같이 절을 한다) ○국궁 사배 평신한다. ○가장(家長)은 술잔을 돌린다. (절하기를 마쳤으면 심부름하는 이는 주전자와 술잔을 가장에게 준다. 가장은 장자를 앞으로 나오게 명하여 친히 술을 따라 준다) ○술을 받는다. (장자는 술을 받아 자리의 끝에 놓는다) ○국궁 재배 평신한다. (술잔을 든다) ○무릎을 꿇고 앉는다. (술을 마신다. 마쳤으면) ○일어 선다. (장자는 심부름하는 이에게 명하여 여러 비유(항렬이 낮거나 어린자)자에게 차례대로 술잔을 돌리게 한다. 차례로 나와 무릎을 꿇고 앉아 술 마시기를 모두 마쳤으면 집사는 식탁을 들고 들어와 벌려놓는다. 남자 열은 바깥으로 하고 여자들은 안으로 하되 부녀자들은 절을 하고 안의 자리로 들어간다) ○앉으라고 하명한다. (가장은 모든 비유자에게 앉으라고 명한다. 이때 관례를 하지 않았거나 관례는 하였으나 미혼자도 부득이 앉아야 된다고 생각된다) ○국궁 재배 평신한다. (모든 비유자들도 함께 절을 하고 앉는다) ○각자의 자리로 간다. (곧 이어 주연을 혹 삼 순배(三巡杯) 혹 오 순배로 행하되 자제들이 번갈아 일어나 주고받고 권하기를 안주도 같이 따라 한다. 마쳤으면) ○각자의 자리로 간다. ○국궁 재배 평신한다. ○예를 모두 마친다.

▶4059◀◈問; 관혼상제의 절차와 의의, 형식과 정신과 계승할 것과 고쳐야 할 것 좀 알려주세요.

제발 관혼상제의 절차와 의의, 형식과 정신과 계승할 것과 고쳐야 할 것 좀 알려주세요. 도덕 숙제 이해가 안 가서 아직도 못했어요. 답장 좀 올려주세요. 내일이 바로 숙제 내는 날이에요.

◈答; 관혼상제의 절차와 의의, 형식과 정신과 계승할 것과 고쳐

야 할 것.

귀하의 질문은 관혼상제의 절차와 의의 형식과 정신과 계승할 것과 고쳐야 할 것 등 여러 가지 같으나 서너 가지로 요약 할 수 있는 것 같습니다. 절차와 형식이 하나요 의의와 정신이 대체적으로 하나요 계승할 것과 고쳐야 할 것이 또 그 하나이니 세가지가 될 것 같습니다.

1. 절차와 형식.

본 전통 예절에 수록된 관례 혼례 상례 제례의 절차와 형식을 모두 기억 되도록 노력 하여 보십시오. 몇 마디로 요약 할 수가 없는 것입니다.

2. 의의와 정신.

예절이란 사회 생활의 일부 규범이며 인간의 위계 질서 규범과 가정 질서 사회 질서 및 넓은 의미의 삼강 오륜의 기초가 되는 토대로서 마땅히 사람이면 지니고 있어야 할 예의 도덕을 교육 상기 시켜 상하 좌우 질서를 유지 시키고 인간의 기초 생활권인 가정 질서를 바르게 세움으로써 그 부수 효과로 사회 질서가 바르게 서게 되는 것입니다, 본 질서 내에는 자연적으로 충효 정신이 내포 되어 특별 교육이 아닌 은유 교육 효과로 체질화 되는 것이며 이와 같이 됨으로써 공경과 자애 사상이 발현되어 질서가 유지되며 노유가 함께 살아 갈수 있는 것입니다. 광의의 뜻은 질서이며 그 정신은 공경과 자애 사상이라 하겠습니다.

3. 계승 할 것과 고쳐야 할 것.

본인은 본 예절을 넓이 펴고자 함이니 모두 계승 됨을 바랄 뿐으로 고쳐야 할 것이라면 이에 임하지 않았을 것이니 모두 계승되게 진력할 따름입니다. 세상 만사는 모두 장단점이 있는 법으로 불에 그을렸다 하나 그 불은 소중한 것이며 물에 잠겼다 하나 그 물은 마셔야 하는 것이며 다양한 사회에서 다양한 소견을 지닐 수 있는 것이니 귀하가 판단 하기 바랍니다. 중학생의 숙제로는 가당찮게 크나 십독(十讀)을 하고 보면 거기에서 찾아지게 될 것입니다.

●**東槎錄東槎錄重答林道春書;** 又有一說冠婚喪祭四者皆自五常中生出非人假設安排乃天理之節文也思孟以後洛建諸賢最致力於斯作爲一書以詔後學今足下卓然自樹立篤信程朱爲一國倡而觀足下二郎則兀然頭角不留一髮冠禮十九於何所施身體髮膚受之父母不敢毁傷之訓不佞不能無疑於足下之學也韓退之生於絶學之後作原道一篇道秦漢諸儒之所未道其功大矣而先儒以不言致知格物以爲無頭之學況不本五常而曰我以爲周孔顔曾思孟程朱之學則其害豈止於無頭之學而已哉然則足下雖日講太極通書百易犀革吾恐終不免無根本田地之歸無根本田地之學譬如無根之木借田之稼雖暫時枝葉茁芽而終不成出壑昂霄之大雖一時黍稷之結蟠油油而終盡入他人之廩我獨無餧乎以足下之聰明才氣博通經史鞭辟近裏其不慮此何也足下書所謂道無內外理無遠近者誠至論也旣道無內外則足下以何者爲內而何者爲外耶旣曰理無遠近則足下以何者爲近而何者爲遠耶內莫若吾心餘皆外也近莫若吾身而餘皆遠也不能修五常以爲吾身心之本而徒事乎口耳冊子之末以爲吾儒事功唯在於是不唯不免上蔡鸚鵡之譏而內以欺吾心外以欺諸人上以欺皇天實不若蚩蚩庸衆人飢而食飽而嬉元不識堯桀之善惡而其心不亂也足下身都地部之位此唐虞司徒之職也職思其憂則敎冑子其責也足下之所自許國人之所屬望莫不以日域數百年儒者一人與之而求其實則自己身上無一事儒者規模繩尺之髣髴近似者以至一家子姓皆然雖不爲當時同浴之所譏千百載之后倘有眞爲吾儒之學者出於此國則其笑罵足下當何如也郭林宗東京一布衣也雨墊巾角一世效之謝安石東山一豪士也掩鼻爲詠江左風靡此雖末世浮華之習而亦以身敎之一驗也足下如欲振儒風以變一世則莫若先自身而始先自一家而始也昔延州來季子生長句吳蠻夷之國所聞者擊劍鬪狠之事而一聘上國觀樂卞風雅若燭照而龜卜至於嬴博之葬大聖許以習於禮往觀焉若季子者天性與道合雖不事禮樂自是禮樂中人而其曰習於禮則必是於禮有時習之功豈待聘上國而後始行禮也雖處蠻夷之時亦能自拔於俗流而用夏變夷也足下何不以季子爲法於冠婚喪祭之禮用力時習之功乎足下亦嘗聞朝鮮禮義風俗乎吾東在三韓之前亦一東夷也自父師一受周封敎民禮樂釀成中國之風崇信讓篤儒術飮食籩豆衣冠制度彬彬可觀享國千有餘年至於我朝列聖相承滌濯麗末佞佛之俗以復箕子之風眞儒輩出有若寒暄堂金公宏弼有若一蠹鄭公汝昌有若靜菴趙公光祖有若晦齋李公彦廸前後倡明道學立言垂訓皆以濂洛關閩爲標準若退溪

李先生則尤有功於學者其學大中至正一遵朱子之旨其於冠婚喪葬祭祀之禮尤兢兢焉由是一國之中無論遠近內外無論士大夫雖輿儓田畯安有一人不喪其親不爲冠婚祭祀者乎此則靡獨漢唐以下不論雖比之三代亦無媿焉今貴國與我國通隣殆此五十年吾王之崇儒重道千載一時適會大君方銳意於偃武修文足下亦以儒學鳴於一國不佞乏使又充使价以來是邦則慕回路贈處之請夫豈淺淺哉願足下勿以疏遠忽之也

▶4060◀◈問; 귀하라는 용어사용 질의.

안녕하세요? 귀하라는 용어사용에 궁금한 점이 있습니다.귀하라는 말은 남자에게만 쓰는 말인지 아니면 남녀 모두 사용할 수 있는 말인지 궁금합니다. 답변 주시면 감사하겠습니다.

◈答; 귀하라는 용어사용.

전통사회에서 외간 남자와 서신을 주고 받는다 함은 상상할 수도 없기 때문에 용어 자체가 명확히 전래 되어 온 서식이 없는 듯 합니다. 특히 유학적 용어가 아닌 일본식 타인에 대한 경칭이라 의미 풀이가 되었으니 반드시 남자의 경칭이라 할 수는 없을 것 같습니다.

◎日東記游文事往復文移

以書簡致啓上候陳ハ貴下乘船黃龍丸儀往路神戶港ニ於テ凡二晝夜滯泊煤炭其外諸品積入候付テハ其間同港ヨリ汽車ニ付シ阪府ニ到リ同所造幣寮御經覽有之度所希望候抑兩國交際ノ道ハ只ニ使聘ノ往來ノミニ無之有無相通シ長短相補ヒ以テ兩國ノ便利ヲ計ルヲ目的卜致シ候ヘハ之ヲ要スルニ貨幣ノ媒妁ニ賴ラサルヘカラス貨幣ハ各國トモ皆其種ヲ異ニシ品位亦同シカラス乍去比較照計シテ世間弘隆ノ便相生シ且其邦國ノ獨立タルハ貨幣ノ品位如何ヲ見テ指定スヘキ理ニ有之候間今幸ニ我邦ニ來臨アルニ依リ先ツ我貨幣鑄造ニ注意スル所ヲ親シク經覽相成候ハハ自ラ信認セラルルノ端トモ相成可申是我邦ニ於テモ大ニ貴國ニ望ム所ナリ則貴下今般ノ職掌ニ於テモ最御注意可有之樣卜存候就テハ阪府地方官及造幣寮員ヘモ預シメ通知致シ置候間此段御承引有之度存候尤該所經覽手續等總テ本省出張官員ヨリ御打合可申候敬具明治九年六月十七日外務卿寺島宗則印朝鮮修信使金綺秀貴下

⊙譯漢文

玆照會者貴下歸路所駕之船黃龍丸發橫濱至神戶港碇泊可以二晝夜間以積載需用煤炭及雜具望貴下不徒過其時間汽車一瞥到大坂府有覽觀我造幣寮也蓋貴於交際者不獨使聘往來而已兩國人民將以有無相通長短相補互利益其國則不可不賴貨幣媒妁而貨幣者各國各異其形實質亦不匀同唯其相比較照計以成締盟國弘通之便焉故各邦之獨立與否則視貨幣良否如何可以兆之今貴下幸來辱則親睹我邦注意鑄造錢貨或將有所信認是我邦所大望於貴國也在貴下職掌上豈得不亦所應用意哉此一行徑告大阪府地方官無有碍行路望敢枉駕若夫途次事宜須本省護送官員協辦也敬具明治九年六月十七日外務卿寺島宗則印朝鮮修信使金綺秀貴下
●朝鮮語辭典(總督府篇)貴下(代)他人に對する敬稱

▶4061◀◈問; 다시 찾아오게 되었네요.

안녕하세요. 전에 전통예절과 현대예절의 차이점에 대하여 물었었는데요. 이번에는 조금 비슷하지만 다른 질문을 드릴까 합니다. 계속 이렇게 찾아오는 게 방해가 될 것 같아 죄송하기도 합니다.

이번에 질문할 것은 전통예절의 특징입니다. 현대예절의 특징도 적어주시면 감사 드리고요. 아무리 검색을 해 봐도 전통예절의 특징을 찾아보기는 어렵더군요. 그리고 죄송하지만, 중학생 수준으로 맞춰주시면 어떨까요. 저 저번에 쓴 글이 마음에 안 들었다는 소리가 아니라, 그저 수준이 좀 높은 것 같아서 정성스럽게 써주신 답변에 괜히 꼬투리를 잡은 것 같아 죄송합니다. 그럼, 부탁 드리겠습니다.

◈答; 전통 예절의 특징.

중학생으로서 방학숙제라면 너무 높은 수준의 숙제인듯합니다. 현대예절에 관하여는 설할 위치가 아니며 전통예절에서도 그 범위가 넓습니다. 식사예절을 비롯하여 생활예절의 범위가 넓으니 각 예법을 찾아 한번씩 훑어보면 숙제에 대한 답이 나올 것입니다. 숙제를 내신 선생님이 제자에게서 요구함이 손쉽게 수단방법을 가리지 않고 그에 대한 간단한 답만 취하람이 아닐 것입니다. 스스로 선생님의 의도한 바에 가깝도록 답을 도출하여 보기 바랍니다.

⊙전통예절의 골간인 관혼상제란,

관례(冠禮)및 계례; 오늘날의 성인의식이며,.

혼례(婚禮); 혼례식.

상례(喪禮); 초상을 당하여 장례를 치르고 대상 제까지의 의식.

제례(祭禮); 죽은 조상의 혼백을 위로하고 추모하는 의식.

⊙전통 예절의 특징.

① 작고하신 선조의 혼백에 대한 예절 중시.
② 가족, 친족, 이웃과의 예절 중시.
③ 남녀 장유간의 언행예절 중시.
④ 모든 예절의 형식과 절차 중시.
⑤ 군신간 대부사서인간에 따른 예절 중시.

▶4062◀◈問; 생신제에 대하여.

안녕하세요. 생신제에 대하여 문의하려고 합니다. 얼마 후면 아버님이 돌아가시고 첫 생신이 돌아옵니다. 직계 가족만 조촐하게 좋아하는 음식을 가지고 성묘를 할 생각이었는데, 생신제 라는 게 있다는 걸 알게 되어 구체적인 절차나 방법을 알고 싶어 글을 씁니다. 여기저기 찾아보니 얘기가 다 달라서 뭘 어찌 준비해야 하는지 모르겠습니다.

제대로 축문까지 써서 기제사처럼 한다는 얘기부터 생신제는 탈상한 이후에는 지내지 않는 것이라는 얘기기까지, 그리고 지내는 시간도 아침이라거나 저녁이라는 등 제각기 말이 달라 어떤 것을 따라야 할지 모르겠습니다. 생신제라는 것이 꼭 지내야 하는 것인지 지내야 한다면 구체적인 절차나 형식 같은 것을 가르쳐 주시면 감사하겠습니다.

◈答; 생신제에 대하여.

아래와 같이 살펴보건대 어느 설(說)을 따르느냐에 따라 중구난방(衆口難防)일 수가 있습니다. 다만 삼년(三年) 내(內)는 생(生)의 예이니 궤연에서 전(奠)의 예로 행하고 삼년상을 마친 후는 선고비(先考妣)의 생신제는 후자(後子)의 결정에 따라 생신제를 지내도, 폐하여도 말씀들로 미루어 보아 흠 되지 않습니다.

●湯氏鐸曰按家禮親生辰无祭鄭氏曰祭死不祭生伏覩國朝頒降胡秉中祀先圖凡例有生日之祭當以此爲據竊惟親在生辰旣有慶禮歿遇此日能不感慕如死忌之祭可也

●問家禮集說有所謂生忌於先考妣生日設酒食以祭象平生也其祭文曰生旣有慶沒寧敢忘云退溪曰恐孟子所謂非禮也禮此類之謂也

●沙溪曰生忌之祭馮善創開退溪非之是矣

●愚伏曰禮輯乃明儒屠義英所著生日祭出主於正寢而行之如忌日之儀然忌日之祭亦古者所無宋賢始以義起而朱子於家禮亦著之然比四時正祭頗殺其禮其微意可知也至於生日之祭宋賢之所未起而近於人情之尤者故李先生斷以爲非禮之禮後學似不當有他議也

●尤菴曰生辰之祭退溪非禮之答似不可易矣若知其非禮而以先世所行爲難停廢則是非禮之禮無時可改也世人喜說喪祭從先祖之文此殊未安然先世所行之禮昧然遽廢亦似未安須告以廢之之意恐爲婉轉

●艮齋曰考妣甲日欲就墓所略設伸情固可爲也先賢又有廟中諸位普同薦新之論亦可從也

●寒岡問先考生日設飮食以祭象平生也其祭文曰存旣有慶歿寧敢忘云云此意如何退溪曰恐孟子所謂非禮之禮此類之謂也

●松江曰生日祭議論不同如蘇齋頤庵皆以爲不可後來議及李叔獻以爲朔望遍奠此亦何傷云云故遍奠諸位今承浩原之說有曰若不能從禮無寧取中原別祭之制可乎

●龜峰曰家禮祭有其數無先親生辰祭祭不可瀆只祠堂章奠無定禮有俗節之獻倣此行奠禮如何稱生忌用祀似難行矣
●沙溪曰生忌之祭馮善創開退溪非之是矣
●愚伏曰朱子以季秋祭禰爲重而適生日在月內故以其日行之非以生日爲重也若於考妣生日有祭則必著之家禮矣
●尤庵曰生辰之祭若知其非禮而以先世所行爲難停廢則是非禮之禮無時可改也世人喜說喪祭從先祖之文此殊未安然先世所行之儀昧然遽廢亦似未安須告以廢之之意恐爲婉轉○又曰生辰祭退溪旣謂之非禮然高氏則有祭儀至有祝文只有一位處據高儀行之恐不至甚害
●南溪曰孔子稱生事葬祭以禮爲孝人之生世也爲子孫者喜慶其生日而養以酒食固禮也及其下世也爲子孫者悲哀其亡日而奠以饋食亦禮也若於多後猶以酒食追養其生辰恐於理有悖非如四名日之不至甚妨故君子不爲也
●陶庵曰生日之祭非禮也當從古不當從俗
●同春問先考生日適在季秋欲於三年後因其日行禰祭而第未知三年內設享亦難免非禮之譏否沙溪曰几筵異於祠堂以酒果餠麵如朔奠禮設之如何此非祭禮恐無不可
●問三年內遇亡人生辰上食後別設數饌行之何如尤庵曰恐當如此鄙家喪中象平日饌品稍備而行之耳
●南溪曰生辰祭雖曰非禮之禮三年內則又不可不行其儀倣俗節別設
●陶庵曰生朝之祭一日再祭恐近於瀆兼設於殷奠似爲允當

⊙出就正寢儀禮節次(출취정침의례절차)家禮儀節

儀節並同祭禰○主人詣祠堂考妣櫝前○跪○焚香○告辭曰孝子某今以某親某官府君降生之辰敢請神主出就正寢恭伸追慕○俯伏興(執事者以盤盛主主人前導衆親從之至正寢主人奉考主主婦奉妣主于座)

◈出主告辭式(출주고사식)

孝子某今以
顯考某官府君
顯妣某封某氏今以
顯考降生之辰敢請神主出就正寢恭伸追慕

⊙生日辰儀禮節次(생일신의례절차) 家禮儀節

儀節並同祭禰

序立(主人主婦及弟婦子姪凡禰所出者皆在)○參神○鞠躬拜興拜興拜興拜興平身○降神○盥洗○詣香案前○跪○上香○酹酒(以下旁注皆與時祭同)○俯伏興拜興拜興平身○進饌○初獻禮○詣考妣神位前○跪○祭酒○奠酒○祭酒○奠酒○俯伏興平身○詣讀祝位○跪○主人以下皆跪○讀祝○俯伏興○鞠躬拜興拜興平身○復位○奉饌○亞獻禮○盥洗○詣考妣神位前○跪○祭酒○奠酒○祭酒○奠酒○俯伏興拜興拜興平身○復位○奉饌○終獻禮○盥洗○詣考妣神位前○跪○祭酒○奠酒○祭酒○奠酒○俯伏興拜興拜興平身○復位○奉饌○侑食○鞠躬拜興拜興平身○復位○闔門○祝噫歆○啓門○主人以下復位○獻茶○飮福受胙○詣飮福位○跪○嘏辭曰(云云四時祭同但去祖字)○飮福酒○受胙○鞠躬拜興拜興平身(主人起立于東階上西向)○告利成(祝立于西階上東向曰)○利成○復位○鞠躬拜興拜興平身○辭神○鞠躬拜興拜興拜興拜興平身○焚祝文○送主○徹饌○禮畢

⊙생신제 의례 절차.

의례 절차는 예제(禰祭) 의식과 모두 같게 한다.
차서대로 선다. [주인(主人)과 주부(主婦) 및 친속(親屬) 모두 대체로 예제(禰祭)와 같이 모두 나와 선다]

●행참신례.

국궁 사배평신.

●행강신례.

손을 씻는다. 향안 앞으로 간다. ○무릎을 꿇고 앉는다. ○분향한다. ○강신한다. ○부복하였다 일어나 재배 평신한다. ○진찬한다.

●행초헌례.

고비위 신위 앞으로 간다. ○무릎을 꿇고 앉는다. ○제주한다. ○헌주한다. ○제주한다. ○헌주한다. ○부복하였다 일어나 평신한다. ○독축 할 자리로 간다. ○무릎을 꿇고 앉는다. ○주인 이하 모두 무릎을 꿇고 앉는다. ○독축한다. ○부복하였다 일어선다. ○주인은 재배 평신한다. ○제자리로 물러나 선다. ○적을 올린다.

●행아헌례.

손을 씻는다. ○고비신위 앞으로 간다. ○무릎을 꿇고 앉는다. ○제주한다. ○헌주한다. ○제주한다. ○헌주한다. ○부복하였다 일어나 재배 평신한다. ○제자리로 물러나 선다. ○적을 올린다.

●행종헌례.

손을 씻는다. ○고비 신위 앞으로 간다. ○무릎을 꿇고 앉는다. ○제주한다. ○헌주한다. ○제주한다. ○헌주한다. ○부복하였다 일어나 재배 평신한다. ○제자리로 물러나 선다. ○적을 올린다. ○첨작한다. ○국궁 재배 평신한다. ○제자리로 물러나 선다. ○문 밖으로 나오고 문을 닫는다. ○축관이 희흠(噫歆)을 세 번 한다. ○문을 연다. ○주인 이하 모두 들어간다. ○숙수(熟水)를 올린다. ○음복 수조. ○음복할 자리로 간다. ○무릎을 꿇고 앉는다. ○복 내리는 고사를 시제의식과 같게 한다. ○음복주를 준다. ○고기를 잘라준다. ○국궁 재배 평신한다. (주인은 일어나 동쪽층계 위로 가서 서쪽으로 향하여 선다) ○고리성(告利成). (축관은 서쪽 층계 위에서 동쪽으로 향하여 선다) ○이성(利成). (봉양의 예가 모두 잘 이뤄졌습니다) ○제자리로 물러나 선다. ○국궁 재배 평신한다.

●행사신례.

국궁 사배 평신한다. ○축문을 불사른다. ○신주를 사당으로 드린다. ○철상한다. ○예를 모두 마친다.

◈生辰祭祝文式(생신제축문식)

維 歲次干支幾月干支朔幾日干支孝卒哭前孤妣哀俱沒則孤哀承重則孝孫卒哭前孤孫哀孫孤哀孫子隨屬稱某敢昭告于 顯考某官府君 顯妣某封某氏歲序遷易 顯考生辰復臨存旣有慶歿寧敢忘追遠感時昊天罔極承重則改昊天罔極爲不勝永慕謹以淸酌庶羞恭伸奠獻尙 饗

▶4063◀◈問; 손아래 동서가 손위 동서보다 연장자 일 때.

안녕하세요. 손아래동서가 손위동서보다 연장자일 때 서로에 대하여 존대를 해야 하는지 궁금합니다.

◈答; 손아래 동서가 손위 동서보다 연장자 일 때.

인척인 외척과 처가의 위계 질서는 어머니나 처의 질서를 따르고 부인은 남편의 질서를 따르는 것으로 부부의 나이 차이는 무시 되는 것으로 만약 부인이 남편에 대하여 연상이거나 연하를 불문하고 시가에서는 남편의 나이를 기준으로 모든 질서가 정립되고 처가는 부인의 나이를 기준으로 모든 질서가 정립되는 것이니 만약 처 삼촌이 나보다 나이가 적다 하여도 숙부의 항렬로 대우함은 당연할 것입니다. 손위동서는 내 부인의 손위 형제의 남편으로 연하라 하여도 형부가 아닐 수가 없으므로 귀하 역시 처형의 남편이니 연하라 하여도 처형의 질서를 어길 수는 없는 것입니다. 하게나 하시게 가 아닌 하시오 의 존칭어를 씀이 마땅할 것입니다.

부부(夫婦)는 나이 차이 불문 필적(匹敵)의 관계로 부인(婦人)은 시가(媤家)에서는 남편의 항렬(行列)과 년치(年齒)를 따르고, 사위는 처가(妻家)에서는 부인의 항렬과 년치를 따릅니다.

●釋名釋親屬篇;夫妻匹敵之義也

●釋名釋親屬篇云親櫬也言相隱櫬也屬續也恩相連續也夫妻匹敵之義也兩婿相謂曰亞言一人取姊一人取妹相亞次也又並來至女氏門姊夫在前妹夫在後亦相亞而相倚共成其禮也

아래 가례의절(家禮儀節)의 향리(鄕里)의 상호(相互) 잡다한 의식(儀式)입니다. 참고하시기 바랍니다.

⊙居鄕雜儀(거향잡의)(家禮儀節)

按呂氏鄕約有四其一曰禮俗相交而朱子增損禮俗相交以爲目而友有四焉曰尊卑輩行曰造請拜揖曰請召送迎曰弔慶贈遺今本呂氏舊條而折衷以朱子之所增損者其間又稍酌以時俗之宜揭綱分目使人易曉附書於家禮雜儀之後雖曰鄕儀是亦人家日用之不可無者也

◎輩行之等(배행지등)

謂長於己三十歲以上者父之執友及無服親在父行者及異爵者皆是

○尊者(장자)

謂長於己三十歲以上者父之執友及無服親在父行者及異爵者皆是

○長者(장자)

謂長於己十歲以下在兄行者

○敵者(적자)

謂年上下不滿十歲者長於己爲稍長少於己爲稍少

○少者(소자)

謂少於己十歲以下者

○幼者(유자)

謂少於己二十歲以下者

◎相見之禮(상견지례)

○禮見(예견)

凡有三時節謂歲首冬至四孟月朔(辭見)謂久出而歸則見遠適將行則辭出入不及一月者否(謝賀)謂已有賀事當謝人有慶事當慶賀如壽旦生子陞官受封起第之類

○燕見(연견)

禮見之外有五(候問)謂久不相見或有疾恙之類○(唁慰)謂有驚恐被訟失物之類○(白事)謂有事務相於請求央托之類○(質疑)謂已有事體未明書義未曉執問講解之類○(經過)謂有事偶過所居因便問訊之類

◎往還之數(왕환지수)

凡禮見如時節辭見謝賀皆冠帶具名紙躬詣門下行四拜禮燕見亦具冠帶或便服但不具名紙行揖禮

○尊長於少幼(존장어소유)

尊長受謁若不報其歲首冬至則具己名帖令子躬報之或少者有可敬者尊者屈尊報之隨意○長者歲首冬至具名帖躬報之餘若謝賀之類令子弟以己名帖代行長者或自行亦隨意○凡尊長無事而至少者幼者之家唯所服

○敵者(적자)

更相往還或有故不能行則以書或傳語告之

○免禮(면례)

凡當行禮而有恙故皆當使人白之或遇雨雪則尊長先使人諭止來者

◎名帖之類(명첩지류)

○名紙(명지)

幼少於尊長用之用白紙一方幅楷書其上曰侍生姓某再拜侍生或作學生鄕生契家子再拜或作拜謝拜

賀惟其宜

○名帖(명첩)

敵者以下用之用箋紙一小片書其上曰某拜或謝或賀惟所宜或於姓名上稱老拙辱交之類及地名邦望亦可

◎進退之節(진퇴지절)

○見尊長(견존장)

至門外下馬俟於外次痛名主人出迎則趨揖之告退則降階出門主人送則揖而退若命之上馬則三辭許則揖而退出大門乃上馬不許則從其命

○見敵者(견적자)

至門外下馬使人痛名俟于廡下或廡側主人出迎則趨相揖告退則就階上馬若客徒行則主人送于門外

○見少者(견소자)

凡少者以下則尊長先遣人通名入門下馬退則就階上馬

○禮節(예절)

凡見敵者以上入門必問主人食否有他幹否度於無所妨則通名有所妨則少俟或且退若有急事則不係此○凡見主人語終不更端則告退及主人有倦色或方幹事而有所俟者皆告退可也尊長於幼少則否

◎迎送之禮(영송지례)

○尊長(존장)

少幼先聞尊長來則具衣冠以俟若門外下馬或徒行則出迎于門外若不及入門下馬據所至迎之退則送上馬徒行則送于大門外旣揖則隨其行數步望其行遠乃入

○適者(적자)

俟其通名具衣冠據所在出迎退則送上馬徒行則送于中門外無中門則送至大門

○少者(소자)

俟其通名方具衣冠將命者出請賓入主人迎于庭下旣退則送至上馬處○凡迎送入則主人先導出則賓先退

◎拜揖之禮(배읍지례)

○見尊長(견존장)

禮見則四拜燕見則揖之若旅見則少者爲一列幼者爲一列先請納拜蒙允然後四拜如不允則再拜畢復請納拜後兩拜許則再拜之不允則止揖而退主人命之坐則致謝訖揖而坐

○見敵者(견적자)

禮見則再拜燕見則揖之

○見少者(견소자)

禮見賓拜則少者必力辭燕見主人先拜則賓辭而止

○答拜(답배)

尊長之於幼者則跪而扶之少者則跪扶而荅其半若尊者長者齒皆殊絶則幼者少者堅請納拜尊者許則立而受之長者許則跪而扶之

◎道塗之禮(도도지례)

○遇尊長(우존장)

凡遇尊長於道皆徒行則趨進揖尊長與之言則對否則立於道側以俟尊長已過乃得而行或皆承馬于尊者則回避避之不及則下馬立於道旁於長者則立馬道側供揖之俟長者過乃行若已徒行而尊長承馬則回避之避之不及則致言免其下若已乘馬而尊長徒行望見則下馬前揖已避亦然過旣遠乃上馬若尊長令上馬則固避

○遇敵者(우적자)
皆乘馬則分道相揖而過彼徒行而不及避則下馬揖之過則上馬

○遇少者(우소자)
遇少者以下皆乘馬彼不及避則揖之而過或欲下則固辭之彼徒行不及避則下馬揖之于幼者不必下

◎請召之禮(청소지례)
○請尊長(청존장)
凡召尊長飮食必親往投書面致其意諾則拜之長者辭則止旣許赴至日黎明復遣子弟迎之旣至明日親往拜辱若專召他容則不可兼請尊長如禮薄不必書

○召敵者(소적자)
召敵者以書簡旣赴召明日交使相謝

○召少者(소소자)
召少者以書列客目或傳言明日賓躬謝主人

○赴尊長召(부존장소)
若有衆客則約之同往始見則拜其見召主人辭則止明日又親拜賜主人預辭則書簡謝之非專召請而不拜

○赴敵者召(부적자소)
始見則揖謝之明日傳言謝之

○赴少者召(부소자소)
始見以言謝之明日傳言致謝

◎齒位之序(치위지서)
○聚會(취회)
凡聚會皆鄕人則坐以齒非士類則否若有親則別序若有他客有爵者則坐以爵不相妨者猶以齒若有異爵者雖鄕人赤不以齒(異爵謂古之上大夫如今之在京堂上官是)

○專召(전소)
若特請召或迎勞出餞皆以專召者爲上客不論齒爵餘爲衆賓坐如常儀如昏禮則姻家爲上客

◎獻酢之禮(헌초지례)
○燕集(연집)
凡燕席設衆賓席每席器具如常儀又先設卓子于兩楹間置酒盞洗器于其上

○主人獻上客(주인헌상객)
主人降席立于卓子東西之向客亦降席立于卓子西東向主人取盃就器洗之上客辭之主人洗畢置盃卓子上親執酒注斟之以注授執事者遂執盃以獻上客客受之直盃卓子上主人向西再拜客東向再拜客起取酒東向跪祭(傾少許于地)起立飮之訖以授贊者遂拜主人主人答拜

○上客酢主人(상객초주인)
拜訖客取盃就器洗主人辭之洗畢置盃卓子上執注斟酒以注授執事者執盃以酢主人主人受之置卓子上客再拜祭興飮之以盃授贊者各再拜如前儀

○獻衆賓(헌중빈)
命贊者遍取衆賓酒盃一一親洗之衆賓合辭以辭主人執注斟酒以次獻衆賓衆賓各授盃以授贊者各置于席前若主人是尊長則衆賓旅拜是敵者以下則皆揖不拜衆賓拜揖畢各跪祭興飮之復拜揖飮遍乃就坐如常儀(若是婚會則以姻家爲上客其獻不以長少皆如前儀)

○拜節(배절)

若敵者爲上客皆如尊長之儀惟卒飮不拜若少者爲上客亦如前儀但上客先拜主人辭則止或上客于主人當納其拜則跪而扶之惟婚會姻家爲上客雖少者亦荅拜

◎勞餞之禮(노전지례)

○迎勞(영로)

尊長者自遠歸所厚者迎于近郊俟于道左邸舍俟其至下馬進揖不問訊起居尊長復上馬則從其家見之乃退若尊長不下馬命之上馬則上馬立俟于道側拱揖之如敵者則馬上拱揖問勞畢請所迎者先行若堅辭之則或先或後不可在所迎者之先少者不必迎

○餞送(전송)

尊長遠行少者幼者送之不過五里敵者不過三里或以情之厚薄爲遠近亦可各期會於一處拜揖如禮有飮食則就飮食之不具飮食則拜畢送之上馬隨行數十步行者堅辭則立馬目送行者去數十百步然後退

◎慶弔之禮(경조지례)

○慶賀(경하)

有吉事則慶之如冠子生子預薦及登第進名之類皆可賀昏禮雖得不賀然以物助其賓客之費亦不可缺凡慶賀禮有贈助之物

○弔唁(조언)

有凶事則弔之如喪葬水火之類凡凶事有贈助之儀弔喪見喪禮

◎獻遺之禮(헌유지례)

○獻尊者(헌존자)

凡有所獻于尊長前以狀列其物白而後獻若辭一再則止

○遺敵者(유적자)

則以書簡辭再三則止

○遺少者(유소자)

或傳言或以幅紙書其名

▶4064◀ ◈問; 돌아오는 사갑제.

저희 시아버님 사갑제가 있습니다. 음력 5 월 24 일인데 그럼 돌아오는 금요일(27 일) 저희가 제사를 지낼 시간이 직장 생활을 해서 그런데 26 일 자정 12 시에 지내도 되는 건가요? 그리고 지방과 축시를 쓰는 법 좀 알려주세요.

참고로 저희 시어머님은 살아계십니다. 빠른 답변 부탁 드립니다. 김 0 선

◈答; 돌아오는 사갑제는.

사갑제(死甲祭)는 예법(禮法)에 없는 예로서 그 예법은 어느 예서에도 없으며 생신제 역시 퇴계(退溪) 선생께서는 예가 아니다. 라 하셨으니 정례는 아닙니다. 다만 가례회성이란 예서에 생진제의 예법이 있어 그 예법을 준용하면 예를 행함에 어그러짐은 없을 것입니다. 부군이 계신지는 밝히지 않았으나 부군(남편)이 계신 것으로 간주 그 명의로 지방과 축문을 작성하겠습니다.

기제도 원칙은 아침 일찍 지내드리는 것이 예법이며 또 예에 합당한 것입니다. 생신제나 사갑제 역시 생시와 같이 행함이 바른 예법입니다. 가능하다면 새벽 먼동 틀 때 지내면 어떨런지요. 다만 자정은 불가능하다는 말은 아닙니다.

◈지방식

顯考學生府君神位

◈축문식

維 歲次戊子五月乙亥朔二十四日戊戌孝子○○敢昭告于 顯考學生府君歲時遷易奄及回

甲生旣有慶歿寧敢忘昊天罔極謹以淸酌庶羞式此奠獻尙 饗

위 지방식과 축문식의 학생에는 생전에 관직이 있었으면 그 명으로 고침. ○○에는 부군의 이름을 써넣음.

◈生辰祭儀節次(會成)

儀節並同祭禰

序立(主人主婦及弟婦子姪凡禰所出者皆在)○參神○鞠躬拜興拜興平身○降神○盥洗○詣香案前○跪○上香○酹酒(以下旁注皆與時祭同)○俯伏興拜興拜興平身○進饌○初獻禮○詣考妣神位前○跪○祭酒○奠酒○祭酒○奠酒○俯伏興平身○詣讀祝位○跪○主人以下皆跪○讀祝○俯伏興○鞠躬拜興拜興平身○復位○奉饌○亞獻禮○盥洗○詣考妣神位前○跪○祭酒○奠酒○祭酒○奠酒○俯伏興拜興拜興平身○復位○奉饌○終獻禮○盥洗○詣考妣神位前○跪○祭酒○奠酒○祭酒○ 奠酒○俯伏興拜興拜興平身○復位○奉饌○侑食○鞠躬拜興拜興平身○復位○闔門○祝噫歆○啓門○主人以下復位○獻茶○飮福受胙○詣飮福位○跪○嘏辭曰(云云四時祭同但去祖字)○飮福酒○受胙○鞠躬拜興拜興平身(主人起立于東階上西向)○告利成(祝立于西階上東向曰)○利成○復位○鞠躬拜興拜興平身○辭神○鞠躬拜興拜興平身○焚祝文○送主○徹饌○禮畢

차서대로 선다. (주인과 주부 및 친속 모두 남동여서로 서되 남자는 서쪽이 상석이며 여자는 동쪽이 상석이다 ○행강신례. ○손을 씻는다. 향안 앞으로 간다. ○무릎을 꿇고 앉는다. ○분향한다. ○강신한다. ○부복하였다 일어나 재배 평신한다. ○행참신례. ○국궁 재배평신. ○진찬한다. ○행초헌례. ○주인은 신위 앞으로 간다. ○무릎을 꿇고 앉는다. ○제주한다. ○헌주한다. ○부복하였다 일어나 평신한다. ○독축 할 자리로 간다. ○무릎을 꿇고 앉는다. ○주인 이하 모두 무릎을 꿇고 앉는다. ○독축한다. ○부복하였다 일어선다. ○주인은 재배 평신한다. ○제자리로 물러나 선다. ○적을 올린다. ○행아헌례. ○손을 씻는다. ○아헌관은 신위 앞으로 간다. ○무릎을 꿇고 앉는다. ○제주한다. ○헌주한다. ○부복하였다 일어나 재배 평신한다. ○제자리로 물러나 선다. ○적을 올린다. ○행종헌례. ○손을 씻는다. ○종헌관은 신위 앞으로 간다. ○무릎을 꿇고 앉는다. ○제주한다. ○헌주한다. ○부복하였다 일어나 재배 평신한다. ○제자리로 물러나 선다. ○적을 올린다. ○첨작한다. ○국궁 재배 평신한다. ○제자리로 물러나 선다. ○문 밖으로 나오고 문을 닫는다. ○축관이 희흠(噫歆)을 세 번 한다. ○문을 연다. ○주인 이하 모두 들어간다. ○숙수(熟水)를 올린다. ○음복 수조. ○음복할 자리로 간다. ○무릎을 꿇고 앉는다. ○복 내리는 고사를 시제의식과 같게 한다. ○음복주를 준다. ○고기를 잘라준다. ○국궁 재배 평신한다. (주인은 일어나 동쪽층계위로 가서 서쪽으로 향하여 선다) ○고리성(告利成). (축관은 서쪽 층계 위에서 동쪽으로 향하여 선다) ○리성(利成). (봉양의 예가 모두 잘 이뤄졌습니다) ○제자리로 물러나 선다. ○국궁 재배 평신한다. ○행사신례. ○국궁 재배 평신한다. ○축문을 불사른다. ○신주를 사당으로 드린다. ○철상한다. ○예를 모두 마친다. ○음식을 나누어 식음한다.

본 예에서 누락된 개반 삽시정저 철시복반 등은 기제사 예법을 따르면 됨.

▶4065◀◈問; 문의 드립니다.

며칠 전 평소 가깝게 지내지는 않지만 5촌 당숙의 모친(母親), 그러니까 제게는 종조모님께서 노환(老患)으로 작고하셨습니다. 이럴 경우 주변에서는 종조모님의 탈상 전에는 집안 제사를 올리지 않는 것이라 하는데 곧 설 명절이고, 보름 뒤에는 조모님의 기제(忌祭)입니다. 몇 해전 작고하신 부친과 조부모님께 제를 올리고 싶은데 주자가례 법 상 안 올리는 것이 정말 옳은 것인지요?

젊고 우둔하다 보니 이런 것을 여쭐 곳이 마땅치 않지만, 어린 제 자녀들에게 근거 있는 예를 가르쳐 주고 싶습니다. 바쁘신 가운데 읽어주셔서 감사 드리며, 세심한 답변 부탁 드립니다.

◈答; 상중 제사 지내는 법.

종조부모의 복은 시마 3월 복에 해당 됩니다. 요결(율곡)의 상복 중 제사 지내는 예법에 시마(緦麻)복의 상에는 성복 전은 모든 제사를 폐하고 성복 후에 당하는 제사는 평시와 같이 지낸다. 라 하셨으니 이미 장례도 마친 것 같으니 설이나 돌아오는 기제사를 평시와 같이 지내도 예법에 어그러지지 않습니다.

●要訣喪服中行祭儀緦小功則成服前廢祭成服後則當祭如平時

▶4066◀ ◈問; 사갑에 대하여.

돌아가신 분의 환갑은 어떻게 차려야 하는지 상차림도 잘 모르겠고 좀 알려주세요.

◈答; 사갑에 대하여.

가례 등 예서에 환갑에 대한 의식은 밝혀 놓은 예법은 아직 접한바 없어 분명히 밝혀 줄 수가 없습니다. 그러나 통일 되여 전래 되는 예법은 없으나 세속의 예로서 회갑전에 작고 하였으면 대부분 회갑일 일찍이 명절 예법을 따르되 생시 의식에 준 하여 헌주 재배 하는 듯 하며 전통 예법으로 정 한바 없으니 진설 법 역시 기준된 격식을 쾌히 알지를 못합니다. 다만 이 역시 기존 제사의 예를 따름이 무난할 듯 합니다.

응용 할 수 있는 아래와 같은 예법이 있습니다.

⊙사마온공(司馬溫公) 거가잡의(居家雜儀)

凡節序及非時家宴上壽於家長卑幼盛服序立如朔望之儀先再拜子弟之最長者一人進立於家長之前幼者一人搢笏執酒盞立於其左一人搢笏執酒注立於其右長者搢笏跪斟酒祝曰伏願某官備膺五福保族宜家尊長飮畢授幼者盞注反其故處長者出笏俛伏興退與卑幼皆再拜家長命諸卑幼坐皆再拜而坐家長命侍者徧酢諸卑幼諸卑幼皆起序立如前俱再拜就坐飮訖家長命易服皆退易便服還復就坐
대체로 절기의 명절 또는 명절은 아니나 가장의 상수에 잔치를 베풀 때 항렬이 낮은 이와 연하인 사람은 성복을 하고 차서 대로 서되 삭망 때 의식과 같게 선다. 먼저 재배를 하고 자제 중에서 최 장자 한 사람이 가장 앞으로 나아가면 유자 한 사람이 홀을 조복 띠에 꽂고 술잔을 들고 그의 왼편에서고 또 한 사람이 홀을 조복 띠에 꽂고 주전자를 들고 그의 오른쪽에 선다. 장자는 홀을 조복 띠에 꽂고 무릎을 꿇고 앉아 술을 딸아 놓고 축사에 왈 엎드려 원하옵건대 모관께서는 오복을 갖추워 받으시어 가족을 보호하시고 집안을 화목하게 하여 주옵소서. 라 한다. 존장은 술을 마시고 잔을 주면 유자들은 잔과 주전자를 제자리에 둔다. 장자는 홀을 빼어 들고 부복 하였다 일어나 비유자들과 같이 모두 재배를 하되 가장이 비유자들에게 모두 앉으라고 명하면 비유자 모두 재배를 하고 앉는다. 가장이 시자에게 명하여 비유자 모두에게 두루 술잔이 미치게 하여 술을 따르게 한다. 비유자들은 모두 일어나 차서 대로 서기를 앞 의식과 같이 서서 함께 재배를 하고 자리로 나아가 술을 마신다. 모두 마셨으면 가장은 옷을 바꿔 입으라고 명하면 모두 물러나 편복으로 바꿔 입고 다시 돌아와 자리에 나아가 앉는다.

⊙上壽禮儀節次 [구씨 의절(丘氏儀節) 상수 절차(上壽節次)]

是日行拜賀禮訖子弟修具畢請家長夫婦並坐於中堂諸卑幼皆盛服○序立(世爲一行男左女右)○鞠躬拜興拜興平身○長者詣尊座前(長者進立於家長之前如弟則云長弟幼者一人執盞立於其左一人執注立於其右)○跪(長者及二幼者俱跪)○斟酒(長者受盞幼者執注斟酒訖二幼起)○祝壽(長者擧手奉盞祝曰)伏願尊親履玆長至(正旦則改長至爲歲端生旦則改云對玆爲慶)備膺五福保族宜家(祝畢家長受盞飮訖以盞授幼者反其故處長者)○俯伏興平身○復位(與卑幼俱拜)○鞠躬拜興拜興拜興拜興平身○酢酒(拜訖侍者注酒於盞授家長家長命長者至前親以酒授之)○受酒(長者受酒置於席端)○鞠躬拜興拜興平身(取酒)○跪(飮之畢)○興(長者命侍者以次酢諸卑幼皆出位跪飮畢執事者擧食卓入擺列男列於外女列於內婦女辭拜入內席)○命坐(家長命諸卑幼坐惟未冠及冠而未昏者不得坐)○鞠躬拜興拜興平身(諸卑幼俱拜而後坐)○各就席(乃以次行酒或三行或五行子弟迭起勸侑隨宜畢)○各出席○鞠躬拜興拜興平身○禮畢

⊙장수한어른잔치에잔올리는예의절차

[이날(명절) 행하는 하례의 절하기를 마치고 하례에 갖춰 놓은 모든 것을 잘 정돈하기를 마쳤으면 가장 부부를 같이 당의 중간에 앉기를 청하고 모든 비 유자들은]모두 성복을 한다. ○차서대로 선다(한 세대씩 한 열로 하되 남자는 좌측 여자는 우측이다) ○국궁 재배 평신

한다○장자(자손 중 연장자)는 존좌(가장 부부가 앉은 자리)앞으로 나간다(장자가 가장 앞으로 나아가 서면(아우가 이와 같이할 때는 장제라 한다)유자(장자 보다 어린이)한 사람이 잔을 잡고 그의 좌측에서 고한 사람은 주전자를 들고 그의 우측에 선다) ○무릎을 꿇고 앉는다(장자와 유자 두 사람도 함께 무릎을 꿇고 앉는다) ○술을 따른다{(장자가 잔을 받으면 유자는 들고 있는 주전자로 잔에 술을 따른다. 마쳤으면 유자는 일어선다)ㅇ오래 사시기를 비는 축사를 한다(장자는 잔을 받들어 들고 축사를 아뢴다)엎드려 원하옵건대 존친께서는 복록이 이에 오래도록 이르게 하시고(정월 초하루에는 장지를 세단으로 하고 생일과 초하루에는 리자 장지를 대자위경으로 고친다)오복을 갖추어 받아 가족을 보호하시고 가내가 화목하게 하여주옵소서(축수를 마치면 가장은 잔을 받아 술을 마시고 마쳤으면 잔을 유자에게 준다. 유자는 장자의 먼저 섰던 자리로 되돌아온다) ○부복하였다 일어나 평신한다. ○제자리로 물러나 선다(부복하였다 일어나서 유자와 같이 절을 한다)} ○국궁 사배 평신한다[○가장은 술잔을 돌린다(절하기를 마쳤으면 심부름하는 이는 주전자와 술잔을 가장에게 준다. 가장은 장자를 앞으로 나오게 명하여 친히 술을 딸아 준다) ○술을 받는다(장자는 술을 받아 자리의 끝에 놓는다) ○국궁 재배 평신한다(술잔을 든다) ○무릎을 꿇고 앉는다(술을 마신다. 마쳤으면) ○일어 선다(장자는 심부름하는 이에게 명하여 여러 비유(항렬이 낮거나 어린이)자에게 차례대로 술잔을 돌리게 한다. 차례로 나와 무릎을 꿇고 앉아 술마시기를 모두 마쳤으면 집사자는 식탁을 들고 들어와 벌려 놓는다. 남자 열은 바깥으로 하고 여자들은 안으로 하되 부녀자들은 절을 하고 안의 자리로 들어 간다) ○앉으라고 하명한다(가장은 모든 비유자에게 앉으라고 명한다. 이때 관례를 하지 않았거나 관례는 하였으나 미혼자도 부득이 앉아야 된다고 생각 된다) ○국궁 재배 평신한다(모든 비유자들도 함께 절을 하고 앉는다) ○각자의 자리로 간다(곧이어 주연을 혹 삼 순배 혹 오 순배로 행하되 자제들이 번갈아 일어나 주고 받고 권하기를 안주도 같이 따라야 한다. 마쳤으면)] ○각 자의 자리로 간다. ○국궁 재배 평신한다. ○예를 모두 마친다.

이상의 예는 어른의 생전에 장수를 비는 의식 절차입니다. 회갑 의식 역시 본 예법을 준용함이 합당치 않을까 생각 되며 사후 역시 본 예법에서 대개 다음과 같은 부호내의 의식은 제 하거나 수정을 하여 행 하여도 무방치 않을까 생각 듭니다{} []○술을 따른다 에는 술을 따라 올린다. 축사 행에는 회갑 축문으로 대하고 헌작은 맏이의 헌작 재배 후 차순자가 헌작 하면 예에 크게 어그러지지는 않으리라 생각 듭니다.

⊙上壽笏記(상수홀기)(笏記刊寫者未詳)

設父席於堂北壁下少東設小卓一於其前○父升席自西方南向坐○設母席於北壁下少西設小卓一於其前○母升席自西方南向坐○設卓於堂東壁下近北置酒注於盞盤其上(注東盞西)又設卓於堂南端多置酒盞於其上○丈夫盛服立於父席前西上北向○婦人盛服立於母席前東上北向○丈夫婦人皆再拜(婦人夾拜)○最長者一人進立於父席前幼者一人執酒盞立於其左東向○一人執酒注於立其右西向○最長者受盞○執注者斟酒反奠于故處復位○最長者跪置卓上祝曰伏願大人履兹歲端(南至晬辰隨時稱之)備應五福保族宜家○父飮畢授幼子盞○幼子反奠于酒注卓上復初立位○最長者進母席前幼子一人執酒盞立於其左東面○一人執酒注立於其右西面○最長者受盞執注斟酒者反奠于故處復位○最長者跪置卓上祝曰伏願母親履兹歲端備應五福保族宜家○母飮畢授幼子盞○幼子反奠于酒注卓上復初立位○最長者俛伏興退與在位者皆再拜○父命諸長幼坐長幼皆再拜而坐○父命諸侍者徧酬諸長幼○諸長皆起立○侍者實酒授長者○長者受酒坐奠于席北端興再拜取酒坐卒飮授侍者盞興再拜○侍者以盞實酒詣諸長幼前諸長幼皆再拜受○卒飮酒皆再拜而退○侍者徹席及卓子

●史記封禪書篇白雲起封中天子從禪還坐明堂群臣更上壽於是制云云

상중하수(上中下壽)에 관함은 아래와 같이 차이가 있음. 다만 예기(禮記) 악기편(樂記篇)의 삼노오경(三老五更)의 삼노(三老)는 상중하수(上中下壽)와는 관련이 없습니다.

●莊子盜跖篇人上壽百歲中壽八十歲下壽六十歲除病瘦死喪憂患其中
●春秋左傳僖公爾何知中壽爾墓之木拱矣註人生上壽百二十年中壽百年下壽八十年
●禮記樂記篇食三老五更注三老五更互言之耳皆老人更知三德五事者也疏五者天下之大教也者郊

射一禘冕二祀乎明堂三朝覲四耕藉五此五者大益於天下竝使諸侯還其本國而爲教故云大教也

●禮記文王世子篇適東序釋奠於先老遂設三老五更群老之席位焉註若非始立學則無釋奠先老之禮先老先世之爲三老五更者也三老五更各一人群老無定數蔡邕云更當爲叟三老三人五更五人未知是否然皆年老更事致仕者舊說取象三辰五星

⊙회갑축문식(回甲祝文式)

維 歲次干支幾月干支朔幾日干支孝(卒哭前考孤妣哀俱沒則孤哀)子(祖孫)某敢昭告于 顯考某官府君(妣則顯妣某封某氏俱沒則列書承重則倣此)歲時遷易(此下當添俱沒則或顯考或顯妣承重則顯祖考或顯祖妣)奄及回甲生旣有慶歿寧敢忘昊天罔極(承重則改昊天罔極爲不勝永慕)謹以淸酌庶羞式此奠獻尙 饗

▶4067◀ ◈問; 사갑제에 관하여.

올해 8 월 03 일이 어머니 살아계실 적 생신이라 사갑제를 올리려고 하는데 제가 지식이 없어 이렇게 질문을 드립니다. 귀찮더라도 꼭 답변해 주시면 감사 하겠습니다.

◆첫째: 아버님은 작년 71 세에(61 세에 환갑 하시고) 돌아가셨는데 사갑제 때 아버님 상도 차려드려야 하나요? 만약 차려드려야 한다면 아버님 한복도 태워 드려야 하고, 지방도 아버님 것을 써야 하는지요?

◆둘째: 한복(韓服)은 언제 태워 드려야 하나요? 제사 끝나고 인지 아님 제사(祭祀) 지내기 전인지?

◆셋째: 형님이 한 분 계고 제가 차남인데 형님이 사갑제 때 오질 못할 것 같아 제가 축문을 읽어야 하는데 효자란 말을 써도 되는 지요?

◆넷째: 축문을 고할 시 한자 말고 한글로 고해도 되는지요?

◆다섯째: 생신 날 자시에 제사를 지내고, 새벽에 또 산소를 찾는다면 거기서 제사를 또 지내야 하는지요? 한번만 지내는 것이라면 새벽에 산소 가서 지내도 되려는 지요?

◆여섯째: 사갑제 제사절차를 기일 날 지내는 절차와 같게 해도 되는지요? 상 차리는 법 및 지내는 순서 등 질문이 너무 많아 죄송합니다. 아는 것이 없어 이렇게 운영자님을 힘들게 하네요. 김 0 식

◈答; 사갑제에 관하여.

사갑제란 아직 그 예법을 바르게 적어 놓은 전통예서는 발견하지 못하였습니다. 세속의 예법으로 회갑 전에 작고한 부모 또는 승중의 조부모의 갑일을 당하면 기제의 예법을 준용하여 그날 아침에 상을 차려 놓고 삼헌이 아닌 헌작할 만한 관계인은 모두 잔을 올리는 것 같습니다.

問 첫째. 答: 기제 예법의 병제, 또는 생시의 예법을 따라도 병설함이 마땅할 것이며 옷을 태운다 함은 알지를 못하며 지방을 써 세움이 마땅할 것입니다.

問 둘째. 答: 의복을 태우는 이유와 시기는 알지를 못합니다.

問 셋째. 答: 효자는 장자 이외에는 쓸 수가 없는 글자입니다. 축문에서 효자(孝子)란 효성스러운 자식이란 뜻이 아니라 맏아들이란 뜻입니다.

問 넷째. 答: 본 홈은 전통예절을 논하는 장이라 한글 축문을 거론할 자리가 아닌 것 같습니다.

問 다섯째. 答: 고비갑일신정(考妣甲日伸情)

●艮齋禮說按考妣甲日欲就墓所累設伸情固可爲也先賢于有廟中諸位普同薦新之論亦可從也

위와 같이 살펴보건대 한번의 예로 마침이 옳을 것 같으며 집에서 지내고 산소(山所)를 찾

아 됩는 것 역시 옳겠으나 또 제의 예법으로 갖출 것 까지는 없을 것 같습니다.

問 여섯째. 答: 전통으로 전래되는 예법은 없으나 위에서 살핀 바와 같이 기제의 절차와 상차림을 준용하면 예에 어그러지지는 않을 것입니다.

▶4068◀◈問; 사갑제에 관해 한번 더 여쭙겠습니다.

우선 부족한글에 대한 답변 감사 드립니다. 제가 궁금한 것은 장자가 아니면 축문 고할 시 효자란 말을 쓰면 안 된다고 하셨는데 차남인 경우 아예 축문을 고하면 안 되는지 아님 효자란 말 대신 차남 아무개로 고쳐 고해도 되는지요?

또 저희 집이 아버님 살아계실 때도 그랬고 지금도 기제사 축문 고할 시 한글로 고하였는데 사갑제 축문 또한 저희 집안 하는 식으로 고해도 되는지요?

◈答; 사갑제에 관해 한번 더.

⊙子弟攝主祝(자제섭주축)

曾子問孔子曰宗子居於他國庶子爲大夫其祭也祝曰孝子某使介子某執其常事○遂菴曰家廟大小薦宗子有故則使子弟代行可也何必主婦爲也○問宗子老傳其子代祭祝辭同春曰當曰孝子某衰耗不堪事使子某云云可也○尤菴曰凡祭主人有故則使子弟代之者詳於家禮附註矣然代者是尊行則使字未安故俗禮改云孝子某有故代叔父或兄云云而祖先之稱當從代者之屬云未知必合於禮否也○叔父代行而以宗子之屬稱稱其父爲祖旣有所未安若或以己之屬稱稱之則又與尊祖敬宗不敢入廟之義相悖尋常於此不敢有杜撰之意故前書以未知如何仰報矣○所攝之中如有尊行則子弟以不敢爲攝主矣○問宗子有故支子代行則其祝文何以爲之南溪曰當從使某之例蓋雖曰父兄之尊旣壓於祖先則恐無所妨如君前臣名父前子名可見也○遂菴曰宗子有疾病不得參祭則祝辭改曰孝孫某有疾病介子某代行薦禮敢昭告云云○愚按尊行代攝祖先屬稱尤翁雖有此兩下說然據曾子問宗子使庶子攝祭祝曰使介子某云而不曰使介弟則是用祖禰之屬稱而不用宗子之屬稱明矣今若曰代叔父或兄云則是用宗子之屬稱而非曾子問不稱介弟之義矣今於高祖之祭叔父攝告曰代叔父敢昭告于曾祖云則其曰叔父者主於宗子也其曰曾祖者主於代者也一祝之間稱號班駁半上落下恐或未安似當曰介曾孫某敢攝告于曾祖云云而都不用代字使字可也據曾子問庶子有爵者旣稱介子而許入廟攝事則如此稱之恐無不可尤翁所謂不敢入廟云者恐不必然且家禮則通稱介子不論爵之有無矣此與使子弟攝告事體自別若使子弟則恐不得不曰使介子某或使子某告于高祖云矣未知如何

위의 말씀으로 차자 대행축으로 고쳐 보면 아래와 같이 쓰면 되지 않을까 생각됩니다.

아래는 차자가 초헌을 하게 될 때의 축식입니다. (다른 연고가 있으면 이를 응용하여 유질병을 그로 고쳐 쓰면 됩니다)

⊙"예문" 섭주 기제 축식(攝主忌祭祝文式)

維 歲次癸未十月辛未朔十五日乙酉孝子○○(주인이 질병일 때 有疾病使介次子○○代行薦禮 ○출타 중일 때 出境使介次子○○執其常事)敢昭告于 顯考某官府君 顯妣某封某氏歲序遷易 顯考諱日復臨追遠感時昊天罔極謹以淸酌庶羞恭伸奠獻尙 饗

한글 축문이 귀 가문의 예법이라면 그에 관한 당부를 논할 수 없습니다.

▶4069◀◈問; 사갑제 관련하여.

안녕하세요. 선생님 또 하루가 시작되려 하네요. 바람도 조금 차고요.

다름이 아니라 조금만 있으면 저희 아버지 사갑제가 다가오는데 제가 사갑제 형식과 절차 등 관련된 모든 것에 대하여 워낙 무지하여 부득이하게 선생님께 자문을 구하고자 합니다. 다소 바쁘시고 여의치 않더라도 메일을 읽어주시길 바랍니다.

1. 사갑제 순서가 어떻게 되는지요, 산소에 가서는 기제사와 동일한 순서로 모시면 되는지

요.

2. 축문 쓰는 방법을 부탁 드립니다. 아버지는 1948년 음력 01월 29일입니다. 축문을 쓰면 지방도 써야 되는지요. 축문에는 아들 이름이 들어가는데 남동생의 이름도 들어가야 하지 않을까요. 축문은 누가 읽어야 되는지요. 장남 또는 매형인지요. 산소에도 갈 예정인데 사진+지방+축문은 가지고 가는지요.

3. 복장 관련해서 가족들(아들, 며느리, 딸)은 한복을 입어야 하는지요.

4. 산소에서 잔 올릴 때 돌아가신 할아버지, 할머니 잔도 올려야 하는지요. 그럼 지방 역시 할아버지 할머니 아버지 3 개를 써야 하는지요. 아침에 집에서 생신상을 올릴 건데 그 역시 할아버지, 할머니 잔도 올려야 하는지요. 그럼 지방 역시 할아버지 할머니 아버지 3 개를 써야 하는지요

5. 절하는 순서는 아들, 딸, 매형, 고모, 외삼촌 등 순서가 어떻게 되는지요

6. 혹 곡은 해야 하는지요

7. 준비해간 옷을 시접은 절차가 끝난 후 마지막에 태우는지요.

이상입니다. 다소 질문이 있네요. 바쁘시더라도 다시 한번 고개 숙여 부탁 드립니다. 손 0 락 드림.

◈答; 사갑제(死甲祭) 관련하여.

問 1. 答: 전통예법으로 전해지는 사갑제 예법은 없습니다. 다만 세속에서 행하고 있어 그 예를 가례회성의 생신제 예법이 있어 그 예를 준용하면 되지 않을까 생각됩니다. 그 예법을 아래에 적습니다. 산소에 가서는 성묘의 예를 갖추면 될 것입니다. (무축 단헌)

◎회갑제

○회갑제의례절차(回甲祭儀禮節次)[의절병동제니(儀節並同祭禰)]

序立(主人主婦及弟婦子姪凡禰所出者皆在)○降神○參神○鞠躬拜興拜興拜興拜興平身○盥洗○詣香案前○跪○上香○酹酒(以下旁注皆與時祭同)○俯伏興拜興拜興平身○進饌○初獻禮○詣考妣神位前○跪○祭酒○奠酒○祭酒○奠酒○俯伏興平身○詣讀祝位○跪○主人以下皆跪○讀祝○俯伏興○鞠躬拜興拜興平身○復位○奉饌○亞獻禮○盥洗○詣考妣神位前○跪○祭酒○奠酒○祭酒○奠酒○俯伏興拜興拜興平身○復位○奉饌○終獻禮○盥洗○詣考妣神位前○跪○祭酒○奠酒○祭酒○奠酒○俯伏興拜興拜興平身○復位○奉饌○侑食○鞠躬拜興拜興平身○復位○闔門○祝噫歆○啓門○主人以下復位○獻茶○飮福受胙○詣飮福位○跪○嘏辭曰(云云四時祭同但去祖字)○飮福酒○受胙○鞠躬拜興拜興平身(主人起立于東階上西向)○告利成(祝立于西階上東向曰)○利成○復位○鞠躬拜興拜興平身○辭神○鞠躬拜興拜興拜興拜興平身○焚祝文○徹饌○禮畢

◆회갑축문(回甲祝文)

維 歲次干支幾月干支朔幾日干支孝(卒哭前孤妣哀俱沒則孤哀承重則孝孫卒哭前孤孫哀孫孤哀孫)子(隨屬稱)某敢昭告于 顯考某官府君(妣則顯妣某封某氏承重則倣此)歲時遷易(此下當添俱沒則或顯考或顯妣承重則顯祖考或顯祖妣)回甲載屆生旣有慶歿寧敢忘追感歲時昊天罔極(承重則改昊天罔極爲不勝永慕)謹以淸酌庶羞祗薦歲事尙 饗

◆조고부득복친상자친상회갑일고묘거애고사식(早孤不得服親喪者親喪回甲日告墓擧哀告辭式)

(梅山答人問曰追喪不見於禮然當親歿周甲有未忍昧然其事禮有心喪旣不得服喪於禮制之外則惟心喪可以自盡故前哲亦開此一段天理人情之斷不容已者也三年則恐過於禮當期年而止耳親喪回甲當告哀擧哀服色或蔽陽子或用白布笠而旣遵心喪禮則心喪笠帶皆是黲布追喪當用黑笠帶也心喪服練布直領則追喪亦同笠旣用黑色則纓當從笠屨亦用白皮不害於心喪而未若麻也追喪期服恐難局定當人自量追慕之所至或三年或期年或止親歿之年自安於其心已矣要止親歿之年則當受心制於是歲之元日與歲俱除恐爲得正而旣不能乃爾則受制於親歿周甲之日至翌年忌日而服吉恐宜祖禰以上忌墓祭當遵禮行之時祭當停止心制中不可擧盛禮故也又曰爲母追服爲其

當服而未服也繼母之子爲前母追喪名義無當曷可隨兄而爲之乎○屛溪曰禮不許追喪若於譬日回甲之時起居飮食之節稍變於常時以寓心喪者間間有之金判書有變幼未服父喪其父忌回甲先於墓下構數間草廬忌祭罷卽往其父墓攀發一慟以布衫布帶黑布笠居其草廬素食凡床席衾枕器皿皆去華采先世忌祀外不至家一期前朝夕上繫哭期後不哭而拜其間屢年除命皆不仕以終三年其後鄭參判匡濟亦行此禮而一期期而止耳)

維 歲次干支幾月干支朔幾日干支孝子某敢所告于 顯考某官府君 顯妣某封某氏之墓不肖生孩幾月 顯考捐背襁褓不克包衰寃酷痛毒昊天罔極下世甲子一周今用喪餘之辰追行心喪之禮衆稽往禮用寫哀慕謹以酒果用伸虔告謹告

◆선고회갑일고묘문(先考回甲日告墓文)

府君謝世幾有幾年小子冥頑視息尙存劬勞之恩敢忘何日遽當今朝哀痛尤切觥祝何施容聲靡接薄奠告墳失聲長號伏惟尊靈格斯左右

◆회갑일제고비출주고사(回甲日祭考妣出主告辭)

今以孤兒始啓回甲生辰敢請顯考顯妣神主出就正寢恭伸奠獻

◆회갑일제고비축문(回甲日祭考妣祝文)(永感之下當此日不勝哀戀行此祀)

云云伏以不肖孤兒在世欠寧幸免逆理豈願遐齡偶逢回甲忽當生辰難再此日非久斯身敢忘劬恩僖常追戀如存如奉宜養宜奠謹以淸酌庶羞哀薦情事尙 饗

⦿회갑(回甲)(二禮演輯).

◈홀기(笏記; 生時)

家長兩位(父母)盛服就位南向坐男女子孫盛服序立如圖(男東女西)先共再拜(婦人四拜)獻者一人(子弟之最長者)以盛饌分獻于家長兩位前(各卓)獻者進立于父位前(獻壽席)奉盞○執事斟酒○獻者跪獻盞○祝曰[伏願父主備膺五福保族宜家]讀訖○家長(父)受盞飮畢○以其盞授執事○獻者次詣母位前(獻壽席)奉盞○執事斟酒○獻者跪獻盞○祝曰[伏願母主備膺五福保族宜家]讀訖○母受盞飮畢○以其盞授執事○獻者興○退復位○獻者以下皆再拜(家禮有醮于諸卑幼之禮而今俗鮮行酢禮故今刪之)家長命易服○男女諸子孫皆服便服○還復就位相向坐(男東女西)各受盃盞盡歡而徹○皆再拜而退

●莊子盜跖; 人上壽百二十中壽八十下壽六十

●梅山答人問曰追喪不見於禮然當親歿周甲有未忍昧然其事禮有心喪旣不得服喪於禮制之外則惟心喪可以自盡故前哲亦開此一段天理人情之斷不容已者也三年則恐過於禮當期年而止耳親喪回甲當告哀擧哀服色或蔽陽子或用白布笠而旣遵心喪禮則心喪笠帶皆是黲布追喪當用黑笠帶也心喪服練布直領則追喪亦同笠旣用黑色則纓當從笠屨亦用白皮不害於心喪而未若麻也追喪期服恐難局定當人自量追慕之所至或三年或期年或止親歿之年自安於其心已矣要止親歿之年則當受心制於是歲之元日與歲俱除恐爲得正而旣不能乃爾則受制於親歿周甲之日至翌年忌日而服吉恐宜祖禰以上忌墓祭當遵禮行之時祭當停止心中不可擧盛禮故也又曰爲母追服爲其當服而未服也繼母之子爲前母追喪名義無當曷可隨兄而爲之乎

●屛溪曰禮不許追喪若於譬日回甲之時起居飮食之節稍變於常時以寓心喪者間間有之金判書有變幼未服父喪其父忌回甲先於墓下構數間草廬忌祭罷卽往其父墓攀發一慟以布衫布帶黑布笠居其草廬素食凡床席衾枕器皿皆去華采先世忌祀外不至家一期前朝夕上繫哭期後不哭而拜其間屢年除命皆不仕以終三年其後鄭參判匡濟亦行此禮而一期期而止耳

●弘菴曰生辰祭固非禮然考妣回甲情理有非尋常生辰之比用伸情禮恐不大悖用時祭一分之饌出主正寢讀祝三獻如時祭但不受胙今亦不能三月之久亦須第二日見舅姑第三日廟見乃安亦當行

問 2. 答: 축문은 위와 같습니다.
지방은 물론 써 붙여야 합니다. 지방식은 기제 지방식과 같이 쓰면 됩니다. 축문에는 맏이 이름만 씁니다. 독축은 축관이라 하여 헌관이 아닌 축을 읽을만한 사람으로 제원 중 누구도 관계없습니다. 산소에는 사진이나 지방 및 축문 없이 무축단헌(無祝單獻)으로 예를 마치면 됩니다.

問 3. 答: 그렇게 입으면 무난할 것 같습니다.

問 4. 答: 조상 묘에도 예를 갖추어야 할 것입니다 지방은 쓰지 않습니다. 다른 조상은 같이 차리지 않습니다.

問 5. 答: 먼저 맏이가 하고 다음으로 맏며느리 만약 맏며느리가 못하게 되면 차자, 등 근친의 순으로 잔을 올립니다

問 6. 答: 기제는 상의 예이니 부모나 승중의 조고비의 기일에 초헌 시 곡을 하나 다른 제사에서는 곡을 하지 않습니다.

問 7. 答: 준비해간 옷이란 무슨 의미인지 알 수는 없으나 그러한 예는 알지를 못합니다.

◈回婚回甲禮(회혼회갑례)(二禮演輯)

◆回婚(회혼)

南溪曰禮無此文想古無此禮而然也今從俗行之則似當倣婚禮設同牢床對坐傳杯儀而已若拜跪諸節不必一一遵行以損安老之大致也擧樂一段旣非初婚之比何必全然廢却○尤庵曰回婚禮近出於士大夫家而無古據然人子情理是日不能昧然經過則不過設酌以賀如晬日之儀○又有服者行宴當否曰當看家禮主婚者無朞以上喪條而處之○陶庵曰都不設婚儀只子孫上壽而已

◆回甲(회갑)

禮無回甲之文而家禮有獻壽儀未知獻壽在於何時耶今從俗設宴則亦用此儀

◈笏記(홀기)

家長兩位(父母)盛服就位南向坐男女子孫盛服序立如圖(男東女西)先共再拜(婦人四拜)獻者一人(子弟之最長者)以盛饌分獻于家長兩位前(各卓)獻者進立于父位前(獻壽席)奉盞○執事斟酒○獻者跪獻盞○祝曰[伏願父主備膺五福保族宜家]讀訖○家長(父)受盞飮畢○以其盞授執事○獻者次詣母位前(獻壽席)奉盞○執事斟酒○獻者跪獻盞○祝曰[伏願母主備膺五福保族宜家]讀訖○母受盞飮畢○以其盞授執事○獻者興○退復位○獻者以下皆再拜(家禮有醮于諸卑幼之禮而今俗鮮行酢禮故今刪之)家長命易服○男女諸子孫皆服便服○還復就位相向坐(男東女西)各受盃盞盡歡而徹○皆再拜而退

아래와 같이 존비(尊卑) 상향석(相向席) 배치도(配置圖)를 살펴보건대 [지도상우설(地道尙右說)]과 [음양설(陰陽說)(?)]로 양분되어 있음을 발견하게 된다. 상향석(相向席)에서 주부자(朱夫子)께서 예기(禮記)를 인용하여 하신 말씀은 [남향지석개상우(南向之席皆尙右)] 서향(西向) [북향지석개상(北向之席皆尙)

좌(左)]라 남향자(南向者)는 상우(尙右)이고, 북향자(北向者)는 상좌(尙左)라 하신 말씀으로는 이례연집설(二禮演輯說)과 일맥상통(一脈相通)하지 않은가 하며, 성재(省齋)(유중교(柳重敎))설(說)은 가례(家禮) 폐백(幣帛)의 고비(考妣)의 상향(相向)과는 향배(向背)가 다르게 존비(尊卑) 상향(相向)으로써 음양설(陰陽說)을 따른 배치도로 이해되는데, 본인은 주부자(朱夫子) 말씀인 [남향지석개상우(南向之席皆尙右)] [북향지석개상좌(北向之席皆尙左)]라 함은 그 자리에서 따지면 모두 [상우(尙右)]라 이는 [지도상우(地道尙右)]의 법도와 일치함. 이와 같이 살펴보건대 성재(省齋); 유중교(柳重敎) 설(說)인 [음양설(陰陽說)(?)]과 주부자설(朱夫子說)인 [상우설(尙右說)] 등 양설(兩說) 중 주부자설(朱夫子說)에 버금 이상설(以上說)이 드러나지 않는 한 신뢰할 것임.

●朱子曰禮云席南向北向以西方爲上 東向西向以南方爲上是東向南向之席皆尙右西向北向之席皆尙左也
●內則道路男子由右女子由左(集說細註)道路之法其右以行男子其左以行女子古之道也(鄭注)地道尊右(孔穎達疏)男不至由左正義曰此經論男子女子殊別之宜
●王制道路男子由右婦人由左註凡男子婦人同出一塗者則男子常由婦人之右婦人常由男子之左
●儀禮有司徹疏生人陽故尙左鬼神陰故尙右
●退溪集考證別集題士敬幽居條左左(韻玉)人道尙右故非正之術曰左道謫官曰左遷不適事宜曰左計
●朱子家禮冠禮冠者見于尊長條父母堂中南面坐諸叔父兄在東序諸叔父南向諸兄西向諸婦女在西

序諸叔母姑南向諸姉嫂東向冠者北向拜

●問冠禮時主人主婦皆南向坐而北側舅姑東西相向何義尤庵曰夫婦相對坐常禮也冠禮受子拜之時則諸父在東諸母在西若夫婦相對而坐則背東背西故不得不南面也

●芝村曰初喪爲位皆以男左女右而上朝祖下男女道路之法謂男左女右

●重庵曰男左女右以地道言則右尊左卑道路屬地當男右女左盖右主動而左主靜右有力而左無爲故男女所由如此

●錦谷曰家禮及諸禮書皆以東爲上故其爲男東女西者卽左東右西之意也

●朱子家禮昏禮婦見舅姑條舅姑坐於堂上東西相向各置卓子於前

姑⇒卓＝＝＝＝＝＝卓⇐舅
========新===========
========婦==========

●喪禮備要遷于廳事之圖男子由右主人婦人由左主婦

=男==⇓==婦=
子=====人=
右由====左由=
=主=====主=
=人=====婦=

●二禮演輯(禹德麟)附回婚回甲回甲條家長兩位(父母)盛服就位南向坐男女子孫盛服序立如圖(南東女西)

●二禮演輯獻壽圖

○間中堂
======北======
父=====⇓=====母
位=====⇓=====位
獻===========獻
壽===========壽
席===========席

諸衆長==⇑==長==衆
女婦婦==⇑==男==男
諸==諸==⇑==諸==
孫==孫==⇑==孫==
女==婦==⇑==男==

●省齋(柳重敎)集參謁位次圖

位姑諸母諸=母==⇓==父=諸父諸舅位
========婦婦==⇑==男男=======
========子子==⇑==子子=======
========女婦==⇑==男男=======
========孫孫==⇑==孫孫=======

▶4070◀◈問; 상수홀기(上壽笏記) 전문과 방상(方喪).

안녕하세요.!!! 고마운 성균관!!! 또 2가지 의문을 풀기 위하여 찾았습니다.

上壽笏記 전문과 方喪은 무슨 喪이며 그를 자세히 알려면 어느책 어디에 기록되어 있는지 가르쳐 주십시요. 옆 학우에게 으시댈 일이 있거든요. 염치불구하고 또 청하게 되었습니다. 학문은 한이 없는가 봅니다. 감사합니다.

◈答; 問 1 答; 상수홀기(上壽笏記).

⊙상수의례절차(上壽儀禮節次)(丘儀)

(是日行拜賀禮訖子弟修具畢請家長夫婦並坐於中堂諸卑幼皆盛服)

序立(世爲一行男左女右)○鞠躬拜興拜興平身○長者詣尊座前(長者進立於家長之前如弟則云長弟幼者一人執盞立於其左一人執注立於其右)○跪(長者及二幼者俱跪)○斟酒(長者受盞幼者執注斟酒訖二幼起)○祝壽(長者擧手奉盞祝曰)伏願尊親履玆長至(正旦則改長至爲歲端生旦則改云對玆爲慶)備膺五福保族宜家(祝畢家長受盞飮訖以盞授幼者反其故處長者)○俯伏興平身○復位(與卑幼俱拜(○鞠躬拜興拜興拜興拜興平身○酢酒(拜訖侍者注酒於盞授家長家長命長者至前親以酒授之)○受酒(長者受酒置於席端)○鞠躬拜興拜興平身(取酒)○跪(飮之畢)○興(長者命侍者以次酢諸卑幼皆出位跪飮畢執事者擧食卓入擺列男列於外女列於內婦女辭拜入內席)○命坐(家長命諸卑幼坐惟

未冠及冠而未昏者不得坐)○鞠躬拜興拜興平身(諸卑幼俱拜而後坐)○各就席(乃以次行酒或三行或五行子弟迭起勸侑隨宜畢)○各出席○鞠躬拜興拜興平身○禮畢

⊙상수홀기(上壽笏記)

設父席於堂北壁下少東設小卓一於其前○父升席自西方南向坐○設母席於北壁下少西設小卓一於其前○母升席自西方南向坐○設卓於堂東壁下近北置酒注於盞盤其上(注東盞西)又設卓於堂南端多置酒盞於其上○丈夫盛服立於父席前西上北向○婦人盛服立於母席前東上北向○丈夫婦人皆再拜(婦人夾拜)○最長者一人進立於父席前幼者一人執酒盞立於其左東向○一人執酒注於立其右西向○最長者受盞○執注者斟酒反奠于故處復位○最長者跪置卓上祝曰伏願大人履玆歲端(南至日+卒辰隨時稱之)備應五福保族宜家○父飮畢授幼子盞○幼子反奠于酒注卓上復初立位○最長者進母席前幼子一人執酒盞立於其左東面○一人執酒注立於其右西面○最長者受盞執注斟酒者反奠于故處復位○最長者跪置卓上祝曰伏願母親履玆歲端備應五福保族宜家○母飮畢授幼子盞○幼子反奠于酒注卓上復初立位○最長者俛伏興退與在位者皆再拜○父命諸長幼坐長幼皆再拜而坐○父命諸侍者偏酬諸長幼○諸長皆起立○侍者實酒授長者○長者受酒坐奠于席北端興再拜取酒坐卒飮授侍者盞興再拜○侍者以盞實酒詣諸長幼前諸長幼皆再拜受○卒飮酒皆再拜而退○侍者徹席及卓子

◎問 2 答; 方喪.

◈방상(方喪)이란; 군부(君父)는 일체(一體)라 임금의 상(喪)을 당하게 되면 부모(父母) 상(喪)의 예(禮)와 같이 행한다. 함입니다.

◈書名;
◆士儀八冊卷之十六 方喪篇; ○臣民服 ○在外臣民儀 ○君親偕喪 ○國恤內私喪私祭辨疑 ○國恤中私服 ○國恤內冠昏 ○郡縣吏爲守令服
◆士儀節要下 方喪篇

▶4071◀ ◈問; 시호는 어떻게 지어 부르게 되는 지요.

보통 사람들에게는 시호라는 것이 없는 것 같습니다. 옛 분들을 살피다 보면 시호(諡號) 라 하여 무슨 공(公) 무슨 공(公)라 시호(諡號)가 있습니다.

시호란 언제 어떻게 지어 부르게 되는 지가 퍽 궁금합니다.

◈答; 시호(諡號)는.

시호(諡號)는 주(周)나라 때 정립(定立)되어 한(漢)을 거쳐 청(淸)에 이르렀으며. 우리나라 조선조(朝鮮朝)에서는 처음에는 임금, 종친(宗親), 문무관(文武官) 중 정이품(正二品) 이상의 실직(實職)에 있던 사람이 죽으면 그의 행장(行狀)을 예조(禮曹)에 품신(稟申) 예조(禮曹)에서는 봉상시(奉常寺)를 거쳐 홍문관(弘文館)으로 송부(送付) 시호(諡號)를 정(定)하였습니다.

또 현신(賢臣) 절신(節臣) 명유(名儒) 들의 生前의 功績을 살펴 임금님이 시호(諡號)를 하사(下賜)하셨습니다.

●經國大典贈諡條宗親及文武官實職正二品以上贈諡註親功臣則雖職卑亦贈○奉常寺正以下議定並行狀報本曹
●大典會通贈諡條[原]宗親及文武官實職正二品以上贈諡註親功臣則雖職卑亦贈○奉常寺正以下議定幷行狀報本曹[增]通政以上文望顯職館閣及曾經九卿之人撰行狀禮曹照訖付奉常寺奉常寺移送弘文館東壁以下三員會議三望東壁一員又與奉常寺正以下諸員更爲議定政府舍檢中一員署經幷行狀報本曹入啓受點[續]大提學秩視正二品雖從二品大提學亦許賜諡○儒賢及死節人表著者雖非正二品特許賜諡註儒賢節義外毋得格外陳請[補]爵諡請贈非廟堂覆奏者則凡贈職本曹贈諡禮曹稟處○諡狀呈禮曹時撰進人員旣是無故者則其後雖身故或被罪依例啓下
●通志諡略古無諡諡起於周人義皇之前名是氏亦是號亦是至神農氏則有炎帝之號軒轅氏則有黃帝之號二帝之號雖殊名氏則一焉堯曰陶唐舜曰有虞禹曰夏后湯曰殷商則氏以諱事神者周道也周人卒哭而諱將葬而諡有諱則有諡無諱則諡不立生有名死有諡名乃生者之辨諡乃死者之辨初不爲善惡也

○上謚法

神聖賢亥武成康獻懿元章釐景宣明昭正敬恭莊肅穆戴翼襄烈桓威勇毅克壯圉魏安定簡貞節白匡質靖眞順思考纍顯和玄高光大英睿博憲堅孝忠惠德仁智愼熙洽紹世果 等等
右百三十一謚用之君親焉用之君子焉

○中謚法

懷悼愍哀隱幽冲夷懼息攜 等等
右十四謚用之閔傷焉用之無後者焉

○下謚法

野夸躁伐荒千輕悖凶 等等
右六十五謚用之殲夷焉用之小人焉
凡上中下謚共二百十言以備典禮之用

▶4072◀◈問; 음력 9월9일 종양절 제사의 유례.

음력 9월9일 종양절 제사의 유례를 알고 싶습니다. 잘 좀 가르쳐 주세요.

◈答; 중양절(重陽節)이란.

음력 9월9일 종양절이란 음력 9월9일 중양절(重陽節)의 착오인 듯 합니다.

중양절은 중국에서 유래한 명절로, 그곳에서도 매년 음력 9월 9일에 행하는 한족의 전통절일이다. 중양절은 중국에서는 한나라 이래 오랜 역사를 가지고 있으며, 당송(唐宋) 대에는 추석보다 더 큰 명절로 지켜졌다 합니다.

중양절은 음력 9월 9일을 가리키는 날로 날짜와 달의 숫자가 같은 중일(重日) 명절(名節)의 하나. 중일 명절은 3월 3일, 5월 5일, 7월 7일, 9월 9일 같이 홀수 곧 양수(陽數)가 겹치는 날에만 해당하므로 이날들이 모두 중양(重陽)이지만 특히 9월 9일을 가리켜 중양이라고 하며 중구(重九)라고도 합니다. 또 '귈'이라고 부르는 지방도 있다 합니다. 음력 삼월 삼짇날 강남에서 온 제비가 이때 다시 돌아간다고 하는데. 가을 하늘 높이 떠나가는 철새를 보며 한 해의 수확을 마무리하는 계절이기도 합니다.

중양절에는 여러 가지 행사가 벌어지는데, 국가에서는 고려 이래로 정조(正朝), 단오(端午), 추석(秋夕)과 함께 임금이 참석하는 제사를 올렸고, 사가(私家)에서도 제사를 지내거나 성묘(省墓)를 하였다 합니다.

●翰墨全書魏文帝重九以菊賜種繇與書曰九爲陽數而日月並應俗宜其名宜於長久故以燕享高會朱子曰大祭時每位用四味請出木主俗節小祭只就家廟止二味朔旦俗節酒止一上斟一杯
●魏文帝以菊賜鍾繇與書曰九爲陽數而日月并應故曰重九亦名重陽
●風土記九月九日律中無射而數九故俗尙此日故以之宴享高會此最爲近理我國元月元日之後有三三五五七七九九名節而無二二四四六六十十則乃尊陽卑陰之義也民間依禮文奠先祠而登高飮菊酒則如故事
●東萊呂氏曰節物重陽薦萸菊餻
●家禮祠堂篇俗節則獻以時食條節如清明寒食重午中元重陽之類凡鄕俗所尙者食如角黍凡其節之所尙者薦以大盤間以蔬果禮如正至朔日之儀
●歲時雜記重陽尙食糕以棗爲之或加以栗
●擊蒙要訣祭儀抄篇薦獻儀條俗節(謂正月十五日三月三日五月五日六月十五日七月七日八月十五日九月九日及臘日)獻以時食(時食如藥飯艾餠水團之類若無俗尙之食則當具餠果數品)如朔參之儀

▶4073◀◈問; 지인용(智仁勇)과 지인용(知仁勇)

지(智)와 지(知)를 인용(仁勇) 붙여 지인용(智仁勇) 지인용(知仁勇)이 하였을 때 어느 짜로 써야 합당할까요.

◈答; 지인용(智仁勇)과 지인용(知仁勇)

知仁勇에서의 [知]는 知而後有勇이라 하였으니 익혀 명확하게 "알다"인 것 같고. 仁義禮智信에서의 [智]는 슬기. 슬기로운. 지혜. 지혜로움 등을 뜻함 같으니 두 글의 지(知智)자는 그 뜻하는 바가 다르지 않습니다..

또[知]와 [智]는 ①안다는 뜻에서는 통용(通用). ②슬기라는 뜻에서는 동자(同字)이니 어느 자(字)를 택하여 써도 크게 왜곡되지는 않으나 논어(論語)에 지자(字)가 총 121 자인데 이에서지(智)자의 쓰임은 없고 다만 지(知)자로 설명되어 있으니 지인용(智仁勇)보다는 지인용(知仁勇)으로 씀이 선유의 뜻에 순종됨이 아닌가 합니다..

다만 현재 주로 쓰임이 지인용(智仁勇)으로 정립되어 있는 것 같으니 흐름에 순응 지인용(智仁勇)으로 이해 됨이 옳을 것입니다.

●論語憲問篇子曰君子道者三我無能焉仁者不憂知(朱註知去聲自責以勉人也)者不惑勇者不懼子貢曰夫子自道也朱註道言也自道猶言謙辭○尹氏曰成德以仁爲先進學以知爲先故夫子之言其序有不同者以此○戴氏註子貢謂君子之道皆夫子身備有之道特自謙無能爾夾谷之會齊侯作侏儒之樂欲以執定公孔子曰匹夫而熒惑於諸侯者誅於是誅侏儒齊侯大懼曲節從敎此仁者必兼知勇也
●史記平津侯主父列傳; 智仁勇此三者天下之通德
●中庸第二十章(朱夫子著中庸或問)

(一), 天下之達道五所以行之者三曰君臣也父子也夫婦也昆弟也朋友之交也五者天下之達道也知仁勇三者天下之達德也所以行之者一也註達道者天下古今所共由之路卽書所謂五典孟子所謂父子有親君臣有義夫婦有別長幼有序朋友有信是也知所以知此也仁所以體此也勇所以强此也謂之達德者天下古今所同得之理也一則誠而已矣達道雖人所共由然無是三德則無以行之達德雖人所同得然一有不誠則人欲間之而德非其德矣程子曰所謂誠者止是誠實此三者三者之外更別無誠

(二), 或生而知之或學而知之或困而知之及其知之一也或安而行之或利而行之或勉强而行之及其成功一也註知之者之所知行之者之所行謂達道也以其分而言則所以知者知也所以行者仁也所以至於知之成功而一者勇也以其等而言則生知安行者知也學知利行者仁也困知勉行者勇也盖人性雖無不善而氣稟有不同者故聞道有蚤莫行道有難易然能自强不息則其至一也呂氏曰所入之塗雖異而所至之域則同此所以爲中庸若乃企生知安行之資爲不可幾及輕困知勉行謂不能有成此道之所以不明不行也

(三), 子曰好學近乎知力行近乎仁知恥近乎勇註子曰二字衍文○此言未及乎達德而求以入德之事通上文三知爲知三行爲仁則此三近者勇之次也呂氏曰愚者自是而不求自私者徇人欲而忘返懦者甘爲人下而不辭故好學非知然足以破愚力行非仁然足以忘私知恥非勇然足以起懦

(四), 知斯三者則知所以修身知所以修身則知所以治人知所以治人則知所以治天下國家矣註斯三者指三近而言人者對已之稱天下國家則盡乎人矣言此以結上文脩身之意起下文九經之端也

●論語子罕; 子曰知者不惑仁者不憂勇者不懼

◈논어집주대전(論語集註大全);

●子曰知者不惑仁者不憂勇者不懼(知去聲)明足以燭理故不惑理足以勝私故不憂註程子曰仁者不憂樂天者也○朱子曰仁者天下之公私欲不萌而天下之公在我何憂之有○胡氏曰公理不能勝私欲則憂患多端仁者至公無私與理爲一理所當然則貧賤夷狄患難皆素其位而行無往而不自得所以不憂也
●氣足以配道義故不懼註朱子曰孟子說配義與道無是餒也今有見得道理分曉而反懾怯者氣不足也○慶源輔氏曰勇而謂氣足以配道義者配則合而有助之義如陰配陽也育義理之勇有血氣之勇氣本麤厲惟配乎道義則爲道義之助而可以言勇所謂不懼者非悍然不顧也主乎義理而言故以配乎道義明之
●此學之序也註朱子曰成德以仁爲先進學以知爲先此誠而明明而誠也中庸三者之序亦爲學者言問何以勇皆序在後曰末後末後做工夫不退轉此方是勇○問知者不惑明理便能無私否曰也有人明理而不能去私欲者然去私欲必先明理無私欲則不屈於物故勇惟聖人自誠而明可以先言仁後言知至於敎人當以知爲先○有仁知而後有勇然而仁知又少勇不得雖曰仁能守之只有這勇方能守得到頭方能接

得去若無這勇則雖有仁知少間亦恐會放倒了所以中庸說仁知勇三者勇本是箇沒緊要底物事然仁知不是勇則做不到頭半塗而廢○問人之所以憂惑懼者只是窮理不盡故如此若窮盡天下之理則何憂何懼之有因其無所憂故名之曰仁因其無所惑故名之曰知因其無所懼故名之曰勇不知二說孰是曰仁者隨所遇而安自是不憂知者所見明自是不惑勇者所守定自是不懼夫不憂不惑不懼自有次第○問知之明非仁以守之則不可仁以守之非勇而行之亦不可三者不可闕一而知爲先曰此說甚善正吾人所當自力也○慶源輔氏曰仁者知之體統故論德則以仁爲先知者仁之根抵故論學則以知爲首勇則仁知之發也未能仁知而勇則血氣之爲耳蓋學之序不惑而後不憂不憂而後不懼德之序不憂則自然不惑不惑則自然不懼

▶4074◀◈問; 무덤이 둥근 이유가 무엇입니까 ?

무덤은 옛 고분이나 근세 백성 무덤은 원형으로 둥근 바가지 엎어놓은 형태입니다. 둥근 이유라도 있는 지요?

◈答; 무덤이 둥근 이유

봉분(封墳)이 둥근 이유에 관하여 아래와 같이 살펴보건대 공부자(孔夫子)께서도 “약당자(若堂者)”도 보고 “약방자(若坊者)”도 보고 “약복하옥자(若覆廈屋者)”도 보고 “약부자(若斧者)” 도 보았는데 나는 “약부자(若斧者)”를 따르겠다 라 하셨을 뿐이며 또 아득히 지난 후 사계(沙溪)선생께서도 여러 대를 두고 둥근 봉분을 따르신다 하면서도 봉분이 둥근 이유에 대하여는 언급이 없으니 아마도 원형이 오래도록 현상을 유지하여 그곳이 유택임을 오래도록 나타내기 위하여 제일 안정된 형태인 원형을 자연스럽게 택하게 되지 않았나 추측되며 예기(禮記) 등 여러 고전(古典)에 봉분이 둥근 까닭이 천원지방(天圓地方)의 이치에서 연유되었다는 기록은 살펴지지 않습니다.

다만 사람이 죽으면 신은 하늘로 올라가고 사람은 땅에 있으니 유택(幽宅)은 천원(天圓)의 영태로 짓고 사람은 땅이니 옥택(屋宅)은 지방(地方)의 형태로 네모나게 지음이 아니겠는가로 이해될 수 있습니다.

●檀弓子夏曰昔者夫子言之曰吾見封之若堂者矣見若坊者矣見若覆廈屋者矣見*若斧者*矣從若斧者焉馬鬣封之謂也註封築土爲墳也若堂者如堂之基四方高也防隄也若防者上平旁殺而南北長也若覆夏屋者旁廣而卑也若斧者上狹如刃上三者皆用功力多而難成此則儉而易就故俗謂之馬鬣封今封築孔子之墳不可多時一日之間三次斬版卽封畢而已止矣

●問圓墳與馬鬣不知何制沙溪宋浚吉答宋敬甫曰馬鬣比圓墳覆土頗廣稍去稜隅則似或堅完吾家累代墓皆從此制

●問墳墓龍尾之制是出於俗禮歟明齋鄭咸悅答龍尾之制禮所不言記所謂若坊之形馬鬣之形稍長或無乃回於此制耶問解所論似以龍尾爲馬鬣之制也

●天圓地方古代建築

天圓地方是陰陽學說的一種體現中國傳統文化博大精深陰陽學說乃其核心和精髓中國古代的建築很多體現這種思想最具代表性的是北京的天壇和地壇天壇為圓地壇為方明清時期在北京修建的天壇和地壇就是遵循天圓地方原則修建的天壇是圓形圓丘的層數檯面的直徑四周的欄板都是單數即陽數以象徵天為陽地壇是方形四面台階各八級都是偶數即陰數以象徵地為陰普通百姓, 常常在方形小院中修一個圓形水池或者在兩院之間修一個圓形的月亮門這些都是天圓地方的體現而北方的四合院民宅則是天圓地方學說的典型代表

▶4075◀◈問; 돌을 맞은 아이에게.

보통 그 동안 '축돌'을 써왔는데 전통적인 축식은 어떤 것인지 궁금합니다.

◈答; 돌을 맞은 아이에게.

전통 예법에는 생자에게 대한 사식이 몇 예는 있으나 돌(一周歲) 맞은 아이에 대한 예법과 축식은 없습니다. 전통 예법에서의 축식은 생자가 조상의 신이나 산천의 신에게 공경을 표하고 용서와 도움을 청하는 것뿐인 것 같습니다. 유학적(儒學的) 돌축식은 접한 바가 없습니다.

▶4076◀◈問; 부친상 이후에 대해 또 질문 드립니다.

삼우제를 지내고 아직 사십구재도 지내지 못하였습니다. 그런데 친한 형이 아이를 출산하였습니다. 상주인 제가 가봐도 됩니까?

또 결혼식, 돌잔치 등등 다른 축하 해줄 자리에 참석해도 됩니까? 만약 가지 못하게 된다면 언제부터 이런 자리에 참석하는 게 옳은지 알려주시면 감사하겠습니다. 김 0 태

◈答; 부친상 이후에 대하여.

아래와 같이 살펴보건대 친상 중에는 타인의 상에 조문치 않는 것입니다. 또 삼년상 중에는 허연 이를 드러내지 않는다는 것입니다. 이는 즐거운 마음을 가져서는 아니 된다는 뜻입니다. 상중이라면 김형태 선생께서 열거한 돌잔치 등은 모두 길사로 즐거워하지 않을 수 없는 경사들입니다. 이와 같은 경사의 자리에 친상 중에 참여함은 잠시라도 슬픔을 잊게 되는 자리이니 참여치 않음이 옳은 것입니다. 타인의 흉사나 길사에의 참석은 상을 벗은 이후가 됩니다.

●曾子問曰三年之喪弔乎子曰三年之喪練不群立不旅行君子禮以飾情三年之喪而弔哭不亦虛乎註爲彼哀則不專於親也爲親哀則是妄弔

●雜記三年之喪雖功衰不弔如有服而將往哭之則服其服而往期之喪練則弔註功衰旣練之服父在爲母功衰可以弔人者以父在故輕於出也疏輕於出言得出也

●檀弓有殯聞遠兄弟之喪雖緦必往非兄弟雖隣不往所識其兄弟不同居者皆弔疏若其骨肉雖緦必往若其疏外雖隣不往今有旣非兄弟又非疏外平生識知往來恩好若死亦往弔之其死者兄弟不同居尙往弔之則死者子孫就弔可知已有殯得弔之者以其死者與我有恩舊

●子張死曾子有母之喪齊衰而往哭之或曰齊衰不以弔曾子曰我弔也歟哉陳註曾子之意但以友義隆重不容不往哭之又不可釋服而往但往哭而不行弔禮耳故曰我弔也歟哉劉氏曰曾子嘗問三年之喪弔乎夫子曰三年之喪而弔哭不亦虛乎旣聞此矣而以母喪弔友必不然也凡經中言曾子失禮之事不可盡信此亦可見

●問禮居喪不弔其送葬無明文然執紼卽是執事禮亦有妨鄕俗不特往弔送葬凡親舊家有吉凶之事皆有所遺不知處此當如何朱子曰吉禮固不可與然弔送之禮却似不可廢所謂禮從宜者此也

●書儀非兄弟雖隣不往若執友死雖齊衰亦可以往哭曾子之哭子張是也

●問禮有父母之喪而聞遠兄弟之喪則往哭之異姓則雖隣不往云親疎厚薄之不齊恐難一槩斷定沙溪曰異姓之恩雖不可不殺而其服有重於同姓之緦者恐不可以此斷定而不爲之往哭也

●尤菴曰曾子有母之喪而往哭子張而曰我弔也歟哉據此則當觀情義之如何耳

●芝村曰曾子之弔子張劉氏旣謂曾子必不然陳氏亦於曾子問註以往哭子張疑其爲好事者之所爲今何可掃去此等說而謂曾子果有此事也竊觀世人雖親切朋友之喪其欲謹守禮法者未見其往哭必待服闋而行蓋彼之三年自當於已服闋後畢告也

●南溪曰禮有殯非兄弟雖隣不往然同隣有喪而不相弔於情義甚覺缺然然禮不可犯也必欲伸此情義或因面議喪事之端勿以爲彼此受弔如賓客之禮只於中間村舍或如行廊之類約會相見而哭之

●如果情義痛切所不可堪則或於葬後往哭新阡否蓋原野之事異於居室賓主之節故耳

▶4077◀◈問; 빨리 답해주세요.

요즘 전통예절 중에서 사라져 버린 것 좀 알려주시고요, 또 아직까지 남아있는 전통적인 인간관계, 사고 방식, 예절 중 계승해야 할 점과 고쳐야 할 점들을 좀 알려주세요. 정말 중요해서요.

◈答; 전통예절에 대하여.

1. 전통예절 중에서 사라져버린 것.
2. 아직 남아있는 전통적인 인간관계.
3. 사고방식.
4. 예절 중 계승해야 할 점.
5. 예절 중 고쳐야 할 점.

귀하의 질문은 대체적으로 5가지 요약이 됩니다.

問 1. 答; 문헌에 기록된 전통예절에서는 완전히 사라진 것은 없는 것 같습니다. 개개인 마다는 혹 알지 못할 수는 있으나 어딘가는 행하여 지고 있다는 사실입니다. 기록에 없는 예절은 자체가 없으니 모르겠습니다.

問 2. 答; 삼강오륜(三綱五倫)은 아직 남아 있지 않습니까. 혹 조금은 퇴색하고 패륜아(悖倫兒)는 있지만.

問 3. 答; 사고방식은 서구화 과정에 있지만 완전서구화는 불가능하다 생각되며 우리는 동양인이며 한국인으로서 습성화된 기질이 있지 않습니까.

問 4. 答; 본인은 전통예절을 넓이 펴고자 함이니 모두 다라고 해야겠지요.

問 5. 答; 어느 개인(個人)이나 집단(集團)이 예절(禮節)을 고치려 한다고 쉽게 고쳐지는 것이 아니라 왕정(王政)과 같이 시대 상황에 맞지 않으면 자연 도태되는 것이니 경솔히 지적할 수 없습니다.

▶4078◀◈問; 사라진 전통예절에 대해 알려주세요.

저기요. 죄송하지만 사라진 전통예절에 대해 알고 싶습니다. 다른 사이트도 찾아봤는데 그 내용이 많이 없더라고요. 꼭 아시는 데까지 성실히 답해주시면 감사하겠습니다. 시일은 빠를 수록 좋고요. 감사합니다.

◈答; 사라진 전통예절에 대해.

전통예절에서 관혼 상제의 예법은 그 일부에 지나지 않으며 지난 세대의 선조들은 삶 그 자체가 예에 의하지 않음이 없었다 하여도 지나치지 않은 것이니 사라진 예절을 하나 둘로 꼬집어 나열 한다는 그부터가 어리석지 않을까 생각됩니다.

이제 행하고 있는 서양의 의식이거나 그에 가까운 예법 제도는 거의가 우리 전통 예절의 자리였다 하여도 과한 말은 아닐 터인즉 위로는 충효의 예법으로부터 사소절(士小節)에서 지적한 잡다한 가정의 예절에 이르기 까지 우리의 전통 예절일진대 전 국민이 틀림없이 내 세울 것이 그리 많지 않은 현실에서 사라진 것이 어느 것이다. 라고 논한다는 그부터가 민망하다 하겠습니다. 다만 천지 만물은 근본을 잃으면 무(無)로 돌아갈 수 밖에 없는 평범한 진리를 되뇌어 생각 할 따름 입니다.

▶4079◀◈問; 상가 방문.

죄송합니다 오자가나서 손아래 동생 혹은 조카 유고 시 상가 방문 때에 절을 하기에도 그러하고 옛날 어른들은 어떻게 하셨는지 상문 발인 제사 등등 예를 들어 영가 혹 영인축 구체적으로 알려주시면 고맙겠습니다.

◈答; 상가 방문.

沙溪曰言卑幼則孝子似在其中不言尊長尊長於卑幼喪不拜

○兄揖弟墓(형읍제묘)(艮齋禮說)

三淵據語類兄答弟拜之文而拜於弟之祠墓恐似泥古蓋朱先生因言儀禮子冠母先拜并及古人無受拜禮而曰雖兄亦答拜而已未必使其拜弟也語類揚錄却云拜親時須合坐受兄止立受此是言今人所當行之儀也曾見先師過弟墓止立而一揖此似爲得中爾
사계선생의 말씀은 어른은 나이가 어리거나 항렬이 낮은 이 상에는 절을 하지 않습니다. 위의 고증을 살펴 보기 바랍니다.

●太平廣記凡死者是敵以上則拜少者則不拜
●退溪曰妻當拜弟不當拜
●問從弟及妹之祭可不拜否尤庵曰似不當拜也
●梅山曰先儒於族弟侄之喪不拜不施於死者可施於生乎受親戚卑幼之吊者哭而已矣

▶4080◀ ◈問; 상량식 축문?

건물을 지을 때 上樑式을 하는데 그때 축문은 하지 않는 것인지요? 축문을 읽는다면 어떻게 써야 하는지요? 답변을 부탁 드립니다. 감사 합니다.

◈答; 상량식 축문.

문의하신 상량문은.

龍 太歲干支某月某日某時某坐某向某生成造韻立柱上梁 應天三之三光 備人間 之五福 龜
용 태세간지모월모일모시모좌모향모생성조운입주상량 응천삼지삼광 비인간 지오류 구

위의 세 줄의 한자는 우에서 좌로 세로쓰기를 하셔야 하며 맨 위 에는 龍(용)자를 크게 쓰시고 맨 아래에는 龜(귀)자 역으로 크게 하여 쓰시면 됩니다. 간지는 상량식하는 해의 간지를 쓰시고 모월 모일 모시는 날짜와 시간, 모좌 모향은 집의 방향, 모생은 집을 짓는 분의 간지를 쓰시면 됩니다.

⊙齋室開基祠土地祝文(재실개기사토지축문)(공사전)

維 歲次干支幾月干支朔幾日干支幼學姓名敢昭告于 土地之神今爲先墓守護塋建齋室 神其保佑俾無後艱謹以酒果祇薦于神尙 饗

⊙齋堂上樑祝文(재당상량축문)(例文)(공사중)

伏以神明所佑經始斯亭上棟下宇居然告成爰居爰處謨合貽孫風雨以待不圮長存吉月令辰乃敢告虔萬有千歲永護無愆

⊙齋堂落成告文(재당낙성고문)(例文)(공사를 마치고)

卜兹宅兆餘五百秋歲一澆奠齊宿是憂爰度結搆衆孫合謀纔告竣役倏一星周正寢入架曲廊載修不侈不陋庶無不周畧設杯酌速我朋儔將以飮落敢告厥由

⊙齋舍建畢祠土地祝文(재사건필사토지축문)(낙성고사를 한 뒤)

維 歲次干支幾月干支朔幾日干支某官姓名敢昭告于 土地之神今以營建齋舍無事建畢德是神助 神其保佑俾無後艱謹以酒果祇薦于神尙 饗

아래는 왕실(王室의) 상량예법(上樑禮法)입니다. 왕실예법(王室禮法)은 단헌(單獻)일뿐 삼헌(三獻)의 근거는 확인할 수 없습니다.

●健陵山陵都監儀軌丁字閣上樑儀其日設帳幕於階上南向設上樑文案於帳幕之內南向設香爐香盒竝燭於其前;皆有案;設都監堂上以下位於帳幕之前庭中異位重行北向設贊儀引儀位於階下西向上樑時至執事鋪淨席設米酒果如常謁者引都監堂上以下俱以白布團領入就拜位引儀唱再拜都監堂上以下皆再拜諸執事詣盥洗位盥手各就位謁者引獻官詣盥洗位盥手詣尊所西向立引詣香案前跪三上香執爵獻爵奠爵俯伏興少退跪在位者皆跪展上樑文官對展上樑文於案上讀上樑文官讀上樑文訖獻官俯伏興平身謁者引獻官降復位在位者皆俯伏興平身引儀唱再拜獻官以下在位者

▶4081◀ ◈問; 세배 예절.

안녕하세요? 세배를 드릴 때 부모님께는 방문 밖에서 세배를 드리고 그렇지 않는 분께는 방안에서 세배를 드리라고 하시던데 문밖과 문안에서 세배 드리는 예를 알려주시면 감사하겠습니다.

◈答; 세배 예절.

전통예절(傳統禮節)에서 그러한 예는 없는 것 같습니다. 있다면 어느 가문(家門)의 예일 것이라 생각 듭니다.

우암(尤菴)깨서는 생시(生時)에는 계하배(階下拜)가 없고 제사(祭祀) 때 계하배를 하는 것은

엄한 연유라는 말씀입니다.

남계(南溪) 선생 말씀을 살펴보면 제사에서도 계하배가 없다. 라 하셨으니 세배(歲拜) 예법에 부모에게는 계하배란 예는 없지 않은가 합니다.

●尤庵曰生時無階下拜祭時有之者祭禮主於嚴故也
●南溪曰禮三年內並無階下位而有堂上位則仍於平日祭時亦用此禮未知如何子孫常時旣無階下拜禮之事而必用階下位於祭時或不嫌於如事存之意耶人家堂上狹隘男女序立難以爲禮此可諉之於無財不可爲俛之道耶
●東事日知正朝歲拜條劉侗帝京景物略正月元朝家長少畢拜姻友投箋互拜曰拜年今俗歲拜之法想本于此
●司馬氏居家雜儀冬至朔望聚於堂上丈夫處左西上婦人妻右東上(左右謂家長之左右)皆北向共爲一列各以長幼爲序共拜家長○又尊長三人以上同處者共再拜敍寒暄問起居訖
●纂義曰以次拜謂先拜最長者又以次而拜如第二以下先拜第一又第三以下次拜第二丘儀云以次推其長者出就次拜之如前儀拜遍是也
●續輯昏禮見尊長條昏禮與冠禮不同冠禮之子天屬之親也主乎恩雖有高祖曾祖尊者爲主昏禮之婦二(異)姓之親也主乎義其見夫家親屬由夫而達於舅姑由舅姑而達於舅姑之父母還拜諸尊長理勢然也

▶4082◀◈問; 세배하는 순서는 어찌 되는 건가요?

부모님이 생존해 계시고, 남동생 부부가 있는데 세배(歲拜)하는 순서가 어찌 해야 맞는 것인가요?

⊙방법 가

1. 우리 부부 (자식포함)가 부모님에게 절을 한다.
2. 동생 부부 (자식포함)가 부모님에게 절한다.
3. 우리 부부가 우리 자식에게 절을 받는다.
4. 우리 부부가 동생 자식에게 절을 받는다.
5. 동생 부부가 동생 자식에게 절을 받는다.
6. 동생 부부가 우리 자식에게 절을 받는다.

⊙방법 나.

1. 우리 부부 (자식포함)가 부모님에게 절을 한다.
2. 동생 부부 (자식포함)가 부모님에게 절을 한다.
3. 우리 부부가 우리 자식에게 절을 받는다.
4. 동생 부부가 동생 자식에게 절을 받는다.
5. 우리 부부가 동생 자식에게 절을 받는다.
6. 동생 부부가 우리 자식에게 절을 받는다.

위에 '가'와 '나'는 4 번 5 번만 틀립니다. 다른 부분은 문제가 없는데(적어도 저희 가정에서는) 4 번 5 번의 순서를 정하는데 의견이 틀리더군요. 즉, 형인 제가 윗사람이니까, 동생 자식들에게 먼저 세배를 받는 것이 맞느냐. 아니면, 부모가 우선이니까, 동생 자식들은 저보다 부모인 동생부부에게 먼저 절을 하느냐입니다.

위에 방법 말고 다른 방법이 맞는다면 그것을 알려주세요.

◈答; 세배하는 순서.

모두 훌륭합니다. 다만 다음과 같이 할 수도 있을 것입니다.

1, 존장 부부에게 항렬 차서 대로 세배한다.
2, 장형 부부에게 항렬 차서 대로 세배한다.
3, 항렬의 차서 대로 세배한다.

4. 부부 상배한다.

●續輯昏禮見尊長條昏禮與冠禮不同冠禮之子天屬之親也主乎恩雖有高祖曾祖尊者爲主昏禮之婦二(異)姓之親也主乎義其見夫家親屬由夫而達於舅姑由舅姑而達於舅姑之父母還拜諸尊長理勢然也
●性理大全昏禮親迎條;壻婦交拜婦見舅姑婦見于諸尊長
●東事日知正朝歲拜條劉侗帝京景物略正月元朝家長少畢拜姻友投箋互拜曰拜年今俗歲拜之法想本于此

1. **부모 새벽문안;** 일배(一拜).
2. **세배;** 一拜.
3. **부친의 벗 등;** 一拜.
4. **대부사 제사;** 再拜.
5. **왕실 제례;** 四拜.

절이란 너무 길어도 안되며 너무 빨라도 예에 어긋남.

●司馬氏居家雜儀見尊長經宿以上則再拜五宿以上則四拜賀冬至正旦六拜朔望四拜
●南溪曰朱子嘗論朝夕哭無拜曰常侍者無拜禮子必俟父母起然後拜
●東事日知正朝歲拜條劉侗帝京景物略正月元朝家長少畢拜姻友投箋互拜曰拜年今俗歲拜之法想本于此
●栗谷曰凡拜揖之禮不可預定大抵父之執友則當拜洞內年長十五歲以上者當拜爵階堂上而長於我十年以上者當拜鄕人年長二十歲以上者當拜
●家禮四時祭參神條主人以下敍立如祠堂之儀立定再拜
●國朝五禮儀吉禮春秋及臘祭社稷儀執禮曰四拜禮儀使啓請四拜殿下四拜在位者皆四拜
●尤庵曰祭祀拜揖之禮或遲或速何者爲得耶祭時拜伏之節太遲不可也太速恐亦不可也

▶4083◀◈問; 수숙 간의 세배.

선생님, 과세는 잘 하셨는지 인사 드립니다. 한가지, 설날에 시숙(남편의 형)과 제수(동생의 처)간에는 세배가 어떻게 되는지 알고 싶습니다. 또 나이 많은 질부와 나이 적은 숙항(行)(여섯-일곱 살 차이 정도)사이의 세배에 관한 것도 알고 싶습니다.

◈答; 수숙 간의 세배.

수숙 간의 세배에 관하여 아래와 같이 살펴보건대 主人主婦에게 弟婦도 절을 하니 설날 媤叔에게 세배를 하여야 할 것 같습니다. 세간에는 맞절을 한다는 설도 있으나 본인은 家豚이 삼형제인데 먼저 본인 부부에게 먼저 장자와 장자 부 그 손에게서 세배를 받고 다음으로 둘째 다음으로 셋째를 그와 같이 마친 뒤 본인 내외는 자리를 뜨고 장자와 장부에게 먼저 그 손자를 먼저 시키고 다음으로 앞과 같은 차례로 그와 같이 마칩니다.

●司馬氏居家雜儀(사마씨거가잡의)

吾家同居宗族衆多冬至朔望聚於堂上(此假設南面之堂若宅舍異制臨時從宜)丈夫處左西上婦人處右東上(左右謂家長之左右)皆北向共爲一列各以長幼爲序(婦以夫之長幼爲序不以身之長幼爲序)共拜家長畢長兄立於門之左長姊立於門之右皆南向諸弟妹以次拜訖各就列丈夫西上婦人東上共受卑幼拜(以宗族多若人人致拜則不勝煩勞故同列共受之)受拜訖先退後輩立受拜於門東西如前輩之儀若卑幼自遠方至見尊長遇尊長三人以上同處者先共再拜敍寒暄問起居訖又三再拜而止(晨夜唱喏萬福安置若尊長三人以上同處亦三而止所以避煩也)

●丘儀居家雜儀(구의거가잡의)

是日昧爽拜祠堂畢先設主人主婦坐席於聽事正中
序立(男左女右男西上女東上主人之弟弟婦並妹爲一行子姪及其婦幷女子爲一行孫男孫婦孫女爲一行俟主人主婦坐定)○鞠躬拜興拜興拜興拜興平身○長者就次(就主人諸弟中推其最長者一人立主人右其妻立主婦右弟姪以下依前行次序立拜之)○鞠躬拜興拜興拜興拜興平身(拜訖又以次推其長者出就次拜之如前儀拜遍)○分班(主人諸子姪輩行同者分班對立男左女右互相拜)○鞠躬拜興拜興平身(拜訖諸孫行拜其諸父如前就

次儀其自相拜如分班儀)

족간(族間)에는 치순(齒順)이 아니라 항렬(行列)이니 제부(諸婦) 역시 그 부군(夫君)과 동등한 치항(齒行)으로 숙조항(叔祖行)이 비록 연하(年下)라 하여도 숙조항(叔祖行)의 예우(禮遇)를 함이 당연하리라 생각합니다. 아무리 나이가 많다 하여도 숙조항에게서 절은 받을 수는 없을 것입니다.

●日省錄正祖二十四年庚申二月八日辛卯家有一家之格例國有一國之格例在家則子拜其父弟拜其兄
●沙溪曰卑幼喪不拜
●問祭子女弟侄立也坐耶尤庵曰喪禮旣曰尊長坐哭祭禮亦豈異同耶
●冶谷曰則父兄不拜於子弟盖已明矣
●梅山曰拜非可施於卑幼者則兄祭弟拜之非禮也然則內外幷薦者當統尊於夫而行之曷可獨拜弟婦乎或謂祭弟則無拜弟婦之祭則有拜斯言如何均是合櫝而幷享則雖是弟婦之祭統尊之義則一也
●寒水齋曰喪祭禮有尊長坐哭之文以此推之則兄之祭弟也雖當奠獻而只宜立而不拜矣若弟與弟嫂合享則不可不拜未知如何若祭弟之妻則安得無拜

▶4084◀◈問; 수행평가 인데 도와주세요(통합답변)

저도 전통예절과 현대예절에 대해서 알아봐야 하는데요 없더라고요, 부탁합니다. 꼭 좀 찾아 주세요.

◈答; 전통예절과 현대예절.

예절에 관한 질문에 통합하여 답하여 드리니 양해 있으시기 바랍니다. 예절은 한두 마디로 설명될 수가 없다고 봅니다. 인간이 살아 가는 동안 모든 행위는 예절의 틀 안에 모두 있는 것입니다. 짐승 등 다른 생물의 생존 행위는 예절의 질서는 아닙니다. 예절은 욕구억제 종적 횡적 관계의 질서로 만법의 근본입니다.

예절은 방법과 형태가 시대의 흐름에 따라 조금은 변형이 있을 수 있으나 근본질서(根本秩序)가 소멸 되지는 않습니다. 만약 어느 하나가 소멸된다면 균형에 오류(誤謬)가 생겨 소집단은 물론 대 집단 구성에 혼란이 발생 하는 것이니 전통 현대예절이 구분될 수는 없으며 다만 도포가 서양복식으로 바뀌고 자동차를 탔을 뿐입니다. 다음 노자의 한 대목을 음미하여 보십시오.

●老子道德經; 失道而後德 失德而後仁 失仁而後義 失義而後禮 夫禮者 忠信之薄 而亂之首

▶4085◀◈問; 식사예절.

궁금한 점이 있어서 멜 보냅니다.

결혼한 애기 엄마인데요 시고모님께서 아버님 집에 놀러 오셨습니다. 고모님이 장녀이시고 아버님이 셋째 시거든요. 식사 시에 집안의 어른인 아버님께 먼저 드려야 하나요, 아니면 서열 순으로 고모님께 먼저 드리는 건가요. 궁금합니다.

제 메일은 lrg03259@lyxcxs.co.kr입니다. 꼭 좀 부탁 드립니다. 자주 찾아 뵙겠습니다.

◈答; 식사예절.

예법(禮法)에는 빈객(賓客) 예가 있어 손님에 대하여는 극진히 대접함이 근본(根本)으로 삼고 있습니다.
●元 史 卷 一 五 八 姚 樞 傳 : 世 祖 在 潛 邸 遣 趙 璧 召 樞 至 大 喜 待 以 客 禮 致 送 賓 客 的 禮 品

옛날에는 동기간에도 남녀 별석이었으니 식상의 출입 선후가 당연하여 남자 (특히 종손) 우위였으니 동기라면 귀하의 시아버지 방이 먼저 이겠지만 요즘은 변천하여 동석이니 동기 남매라면 겸상이야 가릴 것이 없겠으나 각상이라면 객인 귀하의 시고모이며 시아버지의 누이의 앞이 먼저라야 빈객 접대 예법에도 합당할 듯합니다.

▶4086◀◈問; 아버님 고희연 때 할머니에 대한 예절은?

아버님고희연을 준비하고 있습니다. 이때 할아버지는 돌아가시고 할머님은 생존할 경우 할머님은 아버님과 같이 상을 받는지 또 자손들의 절을 같이 받아야 하는지(혹 독상으로 먼저 받는지?). 또 아버님 한복을 맞추는데 집안어른인 할머니를 제외 하는 것도 예의에 벗어나는 것 같고 자문 좀 부탁합니다.

◈答; 아버님 고희연 때 할머니에 대한 예절.

고희연(古稀宴)이라 함은 아마도 근세에 생겨난 부모의 장수를 축하하고 무궁 장수하기를 비는 경축연인 듯합니다. 전통예법으로 기록 되어 전래되는 선유들의 예서는 아직 섭렵하지 못하여 분명하게 고증할 수가 없습니다. 다만 의리상으로 예를 갖춘다면 먼저 조부에게 그의 자손들이 함께 장수를 비는 인사를 하고 난 뒤 부모의 고희 인사 후 조부모와 부모의 장수연을 함께 베풂이 통상의 예에서 어그러짐이 없이 합당하지 않을까 생각됩니다. 물론 비음(비슴) 역시 조부모를 제외한다 함은 자손 된 도리가 아니겠으며 이는 큰 불효를 범함으로 효자의 취할 바 도리에 크게 벗어난 짓이겠지요.

아래는 사마온공의 장수를 축하하는 예법입니다.

⊙上壽儀禮節次(상수의례절차)

是日行拜賀禮訖子弟修具畢請家長夫婦並坐於中堂諸卑幼皆盛服

序立(世爲一行男左女右)○鞠躬拜興拜興平身○長者詣尊座前(長者進立於家長之前如弟則云長弟幼者一人執盞立於其左一人執注立於其右)○跪(長者及二幼者俱跪)○斟酒(長者受盞幼者執注斟酒訖二幼起)○祝壽(長者擧手奉盞祝曰)伏願尊親履玆長至(正旦則改長至爲歲端生旦則改云對玆爲慶)備膺五福保族宜家(祝畢家長受盞飮訖以盞授幼者反其故處長者)○俯伏興平身○復位(與卑幼俱拜)○鞠躬拜興拜興拜興拜興平身○酢酒(拜訖侍者注酒於盞授家長家長命長者至前親以酒授之)○受酒(長者受酒置於席端)○鞠躬拜興拜興平身(取酒)○跪(飮之畢)○興(長者命侍者以次酢諸卑幼皆出位跪飮畢執事者擧食卓入擺列男列於外女列於內婦女辭拜入內席)○命坐(家長命諸卑幼坐惟未冠及冠而未昏者不得坐)○鞠躬拜興拜興平身(諸卑幼俱拜而後坐)○各就席(乃以次行酒或三行或五行子弟迭起勸侑隨宜畢)○各出席○鞠躬拜興拜興平身○禮畢

●杜甫工部草堂詩箋十二曲江二首; 酒債尋常行處有人生七十古來稀

▶4087◀◈問; 아버지 사갑제를 하려고 합니다.

아버지 사갑제를 지내드리려고 하는데, 형제가 저하고 형 이렇게 둘이 있는데 형은 결혼해서 따로 살고 있고, 저와 아버지 어머니 이렇게 살고 있습니다. 아버지 사갑제 하는 장소가 아버지가 살고 계시던 집에서 하는지 아니면 장남인 형에 집에서 해야 하는지 궁금합니다.

참고로 아버지 제사는 형의 집에서 지내고 있습니다.) 그리고 아버지 옷을 태워드리는 날이 당일이 아니더라도 상관없는지 궁금합니다. 명쾌한 답변 부탁 드립니다. Hys

◈答; 아버지 사갑제.

회갑제는 정례가 아닌 속례로서 아래와 같이 살펴보건대 생신제와 같이 삼헌 독축으로 행하되 음복의 예는 없으며 그 제사의 주인은 효자로서 장자의 정침에서 지냄이 마땅할 것입니다. 특히 옷을 태운다 함은 아마도 무속적 속설인 듯싶습니다. 당사자의 옷을 태워야 할 아무런 까닭이 없을 것입니다.

⊙生辰祭儀節次(생신제의절차)(會成)

儀節並同祭禰

序立(主人主婦及弟婦子姪凡禰所出者皆在)○參神○鞠躬拜興拜興平身○降神○盥洗○詣香案前○跪○上香○酹酒(以下旁注皆與時祭同)○俯伏興拜興拜興平身○進饌○初獻禮○詣考妣神位前○跪○祭

酒○奠酒○祭酒○奠酒○俯伏興平身○詣讀祝位○跪○主人以下皆跪○讀祝○俯伏興○鞠躬拜興拜興平身○復位○奉饌○亞獻禮○盥洗○詣考妣神位前○跪○祭酒○奠酒○祭酒○奠酒○俯伏興拜興拜興平身○復位○奉饌○終獻禮○盥洗○詣考妣神位前○跪○祭酒○奠酒○祭酒○奠酒○俯伏興拜興拜興平身○復位○奉饌○侑食○鞠躬拜興拜興平身○復位○闔門○祝噫歆○啓門○主人以下復位○獻茶○飮福受胙○詣飮福位○跪○嘏辭曰(云云四時祭同但去祖字)○飮福酒○受胙○鞠躬拜興拜興平身(主人起立于東階上西向)○告利成(祝立于西階上東向曰)○利成○復位○鞠躬拜興拜興平身○辭神○鞠躬拜興拜興平身○焚祝文○送主○徹饌○禮畢

◆회갑축문(回甲祝文)

維 歲次干支幾月干支朔幾日干支孝(卒哭前孤妣哀俱沒則孤哀承重則孝孫卒哭前孤孫哀孫孤哀孫)子(隨屬稱)某敢昭告于 顯考某官府君(妣則顯妣某封某氏承重則倣此)歲時遷易(此下當添俱沒則或顯考或顯妣承重則顯祖考或顯祖妣)生辰復遇生旣有慶歿寧敢忘追感歲時昊天罔極(承重則改昊天罔極爲不勝永慕)謹以淸酌庶羞祗薦歲事尙 饗

●弘菴曰生辰祭固非禮然考妣回甲情理有非尋常生辰之比用伸情禮恐不大悖用時祭一分之饌出主正寢讀祝三獻如時祭但不受胙

▶4088◀ ◈問; 어머님 사갑제 축문에 대한 문의.

돌아가신 어머님의 사갑이 2009 년 (음력)-(양력으로는 4 월 8 일)이라 사갑제를 지내려고 하는데 축문은 어떻게 쓰는지, 지방은 써야 하는지, 마지막으로 제사는 아침에 지내는 게 맞는지 문의 드립니다.

◈答; 어머님 사갑제 축문.

사갑제 즉 회갑제에 대한 예법을 정식으로 논한 예서를 발견하지 못하였습니다.

◆회갑축문(回甲祝文)

維 歲次干支幾月干支朔幾日干支孝(卒哭前孤妣哀俱沒則孤哀承重則孝孫卒哭前孤孫哀孫孤哀孫)子(隨屬稱)某敢昭告于 顯妣某封某氏 (考則顯考某官府君承重則倣此)歲時遷易(此下當添俱沒則或顯考或顯妣承重則顯祖考或顯祖妣)生辰復遇生旣有慶歿寧敢忘追感歲時昊天罔極(承重則改昊天罔極爲不勝永慕)謹以淸酌庶羞祗薦歲事尙 饗

●弘菴曰生辰祭固非禮然考妣回甲情理有非尋常生辰之比用伸情禮恐不大悖用時祭一分之饌出主正寢讀祝三獻如時祭但不受胙

아래는 생신제에 관하여 본인이 모 문답 난에서 논한 내용입니다.

問; 상삼년내(喪三年內) 생신제(生辰祭) 당부(當否)
答; 아래와 같이 살펴보건대 상삼년내(喪三年內)에는 생신제(生辰祭)를 지내도 예에 크게 어그러지지는 않는 것 같습니다. 다만 조기(早期) 탈상(脫喪)한 경우는 전거를 찾을 길이 없으니 그 여부(與否)는 단정 지워 말할 수는 없겠으나 불가피하면 소상(小祥)에 탈상(脫喪)의 예(禮)가 있으니 만약 탈상을 하였다면 폐(廢)하는 것이 옳지 않을 까는 생각됩니다. 더욱이 위와 같이 여러 선생들께서 그 당부(當否)에 관하여 세세한 지적이 있어 더 논할 까닭은 없겠으나 회성(會成)을 살펴보면 고비(考妣)의 생신일(生辰日)을 맞으면 기제(忌祭)와 같이 지냄이 옳다 하였으니 그 역시도 결론을 얻기는 쉽지 않을 것 같기도 합니다.

●問三年內遇亡人生辰不忍虛過上食後別設饌行之如何尤菴曰恐當如此象平日饌品稍備而行之耳
●直齋曰上食後別設恐近瀆於上食兼設殷奠似爲允當
●南溪曰生辰祭雖曰非禮三年內則人不可不行其儀倣俗節別設
●問生辰祭三年內設行可從否遂菴曰三年內象生時設行無妨
●問練祥若有故退行則祝式如何尤菴曰祝文當用常時所用而末段略告退行之由似宜
●會成惟親在生辰旣有慶禮歿遇此日能不感慕如死忌之祭可也

問; 축문은 어떻게 쓰는지, 지방은 써야 하는지, 마지막으로 제사는 아침에 지내는 게 맞는

지

答; 생신일 아침 일찍 기제(忌祭)와 같이 진설(陳設)하고 지방을 붙이고 지내는데 축문(祝文)은 아래와 같습니다.

○生日辰儀禮節次(생일신의례절차)(會成)

儀節並同祭禰

序立(主人主婦及弟婦子姪凡禰所出者皆在)○參神○鞠躬拜興拜興拜興拜興平身○降神○盥洗○詣香案前○跪○上香○酹酒(以下旁注皆與時祭同)○俯伏興拜興拜興平身○進饌○初獻禮○詣考妣神位前○跪○祭酒○奠酒○祭酒○奠酒○俯伏興平身○詣讀祝位○跪○主人以下皆跪○讀祝○俯伏興○鞠躬拜興拜興平身○復位○奉饌○亞獻禮○盥洗○詣考妣神位前○跪○祭酒○奠酒○祭酒○奠酒○俯伏興拜興拜興平身○復位○奉饌○終獻禮○盥洗○詣考妣神位前○跪○祭酒○奠酒○祭酒○奠酒○俯伏興拜興拜興平身○復位○奉饌○侑食○鞠躬拜興拜興平身○復位○闔門○祝噫歆○啓門○主人以下復位○獻茶○飮福受胙○詣飮福位○跪○嘏辭曰(云云四時祭同但去祖字)○飮福酒○受胙○鞠躬拜興拜興平身(主人起立于東階上西向)○告利成(祝立于西階上東向曰)○利成○復位○鞠躬拜興拜興平身○辭神○鞠躬拜興拜興拜興拜興平身○焚祝文○送主○徹饌○禮畢

●生辰祭祝文式(생신제축문식)

維 歲次己丑三月辛未朔十三日癸未孝子(卒哭前考孤子妣哀子俱沒則孤哀子)봉해敢昭告于 顯考某官府君 顯妣某封某氏歲序遷易 顯妣生辰復臨存旣有慶歿寧敢忘追遠感時昊天罔極謹以淸酌庶羞恭伸奠獻尙 饗

▶4089◀ ◈問; 예에 관하여 간단히 설명 좀 하여 주세요.

예에 관하여 간단히 설명 좀 하여 주세요.

◈答; 예에 관하여 간단히 설명하자면.

예에 대 하여는 간단 하게 설명 하기란 어려운 것입니다.

더불어 살아감에 언행과 몸가짐이 타인에게 불쾌하게 하거나 피해를 주거나 수고를 끼침은 예에 어긋남이니 사람이 생을 영위 함에 크게는 모든 약속법으로부터 토속법과 관행에 이르기 까지 모두가 예에 속한 것이며 전통예법 역시 그 일부의 예입니다. 서양의 에티켓을 포함 우리의 심상에 맞는 공중도덕 등 예 아닌 것이 없으니 자신을 타인에게 나타내지 않는 것 이것이 바른 예가 아닌가 생각합니다.

노자(老子)의 도덕경(道德經)에 이런 말씀이 있습니다. "전략 故失道而後德(고실도이후덕), 失德而後仁(실덕이후인), 失(실) 仁而後義(인이후의), 失義而後禮(실의이후례). 夫禮者(부례자), 忠信之薄(충신지박), 而亂之首(이난지수). 후략"

그렇기 때문에 도를 완전히 깨우친 연후에 덕이요, 덕을 완전히 깨우친 연후에 의요, 의를 완전히 깨우친 연후에 예이니라. 대저 예라는 것은 성실하고 참됨이 적어 어지러운 것을 다스리는데 으뜸이니라.

이와 같이 예(禮)는 사람을 성실하고 참 되게 만든다 함이니 사람은 예(禮)가 바탕치 않고서는 덕(德)이나 인(仁)이나 의가 바르게 깨우쳐 지지 않는다는 것입니다.

◆학문적 정의입니다.

一. **祭神以致福;** 신께 제사하여 복이 오다.

●儀禮覲禮; 禮日於南門外禮月與四瀆於北門外禮山川丘陵於西門外

二. **規定社會行爲的法則規範儀式的總稱;** 규정사회행위적 법칙 규범 의식적 총칭.

●論語爲政; 道之以德齊之以禮有恥且格(朱子注)禮謂制度品節也

三. **禮遇厚待;** 예로 대우하고 후대한다.

●月令; 季春之月聘名士禮賢者

四. 莊嚴; 有威儀; 장엄하고 위의가 있다.
●內則; 禮帥初無辭(孔穎達疏)禮謂威儀

五. 表示隆重而擧行的儀式典禮; 성대하고 장중하게 나타내어 거행하는 의식.
●史記廉頗藺相如列傳' 卒廷見相如畢禮而歸之

六. **禮物**; 예물
●表記; 無禮不相見也(鄭玄注)禮謂摯(贄)也(孔穎達疏)禮謂贄幣也贄幣所以示己情若無贄幣之禮不得相見所以然者欲民之無相褻瀆也

▶4090◀◈問; 예절수업에 필요한 자료.

초등학교 1 학년 예절 수업 중에서"전통예절"부분에 대해 아이들에게 적합한 수준의 자료는 어떤 것이 될까요? 너무 방대한 듯해서 고심입니다. 40 분 수업에 아이들이 쉽게 이해할 수 있는 정도면 고맙겠습니다.

◈答; 예절수업에 필요한 자료.

본인은 교육학을 전공치를 않아서 초등학교 1 학년의 수준에 적합한 전통예절의 교육 프로그램을 완벽하게 작성 할 수가 없습니다. 다만 선유들께서 하신 말씀들을 종합하여 자료를 몇 가지 제시 하겠으니 적합하면 편집하여 활용 하여 보기 바랍니다.

전통예절로 소학(小學)이 작은 예절로는 근본 입니다. 그러나 요즘 아이들의 수준에는 높을 듯 하여 다음과 같이 몇 가지 예를 제시 하겠습니다.

⊙사마온공거거잡의(司馬溫公居家雜儀)

원문 역시 참고케 하기 위하여 첨부하고 문항마다 거두 절미치 않은 전문입니다.

凡爲人子者出必告反必面有賓客不敢坐於正廳(有賓客坐於書院無書院則坐於廳之旁側)升降不敢由東階上下馬不敢當廳凡事不敢自擬於其父
무릇 자식 된 자가 행함에 있어 출타 할 때는 반듯이 연유를 고하고 돌아와서도 반듯이 뵈인다. 손님이 정청에 계실 때는 감히 앉아서는 아니 되며 감히 동쪽 층계로는 오르내리지 않으며 감히 정청 앞에서는 말에 타고 내리지 않는다. 모든 일에 감히 부친께서 하시는 것과 같이 자신이 이를 본떠 행하여서는 아니 되느니라.

凡子事父母父母所愛亦當愛之所敬亦當敬之至於犬馬盡然而况於人乎
무릇 자식이 부모를 섬김에 있어 부모가 사랑하는 바를 자식도 역시 사랑하고 부모가 공경하는 바를 자식 역시 공경한다. 개나 말에 이르기까지 모두 그렇게 할진대 황차 사람에게서야 더할 나위 있겠는가?

凡子事父母樂其心不違其志樂其耳目安其寢處以其飮食忠養之幼事長賤事貴皆於此
무릇 자식이 부모를 섬김에 있어 부모님의 마음을 즐겁게 하여 드리고 부모님의 뜻을 어기지 않으며 부모님이 듣고 보시는 것을 즐겁게 하여 드리고 부모님이 주무실 때는 편안케 하여 드리고 부모님에게 음식을 드림에는 정성을 다하여 봉양(奉養)하기를 어린아이 기르듯 섬겨야 하느니라. 귀(貴)하거나 천(賤)하거나 모두 이와 같이 하느니라.

凡卑幼於尊長晨亦省問夜亦安置丈夫唱喏婦人道萬福安置坐而尊長過之則起出遇尊長於塗則下馬不見尊長經再宿以上則再拜五宿以上則四拜賀冬至正旦六拜朔望四拜凡拜數或尊長臨時減而止之則從尊長之命吾家同居宗族衆多冬至朔望聚於堂上此假設南面之堂若宅舍異制臨時從宜丈夫處左西上婦人處右東上左右謂家長之左右皆北向共爲一列各以長幼爲序婦以夫之長幼爲序不以身之長幼爲序共拜家長畢長兄立於門之左長姊立於門之右皆南向諸弟妹以次拜訖各就列丈夫西上婦人東上共受卑幼拜以宗族多若人人致拜則不勝煩勞故同列共受之受拜訖先退後輩立受拜於門東西如前輩之儀若卑幼自遠方至見尊長遇尊長三人以上同處者先共再拜敍寒暄問起居訖又三再拜而止晨夜

唱喏萬福安置若尊長三人以上同處亦三而止所以避煩也
무릇 항렬이 낮거나 어린아이들은 집안 어른에게 새벽마다 침소로 찾아가 살피고 여쭙기를 안녕히 주무셨습니까? 밤새 안부를 묻는다. 앉아있을 때 어른이 지나가면 일어나서야 하고 출타 중 길에서 존장을 만나게 되면 말에서 내려와야 하고 존장을 이틀 이상 뵙지 못하고 자고 되돌아올 곳으로 떠나게 되면 두 번 절을 하고 떠나며 오일이상 자고 와야 할 곳으로 떠나게 되면 네 번 절을 하고 떠난다. 동지와 정월 초하루 하례에는 여섯 번 절을 하고 매월 초하루 보름이면 네 번 절을 한다. 모든 절의 수는 혹 존장이 그때마다 감하거나 그만두자 하면 존장의 명에 따른다. 내 집에서는 함께 사는 식구들이 많아서 동지나 삭망 때는 당으로 모여 남자들은 당의 좌측에서 서쪽을 상석으로 삼고 부인들은 당의 우측에서 동쪽을 상석으로 삼아 모두 북향하여 각기 어른과 아이로 차서를 정하여 한열씩 되여 다 같이 가장에게 절을 한다. 마쳤으면 큰 형은 문의 왼쪽에서고 큰 누이는 문 오른쪽에 서서 모두 남쪽으로 향하여 서면 모든 남동생들과 여동생들은 두 번째로 절을 한다. 마쳤으면 각 항렬대로 열을 이뤄 남자 어른들은 서쪽을 상석으로 삼고 부인들은 동쪽을 상석으로 삼아 항렬이 낮거나 어린이들의 절을 같이 받는다. 절 받기를 마쳤으면 위 항렬 즉 절을 받은 동배들은 물러나고 그 다음 동배들이 후배들의 절을 받되 문의 동서로 서서 절 받기를 전배의 의식과 같게 한다. 만약 항렬이 낮거나 어린 사람이 먼 곳으로 찾아가 존장을 뵙거나 존장을 만났을 때 세분 이상 한 곳에 계시면 먼저 한 분 한 분께 재배를 하고 차서 대로 더위와 추위에 어떠하신지를 안부를 여쭙고 문안을 마쳤으면 또 세분께 각각 재배를 하고 마쳐야 하느니라.

凡子始生若爲之求乳母必擇良家婦人秒溫謹者乳母不良非惟敗亂家法兼令所飼之子性行亦類之子能食飼之教以右手子能言教之自名及唱喏萬福安置稍有知則教之以恭敬尊長有不識尊卑長幼者則嚴訶禁之古有胎教況於已生子始生未有知固擧以禮況於已有知孔子曰幼成若天性習慣如自然顔氏家訓曰教婦初來教子嬰孩故於其始有知不可不使之知尊卑長幼之禮若侮詈父母歐擊兄姊父母不加訶禁反笑而奬之彼旣未辨好惡謂禮當然及其旣長習以成性乃怒而禁之不可復制於是父疾其子子怨其父殘忍悖逆無所不至蓋父母無深識遠慮不能防微杜漸溺於小慈養成其惡故也六歲教之數謂一十百千萬與方名謂東西南北南子始習書字女子始習女工之小者七歲男女不同席不共食始誦孝經論語雖女子亦宜誦之自七歲以下謂之孺子早寢晏起食無時八歲出入門戶及即席飮食必後長者始教之教之下一有必謙讓男子誦尙書女子不出中門九歲男子誦春秋及諸史始爲之講解使曉義理女子亦爲之講解論語孝經及列女傳女戒之類略曉大意古之賢女無不觀圖史以自鑒如曹大家之徒皆精通經術議論明正今人或教女子以作歌詩執俗樂殊非所宜也十歲男子出就外傳居宿於外讀詩禮傳爲之講解使知仁義禮智信自是以往可以讀孟荀楊子愽觀群書凡所讀書必擇其精要者而讀之如禮記學記大學中庸樂記之類他書放此其異端非聖賢之書傳宜禁之勿使妄觀以惑亂其志觀書皆通始可學文辭女子則教以婉娩娩音晩婉娩柔順貌聽從及女工之大者女工謂蠶桑織績裁縫及爲飮膳不惟正是婦人之職兼欲使之知衣食所來之艱難不敢恣爲奢麗至於纂組華巧之物亦不必習也未冠笄者質明而起總角頮頮音悔洗面也面以見尊長佐長者供養祭祀則佐執酒食若旣冠笄則皆責以成人之禮不得復言童幼矣
대체로 자식이 처음 태여 나면 유모를 구하되 반듯이 섬세하고 온화하며 부지런한 양가 집 부인으로 택한다. 아들이 능히 밥을 먹을 수 있을 때는 오른손을 쓰게 가르치고 말을 배울 때는 제 이름과 인사 말을 가르치고 일정한 장소에서 생활하게 한다. 차차 깨달음이 있으면 존장을 공경하는 법을 가르치고 깨닫지 못하는 것이 있으면 집안 식구들은 엄히 꾸짖어 가르치고 잘못된 버릇은 하지 못하게 가르친다. 여섯 살이 되면 숫자와 방위를 가르치고 남자아이에게는 글씨를 연습 시키고 여자아이는 여자가 하는 일 중에서 작은 일을 가르친다. 일곱 살이 되면 남녀를 한자리에 앉히지 않으며 한자리에서 식사도 하지 않게 한다. 처음으로 효경과 논어를 읽히고 비록 여자아이라도 당연히 읽힌다. 일곱 살 이전에는 일찍 자고 늦게 일어나며 때 없이 먹는 것이다. 여덟 살이 되면 문을 열고 출입하는 법과 자리에 앉는 법과 음식은 반듯이 어른보다 뒤에 식사하는 법을 가르친다. 비로소 이때부터 겸양지덕을 가르친다. 남자는 서경을 읽히고 여자는 중문 밖을 나가지 못하게 한다. 아홉 살이 되면 남자는 춘추와 여러 사기를 읽히되 처음으로 풀이케 하여 뜻과 이치를 깨닫게 한다. 여자 역시 논어 효경과 열녀전을 풀이케 하여 여자가 경계해야 할 것들을 대략 큰 뜻을 깨닫게 한다. 열 살이 되면 남자는 바깥 스승에게 찾아가서 취학하게 하여 그 곳에서 숙식하며 예전 시전을 읽고 뜻을 해석하여 익히게 하여 인의예지신을 깨닫게 한다. 그쯤 되면 이때부터는 스스로 찾아 다니며 맹자 순자 양자 등을 읽고 많은 책을 넓혀 보되 모든 독서는 반듯이 정요한 책을 택하여 읽어야 한다. 즉 정요한 책이라 함은 예기 학기 대학 중용 악기 등 서를 이름이다. 사악한 도서거나 현인이 주석한 서경이 아니면 읽어서는 안 된다. 그런 책을 보게 되면 거짓을 보는 것이고 미혹하고 어지러운 것이다. 책을 읽고 잊어버리지 않고 모두 통달하려면 처음부터 시 서 육례 즉 주역 서경 시경 춘추 예악등과 그 운을 배워야 한다. 여자는 용모를 유순하게 하고 온순하여 시키는 대로 잘 순종하게 가르치며 여자가 할 일로 길쌈하여 옷 짓고 밥짓는 큰일을 가르친다. 남녀가 아직 관례나 계례를 하지 않았으면 새벽 일찍 일어나 세수를 한 후 머리를 총각머리를 하고 존장께 문안인사를 한 후 형이나 언니를 도와 부모를 봉양한다. 제사 때면 제수 갖추는 일을 돕는다. 만약 이미 관례나 계례를 하였으면 모두 어른의 예대로 해야 하며 다시는 아이와 같이 하지 못하느니라.

⊙사소절(士小節)

◎童規

아동의규범

天賦性罔或慝親遺身罔或忒一念慮咸有則一動作咸有式整爾衣節厥食童無準長益仄撰童規

천부적인 성품은 혹간이라도 악함이 없도록 하고 어버이로부터 물려받은 육신은 혹간이라도 어긋남이 없어야 하며 한번 생각하는데도 모두 법칙이 있는 것이며 한번 움직이는데도 모두 법식이 있는 것이니라. 이와 같아서 의복은 단정하게 입어야 하며 음식을 먹을 때는 고개 숙여 인사를 하고 절제하여야 함이니 아이 때에 준비가 되어 있지 않으면 커서는 더욱 기우러 짐으로 아동의 규범을 지어 가르치려 하느니라

方讀書而門外雖有簫鼓之聲不可遽起而疾走也

바야흐로 책을 읽을 때는 문밖에서 아무리 퉁소나 북 치는 소리가 들린다 하여도 황급히 일어나 뛰어나가서는 아니 되느니라.

童子之性有癖於鮮新試影自嬌者此易入於奢汰父母抑而矯之以儉使衣麤樸之服也亦有亂頭垢貌不修衣帶此非儉也近於庸陋不足爲賢父母抑而矯之以精使之洗濯整飭無至率也

아동의 성품은 새로워지려는 버릇이 있어 스스로 교태를 부리며 거울에 비친 제 모습을 살펴보는 이런 아이는 사치하는데 빠져들기 쉬우니 부모들은 그런 짓을 못하도록 막아 바로 잡아줘야 하며 아이는 거칠고 소박한 옷을 입혀 검소한 생활을 하도록 가르쳐야 하느니라. 또 머리를 헝클어트리고 얼굴은 지저분하게 하고 옷과 허리띠를 제 멋대로 하고 있는데 이는 검소한 생활태도가 아니며 용렬하고 비루한 짓에 가깝고 모자란 아이이니 부모 된 사람은 그런 짓을 못하도록 막고 깨끗이 씻고 옷을 단정하게 입어 깨끗이 하도록 타이르고 훈계를 하여 또다시 그런 일이 없도록 이끌어야 하느니라.

凡衣服飮食居處使令若不適意恣行恚恨及其壯大大則凶悖小則苛刻故方其幼時於此等事養成良吉溫善之習然後可以作君子矣

대체로 의복이나 음식이나 거처하는데 시중들어 주는 사람이 제 뜻에 맞게 딸아 주지 않는다 하여 방자하게 성을 내고 한스러운 짓을 하면 그가 커 어른이 되였을 때 크게는 흉악하고 도리에 거슬리게 살 것이요 작게는 가혹하고 각박하여 질 것이니라. 그러하기 때문에 방법은 그가 어렸을 때부터 이 같은 등등의 일들을 어질고 선량하며 온순하고 착한 생활이 습관이 되도록 하여 이렇게 길러놓은 뒤라야 옳은 군자로 만들어지는 것이니라.

童子善跳躍善鹹食故多熱多渴以致飮水無節多成痼疾夫習安靜愼飮啖亦孝順之事也

어린이는 뛰기를 좋아하고 짠 음식을 좋아하기 때문에 열이 많고 갈증을 많이 느끼기 때문에 절제를 못하고 물을 많이 마시게 되여 고질병이 많이 생기게 되는데 대체로 마음과 정신이 편안하고 고요하게 하고 음식 먹기를 삼가는 습관을 드려야 역시 효성이 있어서 부모에게 잘 순종하는 사람이 될 것이니라.

出入門戶而不能堅闔奴婢之相也上下階庭而跳踊躑躅羊馬之習也

대문이나 방문을 드나들 때 잘 닫지 않는 것은 일하는 사람들이나 하는 짓이고 층계를 오르내리거나 뜰에서 뛰어 다니거나 제자리에서 경중경중 뛰는 것은 양(羊)이나 말이 하는 짓이니라.

凡說謊驚嚇挧膈掠骰旋風舞商羊步筋斗迷藏抹煤妝人頰撚紙鍼客鼻狡獪炫幼之習皆可禁也
대체로 외마디 소리를 하여 남을 놀라게 하고는 껄껄거리고 웃고 명치끝을 콕 찌르고 앞 정강이 뼈를 후려 차고 빙빙 맴을 돌아 바람을 일으키며 춤을 추고 새가 날아 다니는 행동을 하고 곤두박질을 치고 숨바꼭질을 하고 다른 사람의 얼굴에 먹칠을 하고 종이를 비벼 꽈서 손님의 양쪽 코에 침을 놓는 등 교활하고 남에게 잘 하는 척하여 현혹시키려 하는 어렸을 적의 버릇은 모두 엄히 금지시켜야 옳게 크느니라.

幼時不習危坐及長體骨强梗不耐整坐箕踞偏側從而荒散心亦傾邪九容盡壞可哀也已
어렸을 때에 단정하게 앉는 습관을 들이지 않으면 크면 체 골이 굳어져 단정하게 앉아 있기를 참아 내지를 못하게 되여 두 다리를 쭉 뻗고 앉아 있거나 비스듬히 옆으로 기대어 앉게 되여 이에 딸아 모습이 거칠고 산만하게 되며 마음 또한 바르지 않게 되여 갖춰야 할 온갖 장부의 모습인,

(1). **의관필제정(衣冠必齊整)** 즉 의관은 반듯이 가지런하게 하고 단정히 하여야 하며,
(2). **보리필안중(步履必安重)** 즉 거름거리는 반듯이 의젓하고 중후하여야 하며,
(3). **언어불득경비(言語不得輕鄙)** 즉 말은 경박하고 비천하여서는 아니 되며,
(4). **좌립불득방이(坐立不得放弛)** 즉 서고 앉음에는 방자하고 게으르게 하여서는 아니 되며,
(5). **집사이경행기이정(執事以敬行已以正)** 즉 일을 집행함에는 삼가며 하고 제 일에는 공정하게 하여야 하며,
(6). **무감사타(毋敢斯惰)** 즉 속이거나 함부로 삼가 하지 않고 속임이 없어야 하고,
(7). **무여인쟁(毋與人爭)** 즉 다른 사람과 더불어 다투지 말 것이며,
(8). **문선언칙복불계유천(聞善言則服不計幼賤)** 즉 착한 말이면 따르기를 장유와 귀천을 가리지 않으며,
(9). **유과실칙개무소탄린(有過失則改無少憚吝)** 즉 과실(過失)이 있으면 고치기를 조금도 꺼리거나 인색함이 없어야 하는 등 구용(九容)이 모두 어그러지게 되는 것이니 가히 슬퍼질 뿐이니라.

內不足者荒步窘言徒欬乾笑貼頭揚手非好氣象也記曰容無怍
수양이 부족한 사람은 걸음거리가 거칠고 말씨가 어수선하고 걸어가면서 헛기침을 하고 건성으로 허허거리며 웃고 머리를 움츠려 붙이고 손을 내젓곤 하는데 좋은 기상은 아니며 예기(禮記) 곡례편(曲禮篇)에서 이르기를 용모에는 부끄러움이 없어야 하느니라. 라고 가르치고 있느니라.

非飮食言語而口常哆然非正容也目睛搖轉不定者其心久放
음식을 먹거나 말을 할 때가 아니면서 입을 항상 헤 벌리고 있으면 바른 용모가 아니며 눈동자를 요리저리 굴려 바르게 있질 못하는 것은 그의 마음을 오래도록 다스리지 않고 방치하여둔 사람이니라.

童子好使刀錐尖利之器誤傷肌膚成瘢或有刺睛眇目長者恒加禁止可也晉范宣年十歲嘗以刀傷手奉手改容人問痛耶答曰不足爲痛但受親之全體而致毁傷不可處耳
어린이는 칼이나 송곳 같은 뾰족하고 날카로운 기구들을 가지고 놀기를 좋아하여 피부에 상처를 내어 흉터를 지게하고 혹은 눈 동자를 찔릴 수도 있는 것이니 어른들은 항상 더욱이 가지고 놀지 못하도록 함이 옳으니라. 진(晉)나라 사람 범선(范宣)은 열살 때 즈음 일찍이 칼로 손을 다쳤는데 손을 받들어 들고 얼굴을 바로잡고 있어서 사람들이 아파서 그러느냐고 물으니 대답하여 가로되 아파할 정도는 아니 오나 다만 부모님에게서 온전하게 받은 몸에 상처를 내어 몸 둘 바를 모를 뿐입니다. 라고 대답하였다 하느니라.

童子口快須戒愼重如對乞人勿斥呼乞丐眇者勿斥呼一目又如慘酷駭愕寃痛等語勿輕出口

어린아이는 말을 아무렇게나 하는 것이니 모름지기 신중히 경계하여야 하느니라. 만일에 걸인이라도 만나게 되면 비렁뱅이라고 부르지 못하도록 하고 한쪽 눈을 보지 못하는 사람을 만나게 되면 외눈 백이라 부르지 못하도록 하여야 하며 또 참혹하다 해악하다 원통하다는 등과 같은 말은 가벼이 입 밖으로 내지 못하도록 하여야 하느니라.

居喪童子矇然不識人事遊戲馳逐誦詠詩詞長者敎喩申申不使之放縱禮節
어린이는 부모상(喪)을 당하고서도 아직 철이 들지를 않아 사람이 지켜야 할 도리를 알지를 못하기 때문에 놀기에 빠져 다퉈가며 들뛰고 시가(詩歌)를 읊조리기도 하는데 어른들이 깨우치도록 가르쳐 그로 하여금 제 멋대로 굴지 않고 예의범절을 따르도록 신신당부하여야 하느니라.

坐必凭依不耐久坐搖膝翻手厭避長者輕蹻矗浮恒有高飛遠走之意者非令器也若不矯氣革習後日不爲凶悖之行者鮮矣
어린이가 앉으면 반듯이 무엇이든지 의지하여 기대 앉으려 하고 오래도록 앉아 있기를 참아내지 못하고 무릎을 흔들고 손을 가만두지를 못하고 뒤척이며 어른들을 싫어하고 피하며 아이가 경솔하고 교만하며 거칠며 항상 들떠있어 가당찮게 높게만 날아 오르려 하고 멀리만 건너뛸 생각만 하는 아이는 호령을 할 지위에 오를 그릇이 못 되느니라. 만약에 그러한 기를 바르게 잡고 그러한 버릇을 고쳐주지 않는다면 뒷날에 흉악하고 패역한 짓을 하지 않을 자 드물 것이니라.

乘長者之不在聚伴炒閙無所不至忽聞長者謦欬穴窓窺探潛步微語强讀課書長者其可欺乎記曰如見其肺肝凡爲童子滔滔如是然此而不改爲小人而有餘可使深懲而不可恕也
어른이 집에 없는 틈을 타 친구들을 모아 놓고 시끄럽게 떠들어대며 하지 않는 짓이 없다가 돌연히 어른이 들어오며 하는 헛기침 소리가 들리기라도 하면 문에 구멍을 내고 엿보고는 살금살금 걷고 귓속말로 속삭이며 읽으라고 내어준 책을 억지로 읽는 체를 하는데 어른들이 그렇게 한다고 속아 넘어가겠는가? 예기에서 이르기를 그의 가슴속을 들여다보는 것 같다. 라 하였으니 대체로 아이들이 커가는 모양이 이 같은 것이니 그러하기 때문에 이를 고쳐주지 않으면 소인이 되고도 남음이 있을 것이니 심히 징계를 하여 아이들로 하여금 옳게 커가도록 하여야 하지 용서를 하여서는 아니 되느니라.

厭避長者甘處下流最是日入於庸賤陋惡幼與傔人遊者雖至壯大言語容貌終未超脫俚俗之氣故敎子弟必使之從遊醇謹雅飭之人方不竟抵于不肖無狀詩云出自幽谷遷于喬木
어른을 싫어하여 피하고 저보다 못한 부류와 휩쓸려 놀기를 좋아하는 아동은 이때부터 모조리 용렬하며 천하고 비루하며 악한 데로 빠져들게 되고 어려서 시중드는 사람과 더불어 노는 아이는 아무리 훌쩍 컸다 하여도 말하는 것이나 용모가 야비하고 세속의 속된 기질을 끝내 벗어나지 못할 것이니라. 그런고로 자제를 가르칠 때는 반듯이 그들로 하여금 순후하고 근엄하며 바르게 갖춰진 사람을 딸아 놀게 하여야 품행이 방정하여지지 그렇지 않으면 필경에는 불초하여 무례함을 당할 것이니라. 시경에서 이르기를 깊은 골짜기에서 나온 새 높은 나무에만 옮겨 앉네! 라 이르고 있느니라.

◎敎習

2. 공부

凡歌詩須要整容定氣淸朗其聲音均審其節調毋躁而急毋蕩而囂毋餒而懾久則精神宣暢心氣和平矣每學量童生多少分爲三班每日輪一班歌詩其餘皆就席斂容肅聽
대체로 노래와 시(詩)를 노래 할 때는 모름지기 중요한 것은 자세를 단정히 갖추고 기운을 안정시켜야만 맑고 명랑하여져서 그 소리의 음(音)이 고르게 나오게 되는 것이며 그 음절과 가락을 살펴 빠르고 거칠게 하지 말 것이며 제 멋대로 하여 시끄럽게 하지 말 것이며 굶주린 사람 같이 힘이 없거나 두려운 것같이 떨지 말 것이니 오래도록 연습하면 정신이 맑아지고 심기가 화평하여 지는 것이니라. 매번 공부시킬 때 마다 어린 생도의 많고 적음을 헤아려 세 개 반으로 나눠 매일 한 개 반씩 돌려가며 시(詩)를 노래하게 하고 그 나머지 학동은 모두 자리에 앉아 용모를 단정히 하고 엄숙히 듣게 하여야 하느니라.

凡習禮須要澄心肅慮審其儀節度其容止毋忽而惰毋沮而詐毋徑而野從容而不失之迂緩修謹而不失之拘局久則禮貌習熟德性堅定矣亦如前分爲三班日輪一班習禮餘皆就席斂容肅觀
대체로 말 하자면 예(禮)를 익히는데 중요한 것은 모름지기 마음을 맑게 하고 생각은 엄숙하게 하고 그 법도의 예의절차를 살펴 그 기거동작(起居動作)을 게을리 하거나 소홀하게 하지 말 것이며 거짓으로 기력을 소진하지 말 것이며 야비하고 간사하게 하지 말고 조용히 따르기를 잠시라도 벗어남이 없도록 하고 배워서 몸 닦고 삼가 하기를 게을리 하여 실수가 없도록 할 것이며 하늘이 높아도 부딪칠까 염려하여 허리를 굽히고 땅이 두꺼워도 꺼질까 걱정하여 조심조심 발짝을 떼어 놓는다는 국천척지(局天蹐地)를 취하여 오래도록 행하면 예절에 맞는 태도로 사람을 공경함이 습관으로 익혀져야 덕을 갖춘 바른 성품으로 굳건하고 일정하게 갖춰질 것이니라. 또 앞에서 한 것과 같이 세 개 반으로 나눠 날마다 한 개 반씩 돌려가며 예(禮)를 연습시키고 나머지 반은 모두 자리에 앉아 용모를 단정히 하고 엄숙한 자세로 보고 듣게 하여야 하느니라.

禮曰男子八年始敎之讓此遜而不貪謙而不吝禮之善物也漢孔融幼時與諸兄食果取小者兄問之曰我小者法當取小者
예기(禮記)에 이르기를 사내아이는 여덟 살이 되면 비로소 겸양지덕(謙讓之德)을 가르친다. 라 하였는데 이는 탐욕을 버리고 사양을 하고 겸손함을 인색하게 하지 않아야 예(禮)를 잘 갖췄다고 세상에 평판이 나기에 그러한 것이니라. 한(漢)나라 사람 공융(孔融) 선생이 어렸을 적에 여러 형들과 더불어 과실을 먹을 적에 작은 것만 집어 먹기에 형이 왜 작은 것만 집느냐고 물으니 대답하기를 나는 어리니 예법상 마땅히 작은 것을 가져야 하는 것이지요. 라고 대답하였다 하느니라.

栗谷先生敎小兒有十七條重則一犯論罰輕則三犯論罰曰不遵敎訓馳心他事父母所令不卽施行不敬兄長發言暴悖兄弟不愛相與忿爭飮食相爭不相推讓侵侮他兒相與忿爭不受相戒輒生怨怒拱手不端放袖跛倚行步輕率跳躍踰越好作戲謔言笑喧囂好作無益不關之事蚤寐晩起怠惰不讀讀書之時相顧雜談放心昏昧晝亦坐睡護短匿過言語不實好對閒人雜說廢業好作草書亂筆汚紙
율곡(栗谷) 선생께서 어린이를 가르치는 열 일곱 조목(條目)이 있는데 허물이 중한 것을 한번만 범하여도 벌을 따져 주웠고 가벼운 허물은 세 번을 범하면 벌을 따져 주웠다. 하는데 이르자면 이와 같으니라.

1. 교훈을 따르지 않고 마음을 다른 일에 돌려 쓰고 있는 것.
2. 부모가 명령한바 대로 즉시 시행치 않는 것.
3. 형이나 어른을 공경치 아니하고 하는 말이 사납고 패악스러운 것.
4. 형제간에 우애가 없고 서로 대들어 싸우는 것.
5. 음식을 먹으며 서로 양보하지 않고 다투는 것.
6. 다른 아이의 자리를 침범하고 업신여기며 조롱하고 서로 같이 다투는 것.
7. 서로 주의를 줘도 대수롭지 않게 생각하고 따르지도 않으며 노여워하고 원망하는 것.
8. 두 손을 쥐고 읍(揖)하는 모습이 단정치를 못하며 옷소매를 빼놓고 있거나 한쪽 다리에 의지하여 기대여 비스듬히 서 있는 것.
9. 거름거리가 경솔하고 뛰어다니고 뛰어 넘는 것.
10. 실없는 말로 농지거리 하기를 좋아하고 말하고 웃음소리가 시끄러운 것.
11. 보탬도 되지 않고 관계도 없는 짓 하기를 좋아하는 것.
12. 일찍 자고 늦게 일어나며 게으름 피우고 책을 읽지 않는 것.
13. 책을 읽을 때 서로 돌아보며 잡담을 하는 것.
14. 방심하여서 눈앞이 아른아른 하여 대낮에 또한 졸고 앉아 있는 것
15. 단점을 두둔하고 과실을 감추려 하고 말이 진실성이 없는 것.
16. 한가하게 다른 사람과 잡담을 하고 공부를 하지 않는 것.
17. 흘림글씨로 함부로 써 종이를 더럽히는 것, 등 열 일곱 가지이니라.

子弟幼時恪遵訓誨不遭呵責楚扑上也或有過失長者施罰雖至流血乃羞乃懼且感且悔每於行事必惕然思受責受撻之故小心謹愼不可再犯次也最下者已有大過而不服長者責罰肆其狠毒文過自聖逆忤長者挑其怒暴使之亂撾肌膚潰爛恩義以傷亦有犯罪受罪僕僕自服誓不爲惡姑免深治後復如是屢犯

屢罰終不悛改者亦無可爲也余性愚下但自幼謹拙多懼三歲至于十歲受長者之摑只三而已至今歷歷思緣某事而遭此罰也世之狡童只坐不惜吾皮肉之痛也長者施撻豈樂爲哉蓋冀其懲之也夫何怨乎
자제들은 어렸을 때 삼가 가르치는 대로 딸아 하여 회초리와 꾸지람을 듣지 않는 것이 상책이니라. 혹 과실이 있어 어른 들에게 벌을 받을 때 아무리 피가 흐름에 이른다 하여도 부끄러움을 잘 다스리고 두려움도 잘 다스려야 하며 그러함에도 불구하고 또한 감동을 하고 뉘우치고는 일을 할 때 마다 늘 반듯이 두려워하고 삼가 하여야 하며 종아리를 맞고 꾸지람들은 까닭을 생각하고 조심하고 삼가 하여 다음에 같은 잘못을 범하여서는 아니 되느니라. 가장 나쁜 것은 이미 큰 잘못이 있음에도 어른이 꾸짖거나 벌을 주면 뉘우쳐 복종하지 아니하고 그는 강퍅하고 독살을 제 마음대로 부리며 과실을 고칠 생각은 하지 않고 어름어름 변명이나 하며 자신은 지덕이 가장 뛰어나고 사리에 통하지 않는 바 없는 사람이라 하며 거꾸로 마음에 거슬려 불쾌한 눈빛으로 어른의 심기를 돋워 그가 노여움이 폭발하여 그로 하여금 어지럽도록 매를 처서 살 가죽이 터져 문드러지면 두터웠던 정의는 손상을 입게 되는 것이니라. 또 죄를 범함이 있어 벌을 받게 되면 숨기고 숨기려다가는 잘못을 스스로 고백하고 다시는 그런 나쁜 짓은 않겠다고 맹세를 하여 잠시 심한 다스림을 모면을 한 뒤에도 다시 이와 같은 잘못을 여러 번 저지르고 여러 번 벌을 받다가 끝내 뉘우치고 고치지 않는 자는 역시 옳게 만들 수가 없는 사람이니라. 나는 성품이 우둔하고 모자라서 오로지 어릴 때부터 옹졸하여 모든 일에 조심을 하고 겁이 많아서 세 살 때부터 열살 때까지 어른에게 매를 맞은 적이 단지 세 번 뿐으로 지금도 무슨 일로 그와 같은 벌을 받았는지 역력히 생각이 나느니라. 세상에 교활한 아동은 단지 나의 살가죽만 아파하지 벌받는 것을 애석하게 여기지도 않느니라. 어른들이 매로 벌 주는 것은 어찌 즐거워하겠는가? 대개 그가 앞으로 삼가 하도록 하기 위하여 제재를 가하고자 할 뿐인데 대체 어느 누구를 원망한단 말인가?

童子方受讀而心大躁擾厭聽師長訓義以手指葉常欲翻揭甚至未及說致第末行之義而徑揭葉也不能融解亦無問難受纔已而忙忙覆冊長者亦或幷聲導讀童子則讀甚忙迫而其聲常在長者之前是犯反敎之嫌不惟不能領會訓旨心不安定不成令器凡此數者可不深警
글을 배우는 아동이 스승 앞으로 가서 책을 읽으며 지도를 받을 때 마음이 대단히 조급하여 스승이 뜻을 길게 설명을 할라치면 듣기를 싫어하며 소란을 떨면서 손가락으로는 항상 책장이나 넘기려 하고 심지어는 마지막 줄 까지 뜻의 설명이 이르지도 아니 하였는데 빨리 책장을 넘겨서 그 뜻을 완전하게 이해하지 못하였는데도 어려운 것을 묻지도 않고 간신히 받고는 어느새 책장을 덮어놓고 있느니라. 어른들과 또 다같이 소리를 내여 책을 읽을 때 어린이가 딸아 읽기라도 하면 마음이 급하여 그의 소리가 항상 같이 읽는 어른들의 소리에 앞서 가니 이는 가르침을 싫어하고 거슬려서 해치는 일이니 생각할 것도 없이 뜻을 가르쳐줘도 깨우칠 수가 없는 것이니라. 마음이 안정되어 있지 않으면 뛰어난 인재로 성장할 수가 없는 것이니 대체로 이와 같이 성품이 급한 자들을 옳게 되기가 어려우니 깊이 경계하여야 하느니라.

讀書偸篝最是童子不良之習及到長成必多鹵莽無文亦復狡獪不誠假托有病不讀亦惡習也
책을 읽을 때 꾀를 부리고 시늉만 내는 것이 가장 나쁜 어린이들의 버릇으로 어른으로 성장하여도 그 때까지도 미치게 되여 반듯이 많은 이들이 배움이 없어 노둔하고 거칠 것이며 또 다시 말해서 간교하고 교활하며 성실치 않아서 아프다고 핑계를 대고는 책을 읽지 않는 것도 역시 못된 버릇이니라.

對長者受敎拱手正坐敬聽詳問讀書之聲溫而無懦淸而無促勿複也勿絶也勿聒也勿吶也勿倒讀勿謟讀勿落字讀勿越行讀勿亂搖身勿頻回頭勿欠伸勿噫咳勿聽講而旁聽他言勿視字而偸視他事凡對書讀誦講問而不摩扇弄帶刮席撫襪爬癢剔甲搖搖浮浮矗問厭聽者未之見也
어른에게서 가르침을 받을 때는 두 손을 마주잡고 바르게 앉아서 경청을 하고 모르는 것은 자세히 물어 봐야 하느니라. 글 읽는 소리는 부드러우면서도 나약하지 않아야 하며 맑으면서도 빠르지 않아야 하고 거듭 하지 말고 끊어지게 하지 말고 눈을 부릅뜨지 말고 고함치듯 읽지 말고 거슬리게 읽지 말고 사투리로 읽지 말고 글자를 빼놓고 읽지 말고 한 줄 건너 뛰어 읽지 말고 몸을 어지럽게 흔들며 읽지 말고 머리를 빠르게 빙빙 돌리지 말고 하품을 하거나 기지개를 켜지 말고 한숨을 쉬거나 헛기침을 하지 말고 강의를 들을 때 옆 사람이 들리도록 다른 말을 하지 말고 글자를 보면서 다른 것을 훔쳐 보지 말 것이니라. 대체로 글을 읽고 암송을 하고 강론을 듣고 질문을 하면서 부채를 만지작거리지 말며 허리 끈을 손에 가지고 놀지 말고 자리를 독독 긁지 말고 버선을 매만지지 말고 가렵다고 벅벅 긁지 말고 손톱을 물어뜯지 말 것이니라. 흔들흔들 거리고 체신머리 없이 촐랑거리고 거칠게 질문하고 듣기를 싫어하는 자는 거들떠보려 하지도 말아야 하느니라.

朱子與魏應仲及長子受之書持身讀書之方畧備今於兩書節而類記之與魏書曰起居坐立務要端莊不可傾倚恐至昏怠出入步趁務要凝重不可剽輕以害德性謙遜自牧和敬待人無故不須出入少說閒語恐廢光陰勿觀雜書恐分精力與子書曰居處須是居敬不得倨肆惰慢言語須要諦當不得戲笑諠譁凡事謙恭不得尙氣凌人自取恥辱交遊之間尤當審擇雖是同學不可無親疏之辨與魏書曰所讀經文不可貪多務廣涉獵鹵莽纔看過便謂已通小有疑處卽便思索思索不通卽置小冊逐一抄記以時省閱切不可含糊護短恥於質問終身黯暗以自欺也與子書曰早勉受業請益質問不得放過所聞誨語逐日劄起見人嘉言善行則敬慕而記錄之見人好文字勝已者借來熟看或傳錄之而資問之思與之齊
주부자(朱夫子)께서 위응중(魏應仲)과 장자(長子)인 수지(受之)에게 보낸 서한(書翰)에서 몸가짐과 글 읽는 방법이 대략 갖춰져 있어 이제 이 두 편지의 구절에서 비슷한 것을 인용하여 보기로 하겠느니라. 魏應仲(위응중)에게 보낸 서찰(書札)에서 이르기를 사람이 일상생활을 하는데 앉고서는 것만이라도 반듯이 단정히 하고 엄숙하게 하기를 힘쓰고 기우러 지게 앉거나 기대여 서서는 아니 되는 것이니 마음이 흐려지고 나태하여질까 두려운 것이니라. 출입할 때 걸음걸이는 반듯이 침착하며 점잖고 무게가 있게 걷기 힘써야 하지 경박하게 걸으면 아니 되는 것이니 덕성과 겸손함이 해를 받을까 하여서 이니라. 자신은 온순하도록 다스리고 다른 사람은 공경으로 대하여야 하느니라. 까닭 없이 출입할 필요가 없으며 말은 적게 하고 조용히 하여야 하지 시간을 낭비할까 두려워서 이니라. 잡된 책을 보지 마라 정력이 떨어질까 두려워서 이니라. 라고 이르셨고 더불어 아들에게 보낸 편지에서 이르기를 거소에서는 모름지기 옳도록 다스리고 공경을 하여야 하지 거만하고 방자하면 가볍게 여겨 업신여겨 얻을 것이 없을 것이며 말은 모름지기 반듯이 자세히 살피어 합당하게 하여야지 익살을 부리거나 떠들썩하게 하면 얻을 것이 없는 것이며 모든 일은 겸손하고 공손하게 하여야지 기를 드높여 다른 사람을 업신여겨 스스로 수치와 모욕을 취하여서는 얻을 것이 없는 것이며 사귀어 노는 데는 더욱 마땅하도록 살펴 택하여야 하지 아무리 같이 공부(工夫)하는 데는 옳다 하여도 멀고 가까움의 분별이 없으면 옳지 않은 것이니라. 라 일렀으며 더불어 위응중(魏應仲) 에게 보낸 서한(書翰)에서 이르기를 거처에서 경문(經文)을 읽을 때는 많이만 읽으려고 탐을 내서는 아니 되며 널리 여러 가지 책을 읽으려고만 힘을 쓰면 건성건성 겨우 보고 지나치고는 곧 이미 통달하였다고 이르지 말고 조금이라도 의심 나는 곳이 있으면 곧 이치를 파고 들어가 생각을 하여 보고 또 생각을 하여 보와도 뜻이 통하지 않으면 곧 조그마한 책을 만들어 두고는 읽고 난 뒤따라서 하나같이 주요한 요점만 추려 기록하여 두고 때로 자세하고 분명히 알도록 살펴 봐야 하지 절대로 모호한 것을 깨우쳐 알지 않고 모두 가지고만 있으면 아니 되며 남에게 묻는 것은 결점으로 부끄럽다 하여 종신토록 어둡게 지내는 것은 스스로를 속이는 짓이니라. 라고 일러 줬으며 또 아들에게 보낸 편지에서 이르기를 일찍 가르침 받기를 청하기에 힘 쓰고 모르는 것은 질문을 하여 보탬이 되도록 하여야 하지 내쳐놓고 지나가서는 아니 되느니라. 가르쳐 주는 말을 듣게 되면 날마다 기록을 하여 놓고 뒤에 보고는 되 살리고 다른 사람의 아름다운 말이나 착한 행실은 보면 존경하고 사모하며 기록하여두고 보며 다른 사람의 좋은 글이 자기 것 보다 낳으면 빌려다가 익숙히 외워지도록 보고 혹 경서(經書)나 주해서(註解書)에서 베껴 쓴 것이면 어느 책인가 물어서 취하여 생각이 그 사람과 더불어 가지런하여 지도록 하여야 하느니라. 라 당부하였느니라.

趙重峰先生自幼嗜學衣履盡破而從師不避風雪每値禾熟守宿田間同學數人從之各誦所讀夜深同學皆睡臥先生誦不輟久方假寐鷄一鳴先生又起誦之時放牛牛行逐草必執書隨之且行且看天雨則披卷于蓑笠之下潛心探賾每日採薪爇親房以書映火光讀之以農爲養于隴間橫木爲架置書休暇讀之
중봉(重峰) 조헌(趙憲)선생은 어렸을 때 스스로 공부하기를 좋아하여 의복과 신발이 다 해어지고 떨어지도록 눈비바람을 피하지 아니하고 스승을 따랐다 하며 매년 벼가 익으면 전답

사이에서 자며 지킬 때 학우 몇 사람이 그를 따라가서 그 곳에서 글을 읽고 암송을 하다 밤이 깊어지면 학우들은 모두 드러누워 자나 선생은 밤이 이슥하도록 그치지 않고 글을 암송을 하다 금방 옷을 입은 채로 눈을 붙이다 선생은 첫닭이 울면 또 일어나 글을 외웠으며 이때는 소를 방목하던 시절이라 소가 풀을 뜰아 가며 뜯으면 선생을 반듯이 책을 들고 따라가며 보다 또 따라 가고 또 보다 비라도 내리게 되면 도롱이와 삿갓 밑에서 책을 펴보며 그 진리를 밝히려고 차분한 마음으로 깊이 생각을 하였다 하며 선생은 매일 자기 방에 나무를 해다가 때였는데 불을 때면서 그 불빛에 책을 비춰보면서 읽었다 하며 선생은 농사를 짓고 소를 기르며 밭두둑 사이에 나무를 가로질러 시렁을 만들어 이에 책을 두고 틈만 나면 책을 읽었다. 하느니라.

◎敬長(경장)

3. 어른 공경

童子必敎以厚重恭謹然後長能知敬待師友雖有才藝不敢宣驕於人嘗觀薄有才而家世富貴者必驕於人不辨老少怨謗橫集戮辱及父兄蓋驕生於淺淺生於昏揔由于幼時不敎以厚重恭謹自陷於不孝不弟可不懼哉

아이들은 반듯이 돈후하고 신중하며 공손하고 근신함을 가르쳐준 뒤라야 커서 능히 스승과 벗을 공경을 하고 대우를 해야 하는 것을 알게 되는 것이니 아무리 재능과 기예가 있다 하더라도 다른 사람에게 감히 교만하게 굴지 않는 것이니라. 항상 보건대 재능은 별로면서 문벌과 부귀가 대대로 내려오는 사람은 반듯이 다른 사람에게 교만하여서 노소를 가리지 않고 그의 방자함을 원망을 하고 비방을 하게 되며 그의 부형에게 까지 그 치욕이 미치게 되는 것이니라. 대개 교만은 얄팍한 마음에서 생기고 얄팍한 마음은 모두 마음이 어둡고 혼란스러워 함부로 일을 함으로 말미아마 생기는 것이니라. 어렸을 적에 돈후하고 신중하며 공손하고 근신함을 가르쳐 주지 않으면 부모에게는 효도치 않을 것이고 형제에게는 우애가 없는 곳으로 자연히 빠져들게 되는 것이니 가히 두렵지 않겠는가?

趙判樞絅往一宰臣家蔭官老人先在座主人孫兒年方六七甚嬌愛使兒戲辱蔭官擬以犬牛主人喜曰小兒有氣必興吾門趙公正色曰小兒心氣未定雖撻而敎之使敬長老猶有不奉其敎今乃敎之以侮辱兒必認以爲老旣可慢則兄可慢父可慢君上亦可慢幾何不至於犯惡逆也主人氣塞不能言

판중추부사(判中樞府使) 용주(龍洲) 조경(趙絅)선생은 행부호군(行副護軍)에 등용 조선조 정이품(正二品)이상의 벼슬에서 퇴임한 칠십세 이상 노인들이 들어가 대접받고 노는 기로소(耆老所)에 나가는데 한 재상의 집에 가니 음직(蔭職)인 노인이 먼저 와 앉아 있는 자리에 주인(主人)이 이제 육칠 세 쯤 되는 손자아이를 사랑하고 귀여워 하며 아이로 하여금 그 노인을 개와 소에 비교하며 희롱하고 욕을 하는데도 주인은 기뻐하며 춰 주기를 어린 아이가 기가 있으니 반듯이 나의 가문을 일으킬 것입니다. 라고 하는데 조공(趙公)이 이를 보고 정색을 하고 이르기를 어린 아이의 심기는 아직 바르게 자리가 잡혀 있지 않은 시기라 아무리 종아리를 때리며 어른과 노인들을 공경하도록 시킨다 하여도 오히려 그가 가르쳐준 대로 받들지 않을 수도 있는데 지금 곧 아이에게 노인을 깔보고 욕보이는 짓을 가르쳐 주고 있으니 아이는 반듯이 노인에게 이렇게 업신여기는 것이 옳은 줄로 이미 알고 있을 터이니 형도 가히 업신여길 것이오 부모도 가히 업신여길 것이며 임금도 역시 가히 업신여기게 될 것이니 극악무도한 짓을 얼마나 하게 되여 무슨 국법을 범하여 무슨 죄에 이를 지를 알지 못할 것입니다. 라고하니 이 말에 주인은 기가 막혀 능히 말을 하지 못하였다. 라는 말이 있느니라.

勿服長者冠帶以爲遊戲勿坐臥長者之坐臥處

어른들의 옷에 관(冠)을 쓰고 띠를 매고 장난을 하지 말고 어른이 눕고 앉는 자리에 가서 눕거나 앉아 잊지 말 것이니라.

對長者勿爬頭脂刮齒垽挏鼻涕挖耳垢

어른과 마주하여 앉아서는 머리비듬을 손톱으로 긁거나 이를 쑤시거나 코를 훌쩍거리거나 눈곱을 떼거나 귀를 후비지 말 것이니라.

見長者方食不可流涎而企之雖不與之勿須恨也孟子曰飮食之人則人賤之

어른의 앞에서 식사하는 것을 바라보며 침을 흘려서는 아니 되며 발 돋음을 하고 처다 봐도 아니 되며 아무리 주지 않는다 하여도 모름지기 원망을 하고 성을 내지 말 것이니라. 맹자(孟子)가 이르기를 다른 사람의 음식을 먹으려 하는 사람은 천하다. 라고 하였느니라.

後長者寢先長者興點燈伏火手自習之日執巾帚以拭以掃整排床席齊摺衾褥檢圖書帙筆硯
어른보다 뒤에 누워 자야 하고 어른보다 일찍 일어나야 하며 등잔에 불을 당기고 등잔 불을 끄는 것을 스스로 습관처럼 하고 날마다 걸레와 비를 들고 닦고 쓸고 침상과 안석(案席)을 정리하여 놓고 이불과 요를 개어 두고 책질(冊帙)의 차례와 붓 벼루를 검사하여 정돈하여 놓아야 하느니라.

童子於長者之會言笑太恣肆亦不祥也謙恭愼簡敬聽謹對明問詳記其可忽諸
어린이는 어른들이 모인 곳에서 웃고 말 참견(參見)을 하는 것은 크게 방자하고 또한 상(祥)서롭지 못한 짓이니라. 겸손하고 공경하며 신중하고 정성껏 경청하고 삼가 대하여 분명하게 질문(質問)하고 자세하게 기록하는 그 모두를 소홀히 하여서야 옳겠는가?

長者與之登高遊賞必立侍左右以俟指敎不可橫越奔走以勞長者之招呼目所覩必歷問焉
어른들과 더불어 높은 산에 올라 아름다운 경치를 보며 놀 때는 반듯이 좌우에 모시고 서서 손으로 지적하며 가르쳐 주기를 기다려야 하지 방자하게 뛰어 다니거나 멀리 가 있어 어른들이 부르는 노고를 끼쳐서는 아니 되며 눈에 보이는 것은 반듯이 두루 빠짐 없이 물을 것이니라.

◎事物(사물)

4. 세속의 일

幼時不能詳記六甲九九世系國號諸名數則到長益鹵莽至有不能辨臟腑之名五穀之次及經史之篇目者是不足爲人也古者小學先敎名物故六書者小子之學而名物之淵藪也周官保氏掌之以敎國子外史掌之以訓四方司徒氏掌之以敎萬民漢興太史試學僮能諷書九千以上得補爲郎以六體課最得爲尙書令史今之敎小兒只剽竊文字渝薄淺陋而已漫不識古意噫
어렸을 때 육십갑자(六十甲子)와 구구법(九九法)과 시조로부터 대대로 내려온 혈통과 역사적으로 이어져 내려온 국호(國號)와 여러 가지 척관법(尺貫法)의 단위와 명칭을 능하도록 자세히 기억하여 두지 않으면 장성하였을 때는 더욱더 소홀하게 되여 심지어는 오장육부(五臟六腑)의 이름과 오곡(五穀)의 차서와 더불어 경서(經書)와 사기(史記)의 편(篇)과 그 명칭도 능히 분별치 못하는 사람까지 있게 되는 것이니 이런 사람은 모자라는 사람이니라. 옛날 사람들은 아이의 교육을 시작할 때 먼저 가르치는 것이 사물과 명칭이었으며 그런고로 한자(漢字)를 구성하고 활용하는 상형(象形) 지사(指事) 회의(會意) 형성(形聲) 전주(轉注) 가차(假借)의 육서(六書)를 어린이 들에게 가르쳐서 사물의 명칭으로 하여 글자를 형성케 하였다. 하느니라. 주(周)나라에서는 관보씨(官保氏)로 하여금 공경대부(公卿大夫)의 자제들을 관장케 하였고 관부(官府)의 정사(正史)이외의 사실(史實)을 기록하는 외사(外史)의 관리로 하여금 사방으로 자구의 뜻을 해석하여 가르치는 것을 관장케 하였고 사도씨(司徒氏)로 하여금 만백성에게 가르치는 것을 관장케 하였느니라. 한(漢)나라가 일어나자 태사(太史)라는 관리를 두고 아이들이 배운 것을 시험하여 능히 구천자(九千字) 이상을 암송을 하면 낭(郞)의 관직에 임명하고 육체(六體) 시험에서 최고에 오르면 상서령사(尙書令史)로 삼았다. 하느니라. 요즘 아이들을 가르치는 것은 단지 표절한 문자만 넘쳐 흐르니 천박하고 비루할 뿐이니라. 옛 뜻을 알지 못하는 자들만 가득 차 넘쳐 흐르니 어허! 참!

童孺之習擧皆厭讀書恥執役至於一切嬉技不勸而能不敎而勤象戲圍棊雙陸骨牌紙牌擲柶意錢從政圖擲石毬八道行成皆曉解則父兄儕友嘉奬才智如或不能焉則人皆嘲笑何其痼也凡耗精神亂志氣廢工業薄行檢資爭競養譎詐甚至溺於賭錢蕩敗財産迺陷刑辟故爲父兄者嚴截呵禁或潛置技具焚裂而楚撻之可也余性謹拙自幼無爭較之心不惟一生不執技具至如世俗童子所爲唐音初中終及艸榜亦不爲之吾家子弟庶幾恪遵毋或敗度
아이들의 버릇이라 하면 거개가 책 읽기를 싫어하고 백성은 누구나 의무로 하여야 하는 공역(公役)하는 것을 부끄럽게 생각하면서도 모두들 노는데 이르러서는 손 놀리는 기술을 권하지도 않고 가르쳐 주지 않는데도 부지런히 잘 들도 하는데 그들이 노는 모양이 바둑이나 두고 주사위나 던지고 골패(骨牌)나 화투나 치고 윷이나 던지며 돈 치기로 종정도(從政圖) 놀이를 하고 땅바닥에 팔도(八道)를 그려놓고 둥글 납작한 돌을 차며 다니는 놀이를 하는데 이기는 것을 모두 깨달아 알면 부형들은 친구들과 함께 기뻐하며 재치 있고 슬기롭게 하도록 장려를 하며 만일 잘하지 못할 것 같으면 사람들은 모두 조롱을 하고 비웃는데 그와 같이 하는 짓거리들이 고질화 되였으니 어찌 하랴! 대체로 그런 짓은 정신을 소모 시키고 의지와 기개를 어지럽게 만들어 공부를 폐하게 되는 것이니 그의 행실은 방자하여지고 앞을 다퉈 경쟁심만 키우고 속임수만 기르게 되여 심지어는 돈내기 놀음에 까지 빠져들게 되면 재산을 탕진하게 되여 패가망신을 하게 되고 이에 깊이 빠지게 되면 죄를 지어 형(刑)의 다스림을 받게 되는 것이니라. 그런고로 그의 부형 된 자들은 엄히 끊을 것을 꾸짖어 금하도록 하여야 하며 혹시라도 숨겨놓아 둔 놀이 기구가 있으면 찾아 찢어 태워 버리고 회초리로 종아리를 쳐야 옳으니라. 나는 성품이 삼가고 옹졸하여 어려서부터 싸우거나 겨뤄보려고 하는 마음도 없었으며 그런 생각뿐만 아니라 일생 동안 그런 놀이기구는 잡아보지 않고 지금까지 산 것 같이 생각되며 세속의 아이들이 하고 있는 일인 글 놀이인 당음초중종(唐音初中從) 놀이나 초방(艸榜) 놀이 역시 하고 놀지를 아니하였는데 나의 집 자제들은 바라던 대로 삼가 준수하여 이상하게 여길 정도로 이 법도를 무너트린 사람이 없었느니라.

童子多欲隨發而禁可爲吉人凡見人之衣服器用玩好之物勿羨也勿訾也勿偸也勿奪也勿易也勿匿也凡己之物勿吝也勿耀也勿恨不如人也
어린이는 욕심(慾心)이 많은 것이니 욕심(慾心)을 부리려고 들면은 금(禁)하도록 가르쳐야 가히 착한 사람이 되는 것이니라. 대체(大體)로 다른 사람이 입은 옷과 사용(使用)하는 그릇과 노리개와 좋은 물건(物件)을 보고서 부러워하지 말고 헐뜯지 말고 탐(貪)내지 말며 억지로 빼앗지 말 것이며 바꾸자 하지 말고 보이지 않는 곳에 감추지 말아야 하느니라. 대체(大體)로 자기(自己)의 물건(物件)은 너무 아끼지 말 것이며 광(光)을 내며 자랑하지 말고 다른 사람과 같지 않다 하여 한(恨)스러워 하지 말 것이니라.

兄弟之間雖微細之物可均而不可專余於徐元兩妹長六歲七歲俱在幼時得一花枝必三分其蔕得一果實必三分其顆至于壯大未嘗爭競幾乎無物我也族黨稱之凡吾子女不可不知也
형제(兄弟) 사이에는 아무리 작고 보잘것없는 물건(物件)이라 하여도 고루 나눠 가져야 하지 제멋대로 가져서는 아니 되느니라. 나는 서(徐)씨와 원(元)씨에게 출가(出嫁)한 누이동생보다 칠팔 세가 많았는데 어릴 때 같이 살면서 한번은 꽃 가지를 얻었는데 꼭 그 밑 대까지 셋으로 나눠 가졌으며 한번은 과실(果實)을 얻게 되었는데 꼭 낱알 하나 까지 셋으로 나눴으며 크게 장성(長成) 할 때까지 그런 것 때문에 항상(恒常) 다투지를 않았으며 거의가 내 것이 없었으므로 친척(親戚)들의 칭찬(稱讚)이 자자(藉藉)하였느니라. 대체(大體)로 나의 자녀(子女)들은 이를 알지 않아서는 아니 되느니라.

夜饌勿多食食後勿卽臥凡飮食屑不可舌舐汁不可指挹當食勿放笑朝食不洗面命曰齷齪
밤참은 많이 먹지 말 것이며 먹은 뒤 곧바로 눕지 말 것이며 대체(大體)로 음식(飮食)을 먹을 때 음식(飮食) 부스러기를 혀로 핥아먹어서는 아니 되며 국물을 손가락으로 찍어 먹어서도 아니 되느니라. 마땅히 음식(飮食)을 먹을 때는 방자(放恣)하게 웃어서는 아니 되며 아침에 세수(洗手)도 하지 않고 먹는 아이를 이렇게 부르느니라. 악착(齷齪)스럽다. 하느니라.

勿畵地爲書嫌人之踐之也任氏希壽年方五六歲見同輩兒於庭中書天字君父等字愀然苦止之
땅에 그림을 그리거나 글씨를 써 놓지 말라. 다른 사람이 싫어하고 밟고 가는 것이니라. 임희수(任希壽)씨는 나이 대 여섯 살 적에 같은 또래의 아이들이 하늘 천(天)자와 임금 군(君)자와 아버지 부(父)자 등(等)의 글자를 써 놓는 것을 보고 화(火)를 발끈 내며 정색(正色)을 하고는 못 쓰게 하였다 하느니라.

勿當火而咳勿遡風而唾油頭勿枕書汗手勿執食
불에 대고 기침을 하지 말 것이며 바람을 거슬러 침을 뱉지 말 것이며 기름 바른 머리로 책(冊)을 베지 말 것이며 땀난 손으로 먹을 것을 쥐고 먹지 말 것이니라. 참고 하기 바랍니다 감사 합니다.

▶4091◀◈問; 예절의 의미.

여기요 예절의 의미란 건 없나요 그것을 알고 싶은데요 꼭 올려줬으면 좋겠습니다 꼭 올려주세요.

◈答; 예절의 의미.

禮節의 의미란 식사 예절을 비롯하여 각종 내면 예절과 외면 예절이 지니고 있는 본질, 기원, 발전, 변천, 가치, 내용, 동기, 행위, 의도, 이유, 중요성, 효력, 결과, 등등 을 분석 정의 결론 지여야 최소 근접 설명에 도달 될 것입니다. 계획은 없으나 앞으로 고려 해 보겠습니다.

⊙사전적(辭典的) 의미(意味).

①예의에 관(關)한 모든 질서(秩序)나 절차 ②예의와 절도(節度) ③예의(禮儀) 범절(凡節)

●論語辨惑二; 鄕黨一篇皆聖人起居飮食之常而弟子私記之雖左右周旋莫不中禮節
●儒行; 禮節者仁之貌也(孔穎達疏)言禮儀撙節是仁儒之外貌
●管子牧民; 倉廩實則知禮節衣食足則知榮辱
●豫約早晚禮儀; 是故不許輕易出門除人家拜望禮節與僧家無干不必出門往看外
●漢書董仲舒傳; 知仁誼然後重禮節重禮節然後安處善

▶4092◀◈問; 육례가 무엇인지 알고?

우리나라 전통예절(傳統禮節)에 육례(六禮)가 있다는데 어떤 것이 있는지 알고 싶습니다 가르쳐 주세요. 혼례(昏禮). 상례(喪禮). 제례(祭禮) 3 가지는 확실한 것 같은데 다른 3 가지를 몰라서요?

◈答; 육례란.

대체로 육례(六禮)라 하면 인간 생활에서의 중요한 여섯 가지 예의(禮儀)와 고혼례(古昏禮)에서의 육례를 들 수 있습니다.

1. 예의(禮儀)

1. 관례(冠禮). 2. 혼례(昏禮). 3. 상례(喪禮). 4. 제례(祭禮). 5. 향음주례(鄕飮酒禮).. 6. 상견례(相見禮).

2. 고혼례(古昏禮)

1. 납채(納采). 2. 문명(問名). 3. 납길(納吉). 4. 납징(納徵). 5. 청기(請期). 6. 친영(親迎).

3. 종묘육례(宗廟六禮)

1. 사헌관(肆獻祼). 2. 궤식(饋食). 3. 사(祠). 4. 약(禴). 5. 상(嘗). 6. 증(烝).

4. 제후조견천자지례(諸侯朝見天子之禮)

1. 춘견왈조(春見曰朝). 2. 하견왈종(夏見曰宗). 3. 추견왈근(秋見曰覲). 4. 동견왈우(冬見曰遇). 5. 시견왈회(時見曰會). 6.은견왈동(殷見曰同).

●王制; 六禮冠昏喪祭鄕相見(鄭玄注)鄕鄕飮酒鄕射
●荀子大略; 立大學設庠序修六禮明十敎所以道之也(楊倞注)六禮冠昏喪祭鄕相見
●士昏禮; 納采用鴈唐賈公彦疏昏禮有六五禮用鴈納采問名納吉請期親迎是也唯納徵不用鴈以其自有幣帛可執故也
●周禮春官大宗伯; 以肆獻祼享先王以饋食享先王以祠春享先王以禴夏享先王以嘗秋享先王以烝冬享先王(賈公彦疏)此一經陳享宗廟之六禮也
●周禮春官大宗伯; 春見曰朝夏見曰宗秋見曰覲冬見曰遇時見曰會殷見曰同 (鄭玄注)此六禮者以諸侯見王爲文六服之內四方以時分來或朝春或宗夏或覲秋或遇冬名殊禮異更遞而徧

▶4093◀◈問; 음력 9월9일 제사.

그 동안 제사와 관련하여 궁금한 점이 있어도 마땅히 문의할 곳이 없어 그냥 지나쳤는데 좋은 곳을 알게 되어 도움이 많이 되었습니다.

내친 김에 그 동안 궁금증을 가지고 있었던 질문을 한가지 하겠습니다. 큰할아버지께서 일본에서 돌아가셨다고 하는데 돌아가신 날짜도 모르고, 또 후손이 없어 어머니께서 음력 9월 9 일에 제사를 지내 오셨는데 이게 옳은 것인지 궁금하고요. 이렇듯 돌아가신 날짜를 정확히 모르는 경우 제사는 언제 지내는 게 맞는지요?

◈答; 음력 9월9일 제사.

9 월 9 일 제사라 하심의 본의가 무엇인지는 알 수 없으나 음력 9 월 9 일은 중양절(重陽節)라 하여 설과 추석과 같이 선조께 당일 아침에 진설후 단헌의 예로 제사하는 날입니다.

요결(要訣)에서 이미 俗節에 중양절(重陽節)을 포함 朔参之儀 예법과 같이 행사(行祀) 하신 걸로 보입니다. 따라서 기일을 모를 때 중양절(重陽節)을 택하여 제사(祭祀)하지 않고 집을 나간 달의 정일(丁日)이나 해일(亥日)을 잡아 기제를 지내거나 출가일(出家日)을 기제일로 삼아 지냅니다..

●魏文帝以菊賜鍾繇與書曰九爲陽數而日月并應故曰重九亦名重陽
●風土記九月九日律中無射而數九故俗尙此日故以之宴享高會此最爲近理我國元月元日之後有三三五五七七九九名節而無二二四四六六十十則乃尊陽卑陰之義也民間依禮文奠先祠而登高飮菊酒則如故事
●翰墨全書魏文帝重九以菊賜種繇與書曰九爲陽數而日月並應俗宜其名宜於長久故以燕享高會
●朱子曰大祭時每位用四味請出木主俗節小祭只就家廟止二味朔旦俗節酒止一上斟一杯
●東萊呂氏曰節物重陽薦萸菊餻
●家禮祠堂篇俗節則獻以時食條節如淸明寒食重午中元重陽之類凡鄕俗所尙者食如角黍凡其節之所尙者薦以大盤間以蔬果禮如正至朔日之儀
●歲時雜記重陽尙食糕以棗爲之或加以栗
●擊蒙要訣祭儀抄篇薦獻儀條俗節(謂正月十五日三月三日五月五日六月十五日七月七日八月十五日九月九日及臘日)獻以時食(時食如藥飯艾餠水團之類若無俗尙之食則當具餠果數品)如朔参之儀
●梅山曰若不知亡日則是月也當用或丁或亥日行忌祭并不知亡月則廢喪餘之薦而擧時節之享已矣
●東溪遺稿詩西社次杜詩韻; 春蘂與秋葉年年各令辰又當九九節却憶三三春幾被芳樽醉徒令白髮新西林餘景在來往莫嫌頻
●晉徐宣瑜云鄭玄云君父亡令臣子心喪終身深所甚惑心喪是也終身非也荀組云至父年及壽限(註中壽百歲)行喪制服立宗廟於事爲長禮無終身之制
●尤庵曰比有失其父不得者 愚嘗據通典使計其父年百歲 而發喪制服矣
●梅山曰不知亡日則是月也當用或丁或亥日行忌祭
●淵齋先生文集卷之十三書答李希彥柄喆別紙 失父而不知其生死則尋求發喪之節縱多先賢諸說而陶菴所言詳且盡矣遭此變者當遵而行之而以日代月若如來諭則反不如不服之爲宜祭日當用出家日

▶4094◀◈問; 휘(諱)와 호(號)에 대한 의문입니다.

휘는 무엇이며 호는 무엇입니까?

◈答; 휘(諱)와 호(號)에 대하여.

죽은 이의 이름을 휘(諱)라 하고, 호(號)는 본명(本名)이나 자(字) 이외 명자(名字)로서 수개를 지어 부르기도 합니다.

●疑禮問解(黃宗海)問神主陷中諱某之諱字無乃不稱於卑幼耶沙溪曰死曰諱無尊卑矣
●五柳先生傳先生不知何許人也亦不詳其姓字(一無其字)宅邊有五柳樹因以爲號焉

▶4095◀◈問; 인사 법에 대해서. (정0호)

안녕하세요? 전통 인사 법 중에서 아버지나 어머니께 절할 때 방안에 계신 부모님을 대청에서 하는 게 맞는지 방에서 하는 게 맞는지 궁금하구요. 다른 분(숙부, 모, 당숙, 모)들에게 하는 인사는 어떻게 하는 것이 맞는지 궁금합니다.

◈答; 인사 법에 대해.

아래와 같이 살펴보건대 생시에 문밖 마루나 계하배(階下拜)는 없으나 제례(祭禮)에서 있는 것은 엄하기 때문이라 하니 평상시 부모에게 문밖에서 절을 하고 방으로 들어간다 함의 전거는 없습니다. 다른 분들 역시 방안에서 선존후비(先尊後卑) 순으로 일 배 하게 됩니다.

●宋子大全書與朴大叔; 生時無階下拜祭時有之者祭禮主於嚴故也
●南溪集答問; 子孫常時既無階下拜禮之事而必用階下位於祭時或不嫌於如事存之意耶人家堂上狹隘男女序立難以爲禮此可諉之於無財不可爲俛之道耶

⊙사마온공의 가정 예법에 다음과 같은 말씀이 있습니다.

凡卑幼於尊長晨亦省問夜亦安置(丈夫唱喏婦人道萬福安置)坐而尊長過之則起出遇尊長於塗則下馬不見尊長經再宿以上則再拜五宿以上則四拜賀冬至正旦六拜朔望四拜凡拜數或尊長臨時減而止之則從尊長之命吾家同居宗族衆多冬至朔望聚於堂上(此假設南面之堂若宅舍異制臨時從宜)丈夫處左西上婦人處右東上(左右謂家長之左右)皆北向共爲一列各以長幼爲序(婦以夫之長幼爲序不以身之長幼爲序)共拜家長畢長兄立於門之左長姊立於門之右皆南向諸弟妹以次拜訖各就列丈夫西上婦人東上共受卑幼拜(以宗族多若人人致拜則不勝煩勞故同列共受之)受拜訖先退後輩立受拜於門東西如前輩之儀若卑幼自遠方至見尊長遇尊長三人以上同處者先共再拜敘寒暄問起居訖又三再拜而止(晨夜唱喏萬福安置若尊長三人以上同處亦三而止所以避煩也)
무릇 항렬이 낮거나 어린아이들은 집안 어른에게 새벽 마다 침소로 찾아가 살피고 여쭙기를 안녕히 주무셨습니까. 밤새 안부를 묻는다. 앉아 있을 때 어른이 지나가면 일어나서야 하고 출타 중 길에서 존장(집 어른)을 만나게 되면 말에서 내려와야 하고 존장을 이틀 이상 뵙지 못하고 자고 되돌아 올 곳으로 떠나게 되면 두 번 절을 하고 떠나며 오일이상 자고 와야 할 곳으로 떠나게 되면 네 번 절을 하고 떠난다. 동지와 정월초하루 하례에는 여섯 번 절을 하고 매월 초하루 보름이면 네 번 절을 한다. 모든 절의 수는 혹 존장이 그때 마다 감하거나 그만 두자 하면 존장의 명에 따른다. 내 집에서는 함께 사는 식구들이 많아서 동지나 삭망 때는 당으로 모여 남자들은 당의 좌측에서 서쪽을 상석으로 삼고 부인들은 당의 우측에서 동쪽을 상석으로 삼아 모두 북향하여 각기 어른과 아이로 차서를 정하여 한 열씩 되여 다같이 가장에게 절을 한다. 마쳤으면 큰형은 문의 왼쪽에 서고 큰누이는 문 오른 쪽 에 서서 모두 남쪽을 향하여 서면 모든 남동생들과 여동생들은 두 번째로 절을 한다. 마쳤으면 각 항렬대로 열을 이뤄 남자어른들은 서쪽이 상석으로 삼고 부인들은 동쪽을 상석으로 삼아 항렬이 낮거나 어린이들의 절을 같이 받는다. 절 받기를 마쳤으면 위 항렬 즉 절을 받은 동배들은 물러나고 그 다음 동배들이 후배들의 절을 받되 문의 동서로 서서 절을 받기를 전 배의 의식과 같게 한다. 만약 항렬이 낮거나 어린 사람이 먼 곳으로 찾아가 존장을 뵙거나 존장을 만났을 때 세분이상 한곳에 계시면 먼저 한 분 한 분께 재배를 하고 차서 대로 더위와 추위에 어떠하신지를 안부를 여쭙고 문안을 마쳤으면 또 세분께 각각 재배를 하고 마쳐야 하느니라.

⊙구준 선생의 예법입니다.

* 冬至朔望儀禮節次(동지삭망의례절차)

是日昧爽拜祠堂畢先設主人主婦坐席於聽事正中○序立(男左女右男西上女東上主人之弟弟婦並妹爲一行子姪及其婦幷女子爲一行孫男孫婦孫女爲一行俟主人主婦坐定)○鞠躬拜興拜興拜興拜興平身○長者就次(就主人諸弟中推其最長者一人立主人右其妻立主婦右弟姪以下依前行次序立拜之)○鞠躬拜興拜興拜興平身(拜訖又以次推其長者出就次拜之如前儀拜遍)○分班(主人諸子姪輩行同者分班對立男左女右互相拜)○鞠躬拜興拜興平身(拜訖諸孫行拜其諸父如前就次儀其自相拜如分班儀)

⊙上壽儀禮節次儀節(상수의례절차의절)

是日行拜賀禮訖子弟修具畢請家長夫婦並坐於中堂諸卑幼皆盛服○序立(世爲一行男左女右)○鞠躬

拜興拜興平身○長者詣尊座前(長者進立於家長之前如弟則云長弟幼者一人執盞立於其左一人執注立於其右)○跪(長者及二幼者俱跪)○斟酒(長者受盞幼者執注斟酒訖二幼起)○祝壽(長者擧手奉盞祝曰)伏願尊親履玆長至(正旦則改長至爲歲端生旦則改云對玆爲慶)備膺五福保族宜家(祝畢家長受盞飮訖以盞授幼者反其故處長者)○俯伏興平身○復位(與卑幼俱拜)○鞠躬拜興拜興拜興拜興平身○酢酒(拜訖侍者注酒於盞授家長家長命長者至前親以酒授之)○受酒(長者受酒置於席端)○鞠躬拜興拜興平身(取酒)○跪(飮之畢)○興(長者命侍者以次酢諸卑幼皆出位跪飮畢執事者擧食卓入擺列男列於外女列於內婦女辭拜入內席)○命坐(家長命諸卑幼坐惟未冠及冠而未昏者不得坐)○鞠躬拜興拜興平身(諸卑幼俱拜而後坐)○各就席(乃以次行酒或三行或五行子弟迭起勸侑隨宜畢)○各出席○鞠躬拜興拜興平身○禮畢

⊙장수한어른잔치에잔올리는의례절차

이날(명절) 행하는 하례의 절하기를 마치고 하례에 갖춰 놓은 모든 것을 잘 정돈하기를 마쳤으면 가장부부를 같이 당의 중간에 앉기를 청하고 모든 비유자들은 모두 성복을 한다. ○차서대로 선다. (한 세대씩 한 열로 하되 남자는 좌측 여자는 우측이다) ○국궁 재배 평신한다. ○장자(자손 중 연장자)는 존좌(가장 부부가 앉은 자리)앞으로 나간다. (장자가 가장 앞으로 나아가 서면(아우가 이와 같이할 때는 장제라 한다)유자(장자보다 어린이)한 사람이 잔을 잡고 그의 좌측에서 고한 사람은 주전자를 들고 그의 우측에 선다) ○무릎을 꿇고 앉는다(장자와 유자 두 사람도 함께 무릎을 꿇고 앉는다) ○술을 따른다(장자가 잔을 받으면 유자는 들고 있는 주전자로 잔에 술을 따른다. 마쳤으면 유자는 일어선다) ○오래 사시기를 비는 축사를 한다(장자는 잔을 받들어 들고 축사를 아뢴다)엎드려 원하옵건대 존친께서는 복록이 이에 오래도록 이르게 하시고(정월 초하루에는 장지를 세단으로 하고 생일과 초하루에는 리자장지를 대자위경으로 고친다)오복을 갖추워 받아 가족을 보호하시고 가내가 화목하게 하여 주옵소서(축수를 마치면 가장은 잔을 받아 술을 마시고 마쳤으면 잔을 유자에게 준다, 유자는 장자의 먼저 섰던 자리로 되돌아 온다) ○부복하였다 일어나 평신한다. ○제자리로 물러나 선다(부복 하였다 일어나서 유자와 같이 절을 한다) ○국궁 사배 평신한다. ○가장은 술잔을 돌린다(절하기를 마쳤으면 심부름하는 이는 주전자와 술잔을 가장에게 준다. 가장은 장자를 앞으로 나오게 명하여 친히 술을 딸아 준다) ○술을 받는다(장자는 술을 받아 자리의 끝에 놓는다) ○국궁 재배 평신한다(술잔을 든다) ○무릎을 꿇고 앉는다(술을 마신다 마쳤으면)○일어 선다(장자는 심부름하는 이에게 명하여 여러 비유(항렬이 낮거나 어린이)자에게 차례대로 술잔을 돌리게 한다. 차례로 나와 무릎을 꿇고 앉아 술 마시기를 모두 마쳤으면 집사자는 식탁을 들고 들어와 벌려 놓는다. 남자 열은 바깥으로 하고 여자들은 안으로 하되 부녀자들은 절을 하고 안의 자리로 들어간다) ○앉으라고 하명한다(가장은 모든 비유자에게 앉으라고 명한다. 이때 관례를 하지 않았거나 관례는 하였으나 미혼자도 부득이 앉아야 된다고 생각된다) ○국궁 재배 평신한다(모든 비유자들도 함께 절을 하고 앉는다) ○각자의 자리로 간다(곧이어 주연을 혹 삼순배 혹 오순배로 행하되 자제들이 번갈아 일어나 주고받고 권하기를 안주도 같이 딸아 한다. 마쳤으면) ○각 자의 자리로 간다. ○국궁 재배 평신한다. ○예를 모두 마친다.

⊙叉手及揖拜之節

事林廣記凡作揖時用稍闊其足立則穩揖則須直其膝曲其身低其頭眼看自已鞋頭爲準威儀方美使手以只可至膝畔不得入膝內尊長前作揖手須過膝下若畢則手隨時起而叉於胸前揖時須全出手不得只出一大拇指在袖外謂之鮮禮非見尊長之禮也○稽首五拜臣下見上之禮先稽首四拜后叩頭一拜○稽首四拜百官見東宮之禮○頓首再拜文武官品從相次者下官居下頓首再拜上官居上控首再拜答禮控首再拜官品相等者平交相見之禮也○子孫弟姪甥婿見尊長生徒見師範奴僕見本使行頓首四拜禮長幼親戚依等次行頓首再拜禮

⊙손을 맞잡고 읍을 하고 절하는 예법.

사림광기에 있기를 존장 앞에서 읍을 하고 자손 조카 생질 사위가 어른을 뵈일 때와 생도가 스승을 뵈일 때와 모든 노복이 주인을 뵈일 때는 돈수 사배를 한다.

⊙凡拜(범배)

春官大祝辨九拜一曰稽首註拜頭至地疏先以兩手控至地又引頭至地多時也拜中最重臣拜君之拜二

曰頓首註拜頭叩地疏先以兩手拱至地又引頭至地首頓地卽擧若以首叩物然此平敵相拜三曰空首註拜頭至地所謂拜手疏先以兩手拱至地乃頭至手以其頭不至地故名空首君答臣拜四曰振動註戰栗變動之拜五曰吉拜六曰凶拜註吉拜拜而后稽顙齊衰不杖期以下者凶拜稽顙而后拜三年服者疏稽顙是頓首但觸地無容七曰奇拜八曰褒拜註奇讀爲奇偶之奇謂一拜答臣下拜褒讀爲報報拜再拜拜神與尸九曰肅拜註俯下手今揖撎是也疏肅拜拜中最輕惟軍中有此拜婦人亦以肅拜爲正推乎曰揖引手曰撎九拜之中稽首頓首空首正拜也肅拜婦人之正拜也其餘五者附此四種逐事生名振動凶拜褒拜附稽首吉拜附頓首奇拜附空首

⊙모든 절하는 법

두 번째가 돈수 재배다. 대체로 위와 같이 살펴 볼 때 부모에게 인사를 할 때 문밖 당에서 하라 함은 발견 할 수가 없으며 숙부모나 당숙부모 역시 어른일 진대 달리 차등 하여 절 하라 함은 찾아 볼 수가 없습니다. 다만 가례 혼례장에 폐백조를 살펴 보면 다음과 같은 예는 있습니다.

⊙明日夙興婦見于舅姑(명일숙흥부견우구고)

婦夙興盛服(士昏禮宵衣○三禮儀大衣長裙)俟見舅姑坐於堂上東西相向(便覽舅東姑西)各置卓子於前家人男女少於舅姑者立於兩序如冠禮之叙(儀節姆引婦侍女以盤盛贄幣從之)婦進立於阼階下北面拜舅(儀節四拜)升(士昏禮自西階○儀節姆婦至舅前從者以贄幣授婦)奠贄(曲禮婦人之摯腒脩棗栗)幣于卓子上舅撫之侍者以入婦降又拜畢詣西階下北面拜姑升奠贄幣(五禮儀腶脩無則用乾肉)姑擧以授侍者婦降又拜○若非宗子之子而與宗子同居則先行此禮於舅姑之私室與宗子不同居則如上儀

⊙신부는 다음날 일찍 일어나 시부모를 뵙는다.

신부는 일찍 일어나 성복을 하고 시부모 뵙기를 기다린다. 시부모가 앉을 자리는 당 안에서 동쪽에는 시아버지의 자리이며 그 서쪽에는 시어머니의 자리로 서로 마주 보게 하고 존장을 제외한 남녀 가족들은 시부모의 양 벽 쪽으로 서되 관례 때 서는 차례대로 늘어선다. 모부가 신부를 인도하고 시종이 폐백소반을 들고 따른다. 신부가 동쪽층계 아래에 나아가 서서 시아버지께 북향재배를 한 후 세수대야에서 손을 씻고 폐백 함을 들고 서쪽층계로 올라 대추와 밤이 든 폐백 함을 시아버지 앞 탁자 위에 드리면 시아버지는 폐백 함을 어루만진다. 시종이 들어와서 거둬들이면 신부는 내려와서 또 절을 한다. 마쳤으면 신부는 서쪽층계 아래로 가서 시어머니께 북향재배를 하고 올라가 시어머니 앞 탁자 위에 폐백 함을 드리면 시어머니는 폐백 함을 들어 시종에게 준다. 신부는 내려와 또 절을 한다 ㅇ만약 종자의 아들이 아니면서 같이 살면 시부모가 거처하는 사실에서 먼저 뵙고 종자와 같이 살지 않으면 위의 의식과 같게 한다.

⊙丘儀奠幣儀禮節次(구의전폐의례절차)

婦夙興盛服俟見侍女以盤盛贄幣從之舅姑並坐堂中東西相向各置卓子其前家人男女少於舅姑者以次立於兩序○按集禮舅姑並南面坐堂中今人家多如此或從俗亦可

舅姑坐定○序立(壻婦並立兩階間)○鞠躬拜興拜興拜興拜興平身(壻婦俱拜拜畢壻先退○家禮無壻拜之文今從俗補之)○詣舅位前(姆引婦至舅前)○拜興拜興拜興拜興○獻贄幣(從者以贄幣授婦婦以贄幣置卓子上舅受之)○復位○拜興拜興拜興拜興婦獨拜(婦獨拜)○詣姑位前(姆引婦至姑前)○拜興拜興拜興拜興○獻贄幣(從者以贄授婦婦置幣卓子上姑受之)○復位○拜興拜興拜興拜興(姆引婦退立)

⊙구준선생의폐백드리는의례절차.

시부모가 자리에 앉으면. ○차서대로 선다(신랑과 신부는 양 층계 사이에 나란히 선다)국궁사배 평신한다(신랑과 신부는 함께 절을 하고 마치면 신랑은 먼저 물러 난다. ○가례에는 신랑이 절하는 예문은 없으나 이제 속예를 따라서 보충 하였다) ○신부는 시아버지 앞으로 간다(모부가 신부를 인도하여 시아버지 앞으로 간다)ㅇ신부는 사배를 한다. ○폐백을 드린다(시종이 폐백 함을 신부에게 주면 신부가 폐백 함을 시아버지 앞 탁자 위에 놓으면 시아버지는 받는다) ○신부는 제자리로 물러나 선다. ○신부는 사배를 한다(모부가 신부를 인도하여 시어머니 앞으로 간다) ○신부는 사배를 한다. ○폐백을 드린다(시종이 폐백 함을 신부에게 바친다 신부가 폐백함을 시어머니 앞 탁자 위에 놓으면 시어머니는 받는다) ○신부는 제자리로 물러나 선다. ○신부는 사배를 한다(모부가 신부를 인도하여 물러난다)

⊙婦見于諸尊長(부견우제존장)

婦旣受受一作行禮降自西階同居有尊於舅姑者則舅姑以婦見於其室增解按卽雜記所謂各就其寢如見舅姑之禮還拜諸尊長于兩序如冠禮儀節應受拜者少進立受之○溫公書儀長屬雖多共爲一列受拜以從簡便無贄小郎小姑皆相拜非宗子之子而與宗子同居則旣受禮詣其堂上拜之如舅姑禮而還見于兩序其宗子及尊長不同居則廟見而後往

⊙신부는 여러 어른들을 뵙는다.

신부는 시부모가 베푸는 예를 마치고 서쪽층계로 내려와 동거중인 시부모보다 위 항렬이 계시면 시부모는 신부와 그 거처하는 방으로 가서 시부모 뵙던 의례와 같이한다. 여러 어른들은 양서 즉 동쪽과 서쪽에 돌아가며 절하기를 관례 때와 같게 하고 폐백은 없다. 신랑의 형제자매에게는 서로 맞절을 한다. 종자의 아들이 아니면서 동거중인 자는 시부모 예를 받은 후 당으로 올라가 종자와 존장과 양서(동쪽과 서쪽으로 남녀가 갈라 있음)에 두루 절하기를 시부모의식과 같게 하고 같이 살지 않으면 사당을 알현하고 간다.

위와 같이 살펴 볼 때 시부모는 당에 앉고 며느리와 아들은 당 아래 양 층계 사이 마당에서 절 하는 예법은 있습니다. 그러나 이는 상례는 아닙니다.

1. 부모가 방에 계실 때 자식이 당에서 절함의 당부.

위와 같이 살펴 볼 때 혹 고례나 특수한 예법이 아닌 이상 부모 앞이 아닌가 생각 됩니다.

2. 숙부모 당숙부모에게 절 하는 법.

숙부모나 당숙 부모에 대한 전통 예절로 전하여진 예법은 위에 서 살펴본 바와 같이 숙질간의 예법은 있으나 당숙 부모까지 구분 하여 행 하는 인사 예절은 알지를 못합니다.

▶4096◀◈問; 인사장에 대한 예문 좀 부탁합니다.

저는 최근 모친상을 당하고, 조객들에게 인사장을 보내려 하는데 그 형식을 잘 몰라 이렇게 문의하오니 좋은 글 좀 부탁 드립니다. 또한 그 시기는 언제인지 (49 제를 지내고 하는지 아니면 그 이전도 가능한지)

◈答; 인사장에 대한 예문.

보내는 시기는 가례 초종 부고 조에 답서는 졸곡제 후에 보내라 하였으니 석 달 후에 장사하고 삼우 후 다음 다음날에 졸곡제를 지낸 뒤 보내는 것입니다. 그러나 지금은 조기에 장사를 지내고 있으니 석 달 뒤 사흘 후 강일에 졸곡제를 지내고 보내야 하나 조문은 장례 때까지 대부분 마치게 되니 우제를 지낸 뒤에 위문에 답하는 서신을 보낸다 하여 크게 결례됨이 아니라 생각됩니다. 그리고 사십구재는 불가(佛家)의 예법으로 관련이 없습니다.

◈父母亡答人慰疏式(부모망답인위소식)適孫承重者同

某稽顙再拜言(降等云叩首去言字)(劉氏曰按稽顙而後拜以頭觸地曰稽顙三年之禮也雖於平交降等者亦如此但去言字何則古禮受弔必拜之不問幼賤故也)某罪逆深重不自死滅禍延先考(母云先妣承重則祖父云先祖考祖母云先祖妣)攀號擗踊五內分崩叩地叫天無所逮及日月不居奄踰旬朔(卒哭小祥大祥禫隨時)酷罰罪苦(父在母亡卽云偏罰罪深父先亡則母與父同)無望生全卽日蒙

恩(平交以下去此四字)祇奉几筵苟存視息伏蒙尊慈(平交云仰承仁恩)俯賜(平交改賜爲垂降等去伏蒙以下六字但云特承)

慰問哀感之至無任下誠(平交云仰承仁恩俯垂慰問其爲哀感但切下懷降等云特承慰問哀感良深○司馬溫公曰凡遭父母喪知舊不以書來弔問是無相恤之心於禮不當先發書不得已須至先發卽刪此四句)未由號訴不勝隕絶謹奉疏(降等云狀)荒迷不次謹疏(降等云狀)

年號幾年某月某日孤子(母喪稱哀子俱亡卽稱孤哀子承重者稱孤孫哀孫孤哀孫)(備要按翰墨全書居心喪云申心制或曰心喪居禫服云居禫祖父母喪云緦服妻喪云期服而具書姓名於其下)

姓名疏上某位座前謹空(平交以下去此二字)

▶4097◀◈問; 임산부의 명절.

아이를 가진 임산부입니다. 혹시 임산부도 설날에 웃어른께 세배나 절을 하는 건가요? 차례나 제사는 지내도 되는지 궁금합니다.

◈答; 임산부의 명절.

제사나 배례 법에 임산부라 하여 참여치 않고 세배 역시 금함은 전통예법에 밝혀진 바가 없습니다. 그러나 만삭이라면 혹 존장의 명에 따르면 될 것입니다.

▶4098◀ ◈問; 있잖아요. 숙젠데 많이 못 찾아서요. 어떻게 하나요?

제사를 왜 지내나요? 있잖아요. 숙젠데 많이 못 찾아서요. 어떻게 하나요? (방명록 글을 게시판으로 옮긴 질문임)

◈答; 제사는.

⊙祭祀之義(제사지의)

祭義祭不欲數數則煩煩則不敬祭不欲疏疏則怠怠則忘是故君子合諸天道春禘秋嘗霜露旣降君子履之必有悽愴之心非其寒之謂也春雨露旣濡君子履之必有怵惕之心如將見之樂以迎來哀以送往故禘有樂而嘗無樂註毗陵慕容氏曰數則煩爲無敬怠則忘爲無愛愛敬忘於中動而僞爲無所不至矣先王以愛敬出於誠心非可以僞爲也故因天道之自然而行禘嘗之禮疏數之宜非出於人爲故能盡祭之義

예기(禮記) 제의편(祭義篇)의 가르침이다. 제사는 자주 지내지 않는다. 자주 지내면 번거롭고 번거로우면 공경치 않게 된다. 제사는 소홀히 지내면 안 된다. 소홀한 즉 게으르고 게으른 즉 잊게 된다. 이렇기 때문에 군자는 모든 것을 천도에 합당하게 봄에는 체제를 지내고 가을에는 상제를 지낸다. 상로가 이미 내리면 군자는 이를 밟고 서는 반듯이 처창한 마음이 드는 것이니 그것은 추운 까닭이 아니다. 봄에는 우로가 이미 내리면 군자는 이를 밟게 되면 반듯이 출척한 마음이 드는 것이니 앞으로 뵈일 것과 같음 에서다. 오실 때는 즐거움으로 맞이하고 가실 때는 슬픔으로 보내드리게 되는 것이다. 고로 체제에는 즐겁고 상제에는 즐겁지 않은 것이니라.

致齊於內散齊於外齊之日思其居處思其笑語思其志意思其所樂思其所嗜齊三日乃見其所爲齊者註方氏曰齊於內所以愼其心齊於外所以防其物散齊若所謂不飮酒不茹葷之類齊三日則致齊而已必致齊然後見其所爲齊者思之至故也

안을 치재하고 밖을 산재한다. 재계하는 날에는 그 거처를 생각하고 그 웃으시며 말씀하심을 생각하고 뜻한 것을 생각하고 그 즐거워한 곳을 생각하고 그 즐겨 찾던 곳을 생각한다. 재계 삼 일에는 곧 재계 자는 그가 행한 바가 보일 것이니라.

祭之日入室僾然必有見乎其位周還出戶肅然必有聞乎其容聲出戶而聽愾然必有聞乎其歎息之聲註入室入廟室也僾然彷彿之貌見乎其位如見親之在神位也周旋出戶謂薦俎酌獻之時行步周旋之間或自戶內而出也肅然儆惕之貌容聲擧動容止之聲也愾然太息之聲也張子曰僾然見乎其位愾然聞乎其歎息齊之至則祭之日自然如此

제사 지내는 날 사당에 들어서면 어렴풋 그 자리에 계신 것을 반듯이 볼 것이며 돌아서 문으로 나올 때는 숙연히 그 차분한 음성이 반듯이 들리는 것 같을 것이며 문밖으로 나가 들으면 한숨을 쉬시고 그 탄식하는 소리가 반듯이 들리는 듯할 것이니라.

是故先王之孝也色不忘乎目聲不絶乎耳心志嗜欲不忘乎心致愛則存致慤則著著存不忘乎心夫安得不敬乎君子生則敬養死則敬享思終身弗辱也註致愛極其愛親之心也致慤極其敬親之誠也存以上文三者不忘而言著以上文見乎其位以下三者而言不能敬則養與享祇以辱親而已輔氏曰天地之性人爲貴人之行莫大於孝乃人之心也先王能存其心故父母之容色自不忘於目父母之聲音自不絶於耳父母之心志嗜欲自不忘乎心此固非勉强矯拂之所能然也亦致吾心之愛與敬而已故曰致愛則存致慤則著愛則心也故曰存慤則誠也故曰著存雖若存於內著雖若著於外然誠不可以內外言故終之以著存不忘於心若存不忘乎心則洋洋乎如在其上如在其左右不可度思矧可射思夫安得不敬乎又曰一息不敬則絶于理絶于理則辱其親矣故生則敬養死則敬享是乃思終身弗辱也

그러하기 때문에 옛 성왕의 효도는 안색을 눈에서 잊지 않았으며 음성은 귀에서 끊어지지 않고 품으신 뜻과 즐겨 하시던 것을 마음에서 잊어버리지 않았다. 사모하기를 다하면 마음 속에 계시게 되고 정성을 다하게 되면 나타나는 것이다. 마음속에서 잊지 않으면 마음에 있고 나타나시는 것이니 어찌 얻음인데 공경치 않겠는가. 군자는 살아계실 때는 삼가며 봉양하고 작고하면 삼가며 제사를 지낸다. 종신토록 욕되게 하지 않을 것을 생각함이니라.

君子有終身之喪忌日之謂也忌日不用非不祥也言夫日志有所至而不敢盡其私也註忌日親之死日也不用不以此日爲他事也非不祥言非以死爲不祥而避之也夫日猶此日也志有所至者此心極於念親也不敢盡其私此私字如不有私財之私言不敢盡心於巳之私事也
군자는 종신의 상이 있다는 것은 기일을 두고 하는 말이다. 기일 날에는 다른 일은 하지 않고 상스럽지 않은 일을 하지 않는다. 말하자면 그날에는 뜻있는 일을 해야지 감히 그 사사로운 일로 하루를 보내면 안 된다는 것이니라.

孝子之祭也盡其慤而慤焉盡其信而信焉盡其敬而敬焉盡其禮而不過失焉進退必敬如親聽命則或使之也註盡其慤而爲慤盡其信而爲信盡其敬而爲敬言無一毫之不致其極也方氏曰盡其慤所謂慤善不違身也盡其信所謂致其誠信已盡其敬所謂與其忠敬也盡其禮謂祭之以禮也不過則當其事不失則得其道葉氏曰慤者信之始信者慤之著敬者禮之質禮者敬之文四者於祭祀無不盡而獨於禮不敢過失者明其誠謹與物爲稱也
효자의 제사는 제사에 꾸밈없이 정성을 다하여 성실하게 지내고 제사에 몸을 다 받쳐 진실로 지내고 그를 공경을 다하여 삼가며 지내고 제사를 예법대로 다하여 잘못하지 않는다. 나아가고 물러서는데 반듯이 경계하여 조심하며 가친의 명을 듣고 곧 심부름 가는 것 같이 하여야 하느니라.

孝子之祭可知也其立之也敬以詘其進之也敬以愉其薦之也敬以欲退而立如將受命已徹而退敬齊之色不絶於面孝子之祭也立而不詘固也進而不愉疏也薦而不欲不愛也退立而不如受命敖也已徹而退無敬齊之色而忘本也如是而祭失之矣註方氏曰孝子之祭可知者言觀其祭可以知其心也立之者方待事而立也進之者旣從事而進也薦之者奉物而薦也退而立者進而復退也已徹而退者旣薦而後徹也盖退而立則少退而立已徹而退則於是乎退焉此其所以異也立之敬以詘則身之屈而爲之變焉故立而不詘固也進之敬以愉則色之愉而致其親焉故進而不愉疏也薦之敬以欲則心之欲而冀其享焉故薦而不欲不愛也退而立如將受命則順聽而無所忽焉故退立而不如受命敖也已徹而退敬齊之色不絶於面則愼終如始矣故已徹而退無敬齊之色而忘本也毗陵慕陵氏曰君子以所性爲本故能達而爲容貌敬齊之色不絶於面有本者如是也今無焉是忘其本也心勿忘則有本本存則有其容矣此表裏之符也覩其容如此則知非有本者故曰如是而祭失之矣由前而祭則可知其心以循其本故也由後而祭則失之以喪其本故也君子務本所謂本者孝而已故其言必本於孝子
효자의 제사는 알 수 있다. 그가 서있을 때는 공경하는 모습으로 몸을 구부리고 그가 앞으로 나갈 때는 공경하는 모습으로 유락하게 하고 그가 헌작할 때는 공경하는 모습으로 흠향하기를 바라고 물러나 서있을 때는 장차 명을 받는 것 같이 하고 이미 철상을 하고 물러나서도 공경하는 것과 같은 안색을 얼굴에서 없애지 않는 것이 효자의 제사다. 서있을 때 몸을 굽히지 않는 것은 고루한 것이며 위전으로 나아갈 때 유락하지 않는 것은 소원한 것이며 헌작할 때 흠향을 바라지 않는 것 같은 태도는 그리워 하지 않았기 때문이며 물러나 섰을 때 명을 받는 것 같지 않는 태도는 거만하기 때문이며 이미 철상을 하고 물러났을 때 공경하는 것 같은 안색이 없는 것은 근본을 잊었기 때문이다. 이와 같이 하고 제사를 지내면 잘못하는 것이니라.

孝子之有深愛者必有和氣有和氣者必有愉色有愉色者必有婉容孝子如執玉如奉盈洞洞屬屬然如弗勝如將失之嚴威儼恪非所以事親也成人之道也註和氣愉色婉容皆愛心之所發如執玉如奉盈如弗勝如將失之皆敬心之所存愛敬兼至乃孝子之道故嚴威儼恪使人望而畏之是成人之道非孝子之道也陵氏曰和氣愉色婉容皆愛根於心其發見於外如此如執玉如奉盈如弗勝言敬故曰愛敬盡於事親
효자가 그리움이 깊이 있는 자는 반듯이 화기가 있고 화기가 있는 자는 반듯이 유쾌한 얼굴빛이 있고 유쾌한 얼굴빛이 있는 자는 반듯이 아름다운 용 색이 있다. 효자는 보옥을 쥔 것과 같고 가득 찬 그릇을 받든 것과 같이 성실하고 온순한 태도가 전일하여 이기지 못하는 것 같이하고 앞으로 잃지나 않을까 염려하는 것 같이 한다. 위엄이 있고 근엄하며 조신한 것은 부모를 섬기는 바가 아니고 성인이 행하여야 할 도인 것이니라.

孝子將祭祀必有齊莊之心以慮事以具服物以脩宮室以治百事及祭之日顔色必溫行必恐如懼不及愛然其奠之也容貌必溫身必詘如語焉而未之然宿者皆出其立卑靜以正如將弗見然及祭之後陶陶遂遂如將復入然是故慤善不違身目不違心思慮不違親結諸心形諸色而術省之孝子之志也註慤善不違身周旋升降無非敬也耳目不違心所聞所見不得以亂其心之所存也結者不可解之意術與述同述省猶循省也謂每事思省葉氏曰顔色溫者有愉色也容貌溫者有婉容也卑靜以正者有深思也盖有愉色則若將及之故行必恐有婉容則若將聽之故身必詘有深思則若將見之故立必正陶陶者其氣和也遂遂者其志得也慤善於內而言不違身者以其有應於外耳目在外而言不違心者以其有主於內內外定而後爲愛親之至此其序所以與前相反也謹是三者而固守之則曰結發是三者於色則曰形察是三者不失其行則曰術此先王所謂孝也
효자가 장차 제사를 지내려면 반듯이 엄숙한 마음이 있어야 제사를 생각한다. 그렇게 됨으로써 제관 복과 제기 제구를 갖춘다. 그렇게 됨으로써 사당을 닦고 제사에 대한 모든 일을 다스릴 수 있다. 제사 지내는 날에 안색은 반듯이 온화해지고 행동은 반듯이 두려운 것 같이 하고 사랑함이 미치지 못할까 두려워한다. 그렇게 하고 제사에 제물을 올리는데 용모는 반듯이 온화하게 하고 몸은 반듯이 앞으로 구부리고 말은 하지 않는 것 같이 한다. 가족이 모두 나와 위전에 섰을 때 겸손한 태도로 조용하게 하고 바르게 하여 앞으로는 보지 못할 것 같이 한다. 그렇게 하고 제사를 지낸 뒤에는 마음이 온화하여지고 제사가 뜻대로 되어 만족한 감정에 또다시 들어오실 것 같은 것이다. 이렇기 때문에 정성스럽고 착하면 몸에 어그러짐이 없고 이목이 마음에 어그러지지 않으며 부모에 대한 생각이 어그러지지 않는다. 마음속에 모두 맺힌 것이 모두 얼굴빛에 나타나게 되는 것이니 학문으로 깨닫는다. 이것이 효자의 뜻인 것이니라.

祭統祭者所以追養繼孝也孝子畜也順於道不逆於倫是之謂畜註劉氏曰追養其親於旣遠繼續其孝而不忘畜者藏也中心藏之而不忘是順乎率性之道而不逆天敍之倫焉方氏曰追養繼孝養爲事親之事孝爲事親之道追言追其往繼言繼其絶孝子之事其親也上則順於天道下則不逆於人倫是之謂畜孔子曰父子之道天性也則孝之順於天道可知孟子曰內則父子人之大倫也則孝之不逆於人倫可知
예기 제통편의 가르침이다. 제사라는 것은 뒤를 따라 바로 이어 봉양으로 효도를 계속하는 것이다. 효도란 축(옆에 모시고 계속 봉양 하는 것)이라 한다. 도에 순종하여 인륜에 거스르지 않는 것 이것을 축이라고 말하느니라.

是故孝子之事親也有三道焉生則養沒則喪喪畢則祭養則觀其順也喪則觀其哀也祭則觀其敬而時也盡此三道者孝子之行也註生事之以禮死葬之以禮祭之以禮養以順爲主喪以哀爲主祭以敬爲主時者以時思之禮時爲大也葉氏曰養則致其樂而此觀其順者順爲樂之形也喪則致其哀而此觀其哀者哀爲喪之本也祭則致其嚴而此觀其敬者敬爲嚴之體也盖孝子之行不過此三者而其誠信忠順皆在內者故曰孝子之心也
이러하기 때문에 효자가 부모를 섬기는 데는 세가지 길이 있다. 생존 시는 봉양을 하고 작고하면 초상을 치르고 초상을 마치면 제사를 지낸다. 봉양할 때는 그가 순종하는가를 보고 초상을 치를 때는 그가 슬퍼하는가를 보고 제사 지낼 때 그가 공경하는지를 그때 본다. 이 세가지 도리를 다하는 것은 효자의 행할 도리이니라.

賢者之祭也必受其福非世所謂福也福者備也備者百順之名也無所不順者之謂備言內盡於己而外順於道也忠臣以事其君孝子以事其親其本一也上則順於鬼神外則順於君長內則以孝於親如此之謂備唯賢者能備能備然後能祭是故賢者之祭也致其誠信與其忠敬奉之以物道之以禮安之以樂參之以時明薦之而已矣不求其爲此孝子之心也註應氏曰不求其爲無求福之心也所謂祭祀不祈也輔氏曰必受其福以理必之也世所謂福則不可必也鄭謂孝子受大順之顯名非是名猶名言之名猶言備者百順之謂而已內盡於己外順於道則仰不愧天俯不愧人內不愧心心安體胖是賢者之所謂福也不言外順於物物有不可順者也能備然後能祭則祭之必受福可知也經之所謂福具於未祭之前世之所謂福應於已祭之

後前言心怵而奉之以禮者福寓於物也此云奉之以物道之以禮者物必將之以禮也不求其如此然後能盡祭之義一有所求義不盡矣奉之以物以物將其誠敬也道之以禮以禮行其誠敬也安之以樂以樂安其誠敬也參之以時以時參其誠敬也奉之以物則不爲虛拘行之以禮則輔以威儀安之以樂則不爲勉强參之以時則發必中節如此然後能盡其心
현자의 제사는 반듯이 그는 복을 받는다. 그 복은 세속에서 말하는 복이 아니다. 복이란 비인데 비란 백순의 이름이다. 순종 않는 곳이 없는 것을 비라고 말한다. 안으로는 몸을 다하고 밖으로는 도에 순종하는 것이다. 충신은 그 임금을 섬기고 효자는 그 부모를 섬기는데 그 근본은 같은 것이다. 위로는 귀신에게 순종하고 밖에서는 군주에게 순종하고 안에서는 부모에게 효도하는 것 이와 같은 것을 비라고 말한다. 오직 현자만이 능히 갖출 수 있는 것이고 능히 갖춘 후라야 능히 제사를 지내는 것이다. 이런고로 현자의 제사는 그 성신과 그 충경을 다하는 것이다. 물품으로 받들고 예법대로 따르며 즐겁게 하여 편안케 하고 때마다 참여하여 신령께 드릴 뿐으로 그 복을 구하지 않는 것이 효자의 마음인 것이니라.

栗谷曰日月如流事親不可久也故爲子者須盡誠竭力如恐不及可也
율곡선생이 이르기를 세월은 흐르는 물과 같아서 부모님을 오래도록 섬기지 못할 것이니 그런고로 자식 된 자는 모름지기 정성과 힘을 다하여 부모를 섬겨라. 만일 힘이 미치지 못할까 두려워함이 옳으니라.

又曰用之間一毫之頃不忘父母然後乃名爲孝彼持身不謹出言無章嬉戲度日者皆是忘父母者也
또 일상 생활하는 동안 잠깐 동안이라도 부모님을 잊지 않아야 한다. 그런 연후라야 곧 효도를 한다 이름 지을 것이니 자기의 몸가짐을 삼가지 않으며 하는 말에 법도가 없고 놀이로 즐겁게 세월을 보내는 자는 모두 부모를 곧 잊어버린 자이니라.

애써 찾아 보기 바랍니다. 찾아질 것입니다.

▶4099◀◈問; 세배 법.

혼인을 한 남자가 처삼촌 이모에게 설날에 찾아가 세배를 드리지 않으면 예의에 어긋나는지요? 그리고 처삼촌 이모와 모였을 경우 세배를 하지 않으면 예의에 어긋나는지요? 가르쳐 주세요. (예절인)

◈答; 세배 법.

척에는 친척과 인척이 있는데 혼인으로 맺어진 관계를 인척이라 합니다. 본척 삼촌 고모 외삼촌 이모 처삼촌 처 이모 무엇 다른 게 있겠습니까. 귀하의 부인도 시삼촌 시고모 모두에게 세배뿐만 아니라 처음 만나면 절을 할 터인데. 따라서 귀하도 처삼촌 이모에게 세배한다하여 근본이 낮아지는 것도 아닌데. 인사는 널리 할수록 근본이 올라가는 것입니다.

절하는 순서는 친속은 高(고), 曾(증), 祖(조), 父(부) 순이나 異姓親(이성친)인 며느리는 가장 가까운 친속이 남편이고, 그 다음이 시부모이고, 그 다음이 조부모, 또 제존장(諸尊長)에게 절을 하는데 이치의 추세가 그러하다는 것입니다. 실에서는 선존후비(先尊後卑) 순이라야 되겠지요

正旦의 歲拜는 家長에게 먼저하고 다음으로 낮은 어른에게 절을 하고 마치게 되는데 인척이나 벗간에는 상배를 한다는 것입니다.

●續輯昏禮見尊長條昏禮與冠禮不同冠禮之子天屬之親也主乎恩雖有高祖曾祖尊者爲主昏禮之婦二(異)姓之親也主乎義其見夫家親屬由夫而達於舅姑由舅姑而達於舅姑之父母還拜諸尊長理勢然也
●性理大全昏禮親迎條;壻婦交拜婦見舅姑婦見于諸尊長
●東事日知正朝歲拜條劉侗帝京景物略正月元朝家長少畢拜姻友投箋互拜曰拜年今俗歲拜之法想本于此

▶4100◀◈問; 전통사회의 예절.

궁금한 것이 2 가지 있어서 이 글을 올립니다. 우선 첫 번째는 전통사회에서의 이웃간의 예절은 어떤 것이 있었는지 궁금합니다. 답은 약 5 가지 정도 해주시면 감사하겠습니다. 이 홈페이지를 믿고 이 글을 올리니 자세하고 정확한 답변을 부탁 드립니다.

◈答; 전통사회의 예절.

전통 사회에서 이웃간의 예절에 관하여는 귀하를 능가하지 못 할 것입니다. 다만 본인은 자신이 잘 다스려 지면 전통은 물론이려니와 현대 이웃간의 예절에서도 5 가지가 아니라 그 이상도 지켜지리라 생각 합니다. 자신을 잘 다스리면 인으로서 대하게 될 것이요 선함이 넘쳐나게 되고 덕으로서 베풀게 될 것이니 예는 자연히 따르게 되어 자연 화목하게 될 것이라 의가 스스로 생겨날 것으로 생각 되어 스스로가 잘 다스려 지지 않으면 이 모두는 허무한 욕심에 지나지 않을 것이라 생각합니다. 아래에 역설적으로 도가의 가르침 한 구절을 인용하여 보겠습니다.

失道而後德失德而後仁失仁而後義失義而後禮夫禮者忠信之薄而亂之首前識者道之華而愚之始
도를 행하기에 부족함이 없도록 다스려진 뒤에 덕이 행하여 짐이요 덕을 행하기에 부족함이 없도록 다스려진 뒤에 인이 행하여 짐이요 인을 행하기에 부족함이 없도록 다스려진 뒤에 의가 행하여 짐이요 의를 부족함이 없도록 다스려진 뒤에야 예가 행하여 짐이니 대저, 예라 함은 충성과 신의가 없는 자를 다스리는 데에 으뜸이요 도, 덕, 인, 의를 모주 터득한 자만이 예가 넘칠 것이니 예라 함은 나를 다스리는 근본이라 하느니라.

▶4101◀◈問; 전통예절과 현대예절의 차이점.

전통예절과 현대예절의 차이점은 뭐가 있을까요? 전통예절이 더욱 엄격할 것이라는 것은 알고 있는데 더 자세히 알고 싶습니다, 알려주세요. 06.08.14. 김 0 래

◈答; 전통예절과 현대예절의 차이점.

예절이란 사람으로서 항상 지켜야 하는 예의와 범절 또 사회 구성원간에 서로 지켜야 하는 예법이니 현대예법이라 하여도 전통예법에서 크게 벗어날 수가 없다고 생각합니다. 물론 시대변화에 따라 의식적이든지 무의식적이든지 간에 약간 변질된 것을 현대예절이라 하겠으나 예절이란 사회 법질서를 유지하고 삶에 질을 높이고 질서를 유지하는 데에 필수요건으로 뭇 짐승이 아닌 사람으로서는 반드시 따라야 작게는 개인 크게는 사회질서가 유지되어 하나의 공동체로서 빈부강약이 조화되어 가정과 사회가 모두 평화로움이 유지되어 가는 것입니다.

나라님은 나라님의 위치에서 가장은 가장의 위치에서 그에 따른 백성이나 가솔들은 그의 위치에서 그 가 취할 예법대로 행하면 사회나 가정에 불화나 어그러짐이 없을 것이 아니겠습니까. 예절이 그와 같을진대 전통예절과 현대예절에 무슨 차이가 있겠습니까. 다만 동양 특히 우리나라는 고정좌식 문화로 우리나라의 예법이 있는 것이며 서양은 서양대로 그들이 현재의 사회가 구성 되기까지 과정에서 형성된 코 높은 사람들의 생활에서 굳어진 관습대로 별 불편 없이 사는 것이며 아랍인은 아랍인대로 그들의 관습에 의하여 예절이 굳어져 현대를 살고 있는 것 아니겠습니까.

우리의 전통예법은 삼강오륜에 입각한 예법으로 사람이 사람스럽게 사는 데에 어느 것이 부족하겠습니까. 다만 현대의 나노 사회에서 번거롭다는 핑계로 서양의 문물을 걸음 없이 무분별하게 받아들여 마치 그와 같이 행함이 앞선 자 인양 으스댐이 아니겠습니까. 예절은 겸손의 극치이니 사람에게서 겸손이 없어진다면 그 뒤에 사회에 남는 것이 무엇이겠습니까. 까닭에 본인은 전통예절과 현대 예절이 다르다 할 수 없으며 단지 번잡하고 현대사회생활에서 불가피하게 통용될 수 없는 예절 또는 예법은 근본을 크게 훼손 되지 안는 범위 내에서 개선됨도 불가피하다고 생각합니다. 물론 갓을 쓰고 도포자락을 휘날리자는 것은 아닙니다. 우리는 사람인 이상 동물적인 본성으로 돌아가서는 안 된다는 것입니다. 우리에게 서양화된 예절을 현대예절이라고 한다면 조금은 깊이 생각해볼 문제이며 주자가례전통예절 관혼상제 예법은 충효사상과 상하질서가 함축된 예법이니 전통 관혼상제 예법은 모든 예법의 중심이

되는 예법이라 할 수 있을 것입니다. 전통예법이란 계통을 밟아 관습이 되어온 역사적인 배경을 가지고 그에 높은 규범적 의의를 지녀야 함이니 어찌 감히 현대인으로서 이를 뜯어 고쳐 관혼상제 예법 또는 전통예법이라 하겠습니까

조선시절 보한재(保閒齋) 찬이라 하는 국조오례의에 (조정의 예법으로 나라에서 편찬함) 서인들의 예법을 주자가례에서 조금 변형하여 시행코자 하였으나 백성들은 그를 크게 따르지 않은 것 같으니 국가도 본 예법은 강제로 폐하거나 개작할 수가 없는 것과 같이 국민을 배려하지 않은 국가가 강제되는 사회질서는 국민과 더불수는 없다함이 그로도 입증되고 있습니다.

▶4102◀◈問; 진짜 어렵네요.

방명록 03,2,23 일자 에서 이전. 제목 진짜 어렵네요. 전통예법(傳統禮法) 진짜 어렵네요.

◈答; 전통예절은.

현재 우리의 관혼상제 예법에는 회옹(晦翁)의 가례(家禮)와 국조오례의(國朝五禮儀)가 신조사(神祖祀)및 국가 가정 예법의 근본 예법으로 가례는 만 백성의 관혼상제 예법이며 오례의는 대부분 왕실의 예법이니 그 자체가 오경(五經)중의 일맥으로 그 행함이 절목 마다 근본서(書)에 입각하여 헛됨이 없어야 하는 것이니 부드럽지 못함은 물론 생략되거나 사견으로 더하여서는 아니 되는 것으로 혹 어려울 수도 있다 하겠습니다. 그러나 근본 서에서 형편에 딸아 예 중 일부를 감한다거나 변형은 행자가 판단할 뿐으로 전통 관혼상제 예법에서는 감하거나 변형하여서는 아니 되는 것이니 이해하여 주기 바랍니다. 귀하의 제언이 위에 머물러 있으리라 믿습니다.

▶4103◀◈問; 질문입니다.

안녕하십니까. 이번 주 일요일이 저희 고모 할머님 80 세가 되시는 날이 거든요. 그래서 봉투에다 예쁘게 글을 적어야 하는데 어떤 글을 어떻게 써야 할지를 몰라서 글을 올립니다. 60 세 때 쓰는 글은 많은데 80 세에 쓰는 글을 찾을 수가 없어서 빠른 답변 좀 부탁 드립니다.

◈答; 80 세 산수(傘壽).

장수연(長壽宴)에는 대개 ○61 세에 회갑(回甲) ○62 세에 진갑(進甲) ○70 세에 고희(古稀) ○77 세에 희수(喜壽) ○88 세에 미수(米壽)라 하여 잔치를 베풀고 있는것 같으며 이러한 장수 잔지를 일러 수연(壽宴)이라 하는 것 같습니다. 80 세에 장수연을 베푼다 하면 봉투 서식은 아래와 같이 쓰면 적절치 않을까 생각 됩니다 祝壽宴(축 수연)

나이에 따라 붙여지는 유학적 명칭이란 아마도 20 세면 약관(弱冠) 등이라 일러짐이라면 아래와 같이 일러 드릴 수가 있습니다.

◎나이; 명칭. 비고.

15 세; 志學, 論語-爲政. 周子通書-志學; 志伊尹之所志, 學顔子之所學. <女子; 笄年>
16 세; 瓜年<瓜字 破字時 八八/八+八=十六>, 瓜字初分. 破瓜, 瓜期/女子가 婚期에 이른 나이.
20 세; 弱冠, 弱年, 冠歲, <女子; 芳年, 芳齡>
30 세; 而立, 論語-爲政
32 세; 二毛, 左傳-不禽二毛. * 二毛之年; 흰 머리털이 나기 始作하는 해.
40 세; 不惑, 論語-爲政
48 세; 桑年, <桑의 俗字 破字時 四十八> * 三國志-楊洪傳, 注
50 세; 知命, 論語-爲政
51 세; 望六
60 세; 耳順, 論語-爲政. 六旬. 下壽. <本壽; 本의 俗字 夲을 取한 筆者의 造語>

61 세; 華甲, 華年, 華壽<華字 破字時 六十一>. 望七
62 세; 進甲
64 세; 破瓜<瓜字 破字時 八八=8x8=64>
66 세; 美壽<美字 윗부분 거꾸로 놓으면 六十六>
70 세; 從心, 論語-爲政. 古稀, 杜甫-曲江詩. 稀年, 稀壽, 七旬, 七耋
71 세; 望八
77 세; 喜壽<喜字의 草書가 七十七의 形態>
80 세; 傘壽<傘의 略字가 八아래 十으로 八十>, 八旬, 八耋, 耋壽, 中壽
81 세; 半壽<半字 破字時 八十一>, 望九
88 세; 米壽<米字 破字時 八十八>
90 세; 卒壽<卒의 譌字가 九아래 十으로 九十>, 九旬, 九秩
91 세; 望百
99 세; 白壽<百에서 一을 減하면 九十九> * 望百이라고도 함.
100 세; 百壽, 上壽<左傳은 120 세를 上壽로 稱함>. 期頤, 禮記-百年曰期頤, 期頤之壽
108 세; 茶壽<茶字 破字時 十十八十八로 合이 108>
111 세; 皇壽<皇帝가 누린 나이, 出典不明>
120 세; 上壽<左傳>
125 세; 天壽<人間이 누릴 수 있는 最高의 壽命>. * 成長期 25 년 x 5 배=125 세<現代醫學>.

●莊子盜跖篇人上壽百歲中壽八十歲下壽六十歲除病瘦死喪憂患其中
●春秋左傳僖公爾何知中壽爾墓之木拱矣註人生上壽百二十年中壽百年下壽八十年
●禮記樂記篇食三老五更注三老五更互言之耳皆老人更知三德五事者也疏五者天下之大敎也者郊射一禘冕二祀乎明堂三朝覲四耕藉五此五者大益於天下竝使諸侯還其本國而爲敎故云大敎也
●禮記文王世子篇適東序釋奠於先老遂設三老五更群老之席位焉註若非始立學則無釋奠先老之禮先老先世之爲三老五更者也三老五更各一人群老無定數蔡邕云更當爲叟三老三人五更五人未知是否然皆年老更事致仕者舊說取象三辰五星

▶4104◀◈問; 창립제 축문 좀 부탁 드려요.

안녕하세요 충북대학교 통기타 동아리 '아르페지오'라고 합니다. 이번 4 월 30 일 날 동아리 창립제(創立祭)가 있는데요. 축문(祝文) 쓰는 법(法)을 잘 몰라서 혹시 부탁 드릴 수 있을까요?

◈答; 창립제 축문.

다만 축식의 대개 골격만을 아래와 같이 간추려 보았으니 그 목적한 바에 합당하도록 수정하시기 바랍니다.

⊙祝文式(축문식)

維 歲次庚寅三月甲午朔十七日庚戌幼學이수환敢昭告于 土地之神今爲(開催 00 동아리 創立大會云云)伏惟 尊神無故繁盛享受平康神其保佑謹以牲醴庶品式陳明薦尙 饗

위 (云云)에는 동기, 목적, 취지, 결과, 등등의 할 말이 있으면 한문어가 아닌 우리말로 간단명료하게 기입하거나 없으면 삭제 하십시오.

▶4105◀◈問; 해석 좀 부탁 드립니다.

안녕하십니까?

남좌여우(男左女右) 산사람 위주로 자리 위치를 말하며 죽은 사람 위치는 그 반대라도 했습니다. 제사(祭祀) 지낼 때도 신위가 북쪽 이면 좌측이 동쪽이라 이는 신위(神位)를 중심으로 정한 것 같은데 진설 시에는 좌포우혜(左脯右醯) 하면 진설자 위주로 좌측은 포를 진설 한다는 뜻입니까 신위(神位) 모시는 위치(位置)와 진설(陳設)하는 위치가 기준이 헷갈려서 문의 드립니다.

◈答; 남좌여우(男左女右)

남좌여우 좌포우해 등 제사 시 신주의 자리와 진설 위치는 생인의 위치에서 보는바 대로 말하는 것입니다. 고로 진설자가 보아 남자 신주는 왼편 여자신주는 오른편이며 포 역시 상의 왼편이며 육장은 상의 오른편입니다.

◆사자(死者); 남좌여우(男左女右) 남서여동(男西女東); 남향(南向)는 지도상우(地道尙右) 신도상우(神道尙右) 법도에 의함임. 정면에서 마주한자의 관점에서.

◆생자(生者); 남좌녀우(男左女右)(남동여서(男東女西); 북향(北向))는 지도상우(地道尙右) 인도상우(人道尙右) 법도에 의함임. 정면에서 마주한자의 관점에서.

●退溪曰兩親墓東西定位想中國俗葬皆【男左女右】故朱先生葬劉夫人時只循俗爲之其後丘文莊亦不欲異俗而云云也然朱子答陳安卿之問分明謂祭而【以西爲上】葬時亦當如此方是則此乃爲晩年定論而後世之所當法也

●南溪曰世之葬法有以男左女右傳曰【神道尙右地道尙右】

●栗谷曰其出行也先告家廟次告庶母及兄嫂夫人則立內門而揖送妾則立中門子弟則立大門而拜送婢僕則於大門外皆【男左女右】而拜其還亦如之

●錦谷曰家禮及諸禮書皆以東爲上故其爲【男東女西】者卽【左東右西】之意也其後儒先言論多端用西上之規故祠宇之奉墓中之祔皆爲【男西女東】此是古今之異也

●王制道路男子由右婦人由左註凡男子婦人同出一塗者則男子常由婦人之右婦人常由男子之左

●內則【道路男子由右女子由左】(集說細註)道路之法其右以行男子其左以行女子古之道也(鄭注)【地道尊右】

●內則【男左女右】細註嚴陵方氏曰或男耦而女奇取陰陽之相須也或男左而女右取陰陽之相類也

●性理大全祠堂篇凡屋之制不問何向背但以前爲南後爲北【左爲東右爲西】

●芝村曰初喪爲位皆以【男左女右】而上朝祖下男女道路之法謂【男左女右】

●重庵曰【男左女右】以地道言則右尊左卑道路屬地當男右女左盖右主動而左主靜右有力而左無爲故男女所由如此

●龜川曰神道尙左故小斂以後則左衽而神主奉安則以西爲上此則尙右惡在神道尙左之義耶【人道尙右】【人道尙右】則北鄕立者宜【以東爲上】而序立者反【以西爲上】此則尙左其義

●朱子曰禮云【席南向北向以西方爲上】【東向西向以南方爲上】是【東向南向之席皆尙右】【西向北向之席皆尙左】也今祭禮考妣同席南向則考西妣東自合禮意大率古者以右爲尊如周禮云享右祭祀詩云旣右烈考亦右文母漢人亦言無能出其右者是皆以右爲尊也

●密菴曰或以尊者所在爲上如冠禮迎賓及階下位則【北爲上】堂上位則【南爲上】執冠巾者賓未入則【東爲上】賓已入則【北爲上】坐於奧則【南爲上】坐於堂則【西爲上】何嘗有一定廣武東向亦只是賓

●南溪集續集問答講學論答申列卿問(禮十月十二日)問備要襲奠圖則左醢右脯靈幄奠圖則左脯右醢彼此陳設之不同何歟 答脯醢左右果不同大抵左脯右醢乃象生時之意恐此爲是其右脯左醢者似是寫誤致

●梅山集書(答任憲晦癸卯五月)左脯右醢生人之禮也葬前饋奠當象生而備要襲圖之右脯左醢恐失照檢遷襲圖則左右得正也虞而神之則自從虞祭當右脯左醢也盖脯屬陽醢屬陰故生死之饌左右乃爾也

▶4106◀ ◈問; 해석 좀 부탁 드립니다. (再問)

위 답변에서 생인의 위치에서 신위도 남좌여우라고 하셨는데 그러면 살아계시는 아버지, 어머니가 생신 날 앉는 위는 신위모시는 반대로 앉으면 됩니까. 그리고 설립도 상에는 제사상 우측이 남자 좌측이 여자로 올려져 있는데 신위 위치에서 남좌여우 아닙니까? 신위는 죽은 사람임으로 반대가 되어 신위 위주로 볼 때 남자가 우측(즉 고위가 되고), 여자는 좌측(비위)에 지방을 쓰지 않나요.

◈答; 재답(再答)

사방의 방위에는 상좌(上座)가 있어 남북에서는 북쪽이 상좌이며 동서에서는 서쪽이 상좌입니다. 본 상좌의 개념은 생자나 사자나 동일한 것으로 생각 듭니다. 다만 혼례(婚禮)의 교배례 시 신부는 서쪽 신랑을 동쪽에 서는 것은 서로마주 보게 되여 음양의 상생 원리에 의한 것이며 상사(喪事) 때나 제사 시 합문 후 남녀 늘어서는 방위가 남동여서(南東女西)로 다른 것 같습니다.

◆死者; 男左女右(男西女東; 南向)는 地道尙右 神道尙右 법도에 의함임. 정면에서 마주한자의 관점에서.
◆生者; 男左女右(男東女西; 北向)는 地道尙右 人道尙右 법도에 의함임. 정면에서 마주한자의 관점에서.

●退溪曰兩親墓東西定位想中國俗葬皆【男左女右】故朱先生葬劉夫人時只循俗爲之其後丘文莊亦不欲異俗而云云也然朱子答陳安卿之問分明謂祭而【以西爲上】葬時亦當如此方是則此乃爲晩年定論而後世之所當法也
●南溪曰世之葬法有以男左女右傳曰【神道尙右地道尙右】
●栗谷曰其出行也先告家廟次告庶母及兄嫂夫人則立內門而揖送妾則立中門子弟則立大門而拜送婢僕則於大門外皆【男左女右】而拜其還亦如之
●錦谷曰家禮及諸禮書皆以東爲上故其爲【男東女西】者卽【左東右西】之意也其後儒先言論多端用西上之規故祠宇之奉墓中之祔皆爲【男西女東】此是古今之異也
●王制道路男子由右婦人由左註凡男子婦人同出一塗者則男子常由婦人之右婦人常由男子之左
●內則【道路男子由右女子由左】(集說細註)道路之法其右以行男子其左以行女子古之道也(鄭注)【地道尊右】
●內則【男左女右】細註嚴陵方氏曰或男耦而女奇取陰陽之相須也或男左而女右取陰陽之相類也
●性理大全祠堂篇凡屋之制不問何向背但以前爲南後爲北【左爲東右爲西】
●芝村曰初喪爲位皆以【男左女右】而上朝祖下男女道路之法謂【男左女右】
●重庵曰【男左女右】以地道言則右尊左卑道路屬地當男右女左盖右主動而左主靜右有力而左無爲故男女所由如此
●龜川曰神道尙左故小斂以後則左袵而神主奉安則以西爲上此則尙右惡在神道尙左之義耶 【人道尙右】 【人道尙右】則北鄕立者宜 【以東爲上】而序立者反 【以西爲上】此則尙左其義
●朱子曰禮云【席南向北向以西方爲上】【東向西向以南方爲上】是【東向南向之席皆尙右】【西向北向之席皆尙左】也今祭禮考妣同席南向則考西妣東自合禮意大率古者以右爲尊如周禮云享右祭祀詩云旣右烈考亦右文母漢人亦言無能出其右者是皆以右爲尊也
●密菴曰或以尊者所在爲上如冠禮迎賓及階下位則【北爲上】堂上位則【南爲上】執冠巾者賓未入則【東爲上】賓已入則【北爲上】坐於奧則【南爲上】坐於堂則【西爲上】何嘗有一定廣武東向亦只是賓

▶4107◀◈問; 해석 좀 부탁 드립니다. (再삼(三)問)

답변 감사합니다.

1. 방향이 어디든 상좌(살아있는 사람 경우)로 기준해서 좌측은 남자, 우측은 여자(남좌여우, 서동부서)
2. 죽은 사람경우는 그 반대 신위모실 때도, 합봉, 쌍봉 등 묘 들일 때도 (남자는 우측, 여자는 좌측)
3. 제사 진설 시 생인 중심으로 (살아있는 사람임으로) 좌포우혜 조율이시, 홍동백서등 이런 기준이 아닐까 생각 합니다.

◈答; 재삼답(再三答)

朱子家禮四時祭設位考西妣東
주자가례의 사시제 설위조에 고서 비동

朱子曰祭而以西爲上則葬時亦當如此
주부자께서 말씀 하시기를 제사 지낼 때에 서쪽을 상석으로 삼았으니 장사 지낼 때 역시 이와 같이함이 마땅하니라.

丘濬曰葬皆男左女右一家如此行之數世之後安知子孫不誤以考爲妣乎
구준(丘濬)선생이 이르기를 장사를 지낼 때 모두 남좌여우(男左女右)로 합장(合葬)하는 것은 이와 같이 합장을 하여 놓아야 여러 세대가 지난 뒤에라도 고비의 위치가 어디 인줄을 알게 되는 것으로써 후손(後孫)들이 잘못하지 않고서야 고를 비라 하겠는가

위와 같이 살펴볼 때 위치를 말함에는 생자 위주로 함이니 죽은 자로 다시 따짐은 잘못 오인 될 수 있는 것으로 서립이나 좌석과 진설의 위치는 생자 위주로 함이 마땅치 않을까 는 생각 됩니다.

●王制男子由右女子由左
●芝村曰初喪爲位皆以男左女右而上朝祖下男女道路之法謂男左女右
●重庵曰男左女右以地道言則右尊左卑道路屬地當男右女左盖右主動而左主靜右有力而左無爲故男女所由如此
●錦谷曰家禮及諸禮書皆以東爲上故其爲男東女西者卽左東右西之意也
●梅山曰禮曰席南鄕北鄕以西方爲上東鄕西鄕以南方爲上(註東鄕南鄕之席皆尙右西鄕北鄕之席皆尙左)此則以賓主相對而言也僉尊豈有見於此而變此執事序立之禮也耶右陰也神道尙右故位版序次以西爲上左陽也人道尙左故執事序立亦以西爲上此非神道尙右之故而執事序立亦以西爲上也亦非如禮賓主之席共以一方爲上也僉尊之所以序立東上者無乃不幾於徑情直行者之爲乎古人有言曰立而無序則亂於位又曰無禮則鬼神失其饗玆不敢遽變古儀而因循將事者此也
●朱子家禮通禮篇祠堂章爲四龕以奉先世神主條細註司馬溫公曰所以西上者神道尙右故也○東漢明帝謙貶不敢自當立廟祔於光武廟其後遂以爲例至唐太廟及群臣家廟悉如今制以西爲上也
●退溪曰兩親墓東西定位想中國俗葬皆男左女右故朱先生葬劉 夫人時只循俗爲之其後丘文莊亦不欲異俗而云云也然朱子答陳安卿之 問分明謂祭而以西爲上葬時亦當如此方是則此乃爲晚年定論而

▶4108◀◈問; 해석 좀 부탁 드립니다.

안녕하십니까?

남좌여우(男左女右) 산사람 위주로 자리 위치를 말하며 죽은 사람위치는 그 반대라도 했습니다. 제사 지낼 때도 신위가 북쪽 이면 좌측이 동쪽이라 이는 신위를 중심으로 정한 것 같은데 진설 시에는 좌포우혜(左脯右醯) 하면 진설자 위주로 좌측은 포를 진설 한다는 뜻입니까 신위모시는 위치와 진설하는 위치가 기준이 헷갈려서 문의 드립니다.

◈答; 남좌여우(男左女右)

남좌여우 좌포우해 등 제사 시 신주의 자리와 진설 위치는 생인의 위치에서 보는바 대로 말하는 것입니다. 고로 진설자가 보아 남자 신주는 왼편 여자신주는 오른편이며 포 역시 상의 왼편이며 육장은 상의 오른편입니다.

◆사자(死者); 남좌여우(男左女右) 남서여동(男西女東); 남향(南向)는 지도상우(地道尙右) 신도상우(神道尙右) 법도에 의함임. 정면에서 마주한자의 관점에서.
◆생자(生者); 남좌녀우(男左女右)(남동여서(男東女西); 북향(北向))는 지도상우(地道尙右) 인도상우(人道尙右) 법도에 의함임. 정면에서 마주한자의 관점에서.

●退溪曰兩親墓東西定位想中國俗葬皆【男左女右】故朱先生葬劉夫人時只循俗爲之其後丘文莊亦不欲異俗而云云也然朱子答陳安卿之問分明謂祭而【以西爲上】葬時亦當如此方是則此乃爲晚年定論而後世之所當法也
●南溪曰世之葬法有以男左女右傳曰【神道尙右地道尙右】
●栗谷曰其出行也先告家廟次告庶母及兄嫂夫人則立內門而揖送妾則立中門子弟則立大門而拜送婢僕則於大門外皆【男左女右】而拜其還亦如之

●錦谷曰家禮及諸禮書皆以東爲上故其爲【男東女西】者卽【左東右西】之意也其後儒先言論多端用西上之規故祠宇之奉墓中之祔皆爲【男西女東】此是古今之異也

●王制道路男子由右婦人由左註凡男子婦人同出一塗者則男子常由婦人之右婦人常由男子之左

●內則【道路男子由右女子由左】 (集說細註)道路之法其右以行男子其左以行女子古之道也(鄭注) 【地道尊右】

●內則【男左女右】細註嚴陵方氏曰或男耦而女奇取陰陽之相須也或男左而女右取陰陽之相類也

●性理大全祠堂篇凡屋之制不問何向背但以前爲南後爲北【左爲東右爲西】

●芝村曰初喪爲位皆以【男左女右】而上朝祖下男女道路之法謂【男左女右】

●重庵曰【男左女右】以地道言則右尊左卑道路屬地當男右女左盖右主動而左主靜右有力而左無爲故男女所由如此

●龜川曰神道尙左故小斂以後則左衽而神主奉安則以西爲上此則尙右惡在神道尙左之義耶 【人道尙右】 【人道尙右】則北鄉立者宜 【以東爲上】而序立者反 【以西爲上】此則尙左其義

●朱子曰禮云【席南向北向以西方爲上】【東向西向以南方爲上】是【東向南向之席皆尙右】【西向北向之席皆尙左】也今祭禮考妣同席南向則考西妣東自合禮意大率古者以右爲尊如周禮云享右祭祀詩云旣右烈考亦右文母漢人亦言無能出其右者是皆以右爲尊也

●密菴曰或以尊者所在爲上如冠禮迎賓及階下位則【北爲上】堂上位則【南爲上】執冠巾者賓未入則【東爲上】賓已入則【北爲上】坐於奧則【南爲上】坐於堂則【西爲上】何嘗有一定廣武東向亦只是賓

●南溪集續集問答講學論答申列卿問(禮十月十二日)問備要襲奠圖則左醢右脯靈幄奠圖則左脯右醢彼此陳設之不同何歟 答脯醢左右果不同大抵左脯右醢乃象生時之意恐此爲是其右脯左醢者似是寫誤致

●梅山集書(答任憲晦癸卯五月)左脯右醢生人之禮也葬前饋奠當象生而備要襲圖之右脯左醢恐失照檢遷襲圖則左右得正也虞而神之則自從虞祭當右脯左醢也盖脯屬陽醢屬陰故生死之饌左右乃爾也

▶4109◀◈問; 해석 좀 부탁 드립니다. (再問)

위 답변에서 생인의 위치에서 신위도 남좌여우라고 하셨는데 그러면 살아계시는 아버지, 어머니가 생신 날 앉는 위는 신위모시는 반대로 앉으면 됩니까. 그리고 설립도 상에는 제사상 우측이 남자 좌측이 여자로 올려져 있는데 신위 위치에서 남좌여우 아닙니까? 신위는 죽은 사람임으로 반대가 되어 신위 위주로 볼 때 남자가 우측(즉 고위가 되고), 여자는 좌측(비위)에 지방을 쓰지 않나요.

◈答; 재답(再答)

사방의 방위(方位)에는 상좌(上座)가 있어 남북에서는 북쪽이 상좌이며 동서에서는 서쪽이 상좌 입니다. 본 상좌의 개념은 생자나 사자나 동일한 것으로 생각 듭니다. 다만 혼례의 교배례 시 신부(新婦)는 서쪽 신랑을 동쪽에 서는 것은 서로마주 보게 되여 음양의 상생 원리에 의한 것이며 상사(喪事) 때나 제사 시 합문 후 남녀 늘어서는 방위가 남동여서(南東女西)로 다른 것 같습니다.

◆死者; 男左女右(男西女東; 南向)는 地道尙右 神道尙右 법도에 의함임. 정면에서 마주한자의 관점에서.

◆生者; 男左女右(男東女西; 北向)는 地道尙右 人道尙右 법도에 의함임. 정면에서 마주한자의 관점에서.

●退溪曰兩親墓東西定位想中國俗葬皆【男左女右】故朱先生葬劉夫人時只循俗爲之其後丘文莊亦不欲異俗而云云也然朱子答陳安卿之問分明謂祭而【以西爲上】葬時亦當如此方是則此乃爲晚年定論而後世之所當法也

●南溪曰世之葬法有以男左女右傳曰【神道尙右地道尙右】

●栗谷曰其出行也先告家廟次告庶母及兄嫂夫人則立內門而揖送妾則立中門子弟則立大門而拜送婢僕則於大門外皆【男左女右】而拜其還亦如之

●錦谷曰家禮及諸禮書皆以東爲上故其爲【男東女西】者卽【左東右西】之意也其後儒先言論多端用西上之規故祠宇之奉墓中之祔皆爲【男西女東】此是古今之異也
●王制道路男子由右婦人由左註凡男子婦人同出一塗者則男子常由婦人之右婦人常由男子之左
●內則【道路男子由右女子由左】(集說細註)道路之法其右以行男子其左以行女子古之道也(鄭注)【地道尊右】
●內則【男左女右】細註嚴陵方氏曰或男耦而女奇取陰陽之相須也或男左而女右取陰陽之相類也
●性理大全祠堂篇凡屋之制不問何向背但以前爲南後爲北【左爲東右爲西】
●芝村曰初喪爲位皆以【男左女右】而上朝祖下男女道路之法謂【男左女右】
●重庵曰【男左女右】以地道言則右尊左卑道路屬地當男右女左盖右主動而左主靜右有力而左無爲故男女所由如此
●龜川曰神道尙左故小斂以後則左袵而神主奉安則以西爲上此則尙右惡在神道尙左之義耶 【人道尙右】 【人道尙右】則北鄕立者宜 【以東爲上】而序立者反 【以西爲上】此則尙左其義
●朱子曰禮云【席南向北向以西方爲上】【東向西向以南方爲上】是【東向南向之席皆尙右】【西向北向之席皆尙左】也今祭禮考妣同席南向則考西妣東自合禮意大率古者以右爲尊如周禮云享右祭祀詩云旣右烈考亦右文母漢人亦言無能出其右者是皆以右爲尊也
●密菴曰或以尊者所在爲上如冠禮迎賓及階下位則【北爲上】堂上位則【南爲上】執冠巾者賓未入則【東爲上】賓已入則【北爲上】坐於奧則【南爲上】坐於堂則【西爲上】何嘗有一定廣武東向亦只是賓

▶4110◀◈問; 해석 좀 부탁 드립니다. (再삼(三)問)

답변 감사합니다.

1. 방향이 어디든 상좌(살아있는 사람 경우)로 기준해서 좌측은 남자, 우측은 여자(남좌여우, 서동부서)
2. 죽은 사람경우는 그 반대 신위모실 때도, 합봉, 쌍봉 등 묘 들일 때도 (남자는 우측, 여자는 좌측)
3. 제사 진설 시 생인 중심으로 (살아있는 사람임으로) 좌포우혜 조율이시, 홍동백서등 이런 기준이 아닐까 생각 합니다.

◈答; 재삼답(再三答)

朱子家禮四時祭設位考西妣東
주자가례의 사시제 설위조에 고서 비동

朱子曰祭而以西爲上則葬時亦當如此
주부자께서 말씀 하시기를 제사 지낼 때에 서쪽을 상석으로 삼았으니 장사 지낼 때 역시 이와 같이함이 마땅하니라.

丘濬曰葬皆男左女右一家如此行之數世之後安知子孫不誤以考爲妣乎
구준(丘濬)선생이 이르기를 장사를 지낼 때 모두 남좌여우(男左女右)로 합장(合葬)하는 것은 이와 같이 합장을 하여 놓아야 여러 세대가 지난 뒤에라도 고비의 위치가 어디 인줄을 알게 되는 것으로써 후손(後孫)들이 잘못하지 않고서야 고를 비라 하겠는가

위와 같이 살펴볼 때 위치를 말함에는 생자 위주로 함이니 죽은 자로 다시 따짐은 잘못 오인 될 수 있는 것으로 서립이나 좌석과 진설의 위치는 생자 위주로 함이 마땅치 않을까 는 생각 됩니다.

●王制男子由右女子由左
●芝村曰初喪爲位皆以男左女右而上朝祖下男女道路之法謂男左女右
●重庵曰男左女右以地道言則右尊左卑道路屬地當男右女左盖右主動而左主靜右有力而左無爲故男女所由如此
●錦谷曰家禮及諸禮書皆以東爲上故其爲男東女西者卽左東右西之意也

●梅山曰禮曰席南鄕北鄕以西方爲上東鄕西鄕以南方爲上(註東鄕南鄕之席皆尙右西鄕北鄕之席皆尙左)此則以賓主相對而言也僉尊豈有見於此而變此執事序立之禮也耶右陰也神道尙右故位版序次以西爲上左陽也人道尙左故執事序立亦以西爲上此非神道尙右之故而執事序立亦以西爲上也亦非如禮賓主之席共以一方爲上也僉尊之所以序立東上者無乃不幾於徑情直行者之爲乎古人有言曰立而無序則亂於位又曰無禮則鬼神失其饗玆不敢遽變古儀而因循將事者此也

●朱子家禮通禮篇祠堂章爲四龕以奉先世神主條細註司馬溫公曰所以西上者神道尙右故也○東漢明帝謙貶不敢自當立廟祔於光武廟其後遂以爲例至唐太廟及群臣家廟悉如今制以西爲上也

●退溪曰兩親墓東西定位想中國俗葬皆男左女右故朱先生葬劉 夫人時只循俗爲之其後丘文莊亦不欲異俗而云云也然朱子答陳安卿之 問分明謂祭而以西爲上葬時亦當如此方是則此乃爲晩年定論而後世之 所當法也

▶4111◀ ◈問; 형제간에 절하는 방법이 알고 싶습니다.

안녕하신가요.

다름이 아니옵고 형제간에는 맞절을 해야 한답니다. 저는 형인데 어떻게 절을 하여야 하는지가 궁금합니다. 손은 어떻게 하고 무릎을 꿇어야 하는지 여러 가지가 궁금합니다. 자세하게 알려주십시오. 죄송합니다.

◈答; 형제간(兄弟間)에 절하는 법(法).

형제간(兄弟間)에는 맞절을 하게 됩니다.

○배법(拜法)은 돈수(頓首) 배법(拜法)으로 먼저 공수(拱手; 오른 손으로 왼손 위로하여 잡는다)한 채로 가슴 높이로 이삼촌(二三寸) 띠워 들었다 내려 땅을 짚고 양 무릎을 왼 무릎 다음 바른 무릎을 가지런히 꿇고 이마를 땅에 대었다 곧 들고 일어나는데 먼저 손을 땅에서 떼어 상체(上體)를 세우고 먼저 오른 무릎을 세우고 왼 무릎을 세우며 일어나 읍(揖) 후 바른 자세로 돌아감.

◆拱手法(공수법)

●檀弓孔子與門人立拱而尙右二三子亦皆尙右孔子曰二三子之嗜學也我則有姊之喪故也二三子皆尙左註吉事尙左陽也凶事尙右陰也此蓋拱立而右手在上也

●輯覽叉手圖說云凡叉手之法以左手緊把右手大拇指其左手小指則向右手腕右手四指皆直以左手大指向上如以右手掩其胷手不可大着胷須令稍去胷二三寸許方爲叉手法也

◆揖禮(읍례)

●事林廣記袛揖法凡揖人時則稍闊其足其立則穩揖時須是曲其身以眼看自己鞋頭威儀方美觀揖時亦須直其膝不得曲了當低其頭使手至膝畔又不得入膝內喏畢則手隨時起而叉於胷前揖時須全出手不得只出一指謂之鮮禮揖尊位則手過膝下喏畢亦以手隨身起叉手于胷前也

◆跪法(궤법)

●輯禮凡拜之禮一揖少退再一揖卽俯伏以兩手齊按地先跪左足次屈右足略蟠旋左邊稽首至地卽起先起右足以雙手齊按膝上次起左足仍一揖而後拜其儀度以詳緩爲敬不可急迫

◆拜法(배법)

●周禮春官宗伯禮官之職大祝辨九拜

○一曰稽首(註)稽首拜頭至地也(疏)先以兩手拱至地又引頭至地多時也拜中最重臣拜君之拜

○二曰頓首(註)頓首拜頭叩地也(疏)先以兩手拱至地又引頭至地首頓地卽擧若以首叩物然此平敵相拜

○三曰空首(註)空首拜頭至首所謂拜手也(疏)先以兩手拱至地乃頭至手以其頭不至地故名空首君答臣拜)

○四曰振動(註)振動戰栗變動之拜

○五曰吉拜(註)吉拜拜而后稽顙謂齊衰不杖以下者言吉者此殷之凶拜周以其拜與頓首相近故謂之吉拜云

○六曰凶拜(註)凶拜稽顙而后拜謂三年服者杜子春云振讀爲振鐸之振動讀爲哀慟之慟奇讀爲奇偶之奇謂先屈一膝今雅拜是也或云奇讀曰倚倚拜謂持節持戟拜身倚之以拜鄭大夫云動讀爲董書亦或爲董振董以兩手相擊也(疏)稽顙是頓首但觸地無容
○七曰奇拜(註)奇拜謂一拜也褒讀爲報報拜再拜是也
○八曰褒拜(註)鄭司農云褒拜今時持節拜是也
○九曰肅拜(註)肅拜但俯下手今時揖是也介者不拜故曰爲事故敢肅使者玄謂書曰王動色變一拜答臣下拜再拜拜神與尸享獻也謂朝獻饋獻也右讀爲侑侑勸尸食而拜(疏)肅拜拜中最輕惟軍中有此拜婦人亦以肅拜爲正推手曰揖引手曰撎九拜之中稽首頓首空首正拜也肅拜婦人之正拜也其餘五者附此四種遂事生名振動凶拜褒拜附稽首吉拜附頓首奇拜附空首

▶4112◀◈問; 형제간의 예의에 관해 궁금해서요.

안녕하세요? 전통예절에 관해서 궁금한 것이 있어 인터넷을 두루 헤매다가 이곳을 알게 되었습니다. 여러 가지 전통예절에 대해 잘 정리되어 있어서 너무 좋았습니다.

제가 여쭈어 보고자 하는 것은 설날에 형제간의 예절에 대해 궁금한 것이 있어서요. 저희 시댁은 4 남매인데, 설날에 시어머님이 4 남매 부부와 손자들의 세배를 받습니다. 그리고 제일 큰형내외가 앉아서 그 밑에 있는 3 남매의 세배를 받고, 다시 둘째 내외가 앉아서 또 동생들의 세배를 받습니다.

시어머님이 옆자리에 앉아 계신데, 그 자식들이 중앙에 자리잡고 앉아서 동생내외의 세배를 받는 것이 왠지 보기가 좋지 않았습니다. 그래서 막내인 제가 형제끼리 둘러 앉아 서로 세배 하는 것으로 끝내자고 하니 위 형이 거부하더군요.

불혹의 나이가 넘은 사람들이 조카들 보는 데에서 세배를 끝없이 하는 것이 못마땅하거든요. 어떤 것이 전통예법에 맞는 것인지 알려 주세요. 감사합니다.

◈答; 형제간의 예의.

아우들은 손위 형에게 절함이 바른 법도이니 설날 동생들이 형들에게 세배함이 맞습니다.

●日省錄正祖二十四年庚申二月八日辛卯家有一家之格例國有一國之格例在家則子拜其父弟拜其兄

아래는 사마온공가(司馬溫公家)와 구씨 의절의 예법입니다.

⊙사마온공(司馬溫公)의 초하루 보름의 가족간 인사 예법입니다.

吾家同居宗族衆多冬至朔望聚於堂上(此假設南面之堂若宅舍異制臨時從宜)丈夫處左西上婦人處右東上(左右謂家長之左右)皆北向共爲一列各以長幼爲序(婦以夫之長幼爲序不以身之長幼爲序)共拜家長畢長兄立於門之左長姊立於門之右皆南向諸弟妹以次拜訖各就列丈夫西上婦人東上共受卑幼拜(以宗族多若人人致拜則不勝煩勞故同列共受之)受拜訖先退後輩立受拜於門東西如前輩之儀
내 집에서는 함께 사는 식구들이 많아서 동지나 삭망 때는 당으로 모여 남자들은 당의 좌측에서 서쪽을 상석으로 삼고 부인들은 당의 우측에서 동쪽을 상석으로 삼아 모두 북향하여 각기 어른과 아이로 차서를 정하여 한열씩 되여 다같이 가장에게 절을 한다. 마쳤으면 큰형은 문의 왼쪽에 서고 큰누이는 문 오른쪽에 서서 모두 남쪽으로 향하여 서면 모든 남동생들과 여동생들은 두 번째로 절을 한다. 마쳤으면 각 항렬대로 열을 이뤄 남자 어른들은 서쪽을 상석으로 삼고 부인들은 동쪽을 상석으로 삼아 항렬이 낮거나 어린이들의 절을 같이 받는다. 절 받기를 마쳤으면 위 항렬 즉 절을 받은 동배들은 물러나고 그 다음 동배들이 후배들의 절을 받되 문의 동서로 서서 절을 받기를 전배의 의식과 같게 한다.

⊙구의(丘儀)의 동지와 초하루 보름의 가족간 인사 예법입니다.

冬至朔望禮儀節次(동지삭망례의절차)

是日昧爽拜祠堂畢先設主人主婦坐席於聽事正中○序立(男左女右男西上女東上主人之弟弟婦並妹爲一行子姪及其婦幷女子爲一行孫男孫婦孫女爲一行俟主人主婦坐定)○鞠躬拜興拜興拜興拜興平身○長者就次

(就主人諸弟中推其最長者一人立主人右其妻立主婦右弟姪以下依前行次序立拜之)○鞠躬拜興拜興拜興拜興平身(拜訖又以次推其長者出就次拜之如前儀拜遍)○分班(主人諸子姪輩行同者分班對立男左女右互相拜)○鞠躬拜興拜興平身(拜訖諸孫行拜其諸父如前就次儀其自相拜如分班儀)

⊙동지와 초하루 보름 인사 예의절차 의절.

이날 밤이 새어 날이 밝으면 사당 뵙기를 마치고 먼저 주인과 주부가 앉을 자리를 청사 중앙에 편다. ○차서 대로 선다. (남자는 왼쪽 여자는 오른쪽으로 서되 남자는 서쪽이 상석이며 여자는 동쪽을 상석으로 삼아 주인의 동생과 제부는 자매와 같이 한 열로 서고 아들과 조카들은 그 며느리와 딸들과 같이 한 열이 되어 서고 손자와 손부 손녀딸들도 한 열이 되여 주인과 주부가 자리에 앉기를 기다린다) ○국궁 사배 평신한다. ○최장자는 자리로 나온다. (주인의 여러 동생 중 최장자 한 사람을 추대하여 주인의 오른쪽에 서고 그 부인은 주부의 오른쪽에 서면 그 아우와 조카 이하는 앞의 행한 바와 같이 차서 대로 서서 절을 한다) ○국궁 사배 평신한다. (절하기를 마쳤으면 또 다음 차례로 그 중 어른을 추대하여 자리에 나오면 절하기를 앞과 같은 의식으로 두루 미치게 절을 한다) ○차서 대로 따로따로 한다. (주인 여러 아들 조카는 항렬이 같은 이끼리 따로따로 나뉘어 서되 남자는 왼쪽 여자는 오른쪽으로 마주하여 서서 서로 절을 한다) ○국궁 재배 평신한다. (절하기를 마쳤으면 여러 손자 항렬은 그들의 모든 부친 항렬에 절을 하되 자리로 나아가는 의식은 앞과 같으며 그들 스스로 절을 분반의식과 같이 절을 한다)

과유불급(過猶不及)이란 말은 있으나 예에서 마는 지나칠수록 장한 것입니다.

▶4113◀◈問; 혹 전통예절에 대해 배울 수 있나요?

안녕하세요? 저는 서비스 및 매너에 대해 공부를 하는 사람인데요. 전통예절에 대해 공부를 하고 싶습니다. 혹시 이곳에서 교육을 배울 수 있을까요? 답변 부탁 드립니다.

◈答; 혹 전통예절(傳統禮節)에 대해 배우고 싶으면.

귀하가 지적한 이곳이란 어느 곳인지 알 수 없으나 관리자(管理者)나 찬자(纂者) 스스로 직접 그와 같은 계획(計劃)은 아직은 없으며 혹 여건이 성숙 되면 고려(考慮) 할 수는 있을 것입니다.

귀하에게 아래를 먼저 익히도록 권하고 싶습니다.

◆유학이란 무슨 학문인가?

儒學(유학)이란 儒家(유가)의 經學(경학)으로. 經學(경학)이란 儒學(유학)의 經書(경서)인 四書五經(사서오경)을 硏究(연구)하는 學問(학문)인데 五經(오경)은 儒敎(유교)의 經典(경전)인 論語(논어), 孟子(맹자), 中庸(중용), 大學(대학)을 四書(사서)라 하고 다섯 가지 經書(경서)는 詩經(시경), 書經(서경), 周易(주역), 禮記(예기), 春秋(춘추)임.

●辭源口部二畫【四】[四書] 論語 大學 中庸 孟子

●白虎通五經; 五經何謂謂易尙書詩禮春秋也(漢典)五部儒家經典卽詩書易禮春秋

◆유학자가 갖춰야 할 태도와 덕목은 무엇인가?

卽五倫(즉오륜) 사람이 지켜야 할 다섯 가지의 떳떳한 道理(도리). 곧 父子(부자) 사이의 親愛(친애). 君臣(군신) 사이의 義理(의리), 夫婦(부부) 사이의 分別(분별), 長幼(장유) 사이의 次序(차서), 朋友(붕우) 사이의 信義(신의)를 지킴.

●輟耕錄御史五常; 人之所以讀書爲士君子者正欲爲五常主張也使我今日謝絶故舊是爲御史而無一常

◇仁愛相親(인애상친) 親族(친족)이나 가까운 이들끼리는 서로 어진 마음으로 사랑함.

●禮記中庸; 取人以身修身以道修道以仁(鄭玄注; 在於得賢人也)仁者人也親親爲大義者宜也

◇行惠施利以恩德濟助(행혜시리이은덕제조) 恩惠(은혜)를 施行(시행)하며 利益(이익)을 베풀고 恩惠(은혜)와 德(덕)으로서 도와 줌.

●新書道德說; 六者德之美也道者德之本也仁者德之出也義者德之理也忠者德之厚也信者德之固也密者德之高也○安利物者仁行也仁行出於德故曰仁者德之出也

◇适應順應(괄응순응) 부드럽게 對應(대응)함.

●墨子節葬下; 此所謂便其習而義其俗者也昔者越之東有輆沐之國者其長子生則解而食之則解而食之謂之宜弟其大父死負其大母而棄之曰鬼妻不可與居處

◇善良善良的行爲(선량선량적행위) 착하고 어질게 사람의 道德的(도덕적) 性質(성질)을 띤 意識的(의식적)인 행동을 함.

●書經皐陶謨; 彊而義彰厥有常吉哉(蔡沈集傳; 彊而義者彊勇而好義也而轉語辭也正言而反應者所以明其德之不偏皆指其成德之自然非以彼濟此之謂也彰著也成德著之於身而又始終有常其吉士矣哉

◇儀制法度(의제법도) 儀式(의식)과 制度(제도)와 生活(생활) 上(상)의 禮法(예법)과 制度(제도)대로 행함.

●左傳莊公二十三年夏; 朝以正班爵之義帥長幼之序(孔穎達疏; 朝以正班爵之等義也)

●周官大司徒; 以儀辨等則民不越鄭注曰儀謂君南面臣北面父坐子伏之屬故曰不敢亂者畏禮儀也古書仁義字本作誼禮儀字本作義

◇行爲準則道德規範禮節(행위준칙도덕규범예절) 사람이 行(행)하는 짓에서 標準(표준)으로 삼아 따라야 할 規則(규칙)과 사람으로서 지켜야 할 道理(도리)에 본보기가 될 만한 制度(제도), 規模(규모), 禮儀(예의)에 關(관)한 모든 秩序(질서)나 節次(절차)를 따름.

●論語子罕; 博我以文約我以禮(朱熹註);博我以文致知格物也約我以禮克己復禮也

◇禮遇厚待(예우후대) 禮待(예대). 禮(예)를 갖추어 鄭重(정중)하게 待遇(대우)함.

●禮記月令; 季春之月聘名士禮賢者(漢鄭注; 名士不仕者)(孔穎達疏; 正義曰蔡氏云賢者名士之次亦隱者也)

◇莊嚴有威儀(장엄유위의) 規模(규모)가 크고 嚴肅(엄숙)함. 무게가 있어 畏敬(외경)할 만한 擧動(거동)에는 禮法(예법)에 合當(합당)한 몸가짐을 가져야 함.

●禮記內則; 禮帥初無辭(漢鄭氏注; 無辭辭謂欽有帥記有威也)(孔穎達疏; 禮帥初無辭者禮謂威儀也)

◇表明明确(표명명학) 있는 대로 드러내 보여 明確(명확)하게 함.

●左傳定公八年; 王孫賈趨進曰盟以信禮也(杜預注; 信猶明也)有如衛君其敢不唯禮是事而受此盟也

◇信從相信(신종상신) 믿고 따라 좇음은 서로 믿음에서다.

●書經湯誓; 爾尙輔予一人致天之罰爾無不信朕不食言爾不從誓言予則孥戮汝罔有攸赦

◇知道料到(지도료도) 잘 알고 미리 내다봄.

●淮南子汎論訓; 及其爲天子三公而立爲諸侯賢相及始信於

▶4114◀◈問; 홀로 계신 모친 고희연에서 절을 하는지요?

홀로 계신 어머님이 칠순을 맞으셨습니다. 부모님이 함께 해로하지 못한 채 고희를 맞을 경우 절을 하는 것이 예절에 어긋난다는 어르신들의 의견이 있습니다. 그런데 주변의 경우를 보면 한 분이라도 대부분 절을 하고 있는 것으로 알고 있습니다만 빠른 대답을 부탁 드립니다.

◈答; 홀로 계신 모친 고희연(古稀宴)에서 절을 하나.

부친이 먼저 작고 하고 모친만 계실 적에는 회갑이나 그 외 경사스런 일 또는 문안 인사에 절을 하지 않는 다면 그가 예에 크게 어긋나면 난 것이지 부친보다 오래 생존 한다 하여 절을 하지 않는 것이 바른 예법이라 한다면 이는 순한 예법은 아닌 듯하나 그러한 예법은 접한 바가 없으니 당부에 관하여서는 확인할 수는 없으나 예에 그리 합당한 것 같지는 않습니다. 두 분 중 한 분이라도 오래 살아 계신다는 것이 바람직할 것이니 고희상 앞에서 잔 들이고 절을 한다 하여 예에 크게 어긋나 욕 되지는 않을 것 같습니다.

●杜甫工部草堂詩箋十二曲江二首; 酒債尋常行處有人生七十古來稀

▶4115◀◈問; 환갑제사.

저희는 원래 생일제사를 지내지는 안는데요 환갑은 해드리는 거라고 해서 어떻게 하는 건지 옷을 태우기도 한다는데 방법 좀 알려주세요.

◈答; 환갑제사.

가례 등 예서에 환갑에 대한 의식은 밝혀 놓은 예법은 아직 접한바 없어 분명히 밝혀 줄 수가 없습니다. 그러나 통일 되여 전래 되는 예법은 없으나 회갑 전에 작고 하였으면 대부분 회갑일 일찍이 명절 예법을 따르되 생시 의식에 준 하여 헌주 재배 하는 듯 하며 옷을 태우는 의식이 있는지는 알지 못합니다. 생신제 의식을 준용하면 법도에 어그러지지는 않을 것으로 생각됩니다.

○生辰祭儀節次(생신제의절차)(會成)

儀節並同祭禰

序立(主人主婦及弟婦子姪凡禰所出者皆在)○參神○鞠躬拜興拜興平身○降神○盥洗○詣香案前○跪○上香○酹酒(以下旁注皆與時祭同)○俯伏興拜興拜興平身○進饌○初獻禮○詣考妣神位前○跪○祭酒○奠酒○祭酒○奠酒○俯伏興平身○詣讀祝位○跪○主人以下皆跪○讀祝○俯伏興○鞠躬拜興拜興平身○復位○奉饌○亞獻禮○盥洗○詣考妣神位前○跪○祭酒○奠酒○祭酒○奠酒○俯伏興拜興拜興平身○復位○奉饌○終獻禮○盥洗○詣考妣神位前○跪○祭酒○奠酒○祭酒○奠酒○俯伏興拜興拜興平身○復位○奉饌○侑食○鞠躬拜興拜興平身○復位○闔門○祝噫歆○啓門○主人以下復位○獻茶○飮福受胙○詣飮福位○跪○嘏辭曰(云云四時祭同但去祖字)○飮福酒○受胙○鞠躬拜興拜興平身(主人起立于東階上西向)○告利成(祝立于西階上東向曰)○利成○復位○鞠躬拜興拜興平身○辭神○鞠躬拜興拜興平身○焚祝文○送主○徹饌○禮畢

○축문식(祝文式);

(家禮集說)祝文云云歲序遷易回甲復遇存旣有慶歿寧敢忘追遠感時昊天罔極謹以淸酌庶羞恭伸追慕尙饗

39 기타(其他)

▶4116◀◈問; 가례초해 출판 및 목록.

안녕 하십니까. 가례초해 목록이 한문으로 되여 있어 내용이 무엇인지 알고 싶습니다. 한글로 소개하여 주실 수는 없으신지요. 내용이 풍부 한 것 같으나 이해 할 수가 없어 부탁 드리오며 출판할 계획은 없으신지요.

귀 홈에서 많은 것을 배우고 있습니다. 아낌 없이 고급스런 자료를 공개하여 주셔서 대단히 감사하게 생각하옵니다. 영원히 발전 하기를 빕니다. 기다리겠습니다. 안녕히 계십시오.

◈答; 가례초해 출판 및 목록.

종서인 가례초해 원본을 역해문과 아울러 횡서본으로 재구성한 목록 입니다. 현재 오낙자 등 정비 중입니다. 옮기는 과정에서 정연하지 않으니 양해 바랍니다.

⊙목차입니다.

(참고 1 단은 원문과 해문이며 2 단은 원문이며 도식(圖式)은 좌행 가례초해 원도임) 양의

과다(P. 92)로 절목까지 게시합니다.

◎가례초해(家禮抄解) 목록.

后土). 제 9 편 생신제(生辰祭). 제 10 편 터주제 제. 11 편 사조제(祀竈祭). 제 12 편 문묘향사. 제 13 편 외사(外祀) .

제 6 장 각종축식.
제 1 편 개사초 및 입석 축사식 제 2편 세속 행제 축사식 제례도식(祭禮圖式).

▶4117◀◈問; 가례초해 한글 번역본 있는지요.

안녕하세요 가래초해는 한글 번역본이 없는지 여쭈어 보고 싶습니다 제가 한문 실력이 워낙 나빠서요 답변 주시기가 번거로우면 Q/A 게시판에 올려주시면 고맙겠습니다.

◈答; 가례초해 한글 번역본.

가례초해(家禮鈔解)는 원문 중 일반적으로 전통 예로 관혼상제를 행함에 근본 되는 가례(家禮)와 의절(儀節) 전문을 대체로 풀어 놓았고 부주(附註) 중 보입(補入) 하여야 할 예 역시 풀어 보충 하였으나 출판 하여 번역 본은 내지 않고 본 페이지를 통해 (주자) 가례 번역 전문을 올려 놓았을 뿐입니다. (현재 생략된 예 역시 작업중임).

현재로는 가례초해 전문을 번역 할 계획은 없으며 그 양이 본 목록과 같이 조금 방대하여 후손들 몫이 될 것 같습니다.

▶4118◀◈問; 高祖冠이란 고조할아버지의 관이란 명칭인지요.

배우는 자로서 이 곳은 대단히 유익한 홈피로서 선생님들께 고맙다는 인사 드립니다.
이번에 드릴 말씀은 두 가지 입니다.

1. 高祖冠이란 고조할아버지의 관이란 명칭인지요.
2. 국어사전에 高孫과 玄孫은 동의로 되어 있습니다. 저의 생각으로는 후손의 칭호에 높을 高자란 예에 어그러지지 않을까하는 생각도 듭니다마는?
가르침 기다라겠습니다.

◈答; 問 1 答; 高祖冠.

아래와 같이 살펴보건대 高祖冠(고조관)은 高祖父(고조부)의 冠(관)이 아니고 漢(한)나라 제 1 대 皇帝(황제) 漢高祖(한고조)인 劉氏(유씨)가 亭長(정장)(行政區域(행정구역) 區分(구분); 縣(현)아래 鄕(향)아래 亭(정)아래 里(리))으로 근무할 때 새로 돋아나온 대나무 껍질로 冠(관)을 만들고 까치 꼬리로 장식하여 썼다하여 鵲尾冠(작미관) 또는 高祖冠(고조관) 이라 하였다 합니다.

●漢書高祖紀第一上; 高祖沛豐邑中陽里人也姓劉氏母媼(中略)高祖爲亭長乃ロ竹皮爲冠令求盜之薛治(應劭曰以竹始生皮作冠)及貴常冠所謂劉氏冠也
●獨斷卷下; 高祖冠以竹皮爲之謂之劉氏冠楚制禮無文鄙人不識謂之鵲尾冠

問 2 答; 아래와 같이 살펴보건대 儒學(유학) 用語(용어)로 高孫(고손)이란 後孫(후손) 稱號(칭호)는 없습니다. 물론 常識的(상식적)으로 後孫(후손) 稱號(칭호)에 높을 高字(고자)를 붙일 수가 없겠지요. 다만 孫(손)의 孫(손)은 玄孫(현손). 曾孫(증손)의 子(자)는 玄孫(현손) 일 뿐입니다. 어느 국어사전인지는 밝히지 않아 알 수는 없으나 유학적 견지에서는 오류라 인식함이 옳다 하겠습니다.

●爾雅釋親; 孫之子爲曾孫曾孫之子爲玄孫(郭璞注)玄者言親屬微昧也
●史記七十五孟嘗君傳; 文承閒問其父嬰曰子之子爲何曰爲孫孫之孫爲何曰爲玄孫(辭源注)玄孫曾孫之子卽本身以下第五世

▶4119◀◈問; 고향(故鄕)의 진정한 의미에 대하여.

우리가 흔히 사용하고 있는 '고향'이라는 단어에 대하여 보다 그 쓰임새를 정확히 알고 싶습니다. 국어 사전에 나오는 것과 같이 그저 '나고 자란 곳' 으로 만 알아서는 부족함이 많은 것 같아서 말입니다. 이를테면 부모님이 사시는 곳인지? 아니면 그 윗대가 사신 곳인지? 등의 경우에 어떻게 적용하여야 되는지 정확히 알고 싶습니다. 고견을 부탁 드립니다.

◈答; 고향(故鄕)의 진정한 의미에 대하여.

故鄕이라면 자기가 출생되어 자란 곳 이상의 무슨 다른 의미가 있겠습니까. 물론 자자일촌의 가문이라면 한집에 고조부모 이하가, 한 동리에는 근친들이 거주하였을 터이니 그 까지도 의미에 포함시킬 수도 있겠다 하겠으나 최악으로는 유복자인 경우 편모가 떠돌다 외롭게 태어날 수도 있을 것입니다. 까닭에 辭典에서 정의한 이상의 확대 해석은 조금은 망설여지지 않을까 합니다.

●莊子秋水篇證曏今故故遙而不註證曏考明也今故今古也
●左傳莊公篇公將戰曹劌請見其鄕人曰肉食者謀之
●雅言覺非本地曰故鄕客地曰他鄕
●荀子禮論; 越月踰時則必反鉛過故鄕則必徘徊焉鳴號焉
●史記高祖本紀; 大風起兮雲飛揚威加海內兮歸故鄕
●李白詩靜夜思; 擧頭望明月低頭思故鄕○註故鄕出生或長期居住過的地方
●辭源［故鄕］家鄕
●賀知章回鄕偶書詩之二; 離別家鄕歲月多近來人事半銷磨唯有門前鏡湖水春風不改舊時波
●大學衍義補明禮樂; 家鄕之禮(云云)
●東編; 裵氏曰歲抄到家鄕先春又赴任親情半未相見○註家鄕自己家庭世代居住的地方
●九義行祠儀序例祠號; 諸公念國讎之不得以報也家鄕之不得以歸也先王之恩不能忘也

▶4120◀◈問; 관(館)과 당(堂)의 차이와 체험관(體驗館)과 수신당(修身堂).

성균관 커뮤니티 생활예절 상담에 문의를 드리면 친절하게 답해 주시는 모든 분들께 감사를 드립니다.

오늘은 관(館)과 당(堂)의 차이점과 체험관(體驗館)과 수신당(修身堂)에 대하여 문의를 드립니다. 우리 鄕校에서는 明倫堂 옆 아래에 조그마한 建物을 신축하였습니다. 신축한 것 까지는 좋았는데 문제가 생겼습니다. 이 건물의 명칭을 놓고 의견들이 분분합니다. 이 건물을 신축할 당시의 典校님이 체험관(體驗館)이라는 현판을 게시하여 논란이 되었습니다. 원임전교(原任典校)님과 원로(元老)님들 및 장의(掌議)님들은 이 건물은 체험(體驗)하는 관(館)이 아니라 수신(修身)하는 당(堂)으로 수신당(修身堂)으로 명칭을 개칭하여 현판을 게시하자는 것입니다. 그 이유는 관(館)은 그 의미가 어떤 기관이나 큰 건물의 명칭으로 성균관(成均館), 홍문관(弘文館), 도서관(圖書館), 유림회관(儒林會館), 박물관(博物館) 등 단독으로 큰 건물을 명칭할 때 쓰는 것으로 알고 있고, 당(堂)은 관(館)보다는 작은 집의 명칭으로 명륜당(明倫堂), 비천당(丕闡堂), 서당(書堂) 등 부속 건물을 명칭할 때 쓰는 것으로 알고 있습니다. 그러므로 아무목적도 없는 체험관(體驗館)보다는 마음을 착하게 하며 행실을 바르게 하는 수신당(修身堂)으로 하는 것이 명륜당(明倫堂)과 조화를 이뤄 큰 의미가 있을 것으로 생각합니다.

관(館)과 당(堂)의 차이점은 무엇이며, 체험관(體驗館)과 수신당(修身堂) 중 어느 명칭이 향교 건물에 합리적일까요?

◈答; 관(館)과 당(堂)의 차이와 체험관(體驗館)과 수신당(修身堂).

아래와 같이 살펴보건대 관(館)은 주(主)된 본관을 의미하게 되고 당(堂)이란 본관(本館)에 다른 부속(附屬) 건물(建物)을 의미하게 됩니다. 따라서 한 울안에 두 관(館)은 있을 수가 없고 본채가 관(館)이 되고 부속 건물은 당(堂)이 됩니다.

당이란 조회(朝會) 제사(祭祀) 경상(慶賞) 선사(選士) 양로(養老) 교학(敎學) 서재(書齋) 등으로 사용되는 규모가 작은 건물이 됩니다. 다만 용도에 의하여 당명이 정하여 짐이니 그 건물의 사용 목적에 맞도록 당명(堂名)이 지어져야 되겠지요.

아래 전거를 확인하여 보시면 의문이 풀리시리라 믿습니다.

◆관(館)은 크고 화려한 독채나 본채를 의미하고,

●康熙字典食部八畫［館］(玉篇)客舍 (禮曾子問註)公館 (西京雜記)二千石者居之次 (周禮春官司巫)今筐也

●春秋左傳隱公十一年; 十一月公祭鍾巫齊于社圃館于寪氏(杜預注)館舍也

●孟子集註告子下; 可以假館願留而受業於門(辭源註)館房舍的通稱 官署 學塾 書房 展覽處所等都可命名爲館

●司馬相如上林賦; 離宮別館彌山跨谷(註)館華麗的住宅

◆당(堂)은 서재(書齋) 등과 같이 곁채를 의미하는 부속 건물.

●康熙字典土部五畫［堂］(說文)殿也正寢曰堂 (禮記明堂位)明堂也

●書經集傳顧命; 一人冕執劉立于東堂一人冕執鉞立于西堂(蔡沈注)東西堂路寢東西廂之前堂也(疏引鄭玄注)序內半以前曰堂

●靜思堂秋竹賦; 靜思堂連洞房臨曲沼夾脩篁(註)堂書齋名稱

●論語先進; 子曰由也升堂矣未入於室也(皇侃疏)窗戶之外曰堂窗戶之內曰室

●孟子集註大全梁惠王下; 孟子對曰夫明堂者王者之堂也(註)明堂王者所居以出政令之所也

●石鼓歌; 大開明堂受朝賀(註)明堂 凡朝會 祭祀 慶賞 選士 養老 教學

▶4121◀ ◈問; 국기의 게양 위치?

국기를 어디에 게양하여야 되는가요?

◈答; 국기의 게양위치.

가정이나 각종 기관 자동차 등의 국기 게양할 때 게양하는 정확한 위치는 다음과 같습니다.
태극기는 나라의 상징으로서 곧 나의 상징입니다.

대한민국국기법 시행령

제 18 조(국기의 게양위치)

①국기는 다음 각 호의 위치에 게양한다. 다만, 건물 또는 차량의 구조 등으로 인하여 부득이한 경우에는 국기의 게양위치를 달리 할 수 있다.

1. 단독주택의 대문과 공동주택 각 세대의 난간에는 중앙이나 앞에서 바라보아 왼쪽에 국기를 게양한다.
2. 제 1 호의 주택을 제외한 건물에는 앞에서 바라보아 지면의 중앙이나 왼쪽, 옥상의 중앙, 현관의 차양시설 위 중앙 또는 주된 출입구의 위 벽면 중앙에 국기를 게양한다.
3. 건물 안의 회의장·강당 등에서는 그 내부의 전면을 앞에서 바라보아 그 전면의 왼쪽 또는 중앙에 국기가 위치하도록 한다.
4. 차량에는 그 전면을 앞에서 바라보아 왼쪽에 국기를 게양한다.

이상과 같이 앞에서 바라보아 왼쪽이라 함은 그 건물이나 차량 자체의 우측이 된다. 이와 같이 우측에 게양하는 까닭은 지도상우(地道尙右)인 까닭이다.
지도상우(地道尙右)인 까닭은 하늘(天)은 양(陽)인 까닭에 상좌(尙左)가 되고 땅(地)은 음(陰)인 까닭에 상우(尙右)가 된다.

●內則道路男子由右女子由左(集說細註)道路之法其右以行男子其左以行女子古之道也(鄭注)地道尊右

●南溪曰世之葬法有以男左女右傳曰神道尙右地道尙右

●記言續集左右陰陽說; 天道尙左地道尙右陰陽之義也

▶4122◀ ◈問; 금연 문구?

"나는 금연을 꼭 이루고야 말겠다" 라고 하는 글귀를 한문으로 바꾸려면 어떻게 써야 하는지요? 알려 주시면 고맙겠습니다.

◈答; 금연 문구.

귀하의 금연이 실현되기를 바랍니다.

금연에 조금이라도 도움이 되려면 글귀가 단번에 마음에 와 다야 될 것이라 생각됩니다. 그러려면 차라리 우리글로 써 붙이는 것이 즉시 답이 되리라 생각되며 한자어는 한 단어로는 간단명료하나 한 문장으로는 이 시대 인에게는 우리말과 같지 않다 생각됩니다. 다만 귀하의 질문이기에 아래와 같이 써보았습니다. 도움이 되기를 바랍니다.

我必切吸烟爾已(아필절흡연이이)

▶4123◀◈問; 기관장의 표시.

무더운 여름에 수고가 많으십니다.

1) 성균관장 000
2) 000 성균관장
위의 1), 2)는 어떠할 때에 사용하고 표시하는 지요?

관공서나 법인, 소규모 회사에서 위와 같이 [**회사 사장 000]과 [000 **회사 사장]과 같이 성명을 어디에 쓰며, 어떠할 때 각각 사용하는지 궁금합니다. 이러한 것도 예절인 것 같아서 여쭈어 봅니다. 대단히 죄송합니다.

◈答; 기관장의 표시.

問 1) 答; 모인(某人)을 어느 소속(所屬)임을 표할 때는 모직성명(某職姓名) 또는 모관성명(某官姓名)으로 기표하고,

問 2) 答; 모인(某人)을 평서형(平敍形)(서술형(敍述形))으로 기록(記錄)하여 나갈 때는 김갑돌은 모관(某官) 또는 모직(某職)에 근무하였다. 와 같이 김갑돌이 주격(主格)이라 선명후직(先名後職) 또는 후관(後官)으로 설명 될 수는 있으나, 소속원(所屬員)임을 표시할 때는 주종(主從) 관계가 성립되어 주(主)가 직장(職場)이 되고 종(從)이 모인(某人)인 관계로 반드시 선관직(先 官職) 후성명(後姓名)이 됩니다.

●磻溪隨錄田制後錄戶口; 戶某部某坊第幾里住(註外則稱某鄕某里)某職姓某(註謂姓名)
●弘齋全書經史講義綱目; 綱目之書致仕皆云某官某致仕而此云請致仕者何也
●萬機要覽財用編五堤堰; 正宗戊戌命成節目頒給八道(註)○畢役後形止及軍丁數爻及監官等姓名報本司監役功勞最著者別爲啓聞論賞纁行亦考勤慢施以賞罰

▶4124◀◈問; 눈집의 뜻.

급한데 궁금합니다. 예절 용어 중 눈 집이라는 말이 있던데 무슨 뜻인가요? 05/11 00:45 방명록의 지문을 옮긴 내용임.

◈答; 눈집의 뜻.

눈집 이란 아정유고의 설옥의 우리말 표현이 아닌가 합니다.

●青莊館全書雅亭遺稿二奉次洪落木菴希泳韻兼示曾若舜徒; 伏火通紅榾柮爐書程浹月只伊吾氷庭契托冬青木雪屋神遊暖翠圖朋以稀逢襟始好酒於徐引累全無百年頻得如斯境安用牢騷缺唾壺

▶4125◀◈問; 단종(單宗)?

안녕하세요. 제가 한문에 관심이 있어 책을 보다 單宗이란 단어를 접하게 되어 무슨 뜻인가 하고 각종 대형 사전을 뒤적여 보았으나 확인이 되지 않습니다.

무슨 의미이며 그 증거로 확인시킬 수 있는 선인이나 한문으로 논한 서적에서 말씀 옮겨 주시게 되면 배우는 자로서 대단히 영광스럽게 생각, 깊이 새기겠습니다.

사실은 이 문제를 모 스승께 여쭸더니 이곳을 알려 주시더군요. 찾아와 보니 이런 문제는 여기가 아니고는 더 찾아가 의뢰할 곳이 없을 것 같습니다. 여기서 안되면 영원히 미지로 남게 될 것입니다. 수고를 끼쳐드려 죄송합니다. 자주 찾아 뵙겠습니다.

◈答; 단종(單宗)이란.

단종이 품고 있는 의미에는 아래와 같이 수집된 전거와 같이 4가지 의미를 품고 있습니다.

1. 출신근본이 한미함.
2. 가족이 번성하지 못하여 외롭고 쓸쓸함

●隋書許善心傳; 單宗少强近虛室類原顔(註)單宗單寒的家族
●後漢書八十下高彪傳;高彪字義方吳郡無錫人也家本單寒(註)單寒家世寒微
●晉書吾彥傳; 出自寒微有文武才幹(註)寒微家貧地位低微
●聊齋志異蓮香; (李氏)幼質單寒夜蒙霜露那得不爾(註身體瘦弱)
●降桑椹第一折;時遇冬暮天氣紛紛揚揚的下着這般大雪身上單寒肚裏無食(註)單寒謂衣單薄而身寒冷
●注事二之十;日來漸慣了單寒羈旅离愁已淺病緣已斷(注)單寒謂孤單落寬

▶4126◀◈問; 담배에 대하여.

안녕 하시 온지요. 담배에 대하여 궁금한 점이 있어 질문 올립니다. 담배는 어느 경로로 언재 우리나라에 들어오게 되었는지요. 항상 좋은 가르침에 감사 드립니다.

◈答; 담배에 대하여.

아래와 같이 살펴보건대 담배는 광해말년 남해 바다 가운데에 있는 담파국(湛巴國)이라는 나라에서 도입되었다 하는데 누구에 의하여 도입되었는지는 기록이 없어 알 수가 없습니다. 담배라는 우리 말을 담파(湛巴)의 변음이라 합니다.

●星湖僿說類選草木門南草有害條南草之盛行自光海末年始也世傳南海洋中有湛巴國此物所從來故俗稱湛巴云

▶4127◀◈問; 代 祖 란,

선생님 대조에 관해서 무슨 말인지 설명좀 하여 주세요.

◈答; 대조란.

우리나라에서만 통용되는 오대조(五代祖) 이상에 붙어, 원근(遠近)의 선조(先祖)임을 나타내는 명사로, 오대조(五代祖)를 확인하기 위하여 경과적으로 정칭(正稱)인 부(父), 조(祖), 증조(曾祖), 고조(高祖)에 붙여 볼 뿐 정칭(正稱)이 아님. 하대(下代)의 대손(代孫) 역시 상대(上代) 논리(論理)와 같음.

●표준국어대사전; 대조 06(代祖) [대ː-]「명사」고조(高祖) 이상의 조상을 이르는 말.
●국어사전(이희승감수) 대조[代祖]미 숫자 뒤에 붙어서, 위로 거슬러 쳐서 몇 대째의 선조임을 나타내는 말. ¶오대조는 고조(高祖)의 아버지다.
●漢字大辭典(성안당 장삼식) 【代祖; 대조】高祖 이상의 先代祖.
●敎學漢韓大辭典. 民衆書林漢漢大辭典. 中語大辭典; 朝鮮語辭典(總督府) 공히 代祖 無
●詩經大雅生民序生民尊祖也疏祖之定名父之父耳但祖者始也己所從始也自父之父以上皆得稱焉

▶4128◀◈問; 동이(東夷).

중국에서 우리를 동이(東夷)라 하는데요 동이란 무슨뜻인가요.

◈答; 동이(東夷)란..

東夷(동이)란 동쪽 오랑캐라는 뜻으로도 통하나, 中國人(중국인)들이 東夷(동이)라 稱(칭)함은 우리 韓民族(한민족)을 부름인데 아래와 같이 살펴보건대 동쪽 사람들로 어질며 天性(천성)이 柔順(유순)하고 君子國(군자국)으로 싸움을 모르는 나라라 하였다.

●後漢書東夷列傳; 王制云東方曰夷夷者柢也言仁而好生萬物柢地而出故天性柔順易以道御至有君子不死之國焉
●山海經海內經; 東海之內北海之隅有國名曰朝鮮天毒其人水居人愛之君君子國在其北衣冠帶劍食獸使二大虎在旁其人好讓不爭
●說文解字第十篇下大部【夷】 東方之人也(中略)大人也夷俗仁 仁者壽有君子不死之國故孔子曰道不行吾欲之君子不死之國 (以下略)

▶4129◀◈問; 둥근 기둥과 사각 기둥.

수고가 많으십니다.
제사와 사당, 서원과 향교에 보니 집의 기둥이 원기둥과 사각 기둥이 보입니다. 또한 들어가는 출입문도 원기둥과 사각기둥이 보입니다. 궁궐에서도 본 것 같고, 사찰에서도 본 것 같습니다. 그런데 집을 지을 때 마음대로 기둥을 세우지는 않았을 것 같습니다. 어떤 곳에는 원기둥, 어떤 곳에는 사각기둥을 세우는 기준이 있을 것 같습니다. 기준(원칙)을 알고 싶습니다. 대단히 죄송합니다.

◈答; 둥근 기둥과 사각 기둥.

본인은 건축학의 전공자가 아니어서 건축구조물에 대한 의미를 배운 바가 없습니다. 다만 유학적 견지에서 논한다면 圓角이란 천원지방(天圓地方)의 법도에 따라 天이란 神과 통하여 원주(圓柱)는 궁궐을 비록 사찰 사당 등의 기둥으로 쓰고, 사각주(四角柱)는 백성의 거주가옥의 기둥의 형태로 사용된다. 라 정의하겠으나 민가에서도 원주가 혹 있으니 어떠한 법도적 제한의 성문법이 엄존하지 않음의 연유에서 아닌가 하여 반드시 그렇다 장담할 수는 없을 것 같습니다.

특히 질문 중에 한 채에 圓角柱가 혼재한다면 까닭은 혹 陰陽의 조화가 아닌가 하나 그 의미에 대하여 확실히 확인할 수가 없습니다. 혹 타처에서 입증 확인되신바가 있다면 공유하였으면 합니다.

●東文選記四輪亭記; 曰天圓地方人所皆知然說陰陽者以盖輿爲喩至於縱橫步尺無不揔擧者欲論萬物之入於方圓皆應形器也
●周禮春官大宗伯; 大宗伯之職掌建邦之天神人鬼地示之禮(中略)以禋祀祀昊天上帝以實柴祀日月星辰以槱燎祀司中司命飌師雨師

▶4130◀◈問; ☞"로마에 가면 로마법을 따르라" ☜

성균관 홈에서의 논조는 유학에 근거하여 논치 않는다면?

◈答; ☞"로마에 가면 로마법을 따르라" ☜

⊙교황청(敎皇廳)에서는 신구약(新舊約) 성서(聖書)의 범주(範疇) 내에서 설교(說敎)가 될 것이고,

⊙사찰(寺刹)에서는 팔만대장경(八萬大藏經) 등의 불서(佛書)에 근거(根據)하여 염불(念佛)이 될 것이며,

⊙성균관(成均館)에서는 사서오경(四書五經) 등의 각종 유서(儒書)의 범주(範疇) 내에서 문답(問答)이 이뤄짐은 대단히 자연(自然)스러운 현상들이다.

☞"로마에 가면 로마법을 따르라" ☜

여기는 공부자를 모시고 머리를 조아리며 선생님의 가르침을 따르겠노라 다짐하는 성균관이다. 그 성전 곁방에서 세속(世俗)이거나 서양(西洋)의 법도(法度)를 주로하여 논한다면 패륜을 저지르는 행위이다.

그와 같이 논하기를 원하는 이들은 여기서 패역을 저지를 것이 아니라 자기 영역을 찾아가 마음껏 제 학문 갈고 닦기 바란다.

이상의 논조에 심각한 오류가 있어 본질이 왜곡 되어 있다면 전거를 첨부 바르게 잡아주기 바란다. 전거에 의하지 않은 반론은 절대 붙이지 마시오.

▶4131◀◈問; 梅山文集의 이해.

梅山선생께서 舅之子曰內從, 姑之子曰外從, 不惟爾雅所載, 亦有朱子定論라 하셨다는데 舅之子曰內從, 姑之子曰外從,이라고 한 爾雅와 朱子定論의 前後 原文을 하교하여 주시기 바랍니다.

◈答; 梅山文集의 이해.

외형제(外兄弟) 내형제(內兄弟) 구지자(舅之子), 고지자(姑之子)의 원문(原文)은 아래와 같습니다.

●朱子家禮喪禮成服五曰緦麻三月; 爲外兄弟謂姑之子也爲內兄弟謂舅之子也
●爾雅郭注釋親妻黨; 妻之父爲外舅妻之母爲外姑(郭注;謂我舅者吾謂之甥然則亦宜呼壻爲甥孟子曰帝館甥于貳室是也)姑之子爲甥舅之子爲甥妻之晜弟爲甥姊妹之夫爲甥(郭注四人體敵故更相爲甥甥猶生也今人相呼蓋依此)
●爾雅註疏郭註釋親妻黨: 上同
●康熙字典生部【甥】[爾雅釋親]姑之子爲甥舅之子爲甥妻之晜弟爲甥姊妹之夫爲甥(郭注四人體敵故更相爲甥甥猶生也
●儀禮喪服; 姑之子(鄭玄注)外兄弟也(孔穎達疏)外兄弟者姑是內人以出外而生故曰外兄弟也○又舅下曰舅之子(鄭玄注)內兄弟也(孔穎達疏)內兄弟者對姑之子云舅之子本在內不出故得內名也

▶4132◀◈問; 모방(茅坊)이 무슨 뜻인가요?

안녕하세요. 성균관 草庵 선생님이 이 곳 홈직이시군요. 그 곳에 들렸더니 앉아 있을 곳이 아니라 이리저리 서성이다 선생님을 찾았네요. 감사합니다.

홈의 내용이 주자가례이시군요. 모두 다 살펴보았습니다. 홈 자체가 주자가례시더군요. 참 좋았습니다. 제가 찾은 주 목적은 다름이 아니옵고 모방(茅坊)이 무슨 뜻이며 기제(忌祭)는 언제부터 지내게 되었는가 입니다. 선생님의 좋은 가르침 고대하고 기다리겠습니다. 안녕히 게십시오.

◈答; 모방(茅坊)이란?

1). 모방(茅坊)이란 물명고(物名考)에서 뒷간이라 하였는데. 요즘 널리 불려지고 있는 화장실 즉 변소라 하였습니다.

2). 기제사는 온공(溫公) 서의(書儀)와 이정전서(二程全書) 제례(祭禮)에서도 나타나지 않았으며 주부자(朱夫子)의 가례(家禮)에서 제례(祭禮) 묘제(墓祭)가 채택된 이후부터 지내기 시작되었다 봄이 옳습니다.

●物名考茅坊; 뒷간
●語類曰古無忌祭近日諸先生方考及次
●張子曰古人於忌不爲薦奠之禮特致哀示變而已
●溫公(1018~1086)書儀喪儀六祭; 凡祭用仲月主人及弟子孫盛服親臨筮日於影堂外)(細註少牢饋食禮日用丁巳又主人曰來日丁亥注丁未必亥也直擧一日以言之耳禘于太廟)(中略)衆丈夫升自西階以次設於曾祖考妣祖考妣考妣神座前蔬果之北降執笏復位(下略)
●二程(顥. 1032~1085. 頤.1033~1107)全書祭禮(羅氏本有此諸本皆無之恐未必先生所著姑附於此)四時祭(云云) 始祖祭(云云) 先祖祭(云云) 禰祭(云云)
●朱子(1130~1200)家禮卷第七祭禮; 四時祭(云云) 始祖祭(云云) 先祖祭(云云) 禰祭(云云) 忌

祭(云云) 墓祭(云云) 祭后土(云云)

▶4133◀◈問; 모순(矛盾).

요즘 사회적 이슈로 적폐청산 적폐 청산 하는데 국어사전적 의미 말고 유학적으로는 무슨 뜻인지요?

◈答; 모순(矛盾).

집단사회의 주요 모순(矛盾)인 자본가와 노동자의 분배적 모순과, 정신노동자과 육체노동자의 형평적 모순과, 도시와 농어촌의 형평적 모순은 절대 대립적 모순으로 이 모순은 어느 정책적 수단으로도 극복시킬 수 없는 천연적 모순이다. 이 삼대 모순은 이 시대를 살고 있는 어느 누구도 극복(克服)이란 불가능하다. 까닭은 인간의 본능적 욕구가 빚어낸 결과라 그렇습니다.

●韓非子難一; 楚人有鬻楯與矛者譽之曰吾楯之堅物莫能陷也又譽其矛曰吾矛之利於物無不陷也或曰以子之矛陷子之楯何如其人弗能應也
●梁書許懋傳封禪議; 假使三王皆封泰山禪梁甫者是爲封泰山則有傳世之義禪梁甫則有揖讓之禮或欲禪位或欲傳子義旣矛盾理必不然

▶4134◀◈問; 병풍 세우기와 건배문제.

올해도 하시는 일이 순조롭게 되시기를 기원합니다.

[질문 1] 병풍에 보면 한쪽은 그림, 다른 한쪽은 붓글씨로 쓰여 있습니다. 이 양쪽을 어떤 곳에 사용하는지요? 듣는 바에는 그림은 결혼식 길사에, 붓글씨는 제사 등에 사용한다는데 맞는 이야기인지요? 제사도 길사라고 그림 쪽을 보이게 하여야 한다고 하는데. 흉사인 초상에는 병풍을 거꾸로 놓던데.

[질문 2] 건배에 대하여는 제사나 차례 후에 음복을 하면서도 건배를 하면 되는지요? 연말에 문중 총회 후나 노인회 총회 후에 술잔을 들고 건배를 하면 되는지요? 즉 건배사는 어떤 경우에 하는지요?

◈答; 병풍 세우기와 건배문제.

[질문1]. 答; 제사는 길사(吉事)가 아닙니다. 다만 모든 제사를 흉길(凶吉)로 분류함에서 상제(喪祭) 중 졸곡(卒哭) 전 까지를 흉제(凶祭)라 하고 이후의 모든 제사를 길제(吉祭)라 함이지 만사(萬事) 길흉(吉凶)분류에서 제사(祭祀)가 길사(吉事)라. 함이 아닙니다. 기제(忌祭)에 독축(讀祝)을 마치면 슬피 곡(哭)을 함인데 어찌 길사(吉事)라 하겠습니까.

제시(祭時) 병풍(屛風)에 대한 언급은 가례(家禮) 초조제(初祖祭) 설위조(設位條)에서 신위(神位) 뒤에 둘러친다. 라 하였을 뿐, 자면(字面)인지 화면(畵面)인지의 여부는 밝혀 놓지 않았으나, 아래와 같이 살펴보건대 제사(祭祀) 때 상(牀)의 색깔에서 흑색(黑色)이 제일 좋고 다음이 붉은색이라 하였으니 가장 적합하다는 흑색(黑色)인 자면(字面)을 피하고 화면(畵面)을 택할 까닭은 없겠지요. 특히 모든 흉례(凶禮)에서 병풍(屛風)을 꺼꾸로 펴 행사(行祀)한다는 전거(典據)는 없습니다.

[질문2]. 答; 건배(乾杯)의 본지(本志)는 술을 다 마셔 잔이 비었다는 의미인데, 현세(現世)에 와서 본의가 변하여 연회(宴會)를 베풀면서 축주지사(祝酒之辭)로 변하여 외칠 뿐입니다. 따라서 연회(宴會) 성격의 모임이라면 건배(乾杯)라 외치며 잔을 서로 부딪칠 수가 있겠지요.

●史記孟嘗君列傳; 孟嘗君待客坐語而屛風後常有侍史主記君所與客語問親戚居處客去
●烈女傳; 以裝屛風未及求本乃暗書之一字無失
●家禮初祖設位條神位於堂中間北壁下設屛風於其後食牀於其前
●便覽四時祭設位諸具條[屛]用以設於椅後者
●南溪曰祭是吉禮用色牀無妨黑漆爲正而朱者次之

●祭義君子有終身之喪忌日之謂也忌日不用非不祥也言夫日志有所至而不敢盡其私也註忌日親之死日也
●遂菴曰旅次遇親忌擧哀例也然或官舍或人家則不得不停
●檀弓下是月也以虞易奠卒哭曰成事是日也以吉祭易喪祭
●清史稿禮志五其因時祫祭者古禮天子三年喪畢合先祖神饗之謂之吉祭
●辭源[吉祭]古代喪禮在安葬以前叫做奠在這個時期內哭泣無時旣葬而祭叫虞行卒哭禮叫吉祭
●性理大全忌祭初獻; 若考妣則祝興主人以下哭盡哀
●遂庵曰祭祀之禮以誠爲貴悲痛之心深則自不得不哭不逮事祖考以上只當竭誠致敬而已無哀之哭是僞也故禮文如此若逮事則雖親盡祖先之忌何可不哭旁親亦然哀至則哭
●續夷堅志梁梅; 梅素粧而至坐久乾杯唱梅花水龍吟(註)乾杯飮盡杯中之酒 今多作爲宴會祝酒之辭

▶4135◀◈問; トップ 중 "ト"자?

トップ이 일본 글자 중 ト자는 아래에서 논의 되시든 "金順得卜婚姻届出昭和八年四月貳日受付"라는 글자 중 "卜" 이 글자와 동자(같은 음 같은 뜻)로 이해하면 되겠습니까.

◈答; トップ 중 "ト"자는.

"トップ"의 "ト"자(字)는 일본어(日本語) "히라가라" 우리나라의 "가나다라…"와 같은 기초(基礎) 소리 음(音)인 "토"소리 음(音)이고 "金順得卜婚姻届出昭和八年四月貳日受付"문장(文章)의 "卜"자(字)는 한자(漢字)로 우리 음(音)으로 복자(字)입니다.

따라서 일본(日本) 음(音)으로 "토"라 "의" 또는 "과"의 의미(意味)를 지닌 것이 아니고, 한자(漢字)로 "卜"자(字)라 아래와 같은 전거(典據)에 의하여 어조사(語助辭)로 "의"나 "과"로 의미(意味)가 부여(附與)되게 됩니다.

까닭에 "トップ"의 "ト"자(字)는 일본어(日本語) 기초(基礎) 음(音)인 "히라가라" "토: 음(音)이 됩니다.

"トップ"은 영어 "Top"의 일본식(日本式) 표기(表記)입니다

●康熙字典卜部; (爾雅釋詁疏)予卽與也
●論語卷六先進第十一; 子貢問師與商也孰賢子曰師也過商也不及(辭源註)師;子張 商;子夏 與;語助辭

▶4136◀◈問; 봉투에 쓰는 문구?

안녕 하세요. 항상 유익한 정보를 주셔서 고맙습니다.
다름이 아니오라 봉투에 쓰는 문구(文句)에 대하여 여쭈옵니다. 결혼(結婚)이니 회갑(回甲)이니 하는 한문 문구는 알겠는데 불우이웃돕기를 할 경우 겉봉투에는 한문으로 무어라고 쓰면 되는지오.

◈答; 봉투에 쓰는 문구.

질문하신 불우이웃돕기의 봉투서식은 다음과 같습니다. 성금은 수량과 액수를 밝히지 않는 것이 대체적인 예의입니다.

오른손이 한일을 왼손이 모르게 하라 하지 않습니까. 굳이 봉투에 형식을 갖추어 전달하려면 다음과 같은 양식이면 가할 듯 합니다.

⊙單子書式(단자서식)

某團體(人) 貴中(下) <모단체(인) 귀중(하)>
某物 數量 <모물 수량>
某物 數量 <모물 수량>
一金 ○ ○ ○ 원整 <일금 ○ ○ ○ 원정>

右誠金謹専送上 某團體(人) 伏唯歆納謹狀 <우성금근전송상 모단체(인) 복유흠납근장>
某年 某月 某日 姓名 謹呈 <모년 모월 모일 성명 근정>

⊙皮封式<피봉식>

(前面)

上狀 <상장>
某團體(人) 貴中(下) <모단체(인) 귀중(하)>

(後面)

住所 <주소>
姓名 謹封 <성명 근봉>

●紅樓夢第四十二回;今兒替伱開個單子照着單子和老太太要去

▶4137◀◈問; 부동위량치(不冬爲良置).

부동위량치(不冬爲良置) 무슨 뜻인지요?

◈答; 부동위량치(不冬爲良置).

[不冬爲良置]는 한글이 창제 반포되기 이전에 우리 말을 한자로 표현한 이두문자(吏讀文字)로 [아니 하야두] 또는 [안들 하야두] 현재 어로 [아니 하여도] 또는 [안들 하여도]가 아닌가 합니다.

●朝鮮語辭典(朝鮮總督府編 1920)[부][不]不多日內(부다일내) 名 五日以內 不達時變(부달시변) 以下省略 不達時宜(부달시의) 不當當(부당당) 不當之說(부당지설) 不大不小(부대불소) 不適當(부덕당) 名 適當 ならざろこも。(以外 日本語 省略) 不冬(안들) 不冬敎是遣(안들이산이시고) 不冬叅是旀(안들이시기며) 不冬爲去等(안들하거든) 不冬爲遣(안들하고) **不冬爲良置(안들하야두)** 不冬爲旀(안들하며) 不冬爲白有昆(안들하삷빗고) 不冬爲有在乙良(안들하잇견을안) 不冬爲在隱(안들하견을) 不冬爲在乙良(안들하견을안) 不冬乙良(안들은안) 不適當(부덕당) 不調(부됴) 不凋草(부됴초) 不跳之典(부됴지뎐) 不得(못질) 不得爲乎喩去等(못질하온지거든) 不得其所(부득기소) 不得不(부득불) 不得已(부득이) 不得志(부득지) 不實(부실) 不自量(부자량) 不在多言(부재다언) 不杖朞(부장긔) 不精(부정) 不正名色(부정명색) 不足(부족) 不足掛齒(부족괘치) 不足條(부족됴) 不足症(부족증) 不足之歎(부족지탄) 不從(부죵) 不知(부지) 不知所向(부지소향) 不知中(부지중) 不知下落(부지하락) 不知何歲月(부지하세월) 不知何許人(부지하허인) (以上全文) 불[不] 不可(불가) 名 可ならざろこも。(以下全文省略

▶4138◀◈問; 분향초는 쓰는게 아닌가요?

분향초는 쓰는 게 아닌가요? 그리고 분향초를 썼을 경우 성복제 등에서 분향초에 향을 붙이면 안 되는 것인가요?

일부인들이 나이타를 준비하라고 해서 그래야 하는 것인지 시원한 답변 부탁 드립니다.

◈答; 분향초.

의례석해(疑禮釋解) 난의 성격과 맞지 않아 임의로 게시판(揭示板)으로 옮겼습니다. 양해하여 주시기 바랍니다.

분향초란 유가의 용어는 아닌 상 싶습니다. 용도가 어찌 되는지요. 아마도 분향로라 하심은 제상 양변으로 켜 놓은 촛불을 의미하는 듯 합니다. 원래 향이란 향로에 숯불을 피워 놓고 향목을 깎아 강신 때에 그 부스러기를 향로 위에 넣어 연기를 나게 하는 것입니다. 다만 요즘 그 대용으로 향내 나는 물질을 길게 만들어 그 끝에 불을 붙여 향로에 꽂아 놓는데 그 때 불을 당기는 예에 관한 말씀 같습니다. 그러나 유가의 분향 예법으로는 그와 같은 예가 없으니 전하여 지는 정예는 없고 다만 추상하여 어떻게 불을 당김이 예에 합당할 것인가 일 것입니다.

말씀과 같이 신위 상에 켜놓은 촛불에서 당기는 것 보다 성냥이나 나이타를 사용함이 예에 합당하지 않을까 합니다.

▶4139◀◈問; 분향초란.

답변에 감사 드립니다. 제가 질문 드린 의도를 잘 전달 못해 드린 것 같아 죄송합니다. 제가 말씀 드린 분향초란 제단 위의 양쪽 초가 아니라 제단아래 향로 옆에 피워 놓는 초를 의미합니다. 성냥이나 나이타를 올려놓는 것이 맞는지 아님 초를 하나 더 놓아 그 초에 향불을 붙이는 것이 옳은지를 여쭙는 것입니다. 다시 한번 답변 부탁 드립니다. 감사합니다.

◈答; 분향초란.

그러한 예법은 유가의 예법에는 없습니다. 위에서 말씀 드린 바와 같음이 전통 예법의 분향예법입니다. 특히 유가의 예법에는 향안에는 촛불을 밝혀놓는 예법이 없습니다. 다만 불가에서 선향을 사용하고 있는데 이를 일반인 들도 분향에서 목향 대신 사용하고 있을 뿐입니다. 그러나 선향에 관한 법도는 알고 있지 못하나 만약 향초가 향안을 밝히기 위한 목적이라면 선향에 불 붙이는 일은 그 목적 외이니 다른 방법으로 불을 붙이는 것이 옳지 않을까요. 다음과 같이 살펴보건대 분향초(焚香草)라 한다면 향초를 태운다는 의미 외에 달리 이해 될 수 없습니다.

●文選漢張平子南都賦; 其香草則有薜荔蕙若薇蕪蓀萇晻曖蓊蔚含芬吐芳(註)香草有香氣之草
●說苑談叢; 十步之澤必有香草十室之邑必有忠士(註)香草爲含有香味的草
●日省錄高宗十謚領議政李裕元; 敎曰焚香草麻卜卿復爲相不左不右必陞諸領議政者以卿爲文忠公肯孫持授之文忠公舊銜也
●公車文領相 李裕元 敦諭（十一月二十日）傳曰焚香草麻卜卿復爲相不左不右必陞諸領議政者以卿爲文忠公肖孫特授之文忠舊銜也

▶4140◀◈問; 불교 매장 법은?

안녕하십니까. 여기에다 이런 질문 하여서 옳을지 모르겠습니다. 유교는 사람이 죽으면 매장법 하나뿐으로 알고 있습니다. 그런데 불교 역시 매장 법 하나뿐인가요. 화장도 하는 것 같던데요?

◈答; 불교 매장 법.

아래와 같이 살펴보건대 불교의 장법에는 4 가지가 있답니다.

一. **수장(水葬)**謂投之江河飼諸魚鼈; 시신(屍身)을 강물에 던져 고기들의 먹이가 되게 하고.
二. **화장(火葬)**謂積薪焚之; 시신(屍身)을 불에 태워 뼈를 갈아 탑에 보관함.
三. **토장(土葬)**謂埋岸傍速朽之; 시신(屍身)을 매장(埋葬)함
四. **임장(林葬)**謂露置寒林以飼鳥獸也; 시신(屍身)을 염하지 않고 시체(屍體)를 그대로 나무에 올려 놓아 새나 짐승들이 뜯어먹게 함.

●釋門家禮抄葬法; 天竺葬法有四焉一水葬謂投之江河飼諸魚鼈二火葬謂積薪焚之三土葬謂埋岸傍速朽之四林葬謂露置寒林以飼鳥獸也

▶4141◀◈問; 산소 터가 부자를 만들어 주는가요?

안녕 하세요. 얼마 전에 할아버지께서 돌아가시어 장사를 지냈는데 산소 터 보는 이가 좋은 땅이라 귀한 사람이 나오고 부자가 된답니다. 정말인가요. 그렇게 되는지요. 훌륭하신 선생님께서 알려 주세요. 꼭요.

◈答; 산소 터가 부자를 만들어 주나.

산소가 잘 들었는가 봅니다. 이른바 풍수지리가의 영역이니 감히 길흉화복 이치의 진부를 론 함은 가당찮으며 절대로 적절치 않아 다음과 같이 살펴 답으로 대신 하겠습니다.

程子曰父祖子孫同氣彼安則此安彼危則此危亦其理也

정자께서 말씀 하시기를 부조 자손은 하나의 기이기 때문에 저쪽이 편안 하면 이쪽이 편안하고 저 쪽이 위태로우면 이쪽도 위태로운 것은 역시 그와 같은 이치이니라.

青烏經按差以毫釐繆以千里
청오자 명사가 지었다는 지리서 청오경을 살펴 보면 터럭 끝만큼의 차이가 천리만큼이나 트러 진다. 라 하였습니다.

雪心賦按積善獲吉遷積惡還招凶地又曰勉學勸善終序著賦之意賦中段落結語惟勉學勸善 之意居多今又諄諄告戒誠見地理非自悟不能精吉地非積善不能得故勸勉如此
복응천 명사가 지었다는 지리서 설심부를 살펴 보면 선을 쌓은 자는 길지를 얻게 하여 팔자가 바뀌게 할 것이며 악을 쌓은 자는 흉지로 불러 들여 앙갚음을 할 것이니라 또 이르기를 면학 권선 종서저부지의(勉學勸善終序著賦之意) 단락에 설심부를 마치면서 맺음 말이니라.

생각컨대 설심부(雪心賦)에는 많은 뜻이 있으니 열심히 배우고 착한 일을 하도록 권 하노라. 이제 장술(葬術)은 절대로 주의할 것을 알려 주노니 진실로 땅에서 받는 길흉(吉凶)과 흥망성쇠(興亡盛衰)의 심오한 이치를 살펴 볼 때 스스로 깨닫지 않고서는 좋은 터를 익숙하게 할 수 없으며 선을 쌓지 않은 자는 절대로 좋은 터를 얻을 수 없느니라. 그런고로 이와 같이 열심히 배우고 적선 하기 바라노라. 라 하였습니다.

明山論跋文按不積蔭德之家不可葬
채성우 명사의 지리서 명산론 발문을 살펴보면 음덕을 쌓지 않은 집안에서는 좋은 땅에 장사 할 수 없느니라. 라 하였습니다.

위와 같이 살펴 볼 때 전 가족이 음덕을 쌓고 적선을 하면 자연히 좋은 징조가 있을 것이요. 악하고 적덕하지 않은 집안은 그에 이르지 않는다 이름이니 부지런히 배우고 적선을 하였으면 자연의 길한 이치는 귀하의 편일 것입니다.

●郭璞葬書; 經曰氣乘風則散界水則止古人聚之使不散行之使有止故謂之風水
●古今小說汪信之一死救全家; 此間武彊山廣有隙地風水儘好我先與你葺理塋事
●新齊諧諸廷槐; 或問可是諸府祖宗功德修來乎曰非也是他家陰宅風水所蔭

▶4142◀◈問; 상량문(上樑文)구 어떻게 쓰나요?

눈이 번쩍 뜨이는 홈페이지 입니다. 자주 들어와 여쭙겠습니다. 건물 신축 시 상량식을 하는데 그곳에 들어가는 글자는 어떻게 쓰는지 알려 주시면 감사 하겠습니다.

◈答; 상량문구.

문의하신 상량문은,

太歲干支某月某日某時某坐某向某生成造龍立柱上梁
應天三之三光
備人間之五福

위의 세 줄의 한자는 우에서 좌로 세로쓰기를 하셔야 하며 맨 위(上)에는 龍(용)자를 크게 쓰시고 맨 아래(下)에는 龜(귀)자 역으로 크게 하여 쓰시면 됩니다.

간지는 상량식하는 해의 간지를 쓰시고 모월 모일 모시는 날짜와 시간, 모좌 모향은 집의 방향, 모생은 집을 짓는 분의 간지를 쓰시면 됩니다.

아래는 왕실(王室의) 상량예법(上樑禮法)입니다. 왕실예법(王室禮法)은 단헌(單獻)일뿐 삼헌(三獻)의 근거는 확인할 수 없습니다.

●健陵山陵都監儀軌丁字閣上樑儀其日設帳幕於階上南向設上樑文案於帳幕之內南向設香爐香盒竝燭於其前;皆有案;設都監堂上以下位於帳幕之前庭中異位重行北向設贊儀引儀位於階下西向上

槷時至執事鋪淨席設米酒果如常謁者引都監堂上以下俱以白布團領入就拜位引儀唱再拜都監堂上以下皆再拜諸執事詣盥洗位盥手各就位謁者引獻官詣盥洗位盥手詣尊所西向立引詣香案前跪三上香執爵獻爵奠爵俯伏興少退跪在位者皆跪展上楪文官對展上楪文於案上讀上楪文官讀上楪文訖獻官俯伏興平身謁者引獻官降復位在位者皆俯伏興平身引儀唱再拜獻官以下在位者

▶4143◀◈問; 선생안(先生案) 제례(祭禮) 축문(祝文) 쓰는 법 문의.

안녕하십니까?

충남 강경에 209 년의 역사를 갖은 德游亭이란 국궁 도장이 있는데 이곳의 대표격인 사백(射伯) 출신 31 위의 위패와 부 대표 접장(接長)출신 74 위를 합하여 105 위의 위패를 모신 선생안(先生案)에 매년 백중일(음 7 월 15 일) 본정 총회 일을 기해 제사를 봉행하는데 정확한 축문 쓰는 법을 알고자 글 올립니다. 봉행 시 현. 사백을 제주로 전 사원(63 명)과 유족 약간 명이 참례합니다.

본래 본덕 유정엔 역사만큼이나 학식 높고 유식한 선진님들이 많이 계시여 제반 제례절차를 전통의식으로 봉행한 것으로 알고 있으나 일제강점기와 한국 동란 등을 거치면서 모든 기록들이 소실 전래되지 못하여 어려움을 갖어. 잔존 기록들을 모아 본정의 홈페이지를 개설하고 고명하신 분들의 자문을 받아 기록들을 정리하고자 합니다

가능하시면 본정의 홈페이지를 참고하여주시고 문의 드린 축문에 대한 답 글을 주시면 영원히 간직함은 물론 매년 봉행하는 선생안의 제례에 큰 도움이 될 것으로 사료되옵니다. 江景德 0 亭 韓 0 國 拜上

◈答; 선생안(先生案) 제례(祭禮) 축문(祝文) 쓰는 법.

엄숙한 사업 주관 하시기에 수고가 많으시겠습니다, 주위에도 고명하고 훌륭하신 분들이 여러분 계실 텐데 이 페이지까지 방문 하여주시어 대단히 감사 합니다,

축이란 제례를 주관 하는 제주가 그 신께 심경을 고하는 절차적 의식인 바 소생이 어찌 공경 하여 기리는 깊은 뜻을 감히 헤아려 근접 할 수 있겠습니까. 다만 다반사 고하는 축문은 일정한 양식으로 통일하여 어느 누구에게나 의식 마다 예문을 선유 들께서 남겨 주시어 더할 나위가 없습니다 마는 특수한 의식에는 전래 되는 축문의 양식도 있을 수 없거니와 감히 가벼이 이룰 수도 없는 것이라 생각 됩니다.

귀하의 진지하신 물으심에 끝 마치기 경솔하여 다음과 같이 적어 봅니다. 그러나 이 정도를 문의 하신 것은 아니며 이것의 수단 위로 봉행 하실 것이겠으나 본인은 최대의 답변으로 대하겠습니다.

維 歲次干支某月干支朔某日干支某官姓名敢昭告于 故某官某公今以吉辰云云(別爲文) 謹以淸酌庶羞祗薦歲事尙 饗

▶4144◀◈問; 소춘(小春)에 대하여?

안녕하세요. 소춘(小春)이란 음력 10 월의 이칭이라 합니다. 춘(春)이란 봄을 의미한다는데요

10 월이면 초가을의 기후에 해당되어 핀 꽃도 지는 때임은 물론 결실의 계절 아닌지요.
소생은 아무리 견줘 보아도 이해가 되지 않습니다. 깨우쳐 주시기 바라옵니다.

◈答; 소춘(小春)이란.

음력 10 월을 소춘(小春) 또는 소양춘(小陽春)이라 함은 세시광기(歲時廣記)에서 이르듯이 아직 따뜻함이 봄날씨와 같아서 소춘이라 한다 합니다.

●歲時廣記卷三七引初學記; 冬月之陽萬物歸之以其溫暖如春故謂之小春

●西廂記第五本第一折; 指歸期約定九月九不覺的過了小春時候
●漁家傲詞; 十月小春梅蕊綻畫閣新裝遍

▶4145◀◈問; 식당예약.

어른들을 모시고 식사를 하려고 합니다. 미리 식사 예약을 하려고 하는데 예약자이름을 모임의 가장 웃 어른존함으로 하는 것이 옳은지 모임의 행정 업무를 보고 있는 가장 젊은이의 이름으로 하는 것이 옳은지 궁금합니다.

◈答; 식당예약.

단체명이 있으면 소속단체 명을 쓰고 대표 누구라 기재함이 옳지 않겠습니까. 그러나 일회성이라면 예약도 하나의 계약(契約)이니 계약권자 명의라야 되겠지요.

◎계약서 작성시 유의사항

1장 계약의 개요
1. 계약의 정의
2. 계약자우의 원칙과 그 제한
3. 계약의 성립
4. 계약의 효력발셍 요건

2장계약의 종류

3장 계약서 용지 및 용어사용
1. 서술방법 상 유의점
2. 계약서에 사용할 용지와 편철
3. 계약서에 사용할 용어와 문자

4장 계약서힝목의 기본구성

5장 계약서 항목별 작성요령
1. 계약서의 종목
2. 전문
3. 계약의 내용
4. 계약서의 말미
5. 계약서에 서명 날인하는 방법

6장 계약서 작성 시 주의사항
1. 강행규정에 위반된 계약 내용은 무효
2. 계약서 주요 내용에 관한 체크리스트
3. 계약의 종료
4. 중재조항
5. 계약의 수정, 변경
6. 자구수정
7. 계약서의 보존

7장 계약불이행 등에 따른 손해배상 청구절차
1. 내용증명의 발송
2. 지급명령 등의 신청
3. 가압류, 가처분
4. 소송의 이행(본안)
5. 민사집행(경매 등)

8장 계약청약서와 승낙 작성사례
1. 계약청약서
2. 계약청약에 대한 승낙서
3. 계약청약철회서
4. 계약청약철회 연착통지서
5. 승낙서의 연착통지서

9장 계약서 베스트 서식

▶4146◀◈問; 안녕하세요!

안녕하세요. 제가 학교에서 요즘 전통 가례를 배우는데요. 교수님께서 한문을 써주시고 뜻풀이를 해주셨는데요. 글씨가 잘 안보여서 제대로 못 봤었어요. 대충 뜻풀이가 모든 가옥의 제도라 하는 것은 어느 방향으로 향해있든지 뒤쪽은 북쪽이요, 앞쪽은 남쪽이요, 왼쪽은 동쪽이요, 오른쪽은 서쪽이니 뭐 이런 거였거든요. 한문이랑 뜻풀이랑 다시 정확히 하고 싶어서 글을 남겨요. 알려 주시면 감사하겠습니다. 박0희

◈答; 가옥의향배.

●朱子家禮祠堂篇本註凡屋之制不問何向背但以前爲南後爲北左爲東右位西

주자가례(朱子家禮) 사당편(祠堂篇) 본주(本註)에 있는 말씀입니다. 모든 가옥의 좌향을 어찌 두고 지었나를 불문하고 앞을 남이라 하고 뒤를 북이라 하며 왼편을 동이라 하고 오른편을 서라 한다.

●書儀人家堂室房戶(不能一如)圖前爲南後爲北左爲東右爲西
●朱子曰禮云【席南向北向以西方爲上】【東向西向以南方爲上】是【東向南向之席皆尙右】【西向北向之席皆尙左】也今祭禮考妣同席南向則考西妣東自合禮意大率古者以右爲尊如周禮云享右祭祀詩云旣右烈考亦右文母漢人亦言無能出其右者是皆以右爲尊也

●王制道路男子由右婦人由左註凡男子婦人同出一塗者則男子常由婦人之右婦人常由男子之左
●內則【道路男子由右女子由左】(集說細註)道路之法其右以行男子其左以行女子古之道也(鄭注) 【地道尊右】
●內則【男左女右】細註嚴陵方氏曰或男耦而女奇取陰陽之相須也或男左而女右取陰陽之相類也
●重庵曰【男左女右】以地道言則右尊左卑道路屬地當男右女左盖右主動而左主靜右有力而左無爲故男女所由如此
●龜川曰神道尙左故小斂以後則左袵而神主奉安則以西爲上此則尙右惡在神道尙左之義耶 【人道尙右】 【人道尙右】則北鄕立者宜 【以東爲上】而序立者反 【以西爲上】此則尙左其義

▶4147◀◈問; 어떻게 13 도로 바뀌었나요?

진실로 감사 드립니다. 다음도 자세하게 가르쳐 주십시오.

조선 8 도였다 어느 법령에 의하여 13 도로 바뀌게 되였는가요. 인터넷에서 검색하여 보아도 확실하게 밝혀 놓은 곳을 찾지를 못하였습니다. 이 질의는 왕정시대의 문제 같아서 유학과는 무관하지 않을 것 같아 가르침을 원합니다. 감사합니다.

◈答; 13 도로 바뀐 근거.

아래와 같이 살펴보건대 개국오백사년칙령폐지(開國五百四年勅令廢止)에 관(關)하여 청원서(請願書) 건양원년(建陽元年)(1896) 8 월 2 일 내부대신(內部大臣) 박정양(朴定陽)의 지방제도개정(地方制度改正)하난 청원서(請願書)에 의하여. 짐(朕)이 지방제도(地方制度)와 관제(官制)와 봉급(俸給)과 경비(經費)의 개정(改正)에 관(關)하난 건(件)을 재가(裁可)하야 반포(頒布)케 하노라. 어압(御押) 어새(御璽) 건양원년(建陽元年)(1896) 8 월 4 일 내각총리대신윤용선(內閣總理大臣尹容善) 내부대신박정양(內部大臣朴定陽) 도지부대신심상훈(度支部大臣沈相薰) 칙령(勅令) 제 36 호 부칙(附則) 포함(包含) 7 개조에 의하여 변경 되었습니다.

제일조(第一條) 전국(全國) 이십삼부(二十三府)랄 십삼도(十三道)로 개정(改正)하고 각도(各道)에 관찰사(觀察使)랄 치(置)하니 기수부위치(其首府位置)난 제일표(第一表)와 여(如)하고 관리(官吏)와 경비(經費)난 제이표(第二表)와 여홈

第一表

京畿 水原 忠淸北道 忠州 忠淸南道 公州 全羅北道 全州 全羅南道 光州 慶尙北道 大邱 慶尙南道 晉州 黃海道 海州 平安南道 平壤 平安北道 定州 江原道 春川 咸鏡南道 咸興 咸鏡北道 鏡城

第二表(省略)

濟州島는 全羅南道에서 1946 년도에 濟州道로 승격되었다 합니다.

▶4148◀◈問; 육색(六色)이란?

안녕하세요. 문제를 받았는데요 도저히 풀 수가 없어 여기를 찾아왔습니다. 받은 문제는 六色입니다. 六色이라면 靑 白 赤 黑 玄 黃 등의 여섯 가지 색으로 이해가 되었으나 그런 색이 아니랍니다. 그와 같은 색이 아니라면 무슨 색으로 여섯 가지가 있습니까? 아무리 생각하여도 대단히 이상하거든요. 여섯 가지 색상이 아닌 六色이란 무엇을 의미하는가요.

성균관의 학자님들이 아니시면 알 길이 없을 것으로 사료됩니다. 대단히 의아스럽거든요. 어여삐 여기시고 명쾌하게 있으면 있는 대로 없으면 없는 대로 풀어주시기 앙원하옵니다.

◈答; 육색(六色)이란?

(질문이 되어 답을 구성하였으나 왜인지는 알 수 없으나 삭제가 되어 재 게시를 기다렸으나 이제까지 게시가 없어 삭제 사연이야 어찌되었던 기왕에 답이 이루어져 임의로 게시함)

(게시하였던 분에게 양해를 구합니다)

아래와 같이 살펴보건대 여섯 가지 색깔 이외의 육색(六色)이란 吏學指南에서 설하여 놓음이 있습니다.

吏學指南은 明나라 徐元端 纂.으로 각종 행정 등 용어의 해설집임.

◎六色(육색)

1. 眞强盜(진강도)謂以威若力 2. 眞竊盜(진절도)謂潛形隱面 3. 眞枉法(진왕법)謂曲法受財
4. 准盜論(준도론)謂准爲盜論 5. 恐喝(공갈)謀告訐取財 6. 詐欺(사기)詭譎曰詐誣罔曰欺

●吏學指南卷之三六色; 眞强盜謂以威若力 眞竊盜謂潛形隱面 眞枉法謂曲法受財 准盜論謂准爲盜論 恐喝謀告訐取財 詐欺詭譎曰詐誣罔曰欺

▶4149◀◈問; 음력 1월이 간지로 무엇입니까?

음력 1월이 간지로 무엇입니까?

◈答; 금년(今年;2022) 정월(正月)의 월건(月建)은 임인(壬寅)입니다.

아래와 같이 살펴보건대 매월(每月)에 닫는 간지(干支)를 월건(月建)이라 하고 매월(每月)에 닫는 천간(天干)은 바뀌나, 매월(每月)에 닫는 십이지(十二支)는 바뀌지 않습니다.
1월寅 2卯 3辰 4巳 5午 6未 7申 8酉 9戌 10亥 11子 12丑
금년(今年) 정월(正月)의 월건(月建)은 임인(壬寅)입니다.

◆월건표(月建表)

陰曆	節氣	甲乙之年	乙庚之年	丙申之年	丁壬之年	戊癸之年
一月	立春	丙寅	戊寅	庚寅	壬寅	甲寅
二月	驚蟄	丁卯	己卯	辛卯	癸卯	乙卯
三月	淸明	戊辰	庚辰	壬辰	甲辰	丙辰
四月	立夏	己巳	辛巳	癸巳	乙巳	丁巳
五月	芒種	庚午	壬午	甲午	丙午	戊午
六月	小暑	辛未	癸未	乙未	丁未	己未
七月	立秋	壬申	甲申	丙申	戊申	庚申
八月	白露	癸酉	乙酉	丁酉	己酉	辛酉
九月	寒露	甲戌	丙戌	戊戌	庚戌	壬戌
十月	立冬	乙亥	丁亥	己亥	辛亥	癸亥
十一月	大雪	丙子	戊子	庚子	壬子	甲子
十二月	小寒	丁丑	己丑	辛丑	癸丑	乙丑

●淮南子天文訓;大時者咸池也小時者月建也
●七修類稿天地三月建;正月節戌時北斗之杓指於寅位之初雨水正月中氣斗杓戌時指寅位之中二月指卯三月指辰名曰月建亦名斗建若遇閏月其月內無中氣戌時斗柄指於兩辰之間

▶4150◀◈問; 의전실의 '男東女西'의 해석.

부부동반으로 오를 때 생전으에는 男東女西의 원칙을 따라야한다고 하엿습니다. 그런데 비행기에서 내릴 때 보니 대통령은 부부의 위치가 바꾸어 위치하여 내렷습니다. 이 사실은 청와대에 청원으로 알렸는데 아직도 바뀌지 않고 잇습니다.

다른 나라는 제가 보는 한 모두 바르게 오르내리는데 대한민국 대통령 의전실만 이 예법을 따르지 않는 다른 까닭이 있는 걸까요? 아니면 저의 생각(지식)이 잘 못 된 걸까요? 궁금합니다.

◈答; 남녀가 걸어갈 때 남녀의 위치.

아래 전거(典據)와 같이 살펴보건대 부부(夫婦; 男女)가 길을 걸어 갈 때는 방위(方位)와 관계없이 남자는 여지의 오른편에서 여자는 남자의 왼편에 서서 걸러감이 남녀(男女)가 좌우(左右)로 나란히 서서 걸어가는 법도(法度)입니다. 이 법도(法度)대로 걸어가게 되면 앞에서 보는 사람 입장에서는 남좌여우(男左女右)로 서서 걸어오게 됩니다.

이상과 같이 남좌여우(男左女右)로 걷는 법도는 지도상우(地道尙右) 인도상우(人道尙右)의 법도(法度)에 따른 남녀(男女) 보행(步行) 법도(法度)입니다.

●王制道路男子由右婦人由左註凡男子婦人同出一塗者則男子常由婦人之右婦人常由男子之左
●內則道路男子由右女子由左(集說細註)道路之法其右以行男子其左以行女子古之道也(鄭注)地道尊右
●退溪集考證別集題士敬幽居條左左(韻玉)人道尙右故非正之術曰左道謫官曰左遷不適事宜曰左計
●栗谷曰其出行也先告家廟次告庶母及兄嫂夫人則立內門而揖送妾則立中門子弟則立大門而拜送婢僕則於大門外皆男左女右而拜其還亦如之
●重庵曰男左女右以地道言則右尊左卑道路屬地當男右女左盖右主動而左主靜右有力而左無爲故男女所由如此
●沙溪曰左右云者地之左右地道尙右故男子由右也陳氏註以爲婦人之右男子之左
●龜川禮說通禮參條祠堂昭穆之序及序立之儀亦皆可疑禮神道尙左故小斂以後則左袵而神主奉安則以西爲上此則尙右惡在神道尙左之義耶人道尙右則北鄕立者宜以東爲上而序立者反以西爲上此則尙左其義亦何居
●朱子曰禮云席南向北向以西方爲上東向西向以南方爲上是東向南向之席皆尙右西向北向之席皆尙左也今祭禮考妣同席南向則考西妣東自合禮意大率古者以右爲尊如周禮云享右祭祀詩云旣右烈考亦右文母漢人亦言無能出其右者是皆以右爲尊也

내칙(內則)의 남좌녀우(男左女右)란 남우녀좌(男右女左)로 선자를 앞에서 보고 있는 자 자신의 좌우(左右)란 의미다.

물론 몇몇 선유(先儒)들게서 인도상우설(人道尙右說)에 대하여 우왈좌왈(右曰左曰)하심도 잘 알고 있다. 만약 지도상우(地道尙右)를 부정 인도상좌(人道尙左)라 한다면 여우남좌(女右男左)가 된다.

여우남좌(女右男左)란 여동남서(女東男西)의 방위이다. 이는 양동음서(陽東陰西; 男東女西)의 이론에도 배치가 되고 의정(議政) 벼슬 역시 상좌우하(上左右下) 위차(位次)에도 어그러진다. 지도상우(地道尙右)와 인도상우(人道尙右)는 같은 위치가 되어 남녀(男女)나 상하석(上下席)의 위치(位置)를 논(論)함에 남좌여우(男左女右) 양동음서(陽東陰西) 상동하서(上東下西) 좌우의정(左右議政) 벼슬의 위차(位次)가 드러맞게 된다.

여기서 지도상우(地道尙右)니 인도상우(人道尙右)란 행위자(行爲者)의 위치(位置)이며 남좌여우(男左女右)란 행위자(行爲者)를 정면(正面)에서 바라본 자(者)의 좌우(左右)다. 인도상좌(人道尙左說)란 지도상좌(地道尙左)와 간은 의미로 남녀(男女) 서는 위치는 아래와 같은 자리가 된다. 인도상좌설(人道尙左說)의 위치는 아래와 같으니 당설은 오류가된다.

동좌존(東左尊) 우녀비(右女卑) 좌남존(左男尊) 서우비(西右卑)

●內則【男左女右】細註嚴陵方氏曰或男耦而女奇取陰陽之相須也或男左而女右取陰陽之相類也
●退溪先生文集攷證外集詩제題士敬幽居; 左左(韻玉)人道尙右故非正之術曰左道謫官曰左遷不適事宜曰左計
●省齋集往復雜稿答宋文好左東爲陽; 右西爲陰故論倡事則東爲主論成位則西爲尊此大分也以地對天則天道尙左地道尙右以神對人則人道尙左神道尙右各有其意至若左昭右穆則又通神人分世代陰陽亦是一揉面勢宜隨處玩究

이하 인도상좌(人道尙左) 위치도(位置圖)에 오류(誤謬)가 있다면 근거(根據)에 의하여 지적하여 주기 바랍니다.

東左尊 右女卑 左男尊 西右卑
↓前

▶4151◀◈問; 以上과 以下에 대하여.

이상(以上)과 이하(以下)의 쓰임에 대하여 문의 드립니다.

◈答; 以上과 以下에 대하여.

以上의 쓰임이 아래와 같으니 초학(初學)들께서는 혼동(混同)하여 오해(誤解) 없기 바랍니다

◆及己身以上; 자신이 포함된 위
◆己身以上; 자신의(자신이 포함되지 않은) 위
◆高祖以上; 고조의(고조가 포함되지 않은) 위

○以上이 위와 같이 번역되는 이유; ㊀유학적(儒學的) 의미로재모일점지상(在某一点之上) 즉 어느 일정한 표준의 위 인 까닭. ㊁국어적(國語的) 의미로 순서나 위치가 일정한 기준보다 앞이나 위 인 까닭.

◆五以上; 5가 포함된 위.
◆五以下; 5가 포함된 아래.
◆四品以上 - 4품이 포함된 위
◆四品以下 - 4품이 포함 된 아래

○以上과 以下가 위와 같이 번역되는 이유; ㊀유학적(儒學的)으로는 이상과 같이 번역 하여야 할 근거(典據)가 없음. ㊁국어적(國語的) 의미로 기준이 수량으로 제시될 경우에는, 그 수량이 범위에 포함되면서 그 위인 경우와 아래인 경우를 가리킨다 에 의하여 기준을 포함시키는 까닭임.

●大漢韓辭典◆[以上]①어느 일정한 표준의 위. ②앞 시대. 以前. ③문서, 목록, 서간문 등의 끝에 쓰고, 그 끝임을 나타내는 말. ◆[以後]①어느 한도의 아래. ②이후(以後).
●鮮和大辭典◆[以上]일로부터 우. 已上. ◆[以下]일로부터 아래.
●中國語辭典◆[以上] ①表示品第, 數量, 級別, 位置等在某一点之上. ②表示時代在前的, 猶言以前. ③指前面的話或文字. ◆[以下] ①表示位置, 品第, 級別, 數量等在某一点之下. ②表示時代在后的, 猶言以后, 以來. ③猶而下. 以, 而, 連詞. ④指身份或地位低下. ⑤指后面的話或文字.

●표준국어대사전; ◆이상 05(以上)[이ː-] 「명사」
「1」수량이나 정도가 일정한 기준보다 더 많거나 나음. 기준이 수량으로 제시될 경우에는, 그 수량이 범위에 포함되면서 그 위인 경우를 가리킨다.
「2」순서나 위치가 일정한 기준보다 앞이나 위.
「3」((‘-은’, ‘-는’ 뒤에 쓰여))이미 그렇게 된 바에는.
「4」서류나 강연 등의 마지막에 써서 ‘끝’의 뜻을 나타내는 말.

◆이하 02(以下)[이ː-] 「명사」
「1」수량이나 정도가 일정한 기준보다 더 적거나 모자람. 기준이 수량으로 제시될 경우에는, 그 수량이 범위에 포함되면서 그 아래인 경우를 가리킨다.
「2」순서나 위치가 일정한 기준보다 뒤거나 아래.

以下는 陰陽說의 一部입니다. 누구든 儒學을 어지간히 專攻하였다면 理解 되리라 믿습니다.

▶4152◀◈問; 인체의 좌우 음양은.

방위의 음양은 동양서음(東陽西陰) 좌양우음(左陽右陰)이라 합니다. 그렇다면 인체(人體)의 음양(陰陽)도 좌양우음(左陽右陰)이인가요.

◈答; 인체의 좌우 음양은.

좌양우음(左陽右陰)이라 하여 방위(方位)의 음양(陰陽)과 인체(人體)의 음양(陰陽) 같지 않습니다.

반듯이 인체(人體)의 좌측(左側)은 양(陽)이고 우측(右側)은 음(陰)이다. 라 주장(主張)한다면 부족(不足)의 소치로서 아래와 같이 살펴보건대 인체(人體)의 방위(方位)는 좌음우양(左陰右陽)이 됩니다.

●朱子語類卷第六十五易一綱領上陰陽; 有相對而言者如東陽西陰南陽北陰是也(伊川言易變易也)只說得相對底陰陽流轉而已不說錯綜底陰陽交互之理言易須兼此二意
●玉尺經(風水論)造微賦; 太極分兩儀奠二氣布而順逆行左陽右陰龍行兩路而陽順陰逆氣本一原陰用陽朝陽用陰應相見協室家之義陽以蓄陰陰以含陽雌雄廢交媾之情
●弘齋全書經史講義易明夷;啓洛對豐之折右肱明夷之夷左股蓋取其左弱右強左陰右陽之義而手足之用皆以右爲便則豐之言右以其傷之切而不可用也
●華夏中醫論壇; 人体的左右阴阳划分 不同的书有不同的解释
1、左手为阳右手为阴这个观点是脉学里提到的所以有男人先把左手女人把右手脉之说
2、两手的寸关尺所属五脏六腑来看左手为心肝肾主血右手为肺脾命门主气而气血分阴阳则是气为阳血为阴
3、人体右侧身体为阳, 阳主动所以我们习惯于用右手右脚
人体左侧身体为阴阴主静, 所以我们不习惯用左手左脚---《任之堂医话》
到底是左阳右阴还是右阳左阴呢(출처;Google)
●南溪曰載海按天地之東爲左西爲右而使人面北而看之則天地之左卽人之右也天地之右卽人之左也然凡所謂陽左陰右者皆從天地之左右故曰陽居於東陰居於西
●記言續集左右陰陽說; 天道尙左地道尙右陰陽之義也
●沙溪曰左右云者地之左右地道尙右故男子由右也陳氏註以爲婦人之右男子之左

▶4153◀◈問; 일본 문자의 분류.

일본어(日本語)에는 히라가나와 가타카나가 있다 합니다. 우리 음을 붙여 분류하여 주실 수 있겠습니가?

◈答; 일본 문자의 분류는.

일본어(日本語)에는 세 가지 문자(文字)가 사용되고 있다.
히라가나와 가타카나와 한자(漢字)로 구분 사용된다
히라가나와 가타카나는 표음문자(表音文字)로 각 문자는 1 음절을 나타내고. 한자(漢字)는 표의문자(表意文字)로 각 문자(文字)가 어떤 의미를 나타내고 있다

●히라가나 50 음도

50 음도 요음
あ단 い단 う단 え단 お단 ゃ ゅ ょ
あ행 あ a 아
い i 이
う u 우
え e 에
お o 오

か행 か ka 카
き ki 키
く ku 쿠
け ke 케

こ ko 코
きゃ kya 캬 きゅ kyu 큐 きょ kyo 쿄
さ행 さ sa 사
し shi 시
す su 스
せ se 세
そ so 소
しゃ sha 샤 しゅ shu 슈 しょ sho 쇼
た행 た ta 타
ち chi 치
つ tsu 츠
て te 테
と to 토
ちゃ cha 차 ちゅ chu 추 ちょ cho 초
な행 な na 나
に ni 니
ぬ nu 누
ね ne 네
の no 노
にゃ nya 냐 にゅ nyu 뉴 にょ nyo 뇨
は행 は ha 하
ひ hi 히
ふ fu 후
へ he 헤
ほ ho 호
ひゃ hya 햐 ひゅ hyu 휴 ひょ hyo 효
ま행 ま ma 마
み mi 미
む mu 무
め me 메
も mo 모
みゃ mya 먀 みゅ myu 뮤 みょ myo 묘
や행 や ya 야
ゆ yu 유
よ yo 요

ら행 ら ra 라
り ri 리
る ru 루
れ re 레
ろ ro 로
りゃ rya 랴 りゅ ryu 류 りょ ryo 료
わ행 わ wa 와
ゐ wi 이
ゑ we 에
を wo 오
ん n -ㄴ

●탁음

탁음 요음
あ단 い단 う단 え단 お단 ゃ ゅ ょ
が행 が ga 가
ぎ gi 기
ぐ gu 구
げ ge 게
ご go 고
ぎゃ gya 갸 ぎゅ gyu 규 ぎょ gyo 교
ざ행 ざ za 자
じ ji 지
ず zu 즈
ぜ ze 제
ぞ zo 조
じゃ ja 자 じゅ ju 주 じょ jo 조
だ행 だ da 다
ぢ ji 지
づ zu 즈
で de 데
ど do 도
ぢゃ ja 자 ぢゅ ju 주 ぢょ jo 조
ば행 ば ba 바
び bi 비
ぶ bu 부
べ be 베
ぼ bo 보
びゃ bya 뱌 びゅ byu 뷰 びょ byo 뵤

●반탁음

반탁음 요음
あ단 い단 う단 え단 お단 ゃ ゅ ょ
ぱ행 ぱ pa 파 ぴ pi 피 ぷ pu 푸 ぺ pe 페 ぽ po 포 ぴゃ pya 퍄 ぴゅ pyu 퓨 ぴょ pyo 표

- 히라가나
- 가타가나

●히라가나

	ㅏ	ㅣ	ㅜ	ㅔ	ㅗ		
ㅇ	ア [a] ァ [a]	イ [i] ィ [i]	ウ [u] ゥ [u]	エ [e]	ェ [e]	オ [o]	ォ [o]
ㅋ	カ [ka]	キ [ki]	ク [ku]	ケ [ke]	コ [ko]		
ㄱ	ガ [ga]	ギ [gi]	グ [gu]	ゲ [ge]	ゴ [go]		
ㅅ	サ [sa]	シ [si]	ス [su]	セ [se]	ソ [so]		
ㅈ	ザ [za]	ジ [zi]	ズ [zu]	ゼ [ze]	ゾ [zo]		
ㅌ	タ [ta]	チ [ti]	ツ [tu]	テ [te]	ト [to]		
ㄷ	ダ [da]	ヂ [di]	ヅ [du]	デ [de]	ド [do]		
촉		ッ					
ㄴ	ナ [na]	ニ [ni]	ヌ [nu]	ネ [ne]	ノ [no]		
ㅎ	ハ [ha]	ヒ [hi]	フ [hu]	ヘ [he]	ホ [ho]		
ㅂ	バ [ba]	ビ [bi]	ブ [bu]	ベ [be]	ボ [bo]		
ㅃ	パ [pa]	ピ [pi]	プ [pu]	ペ [pe]	ポ [po]		
ㅁ	マ [ma]	ミ [mi]	ム [mu]	メ [me]	モ [mo]		
야	ヤ [ya]	ャ [lya]	ユ [yu]	ュ [lyu]	ヨ [yo]	ョ [lyo]	

ㄹ ラ [ra] リ [ri] ル [ru] レ [re] ロ [ro]
와 ワ [wa] ヮ [lwa] ヲ [wo]
ン [n] ヴ [vu] 장음 ー

이상에 열거(列擧)한 문자(文字)는 표의문자(表意文字)가 아니라 모두 표음문자(表音文字)들이다.

▶4154◀◈問; 자에 관한 궁금 증입니다.

안녕하세요. 초암선생님이 주로 답변하여 주시고 있는 것 같습니다. 제가 드리고 싶은 문제는 子에 대한 질문입니다.

孔子 孟子 님들게 붙여진 子는 名을 아닌상 싶고요 무슨 의미이며 子자가 붙여진 이름이 수없이 많은 것 같습니다. 몇분이나 되며 子字를 붙이는 이유와 무슨 뜻이 있어서 붙여주며 붙여주는 근거가 강희자전에 어떻게 있는지 알려 주셨으면 배우는 자로서 영광이 되겠습니다. 좀 세세하게 일러주시기 바라겠습니다.

◈答; 孔子 孟子님들게 붙여진 子는 名이 아니라 선생님이라는 경칭(敬稱)임.

강희자전(康熙字典)에는 선생님으로 해석(解釋)된 문구(文句)가 없으며 단지 자(子)에는 성덕(成德)과 유덕(有德)의 경칭(敬稱)의 의미가 있다 하였고. 자(子)는 스승이라는 전거(典據)는 논어(論語)의 소(疏)와 공양전(公羊傳)의 주(注)에서 자(子)는 스승이라 하였으니 이가 전거(典據)가 되겠습니다.

자자(子字)가 붙여진 선유(先儒)는 아래와 같습니다.
공자(孔子) 맹자(孟子) 노자(老子) 순자(荀子) 주자(朱子) 손자(孫子) 정자(程子) 장자(莊子) 관자(管子) 열자(列子) 양자(揚子) 묵자(墨子) 한자(韓子) 안자(顔子) 동자(董子) 소자(蘇子) 한비자(韓非子) 포박자(抱朴子) 공총자(孔叢子) 문중자(文中子) 구양자(歐陽子) (無順)

●康熙字典子部【子】[顔師古曰]子者人之嘉稱故凡成德謂之君子[王肅曰]子者有德有爵之通稱
●論語註疏學而第一; 子曰學而時習之不亦說乎(邢昺疏)子者古人稱師曰子
●公羊傳隱公十一年;子沈子曰君弑臣不討賊非臣也不復讐非子也(何休注)沈子稱子冠氏上者著其爲師也不但言子曰者辟孔子也

부자(夫子)란 스승 중에 스승이란 경칭(敬稱)입니다.

●康熙字典大部【夫】[易家人]先生長者曰夫子
●易經恆卦六五 : 恆其德貞婦人吉夫子凶孔子弟子尊稱孔子爲夫子故特指孔子後世遂敬稱老師爲夫子
●論語學而; 子禽問於子貢曰夫子至於是邦也必聞其政求之與抑與之與(註)夫子孔門尊稱孔子爲夫子

▶4155◀◈問; 장상의 뜻은 무엇인지요?

올려주신 글 고맙게 읽었습니다. 그런데 봉투 전면에 쓰이는 장상의 뜻은 무엇인지요? 죄송합니다.

◈答; 장상의 뜻은.

장상이라 함은 서신 말미와 봉투 첫머리에 인사로 쓰는 문구입니다.

상장(上狀)이라 하면 길사나 흉사의 문구로 경의나 조의의 서한을 올립니다.
장상(狀上)이라 하면 길사의 문구로 서한을 드립니다. 등으로 풀이가 되겠으며 바르게 잡게 되어 감사합니다.

◎順菴集雜著納采書式

書規依俗例辭語取士昏禮丘儀成文下同唐本萬寶全書書式亦采用
皮封 上狀 某姓 某官 執事 謹封

某姓名再拜白伏蒙 尊慈許以令愛貺室僕之第幾子某子生于某年某月第幾日某辰某時玆有先人之禮敬遣使者請納采將加諸卜敢請女爲誰氏伏惟 尊慈 特賜鑑念不宣

年月日某郡貫鄉某姓名再拜上狀
某姓 某官 執事。

復書式
皮封 答上狀某姓某官執 謹封

●南溪曰又未嘗有從人問學之事故如向來尤春諸公豈非所謂一時所尊而乃以右書再拜狀上左書某齋先生末書姓名行之卽淵源錄胡文定諸公稱楊龜山以中立先生之例而益加敬焉乃以師友間待之之別法也

▶4156◀◈問; 梓 음(音)으로 재가 맞는지?

안녕 하십니까? 수고들 많으십니다.어디로 편지를 보내야 될지 몰라서 생활예절상담에 보내드립니다. 궁금하여 질문 드립니다. 아시는 대로 우리나라에는 대옥편이 있고 여타 자전 단어사전식으로 돼 있는 옥편들이 있습니다.

한 글자로 예를 들면 梓자 가있는데 이 글자를 대개 재자로 알고 읽는거 같습니다 컴퓨터 한자 검색해도 자로 검색하면 검색이 안되고 재로 검하여야 梓자 검색이 됩니다. 어찌 보면사람들이 자자로는 잘 모르는거 같이 보입니다. 대옥편에는 梓자를 자로 돼 있는데 여타 자전이나 한자사전 같은 옥편들은 梓를 재와 자로 돼 있습니다.

모르기는 해도 재 음은 우리나라에서 부쳐진 자음으로 보이는데요. 언제부터 어찌해서 재음이 부쳐졌는지 의문이 들어서 질문 드렸습니다. 선생님들의 설명을 듣고 싶어 질문 편지 드립니다.

◈答; 梓 음(音)은.

●일본어(日本語) 梓 음(音) し
し음(音) 시(市) 사(士) 자(子)
きゅう 한자(漢字) 궁(宮)
자궁(子宮) ; しきゅう 국어(國語) 자궁
자궁(梓宮) ; しきゅう 국어(國語) 재궁

●강희자전(康熙字典) 목부(木部) 칠획(七畫) 梓 ○당운(唐韻) 즉리절(卽里切). ○집운(集韻) 정운(正韻) 조사절(祖似切) ○운회(韻會) 조사절(祖士切)

●사원(辭源) 목부(木部) 칠화(七畫) 梓 즉리절(卽里切) Zǐ

◆한자음(漢字音) 梓 지. 자(耔)
◆중국음(中國音) 梓 ○당운(唐韻) 즉리절(卽里切) Zǐ
◆국음(國音) 梓 재. 본음(本音) ○집운(集韻) 정운(正韻) 조사절(祖似切) ○운회(韻會) 조사절(祖士切) 자

이상과 같이 살펴보건대 梓 음(音)이 본음(本音)인 지(Zǐ) 자(耔) 음(音)에서 재음(音)으로 변음화(變音化) 되어질 까닭은 중음(中音)이나 국음(國音)에서 확인(確認)할 근거(根據)가 없으며, 다만 이상의 일본어(日本語) 자궁(子宮)과 자궁(梓宮)이 "しきゅう"으로 동음화(同音化) 되어 있어 자궁(梓宮)이란 어감(語感)이 여자의 질(膣)을 연상케 되는 자궁(子宮)과 동음(同音)인 까닭에서 유사(類似)한 음(音)인 재궁(梓宮)으로 변음(變音)시킨 결과(結果)로 이해(理解)될 수 있다.

▶4157◀◈問; 적(敵; enemy)이란?

안녕하세요. 많은 것 얻어가고 있습니다. 오늘날 적(敵; enemy)의 개념이 모호한 인상을 받았습니다. 유학적으로는 적(敵; enemy)이란 누구를 의미하게 되며 어떤 사이가 되는지요. 항상 감사합니다.

◈答; 적(敵; enemy)이란.

적(敵; enemy)이란 구적(仇敵)을 의미하고 구적이란 원수(怨讐)를 의미하게 됩니다. 원수(怨讐)란 자기(自己) 또는 자기(自己) 집이나 자기(自己) 나라에게 해를 입혀 원한(怨恨)이 맺히게 한 대상(對象)을 의미하게 됩니다. 따라서 원수(怨讐)란 극복(克復)의 대상일 뿐입니다. 극복(克復)이란 원인을 해소시켜 원래로 다시 회복시키는 것입니다.

원인을 해소시키는 방법은 원한(怨恨)이 맺히게 한 대상(對象)이 스스로 그에 상당한 보상으로 화해 되거나 재 투쟁으로 승리하여 굴복시키는 길뿐입니다. 보상(報償)이나 승리(勝利) 없이 용서(容恕)란 만용(蠻勇)일 뿐입니다.

●墨子七患; 事之賞賜不能喜誅罰不能威七患也以七患居國必無社稷以七患守城敵至國傾七患之所當國必有殃(辭註)敵仇敵

●春秋左傳僖公三十三年; 傳曰吾聞之一日縱敵數世之患也謀及子孫可謂死君乎

●春秋左傳僖公二十八年; 傳曰楚有三施我有三怨怨讎已多將何以戰不如私許復曹衛以攜之

●漢書韓延壽傳; 趙廣漢爲太守患其俗多朋黨故構會吏民令相告訐一切以爲聰明穎川由是以爲俗民多怨讎延壽欲改更之敎以禮讓恐百姓不從

●聊齋志异阿英; 家世積德曾無怨讎如其妖也請速行幸勿殺吾弟

●韓非子亡徵; 大臣隆盛外籍敵國內困百姓以攻怨讎而人主弗誅者(註)翼云忠直之士者貴人大臣之怨讎也

●墨子兼愛中; 凡天下禍簒怨恨其所以起者以不相愛生也

▶4158◀◈問; 적폐(積弊) 청산(淸算)이란?

요즘 사회적 이슈로 적폐청산 적폐 청산 하는데 국어사전적 의미 말고 유학적으로는 무슨 뜻인지요?

◈答; 적폐(積弊) 청산(淸算).

적폐청산이란, 오래도록 누적된 폐단을 빠짐 없이 밝혀내어 저지른 죄악 또는 어긋난 짓에 상응하도록 처리한다.

●荀子王制篇; 彼日積弊我日積完彼日積貧我日積富彼日積勞我日積佚(註)積弊爲累積弊病

●後漢書李固傳; 旣拔自困殆龍興卽位天下喁喁屬望風政積敝之後易致中興(註)積敝謂積久敝敗

●宋書武帝紀中; 此州積弊事故相仍民疲田蕪杼軸空匱(註)積弊指積久的弊端

●五等諸侯論; 經始權其多福慮終取其少禍非謂侯伯無可亂之符郡縣非致治之具也故國憂賴其釋位主弱憑其翼戴及承微積敝王室遂卑(註)積弊謂積久弊病

●盛世危言商務; 又須防同行密約凡投票之價預加若干同沾餘利種種弊端不勝枚擧(註)弊端弊病

●朱子語類卷七十; 若使小人參其間則誠有弊病(註)弊病弊端

●雜感詩; 周公作禮樂謂矯世弊害(註)弊害弊病

●漢語大辭典水部八畫 淸; [淸算]列擧全部罪惡或錯誤幷做出相應的處理

▶4159◀◈問; [奠과 祭]의 뜻과 차이점 그리고 "용처"가 궁금합니다.

[奠과 祭]의 뜻과 차이점 그리고 "용처"가 궁금합니다.

◈答; [奠과 祭]의 뜻과 차이점 그리고 "용처"

◈奠; 아래와 같이 살펴보건대 전례(奠禮)란 예기(禮記) 단궁(檀弓)에서 정의함과 같이 처음

운명(殞命)한 때로부터 장사(葬事)할 때까지의 제명(祭名; 奠謂始死至葬之時祭名)이라 하였으니 제사(祭事) 중에 가장 간소(簡素)한 무축단헌(無祝單獻)의 예(禮)로 축관(祝官)이 집전(執典)하는 예의 이름(名)입니다.

●檀弓下; 奠以素器以生者有哀素之心也(孔穎達疏)奠謂始死至葬之時祭名以其時無尸奠置於地故謂之奠也
●通典; 主人不奠以孝子悲哀思慕不暇執事
●書儀或無脯醢食物一兩種幷酒可也
●問葬前使祝奠禮也而當祝之人不在則喪人洗手而親奠乎或使兄弟中一人梳洗而奠之乎或使行者奴婢爲之是果合禮乎
●寒岡曰族屬鮮少之家例有此患喪主洗手親奠決不可也兄弟中一人亦難梳洗無族人執事則令行者可以代奠內喪則令婢子可以代之
●釋名釋喪祭篇喪祭曰奠奠停也言停久也亦言樸奠合體用之也朔望祭曰殷奠所用殷衆也旣葬還祭於殯宮曰虞謂虞樂安神使還此也
●問葬前使祝奠禮也而當祝之人不在則喪人洗手而親奠乎或使兄弟中一人梳洗而奠之乎或使行者奴婢爲之是果合禮乎寒岡曰族屬鮮少之家例有此患喪主洗手親奠決不可也兄弟中一人亦難梳洗無族人執事則令行者可以代奠內喪則令婢子可以代之
●南溪曰朔奠上食設於食床羹當置於匙楪之內皆象生時之義也○又曰家禮旣曰朝奠儀則只焚香斟酒再拜哭盡哀而已
●退溪曰朔望奠在禮亦無三獻
●劉氏璋曰凡奠用脯醢者盖古人家常有之如無別具饌數品亦可
●齊竟陵文宣王行狀; 遣大鴻臚監護喪事朝夕奠祭

◈**祭;** 유축삼헌(有祝三獻)의 정례로 조상(祖上)과 제신(諸神)에게 찬(饌)을 갖춰 지내는 제사.

●論語八佾; 祭如在祭神如神在(朱熹集註)程子曰祭祭先祖也祭神祭外神也
●儀禮經傳通解聘禮; 薦脯醢三獻(注)疏曰正祭有尸三獻皆獻尸訖尸酢三獻禮成更起酒也
●近齋曰旣已單獻則無祝爲宜單獻與無祝自是一串底事若單獻而有祝則恐涉於半上落下此時決不敢備禮祝文當闕而至於出主告辭用之何妨

※이상의 ◈奠; 과 ◈祭; 를 음미하고 나면 "뜻"과 "차이점" 그리고 "용처" 가 가려지게 될 것입니다.

▶4160◀◈問; 전통예절의 뜻과 그 의미에 대하서.

전 초등학교 4 학년 인데요 제목이 말해 듯이 이것에 대하여 좀 가르쳐 주세요.

◈答; 전통예절의 뜻과 그 의미.

초등학교 4 학년이라면 9 세에서 10 여세 전후일 것인데 그 나이에서 이와 같은 수준의 질문을 할 수 있다면 학생은 가히 천재로서 다음 세대의 굵직한 기둥이 될 소지를 갖추었으니 대단히 반갑습니다.

학생의 질문은 다음과 같습니다.

1, 전통 예절의 뜻?

전통예절이란 역사적 배경을 가져야 하며 특히 높은 규범적 의의를 지닌 예법을 전통 예법이라 합니다. 궁극적인 목표는 충효사상의 고취입니다. 다만 변질된 예법은 전통 예법이라 하지 않습니다.

2, 의의?

전통 예절 특히 관혼 상제 예법에 관하여는 최소한 다음과 같이라도 정의 하여야 할 것입니다. 이러하다면 이를 이해 할 수 있도록 본 게시판을 통하여 의사 소통 한다 함은 무리라 생각 듭니다. 그렇다면 전통예절 관혼상제에 관한 뜻과 의의는 본 예절을 훤히 익혀지게 되면 스스로 깨달아 질 것입니다.

학생은 천재의 소질을 갖추었으니 스스로 아래와 같은 관점에서 본편 예법을 능토록 습독하기 바랍니다. 그러한 연후라면 훤히 눈에 보일 것이며 한 파트의 학문으로도 충분할 것입니다.

1). 전통예절 관혼상제의 속뜻과 의미.
2). 전통예절 관혼상제가 지니고 있는 중요성이나 가치
3). 전통예절 관혼상제가 현실의 구체적 연관에 있어 가지는 가치내용.

▶4161◀◈問; 제적등본에서 "ㅏ"자의 이미.

설명부탁드립니다.(제적등본 내용)
제적 등본의 내용입니다.
설명부탁드립니다.
"ㅏ"자가 무슨 의미 인가요
金順得ㅏ婚姻届出昭和八年四月貳日受付

◈答; 제적등본에서 "ㅏ"자의 이미.

아래와 같이 살펴보건대 이에 문장에서 복(卜)의 의미는 연결할 상대의 기록은 없으나 어조사(語助辭)로 와 또는 과의 의미입니다.

●詩經小雅天保;君曰卜爾萬壽無疆(毛傳)卜予也
●康熙字典卜部; (爾雅釋詁疏)予卽與也
●論語卷六先進第十一; 子貢問師與商也孰賢子曰師也過商也不及(辭源註)師;子張 商;子夏 與;語助辭

▶4162◀◈問; 족보 후기.

저의 先考(先親) 장례 시 路祭를 모실적 儒林으로부터 居士로 稱하는 고유문을 낭독하였으며 "墓碑에도 靑坡居士"로 銘 되어있습니다 금번 저의 문중에서 족보를 발행하고 있어 이를 후기하고자합니다 이를 어떻게 표현하여야 하는지 몰라 질의 드립니다 " 00 지역 유림으로부터 居士"를 稱 받음으로 기록이 가능한지 아님 " 居士追曾"이란 표현이 가능한지, 아님 다르게 기록하여야 되는지 몰라 질의합니다.

◈答; 족보 후기.

靑坡居士는 임금님이 내리시는 추증관직명(追贈職官職名)이 아니라 호(號)입니다. 호(號)란 자호(自號)가 있고 타호(他號)로 부모(父母) 스승 친우(親友) 등이 지어 주기도 합니다.

특히 거사(居士)란 관직명(官職名)이 아니고 도덕(道德)과 학예(學藝)가 도저(到底)하면서도 숨어살며 벼슬을 아니하는 선비를 이름이며 또 출가(出家)하지 아니한 속인(俗人)으로 불교(佛敎)의 법명(法名)을 가진 사람 칭하기도 합니다. 따라서 족보(族譜)에는 호(號)로 기록(記錄)될 뿐입니다.

●後漢書公孫述傳; 初常少張隆勸述降不從並以憂死帝下詔追贈少爲太常隆爲光祿勳(註)追贈死後贈官
●後漢書光武郭皇后妃; 后母郭主薨(中略)遣使者迎昌喪柩與主合葬追贈昌陽安侯印綬諡曰思侯(註)追贈給死者贈官
●春秋左傳昭公四年; 問其姓對曰余子長矣能奉雉而從我矣召而見之則所薨也未問其名號之曰牛(註)號別號名字以外的稱謂
●儒林外史第十五回; 那仙人道憨仙便是賤號(註)號人之別字亦曰號
●禮記玉藻; 居士錦帶(鄭玄注)居士道藝處士也(辭源註)古代稱有德才而隱居不仕或未仕的人

▶4163◀◈問; 존댓말에는 한자를 꼭 써야만 하는지요?

안녕하십니까? 많은 도움을 감사히 받습니다.

존댓말에는 한자를 꼭 써야만 하는지요? 예를 들어 어른께 또는 초면 인에게 한글로 말하면 이름이 뭐예요? 하면 실례가 되고. 성함, 존함, 무슨 자 라고 한자말로 해야 예가 되니 말입니다. 국어 순화를 강조하고. 국어를 사랑하자고 하는데 꼭 한자어로 하여야 되느냐 하는 의문입니다.

한자가 들어가는 존대 말에 순 우리말로 표현할 수 있는 말이 없는지요. 고견(?!) 부탁 드립니다. 예절.

◈答; 존댓말에는 한자를 꼭 써야만 하나.

본인은 국어학(國語學) 전공자가 아닙니다. 다만 간과할 수 없는 것은 한자어(漢字語)라 하여 외국어(外國語)가 아니라는 사실입니다. 비행기(飛行機)를 어느 외국인(外國人)에게 말하여도 알아듣는 이 없는 이미 한자어라 하여도 이미 우리 말로 굳어진 순 우리말(글자는 예외)인 것입니다.

한 때 비행기를 날틀 운운(云云)한 적도 있으나 비행기라는 한자어(漢字語)를 제압하지는 못하였습니다.

훌륭하신 국어학자들이 많으니 이는 그 분들의 몫이며 또 우리 모두가 합의될 수 있는 범위 내에서의 문제입니다.

●孟子告子下;宋牼將之楚孟子遇於石丘曰先生將何之(趙岐注)學士年長者故謂之先生
●文選皇甫謐三都賦序;玄晏先生曰古人稱不歌而頌謂之賦(李善注)謐自序曰始志乎學而自號玄晏先生……先生學人之通稱也
●史記淮陰侯列傳蒯通;以相人說韓信曰僕嘗受相人之術韓信曰先生相人如何
●辭典[先生]一般人之間的通稱
●史記平原君虞卿列前;[毛遂]曰公等錄錄所謂因人成事者也
●風俗通正失叶令祠;公忠於社稷惠恤萬民方城之外莫不欣戴
●史記陳涉世家旲廣陳勝;召令徒屬曰公等遇雨皆已失期失期當斬
●漢書沟恤志; 太始二年趙中大夫白公復奏穿渠顔師古注鄭氏曰時人多相謂爲公此時無公爵也蓋相呼尊老之稱耳
●辭典一般的敬稱;如張公城北徐公亡是公
●梁貞陽侯重與裴之橫書;衛靑故人多懷彼此豈可文辭簡略禮等平交
●鷄林玉鷺卷七;古人蓋以稱字爲至重今世唯平交乃稱字稍尊稍貴者便不敢以字稱之與古異矣
●隨园隨筆不可亦可;伯仲叔季者雁行之序平輩之稱非可施于伯父叔父也
●史記九十六申屠嘉傳;朝廷之禮不可以不肅上曰君勿言吾私之
●大典會通吏典贈謚條[原]宗親及文武官實職正二品以上贈謚○親功臣則雖職卑亦贈[續]大提學秩視正二品雖從二品大提學亦許賜謚○儒賢及死節人表著者雖非正二品特許賜謚
●士儀請謚條周文王周文公同謚周桓王蔡桓侯同謚
●列子黃帝篇舍者迎將家公執席妻執巾櫛(註)家公旅邸之主也執席執巾櫛奉承之也
●漢語大詞典[公]稱謂 (1)對親屬的稱謂
●辭源[公] 稱謂 1. 祖父. 2. 父親. 3. 丈夫的父親.
●英祖實錄乾隆二十九年甲申十月丁亥日條臣父忠靖公臣周鎭追臣祖未卒之志與之周旋於其間

▶4164◀◈問; 종북 좌파란?

안녕하십니까. 항상 종북 좌파라는 파가 왜 생겼는지 궁금하였습니다.

선생님께서는 세계 공산주의 국가들이 국가 체제를 자본주의로 바꿔지는 세태에 자본주의의

혜택을 누리고 있는 우리나라에서 그 것도 지식층에서 좌파 종북 세력이라는 그룹이 형성되어 자본주의와 대립(?)하고 있는지 의심스럽습니다. 선생님의 견해를 듣고 싶습니다. 대단히 죄송합니다.

◈答; 종북 좌파란.

본인은 유학을 하였을 뿐 정치학을 전공하지 않았습니다. 까닭에 이념적인 문제를 논할만한 위치에 있지 않습니다.

다만 기왕에 질문 되었으니 아래와 같이 인용(引用)하여 제시하여 드립니다. 이에서 오늘날 우리 나라의 진보적(進步的) 사회주의파(社會主義派) 세력이 존재한다면 이를 연관(聯關) 유추(類推)하여 주시기 바랍니다.

~1~공산주의[communism 共產主義] 시말(始末)

공산주의 사상이란 사유재산제도의 부정과 공유재산제도의 실현으로 빈부의 차를 없애려는 사상.

부쿠레슈티 혁명광장루마니아 부쿠레슈티.

'코뮤니즘(communism)'은 본래 공유재산을 뜻하는 '코뮤네(commune)'라는 라틴어의 조어(造語)로서, 사유재산제를 철폐하고 사회의 모든 구성원이 재산을 공동 소유하는 사회제도를 의미하였다. 사유재산제로부터 발생하는 사회적 타락과 도덕적 부정을 간파하고, 재산의 공동소유를 기초로 하여 더 합리적이고 정의로운 공동사회를 실현하고자 한 공산주의의 이상은 인간의 정치적·사회적 사색이 시작된 때부터 싹튼 것으로 볼 수 있다.

기원은 멀리 고대 유대인들의 에세네파교도(Essenes), 플라톤의 《국가론》, 원시 그리스도교의 교리, 중세 말 T. 모어의 《유토피아 Utopia》, 근세 초 T.캄파넬라의 《태양의 나라 Civitassolis》(1623) 등에까지 소급된다.

그러나 오늘날 공산주의라고 할 때는 문헌에만 남아 있는 죽은 공산주의가 아니라, 하나의 정치세력으로서 활동하고 있는 현대 공산주의, 즉 마르크스-레닌주의를 가리킨다. 마르크스-레닌주의는 1840 년대 이후 서유럽에서 K.마르크스와 F.엥겔스에 의하여 창시된 마르크스주의를, 레닌이 20 세기 초 러시아의 특수한 조건하에서 발전시킨 사상 및 이론의 체계와 실천운동으로서 마르크스-레닌주의 정당, 즉 공산당(共產黨)이 수립한 과거 소련·동유럽·중국대륙·북한·인도차이나반도 등지의 정치체제를 가리키는 말이었다.

마르크스주의는 프랑스혁명과 산업혁명(產業革命)의 여파가 유럽의 정치와 사회에 격심한 파동을 일으킨 격동의 시대 산물이었다. 프랑스혁명은 자유·평등·박애의 3 대 이념(理念)을 목표로 내세운 민주주의혁명으로, 불멸의 역사적 의의를 지닌다. 프랑스혁명은 반(半)봉건적 전제군주제를 전복하고 시민적 자유와 인권을 천명하는 데는 일단 성공을 거두었다.

그러나 천명한 자유와 인권은 혁명의 소용돌이 속에서 제도화되지 못하고, 우여곡절을 거친 후 나폴레옹 보나파르트의 제정(帝政)을 초래하고 말았다. 더욱이 평등의 이념은 법률 앞의 평등에 그쳤을 뿐, 사회의 실질적 평등을 실현하지 못하였으며, 실현할 수 있는 조건도 갖추지 못하고 있었다. 그리하여 프랑스혁명은 재산권의 신성을 선언한 '부르주아 민주주의혁명'으로 규정되고 있다. 그러나 프랑스혁명은 서유럽의 의식과 양심 속에 인간평등의 관념을 심어 놓았으며, 이것은 그 후에 일어난 각종 공산주의 또는 사회주의 운동에 정신적 기반을 제공하였다.

F.바뵈프, A.블랑키, W.바이틀링 등 혁명적 공산주의자와 C.H.생시몽, C.푸리에, R.오언 등 비폭력적인 '공상적 사회주의자'들은 모두 프랑스혁명의 평등사상의 영향을 크게 받은 사람들이었다. 마르크스와 엥겔스도 프랑스혁명의 자유와 평등이념에 절대적인 영향을 받았는데, 자기들의 조국 독일에 비하면 프랑스는 사상적으로 멀리 앞선 선진국이었다. 그리하여 청년 마르크스는 반봉건적 절대주의국가인 독일에서 프랑스식 민주혁명을 수행하는 것을 실천적

과제로 삼고 있었다.

그러나 부르주아지(자본가계급)가 취약하고 무력하였던 독일의 상황에서, 부르주아지가 혁명의 주체는 될 수 없다고 판단하고 그 대신 프롤레타리아트(근대 노동계급)를 혁명의 주체로 간주하였다. 마르크스는 독일의 해방은 단순한 정치적 해방(부르주아 민주주의 혁명)만으로는 불충분하며, 인간적 해방만이 독일의 완전한 해방을 실현할 수 있다고 주장, 이 인간적 해방을 수행할 수 있는 사회적 계급은 바로 '인간성의 완전한 상실태(喪失態)요, 그러므로 인간성의 완전한 회복에 의해서만 자기를 회복할 수 있게 되는 한 계급', 즉 프롤레타리아트라고 단정하기에 이르렀다.

이러한 마르크스의 프롤레타리아 혁명론은 1840 년대의 전반기에 형성된 것인데, 여기에서 그에게 결정적 영향을 준 것은 F. 헤겔의 변증법적(辨證法的) 철학과 L.포이어바흐의 유물론적(唯物論的) 인간주의 사상이었다. 그가 말하는 인간적 해방이란 공산주의 혁명을 통한 모든 인간의 자기소외(自己疎外)의 극복과 계급으로부터의 해방을 의미하였다. 그에 의하면 사유재산이란 인간의 노동이 대상화(對象化)된 것, 즉 객관적 형태로 나타난 것에 불과하다.

그런데 인간의 노동의 산물이 사유재산이 되면서, 거꾸로 그것을 만들어낸 인간(노동자)을 지배하는 현상을 그는 인간의 자기소외라는 개념으로 파악하고 있었다. 요컨대 그에게서 공산주의란, 단순한 재산의 공동소유가 아니라 그것을 매개로 한 인간소외의 극복, 인간성(인간의 본질)의 적극적인 회복을 의미하였다. 이렇게 볼 때 마르크스의 공산주의는 프랑스혁명의 자극에 의하여 촉발되었지만, 동시에 헤겔과 포이어바흐 철학의 주제였던 소외의 개념을 핵심(核心)으로 하여 형성되었음을 알 수 있다.

그러나 마르크스는 헤겔과 포이어바흐의 철학을 그대로 답습한 것이 아니라 이것을 비판적으로 흡수하였다. 그는 1845～46 년 엥겔스와 더불어 《독일 이데올로기 Deutsche Ideologie》를 집필, 여기서 사회의 물질적 생산관계와 생산력이 역사발전의 원동력임을 구명하고 이데올로기나 정치는 물질적 생산관계의 변화에 따라 결정된다는 사적(史的) 유물론을 제시하였다. 이에 의하여 그들은 헤겔에서 파생된 독일의 각종 관념론(觀念論)과 포이어바흐의 사회의식 없는 유물론적 휴머니즘을 청산하고 새로운 세계관으로 옮아갔다.

물론 이들은 인간과 인간의 의식을 무시한 것은 아니지만, 인간을 추상적인 인간이 아니라 어디까지나 '사회적 존재'로 규정하였던 것이다. 이들의 새로운 유물론은 자기들에 선행한 형이상학적(形而上學的)이나 기계적(機械的) 유물론을 극복한 사회적 유물론이었다. 사적 유물론의 성립으로 마르크스-엥겔스의 공산주의 이론은 그 토대를 마련하게 되었다. 사적 유물론에 의하면 인간은 생산을 중심으로 서로 일정한 사회적 관계를 맺는데, 한 시대의 생산관계는 그 시대의 생산력에 의하여 결정된다고 하였다. 생산력과 그에 따른 생산관계라는 경제적 요인은 사회의 토대이며, 정치제도·법률·사상·종교·문화 등은 이 경제적 토대 위에 구축된 상부구조(上部構造)이다.

따라서 토대가 바뀔 때는 이에 걸맞도록 상부구조도 바뀐다는 것이다. 그런데 생산력은 정지해 있는 것이 아니라 인간의 지능, 과학기술의 발달에 의하여 발전한다. 그 때는 새로운 생산력과 낡은 생산관계 사이에는 양립할 수 없는 모순이 생겨나고 이 모순은 계급관계로 이전된다. 다시 말하면 낡은 생산관계의 유지에서 이득을 보는 유산계급(지배계급)과, 새로운 생산관계의 창설에서 이득을 볼 수 있는 무산계급(피지배계급) 간에는 투쟁이 일어나게 된다. 즉, 종래의 생산관계를 파괴하고 새로운 생산관계를 만들어 내려는 사회혁명이 피지배 계급 측에 의하여 일어나, 마침내 새로운 생산관계(경제제도)가 창설되고, 이에 따라 정치제도를 비롯한 상부구조도 바뀐다는 것이다.

마르크스-엥겔스는 지금까지의 인류역사에 나타난 원시 공산주의사회 ·고대 노예사회 ·중세 봉건사회 ·근대 자본주의사회 등 여러 사회제도의 출현과 붕괴를, 생산력과 생산관계의 모순이라는 사회발전의 법칙에 의거해 설명하였다. 그리고 자본주의사회도 이 법칙에 따라 붕괴한다는 결론을 내렸다. 그러나 그들의 사적 유물론은 역사의 발전에 있어서 경제적 요인을 중요시하는 데 그치는 일반적인 경제사관(經濟史觀)과는 구별된다. 사적 유물론의 핵심은, 자본주의사회에서 생산력과 생산관계의 모순은 반드시 프롤레타리아 혁명을 유발하고 프롤레타리아 혁명의 승리에 의하여 자본주의적 생산관계는 파괴되며, 마침내 생산수단의 공유를 기초로 하는 공산주의사회에 도달한다는 점에 있다. 사적 유물론은 이와 같이 일종의 계급투쟁사관(階級鬪爭史觀)이다.

마르크스-엥겔스가 계급투쟁사관을 더 간명하게 구체적으로 제시한 것은 1848 년 2 월 혁명 직후에 발표한 《공산당선언(共産黨宣言)》에서였다. 여기서 그들은 생산력의 발전에 따라 자본주의사회가 출현하기까지의 유럽의 역사를 계급투쟁의 관점에서 서술하고, 부르주아 계급이 인류의 역사에서 수행한 진보적 역할을 높이 찬양하였다. 동시에 부르주아지가 이룩한 자본주의사회도 그 내재적 모순으로 발생하는 프롤레타리아트의 계급혁명에 의하여 붕괴한다고 예언하였다.

그러나 아직 그들은 자본주의사회가 왜 붕괴하지 않을 수 없는지에 관한 경제학적 이론을 자세히 제시하지는 못하고 있었다. 이것을 제시하기 위하여 마르크스가 심혈을 기울여 쓴 것이 《자본론(資本論)》이다. 여기에서 그의 소외론(疎外論)은 계승되고 있다. 마르크스는 2 월 혁명이 좌절된 후 영국으로 망명, 경제학 연구에 전념하였다. 그는 영국 고전경제학의 여러 범주(範疇)를 비판하는 한편, 그 노동가치설(勞動價値說)을 기초로 잉여가치(剩餘價値)의 이론을 도출하였다. 거기에 따르면 자본주의사회에서의 노동자는 생산수단을 소유하고 있는 자본가에게 고용되어 노동력을 상품으로 팔고 그 대가를 임금으로 받아서 생활한다.

그런데 노동자는 약자의 입장에 있으므로 자기의 노동력을 재생산(再生産)하는 데 필요한 시간 이상의 노동을 한다. 이 지불 받지 못하는 잉여노동시간에 창조한 가치, 즉 잉여가치는 당연히 노동자에게 돌아와야 하는데도 자본가의 수중으로 들어가 이윤이 된다. 이윤은 곧 자본가의 노동자에 대한 착취의 결과라고 한다. 그런데 자유경쟁하의 자본가들은 노동자들을 더욱 착취하지 않고서는 경쟁에 이길 수도, 살아 남을 수도 없는 것이 자본주의의 발전법칙이다.

여기서 부르주아지와 프롤레타리아트는 이해의 근본적인 대립으로 계급투쟁이 불가피하다는 것이다. 수적으로 점점 늘어나고 계급의식으로 단결된 프롤레타리아트는 혁명을 일으켜 부르주아지의 정치권력을 타도하고 자신의 새로운 권력을 수립하여, 그 힘으로 부르주아지가 사유하였던 생산수단을 사회 전체의 공유로 한다는 것이다. 이러한 이론을 전면적으로 전개한 것이 1867 년에 출간된 《자본론》 제 1 권이다.

마르크스는 그의 생전에 《자본론》 제 2 권과 제 3 권의 출간을 보지 못하고 죽었지만, 엥겔스가 그의 원고를 정리하여 뒤에 출판하였다. 엥겔스는 사적 유물론과 잉여가치론으로 말미암아 사회주의는 하나의 과학이 되었다고 자부하였으며, 70 년대부터는 마르크스주의를 '과학적 사회주의'라고 하고, 생시몽, 푸리에, 오언 등의 선구적인 사회주의에는 과학적 이론이 없다고 하여 '공상적 사회주의'라 불렀다.

19 세기 중엽에는 '사회주의'와 '공산주의'라는 말은 엄밀한 구별 없이 거의 같은 개념으로 사용되었는데, 마르크스는 혁명적 사회주의를 개량주의적 사회주의와 구별하기 위하여 '공산주의'라고 하였다. 그는 1875 년 《고타 강령(綱領) 비판》에서 계급 없는 공산주의의 비전을 제시하고 있는데, 여기서 공산주의를 '보다 낮은 단계'와 '보다 높은 단계'의 2 단계로 구별하였다. 제 1 단계는 아직 초보적 단계로서 여기에서는 완전한 분배상의 평등은 실현될 수 없으며, '개인은 능력에 따라 일하고 노동에 따라 분배를 받는다'는 원칙을 내세웠다. 그리고 제 2 단계는 완전한 공산주의로 이행하는 과도기로서 계급적 독재, 즉 '프롤레타리아트의 혁명적 독재'가 필요하다고 하였다.

레닌은 이 공산주의의 제 1 단계를 '사회주의'라고 규정하였고, 따라서 프롤레타리아 혁명에 의하여 수립되는 '사회주의' 정권은 반드시 프롤레타리아트의 독재정권이 되어야 한다고 주장하였다. 그리하여 레닌 이래로 공산주의자들은 마르크스주의를 강령으로 하지 않는 사회주의, 프롤레타리아트의 독재를 거부하는 사회주의는 결코 사회주의로 인정하지 않는 전통을 세웠다. 그리하여 민주주의라는 용어와 마찬가지로 사회주의라는 용어도 공산주의자와 비 공산주의자 사이에서는 전혀 별개의 의미로 사용되고 있다.

마르크스에 의하면 공산주의의 제 2 단계, 즉 '보다 높은 단계'는 생산력의 높은 발전을 전제로 한다. 따라서 여기서는 개인이 분업(分業)에 노예처럼 예속되는 상태가 소멸되며, 따라서 육체노동과 정신노동의 차이가 없어지고, 노동이 단지 생활의 수단이 아니라 생활의 '제일의 욕구(欲求)'로 되고, '개인은 능력에 따라 일하고 필요에 따라 분배를 받는다'는 것이다. 이 낭만적인 공산주의의 미래상은 20 세기를 관류(貫流)한 공산주의, 즉 마르크스-레닌주의에 그대로 계승되었다.

그러나 그 종주국인 소련이 시장경제를 도입하지 않을 수 없게 되었고, 급기야 연방을 해체하였으며, 이어 동유럽 공산국가들이 몰락한 90 년대 초까지 그대로 잔존한 공산국가들의 절박한 현실을 볼 때, 이른바 과학적 공산주의가 꿈꾸었던 그러한 미래는 도저히 도래할 수 없을 것 같다.
(출처: 두산백과)

~2~ (한국)공산주의운동사(共産主義運動史)

⊙정의
공산주의 이론에 의거하여 기존사회의 변혁을 꾀하는 운동.

⊙내용
19 세기 중엽 마르크스(Marx, K.)와 엥겔스(Engels, F.)에 의하여 창시된 마르크스주의는 당시 노동운동의 사상과 이론적 지침이 되면서 주로 서부유럽에 전파되었는데, 19 세기 말과 20 세기 초에 이르러 러시아의 레닌(Lenin, N.)에 의하여 보다 창조적으로 계승, 발전되었다.

그리하여 1917 년 10 월 볼셰비키(Bolsheviki)에 의한 사회주의혁명을 탄생시켰고, 1919 년 3 월 모스크바에서 제 3 인터내셔널인 '코민테른(Comintern)'이 창설되었다. 이 코민테른은 중앙집권화된 조직으로서 국제 공산주의운동을 총지휘하게 되었으며, 이때부터 우리 나라에서도 코민테른의 영향을 받아 공산주의운동이 시작되었던 것이다.

(1) 해외공산주의운동
초기 우리 나라 공산주의운동의 발원지는 러시아라고 볼 수 있다. 한국인이 두만강을 넘어 극동노령(極東露領)에 이주하기 시작한 것은 1850 년대이고, 경술국치 후 그 수가 급격하게 증가하였으며, 3·1 운동을 계기로 정치운동가들의 이주가 많아졌다. 1926 년 당시 블라디보스토크 관구집행위원회(管區執行委員會) 발표에 의하면, 관구 내 거주하는 한인 수가 18 만 5480 명에 이르고 있다.

이 무렵 독립사상을 품고 있던 이동휘(李東輝)는 1918 년 6 월 극동적화선전위원 그레고리노프(Gregorinov)를 만나 소련의 원조를 확약 받고 하바로프스크에서 한인사회당(韓人社會黨)을 조직하였다. 이동휘는 곧 코민테른과 관계를 맺고 활동을 시작하였는데 마침내 1919 년 4 월 상해(上海)에 있는 임시정부의 국무총리로 추대됨으로써 그의 일파들은 상해로 옮겨갔다.

이동휘는 다음해인 1920 년 5 월 박진순(朴鎭淳)·김립(金立) 등과 같이 고려공산당(高麗共産黨)을 조직하였다. 중앙간부로서는 이동휘·김립·조완구(趙琓九)·조동우(趙東祐)·이동녕(李東寧)·김두봉(金枓奉) 등이 알려져 있다. 그 당시 여운형(呂運亨)은 당으로부터 문서번역을 책임지게 되어 『공산당선언』을 번역하여 간도지방과 기타 지역에 배포하였다.

한편, 중앙시베리아지역인 이르쿠츠크 한인들은 1918 년 1 월 22 일에 이르쿠츠크공산당 한인지부를 창립하기 위하여 회합을 가졌다.

그 뒤, 1920 년 봄에 남만춘(南萬春)·김철훈(金哲勳)·최동순(崔東順) 등이 중심이 되어 고려공산당을 조직하고, 이르쿠츠크파라고 지칭하면서 상해파 고려공산당과 파쟁을 벌이기 시작하였다. 이들 이르쿠츠크파는 1921 년 5 월 6 일 이르쿠츠크에서 제 1 차 재로선인공산주의대회(第一次在露鮮人共産主義大會)를 개최하였다.

이 대회에서는 안병찬(安秉讚)·한명서(韓明瑞)·남만춘·한규선(韓奎善)·이재복(李載馥)을 집행위원으로 선출하고, 이재복과 안병찬은 북경(北京)에 근거를 두고 중국에서 활동하도록 결정하였다.

이들 두 파간에는 심한 의견대립이 있었고, 양파의 제휴·합동이 실패하게 되자, 코민테른은 상해파와 이르쿠츠크파를 비롯한 모든 조직을 해산하라는 명령을 내리고, 그 대신 블라디보스토크 극동총국(極東總局)에 속하게 되는 고려부(高麗部)를 설치하였다. 이 고려부는 보이딘스키·가타야마센(片山潛)·정재달(鄭在達)·한명서·이동휘 등 5 명의 위원으로 구성되어 있었다.

(2) 국내공산주의운동

3·1 운동 이후 일제는 무단통치로부터 문화통치로 바뀌어짐에 따라, 언론·출판·결사 등에 대한 통제가 다소 완화되어 『동아일보』·『조선일보』가 창립되고, 사립학교들이 설립되었다. 또한, 일본자본의 침투로 공장노동자가 증가되어 청년단체·노동단체들이 조직될 수 있었다.

① 1919.12: 서울에서 차금봉(車今奉)·박중화(朴重華)·김사용(金思容) 등 50 여 명이 조선노동연구회를 조직, ② 1920.2.7: 위 명칭은 조선노동공제회로 개칭하였다. ③ 1920.6.15: 인천에서 인천노동연맹을 조직, ④ 1920.6: 안확(安廓)·장기욱(張基郁)·이병조(李秉祚) 등이 조선청년회연합회 기성회(期成會)를 조직, ⑤ 1920.12.1: 정식으로 조선청년회연합회를 결성(113 개 청년단체, 3 만 명), ⑥ 1921.1.27: 청년연합회 간사인 장덕수(張德秀)·김명식(金明植)·오상근(吳祥根) 등 민족주의자들이 서울청년회를 조직하였다.

그러나 얼마 뒤에 조선청년회연합회내의 좌파인 김사국(金思國)을 중심으로 김한(金翰)·박일병(朴一秉)·이영(李英)·박형병(朴衡秉)·임봉순(任鳳淳) 등이 서울청년회를 장악하게 되었으며, 이를 계기로 청년연합회는 2 개 조류로 분열이 되었고, 연합회에서 중요한 지위를 차지하고 있던 장덕수 등은 그 지위를 상실하게 되었다.

민족주의운동이 쇠퇴하는 반면, 김사국·이영 등 서울청년회파는 전조선청년당대회를 개최하고, 민족주의에 대항하는 공산주의적 제반 결의를 하게 됨으로써 사회주의운동은 활기를 띠게 되었다. 그 밖에 1921 년 11 월 일본에서 박열(朴烈)·김찬(金燦)·정재달 등이 흑도회(黑濤會)를 조직하였는데, 이에 가입한 김약수(金若水)는 공산주의자들과 함께 1922 년 12 월 북성회(北星會)를 조직하였다.

이들이 입경하여 활동하게 되자 서울의 급진적 청년들은 1922 년 1 월 무산자동지회(無産者同志會)를, 그리고 2 월 신인동지회(新人同志會)를 조직하였다. 북성회계는 1923 년 5 월 토요회(土曜會)를 조직, 계속해서 신사상연구회(新思想研究會)와 제휴하는 등 자기들의 기반을 확대해 나갔다.

이에 따라 서울청년회계와 북성회계 사이의 갈등이 생겨나, 서울청년회계가 요리점 낙양관(洛陽館)에서 북성회일파에 대하여 폭행을 가하는 사건까지 발생하였다. 이처럼 1920 년대에 들어서면서 공산주의사상은 주로 지식인을 통해서 수용되었고, 각종 운동단체 내에 침투되고 여러 개의 사상단체들이 조직되었다.

(1) 경 위

블라디보스토크 극동총국의 고려부(이동휘·정재달·한명서 등 3 명의 한인위원)는 이르쿠츠크 군정학교를 졸업하고, 당시 블라디보스토크에 와 있던 김재봉(金在鳳)과 신철(辛鐵, 본명 辛容琪)에게 국내에 공산당을 조직할 지령을 내려 파견하였다. 즉, 김재봉은 공산당을, 그리고 신철은 공청(共靑)을 조직할 임무를 주었다.

그리하여 신철은 1923 년 4 월에, 김재봉은 5 월에 서울에 들어왔고, 주로 북성회계와 접촉을 가졌다. 그리고 1923 년 5~6 월 김찬의 집에서 이봉수(李鳳洙) · 김약수 · 원우관(元友觀) 신백우(申伯雨) 등과 코르뷰로[고려국(高麗局)] 국내부를 조직하였다. 그리고 7 월 김재봉 김찬 · 구연흠(具然欽) · 홍덕유(洪悳裕) · 홍증식(洪璔植) · 홍명희(洪命熹) · 박일병(朴一秉) 원우관 · 이재성(李載成) 등이 모여 신사상연구회를 조직하고 북성회와 함께 노농총연맹을 조직하려고 계획하였다.

한편, 서울청년회에서는 1923 년 3 월 신흥청년회 및 기타 청년단체를 망라하여 전 조선청년당대회(全朝鮮靑年黨大會)를 개최하였고, 북성회계의 노농총동맹조직계획에 대응하여 같은 해 10 월 노농대회 준비를 시도하였으나, 일제에 의하여 중지되었고 북성회계의 계획도 중지되고 말았다. 그러나 김찬 · 김재봉 등은 신사상연구회를 만들었고, 1924 년 2 월 신흥청년동맹을 조직하였으며, 3 월 전라남도 광주에서 전라노농동맹, 그리고 대구에서 남조선노농동맹을 조직하였다.

4 월 신흥사상연구회와 북성회가 주도하여 조선노농총동맹을 조직하게 된다. 이에 맞서 서울청년회측에서는 1924 년 4 월 21 일 조선청년총동맹을 조직하였는데, 여기에는 신흥사상연구회계의 신흥청년동맹원들이 참가하였다.

이리하여 형식상으로는 노농단체 · 청년단체가 양파의 통일로 이루어진 것으로 보였으나, 주도권 장악을 위한 투쟁은 치열하였다.

1924 년 4 월 현재 조선노농총동맹에 가입한 단체는 182 개였으며, 조선청년총동맹에는 224 개 단체가 가입되어 있어 서울청년회계가 다소 우세한 편이었다.

1924 년 7 월 11 일에 개최된 조선청년동맹 제 1 차 집행위원간담회를 계기로 서울계와 화요회계는 다같이 당 조직 준비사업에 착수하였다.

(2) 서울계 공산당조직

1924 년 10 월 김사국을 중심으로 하는 서울계 인물들은 계동에 사는 김사국, 삼청동의 장채극(張彩極), 수송동의 김유인(金裕寅) 등이 황금정 6 정목(黃金町六丁目)의 박형병 집 등에서 밀회를 거듭한 뒤 조선공산당 중앙간부를 결정하였다.

그 간부로는 책임비서 김사국, 조직부 김사국, 선전통신부 이영, 교양부 김유연 · 정백, 청년부 이정윤, 사회부 박형병, 노동부 이병의(李丙儀), 민족부 김영만(金榮萬), 연락부 이항발(李恒發), 검사부 강택진(姜宅鎭) 등이었다.

그 뒤 각 도기관과 세포조직에 착수하고 권태석(權泰錫) · 최익환(崔益煥) · 권혁근 · 박태선 한해(韓海) · 박원희(朴元熙) · 최창익(崔昌益) 등을 가입시켰다. 한편, 서울계 공산청년회를 조직하였는데 책임비서에는 이정윤, 그리고 중앙간부로서 임봉순 · 김병일(金炳一) · 조기승(趙紀勝) · 이인수(李仁秀) 등이 결정되었다.

(3) 화요회계 공산당조직

화요회계의 공산당조직은 주모자(主謀者)들이 1924 년 8 월 24 일에 검거됨으로써 일시 중단되었다.

다음해인 4 월 15 일부터 3 일간 전조선신문기자대회가 끝난 4 월 17 일 중국요리점인 아서원(雅敍園)에서 공산당을 조직하였다. 이때 참가한 사람은 모두 12 인으로, 이날 책임비서에는 김재봉이 선출되었다.

김재봉의 진술에 의하면, 이날 참석한 사람은 자신 외에 김약수 · 김찬 · 독고 전(獨孤佺)

송병우(宋秉瑀) · 유진희(兪鎭熙) · 윤병덕(尹炳德) · 조동우 · 김상주(金尙珠) · 조봉암(曺奉岩) 주종건(朱鍾建) · 진병기(陳秉基) 등이었고, 김약수 · 김재봉 · 김찬 · 유진희 · 정운해 · 조동우 · 주종건의 7 명이 집행위원으로 선출되었다.

창당식에서 정운해는 참가하지 않았지만 집행위원으로 선출되었고 검사위원으로 송병우 · 윤병덕 · 조봉암(曺奉巖)이 선출되었다. 집행위원회는 두 번 소집되었으나, 첫 번째만 제대로 개최되었을 뿐, 두 번째는 정원 미달로 인하여 아무런 결정도 보지 못하고 유회(流會)되고 말았다.

첫 번째 집행위원회는 공산당 결성 다음날인 4 월 18 일 오후 2 시 김찬의 집에서 열렸다. 이날은 집행위원 7 명 전원이 참가하여 각각의 부서를 결정하였다.

이날 결정된 부서는 다음과 같다. 비서부 김재봉, 인사부 김약수, 선전부 조동우, 노동부 정운해, 정경부 유진희, 조직부 김찬, 조사부 주종건 등이었다.

두 번째 집행위원회는 5 월 하순 또는 6 월 중순경에 소집되었는데 김재봉 · 김약수 · 유진희 김찬 등 4 명만이 참석하여 유회되고 말았다. 원래 이날 당의 강령과 규약을 채택하려 하였다.

그러나 정원 미달로 집행위원회(執行委員會)를 개최(開催)하지 못하는 바람에 당의 강령조차 확정 짓지 못한 상태가 되고 말았다. 한편, 김찬의 집에서 제 1 차 중앙집행위원회(中央執行委員會)가 개최되고 있을 때, 박헌영(朴憲永)의 집에서는 화요회계의 고려공산청년회가 조직되었다.

고려공산청년회(약칭은 공청)의 발기에는 18 명이 참가하였다. 이들은 박헌영 · 권오설(權五卨) · 김광(金光) · 김동명(金東明) · 김상주 · 김찬 · 김태연(金泰淵) · 박길양(朴吉陽) · 신철수(申哲洙) · 안상훈(安相勳) · 임원근(林元根) · 임형관(林亨寬) · 장순명(張順明) · 정경창(鄭敬昌) · 조이환(曺利煥) · 조봉암 · 진병기 · 홍중식 등이었다.

공청은 공산주의를 선전하기 위한 교양단체로 권오설 · 김태연 · 김찬 · 박헌영 · 조봉암이 당시 서울에서 민중운동자대회 · 전조선기자대회 등이 개최되는 것을 이용해서 조직한 것이다. 공청의 강령은 김태연이 미리 작성한 것을 낭독하여 만장일치로 채택하였는데 그 골자는 다음과 같다.

① 사회제도의 기초를 이루는 경제제도는 사회진화의 법칙에 따라 필연적으로 진화하는 것이다. 자본주의 경제조직은 지금까지의 법칙에 의해서 사회주의 경제제도로 대체될 운명에 처하였기에, 우리들은 이 사회진화의 법칙에 따라 도래할 사회를 준비하는 임무를 담당한다. 그리고 점점 격화하고 있는 계급투쟁에 의하여 일어나는 수많은 희생자를 극소화하는 데 노력할 것을 맹세한다.

② 우리들은 자본주의제도를 폭력으로 부인하는 것이 아니고, 사회적 여건에 의하여 자연적으로 변화해 가는 것을 인식하여 회원에게 이것을 교양한다.

계급투쟁에 의하여 발생하는 희생자를 구하는 방법으로 박헌영은 조합운동 등에 의하여 노동자의 대표를 의회에 파견할 것을 주장하였다.

이들이 의회에서 노동자의 권리증진을 도모할 수 있을 것으로 여겼기 때문이다. 이날 결성된 공청 조직으로 집행위원에는 권오설 · 김동명 · 김찬 · 김태연 · 박헌영 · 임원근 · 조봉암 · 홍중식, 검사위원에는 김동명 · 조봉암 · 임형관 등이 있다.

그리고 전형위원에는 신철수 · 조봉암 · 홍중식, 집행위원의 담당부서와 임무는, 조봉암(국제부)은 국제공산청년동맹과의 연락 담당, 박헌영(비서부)은 공청운동의 방침결정 및 문서 금전출납 담당, 권오설(조직부)은 회원모집 · 청년회연맹 담당, 임원근(교양부)은 공산주의 교양선전 및 모스크바에 유학생 파견담당, 김태연(연락부)은 해외에 있는 조봉암과 연락,

홍중식(조사부)은 각종 연구 및 조사업무 등이다.

(4) 코민테른으로부터의 승인

이처럼 1925 년 4 월 현재 서울계 공산당과 공청 그리고 화요회계의 공산당과 공청 등 두 계의 당과 공청이 존재하게 되었다.

따라서 어느 쪽에서 먼저 코민테른의 승인을 받느냐가 그들 파벌경쟁의 핵심이 되었다. 화요회계 공산당은 당을 조직한 뒤, 약 1 개월 뒤인 5 월 김찬의 집에서 제 2 차 중앙집행위원회를 개최하고 조동우가 기초한 당 규약을 토의하려 하였다.

그러나 의견대립으로 결정되지 못하고, 조동우를 당 승인을 받기 위하여 모스크바에 파견할 것을 결정하였다. 공청에서는 조동우보다 앞서 조봉암이 모스크바로 출발하였다. 서울계에서도 각 파에서 코민테른의 승인을 얻기 위하여 당중앙간부 김영만과 당원 최창익을 모스크바로 파견하였다.

그러나 코민테른은 화요회계 중심의 당을 인정하였으며, 서울계에 대해서는 1 국 1 당 원칙이 있으니, 화요회계 공산당에 가입하라는 지령을 하였다. 서울계에서는 대담하게 코민테의 지령에 불복하여 9 월 당 중앙간부를 개선하는 동시에 독자적인 당을 유지하였다.

개선된 중앙간부는 책임비서에 김사국, 서무부에 이영, 민족부에 이정윤, 청년부에 조기승, 사회부에 박형병, 노동부에 정백, 교양부에 김우연이 선임되었다. 서울계 공청도 강화하게 되었는데 당시 『신생활』 잡지(雜誌)의 기자(記者)였던 이성태(李星泰)를 포섭하여 공청간부로 삼았다.

(1) 제 1 차 공산당사건

이는 1925 년 11 월 22 일 신의주사건에서 비롯되었다. 화요회계의 신만청년회원(新灣青年會員)들이 음주로 인한 실수로 신의주경찰서에 의하여 공산당원과 공청원 등 66 인이 검거되었다.

그 가운데 56 인이 검찰에 송치되었다(뒷날 제 1 차 공산당사건이라고 불림). 그러나 검거에서 피하게 된 중앙간부 김재봉 · 김찬 · 주종건 등은 서로 접선하여 그 해 12 월 10 일경 김찬의 은신장소인 낙원동에서 당 재조직을 하게 되었다.

그 결과 강달영(姜達永) · 이준태(李準泰) · 홍남표(洪南杓) · 김철수(金錣洙) · 이봉수 등을 후계중앙집행위원으로 추천하여 이들로부터 승인을 받았다. 이들은 1926 년 1 월 하순 중앙집행위원회를 개최하고 책임비서에는 강달영, 비서에 이준태, 조직부에는 이봉수 · 홍남표, 선전부에는 김철수 등으로 결정하였다.

(2) 제 2 차 공산당사건

1926 년 6 월 10 일 만세시위사건을 계기로 화요회계 당과 공청에서 135 명이 검거되었다. 이를 제 2 차 공산당사건이라고 한다. 강달영은 40 일 뒤인 1926 년 7 월 17 일에 체포되었다.

그 뒤 검거에서 피하게 된 고광수(高光洙)와 김철수가 공청과 당을 서울계와 합동하여 재수습을 하게 되는데 1926 년 10 월경 임시중앙간부를 조직하였다.

책임비서에는 김철수, 선전부는 일월회(一月會)의 안광천(安光泉), 조직부에는 화요회계의 오의선(吳義善), 중앙간부는 화요회계의 원우관과 정우회(正友會)의 양명(梁明)이 선임되었다. 같은 해 11 월 서울계의 김준연(金俊淵) · 권태석 · 이인수 등이 입당하게 되어 1926 년 12 월 6 일 제 2 차 당대회를 개최하고 당 중앙간부를 개선하였다.

이때 책임비서에는 일월회의 안광천, 조직부장에는 일월회의 하필원(河弼源), 선전부장에는 서울계의 김준연, 중앙간부에는 서울계의 권태석, 정우회의 양명, 상해파의 한위건(韓偉健)

등이 선출되었다. 이러한 개편이 있은 뒤 김철수는 당 조직상황을 코민테른에 보고하기 위하여 모스크바로 떠났다.

그리하여 1927 년 4 월 김철수와 김영만이 귀국하였다. 같은 해 9 월 또다시 중앙간부의 개편이 있었는데 책임비서에 김준연, 선전부장에 한위건, 동부원(同部員)에 안광천 · 양명, 조직부장에 최익한, 동부원에 하필원 · 김세연(金世淵) 등으로 개편하였다. 계속해서 1927 년 11 월 당 간부선정의 전권을 위임 받은 양명이 하필원과 상의하여 김세연을 책임비서로 정하고 그에게 간부구성을 의뢰하였다.

(3) 제 3 차 공산당사건

책임비서 김세연은 서울계의 소장파를 포섭하여 1928 년 1 월 5 일부터 5 일간 예정으로 당대회를 개최하고 간부를 새로 구성하려 하였다. 그러나 제 3 차 공산당사건이 일어나 중단되고 말았다. 제 3 차 공산당사건은 1928 년 2 월 2 일에 착수되어 김세연 · 최익한 · 하필원 · 최창익 등 26 명이 검거되었고, 그 뒤 1 개월 만에 총 49 명이 검거되었다.

그러나 제 3 차 공산당사건의 대상으로 포함되지 않고 검거를 모면한 자들은 집요하게 당대회를 추진하였다. 일본 경찰에 의하여 검거선풍이 불고 있는 속에서, 대회준비위원으로 선정되어 있던 김영식(金泳植) · 이정윤 · 안광천 등은 비밀리에 서로 연락하여 1928 년 2 월 27 일 밤 10 시부터 다음날 새벽 2 시 사이에 경기도 고양군 용강면 하현리에서 전국대회를 개최하고 당 중앙간부 개선 및 기타 문제 등을 협의하였다.

중앙간부를 선정하기 위하여 이경호(李京鎬) · 정백 · 이정윤 등 3 명을 선출하였다. 그러나 대회가 끝난 바로 그날 전형위원 3 명 가운데 정백과 이정윤이 제 3 차당사건과 관련, 경찰에 의하여 검거되고 말았다.

이로 인하여 중앙간부전형은 일시 중단되었으나 후계간부를 선정하고, 그것을 이경호에게 연락할 기회만 엿보고 있었다.

그러던 중 3 월 10 일이 되자 역시 같은 사건으로 검거되었다가 증거불충분으로 윤택근(尹澤根)이 석방되어 출감하게 되었는데, 정백 · 이정윤 등 두 사람은 이 기회를 이용하여 자기들이 선정한 중앙간부명단을 윤근택에게 주어 이경호에게 전하였다. 그 결과 9 명의 중앙간부와 4 명의 중앙간부후보 및 검사위원장 등이 결정되었다.

그 뒤 3 월 17 일 안광천 · 김재명 · 이성태 등은 서울의 죽첨정(竹添町)에 있는 차금봉의 집에서 제 1 차 중앙집행위원회를 열고 각 위원들의 부서를 협의, 결정하였다.

책임비서에는 차금봉, 정치부장에는 안광천, 동부위원(同部委員)에 양명, 조직부장에는 김한경(金漢卿), 동부위원에 이성태, 고려공산청년회 책임비서에 김재명, 책임비서후보에 한해, 중앙검사위원후보에는 강석봉 외 1 명, 중앙집행위원후보에는 윤근택 및 한명찬(韓明燦) 등으로 부서가 결정되었다.

(4) 제 4 차 공산당사건

차금봉을 책임비서로 하는 제 4 차 조선공산당은 같은 해 3 월 19 일에 열린 제 2 차 중앙집행위원회에서 이미 상해에 가 있는 양명을 정식으로 당의 상해연락요원으로 임명하였다.

뒤이어 4 월 23 일에 열린 제 5 차 중앙집행위원회에서는 7 월에서 8 월에 걸쳐 개최될 제 6 차 국제공산당대회에 대표자를 파견할 것을 논의하고, 양명을 대표로 선정하여 중앙집행위원회 회의록, 조선공산당 당칙 및 예산안 등을 양명으로 하여금 제출 하도록 결의하였다.

양명은 예산안을 작성하는 것과 모스크바로 밀항하는 기회를 엿보느라고 많은 시일을 끌다가 같은 해 9 월 겨우 블라디보스토크에 도착하게 되었다. 그리하여 그곳에서 우연히 하기방학을 이용하여 모스크바로부터 블라디보스토크에 와 있던 한빈(韓斌)을 만나 같이 모스크바로 갔다.

그러나 1928 년 4 월 신의주경찰서에 의하여 이병의 · 박형병 등 48 명이, 그리고 6 월 17 일 이영 · 정학원(鄭鶴源) 등 28 명이 검거됨으로써 서울계가 전멸상태에 빠졌고, 차금봉을 책임비서로 하는 4 차 공산당간부들을 포함, 163 명이 검거되어 당 조직은 거의 붕괴되고 말았다. 차금봉은 검거되어 공소 중 1929 년 3 월 10 일 사망하였다.

(1) 12 월테제

코민테른은 6 차대회(1928.12.10.) 직후에 조선공산당이 직면하고 있는 문제와 그 해결에 대하여 지령을 하달하였다.

<조선의 혁명적 노동자 농민에게>라는 제목의 간단한 서문과 <조선문제를 위한 결의>라는 본문으로 구성되어 있는 '12 월테제(These : 정치적 · 사회적 운동의 기본이 되는 강령)'는 지금까지 한국에서 공산주의운동이 왜 부진 한가 하는 원인에 대하여, 공업이 발달하지 못함으로써 공장근로자의 수가 적고 그 조직이 미약하였다.

아울러 일제(日帝)의 탄압(彈壓)이 심했던 객관적 제조건과, 한국공산주의운동(韓國共産主義運動)을 수년간 괴롭혀 온 내부적 분열과 파쟁 때문이라고 분석하고, 당 재건 문제에 대하여 이렇게 지적하고 있다.

"조선공산주의자는 첫째로 공장노동자들, 그 다음에 생산과 관련되고 있는 빈농을 그들의 대열에 획득하기 위하여 모든 노력을 바치지 않으면 안 된다. 그들 공산주의자들은 인텔리겐치아(intelligentzia : 지식계급)의 서클식의 케케묵은 조직방법을 피하고 볼셰비키당의 대중활동으로 향할 때만이, 그들이 우선 공장과 노동조합 내의 활동에 그 노력을 집중하는 때만이 이 커다란 임무를 완수할 수 있게 된다."

(2) 당재건활동

1929 년 1 월 당 재건을 위하여 만주의 둔화(敦化)에 있는 주건(朱建)의 집에서 회합을 가졌다. 이 회합에는 김철수 · 김영만 · 윤자영 · 김영식 · 김규열(金奎烈) · 주건 · 김일수 · 오이세 · 강문수 · 안상훈 등이 참가하였다.

여기서 조선공산당재건준비위원회(朝鮮共産黨再建準備委員會)를 조직하였고, 위원장(委員長)으로 김철수를 선출하였다. 이들은 12 월테제에 완전히 합의하고 1 월 25 일 4 개 항의 강령을 발표하였다.

그리고 이 회의에서는 12 월테제와 조선공산당재건준비위원회의 성명을 국내의 공산주의자들에게 전달하기 위하여 모스크바 동방공산대학 졸업생인 안상훈을 입국시킬 것을 결정하였다.

그러나 안상훈은 이준열 · 방한민이 이끄는 14 명의 공산주의자들에게 성명을 전달한 뒤 체포되었다. 그 뒤 계속해서 국내에 침투시켰으나 검거되고 말았다.

1930 년 1 월 김철수와 20 명의 당원들이 무사히 서울에 도착하고 당 재건활동을 시도하였으나 김철수는 1930 년 3 월에 체포되었으며 당 재건을 하지 못하였다.

그 뒤 재건준비위원회는 함흥으로 장소를 옮기고, 1930 년 9 월 재건준비위원장으로 김일수를 선출하였다. 그리하여 공장지구에 침투하게 되었다. 김일수는 1931 년 3 월 23 일 좌익노동조합평의회 준비회의를 결성하고 위원장에 김일수, 정치국은 강문수, 노동쟁의국은 오이세가 맡았다.

이 평의회준비회의는 1931 년 서울에서 개최된 노동절(May Day)데모를 계기로 붕괴되기 시작하였고, 강문수 · 오이세와 108 명의 평의회준비위원회 회원이 체포되었다. 12 월테제 후 김철수가 중심이 된 당 재건운동은 실패로 돌아간 것이다.

이는 동방공산대학 졸업생들도 합류해서 시도한 것이다. 한편, 상해에 있었던 ML 파의 지도 자인 한위건은 상해의 동지들을 규합하여 국내에 당을 재건하는 활동을 전개하였는데, 일본에는 고경흠, 블라디보스토크에는 고광수 등을 파견하였다.

그리하여 고광수는 블라디보스토크에서 동지를 규합, 1929 년 초 서울로 돌아와서 당 재건 준비작업에 착수하였다. 그러나 1929～1931 년 겨울까지 수명의 공작원을 침투시켜 1931 년 2 월 27 일 조선공산당재건동맹을 권대형(權大衡)을 위원장으로 창설하였다.

그리고 1931 년 4 월 10 일 조직명칭을 조선공산당협의회로 변경하였다. 이 협의회는 월간 『코뮤니스트』와 월간 『봉화』를 발간하였다.

그러나 이들 조직은 1932 년 3 월 모두 검거되었다. 그 뒤 당 재건운동은 계속하여, 지하에서 소수에 의하여, 산발적으로 전개되었으나 모두 실패하였다.

그러다가 1939 년 이관술(李觀述)·이순금(李順今)·장순명(張順明)·권오직·이현상(李鉉相) 등이 당 재건을 위하여 조직한 것이 경성콤그룹이다. 이들은 마침 출옥한 박헌영을 책임자로 추대하고 활동을 전개하였으나, 1940 년과 1941 년에 걸친 검거로 명맥이 끊기고 만다.

공산주의자들의 활동에서 특별히 지적할만한 것은 6·10 만세운동과 함께 신간회운동을 들 수 있다. 1927 년 2 월 15 일에 조직된 신간회는 사회주의와 민족주의 두 진영이 제휴하여 형성된 합법적인 결사였다.

즉, 일제하의 유일한 범민족적 성격을 띤 좌우합작단체로, 민족단일당이라고 볼 수 있다. 그리고 신간회가 제시한 강령(綱領 : 일의 으뜸이 되는 줄거리)은 첫째, 우리는 정치적·경제적 각성을 촉진한다. 둘째, 우리는 단결을 확고히 한다. 셋째, 우리는 기회주의를 반대한다 등이다.

당초, 중앙의 회장에는 이상재(李商在), 부회장에는 홍명희가 선출되었으나, 홍명희의 사의로 대신 권동진(權東鎭)이 선출되었다. 그리고 중앙위원 37 명, 간사 34 명이 선임되었다. 신간회의 회원은 급속도로 증가하여 1931 년 5 월 지회 141 개 소, 지회설립준비지 6 개 소, 도지회연합회 2 개 소, 그리고 회원은 3 만 9410 명에 달하였다.

신간회의 성격에 대하여 이 회의 조직에 중요한 구실을 한 홍명희는 “신간회의 나아갈 길은 민족운동만으로 보면 가장 왼편길이나 사회주의운동까지 겸하여 생각하면 중간길이 될 것이다.” 라고 하였다.

당시 민족운동에 있어서는 민족좌익전선이라는 말이 유행하였다. 이 말은 사회주의를 뜻하기보다는, 우파민족진영의 자치론자에 대한 비타협적 민족운동을 뜻하는 것이었다.

이러한 신간회는 지방조직의 활동이 활발하였고, 3·1 운동 이후 처음으로 민족정당다운 조직체였다. 그러나 내부의 이데올로기적 파쟁으로 해산되고 말았다. 이렇게 신간회의 내부 갈등은 1927 년 3 월 29 일 초대회장 이상재가 사망하고 후임회장을 선출하는 과정에서 싹트기 시작하였다.

그러나 본격적으로 표면화된 것은 1928 년과 1929 년의 정기대회가 일제에 의하여 금지되고 전국복대표대회(全國複代表大會)가 소집되면서부터이다.

이 대회는 몇 개의 지회가 한 사람을 합동 선출하여 그들을 복대표로 하여 구성하는 약식대회를 의미한다. 1929 년 7 월에 개최된 전국복대표대회에서는 중앙집행위원장에 허헌(許憲)이 선출되고 중앙집행위원 45 명과 중앙검사위원 10 여 명 가운데 대부분이 좌익으로 지목받는 인물로 선출되었다.

그러나 광주학생사건이 11 월 3 일에 발생하자 신간회에서는 12 월 13 일 서울에서 민중대회가 열리기도 전에 신간회 간부가 검거되었다. 이로써 신간회본부가 공백상태에 빠지게 되었는데, 이를 기회로 주도권은 다시 민족진영에 돌아갔다. 그 뒤 신간회 해소문제가 대두되기 시작하였고, 1930 년 12 월 6 일 신간회부산지회에서 최초로 제기되었으며, 그 뒤 각 지회에 크게 확산되었다.

결국, 1931 년 5 월 16 일 일본경찰 다수가 포위한 가운데 조선중앙기독교청년회(YMCA) 강당에서 지방대의원 77 인이 참석하여 총회를 열고 사회주의자들의 주도하에 가(可) 43, 반(反) 3, 기타로 해소(解消)되고 말았다.

이리하여 신간회는 창립대회와 해소대회의 단 두 번밖에 전체대회를 열지 못하고, 더 투쟁할 수 있는 역량을 발휘하지 못한 채 허무하게 자진 해체되고 말았다.

신간회 안에 좌우의 대립이 있었고 민중대회사건으로 좌익세력이 대부분 구금되고, 그것을 통한 민족진영의 중앙회 독점이 있었으며, 따라서 투쟁이 점차 약화된 것이 사실이라 하더라도 이들이 신간회의 자진해산을 정당화시킬만한 이유는 되지 않는다.

사회주의파에서 신간회 해소를 주장하게 된 몇 가지 이유 중의 하나가 코민테른의 국제공산주의 혁명전략의 변화와, 그를 좇는 일본 노동당의 자체해체라는 일련의 국제적 움직임을 뒤따른 결정이라고 한다면, 이는 민족의 주체성 · 자주성을 결여한 사회주의이데올로기의 기계적 수용자세가 빚은 결과라고 보지 않을 수 없다.

요컨대, 민족주의자와 사회주의자들의 동기와 목적이 서로 다르지만, 민족의 광복과 독립이라는 공동목표가 있었기 때문에 합작운동을 시도하였다.

그러나 사회주의자들은 민족독립과 계급해방이라는 이원적 목적(二元的目的)이 있었으며, 또한 주도권 장악에 실패함으로써 민족주의자들의 반대에도 불구하고 해체되고 말았다.

(1) 조선공산당 만주총국(滿洲總局)

상해에 있던 조봉암은 최원택과 김동명을 동반하고 1926 년 5 월 16 일 만주로 떠났는데, 1926 년 7 월 길림성(吉林省)에 있는 이르쿠츠크파의 수뇌 김철훈의 집에서 여섯 사람과 만나 총국을 결성하였다.

이 총국은 주로 조직부장인 최원택이 총지휘를 하였는데, 동만구역국(東滿區域局) · 북만구역국(北滿區域局) · 남만구역국(南滿區域局) 등 세 개의 구역국으로 조직하였다.

1926 년 10 월 28 일 김인국(金仁國) · 김용락(金龍洛) · 이순(李淳) 등 9 인이 동만구역국을 조직하였는데, 김용락이 책임비서로 선출되었다. 그 뒤 동만구역국은 13 개의 세포와 3 개의 프락션을 조직하였다.

동만구역국은 책임비서가 김용락으로부터 김인국을 거쳐 안기성(安基成)으로 넘어갔는데, 1927 년 10 월 3 일부터 시작된 경찰의 검거로 28 명이 체포되었다.

이는 서울에서 제 2 차 당 사건으로 검거된 101 명의 공산주의자들에 대한 재판에 항의하는 데모(1927.10.2.)를 전개하는 과정에서 구역국 · 본부사무소를 습격 당함으로써 검거된 것이다.

이는 뒷날 제 1 차 간도공산당사건이라고 불리게 되었다. 그 뒤 만주총국은 위원장으로서 오기선이 선출되었는데, 만주에서 북풍회(北風會)를 지도한 한상목(韓相睦)은 동 만주에 만주총국의 설치를 기도하여 총국의 임시조직이 1928 년 2 월에 완료되었다.

그리고 1928 년 메이데이에 대규모시위를 계획하였다. 그러나 소규모의 시위가 1928 년 메이데이에 일어났다. 그러나 5 월 10 일 총국의 본부가 습격 당함으로써 많은 공산주의자가 체포되었다.

또한, 1928 년 8 월 1 일 국제반제(國際反帝)의 날 또 다른 시위를 김철산이 주도하였는데 그로 인하여 85 명의 시위가담자가 검거되었다. 김철산은 국내에 송치되어 처형되었다. 이것이 제 2 차 간도공산당사건으로 알려지고 있다.

제 2 차 간도공산당사건 이후 김찬은 만주총국을 재건하려고 만주에 돌아와서 화요회계의 잔존자들을 규합하여 이동산(李東山)을 위원장으로 총국을 재조직하였다.

그리고 본부는 공산주의활동을 북만구역국으로 집중시키기 위하여 아성현(阿城縣)으로 이동하였다. 이때 김찬은 북만주지방에서 지역조직을 구축한 다음에 남만구역국에서 활동을 전개하였다.

이 지역은 통일전선을 제창한 ML 파가 지배하고 있었다. 그러나 김찬은 이들의 청산론자(淸算論者)들과 협력하였다. 즉, 이들은 민족주의자와 영합하게 되었고, 특히 광주학생사건 이후 1929 년 12 월 31 일 반제국주의동맹을 결성하고자 하였다. 이때 동맹에서는 광주학생사건을 지지하는 대중데모를 전개할 계획을 세웠다.

그 데모는 1930 년 1 월 3 일부터 5 일까지 진행되었고, 그 뒤 3 · 1 운동을 계기로 대중폭동을 일으키기 위하여 남 · 북과 동만주위원회로 구성되는 특별위원회를 구성하였다. 이 폭동은 규모가 예상보다 작았으며, 1930 년 4 월 17 일의 대량검거를 야기시켰다. 이것이 제 3 차 간도공산당사건이다.

그런데 만주총국에 망라된 공산주의자들은 1930 년 말경 중국공산당에 가입하게 되고, 총국은 해산되고 말았는데 이는 코민테른의 명령 또는 중국공산당의 요구, 그 밖에 한국인의 요구에 의한 것 등 세 가지의 설이 있다.

(2) 조선공산당 일본총국(日本總局)

조선공산당의 일본지부 설립은 제 2 차 당책임 비서 강달영이 김정규(金正奎) · 정운해 · 이상호(李相昊) · 김한경 · 이석(李奭) 등 5 명을 파견함으로써 이루어졌다.

그러나 김정규는 곧 체포되고 말았다. 그 뒤 1927 년 4 월 안광천은 일본에서 교육받은 일월회의 회원 박낙종(朴洛鍾)과 한림(韓林)을 일본총국의 재조직을 위하여 파견하였다. 그런데 1927 년 5 월에 설립할 수가 있었고, 고려공청지부(高麗共靑支部)도 결성할 수가 있었다(책임자 인정식).

이들은 청년단체를 만들었는데 대표적인 것으로 신흥과학연구회(新興科學硏究會)를 들 수 있다. 그러나 한국에서 제 3 차 당 사건이 발생하자 총국은 폐쇄되고 박낙종 · 최익환 등이 체포되고 그들이 발행한 『대중신문 大衆新聞』도 정간되었다.

이러한 사건이 있은 뒤 검거를 피한 송언필(宋彦弼)과 이우적(李友狄)은 서울에서 파견된 김한경과 다시 총국을 부활시켜 활동을 계속하였다. 이들은 주로 선전활동에 주력하였다.

즉, 이우적은 잡지 『현단계 現段階』를, 공청의 인정식은 『청년조선 靑年朝鮮』을 발행하였다. 총국은 1928 년 8 월 29 일 국치일(國恥日)에 약 150 명의 학생과 노동자를 동원하여 시위를 감행하게 되었는데, 이로 인하여 26 명이 체포되었다.

이 때 총국의 재건자인 김한경도 체포되었다. 그리하여 김한경은 6 년, 김천해(총국책임자)는 5 년, 그 외의 21 인은 3 년 형을 받았다.

12 월테제 이후 박문병(朴文秉)이 총국의 부활을 위하여 블라디보스토크에서 동경(東京)으로 파견되어 인정식과 함께 일본총국을 부활시켰는데 큰 활동을 하지 못하였다.

1929 년 3 월 상해에 있는 ML 파계의 고경흠이 동경에 파견되었다. 그러나 활동이 어렵게 되었고, 무산자사(無産者社)를 운영하여 신문 · 잡지를 발간하였다.

고경흠은 1931 년 8 월에 체포되고, 그 뒤 1931 년 10 월 일본총국의 해산을 발표하고 재일본

공산주의자들로 하여금 일본공산당에 가입할 것을 권유하게 된다. 이는 1931 년 12 월 31 일 일본공산당기관지 『적성 赤星』을 통하여 발표되었다.

(3) 화북조선독립동맹(華北朝鮮獨立同盟)

1930 년대 이후 공산주의운동은 일제 관헌의 엄격한 감시와 탄압으로 인하여 그 활동무대를 국외로 삼게 되었다. 그 가운데 하나가 중국공산당의 지배하에서 조직된 화북조선독립동맹이다.

독립동맹을 구성하였던 인물들은 크게 세 부류로 분류할 수 있다. 첫째 부류는 중국공산당의 해방구(解放區)가 존재하였던 화북(華北), 특히 옌안(延安)에서 활동하였던 공산주의자들이다.

그 대표적 인물은 무정(武亭)이다. 그는 1925 년 중국공산당에 입당하여 홍군(紅軍)의 지휘관을 역임하였고, 1941 년 화북조선청년연합회장, 1942 년 독립동맹중앙위원, 1945 년 조선의용군총사령에 취임되었다.

둘째 부류는 중국공산당지구에서 민족주의자와 행동을 함께 하고 있던 공산주의자 및 이들을 따르던 급진적인 청년들로, 이 그룹의 중심인물은 최창익과 한빈 · 김학무(金學武) · 김창만(金昌滿) 등이었다.

셋째 부류는 1935 년 6 월에 조직한 조선민족혁명당의 민족주의자들이다. 이들 대부분은 중국공산당 내부에 설치되었던 조선혁명간부학교와 중국중앙군관학교 출신들이다. 중심 인물로는 박효삼(朴孝三) · 양민산(揚民山) · 이춘암(李春巖) 등이다.

그 밖에 이들 세 부류와는 달리 민족주의자였던 김두봉이 독립동맹에 참가하였다. 김두봉은 1889 년 경상남도 동래에서 출생하였다. 그는 조선 말기의 한글학자 주시경(周時經)에게 배웠고, 그 자신도 이름 있는 한글학자였다.

그는 1919 년 3 · 1 운동에 참가한 뒤 상해로 망명하여 대한민국임시정부의 수립에 참가하였으며, 또 이동휘가 조직하였던 고려공산당에도 입당하였다.

그 뒤 1935 년 김원봉(金元鳳)과 함께 조선민족혁명당을 조직하였고, 중일전쟁 발발 후 난징(南京)에서 우한(武漢)을 거쳐 충칭(重慶)으로 활동무대를 옮겼으나, 다시 1942 년 4 월 중국공산당이 지배하는 지역에 들어가 8 월에 독립동맹 주석에 취임하였다.

이러한 인물들이 1942 년 8 월 15 일 화북조선청년연합회 제 2 차 대회에서 독립동맹을 조직하게 된 것이다. 주석에는 김두봉, 중앙집행위원에는 무정 · 최창익 · 한빈 · 김창만 · 김학무 · 박효삼 · 이유민 · 이춘암 · 진한중(陳漢中) · 채국번(蔡國藩) 등이 선출되었다. 이 대회에서는 선언과 강령이 채택되었다.

이에 의하면 독립동맹의 주요 정치 목적은 일본제국주의에 의한 식민지통치를 타도하여 조선의 독립을 획득하고 민주공화국을 건설하는 것이었다.

그리고 독립동맹은 그것을 달성하기 위하여, 첫째 중국 특히 중국공산당과 공동전선을 결성하여 항일 전에 참가하고, 둘째 항일민족통일전선의 확대를 도모하고, 셋째 항일무장투쟁을 수행하기 위한 무장부대를 확충하고, 넷째 대중에 기반을 두고 그 조직화를 도모하고, 다섯째 동방 피압박민족의 해방운동 및 일본의 반전운동과 연계한다는 것이었다.

독립동맹은 분명히 공산주의자가 중심 역할을 하였다. 그러나 독립동맹의 강령은 공산주의적 색채를 거의 띠지 않았다. 채택된 강령의 내용은 김구(金九)와 김원봉이 발표했던 것과 크게 다르지 않았다.

이러한 의미에서 독립동맹의 강령은 우익 민족주의자도 포용할 수 있는 민족해방운동의 공약수를 정서한 것이었다고 할 수 있다.

독립동맹은 광복 후 1945 년 11 월 말부터 12 월 중순까지에 걸쳐 38 선 이북으로 입북하였는데, 1946 년 3 월 조선독립동맹은 조선신민당으로 그 명칭을 바꾸었다. 그리고 그 해 8 월 북조선공산당과 합당하여 북조선노동당으로 발족하게 되었고, 김두봉이 위원장으로 선출되었다.

광복이 되자 제일 먼저 정치활동을 편 것은 공산주의자들이었는데, 일제하에서 공산주의운동에 참여하였던 이영 · 정백 · 이승엽(李承燁) · 조동우 · 최익한 · 이정윤 등은 8 · 15 광복이 되던 바로 그날 밤 서울 종로 장안빌딩에 모여 16 일 이른 아침에 조선공산당을 결성하였다. 이 당을 세칭 장안당 또는 장안파공산당이라고 하였다.

이와는 달리 박헌영을 중심으로 한 일파에서는 8 월 20 일 조선공산당재건준비위원회라는 것을 만들고 '8 월테제'를 발표하게 되었다.

이 때문에 두 조직(장안파 · 재건파)간에는 당권을 둘러싼 시비가 벌어지게 되었고, 결국 8 월 24 일 장안파 측에서 열성자대회를 개최하고, 박헌영 중심의 재건파에 합류할 것을 결정하였다. 그리하여 9 월 11 일 재건준비위원회는 발전적으로 해체되면서 조선공산당 재건을 정식으로 선포하게 된 것이다.

그런데 이날 발표된 조선공산당(약칭은 조공)의 중앙간부명단은 박헌영 자파일색으로 짜여졌음을 볼 수 있고, 장안당의 이영 · 정백 · 최익한 · 이정윤 등은 제외되어 있어, 형식상으로는 재건되었다. 그러나 파쟁의 불씨를 안은 채 출발하였다고 볼 수 있다.

명단을 살펴보면, 총비서에 박헌영, 정치국에 박헌영 · 김일성(金日成) · 이주하(李舟河) · 무정 · 강진(姜進) · 최창익 · 이승엽 · 권오직, 조직국에 박헌영 · 이현상 · 김삼룡(金三龍) · 김형선(金炯善), 서기국에 이주하 · 허성택(許成擇) · 김대준(金台俊) · 이구훈(李龜壎) · 이순금 강문석(姜文錫) 등이다.

당을 재건한 박헌영은 합법당의 역할을 하기 위하여 9 월 19 일 당 발족에 따른 성명서를 발표하였다. 이 성명서는 첫째, 1928 년 공산당이 해체된 뒤 당 재건투쟁이 계속되었는데, 1937 년 이후부터는 콤그룹 중심의 지하운동형태로 활발히 전개되었다. 둘째, 8 · 15 광복(光復) 이후 조직된 장안당은 공산주의운동의 통일을 위하여 재건위로 통합(統合)하기로 결정하였다.

셋째, 이러한 과정을 통하여 9 월 11 일 조선공산당이 재건되었다는 것을 공식화시킨 것이었다. 이때 제시된 당면(當面) 투쟁(鬪爭) 목표(目標)는 ① 공산당은 대중의 이익을 옹호하며 투쟁한다.

② 완전한 민족해방과 봉건적 잔재를 일소한다. ③ 인민정부를 수립한다. ④ 프롤레타리아 독재를 통한 공산주의사회를 건설한다는 등 네 가지였다.

이렇게 출발한 조선공산당은 대중단체로서 조선노동조합전국평의회(1945.11.5.) · 전국농민조합총연맹(1945.11.8.) · 전국청년단체총연맹(1945.12.11.) · 전국부녀동맹(1945.12.22.) 등을 조직하였다.

1946 년 2 월 15 일 모스크바삼상회의의 결정을 지지하는 좌익계 정당과 사회단체를 총망라하여 민주주의민족전선이라는 통일전선체를 조직하고, 의장으로 여운형 · 허헌(許憲) · 박헌영 · 김원봉을 선출하였다.

그 뒤 조선공산당은 좌익노선을 표방하였던 조선인민당 · 남조선신민당과 합당하여 단일한 대중정당으로 전환하게 되었다.

합당의 방법론 때문에 일어난 내분으로 남조선노동당(약칭, 남로당)과 사회노동당으로 분열되었다. 사회노동당은 얼마 안 가서 해체되고, 그 뒤 근로인민당이 새로 조직되었다.

남로당의 위원장은 허헌, 부위원장은 박헌영과 이기석이었고, 강령으로는 ① 민주주의 자주 독립국가 건설, ② 정권을 인민위원회에 넘기도록 투쟁, ③ 무상몰수 · 무상분배의 토지개혁 실시, ④ 8시간노동제와 사회보장제의 실시, ⑤ 중요산업국유화. ⑥ 20세 이상의 국민에게 선거권과 피선거권을 부여, ⑦ 언론 · 출판 · 결사 · 신앙의 자유, ⑧ 남녀 평등권, ⑨ 초등 의무교육 실시, ⑩ 진보적 세금제 실시, ⑪ 민족군대 조직과 의무병제 실시, ⑫ 평화애호국가와의 친선 강화 등을 채택하였다.

이렇게 대중정당(大衆政黨)으로 재출발한 남로당은 모스크바삼상회의의 결정 지지와 미소공동위원회(美蘇共同委員會)를 통한 임시정부수립(臨時政府樹立)을 투쟁 목표로 설정하고 적극 협력하였다.

그러나 2차에 걸쳐서 개최된 미소공동위원회는 쌍방의 의견대립으로 결렬되고 한반도문제가 미국 측에 의해서 모스크바삼상회의의 결정에서 국제연합(UN)으로 이관되었다. 그리하여 국제연합에서는 실질적으로는 단독정부 수립안이 채택되었고, 1948년 5월 10일 단독선거 실시가 확정되었다.

이처럼 단독선거가 명백해지자 남로당은 앞으로 있을 선거를 못하도록 하기 위한 투쟁으로 1948년 2월 7일을 기하여 '2 · 7구국투쟁'이라는 폭동사건을 일으켰다.

주로 파업과 파괴, 경찰관서 습격, 우익에 대한 테러, 그리고 단독선거 반대를 위한 선전과 선동으로 일관된 2 · 7 투쟁은 남로당과 민전(民戰)이 주동이 되었는데, 이는 전국적인 규모로 확대되었다.

2 · 7 투쟁에서 남로당이 주장한 구호는, ① 조선의 분할침략계획을 실시하는 UN 한국위원단을 반대한다. ② 남조선 단독정부 수립을 반대한다. ③ 양군 동시철수로 조선통일민주주의 정부수립을 우리 조선인민에게 맡겨야 한다.

④ 정권은 인민위원회로 넘겨야 한다. ⑤ 지주의 토지를 몰수하여 농민에게 무상으로 나누어 주어야 한다. ⑥ 조선민주주의인민공화국 만세 등 9개 항이었다.

단독정부 수립 반대투쟁은 1948년 4월의 남북협상을 계기로 절정에 달하였고, 동 협상회의에서는 남조선단독선거반대투쟁전국위원회를 구성하고 5 · 10 선거를 파탄시킬 것을 결정하였다.

이러한 2 · 7 투쟁과 5 · 10 선거 반대투쟁은 그들의 전술상으로 볼 때는 폭력과 비폭력의 배합투쟁이었다. 따라서 이때부터 서울에서는 행동대를 조직하고 지방당에서는 무장부대로서 야산대(野山隊)까지 만들게 되었다.

이 야산대는 당의 무장부대이기 때문에 당 조직체계에 준해서 조직되었다. 이때만 하더라도 남로당은 인민공화국(약칭, 인공) 창건이라는 정치 목적을 달성하기 위하여 비폭력적 정치활동이 주가 되었으며, 무장부대인 야산대는 당 활동을 원만히 보장하기 위한 수단으로만 이용되었다.

그러나 제주도의 4 · 3 폭동을 계기로 제주도에서는 폭력일변도로 전환하게 되었고, 뒤이어 10월의 여순반란사건(麗順叛亂事件)은 남로당조직에게 완전히 비합법투쟁으로 돌입케 하였으며, 지리산(智異山)에 입산한 폭동군은 야산대와 합류되어 무장투쟁을 전개하게 되었다. 이러한 무장투쟁은 점차적으로 확대되어 남한지역에는 몇 개의 유격전구(遊擊戰區)가 형성되었다.

즉, 호남유격전구 · 지리산유격전구 · 태백산유격전구 · 영남유격전구 · 제주도유격전구 등이 그것이다. 무장투쟁은 1949년 6월 조국통일민족주의전선의 결성을 계기로 보다 극렬화되었다.

7월부터는 인민유격대를 각 지구별로 3개 병단으로 편성하여, 오대산지구를 1병단, 지리산지구를 2병단, 태백산지구를 3병단으로 하고, 이들에 대한 통일적 지도를 북한에 있는 박헌영 일파가 직접 관장하였다.

한편, 남한에서 자행되고 있는 유격투쟁에 대한 북으로부터의 지원은 1948 년 하반기부터 시작되었으나, 본격화된 것은 1949 년의 소위 9 월 공세 때였다. 1948 년 10 월 여순반란사건이 발생하자, 남한의 군경병력이 호남지구에 집중되었다.

모든 관심이 이에 쏠리게 된 틈을 타서 북에서는 강동정치학원(江東政治學院) 출신 유격대를 오대산지구로 침투시키는 한편, 유격대 양성에만 주력해오다가, 조국전선의 결성과 함께 선언문이 발표된 뒤 9 월 공세에 대비하여 수백 명씩을 집단적으로 남파시켰다.

군경토벌대는 유격대(遊擊隊)와 주민과의 연계를 단절시키기 위하여 산간지대 농가를 이주시켰다.

이주 호수는 남원 859 호, 무주 501 호, 장수 534 호, 광양 1,694 호, 구례 2,570 호, 곡성 3,478 호, 하동 1,240 호, 함양 3,772 호, 산청 2,363 호, 거창 477 호 등이다. 이러한 숫자는 당시의 남로당 무장투쟁이 얼마나 치열하였는가를 미루어 짐작할 수 있게 한다.

그러나 1949 년 말을 거쳐 1950 년 초에 이르는 동기토벌작전으로 인하여 유격대의 세력은 거의 전멸된 상태에 이르게 되었고, 1950 년 3 월 남로당을 총지휘하여온 김삼룡과 이주하(李舟河)가 체포되면서 남로당조직은 사실상 붕괴되고 말았다.

(출처; 한국민족문화대백과)

▶4165◀ ◈問; 注와 註에 대하여.

201 번에 답 주신 선생님들 감사합니다.
또 아래와 같은 의문이 있습니다.
뜻 풀이에서 注와 또 어디서는 註라 합니다. 다른 글자를 쓰는 이유가 있는지요.
왜인지 자세하게 가르침들 있으시기 고대하겠습니다.

◈答; 주(注)와 주(註)의 용처.

●康熙字典言部五畫【註】[玉篇]疏也解也[集韻]或作注

●詩經周南關雎序; 鄭氏箋孔穎達疏記識其事故特稱爲箋餘經無所遵奉故謂之註註者著也言爲之解說使其義著明也

●康熙字典水部五畫【注】[通俗文]又凡以傳釋經曰注通作註[集韻]株遇切音駐與註同

●辭源水部五畫【注】解釋性文辭稱注古之作注者曰注傳章句述箋略解解詁集解集注後通稱爲注如儀禮首題稱鄭氏注

이상에서 살펴본 바와 같이 註와 注(주)는 疏(소) 解(해)는 同義(동의) 이나 註(주)는 주로 일반 文章(문장)을 더 자세히 풀 때 쓰이고 注(주)는 주로 사람이 풀 때 쓰입니다. 더러는 혼용되기도 합니다.

◆【注】=【註】; 전제(前提)된 자구(字句)가 지니고 있는 의미를 문장(文章)의 흐름에 맞도록 풀어내는 문자(文字).

●康熙字典水部五畫【注】[韻會]音註凡以傳釋經曰注通作註

●[文藝論集王陽明禮贊]儒家的精神孔子的精神透過后代注疏的凸凹鏡后是已經歪變了的(辭源註)注疏自漢以來釋經之書有傳箋解學等名目今通謂之注唐太宗詔孔穎達與諸儒擇定五經義疏敷暢傳注謂之正義今通謂之疏南宋以前經疏皆各單行至紹熙開始有合刊本合稱注疏

●[後漢書儒林傳上陽論]扶風杜林傳[古文尙書]林同郡賈逵爲之作訓馬融作傳鄭玄注解由是[古文尙書]遂顯於世(辭源註)注解解釋字句或解釋字句的文字

●[文心雕龍論說]若夫注釋爲詞解散論體雜文雖異總會是同(注)注釋解釋字句的文字

●康熙字典言部五畫【註】[韻會]音鑄[玉篇]疏也解也[正韻]訓釋也[毛詩序疏]註者著也言爲之解說使其義著明也[儀禮士冠禮疏]言註者註義于經下若水之注物亦名爲著[晉書向秀傳]始秀欲註莊子嵇康曰此書詎復須註[舊唐書玄宗紀]上訓註孝經頒于天下

●[叔苴子卷六]註疏非不能解經也習於成解而廢夫硏尋則人之得之也不深(註)註疏註解和解釋注解的文字
●[朱四子抄釋卷一]讀書須是將本文熟讀且咀嚼有味若有理會不得處然後將註解看方是有益(註)註解用文字來解釋字句解釋字句的文字
●[嘯亭雜錄純廟博雅]每一詩出令儒臣註釋不得原委者許歸家涉獵(註)註釋解釋字句的文字用文字解釋字句

▶4166◀◈問; 중정일(中丁日)의 의미.

안녕하세요.항상 생활예절 상담에 친절하게 응대하여 주시는 선생님들께 감사인사 드립니다. 다름아니오라 祠堂에서 春香祭를 中丁日날 지내는 경우를 많이 보았는데 中丁日에 지내는 특별한 의미가 있는지 알고 싶어 문의 드립니다. 바쁘신 중에 답변 하여주시면 감사하겠습니다. 안녕히 계십시요.

◈答; 中丁日(중정일)의 의미에 대하여.

每月(매월)에는 丁日(정일)이 대개 세번 들게 됩니다. 첫번째를 上丁日(상정일)이라 하고. 두번째는 中丁日(중정일)이라 하고, 세번째를 下丁日(하정일)이라 합니다.

卜日祭(복일제)에서 丁日(정일)과 亥日(해일)을 택하는 까닭은 丁(정)은 丁寧(정녕; 거짓이 없이 진실하게)이라는 意味(의미)가 있어서이고, 亥(해)는 福(복)을 求(구)함에서입니다. 卜日(복일)하는 宗廟祭(종묘제)에서는 丁日(정일)을 택하게 되는데 釋奠(석전)은 春秋(춘추) 二仲(이중) 上丁日(상정일)을택하여 지내게 되고, 이하인 鄕校(향교) 등에서는 中丁日(중정일) 또는 下丁日(하정일)을 택하게 됩니다.

●朱子曰庚之言更也辛之言新也丁有丁寧意
●少牢疏亥爲天倉祭祀所以求福宜稼于田故取亥
●劉氏敞曰丁巳丁亥皆取於丁所以取丁者以先庚三日後甲三日故也大抵郊祭卜辛社祭卜甲宗廟祭卜丁
●少牢饋食禮(疏)按陰陽式法亥爲天倉祭祀所以求福宜稼于田故取亥
●或問祭必用丁亥其義如何沙溪曰小牢饋食禮來日丁亥用薦歲事于皇祖註丁未必亥也直擧一日以言之耳禘于太廟禮曰日用丁亥不得丁亥則己亥辛亥亦用之無則苟有亥焉可也必須亥者按陰陽式法亥爲天倉祭祀所以求福宜稼于田故先取亥上旬無亥乃用餘辰也朱子曰丁有丁寧意
●輟耕錄丁祭條內翰王文康公國初自保定應聘北行時故人馬雲漢以宣聖畫像爲贈旣達北庭値秋丁公奏行釋奠禮春秋二仲歲以爲常盖上之所以尊師重道者實公有以啓之也

▶4167◀◈問; 질의 드립니다.

안녕하십니까. 날씨가 대단히 차갑습니다. 감기 조심하십시오.

한 서너 가지가 세월을 살면서 궁금증으로 남아 있던 의문을 풀고자 찾아왔습니다. 별난 궁금증이다 탓하시지 마시고 쾌히 지도편달 고대하겠습니다.

1. 郊祀는 어느 시대 누구에 의하여 시작 되었나요.
2. 백제(百濟)시조(始祖)인 온조왕(溫祚王)의 성(姓)이 온(溫)씨이고 명(名)이 조(祚)인지요.
3. 오늘날의 정월(正月) 이월(二月) 삼월(三月) 등등(等等)의 월명(月名) 以前의 옛날 매달 이름이 달리 있었다는데 알 수가 있겠습니까. 감사합니다.

◈答; 이렇습니다.

問 1. 答; 삼황오제(三皇五帝)인 제곡고신씨(帝嚳高辛氏) 때 처음 시작되었다 합니다.

問 2. 答; 성(姓)은 고씨(高氏)이고 명(名)이 온조(溫祚)라 합니다.

問 3. 答; 陬(추; 正月). 如(여; 二月). 寎(병; 三月). 余(여; 四月). 皐(고; 五月). 且(차; 六月). 相(상; 七月). 壯(장; 八月). 元(원; 九月). 陽(양; 十月). 辜(고; 十一月). 涂(도; 十二月).

●古今帝王創制原始帝嚳高辛氏行郊祀; 以日至日設玉兆薦黑稻潔祭服以祀上帝於南郊此郊祀之始
●俎豆錄百濟始祖王; 姓高氏名溫祚
●國朝要覽古月名; 陬正 如二 寎三 余四 皐五 且六 相七 壯八 元九 陽十 辜十一涂十二

▶4168◀◈問; 초학교회지문(初學敎誨之文).

무슨 뜻인가요.

◈答; 초학교회지문(初學敎誨之文).

아래는 거의 직역으로도 이해가 충분한 문장이지, 심오한 문장이 아닙니다. 오해 없기 바랍니다.

1). "自始祖下之第二位及己身以上第六世之祖(자시조하지제이위급기신이상제륙세지조)"
이상의 문장에서 급(及)은 까지로 번역되어야만 어법에 맞습니다. 까닭은 제(第)로 말미아마 자신 위 대수 차서로 육세지조(六世之祖)라 번역되니 급(及)은 자(自)와 동조 부터~까지로 번역하게 됩니다.

●喪禮備要家禮考疑下祭禮先祖; 本註繼始祖止初祖而下(註)朱子曰自始祖下之第二位及己身以上第六世之祖○案六並己身計之卽謂五世祖也
●呂氏春秋原亂; 六曰亂必有弟(高氏訓解)弟次也○弟本一作第今從汪本乃古第字
●儀禮經傳通解燕禮右卽位; 賓入及庭公降一等揖之(註)及至也

2). "及己身以上"
이상의 문장에서 及은 1).번 문장의 及의 의미인 "까지"로는 의미가 통하지 않아 "까지"로는 번역할 수가 없다.

따라서 이 문장에서는 의역으로 "포함(더불어. 같이하다. 함께하다)하다". 로 번역하여야만 의미가 상통한다.

혹은 더러 2).번 문장을 1).번 문장에 대입하려는 경향이 있으나 이는 자기 주장은 합리화하려는 억지가 아니고는 주장할 수 없는 1)번 문장은 2)번 문장과는 아무 관련 없는 별개의 문장이다.

⊙**及**: 더불어. 같이하다. 함께하다. 포함하다.

●詩經衛風氓章及爾偕老註及與也
●又大我桑柔章載胥及溺註相與入於陷溺而已
●又大我棫樸章周王于邁六師及之註及與
●管子立政篇使能不兼官罰有罪不獨及註罪必有首從及黨與也

▶4169◀◈問; 平生하면 일생을 의미하는데요?

草庵 선생님 平生이란 일생을 의미하게 됩니다. 生에는 낳거나 산다는 의미가 포함되겠는데 平자에 무슨 의미가 있어 "사람이 태어나서 죽을 때까지의 살아 있는 동안" "일생" "평소" 평시 "종래" 등으로 번역이 되는지요.

◈答; 平生하면 일생을 의미하는데.

아래와 같이 살펴보건대 平生이라 할 때 平의 의미는 늘. 언제나. 평상시의. 평소의. 등의 의미가 있어 늘이란 계속하여 언제나 이니 이 말은 곧 동안도 되어 이를 生에 합성하면 죽을 때까지 살아 있는 동안. 또 平生이란 이상을 함축하면 一生, 平素, 平時, 從來 등으로 번역 시키는데 하등의 결함이 있지 않습니다.

●論語憲問篇; 曰(子曰)今之成人者何必然見利思義見危授命久要不忘平生之言亦可以爲成人矣

(朱注)平生平日也(辭源註) 平生平時平素
●漢書汲黯傳; 大將軍聞愈賢黯數請問以朝廷所疑遇黯加於平日淮南王謀反(辭源註)平日平素
●三國志蜀費詩傳諸葛亮與孟達書; 適與李鴻會於漢陽慨然永歎而存足下平素之志
●陳書徐陵傳; 歲月如流平生幾何晨看旅雁心赴江淮昏望牽牛情馳揚越(註)平生一生有生以來

▶4170◀◈問; 필자 자문(自問) 귀하는 어찌 생각하십니까?

방금 TV 아나운서의 코멘트에 의하면 곧 한자(漢字) 교육에 대한 헌법소원 판결을 앞두고 있다는 전갈이었습니다.

아래 사건은 주 요인이 그간 한자무시정책(漢字無視政策)의 결과물이 아닌가 하는 의구심이 들기에 충분하였습니다.

그렇다면 한자(漢字) 교육의 절대 필요성이 요구되든 차 당 학문이 재생의 기회가 주워질 수 있는 절박한 시점의 찰라에 필요절실함이 요구되는 전거(典據)로서 충분조건을 함축하고 있다 확신되어 본건을 제출하여 드리오니 양산된 국어문맹퇴치(國語文盲退治)의 계기가 되도록 활용되기를 소원하여 졸문(拙文)을 무릅쓰고 올려 드리오니 참고하여주시기 앙망하옵니다.

이하는 일본 국어 기록에 사용되는 문자(文字)입니다. 가장 가까운 이웃 나라 일본의 문자생활이 이러할 진대도 그들의 문명은 어떠한가. 같은 한자(漢字) 영향권 내에서 물러날 수 없는 실정을 거역한 폐해는 인성을 비롯 내나라 말도 왜곡시키고 있지는 않은가 깊은 성찰이 요구되는 때입니다.

(表紙)
國語文化學會編著
國民學校國語教育の研究
東京 國語文化研究所 刊

刊行のことば
國民學校制の實施ば我が國教育の全面的刷新の好機であり, 國語教育の分野においてもまた多くの懸案の解決が期待せられてる。我が國語文化學會はさざに機關誌『コトベ』の特輯號として「國民學校國語科の問題」を出しそのほか殆ど每號これ關する研究を掲載して來てるが, この夏の同人會で學會設立一週年記念としてこの問題に對するの所見をとりまぬ, 當局及び一般の御參考に供しようといふこが決議され, 石山と輿水とがその計畫を托された。
我我は, これが唯の論文集になつてしまふことを避けろたぬ, 先づ石山が敎則案の全體を見わたして序論を書き, これを提案として關係同人に專門的問題を分擔執筆してもらふといふ形式をとつ
た。集つてた原稿は輿水が通讀して實際家のたぬに簡單な結ぴをつけた。銘銘多忙で充分書き盡せなかつた部分きあろがそれでき意のあるところは分つて頂けろかと思ふ。
國民學校の教育は, 敎則が本極りにならら教科書も出來ていよいよ實施の時期に入ればもつと活潑に研究されなければならない。本書がその一助となろはらば幸であろ。
昭和十五年十二月十日 國語文化學會同人 石山脩平
輿 水 實

目 次

國 民 學 校 教 育 の 問 題

序 說

國民學校の國語教育がいかに行はろべきか，新しい敎則に示されて居り，その趣旨にいては文部當局の解說が，講座やそのテキストを通じて世上に傳達せられてるろ。一方國語讀本やその教師用書や又兒童用の學習書などの編纂が，當局の努力で着着進行してるろやぅでわる。教育界は新しい意
氣込で十六年度のな歷史的新學年を迎へようとしてろる。
(以下省略)

아 래

~1~ 청원 내용: 본인이 아래 '2. 제목(題目)'으로 논한 바와 같이 수 회차 귀부 산하 국립국어원의 인터넷 사전의 오류 수정을 요청하였으나 초기에는 몇 회 답변을 받았으나 그 답변이 본인의 식(識) 수준으로는 변명성(?) 답변으로 비쳐 '표준국어대사전'에 그와 같이 수록한 전거 제시나 본인의 주장에 대한 부당성을 지적하여 줄 것을 아래와 유사한 내용으로 수차 청원하였으나 이도 저도 무응답이라 최후의 수단 중 일환으로 장관님의 판단을 얻고자 초차(初次): '16/04/22 일. 과 재차(再次): '16/05/10 일 자에 청원을 드렸으나 가부 반론이 없어 확인하기 위하여 재삼[再三(終)]청원하오니 소홀하다 마시고 국어의 백년대계(百年大計) 차원에서 가부간 판단하여 주시기 앙원합니다.
감사합니다.

~2~ 청원 제목(題目).
(一)새벽(晨 · 曉: 새벽 1 시. 새벽 2 시 等).
理由: [常理 違背]
(二)茶禮(다례 · 차례).
理由: [禮法 違背]
(三)祭酒(제주 · 좨주).
理由: [法典(規程) 違背]

~3~ 1 차(一次)청원처(請願處)(順年 抽出 代表的 辭典)
1. 朝鲜語辭典(朝鮮總督府篇. 1920) '外國'
2. 朝鲜語辭典(1938. 朝鲜語辭典刊行會.) '閉業'
3. 國語大辭典(1954. 永昌書館) '閉業'
4. 우리말큰사전(1957. 한글학회). ○反論; 16/05/15. 現在無.
5. 국어대사전(1961. 民衆書館). ○反論; 16/05/15. 現在無.
6. 新選國語大辭典(1963. 東亞出版社). ○反論; 16/05/15. 現在無.
7. 現代國語大辭典(1975. 東亞出版社). ○反論; 16/05/15. 現在無.
8. (최신)국어대사전(1978. 知星出版社). ○反論; 16/05/15. 現在無.
9. (최신)새국어대사전(1985. 동광문화사). ○反論; 16/05/15. 現在無.

10. 現代朝鮮語辭典(日本. 天理大學朝鮮學科硏究室) '外國'
11. 국어대사전 (1991. 교육도서) '閉業'
12. 표준국어대사전(1999. 2008. 국립국어원). ○反論; 最終受信(16/3/3). 其後多回 (1/05/15. 現在)無應答.
13. 교학한국어사전(2015. 교학사). ○反論; 16/05/15. 現在無.
14. 엣센스국어사전(2016. 민중서림). ○反論; 16/05/15. 現在無.
15. 보리국어사전(2016. 주 도서출판 보리). ○反論; 16/05/15. 現在無.
(特送). 성균관(成均館). ○反論; 16/05/15. 現在無.

~4~ 2차(二次) 청원처: 위 외 국어사전 출판사.
1. (특별)국어학회(郵送). ○反論; 16/05/15. 現在無.
2. 표준국어사전 (발행처: 乙酉文化社 발행연도: 1958). ○反論; 16/05/15. 現在無.
3. 표준국어대사전 (발행처: 學文社 발행연도: 1971). ○反論; 16/05/15. 現在無.
4. 現代國語大辭典 (발행처: 韓瑞出版社 발행연도: 1975). ○反論; 16/05/15. 現在無.
5. 한국어대사전 (발행처: 현문사 발행연도: 1976). ○反論; 16/05/15. 現在無.
6. (바른말고운말)종합국어사전 (발행처: 明文堂 발행연도: 1976). ○反論; 16/05/15.現在無.
7. (최신) 국어대사전 (발행처: 知星出版社 발행연도: 1978). ○反論; 16/05/15. 現在無
8. 새국어대사전 (발행처: 청개구리 발행연도: 1983). ○反論; 16/05/15. 現在無.
9. (최신) 새국어대사전 (발행처: 동광문화사 발행연도: 1985). ○反論; 16/05/15. 現在無.
10. (금성판)국어대사전 (발행처: 금성출판사 발행연도: 1995). ○反論; 16/05/15. 現在無.
11. (고려대) 한국어대사전 (발행처: 고려대학교 민족문화연구원 발행연도: 2009). ○反論; 16/05/15. 現在無.

(一)새 벽(晨 · 曉: 새벽 1 시. 새벽 2 시 等)

≪理由: 상리(常理) 위배(違背)≫

1. 朝鮮語辭典 (朝鮮總督府篇. 倭政 11. 庚申. 1920)
새벽 名 夜明け方。
새벽 名 壁に塗ろ土,黃色にして粘力ゎろもの

2. 朝鮮語辭典 (1938. 朝鮮語辭典刊行會. 文世榮. 初刊本 同)새벽 名 (一) 밤이 막 밝았을 때. (二)밝을녘. 새일녘. 晨.
새벽 名 모래가 섞이지 아니한 다갈색의 고운 흙. 세사(細沙)나 말똥을 섞어서 벽에 바르는 것

3. 國語大辭典 (1954. 永昌書館. 姜南馨)
새벽 名 ①날이 막 밝았을 때. ②밝을녘. 새일녘(晨).
새벽 名 모래가 섞이지 아니한 다갈색의 고운 흙. 세사와 말똥을 섞어서 벽에 바르는 것.

4. 우리말큰사전 (1957. 한국어편찬하편. 한글학회)
새벽[1] 이먼동이 트려 할 무렵. 한파묘[1]. 편단[2]. 효단. 효신. 힐조②.
새벽[2] 이((건))①누른 빛의 차지고 고운 흙. ②누른 빛깔의 흙에 세사, 또는 말똥을 섞어서 벽이나 방바닥에 덧바르는 흙. ③새벽질의 준말. [<砂壁]

5. 국어대사전 (1961. 民衆書館. 이희승)
새벽[1] 名 날이 밝을 녘. 먼동이 트기 전.
새벽[2] 名 ①누른 빛의 차지고 고운 흙. ②누르고 차진 흙에 고운 모래나 말똥 따위를 섞어 초벽에 덧 바르는 흙. ③↗새벽질.

6. 新選國語大辭典 (1963. 東亞出版社. 監修 李應百外)

새벽 名 (하자)(건)①누런 빛의 차지고 고운 흙. ②누른 빛깔의 차진 흙에 모래나 말똥 같은 것을 섞어서 벽이나 방바닥 같은 데에 막토를 바른 뒤 덧바르는 흙.
새벽 名 날이 밝을녘.

7. 現代國語大辭典 (1975. 東亞出版社. 李崇寧)
새벽 1 名 밤이 거의 새고 날이 밝을 녘.
새벽 2 名 (건) ①누른 빛의 차지고 고운 흙. ②누른 빛의 흙에 벽이 트지 않도록 모래를 섞어서 초벽 위에 덧바르는 흙.

8. (최신)국어대사전 (1978. 知星出版社. 梁柱東)
새벽 名 (건) ①진흙에 모래를 섞어서 벽에 바르는 흙. ②새벽질(준말).
새벽 名 날이 밝을 녘.

9. 現代朝鮮語辭典 (昭和 55. 1980. 日本. 天理大學朝鮮學科研究室. 養德社)
새벽 名 (1)夜明け。明け紡。細ふかな土. (2)砂まじりの壁土. 새베흙. (3) "새벽질"の略語.
새벽 名 (建) 黃色の粘じあ

10. (최신)새국어대사전 (1985. 동광문화사. 한갑수)
새벽 명 ①누런 빛의 차지고 고운 흙. ②누른 빛의 흙에 벽이 트지 않도록 모래를 섞어서 초벽 위에 덧바르는 흙.
새벽 명 밤이 거의 새고 날이 밝을 녘.

11. 국어대사전 (1991. 교육도서. 남광우外)
새벽[1] 명 ①밤이 거의 새고 날이 밝을 무렵. 먼동이 트기 전. dawn
②시간의 단위 앞에 쓰이어 '오전'의 뜻을 나타냄.
새벽[2] 명 하자 타 건축 ①누른 빛의 차지고 고운 흙. ②누른 빛깔의 차진 흙에 세사(細沙)나 말똥 등을 섞어 벽이나 방바닥 같은 데에 막토를 바른 뒤 덧바르는 흙. ①②plaster ×새베흙. 새벡.

12. 표준국어대사전 (1999. 2008 온나인 제공. 국립국어원)
⊙새벽 01; {새벽만[-만-}
『명사』
『1』 먼동이 트려 할 무렵 효단・효신.
"[『2』(原) [새벽] 「2」((이른 시간을 나타내는 시간 단위 앞에 쓰여)) '오전'의 뜻을 이르는 말]"
『2』(後改)((주로 자정 이후 일출 전의 시간단위 앞에 쓰여)) '오전'의 뜻을 이르는 말.
[〈 세박〈원각〉/새배〈영가〉]
⊙새벽 02 [새벽만〔-병-〕
『1』 누런 빛깔의 차지고 고운 흙.
『2』 누런 빛깔의 차진 흙에 고운 모래나 말똥 따위를 섞어 벽이나 방바닥에 덧바르는 흙
『3』 =새벽질

13. 교학한국어사전 (2015. 교학사. 양철우)
새벽 名 날이 밝을녘. 먼동 틀 무렵. 동트기.
새벽 名 ①누르고 차지고 고운 흙. ②누른 빛깔의 차진 흙에 모래나 말똥 같은 것을 섞어서 벽이나 방 바닥에 말토를 바른 뒤 덧바르는 흙. ③새벽질의 준 말.

14. 엣센스국어사전 (2016. 민중서림. 고명수 편집. 이희승 감수.)
새벽[1] 名 날이 밝을녘. 먼동 트기 전.
새벽[2] 名 (建) ①누른 빛의 차지고 고운 흙. ②누런 빛깔의 차진 흙에 고운 모래나 말똥 따위를 섞어 초벽에 덧바르는 흙. ③새벽질의 준말.

15. 보리국어사전 (2016. 주 도서출판 보리. 인쇄 주 로얄 프로세스)

새벽 밤이 가고 날이 밝아 오는 때.

위 11. 국어대사전 (1991. 교육도서) 과 12. 표준국어대사전 (1999. 2008 온나인 제공.국립국어원) 두 사전(辭典)의 대비에서 보이다시피 '국어원'의 '새벽'에 대한 의미부여 '새벽『2』(原)'은 국어대사전 (1991. 교육도서)의 새벽[1] 명 ②의 의미를 모방하였음을 부정하기 어려울 것 같고, 초기 청원(請願) 이후(?) '『2』(後改)'로 바뀌었음은 이미 의미부여에 주관이 결여되어 있었음이 입증됩니다.

따라서 국어대사전 (1991. 교육도서) 새벽②의 모방이 아니라면 그와 같이 의미 부여한전거(典據)가 전제되어 있었을 것입니다. 전거가 전제 되어있었다면 밝혀야 정당성이 확인됩니다.

지난 회차 국어원 답변에서 세간(世間)에서 왜곡 사용되는 새벽 1 시, 새벽 2 시 등은 아무리 사용 빈도가 높다 하더라도 국어원이 나서서 어의(語義)에 합당하도록 바르게 일러 사용을 고쳐어야 할 사안이지 그를 단지 사용빈도가 높다는 이유로 사전(辭典)에 등재(謄載) 표준어화(標準語化) 시킴은 부당한 처사였다. 라 여겨 집니다.

비견한 예로 요즘 TV 화면 자막 또는 대화에서 사용 횟수를 셀 수 없을 정도로 유행되고 있는 ㅎㅎㅎ, ㅋㅋㅋ, 얼짱, 할빠, 등등 이루 헤아릴 수 없도록 수 없이 쓰여지는 이런 희한한 말들은 정식 언어로 인정 국어사전에 수록할 수는 없을 것입니다.

이상과 같음이 아닌 '새벽『2』(後)'로 의미 부여한 전거(典據)가 있다면 밝혀 주실 수 있겠습니까. 밝혀 입증(立證)할 수가 없다면 국어원 표준국어대사전 상의 새벽 「2」는 오류(誤謬)임을 국어원 스스로 인정하는 상태가 됩니다. 그렇다면 어의(語義)에 합당하도록 수정되어야 하지 않겠습니까?

◈'새벽'이란 하늘이 완전하게 밝아지지 않은 때(먼동이 트면서 해가 뜨기 전)란 전거(典據)

●春秋左傳昭公元年夏四月; 君子有四時 朝以聽政晝以訪問夕以修令夜以安身(杜預注)一日之中君子分爲四時各治其事旦氣淸明人事之始故以聽治國政日中爲市衆之所聚故以訪問可否日之所爲夕而念之故以修節號令夜氣所存良心可復安故安息身體
●康熙字典日部七畫 [晨] 音神說文作晨早昧爽也
●書經太甲上; "先王昧爽丕顯, 坐以待旦" (辭源註)昧爽 天未全明之時
●詩經正解小雅庭燎; 夜如何其夜鄉晨(鄭玄箋)晨明也上二章聞鸞聲爾今夜鄉明我見其旂是朝之時也(辭源註)晨淸早○齊風鷄鳴; 東方明矣朝旣昌矣匪東方則明月出之光(註)東方明則日將出矣
●水滸傳第三回; 俺明日淸早來 發付稱兩箇起身
●漢賈誼新書官人; 淸晨聽治(辭源註)淸早 指日出前一段時間
●康熙字典日部十二畫 [曉] 玉篇曙也○日部十四畫 [曙]音署說文曉也
●楚辭九章悲回風; 涕泣交而凄凄兮思不眠以至曙(漢典註)曙 天亮
●儒林外史第十六回; 太公夜里要出恭從前沒人服侍就要忍到天亮(漢典註)指太陽將要露出地平綫天空發出光亮的時候
●滅亡第七章; 他連衣服也不脫就昏昏迷迷地一直睡到第二天早晨十点鐘(漢典註)早晨 指上午
●舞鶴賦; 感寒雞之早晨憐霜雁之違漠(漢典註)早晨 指鐘天將亮到八九点鐘的一段時間
●能改齋漫錄事始二; 世俗例以早晨小食爲點心自唐時已有此語
●樂府詩集淸商曲辭二子夜變歌一; 三更開門去始知子夜變(漢典註)三更 指半夜十一時至翌晨一時
●斷鴻零雁記第二十五章; 翌晨余偶出後苑嘘氣適逢其妹於亭橋之上扶闌凝睇如有所思(註)翌晨 次日早晨

위의 전거(典據)는 강희자전(康熙字典)에서 새벽(晨)은 매상(昧爽)이라 하였고, 서경(書經)에서 매상(昧爽)이란 천미전명지시(天未全明之時)라 하늘이 완전히 밝아지지 않은 때라 하였고, 또 새벽(晨)이란 청조(淸早) 청신(淸晨)과 같은 의미로 지일출전일단시간(指日出前一段時間) 이라 해가 뜨기 전 밤과 낮 사이에 끼인 한 층의 시간대를 지적함이며새벽(曉)이란 서(曙)와 동의로 서(曙)는 천량(天亮)이라 하였고 유림외사(儒林外史)에서 천량(天亮)이란 태양장요노출지평선(太陽將要露出地平綫)라 태양이 앞으로 지평선위로 떠오르려 하는 때. 라 하였으니 새벽이란 때는 밤(夜)에서 낮(晝)으로 이행되는 과정에서 먼동이 트기 시작한 때부터 해가 뜨기 전 시간대를 이르는 명사(名詞)입니다.

멸망(滅亡) 7 장의 조신십점(早晨十点)은 조신(早晨) 지상오(指上午)라 하였으니 오전 10 시로 번역되어야 합니다. 따라서 조신(早晨)이란 오전(午前)의 시간대를 의미하여 '조신 1 시(早晨一時)'는 '오전 1 시'란 말이 되고 '조신 11 시(早晨十一時)'는 '오전 11 시'란 말입니다. 조신(早晨)의 의미에는 이른 새벽. 아침이란 의미가 포함되어 있습니다.

또 익신(翌晨)이란 다음날 새벽이란 뜻이 아니고 次日早晨이라 하였으니 早晨이란 指上午라, 즉 익신(翌晨)이란 다음날 상오(上午; 午前)란 말입니다. 따라서 익신일시(翌晨一時)는 다음날 새벽 1 시란 의미가 아니고 다음날 '오전 1 시'란 의미입니다.

새벽이란 이상과 같아서 '오전(子正→正午)을 의미'한다거나 '자정 이후 일출 전(子正→日出前)' 시간대를 의미하지 않습니다. 따라서 어느 시간대가 새벽이라 지정할 수가 없습니다. 까닭은 1 년 365 일 새벽의 때가 닿는 시간대가 날마다 다르기 때문입니다.

◈'새벽'이란 '매상(昧爽)' '조조(早朝)' '샐녘'이란 전거(典據).

●新字典(1915) 日部七畫 [晨] 신昧爽새일녁
●增補字典釋要(1917) 日部七畫 [晨] 신昧爽샐녁
●漢日鮮新玉篇(1935) 日部七畫 [晨] 새벽신曉也。早朝。
●鮮和大辭典(1938) 日部七畫 [晨] 신昧爽새벽○日部二畫 早 조晨也 [早朝]조조일은아침

◆새벽의 때는 단지 샐녘으로 먼동이 트면서 해가 솟아오르기 전을 의미하게 됨.

◈신일시(晨一時)는 새벽 1 시로 번역(飜譯)하지 않고 오전 1 시로 번역(飜譯)되는 전거(典據)와 조신(早晨)이 시간의 앞에 놓일 때는 '이른 새벽'이 아니라 '오전(午前)'이란 전거(典據).

●杜甫月詩; 四更山吐月殘夜水明樓(漢典註)四更 指晨一時至三時
●韓愈同冠峽詩; 維舟山水間晨坐聽百鳥(辭源註)晨 淸早
●詩經小雅庭燎; 夜如何其夜鄉晨(鄭玄箋)晨明也上二章聞鸞聲爾今夜鄉明我見其旂是朝之時也
●周易坤卦; 臣弑其君子弑其父非一朝一夕之故其所由來者漸矣(辭源註)朝 早晨
●水滸傳第三回; 俺明日淸早來發付稱兩箇起身(註)淸早 淸晨
●新書官人; 淸晨聽治罷朝而議論(漢典註)淸晨 早晨
●儿女英雄傳第二十九回; 次日淸晨兒女早來問安
●子夜二; 淸晨五時許疏疏落落下了几点雨(註)淸晨 早晨
●滅亡第七章; 他連衣服也不脫就昏昏迷迷地一直睡到第二天早晨十点鐘(註)早晨①指從天將亮到八九点鍾的一段時間②指上午
●儒林外史第十七回; 到上午同喫了飯又拿出書來看看(註)上午 指半夜十二点以后至正午十二点的一段時間
●輟耕錄点心; 今以早飯前及飯後午前午後晡前小食爲點心(註)午前 上午
●晨(chén) [基本解釋(基本字義)]○淸早(太陽出来的時候); 早晨 凌晨 晨光 晨曦 晨風 晨霧 晨炊

◆신(晨)=조지시야(朝之時也). 조(朝)=조신(早晨). 조신(早晨)=상오(上午. 午前). ○早晨

一時(오전 1 시~ ○早晨十一時(오전 11 시).

◈어원(語源)으로서의 '새벽'

새=새다=dawn=날이 밝아 오다.
벽=闢=開=트이다=열리다.
새벽= 동이 트여 날이 밝아 오다

◈외국어의 '새벽'(영미(英美)의 새벽)

새벽=daybreak=샐녘. 동틀녘.
Day=날.
Break=새다.
The day breaks=날이 새다. 동이 트다.

◈시간적 개념에서의 '새벽'

●書經周書洪範; 五紀一曰歲二曰月三曰日四曰星辰五曰曆數(蔡沈集傳)日者正躔度也(辭源註)一晝夜(疏)終夜半以至明日夜半

●詩經正解陳風東門之楊; 同門之楊其葉牂牂昏以爲期明星煌煌(辭源註)昏 日暮

●春秋左傳註疏莊公[經]甲午七年; 夏四月辛卯夜恒星不見(孔穎達疏)夜者自昏至旦之總名(辭源註)從天黑到天亮的一段時間

●宋書列傳第三十三顔延之; 慌若迷途失偶黶如深夜徹燭(漢典註)指半夜以后

●書經商書太甲上; 先王昧爽丕顯坐以待旦(菜沈集傳)昧晦爽明也昧爽云者欲明未明之時也(漢傳註)旦 天亮

●春秋左傳昭公元年; 叔孫歸曾夭御季孫以勞之旦及日中不出(辭源註)旦 天明 早晨

●儒林外史第十六回; 太公夜里要出恭從前没人服侍就要忍到天亮(註)天亮 指太陽將要露出地平線

●五雜俎天部二; 九日天明時以片餻搭兒女頭額更祝曰願兒百事俱高(註)天明 天亮

●能改齋漫录事始二; 世俗例以早晨小食爲點心(註)早晨 早朝

●山谷風烟第一章; 子母倆吃完早朝二柱准備出門一个人緩緩地走了進來(註)早朝 早晨 早上

●朱子語類朱子三外任同安主簿; 早上所喻已栲治如法(註)早上 早晨

●禮記註疏昏禮疏; 鄭昏禮目錄云娶妻之禮以昏爲期因名焉必以昏者取其陽往陰來之義日入後二刻半爲昏

●詩經正解小雅庭燎章; 夜如何其夜鄉晨庭燎有煇君子至止言觀其旂(解)鄕晨近曉也夜盡則晨(鄭玄箋)晨明也朝之時也

하루란 일주야(一晝夜)로 오늘 자정(子正)으로부터 내일 자정(子正)까지 이며, 밤이란 어두워 지는 때부터 내일 아침 때까지이며, 심야(深夜)란 자정(子正) 이후의 이름이고, 이른 아침이란 새벽의 이름임.

혼(昏; 해가져 어두워 진 때)이란 일입후이각반위혼(日入後二刻半爲昏)이라 하였으니 해가 진 뒤 정확히 42 분반인 때를 이르며,

신(晨; 새벽)이란 야진칙신(夜盡則晨)이라 하였으니 밤이 다하고 날이 새는 때의 이름, 즉 먼동이 튼 후 해가 뜨기 전까지인 아침 때임.

◈하루 중 '새벽'의 시기(時期).

●說文聿部; 晝 日之出入與夜爲介从畫省从日(漢典註)从日出至日落的時間

●春秋左傳莊公七年; 傳曰夏恒星不見夜明也星隕如雨與雨偕也(林注)日光不匿故夜明隕(辭源註)夜 終天黑到天亮的一段時間

●詩經召南行露; 豈不夙夜謂行多露(孔穎達疏)夜卽昏也 (漢典註)夜 指黃昏 天亮

●儒林外史第十六回; 太公夜里要出恭從前没人服侍就要忍到天亮(註)天亮 黎明

●史記高祖本紀第八; 於是沛公乃夜引兵從他道還更旗幟黎明(司馬貞索隱)黎猶比也謂比至天

明(辭源註)黎明 天將明未明之時
●釋名疏證釋天第一; 晨(案說文云晨早昧爽也从臼辰農从晶或省作晨然則晨是本字)伸也旦而日光復伸見也(一切經音義引作言其淸旦日光復伸見也)○昏損也陽精損滅也

밤(夜)이란 황혼(夕)부터 천량(晨)까지의 시간대를 의미하며, 천량(天亮)이란 여명(黎明)으로 새벽(晨)을 의미하게 되는데 해가 뜨기 전 동쪽 하늘이 햇빛으로 인하여 훤하게 퍼져 보이는 동안을 새벽이라 한다.

따라서 새벽(晨)이란 밤(夜)이 낮(晝)으로 이행되는 시기로 어둠이 사라져 가는 시간대를 의미하게 된다.

◈새벽이란 어느 때인가.

●說文日部; [曉] 明也 此亦謂旦也俗云天曉是也引伸爲凡明之偁
●莊子天地; 冥冥之中獨見曉焉(林注)冥冥無形之地也視於無形而其見曉然即恍兮惚兮其中有象也
●長生殿雨夢; 紛紛淚點如珠掉梧桐上雨聲厮鬧只隔着一箇牕兒直滴到曉(註)曉明亮
●世說新語文學; 眞長(劉惔)延之上坐淸言彌日因留宿至曉(註)曉 明亮天明天亮

새벽의 때는 캄캄한 밤이 되어 땅의 형체가 보이지 않다가 지형(地形)이 보이기 시작하는 그 때를 새벽이라 한다.

11. 국어대사전 (1991. 교육도서)
②시간의 단위 앞에 쓰이어 '오전'의 뜻을 나타냄.

12. 표준국어대사전 (1999. 2008 온나인 제공. 국립국어원)
『2』(原) [새벽] 「2」((이른 시간을 나타내는 시간 단위 앞에 쓰여)) '오전'의 뜻을 이르는 말.
『2』(後)(주로 자정 이후 일출 전의 시간단위 앞에 쓰여) '오전'의 뜻을 이르는 말. 세박〈원각〉/새

이상 11. 국어대사전 (1991. 교육도서), 과 12. 표준국어대사전 (1999. 2008 온나인 제공. 국립국어원)의 새벽에 대한 의미 부여가 오류(誤謬)인 이유는 아래와 같습니다.

새벽(晨)=매상(昧爽)=하늘이 완전하게 밝아지지 않은 때(天未全明之時).
새벽(曉)=새벽(曙)=천량(天亮)=태양이 앞으로 지평선위로 떠오르려 하는 때(太陽將要露出地平綫).

◈이상 '(一) 새벽(晨. 曉)'의 결론(結論).

새벽의 의미에는 이상에서 전거(典據)로 입증(立證)되었다시피 국어대사전 (1991. 교육도서. 남광우外) ②시간의 단위 앞에 쓰이어 '오전'의 뜻을 나타냄. 이란 상리(常理)에 어그러진 그와 같은 의미는 '새벽'에 있지 않습니다. 따라서 그를 따랐든, 따르지 않았든 국어원의 표준국어대사전 '새벽; [새벽] 「2」(이른 시간을 나타내는 시간 단위 앞에 쓰여) '오전'의 뜻을 이르는 말.'역시 없습니다.

국어원이 제공하는 표준국어대사전의 새벽 『2』의 의미가 국어대사전 (1991. 교육도서.남광우外) ②를 참조하지 않았다면 새벽 1 시, 벽 2 시 등과 같이 오류사용 횟수가 아니라 불가역적(不可逆的) 전거(典據)로 입증하여야 합니다.

입증이 불가하면 국어원이 온라인으로 제공하는 표준국어대사전의 새벽「2」는 [상리(常理)를 위배(違背)]한 오류가 확인되어 삭제되어야 합니다.

(二)茶禮(다례 · 차례)

≪理由: 예법(禮法) 위배(違背)≫

1. 朝鮮語辭典 (朝鮮總督府篇)[倭政 11(1920)年]
茶禮(다례) 名 名日に死者な祀ろ略禮。
茶禮(차례) 名 每月一日・十五日及び節日の晝間に行ふ簡略なろ祭祀。

2. 朝鮮語辭典 (1938. 朝鮮語辭典刊行會. 文世榮. 初刊本 同)
다례(茶禮) 名 죽은 사람에게 명일에 지내는 제사.
차례(茶禮) 名 명일 또는 다달이 초하루 보름에 낮에 지내는 간단한 제사.

3. 國語大辭典 (1954. 永昌書館. 姜南馨)
다례(茶禮) 名 죽은 사람에게 명일에 지내는 제사.
차례(茶禮) 名 명일 또는 다달이 초하루 보름에 낮에 지내는 간단한 제사.

4. 우리말큰사전 (1957. 한국어편찬하편. 한글학회)
다례 이 =차례². [茶禮]
차례² 이 음력 매월 초하룻날과 보름날, 명절날, 조상 생일 들을 맞아 낮에 지내는 간략한 제사. 한 다례. 사. [茶禮]

5. 국어대사전 (1961. 民衆書館. 이희승)
다례(茶禮) 名 차례(茶禮).
차례(茶禮) 名 음력 매달 초하룻날과 보름날 또는 명절날 · 조상의 생일 등의 낮에 지내는 제사. 다례(茶禮).

6. (新選)國語大辭典 (1963. 東亞出版社. 監修 李應百外)
다례(茶禮) 名 차례(茶禮).
차례(茶禮) 名 음력으로 다달이 초하루 · 보름 또는 그 밖에 명절이나 조상 생일 등에 지내는 간단한 낮제사.

7. 現代國語大辭典 (1975. 東亞出版社. 李崇寧)
다례(茶禮) 名 차례(茶禮).
차례(茶禮) 名 음력으로 다달이 초하루 · 보름 · 명절 · 조상 · 생일 등에 지내는 간단한 낮 제사. 다례(茶禮). 차사(茶祀).

8. (최신)국어대사전 (1978. 知星出版社. 梁柱東)
다례(茶禮) 名 =차례(茶禮).
차례(茶禮) 名 음력으로 다달이 초하루, 보름 또는 그 밖에 명절이나 조상 생일 등에 지내는 간단한 낮 제사.

9. 現代朝鮮語辭典 (昭和 55. 1980. 日本. 天理大學朝鮮學科硏究室. 養德社)
茶禮(다례) 名 慶祝日の簡單な祭祀. ✻차례.
茶禮(차례) 名 陰曆の每月一日 · 十五日・名節 · 祖先の誕日などに行なろ簡略な晝の祭祀。✻다례(茶禮). 차사(茶祀).

10. (최신)국어대사전 (1985. 동광문화사. 한갑수)
다례(茶禮) 名 차례(茶禮).
차례(茶禮) 名 음력으로 다달이 초하루 · 보름 · 명절 · 조상 · 생일 등에 지내는 간단한 낮 제사. 다례(茶禮). 차사(茶祀).

11. 국어대사전 (1991. 교육도서. 남광우外)
다례(茶禮) 명 ①=차례. ②고제 중국의 사신을 맞아서 임금이 태평관(太平館)에서 차(茶)를 대접하던 의식.

차례(茶禮)² 명 음력 설날이나 다달이 초하룻날과 보름날, 명절날, 조상 생일 등에 간단히 음식을 차려 놓고 지내는 제사. 다례(茶禮)① 차사(茶祀)

12. 표준국어대사전 (1999. 2008 온나인 제공. 국립국어원)
다례(茶禮)
「명사」
「1」 차를 대접하는 의식.
「2」 =차례 02.
차례 02(茶禮)
「명사」
음력 매달 초하룻날과 보름날, 명절날, 조상 생일 등의 낮에 지내는 제사. 다례「2」·차사 04(茶祀)

13. 교학한국어사전 (2015. 교학사. 양철우)
다례(茶禮) 명 ①=차례(茶禮). ②귀한 손을 맞아 차(茶) 따위를 대접하는 예식.
차례(茶禮)² 명 명절이나 음력 초하루 · 보름에 지내는 간략한 낮 제사. 다례(茶禮). 차사(茶祀).

14. 엣센스국어사전 (2016. 민중서림. 고명수 편집. 이희승 감수.)
다례(茶禮) 名 차례(茶禮).
차례(茶禮) 名 매달 음력 초하룻날과 보름날 또는 명절날이나 조상의 생일 등의 날에 지내는 제사. 다례(茶禮)

15. 보리국어사전 (2016. 주 도서출판 보리. 인쇄 주 로얄 프로세스)
차례(茶禮) 추석 설날 조상의 생일 아침에 간단하게 지내는 제사.

(일본어(日本語)는 배운 바가 없어 보이는 대로 옮겨 놓아 오류가 있을 수 있으니 감안하기 바람)

◈茶禮의 본의(本意)

●桃花扇媚座; 花花綵轎門前擠不少欠分毫茶禮(註)茶禮指舊俗缔婚的聘禮
●文選南朝梁沈休文奏彈王源; 王源父子因共詳議判與爲婚滿璋之下錢五萬以爲聘禮(註)聘禮訂婚之禮
●勅使茶禮儀; 下馬茶禮儀云凡茶禮同其日禮賓寺設勅使座於南別宮正廳(以下省略)

다례(茶禮)의 본의는 빙례(聘禮)로서 빙례(聘禮)란 혼인을 약속하는 약혼의식을 의미하고, 지난날 우리나라에서 다례(茶禮) 의식(儀式)에는 칙사(勅使)가 들어오면 첫 의식으로 차 대접을 하게 되는 이 예를 다례라 하였음.

◈차례와 다례는 동의.

●康熙字典艸部六畫 [茶]廣韻俗木茶字春藏葉可以爲飮韻會茗也本作茶或作木茶今作茶○木部十一畫 [木茶]廣韻茶荈也今作茶俗字不可从廣韻東都切音徒楸木別名春藏葉可以爲飮巴南人曰葭木茶
●康熙字典彳部七畫 [徒][唐韻][集韻][韻會][正韻]竝同都切音塗 又叶唐何切音駝
●辭源艸部六畫; [茶] chá 說文作“荼” 卽古“荼”字 唐以後省作“茶”
●三音四聲字貫(日本)艸部六畫 [茶]タ. た(ta) た[多] タ. (多의 윗부분을 딴 자)
●字典釋要(1910)艸部六畫 [茶]다茗也차다
●校訂全韻玉篇(1913)艸部六畫 [茶]차俗다茗也
●新字典(1915) 艸部六畫 [茶]차俗다茗也차풀[博物誌]飮眞茶令人少眠(麻)
●全韻玉篇(1917) 艸部六畫 [茶]차俗다茗也
●鮮和大辭典(1938)艸部六畫 [茶]차俗다茗也

[茶]의 음(音)을 위와 같이 살펴보건대 사원(辭源)에서 chá 라 하였고 강희자전(康熙字典) 음(音)은 도(徒)인데 삼음사성자관(三音四聲字貫. 日本) タ. た(ta) (多의 윗부분을 딴 자)라 하였고 전운옥편(全韻玉篇) 등에서 [茶]차俗 다라 하였으니 '차'라 함은 속어

(俗語)가 되고 '다'라 함은 본음(本音)에 해당됩니다. 따라서 차(茶)와 다(茶)는 동의어(同義語)로 차례(茶禮)와 다례(茶禮) 역시 동의어로 그 의미가 다를지 않습니다.

1. 朝鮮語辭典(朝鮮總督府篇)[倭政 11(1920)年]의 차례(茶禮)는 아래와 같이 살펴보건대 궁실(宮室)의 예이며 백성(大夫士庶人)의 예는 그와 전혀 다릅니다. 궁실의 예는 백성들은 감히 따라 행하지 못함이 상식(常識)입니다.

◈[1] 차례란 궁실(宮室)의 예법(禮法)이란 전거(典據).

●宮內詔令存案光武七(1903)年十二月二日詔曰向於英廟誕辰茶禮未克設行而凡有喜慶必伸追慕之誠爰有已

○解; 英廟誕辰茶禮라 영묘(英廟; 世宗大王廟)의 생신(生辰) 다례(茶禮).

(2). ●咸興本宮儀式節目; 八月曰山祭秋夕祭十一月曰冬節祭冬至茶禮凡別小祭七次每月朔望祭凡二十二次(註正朝秋夕旣行別祭故朔望祭不爲疊行)

○解; 茶禮 每月朔望祭 함흥본궁(咸興本宮; 奉 穆祖 翼祖 度祖 桓祖 太祖 位版)에 다례(茶禮)로 每月朔望祭라. 매월 초하루 보름으로 제사한다.

(3). ●弘齋全書(乙卯 1814)群書標記三御定三咸興本宮儀式二卷永興本宮儀式二卷; 國初京都有啓聖殿咸興永興有本宮所以奉先王先后位版(註咸興奉穆祖翼祖度祖桓祖太祖位版永興奉太祖位版)蓋用原廟之制度也觀于本宮享儀祭名(云云)陳列儀仗振作鐃歌卽太室定大業保太平之樂所由本也本宮之制實爲國朝億萬年長(云云)十一月曰冬節祭冬至茶禮而朔望祭正朝秋夕惟不疊行(弘齋; 正祖大王의 號)

○解; 咸興本宮儀式 茶禮而朔望祭상(上) 함흥본궁의식절목(咸興本宮儀式節目) 동(同).

(4)함흥본궁의식(咸興本宮儀式); 진설도급의식(陳設圖及儀式)

○別大祭一位陳設之圖 ○別小祭一位陳設之圖 ○朔望祭一位陳設之圖

麵 匙楪 水剌 盞 羹 茶 麵 匙楪 水剌 盞 羹 茶 麵 匙楪 水剌
盞 羹 茶
片肉 炙肉魚 炙素 佐飯 片肉 炙肉魚 炙素 佐飯 炙魚
湯 湯 湯 湯 湯 湯 湯 湯 湯 湯 湯 湯 湯 湯
湯
切 熟 素 沈 淸 卵 食 切 熟 沈 醋 淸 卵 食 佐飯 熟菜 沈菜
淸醬 卵醢
肉 菜佐 飯 菜 醬 醢 醢 肉 菜 菜 醬 醬 醢 醢 切肉 熟 熟
食醢
煎 醋肉 芥 魚 熟 熟 煎 肉 芥 魚 熟 熟 燭臺 果 餠 淸
蜜 餠 果
油花 醬 膾 子 膾 油花 膾 子 膾
餠 餠 蜜淸 餠 餠 餠 餠 蜜淸 餠 餠
乾 乾 乾 乾 乾 乾 果 果 果 果 果
果 果 果 正果 果 果 臺燭 果藥 桂中
生 生 生 生 生 生
果 果 果 果 果 果
燭 中 藥 白 紅
臺 桂 果 散子 散子

○별대제홀기(別大祭笏記)(儀式)

諸執事先四拜 鞠躬四拜興平身 引詣盥洗位盥手 各就位 謁者引獻官入就拜位 啓櫝 樂作 參神禮 鞠躬四拜興平身 樂止 進飯進饌 謁者引獻官詣盥洗位盥手 樂作 降神禮 謁者引獻官詣第一室香案前 跪 三上香俯伏興平身 謁者引獻官詣第二室香案前 跪 三上香俯伏興平身 謁者引獻官詣第三室香案前 跪 三上香俯伏興平身 謁者引獻官詣第四室香案前 跪 三上香俯伏興平身 謁者引獻官詣第五室香案前 跪 三上香 執幣獻幣奠幣 俯伏興平身 謁者引獻官降復位 樂止 行初獻禮 樂作 謁者引獻官詣樽所 斟酒 謁者引獻官詣第一室神位前 跪 執盞獻盞奠盞 俯伏興平身(有祝則獻

官俯伏興少退跪樂暫止大祝進詣獻官之左讀祝訖樂作獻官俯伏興平身 五室同) 謁者引獻官詣樽所 斟酒 謁者引獻官詣第二室神位前 跪 執盞獻盞奠盞 俯伏興平身 謁者引獻官詣樽所 斟酒 謁者引獻官詣第三室神位前 跪 執盞獻盞奠盞 俯伏興平身 謁者引獻官詣樽所 斟酒 謁者引獻官詣第四室神位前 跪 執盞獻盞奠盞 俯伏興平身 謁者引獻官詣樽所 斟酒 謁者引獻官詣第五室神位前 跪 執盞獻盞奠盞 俯伏興平身 謁者引獻官降復位 樂止 執事開蓋上匙 退盞 行亞獻禮 樂作 謁者引獻官詣樽所 斟酒 謁者引獻官詣第一室神位前 跪 執盞獻盞奠盞 俯伏興平身 謁者引獻官詣樽所 斟酒 謁者引獻官詣第二室神位前 跪 執盞獻盞奠盞 俯伏興平身 謁者引獻官詣樽所 斟酒 謁者引獻官詣第三室神位前 跪 執盞獻盞奠盞 俯伏興平身 謁者引獻官詣樽所 斟酒 謁者引獻官詣第四室神位前 跪 執盞獻盞奠盞 俯伏興平身 謁者引獻官詣樽所 斟酒 謁者引獻官詣第五室神位前 跪 執盞獻盞奠盞 俯伏興平身 謁者引獻官降復位 樂止 退盞 行終獻禮 樂作 謁者引獻官詣樽所 斟酒 謁者引獻官詣第一室神位前 跪 執盞獻盞奠盞 俯伏興平身 謁者引獻官詣樽所 斟酒 謁者引獻官詣第二室神位前 跪 執盞獻盞奠盞 俯伏興平身 謁者引獻官詣樽所 斟酒 謁者引獻官詣第三室神位前 跪 執盞獻盞奠盞 俯伏興平身 謁者引獻官詣樽所 斟酒 謁者引獻官詣第四室神位前 跪 執盞獻盞奠盞 俯伏興平身 謁者引獻官詣樽所 斟酒 謁者引獻官詣第五室神位前 跪 執盞獻盞奠盞 俯伏興平身 謁者引獻官降復位 樂止 跪 闔門 俯伏興平身 執事三噫啓門 進茶 除匙闔蓋 樂作 獻官四拜 鞠躬四拜興平身 樂止 闔櫝 謁者引獻官詣望燎位 刪幣 禮畢 謁者引獻官出 詣執事者各就拜位 辭神禮 鞠躬四拜興平身 出 右別大祭儀節 (別小祭朔望祭移還安祭並同儀但不用樂無獻幣望燎)

○**解**; 다례(茶禮) 의식(儀式)은 진설도(陳設圖)로 보나 삼헌례(三獻禮)의 행례(行禮)로 보나 간단한 예(禮)가 아님.

(5)列聖御製正宗大王文; 孝明殿誕日別茶禮祭文○殯殿別茶禮祭文

○解; 열성어제(列聖御製; 朝鮮 太祖~哲宗 임금들의 詩文集)정종대왕 시문편에 효명전탄일별다례제문(孝明殿誕日別茶禮祭文)○빈전별다례제문(殯殿別茶禮祭文)

(6). ●國朝喪禮補編練祭儀; 淡服先入殿下就位哭諸臣助哀退出後殿下釋服行茶禮宗親入參別入參人隨下敎若內喪則諸臣不入參他倣此而名殿臨魂宮釋服亦倣此

○解; 국상(國喪) 연제의(練祭儀) 다례(茶禮).

(7) ●國朝五禮通編迎賜誄祭及弔賻儀; (左右通禮)導殿下陞就拜位東向立(左通禮)俯伏跪啓請鞠躬再拜興平身殿下與使者鞠躬再拜興平身就座(徹褥席)行茶禮畢(卒哭前則以衰服行相會禮除茶禮)(左右)(通禮)導殿下由西門出引禮引使者由東門出送于門外殿下還宮侍衛如常儀(宗親文武百官分司侍衛)宗親及文武百官以次就使者前行禮如常

○解; 국례(國禮) 영사시제(迎賜誄祭) 다례(茶禮).

◈[2]대부사서인(大夫士庶人)의 속칭(俗稱) 다례(茶禮) 예법(禮法)

(6) ●性理大全祠堂正至朔望則參; 正至朔望前一日灑掃齋宿厥明夙興開門軸簾每龕設新果一大盤於卓上每位茶盞托酒盞盤各一於神主櫝前設束茅聚沙於香卓前別設一卓於阼階上置酒注盞盤一於其上酒一甁於其西盥盆帨巾各二於阼階下東南有臺架者在西爲主人親屬所盥無者在東爲執事者所盥巾皆北主人以下盛服入門就位(云云)○望日不設酒不出主主人點茶長子佐之先降主人立於香卓之南再拜(朱子家禮, 家禮儀節. 擊蒙要訣. 喪禮備要, 四禮便覽, 等書 同)

○解; 백성(百姓)은 사당정지삭망칙참(祠堂正至朔望則參)이라 사당(祠堂)에 정월(正月) 초하루와 동지(冬至), 매월(每月) 초하루보름으로 찾아 뵙는데 망일불설주(望日不設酒)라 보름날에는 술은 진설하지 않고 점다(點茶); 차만 따라 올린다. (이를 속설로 더러 다례. 차례 등으로 이르고 있다)

◈[3]국례(國禮)와 대부사서인(大夫士庶人)의 예법(禮法)이 다르다는 전거(典據)

●國朝五禮儀序; (前略)特命高靈府院君臣申叔舟總裁焉越甲午夏始克成書摸印將行臣竊觀記禮者有三千三百之文然其要則不過曰吉凶軍賓嘉五者而已由祭祀有吉之禮由死喪有凶之禮由備禦有軍之禮由文際冠婚之重有賓與嘉之禮禮備乎五者而人道之始終具焉欲爲天下國家者舍是無以爲也今是書更歷數 聖人揣摩之功極其精密上自朝廷下至士庶各有定禮不相踰越天經地緯曲禮小節粲然

不紊實吾東方萬世之令典也(下略)
○**解;** 國朝五禮儀序; 上自朝廷下至士庶各有定禮不相踰越 국조오례의 서문; (云云)위로는 조정으로부터 아래로는 백성에 이르기 까지 각각 정하여진 예가 있어 서로 넘어가서는(침범하여서는) 아니 되느니라. (云云)

●朱子家禮序; (晦庵朱先生) 凡禮有本有文自其施於家者言之則名分之守愛敬之實其本也冠昏喪祭儀章度數者其文也其本者有家日用之常體固不可以一日而不備其文(云云)
○**解;** 朱子家禮序; 주자가례서문; 冠昏喪祭儀章度數者其文也其本者有家日用之常體固不可以一日而不備其文 이라 관혼상제(冠婚喪祭)와 의장도수(儀章度數) 자(者)는 범례(凡禮)의 법문(法文)으로 그 근본은 집(家; 백성)에서 날마다 쓰이고 있는 상체(常體)로서 그 법도를 갖추지 않고서는 진실하게 하루를 넘길 수 없느니라.

이 난을 보고 계시는 왕가(王家)가 아니고 사가(私家)인 귀댁(貴宅)들에서 위 주장과 같이 매월 삭망일, 명절날, 조상 생일의 제사를 선조(先祖)들로부터 그와 같은 제사를 물려 받아 이어 지내고 계십니까. 우리나라 제사 예법은 왕가(王家)에서는 국조오례의(國朝五禮儀)와 국조상례보편(國朝喪禮補編) 등 서(書)를 따르고, 민가(民家)에서는 주자가례(朱子家禮)를 모서(母書)로 삼아 따라 행하고 있습니다. 대부사서인(大夫士庶人)들은 지존(至尊)을 섬기는 예(禮)에 따라 불경스럽게 왕실(王室)의 예법은 모방 따라 행하지 않습니다.

대부사서인(大夫士庶人)들을 다만 부모나 승중(承重)의 조부모가 작고 하시게 되면 상삼년(喪三年) 내(內)는 생전(生前)과 같은 예로 생신제(生辰祭)를 차려드리나 상(喪)을 마친 이후는 생신제 조차 지내드리지 않습니다.

대부사서인(大夫士庶人)의 생신제(生辰祭)는 은전(殷奠)이라 하였으니 간단한 제사가 아니라 성대한 큰제사입니다.

◈[4]대부사서인(大夫士庶人)의 속칭(俗稱) 차례(茶禮)의 진실(眞實)

●朱子家禮祠堂正至朔望則參; 正至朔望前一日灑掃齋宿厥明夙興開門軸簾每龕設新果一大盤於卓上每位茶盞托酒盞盤各一於神主櫝前設束茅聚沙於香卓前別設一卓於阼階上置酒注盞盤一於其上酒一甁於其西盥盆帨巾各二於阼階下東南有臺架者在西爲主人親屬所盥無者在東爲執事者所盥巾皆在北主人以下盛服入門就位(以下省略)○望日不設酒不出主主人點茶長子佐之先降主人立於香卓之南再拜乃降餘上儀
●康熙字典厶部九畫 參 音驂 廣韻 覲也
●士喪禮月半不殷奠朱子曰祭禮正要簡簡則人易從
●按朱子之意欲要簡而易從則月半不設酒雖本於不殷奠之禮而亦從簡省也
●栗谷曰國俗無用茶之文當於望日不出主只啓櫝不酹酒只焚香使有差等
●南溪曰望日不設酒國俗又不用茶此則恐難强行惟朔參所用果一器及降神只焚香參神辭神之節不可廢也
●尤庵曰忌祭重而參禮經無論尊卑當先忌後參
○**解;** 주자가례(朱子家禮) 사당례(祠堂禮)로 정단(正旦)과 동지(冬至)와 매월 초하루와 보름날에는 참배(參拜)를 하는데 보름참배(參拜)에는 계독(啓櫝)만하고 신주(神主)는 내모시지 않으며 헌주(獻酒)함이 없고 다만 차(茶)만 따라 올린다. 하였는데 그 시대(時代)에는 우리의 습속(習俗)에는 차(茶) 문화가 없어 남계(南溪) 설(說)을 따르면 강신(降神)의 예에서도 뇌주(酹酒)를 폐하고 단지(但只) 분향(焚香) 참신(參神) 사신(辭神)으로 예를 마치게 되어 있어 무주례(無酒禮)라 칭함이 옳을 것이나 朱子家禮 望日不設酒不出主主人點茶 설(說)로 인하여 세설(世說)에서 이 예를 일러 더러 다례(茶禮) 또는 차례(茶禮)라 칭하기도 하나 사당정지삭망칙참(祠堂正至朔望則參)의 예(禮)를 일러 우암(尤庵) 선유(先儒) 말씀과 같이 예서적(禮書的) 예명(禮名)은 참례(參禮)라 합니다.

◈[5]지난날 궁실(宮室)에서는 차(茶)를 상용(常用)하였다는 전거(典據)

●日省錄純祖二年; 李秉模曰水剌後飮茶進御似好矣予曰何茶乎醫官秦泳等曰三仙茶似好矣予曰

茶飮調入砂糖爲宜耶醫官金時中曰和糖多許則恐妨於蛔略爲調味好矣
●勅使茶禮儀下馬茶禮儀[凡茶禮同]; 其日禮賓寺設勅使座於南別宮正廳東壁西向掖庭署設國王座於西壁東向設香案於北壁司饔院設茶亭於廳內近南北向國王至南別宮入幄次勅使將至左通禮啓請出次國王出次承旨導國王以入與勅使俱至正廳勅使在東西向立國王在西東向立與正使行再拜禮正使答再拜與副使行再拜禮副使答再拜勅使就座國王就座司饔院提調一人捧茶甁三人捧茶鍾盤俱入立於茶亭東[捧鍾者在西]提調二人各捧果盤一人立於正使之右近北南向一人立於副使之左近南北向提調捧果盤立於國王之右近南北向提調以鍾受茶[提調酌茶]跪進于正使前正使受鍾提調以鍾受茶跪進于副使前副使受鍾提調以鍾受茶跪進于國王前 國王執鍾擧茶訖提調各進勅使前跪受鍾提調進國王前跪受鍾俱復茶盤以出初擧茶訖提調各跪進果于勅使前提調跪進果于國王前竝如上儀訖俱以盤出茶禮畢國王與勅使揖出高麗國王優待清使着照該國所擬欽此夏軍機處飭禮部備案可也乾隆四十二年五月初二日欽批
○**解;** 수라후음다진어(水剌後飮茶進御)수라(水剌)를 다 드신 뒤에는 임금님께 차(茶)를 올려 드렸다.

◈[6]지난날 우리(大夫士庶人)의 국속(國俗)에는 차(茶)를 음용(飮用)하는 예법(禮法)이 없었다는 전거(典據)

●擊蒙要訣(栗谷纂)參禮儀; 按家禮望日則不出主不設酒只設茶今國俗無用茶之禮當於望日不出主只啓櫝不酹酒只焚香使有差等
●退溪先生文集續集書; 答(金止叔別紙 庚午)有事則告條下有獻茶酒之禮今不用茶只以酒果告爲當主人旣奠酌跪告降復位新婦乃拜
●四禮便覽祭禮祠堂正至朔望則參; 望日不設酒不出主餘如上儀(按)茶是中國所用而國俗不用故設茶點茶等文一并刪去若別有饌品則設筯楪於每位考妣盞盤之間主人斟酒訖主婦升正筯主人主婦分立於香卓之前東西皆北向拜爲可
●南溪禮說祠堂參; 問望日云不設酒無降神之節耶今無用茶家當代用而設酒耶答望日不設酒國俗又不用茶此則恐難强行惟朔參所用果一器及降神只焚香參神辭神之節不可廢也
●雲坪曰古禮醴酒竝設醴重於酒家禮因書儀朔參用茶酒並者乃唐宋時俗尙之故耳我國旣無茶俗尙醴由是則茶代以醴合於古而不忘本且望日旣不用酒茶之降神甚不便矣

이상과 같이 전거(典據)에 나타나 있듯이 지난날 백성(百姓)의 음용(飮用) 풍습(風習)에는 차(茶) 문화가 없었으니 사당(祠堂) 선조(先祖) 예법(禮法)에 역시 차례(茶禮)가 아예있었지 않았음이 확인됩니다.

이상에서 예(例)로 든 15 종의 사전(辭典)들이 하나 같이 다례(茶禮) 차례(茶禮)를 분리하여 그 의미를 부여한 근원이 어느 사전(辭典)이었나를 지시가 없다 하여도 직감하게 될 것입니다.

1. 朝鮮語辭典(朝鮮總督府篇)[倭政 11(1920)年]의 차례(茶禮)는 위와 같이 살펴보건대 궁실의 예로서 백성의 예는 그와 전연 다르며 궁실의 예는 백성들은 감히 따라 행하지 못함이 상식입니다.

이와 같은 상식(常識)을 총독부가 주관하여 발행된 朝鮮語辭典 茶禮(차레) 名 毎月一日・十五日及び節日の書間に行ふ簡略なろ祭祀。를 편찬(編纂)하면서 차례(茶禮)의 예법을 소상하게 이해하지 못한 일인(日人)의 시각에서 사전화 한 茶禮(차레)를 국권 회복 후 후발 사전(辭典)들이 그대로 베껴(?) 놓는 우(愚)를 범하였다. 라 핀잔을 받는다 하여도 예로 든 사전(辭典) 모두 변명의 여지가 없습니다.

귀원, 귀사(貴社)의 사전(辭典)에 차례 02(茶禮)「명사」음력 매달 초하룻날과 보름날, 명절날, 조상 생일 등의 낮에 지내는 제사. 다례「2」• 차사 04(茶祀) 거나 이와 유사(類似)하게 수록되어 있습니다.

이상과 같이 사전화(辭典化)한 근거(根據)가 “朝鮮語辭典 (朝鮮總督府篇)[倭政 11(1920)年]
茶禮(차레) 名

每月一日・十五日及び節日の晝間に行ふ簡略なろ祭祀 에 의하지 아니하였다면 또 다른 근거(根據)에 의하였습니까.

어느 가문(家門)의 선대 조상님들도 대대(代代)로 그와 같은 제(祭)를 지내 내려오지 않았을 것입니다. 만약 지냈다고 한다면 의례(儀禮) 예법(禮法)에 관하여 무식(無識)한 가문(家門)이었거나 아니라면 왕가(王家)의 가문임이 틀림 없을 것입니다.

이도 저도 아니라면 음력 매달 초하룻날과 보름날, 명절날, 조상 생일 등의 낮에 지내는 제사. 는 지낸 역사가 없을 것입니다.

茶禮는 사당(祠堂)의 예(禮)이니 만약 그가 누구든 대부사서인(大夫士庶人)으로서 사당(祠堂)을 세우고 신주(神主)를 모시고 봉사치 않은 가문이었다면 아예 그런 제사는 지낸 가문이 아니니 논할 까닭이 없고, 사당(祠堂)을 건사한 가문(家門)이라 하더라도 매월 보름날이 아닌 매달 초하룻날과 명절날, 조상 생일 등의 날에 사당(祠堂) 茶禮를 지내고있었다면, 알았던 몰랐던 감히 왕실의 예를 따라 조상을 섬겼으니 지존(至尊)의 법도를 어긴 불경(不敬)의 죄를 범하고 있었다 할 것입니다.

"朝鮮語辭典 (朝鮮總督府篇)[倭政 11(1920)年] 茶禮(차례) 名 每月一日・十五日及び節日の晝間に行ふ簡略なろ祭祀" 에 의하지 아니하고, 다른 전거(典據)에 의하였다면 밝혀 주실 수 있겠습니까. 다른 전거(典據)를 밝혀낼 수 없다면 오류(誤謬)가 분명하지 않겠습니까.

정당화시킬 전거(典據)가 없다면 삭제(削除)하거나, 존속시킬 필요가 있다면 국례(國禮)임을 밝혀놓아야 합니다.

◈[7]주자가례(朱子家禮) 제례의 진다(進茶)에 국속(國俗)에서는 茶가 없어 숙수(熟水)를 올린다는 전거(典據).

●朱子家禮祭禮(中國宋代)○參神○降神○進饌○初獻○亞獻○終獻○侑食○闔門○啓門(主婦奉茶)○受胙辭神納主徹
●喪禮備要(國)祭禮啓門條; 主婦奉茶 國俗代以水
●退溪曰今人進湯水是古進茶之意
●水滸傳第三十二回; 討些湯水洗漱了吃些醒酒之物便來拜了那人相叙舊話(註)湯水 熟水

중국(中國) 송(宋)나라에서는 차(茶)를 음용(飮用)하여 제례(祭禮)에 진다(進茶) 예법(禮法)이 있으나, 동방국(東方國)의 백성 제례예법에는 국속(國俗)에는 차(茶)를 음용(飮用)하지 않아 숙수(熟水)를 올린다.

◈[8] 백성(百姓:大夫士庶人)의 전제류(奠祭類)
●朱子家禮; ◎卷第一通禮祠堂○出入必告○正至朔望則參○俗節則獻以時食○有事則告◎卷第四喪禮○朝夕哭奠上食○虞祭◎卷第七祭禮○四時祭○初祖○先祖○禰○忌日○墓祭○祭后土
●齊竟陵文宣王行狀; 遣大鴻臚監護喪事朝夕奠祭(註)奠祭謂獻上酒食等祭祀死者鬼神
●與猶堂全書喪禮四箋虞祭一; 又按以虞易奠者謂虞而立尸有几筵方是祭禮與奠禮特異也又自是日遂無朝夕之奠斯其所謂易奠也
●檀弓下奠以素器以生者有哀素之心也(孔疏)奠謂始死至葬之時祭名以其時無尸奠置於地故謂之奠也
●檀弓上; 祭禮與其敬不足而禮有餘也不若禮不足而敬有餘也
●穀梁傳成公十七年九月; 祭者薦其時也薦其敬也薦其美也非享味也(註)祀祖祀神無牲而祭曰薦薦而加牲曰祭通言皆稱祭
●同春問先考生日三年內設享亦難免非禮之議否沙溪曰凡筵異於祠堂以酒果餠麵如朔奠禮設之如何此非祭禮恐無不可
●陶庵曰生辰祭實非禮之禮三年之內則有象生之義於朝上食後別設數品饌而儀如朝夕奠恐亦不妨否

●湯氏鐸曰按家禮親生辰牙祭鄭氏曰祭死不祭生伏覩國朝頒降胡秉中祀先圖凡例有生日之祭當以此爲據竊惟親在生辰旣有慶禮歿遇此日能不感慕如死忌之祭可也
●問三年內遇亡人生辰不忍虛過上食後別設饌行之如何尤菴曰恐當如此象平日饌品稍備而行之耳
●南溪曰生辰祭雖曰非禮三年內則人不可不行其儀倣俗節別設
●問生辰祭三年內設行可從否遂菴曰三年內象生時設行無妨
●問家禮集說有所謂生忌於先考妣生日設酒食以祭象平生也其祭文曰生旣有慶歿寧敢忘云退溪曰恐孟子所謂非禮之禮此類之謂也
●尤菴曰生辰之祭退溪非禮之答似不可易矣若知其非禮而以先世所行爲難停廢則是非禮之禮無時可改也世人喜說喪祭從先祖之文此殊未安然先世所行之禮昧然遽廢亦似未安須告以廢之之意恐爲婉轉
●會成惟親在生辰旣有慶禮歿遇此日能不感慕如死忌之祭可也
●問先考生日三年後行祭未知三年內設享亦難免非禮之譏否沙溪曰凡筵異於祠堂以酒果餠麵如朔奠禮設之如何此非祭禮恐無不可
●寒岡問先考生日設飮食以祭象平生也其祭文曰存旣有慶歿寧感忘云云此意如何退溪曰恐孟子所謂非禮之禮此類之謂也
●家禮集說親在生辰旣有慶禮歿遇此日能不感慕如死忌之祭可也祝文云云歲序遷易生辰復遇存旣有慶歿寧敢忘追遠感時昊天罔極謹以淸酌庶羞恭伸追慕尙饗
●鄭氏曰國朝頒降胡秉中祀先圖凡例有生日之祭當以此爲據竊惟親在生辰旣有慶禮歿遇此日能不感慕如死忌之祭可也
●沙溪曰生忌之祭馮善創開退溪非之是矣
●龜峯曰家禮祭有其數無先親生辰祭祭不可
●星湖曰吾平日禁生日宴飮况生忌非禮古有定說然不肖居喪之內則設饌如殷奠無祝而行事先賢有委曲處之未曾顯言其非故惟喪內行之
●愚伏答宋敬甫曰先大人生日適在季秋則雖三年之後以其日行禰祭甚得情理與所謂非禮之禮自不同
●鄭氏曰國朝頒降胡秉中祀先圖凡例有生日之祭當以此爲據竊惟親在生辰旣有慶禮歿遇此日能不感慕如死忌之祭可也
●家禮會成生辰祭; 儀節並同祭禰但告辭云今以某親某官府君降生之辰敢請神主出就正寢恭伸追慕餘並同

◆생신제의절차(生辰祭儀節次)(會成)

儀節並同祭禰

序立(主人主婦及弟婦子姪凡禰所出者皆在)○參神禮○鞠躬拜興拜興平身○降神禮○盥洗○詣香案前○跪○上香○酹酒(以下旁注皆與時祭同)○俯伏興拜興拜興平身○進饌○初獻禮○詣考妣神位前○跪○祭酒○奠酒○祭酒○奠酒○俯伏興平身○詣讀祝位○跪○主人以下皆跪○讀祝○俯伏興○鞠躬拜興拜興平身○復位○奉饌○亞獻禮○盥洗○詣考妣神位前○跪○祭酒○奠酒○祭酒○奠酒○俯伏興拜興拜興平身○復位○奉饌○終獻禮○盥洗○詣考妣神位前○跪○祭酒○奠酒○祭酒○奠酒○俯伏興拜興拜興平身○復位○奉饌○侑食○鞠躬拜興拜興平身○復位○闔門○祝噫歆○啓門○主人以下復位○獻茶○飮福受胙○詣飮福位○跪○嘏辭曰(云云四時祭同但去祖字)○飮福酒○受胙○鞠躬拜興拜興平身
(主人起立于東階上西向)○告利成(祝立于西階上東向曰)○利成○復位○鞠躬拜興拜興平身○辭神禮○鞠拜興拜興平身○焚祝文○送主○徹饌○禮畢

이상과 같이 살펴보건대 대부사서인(大夫士庶人) 제(祭)에서 장전(葬前)의 예(禮)는 전제(奠祭) 또는 전례(奠禮)라 이르고, 장후(葬後)의 졸곡제(卒哭祭) 전(前)은 흉제(凶祭)라하며, 이상은 단헌례(單獻禮)이고, 졸곡제(卒哭祭) 후(後)는 길제(吉祭)라하는데 모두 삼헌례(三獻禮)이고, 사당제(祠堂祭)에서 삭망례(朔望禮)는 참례(參禮)라하고, 속절례(俗節禮)는 헌례(獻禮)라하고, 고(告)할 일이 있어 아뢰는 예(禮)를 고사(告祀)라 하며, 모두 단헌(單獻)으로 마치게 되는데, 다만 망례(望禮)에는 술(酒) 대신 숙수(熟水)를 올려드리고, 사시제(四時祭) 이하 묘제(墓祭)까지는 길제(吉祭)로서 삼헌례(三獻禮)가 되고, 후토제(后土祭) 역시 삼헌례(三獻禮)가 됩니다.

특히 생신제(生辰祭)는 부모나 승중(承重)의 조부모 상(喪)을 당하여 상(喪) 삼년 내에 생신일을 당하면 생전의 예로 니제(禰祭) 의식(儀式)과 같이 삼헌례(三獻禮)로 성대하게 지내드리게 됩니다.

이상과 같이 대부사서인(大夫士庶人) 제(祭)를 살펴보건대 우리의 예법에는 茶禮란 아예 어느 경우의 예(禮)에도 없습니다.

◈이상 (二)茶禮(다례 · 차례)의 결론(結論).

차례(茶禮)와 다례(茶禮)는 동의로 茶禮의 의미 중 제례(祭禮)의 茶禮는 궁례(宮禮)와 백성(百姓)의 예가 별개임을 간과하고 일인(日人)들이 제작한 조선어사전(朝鮮語辭典)에서 백성의예인 양 차례(茶禮)와 다례(茶禮)로 분리 운운하는 우를 범하였습니다.

茶禮의 본의는 백성은 세속에서 사당(祠堂)의 예(禮)로 매월 보름의 예(禮)를 이름이고, 궁실(宮室)에서는 매월 초하루 보름과 생신제(生辰祭)를 다례라 하는데 조선어사전(朝鮮語辭典)에서 구분 없이 사전화하여 놓는 오류를 범하였습니다.

이를 위 10 종의 사례(事例)와 같이 모두 조선어사전(朝鮮語辭典)의 다례(茶禮) 차례(茶禮)의 체계를 깊이 살핌 없이 거의 대동소이하게 복사(?)한 것과 같이 기록하여 놓는 우를 범하였다. 라는 지적을 면하지 못할 것입니다.

면하는 길은 우리 조상님의 법도에서 왕가가 아닌 백성의 예로 그와 같은 예법이 기록된 예서(禮書)를 지적 입증하여야 합니다. 전거(典據) 제시가 불가능하면 모두 오류입니다. 이는 사례(事例)로 든 10 종의 사전(辭典) 모두 제례(祭禮)의 법도(法度)를 위배(違背)한 차례² 명 음력 설날이나 다달이 초하룻날과 보름날, 명절날, 조상 생일 등에 간단히 음식을 차려 놓고 지내는 제사. 라 의미부여는 [예법(禮法)을 위배(違背)]한 오류로 삭제되어야 하고 존속시키는 방법은 다례(茶禮)¹ 다례(茶禮)²로 분리, 다례(茶禮)² (國禮) 명 음력 설날이나 다달이 초하룻날과 보름날, 명절날, 조상 생일 등에 간단히 음식을 차려 놓고 지내는 제사. 라 분리 수록함이 법도상 옳습니다.

아침의 나라 백성(大夫士庶人)의 음식문화에는 식후에 숭늉을 마시는 문화는 있었어도 후식(後食)으로 차를 마시는 문화가 없어 사당(祠堂) 예법에서 역시 차례(茶禮)라는 예는 이상에서 살펴본 바와 같이 없었습니다.

(三)祭酒(제주 · 쇄주)

≪理由; 법전(法典. 規程) 위배(違背)≫

1. 朝鮮語辭典 (朝鮮總督府篇)[왜정(倭政)11(1920)年]
祭酒(제주) 名; 祭祀に用ふろ酒。
좨(祭)
祭酒(좨쥬)名; 成均館の一職。
祭祀の酒ぉ掌ろ,學德わろ正三品以上の者を任ず

2. 朝鮮語辭典 (1938. 朝鮮語辭典刊行會. 文世榮. 初刊本 同)
祭酒(졔쥬) 名 제사에 쓰는 술.
좨주 名 제향 때 술을 맡아 보던 성균관(成均館)의 한 벼슬. 학력이 있는 정사품 이상의 사람으로 임명하던 것.

3. 國語大辭典 (1954. 永昌書館. 姜南馨)
祭酒(제주) 名 제사에 쓰는 술.
좨주 名 제향 때 술을 맡아 보던 성균관(成均館)의 한 벼슬. 학력이 있는 정사품 이상의 사람으로 임명하던 것.

4. 우리말큰사전 (1957. 한국어편찬하편. 한글학회)
제주 5 이 ①제사에 쓰는 술. 한제삿술. 젯술. ②→좨주.[祭酒]
좨주 이①고려 때, 국자감의 정삼품 벼슬. 충렬왕 원(1275)년에 전주로, 공민왕 18(1369)년에 사성으로 고쳤다. ②조선 때, 성균관의 한 벼슬. 주로 석전의 제향을 맡아 왔으며, 정삼품 이상의 학덕이 높은 사람을 시켰다. 태종 때에 사성으로 고쳤다. [<祭酒]

5. 국어대사전 (1961. 民衆書館. 이희승)
제주(祭酒) 名 제사에 쓰는 술. ¶~를 올리다.
좨:주(祭酒) 명 고려 · 조선 초의 종삼품 벼슬. 조선 태종(太宗) 원년(1401)에 사성(司成)이라고 고침.

6. 新選國語大辭典 (1963. 東亞出版社. 監修 李應百外)
제주(祭酒) 名 제사 지낼 때에 쓰는 술.
좨주(←祭酒) 명 〈제〉 ①성균관에서 학덕(學德)이 높은 정삼품 이상의 사람에게 제향(祭享) 때 술을 맡아 다루게 하던 벼슬. ②고려 국자감(國子監)의 종삼품 벼슬.

7. 現代國語大辭典 (1975. 東亞出版社. 李崇寧)
제주(祭酒) 名 제사 지낼 때에 쓰는 술.
좨주(←祭酒) 명 〈제〉 ①성균관에서 학덕이 높은 정삼품 이상의 사람에게 제향(祭享) 때 술을 맡아 다루게 하던 벼슬. ②고려 국자감(國子監)의 종삼품 벼슬.

8. (최신)국어대사전 (1978. 知星出版社. 梁柱東)
제주(祭酒) 名 제사 지낼 때에 쓰는 술.
좨주(祭酒) 명 〈제〉 1. 성균관에서 학덕(學德)이 높은 정삼품 이상의 사람에게 제향 때 술을 맡아 다루게 하던 벼슬. 2. 고려 국자감(國子監)의 종삼품 벼슬.

9. 現代朝鮮語辭典 (昭和 55. 1980. 日本. 天理大學朝鮮學科硏究室. 養德社)
祭酒(제주) 名 祭祀に使ろ酒。
祭酒(좨쥬)(←) 名 (制) ①成均館の一官職。②高麗の“國子監”の一官職.

10. (최신)국어대사전 (1985. 동광문화사. 한갑수)
祭酒(제주) 名 제사 때에 쓰는 술.
좨주(←祭酒) 명 〈제〉 ①성균관에서 학덕이 높은 정삼품 이상의 사람에게 제향(祭享) 때 술을 맡아 다루게하던 벼슬. ②고려 국자감(國子監)의 종삼품 벼슬.

11. 국어대사전 (1991. 교육도서. 남광우外)
제주[3](祭酒) 명 제사에 쓰는 술. 제사술. The wine for use in a sacrificial rate
좨주(祭酒) 명 조제 ①조선 때의 정 3 품 관직. 학덕이 높은 사람으로 성균관(成均館)에서 교회(敎誨)하는 일을 담당하였음. 태종(太宗) 1 년(1401)에 사성(司成)으로 고쳤음. ②고려 때 국자감(國子監)의 종 3 품 벼슬. 25 대 충렬왕 2 년(1275)에 전주(典酒)로 공민왕 18 년(1369)에 사성(司成)으로 개칭(改稱)하였음. ×제주(祭酒)[3]

12. 표준국어대사전 (1999. 2008 온나인 제공. 국립국어원)
제주 03(祭酒)
「명사」
제사에 쓰는 술. 제삿술 • 젯술.
¶ 손수 청주를 떠서 제주를 봉하고 순을 지휘하여 제물을 차리게 하였다.《이광수 흙》/내일 차례에 쓸 제주를 찹쌀로만 따로 해 놓았다. 《이기영》 봄.
좨주(祭▽酒)[좨:-]
「명사」「역사」
「1」 고려 시대에, 석전(釋奠)의 제향(祭享)을 맡아 하던 종삼품 벼슬. 국자감 • 성균감 • 성균관에 두었는데, 나이가 많고 학덕이 높은 사람 가운데서 뽑았다. 공민왕 18 년(1369)에 사성(司成)으로 고쳤다.
「2」 조선 시대에 성균관에 속한 정삼품 벼슬. 태종 원년(1401)에 사성(司成)으로 고쳤다.

13. 교학한국어사전 (2015. 교학사. 양철우)
제주(祭酒) 名 제사에 쓰는 술.
좨주(祭酒) 名 [주로 석전(釋奠)의 제례를 맡던 관직으로]①고려시대 국자감(國子監) 성균관 종삼품 또는 정사품 관직. ②조선시대 성균관의 정삼품 또는 정사품 관직.

14. 엣센스국어사전 (2016. 민중서림. 고명수 편집. 이희승 감수.)
제주(祭酒) 名 제사에 쓰는 술. 젯술. 제삿술.
좨주(祭酒) 名 (歷) 고려 조선 초의 종삼품 벼슬. 조선 태종(太宗) 원년(1401)에 사성(司成)이라고 고침.

15. 보리국어사전 (2016. 주 도서출판 보리. 인쇄 주 로얄 프로세스)
제주(祭酒); 무(無).

'좨주'는 '졔쥬(祭酒)'의 오음(誤音)
1. 祭酒의 본음(本音. 古音)은 '졔쥬'이고, 현대 음으로는 제주라 함.
2. 좨주는 제쥬(주)의 오청(誤聽) 오인에 의한 오음(誤音)임.
3. 정확한 음을 구사할 수 있다 자신한다면 '졔쥬'를 몇 번 반복하여 보면 왜 '좨쥬'로 들리게 되었고 '좨쥬'라 하였는가는 충분히 이해하게 됨.

이상의 좨주(祭酒) 역시 예로 든 15 종의 사전(辭典) 중 14 종이 하나 같이 1. 朝鮮語辭典(朝鮮總督府篇)[왜정(倭政)11(1920)年] 좨(祭) 祭酒(좨쥬)名; 成均館の一職。祭祀の酒ぉ掌ろ, 學德わろ正三品以上の者を任ず 를 번역(飜譯) 거의 베낌과 같으니 일본인(日本人)들은 외국인들이라 그렇다손 쳐도 내나라 법도인 大典會通(1865. 高宗 2)吏典成均館祭酒一員正三品[續]增置[增]一二品亦兼 이 한 행만 읽는 수고만 있었더라도 그와 같은 오류(誤謬)는 범하지 않았을 것입니다.

'좨주'의 '좨'는 '제'의 오음(誤音)이란 전거(典據)
◈증 1(證一). 옥편류(玉篇類; 今辭典類)의 祭酒.
●康熙字典示部六畫 [祭] [唐韻][集韻][韻會]竝子例切音霽又[廣韻][集韻]側界切[集韻][正韻]側賣切竝音債
●東國正韻(世宗 29. 1447. 申叔舟序) 二十二雞(平) 啓(上) 罽(去) 졩(去) 祭 十七鳩(平) 九(上) 救(去) 쥬(上) 酒
●大廣益會玉篇(1455. 世祖元年)凡一百四十五字; [祭]子帶切薦也祭祀又則界切周大夫邑名
●韻會小補(1596. 宣祖 29)八霽(與祭通)[祭]子例切音與霽同○又國名又姓
●字彙(1615. 光海 7)示部六畫[祭]子計切音霽祭祀○右側賣切音債國名又姓
●華東正音通釋韻考(1747. 英祖 23)霽八去聲[霽]雨止지제[祭]享也지 졔
●全韻玉篇(1790. 正祖 14. 庚戌中秋由洞重刊) 示部六畫 [祭]졔祭祀也채姓也○酉部三畫[酒]쥬 米麴所釀 官名祭酒 有
●全韻玉篇(1879. 高宗 16. 己卯新刊 春坊藏板) 示部六畫 [祭]졔祭祀也채姓也○酉部三畫[酒]쥬 米麴所釀 官名祭酒 有
●三音四聲字貫(日玉篇. 癸未. 1883)示部六畫 [祭] 子例切音霽 又側界切音債
●全韻玉篇(1905. 光武. 高宗年號.9) 示部六畫 [祭]졔祭祀也 채姓也酉部三畫○酉部三畫[酒]쥬 米麴所釀 官名祭酒 有
●全韻玉篇(1911. 倭政 2. 卓鐘佶) 示部六畫 [祭]졔祭祀也 채姓也 酉部三畫○酉部三畫[酒]쥬 米麴所釀 官名祭酒 有
●全韻玉篇(1912. 倭政 3. 李鍾星) 示部六畫 [祭]졔祭祀也 채姓也○酉部三畫[酒]쥬米麴所釀 官名祭酒 有
●校訂玉篇(1913. 倭政 4. 李宗城); 示部六畫 [祭]졔祭祀也 채姓也○酉部三畫[酒]쥬米麴所

釀 官名祭酒 有

●校訂全韻玉篇(1913. 倭政 4. 池松旭) 示部六畫[祭]졔祀也人事至於神채姓也周大夫邑名○酉部三畫 [酒]쥬 米麴所釀 官名祭酒 有

●御定奎章全韻(1913. 倭政 4. 池松旭) 去聲 [霽]八 [霽]文一百九十六; [霽]雨止 (졔) 졔[祭]祀也至也

●全韻玉篇(1917. 倭政 8. 金琪鴻) 示部六畫[祭]졔祀也人事至於神채姓也周大夫邑名○酉部三畫 [酒]쥬 米麴所釀 官名祭酒 有

●懷中國漢新玉篇(1947) 示部六畫[祭]제사졔奉祀也○酉部三畫 [酒]술쥬 米麴而飮料니與鬱蒼也

●漢鮮文新玉篇(1949) 示部六畫[祭]제사졔祀也人事於神霽셩채姓也周大夫고을일홈채邑名卦○酉部三畫 [酒]술쥬 米麴所釀벼살일홈쥬官名祭__

●漢鮮文新玉篇(1953) 示部六畫[祭]제사졔祀也人事至於神霽셩채姓也周大夫고을일홈채邑名卦○酉部三畫 [酒]술쥬 米麴所釀酒벼살일홈쥬官名祭__有

●(國漢)新玉篇(1959) 示部六畫 [祭] 제 祀也제사, 제 又기고, 제奉祀제사지낼, 제霽 채(姓也) 卦

●(國漢)松亭新玉篇(1960) 示部六畫 [祭]제原제 祀也제사, 기고霽 채姓也성 邑名골 이름 卦

●國漢日新玉編(1961) 示部六畫 [祭]제祀也제사, 제霽又기고, 제奉祀제사지낼, 제霽 채(姓也)卦

●(國漢)最新弘字玉篇(1965) 示部六畫 [祭]제祀也제사, 제又기고, 제奉祀제사지낼, 제霽 채(姓也)卦

◆지난날 현대 사전류(辭典類)에 속하는 옥편(玉篇)의 祭酒의 고음(古音)은 '제쥬' 현대 음으로는 '제주'일 뿐임.

◈증 2(證二). 법전(法典)의 관직(官職) 祭酒.

●한글반포 세종 28 년(1446)

●經國大典(1469. 睿宗元年)吏典正三品衙門成均館; 大司成一員 從三品 司成二員 正四品

●典錄通考(1707. 肅宗 33)吏典成均館祭酒(補)堂上學行有士望者授以他官兼

●續大典(1744. 英祖 20)吏典增置從二品衙門成均館祭酒一員增置

●大典通編(1785. 正祖 9)吏典成均館祭酒一員正三品[續]增置[增]一二品亦兼

●太學志(1785, 正祖 9)職官差除成均館祭酒二員(註自正三品至從一品)以他官兼之

●典律通補(1787. 正祖 11)吏典成均館祭酒正三以學行有士望者擬差或單付司隸同兼

●六部律典合編(1863. 哲宗 14)吏典爲官擇人; 祭酒贊善進善司業諭善勸讀有窠職則爲

●大典會通(1865. 高宗 2)吏典成均館祭酒一員正三品[續]增置[增]一二品亦兼

●六典條例(1866. 고종 3)禮典成均館祭酒一員正三品儒賢一二品亦兼

●譯文大典會通(1924. 倭政 15. 大正十三年 朝鮮總督府中樞院)吏典成均館祭酒一員正三品[續]增置ス[增]一二品亦兼マ

●校註大典會通(1938. 倭政 29 昭和十三年 朝鮮總督府中樞院)吏典正三品衙門成均館祭酒一員正三品續增置增一二品亦兼

◆법전(法典)의 직제규정(職制規程) '成均祭酒'의 '祭酒' 음(音)은 달리 규정함이 없으니 옥편(玉篇) 음(音)대로 '제주'라 칭할 뿐임.

◈證 3(證三). 실록(實錄). 일성록류(日省錄類)의 祭酒.

●朝鮮王朝實錄太祖大王實錄; 太祖元年(洪武二十五年. 1392)七月二十八日○定文武百官之制成均館掌學校肄業等事大司成一正三品祭酒一從三品樂正二正四品直講一正五品典簿一從五品博士一正七品諄諭博士二從七品進德博士二正八品學正二學錄二正九品直學二學論四從九品書吏二九品

●世宗實錄地理志(文宗二(1452)年編纂)水原都護府人物; 翰林學士國子祭酒崔婁伯(高麗仁宗時人)

●中宗實錄中宗十七(1522)年壬午六月五日庚辰; 亦不鞠躬但拱手低頭或有仰見龍顔者國子祭酒跪于東庭
●憲宗實錄乙巳(1845. 憲宗 11)六月二十五日乙卯(云云)洪直弼爲成均館祭酒(云云)
●日省錄甲戌(1874. 고종 11)四月十日壬午; 贈大司憲成均祭酒李夢奎仁宗朝儒賢也

◈증 4(證四). 태학지(太學志=成均館志)의 祭酒.
●太學志職官差除; 成均館(1785)知事一員(從二品至正一品)以大提學兼之同知事二員(從二品至正二品品間亦兼之)以他官兼之大司成一員(正三品至從二品兼帶則自正三品至從一品)祭酒二員(自正三品至從一品)以他官兼之司成一員(從二品)司藝二員(正四品)司業二員(學行人正四品)有實職爲兼啣無實職爲實職直講四員(正五品)兼直講一員(正五品)典籍十三員(正六品)博士三員(正八品)學正三員(正八品)學錄三員(從九品)學諭三員(從九品)兼博士兼學正兼學錄兼學諭各三員(兼學正以下奉常寺及四學訓導兼)養賢庫兼主簿一員(典籍兼)兼直長一員(博士以下兼)兼奉事一員(學正以下兼)○太祖元年壬申(1392)因麗制置成均館掌儒生敎誨之任幷用文官有大司成一員祭酒一員(下略)○太宗元年辛巳(1401)改祭酒爲司成(以下略)○中宗卽位(以下略)○世宗二年丁丑(以下略)○睿宗己丑(以下略)○成宗十四年癸卯(以下略)○中宗五年庚午(以下略)○中廟朝李浚慶以右尹爲祭酒(以下略)○仁祖元年(以下略)○孝宗九年戊戌(1658)置祭酒二員以宋時烈宋浚吉兼之初 太宗朝河崙議改祭酒爲司成至是 上將修明儷化特命復設(註)按東文選洪貴達嘗爲祭酒 宣廟朝李浚慶亦以右尹爲祭酒然則其間亦有復設之時矣○孝宗戊戌(1968)宋浚吉爲祭酒(以下略)○顯宗己亥(1659)吏曹判書宋時烈陞從一品因該曹啓以兼帶祭酒當否議于大臣大臣以爲議政仍兼大提學正二品仍兼大司成况此祭酒(以下略)○二年辛丑(1661)祭酒宋浚吉啓曰(以下略)

◆이상 실록(實錄)이나 일성록(日省錄)과 성균관지(成均館志)에 해당하는 태학지(太學志)의 '成均祭酒'의 '祭酒' 역시 변음(變音)의 주기(註記)가 전무하여 옥편(玉篇) 음(音)과 같이 제주(祭酒)로 칭할 뿐 '좨주'로 칭할 근거가 없음.

◈증 5(證五). 좨(祭)는 오음(誤音)이라 지적(指摘)한 사례(事例).
●順菴(1712~1791. 姓名; 安鼎福. 字; 百順. 諡號; 文肅. 從二品 嘉善大夫. 實學派 李瀷의 門人)先生文集書答安正郞正進家禮附贅問目; [問]婚禮祭酒世俗皆云좨쥬然否綱目註祭時惟尊長酹酒故有祭酒之官尊稱之號也愚意當云제쥬而俗訛已久奈何伏乞正其音讀回示如何 [答]'祭酒'之(제당여자독)祭當如字讀
○解; [물었다] '祭酒'를 세속에서는 다들 '좨쥬'라 하는데 저의 생각으로는 마땅히 '제쥬'라 불러야 한다.고 여기는데 옳습니까? 옳지 않습니까?

[순암께서 답하였다] 祭酒(제주)의 祭字(제자)는 글자(玉篇)의 음(音)과 같이 읽음이 당연하다.

●朝鮮辭書原稿[(1918. 執筆陣; 九名中 慘事官室囑託 魚允迪 除外 皆 日本人)61 책 중 38 책]官廳官名之部; 저부 祭酒(제쥬)職名(成均館) (오음)誤音좨 成均館-官職名
○解; 조선어사서원고[朝鮮語辭書原告: 朝鮮語辭典(總督府篇)原稿]의 기록이다. 祭酒의 祭의 音으로 좨라 하는 音을 잘못된 音이다.

●大典會通(1865. 高宗 2)吏典成均館祭酒一員正三品[續]增置[增]一二品亦兼
이상과 같이 조선(朝鮮)의 마지막 법전(法典)에서 成均館祭酒라, '좨주'라는 주기(註記) 없이 祭酒라 하였고,
●全韻玉篇(1917. 倭政 8. 金琪鴻)示部六畫[祭]제祀也人事至於神채姓也周大夫邑名○酉部三畫 [酒]쥬 米麴所釀 官名祭酒 有
이미 이상과 같이 우리 말의 옛 사전(辭典)인 1917 년 마지막 발행된 전운옥편(全韻玉篇. 1917) 과 국권회복 후 발행된 懷中國漢新玉篇(1947), 漢鮮文新玉篇(1953)까지 모두 관명(官名)인 '祭酒'는 그 음이 '제쥬'라 밝혀 놓았습니다.

이를 3 년 후 일제(日帝) 강점(强占) 초기인 1920 년 조선총독부(朝鮮總督府) 발행 조선어사전(朝鮮語辭典)에 항간(巷間)의 오음(誤音)을 왜인(倭人)들의 조선어(朝鮮語) 이해 부족으로

정음(正音)인양 좨주(祭酒)라 기록하는 오류를 범하게 됩니다.

◈증 6(證六). 최와 체의 비슷한 음(音)의 사례(事例)

●康熙字典(1917)山部八畫; [崔][廣韻]昨回切[集韻][韻會]徂回切[正韻]遵綏切竝音摧 又[廣韻][集韻][韻會][正韻]竝倉回切音催 又姓[廣韻]齊丁公之子食采於崔因以爲氏

●全韻玉篇山部八畫; [崔]최齊邑姓也山高貌__嵬

●全韻玉篇手部十一畫; [摧]최折也挫也抑也

●全韻玉篇人部十一畫; [催]최迫也促也

이상의 최음이 체와 비슷하게 들리고, 졔음이 좨와 비슷하게 들린다 하여 성씨인 崔氏를 체씨라 하고, 관직명(官職名)인 '祭酒'를 옥편(玉篇) 음(音)에도 없는 '좨주'가 정음(正音)이라 한다면 성씨를 왜곡함과 같이 관직명의 왜곡이 됩니다.

◈증 7(證七). 세련(洗練. 洗鍊)과 쎄련.

●全韻玉篇(1917)水部六畫[洗]셰滌也○糸部九畫[練]련湅繒煮漚熟絲小祥服選也湅鍊通

●鮮和大辭典(1968)水部六畫[洗]세滌也씻을○糸部九畫[練]련湅繒누울凡技能之求其熟익힐鍊湅通

●圖書名; 예쁘고 쎄련된 화장법. 00 출판사. 편집부 저. 미디어넷 1998.12.01.

예쁘고 쎄련된 화장법'이란 서명(書名)에서와 같이 세련(洗練)을 강조하기 위하여 쎄련(사용빈도가 아주 높음)이라 하였더라도 옥편(玉篇)에서 '洗'는 쎄 음은 없고 세 음뿐이니 사전(辭典)의 기록에는 세련(洗練)운운할 뿐임.

한자어(漢字語)는 세속에서 까닭이 있어 변음이 되어 쓰인다 하여도 옥편 음이 변하지 않는 한 기존 음을 변음 시키지 못합니다.

◈증 8(證八). 고려(高麗), 조선(朝鮮) 정부조직법(政府組織法) 중 국자감(國子監) 및 성균관(成均館) 직제(職制)

●高麗史百官志一成均館; 成宗(982~997)置國子監有國子司業博士助敎大學博士助敎四門博士助敎文宗定提擧同提擧管句各二人判事一人皆兼官祭酒一人秩從三品司業一人從四品丞從六品國子博士二人正七品大學博士二人從七品注薄從七品四門博士正八品學正二人學錄二人並正九品學諭四人直學二人書學博士二人筭學博士二人並從九品 睿宗十一(1116)年改判事爲大司成從三品祭酒降正四品 忠烈王元(1275)年改國學仍改祭酒爲典酒司業爲司藝 二十四(1298)年忠宣改成均監陞大司成正三品復改典酒爲祭酒司藝爲司業國子博士爲成均博士加置明經博士明經學諭 三十四(1308)年忠宣改成均館刪定員吏置祭酒一人從三品樂正一人從四品丞一人從五品成均博士二人正七品諄諭博士二人從七品進德博士二人從八品學正二人學錄二人並正九品直學二人學諭四人並從九品後復置大司成正三品樂正改司藝丞改直講進德博士陞正八品 恭愍王五(1356)年復稱國子監大司成正三品祭酒從三品司業從四品直講從五品國子博士正七品大學博士從七品四門博士明經博士並正八品律學博士從八品學正學錄正九品正九品直學學諭書學博士明經學諭算學博士律學助敎從九品十一年復稱成均館改司業爲司藝國子博士爲成均博士四門博士爲諄諭博士陞從七品 十八(1369)年改祭酒爲司成○百官二; 睿宗十一(1116)年改諸學士院爲分司國子監判事一人三品兼之祭酒一人少監以上兼之司業一人員外郞以上兼之博士一人八品助敎一人九品

●經國大典(1469. 世祖命撰)吏典 京官職 正三品衙門 成均館; 正二品知事一 從二品 同知事二員 從二品大司成一員 從三品 司成二員 正四品 司藝三員 正五品直講四員 正六品典籍三員 正七品博士三員 正八品學正三員 正九品學錄三員 從九品學諭三員

●典錄通考(1706. 肅宗命撰) 吏典 京官職 從二品衙門 成均館; 並用文官同知事以上以他官兼(知事主文) 直講以上一員久任○博士以下又議政府司錄一員奉常寺直長以下二員兼次次遷轉一年兩都目三員去官(七月二員)知事一員(正二品) 同知事二員(從二品) 大司成一員(正三品堂上) 祭酒(補堂上學行有士望者授以他官兼) 司成二員(從三品) 司藝三員(正四品) 直講四員(正五品) 典籍十三員(正六品) 博士三員(正七品) 學正三員(正八品) 學錄三員(正九品) 學諭三員(從九品)

●續大典(1746. 英祖御製) 吏典 京官職 正二品衙門 成均館; 祭酒一員(增置) 司成減一員 ○司業一員(增置)
●大典通編(1785. 정조 9) 吏典 京官職 正三品衙門 成均館; 知事一員(正二品 增大提學例兼) 同知事二員(從二品) 大司成一員(正三品) 祭酒一員(正三品 續增置增一二品亦兼) 司成一員(從三品 原二員續減一員) 司藝二員(正四品 原三員續減一員) 司業一員(正四品 續增置) 直講四員(正五品) 典籍十三員(正六品) 博士三員(正七品) 學正三員(正八品) 學錄三員(正九品) 學諭三員(從九品)
●大典會通(1865. 高宗受命篇) 吏典 京官職 正三品衙門 成均館; 知事一員(正二品 增大提學例兼) 同知事二員(從二品) 大司成一員(正三品) 祭酒一員(正三品 續增置增一二品亦兼) 司成一員(從三品 原二員續減一員) 司藝二員(正四品 原三員續減一員) 司業一員(正四品 續增置) 直講四員(正五品) 典籍十三員(正六品 補四員從八品承文參外) 博士三員(正七品) 學正三員(正八品) 學錄三員(正九品) 學諭三員(從九品)
●校註大典會通(1938. 倭政 29 昭和十三年 朝鮮總督府中樞院)吏典正三品衙門 [成均館]並用文官同知事以上以他官兼知事主文直講以上一員久任○博士以下又以議政府司錄一員奉常寺直長以下二員兼次次遷轉一年兩都目三員去官(七月二員)續祭酒司業以學行有士望者擬差或單付補直講典籍各一員自辟知事一員(正二品增大提學例兼)同知事二員(從二品)大司成一員(正三品)祭酒一員(正三品續增置增一二品亦兼)司成一員(從三品原二員續減一員)司藝二員(正四品原三員續減一員)司業一員(正四品續增置)直講四員(正五品)典籍十三員(正六品補四員從八品承文參外)博士三員(正七品)學正三員(正八品)學錄三員(正九品)學諭三員(從九品)
●太學志(成均館志. 1785. 正祖命撰) 成均館職官差除; 知事一員(從二品至正一品) 大提學兼之 同知事二員(從二品至正二品一品間亦兼之)以他官兼之 大司成一員(正三品至從二品兼帯則自正三品至從一品) 祭酒二員(自正三品至從一品)以他官兼之 司成一員(從二品) 司藝二員(正四品) 司業二員(學行人正四品)有實職爲兼啣無實職爲實職 直講四員(正五品)兼 直講一員(正五品) 典籍十三員(正六品) 博士三員(正八品) 學正三員(正八品) 學錄三員(從九品) 學諭三員(從九品)兼博士兼學正兼學錄兼學諭各三員(兼學正以下奉常寺及四學訓導兼) 養賢庫兼主簿一員(典籍兼) 兼直長一員(博士以下兼) 兼奉事一員(學正以下兼)太祖元年壬申因麗制置成均館掌儒生敎誨之任并用文官有大司成一員祭酒一員樂正二員直講一員典籍一員博士二員諄諭博士二員進德博士二員學正二員學錄二員直講二員學諭四員七年戊寅鄭道傳權近爲堤調集四品以下及儒生講習經史仍改定館官如今制而惟兼博士一員以議政府司錄兼之後弊不行

◆高麗史百官志一 ○百官二; ●經國大典●典錄通考●續大典●大典通編●大典會通●校註大典會通●太學志 등 고려(高麗) 백관지(百官志)나 조선조(朝鮮朝)의 법전(法典)과 성균관(成均館) 역사(歷史)를 기록한 태학지(太學志)의 '成均祭酒' 모두에 '祭酒'를 '좨주'라 호칭한다는 주서(注書)가 전무(全無)함은 역사적 자료(資料)에서 역시 成均祭酒의 '祭酒' 음(音)은 옥편(玉篇) 음인 '제주'로 발음(發音)하여야 법도(法度)에 어긋나지 않음.

◈증 9(證九). 일인(日人) 시각(視覺)에 비친 조선정부조직(朝鮮政府組織) 중 성균관(成均館) 직제(職制).
●朝鮮政體(明治十五年. 1882. 高宗 19 編纂者 間野遺秉)吏典 第二章 京官職 第六項 正三品衙門 [成均館](大學校)ハ 儒學敎誨ノ任 チ掌 ル 知事(總理) 一員(正二品大提學例トシテ兼ヌ) 同知事(總理心得)二員(從二品)大司成(總理補助)一員(正三品)祭酒(幹事)一員(正三品)司成(各學部長)一員(從三品)四藝(同上)二員(正四品)司業(同上)一員(正四品)直講(敎授)四員(正五品)典籍(助敎授)十三員(正六品)博士(准助敎授)三員(正七品)學正(講師)三員(正八品)學錄(准講師)三員(正九品)學諭(同上)二員(從九品)

◈증 10(證十). 사조직(私組織)과 정부 조직법(組織法) 중 조선(朝鮮) 성균관(成均館) 및 국립국어원 직제(職制).

◆사조직(私組織).
●00 儒林會會則會役員會長 000 副會長 000 副會長 000 總務部 000 文敎部 000 祭典部 000 經理部 000 參議 000

◆공조직(公組職).
●大典會通(1865. 高宗受命篇)
吏典
京官職
正三品衙門
成均館
知事一員(正二品 增大提學例兼) 同知事二員(從二品) 大司成一員(正三品) 祭酒一員(正三品 續增置增一二品亦兼) 司成一員(從三品 原二員續減一員) 司藝二員(正四品 原三員續減一員) 司業一員(正四品 續增置) 直講四員(正五品) 典籍十三員(正六品 補四員從八品承文參外) 博士三員(正七品) 學正三員(正八品) 學錄三員(正九品) 學諭三員(從九品)

●문화체육관광부와 그 소속기관 직제 시행규칙
[시행 2016.3.1.] [문화체육관광부령 제 248 호, 2016.2.29., 일부개정]
문화체육관광부(창조행정담당관), 044-203-2214
제 1 장 총칙
제 1 조(목적) 이 규칙은 문화체육관광부와 그 소속기관에 두는 보조기관•보좌기관의 직급 및 직급별 정원, 「정부조직법」 제 2 조제 3 항 및 제 5 항에 따라 실장•국장 밑에 두는 보조기관과 이에 상당하는 보좌기관의 설치 및 사무분장 등 「문화체육관광부와 그 소속기관 직제」에서 위임된 사항과 그 시행에 관하여 필요한 사항을 규정함을 목적으로 한다.
제 5 장 국립국어원
제 24 조(원장) ① 국립국어원장은 고위공무원단에 속하는 일반직공무원 또는 학예연구관으로 보하되, 그 직위의 직무등급은 가등급으로 한다. <개정 2008.12.31., 2009.5.4.>
제 24 조의 2(기획연수부) ① 기획연수부장은 고위공무원단에 속하는 일반직공무원 또는 학예연구관으로 보하되, 그 직위의 직무등급은 나등급으로 한다.
② 기획연수부에 기획운영과•공공언어과 및 교육연수과를 두되, 기획운영과장은 서기관 또는 기술서기관으로, 공공언어과장은 학예연구관으로, 교육연수과장은 서기관 또는 학예연구관으로 보한다. <개정 2015.12.30.>
③ 기획운영과장은 다음 사항을 분장한다.
④ 공공언어과장은 다음 사항을 분장한다.
⑤ 교육연수과장은 다음 사항을 분장한다.
[본조신설 2014.2.17.]
제 25 조(어문연구실) ① 어문연구실장은 고위공무원단에 속하는 학예연구관으로 보하되, 그 직위의 직무등급은 나등급으로 한다. <개정 2008.12.31., 2009.5.4., 2013.12.12.>
② 어문연구실에 어문연구과•언어정보과 및 한국어진흥과를 두되, 어문연구과장 및 언어정보과장은 학예연구관으로, 한국어진흥과장은 서기관 또는 학예연구관으로 보한다. <개정 2014.2.17.>
③ 어문연구과장은 다음 사항을 분장한다. <개정 2009.5.4. 2010.7.2., 2013.1.24., 2014.2.17.>
④ 언어정보과장은 다음 사항을 분장한다. <개정 2010.7.2. 2013.1.24., 2014.2.17.>
⑤ 한국어진흥과장은 다음 사항을 분장한다. <신설 2014.2.17.>

이상과 같이 살펴보건대 국가조직이나 사조직이나 그 소속관청 또는 그 모임체의 직제(職制) 규정(規程)에 의하여 직명(職名)이 탄생되는데 그 직명은 그 조직체의 직제개정에 의하지 않고는 어떠한 경우에도 변경되지 않습니다. 이 법도는 구시대(舊時代)나 현세(現世)나 다르지 않습니다.

따라서 고려(高麗)나 조선(朝鮮) 시대의 직제 규정은 고려는 고려 백관지(百官志)와 조선은 經國大典(1469. 世祖命撰) 典錄通考(1706. 肅宗命撰) 續大典(1746. 英祖御製) 大典通編(1785. 정조 9) 大典會通(1865. 高宗受命篇) 등의 직제규정에서 정한 직명이 정명(正名)이며, 국립국어원의 현직명(現職名)은 과거의 직명은 무시 문화체육관광부와 그 소속기관 직제 시행규칙 [시행 2016.3.1.] [문화체육관광부령 제 248 호, 2016.2.29. 일부개정]의 개정 직명이 정명(正名)일뿐 누가 어떻게 칭명(稱名)하던 이상의 직명 이외는 오명(誤名)으로 논할 가치가 전무한 오류(誤謬)에 불과한 오칭(誤稱)일뿐입니다.

직명(職名)이란 이상과 같아 成均祭酒는 해당 조정(朝廷)이 '좨주'라 개정함이 없는 한 어떠한 경우에도 성균제주(成均祭酒)가 정명(正名)입니다.

만약 성균관(成均館)의 일직(一職)인 제주(祭酒)의 정명(正名)이 '좨주'라면 한자(漢字) 음(音)으로는 '좨'음을 기록할 글자가 없으니 전래(傳來)될 방법이 없었고, '한글반포[세종 28년(1446)]'이후에는 한글로 기록하는 수단이 있었음에도 불구하고 이후 발행된 '증 1(證一)'에서 '증 9(證九)'에 이르기까지 그 기록이 전무함은 '좨주'란 공식적 관직명이 아님이 입증됩니다.

고음(古音)으로 '졔쥬(祭酒)'가 '좨쥬'로 들려 무심코 혹 인(人)들이 '좨주'라 하였을 수는 있으나 고금(古今)을 통틀어 관직(官職)이란 그 관(官)의 규정(規程)에서 정(定)하여 고시(告示)된 명(名)이 정명(正名)일 뿐 항간(巷間)에서 무엇이라 하든 그는 속설(俗說)에 불과할 뿐입니다.

특히 일제가 1924 년과 1938 년에 발행한 조선(朝鮮)의 마지막 법전(法典)인 대전회통(大典會通)을 역문대 전회통(譯文大典會通)과, 교주대전회통(校註大典會通)으로 재(再) 발행하면서 자신들이 이미(1920) 발행한 조선어사전(朝鮮語辭典)의 '좨주'를 부정(不正) 제주(祭酒)에 부기하지 않았음이 조선어사전(朝鮮語辭典)의 '좨주'는 오류(誤謬)였음이 입증됩니다.

혹 여기서(국립국어원 표준국어대사전 기타 국어사전류)도 조선어사전(朝鮮語辭典)의 "좨(祭) 祭酒(좨쥬)名; 成均館の一職。祭祀の酒ぉ掌ろ,學德わろ正三品以上の者"를 근거하였다면 '조선어사전(朝鮮語辭典)'의 기록이 오류(誤謬)의 여부를 가름하지 않고 베기는 우를 범하였다. 라 하여도 이 지탄을 모면키는 어려울 것입니다.

따라서 朝鮮語辭典의 부분 베낌이 아닌 다른 전거(典據)에 의하여 성균관(成均館) 제주(祭酒)의 음(音)을 '좨주'라 붙였다면 그 전거(典據)의 확인(確認)을 공유할 수 있어야 당위성이 입증됩니다.

다만 번역자가 성균관의 일직(一職)인 祭酒를 좨주로 번역한 사례가 있다 하여 그들의 번역어가 국법(직제규정)이나 단체규약(團體規約)을 초월하지 못함은 상식입니다.

◈증 11(證十一). 고음(古音)은 무시하고, 현대 옥편(玉篇) 음(音)이 정음(正音)이 되는 전거(典據)
아래는 숙종대왕(肅宗大王)의 계비(繼妃)인 인현왕후(仁顯王后) 사후 대왕(大王)의 제문(祭文)으로 국왕(國王)께서 고(告)하신 말씀 중 朝鮮 국명(國名)을 임금님이 됴션이라 하셨다 하여 지금도 됴션이라 하지 않고 현재의 옥편(玉篇) 음(音)대로 조선이란 한다. 함에는 누구도이의(異義) 있을 리 없습니다.

따라서 祭酒 역시 구(舊) 속음(俗音)대로 '좨쥬'라 하지 않고 현재의 옥편(玉篇) 음(音)대로 '제주(祭酒)'라 발음할 뿐입니다.

●閔中殿德行錄祭文; 유셰 신 구월모일의됴션국왕모는비박지젼으로 왕왕비민후게고
니오호통 라현후 쳔 심으로붓터임의달이밧고여날이오 셔름은졈졈더 니쟝 엇디 리요
오호 라날마다통명젼을바 보 현후의낭낭 음셩이시시로귀의들이는듯형용이눈의암암 여
능히잇기어려우니이 엇디 리요슬프다현후의형용이일됴의돈졀 시니인셰화락이 쳐는지라
들 라스미언마오라리오 호라현후는평안니도라가만 를이져스나과인은홀노잇셔셔름이무
궁 도다비부라챵텬이운우의뎡을돈졀이화덕지뎡이 시잇기어렵도다과인니슬프믈이긔지못
야일 쥬로 는넉슬위로 니명명 온 졍영이잇슬진 흠향 소셔오호통라세속 츄
니금풍이소슬 야낙엽이진탈 도다경물을늣겨예일을 각 니엇지마 이온젼 리요쟝간간쟝

을살을 름니요초초 궁듕의옥안을보지못 니이 한과인의과실이라친히향을피우고두어쥴글노 무궁 회포를고 ⊗니향명이유지어든향연을좃 과인의뎡을용납 소셔○유세 모년모월모일의됴션국왕모는친히졔문을 셜 여후빈 왕비영젼에고 나니오호라통여삼문이불 고됴문이☁셔 야강악 쳔인이블측 마음으로몹 즐품어흉도로더브러현후를모 니슬프다엇지통치아니 리요이는과인에졍 블명 여요얼니디엄지디의만흐되 닷지못 야현후에게밋 니이엇디과인에허물니아니리요오호통 라쟝녀의궁흉극악 믄진실노쳔고에듯지못 라안흐로져쥬를무드며밧그로신당을 셜 야가마니흉 를 여국모를 도다슬프다요얼니침노 야긴명이쳐시니졍령이오히려홋터지지아니 니삼혼칠 이유유탕탕 여몽듕에뵈시 명명 신고로 라죄인을 쳐 야현후에원슈를갑흐니이도 졍령이밝그시미라현후의신명 심을힘입어과인에실덕을 닷게 시니이 후의덕이라슬프다삼십여세현후에녹발니져무지아니 여속졀업시간인에독을입어셰샹을바리시니흔 니도라☟ 그슬픈원니 골의밋츠리로다흔 이운우 이의논이러셜운마 과슬푼소 쳔디에☟득 여디졉 곳지업셔긴 심과피눈물을흘이고단이시는형용을각 니목셕간쟝이라도슬푸고 달분마 을이긔지못 려든하물며과인의마 을견 리요오호통 라과인에불명 실덕[을]입어죄인을쳐 니현후를볼낫치업 리로다셕회라어늬사 니쥭지아니 리요마는현후갓치원 니 어 잇스리요각 면쟝녀를너흐러도마 을풀기어렵도다오호 며비셕 라현후도라☟ 덕 이더옥빗나만민의츄모 는물이 되리로다오호라과인니스 로붓그러오믈잇고일 쳥 으로 운우가온외로니지져부르고울며단니는현후에고혼을위로 노니졍령이홋터지지아니 엿거든길이흠향소소셔

◈전거(典據)란.

●春秋穀梁傳序; 釋穀梁傳者雖近十家皆膚淺末學不經師匠辭理典據既無可觀又引左氏公羊以解此傳文義違反斯害也已(漢典註)典據 典實和根據(辭源註)典據 有典故可以依據

○解; 典據(전거); 적합(適合)한 근거(根據)가 되는 전고(典故)와 고실(故實).

따라서 해석(解釋)과 의미 부여는 사견(私見)이나 속설(번역어 포함)이 아닌 전거(典據)에 의하여 설명 되어야만 정답(正答)에 접근 시킬 수 있음.

◈속 설, 어, 언(俗 說, 語, 言)이란.

◆속설(俗說); 세간에 전해 내려오는 학설이나 견해.

◆속어(俗語); 민간에서 쓰이는 말.

◆속언(俗言); 민간에서 전해지는 말.

●漢書刑法志; 孫卿之言既然又因俗說而論之曰禹承堯舜之後自以德衰而制肉刑湯武順而行之者以俗薄於唐虞故也(辭源註)俗說 通俗流行的說法 (漢典註)俗說 民間流傳的說法

●史記滑稽列傳; 民人俗語曰即不爲河伯娶婦水來漂没溺其人民云(辭源註)俗語 約定俗成廣泛流行的定型的語句

●論衡福虛; 夫見兩頭蛇輒死者俗言也有陰德天報之福者俗議也(漢典註)俗言 民間流傳的說法

●商君書更法; 郭偃之法曰論至德者不和於俗成大功者不謀於衆法者所以愛民也(註)俗 一般人百姓民衆

◈속칭(俗稱)이란.

●春在堂随筆卷七; 然其在本國則尙有俗稱曰竹添進一(註)俗稱爲通俗的或非正式的稱呼

○解: 속칭(俗稱)이란 정식(正式) 칭호(稱號)가 아닌 속간(俗間)에서 이르는 칭호다.

따라서 속간(俗間)에서 '成均祭酒'를 성균'좨쥬'라 이른다 하여도 이는 속칭(俗稱)일 뿐, 법전적(法典的) 정식 칭호는 '제주'임.

◈정음(正音)과 전음(轉音)및 속음(俗音)이란.

●唐語林文學; 書之難不唯句度義理兼在知字之正音借音(註)正音 字的本音

●錢大昕(淸)答問九; 凡字有正音有轉音近既從斤當以其隱切爲正其讀如幾者轉音非正音也

●莽原語絲; 哈尔濱人的語言中有好些都是俄語的轉音例如面包叫做列巴之類就是(註)轉音 指聲或韻變轉的語音

●星湖先生文集卷之十四書答安百順(壬申); 東方俗音本皆訛誤俗所謂入聲者華夏之所無此類濩

不曾留意只隨俗讀之惟義別處察之而已矣
●校訂全韻玉篇(池松旭. 1913); 我東字學古以韻書若正音通釋三韻聲彙韻放奎章全韻皆爲取便於科試計畫檢字初無其書至　健陵贓際始有新定玉篇目次倣字典多少依奎韻以授初學馴致極功大有裨益行世既久板刓字缺間或翻刻義舛音乖反多滋誤戊戌冬坊人謀鋟新本請余校訂以其嘗有正於奎韻故也見獵之想不能自已逐字査正復見眞面間頭俗音且以醒目云愼村子書○示部六畫 [祭]제祀也人事至於神채姓也周大夫邑名 俗音祭官名좨

◆解;

○정음(正音); 글자의 본음(本音).
○전음(轉音); 변한 음으로 본래의 음에서 변하여 나온 말.
○속음(俗音); 한자(漢字)의 원음(原音)에서 변하여 대중이 통용하는 음(音)으로 교정전운옥편(校訂全韻玉篇) 示部六畫 [祭]의 정음(正音)은 제라 하였고 '좨'는 속음(俗音)이라 하였으니, 실학(實學)의 대가(大家)이신 성호(星湖. 1681~1763. 名; 李瀷. 字; 子新. 肅英代人으로 柳馨遠의 學風을 계승(繼承)한 實學派의 大家)선생 말씀에 '동방속음본개와오(東方俗音本皆訛誤)'라, 말씀인즉 '우리나라(東方)의 속음(俗音)은 본래 모두 잘못된 것'이라 하셨음.

이상과 같이 살펴보건대 成均'祭酒'의 음(音)으로 '좨주'의 '좨'는 속음(俗音)으로 공식음(公式音)으로 사용함은 천만부당(千萬不當)하고, '祭'의 정음(正音)인 '제'를 사용 '성균제주(成均祭酒)'라 정칭(正稱)으로 국어사전상 통용됨이 당연지사임.

◈이상 (三)祭酒(제주. 좨주)의 결론(決論).

●朝鮮語辭典 (朝鮮總督府篇)[왜정(倭政)11(1920)年]
좨(祭)
祭酒(좨쥬)名 成均館の一職。
祭祀の酒ぉ掌ろ,學德わろ正三品以上の者を任ず

이상 사전류 15 종에서 나타나있다시피 祭의 본음(本音)은 '졔'인데 '좨'라 왜곡시켜 놓은 원죄(原罪)는 '朝鮮語辭典'입니다.

고금(古今)을 통틀어 조직의 직칭(職稱)을 그 조직(組織)의 직관(職官) 규정에서 정하여 고시된 직관명(職官名) 이외의 명으로 칭하는 기관 단체가 있습니까. 개칭(改稱)은 재재언(再再言)컨대 그 조직의 직제개정 고시 시행으로만 고쳐질 뿐 이 외 여하한 경우라도 직칭(職稱)은 달리 불려지지 않습니다.

호칭에 있어서 관직칭은 권위(權威)의 상징으로 더욱 엄격하게 예를 갖추어 호칭되고 있음이 예나 지금이나 다를 바 없으며 개칭이란 현행법이 개정되지 않는 한 국가수반(國家首班)의 칭은 대통령(大統領) 국립국어원의 장은 국립국어원장, 언어정보과의 장은 언어정보과장, 조선시대(朝鮮時代) 성균관(成均館) 직원 중 정삼품직(正三品職)인 祭酒는祭酒일 뿐으로 음(音)은 옥편(玉篇)의 음대로 호칭할 따름입니다.

근대 사전류로는 최초의 우리말 사전인 '朝鮮語辭典(朝鮮總督府篇)[왜정(倭政)11(1920)年]'에서 '祭'의 음으로 그 전의 사전(辭典) 격인 옥편(玉篇)에도 없는 음인 '좨'를 붙여 '(祭酒)좨쥬' 라는 말을 만들어 '성균관의 일직'의 명칭이라 공식 언어화하여 놓았습니다.

이상에서 제시한 전거(典據)에서와 같이, 祭酒의 '좨쥬' 음(音)은 원음(原音)인 '졔쥬'의 오음(誤音)임이 이미 입증되었음에도 불구 일인들이 조선정부(朝鮮政府) 직관칭(職官稱)임을 간과하고 임의로 속설을 표준어화 시켜놓는 우를 범하였습니다.

1945 년 해방 후 우후죽순(雨後竹筍)격으로 나타난 제 나라말의 사전(辭典)을 펴내면서 거의 하나같이 일인(日人)들이 제작한 朝鮮語辭典의 '좨쥬'를 무비판적으로 대동소이(大同小異)하게 베껴(?)놓는 우를 범하였다. 라 지탄을 면하기는 어려울 것입니다.

이와 같은 지탄을 면하려면 朝鮮語辭典을 베끼지(?) 않고 그 외의 전거(典據)에 의하였음

을 입증하여야 합니다.

입증하려는 전거(典據)는 속설(俗說)이나 쓰여진 횟수가 아니라. 조선정부(朝鮮政府) 조직법(組織法) 등이 수록된 법전(法典)의 직칭(職稱)에서 祭酒(좨쥬)라 기록된 주기(注記)로 입증하여야 합니다.

이와 같이 입증(立證)하지 못하면 모든 사전(辭典)의 '좨주'는 법전(法典)의 규정(規程)을 어그러트린 제주(祭酒)의 오류(誤謬)로서. "좨주(祭▽酒)[좨:-]「명사」「역사」「1」고려시대(高麗時代)에, 석전(釋奠)의 제향(祭享)을 맡아 하던 종삼품벼슬. 국자감 • 성균감 • 성균관에 두었는데, 나이가 많고 학덕이 높은 사람 가운데서 뽑았다. 공민왕 18 년(1369)에 사성(司成)으로 고쳤다.「2」조선 시대에 성균관(成均館)에 속한 정삼품 벼슬. 태종 원년(1401)에 사성(司成)으로 고쳤다"는 이상의 논거(論據)와 같이 [법전(法典. 規程)에 위배(違背)]되어 삭제되어야 하고 그 대신 제주(祭酒)¹과 제주(祭酒)²로 분리 제주(祭酒)² (1)고려(高麗). 국자감(國子監)과 후(後) 성균관(成均館) 종삼품 벼슬. (2) 조선(朝鮮). 이조(吏曹) 경관직(京官職) 중 성균관(成均館) 정삼품(正三品) 벼슬. 태학지(太學志)에 의하면 태종(太宗) 원년(元年)에 제주(祭酒)를 대사성(大司成)으로 고쳤다 다시 효종(孝宗) 9 년(九年) 제주(祭酒) 2 명을 두었다. 등으로 고쳐야 합니다.

일제(日帝)가 작성한 '조선어사전(朝鮮語辭典)'이 출현한지 이미 1 세기가 거의 지나고 있으나 그들이 왜곡시킨 우리 고유의 언어를 바르게 잡히지 않고 있음은 우리들 모두가일제잔재 청산에 소홀히 하고 있음을 부끄러워하여야 하고, 간과함은 후세들에게 짐을 넘겨 주는 우를 범하게 됩니다.

이 나라 국어를 이끌고 나가야 하는 국립국어원과 한글학회에서 일본인들의 일어(日語)가치기준에서(혹 오류인지도 알지 못하고)한국어를 이해하지 못하고 점령군의 위치에서 함부로 역어 놓은 조선어사전을 베꼈다면 자기 국어도 감당하지 못하도록 36 년이 길었었다. 라고 위안 삼을 수는 있으나 이미 예전에 바르게 잡아야 하였어야 한다. 함에는 이의 있을 자 없을 것입니다. 일인들이 이와 같은 진의를 알게 되면 허리를 잡고 웃지 않겠습니까.

이상의 논조(論調) 구성 요소에서 절대적 오류(誤謬)로 인하여 결론이 왜곡되어있다면 지적과 아울러 학문적 적중한 전거(典據)를 채택 바르게 잡아 주시기 바랍니다.

우리말을 아름답게 갈고 닦아 다음 세대들에게 넘겨 줘야 할 책임이 지금을 사는 우리들 누구에게나 정당한 권리와 의무로 주워져 있습니다.

인간 기본생활 도구인 언어적 오류(誤謬)를 이 세대(世代)의 무능(無能)으로 바르게 잡기를 기피 다음 세대로 미룸은 스스로 자학행위(自虐行爲)에 속할 것입니다.

◈강희자전(康熙字典)에서도 오류(誤謬)가 있어 자전고증(字典考證)으로 수정(修訂)되었음. 현금(現今) 한자(漢字) 사전(辭典)의 근본인 강희자전(康熙字典)은 청(淸) 강희(康熙) 55(丙申. 1716)년 閏 3 월 19 일에 장옥서(張玉書), 진정경(陳廷敬) 등 30 인의 봉칙찬(奉勅纂)으로 간행되었고, 조서(詔書) 날짜가 康熙 四十九(1710)年 三月 初九日이니 6 년여 만에 완성되었음.

자수(字數)는 47.035(外附古字 1995 字)字 三十七冊 검자(檢字), 변사(辨似), 보유(補遺), 등운(等韻), 비고(備考) 자전고증(字典考證) 등 총 42 冊으로 구성 되어 있음.

강희자전(康熙字典)의 찬수(纂修)는 많은 사람이 장기간에 이뤄진 전류(典類)로서 총열관(總閱官) 2 인과 찬수겸교간관(纂修兼校刊官) 1 인 등 3 인이 6 여 년간 교정(校訂)하였으나 오류(誤謬)가 2,588 항목이나 되어 121 년 후인 선종(宣宗) 11(道光 11. 1831)年 황명(皇命)을 받고 왕인지(王引之)가 이를 바로잡아 저술한 자전고증(字典考證) 12 巻이 있음.

●御製康熙字典序; 易傳曰上古結繩而治後世聖人易之以書契百官以治萬民(云云)古者得以備知

文字之源流而官府吏民亦有所遵守焉是爲序康熙五十五年閏三月十九日日講官起居注翰林院侍講學士加五級臣陳邦彦奉勅敬書

●康熙字典 (康熙十九年三月初九日); 上諭南書房侍直大學士陳廷敬等朕留意典籍編定羣書比年以來如朱子全書佩文韻府淵鑑類函廣羣芳譜倂其餘各書悉加修纂次第告成至於字學(云云)今欲詳略得中歸於至當增字彙之闕遺刪正字通之繁冗勒爲成書垂示永久爾等酌議式例具奏

●字典考證; 王引之跪 (前略) 聖鑒事道光七年十二月經前任總理臣穆彰阿等 面奉 諭旨康熙字典著交提調處先將原本校看再行刊刻欽此臣等謹將書內 (中略) 諭旨細檢原書凡字句譌誤之處皆照原文逐一校訂其更正二千五百八十八條謹照原書十二集輯爲考證十二冊分 呈伏候 (中略) 皇上恩施謹 奏 道光十一年三月二十九日具奏本日奉 (下略)

●辭源广部八畫[康熙字典] 淸代官修的字典張玉書陳廷敬等編撰根據字彙正字通二書增訂而成體例亦相沿用康熙五十五年印行首列總目檢字辨似等韻末附補遺備考分十二集共收四萬七千三十五字(外附古文字一千九百九十五字)按二一四個部首排列每字均先列諸韻書的反切後釋字義有別音別義的則依次列舉字有古體的卽列在本字之下重文別體俗書譌字則附於注後補遺一卷專收冷僻字備考一卷專收有音無義或音義全無的字該書所列音義多堆砌引文不加抉擇引書錯誤甚多體例也不完善淸道光年間王引之奉命作字典考證改正該書引書訛誤二五八八條

●강희자전찬수참가총인원(康熙字典纂修參加總人員)

○총열관(總閱官);	2 인
○찬수관(纂修官);	27 인
○찬수겸교간관(纂修兼校刊官);	1 인
合	30 인

●강희자전찬수참가자(康熙字典纂修參加者)

○總閱官(총열관)

原任 文華殿大學士兼吏部尙書加三級臣張玉書(장옥서)

原任 經筵講官文淵閣大學士兼吏部尙書加二級臣陳廷敬(진정경)

○纂修官(찬수관)

原任 內閣學士兼禮部侍郎臣凌紹雯

原任 日講官起居注詹事府詹事兼翰林院侍讀學士臣史夔(사기)

原任 日講官起居注詹事府詹事兼翰林院侍讀學士臣周起渭(주기위)

太僕寺卿加二級臣 王景曾(왕경증)

詹事府少詹事兼翰林院侍講學士加一級臣梅之珩(매지형)

日講官起居注詹事府少詹事兼翰林院侍講學士加四級臣 蔣廷錫(장정석)

日講官起居注翰林院侍讀學士加三級臣陳璋(진장)

翰林院侍讀學士加一級臣 汪氵隆(왕룡)

日講官起居注翰林院侍講學士加二級臣勵廷儀(려정의)

日講官起居注翰林院侍講學士加五級臣陳邦彦(진방언)

翰林院侍讀學士臣 張逸少

原任 翰林院侍讀加一級臣潘從律(반종률)

原任 翰林院侍讀加一級臣朱啓昆(주계곤)

日講官起居注翰林院侍讀加一級臣趙熊詔(조웅조)

左春坊左諭德兼翰林院修撰加二級臣薄有德(박유덕)

原任 右春坊右中允兼翰林院編修臣吳世燾(오세도)

翰林院編修臣 陳壯履(진장리)

翰林院檢討加一級臣 劉師恕(유사서)

翰林院編修加一級臣 萬經(만경)

翰林院編修臣 凃天相(도천상)

原任 翰林院編修加一級臣兪梅(유매)

原任 翰林院編修臣 劉巖(유암)

翰林院修撰加一級臣 王雲錦(왕운금)

原任 翰林院編修臣 賈國維(가국유)
翰林院編修加一級臣 繆沅(무원)
翰林院編修加六級臣 蔣漣(장연)
原任 監察御史八品頂帶臣劉灝(유호)
○纂修兼校刊官(찬수겸교간관)
日講官起居注翰林院侍讀加一級臣陳世倌(진세관)

이상과 같이 강희자전(康熙字典)의 오류(誤謬)를 살펴보더라도 글의 엮음이란 신(神)이 아닌 인간 행위의 결과물(結果物)이라 혹 오류의 끼임은 하인(何人)이라도 부인할 수 없는 불가피한 학문하는 자(본인 포함)누구도 자유로울 수 없는 고민임에는 틀림 없습니다.

이상과 같이 우리 국어를 오염(汚染)시킨 원죄(原罪)는 대부분 외국인(外國人)이 엮은 조선총독부(朝鮮總督府) 편(編)인 조선어사전[朝鮮語辭典. 朝鮮總督府篇. 왜정(倭政 11(1920)年] 입니다.

초기 내국인편(內國人編)인 ○朝鮮語辭典 (1938. 朝鮮語辭典刊行會. 初刊本 同) ○國語大辭典 (1954. 永昌書館) ○우리말큰사전 (1957. 한국어편찬하편) ○국어대사전 (1961. 民衆書館) ○新選國語大辭典 (1963. 東亞出版社) 등이 거의 총독부 편을비슷하게 따랐고 그 이후 사전 역시 거의 이를 비끼지 못하였으니 착각이 빚어낸 오류였습니다.

자전고증(字典考證)을 알지 못하면 강희자전(康熙字典)만은 완벽하다 믿을 것이나 그에도 오류가 2,588 조(條)라. 누가 미처 알았겠습니까……

따라서 강희자전(康熙字典) 출간일(出刊日)이 청(淸) 강희(康熙) 55(丙申. 1716)년 閏 3 월 19 일이고, 자전고증(字典考證)을 지어 아뢰기를 道光十一(1831)年三月二十九日이니 115 년여 간(間)은 오류(誤謬)로 익힌 자(者)가 확대재생산 그 폐해는 수치로 헤아릴 수 없을 터이라. 이상 3 제의 폐해 그 버금 가리라 여겨 집니다.

까닭에 오류(誤謬) 수정은 1 시라도 이를수록 그 폐해를 감소시키는데 효과적임은 불문가지(不問可知)가 아니겠습니까.

종론(終論)

청원(請願); (一)새벽(晨 · 曉). [常理 違背]. (二)茶禮(다례 · 차례). [禮法 違背]. (三)祭酒(제주 · 좨주). [法典(規程) 違背]는 기왕에 우연히 드러나 이상과 같이 논(論)하였으며 이외는 까닭이 없는 한 역부로 더 밝히고 싶지도 않으며, 재삼 부탁합니다. 본인이 이상에서 제시한 전거(典據)들이 오류(誤謬)다. 로 인하여 결론이 잘못되었다면 번역가(飜譯家)의 번역어(飜譯語)나 세속(世俗)의 속설(俗說)이 아닌 3(三)주제에 합당한 전거(典據)로 반박(反駁)하여 주시기 바랍니다.

반박(反駁)의 여지가 없다면 무응답(적절한 기간; 약 10 여일)으로 대하시기 바랍니다. 다만 국립국어원의 온나인 제공 '표준국어대사전'의 오류(誤謬)는 수정 여부를 편리한 방법으로 표시하거나 즉시 개정하십시오.

귀사(出版社. 국립국어원)에서 펴낸 국어사전(國語辭典)의 내용이 혹 이상의 1. 朝鮮語辭典(朝鮮總督府篇. 倭政 11. 庚申. 1920)과 11. 국어대사전 (1991. 교육도서)(국어원 해당)을 직접 베끼거나(?) 직접 베끼지는 않았다 하더라도 이미 기왕의 유사(類似)한 사전(辭典)들을 모델로 삼았다면 상리(常理), 예법(禮法), 법전(法典. 規程)의 법도를 심히 어그러트린 사전상(辭典上) 기술(記述)임이 전거적(典據的)으로확인(確認)이 됩니다.

1. 朝鮮語辭典 (朝鮮總督府篇. 倭政 11. 庚申. 1920)을 어떠한 형태로이든 참고되지않고 독자적인 전거(典據)에 의하였다면 이상에서 확인된 전거(典據)를 반박(反駁)할 수 있는 전거[典據; 사용 횟수나 번역가(飜譯家)의 번역어(飜譯語)가 아닌 증거(證據)로 입증(立證)]로 입

증 기존 사전(辭典)의 기록 모두가 오류(誤謬)가 없음을 증명(證明)시켜야 되지 않겠습니까?

1. 朝鮮語辭典 (朝鮮總督府篇. 倭政 11. 庚申. 1920)이 어떠한 형태로이든 참고가 되어 편집이 되었거나, 반론의 여지가 없다면 오류를 인정치 않을 수 없을 것입니다.

인정하신다면 이뿐이 아니라 사전(辭典) 전체적으로 재 검토 인터넷 사전상의 오류는 즉시 바르게 수정되어야 하고, 종이 사전은 다음 출판에 오류(誤謬)를 수정 출판하여 백여 년간 왜곡된 국어생활을 바르게 잡아 놓아야 할 책임이 우리 모두에게 있습니다.

이상과 같이 청원(請願)하게 된 동기는 0000 집필(執筆) 중 참고로 국어사전을 뒤적이다 이상의 삼제(三題; 單語)를 발견하고 의문을 품고 있다가, 직접적으로 수정을 제안키로 결정하게 된 계기(契機)는 '[전통의례문답해설집(明文堂)]'의 원고(原稿)가 된 성균관(成均館) 홈피'의례문답'창의 답변자로서 질문에 응대하며 받은 충격으로 그와 같이 우리 언어를 오염시킨 근원(根源)을 개선함 없이는 되돌릴 수 없다는 확신 하에 이제 조금의 틈을 이용 청원서(請願書)를 쓰기 시작 이날에 이르렀습니다.

청원을 받은 제위께서도 우리 국어를 아름답고 바르게 다듬는다는 차원에서 본인의 청원이 오류(誤謬)가 아니라면 흔쾌(欣快)히 동참하여 주실 것으로 믿습니다.

다만 혹시라도 주장에 오류(誤謬)가 끼어 3 주제(三主題) 결론이 왜곡되어 있다면 개별에서 수차 지적한 바와 같이 한자어(漢字語)는 왜곡된 번역자(飜譯者)의 번역어(飜譯語)나 세속의 사용 빈도(頻度)는 전거(典據)의 가치가 전무(全無)하니 학문적 수준의 전거로 반박(反駁)하여 주시기 바랍니다.

●刑法大典[發行 隆熙(純宗) 元年. 1907]
第一篇　法　禮
第二篇　罪例
第三編　刑 例
第四章　虛僞所干律
第十一節　造言律
第十二節　邪術律
第五編　律例下
　第十四章　雜犯律
　　第十節　不應爲律
光武九年四月二十五日
御押　　　御璽　　　奉
　　　　勅　　　議政府參政大臣　閔泳煥
　　　　　　　　法部大臣　李址鎔

▶4171◀◈問; 賀正儀에 대하여?

감사합니다. 하정의(賀正儀) 예법 좀 자세하게 가르쳐 주십시오.

◈答; 賀正儀에 대하여?

하정의(賀正儀)란 지난날에는 정지삭망(正至朔望) 때 가장(家長)에게 드리는 예(禮)였으나 요즘은 설 명절(名節) 때 세배예법(歲拜禮法)으로 이해되겠습니다.

하정의(賀正儀)에 관하여 의절(儀節)과 속집의(續集儀) 두 예법을 게시합니다.

●儀節司馬溫公居家雜儀賀冬至正旦條

(是日昧爽拜祠堂畢先設主人主婦坐席於廳事正中)○序立(男左女右男西上女東上主人之弟弟婦并妹爲一行子姪及其婦并女子爲一行孫男孫婦孫女爲一行俟主人主婦坐定)○鞠躬拜興拜興拜興拜興平身○長者就次(就主人諸弟中推其最長者一人立主人右其妻立主婦右弟姪以下依前行次序立拜之)○鞠躬拜興拜興拜興

拜興平身(拜訖又以次推其長者出就次拜之如前儀拜遍)○分班(主人諸子姪輩行同者分班對立男左女右互相拜)○鞠躬拜興拜興平身(拜訖諸孫行拜其諸父如前就次儀其自相拜如分班儀)

●續集儀居家禮賀正儀條

正至朔望賀家長○是日拜祠堂畢○灑掃室堂設席於北壁下家長坐定○卑幼丈夫處左西上婦女處右東上皆北向世爲一行○共拜家長(丈夫再拜婦女四拜)○諸婦先退○就其中推最長者一人長兄立於家長之左長姉立於家長之右南向○諸弟妹拜訖○又以次推其長者各就列弟立於長兄之下妹立於長姉之下○拜如前儀○兄弟一等之親先退○子弟一等之親受拜如前儀拜遍○皆退○家長乃起○乃徹席

●事物紀原集類正朔曆數賀正; 通典曰漢高帝十月定秦遂爲歲首七年長樂宮成制群臣朝賀儀武帝改用夏正亦在建寅之朔則元日慶賀始于漢高祖也
●東周列國志第六回; 正値冬十一月朔乃賀正之期周公黑肩勸王加禮于鄭以勸列國

▶4172◀◈問; 학생을 교육은?

이 곳(성균관)의 관점에서 학생을 교육함에는 어떠한 자세와 방법으로 교수하여야 하나요?

◈答; 학생을 교육함에는 정도일 뿐.

생활예절상담 창의 역할은 예절에 관한 의문이 있어 문의가 게시되면 질문 요지에 맞는 답을 부쳐주되 최소 당일 내에 답을 붙여줘야 한다. 그 답이란 여기는 유학 단체이니 유학적 견지에서의 답이 작성됨은 당연지사다.

그 답이 동문서답이거나 유교법도를 벗어난 엉거주춤하다면 왜곡 전파의 폐해는 물론 한국 유학의 망신을 넘어 말로에 처해 있음을 입증케 된다. 까닭은 여기는 한국 유학의 대표기관인 성균관이니 그렇다.

한국 성균관이란 현 집행부나 어는 단체의 소유가 아닌 한국 유림 전원의 명예가 걸려있는 표상이니 소홀할 수 없는 곳이다.

예절(禮節)에 대한 문답(問答)이란 아래와 같이 살펴보지 않는다 하여도 유가(儒家)의 예법에서 의심(疑心)되는 법도(法度)를 묻고 답하여 의문(疑問)을 풀고 풀어주기 위한 문답자와 상호 대면 소통이 이뤄지는 곳이다.

까닭에 이미 붙인 답이 오답이거나 완전하지 못하다면 오류의 전파를 막기 위하여 유림 누구든 유학적 전거에 의한 객관적으로 살펴 정답을 제시 바르게 잡아 주어야 한다.

●坊記子云夫禮者所以章疑別微以爲民坊者也[註]疑者惑而未決[疏]疑謂是非不決
●荀子修身篇故學也者禮法也夫師以身爲正儀而貴自安者也[註]效師之禮法以爲正儀如性之所安斯爲貴也禮或爲體
●詩經北山之什楚茨章獻酬交錯禮儀卒度[註]度法度也
●史記禮書至秦有天下悉內六國禮儀采擇其善
●左傳僖公傳三十年條以其無禮於晉(杜註文公亡過鄭鄭不禮之)且貳於楚也
●後漢書律歷志然後儀式備立司侯有準
●書經商書仲虺之誥篇好問則裕自用則小[註]好問則德尊而業廣自賢自用者反是謂之自得師者眞知己之不足人之有餘委心德順而無拂逆之謂也
●論語憲問章南宮适問(云云)禹稷躬稼而有天下夫子不答[註]孔子不答然适之言如此

특히 성균관(成均館) 임직원(任職員)은 더할 나위 없고 성균관(成均館) 온라인상(上)의 모든 창에서 활동하고자 하는 자(者) 모두는 장유학교회지임(掌儒學敎誨之任)의 명(命)을 어길 권리는 그 누구에게도 주워지지 않았다.

성균관(成均館)의 첫째 임무(任務)는 장유학교회지임(掌儒學敎誨之任)이다. 석전(釋奠)은 장유학교회지임(掌儒學敎誨之任)을 완수(完遂)하기 위한 행사(行祀)다.

하인(何人)이라도 아래 서책 중 단 일책(一冊)이라도 취하여 성균인(成均人)의 임무(任務)가 장유학교회지임(掌儒學敎誨之任)을 살펴보았다며 그에 비낀 답은 상상도(想像圖) 못할 것이다.

유학(儒學)에 뜻이 있는 유자(儒者)라면 한국(韓國) 유학(儒學)의 진 면모(面貌)를 국내(國內)는 물론 세계(世界) 유학인(儒學人)들에게 보여줘야 되지 않겠는가? 아직 한국(韓國) 유학(儒學)은 건재(健在)하다고. 진정한 유자라면 정도를 비켜가서는 아니된다.

●文王世子三而一有焉乃進其等以其序謂之郊人遠之於成均以及取爵於上尊也(鄭玄注)董仲舒曰五帝名大學曰成均(辭典註)后泛稱官設的最高學府
●周禮春官宗伯大司樂掌成均之法以治建國之學政而合國之子弟焉(鄭玄注)謂董仲舒云成均五帝之學(辭源注)古之大學後爲官設學校的泛稱
●晉書職官志;及咸寧四年武帝初立國子學定置國子祭酒博士各一人助敎十五人以敎生徒
●大典會通吏典成均館; 掌儒學敎誨之任
●東典考官職成均館; ○新羅國學大學監(備考) ○高麗國子監改國學成均館尋改監爲館○太祖仍置成均館掌儒生敎誨之任用文官其屬正錄廳附焉○有大司成祭酒樂正直講典簿博士諄諭博士進德博士學正學錄直學學諭以鄭道傳權近爲提調集四品以下及儒士講習經史
●法規類編學制門成均館經學科規則(開國五百五年七月日學部令第四號)(隆熙 2 년 1908 년)第二條 成均館經學科學生의課할學科目은三經四書(幷諺解)史書(左傳史記綱目續綱目明史等)本國史本國地誌萬國地理歷史作文算術로

○불교가 불경을 버리고서 변한 세속으로 염불울 하고 기독교(예수교 포함)가 성서를 버리고 변한 세속으로 설교를 하고 있다면 이미 그절은 사찰 간판이 내려졌을 것이고 교회 역시 간판이 타력으로 인해 떼어 졌을 것이다. 이미 그 교당 교주를 이단자로서 낙인이 찍여 망하고 말았을 것이다.

◆여기는 유교(儒敎)의 전당(殿堂) 성균관(成均館)이다.
○유교도(儒敎徒)는 유사(儒師)와 유도(儒徒)로 구분된다.
○유사(儒師)는 스승으로 가르침을 감당할 수 있는 학자(學者)요.
○유도(儒徒)는 가르침을 받아야 하는 일반 유교인(儒敎人; 平信徒)을 말한다.
○불교(佛敎)는 불경(佛經)을 벗어나 염불(念佛)이나 불자(佛者) 지도에 세속(世俗)으로 가르칠 수 없고,
○기독교(基督敎)는 신구약(新舊約) 성서(聖書)를 벗어나 설교(說敎)할 수 없듯이,
○유교(儒敎) 역시 경서(經書)등 유서(儒書)를 벗어나 가르칠 수 없는 것. 상식 중 상식이며 학문하는 진리다.
○스승은 원본을 가르침이 정도이지 사회적 변질된 사례를 가르쳐서는 자신을 망각한 헐렁이가 아니고는 감히 상상도 할수 없는 망태다.

◆經國大典(世祖命撰. 1469) 吏曹 [成均館] 掌儒學敎誨之任
◆典錄通考(肅宗命撰. 1707) 吏曹 [成均館] 掌敎誨儒生
◆國朝搢紳案(正祖五年. 1782) 內篇 [成均館] 掌儒學敎誨之任
◆大典通編(王命撰. 1785) 吏曹 [成均館] 掌儒學敎誨之任
◆大典會通(高宗受命撰. 1865) 吏曹 [成均館] 掌儒學敎誨之任
◆六典條例(高宗受命撰. 1866) 禮曹 [成均館] 掌儒學敎誨之任
◆(校註)大典會通(總督府中樞院. 昭和十三年. 1938) 吏曹 [成均館] 掌儒學敎誨之任

▶4173◀◈問; 한글은 우행서인데 한자는 좌행인 까닭?

한글은 세로로 쓸 때 왼쪽에서 시작 오른쪽으로 책 역시 왼쪽에서 오른쪽으로 펴가며 읽습니다. 그런데요 한문은 그 반대로 쓰고 책 역시 오른쪽에서 외쪽으로 펴가며 읽게 되어 있습니다 왜인지요.

◈答; 한자는 좌행인 까닭.

음양(陰陽) 방위(方位)는 아래와 같이 채택(採擇)된 전거(典據)에 의하면 소위 음양(陰陽) 좌우(左右) 분별(分別)은 천지(天地)의 방위적(方位的) 개염(概念)의 좌우(左右)와 인체적(人體的) 개념(概念)의 좌우(左右)로 구분 지을 수 있습니다.

◆천지(天地)의 음양(陰陽); 동양서음(東陽西陰) 좌양우음(左陽右陰).
◆인체(人體)의 음양(陰陽); 좌음우양(左陰右陽)

따라서 책 자체 방위는 첫 페이지가 동(東)에 해당되어 동은 양(陽)인 까닭에 모든 기(氣)는 태양이 동에서 서로 향해 가듯 양에서 음으로 흐르는 까닭에 좌행서가 됩니다.

●南溪曰載海按天地之東爲左西爲右而使人面北而看之則天地之左卽人之右也天地之右卽人之左也然凡所謂陽左陰右者皆從天地之左右故曰陽居於東陰居於西
●弘齋全書經史講義易明夷; 啓洛對豐之折右肱明夷之夷左股蓋取其左弱右強左陰右陽之義而手足之用皆以右爲便則豐之言右以其傷之切而不可用也
●旅軒曰夫婦若雙封各碣則兩碣須當並書之墓又若雙封一碣則正面當中題曰某國某官某公之墓其左旁低其題曰某夫人某氏祔
●問表石左字俗皆從祔左位地夫人封號必書左行今以文理連看而書之如何明齋曰鄙家祖考表石從寫者之左右而書之如示矣退溪先生所論神主旁題之事分明可據
●問祖考妣一穴異封今欲兩間竪一石表面刻右考左妣此俗所行也俗或單題考前而妣前則否此又如何兩封共一表則其世系名字行實之刻當首考次妣可乎合而述之可乎退溪日一穴異封表面分刻俗例如此恐程子所謂事之無害於義者從俗者此類之謂也其單題考前恐未安兩封共表銘文之刻例未有考今世或有分刻者有合述者愚意分刻固善然以同牢一體共穴合祭之義言之合述亦似爲得
●問合葬之墓碣面當兩書墓字否退溪曰府君書墓而夫人只書祔字似得宜也
●尤菴曰夫與元妃合葬于上繼妃祔于下則表石當主于夫而書曰前妃某氏祔左繼妃某氏祔下
●南溪曰兩位表石右書府君左書夫人夫人位只書祔
●或問合葬墓碣面兩書墓字如何退溪曰府君書墓而夫人只書祔左似得宜
●退溪曰一穴異封票面分刻滉所聞俗例亦如此其單題考前恐未安兩封共表銘文之刻例未有考今世或有分刻者有合述者愚意分刻固善然以同牢一體共穴合祭之義言之合而述之亦似爲得

▶4174◀◈問; 행전의 끈은 어느 쪽에 묶어야하나요?

생활예절 상담에 명쾌한 답을 해 주신 모든 분들께 감사를 드립니다. 제례(祭禮) 시(時)에 제복(祭服)이나 유복(儒服)을 정제(整齊)할 때에 행전(行纏) 끈을 묶는데무릎 안쪽에 묶는 경우와 무릎 밖앝쪽에 묶는 경우를 보았는데 어느 쪽에 묶는 것이 바른 행전을 매는 방법일까요? 답을 기다립니다. 감사합니다.

◈答; 행전 매는 법.

행전(行纏)은 행등(行縢), 박고(縛袴) 등등으로 불리는데 이는 심의제도(深衣制度)에 속한 복식으로 편람의 말씀으로는 옛날 복식 예법에는 없으나 지금 모두 사용하고 있다는 말씀입니다.

행전(行纏) 매는 방법에 관하여는 시(詩) 소아(小雅) 채숙전(采菽傳)에서 이르시기를 행등(行縢; 행전)은 핍속(偪束; 단단히 묶는다) 기경(其脛; 정강이에)이라 하셨을 뿐 매듭을 어느 쪽에 어떻게 묶어 어떻게 처리한다는 방법에 관하여는 이에서는 물론 고예서(古禮書) 심의제도(深衣制度) 어디에도 논한 바가 발견되지 않습니다.

●詩小雅采菽; 邪幅在下鄭玄箋邪幅如今行縢也偪束其脛自足至膝故曰在下
●便覽成服諸具行纏條卽家禮所謂勒帛小學所謂縛袴禮雖不見於喪服今人皆用布爲之固不可廢布升當如中衣
●要解喪服向外編之條註其餘末向外
●通考喪冠製條外畢註外畢者皆在武下向外出

▶4175◀◈問; 현판 글씨.

건물 앞에 현판을 게시할 때 예(함안조씨 대종회) 와 같이 씨 자를 작게 써야 되는지 궁금하여 선생님께 문의 합니다.

◈答; 懸板(현판) 姓氏(성씨)의 氏字(씨자)를 작게 써야 하는지에 대하여.

●康熙字典 氏部 【氏】[集韻][韻會][正韻]氏族也
●周易繫辭下傳; 子曰顔氏之子其殆庶幾乎有不善未嘗不知知之未嘗復行也(本義註)臨川吳氏曰程子云顔子无形顔之
●文心雕龍原道; 爰自風姓暨於孔氏玄聖創典素王述訓莫不原道心以敷章(漢典註)氏系于姓或姓名字號之后以爲敬稱

以上(이상)에서 살펴본 바와 같이 孔夫子(공부자)께서 首弟子(수제자)인 顔回(안회)의 姓(성)을 氏字(씨자)를 붙여 부르심을 筆者(필자)가 옮기면서 差別(차별)을 두지 않았듯이 姓(성)에 붙는 氏字(씨자)는 敬稱(경칭)인 까닭에 姓字(성자)보다 작게 쓸 까닭이 없습니다. 다만 懸板(현판)의 社會的(사회적) 慣行(관행)이 있는지의 與否(여부)는 알지를 못합니다.

▶4176◀◈問; 현판에 관하여.

문중의 사당 현판을 제작하려고 합니다. 현재는 "풍문사당"이라는 현판이 걸려 있는데 다시 제작할 때에는 "당"자를 빼야 한다는 의견이 있어서요. 그분 의견이 "忠烈祠"를 비롯하여 "당"자는 안 쓴다고 하는데 정확한 것을 모르겠습니다.

저희 문중 사당도 당자를 빼고 "풍문사"라고 써야 하는지요? 정확한 것을 알려 주시면 고맙겠습니다.

◈答; 현판에 관하여.

다만 당자를 생략한 것은 충렬사등과 같이 사회적 추모의 대상으로 그 위패를 묘셔 놓은 사당을 일러 모모사 라 합니다.

사(祠)자 그 자체가 사당(祠堂)을 의미하여 당(堂)자를 붙이지 않고 00祠라 명명하고 있습니다.

●越絶書德序外傳記; 越王句踐既得平吳春祭三江秋祭五湖因以其時爲之立祠垂之來世傳之萬載
●漢書宣帝紀; 修興泰一五帝后土之祠祈爲百姓蒙祉福
●水經注泗水; 吏民親事皆祭亞父于居巢廳上後更造祠于郭東至今祠之

▶4177◀◈問; 화장한 경우 족보에 무엇으로 적습니까?

화장한 경우 족보에 무엇으로 적습니까?

答; 화장한 경우 족보에 무엇으로 적나.

지난날에는 유가(儒家)에는 화장예법(火葬禮法)이 없었으니 족보(族譜) 기재(記載) 사례(事例)도 없습니다.

족보(族譜)의 사자(死者) 표시는 모년월일(某年月日) 생(生) 모년월일(某年月日) 졸(卒) 묘(墓) 주소(住所) 산(山) 모번지(某番地). 배(配) 라 대개 이와 같이 기록되니 불가피하여 화장(火葬)을 하였다면 선장(仙葬) 골분(骨粉)을 함에 담아 납골당(納骨堂)에 안치 하거나 산골(散骨)하거나 임장(林葬) 등의 방법으로 선장(仙葬)되었을 시 납골당(納骨堂)에 안치하였다면 납골당 주소에 모 납골당. 산골(散骨)하였다면 산골지 주소. 임장(林葬)을 하였다면 임장주소 某樹下.

●讀禮通考葬考五火葬條細註朱董祥曰焚尸之事世俗雖有然皆出於市井僕隷稍有知者必不爲也第此輩不能以理諭則當以法故爲人臣者而不能致君禁此使民爲掩骼之計不可以稱仁人爲士子者而不使鄕黨閭里習聞其慘毒而不化之以漸不可以稱孝子爲之者固市井僕隷而所以使之爲之而無忌憚者

豈盡其罪邪

●會成火葬不孝條溫公曰世人沒於遠鄉子孫焚其柩收燼歸葬夫孝子愛親之肌體故斂而藏之殘毁他人之尸在律猶嚴况爲子孫者乃悖謬如此其始出於羗胡之俗浸染中華行之旣久習而爲常見者恬然曾莫之恠豈不哀哉延陵季子適齊其子死葬於嬴博之間孔子以爲合禮必也不能歸葬葬於其地可也豈不猶愈於焚之也

●釋門家禮抄葬法天竺葬法有四焉一水葬二火葬三土葬四林葬(云云)舍利(云云)立塔(云云)

●茶毘文茶毘作法註茶毘亦云闍維此云焚燒卽火葬也(云云)擧火篇(云云)下火篇(云云)碎骨法(云云)起骨篇(云云)拾骨篇(云云)碎骨篇(云云)散骨(云云)

▶4178◀ ◈問; 凶吉時方(흉길시방)은?

사람이 생활을 하여 가는 데는 시간이나 방위에 길흉으로 갈린다는데요. 길흉(吉凶) 일시(日時)나 길흉(吉凶) 방위(方位)를 알 수가 있을까요?

◈答; 凶吉時方(흉길시방)은.

유가(儒家)의 법도에는 주역(主役)이나 성리대전에서 괘를 풀고 음양오행을 논한 과제가 있으나 길흉일시나 길흉방위 등 길흉을 전문으로 다룬 항목은 전류 선유들께서 논한 바가 없습니다.

무속(巫俗)에서 길흉(吉凶) 점(占)이 발전한 근원은 불가가 아닌가 합니다. 이에서 전거(典據)로 불가(佛家) 다비문(茶毘文)에서 발췌(拔萃) 게시(揭示)하여 놓겠습니다.

◆茶毘文無

●常院記(상원기)

准西域祇園寺圖云寺西北角日先沒處爲無常院若有病者安置在中堂號無常多生厭世去極重若盡生西方其堂內安一彌陁佛像薄紙塗之面向東方以病人在像前坐之若無氣不得坐者令以卧之面向西方觀佛像好其像手端繫一五色彩幡令病人手執其幡脚往生淨土之意像前燒香散花供養不絶云云

華嚴賢首品疏云要臨終勸者智論云臨終少時能勝終身修行之力以猛利故如火如毒依西域法有臨終者令面向西於前安一佛像面向東以幡頭掛像手指令病人手執幡脚口稱佛名想隨佛往生淨土之意兼燒香鳴磬助稱佛名若能如是非但亡者得生佛國抑亦勸者終成見佛光明

群疑論云臨終時不待十念有十種難一則善友未必相遇二則或疾苦纏身不遑念佛三則或偏風失語不得稱念四則或狂亂失心注想難尅五則或俄逢水火不暇至誠六則或輒遇豺狼無其救者七則或臨終惡友壞彼信心八則或飮食過多昏迷致命九則或軍伍戰鬪奄爾輪廻十則或忽墮高岩傷中身命人生此世罪垢多重則大小橫厄固不可知當須早發信心預定歸路可也

●病人避憂方(병인피우방)

甲乙日(갑을일)四方皆通 **丙丁日(병정일)**南吉北死 **戊己日(무기일)**南吉北死東方可病 **庚辛日(경신일)**東吉北死 **壬癸日(임계일)**西北吉南東凶 **春(춘)**甲乙日西行吉 **夏(하)**丙丁日北行吉 **秋(추)**庚辛日東行吉 **冬(동)**壬癸日南行吉 **四季(사계)**戊己日四方吉

●又避病吉日 九天日出則吉 九地日還入吉

春(춘)寅九天日申九地日 **夏(하)**午九天日子九地日 **秋(추)**申九天日寅九地日 **冬(동)**子九天日午九地日

●避病吉方(피병길방)

乾方(건방)初一日十日十九二十八日 **兑方(태방)**初二日十二日二十二十九日 **艮方(간방)**初三日十二日二十一日三十日 **難方(난방)**初四十三日二十二日 **坎方(감방)**初五日十四日二十三日 **坤方(곤방)**初六日十五日二十四日 **震方(진방)**初七日十六日二十五日 **巽方(손방)**初八十七日二十六日 **中方(중방)**初九十八日二十七日

●他病不見法(타병불견법)

春(춘)亥日 夏(하)寅日 秋(추)寅日 冬(동)午日 又每月(우매월)壬寅 癸巳 壬申 癸亥 等日

●死人不見法(사인불견법)

正(정)辰丑生人不見 二(이)申酉生人不見 三(삼)戌亥生不見 四(사)卯生不見 五(오)午生不見 六(육) 七(칠) 八(팔) 九(구)卯生不見 十(십)辰生不見 十一(십일)丑寅生不見 十二死人(십이사인)卯生人不見

●死人向頭法(사인향두법)

○春(춘)東向 夏(하)南向 秋(추)西向 冬(동)北方向頭則吉
○甲乙日(갑을일)南向 丙丁日(병정일)西向 戊己日(무기일)南向 庚辛日(경신일)北向 壬癸日(임계일)東向
○正五九月(정오구월)西向 二六十月(이륙십월)北向 三七冬(삼칠동)東向 四八臘月(사팔랍월)南向頭吉

●重服日(중복일)

正七四十(정칠사십)寅申巳亥 二八五冬(이팔오동)子午卯酉 三九六臘(삼구육랍)辰戌丑未 此日人死則又出喪事斂則凶也

●重服防法符(중복방법부) 又黑太三七介立臍中入棺大吉

口口日
出用用
呂口呂
鬼口鬼
此符以朱砂書于黃紙身体入棺時置臍上大吉或以青布付臍上大吉

●重服重喪讀經法(중복중상독경법) 淨處飯七器白紙七束白布七尺置淨席上讀百片而焚之可也

維歲次某年月日某人敢請七君福星之下某郡某里某貫某亡犯杀而其爲子孫者以天爲父以地爲母與日月爲兄弟與天下太乙爲朋友東方青帝將軍來助此家南方赤帝將軍來助此家西方白帝將軍來助此家北方黑帝將軍來助此家中方黃帝將軍來助此家看甲莊身來助此家天曜天氣悉能伏制伏乞福星某之子孫僅免後艱

●入棺法(입관법)

子日(자일)亡人寅時入棺 丑日(축일)申時 寅日(인일)未時 卯日(묘일)酉時 辰日(진일)申時 巳日(사일)酉時 午日(오일)巳時 未日(미일)午時 申日(신일)辰時 酉日(유일)寅子時 戌日(술일)寅時 亥日(해일)亡人卯時入棺 甲乙丙丁日(갑을병정일)戌巳時 戊己日(무기일)寅時 庚辛日(경신일)亥時 壬癸日(임계일)酉時入棺吉

●死人出門方(사인출문방)

正(정)午方出三人死 二(이)午方一人 三(삼)午丑未方一人 四(사)午方五人 五(오)亥方二人 六(륙)卯巳未方三人 七(칠)卯辰巳午方四人亡 八(팔)戌方一人亡 九(구)丑寅辰巳方三人亡 十(십)辰巳方二十人亡 十一十二(십일십이)辰酉午未方出三人亡

●又凶方(우흉방)

○春(춘)東出三人亡 夏(하)南出一人亡 秋(추)西出五人亡 冬(동)北出五人亡
○正(정)午方 二(이)子未方 三(삼)丑未方 四(사)午戌方 五(오)巳午方 六(륙)子方 七(칠)卯方 八(팔)午方 九(구)辰方 十(십)辰方 十一(십일)子方 十二(십이)酉方出凶

●成服吉日(성복길일)

甲子(갑자) 己巳(기사) 乙酉(을유) 庚寅(경인) 癸巳(계사) 丁酉(정유) 丙午(병오) 辛亥(신해) 癸日(계일) 戊午(무오) 庚申(경신) 等日吉

●死人出日法(사인출일법)

○**春(춘)**辰巳方吉 **夏(하)**未申方吉 **秋(추)**戌亥方吉 **冬(동)**丑寅方吉
○**甲乙日(갑을일)**亡人卽時出吉 **丙丁(병정)**未時出吉 **戊己(무기)**午時出吉 **庚辛日(경신일)**申時出吉 **壬癸日(임계일)**亥子時出則吉
○**正(정)**寅亥方吉 **二(이)**丑戌 **三(삼)**申酉 **四(사)**申亥 五(오)寅卯辰未酉方 **六(륙)**子午 **七(칠)**辰戌亥方 **八九十(팔구십)**辰方 **十一(십일)**丑未 **十二(십이)**午未方出則吉

●出龕凶方(출감흉방)

	子年丑寅卯辰巳午未申酉戌亥
喪門方(상문방)	寅年卯辰巳午未申酉戌亥子丑
吊客方(적객방)	戌年亥子丑寅卯辰巳午未申酉
死符方(사부방)	巳年午未申酉戌亥子丑寅卯辰
太歲方(태세방)	子年丑寅卯辰巳午未申酉戌亥
大將軍(대장군)	酉年酉子子子卯卯卯午午午酉
天德合(천덕합)	(此下皆吉方) 巽方庚丁坤壬辛乾甲癸艮丙乙
月德合(월덕합)	壬方庚丙甲壬庚丙甲壬庚丙甲
天德合(천덕합)	申方乙壬巳丁丙寅巳戌亥辛庚
月德合(월덕합)	丁方乙辛己丁乙辛己丁乙辛己
驛馬(역마)	寅方亥申巳寅亥申巳寅亥申巳

●月家吉神(월가길신)

	正	二	三	四	五	六	七	八	九	十	十一	十二	
天德(천덕)	丁	申	壬	辛	亥	甲	癸	寅	丙	乙	巳	庚	
月德(월덕)	丙	甲	壬	庚	丙	甲	壬	庚	丙	甲	壬	庚	
天德合(천덕합)	壬	巳	丁	丙	寅	巳	戊	亥	辛	庚	申	乙	
月德合(월덕합)	辛	己	丁	乙	辛	己	丁	乙	辛	己	丁	乙	
土公所在方(토공소재방)	戌	丑	寅	酉	申	辰	卯	午	酉	子	申	子	成殯則人多死
重喪日(중상일)	甲	乙	戊己	丙	丁	戊己	庚	辛	戊己	壬	癸	戊己	此下忌安葬日
中日(중일)	庚	辛	己	壬	癸	戊	甲	乙	己	丙	丁	戊	
又重日(우중일)	己	己	己	己	己	己	己	己	己	己	己	己	
	亥	亥	亥	亥	亥	亥	亥	亥	亥	亥	亥	亥	
地隔日(지격일)	辰	寅	子	戌	申	午	辰	寅	子	戌	申	午	
陰差(음차)	庚	辛	庚	丁	丙	丁	甲	乙	甲	癸	丑	癸	
	戌	酉	申	未	午	巳	辰	卯	寅	丑	子	亥	
陽差(양차)	甲	乙	甲	丁	丙	丁	庚	辛	庚	癸	壬	癸	
	寅	卯	辰	巳	午	未	申	酉	戌	亥	子	丑	

●逐月安葬吉日(축월안장길일)

正月(정월)	癸酉 丁酉 乙酉 辛酉 己酉 丙寅 壬午 丙午
二月(이월)	丙寅 壬申 甲申 庚寅 丙申 壬寅 己未 庚申
三月(삼월)	壬申 甲申 丙申 癸酉 乙酉 丁酉 丙午 壬午 庚午 庚申 辛酉
四月(사월)	乙酉 丁酉 己酉 辛酉 癸酉 壬午 乙未 丁丑 己丑 庚午 甲午
五月(오월)	甲申 庚申 丙申 壬申 甲寅 庚寅 壬寅 辛未 甲戌 庚辰 甲辰
六月(유월)	癸酉乙 辛酉壬甲庚 丙申 乙亥壬甲 庚寅 辛卯 丙午 戊申乙 癸未

七月(칠월)	癸乙丁己酉 壬甲丙申 丙壬子 丙壬午 丙壬辰
八月(팔월)	壬甲丙庚申 壬庚寅 壬丙辰 乙丁己巳 癸乙申酉
九月(구월)	壬丙午 丙庚壬寅 庚戊午 甲戌辛亥
十月(시월)	壬丙庚午 甲丙辰 丙甲庚子 辛乙未 癸酉甲午 壬辰
十一月(십일월)	壬丙甲寅 壬甲丙申 甲壬子辰
十二月(십이월)	壬甲丙庚申 壬甲丙戊庚寅 癸酉

●鳴吠大吉日(명폐대길일) 金鷄鳴玉犬吠此日安葬大吉
壬甲丙庚申 癸乙丁己辛酉 丙甲庚寅壬寅 丙甲庚壬午 辛丁癸乙卯 丙庚壬子 甲庚丙壬辰

▶4179◀◈問; 상장례, 의식 행사시 헌화(국화) 꽃의 방향.

작성일 : 2022-07-23 14:42 이름 : 조0제

관계 선생님 무더운 날씨에 수고가 많으십니다 !
다름이 아니옵고 현대를 살아가면서 수 많은 의문이 많지만 한가지만 질의 하겠습니다
초상집이나 의식 행사때 보면 국화 헌화를 하면서 꽃이 앞쪽으로 오는가 하면 뒷쪽으로 가고 하는데 도무지 알 수 가없습니다

참고로 저가 국립국어원을 검색해 보았드니
예) 올립니다
 1) 오늘은 조상님께 제사를 올리는 날입니다
 2) 음식을 상에 놓이게 하다
 3) 윗 사람에게 인사말,절 등을 하거나 무엇을 건네다
예) 드립니다
 높임말로) 앞의 말이 나타내는 행동이 다른 사람의 행동에 영향을 미침을 나타내는 말
 1) 00 축하드립니다
 2) 00감사드립니다 등 등....

※ 개인생각
제사를 올릴때나 각종 제례행사 등을 행할때 산 사람 중심이 아닌 고인 중심으로 재물을 올리는데 국화(헌화)도 고인이 중심이 된다면 당연히 꽃대쪽이 고인쪽으로 놓아야 된다고 봅니다.
다만 화환등 제작화환등은 고인 중심이기 보다는 상주와 산 사람의 중심으로 행해 진다고 봅니다
● 여러 선생님들의 고견을 듯고자 합니다

더운 날씨에 건강 조심 하시고 가내 평온을 기원합니다

◈答; 조문할 때 獻花(헌화)시 꽃송이 방향.

고려때 이규보가 쓴 [동국이상국집]에
1. 어전에서 왕이 花酒(꽃과 술)를 하사한데 따르는 令公이 사은의 표를 하였는데, "성상 폐하께서 안을 다스리는 것을 예의의 우선으로 하시고 집을 다스리는 것을 정사의 으뜸으로 하시와, 토모(土茅)를 나누어주시어 이미 후번(侯藩)의 은전(恩典)을 높게 하시고, 화주(花酒-꽃과 술)를 하사하시어 다시 빈석(賓席)의 환락(歡樂)을 베풀게 해 주실 줄을 어찌 생각하였겠습니까. 보답할 길이 어려움을 스스로 알고 마음속에 단단히 새겨 둘 뿐입니다. 운운.(豈意聖上陛下。禮先理內。政尙齊家。分土與茅。旣峻侯蕃之典。賜花兼酒。更資賓席之歡。自知報稱之難。徒極銘藏之抱。云云。)"이 있으며,

2. 공주가 어전에서 화주(花酒)를 하사한 데 대하여 사은하는 표를 하였는데, "성상 폐하께서 대궐에서 명을 내리시어 꽃과 술로써 즐거움을 권하실 줄 어찌 알았겠습니까. 실로 빛나

는 신선의 꽃이며 무르익은 신선의 술이오니, 영광이 막대하매 모든 사람이 눈을 치켜 보며, 한없이 축수(祝壽)하오매 마음속으로 스스로 맹세합니다. 운운.(豈謂聖上陛下雲霄降命。花酒侑歡。眞四照之仙葩。實九霞之濃液。爲榮莫大。增萬目之聳觀。祝壽無疆。指一心而自誓。云云。)"이 있으며,

3. 영공이 동궁(東宮)에게 사은하는 전(牋)에, "삼가 마땅히 공순하여 끝내 화평하여, 꽃부리를 감싸는 꽃송이를 받들매 울긋불긋 빛날 뿐만 아니라, 뿌리를 덮어 주는 칡덩굴에 의탁하여 길이 뻗어나가지 아니하리까. 운운.(謹當能順而悌。終和且平。承覆萼之華。不惟韡韡。託庇根之葛。其求綿綿。云云。)"이다.

이와 같이 꽃과 술을 주었다는 문절이 각각 나오는데, 여기에서 3항의 [꽃부리를 감싸는 꽃송이를 받들매(承覆萼之華)]를 살펴보면, "꽃부리를 감싸는"은 "꽃잎 전체를 이르는 말로 꽃받침과 함께 꽃술을 보호한다"는 뜻이 됩니다. 또 "꽃송이를 받들매"는 줄기가 아닌 꽃송이를 받았다는 뜻이다. 따라서 이 문장에서는 줄기나 잎은 표현을 생략한채 꽃받침과 꽃술, 꽃송이만 강조하여 선물을 하였다는 말이 된다.

또 이 말은 [시경]의 소아(小雅)편 아가위(常棣)에 "활짝 핀 아가위꽃 얼마나 곱고 아름다우냐(常棣之華 萼不韡韡)"로 나오는데, 이 표현 역시 꽃받침과 꽃송이만을 의미한다.

그러므로 꽃을 줄때는 줄기나 가지는 별 의미가 없으며, 오로지 꽃받침과 꽃송이를 드리는 것으로 의미해석을 하여야 한다. 따라서 당연히 꽃의 방향은 울긋불긋 핀 꽃송이가 받는사람이나 신위에게로 향함이 옳다.

◈ 분향(焚香)과 헌화(獻花)

1). 각 교단(敎團)의 분향례(焚香禮)를 살펴보기로 한다.

◆기독교에서 향을 피우는 것은 시편 141편 2절과 요한 묵시록 8장 3절에서 뜻하는 것처럼 공경과 기도를 표현한다. 그리고 분향은 교회의 예물과 기도가 향이 타오르는 것과 같이 하느님 앞에 올라가는 것을 표현한다. 성찬례에서 분향할 수 있는 곳은 모두 다섯 군데인데 (1) 입당 행렬 때 (2) 미사를 시작할 때 십자가와 제대에 (3) 복음 행렬과 선포 때 (4) 제대 위에 빵과 성작을 준비한 다음 예물, 십자가, 제대, 사제, 백성에게 (5) 축성된 성체와 성혈을 받들어 보일 때에 분향할 수 있다.

◆불교에서의 분향은 부처님께 불공을 드린다는 의미다.

◆유교에서의 분향은 있는 곳을 모르는 魂氣를 香을 피워 그 香氣를 따라 降臨케 하는 의미 외에 다른 목적은 없다..

●郊特牲註蕭香蒿也取此蒿及牲之脂膋合黍稷而燒之使其氣旁達於墻屋之間是以臭而求諸陽也

●溫公曰古之祭者不知神之所在故灌用鬱鬯臭陰達于淵泉蕭合黍稷臭陽達于墻屋所以廣求神也

2). 조례(弔禮)에서 헌화(獻花)에 대하여

유학(儒學)에서는 백국(白菊)을 시제(詩題)로 삼아 읊을 정도로 흠모와 칭송의 대상으로 여기는 꽃인데 현대 장례식장(葬禮式場) 등 조문(弔問)을 하는 곳이면 으레 백국(白菊)을 들고 위전(位前)으로 들어가 망인(亡人) 영정(影幀) 앞에 놓는데 영전에 백국을 받치는 연유를 어찌 이해되어야 할 것인가와 어찌 받칠 것인가 이다.

통상 백국(白菊)의 꽃말은 "성실, 감사, 진실" 등이라 믿는다면 상(喪)의 슬픔과는 어울리지 않으니 그뿐이라면 오히려 욕(辱)이 될 수도 있다. 그러나 이미 유럽에서는 백국을 죽음과 상통한다는 설이 있고, 유가(儒家)의 백(白)은 상(喪)과 통한다. 상(喪)이란 슬픔의 장이니 조객(弔客)이 애도의 표시로 백국을 영전에 조화(弔花)로 받침이 현대 유가(儒家)의 장례문화에서 받아들일 수 있는 한 례(禮)로서정착시킴에 주저할 까닭은 없으리라 여겨진다.

다만 그에 놓는 방법이 혹은 일본식(日本式)으로 줄기가 위전으로 혹은 꽃송이가 위전으로 등 일률적이지 않다. 일률적이지 않다 함은 헌화(獻花)의 예법이 우리의 장례문화에는 없는

예라서 아직 우리 장례예법에 정착되어 있지 않았다는 의미일 게다.

◎일본의 헌화 법도.
●献花のした; 右側に花ガくるよぅに右手を下 左手を上に添えて持つ 祭壇の前で一礼 献花台の前で時計回りに90度回転させる 献花台にささげる 默禱し遺族と神父 (牧師)に一礼
○(일본식)헌화하는 방법; 오른쪽으로 꽃송이가 오도록 오른손은 밑을 쥐고 왼손은 위를 잡고 제단 앞으로가 영전에 한번 인사를 하고, 헌화대 앞에서 꽃을 시계방향으로 90도 회전시켜(꽃송이가 밖으로 향하게) 헌화대에 받치고 묵념기도하고 유족과 신부(목사)에게 한번 인사한다.

영전(靈前)에 헌화(獻花)하는 방법이 혹시 일제(日帝) 때의 일본(日本) 장례문화(葬禮文化)의 잔재(殘在)가 아닌가 하는 의구심(疑懼心)을 지울 수 없는 까닭은 꽃 줄기를 위전(位前)으로 향하게 놓는 방법이 일식(日式)과 같다는 것이다. 일식(日式)이라 배척함이 아니라 이치에 어긋난다는 것이다. 조문객(弔問客)은 상(喪) 소식을 듣고 슬픔에 겨워 영좌(靈座) 앞으로 나아가 슬픔을 다하고 상주(喪主)에게는 위문(慰問)하여 슬픔을 나누려 함이라면 백국(白菊)을 영좌(靈座) 앞에 드리는 이유는 타 문화라 정확히는 알 수 없으나 그 꽃이 애도(哀悼; 슬픔)를 표하는 과정에서 헌화(獻花)의 예(禮)를 갖는다면 백국(白菊) 줄기에 그 의미가 있는 것이 아니라 꽃송이에 있을 진대 꽃송이를 영좌(靈座) 쪽으로 올려 놓아야 조객(弔客)의 슬픔을 표하게 되는 것이지 줄기 끝을 영좌(靈座) 쪽으로 향하게 놓는 것은 의도한 바에 어그러져 이치에 합당함이 없다.

혹 줄기를 영좌(靈座) 쪽으로 놓는 것은 망자(亡者)의 손에 그 줄기를 쥐어준다는 의미라면 착각(錯覺)에서 발생한 발상(發想)일 수밖에 없다. 만약 그렇다면 영전(靈前)에 세워 놓아야 그 주장이 합당함을 얻게 된다. 혹 그렇다손 처도 이미 망자(亡者)는 숨이 멎는 순간 모든 신체활동이 정지된 상태이고 또 신(神) 운운(云云)한다면 신(神)이 조객(弔客)이 슬픔을 위로하기 위하여 애도(哀悼)의 표시로 놓은 백국(白菊)을 감사하게 여겨 꽃을 보기 위하여는 줄기는 멀고 꽃송이가 눈에 가깝게 들어야 잘 보일 터이니 세우지 않고 뉘일 바에야 꽃송이를 위전(位前)으로 놓아 줘야 이치에도 합당하지 않겠는가.
특히 심사숙고(深思熟考)할 문제는 더러 요즘 조문(弔問) 풍습(風習)을 살펴보면 조객(弔客)은 상가(喪家)에서 나눠 주는 백국(白菊)을 받아 들고 위전(位前)으로 올라가 영좌(靈座) 앞에 올려 놓는데 이는 상가(喪家)의 권위(權威)나 부(富)를 상징하기 위한 참으로 사람도 속이고 귀신도 속이는 행위이지 않은가 한다.

위전(位前)에 백국(白菊)을 드리는 예(禮)를 갖추고 싶다면 영전(靈前)으로 통하는 가장 가까운 길목에 백국(白菊) 판매소(販賣所)를 열게 하여 조객(弔客)의 의사(意思)에 맡길 뿐으로 강제하여서는 욕(辱)이 된다. 혹자(或者)는 부의금(賻儀金)이 있지 않은가 라 반문할지도 모르겠으나 이와 같은 발상은 조문객(弔問客)을 무시한 처사이다.

헌화(獻花)의 원조(元祖)인 기독교(基督敎)의 헌화(獻花) 역시 조자(弔者) 또는 후자(後者)가 정성을 다하여 화분(花盆; 花甁)이나 꽃다발을 마련 직접 들고 와 영전(靈前)이나 분묘(墳墓)에 공손히 받치고 있을 뿐 상가(喪家)나 분묘(墳墓) 유족(遺族)이 준비하였다 영전(靈前)이나 분묘(墳墓)를 찾은 인사에게 나눠줘 대행(代行)시키지 않음이 원전(原典)이다.

●周禮春官宗伯保章氏; 以五雲之物辨吉凶水旱降豐荒之祲象(鄭玄注)靑爲蟲白爲喪赤爲兵
●康熙字典白部 【白】 [唐韻]旁陌切[集韻][韻會][正韻]薄陌切竝入音帛[說文]西方色也陰用事物色白从入合二二陰數也
●退溪詩晨自溫溪踰聲峴至陶山;曉霧侵衣濕羸鞭越峴艱短長松竝立黃白菊相斑関寂柴門迥蕭疎竹院寒晩來風日好凝坐望秋山
●艮齋詩與朴居中會巴寺;尋芳匹馬碧松亭白菊招提雲外懸逢著故人何所問烟沉溪上事茫然
●梅月堂詩花草白菊(二首);自憐貞白歲寒芳栽培瓦盆置小床丹桂素梅兄與弟不同穠棣妬年光○蕭疏枯葉附寒英輕帶寒霜四五莖終日對君無俗態香魂終不讓瓊瓊

●佔畢齋詩十月白菊和子眞鳴琴閣外竹蘺邊剗地霜風笑粲然縞素疑栽廣寒殿暄妍別占小春天依違金醫酬幽賞排比瓊英伴醉眠誰遣白衣供白墮一園液雨正鮮鮮
●秋齋詩乞白菊;白菊白如頭相看不害羞月中惟見影霜下暗生愁一色村醪泛餘香凍蜜收何嘗書乞米此句也風流
●研經齋詩望霞城城;望望霞城里秋懷轉可傷風流已寥落閭巷自荒凉谷口丹楓葉村墟白菊香兩家諸子侄情好莫相忘
●醒齋詩;李弟振叔盆種白菊一枝忽放黃花賦長律一首記異要余和之以一絶寄示
●陶菴詩(一)漫吟;白菊天然好青松獨也貞相看無一語耿耿歲寒情○詩(二)送李生(以漸)歸龍崗 ;白菊天寒猶自花一杯相屬曉燈斜也知爲學無他術千里行人自討家
●南塘詩感菊;草堂右種菊數十本六月以後淫雨惡風不止根腐葉枯萎絶殆盡只有白菊三本黃菊二本紅菊一本得全重陽後始開至十月盡開感而賦之:可憐堦上菊風雨幾莖損衆卉又欺凌孤芳纔數本猶自凌霜開寂寞香聞遠草木皆黃落英華獨煌焜世人不解愛衡門空自遯酌酒對爾飮期與保歲晩
●獻花歌; 紫布岩乎 希//執音乎手母牛放敎遣//吾 兮不喩慚 兮伊賜等//花 兮折叱可獻乎理音如
●夢梁錄三月; 貴家士庶亦設醮祈恩貧者酌水獻花杭城事聖之虔他郡所無也

◈헌화(獻花)
헌화란 아래와 같이 살펴보건대 잎이 달린 꽃대가 아닌 꽃봉우리를 드린다는 표현으로 생자나 사자 모두에게 그의 시야에 꽃봉우리가 완전하게 눈에 뜨이도록 준다는 말로 사자의 영전에 헌화할 때는 영정 앞으로 꽃송이가 향하도록 단에 올려 놓아야 한다.

◎獻花
○헌(獻)
●周禮天官玉府; 凡王之獻金玉………之物受而藏之(鄭玄注)謂百工爲王所作可以遺獻諸侯古者致物於人尊
之則曰獻通行曰饋(賈公彦疏)正法上於下曰饋下於上曰獻若尊敬前人雖上於下亦曰獻是以天子於諸侯亦曰獻
○화(花)
●魏書李諧傳; 樹先春而動色草迎歲而發花(註)花種子植物的繁殖器官 花冠
○화관(花冠)
●艺海拾貝鮮花百态和艺术風格; 就拿鮮和來說吧它們各有花冠上微小的毛各有花青素(注)花冠花的組成部分之一由若干花瓣組成

40 추록(追錄)

▶4180◀◈問; 부부의 묘소를 합설에 대한 문의.

작성일 2022-8-15 16;26
이름:홍 0 헌

부모님의 묘소를 한 장소에 설치할려고 하는대요
남동여서 또한 산사람과 죽은 사람은 반대이다.등 등 말이 많은대요
어떻게 모셔야 될까요?

◈答; 부부(夫婦) 합설(合設) 매장(埋葬) 좌우(左右)에 대하여.

아래와 같이 살펴보건대 천지(天地)의 음양(陰陽)은 하늘이 양(陽)이요 땅이 음(陰)이고 생사(生死)의 음양(陰陽)은 생자(生者)는 양(陽)이요 사자(死者)는 음(陰)이며 동서(東西)의 음양(陰陽)은 동(東)은 양(陽)이요 서(西)쪽이 음(陰)이라 사자(死者) 부부(夫婦)의 합장(合葬) 남녀(男女) 위치(位置)는 서위상(西爲上)으로 서편으로 부(父) 동편으로 모(母) 남서녀동(男西女東)으로 합장(合葬)하게 됩니다

●性理大全家禮祠堂於正寢之東條凡屋之制不問何向背但以前爲南後爲北左爲東右爲東
●內則道路男子由右女子由左(集說細註)道路之法其右以行男子其左以行女子古之道也(鄭注)地道尊右
●記言左右陰陽說條天道尙左地道尙右陰陽之義也朝庭之禮以東爲上祠廟之禮以西爲上
●退溪曰兩親墓東西定位想中國俗葬皆【男左女右】故朱先生葬劉夫人時只循俗爲之其後丘文莊亦不欲異俗而云云也然朱子答陳安卿之問分明謂祭而【以西爲上】葬時亦當如此方是則此乃爲晩年定論而後世之所當法也
●南溪曰世之葬法有以男左女右傳曰神道尙右地道尙右
●朱子語類卷第六十五易一綱領上陰陽;有相對而言者如東陽西陰南陽北陰是也(伊川言易變易也)只說得相對底陰陽流轉而已不說錯綜底陰陽交互之理言易須兼此二意
●玉尺經(風水論)造微賦;太極分兩儀奠二氣布而順逆行左陽右陰龍行兩路而陽順陰逆氣本一原陰用陽朝陽用陰應相見協室家之義陽以蓄陰陰以含陽雌雄廢交媾之情
●黃帝內經素問陰陽別論篇第七;經氣乃絶死陰之屬不過三日而死生陽之屬不過四日而死所謂生陽死陰者肝之心謂之生陽心之肺謂之死陰肺之腎謂之重陰腎之脾謂之辟陰死不治

▶4181◀◈問; 그 집주인을 알려면 드나드는 손님을 살펴보라.

작성일 : 2022-08-21 04:07
이름 : 장0규

그 집주인을 알려면 드나드는 손님을 살펴보라는 말이 있습니다. 무슨말이며 사자성어로 고친다면 어떻게 될까요. 감사합니다.

◈答; "그 집주인을 알려면 드나드는 손님을 살펴보라"

금(金)은 금(金)으로 모여지고 동(銅)은 동(銅)으로 모이듯 그집 문전을 드나드는 손님(객)의 수준이 그 댁 주인과 대동소이하다는 표현으로 그 댁 주인은 드나드는 손님(객)의 수준을 넘지 못한다는 비교평가성 표현으로 그 손님에 그 주인라는 함입니다.

主客一致(주객일치)를 국어사전에서는 주체와 객체, 주관과 객관이 하나가 됨.이라 풀어 놓고 있으나 다음과 같이 살펴보건대 유학적(儒學的) 견지에서 자의(字義)로 풀어 四字成言으로 축집한다면 主客一致(주객일치) 주인과 빈객을 하나같다. 즉 主賓一致(주빈일치) 가 되겠지요.

●新唐書食貨志二;戶無主客以居者爲簿人無丁中以貧富爲差(註)主客謂主人與賓客
●鏡花綠第八十三回;雞黍殷勤款洽主賓情意堪嘉(註)主賓謂主人和賓客
●周易繫辭下; 天下同歸而殊塗一致而百慮(註)一致謂趨向相同

▶4182◀◈問; 아내 제사시에 남편이 절을 해야하는지요.

작성일 : 2022-08-25 21:15
이름 : 홍0헌

수고가 많으십니다.
아내의 제사날 낲편이 절을 해야하는지요
부탁드립니다.

◈答; 아내의 제사에 남편이 절을 하나.

아래와 같이 살펴보건대 한 가정(家庭)의 모든 제사(祭祀)의 주인(主人)은 아버지가 생존(生存)하여 계시면 그가 주인(主人)이 되어 선대(先代)와 처(妻) 장자(長子)의 제사(祭祀)를 주관(主管)하여 초헌관(初獻官)이 됩니다.

따라서 아내의 제사(祭祀) 역시 남편이 주인(主人)으로 초헌(初獻)을 하는데 생전(生前)은 부부(夫婦)는 상배(相拜)로 처(妻) 선(先) 재배(再拜) 부(夫) 일배 또 처(妻) 선(先) 재배(再拜) 부(夫) 일배(一拜) 합(合) 처(妻) 사배(四拜) 부(夫) 재배(再拜)를 하고 처(妻)의 제사(祭祀)

에는 재배(再拜)를 하게 됩니다.

●奔喪凡喪父在父爲主註各爲其妻子之喪爲主也疏正義曰凡喪父在父爲主者言子有妻子喪則爲主
●陳氏曰父主之統於尊也父歿之後兄弟雖同居各主妻子之喪矣
●溫公曰古者婦人與丈夫爲禮則俠拜鄕里舊俗男女相拜女子先一拜男子拜女一拜女子又一拜蓋由男子以再拜爲禮女子以四拜爲禮故也皆俠拜每拜以二爲禮昏禮婦先二拜夫答一拜婦又二拜夫答又一拜
●陶庵曰出入夫婦相拜

▶4183◀◈問; 만세란요?

작성일 : 2022-08-27 05:17
이름 : 이0수

대학 검색하다 여기를 들어오게되였는데요 의심되는 것이 있으면 물어보는 곳인 것 같습니다.

저는 항상 애국가를 부르면서 우리나라 만세라 소리치면서 만세란 만년이란 뜻으로 이해하고 부르고 있습니다.

제생각이 맞는지요. 우리나라 만세--우리나라 만년

선생님의 가르침을 기다리겠습니다. 감사합니다.

◈答; 만세(萬歲)란.

유가적(儒家的) 만세(萬歲)의 의미는 다음과 같이 대략 5가지로 표현됩니다.
①만년(萬年) 만대(萬代)
②축송지사(祝頌之詞) 의위천추만세(意爲千秋萬世) 영원존재(永遠存在)
③봉건시대(封建時代) 신민대황제적존칭(臣民對皇帝的尊稱) ④제왕사지휘칭(帝王死之諱稱)
⑤한궁전명(漢宮殿名)

따라서 애국가(愛國歌)의 "우리나라 만세(萬歲)"의 의미는 ①번은 만년(萬年) 만대(萬代)라 한계가 지정되어 있어 ②번의 축송지사(祝頌之詞)로 천추만세(千秋萬世) 영원존재(永遠存在)의 의미라 이해됨이 옳을 것 같습니다.

●莊子齊物論;參萬歲而一成純萬物盡然(註)萬歲謂萬年萬代
●戰國策齊策四;[馮諼]驅而之薛使吏召諸民當償者悉來合券券徧合起矯命以責賜諸民因燒其券民稱萬歲(註)萬歲謂祝頌之詞意爲千秋萬世永遠存在
●陔餘叢考萬歲;蓋古人飮酒必上壽稱慶曰萬歲其始上下通用爲慶賀之詞猶俗所云萬福萬幸之類耳因殿陛之間用之後乃遂爲至尊之尊稱而民間口語相沿未改故唐末猶有以爲慶賀者久之遂莫敢用也
●楊門女將第三場;快請萬歲早覽朝(註)萬歲謂封建時代臣民對皇帝的尊稱
●戰國策楚策一;[楚王]仰天而笑曰樂矣今日之游也寡人萬歲千秋之後誰與樂此矣(註)萬歲謂帝王死之諱稱
●三輔黃圖未央宮;又有殿閣三十有二有壽成萬歲……等殿(註)萬歲謂漢宮殿名

▶4184◀◈問; 서원 원장을 본손이 할 수 있는지?

작성일 : 2022-09-05 18:51
이름 : 류0균

1946년부터 당시 할아버지들께서 시조시제를 모시기 위해 모금을 하여 땅을 매입하고 대동서원을 나주향교에 등록하고 타 성씨의 서원원장, 장의 등이 계시어 시제를 모셨습니다.

세월이 흘러 1946년 당시 할아버지의 소문중에서 저의 성씨시조 시제를 모시다 보니 문제

점이 있어 질문합니다.

소문중에서 서원원장님과 장의를 위촉하고 원장님께서 헌관 3분과 집례하신분 독축하신분 등해서 6분이 오시는데 당일 여비를 드릴 돈이 없어 질문합니다.

연간 원장님과 장의 3 분에게 접대 경비가 들어가는데 비용 마련이 어렵다고 시조 사우를 폐쇄할 수 없어 서원을 유지하면서 향사 제물 경비를 줄이고 본손이 원장과 장의를 하면 접대 경비가 줄어드는데 원장과 장의 헌관을 타 성씨가 아닌 본손들이 하면 향교나 서원 예법에 어긋나는지 문의합니다. 저의 종중 어른들께서 위패를 모신 본손은 서원을 하는 것은 예법에 어긋난다고 하여 문의합니다.

◈答; 서원(書院) 원장을 본손(本孫)이 할 수 있나.

◆書院이란;

사학(私學)기관의 하나로 당(唐) 현종(玄宗) 때 여정전서원(麗正殿書院) 집현전서원(集賢殿書院) 등을 두웠었는데 이에서 유래 됨직하며 원래는 명현(名賢)들에게 제사(祭祀)하고 젊을 청소년을 입학시켜 인재를 양성하던 사설기관이었으며 고려(高麗)에서는 사원(寺院)이란 제도가 있었으며 조선(朝鮮)에 이르러 개국 초부터 이를 대신 서당(書堂), 서재(書齋), 정사(精舍), 향현사(鄕賢祠), 선현사(先賢祠) 등을 장려하였으며 중종 37~38 년 풍기(豊基) 신재(愼齋)(文敏公 周世鵬.)선생이 백운동서원(白雲洞書院)을 세움이 우리나라 최초의 서원이며 이에 명종 5 년 소수서원(紹修書院)이란 액(額)과 전결(田結), 노비, 책 등을 하사(下賜)이가 사액서원(賜額書院)의 시초가 되었음.

이후 나라의 보조를 받는 서원이 각처에 설치 되기 시작 불과 29 개소에 불과하였던 서원(書院)이 선조조에 이르러 124 개소, 숙종조에 이르러는 1 개 도에 8~90 개소에 이르게 되었음.

이후 서원의 폐해가 발생 인조 22 년에 이르러는 나라에서 허가를 하게 되었고 그후 계속 정비 정조조에 이르러는 전국에 650 여개소가 남게 되었음. 고종 1 년 대원군(섭정)이 폐해를 덜기 위하여 서원이 누리던 모든 특권을 폐지 서원의 누설을 엄금 이 같은 강경책으로 전국에 우수한 서원 47개소만 남아 있게 되었음.

서원(書院)은 그 지방(地方)의 선현(先賢), 향현(鄕賢)을 제향(祭享)하는 사우(祠宇)와 인재양성을 위한 청소년을 교육시키고 강학(講學) 기능을 하는 서재(書齋)를 아울러 이르는 사학기관(私學機關)으로, 사(祠)는 서원(書院)의 일부 기관인데 사(祠)라 이르면 서재(書齋)의 기관을 포함하지 않고 이름이 됩니다.

관학(官學)인 향교(鄕校)와는 달리 서원(書院)은 사학기관(私學機關)이라 (지금의 제도는 잘 알지 못하나) 원래가 성균관(成均館)의 예하기관(隸下機關)이 아닙니다.

따라서 향사(享祠)에 참례원은 그 지역의 유생(儒生)과 그 사(祠)에서 제향(祭享)하는 인물의 관계인 정도로 이해될 수 있으며 운영은 자체 계획의 일정에 의하여 행사(行祀)하게 됩니다.

서원(書院)은 지난날 사학기관(私學機關)으로 선현(先賢)을 제사(祭祀)하는 사(祠)와 자제들을 교육하는 재(齋)가 합한 사설 교육기관으로 사(祠)에는 선유의 학덕을 기리기 위하여 특정 선유를 주벽으로 모시고 제사하는 곳으로 그 초헌관은 그 서원에 관계된 사인(私人)이 됩니다.

후손(後孫)은 사시제(四時祭)를 비롯한 기제(忌祭)와 묘제(墓祭) 등의 헌관(獻官)이 될 뿐 서원(書院)의 헌관(獻官)이 될 수 없습니다.

아래 예문(例文)인 축문식(祝文式)을 살펴보건대 후손명(後孫名)으로는 그 향사(享祀)의 축문(祝文)을 쓸 수가 없습니다.

따라서 주인(主人)이 유고(有故)일 때는 그 서원(書院)에 관계된 후학(유림)으로 주인을 삼아 행함이 옳습니다. 다만 찬인 집례 등의 인원이 부족하다면 후손이 참여한다하여 결례라 탓할 수는 없을 것입니다.

서원(書院)의 원장(院長) 역시 후손(後孫)으로 담당할 수 없습니다. 까닭을 서원(書院)을 그 후학(後學)들이 설립(設立) 운영하는 묘(廟)인 까닭에서 입니다.

⊙陶山書院祝文式
歲次干支某月干支朔某日干支後學姓名敢昭告于
先師退溪李先生伏以心傳孔孟道紹 洛集成大東斯文準極謹以豕牲梁盛 淸酌庶品式陳
明薦以月川趙公從享尙
饗

⊙書院祝文式例
維歲次某年某月某朔某日干支後學姓名敢昭告于
文忠公某號某姓先生伏以協贊中興扶植彜倫有光前烈嘉惠後人玆値(春秋)丁牲幣敬伸尙
饗

●辭源[祠宇]祠堂文選晉夏侯孝若(湛)東方朔畫贊徘徊路寢見先生之遺像逍遙城郭觀先生之廟宇
●增補文獻備考學校考(附)書院條明宗五年賜紹修書院之額院在慶尙道順興縣白雲之洞書院之設始此東國初無書院中廟壬寅故參判周世鵬爲豐基守豊基屬縣順興有高麗文成公安裕舊居世鵬遂卽其基創立紹修書院
●增補文獻備考附書院篇東國初無書院中廟壬寅故參判周世鵬爲豐基守豊基屬縣順興有高麗文成公安裕舊居世鵬遂卽其基創立紹修書院以爲士子藏修之地文純公李滉繼世鵬而爲邑守轉聞于朝請依宋朝故事賜額頒書且給土田臧獲
●春官志書院(祠宇付)篇我國中古以前本無書院明廟朝參周世鵬爲順興守以順興即高麗名臣安文成公裕所居故創設白雲洞書院
●孟子集註告子章句先生將何之註趙氏曰學士年長者故謂之先生

[二集] 草庵疑禮問答集 終

草庵疑禮問答集 [2집]
(초암의례문답집)

初版 印刷 : 2022년 10월 11일
初版 發行 : 2022년 10월 17일

解 答 者 : 田 桂 賢
發 行 者 : 金 東 求

發 行 處 : 明 文 堂(1923. 10. 1 창립)
서울시 종로구 윤보선길 61(안국동)
우체국 010579-01-000682
Tel (영)733-3039, 734-4798, 733-4748
Fax 734-9209
Homepage : www.myungmundang.net
E-mail : mmdbook1@hanmail.net
등록 1977. 11. 19. 제1~148호

ISBN 979-11-91757-67-5 (03380)
값 70,000원